NOUVEAU DICTIONNAIRE

DE LA

LANGUE FRANÇAISE.

NOUVEAU DICTIONNAIRE

DE LA

LANGUE FRANÇAISE

SUIVI :

1° D'UN DICTIONNAIRE COMPLET DE LA PRONONCIATION
DE TOUS LES MOTS DIFFICILES ;

2° DE NOTES SCIENTIFIQUES, ÉTYMOLOGIQUES,
HISTORIQUES ET LITTÉRAIRES SUR LES MOTS LES PLUS IMPORTANTS
DE LA LANGUE ;

3° D'UN DICTIONNAIRE DONNANT LA TRADUCTION
ET INDIQUANT CLAIREMENT L'EMPLOI DES LOCUTIONS ET PHRASES LATINES,
QUE LEUR APPLICATION FRÉQUENTE DANS LE DISCOURS A
FAIT POUR AINSI DIRE ENTRER DANS LA LANGUE,
ET QU'IL N'EST PLUS PERMIS A PERSONNE D'IGNORER AUJOURD'HUI.

par

P. LAROUSSE

Auteur de la *Lexicologie des écoles*,
cours complet de langue française et de style.

« Un dictionnaire sans exemples
est un squelette. »

TROISIÈME ÉDITION.

PARIS

LAROUSSE ET BOYER, LIBRAIRES-ÉDITEURS
RUE SAINT-ANDRÉ-DES-ARTS, 49.

1856

Tout exemplaire non revêtu de la griffe des éditeurs sera réputé contrefait, et les imitateurs du plan tout nouveau de ce Dictionnaire seront poursuivis suivant la rigueur des lois.

Larousse & Boyer

Paris. — Imprimerie Morris et Compagnie, rue Amelot, 64.

PRÉFACE.

Tous les dictionnaires se divisent naturellement en deux classes, d'après le plan qui a présidé à leur rédaction.

Ceux où chaque mot est accompagné de toutes ses acceptions déterminées par des exemples ou des phrases puisées dans nos grands écrivains; c'est ainsi qu'ont procédé Wailly, Gattel, Laveaux, Boiste, Nodier, et enfin l'Académie;

Ceux où, comme dans nos innombrables dictionnaires de poche, on se contente d'énoncer le sens propre et général des mots, sans le fixer par aucun exemple, sans tenir compte des acceptions variées, des sens figurés que les besoins et le progrès ont introduits dans la langue. Squelettes, pour nous servir du terme expressif de Voltaire, où il ne faut chercher que l'orthographe des mots et le genre des noms, et qui, s'ils représentaient fidèlement la langue, rendraient impossible l'expression de l'idée la plus vulgaire, puisque, suivant Dumarsais, « il n'y a rien de si naturel, de si ordinaire et de si commun que les figures dans le langage des hommes. » Une citation empruntée à l'un de ces dictionnaires, tout récemment publié, va expliquer notre pensée :

FAUX, adj. Contraire à la vérité; feint; contrefait; discordant; infidèle.
MÉNAGER, v. tr. User d'économie; procurer; conduire.

D'autres, dans ces derniers temps, frappés de la distance considérable qui sépare l'in-quarto de l'in-dix-huit, ont essayé, tout en conservant à leur ouvrage le format d'un *dictionnaire manuel*, de s'approprier les richesses des premiers et d'obvier ainsi à l'insuffisance des seconds, et ils ont fait suivre chaque mot de toutes les acceptions qu'il revêt dans le langage, sans les appuyer d'aucun exemple qui en fît ressortir l'application :

> **FAUX**, adj. Qui n'est pas vrai; controuvé; illusoire; qui n'est pas exact;
> qui manque de justesse; qui affecte des sentiments qu'il n'a pas;
> contraire à ce qui, dans le même genre, est vrai, sincère, bon;
> discordant; supposé; fait à l'imitation d'une chose vraie; simulé.
>
> **MÉNAGER**, v. tr. User d'économie; ne pas fatiguer, ne pas exposer
> mal à propos. *Fig.* Conduire, manier avec adresse; distribuer,
> disposer habilement; procurer, préparer; traiter avec égards.

Quelle abondante stérilité! Qui pourrait suivre le fil invisible qui relie toutes ces interprétations différentes? Qui pourrait se retrouver dans ce chaos, où l'esprit, même le plus exercé, perd à chaque instant son chemin? Ces sortes d'ouvrages ne ressemblent-ils pas à une collection minéralogique dont toutes les pièces seraient jetées pêle-mêle et non étiquetées? Ici, le squelette est à peu près complet, avec tous ses ossements et ses articulations; rien n'y manque, si ce n'est le mouvement, la chaleur, la vie.

Ces citations, qui vont permettre au lecteur de juger par lui-même jusqu'à quel point nos observations sont fondées, sont empruntées textuellement à deux ouvrages qui jouissent d'une certaine vogue dans nos écoles.

Qu'on nous permette maintenant de mettre en regard de ces extraits la définition des deux mêmes mots, puisés dans le nouvel ouvrage que nous faisons paraître aujourd'hui :

> **FAUX**, adj. Contraire à la vérité : *bruit faux;* feint : *fausse douceur;*
> mal fondé : *fausse crainte;* altéré : *fausse monnaie;* postiche :
> *fausse barbe;* supposé : *faux nom;* contre la bonne foi : *fausse
> promesse;* qui n'a que l'apparence : *fausse grandeur;* qui manque de justesse, d'exactitude : *faux poids;* qui détourne du but :
> *fausse route,* etc., etc.
>
> **MÉNAGER**, v. tr. Administrer avec économie : *ménager son revenu.*
> *Fig.* Ne pas fatiguer : *ménager ses forces;* ne pas exposer mal à propos : *ménager sa vie;* conduire, manier adroitement : *ménager les esprits;* préparer, amener : *ménager une entrevue;* procurer, réserver : *ménager une surprise;* traiter avec égards : *ménager quelqu'un. Ménager ses intérêts,* en prendre soin; *ménager ses paroles,* parler peu; *ménager ses expressions,* parler avec circonspection; *ménager le temps,* en faire bon emploi; *ménager*

sa voix, la bien conduire ; n'avoir rien à ménager, plus de mesure à garder ; bien ménager l'ombre et la lumière dans un tableau, les incidents dans un ouvrage, les distribuer habilement.

Ces deux mots ont été pris au hasard, et ils caractérisent de
la manière la plus exacte le plan sur lequel est construit notre
dictionnaire et celui qu'ont adopté nos devanciers. Que personne
ne nous prête la pensée d'avoir voulu établir ici une comparaison dont notre amour-propre se décernerait naïvement les honneurs ; nous avons cherché à justifier nos observations et à faire
connaître la marche suivie dans la composition de ce nouveau
dictionnaire, où nos efforts ont constamment tendu à apporter
l'ordre et la clarté que nous avons regretté si souvent de ne pas
rencontrer chez les autres. Ce n'est donc pas pour le plaisir de
faire de la critique, que nous signalons ces défauts, dont la gravité a dû frapper bien des esprits avant nous. Mais nous tenons
à les constater pour rendre plus évidente la nécessité de nouveaux
travaux sur la langue française, beaucoup moins riche en ouvrages utiles qu'on ne le croit communément.

Aux améliorations que nous venons de signaler, il en est d'autres
qui, pour ne porter que sur des détails, n'en ont pas moins leur
importance dans un genre d'ouvrages où il faut avant tout de la
méthode et de la clarté. Ainsi pour éclaircir l'obscurité ou le
vague qui existent encore sur certains mots après la définition,
nous les avons fait entrer dans une phrase qui achève d'en préciser le sens ; et, pour qui a l'habitude de lire, notre langue
abonde en termes très-usuels en apparence, mais au fond assez
peu compris. Quel est celui, par exemple, nous parlons bien
entendu de ceux qui n'ont reçu qu'un certain degré d'instruction, quel est celui qui n'a pas été arrêté vingt fois par les mots
aléatoire, pierre d'achoppement, contondant, solution de continuité,
et tant d'autres qu'on entend journellement dans la conversation
ou que l'on rencontre dans la lecture ? Nous n'avons pas cru
pouvoir apporter trop de soin à faire disparaître ces obstacles,
qui nous avaient souvent arrêté nous-même, et c'est le souvenir
de notre ancien embarras qui nous a dicté les définitions suivantes :

ALÉATOIRE, adj. Qui repose sur un événement incertain : les assurances sont des contrats aléatoires; un pêcheur qui vend d'avance son coup de filet, fait une vente aléatoire.

ACHOPPEMENT (pierre d'), n. m. Obstacle, écueil : *l'affaire sera bientôt terminée si nous ne trouvons pas quelque pierre d'achoppement*; occasion de faillir : *les paresseux sont des pierres d'achoppement pour les élèves studieux.*

CONTONDANT, E, adj. Qui blesse, qui meurtrit sans couper : *blessure faite avec un instrument contondant, un bâton, un marteau.* Son opposé est *tranchant.*

CONTINUITÉ (solution de), n. f. Interruption qui se présente dans l'étendue d'un corps : *les plaies et les fractures sont des solutions de continuité dans les chairs et dans les os; les traits de ce dessin ne sont pas purs, on y remarque trop de solutions de continuité.*

Dans d'autres cas, les exemples sont remplacés par une énumération qui, en appliquant à des *individus* connus les qualités du *genre* ou de *l'espèce*, fait disparaître le vague de la définition générale :

ACAULE, adj. Se dit des plantes dépourvues de tige, comme le *pissenlit*, la *primevère*, le *plantin*, la *chicorée*, etc.

EXOTIQUE, adj. Nom donné aux animaux et aux végétaux étrangers du climat dans lequel on les transporte, comme sont en France le *lama*, le *dattier*, le *grenadier*, etc. Son opposé est *indigène*.

SOLIPÈDE, adj. et n. m. Dont le pied ne présente qu'un seul doigt, un seul sabot, comme le *cheval*, l'*âne*, etc.

Il est un autre écueil que les lexicographes n'ont pas toujours su ou voulu éviter, et contre lequel nous avons tenu à nous prémunir; c'est la question des racines grammaticales et des définitions qui en dérivent immédiatement. Un grand nombre de mots ont commencé par avoir un sens fidèlement étymologique. C'est ainsi qu'*ignoble* (de *in nobilis*, qui n'est pas noble, qui est plébéien), *insolent* (de *insolens*, qui n'est pas dans l'usage, dans la coutume), ont exprimé d'abord une idée analogue au sens des mots qui ont servi à leur formation. Mais il est souvent arrivé que, dans le langage ordinaire et sous la plume des écrivains, le sens étymologique a subi des transformations et a même changé complétement. Ne devient-il pas alors inutile, sinon ridicule, de le consigner scrupuleusement dans les colonnes d'un dictionnaire, comme la plupart l'ont fait jusqu'à ce jour, et de dire, par exemple, que *banalité* marque le droit qu'avait un seigneur d'assujettir ses vassaux à l'usage d'une chose ; qu'un *carabinier* est un soldat armé d'une *carabine*; que *continence* (de *continere*, contenir) signifie *capacité*; que *divertir* (de *divertere*, détourner) est le synonyme de *détourner*, *distraire de*, etc., etc. Ces définitions, que nous empruntons aux deux auteurs les plus récents et les plus connus, expriment le sens primitif, qui n'est plus du tout l'idée que l'on attache aujourd'hui à ces termes.

Qui n'a pas été ainsi souvent désappointé en face de ces explications si différentes de celles qu'il s'attendait à trouver, et quelle idée se faire d'un livre que l'on croit composé pour les besoins de l'époque, mais dont les réminiscences du moyen-âge ont fait les frais ? Ces définitions remontent à la création des mots, et les premiers lexicographes qui les ont données, Vaugelas, Furetière, Richelet, Bouhours, etc., étaient sans doute dans le vrai. Leurs successeurs ont eu le tort de les copier et de se copier mutuellement jusqu'à nos jours, sans tenir suffisamment compte, dans leur travail, des modifications introduites par l'usage, commettant ainsi l'erreur grave d'assimiler une langue vivante à une langue morte. Une langue morte, en effet, le mot le dit assez, reste en dehors de toute révolution ; elle est à une langue vivante ce que la statue est à l'être sculpté, quelque chose d'immobile et de pétrifié, sur lequel passe le temps sans laisser aucune empreinte. C'est ainsi que les expressions, les tours de la langue grecque et de la langue latine, ont encore aujourd'hui, pour les savants, la même valeur et les mêmes applications qu'au temps de Sophocle et de Virgile. En est-il de même de la langue française ? Assurément non. Toute langue vivante est assujettie à la grande loi de la transformation, caractère distinctif de tout ce qui vit, de manière que chaque période de temps, chaque année qui s'écoule, enlève ou ajoute quelque chose à sa physionomie. C'est au lexicographe à observer, à suivre attentivement cette transformation et à daguerréotyper, pour ainsi parler, cette physionomie au moment même où il écrit, ainsi qu'à utiliser les richesses que les langues vivantes acquièrent avec le temps. Or, une langue s'enrichit de deux manières : par des acceptions nouvelles attribuées à des mots déjà existants, où par l'introduction de nouveaux mots créés pour exprimer de nouvelles idées. Le lexicographe s'empare alors de ces additions, de ces modifications, en dote son travail, en les substituant à des expressions et à des tours devenus inintelligibles aujourd'hui.

Voilà à quel point de vue nous nous sommes placé. Pour nous, *banalité* signifie *trivialité*; *carabinier* désigne un soldat appartenant à un corps de cavalerie ou d'infanterie, formé d'hommes d'élite; *continence* n'est autre chose que *chasteté*, et *divertir* est synonyme d'*amuser*, de *récréer*. Un dictionnaire ne doit pas ainsi, en dépit des variations et des progrès d'une langue, faire violence à toutes les idées reçues, en imposant des acceptions vieillies depuis longtemps. Il ne doit ni suivre de trop loin, ni ouvrir la marche : c'est un laquais qui porte les bagages de son maître, en le suivant par derrière. Que l'Académie, qui est « le dépôt des formes durables et des variations de notre langue (1), » ait cru devoir tenir compte de ces mêmes acceptions, on le comprend sans peine; ses colonnes sont des archives où les vicissitudes de chaque mot trouvent naturellement leur histoire. Mais alors elle a la sage prévoyance de distinguer le sens vieilli du sens actuel, évitant par là même toute incertitude et toute méprise à ceux qui viennent la consulter.

Ici s'arrêtent généralement tous les dictionnaires. Nous croyons, quant à nous, qu'un tel cadre, quoique ingénieusement rempli, reste encore incomplet. Nous avons donc fait suivre le dictionnaire proprement dit de trois parties, dont chacune forme en quelque sorte un livre à part, de manière que si nous n'avions pas reculé devant un titre trop pompeux, nous aurions pu écrire au frontispice de cet ouvrage : QUATRE DICTIONNAIRES EN UN SEUL.

1° Il y a dans notre langue un grand nombre de mots pour lesquels une définition, quelque étendue, quelque bonne qu'elle soit, reste toujours incomplète. La curiosité du lecteur n'est qu'éveillée, son esprit n'est point satisfait. Il nous suffira de citer les mots *aérolithe*, *alchimie*, *aristarque* (un), *fossile*, *galimatias*, *patelin*, *phrénologie*, *tramontane*, *vaccin*, etc. Ici, une petite notice

(1) Villemain, Préface du *Dictionnaire de l'Académie.*

étymologique, scientifique, historique ou littéraire, était indispensable. Nous l'avons donnée chaque fois que nous l'avons jugé
nécessaire, et à la fin du volume, un dictionnaire à part, composé de près de cinq cents notes, fournira les explications que le
plan de ce livre ne nous permettait pas de mettre à la suite des
mots qu'elles concernent, nous conformant en cela au sage précepte de Buffon, qui recommande de ne pas appuyer le crayon
trop inégalement sur les différentes parties qui entrent dans la
composition d'un ouvrage.

2° Un dictionnaire n'étant pas complet, à notre avis, quand
la prononciation n'y est pas représentée, nous l'avons donnée
avec soin, tout en restreignant notre liste aux seuls mots qui
offrent véritablement une difficulté. Quand un ouvrage de ce
genre ne s'adresse pas à des étrangers, il devient puéril en effet
d'indiquer la prononciation des mots les plus simples et les plus
usuels. Nous avons cru convenable, en outre, de renvoyer cette
liste à la fin du volume, parce que, dispersée dans le corps du
livre, elle eût entravé notre marche, et que, disposée de cette manière, elle offrira plus de facilité aux personnes qui voudront
faire une étude particulière de la prononciation.

3° Il y a un grand nombre de locutions latines qui ne seraient pas
à leur place dans un dictionnaire de langue française, mais dont
il est cependant très-utile d'avoir la clé, parce que leur emploi
fréquent ne permet plus à personne de les ignorer aujourd'hui.
Telles sont : *alter ego, aurea mediocritas, currente calamo, ejusdem
farinæ, in naturalibus, ipso facto, lapsus calami, lapsus linguæ, no-
bis in idem, sic vos non vobis, sui generis, tu quoque, ultima ratio,
verba volant...,* etc. Toutes ces locutions se trouvent rassemblées
à la fin de notre ouvrage, avec des explications suffisantes pour
en faire parfaitement connaître la signification et l'emploi. Nous
les avons extraites d'une publication à part, composée sur cette
matière entièrement neuve, et que nous nous proposons de faire
paraître incessamment.

Il nous reste, en finissant, quelques mots à dire du dictionnaire de l'Académie. Depuis les factums de Furetière et les bou-
tades de Chamfort, il est devenu en quelque sorte à la mode,

parmi nos grammatistes modernes, de débuter dans la carrière par une critique à l'adresse de cet ouvrage, et ces critiques sont d'une extrême vivacité, comme tout ce qui est produit par l'ardeur bouillante et l'inexpérience de la jeunesse. Après avoir rompu cette lance, on est de droit grammairien, comme autrefois on passait chevalier après une action d'éclat. Tous ces critiques n'ont jugé le travail de l'Académie que sur la lecture de quelques articles isolés et non d'après une étude attentive et surtout suivie; ils n'en ont pas suffisamment saisi le plan et la méthode. Ils reprochent à l'Académie de ne s'être inquiétée ni de l'étymologie, ni de la prosodie, ni des formes grammaticales. Mais toutes ces choses, sur lesquelles les grammairiens s'escriment depuis deux siècles sans s'entendre, n'ont qu'un intérêt très-secondaire et ne sont nullement la langue. L'Académie avait à s'occuper du sens des mots, de leurs acceptions propres et métaphoriques, de nos expressions proverbiales, en un mot, à fixer cette langue qui, à une clarté admirable, ajoute « la pureté, la vivacité, la noblesse, l'harmonie, la force et l'élégance (1). » C'était là son programme, et elle l'a consciencieusement rempli, en faisant de ses colonnes le dépôt des locutions, des constructions, des tours puisés dans nos meilleurs écrivains, et qui forment le fond même de la langue, de sorte que, si un nouveau vandalisme littéraire venait à détruire tous nos chefs-d'œuvre, le dictionnaire de l'Académie seul survivant, il suffirait à reconstituer notre belle langue française, et à en faire retrouver toutes les ressources et toutes les richesses aux successeurs des Corneille, des Racine, des Voltaire, des Buffon, qui y puiseraient les matériaux nécessaires pour enfanter de nouvelles merveilles, comme les petits-fils des anciens preux n'auraient qu'à pénétrer dans un musée, à détacher les vieilles armures et à s'en revêtir, pour ajouter de nouveaux exploits à la gloire de leurs aïeux.

(1) Beauzée.

SIGNES ET ABRÉVIATIONS.

Abs.	Absolu.	Généal.	Généalogie.
Adj.	Adjectif.	Géog.	Géographie.
Adv.	Adverbe.	Géol.	Géologie.
Agr.	Agriculture.	Géom.	Géométrie.
Alg.	Algèbre.	Gram.	Grammaire.
Anat.	Anatomie.		
Arch.	Architecture.	Hist. nat.	Histoire naturelle.
Arith.	Arithmétique.	Horl.	Horlogerie.
Art.	Article.	Hortic.	Horticulture.
Artill.	Artillerie.		
Art mil.	Art militaire.	Impers.	Impersonnel.
Astr.	Astronomie.	Impr.	Imprimerie.
Auxil.	Auxiliaire.	Ind.	Indicatif.
		Interj.	Interjection.
Blas.	Blason.	Inus. au pl.	Inusité au pluriel.
Bot.	Botanique.	Inv.	Invariable.
		Iron.	Ironique.
Charp.	Charpenterie.	Irr.	Irrégulier.
Chim.	Chimie.		
Chir.	Chirurgie.	Jard.	Jardinage.
Com.	Commerce.	Jurisp.	Jurisprudence.
Conj.	Conjonction.		
Contr.	Contracté.	Litt.	Littérature.
Cuis.	Cuisine.	Loc. adv.	Locution adverbiale.
		Loc. conj.	Locution conjonctive.
Dém.	Démonstratif.	Loc. lat.	Locution latine.
Dét.	Déterminatif.	Loc. prép.	Locution prépositive.
		Log.	Logique.
Escr.	Escrime.		
Ex.	Exemple.	Maçonn.	Maçonnerie.
		Man.	Manége.
Fam.	Familier.	Mar.	Marine.
Fauconn.	Fauconnerie.	Math.	Mathématiques.
Fém.	Féminin.	Méc.	Mécanique.
Féod.	Féodalité.	Méd.	Médecine.
Fig.	Figuré.	Menuis.	Menuiserie.
Fig. de rhét.	Figure de rhétorique.	Mot angl.	Mot anglais.
Fin.	Finances.	Mot ital.	Mot italien.
Fortif.	Fortification.	Mot lat.	Mot latin.

Mus.	Musique.	Poss.	Possessif.
Myth.	Mythologie.	Prat.	Pratique.
		Prép.	Préposition.
Neut.	Neutralement.	Prés.	Présent.
N.	Nom.	Pron.	Pronom.
N. f.	Nom féminin.		
N. f. pl.	Nom féminin pluriel.	Rel.	Reliure.
N. m.	Nom masculin.	Rhét.	Rhétorique.
N. m. pl.	Nom masculin pluriel.		
Num.	Numéral.	Sans pl.	Sans pluriel.
		Sculpt.	Sculpture.
Oppos.	Opposition.	Sing.	Singulier.
Opt.	Optique.	Subst.	Substantivement.
Ord.	Ordinal.	Syn.	Synonyme.
Pal.	Palais.	T.	Terme.
Par ext.	Par extension.	Théol.	Théologie.
Part. pass.	Participe passé.	Typog.	Typographie.
Pers.	Personne.		
Peint.	Peinture.	V.	Verbe, voir.
Peu us.	Peu usité.	Vén.	Vénerie.
Phys.	Physique.	Vét.	Vétérinaire.
Pl.	Pluriel.	V. int.	Verbe intransitif.
Poét.	Poétique.	V. pr.	Verbe pronominal.
Pop.	Populaire.	V. tr.	Verbe transitif.

‣ indique h aspirée.

; sépare les différentes acceptions.

: annonce un exemple.

† renvoie aux notes, fin du volume.

NOUVEAU DICTIONNAIRE

DE LA

LANGUE FRANÇAISE

A.

A, n. m. Lettre voyelle, la première de l'alphabet.

A, prép. Prend l'accent grave, et exprime un rapport de tendance : *aller à Paris*; de situation : *être à la campagne.*

A (sans accent), 3e pers. du sing. de l'ind. prés. du verbe *avoir.*

ABAISSEMENT, n. m. Action d'un corps qui, baissant, s'éloigne d'un point plus élevé : *abaissement du mercure dans le baromètre.* Fig. Humiliation forcée ou volontaire : *abaissement de fortune, abaissement du parfait chrétien.*

ABAISSER, v. tr. Mettre plus bas pour couvrir. : *abaisser son voile, les paupières*; diminuer la hauteur : *abaisser un mur*; faire descendre : *abaisser un store.* Géom. *Abaisser une perpendiculaire*, la mener d'un point sur une ligne. Fig. Humilier : *Dieu abaisse les superbes.* **S'abaisser**, v. pr. S'avilir : *je ne m'abaisserai point à me justifier.*

ABAISSEUR, adj. et n. m. Muscle qui sert à abaisser.

ABAJOUE, n. f. Cavité intérieure dans les joues de certains animaux, comme les singes, etc.

ABANDON, n. m. État d'une personne ou d'une chose délaissée; négligence aimable dans le discours, le style, les manières, etc.; résignation : *abandon à la volonté de Dieu*; oubli : *abandon de soi-même*; renoncement : *abandon d'un droit.* **A l'abandon**, loc. adv. Sans soin, en désordre : *laisser ses enfants, sa maison à l'abandon.*

ABANDONNEMENT, n. m. Délaissement entier; acte de cession.

ABANDONNER, v. tr. Quitter, délaisser entièrement : *abandonner sa maison*; renoncer à : *abandonner ses prétentions*; négliger : *abandonner ses devoirs*; confier : *abandonner le soin de ses affaires à un commis*; livrer : *abandonner une ville au pillage.* **S'abandonner**, v. pr. Se livrer : *s'abandonner à la joie, à la débauche*; perdre courage : *une âme forte ne s'abandonne jamais.*

ABASOURDIR, v. tr. Étourdir. Fig. Consterner. *Fam.*

ABATAGE, n. m. Action de couper le bois; de tuer les bestiaux.

ABÂTARDIR, v. tr. Altérer, faire dégénérer. S'emploie aussi au fig. : *une longue servitude abâtardit le courage.*

ABÂTARDISSEMENT, n. m. Dégénération, altération, au prop. et au fig. : *l'abâtardissement d'une plante, de l'esprit.*

ABATIS, n. m. Quantité de choses abattues, telles que bois, arbres, maisons; de bêtes fauves, de gibier tué; tête, cou, ailerons, pattes de volaille : *un abatis d'oie.*

ABAT-JOUR, n. m. Fenêtre qui reçoit le jour d'en haut; auvent élevé devant les magasins ou boutiques, pour intercepter les rayons du soleil; appareil d'éclairage. Pl. des *abat-jour.*

ABATTEMENT, n. m. Découragement; affaiblissement des forces physiques ou morales.

ABATTEUR, n. m. Qui abat. *Grand abatteur de besogne*, qui en fait beaucoup.

ABATTOIR, n. m. Lieu où l'on tue les bestiaux.

ABATTRE, v. tr. Mettre à bas, renverser, démolir : *abattre un arbre, un mur*; tuer : *abattre des bestiaux, du* *gibier. Fig.* Affaiblir : *la fièvre abat;* décourager : *quelle peur vous abat;* abaisser : *abattre l'orgueil;* faire cesser: *petite pluie abat grand vent.* **S'abattre,** v. pr. Tomber : *son cheval s'abattit;* se précipiter sur : *l'épervier s'abat sur sa proie.*

ABAT-VENT, n. m. Petit auvent qui garantit de la pluie et du vent. Pl. des *abat-vent.*

ABAT-VOIX, n. m. Couronnement d'une chaire à prêcher. Pl. des *abat-voix.*

ABBATIAL, E, adj. Qui se rapporte à l'abbé, à l'abbesse, à l'abbaye: *maison abbatiale.* Pl. m. *abbatiaux: des droits abbatiaux.*

ABBAYE, n. f. Monastère gouverné par un abbé ou une abbesse ; bâtiments du monastère.

ABBÉ, n. m. Supérieur d'une abbaye; ecclésiastique.

ABBESSE, n. f. Supérieure d'un monastère de femmes.

ABC, n. m. Petit livre contenant l'alphabet. *Fig.* Premiers éléments d'un art, d'une science : *l'arithmétique n'est que l'abc des mathématiques. Renvoyer à l'abc,* traiter d'ignorant.

ABCÉDER, v. int. Se tourner en abcès.

ABCÈS, n. m. Amas d'humeurs corrompues.

†ABDICATION, n. f. Action d'abdiquer.

ABDIQUER, v. tr. Renoncer à une dignité souveraine, à des fonctions éminentes : *abdiquer la couronne.*

ABDOMEN, n. m. Partie du bas-ventre qui renferme les intestins ; partie postérieure du corps des insectes.

ABDOMINAL, E, adj. Qui appartient à l'abdomen : *muscles abdominaux.*

ABDUCTEUR, adj. *Anat.* Se dit de certains muscles dont la fonction est d'écarter de l'axe du corps les parties auxquelles ils sont attachés.

ABÉCÉDAIRE, n. m. Livre élémentaire de lecture.

ABÉE, n. f. Ouverture par laquelle coule l'eau qui fait mouvoir un moulin.

ABEILLE, n. f. Mouche à miel.

ABERRATION, n. f. Mouvement apparent des étoiles fixes. *Opt.* Dispersion des rayons lumineux : *aberration de la lumière. Fig.* Erreur d'esprit : *aberration des idées.*

ABÊTIR, v. tr. Rendre stupide : *trop de solitude abêtit l'homme.* V. int. Devenir stupide : *cet enfant abêtit de jour en jour.*

AB HOC ET AB HAC, loc. lat. Sans

raison, à tort et à travers : *discourir ab hoc et ab hac. Fam.*

ABHORRER, v. tr. Avoir en horreur.

ABÎME, n. m. Gouffre très-profond. *L'éternel abîme,* l'enfer. *Fig.* Tout ce qui est extrême : *un abîme de misère;* impénétrable : *le cœur de l'homme est un abîme.*

ABÎMER, v. tr. Renverser : *les cinq villes que Dieu abîma;* gâter, endommager : *la pluie a abîmé les chemins.* **S'abîmer,** v. pr. S'écrouler : *la maison s'est abîmée dans les flammes;* se plonger : *s'abîmer dans sa douleur.*

AB INTESTAT, loc. lat. Se dit de celui qui hérite d'une personne morte sans avoir fait de testament : *hériter ab intestat* (V. *intestat*).

AB IRATO, loc. lat. Par un homme en colère : *discours, testament ab irato.*

ABJECT, E, adj. Méprisable, bas, vil : *homme, emploi, sentiments abjects.*

ABJECTION, n. f. Abaissement, bassesse : *vivre dans l'abjection.*

ABJURATION, n. f. Renonciation solennelle à une erreur, une hérésie.

ABJURER, v. tr. Renoncer publiquement à une religion. *Fig.* Renoncer à une opinion, à un sentiment.

ABLATIF, n. m. *Gram.* Sixième cas de la déclinaison latine.

ABLÉGAT, n. m. Officier chargé par le pape de certaines fonctions.

ABLETTE, n. f. Petit poisson à écailles argentées.

ABLUTION, n. f. Action qui, chez les Orientaux, consiste à se laver le corps ou une partie du corps ; vin et eau que le prêtre verse sur ses doigts après la communion.

ABNÉGATION, n. f. Renoncement à soi : *faire abnégation de soi-même.*

ABOIEMENT ou **Aboîment,** n. m. Cri du chien.

ABOIS, n. m. pl. Dernières extrémités où le cerf est réduit. *Fig.* Se dit des personnes : *il n'a plus le sou, il est aux abois.*

ABOLIR, v. tr. Annuler, anéantir : *abolir une loi.*

ABOLISSEMENT, n. m. Action d'abolir.

ABOLITION, n. f. Annulation (en parlant des lois); suppression d'une chose : *abolition de la torture, de l'esclavage.*

ABOLITIONISTE, n. m. Partisan de l'abolition de l'esclavage.

ABOMINABLE, adj. Qui excite l'aversion, l'horreur : *homme abominable, crime abominable;* très-mauvais : *goût, temps abominable.*

ABOMINABLEMENT, adv. D'une manière abominable.

ABOMINATION, n. f. Horreur : *être en abomination aux gens de bien*; chose abominable : *c'est une abomination.*

ABONDAMMENT, adv. Avec abondance.

ABONDANCE, n. f. Grande quantité; vin mêlé avec beaucoup d'eau, boisson ordinaire des collégiens; douceurs de la vie : *vivre dans l'abondance.* *Fig.* Richesse d'élocution : *parler avec abondance.* **D'abondance** (*parler*), loc. adv. Parler sans préparation.

ABONDANT, E, adj. Qui abonde : *récolte abondante.* *Fig.* Riche en idées : *style abondant*; en mots : *langue abondante.*

ABONDER, v. int. Être, avoir ou produire en abondance : *tout abonde ici*; *la vigne abonde en ce pays.* *Fig.* *Abonder dans le sens de quelqu'un*, être de son avis.

ABONNÉ, ÉE, n. Qui a pris un abonnement.

ABONNEMENT, n. m. Convention ou marché fait à un prix déterminé et pour un temps limité : *prendre un abonnement à un journal, à un théâtre.*

ABONNER, v. tr. Faire un abonnement. **S'abonner**, v. pr. Prendre un abonnement.

ABONNIR, v. tr. Améliorer : *abonnir un terrain.* **S'abonnir**, v. pr. Devenir meilleur.

ABORD, n. m. Action d'aborder : *tenter l'abord d'un port*; manière d'accueillir : *abord facile.* **D'abord, du premier abord, de prime abord, tout d'abord**, loc. adv. Dès le premier instant.

ABORDABLE, adj. Qu'on peut aborder. *Fig.* Accessible : *homme abordable.* *Fam.*

ABORDAGE, n. m. Attaque d'un vaisseau ennemi : *monter à l'abordage*; choc imprévu de deux bâtiments en mer.

ABORDER, v. int. Aller à bord, prendre terre : *aborder dans une île.* v. tr. Combattre un vaisseau bord à bord; le heurter par accident; accoster quelqu'un : *je l'abordai avec confiance.* *Fig.* *Aborder une question*, la traiter. **S'aborder**, v. pr. S'approcher : *les deux souverains s'abordèrent amicalement.*

ABORIGÈNES, n. m. pl. Ceux qui ont habité les premiers un pays : *les Européens établis actuellement en Amérique ne sont pas aborigènes.*

ABORNEMENT, n. m. Action d'aborner.

ABORNER, v. tr. Mettre des bornes à un champ.

ABOUCHEMENT, n. m. Entrevue, conférence.

ABOUCHER, v. tr. Faire rencontrer deux ou plusieurs personnes pour qu'elles confèrent ensemble. *S'aboucher avec quelqu'un*, se mettre en rapport avec lui.

ABOUTIR, v. int. Toucher par un bout : *ce champ aboutit au chemin*, et *fig.*: *la vie aboutit à la mort.* *Fig.* Tendre à, avoir pour résultat : *tous ces raisonnements n'aboutissent à rien.* *Méd.* Arriver à suppuration (en parlant d'un abcès).

ABOUTISSANT, E, adj. Qui aboutit. N. m. pl. *Propre* et *fig.* Ce qui joint, ce qui a rapport : *les tenants et les aboutissants d'une terre, d'une affaire.*

AB OVO, loc. lat. Dès l'origine : *reprendre une affaire ab ovo.*

ABOYER, v. int. Japper, en parlant du chien. *Fig.* Crier après quelqu'un, le poursuivre avec importunité : *cessez d'aboyer contre moi.*

ABOYEUR, n. m. *Chasse.* Chien qui aboie sans approcher. *Fig.* Celui qui fatigue par ses cris, ses clameurs.

ABRACADABRA, n. m. Mot cabalistique auquel les anciens attribuaient une vertu magique pour guérir certaines maladies. On le portait autour du cou, les lettres disposées en un triangle dont toutes les faces reproduisaient le mot.

ABRÉGÉ, n. m. Livre offrant en moins de mots la substance d'un autre ouvrage. **En abrégé**, loc. adv. En raccourci : *c'est le monde en abrégé.* *Écrire en abrégé*, en employant des abréviations.

ABRÉGER, v. tr. Rendre plus court : *abréger un récit.* *Fig.* Faire paraître moins long : *la conversation abrège le chemin.*

ABREUVER, v. tr. Faire boire (surtout parl. des bestiaux). *Fig.* *Abreuver de chagrins, de dégoûts*, en accabler.

ABREUVOIR, n. m. Lieu où l'on mène boire les bestiaux.

ABRÉVIATEUR, n. m. Celui qui abrège l'ouvrage, les écrits d'un auteur.

ABRÉVIATION, n. f. Retranchement de lettres dans un mot : *M., Mme, Melle*, pour *Monsieur, Madame, Mademoiselle.*

ABRI, n. m. Lieu où l'on peut se mettre à couvert de la pluie, du soleil, etc. *Fig.* Endroit où l'on est en sûreté : *la religion offre un abri aux malheureux.* **A l'abri de**, loc. prép. A couvert, en sûreté : à l'abri de la pluie, des passions.

ABRICOT, n. m. Fruit à noyau.

ABRICOTIER, n. m. Arbre qui produit l'abricot.

ABRITER, v. tr. Mettre à l'abri.

ABROGATION, n. f. Annulation d'une loi, etc.

ABROGER, v. tr. Annuler une loi, etc.

ABRUPT, E, adj. Coupé droit, escarpe : rocher abrupt. Fig. Saccadé, peu poli : style, caractère abrupt.

ABRUPTO (EX). V. Ex abrupto.

ABRUTIR, v. tr. Rendre stupide.

ABRUTISSANT, E, adj. Qui abrutit.

ABRUTISSEMENT, n. m. Etat d'une personne abrutie.

ABSCISSE, n. f. Géom. Portion de l'axe d'une courbe.

ABSENCE, n. f. Eloignement ; défaut de présence. Fig. Manque de : absence de goût ; distraction : avoir des absences.

ABSENT, E, adj. Hors de sa demeure ; non présent : être absent au moment de l'appel. Fig. Distrait : son esprit est absent. N. m. : les absents ont toujours tort.

ABSENTER (S'), v. pr. S'éloigner momentanément.

ABSIDE, n. f. Arch. Voûte.

ABSINTHE, n. f. Plante amère ; liqueur extraite de cette plante. Fig. Douleur, amertume.

ABSOLU, E, adj. Indépendant, souverain : roi absolu ; sans restriction : vérité absolue ; impérieux : ton absolu. Log. Opposé de relatif : homme est un terme absolu, père est un terme relatif.

ABSOLUMENT, adv. D'une manière absolue, sans restriction ; indispensablement : il faut absolument que vous partiez. Gram. Mot employé absolument, sans complément.

ABSOLUTION, n. f. Action de remettre les péchés.

ABSOLUTISME, n. m. Système de gouvernement où la volonté du souverain est la loi suprême.

ABSOLUTISTE, n. m. Partisan de l'absolutisme.

ABSOLUTOIRE, adj. Qui absout : bref absolutoire.

ABSORBANT, E, adj. Qui absorbe : terres absorbantes. Méd. N. m. : un bon absorbant.

ABSORBER, v. tr. Engloutir, s'emparer de : le sable absorbe l'eau ; se dit aussi en parlant des couleurs, des sons, etc. : le noir absorbe la lumière. Fig. Dissiper entièrement : le luxe absorbe

les richesses ; occuper fortement : absorber l'attention.

ABSORPTION, n. f. Action d'absorber : les animaux et les végétaux croissent et se développent par absorption.

ABSOUDRE, v. tr. (J'absous, tu absous, il absout, nous absolvons, vous absolvez, ils absolvent. J'absolvais, n. absolvions. Passé déf. manque. J'absoudrai, n. absoudrons. J'absoudrais, n. absoudrions. Absous, absolvons, absolvez. Que j'absolve, q. n. absolvions. Absolvant. Absous, absoute.) Renvoyer d'une accusation : absoudre un coupable, un accusé ; remettre les péchés.

ABSOUTE, n. f. Absolution publique donnée au peuple le jeudi saint.

ABSTENIR (S'), v. pr. S'empêcher de faire une chose.

ABSTENTION, n. f. Acte par lequel on s'abstient de faire une chose.

ABSTERGENT, E, adj. et n. m. Méd. Remède pour nettoyer les plaies.

ABSTERGER, v. tr. Méd. Nettoyer une plaie.

ABSTERSIF, IVE, adj. Méd. Propre à nettoyer.

ABSTERSION, n. f. Action d'absterger.

ABSTINENCE, n. f. Action de s'abstenir, en parlant d'aliments.

ABSTINENT, E, adj. Sobre dans le boire et le manger.

ABSTRACTION, n. f. Opération de l'esprit, par laquelle il considère isolément des choses unies : Descartes, abstraction faite de son fameux système des tourbillons, fut un grand philosophe ; préoccupation : il est dans des abstractions continuelles. Faire abstraction d'une chose, n'en pas tenir compte.

ABSTRACTIVEMENT, adv. Par abstraction.

ABSTRAIRE, v. tr. Faire abstraction.

ABSTRAIT, E, adj. Qui désigne une qualité, abstraction faite du sujet, comme blancheur, bonté ; métaphysique, difficile à comprendre : sciences abstraites ; écrivain abstrait ; préoccupé : esprit abstrait. Arith. Nombre abstrait, dont la nature des unités n'est pas exprimée, par oppos. à concret.

ABSURDE, adj. Contraire à la raison, au sens commun. N. m. : tomber dans l'absurde.

ABSURDEMENT, adv. D'une manière absurde.

ABSURDITÉ, n. f. Etat de ce qui est absurde.

ABSURDO (AB ou EX), loc. lat. D'après l'absurde : prouver ab absurdo.

ABUS, n. m. Usage mauvais, excessif ou injuste : *abus de sa force;* erreur : *c'est un abus de croire... Abus de confiance,* action d'abuser de la confiance de quelqu'un. Pl. Desordres : *il se commet bien des abus.*

ABUSEUR, n. m. Qui abuse, qui trompe. *Peu us.*

ABUSER, v. tr. Tromper, égarer : *abuser un esprit faible.* V. int. User mal : *abuser de son crédit.* S'abuser, v. pr. Se tromper : *il s'abuse étrangement.*

ABUSIF, VE, adj. Contraire aux règles; aux usages; excessif : *faire un usage abusif des liqueurs fortes.*

ABUSIVEMENT, adv. D'une manière abusive.

ACABIT, n. m. Qualité bonne ou mauvaise d'une chose : *poire d'un bon acabit* (ne pas dire *d'une bonne acabit*). *Fig.* Nature, caractère : *cet homme est d'un bon acabit.*

ACACIA, n. m. Arbre épineux.

ACADÉMICIEN, n. m. Autrefois, en Grèce, sectateur de Platon; aujourd'hui, tout membre d'une académie.

†ACADÉMIE, n. f. École philosophique fondée par Platon vers 388 av. J.-C.; société de gens de lettres, de savants ou d'artistes : *l'Académie française, l'Académie des sciences,* etc.; *l'Académie de musique,* à Paris (l'Opéra); une des seize divisions universitaires : *l'Académie de Paris, de Dijon, de Toulouse,* etc.; école de peinture, d'escrime, d'équitation.

ACADÉMIE, n. f. Figure dessinée d'après un modèle vivant et nu.

ACADÉMIQUE, adj. Propre à une académie : *fauteuil, séance académique. Style académique,* où l'art se fait trop sentir; *pose académique,* tournure prétentieuse.

ACADÉMIQUEMENT, adv. D'une manière académique.

ACADÉMISTE, n. m. Celui qui étudie les armes, l'équitation dans une académie.

ACAGNARDER, v. tr. Rendre fainéant. S'acagnarder, v. p. S'habituer à une vie oisive.

ACAJOU, n. m. Arbre d'Amérique, d'un bois rougeâtre et fort dur.

ACANTHE, n. f. Plante épineuse du Midi; ornement d'architecture : *feuilles d'acanthe.*

ACARIÂTRE, adj. D'une humeur fâcheuse, aigre, criarde.

ACARUS, n. m. Petit ver.

ACAULE, adj. Plante dépourvue de tige, comme le pissenlit, la primevère, le plantin, la chicorée, etc.

ACCABLANT, E, adj. Qui accable : *poids accablant. Fig.: chagrin accablant, chaleur accablante.*

ACCABLEMENT, n. m. État d'une personne accablée.

ACCABLER, v. tr. Faire succomber sous le poids. *Fig.* Surcharger : *accabler de travail;* combler : *accabler d'honneurs;* abattre : *le malheur l'accable.*

ACCAPAREMENT, n. m. Action d'accaparer; résultat de cette action.

ACCAPARER, v. tr. Acheter dans un pays tout ce qui s'y trouve d'une denrée ou marchandise, pour en être seul détenteur, et en régler le cours. *Fig. Accaparer quelqu'un,* l'attirer sans cesse près de soi.

ACCAPAREUR, EUSE. n. Qui accapare.

ACCÉDER, v. int. Adhérer : *accéder à un traité.*

ACCÉLÉRATEUR, TRICE, adj. Qui accélère; qui s'accélère : *la force accélératrice d'un corps qui tombe.*

ACCÉLÉRATION, n. f. Action d'accélérer; augmentation de vitesse qu'acquiert un corps en mouvement. *Fig.* Prompte expédition : *accélération d'une affaire, des travaux.*

ACCÉLÉRER, v. tr. Hâter, presser : *accélérer une affaire;* augmenter la vitesse : *accélérer sa marche.*

ACCENT, n. m. Élévation ou abaissement de la voix sur certaines syllabes : *accent oratoire;* prononciation particulière : *accent gascon;* expression de la voix : *accent plaintif;* signe qui se met sur une voyelle : *accent aigu.*

ACCENTUATION, n. f. Manière d'accentuer, en lisant ou en écrivant.

ACCENTUER, v. tr. Mettre les accents; varier les inflexions de la voix.

ACCEPTABLE, adj. Qui peut ou doit être accepté : *offres acceptables.*

ACCEPTATION, n. f. Action d'accepter : *acceptation d'une donation,* promesse de payer : *acceptation d'une lettre de change.*

ACCEPTER, v. tr. Agréer ce qui est offert : *accepter un don. J'en accepte l'augure,* accueillir une espérance donnée. *Fam.*

ACCEPTEUR, n. m. Celui qui accepte une créance.

ACCEPTION, n. f. Sorte de préférence : *rendre la justice sans acception de personnes.* Gram. Sens dans lequel un mot est employé : *acception propre, acception figurée,* ex. : *la chaleur* (acception propre) *du feu; la chaleur* (acception figurée) *du discours.*

ACCÈS, n. m. Abord, entrée . accès difficile; attaque d'un mal : *accès de fièvre*; mouvement intérieur et passager : *accès de colère*.

ACCESSIBLE, adj. Dont on peut approcher : *les mers polaires ne sont pas accessibles*; bienveillant : *prince accessible à tout le monde*.

ACCESSION, n. f. Adhésion : *donner son accession à un traité*.

ACCESSIT, n. m. Distinction accordée à ceux qui ont le plus approché du prix. Pl. des *accessits*.

ACCESSOIRE, adj. Suite ou accompagnement d'une chose principale : *clause accessoire*. N. m. *Prendre l'accessoire pour le principal*.

ACCESSOIREMENT, adv. D'une manière accessoire.

ACCIDENT, n. m. Événement fortuit; malheur. *Accidents de terrain*, mouvements du sol qui s'élève et s'abaisse irrégulièrement. *Peint. Accidents de lumière*, combinaison de la lumière et des ombres dans un tableau. **Par** accident, loc. adv. Par hasard.

ACCIDENTÉ, ÉE, adj. Varié dans ses aspects; inégal : *terrain accidenté*. *Fig. Vie accidentée*, agitée; *style accidenté*, inégal.

ACCIDENTEL, ELLE, adj. Qui arrive par hasard, qui n'est pas prévu : *circonstance accidentelle*.

ACCIDENTELLEMENT, adv. Par accident. *Gram. Verbe accidentellement pronominal*, comme *se plaindre*.

ACCLAMATION, n. f. Cri de joie; approbation unanime; manière de voter dans les assemblées, en certaines occasions : *loi votée par acclamation*.

ACCLIMATATION, n. f. *Agr.* Action d'acclimater des animaux, etc.

ACCLIMATER, v. tr. Accoutumer à la température d'un nouveau climat : *acclimater une plante*. S'acclimater, en parlant des personnes, s'habituer à vivre dans un lieu. *Fam.*

ACCOINTANCE, n. f. Rapports, fréquentation : *je ne veux point d'accointance avec cet homme*.

ACCOINTER (s'), v. pr. Se lier intimement.

ACCOLADE, n. f. Embrassement : *donner l'accolade*; trait de plume pour réunir plusieurs articles en un. ⌒

ACCOLER, v. tr. Lier, réunir; joindre ensemble plusieurs lignes par un trait de plume. *Accoler la vigne*, la lier à l'échalas.

ACCOMMODABLE, adj. Qui se peut accommoder : *une querelle accommodable*.

ACCOMMODANT, E, adj. Complaisant, traitable, d'un commerce facile : *homme accommodant*.

ACCOMMODEMENT, n. m. Accord d'un différend : *accommodement à l'amiable*.

ACCOMMODER, v. tr. Rendre commode, propre à; concilier : *accommoder une affaire*; apprêter : *accommoder de la viande, un poisson*; convenir : *cette maison m'accommode. Fam.*

ACCOMPAGNATEUR, TRICE, n. Qui accompagne avec la voix ou avec quelque instrument la partie principale d'un morceau de musique.

ACCOMPAGNEMENT, n. m. Action d'accompagner. *Mus.* Accord d'instruments qui accompagnent la voix, etc.

ACCOMPAGNER, v. tr. Aller de compagnie avec quelqu'un; escorter. *Fig. Mus.* Jouer une partie accessoire.

ACCOMPLI, E, adj. Parfait : *mérite accompli*; effectué : *le crime est accompli*.

ACCOMPLIR, v. tr. Achever entièrement : *accomplir un devoir*; exécuter : *accomplir un projet*.

ACCOMPLISSEMENT, n. m. Achèvement; réalisation : *accomplissement d'un désir*.

ACCORD, n. m. Conformité de sentiments : *vivre dans un parfait accord*, accommodement : *tomber d'accord*; convention : *il y a accord entre eux*. *Gram.* Rapport des mots, concordance. *Mus.* Union de plusieurs sons formant harmonie : *accord parfait*. **D'accord**, loc. adv. J'y consens.

ACCORDAILLES, n. f. pl. Fiançailles. *Pop.*

ACCORDER, v. tr. Mettre des instruments d'accord; concéder : *accorder du temps, une demande*. *Gram.* Mettre les mots en concordance.

ACCORDEUR, n. m. Qui accorde les instruments de musique : *accordeur de pianos*.

ACCORDOIR, n. m. Outil pour accorder les instruments de musique.

ACCORT, E, adj. Civil, complaisant : *femme douce et accorte*.

ACCOSTABLE, adj. Facile à aborder.

ACCOSTER, v. tr. Aborder quelqu'un pour lui parler.

ACCOTER, v. tr. Appuyer de côté. S'accoter, v. pr. S'appuyer : *s'accoter contre un mur*.

ACCOUCHÉE, n. f. Femme qui vient de mettre un enfant au monde.

ACCOUCHEMENT, n. m. Action d'accoucher.

ACCOUCHER, v. int. Enfanter. V.

tr. Faire un accouchement. *Fig.* Se dit des productions de l'esprit : *accoucher d'un bon mot.*

ACCOUCHEUR, EUSE, n. Dont la profession est de faire des accouchements.

ACCOUDER (s'), v. pr. S'appuyer du coude.

ACCOUDOIR, n. m. Appui pour s'accouder.

ACCOUPLEMENT, n. m. Assemblage d'animaux par couples, pour le travail.

ACCOUPLER, v. tr. Joindre deux choses ensemble, mettre deux à deux : *accoupler des bœufs ; voilà deux mots mal accouplés.*

ACCOURCIR, v. tr. Rendre plus court.

ACCOURCISSEMENT, n. m. Diminution de longueur (en parlant des jours, d'un chemin).

ACCOURIR, v. int. Venir à la hâte.

ACCOUTREMENT, n. m. Habillement. (S'emploie le plus souvent en m. part.)

ACCOUTRER, v. tr. Habiller ridiculement. *Fam.*

ACCOUTUMANCE, n. f. Habitude. *Vieux.*

ACCOUTUMER, v. tr. Faire prendre une habitude. **S'accoutumer,** v. pr. S'habituer.

ACCRÉDITER, v. tr. Mettre en crédit : *sa loyauté l'a accrédité ;* faire croire à : *accréditer un bruit. Accréditer un envoyé,* autoriser sa mission. **S'accréditer,** v. pr. Gagner en réputation, en crédit : *ce marchand, cette marchandise, cette nouvelle s'accrédite.*

ACCROC, n. m. Déchirure. *Fig.* Difficulté : *il est survenu un accroc dans cette affaire ;* tache : *ce procès a fait un accroc à sa réputation.*

ACCROCHER, v. tr. Suspendre à un clou ; déchirer. *Fig.* Retarder, arrêter : *c'est une affaire accrochée ;* obtenir par ruse : *accrocher une place.*

ACCROIRE (faire), v. tr. Faire croire ce qui n'est pas.

ACCROISSEMENT, n. m. Augmentation : *accroissement de fortune ;* développement : *l'accroissement des forces, d'une plante.*

ACCROÎTRE, v. tr. Augmenter, rendre plus grand : *tout accroît mes ennuis.* v. int. Aller en augmentant : *son bien accroît tous les jours.*

ACCROUPIR (s'), v. pr. S'asseoir sur ses talons.

ACCROUPISSEMENT, n. m. Position d'une personne accroupie.

ACCUEIL, n. m. Réception. *Faire accueil,* bien recevoir.

ACCUEILLIR, v. tr. Recevoir avec égards. Se dit aussi en m. part : *accueillir froidement.*

ACCULER, v. tr. Pousser dans un coin, contre un mur.

ACCUMULATION, n. f. Entassement, amas : *accumulation de richesses.*

ACCUMULER, v. tr. Entasser et mettre ensemble : *accumuler des trésors.*

ACCUSABLE, adj. Qui peut être accusé. *Peu us.*

ACCUSATEUR, TRICE, n. Qui accuse quelqu'un.

ACCUSATIF, n. m. *Gram.* Quatrième cas des déclinaisons grecque, latine, allemande.

ACCUSATION, n. f. Action en justice ; reproche.

ACCUSÉ, ÉE, n. Qui est déféré en justice : *absoudre un accusé. Accusé de réception,* avis donné qu'on a reçu une chose.

ACCUSER, v. tr. Déférer en justice pour crime ou délit ; imputer une faute à quelqu'un : *accuser de lâcheté ;* révéler : *accuser ses péchés ;* servir d'indice : *les apparences nous accusent.* **S'accuser,** v. pr. S'avouer coupable. *Com.* Donner avis : *accuser réception.*

ACÉPHALE, adj. Qui n'a point de tête : *monstre acéphale.*

ACERBE, adj. D'un goût âpre : *fruits acerbes. Fig.* Sévère, mordant : *langage acerbe.*

ACERBITÉ, n. f. Qualité de ce qui est acerbe.

ACÉRÉ, ÉE, adj. Tranchant, aigu : *lame acérée.*

ACÉRER, v. tr. Souder de l'acier à du fer pour le rendre tranchant.

ACÉTATE, n. m. *Chim.* Sel produit par l'acide acétique combiné avec d'autres bases.

ACÉTEUX, EUSE, adj. Qui a le goût du vinaigre.

ACÉTIQUE, adj. m. *Chim. Acide acétique,* vinaigre.

ACHALANDAGE, n. m. Action d'achalander ; clientèle d'un marchand.

ACHALANDER, v. tr. Procurer des clients ; mettre un magasin, une boutique en vogue.

ACHARNEMENT, n. m. Ardeur furieuse. *Fig.* Animosité : *acharnement de deux plaideurs.*

ACHARNER, v. tr. Exciter, animer, irriter. **S'acharner,** v. pr. S'attacher avec fureur, avec excès : *s'acharner au jeu.*

ACHAT, n. m. Acquisition.

ACHEMINEMENT, n. m. Moyen d'arriver au but qu'on se propose.

ACHEMINER (S'), v. pr. Se mettre en chemin.

ACHÉRON, n. m. *Myth.* Fleuve des enfers. *Fig.* La mort : *l'avare Achéron ne lâche point sa proie.*

ACHETER, v. tr. Acquérir à prix d'argent. *Fig.* Obtenir avec peine : *on achette la gloire au prix du sang.*

ACHETEUR, EUSE, n. Qui achette.

ACHÈVEMENT, n. m. Fin, exécution entière.

ACHEVER, v. tr. Finir une chose commencée; porter le dernier coup : *ce coup m'achève.* **Achevé, ée**, adj. Accompli, parfait : *un tableau achevé.*

ACHOPPEMENT (pierre d'), n. m. Obstacle, écueil : *l'affaire sera bientôt terminée, si nous ne trouvons pas quelque pierre d'achoppement;* occasion de faillir : *les paresseux sont des pierres d'achoppement pour l'élève studieux.*

ACIDE, n. m. *Chim.* Composé d'un corps simple avec l'oxigène, d'une saveur piquante, et rougissant la teinture de tournesol : *acide sulfurique* (composé de soufre et d'oxigène).

ACIDE, adj. Qui a une saveur aigre : *fruit acide.*

ACIDITÉ, n. f. Qualité de ce qui est acide : *l'acidité du verjus.*

ACIDULE, adj. *Chim.* Légèrement acide.

ACIDULER, v. tr. Rendre légèrement aigre, piquant, acide.

ACIER, n. m. Fer parfaitement pur, devenu tel par la trempe. *Fig.* Poignard, épée.

ACIÉRER, v. tr. Convertir du fer en acier.

ACIÉRIE, n. f. Fabrique d'acier.

ACOLYTE, n. m. Clerc qui sert à l'autel; compagnon de crime ou de débauche.

A-COMPTE, n. m. Somme payée en déduction d'un compte : *donner un à-compte.* Pl. des *à-compte.*

ACONIT, n. m. Plante vénéneuse.

ACOQUINER (S'), v. pr. S'accoutumer : *s'acoquiner au feu;* s'attacher : *s'acoquiner avec une femme.* Se prend toujours en m. part.

ACOUSTIQUE, n. f. *Phys.* Théorie des sons. Adj. Qui augmente le son : *cornet acoustique. Nerf acoustique*, celui qui va à l'oreille.

ACQUÉREUR, n. m. Qui acquiert.

ACQUÉRIR, v. tr. irr. (J'acquiers, tu acquiers, il acquiert, nous acquérons, vous acquérez, ils acquièrent. J'acquérais, nous acquérions. J'acquis, nous acquîmes. J'acquerrai, nous acquer-

rons. J'acquerrais, nous acquerrions. Acquiers, acquérons, acquérez. Que j'acquière, que tu acquières, qu'il acquière, que nous acquérions, que vous acquériez, qu'ils acquièrent. Que j'acquisse, que nous acquissions. Acquérant. Acquis, acquise.) Devenir possesseur par achat, par le travail, etc. : acquérir des talents, de la gloire.

ACQUIESCEMENT, n. m. Adhésion, consentement : *un entier acquiescement aux volontés de quelqu'un.*

ACQUIESCER, v. int. Consentir : *acquiescer à un désir.*

ACQUIS, n. m. Savoir, expérience : *il a de l'acquis.*

ACQUISITION, n. f. Action d'acquérir; chose acquise.

ACQUIT, n. m. Quittance, décharge : *j'ai votre acquit, ainsi je ne vous dois rien.* **Pour acquit**, mots qu'on écrit au bas d'un billet, d'un compte, pour certifier qu'ils ont été payés. **Par manière d'acquit**, loc. adv. Négligemment. *Fig. Pour l'acquit de sa conscience*, pour qu'elle n'en soit pas chargée.

ACQUIT-A-CAUTION, n. m. Billet d'octroi qui permet de faire circuler librement des marchandises. Pl. des *acquits-à-caution.*

ACQUITTEMENT, n. m. Action d'acquitter, en parlant d'une dette, d'un prisonnier.

ACQUITTER, v. tr. Payer ce qu'on doit : *acquitter une dette. Fig.* Renvoyer absous : *acquitter un accusé.*

ACRE, n. m. Anc. mesure de terre contenant 51 ares 29 centiares.

ÂCRE, adj. Piquant au goût, corrosif : *fruit, bile âcre.*

ÂCRETÉ, n. f. Qualité de qui est âcre.

ACRIMONIE, n. f. Acreté : *l'acrimonie des humeurs. Fig.* Ton mordant : *quelle acrimonie dans ses paroles!*

ACRIMONIEUX, EUSE, adj. Qui a de l'acrimonie.

ACROBATE, n. Danseur de corde.

ACROSTICHE, n. m. Petite pièce de vers, dont les premières lettres réunies reproduisent le mot qui en forme le sujet. Voici un acrostiche fait sur Louis XIV par quelque solliciteur dont le gousset ne contenait pas un écu :

Louis est un héros sans peur et sans
[reproche;
On désire le voir. Aussitôt qu'on l'ap-
[proche,
Un sentiment d'amour enflamme tous
[les cœurs;
Il ne trouve chez nous que des adora-
[teurs;
Son image est partout, excepté dans
[ma poche.

ACTE, n. m. Action : *on connaît l'homme par ses actes* ; déclaration légale : *acte de naissance* ; formule religieuse : *acte de foi* ; division d'une pièce de théâtre : *pièce en cinq actes*. Prendre acte, faire consigner un fait ; *faire acte de comparution*, se montrer un instant ; *acte d'accusation*, exposition des faits imputés à un accusé. Pl. Décisions de l'autorité : *les actes du gouvernement*.

ACTEUR, TRICE, n. Artiste dramatique. *Fig.* Qui prend part à une affaire.

ACTIF, IVE, adj. Qui agit : *principe actif* ; diligent, laborieux : *homme, enfant actif*. *Gram. Verbe actif*, transitif, qui a un complément direct. N. m. *Com. L'actif*, ce qu'on possède, par oppos. à *passif*, ce qu'on doit.

ACTION, n. f. Le contraire du repos : *on le voit toujours en action* ; opération : *l'action du feu* ; tout ce qui se fait : *belle action* ; combat : *intrépide dans l'action* ; chaleur dans le débit ou le geste : *parler avec action* ; marche d'une pièce de théâtre : *action rapide* ; poursuite en justice : *action criminelle* ; sujet d'un poème : *action intéressante* ; part dans une entreprise commerciale : *acheter une, deux, trois actions de chemin de fer*. Pl. Remerciment : *actions de grâces*.

ACTIONNAIRE, n. m. Qui possède une ou plusieurs actions dans une entreprise.

ACTIONNER, v. tr. Intenter une action en justice.

ACTIVEMENT, adv. D'une manière active.

ACTIVER, v. tr. Presser, accélérer.

ACTIVITÉ, n. f. Vertu d'agir : *l'activité du feu*. *Fig.* Promptitude : *l'activité de l'esprit*. Soldat en activité, qui sert actuellement.

ACTUALITÉ, n. f. Ce qui arrive à propos, convient au moment présent : *la presse périodique ne vit que d'actualités*. M. nouv.

ACTUEL, ELLE, adj. Présent : *les mœurs actuelles*. *Fig.* Péché actuel, par oppos. à péché originel.

ACTUELLEMENT, adv. Présentement.

ACUPUNCTURE, n. f. *Chir.* Opération qui consiste à piquer la partie malade avec une aiguille.

ADAGE, n. m. Proverbe, maxime, ex. : *L'homme propose et Dieu dispose*.

ADAGIO, adv. *Mus.* Lentement. N. L'air même : *un bel adagio*. Pl. des adagio.

ADAPTATION, n. f. Action d'adapter. Peu us.

ADAPTER, v. tr. Appliquer ; ajuster : *adapter un cadre*.

ADDITION, n. f. Ce qu'on ajoute ; total d'une note de dépense. *Arith.* Première règle d'arithmétique.

ADDITIONNEL, ELLE, adj. Ce qui est ou doit être ajouté : *article additionnel, centimes additionnels*.

ADDITIONNER, v. tr. *Arith.* et *alg.* Ajouter ensemble plusieurs nombres ou quantités.

ADDUCTEUR, adj. *Anat.* Muscle dont la fonction est de rapprocher de l'axe du corps les parties auxquelles il est attaché : *muscle adducteur*.

ADEPTE, n. Personne initiée aux desseins d'une secte, aux secrets de la science.

ADÉQUATE, adj. Entier, complet ; *avoir une idée adéquate d'une chose*.

ADHÉRENCE, n. f. Union intime d'une chose à une autre.

ADHÉRENT, E, adj. Fortement attaché : *branche adhérente au tronc*. N. m. pl. *Fig.* Attachés à un parti.

ADHÉRER, v. int. Tenir fortement à une chose. *Fig.* Être d'un parti ; acquiescer : *adhérer à une doctrine, à une clause*.

ADHÉSION, n. f. Action d'adhérer. *Fig.* Consentement : *avoir l'adhésion de la cour*.

AD HOC, loc. lat. Spécialement. *Costume ad hoc*, approprié au rôle qu'on veut jouer.

AD HOMINEM, loc. lat. Qui concerne directement la personne : *argument ad hominem*.

AD HONORES, loc. lat. Sans rétribution : *fonction ad honores*.

ADIEU, loc. ell. Terme de civilité et d'amitié quand on se quitte.

ADJACENT, E, adj. Qui se touche : *terres adjacentes*. *Géom.* Contigu : *angles adjacents*.

ADJECTIF, n. m. Mot qui exprime la qualité ou détermine le sens des noms.

ADJECTIVEMENT, adv. Comme adjectif : *nom employé adjectivement*.

ADJOINDRE, v. tr. Associer une personne à une autre.

ADJOINT, adj. et n. Aide : *professeur adjoint* ; magistrat qui aide le maire dans ses fonctions.

ADJONCTION, n. f. Action d'adjoindre : *adjonction de deux jurés*. *Pal.*

ADJUDANT, n. m. Officier ou sous-officier qui seconde des chefs.

ADJUDICATAIRE, n. A qui une chose est adjugée.

ADJUDICATION, n. f. Action d'adjuger.

ADJUGER, v. tr. Attribuer en justice à l'une des parties une propriété contestée; donner des travaux au rabais : *adjuger une entreprise;* vendre par adjudication publique ; décerner : *adjuger un prix.*

ADJURATION, n. f. Action d'adjurer; formule d'exorcisme.

ADJURER, v. tr. Commander au nom de Dieu ; sommer de déclarer : *je vous adjure de dire la vérité.*

AD LIBITUM, loc. lat. A volonté : *récitez une fable de La Fontaine ad libitum.*

ADMETTRE, v. tr. Recevoir : *admettre dans une société;* reconnaître pour vrai ou valable : *admettre un principe, une requête.*

ADMINISTRATEUR, TRICE, adj. et n. Qui régit, administre.

ADMINISTRATIF, IVE, adj. Qui tient ou a rapport à l'administration : *décision administrative.*

ADMINISTRATION, n. f. Gouvernement; régie de biens; direction des affaires; branche d'un service public.

ADMINISTRATIVEMENT, adv. Suivant les formes, les règlements administratifs.

ADMINISTRER, v. tr. Gouverner, diriger : *administrer un département;* conférer : *administrer les sacrements.* Administré, ée, part. pas. Qui a reçu les sacrements. N. Qui est soumis à une administration : *préfet, maire respecté de tous ses administrés.*

ADMIRABLE, adj. Digne d'admiration.

ADMIRABLEMENT, adv. D'une manière admirable.

ADMIRATEUR, TRICE, n. Qui admire.

ADMIRATIF, IVE, adj. Qui marque de la surprise, de l'admiration : *geste admiratif, point admiratif* (!).

ADMIRATION, n. f. Action d'admirer.

ADMIRER, v. tr. Considérer avec surprise ce qui paraît merveilleux; trouver étrange : *j'admire ses prétentions.*

ADMISSIBILITÉ, n. f. Qualité de ce qui est admissible : *élève porté sur la liste d'admissibilité.*

ADMISSIBLE, adj. Qui peut être admis; recevable : *cela n'est pas admissible.*

ADMISSION, n. f. Action d'admettre; le fait d'être admis.

ADMONESTATION, n. f. Vive réprimande.

ADMONESTER, v. tr. Faire une remontrance.

ADMONITION, n. f. Action d'admonester; réprimande. Aujourd'hui on dit plus volontiers *admonestation.*

ADOLESCENCE, n. f. Âge de la vie qui suit la puberté jusqu'à l'âge viril (de 14 à 25 ans).

ADOLESCENT, E, adj. et n. Qui est dans l'adolescence.

ADONIS, n. m. Se dit, par plaisanterie, d'un jeune homme qui fait le beau, et qui prend un soin exagéré de sa parure.

ADONISER, v. tr. Parer avec soin, une recherche extrême. **S'adoniser**, v. pr. Se parer avec trop de soin, se complaire dans l'admiration de soi-même.

ADONNER (S'), v. pr. Se livrer avec passion ; s'appliquer avec ardeur : *s'adonner au théâtre, à l'étude.*

ADOPTER, v. tr. Prendre légalement pour fils ou pour fille : *Auguste adopta Tibère;* choisir, préférer : *adopter le barreau;* se rallier à : *adopter une opinion, un système.*

ADOPTIF, IVE, adj. Qui a été adopté.

ADOPTION, n. f. Action d'adopter.

ADORABLE, adj. Digne d'être adoré.

ADORATEUR, n. Qui adore.

ADORATION, n. f. Action d'adorer ; amour extrême.

ADORER, v. tr. Rendre à Dieu le culte qui lui est dû; aimer avec passion.

ADOS, n. m. Jard. Terre relevée en talus le long d'un mur, pour y semer des primeurs.

ADOSSER, v. tr. Appuyer contre : *adosser un bâtiment contre un mur.* **S'adosser**, v. pr. Appuyer le dos contre.

ADOUCIR, v. tr. Rendre plus doux. *Fig.* Rendre plus supportable : *adoucir la peine.*

ADOUCISSANT, E, adj. et n. m. Qui adoucit; qui calme la souffrance.

ADOUCISSEMENT, n. m. Action d'adoucir. *Fig.* Soulagement, diminution de peines.

AD PATRES (aller), loc. lat. fam. Mourir : *il est allé ad patres,* littéral. : *il est allé vers ses pères.*

AD REM, loc. lat. Net, précis : *discours ad rem.* Adv. Catégoriquement : *répondre ad rem.*

ADRESSE, n. f. Dextérité du corps : *adresse des mains ;* finesse de l'esprit : *dessein plein d'adresse ;* indication d'une personne ou d'un lieu : *envoyer une lettre à son adresse ;* lettre de demande, de félicitation, d'adhésion : *présenter* *une adresse;* suscription d'une lettre : *cette adresse est mal mise.*

ADRESSER, v. tr. Envoyer directement : *adresser un paquet;* parler à quelqu'un : *adresser la parole, une question.*

ADROIT, E, adj. Qui a de la dextérité. *Fig.* Rusé : *adroit fripon.*

ADROITEMENT, adv. Avec adresse.

ADULATEUR, TRICE, n. Qui flatte bassement.

ADULATION, n. f. Flatterie basse.

ADULER, v. tr. Flatter bassement : *aduler les grands.*

ADULTE, adj. et n. Parvenu à l'adolescence.

ADULTÈRE, adj. Qui viole la foi conjugale.

ADULTÉRIN, E, adj. Né de l'adultère.

ADVENIR, v. int. Arriver par accident : *quoi qu'il advienne.*

ADVERBE, n. m. *Gram.* Mot invar. qui modifie le verbe, l'adjectif ou un autre adverbe.

ADVERBIAL, E, adj. *Gram.* Qui tient de l'adverbe : *locution adverbiale.* m. pl. *adverbiaux.*

ADVERBIALEMENT, adv. D'une manière adverbiale.

ADVERSAIRE, n. m. Celui qui est d'un parti, d'une opinion contraire, et que l'on combat soit avec les armes, soit par la parole.

ADVERSATIF, IVE, adj. *Gram.* Conjonction adversative, qui marque opposition, comme *mais, cependant,* etc.

ADVERSE, adj. Contraire. *Partie adverse,* contre qui l'on plaide.

ADVERSITÉ, n. f. Infortune.

AÉRER, v. tr. Donner de l'air : *aérer une chambre.* Aéré, ée, adj. : *maison bien aérée.*

AÉRIEN, NE, adj. Formé d'air, de la nature de l'air, qui a rapport à l'air : *phénomène aérien, forme aérienne.*

AÉRIFORME, adj. Qui a les propriétés physiques de l'air : *fluide aériforme.*

† **AÉROLITHE,** n. f. Pierre tombée du ciel.

AÉROMANCIE, n. f. Art de deviner par le moyen des phénomènes aériens.

AÉROMÈTRE, n. m. Instrument pour peser les fluides et connaître leur densité.

AÉROMÉTRIE, n. f. Science de la constitution de l'air.

AÉRONAUTE, n. Qui parcourt les airs dans un aérostat.

† **AÉROSTAT,** n. m. Ballon rempli de gaz, au moyen duquel on s'élève dans l'air.

AÉROSTATION, n. f. Art de construire les aérostats, et de les diriger dans l'air.

AÉROSTATIQUE, adj. Qui a rapport à l'aérostation : *expérience aérostatique.*

AFFABILITÉ, n. f. Qualité des personnes douces et bienveillantes.

AFFABLE, adj. Qui a de l'affabilité.

AFFABLEMENT, adv. Avec affabilité.

AFFADIR, v. tr. Rendre fade; causer du dégoût.

AFFAIBLIR, v. tr. Rendre faible.

AFFAIBLISSANT, E, adj. Qui affaiblit.

AFFAIBLISSEMENT, n. m. Diminution de force, d'activité.

AFFAIRE, n. f. Tout ce qui est l'objet d'une occupation; procès : *j'ai une mauvaise affaire;* combat : *l'affaire a été chaude;* duel : *affaire d'honneur;* transaction commerciale. Pl. Intérêts de l'État et des particuliers : *les affaires vont mal. Avoir affaire à quelqu'un,* besoin de lui parler; *avoir affaire avec quelqu'un,* être en rapport avec lui; *j'en fais mon affaire,* je m'en charge; *il fait mon affaire,* il me convient; *se tirer d'affaire,* se procurer une position honorable, ou sortir d'un mauvais pas.

AFFAIRÉ, ÉE, adj. Qui a ou paraît avoir beaucoup d'affaires.

AFFAISSEMENT, n. m. État de ce qui est affaissé : *affaissement des terres.*

AFFAISSER, v. tr. Baisser en foulant, comprimer : *la pluie affaisse le sol. Fig.* Accabler : *affaissé sous le poids des années.*

AFFAMER, v. tr. Priver de vivres : *affamer une ville.* — Affamé, ée, part. *Fig.* Avide : *affamé de gloire.*

AFFECTATION, n. f. Manière d'être ou d'agir, qui n'est pas naturelle : *parler avec affectation.*

AFFECTER, v. tr. Rechercher avec trop de soin; agir avec ostentation; feindre : *affecter des dehors vertueux;* destiner à un usage : *affecter des fonds à une dépense;* toucher, émouvoir : *son état m'affecte.*

AFFECTION, n. f. Attachement, amitié tendre : *affection maternelle;* impression : *affections de l'âme. Méd.* Impression fâcheuse qui trouble l'économie animale : *affection nerveuse.*

AFFECTIONNER, v. tr. Aimer.

AFFECTUEUSEMENT, adv. Avec affection.

AFFECTUEUX, EUSE, adj. Plein d'affection.

AFFÉRENT, E, adj. Qui revient à chacun : *portion, part afférente.*

-**AFFERMER**, v. tr. Donner ou prendre à ferme : *affermer une propriété*.

AFFERMIR, v. tr. Rendre ferme : *la gelée affermit les chemins. Fig.* Rendre stable : *affermir le pouvoir*.

AFFERMISSEMENT, n. m. Action d'affermir ; état de la chose affermie. Ne se dit guère qu'au fig. : *l'affermissement de l'autorité*.

AFFÉTÉ, ÉE, adj. Plein d'affectation dans son air, ses manières, son langage.

-**AFFÉTERIE**, n. f. Petites manières étudiées, recherchées, dans le désir de plaire : *afféterie du langage*.

AFFICHE, n. f. Avis placardé dans un lieu public. *Petites affiches*, feuille périodique où l'on fait des annonces.

AFFICHER, v. tr. Poser une affiche. *Fig.* Rendre public : *afficher sa honte*.

AFFICHEUR, n. m. Qui pose les affiches.

AFFIDÉ, ÉE, adj. et n. En qui l'on se fie, confident : *c'est un de ses affidés*.

AFFILER, v. tr. Donner le fil à un instrument tranchant : *affiler un sabre*.

AFFILIATION, n. f. Association à une corporation, à une société secrète.

AFFILIER, v. tr. Adopter, associer, en parlant d'une société.

AFFINAGE, n. m. Action d'affiner.

AFFINER, v. tr. Rendre plus pur, plus fin : *affiner des métaux*.

-**AFFINERIE**, n. f. Lieu où l'on affine.

AFFINEUR, n. m. Ouvrier qui affine.

AFFINITÉ, n. f. Parenté acquise par le mariage ; conformité, rapport, liaison : *il y a de l'affinité entre la musique et la peinture.* † *Chim.* Tendance des corps à s'unir : *le sucre a beaucoup d'affinité pour l'eau*.

AFFINOIR, n. m. Instrument pour affiner le chanvre, le lin.

AFFIRMATIF, IVE, adj. Qui affirme : *proposition affirmative, mode affirmatif.* **Affirmative**, n. f. Proposition qui affirme : *soutenir l'affirmative*.

AFFIRMATION, n. f. Action d'affirmer.

AFFIRMATIVEMENT, adv. D'une manière affirmative.

AFFIRMER, v. tr. Assurer, soutenir qu'une chose est vraie.

AFFLEURER, v. tr. Mettre de niveau deux choses contiguës.

AFFLICTION, n. f. Chagrin vif, peine de l'âme.

AFFLICTIVE (*peine*), adj. Peine corporelle infligée par la justice.

AFFLIGEANT, TE, adj. Qui afflige.

AFFLIGER, v. tr. Causer de l'affliction ; désoler, tourmenter : *la peste nous afflige*.

AFFLUENCE, n. f. Nombreux rassemblement : *affluence de peuple* ; abondance d'eaux, d'humeurs, etc. *Fig.* Grande abondance : *affluence de biens*.

AFFLUENT, n. m. Cours d'eau qui se jette dans un autre : *l'Yonne, la Marne et l'Oise sont les trois principaux affluents de la Seine*.

AFFLUER, v. int. Couler vers le même endroit. *Fig.* Abonder, arriver en grand nombre : *les étrangers affluent ici*.

AFFOLER, v. tr. Rendre passionné.

AFFOUAGE, n. m. Droit de coupe dans un bois.

† **AFFRANCHI, E**, n. Esclave rendu libre.

AFFRANCHIR, v. tr. Rendre la liberté à un esclave ; exempter d'une charge : *affranchir une propriété* ; payer le port d'une lettre, d'un envoi.

AFFRANCHISSEMENT, n.m. Action d'affranchir : *l'affranchissement des esclaves*.

AFFRÈTEMENT, n. m. Louage d'un vaisseau.

AFFRÉTER, v. tr. Prendre un vaisseau en location.

AFFRÉTEUR, n. m. Qui affrète.

AFFREUSEMENT, adv. D'une manière affreuse.

AFFREUX, EUSE, adj. Qui cause de l'effroi : *spectacle affreux* ; excessivement laid ou très-méchant : *homme affreux*.

AFFRIANDER, v. tr. Rendre friand ; attirer par des douceurs : *l'appât affriande les oiseaux, le poisson. Fig.* Attirer par quelque chose d'utile, d'agréable : *le gain l'a affriandé*.

AFFRONT, n. m. Injure, outrage, déshonneur, honte : *ce jeune homme fait affront à sa famille*.

AFFRONTER, v. tr. Attaquer avec intrépidité. *Fig.* Braver : *affronter l'ennemi, la mort*.

AFFUBLEMENT, n. m. Habillement extraordinaire, sans goût. *Fam.*

AFFUBLER, v. tr. Habiller d'une manière bizarre.

AFFÛT, n. m. Support d'un canon. *Chasse.* Endroit où l'on se poste pour attendre le gibier. *Fig.* Être à l'affût, épier l'occasion, guetter quelqu'un.

AFFÛTAGE, n. m. Action d'affûter.

AFFÛTER, v. tr. Aiguiser des outils.

AFFÛTIAU, n. m. Bagatelle. *Fam.*

AFIN QUE ou **DE**, loc. conj. ou prép., qui marque l'intention, le but.

AGA, n. m. Chef militaire chez les Turcs.

AGAÇANT, E, adj. Qui agace, provoque : *mine agaçante*.

AGACE, n. f. Nom familier de la pie.

AGACEMENT, n. m. Sensation désagréable produite par les fruits acides : *agacement des dents*. *Fig.* Irritation : *agacement des nerfs*.

AGACER, v. tr. Causer de l'agacement. *Fig.* Exciter, provoquer.

AGACERIE, n. f. Petites manières d'une femme qui cherche à plaire.

† AGAPE, n. f. Repas des premiers chrétiens dans les églises.

AGARIC, n. m. Espèce de champignon qui s'attache au tronc des arbres.

AGATE, n. f. Pierre précieuse.

ÂGE, n. m. Durée de la vie; ses différents degrés : *l'âge de raison*; vieillesse : *être sur l'âge*; † époque : *les quatre âges du monde*.

ÂGÉ, ÉE, adj. Qui a tel âge : *âgé de...*; vieux : *homme âgé*.

AGENCE, n. f. Administration tenue par un ou plusieurs agents; temps pendant lequel on remplit les fonctions d'agent : *pendant son agence*.

AGENCEMENT, n. m. Arrangement.

AGENCER, v. tr. Ajuster, arranger.

AGENDA, n. m. Carnet pour inscrire jour par jour ce qu'on doit faire. Pl. des *agendas*.

AGENOUILLER (S'), v. pr. Se mettre à genoux.

AGENT, n. m. Tout ce qui agit : *la lumière et la chaleur sont des agents de la nature*; celui qui fait les affaires d'autrui, de l'État : *les receveurs, les préfets, les ambassadeurs, etc. sont les agents du gouvernement*. **Agent** de change, entremetteur autorisé pour la négociation des effets publics; **agent** d'affaires, celui qui se charge de diriger pour autrui des affaires d'intérêt.

AGGLOMÉRATION, n. f. Action d'agglomérer.

AGGLOMÉRER, v. tr. Assembler, entasser.

AGGLUTINANT, E, adj. et n. Qui agglutine.

AGGLUTINATION, n. f. Action d'agglutiner.

AGGLUTINER, v. tr. Recoller, rejoindre les chairs.

AGGRAVANT, E, adj. Qui rend plus grave : *circonstance aggravante*.

AGGRAVATION, n. f. Augmentation : *aggravation de peine*.

AGGRAVER, v. tr. Rendre plus grave.

AGILE, adj. Léger, dispos.

AGILEMENT, adv. Avec agilité.

AGILITÉ, n. f. Légèreté, souplesse.

AGIO, n. m. Spéculation sur le cours des effets publics; bénéfice du change, de l'escompte.

AGIOTAGE, n. m. Trafic sur les effets publics.

AGIOTER, v. int. Faire l'agiotage.

AGIOTEUR, n. m. Qui fait l'agiotage.

AGIR, v. int. Faire quelque chose, produire effet : *le feu agit sur les métaux*; se comporter : *agir en homme d'honneur*; poursuivre en justice : *agir civilement*. Impers. *Il s'agit*, il est question.

AGISSANT, E, adj. Qui agit.

AGITATEUR, n. m. Qui excite du trouble.

AGITATION, n. f. Mouvement prolongé : *agitation de la mer*. *Fig.* Inquiétude de l'âme.

AGITER, v. tr. Ébranler, secouer, remuer en divers sens. *Fig.* Troubler : *les passions agitent*; exciter : *agiter le peuple*; discuter : *agiter une question*.

AGNEAU, n. m. Petit de la brebis. *Fig.* Personne d'humeur douce. L'agneau sans tache, Jésus-Christ.

AGNELET, n. m. Petit agneau.

AGNÈS, n. f. Jeune fille très-innocente. *Fam.*

AGNUS, n. m. Cire bénite par le pape, portant l'image d'un agneau.

AGONIE, n. f. Dernière lutte contre la mort. *Fig.* Angoisse extrême de l'âme.

AGONIR, v. tr. Accabler d'injures. *Pop.* Ne pas dire *agoniser*.

AGONISANT, E, adj. Qui est à l'agonie. N. m. : *prière pour les agonisants*.

AGONISER, v. int. Être à l'agonie.

AGRAFE, n. f. Petit crochet pour attacher.

AGRAFER, v. tr. Attacher avec une agrafe.

† AGRAIRE, adj. *Loi agraire*, pour le partage des terres.

AGRANDIR, v. tr. Rendre plus grand.

AGRANDISSEMENT, n. m. Accroissement en étendue.

AGRÉABLE, adj. Qui plaît.

AGRÉABLEMENT, adv. D'une manière agréable.

AGRÉÉ, n. m. Défenseur au tribunal de commerce.

AGRÉER, v. tr. Recevoir favorablement, approuver. V. int. Plaire : *cela ne m'agrée pas*.

AGRÉGATION, n. f. Admission dans un corps; grade d'agrégé. *Phys.*

Assemblage de parties homogènes formant un tout.

AGRÉGÉ, n. m. Membre supérieur du corps enseignant.

AGRÉGER, v. tr. Admettre dans un corps.

AGRÉMENT, n. m. Approbation, consentement : *obtenir l'agrément de sa famille pour...*; qualité par laquelle on plaît : *livre plein d'agrément*; plaisir : *l'agrément de la société*. Pl. Ornements du discours, du chant, de la toilette.

AGRÈS, n. m. pl. *Mar.* Tout ce qui constitue la mâture, l'équipement d'un vaisseau, comme voiles, cordages, etc.

AGRESSEUR, n. m. Qui attaque le premier.

AGRESSIF, IVE, adj. Qui a un caractère d'agression : *mesure agressive*.

AGRESSION, n. f. Action de l'agresseur.

AGRESTE, adj. Rustique : *plante agreste*; rude : *mœurs agrestes*.

AGRICOLE, adj. Adonné à l'agriculture : *peuple agricole*; qui a rapport à l'agriculture : *industrie agricole*.

AGRICULTEUR, n. m. Qui cultive la terre.

AGRICULTURE, n. f. Art de cultiver la terre.

AGRIFFER (S'), v. pr. S'attacher avec les griffes.

AGRIPPER, v. tr. Saisir avidement.

AGRONOME, n. m. Qui enseigne ou connaît la science de l'agriculture.

AGRONOMIE, n. f. Théorie de l'agriculture.

AGRONOMIQUE, adj. Qui a rapport à l'agronomie.

AGUERRIR, v. tr. Accoutumer à la guerre, à une chose pénible.

AGUETS, n. m. pl. *Etre, se tenir aux aguets*, épier.

AH ! Interjection qui sert à marquer la joie : *ah, quel plaisir !* la douleur : *ah, vous me faites mal !* l'admiration : *ah, que c'est beau !* la commisération : *ah, que je vous plains !* l'impatience : *ah, que vous êtes lent !* etc.

AHI, AÏE, interj. Cris de douleur.

AHURI, E, adj. Stupéfait.

AHURIR, v. tr. Troubler, interdire.

AIDE, n. f. Secours, assistance. N. m. et f. Personne qui aide.

AIDE-MAJOR, n. m. Chirurgien adjoint au chirurgien major d'un régiment. Pl. des *aides-majors*.

AIDER, v. tr. Prêter secours.

AÏE, interj. V. *Ahi*.

AÏEUL, n. m. Grand-père. Pl. *aïeuls*.

AÏEULE, n. f. Grand'mère.

AÏEUX, n. m. pl. Ancêtres.

† AIGLE, n. m. Oiseau de proie. *Fig.*

Homme supérieur : *l'aigle de Meaux* (Bossuet); pupitre d'église en forme d'aigle. N. f. Etendard, drapeau : *les aigles romaines*.

AIGLON, n. m. Petit de l'aigle.

AIGRE, adj. Acide, piquant. *Fig.* Criard, désagréable : *voix aigre*.

AIGRE-DOUX, CE, adj. Mêlé d'aigre et de doux.

AIGREFIN, n. m. Homme qui vit d'industrie. *Fam.*

AIGRELET, ETTE ou AIGRET, ETTE, adj. Un peu aigre.

AIGREMENT, adv. D'une manière aigre : *répondre aigrement*.

AIGRET, ETTE, adj. V. *Aigrelet*.

AIGRETTE, n. f. Ornement de tête en forme de bouquet; panache d'un casque, d'un dais; bouquet de diamants; oiseau blanc de l'espèce du héron, dont quelques plumes servent à faire des aigrettes.

AIGREUR, n. f. Etat de ce qui est aigre. *Fig.* : *parler avec aigreur*.

AIGRIR, v. tr. Rendre aigre. *Fig.* Irriter : *le malheur aigrit*.

AIGU, Ë, adj. Terminé en pointe. *Fig.* Clair et perçant : *voix aiguë*; vif et piquant : *douleur aiguë*. Accent aigu, qui va de droite à gauche; angle aigu, moins ouvert que l'angle droit.

AIGUADE, n. f. Provision d'eau douce que font les vaisseaux dans le cours d'un voyage.

AIGUE-MARINE, n. f. Pierre précieuse de couleur bleuâtre. Pl. des *aigues-marines*.

AIGUIÈRE, n. f. Vase où l'on met de l'eau.

AIGUILLE, n. f. Petit instrument d'acier, pointu par un bout, percé de l'autre pour coudre; petite verge de métal, servant à divers usages : *aiguille à tricoter, aiguille de cadran*. Se dit de l'extrémité d'une pyramide, d'un clocher, d'un obélisque.

AIGUILLÉE, n. f. Certaine étendue de fil, de soie, etc., qu'on passe dans une aiguille à coudre.

AIGUILLETTE, n. f. Cordon ferré par les deux bouts. Pl. Ornement militaire. *Fig.* Morceau de chair, coupé mince et en long.

AIGUILLON, n. m. Pointe de fer fixée au bout d'un long bâton; dard des abeilles, des guêpes, etc. *Fig.* Tout ce qui excite : *la gloire est un puissant aiguillon*.

AIGUILLONNER, v. tr. Piquer avec l'aiguillon. *Fig.* Exciter : *aiguillonner un enfant paresseux*.

AIGUISEMENT, n. m. Action d'aiguiser.

AIGUISER, v. tr. Rendre aigu, plus tranchant. *Fig. Aiguiser l'appétit*, l'exciter.

AIL, n. m. Ognon d'une odeur trèsforte. Pl. *aulx*.

AILE, n. f. Membre des oiseaux et de quelques insectes, qui leur sert à voler. *Par ext. Ailes d'un moulin*, ses châssis garnis de toile ; *ailes d'un bâtiment*, ses côtés ; *ailes d'une armée*, ses flancs. *Fig. L'aile du Seigneur*, la protection de Dieu ; *voler de ses propres ailes*, se passer d'autrui.

AILÉ, ÉE, adj. Qui a des ailes.

AILERON, n. m. Extrémité de l'aile.

AILLEURS, adv. de lieu. En un autre lieu. **D'ailleurs**, loc. adv. D'un autre lieu ; de plus ; pour une autre cause.

AIMABLE, adj. Digne d'être aimé.

† **AIMANT**, n. m. Minerai qui attire le fer. *Fig. Attrait : la douceur est un aimant pour les cœurs*.

AIMANT, E, adj. Porté à aimer : *âme aimante*.

AIMANTER, v. tr. Communiquer à un corps la propriété de l'aimant.

AIMER, v. tr. Avoir de l'affection, du goût, du penchant ; prendre plaisir.

AINE, n. f. Partie du corps humain entre le haut de la cuisse et le bas-ventre.

AÎNÉ, ÉE, adj. Le premier né ; plus âgé qu'un autre : *il est mon aîné*.

AÎNESSE, n. f. Priorité d'âge entre frères et sœurs : *droit d'aînesse*.

AINSI, adv. De cette façon. *Conj.* De même, donc. **Ainsi que**, loc. conj.

† **AIR**, n. m. Fluide élastique que nous respirons ; vent : *il fait de l'air*. *Fig. Manières, physionomie : air spirituel ; apparence : air de grandeur. Mus.* Suite de tons composant un chant ; le chant et les paroles. *Prendre l'air*, se promener ; *contes en l'air*, discours invraisemblables ; *promesses en l'air*, vaines.

AIRAIN, n. m. Alliage de cuivre et d'étain. *Fig. Cœur d'airain*, dur et impitoyable. Se prend pour le canon, une cloche : *l'airain tonne ; les sons lugubres de l'airain*.

AIRE, n. f. Lieu où l'on bat le grain. *Géom.* Espace renfermé par des lignes : *aire d'un triangle, d'un plancher, d'un champ* ; nid des oiseaux de proie : *l'aire de l'aigle. Mar.* Direction du vent : *il y a trente-deux aires de vent*.

AIS, n. m. Planche de bois.

AISANCE, n. f. Facilité de corps et d'esprit ; fortune suffisante : *vivre dans l'aisance. Lieux d'aisances*, destinés aux besoins naturels.

AISE, n. f. Contentement, joie, état agréable. Pl. Commodités de la vie : *aimer ses aises*. **A l'aise, A son aise**, loc. adv. Sans peine, sans se gêner.

AISE, adj. Content, joyeux.

AISÉ, ÉE, adj. Facile, commode ; qui a de la fortune : *c'est un homme aisé*.

AISÉMENT, adv. Facilement.

AISSELLE, n. f. Creux du bras à l'endroit où il joint l'épaule.

AJONC, n. m. Jonc marin.

AJOURNEMENT, n. m. Remise d'une affaire, d'un procès à un autre jour.

AJOURNER, v. tr. Renvoyer à un autre jour : *ajourner une cause*.

AJOUTER, v. tr. Joindre des choses distinctes ; dire de plus. *Ajouter foi*, croire.

AJUSTEMENT, n. m. Action d'ajuster quelque chose ; parure : *être recherché dans son ajustement*.

AJUSTER, v. tr. Rendre juste : *ajuster un poids, une mesure, une balance* ; faire en sorte qu'une chose s'adapte avec une autre : *ajuster un couvercle à une boîte* ; viser : *ajuster le but*. **S'ajuster**, v. pr. Se parer.

AJUSTEUR, n. m. Qui ajuste.

ALAMBIC, n. m. Appareil pour distiller. *Fig. Passer à l'alambic*, examiner avec soin.

ALAMBIQUER, v. tr. Fatiguer l'esprit ; rendre trop subtil. Ne s'emploie guère qu'avec le pron. pers. : *s'alambiquer l'esprit*. **Alambiqué, ée**, adj. Trop subtil : *style, livre, discours alambiqué*.

ALANGUIR, v. tr. Rendre languissant.

ALARMANT, E, adj. Qui alarme.

ALARME, n. f. Cri, appel aux armes : *sonner l'alarme* ; frayeur : *jeter l'alarme dans les cœurs*. Pl. Inquiétudes : *cessez vos alarmes*.

ALARMER, v. tr. Donner l'alarme.

ALARMISTE, n. Qui répand des bruits alarmants : *il faut souvent se défier des alarmistes*.

ALBÂTRE, n. m. Espèce de marbre transparent. *Fig. Extrêmement blanc : l'albâtre de son cou*.

ALBIGEOIS, n. m. pl. Hérétiques du XIIe siècle.

ALBINOS, n. m. Homme qui a la peau blafarde, les cheveux presque blancs, et les yeux rougeâtres.

ALBUM, n. m. Livre relié et élégant, destiné à recevoir des vers, des dessins, etc. ; recueil de musique.

ALBUMINE, n. f. Substance de la nature du blanc d'œuf.

ALBUMINEUX, SE, adj. Qui contient de l'albumine.

ALCADE, n. m. Magistrat en Espagne, chargé de la police civile et militaire.

ALCALI, n. m. Sel de soude.

ALCALIN, E, adj. Qui a quelques-unes des propriétés des alcalis.

ALCARAZAS, n. m. Vase de terre, commun en Espagne, et dans lequel l'eau se rafraîchit promptement.

† **ALCHIMIE**, n. f. Art chimérique de la transmutation des métaux.

ALCHIMIQUE, adj. Qui a rapport à l'alchimie.

ALCHIMISTE, n. m. Qui s'occupe d'alchimie.

ALCOOL, n. m. *Chim.* Esprit-de-vin.

ALCOOLIQUE, adj. Qui contient de l'esprit-de-vin : *liqueur alcoolique.*

ALCOOLISER, v. tr. Réduire à l'état d'alcool.

ALCORAN ou **CORAN**, n. m. Livre qui contient la loi de Mahomet.

ALCOVE, n. f. Enfoncement destiné à recevoir un lit.

ALCYON, n. m. Oiseau de mer, semblable à l'hirondelle.

ALDERMAN, n. m. Officier, conseiller municipal en Angleterre.

ALE, n. f. Espèce de bière anglaise.

ALÉATOIRE, adj. Qui repose sur un événement incertain : *les assurances sont des contrats aléatoires ; un pêcheur qui vend d'avance son coup de filet, fait une vente aléatoire.*

ALÈNE, n. f. Poinçon de fer pour percer le cuir ; outil de cordonnier.

ALENTOUR, adv. Aux environs. N. m. pl. Lieux circonvoisins.

ALERTE, adj. Vigilant ; vif. — Interj. Debout ! garde à vous ! — N. f. Alarme : *l'alerte a été vive.*

ALEVIN, n. m. Menu poisson qui sert à peupler les étangs.

ALEXANDRIN, adj. et n. m. Vers français de douze syllabes, ex. :
Is-ra-el o-bé-it à la re-li-gi-on.

ALEZAN, E, adj. et n. De couleur fauve (se dit des chevaux).

ALGARADE, E, s. f. Sortie brusque et bruyante contre quelqu'un. *Fam.*

† **ALGÈBRE**, n. f. Science du calcul des grandeurs représentées par des lettres. *Fig. C'est de l'algèbre pour lui*, il n'y entend rien.

ALGÉBRIQUE, adj. Qui tient à l'algèbre : *formule algébrique.*

ALGÉBRIQUEMENT, adv. Suivant les règles de l'algèbre.

ALGÉBRISTE, n. m. Qui connaît l'algèbre, l'enseigne.

ALGUAZIL, n. m. Officier de police en Espagne.

ALGUE, n. f. Plante marine.

ALIBI, n. m. Absence d'un lieu prouvée par la présence dans un autre : *les alibis sont fréquents en matière criminelle.*

ALIBORON, n. m. Ane. *Fig.* Homme ignorant qui fait le connaisseur ; *c'est un véritable aliboron. Pop.*

ALIDADE, n. f. Règle mobile pour mesurer les angles ; partie du graphomètre.

ALIÉNABLE, adj. *Jurisp.* Qui peut être aliéné.

ALIÉNATION, n. f. Action d'aliéner. *Fig.* Folie : *aliénation d'esprit.*

ALIÉNÉ, ÉE, n. Fou.

ALIÉNER, v. tr. Vendre, transférer une propriété. **s'aliéner**, v. pr. Éloigner de soi par sa faute : *s'aliéner les cœurs.*

ALIGNEMENT, n. m. Action d'aligner ; ligne qu'on tire pour aligner une rue, une allée, etc. ; situation de plusieurs objets sur une ligne droite.

ALIGNER, v. tr. Ranger sur une ligne droite.

ALIMENT, n. m. Nourriture. *Fig. Les sciences sont l'aliment de l'esprit.*

ALIMENTAIRE, adj. Destiné pour les aliments : *pension alimentaire.*

ALIMENTATION, n. f. Action d'alimenter.

ALIMENTER, v. tr. Nourrir ; fournir les aliments nécessaires à l'existence.

ALINÉA, n. m. Ligne dont le premier mot est rentré. Pl. des *alinéas.*

ALIQUANTE, adj. f. *Math.* Qui n'est pas exactement contenu dans un tout : *le nombre deux est une partie aliquante de neuf.*

ALIQUOTE, adj. f. *Math.* Qui est contenu exactement un certain nombre de fois dans un tout : *le nombre trois est une partie aliquote de douze.*

ALITER (S'), v. pr. Garder le lit pour cause de maladie.

ALIZE, n. f. Petit fruit rouge et aigrelet.

ALIZÉ, adj. m. *Mar.* Vents alizés, qui règnent régulièrement de l'est à l'ouest entre les tropiques.

ALIZIER, n. m. Arbre forestier qui produit les alizes.

ALLAH, n. m. Nom que les mahométans donnent à Dieu : *Allah soit loué !*

ALLAITEMENT, n. m. Action d'allaiter.

ALLAITER, v. tr. Nourrir de son lait.

ALLANTS, n. m. pl. Qui vont : *les allants et les venants.*

ALLÉCHEMENT, n. m. Moyen d'allécher, appât.

ALLÉCHER, v. tr. Attirer par l'appât du plaisir.

ALLÉE, n. f. Passage étroit; chemin bordé d'arbres.

ALLÉGATION, n. f. Citation d'un fait; assertion.

ALLÉGE, n. f. Petit bateau à la suite d'un plus grand, pour l'alléger.

ALLÉGEANCE, n. f. Adoucissement.

ALLÉGER, v. tr. Soulager quelqu'un d'une partie de son fardeau. *Fig. Alléger la peine,* la rendre plus supportable; *alléger les charges publiques,* les diminuer.

ALLÉGORIE, n. f. Fiction qui présente un objet à l'esprit, de manière à éveiller la pensée d'un autre objet : *en cachant la Vérité au fond d'un puits, les poëtes ont fait une allégorie.*

ALLÉGORIQUE, adj. Qui appartient à l'allégorie.

ALLÉGORIQUEMENT, adv. Par allégorie.

ALLÉGORISTE, n. m. Qui explique les allégories.

ALLÉGRE, adj. Gai, dispos.

ALLÉGREMENT, adv. D'une manière allègre.

ALLÉGRESSE, n. f. Grande joie qui éclate au dehors.

ALLÉGRETTO, *Mus.* Diminutif d'allégro.

ALLÉGRO, adv. *Mus.* Vivement et gaiment. N. m. : *jouer un allégro.* Pl. des *allégro.*

ALLÉGUER, v. tr. Mettre en avant, prétexter : *alléguer des raisons.*

ALLÉLUIA, n. m. Mot hébreu qui signifie *louez le Seigneur,* et qui marque la joie, l'allégresse. Pl. des *alléluia.*

ALLEMANDE, n. f. Danse vive; air sur lequel on l'exécute.

ALLER, v. int. Se mouvoir, se transporter d'un lieu dans un autre; conduire : *ce chemin va à Paris;* marcher : *ce cheval va bien;* avancer : *ce travail ne va pas;* prospérer : *le commerce va;* s'élever : *cette montagne va jusqu'aux nues;* s'ajuster, s'adapter : *cet habit vous va bien;* être sur le point de : *nous allons partir;* se porter : *comment allez-vous? Aller aux voix,* voter; *il y va de,* il s'agit de; *se laisser aller,*

s'abandonner. *S'en aller,* v. pr. Se retirer; se mourir : *ce malade s'en va.*

ALLER, n. m. Action d'aller : *l'aller et le retour.*

† ALLEU (franc-), n. m. *Féod.* Fonds de terre exempt de droits.

ALLIACÉ, ÉE, adj. Qui tient de l'ail : *odeur alliacée.*

ALLIAGE, n. m. Union de métaux par la fusion.

ALLIANCE, n. f. Union par mariage; anneau de mariage; confédération entre États ou souverains : *traité d'alliance. Fig.* Union, mélange de plusieurs choses : *alliance de la prudence et du courage. Alliance de mots,* rapprochement de deux termes qui semblent s'exclure, ex. : *il ne voit que la nuit, n'entend que le silence.*

ALLIÉ, ÉE, adj. et n. Confédéré; parent.

ALLIER, v. tr. Mêler, combiner : *allier l'or avec l'argent. Fig. : allier la force à la prudence. S'allier,* v. pr. S'unir par mariage; se liguer.

ALLIGATOR, n. m. Crocodile de l'Amérique du Sud.

ALLOBROGE, n. m. Grossier, rustre, par allusion à l'ancien peuple de ce nom.

ALLOCATION, n. f. Action d'allouer.

ALLOCUTION, n. f. Harangue, discours.

ALLONGE, n. f. Pièce pour allonger.

ALLONGEMENT, n. m. Augmentation de longueur.

ALLONGER, v. tr. Rendre plus long; étendre : *allonger le bras;* porter : *allonger un coup d'épée.*

ALLOPATHIE, n. f. Système médical qui a pour objet de guérir les maladies, en recourant à des remèdes d'une nature contraire à ces maladies. Son opposé est *homéopathie.*

ALLOPATHIQUE, adj. Qui a rapport à l'allopathie.

ALLOPATHISTE ou ALLOPATHE, n. m. Partisan de l'allopathie.

ALLOUABLE, adj. Qui peut être alloué, accordé.

ALLOUER, v. tr. Décréter : *allouer un crédit;* accorder : *allouer une indemnité.*

ALLUMER, v. tr. Mettre le feu. *Fig.* Exciter : *allumer la guerre,* la colère.

ALLUMETTE, n. f. Brin de bois ou de chanvre soufré.

ALLUMEUR, n. m. Qui allume.

ALLURE, n. f. Façon de marcher. *Fig.* Manière de se conduire : *son allure n'est pas franche.*

ALLUSION, n. f. Figure qui consiste

à dire une chose qui a rapport à une autre, sans faire une mention expresse de celle-ci, quoiqu'on ait en vue d'en réveiller l'idée.

ALLUVION, n. f. Terrain formé successivement par le déplacement lent et graduel des eaux.

ALMANACH, n. m. Calendrier; publication annuelle qui, outre un calendrier, renferme des articles de statistique ou de variétés.

ALMÉES, n. f. pl. Danseuses et chanteuses en Orient.

ALOÈS, n. m. Arbre dont on tire un suc fort amer qui sert en médecine; ce suc lui-même.

ALOI, n. m. Bonne ou mauvaise qualité d'une chose : *marchandises de bon aloi.*

ALORS, adv. En ce temps-là; en ce cas-là : *alors n'en parlons plus.* **Alors que**, loc. conj. Quand bien même : *alors que vous seriez malade;* lorsque : *alors que vous étiez malade.*

ALOSE, n. f. Poisson de mer.

ALOUETTE, n. f. Petit oiseau des champs.

ALOURDIR, v. tr. Rendre lourd.

ALOYAU, n. m. Pièce de bœuf coupée le long du dos.

ALPAGA, n. m. Étoffe de laine.

ALPESTRE, adj. Des Alpes : *site alpestre.*

ALPHA, n. m. Première lettre de l'alphabet grec. *Fig. L'alpha et l'oméga,* le commencement et la fin.

† ALPHABET, n. m. Réunion de toutes les lettres d'une langue; petit livre qui enseigne à lire.

ALPHABÉTIQUE, adj. Selon l'ordre de l'alphabet : *table alphabétique.*

ALPHABÉTIQUEMENT, adv. Dans l'ordre alphabétique.

ALPINE, adj. f. Bot. Se dit des plantes qui croissent sur le sommet des hautes montagnes.

ALTÉRABLE, adj. Qui peut être altéré.

ALTÉRATION, n. f. Changement de bien en mal; *altération de la santé;* résultat d'une émotion intérieure qui se manifeste dans les traits, la voix, etc; falsification : *altération des monnaies.* Soif ardente.

ALTERCATION, n. f. Débat, contestation.

ALTÉRER, v. tr. Changer en mal; falsifier : *altérer les monnaies, un texte;* refroidir : *altérer l'amitié;* exciter la soif.

ALTERNATIF, IVE, adj. Qui agit tour à tour.

ALTERNATIVE, n. f. Succession de deux choses qui reviennent tour à tour. *Fig.* Choix : *je vous laisse l'alternative.*

ALTERNATIVEMENT, adv. L'un après l'autre.

ALTERNE, adj. Géom. Angles alternes, situés de chaque côté d'une ligne qui coupe deux parallèles.

ALTERNER, v. int. Faire à deux et tour à tour. V. tr. Agric. Varier la culture : *alterner les semences.*

ALTESSE, n. f. Titre d'honneur donné aux princes et aux princesses.

ALTIER, ÈRE, adj. Fier, orgueilleux : *caractère altier.*

ALTO, n. m. Grand violon.

ALUMINE, n. f. Argile; base de l'alun.

ALUMINEUX, EUSE, adj. Qui est de la nature de l'alun.

ALUMINIUM, n. m. Métal qui a l'éclat de l'argent.

ALUN, n. m. Sel formé d'acide sulfurique et d'alumine.

ALVÉOLE, n. f. Cellule d'abeilles; cavité dans laquelle la dent est enchâssée.

AMABILITÉ, n. f. Caractère d'une personne aimable.

AMADOU, n. m. Sorte de champignon préparé pour prendre feu aisément.

AMADOUER, v. tr. Flatter, caresser pour obtenir ce qu'on désire. *Fam.*

AMAIGRIR, v. tr. Rendre maigre. V. int. Devenir maigre.

AMAIGRISSEMENT, n. m. Diminution d'embonpoint.

AMALGAME, n. m. Union du mercure avec un autre métal. *Fig.* Mélange bizarre, confusion.

AMALGAMER, v. tr. Faire un amalgame.

AMAN, n. m. Cri par lequel les Arabes, les musulmans demandent grâce dans un combat. *Demander l'aman,* faire sa soumission.

AMANDE, n. f. Fruit de l'amandier; toute graine contenue dans un noyau.

AMANDIER, n. m. Arbre qui porte des amandes.

AMANT, E, n. Celui qui aime une personne d'un autre sexe; qui est passionné pour une chose : *amant de la gloire, de la liberté.*

AMARANTE, n. f. Fleur d'automne, d'un rouge de pourpre velouté. Adj. : *étoffe amarante.*

AMARRAGE, n. m. Mar. Action d'amarrer.

AMARRE, n. f. Câble pour attacher un vaisseau.

AMARRER, v. tr. Fixer, au moyen d'un câble, un vaisseau au port.

AMAS, n. m. Assemblage, réunion.

AMASSER, v. tr. Faire un amas. V. int. Thésauriser : *la vieillesse aime à amasser.*

AMATEUR, adj. et n. Qui a beaucoup de goût, de penchant pour quelque chose : *amateur de tableaux.* Fig. Qui aime les beaux-arts sans en faire profession : *c'est un amateur.*

AMAUROSE, n. f. Paralysie du nerf optique, perte de la vue sans altération appréciable des parties constituantes du globe de l'œil.

† **AMAZONE**, n. f. Femme d'un courage mâle et guerrier ; longue robe de drap que les femmes portent pour monter à cheval.

AMBAGES, n. f. pl. Circuit, embarras de paroles : *expliquez-vous sans ambages* ; c.-à-d. sans détours.

AMBASSADE, n. f. Fonction d'ambassadeur : *son hôtel.* Fig. Message entre particuliers : *chargez-le de l'ambassade.* Fam.

AMBASSADEUR, n. m. Représentant d'un souverain près d'une cour étrangère. Fig. et fam. Toute personne chargée d'un message.

AMBASSADRICE, n. f. Femme d'un ambassadeur. Fig. Femme chargée d'un message. Fam.

AMBE, n. m. Deux numéros pris ou sortis ensemble à la loterie.

AMBIANT, E, adj. Phys. Qui entoure, enveloppe : *l'air ambiant.*

† **AMBIDEXTRE**, adj. et n. Qui se sert également bien des deux mains.

AMBIGU, n. m. Repas où l'on sert à la fois les viandes et le dessert.

AMBIGU, Ë, adj. Qui présente deux sens : *réponse ambiguë.*

AMBIGUITÉ, n. f. Défaut de ce qui est équivoque, à double sens.

AMBIGUMENT, adv. D'une manière ambiguë.

AMBITIEUSEMENT, adv. Avec ambition.

AMBITIEUX, EUSE, adj. et n. Qui a, ou annonce de l'ambition : *homme, projets ambitieux.* Fig. Style ambitieux, trop recherché.

AMBITION, n. f. Désir immodéré de gloire, de fortune, d'honneurs, etc. Se prend aussi en bonne part : *ambition louable.*

AMBITIONNER, v. tr. Rechercher avec ardeur.

AMBLE, n. m. Allure d'un cheval entre le pas et le trot, par laquelle l'animal lève en même temps les deux jambes du même côté.

AMBLER, v. int. Aller l'amble.

AMBRE, n. m. Substance résineuse et très-odorante. Fig. Fin comme l'ambre, homme très-pénétrant.

AMBRER, v. tr. Parfumer d'ambre.

† **AMBROISIE**, n. f. Nourriture des dieux. Fig. Mets exquis.

AMBULANCE, n. f. Sorte d'hôpital qui accompagne une armée.

AMBULANT, E, adj. Qui n'est pas fixe, qui va de côté et d'autre : *marchand, comédiens ambulants.*

ÂME, n. f. Principe de la vie ; qualités morales, bonnes ou mauvaises : *âme noble, abjecte* ; conscience, pensée intime : *les yeux sont le miroir de l'âme* ; habitants : *ville de 20,000 âmes* ; agent moteur principal : *cet homme était l'âme du complot, la discipline est l'âme d'une armée. Homme sans âme*, qui ne sent rien ; *chanter avec âme*, avec expression, sentiment ; *rendre l'âme*, expirer. Par ext. Petite pièce d'un instrument à cordes, d'un soufflet, etc.

AMÉ, ÉE, adj. Chancell. Aimé : *à nos aînés et féaux*, etc. Vieux.

AMÉLIORATION, n. f. Progrès vers le bien.

AMÉLIORER, v. tr. Rendre meilleur.

AMEN. Mot hébreu qui signifie *ainsi soit-il.*

AMÉNAGEMENT, n. m. Action d'aménager.

AMÉNAGER, v. tr. Régler les coupes d'une forêt.

AMENDABLE, adj. Qui est susceptible d'amélioration : *terres amendables.*

AMENDE, n. f. Peine pécuniaire. *Amende honorable*, aveu public d'une faute, d'un crime, imposé par la justice.

AMENDEMENT, n. m. Changement en mieux ; modification faite à un projet de loi ; engrais des terres.

AMENDER, v. tr. Rendre meilleur ; modifier : *amender un projet de loi.* S'amender, v. pr. Se corriger.

AMENER, v. tr. Conduire vers. *Mandat d'amener*, ordre de comparaître devant un juge. Fig. Introduire : *amener une mode* ; préparer avec art : *amener un incident* ; occasionner : *la guerre amène bien des maux.* Mar. *Amener les voiles*, les mettre bas ; *amener pavillon*, se rendre.

AMÉNITÉ, n. f. Douceur accompagnée de politesse et de grâce.

AMENTACÉES, n. f. pl. Genre des ormes, des bouleaux, des saules, etc.

AMER, ÈRE, adj. Qui a une saveur rude et désagréable. Fig. Extrême : *douleur amère* ; triste, douloureux : *souvenir amer* ; piquant : *raillerie amère* ; dur : *reproches amers.* N. m. Ce qui est amer ; *prendre des amers.*

20 AMM   AMO

AMÈREMENT, adv. Avec amertume.

AMERTUME, n. f. Saveur amère. *Fig.* Peine d'esprit, affliction : *les amertumes de la vie*; aigreur, fiel : *critiquer avec amertume.*

AMÉTHYSTE, n. f. Pierre précieuse de couleur violette.

AMEUBLEMENT, n. m. Ensemble des meubles garnissant un appartement.

AMEUBLIR, v. tr. Rendre une terre meuble, légère.

AMEUBLISSEMENT, n. m. Action d'ameublir.

AMEUTER, v. tr. Soulever, attrouper : *ameuter le peuple.*

AMI, E, n. Avec qui on est lié d'une affection réciproque. *Fig.* Partisan : *ami de la vérité*; qui aime, encourage : *ami des arts.* Adj. Propice, favorable : *voix amie, rivage ami.*

AMIABLE (A L'), loc. adv. Sans procès : *arranger un différend à l'amiable.* Vente à l'amiable, de gré à gré.

AMIABLEMENT, adv. D'une manière amiable.

† **AMIANTE**, n. m. Minéral filamenteux dont on fait des toiles incombustibles.

AMICAL, E, adj. Inspiré par l'amitié.

AMICALEMENT, adv. D'une manière amicale. Ne pas dire *amicablement.*

AMICT, n. m. Linge qui couvre la tête et les épaules du prêtre à la messe.

AMIDON, n. m. Pâte faite de fleur de froment sèche, et qu'on délaye pour en faire de l'empois.

AMIDONNER, v. tr. Enduire d'amidon.

AMIDONNERIE, n. f. Fabrique d'amidon.

AMIDONNIER, n. m. Qui fait, vend de l'amidon.

AMILACÉ, ÉE, adj. De la nature de l'amidon.

AMINCIR, v. tr. Rendre plus mince.

AMINCISSEMENT, n. m. Action d'amincir.

AMIRAL, n. m. Qui occupe le grade le plus élevé dans la marine. Adj. *Vaisseau amiral*, monté par un amiral.

AMIRAUTÉ, n. f. Tribunal et conseil des amiraux pour régler tout ce qui concerne la marine; dans certains pays, administration supérieure de la marine.

AMITIÉ, n. f. Attachement mutuel. *Fig.* Plaisir, bon office : *faites-moi l'amitié de.* Pl. Caresses, paroles obligeantes : *il m'a fait mille amitiés.*

AMMONIAC, n. m. *Chim.* Gaz d'une odeur forte et caustique.

AMMONIACAL, E ou **AMMONIAC,**

AQUE, adj. *Chim.* Qui contient de l'ammoniac. Pl. m. *ammoniacaux.*

AMNISTIE, n. f. Pardon collectif accordé par le souverain à des rebelles, à des condamnés politiques.

AMNISTIER, v. tr. Faire grâce à des condamnés.

AMODIATION, n. f. Action d'amodier.

AMODIER, v. tr. Affermer une terre, au moyen du partage des produits entre le propriétaire et le fermier.

AMOINDRIR, v. tr. Rendre moindre. V. int. Devenir moindre.

AMOINDRISSEMENT, n. m. Diminution.

AMOLLIR, v. tr. Rendre mou et maniable. *Fig.* Rendre efféminé : *le repos amollit.*

AMOLLISSEMENT, n. m. Action d'amollir.

AMONCELER, v. tr. Mettre en monceau.

AMONCELLEMENT, n. m. Action d'amonceler.

AMONT, n. m. *Mar.* Côté d'où descend un fleuve. Son opposé est *aval.*

AMORCE, n. f. Appât; poudre dans le bassinet d'une arme à feu. *Fig.* Tout ce qui attire en flattant les sens : *les amorces du plaisir.*

AMORCER, v. tr. Garnir d'une amorce. *Fig.* Attirer par des choses qui flattent : *amorcer par la louange.*

AMORÇOIR, n. m. Outil de charron et de menuisier, pour commencer un trou.

AMOROSO, adv. *Mus.* D'une manière tendre.

AMORTIR, v. tr. Rendre moins violent : *amortir un coup*; affaiblir : *l'âge amortit les passions.* Amortir une rente, l'éteindre en en payant le capital.

AMORTISSABLE, adj. Qui peut être amorti : *rente amortissable.*

AMORTISSEMENT, n. m. Rachat d'une rente. Caisse d'amortissement, dont les fonds sont destinés à l'extinction graduelle de la dette publique.

AMOUR, n. m. Sentiment par lequel le cœur se porte vers ce qui lui plaît fortement, et en désire la possession : *amour de Dieu, de la patrie, de la vertu*; penchant dicté par les lois de la nature : *amour maternel, filial*; passion : *amour des arts. Pour l'amour de Dieu*, pour plaire à Dieu. — Est m. au sing. et f. au pl. : *un amour insensé, des amours insensées.* — Dieu de la Fable.

AMOURACHER (S'), v. pr. S'éprendre d'une passion folle.

AMOURETTE, n. f. Amour pas-sager.

AMOUREUSEMENT, adv. Avec amour.

AMOUREUX, EUSE, adj. Qui aime avec amour, avec passion. N. m. Amant.

AMOUR-PROPRE, n. m. Opinion trop avantageuse de soi-même. Pl. des *amours-propres*.

AMOVIBILITÉ, n. f. État de ce qui est amovible.

AMOVIBLE, adj. Qui peut être changé : *il ne faut pas que les juges soient amovibles*.

† **AMPHIBIE**, adj. et n. Qui vit sur terre et dans l'eau, comme le têtard de la grenouille et certains insectes.

AMPHIBOLOGIE, n. f. Double sens que présente une phrase mal construite, comme dans : *j'ai trouvé plusieurs pages dans vos manuscrits qui sont illisibles*.

AMPHIBOLOGIQUE, adj. A double sens : *oracle amphibologique*.

AMPHIBOLOGIQUEMENT, adv. D'une manière amphibologique.

AMPHICTYONS (*conseil des*), n. m. pl. Autrefois assemblée générale de la Grèce, composée de députés représentant les peuples confédérés de cette contrée.

AMPHIGOURI, n. m. Discours sans suite et qui n'a point de sens.

AMPHIGOURIQUE, adj. Obscur, sans liaison.

AMPHIGOURIQUEMENT, adv. D'une manière amphigourique.

AMPHITHÉÂTRE, n. m. Partie d'un théâtre en face de la scène; lieu garni de gradins où un professeur fait son cours; chez les Romains, vaste enceinte ronde, avec des gradins pour les fêtes publiques.

AMPHITRYON, n. m. Celui chez qui l'on dîne.

AMPHORE, n. f. Vase antique à deux anses.

AMPLE, adj. Large : *robe ample* Fig. Au-delà de la mesure commune : *ample repas; ample récit*.

AMPLEMENT, adv. D'une manière ample.

AMPLEUR, n. f. Qualité de ce qui est ample.

AMPLIATION, n. f. Double d'un acte.

AMPLIFIANT, E, adj. Qui grossit les objets : *verre amplifiant*.

AMPLIFICATEUR, n. m. Qui amplifie, exagère.

AMPLIFICATION, n. f. Développement d'un texte donné. *Fig.* Exagération.

AMPLIFIER, v. tr. Étendre, exagérer.

AMPLITUDE, n. f. Portée horizontale d'une bombe.

AMPOULE, n. f. Petite tumeur remplie de sérosité, sur la peau. † **Sainte ampoule**, vase qui renfermait l'huile servant au sacre des rois de France.

AMPOULÉ, ÉE, adj. Boursouflé, *style, vers, discours ampoulé*.

AMPUTATION, n. f. Action de couper, de retrancher : *amputation d'un bras*.

AMPUTER, v. tr. Pratiquer une amputation.

AMULETTE, n. f. Objet qu'on porte sur soi comme un prétendu préservatif.

AMUSANT, E, adj. Qui amuse.

AMUSEMENT, n. m. Ce qui amuse, distrait.

AMUSER, v. tr. Divertir, distraire : *amuser l'esprit*; repaître de vaines espérances : *amuser par des promesses*.

AMUSETTE, n. f. Petit amusement.

AMUSEUR, n. m. Qui amuse.

AMYGDALES, n. f. pl. Anat. Glandes aux deux côtés de la gorge.

AN, n. m. Temps que met la terre à tourner autour du soleil. Pl. Vieillesse, temps : *l'outrage des ans*.

ANA, n. m. Recueil de pensées, de bons mots.

ANABAPTISTES, n. m. pl. Sectaires qui ne baptisent les enfants qu'à l'âge de raison, ou rebaptisent ceux qui ont été baptisés trop jeunes.

ANACHORÈTE, n. m. Ermite, religieux qui vit seul dans un désert.

ANACHRONISME, n. m. Faute contre la chronologie : *en faisant d'Énée le contemporain de Didon, Virgile a commis un anachronisme*.

ANACRÉONTIQUE, adj. Léger, gracieux, bachique, dans le goût des odes du poète grec Anacréon : *vers anacréontiques*.

ANAGOGIE, n. f. Extase.

ANAGOGIQUE, adj. Mystique.

ANAGRAMME, n. f. Arrangement des lettres d'un mot de telle sorte qu'elles forment un autre mot et un autre sens : *l'anagramme du mot Versailles est villo séras*; de *vigneron*, ivrogne; de *révolution française*, un Corse la finira.

ANALEPTIQUE, adj. Propre à rendre des forces : *le chocolat est analeptique*.

ANALOGIE, n. f. Rapport, similitude d'une chose avec une autre : *la langue italienne a beaucoup d'analogie* avec la langue latine.

ANALOGIQUE, adj. Qui a de l'analogie : termes analogiques.

ANALOGIQUEMENT, adv. D'une manière analogique.

ANALOGUE, adj. Qui a de l'analogie.

ANALYSABLE, adj. Qu'on peut analyser.

ANALYSE, n. f. Décomposition d'un corps en ses principes constituants : l'analyse de l'eau, de l'air, etc. **Analyse grammaticale**, qui prend chaque mot à part, pour en faire connaître l'espèce, le genre, le nombre, etc. *Littér.* Extrait raisonné d'un ouvrage d'esprit. Son opposé est *synthèse*.

ANALYSER, v. tr. Faire une analyse.

ANALYSTE, n. m. Qui est versé dans l'analyse.

ANALYTIQUE, adj. Qui procède par voie d'analyse : *méthode analytique*, par oppos. à *méthode synthétique*.

ANALYTIQUEMENT, adv. D'une manière analytique.

ANANAS, n. m. Plante et fruit d'Amérique.

ANARCHIE, n. f. Désordre, confusion dans un État.

ANARCHIQUE, adj. Qui tient de l'anarchie.

ANARCHISTE, n. m. Fauteur de troubles.

ANATHÉMATISER, v. tr. Frapper d'anathème, excommunier.

ANATHÈME, n. m. Excommunication.

ANATOMIE, n. f. Action, art de disséquer le corps d'un animal ; représentation en plâtre ou en cire d'un corps disséqué.

ANATOMIQUE, adj. Qui appartient à l'anatomie.

ANATOMIQUEMENT, adv. D'une manière anatomique.

ANATOMISER, v. tr. Faire l'anatomie.

ANATOMISTE, n. m. Savant dans l'anatomie.

ANCÊTRES, n. m. pl. Ceux de qui on descend ; au-dessus du degré de grand-père ; ceux qui ont vécu avant nous.

ANCHE, n. f. Bec d'un instrument à vent.

ANCHOIS, n. m. Petit poisson de mer.

ANCIEN, ENNE, adj. Qui existe depuis longtemps, qui a existé autrefois : l'ancienne Grèce ; qui n'est plus en fonction : l'ancien préfet. N. m. Personnage de l'antiquité : un ancien disait. Pl. Vieillards : les anciens d'Israël,

ANCIENNEMENT, adv. Autrefois.

ANCIENNETÉ, n. f. Ce qui est ancien : l'ancienneté d'une loi, d'un titre ; priorité : avancement par ancienneté.

ANCILE, n. m. Bouclier sacré des Romains, leur *palladium*.

ANCRAGE, n. m. Lieu propre pour ancrer.

ANCRE, n. f. *Mar.* Instrument en fer pour fixer les bâtiments. *Fig. Ancre de salut*, unique ressource.

ANCRER, v. int. Jeter l'ancre.

ANDAIN, n. m. Étendue d'herbe qu'un faucheur peut abattre à chaque pas qu'il fait.

ANDALOUS, n. m. Cheval d'Andalousie.

ANDANTE, adv. *Mus.* Modérément. N. m. Air d'un mouvement modéré. Pl. des *andante*.

ANDANTINO, adv. *Mus.* D'un mouvement plus animé que l'andante.

ANDOUILLE, n. f. Boyau de porc, rempli de chair hachée du même animal.

ANDOUILLER, n. m. Petite corne qui vient au bois du cerf.

ANDOUILLETTE, n. f. Petite andouille.

ANDROGYNE, adj. *Bot.* Se dit des végétaux qui réunissent à la fois des fleurs mâles et des fleurs femelles, ou d'une fleur qui contient en même temps des organes mâles et des organes femelles.

ÂNE, n. m. Quadrupède plus petit que le cheval, à longues oreilles. *Fig.* Homme ignorant. *Pont aux ânes*, chose facile à faire ; *en dos d'âne*, en talus de chaque côté.

ANÉANTIR, v. tr. Détruire : anéantir un peuple. Par ext. Être anéanti, être stupéfait, confondu, excédé de fatigue.

ANÉANTISSEMENT, n. m. Destruction entière. Par ext. Abattement : tomber dans l'anéantissement.

ANECDOTE, n. f. Petit fait historique peu connu.

ANECDOTIER, n. m. Qui a l'habitude de raconter des anecdotes.

ANECDOTIQUE, adj. Qui contient des anecdotes : histoire de France anecdotique.

ÂNÉE, n. f. Charge d'un âne.

ANÉMONE, n. f. *Bot.* Espèce de renoncule.

ÂNERIE, n. f. Grande ignorance ; faute grossière. *Fam.*

ÂNESSE, n. f. Femelle de l'âne.

ANÉVRISME, n. m. *Méd.* Rupture subite d'une veine ou d'une artère : mourir d'un anévrisme.

ANFRACTUEUX, EUSE, adj. Inégal : *chemin anfractueux.*

ANFRACTUOSITÉ, n. f. Détour, inégalité : *les anfractuosités d'une route.*

† ANGE, n. m. Créature purement spirituelle. *Fig.* Personne très-douce, très-pieuse. *Comme un ange*, très-bien ; *être aux anges*, dans le ravissement.

ANGÉLIQUE, adj. Parfait, excellent : *vertu angélique.* **Salutation angélique**, prière à la sainte Vierge.

ANGÉLIQUE, n. f. *Bot.* Plante fort odorante, dont on confit la tige.

ANGÉLIQUEMENT, adv. D'une manière angélique.

ANGELUS, n. m. Prière commençant par ce mot.

ANGINE, n. f. Inflammation de la gorge.

ANGLAISE, n. f. Contredanse ; air sur lequel on exécute cette danse ; écriture. Pl. Boucles de cheveux légères et longues : *porter des anglaises.*

ANGLE, n. m. Ouverture de deux lignes, de deux plans qui se rencontrent.

ANGLICAN, E, adj. Qui a rapport à la religion dominante en Angleterre : *clergé anglican.* N. Celui qui professe cette religion.

† ANGLICANISME, n. m. Religion de l'État en Angleterre.

ANGLICISME, n. m. Idiotisme anglais : *les œuvres de Walter Scott sont remplies d'anglicismes qu'il est impossible de rendre dans une traduction.*

ANGLOMANE, adj. et n. Admirateur ou imitateur outré des usages anglais.

ANGLOMANIE, n. f. Manie d'imiter les Anglais.

ANGOISSE, n. f. Grande affliction, torture de l'âme : *les angoisses de la mort.*

ANGON, n. m. Arme à l'usage des Francs, terminée par deux crocs.

ANGORA, adj. et n. Chat, lapin, chèvre, originaires d'Angora, et qui se distinguent par leur poil long et soyeux. Ne pas dire *angola.*

ANGUILLE, n. f. Poisson d'eau douce, de la forme du serpent.

ANGULAIRE, adj. Qui a un ou plusieurs angles. **Pierre angulaire**, pierre fondamentale qui fait l'angle d'un bâtiment. *Fig.* Base, fondement d'une chose.

ANGULEUX, EUSE, adj. Dont la surface a plusieurs angles. *Par ext.*

Visage anguleux, dur, dont les traits sont fortement prononcés.

ANICROCHE, n. f. Difficulté, embarras : *affaire pleine d'anicroches. Fam.*

ÂNIER, ÈRE, n. Qui conduit des ânes.

ANIMADVERSION, n. f. Improbation, censure, blâme.

ANIMAL, n. m. Être organisé et doué de sensibilité physique. *Fig.* Personne stupide et grossière.

ANIMAL, E, adj. Qui appartient à l'animal : *fonctions animales.*

ANIMALCULE, n. m. Petit animal visible seulement au microscope.

ANIMALISER, v. tr. Convertir une substance en celle de l'animal, ce que fait la digestion.

ANIMALITÉ, n. f. Ce qui constitue l'animal.

ANIMATION, n. f. Vivacité, ardeur.

ANIMER, v. tr. Donner la vie. *Fig.* Exciter, encourager : *animer des soldats au combat.*

ANIMOSITÉ, n. f. Haine, désir de nuire.

ANIS, n. m. Plante odoriférante, sorte de dragée faite avec sa graine.

ANISER, v. tr. Donner le goût d'anis : *aniser un gâteau, une liqueur.*

ANISETTE, n. f. Liqueur composée avec de l'anis.

ANKYLOSE, n. f. Privation du mouvement des articulations.

ANNAL, E, adj. Qui ne dure qu'un an : *location annale.*

ANNALES, n. f. pl. Ouvrage qui rapporte les événements année par année : *les Annales de Tacite;* histoire : *parcourez les annales de tous les peuples...*

ANNALISTE, n. m. Historien qui écrit des annales.

ANNATE, n. f. Revenu d'une année que l'on payait au pape pour les bulles des évêchés, des abbayes, etc.

ANNEAU, n. m. Cercle de métal auquel on attache, bague. **Anneau pastoral**, que portent les évêques ; **anneau de Saturne**, bande circulaire qui environne cette planète.

† ANNÉE, n. f. Temps que met la terre à faire sa révolution autour du soleil.

ANNÉLIDES, n. m. pl. Classe d'animaux articulés.

ANNEXE, n. f. Ce qui est relié à une chose principale : *annexe d'un bâtiment.*

ANNEXER, v. tr. Joindre, attacher : *annexer une province à la France.*

ANNEXION, n. f. Action d'annexer.

ANNIHILATION, n. f. Anéantissement.

ANNIHILER, v. tr. Anéantir : *annihiler un acte, un testament.*

ANNIVERSAIRE, adj. Qui a lieu chaque année le même jour. N. m. Cérémonie commémorative : *fêter l'anniversaire d'une naissance, d'une victoire.*

ANNONCE, n. f. Avis verbal ou écrit, donné au public.

ANNONCER, v. tr. Faire savoir, publier : *annoncer une vente* ; manifester : *les cieux annoncent la gloire de Dieu* ; prédire : *les prophètes annoncèrent la venue du Messie.*

ANNONCIADE, n. f. Ordre de religieuses.

ANNONCIATION, n. f. Message de l'ange Gabriel à la Vierge pour lui annoncer l'Incarnation ; jour où l'Église célèbre ce mystère (25 mars).

ANNOTATEUR, n. m. Celui qui fait des annotations.

ANNOTATION, n. f. Note faite sur un texte pour l'éclaircir.

ANNOTER, v. tr. Faire des remarques, des notes sur un auteur.

ANNUAIRE, n. m. Ouvrage publié chaque année, et qui contient l'état industriel, commercial et administratif d'un lieu : *annuaire du département de l'Aube* ; résumé des faits d'une année : *annuaire de l'instruction publique*, *annuaire du Bureau des longitudes.*

ANNUEL, ELLE, adj. Qui dure un an ; qui revient chaque année : *revenu annuel. Plantes annuelles*, qui meurent tous les ans, comme les graminées.

ANNUELLEMENT, adv. Chaque année.

ANNUITÉ, n. f. Mode de payement dans lequel le débiteur s'acquitte envers le créancier, en lui versant chaque année une somme composée, partie des intérêts, partie d'une fraction du capital.

ANNULAIRE, adj. Qui a la forme d'un anneau : *éclipse annulaire.* N. m. Le quatrième doigt de la main, où se met ordinairement l'anneau.

ANNULATION, n. f. Action d'annuler.

ANNULER, v. tr. Rendre nul : *annuler un marché.*

ANOBLIR, v. tr. Faire noble : *le roi vient d'anoblir cette famille.*

ANOBLISSEMENT, n. m. Action d'anoblir.

ANODIN, E, adj. *Méd.* Qui opère doucement, sans causer de douleur : *potion anodine.* N. m. : *faire usage d'anodins*, comme l'opium, le pavot, la ciguë, la jusquiame, etc.

ANOMAL, E, adj. Irrégulier, surtout en parlant du verbe.

ANOMALIE, n. f. Irrégularité, surtout en parlant du verbe. *Hist. nat.* Monstruosité.

ÂNON, n. m. Le petit d'un âne.

ÂNONNEMENT, n. m. Action d'ânonner.

ÂNONNER, v. int. Lire, parler avec peine et en hésitant.

ANONYME, adj. Qui est sans nom d'auteur : *écrit anonyme.* *Com.* Société anonyme, qui n'a pas de nom social. N. m. *Garder l'anonyme*, ne pas se déclarer l'auteur.

ANORMAL, E, adj. Contraire aux règles.

ANSE, n. f. Partie courbée en arc, par laquelle on prend un vase, un panier. *Géog.* Très-petit golfe.

ANSÉATIQUE, adj. V. *Hanséatique.*

ANTAGONISME, n. m. Rivalité, opposition.

ANTAGONISTE, adj. et n. Adversaire.

ANTARCTIQUE, adj. Du sud : *pôle antarctique*, par oppos. à arctique.

ANTÉCÉDEMMENT, adv. Avant.

ANTÉCÉDENT, E, adj. Qui précède : *faits antécédents.* N. m. Fait précédent : *avoir de bons, de mauvais antécédents.* *Gram.* Mot qui précède le pronom relatif. *Log.* Première partie de l'enthymème. *Math.* Le premier des deux termes d'un rapport, par oppos. à conséquent.

ANTÉCHRIST, n. m. Séducteur, ennemi du Christ, qui doit venir à la fin du monde.

ANTÉDILUVIEN, ENNE, adj. Qui a précédé le déluge : *patriarche, fossile antédiluvien.*

ANTENNE, n. f. *Mar.* Longue vergue qui soutient les voiles. Pl. Cornes mobiles que plusieurs insectes, comme le hanneton, le papillon, l'abeille, portent sur la tête.

ANTÉPÉNULTIÈME, adj. et n. Qui précède la pénultième, l'avant-dernière : *li est la syllabe antépénultième du mot re-li-gi-on.*

ANTÉRIEUR, E, adj. Qui est avant par rapport au temps et au lieu.

ANTÉRIEUREMENT, adv. Avant.

ANTÉRIORITÉ, n. f. Priorité de temps. Son opposé est *postériorité.*

ANTHÈRE, n. f. *Bot.* Petit sac situé à la partie supérieure de l'étamine, et qui renferme la poussière fécondante.

ANTHOLOGIE, n. f. Recueil de petites pièces de vers.

ANTHROPOLOGIE, n. f. *Anat.* Histoire naturelle de l'homme.

ANTHROPOMORPHISME, n. m. Système de ceux qui attribuent à Dieu une forme corporelle.

ANTHROPOMORPHITE, n. m. Partisan de l'anthropomorphisme.

† **ANTHROPOPHAGE**, adj. et n. Qui mange de la chair humaine.

ANTHROPOPHAGIE, n. f. Habitude de manger de la chair humaine.

ANTI. Particule qui marque opposition ou antériorité, comme *antipode*, *antidate*.

ANTICHAMBRE, n. f. Pièce qui précède un appartement.

ANTICHRÉTIEN, ENNE. adj. Qui est opposé à la religion chrétienne.

ANTICIPATION. n. f. Action d'anticiper, usurpation. **Par anticipation**, loc. adv. Par avance.

ANTICIPER, v. int. Empiéter : *anticiper sur ses revenus.*

ANTICONSTITUTIONNEL, **ELLE.** adj. Opposé, contraire à la constitution.

ANTICONSTITUTIONNELLE-MENT, adv. Contrairement à la constitution.

ANTIDARTREUX, EUSE, adj. Contre les dartres.

ANTIDATE, n. f. Date antérieure à la véritable.

ANTIDATER, v. tr. Mettre une antidate : *antidater un acte.*

ANTIDOTE, n. m. Contrepoison. *Fig.* : *le travail est un antidote contre l'ennui.*

ANTIENNE, n. f. Verset qui se chante en tout ou en partie avant un psaume, et qui se répète après.

ANTIFÉBRILE, adj. et n. Contre la fièvre.

† **ANTIGONE**, n. f. Jeune fille qui sert de guide à un vieillard aveugle.

ANTILOGIE, n. f. Contradiction d'idées.

ANTILOPE, n. f. Genre de mammifère ruminant : *la gazelle est une antilope.*

ANTIMOINE, n. m. Métal blanc, cassant.

ANTIMONARCHIQUE, adj. Contraire à la monarchie.

ANTIMONIAL, E, adj. Qui contient de l'antimoine.

ANTINATIONAL, E, adj. Opposé au caractère, à l'intérêt national.

ANTINOMIE, n. f. Contradiction entre deux lois, deux principes de philosophie.

ATIPAPE, n. m. Faux pape.

ANTIPATHIE, n. f. Aversion, répugnance naturelle et non raisonnée. Son opposé est *sympathie*.

ANTIPATHIQUE, adj. Contraire, opposé : *sentiments antipathiques.*

ANTIPHILOSOPHIQUE, adj. Contraire à la saine philosophie.

ANTIPHONNAIRE ou **ANTIPHONNIER**, n. m. Livre d'église où les parties de l'office sont notées.

ANTIPHRASE, n. f. *Rhét.* Ironie, contre-vérité. C'est par *antiphrase* que l'on a surnommé *Phi opator* (qui aime son père) celui des Ptolémées qui fit périr l'auteur de ses jours.

† **ANTIPODE**, n. m. Lieu de la terre diamétralement opposé à un autre lieu ; les habitants de ce lieu. *Fig.* Tout-à-fait contraire : *votre raisonnement est l'antipode du bon sens.*

ANTIPUTRIDE, adj. Propre à empêcher la putréfaction.

ANTIQUAILLE, n. f. Chose antique et de peu de valeur.

ANTIQUAIRE, n. m. Savant dans la connaissance des monuments antiques, dans les médailles.

ANTIQUE, adj. Très-ancien : *vase antique ;* de mode passée : *habit antique ;* qui a les qualités des choses de même genre chez les anciens : *simplicité antique.* N. Ouvrage d'art produit par les anciens : *cabinet des antiques.*

ANTIQUITÉ, n. f. Ancienneté reculée ; les anciens : *toute l'antiquité l'a cru ;* statue, médaille, monument antique : *les antiquités de Rome.*

ANTIRÉVOLUTIONNAIRE, adj. et n. Opposé à la révolution.

ANTISCORBUTIQUE, adj. Propre à guérir le scorbut.

ANTISCROFULEUX, EUSE, adj. Propre à guérir les scrofules.

ANTISOCIAL, E, adj. Contraire à la société.

ANTISPASMODIQUE, adj. et n. Se dit des remèdes que l'on emploie contre les convulsions.

ANTITHÈSE, n. f. *Fig.* de rhét. Opposition de pensées de mots : *Dieu est grand dans les petites choses.*

ANTITHÉTIQUE, adj. Rempli d'antithèses : *le style de Fléchier est antithétique.*

ANTONOMASE, n. f. *Fig.* de rhét. par laquelle on emploie un nom propre pour un nom commun, et réciproque-

ment, comme *Zoïle* pour un *critique;*
l'Apôtre pour *saint Paul.*

ANTONYMIE, n. f. Opposition de
mots : *un honnête fripon.*

ANTRE, n. m. Caverne, retraite des
bêtes féroces.

ANUITER (s'), v. pr. S'exposer à
être surpris par la nuit.

ANUS, n. m. Le fondement.

ANXIÉTÉ, n. f. Tourment d'esprit,
perplexité.

ANXIEUSEMENT, adv. Avec anxiété.

ANXIEUX, EUSE, adj. Soucieux.

AORTE, n. f. Artère de la base du
cœur.

AOÛT, n. m. Huitième mois de l'année ; moisson : *faire l'août.* **La mi-
août,** le 15 août.

AOÛTÉ, ÉE, adj. Mûri par la chaleur d'août.

AOÛTERON, n. m. Journalier loué
pour tout le temps de la moisson.

APAISEMENT, n. m. Action d'a-
paiser.

APAISER, v. tr. Adoucir, calmer :
apaiser la colère, la faim. **S'apaiser,**
v. pr. Se calmer.

APANAGE, n. m. Revenu que les
souverains assignent à leurs fils puînés.
Fig. Suite, dépendance : *les infirmités
sont l'apanage de la vieillesse.*

APANAGER, v. tr. Donner un apanage.

APARTÉ, n. m. Ce qu'un acteur dit
à part soi sur la scène. Pl. *des apartés.*

APATHIE, n. f. Insensibilité, indolence.

APATHIQUE, adj. Insensible à tout.

APERCEVABLE, adj. Qu'on peut
apercevoir.

APERCEVOIR, v. tr. Commencer à
voir, découvrir. **S'apercevoir**, v. pr.
Remarquer : *s'apercevoir de son erreur.*

APERÇU, n. m. Première vue d'un
objet ; exposé sommaire d'une affaire.

APÉRITIF, IVE, adj. et n. Qui
ouvre l'appétit.

APÉTALE, adj. *Bot.* Qui n'a pas de
pétales.

APETISSER, v. tr. Rendre plus
petit.

APHÉLIE, n. f. *Astr.* Point de l'orbite d'une planète, où elle est à sa plus
grande distance du soleil. Son opposé
est *périhélie.*

APHÉRÈSE, n. f. *Gram.* Retranchement d'une syllabe ou d'une lettre au
commencement d'un mot : *las ! j'ai tant
souffert,* pour *hélas; lors,* ouvrant
l'œil, pour *alors.*

APHORISME, n. m. Maxime énoncée en peu de mots.

APHTHE, n. m. Petit ulcère qui vient
dans la bouche.

API, n. f. Petite pomme.

† APIS, n. m. Bœuf sacré qu'adoraient les Egyptiens.

APITOYER, v. tr. Exciter la pitié.
S'apitoyer, v. pr. Compatir : *s'apitoyer sur les malheurs de quelqu'un.*

APLANIR, v. tr. Rendre uni. *Fig.*
Rendre plus aisé : *aplanir les difficultés.*

APLANISSEMENT, n. m. Action
d'aplanir.

APLATIR, v. tr. Rendre plat.

APLATISSEMENT, n. m. Action
d'aplatir; état de ce qui est aplati.

APLOMB, n. m. Ligne perpendiculaire au plan de l'horizon. *Fig.* Assurance : *avoir de l'aplomb.* **D'aplomb,**
loc. adv. Perpendiculairement ; solidement.

APOCALYPSE, n. f. Livre qui contient les révélations faites à saint Jean
l'évangéliste. *Fig. Style d'apocalypse,*
obscur.

APOCALYPTIQUE, adj. Obscur.

APOCOPE, n. f. *Gram.* Retranchement à la fin d'un mot : *les poètes écri-
vent quelquefois, par apocope, je voi,
pour je vois ; encor, pour encore,*
etc. C'est aussi par apocope que l'on dit
grand'mère, grand'messe, etc.

APOCRYPHE, adj. Supposé, suspect : *histoire apocryphe.*

APOGÉE, n. m. Point où la lune se
trouve à sa plus grande distance de la
terre, par oppos. à *périgée. Fig.* Le
plus haut degré d'élévation : *être à l'a-
pogée de sa fortune, de sa gloire.*

APOLOGÉTIQUE, adj. Qui contient une apologie : *discours apologétique.*

APOLOGIE, n. f. Discours justificatif; éloge : *faire, écrire l'apologie
de quelqu'un.*

APOLOGISTE, adj. Qui fait l'apologie de quelqu'un, de quelque chose.

APOLOGUE, n. m. Sorte de fable
présentant une vérité morale.

APONÉVROSE, n. f. Membrane
qui forme l'extrémité des muscles.

APOPHTEGME, n. m. Parole mémorable de quelque personnage illustre : *les apophtegmes des sept sages de
la Grèce.*

APOPLECTIQUE, adj. Qui appartient à l'apoplexie. N. : *c'est un apoplectique.*

APOPLEXIE, n. f. Maladie qui attaque le cerveau, et suspend tout à
coup le sentiment et le mouvement.

APOSTASIE, n. f. Abandon public
d'une religion pour une autre. Se dit

surtout du christianisme : *l'apostasie de l'empereur Julien et de Henri VIII*. *Fig.* Désertion d'un parti.

APOSTASIER, v. int. Renoncer à sa religion, à ses vœux, à son parti.

APOSTAT, n. m. Qui a apostasié.

APOSTÈME, n. m. Abcès non ouvert; tumeur en général. On dit quelquefois *apostume*.

APOSTER, v. tr. Placer quelqu'un dans un endroit, pour observer.

APOSTILLE, n. f. Note placée à la marge ou au bas d'un écrit; recommandation.

APOSTILLER, v. tr. Mettre une apostille.

APOSTOLAT, n. m. Ministère d'apôtre.

APOSTOLIQUE, adj. D'apôtre : *zèle apostolique*; qui émane du saint-siège : *bref apostolique*.

APOSTOLIQUEMENT, adv. D'une manière apostolique.

APOSTROPHE, n. f. *Fig.* de rhét. par laquelle on s'adresse directement aux présents, aux absents, aux êtres animés ou inanimés : *l'apostrophe de Cicéron à Catilina : jusqu'à quand...*; signe de l'élision (').

APOSTROPHER, v. tr. Adresser vivement la parole à quelqu'un pour lui dire quelque chose de désagréable.

APOTHÈME, n. m. *Géom.* Perpendiculaire menée du centre d'un polygone régulier sur un de ses côtés.

APOTHÉOSE, n. m. Déification des empereurs romains et des héros. *Fig.* Honneurs extraordinaires.

APOTHICAIRE, n. m. Qui prépare et vend les remèdes.

APÔTRE, n. m. Disciple de Jésus-Christ; celui qui se voue à la propagation et à la défense d'une doctrine. *Fig. Faire le bon apôtre*, contrefaire l'homme de bien.

APPARAÎTRE, v. int. Devenir visible; se montrer tout à coup : *Dieu apparut à Moïse*.

APPARAT, n. m. Pompe, éclat.

APPAREIL, n. m. Préparatif de tout ce qui a de la pompe, de l'éclat. *Chir.* Pièces nécessaires à un pansement : *lever l'appareil*. *Anat.* Ensemble des organes qui concourent à une même fonction : *l'appareil respiratoire*.

APPAREILLAGE, n. m. *Mar.* Action d'appareiller.

APPAREILLEMENT, n. m. Accouplement d'animaux domestiques pour le travail.

APPAREILLER, v. tr. Mettre ensemble des choses pareilles. V. int. *Mar.* Mettre à la voile.

APPAREILLEUR, n. m. Ouvrier qui trace le trait et la coupe des pierres.

APPAREMMENT, adv. D'après les apparences.

APPARENCE, n. f. Ce qui paraît au dehors, l'extérieur : *il ne faut pas se fier aux apparences*; vraisemblance, probabilité : *il n'y a nulle apparence*. En apparence, loc. adv. Extérieurement.

APPARENT, E, adj. Visible; spécieux : *prétexte apparent*.

APPARIEMENT ou **APPARIMENT**, n. m. Action d'apparier.

APPARIER, v. tr. Assortir par paires, par couples.

APPARITEUR, n. m. Huissier d'une faculté.

APPARITION, n. f. Manifestation subite d'un être, d'un objet qui, d'invisible, devient visible : *l'apparition de l'ange Gabriel*; *d'une comète*; séjour d'un moment : *il n'a fait qu'une apparition*. Pl. Visions.

APPAROIR, v. impers. Être évident, résulter. N'est plus usité que dans *il appert*.

APPARTEMENT, n. m. Logement composé de plusieurs pièces.

APPARTENANCE, n. f. Dépendance.

APPARTENANT, E, adj. Qui appartient de droit : *maison à lui appartenante*.

APPARTENIR, v. int. Etre de droit à quelqu'un; être le propre, la qualité essentielle de : *tant de bonté n'appartient qu'à vous*; convenir à : *la gaîté appartient à l'enfance*.

APPAS, n. m. pl. Attraits, charmes : *les appas de la gloire*.

APPÂT, n. m. Pâture dans un piège ou après un hameçon. *Fig.* Tout ce qui attire : *l'appât du gain*.

APPAUVRIR, v. tr. Rendre pauvre. *Fig.* Diminuer la fertilité, l'abondance : *appauvrir un terrain, une langue*.

APPAUVRISSEMENT, n. m. Etat de pauvreté où l'on tombe peu à peu. *Fig.* Diminution de force, d'abondance : *appauvrissement du sang, d'une langue*.

APPEAU, n. m. Sifflet avec lequel on imite le cri des oiseaux pour les attirer, les appeler.

APPEL, n. m. Action d'appeler; recours à un juge, à un tribunal supérieur; signal militaire : *battre l'appel*.

APPELANT, E, n. Qui appelle d'un jugement.

APPELER, v. tr. Nommer; faire venir : *appeler la garde*; citer en justice : *appeler en témoignage*; rendre propre : *son mérite l'appelle à commander*; avertir : *l'heure m'appelle*. V. int. Recourir à un tribunal supérieur : *appeler d'une sentence*.

APPELLATIF, adj. m. *Gram.* Qui convient à toute une espèce, comme les noms *homme*, *arbre*; alors il est opposé à nom propre.

APPELLATION, n. f. Action d'appeler, de nommer.

APPENDICE, n. m. Supplément à la fin d'un ouvrage; toute partie qui sert de prolongement à une partie principale.

APPENDRE, v. tr. Suspendre.

APPENTIS, n. m. Petit bâtiment adossé contre un mur, et dont le toit n'a de pente que d'un seul côté.

APPESANTIR, v. tr. Rendre plus pesant, moins propre pour le mouvement, pour l'action : *la vieillesse appesantit le corps*. *Fig.* : *appesantir le joug.*

APPESANTISSEMENT, n. m. État d'une personne appesantie par l'âge, le sommeil, etc.

APPÉTENCE, n. f. Désir vif.

APPÉTER, v. tr. Désirer vivement.

APPÉTISSANT, E, adj. Qui excite l'appétit.

APPÉTIT, n. m. Désir de manger. *Fig.* : *appétit désordonné des passions.*

APPLAUDIR, v. tr. Battre des mains en signe d'approbation : *applaudir une pièce*, *un acteur*. V. int. Applaudir à, approuver : *j'applaudis à tout ce que vous dites.*

APPLAUDISSEMENT, n. m. Battement de mains.

APPLAUDISSEUR, n. m. Qui applaudit beaucoup.

APPLICABLE, adj. Qui doit ou peut être appliqué.

APPLICATION, n. f. Action de poser une chose sur une autre. *Fig.* Attention soutenue : *application à l'étude*; action d'adapter une maxime, un précepte, etc. : *application d'un principe.*

APPLIQUER, v. tr. Mettre une chose sur une autre; donner : *appliquer un soufflet*; étudier avec attention : *appliquer son esprit à*; employer : *appliquer un remède, un procédé, une méthode, une loi, une règle*, etc.; faire servir : *appliquer l'algèbre à la géométrie*. S'appliquer, v. pr. S'efforcer; prendre pour soi : *s'appliquer des louanges.*

APPOINT, n. m. Ce qu'on ajoute pour compléter une somme, un compte.

APPOINTEMENTS, n. m. pl. Salaire pour un emploi : *avoir douze cents francs d'appointements.*

APPOINTER, v. tr. Donner des appointements.

APPORT, n. m. Biens qu'un époux apporte dans la communauté conjugale; ce qu'un associé met à la masse sociale.

APPORTER, v. tr. Porter où se trouve quelqu'un : *apportez-moi ce livre*. *Fig.* Fournir : *apporter tant en mariage*; alléguer : *apporter des raisons*; annoncer : *apporter une nouvelle*; employer : *apporter des soins*; susciter : *apporter des obstacles*. Apporter remède, remédier.

APPOSER, v. tr. Appliquer, mettre : *apposer les scellés.*

APPOSITION, n. f. Action d'apposer. *Gram.* Union de deux noms, dont le second est attribut du premier : *Cicéron, orateur romain.*

APPRÉCIABLE, adj. Qui peut être apprécié.

APPRÉCIATEUR, TRICE, n. Qui apprécie.

APPRÉCIATIF, IVE, adj. Qui marque l'appréciation.

APPRÉCIATION, n. f. Estimation.

APPRÉCIER, v. tr. Évaluer. *Apprécier quelqu'un*, l'estimer.

APPRÉHENDER, v. tr. Saisir : *appréhender au corps*; craindre : *appréhender le froid.*

APPRÉHENSION, n. f. Crainte.

APPRENDRE, v. tr. Acquérir des connaissances; contracter une habitude : *apprendre à se taire*; informer, être informé : *apprendre une nouvelle à quelqu'un, de quelqu'un.*

APPRENTI, E, n. Qui apprend un métier. *Fig.* Peu habile. Ne pas dire *apprentif.*

APPRENTISSAGE, n. m. Action d'apprendre un état; le temps qu'on met à l'apprendre. *Fig.* Premiers essais : *l'apprentissage de la vertu.*

APPRÊT, n. m. Manière d'apprêter les étoffes, les cuirs, etc.; assaisonnement : *apprêt des viandes*. *Fig.* Affectation dans le discours : *style plein d'apprêt*. Pl. Préparatifs : *les apprêts d'un voyage.*

APPRÊTER, v. tr. Mettre en état, préparer : *apprêter le dîner*; donner l'apprêt à une étoffe.

APPRÊTEUR, n. m. Qui donne l'apprêt aux étoffes, etc.

APPRIVOISER, v. tr. Rendre moins farouche.

APPROBATEUR, TRICE, n. Qui approuve.

APPROBATIF, IVE, adj. Qui marque l'approbation : *geste approbatif.*

APPROBATION, n. f. Consentement ; jugement favorable : *flatteuse approbation.*

APPROCHANT, prép. Environ, à peu près : *mille francs ou approchant.*

APPROCHE, n. f. Mouvement vers. Pl. Abords, accès : *les approches d'une ville.*

APPROCHER, v. tr. Mettre proche : *approcher une chaise.* V. int. *Fig.* Etre proche : *l'heure approche*, *approcher de la perfection.*

APPROFONDIR, v. tr. Examiner à fond : *approfondir une matière.*

APPROPRIATION, n. f. Action de s'approprier une chose.

APPROPRIER, v. tr. Rendre propre à une destination ; mettre en état de propreté : *approprier un appartement. Fig.* Conformer : *approprier le style au sujet.* S'approprier, v. pr. S'attribuer, usurper : *s'approprier un héritage, une pensée.*

APPROUVER, v. tr. Donner son consentement ; juger louable.

APPROVISIONNEMENT, n. m. Fourniture des choses nécessaires.

APPROVISIONNER, v. tr. Fournir les choses nécessaires.

APPROXIMATIF, IVE, adj. Par approximation : *calcul approximatif.*

APPROXIMATION, n. f. Estimation approchée de la valeur d'une chose, d'une quantité.

APPROXIMATIVEMENT, adv. Par approximation.

APPUI, n. m. Soutien, support. *Fig.*: *être l'appui du faible.* Méc. **Point d'appui**, centre de mouvement ; *mur à hauteur d'appui*, sur lequel on peut s'appuyer.

APPUI-MAIN, n. m. Baguette dont les peintres se servent pour appuyer la main qui tient le pinceau. Pl. *des appuis-main.*

APPUYER, v. tr. Soutenir par le moyen d'un appui ; bâtir contre. *Fig.* Protéger : *appuyer une demande.* V. int. Peser : *appuyer sur la plume. Fig.* Insister : *appuyer sur une circonstance.*

ÂPRE, adj. Rude au goût, au toucher. *Fig.* Avide : *âpre au gain.*

ÂPREMENT, adv. Avec âpreté.

APRÈS, prép. A la suite de : *entrer après quelqu'un, se reposer après la promenade* ; contre : *crier après quelqu'un* ; à la poursuite de : *courir après un lièvre.*

APRÈS-DEMAIN, loc. adv. Le second jour après celui où l'on est.

APRÈS-DÎNÉE, n. f. Temps depuis le dîner jusqu'au soir. Pl. *des après-dînées.*

APRÈS-MIDI, n. f. Partie du jour, depuis midi jusqu'au soir. Pl. *des après-midi.*

ÂPRETÉ, n. f. Etat de ce qui est âpre : *l'âpreté d'un fruit. Fig.* : *l'âpreté de ses reproches.*

A PROPOS, n. m. Chose dite ou faite en temps et lieu convenables. Loc. adv. En temps convenable.

APTE, adj. Qui a de l'aptitude pour.

APTITUDE, n. f. Disposition naturelle à quelque chose : *aptitude pour les sciences.*

APUREMENT, n. m. Vérification d'un compte.

APURER, v. tr. Terminer : *apurer un compte.*

AQUARELLE, n. f. Peinture en couleurs à l'eau.

AQUA-TINTA, n. f. Mots ital. Gravure imitant le dessin au lavis.

AQUATIQUE, adj. Qui croît, qui vit dans l'eau : *plante, animal aquatique.*

AQUEDUC, n. m. Canal pour conduire l'eau.

AQUEUX, EUSE, adj. De la nature de l'eau : *humeur aqueuse* ; plein d'eau : *légumes trop aqueux.*

AQUILIN, adj. m. *Nez aquilin*, courbé en bec d'aigle.

AQUILON, n. m. Vent du nord.

AQUOSITÉ, n. f. Etat de ce qui est aqueux.

ARABE, n. m. Avare, usurier.

ARABESQUES, n. f. pl. Peint. et scu pt. Entrelacement de feuillages et de figures de caprice, à la manière des Arabes.

ARABIQUE, adj. Qui est d'Arabie : *gomme arabique.*

ARABLE, adj. Labourable : *terre arable.*

ARACHNIDES, n. f. pl. Classe d'animaux articulés, comprenant les araignées, les teignes, etc.

ARACK ou RACK, n. m. Liqueur spiritueuse tirée du riz fermenté.

ARAIGNÉE, n. f. Insecte à huit pattes et sans ailes.

ARATOIRE, adj. Qui concerne l'agriculture : *instruments aratoires.*

ARBALÈTE, n. f. Arc d'acier monté sur un fût.

ARBALÉTRIER, n. m. Soldat armé d'une arbalète. Pl. *Charp.* Pièces de bois qui soutiennent la couverture d'un bâtiment.

ARBITRAGE, n. m. Jugement d'un différend par arbitres.

ARBITRAIRE, adj. Ce qui dépend de la seule volonté ; despotique : *pouvoir arbitraire.*

ARBITRAIREMENT, adv. D'une manière arbitraire.

ARBITRAL, E, adj. Rendu, prononcé par arbitres : *jugement arbitral.*

ARBITRALEMENT, adv. Par arbitres.

ARBITRE, n. m. Juge choisi par les parties pour prononcer dans un différend ; maître absolu : *Dieu est l'arbitre de nos destinées.* Libre arbitre, puissance que la volonté a de choisir, de se déterminer.

ARBITRER, v. tr. Prononcer en qualité d'arbitre.

ARBORER, v. tr. Planter, déployer : *arborer un drapeau. Arborer un pavillon,* le hisser ; *arborer l'étendard de la révolte,* se révolter.

ARBORICULTURE, n. f. Partie de l'agriculture qui concerne la culture des arbres.

ARBOUSE, n. f. Le fruit de l'arbousier.

ARBOUSIER, n. m. Arbre du midi, produisant des fruits très-doux.

ARBRE, n. m. Plante ligneuse, d'où sortent un grand nombre de branches garnies de feuilles. *Méc.* Axe de bois ou de métal : *arbre de moulin, de pressoir,* etc. Arbre généalogique, arbre figuré d'où sortent, comme d'un tronc, les diverses branches d'une famille.

ARBRISSEAU, n. m. Petit arbre, qui se ramifie dès sa base, comme le lilas, le sureau, l'aubépine, etc.

ARBUSTE, n. m. Plante ligneuse plus petite que l'arbrisseau, comme la bruyère, certains rosiers, la vigne, etc.

ARC, n. m. Arme servant à lancer des flèches. *Arch.* Courbure. *Géom.* Portion de cercle. *Astr.* Portion de cercle que parcourt un astre au-dessus ou au-dessous de l'horizon. *Fig.* Avoir plusieurs cordes à son arc, avoir plusieurs moyens pour faire réussir un projet.

ARCADE, n. f. Ouverture en arc.

ARCANE, n. m. Tout procédé mystérieux.

ARC-BOUTANT, n. m. Pilier qui se termine en demi-arc, et qui sert à soutenir un mur, une voûte. Pl. des arcs-boutants.

ARC-BOUTER, v. tr. Soutenir au moyen d'un arc-boutant.

ARC DE TRIOMPHE, n. m. Monument en forme d'arc, orné d'inscriptions et de bas-reliefs.

ARCEAU, n. m. Arc de voûte.

† **ARC-EN-CIEL**, n. m. Météore en forme d'arc, résultant de la réfraction et de la réflexion des rayons solaires. Pl. des arcs-en-ciel.

ARCHAÏSME, n. m. Mot, tour de phrase suranné, comme : *dans l'abord, possible, l'accoutumance, treuve,* pour d'abord, probablement, l'habitude, trouve : *dans l'abord il se met au large..., notre mort ne tardera possible guère..., l'accoutumance ainsi nous rend tout familier..., dans la citrouille je la treuve* (La Fontaine). Ainsi encore, *étrait, s'éjouir, faire l'oût, peu ni prou, aucuns,* etc., pour étroit, se réjouir, faire la moisson, peu ni beaucoup, quelques-uns, etc. L'opposé d'archaïsme est néologisme.

ARCHAL (fil d'), n. m. Fil de laiton passé par la filière.

ARCHANGE, n. m. Ange d'un ordre supérieur.

ARCHE, n. f. Voûte d'un pont ; vaisseau de Noé. arche d'alliance, coffre où les Hébreux gardaient les Tables de la loi.

ARCHÉOLOGIE, n. f. Science des monuments de l'antiquité.

ARCHÉOLOGIQUE, adj. Qui a rapport à l'archéologie.

ARCHÉOLOGUE, n. m. Celui qui est versé dans l'archéologie.

ARCHER, n. m. Soldat armé de l'arc ; agent de justice ou de police.

ARCHET, n. m. Petit arc tendu avec des crins pour jouer du violon, etc.; arc d'acier pour tourner ou percer.

ARCHEVÊCHÉ, n. m. Diocèse, palais d'un archevêque ; étendue de pays sous sa juridiction.

ARCHEVÊQUE, n. m. Prélat au-dessus de l'évêque.

ARCHI. Particule augmentative qui ajoute à la signification du mot qu'elle précède.

ARCHICONFRÉRIE, n. f. Société pieuse.

ARCHIDIACONAT, n. m. Dignité d'archidiacre.

ARCHIDIACRE, n. m. Supérieur ecclésiastique ayant droit de visite sur les curés d'un diocèse.

ARCHIDUC, n. m. Titre des princes de la maison d'Autriche.

ARCHIDUCHÉ, n. m. Domaine d'un archiduc.

ARCHIDUCHESSE, n. f. Titre des princesses d'Autriche.

ARCHIÉPISCOPAL, E, adj. Appartenant à l'archevêque : *palais archiépiscopal.* Pl. m. archiépiscopaux.

ARCHIÉPISCOPAT, n. m. Dignité d'archevêque ; sa durée.

ARCHIPEL, n. m. Étendue de mer parsemée d'îles.

ARCHIPRÊTRE, n. m; Premier curé.

ARCHITECTE, n. m. Qui exerce l'art de l'architecture.

ARCHITECTURE, n. f. Art de construire, de disposer et d'orner les édifices.

ARCHITRAVE, n. f. Partie de l'entablement.

ARCHIVES, n. f. pl. Anciens titres, chartes et autres papiers importants; lieu où on les garde; dépôt des actes, des lois, etc.

ARCHIVISTE, n. m. Garde des archives.

ARCHIVOLTE, n. f. Architrave cintrée.

ARCHONTAT, n. m. Dignité d'archonte.

ARCHONTE, n. m. Autrefois, premier magistrat des républiques grecques.

ARÇON, n. m. Pièce de bois cintrée qui soutient la selle. *Vider les arçons*, tomber de cheval.

ARCTIQUE, adj. Septentrional : *pôle arctique*. Son opposé est *antarctique*.

ARDEMMENT, adv. Avec ardeur.

ARDENT, E, adj. En feu, qui échauffe fortement : *soleil ardent*. *Fig.* Violent : *désir ardent*; actif, plein d'ardeur : *enfant ardent à l'étude, cheval ardent*. *Chapelle ardente*, luminaire nombreux qui brûle autour d'un cercueil; *chambre ardente*, autrefois, tribunal qui condamnait au feu les empoisonneurs.

ARDEUR, n. f. Chaleur extrême : *ardeur du soleil*. *Fig.* Activité, vivacité excessive : *cheval plein d'ardeur*.

ARDILLON, n. m. Pointe de métal au milieu d'une boucle, pour arrêter la courroie.

ARDOISE, n. f. Pierre tendre et bleuâtre, qui sert à couvrir les maisons.

ARDOISÉ, ÉE, adj. Couleur d'ardoise.

ARDOISIÈRE, n. f. Carrière d'ardoise.

ARDU, E, adj. Escarpé : *montagne ardue*. *Fig.* Difficile : *travail ardu*.

ARE, n. m. Unité des mesures de surface, contenant 100 mètres carrés ou un carré de 10 mètres de côté.

ARÈNE, n. f. Amphithéâtre où combattaient les gladiateurs. *Fig. Descendre dans l'arène*, se présenter au combat.

ARÉOMÈTRE, n. m. Pèse-liqueurs.

† ARÉOPAGE, n. m. Ancien tribunal d'Athènes. *Fig.* Réunion de gens vertueux; assemblée de magistrats.

ARÉOPAGITE, n. m. Membre de l'aréopage.

ARÈTE, n. f. Os de certains poissons. *Bot.* Barbe qui accompagne les épis de l'orge, du seigle, etc. *Arch.* Angle saillant.

† ARGENT, n. m. Métal blanc; toute sorte de monnaie. *Fig.* Richesse.

ARGENTER, v. tr. Couvrir d'une feuille mince d'argent. *Fig.* Donner l'éclat, la blancheur de l'argent : *la lune argentait les flots. Poét.*

ARGENTERIE, n. f. Vaisselle et autres ustensiles d'argent.

ARGENTEUR, n. m. Ouvrier qui argente.

ARGENTIER, n. m. Celui qui, dans les grandes maisons, garde l'argenterie; autrefois, en France, surintendant des finances.

ARGENTIN, E, adj. Qui a le son clair et retentissant de l'argent : *voix argentine*.

ARGENTURE, n. f. Couche d'argent très-mince appliquée sur un métal; art, action d'argenter.

ARGILE, n. f. Terre molle, grasse, appelée aussi *terre glaise*.

ARGILEUX, EUSE, adj. Qui tient de l'argile : *sol argileux*.

ARGOT, n. m. Jargon dont se servent entre eux les filous de profession, souvent très-expressif, comme : *refroidir* (tuer), *la sorbonne* (la tête), *la veuve* (la guillotine), *faucher le grand pré* (ramer sur les galères), *sortir du séminaire* (du bagne), *le boulanger* (le diable), etc.

ARGOT, n. m. *Jard.* Bois au-dessus de l'œil.

ARGOTER, v. tr. *Jard.* Couper l'extrémité d'une branche morte.

ARGOUSIN, n. m. Surveillant des forçats.

ARGUER, v. tr. Accuser : *arguer un acte de faux*. V. int. Conclure : *vous arguez mal à propos de ce fait*.

ARGUMENT, n. m. Raisonnement par lequel on tire une conséquence; preuve : *tirer argument d'un fait*; sommaire d'un livre, d'un chapitre, d'une narration.

ARGUMENTATEUR, n. m. Qui aime à argumenter. Ne se prend qu'en m. part.

ARGUMENTATION, n. f. Action d'argumenter.

ARGUMENTER, v. int. Faire des arguments.

† **ARGUS**, n. m. Personnage de la Fable, à cent yeux. *Par ext.* Homme très-clairvoyant. *Yeux d'Argus*, très-pénétrants.

ARGUTIE, n. f. Vaine subtilité.

ARIA. n. m. Embarras, ennui.

† **ARIANISME**, n. m. Hérésie d'Arius, qui niait la consubstantialité du Fils avec le Père.

ARIDE, adj. Sec, stérile : *terre aride*. *Fig. Esprit aride*, qui ne peut rien produire : *sujet aride*, qui prête peu.

ARIDITÉ, n. f. Sécheresse. *Fig. : aridité de l'esprit, du style.*

ARIEN, ENNE, n. Sectateur d'Arius.

ARIETTE, n. f. Air léger ; paroles chantées sur cet air.

† **ARIGOT** ou **LARIGOT**. N'est usité que dans cette locution : *boire à tire larigot*, beaucoup.

† **ARISTARQUE**, n. m. Critique sévère, mais équitable et éclairé.

ARISTOCRATE, adj. et n. Partisan, membre de l'aristocratie.

ARISTOCRATIE, n. f. Classe noble.

ARISTOCRATIQUE, adj. Qui appartient à l'aristocratie.

ARISTOCRATIQUEMENT, adv. D'une manière aristocratique.

ARISTOTÉLISME, n. m. Doctrine d'Aristote.

ARITHMÉTICIEN, n. m. Qui sait l'arithmétique.

ARITHMÉTIQUE, n. f. Science des nombres. Adj. Fondé sur l'arithmétique.

ARITHMÉTIQUEMENT, adv. Conformément à l'arithmétique.

ARLEQUIN, n. m. Bouffon dont le vêtement est composé de pièces de diverses couleurs.

ARLEQUINADE, n. f. Bouffonnerie d'arlequin.

ARMATEUR, n. m. Celui qui équipe un navire à ses frais ; négociant qui est intéressé dans l'armement ; le capitaine du navire.

ARMATURE, n. f. Assemblage de liens de métal qui soutiennent les parties d'un ouvrage mécanique.

ARME, n. f. Instrument qui sert à attaquer ou à défendre : *arme offensive, défensive*. Pl. Profession de la guerre : *né pour les armes* ; escrime : *faire des armes* ; les différents corps de l'armée, cavalerie, infanterie, etc. ; combat : *courir aux armes* ; armoiries : *les armes de France, d'Autriche*, etc. *Passer quelqu'un par les armes*, le fusiller ; *faire ses premières armes*, sa première campagne ; *être sous les armes*, être armé. *Fig. Fournir des armes contre soi*, donner des arguments faciles à rétorquer.

ARMÉE, n. f. Troupes sous la conduite d'un chef ; toutes les troupes d'un État.

ARMEMENT, n. m. Action d'armer ; appareil de guerre ; équipement d'un vaisseau.

ARMER, v. tr. Fournir d'armes ; lever des troupes ; équiper un vaisseau ; tendre le ressort d'une arme à feu. *Fig.* Garnir d'une chose qui donne de la force : *armer une poutre de barres de fer.*

ARMET, n. m. Armure de tête des anciens chevaliers.

ARMILLAIRE (sphère), adj. Composée de cercles pour représenter le ciel et le mouvement des astres.

ARMISTICE, n. m. Suspension d'armes.

ARMOIRE, n. f. Grand meuble de bois pour serrer les hardes, etc.

ARMOIRIES, n. f. pl. Armes d'une famille noble.

ARMOISE. n. f. Herbe odoriférante, nommée vulgairement *herbe de la Saint-Jean.*

ARMORIAL, n. m. Livre d'armoiries.

ARMORIER, v. tr. Peindre des armoiries.

ARMURE, n. f. Armes défensives qui protègent le corps, comme cuirasse, casque, etc. ; plaque de fer attachée à un aimant.

ARMURIER, n. m. Qui fabrique, vend des armes.

AROMATE, n. m. Toute substance qui répand une odeur plus ou moins suave.

AROMATIQUE, adj. De la nature des aromates : *herbes aromatiques.*

AROMATISATION, n. f. Action d'aromatiser.

AROMATISER, v. tr. Mêler une substance aromatique à un remède, à un aliment.

ARÔME, n. m. Principe odorant de certains végétaux.

ARPÉGE ou **ARPÉGEMENT**, n. m. *Mus.* Manière de frapper successivement, et non à la fois, tous les sons d'un accord.

ARPÉGER, v. int. *Mus.* Faire des arpéges.

ARPENT, n. m. Ancienne mesure agraire de 51 ares.

ARPENTAGE, n. m. Mesurage des terres.

ARPENTER, v. tr. Mesurer la superficie des terres. *Fig.* Marcher vite et à grands pas.

ARPENTEUR, n. m. Qui mesure les terres.

ARQUEBUSADE, n. f. Coup d'arquebuse.

ARQUEBUSE, n. f. Ancienne arme à feu qui se portait sur l'épaule.

ARQUEBUSIER, n. m. Soldat qui était armé d'une arquebuse.

ARQUER, v. tr. Courber en arc. V. int. Fléchir, se courber.

ARRACHEMENT, n. m. Action d'arracher.

ARRACHE-PIED (D'), loc. adv. Sans interruption.

ARRACHER, v. tr. Détacher avec effort. *Fig.* Obtenir avec peine, de force ou par adresse : *on ne peut lui arracher une parole ; arracher de l'argent ;* enlever, détacher : *arracher aux plaisirs.*

ARRACHEUR, n. m. Qui arrache : *arracheur de dents.*

ARRANGEMENT, n. m. Action d'arranger ; conciliation : *l'arrangement d'un différend.*

ARRANGER, v. tr. Mettre en ordre : *arranger des livres ;* terminer à l'amiable : *arranger une affaire. Arranger quelqu'un*, le maltraiter ; *cela m'arrange, me convient. Fam.*

ARRÉRAGES, n. m. pl. Ce qui est dû, échu d'une terre affermée d'un revenu quelconque.

ARRESTATION, n. f. Action de se saisir de quelqu'un pour l'emprisonner ; état de celui qui est arrêté : *être en arrestation.*

ARRÊT, n. m. Jugement d'une cour souveraine ; décision d'une autorité quelconque : *les arrêts de la Providence. Fig.* Saisie d'une personne ou de ses biens : *faire arrêt sur des marchandises, des appointements.* Maison d'arrêt, prison ; chien d'arrêt, qui arrête le gibier. Pl. Défense de sortir : *mettre un militaire, un écolier aux arrêts.*

ARRÊTÉ, n. m. Ordonnance, prescription : *arrêté de mairie, de police.*

Arrêté de compte, règlement de compte.

ARRÊTER, v. tr. Suspendre la marche, le cours, le progrès de quelque chose : *arrêter une horloge, un voleur. Fig.* Fixer : *arrêter ses regards, sa pensée ;* engager à son service : *arrêter un laquais ;* déterminer, décider : *arrêter un plan ;* régler d'une manière définitive, conclure : *arrêter un compte, un marché ;* interrompre : *il l'arrêta tout court. S'arrêter*, v. pr. Cesser de marcher, de parler, d'agir.

ARRHES, n. f. pl. Argent donné à l'avance pour assurer l'exécution d'un marché.

ARRIÈRE, interj. Au loin : *arrière les médisants! En arrière*, loc. adv. Derrière, en retard : *rester en arrière.* N. m. *Mar.* Moitié de la longueur d'un vaisseau, du grand mât à la poupe. *Vent arrière*, en poupe.

ARRIÉRÉ, n. m. Payement en retard.

ARRIÈRE-BAN, n. m. Convocation des vassaux par leurs suzerains.

ARRIÈRE-BOUTIQUE, n. f. Pièce de plain-pied derrière la boutique. Pl. des *arrière-boutiques.*

ARRIÈRE-COUR, n. f. Petite cour servant de dégagement. Pl. des *arrière-cours.*

ARRIÈRE-FIEF, n. m. Fief relevant d'un autre fief. Pl. des *arrière-fiefs.*

ARRIÈRE GARDE, n. f. Partie d'un corps de troupe qui ferme la marche. Pl. des *arrière-gardes.*

ARRIÈRE-GOÛT, n. m. Goût désagréable que laisse un mets, une boisson. Pl. des *arrière-goûts.*

ARRIÈRE-NEVEU, n. m. Fils du neveu ou de la nièce. Pl. des *arrière-neveux.*

ARRIÈRE-PENSÉE, n. f. Pensée intérieure et secrète. Pl. des *arrière-pensées.*

ARRIÈRE-PETIT-FILS, n. m. **Arrière-petite-fille**, n. f. Le fils, la fille du petit-fils ou de la petite-fille. Pl. des *arrière-petits-fils*, des *arrière-petites-filles.*

ARRIÈRE-PETITS-ENFANTS, n. m. pl. Enfants du petit-fils, de la petite-fille.

ARRIÈRE-POINT, n. m. Point d'aiguille empiétant sur le précédent. Pl. des *arrière-points.*

ARRIÉRER, v. tr. Différer, retarder. *S'arriérer*, v. pr. Demeurer en arrière.

ARRIÈRE-SAISON, n. f. Fin de l'automne. Pl. des *arrière-saisons.*

ARRIMAGE, n. m. Action d'arrimer.

ARRIMER, v. tr. Arranger la cargaison d'un vaisseau.

ARRIMEUR, n. m. Celui qui arrime.

ARRIVAGE, n. m. Abord des navires dans un port; arrivée des marchandises.

ARRIVÉE, n. f. Action d'arriver; moment de cette action.

ARRIVER, v. int. Parvenir dans un lieu; atteindre : *arriver à la vieillesse.* V. impers. : *il m'est arrivé un malheur.*

ARROGAMMENT, adv. Avec arrogance.

ARROGANCE, n. f. Fierté méprisante et insultante.

ARROGANT, E, adj. Fier, hautain.

ARROGER (S'), v. pr. S'attribuer mal à propos quelque chose : *s'arroger un pouvoir.*

ARRONDIR, v. tr. Rendre rond. *Fig.* Arrondir son *bien*, l'augmenter; arrondir une *période*, lui donner du nombre, de l'harmonie.

ARRONDISSEMENT, n. m. Action d'arrondir; état de ce qui est arrondi; circonscription administrative : *département renfermant quatre arrondissements.*

ARROSAGE, n. m. Irrigation : *arrosage d'une prairie.*

ARROSEMENT, n. m. Action d'arroser.

ARROSER, v. tr. Humecter par aspersion; couler à travers un pays : *la Seine arrose Paris.*

ARROSOIR, n. m. Ustensile pour arroser.

ARSENAL, n. m. Magasin d'armes et de munitions de guerre.

ARSENIC, n. m. Substance métallique, volatile au feu, et répandant alors une odeur d'ail.

ARSENICAL, E, adj. *Chim.* Qui tient de l'arsenic.

ARSÉNIEUX (acide), adj. m. Combinaison d'arsenic et d'oxygène.

ART, n. m. Méthode pour faire selon certaines règles; adresse : *avoir l'art de...* Pl. **Arts libéraux**, où l'intelligence a le plus de part; **arts mécaniques**, qui dépendent de la main; **beaux-arts**, la peinture, la sculpture, l'architecture, la musique.

ARTÈRE, n. f. *Anat.* Vaisseau qui porte le sang du cœur aux extrémités.

ARTÉRIEL, ELLE, adj. Qui appartient aux artères : *sang artériel*, par oppos. à *sang veineux.*

ARTÉSIEN, adj. m. V. *Puits.*

ARTICHAUT, n. m. Plante potagère.

ARTICLE, n. m. Division d'un traité, d'une loi, d'un contrat, d'un compte. *Gram.* Mot qui détermine les noms. Article de loi, point important de croyance religieuse. *A l'article de la mort*, au dernier moment de la vie.

ARTICULAIRE, adj. Qui a rapport aux articulations.

ARTICULATION, n. f. Jointure des os; prononciation.

ARTICULER, v. tr. Déduire par article : *articuler des preuves*; affirmer positivement : *articuler un fait*; prononcer : *articuler un son.*

ARTIFICE, n. m. Art, déguisement, fraude. Feu d'artifice, composition pyrotechnique.

ARTIFICIEL, ELLE, adj. Qui se fait par art : *fleurs artificielles.* Son opposé est *naturel.*

ARTIFICIELLEMENT, adv. Avec artifice.

ARTIFICIER, n. m. Qui fait des feux d'artifice.

ARTIFICIEUSEMENT, adv. D'une manière artificieuse.

ARTIFICIEUX, EUSE, adj. Plein d'artifice, de ruse : *conduite artificieuse.*

ARTILLERIE, n. f. Attirail de guerre, comme bombes, canons, etc.; le corps des artilleurs. *Pièce d'artillerie*, canon, obusier, etc.

ARTILLEUR, n. m. Soldat d'artillerie.

ARTIMON, n. m. *Mar.* Mât de l'arrière.

ARTISAN, n. m. Homme de métier, comme le charpentier, le serrurier, etc. *Fig.* Artisan de sa fortune, qui ne la tient pas de ses pères.

ARTISTE, n. m. Celui qui exerce un art libéral, comme le peintre, le sculpteur, etc. *Artiste dramatique*, acteur.

ARTISTEMENT, adv. Avec art.

ARTISTIQUE, adj. Qui a rapport aux arts.

† **ARUSPICE**, n. m. Chez les Romains, sacrificateur qui prétendait prédire l'avenir par l'inspection des entrailles des victimes.

AS, n. m. Carte à jouer; face du dé marquée d'un seul point; monnaie, poids chez les anciens Romains.

ASCENDANCE, n. f. Empire; avoir

de l'ascendance sur quelqu'un; filiation d'une ligne ascendante.

ASCENDANT, n. m. *Astr.* Mouvement d'une planète qui monte au-dessus de l'horizon. *Fig.* Autorité, influence sur quelqu'un. Pl. Les parents dont ön descend.

ASCENDANT, E, adj. Qui va en montant.

ASCENSION, n. f. Action de monter, de s'élever : *l'ascension d'un ballon*; élévation miraculeuse de Jésus-Christ; jour où l'Eglise célèbre cette fête.

ASCENSIONNEL, ELLE (*force*) adj. En vertu de laquelle un corps tend à s'élever.

ASCÈTE, n. Qui se consacre aux exercices pieux.

ASCÉTIQUE, adj. Qui a rapport aux exercices de la vie spirituelle : *vie ascétique*.

ASCÉTISME, n. m. Vie consacrée aux exercices de piété.

ASIATIQUE, adj. Particulier à l'Asie : *luxe, mœurs asiatiques*.

† **ASILE**, n. m. Lieu de refuge. *Fig.* Protection : *le trône est l'asile des malheureux*; retraite : *l'asile de la paix*. Salle d'asile, établissement destiné à recevoir les enfants en bas âge, et à leur donner les premières connaissances.

ASINE (*bête*), adj. f. Un âne ou une ânesse.

ASPECT, n. m. Vue d'un objet; manière dont il se présente à la vue. *Fig.* Face d'une affaire : *cette entreprise se présente sous un fâcheux aspect*.

ASPERGE, n. f. Plante légumineuse.

ASPERGER, v. tr. Arroser légèrement avec une branche d'arbre ou un goupillon.

ASPERGÈS, n. m. Goupillon pour asperger; moment de l'aspersion à la messe.

ASPÉRITÉ, n. f. État de ce qui est raboteux : *l'aspérité du sol*. *Fig.* : *les aspérités du style*.

ASPERSION, n. f. Action d'asperger.

ASPERSOIR, n. m. Goupillon.

ASPHALTE, n. m. Bitume noir qui se durcit à l'air.

† **ASPHYXIE**, n. f. Suspension subite de la respiration.

ASPHYXIÉ, ÉE, adj. et n. Frappé d'asphyxie.

ASPHYXIER, v. tr. Causer l'asphyxie.

ASPIC, n. m. Petit serpent venimeux. *Fig. Langue d'aspic*, personne très-médisante.

ASPIRANT, E, adj. *Pompe aspirante*, qui fait monter l'eau.

ASPIRANT, E, n. Qui aspire à une place, à un emploi.

ASPIRATION, n. f. Action d'aspirer. *Gram.* Prononciation du gosier. *Fig.* Mouvement de l'âme vers Dieu.

ASPIRER, v. tr. Attirer l'air avec la bouche; élever l'eau par le vide; prononcer du gosier. V. int. Prétendre : *aspirer aux honneurs*.

ASSAILLANT, n. m. Celui qui attaque. Pl. Ceux qui donnent assaut à une place.

ASSAILLIR, v. tr. Attaquer vivement. *Fig.* : *l'orage nous assaillit*. (Pour la conjug. v. *Tressaillir*.)

ASSAINIR, v. tr. Rendre sain : *assainir un appartement*.

ASSAINISSEMENT, n. m. Action d'assainir; son résultat.

ASSAISONNEMENT, n. m. Ingrédients pour assaisonner, comme le poivre, le sel, le vinaigre, etc. *Fig.* Agrément dans le discours, grâce dans l'action.

ASSAISONNER, v. tr. Accommoder un mets avec des ingrédients qui flattent le goût. *Fig.* Parler, agir avec des manières douces, bienveillantes : *assaisonner une faveur, un refus, de paroles gracieuses*.

ASSASSIN, E, n. m. Celui qui tue par trahison. Adj. : *main assassine*.

ASSASSINAT, n. m. Meurtre prémidité.

ASSASSINER, v. tr. Tuer par trahison. *Fig.* Fatiguer, importuner à l'excès : *assassiner de compliments*.

ASSAUT, n. m. Attaque pour emporter de vive force une place de guerre; combat au fleuret : *faire assaut. Fig* : *faire assaut d'esprit*.

ASSEMBLAGE, n. m. Union de plusieurs choses, soit au physique, soit au moral : *assemblage de vices et de vertus. Menuis.* Manière de joindre ensemble des pièces de bois. *Impr.* Mise en ordre de feuilles imprimées, de manière à former un exemplaire.

ASSEMBLÉE, n. f. Réunion de personnes dans un même lieu. *Assemblée constituante, législative*, etc., réunion de députés envoyés par la nation.

ASSEMBLER, v. tr. Mettre ensemble, réunir : *assembler des troupes, les feuilles d'un livre*; joindre : *assembler* des pièces de charpente; convoquer : assembler le sénat.

ASSEMBLEUR, EUSE, n. *Impr.* Qui fait l'assemblage des feuilles imprimées.

ASSÉNER. v. tr. Porter avec violence : asséner un coup de bâton.

ASSENTIMENT, n. m. Consentement volontaire.

ASSEOIR. v. tr. (J'assieds, tu assieds, il assied, nous asseyons, vous asseyez, ils asseyent. J'asseyais, n. asseyions. J'assis, n. assîmes. J'asséierai, n. asséierons. J'asséierais, n. asséierions. Assieds, asseyons. Que j'asseye, q. n. asseyions. Q. j'assisse, q. n. assissions. Asseyant. Assis, e. On dit aussi au fig. : J'asseois, j'asseoirai, j'asseoirais : on asseoit un monument, un camp, un jugement).Mettre sur un siège ; poser sur quelque chose de solide. *Fig.* Établir : asseoir un camp, des impositions, etc.

ASSERMENTÉ. ÉE, adj. Qui a prêté serment au gouvernement, à la constitution : fonctionnaire assermenté.

ASSERTION, n. f. Proposition qu'on soutient vraie.

ASSERVIR, v. tr. Assujettir, réduire à une dépendance extrême. *Fig.* Asservir ses passions, les dompter.

ASSERVISSANT, E, adj. Qui asservit : condition asservissante.

ASSERVISSEMENT, n. m. État de ce qui est asservi.

ASSESSEUR. n. m. Adjoint à un juge : conseiller assesseur.

ASSEZ, adv. Suffisamment.

ASSIDU, E, adj. Exact à se rendre où le devoir l'appelle ; qui rend des soins continuels : courtisan assidu ; appliqué sans cesse : assidu à l'étude ; continu : travail assidu.

ASSIDUITÉ. n. f. Exactitude, application. Pl. Continuité de soins.

ASSIDÛMENT, adv. Avec assiduité.

ASSIÉGEANT, E, adj. Qui assiège : repousser les assiégeants.

ASSIÉGER, v. tr. Faire le siège d'une place. *Fig.* Obséder : assiéger quelqu'un de demandes.

ASSIÉGÉS, n. m. pl. Ceux qui sont dans une place assiégée.

ASSIETTE, n. f. Manière d'être assis, placé ; position stable d'un corps : l'assiette d'une poutre ; pièce de vaisselle. *Fig.* Disposition de l'esprit : la vertu tient l'âme dans une assiette inébranlable. L'assiette d'un impôt, sa répartition.

ASSIETTÉE, n. f. Plein une assiette.

ASSIGNABLE, adj. Qui peut être déterminé avec précision.

ASSIGNAT, n. m. Papier-monnaie.

ASSIGNATION, n. f. Citation devant le juge ; attribution de fonds à un payement.

ASSIGNER, v. tr. Appeler quelqu'un en justice; affecter un fonds à un payement. *Fig.* Affecter, donner, déterminer : assigner une place, un rendez-vous, une cause à un événement.

ASSIMILATION, n. f. Action d'assimiler.

ASSIMILER, v. tr. Rendre semblable; établir une comparaison. S'assimiler, v. pr. *Phys.* Approprier à sa substance ; se comparer à : s'assimiler aux grands hommes.

ASSISE. n. f. Rang de pierres posées horizontalement. Pl. Séances extraordinaires tenues par les magistrats pour juger les causes criminelles ; lieu où se tiennent les assises; leur durée.

ASSISTANCE. n. f. Présence d'un magistrat ou d'un prêtre, lorsqu'elle est requise ; assemblée, auditoire : son discours ravit l'assistance ; aide, secours : on doit assistance aux malheureux.

ASSISTANT, E. adj. Qui assiste, qui aide. N. m. pl. Personnes assemblées dans un même lieu.

ASSISTER, v. int. Être présent : assister à une séance. V. tr. Secourir : assister un malheureux.

ASSOCIATION, n. f. Union de personnes pour un intérêt, un but commun ; rapprochement : l'association des idées.

ASSOCIÉ, n. m. Qui est en société avec un ou plusieurs autres.

ASSOCIER, v. tr. Donner, prendre pour aide, pour collègue ; unir, joindre : associer des idées. S'associer, v. pr. Entrer en société.

ASSOLEMENT, n. m. *Agr.* Art de varier les récoltes sur le même terrain.

ASSOLER, v. tr. *Agr.* Alterner les cultures d'un champ.

ASSOMBRIR, v. tr. Rendre sombre. S'assombrir, v. pr. Devenir sombre.

ASSOMMANT, E, adj. Fatigant, ennuyeux à l'excès: travail, homme, discours assommant. *Fam.*

ASSOMMER, v. tr. Tuer en frappant avec un corps pesant; battre avec excès. *Fig.* Étourdir, importuner : assommer de questions.

ASSOMMEUR, n. m. Qui assomme.

ASSOMMOIR, n. m. Bâton plombé.

ASSOMPTION, n. f. Enlèvement

de la sainte Vierge au ciel ; jour où l'Église en célèbre la fête (15 août).

ASSONANCE, n. f. Ressemblance imparfaite de son dans la terminaison des mots, comme : *sombre, tondre ; peindre, peintre ; tombe, onde*, etc.

ASSORTIMENT, n. m. Convenance : *l'assortiment de ces couleurs est agréable* ; assemblage complet de choses qui vont ensemble : *assortiment de bijoux* ; collection de marchandises de même genre : *fonds d'assortiment*.

ASSORTIR, v. tr. Réunir des personnes, des choses qui se conviennent : *assortir des étoffes, des fleurs, des convives* ; approvisionner : *assortir un magasin*. **S'assortir**, v. pr. Se convenir : *ces couleurs ne s'assortissent pas*.

ASSOUPIR, v. tr. Endormir à demi. *Fig.* Calmer, empêcher l'éclat de quelque chose de fâcheux : *assoupir la douleur, une affaire*. **s'assoupir**, v. pr. S'endormir à demi.

ASSOUPISSANT, **E**, adj. Qui assoupit.

ASSOUPISSEMENT, n. m. État d'une personne assoupie. *Fig.* Nonchalance extrême, grande négligence : *honteux assoupissement*.

ASSOUPLIR, v. tr. Rendre souple : *assouplir une étoffe. Fig.* : *assouplir le caractère*.

ASSOURDIR, v. tr. Étourdir.

ASSOURDISSANT, **E**, adj. Qui assourdit : *bruit assourdissant*.

ASSOUVIR, v. tr. Rassasier pleinement : *assouvir sa faim, sa vengeance*.

ASSOUVISSEMENT, n. m. État de ce qui est assouvi : *assouvissement de la faim, des désirs*.

ASSUJETTIR, v. tr. Soumettre : *assujettir un peuple* ; astreindre : *assujettir à l'obéissance* ; fixer : *assujettir un mot*.

ASSUJETTISSANT, **E**, adj. Qui gêne, assujettit : *place assujettissante*.

ASSUJETTISSEMENT, n. m. État de dépendance. *Fig.* Contrainte : *la grandeur a ses assujettissements*.

ASSUMER, v. tr. Prendre sur soi, s'attribuer : *assumer une grande responsabilité*.

ASSURANCE, n. f. Certitude : *j'ai l'assurance que...* ; garantie, promesse formelle. *Fig.* Hardiesse : *répondre avec assurance*. **Compagnie d'assurance**, *assurance mutuelle contre l'incendie, la grêle, l'inondation, le naufrage*, etc.

ASSURÉ, n. m. Celui qui a passé un contrat d'assurance.

ASSURÉ, **EE**, adj. Ferme, hardi : *pas, air, regard assuré*.

ASSURÉMENT, adv. Certainement.

ASSURER, v. tr. Affirmer : *assurer un fait* ; rendre stable : *assurer un mur* ; garantir : *assurer une créance* ; s'engager à rembourser les pertes : *assurer une récolte*. **S'assurer**, v. pr. Se procurer la certitude : *s'assurer d'un fait* ; arrêter, se rendre maître : *s'assurer d'un coupable* ; faire un contrat d'assurance.

ASSUREUR, n. m. Celui qui assure un navire contre le naufrage, une maison contre l'incendie, etc.

ASTÉRISQUE, n. m. *Gram. et impr.* Signe en forme d'étoile pour indiquer un renvoi (*).

ASTHMATIQUE, adj. et n. Qui a un asthme.

ASTHME, n. m. Maladie caractérisée par une grande difficulté de respirer.

ASTICOT, n. m. Ver que les pêcheurs mettent au bout de leur ligne pour servir d'appât.

ASTICOTER, v. tr. Contrarier pour des bagatelles. *Fam.*

ASTRAGALE, n. m. *Arch.* Moulure ronde qui couronne la partie supérieure d'une colonne.

ASTRE, n. m. Corps céleste. *L'astre du jour*, le soleil ; *l'astre de la nuit*, la lune. *Fig.* Beauté rare : *cette femme est un astre. Élever jusqu'aux astres*, louer excessivement.

ASTREINDRE, v. tr. Assujettir.

ASTRINGENT, **E**, adj. et n. *Méd.* Qui resserre : *remède astringent*.

ASTROLABE, n. m. Instrument pour mesurer la hauteur des astres.

† ASTROLOGIE, n. f. Art chimérique de prédire les événements d'après la présence et l'aspect des astres.

ASTROLOGIQUE, adj. Qui appartient à l'astrologie.

ASTROLOGUE, n. m. Qui s'adonne à l'astrologie.

ASTRONOME, n. m. Qui connaît l'astronomie.

† ASTRONOMIE, n. f. Science qui traite des astres.

ASTRONOMIQUE, adj. Qui appartient à l'astronomie : *observations astronomiques*.

ASTRONOMIQUEMENT, adv. Suivant les principes de l'astronomie.

ASTUCE, n. f. Finesse pleine de méchanceté.

ASTUCIEUSEMENT, adv. Avec astuce.

ASTUCIEUX, EUSE, adj. Qui a de l'astuce.

ASYMPTOTE, n. f. *Géom.* Ligne droite qui s'approche continuellement d'une ligne courbe, sans pouvoir jamais la rencontrer.

ATELIER, n. m. Lieu où travaillent des ouvriers, des peintres, etc.; tous les ouvriers ou élèves qui travaillent sous un même maître.

ATERMOIEMENT ou **ATERMOÎMENT,** n. m. Accommodement d'un débiteur avec ses créanciers pour les payer à termes convenus.

ATERMOYER, v. tr. Prolonger le terme d'un payement : *atermoyer un billet.*

† **ATHÉE,** adj. et n. Qui ne reconnaît point de Dieu.

ATHÉISME, n. m. Doctrine des athées.

ATHÉNÉE, n. m. Établissement où des savants, des gens de lettres se réunissent pour faire des cours, des lectures.

ATHLÈTE, n. m. Autrefois, celui qui combattait dans les jeux solennels de la Grèce.

ATHLÉTIQUE, adj. Qui appartient aux athlètes : *formes athlétiques.*

ATLAS, n. m. Recueil de cartes géographiques; volume de planches jointes à un ouvrage.

† **ATMOSPHÈRE,** n. f. Masse d'air qui environne la terre; mesure de force dans les machines : *pression de dix, de vingt atmosphères.*

ATMOSPHÉRIQUE, adj. Qui a rapport à l'atmosphère.

ATOME, n. m. Corps regardé comme indivisible à cause de sa petitesse; élément des corps. *Fig.* Corps relativement très petit : *les hommes sont des atomes dans l'univers.*

ATONIE, n. f. Faiblesse, manque de force.

ATOUR, n. m. Parure, en parlant des femmes.

ATOUT, n. m. Carte de la couleur qui retourne.

ATRABILAIRE, adj. Triste, mélancolique : *humeur atrabilaire.*

ÂTRE, n. m. Foyer de la cheminée.

ATROCE, adj. D'une méchanceté excessive.

ATROCEMENT, adv. D'une manière atroce.

ATROCITÉ, n. f. Action ou parole odieuse, atroce.

ATROPHIE, n. f. *Méd.* Amaigrissement excessif.

ATROPHIÉ, ÉE, adj. Très-amaigri : *membre atrophié.*

ATROPHIER (S'), v. pr. Devenir très-maigre.

ATTABLER (S'), v. pr. Se mettre à table et y demeurer longtemps.

ATTACHANT, E, adj. Qui intéresse, fixe fortement l'attention : *lecture attachante.*

ATTACHE, n. f. Lien, courroie, etc. *Fig.* Sujétion continuelle : *tenir quelqu'un à l'attache.*

ATTACHEMENT, n. m. Sentiment de vive affection; application : *attachement au travail.*

ATTACHER, v. tr. Joindre fortement une chose à une autre. *Fig.* Lier par quelque chose qui plaît, oblige : *attacher par la reconnaissance;* attribuer : *attacher du prix à un objet;* fixer : *attacher ses yeux.* V. int. Intéresser : *cette lecture attache.* S'attacher, v. pr. S'attacher à quelqu'un, éprouver pour lui de l'affection; s'attacher aux pas de quelqu'un, le suivre sans cesse; s'attacher à quelque chose, s'y appliquer.

ATTAQUABLE, adj. Qui peut être attaqué : *place attaquable.*

ATTAQUE, n. f. Action d'attaquer. *Fig.* Accès subit d'un mal : *attaque d'apoplexie;* atteinte : *les attaques de la calomnie.*

ATTAQUER, v. tr. Assaillir. *Fig.* Provoquer; intenter une action judiciaire : *attaquer quelqu'un en justice;* ronger : *la rouille attaque le fer.*

ATTARDER, v. tr. Mettre en retard : *il m'a attardé.*

ATTEINDRE, v. tr. Toucher à : atteindre un objet; joindre en chemin : atteindre quelqu'un; frapper de loin : atteindre d'un coup de pierre; parvenir à : atteindre une vieillesse avancée. Atteindre son but, réussir.

ATTEINT, E, adj. Attaqué : *atteint de la peste.*

ATTEINTE, n. f. Coup dont on est atteint. *Fig.* Attaque : *atteinte de goutte.*

ATTELAGE, n. m. Chevaux, bêtes de somme attelées.

ATTELER, v. tr. Attacher des animaux de trait à une voiture.

ATTELLE, n. f. Partie du collier des chevaux, à laquelle les traits sont attachés. *Chir.* Petite pièce de bois pour maintenir les fragments des os fracturés.

ATTENANT, E, adj. Contigu : *terre attenante à la maison.*

ATTENDRE, v. tr. Être dans l'attente, l'espérance ou la crainte de. *Fig.* Être prêt : *le dîner nous attend;* être préparé : *attendre de pied ferme.* V. int. Différer : *il faut attendre.* **S'attendre,** v. pr. Compter sur, espérer, prévoir : *s'attendre à une faveur, à une disgrâce.*

ATTENDRIR, v. tr. Rendre tendre. *Fig.* Émouvoir : *attendrir le cœur.*

ATTENDRISSANT, E, adj. Qui émeut l'âme : *paroles attendrissantes.*

ATTENDRISSEMENT, n. m. État de l'âme émue.

ATTENDU, prép. Vu : *attendu son âge.* **Attendu que,** loc. conj. Vu que.

ATTENTAT, n. m. Entreprise criminelle contre les personnes ou contre les choses.

ATTENTATOIRE, adj. Qui porte atteinte à la propriété : *mesure attentatoire.*

ATTENTE, n. f. État de celui qui attend. *Fig.* Espérance : *tromper l'attente.*

ATTENTER, v. int. Commettre un attentat.

ATTENTIF, IVE, adj. Qui a de l'attention, de l'application : *oreille, esprit attentif.*

ATTENTION, n. f. Application d'esprit : *écouter avec attention. Fig. Pl.* Soins officieux : *avoir mille attentions pour... Absol. :* Attention! soyez attentif.

ATTENTIONNÉ, ÉE, adj. Qui a des prévenances.

ATTENTIVEMENT, adv. Avec attention.

ATTÉNUANT, E, adj. Qui atténue, rend moins grave. **Circonstances atténuantes,** qui ont pour effet de diminuer la criminalité et d'abaisser la peine. Son opposé est *aggravantes.*

ATTÉNUATION, n. f. Affaiblissement.

ATTÉNUER, v. tr. Rendre moins grave : *le repentir atténue la faute.*

ATTERRER, v. tr. Accabler : *ce coup l'a atterré.*

ATTESTATION, n. f. Certificat, témoignage donné par écrit.

ATTESTER, v. tr. Certifier : *attester un fait;* prendre à témoin : *attester le ciel.*

ATTICISME, n. m. Délicatesse, finesse de goût qui était particulière aux Athéniens.

ATTIÉDIR, v. tr. Rendre tiède.

Fig. Diminuer l'ardeur : *attiédir l'amitié.*

ATTIÉDISSEMENT, n. m. Refroidissement : *l'attiédissement de l'amitié, de la dévotion.*

ATTIFER (S'), v. pr. S'orner, se parer, en parlant des femmes : *elle s'attife drôlement. Fam.*

ATTIQUE, adj. Qui a rapport à la manière, au goût des anciens Athéniens : *finesse attique. Sel attique,* raillerie délicate et fine, particulière au peuple d'Athènes.

ATTIRAIL, n. m. Quantité de choses nécessaires à la guerre, aux voyages, à la chasse, etc.

ATTIRER, v. tr. Tirer à soi : *l'aimant attire le fer. Fig.* Appeler sur soi : *attirer les regards.*

ATTISER, v. tr. Rapprocher les tisons pour les faire mieux brûler. *Fig.* Exciter, allumer : *attiser le feu de la révolte.*

ATTISEUR, n. m. Celui qui attise.

ATTITRÉ, ÉE, adj. Préféré, habituel : *marchand attitré.*

ATTITUDE, n. f. Position du corps. *Fig.* Façon de se présenter : *l'attitude du respect.*

ATTORNEY, n. m. Officier public qui, en Angleterre, remplit les fonctions de procureur ou d'avoué.

ATTOUCHEMENT, n. m. Action de toucher.

ATTRACTIF, IVE, adj. Qui attire : *la force attractive de l'aimant.*

ATTRACTION, n. f. Action d'attirer. † *Phys.* Puissance en vertu de laquelle les corps et les parties d'un même corps s'attirent réciproquement.

ATTRAIT, n. m. Ce qui plaît, charme, attire : *l'attrait des plaisirs.*

ATTRAPE, n. f. Tromperie. *Fam.*

ATTRAPE-MOUCHES, n. m. Plante dont les feuilles se replient lorsqu'un insecte vient s'y poser.

ATTRAPE-NIAIS ou **ATTRAPE-NIGAUDS,** n. m. Ruse grossière.

ATTRAPER, v. tr. Prendre à un piège : *attraper un loup. Fig.* Tromper : *se laisser attraper par un frisson;* atteindre en courant : *attraper un lièvre;* obtenir par hasard : *attraper une place;* gagner, recevoir : *attraper un rhume, un coup;* imiter : *attraper la manière d'un auteur, les manières de quelqu'un.*

ATTRAPEUR, EUSE, n. Qui attrape.

ATTRAPOIR, n. m. Piège pour les animaux.

ATTRAYANT, E, adj. Qui attire agréablement : *discours attrayant.*

ATTRIBUER, v. tr. Attacher, annexer : *attribuer des émoluments à un emploi.* Fig. Imputer : *attribuer au hasard.*

ATTRIBUT, n. m. Ce qui est propre, particulier à chaque sujet : *l'immensité est un des attributs de Dieu* ; symbole : *un glaive, une balance, sont les attributs de la Justice.* Log. et Gram. Mot qui exprime la manière d'être du sujet de la proposition.

ATTRIBUTIF, IVE, adj. Qui renferme un attribut : *verbe attributif.*

ATTRIBUTION, n. f. Compétence : *cela sort de mes attributions* ; partie d'administration assignée à un fonctionnaire : *les attributions d'un maire.*

ATTRISTANT, E. adj. Qui attriste.

ATTRISTER, v. tr. Rendre triste, affliger.

ATTRITION, n. f. Regret d'avoir offensé Dieu, causé par la crainte des peines.

ATTROUPEMENT, n. m. Rassemblement tumultueux.

ATTROUPER, v. tr. Rassembler en troupe.

AU, AUX, art. contr., pour *à le, à les.*

AUBADE, n. f. Concert donné avant l'aube du jour, à la porte ou sous les fenêtres de quelqu'un.

AUBAINE, n. f. Avantage inespéré : *bonne aubaine.*

AUBE, n. f. Pointe du jour.

AUBE, n. f. Vêtement blanc des prêtres, quand ils disent la messe.

AUBÉPINE, n. f. Arbrisseau épineux à fleurs blanches et odorantes ; sa fleur.

AUBERGE, n. f. Maison où l'on trouve à manger et à coucher en payant. Par ext. Maison où l'on reçoit tout le monde.

AUBERGINE, n. f. Plante qui porte un fruit oblong de la forme du concombre.

AUBERGISTE, n. Qui tient auberge.

AUBIER, n. m. Bois tendre et blanchâtre entre l'écorce et le cœur d'un arbre.

AUCUN, E, adj. et pr. indéf. Pas un, nul. Pl. Quelques-uns, certains : *aucuns pensent.* Vieux.

AUCUNEMENT, adv. Nullement.

AUDACE, n. f. Hardiesse excessive.

AUDACIEUSEMENT, adv. Avec audace.

AUDACIEUX, EUSE, adj. Qui a de l'audace.

AUDIENCE, n. f. Admission près d'un prince, d'un haut fonctionnaire :

obtenir une audience ; séance des juges : *assister à l'audience.*

AUDIENCIER, adj. et n. m. Huissier chargé d'appeler les causes.

AUDITEUR, n. m. Celui qui écoute un discours, une lecture ; aspirant à la magistrature : *juge, conseiller auditeur* ; *auditeur au Conseil d'État.*

AUDITIF, IVE, adj. Qui concerne l'ouïe : *nerf auditif.*

AUDITION, n. f. Action d'entendre : *l'audition des témoins.*

AUDITOIRE, n. m. Réunion de ceux qui écoutent une personne parlant en public.

AUGE, n. f. Pierre creuse où mangent et boivent les bestiaux, etc. ; vaisseau pour délayer le plâtre. Pl. Rigoles en bois ou en pierre qui conduisent l'eau sur la roue d'un moulin, pour la faire tourner.

AUGÉE, n. f. Le contenu d'une auge.

AUGET, n. m. Petite auge.

AUGMENTATIF, IVE, adj. Gram. Particule ou terminaison qui sert à ajouter au sens des mots, comme *très, fort, archi.*

AUGMENTATION, n. f. Accroissement.

AUGMENTER, v. tr. Accroître ; ajouter au traitement, au salaire : *augmenter un domestique.* V. int. et pr. : *sa richesse augmente, son mal s'augmente.*

AUGURE, n. m. Présage, signe par lequel on juge de l'avenir. *Oiseau de bon, de mauvais augure,* porteur de bonne, de mauvaise nouvelle. ✝ Celui qui, chez les Romains, observait le vol, le chant, etc., des oiseaux, pour en tirer des présages.

AUGURER, v. tr. Tirer un présage ; faire une conjecture : *que faut-il augurer de ce fait ?*

AUGUSTE, adj. Grand, vénérable : *auguste protection, religion auguste.*

AUGUSTIN, AUGUSTINE, n. Religieux, religieuse de la règle de saint Augustin.

AUJOURD'HUI, adv. Le jour où l'on est ; le temps présent : *aujourd'hui tout va mal.*

AULIQUE (conseil), adj. Tribunal suprême dans l'ancien empire germanique.

AUMÔNE, n. f. Ce qu'on donne aux pauvres par charité.

AUMÔNERIE, n. f. Charge d'aumônier.

AUMÔNIER, n. m. Prêtre attaché à un prince, un régiment, un établissement, etc., pour dire la messe, les prières.

AUMÔNIÈRE, n. f. Bourse d'autrefois.

AUMUSSE, n. f. Fourrure que portent au bras les chanoines, etc.

AUNAGE, n. m. Mesurage à l'aune ou au mètre.

AUNAIE, n. f. Lieu planté d'aunes.

AUNE, n. f. Ancienne mesure de longueur. (1 mèt. 20 cent.) *Mesurer les autres à son aune*, juger d'autrui par soi-même.

AUNE, n. m. Arbre de bois blanc, qui croît dans les lieux humides.

AUNER, v. tr. Mesurer à l'aune.

AUPARAVANT, adv. qui marque priorité de temps.

AUPRÈS, adv. **Auprès de**, loc. prép. Marque proximité : *auprès du palais*; comparaison : *votre mal n'est rien auprès du mien*.

AURÉOLE, n. f. Cercle lumineux dont les peintres entourent la tête des saints; degré de gloire qui les distingue dans le ciel : *l'auréole des martyrs*. *Fig.* : *l'auréole du génie*.

AURICULAIRE, adj. *Témoin auriculaire*, qui a entendu de ses propres oreilles. N. m. Le petit doigt de la main.

AURIFÈRE, adj. Qui renferme de l'or : *terrain aurifère*.

AURORE, n. f. Lumière qui précède le lever du soleil. *Fig.* Commencement : *l'aurore de la vie*; le levant : *du couchant à l'aurore*. Couleur aurore, d'un jaune doré.

† **AURORE BORÉALE**, n. f. Météore lumineux qui paraît dans le ciel, du côté du nord.

AUSCULTATION, n. f. *Méd.* Application immédiate de l'oreille sur la poitrine ou sur le dos, pour reconnaître l'état des poumons ou du cœur, d'après les sons perçus.

AUSCULTER, v. tr. Faire l'auscultation.

† **AUSPICE**, n. m. Terme générique désignant, chez les Romains, les divers présages qui se tiraient en général du vol, du chant des oiseaux et de la manière dont ils mangeaient. *Fig.* Pl. *Sous d'heureux auspices*, avec apparence de succès; *sous les auspices de quelqu'un*, sous sa protection.

AUSSI, adv. Pareillement : *moi aussi*; de plus, encore : *et cela aussi*. Adv. de comp. : *il est aussi sage que*

vaillant. Conj. C'est pourquoi : *il est méchant, aussi chacun le fuit*. Loc. conj. **Aussi bien**, car, parce que; **aussi peu que**, de même que, pas plus que.

AUSSITÔT, adv. Dans le moment même.

AUSTER, n. m. Nom poétique du vent du midi.

AUSTÈRE, adv. Rigoureux : *jeûne austère*; sévère : *vertu austère*.

AUSTÈREMENT, adv. Avec austérité.

AUSTÉRITÉ, n. f. Mortification des sens et de l'esprit. *Fig.* Sévérité : *austérité des mœurs, des lois*.

AUSTRAL, E, adj. Méridional : *pôle austral*.

AUTAN, n. m. Vent du midi. S'emploie surtout au pluriel.

AUTANT, adv. Marque égalité de mérite, d'étendue, de quantité, etc.

AUTEL, n. m. Table pour les sacrifices. **Maître-autel**, l'autel principal de chaque église; *le sacrifice de l'autel*, la messe.

AUTEUR, n. m. Première cause : *Dieu est l'auteur de l'univers*; inventeur : *l'auteur d'une calomnie*; écrivain, homme ou femme, qui a fait un livre; l'ouvrage même : *étudier un auteur*. *Fig. Les auteurs de nos jours*, nos parents.

AUTHENTICITÉ, n. f. Qualité de ce qui est authentique.

AUTHENTIQUE, adj. Revêtu des formes requises : *acte authentique*; certain : *histoire authentique*.

AUTHENTIQUEMENT, adv. D'une manière authentique.

AUTOBIOGRAPHIE, n. f. Récit, histoire qu'un personnage fait de sa propre vie.

AUTOBIOGRAPHIQUE, adj. Qui a rapport à une autobiographie.

AUTOCHTHONES, n. m. pl. Synonyme d'aborigènes.

AUTOCLAVE, n. m. Marmite en métal pour opérer la cuisson sans évaporation.

AUTOCRATE, n. m. Titre qu'on donne à l'empereur de Russie.

AUTOCRATIE, n. f. Gouvernement absolu d'un souverain.

AUTOCRATIQUE, adj. Qui a rapport à l'autocratie : *gouvernement autocratique*.

† **AUTO-DA-FÉ**, n. m. Supplice du feu qu'ordonnait l'Inquisition. *Par ext.*

Toute action de brûler : *il a fait un auto-da-fé de sa bibliothèque.* Pl. *des auto-da-fé.*

AUTOGRAPHE, adj. Écrit de la main même de l'auteur : *lettre autographe de Racine, de Voltaire, de Napoléon.* N. m. : *posséder un autographe de...*

AUTOGRAPHIE, n. f. Reproduction exacte, au moyen d'une simple pression, d'une écriture tracée avec une encre et sur un papier préparés à cet effet.

AUTOGRAPHIER, v. tr. Reproduire l'écriture par le procédé autographique.

AUTOGRAPHIQUE, adj. Qui a rapport à l'autographie.

AUTOMATE, n. m. Machine organisée qui, par le moyen de ressorts intérieurs, imite le mouvement d'un corps animé : *l'automate de Vaucanson.* Fig. Lourd, stupide : *c'est un véritable automate.*

AUTOMATIQUE, adj. Qui s'exécute sans la participation de la volonté : *mouvement automatique.*

AUTOMNAL, E, adj. Qui appartient à l'automne : *plantes automnales.*

AUTOMNE, n. m. Une des quatre saisons de l'année.

AUTOPSIE, n. f. Méd. Ouverture d'un cadavre pour connaître la cause de la mort.

AUTORISATION, n. f. Action par laquelle on autorise.

AUTORISER, v. tr. Donner pouvoir : *autoriser un notaire à vendre...*; accorder permission : *autoriser le pillage.* S'autoriser, v. pr. S'appuyer sur : *s'autoriser de l'exemple.*

AUTORITÉ, n. f. Puissance légitime à laquelle on doit être soumis : *l'autorité de l'Église, des lois, d'un père.* Fig. Manière impérieuse : *agir d'autorité*; opinion citée d'un auteur : *l'autorité de Platon.* De pleine autorité, avec tout le droit qu'on a ; de son autorité privée, sans droit.

AUTOUR, adv. Autour de, loc. prép. Marque idée de circonférence : *la terre tourne autour du soleil* ; de voisinage : *autour de soi*; d'assiduité : *autour d'un malade.*

AUTOUR, n. m. Oiseau de proie.

AUTRE, adj. indéf. Marque distinction, différence ; égalité, ressemblance : *c'est un autre Alexandre*; antériorité : *l'autre jour.* Pr. indéf. : *un autre, les autres.*

AUTREFOIS, adv. Anciennement, jadis.

AUTREMENT, adv. D'une autre façon ; sinon : *obéissez, autrement je vous chasse.*

AUTRUCHE, n. f. Le plus grand des oiseaux.

AUTRUI, pr. indéf. Les autres, le prochain.

AUVENT, n. m. Petit toit en saillie pour garantir de la pluie.

AUVERNAT, n. m. Vin d'Orléans.

AUXILIAIRE, adj. Qui aide : *armée auxiliaire.* Gram. Les verbes *avoir* et *être*, aidant à conjuguer les autres verbes.

AVACHIR (S'), v. pr. Devenir mou, se déformer ; perdre sa fraîcheur, en parlant d'une femme. Fam.

AVAL, n. m. Endossement à un billet.

AVAL, n. m. Le côté vers lequel descend la rivière. Son opposé est *amont.*

AVALANCHE, n. f. Masse considérable de neige qui se détache des montagnes.

AVALER, v. tr. Faire descendre par le gosier. Fig. *Avaler le calice*, se soumettre à quelque chose de fâcheux; *avaler des yeux*, regarder avidement.

AVALEUR, EUSE, n. Glouton. Fam.

AVALOIRE, n. f. Pièce du harnais d'un cheval.

AVANCE, n. f. Espace de chemin qu'on a devant quelqu'un : *avoir tant d'avance*; payement avant le terme : *faire des avances à un ouvrier.* Fig. Premières démarches dans un accommodement, une liaison d'amitié : *il a fait les premières avances.* D'avance, loc. adv. Par anticipation : *se réjouir d'avance.*

AVANCÉ, ÉE, adj. Trop mûr : *fruits avancés.* Fortif. *Ouvrage avancé*, qui est en avant des autres ; *poste avancé*, très avant vers l'ennemi.

AVANCEMENT, n. m. Action de monter en grade : *obtenir de l'avancement.* Avancement d'hoirie, ce qui se donne par avance à un fils, à un héritier.

AVANCER, v. tr. Porter, pousser en avant : *avancer le bras*; payer par anticipation : *avancer ses gages à un domestique.* Fig. Hâter : *avancer son départ*; mettre en avant : *avancer une proposition.* V. int. Aller en avant : *avancer rapidement*; aller trop vite : *ma montre avance*; sortir de l'alignement : *cœur avance* ; faire des progrès : *avancer dans ses études* ; approcher du terme : *l'ouvrage avance.*

AVANIE, n. f. Affront public, traitement humiliant : *essuyer une avanie.*

AVANT, prép. ou adv. qui marque priorité de temps, d'ordre ou de lieu.

AVANT (L'), n. m. *Mar.* La partie antérieure d'un bâtiment.

AVANTAGE n. m. Ce qui est utile, profitable ; supériorité : *profit r de son avantage* ; don fait par testament, excédant la part exigible : *faire un avantage.*

AVANTAGER, v. tr. Donner des avantages : *la nature l'avait fort avantagé.*

AVANTAGEUSEMENT, adv. D'une manière avantageuse.

AVANTAGEUX, EUSE adj. Qui produit des avantages : *condit on avantageuse* ; qui sied bien : *coiffure avantageuse.* N. m. Présomptueux : *c'est un avantageux.*

AVANT-BRAS, n. m. Partie du bras depuis le coude jusqu'au poignet. Pl. des *avant-bras.*

AVANT-CORPS, n. m. Partie d'une construction en saillie.

AVANT-COUREUR, n. m. Qui précède quelqu'un. *Fig.* Tout ce qui annonce un événement prochain : *signes avant-coureurs.*

AVANT-COURRIÈRE, n. f. Ne se dit qu'en poésie et en parlant de l'aurore : *l'avant courrière du jour.*

AVANT-DERNIER, ÈRE, adj. et n. Qui est avant le dernier.

AVANT-GARDE, n. f. Première ligne d'une armée, d'une troupe en bataille, en marche. Pl. des *avant-gardes.*

AVANT-GOÛT, n. m. Goût qu'on a par avance d'une chose agréable.

AVANT-HIER, loc. adv. Avant-veille du jour où l'on est.

AVANT-LA-LETTRE, (*gravure*). Belle epreuve tirée avant qu'on ait inscrit le sujet au bas de la planche.

AVANT-POSTE, n. m. Poste en avant, le plus près de l'ennemi. Pl. des *avant postes.*

AVANT-PROPOS, n. m. Préface, introduction en tête d'un livre. Pl. des *avant propos.*

AVANT-SCÈNE, n. f. Partie du théâtre en avant des décors. Pl. des *avant-scène.*

AVANT-TRAIN, n. m. Le train qui comprend les deux roues de devant et le limon d'une voiture.

AVANT-VEILLE, n. f. Le jour qui est avant la veille.

AVARE, adj. et n. Qui a un amour excessif de l'argent. *Fig. : être avare de son temps.*

AVARICE, n. f. Attachement excessif aux richesses.

AVARICIEUX, EUSE, adj. Qui a de l'avarice.

AVARIE, n. f. *Mar.* Dommage arrivé à un navire ou à sa cargaison. Se dit aussi des marchandises dont le transport a lieu par terre.

AVARIÉ, ÉE, adj. Endommagé, gâté.

À VAU-L'EAU, loc. adv. Au courant de l'eau. *Fig.* Aller à vau-l'eau, ne pas réussir. *Fam.*

AVÉ ou **AVÉ MARIA**, n. m. La Salutation angélique. Pl. des *avé.*

AVEC, prép. En emble. Se met pour *malgré, sauf : avec tout le respect que je vous dois.* D'avec, indique un rapport de différence : *distinguer l'ami d'avec le flatteur.*

AVEINDRE, v. tr. Tirer une chose du lieu où elle se trouve. *Fam.*

AVELINE, n. f. Espèce de grosse noisette.

AVELINIER, n. m. Espèce de coudrier.

AVENANT, E, adj. Qui a bon air, bonne grâce : *manières avenantes.* À l'avenant, loc. adv. À proportion. À l'avenant de, loc. prép. : *le dessert fut à l'avenant du repas. Fam.*

AVÉNEMENT, n. m. Venue, arrivée : *l'avénement du Messie* ; élévation à une dignité suprême : *avénement à l'empire.*

AVENIR, v. impers. et défec. Arriver fortuitement.

AVENIR, n. m. Temps futur. *Fig.* Bien et ce que l'on peut espérer : *assurer l'avenir d'un enfant* ; postérité : *l'avenir lui rendra justice.* À l'avenir, loc. adv. Désormais.

AVENT, n. m. Temps destiné par l'Église pour se préparer à la fête de Noël.

AVENTURE, n. f. Événement inopiné ; entreprise hasardeuse : *périlleuse aventure* ; événement extraordinaire : *aventures d'Énée.* Loc. adv. À l'aventure, sans dessein ; par aventure, d'aventure, par hasard.

AVENTURER, v. tr. Hasarder, mettre à l'aventure : *aventurer une somme.*

AVENTUREUX , EUSE , adj. Qui hasarde.

AVENTURIER, ÈRE, n. Qui cherche des aventures; qui est sans biens, sans fortune, et vit d'intrigues.

AVENTURINE, n. f. Pierre précieuse d'un jaune brun et semée de petits points d'or.

AVENUE, n. f. Chemin par lequel on arrive : *les avenues d'un palais* : allée d'arbres qui conduit à une habitation.

AVÉRÉ , ÉE , adj. Reconnu vrai : *c'est un fait avéré.*

À VERSE , loc. adv. Abondamment : *il pleut à verse.*

AVERSE, n. f. Pluie subite et abondante.

AVERSION , n. f. Haine : *prendre en aversion.*

AVERTIR , v. tr. Informer, donner avis.

AVERTISSEMENT , n. m. Avis, information; sorte de préface : *avertissement au lecteur;* avis adressé aux contribuables pour le payement de l'impôt.

AVEU, n. m. Reconnaissance, verbale ou par écrit, d'avoir fait ou dit quelque chose : *faire l'aveu de ses fautes;* consentement : *sans votre aveu;* témoignage : *de l'aveu de tout le monde. Homme sans aveu,* vagabond.

AVEUGLE, adj. et n. Privé de l'usage de la vue. *Fig.* Celui à qui la passion enlève le jugement : *la colère le rend aveugle;* se dit de la passion même : *haine aveugle. Soumission aveugle,* entière. **A l'aveugle**, loc. adv. Sans intelligence.

AVEUGLEMENT, n. m. Privation de l'usage de la vue. *Fig.* Trouble de la raison : *l'aveuglement des passions.*

AVEUGLÉMENT, adv. Sans discernement, sans réflexion.

AVEUGLER, v. tr. Rendre aveugle. *Fig.* Éblouir : *l'éclat du soleil m'aveugle;* ôter l'usage de la raison : *la passion vous aveugle.*

AVEUGLETTE (À L'), loc. adv. À tâtons.

AVIDE, adj. Qui désire avec beaucoup d'ardeur : *avide de gloire;* cupide, insatiable : *mains avides.*

AVIDEMENT, adv. D'une manière avide.

AVIDITÉ, n. f. Désir ardent et insatiable.

AVILIR, v. tr. Rendre vil; déprécier : *avilir une marchandise.*

AVILISSANT, E, adj. Qui avilit : *action avilissante.*

AVILISSEMENT, n. m. État d'une personne, d'une chose avilie.

AVINER, v. tr. Imbiber de vin : *aviner une cuve. Homme aviné,* dans l'ivresse.

AVIRON, n. m. Rame.

AVIS, n. m. Opinion, sentiment; conseil, délibération : *avis du conseil de famille. Avis au public,* placard affiché; *avis au lecteur,* sorte de préface en tête d'un livre.

AVISÉ, ÉE, adj. Prudent, clairvoyant.

AVISER, v. tr. Avertir, donner avis. V. int. Réfléchir à ce qu'on doit faire : *avisons à sortir d'ici.* S'aviser v. pr. Trouver : *il s'avisa d'un bon expédient.*

AVISO, n. m. *Mar.* Petit bâtiment léger qui porte des avis, des dépêches. Pl. des *avisos.*

AVITAILLEMENT, n. m. Provisions nécessaires à la subsistance de l'équipage d'un navire.

AVITAILLER, v. tr. Pourvoir de vivres et de munitions un camp, une place de guerre, et principalement un vaisseau.

AVIVER, v. tr. Donner du lustre, de la vivacité, de l'éclat.

AVOCASSER, v. int. Exercer obscurément la profession d'avocat.

AVOCAT, n. m. Celui qui fait profession de défendre en justice. *Fig.* Celui qui intercède pour un autre. Dans ce sens il a un féminin : *l'avocate des pécheurs,* la sainte Vierge.

AVOINE, n. f. Sorte de grain qui sert ordinairement à la nourriture des chevaux.

AVOIR, v. tr. Posséder : *avoir du bien,* et, fig. : *avoir du mérite;* marque l'état du corps, de l'âme ou de l'esprit : *qu'avez-vous? avoir faim, avoir peur;* se procurer : *on a cela à bon marché.* V. auxil. servant à former les temps composés des verbes d'action.

AVOIR, n. m. Ce qu'on possède de bien : *voilà tout mon avoir.*

AVOISINER, v. tr. Être proche, être voisin.

AVORTEMENT, n. m. Accouchement avant terme.

AVORTER, v. int. Accoucher avant terme. *Fig.* Ne pas mûrir, en parlant des fruits; échouer, ne pas réussir, en parlant d'une entreprise.

AVORTON, n. m. Plante ou animal venu avant terme. *Fig.* Petit homme mal fait.

AVOUÉ, n. m. Homme de loi qui agit au nom des parties et conduit la procédure.

AVOUER, v. tr. Confesser, reconnaître; reconnaître comme sien : *avouer un ouvrage*.

AVOYER, n. m. Premier magistrat d'un canton suisse.

AVRIL, n. m. Le quatrième mois de l'année. *Fig. Poisson d'avril*, attrape.

† **AXE**, n. m. Ligne droite qui passe par le centre d'un globe, et sur laquelle il tourne. *Arts.* Pièce de fer ou de bois qui passe par le centre d'un corps, et qui sert à faire tourner ce corps sur lui-même.

AXIOME, n. m. Vérité évidente par elle-même; proposition générale reçue et établie dans une science connue, comme : *le tout est plus grand que sa partie; deux quantités égales à une troisième sont égales entre elles; tout effet a une cause*, etc.

AYANT-CAUSE, n. m. Celui à qui les droits d'une personne ont été transmis. Pl. des *ayants-cause*.

AYANT-DROIT, n. m. Celui qui a des droits à quelque chose. Pl. des *ayants-droit*.

AYUNTAMENTO, n. m. En Espagne, le corps des conseillers municipaux d'une commune, d'une cité.

AZEROLE, n. f. Petit fruit aigrelet.

AZEROLIER, n. m. Arbre épineux qui porte les azeroles.

AZIMUT, n. m. Angle que fait avec le méridien un cercle vertical passant par un astre.

AZOTE, n. m. *Chim.* Gaz qui entre pour 4/5 environ dans la composition de l'air atmosphérique, et qui ne peut entretenir ni la respiration ni la combustion. Adj. : *gaz azote*.

AZOTÉ, ÉE, adj. Qui contient de l'azote.

AZUR, n. m. Sorte de minéral dont on fait un bleu fort beau et de grand prix; couleur bleue de l'atmosphère, de la mer, etc. *Pierre d'azur*, lapis lazuli.

AZURÉ, ÉE, adj. De couleur d'azur, *La voûte azurée*, le ciel; *la plaine azurée*, la mer.

† **AZYME**, adj. Qui est sans levain. *Pain azyme*, que les Juifs mangeaient dans le temps de leur Pâque. N. m. pl. : *la fête des Azymes*.

B

B, n. m. Deuxième lettre de l'alphabet et la première des consonnes. *Ne savoir ni a ni b*, ne rien savoir, être fort ignorant.

BABA, n. m. Gâteau fait avec des raisins de Corinthe.

BABEL (*tour de*), n. f. Locution familière employée pour désigner une assemblée où l'on ne peut s'entendre : *c'est la tour de Babel*.

BABEURRE, n. m. Liqueur séreuse que laisse le lait, quand la partie grasse est convertie en beurre.

BABIL, n. m. Abondance excessive de paroles inutiles.

BABILLAGE, n. m. Action de babiller.

BABILLARD, E, adj. et n. Qui parle beaucoup.

BABILLER, v. int. Parler beaucoup.

BABINE, n. f. Lèvre pendante de certains animaux.

BABIOLE, n. f. Jouet d'enfants. *Fig.* Bagatelle.

BABORD, n. m. Côté gauche d'un bâtiment, en parlant de l'arrière ou poupe. Son opposé est *tribord*.

BABOUCHE, n. f. Sorte de pantoufle qui nous est venue du Levant.

BABOUIN, n. m. Espèce de gros singe. *Par ext.* Enfant étourdi.

BABOUVISME, n. m. Doctrine de Babœuf, qui tendait à établir l'égalité des fortunes par l'application d'une nouvelle loi agraire.

BAC, n. m. Bateau long et plat, servant à passer un cours d'eau, au moyen d'une corde fixée à chaque rive; grand baquet de bois.

BACCALAURÉAT, n. m. Premier grade dans les lettres ou dans les sciences.

BACCARA, n. m. Jeu de hasard.

BACCHANAL, n. m. Grand bruit. Pop.

BACCHANALE, n. f. Débauche bruyante. Fam. Pl. Fêtes païennes en l'honneur de Bacchus.

† **BACCHANTE**, n. f. Prêtresse de Bacchus. Fig. Femme échevelée, furieuse.

BÂCHE, n. f. Grosse toile dont on recouvre les charrettes, les bateaux, les voitures, pour garantir les marchandises, les bagages de la pluie.

BACHELIER, n. m. Celui qui est promu au baccalauréat : bachelier ès-lettres, ès-sciences.

BÂCHER, v. tr. Étendre la bâche sur une voiture chargée.

BACHIQUE, adj. De Bacchus, dieu du vin chez les païens. Chanson bachique, chanson à boire.

BACHOT, n. m. Petit bateau pour passer un cours d'eau.

BÂCLER, v. tr. Fermer une porte, une fenê tre par derrière avec une barre. Fig. Expédier un travail à la hâte. C'est une affaire bâclée, arrêtée, conclue.

BADAUD, E, adj. Niais, qui regarde tout, admire tout.

BADAUDER, v. int. Faire le badaud ; perdre le temps.

BADAUDERIE, n. f. Action, discours de badaud.

BADIGEON, n. m. Couleur jaunâtre dont on peint les murs.

BADIGEONNAGE, n. m. Action de badigeonner.

BADIGEONNER, v. tr. Peindre un mur avec du badigeon.

BADIGEONNEUR, n. m. Qui badigeonne.

BADIN, E, adj. Qui aime à jouer, à rire : esprit badin.

BADINAGE, n. m. Action ou discours de badin : innocent badinage ; sorte d'enjoûment dans le style, dans la conversation : élégant badinage.

BADINE, n. f. Baguette mince et souple qu'on porte à la main.

BADINER, v. int. Faire le badin ; parler, écrire avec agrément et d'une manière enjouée.

BADINERIE, n. f. Bagatelle, plaisanterie.

BAFOUER, v. tr. Plaisanter quelqu'un d'une manière outrageante.

BÂFRER, v. tr. et int. Manger avidement et avec excès. Pop.

BÂFREUR, EUSE, n. Qui aime excessivement à manger. Pop.

BAGAGE, n. m. Équipage de voyage ou de guerre. Fig. et fam. : plier bagage, s'enfuir, mourir.

BAGARRE, n. f. Tumulte ; grand bruit cause ordinairement par une querelle : se sauver de la bagarre. Fam.

BAGATELLE, n. f. Chose de peu de prix, et peu nécessaire. Fig. Chose frivole : il s'amuse à des bagatelles.

BAGNE, n. m. Lieu où sont renfermés les forçats, dans un port.

BAGUE, n. f. Anneau d'or ou d'argent que l'on met au doigt ; grand anneau qu'on enlève dans les courses de bagues.

BAGUENAUDE, n. f. Fruit du baguenaudier.

BAGUENAUDER, v. int. S'amuser à des choses vaines et frivoles.

BAGUENAUDIER, n. m. Arbrisseau.

BAGUETTE, n. f. Bâton fort mince en bois, en fer, en baleine, etc. : baguette de fusil, de tambour, de fusée, etc. Arch. Petite moulure ronde.

† **BAGUETTE DIVINATOIRE**, n. f. Bâton de coudrier, au moyen duquel on prétendait découvrir les sources d'eau cachées, les mines, les trésors enfouis, et même les traces des meurtriers et des voleurs.

BAH ! interj. Qui marque l'étonnement, le doute. Ah bah ! exclamation d'insouciance.

BAHUT, n. m. Coffre dont le couvercle est en voûte.

BAI, E, adj. Qui est de couleur rouge-brun : cheval bai.

BAIE, n. f. Rade, petit golfe ; ouverture de porte, de fenêtre.

BAIE, n. f. Fruit de certains arbres, tels que le laurier, le genièvre, etc.

BAIGNER, v. tr. Mettre dans le bain. Fig. Arroser, mouiller : baigner son lit de pleurs ; entourer, toucher : la mer baigne la ville. V. int. Être entièrement plongé : il faut que ces fruits baignent dans l'eau-de-vie. Baigner dans le sang, en être couvert. Se baigner, v. pr. Prendre un bain.

BAIGNEUR, EUSE, n. Qui se baigne, ou qui a soin des bains. Baigneuse, n. f. Sorte de bonnet de femme ; vêtement de bain.

BAIGNOIRE, n. f. Cuve où l'on se baigne ; loge de théâtre au rez-de-chaussée.

BAIL, n. m. Contrat par lequel on afferme une terre, on loue une maison. Pl. baux.

BÂILLEMENT, n. m. Action de bâiller.

BÂILLER, v. int. Respirer en ouvrant involontairement la bouche. Par ext. Être entr'ouvert: la porte bâille.

BAILLER, v. tr. Donner, mettre en main: baillez-moi les trente écus que vous me devez; donner à bail: bailler une ferme; en faire accroire: vous me la baillez belle.

BAILLEUR, ERESSE, n. Qui donne à bail. Bailleur de fonds, qui fournit de l'argent.

BÂILLEUR, EUSE, n. Qui bâille souvent.

BAILLI, n. m. Ancien officier de justice.

BAILLIAGE, n. m. Étendue de pays sous la juridiction d'un bailli.

BAILLON, n. m. Morceau de bois qu'on met entre les dents pour empêcher de crier.

BÂILLONNER, v. tr. Mettre un bâillon.

BAIN, n. m. Eau, ou autre liquide dans lequel on se baigne; lieu et cuve où l'on prend le bain; immersion du corps ou d'une partie du corps dans l'eau. Pl. Établissement de bains; eaux thermales ou minérales, où l'on va se baigner. Bain-marie, eau bouillante dans laquelle on met un vase contenant ce qu'on veut faire chauffer. Pl. des bains-marie. Bain de vapeur, celui que prend un corps exposé aux vapeurs de l'eau bouillante.

BAÏONNETTE, n. f. Long poignard qui s'adapte au bout d'un fusil.

BAIRAM ou BEIRAM, n. m. Fête religieuse chez les Turcs, leur carême.

BAISEMAIN, n. m. Honneur que le vassal rendait à son seigneur; cérémonie usitée dans certaines cours, et qui consiste à baiser la main du prince.

BAISEMENT, n. m. Action de baiser les pieds ou la mule du pape.

BAISER, v. tr. Appliquer ses lèvres sur le visage ou la main de quelqu'un, par amitié; par respect, s'il s'agit d'un objet vénéré: baiser la croix, l'anneau de l'évêque.

BAISER, n. m. Action de baiser: baiser de paix. Baiser de Judas, de traître.

BAISSE, n. f. Diminution de prix, de valeur dans les marchandises, les fonds publics, les actions, etc. Jouer à la baisse, spéculer sur les fonds publics.

BAISSER, v. tr. Diminuer de hauteur: baisser un toit; abaisser, mettre plus bas; baisser un store. Fig. Baisser l'oreille, être honteux, confus;

baisser pavillon, céder. V. int. Aller en diminuant: la rivière baisse; s'affaiblir: son talent baisse. Se baisser, v. pr. Se courber.

BAISSIER, n. m. Qui joue à la baisse sur les fonds publics.

BAJOUE, n. f. Partie de la tête du cochon, qui s'étend depuis l'œil jusqu'à la mâchoire.

BAL, n. m. Assemblée où l'on danse.

BALADIN, n. m. Farceur de carrefour; personne bouffonne en société.

BALAFRE, n. f. Longue blessure au visage, et, plus souvent, la cicatrice qui en reste.

BALAFRER, v. tr. Faire une balafre.

BALAI, n. m. Poignée de jonc, de plumes, de crin, etc., pour nettoyer. Fauconn. Queue des oiseaux. Vén. Bout de la queue des chiens.

BALAIS (rubis), n. m. Rubis de couleur de vin paillet.

BALANCE, n. f. Instrument pour peser. Com. Solde du compte; état de situation, équilibre: faire la balance d'un compte, des affaires d'un mois, d'une année. Astr. Signe du zodiaque (septembre).

BALANCÉ, n. m. Pas de danse.

BALANCEMENT, n. m. Mouvement par lequel un corps penche tantôt d'un côté tantôt de l'autre.

BALANCER, v. tr. Mouvoir tantôt d'un côté, tantôt de l'autre: le vent balance les arbres. Fig. Peser, examiner: balancer le pour et le contre; établir la différence entre le débit et le crédit: balancer un compte; compenser: ses vertus balancent ses vices. V. int. Hésiter, être en suspens: il n'y a pas à balancer; être incertain: la victoire balança longtemps.

BALANCIER, n. m. Pièce dont le balancement règle le mouvement d'une machine: le balancier d'une horloge; machine pour frapper les monnaies; long bâton des danseurs de corde.

BALANCIER, n. m. Ouvrier qui fait des poids et des balances.

BALANÇOIRE, n. f. Planche ou corde qui sert à se balancer.

BALAYAGE, n. m. Action de balayer.

BALAYER, v. tr. Nettoyer avec un balai. Fig. Chasser, mettre en fuite: balayer l'ennemi.

BALAYEUR, EUSE, n. Qui balaye.

BALAYURES, n. f. pl. Ordures amassées avec le balai.

BALBUTIEMENT, n. m. Action de balbutier.

BALBUTIER, v. int. Articuler imparfaitement. *Fig.* Parler avec hésitation. V. tr. : *balbutier un compliment.*

BALCON, n. m. Saillie d'une fenêtre, d'un bâtiment, entourée d'une balustrade ; grille servant d'appui à une fenêtre ; loge de théâtre à côté de l'avant-scène.

BALDAQUIN, n. m. Espèce de dais ou de ciel de lit, d'une forme demi-circulaire ; ouvrage d'architecture qui sert à environner et à couvrir l'autel d'une église.

BALEINE, n. f. Mammifère du genre des cétacés, d'une grandeur extraordinaire ; espèce de corne forte et flexible, tirée des fanons ou barbes de la baleine : *busc de baleine.*

BALEINEAU, n. m. Petit de la baleine.

BALEINIER, n. m. Navire équipé pour la pêche de la baleine, dans les mers du Nord.

BALISE, n. f. Bouée flottante servant à indiquer les écueils aux navires.

BALISTE, n. f. Machine de guerre des anciens, qui servait à lancer contre l'ennemi des traits et des projectiles.

BALISTIQUE, n. f. Art de calculer le jet d'une bombe, d'un projectile.

BALIVAGE, n. m. Marque des baliveaux.

BALIVEAU, n. m. Jeune arbre réservé dans la coupe d'un bois taillis.

BALIVERNE, n. f. Discours frivole : *dire des balivernes. Fam.*

BALLADE, n. f. Ancienne poésie française.

BALLANT, adj. m. Qui pend : *aller les bras ballants.*

BALLE, n. f. Petite pelote ronde servant à jouer ; boule de plomb dont on charge certaines armes à feu ; gros paquet de marchandises. *Impr.* Tampon dont on se sert pour appliquer l'encre. *Balle d'avoine,* petite enveloppe qui couvre le grain de l'avoine. *Fig. Renvoyer la balle,* riposter vivement ; *à vous la balle,* à votre tour ; *prendre la balle au bond,* saisir l'occasion.

BALLET, n. m. Danse figurée représentant un sujet ; pièce de théâtre mêlée de danse et de pantomimes.

BALLON, n. m. Vessie enflée d'air et recouverte de cuir ; aérostat. *Chim.* Vase de forme sphérique.

BALLOT, n. m. Gros paquet de marchandises.

BALLOTTAGE, n. m. Action de ballotter. Se dit surtout de deux candidats dans une élection.

BALLOTTEMENT, n. m. Action de ballotter.

BALLOTTER, v. tr. Agiter en divers sens : *la mer ballotte les navires. Ballotter quelqu'un,* se jouer de lui.

BALOURD, n. m. Homme grossier et stupide.

BALOURDISE, n. f. Chose faite ou dite sans esprit et mal à propos.

BALSAMINE, n. f. Petite plante remarquable par la couleur variée de ses fleurs.

BALSAMIQUE, adj. Qui a une des propriétés du baume : *odeur, vertu balsamique.*

BALUSTRADE, n. f. Rangée de balustres ; toute clôture à jour et à hauteur d'appui.

BALUSTRE, n. m. Petit pilier façonné.

BAMBIN, n. m. Petit garçon. *Fam.*

BAMBOCHADE, n. f. Tableau dans le genre grotesque.

BAMBOCHE, n. f. Marionnette. *Fig.* Personne de petite taille. Pl. Fredaines.

BAMBOU, n. m. Roseau des Indes. *Canne de bambou,* faite de ce roseau.

† **BAN**, n. m. Proclamation, publication ; convocation de la noblesse ; résidence assignée à un condamné libéré, mais soumis à la surveillance de la police : *rompre son ban, être en rupture de ban.* Pl. Promesse de mariage publiée à l'église.

BANAL, E, adj. A l'usage de tous : *four banal, moulin banal ;* trivial : *louanges banales.*

BANALITÉ, n. f. Trivialité.

BANANE, n. f. Fruit du bananier.

BANANIER, n. m. Plante des Indes, à feuilles longues de deux à trois mètres.

BANC, n. m. Siège étroit et long. *Mar.* Écueil caché sous l'eau, amas de sable. Pl. *et fig. Être sur les bancs,* suivre les cours d'un collège, d'une école. *Banc d'œuvre,* réservé dans les églises aux marguilliers.

BANCAL, E, adj. et n. Qui a les jambes tortues. N. m. Sabre de cavalerie recourbé.

BANDAGE, n. m. *Chir.* Ligature, bande pour maintenir un appareil ; bande d'acier élastique pour contenir les hernies.

BANDAGISTE, n. m. Ouvrier qui fait les bandages.

BANDE, n. f. Lien plat qui sert à bander ; ornement plus long que large : *bande de velours ;* côtés intérieurs d'un billard ; troupe : *bande de voleurs.*

BANDEAU, n. m. Bande pour ceindre le front, la tête, ou couvrir les yeux. *Fig.* Aveuglement. *Bandeau royal,* diadème.

BANDELETTE, n. f. Petite bande

Pl. Bandes qui ornaient la tête des prêtres des faux dieux et celle des victimes.

BANDER, v. tr. Lier et serrer avec une bande; tendre : *bander un arc.*

BANDEROLLE, n. f. Petit étendard.

BANDIT, n. m. Malfaiteur, vagabond.

BANDOLINE, n. f. Eau visqueuse dont se servent les dames pour lisser leurs cheveux.

BANLIEUE, n. f. Certaine étendue de terrain autour d'une ville; les faubourgs.

BANNE, n. f. Grande manne d'osier.

BANNERET, n. m. Seigneur de fief, qui avait le droit de bannière à la guerre.

BANNETTE, n. f. Espèce de panier, de corbeille.

BANNIÈRE, n. f. Enseigne sous laquelle se rangeaient les vassaux d'un seigneur pour aller à la guerre; pavillon d'un vaisseau; étendard d'une église, d'une confrérie. *Fig.* Parti ; *se ranger sous la bannière de....*

BANNIR, v. tr. Exiler, chasser. *Fig.* Éloigner : *bannir toute crainte.* **Banni**, n. m. Qui est en exil.

BANNISSEMENT, n. m. Action de bannir ; condamnation juridique.

BANQUE, n. f. Trafic d'argent : *faire la banque;* lieu où s'exerce ce commerce; caisse publique : *banque de France.*

BANQUEROUTE, n. f. État d'insolvabilité, le plus souvent feint, d'un négociant.

BANQUEROUTIER, ÈRE, n. Qui a fait banqueroute.

BANQUET, n. m. Grand repas. *Le banquet sacré*, la sainte communion; *le banquet des élus*, la béatitude céleste; *le banquet de la vie*, l'existence.

BANQUETER, v. int. Faire bonne chère. *Fam.*

BANQUETTE, n. f. Banc rembourré.

BANQUIER, n. m. Qui fait la banque. *T. de jeu.* Celui qui tient le jeu contre tous les autres.

BAOBAB, n. m. Arbre immense d'Afrique, le plus gros des végétaux connus.

† **BAPTÊME**, n. m. Le premier des sept sacrements.

BAPTISER, v. tr. Conférer le baptême. *Par ext.* Baptiser *du vin*, y mettre de l'eau.

BAPTISMAL, E, adj. Qui appartient au baptême, qui donne le baptême : *eau baptismale.* Pl. *baptismaux.*

BAPTISTAIRE, adj. et n. Qui constate le baptême : *extrait baptistaire.*

BAPTISTÈRE, n. m. Chapelle où l'on baptise.

BAQUET, n. m. Petit cuvier de bois.

† **BARAGOUIN**, n. m. Langage corrompu ou inintelligible.

BARAGOUINAGE, n. m. Manière de parler vicieuse, embrouillée, difficile à comprendre. *Fam.*

BARAGOUINER, v. tr. et int. Parler mal une langue : *baragouiner le français. Ils baragouinent entre eux*, en parlant d'étrangers qu'on ne comprend pas. *Fam.*

BARAQUE, n. f. Hutte de soldats; boutique en planches. *Fig.* Maison mal tenue.

BARAQUEMENT, n. m. Action d'élever des baraques.

BARATTE, n. f. Long baril de bois dans lequel on bat le beurre.

BARATTER, v. tr. Agiter la crème dans la baratte pour faire le beurre.

BARBACANE, s. f. Meurtrière; ouverture laissée au mur d'une terrasse pour l'écoulement des eaux.

BARBARE, adj. Cruel, inhumain. *Terme barbare*, impropre; *langue barbare*, rude. *Fig.* Sauvage, qui n'a ni lois ni politesse.

† **BARBARES**, n. m. pl. Peuples non civilisés.

BARBAREMENT, adv. D'une manière barbare.

BARBARESQUE, adj. Qui appartient aux peuples de Barbarie : *les États barbaresques.*

BARBARIE, n. f. Cruauté, inhumanité.

BARBARISME, n. m. Mot forgé ou employé dans un sens contraire à l'usage : *rébarbaratif* pour *rébarbatif; castonade* pour *cassonade; c'est une somme, une faute, une affaire conséquente*, pour *somme considérable, faute grave, affaire importante; il a recouvert la vue*, pour *il a recouvré la vue*, etc.

BARBE, n. f. Poil du menton et des joues; longs poils que certains animaux ont à la gueule. *Fig.* Pointes des épis; filets qui tiennent au tuyau des plumes. Pl. Bandes de toile ou de dentelle qui pendent aux cornettes des femmes. N. m. et adj. Cheval de Barbarie. *Barbe grise*, vieillard ; *barbe-de-capucin*, espèce de chicorée; *barbe-de-bouc*, salsifis sauvage. *Fig. Rire dans sa barbe*, intérieurement; *agir à la barbe de quelqu'un*, en sa présence et en dépit de lui.

BARBEAU, n. m. Poisson d'eau douce; fleur bleue qui croît dans les blés (*bluet*) ; couleur.

BARBELÉ, ÉE, adj. Se dit des traits garnis de dents ou de pointes : *flèche barbelée*.

BARBET, n. Chien à poil long et frisé.

BARBICHE, n. f. Barbe qu'on laisse croître seulement au milieu du menton.

BARBICHON, n. m. Petit barbet.

BARBIER, n. m. Qui fait la barbe.

BARBIFIER, v. tr. Faire la barbe. *Fam.*

BARBILLON, n. m. Petit barbeau, poisson; barbes de certains poissons.

BARBON, n. m. Vieillard.

BARBOTER, v. int. (Se dit de certains oiseaux aquatiques, surtout des canards.) Fouiller avec le bec dans l'eau ou dans la boue; marcher dans une eau bourbeuse.

BARBOTEUR, n. m. Canard domestique.

BARBOUILLAGE, n. m. Enduit de couleur fait grossièrement; mauvaise peinture; écrit illisible. *Fig.* Discours embrouillé.

BARBOUILLER, v. tr. Salir, gâter; peindre grossièrement avec une brosse. *Fig. Barbouiller du papier*, composer sans talent, mal écrire. V. int. Prononcer mal; parler sans ordre; manquer de mémoire.

BARBOUILLEUR, n. m. Qui barbouille. *Fig.* Mauvais peintre; mauvais écrivain; bavard inintelligible.

BARBU, E, adj. Qui a de la barbe.

BARBUE, n. f. Poisson de mer plat.

BARCAROLLE, n. f. Chanson italienne, que chantent les gondoliers à Venise.

BARCELONETTE, n. f. Berceau, lit d'enfant nouveau-né.

BARDE, n. m. Poète celte qui chantait les héros.

BARDEAU, n. m. Morceau de planche mince et court, qui sert à soutenir les tuiles et les ardoises sur les toits.

BARDER, v. tr. Envelopper de tranches de lard : *barder une volaille*.

BARDOT, n. m. Petit mulet; homme qui est un objet de plaisanteries et de sarcasmes.

BARÉGE, n. m. Étoffe de laine légère non croisée.

BARÊME, n. m. Livre contenant des calculs tout faits, ainsi nommé de l'inventeur.

BARGUIGNER, v. int. Hésiter à prendre un parti.

BARIGOULE, n. f. Une des préparations de l'artichaut : *artichaut à la barigoule*.

BARIL, n. m. Petit tonneau; ce qu'il contient.

BARIOLAGE, n. m. Mélange bizarre de couleurs. *Fam.*

BARIOLER, v. tr. Peindre bizarrement, de diverses couleurs.

† **BAROMÈTRE**, n. m. Instrument servant à faire connaître la pesanteur de l'air et, par suite, les changements de température.

BAROMÉTRIQUE, adj. Qui a rapport au baromètre : *observations barométriques*.

BARON, n. m. Titre de noblesse au-dessous de celui de comte et au-dessus de celui de chevalier; autrefois, grand du royaume.

BARONNE, n. f. Femme d'un baron.

BARONNET, n. m. Titre affecté en Angleterre aux membres d'un ordre de chevalerie.

BARONNIE, n. f. Anciennement, seigneurie et terre d'un baron.

BAROQUE, adj. Irrégulier, bizarre : *figure, esprit baroque*.

BARQUE, n. f. Petit bateau. *Fig. Conduire la barque*, diriger une affaire.

BARRAGE, n. m. Barrière élevée sur un chemin, une rivière.

BARRE, n. f. Longue pièce de bois, de fer, etc.; barrière qui, dans un tribunal, sépare les magistrats du public. *Paraître à la barre*, se présenter devant les juges; trait de plume. *Mar.* Pièce du gouvernail. *Pl.* Jeu de course. *Fig. Ce billet est de l'or en barre*, sera payé.

BARREAU, n. m. Petite barre. *Fig.* Banc réservé aux avocats; leur ordre, leur profession : *entrer dans le barreau*.

BARRER, v. tr. Fermer avec une barre; obstruer; tirer un trait de plume sur. *Fig.* Créer des obstacles. *Barrer le chemin à quelqu'un*, l'empêcher d'avancer, de réussir.

BARRETTE, n. f. Petit bonnet plat; bonnet rouge des cardinaux.

BARRICADE, n. f. Retranchement fait, dans une ville, avec des voitures, des pavés, des chaînes, etc. *Pl.* Troubles de Paris sous la minorité de Louis XIV. (Journée des Barricades.)

BARRICADER, v. tr. Faire des barricades. *Barricader une porte*, en défendre solidement l'entrée. **Se barricader**, v. pr. S'enfermer pour ne voir personne.

BARRIÈRE, n. f. Assemblage de pièces de bois fermant un passage; bornes, défenses naturelles d'un État : *les Pyrénées servent de barrières naturelles à la France et à l'Espagne*. *Fig.*

Empêchement, obstacle : *les lois sont des barrières contre le crime.* Pl. Bureaux d'octroi établis aux portes d'une ville pour percevoir les droits d'entrée.

BARRIQUE, n. f. Tonneau.

BARTAVELLE, n. f. Perdrix rouge du midi de l'Europe.

BARYTE, n. f. *Chim.* Oxyde métallique.

BARYTON, n. m. Voix qui tient le milieu entre le ténor et la basse-taille.

BAS, SE, adj. Qui a peu de hauteur; inférieur : *Bas-Rhin, bas officier, bas peuple. Fig.* Vil, abject, rampant : *âme basse;* trivial : *style bas;* modique : *à bas prix. Temps bas,* chargé de nuages; *avoir la vue basse,* ne voir que de près; *avoir l'oreille basse,* être humilié; *messe basse,* non chantée; *faire main basse,* tuer, piller. N. m. Partie inférieure : *le bas du visage.* Adv. Doucement, sans bruit : *parler bas. Mettre bas,* mettre au monde, en parlant des animaux; *traiter de haut en bas,* avec fierté. *Fig. Ce malade est bien bas,* près de mourir. *A bas!* cri d'improbation.

BAS, n. m. Vêtement qui sert à couvrir le pied et la jambe.

BASALTE, n. m. Marbre noir.

BASALTIQUE, adj. Formé de basalte : *roche basaltique.*

BASANE, n. f. Peau de mouton préparée pour la reliure : *livre relié en basane.*

BASANÉ, ÉE, adj. Noirâtre, hâlé : *visage basané.*

BASCULE, n. f. Machine dont l'un des bouts s'élève quand on pèse sur l'autre; jeu d'enfants.

BAS-DESSUS, n. m. *Mus.* Voix plus basse que le dessus.

BASE, n. f. Surface sur laquelle un corps est posé. *Fig.* Principe, soutien : *la justice est la base d'un État. Géom.* Côté du triangle opposé au sommet. *Chim.* Substance qui, combinée avec un acide, produit un sel.

BASER, v. tr. Appuyer.

BAS-FOND, n. m. Terrain bas et enfoncé; écueil. Pl. des *bas-fonds.*

BASILIC, n. m. Herbe odoriférante; serpent fabuleux, dont le regard avait la faculté de tuer. *Fig. Yeux de basilic,* yeux méchants, courroucés.

BASILIQUE, n. f. Nom de quelques églises principales : *la basilique de Saint-Pierre de Rome.*

BASIN, n. m. Étoffe de fil de coton.

† **BASOCHE**, n. f. Corps et juridiction des anciens clercs de procureurs.

BASQUE, n. f. Pan d'un habit.

BASQUE, n. m. Habitant du midi de l'ancienne Gascogne. *Parler français comme un* **Basque** *espagnol* (devenu par corruption, *parler français comme une vache espagnole*), parler très-mal le français.

BASQUINE, n. f. Jupe de femme.

BAS-RELIEF, n. m. Ouvrage de sculpture légèrement relevé en bosse. Pl. des *bas-reliefs.*

BASSE, n. f. *Mus.* Partie, voix, instrument à cordes, ne faisant entendre que des sons graves; acteur, musicien qui la chante ou la joue.

BASSE-CONTRE, n. f. *Mus.* Voix de basse la plus grave. Pl. *Basses-contre.*

BASSE-COUR, n. f. Cour où l'on nourrit la volaille. Pl. *Basses-cours.*

BASSEMENT, adv. D'une manière basse : *s'exprimer bassement.*

BASSESSE, n. f. Sentiment, inclination, action, manières indignes d'un honnête homme : *bassesse du cœur, il a fait une bassesse. Fig. Bassesse du style, de naissance, d'origine.*

BASSET, n. m. Chien de chasse, à jambes courtes.

BASSE-TAILLE, n. f. *Mus.* Voix entre le ténor et la basse. Pl. des *basses-tailles.*

BASSETTE, n. f. Jeu de cartes.

BASSIN, n. m. Grand plat creux; plateau de balance; pièce d'eau dans un jardin; partie d'un port où les vaisseaux jettent l'ancre. *Bassin d'un fleuve,* tout le pays dont les eaux viennent se rendre dans ce fleuve. *Anat.* Troisième partie du corps humain.

BASSINE, n. f. Ustensile de cuisine.

BASSINER, v. tr. Chauffer avec une bassinoire; humecter avec un liquide : *bassiner une plaie.*

BASSINET, n. m. Petite pièce creuse de la platine d'une arme à feu, dans laquelle on met l'amorce.

BASSINOIRE, n. f. Bassin de métal, ayant un couvercle percé de trous, et servant à chauffer un lit.

BASSON, n. m. Instrument à vent, qui sert à exécuter des parties de basse.

BAST, interj. Marque l'indifférence et le dédain : *bast! je m'en moque.*

† **BASTILLE**, n. f. Ancien château fort; ancienne prison d'État de Paris.

BASTINGAGE, n. m. Retranchement autour du pont supérieur d'un vaisseau.

BASTION, n. m. *Fort.* Ouvrage avancé, à deux flancs et à deux faces.

BASTIONNÉ, ÉE, adj. Qui a des bastions : *tour bastionnée.*

BASTONNADE, n. f. Coups de bâton.

BAS-VENTRE, n. m. La partie la plus basse du ventre.

BÂT, n. m. Selle pour les bêtes de somme.

BATACLAN, n. m. Attirail, équipage embarrassant. *Fam.*

BATAILLE, n. f. Combat général entre deux armées; jeu de cartes. *Peint.* Tableau d'une bataille. *Ordre de bataille*, disposition d'une armée pour le combat.

BATAILLER, v. int. Contester, se disputer : *batailler sur des riens.*

BATAILLEUR, n. m. Qui aime à batailler, à disputer.

BATAILLON, n. m. Corps d'infanterie, fraction d'un régiment; troupe quelconque : *le choc des bataillons.*

BÂTARD, E, adj. et n. Dégénéré : *race bâtarde*; enfant naturel.

BATARDEAU, n. m. Digue pour contenir ou détourner un cours d'eau.

BATEAU, n. m. Barque de rivière. **Bateau à vapeur**, mû par la force de la vapeur.

BATELAGE, n. m. Métier et tour de bateleur.

BATELÉE, n. f. La charge d'un bateau : *batelée de bois.*

BATELET, n. m. Petit bateau.

BATELEUR, EUSE, n. Faiseur de tours, charlatan, acteur de tréteaux.

BATELIER, ÈRE, n. Qui conduit un bateau, et en fait profession.

BÂTER, v. tr. Mettre un bât sur une bête de somme.

BÂTI, n. m. Couture à grands points; assemblage de plusieurs pièces de menuiserie.

BATIFOLAGE, n. m. Action de batifoler. *Fam.*

BATIFOLER, v. int. Jouer comme les enfants. *Fam.*

BATIFOLEUR, EUSE, n. Qui aime à batifoler. *Fam.*

BÂTIMENT, n. m. Édifice; navire.

BÂTIR, v. tr. Édifier, construire. *Fig.* Coudre à grands points; établir : *bâtir sa fortune sur la ruine d'autrui. Bâtir en l'air*, se créer des chimères.

BÂTISSE, n. f. Maçonnerie d'un bâtiment.

BÂTISSEUR, n. m. Qui a la manie de faire bâtir.

BATISTE, n. f. Toile de lin très-fine.

BÂTON, n. m. Long morceau de bois rond qu'on peut tenir à la main; marques de certaines dignités : *bâton de maréchal de France. Fig.* Jeter des bâtons dans les roues, susciter des obstacles; *à bâtons rompus*, à diverses reprises; *tour du bâton*, profit illicite;

bâton de vieillesse, celui qui prend soin d'un vieillard.

BÂTONNER, mieux que **BASTONNER**, v. tr. Donner des coups de bâton.

BÂTONNET, n. m. Petit bâton qui sert à un jeu d'enfants; petite règle à quatre faces.

BÂTONNIER, n. m. Chef du corps des avocats.

BÂTONNISTE, n. m. Qui sait jouer du bâton.

BATRACIENS, n. m. Pl. Ordre des grenouilles.

BATTAGE, n. m. Action de battre les blés, les laines, les cotons.

BATTANT, n. m. Espèce de marteau suspendu dans l'intérieur d'une cloche; chaque côté d'une porte qui s'ouvre en deux.

BATTANT, E, adj. Qui bat. *Porte battante*, qui se referme d'elle-même; *pluie battante*, qui tombe avec violence.

BATTE, n. f. Maillet à long manche pour aplanir la terre; petit banc sur lequel les blanchisseuses battent et savonnent le linge; bâton rond pour battre le beurre; sabre de bois d'arlequin.

BATTEMENT, n. m. Choc d'un corps contre un autre : *battement des mains, du pouls, du cœur, des artères*; mouvements d'un oiseau : *battement d'ailes*; pas de danse.

BATTERIE, n. f. Querelle accompagnée de coups; pièces d'artillerie réunies; pièce d'acier qui couvre le bassinet d'un fusil; manière de battre le tambour. *Batterie électrique*, produisant une détonation considérable; *batterie de cuisine*, ustensiles. Pl. Machinations, moyens de réussir. *Dresser ses batteries*, prendre ses mesures.

BATTEUR, n. m. Qui bat le grain, les métaux : *batteur en grange, batteur d'or.*

BATTOIR, n. m. Palette pour battre le linge, pour jouer à la paume.

BATTOLOGIE, n. f. Répétition inutile : *il m'a comblé de mille politesses*, au lieu de : *il m'a comblé de politesses.*

BATTRE, v. tr. Frapper, donner des coups; agiter fortement : *battre des œufs*; vaincre : *battre l'ennemi*; baigner : *la rivière bat les murailles*; parcourir en chassant : *battre les bois. Battre le pavé*, aller et venir par désœuvrement; *battre monnaie*, la fabriquer; *battre la mesure*, la marquer, mus. V. int. Être agité : *le cœur lui bat.* **se battre**, v. pr. Combattre : *il s'est battu en duel. Fig. Battre en retraite*, fuir

l'ennetaf; *battre la campagne*, divaguer; *battre le fer quand il est chaud,*
suivre activement une affaire; *battre
des mains,* applaudir.

BATTUE, n. f. Action de battre les
bois pour en faire sortir les loups, les
renards, et autres bêtes.

BAUDET, n. m. Ane. *Fig.* Homme
stupide, enfant ignorant.

BAUDRIER, n. m. Bande de buffle, de cuir ou d'étoffe, qui sert à soutenir le sabre ou l'épée.

BAUDRUCHE, n. f. Pellicule de
boyau de bœuf apprêtée.

BAUGE, n. f. Gîte fangeux du sanglier; retraite de l'écureuil.

BAUME, n. m. Plante très-odoriférante; suc qui coule de certains arbres;
médicaments balsamiques. *Fig.* Consolation : *cette nouvelle fut un baume pour
moi.*

BAVARD, E, adj. et n. Qui parle
sans discrétion et sans mesure.

BAVARDAGE, n. m. Action de bavarder; choses insignifiantes dites ou
écrites.

BAVARDER, v. int. Parler excessivement de choses frivoles, ou qu'on devrait taire.

BAVAROISE, n. f. Infusion de thé
où l'on met du sirop capillaire au lieu
de sucre.

BAVE, n. f. Salive qui découle de la
bouche; espèce d'écume que jettent certains animaux : *bave d'un serpent.*

BAVER, v. int. Jeter de la bave.

BAVETTE, n. f. Linge qu'on attache sur la poitrine des petits enfants.

BAVEUX, EUSE, adj. Qui bave.

BAVOLET, n. m. Coiffure villa-
geoise.

BAVURE, n. f. Trace que laissent
sur l'objet moulé les joints des pièces
du moule.

BAYADÈRE, n. f. Danseuse indienne.

BAYER, v. int. Regarder, la bouche
béante. *Fig. Bayer aux corneilles,* regarder niaisement en l'air. *Fam.*

BAZAR, n. m. Marché public en
Orient. *Fig.* Local destiné à l'exposition
des objets d'art et des produits de l'industrie; grand centre de marchandises.

BÉANT, E, adj. Largement ouvert :
gouffre béant.

BÉAT, E, adj. et n. Faux dévot.

BÉATIFICATION, n. f. Acte par
lequel le pape béatifie.

BÉATIFIER, v. tr. Mettre au nombre des bienheureux.

BÉATITUDE, n. f. Félicité éternelle. Pl. *Les huit béatitudes,* énumera-

tion des huit félicités dont parle l'É-
vangile.

BEAU (Bel, devant une voyelle),
BELLE, adj. Qui plaît : *beau visage;*
noble, élevé : *belle âme;* avantageux :
belle occasion; bienséant : *cela n'est pas
beau.* N. m. Ce qui est excellent : *le
beau.* Adv. En vain : *vous avez beau
faire, vous ne réussirez pas. Tout beau,*
modérez-vous; *il pleut de plus belle,*
de plus en plus; *il ferait beau voir cela,*
ce serait curieux. *Le beau monde,* la société brillante; *beau parleur,* qui met
de l'affectation à bien parler.

BEAUCOUP, adv. de quant. Fort,
grandement : *aimer, s'appliquer beaucoup.* Marque aussi le temps, la différence : *il s'en faut de beaucoup.*

BEAU-FILS, n. m. Celui dont on a
épousé le père ou la mère; gendre. Pl.
beaux-fils.

BEAU-FRÈRE, n. m. Frère du mari
ou de la femme. Pl. *beaux-frères.*

BEAU-PÈRE, n. m. Père de la femme ou du mari. Pl. *beaux-pères.*

BEAUPRÉ, n. m. Mât couché sur
l'éperon du vaisseau.

BEAUTÉ, n. f. Qualité de ce qui est
beau, de ce qui plaît et charme : *la
beauté du visage, du ciel; les beautés
d'un ouvrage. Une jeune beauté,* une
femme jeune et belle.

BEC, n. m. Partie dure qui tient lieu
de bouche aux oiseaux; pointe : *bec de
plume. Fig. Tenir quelqu'un le bec dans
l'eau,* l'amuser par de belles espérances.

BÉCARRE, n. m. *Mus.* Signe pour
ramener à son ton naturel une note
haussée ou baissée d'un demi-ton.

BÉCASSE, n. f. Oiseau de passage,
à long bec.

BÉCASSEAU, n. m. Espèce de bécassine; petit de la bécasse.

BÉCASSINE, n. f. Bécasse plus petite.

BEC-DE-CANE, n. m. Clou à crochet à l'usage des serruriers; poignée
de serrure. Pl. *becs-de-cane.*

BEC-DE-CORBIN, n. m. Instrument recourbé comme un bec de corbeau; ornement d'une canne : *canne à
bec-de-corbin.* Pl. *becs-de-corbin.*

BEC-DE-LIÈVRE, n. m. Lèvre supérieure d'une personne, fendue comme
celle du lièvre.

BEC-FIGUES, n. m. Petit oiseau
qui se nourrit ordinairement de figues,
très-délicat à manger. Pl. *bec-figues.*

BÉCHAMEL ou **BÉCHAMELLE**,
n. f. Sauce blanche faite avec de la
crème.

BÊCHE, n. f. Outil de jardinage.

BÊCHER, v. tr. Remuer la terre avec une bêche.

BECQUÉE ou **BÉQUÉE**, n. f. Ce qu'un oiseau prend dans son bec pour donner à ses petits.

BECQUETER ou **BÉQUETER**, v. tr. Donner des coups de bec.

BEDAINE, n. f. Gros ventre. *Fam.*

BEDEAU, n. m. Bas-officier d'une église.

BÉDOUIN, n. m. Arabe du désert.

BEFFROI, n. m. Tour ou clocher où l'on sonne l'alarme ; cloche d'alarme : *sonner le beffroi.*

BÉGAYEMENT ou **BÉGAIEMENT**, n. m. Action de bégayer.

BÉGAYER, v. int. Articuler mal les mots, les prononcer avec peine. *Fig. Bégayer une science*, en connaître à peine les éléments.

BÈGUE, adj. et n. Qui bégaye.

BÉGUEULE, n. f. Prude impertinente : *faire la bégueule.*

BÉGUEULERIE, n. f. Caractère, airs d'une bégueule.

BÉGUIN, n. m. Coiffe d'enfant.

BÉGUINE, n. f. Religieuse.

BEIGE, adj. Se dit de la laine brute qui a sa couleur naturelle.

BEIGNET, n. m. Pâte frite à la poêle.

BÉJAUNE, n. m. *Fauconn.* Oiseau très-jeune. *Fig.* Jeune homme ignorant et sot.

BÊLEMENT, n. m. Cri des moutons et des brebis.

BÊLER, v. int. Faire un bêlement.

BEL-ESPRIT, n. m. Personne prétentieuse, homme ou femme. Pl. *beaux-esprits.*

BELETTE, n. f. Petit animal carnassier.

BÉLIER, n. m. Mâle de la brebis ; ancienne machine de guerre ; signe du zodiaque (mars).

BÉLÎTRE, n. m. Coquin, gueux, homme de rien.

BELLADONE, n. f. Plante vénéneuse.

BELLE-DE-JOUR, n. f. Fleur qui ne s'épanouit que le jour. Pl. *belles-de-jour.*

BELLE-DE-NUIT, n. f. Fleur qui ne s'épanouit que la nuit. Pl. *belles-de-nuit.*

BELLE-FILLE, n. f. Fille née d'un autre lit. Pl. *belles-filles.*

BELLE-MÈRE, n. f. Mère du mari ou de la femme ; par rapport aux enfants, celle qui a épousé leur père. Pl. *belles-mères.*

BELLE-SŒUR, n. f. Sœur par alliance. Pl. *belles-sœurs.*

BELLIGÉRANT, E, adj. Qui est en guerre. Ne s'emploie guère qu'au féminin : *puissances belligérantes.*

BELLIQUEUX, EUSE, adj. Guerrier, martial.

BELLOT, OTTE, adj. Gentil, en parlant d'un enfant. *Fam.*

BELVÉDÈRE, n. m. Pavillon ou terrasse élevée, d'où la vue s'étend au loin.

BÉMOL, n. m. *Mus.* Signe qui baisse la note d'un demi-ton.

BÉNÉDICITÉ, n. m. Prière avant le repas.

† **BÉNÉDICTIN, E**, n. Religieux, religieuse de l'ordre fondé au VIᵉ siècle par saint Benoît.

BÉNÉDICTION, n. f. Action de bénir.

BÉNÉFICE, n. m. Gain ; privilège : *bénéfice d'âge* ; dignité ecclésiastique avec revenu.

BÉNÉFICIAIRE, adj. Se dit d'un héritier sous bénéfice d'inventaire. N. m. Celui au bénéfice duquel se donne une représentation théâtrale.

BÉNÉFICIAL, E, adj. Qui concerne les bénéfices ecclésiastiques.

BÉNÉFICIER, n. m. Qui possède un bénéfice.

BÉNÉFICIER, v. int. Faire un profit : *bénéficier sur une marchandise.*

BENÊT, adj. et n. Niais, sot.

BÉNÉVOLE, adj. Bien disposé, indulgent : *lecteur, auditeur bénévole.*

BÉNÉVOLEMENT, adv. Avec bienveillance : *écouter quelqu'un bénévolement.*

BENGALI, n. m. Pinson du Bengale.

BÉNIGNEMENT, adv. D'une manière bénigne.

BÉNIGNITÉ, n. f. Bonté du fort à l'égard du faible.

BÉNIN, IGNE, adj. Doux, humain : *humeur bénigne, naturel bénin. Fig.* Favorable, propice : *ciel bénin, influences bénignes. Remède bénin*, qui purge doucement.

BÉNIR, v. tr. Consacrer au culte : *bénir une église* ; appeler les bénédictions du ciel : *bénir des drapeaux* ; glorifier : *bénir le Seigneur* ; faire fructifier : *Dieu bénit le travail.* **Béni, e**, et **bénit, e**, part. pas. Le dernier signifie consacré par l'église : *pain bénit, eau bénite. Eau bénite de cour*, vaines promesses.

BÉNITIER, n. m. Vase à eau bénite.

BENJAMIN, n. m. Enfant préféré, ordinairement le plus jeune.

BENJOIN, n. m. Résine aromatique.

BENOÎT, E, adj. Doucereux : *âme be-noîte. Peu us.*

BÉOTIEN, adj. et n. Lourd, stupide, par allusion aux Béotiens, les plus illettrés des Grecs : *esprit béotien.*

BÉQUILLARD, n. m. Vieillard qui se sert d'une béquille.

BÉQUILLE, n. f. Bâton surmonté d'une petite traverse, sur lequel les gens infirmes s'appuient.

BÉQUILLER, v. int. Marcher avec une béquille.

BERCAIL, n. m. Bergerie. *Fig.* l'Église : *ramener au bercail une brebis égarée.*

BERCEAU, n. m. Lit d'enfant nouveau-né. *Fig.* Enfance : *dès le berceau*; origine : *la Grèce fut le berceau de la civilisation. Jard.* Treillage en voûte : *berceau de chèvrefeuille.*

BERCER, v. tr. Balancer le berceau d'un enfant pour l'endormir. *Fig.* Amuser d'espérances fausses ou éloignées : *bercer quelqu'un d'illusions.*

BERCEUSE, n. f. Qui berce les enfants.

BÉRET, n. m. Toque de laine bleue et grise, coiffure particulière aux paysans basques.

BERGAMOTE, n. f. Poire fondante; espèce d'orange, dont on tire une essence agréable.

BERGE, n. f. Bord escarpé d'une rivière; talus d'un chemin, d'un fossé; chaloupe étroite.

BERGER, ÈRE, n. Qui garde les moutons. Étoile du berger, planète de Vénus.

BERGÈRE, n. f. Large fauteuil avec coussins; sorte de coiffure de femme.

BERGERETTE, n. f. Jeune bergère.

BERGERIE, n. f. Lieu où l'on enferme les moutons. *Fig.* Poésies pastorales : *Bergeries de Racan.*

BERGERONNETTE, n. f. Petit oiseau noir et blanc.

BERLINE, n. f. Carrosse suspendu, voiture de voyage.

BERLINGOT, n. m. Berline à un seul fond.

BERLUE, n. f. Éblouissement passager. *Fig. Avoir la berlue*, juger mal une chose.

BERNER, v. tr. Faire sauter quelqu'un en l'air dans une couverture. *Fig.* Se moquer, tourner en ridicule.

BERNIQUE, interj. exprimant un espoir déçu. Rien : *vous comptez sur lui, bernique. Pop.*

BESACE, n. f. Long sac à deux po-

ches. *Fig.* Misère : *être réduit à la besace.*

BESACIER, n. m. Qui porte la besace.

BESAIGRE, adj. Qui s'aigrit : *vin besaigre.*

BESAIGUË ou BISAIGUË, n. f. Outil de charpentier, taillant par les deux bouts.

BÉSANT, n. m. Ancienne monnaie d'or de Bysance ou Constantinople, comme en France, au XII siècle, sous le nom de *sou d'or.*

BÉSICLES, n. f. pl. Lunettes à branches.

BESOGNE, n. f. Travail, ouvrage. *Fig. Tailler de la besogne,* donner à dessein de la peine, de l'embarras.

BESOIGNEUX, EUSE, adj. Qui est dans le besoin. *Mener une vie besoigneuse,* pauvre.

BESOIN, n. m. Manque d'une chose utile ou nécessaire; indigence : *il est dans le besoin*; devoir impérieux : *j'ai besoin d'aller là.* Pl. Toutes les nécessités de la vie : *l'homme a de grands besoins*; nécessités naturelles.

BESTIAIRE, n. m. Gladiateur destiné, chez les Romains, à combattre contre les bêtes féroces.

BESTIAL, E, adj. Qui tient de la bête : *fureur bestiale.*

BESTIALEMENT, adv. En vrai bête, en véritable brute : *vivre bestialement.*

BESTIALITÉ, n. f. Acte de bête.

BESTIAUX, n. m. pl. Même sens que *bétail.*

BESTIOLE, n. f. Petite bête. *Fig. et fam.* Jeune fille sans esprit.

BÊTA, n. m. Garçon très-bête. *Fam.*

BÉTAIL, n. m. Troupeau de bêtes à quatre pieds, vaches, moutons, bœufs, chèvres. (Ne se dit guère que de ces animaux.)

BÊTE, n. f. Animal sans raison; personne sotte ou stupide. *C'est ma bête noire,* se dit de la personne qu'on déteste le plus; *c'est une bonne bête,* personne de peu d'esprit, mais sans malice. Adj. Sot, stupide : *air bête.*

BÊTE, n. f. Jeu de cartes.

BÉTEL, n. m. Plante dont les Indiens ont l'habitude de mâcher la feuille.

BÊTEMENT, adv. Sottement.

BÊTISE, n. f. Défaut d'intelligence; action ou propos bête.

BÉTON, n. m. Espèce de mortier qui se durcit promptement dans l'eau.

BETTE, n. f. Plante potagère.

BETTERAVE, n. f. Espèce de bette à racines d'une saveur sucrée.

BEUGLEMENT, n. m. Cri du bœuf, de la vache et du taureau.

BEUGLER, v. int. Mugir, pousser des beuglements. *Fig.* Jeter de grands cris.

BEURRE, n. m. Substance grasse et onctueuse extraite de la crème.

BEURRÉ, n. m. Sorte de poire fondante.

BEURRÉE, n. f. Tranche de pain recouverte de beurre.

BEURRER, v. tr. Étendre du beurre sur du pain.

BEURRIER, **ÈRE**, n. Qui vend du beurre.

BÉVUE, n. f. Méprise, erreur par ignorance ou par inadvertance.

BEY, n. m. Gouverneur d'une province ou d'une ville turque.

BIAIS, n. m. Ligne oblique, de travers. *Fig.* Moyens détournés : *prendre un biais.*

BIAISEMENT, n. m. Action de biaiser.

BIAISER, v. int. Être de biais, aller de biais. *Fig.* User de finesse, et, quelquefois, agir avec adresse et prudence.

BIBERON, n. m. Petit vase à bec ou tuyau pour faire boire un enfant ou un malade.

BIBERON, **ONNE**, n. Qui aime le vin.

† BIBLE, n. f. L'Ancien et le Nouveau Testament, l'Écriture-Sainte.

BIBLIOGRAPHE, n. m. Homme versé dans la connaissance des livres.

BIBLIOGRAPHIE, n. f. Science du bibliographe.

BIBLIOGRAPHIQUE, adj. Qui a rapport à la bibliographie : *connaissances bibliographiques.*

BIBLIOMANE, n. m. Qui a la manie des livres.

BIBLIOMANIE, n. f. Passion excessive des livres.

BIBLIOPHILE, n. m. Qui aime les livres.

BIBLIOTHÉCAIRE, n. m. Préposé à la garde d'une bibliothèque.

BIBLIOTHÈQUE, n. f. Collection de livres ; lieu où ils sont rangés et mis en ordre ; armoire disposée par rayons pour recevoir des livres. *Fig. C'est une bibliothèque vivante*, c'est un homme très-savant.

BIBLIQUE, adj. Qui a rapport à la Bible. *Société biblique*, pour sa propagation ; *style biblique*, conforme au style de la Bible.

BICHE, n. f. Femelle du cerf.

BICHON, n. m. Petit chien de dame, à long poil.

BICHONNER, v. tr. Friser, caresser : *vous bichonnez trop votre enfant.*

BICOQUE, n. f. Place mal fortifiée ; maison de peu de valeur.

BIDET, n. m. Petit cheval de selle.

BIDON, n. m. Broc de bois ; vase de fer-blanc à l'usage des soldats d'infanterie.

BIEN, n. m. Ce qui est bon, honnête, avantageux, convenable ; richesse : *avoir du bien*; profit, avantage : *c'est pour votre bien*. Pl. *Biens de la terre*, productions du sol ; *biens éternels*, le ciel. *Fig. Biens du corps*, la santé, la force ; *biens de l'esprit*, les talents ; *biens de l'âme*, les vertus. Adv. Beaucoup, fort : *il dort bien*; formellement : *songez-y bien*; à peu près : *il y a bien deux ans*. Marque avantage : *ce malade est bien mieux*; certain degré de perfection : *il écrit bien*; consentement : *je le veux bien*; convenance : *je suis bien ici*; sagesse, prudence : *vous ferez bien d'agir ainsi*; approbation : *bien, très-bien.* Quelquefois est explétif : *je m'en doute bien.* Loc. conj. **Bien que**, quoique; **si bien que**, de sorte que.

BIEN-AIMÉ, **ÉE**, adj. et n. Chéri tendrement ; préféré à tout autre : *son fils bien-aimé.*

BIEN-DIRE, n. m. Action de bien dire : *le bien-dire ne dispense pas du bien-faire.*

BIEN-ÊTRE, n. m. Existence aisée et commode ; situation agréable du corps et de l'esprit.

BIENFAISANCE, n. f. Inclination à faire du bien.

BIENFAISANT, **E**, adj. Qui aime à faire du bien.

BIENFAIT, n. m. Bien que l'on fait ; faveur, bon office : *accabler de bienfaits.*

BIENFAITEUR, **TRICE**, n. Qui fait du bien.

BIEN-FONDS, n. m. Immeuble (terre ou maison). Pl. *biens-fonds.*

BIENHEUREUX, **EUSE**, adj. Extrêmement heureux. N. m. Celui qui jouit de la béatitude éternelle.

BIENNAL, **E**, adj. Qui dure deux ans : *charge biennale.* Pl. *biennaux.*

BIENSÉANCE, n. f. Convenance.

BIENSÉANT, **E**, adj. Ce qu'il convient de faire, de dire.

BIENTÔT, adv. de temps. Sous peu. **A bientôt**, loc. adv. Je souhaite, je compte vous revoir avant peu.

BIENVEILLANCE, n. f. Affection ; bonne volonté; disposition favorable envers un inférieur.

BIENVEILLANT, **E**, adj. Qui veut

du bien, qui témoigne de la bienveillance.

BIENVENU, E, adj. et n. Qui est
bien reçu, qui arrive à propos : *soyez
le bienvenu.*

BIENVENUE, n. f. Heureuse arrivée ; repas qu'on a l'habitude de donner en entrant dans un corps : *payer sa
bienvenue.*

BIÈRE, n. f. Boisson faite avec de
l'orge et du houblon.

BIÈRE, n. f. Cercueil.

BIEZ, n. m. Canal qui conduit et
fait tomber les eaux sur la roue d'un
moulin.

BIFFER, v. tr. Effacer ce qui est
écrit : *biffer une clause dans un contrat.*

BIFTECK, n. m. Tranche de bœuf
grillée.

BIFURCATION, n. f. Endroit où
une chose se divise en deux : *la bifurcation d'un chemin, d'un arbre.*

BIFURQUER (SE), v. pr. Se séparer en deux.

BIGAME, adj. et n. Marié à deux
personnes en même temps.

BIGAMIE, n. f. État du bigame.

BIGARREAU, n. m. Cerise rougeâtre, à chair très-ferme.

BIGARREAUTIER, n. m. Arbre
qui porte des bigarreaux.

BIGARRER, v. tr. Diversifier par
des couleurs mal assorties. **Bigarré,
ée,** adj. : *ajustement bigarré,* et *fig.* :
style bigarré.

BIGARRURE, n. f. Variété de couleurs mal assorties. *Fig.* Mélange de
personnes ou de choses qui ne conviennent pas. *Bigarrure du style,* mélange
d'expressions nobles et de locutions triviales.

BIGORNE, n. f. Enclume à deux
pointes, deux cornes.

BIGOT, adj. Dévot outré.

BIGOTERIE, n. f. Dévotion outrée
et superstitieuse.

BIGOTISME, n. m. Caractère de
bigot.

BIJOU, n. m. Petit ouvrage d'une
matière ou d'un travail précieux, servant pour la parure. *Fig.* Petite maison
charmante ; joli enfant ; chose ou personne mignonne.

BIJOUTERIE, n. f. Commerce de
bijoux.

BIJOUTIER, ÈRE, n. Qui fait et
vend des bijoux.

BILAN, n. m. Registre de l'actif et
du passif d'un négociant ; état de situation d'un commerçant en faillite. *Déposer
son bilan,* faire faillite.

BILBOQUET, n. m. Jouet formé

d'une boule et d'un petit bâton tourné,
creusé par un bout, et pointu par l'autre ;
petite figure à jambes plombées, qui, de
quelque façon qu'on la pose, se place
toujours debout.

BILE, n. f. Humeur dont la sécrétion
s'opère dans le foie. *Fig. Echauffer la
bile,* exciter la colère.

BILIAIRE, adj. *Anat.* Se dit des
conduits de la bile : *pores biliaires ;* et
de certaines pierres qui se forment dans
le foie : *pierre biliaire.*

BILIEUX, EUSE, adj. Qui abonde
en bile. *Fig. C'est un homme bilieux,*
colère.

BILL, n. m. Projet d'acte du parlement d'Angleterre.

BILLARD, n. m. Jeu qui se joue
avec des boules d'ivoire sur une table
couverte d'un tapis vert et garnie de
bandes rembourrées ; la table sur laquelle on joue.

BILLE, n. f. Boule de billard ; petite boule de pierre ou de marbre ; bloc
de bois non travaillé.

BILLET, n. m. Petite lettre missive : *billet d'invitation ;* carte d'entrée : *billet de spectacle ;* papier de crédit : *billet de banque ;* promesse de payement : *billet à ordre ;* bulletin de loterie.

BILLEVESÉE, n. f. Discours frivole ; conte ridicule ; projet chimérique. *Fam.*

BILLION, n. m. Mille millions. Même
sens que *milliard.*

BILLON, n. m. Monnaie de cuivre.

BILLON, n. m. *Agr.* Ados formé
dans un terrain avec la charrue.

BILLONNAGE, n. m. Labourage en
billons.

BILLOT, n. m. Tronçon de bois
gros et court.

BIMANE, adj. et n. Qui a deux mains :
l'homme est bimane.

BIMBELOT, n. m. Jouet d'enfants.

BIMBELOTERIE, n. f. Commerce
de jouets.

BIMBELOTIER, n. m. Marchand
de jouets d'enfants.

BINAGE, n. m. Action de biner.

BINAIRE, adj. Composé de deux
unités : *nombre binaire.*

BINER, v. tr. Donner une seconde
façon aux terres, aux vignes. V. int.
Dire deux messes le même jour dans
deux églises différentes.

BINET, n. m. Bobèche pour brûler
les bouts de chandelle.

BINETTE, n. f. Outil de jardinier.

BINOCLE, n. m. Lunettes porta-
tives.

BINÔME, n. m. *Alg.* Quantité composée de deux termes, ex. : $a + b$.

BIOGRAPHE, n. m. Auteur de biographies.

BIOGRAPHIE, n. f. Vie de quelque personnage.

BIOGRAPHIQUE, adj. Qui concerne la biographie : *notice biographique.*

BIPÈDE, adj. et n. Animal à deux pieds : *l'homme est un bipède. Fam.*

BIQUE. n. f. Chèvre. *Fam.*

BIQUET, n. m. Petit d'une bique, nom vulgaire du chevreau.

BIRÈME, n. m. Vaisseau ancien à deux rangs de rames de chaque côté.

BIRIBI, n. m. Jeu de hasard.

BIS, E, adj. Brun : *pain bis, pâte bise.*

BIS, adv. Une seconde fois ; deux fois : *numéro 20 bis.* N. m. : *avoir les honneurs du bis.*

BISAÏEUL, E, n. Père, mère de l'aïeul ou de l'aïeule. Pl. *bisaïeuls, bisaïeules.*

BISANNUEL, ELLE, adj. *Bot.* Qui ne fleurit, ne fructifie et ne meurt qu'au bout de deux ans (ne se dit que des plantes), ex. : *la carotte, la betterave, le blé d'hiver*, etc.

BISBILLE, n. f. Petite querelle sur un objet futile. *Fam.*

BISCAÏEN, n. m. Petit boulet en fer.

BISCHOF, n. m. Boisson froide, composée de vin, de sucre et de citron.

BISCORNU, E, adj. D'une forme irrégulière. *Fig.* Bizarre : *raisonnement biscornu. Fam.*

BISCOTIN, n. m. Petit biscuit formé et cassant.

BISCUIT, n. m. Galette très-dure pour les voyages sur mer ; pâtisserie faite avec de la farine, des œufs et du sucre ; ouvrage de porcelaine qui, après avoir reçu deux cuissons, est laissé dans son blanc mat, imitant le grain du marbre : *statuette de biscuit.*

BISE, n. f. Vent du nord. *Fig.* Hiver : *lorsque la bise fut venue.*

BISEAU, n. m. Bord en talus ; outil de menuisier, de tourneur.

BISET, n. m. Pigeon sauvage ; garde national non en uniforme.

BISMUTH, n. m. Métal d'un blanc tirant sur le jaune.

BISON, n. m. Buffle, bœuf sauvage.

BISQUE, n. f. Potage fait de coulis d'écrevisses.

BISQUER, v. int. Éprouver du dépit. *Fam.*

BISSAC, n. m. Sorte de besace, formant un double sac.

BISSECTION, n. f. *Géom.* Division d'un angle, d'une ligne, etc., en deux parties égales : *bissection d'une ligne.*

BISSECTRICE, adj. et n. f. *Géom.* Ligne qui coupe en deux.

BISSER, v. tr. Faire répéter une seconde fois : *bisser un passage, un acteur.*

BISSEXTE, n. m. Jour ajouté au mois de février dans toutes les années exactement divisibles par quatre, c'est-à-dire bissextiles.

† **BISSEXTILE**, adj. Année où se rencontre le bissexte.

BISTOURI, n. m. Instrument de chirurgie servant à faire des incisions.

BISTRE, n. m. Suie détrempée, dont on se sert pour laver les dessins.

BITUME, n. m. Substance inflammable.

BITUMINEUX, EUSE, adj. Qui a les qualités du bitume ; qui en contient : *sol bitumineux.*

BIVAC ou **BIVOUAC**, n. m. Garde extraordinaire faite de nuit pour la sûreté d'un camp ; lieu où s'arrête une armée en campagne.

BIVALVE, n. m. *Hist. nat.* Se dit des coquillages composés de deux coquilles jointes par une espèce de charnière, comme les moules, les huîtres.

BIVAQUER ou **BIVOUAQUER**, v. int. Camper en plein air.

BIZARRE, adj. Fantasque, extravagant, capricieux : *esprit bizarre.*

BIZARREMENT, adv. D'une façon bizarre.

BIZARRERIE, n. f. Caractère de ce qui est bizarre.

BLAFARD, E, adj. Pâle, d'un blanc terne : *teint blafard, lueur blafarde.*

BLAGUE, n. f. Vessie, petit sac à tabac.

BLAGUE, n. f. Hâblerie, mensonge, *Fam.*

BLAGUER, v. int. Dire des blagues. V. tr. Railler quelqu'un. *Fam.*

BLAGUEUR, EUSE, adj. Qui dit des blagues. *Fam.*

BLAIREAU, n. m. Mammifère, bête puante ; pinceau de doreur fait de poil de blaireau.

BLÂMABLE, adj. Digne de blâme.

BLÂME, n. m. Sentiment, discours par lequel on condamne une personne, une action.

BLÂMER, v. tr. Désapprouver, réprimander.

BLANC, CHE, adj. Qui est de la couleur du lait, de la neige. *Fig.* Qui n'est pas sale : *linge blanc* ; innocent : *blanc comme neige. Arme blanche*, tranchante ou pointue ; *papier blanc*, où il n'y a rien d'écrit ; nuit blanche, passée sans dormir ; donner carte blanche, donner plein pouvoir.

BLANC, n. m. La couleur blanche ; fard ; homme de race blanche ; espace blanc dans une page ; but auquel on vise. Blanc d'œuf, partie glaireuse de l'œuf ; blanc de l'œil, la cornée ; blanc d'Espagne, craie très-friable ; blanc de céruse, de plomb, substance qui entre dans la composition de certaines couleurs.

BLANC-BEC, n. m. Jeune homme sans expérience. Pl. blancs-becs.

BLANCHÂTRE, adj. Tirant sur le blanc : liqueur blanchâtre.

BLANCHE, n. f. Note de musique.

BLANCHEMENT, adv. Proprement : tenir un enfant blanchement.

BLANCHEUR, n. f. Qualité de ce qui est blanc : la blancheur de la neige.

BLANCHIMENT, n. m. Action ou art de blanchir : blanchiment de la toile.

BLANCHIR, v. tr. Rendre blanc, propre : blanchir du linge ; étendre du blanc : blanchir un plafond. Fig. Disculper : rien ne peut le blanchir.—V. int. Devenir blanc : ses cheveux commencent à blanchir.

BLANCHISSAGE, n. m. Action de blanchir le linge.

BLANCHISSANT, E, adj. Qui blanchit, qui paraît blanc : l'aube blanchissante.

BLANCHISSERIE, n. f. Lieu où l'on blanchit des toiles, des étoffes, etc.

BLANCHISSEUR, EUSE, n. Qui blanchit du linge.

BLANC-MANGER, n. m. Gelée animale blanche, que l'on prépare avec un extrait d'amandes douces, de l'eau de fleurs d'oranger et de l'huile essentielle de citron. Pl. blanc-manger.

BLANC-SEING, n. m. Signature apposée au bas d'un papier blanc. Pl. blanc-seings.

BLANQUE, n. f. Jeu en forme de loterie.

BLANQUETTE, n. f. Petite poire d'été à peau blanche ; ragoût de veau à la sauce blanche.

BLASER, v. tr. Affaiblir les sens, émousser le goût : les excès l'ont blasé.

BLASON, n. m. Armoiries ; science du blason.

BLASPHÉMATEUR, TRICE, n. Qui blasphème.

BLASPHÉMATOIRE, adj. Qui contient des blasphèmes : propos blasphématoires.

BLASPHÈME, n. m. Parole ou dis-cours qui outrage la divinité, insulte à la religion.

BLASPHÉMER, v. tr. et int. Proférer un blasphème : blasphémer la religion.

BLATIER, n. m. Marchand de blé.

BLAUDE, n. f. Blouse de charretier.

BLÉ, n. m. Froment, plante qui produit le grain dont on fait le pain. Blé méteil, moitié blé, moitié seigle ; blé noir, sarrazin ; blé de Turquie, maïs. Fig. Manger son blé en herbe, dépenser son revenu par avance.

BLÊME, adj. Très-pâle : teint blême.

BLÊMIR, v. int. Pâlir, devenir blême.

BLÉSITÉ, n. f. Vice dans la prononciation, qui consiste à prendre z pour s, g, ch, etc.

BLESSANT, E, adj. Offensant : parole blessante.

BLESSER, v. tr. Donner un coup qui fait plaie, fracture ou contusion ; faire du mal : mon soulier me blesse. Fig. Choquer : blesser l'oreille ; offenser, faire tort : blesser des intérêts ; ne pas observer : blesser la morale.

BLESSURE, n. f. Plaie. Fig. Ce qui offense l'honneur, l'amour-propre ; tourment moral : blessures de l'âme.

BLET, ETTE, adj. Trop mûr : fruit blet, poire bl. tte.

BLEU, E, adj. De couleur d'azur. N. m. La couleur bleue : passer du linge au bleu. Cuis. Court-bouillon : poisson au bleu. Les Bleus, n. m. pl. Nom donné par les Vendéens aux soldats de la République, en 1793. Bleu de Prusse, matière d'un bleu foncé ; cordon bleu, cuisinière très-habile ; contes bleus, récits fabuleux, contes de fées.

BLOC, n. m. Gros morceau de marbre ou de pierre. En bloc, loc. adv. Sans compter : vendre des marchandises en bloc.

BLOCAGE, n. m. ou **BLOCAILLE**, n. f. Menu moellon, petites pierres servant de remplissage. Impr. Lettres mises provisoirement.

BLOCKHAUS, n. m. Petit fort en bois.

BLOCUS, n. m. Investissement complet d'une place.

BLOND, E, adj. D'une couleur moyenne entre le doré et le châtain clair. N. Se dit des personnes : un grand blond, une belle blonde. N. m. La couleur blonde : cheveux d'un beau blond.

BLONDE, n. f. Dentelle de soie.

BLONDIN, E, adj. Qui a les cheveux blonds.

BLOQUER, v. tr. Faire le blocus d'une place, d'une ville. *Billard.* Pousser droit et avec force une bille dans la blouse. *Impr.* Mettre à dessein une lettre renversée pour une autre.

BLOTTIR (SE), v. pr. S'accroupir : *se blottir dans une cache.*

BLOUSE, n. f. Chacun des trous d'un billard.

BLOUSE, n. f. Sarrau de toile.

BLOUSER, v. tr. Faire entrer une bille de billard dans la blouse. *Fig.* Tromper, induire en erreur : *il m'a blousé. Fam.*

BLUET ou **BARBEAU**, n. m. Petite fleur *bleue* qui croît dans les blés.

BLUETTE, n. f. Petite étincelle. *Fig.* Ouvrage d'esprit sans prétention : *cette pièce de comédie n'est qu'une bluette.*

BLUTAGE, n. m. Action de bluter.

BLUTER, v. tr. Passer la farine par le blutoir.

BLUTOIR ou **BLUTEAU**, n. m. Tamis pour passer la farine.

† **BOA**, n. m. Serpent sans venin, de la plus grosse espèce. *Fig.* Longue fourrure de femme.

BOBÈCHE, n. f. Partie supérieure du chandelier, dans laquelle on met la bougie ou la chandelle.

BOBINE, n. f. Petit cylindre en bois pour devider du fil, de la soie, etc.

BOBO, n. m. Petit mal, dans le langage des enfants.

BOCAGE, n. m. Bosquet, petit bois.

BOCAGER, **ÈRE**, adj. Qui habite les bocages : *nymphe bocagère.*

BOCAL, n. m. Vase cylindrique à large ouverture et à col très-court. Pl. *bocaux.*

BŒUF, n. m. Animal ruminant; sa chair.

BŒUF-GRAS, n. m. Bœuf qu'on promène en pompe dans les rues pendant les *jours gras.*

BOHÈME ou **BOHÉMIEN**, **ENNE**, n. Vagabond de mœurs déréglées. *Mener une vie de bohème*, vivre en vagabond.

BOIRE, v. tr. Avaler un liquide; s'enivrer; absorber : *ce papier boit. Fig. Boire le calice jusqu'à la lie*, supporter un malheur dans toute son étendue; *il n'y a pas de l'eau à boire*, il n'y a rien à gagner.

BOIRE, n. m. Ce qu'on boit : *le manger et le boire.*

BOIS, n. m. Substance dure et compacte des arbres; lieu planté d'arbres; cornes des bêtes fauves : *bois du cerf. Trouver visage de bois*, porte fermée.

BOISEMENT, n. m. Plantation de bois.

BOISER, v. tr. Garnir, planter de bois : *boiser une montagne.*

BOISERIE, n. f. Menuiserie qui couvre les murs d'un appartement.

BOISSEAU, n. m. Ancienne mesure de capacité pour les matières sèches.

BOISSELIER, n. m. Qui fait et vend des boisseaux et des ustensiles de bois.

BOISSELLERIE, n. f. Art du boisselier.

BOISSON, n. f. Ce qu'on boit.

BOITE, n. f. État du vin bon à boire.

BOÎTE, n. f. Coffre de bois, de carton ou de métal fort mince, avec couvercle; contenu de la boîte : *boîte de bonbons*; pièce d'artillerie; **Boîte aux lettres**, dans laquelle se jettent les lettres pour la poste.

BOITER, v. int. Marcher en clochant.

BOITEUX, **EUSE**, adj. et n. Qui boite.

BOÎTIER, n. m. Coffre à compartiments; ouvrier qui fait les boîtes de montre.

BOL, n. m. Vase demi-sphérique; son contenu : *bol de vin chaud*; petite boule médicamenteuse.

BOLÉRO, n. m. Danse espagnole.

BOMBANCE, n. f. Grande chère : *faire bombance.*

BOMBARDE, n. f. Grand instrument dont on se servait à la guerre pour lancer des projectiles. Synonyme de *catapulte.*

BOMBARDEMENT, n. m. Action de lancer des bombes.

BOMBARDER, v. tr. Lancer des bombes dans une place de guerre.

BOMBARDIER, n. m. Artilleur qui lance des bombes.

BOMBE, n. f. Globe de fer creux et rempli de poudre. *Tomber comme une bombe*, sans être attendu.

BOMBEMENT, n. m. Convexité.

BOMBER, v. tr. Rendre convexe. V. int. : *ce mur bombe.*

BON, **BONNE**, adj. Qui a de la bonté : *bon roi*; ingénieux : *bon mot*; heureux : *bonne année*; qui a les qualités convenables : *bon cheval*; qui excelle : *bon ouvrier*; propre à : *bon pour le conseil*; favorable : *voilà un bon temps*; grand, fort : *donner un bon coup*; faible, crédule : *bonnes gens. Bon apôtre*, homme fin, rusé. N. m. Ce qui est bon : *il y a du bon dans cet enfant.* Pl. Gens de bien. Adv. : *Sentir bon.* Adv. : Bon ! Exclam. de doute, de surprise, d'incrédulité. *C'est bon*, cela suffit; *pour tout de bon*, sérieusement.

BON, n. m. Promesse de payement; autorisation de payer, de livrer : *bon de vivres.*

BONASSE, adj. Simple et sans malice : *personne bonasse. Fam.*

BONBON, n. m. Dragée, friandise d'enfant.

BONBONNIÈRE, n. f. Boîte à bonbons.

BON-CHRÉTIEN, n. m. Sorte de grosse poire.

BOND, n. m. Rejaillissement d'un corps élastique; saut : *faire un bond. Prendre la balle au bond*, saisir l'occasion.

BONDE, n. f. Pièce de bois qui, baissée ou levée, retient ou laisse écouler l'eau d'un étang; trou rond d'un tonneau, pour y verser le liquide; bouchon qui ferme ce trou.

BONDIR, v. int. Faire des bonds; *Fig. Cela fait bondir le cœur*, cela répugne extrêmement.

BONDISSANT, E, adj. Qui bondit : *agneaux bondissants.*

BONDISSEMENT, n. m. Action de bondir.

BONDON, n. m. Petit fromage cylindrique; bouchon de la bonde d'un tonneau.

BONDONNER, v. tr. Boucher avec un bondon.

BONDRÉE, n. f. Gros oiseau de proie, du genre milan.

BONHEUR, n. m. État heureux; événement prospère; hasard favorable. *Jouer de bonheur*, réussir.

BONHOMIE, n. f. Bonté du cœur jointe à la simplicité des manières; crédulité.

BONHOMME, n. m. Homme faible, trop bon.

BONI, n. m. Excédant de la recette sur la dépense; somme restée sans emploi.

BONIFICATION, n. f. Amélioration, augmentation de produit dans une affaire.

BONIFIER, v. tr. Rendre meilleur : *bonifier des terres.*

BONJOUR, n. m. Salut du jour.

BONNE, n. f. Femme de service; fille chargée de veiller sur un enfant.

BONNE-AVENTURE, n. f. Vaine prédiction de l'avenir. Pl. *bonnes-aventures.*

BONNEMENT, adv. De bonne foi, naïvement : *convenir bonnement d'une chose.*

BONNET, n. m. Coiffure sans rebords : *bonnet carré*; coiffure de femme. *Fig. Gros bonnet*, personnage important; *prendre sous son bonnet*, in-

venter; *avoir la tête près du bonnet*, être prompt à se fâcher; *mettre son bonnet de travers*, se fâcher; *deux têtes dans un bonnet*, toujours du même avis. *Bonnet chinois*, instr. de mus.

BONNETERIE, n. f. Commerce du bonnetier.

BONNETIER, ÈRE, n. Fabricant, marchand de bonnets, de bas, etc.

BONNETTE, n. f. Mar. Petite voile.

BONSHOMMES, n. m. Pl. Petites caricatures d'enfants.

BONSOIR, n. m. Salut du soir.

BONTÉ, n. f. Qualité de ce qui est bon; penchant à faire le bien.

BONZE, n. m. Prêtre chinois ou japonais.

BOQUILLON, n. m. Bûcheron. *Vieux.*

BORAX, n. m. Sel minéral, propre à favoriser la fusion des métaux.

BORD, n. m. Extrémité d'une surface : *bord d'une table*; rivage : *bords du Rhin*; côté d'un navire; le navire même : *monter à bord. Vaisseau de haut bord*, grand bâtiment. *Fig. Les sombres bords*, l'Enfer; *sur le bord de la tombe*, au moment de mourir.

BORDAGE, n. m. Mar. Revêtement en planches qui couvre le bord extérieur d'un vaisseau.

BORDÉE, n. f. Mar. Décharge simultanée de tous les canons du même bord; marche d'un navire qui louvoie. *Fig. Une bordée d'injures.*

BORDER, v. tr. Garnir le bord d'un habit, d'une robe, etc.; s'étendre le long du bord. *Mar. Côtoyer.*

BORDEREAU, n. m. Détail des articles d'un compte; état des espèces diverses qui composent une somme, un compte d'intérêt. *Bordereau d'inscription*, état d'une créance inscrite sur le registre du conservateur des hypothèques.

BORDURE, n. f. Ce qui borde, sert d'ornement : *bordure d'un tableau.*

BORE, n. m. Chim. Corps simple, brun-verdâtre.

BORÉAL, E, adj. Qui est du côté du nord.

BORÉE, n. m. Vent du nord, bise. *Poét.*

BORGNE, adj. et n. Qui ne voit que d'un œil, ou qui a perdu un œil. *Fig. Sans apparence : maison borgne. Cabaret borgne*, mauvais petit cabaret.

BORGNESSE, n. f. Femme borgne.

BORIQUE, adj. Acide formé de bore et d'oxygène.

BORNAGE, n. m. Action de planter des bornes pour séparer les propriétés.

BORNE, n. f. Pierre ou autre marque qui sépare un champ d'un autre. *Fig.* et pl. Limites : *les bornes de l'Europe. Confiance sans bornes, illimitée.*

BORNÉ, ÉE, adj. De peu d'étendue. *Fig. Esprit borné,* peu intelligent.

BORNER, v. tr. Mettre des bornes; limiter. *Fig.* Modérer : *borner ses désirs.*

BOSPHORE, n. m. Étroit espace de mer resserré entre deux terres : *le Bosphore de Thrace.*

BOSQUET, n. m. Petit bois; touffe d'arbres.

BOSSAGE, n. m. *Arch.* Partie laissée en saillie.

BOSSE, n. f. Grosseur extraordinaire au dos ou à l'estomac, vice de conformation; enflure; élévation sur une surface qui devrait être unie. *Sculp.* Relief d'une figure. Pl. Protubérances du crâne.

BOSSELAGE, n. m. Travail en bosse.

BOSSELER, v. tr. Travailler en bosse.

BOSSETTE, n. f. Ornement des deux côtés du mors.

BOSSOIR, n. m. *Mar.* Poutre qui supporte l'ancre.

BOSSU, E, adj. et n. Qui a une bosse.

BOSSUER, v. tr. Faire des bosses à de la vaisselle, de l'argenterie, etc.

BOSTON, n. m. Jeu de cartes.

BOT, (*pied*) adj. m. Contrefait.

BOTANIQUE, n. f. Science des végétaux. Adj. Qui a rapport à cette science : *jardin botanique.*

BOTANISTE, n. m. Qui s'occupe de botanique.

BOTTE, n. f. Assemblage de choses de même nature liées ensemble : *botte d'asperges;* coup de fleuret ou d'épée : *porter, parer une botte.*

BOTTE, n. f. Chaussure de cuir. *Avoir du foin dans ses bottes,* être riche; *à propos de bottes,* sans motif raisonnable.

BOTTELAGE, n. m. Action de botteler.

BOTTELER, v. tr. Lier en bottes.

BOTTELEUR, n. m. Qui met en bottes.

BOTTER, v. tr. Fournir des bottes : *botter un régiment de cavalerie.* **Se botter,** v. pr. Mettre ses bottes.

BOTTIER, n. m. Qui fait des bottes.

BOTTINE, n. f. Petite botte.

BOUC, n. m. Mâle de la chèvre.

BOUCAN, n. m. Lieu où les sauvages d'Amérique fument leurs viandes; bruit, vacarme : *c'est un boucan à ne pas s'entendre. Fam.*

BOUCANER, v. tr. Fumer de la viande, du poisson.

BOUCANIER, n. m. Pirate.

BOUCHE, n. f. Partie du visage de l'homme, qui reçoit les aliments, et donne passage à la voix. En parlant des animaux, se dit des bêtes de somme et de trait : *bouche d'un bœuf, d'un cheval.* On dit aussi : *la bouche d'un saumon, d'une carpe, d'une grenouille. Bouche close,* silence! *faire la petite bouche,* le difficile, le dégoûté; *la déesse aux cent bouches,* la renommée : *faire venir l'eau à la bouche,* exciter le désir. *Bouche à feu,* pièce d'artillerie; *bouche de chaleur,* ouverture au moyen de laquelle la chaleur se communique. *Fig.* Personnes : *des bouches inutiles;* ouverture : *la bouche d'un canon.* Pl. Embouchures d'un fleuve : *bouches du Nil, du Danube,* etc.

BOUCHÉE, n. f. Quantité de pain ou d'autre aliment qui peut entrer dans la bouche.

BOUCHER, v. tr. Fermer une ouverture.

BOUCHER, n. m. Qui tue les bestiaux, et vend leur chair en détail. *Fig.* Chirurgien ignorant, maladroit. *Fam.*

BOUCHÈRE, n. f. Femme d'un boucher.

BOUCHERIE, n. f. Lieu public où se vend la viande. *Fig.* Massacre, *Mener des troupes à la boucherie,* à une action où elles doivent périr.

BOUCHE-TROU, n. m. Qui remplace momentanément un employé. Pl. *bouche-trous.*

BOUCHON, n. m. Ce qui sert à boucher. *Bouchon de cabaret,* branche de verdure ou d'arbre, qui sert d'enseigne. *Fig. Il aime à faire sauter le bouchon,* à boire.

BOUCHONNER (*un cheval*), v. tr. Le frotter avec un bouchon de paille pour lui ôter la sueur ou la malpropreté.

BOUCHONNIER, n. m. Qui fait ou vend des bouchons.

BOUCLE, n. f. Anneau de métal avec traverse portant un ou plusieurs ardillons; bijou que les femmes attachent à leurs oreilles : *boucle d'oreilles;* mèche de cheveux frisés : *boucles ondoyantes;* anneau de fer scellé pour amarrer les bâtiments.

BOUCLER, v. tr. Serrer avec une boucle : *boucler des souliers;* mettre des cheveux en boucles. V. int. : *s. s cheveux bouclent.*

BOUCLIER, n. m. Arme défensive des gens de guerre d'autrefois. *Fig.* Se dit des personnes : *le bouclier de la foi* (un grand théologien). Défenseur, appui : *le bouclier des lois.*

BOUDER, v. tr. et int. Témoigner de la mauvaise humeur.

BOUDERIE, n. f. Action de bouder.

BOUDEUR, EUSE, adj. Qui boude.

BOUDIN, n. m. Boyau rempli de sang et de graisse de porc. **Boudin blanc**, fait de lait et de volaille.

BOUDJOU, n. m. Monnaie d'Alger, valant 1 fr. 86 centimes.

BOUDOIR, n. m. Cabinet de dame, décoré avec luxe.

BOUE, n. f. Poussière des rues et des chemins détrempée d'eau. *Fig.* Abjection : *âme de boue. Traîner dans la boue,* vilipender ; *se traîner dans la boue,* s'avilir ; *tirer quelqu'un de la boue,* d'un état abject.

BOUÉE, n. f. Objet flottant, indiquant un écueil en mer, un obstacle dans les fleuves.

BOUEUR, n. m. Qui est chargé de l'enlèvement des boues dans les villes.

BOUEUX, EUSE, adj. Plein de boue : *chemin boueux.*

BOUFFANTE, n. f. Guimpe gaufrée. Adj. Se dit de ce qui bouffe : *cheveux bouffants.*

BOUFFE, n. m. Acteur des opéras italiens. *Les Bouffes,* le théâtre italien, à Paris.

BOUFFÉE, n. f. Action subite et passagère d'un corps léger qui se porte en masse vers nous : *bouffée de vent;* air qui sort de la bouche : *bouffée de vin,* de fumée. *Fig. Bouffée d'orgueil, de générosité,* mouvement passager d'orgueil, de générosité.

BOUFFER, v. int. Se gonfler : *cette étoffe bouffe.*

BOUFFETTE, n. f. Petite houppe qui pend aux harnais des chevaux; nœud de rubans.

BOUFFIR, v. tr. et int. Enfler; devenir enflé : *le visage lui bouffit.* **Bouffi, e**, adj. Plein, gonflé : *bouffi d'orgueil, de colère;* ampoulé : *style bouffi.*

BOUFFISSURE, n. f. Enflure.

BOUFFON, n. m. Personnage comique; celui qui cherche à faire rire : *bouffon de société. Fig. Servir de bouffon,* de jouet.

BOUFFON, ONNE, adj. Plaisant, facétieux : *discours bouffon.*

BOUFFONNER, v. int. Faire le bouffon.

BOUFFONNERIE, n. f. Ce qu'on fait ou ce qu'on dit pour exciter le rire.

BOUGE, n. m. Logement malpropre.

BOUGEOIR, n. m. Petit chandelier à manche.

BOUGER, v. int. Se mouvoir.

BOUGIE, n. f. Chandelle de cire.

BOUGON, adj. et n. Qui bougonne souvent.

BOUGONNER, v. int. Murmurer, gronder entre ses dents. *Pop.*

BOUGRAN, n. m. Toile forte et gommée.

BOUILLANT, E, adj. Qui bout; *huile bouillante. Fig.* Vif, ardent : *jeunesse bouillante.*

BOUILLI, n. m. Viande de bœuf cuite dans l'eau.

BOUILLIE, n. f. Nourriture des petits enfants, composée de lait et de farine bouillis ensemble.

BOUILLIR, v. int. (*Je bous, tu bous, il bout, nous bouillons, vous bouillez, ils bouillent. Je bouillais, nous bouillions. Je bouillis, nous bouillîmes. Je bouillirai, nous bouillirons. Je bouillirais, nous bouillirions. Bous, bouillons, bouillez. Que je bouille; que nous bouillions. Que je bouillisse, que nous bouillissions. Bouillant. Bouilli.*) Être en ébullition.

BOUILLOIRE, n. f. Vase de métal pour faire bouillir d'eau.

BOUILLON, n. m. Bulles qui s'élèvent à la surface d'un liquide bouillant; ondes tumultueuses d'un liquide s'échappant avec force : *l'eau sort à gros bouillons;* eau bouillie avec de la viande ou des herbes : *bouillon gras;* pli bouffant d'une étoffe.

BOUILLON-BLANC, n. m. Plante vulnéraire pectorale.

BOUILLONNANT, E, adj. Qui bouillonne.

BOUILLONNEMENT, n. m. État d'un liquide qui bouillonne.

BOUILLONNER, v. int. S'élever en bouillons.

BOUILLOTTE, n. f. Petite bouilloire.

BOUILLOTTE, n. f. Jeu de cartes.

BOULAIE, n. f. Terrain planté de bouleaux.

BOULANGER, ÈRE, n. Qui fait et vend du pain.

BOULANGERIE, n. f. Art de faire le pain; le lieu où il se fait.

BOULE, n. f. Corps sphérique : *boule de bois.* Pl. Jeu : *jouer aux boules.*

BOULEAU, n. m. Arbre à bois blanc.

BOULEDOGUE, n. m. Gros chien dogue dont les dents sont en crochet.

BOULET, n. m. Boule de fer dont on charge les canons; jointure de la jambe du cheval au-dessus du paturon. *Traîner le boulet,* être aux galères. *Fig.*

Tirer à boulet rouge sur quelqu'un, le dénigrer violemment.

BOULETTE, n. f. Petite boule de pâte, ou de chair hachée. *Fig. Faire une boulette*, une bévue. *Pop.*

BOULEVARD, n. m. Rempart. Pl. Promenade plantée d'arbres autour d'une ville, et quelquefois à l'intérieur. *Fig.* Place forte : *cette ville est le boulevard de l'Italie :* protection : *la justice est le boulevard des États.*

BOULEVERSEMENT, n. m. Grand désordre.

BOULEVERSER, v. tr. Agiter violemment, ruiner, abattre : *bouleverser un État ;* mettre en désordre : *bouleverser une bibliothèque.*

BOULIN, n. m. Trou pratiqué dans un colombier. *Maçonn.* Trou fait dans un mur pour porter les échafaudages.

BOULINE, n. f. *Mar.* Corde amarrée vers le milieu de chaque côté d'une voile, pour lui faire prendre le vent de côté.

BOULINER, v. int. *Mar.* Aller à la bouline, naviguer avec un vent de biais.

BOULINGRIN, n. m. Parterre de gazon.

BOULOIR, n. m. Instrument pour remuer la chaux quand on l'éteint.

BOULON, n. m. Cheville de fer avec une clavette au bout.

BOULONNER, v. tr. Fixer, arrêter avec un boulon.

BOUQUET, n. m. Assemblage de fleurs et de certaines choses liées ensemble : *bouquet de diamants, de persil, de thym,* etc. *Fig.* Parfum agréable du vin ; pièce qui termine un feu d'artifice.

BOUQUETIER, n. m. Vase propre à recevoir des fleurs.

BOUQUETIÈRE, n. f. Marchande de fleurs.

BOUQUETIN, n. m. Bouc sauvage.

BOUQUIN, n. m. Vieux bouc ; lièvre ou lapin mâle.

BOUQUIN, n. m. Vieux livre de peu de valeur.

BOUQUINER, v. int. Chercher de vieux livres dans les boutiques.

BOUQUINERIE, n. f. Amas, commerce de vieux livres.

BOUQUINEUR, n. m. Qui aime à bouquiner.

BOUQUINISTE, n. m. Qui achète et revend de vieux livres.

BOURACAN, n. m. Sorte de gros camelot.

BOURBE, n. f. Amas de boue, telle que celle des marais, des étangs.

BOURBEUX, EUSE, adj. Plein de bourbe.

BOURBIER, n. m. Lieu creux et plein de boue. *Fig.* Mauvaise affaire : *il s'est mis dans un bourbier.*

BOURDE, n. f. Mensonge, défaite : *conter des bourdes. Pop.*

BOURDILLON, n. m. Bois refendu, propre à faire des futailles.

BOURDON, n. m. Bâton de pèlerin ; mâle de l'abeille ; grosse cloche. *Mus.* Un des jeux de l'orgue, qui fait la basse. **Faux bourdon**, pièce dont les parties se chantent note contre note.

BOURDONNEMENT, n. m. Bruit des mouches. *Fig.* Murmure sourd ; bruit continuel dans les oreilles.

BOURDONNER, v. int. Faire entendre un bourdonnement. V. tr. Chanter ou causer à voix basse.

BOURG, n. m. Gros village où l'on tient marché.

BOURGADE, n. f. Petit bourg.

BOURGEOIS, E, n. Citoyen d'une ville ; patron, maître d'un ouvrier. Se dit par oppos. à *noble* et à *militaire.* Adj. Qui tient à la bourgeoisie : *maison bourgeoise ;* commun : *manières bourgeoises. Ordinaire bourgeois,* bonne table.

BOURGEOISEMENT, adv. D'une manière bourgeoise : *vivre bourgeoisement.*

BOURGEOISIE, n. f. Classe intermédiaire entre la noblesse et le peuple.

BOURGEON, n. m. Bouton qui pousse aux arbres ; nouveau jet de la vigne. *Fig.* Bouton au visage.

BOURGEONNER, v. int. Pousser des bourgeons : *les arbres bourgeonnent. Fig.* Avoir des boutons au visage : *son nez bourgeonne.*

BOURGMESTRE, n. m. Premier magistrat de quelques villes de Belgique, d'Allemagne, de Suisse, de Hollande, et que l'on nomme *maire* en France.

BOURRACHE, n. f. Plante médicinale.

BOURRADE, n. f. Coup brusque porté à quelqu'un.

BOURRASQUE, n. f. Tourbillon de vent impétueux et de peu de durée. *Fig.* Accès de mauvaise humeur.

BOURRE, n. f. Amas de poils pour garnir les selles, les bâts, etc. ; ce qu'on met par-dessus la charge des armes à feu ; partie grossière de la soie.

BOURREAU, n. m. Exécuteur des hautes œuvres. *Fig.* Homme cruel, inhumain.

BOURRÉE, n. f. Fagot de menu bois ; danse d'Auvergne.

BOURRELER, v. tr. Tourmenter. Ne s'emploie qu'au fig. : *la conscience* *bourrelle les méchants*, et surtout au part. pas. : *être bourrelé de remords.*

BOURRELET, n. m. Coussin rond et vide par le milieu; gaîne remplie de bourre, qui se met aux portes, aux fenêtres; collier de cheval; coiffure d'enfant rembourrée.

BOURRELIER, n. m. Fabricant de harnais.

BOURRER, v. tr. Enfoncer la bourre dans une arme à feu; garnir de bourre; faire manger avec excès. *Fig.* Maltraiter.

BOURRICHE, n. f. Panier pour envoyer du gibier, du poisson : *bourriche d'huîtres.*

BOURRIQUE, n. f. Ane, ânesse. *Fig.* Ignorant.

BOURRIQUET, n. m. Petit ânon.

BOURRU, E, adj. et n. D'une humeur brusque et chagrine : *esprit bourru.*

BOURSE, n. f. Petit sac à argent. *Fig.* L'argent qu'on y met : *aider quelqu'un de sa bourse*; pension gratuite dans un collége; valeur monétaire en Turquie (1,500 fr.); lieu où les négociants s'assemblent. *Le cours de la Bourse,* des effets publics, des denrées commerciales.

BOURSICAUT, n. m. Petite bourse amassée avec économie et tenue en réserve. *Fam.*

BOURSIER, n. m. Qui jouit d'une bourse dans un collége, etc.

BOURSILLER, v. int. Contribuer pour une dépense commune. *Fam.*

BOURSOUFLAGE, n. m. *Fig.* Enflure du style : *son discours n'était que boursouflage.*

BOURSOUFLER, v. tr. Enfler la peau. *Fig.* Style *boursouflé*, ampoulé.

BOURSOUFLURE, n. f. Enflure, au propre et au fig. : *boursouflure du visage, du style.*

BOUSCULER, v. tr. Mettre sens dessus dessous; pousser en tous sens.

BOUSE, n. f. Fiente de bœuf, de vache.

BOUSILLAGE, n. m. Mélange de chaume et de terre détrempée. *Fig.* Ouvrage mal fait. *Fam.*

BOUSILLER, v. int. Maçonner en bousillage. V. tr. *Fig.* Faire mal quelque chose.

BOUSILLEUR, n. m. Qui bousille.

† **BOUSSOLE**, n. f. Cadran dont l'aiguille aimantée se tourne toujours vers le nord. *Fig.* Guide : *vos conseils seront ma boussole.*

BOUT, n. m. Extrémité; fin : *le bout de l'année, Bouts d'aile,* plumes du bout de l'aile; *le haut bout d'une table,* la place

d'honneur. *Fig. Rire du bout des dents,* s'efforcer de rire; *savoir sur le bout du doigt,* parfaitement; *brûler la chandelle par les deux bouts,* faire des dépenses ruineuses. *Pousser à bout,* faire perdre patience; *mettre à bout,* réduire au silence; *venir à bout,* réussir; *être à bout,* ne savoir que devenir : *à tout bout de champ,* à tout propos; *au bout du compte,* après tout.

BOUTADE, n. f. Caprice, saillie d'esprit ou d'humeur.

BOUTE-EN-TRAIN, n. m. Qui met les autres en train, en gaîté. Pl. des *boute-en-train.*

BOUTE-FEU, n. m. Celui qui met le feu au canon; bâton garni d'une mèche allumée, pour mettre le feu au canon. *Fig.* Qui excite une sédition, des querelles. Pl. des *boute-feu.*

BOUTEILLE, n. f. Vase à goulot étroit; son contenu. *Fig. Aimer la bouteille,* aimer à boire ; *c'est la bouteille à l'encre,* on n'y connaît rien.

BOUTER, v. tr. Mettre, placer. *Vieux.*

BOUTE-SELLE, n. m. Signal donné par les trompettes dans les régiments pour monter à cheval : *sonner le boute-selle.*

BOUTIQUE, n. f. Lieu où les marchands étalent et vendent leurs marchandises; où les artisans travaillent.

BOUTIQUIER, n. m. Se dit en m. part, de celui qui tient boutique.

BOUTOIR, n. m. Outil de maréchal et de corroyeur; groin du sanglier. *Fig. Coup de boutoir,* trait d'humeur, propos dur et blessant.

BOUTON, n. m. Bourgeon; fleur non épanouie; tumeur sur la peau; cercle de métal ou de bois couvert d'étoffe pour attacher les vêtements; ce qui a la forme d'un bouton : *bouton de fleuret. Bouton de feu,* bouton de fer rougi au feu, qui s'applique dans plusieurs opérations de chirurgie, de maréchalerie; *bouton d'or,* fleur jaune.

BOUTONNER, v. int. Pousser des boutons : *cet arbre boutonne.* V. tr. Attacher, arrêter avec des boutons : *boutonner un habit.*

BOUTONNIER, n. m. Qui fait ou vend des boutons.

BOUTONNIÈRE, n. f. Fente pour passer le bouton.

BOUTS-RIMÉS, n. m. pl. Rimes données pour faire des vers.

† **BOUTURE**, n. f. Pousse ou rejeton d'un arbre, qui, étant mis en terre, prend racine.

BOUVERIE, n. f. Étable à bœufs.

BOUVET, n. m. *Men.* Rabot pour faire des rainures.

4.

BOUVIER, ÈRE, n. Qui conduit et garde les bœufs; constellation. *Fig.* Homme grossier.

BOUVILLON, n. m. Jeune bœuf. *Peu us.*

BOUVREUIL, n. m. Oiseau chanteur, à tête noire et à gorge rouge.

BOVINE, adj. f. De l'espèce du bœuf: *race bovine.*

BOXE, n. f. Action de boxer.

BOXER, v. int. Se battre à coups de poing, à la manière des Anglais.

BOXEUR, n. m. Qui boxe.

BOYARD, n. m. Nom des grands feudataires de Russie.

BOYAU, n. m. Intestin; conduit de cuir des pompes à incendie. *Fig.* Chemin long et étroit.

BRABANÇON, ONNE, adj. Du Brabant : *un cheval brabançon.*

BRACELET, n. m. Ornement que les femmes portent au bras.

BRACHIAL, E, adj. Qui a rapport au bras : *artère brachiale.* Pl. m. *brachiaux.*

BRACONNAGE, n. m. Action de braconner.

BRACONNER, v. int. Chasser furtivement sur les terres d'autrui.

BRACONNIER, n. m. Qui braconne.

BRAHMANE, brame, bramine ou **bramin**, n. m. Prêtre indien.

BRAHMANISME, n. m. Religion de Brahma.

BRAIE, n. f. Linge d'enfant. Pl. Ancien vêtement des Gaulois.

BRAILLARD, ARDE, adj. et n. Qui braille.

BRAILLER, v. int. Parler bien haut, beaucoup, et mal à propos.

BRAILLEUR, EUSE, adj. et n. Qui braille. Moins usité que *braillard.*

BRAIMENT, n. m. Cri de l'âne.

BRAIRE, v. int. et déf. Grier, en parlant de l'âne.

BRAISE, n. f. Bois réduit en charbons, ardents ou éteints.

BRAISER, v. tr. Faire cuire dans une braisière.

BRAISIER, n. m. Huche pour la braise.

BRAISIÈRE, n. f. Ustensile pour faire cuire à la braise.

BRAMER, v. int. Grier, en parlant du cerf.

BRAN (de scie, de son), n. m. Poudre qui tombe du bois lorsqu'on le scie; partie la plus grossière du son.

BRANCARD, n. m. Civière à bras; les deux timons d'une voiture.

BRANCHAGE, n. m. Toutes les branches d'un arbre.

BRANCHE, n. f. Bois que pousse le tronc d'un arbre; divisions d'un cours d'eau: *les branches du Nil. Fig.* et pl. Différentes parties d'une science: *les branches de l'enseignement*; familles sortant d'une même souche. *Être comme l'oiseau sur la branche*, dans une position incertaine.

BRANCHIES, n. f. pl. Organes respiratoires des poissons.

BRANCHU, E, adj. Qui a beaucoup de branches : *arbre branchu.*

BRANDEBOURG, n. m. Broderie en galon.

BRANDEVIN, n. m. Eau-de-vie de grain.

BRANDEVINIER, n. m. Celui qui fait l'eau-de-vie.

BRANDILLER, v. tr. Mouvoir deçà et delà : *brandiller les jambes.*

BRANDIR, v. tr. Agiter dans sa main avant de frapper : *il brandissait son sabre.*

BRANDON, n. m. Flambeau de paille tortillée; corps enflammé qui s'élève d'un incendie. *Fig. Allumer le brandon de la discorde*, la provoquer.

BRANLANT, E, adj. Qui branle: *tête branlante.*

BRANLE, n. m. Oscillation d'un corps : *le branle d'une cloche. Fig.* Première impulsion donnée à une chose: *mettre en branle*; danse en ronde. *Fig. Donner le branle*, mettre les autres en train.

BRANLE-BAS, n. m. *Mar.* Préparatifs de combat à bord d'un vaisseau: *sonner le branle-bas.*

BRANLEMENT, n. m. Mouvement de ce qui branle.

BRANLER, v. tr. Agiter, remuer : *branler la tête.* V. int. Chanceler, osciller : *le plancher branle. Fig. Branler dans le manche*, être en danger de perdre place, crédit ou faveur. *Fam.*

BRANLOIRE, n. f. Espèce de balançoire.

BRAQUE, n. m. Chien de chasse. Adj. et n. *Fig.* Etourdi. *Fam.*

BRAQUEMART, n. m. Épée courte et large qui se portait autrefois.

BRAQUER, v. tr. Tourner un objet vers un point: *braquer une lunette.*

BRAS, n. m. Membre du corps humain qui tient à l'épaule; côté d'un fauteuil; partie d'un fleuve, d'une mer. *Fig.* Travail : *vivre de ses bras*; puissance : *le bras de Dieu*; vaillance : *tout cède à l'effort de son bras. Recevoir à bras ouverts*, accueillir avec joie; *couper bras et jambes*, décourager; *avoir quelqu'un sur les bras*, à sa charge; *demeurer les bras croisés*, ne rien faire; *avoir le bras long*, de l'influence. *Loc.*

adv. À tour de bras, avec force; **bras dessus, bras dessous,** amicalement; à bras, à force de bras; à bras le corps (et non à brasse corps), par le milieu du corps.

BRASER, v. tr. Souder.

BRASIER, n. m. Braise ardente; bassin où l'on met de la braise pour chauffer une chambre.

BRASSAGE, n. m. Action de faire la bière.

BRASSARD, n. m. Autrefois, partie de l'armure qui couvrait le bras.

BRASSE, n. f. Mesure de la longueur des deux bras étendus. *Mar.* Environ 1 mètre 60 : *la sonde marquait 20 brasses.*

BRASSÉE, n. f. Ce que peuvent contenir les deux bras : *une brassée de bois.*

BRASSER, v. tr. Remuer à force de bras : *brasser de la bière.*

BRASSERIE, n. f. Lieu où l'on brasse la bière.

BRASSEUR, n. m. Qui fait de la bière, et la vend en gros.

BRASSIÈRES, n. f. pl. Petite camisole d'enfant.

BRASSIN, n. m. Cuve à bière.

BRASURE, n. f. Trace que laisse la soudure.

BRAVACHE, n. m. Faux brave.

BRAVADE, n. f. Action ou parole de défi.

BRAVE, adj. Vaillant; honnête. *Homme brave,* qui a de la bravoure; *brave homme,* plein d'honneur.

BRAVEMENT, adv. D'une manière brave.

BRAVER, v. tr. Défier : *braver quelqu'un;* affronter : *braver la mort.*

BRAVO ! interj. Très-bien. N. m. Approbation : *redoubler les bravos.*

BRAVO, n. m. (Mot ital.) Assassin à gages, en Italie. Pl. des *bravi.*

BRAVOURE, n. f. Courage, vaillance.

BRAYETTE, n. f. Fente pratiquée sur le devant du pantalon.

BREBIS, n. f. Femelle du bélier. *Fig. Brebis galeuse,* personne dont la société et l'exemple sont dangereux.

BRÈCHE, n. f. Ouverture faite à un mur, un rempart, une haie; brisure qui se trouve au tranchant d'une lame. *Fig.* Tort, dommage : *c'est une brèche à l'honneur. Mourir sur la brèche,* en combattant; *battre en brèche,* à coups de canon.

BRÈCHE-DENTS, adj. Qui a perdu une ou plusieurs dents de devant. Pl. *brèche-dents.*

BREDI-BREDA, loc. adv. Trop vite : *raconter une chose bredi-breda.*

BREDOUILLE, adj. et n. f. Marque du jeu de trictrac, qui indique que l'on gagne double.

BREDOUILLEMENT, n. m. Action de bredouiller.

BREDOUILLER, v. int. Parler d'une manière peu distincte.

BREDOUILLEUR, EUSE, n. Qui bredouille.

BREF, ÈVE, adj. Court, de peu de durée : *discours bref;* de petite taille : *Pépin-le-Bref.* **Brève,** n. f. Syllabe brève. **Bref,** adv. Enfin, en un mot : *bref, je ne veux pas.*

BREF, n. m. Lettre pastorale du pape.

BRELAN, n. m. Jeu de cartes; lieu où l'on s'assemble pour jouer aux jeux de hasard : *tenir brelan chez soi.*

BRELANDER, v. int. Jouer continuellement.

BRELANDIER, ÈRE, n. Qui joue continuellement.

BRELOQUE, n. f. Bijou de peu de valeur.

BRÈME, n. f. Poisson d'eau douce.

BRÉSILLER, v. tr. Rompre par petits morceaux.

BRETAILLER, v. int. Tirer l'épée à la moindre occasion.

BRETAILLEUR, n. m. Qui est toujours prêt à tirer l'épée.

BRETELLE, n. f. Courroie pour porter un fardeau; tissu de fil, de soie, etc., pour soutenir le pantalon.

BRETTE, n. f. Épée longue et étroite.

BRETTEUR, n. m. Qui aime à se battre, à ferrailler.

BREUVAGE, n. m. Boisson.

BREVET, n. m. Titre, certificat : *brevet d'instituteur, de bachelier;* privilège délivré à un inventeur : *brevet d'invention.*

BREVETER, v. tr. Donner un brevet.

BRÉVIAIRE, n. m. Livre d'offices pour les prêtres; l'office même. *Fig.* Lecture habituelle : *Horace est le bréviaire des gens de lettres.*

BRIBE, n. f. Gros morceau de pain. Pl. Restes d'un repas.

BRIC-A-BRAC, n. m. Marchandises vieilles, d'occasion. Pl. des *bric-à-brac.*

BRICK, n. m. Bâtiment à deux mâts.

BRICOLE, n. f. Partie du harnais qui s'attache au poitrail. Pl. Bretelles de portefaix.

BRIDE, n. f. Partie du harnais d'un cheval, les rênes; lien pour retenir certaines coiffures. *Fig. Lâcher la bride à* ses passions, s'y abandonner ; *tenir la bride haute*, se montrer sévère.

BRIDER, v. tr. Mettre la bride à un cheval. *Fig.* Réprimer.

BRIDON, n. m. Sorte de petite bride légère.

BRIEF, ÈVE, adj. De courte durée. *Brief* ne se dit guère qu'au Palais : *on en a fait bonne et brière justice*. On dit cependant *brière description, brière narration*.

BRIÈVEMENT, adv. En peu de mots.

BRIÈVETÉ, n. f. Courte durée d'une chose : *brièveté de la vie*. *Littér.* Concision : *trop de brièveté rend obscur*.

BRIGADE, n. f. Deux régiments réunis sous le commandement d'un général ; escouade de gendarmes.

BRIGADIER, n. m. Qui occupe le grade le moins élevé dans la cavalerie.

BRIGAND, n. m. Voleur de grands chemins.

BRIGANDAGE, n. m. Vol à main armée, pillage sur les grands chemins. *Fig.* Concussions, rapine : *son administration ne fut qu'un brigandage*.

BRIGANDER, v. int. Vivre en brigand : *accoutumé à brigander*.

BRIGANTIN, n. m. Petit navire armé en course.

BRIGANTINE, n. f. Voile de brigantin ; petit bâtiment de la Méditerranée.

BRIGUE, n. f. Manœuvre ; cabale.

BRIGUER, v. tr. Tâcher d'obtenir par brigue ; rechercher avec ardeur : *briguer une alliance*.

BRILLAMMENT, adv. D'une manière brillante.

BRILLANT, E, adj. Qui brille, éclatant. N. m. Lustre, éclat : *le brillant de l'or* ; diamant taillé à facettes.

BRILLANTER, v. tr. Tailler en diamant.

BRILLER, v. int. Jeter une vive lumière, avoir de l'éclat. *Fig.* Se faire remarquer par une qualité quelconque ; paraître avec honneur : *briller au barreau* ; éclater : *la joie brille dans ses regards*.

BRIMBORION, n. m. Chose de peu de valeur.

BRIN, n. m. Premier jet d'une plante : *brin d'herbe* ; tige flexible : *brin d'osier* ; corps long et mince : *brin de fil*. Se dit fam. d'un objet qui manque : *il n'y a pas un brin de bois*.

BRINDILLE, n. f. Branche menue d'un arbre.

BRIOCHE, n. f. Pâtisserie. *Fig.* Bévue : *faire des brioches*. *Fam.*

BRIQUE, n. f. Terre argileuse pétrie et moulée, puis séchée au soleil et cuite au feu ; ce qui en a la figure : *une brique de savon*.

BRIQUET, n. m. Pièce d'acier pour tirer du feu d'un caillou ; sabre court et recourbé.

BRIQUETAGE, n. m. Maçonnerie de briques.

BRIQUETERIE, n. f. Lieu où se fait la brique.

BRIQUETIER, n. m. Qui fait ou vend de la brique.

BRIS, n. m. Fracture avec violence d'une porte ou d'un scellé.

BRISANTS, n. m. pl. *Mar.* Vagues de la mer poussées impétueusement contre la côte ; écueils à fleur d'eau.

BRISE, n. f. Petit vent frais et périodique.

BRISÉES, n. f. pl. Branches d'arbres que le veneur coupe et sème sur son chemin. *Fig. Aller sur les brisées de quelqu'un*, entrer en concurrence avec lui.

BRISEMENT, n. m. Action de briser ; choc violent des flots contre la côte. *Fig. Brisement de cœur*, douleur profonde.

BRISER, v. tr. Rompre, mettre en pièces : *briser une glace*. *Fig.* Fatiguer : *la voiture m'a brisé* ; cesser une discussion, une conversation : *brisons là. Briser ses fers*, recouvrer sa liberté.

BRISE-TOUT, n. m. Étourdi, maladroit, qui brise tout ce qui lui tombe sous la main.

BRISEUR, n. m. Qui brise.

BRISOIR, n. m. Instrument pour briser le chanvre, la paille.

BRISQUE, n. f. Jeu de cartes.

BRISURE, n. f. Partie fracturée, détachée.

BROC, n. m. Grand vase à une anse pour mettre du vin.

BROCANTAGE, n. m. Action de brocanter.

BROCANTER, v. tr. Acheter, vendre, échanger des objets de curiosité ou de hasard.

BROCANTEUR, EUSE, n. Qui brocante.

BROCARD, n. m. Raillerie offensante : *lancer des brocards contre quelqu'un*. *Fam.*

BROCART, n. m. Étoffe brochée de soie, d'or ou d'argent.

BROCATELLE, n. f. Étoffe qui imite le brocart.

BROCHAGE, n. m. Action de brocher des livres.

BROCHE, n. f. Verge de fer pour faire rôtir la viande ; cheville de bois ; verge de fer pour les métiers ; aiguille à tricoter; baguette servant à enfiler divers objets; grosse épingle de parure. Pl. *Vén.* Défenses du sanglier.

BROCHER, v. tr. Passer l'or, la soie, etc., dans une étoffe; coudre les feuilles d'un livre. *Fig.* Exécuter à la hâte: *cet écolier broche ses devoirs. Fam.*

BROCHET, n. m. Poisson d'eau douce.

BROCHETON, n. m. Petit brochet.

BROCHETTE, n. f. Petite broche.

BROCHEUR, EUSE, n. Qui broche des livres.

BROCHOIR, n. m. Marteau de maréchal pour ferrer les chevaux.

BROCHURE, n. f. Action de brocher; livre broché, d'un mince volume.

BROCOLI, n. m. Chou d'Italie, espèce de chou fleur.

BRODEQUIN, n. m. Chaussure antique; bottine lacée. *Fig. Chausser le brodequin*, jouer la comédie.

BRODER, v. tr. Faire des dessins en relief sur une étoffe, soit à l'aiguille, soit au métier. *Fig.* Amplifier, embellir un récit : *broder une histoire.*

BRODERIE, n. f. Ouvrage du brodeur. *Fig.* Détails ajoutés à un récit; notes d'agrément dans le chant.

BRODEUR, EUSE, n. Qui brode.

BROIEMENT ou **BROÎMENT**, n. m. Action de broyer.

BROME, n. m. *Chim.* Corps simple d'un rouge foncé.

BRONCHER, v. int. Faire un faux pas.

BRONCHES, n. f. pl. Vaisseaux du poumon, qui reçoivent l'air.

BRONCHIQUE, adj. Des bronches: *veine bronchique.*

BRONCHITE, n. f. Inflammation des bronches.

BRONZE, n. m. Alliage de cuivre, d'étain et de zinc; figure, médaille de bronze : *voilà un beau bronze. Fig. Cœur de bronze*, cœur dur. *Poét.* Canons : *le bronze tonne.*

BRONZER, v. tr. Peindre en couleur de bronze.

BROQUETTE, n. f. Petit clou à large tête.

BROSSE, n. f. Ustensile pour nettoyer les habits; sorte de gros pinceau pour étendre les couleurs.

BROSSER, v. tr. Nettoyer avec une brosse.

BROSSERIE, n. f. Commerce de brosses.

BROSSIER, n. m. Qui fait ou vend des brosses.

BROU, n. m. Enveloppe verte des fruits à écales. *Brou de noix*, liqueur stomachique.

BROUET, n. m. Bouillon au lait et au sucre; méchant ragoût : *le brouet noir des Spartiates.*

† **BROUETTE**, n. f. Petit tombereau à une roue, et autrefois à deux; chaise fermée, à deux roues, traînée par un homme.

BROUETTER, v. tr. Transporter dans une brouette.

BROUETTIER, n. m. Celui qui traîne des terres, etc., dans une brouette.

BROUHAHA, n. m. Bruit confus, murmure. *Fam.*

BROUILLAMINI, n. m. Désordre, confusion. Ne pas dire *embrouillamini.*

† **BROUILLARD**, n. m. Vapeurs épaisses et froides, qui obscurcissent l'air; livre de commerce. *Adj. Papier brouillard*, non collé.

BROUILLE, n. f. Désunion. *Fam.*

BROUILLER, v. tr. Mêler. *Fig.* Mettre de la mésintelligence : *brouiller deux amis. Le temps se brouille*, se couvre de nuages.

BROUILLERIE, n. f. Mésintelligence, désunion.

BROUILLON, ONNE, adj. et n. Qui ne fait que brouiller, où s'embrouiller : *esprit brouillon, personne brouillonne*; écrit à mettre au net : *le brouillon d'une lettre.*

BROUSSAILLES, n. f. pl. Épines, ronces qui croissent dans les bois.

BROUTER, v. tr. Paître, manger l'herbe.

BROUTILLES, n. f. pl. Menues branches d'arbre dont on fait des fagots.

BROYER, v. tr. Réduire en poudre, casser : *broyer du poivre, du chanvre;* écraser en délayant : *broyer des couleurs. Fig. Broyer du noir*, se livrer à des idées tristes.

BROYEUR, n. m. Qui broie les couleurs, etc.

BRU, n. f. Femme du fils, belle-fille.

BRUANT, n. m. Genre d'oiseaux de passage, dont font partie le verdier, l'ortolan, etc.

BRUINE, n. f. Pluie fine et froide qui tombe lentement.

BRUINER, v. impers. Se dit de la bruine qui tombe : *il bruine.*

BRUIRE, v. int. et déf. Rendre un son confus : *le vent bruyait dans la forêt.*

BRUISSEMENT, n. m. Bruit confus : *le bruissement des feuilles.*

BRUIT, n. m. Assemblage de sons divers, abstraction faite de toute harmonie. *Fig.* Nouvelle : *le bruit court;* éclat : *cette affaire fait grand bruit;*

sédition : *il y a du bruit dans la ville;* querelle : *il y a eu du bruit entre eux;* renommée : *il fait du bruit dans le monde.*

BRÛLANT, E, adj. Qui brûle. *Fig.* Vif, animé : *zèle brûlant, style brûlant.*

BRÛLER, v. tr. Consumer par le feu ; causer une douleur vive par le contact du feu : *ce tison m'a brûlé;* dessécher : *le soleil brûle les plantes.* V. int. Se consumer : *la maison brûle;* avoir très-chaud ; subir un feu trop vif : *le rôti brûle.* *Fig.* Éprouver une violente passion, desirer ardemment : *il brûle d'être à Paris. Les pieds lui brûlent,* il est impatient de partir ; *brûler le pavé,* courir très-vite ; *brûler la cervelle à quelqu'un,* lui casser la tête d'un coup de pistolet ; *brûler ses vaisseaux,* s'ôter volontairement tout moyen de reculer, quand on est engagé dans une affaire ; *brûler la politesse à quelqu'un,* le quitter brusquement. **A brûle-pourpoint**, loc. adv. À bout portant.

BRÛLE-TOUT, n. m. Bobèche avec pointe, pour brûler les bouts de bougie. Pl. *brûle-tout.*

BRÛLOT, n. m. Bâtiment rempli de matières inflammables, pour brûler les vaisseaux ennemis.

BRÛLURE, n. f. Effet du feu sur la peau.

BRUMAIRE, n. m. Deuxième mois du calendrier républicain (du 21 octobre au 20 novembre.).

BRUME, n. f. Brouillard épais sur mer.

BRUMEUX, EUSE, adj. Couvert de brume : *temps brumeux.*

BRUN, E, adj. et n. De couleur tirant sur le noir ; qui a les cheveux bruns : *c'est un beau brun.* N. m. Couleur brune.

BRUNÂTRE, adj. Tirant sur le brun.

BRUNET, ETTE, adj. et n. Diminutif de brun.

BRUNIR, v. tr. Rendre brun : *brunir une voiture;* polir : *brunir l'or.* V. int. Devenir brun : *son teint brunit.*

BRUNISSAGE, n. m. Action de brunir, de polir.

BRUNISSEUR, EUSE, n. Qui brunit.

BRUNISSOIR, n. m. Outil pour brunir.

BRUNISSURE, n. f. Façon donnée aux étoffes teintes pour mieux assortir les nuances.

BRUSQUE, adj. Prompt, subit : *attaque brusque;* vif : *manières brusques;* rude, incivil : *ton brusque.*

BRUSQUEMENT, adv. D'une manière brusque.

BRUSQUER, v. tr. Offenser par des paroles dures. *Fig. Brusquer une affaire,* la faire vite.

BRUSQUERIE, n. f. Action ou paroles brusques.

BRUT, E, adj. Qui n'est pas façonné, poli, au physique comme au moral : *diamant, naturel brut. Sucre brut,* non raffiné ; *produit brut,* frais non défalqués.

BRUTAL, E, adj. Tenant de la bête brute : *instinct brutal. Fig.* Grossier, emporté, féroce : *courage brutal.* Pl. *brutaux.*

BRUTALEMENT, adv. Avec brutalité.

BRUTALISER, v. tr. Traiter brutalement.

BRUTALITÉ, n. f. Vice du brutal ; action ou parole brutale.

BRUTE, n. f. Animal privé de raison. Son opposé est homme. *Fig.* Personne grossière, sans esprit ni raison.

BRUYAMMENT, adv. Avec grand bruit.

BRUYANT, E, adj. Qui fait du bruit.

BRUYÈRE, n. f. Petit arbuste qui croît dans les terres incultes ; le terrain où il croît.

BUANDERIE, n. f. Lieu où se fait la lessive.

BUANDIER, ÈRE, n. Qui blanchit les toiles neuves. N. f. Femme qui fait la lessive.

BUBON, n. m. Tumeur inflammatoire.

BUCCAL, E, adj. Qui a rapport à la bouche : *glande buccale.* Pl. m. *buccaux.*

BUCÉPHALE, n. m. Nom du cheval d'Alexandre. *Par ext.* Cheval de parade ou de bataille ; rosse. *Iron.*

BÛCHE, n. f. Morceau de gros bois de chauffage. *Fig.* Personne stupide.

BÛCHER, n. m. Lieu où l'on serre le bois à brûler ; pile de bois sur laquelle on brûlait les corps : *Jeanne d'Arc monta sur le bûcher.*

BÛCHERON, n. m. Qui abat du bois dans une forêt.

BÛCHETTE, n. f. Menu bois que les pauvres gens vont ramasser dans les forêts.

BUCOLIQUE, adj. Pastoral : *genre bucolique.* N. f. pl. Poésies pastorales : *les Bucoliques de Virgile.*

BUDGET, n. m. État des dépenses et des recettes. Se dit surtout en parlant des gouvernements.

BUÉE, n. f. Lessive : *faire la buée.*

BUFFET, n. m. Armoire pour renfermer la vaisselle, le linge de table ; dans les grandes réunions, table où sont dressés des mets, des vins, des liqueurs ; menuiserie de l'orgue : *buffet d'orgues.*

BUFFLE, n. m. Bœuf sauvage ; son cuir.

BUFFLETERIE, n. f. Partie de l'équipement militaire, en peau de buffle, servant à soutenir les armes du soldat.

BUFFLETIN, n. m. Jeune buffle.

BUGLE, n. m. Clairon à clé.

BUIS, n. m. Arbrisseau toujours vert ; son bois.

BUISSON, n. m. Touffe d'arbrisseaux sauvages et épineux.

BUISSONNEUX, EUSE, adj. Couvert de buissons : *pays buissonneux.*

BUISSONNIER, ERE, adj. Qui se retire dans les buissons : *lapin buissonnier. Fig. Faire l'école buissonnière*, se promener au lieu d'aller en classe.

BULBE, n. f. Ognon de plante.

BULBEUX, EUSE, adj. De la nature de la bulbe.

BULLE, n. f. Globule d'air qui s'élève à la surface d'un liquide : *bulle de savon.*

BULLE, n. f. Lettre du pape . *lancer une bulle.*

BULLETIN, n. m. Suffrage par écrit : *bulletin de vote* ; rapport officiel : *bulletin de l'armée* ; recueil de décrets, d'arrêtés : *bulletin des lois* : état de conduite, de travail : *le bulletin d'un écolier.*

BURALISTE, n. m. Préposé à un bureau de payement, de distribution, de recettes, etc.

BURE, n. f. Grosse étoffe de laine. *Fig.* Pauvreté.

BUREAU, n. m. Table pour écrire ; endroit où s'expédient les affaires : *bureaux d'un ministère* ; lieu où se réunissent les commissions d'une assemblée ; établissement public : *bureau de poste* ; cabinet des comptables, des employés supérieurs d'une administration particulière. **Bureau de placement,** où l'on se charge de placer les employés, les domestiques.

BUREAUCRATE, n. m. Employé dans les bureaux d'une administration.

BUREAUCRATIE, n. f. Pouvoir, influence des bureaux. Se prend en m. part.

BUREAUCRATIQUE, adj. Qui a rapport aux gens de bureau.

BURETTE, n. f. Petit vase à goulot, pour mettre de l'huile et du vinaigre ; où l'on met l'eau et le vin pour dire la messe.

BURGRAVE, n. m. Nom donné, pendant le moyen-âge, au commandant militaire d'une ville ou place forte en Allemagne.

BURGRAVIAT, n. m. Titre héréditaire des burgraves.

BURIN, n. m. Instrument d'acier pour graver sur les métaux.

BURINER, v. tr. Travailler au burin, graver.

BURLESQUE, adj. Plaisant, bouffon : *poème, figure burlesque.* N. m. Le genre burlesque.

BURLESQUEMENT, adv. D'une manière burlesque.

BURNOUS, n. m. Manteau d'homme, à capuchon, importé d'Algérie.

BURSAL, adj. Qui a pour objet un impôt extraordinaire : *édit bursal.* Pl. *bursaux.*

BUSARD, n. m. Oiseau de proie, du genre buse.

BUSC, n. m. Lame de baleine, de bois, etc., que l'on met dans les corsets.

BUSE, n. f. Oiseau de proie, de l'ordre des rapaces. *Fig.* Ignorant : *c'est une buse.*

BUSQUER, v. tr. Mettre un busc dans un corset.

BUSTE, n. m. Partie supérieure du corps humain. *Buste de marbre, de bronze*, statue à demi-corps.

BUT, n. m. Point où l'on vise : *frapper au but* ; fin qu'on se propose : *la fortune est son but.* **De but en blanc,** loc. adv. Inconsidérément.

BUTER, v. int. Toucher le but ; tendre à une fin : *se buter*, v. pr. S'opiniâtrer, s'obstiner : *il se bute à rester.*

BUTIN, n. m. Ce qu'on enlève à l'ennemi. *Fig.* Richesse : *il y a du butin dans cette maison.*

BUTINER, v. tr. et int. Faire du butin : *les soldats butinèrent*, *l'abeille butine les fleurs.*

BUTOR, n. m. Gros oiseau de proie. *Fig.* Homme stupide, grossier, sans délicatesse.

BUTTE, n. f. Petite colline. *Fig.* *Être en butte à*, exposé à.

BUTTER, v. tr. Entourer de terre : *butter un arbre, une plante.* V. int. Faire un faux pas, broncher.

BUTYREUX, EUSE, adj. De la nature du beurre.

BUVABLE, adj. Qui peut être bu.

BUVETIER, n. m. Qui tient buvette.

BUVETTE, n. f. Espèce de cabaret.

BUVEUR, EUSE, adj. et n. Qui aime à boire.

BUVOTTER, v. int. Boire à petits coups et fréquemment.

C.

C, n. m. 3e lettre de l'alphabet et la deuxième des consonnes. C, chiffre romain, vaut *cent.*

ça, pr. dém. contr. pour *cela : donnez-moi ça. Fam.* Çà, adv. de lieu. Ici : *viens ça.* Çà et là, deçà et delà, loc. adv. De côté et d'autre ; par deçà, en deçà, loc. prép. et adv. De ce côté-ci : *par deçà la rivière, venez par deçà;* çà, or çà, interj. : *çà, déjeunons;* or çà, répondez.

CAB, n. m. Sorte de cabriolet de place, d'origine anglaise.

CABALE, n. f. Art chimérique de commercer avec les Esprits; menée sourde, intrigue; troupe de claqueurs au théâtre; ceux qui forment la cabale.

CABALER, v. int. Faire cabale; comploter.

CABALEUR, EUSE, n. Qui cabale.

CABALISTE, n. m. Juif versé dans l'art de la cabale.

CABALISTIQUE, adj. Qui concerne la magie : *livre cabalistique.*

CABAN, n. m. Manteau à capuchon.

CABANE, n. f. Maisonnette couverte de chaume.

CABANON, n. m. Petite loge dans une prison, pour mettre certains criminels.

CABARET, n. m. Lieu où l'on vend du vin en détail; service pour prendre le thé, le café.

CABARETIER, ÈRE, n. Qui tient cabaret.

CABAS, n. m. Espèce de panier en paille, en laine, en soie, en crin, etc., à l'usage des femmes.

CABESTAN, n. m. Tourniquet pour rouler et dérouler un câble, et qui tire les fardeaux horizontalement.

CABILLAUD, n. m. Sorte de petite morue fraîche.

CABINE, n. f. Chambre à bord d'un navire.

CABINET, n. m. Petite chambre pour la toilette; lieu de travail; conseil particulier des ministres; collection scientifique : *cabinet d'histoire naturelle;* lieux d'aisances. **Cabinet de lecture,** où l'on donne à lire des journaux, des livres; *homme de cabinet,* que sa profession oblige d'y travailler.

CÂBLE, n. m. Grosse corde dont on se sert pour élever de lourds fardeaux.

CABOCHE, n. f. Grosse tête. *Fam.*

CABOTAGE, n. m. Navigation le long des côtes.

CABOTER, v. int. Faire le cabotage.

CABOTEUR, n. m. Marin qui fait le cabotage.

CABOTIER, n. m. Bâtiment pour faire le cabotage.

CABOTIN, n. m. Comédien de peu de talent; comédien ambulant. *Fam.*

CABRER (SE), v. pr. Se dresser sur les pieds de derrière (cheval). *Fig.* S'emporter de dépit, de colère; se révolter contre un conseil, une remontrance.

CABRI, n. m. Jeune chevreau.

CABRIOLE, n. f. Saut agile.

CABRIOLER, v. int. Faire des cabrioles.

CABRIOLET, n. m. Voiture légère à deux roues.

CABRIOLEUR, n. m. Qui fait des cabrioles.

CABUS, adj. m. Pommé : *choux cabus.*

CACAO, n. m. Amande renfermée dans le fruit du cacaoyer, et qui sert à faire le chocolat.

CACAOYER ou CACAOTIER, n. m. Arbre d'Amérique, qui produit le cacao.

CACAOYÈRE ou CACAOTIÈRE, n. f. Plants de cacaoyers; lieu où ils sont plantés.

CACATOIS, n. m. Les plus petits mâts gréés dans les vaisseaux, au-dessus de ceux de perroquet.

CACHALOT, n. m. Cétacé de l'espèce des baleines.

CACHE, n. f. Lieu secret pour cacher quelque chose.

CACHE-CACHE, n. m. Jeu d'enfants.

CACHEMIRE, n. m. Tissu très-fin fait avec le poil des chèvres ou des moutons du Thibet; châle fait de ce tissu.

CACHE-NEZ, n. m. Cravate pour garantir du froid la partie inférieure du visage. Pl. des *cache-nez.*

CACHER, v. tr. Mettre dans un lieu secret; couvrir. *Fig.* Dissimuler : *cacher sa joie.*

CACHET, n. m. Petit sceau gravé; son empreinte; carte qu'on donne à un maître à chaque leçon. **Lettre de cachet,** fermée d'un cachet du roi, et qui contenait un ordre de sa part. *Fig.* Caractère de l'esprit, du talent : *le cachet du génie.*

CACHETER, v. tr. Sceller avec un cachet.

CACHETTE, n. f. Petite cache. **En**

cachette, loc. adv. En secret, à la dérobée : *rire en cachette*.

CACHOT, n. m. Prison obscure et souterraine.

CACHOTTERIE, n. f. Mystère sur des choses de peu d'importance. *Fam.*

CACHOTTIER, ÈRE, n. Qui fait des cachotteries.

CACHOU, n. m. Substance astringente, extraite d'un acacia des Indes.

CACHUCHA, n. f. Danse espagnole.

CACIQUE, n. m. Ancien prince du Mexique.

CACOCHYME, adj. et n. Faible, languissant et de complexion maladive : *vieillard cacochyme*.

CACOGRAPHIE, n. f. Orthographe vicieuse ; exercices orthographiques présentant aux élèves des fautes qu'ils doivent corriger, comme *apparution, disparition, en définitif*, mis pour *apparition, disparution, en définitive*.

CACOGRAPHIQUE, adj. Qui a rapport à la cacographie.

CACOLOGIE, n. f. Construction vicieuse ; recueil de phrases mal construites qu'il faut rétablir, ex. : *il faut réfléchir* auparavant *de parler ; tu étais le seul qui pût me consoler* (il faut *avant et pusses*).

CACOLOGIQUE, adj. Qui a rapport à la cacologie.

CACOPHONIE, n. f. Rencontre de mots ou de syllabes qui blessent l'oreille, ex. : *Ciel ! si ceci se sait, ses soins sont sans succès. Mus.* Sons discordants.

CACTIER ou **CACTUS**, n. m. Nom générique donné à un grand nombre de plantes épineuses.

CADASTRAL, E, adj. Relatif au cadastre.

CADASTRE, n. m. Plan des propriétés territoriales d'une contrée, présentant leur situation, leur étendue et leur valeur, pour asseoir l'impôt foncier.

CADASTRER, v. tr. Estimer l'étendue et la valeur d'un bien, en lever le plan, pour l'inscrire au cadastre.

CADAVÉREUX, EUSE, adj. Qui tient du cadavre : *teint cadavéreux*.

CADAVÉRIQUE, adj. Qui a rapport au cadavre : *odeur cadavérique*.

CADAVRE, n. m. Corps humain mort : *faire l'ouverture d'un cadavre*.

CADEAU, n. m. Présent.

CADENAS, n. m. Sorte de serrure mobile.

CADENASSER, v. tr. Fermer avec un cadenas.

CADENCE, n. f. Mesure qui règle les mouvements d'un danseur. *Mus.* Tremblement soutenu de la voix à la fin d'une mesure ; mouvement accéléré sur deux notes à la fin d'une phrase musicale. *Littér.* Marche harmonieuse d'un vers ou d'une période.

CADENCER, v. int. Faire des cadences avec la voix. V. tr. Donner de l'harmonie à ses périodes, à ses vers.

CADET, ETTE, adj. Enfant né le second. *Branche cadette d'une maison*, sortie d'un cadet. N. m. Le plus jeune : *le cadet de toute la famille. Fig.* Moins âgé, sans relation de parenté : *il est mon cadet* ; jeune gentilhomme qui faisait ses premières armes en qualité de soldat : *compagnie de cadets. C'est un fier cadet*, se dit d'un jeune homme brave, courageux.

CADETTE, n. f. Queue de billard plus longue que les autres ; pierre de taille pour paver.

CADI, n. m. Juge chez les Turcs.

CADIS, n. m. Serge étroite et légère.

CADRAN, n. m. Surface sur laquelle sont marquées les heures.

CADRE, n. m. Bordure de bois, de bronze, etc., qui entoure une glace, un tableau, etc. *Fig.* Plan d'un ouvrage d'esprit : *un cadre ingénieux* ; ensemble des officiers et sous-officiers d'un régiment.

CADRER, v. int. Avoir de la convenance, du rapport : *ces deux choses cadrent bien*.

CADUC, CADUQUE, adj. Vieux, cassé. *Mal caduc*, épilepsie.

† **CADUCÉE**, n. m. Baguette entourée de deux serpents, attribut de Mercure.

CADUCITÉ, n. f. État d'une personne caduque : *la caducité commence à 70 ans*.

CAFARD, E, adj. et n. Hypocrite, faux dévot : *air cafard*.

CAFARDERIE ou **CAFARDISE**, n. f. Fausse dévotion, hypocrisie.

† **CAFÉ**, n. m. Fruit du cafier ; infusion faite avec ce fruit : *café à l'eau, au lait* ; lieu public où l'on prend du café et d'autres liqueurs.

CAFÉIÈRE, n. f. Lieu planté de cafiers.

CAFETAN, n. m. Robe turque richement ornée.

CAFETIER, n. m. Qui tient un café.

CAFETIÈRE, n. f. Vase pour faire le café.

CAFIER ou **CAFÉIER**, n. m. Arbre qui produit le café.

CAGE, n. f. Loge grillée pour enfermer des oiseaux, des animaux. *Fig. Mettre en cage*, en prison ; *cage d'un escalier*, les murs, la charpente qui l'enferment.

5

CAGNARD, E, adj. Paresseux, fainéant : *vie cagnarde*. *Fam.* N. Lâche, poltron : *c'est un cagnard*. *Fam.*

CAGNARDER, v. int. Vivre dans la paresse. *Fam.*

CAGNARDISE, n. f. Fainéantise, paresse. *Fam.*

CAGNEUX, EUSE, adj. Qui a les genoux, les jambes ou les pieds tournés en dedans.

† **CAGOT, E**, adj. et n. Qui a une dévotion fausse et mal entendue.

CAGOTERIE, n. f. Manière d'agir du cagot.

CAGOTISME, n. m. Caractère du cagot.

CAHIER, n. m. Assemblage de feuilles de papier. *Cahiers de droit, de philosophie*, dictées d'un professeur; *cahier des charges*, clauses imposées à un adjudicataire.

CAHIN-CAHA, loc. adv. Tant bien que mal : *sa santé va cahin-caha*. *Fam.*

CAHOT, n. m. Saut que fait une voiture sur un chemin raboteux.

CAHOTAGE, n. m. Mouvement fréquent causé par les cahots : *le cahotage d'une voiture*.

CAHOTER, v. tr. et int. Causer, éprouver des cahots.

CAHUTE, n. f. Petite loge, hutte.

CAÏD, n. m. Nom donné, dans les États barbaresques, à un officier public qui cumule les fonctions de juge, de commandant, de receveur des contributions, etc.

CAÏEU, n. m. Rejeton d'un ognon à fleur, sa fleur : *caïeu de tulipe*.

CAILLE, n. f. Oiseau de passage, du genre des perdrix.

CAILLÉ, n. m. Lait caillé.

CAILLEBOTTE, n. f. Masse de lait caillé.

CAILLE-LAIT, n. m. Plante qui fait cailler le lait.

CAILLEMENT, n. m. État du lait qui se caille.

CAILLER, v. tr. Figer, coaguler, épaissir : *la présure caille le lait*.

CAILLETAGE, n. m. Bavardage.

CAILLETEAU, n. m. Jeune caille.

CAILLETER, v. int. Babiller beaucoup.

CAILLETTE, n. f. Homme ou femme frivole, aimant à babiller : *c'est une caillette*.

CAILLETTE, n. f. Le dernier estomac chez les animaux ruminants.

CAILLOT, n. m. Petite masse de sang caillé.

CAILLOU, n. m. Pierre très dure, qui étincelle sous le choc de l'acier.

CAILLOUTAGE, n. m. Ouvrage, rocher factice en cailloux; lit de pierres qu'on étend sur une route (macadamisage).

CAILLOUTEUX, EUSE, adj. Rempli de cailloux : *chemin caillouteux*.

CAILLOUTIS, n. m. Amas de petits cailloux pour l'entretien d'une route.

CAÏMAN, n. m. Espèce de crocodile d'Amérique.

CAÏMACAN, n. m. Officier supérieur en Turquie.

CAÏQUE, n. m. Chaloupe du Levant.

CAISSE, n. f. Coffre de bois; coffre à argent, bureau où est la caisse d'un négociant; corps d'une voiture; tambour : *battre la caisse*; établissement où des fonds sont déposés : *caisse d'épargne*. *Livre de caisse*, sur lequel on porte la recette et la dépense.

CAISSIER, n. m. Qui tient la caisse.

CAISSON, n. m. Chariot couvert pour transporter les vivres, les munitions d'une armée.

CAJOLER, v. tr. Flatter, louer dans un intérêt quelconque.

CAJOLERIE, n. f. Flatterie, louange affectée.

CAJOLEUR, EUSE, n. Qui cajole.

CAL, n. m. Durillon qui vient aux pieds, aux mains, aux genoux. Pl. des *cals*.

CALAMITÉ, n. f. Grand malheur.

CALAMITEUX, EUSE, adj. Se dit des temps de peste, de guerre, de famine, etc. : *temps calamiteux*.

CALANDRE, n. f. Machine pour lustrer les étoffes.

CALCAIRE, adj. *Chim.* Qui contient de la chaux : *pierre calcaire*.

CALCÉDOINE, n. f. Agate blanche, pierre fine.

CALCINATION, n. f. Action de calciner; ses effets.

CALCINER, v. tr. Réduire en chaux par l'action du feu; soumettre à une chaleur très élevée.

CALCIUM, n. m. Métal solide qu'on obtient en décomposant la chaux au moyen de la pile.

CALCUL, n. m. Supputation de nombres; compte.

CALCULABLE, adj. Qui peut se calculer.

CALCULATEUR, TRICE, n. Qui sait calculer.

CALCULER, v. tr. Supputer, compter. *Fig.* Combiner, apprécier : *calculer les événements*.

CALE, n. f. Pierre ou morceau de bois qu'on place sous un objet pour le faire tenir d'aplomb; châtiment à bord des vaisseaux. *Fond de cale*, lieu le plus bas d'un vaisseau ; *cale d'un quai*; lieu de débarquement.

CALEBASSE, n. f. Fruit des îles, qui croît en forme de citrouille; et dont on extrait une liqueur : *sirop de calebasse*; espèce de bouteille faite d'une courge sèche et vidée.

CALEBASSIER, n. m. Arbre d'Amérique, qui produit les calebasses.

CALÈCHE, n. f. Carrosse découvert.

CALEÇON, n. m. Sorte de culotte de dessous.

CALÉFACTEUR, n. m. Appareil pour faire cuire les aliments avec économie de combustible.

CALEMBOUR, n. m. Jeu de mots, fondé sur une équivoque, une similitude de sons, ex : M. de Bièvre ayant appris que le comédien Molé, si connu par sa fatuité, était retenu au lit par une indisposition, s'écria : *Quelle fatalité* (quel fat alité) !

CALEMBREDAINE, n. f. Faux-fuyant, vain propos.

CALENDER, n. m. Espèce de derviche turc ou persan.

† **CALENDES**, n. f. pl. Premier jour de chaque mois chez les Romains. *Renvoyer aux calendes grecques*, à un temps qui ne viendra point.

† **CALENDRIER**, n. m. Tableau des jours de l'année.

† **CALENDRIER** (républicain), n. m. Substitué au calendrier grégorien sous la première république française.

CALEPIN, n. m. Recueil de notes.

CALER, v. tr. Assujettir avec une cale. *Mar. Caler la voile*, la baisser. V. int. Enfoncer dans l'eau : *ce bâtiment cale trop*.

CALFAT, n. m. Ouvrier qui calfate.

CALFATAGE, n. m. Action de calfater.

CALFATER, v. tr. Garnir d'étoupe et de poix les fentes d'un vaisseau.

CALFEUTRAGE, n. m. Action de calfeutrer.

CALFEUTRER, v. tr. Boucher les fentes d'une porte, d'une fenêtre.

CALIBRE, n. m. Diamètre d'une arme à feu; grosseur d'un boulet, d'une balle, d'une colonne, etc. *Fig.* Qualité, état des personnes, des choses : *ils sont du même calibre*.

CALIBRER, v. tr. Donner le calibre : *calibrer des balles*.

CALICE, n. m. Vase sacré pour le sacrifice de la messe. *Bot.* Enveloppe extérieure des fleurs. *Fig. Boire le calice jusqu'à la lie*, endurer les plus grandes afflictions.

CALICOT, n. m. Toile de coton,

commis d'un magasin de nouveautés. *Fam.*

CALIFAT, n. m. Dignité de calife.

CALIFE, n. m. Titre des premiers souverains mahométans.

CALIFOURCHON (À), loc. adv. Jambe d'un côté, jambe de l'autre, comme si on était à cheval.

CÂLIN, E, adj. et n. Doucereux et caressant; indolent. *Fam.*

CÂLINER, v. tr. Caresser, cajoler.

CÂLINERIE, n. f. Cajolerie. *Fam.*

CALLEUX, EUSE, adj. Où il y a des cals : *peau calleuse*.

CALLIGRAPHE, n. m. Qui a une belle écriture.

CALLIGRAPHIE, n. f. Art de bien écrire.

CALLIGRAPHIQUE, adj. Qui a rapport à la calligraphie.

CALLOSITÉ, n. f. Épaississement et durcissement de l'épiderme.

CALMANDE, n. f. Étoffe de laine lustrée d'un côté, comme le satin.

CALMANT, E, adj. Qui calme. N. m. Remède qui calme les douleurs : *prendre un calmant*.

CALME, adj. Tranquille, sans agitation. N. m. Absence d'agitation : *le calme de la mer. Fig.* : *le calme des passions*.

CALMER, v. tr. Apaiser, rendre calme : *calmer les flots. Fig.* : *calmer les passions*.

CALOMEL, n. m. Protochlorure de mercure, fréquemment employé en médecine comme purgatif.

CALOMNIATEUR, TRICE, n. Qui calomnie.

CALOMNIE, n. f. Fausse accusation qui blesse la réputation, l'honneur.

CALOMNIER, v. tr. Blesser quelqu'un dans sa réputation, dans son honneur, par de fausses accusations.

CALOMNIEUSEMENT, adv. Avec calomnie.

CALOMNIEUX, EUSE, adj. Qui contient des calomnies : *discours calomnieux*.

CALORIFÈRE, n. m. Appareil pour chauffer plusieurs appartements.

CALORIFIQUE, adj. Qui donne de la chaleur : *rayons calorifiques*.

CALORIMÈTRE, n. m. Instrument pour mesurer le calorique spécifique des corps.

CALORIQUE, n. m. Principe de la chaleur.

CALOTTE, n. f. Petit bonnet de cuir, de laine, etc., principalement à l'usage des ecclésiastiques. *Calotte rouge*, de cardinal. Petite tape. *Pop.*

CALQUE, n. m. Trait léger d'un dessein calqué.

CALQUER, v. tr. Prendre le trait d'un dessin sur un papier, une toile; une planche de cuivre, etc., au moyen d'une pointe. *Fig.* Imiter.

CALUMET, n. m. Pipe des sauvages de l'Amérique du Nord.

CALUS, n. m. Durillon; nœud qui se forme aux extrémités contiguës d'un os fracturé.

CALVAIRE, n. m. Montagne voisine de Jérusalem, où Jésus-Christ a été crucifié; petite élévation sur laquelle on a planté une croix.

CALVILLE, n. m. Espèce de pomme.

+ CALVINISME, n. m. Doctrine de Calvin.

CALVINISTE, n. m. Sectateur de Calvin.

CALVITIE, n. f. État d'une tête chauve; effet de la chute des cheveux.

CAMAÏEU, n. m. Peinture dans laquelle on n'emploie qu'une seule couleur.

CAMAIL, n. m. Espèce de pèlerine à capuchon, que portent les évêques et autres ecclésiastiques privilégiés.

CAMARADE, n. m. Compagnon de travail, d'étude, de chambre; t. de familiarité, de bienveillance.

CAMARADERIE, n. f. Familiarité intime; esprit de coterie : *la camaraderie littéraire.*

CAMARD, E, adj. et n. Qui a le nez plat et écrasé.

CAMARILLA, n. f. Coterie influente à la cour d'Espagne.

CAMBOUIS, n. m. Vieux oing avec lequel on graisse les roues d'une voiture.

CAMBRER, v. tr. Courber en arc : *taille cambrée.*

CAMBRURE, n. f. Courbure en arc.

CAMBUSE, n. f. *Mar.* Partie du faux-pont d'un navire où se distribuent les vivres.

CAMBUSIER, n. m. *Mar.* Chargé du service de la cambuse.

CAMÉE, n. m. Pierre fine sculptée en relief.

+ CAMÉLÉON, n. m. Espèce de lézard. *Fig.* Homme changeant d'opinion suivant les circonstances.

CAMÉLIA, n. m. *Bot.* Arbrisseau toujours vert de la Chine et du Japon; sa fleur.

CAMELOT, n. m. Étoffe de laine ou de poil de chèvre.

CAMELOTTE, n. f. Marchandise inférieure; ouvrage mal fait.

CAMÉRIER, n. m. Officier de la chambre du pape.

CAMÉRISTE, n. f. Femme de chambre des dames de qualité, en Italie, en Espagne et en Portugal.

CAMION, n. m. Très-petite épingle; chariot très-bas et à quatre roues.

CAMIONNAGE, n. m. Transport par camion.

CAMIONNEUR, n. m. Qui conduit un camion.

CAMISARD, n. m. Nom qu'on donnait aux calvinistes des Cévennes, pendant les guerres de religion.

CAMISOLE, n. f. Vêtement de femme court et à manches; gilet de force qu'on met aux fous furieux et aux criminels.

CAMOMILLE, n. f. Plante odoriférante médicinale; sa fleur.

CAMOUFLET, n. m. Bouffée de fumée qu'on envoie au nez de quelqu'un. *Peu us. Fig.* Mortification : *recevoir un camouflet. Fam.*

CAMP, n. m. Lieu où s'établit une armée; l'armée campée : *le camp est immobile. Fig.* Parti : *ville divisée en deux camps. L'alarme est au camp,* ou redoute quelque malheur.

CAMPAGNARD, E, n. Qui habite les champs.

CAMPAGNE, n. f. Étendue de pays plat et découvert. *Fig.* Expédition militaire : *glorieuse campagne ;* saison propre à certains travaux : *maison bâtie en deux campagnes. Aller à la campagne,* hors la ville; *aller en campagne,* sortir pour ses affaires; *battre la campagne,* déraisonner; *entrer en campagne,* marcher contre l'ennemi; *faire ses premières campagnes,* se dit, au propre, de la guerre, et, au fig., de tout autre métier.

CAMPAGNOL, n. m. Rat des champs.

CAMPANILLE, n. f. *Arch.* Petit clocher à jour.

CAMPANULE, n. f. *Bot.* Plante laiteuse à fleurs en forme de cloche.

CAMPÊCHE, n. m. Arbre du Mexique, dont le bois fournit une teinture rouge.

CAMPEMENT, n. m. Action de camper; le lieu où l'on campe.

CAMPER, v. int. Asseoir un camp.

CAMPHRE, n. m. Gomme aromatique, extraite du laurier camphrier.

CAMPHRÉ, ÉE, adj. Qui contient du camphre : *eau-de-vie camphrée.*

CAMPHRIER, n. m. Laurier dont on extrait le camphre.

CAMPOS, n. m. Congé, repos : *avoir campos.*

CAMUS, E, adj. Qui a le nez court et plat.

CANAILLE, n. f. Vile populace; personne qu'on méprise.

CANAL, n. m. Rivière creusée par l'art. *Fig.* Voie, moyen : *réussir par le canal de quelqu'un. Méd.* Vaisseau du corps : *canaux veineux.*

CANALISATION, n. f. Action de canaliser.

CANALISER, v. tr. Ouvrir des canaux; transformer un cours d'eau en canal.

CANAPÉ, n. m. Long siège à dossier pour plusieurs personnes.

CANARD, n. m. Oiseau aquatique; récit controuvé : *cette nouvelle est un canard de journal.*

CANARDER, v. tr. Tirer sur quelqu'un d'un lieu où l'on est à couvert. *Mus.* Tirer de la clarinette ou du hautbois un son nasillard qui imite le cri du canard.

CANARDIÈRE, n. f. Lieu qu'on dispose dans un marais pour prendre des canards sauvages; long fusil.

CANARI, n. m. Serin des îles Canaries.

CANCAN, n. m. Grand bruit pour rien ou peu de chose. *Fam.* Pl. Bavardages médisants : *faire des cancans.*

CANCANER, v. int. Médire, faire des commérages. *Fam.*

CANCER, n. m. Tumeur maligne qui dégénère en ulcère; signe du zodiaque, ou *écrevisse* (juin).

CANCÉREUX, EUSE, adj. De la nature du cancer : *humeur cancéreuse.*

CANCRE, n. m. Crabe, écrevisse de mer. *Fig.* Homme extrêmement avare; misérable; écolier paresseux.

CANDÉLABRE, n. m. Chandelier à plusieurs branches.

CANDEUR, n. f. Pureté d'âme, innocence naïve.

CANDI, adj. m. Cristallisé : *sucre candi.*

CANDIDAT, n. m. Qui postule un emploi, un titre.

CANDIDATURE, n. f. État de candidat.

CANDIDE, adj. Qui a de la candeur : *âme candide.*

CANDIDEMENT, adv. Avec candeur.

CANDIR, v. tr. Faire fondre du sucre jusqu'à ce qu'il soit candi.

CANE, n. f. Femelle du canard.

CANETON, n. m. Petit d'une cane.

CANETTE, n. f. Petite cane; mesure pour les liquides, pour la bière surtout.

CANEVAS, n. m. Grosse toile claire pour faire la tapisserie. *Fig.* Plan d'un ouvrage d'esprit : *tracer son canevas.*

CANEZOU, n. m. Corsage sans manches.

CANICHE, n. m. Chien barbet.

CANICULAIRE, adj. Se dit des jours où la canicule se lève et se couche avec le soleil : *chaleur caniculaire.*

CANICULE, n. f. Constellation; époque des grandes chaleurs, du 24 juillet au 28 août.

CANIF, n. m. Petit couteau fort tranchant pour tailler les plumes.

CANIN, E, adj. Qui tient du chien. *Dent canine*, pointue; *faim canine*, dévorante.

CANINES, n. f. pl. Les dents canines, au nombre de quatre.

CANIVEAU, n. m. Pierre creusée pour faire écouler l'eau.

CANNE, n. f. Roseau, jonc, bâton, pour s'appuyer en marchant. † **Canne à sucre**, roseau dont on tire le sucre.

CANNELER, v. tr. Orner de cannelures : *canneler une colonne.*

CANNELLE, n. f. Épice, écorce odoriférante d'un arbre d'Amérique.

CANNELLE, n. f. Robinet.

CANNELLIER, n. m. Espèce de laurier dont on tire la cannelle.

CANNELURE, n. f. Rainure le long d'une colonne, d'un pilastre, etc.

† **CANNIBALE**, n. m. Nom donné à certains peuples anthropophages de l'Amérique. *Fig.* Homme cruel et féroce.

CANON, n. m. Pièce d'artillerie; tube d'une arme à feu.

CANON, n. m. Décision des conciles; prières de la messe. **Droit canon**, science du droit ecclésiastique.

CANONIAL, E, adj. Réglé par les canons de l'Église; qui a rapport à un canonicat.

CANONICAT, n. m. Bénéfice d'un chanoine.

CANONICITÉ, n. f. Qualité de ce qui est canonique.

CANONIQUE, adj. Conforme aux canons de l'Église : *doctrine canonique.*

CANONIQUEMENT, adv. Selon les canons.

CANONISATION, n. f. Action de canoniser; la cérémonie qui l'accompagne.

CANONISER, v. tr. Mettre au nombre des saints.

CANONISTE, n. m. Savant en droit canon.

CANONNADE, n. f. Plusieurs coups de canon tirés à la fois.

CANONNER, v. tr. Battre à coups de canon : *canonner une place.*

CANONNIER, n. m. Celui dont la profession est de servir le canon.

CANONNIÈRE, n. f. Petite ouverture dans une muraille, pour tirer sans être vu ; jouet d'enfant. Adj. *Chaloupe canonnière*, qui a un faible tirant d'eau.

CANOT, n. m. Petit bateau.

CANOTIER, n. m. Matelot qui conduit un canot.

CANTABILE, n. m. Mélodie facile et gracieuse.

CANTAL, n. m. Fromage estimé d'Auvergne.

CANTALOUP, n. m. Melon à grosses côtes.

CANTATE, n. f. Petit poème fait pour être mis en musique.

CANTATRICE, n. f. Chanteuse de profession.

CANTHARIDE, n. f. Espèce de mouche, d'un grand usage pour les vésicatoires.

CANTILÈNE, n. f. Chant d'une mélodie douce.

CANTINE, n. f. Lieu où l'on vend à boire aux soldats dans les casernes.

CANTINIER, **ÈRE**, n. Qui tient une cantine.

CANTIQUE, n. m. Chant consacré à la gloire de Dieu.

CANTON, n. m. Division d'un arrondissement ; certaine étendue de pays : *canton fertile.*

CANTONADE, n. f. Coin du théâtre. *Parler à la cantonade*, à un personnage qu'on suppose dans les coulisses.

CANTONAL, **E**, adj. Qui concerne le canton.

CANTONNEMENT, n. m. Action de cantonner les troupes : *prendre un cantonnement* ; lieu où elles se cantonnent.

CANTONNER, v. tr. Distribuer des troupes dans plusieurs cantons. V. int. Prendre ses quartiers.

CANTONNIER, n. m. Terrassier préposé à l'entretien des routes ferrées.

CANULE, n. f. Petit tuyau qui s'adapte au bout d'une seringue.

CANUT, n. m. Nom donné vulgairement aux ouvriers en soie des fabriques de Lyon.

CAOUTCHOUC, n. m. Gomme élastique, qu'on retire de l'hévé, arbre de la Guyane.

CAP, n. m. Tête : *armé de pied en cap.* Mar. Éperon ou avant d'un vaisseau : *mettre le cap au vent* ; pointe de terre élevée qui s'avance en mer. *Doubler un cap*, le tourner en longeant la côte.

CAPABLE, adj. Habile, intelligent : *sujet capable.*

CAPACITÉ, n. f. Volume d'un corps, espace qu'il occupe ; faculté de contenir : *capacité de l'estomac. Fig.* Habileté, aptitude.

CAPARAÇON, n. m. Sorte de couverture pour les chevaux.

CAPARAÇONNER, v. tr. Couvrir un cheval du caparaçon.

CAPE, n. f. Ancien manteau à capuchon ; vêtement de femme. *Mar.* Grande voile du grand mât. *Être sous cape*, en dessous.

CAPELINE, n. f. Sorte de coiffure de femme.

CAPENDU (court-pendu), n. m. Pomme rouge.

CAPHARNAÜM, n. m. Lieu de désordre : *c'est un véritable capharnaüm.*

CAPILLAIRE, adj. Délié comme les cheveux : *veine capillaire.* N. m. Plante médicinale : *sirop de capillaire.*

CAPILLARITÉ, n. f. *Phys.* Force attractive produisant les phénomènes capillaires.

CAPILOTADE, n. f. Ragoût de morceaux de viande rôtie. *Fig. Mettre en capilotade*, en pièces.

CAPITAINE, n. m. Chef d'une compagnie de soldats, d'une troupe quelconque : *capitaine de voleurs* ; commandant d'un vaisseau, d'un port ; général d'armée, sous le rapport des qualités du commandement : *vaillant capitaine.*

CAPITAINERIE, n. f. Charge de capitaine des chasses.

CAPITAL, **E**, adj. Premier : *ville capitale* ; principal : *point capital. Peine capitale*, peine de mort ; *péché capital*, mortel.

CAPITAL, n. m. La chose essentielle. *Fig.* Somme qui rapporte intérêt ; fonds d'une société de commerce ; fonds disponibles : *d'immenses capitaux.*

CAPITALE, n. f. Ville principale ; lettre majuscule.

CAPITALISER, v. tr. Convertir en capitaux.

CAPITALISTE, n. m. Qui a des capitaux.

CAPITAN, n. m. Fanfaron. **Capitan-pacha**, grand amiral turc.

CAPITANE, n. f. Autrefois, galère du commandant.

CAPITATION, n. f. Taxe par tête.

CAPITEUX, **EUSE**, adj. Qui porte à la tête : *vin capiteux.*

† **CAPITOLE**, n. m. Ancienne forteresse de Rome.

CAPITOLIN, adj. m. Du Capitole : *Jupiter capitolin.*

CAPITOUL, n. m. Ancien échevin de Toulouse.

CAPITULAIRE, adj. Appartenant à un chapitre de chanoines ou de religieux : *assemblée capitulaire.* N. m. pl

Anciennes ordonnances royales : *capitulaires de Charlemagne.*

CAPITULATION, n. f. Traité pour la reddition d'une place.

CAPITULER, v. int. Traiter de la reddition d'une place.

CAPON, n. m. Poltron. *Pop.*

CAPONNER, v. int. Faire le capon, montrer de la lâcheté. *Pop.*

CAPORAL, n. m. Sous-officier d'infanterie du grade le moins élevé.

CAPOT, adj. inv. *Jeu.* Celui qui ne fait aucune levée. *Fig.* Confus, interdit : *il est tout capot.*

CAPOTE, n. f. Manteau à capuchon ; redingote à l'usage des soldats ; chapeau de femme.

CÂPRE, n. f. Fruit vert du câprier.

CAPRICE, n. m. Volonté arbitraire.

CAPRICIEUSEMENT, adv. Par caprice.

CAPRICIEUX, EUSE, adj. Qui a des caprices.

CAPRICORNE, n. m. Signe du zodiaque (décembre).

CÂPRIER, n. m. Arbrisseau.

CAPRON ou **CAPERON**, n. m. Grosse fraise.

CAPSULAIRE, adj. A capsule : *fruit capsulaire.*

CAPSULE, n. f. *Bot.* Enveloppe sèche qui renferme les semences et les grains ; amorce pour les armes à piston. *Chim.* Vase arrondi pour les évaporations.

CAPTATION, n. f. Insinuation artificieuse ; manœuvre perfide pour s'emparer d'une succession, surprendre une donation, un legs.

CAPTER, v. tr. Obtenir par insinuation : *capter la confiance.*

CAPTIEUSEMENT, adv. D'une manière captieuse.

CAPTIEUX, EUSE, adj. Subtil, qui tend à induire en erreur : *raisonnement captieux.*

CAPTIF, IVE, adj. et n. Prisonnier : *roi captif ;* tenu dans une extrême contrainte : *peuple captif.*

CAPTIVER, v. tr. Assujettir. Ne se dit qu'au fig. : *captiver l'attention, les esprits.*

CAPTIVITÉ, n. f. Privation de la liberté.

CAPTURE, n. f. Prise sur l'ennemi ; saisie de choses prohibées.

CAPTURER, v. tr. Faire une capture.

CAPUCHON, n. m. Vêtement de tête.

CAPUCIN, n. m. Religieux de l'ordre de Saint-François.

CAPUCINADE, n. f. Plat discours sur la religion.

CAPUCINE, n. f. Fleur potagère ; anneau qui assujettit le canon d'une arme à feu.

CAPUCINIÈRE, n. f. Maison de capucins. *Iron.*

CAQUAGE, n. m. Action de caquer.

CAQUE, n. f. Barique où l'on presse les harengs salés. *Fig. La caque sent toujours le hareng,* on se ressent toujours de son origine.

CAQUER, v. tr. Mettre des harengs en caque.

CAQUET, n. m. Babil importun. Pl. Propos médisants : *sots caquets. Rabattre le caquet de quelqu'un,* le faire taire en le confondant.

CAQUETAGE, n. m. Action de caqueter.

CAQUETER, v. int. Se dit du cri des poules. *Fig.* Babiller.

CAR, conj. qui marque la preuve, la raison de la proposition avancée.

CARABIN, n. m. Étudiant en chirurgie et en médecine. *Fam.*

CARABINE, n. f. Fusil court, léger, à calibre cannelé.

CARABINER, v. tr. Creuser des raies dans le canon d'une arme à feu.

CARABINIER, n. m. Nom donné à un corps de cavalerie ou d'infanterie, formé d'hommes d'élite.

CARACO, n. m. Sorte de camisole de femme.

CARACOLE, n. f. Mouvement en rond ou en demi-rond, qu'on fait exécuter à un cheval.

CARACOLER, v. int. Faire des caracoles.

CARACTÈRE, n. m. Figure dont on se sert dans l'écriture ; types dont on se sert dans l'imprimerie. *Fig.* Nature de l'âme : *caractère excellent ;* fermeté, courage : *montrer du caractère ;* marque, empreinte : *les caractères de la grandeur ;* expression, physionomie : *danse de caractère ;* ce qui est propre à une chose : *la raison est le caractère distinctif de l'homme ;* titre, dignité, mission : *caractère d'ambassadeur.* Pl. Titre d'ouvrages peignant les mœurs : *les Caractères de la Bruyère, de Théophraste.*

CARACTÉRISER, v. tr. Marquer le caractère : *caractériser un siècle, un personnage.*

CARACTÉRISTIQUE, adj. Qui caractérise : *signe caractéristique.*

CARAFE, n. f. Sorte de bouteille en verre blanc ou en cristal ; son contenu.

CARAFON, n. m. Petite carafe.

CARAMBOLAGE, n. m. *Billard.* Action de caramboler.

CARAMBOLER, v. int. *Billard.* Toucher du même coup deux billes avec la sienne.

CARAMEL, n. m. Sucre fondu et durci.

CARAPACE, n. f. *Hist. nat.* Ecaille de la tortue.

CARAT, n. m. Unité du titre de l'or; petit poids pour peser les diamants. Soi à vingt-quatre, à trente-six carats, au suprême degré.

CARAVANE, n. f. Troupe de voyageurs dans le Levant.

CARAVANSÉRAIL, n. m. Hôtellerie pour les caravanes.

CARAVELLE, n. f. Navire portugais.

CARBONARISME, n. m. Société politique secrète.

CARBONARO, n. m. Membre d'une société secrète. Pl. *carbonari.*

CARBONATE, n. m. *Chim.* Nom générique des sels formés par l'acide carbonique.

CARBONE, n. m. Corps simple, rarement à l'état pur comme dans le diamant.

CARBONÉ, ÉE, adj. Qui contient du carbone.

CARBONIQUE, adj. *Acide carbonique,* formé par la combinaison du carbone avec l'oxygène.

CARBONISATION, n. f. *Chim.* Transformation d'un corps en charbon.

CARBONISER, v. tr. Réduire en charbon.

CARBONNADE, n. f. Viande grillée sur les charbons.

CARCAN, n. m. Collier de fer pour attacher autrefois un criminel au poteau; cette peine.

CARCASSE, n. f. Ossements décharnés tenant ensemble; charpente d'un navire.

CARDAGE, n. m. Action de carder.

CARDE, n. f. Peigne de cardeur; machine garnie de chardons pour peigner le drap; côte de certaines plantes, bonne à manger.

CARDER, v. tr. Démêler la laine, etc., avec la carde.

CARDEUR, EUSE, n. Qui carde.

CARDINAL, E, adj. Principal. *Vertus cardinales,* la Justice, la Prudence, la Tempérance et la Force; *points cardinaux,* l'est, le sud, le nord et l'ouest; *nombres cardinaux,* un, deux, trois quatre, etc.

CARDINAL, n. m. Un des soixante-dix prélats qui composent le sacré collège.

CARDINAL, n. m. Oiseau à plumage rouge.

CARDINALAT, n. m. Dignité de cardinal.

CARDON, n. m. Plante potagère du même genre que l'artichaut.

CARÊME, n. m. Temps d'abstinence entre le mardi-gras et le jour de Pâques. *Fig. Visage de carême,* pâle et défait.

CARÊME-PRENANT, n. m. Les trois jours qui précèdent le mercredi des cendres. *Fig.* Personne vêtue d'une manière extravagante. Pl. des *carêmes-prenants.*

CARÉNAGE, n. m. Action de caréner un vaisseau.

CARÈNE, n. f. Partie inférieure d'un navire, la quille et les flancs jusqu'à fleur d'eau.

CARÉNER, v. tr. Mettre un vaisseau sur le flanc pour le radouber.

CARESSANT, E, adj. Qui aime à caresser.

CARESSE, n. f. Témoignage d'affection.

CARESSER, v. tr. Faire des caresses.

CARGAISON, n. f. Marchandises qui font la charge entière d'un vaisseau.

CARGUE, n. f. Cordages qui servent à relever les voiles contre leurs vergues.

CARGUER, v. tr. *Mar.* Replier les voiles.

CARIATIDE, n. f. *Arch.* Statue de femme qui soutient une corniche.

CARICATURE, n. f. Charge en peinture; image grotesque. *Fig.* Personne ridicule par sa tournure, ses manières. *Fam.*

CARIE, n. f. Ulcération des os; maladie des blés.

CARIER, v. tr. Gâter par l'effet de la carie.

CARILLON, n. m. Battement de cloches à coups précipités; réunion de cloches accordées à différents tons; horloge qui sonne des airs. *Fig.* Grand bruit: *faire carillon.*

CARILLONNER, v. int. Sonner le carillon.

CARILLONNEUR, n. m. Qui carillonne.

CARLIN, n. m. Monnaie d'Italie, en or ou en argent; petit dogue à museau noir et écrasé.

CARLISTE, n. m. Partisan de la branche aînée, en France.

CARMAGNOLE, n. f. Veste courte; † ronde républicaine.

CARME, n. m. **CARMÉLITE**, n. f. Religieux, religieuse de l'ordre du mont Carmel.

CARMIN, n. m. Couleur d'un rouge éclatant.

CARNAGE, n. m. Massacre, tuerie.

CARNASSIER, ÈRE, adj. Qui se repaît de chair crue, et en est fort avide. N. m. pl. Ordre de mammifères à dents canines, incisives et molaires, estomac simple, ongles aigus.

CARNASSIÈRE, n. f. Sac ou filet pour mettre le gibier.

CARNATION, n. f. Teint : *belle carnation. Peint.* Coloris des chairs.

† **CARNAVAL**, n. m. Temps destiné aux divertissements, depuis le jour des Rois jusqu'au carême.

CARNET, n. m. Petit livre de notes, de compte, que l'on porte avec soi.

CARNIER, n. m. Carnassière.

CARNIVORE, adj. et n. Qui se nourrit de chair : *l'homme est carnivore.*

CAROLUS, n. m. Ancienne monnaie de billon.

CARONADE, n. f. Grosse pièce d'artillerie.

CAROTIDE, adj. et n. Chacune des deux artères principales qui portent le sang au cerveau.

CAROTTE, n. f. Racine potagère ; feuilles de tabac roulées en forme de carotte.

CAROTTER, v. int. Jouer mesquinement. *Fam.*

CAROTTEUR, EUSE, n. Qui carotte. *Fam.*

CAROUBE, n. m. Fruit du caroubier.

CAROUBIER, n. m. Arbre à bois rouge et dur.

CARPE, n. f. Poisson d'eau douce. N. m. *Anat.* Le poignet. *Fig. Saut de carpe,* qu'on fait étant couché sur le dos ou sur le ventre.

CARPEAU, n. m. Petite carpe.

CARPILLON, n. m. Très-petite carpe.

CARQUOIS, n. m. Étui à flèches.

CARRARE, n. m. Marbre blanc qu'on tire des environs de Carrare.

CARRE, n. f. Bout terminé carrément : *la carre d'un habit;* le haut de la taille ; mise au jeu de bouillotte.

CARRÉ, ÉE, adj. Qui a quatre côtés égaux et quatre angles droits. *Fig. Épaules carrées,* larges ; *bonnet carré,* de docteur, à quatre pans. *Arith. Racine carrée d'un nombre,* le nombre qui, multiplié par lui-même, reproduit ce nombre.

CARRÉ, n. m. Figure carrée ; palier d'un escalier ; sorte de papier d'impression ; produit d'un nombre multiplié par lui-même.

CARREAU, n. m. Espèce de pavé plat fait de terre cuite, de pierre, de marbre, etc.; verre de fenêtre; coussin carré ; fer de tailleur ; une des couleurs du jeu de cartes. *Méd.* Maladie qui rend le ventre dur et tendu. *Demeurer sur le carreau,* être tué sur place.

CARREFOUR, n. m. Lieu où se croisent plusieurs chemins, plusieurs rues.

CARRELAGE, n. m. Action de carreler.

CARRELER, v. tr. Paver en carreaux; raccommoder de vieux souliers.

CARRELET, n. m. Grosse aiguille à l'usage des bourreliers; filet pour pêcher; poisson de mer.

CARRELETTE, n. f. Lime plate et fine.

CARRELEUR, n. m. Ouvrier qui pose le carreau ; savetier ambulant.

CARRÉMENT, adv. En carré. *Fig.* Franchement : *répondez carrément.*

CARRER, v. tr. Rendre carré. **Se carrer**, v. pr. Marcher avec prétention. *Fam.*

CARRICK, n. m. Redingote à plusieurs collets.

CARRIER, n. m. Ouvrier qui extrait la pierre; entrepreneur qui exploite une carrière.

CARRIÈRE, n. f. Lieu fermé de barrières pour les jeux publics; lieu d'où l'on tire la pierre. *Fig.* Cours de la vie : *bien remplir sa carrière;* profession : *embrasser la carrière des armes*

CARRIOLE, n. f. Petite charrette couverte et suspendue.

CARROSSE, n. m. Voiture à quatre roues, suspendue.

CARROSSIER, n. m. Qui fait des carrosses.

CARROUSEL, n. m. Sorte de tournoi; lieu où se fait le carrousel.

CARRURE, n. f. Largeur du dos.

CARTE, n. f. Carton fin pour jouer; billet d'admission : *carte d'électeur;* liste des mets; représentation du globe ou d'une de ses parties. **Carte de visite,** sur laquelle on a écrit, où fait graver, imprimer son nom. *Tirer les cartes,* prédire l'avenir par leur combinaison; *brouiller les cartes,* mettre du trouble; *donner carte blanche,* plein pouvoir; *perdre la carte,* se troubler; *jouer cartes sur table,* ne rien dissimuler.

CARTEL, n. m. Défi par écrit; accord pour la rançon ou l'échange de prisonniers de guerre.

6.

CARTÉSIANISME, n. m. Philosophie de Descartes.

† **CARTÉSIEN, ENNE**, adj. Qui a rapport à la doctrine de Descartes. N. m. Partisan de cette doctrine.

CARTIER, n. m. Qui fait ou vend des cartes à jouer.

CARTILAGE, n. m. *Anat.* Tissu blanc, dur et élastique, qui se trouve aux extrémités des os.

CARTILAGINEUX, EUSE, adj. De la nature du cartilage.

† **CARTOMANCIE**, n. f. Art de tirer les cartes et de prédire l'avenir par les combinaisons qu'elles offrent.

CARTON, n. m. Carte grossière fabriquée avec des rognures de papier, des chiffons, etc.; boîte en carton; grand portefeuille de dessin. *Impr.* Feuillet réimprimé pour corriger une faute ou faire un changement.

CARTONNAGE, n. m. Action de cartonner; ouvrage en carton.

CARTONNER, v. tr. Couvrir un livre en carton.

CARTONNEUR, n. m. Ouvrier qui cartonne les livres.

CARTONNIER, n. m. Fabricant de carton.

CARTOUCHE, n. f. Charge d'une arme à feu.

CARTOUCHE, n. m. Ornement de sculpture.

CAS, n. m. Événement fortuit : *le cas est extraordinaire;* circonstance; conjoncture : *que faire en pareil cas? Faire cas,* estimer. *Loc. adv.* **En ce cas,** alors; **en tout cas,** quoi qu'il arrive. *Gram.* Désinence des mots : *les six cas de la langue latine.*

CASANIER, ÈRE, adj. et n., Qui aime à demeurer chez lui.

CASAQUE, n. f. Surtout à manches très larges. *Fig.* *Tourner casaque,* changer de parti.

CASAQUIN, n. m. Espèce de camisole courte.

CASBAH, n. f. Nom qu'on donne en Afrique aux citadelles des villes.

CASCADE, n. f. Chute d'eau.

CASCATELLE, n. f. Petite cascade.

CASE, n. f. Cabane des nègres en Amérique; compartiment; carré de l'échiquier.

CASÉEUX, EUSE, adj. De la nature du fromage.

CASEMATE, n. f. *Fort.* Souterrain voûté.

CASEMATÉ, adj. m. *Bastion casematé,* garni de casemates.

CASER, v. int. T. de *trictrac.* Faire une case. V. tr. Mettre en ordre : *caser des marchandises. Fig.* Procurer un emploi : *on ne peut réussir à le caser.*

CASERNE, n. f. Bâtiment affecté au logement des soldats; la troupe entière casernée.

CASERNEMENT, n. m. Action de caserner; d'être caserné.

CASERNER, v. tr. Établir en caserne. V. int. Loger dans une caserne.

CASÉUM, n. m. Un des principes du lait.

CASIER, n. m. Meuble garni de cases pour recevoir des cartons, des papiers.

CASIMIR, n. m. Étoffe de laine mince et croisée.

CASINO, n. m. Lieu de réunion et de plaisirs.

CASOAR, n. m. Grand oiseau de l'ordre des échassiers.

CASQUE, n. m. Coiffure militaire.

CASQUETTE, n. f. Coiffure d'homme avec visière.

CASSANT, E, adj. Fragile.

CASSATION, n. f. Jugement qui annule un arrêt, une procédure. **Cour de cassation,** cour suprême.

CASSAVE, n. f. Farine faite de la racine de manioc séchée.

CASSE, n. f. Action de briser; plante médicinale. *Impr.* Caisse à compartiments, pour mettre les caractères.

CASSE-COU, n. m. Endroit où il est aisé de tomber; cavalier plus hardi qu'habile. *Interj.* Cri du jeu de colin-maillard. Pl. des *casse-cou.*

CASSEMENT (de tête), n. m. Bruit insupportable; fatigue.

CASSE-NOISETTES, n. m. Instrument pour casser des noisettes. Pl. des *casse-noisettes.*

CASSE-NOIX, n. m. Instrument pour casser des noix. Pl. des *casse-noix.*

CASSER, v. tr. Briser, rompre. *Fig.* Étourdir : *ce vin casse la tête;* annuler : *casser un jugement. Casser un officier,* lui ôter son emploi. **Se casser,** v. pr. Se rompre. *Se casser la tête,* s'appliquer fortement. *Fam.* **Cassé, ée,** adj. *Fig.* Vieux, infirme : *vieillard tout cassé;* tremblant : *voix cassée.*

CASSEROLE, n. f. Ustensile de cuisine.

CASSE-TÊTE, n. m. Massue des sauvages de l'Amérique. *Fig.* Travail qui demande une grande application; vin qui porte à la tête. Pl. des *casse-tête.*

CASSETTE, n. f. Petit coffre; trésor particulier d'un souverain.

CASSEUR, n. m. Fier-à-bras. *Casseur d'assiettes,* tapageur.

CASSINE, n. f. Maison mal tenue ; bicoque.

CASSIS, n. m. Groseillier à fruit noir ; son fruit ; liqueur faite avec ce fruit.

CASSOLETTE, n. f. Boîte à parfums ; vase où on les fait brûler.

CASSON, n. m. Pain informe de sucre raffiné.

CASSONADE, n. f. Sucre brut, non raffiné.

CASSURE, n. f. Endroit où un objet est cassé.

CASTAGNETTES, n. f. pl. Instrument composé de deux petits morceaux de bois creusés, que l'on frappe l'un contre l'autre : jouer des castagnettes.

CASTE, n. f. Tribu indienne : caste des Bramines ; classe d'individus : la caste nobiliaire.

CASTEL, n. m. Château.

CASTILLE, n. f. Petite querelle : être en castille. Fam.

CASTOR, n. m. Mammifère rongeur ; chapeau fait de son poil.

CASTORINE, n. f. Étoffe de poil de castor mêlé de laine.

CASTRAMÉTATION, n. f. Art de choisir et de disposer l'emplacement d'un camp.

CASUEL, ELLE, adj. Fortuit, accidentel. N. m. Bénéfices accidentels : le casuel d'une cure. Dites : cet objet est cassant, et non casuel.

CASUELLEMENT, adv. Fortuitement, par hasard. Peu us.

CASUISTE, n. m. Théologien qui résout les cas de conscience.

CATACHRÈSE, n. f. Métaphore hardie, qui consiste dans l'abus de la signification propre d'un mot, comme cheval ferré d'argent, à cheval sur un âne, etc.

CATACLYSME, n. m. Grand bouleversement ; déluge.

† **CATACOMBES**, n. f. pl. Grottes souterraines où l'on enterrait les morts.

CATADOUPE, n. f. Cataracte ; chute d'un fleuve.

CATAFALQUE, n. m. Décoration funèbre qu'on élève au-dessus d'un cercueil : dresser un catafalque.

CATALEPSIE, n. f. Affection cérébrale dans laquelle la sensibilité extérieure et les mouvements volontaires sont suspendus.

CATALEPTIQUE, adj. Méd. Attaqué de catalepsie.

CATALOGUE, n. m. Liste, dénombrement par ordre : catalogue de plantes.

CATALOGUER, v. tr. Inscrire par ordre des plantes, des livres, etc.

CATALPA, n. m. Arbre du Japon, à fleurs blanches.

CATAPLASME, n. m. Remède externe pour fortifier une partie débilitée, amollir et résoudre les duretés.

CATAPULTE, n. f. Machine de guerre dont se servaient les anciens pour lancer des pierres, des traits.

CATARACTE, n. f. Chute d'un fleuve : les cataractes du Nil ; opacité du cristallin.

CATARRHAL, E, adj. Qui tient du catarrhe.

CATARRHE, n. m. Inflammation aiguë ou chronique des membranes muqueuses ; gros rhume.

CATARRHEUX, EUSE, adj. Sujet au catarrhe : vieillard catarrheux.

CATASTROPHE, n. f. Événement funeste.

CATÉCHISER, v. tr. Instruire sur les principaux points de la religion chrétienne. Fig. Tâcher de persuader. Fam.

CATÉCHISME, n. m. Instruction sur les principes et les mystères de la foi ; livre qui contient cette instruction.

CATÉCHISTE, n. m. Qui enseigne le catéchisme aux enfants.

CATÉCHUMÈNE, n. Néophyte que l'on instruit pour le disposer à recevoir le baptême.

CATÉGORIE, n. f. Classification par genre : les catégories d'Aristote. Fig. Caractère, classe, nature : ces choses ne sont pas de la même catégorie.

CATÉGORIQUE, adj. Clair, précis : réponse catégorique.

CATÉGORIQUEMENT, adv. D'une manière catégorique : répondre catégoriquement.

CATHÉDRALE, adj. et n. f. Église principale d'un évêché.

CATHOLICISME, n. m. Religion catholique.

CATHOLICITÉ, n. f. Doctrine de l'Église catholique ; étendue de cette Église.

CATHOLIQUE, adj. Qui appartient à la religion romaine : foi, pays catholique. Sa Majesté catholique, le roi d'Espagne. N. Qui professe la religion catholique.

CATHOLIQUEMENT, adv. Conformément à la foi de l'Église catholique.

CATI, n. m. Apprêt qui rend les étoffes plus fermes et plus lustrées : donner le cati à du drap.

CATIMINI (EN), loc. adv. En cachette. Fam.

CATIN, n. f. Poupée. Pop.

CATIR, v. tr. Donner le lustre à une étoffe.

CATISSEUR, n. m. Qui donne le cati.

CATON, n. m. Nom qu'on donne à un homme de mœurs austères : c'est un *Caton*.

CAUCHEMAR, n. m. Oppression, étouffement que l'on éprouve parfois durant le sommeil. *Fig.* Personne ennuyeuse et incommode : *cet homme est mon cauchemar. Fam.*

CAUDEBEC, n. m. Ancien chapeau de laine, dont la première fabrique a été établie à Caudebec.

CAUSALITÉ, n. f. Manière dont une cause agit : *chercher la causalité.*

CAUSATIF, IVE, adj. *Gram.* Se dit des particules qu'on emploie pour énoncer la cause de ce qui a été dit : *particule, conjonction causative*, comme *car, parce que,* etc.

CAUSE, n. f. Principe, ce qui fait qu'une chose est : *Dieu est la cause première*; motif, sujet : *agir sans cause*; intérêt, parti : *défendre la cause de l'innocence*; procès : *mettre quelqu'un hors de cause. Cause finale,* la fin pour laquelle une chose est faite. **A cause de,** loc. prép. En considération de. Ne pas dire *à cause que*, mais *parce que.*

CAUSER, v. tr. Être cause : *causer de la peine.* V. int. S'entretenir familièrement : *causer littérature*; parler trop, inconsidérément : *il ne fait que causer.*

CAUSERIE, n. f. Action de causer; propos indiscret.

CAUSEUR, EUSE, adj. et n. Qui aime à causer.

CAUSEUSE, n. f. Petit canapé pour deux personnes.

CAUSTICITÉ, n. f. *Méd.* Propriété des caustiques. *Fig.* Penchant à dire des choses mordantes, malignité : *causticité du caractère.*

CAUSTIQUE, adj. et n. *Méd.* Brûlant, corrosif : *herbe, remède caustique. Fig.* Mordant, satirique : *humeur caustique.*

CAUTÈLE, n. f. Finesse, ruse.

CAUTELEUSEMENT, adv. D'une manière cauteleuse.

CAUTELEUX, EUSE, adj. Fin, rusé. Se prend en m. part.

CAUTÈRE, n. m. Médicament qui brûle les chairs; plaie qui en est le résultat, et qu'on entretient pour la suppuration.

CAUTÉRISATION, n. f. Action de cautériser.

CAUTÉRISER, v. tr. Brûler avec un caustique ou un fer rouge.

CAUTION, n. f. Celui qui répond, qui s'oblige pour un autre : *se porter* caution; garantie : *son honneur est ma caution. Homme sujet à caution,* sur qui on ne peut compter.

CAUTIONNEMENT, n. m. Somme déposée en garantie.

CAUTIONNER, v. tr. Se rendre caution pour quelqu'un.

CAVALCADE, n. f. Marche de gens à cheval, avec pompe et cérémonie.

CAVALCADOUR, adj. *Écuyer cavalcadour,* chargé du soin des écuries et des équipages d'un prince.

CAVALE, n. f. Jument.

CAVALERIE, n. f. Troupes à cheval.

CAVALIER, n. m. Homme à cheval; soldat de cavalerie; homme, par oppos. à dame; pièce du jeu des échecs; espèce de papier. *Beau cavalier,* jeune homme leste et bien fait.

CAVALIER, ÈRE, adj. Un peu trop libre : *air cavalier*; brusque, un peu hautain : *réponse cavalière.*

CAVALIÈREMENT, adv. D'une manière cavalière.

CAVATINE, n. f. *Mus.* Air court, sans reprise.

CAVE, n. f. Lieu souterrain où l'on conserve le vin; caisse à liqueurs; fonds d'argent au jeu.

CAVE, adj. Creux : *joue cave. Anat. Veines caves,* les deux grosses veines qui aboutissent dans l'oreillette droite du cœur.

CAVEAU, n. m. Petite cave; sépulture de famille.

CAVER, v. tr. Creuser, miner : *l'eau cave la pierre. Se caver,* v. pr. Mettre une cave au jeu.

CAVERNE, n. f. Excavation vaste et profonde; retraite de malfaiteurs : *caverne de voleurs.*

CAVERNEUX, EUSE, adj. Plein de cavernes. *Fig.* Sourd, voilé : *voix caverneuse.*

CAVIAR, n. m. Œufs d'esturgeon salés.

CAVITÉ, n. f. Creux, vide dans un corps solide.

CE, pr. dém. **Ce, cet,** adj. dém. m. sing.; **cette,** fém. sing.; **ces,** pl. des deux genres.

CÉANS, adv. Ici dedans : *sortez de céans. Peu us.*

CECI, pr. dém. Cette chose-ci.

CÉCITÉ, n. f. État d'une personne aveugle.

CÉDANT, E, n. Qui cède son droit.

CÉDER, v. tr. Laisser, abandonner; vendre. V. int. Se soumettre : *céder à la force*; succomber : *céder à la douleur*; se reconnaître inférieur : *céder* au mérite ; plier, s'affaisser : *céder sous le poids, cette poutre cède.*

CÉDILLE, n. f. Signe orthographique qui se met sous la lettre c devant a, o, u : *façade, leçon, reçu.*

CÉDRAT, n. m. Arbre de l'espèce du citronnier ; son fruit.

CÈDRE, n. m. Très-grand arbre odoriférant, résineux et toujours vert.

CÉDULE, n. f. Billet sous seing privé.

CEINDRE, v. tr. Entourer, environner. *Ceindre la couronne, le diadème,* être élevé au pouvoir souverain ; *ceindre la tiare,* être élu pape.

CEINTRAGE, n. m. *Mar.* Cordages qui entourent la carène d'un bâtiment.

CEINTRER, v. tr. *Mar.* Entourer de câbles la carène d'un bâtiment.

CEINTURE, n. f. Ruban, cordon, etc., mis autour du milieu du corps ; endroit du corps où se place la ceinture ; ce qui entoure, fortifie : *ceinture de murailles.*

CEINTURON, n. m. Ceinture à laquelle on suspend l'épée, le sabre.

CELA, pr. dém. qui indique l'objet le plus éloigné.

CÉLADON, n. m. Homme à beaux sentiments. Adj. Vert pâle : *ruban céladon.*

CÉLÉBRANT, n. m. Prêtre qui dit la messe.

CÉLÉBRATION, n. f. Action de célébrer : *célébration d'un mariage.*

CÉLÈBRE, adj. Fameux, renommé.

CÉLÉBRER, v. tr. Exalter, louer avec éclat : *célébrer une action, un héros ;* solenniser : *célébrer une fête. Célébrer la messe,* la dire.

CÉLÉBRITÉ, n. f. Grande réputation ; personnage célèbre : *c'est une célébrité.*

CÉLER, v. tr. Cacher ; taire, ne pas révéler.

CÉLERI, n. m. Plante potagère.

CÉLÉRITÉ, n. f. Vitesse, promptitude dans l'exécution : *agir avec célérité.*

CÉLESTE, adj. Qui appartient au ciel : *corps céleste ;* divin, qui vient de Dieu : *bonté céleste. Père céleste,* Dieu ; *Esprits célestes,* qui habitent le séjour des bienheureux.

CÉLESTIN, n. m. Religieux d'un ordre fondé en 1244 par le pape Célestin V.

CÉLIBAT, n. m. Etat d'une personne non mariée.

CÉLIBATAIRE, adj. et n. Qui vit dans le célibat.

CELLE, pr. f. V. *Celui.*

CELLÉRIER, ÈRE, n. Chargé de

faire les provisions, dans un monastère.

CELLIER, n. m. Lieu bas et frais où l'on met le vin et les autres provisions.

CELLULAIRE, adj. *Anat.* Rempli d'une infinité de petites cellules : *tissu cellulaire. Fig. Voiture cellulaire,* qui sert à transporter les condamnés.

CELLULE, n. f. Petite chambre d'un religieux ou d'une religieuse ; logement d'un cardinal au conclave ; chambre de prisonnier. *Anat.* Petites cavités. *Hist. nat.* Alvéole des abeilles.

CELLULEUX, adj. m. Divisé en cellules.

CELTIQUE, adj. Qui concerne les Celtes. N. m. La langue des Celtés.

CELUI, CELLE, pr. dém. ; pl. **ceux, celles.** Se disent des personnes et des choses. **Celui-ci, celle-ci ;** pl. **ceuxci, celles-ci ; celui-là, celle-là ;** pl. **ceux-là, celles-là.**

CÉNACLE, n. m. Salle à manger, en style de l'Écriture sainte : *Jésus-Christ fit la cène dans un cénacle.*

CENDRE, n. f. Résidu de toute combustion. Pl. Restes des morts ; résidu des linges qui ont servi à l'autel, et dont le prêtre marque le front des fidèles le premier jour de carême : *recevoir les cendres.*

CENDRÉ, ÉE, adj. Couleur de cendre : *cheveux blond cendré.*

CENDRÉE, n. f. Petit plomb pour la chasse.

CENDRIER, n. m. Partie du fourneau où tombe la cendre.

CÈNE, n. f. Dernier repas de Jésus-Christ avec ses apôtres, la veille de sa passion ; communion des protestants.

CÉNOBITE, n. m. Moine qui vit en communauté.

CÉNOBITIQUE, adj. Qui appartient au cénobite : *vie cénobitique.*

CÉNOTAPHE, n. m. Tombeau vide.

CENS, n. m. Dénombrement ; redevance annuelle ; quotité d'impositions nécessaires pour être électeur en certains pays : *le cens électoral.*

CENSE, n. f. Métairie.

CENSÉ, ÉE, adj. Considéré comme.

CENSEUR, n. m. Ancien magistrade Rome, chargé de surveiller les mœurs publiques ; critique ; surveillant des études dans un lycée.

CENSITAIRE, adj. Celui qui devait le cens à un seigneur.

CENSORIAL, E, adj. Relatif à la censure : *loi censoriale.* Pl. m. *consoriaux.*

CENSURABLE, adj. Qui mérite la censure : *conduite censurable.*

CENSURE, n. f. Fonction de censeur ; critique d'un ouvrage ; blâme : *s'exposer à la censure du public* ; examen des censeurs : *passer par la censure* ; jugement ecclésiastique, qui prononce suspension, interdiction ; peine disciplinaire en matière de dogme : *encourir la censure ecclésiastique.*

CENSURER, v. tr. Blâmer ; critiquer ; condamner à la censure.

CENT, adj. numér. Dix fois dix ; nombre indéterminé : *en cent occasions* ; centième : *l'an mil huit cent.* N. m. : *un cent d'œufs, un cent de piquet.*

CENTAINE, n. f. Cent ; un grand nombre : *arriver par centaines.*

CENTAURE, n. m. Animal fabuleux, moitié homme et moitié cheval.

CENTAURÉE, n. f. Plante médicinale.

CENTENAIRE, adj. et n. Qui a vécu cent ans.

CENTENIER, n. m. Chef d'une troupe de cent hommes.

CENTÉSIMAL, E (*division, échelle*), adj. Qui est divisé en cent parties.

CENTI. Particule qui désigne, dans les nouvelles mesures, une unité cent fois plus petite que l'unité génératrice, comme *centimètre, centilitre, centigramme*, etc.

CENTIARE, n. m. Centième partie de l'are (un mètre carré).

CENTIÈME, adj. ordinal de cent. N. m. La centième partie.

CENTIGRADE, adj. Divisé en cent degrés : *thermomètre centigrade.*

CENTIGRAMME, n. m. Centième partie du gramme.

CENTILITRE, n. m. Centième partie du litre.

CENTIME, n. m. Centième partie du franc.

CENTIMÈTRE, n. m. Centième partie du mètre.

CENTRAL, E, adj. Qui est au centre ; principal : *bureau central de charité. Feu central,* supposé au centre de la terre.

CENTRALISATION, n. f. Réunion du pouvoir dans un petit nombre de mains : *nulle part la centralisation n'est portée aussi loin qu'en France.*

CENTRALISER, v. tr. Réunir dans un centre commun.

CENTRE, n. m. Milieu d'un cercle, d'une sphère, etc. *Fig.* Siège principal : *le centre des affaires. Centre d'attraction ou de gravitation,* point vers lequel un corps céleste est sans cesse attiré par la force de gravité.

† **CENTRIFUGE**, adj. Qui tend à éloigner du centre : *force centrifuge.*

† **CENTRIPÈTE**, adj. Qui tend à rapprocher du centre : *force centripète.*

CENTUPLE, adj. et n. Qui vaut cent fois autant.

CENTUPLER, v. tr. Rendre cent fois plus grand.

CENTURIE, n. f. Centaine : *le peuple romain était divisé par centuries.*

CENTURION, n. m. Chef de cent hommes dans la milice romaine.

CEP, n. m. Pied de vigne.

CÉPÉE, n. f. Touffe de plusieurs tiges de bois sortant du même tronc.

CEPENDANT, conj. Néanmoins, toutefois.

CÉRAMIQUE, adj. Qui concerne la fabrique des vases de terre : *l'art céramique.*

CÉRAT, n. m. Onguent où il entre de la cire.

CERBÈRE, n. m. Nom du chien des Enfers, selon la Fable. *Fig.* Portier brutal, grossier, intraitable ; gardien sévère.

CERCEAU, n. m. Cercle de bois ou de fer.

CERCLE, n. m. Surface plane limitée par une circonférence, et dont tous les points sont à égale distance du centre ; la circonférence elle-même : *décrire un cercle* ; cerceau : *cercle d'un tonneau* ; réunion, assemblée : *cercle nombreux. Fig. Cercle vicieux,* manière défectueuse de raisonner ; *chercher la quadrature du cercle,* une chose impossible.

CERCLER, v. tr. Garnir, entourer de cercles.

CERCUEIL, n. m. Coffre, ordinairement de bois, où l'on renferme le corps d'un mort.

CÉRÉALE, adj. f. Dont on fait le pain. N. f. pl. *Les céréales,* le blé, le seigle, etc.

CÉRÉBRAL, E, adj. *Anat.* Qui appartient au cerveau : *fièvre, matière cérébrale.*

CÉRÉMONIAL, n. m. Usage touchant les cérémonies religieuses ou politiques : *le cérémonial de la cour.*

CÉRÉMONIE, n. f. Forme extérieure et régulière d'un culte ; pompe, appareil : *grande cérémonie* ; politesse, déférence : *visite de cérémonie* ; civilité gênante : *faire des cérémonies. Sans cérémonie,* sans façon.

CÉRÉMONIEUX, EUSE, adj. Qui fait trop de cérémonies.

CÉRÈS, n. f. *Myth.* Déesse qui présidait aux moissons. *Fig.* La moisson, le blé. *Cérès et Bacchus,* le blé et le vin.

CERF, n. m. Bête fauve, de l'ordre des ruminants.

CERFEUIL, n. m. Plante potagère, de la famille des ombellifères.

CERF-VOLANT, n. m. Sorte d'escarbot, insecte volant, coléoptère; jouet d'enfants. Pl. des *cerfs-volants*.

CERISAIE, n. f. Lieu planté de cerisiers.

CERISE, n. f. Fruit rouge à noyau. Adj. Qui est de la couleur de la cerise: *ruban cerise*.

CERISIER, n. m. Arbre qui produit la cerise.

CERNÉ, adj. m. *Yeux cernés*, battus, entourés d'un cercle bleuâtre.

CERNEAU, n. m. Moitié de noix tirée de la coque avant sa maturité.

CERNER, v. tr. Couper en rond: *cerner le crâne*; investir: *cerner une place*. *Fig.* Circonvenir: *cerner quelqu'un*.

CERTAIN, E, adj. Vrai, indubitable: *un fait certain*; sûr, assuré: *gage certain*; déterminé: *se réunir à certaines heures*; un, quelque: *certain auteur, certaines choses*. N. m. sing. Chose certaine: *préférer le certain à l'incertain*.

CERTAINEMENT, adv. Assurément, indubitablement.

CERTES, adv. Très-certainement, en vérité.

CERTIFICAT, n. m. Écrit signé qui rend témoignage de la vérité d'un fait.

CERTIFICATEUR, adj. m. *Notaire certificateur*, qui fait les certificats de vie.

CERTIFICATION, n. f. Assurance par écrit.

CERTIFIER, v. tr. Donner pour certain, assurer la vérité.

CERTITUDE, n. f. Conviction, assurance pleine et entière.

CÉRUMEN, n. m. Matière jaune et épaisse qui se forme dans l'oreille.

CÉRUMINEUX, EUSE, adj. Qui tient de la cire: *matière cérumineuse*.

CÉRUSE, n. f. Carbonate de plomb, de zinc, appelé *blanc de céruse*.

CERVEAU, n. m. Substance molle qui remplit la cavité osseuse du crâne, et qui est un des principaux organes de la vie. *Fig.* Esprit, intelligence, jugement: *cerveau creux, débile, léger*, *Cerveau brûlé*, homme exalté.

CERVELAS, n. m. Saucisse grosse et courte.

CERVELET, n. m. Partie postérieure du cerveau.

CERVELLE, n. f. Nom donné à tout l'ensemble du cerveau. *Fig.* Entendement, esprit. *Homme sans cervelle*, fou, évaporé. *Fam.*

CERVICAL, E, adj. Qui appartient au cou: *muscle cervical*. Pl. *cervicaux*.

CÉSARIENNE (*opération*), adj. Opération chirurgicale par laquelle on extrait l'enfant du sein de la mère au moyen d'une incision.

CESSATION, n. f. Discontinuation: *cessation du travail, de la vie*.

CESSE, n. f. Répit: *il n'aura point de cesse qu'il n'ait réussi*. *Sans cesse*, loc. adv. Sans discontinuer.

CESSER, v. tr. Discontinuer: *cesser une poursuite*.

CESSIBLE, adj. Qui peut être cédé: *droit cessible*.

CESSION, n. f. Action de céder, transport, abandon: *cession de biens*.

CESSIONNAIRE, n. m. Celui qui accepte une cession.

C'EST-À-DIRE, conj. qui indique explication.

CESTE, n. m. Gantelet garni de fer ou de plomb, dont se servaient les anciens athlètes dans les combats du pugilat.

CÉSURE, n. f. Repos dans les vers français de dix et de douze syllabes, ex.: *Rien n'est beau que le vrai; — le vrai seul est aimable.*

Par cet endroit — passe un maître d'école.

CET, CETTE, adj. dém. V. *Ce*.

CÉTACÉ, n. m. Grand mammifère aquatique ayant la forme des poissons.

CHABLIS, n. m. Vin blanc estimé.

CHABOT, n. m. Poisson d'eau douce à tête grosse et plate.

CHACAL, n. m. Quadrupède carnassier qui tient du chien, du loup et du renard. Pl. des *chacals*.

CHACUN, E, pr. ind. Chaque personne ou chaque chose; tout le monde: *chacun le dit*.

CHAFOUIN, E, adj. et n. Maigre, de petite taille; désagréable: *air chafouin*. *Fam.*

CHAGRIN, E, adj. Triste, mélancolique; de mauvaise humeur.

CHAGRIN, n. m. Peine, affliction.

CHAGRIN, n. m. Cuir grenu pour couvrir des boîtes, des étuis, des livres, etc., ordinairement de peau d'âne ou de mulet.

CHAGRINER, v. tr. Attrister; tracasser.

CHAÎNE, n. f. Lien composé d'anneaux passés les uns dans les autres: *chaîne d'or*; peine des galères: *condamner à la chaîne*; continuité: *chaîne de montagnes*. *Fig.* Captivité, sujétion: *les chaînes de l'esclavage*; fils tendus entre lesquels passe la trame; figure de danse : *chaîne anglaise* ; enchaînement : *la chaîne des idées.*

CHAÎNER, v. tr. Mesurer sur le terrain avec une chaîne.

CHAÎNETTE, n. f. Petite chaîne.

CHAÎNON, n. m. Anneau d'une chaîne.

CHAIR, n. f. Substance molle, sanguine et organique de l'animal. *Fig.* Nature humaine : *la chair est faible* ; pulpe des fruits : *la chair du melon. Chair de poule,* frissonnement. *Fam.*

CHAIRE, n. f. Siége élevé d'où un prédicateur, un professeur, parlent à l'auditoire. *Fig.* Siége apostolique : *la chaire de saint Pierre* ; fonction de professeur : *chaire de philosophie.*

CHAISE, n. f. Siége à dossier sans bras ; voiture légère. *Chaise à porteurs,* siége fermé et couvert, dans lequel on se faisait porter par deux hommes ; *chaise de poste,* voiture pour courir la poste ; *chaise percée,* siége pour les besoins naturels.

CHALAND, n. m. Bateau plat.

CHALAND, E, n. Acheteur habitué.

CHALANDISE, n. f. Habitude d'acheter chez un marchand. *Peu us.*

CHALDAÏQUE, adj. Qui a rapport aux Chaldéens : *langue chaldaïque.*

CHALDÉEN, n. m. Langue chaldaïque.

CHÂLE, n. m. Grand fichu en coton, en soie ou en cachemire.

CHÂLET, n. m. Maison suisse où l'on fait les fromages.

CHALEUR, n. f. Qualité de ce qui est chaud ; température produite par l'action du soleil : *chaleur de l'air. Fig.* Ardeur : *chaleur du combat.*

CHALEUREUSEMENT, adv. Avec chaleur.

CHALEUREUX, EUSE, adj. *Fig.* Qui a beaucoup de chaleur : *style chaleureux.*

CHÂLIT, n. m. Bois de lit.

CHALOUPE, n. f. Petit bâtiment léger pour le service des vaisseaux.

CHALUMEAU, n. m. Tuyau de paille, de roseau ; tuyau pour souder ; flûte champêtre.

CHAMADE, n. f. Signal donné par le tambour pour annoncer que des assiégés capitulent : *battre la chamade.*

CHAMAILLER, v. int. Se chamailler, v. pr. Se quereller.

CHAMAILLIS, n. m. Mêlée, rixe, dispute bruyante.

CHAMARRER, v. tr. Orner d'une manière ridicule : *chamarrer un habit.*

CHAMARRURE, n. f. Manière de chamarrer.

CHAMBELLAN, n. m. Gentilhomme de la chambre d'un souverain.

CHAMBRANLE, n. m. Encadrement d'une porte, d'une fenêtre, d'une cheminée.

CHAMBRE, n. f. Chacune des pièces d'une maison, surtout celle où l'on couche ; lieu où se tiennent les assemblées délibérantes, les corps constitués : *chambre des députés* ; section des divisions de certains tribunaux : *première chambre du tribunal civil. Garder la chambre,* être indisposé ; *travailler en chambre,* ne pas tenir boutique ; *chambre obscure,* dans laquelle, au moyen d'un prisme, ou d'une lentille et d'un miroir, on voit l'image des objets extérieurs.

CHAMBRÉE, n. f. Soldats, ouvriers logeant et mangeant ensemble.

CHAMBRETTE, n. f. Petite chambre.

CHAMBRIÈRE, n. f. Servante ; long fouet de manége ; bâton mobile pour soutenir une voiture.

CHAMEAU, n. m. Quadrupède ruminant qui a deux bosses sur le dos.

CHAMELIER, n. m. Qui soigne et conduit les chameaux.

CHAMELLE, n. f. Femelle du chameau.

CHAMOIS, n. m. Quadrupède du genre antilope ; sa peau préparée : *gants de chamois* ; couleur d'un jaune clair : *ruban chamois.*

CHAMOISERIE, n. f. Lieu où l'on prépare les peaux de chamois ; ces peaux préparées.

CHAMOISEUR, n. m. Qui prépare les peaux de chamois, et les peaux en général.

CHAMP, n. m. Étendue de terre labourable. *Fig. Le champ d'honneur,* l'endroit où se livre une bataille. Pl. *Courir les champs,* la campagne ; *champ de Mars,* champ de manœuvre ; *champ de Mai,* autrefois assemblée générale de la nation ; *champ de repos,* cimetière ; *se battre en champ clos,* en combat singulier ; *prendre la clé des champs,* s'enfuir. Loc. adv. **De champ,** horizontalement ; **sur-le-champ,** sans délai ; **à tout bout de champ,** à tout propos.

CHAMPÊTRE, adj. Qui appartient aux champs : *mœurs champêtres.*

CHAMPIGNON, n. m. Plante spongieuse, sans feuilles, ni fleurs, ni fruits ; support en bois ; bouton de feu qui se forme à l'extrémité d'une mèche qui brûle.

CHAMPIGNONNIÈRE, n. f. Couche de fumier où croissent les champignons.

CHAMPION, n. m. Qui combattait en champ clos; défenseur : *se faire le champion d'un autre.*

CHANCE, n. f. Éventualité heureuse ou malheureuse. *Être en chance;* avoir du bonheur.

CHANCELANT, E, adj. Qui chancelle : *vieillard chancelant.* *Fig.* Mal assuré : *santé chancelante.*

CHANCELER, v. int. Vaciller sur ses pieds, sa base : *cet homme, cet édifice chancelle.* *Fig.* Être irrésolu : *sa vertu chancelle.*

CHANCELIER, n. m. Chef suprême de la justice, chargé de la garde des sceaux de l'État.

CHANCELIÈRE, n. f. Boîte ou sac ourré pour tenir les pieds chauds.

CHANCELLEMENT, n. m. Action de chanceler.

CHANCELLERIE, n. f. Lieu où l'on scelle avec le sceau de l'État; hôtel du chancelier.

CHANCEUX, EUSE, adj. Qui a une chance heureuse; douteux.

CHANCIR, v. int. Moisir, en parlant de certains aliments.

CHANCISSURE, n. f. Moisissure.

CHANCRE, n. m. Ulcère cancéreux qui ronge les chairs.

CHANCREUX, EUSE, adj. De la nature du chancre.

CHANDELEUR, n. f. Fête de la présentation de Notre-Seigneur au Temple, et de la purification de la Vierge (2 février).

CHANDELIER, n. m. Ustensile pour mettre la chandelle, la bougie ou les cierges.

CHANDELLE, n. f. Flambeau de cire ou de suif. *Chandelle romaine,* pièce d'artifice.

CHANFREIN, n. m. Partie de la tête du cheval, qui s'étend des oreilles aux naseaux; petite surface que l'on forme en abattant l'arête d'une pierre ou d'une pièce de bois.

CHANGE, n. m. Troc d'une chose contre une autre; commerce du changeur; lieu où il se fait; commission du banquier : *il y a tant pour le change.* *Fig. Prendre le change,* se tromper; *donner le change,* tromper.

CHANGEANT, E, adj. Inconstant, variable.

CHANGEMENT, n. m. Action de changer.

CHANGER, v. tr. Céder une chose pour une autre; remplacer une chose par une autre : *il faut changer cet enfant* (le changer de linge); convertir : *changer les métaux en or;* altérer : *rien ne peut changer les lois de la nature.* V. int. Quitter une chose pour une autre : *changer de condition.*

CHANGEUR, n. m. Qui fait métier de changer les monnaies.

CHANOINE, n. m. Ecclésiastique qui possède un canonicat. *Fig. Vie de chanoine,* douce et tranquille.

CHANOINESSE, n. f. Autrefois religieuse qui possédait une prébende.

CHANOINIE, n. f. Canonicat.

CHANSON, n. f. Pièce de vers que l'on chante. Pl. *Fig.* Sornettes, discours frivoles : *chansons que tout cela !*

CHANSONNER, v. tr. Faire une chanson satirique contre quelqu'un : *chansonner un ministre.*

CHANSONNETTE, n. f. Petite chanson.

CHANSONNIER, n. m. Auteur; recueil de chansons.

CHANT, n. m. Inflexion modulée de la voix; air mis sur des paroles; mélodie : *chant harmonieux;* toute composition en vers : *mes chants rediront vos exploits;* chacune des divisions d'un poème épique ou didactique : *poème en dix chants.* *Plain-chant,* chant ordinaire de l'Eglise.

CHANTEAU, n. m. Morceau coupé à un grand pain.

CHANTEPLEURE, n. f. Espèce d'entonnoir.

CHANTER, v. int. Former avec la voix des sons variés; célébrer, louer : *chanter la gloire, les vertus.* V. int. Imiter le chant en déclamant : *cet orateur chante.*

CHANTERELLE, n. f. Corde d'un violon, d'une basse, qui a le son le plus aigu.

CHANTEUR, EUSE, n. Qui chante souvent, ou fait métier de chanter.

CHANTIER, n. m. Emplacement où les marchands entassent le bois, le charbon qu'ils ont à vendre; atelier où l'on travaille le bois, la pierre; lieu de construction pour les vaisseaux; madriers sur lesquels on place les tonneaux dans les caves.

CHANTIGNOLE, n. f. Pièce de bois qui soutient les pannes d'une charpente.

CHANTONNER, v. int. Chanter à demi-voix.

CHANTRE, n. m. Celui qui chante à l'église, au lutrin. *Fig.* Poète : *le chantre d'Ausonie* (Virgile); *le chantre d'Achille* (Homère); *le chantre de Thra-*

ce (Orphée) ; *les chantres des bois*, les oiseaux.

CHANVRE, n. m. Plante qui porte le chènevis ; filasse qu'on retire de l'écorce du chanvre.

CHAOS, n. m. Confusion de toutes choses ; état de l'univers avant la création. *Fig.* Toute sorte de confusion : *sa tête est un chaos*.

CHAPE, n. f. Vêtement d'église en forme de manteau ; habit de cérémonie que portent les cardinaux ; monture d'une ou de plusieurs poulies. *Méc.*

CHAPEAU, n. m. Coiffure d'homme ou de femme ; partie supérieure d'un champignon. *Fig.* Dignité de cardinal. *Chapeau chinois*, instrument de musique militaire ; *mettre chapeau bas*, se découvrir ; *coups de chapeau*, salutations.

CHAPELAIN, n. m. Titulaire d'une chapelle ; aumônier d'un prince.

CHAPELER, v. tr. Ôter avec une râpe le dessus de la croûte du pain.

CHAPELET, n. m. Réunion de plusieurs grains enfilés, sur lesquels on récite des *Pater* et des *Ave*. *Fig. Défiler son chapelet*, dire tout ce qu'on sait.

CHAPELIER, n. m. Qui fait ou vend des chapeaux.

CHAPELLE, n. f. Petite église ; partie d'une église ayant autel. *Chapelle ardente*, appareil funèbre qui entoure le corps d'un mort.

CHAPELLERIE, n. f. Art et commerce du chapelier.

CHAPELURE, n. f. Croûte de pain râpée.

CHAPERON, n. m. Sorte de capuchon qui était la coiffure ordinaire des deux sexes au moyen-âge ; ornement relevé en broderie, qui est au dos de la chape ; couronnement d'un mur en forme de toit. *Fig.* Personne grave et âgée qui, par bienséance, accompagne une jeune fille dans le monde.

CHAPERONNER, v. tr. Couvrir d'un chaperon : *chaperonner une muraille*.

CHAPIER, n. m. Porte-chape.

CHAPITEAU, n. m. Partie supérieure d'une colonne, d'un pilastre ; corniche d'un buffet, d'une armoire, etc. ; partie supérieure d'un alambic.

CHAPITRE, n. m. Division de certains livres ; corps de chanoines : *l'évêque et son chapitre*. *Fig.* Matière, chose dont on parle : *causons sur ce chapitre*.

CHAPITRER, v. tr. Réprimander sévèrement. *Fam.*

CHAPON, n. m. Poulet engraissé ;

croûte de pain frottée d'ail qu'on met dans certaines salades.

CHAPONNEAU, n. m. Jeune chapon.

CHAQUE, adj. indéf. Tout, toute.

CHAR, n. m. Voiture à deux roues.

CHAR-À-BANCS, n. m. Voiture à bancs disposés en travers. Pl. des *chars-à-bancs*.

CHARADE, n. f. Sorte d'énigme où l'on doit deviner un mot, à l'aide de la signification de chacune de ses syllabes, présentant un sens complet, ex. : *Mon premier* (chien) *se sert de mon dernier* (dent) *pour manger mon entier* (chiendent).

CHARANÇON, n. m. Insecte coléoptère qui ronge le blé, les pois, des lentilles, etc.

CHARBON, n. m. Morceau de bois entièrement embrasé et qui ne jette plus de flamme ; produit qui résulte du bois brûlé à l'abri du contact de l'air ; houille fossile inflammable : *charbon de terre*. *Méd.* Tumeur inflammatoire qui se convertit en croûte noirâtre gangreneuse. *Agr.* Maladie du blé.

CHARBONNER, v. int. Être réduit en charbon. V. tr. Noircir, écrire avec du charbon : *charbonner les murs*.

CHARBONNEUX, EUSE, adj. De la nature du charbon.

CHARBONNIER, ÈRE, n. Qui fait ou vend du charbon.

CHARCUTER, v. tr. Taillader maladroitement les chairs d'un malade. *Fig.* Couper malproprement de la viande à table.

CHARCUTERIE, n. f. Commerce, marchandises du charcutier.

CHARCUTIER, ÈRE, n. Qui prépare ou vend de la chair de porc.

CHARDON, n. m. Plante à feuilles épineuses. *Chardon à bonnetier*, à *foulon*, dont la tête sert à peigner la laine.

CHARDONNERET, n. m. Petit oiseau du genre des passereaux.

CHARGE, n. m. Faix, fardeau ; ce que peut porter un homme, un cheval, un vaisseau, une voiture ; fonction publique : *charge éminente* ; attaque impétueuse d'une troupe : *charge à fond*, batterie de tambour, sonnerie de trompette, pour avancer sur l'ennemi : *sonner la charge* ; ce qu'on met de poudre et de plomb dans une arme à feu ; soin, garde : *femme de charge*. *Retourner à la charge*, faire une nouvelle tentative. Pl. Preuves, indices : *charges accablantes contre un accusé* ; impositions : *charges publiques*.

CHARGEMENT, n. m. Cargaison

d'un bâtiment; charge d'une voiture de roulage; action de charger.

CHARGER, v. tr. Mettre une charge sur; couvrir : *charger une table de mets. Fig.* Imposer une charge : *charger d'impôts*; déposer contre : *charger un accusé*; donner un ordre, une commission : *charger d'une affaire*; attaquer avec impétuosité : *charger l'ennemi*; mettre dans une arme à feu de la poudre, du plomb; exagérer : *charger un récit. Charger un portrait*, le rendre ridicule. **Chargé, ée,** adj. Qui a trop : *discours chargé de citations. Fig.* Comblé : *chargé d'honneurs. Temps chargé*, couvert de nuages; *lettre chargée*, qui contient des valeurs. **Chargé d'affaires,** représentant un pays dans un autre; homme d'affaires.

CHARGEUR, n. m. Qui charge des marchandises.

CHARIOT, n. m. Voiture à quatre roues pour les fardeaux. *Astr. Chariot de David*, constellation.

CHARITABLE, adj. Qui a de la charité; qui part d'un principe de charité : *sentiments charitables*.

CHARITABLEMENT, adv. D'une manière charitable.

CHARITÉ, n. f. Amour que nous avons pour Dieu, ou pour notre prochain; aumône. **Sœurs de charité**, congrégation de personnes pieuses qui se vouent au soulagement des pauvres et des malades, instituée en 1607, par saint Vincent de Paul; *bureau de charité*, où l'on distribue des secours aux indigents; *dames de charité*, dames bienfaisantes qui secondent les bureaux de charité.

CHARIVARI, n. m. Bruit nocturne et tumultueux de poêles, de chaudrons, accompagné de cris et de huées. *Fig.* Musique discordante.

CHARLATAN, n. m. Vendeur de drogues sur les places publiques; médecin qui se vante de guérir toutes sortes de maladies. *Fig.* Imposteur qui exploite la crédulité publique.

CHARLATANERIE, n. f. Hâblerie.

CHARLATANISME, n. m. Exploitation de la crédulité publique.

CHARLOTTE, n. f. Marmelade de pommes qu'on entoure de pain frit. *Charlotte russe*, crème fouettée entourée de petits biscuits.

CHARMANT, E, adj. Agréable, qui plaît extrêmement, qui captive le cœur : *personne charmante*.

CHARME, n. m. Enchantement magique : *rompre un charme. Fig.* Pl. Appas, beauté : *les charmes de la vertu*.

CHARME, n. m. Arbre de haute tige, à bois dur et blanc.

CHARMER, v. tr. Jeter un charme, fasciner. *Fig.* Plaire extrêmement, ravir d'admiration : *charmer l'esprit*; suspendre, adoucir l'effet d'un sentiment triste, pénible : *charmer la douleur, les peines*.

CHARMILLE, n. f. Allée de charmes.

CHARNEL, ELLE, adj. Voluptueux : *homme charnel*; qui a rapport aux sens : *plaisirs charnels*.

CHARNELLEMENT, adv. D'une manière charnelle.

CHARNIER, n. m. Lieu où l'on conserve des viandes salées; dépôt d'ossements.

CHARNIÈRE, n. f. Assemblage mobile de deux pièces jointes par une broche.

CHARNU, E, adj. Bien fourni de chair : *bras charnus. Fig.* Se dit des fruits : *olives bien charnues*.

CHAROGNE, n. f. Cadavre corrompu d'une bête morte.

CHARPENTE, n. f. Assemblage de pièces de bois pour la construction. *Fig.* Assemblage des os : *la charpente osseuse*; structure d'un ouvrage d'esprit, d'un poème.

CHARPENTER, v. tr. Tailler, équarrir du bois.

CHARPENTERIE, n. f. Art du charpentier.

CHARPENTIER, n. m. Artisan qui travaille en charpente.

CHARPIE, n. f. Filaments de linge usé pour mettre sur les plaies.

CHARRÉE, n. f. Cendre qui a servi à faire la lessive.

CHARRETÉE, n. f. Le contenu d'une charrette.

CHARRETIER, n. m. Conducteur d'une charrette.

CHARRETTE, n. f. Voiture à deux roues, à ridelles et à limons.

CHARRIAGE, n. m. Action de charrier.

CHARRIER, n. m. Grosse toile qui se met entre la cendre et le linge, dans un cuvier, lorsqu'on fait la lessive.

CHARRIER, v. tr. Transporter dans une charrette; emporter dans son cours : *le fleuve charrie du sable. V. int.* Porter des glaçons : *la rivière charrie*.

CHARROI, n. m. Transport par chariot.

CHARRON, n. m. Qui fait des chariots, des charrettes, des voitures.

CHARRONNAGE, n. m. Métier du charron.

CHARROYER, v. tr. Transporter

sur des chariots, des charrettes, des tombereaux, etc.

CHARRUE, n. f. Machine à labourer la terre. *Mettre la charrue devant les bœufs*, placer avant ce qui doit être après.

✝**CHARTE** ou **CHARTRE**, n. f. Ancien titre concédant des franchises, des priviléges; lois constitutionnelles d'un État : *la charte anglaise. Charte privée*, détention sans autorité de justice : *tenir quelqu'un en charte privée.*

CHARTREUSE, n. f. Couvent de chartreux. *Fig.* Petite maison de campagne isolée, solitaire; liqueur douce et aromatique.

CHARTREUX, EUSE, n. Religieux, religieuse de l'ordre de saint Bruno.

✝**CHARYBDE**, n. m. Célèbre écueil situé sur la côte de Sicile.

CHAS, n. m. Trou d'une aiguille.

CHÂSSE, n. f. Coffre où l'on conserve les reliques d'un saint : *la châsse de sainte Geneviève;* monture d'un verre de lunette.

CHASSE, n. f. Action de chasser. *Fig. Donner la chasse à l'ennemi, à quelqu'un*, le poursuivre.

CHASSÉ, n. m. Pas de danse.

CHASSELAS, n. m. Variété de beau raisin cultivé en treille.

CHASSE-MARÉE, n. m. Voiture, voiturier qui apporte la marée; bâtiment côtier à deux mâts, très-propre à la marche. Pl. des *chasse-marée.*

CHASSE-MOUCHES, n. m. Espèce d'éventail. Pl. des *chasse-mouches.*

CHASSER, v. tr. Mettre dehors avec violence; pousser devant soi; congédier : *chasser un domestique;* écarter ce qui importune : *chasser de tristes pensées;* dissiper : *chasser le mauvais air;* poursuivre le gibier : *chasser le cerf;* enfoncer : *chasser un clou. Fig. Chasser sur les terres d'autrui*, empiéter sur les droits des autres.

CHASSERESSE, n. f. Poét. Chasseuse. Adj. : *Diane chasseresse.*

CHASSEUR, EUSE, n. Qui chasse; soldat armé à la légère : *chasseur à pied, chasseur à cheval;* domestique en livrée de chasse.

CHASSIE, n. f. Humeur visqueuse qui découle des yeux.

CHASSIEUX, EUSE, adj. Qui a de la chassie aux yeux.

CHÂSSIS, n. m. Encadrement en bois, en fer, pour enchâsser; contenir; cadre sur lequel on applique une toile, un tableau. *Jard.* Cadre garni de vitres, qu'on met sur une couche.

CHASTE, adj. Pur, ennemi de tout ce qui blesse la pudeur, la modestie : *oreille chaste.*

CHASTEMENT, adv. D'une manière chaste.

CHASTETÉ, n. f. Vertu des personnes chastes.

CHASUBLE, n. f. Ornement que le prêtre met par-dessus l'aube et l'étole pour célébrer la messe.

CHASUBLIER, n. m. Ouvrier qui fait les ornements d'église.

CHAT, CHATTE, n. Animal domestique qui détruit les rats et les souris. *Il n'y a pas un chat*, il n'y a personne; *vivre comme chien et chat*, s'accorder mal ensemble; *acheter chat en poche*, sans examiner; *réveiller le chat qui dort*, réveiller une affaire assoupie.

CHÂTAIGNE, n. f. Fruit du châtaignier.

CHÂTAIGNERAIE, n. f. Lieu planté de châtaigniers.

CHÂTAIGNIER, n. m. Grand arbre qui produit les châtaignes.

CHÂTAIN, adj. et n. m. Couleur entre le blond et le noir.

CHÂTEAU, n. m. Habitation royale ou seigneuriale; grande et belle maison à la campagne. *Fig. Châteaux en Espagne*, projets en l'air.

CHÂTELAIN, n. m. Ancien seigneur d'un manoir.

CHÂTELAINE, n. f. Dame d'un châtelain.

CHÂTELET, n. m. Petit château fort; ancien tribunal à Paris.

CHÂTELLENIE, n. f. Seigneurie et juridiction d'un châtelain.

CHAT-HUANT, n. m. Oiseau de nuit, sorte de hibou. Pl. des *chats-huants.*

CHÂTIER, v. tr. Punir, corriger, infliger un châtiment. *Fig.* Polir, rendre pur : *châtier son style.*

CHATIÈRE, n. f. Ouverture pratiquée pour laisser passer les chats.

CHÂTIMENT, n. m. Punition.

CHATON, n. m. Petit chat; partie d'une bague, dans laquelle une pierre précieuse est enchâssée. *Bot.* Pl. Fleurs de certains arbres attachées ensemble sur un même filet, telles que celles du noyer, du chêne, etc.

CHATOUILLEMENT, n. m. Action de chatouiller; sensation qui en résulte.

CHATOUILLER, v. tr. Causer, par un attouchement léger, un tressaillement qui provoque ordinairement le rire. *Fig.* Flatter agréablement, plaire : *les louanges chatouillent l'oreille.*

CHATOUILLEUX, EUSE, adj. Sensible au chatouillement. *Fig.* Susceptible, qui se fâche aisément : *homme cha-touilleux.*

CHATOYANT, E, adj. Qui a des re-flets brillants et changeants, selon la direction de la lumière : *étoffe cha-toyante.*

CHATOYER, v. int. Se dit des pierres précieuses qui jettent des rayons, des feux, comme l'œil d'un chat.

CHATTEMITÉ, n. f. Faux air de douceur pour mieux tromper : *faire la chattemite. Fam.*

CHAUD, E, adj. Qui a, ou donne de la chaleur : *climat chaud, vin chaud* ; qui la conserve : *vêtement chaud. Fig.* Vif, animé : *une chaude dispute* ; prompt, ardent : *tête chaude* ; violent : *fièvre chaude* ; empressé, passionné :: *ami chaud. Pleurer à chaudes larmes,* excessivement. N. m. Chaleur.

CHAUDE, n. f. Feu vif et clair pour se chauffer promptement : *faire une chaude.*

CHAUDEAU, n. m. Sorte de bouillon chaud.

CHAUDEMENT, adv. De manière à avoir chaud : *se vêtir chaudement. Fig.* Avec ardeur : *poursuivre une affaire chaudement.*

CHAUDIÈRE, n. f. Grand vaisseau, ordinairement de cuivre, où l'on fait chauffer, cuire, bouillir.

CHAUDRON, n. m. Petite chaudière à anse.

CHAUDRONNÉE, n. f. Ce que contient un chaudron.

CHAUDRONNERIE, n. f. Profession, marchandises du chaudronnier.

CHAUDRONNIER, ÈRE, n. Qui fait ou vend les ustensiles de cuisine.

CHAUFFAGE, n. m. Ce qui sert à chauffer : *le chauffage est cher cette année* ; action, manière de chauffer : *le chauffage d'un four.*

CHAUFFER, v. tr. Donner de la chaleur : *chauffer un four. Fig.* Presser, mener vivement : *chauffer une affaire.* V. int. Recevoir de la chaleur : *le bain chauffe* ; produire du calorique : *cette cheminée chauffe bien.*

CHAUFFERETTE, n. f. Sorte de boîte, pleine de cendre chaude, pour se chauffer les pieds.

CHAUFFEUR, n. m. Celui qui est chargé d'entretenir le feu d'une forge, d'une machine à vapeur.

CHAUFFOIR, n. m. Salle où l'on se réunit pour se chauffer.

CHAUFOUR, n. m. Four à cuire la chaux

CHAUFOURNIER, n. m. Ouvrier qui cuit la chaux.

CHAULAGE, n. m. Action de chauler le blé.

CHAULER, v. tr. Passer le blé par l'eau de chaux avant de le semer, pour le faire gonfler et en activer la germination.

CHAUMAGE, n. m. Temps auquel on coupe le chaume.

CHAUME, n. m. Partie de la tige des blés qui reste dans le champ quand on les a coupés ; le champ lui-même où le chaume est encore sur pied. *Fig.* Toiture en chaume ; chaumière : *naître sous le chaume.*

CHAUMER, v. tr. et int. Couper et arracher le chaume.

CHAUMIÈRE, n. f. Petite maison couverte de chaume.

CHAUMINE, n. f. Petite chaumière.

CHAUSSE, n. f. Bande d'étoffe que les membres de l'université portent sur l'épaule par-dessus leur robe ; étoffe disposée en forme d'entonnoir pour clarifier les liquides.

CHAUSSÉE, n. f. Élévation de terre pour retenir l'eau d'une rivière, d'un étang ; levée dans un lieu bas pour servir de chemin ; milieu d'une rue ou d'une route pavée. Dans cette dernière acception son opposé est *trottoir.*

CHAUSSE-PIED, n. m. Morceau de corne façonné sur la forme du talon, pour chausser un soulier.

CHAUSSER, v. tr. Mettre des bas, des souliers ; faire, fournir de la chaussure. *Jard.* Chausser une plante, l'entourer de terre. V. int. Aller bien au pied : *ce soulier chausse parfaitement. Fig. Chausser le cothurne,* jouer la tragédie ; *chausser le brodequin,* jouer la comédie.

CHAUSSES, n. f. pl. Se disait autrefois pour culotte, caleçon, et toute la partie du vêtement qui couvrait le corps depuis la ceinture jusqu'aux genoux.

CHAUSSETIER, n. m. Qui fait ou vend des bas.

CHAUSSE-TRAPE, n. f. Piège à renards ; assemblage de pointes de fer qu'on jette dans les rangs ennemis, pour enferrer les hommes et les chevaux. Pl. des *chausse-trapes.*

CHAUSSETTE, n. f. Espèce de bas très-court.

CHAUSSON, n. m. Chaussure de toile, de laine, etc., qui n'enveloppe que le pied ; soulier de danse, de salle d'armes ; pâtisserie aux pommes, de la forme d'un chausson.

CHAUSSURE, n. f. Tout ce que l'on met au pied pour se chausser.

CHAUVE, adj. Celui dont les cheveux sont tombés : *tête chauve.*

CHAUVE-SOURIS, n. f. Mammifère nocturne, qui a des ailes membraneuses, et ressemble à une souris. Pl. des *chauves-souris*.

CHAUVINISME, n. m. Mot créé récemment pour exprimer le fanatisme napoléonien, et, par suite, tout fanatisme politique.

CHAUX, n. f. Pierre à chaux, cuite dans les fours. *Chim.* Métaux calcinés et décomposés par l'action du feu, qu'on appelle *oxydes*. *Chaux vive*, cuite et détrempée; *chaux éteinte*, propre à être employée.

CHAVIRER, v. int. Se dit d'un vaisseau ou d'un bateau qui se trouve sens dessus dessous.

CHEF, n. m. Tête (parlant de l'homme); celui qui est à la tête : *chef de bataillon*; qui dirige un travail : *chef d'une entreprise*; point, article, objet principal : *chef d'accusation*. *De son chef*, loc. adv. De sa propre autorité.

CHEF-D'ŒUVRE, n. m. Œuvre parfaite, ou la plus belle du genre : *chef-d'œuvre de sculpture*. Pl. des *chefs-d'œuvre*.

CHEF-LIEU, n. m. Siège d'une division administrative : *chef-lieu de préfecture*, *de sous-préfecture*, *de département*, *d'arrondissement*. Pl. des *chefs-lieux*.

CHEIK, n. m. Chef de tribu arabe.

CHÉIROPTÈRES, n. m. pl. Nom scientifique de la famille des chauves-souris.

CHEMIN, n. m. Voie de communication par terre. **Chemin de fer**, dont la voie est formée par deux lignes parallèles de barres de fer sur lesquelles les roues glissent avec un faible frottement; *chemin vicinal*, qui sert à unir entre elles les diverses communes d'un département. *Fig.* Faire son chemin, réussir; *aller le droit chemin*, procéder avec droiture; *montrer le chemin*, donner l'exemple.

CHEMINÉE, n. f. Foyer où l'on fait du feu; tuyau qui s'élève au-dessus du toit et par où passe la fumée; partie d'une arme à piston où s'adapte la capsule.

CHEMINER, v. int. Marcher, faire du chemin.

CHEMISE, n. f. Vêtement de linge qu'on porte sur la peau; enveloppe de papier, qui renferme d'autres papiers.

CHEMISETTE, n. f. Petite chemise qui n'a que la partie antérieure, et qu'on porte sur la chemise.

CHÊNAIE, n. f. Lieu planté de chênes.

CHENAL, n. m. Courant d'eau pour un moulin; courant d'eau en forme de canal, par lequel les bâtiments peuvent passer.

CHENAPAN, n. m. Vaurien, bandit.

CHÊNE, n. m. Grand arbre d'un bois fort dur, qui porte le gland.

CHÊNEAU, n. m. Jeune chêne.

CHÉNEAU, n. m. Tuyau de descente par où s'écoulent les eaux de la gouttière.

CHENET, n. m. Ustensile pour supporter le bois dans le foyer.

CHÉNEVIÈRE, n. f. Champ où croît le chanvre.

CHÉNEVIS, n. m. Graine du chanvre.

CHÉNEVOTTE, n. f. Partie ligneuse du chanvre dépouillée de son écorce.

CHENIL, n. m. Lieu où l'on renferme les chiens de chasse. *Fig.* Logement sale et vilain.

CHENILLE, n. f. Insecte rampant qui s'attaque à toute espèce de végétation; tissu de soie velouté, dont on se sert dans les broderies.

CHENU, E, adj. Blanchi par la vieillesse : *tête chenue*. *Fig.* Couvert de neige : *Alpes chenues*. Arbre *chenu*, dépouillé de ses branches.

CHEPTEL, n. m. Contrat par lequel on donne des bestiaux à garder, à nourrir, à soigner, moyennant une part dans les profits.

CHER, **ÈRE**, adj. Tendrement aimé : *cher à sa famille*; d'un prix élevé : *étoffe chère*. *Fig.* Précieux : *les moments sont chers*. Adv. À haut prix : *vendre*, *payer cher*.

CHERCHER, v. tr. Se donner du mouvement, de la peine pour trouver; s'efforcer de : *chercher à plaire*. *Chercher son pain*, mendier.

CHERCHEUR, **EUSE**, adj. et n. Qui cherche.

CHÈRE, n. f. Tous les mets que l'on sert dans un repas : *faire bonne*, *mauvaise chère*.

CHÈREMENT, adv. Avec tendresse; à haut prix. *Fig.* Vendre chèrement sa vie, tuer ou blesser beaucoup d'ennemis avant de succomber.

CHÉRIF, n. m. Musulman descendant de Mahomet; prince arabe.

CHÉRIR, v. tr. Aimer tendrement.

CHÉRISSABLE, adj. Digne d'être chéri.

CHERSONÈSE, n. f. Nom donné à certaines presqu'îles : *la chersonèse de Thrace*.

CHERTÉ, n. f. Haut prix, surtout des denrées : *la cherté des grains*.

CHÉRUBIN, n. m. Ange de la première hiérarchie. *Fig.* Charmant enfant.

CHESTER, n. m. Sorte de fromage qui se fait à Chester, en Angleterre.

CHÉTIF, IVE, adj. Faible : *enfant chétif* ; vil : *va-t'en, chétif insecte* ; maladif : *mine chétive* ; mauvais : *chétive récolte* ; pauvre : *chétive demeure*.

CHÉTIVEMENT, adv. D'une manière chétive : *vivre chétivement*.

CHEVAL, n. m. Animal domestique qui hennit. *Fig.* Homme fort et courageux : *c'est un cheval à l'ouvrage*. *Fièvre de cheval*, très-forte ; *être à cheval sur les règles*, les bien connaître ; *cheval de frise*, pièce de bois hérissée de pointes, machine de guerre ; *cheval fondu* ; jeu d'enfants.

CHEVALERESQUE, adj. Qui tient de la chevalerie : *bravoure chevaleresque*.

CHEVALERIE, n. f. Qualité, rang de chevalier dans un ordre militaire ; l'ordre lui-même.

CHEVALET, n. m. Ancien instrument de torture ; support des cordes d'un violon ; instrument sur lequel les peintres posent leurs tableaux pour travailler ; petite monture en bois sur laquelle on scie.

CHEVALIER, n. m. Citoyen romain du second ordre ; premier degré d'honneur de l'ancienne milice française : *le chevalier Bayard* ; aujourd'hui, porteur d'une décoration : *chevalier de la Légion d'honneur. Chevalier d'industrie*, escroc. *Fig. Se faire le chevalier de quelqu'un*, prendre chaudement sa défense.

CHEVALINE (*bête*), adj. Un cheval, une jument.

CHEVAUCHER, v. int. Aller à cheval ; se croiser : *ces tuiles ne chevauchent pas régulièrement*.

CHEVAU-LÉGER, n. m. Cavalier d'un corps de troupes qui faisait partie de la maison du roi. Pl. *chevau-légers*.

CHEVELU, E, adj. Garni de cheveux ; qui porte de longs cheveux ; *rois chevelus. Racines chevelues*, qui poussent des filaments très-déliés.

CHEVELURE, n. f. Les cheveux de la tête ; traînée lumineuse d'une comète. *Chevelure de Bérénice*, constellation boréale.

CHEVET, n. m. Tête du lit.

CHEVEU, n. m. Poil de la tête de l'homme. *Fig. Se prendre aux cheveux*, se quereller, se battre ; *faire dresser les cheveux*, faire horreur ; *raisonnement tiré par les cheveux*, manquant de naturel, de logique.

CHEVILLAGE, n. m. Action de cheviller, le bâtiment de mer.

CHEVILLE, n. f. Morceau de bois ou de métal, pour boucher un trou ou faire un assemblage ; ce qui sert à tendre ou détendre les cordes d'un instrument de musique ; saillie des os de l'articulation du pied. *Fig. Poés.* Expression inutile : *cette leçon vaut bien un fromage, sans doute. Cheville ouvrière*, principal agent ou mobile d'une affaire : *il est la cheville ouvrière de cette entreprise*.

CHEVILLER, v. tr. Assembler avec des chevilles.

CHÈVRE, n. f. Femelle du bouc ; appareil propre à élever des fardeaux. *Fig. Ménager la chèvre et le chou*, se conduire entre deux partis de manière à ne blesser ni l'un ni l'autre.

CHEVREAU, n. m. Petit de la chèvre. *Par ext.* La peau elle-même : *gants en chevreau*.

CHÈVREFEUILLE, n. m. Arbrisseau grimpant, à fleurs odoriférantes.

CHEVRETTE, n. f. Femelle du chevreuil.

CHEVREUIL, n. m. Variété du cerf.

CHÉVRIER, n. m. Pâtre de chèvres.

CHÉVRILLARD, n. m. Petit chevreau.

CHEVRON, n. m. Chacune des pièces de bois qui s'élèvent par paire sur un toit, et en forment le faîte ; galon placé en angle sur le bras gauche des soldats, pour marquer l'ancienneté de leur service.

CHEVROTANT, E, adj. Qui chevrote : *voix chevrotante*.

CHEVROTEMENT, n. m. *Mus.* Cadence saccadée et tremblée.

CHEVROTER, v. int. Chanter, parler d'une voix tremblotante.

CHEVROTIN, n. m. Peau de chevreau corroyée.

CHEVROTINE, n. f. Plomb de moyen calibre pour tirer le chevreuil.

CHEZ, prép. Au logis de : *chez moi* ; du temps de, parmi : *chez les anciens*.

CHIBOUQUE, n. m. Pipe à long tuyau dont on se sert en Orient.

CHICANE, n. f. Procédure artificieuse ; subtilité captieuse : *mauvaise chicane* ; manie des procès : *aimer la chicane*.

CHICANER, v. int. User de chicane en procès. V. tr. et int. Disputer, contester sans motif : *chicaner au jeu, chicaner ses voisins*.

CHICANERIE, n. f. Difficulté suscitée par la malveillance.

CHICANEUR, EUSE, adj. et n. Qui aime à chicaner, surtout en affaires.

CHICANIER, ÈRE, adj. et n. Qui

a l'habitude de chicaner sur les moindres choses. *Fam.*

CHICHE, adj. Avare. *Pois chiche*, gros pois gris.

CHICHEMENT, adv. Avec avarice : *vivre chichement.*

CHICON, n. m. Nom vulgaire de la romaine, espèce de salade.

CHICORÉE, n. f. Plante potagère; salade.

CHICOT, n. m. Ce qui reste hors de terre d'un arbre rompu; reste d'une dent cassée.

CHICOTIN, n. m. Suc amer, extrait de la coloquinte.

CHIEN, ENNE, n. Le plus intelligent des animaux domestiques. *Jeter sa langue aux chiens*, renoncer à deviner quelque chose. *Astr. Grand Chien*, constellation boréale; *Petit Chien*, constellation australe.

CHIEN, n. m. Pièce qui tient la pierre d'une arme à feu.

CHIEN-DE-MER, n. m. Poisson de mer, dont la peau très-rude sert à polir le bois.

CHIENDENT, n. m. Plante graminée, dont la racine s'emploie en médecine.

CHIFFON, n. m. Vieux morceau d'étoffe. *Fig.* Chose de peu de valeur : *chiffon de papier.*

CHIFFONNER, v. tr. Froisser : *chiffonner une étoffe. Fig.* Contrarier : *cette nouvelle me chiffonne. Fam.* **Chiffonné, ée**, part. pas. et adj. *Mine chiffonnée*, peu régulière, mais agréable.

CHIFFONNIER, n. m. Qui va ramasser les chiffons par la ville; petit meuble de femme, à tiroirs.

CHIFFRE, n. m. Caractère qui représente les nombres; montant, valeur d'une chose : *chiffre de la dépense.*

CHIFFRER, v. int. Calculer avec les chiffres. V. tr. Numéroter : *chiffrer des pages.*

CHIFFREUR, n. m. Qui compte bien avec la plume.

CHIGNON, n. m. Le derrière du cou; cheveux de derrière relevés en double.

† **CHIMÈRE**, n. f. Monstre fabuleux. *Fig.* Idées fausses, imaginations vaines : *se repaître de chimères.*

CHIMÉRIQUE, adj. Qui se nourrit de chimères : *esprit chimérique;* sans fondement : *projet chimérique.*

CHIMIE, n. f. Art d'analyser les corps.

CHIMIQUE, adj. Qui appartient à la chimie : *composition chimique.*

CHIMISTE, n. m. Qui s'occupe de chimie.

CHIMPANZÉ, n. m. Genre de singe, voisin du genre orang.

CHINCHILLA, n. m. Animal du Pérou, à fourrure estimée.

CHINER, v. tr. Disposer les fils d'une étoffe, de manière à former un dessin.

CHINOIS, E, adj. De la Chine : *costume chinois;* dans le goût chinois : *jardin chinois.*

CHIOURME, n. f. Tous les forçats d'un bagne.

CHIPER, v. tr. Dérober, dans le langage des écoliers.

CHIPOTER, v. int. Faire un travail avec lenteur, négligence; faire des difficultés. *Fam.*

CHIPOTIER, ÈRE, n. Qui chipote.

CHIQUE, n. f. Morceau de tabac que l'on mâche; espèce de ciron qui entre dans la chair.

CHIQUENAUDE, n. f. Coup appliqué avec le doigt du milieu plié et raidi contre le pouce : *donner une chiquenaude.*

CHIQUER, v. int. Mâcher du tabac; manger. *Pop.*

† **CHIROMANCIE**, n. f. Art prétendu de deviner, de prédire par l'inspection de la main.

CHIROMANCIEN, n. m. Qui exerce la chiromancie.

CHIRURGICAL, E, adj. Qui appartient à la chirurgie : *opération chirurgicale.*

CHIRURGIE, n. f. Science qui consiste à faire sur le corps humain diverses opérations pour le guérir.

CHIRURGIEN, n. m. Qui exerce la chirurgie. *Chirurgien-major*, chirurgien en chef d'un régiment. Pl. des *chirurgiens-majors.*

CHLAMYDE, n. f. Espèce de manteau, commun aux Grecs et aux Romains.

CHLORATE, n. m. *Chim.* Sel formé par la combinaison de l'acide chlorique avec une base salifiable.

† **CHLORE**, n. m. Corps simple, gazeux, d'une odeur forte et suffocante.

CHLORIQUE (*acide*), adj. Formé par la combinaison du chlore avec l'oxygène.

CHLOROFORME, n. m. Substance liquide, incolore, d'une odeur éthérée très-agréable, et qui, respirée, a la propriété d'endormir et de suspendre complétement la sensibilité.

CHLOROSE, n. f. *Méd.* Maladie des pâles couleurs.

CHLORURE, n. m. Combinaison du chlore avec un corps simple combustible.

CHOC, n. m. Heurt d'un corps contre un autre; rencontre et combat : *soutenir le choc.*

CHOCOLAT, n. m. Pâte alimentaire composée de cacao et de sucre ; sa couleur : *ruban chocolat.*

CHOCOLATIER, n. m. Fabricant de chocolat.

CHOCOLATIÈRE, n. f. Vase pour préparer le chocolat, lorsqu'on veut le prendre en boisson.

CHŒUR, n. m. Troupe de musiciens qui chantent ensemble; chant exécuté par plusieurs voix; partie de l'église où l'on chante l'office.

CHOIR, v. int. Tomber. Usité seulement à l'inf. et au part. passé *chu.*

CHOISIR, v. tr. Préférer.

CHOIX, n. m. Action, faculté, pouvoir de choisir; élection : *choix d'un député;* élite : *un choix de livres.*

CHOLÉRA, n. m. Maladie épidémique caractérisée par des vomissements nombreux, des déjections fréquentes et des crampes douloureuses.

CHOLÉRINE, n. f. Maladie qui offre quelques symptômes du choléra.

CHOLÉRIQUE, n. m. Atteint du choléra.

CHÔMAGE, n. m. Temps que l'on est sans travailler.

CHÔMER, v. int. Ne rien faire, rester inoccupé : *cet ouvrier chôme.* V. tr. Célébrer une fête par la cessation de travail : *chômer un saint.*

CHOPE, n. f. Grand verre pour boire la bière; son contenu.

CHOPINE, n. f. Mesure de liquides contenant environ un demi-litre.

CHOPINER, v. int. Boire fréquemment du vin. *Pop.*

CHOQUANT, E, adj. Désagréable : *mine choquante;* offensant : *paroles choquantes.*

CHOQUER, v. tr. Donner un choc, heurter. *Fig.* Offenser.

CHORÉGRAPHIE, n. f. Art de noter les pas et les figures de la danse.

CHORÉGRAPHIQUE, adj. Qui appartient à la chorégraphie : *art chorégraphique.*

CHORISTE, n. m. Chantre du chœur; celui qui chante dans les chœurs.

CHORUS (*faire*), n. m. Répéter ne chœur.

CHOSE, n. f. Tout ce qui est; tout être inanimé réel ou idéal. *Fig.* Valeur, propriété : *il possède peu de chose;* événement : *savez-vous la chose?* La chose publique, l'État.

CHOU, n. m. Plante potagère; bouffette en rubans; pâtisserie. *Fig. et fam. Chou blanc,* résultat nul.

† **CHOUAN**, n. m. Insurgé de la Vendée.

CHOUANNERIE, n. f. Insurrection des Vendéens en 1791.

CHOUCROUTE, n. f. Choux hachés et fermentés.

CHOUETTE, n. f. Oiseau nocturne à grosse tête.

CHOU-FLEUR, n. m. Variété du chou. Pl. des *choux-fleurs.*

CHOYER, v. tr. Soigner avec tendresse.

CHRÊME, n. m. Huile sacrée, servant aux onctions dans l'administration de quelques sacrements : *le saint-chrême.*

CHRÉTIEN, ENNE, adj. et n. Qui est baptisé et professe la religion de Jésus-Christ.

CHRÉTIENNEMENT, adv. D'une manière chrétienne : *vivre chrétiennement.*

CHRÉTIENTÉ, n. f. Tous les chrétiens répandus sur le globe.

CHRIST, n. m. Le Messie; figure de J.-C. attaché sur la croix : *voilà un beau christ.*

CHRISTIANISME, n. m. Religion de J.-C.

CHROMATE, n. m. Sel composé d'acide chromique et d'une base.

CHROMATIQUE, adj. et n. *Mus.* Série de sons procédant par demi-tons, soit en montant, soit en descendant : *gamme chromatique.*

CHROME, n. m. Corps simple, métallique, dont toutes les combinaisons sont remarquables par leur belle coloration.

CHROMIQUE (*acide*), adj. Combinaison formée de chrome et d'oxygène.

CHRONIQUE, n. f. Histoire dressée suivant l'ordre des temps : *les chroniques de Froissart. Fig. Chronique scandaleuse,* propos médisants sur quelqu'un. Adj. *Méd. Maladie chronique,* qui dure longtemps. Son opposé est maladie aiguë.

CHRONIQUEUR, n. m. Auteur de chroniques.

CHRONOLOGIE, n. f. Science des temps ou des dates historiques.

CHRONOLOGIQUE, adj. Qui appartient à la chronologie : *abrégé chronologique.*

CHRONOLOGISTE, n. m. Qui s'occupe de chronologie, la connaît.

CHRONOMÈTRE, n. m. Instrument pour mesurer le temps.

CHRYSALIDE, n. f. État d'un insecte renfermé dans sa coque avant de devenir papillon : *cet insecte est à l'état de chrysalide.*

6

CHRYSANTHÈME, n. m. Plante à fleur jaune.

CHRYSOCALE, n. m. Composition métallique qui imite l'or.

CHUCHOTEMENT, n. m. Action de chuchoter.

CHUCHOTER, v. int. Parler bas à l'oreille.

CHUCHOTERIE, n. f. Entretien à l'oreille. *Fam.*

CHUCHOTEUR, EUSE, n. Qui aime à chuchoter.

CHUT, interj. Silence!

CHUTE, n. f. Action d'un objet qui tombe: *Fig.* Passage de la puissance à l'infériorité : *chute d'un empire*, *d'une monarque*; insuccès ; *chute d'une pièce de théâtre*; faute envers Dieu : *chute du premier homme*; pensée heureuse qui termine une petite pièce de vers: *chute d'une épigramme*, *d'un couplet*. *Chute des feuilles*, l'automne ; *chute du jour*; moment où la nuit arrive; *chute d'eau*, petite cascade.

CHYLE, n. m. *Méd.* Suc blanc qui se forme de la partie nutritive des aliments pendant l'acte de la digestion.

CI, adv. de lieu, mis pour *ici*.

CIBLE, n. f. Planche servant de but pour le tir des armes à feu.

CIBOIRE, n. m. Vase sacré où l'on conserve les saintes hosties.

CIBOULE, n. f. Plante potagère du genre ognon.

CIBOULETTE, n. f. Espèce d'ail, nommée aussi *civette*.

CICATRICE, n. f. Trace qui reste d'une plaie, d'une blessure, au propre et au fig. : *les blessures de la calomnie se ferment, la cicatrice reste.*

CICATRISATION, n. f. État d'une plaie qui se ferme.

CICATRISER, v. tr. Fermer une plaie.

CICÉRO, n. m. Caractère d'imprimerie.

CICERONE, n. m. Guide des étrangers dans une ville.

CICÉRONIEN, ENNE, adj. Qui est imité de Cicéron : *style cicéronien*.

CID, n. m. Chef, commandant chez les anciens Arabes.

CIDRE, n. m. Boisson faite avec le jus de pomme.

CIEL, n. m. Espace indéfini dans lequel se meuvent les astres; air, atmosphère : *un ciel serein*; séjour des bienheureux : *monter au ciel*; climat: *le ciel de l'Italie*. *Fig.* Dieu, la Providence : *grâces au ciel. Le ciel d'un lit*, le couronnement ; *ciel d'un tableau*, partie qui représente l'air; *ciel de carrière*, ce qui sert de plafond; *élever jusqu'au*

ciel, louer extraordinairement; *les plaines du ciel*, l'air ; *c'est le ciel sur la terre*, félicité parfaite; *remuer ciel et terre*, faire tous ses efforts; *le feu du ciel*, le tonnerre. Interj. de surprise, de douleurs: *ô ciel!*

CIERGE, n. m. Grande chandelle de cire à l'usage des églises.

CIGALE, n. f. Insecte au chant aigu et monotone.

CIGARE, n. m. Petit rouleau de feuilles de tabac, que l'on fume.

CIGARETTE, n. f. Tabac roulé dans du papier très-fin.

CIGOGNE, n. f. Gros oiseau de passage, de l'ordre des échassiers.

CIGUË, n. f. Herbe vénéneuse qui ressemble au persil.

CIL, n. m. Poil des paupières.

CILICE, n. m. Large ceinture de crin qu'on porte sur la chair par mortification.

CILLEMENT, n. m. Action de ciller, en parlant des yeux et des paupières.

CILLER, v. tr. Fermer et rouvrir rapidement les paupières.

CIME, n. f. Sommet d'une montagne, d'un arbre, d'un rocher, etc.

CIMENT, n. m. Matière gluante et tenace, propre à lier les pierres.

CIMENTER, v. tr. Lier avec du ciment. *Fig.* Affermir : *cimenter la paix*.

CIMETERRE, n. m. Sabre large et recourbé, que portent les Orientaux.

CIMETIÈRE, n. m. Lieu où l'on enterre les morts.

CIMIER, n. m. Ornement qui forme la partie supérieure d'un casque.

CINABRE, n. m. Combinaison de soufre avec le mercure, d'un rouge vermillon.

CINÉRAIRE (*urne*), adj. Qui renferme les cendres d'un corps brûlé après la mort.

CINGLER, v. int. Naviguer : *cingler à l'est.* V. tr. Frapper avec quelque chose de souple, de pliant : *cingler le visage d'un coup de fouet.*

CINQ, adj. num. Nombre formé de 2 et 3; cinquième : *tome cinq.* N. m. Le chiffre qui représente ce nombre.

CINQUANTAINE, n. f. Nombre de cinquante ou environ. *Avoir la cinquantaine*, cinquante ans.

CINQUANTE, adj. num. Cinq fois dix; cinquantième: *page cinquante.*

CINQUANTIÈME, adj. ord. de cinquante. N. m. La cinquantième partie d'un tout.

CINQUIÈME, adj. ord. de cinq : *cinquième article.* N. m. Cinquième partie d'un tout.

CINQUIÈMEMENT, adv. En cinquième lieu.

CINTRE, n. m. Figure en arcade, en demi-cercle. *Arch.* Arcade de bois sur laquelle on bâtit les voûtes en pierre. *Théât.* Loges les plus élevées.

CINTRER, v. tr. Faire un ouvrage en cintre : *cintrer une galerie.*

CIPAYE, n. m. Soldat indien.

CIRAGE, n. m. Action de cirer ; composition noire et luisante qu'on étend sur les chaussures.

CIRCONCIRE, v. tr. Opérer la circoncision.

CIRCONCISION, n. f. Action de circoncire ; fête de l'Église (1er janvier).

CIRCONFÉRENCE, n. f. Ligne qui entoure le cercle.

CIRCONFLEXE (accent), adj. Qu'on met sur une voyelle longue.

CIRCONLOCUTION, n. f. Circuit de paroles ; périphrase : *les circonlocutions sont la marque d'une langue pauvre.*

CIRCONSCRIPTION, n. f. Ce qui borne la circonférence des corps ; division administrative, militaire ou religieuse d'un territoire ; *circonscription électorale.*

CIRCONSCRIRE, v. tr. Renfermer dans des limites. *Géom. Circonscrire une figure à un cercle,* tracer une figure dont les côtés touchent extérieurement le cercle.

CIRCONSPECT, E, adj. Discret, retenu ; qui agit avec réserve : *conduite circonspecte.*

CIRCONSPECTION, n. f. Prudence, discrétion : *agir avec circonspection.*

CIRCONSTANCE, n. f. Certaine particularité qui accompagne un fait ; occasion.

CIRCONSTANCIEL, ELLE, adj. *Gram.* Qui exprime les circonstances ; *complément circonstanciel.*

CIRCONSTANCIER, v. tr. Préciser les circonstances : *circonstancier un fait.*

CIRCONVALLATION, n. f. Tranchée avec redoutes, que font des assiégeants : *lignes de circonvallation.*

CIRCONVENIR, v. tr. Chercher à tromper par des détours artificieux : *circonvenir un juge.*

CIRCONVOISIN, E, adj. Proche, qui avoisine : *lieux circonvoisins.*

CIRCONVOLUTION, n. f. Tours faits autour d'un centre commun.

CIRCUIT, n. m. Tour : *cette ville a une lieue de circuit. Fig.* Détour : *un long circuit de paroles.*

CIRCULAIRE, adj. Rond ; qui va en rond : *mouvement circulaire.* N. f. Lettre adressée à plusieurs personnes.

CIRCULAIREMENT, adv. En rond.

CIRCULANT, E, adj. Qui est en circulation.

CIRCULATION, n. f. Mouvement de ce qui circule : *circulation du sang. Fig. Circulation de l'argent,* sa transmission de main en main.

CIRCULER, v. int. Se mouvoir circulairement ; passer, aller de main en main : *l'argent circule* ; aller et venir : *les voitures circulent. Fig.* Se propager, se répandre : *un bruit circule.*

CIRCUMNAVIGATION, n. f. Voyage autour du monde.

CIRE, n. f. Substance molle et jaunâtre sécrétée par l'abeille ; bougie : *brûler de la cire* ; luminaire d'une église : *les funérailles coûtent tant pour la cire* ; humeur visqueuse aux yeux ; composition pour cacheter les lettres : *cire d'Espagne.*

CIRER, v. tr. Enduire de cire : *cirer une toile* ; étendre et faire briller du cirage sur les chaussures.

CIRIER, n. m. Ouvrier qui travaille la cire.

CIRON, n. m. Animalcule, le plus souvent microscopique, qui s'engendre entre cuir et chair.

CIRQUE, n. m. Lieu destiné aux jeux publics chez les Romains, enceinte circulaire et couverte où les écuyers donnent leur spectacle.

CISAILLES, n. f. pl. Gros ciseaux pour couper des feuilles de métal.

CISALPIN, E, adj. En deçà des Alpes : *un pays cisalpin.*

CISEAU, n. m. Instrument de fer tranchant par un bout, pour travailler le bois, le fer, la pierre, le marbre.

CISEAUX, n. m. pl. Instrument de fer à deux branches mobiles et tranchantes en dedans.

CISELER, v. tr. Faire des ornements sur les métaux.

CISELET, n. m. Petit ciseau de l'orfèvre, du ciseleur, etc.

CISELEUR, n. m. Ouvrier dont le métier est de ciseler.

CISELURE, n. f. Art du ciseleur ; ouvrage ciselé.

CITADELLE, n. f. Forteresse qui commande une ville.

CITADIN, E, n. Qui habite une ville.

CITATION, n. f. Passage d'un auteur. *Pal.* Assignation devant un juge.

CITÉ, n. f. Circonscription locale qui comprend la collection des citoyens ; ville de premier ordre ; partie la plus ancienne de certaines villes : *la cité de Londres, de Paris* ; corps des habitants :

toute la cité est en rumeur. La cité sainte, le ciel ; *droit de cité*, aptitude à jouir des priviléges communs aux citoyens d'une ville.

CITER, v. tr. Rapporter un texte ; désigner, signaler : *il est cité pour sa bravoure. Pal.* Appeler devant le juge.

CITÉRIEUR, E, adj. Qui est en deçà, de notre côté.

CITERNE, n. f. Réservoir sous terre pour recevoir les eaux pluviales.

CITHARE, n. f. Lyre des anciens.

CITOYEN, ENNE, n. Habitant d'une cité ; qui jouit du droit de cité.

CITRATE, n. m. *Chim.* Sel formé par la combinaison de l'acide citrique avec une base.

CITRIN, E, adj. De la couleur du citron.

CITRIQUE, adj. Qu'on extrait du citron : *acide citrique.*

CITRON, n. m. Fruit d'un jaune pâle, de forme ovale, plein d'un jus acide. Adj. Couleur de citron : *ruban citron.*

CITRONNÉ, ÉE, adj. Qui sent le citron ; où l'on a mis du jus de citron : *tisane citronnée.*

CITRONNELLE, n. f. Nom général donné à différentes plantes qui sentent le citron.

CITRONNIER, n. m. Arbre qui produit le citron.

CITROUILLE, n. f. Plante potagère rampante, qui devient extrêmement grosse.

CIVE ou **CIVETTE**, n. f. Petite herbe potagère d'un goût très-relevé.

CIVET, n. m. Ragoût de lièvre.

CIVETTE, n. f. Quadrupède carnivore qui a, au-dessous de l'anus, une petite poche où s'amasse une matière grasse d'une odeur forte, très-employée en parfumerie, et qu'on nomme aussi *civette.*

CIVIÈRE, n. f. Brancard pour porter des fardeaux.

CIVIL, E, adj. Qui concerne les citoyens. *Fig.* Poli, honnête, bien élevé. **Mort civile**, privation des droits de citoyen ; **guerre civile**, entre citoyens.

CIVILEMENT, adv. En matière civile : *juger civilement* ; avec politesse : *parler civilement.*

CIVILISABLE, adj. Qui peut être civilisé.

CIVILISATEUR, TRICE, adj. Qui civilise : *la religion chrétienne est civilisatrice.*

CIVILISATION, n. f. Action de civiliser ; état de ce qui est civilisé : *la civilisation d'un pays.*

CIVILISER, v. tr. Rendre sociable ;

polir les mœurs ; donner des leçons d'urbanité, de politesse.

CIVILITÉ, n. f. Manière honnête de vivre et de converser dans le monde, courtoisie ; petit livre en usage dans les écoles, renfermant les règles de la civilité. Pl. Paroles civiles, compliments d'usage : *faire des civilités.*

CIVIQUE, adj. Qui concerne le citoyen : *vertus civiques.*

CIVISME, n. m. Zèle, dévoûment pour la patrie.

CLABAUDAGE, n. m. Cri du chien qui clabaude, aboie. *Fig.* Vaines criailleries.

CLABAUDER, v. int. *Vén.* Aboyer hors des voies. *Fig.* Crier mal à propos et sans sujet. *Fam.*

CLABAUDERIE, n. f. Criaillerie importune et sans raison.

CLABAUDEUR, EUSE, n. Grand criailleur, qui crie beaucoup et mal à propos.

CLAIE, n. f. Tissu d'osier à claire-voie.

CLAIR, E, adj. Lumineux, éclatant ; qui reçoit beaucoup de jour : *chambre claire* ; poli, luisant : *armes claires* ; transparent : *eau claire* ; peu foncé en couleur : *rose-clair* ; peu consistant : *sirop clair* ; peu serré : *toile claire* ; pur, serein : *temps clair. Fig.* Intelligible : *style clair* ; évident, manifeste : *preuve claire.* N. m. Clarté ; *le clair de lune.* Adv. D'une manière claire, distincte : *voir clair.*

CLAIREMENT, adv. Nettement : *s'expliquer clairement.*

CLAIRET, adj. et n. m. Sorte de vin entre le rouge et le blanc.

CLAIRE-VOIE, n. f. Ouverture à rez-de-chaussée, fermée par une grille.

CLAIRIÈRE, n. f. Endroit dégarni d'arbres dans une forêt.

CLAIR-OBSCUR, n. m. *Peint.* Distribution de la lumière et des ombres. Pl. des *clairs-obscurs.*

CLAIRON, n. m. Trompette à son aigu et perçant.

CLAIR-SEMÉ, ÉE, adj. Peu serré : *blé clair-semé.*

CLAIRVOYANCE, n. f. Sagacité et pénétration dans les affaires.

CLAIRVOYANT, E, adj. Intelligent ; qui voit clair en affaires.

CLAMEUR, n. f. Grand cri de mécontentement, de réprobation ; plainte tumultueuse : *clameur publique.*

CLAN, n. m. Tribu écossaise formée d'un certain nombre de familles.

CLANDESTIN, E, adj. Fait en cachette et contre les lois ou la morale : *mariage clandestin.*

CLANDESTINEMENT, adv. D'une manière clandestine.

CLAPIER, n. m. Petits trous creusés exprès, où les lapins se retirent; machine de bois où l'on nourrit les lapins domestiques: *lapin de clapier.*

CLAPIR (SE), v. pr. Se blottir, se cacher dans un trou, en parlant des lapins.

CLAPOTAGE ou **CLAPOTIS**, n. m. *Mar.* Agitation légère des vagues qui s'entre-choquent.

CLAPOTER, v. int. *Mar.* Se choquer dans tous les sens, en parlant des vagues.

CLAPOTEUSE, adj. f. Se dit de la mer lorsqu'elle clapote.

CLAQUE, n. f. Coup du plat de la main: *donner une claque;* réunion de claqueurs payés: *la claque d'un théâtre.* Pl. Sorte de sandale qui enveloppe le soulier, et tient le pied sec.

CLAQUEMENT, n. m. Bruit des dents, des mains qui s'entre-choquent.

CLAQUEMURER, v. tr. Enfermer.

CLAQUER, v. int. Faire entendre un bruit sec en parlant des dents, du fouet. V. tr. Donner une claque; applaudir des mains.

CLAQUET, n. m. Petite latte sur la trémie d'un moulin, et qui bat continuellement.

CLAQUEUR, n. m. Applaudisseur gagé, au théâtre.

CLARIFICATION, n. f. Action de clarifier un liquide.

CLARIFIER, v. tr. Rendre claire une liqueur qui est trouble: *clarifier du vin;* purifier: *clarifier du sucre.*

CLARINETTE, n. f. Instrument à vent et à anche; musicien qui en joue: *c'est une bonne clarinette.*

CLARTÉ, n. f. Lumière: *la clarté du jour;* transparence, limpidité: *clarté du verre, du vin. Fig.* Netteté de l'esprit: *écrire avec clarté.*

CLASSE, n. f. Ordre dans lequel on range les personnes et les choses, suivant leur condition: *les hautes, les basses classes de la société;* leur rang, leur importance: *matelot, route de 1re classe;* leur nature: *classe des mammifères;* contingent militaire: *la classe de 1855;* élèves sous un maître: *classe turbulente;* salle des leçons: *aller en classe.* Pl. Études: *la rentrée des classes.*

CLASSEMENT, n. m. Action de classer; état de ce qui est classé.

CLASSER, v. tr. Ranger, distribuer par classes: *classer des papiers, des plantes.*

CLASSIFICATION, n. f. Distribution par classes: *classification des minéraux.*

CLASSIQUE, adj. A l'usage des classes: *auteur classique;* conforme aux règles tracées par les anciens: *genre classique,* par oppos. au genre romantique.

CLAUDE, adj. et n. Imbécile, niais, par allusion à l'empereur Claude, mort dans un état voisin de l'imbécillité.

CLAUDICATION, n. f. Action de boiter.

CLAUSE, n. f. Disposition particulière d'un acte, d'un traité, d'un contrat, etc.

CLAUSTRAL, E, adj. Qui appartient au cloître: *discipline claustrale.*

CLAVEAU, n. m. **CLAVELÉE**, n. f. Maladie contagieuse des bêtes à laine.

CLAVEAU, n. m. *Arch.* Clé de voûte.

CLAVECIN, n. m. Instrument de musique à clavier et à cordes, dans le genre du piano.

CLAVELÉE, n. f. V. *Claveau.*

CLAVETTE, n. f. Clou plat.

CLAVICULE, n. f. Chacun des deux os qui forment la poitrine, et s'attachent aux deux épaules.

CLAVIER, n. m. Rangée des touches d'un piano, d'un jeu d'orgues, etc.

CLAYMORE, n. f. Épée écossaise, à lame longue et large.

CLAYON, n. m. Petite claie à fromages.

CLÉ, n. f. Instrument pour ouvrir et fermer une serrure. *Fig. Arch.* Clé de voûte, pierre du milieu qui ferme la voûte. *Mus.* Clé de musique, signe qui indique l'intonation. Clé des champs, liberté de sortir; *clé d'un pays,* place forte de sa frontière; *clé d'une science,* ce qui est nécessaire à son intelligence. *Méc.* Outil qui sert à ouvrir, fermer, à serrer, détendre, à monter et démonter: *clé de voiture, clé de montre.*

CLÉMATITE, n. f. Plante grimpante, à fleurs odoriférantes.

CLÉMENCE, n. f. Vertu qui consiste à pardonner. Se dit surtout en parlant de Dieu, des souverains.

CLÉMENT, E, adj. Qui a de la clémence.

† **CLEPSYDRE**, n. f. Horloge d'eau, qui servait à mesurer le temps chez les anciens.

CLERC, n. m. Aspirant ecclésiastique qui a reçu la tonsure; celui qui travaille dans l'étude d'un avoué, d'un notaire. *Faire un pas de clerc,* se tromper par ignorance dans une affaire.

CLERGÉ, n. m. Corps des ecclésiastiques.

6.

CLÉRICAL, E, adj. Qui appartient au clergé : ordre clérical.

CLÉRICATURE, n. f. Condition du clerc, de l'ecclésiastique.

CLICHAGE, n. m. Action de clicher; son effet.

CLICHÉ, n. m. Page ou planche d'imprimerie obtenue au moyen du clichage.

CLICHER, v. tr. Typ. Prendre, au moyen d'un métal en fusion, l'empreinte solide d'une page de composition mobile.

CLICHEUR, n. m. Ouvrier qui cliche.

CLIENT, E, n. Personne qui confie ses intérêts à un avoué, à un notaire, à un homme d'affaires; celui qui est en relation avec un commerçant.

CLIENTÈLE, n. f. Tous les clients d'un avocat, d'un avoué, d'un médecin, d'un commerçant, etc.

CLIFOIRE, n. f. Espèce de seringue que font les enfants avec du sureau.

CLIGNEMENT, n. m. Action de cligner les yeux.

CLIGNE-MUSETTE, n. f. Jeu d'enfants.

CLIGNER, v. tr. Regarder en fermant les yeux à demi.

CLIGNOTEMENT, n. m. Mouvement continuel des paupières.

CLIGNOTER, v. int. Remuer les paupières coup sur coup.

CLIMAT, n. m. Zone terrestre comprise entre deux cercles parallèles à l'équateur; région, pays, eu égard à la température : climat brûlant.

CLIMATÉRIQUE, adj. Qui a rapport au climat : influence climatérique.

CLIN D'ŒIL, n. m. Mouvement rapide des paupières. En un clin d'œil, loc. adv. En un instant.

CLINIQUE, n. f. Enseignement pratique de la médecine : la clinique ancienne, moderne.

CLINQUANT, n. m. Faux brillant, éclat trompeur.

CLIQUE, n. f. Société de gens qui s'unissent pour cabaler, pour tromper. Fam.

CLIQUETIS, n. m. Bruit des armes qui s'entre-choquent.

CLIQUETTE, n. f. Sorte d'instrument fait de deux os ou de deux morceaux de bois, qu'on agite entre les doigts.

CLISSE, n. f. Chir. Petite bande de bois qui sert à maintenir les os fracturés. On dit mieux éclisse.

CLOAQUE, n. m. Lieu destiné à recevoir les immondices; masse d'eau croupie : tomber dans un cloaque. Fig.

Lieu malpropre et infect : cette ville est un cloaque physique et moral.

CLOCHE, n. f. Instrument d'airain, creux, évasé, d'où l'on tire du son au moyen d'un battant placé au milieu; couvercle pour les mets; vase de verre pour couvrir les plantes; ampoule à la peau. Cloche de plongeur, récipient en forme de cloche, au moyen duquel un homme peut rester quelque temps sous l'eau. Chim. Vase de cristal cylindrique pour recueillir les gaz.

CLOCHEMENT, n. m. Action de boiter.

CLOCHE-PIED (A), loc. adv. Sur un seul pied : sauter à cloche-pied.

CLOCHER, n. m. Tour d'une église, où sont les cloches; pays natal : aller revoir son clocher.

CLOCHER, v. int. Boiter en marchant. Fig. Cette comparaison cloche, est défectueuse; ce vers cloche, la mesure n'y est pas.

CLOCHETTE, n. f. Petite cloche; fleur en forme de cloche.

CLOISON, n. f. Séparation en planches ou en maçonnerie légère. Bot. Membranes qui divisent l'intérieur des fruits. Anat. Membrane qui sépare une cavité en deux parties : la cloison du nez.

CLOISONNAGE, n. m. Toute sorte de cloison.

CLOÎTRE, n. m. Galeries intérieures d'un monastère, avec un jardin ou une cour au milieu; le monastère même : se retirer dans un cloître.

CLOÎTRER, v. tr. Enfermer dans un cloître.

CLOPIN-CLOPANT, loc. adv. En clopinant. Fam.

CLOPINER, v. int. Marcher avec peine en clochant un peu.

CLOPORTE, n. m. Insecte sans ailes, à un grand nombre de pattes.

CLOQUE, n. f. Maladie des feuilles du pêcher, dans laquelle elles se roulent sur elles-mêmes.

CLORE, v. tr. et int. usité aux temps suivants : Je clos, tu clos, il clôt, sans pl. Je clorai, etc. Je clorais, etc. Clos. Clos, close, et à tous les temps composés. Fermer hermétiquement : clore une porte; enclore : clore un champ de fossés. Fig. Terminer : clore un compte. Bouche close ! n'en parlez pas.

CLOS, n. m. Champ cultivé et fermé de murs, haies ou fossés.

CLOSEAU, n. m. ou **CLOSERIE**, n. f. Petite métairie; petit clos.

CLÔTURE, n. f. Enceinte de murailles, de haies, etc. Fig. Action de terminer : clôture d'un inventaire; dernière séance d'une assemblée; fin d'une séance.

CLOU, n. m. Petit morceau de métal, à tête et à pointe; furoncle. *River à quelqu'un son clou*, lui répondre de manière qu'il n'ait rien à répliquer.

CLOUER, v. tr. Fixer avec des clous. *Fig. Être cloué*, sédentaire, assidu.

CLOUTER, v. tr. Garnir de clous.

CLOUTERIE, n. f. Commerce de clous.

CLOUTIER, n. m. Qui fait ou vend des clous.

CLOWN, n. m. Personnage grotesque de la farce anglaise.

CLOYÈRE, n. f. Panier pour mettre des huîtres; son contenu.

CLUB, n. m. Cercle, réunion, le plus ordinairement politique.

CLUBISTE, n. m. Membre d'un club.

CLYSOIR, n. m. Tube flexible et imperméable qui remplace la seringue.

CLYSOPOMPE, n. m. Espèce de clysoir composé d'un vase et d'un tube en caoutchouc.

CLYSTÈRE, n. m. Remède, lavement.

COACCUSÉ, ÉE, n. Accusé avec un ou plusieurs autres.

COACTIF, IVE, adj. Qui a droit de contraindre.

COACTION, n. f. Contrainte, violence qui ôte la liberté du choix.

COADJUTEUR, n. m. Qui est adjoint à un prélat, et destiné à lui succéder.

COADJUTRICE, n. f. Religieuse adjointe à une abbesse.

COAGULATION, n. f. État d'un liquide coagulé : *la coagulation du sang.*

COAGULER, v. tr. Se coaguler, v. pr. Donner, prendre une consistance solide: *coaguler le sang; le lait se coagule.*

COALISER (SE), v. pr. Se liguer pour défendre une cause; se réunir pour former un parti.

COALITION, n. f. Ligue de puissances; réunion de différents partis.

COASSEMENT, n. m. Cri de la grenouille.

COASSER, v. int. Crier, en parlant de la grenouille.

COASSOCIÉ, n. m. Associé avec d'autres.

COBALT, n. m. Métal d'un gris rougeâtre, dont les combinaisons s'emploient pour colorer en bleu le verre et les porcelaines.

COBÉA, n. m. ou **COBÉE**, n. f.

Plante grimpante, originaire de l'Amérique.

COCAGNE, n. f. Synonyme d'abondance. *Mât de cocagne*, mât élevé, lisse et glissant, à l'extrémité duquel sont suspendus des prix. *Pays de cocagne*, où tout abonde.

COCARDE, n. f. Insigne qu'on porte au chapeau; nœud de rubans ou d'étoffe.

COCASSE, adj. Plaisant, ridicule : *homme, raisonnement cocasse. Pop.*

COCHE, n. m. Autrefois, grande voiture dans laquelle on voyageait; bateau pour le transport des voyageurs et des marchandises.

COCHE, n. f. Femelle du cochon.

COCHENILLE, n. f. Petit insecte du Mexique, qui fournit à la teinture une belle couleur rouge.

COCHER, n. m. Conducteur d'une voiture.

COCHÈRE (porte), adj. f. Grande porte par laquelle entrent les voitures.

COCHET, n. m. Jeune coq.

COCHLEARIA, n. m. Plante antiscorbutique.

COCHON, n. m. Porc, pourceau. *Cochon d'Inde*, animal rongeur, un peu plus petit qu'un lapin.

COCHONNER, v. tr. Faire un ouvrage salement et grossièrement.

COCHONNERIE, n. f. Malpropreté, chose gâtée, mal faite.

COCHONNET, n. m. Petit cochon; palet servant de but au jeu de boules; le jeu lui-même.

COCO, n. m. Fruit du cocotier; boisson qui se vend dans les rues.

COCON, n. m. Enveloppe soyeuse que se file le ver à soie.

COCOTIER, n. m. Sorte de palmier qui produit le coco.

COCTION, n. f. Méd. Digestion des aliments dans l'estomac : *la coction se fait mal.*

CODE, n. m. Recueil de lois : *code civil. Fig.* Ce qui sert de règle : *code de la politesse.*

CODEX, n. m. Recueil de recettes ou formules pour la préparation des médicaments.

CODICILLAIRE, adj. Contenu dans un codicille : *disposition codicillaire.*

CODICILLE, n. m. Acte postérieur à un testament, et qui a pour but de le modifier.

COEFFICIENT, n. m. Alg. Quantité par laquelle une autre quantité se multiplie.

COERCIBLE, adj. Qui peut être comprimé, réduit : *la vapeur est coercible.*

COERCITIF, IVE, adj. Qui contraint : *puissance coercitive.*

COERCITION, n. f. Pouvoir, action de contraindre.

COÉTERNEL, ELLE, adj. Qui existe de toute éternité avec un autre : *quelques philosophes ont cru que la matière est coéternelle à Dieu.*

COÉTERNITÉ, n. f. Propriété de ce qui est coéternel.

CŒUR, n. m. Corps musculeux placé au milieu de la poitrine, principal organe de la circulation du sang. *Fig.* Partie centrale d'un pays : *le cœur d'un empire ;* partie intérieure la plus importante : *le cœur d'un arbre ;* disposition de l'âme : *bon cœur ;* affection, amour : *un cœur de père ;* courage, ardeur : *homme de cœur ;* estomac : *avoir mal au cœur. Prendre une chose à cœur,* s'y intéresser vivement ; *être tout cœur,* généreux, bienfaisant ; *ouvrir son cœur,* découvrir sa pensée ; *avoir le cœur gros,* être très-affligé ; *peser sur le cœur,* attrister ; *aller au cœur,* toucher, émouvoir ; *en avoir le cœur net,* s'assurer de la vérité d'une chose ; *travailler avec cœur,* vivement ; *apprendre par cœur,* de mémoire ; *au cœur de l'été,* au plus fort de l'été. Loc. adv. **A cœur ouvert,** franchement ; **à contre-cœur,** contre son gré ; **de bon cœur,** volontiers ; **de tout cœur,** avec zèle.

COEXISTANT, E, adj. Qui existe en même temps qu'un autre.

COEXISTENCE, n. f. Existence simultanée de plusieurs choses.

COEXISTER, v. int. Exister ensemble.

COFFRE, n. m. Meuble propre à serrer des effets, de l'argent ; partie du corps qu'enferment les côtes.

COFFRE-FORT, n. m. Coffre garni de fer, pour enfermer de l'argent, des valeurs. Pl. des *coffres-forts.*

COFFRER, v. tr. Mettre en prison. *Fam.*

COFFRET, n. m. Petit coffre.

COFFRETIER, n. m. Qui fait des coffres.

COGNAC, n. m. Eau-de-vie fabriquée dans l'origine à Cognac.

COGNASSE, n. f. Coing sauvage.

COGNASSIER, n. m. Arbre qui porte des coings.

COGNÉE, n. f. Instrument tranchant fait en forme de hache. *Fig. Jeter le manche après la cognée,* tout abandonner.

COGNER, v. tr. Frapper pour enfoncer : *cogner un clou.* V. int. Heurter : *cogner à une porte.*

COHABITATION, n. f. État du mari et de la femme qui vivent ensemble.

COHABITER, v. int. Vivre ensemble comme mari et femme.

COHÉRENCE, n. f. Liaison, union, connexion entre les choses : *discours sans cohérence.*

COHÉRENT, E, adj. Qui a de la liaison : *raisonnement cohérent dans toutes ses parties.*

COHÉRITIER, ÈRE, n. Qui hérite avec un autre.

† **COHÉSION**, n. f. Adhérence, force qui unit entre elles les parties qui composent les corps.

COHORTE, n. f. Corps d'infanterie romaine. Se dit en poésie de toutes sortes de troupes : *vaillantes cohortes.*

COHUE, n. f. Assemblée confuse et tumultueuse : *quelle cohue !* grande foule : *fuir la cohue.*

COI, COITE, adj. Tranquille, calme, paisible. *Se tenir coi,* sans rien dire.

COIFFE, n. f. Vêtement de tête à l'usage des femmes ; membrane que quelques enfants ont sur la tête en venant au monde. *Coiffe de chapeau,* garniture intérieure.

COIFFER, v. tr. Couvrir la tête ; friser, parer la tête. **Coiffé, ée,** adj. *Fig.* Entiché : *être coiffé d'une personne. Être né coiffé,* sous une bonne étoile, avoir de la chance.

COIFFEUR, EUSE, n. Qui coiffe, qui arrange les cheveux.

COIFFURE, n. f. Tout ce qui sert à couvrir, à orner la tête ; arrangement des cheveux.

COIN, n. m. Angle formé par deux lignes, deux plans ; petit espace de terrain : *coin de terre ;* instrument de fer en angle, pour fendre du bois ; morceau d'acier gravé en creux, pour frapper les monnaies ; poinçon pour marquer la vaisselle, les bijoux. *Les quatre coins du monde,* ses extrémités ; *regarder du coin de l'œil,* à la dérobée.

COÏNCIDENCE, n. f. État de deux choses qui coïncident.

COÏNCIDENT, E, adj. *Géom.* Qui coïncide : *lignes, figures coïncidentes.*

COÏNCIDER, v. int. *Géom.* S'ajuster l'un sur l'autre, se confondre exactement : *ces deux surfaces coïncident. Fig.* Arriver en même temps : *ces événements coïncident.*

COING, n. m. Fruit du cognassier.

COÏNTÉRESSÉ, ÉE, adj. Qui a un intérêt commun avec d'autres.

COKE, n. m. Charbon de terre distillé.

COL, n. m. Partie de la chemise qui entoure le cou ; cravate à boucle et sans pendants ; embouchure de certaines parties du corps humain, de certaines choses : *le col de la vessie, d'une bouteille.*

COLBACK, n. m. Bonnet à poil en forme de cône tronqué.

COLCHIQUE, n. m. Plante bulbeuse, appelée vulgairement *tue-chien.*

COLÉOPTÈRE, n. m. Ordre nombreux d'insectes, dont les deux ailes supérieures sont en forme d'étui, comme le hanneton, le charençon, etc.

COLÈRE, n. f. Irritation, mouvement désordonné de l'âme offensée. Adj. Qui est porté à la colère : *personne colère.*

COLÉRIQUE, adj. Enclin à la colère : *humeur colérique.*

COLIBRI, n. m. Oiseau d'Amérique, remarquable par sa beauté et sa petitesse.

COLIFICHET, n. m. Bagatelle, petit objet de fantaisie.

COLIMAÇON, n. m. V. *Limaçon.*

COLIN-MAILLARD, n. m. Sorte de jeu où l'un des joueurs a les yeux bandés, et poursuit les autres à tâtons.

COLIN-TAMPON, n. m. Batterie des tambours suisses.

COLIQUE, n. f. Douleur d'entrailles.

COLIS, n. m. Caisse, ballot de marchandises.

COLLABORATEUR, **TRICE**, n. Qui travaille de concert avec un autre, principalement dans les travaux littéraires.

COLLABORATION, n. f. Opération, action du collaborateur.

COLLAGE, n. m. Action de coller du papier de tenture ; opération qui consiste à imprégner de colle le papier.

COLLANT, **E**, adj. Qui colle. *Pantalon collant*, qui dessine bien les formes.

COLLATÉRAL, **E**, adj. Parent hors de la ligne directe : *ligne collatérale.* Géog. Points collatéraux, qui sont entre les points cardinaux : *nord-est, sud-ouest*, etc.

COLLATION, n. f. Action de confronter une copie avec l'original.

COLLATION, n. f. Léger repas entre le dîner et le souper.

COLLATIONNER, v. tr. Comparer deux écrits ensemble. *Collationner un livre*, s'assurer s'il n'y manque point quelque feuille ou feuillet.

COLLATIONNER, v. int. Faire le repas appelé collation.

COLLE, n. f. Matière gluante et tenace pour joindre deux choses ensemble. *Fig.* Menterie. *Pop.*

COLLECTE, n. f. Quête pour une œuvre de bienfaisance : *faire une col-*

lecte. *Liturg.* Oraison que le prêtre dit à la messe avant l'épître.

COLLECTIF, **IVE**, adj. Fait par plusieurs : *travail collectif. Gram.* Nom qui, quoique au singulier, présente à l'esprit l'idée d'une collection, comme *foule, amas, troupe.*

COLLECTION, n. f. Recueil d'objets qui ont du rapport ensemble : *collection de tableaux.*

COLLECTIVEMENT, adv. D'une manière collective.

COLLÉGE, n. m. Corps de personnes revêtues de la même dignité : *collège des cardinaux ;* établissement d'enseignement secondaire ; les élèves pensionnaires et externes d'un collège : *le collége est en vacances.* **Collége électoral**, assemblée d'électeurs.

COLLÉGIAL, **E** (*église*), adj. Chapitre de chanoines sans siége épiscopal.

COLLÉGIEN, n. m. Élève d'un collège.

COLLÈGUE, n. m. Qui travaille conjointement avec d'autres, et souvent dans le même établissement : *nous professâmes ensemble dans le même collége, nous fûmes collègues.*

COLLER, v. tr. Faire tenir avec de la colle. *Fig. Coller du vin*, le clarifier ; *avoir les yeux collés sur un objet*, les y tenir longtemps attachés. V. int. Être juste, coller comme avec de la colle : *cet habit colle bien.*

COLLERETTE, n. f. Petit collet en linge fin.

COLLET, n. m. Partie du vêtement qui entoure le cou ; vêtement ample et arrondi qui couvre les épaules ; sorte de filet pour prendre des oiseaux.

COLLETER, v. tr. Saisir quelqu'un au collet pour le renverser.

COLLEUR, n. m. Dont la profession est de coller.

COLLIER, n. m. Ornement qui se porte autour du cou ; chaîne d'or des membres de certains ordres ; cercle que l'on met au cou d'un chien pour le tenir à l'attache ; partie du harnais des chevaux de trait ; marque naturelle autour du cou de certains oiseaux. *Fig. Donner un coup de collier*, faire un nouvel effort pour arriver au but.

COLLINE, n. f. Petite montagne qui va en pente douce.

COLLISION, n. f. Lutte, combat, choc de partis politiques.

COLLOQUE, n. m. Entretien libre et familier ; conférence entre deux partis politiques ou religieux : *le colloque de Poissy.*

COLLOQUER, v. tr. Place, mettre

quelqu'un en un endroit : *ils m'ont assez mal colloqué.*

COLLYRE, n. m. Remède extérieur qui s'applique sur les yeux.

COLOMBAGE, n. m. Rang de solives à plomb dans une cloison de charpente.

COLOMBE, n. f. Femelle du pigeon.

COLOMBIER, n. m. Bâtiment où l'on élève les pigeons ; sorte de papier.

COLOMBIN, E, adj. Couleur gorge de pigeon.

COLON, n. m. Habitant d'une colonie ; celui qui cultive une terre dans une colonie : *les colons d'Amérique, de l'Algérie.*

COLONEL, n. m. Celui qui commande un régiment ; officier qui en a le grade : *colonel d'état-major.*

COLONIAL, E, adj. Concernant les colonies : *régime colonial* ; ou en provenant : *denrées coloniales.*

COLONIE, n. f. Population qui sort d'un pays pour aller en habiter un autre ; lieu habité par une colonie.

COLONISATEUR, n. m. Qui colonise.

COLONISATION, n. f. Action de coloniser.

COLONISER, v. tr. Établir une colonie.

COLONNADE, n. f. Rangée symétrique de colonnes servant d'ornement à un grand édifice ; *la colonnade du Louvre.*

COLONNE, n. f. Pilier cylindrique avec base et chapiteau ; portion d'une page divisée de haut en bas. *Phys.* Masse de fluide de forme cylindrique : *colonne d'air, d'eau. Fig.* Appui, soutien : *Bossuet fut une des colonnes de l'Église* ; ligne de troupes profonde et serrée : *marcher en colonnes. Les colonnes d'Hercule,* les deux montagnes du détroit de Gibraltar.

COLOPHANE, n. f. Sorte de résine pour frotter l'archet d'un violon, etc.

COLOQUINTE, n. f. Concombre fort amer et purgatif.

COLORANT, E, adj. Qui colore.

COLORER, v. tr. Donner de la couleur. *Fig.* Donner une belle apparence à une chose mauvaise : *colorer un mensonge.*

COLORIER, v. tr. Appliquer des couleurs sur un dessin, une estampe, etc.

COLORIS, n. m. *Peint.* Effet qui résulte du mélange et de l'emploi des couleurs. *Fig.* Éclat du style et des pensées. Se dit aussi du teint, d'un fruit, etc. : *pêche d'un beau coloris.*

COLORISTE, n. m. *Peint.* Peintre qui entend bien le coloris. N. m. et f.

Celui, celle qui colorie des estampes, des gravures, des cartes.

COLOSSAL, E, adj. De grandeur démesurée : *statue colossale. Fig.* Vaste : *pouvoir colossal.*

COLOSSE, n. m. Statue d'une grandeur extraordinaire : *le colosse de Rhodes* ; homme, animal de haute stature. *Fig.* Souverain très-puissant : *Le colosse du Nord,* le czar.

COLPORTAGE, n. m. Profession de colporteur.

COLPORTER, v. tr. Faire le métier de colporteur.

COLPORTEUR, n. m. Marchand ambulant qui porte ses marchandises sur son dos.

COLURES, n. m. pl. Nom donné à deux grands cercles de la sphère, perpendiculaires à l'équateur, et qui passent, l'un par les points équinoxiaux, l'autre par les points solsticiaux.

COLZA, n. m. Espèce de chou, dont la graine fournit une huile bonne à brûler.

COMBAT, n. m. Action par laquelle on attaque et l'on se défend ; lutte des mouvements opposés que l'âme éprouve ; contestation, débat : *combat d'esprit* ; opposition, contrariété : *combat des éléments* ; état d'agitation, de trouble, de souffrance : *la vie est un combat perpétuel.* **Combat singulier,** duel ; **combat naval,** sur mer.

COMBATTANT, n. m. Soldat qui combat, ou qui marche au combat.

COMBATTRE, v. tr. Se battre contre un ennemi. *Fig.* Combattre ses passions ; en mal, les préjugés.

COMBIEN, adv. Quelle quantité : *combien d'étoffe* ; quel nombre : *combien de siècles* ; quel prix : *combien a-t-on payé* ; à quel point : *combien il était brave.*

COMBINAISON, n. f. Réunion de plusieurs choses en divers groupes. *Chim.* Union intime de deux ou de plusieurs corps formant un composé. *Fig.* Mesures prises pour assurer le succès d'une entreprise : *sages combinaisons.*

COMBINER, v. tr. Faire une combinaison : *combiner l'oxygène avec l'hydrogène* ; coordonner : *combiner ses mesures* ; calculer, disposer : *combiner un plan. Armée combinée, flotte combinée,* composée de soldats, de navires de plusieurs nations.

COMBLE, n. m. Ce qui peut tenir au-dessus des bords d'une mesure déjà pleine : *le comble d'un décalitre* ; faîte d'un bâtiment. *Fig.* Le dernier degré : *le comble de la gloire.* Adj. Très-plein : *le vase est comble. Fig.* Le dernier degré, en parlant des mauvais procédés : *la mesure est comble.* **De fond en comble,** loc. adv. Entièrement.

COMBLEMENT, n. m. Action de combler.

COMBLER, v. tr. Remplir par-dessus les bords. *Fig.* Satisfaire : *combler les désirs* ; accabler : *combler de bienfaits* ; mettre le comble : *combler la mesure* ; remplir un vide : *combler un fossé.*

COMBUSTIBILITÉ, n. f. Propriété des corps combustibles.

COMBUSTIBLE, adj. Qui a la propriété de brûler : *matières combustibles.* N. m. Toute matière dont on fait du feu, comme le bois, la houille, le charbon.

COMBUSTION, n. f. Action de brûler : *l'air est nécessaire à la combustion. Fig.* Grand désordre, effervescence des esprits : *pays en combustion.*

COMÉDIE, n. f. Poème dramatique, pièce de théâtre représentant les mœurs, les ridicules, les vices de la société ; lieu où l'on joue la comédie : *aller à la comédie. Fig.* Feinte, grimace : *ce n'est qu'une comédie.*

COMÉDIEN, ENNE, n. Dont la profession est de jouer la comédie. *Fig.* Hypocrite.

COMESTIBLE, n. m. Tout ce qui est propre à la nourriture de l'homme.

† COMÈTE, n. f. Astre qui tourne autour du soleil en décrivant des orbites fort allongées, et qui est accompagné d'une traînée de lumière appelée *queue* ou *chevelure.*

COMICES, n. m. pl. Assemblée du peuple romain, pour traiter des affaires publiques. *Comice agricole,* réunion formée par les propriétaires d'un arrondissement, pour améliorer les procédés agricoles.

COMIQUE, adj. Qui appartient à la comédie : *poète comique* ; plaisant, qui fait rire : *aventure comique.* N. m. Le genre de la comédie ; acteur, auteur comique : *Molière est notre premier comique.*

COMIQUEMENT, adv. D'une manière comique.

COMITÉ, n. m. Membres choisis dans une assemblée pour examiner certaines affaires ; assemblée de comédiens. *Petit comité,* réunion d'amis : *causer, lire en petit comité.*

COMMAND, n. m. Celui qui a chargé un autre d'acheter pour lui.

COMMANDANT, adj. m. Qui commande. N. m. Chef de bataillon, ou officier supérieur qui commande dans une place de guerre.

COMMANDE, n. f. Ouvrage donné à faire ; demande de marchandises.

COMMANDEMENT, n. m. Ordre ; loi ; précepte : *les commandements de Dieu. Prat.* Exploit d'huissier.

COMMANDER, v. tr. Ordonner ; avoir un commandement : *commander une armée. Com.* Faire une commande. *Fort.* Dominer par sa position : *le fort commande la ville.* V. int. Exercer une autorité sur : *commander à ses enfants. Fig.* : *commander à ses passions.*

COMMANDERIE, n. f. Bénéfice attaché à un ordre militaire.

COMMANDEUR, n. m. Chevalier pourvu d'une commanderie ; grade honorifique dans un ordre militaire ou autre.

COMMANDITAIRE, n. m. Bailleur de fonds dans une société.

COMMANDITE, n. f. Société commerciale dans laquelle une partie de ceux qui la composent versent les fonds nécessaires, sans prendre aucune part à la gestion.

COMMANDITER, v. tr. Avancer les fonds nécessaires à une entreprise commerciale.

COMME, conj. De même que, ainsi que : *hardi comme un lion* ; tel que : *un homme comme lui* ; parce que, puisque : *comme vous êtes son ami.* Adv. Combien, à quel point : *comme il est bon !* de quelle manière : *comme il me traite !*

COMMÉMORAISON, n. f. Mention que l'Eglise fait d'un saint le jour de la fête d'un autre.

COMMÉMORATIF, IVE, adj. Qui rappelle le souvenir : *jour commémoratif d'une victoire.*

COMMÉMORATION, n. f. Cérémonie qui rappelle le souvenir d'un événement important.

COMMENÇANT, E, adj. Qui en est aux premiers éléments d'un art, d'une science.

COMMENCEMENT, n. m. Principe, origine ; premier instant d'une chose : *le commencement de l'année.*

COMMENCER, v. tr. Se mettre à : *commencer un ouvrage* ; être au commencement : *commencer l'année.* V. int. Prendre commencement : *l'année commence bien.* V. impers. : *il commence à faire jour.*

COMMENSAL, n. m. Qui mange à la même table.

COMMENSURABILITÉ, n. f. Rapport numérique entre deux grandeurs qui ont une mesure commune.

COMMENSURABLE, adj. *Math.* Se

dit de deux grandeurs qui ont une mesure commune.

COMMENT, adv. De quelle manière, par quel moyen : *comment peut-il vivre ?* pourquoi : *comment s'est-il adressé à moi ?* Interj. : *comment ! vous voilà.*

COMMENTAIRE, n. m. Remarques sur un texte pour en faciliter l'intelligence. *Fig.* Interprétation maligne. Pl. Mémoires historiques : *les Commentaires de César.*

COMMENTATEUR, n. m. Qui a fait un commentaire.

COMMENTER, v. tr. Faire un commentaire : *commenter Virgile.* V. int. *Fig.* Interpréter malignement : *commenter sur tout.*

COMMÉRAGE, n. m. Propos de commère.

COMMERÇABLE, adj. Qui peut être négocié : *effet, billet commerçable.*

COMMERÇANT, E, adj. et n. Qui commerce.

COMMERCE, n. m. Trafic, négoce ; le corps des commerçants : *cette loi a mécontenté le commerce ;* fréquentation, société : *le commerce des honnêtes gens.*

COMMERCER, v. int. Faire le commerce.

COMMERCIAL, E, adj. Qui appartient au commerce : *système commercial.*

COMMERCIALEMENT, adv. D'une manière commerciale.

COMMÈRE, n. f. Terme de relation entre la marraine d'un enfant et le parrain ; femme très-bavarde : *c'est une commère.*

COMMETTANT, n. m. Celui qui charge un autre du soin de ses intérêts.

COMMETTRE, v. tr. Faire : *commettre une erreur, une faute, un crime ;* préposer : *commettre quelqu'un à la garde d'un fort.*

COMMINATOIRE, adj. Jur. Portant menace d'une peine : *clause comminatoire.*

COMMIS, n. m. Employé dans un bureau, dans une maison de commerce ; préposé à : *commis de barrière.* **Commis voyageur**, qui voyage pour une maison de commerce.

COMMISÉRATION, n. f. Pitié, sentiment de compassion.

COMMISSAIRE, n. m. Qui est chargé de fonctions temporaires. **Commissaire priseur**, officier public, qui a le droit exclusif de faire la prisée dans les ventes publiques ; **commissaire de police**, chargé dans les villes de faire observer les ordonnances de police.

COMMISSARIAT, n. m. Fonctions de commissaire.

COMMISSION, n. f. Charge qu'on donne à quelqu'un de faire une chose ; membres choisis par une assemblée pour étudier un projet : *la commission prépare son rapport ;* achat, placement pour autrui, avec remise : *acheter, vendre à la commission ;* cette remise elle-même : *avoir tant de commission.*

COMMISSIONNAIRE, n. m. Celui qui vend et achète pour le compte d'autrui, moyennant remise ; homme dont le métier est de faire les commissions du public.

COMMISSIONNER, v. tr. Donner commission, mandat pour...

COMMODE, adj. D'un usage facile ; tranquille et agréable : *vie commode ;* favorable : *moment commode.* *Fig.* D'une société douce et aisée : *humeur commode ;* trop indulgent, trop facile : *père commode ;* relâché : *morale commode.*

COMMODE, n. f. Grand meuble à tiroirs.

COMMODÉMENT, adv. D'une manière commode.

COMMODITÉ, n. f. Chose, situation commode ; temps propice : *à votre commodité.* Pl. Aises, agréments : *commodités de la vie ;* lieux d'aisance.

COMMODORE, n. m. Titre donné, en Angleterre et en Amérique, à un capitaine de vaisseau commandant une division de bâtiments de guerre.

COMMOTION, n. f. Secousse violente ; ébranlement intérieur : *commotion au cerveau.*

COMMUABLE, adj. Qui peut être commué : *peine commuable.*

COMMUER, v. tr. Changer une peine en une peine moindre.

COMMUN, E, adj. Toute chose à laquelle chacun participe, ou a droit de participer : *puits commun ;* ce qui est propre à plusieurs : *intérêt commun ;* général, universel : *sens commun ;* ordinaire : *usage commun ;* abondant : *les fruits sont communs ;* dépourvu de noblesse, de distinction : *manières communes ;* médiocre, de peu de valeur : *marchandise commune.* Vie commune, à frais communs ; année commune, l'une portant l'autre. Gram. Nom commun, qui convient à tous les êtres de la même espèce.

COMMUN, n. m. Société entre deux ou plusieurs personnes : *vivre en commun ;* le plus grand nombre : *le commun des hommes ;* de mérite vulgaire : *homme du commun.* Pl. Lieux d'aisance.

COMMUNAL, E, adj. Qui appartient

à une commune, qui la concerne : *revenu communal.*

COMMUNAUTÉ, n. f. Société religieuse, soumise à une règle commune. *Jur.* Société de biens entre époux.

COMMUNAUX, n. m. pl. Pâturages d'une commune; totalité des biens lui appartenant.

COMMUNE, n. f. Division territoriale administrée par un maire; hôtel-de-ville, mairie. **La chambre des communes**, la seconde chambre du parlement d'Angleterre.

COMMUNÉMENT, adv. Ordinairement.

COMMUNIANT, E, adj. et n. Qui communie.

COMMUNICABLE, adj. Qui peut être communiqué.

COMMUNICATIF, IVE, adj. Qui se communique, se gagne, comme le rire; qui aime à faire part aux autres de ses pensées : *âme communicative.*

COMMUNICATION, n. f. Action de communiquer; commerce, correspondance : *être en communication avec quelqu'un;* moyen par lequel deux choses communiquent.

COMMUNIER, v. int. Recevoir la communion.

COMMUNION, n. f. Union dans une même foi; réception du corps de N. S. Jésus-Christ; verset que le chœur chante pendant que le prêtre communie.

COMMUNIQUER, v. tr. Transmettre, faire part de : *le soleil communique sa chaleur :* donner connaissance : *communiquer un avis.* V. int. Être en relation : *communiquer avec un savant;* aboutir : *ce chemin communique à la ville.*

COMMUNISME, n. m. Doctrine sociale qui consiste à mettre tous les biens en commun.

COMMUNISTE, n. m. Partisan du communisme.

COMMUTATION, n. f. Changement d'une peine en une autre moindre.

COMPACITÉ, n. f. Qualité de ce qui est compacte.

COMPACTE, adj. Qui est condensé, dont les molécules sont fort rapprochées : *corps compacte.*

COMPAGNE, n. f. Fille ou femme liée d'amitié, ou qui étudie, sert avec une autre de même condition; épouse.

COMPAGNIE, n. f. Assemblée de personnes réunies pour le plaisir d'être ensemble; réunion de personnes formant un corps; société industrielle ou commerciale; troupe commandée par un capitaine. *Dame de compagnie,* placée auprès d'une autre pour lui faire

société. **De compagnie,** loc. adv. Ensemble.

COMPAGNON, n. m. Camarade, associé; ouvrier sorti d'apprentissage. *Fig. Bon compagnon, bon vivant.*

COMPAGNONNAGE, n. m. Association d'ouvriers dans une même profession pour s'entr'aider et se procurer de l'ouvrage.

COMPARABLE, adj. Qui peut être mis en comparaison.

COMPARAISON, n. f. Action de comparer; parallèle; discours qui indique la ressemblance ou la différence entre deux objets. *Rhét.* Figure qui exprime similitude.

COMPARAÎTRE, v. int. Paraître devant un juge.

COMPARANT, E, adj. et n. Qui comparaît en justice.

COMPARATIF, IVE, adj. Qui marque comparaison : *adverbes comparatifs :* qui met en comparaison : *état comparatif de...* *Gram.* N. m. Second degré de signification dans les adjectifs.

COMPARATIVEMENT, adv. Par comparaison.

COMPARER, v. tr. Examiner, établir le rapport qui existe entre les objets; égaler : *comparer Pradon à Racine;* confronter : *comparer des écritures.*

COMPAROIR, v. int. Comparaître en justice : *assigné à comparoir. Vieux.*

COMPARSE, n. Personnage muet, au théâtre.

COMPARTIMENT, n. m. Case, division d'un tiroir, d'un damier, etc.; division symétrique d'une surface : *plafond à compartiments.*

COMPARUTION, n. f. Action de comparaître devant le juge. Ne pas dire *comparition.*

COMPAS, n. m. Instrument de mathématiques à deux branches mobiles.

COMPASSEMENT, n. m. Régularité affectée : *compassement dans le discours, les actions. Peu us.*

COMPASSER, v. tr. Disposer symétriquement, au prop. et au fig. : *compasser un jardin, ses phrases.*

COMPASSION, n. f. Mouvement de l'âme qui nous rend sensibles aux maux d'autrui.

COMPATIBILITÉ, n. f. Qualité, état de choses qui se conviennent : *compatibilité d'humeurs.*

COMPATIBLE, adj. Qui peut exister, s'accorder avec un autre : *caractères compatibles.*

COMPATIR, v. int. Être touché de compassion pour les maux d'autrui;

110   COM   COM

souffrir avec indulgence les faiblesses de son prochain.

COMPATISSANT, E, adj. Qui compatit; inspiré par la compassion : *soins compatissants.*

COMPATRIOTE, n. Qui est du même pays qu'une autre personne.

COMPENDIUM, n. m. Abrégé.

COMPENSATEUR (*pendulo*), adj. m. Appareil destiné à corriger les effets des variations de l'atmosphère sur la marche des horloges.

COMPENSATION, n. f. Action de compenser; dédommagement.

COMPENSER, v. tr. Balancer la valeur, le prix de deux choses; balancer la perte par le gain. *Fig.* Réparer le mal par le bien.

COMPÉRAGE, n. m. Relation, affinité entre le parrain et la marraine.

COMPÈRE, n. m. Terme de relation entre parrain et marraine. *Fig.* Toute personne qui en seconde une autre pour faire quelque supercherie; *Bon compère*, homme de joyeuse humeur; *fin compère*, homme adroit dont il faut se défier.

COMPÈRE-LORIOT, n. m. Nom vulgaire de l'orgelet, bouton qui survient aux paupières.

COMPÉTEMMENT, adv. D'une manière compétente.

COMPÉTENCE, n. f. Droit de juger une affaire.

COMPÉTENT, E, adj. Qui a le droit de connaître d'une affaire : *juge compétent*; personne capable de bien juger d'une chose.

COMPÉTITEUR, n. m. Qui aspire à une même place avec un ou plusieurs autres.

COMPILATEUR, n. m. Qui compile.

COMPILATION, n. f. Ouvrage composé d'extraits.

COMPILER, v. tr. Extraire des morceaux de divers auteurs pour en former un ouvrage.

COMPLAINTE, n. f. Chanson populaire sur quelque sujet tragique ou pieux.

COMPLAIRE, v. int. Se conformer aux sentiments, à l'humeur de quelqu'un pour lui plaire. **Se complaire**, v. pr. Se plaire à...

COMPLAISAMMENT, adv. Avec complaisance.

COMPLAISANCE, n. f. Douceur et facilité de caractère.

COMPLAISANT, E, adj. Qui a de la complaisance.

COMPLÉMENT, n. m. Ce qu'il faut ajouter à une chose pour la rendre complète : *complément d'une somme. Géom.*

Ce qui manque à un angle aigu pour égaler un angle droit. *Gram.* Tout mot qui complète le sens d'un autre mot.

COMPLÉMENTAIRE, adj. Qui sert à compléter.

COMPLET, ÈTE, adj. Entier, achevé.

COMPLÈTEMENT, adv. D'une manière complète.

COMPLÈTEMENT, n. m. Action de mettre au complet.

COMPLÉTER, v. tr. Rendre complet : *compléter un régiment.*

COMPLÉTIF, IVE, adj. Qui fait la fonction de complément : *proposition complétive.*

COMPLEXE, adj. Qui embrasse plusieurs choses : *idée complexe.*

COMPLEXION, n. f. Constitution du corps.

COMPLEXITÉ, n. f. État de ce qui est complexe.

COMPLICATION, n. f. Concours de choses de nature différente : *complication de circonstances.*

COMPLICE, adj. et n. Qui a part au délit, au crime d'un autre.

COMPLICITÉ, n. f. Participation à un crime.

COMPLIES, n. f. pl. Huitième et dernière partie de l'office divin, qui se dit après vêpres.

COMPLIMENT, n. m. Paroles civiles, obligeantes, ou affectueuses; discours solennel adressé à une personne revêtue d'autorité.

COMPLIMENTER, v. tr. Faire des compliments.

COMPLIMENTEUR, EUSE, adj. et n. Qui fait trop de compliments.

COMPLIQUÉ, ÉE, adj. Mêlé à d'autres choses : *maladie compliquée*; composé d'un grand nombre de pièces : *machine compliquée*; trop chargé d'événements : *récit compliqué.*

COMPLIQUER, v. tr. Confondre ensemble plusieurs choses; embrouiller : *compliquer une affaire.*

COMPLOT, n. m. Résolution concertée secrètement dans un but coupable.

COMPLOTER, v. tr. Former un complot; conspirer.

COMPONCTION, n. f. Douleur, regret d'avoir offensé Dieu.

COMPORTER, v. tr. Permettre, souffrir : *le sujet ne comportait pas tant d'ornements.* **Se comporter**, v. pr. Se conduire d'une certaine manière.

COMPOSÉ, n. m. Un tout formé de plusieurs parties : *l'eau est un composé d'oxygène et d'hydrogène.*

COMPOSER, v. tr. Former un tout

de différentes parties ; créer, inventer : composer un ouvrage. *Impr.* Assembler des caractères. V. int. Faire un devoir donné en classe : *composer pour les prix* ; transiger : *composer avec ses créanciers.*

COMPOSITE, adj. et n. m. Un des cinq ordres d'architecture, formé du corinthien et de l'ionique.

COMPOSITEUR, n. m. Celui qui compose de la musique. *Impr.* Celui qui assemble les caractères.

COMPOSITION, n. f. Action de composer quelque chose ; résultat de cette action ; préparation chimique ; toute production de l'esprit. *Fig.* Accommodement : *entrer en composition.*

COMPOSTEUR, n. m. *Impr.* Instrument de métal qui reçoit les lettres composées, assemblées.

COMPOTE, n. f. Fruits cuits avec du sucre. **En compote**, loc. adv. Meurtri : *visage en compote.*

COMPOTIER, n. m. Plat creux pour servir des compotes.

COMPRÉHENSIBLE, adj. Concevable, intelligible.

COMPRÉHENSION, n. f. Faculté de comprendre ; connaissance par ante.

COMPRENDRE, v. tr. Renfermer en soi : *la France comprend 86 départements*; **Y compris**, en y comprenant ; **non compris**, sans y comprendre. *Fig.* Concevoir, se rendre raison d'une chose.

COMPRESSE, n. f. Linge en plusieurs doubles, qu'on emploie dans le pansement des plaies.

COMPRESSIBILITÉ, n. f. *Phys.* Propriété des corps qui peuvent être comprimés.

COMPRESSIBLE, adj. Qui peut être comprimé : *fluide compressible.*

COMPRESSIF, IVE, adj. *Chir.* Qui sert à comprimer : *appareil compressif.*

COMPRESSION, n. f. Action de comprimer ; effet de cette action.

COMPRIMER, v. tr. Presser un corps de manière à en réduire le volume.

COMPROMETTRE, v. tr. Mêler quelqu'un dans une affaire, de manière à lui causer embarras ou préjudice.

COMPROMIS, n. m. Acte par lequel deux personnes conviennent de faire une chose, surtout lorsqu'il s'agit d'arbitrage.

COMPTABILITÉ, n. f. Art de tenir des comptes en règle. Synonyme de *tenue des livres.*

COMPTABLE, adj. et n. m. Celui qui est chargé des comptes.

COMPTANT, adj. et n. m. *Argent, deniers comptants*, comptés sur l'heure et en espèces.

COMPTE, n. m. Calcul, nombre ; état de ce qui est dû. **Cour des comptes**, établie pour vérifier les comptes du trésor. *Fig.* Profit, avantage : *trouver son compte.* Loc. adv. **A compte**, à valoir ; **à bon compte**, à bon marché ; **au bout du compte**, tout bien considéré.

COMPTER, v. tr. Nombrer, calculer ; mettre au nombre de. V. int. Faire nombre ; arrêter un compte. *Fig.* Se proposer : *je compte partir demain* ; avoir confiance : *compter sur quelqu'un.*

COMPTE-RENDU, n. m. Rapport fait à des commettants, à des intéressés, sur un objet qui les concerne.

COMPTEUR, EUSE, n. Qui compte. N. m. Appareil qui sert à compter.

COMPTOIR, n. m. Table longue sur laquelle les marchands étalent leurs marchandises ; bureau où se font les recettes ; agence générale de commerce d'une nation en pays étranger : *comptoir des Indes.*

COMPULSER, v. tr. Rechercher dans des registres, des papiers.

COMPUT, n. m. Supputation des temps pour le calendrier : *comput ecclésiastique.*

COMTAT, n. m. Comté : *le comtat Venaissin.*

COMTE, n. m. Dignitaire du troisième ordre dans la noblesse, marchant entre les barons et les marquis.

COMTÉ, n. m. Titre d'une terre qui donnait la qualité de comte.

COMTESSE, n. f. Celle qui, de son chef, possédait un comté ; femme d'un comte.

CONCASSER, v. tr. Réduire une matière dure en petits fragments : *concasser du poivre.*

CONCAVE, adj. Dont la surface est creuse et sphérique : *miroir concave.*

CONCAVITÉ, n. f. Le côté concave d'un corps.

CONCÉDER, v. tr. Accorder une faveur, un droit, un privilège.

CONCENTRATION, n. f. Action de concentrer ; effet qui en résulte : *concentration de la chaleur.* *Fig.* : *la concentration des pouvoirs.*

CONCENTRER, v. tr. Réunir en un centre ; rassembler sur un même point. *Chim.* Concentrer un liquide, un acide, le dépouiller des parties d'eau. *Fig.* Concentrer ses affections, les rapporter à un objet unique.

CONCENTRIQUE, adj. Se dit des

cercles ou des courbes qui ont un même centre.

CONCEPTION, n. f. Action par laquelle l'enfant est conçu dans le sein de la mère ; fête de l'Église (8 déc.) *Fig.* Faculté de comprendre, de concevoir les choses : *concep ion lente, facile* ; ce que produit l'intelligence : *l'invention de l'alphabet est une sublime conception.*

CONCERNANT prép. Sur, touchant : *loi concern ant la chasse.*

CONCERNER, v. tr. Regarder, appartenir, avoir rap ort à : *cela concerne vos intérêts.*

CONCERT, n. m. Harmonie de voix, d'instruments, ou des deux ensemble ; séance musicale. *Fig.* Accord, union, intelligence : *concert de louanges, d'opinions.* De concert, loc. adv. D'intelligence : *agir de concert.*

CONCERTANT, E, n. Qui chante ou joue sa partie dans un concert.

CONCERTER, v. int. Répéter ensemble un morceau de musique, pour le bien exécuter. V. tr. *Fig.* Conférer entre plusieurs pour l'exécution d'un dessein : *co certer une entreprise.*

CONCERTO, n. m. Morceau de musique dans lequel un instrument joue seul de temps en temps. Pl. des *concertos.*

CONCESSION, n. f. Privilége, droit que l'on octroie. *Rhét.* Figure par laquelle on accorde à son adversaire ce qu'on pourrait lui disputer.

CONCESSIONNAIRE, n. m. Qui a obtenu une concession.

CONCETTI, n. m. Pensée brillante, mais sans justesse. Pl. des *concettis.*

CONCEVABLE, adj. Qui se peut concevoir.

CONCEVOIR, v. tr. Devenir enceinte. *Fig.* Se faire une idée juste des choses ; commencer à avoir : *conce oir de l'espérance* ; inventer : *concevoir un plan.*

CONCIERGE, n. Qui a la garde d'un hôtel, d'une prison, d'une maison quelconque.

CONCILE, n. m. Assemblée de prélats.

CONCILIABLE, adj. Qui peut se concilier.

CONCILIABULE, n. m. Assemblée convoquée hors du sein de l'Église par des prélats schismatiques ; conférence secrète pour comploter.

CONCILIANT, E, adj. Qui est propre à concilier les esprits.

CONCILIATEUR, TRICE, n. Qui concilie, aime à concilier.

CONCILIATION, n. f. Action de concilier, son effet ; comparution devant le juge de paix : *être appelé en conciliation* (sans frais).

CONCILIER, v. tr. Mettre d'accord des personnes divisées d'opinion, d'intérêt, ou des choses qui semblent être contraires. **Se concilier**, v. pr. Gagner : *se concilier les cœurs.*

CONCIS, E, adj. Court, serré, laconique : *auteur, style concis.*

CONCISION, n. f. Qualité de ce qui est concis : *concision du style.*

CONCITOYEN, ENNE, n. Qui est du même pays, de la même ville.

†**CONCLAVE**, n. m. Assemblée de cardinaux pour élire un pape.

CONCLAVISTE, n. m. Celui qui suit un cardinal au conclave ; membre du conclave.

CONCLUANT, E, adj. Qui prouve bien ce qu'on a avancé : *argument concluant.*

CONCLURE, v. tr. Achever, terminer ; tirer une conséquence. V. int. Donner ses conclusions ; opiner : *conclure à la peine de mort.*

CONCLUSIF, IVE, adj. Qui conclut.

CONCLUSION, n. f. Action de conclure ; arrangement définitif ; conséquence d'un argument. Pl. *Procéd.* Demandes des parties ; réquisitions du ministère public : *prendre des conclusions.*

CONCOMBRE, n. m. Plante potagère dont les fruits sont gros et allongés.

CONCOMITANCE, n. f. Union, accompagnement ; coexistence : *le corps de J.-C., dans l'Eucharistie, est sous les espèces du vin par concomitance.*

CONCORDANCE, n. f. Convenance, accord : *concordance de témoignages.* *Gram.* Accord des mots suivant les règles : *la concordance des temps.*

CONCORDAT, n. m. Traité entre le pape et un souverain sur les affaires religieuses ; accommodement entre un failli et ses créanciers.

CONCORDE, n. f. Union de cœurs et de volontés ; bonne intelligence.

CONCORDER, v. int. Etre d'accord ; tendre au même but : *tous ces témoignages concordent.*

CONCOURIR, v. int. Coopérer : *concourir au succès d'une affaire* ; être en concurrence : *concourir pour une place.*

CONCOURS, n. m. Action de concourir ; lutte de concurrents. *Fig.* Affluence : *concours immense.*

CONCRET, ÈTE, adj. *Gram.* Terme concret, qui exprime une qualité unie au sujet, tandis que le *terme abstrait* n'indique que la qualité seule : *chapeau blanc* (concret). *blancheur* (abstrait). *Arith. Nombre concret*, dont l'espèce d'unité est désignée : 10 *mèt es.*

CONCRÉTION, n. f. *Phys.* Action de s'épaissir ; réunion de parties en un corps solide : *concrétion saline, pierreuse.*

CONCURREMMENT, adv. Par concurrence ; conjointement : *agir concurremment avec quelqu'un.*

CONCURRENCE, n. f. Prétention de plusieurs personnes à la même chose ; *entrer en concurrence* ; rivalité de commerce. *Jusqu'à concurrence de*, jusqu'à la somme de.

CONCURRENT, E, n. Compétiteur.

CONCUSSION, n. f. Exaction ou malversation commise par un fonctionnaire dans l'administration ou la manutention des deniers publics.

CONCUSSIONNAIRE, adj. Coupable de concussion.

CONDAMNABLE, adj. Qui mérite d'être condamné.

CONDAMNATION, n. f. Jugement par lequel on condamne ; la peine infligée. *Condamnation par défaut*, prononcée contre celui qui ne paraît pas en justice ; *condamnation par contumace*, prononcée contre l'accusé en fuite.

CONDAMNER, v. tr. Prononcer un jugement contre quelqu'un. *Fig.* Désapprouver : *condamner une opinion* ; barrer, murer : *condamner une porte.*

CONDENSATEUR, n. m. *Phys.* Appareil pour condenser l'électricité, la vapeur, les forces d'un moteur.

CONDENSATION, n. f. Action de condenser des gaz, etc. ; effet qui en résulte.

CONDENSER, v. tr. Rendre plus dense : *le froid condense l'air.*

CONDESCENDANCE, n. f. Complaisance qui fait condescendre aux sentiments de quelqu'un.

CONDESCENDANT, E, adj. Qui condescend.

CONDESCENDRE, v. int. Céder par complaisance au désir d'autrui.

CONDIMENT, n. m. Assaisonnement, comme *le poivre, le sel, l'ail*, etc.

CONDISCIPLE, n. m. Compagnon d'étude.

CONDITION, n. f. Nature, état, qualité d'une personne ou d'une chose ; naissance, origine : *personne de condition* ; état de domesticité : *être en condition* ; charge, convention. *Condition sine qua non*, sans laquelle une affaire ne

peut être conclue. Loc. prép. **A condition de**, à la charge de. Loc. conj. **A condition que**, pourvu que.

CONDITIONNÉ, ÉE, adj. De bonne qualité : *étoffe bien conditionnée.*

CONDITIONNEL, ELLE, adj. Soumis à certaines conditions : *promesse conditionnelle.* N. m. *Gram.* Mode du verbe, qui exprime que l'action est subordonnée à une condition.

CONDITIONNELLEMENT, adv. Sous condition.

CONDITIONNER, v. tr. Donner à une chose les qualités requises.

CONDOLÉANCE, n. f. Témoignage d'affection, de sympathie. *Compliment de condoléance*, fait à la suite d'un événement malheureux.

CONDOR, n. m. Oiseau d'Amérique, espèce de vautour et le plus grand des volatiles.

CONDOTTIERI, n. m. Bandit des Apennins, en Italie. Pl. des *condottieri.*

CONDUCTEUR, TRICE, n. Qui conduit. N. m. Surveillant, directeur de travaux. *Phys.* Cylindre métallique de la machine électrique ; tout corps susceptible de transmettre le calorique, l'électricité : *bon conducteur.*

CONDUCTIBILITÉ, n. f. Propriété que possèdent les corps de transmettre la chaleur et le fluide électrique.

CONDUIRE, v. tr. Guider, mener ; accompagner par politesse ou par motif de sûreté ; diriger, commander, gouverner ; *conduire une armée. Fig.* Mener, en parlant des choses : *la vertu conduit au bonheur. Conduire bien sa barque*, ses affaires. **Se conduire**, v. pr. Se comporter d'une certaine manière.

CONDUIT, n. m. Canal, tuyau : *conduit en fonte.*

CONDUITE, n. f. Action de conduire, d'accompagner ; direction, commandement. *Fig.* Manière de se gouverner, d'agir. *Conduite régulière. Avoir de la conduite*, se conduire avec sagesse. Aqueduc : *établir des conduites.*

CÔNE, n. m. Solide qui a pour base un cercle et se termine en pointe.

CONFECTION, n. f. Action de confectionner ; fabrication en grand de certains objets ; achèvement : *jusqu'à entière confection.*

CONFECTIONNER, v. tr. Faire, fabriquer : *confectionner une étoffe, un habit.*

CONFECTIONNEUR, EUSE, n. Industriel qui fait l'entreprise de divers ouvrages de couture ou de fourniment.

CONFÉDÉRATIF, IVE, adj. Qui concerne une confédération.

CONFÉDÉRATION, n. f. Ligue entre diverses puissances; alliance entre les corps d'un même État : *la confédération suisse.*

CONFÉDÉRER (SE), v. pr. Se former en confédération.

CONFÉRENCE, n. f. Entretien sur une affaire; instruction religieuse; réunion où l'on discute les questions de droit : *conférence des avocats.*

CONFÉRER, v. int. Raisonner de quelque affaire, de quelque point de doctrine. V. tr. Donner, accorder : *conférer le baptême, une dignité.*

CONFESSE, Synonyme de *confession.*

CONFESSER, v. tr. Avouer; entendre une confession. **Se confesser,** v. pr. Faire sa confession.

CONFESSEUR, n. m. Prêtre qui confesse.

CONFESSION, n. f. Aveu d'un fait. *Théol.* Profession de foi : *la confession d'Augsbourg;* déclaration de ses péchés.

CONFESSIONNAL, n. m. Boiserie où se met le prêtre pour entendre le pénitent.

CONFIANCE, n. f. Espérance ferme en quelqu'un, en quelque chose; assurance dans la probité de quelqu'un. *Fig.* Sécurité, hardiesse : *parler avec confiance.*

CONFIANT, E, adj. Disposé à la confiance : *caractère confiant.*

CONFIDEMMENT, adv. En confidence.

CONFIDENCE, n. f. Communication d'un secret. **En confidence,** loc. adv. Secrètement.

CONFIDENT, E, n. À qui l'on confie ses plus secrètes pensées. *Théât.* Personnage subalterne dans la tragédie.

CONFIDENTIEL, ELLE, adj. Qui se fait en confidence : *avis confidentiel.*

CONFIDENTIELLEMENT, adv. D'une manière confidentielle.

CONFIER, v. tr. Commettre une chose au soin, à la fidélité, à l'habileté de quelqu'un. *Fig.* Déposer dans : *confier la semence à la terre.*

CONFIGURATION, n. f. Forme extérieure d'un corps : *la configuration de la terre.*

CONFIGURER, v. tr. Figurer l'ensemble. *Peu us.*

CONFINER, v. int. Toucher aux confins d'un pays : *la Suisse confine à la France.* V. tr. Reléguer : *confiner quelqu'un dans un monastère.*

CONFINS, n. m. pl. Limites, extrémités d'un pays.

CONFIRE, v. tr. Mettre des fruits

dans du sucre, de l'eau-de-vie; ou des légumes dans du vinaigre, pour les conserver.

CONFIRMATIF, IVE, adj. Qui confirme : *arrêt confirmatif.*

CONFIRMATION, n. f. Ce qui rend une chose plus certaine; assurance expresse et nouvelle; sacrement de l'Église qui affermit dans la grâce du baptême.

CONFIRMER, v. tr. Rendre plus stable, plus certain : *confirmer un principe;* donner une preuve, une assurance nouvelle : *confirmer un fait;* sanctionner, ratifier : *confirmer une donation;* donner plus de poids, plus d'autorité : *vérité confirmée par l'expérience. Théol.* Conférer le sacrement de confirmation.

CONFISCABLE, adj. Qui peut être confisqué.

CONFISCATION, n. f. Action de confisquer.

CONFISEUR, EUSE, n. Qui fait et vend toute espèce de sucreries.

CONFISQUER, v. tr. Adjuger au profit du fisc pour cause de crime ou de contravention; prendre à un écolier un livre, un objet défendu.

CONFITEOR, n. m. inv. Nom d'une prière.

CONFITURE, n. f. Fruits confits au sucre.

CONFLAGRATION, n. f. Bouleversement général.

CONFLIT, n. m. Choc, combat : *le conflit de deux armées. Fig. Conflit de deux pouvoirs,* dans lequel chacun des deux s'attribue la compétence exclusive dans une affaire.

CONFLUENT, n. m. Endroit où se fait la jonction de deux rivières.

CONFLUER, v. int. Se jeter l'un dans l'autre; couler ensemble, en parlant de deux cours d'eau.

CONFONDRE, v. tr. Mêler, brouiller plusieurs choses ensemble : *ces deux fleuves confondent leurs eaux;* ne pas faire de distinction; prendre pour : *confondre autour avec alentour. Fig.* Couvrir de confusion : *confondre un imposteur;* réduire au silence, convaincre : *confondre un accusé;* troubler, étonner : *vos bontés me confondent;* stupéfier, anéantir : *confondre l'orgueil.*

CONFORMATION, n. f. Manière dont un corps organisé est conformé : *la conformation des organes.*

CONFORME, adj. Qui a la même forme, est semblable : *copie conforme à l'original;* qui est selon : *conforme à la raison.*

CONFORMÉMENT, adv. En conséquence de :: *conformément à vos ordres.*

CONFORMER, v. tr. Rendre d'accord avec. **Se conformer**, v. pr. S'accommoder : *se conformer aux circonstances.*

CONFORMISTE, n. Qui professe la religion dominante en Angleterre.

CONFORMITÉ, n. f. Convenance, accord : *conformité d'humeurs.*

CONFORT, n. m. Tout ce qui constitue l'aisance de la vie.

CONFORTABLE, adj. Qui conforte : *vin confortable.* N. m. Tout ce qui contribue au bien-être, aux douceurs, aux agréments de la vie : *c'est en Angleterre surtout qu'on trouve le confortable.*

CONFORTABLEMENT, adv. D'une manière confortable : *vivre confortablement.*

CONFORTANT, E, adj. Fortifiant : *remède confortant.*

CONFORTATION, n. f. Corroboration, action de fortifier.

CONFORTER, v. tr. Fortifier : *conforter l'estomac.*

CONFRATERNITÉ, n. f. Bons rapports entre personnes d'un même corps.

CONFRÈRE, n. m. Chacun des membres d'un même corps, ou qui exercent la même profession : *les médecins sont confrères entre eux.*

CONFRÉRIE, n. f. Association religieuse.

CONFRONTATION, n. f. Action de confronter.

CONFRONTER, v. tr. *Jur.* Opposer les témoins à l'accusé; comparer : *confronter des écritures.*

CONFUS, E, adj. Confondu, brouillé. *Fig.* Obscur : *discours confus;* honteux, déconcerté : *demeurer confus;* incertain : *souvenir confus.*

CONFUSÉMENT, adv. D'une manière confuse.

CONFUSION, n. f. Désordre : *la confusion des langues;* réunion de choses disparates; troubles publics. *Fig.* Embarras que causent la pudeur, la honte : *éprouver une grande confusion;* affluence de personnes : *confusion de monde ;* désordre moral : *la confusion des lois.*

CONGÉ, n. m. Libération du service militaire; permission temporaire : *congé de semestre;* renvoi d'une personne à gages : *recevoir son congé;* acte qui assigne un terme à une location : *donner congé;* permis d'octroi qui constate le payement des droits; exemption de classe qu'on accorde aux écoliers; adieu qu'on dit à ses amis, à ses supérieurs, avant de se mettre en voyage : *prendre congé. Audience de congé,* dernière audience publique donnée à un ambassadeur avant son départ.

CONGÉ, n. m. *Arch.* Espèce de moulure.

CONGÉDIER, v. tr. Donner ordre de se retirer : *congédier un importun;* renvoyer : *congédier un domestique.*

CONGELABLE, adj. Qui peut être congelé.

CONGÉLATION, n. f. Passage d'un corps de l'état liquide à l'état solide.

CONGELER, v. tr. Transformer un liquide en glace; figer : *congeler un sirop.*

CONGÉNÈRE, adj. Qui est de même genre, appartient à la même espèce : *plantes congénères. Anat. Muscles congénères,* qui concourent au même mouvement.

CONGÉNIAL, E, ou **CONGÉNITAL, E**, adj. Héréditaire, qu'on apporte en naissant : *maladie congéniale.*

CONGESTION, n. f. Accumulation du sang dans les vaisseaux d'un organe.

CONGLUTINANT, E, adj. Qui opère la cicatrisation des plaies.

CONGLUTINATION, n. f. Action de conglutiner.

CONGLUTINER, v. tr. Rendre gluant et visqueux : *certains poisons conglutinent le sang.*

CONGRATULATION, n. f. Félicitation.

CONGRATULER, v. tr. Féliciter quelqu'un, se réjouir avec lui de son bonheur.

CONGRE, n. f. Poisson de mer, semblable à une anguille.

CONGRÉGANISTE, n. Qui fait partie d'une congrégation.

CONGRÉGATION, n. f. Réunion de personnes religieuses vivant sous une même règle; assemblée de prélats pour examiner certaines affaires en cour de Rome : *la congrégation de l'index.*

CONGRÈS, n. m. Assemblée de souverains, d'ambassadeurs, pour traiter de la paix ; assemblée des représentants aux Etats-Unis.

CONIFÈRE, adj. Disposé en cône : *plante conifère,* comme le pin, le sapin, l'if, etc.

CONIQUE, adj. Qui a la forme d'un cône : *miroir conique.*

CONJECTURAL, E, adj. Fondé sur des conjectures : *la médecine est une science conjecturale.*

CONJECTURALEMENT, adv. Par conjecture.

CONJECTURE, n. f. Opinion fondée sur des probabilités.

CONJECTURER, v. tr. Inférer, juger par conjecture.

CONJOINDRE, v. tr. Unir, en parlant de mariage.

CONJOINTS, n. m. pl. Les époux.

CONJOINTEMENT, adv. Ensemble, de concert : *agir conjointement avec quelq'un.*

CONJONCTIF, IVE, adj. *Gram.* Qui sert à unir : *particule, locution conjonctive*, comme *afin que, bien que, parce que, etc.*

CONJONCTION, n. f. *Gram.* Mot inv. qui sert à lier les mots ou les propositions. *Astr.* Rencontre apparente de deux planètes dans la même partie du zodiaque.

CONJONCTURE, n. f. Concours de circonstances; occasion : *dans cette conjoncture.*

CONJUGAISON, n. f. *Gram.* Manière de conjuguer un verbe ; classe de verbes.

CONJUGAL, E, adj. Qui concerne l'union entre les époux : *lien conjugal.*

CONJUGALEMENT, adv. Selon l'union conjugale.

CONJUGUER, v. tr. *Gram.* Réciter ou écrire un verbe selon ses différentes inflexions et terminaisons de modes, de temps, de nombres et de personnes.

CONJURATEUR, n. m. Qui dirige une conjuration, *peu us.*; prétendu magicien.

CONJURATION, n. f. Conspiration, complot contre l'État, le souverain : *tramer une conjuration*; exorcisme, sortilège.

CONJURER, v. tr. Prier avec instance; exorciser. *Fig.* Détourner par prudence, par habileté : *conjurer la tempête* (malheur qui menace).

CONNAISSANCE, n. f. Idée, notion : *connaissance de Dieu*; relation de société, de familiarité : *il est de ma connaissance*; faculté de connaître et de distinguer les objets : *tomber sans connaissance*. Pl. Savoir, érudition : *avoir des connaissances.*

CONNAISSEMENT, n. m. Déclaration contenant un état des marchandises chargées sur un navire.

CONNAISSEUR, EUSE, n. Qui se connaît à quelque chose.

CONNAÎTRE, v. tr. Avoir l'idée, la notion d'une personne ou d'une chose; entretenir des relations avec quelqu'un; savoir : *connaître le grec*; avoir une grande pratique, un grand usage de certaines choses : *connaître le monde*; éprouver : *connaître la misère.* **Se connaître**, v. pr. Avoir une juste idée de soi-même. *Fig. Se faire connaître*, se

distinguer, décliner ses noms et qualités; *ne plus se connaître*, être furieux, hors de soi ; *se connaître en, à quelque chose*, être en état de juger.

† **CONNÉTABLE**, n. m. Autrefois, premier officier militaire en France.

CONNÉTABLIE, n. f. Autrefois, juridiction des maréchaux de France.

CONNEXE, adj. Se dit des choses qui ont entre elles une certaine liaison : *affaires connexes.*

CONNEXION, n. f. Liaison entre les objets intellectuels : *connexion d'idées.*

CONNEXITÉ, n. f. Rapport, liaison aperçue entre plusieurs choses : *il y a connexité entre les lois et la morale.*

CONNIVENCE, n. f. Complicité.

CONNIVER, v. int. Participer à un mal en le dissimulant.

CONOÏDE, adj. En forme de cône.

CONQUE, n. f. Grande coquille concave. *Anat.* Cavité de l'oreille.

CONQUÉRANT, n. m. Qui a fait de grandes conquêtes.

CONQUÉRIR, v. tr. Acquérir par les armes. *Fig.* : *conquérir les cœurs.*

CONQUÊTE, n. f. Action de conquérir; la chose conquise.

CONSACRANT, adj. et n. L'évêque qui en sacre un autre.

CONSACRER, v. tr. Dédier à Dieu : *Samuel fut consacré à Dieu dès son enfance*; faire à la messe la consécration du pain et du vin; sanctionner, rendre durable. *Fig.* Employer : *consacrer son temps à l'étude*; autoriser : *mot consacré par l'usage.*

CONSANGUIN, E, adj. Parent du côté paternel : *frère consanguin.* Son opposé est *utérin*, du côté maternel.

CONSANGUINITÉ, n. f. Parenté du côté du père.

CONSCIENCE, n. f. Sentiment intérieur par lequel l'homme se rend témoignage à lui-même du bien et du mal qu'il fait. *Fig.* Opinions religieuses : *liberté de conscience.* **En conscience**, loc. adv. En vérité.

CONSCIENCIEUSEMENT, adv. D'une manière consciencieuse.

CONSCIENCIEUX, EUSE, adj. Qui a la conscience délicate.

CONSCRIPTION, n. f. Inscription annuelle des jeunes gens appelés par leur âge au service militaire.

CONSCRIT, n. m. Qui est inscrit au rôle de la conscription; jeune soldat. Adj. *Père conscrit*, sénateur romain.

CONSÉCRATION, n. f. Action de consacrer; action par laquelle le prêtre consacre le pain et le vin à la messe.

CONSÉCUTIF, IVE, adj. Qui se suit immédiatement dans l'ordre du temps : *avoir la fièvre trois jours consécutifs.*

CONSÉCUTIVEMENT, adv. Sans interruption.

CONSEIL, n. m. Avis donné ou demandé sur ce qu'il convient de faire ; avocat que la partie consulte ; assemblée de personnes délibérant sur certaines affaires. *Conseil des ministres*, pour délibérer sur les affaires de l'État ; *conseil de guerre*, pour l'exercice de la justice militaire.

CONSEILLER, v. tr. Donner conseil.

CONSEILLER, ÈRE, n. Qui donne conseil. N. m. Membre d'un conseil ; juge dans une cour souveraine.

CONSEILLEUR, n. m. Qui conseille. Ne se dit que dans : *les conseilleurs ne sont pas les payeurs.*

CONSENTANT, E, adj. Qui consent : *les parties consentantes.*

CONSENTEMENT, n. m. Action de consentir.

CONSENTIR, v. int. Vouloir bien, trouver bon. V. tr. Autoriser : *consentir une vente.*

CONSÉQUEMMENT, adv. D'une manière conséquente : *agir conséquemment à ses principes* ; par conséquent.

CONSÉQUENCE, n. f. Conclusion tirée d'une ou de plusieurs propositions ; suite qu'une chose peut avoir. *Fig.* Importance : *affaire de conséquence*. **En conséquence**, loc. adv. Conséquemment.

CONSÉQUENT, E, adj. Qui raisonne, qui agit conséquemment : *homme conséquent dans sa conduite.* Ne pas dire *affaire conséquente*, mais *importante, considérable.*

CONSÉQUENT, n. m. *Log.* Seconde proposition d'un enthymème. *Math.* Second terme d'un rapport. **Par conséquent**, loc. conj. Donc.

CONSERVATEUR, TRICE, n. Qui conserve. N. m. Titre de certains employés de l'État : *conservateur des hypothèques.*

CONSERVATION, n. f. Action de conserver ; état de ce qui est conservé.

CONSERVATOIRE, n. m. École gratuite, à Paris, pour l'enseignement de la musique, de la déclamation, etc. **Conservatoire des arts et métiers**, établissement public où sont conservés les modèles des machines, des instruments, etc., employés dans les arts, et les échantillons des divers produits de l'industrie.

CONSERVE, n. f. Confiture faite de sucre et de substances végétales. *Mar.* Naviguer *de conserve*, de compagnie, pour se secourir au besoin. Pl. Lunettes pour conserver la vue.

CONSERVER, v. tr. Maintenir en bon état : *conserver sa santé* ; garder avec soin : *conserver un 'secret* ; ne pas perdre : *conserver ses amis* ; entretenir : *conserver la paix.*

CONSIDÉRABLE, adj. Puissant : *homme considérable* ; très-grand : dépense *considérable* ; nombreux : *armée considérable* ; important : *travail considérable.*

CONSIDÉRABLEMENT, adv. Beaucoup.

CONSIDÉRANT, n. m. Motif qui précède le dispositif d'une loi, d'un arrêt, etc.

CONSIDÉRATION, n. f. Action par laquelle on considère, on examine : cela *mérite considération. Fig.* Raison, motif : *cette considération m'a décidé* ; égards, estime : *avoir en grande considération.*

CONSIDÉRER, v. tr. Regarder attentivement ; examiner. *Fig.* Peser, apprécier : *considérer les avantages* ; estimer, faire cas : *il est considéré.*

CONSIGNATAIRE, n. m. Dépositaire d'une somme consignée ; négociant auquel on adresse des marchandises, soit en dépôt, soit pour les vendre.

CONSIGNATION, n. f. Action de faire un dépôt entre les mains d'un officier public ; somme, objet ainsi déposé ; bureau où se font ces dépôts : *caisse des dépôts et consignations.*

CONSIGNE, n. f. Instruction donnée à une sentinelle ; punition militaire, défense de sortir.

CONSIGNER, v. tr. Déposer une somme en garantie ; adresser à un consignataire ; citer, rapporter dans un écrit : *consigner un fait. Consigner la troupe, un élève*, lui défendre de sortir de la caserne, de la pension.

CONSISTANCE, n. f. État d'un liquide qui prend de la solidité ; état résistant d'un corps. *Fig.* Stabilité, fixité : *esprit sans consistance.*

CONSISTANT, E, adj. Qui consiste en : *propriété consistante en prés, champs, etc.* ; qui a de la solidité.

CONSISTER, v. int. Avoir son essence, ses propriétés dans : *le bonheur consiste dans la vertu* ; être composé, formé de : *son revenu consiste en rentes.*

CONSISTOIRE, n. m. Assemblée de cardinaux convoquée par le pape ; assemblée de ministres protestants ; con-

7.

seil qui dirige les affaires religieuses des israélites.

CONSISTORIAL, E, adj. Qui appartient à un consistoire : *jugement consistorial.*

CONSISTORIALEMENT, adv. En consistoire.

CONSOLABLE, adj. Qui peut être console.

CONSOLANT, E, adj. Qui console.

CONSOLATEUR, TRICE, adj. et n. Qui apporte de la consolation : *espoir consolateur.*

CONSOLATION, n. f. Soulagement donné à l'affliction; sujet de satisfaction; discours, raisons que l'on emploie pour consoler; personne, chose qui console : *Dieu est ma consolation.*

CONSOLE, n. f. Saillie destinée à soutenir une corniche; meuble de salon.

CONSOLER, v. tr. Soulager, adoucir l'affliction, les ennuis.

CONSOLIDATION, n. f. Action de consolider une dette, d'affermir un État.

CONSOLIDER, v. tr. Rendre ferme, solide. *Fig.* Affermir, fortifier : *consolider un traité. Fin.* Assigner un fonds pour le payement d'une dette publique. *Tiers consolidés,* rentes sur l'État, réduites et garanties.

CONSOMMATEUR, n. m. Celui qui consomme les denrées, les marchandises qu'il achète. *Fig.* Qui achève, qui accomplit : *Jésus-Christ est l'auteur et le consommateur de notre foi.*

CONSOMMATION, n. f. Action de se servir des choses qui se détruisent par l'usage; fin, accomplissement : *la consommation des siècles.*

CONSOMMÉ, n. m. Bouillon succulent d'une viande extrêmement cuite.

CONSOMMER, v. tr. Détruire par l'usage : *consommer une denrée;* achever, accomplir : *consommer un sacrifice.* **Consommé, ée,** adj. Parfait : *sagesse consommée.*

CONSOMPTIF, IVE, adj. Se dit des remèdes propres à consumer les humeurs, les chairs. N. m. : *un consomptif.*

CONSOMPTION, n. f. Amaigrissement et dépérissement progressif dans certaines maladies : *la phthisie amène toujours la consomption.*

CONSONNANCE, n. f. Accord de deux sons dont l'union plaît à l'oreille. Son opposé est *dissonnance.*

CONSONNANT, E, adj. *Mus.* Formé par des consonnances : *accord consonnant.*

CONSONNE, n. f. *Gram.* Lettre qui ne forme un son que si elle est jointe à une voyelle.

CONSORTS, n. m. pl. Cointéressés dans une même affaire.

CONSOUDE, n. f. Plante vulnéraire, employée contre les hémorragies.

CONSPIRATEUR, n. m. Qui conspire contre l'État, le souverain.

CONSPIRATION, n. f. Complot secret formé contre l'État.

CONSPIRER, v. int. Être unis pour l'exécution d'un même dessein. *Fig.* Contribuer à : *tout conspire à son bonheur.* V. tr. Former un complot, un mauvais dessein.

CONSPUER, v. tr. Honnir publiquement, mépriser hautement.

CONSTABLE, n. m. Officier de police en Angleterre.

CONSTAMMENT, adv. Avec fermeté, persévérance.

CONSTANCE, n. f. Vertu, fermeté d'âme : *souffrir avec constance.*

CONSTANT, E, adj. Qui a de la constance, de la fermeté; certain, indubitable : *fait constant;* qui ne varie pas : *bonheur constant.*

CONSTATATION, n. f. Action de constater un fait.

CONSTATER, v. tr. Établir la vérité d'un fait; consigner dans un écrit.

CONSTELLATION, n. f. Assemblage d'étoiles : *la constellation de la Vierge.*

CONSTELLÉS (anneaux), adj. Que l'on supposait fabriqués sous l'influence de certaines constellations, et auxquels les astrologues attribuaient des vertus merveilleuses.

CONSTERNATION, n. f. Abattement profond.

CONSTERNER, v. tr. Frapper d'étonnement, de consternation.

CONSTIPATION, n. f. Difficulté d'aller à la selle.

CONSTIPER, v. tr. Causer la constipation.

CONSTITUANT, E, adj. Qui constitue : *parties constituantes d'un corps.* N. m. Membre d'une assemblée constituante. **Assemblée constituante,** qui a mission d'établir une constitution politique; états généraux convoqués en France en 1789.

CONSTITUER, v. tr. Établir : *constituer une rente, une dot;* faire l'essence d'une chose : *l'âme et le corps constituent l'homme. Se constituer prisonnier,* se rendre volontairement en prison. **Constitué, ée,** adj. Être de bonne ou de mauvaise complexion : *homme bien constitué. Autorités constituées,* établies par les lois d'un pays.

CON

CON

CON

CON 119

CON

CON   **CON**   119

CONSTITUTIF, IVE, adj. Qui constitue essentiellement une chose.

CONSTITUTION, n. f. Composition : *la constitution de l'air* ; complexion de l'homme : *constitution robuste, délicate* ; lois fondamentales d'une nation : *la France a eu plusieurs constitutions.*

CONSTITUTIONNALITÉ, n. f. Qualité de ce qui est constitutionnel.

CONSTITUTIONNEL, ELLE, adj. Appartenant ou conforme à la constitution.

CONSTITUTIONNELLEMENT, adv. D'une manière constitutionnelle.

CONSTRUCTEUR, n. m. Qui construit.

CONSTRUCTION, n. f. Action, art de construire ; disposition des parties d'un bâtiment ; bâtisse. *Gram.* Arrangement des mots.

CONSTRUIRE, v. tr. Bâtir ; faire, tracer : *construire un triangle, une figure géométrique. Gram.* Arranger les mots d'une phrase.

CONSUBSTANTIALITÉ, n. f. Unité et identité de substance : *les Ariens niaient la consubstantialité du Fils avec le Père.*

CONSUBSTANTIEL, ELLE, adj. Qui est de même substance : *les trois Personnes de la Trinité sont consubstantielles.*

CONSUBSTANTIELLEMENT, adv. D'une manière consubstantielle.

CONSUL, n. m. Nom des deux premiers magistrats de l'ancienne Rome, et des trois de la république française, depuis l'an VIII jusqu'à l'empire (de 1799 à 1804) ; agent qui a pour mission de protéger ses nationaux à l'étranger.

CONSULAIRE, adj. Qui appartient au consul : *dignité consulaire.*

CONSULAT, n. m. Dignité, charge de consul ; sa durée.

CONSULTANT, n. m. Celui qui, en droit ou en médecine, donne des consultations : *avocat, médecin-consultant.*

CONSULTATIF, IVE, adj. Que l'on consulte : *comité consultatif.*

CONSULTATION, n. f. Conférence pour consulter sur une affaire, une maladie ; avis motivé résultant d'une consultation.

CONSULTER, v. tr. Prendre avis, conseil ; examiner attentivement : *consulter un auteur.*

CONSUMER, v. tr. Détruire, user ; dépenser entièrement : *consumer son bien en aumônes.*

CONTACT, n. m. Attouchement de deux corps. *Fig.* Liaison, relation : *le contact de la société.*

CONTAGIEUX, EUSE, adj. Qui se communique par le contact. *Fig.* Se dit du vice, de l'erreur, etc. : *exemple contagieux.*

CONTAGION, n. f. Transmission d'une maladie par le contact ou les miasmes. *Fig.* : *la contagion du vice.*

CONTAMINATION, n. f. Souillure.

CONTAMINER, v. tr. Souiller.

CONTE, n. m. Récit d'aventures merveilleuses et imaginaires ; discours ou récit mensonger : *conte fait à plaisir.*

CONTEMPLATEUR, TRICE, n. Qui contemple.

CONTEMPLATIF, IVE, adj. Qui se plaît dans la contemplation par la pensée. *Vie contemplative*, qui se passe dans la méditation.

CONTEMPLATION, n. f. Action de contempler.

CONTEMPLER, v. tr. Considérer attentivement soit avec les yeux du corps, soit avec ceux de l'esprit. *Absol.* Méditer : *passer sa vie à contempler.*

CONTEMPORAIN, E, adj. et n. Qui est du même temps : *Annibal et Scipion étaient contemporains* ; qui est du temps actuel : *l'histoire contemporaine.*

CONTEMPORANÉITÉ, n. f. Simultanéité d'existence. *Peu us.*

CONTEMPTEUR, n. m. Qui méprise, dénigre : *Zoïle fut le contempteur d'Homère.*

CONTENANCE, n. f. Capacité : *contenance d'un vase* ; étendue : *contenance d'un champ* ; maintien, posture : *contenance respectueuse. Fig. Faire bonne contenance*, témoigner de la résolution ; *perdre contenance*, se troubler.

CONTENIR, v. tr. Comprendre dans son étendue, dans sa capacité : *le décalitre contient dix litres* ; retenir dans de certaines bornes : *contenir la foule* ; renfermer : *ce livre contient de grandes vérités. Fig.* Maintenir dans la soumission : *contenir le peuple* ; réprimer : *contenir sa colère.*

CONTENT, E, adj. Qui a l'esprit satisfait, le cœur joyeux.

CONTENTEMENT, n. m. Joie, plaisir, satisfaction.

CONTENTER, v. tr. Rendre content, satisfaire. **Se contenter**, v. pr. Être satisfait de : *se contenter de peu.*

CONTENTIEUSEMENT, adv. Avec dispute, débat. *Peu us.*

CONTENTIEUX, EUSE, adj. Qui aime à disputer : *humeur contentieuse, peu us.* ; qui est contesté, litigieux : *affaire contentieuse.* N. m. Tout ce qui est susceptible d'être mis en discussion devant des juges.

CONTENTION, n. f. Grande application de l'esprit.

CONTENU, n. m. Ce qui est renfermé, contenu dans : *le contenu d'un verre, d'une lettre*.

CONTER, v. tr. Narrer, faire un récit, un conte.

CONTESTABLE, adj. Qui peut être contesté : *principe contestable*.

CONTESTATION, n. f. Débat, dispute.

CONTESTE, n. f. Procès, contestation. **Sans conteste**, loc. adv. Sans contredit.

CONTESTER, v. tr. Refuser de reconnaître un droit, nier la vérité d'un fait. V. int. Disputer : *ils contestèrent longuement*.

CONTEUR, EUSE, n. Qui aime à conter.

CONTEXTURE, n. f. Enchaînement, liaison des parties qui forment un tout : *la contexture des muscles*. *Fig.* : *la contexture d'un discours*.

CONTIGU, Ë; adj. Qui touche à une chose : *chambre contiguë à une autre*.

CONTIGUITÉ, n. f. Etat de deux choses qui se touchent.

CONTINENCE, n. f. Chasteté.

CONTINENT, E, adj. Qui observe la continence.

CONTINENT, n. m. Très-grande étendue de terre ferme.

CONTINENTAL, E, adj. Qui appartient au continent : *guerre continentale*.

CONTINGENT, n. m. Part que chacun doit fournir ou recevoir ; part mise à la charge de chaque circonscription territoriale dans la répartition annuelle, soit des contributions directes, soit du recrutement.

CONTINU, E, adj. Non divisé dans son étendue ; non interrompu dans sa durée : *travail continu*.

CONTINUATEUR, n. m. Auteur qui continue l'ouvrage d'un autre.

CONTINUATION, n. f. Action de continuer ; effet de cette action ; prolongement.

CONTINUEL, ELLE, adj. Qui dure sans interruption.

CONTINUELLEMENT, adv. Sans interruption.

CONTINUER, v. tr. Poursuivre ce qui est commencé ; prolonger : *continuer un mur* ; renouveler : *continuer un bail*. V. int. Ne pas cesser : *la guerre continue*.

CONTINUITÉ, n. f. Liaison non interrompue des parties. **Solution de continuité**, interruption qui se présente dans l'étendue d'un corps : *les plaies, les fractures sont des solutions de continuité dans les chairs et dans les os ; les traits de ce dessin ne sont pas purs, on y remarque trop de solutions de continuité*.

CONTINÛMENT, adv. D'une manière continue.

CONTONDANT, E, adj. Qui blesse, qui meurtrit sans couper. Son opposé est *tranchant*. *Blessure faite avec un instrument contondant, un bâton, un marteau*, etc.

CONTORSION, n. f. Mouvement violent qui tend les muscles, les membres ; grimace, attitude forcée.

CONTOUR, n. m. Circuit, enceinte : *le contour d'une ville* ; différents aspects des formes arrondies des corps : *agréables contours*.

CONTOURNER, v. tr. Donner à une figure le contour qu'elle doit avoir ; déformer : *taille toute contournée*.

CONTRACTANT, E, adj. Qui contracte. Ne se dit qu'au fém. pl. : *les parties contractantes*.

CONTRACTER, v. tr. Faire un contrat, une convention. *Fig.* Acquérir avec le temps : *contracter une habitude* ; gagner : *contracter une maladie* ; s'endetter : *contracter des dettes*. **Contracté, ée**, adj. *Gram.* Réuni : *article contracté* (du, des, au, aux).

CONTRACTILE, adj. Susceptible de contraction : *la fibre des muscles est contractile*.

CONTRACTILITÉ, n. f. Faculté que possèdent certaines parties d'un corps animal ou végétal, de se raccourcir et de s'étendre alternativement : *contractilité musculaire*.

CONTRACTION, n. f. *Phys.* Rapprochement des molécules d'un corps, qui en diminue le volume. *Anat.* Raccourcissement des muscles, des nerfs. *Gram.* Réduction de deux syllabes, de deux voyelles en une, comme *août, paon, faon, Laon*, qu'on prononce *out, pan, fan, Lan*.

CONTRADICTEUR, n. m. Qui contredit.

CONTRADICTION, n. f. Action de contredire. Pl. Incompatibilité de certaines choses.

CONTRADICTOIRE, adj. Qui exprime une contradiction : *propositions contradictoires*.

CONTRADICTOIREMENT, adv. D'une manière contradictoire.

CONTRAINDRE, v. tr. Obliger quelqu'un par violence à faire une chose ; tenir dans la contrainte.

CONTRAINT, E, adj. Forcé ; gêné : *il a l'air contraint.*

CONTRAINTE, n. f. Violence exercée contre quelqu'un ; retenue : *agir sans contrainte. Fig.* Difficulté, entraves : *la contrainte de la rime. Jur.* Acte judiciaire pour contraindre : *contrainte par corps.*

CONTRAIRE, adj. Opposé ; qui n'est pas conforme à. *Fig.* Nuisible : *le vin vous est contraire ;* ennemi : *sort contraire.* N. m. L'opposé.

CONTRAIREMENT, adv. En opposition.

CONTRALTO, n. m. *Mus.* La plus grave des voix de femme. Pl. des *contralto.*

CONTRARIANT, E, adj. Qui contrarie : *esprit contrariant.*

CONTRARIER, v. tr. Contredire. *Fig.* Faire obstacle : *les vents contrariaient la marche du navire.*

CONTRARIÉTÉ, n. f. Ennui, mécontentement ; obstacle, empêchement : *éprouver de grandes contrariétés.*

CONTRASTE, n. m. Opposition de sentiments, d'effets : *contraste de deux caractères ; contraste d'ombre et de lumière dans un tableau.*

CONTRASTER, v. int. Être en contraste.

CONTRAT, n. m. Convention notariée.

CONTRAVENTION, n. f. Infraction à une loi, un contrat, etc.

CONTRE, prép. qui marque opposition : *marcher contre l'ennemi ;* proximité : *sa maison est contre la mienne.* N. m. L'opposé : *soutenir le pour et le contre.* Ci-contre, loc. adv. Auprès.

CONTRE-ALLÉE, n. f. Allée latérale. Pl. des *contre-allées.*

CONTRE-AMIRAL, n. m. Troisième officier supérieur d'une armée navale ; son vaisseau. Pl. des *contre-amiraux.*

CONTRE-APPEL, n. m. Second appel.

CONTRE-APPROCHES, n. f. pl. Travaux des assiégés pour aller au-devant de ceux des assiégeants.

CONTRE-BALANCER, v. tr. Égaler avec des poids. *Fig.* Égaler en force, en valeur, en mérite, etc.; compenser.

CONTREBANDE, n. f. Introduction, commerce de marchandises prohibées ; ces marchandises mêmes.

CONTREBANDIER, ÈRE, n. Qui se livre à la contrebande.

CONTRE-BAS (EN), loc. adv. *Arch.* De haut en bas.

CONTRE-BASSE, n. f. Grosse basse de violon, dont le son est d'une octave au-dessous de la basse ordinaire ; la plus basse voix. Pl. des *contre-basses.*

CONTRE-BATTERIE, n. f. Batterie de canons opposée à une autre.

CONTRE-BOUTANT, n. m. Pièce de bois qui sert d'appui à un mur.

CONTRE-BOUTER, v. tr. Appuyer un mur par un étai, un pilier.

CONTRECARRER, v. tr. S'opposer directement aux vues de quelqu'un.

CONTRE-CŒUR (À), loc. adv. Avec répugnance, malgré soi.

CONTRE-COUP, n. m. Répercussion d'un corps sur un autre. *Fig.* Événement qui est la suite d'un autre. Pl. des *contre-coups.*

CONTREDANSE, n. f. Danse vive et légère, où plusieurs personnes figurent ensemble ; air de contredanse.

CONTREDIRE, v. tr. Dire le contraire ; être en opposition.

CONTREDISANT, E, adj. Qui aime à contredire : *esprit contredisant.*

CONTREDIT (SANS), loc. adv. Certainement.

CONTRÉE, n. f. Certaine étendue de pays.

CONTRE-ÉCHANGE, n. m. Échange mutuel. Pl. des *contre-échanges.*

CONTRE-ENQUÊTE, n. f. *Pal.* Enquête opposée à celle de la partie adverse. Pl. des *contre-enquêtes.*

CONTRE-ÉPREUVE, n. f. Épreuve qu'on tire sur une estampe fraîchement imprimée, ou sur un dessin au crayon ; dans une assemblée délibérante, vote sur la proposition contraire à celle mise d'abord aux voix. Pl. des *contre-épreuves.*

CONTREFAÇON, n. f. Action d'imiter, de fabriquer une chose au préjudice de l'auteur ou de l'inventeur ; ouvrage contrefait.

CONTREFACTEUR, n. m. Celui qui commet une contrefaçon.

CONTREFAIRE, v. tr. Représenter en imitant ; imiter les autres pour les tourner en ridicule ; faire une contrefaçon ; déguiser : *contrefaire sa voix.* Contrefait, e, part. pas. Difforme, défiguré : *Ésope était tout contrefait.*

CONTREFAISEUR, n. m. Qui contrefait les paroles et les gestes. *Fam.*

CONTRE-FORT, n. m. Pièce de cuir pour renforcer le quartier du soulier. Pl. des *contre-forts.*

CONTRE-JOUR, n. m. Endroit opposé au grand jour. Pl. des *contre-jours.*

CONTRE-LETTRE, n. f. Acte secret par lequel on déroge à un acte public. Pl. des *contre-lettres.*

CONTRE-MAÎTRE, n. m. Troisième officier de manœuvre à bord d'un vaisseau; chef d'atelier dans une grande fabrique. Pl. des *contre-maîtres*.

CONTREMANDER, v. tr. Révoquer un ordre, une demande.

CONTREMARCHE, n. f. Marche d'une armée, contraire à celle qu'elle paraissait vouloir faire. Pl. des *contre-marches*.

CONTRE-MARQUE, n. f. Seconde marque apposée à un ballot, à des ouvrages d'or et d'argent; billet délivré, au théâtre, à ceux qui sortent, pour qu'ils aient la faculté de rentrer. Pl. des *contre-marques*.

CONTRE-MARQUER, v. tr. Apposer une seconde marque.

CONTRE-MINE, n. f. Ouvrage souterrain pour découvrir la mine de l'ennemi. Pl. des *contre-mines*.

CONTRE-MINER, v. tr. Faire une contre-mine.

CONTRE-MUR, n. m. Mur bâti contre un autre pour le fortifier, le conserver. Pl. des *contre-murs*.

CONTRE-MURER, v. tr. Faire un contre-mur.

CONTRE-ORDRE, n. m. Révocation d'un ordre. Pl. des *contre-ordres*.

CONTRE-PARTIE, n. f. *Mus.* Partie opposée à une autre, surtout celle de second dessus. *Fig.* Sentiment contraire : *soutenir la contre-partie*. Pl. des *contre-parties*.

CONTRE-PIED, n. m. Le contraire d'une chose.

CONTRE-POIDS, n. m. Poids servant à en contre-balancer d'autres; et, au moral, toute force qui sert à diminuer l'effet d'une force contraire.

CONTRE-POIL, n. m. Le rebours du poil. **À contre-poil**, loc. adv. Dans un sens contraire.

CONTRE-POINT, n. m. *Mus.* Art de composer de la musique à deux ou plusieurs parties; composition faite d'après les règles du contre-point.

CONTRE-POISON, n. m. Remède contre le poison, au physique et au moral. Pl. des *contre-poisons*.

CONTRE-RÉVOLUTION, n. f. Seconde révolution tendant à détruire les résultats de la première. Pl. des *contre-révolutions*.

CONTRE-RÉVOLUTIONNAIRE, adj. et n. Agent, partisan d'une contre-révolution. Pl. des *contre-révolutionnaires*.

CONTRESCARPE, n. f. *Fortif.* Pente du mur extérieur du fossé, du côté de la place.

CONTRE-SEING, n. m. Signature de celui qui contre-signe. Pl. des *contre-seings*.

CONTRE-SENS, n. m. Sens contraire; fausse interprétation d'un texte. Pl. des *contre-sens*.

CONTRE-SIGNER, v. tr. Signer en second; mettre sur l'adresse d'une lettre le nom du fonctionnaire qui l'expédie.

CONTRE-TEMPS, n. m. Événement fâcheux, imprévu, qui nuit au succès d'une affaire. **À contre-temps**, loc. adv. Mal à propos. Pl. des *contre-temps*.

CONTREVALLATION, n. f. Fossé et retranchement autour d'une place assiégée.

CONTREVENANT, E, n. Qui contrevient.

CONTREVENIR, v. int. Enfreindre une défense, agir contre la loi : *contrevenir à un ordre*.

CONTREVENT, n. m. Volet placé à l'extérieur d'une fenêtre.

CONTRE-VÉRITÉ, n. f. Chose dite pour être entendue dans un sens contraire. V. *Antiphrase*. Pl. des *contre-vérités*.

CONTRIBUABLE, n. m. Qui contribue au payement des contributions.

CONTRIBUER, v. int. Payer sa part d'une dépense, d'une charge commune; aider à l'exécution, au succès d'une entreprise.

CONTRIBUTION, n. f. Ce que chacun donne pour sa part d'une dépense, d'une charge commune; impôt payé à l'État. *Contribution foncière*, perçue sur un immeuble; *contribution personnelle*, levée sur les personnes; *contribution indirecte*, perçue sur les objets de consommation.

CONTRISTER, v. tr. Affliger.

CONTRIT, E, adj. Qui a un grand regret de ses fautes.

CONTRITION, n. f. Douleur profonde et sincère d'avoir offensé Dieu.

CONTRÔLE, n. m. Registre double que l'on tient pour la vérification d'un autre; droit que l'on paye pour certains actes; vérification : *le contrôle d'une caisse*; marque de l'État sur les ouvrages d'or ou d'argent. *Fig.* Critique : *je me passerai bien de votre contrôle*.

CONTRÔLER, v. tr. Inscrire sur le contrôle; vérifier; mettre le contrôle sur les ouvrages d'or et d'argent. *Fig.* Critiquer, censurer les actions.

CONTRÔLEUR, n. m. Fonctionnaire chargé de tenir contrôle de certaines choses. *Fig.* **Contrôleur, euse**, qui trouve à redire sur tout. *Fam.*

CONTROUVER, v. tr. Inventer une fausseté.

CONTROVERSABLE, adj. Qui peut

être discuté : *la question est controver- sable.*

CONTROVERSE, n. f. Débat, contestation sur une question, une opinion, etc., surtout en matière religieuse.

CONTROVERSÉ, ÉE, adj. Contesté : *question controversée.*

CONTROVERSISTE, n. m. Qui traite, par écrit ou autrement, de controverse en matière de religion.

CONTUMACE, n. f. Refus, défaut de comparaître en justice, pour affaire criminelle : *condamner par coutumace.*

COUTUMAX, n. m. Accusé qui ne comparaît point.

CONTUSION, n. f. Meurtrissure.

CONTUSIONNÉ, ÉE, adj. Blessé, meurtri.

CONVAINCANT, E, adj. Qui porte conviction : *raison convaincante.*

CONVAINCRE, v. tr. Réduire quelqu'un, par le raisonnement ou par des preuves sensibles et évidentes, à reconnaître une vérité, l'exactitude d'un fait.

CONVALESCENCE, n. f. État d'une personne qui relève de maladie.

CONVALESCENT, E, adj. et n. Qui relève de maladie.

CONVENABLE, adj. Propre, sortable, qui convient : *mariage convenable;* conforme, proportionné : *récompense convenable;* décent, qui est à propos : *cela n'est pas convenable.*

CONVENABLEMENT, adv. D'une manière convenable.

CONVENANCE, n. f. Rapport, conformité : *convenance d'humeurs;* commodité, utilité. Pl. Bienséance, décence : *respecter les convenances.*

CONVENIR, v. int. Être conforme, avoir du rapport; être propre à ; avouer : *convenir de ses torts;* demeurer d'accord. *Impers.* Être expédient, à propos : *il convient de.*

CONVENTICULE, n. m. Petite assemblée secrète et illicite.

CONVENTION, n. f. Accord, pacte : *convention verbale.* Pl. Clauses matrimoniales ou autres. *Fig.* **Convention nationale**, assemblée des représentants du peuple français, de 1792 à 1795.

CONVENTIONNEL, ELLE, adj. Qui résulte d'une convention : *la monnaie n'a qu'une valeur conventionnelle.* N. m. Membre de la Convention nationale.

CONVENTIONNELLEMENT, adv. Par convention.

CONVERGENCE, n. f. Direction de lignes vers un même point.

CONVERGENT, E, adj. Qui converge.

CONVERGER, v. int. Tendre vers le même point.

CONVERS, E, adj. Employé aux œuvres serviles d'un couvent : *frère convers, sœur converse.*

CONVERSATION, n. f. Entretien familier.

CONVERSER, v. int. S'entretenir familièrement avec quelqu'un.

CONVERSION, n. f. Transmutation : *la conversion des métaux;* changement de taux : *la conversion des rentes. Jurisp.* Changement d'un acte en un autre : *conversion d'une obligation en rente. Art mil.* Changement de front. *Fig. Théol.* Conquête d'une âme à la religion.

CONVERTIBLE, adj. Qui peut être converti en une autre chose.

CONVERTIR, v. tr. Changer une chose en une autre. *Fig.* Faire changer de résolution, d'opinion, de parti; gagner à la religion. **Converti, e**, n. Qui a embrassé une autre religion : *nouveau converti.*

CONVEXE, adj. Courbé et arrondi à l'extérieur. Son opposé est *concave.*

CONVEXITÉ, n. f. Rondeur, courbure extérieure d'un corps.

CONVICTION, n. f. Effet que produit dans l'esprit une preuve évidente, une certitude raisonnée.

CONVIER, v. tr. Inviter quelqu'un à un repas, à une fête.

CONVIVE, n. Qui prend part à un repas.

CONVOCATION, n. f. Action de convoquer : *convocation d'une assemblée.*

CONVOI, n. m. Cortège funèbre qui accompagne un mort; flotte marchande avec son escorte; transport de munitions, de vivres, d'argent, etc., pour un camp, une place assiégée; transport de voyageurs, de marchandises par les chemins de fer.

CONVOITER, v. tr. Désirer avec avidité : *convoiter le bien d'autrui.*

CONVOITEUX, EUSE, adj. Qui convoite. *Peu us.*

CONVOITISE, n. f. Désir immodéré, cupidité.

CONVOLER, v. int. Se remarier : *convoler en secondes, en troisièmes noces.*

CONVOLVULUS, n. m. *Bot.* Nom scientifique du *liseron.*

CONVOQUER, v. tr. Faire assembler par autorité : *convoquer les Chambres.*

CONVULSIF, IVE, adj. Accompagné de convulsions : *toux convulsive.*

CONVULSION, n. f. Contraction violente et involontaire des muscles. *Fig.* Mouvement violent causé par les passions : *les convulsions du désespoir.* Pl. Secousses qui agitent un Etat.

CONVULSIONNAIRE, adj. et n. Attaqué de convulsions. *Peu us.* N. pl. Fanatiques modernes.

COOPÉRATEUR, TRICE, n. Qui opère avec un autre.

COOPÉRATION, n. f. Action de coopérer.

COOPÉRER, v. int. Opérer conjointement avec quelqu'un.

COORDINATION, n. f. Action de coordonner; état des choses coordonnées : *habile coordination.*

COORDONNER, v. tr. Arranger les choses dans un certain ordre.

COPAHU, n. m. Substance résineuse, extraite du copaier.

COPAÏER, n. m. Arbre de l'Amérique méridionale.

COPAL, n. m. Résine ou gomme d'un arbre des Indes, qui entre dans la composition des vernis.

COPARTAGEANT, E, adj. et n. Qui partage avec d'autres.

COPEAU, n. m. Parcelle de bois enlevée avec un instrument tranchant.

COPECK, n. m. Monnaie russe de la valeur de cinq centimes environ.

COPHTE ou **COPTE**, n. m. Chrétien jacobite d'Egypte; ancienne langue d'Egypte.

COPIE, n. f. Écrit fait d'après un autre; reproduction, imitation exacte d'un ouvrage d'art. *Impr.* Manuscrit sur lequel travaille le compositeur.

COPIER, v. tr. Faire une copie. *Fig.* Imiter; contrefaire.

COPIEUSEMENT, adv. D'une manière copieuse.

COPIEUX, EUSE, adj. Abondant.

COPISTE, n. m. Qui copie.

COPROPRIÉTAIRE, n. Qui possède avec une autre personne une maison, une terre, etc.

COPROPRIÉTÉ, n. f. Propriété commune entre plusieurs : *copropriété d'un mur.*

COPULATIF, IVE, adj. *Gram.* Qui sert à lier les mots, les membres de phrases, comme *et*, *ni*, etc.

COPULE, n. f. *Log.* Mot qui lie l'attribut au sujet : *le verbe être, exprimé ou contracté, est la copule de toute proposition.*

COQ, n. m. Mâle de la poule; personnage le plus important d'un endroit, d'une assemblée. *Fam.*

COQ-À-L'ANE, n. m. Discours qui n'a point de suite, de liaison, de raison. Pl. des *coq-à-l'âne.*

COQUE, n. f. Enveloppe solide et dure de l'œuf et de certains fruits; enveloppe du ver à soie et d'autres insectes qui filent. *Mar.* Corps d'un navire.

COQUECIGRUE, n. f. Baliverne, conte en l'air. *Pop.*

COQUELICOT, n. m. Pavot des champs.

COQUELUCHE, n. f. Toux convulsive qui attaque surtout les enfants. *Fig.* Personnage en vogue : *être la coqueluche de la ville.*

COQUERICO, n. m. Chant du coq.

COQUET, ETTE, adj. et n. Qui a de la coquetterie, qui cherche à plaire.

COQUETER, v. int. User de coquetterie. *Fam.*

COQUETIER, n. m. Marchand d'œufs en gros; petit vase pour manger des œufs à la coque.

COQUETTERIE, n. f. Goût de la parure; désir de plaire.

COQUILLAGE, n. m. Poisson qui habite une coquille; la coquille même.

COQUILLE, n. f. Enveloppe dure qui couvre les mollusques, dits *testacés*; ustensile de cuisine pour les rôtis; coques vides des œufs et des noix; sorte de papier.

COQUIN, E, n. Personne vile, sans honneur ni probité.

COQUINERIE, n. f. Action de coquin.

COR, n. m. Durillon sur les doigts du pied; instrument de musique à vent. **A cor et à cri**, loc. adv. Vivement, à grand bruit.

CORAIL, n. m. Production marine d'un rouge éclatant.

CORAILLEUR, n. m. Qui va à la pêche du corail.

CORALLIN, E, adj. Rouge comme du corail.

CORALLINE, n. f. Espèce de polypier, qui croît sur les rochers baignés par la mer.

† **CORAN**, n. m. Livre qui contient la loi religieuse de Mahomet.

CORBEAU, n. m. Oiseau carnassier. *Mar.* Croc de fer, chez les anciens, pour accrocher les vaisseaux ennemis.

CORBEILLE, n. f. Sorte de panier d'osier. *Fig.* Parures, bijoux pour une mariée; ornement en architecture, en sculpture et en jardinage.

CORBEILLÉE, n. f. Plein une corbeille.

CORBILLARD, n. m. Char pour transporter les morts.

CORBILLON, n. m. Petite corbeille; jeu de société, où les joueurs sont obligés de répondre en rimant en *on*.

CORBIN, n. m. Corbeau. *Bec de*

corbin, recourbé en pointe : *canne à bec de corbin, nez en bec de corbin.*

CORDAGE, n. m. Toute corde servant à une manœuvre; action de corder du bois.

CORDE, n. f. Assemblage de fils de chanvre, de crin, ou d'autres matières flexibles, tordus ensemble; gros câble tendu en l'air, et sur lequel dansent les bateleurs; fil de boyau ou de laiton pour certains instruments de musique; tissu d'une étoffe de laine : *ce drap montre la corde*; ancienne mesure de bois de chauffage, équivalant à deux voies, ou à quatre stères. *Géom.* Ligne droite qui aboutit aux deux extrémités d'un arc de cercle. *Fig.* Supplice de la potence.

CORDEAU, n. m. Petite corde qui sert le plus souvent pour aligner : *allée tirée au cordeau.*

CORDELER, v. tr. Tordre en forme de corde.

CORDELETTE, n. f. Petite corde.

CORDELIER, n. m. Religieux de l'ordre des frères mineurs de saint François d'Assise, institué par lui en 1332. *Club des cordeliers*, réunion populaire opposée à celle des Jacobins, et fondée par Danton en 1790.

CORDELIÈRE, n. f. Corde à plusieurs nœuds; gros cordon de soie servant de ceinture. *Arch.* Baguette sculptée en forme de corde.

CORDELLE, n. f. Petit câble pour le halage des bâtiments, des bateaux.

CORDER, v. tr. Faire de la corde; mettre du bois en corde.

CORDERIE, n. f. Métier, commerce du cordier; lieu où se fabrique la corde.

CORDIAL, E, adj. Réconfortant : *remède cordial. Fig.* Affectueux, qui part du cœur : *invitation cordiale.* N. m. Potion fortifiante : *prendre des cordiaux.*

CORDIALEMENT, adv. D'une manière cordiale.

CORDIALITÉ, n. f. Sentiment affectueux.

CORDIER, n. m. Qui fait ou vend de la corde.

CORDON, n. m. Petite corde; décoration : *le grand cordon de la Légion d'honneur*; bordure de gazon; bord des monnaies. *Arch.* Rang de pierres en saillie. *Art mil.* Suite de postes garnis de troupes. *Fig.* **Cordon bleu**, cuisinière très-habile.

CORDONNER, v. tr. Tortiller en cordon.

CORDONNERIE, n. f. Métier de cordonnier.

CORDONNET, n. m. Petit cordon de fil, de soie, d'or ou d'argent, que fabriquent les passementiers.

CORDONNIER, n. m. Qui fait ou vend des chaussures.

CORELIGIONNAIRE, n. Qui professe la même religion que d'autres.

CORIACE, adj. Dur comme du cuir, en parlant des viandes.

CORIACÉ, ÉE, adj. Qui a la consistance du cuir : *substance coriacée.*

CORIANDRE, n. f. Plante aromatique qui entre dans la préparation de certaines liqueurs.

CORINTHIEN, ENNE, adj. et n. Quatrième ordre d'architecture, le plus riche.

CORME ou **SORBE**, n. f. Fruit du cormier.

CORMIER ou **SORBIER**, n. m. Grand arbre fruitier, dont le bois est fort dur.

CORMORAN, n. m. Oiseau aquatique, à bec très-long.

CORNAC, n. m. Conducteur de l'éléphant.

CORNALINE, n. f. Pierre précieuse rouge et un peu transparente.

CORNE, n. f. Excroissance compacte qui sort de la tête du taureau, du bélier, du cerf, etc.; partie dure du pied de certains animaux; palette pour se chausser; ornement d'architecture; pli d'un feuillet; pointe charnue sur la tête des limaçons et de quelques autres insectes.

CORNÉ, ÉE, adj. De la nature de la corne.

CORNÉE, n. f. Tunique extérieure de l'œil, nommée vulgairement *blanc de l'œil.*

CORNEILLE, n. f. Oiseau de l'espèce du corbeau.

CORNEMUSE, n. f. Instrument de musique à vent, espèce de hautbois rustique.

CORNER, v. int. Bourdonner, en parlant des oreilles : *les oreilles me cornent.* V. tr. Publier une chose avec importunité.

CORNET, n. m. Petit cor ou petite trompe rustique; instrument pour entendre : *cornet acoustique*; papier roulé : *cornet à tabac*; encrier portatif; petit vase de corne ou de cuir pour agiter les dés au trictrac. *Cornet à bouquin*, sorte de trompette grossière faite en corne, en écorce d'arbre, etc.

CORNETTE, n. f. Coiffure de femme en déshabillé; ancien étendard de cavalerie; marque distinctive du capitaine de frégate ou du lieutenant de vaisseau. N. m. Porte-étendard d'autrefois.

CORNICHE, n. f. *Arch.* Ornement composé de moulures en saillie.

CORNICHON, n. m. Petit concombre pour confire.

CORNOUILLE, n. f. Fruit du cornouiller.

CORNOUILLER, n. m. Arbre d'un bois très-dur.

CORNU, E, adj. Qui a des cornes : *animal cornu. Fig.* Raisons *cornues*, absurdes ; *visions cornues*, idées folles, extravagantes.

CORNUE, n. f. *Chim.* Vase à col allongé pour la distillation.

COROLLAIRE, n. m. Conséquence qui découle d'une proposition déjà démontrée.

COROLLE, n. f. *Bot.* Enveloppe des étamines et du pistil, la partie la plus voyante de la fleur.

CORONAIRE, adj. Se dit des deux artères qui portent le sang dans le cœur.

CORONAL, E, adj. Qui est situé à la partie antérieure du crâne : os *coronal*.

CORONER, n. m. Officier de justice en Angleterre.

CORPORAL, n. m. Linge bénit sur lequel le prêtre pose le calice.

CORPORATION, n. f. Association autorisée d'individus qui exercent la même profession.

CORPOREL, ELLE, adj. *Théol.* Qui a un corps : *Dieu n'est pas corporel* ; qui a rapport au corps : *peine corporelle.*

CORPORELLEMENT, adv. D'une manière corporelle : *punir corporellement.*

CORPS, n. m. Toute substance, organique ou inorganique ; partie matérielle d'un être animé ; régiment, portion d'armée ; corporation : *le corps des boulangers. Fig.* Consistance, solidité : *cette étoffe a du corps. Prendre du corps,* de l'embonpoint ; *drôle de corps,* homme original ; *corps du délit,* objet qui prouve l'existence du délit ; *corps céleste,* astre.

CORPS-DE-GARDE, n. m. Poste militaire. Pl. des *corps-de-garde*.

CORPS DE LOGIS, n. m. Partie de maison formant appartement séparé.

CORPULENCE, n. f. Grandeur et grosseur de la taille. Ne pas dire *corporence*.

CORPULENT, E, adj. Qui a de la corpulence.

CORPUSCULAIRE, adj. Relatif aux corpuscules, aux atomes.

CORPUSCULE, n. m. Très-petit corps, atome, infusoire.

CORRECT, E, adj. Exact : *histo-*

rien correct ; conforme aux règles : *dessin correct* ; où il n'y a point de fautes : *langage correct.*

CORRECTEMENT, adv. D'une manière correcte : *parler, écrire correctement.*

CORRECTEUR, n. m. *Impr.* Celui qui corrige les épreuves.

CORRECTIF, n. m. Ce qui corrige, adoucit. *Fig.* Expression qui adoucit ce que le discours a de trop fort, de trop hardi : *employer un correctif.*

CORRECTION, n. f. Action de corriger ; qualité de ce qui est correct ; pureté de langage. *Impr.* Indication des fautes sur une épreuve. **Maison de correction**, où l'on enferme surtout des enfants qui, en commettant une faute grave, un crime, ont agi sans discernement.

CORRECTIONNEL, ELLE, adj. Qui a rapport aux délits : *peine, police correctionnelle. Tribunal correctionnel,* qui juge les délits peu graves.

CORRÉGIDOR, n. m. Nom que l'on donne en Espagne au premier officier de justice d'une ville.

CORRÉLATIF, IVE, adj. et n. Qui marque relation réciproque : *père et fils sont des termes corrélatifs.*

CORRÉLATION, n. f. Rapport entre deux choses.

CORRESPONDANCE, n. f. Commerce de lettres, les lettres mêmes : *lire sa correspondance* ; relation commerciale ; toute espèce de relations : *être en correspondance avec quelqu'un.*

CORRESPONDANT, E, adj. Se dit des choses qui ont du rapport entre elles : *angles, idées correspondantes.* N. m. Celui avec lequel on est en commerce de lettres, ou en relations d'affaires.

CORRESPONDRE, v. int. Entretenir une correspondance. *Fig.* Symétriser ensemble : *ces angles correspondent* ; être en communication : *ces chambres correspondent entre elles.*

CORRIDOR, n. m. Passage étroit dans une maison. Ne pas dire *collidor.*

CORRIGER, v. tr. Ôter les défauts, en parlant des personnes et des choses : *corriger un enfant, un dessin. Fig.* Tempérer, adoucir : *corriger les humeurs.*

CORRIGIBLE, adj. Qui peut être corrigé.

CORROBORATION, n. f. Action de corroborer.

CORROBORER, v. tr. Fortifier ; servir de preuve, appuyer.

CORRODANT, E, adj. et n. Qui

corrode, ronge : *la rouille est un corrodant.*

CORRODER, v. tr. Altérer, attaquer les substances : *l'eau-forte corrode le métal.*

CORROMPRE, v. tr. Gâter : *la chaleur corrompt la viande. Fig.* Dépraver : *corrompre les mœurs* ; séduire : *corrompre un juge* ; troubler : *la crainte corrompt le plaisir.*

CORROSIF, IVE, adj. Qui corrode : *substance corrosive.* N. m. : *un puissant corrosif.*

CORROSION, n. f. Action, effet des substances corrosives.

CORROYER, v. tr. Apprêter le cuir.

CORROYEUR, n. m. Qui apprête les cuirs.

CORRUPTEUR, TRICE, n. Qui corrompt l'esprit, les mœurs, le goût. Adj. : *un langage corrupteur.*

CORRUPTIBILITÉ, n. f. Nature de ce qui est sujet à la corruption.

CORRUPTIBLE, adj. Sujet à la corruption.

CORRUPTION, n. f. Putréfaction, altération : *corruption du sang, de l'air. Fig.* Séduction : *recourir à des moyens de corruption pour...* ; dépravation : *la corruption des mœurs.*

CORS, n. m. pl. Petites cornes qui sortent des perches ou bois du cerf : *cerf dix cors.*

CORSAGE, n. m. Taille du corps humain, depuis les épaules jusqu'aux hanches ; partie supérieure d'un vêtement.

CORSAIRE, n. m. Navire armé en guerre ; capitaine qui le commande ; pirate barbaresque.

CORSELET, n. m. Cuirasse légère ; corps des insectes.

CORSET, n. m. Vêtement en coutil, en toile, en soie, garni de baleines, pour maintenir la taille.

CORTÉGE, n. m. Suite de personnes qui accompagnent avec cérémonie.

CORTÈS, n. f. pl. Assemblée nationale en Espagne. N. m. sing. Membre de cette assemblée.

CORTICAL, E, adj. *Bot.* Qui adhère à l'écorce : *boutons corticaux.*

CORVÉABLE, adj. Sujet à la corvée : *autrefois le peuple était corvéable et taillable à merci.*

CORVÉE, n. f. Travail gratuit qui était dû par le paysan à son seigneur ; œuvres serviles dans les régiments. *Fig.* Travail, démarches faites avec peine et sans profit.

CORVETTE, n. f. Petit bâtiment de guerre qui prend rang entre la frégate et le brick.

CORYPHÉE, n. m. Chef des chœurs. *Fig.* Chef d'une secte, d'un parti ; celui qui se distingue le plus dans sa profession, dans une société.

CORYZA, n. m. *Méd.* Rhume de cerveau.

COSAQUE, n. m. Russe de l'Ukraine.

COSÉCANTE, n. f. *Géom.* Sécante du complément d'un angle à 90 degrés.

COSINUS, n. m. *Géom.* Sinus du complément d'un angle à 90 degrés.

COSMÉTIQUE, n. m. Pommade pour lisser et teindre les cheveux.

COSMOGONIE, n. f. Système de la formation de l'univers : *la cosmogonie de Moïse dans la Genèse.*

COSMOGONIQUE, adj. Qui a rapport à la cosmogonie : *système cosmogonique.*

COSMOGRAPHE, n. m. Qui sait la cosmographie.

COSMOGRAPHIE, n. f. Description de l'univers visible.

COSMOGRAPHIQUE, adj. Qui a rapport à la cosmographie : *description cosmographique.*

COSMOLOGIE, n. f. Science des lois générales qui gouvernent l'univers.

COSMOLOGIQUE, adj. Qui a rapport à la cosmologie : *études cosmologiques.*

COSMOPOLITE, n. m. Citoyen du monde, celui qui regarde l'univers comme sa patrie. *Fig.* Celui qui passe sa vie à voyager, vivant tantôt dans un pays, tantôt dans un autre. Adj. : *existence cosmopolite.*

COSMORAMA, n. m. Collection de tableaux représentant les sites et les monuments les plus remarquables de l'univers.

COSSE, n. f. Enveloppe de certains légumes : *cosse de fève, de pois.*

COSSON, n. m. Espèce de charançon qui attaque les pois, les lentilles.

COSSU, E, adj. Qui a beaucoup de cosses. *Fig.* Homme cossu, riche, bien mis ; *maison cossue,* opulente. *Pop.*

COSTAL, E, adj. Qui appartient aux côtes : *les huit vertèbres costales.*

COSTUME, n. m. Manière de se vêtir ; habit de théâtre, de déguisement ; habillement suivant les lieux, les temps.

COSTUMER, v. tr. Habiller, vêtir selon le costume.

COSTUMIER, n. m. Qui fait, vend ou loue des costumes.

COTANGENTE, n. f. *Géom.* Tangente du complément d'un angle droit.

COTE, n. f. Part que chacun doit payer d'une dépense, d'un impôt ; marque pour classer chaque pièce dans un inventaire. *Cote mal taillée,* compensa-

tion approchée de sommes, de prétentions diverses.

CÔTE, n. f. Os des parties latérales
de la poitrine; protubérance longitudi-
nale saillante : *les côtes d'un melon;*
penchant d'une colline; rivage de la
mer. Pl. Pays voisin de la mer. Loc.
adv. **Côte à côte**, l'un à côté de l'autre; **à mi-côte**, vers le milieu du penchant d'une montagne.

CÔTÉ, n. m. Partie droite ou gauche du corps, de l'aisselle à la hanche;
partie latérale; point opposé à un autre : *de l'autre côté;* partie, endroit
quelconque : *de tous côtés.* *Géom.* Chaque ligne formant le contour d'une figure autre que le cercle. *Fig.* Face,
aspect : *côté d'une affaire;* ligne de
parenté : *côté paternel;* opinion, parti :
je me range de votre côté. Donner à
côté, manquer son but; *mettre de côté,*
en réserve; *laisser de côté,* abandonner;
regarder de côté, avec dédain ou ressentiment; *côté faible d'une chose,* ce
qu'elle a de défectueux, *côté faible*
d'une personne, son défaut habituel,
sa passion dominante. Loc. adv. **A côté,**
auprès; **de côté,** de biais, obliquement.

COTEAU, n. m. Penchant d'une colline; la colline elle-même.

CÔTELETTE, n. f. Petite côte de
mouton, de veau, etc.

COTER, v. tr. Numéroter, marquer
le prix : *coter des marchandises.*

COTERIE, n. f. Réunion de gens
intimes; de cabaleurs littéraires.

COTHURNE, n. m. Chaussure des
acteurs tragiques, chez les anciens. *Fig.*
Chausser le cothurne, se livrer à la
tragédie.

CÔTIER, ÈRE, adj. *Mar.* Qui se
fait le long des côtes : *navigation cô-*
tière; qui connaît les côtes : *pilote cô-*
tier.

COTIGNAC, n. m. Confiture de
coings.

COTILLON, n. m. Jupe de dessous;
sorte de danse.

COTISATION, n. f. Action de se
cotiser.

COTISER (SE), v. pr. Se réunir et
donner selon ses moyens pour former
une certaine somme.

COTON, n. m. Duvet long et soyeux
qui enveloppe les graines du cotonnier;
poil follet au menton. *Fig. Filer un*
mauvais coton, décliner, mal tourner;
enfant élevé dans du coton, trop mollement.

COTONNADE, n. f. Étoffe de coton
teint.

COTONNER (SE), v. pr. Se cou-

vrir de duvet, en parlant des étoffes,
des fruits.

COTONNEUX, EUSE, adj. *Bot.* Recouvert de duvet. *Fruit cotonneux,* spongieux.

COTONNIER, n. m. Arbuste qui
porte le coton.

CÔTOYER, v. tr. Aller tout le long
de : *côtoyer une forêt; une rivière.*

COTRET, n. m. Fagot de bois court
et de moyenne grosseur.

COTTAGE, n. m. Ferme élégante
en Angleterre.

COTTE, n. f. Jupe de paysanne.
Cotte d'armes, casaque riche qui se
portait par-dessus la cuirasse; **cotte**
de mailles, chemise faite de petits anneaux de fer.

COTUTEUR, n. m. Chargé d'une
tutelle avec un autre.

COTYLÉDON, n. m. Partie de la
graine consistant en un ou plusieurs
lobes charnus qui enveloppent la radicule.

COU, n. m. Partie du corps entre la
tête et les épaules.

COUARD, E, adj. et n. Poltron.

COUARDISE, n. f. Poltronnerie.

COUCHANT, n. m. L'occident. *Fig.*
Vieillesse, déclin : *l'couchant de la*
vie. Adj. *Chien couchant,* qui se couche en arrêtant le gibier; *soleil cou-*
chant, près de disparaître à l'horizon.

COUCHE, n. f. Lit; linge dont on
enveloppe les enfants au maillot; enfantement : *couche laborieuse;* planche
de terreau, de fumier : *semer sur cou-*
che; arrangement par lit : *couche de*
fruits; toute substance appliquée sur
une autre : *couche de plâtre;* enduit de
couleur pour peindre.

COUCHÉE, n. f. Lieu où l'on couche
en voyage.

COUCHER, v. tr. Mettre au lit :
coucher un enfant; étendre tout de son
long à terre. *Fig. Coucher sur le car-*
reau, tuer; *coucher son écriture,* l'incliner; *coucher en joue,* ajuster pour
tirer. V. int. Passer la nuit : *coucher*
dans une auberge. **Se coucher,** v. pr.
Se mettre au lit. *Fig.* Disparaître : *le*
soleil se couche.

COUCHER, n. m. Action de se mettre au lit. *Le coucher d'un astre,* le moment où il disparaît à l'horizon.

COUCHETTE, n. f. Petit lit.

COUCHEUR, EUSE, n. Qui couche avec un autre.

COUCI-COUCI, loc. adv. Ni bien
ni mal : *vous portez-vous bien? —*
couci-couci. Fam.

COUCOU, n. m. Oiseau voyageur de
l'ordre des grimpeurs; pendule de bois.

voiture publique des environs de Paris.

COUDE, n. m. Partie extérieure du bras à l'endroit où il se plie ; angle que présente un mur, un chemin, une rivière.

COUDÉE, n. f. Étendue du coude au bout du doigt du milieu, évaluée à 50 centimètres. *Fig. Avoir ses coudées franches*, avoir une entière liberté d'agir.

COU-DE-PIED, n. m. Partie supérieure et saillante du pied. Pl. des cous-de-pied.

COUDOYER, v. tr. Heurter quelqu'un du coude.

COUDRAIE, n. f. Lieu planté de coudriers.

COUDRE, v. tr. (*Je couds, n, cousons. Je cousais, n. cousions. Je cousis, n. cousîmes. Je coudrai, n. coudrons. Je coudrais, n. coudrions. Couds, cousons, cousez. Q. je couse, q. n. cousions. Q. je cousisse, q. n. cousissions. Cousant. Cousu, e*). Attacher, joindre ensemble, au moyen d'une aiguille et d'un fil.

COUDRETTE, n. f. Petit coudrier.

COUDRIER ou **COUDRE**, n. m. Noisetier.

COUENNE, n. f. Peau du cochon raclée.

COUENNEUX, EUSE, adj. Couvert d'une couenne.

COULAGE, n. m. Perte d'un liquide qui s'écoule d'un tonneau.

COULAMMENT, adv. D'une manière coulante : *parler, écrire coulamment*.

COULANT, E, adj. Qui coule : *encre bien coulante. Fig.* Doux, facile, naturel : *style coulant. Nœud coulant*, qui se serre et se desserre sans se dénouer ; *homme coulant*, facile en affaires.

COULANT, n. m. Anneau mobile servant de fermeture à une bourse.

COULÉ, n. m. *Mus.* Passage lié d'une note à une autre.

COULÉE, n. f. Écriture liée et penchée.

COULER, v. int. Fluer, suivre sa pente, en parlant d'un liquide ; circuler, en parlant du sang dans les veines ; laisser échapper : *ce tonneau coule* ; glisser le long de quelque chose : *se laisser couler le long d'une corde*. En parlant du temps, fuir, passer : *les années coulent insensiblement. Couler de source*, sans embarras, en parlant de ce qui part de l'esprit, du cœur ; *la chandelle coule*, fond trop vite ; *la vigne coule*, la pluie en détruit la fleur ; *couler sur un fait*, en parler légèrement ; *ce vaisseau va couler*, s'englou-

tir. V. tr. Jeter en moule : *couler une statue* ; glisser adroitement : *couler un billet. Couler la lessive*, la répandre sur le linge dans la cuve.

COULEUR, n. f. Impression que fait sur l'œil la lumière réfléchie par les corps ; teint du visage : *avoir de belles couleurs* ; matière colorante : *broyer des couleurs. Fig.* Apparence : *les couleurs de la vérité*, caractère propre d'une opinion : *la couleur d'un journal. Changer de couleur*, devenir pâle ; *un homme de couleur*, un mulâtre ; *nos couleurs nationales*, le drapeau tricolore.

COULEUVRE, n. f. Reptile ovipare, non venimeux, de l'espèce des serpents.

COULEUVREAU, n. m. Petit de la couleuvre.

COULEUVRINE, n. f. Ancien canon plus long que ceux d'aujourd'hui.

COULIS, n. m. Suc de viande. *Vent coulis*, qui se glisse à travers une fente, un trou.

COULISSE, n. f. Rainure pour faire couler un châssis, une fenêtre, etc. ; *porte à coulisse* ; décoration mobile d'un théâtre ; rempli d'une étoffe dans lequel on fait glisser un cordon. *Bourse*. Réunion de courtiers étrangers au parquet.

COULISSEAU, n. m. Languette qui tient lieu de rainure.

COULISSIER, n. m. Courtier de Bourse.

COULOIR, n. m. Passage de dégagement d'un appartement à un autre ; étamine à fond de toile pour couler le lait à clair.

COULOIRE, n. f. Vaisseau pour faire égoutter la partie liquide de certaines substances, comme le fromage, les épinards, etc.

COULURE, n. f. Chute de la fleur de la vigne.

COUP, n. m. Choc, attouchement subit de deux corps ; blessure : *tomber percé de coups* ; décharge d'une arme à feu ; ce qu'on boit en une fois. *Fig. Enlever d'un coup de main*, par une attaque brusque et hardie ; *donner un coup de main à quelqu'un*, lui prêter une assistance passagère ; *coup d'air*, fluxion produite par un courant d'air ; *coup du ciel*, événement heureux, extraordinaire ; *coup d'œil*, regard rapide ; *coup d'essai*, ce qu'on fait pour la première fois ; *coup de maître*, action habilement concertée et exécutée ; *coup de tête*, action inspirée par le dépit ou le désespoir ; *coup de Jarnac*, porté en trahison ; *coup de théâtre*, changement subit dans une situation ; *coup de langue*, médisance, raillerie ; *coup de grâce*, quitte, achève la ruine ; *coup d'État*, abus d'autorité ; *coup de chapeau*, salut donné en passant ; *le coup de pied de l'âne*, lâche insulte faite à un homme jadis puissant ; *coup de sang*, épanchement subit et mortel au cerveau ; *sans coup férir*, sans combattre ; *manquer son coup*, ne pas réussir. Loc. adv. A coup sûr, certainement ; *après coup*, quand il n'est plus temps ; sur le coup, tout de suite ; à tout coup, à chaque fois ; tout à coup, soudainement ; tout d'un coup, en une seule fois ; coup sur coup, sans interruption.

COUPABLE, adj. et n. Qui a commis un crime, une faute. Se dit aussi des choses : *acte coupable*.

COUPE, n. f. Action, façon de couper : *coupe élégante d'un habit* ; étendue de bois destiné à être coupé : *coupe de 20 hectares*. *Arch.* Représentation intérieure d'un édifice ; art de tailler les pierres. *Jeu.* Séparation des cartes en deux parties.

COUPE, n. f. Vase à boire.

COUPÉ, n. m. Sorte de carrosse coupé par devant ; partie antérieure d'une diligence.

COUPE-GORGE, n. m. Lieu, passage dangereux. Pl. des *coupe-gorge*.

COUPE-JARRET, n. m. Brigand. Pl. des *coupe-jarret*.

COUPELLE, n. f. Vase pour séparer, par l'action du feu, l'or, l'argent uni à d'autres métaux. *Or de coupelle*, du plus beau titre.

COUPER, v. tr. Diviser avec un instrument tranchant ; faire une incision : *couper dans le vif* ; tailler régulièrement : *couper un habit* ; interrompre : *couper la parole* ; mêler un liquide avec un autre : *couper du vin* ; faire deux paquets d'un jeu de cartes. *Fig. Couper la gorge*, tuer. V. int. Être bien tranchant : *ce couteau coupe bien* ; dire en peu de mots : *couper court*. Se couper, v. pr. *Fig.* Se trahir.

COUPERET, n. m. Large couteau de boucherie et de cuisine.

COUPEROSE, n. f. Nom que l'on donnait aux sulfates de cuivre, de fer, de zinc.

COUPEROSÉ, ÉE, adj. Rouge, bourgeonné : *visage couperosé*.

COUPEUR, n. m. Qui coupe des étoffes. *Coupeur de bourse*, voleur adroit.

COUPLE, n. f. Deux choses de même espèce mises ou considérées ensemble : *une couple d'œufs*. N. m. Deux êtres animés unis par la volonté, le sentiment, ou toute autre cause qui les rend propres à agir de concert : *un couple d'amis, de fripons*.

COUPLER, v. tr. Attacher des chiens deux à deux pour la chasse.

COUPLET, n. m. Stance faisant partie d'une chanson.

COUPOIR, n. m. Instrument pour couper les corps durs.

COUPOLE, n. f. Intérieur, la partie concave d'un dôme.

COUPON, n. m. Reste d'une pièce d'étoffe ; papier portant intérêt, dont on coupe un morceau à chaque échéance. *Théâtre.* Chacun des billets donnant entré dans une même loge.

COUPURE, n. f. Incision faite dans un corps par un instrument tranchant. *Fig.* Suppression de quelques passages dans une pièce de théâtre.

COUR, n. f. Espace clos de murs ou de bâtiments ; siège de justice : *cour de cassation* ; résidence d'un souverain. *Fig.* Respects, assiduités : *faire sa cour*. *La cour du roi Pétaud*, maison pleine de confusion, où chacun commande.

COURAGE, n. m. Fermeté en face du péril ; hardiesse, audace. *Fig.* Dureté de cœur : *aurez-vous le courage de...?* Interj. : *courage ! mes amis*.

COURAGEUSEMENT, adv. Avec courage.

COURAGEUX, EUSE, adj. Qui a du courage.

COURAMMENT, adv. Facilement, rapidement : *lire, écrire couramment*.

COURANT, E, adj. Qui court. *Fig. Monnaie courante*, qui a cours ; *affaires courantes*, ordinaires ; *compte courant*, situation respective de deux négociants ; *chien courant*, dressé pour la course ; *eau courante*, eau vive.

COURANT, n. m. Mouvement de l'eau ou de l'air dans une même direction : *un courant d'air*. Courants électriques, mouvements de l'électricité produits par la recomposition des deux fluides contraires à travers les corps.

COURANTE, n. f. Flux de ventre : *avoir la courante*.

COURBATU, E, adj. Qui a une courbature.

COURBATURE, n. f. Douleur dans les membres par suite d'une grande fatigue.

COURBE, adj. En forme d'arc. N. f. : *décrire une courbe*.

COURBER, v. tr. Rendre courbe. V. int. : *courber sous le faix*. Se courber, v. pr. Devenir courbe. *Fig.* Céder à la volonté d'un autre : *tout se courbe devant lui*.

COURBETTE, n. f. Mouvement du

cheval qui se cabre un peu. *Fig.* pl.
Bassesses : *faire des courbettes.*

COURBURE, n. f. État d'une chose
courbée : *la courbure d'un cercle.*

COUREUR, n. m. Léger à la course;
valet qui court à pied ; cheval de selle,
propre à la course.

COURGE, n. f. Plante rampante de
la famille des cucurbitacées.

COURIR, v. int. Aller avec vitesse.
Fig. Couler, s'écouler : *par le temps
qui court;* circuler : *un bruit court;*
poursuivre à la course : *courir le cerf;*
parcourir : *courir les rues;* voyager :
courir le monde; fréquenter : *courir les
bals;* être exposé à : *courir un danger.*
Mar. Courir des bordées, aller alternativement de droite à gauche.

COURONNE, n. f. Ornement de tête :
couronne de laurier, de rose, etc.; marque de la souveraineté; monnaie d'argent d'Angleterre. *Fig.* Prix, récompense; souveraineté : *abdiquer la couronne;* gloire : *la couronne du martyre.*

COURONNÉ, ÉE, adj. Qui a reçu
une couronne. *Tête couronnée,* souverain; *cheval couronné,* qui s'est enlevé
la peau du genou.

COURONNEMENT, n. m. Action de
couronner; partie supérieure d'un édifice, d'un meuble, etc.

COURONNER, v. tr. Mettre une couronne sur la tête; élire un souverain.
Fig. Honorer, récompenser : *couronner
la vertu;* décerner un prix : *couronner
un ouvrage;* bien finir ce qui a été bien
commencé : *la fin couronne l'œuvre.*
Se couronner, v. pr. Se couvrir : *les
arbres se couronnent de fleurs.*

COURRE, v. tr. Poursuivre. Ne
s'emploie que dans *courre le cerf, le
lièvre,* etc.

COURRIER, n. m. Qui porte les
dépêches; la voiture qui les porte; totalité des lettres qu'on envoie ou que
l'on reçoit par le même courrier.

COURRIÈRE, n. f. *Poét.* La courrière du jour; l'aurore; *la prompte
courrière,* la renommée : *la nocturne,
l'inégale courrière,* la lune.

COURROIE, n. f. Bande de cuir.

COURROUCER, v. tr. Mettre en
courroux. V. pr. : *la mer se courrouce.*
Poét.

COURROUX, n. m. Colère, dans le
style élevé : *le courroux d'un père.*
Fig. : le courroux de la mer.

COURS, n. m. Mouvement des eaux :
le cours rapide du Rhône; mouvement ni
réel ni apparent des astres : *le cours
de la lune, du soleil;* longueur d'un
fleuve, d'une rivière : *le Volga a 800*

lieues de cours. *Voyage de long cours,*
long voyage par mer; *Fig.* Enchaînement des choses : *le cours des saisons,*
durée : *le cours de la vie;* carrière :
donner cours à sa joie; enseignement :
cours d'un lycée; traité spécial : *cours
de chimie;* circulation : *ce papier, cette
monnaie a cours;* vogue, crédit : *ces
étoffes n'ont plus de cours;* valeur :
*cours de la Bourse, du marché. Avoir
le cours de ventre,* le dévoiment.

COURSE, n. f. Allure plus rapide
que la marche; démarche : *faire plusieurs courses pour une affaire;* marche du temps, des astres : *la course
du soleil. Poét.*

COURSIER, n. m. Grand et beau
cheval de bataille; un cheval quelconque. *Poét.*

COURT, E, adj. De peu de longueur :
taille courte; bref : *harangue courte.*
Vue courte, qui ne voit pas de loin, et
fig., esprit borné ; *avoir la mémoire
courte,* en manquer; *sauce courte,* insuffisante. Adv. Brièvement, brusquement. *Demeurer court,* oublier ce qu'on
voulait dire; *couper court,* abréger son
discours; *tourner court,* changer brusquement de direction.

COURTAGE, n. m. Profession du
courtier.

COURTAUD, E, n. Qui est de taille
courte et ramassée.

COURT-BOUILLON, n. m. Une des
manières d'apprêter le poisson.

COURTE-BOTTE, n. m. Très-petit
homme.

COURTE-POINTE, n. f. Couverture de lit, piquée, et de parade. Pl. des
courtes-pointes.

COURTIER, n. m. Entremetteur,
agent pour l'achat et la vente de certaines marchandises.

COURTILIÈRE, n. f. Insecte qui
vit sous terre et ravage les jardins.

COURTINE, n. f. *Fortif.* Mur entre
deux bastions dont il joint les flancs.

COURTISAN, n. m. Homme de
cour; celui qui courtise dans des vues
d'intérêt.

COURTISANE, n. f. Femme de
mauvaise vie, qui conserve une sorte
de décence.

COURTISANERIE, n. f. Bassesse
de courtisan.

COURTISER, v. tr. Flatter quelqu'un dans des vues d'intérêt.

COURTOIS, E, adj. Civil, affable,
poli.

COURTOISEMENT, adv. D'une
manière courtoise.

COURTOISIE, n. f. Civilité, honnêteté.

COURT-VÊTU, E. adj. Qui a des vêtements courts : *femme court-vêtue.*

COUSCOUSSOU, n. m. Sorte de bouillie faite avec du blé, du bouillon, de la viande, fort en usage en Algérie.

COUSIN, E, n. Se dit de parents issus de frères ou de sœurs. *Cousins issus de germains*, enfants de cousins germains.

COUSIN, n. m. Espèce de moucheron.

COUSINAGE, n. m. Parenté entre cousins.

COUSINER, v. tr. Appeler quelqu'un cousin. V. int. *Fig. Ils ne cousinent pas ensemble*, leur humeur ne s'accorde pas.

COUSSIN, n. m. Sac rembourré pour s'appuyer ou s'asseoir.

COUSSINET, n. m. Petit coussin. *Mécan.* Support sur lequel tournent les tourillons d'un axe de mécanique.

COÛT, n. m. Ce qu'une chose coûte : *le coût d'un acte.*

COUTEAU, n. m. Instrument tranchant composé d'une lame et d'un manche.

COUTELAS, n. m. Épée courte et large qui ne tranche que d'un côté.

COUTELIER, n. m. Dont le métier est de faire, de vendre des couteaux et toutes sortes d'instruments tranchants.

COUTELIÈRE, n. f. Étui à couteaux.

COUTELLERIE, n. f. Art, atelier, commerce du coutelier.

COÛTER, v. int. Se dit du prix des objets qu'on achète. *Fig.* Être cause de quelque perte, de soin, de peine : *cela lui coûte bon.* V. tr. Causer, occasionner : *coûter de la peine.*

COÛTEUX, EUSE, adj. Qui occasionne de grandes dépenses.

COUTIL, n. m. Toile croisée, en fil ou en coton.

COUTRE, n. m. Fer tranchant de la charrue.

COUTUME, n. f. Habitude, usage passé dans les mœurs.

COUTUMIER, ÈRE, adj. Selon la coutume : *droit coutumier* ; qui a coutume de faire une chose blâmable : *être coutumier d'un fait.*

COUTURE, n. f. Art de coudre ; assemblage de deux choses cousues ; cicatrice d'une plaie.

COUTURÉ, ÉE, adj. Marqué de cicatrices.

COUTURIÈRE, n. f. Ouvrière en couture.

COUVAIN, n. m. Œufs des insectes qui, comme les abeilles, vivent en société.

COUVAISON, n. f. Temps où couve la volaille ; sa durée.

COUVÉE, n. f. Tous les œufs qu'un oiseau couve en même temps ; les petits qui en proviennent.

COUVENT, n. m. Maison religieuse ; religieux, religieuses qui l'habitent.

COUVER, v. tr. Se dit des oiseaux qui se tiennent sur leurs œufs pour les faire éclore. *Fig. Couver des yeux*, regarder avec affection ou convoitise ; *couver une trahison*, la méditer sourdement. V. int. Se préparer : *c'est un complot qui couve. C'est un feu qui couve sous la cendre*, une haine, une passion mal éteinte.

COUVERCLE, n. m. Ce qui sert à couvrir un pot, un coffre, une boîte, etc.

COUVERT, n. m. Tout ce dont on couvre une table à manger, et particulièrement la cuiller et la fourchette.

COUVERT, E, adj. Boisé : *pays couvert.* Mots couverts, cachés, à double sens ; *temps couvert*, nuageux ; *vin couvert*, très-chargé en couleur. **A couvert**, loc. adv. À l'abri.

COUVERTURE, n. f. Ce qui sert à couvrir.

COUVERTURIER, n. m. Fabricant ou marchand de couvertures de lit.

COUVET, n. m. Pot tenant lieu de chaufferette.

COUVEUSE, n. f. Poule qui couve, que l'on garde pour couver.

COUVI (*œuf*), adj. m. À demi-couvé, gâté.

COUVRE-CHEF, n. m. Chapeau. *Fam.* Pl. des *couvre-chefs.*

COUVRE-FEU, n. m. Coup de cloche qui indiquait autrefois le moment de rentrer chez soi.

COUVRE-PIEDS, n. m. Petite couverture pour les pieds.

COUVREUR, n. m. Ouvrier dont le métier est de couvrir les maisons.

COUVRIR, v. tr. Mettre une chose sur une autre pour la cacher, la conserver, l'orner, etc. ; mettre une chose en grande quantité sur une autre : *couvrir de fleurs*, et, v. pr. : *les champs se couvrent d'épis. Fig.* Défendre, protéger : *couvrir une place* ; c cher : *couvrir ses projets* ; excuser, justifier : *couvrir une faute.* **Se couvrir**, v. pr. Se vêtir ; mettre son chapeau. *Fig.* : *se couvrir de gloire, de honte* ; *le ciel se couvre*, s'obscurcit.

CRABE, n. m. Genre de crustacés, couvert d'une cuirasse calcaire.

CRAC, Mot qui exprime le bruit d'une chose dure qui se rompt. *Interj.* Tout à coup : *crac, le voilà parti.*

CRACHAT, n. m. Matière muqueuse

que l'on crache; plaque d'un ordre appliquée sur l'habit.

CRACHEMENT, n. m. Action de cracher.

CRACHER, v. tr. Rejeter de la bouche la salive. V. int. *Fig.* Se dit d'une plume mal taillée qui fait jaillir l'encre.

CRACHEUR, EUSE, n. Qui crache continuellement.

CRACHOIR, n. m. Vase dans lequel on crache.

CRACHOTEMENT, n. m. Action de crachoter.

CRACHOTER, v. int. Cracher souvent et peu à la fois.

CRAIE, n. f. Espèce de calcaire tendre et blanc.

CRAINDRE, v. tr. Redouter, appréhender; éprouver une crainte mêlée de respect: *craindre Dieu.*

CRAINTE, n. f. Peur, appréhension. *Crainte filiale, crainte de Dieu,* mêlée d'amour et de respect.

CRAINTIF, IVE, adj. Sujet à la crainte, timide.

CRAINTIVEMENT, adv. Avec crainte.

CRAMOISI, adj. et n. Rouge foncé: *soie cramoisie; peindre en cramoisi.*

CRAMPE, n. f. Contraction convulsive et douloureuse des muscles, de l'estomac, etc.

CRAMPON, n. m. Lien de fer d'attache, à tête recourbée en équerre.

CRAMPONNER, v. tr. Attacher avec un crampon. **Se cramponner**, v. pr. S'accrocher. *Fig.* S'attacher fortement.

CRAN, n. m. Entaille dans un corps dur pour accrocher ou arrêter. *Fig. Monter d'un cran, s'élever. Fam.*

CRÂNE, n. m. Boîte osseuse qui contient le cerveau. Adj. et n. m. *Fig.* Rodomont: *faire le crâne. Fam.*

CRÂNEMENT, adv. En crâne.

CRÂNERIE, n. f. Action de crâne, bravade.

CRÂNOLOGIE ou **CRÂNIOLOGIE**, n. f. Art de connaître, par les protubérances du crâne, les dispositions morales, les penchants des individus; système hypothétique du docteur Gall.

CRAPAUD, n. m. Reptile amphibie, non venimeux.

CRAPAUDIÈRE, n. f. Lieu plein de crapauds.

CRAPAUDINE, n. f. Plante vulnéraire qui croît dans les lieux incultes; plaque de plomb percée qui se met à l'entrée d'un tuyau; morceau de fer creux qui reçoit le gond d'une porte. *Cuis. A la crapaudine,* manière d'accommoder les pigeons.

CRAPULE, n. f. Vile débauche: *vivre dans la crapule; gens crapuleux: fréquenter la crapule. Fam.*

CRAPULEUSEMENT, adv. D'une manière crapuleuse.

CRAPULEUX, EUSE, adj. Qui se plaît dans la crapule.

CRAQUELIN, n. m. Biscuit sec qui craque sous la dent.

CRAQUEMENT, n. m. Bruit que font certains corps en craquant: *le craquement d'une poutre.*

CRAQUER, v. int. Produire un bruit sec en éclatant, en se déchirant. *Fig.* Mentir. *Pop.*

CRAQUERIE ou **CRAQUE**, n. f. Mensonge, hâblerie. *Pop.*

CRAQUETER, v. int. Craquer souvent et à petit bruit.

CRAQUEUR, EUSE, n. Menteur, hâbleur. *Pop.*

CRASSANE ou **CRÉSANE**, n. f. Espèce de poire.

CRASSE, n. f. Ordure qui s'amasse sur la peau; écume des métaux en fusion. *Fig.* Avarice sordide. Adj. Grossier: *ignorance crasse.*

CRASSER, v. tr. Remplir de crasse.

CRASSEUX, EUSE, adj. Couvert de crasse: *chap au crasseux. Fig.* Très-avare: *homme crasseux.*

CRATÈRE, n. m. Ouverture d'un volcan.

CRAVACHE, n. f. Fouet de cavalier, court et d'une seule pièce.

CRAVATE, n. f. Morceau d'étoffe qui se met autour du cou.

CRAYEUX, EUSE, adj. De la nature de la craie: *terrain crayeux.*

CRAYON, n. m. Substance terreuse ou métallique, pour tracer des lignes et pour dessiner. *Fig.* Manière de dessiner: *avoir le crayon moelleux.*

CRAYONNER, v. tr. Dessiner avec un crayon.

CRAYONNEUR, n. m. Mauvais dessinateur.

CRAYONNEUX, EUSE, adj. De la nature du crayon.

CRÉANCE, n. f. Croyance: *cela ne mérite aucune créance; dette active: bonne, mauvaise créance. Lettre de créance,* portant qu'on peut avoir confiance en celui qui la remet. *Créance hypothécaire,* qui emporte hypothèque sur les biens du débiteur.

CRÉANCIER, ÈRE, n. A qui l'on doit.

CRÉATEUR, n. m. Dieu.

CRÉATEUR, TRICE, adj. Inventeur: *génie créateur, industrie créatrice.*

CRÉATION, n. f. Action de créer;

l'univers, l'ensemble des êtres créés; fondation, établissement: *création d'emplois, de rentes*, etc.

CRÉATURE, n. f. Tout être créé; l'homme ou la femme; personne méprisable. *Fig.* Protégé: *les créatures du ministre*.

CRÉCELLE, n. f. Moulinet de bois très-bruyant, dont on se sert au lieu de cloche, dans les rues, le jeudi et le vendredi de la semaine sainte.

CRÈCHE, n. f. Mangeoire à l'usage des bestiaux; asile pour les enfants encore à la mamelle; berceau de l'enfant Jésus.

CRÉDENCE, n. f. Table pour poser les burettes, le bassin, etc., qui servent à la messe; lieu où sont les provisions de bouche; buffet.

CRÉDENCIER, n. m. Qui tient la crédence, est chargé de la garde et de la distribution des provisions dans une communauté.

CRÉDIT, n. m. Réputation de solvabilité. *Fig.* Autorité, considération: *avoir du crédit*. **À crédit**, loc. adv. Sans payer de suite.

CRÉDITER, v. tr. *Com.* Inscrire ce qu'on doit à quelqu'un.

CRÉDITEUR (*comptes*), adj. m. Qui se trouve au crédit.

CRÉDO, n. m. (mot lat.) Symbole des apôtres. Pl. des *crédo*.

CRÉDULE, adj. Qui croit trop facilement: *esprit crédule*.

CRÉDULITÉ, n. f. Trop grande facilité à croire.

CRÉER, v. tr. Tirer du néant. *Fig.* Inventer: *créer un mot*; fonder: *créer une académie*; constituer: *créer une rente*.

CRÉMAILLÈRE, n. f. Instrument de cuisine, en fer, qu'on fixe à la cheminée pour suspendre les marmites, les chaudrons, etc. *Pendre la crémaillère*, donner un repas à ses amis pour fêter son installation dans un nouveau logement.

CRÉMAILLON, n. m. Petite crémaillère attachée à la grande.

CRÈME, n. f. Partie la plus grasse du lait; mets fait ordinairement de lait et d'œufs; liqueur fine extraite de certaines plantes. *Fig.* Le meilleur d'une chose: *être la crème des honnêtes gens*.

CRÉMER, v. int. Se dit du lait qui se couvre de crème.

CRÉMEUX, EUSE, adj. Qui produit de la crème: *su stance crém use*.

CRÉMIER, ÈRE, n. Qui vend de la crème, du lait, du fromage, etc.

CRÉNEAU, n. m. Ouverture dente-lée au haut des murs d'une tour, d'une citadelle, d'une ville.

CRÉNELAGE, n. m. Cordon fait sur l'épaisseur d'une pièce de monnaie.

CRÉNELER, v. tr. Faire des créneaux, des dents, etc. **Crénelé, ée**, part. pas. Garni de créneaux: *tour crénelée*.

CRÉNELURE, n. f. Dentelure faite en créneaux.

CRÉOLE, n. Nom donné à tous les habitants des colonies, issus de parents européens.

CRÉOSOTE, n. f. *Chim.* Substance très-caustique.

CRÊPE, n. m. Étoffe claire de soie crue ou de laine fine. N. f. Pâte légère frite à la poêle.

CRÊPER, v. tr. Friser en manière de crêpe: *crêper une étoffe, des cheveux*.

CRÉPI, n. m. Couche de plâtre ou de mortier sur un mur.

CRÉPIN (*saint*), n. m. Sac contenant tous les outils d'un cordonnier qui voyage. *Fig.* Tout ce qu'on possède: *port r son saint crépin*. *Pop.*

CRÉPINE, n. f. Frange tissue et ouvragée par le haut.

CRÉPIR, v. tr. Enduire d'un crépi.

CRÉPISSURE, n. f. Le crépi d'une muraille.

CRÉPITATION, n. f. Bruit d'une flamme vive qui pétille, ou du sel jeté sur le feu.

CRÉPU, E, adj. Très-frisé. *Cheveux crépus*, qui frisent naturellement.

CRÉPUSCULAIRE, adj. Faible: *lueur crépusculaire*.

CRÉPUSCULE, n. m. Lumière qui précède le soleil levant, ou suit le soleil couchant jusqu'à la nuit close.

CRÉSANE, n. f. V. *Crassane*.

CRESCENDO, n. m. *Mus.* Augmentation graduée des sons. Adv. En croissant: *son mal va crescendo*. Pl. des *crescendo*.

CRESSON, n. m. Herbe antiscorbutique et dépurative qui croît dans les eaux courantes.

CRESSONNIÈRE, n. f. Lieu où l'on fait croître le cresson.

CRÉSUS (*un*), n. m. Homme extrêmement riche.

CRÊTE, n. f. Excroissance charnue rouge et dentelée, qui vient sur la tête des gallinacés; cime, faîte; partie la plus élevée: *la crête d'une montagne*.

CRÊTE-DE-COQ, n. f. Plante des prés; belle variété d'amarante. Pl. des *crêtes-de-coq*.

† **CRÉTIN**, n. m. Habitant goîtreux

des Alpes, sourd, muet et idiot. *Fig.* Homme stupide.

CRÉTINISME, n. m. État du crétin.

CRETONNE, n. f. Toile blanche très-forte.

CREUSEMENT, n. m. Action de creuser.

CREUSER, v. tr. Rendre creux : *creuser une pierre* ; faire une cavité : *creuser un puits. Fig.* Approfondir : *creuser un sujet* ; donner de l'appétit : *la chasse creuse l'estomac. Se creuser la tête*, réfléchir, s'appliquer fortement.

CREUSET, n. m. Vase de terre, de fer, de platine, pour faire fondre les métaux. *Fig.* Épreuve : *cette méthode est sortie saine et sauve du creuset de l'expérience.*

CREUX, EUSE, adj. Qui a une cavité intérieure : *arbre creux* ; profond : *puits creux. Fig. Esprit creux*, vide ; *tête creuse*, sans jugement ; *raisonnement creux*, peu solide.

CREUX, n. m. Cavité ; moule pour imprimer ou mouler en relief : *un creux de plâtre. Avoir du creux, un bon creux*, avoir une forte voix de basse.

CREVASSE, n. f. Fente à un corps.

CREVASSER, v. tr. Faire des crevasses : *le froid crevasse les mains.* V. int. et pr. : *le mur crevasse, se crevasse.*

CRÈVE-CŒUR, n. m. Grand déplaisir, grande douleur. Pl. des *crève-cœur.*

CREVER, v. tr. Faire éclater : *le torrent a crevé la digue* ; percer : *on lui creva les yeux. Fig. Cela crève les yeux*, se dit d'une chose qu'on a devant soi et qu'on ne voit pas ; *crever un cheval*, le fatiguer à la course jusqu'à ce qu'il tombe épuisé. V. int. Se rompre : *la voûte crève* ; éclater par explosion : *la bombe crève* ; se résoudre en pluie : *le nuage crève. Fig. Crever d'orgueil, de rage, de dépit*, en être rempli.

CREVETTE, n. f. Petite écrevisse de mer.

CRI, n. m. Éclat de voix poussé avec effort ; gémissement. *Fig.* Mouvement intérieur : *le cri de la conscience, de la nature* ; opinion générale : *le cri public* ; voix propre à chaque animal. *A cor et à cri*, loc. adv. A grand bruit.

CRIAILLER, v. int. Importuner, crier beaucoup et le plus souvent pour rien. *Fam.*

CRIAILLERIE, n. f. Cris fréquents et sans sujet. *Fam.*

CRIAILLEUR, EUSE, n. Qui ne fait que criailler. *Fam.*

CRIANT, E, adj. Révoltant : *injustice criante.*

CRIARD, E, n. Qui se plaint, qui gronde souvent sans motif. Adj. Aigu, élevé : *voix criarde. Dettes criardes*, menues dettes pour fournitures, aliments, etc.

CRIBLE, n. m. Instrument percé de trous, pour nettoyer et trier le grain.

CRIBLER, v. tr. Nettoyer le grain avec le crible. *Fig. Être criblé de coups, de blessures*, en avoir le corps couvert. On dit aussi : *criblé de dettes. Fam.*

CRIBLEUR, EUSE, n. Qui crible.

CRIBLURE, n. f. Reste du grain criblé.

CRIC, n. m. Machine servant à soulever les fardeaux.

CRIC-CRAC, n. m. Bruit que fait une chose qu'on déchire, qu'on casse.

CRI-CRI, n. m. Nom vulgaire du grillon. Pl. des *cri-cri.*

CRIÉE, n. f. Vente publique aux enchères : *acheter à la criée.*

CRIER, v. int. Jeter un ou plusieurs cris ; parler très-haut et avec chaleur ; demander hautement : *crier au secours* ; se plaindre : *crier à l'injustice* ; réprimander aigrement : *crier contre le vice* ; proclamer publiquement : *crier à son de trompe. Fig.* Produire un bruit strident : *l'essieu crie.* V. tr. Publier : *crier une annonce* ; vendre à l'enchère : *crier une vente.*

CRIEUR, EUSE, n. Qui crie ; qui proclame quelque chose en public ; qui crie ses marchandises dans les rues.

CRIME, n. m. Toute violation grave de la loi morale, religieuse ou civile.

CRIMINALISER, v. tr. D'un procès civil faire un procès criminel.

CRIMINALISTE, n. m. Auteur qui écrit sur les matières criminelles : *savant criminaliste.*

CRIMINALITÉ, n. f. *Jur.* Nature de ce qui est criminel.

CRIMINEL, ELLE, adj. Qui a rapport au crime : *procédure criminelle* ; contraire aux lois naturelles ou sociales : *action criminelle.* N. m. Celui qui a commis un crime : *punir un criminel.*

CRIMINELLEMENT, adv. D'une manière criminelle.

CRIN, n. m. Poil long et rude qui vient au cou et à la queue des chevaux et de quelques autres quadrupèdes.

CRIN-CRIN, n. m. Mauvais violon.

CRINIÈRE, n. f. Tout le crin du cou d'un cheval ou d'un lion.

CRINOLINE, n. f. Étoffe de crin.

CRIQUE, n. f. Petite baie naturelle.

CRIQUET, n. m. Petit cheval faible

et de vil prix; sauterelle volante. *Fig.* Homme grêle.

CRISE, n. f. Changement en bien ou en mal, qui survient subitement dans le cours d'une maladie. *Fig.* Moment périlleux ou décisif d'une affaire.

CRISPATION, n. f. Contraction, resserrement par l'action du feu. *Méd.* Irritation nerveuse.

CRISPER, v. tr. Causer des crispations.

CRISSER, v. int. Produire un son aigre avec les dents.

CRISTAL (*de roche*). n. m. Substance minérale transparente, blanche, et de forme symétrique. *Cristal factice*, espèce de verre qui est net et clair comme le vrai cristal. *Fig. Poét.* : *le cristal des eaux*.

CRISTALLERIE, n. f. Art de fabriquer des cristaux; le lieu où on les fabrique.

CRISTALLIN, E, adj. De la nature du cristal : *corps cristallin* ; clair et transparent comme le cristal : *eaux cristallines*. N. m. Humeur vitrée de l'œil.

CRISTALLISATION, n. f. Action de cristalliser ou de se cristalliser.

CRISTALLISER, v. tr. Changer en cristaux. V. pr. Se former en cristaux.

CRITÉRIUM, n. m. Marque à laquelle on reconnaît l'essence des objets intellectuels : *la mémoire n'est pas toujours le critérium de l'intelligence.*

CRITIQUABLE, adj. Qui peut être critiqué.

CRITIQUE, n. m. Qui porte son jugement sur des ouvrages d'art ou d'esprit; censeur : *critique impitoyable.* Adj. Qui concerne la critique : *dissertation critique* ; qui se plaît à censurer : *esprit critique.* *Méd.* Qui doit amener une crise, et, par ext., dangereux : *moment critique.* N. f. Art de juger; blâme : *la critique est aisée et l'art est difficile.*

CRITIQUER, v. tr. Exercer la critique ; censurer.

CRITIQUEUR, n. m. Qui a la manie de critiquer.

CROASSEMENT, n. m. Cri du corbeau. Ne pas confondre avec le *coassement* de la grenouille.

CROASSER, v. int. Se dit du corbeau qui crie.

CROC, n. m. Sorte de grappin auquel on suspend quelque chose; longue perche armée d'une pointe et d'un crochet. pl. Dents longues et pointues de certains animaux; longues moustaches retroussées ou recourbées.

CROC-EN-JAMBES, n. m. Manière de faire tomber quelqu'un en passant le pied entre ses jambes. Pl. des *crocs-en-jambes.*

CROCHE, adj. Courbé, tortu : *jambe croche.* N. f. *Mus.* Note qui vaut la moitié d'une noire; **double croche,** qui ne vaut que la moitié d'une croche.

CROCHET, n. m. Petit croc; fer recourbé pour ouvrir une serrure; bâton au chiffonnier; sorte de parenthèse [ ]; aiguille à pointe recourbée : *broder au crochet;* boucle de cheveux collée sur les tempes. Pl. Dents aiguës et perçantes de quelques animaux : *les crochets de la vipère;* instrument de portefaix.

CROCHETAGE, n. m. Action de crocheter.

CROCHETER, v. tr. Ouvrir une serrure avec un crochet. **Se crocheter.** v. pr. Se battre.

CROCHETEUR, n. m. Portefaix.

CROCHU, E, adj. Croche. *Fig.* Avoir *les mains crochues*, avoir du penchant au vol.

CROCODILE, n. m. Animal amphibie, couvert d'écailles, de la famille des lézards. *Fig. Larmes de crocodile,* larmes hypocrites pour émouvoir et tromper.

CROIRE, v. tr. Tenir pour vrai; s'imaginer : *se croire habile.* V. int. Avoir la foi : *croire en Dieu.*

† **CROISADE**, n. f. Ligue des catholiques contre les hérétiques ou les infidèles.

CROISÉ, n. m. Qui s'engageait dans une croisade.

CROISÉ, ÉE, adj. En croix : *bâtons croisés. Fig. Etoffe croisée,* dont les fils sont très-serrés; *feu croisé,* qui bat l'ennemi de différents côtés; *rimes croisées,* alternées.

CROISÉE, n. f. Fenêtre, ouverture dans un bâtiment pour éclairer l'intérieur.

CROISEMENT, n. m. Action de deux choses qui se croisent : *croisement d'épées;* action d'accoupler les animaux pour la reproduction.

CROISER, v. tr. Disposer en croix. *Croiser les races*, accoupler des animaux de races différentes. V. int. *Mar.* Aller et venir dans un même parage. *Croiser devant un port*, en intercepter l'entrée. **Se croiser**, v. pr. Passer l'un à côté de l'autre sans se voir.

CROISEUR, n. m. Vaisseau en croisière.

CROISIÈRE, n. f. *Mar.* Action de croiser ; vaisseaux qui croisent.

CROISILLON, n. m. Traverse d'une croix, d'une croisée.

CROISSANCE, n. f. Augmentation successive de grandeur ou de hauteur chez les hommes, les animaux, les plantes, etc.

CROISSANT, n. m. Figure échancrée de la lune jusqu'à son premier quartier ; instrument de jardinier recourbé ; étendard des Turcs. *Fig.* Empire turc.

CROISURE, n. f. Tissure d'une étoffe croisée.

CROÎTRE, v. int. (*Je crois, tu crois, il croît, n. croissons, v. croissez, ils croissent. Je croissais , n. croissions Je crûs, n. crûmes. Je croîtrai, n. croîtrons. Je croîtrais , n. croîtrions. Crois, croissons, croissez. Que je croisse, que n. croissions. Que je crûsse , que n. crûssions. Croissant. Crû, crue.*) Devenir plus grand ; augmenter : *les jours croissent.*

CROIX, n. f. Gibet où l'on attachait autrefois les criminels ; figure représentant la croix de Jésus-Christ ; le bois de la croix où il fut attaché ; décoration de divers ordres. *Fig.* Peine, affliction : *chacun a sa croix dans ce monde.*

CROQUANT, n. m. Un homme de rien, un misérable.

CROQUANT, E, adj. Qui croque sous la dent : *biscuit croquant.*

CROQUE-AU-SEL (A LA), loc. adv. Sans autre assaisonnement que du sel.

CROQUE-MORT, n. m. Qui transporte les morts au cimetière. Pl. des *croque-morts.* Pop.

CROQUE-NOTES, n. m. Méchant musicien. Pl. des *croque-notes.* Fam.

CROQUER, v. int. Faire du bruit sous la dent. V. tr. Manger des choses croquantes ; dessiner, peindre à la hâte : *croquer un paysage.* Mus. *Croquer une note*, la passer. *Croquer le marmot*, attendre longtemps et avec impatience.

CROQUET, n. m. Sorte de biscuit fort dur.

CROQUETTE, n. f. Entremets de riz sucré.

CROQUEUR, n. m. Qui attrape, qui croque : *croqueur de poulets* (le renard).

CROQUIGNOLE, n. f. Petite pâtisserie ; chiquenaude sur le nez.

CROQUIS, n. m. Esquisse, première pensée d'un peintre. *Fig.* Ébauche d'un ouvrage d'esprit.

CROSSE, n. f. Bâton pastoral d'évêque ; bâton recourbé du bois du fusil.

CROSSER, v. tr. Traiter durement ou avec mépris. *Pop.*

CROTALE, n. m. Nom scientifique du serpent à sonnettes.

CROTTE, n. f. Boue ; fiente de certains animaux.

CROTTER, v. tr. Salir de boue.

CROTTIN, n. m. Excrément des chevaux, des moutons, et de quelques autres animaux.

CROULEMENT, n. m. Éboulement.

CROULER, v. int. Tomber en s'affaissant. *Fig.* Être réduit à rien : *cette objection fait crouler votre système.*

CROUP, n. m. *Méd.* Angine, maladie qui attaque surtout les enfants.

CROUPE, n. f. Partie du cheval qui s'étend depuis les reins jusqu'à l'origine de la queue.

CROUPIER, n. m. Associé d'un joueur qui tient la carte ou le dé ; celui qui assiste le banquier au jeu.

CROUPIÈRE, n. f. Longe de cuir qui passe sous la queue du cheval. *Fig. Tailler des croupières à quelqu'un*, lui susciter des embarras.

CROUPION, n. m. Partie à laquelle est attachée la plume de la queue d'une volaille, d'un oiseau.

CROUPIR, v. int. Se dit des eaux dormantes qui se corrompent, ou de certaines matières qui pourrissent dans une eau stagnante. *Fig.* Vivre dans un état honteux : *croupir dans l'ignorance.*

CROUPISSANT, E, adj. Qui croupit : *eaux croupissantes.*

CROUSTILLANT, E, adj. Qui croque sous la dent.

CROUSTILLE, n. f. Petite croûte. *Fam.*

CROUSTILLER, v. int. Manger des croustilles après le repas, pour boire et passer le temps. *Fam.*

CROUSTILLEUX, EUSE, adj. *Fig.* Plaisant, libre : *anecdote croustilleuse.*

CROÛTE, n. f. Partie ferme du pain durcie par la cuisson ; pâte cuite qui renferme la viande d'une tourte, etc. ; tout ce qui se durcit sur quelque chose. *Fig. Peint.* Mauvais tableau.

CROÛTON, n. m. Morceau de croûte de pain. *Fig.* Mauvais peintre.

CROYABLE, adj. Qui peut ou doit être cru.

CROYANCE, n. f. Pleine conviction ; foi religieuse : *la croyance des Juifs.*

CROYANT, E, n. Qui croit ce que sa religion enseigne.

CRU, n. m. Terroir où croît quelque chose : *vin d'un bon cru. Fig. Dire une chose de son cru*, venant de soi. *Fam.*

CRU, E, adj. Qui n'est pas pas cuit ;

8.

non apprêté : *soie crue*. *Fig.* Choquant, trop libre : *paroles crues*.

CRUAUTÉ, n. f. Inhumanité, action cruelle ; rigueur : *cruauté du sort*.

CRUCHE, n. f. Vase à anse, à large ventre et à cou étroit. *Fig.* Personne stupide. *Pop.*

CRUCHON, n. m. Petite cruche.

CRUCIAL, E, adj. *Chir.* Fait en croix : *incision cruciale*.

CRUCIFÈRE, adj. *Bot.* Se dit des fleurs dont la corolle a quatre pétales en croix, comme le chou, le navet, le radis, la giroflée, etc.

CRUCIFIEMENT ou **CRUCIFIMENT**, n. m. Action de crucifier.

CRUCIFIER, v. tr. Mettre en croix.

CRUCIFIX, n. m. Figure de Jésus-Christ sur la croix.

CRUDITÉ, n. f. État de ce qui est cru ; cru, *état* s. fruits : *Crudité des humeurs*, état des humeurs mal digérées. Pl. Fruits, légumes crus : *manger des crudités*. *Fig.* Paroles désobligeantes ; expressions trop libres : *dire des crudités*.

CRUE, n. f. Augmentation : *crue du Nil, d'un arbre*.

CRUEL, ELLE, adj. Inhumain, impitoyable ; qui aime le sang ; douloureux : *souffrance cruelle* ; rigoureux ; *destin cruel*.

CRUELLEMENT, adv. D'une manière cruelle.

CRÛMENT, adv. D'une manière dure, sans ménagement : *dire crûment les choses*.

CRURAL, E, adj. Qui appartient à la cuisse : *muscle crural*.

CRUSTACÉ, n. m. Animal couvert d'une enveloppe écailleuse, comme le crabe, le homard, l'écrevisse, etc.

CRYPTE, n. f. Souterrain d'église où l'on enterrait les morts dans les premiers siècles du christianisme.

CRYPTOGAME, adj. et n. f. *Bot.* Plante dont les organes sexuels sont peu apparents, comme les mousses, les champignons, les fougères, etc.

CUBAGE, n. m. ou **CUBATURE**, n. f. Action de cuber.

CUBE, n. m. Corps solide qui a six faces carrées égales. *Arith.* Produit du carré par sa racine : *27 est le cube de 3*.

CUBIQUE, adj. Qui appartient au cube : *racine cubique*.

CUCURBITACÉES, n. f. pl. Famille de plantes à tiges rampantes, dont les fruits sont de forme variable et d'une grosseur considérable, comme la citrouille, la courge, le melon, la pastèque, la coloquinte, etc.

CUCURBITE, n. f. *Chim.* Partie de l'alambic dans laquelle on met les matières à distiller.

CUEILLETTE, n. f. Récolte des fruits : *la cueillette des pommes*.

CUEILLIR, v. tr. Détacher de leurs tiges des fruits, des fleurs. *Fig. Cueillir des lauriers*, remporter des victoires.

CUILLER ou **CUILLÈRE**, n. f. Ustensile de table pour servir, pour manger les aliments liquides ou peu consistants.

CUILLERÉE, n. f. Ce que contient une cuiller.

CUIR, n. m. Peau épaisse de certains animaux. *Fig.* Faute de langage : *faire des cuirs. Cuir chevelu*, partie de la tête recouverte par les cheveux.

CUIRASSE, n. f. Armure de fer qui recouvre le dos et la poitrine. *Fig. Défaut de la cuirasse*, endroit faible d'un homme, d'un écrit.

CUIRASSÉ, ÉE, adj. Couvert d'une cuirasse. *Fig.* Préparé à tout, endurci : *être cuirassé contre le remords*.

CUIRASSER (SE) v. pr. S'endurcir contre le remords, les reproches, les affronts.

CUIRASSIER, n. m. Cavalier qui porte la cuirasse.

CUIRE, v. tr. Préparer les aliments par le moyen du feu ; opérer la cuisson du plâtre, de la brique, etc. V. int. *Fig.* Causer une douleur âpre, aiguë : *les yeux me cuisent*. Impers. *Il vous en cuira*, vous vous en repentirez.

CUISANT, E, adj. Âpre, piquant, aigu : *douleur cuisante*.

CUISINE, n. f. Lieu où l'on apprête les mets. *Fig.* Art d'apprêter les mets.

CUISINER, v. int. Faire la cuisine.

CUISINIER, ÈRE, n. Qui fait la cuisine. N. f. Ustensile où l'on met rôtir la viande.

CUISSARD, n. m. Partie de l'armure qui couvrait les cuisses.

CUISSE, n. f. Partie du corps qui s'étend depuis la hanche jusqu'au genou.

CUISSE-MADAME, n. f. Sorte de poire longue et fondante. Pl. *des cuisses-madame*.

CUISSON, n. f. Action de cuire ou de faire cuire ; état de ce qui est cuit.

CUISTRE, n. m. Pédant. *Fam.*

CUITE, n. f. Action de cuire les briques, la porcelaine, etc.

CUIVRE, n. m. Métal d'une belle couleur rouge.

CUIVRÉ, ÉE, adj. De la couleur du cuivre : *teint cuivré*.

CUL, n. m. La partie postérieure du corps chez l'homme et certains animaux ; le fond de certaines choses : *un cul d'artichaut, de bouteille*.

CULASSE, n. f. Le fond du canon d'une d'arme à feu.

CUL-BLANC, n. m. Nom vulgaire de la bécassine. Pl. des *culs-blancs*.

CULBUTE, n. f. Saut qui consiste à faire en l'air un tour sur soi-même.

CULBUTER, v. tr. Renverser violemment. *Fig.* Vaincre : *culbuter l'ennemi.* V. int. Tomber.

CUL-DE-JATTE, n. m. Qui ne peut faire usage de ses jambes ni de ses cuisses. Pl. des *culs-de-jatte*.

CUL-DE-LAMPE, n. m. *Arch.* Ornement qui supporte un vase, une statue. *Impr.* Vignette à la fin d'un chapitre. Pl. des *culs-de-lampe*.

CUL-DE-SAC, n. m. Rue sans issue, impasse. Pl. des *culs-de-sac*.

CULÉE, n. f. Massif de maçonnerie qui soutient l'arche située à chaque extrémité d'un pont.

CULIÈRE, n. f. Sangle attachée au derrière du cheval ; pierre creusée pour recevoir l'eau d'un tuyau.

CULINAIRE, adj. Qui a rapport à la cuisine : *art culinaire*.

CULMINANT, adj. m. Se dit du point où un astre, par le mouvement apparent du soleil, atteint sa plus grande hauteur ; la partie la plus élevée : *le point culminant d'une montagne*.

CULMINATION, n. f. *Astr.* Passage d'une étoile à son point le plus élevé.

CULMINER, v. int. *Astr.* Passer par le méridien.

CULOT, n. m. Partie inférieure des lampes d'église ; lingot qui reste au fond du creuset après la fonte ; résidu au fond d'une pipe ; dernier éclos, en parlant des oiseaux ; dernier né d'une famille. *Fam.*

CULOTTE, n. f. Vêtement de la ceinture aux genoux. *Culotte de bœuf*, le derrière du cimier.

CULOTTER, v. tr. Mettre une culotte à quelqu'un ; noircir une pipe par l'usage.

CULOTTIER, ÈRE, n. Qui fait des pantalons.

CULPABILITÉ, n. f. État d'une personne coupable ou soupçonnée de l'être.

CULTE, n. m. Hommage qu'on rend à Dieu : *culte divin* ; religion : *changer de culte*. *Fig.* Vénération extrême.

CULTIVABLE, adj. Susceptible de culture : *terre cultivable*.

CULTIVATEUR, adj. et n. m. Qui cultive.

CULTIVER, v. tr. Rendre la terre fertile, l'améliorer. *Fig.* S'adonner à : *cultiver les sciences* ; former : *cultiver la raison*.

CULTURE, n. f. Action de cultiver ; soins que l'on prend pour rendre utiles des productions autres que celles de la terre : *la culture des abeilles*. *Fig.* Se dit des arts, des sciences, des productions de l'esprit : *la culture des lettres*.

CUMUL, n. m. Action d'exercer simultanément plusieurs emplois.

CUMULER, v. tr. Occuper plusieurs places, plusieurs emplois en même temps.

CUPIDE, adj. Qui a de la cupidité.

CUPIDITÉ, n. f. Convoitise, désir immodéré des richesses.

CURABLE, adj. *Méd.* Qui peut être guéri. *Peu us.*

CURAÇAO, n. m. Liqueur d'écorce d'orange.

CURAGE, n. m. Action de curer, son effet.

CURATELLE, n. f. Fonction de curateur.

CURATEUR, TRICE, n. Commis par la loi pour l'administration des biens et des intérêts d'autrui.

CURATIF, IVE, adj. Appliqué pour guérir : *méthode curative*.

CURE, n. f. Traitement, guérison d'une maladie.

CURE, n. f. Habitation du curé.

CURÉ, n. m. Prêtre pourvu d'une cure.

CURE-DENTS, n. m. Instrument pour curer les dents. Pl. des *cure-dents*.

CURÉE, n. f. *Vén.* Partie de la bête que l'on donne aux chiens qui l'ont chassée. *Fig.* Butin : *homme âpre à la curée*.

CURE-OREILLES, n. m. Instrument pour se nettoyer les oreilles. Pl. des *cure-oreilles*.

CURER, v. tr. Nettoyer quelque chose de creux.

CUREUR, n. m. Qui cure les puits, les égouts, les fossés, etc.

CURIE, n. f. Subdivision d'une tribu chez les Romains.

CURIEUSEMENT, adv. Avec curiosité.

CURIEUX, EUSE, adj. Qui a une grande envie de voir, d'apprendre ; indiscret : *enfant trop curieux* ; singulier, surprenant : *procès curieux*.

CURION, n. m. Prêtre chargé, chez les Romains, des fêtes et des sacrifices particuliers à chaque curie.

CURIOSITÉ, n. f. Désir de voir, de connaître ; indiscrétion : *sa curiosité fut punie*. Pl. Choses rares : *amateur de curiosités*.

CURSIVE, adj. f. Courante, qui s'écrit promptement : *écriture cursive*.

N. f. Sorte d'écriture : *la cursive, l'anglaise*, etc.

CURULE (*chaise*), adj. Siége d'ivoire des premiers magistrats de l'ancienne Rome.

CURVILIGNE, adj. *Géom.* Formé par des lignes courbes : *figure curviligne.*

CUSTODE, n. f. Rideau qu'on met dans certaines églises à côté du maître-autel; pavillon qui couvre le saint ciboire.

CUTANÉ, ÉE, adj. *Méd.* Qui appartient à la peau : *maladie cutanée.*

CUTTER, n. m. Petit navire de guerre, léger et rapide, à un seul mât.

CUVE, n. f. Grand vaisseau pour la fermentation du raisin, la fabrication de la bière, et pour divers autres usages.

CUVÉE, n. f. Ce qui se fait de vin à la fois dans une cuve.

CUVER, v. int. Fermenter dans la cuve. *Fig. Cuver son vin*, dormir après avoir bu avec excès.

CUVETTE, n. f. Vase large et à bords évasés pour se laver les mains; petit vase situé à la partie inférieure du tube d'un baromètre.

CUVIER, n. m. Cuve à lessive.

† **CYCLE**, n. m. Période de temps. *Cycle solaire*, de 28 ans; *cycle lunaire*, de 19 ans.

† **CYCLOPE**, n. m. *Myth.* Géant qui n'avait qu'un œil au milieu du front.

CYCLOPÉEN, ENNE, adj. Se dit des monuments anciens, vastes et solides : *construction cyclopéenne.*

CYGNE, n. m. Gros oiseau aquatique, de l'ordre des palmipèdes. *Fig.* Grand poète : *le cygne de Mantoue* (Virgile), *le cygne de Cambrai* (Fénelon). *Chant du cygne*, dernier ouvrage d'un beau génie près de s'éteindre.

CYLINDRE, n. m. Corps arrondi, long et droit, à bases égales; gros rouleau de fer ou de pierre, pour aplanir les routes, les allées des jardins.

CYLINDRIQUE, adj. Qui a la forme d'un cylindre.

CYMBALES, n. f. pl. Instrument de musique, composé de deux disques métalliques égaux.

CYMBALIER, n. m. Celui qui joue des cymbales.

CYNIQUE, adj. et n. m. Se dit d'une ancienne secte de philosophes qui affectaient de mépriser les bienséances sociales; impudent, obscène : *discours cynique.*

CYNISME, n. m. Effronterie de l'homme profondément corrompu, par anal. avec la doctrine des cyniques.

CYNOCÉPHALE, n. m. Genre de singe dont la tête a quelque ressemblance avec celle du chien.

CYPRÈS, n. m. Arbre résineux toujours vert, symbole de la mort, du deuil, de la tristesse.

CYTISE, n. m. Arbrisseau qui porte des fleurs légumineuses.

CZAR, n. m. Titre que porte le souverain de la Russie.

CZARIENNE, adj. f. Qui a rapport au czar : *sa majesté czarienne.*

CZARINE, n. f. Femme du czar, impératrice de Russie.

CZAROWITZ, n. m. Fils héritier du czar.

D.

D, n. m. Quatrième lettre de l'alphabet et la troisième des consonnes. D, chiffre romain, vaut 500.

DA, Particule qui, jointe au mot *oui*, ajoute à l'affirmation : *oui-dà. Fam.*

DADA, n. m. Cheval, dans le langage des enfants. *Fig. C'est son dada*, c'est son idée favorite. *Fam.*

DADAIS, n. m. Niais, nigaud.

DAGUE, n. f. Espèce de poignard.

† **DAGUERRÉOTYPE**, n. m. Appareil pour reproduire l'image des objets.

DAGUERRÉOTYPER, v. tr. Reproduire une image au moyen du daguerréotype.

DAGUERRÉOTYPEUR, n. m. Qui fait des dessins, des portraits au daguerréotype.

DAGUERRÉOTYPIE, n. f. Art de daguerréotyper.

DAHLIA, n. m. Plante d'ornement qui produit de très-belles fleurs.

DAIGNER, v. tr. Avoir pour agréable, vouloir bien.

DAIM, n. m. Animal du genre cerf.

DAINE, n. f. Femelle du daim.

DAIS, n. m. Ouvrage de bois en ciel-de-lit, qui sert de couronnement à un autel, à un trône, etc.; poêle soutenu par des colonnes, sous lequel on porte le saint-sacrement dans les processions.

DALLE, n. f. Tablette de pierre dure pour paver les trottoirs, les églises, etc.

DALLER, v. tr. Paver de dalles.

DALMATIQUE, n. f. Vêtement des diacres et des sous-diacres, quand ils officient.

DAM, n. m. *Théol.* Damnation, privation de la vue de Dieu pour les damnés : *peine du dam.*

DAMAS, n. m. Etoffe de soie à fleurs, fabriquée à Damas; sabre d'un acier très-fin et d'une trempe excellente; sorte de prune originaire de Damas.

DAMASQUINER, v. tr. Incruster de petits filets d'or ou d'argent dans du fer ou de l'acier.

DAMASQUINERIE, n. f. Art du damasquineur.

DAMASQUINEUR, n. m. Ouvrier qui damasquine.

DAMASQUINURE, n. f. Ouvrage damasquiné.

DAMASSÉ, n. m. Linge couvert de fleurs, de petits dessins. Adj.: *nappe damassée.*

DAMASSER, v. tr. Fabriquer une étoffe ou du linge à la façon de Damas, avec fleurs ou personnages.

DAMASSURE, n. f. Travail du linge damassé.

DAME, n. f. Titre donné à toute femme mariée; figure du jeu de cartes; seconde pièce du jeu d'échecs; pièce ronde et plate, de bois ou d'ivoire, pour jouer au trictrac. Pl. Jeu de dames.

DAME, interj. qui marque l'hésitation, la surprise, etc.

DAME-JEANNE, n. f. Grosse bouteille qui sert à garder ou à transporter du vin et d'autres liqueurs. Pl. des *dames-jeannes.*

DAMER, v. tr. Doubler un pion au jeu de dames. *Damer le pion à quelqu'un,* l'emporter sur lui. *Fam.*

DAMERET, n. m. Homme qui fait le beau près des dames.

DAMIER, n. m. Surface plane, divisée en cases blanches et noires, pour jouer aux dames et aux échecs.

DAMNABLE, adj. Qui peut attirer la damnation éternelle : *action, maxime damnable.*

DAMNABLEMENT, adv. D'une manière damnable.

DAMNATION, n. f. Condamnation aux peines éternelles; punition des damnés.

DAMNÉ, ÉE, adj. et n. Qui est en enfer. *Souffrir comme un damné,* horriblement.

DAMNER, v. tr. Condamner à la damnation. Se damner, v. pr. Attirer sur soi les peines de la damnation. *Fig. Faire damner quelqu'un,* le tourmenter à l'excès.

DAMOISEAU, n. m. Autrefois, jeune gentilhomme qui n'était pas encore chevalier; aujourd'hui, jeune homme qui fait le beau et le galant auprès des dames.

DAMOISELLE, n. f. Autrefois fille noble, de qualité.

DANDIN, n. m. Homme niais, décontenancé. *Fam.*

DANDINEMENT, n. m. Mouvement de celui qui se dandine.

DANDINER, v. int. Balancer son corps d'une manière gauche et nonchalante. V. pr. Se balancer avec nonchalance.

DANDISME, n. m. Prétention à l'élégance, au suprême bon ton.

DANDY, n. m. Homme élégant, à la mode.

DANGER, n. m. Péril, risque.

DANGEREUSEMENT, adv. D'une manière dangereuse.

DANGEREUX, EUSE, adj. Qui offre du danger.

DANOIS, n. m. Chien de chasse à poil ras, originaire du Danemarck.

DANS, prép. de lieu : *dans la chambre;* de temps : *dans l'année.* Marque l'état : *être dans l'embarras.*

DANSE, n. f. Mouvements cadencés du corps, au son des instruments ou de la voix; air de danse. *Fig.* Correction : *donner une danse. Fam.*

DANSER, v. int. Mouvoir le corps en cadence. V. tr. Exécuter une danse : *danser une polka. Fig. Faire danser quelqu'un,* le malmener; *ne savoir sur quel pied danser,* ne savoir que devenir.

DANSEUR, EUSE, n. Qui danse; qui fait profession de danser.

DARD, n. m. Bâton garni d'un fer aigu; aiguillon de la guêpe, de l'abeille, du serpent, etc.

DARDER, v. tr. Frapper avec un dard; lancer avec raideur. *Fig. : le soleil darde ses rayons.*

DARTRE, n. f. Maladie de la peau, essentiellement chronique.

DARTREUX, EUSE, adj. De la nature des dartres : *humeur dartreuse.*

† DATE, n. f. Époque; chiffre qui l'indique.

DATER, v. tr. Mettre la date. V. int. Commencer à compter d'une certaine époque. *Fig. : sa haine d. te de loin.*

DATIF, n. m. Troisième cas dans les langues qui ont des déclinaisons.

DATTE, n. f. Fruit du dattier.

DATTIER, n. m. Arbre de la famille des palmiers, qui porte les dattes.

DAUBE, n. f. Manière d'assaisonner certaines viandes.

DAUBER, v. tr. Battre à coups de

poing. *Fig.* tr. et int. Parler mal de, railler : *dauber quelqu'un, sur quelqu'un.*

DAUBEUR, n. m. Railleur.

DAUBIÈRE, n. f. Ustensile de cuisine pour accommoder une viande en daube.

DAUPHIN, n. m. Gros poisson du genre des cétacés ; constellation boréle.

† **DAUPHIN**, n. m. Autrefois, fils aîné du roi de France.

DAVANTAGE, adv. Plus : *je n'en sais pas davantage;* plus longtemps : *ne restez pas davantage.*

DE, prép. qui marque l'origine : *issu de parents pauvres;* la matière : *table de noyer;* l'extraction : *charbon de terre;* la séparation : *éloigné de sa mère;* les qualités personnelles : *homme de génie.* Signifie avec : *saluer de la main;* pendant : *partir de nuit;* touchant : *parlons de cette affaire;* par : *aimé de tous;* depuis : *de Paris à Rome.*

DÉ, n. m. Petit instrument de métal creux, pour protéger le doigt qui pousse l'aiguille; petit solide cube, à faces marquées de points, de un à six, pour jouer.

DÉBÂCLE, n. f. Rupture subite des glaces. *Fig.* Renversement de fortune.

DÉBÂCLER, v. tr. Ouvrir; débarrasser : *débâcler un port.*

DÉBALLAGE, n. m. Action de déballer.

DÉBALLER, v. tr. Défaire une balle, une caisse, en ôter le contenu.

DÉBANDADE, n. f. Action de se disperser. A la débandade, loc. adv. Confusément et sans ordre.

DÉBANDER, v. tr. Ôter une bande, un bandage; détendre (un arc, un pistolet). Se débander, v. pr. *Fig.* Se disperser : *les troupes se débandèrent.*

DÉBAPTISER, v. tr. Changer le nom.

DÉBARBOUILLER, v. tr. Nettoyer le visage.

DÉBARCADÈRE, n. m. Jetée sur la mer ou sur un fleuve, pour le débarquement des marchandises, des voyageurs; lieu d'arrivée des chemins de fer. Son corrélatif est *embarcadère.*

DÉBARDAGE, n. m. Action de débarder.

DÉBARDER, v. tr. Tirer le bois des bateaux, des trains.

DÉBARDEUR, n. m. Qui débarde.

DÉBARQUEMENT, n. m. Action de débarquer.

DÉBARQUER, v. tr. Enlever d'un navire, d'un bateau : *débarquer des marchandises.* V. int. Sortir d'un na-

vire, descendre à terre : *il débarqua à Brest.*

DÉBARRAS, n. m. Délivrance de ce qui embarrassait.

DÉBARRASSER, v. tr. Enlever ce qui embarrasse; tirer d'embarras.

DÉBARRER, v. tr. Ôter la barre d'une porte, etc.

DÉBAT, n. m. Différend, contestation : *apaiser un débat.* Pl. Discussions politiques : *les débats de la Chambre;* partie de l'instruction judiciaire : *suivre les débats d'un procès.*

DÉBÂTER, v. tr. Ôter le bât.

DÉBATTRE, v. tr. Discuter : *débattre une question.* Se débattre, v. pr. S'agiter vivement.

DÉBAUCHE, n. f. Excès dans le boire; dér. glement dans les mœurs.

DÉBAUCHÉ, n. m. Homme livré à la débauche.

DÉBAUCHER, v. tr. Jeter dans la débauche; corrompre.

DÉBAUCHEUR, EUSE, n. Qui en débauche un autre.

DÉBET, n. m. Ce qui reste dû sur un compte arrêté.

DÉBILE, adj. Qui manque de forces, faible : *estomac débile.*

DÉBILEMENT, adv. D'une manière débile.

DÉBILITANT, n. m. Moyen ou remède employé pour affaiblir, comme la diète, la saignée, les boissons émollientes, les bains tièdes, etc.

DÉBILITATION, n. f. Affaiblissement des forces.

DÉBILITÉ, n. f. Grande faiblesse, épuisement, abattement : *débilité des organes.*

DÉBILITER, v. tr. Affaiblir : *débiliter l'estomac.*

DÉBIT, n. m. Vente prompte et facile; vente en détail : *débit de tabac.* Com. Colonne du grand-livre où sont portés les articles fournis, les sommes payées à quelqu'un. *Fig.* Manière de parler, de réciter : *avoir le débit facile.*

DÉBITANT, E, n. Qui vend en détail.

DÉBITER, v. tr. Vendre promptement et facilement; détailler; exploiter du bois, le réduire en planches, en madriers, etc.; porter une marchandise au débit d'un compte. *Fig.* Réciter, déclamer : *débiter un rôle;* dire : *débiter des mensonges.*

DÉBITEUR, EUSE, n. Qui débite des nouvelles. *Fam.* Ne se dit qu'en m. part.

DÉBITEUR, TRICE, n. Qui doit. Adj. *Compte débiteur,* qui se trouve au débit.

DÉBLAI, n. m. Enlèvement de terres pour niveler ou baisser le sol. Pl. les terres elles-mêmes.

DÉBLATÉRER, v. int. Parler long-temps et avec violence contre quelqu'un. *Fam.*

DÉBLAYER, v. tr. Débarrasser : *déblayer une cour.*

DÉBLOQUER, v. tr. Obliger l'en-nemi à lever un blocus : *débloquer une ville.*

DÉBOIRE, n. m. Mauvais goût qui reste d'une liqueur après l'avoir bue. *Fig.* Chagrin, dégoût, mortification : *éprouver des déboires.*

DÉBOISEMENT, n. m. Action de déboiser.

DÉBOISER, v. tr. Arracher les bois d'un terrain pour le convertir en terres labourables, en vignes, en prairies, etc.

DÉBOÎTEMENT, n. m. Déplacement d'un os ; luxation.

DÉBOÎTER, v. tr. Faire sortir un os de sa place ; déjoindre.

DÉBONDER, v. tr. Ôter la bonde.

DÉBONDONNER, v. tr. Ôter le bon-don.

DÉBONNAIRE, adj. Doux jusqu'à la faiblesse : *prince débonnaire.*

DÉBONNAIREMENT, adv. Avec bonté.

DÉBONNAIRETÉ, n. f. Bonté ex-cessive. *Vieux.*

DÉBORDEMENT, n. m. Action d'une rivière qui sort de son lit ; écou-lement subit et abondant d'humeurs ; irruption armée : *le débordement des Barbares.* Fig. Excès, débauche : *scan-daleux débordement.*

DÉBORDER, v. int. Dépasser les bords. V. tr. Ôter la bordure ; aller au delà.

DÉBOTTER, v. tr. Tirer les bottes à quelqu'un. N. m. L'instant où l'on ôte les bottes, le moment de l'arrivée : *se trouver au débotter* ou *débotté.*

DÉBOUCHÉ, n. m. Extrémité d'un défilé. *Fig.* Placement de marchandises.

DÉBOUCHEMENT, n. m. Action de déboucher ; passage d'un endroit res-serré dans un lieu plus ouvert.

DÉBOUCHER, v. tr. Ôter ce qui bouche : *déboucher une bouteille.* V. int. Se jeter dans, en parlant d'un fleuve, d'une rivière, etc.

DÉBOUCLER, v. tr. Dégager l'ar-dillon d'une boucle ; défaire des boucles de cheveux, etc.

DÉBOURBER, v. tr. Ôter de la bourbe.

DÉBOURGEOISER, v. tr. Faire perdre à quelqu'un les manières bour-geoises.

DÉBOURRER, v. tr. Ôter la bourre.

DÉBOURS, n. m. Argent avancé.

DÉBOURSÉ, n. m. Argent payé pour frais, pour avances.

DÉBOURSEMENT, n. m. Action de débourser.

DÉBOURSER, v. tr. Tirer de sa bourse, de sa caisse, pour faire un payement.

DEBOUT, adv. Sur pied, sur les pieds. *Mar.* Avoir le vent debout, tout-à-fait contraire à la direction qu'on veut suivre. Interj. Debout ! il est temps de se lever.

DÉBOUTER, v. tr. *Prat.* Déclarer par arrêt une personne déchue de sa demande en justice.

DÉBOUTONNER, v. tr. Détacher des boutons de leurs boutonnières ; ôter le bouton d'un fleuret. **Se débouton-ner,** v. pr. Détacher ses boutons. *Fig.* Dire tout ce qu'on pense. *Fam.*

DÉBRAILLER (SE), v. pr. Se découvrir la poitrine. *Être débraillé,* avoir la poitrine découverte.

DÉBRIDER, v. tr. Ôter la bride à un cheval. **Sans débrider,** loc. adv. Sans interruption.

DÉBRIS, n. m. Restes d'une chose brisée, détruite en grande partie. Pl. Restes d'un repas.

DÉBROUILLEMENT, n. m. Ac-tion de débrouiller.

DÉBROUILLER, v. tr. Démêler ; remettre en ordre. *Fig.* Éclaircir : *dé-brouiller une intrigue.*

DÉBUCHER, v. int. Sortir du bois, en parlant d'une bête fauve. N. m. Mo-ment où la bête débuche ; son du cor pour en avertir : *sonner le débucher.*

DÉBUSQUEMENT, n. m. Action de débusquer.

DÉBUSQUER, v. tr. Chasser quel-qu'un d'un poste avantageux.

DÉBUT, n. m. Premier coup à cer-tains jeux. *Fig.* Premiers pas dans une carrière ; commencement d'une affaire, d'un discours ; premiers rôles joués par un comédien sur un théâtre, pour faire juger de son talent.

DÉBUTANT, E, adj. Qui débute sur un théâtre, ou dans la carrière théâtrale.

DÉBUTER, v. int. Jouer le premier coup à certains jeux ; faire les premiers pas dans une carrière, les premières dé-marches dans une entreprise ; jouer pour la première fois sur un théâtre. V. *Jeu.* Ôter du but : *débuter la boule.*

DEÇÀ, adv. et prép. V. *Çà.*

DÉCACHETER, v. tr. Ouvrir ce qui est cacheté.

DÉCADE, n. f. Espace de dix jours, dans le calendrier républicain.

DÉCADENCE, n. f. Commencement de la ruine. Ne s'emploie qu'au figuré : *la décadence des mœurs, d'un empire.*

DÉCADI, n. m. Dixième jour de la décade dans l'année républicaine.

DÉCAGONE, n. m. Figure à dix angles et dix côtés.

DÉCAGRAMME, n. m. Poids de dix grammes.

DÉCAISSER, v. tr. Tirer d'une caisse : *décaisser un oranger.*

DÉCALITRE, n. m. Mesure de dix litres.

DÉCALOGUE, n. m. Les dix commandements de la loi donnés à Moïse sur le mont Sinaï.

DÉCALQUER, v. tr. Reporter le calque d'un dessin, d'un tableau, sur une toile, sur une planche de cuivre, etc.

DÉCAMÈTRE, n. m. Mesure de longueur de dix mètres.

DÉCAMPEMENT, n. m. Action de décamper.

DÉCAMPER, v. int. Lever le camp. *Fig.* Se retirer précipitamment, s'enfuir.

DÉCANTATION, n. f. Action de décanter.

DÉCANTER, v. tr. Transvaser doucement un liquide qui a fait un dépôt.

DÉCAPER, v. tr. Enlever la rouille d'un métal.

DÉCAPITATION, n. f. Action de décapiter.

DÉCAPITER, v. tr. Trancher la tête en exécution d'une sentence.

DÉCARRELER, v. tr. Ôter les carreaux d'un plancher.

DÉCASTÈRE, n. m. Mesure de dix stères, ou dix mètres cubes.

DÉCASYLLABE, adj. Qui a dix syllabes, dix pieds, en parlant des vers : *Hat-tre-co-breau,-sur-un-ar-bre-per-ché.*

DÉCATIR, v. tr. Ôter l'apprêt d'une étoffe.

DÉCATISSAGE, n. m. Action de décatir ; son effet.

DÉCATISSEUR, n. m. Qui fait le décatissage.

DÉCAVER, v. tr. Gagner toute la cave, ou mise d'un joueur à la bouillotte.

DÉCÉDER, v. int. Mourir de mort naturelle, en parlant de l'homme.

DÉCÈLEMENT, n. m. Action de déceler.

DÉCELER, v. tr. Découvrir ce qui était caché : *son embarras décèle sa faute.*

DÉCEMBRE, n. m. Dernier mois de l'année.

DÉCEMMENT, adv. D'une manière décente.

DÉCEMVIR, n. m. Un des dix magistrats créés temporairement dans l'ancienne Rome pour rédiger un code de lois.

DÉCEMVIRAL, E, adj. Qui appartient aux décemvirs : *autorité décemvirale.*

DÉCEMVIRAT, n. m. Dignité de décemvir ; sa durée.

DÉCENCE, n. f. Honnêteté extérieure, bienséance.

DÉCENNAL, E, adj. Qui dure dix ans : *magistrature décennale*; qui revient tous les dix ans : *fête décennale, jeux décennaux.*

DÉCENT, E, adj. Conforme à la décence : *conduite décente.*

DÉCENTRALISATION, n. f. Action de décentraliser : *décentralisation des pouvoirs.*

DÉCENTRALISER, v. tr. Faire que les différentes parties d'un empire soient plus indépendantes du pouvoir central, pour la gestion de leurs intérêts.

DÉCEPTION, n. f. Désappointement.

DÉCERNER, v. tr. Ordonner juridiquement : *décerner des peines*; accorder : *décerner un prix, des récompenses.*

DÉCÈS, n. m. Mort naturelle, en parlant de l'homme.

DÉCEVABLE, adj. Facile à tromper.

DÉCEVANT, E, adj. Qui abuse, qui séduit : *espoir, charme décevant.*

DÉCEVOIR, v. tr. Abuser, tromper.

DÉCHAÎNEMENT, n. m. Emportement extrême : *le déchaînement des passions, des vents.* Ne s'emploie qu'au fig.

DÉCHAÎNER, v. tr. Exciter, irriter : *déchaîner les passions.* Se déchaîner, v. pr. S'emporter avec violence contre ; souffler violemment, en parlant des vents.

DÉCHANTER, v. int. Changer de ton, rabattre de ses prétentions : *je le ferai déchanter. Fam.*

DÉCHAPERONNÉ, ÉE, adj. Se dit d'un mur dont le chaperon tombe en ruines.

DÉCHARGE, n. f. Action de décharger simultanément plusieurs armes à feu ; acte par lequel on tient quitte d'une obligation ; déposition en faveur d'un accusé : *témoins à décharge. Fig.* Soulagement : *c'est une décharge pour l'État.*

DÉCHARGEMENT, n. m. Action de décharger un navire, un bateau, etc.

DÉCHARGER, v. tr. Oter la charge. *Fig.* Soulager : *décharger l'estomac*; diminuer l'impôt : *décharger les contribuables*; dispenser : *décharger d'un devoir, d'une commission*; faire feu : *décharger un coup de fusil*; retirer la charge : *décharger un fusil*; asséner : *décharger un coup de bâton*; donner cours à : *décharger sa bile.* V. pr. Se jeter dans : *la Loire se décharge dans l'Océan.*

DÉCHARGEUR, n. m. Qui décharge des marchandises.

DÉCHARNÉ, ÉE, adj. Très-maigre : *visage décharné.*

DÉCHARNER, v. tr. Oter les chairs; amaigrir : *sa maladie l'a décharné.*

DÉCHAUMER, v. tr. Enterrer, avec la bêche ou la charrue, ce qui reste de chaume après la moisson.

DÉCHAUSSEMENT, n. m. Labour au pied des arbres; état des dents dont les racines sont découvertes.

DÉCHAUSSER, v. tr. Oter à quelqu'un sa chaussure. *Déchausser un arbre*, enlever la terre qui est autour du pied; *déchausser les dents*, les découvrir vers la racine.

DÉCHAUSSOIR, n. m. Instrument de chirurgie pour déchausser les dents.

DÉCHÉANCE, n. f. Perte d'un droit, de la royauté.

DÉCHET, n. m. Diminution en quantité ou en valeur : *il y a toujours du déchet sur le vin que l'on conserve longtemps en tonneau.*

DÉCHIFFRABLE, adj. Que l'on peut déchiffrer : *écriture déchiffrable.*

DÉCHIFFREMENT, n. m. Action de déchiffrer : *déchiffrement d'un manuscrit.*

DÉCHIFFRER, v. tr. Lire ce qui est mal écrit; lire de la musique à première vue : *déchiffrer une romance.*

DÉCHIFFREUR, n. m. Qui excelle à lire ce qui est mal écrit.

DÉCHIQUETER, v. tr. Couper par taillades et par petites parties : *déchiqueter la peau, la chair*, etc.

DÉCHIQUETURE, n. f. Taillade faite dans une étoffe.

DÉCHIRANT, E, adj. Qui navre, déchire le cœur : *cris, adieux déchirants.*

DÉCHIREMENT, n. m. Action de déchirer. *Peu us. Fig. Déchirement d'entrailles*, coliques violentes : *déchirement de cœur*, grand chagrin, extrême affliction. Pl. Troubles, discordes : *déchirements d'un État.*

DÉCHIRER, v. tr. Rompre, mettre en pièces sans se servir d'un instrument tranchant. *Fig.* Navrer, tourmenter : *déchirer l'âme*; diffamer : *déchirer son prochain*; causer une vive douleur : *déchirer les entrailles. Déchirer le sein de la terre*, la labourer. **Se déchirer**, v. pr. *Fig.* Dire du mal les uns des autres : *les méchants se déchirent.*

DÉCHIRURE, n. f. Rupture faite en déchirant.

DÉCHOIR, v. int. (*Je déchois, tu déchois, il déchoit, nous déchoyons, vous déchoyez, ils déchoient.* Point d'imp. *Je déchus, n. déchûmes. Je décherrai; n. décherrons. Je décherrais, n. décherrions. Déchoie, déchoyons, déchoyez. Que je déchoie, que n. déchoyions. Que je déchusse, que n. déchussions.* Point de participe prés. *Déchu, e*). Tomber dans un état moins brillant : *déchoir de son rang, déchoir dans l'estime*; diminuer peu à peu : *son crédit déchoit.*

DÉCIARE, n. m. Dixième partie d'un are (dix mètres carrés).

DÉCIDÉ, ÉE, adj. Déterminé, bien prononcé : *caractère, goût décidé.*

DÉCIDÉMENT, adv. D'une manière décidée.

DÉCIDER, v. tr. Porter son jugement sur une chose douteuse ou contestée; terminer : *décider un différend, une question*; déterminer : *décider quelqu'un à partir.* V. int. Disposer de : *décider de la paix.*

DÉCIGRAMME, n. m. Dixième partie du gramme.

DÉCILITRE, n. m. Dixième partie du litre.

DÉCIMAL, E, adj. Qui a pour base le nombre dix; composé d'unités, de dixièmes, de centièmes, de millièmes : *nombre, fraction décimale.*

DÉCIMATION, n. f. Action de décimer.

DÉCIME, n. m. Dixième partie du franc.

DÉCIMER, v. tr. Faire périr ou frapper d'une peine une personne sur dix, d'après le sort. *Fig.* Faire périr un grand nombre de personnes : *le choléra a décimé l'armée.*

DÉCIMÈTRE, n. m. Dixième partie du mètre.

DÉCINTREMENT, n. m. Action de décintrer.

DÉCINTRER, v. tr. Oter les cintres d'une arche, d'une voûte.

DÉCISIF, IVE, adj. Qui décide : *combat décisif*; hardi, tranchant : *ton décisif.*

DÉCISION, n. f. Action de décider; résolution : *prendre une décision.*

9

146 DEC   DEC

DÉCISTÈRE, n. m. Dixième partie du stère.

DÉCLAMATEUR, n. m. Qui récite en public. *Fig.* Celui qui déclame, exagère. Adj. m. Emphatique, ampoulé : *ton déclamateur.*

DÉCLAMATION, n. f. Art, action, manière de déclamer. *Fig.* Emploi d'expressions pompeuses : *tomber dans la déclamation.*

DÉCLAMATOIRE, adj. Qui ne renferme que de vaines déclamations : *style déclamatoire.*

DÉCLAMER, v. tr. Réciter à haute voix avec le ton et les gestes convenables. V. int. Parler avec chaleur contre quelqu'un ou quelque chose : *déclamer contre le vice.*

DÉCLARATION, n. f. Action de déclarer : *déclaration de guerre, de mariage*; énumération : *déclaration de biens.*

DÉCLARATOIRE, adj. *Prat.* Qui déclare juridiquement : *acte déclaratoire.*

DÉCLARER, v. tr. Faire connaître : *déclarer ses intentions*; signifier par un acte solennel : *déclarer la guerre*; nommer : *déclarer ses complices.*

DÉCLIN, n. m. Etat d'une chose qui arrive à sa fin : *déclin de la vie, du jour.*

DÉCLINABLE, adj. Qui peut être décliné.

DÉCLINAISON, n. f. *Gram.* Ordre des noms, dans certaines langues, suivant la terminaison de leurs cas. *Astr.* Distance d'un astre à l'équateur céleste; angle que l'aiguille aimantée décrit, à l'est ou à l'ouest, par rapport à la méridienne.

DÉCLINATOIRE, adj. et n. Acte par lequel un défendeur se refuse à comparaître devant une juridiction, dont il décline, conteste la compétence.

DÉCLINER, v. int. Déchoir, pencher vers sa fin; s'éloigner de la méridienne, en parlant de l'aiguille aimantée; s'éloigner de l'équateur céleste, en parlant d'un astre. V. tr. *Gram.* Faire passer un nom par tous ses cas. *Pal.* Ne pas reconnaître : *décliner la compétence d'un tribunal. Fig.* Décliner son nom, se nommer.

DÉCLIVITÉ, n. f. Etat de ce qui est en pente : *la déclivité d'un terrain.*

DÉCLOUER, v. tr. Défaire, détacher ce qui était cloué.

DÉCOCHEMENT, n. m. Action de décocher une flèche.

DÉCOCHER, v. tr. Tirer une flèche. *Fig.* : *décocher une épigramme, un trait de satire*, etc.

DÉCOCTION, n. f. Breuvage médicinal composé de drogues ou de plantes bouillies.

DÉCOIFFER, v. tr. Défaire la coiffure; déranger les cheveux.

DÉCOLLATION, n. f. Action de couper la tête : *la décollation de saint Jean-Baptiste.*

DÉCOLLEMENT, n. m. Action de décoller, de se décoller.

DÉCOLLER, v. tr. Détacher ce qui était collé.

DÉCOLLETER, v. tr. Découvrir le cou, la gorge, les épaules.

DÉCOLORATION, n. f. Perte de la couleur naturelle.

DÉCOLORÉ, ÉE, adj. Qui a perdu sa couleur. *Fig. Style décoloré*, sans vigueur.

DÉCOLORER, v. tr. Altérer, effacer la couleur.

DÉCOMBRER, v. tr. Oter les décombres.

DÉCOMBRES, n. m. pl. Débris d'une démolition.

DÉCOMMANDER, v. tr. Contremander une commande.

DÉCOMPOSER, v. tr. Analyser un corps : *décomposer l'eau*; corrompre : *la chaleur décompose les viandes.* Décomposé, ée, part. pas. Altéré : *visage décomposé.*

DÉCOMPOSITION, n. f. Résolution d'un corps en ses principes; altération ordinairement suivie de putréfaction.

DÉCOMPTE, n. m. Déduction à faire sur un compte qu'on solde.

DÉCOMPTER, v. tr. Rabattre d'une somme.

DÉCONCERTER, v. tr. Rompre les mesures prises par quelqu'un; interdire, embarrasser : *cette réponse le déconcerta.*

DÉCONFIRE, v. tr. Défaire entièrement dans une bataille.

DÉCONFITURE, n. f. Ruine, banqueroute : *la déconfiture d'un commerçant.*

DÉCONFORTER, v. tr. Décourager.

DÉCONSEILLER, v. tr. Dissuader.

DÉCONSIDÉRATION, n. f. Perte de la considération.

DÉCONSIDÉRÉ, ÉE, adj. Qui a perdu la considération, l'estime.

DÉCONSIDÉRER, v. tr. Faire perdre la considération, l'estime.

DÉCONTENANCER, v. tr. Faire perdre contenance à quelqu'un.

DÉCONVENUE, n. f. Mauvais résultat, malheur.

DÉCOR, n. m. Ce qui sert à décorer. Pl. Décorations d'un théâtre.

DÉCORATEUR, n. m. Dont la profession est de confectionner des décors, et de se charger des décorations pour théâtres, fêtes publiques, etc.

DÉCORATION, n. f. Embellissement, ornement; représentation du lieu où se passe l'action au théâtre; marque de dignité, d'honneur.

DÉCORDER, v. tr. Détortiller une corde.

DÉCORER, v. tr. Orner, parer; honorer d'une décoration.

DÉCORTICATION, n. f. Action d'écorcer des arbres, des branches, etc.

DÉCORUM, n. m. (Mot lat.). Bienséance: *garder le décorum.*

DÉCOUCHER, v. int. Coucher hors de chez soi.

DÉCOUDRE, v. tr. Défaire ce qui était cousu. V. int. *En découdre*, en venir aux mains: *l'ennemi s'avance, nous allons en découdre. Fam.*

DÉCOULEMENT, n. m. Flux de ce qui coule.

DÉCOULER, v. int. Couler peu à peu. *Fig.* Dériver: *le bien et le mal découlent d'un même principe.*

DÉCOUPER, v. tr. Couper par morceaux, et le plus souvent avec art: *découper une volaille*; détacher une figure d'un fond: *découper une image.*

DÉCOUPLER, v. tr. Détacher des chiens attachés deux à deux. *Jeune homme bien découplé*, de belle taille et bien fait.

DÉCOUPURE, n. f. Taillade faite à de la toile, à du papier, pour ornement; la chose découpée.

DÉCOURAGEANT, E, adj. Qui est de nature à décourager.

DÉCOURAGEMENT, n. m. Perte de courage; abattement.

DÉCOURAGER, v. tr. Abattre le courage, enlever l'énergie: *cette nouvelle l'a découragé.*

DÉCOURS, n. m. Décroissement de la lune; déclin d'une maladie.

DÉCOUSURE, n. f. Endroit décousu.

DÉCOUVERT, E, adj. Qui n'est pas couvert: *avoir la tête découverte. Pays découvert*, peu boisé. *A découvert*, loc. adv. Sans que rien protège, garantisse: *combattre à découvert.*

DÉCOUVERTE, n. f. Action de découvrir ce qui existait déjà: *la découverte de l'Amérique.*

DÉCOUVRIR, v. tr. Ôter ce qui couvrait; dégarnir un pays de troupes; trouver ce qui était inconnu, caché: *découvrir un trésor*; commencer à apercevoir; faire une découverte dans les sciences, les arts. *Fig.* Révéler ou apprendre: *découvrir un secret.* Se découvrir, v. pr. Ôter son chapeau. *Fig.* Déclarer sa pensée. *Escr.* Donner trop de prise à son adversaire.

DÉCRASSER, v. tr. Ôter la crasse.

DÉCRÉDITER, v. tr. Porter atteinte à la considération, à l'honneur de quelqu'un.

DÉCRÉPIT, E, adj. Vieux et cassé: *vieillard décrépit.*

DÉCRÉPITUDE, n. f. Vieillesse extrême, qui suit la caducité.

DÉCRESCENDO, n. m. *Mus.* Diminution progressive de l'intensité des sons.

DÉCRET, n. m. Ordonnance, loi.

DÉCRÉTER, v. tr. Ordonner, régler par un décret: *décréter une vente. Décréter quelqu'un de prise de corps*, lancer un décret contre lui.

DÉCRIER, v. tr. Blesser quelqu'un dans le crédit dont il jouit.

DÉCRIRE, v. tr. Représenter, dépeindre par le discours. *Géom.* Tracer: *décrire une ellipse.*

DÉCROCHER, v. tr. Détacher ce qui était accroché.

DÉCROISSEMENT, n. m. Action de décroître.

DÉCROÎTRE, v. int. Diminuer: *les jours décroissent.*

DÉCROTTER, v. tr. Ôter la crotte.

DÉCROTTEUR, n. m. Dont le métier est de décrotter, de cirer les chaussures.

DÉCROTTOIR, n. m. Boîte garnie de brosses pour décrotter les chaussures.

DÉCROTTOIRE, n. f. Brosse pour décrotter.

DÉCRUE, n. f. Action de décroître, en parlant des eaux; quantité dont elles ont décru.

DÉCRUER, v. tr. Lessiver du fil ou de la soie, pour les préparer à la teinture.

DÉCRUSER, v. tr. Mettre des cocons dans l'eau bouillante, pour en dévider la soie.

DÉCUPLE, adj. et n. m. Dix fois plus grand.

DÉCUPLER, v. tr. Rendre dix fois plus grand.

DÉCURIE, n. f. Troupe de dix soldats, ou de dix citoyens, chez les Romains.

DÉCURION, n. m. Chef d'une décurie.

DÉDAIGNER, v. tr. Mépriser avec hauteur, avec dédain; négliger comme indigne de soi.

DÉDAIGNEUSEMENT, adv. D'une manière dédaigneuse.

DÉDAIGNEUX, EUSE, adj. Qui marque du dédain : *rega. d dédaigneux.*

DÉDAIN, n. m. Mepris exprimé par l'air, le ton, le maintien.

† **DÉDALE**, n. m. Labyrinthe, lieu où l'on s'égare. *Fig.* Chose obscure et embrouillée : *le dédale des lois.*

DEDANS, adv. Dans l'intérieur. Loc. adv. Là-dedans, dans ce lieu ; **en dedans, au dedans**, à l'intérieur. N. m. Partie intérieure d'une chose.

DÉDICACE, n. f. Consécration d'une église ; fête annuelle qui a lieu en mémoire de cette consécration. *Fig. Dédicace d'un livre*, hommage que l'auteur en fait à quelqu'un.

DÉDICATOIRE (*épître*), adj. Qui contient la dédicace d'un livre.

DÉDIER, v. tr. Consacrer au culte divin ; faire hommage d'un livre.

DÉDIRE, v. tr. Désavouer quelqu'un de ce qu'il a fait ou dit pour nous. **Se dédire**, v. pr. Se rétracter, ne pas tenir sa parole.

DÉDIT, n. m. Action de se dédire ; somme à payer en cas de non accomplissement, de rétractation d'un engagement pris, d'une parole donnée.

DÉDOMMAGEMENT, n. m. Réparation d'un dommage ; compensation.

DÉDOMMAGER, v. tr. Réparer un dommage.

DÉDORER, v. tr. Oter la dorure.

DÉDOUBLER, v. tr. Oter la doublure ; partager en deux : *dédoubler un bataillon.*

DÉDUCTION, n. f. Soustraction, retranchement ; conséquence tirée d'un raisonnement.

DÉDUIRE, v. tr. Soustraire, rabattre d'une somme : *déduire ses frais* ; raconter en détail : *déduire ses raisons* ; tirer une conséquence : *je déduis de là que...*

DÉESSE, n. f. Divinité fabuleuse, du sexe féminin.

DÉFÂCHER (SE), v. pr. S'apaiser après s'être fâché.

DÉFAILLANCE, n. f. Faiblesse, évanouissement.

DÉFAILLANT, E, adj. Qui dépérit, qui s'affaiblit. N. Qui fait défaut en justice.

DÉFAILLIR, v. int. Ne s'emploie qu'aux pers. et aux temps suivants : *Nous défaillons, vous défaillez, ils défaillent. Je défaillais*, etc. *Je défaillis*, etc. *J'ai défailli*, etc. *Défaillir.* Tomber en faiblesse, dépérir : *je me sens défaillir.*

DÉFAIRE, v. tr. Détruire ce qui est fait. *Fig.* Affaiblir, amaigrir : *la maladie l'a défait* ; mettre en déroute : *défaire l'ennemi* ; débarrasser : *défaites-moi de cet importun.* **Se défaire**, v. pr. Vendre : *se défaire d'un cheval* ; se corriger : *se défaire d'un vice.*

DÉFAIT, E, adj. Pâle, amaigri, abattu : *visage défait.*

DÉFAITE, n. f. Perte d'une bataille ; mauvaise excuse : *c'est une défaite.*

DÉFALCATION, n. f. Déduction, retranchement.

DÉFALQUER, v. tr. Déduire, retrancher d'une somme, d'une quantité.

DÉFAUT, n. m. Imperfection physique ou morale ; ce qui n'est pas conforme aux règles de l'art : *les défauts d'un ouvrage, d'un tableau* ; absence : *défaut d'imagination, de mémoire. Procéd.* Refus de comparaître en justice : *faire défaut. Fig. Le défaut de la cuirasse*, le faible d'une personne. Loc. prép. **À défaut de**, faute de ; **au défaut de**, en place de, au lieu de.

DÉFAVEUR, n. f. État de ce qui n'est plus en faveur, en crédit : *la défaveur d'une maison de commerce.*

DÉFAVORABLE, adj. Qui n'est point favorable.

DÉFAVORABLEMENT, adv. D'une manière défavorable.

DÉFECTIF ou **DÉFECTUEUX**, adj. m. *Gram.* Se dit d'un verbe qui n'a pas tous ses temps, tous ses modes et toutes ses personnes, comme *absoudre, braire, clore, luire, traire*, etc.

DÉFECTION, n. f. Action d'abandonner le parti auquel on est lié : *défection d'un général.*

DÉFECTUEUSEMENT, adv. D'une manière défectueuse.

DÉFECTUEUX, EUSE, adj. Qui manque des conditions, des formalités requises : *jugement, acte défectueux. Gram.* V. *Défectif.*

DÉFECTUOSITÉ, n. f. Vice, imperfection, défaut.

DÉFENDABLE, adj. Qui peut être défendu : *poste défendable.*

DÉFENDEUR, ERESSE, n. Qui se défend en justice. Son opposé est *demandeur.*

DÉFENDRE, v. tr. Soutenir quelqu'un ; garantir : *les habits défendent du froid. Fig.* Prohiber, interdire : *défendre le duel, défendre le vin à un malade.*

DÉFENSE, n. f. Action de protéger : *prendre la défense du faible* ; de prohiber : *il est fait défense de...* ; résistance contre l'attaque : *la place opposa une belle défense. Procéd.* Développement des moyens de défense d'un accusé : *la défense est difficile pour cet avocat.* Pl. Dents saillantes de l'éléphant, du sanglier, etc.

DÉFENSEUR, n. m. Protecteur, soutien; avocat.

DÉFENSIF, IVE, adj. Fait pour la défense : *arme défensive.*

DÉFENSIVE, n. f. État de défense. *Être, se tenir sur la défensive,* ne faire que se défendre.

DÉFÉRANT, E, adj. Qui condescend : *humeur douce et déférante.*

DÉFÉRENCE, n. f. Condescendance.

DÉFÉRER, v. tr. Donner, décerner : *déférer des honneurs* ; dénoncer : *déférer en justice.* V. int. Céder, condescendre : *déférer à l'âge, à l'avis de quelqu'un.*

DÉFERLER, v. tr. *Mar.* Déployer les voiles. V. int. Se dit des vagues qui se déroulent et se brisent avec bruit : *les vagues déferlaient avec fureur.*

DÉFERRER, v. tr. Ôter le fer du pied d'un cheval.

DÉFETS, n. m. pl. Feuilles d'un ouvrage superflues et dépareillées.

DÉFEUILLER, v. tr. Enlever les feuilles des arbres.

DÉFI, n. m. Provocation; appel à un combat singulier.

DÉFIANCE, n. f. Crainte d'être trompé; manque de confiance.

DÉFIANT, E, adj. Soupçonneux.

DÉFICIT, n. m. Ce qui manque d'une somme.

DÉFIER, v. tr. Provoquer au combat; ne pas croire capable de. *Fig.* Braver, affronter : *défier la mort.* **Se défier**, v. pr. Avoir de la défiance; se douter, prévoir : *je me défiais de cela.*

DÉFIGURER, v. tr. Gâter la figure; rendre difforme. *Fig.* Altérer : *défigurer l'histoire.*

DÉFILÉ, n. m. Passage étroit. *Fig. Le défilé d'une troupe,* le passage.

DÉFILER, v. tr. Ôter le fil passé dans quelque chose : *défiler une aiguille.* V. int. Aller l'un après l'autre.

DÉFINIR, v. tr. Marquer, déterminer; expliquer clairement. *Passé défini,* temps du verbe.

DÉFINITIF, IVE, adj. Qui termine une affaire : *sentence définitive.* **En définitive,** loc. adv. Enfin. Ne pas dire *en définitif.*

DÉFINITION, n. f. Explication claire et précise de la nature d'une chose, du sens des mots.

DÉFINITIVEMENT, adv. D'une manière définitive.

DÉFLEURIR, v. int. Perdre ses fleurs. V. tr. Faire tomber la fleur.

DÉFLORER, v. tr. Enlever à un sujet sa fleur, sa nouveauté.

DÉFONCEMENT, n. m. Action de défoncer.

DÉFONCER, v. tr. Ôter le fond d'un tonneau, etc. *Fig.* Effondrer : *défoncer une route.*

DÉFORMATION, n. f. Altération de la forme primitive d'une chose.

DÉFORMER, v. tr. Gâter, altérer la forme d'une chose.

DÉFOURNER, v. tr. Tirer du four.

DÉFRAYER, v. tr. Payer la dépense de quelqu'un.

DÉFRICHEMENT, n. m. Action de défricher.

DÉFRICHER, v. tr. Mettre en culture un terrain inculte.

DÉFRICHEUR, n. m. Qui défriche.

DÉFRISER, v. tr. Défaire la frisure. *Fig.* Contrarier : *voilà qui me défrise.* Pop.

DÉFRONCER, v. tr. Défaire les plis d'une étoffe froncée.

DÉFROQUE, n. f. Effets dont quelqu'un profite : *il a hérité de toute sa défroque.*

DÉFROQUÉ, adj. et n. Qui a quitté le froc.

DÉFROQUER, v. tr. et int. Faire quitter, ou quitter le froc.

DÉFUNT, E, adj. et n. Qui est mort.

DÉGAGEMENT, n. m. Action de dégager. *Escr.* Action de dégager son épée.

DÉGAGER, v. tr. Retirer ce qui était engagé; débarrasser. *Fig. Dégager quelqu'un de sa parole,* le dispenser de la tenir; *dégager la tête,* la rendre plus libre. *Chim.* Produire une émanation : *cette substance dégage une odeur sulfureuse.* **Dégagé, ée,** adj. Libre, aisé : *taille, air dégagé.*

DÉGAINE, n. f. Contenance ridicule.

DÉGAÎNER, v. tr. Tirer une épée du fourreau, un poignard de sa gaîne. V. int. Mettre l'épée à la main pour se battre.

DÉGANTER, v. tr. Ôter les gants.

DÉGARNIR, v. tr. Ôter ce qui garnit. **Se dégarnir,** v. pr. Devenir moins touffu, en parlant des arbres, des bois. *La salle se dégarnit,* tout le monde s'en va ; *sa tête se dégarnit,* ses cheveux tombent.

DÉGÂT, n. m. Dommage arrivé par une cause violente, comme tempête, grêle, etc.

DÉGAUCHIR, v. tr. Aplanir la surface d'une pierre, d'une charpente. *Fig. Dégauchir un jeune homme,* lui faire perdre sa gaucherie.

DÉGAUCHISSEMENT, n. m. Action de dégauchir.

DÉGEL, n. m. Fonte naturelle de la glace, de la neige.

DÉGELER, v. tr. Faire fondre ce qui était gelé. V. int. Cesser d'être gelé. V. impers. : *il dégèle.*

DÉGÉNÉRATION, n. f. Etat de ce qui dégénère.

DÉGÉNÉRER, v. int. S'abâtardir : *dégénérer de ses ancêtres* ; changer de nature : *la dispute dégénéra en rixe.*

DÉGÉNÉRESCENCE, n. f. Tendance à la dégénération.

DÉGINGANDÉ, ÉE, adj. Disloqué, qui a une contenance mal assurée.

DÉGLUTITION, n. f. *Méd.* Action d'avaler.

DÉGOISER, v. tr. Parler plus qu'il ne faut. *Fam.*

DÉGOMMER, v. tr. Priver quelqu'un d'un emploi, d'une place quelconque. S'emploie surtout au part. pas. : *le préfet a été dégommé.* Pop.

DÉGONFLEMENT, n. m. Action de dégonfler.

DÉGONFLER, v. tr. Faire cesser le gonflement.

DÉGORGEMENT, n. m. Ecoulement d'eaux, d'immondices retenues ; épanchement : *dégorgement de la bile, des humeurs* ; action de purifier la laine, la soie, etc.

DÉGORGER, v. tr. Déboucher, débarrasser un passage engorgé ; laver les soies, les laines, les étoffes, etc., pour les dépouiller de tout corps étranger. V. int. Déborder, s'épancher : *l'égout dégorge. Les sangsues dégorgent*, rendent le sang qu'elles ont sucé.

DÉGOTER, v. tr. Chasser quelqu'un de son poste. *Fam.*

DÉGOURDI, E, adj. Adroit, avisé, difficile à tromper.

DÉGOURDIR, v. tr. Rendre la chaleur, le mouvement à ce qui était engourdi. *Fig. Dégourdir un jeune homme*, le déniaiser ; *faire dégourdir de l'eau*, la faire chauffer légèrement.

DÉGOURDISSEMENT, n. m. Action par laquelle l'engourdissement se dissipe.

DÉGOÛT, n. m. Manque d'appétit, répugnance pour certains aliments. *Fig.* Aversion : *dégoût du monde* ; chagrin, déplaisir : *essuyer des dégoûts.*

DÉGOÛTANT, E, adj. Qui donne du dégoût ; qui décourage, rebute : *travail dégoûtant.*

DÉGOÛTÉ, ÉE, adj. et n. Qui est délicat, difficile : *faire le dégoûté.*

DÉGOÛTER, v. tr. Oter l'appétit, faire perdre le goût ; causer de la répugnance, de l'aversion : *dégoûter quelqu'un de l'étude.*

DÉGOUTTANT, E, adj. Qui dégoutte : *les feuilles dégouttantes de pluie, de rosée.*

DÉGOUTTER, v. int. Tomber goutte à goutte.

DÉGRADATION, n. f. Destitution forcée et ignominieuse ; dégât fait dans une propriété, ou causé par le temps. *Fig.* Avilissement : *tomber dans la dégradation.*

DÉGRADER, v. tr. Dépouiller quelqu'un de son grade ; détériorer. *Fig.* Avilir : *sa conduite le dégrade.*

DÉGRAFER, v. tr. Détacher une agrafe.

DÉGRAISSAGE ou **DÉGRAISSEMENT**, n. m. Action de dégraisser.

DÉGRAISSER, v. tr. Oter le trop de graisse : *dégraisser un bouillon* ; ôter les taches : *dégraisser un habit.*

DÉGRAISSEUR, n. m. Qui fait le métier de dégraisser les étoffes.

DÉGRAVOIEMENT ou **DÉGRAVOIMENT**, n. m. Effet d'une eau courante qui dégrade, déchausse un mur.

DÉGRAVOYER, v. tr. Dégrader, déchausser un mur.

DEGRÉ, n. m. Chaque marche d'un escalier. *Fig.* Proximité ou éloignement qui existe entre parents ; chacune des divisions du baromètre et du thermomètre. *Mus.* Position relative des notes d'une même portée. *Géom.* et *astr.* Chacune des 360 parties de la circonférence.

DÉGRÉEMENT, n. m. Action d'ôter les agrès d'un navire.

DÉGRÉER, v. tr. Oter les agrès d'un navire.

DÉGRÈVEMENT, n. m. Action de dégrever.

DÉGREVER, v. tr. Décharger d'une partie d'impôts.

DÉGRINGOLADE, n. f. Action de dégringoler.

DÉGRINGOLER, v. tr. Descendre précipitamment, et souvent malgré soi.

DÉGRISER, v. tr. Faire passer l'ivresse.

DÉGROSSIR, v. tr. Oter le plus gros d'un bloc de marbre ou d'une pièce de bois, pour préparer à recevoir la forme.

DÉGUENILLÉ, ÉE, adj. Dont les vêtements sont en lambeaux.

DÉGUERPIR, v. int. Quitter un lieu par force ou par crainte.

DÉGUISEMENT, n. m. Etat d'une personne déguisée. *Fig.* Dissimulation : *parlez-moi sans déguisement.*

DÉGUISER, v. tr. Changer les vêtements. *Par ext.* : *déguiser sa voix, son écriture.* *Fig.* Cacher sous des apparences trompeuses : *déguiser ses sentiments.* **Se déguiser**, v. pr. Se travestir.

DÉGUSTATEUR, n. m. Qui est chargé de déguster les vins, les liqueurs.

DÉGUSTATION, n. f. Essai d'une liqueur en la goûtant.

DÉGUSTER, v. tr. Goûter une liqueur pour en connaître la qualité.

DÉHÂLER, v. tr. Oter l'impression que le hâle a faite sur le teint.

DÉHANCHÉ, ÉE, adj. et n. Qui a mauvaise tournure.

DÉHARNACHEMENT, n. m. Action de déharnacher.

DÉHARNACHER, v. tr. Oter le harnais.

DÉHONTÉ, ÉE, adj. Sans pudeur.

DEHORS, adv. Hors d'un lieu. Loc. adv. **Au dehors**, à l'extérieur ; **du dehors**, de l'extérieur ; **en dehors**, hors de la partie intérieure.

DEHORS, n. m. La partie extérieure. Pl. *Fig.* Apparences : *sauver les dehors.*

DÉICIDE, n. m. Crime de la mort du Christ ; chacun des Juifs qui l'ont immolé.

DÉIFICATION, n. f. Action de déifier, apothéose.

DÉIFIER, v. tr. Mettre au nombre des dieux du paganisme ; diviniser.

DÉISME, n. m. Croyance en Dieu seul, sans admettre la révélation.

† **DÉISTE**, n. m. Qui croit en Dieu, mais rejette toute religion révélée.

DÉITÉ, n. f. Divinité de la Fable. *Poét.*

DÉJÀ, adv. Dès ce moment ; auparavant : *je vous ai déjà dit que...*

DÉJECTION, n. f. Evacuation des excréments.

DÉJETER (SE), v. pr. Se courber, se déjoindre, se gauchir, en parlant du bois.

DÉJEÛNER v. int. Faire le repas du matin.

DÉJEÛNER, ou **DÉJEÛNÉ**, n. m. Repas du matin ; petit plateau garni de tasses, etc.

DÉJOINDRE, v. tr. Séparer ce qui était joint.

DÉJOUER, v. tr. Faire échouer un projet, une intrigue. V. int. Jouer plus mal que de coutume. *Fam.*

DELÀ, prép. De l'autre côté. Est toujours précédé des mots *au, en, par* : *au delà des mers, en delà des monts, par delà Paris.* **Deçà et delà**, loc. adv. De côté et d'autre.

DÉLABRÉ, ÉE, adj. Déguenillé, manquant de tout : *armée délabrée.*

DÉLABREMENT, n. m. Etat de ruine. *Fig.* Dépérissement : *le délabrement de la santé.*

DÉLABRER, v. tr. Mettre en mauvais état : *délabrer une machine. Fig.* Ruiner : *délabrer sa fortune, sa santé.*

DÉLACER, v. tr. Défaire, lâcher le lacet d'un corset, d'une robe.

DÉLAI, n. m. Remise, prolongation de temps.

DÉLAISSEMENT, n. m. Manque de secours ; état d'une personne privée de toute assistance. *Prat.* Abandonnement d'une chose, d'un héritage.

DÉLAISSER, v. tr. Laisser sans secours. *Prat.* Abandonner une chose dont on était en possession : *délaisser un héritage* ; renoncer à une action judiciaire : *délaisser des poursuites.*

DÉLASSEMENT, n. m. Repos.

DÉLASSER, v. tr. Oter la lassitude.

DÉLATEUR, TRICE, n. Dénonciateur servile.

DÉLATION, n. f. Accusation, dénonciation secrète en vue d'une récompense.

DÉLAYEMENT, n. m. Action de délayer.

DÉLAYER, v. tr. Détremper dans un liquide. *Fig.* Délayer une pensée, l'exprimer trop longuement.

DELEATUR, n. m. *Impr.* Signe indiquant qu'il faut supprimer une lettre, un mot, une phrase.

DÉLÉBILE, adj. Qui peut être effacé : *encre délébile.*

DÉLECTABLE, adj. Très-agréable ; qui plaît beaucoup.

DÉLECTATION, n. f. Plaisir savouré, goûté avec réflexion.

DÉLECTER, v. tr. Charmer, réjouir.

DÉLÉGATION, n. f. Commission qui donne à quelqu'un le pouvoir d'agir pour un autre.

DÉLÉGUÉ, ÉE, n. Qui a reçu une délégation : *les délégués du peuple* (ses représentants).

DÉLÉGUER, v. tr. Envoyer quelqu'un avec pouvoir d'agir.

DÉLESTER, v. tr. Oter le lest d'un navire.

DÉLÉTÈRE, adj. Qui tue, qui cause la mort : *gaz délétère.*

DÉLIBÉRANT, E, adj. Qui délibère : *assemblée délibérante.*

DÉLIBÉRATIF, IVE, adj. Genre d'éloquence où l'orateur se propose de persuader ou de dissuader. *Avoir voix délibérative,* droit de suffrage.

DÉLIBÉRATION, n. f. Examen et

discussion d'une affaire; résolution : *prendre une délibération.*

DÉLIBÉRÉ, ÉE, adj. Aisé, libre, déterminé : *avoir un air délibéré. De propos délibéré*, à dessein, exprès. N. m. *Procéd.* Délibération à huis clos entre juges : *ordonner un délibéré;* jugement qui intervient après cette délibération.

DÉLIBÉRÉMENT, adv. D'une manière décidée : *marcher délibérément.*

DÉLIBÉRER, v. int. Mettre en délibération.

DÉLICAT, E, adj. Agréable au goût, exquis : *viande délicate;* façonné avec adresse, avec un soin extrême : *ouvrage délicat;* dit d'une manière ingénieuse et détournée : *louange délicate;* qui juge finement : *goût délicat;* embarrassant : *situation délicate;* scrupuleux : *conscience délicate;* conforme aux bienséances, à la probité : *procédé délicat. Fig.* Tendre, faible, frêle : *membres délicats.* N. m. Personne difficile : *faire le délicat.*

DÉLICATEMENT, adv. Avec délicatesse; mollement : *enfant élevé trop délicatement.*

DÉLICATESSE, n. f. Qualité de ce qui est délicat, fin : *la délicatesse des traits;* adresse, légèreté : *délicatesse de pinceau;* faiblesse, débilité : *délicatesse d'estomac;* qualité de ce qui est senti, exprimé d'une manière délicate : *la délicatesse d'une pensée;* aptitude à juger finement : *délicatesse du goût;* scrupules : *délicatesse de conscience.*

DÉLICES, n. f. pl. Plaisir, volupté, bonheur : *les délices de la campagne, cet enfant fait les délices de sa mère.* N. m. sing. : *quel délice cause une bonne action!*

DÉLICIEUSEMENT, adv. Avec délices.

DÉLICIEUX, EUSE, adj. Extrêmement agréable.

DÉLIÉ, ÉE, adj. Grêle, mince, menu. *Fig. Esprit délié*, subtil, pénétrant. N. m. Partie fine des lettres, par opposition au *plein.*

DÉLIER, v. tr. Défaire ce qui lie; détacher ce qui est lié. *Fig.* Dégager : *délier d'un serment. Théol.* Absoudre.

DÉLIMITATION, n. f. Action de délimiter.

DÉLIMITER, v. tr. Fixer des limites.

DÉLINQUANT, E, n. Qui a commis un délit.

DÉLIQUESCENCE, n. f. Propriété qu'ont certains corps d'absorber l'humidité de l'air et de se dissoudre.

DÉLIQUESCENT, E, adj. Qui,

comme le sel, a la propriété d'attirer l'humidité de l'air et de se résoudre en liquide.

DÉLIRANT, E, adj. Qui est en délire : *imagination délirante.*

DÉLIRE, n. m. Égarement d'esprit causé par une maladie. *Fig.* Grande agitation de l'âme, causée par les passions : *le délire de l'ambition;* enthousiasme, transports. *Poét.*

DÉLIRER, v. int. Avoir le délire.

DÉLIT, n. m. Violation de la loi. *Le corps du délit*, ce qui sert à le constater; *prendre en flagrant délit*, sur le fait.

DÉLIVRANCE, n. f. Action par laquelle on délivre; remise d'une chose : *délivrance d'un passeport.*

DÉLIVRER, v. tr. Rendre la liberté; livrer, remettre : *délivrer des marchandises, un certificat.*

DÉLOGEMENT, n. m. Action de déloger.

DÉLOGER, v. int. Sortir d'un logement. *Fig. Déloger sans trompette*, quitter un lieu secrètement. *Fam.* V. tr. Faire quitter à quelqu'un sa place.

DÉLOYAL, E, adj. Perfide : *procédé déloyal.*

DÉLOYALEMENT, adv. Avec déloyauté.

DÉLOYAUTÉ, n. f. Manque de bonne foi, perfidie.

DÉLUGE, n. m. Le débordement universel des eaux, en l'an 3308 av. J.-C.; très-grande inondation. *Fig.* Grande quantité : *déluge de maux, d'injures.*

DÉLURÉ, ÉE, adj. Vif, dégourdi.

DÉLUSTRER, v. tr. Ôter le lustre.

DÉMAGOGIE, n. f. Exagération des idées favorables à la cause populaire. Se prend en m. part.

DÉMAGOGIQUE, adj. Qui appartient à la démagogie : *discours démagogique.*

DÉMAGOGUE, n. m. Chef d'une faction populaire; celui qui affecte de soutenir les intérêts du peuple, afin de gagner sa faveur et de le dominer. *Par ext.* Anarchiste.

DÉMAILLOTER, v. tr. Ôter du maillot.

DEMAIN, adv. Le jour qui suit immédiatement celui où l'on est.

DÉMANCHER, v. tr. Ôter le manche d'un instrument.

DEMANDE, n. f. Action de demander; la chose demandée; question : *demande indiscrète. Com.* Commande.

DEMANDER, v. tr. Prier quelqu'un d'accorder une chose : *demander une faveur, l'aumône;* exiger : *demander* la *bourse ou la vie;* s'enquérir : *de-mander son chemin;* avoir besoin : *la terre demande de la pluie.*

DEMANDEUR, ERESSE, n. *Prat.* Qui forme une demande en justice.

DEMANDEUR, EUSE, n. Qui a l'habitude de demander.

DÉMANGEAISON, n. f. Picotements à la peau. *Fig.* Grande envie : *déman-geaison de parler.*

DÉMANGER, v. int. Causer une démangeaison : *la tête me démange. Fig. La langue lui démange,* il a grande envie de parler.

DÉMANTÈLEMENT, n. m. Action de démanteler ; état d'une place, d'une ville démantelée.

DÉMANTELER, v. tr. Démolir les murailles d'une ville, les fortifications d'une place.

DÉMANTIBULER, v. tr. Démon-ter : *démantibuler une machine.*

DÉMARCATION, n. f. *Ligne de dé-marcation,* qui marque les limites de deux territoires. *Fig.* Ce qui sépare les droits, les attributions de deux corps, de deux pouvoirs.

DÉMARCHE, n. f. Manière de mar-cher. *Fig.* Tentative : *démarche utile.*

DÉMARIER, v. tr. Séparer juridi-quement deux époux.

DÉMARQUER, v. tr. Oter la marque du linge, etc.

DÉMARRAGE, n. m. *Mar.* Action de retirer les amarres d'un bâtiment.

DÉMARRER, v. tr. *Mar.* Oter les amarres d'un bâtiment. V. int. Quitter le port, partir. *Fig.* Quitter une place, un lieu : *ne démarrez pas de là. Fam.*

DÉMASQUER, v. tr. Oter à quel-qu'un le masque qu'il a sur le visage. *Fig. Démasquer l'hypocrisie,* lui ôter les fausses apparences de la vertu; *dé-masquer quelqu'un,* le faire connaître tel qu'il est; *démasquer une batterie,* la découvrir, enlever ce qui la masque.

DÉMÂTAGE, n. m. Action de dé-mâter.

DÉMÂTER, v. tr. Abattre ou rom-pre les mâts. V. int. Perdre ses mâts dans une tempête.

DÉMÊLÉ, n. m. Querelle, contesta-tion.

DÉMÊLER, v. tr. Séparer et mettre en ordre ce qui est mêlé. *Fig.* Débrouil-ler, éclaircir : *démêler une intrigue;* discerner : *démêler le vrai du faux;* contester, débattre : *qu'ont-ils à démê-ler ensemble?*

DÉMÊLOIR, n. m. Peigne à grosses dents pour démêler les cheveux.

DÉMEMBREMENT, n. m. Partage.

Ne se dit guère qu'au fig., en parlant des empires.

DÉMEMBRER, v. tr. Arracher, sé-parer les membres d'un corps. *Fig.* Di-viser : *démembrer un État.*

DÉMÉNAGEMENT, n. m. Action de déménager.

DÉMÉNAGER, v. tr. Transporter ses meubles d'une maison dans une au-tre. V. int. Changer de logement.

DÉMENCE, n. f. Aliénation totale d'esprit; conduite dépourvue de raison.

DÉMENER (SE), v. pr. Se débattre, s'agiter vivement. *Fig. Se démener pour une affaire,* se donner beaucoup de peine.

DÉMENTI, n. m. Action de dire à quelqu'un qu'il a menti. *Fig.* Honte de ne pas réussir : *il en a eu le démenti. Fam.*

DÉMENTIR, v. tr. Dire à quel-qu'un qu'il n'a pas dit vrai; nier l'évi-dence d'un fait; contredire : *prédiction que l'événement a démentie. Fig.* Par-ler, agir contre : *démentir son caractè-re.*

DÉMÉRITE, n. m. Ce qui peut at-tirer l'improbation, le blâme.

DÉMÉRITER, v. int. Agir de ma-nière à perdre la bienveillance, l'affec-tion ou l'estime.

DÉMESURÉ, ÉE, adj. Qui excède la mesure ordinaire. *Fig.* Extrême, excessif : *ambition démesurée.*

DÉMESURÉMENT, adv. D'une ma-nière démesurée.

DÉMETTRE, v. tr. Disloquer, ôter un os de sa place : *démettre un bras.* Se démettre, v. pr. Se défaire d'un emploi. On dit aussi : *se démettre le bras.*

DÉMEUBLEMENT, n. m. Action de démeubler.

DÉMEUBLER, v. tr. Dégarnir de meubles.

DEMEURANT (AU), loc. adv. Au reste.

DEMEURE, n. f. Habitation. *Procéd. Mettre quelqu'un en demeure de,* l'a-vertir par sommation que le moment de remplir son engagement est arrivé.

DEMEURER, v. int. Habiter; rester, s'arrêter : *demeurer en chemin.*

DEMI, E, adj. Qui est l'exacte moi-tié d'un tout. *A demi,* loc. adv. A moi-tié : *faire les choses à demi.* N. f. Moi-tié d'une unité : *la demie vient de son-ner.*

✝ **DEMI-DIEU,** n. m. Personnage que les anciens croyaient participer de la divinité.

DEMI-LUNE, n. f. *Fortif.* Ouvrage extérieur. Pl. des *demi-lunes.*

9.

154 DEM

DÉMISSION, n. f. Acte par lequel on se démet d'une charge, d'un emploi.

DÉMISSIONNAIRE, n. m. Qui a donné sa démission.

DÉMOCRATE, n. m. Attaché aux principes de la démocratie.

DÉMOCRATIE, n. f. Gouvernement où le peuple exerce la souveraineté.

DÉMOCRATIQUE, adj. Qui appartient à la démocratie : *gouvernement démocratique.*

DÉMOCRATIQUEMENT, adv. D'une manière démocratique.

DEMOISELLE, n. f. Fille d'honnête famille; insecte à quatre ailes; pièce de bois ferrée par un bout pour enfoncer les pavés.

DÉMOLIR, v. tr. Détruire, abattre un bâtiment pièce à pièce.

DÉMOLISSEUR, n. m. Maçon dont la spécialité est de démolir les vieilles maisons.

DÉMOLITION, n. f. Action de démolir. Pl. Matériaux qui en proviennent.

DÉMON, n. m. Diable, esprit malin. *Fig.* Personne méchante; enfant espiègle.

DÉMONÉTISATION, n. f. Action de démonétiser.

DÉMONÉTISER, v. tr. Oter à une monnaie sa valeur; refondre les vieilles pièces de monnaie.

DÉMONIAQUE, adj. et n. Possédé du démon.

DÉMONSTRATEUR, n. m. Celui qui démontre.

DÉMONSTRATIF, IVE, adj. Qui démontre : *raison démonstrative;* qui fait beaucoup de démonstrations d'amitié, de zèle : *personne démonstrative. Rhét. Genre démonstratif,* qui a pour objet la louange ou le blâme. *Gram. Adjectif démonstratif,* qui exprime une idée d'indication, comme *ce, cet,* etc.; pr. démonstr., comme *celui, celle;* etc.

DÉMONSTRATION, n. f. Preuve évidente et convaincante; marque, témoignage extérieur d'amitié, d'intérêt.

DÉMONSTRATIVEMENT, adv. Par démonstration : *prouver une chose démonstrativement.*

DÉMONTER, v. tr. Jeter quelqu'un à bas de sa monture; désassembler les parties d'un tout. *Fig.* Déconcerter. **Se démonter**, v. pr. Se désassembler au besoin : *ressorts qui se démontent.*

DÉMONTRER, v. tr. Prouver d'une manière évidente; témoigner par des marques extérieures : *sa rougeur démontre sa honte.*

DÉMORALISATEUR, TRICE, adj.

Qui démoralise : *principe démoralisateur.*

DÉMORALISATION, n. f. Action de démoraliser; état de ce qui est démoralisé.

DÉMORALISER, v. tr. Décourager, désorienter : *cet événement l'a tout-à-fait démoralisé.*

DÉMORDRE, v. int. Quitter prise après avoir mordu. *Fig.* Se départir : *il n'en démordra point.* Dans ce sens, il ne s'emploie guère sans la négation.

DÉMUNIR, v. tr. Enlever les munitions. **Se démunir**, v. pr. Se dessaisir en donnant.

DÉMURER, v. tr. Ouvrir une porte qui était murée.

DÉMUSELER, v. tr. Oter la muselière d'un chien, d'un ours, etc.

DÉNANTIR (SE), v. pr. Se dépouiller de ce qu'on a.

DÉNATIONALISER, v. tr. Faire perdre à un peuple son caractère national.

DÉNATTER, v. tr. Défaire une natte.

DÉNATURALISER, v. tr. Priver du droit de naturalisation.

DÉNATURER, v. tr. Changer la nature d'une chose.

DÉNÉGATION, n. f. Action de dénier en justice.

DÉNI, n. m. Refus d'une chose due. *Déni de justice,* refus fait par un juge de rendre justice.

DÉNIAISER, v. tr. Rendre moins simple, moins niais.

DÉNICHER, v. tr. Oter du nid. *Fig.* Découvrir la demeure, la retraite de quelqu'un; trouver un objet rare, curieux, à force de recherches. V. int. S'enfuir, s'évader : *il a déniché cette nuit.*

DÉNICHEUR, n. m. Qui déniche les oiseaux.

DÉNIER, v. tr. Nier : *dénier une dette.*

DENIER, n. m. Ancienne monnaie française, 12e partie d'un sou; intérêt d'une somme : *argent placé au denier vingt* (cinq pour cent.) Pl. *Les deniers publics,* les revenus de l'État. *Fig. Denier à Dieu,* arrhes que l'on donne au concierge d'une maison qu'on loue, ainsi qu'au domestique qu'on veut arrêter. Ne pas dire *dernier* à Dieu.

DÉNIGREMENT, n. m. Action de dénigrer.

DÉNIGRER, v. tr. Chercher par son langage à faire perdre à quelqu'un la considération, l'estime publique.

DÉNOMBREMENT, n. m. Énumération; compte détaillé, soit de personnes, soit de choses.

DÉNOMBRER, v. tr. Faire un dénombrement.

DÉNOMINATEUR, n. m. Celui des deux termes d'une fraction, qui marque en combien de parties on suppose l'unité divisée.

DÉNOMINATIF, IVE, adj. Qui sert à nommer.

DÉNOMINATION, n. f. Désignation d'une personne ou d'une chose par un nom qui en exprime l'état, la qualité, etc.

DÉNOMMER, v. tr. *Prat.* Nommer une personne dans un acte.

DÉNONCER, v. tr. Déclarer, publier, faire connaître : *dénoncer comme hérétique*; signaler à la justice : *dénoncer un coupable.*

DÉNONCIATEUR, TRICE, n. Qui dénonce à la justice, à l'autorité.

DÉNONCIATION, n. f. Accusation, délation.

DÉNOTER, v. tr. Désigner, marquer.

DÉNOUEMENT ou **DÉNOÛMENT**, n. m. Incident qui termine; solution d'une affaire compliquée ; point où aboutit une intrigue épique ou dramatique.

DÉNOUER, v. tr. Défaire un nœud. *Fig. Dénouer une intrigue,* la démêler.

DENRÉE, n. f. Se dit généralement de toute marchandise qui s'enlève facilement, mais surtout des productions de la terre.

DENSE, adj. Compacte. Se dit des corps qui, comme l'or, le plomb, contiennent beaucoup de matière en peu de volume.

✝ DENSITÉ, n. f. Qualité de ce qui est dense; rapport du poids d'un corps à son volume.

DENT, n. f. Chacun des petits os enchâssés dans la mâchoire, qui servent à broyer les aliments. *Dents de lait,* les dents du premier âge; *dents de sagesse,* les quatre dernières, qui poussent entre 20 et 30 ans. *Par ext.: les dents d'un peigne, d'une scie. Fig. Coup de dent,* médisance; *être sur les dents,* fatigué, harassé ; *ne pas desserrer les dents,* se taire obstinément; *parler entre les dents,* bas et peu distinctement; *déchirer à belles dents,* médire outrageusement de quelqu'un; *avoir une dent contre quelqu'un,* lui en vouloir.

DENTAIRE, adj. Qui a rapport aux dents : *nerf dentaire.*

DENTAL, E, adj. *Gram.* Se dit des

consonnes qui, comme *d, t,* se prononcent avec les dents.

DENTÉ, ÉE, adj. Qui a des pointes en dents : *feuille, roue dentées.*

DENTELÉ, ÉE, adj. Taillé en forme de dents.

DENTELLE, n. f. Tissu léger et à jour, fait avec du fil, de la soie, ou des fils d'or, d'argent, etc.

DENTELURE, n. f. Ouvrage d'architecture dentelé.

DENTIER, n. m. Rang de dents artificielles.

DENTIFRICE, adj. et n. Composition pour nettoyer, blanchir les dents : *poudre dentifrice, un bon dentifrice.*

DENTISTE, n. m. Chirurgien qui ne s'occupe que de ce qui concerne les dents.

DENTITION, n. f. Sortie naturelle des dents.

DENTURE, n. f. Ordre dans lequel les dents sont rangées : *une belle denture.*

DÉNUDATION, n. f. État d'une partie, d'un os mis à nu.

DÉNUDER, v. tr. Dépouiller un arbre de son écorce, un os de la chair qui le recouvre.

DÉNUÉ, ÉE, adj. Dépourvu : *dénué d'argent.*

DÉNUEMENT ou **DÉNÛMENT**, n. m. Manque complet des choses nécessaires.

DÉNUER, v. tr. Priver, dépouiller des choses nécessaires.

DÉPAQUETER, v. tr. Défaire un paquet.

DÉPAREILLER, v. tr. Ôter l'une de deux ou plusieurs choses pareilles.

DÉPARER, v. tr. Rendre moins agréable : *ce costume la dépare.*

DÉPARIER, v. tr. Ôter l'une des deux choses qui font la paire : *déparier des gants.*

DÉPARLER, v. int. Cesser de parler. Ne s'emploie qu'avec la négation : *il ne déparle pas. Fam.*

DÉPART, n. m. Action de partir.

DÉPARTEMENT, n. m. Attributions des divers ministres : *département de l'intérieur, de la guerre,* etc.; chacune des 86 divisions principales du territoire français.

DÉPARTEMENTAL, E, adj. Qui a rapport au département.

DÉPARTIR, v. tr. Distribuer : *départir une somme aux pauvres.* Se départir, v. pr. Se désister, renoncer.

DÉPASSER, v. tr. Aller au-delà, devancer. *Fig.* Excéder : *ce travail dépasse mes forces.*

DÉPAVER, v. tr. Ôter le pavé.

DÉPAYSER, v. tr. Faire changer de pays. *Fig. Être dépaysé*, dérouté, désorienté.

DÉPÈCEMENT, n. m. Action de dépecer.

DÉPECER, v. tr. Mettre en pièces.

DÉPÊCHE, n. f. Lettre concernant les affaires publiques. Pl. Correspondance commerciale.

DÉPÊCHER, v. tr. Faire promptement : *dépêcher un travail*; envoyer en toute diligence : *dépêcher un courrier.* V. pr. Se hâter.

DÉPEINDRE, v. tr. Décrire et représenter par le discours.

DÉPENAILLÉ, ÉE, adj. Déguenillé.

DÉPENDAMMENT, adv. D'une manière dépendante. *Peu us.*

DÉPENDANCE, n. f. Sujétion, subordination. Se dit d'une terre qui dépend d'une autre. Pl. Tout ce qui dépend d'une maison, d'un héritage.

DÉPENDANT, E, adj. Subordonné.

DÉPENDRE, v. tr. Détacher ce qui était pendu.

DÉPENDRE, v. int. Être sous la dépendance, à la disposition de quelqu'un; faire partie de. *Fig.* Être la conséquence : *notre bonheur dépend de notre conduite*; provenir : *l'effet dépend de la cause.*

DÉPENS, n. m. pl. Déboursés, frais d'un procès. **Aux dépens de,** loc. prép. A la charge, aux frais de quelqu'un. *Fig.* Au détriment : *aux dépens de l'honneur. Rire aux dépens de quelqu'un*, s'en moquer, s'en amuser.

DÉPENSE, n. f. Emploi d'argent; endroit où l'on dépose les provisions; lieu où se tient le dépensier.

DÉPENSER, v. tr. Employer de l'argent à quelque chose.

DÉPENSIER, ÈRE, adj. et n. Qui aime la dépense. N. m. Celui qui, dans une communauté, dans un établissement, est chargé de la dépense pour les provisions.

DÉPERDITION, n. f. Perte, diminution.

DÉPÉRIR, v. int. S'affaiblir, s'étioler : *sa santé dépérit, cette fleur dépérit.*

DÉPÉRISSEMENT, n. m. État d'une chose qui dépérit.

DÉPERSUADER, v. tr. Détromper; enlever la persuasion.

DÉPÊTRER, v. tr. Débarrasser les pieds empêtrés. **Se dépêtrer,** v. pr. Se tirer d'une position difficile, d'un travail ennuyeux.

DÉPEUPLEMENT, n. m. Action de dépeupler un pays.

DÉPEUPLER, v. tr. Dégarnir d'habitants. *Par ext. : dépeupler un étang, une forêt*, etc.

DÉPIÉCER, v. tr. Démembrer.

DÉPILATION, n. f. Action de dépiler; son effet.

DÉPILATOIRE, adj. et n. m. Drogue, pâte pour faire tomber le poil.

DÉPILER, v. tr. Faire tomber le poil, les cheveux.

DÉPIQUER, v. tr. Défaire les piqûres faites à une étoffe.

DÉPISTER, v. tr. *Chasse.* Découvrir le gibier à la piste, découvrir la demeure de quelqu'un; faire perdre sa trace à quelqu'un qui vous suit.

DÉPIT, n. m. Chagrin mêlé d'un peu de colère. **En dépit de,** loc. prép. Malgré. *En dépit du bon sens*, très-mal.

DÉPITER, v. tr. Causer du dépit. **Se dépiter,** v. pr. Prendre du dépit.

DÉPLACÉ, ÉE, adj. Qui n'est pas à la place qui lui convient. *Fig.* Qui manque aux convenances : *propos déplacés.*

DÉPLACEMENT, n. m. Action de déplacer, de se déplacer.

DÉPLACER, v. tr. Changer une chose de place.

DÉPLAIRE, v. int. Ne pas plaire; fâcher, offenser. *Ne vous en déplaise*, quoi que vous en pensiez.

DÉPLAISANCE, n. f. Répugnance, dégoût.

DÉPLAISANT, E, adj. Qui déplaît : *manières déplaisantes.*

DÉPLAISIR, n. m. Mécontentement; chagrin.

DÉPLANTER, v. tr. Arracher pour planter ailleurs.

DÉPLANTOIR, n. m. Instrument pour planter.

DÉPLIER, v. tr. Étendre une chose qui était pliée.

DÉPLISSER, v. tr. Défaire les plis.

DÉPLOIEMENT ou **DÉPLOÎMENT,** n. m. Action de déployer; état de ce qui est déployé : *le déploiment d'une étoffe, un grand déploiment de forces.*

DÉPLORABLE, adj. Qui mérite d'être déploré; digne de compassion, de pitié : *état, situation déplorable.*

DÉPLORABLEMENT, adv. D'une manière déplorable.

DÉPLORER, v. tr. Plaindre avec un sentiment de compassion.

DÉPLOYER, v. tr. Développer : *déployer un mouchoir. Fig.* Montrer, étaler : *déployer son zèle, son éloquence. Rire à gorge déployée*, aux éclats.

DÉPLUMER, v. tr. Ôter les plumes.

DÉPOLIR, v. tr. Oter l'éclat, le poli du verre, d'un métal, etc.

DÉPOLISSAGE, n. m. Action de dépolir.

DÉPONENT, adj. m. Se dit d'un verbe latin qui a la forme passive et la signification active.

DÉPOPULARISATION, n. f. Perte de la popularité.

DÉPOPULARISER, v. tr. Faire perdre l'affection du peuple.

DÉPOPULATION, n. f. État d'un pays dépeuplé.

DÉPORTATION, n. f. Action de déporter.

DÉPORTÉ, n. m. Condamné à la déportation.

DÉPORTEMENTS, n. m. pl. Mœurs dissolues, conduite débauchée.

DÉPORTER, v. tr. Bannir, transporter les condamnés politiques dans les colonies.

DÉPOSANT, E, n. Qui fait une déposition devant le juge; qui dépose de l'argent à la caisse d'épargne.

DÉPOSER, v. tr. Poser une chose que l'on portait. *Fig.* Destituer : *déposer un roi*; abdiquer : *déposer la couronne*; donner en garantie : *déposer un cautionnement*; former un dépôt : *ce vin dépose beaucoup de lie. Déposer son bilan*, faire faillite. V. int. Faire une déposition : *déposer d'un fait*.

DÉPOSITAIRE, n. Personne à qui l'on confie une chose.

DÉPOSITION, n. f. Acte par lequel on retire une dignité : *déposition d'un roi*; ce qu'un témoin dépose en justice.

DÉPOSSÉDER, v. tr. Oter la possession.

DÉPOSSESSION, n. f. Action de déposséder.

DÉPOSTER, v. tr. Chasser d'un poste.

DÉPÔT, n. m. Action de déposer; chose déposée; sédiment : *le dépôt du vin. Guerre.* Lieu où se font les recrues d'un corps; où sont déposées les archives de la guerre. *Méd.* Abcès, tumeur. *Dépôt de mendicité*, établissement public où l'on nourrit les personnes âgées et sans ressources.

DÉPOTER, v. tr. Oter une plante d'un pot.

DÉPOUILLE, n. f. Peau dont se dépouillent certains animaux, tels que le serpent, le ver-à-soie, etc.; tout ce que laisse un mourant. Pl. Tout ce que l'on prend à l'ennemi. *Dépouille mortelle*, corps de l'homme après la mort.

DÉPOUILLEMENT, n. m. État de celui qui est ou s'est dépouillé de ses biens; extrait d'un compte, d'un inventaire, etc. *Dépouillement du scrutin*, son résultat.

DÉPOUILLER, v. tr. Arracher, enlever la peau d'un animal; ôter les vêtements de quelqu'un, le dévaliser; faire le relevé, l'examen d'un compte, d'un inventaire, etc.; compter les votes d'un scrutin. *Fig.* Priver : *dépouiller quelqu'un de sa charge*; se défaire de, en parlant des sentiments : *dépouiller toute pudeur*.

DÉPOURVOIR, v. tr. (Ne s'emploie qu'à l'inf., au passé déf., *je dépourvus*, au part. passé et à tous les temps composés). Dégarnir de ce qui est nécessaire : *se dépourvoir d'argent*.

DÉPOURVU, E, adj. Privé : *dépourvu d'esprit. Au dépourvu* loc. adv. A l'improviste, sans être préparé.

DÉPRAVATION, n. f. *Méd.* Altération des fonctions du corps : *la dépravation du sang. Fig.* Corruption : *dépravation des mœurs*.

DÉPRAVÉ, ÉE, adj. Gâté, corrompu; vicieux : *goût dépravé*.

DÉPRAVER, v. tr. Altérer les fonctions du corps : *dépraver l'estomac. Fig.* Pervertir : *dépraver la jeunesse*.

DÉPRÉCIATEUR, n. m. Qui déprécie.

DÉPRÉCIATION, n. f. État d'une chose dépréciée : *dépréciation de l'or, du papier-monnaie*.

DÉPRÉCIER, v. tr. Rabaisser la valeur d'une chose, le mérite de quelqu'un.

DÉPRÉDATION, n. f. Pillage, vol avec dégât, commis surtout par un administrateur : *la déprédation de l'or, des biens d'un pupille*.

DÉPRENDRE, v. tr. Détacher, séparer.

DÉPRESSION, n. f. *Phys.* Abaissement par la pression : *la dépression du mercure dans un tube*.

DÉPRIMER, v. tr. Abaisser en pesant dessus.

DÉPRISER, v. tr. Rabaisser la valeur : *dépriser une marchandise, une personne*.

DE PROFUNDIS, n. m. Prière pour les morts.

DEPUIS, prép. de temps : *depuis la création*; de lieu : *depuis le Rhin jusqu'à l'Océan*; d'ordre : *depuis le premier jusqu'au dernier*. Adv. de temps : *je ne l'ai pas vu depuis*. **Depuis que**, Loc. conj.

DÉPURATIF, IVE, adj. et n. Propre à dépurer le sang : *sirop dépuratif, un bon dépuratif*.

DÉPURATION, n. f. Action de dépurer; ses effets : *la dépuration du sang, des métaux.*

DÉPURATOIRE, adj. Qui sert, qui est propre à dépurer : *fontaine, remède dépuratoire.*

DÉPURER, v. tr. Rendre plus pur : *dépurer l'eau, le sang, les métaux.*

DÉPUTATION, n. f. Envoi de personnes chargées d'un message; fonctions de député.

DÉPUTÉ, n. m. Personnage envoyé en mission par une nation, un souverain, etc. Se dit surtout de celui qui est envoyé dans une assemblée pour s'occuper des intérêts généraux d'un pays : *Chambre des députés.*

DÉPUTER, v. tr. Envoyer comme député.

DÉRACINEMENT, n. m. Action de déraciner.

DÉRACINER, v. tr. Arracher de terre un arbre, une plante avec ses racines. *Fig.* Extirper, faire disparaître : *déraciner un abus, une erreur.*

DÉRAIDIR, v. tr. Oter la raideur.

DÉRAISON, n. f. Manque de raison.

DÉRAISONNABLE, adj. Qui manque de raison.

DÉRAISONNABLEMENT, adv. D'une manière déraisonnable.

DÉRAISONNER, v. int. Tenir des discours dénués de raison.

DÉRANGEMENT, n. m. Action de déranger; état de ce qui est dérangé. *Fig.* Désordre, changement : *dérangement des affaires, de la santé.*

DÉRANGER, v. tr. Oter une chose de sa place. *Fig.* Altérer la santé; détourner quelqu'un de ses habitudes, de son devoir. V. pr. *La pendule s'est dérangée,* ne va plus.

DÉRATÉ, n. m. A qui on a ôté la rate. *Fig. Courir comme un dératé,* très-vite.

DÉRATER, v. tr. Oter la rate : *dérater un chien de chasse.*

DERECHEF, adv. De nouveau. *Vieux.*

DÉRÉGLEMENT, n. m. Désordre : *le déréglement des saisons, du pouls. Fig.* Désordre moral : *déréglement des passions.*

DÉRÉGLER, v. tr. Déranger : *le froid dérègle les horloges. Fig. Vie déréglée,* dissolue; *passions déréglées,* sans bornes.

DÉRIDER, v. tr. Rendre moins sérieux, égayer. V. pr. Devenir plus gai.

DÉRISION, n. f. Moquerie amère.

DÉRISOIRE, adj. Dit ou fait par dérision : *proposition dérisoire.*

DÉRIVATIF, IVE, adj. et n. *Méd.*

Qui produit une dérivation : *saignée dérivative; les sinapismes, les vésicatoires, les purgatifs sont des dérivatifs.*

DÉRIVATION, n. f. Action de détourner les eaux. *Méd.* Action de déplacer le sang, les humeurs. *Gram.* Origine qu'un mot tire d'un autre.

DÉRIVE, n. f. Déviation de la route d'un vaisseau causée par les vents et les courants : *aller à la dérive.*

DÉRIVÉ, n. m. Mot qui dérive d'un autre : *fruitier est un dérivé de fruit.*

DÉRIVER, v. int. *Mar.* S'éloigner du bord, du rivage; s'écarter de sa route. *Fig.* Venir, provenir. *Gram.* Tirer son origine.

DERME, n. m. *Méd.* Tissu principal de la peau.

DERNIER, IÈRE, adj. Qui vient après tous les autres; précédent : *l'an dernier;* le plus vil : *le dernier des hommes;* extrême : *dernier degré de perfection.*

DERNIÈREMENT, adv. Depuis peu.

DÉROBER, v. tr. Prendre furtivement le bien d'autrui. *Fig.* Soustraire : *dérober un criminel à la mort;* cacher : *dérober sa marche, les nuages dérobent le ciel aux regards.* Se dérober, v. pr. Se soustraire. *Fig.* Faiblir : *ses genoux se dérobent sous lui. Escalier dérobé,* secret. **A la dérobée,** loc. adv. En cachette, furtivement.

DÉROGATION, n. f. Action de déroger à une loi, à un contrat.

DÉROGATOIRE, adj. Qui contient une dérogation : *clause dérogatoire.*

DÉROGER, v. int. Etablir une disposition contraire à une loi, à un acte antérieur; manquer à sa dignité; faire une chose qui fait déchoir de la noblesse : *jadis le noble qui se faisait marchand dérogeait.*

DÉROIDIR, v. tr. V. *Déraidir.*

DÉROUILLER, v. tr. Enlever la rouille. *Fig.* Polir, façonner les manières, l'esprit de quelqu'un.

DÉROULEMENT, n. m. Action de dérouler.

DÉROULER, v. tr. Etendre ce qui était roulé.

DÉROUTE, n. f. Fuite de troupes vaincues et en désordre.

DÉROUTER, v. tr. Rompre les mesures; troubler.

DERRIÈRE, prép. et adv. En arrière de, après, à la suite de. **Sens devant derrière,** loc. adv. Le devant à la place du derrière.

DERRIÈRE, n. m. Partie postérieure d'un objet; partie inférieure et postérieure du corps de l'homme.

DERVICHE ou **DERVIS**, n. m. Religieux musulman.

DES, art. contracté pour *de les.*

DÈS, prép. de temps et de lieu. Depuis : *dès l'enfance*, *dès sa source*; à partir de : *dès demain*. **Dès lors**, loc. adv. Aussitôt; conséquemment. **Dès que**, loc. conj. Aussitôt que, puisque : *dès qu'il sera ici*, *dès que vous le voulez.*

DÉSABUSEMENT, n. m. Action de désabuser.

DÉSABUSER, v. tr. Tirer d'erreur.

DÉSACCORD, n. m. *Mus.* Manque d'accord. *Fig.* Dissentiment, désunion.

DÉSACCORDER, v. tr. Détruire l'accord d'un instrument de musique.

DÉSACCOUPLER, v. tr. Séparer des choses qui étaient par couple.

DÉSACCOUTUMER, v. tr. Faire perdre une habitude.

DÉSACHALANDER, v. tr. Faire perdre les chalands, les pratiques.

DÉSAFFECTION, n. f. Cessation de l'affection.

DÉSAFFECTIONNER, v. tr. Faire perdre l'affection.

DÉSAGRÉABLE, adj. Qui déplaît.

DÉSAGRÉABLEMENT, adv. D'une manière désagréable.

DÉSAGRÉER, v. int. Déplaire.

DÉSAGRÉMENT, n. m. Sujet de déplaisir, de chagrin.

DÉSAJUSTER, v. tr. Déranger ce qui est ajusté.

DÉSALTÉRER, v. tr. Apaiser la soif.

DÉSANCRER, v. int. Lever l'ancre.

DÉSAPPAREILLER, v. tr. Dépareiller.

DÉSAPPOINTEMENT, n. m. Contre-temps; déception.

DÉSAPPOINTER, v. tr. Tromper l'espoir.

DÉSAPPRENDRE, v. tr. Oublier ce qu'on avait appris.

DÉSAPPROBATEUR, **TRICE**, adj. Qui désapprouve.

DÉSAPPROBATION, n. f. Action de désapprouver.

DÉSAPPROPRIER (SE), v. pr. Renoncer à une propriété.

DÉSAPPROUVER, v. tr. Blâmer, condamner.

DÉSARÇONNER, v. tr. Mettre hors des arçons. *Fig.* Confondre quelqu'un dans une discussion. *Fam.*

DÉSARGENTER, v. tr. Enlever la couche d'argent qui recouvrait un objet argenté.

DÉSARMEMENT, n. m. Action de désarmer; licenciement des troupes.

DÉSARMER, v. tr. Enlever à quelqu'un ses armes. *Fig.* Fléchir : *désarmer la colère*. V. int. Poser les armes, cesser de faire la guerre.

DÉSARROI, n. m. Désordre, confusion.

DÉSASSEMBLER, v. tr. Disjoindre des pièces de charpente, de menuiserie.

DÉSASSORTIR, v. tr. Oter ou déplacer quelques-unes des choses qui étaient assorties.

DÉSASTRE, n. m. Calamité, grand malheur.

DÉSASTREUSEMENT, adv. D'une manière désastreuse.

DÉSASTREUX, **EUSE**, adj. Funeste, malheureux : *événement désastreux.*

DÉSAVANTAGE, n. m. Infériorité en quelque genre que ce soit; préjudice : *l'affaire a tourné à son désavantage.*

DÉSAVANTAGEUSEMENT, adv. D'une manière désavantageuse.

DÉSAVANTAGEUX, **EUSE**, adj. Qui cause, peut causer, offre du désavantage.

DÉSAVEU, n. m. Dénégation; action, acte par lequel nous désavouons ce qu'un autre a dit en notre nom.

DÉSAVEUGLER, v. tr. Tirer quelqu'un de son aveuglement.

DÉSAVOUER, v. tr. Nier avoir dit ou fait quelque chose; ne pas vouloir reconnaître une chose pour sienne; déclarer qu'on n'a pas autorisé quelqu'un en ce qu'il a fait : *désavouer un ambassadeur*. *Fig.* Condamner : *faire ce que la morale désavoue.*

DESCELLER, v. tr. Oter ce qui est scellé, comme une patte, un gond, etc.; enlever le sceau d'un titre, d'un acte.

DESCENDANCE, n. f. Filiation, postérité.

DESCENDANT, **E**, adj. Qui descend : *marée descendante*; ceux dont on descend : *ligne descendante*. N. m. pl. La postérité : *les descendants de Noé.*

DESCENDRE, v. int. Aller de haut en bas; s'étendre jusqu'en bas. *Mus.* Baisser : *descendre d'un ton*. *Fig. Descendre au tombeau*, mourir; *toute sagesse descend d'en haut*, en vient; *descendre à un hôtel*, aller pour y loger; *le baromètre descend*, baisse; *les Français descendent des Germains*, tirent leur origine; *la justice a descendu sur les lieux*, s'y est transportée. V. tr. Mettre plus bas : *descendre un tableau*. *Descendre la garde*, en être relevé.

DESCENTE, n. f. Action de descendre; pente. *Descente de justice*, visite d'un lieu par autorité de justice, pour y faire des perquisitions. *Arch.* Tuyau d'écoulement pour les eaux. *Chir.* Hernie.

DESCRIPTIF, IVE, adj. Qui a pour objet de décrire : *poésie descriptive.*

DESCRIPTION, n. f. Discours écrit ou parlé, par lequel on decrit.

DÉSEMBALLAGE, n. m. Action de désemballer.

DÉSEMBALLER, v. tr. Oter les marchandises d'une balle, d'une caisse, etc.

DÉSEMBARQUEMENT, n. m. Action de désembarquer.

DÉSEMBARQUER, v. tr. Tirer hors d'un navire.

DÉSEMBOURBER, v. tr. Tirer de la bourbe.

DÉSEMPARER, v. int. Abandonner le lieu où l'on est. *Fig. Sans désemparer*, sans quitter la place. V. tr. *Désemparer un vaisseau*, le mettre hors d'état de servir, en rompant ses manœuvres, ses mâts, etc.

DÉSEMPESER, v. tr. Oter l'empois du linge.

DÉSEMPLIR, v. tr. Vider en partie, rendre moins plein. V. int. Ne s'emploie guère qu'avec la négation : *la maison ne désemplit pas.*

DÉSENCHANTEMENT, n. m. Cessation de l'enchantement.

DÉSENCHANTER, v. tr. Rompre l'enchantement, le prestige.

DÉSENCLOUER, v. tr. Oter le clou qui avait été enfoncé dans la lumière d'un canon.

DÉSENFILER, v. tr. Retirer le fil passé dans une aiguille.

DÉSENFLER, v. tr. Dégonfler. V. int. Cesser d'être enflé.

DÉSENFLURE, n. f. Diminution ou cessation d'enflure.

DÉSENIVRER, v. tr. Faire passer l'ivresse.

DÉSENNUYER, v. tr. Dissiper l'ennui.

DÉSENRAYER, v. tr. Oter la corde, la chaîne, etc., qui enrayait une roue.

DÉSENRHUMER, v. tr. Faire cesser le rhume.

DÉSENROUER, v. tr. Faire cesser l'enrouement.

DÉSENSORCELER, v. tr. Délivrer de l'ensorcellement.

DÉSENSORCELLEMENT, n. m. Action de désensorceler.

DÉSERT, E, adj. Inhabité; très-peu fréquenté.

DÉSERT, n. m. Lieu désert.

DÉSERTER, v. tr. Abandonner un lieu. *Fig. : déserter la bonne cause.* V

int. Passer à l'ennemi; quitter le service militaire sans congé.

DÉSERTEUR, n. m. Militaire qui déserte.

DÉSERTION, n. f. Action de déserter. *Fig.* Changement de parti politique.

DÉSESPÉRANT, E, adj. Qui jette dans le désespoir, cause un grand chagrin.

DÉSESPÉRÉ, ÉE, adj. et n. Plongé dans le désespoir : *famille désespérée;* qui ne donne plus d'espoir : *malade désespéré;* furieux : *agir en désespéré.*

DÉSESPÉRÉMENT, adv. Avec excès, éperdûment.

DÉSESPÉRER, v. int. Perdre l'espérance, cesser d'espérer. V. tr. Mettre au désespoir; tourmenter, affliger au dernier point.

DÉSESPOIR, n. m. Perte de l'espérance. Se dit aussi de ce qui désole : *cet enfant est le désespoir de sa famille.*

DÉSHABILLÉ, n. m. Vêtement négligé que l'on porte dans son intérieur.

DÉSHABILLER, v. tr. Oter à quelqu'un les habits dont il est vêtu.

DÉSHABITUER, v. tr. Faire perdre une habitude.

DÉSHÉRENCE, n. f. Droit qu'a l'État de recueillir la succession des personnes mortes sans héritiers.

DÉSHÉRITER, v. tr. Priver quelqu'un de sa succession.

DÉSHONNÊTE, adj. Contraire à la bienséance, à la pudeur.

DÉSHONNÊTEMENT, adv. D'une manière déshonnête.

DÉSHONNÊTETÉ, n. f. Vice de ce qui est déshonnête.

DÉSHONNEUR, n. m. Honte, opprobre.

DÉSHONORANT, E, adj. Qui déshonore.

DÉSHONORER, v. tr. Ternir, ôter l'honneur. *Déshonorer sa famille*, lui faire déshonneur.

DÉSIGNATION, n. f. Action de désigner; choix, nomination : *désignation d'un successeur.*

DÉSIGNER, v. tr. Indiquer par des marques qui font reconnaître; fixer : *désignez-moi l'heure et le lieu;* nommer d'avance : *désigner son successeur.*

DÉSINENCE, n. f. Gram. Terminaison des mots.

DÉSINFATUER, v. tr. Désabuser quelqu'un d'une chose ou d'une personne dont il était infatué. *Fam.*

DÉSINFECTER, v. tr. Faire cesser l'infection de l'air, d'un appartement, etc.

DÉSINFECTION, n. f. Action de désinfecter.

DÉSINTÉRESSÉ, ÉE, adj. Qui ne fait rien par motif d'intérêt.

DÉSINTÉRESSEMENT, n. m. Oubli, sacrifice de son propre intérêt.

DÉSINTÉRESSER, v. tr. Mettre quelqu'un hors d'intérêt en l'indemnisant.

DÉSINVITER, v. tr. Revenir sur une invitation faite.

DÉSINVOLTURE, n. f. Tournure remplie de grâce, d'aisance.

DÉSIR, n. m. Mouvement spontané de l'âme qui aspire à la possession d'un bien.

DÉSIRABLE, adj. Qui mérite d'être désiré.

DÉSIRER, v. tr. Avoir désir, envie d'une chose.

DÉSIREUX, EUSE, adj. Qui désire avec ardeur.

DÉSISTEMENT, n. m. Action de se désister; acte par lequel on se désiste.

DÉSISTER (SE), v. pr. Se départir de quelque chose, y renoncer.

DÉSOBÉIR, v. int. Ne pas obéir.

DÉSOBÉISSANCE, n. f. Action de désobéir.

DÉSOBÉISSANT, E, adj. et n. Qui désobéit.

DÉSOBLIGEAMMENT, adv. D'une manière désobligeante.

DÉSOBLIGEANCE, n. f. Disposition à désobliger.

DÉSOBLIGEANT, E, adj. Qui désoblige.

DÉSOBLIGEANTE, n. f. Sorte de voiture étroite et peu commode.

DÉSOBLIGER, v. tr. Causer de la peine, du déplaisir.

DÉSOBSTRUER, v. tr. Débarrasser de ce qui obstrue.

DÉSŒUVRÉ, ÉE, adj. et n. Qui n'a rien à faire, qui ne sait pas s'occuper.

DÉSŒUVREMENT, n. m. Etat d'une personne désœuvrée.

DÉSOLANT, E, adj. Qui désole, afflige.

DÉSOLATEUR, TRICE, adj. et n. Qui désole, ravage, détruit : *fléau désolateur.*

DÉSOLATION, n. f. Ruine entière, destruction; extrême affliction.

DÉSOLER, v. tr. Ravager, détruire; causer une grande affliction.

DÉSOPILER (*la rate*), v. tr. Faire rire. *Fam.*

DÉSORDONNÉ, ÉE, adj. Déréglé, sans frein. *Fig.* Excessif : *faim désordonnée.*

DÉSORDONNÉMENT, adv. D'une manière désordonnée.

DÉSORDRE, n. m. Défaut d'ordre; confusion : *désordre dans les finances* querelles, dissensions instestines : *désordre dans l'État. Fig.* Dérèglement des mœurs : *vivre dans le désordre;* trouble, égarement : *désordre des sens.*

DÉSORGANISATEUR, TRICE, adj. Qui désorganise.

DÉSORGANISATION, n. f. Action de désorganiser; état de ce qui est désorganisé.

DÉSORGANISER, v. tr. Troubler l'ordre, jeter la confusion dans...; détruire l'organisation : *désorganiser une administration.*

DÉSORIENTER, v. tr. Faire perdre à quelqu'un son chemin, la direction qu'il doit suivre. *Fig.* Déconcerter : *cette question l'a tout désorienté.*

DÉSORMAIS, adv. Dorénavant, à l'avenir.

DÉSOSSEMENT, n. m. Action de désosser.

DÉSOSSER, v. tr. Oter les os. On dit aussi *désosser un poisson,* lui enlever ses arêtes.

DESPOTE, n. m. Souverain qui gouverne arbitrairement. *Fig.* Celui qui veut dominer sur ceux qui l'environnent.

DESPOTIQUE, adj. Arbitraire, tyrannique ; *gouvernement despotique.*

DESPOTIQUEMENT, adv. D'une manière despotique.

DESPOTISME, n. m. Pouvoir absolu et arbitraire. *Par ext.* Tyrannie, abus de pouvoir.

DESSAISIR (SE), v. pr. Céder ce qu'on avait en sa possession : *se dessaisir d'un titre.*

DESSAISISSEMENT, n. m. Action de se dessaisir.

DESSALER, v. tr. Rendre moins salé.

DESSANGLER, v. tr. Lâcher, défaire les sangles.

DESSÉCHEMENT, n. m. Action de dessécher; état d'une chose desséchée.

DESSÉCHER, v. tr. Rendre sec; mettre à sec. *Fig.* : *dessécher le cœur, l'esprit.* Se dessécher, v. pr. Devenir sec : *cet arbre se dessèche.*

DESSEIN, n. m. Projet, résolution; intention : *partir dans le dessein de..* A dessein, loc. adv. Exprès.

DESSELLER, v. tr. Oter la selle de dessus un cheval.

DESSERRER, v. tr. Relâcher ce qui est serré. *Ne pas desserrer les dents,* ne pas dire un mot.

DESSERT, n. m. Le dernier service d'un repas.

DESSERTE, n. f. Mets qu'on a desservis.

DESSERVANT, n. m. Prêtre qui dessert une paroisse.

DESSERVIR, v. tr. Enlever les plats de dessus la table ; faire le service d'une paroisse. *Fig.* Nuire à quelqu'un.

DESSICATIF, IVE, adj. et n. Qui a la vertu de dessécher les plaies : *poudre dessicative.*

DESSICATION, n. f. Action d'enlever aux corps l'humidité superflue qu'ils renferment.

DESSILLER, v. tr. Ouvrir, en parlant des yeux, des paupières. *Fig. Dessiller les yeux à quelqu'un,* le désabuser.

DESSIN, n. m. Représentation, au crayon, à la plume ou au pinceau, d'objets, de figures, de paysages, etc. ; l'art qui enseigne les procédés du dessin ; plan d'un bâtiment ; ornement d'un tissu, d'une étoffe, etc.

DESSINATEUR, n. m. Qui sait dessiner ; qui en fait profession.

DESSINER, v. tr. Reproduire, avec le crayon ou la plume, la forme des objets. **Se dessiner**, v. pr. Développer ses formes : *sa taille se dessine bien ;* approcher d'une conclusion : *les événements se dessinent.*

DESSOUDER, v. tr. Oter, fondre la soudure.

DESSOULER, v. tr. Faire cesser l'ivresse. V. int. Cesser d'être ivre.

DESSOUS, adv. de lieu, servant à marquer la situation d'un objet placé sous un autre. Loc. adv. **Au-dessous**, plus bas ; **par-dessous**, dessous ; **là-dessous**, sous cela. Loc. prép. **Au-dessous de**, plus bas que.

DESSOUS, n. m. Partie inférieure d'une chose. *Fig. Voir le dessous des cartes,* apercevoir les ressorts cachés d'une affaire ; *avoir le dessous,* le désavantage dans une lutte, une discussion.

DESSUS, adv. de lieu, marquant la situation d'une chose qui est sur une autre. Loc. adv. **Là-dessus**, sur cela ; **en-dessus, par-dessus, au-dessus, ci-dessus**, sur, plus haut. Loc. prép. **Au-dessus de**, plus haut que : *au-dessus des nuages ;* supérieur à : *être au-dessus de quelqu'un ;* plus considérable : *au-dessus de cent francs.*

DESSUS, n. m. La partie supérieure. *Mus.* Partie la plus haute, opposée à la basse ; celui qui la chante, la joue sur un instrument. *Fig.* Avantage : *avoir le dessus.*

DESTIN, n. m. Enchaînement nécessaire et inconnu des événements ;

sort, destinée : *nul ne peut fuir son destin.*

DESTINATAIRE, n. Celui à qui s'adresse un envoi.

DESTINATION, n. f. Ce à quoi une chose est destinée ; lieu où l'on est appelé par ses fonctions, ses affaires : *se rendre à sa destination ;* où une chose est adressée : *envoyer à sa destination.*

DESTINÉE, n. f. Destin, sort : *accomplir sa destinée.*

DESTINER, v. tr. Fixer, déterminer la destination d'une personne ou d'une chose ; préparer, réserver : *à qui destinez-vous ces récompenses ?*

DESTITUABLE, adj. Qui peut être destitué.

DESTITUÉ, ÉE, adj. Dépourvu : *homme destitué de bon sens.*

DESTITUER, v. tr. Oter à un fonctionnaire public sa charge, son emploi.

DESTITUTION, n. f. Renvoi d'un fonctionnaire.

DESTRIER, n. m. Cheval de bataille. *Vieux.*

DESTRUCTEUR, TRICE, adj. et n. Qui détruit.

DESTRUCTIBILITÉ, n. f. Qualité de ce qui peut être détruit.

DESTRUCTIF, IVE, adj. Qui cause la destruction.

DESTRUCTION, n. f. Ruine totale : *destruction d'une ville.*

DESTRUCTIVITÉ, n. f. Penchant à détruire : *avoir la bosse de la destructivité.*

DÉSUÉTUDE, n. f. Anéantissement des lois, d'un règlement, etc., par le non-usage : *loi tombée en désuétude.*

DÉSUNION, n. f. Mésintelligence, désaccord.

DÉSUNIR, v. tr. Rompre l'union, la bonne intelligence entre les personnes.

DÉTACHEMENT, n. m. État de celui qui est détaché d'une passion, d'un sentiment ; troupe de soldats détachés d'un corps pour une expédition.

DÉTACHER, v. tr. Oter les taches.

DÉTACHER, v. tr. Dégager une personne ou une chose de ce qui l'attachait : *détacher un chien ;* éloigner, séparer : *détacher les bras du corps ;* tirer des soldats d'un régiment, des troupes d'une armée, des vaisseaux d'une flotte, pour les envoyer en détachement. *Peint.* Faire ressortir les contours des objets. *Fig.* Se dit des engagements, des affections, des occupations qu'on abandonne : *détacher son cœur du monde, des plaisirs.*

DÉTAIL, n. m. Vendre des marchandises par petite quantité; récit circonstancié d'un événement, d'une affaire: *les détails d'un procès.* En détail, loc. adv. Dans toutes ses parties: *examiner en détail.*

DÉTAILLANT, E, n. Qui vend en détail.

DÉTAILLER, v. tr. Couper en pièces; vendre en détail. *Fig.* Exposer, raconter avec détail.

DÉTALAGE, n. m. Action de détaler des marchandises.

DÉTALER, v. tr. Oter les marchandises mises en étalage. V. int. Décamper. *Pop.*

DÉTEINDRE, v. tr. Faire perdre la couleur. V. int. Perdre sa couleur.

DÉTELER, v. tr. Détacher des animaux attelés.

DÉTENDRE, v. tr. Relâcher ce qui était tendu: *détendre un ressort. Fig.:* *détendre son esprit fatigué.*

DÉTENIR, v. tr. Retenir ce qui n'est pas à soi; tenir en prison.

DÉTENTE, n. f. Pièce du ressort d'un fusil qui le fait partir.

DÉTENTEUR, TRICE, adj. et n. Qui tient, de droit ou non, une chose en sa possession.

DÉTENTION, n. f. État d'une personne détenue en prison, ou d'une chose saisie par autorité de justice; action de détenir. *Détention préventive,* temps qu'un accusé passe en prison avant son jugement.

DÉTENU, E, n. Qui est en prison.

DÉTÉRIORATION, n. f. Action de détériorer; résultat de cette action.

DÉTÉRIORER, v. tr. Dégrader, gâter.

DÉTERMINANT, E, adj. Qui détermine.

DÉTERMINATIF, IVE, adj. et n. *Gram.* Qui détermine, restreint l'étendue de la signification d'un mot, comme *le, la, les, mon, ce,* etc.

DÉTERMINATION, n. f. Résolution qu'on prend après avoir hésité entre deux ou plusieurs partis.

DÉTERMINÉ, ÉE, adj. Fixe: *heure, époque déterminée;* intrépide, hardi: *soldat déterminé.* N. m. Homme audacieux, capable de tout: *c'est un déterminé.*

DÉTERMINER, v. tr. Indiquer avec précision: *déterminer une distance;* faire prendre une résolution: *cet événement m'a déterminé à...;* préciser le sens d'un mot: *l'article détermine le nom;* causer: *déterminer le succès d'une bataille.* **Se déterminer,** v. pr. Se résoudre.

DÉTERRER, v. tr. Tirer de terre.

Fig. Découvrir une chose, une personne difficile à trouver.

DÉTERSIF, IVE, adj. Qui nettoie les plaies et les ulcères: *remède détersif.*

DÉTESTABLE, adj. Qu'on doit détester; très-mauvais: *temps détestable;* abominable: *action détestable.*

DÉTESTABLEMENT, adv. D'une manière détestable.

DÉTESTATION, n. f. Horreur d'une chose.

DÉTESTER, v. tr. Avoir en horreur.

DÉTIRER, v. tr. Etendre en tirant.

DÉTONATION, n. f. Explosion d'une arme à feu.

DÉTONER, v. int. *Chim.* S'enflammer subitement avec explosion.

DÉTONNER, v. int. *Mus.* Sortir du ton.

DÉTORDRE, v. tr. Remettre dans son premier état ce qui était tordu.

DÉTORS, E, adj. Qui n'est plus tors: *soie détorse.*

DÉTORTILLER, v. tr. Défaire ce qui était tortillé.

DÉTOUR, n. m. Sinuosité: *la rivière fait un détour. Fig.* Voie détournée, subterfuge: *les détours de la chicane.*

DÉTOURNÉ, ÉE, adj. Peu fréquenté: *rue détournée. Fig. Voie détournée,* secrète, cachée.

DÉTOURNEMENT, n. m. Soustraction frauduleuse: *détournement de fonds.*

DÉTOURNER, v. tr. Ecarter: *détourner quelqu'un de son chemin;* changer la direction: *détourner un cours d'eau,* et fig.: *détourner les soupçons;* soustraire frauduleusement: *détourner des fonds. Fig.* Dissuader: *détourner quelqu'un d'un projet. Détourner le sens d'un mot,* donner à ce mot une autre signification.

DÉTRACTER, v. tr. Parler mal de quelqu'un ou de quelque chose; rabaisser le mérite.

DÉTRACTEUR, n. m. Qui rabaisse le mérite de quelqu'un ou de quelque chose. Adj.: *esprit détracteur.*

DÉTRACTION, n. f. Action de détracter.

DÉTRAQUER, v. tr. Déranger un mécanisme: *détraquer une pendule. Fig.* Troubler: *détraquer l'esprit.*

DÉTREMPE, n. f. Couleur délayée dans de l'eau et de la gomme; peinture faite en détrempe.

DÉTREMPER, v. tr. Délayer dans un liquide; ôter la trempe de l'acier.

DÉTRESSE, n. f. Angoisse; besoin

extrême ; grand danger : *signaux de détresse.*

DÉTRIMENT, n. m. Dommage, préjudice : *causer un grand détriment. Au détriment de quelqu'un*, à son préjudice.

DÉTRITUS, n. m. Résidu provenant de la décomposition des corps organisés.

DÉTROIT, n. m. Bras de mer étroit entre deux terres ; passage serré entre les montagnes : *le détroit des Thermopyles.*

DÉTROMPER, v. tr. Tirer d'erreur.

DÉTRÔNER, v. tr. Chasser du trône, enlever la puissance souveraine.

DÉTROUSSER, v. tr. Laisser retomber ce qui était troussé : *détrousser une robe. Fig.* Voler sur une voie publique et par violence. *Fam.*

DÉTROUSSEUR, n. m. Voleur qui détrousse les passants.

DÉTRUIRE, v. tr. Ruiner, anéantir ; démolir, abattre. **Se détruire**, v. pr. S'anéantir mutuellement : *leurs systèmes se détruisent* ; se donner la mort.

DETTE, n. f. Ce qu'on doit. *Dette active*, ce que l'on nous doit ; *dette passive*, ce que nous devons. *Fig.* Devoir indispensable : *payer sa dette à son pays.*

DEUIL, n. m. Douleur causée par une grande calamité, par la mort de quelqu'un ; signes extérieurs du deuil ; temps pendant lequel on les porte. *Fig.* Affliction, tristesse : *jour de deuil.*

DEUTÉRONOME, n. m. Cinquième livre du Pentateuque.

DEUX, adj. num. Nombre double de l'unité ; deuxième : *tome deux.* N. m. Chiffre qui représente ce nombre.

DEUXIÈME, adj. num. ord. de deux.

DEUXIÈMEMENT, adv. En second lieu.

DÉVALISER, v. tr. Voler à quelqu'un ses effets, son argent.

DEVANCER, v. tr. Gagner les devants ; venir avant : *l'aurore devance le soleil. Fig.* Surpasser : *devancer tous ses rivaux.*

DEVANCIER, ÈRE, n. Prédécesseur dans une fonction, une carrière quelconque. Pl. Aïeux, ancêtres : *imiter ses devanciers.*

DEVANT, prép. A l'opposite, vis-à-vis, en face : *regarder devant soi.* **Au-devant de**, loc. prép. A la rencontre : *aller au-devant de quelqu'un.* Adv. En avant : *marcher devant.* **Ci-devant**, loc. adv. Précédemment.

DEVANT, n. m. Partie antérieure. *Prendre les devants*, partir avant quelqu'un.

DEVANTIER, n. m. Tablier que portent les femmes du peuple.

DEVANTIÈRE, n. f. Long tablier ou jupe fendue par derrière, que portent les femmes pour monter à cheval à la manière des hommes.

DEVANTURE, n. f. Partie extérieure et antérieure d'une boutique.

DÉVASTATEUR, TRICE, adj. Qui dévaste.

DÉVASTATION, n. f. Action de dévaster.

DÉVASTER, v. tr. Désoler, ruiner un pays.

DÉVELOPPEMENT, n. m. Action ou effet de développer ; croissance des corps organisés.

DÉVELOPPER, v. tr. Ôter l'enveloppe de quelque chose : *développer un paquet* ; déployer : *développer une carte* ; donner de l'accroissement, de la force : *la gymnastique développe le corps. Fig.* Expliquer : *développer sa pensée.* **Se développer**, v. pr. Prendre de l'accroissement, s'étendre.

DEVENIR, v. int. Commencer à être ce qu'on n'était pas. *Fig.* Prendre un parti : *que voulez-vous devenir ?* Marque l'état, la situation où se trouve une personne ou une chose : *il est devenu fou.*

DÉVERGONDAGE, n. m. Libertinage effronté.

DÉVERGONDÉ, ÉE, adj. et n. Qui mène publiquement une vie licencieuse.

DEVERS (PAR), loc. prép. qui exprime une idée de possession : *avoir par-devers soi.*

DEVERS, E, adj. Qui n'est pas droit, d'aplomb. N. m. Pente.

DÉVERSER, v. int. Pencher, incliner : *ce mur déverse.* V. tr. *Fig.* Répandre : *déverser le mépris sur...*

DÉVERSOIR, n. m. Endroit par où s'épanche l'excédant de l'eau d'un moulin.

DÉVÊTIR (SE), v. pr. Se dégarnir d'habits.

DÉVIATION, n. f. Action de dévier : *déviation de la lumière* ; changement dans la direction naturelle : *déviation de la colonne vertébrale. Fig.* Écart, variation dans la conduite : *déviation de principes.*

DÉVIDER, v. tr. Mettre en écheveau ou en peloton du fil, de la soie, etc.

DÉVIDEUR, EUSE, n. Qui dévide.

DÉVIDOIR, n. m. Instrument pour dévider.

DÉVIER, v. int. Se détourner.

DEVIN, ERESSE, n. Qui prétend découvrir les choses cachées et prédire l'avenir.

DEVIN, n. m. Grand serpent d'Afrique et d'Amérique.

DEVINER, v. tr. Prédire ce qui doit arriver ; dire par appréciation : *devinez combien cela coûte ;* juger par conjecture : *j'avais deviné que cela tournerait mal ;* pénétrer : *deviner la pensée d'un autre. Deviner une énigme,* en trouver le mot.

DEVINEUR, EUSE, n. Se dit famil. pour *devin, devineresse.*

DEVIS, n. m. État détaillé d'un ouvrage d'architecture, de menuiserie, de maçonnerie, etc.

DÉVISAGER, v. tr. Défigurer, déchirer le visage.

DEVISE, n. f. Paroles caractéristiques exprimant, d'une manière concise, une pensée, un sentiment : *la devise de la Légion d'honneur est* **Honneur et Patrie.**

DEVISER, v. int. S'entretenir familièrement.

DÉVISSER, v. tr. Oter les vis qui fixent un objet.

DÉVOIEMENT ou **DÉVOÎMENT,** n. m. Flux de ventre.

DÉVOILER, v. tr. Découvrir, révéler ce qui était secret.

DEVOIR, v. tr. Être redevable ; être obligé à quelque chose par la loi, la morale, les convenances. Suivi d'un infinitif, indique la nécessité : *tout doit finir ;* l'intention : *il doit vous accompagner ;* l'état : *il doit être riche aujourd'hui.*

DEVOIR, n. m. Ce qu'on doit faire ; ce à quoi nous obligent la loi, les convenances ; travail, exercices qu'un maître donne à ses élèves. Pl. Hommages, honnêtetés dues : *rendre ses devoirs à quelqu'un. Derniers devoirs,* honneurs funèbres.

DÉVOLU, E, adj. Acquis, échu par droit. N. m. *Jeter son dévolu sur quelque chose,* y prétendre.

DÉVORANT, E, adj. Qui dévore : *lion dévorant,* et au fig. : *flamme dévorante, soucis dévorants ;* excessif : *faim dévorante.*

DÉVORANTS, n. m. pl. Une des grandes divisions du compagnonnage.

DÉVORER, v. tr. Déchirer sa proie avec les dents, en parlant des bêtes féroces ; manger avidement. *Fig.* Consumer, détruire : *la flamme dévore tout ; l'ennui le dévore. Dévorer un livre,* le lire avec empressement ; *dévorer des yeux,* regarder avec avidité, avec passion ; *dévorer un affront,* le souffrir sans se plaindre ; *dévorer ses larmes,* les retenir.

DÉVOT, E, adj. et n. Pieux, attaché au service de Dieu.

DÉVOTEMENT, adv. Avec dévotion. On dit aussi *dévotieusement.*

DÉVOTIEUX, EUSE, adj. Dévot. *Vieux.*

DÉVOTION, n. f. Piété, attachement au culte de Dieu. *Faire ses dévotions,* se confesser et communier.

DÉVOUEMENT ou **DÉVOÛMENT,** n. m. Abandonnement entier aux volontés d'un autre, disposition à le servir en toutes circonstances.

DÉVOUER (SE), v. pr. Se consacrer entièrement à quelqu'un. **Dévoué, ée,** part. pass. Disposé à tout, pour s'acquitter de ses devoirs, pour être agréable.

DÉVOYER, v. tr. Détourner de la voie, du chemin ; donner le dévoîment.

DEXTÉRITÉ, n. f. Adresse des mains. *Fig.* Adresse de l'esprit, habileté.

DEXTRE, n. f. T. de blas. La main droite.

DEXTREMENT, adv. Avec dextérité.

DEY, n. m. Autrefois chef du gouvernement d'Alger.

DIA, Cri des charretiers pour faire aller leurs chevaux à gauche.

DIABÈTE, n. m. Maladie caractérisée par l'excrétion d'une matière ordinairement sucrée.

DIABÉTIQUE, n. Malade attaqué du diabète.

DIABLE, n. m. Démon, esprit malin. *Fig.* et *fam.* dans toutes les expressions suivantes : *diable incarné,* homme très-méchant ; *pauvre diable,* misérable ; *bon diable,* bon garçon ; *faire le diable à quatre,* faire du vacarme ; *avoir le diable au corps,* être très-actif ou fort tourmentant ; *tirer le diable par la queue,* avoir de la peine à vivre ; *envoyer au diable,* rebuter avec colère ; *c'est là le diable,* ce qu'il y a de fâcheux, de difficile ; *loger le diable dans sa bourse,* n'y rien avoir. Interj. Marque l'impatience, la désapprobation, la surprise. Loc. adv. **En diable,** fort, extrêmement ; **au diable,** loin : *au diable les importuns !*

DIABLEMENT, adv. Excessivement. *Fam.*

DIABLERIE, n. f. Sortilége, maléfice.

DIABLESSE, n. f. Femme méchante, acariâtre.

DIABLOTIN, n. m. Petit diable. *Fig.* Enfant vif et espiègle.

DIABOLIQUE, adj. Qui vient du diable ; très-méchant, pernicieux : *invention diabolique ;* difficile : *chemin diabolique.*

DIABOLIQUEMENT, adv. Avec une méchanceté diabolique.

DIACHYLON, n. m. Sorte d'emplâtre qu'on emploie en médecine comme fondant et résolutif.

DIACONAL, E, adj. Qui a rapport au diacre.

DIACONAT, n. m. Office de diacre; le second des ordres sacrés.

DIACONESSE, n. f. Veuve ou fille qui, dans la primitive Église, recevait l'ordre de diacre, et était destinée à certaines fonctions ecclésiastiques.

DIACRE, n. m. Qui est promu au second des ordres sacrés.

DIADÈME, n. m. Bandeau royal; parure de femme, en forme de diadème. *Fig.* La royauté.

DIAGNOSTIC, n. m. Partie de la médecine qui a pour objet de reconnaître les maladies d'après leurs symptômes.

DIAGNOSTIQUE, adj. Se dit des signes qui font connaître la nature des maladies : *signes diagnostiques de la fièvre.*

DIAGONALE, n. f. Se dit de la ligne qui, dans une figure rectiligne, va d'un angle à l'angle opposé.

DIAGONALEMENT, adv. En diagonale.

DIALECTE, n. m. Langage particulier d'une ville, d'une province, dérivé de la langue générale de la nation.

DIALECTICIEN, n. m. Qui sait, enseigne la dialectique; celui qui donne à ses raisonnements une forme méthodique.

DIALECTIQUE, n. f. Art de raisonner méthodiquement et avec justesse.

DIALECTIQUEMENT, adv. En dialecticien.

DIALOGUE, n. m. Conversation entre plusieurs personnes; ouvrage littéraire en forme de conversation.

DIALOGUER, v. tr. et int. Mettre en dialogue; faire parler entre elles plusieurs personnes.

†DIAMANT, n. m. Pierre précieuse, la plus pure, la plus brillante et la plus dure de toutes.

DIAMÉTRAL, E, adj. Ne se dit que de la ligne qui partage une circonférence en deux.

DIAMÉTRALEMENT, adv. D'une extrémité du diamètre à l'autre. *Fig.* Tout-à-fait : *routes diamétralement opposées.*

DIAMÈTRE, n. m. Ligne qui passe par le centre d'un cercle, et se termine de part et d'autre à la circonférence.

DIANE, n. f. Batterie de tambour au point du jour, pour éveiller les soldats; la lune. *Poét.*

DIANTRE, interj. Mot qu'on emploie pour *diable.*

DIAPASON, n. m. Étendue des sons qu'une voix ou un instrument peut parcourir, du plus grave au plus aigu; petit instrument d'acier, à deux branches, qui donne le ton.

DIAPHANE, adj. Transparent, qui donne passage à la lumière : *l'eau est diaphane.*

DIAPHANÉITÉ, n. f. Qualité de ce qui est diaphane.

DIAPHRAGME, n. m. Muscle très-large et fort mince, qui sépare la poitrine de l'abdomen; cloison qui sépare les deux narines. *Bot.* Cloison qui partage en plusieurs loges un fruit capsulaire.

DIAPRÉ, ÉE, adj. Varié de vives couleurs.

DIARRHÉE, n. f. Flux de ventre.

DIATONIQUE, adj. *Mus.* Qui procède par les tons naturels de la gamme: *chant diatonique.*

DIATONIQUEMENT, adv. Suivant l'ordre diatonique.

DIATRIBE, n. f. Toute critique amère et violente; pamphlet, libelle diffamatoire.

DICOTYLÉDONES, n. f. pl. *Bot.* Genre de plantes qui ont deux lobes, c'est-à-dire deux cotylédons, ou feuilles séminales.

DICTAME, n. m. Belle plante vivace, fortement aromatique. *Fig.* Baume, adoucissement, consolation : *les paroles de l'amitié sont un puissant dictame pour les blessures du cœur.*

DICTAMEN, n. m. Inspiration, sentiment intérieur : *le dictamen de la conscience.*

†DICTATEUR, n. m. Magistrat souverain qu'on créait à Rome dans les moments difficiles.

DICTATORIAL, E, adj. Qui a rapport à la dictature: *autorité dictatoriale.*

DICTATURE, n. f. Dignité de dictateur.

DICTÉE, n. f. Ce qu'on dicte.

DICTER, v. tr. Prononcer les mots qu'un autre écrit au fur et à mesure; suggérer à quelqu'un ce qu'il doit répondre. *Fig.* Inspirer : *paroles dictées par la sagesse;* imposer : *dicter des lois.*

DICTION, n. f. Locution.

DICTIONNAIRE, n. m. Recueil par ordre alphabétique des mots d'une langue, avec leur définition.

DICTON, n. m. Mot, sentence passée en proverbe, ex.: *un tiens vaut mieux que deux tu l'auras.*

DIDACTIQUE, adj. Se dit d'un ouvrage où l'auteur se propose d'instruire, comme les traités sur la Rhétorique, la Logique, etc. N. m. Le genre didactique. N. f. L'art d'enseigner.

DIDACTIQUEMENT, adv. D'une manière didactique.

DIÈSE, n. m. *Mus.* Signe qui hausse d'un demi-ton la note qu'il précède.

DIÉSER, v. tr. Marquer d'un dièse.

DIÈTE, n. f. Abstinence entière ou partielle d'aliments, pour cause de maladie; assemblée des États en certains pays, tels que l'Allemagne, la Suisse, etc.

DIÉTÉTIQUE, adj. Qui concerne la diète : *régime diététique.*

† **DIEU**, n. m. Être suprême, créateur et conservateur de l'univers. Se dit aussi des fausses divinités du paganisme, et, dans ce sens, fait au fém. *déesse. Fig.* Personne, chose qu'on affectionne par-dessus tout : *l'argent est son Dieu.* Loc. interj. *Bon Dieu! Mon Dieu! Grand Dieu! Juste Dieu!*

DIFFAMANT, E, adj. Qui diffame : *propos diffamants.*

DIFFAMATEUR, n. m. Qui diffame par ses paroles ou ses écrits.

DIFFAMATION, n. f. Action de diffamer.

DIFFAMATOIRE, adj. Se dit des écrits, des discours qui tendent à diffamer.

DIFFAMER, v. tr. Décrier, chercher à perdre de réputation.

DIFFÉREMMENT, adv. D'une manière différente.

DIFFÉRENCE, n. f. Dissemblance; qualité essentielle qui distingue entre elles les espèces d'un même genre; excès d'une grandeur, d'une quantité sur une autre : *2 est la différence entre 5 et 7.*

DIFFÉRENCIER, v. tr. Établir la différence.

DIFFÉREND, n. m. Débat, contestation; différence entre le prix demandé et le prix offert : *partager le différend.*

DIFFÉRENT, E, adj. Qui diffère. Pl. Divers, plusieurs : *différentes personnes me l'ont assuré.*

DIFFÉRENTIEL, ELLE, adj.*Math.* Quantité *différentielle*; infiniment petite; *calcul différentiel*, calcul des quantités différentielles.

DIFFÉRENTIER, v. tr.*Math.* Différentier *une quantité variable*, en prendre l'accroissement infiniment petit.

DIFFÉRER, v. tr. Retarder, remettre à un autre temps. V. int. Être différent; n'être pas du même avis.

DIFFICILE, adj. Malaisé. *Fig.* Exigeant, peu facile à contenter : *caractère difficile. Temps difficiles*, de calamité; de misère.

DIFFICILEMENT, adv. Avec difficulté, avec peine.

DIFFICULTÉ, n. f. Ce qui rend une chose difficile; empêchement, obstacle : *éprouver des difficultés*; objection : *soulever une difficulté*; différend, contestation : *avoir des difficultés avec quelqu'un.*

DIFFICULTUEUX, EUSE, adj. Qui fait des difficultés sur tout.

DIFFORME, adj. Défiguré, laid.

DIFFORMITÉ, n. f. Défaut dans la forme, dans les proportions.

DIFFRACTION, n. f. Déviation qu'éprouve la lumière, en rasant les bords d'un corps opaque.

DIFFUS, E, adj. Verbeux, prolixe : *style diffus.*

DIFFUSÉMENT, adv. D'une manière diffuse.

DIFFUSION, n. f. Action par laquelle un fluide se répand. *Fig.* Prolixité : *diffusion du discours*; propagation : *diffusion des lumières.*

DIGÉRER, v. tr. Opérer la digestion. *Fig.* Souffrir patiemment : *digérer un affront.*

DIGESTE, n. m. Recueil des décisions des plus fameux jurisconsultes romains, composé par ordre de l'empereur Justinien.

DIGESTIF, IVE, adj. et n. Qui accélère la digestion : *liqueur digestive. Appareil digestif*, ensemble des organes qui concourent à la digestion.

DIGESTION, n. f. Élaboration des aliments dans l'estomac.

DIGITAL, E, adj. *Anat.* Qui a rapport aux doigts : *muscle digital.*

DIGITALE, n. f. Plante herbacée, d'un usage fréquent en médecine.

DIGITIGRADES, n. m. pl. Grande famille de l'ordre des carnassiers, ainsi appelés parce qu'en marchant ils appuient sur le sol l'extrémité de leurs doigts : tels sont les genres *marte, chien, civette, hyène, chat.*

DIGNE, adj. Qui mérite, soit en bien, soit en mal : *digne de récompense, de punition. Un digne homme*, distingué par ses vertus.

DIGNEMENT, adv. D'une manière convenable; selon ce qu'on mérite : *récompenser dignement.*

DIGNITAIRE, n. m. Personnage revêtu d'une dignité, dans l'État ou dans l'Église.

DIGNITÉ, n. f. Fonction éminente, charge considérable; noblesse, gravité dans les manières : *marcher avec dignité.*

DIGRESSION, n. f. Partie d'un discours étrangère au sujet que l'on traite.

DIGUE, n. f. Chaussée pour contenir l'effort des eaux. *Fig.* Obstacle : *opposer des digues aux passions.*

DILAPIDATEUR, TRICE, n. Qui dilapide.

DILAPIDATION, n. f. Action de dilapider.

DILAPIDER, v. tr. Dissiper follement : *dilapider son bien* ; voler les deniers publics : *dilapider les finances.*

DILATABILITÉ, n. f. *Phys.* Propriété qu'ont les corps d'augmenter de volume par l'action du calorique.

DILATABLE, adj. Susceptible de dilatabilité : *l'air est extrêmement dilatable.*

DILATATION, n. f. Action de dilater ou de se dilater.

DILATER, v. tr. Augmenter le volume d'un corps, l'élargir, l'étendre par l'action de la chaleur.

DILATOIRE, adj. *Pal.* Qui tend à prolonger un procès, à retarder le jugement : *moyen dilatoire.*

DILEMME, n. m. Argument qui présente à l'adversaire une alternative telle qu'il est nécessairement confondu, quelle que soit la supposition qu'il choisisse.

DILETTANTE, n. m. Amateur passionné de la musique. Pl. des *dilettanti.*

DILIGEMMENT, adv. Promptement, avec diligence.

DILIGENCE, n. f. Promptitude dans l'exécution ; voiture publique. *Prat. A la diligence de...*, sur la requête, à la demande de...

DILIGENT, E, adj. Prompt, actif, laborieux : *ouvrier diligent, la diligente abeille.*

DILIGENTER, v. tr. Presser : *diligenter une affaire.* **Se diligenter**, v. pr. Se hâter.

DILUVIEN, ENNE, adj. Qui a rapport au déluge. *Pluie diluvienne,* grande pluie.

DIMANCHE, n. m. Premier jour de la semaine.

DÎME, n. f. Dixième partie des récoltes, qu'on payait à l'Eglise ou aux seigneurs.

DIMENSION, n. f. Étendue des corps : *les corps ont trois dimensions.*

DIMINUER, v. tr. Amoindrir. V. int. Devenir moindre.

DIMINUTIF, IVE, n. m. *Gram.* Qui diminue ou adoucit la force du mot dont il est formé : **fillette, femme**lette, sont les *diminutifs* de **fille**, de **femme**. Son opposé est *augmentatif.*

DIMINUTION, n. f. Amoindrissement ; rabais.

DÎNATOIRE, adj. Qui tient lieu de dîner : *déjeuner dînatoire.*

DINDE, n. f. Grosse poule apportée de l'Inde. Ne pas dire *un dinde.*

DINDON, n. m. Coq d'Inde. *Fig.* Homme stupide.

DINDONNEAU, n. m. Petit dindon.

DINDONNIER, ÈRE, n. Gardeur, gardeuse de dindons.

DÎNÉE, n. f. Repas et dépense qu'on fait à dîner en voyageant ; lieu où l'on s'arrête pour dîner en voyage.

DÎNER, v. int. Prendre le repas du milieu de la journée, ou de la fin du jour, selon les habitudes.

DÎNER ou **DÎNÉ**, n. m. Repas fait au milieu ou à la fin du jour.

DÎNETTE, n. f. Petit dîner, mot enfantin.

DIOCÉSAIN, E, n. Qui est du diocèse.

DIOCÈSE, n. m. Certaine étendue de pays sous la juridiction d'un évêque.

DIORAMA, n. m. Spectacle qui consiste en tableaux ou vues peintes sur toiles de grande dimension, dont les effets varient par le jeu mobile de la lumière.

DIPHTHONGUE, n. f. Syllabe composée de deux sons différents et simultanés, ex. : *ui, ieu, ion, ion,* dans *lui, lieu, lien, lion.*

DIPLOMATE, n. m. Celui qui est chargé d'une fonction diplomatique ; versé dans la diplomatie.

DIPLOMATIE, n. f. Science des intérêts, des rapports internationaux.

DIPLOMATIQUE, adj. Qui a rapport à la diplomatie : *corps diplomatique.*

DIPLOMATIQUEMENT, adv. D'une manière diplomatique.

DIPLÔME, n. m. Titre délivré par un corps, une Faculté, etc., pour constater la dignité, le degré conféré au récipiendaire : *diplôme de bachelier, de licencié,* etc.

DIRE, v. tr. Exprimer au moyen de la parole, et, par ext., exprimer par écrit : *ma lettre dit* ; réciter : *dire sa leçon* ; proposer : *dites votre prix* ; ordonner : *je vous dis de vous taire* ; juger, penser : *je ne sais qu'en dire* ; prédire : *dire la bonne aventure* ; célébrer : *dire la messe. Fig.* Le cœur me le dit, j'en ai le pressentiment ; *si le cœur vous en dit,* si vous en avez envie ; *ses yeux ne disent rien,* sont sans expression ; *l'histoire dit,* apprend. **C'est-à-dire,** c'est à-dire que, ce n'est pas à dire que, loc. conj. qui s'emploient pour expliquer en d'autres termes ce qui vient d'être dit. **Se dire**, v. pr. Dire à soi-même; se prétendre : *il se dit sage*. **Dit, dite**, part. pass. Convenu : *c'est une chose dite* ; surnommé : *Jean, dit le Bon.*

DIRE, n. m. Ce qu'une personne dit, avance, déclare : *au dire de chacun.*

DIRECT, E, adj. Droit, sans détour : *voie directe* ; immédiat : *rapport direct. Gram.* Construction *directe*, qui place le sujet, le verbe et les compléments dans l'ordre analytique de la pensée ; complément *direct*, celui qui complète le sens du verbe directement, c'est-à-dire sans le secours d'aucune préposition.

DIRECTEMENT, adv. D'une manière directe; sans intermédiaire.

DIRECTEUR, TRICE, n. Qui est à la tête d'une administration, d'un établissement, d'un théâtre, etc.

DIRECTION, n. f. Ligne de mouvement d'un corps : conduite, administration : *prendre la direction d'une affaire* ; emploi de directeur; tendance à se diriger vers un point déterminé : *direction de l'aiguille aimantée.*

DIRECTOIRE, n. m. Corps des cinq directeurs qui gouvernèrent la France de 1795 à 1798.

DIRECTORIAL, E, adj. Qui concerne le directoire, qui en émane.

DIRIGER, v. tr. Porter d'un certain côté, au prop. et au fig. : *diriger ses pas vers, son attention sur...* ; conduire, mener, au prop. et au fig. : *diriger une barque, une entreprise.*

DIRIMANT (*empêchement*), adj. Qui rend un mariage nul. *Théol.*

DISCERNEMENT, n. m. Faculté de juger sainement des choses.

DISCERNER, v. tr. Distinguer un objet d'un autre; voir distinctement. *Fig. Discerner l'ami du flatteur*, en faire la distinction.

DISCIPLE, n. m. Qui étudie sous un maître; qui suit une doctrine religieuse, morale ou philosophique : *disciple de la foi, de Platon.*

DISCIPLINABLE, adj. Docile, capable d'être discipliné.

DISCIPLINAIRE, adj. Qui a rapport à la discipline : *règlement disciplinaire.*

DISCIPLINE, n. f. Ensemble des lois ou règlements qui régissent certains corps, comme l'Église, l'armée, la magistrature, les écoles; châtiment que l'on inflige ou que l'on s'inflige : *se donner la discipline.*

DISCIPLINER, v. tr. Former à la discipline.

DISCONTINUATION, n. f. Cessation momentanée : *travailler sans discontinuation.*

DISCONTINUER, v. tr. Interrompre momentanément ce qu'on avait commencé. V. int. : *la pluie a discontinué.*

DISCONVENANCE, n. f. Disproportion, inégalité : *disconvenance d'âge.*

DISCONVENIR, v. int. Nier, une chose, n'en pas convenir.

DISCORDANCE, n. f. Caractère de ce qui est discordant : *discordance des sons.*

DISCORDANT, E, adj. Qui n'est pas d'accord. *Fig.* : *caractères discordants.*

DISCORDE, n. f. Dissension, division entre deux ou plusieurs personnes; divinité fabuleuse qui était censée entretenir les dissensions. *Fig. Pomme de discorde*, ce qui est un sujet de dispute, de divisions.

DISCOUREUR, EUSE, n. Grand parleur.

DISCOURIR, v. int. Parler sur un sujet avec quelque étendue.

DISCOURS, n. m. Assemblage de mots, de phrases, pour exprimer sa pensée; ouvrage oratoire, en prose ou en vers; entretien.

DISCOURTOIS, E, adj. Qui n'est pas courtois.

DISCOURTOISIE, n. f. Manque de courtoisie.

DISCRÉDIT, n. m. Diminution, perte de crédit.

DISCRÉDITER, v. tr. Faire tomber en discrédit.

DISCRET, ÈTE, adj. Retenu dans ses paroles et dans ses actions; qui sait garder un secret : *confident discret.*

DISCRÈTEMENT, adv. Avec discrétion.

DISCRÉTION, n. f. Retenue judicieuse dans les paroles, dans les actions. **À discrétion,** loc. adv. À volonté : *manger à discrétion* ; sans conditions : *la garnison se rendit à discrétion.*

DISCRÉTIONNAIRE (*pouvoir*), adj. Faculté laissée à un juge, principalement au président d'une cour d'assises, d'agir en certains cas selon sa volonté particulière.

DISCULPER, v. tr. Justifier quelqu'un d'une faute imputée.

DISCUSSION, n. f. Examen, débat : *discussion d'un projet de loi*; contestation : *discussion au jeu.*

DISCUTER, v. tr. Examiner avec

soin une question, en débattre le pour et le contre.

DISERT, E, adj. Qui parle aisément et avec élégance.

DISERTEMENT, adv. D'une manière diserte.

DISETTE, n. f. Manque de vivres. *Fig.* : *disette de mots, de pensées, de bons livres*, etc.

DISEUR, EUSE, n. Qui dit : *diseur de bons mots*. *Beau diseur*, celui qui affecte de bien parler.

DISGRÂCE, n. f. Perte des bonnes grâces d'une personne puissante. *Fig.* Infortune, malheur.

DISGRACIÉ, ÉE, adj. Qui n'est plus en faveur. *Fig. Disgracié de la nature*, qui a quelque chose de difforme en sa personne.

DISGRACIER, v. tr. Retirer à quelqu'un ses bonnes grâces.

DISGRACIEUSEMENT, adv. D'une manière disgracieuse.

DISGRACIEUX, EUSE, adj. Désagréable; fâcheux.

DISJOINDRE, v. tr. Séparer des choses jointes.

DISJONCTION, n. f. *Jur.* Séparation de deux causes.

DISJONCTIVE (*conjonction*), adj. Qui, tout en unissant les expressions, sépare les idées, comme *ou*, *ni*, *soit* : *le bien ou le mal nous sera rendu*.

DISLOCATION, n. f. Luxation d'un os. *Fig.* Démembrement : *la dislocation d'un État*.

DISLOQUER, v. tr. Démettre, déboîter, en parlant des os qu'on fait sortir de leur place, ou des pièces d'une machine. *Fig. Être tout disloqué*, avoir les membres rompus par la fatigue.

DISPARAÎTRE, v. int. Cesser de paraître : *le soleil a disparu*; ne plus se trouver : *mes gants ont disparu*. *Fig.* Ne plus être, ne plus exister : *les mœurs simples de nos pères ont disparu*.

DISPARATE, n. f. Manque de rapport, de conformité : *ses actions et ses discours forment une étrange disparate*. Adj. Qui manque de suite, d'harmonie : *ornements disparates*.

DISPARITÉ, n. f. Inégalité, différence entre deux choses que l'on compare.

DISPARITION, n. f. Action de disparaître. Ne pas dire *disparution*.

DISPENDIEUX, EUSE, adj. Qui exige, occasionne beaucoup de dépenses.

DISPENSAIRE, n. m. Lieu où l'on donne des consultations, des médicaments aux malades indigents.

DISPENSATEUR, TRICE, n. Qui distribue.

DISPENSATION, n. f. Distribution.

DISPENSE, n. f. Exemption de la règle ordinaire.

DISPENSER, v. tr. Exempter de la règle ordinaire : *dispenser du jeûne*; trouver bon que quelqu'un ne dise pas, ne fasse pas une chose : *je vous dispense de m'accompagner*; distribuer : *dispenser des secours*.

DISPERSER, v. tr. Répandre, jeter çà et là; dissiper, mettre en fuite : *disperser un attroupement*.

DISPERSION, n. f. Action de disperser; effets de cette action : *la dispersion d'une armée*.

DISPONIBILITÉ, n. f. État de ce qui est disponible : *officier en disponibilité*.

DISPONIBLE, adj. Dont on peut disposer.

DISPOS, adj. m. Léger, agile; bien portant.

DISPOSER, v. tr. Arranger, mettre dans un certain ordre; préparer quelqu'un à quelque chose : *disposer à mourir*; préparer une chose pour quelque circonstance : *disposer une chambre*. V. int. Faire ce qu'on veut de quelqu'un ou de quelque chose : *disposer de ses amis, d'un bien*. Se disposer, v. pr. Se préparer, être préparé : *se disposer à partir*.

DISPOSITIF, n. m. Prononcé d'un jugement, d'un arrêt, dégagé de toute la procédure et des motifs qui l'ont fait rendre.

DISPOSITION, n. f. Arrangement, distribution : *la disposition d'un jardin, d'un tableau*. *Rhét.* Arrangement des parties du discours. Pl. Préparatifs : *faire ses dispositions pour partir*; aptitude : *cet enfant a des dispositions*; les points que règle un arrêt, une sentence : *les dispositions de cette loi*. *Fig.* Inclination : *disposition au bien*; sentiments à l'égard de quelqu'un : *son supérieur a de bonnes dispositions pour lui*; dessein, intention que l'on a de faire quelque chose : *être dans la disposition de travailler*.

DISPROPORTION, n. f. Défaut de proportion, de convenance, inégalité : *disproportion d'âge*.

DISPROPORTIONNÉ, ÉE, adj. Qui manque de proportion, de convenance : *mariage disproportionné*.

DISPUTABLE, adj. Qui peut être disputé.

DISPUTE, n. f. Débat, querelle, contestation.

DISPUTER, v. int. Être en débat; rivaliser : *disputer de luxe*. V. tr. Lutter, contester pour obtenir quelque chose : *disputer l'empire, un prix*, etc. *Fig. Disputer le terrain*, se défendre pied à pied.

DISPUTEUR, n. m. Qui aime à disputer, à contredire.

DISQUE, n. m. Sorte de palet que les anciens lançaient dans leurs jeux ; surface apparente du soleil, de la lune.

DISSECTION, n. f. Action de disséquer.

DISSEMBLABLE, adj. Qui n'est point semblable.

DISSEMBLANCE, n. f. Manque de ressemblance.

DISSÉMINATION, n. f. Semis naturel par la chute des graines ; action de disséminer.

DISSÉMINER, v. tr. Répandre çà et là, éparpiller.

DISSENSION, n. f. Discorde causée par l'opposition, la diversité des sentiments, des intérêts.

DISSENTIMENT, n. m. Différence de sentiments, d'opinions.

DISSÉQUER, v. tr. Faire l'anatomie d'un corps organisé, d'une plante, etc.

DISSÉQUEUR, n. m. Qui dissèque.

DISSERTATEUR, n. m. Qui aime à disserter.

DISSERTATION, n. f. Discours dans lequel on traite, on examine quelque question scientifique, quelque œuvre d'art.

DISSERTER, v. int. Faire une dissertation.

DISSIDENCE, n. f. Scission ; différence d'opinions.

DISSIDENT, E, adj. et n. Qui professe une doctrine, une opinion différente de celle du plus grand nombre.

DISSIMULATEUR, **TRICE**, n. Qui dissimule.

DISSIMULATION, n. f. Action de dissimuler, de cacher ses sentiments, ses desseins.

DISSIMULÉ, ÉE, adj. Accoutumé à cacher ses sentiments : *caractère dissimulé*.

DISSIMULER, v. tr. Cacher ses sentiments, ses desseins ; feindre de ne pas voir ou de ne pas ressentir : *dissimuler un affront*.

DISSIPATEUR, **TRICE**, n. Qui dissipe son bien.

DISSIPATION, n. f. Action de dissiper : *la dissipation d'un patrimoine* ; état d'une personne dissipée : *vivre dans la dissipation* ; distraction : *élève qui a de la dissipation*.

DISSIPÉ, ÉE, adj. Plus occupé de ses plaisirs que de ses devoirs.

DISSIPER, v. tr. Faire disparaître : *le soleil dissipe les nuages* ; faire cesser : *le temps dissipe les illusions* ; dépenser : *dissiper son bien, son temps, sa jeunesse*. V. int. Distraire : *la promenade dissipe*.

DISSOLU, E, adj. Sans mœurs, livré à la débauche.

DISSOLUBLE, adj. Qui peut être dissous : *métal dissoluble*.

DISSOLUMENT, adv. D'une manière licencieuse : *vivre dissolument*.

DISSOLUTION, n. f. Décomposition des substances organiques par l'effet de la fermentation. *Fig.* Rupture : *dissolution d'un mariage* ; retrait de pouvoirs : *dissolution d'une assemblée* ; dérèglement : *dissolution des mœurs*.

DISSOLVANT, E, adj. et n. m. Qui a la propriété de dissoudre : *l'eau est un dissolvant*.

DISSONANCE, n. f. *Mus.* Faux accord. *Gram.* Réunion de plusieurs syllabes dures qui sonnent mal à l'oreille, ex. : *à dos d'homme ; dîner d'un dindon*.

DISSONANT, E, adj. *Mus.* Qui n'est pas d'accord.

DISSONER, v. int. Former une dissonance.

DISSOUDRE, v. tr. Pénétrer et diviser les molécules d'un corps solide. *Fig.* Faire disparaître : *dissoudre les humeurs* ; rompre, annuler : *dissoudre un mariage*.

DISSUADER, v. tr. Détourner quelqu'un d'un projet arrêté, d'une résolution prise : *je l'ai dissuadé de partir*.

DISSUASION, n. f. Action de dissuader.

DISSYLLABE, adj. et n. m. Se dit d'un mot qui n'a que deux syllabes.

DISSYLLABIQUE, adj. Qui est de deux syllabes.

DISTANCE, n. f. Espace qui sépare les objets, les lieux, les temps. *Tenir à distance*, empêcher d'approcher.

DISTANCER, v. tr. Dépasser dans la course.

DISTANT, E, adj. Qui est à une certaine distance.

DISTENDRE, v. tr. Causer une tension considérable.

DISTENSION, n. f. Tension violente.

DISTILLATEUR, n. m. Dont la profession est de distiller.

DISTILLATION, n. f. Action de distiller.

DISTILLATOIRE, adj. Qui est

propre à la distillation : *appareil distillatoire.*

DISTILLER, v. tr. Séparer les liquides d'avec les corps fixes ou solides; réduire les liquides en vapeur à l'aide de la chaleur, pour les faire retomber ensuite à l'état liquide par le refroidissement. *Fig.* Verser, répandre : *distiller le venin de la calomnie.*

DISTILLERIE, n. f. Lieu où l'on distille.

DISTINCT, E, adj. Différent; séparé. *Fig.* Clair, net : *termes distincts.*

DISTINCTEMENT, adv. D'une manière distincte.

DISTINCTIF, IVE, adj. Qui distingue : *marques distinctives.*

DISTINCTION, n. f. Action de distinguer; division, séparation : *distinction des pouvoirs*; différence : *distinction entre le bien et le mal*; égards, prérogative, honneur : *recevoir des marques de distinction*: supériorité, mérite : *officier de distinction.*

DISTINGUER, v. tr. Discerner par les sens, par l'opération de l'esprit; diviser, séparer, établir la différence : *distinguer les temps, les lieux, les âges*; caractériser : *la raison distingue l'homme.* **Se distinguer**, v. pr. Se signaler. **Distingué, ée**, part. pas. Remarquable : *écrivain distingué*; élégant : *manières distinguées.*

DISTIQUE, n. m. Deux vers formant un sens complet :

Le menteur n'est plus écouté,
Quand même il dit la vérité.

DISTRACTION, n. f. Inapplication; ce qui amuse, délasse ou distrait l'esprit.

DISTRAIRE, v. tr. Séparer une partie d'un tout; détourner à son profit : *distraire de l'argent, des papiers. Fig.* Détourner l'esprit d'une application.

DISTRAIT, E, adj. et n. Qui apporte peu d'attention à ce qu'il dit ou à ce qu'il fait : *enfant distrait.*

DISTRIBUER, v. tr. Répartir, partager : *distribuer des aumônes*; diviser, disposer d'une certaine manière : *distribuer un appartement. Impr.* V. *Distribution.*

DISTRIBUTEUR, TRICE, n. Qui distribue.

DISTRIBUTIF. IVE, adj. Qui marque distribution : *chacun est distributif, tous est collectif.*

DISTRIBUTION, n. f. Action de distribuer : *distribution de vivres*; disposition, arrangement : *distribution d'un appartement. Impr.* Répartition

des lettres dans leurs petites casses respectives.

DISTRIBUTIVEMENT, adv. *Gram.* Dans le sens distributif.

DISTRICT, n. m. Etendue de juridiction.

DIT, n. m. Mot, maxime : *dits mémorables de Socrate.*

DITHYRAMBE, n. m. Ode en stances irrégulières, qui respire l'enthousiasme poétique.

DITHYRAMBIQUE, adj. Qui appartient au dithyrambe.

DITO, mot inv. *Com.* Susdit, de même.

DIURÉTIQUE, adj. et n. Qui fait uriner : *l'oseille, les asperges sont diurétiques.*

DIURNAL, n. m. Livre de prières qui contient l'office de chaque jour.

DIURNE, adj. Qui s'accomplit dans un jour : *le mouvement diurne de la terre. Bot.* Se dit des plantes qui, comme la *belle-de-jour*, s'épanouissent pendant le jour et se ferment la nuit. N. m. pl. Ordre de papillons qui ne volent qu'au grand jour.

DIVAGATION, n. f. Action de divaguer.

DIVAGUER, v. int. S'éloigner de la question; parler à tort et à travers.

DIVAN, n. m. Canapé sans dossier; ministère de la Porte ottomane; lieu où se réunissent les ministres.

DIVERGENCE, n. f. Situation de deux lignes, de deux rayons qui vont en s'écartant. *Fig.* Différence : *divergence d'opinions.*

DIVERGENT, E, adj. Se dit de lignes qui vont en s'écartant l'une de l'autre. *Fig.* Opposé : *opinions divergentes.*

DIVERGER, v. int. S'écarter l'un de l'autre, en parlant des rayons, des lignes.

DIVERS, E, adj. Différent, dissemblable. Pl. Plusieurs, quelques.

DIVERSEMENT, adv. En diverses manières, différemment.

DIVERSIFIER, v. tr. Varier, changer : *diversifier les mets.*

DIVERSION, n. f. Action par laquelle on détourne.

DIVERSITÉ, n. f. Variété, différence : *diversité de religions.*

DIVERTIR, v. tr. Amuser, récréer.

DIVERTISSANT, E, adj. Qui récrée, divertit.

DIVERTISSEMENT, n. m. Récréation amusante, plaisir honnête. *Théât.* Intermède de danse et de chant dans un opéra.

DIVIDENDE, n. m. Portion d'intérêt ou de bénéfice qui revient à chaque actionnaire, en proportion de sa mise de fonds. *Arith.* Nombre à diviser.

DIVIN, E, adj. Qui est de Dieu, qui lui appartient : *la bonté divine* ; qui lui est dû : *culte divin. Fig.* Excellent, parfait. **Droit divin,** se disant émané de Dieu.

DIVINATION, n. f. Art prétendu de deviner l'avenir.

DIVINATOIRE, adj. Qui a rapport à la divination.

† **DIVINATOIRE** (*baguette*), n. f. Petit bâton de coudrier, de noisetier, etc., au moyen duquel on prétendait découvrir les sources d'eau cachées, les mines, les trésors enfouis, etc.

DIVINEMENT, adv. Par la vertu divine. *Fig.* Parfaitement.

DIVINISER, v. tr. Reconnaître pour divin. *Fig.* Louer outre mesure.

DIVINITÉ, n. f. Essence, nature divine : *la divinité du Verbe* ; Dieu lui-même : *honorer la Divinité.* Pl. Dieux et déesses du paganisme : *les divinités de la Fable.*

DIVISER, v. tr. Séparer par parties. *Arith.* Faire une division. *Fig.* Désunir, semer la discorde.

DIVISEUR, n. m. Nombre par lequel on en divise un autre appelé *dividende.*

DIVISIBILITÉ, n. f. Qualité de ce qui peut être divisé : *la divisibilité de la matière.*

DIVISIBLE, adj. Qui peut être divisé.

DIVISION, n. f. Action de diviser ; partie d'un tout. *Arith.* Opération par laquelle on cherche combien de fois un nombre en contient un autre. *Guerre.* Corps composé d'au moins deux brigades ; partie d'une escadre. *Admin.* Réunion de plusieurs bureaux sous la direction d'un chef appelé *chef de division. Fig.* Désunion, discorde.

DIVISIONNAIRE, adj. De division : *inspecteur divisionnaire.*

DIVORCE, n. m. Rupture légale du mariage. *Fig.* Renoncement volontaire : *faire divorce avec le monde.*

DIVORCER, v. int. Faire divorce.

DIVULGATION, n. f. Action de divulguer ; ses effets.

DIVULGUER, v. tr. Rendre public ce qui était ignoré.

DIX, adj. num. Nombre composé de deux fois cinq. Adj. num. ord. Dixième : *Léon dix.*

DIXIÈME, adj. Nombre ordinal de dix. N. m. La dixième partie.

DIXIÈMEMENT, adv. En dixième lieu.

DIZAIN, n. m. Stance, strophe composée de dix vers ; chapelet composé de dix grains ; dix jeux de cartes dans un paquet.

DIZAINE, n. f. Total composé de dix.

DO, n. m. Note de musique.

DOCILE, adj. Doux, soumis ; propre à recevoir l'instruction.

DOCILEMENT, adv. Avec docilité.

DOCILITÉ, n. f. Disposition naturelle à se laisser diriger.

DOCK, n. m. Vaste magasin d'entrepôt pour le commerce maritime.

DOCTE, adj. Savant.

DOCTEMENT, adv. Savamment.

DOCTEUR, n. m. Qui est promu au plus haut grade d'une faculté ; médecin.

DOCTORAL, E, adj. De docteur : *air doctoral.*

DOCTORAT, n. m. Grade de docteur.

DOCTRINAIRE, n. m. Partisan de théories politiques qui ont la modération pour base.

DOCTRINE, n. f. Ensemble des opinions adoptées par une école, ou des dogmes professés dans une religion.

DOCUMENT, n. m. Titre, preuve par écrit.

DODÉCAÈDRE, n. m. *Géom.* Solide régulier, terminé par douze pentagones égaux.

DODÉCAGONE, n. m. *Géom.* Polygone qui a douze angles et douze côtés.

DODO, n. m. Lit, dans le langage des enfants. *Faire dodo,* dormir.

DODU, E, adj. Gras, potelé.

DOGARESSE, n. f. Femme du doge.

DOGAT, n. m. Dignité de doge.

DOGE, n. m. Chef des anciennes républiques de Gênes et de Venise.

DOGMATIQUE, adj. Qui a rapport au dogme. *Fig.* Sentencieux : *ton dogmatique.*

DOGMATIQUEMENT, adv. D'une manière dogmatique.

DOGMATISER, v. tr. Enseigner une doctrine fausse ou dangereuse, principalement en matière de religion. *Fig.* Parler d'un ton sentencieux et tranchant.

DOGMATISEUR, n. m. Qui prend un ton dogmatique.

DOGMATISTE, n. m. Qui établit des dogmes.

DOGME, n. m. Point de doctrine admis, et qui sert de règle en religion ou en philosophie.

DOGUE, n. m. Chien de garde à grosse tête.

DOGUIN, n. m. Petit dogue.

DOIGT, n. m. Chacune des parties

10.

mobiles qui terminent les mains et les pieds de l'homme. Se dit aussi de quelques animaux : *les doigts du singe. Fig. Montrer quelqu'un au doigt,* s'en moquer publiquement; *mettre le doigt dessus,* deviner, découvrir; *s'en mordre les doigts,* s'en repentir; *être à deux doigts de sa perte,* en être fort proche; *ne faire œuvre de ses dix doigts,* ne rien faire; *savoir sur le bout du doigt,* parfaitement. *Le doigt de Dieu,* manifestation de sa volonté.

DOIGTER, v. int. *Mus.* Poser ses doigts sur un instrument pour en tirer des sons.

DOIGTER ou **DOIGTÉ**, n. m. Manière de doigter.

DOL, n. m. *Pal.* Fraude.

DOLCE, adv. *Mus.* D'une manière douce.

DOLÉANCES, n. f. pl. Plaintes.

DOLEMMENT, adv. D'une manière dolente.

DOLENT, E, adj. Triste, plaintif.

DOLER, v. tr. Aplanir une douve avec la doloire.

DOLLAR, n. m. Monnaie des États-Unis, valant 5 francs 42 centimes.

DOLMAN, n. m. Veste que portent les hussards.

DOLMEN, n. m. Monument druidique, formé d'une grande pierre plate posée sur deux autres pierres dressées verticalement.

DOLOIRE, n. f. Instrument de tonnelier qui sert à unir le bois.

DOMAINE, n. m. Propriété. *Le domaine public,* les biens de l'État. *Fig.* Étendue des objets qu'embrasse un art, une science : *le domaine de la littérature.*

DOMANIAL, E, adj. Qui appartient au domaine de l'État.

DÔME, n. m. Voûte demi-sphérique qui surmonte un édifice.

DOMESTICITÉ, n. f. État de domestique; condition des animaux soumis à l'homme : *la plupart des animaux dégénèrent dans l'état de domesticité.*

DOMESTIQUE, adj. Qui concerne la maison, la famille : *chagrins domestiques;* apprivoisé : *animaux domestiques.* N. Tout serviteur ou servante d'une maison. N. collect. Tous les gens de service d'une maison : *avoir un nombreux domestique.*

DOMESTIQUEMENT, adv. En qualité de domestique.

DOMICILE, n. m. Maison, demeure d'une personne.

DOMICILIAIRE (*visite*), adj. Faite dans le domicile de quelqu'un par autorité de justice.

DOMICILIÉ, ÉE, adj. Qui a son domicile.

DOMINANT, E, adj. Qui domine : *religion dominante.* N. f. *Mus.* Note qui fait la quinte au-dessus de la note tonique.

DOMINATEUR, TRICE, adj. et n. Qui domine.

DOMINATION, n. f. Empire, autorité souveraine. Pl. Un des ordres de la hiérarchie des anges.

DOMINER, v. int. Exercer la domination. *Fig.* Se dit de ce qui est le plus apparent, de ce qui se fait remarquer le plus : *couleur qui domine.* V. tr. Maîtriser : *dominer ses passions;* commander : *le fort domine la ville.*

DOMINICAIN, E, n. Religieux, religieuse de l'ordre fondé par saint Dominique.

DOMINICAL, E, adj. Du Seigneur : *oraison dominicale. Lettre dominicale,* qui marque le dimanche dans les calendriers des livres d'église.

DOMINO, n. m. Costume de bal masqué; personne en domino; jeu. Pl. des dominos.

DOMINOTERIE, n. f. Toutes sortes de papiers marbrés ou coloriés.

DOMINOTIER, n. m. Marchand de dominoterie et d'estampes.

DOMMAGE, n. m. Perte, dégât, préjudice. *Fig. C'est dommage,* c'est fâcheux. Pl. *Jurisp. Dommages-intérêts,* indemnité accordée par le juge à celui qui a éprouvé quelque dommage.

DOMMAGEABLE, adj. Qui cause, qui apporte dommage.

DOMPTABLE, adj. Qui peut être dompté.

DOMPTER, v. tr. Vaincre, subjuguer, maîtriser.

DOMPTEUR, n. m. Qui dompte : *dompteur d'animaux.*

DON, n. m. Toute libéralité à titre gratuit; donation, legs. *Fig.* Aptitude à une chose : *le don de l'éloquence. Les dons de Cérès,* les moissons; *les dons de Flore,* les fleurs; *les dons de Bacchus,* les raisins.

DON, n. m. Titre d'honneur donné aux nobles en Espagne et en Portugal : *don Juan, don Quichotte.* Fém. Dona.

DONATAIRE, n. A qui une donation est faite.

DONATEUR, TRICE, n. Qui fait une donation.

DONATION, n. f. Don fait par acte public; l'acte qui constate le don.

DONC, conj. qui marque conclusion.

DONDON, n. f. Femme ou fille pleine d'embonpoint. *Fam.*

DONJON, n. m. Tour crénelée.

DONNE, n. f. *Jeu.* Action de distribuer les cartes. *Il y a mal donne*, les cartes sont mal distribuées.

DONNÉE, n. f. Aperçu d'une chose. *Math.* Pl. *Données* ou *quantités données*, quantités connues servant à trouver les inconnues d'un problème.

DONNER, v. tr. Faire don : *donner de l'argent* ; causer, procurer : *donner de la peine* ; communiquer : *donner une maladie* ; attribuer : *donner tort* ; manifester : *donner signe de vie* ; employer, consacrer : *donner son temps* ; sacrifier : *donner sa vie* ; indiquer, fixer : *donner une heure* ; garantir : *donner pour bon* ; imposer : *donner des lois* ; livrer : *donner un assaut* ; appliquer : *donner un soufflet, un baiser*. *Donner la vie*, faire grâce ; devenir mère ; *donner la mort*, tuer ; *donner la main à une chose*, y participer ; *donner sa main*, épouser ; *donner la chasse*, poursuivre ; *donner un coup d'épaule*, aider. V. int. Se livrer : *donner dans le luxe* ; combattre : *les troupes n'ont pas donné* ; rapporter abondamment : *les blés ont donné* ; tomber : *donner dans le piège* ; avoir vue : *cette fenêtre donne sur la rue*. *Donner du cor*, jouer de cet instrument ; *ne savoir où donner de la tête*, que faire ; *donner sur les doigts*, punir. Impers. *Il n'est pas donné à tout le monde de...* **Se donner**, v. pr. *Se donner garde*, s'abstenir ; *se donner pour*, se faire passer pour ; *se donner des airs*, en affecter.

DONNEUR, **EUSE**, n. Qui donne.

DONT, pr. relat. des deux genres et des deux nombres, mis pour *de qui, duquel, de quoi*, etc.

DONZELLE, n. f. Fille, femme d'un état médiocre et de mœurs suspectes.

DORADE, n. f. Poisson de mer à écailles dorées.

DORÉ, **ÉE**, adj. Jaune, de couleur d'or : *fruit doré*. *Fig. Jeunesse dorée*, brillante, riche.

DORÉNAVANT, adv. Désormais, à l'avenir.

DORER, v. tr. Recouvrir d'une couche d'or. *Fig. Dorer la pilule*, rendre par de belles paroles un refus moins désagréable.

DOREUR, **EUSE**, adj. Qui travaille en dorure.

DORIQUE, adj. et n. Le deuxième ordre d'architecture, le plus simple et le plus solide de tous.

DORLOTER, v. tr. Traiter délicatement. **Se dorloter**, v. pr. Prendre trop ses aises.

DORMANT, **E**, adj. Qui dort. Ne se dit qu'au figuré : *eau dormante*, qui n'a point de cours.

DORMEUR, **EUSE**, n. Qui aime à dormir.

DORMEUSE, n. f. Voiture de voyage où l'on peut s'étendre et dormir comme dans un lit.

DORMIR, v. int. Reposer dans le sommeil. *Laisser dormir des fonds*, ne pas les faire valoir ; *conte à dormir debout*, très-ennuyeux. N. m. Le sommeil.

DORMITIF, **IVE**, adj. Qui provoque à dormir : *potion dormitive*.

DORSAL, **E**, adj. Qui appartient au dos. Pl. m. : *muscles dorsaux*.

DORTOIR, n. m. Salle commune où sont les lits dans les couvents, les collèges.

DORURE, n. f. Art, action de dorer ; or appliqué.

DOS, n. m. Partie postérieure du tronc ; côté extérieur de la main ; partie postérieure d'un fauteuil, d'un livre, etc. *Fig. Renvoyer dos à dos*, ne donner gain de cause à aucune des parties.

DOS-D'ÂNE, n. m. Ce qui forme talus de chaque côté : *toit en dos-d'âne*.

DOSE, n. f. Chaque partie d'un médicament prise en une fois.

DOSSIER, n. m. Partie d'un siège contre laquelle s'appuie le dos ; papiers en liasse concernant une procédure, un individu, etc.

DOT, n. f. Bien qu'une femme apporte en mariage.

DOTAL, **E**, adj. Qui appartient à la dot. *Régime dotal*, sous lequel les époux conservent, en se mariant, la propriété respective de tous leurs biens.

DOTATION, n. f. Ensemble des revenus assignés à un établissement d'utilité publique, une église, un hôpital, etc.; revenu appliqué aux membres d'une famille souveraine.

DOTER, v. tr. Donner une dot ; assigner un revenu à une communauté. *Fig.* Favoriser, douer : *la nature l'a bien doté*.

DOUAIRE, n. m. Biens assurés à la femme par le mari, en cas qu'elle lui survive.

DOUAIRIÈRE, n. f. Veuve de qualité qui jouit d'un douaire. Adj. : *princesse douairière*.

DOUANE, n. f. Administration chargée de percevoir les droits imposés sur l'entrée et la sortie de certaines marchandises ; siège de cette administration.

DOUANIER, n. m. Commis de la douane.

DOUANIÈRE, adj. f. *Union douanière*, conventions commerciales et réciproques entre deux ou plusieurs Etats, pour l'importation et l'exportation des produits agricoles et industriels.

DOUAR, n. m. Village, tentes des Maures placées autour de leurs troupeaux.

DOUBLAGE, n. m. *Mar.* Revêtement d'un navire en feuilles de cuivre.

DOUBLE, adj. Qui vaut, pèse, contient deux fois la chose; deux choses jointes, unies étroitement : *semelle double. Fig.* Dissimulé, qui a de la duplicité : *âme double. Fleur double*, qui a plus de feuilles, plus de calices, etc.; *double emploi*, somme, article porté deux fois dans un compte; *double sens*, qui a deux significations.

DOUBLÉ, n. m. *Billard.* Action de mettre une bille dans la blouse, après lui avoir fait toucher la bande opposée.

DOUBLEAU, n. m. Solive d'un plancher, plus forte que les autres.

DOUBLE-CROCHE, n. f. *Mus.* Note qui ne vaut que la moitié d'une croche.

DOUBLEMENT, adv. Pour deux raisons, en deux manières.

DOUBLER, v. tr. Porter au double; mettre en double : *doubler du fil*; garnir d'une doublure. *Mar. Doubler un cap*, le franchir; *doubler le pas*, marcher plus vite; *doubler une classe*, la recommencer.

DOUBLET, n. m. Joyau en fer recouvert d'une couche, d'une feuille d'or. *Tric-trac.* Même point amené par chaque dé.

DOUBLEUR, **EUSE**, n. Qui double la soie, la laine, etc., sur le rouet.

DOUBLON, n. m. Monnaie d'or espagnole.

DOUBLURE, n. f. Étoffe dont un vêtement est doublé; acteur médiocre qui remplace le chef d'emploi.

DOUCE-AMÈRE, n. f. Plante médicinale.

DOUCEÂTRE, adj. D'une douceur fade.

DOUCEMENT, adv. D'une manière douce. *Frapper doucement*, faiblement; *parler doucement*, à voix basse; *marcher doucement*, lentement; *se porter tout doucement*, assez bien. Interj. Marque conseil ou réprimande : *doucement, ne vous échauffez pas.*

DOUCEREUX, **EUSE**, adj. Doux sans être agréable. *Fig.* D'une douceur affectée : *air doucereux.*

DOUCET, **ETTE**, adj. Diminutif de *doux.*

DOUCETTE, n. f. Nom vulgaire de la mâche.

DOUCETTEMENT, adv. Tout doucement.

DOUCEUR, n. f. Qualité de ce qui est doux, au pr. et au fig. : *la douceur du sucre, de la voix*; bienveillance : *parler avec douceur.* Pl. Friandises.

DOUCHE, n. f. Colonne de liquide que l'on fait jaillir d'une certaine hauteur sur la tête ou toute autre partie malade, pour la guérir.

DOUCHER, v. tr. Donner la douche.

DOUCINE, n. f. *Archit.* Moulure à deux mouvements contraires; rabot de menuisier servant à faire des moulures.

DOUER, v. tr. Avantager, favoriser.

DOUILLE, n. f. Partie creuse et cylindrique d'un instrument en fer, comme pique, bêche, baïonnette, etc.

DOUILLET, **ETTE**, adj. Doux, mollet : *lit douillet. Fig.* Délicat : *enfant douillet.* N. : *faire le douillet.*

DOUILLETTE, n. f. Robe de soie ouatée.

DOUILLETTEMENT, adv. D'une manière douillette.

DOULEUR, n. f. Mal du corps, de l'esprit ou du cœur.

DOULOUREUSEMENT, adv. Avec douleur.

DOULOUREUX, **EUSE**, adj. Qui cause de la douleur : *mal douloureux*; marque de la douleur : *cri douloureux. Fig.* Pénible : *séparation douloureuse.*

DOUTE, n. m. Incertitude, irrésolution; soupçon : *avoir des doutes sur quelqu'un*; scepticisme : *le doute méthodique de Descartes.* **Sans doute**, loc. adv. Assurément.

DOUTER, v. int. Etre dans le doute; ne pas avoir confiance en. **Se douter**, v. pr. Soupçonner.

DOUTEUSEMENT, adv. Avec doute.

DOUTEUX, **EUSE**, adj. Incertain : *victoire douteuse*; faible : *jour douteux.*

DOUVAIN, n. m. Bois propre à faire des douves.

DOUVE, n. f. Planche de chêne qui sert à la construction des tonneaux. *Bot.* Renoncule vénéneuse des marais.

DOUX, **CE**, adj. D'une saveur agréable; qui manque d'assaisonnement : *potage trop doux*; qui flatte les sens : *vin doux, voix douce*; qui plaît au cœur, à l'esprit : *doux souvenir*; qui indique la bonté : *regard doux*; bon, affable : *caractère doux*; tempéré : *vent doux*; ductile, malléable, non cassant : *métal*

doux : Adv. *Filer doux*, être soumis.
Tout doux. Loc. adv. Doucement. N.
m. : *passer du grave au doux.*

DOUZAINE, n. f. Douze objets de
même espèce.

DOUZE, adj. num. Dix et deux ;
douzième : *Louis douze.*

DOUZIÈME, adj. num. ord. de douze.
N. m. La douzième partie.

DOUZIÈMEMENT, adv. En douzième lieu.

DOYEN, n. m. Le plus ancien d'âge
ou de réception dans une compagnie,
et, par ext., le plus âgé : *je suis votre
doyen.*

DOYENNÉ, n. m. Sorte de poire
fondante.

DRACHME, n. m. Chez les anciens
Grecs, unité de poids et de monnaie,
qui pesait 4 grammes et valait 92 centimes.

DRAGAGE, n. m. Action de draguer
les rivières.

DRAGÉE, n. f. Amande recouverte
de sucre durci ; menu plomb de chasse.

DRAGEON, n. m. Rejeton qui naît
de la racine des arbres.

DRAGEONNER, v. int. Pousser des
drageons.

†DRAGON, n. m. Monstre fabuleux,
créé par l'imagination des anciens ;
soldat de cavalerie, qui combat à pied et à
cheval. *Fig.* Femme vive et acariâtre.
Hist. nat. Petit lézard inoffensif de l'ordre des sauriens. *Astr.* Constellation de
l'hémisphère boréal.

DRAGONNADES, n. f. pl. Persécutions exercées contre les protestants du
midi de la France, à la suite de la révocation de l'édit de Nantes, et auxquelles
on employa surtout des *dragons* (1665).

DRAGONNE, n. f. Ornement en
forme de cordon, qui se met à la poignée
d'une épée, d'un sabre.

DRAGUE, n. f. Pelle recourbée pour
tirer le sable des rivières.

DRAGUER, v. tr. Curer avec la
drague ou le bateau dragueur.

DRAGUEUR, n. m. Celui qui tire
du sable. Adj. *Bateau dragueur*, qui
débarrasse les rivières du sable qui les
obstrue.

DRAIN, n. m. Tranchée souterraine
du drainage.

DRAINAGE, n. m. Action de drainer.

DRAINER, v. tr. Dessécher un sol
humide au moyen de conduits souterrains.

DRAMATIQUE, adj. Se dit des ouvrages faits pour le théâtre, et qui représentent une action tragique ou comique. *Par ext.* Ce qui est intéressant,
émouvant : *situation dramatique.*

DRAMATISTE, adj. et n. Qui écrit
pour le théâtre.

DRAMATURGE, n. Auteur de dra-
mes.

DRAME, n. m. Action théâtrale,
espèce de tragédie en prose, qui, sérieuse par le fond, est souvent comique
par la forme.

DRAP, n. m. Étoffe de laine ; grande
pièce de toile pour le lit. *Drap mortuaire*, étoffe dont on couvre la bière
d'un mort.

DRAPEAU, n. m. Bannière militaire. *Fig.* Être sous les *drapeaux*, au
service ; se *ranger sous le drapeau de
quelqu'un*, embrasser son parti.

DRAPER, v. tr. Disposer d'une certaine façon les plis des vêtements d'une
figure, d'une statue. *Fig.* Railler, censurer quelqu'un : *on l'a drapé d'importance.* **Se draper**, v. pr. Arranger
les plis de son vêtement, de son manteau.

DRAPERIE, n. f. Manufacture de
drap ; métier de drapier ; ornements de
tapisserie. *Peint. et sculpt.* Représentation des étoffes, des vêtements ordinairement flottants.

DRAPIER, n. m. Marchand ou fabricant de drap.

DRÈCHE, n. f. Résidu de l'orge
qu'on emploie pour faire de la bière.

DRESSER, v. tr. Lever, tenir
droit : *dresser la tête* ; monter : *dresser
un lit* ; tendre : *dresser une tente* ; élever : *dresser un autel* ; construire :
dresser un échafaud ; garnir : *dresser
un buffet* ; disposer : *dresser un piège* ;
rédiger : *dresser un acte* ; instruire, former : *dresser un chien.*

DRESSOIR, n. m. Étagère pour
mettre la vaisselle et la faire égoutter.

DRILLE, n. m. Autrefois, soldat.
Bon drille, bon compagnon ; *vieux drille*,
vieux débauché. *Fam.*

DROGMAN, n. m. Interprète officiel
à Constantinople et dans tout le Levant.

DROGUE, n. f. Ingrédients propres
à la teinture, à la chimie, à la pharmacie. *Fig.* Chose fort mauvaise ; jeu de
caserne.

DROGUER, v. tr. Donner beaucoup
de drogues à un malade. V. int. *Fig.*
Attendre longtemps : *il m'a fait droguer. Fam.*

DROGUERIE, n. f. Toute sorte de
drogues ; commerce du droguiste.

DROGUET, n. m. Sorte d'étoffe de
laine, dont la trame est ordinairement
de fil et de coton.

DROGUISTE, adj. et n. m. Qui fait
le commerce de la droguerie.

DROIT, E, adj. Qui n'est pas courbe : *ligne droite* ; perpendiculaire à l'horizon : *mur droit*. Fig. *Cœur droit*, sincère ; *esprit droit*, juste ; *côté droit*, opposé à *gauche*. Adv. Directement : *aller droit au but*. Loc. adv. A **droite**, à main droite ; **à droite et à gauche**, de tous côtés : *courir à droite et à gauche*.

DROIT, n. m. Faculté de faire un acte, de jouir d'une chose, d'en disposer, ou d'exiger quelque chose d'une autre personne ; jurisprudence, législation : *étudier le droit* ; impôt, taxe : *droit d'enregistrement* ; justice : *faire droit*. **Droit divin**, qui vient de Dieu. Pl. Imposition : *les droits d'entrée*. A **bon droit**, loc. adv. Avec raison.

DROITEMENT, adv. D'une manière équitable, judicieuse.

DROITIER, adj. et n. Qui se sert mieux de la main droite. Son opposé est *gaucher*.

DROITURE, n. f. Rectitude de l'esprit, du cœur ; équité. En *droiture*, loc. adv. Directement.

DRÔLE, adj. Plaisant, original, gai, amusant. N. m. Mauvais sujet.

DRÔLEMENT, adv. D'une manière drôle.

DRÔLESSE, n. f. Femme méprisable et effrontée.

DRÔLERIE, n. f. Chose drôle ; bouffonnerie. *Fam.*

DROMADAIRE, n. m. Individu du genre chameau, à une bosse, renommé pour sa vitesse.

DRU, E, adj. Se dit des petits oiseaux qui sont prêts à quitter le nid. Fig. Épais, serré, touffu : *blés fort drus* ; *pluie drue et fine* ; gaillard, vif, gai : *vous êtes bien dru aujourd'hui*. Adv. En grande quantité, serré : *tomber, semer dru*.

† DRUIDE, ESSE, n. Prêtre, prêtresse des Gaulois.

DRUIDIQUE, adj. Qui a rapport aux druides : *monument druidique*.

DRUIDISME, n. m. Religion des druides.

† DRYADE, n. f. Nymphe des bois.

DU, article contracté pour *de le*.

DÛ, n. m. Ce qui est dû à quelqu'un : *réclamer son dû*.

DUALISME, n. m. Se dit de tout système philosophique qui admet deux principes, comme la matière et l'esprit, le corps et l'âme, le principe du bien et le principe du mal, que l'on suppose en lutte perpétuelle l'un avec l'autre.

DUALISTE, n. m. Partisan du dualisme.

DUALITÉ, n. f. Caractère de ce qui est double en soi : *la dualité de l'homme* (l'âme et le corps).

DUBITATIF, IVE, adj. Qui exprime le doute : *conjonction dubitative*, telle que *si*.

DUBITATION, n. f. Fig. de rhét., par laquelle l'orateur feint de douter pour prévenir les objections.

DUC, n. m. Souverain d'un duché.

DUC, n. m. Oiseau du genre chouette et de la famille des nocturnes.

DUCAL, E, adj. De duc : *couronne ducale*.

DUCAT, n. m. Monnaie généralement en or, variant de valeur suivant les pays.

DUCATON, n. m. Ducat d'argent.

DUCHÉ, n. m. Terre, seigneurie à laquelle le titre de duc est attaché.

DUCHESSE, n. f. Femme d'un duc, ou qui possède un duché ; lit de repos à dossier.

DUCTILE, adj. Qui s'étend, s'aplatit sous le marteau : *métal ductile*.

DUCTILITÉ, n. f. Propriété qu'ont certains corps solides de pouvoir être aplatis, étendus et réduits en fils très-minces.

DUÈGNE, n. f. Vieille gouvernante chargée, en Espagne, de veiller sur la conduite d'une jeune personne.

DUEL, n. m. Combat singulier en présence de témoins.

DUELLISTE, n. m. Qui se bat souvent en duel.

DULCIFICATION, n. f. Chim. Action de rendre doux les liquides naturellement âcres et amers.

DULCIFIER, v. n. Tempérer l'acidité de certaines substances par quelque mélange.

DULCINÉE, n. f. Héroïne d'un amour ridicule, par allusion à la dame des pensées de don Quichotte. *Fam.*

DULIE (*culte de*), n. f. Hommage que l'on rend aux anges et aux saints. Son opposé est culte de *latrie*.

DÛMENT, adv. Prat. En due forme : *dûment assigné*.

DUNE, n. f. Amas, monticule de sable que les vents accumulent sur les bords de la mer.

DUNETTE, n. f. Mar. Pont léger élevé, à l'arrière d'un vaisseau, au-dessus du pont supérieur.

DUO, n. m. Morceau de musique pour deux voix ou deux instruments. Pl. des *duos*.

DUODÉCIMAL (*système*), adj. Système de numération arithmétique dont la base est le nombre 12.

DUODI, n. m. Le deuxième jour de la décade dans le calendrier républicain.

DUPE, n. f. Personne qui a été trompée, ou qu'on peut tromper aisément.

DUPER, v. tr. Tromper en faisant accroire une chose fausse.

DUPERIE, n. f. Tromperie, fourberie.

DUPEUR, n. m. Qui dupe.

DUPLICATA, n. m. Double d'un acte, d'une quittance, d'une dépêche, d'un écrit quelconque. Pl. des *duplicata*.

DUPLICATION (*du cube*), n. f. Action de construire un cube dont le volume serait le double d'un autre.

DUPLICITÉ, n. f. Mauvaise foi.

DUR, E, adj. Ferme, solide, difficile à entamer. *Fig. Avoir l'oreille dure*, entendre difficilement; *homme, cœur dur*, inhumain, insensible; *vie dure*, austère; *paroles dures*, sévères, offensantes; *tête dure*, qui comprend avec peine; *temps durs*, pénibles, fâcheux. N. f. *Coucher sur la dure*, sur la terre.

DURABLE, adj. De nature à durer longtemps.

DURANT, prép. Pendant : *durant l'hiver*.

DURCIR, v. tr. Rendre dur. V. int. et **Se durcir**, v. pr. Devenir dur.

DURCISSEMENT, n. m. Action de se durcir; état de ce qui est durci.

DURÉE, n. f. Espace de temps que dure une chose.

DUREMENT, adv. Avec dureté.

DURER, v. int. Continuer d'être; exister longtemps.

DURETÉ, n. f. Qualité de ce qui est dur : *la dureté du marbre*. *Fig.* Défaut de sensibilité : *la dureté du cœur*. Pl. Discours durs, offensants : *dire des duretés*.

DURILLON, n. m. Dureté qui se forme aux pieds et aux mains.

DURIUSCULE, adj. Un peu dur.

DUUMVIR, n. m. Ancien magistrat romain.

DUUMVIRAT, n. m. Dignité, charge du duumvir.

DUVET, n. m. Plume légère qui garnit le dessous du corps des oiseaux; premières plumes des oiseaux nouvellement éclos; premier poil qui vient au menton, aux joues ; espèce de coton qui vient sur certains fruits.

DUVETEUX, EUSE, adj. Qui a beaucoup de duvet.

DYNAMIQUE, n. f. Partie de la mécanique qui s'occupe des corps solides en mouvement.

DYNAMOMÈTRE, n. m. Instrument qui sert à évaluer en poids les forces d'un homme, d'un animal, d'un moteur quelconque.

DYNASTIE, n. f. Suite de souverains issus du même sang.

DYNASTIQUE, adj. Qui concerne la dynastie.

DYSSENTERIE, n. f. Dévoiment sanguinolent avec douleur d'entrailles.

DYSSENTÉRIQUE, Qui appartient à la dyssenterie.

E.

E, n. m. Cinquième lettre de l'alphabet, et la seconde des voyelles.

EAU, n. f. Liquide transparent, insipide, inodore; pluie : *il tombe de l'eau*; liqueur artificielle : *eau de Cologne*; rivière, lac, mer; *promenade sur l'eau*. *Fig.* Sueur : *être tout en eau*; éclat des pierres précieuses : *diamant d'une belle eau*. *Nager entre deux eaux*, ménager deux partis; *coup d'épée dans l'eau*, tentative sans succès. Pl. Eaux minérales : *aller aux eaux*.

EAU-DE-VIE, n. f. Liqueur spiritueuse extraite du vin, du marc, du cidre, du grain, de la pomme de terre, etc. Pl. des *eaux-de-vie*.

EAU-FORTE, n. f. Acide nitrique. Pl. des *eaux-fortes*.

EAU-SECONDE, n. f. Acide nitrique étendu d'eau. Pl. des *eaux-secondes*.

ÉBAHIR (S'), v. pr. S'étonner. *Fam.*

ÉBAHISSEMENT, n. m. Étonnement extrême. *Fam.*

ÉBARBER, v. tr. Enlever, avec de longs ciseaux, l'excédant des feuilles pliées dans un cartonnage, une brochure, etc.

ÉBARBOIR, n. m. Outil pour ébarber.

ÉBATS, n. m. pl. Divertissement : *prendre ses ébats*.

ÉBATTRE (S'), v. pr. Se divertir.

ÉBAUBI, E, adj. Étonné, surpris. *Fam.*

ÉBAUCHE, n. f. Premier jet, esquisse indiquant les principales parties d'un ouvrage de peinture, de sculpture, de littérature, etc.

ÉBAUCHER, v. tr. Faire une ébauche.

ÉBAUCHOIR, n. m. Outil de sculpteur pour ébaucher.

ÉBÈNE, n. f. Bois noir excessivement dur et pesant. *Fig.* Beau noir : *cheveux d'ébène*.

ÉBÉNIER, n. m. Arbre des Indes.

ÉBÉNISTE, n. m. Ouvrier qui fait des meubles.

ÉBÉNISTERIE, n. f. Commerce, art de l'ébéniste.

ÉBLOUIR, v. tr. Frapper les yeux par un éclat trop vif. *Fig.* Surprendre l'esprit par quelque chose de brillant; tromper : *éblouir par des sophismes*.

ÉBLOUISSANT, E, adj. Qui éblouit par son éclat.

ÉBLOUISSEMENT, n. m. Trouble momentané de la vue, causé par l'impression subite d'une trop vive lumière; difficulté de voir, provenant d'une cause interne : *avoir des éblouissements*.

ÉBORGNER, v. tr. Rendre borgne.

ÉBOULEMENT, n. m. Chute de ce qui s'éboule.

ÉBOULER, v. int. et **s'ébouler**, v. pr. Tomber en s'affaissant.

ÉBOURGEONNEMENT, n. m. Action d'ébourgeonner.

ÉBOURGEONNER, v. tr. Oter les bourgeons superflus des arbres.

ÉBOURIFFÉ, ÉE, adj. Dont le vent a mis les cheveux en désordre. *Fig.* Agité, troublé : *avoir l'air tout ébouriffé. Fam.*

ÉBRANCHEMENT, n. m. Action d'ébrancher un arbre.

ÉBRANCHER, v. tr. Dépouiller un arbre d'une partie de ses branches.

ÉBRANLEMENT, n. m. Mouvement causé par une secousse violente.

ÉBRANLER, v. tr. Diminuer la solidité par des secousses. *Fig.* Affaiblir, émouvoir : *ébranler les convictions, les cœurs*. **S'ébranler**, v. pr. Se mettre en mouvement : *l'armée s'ébranle*.

ÉBRÉCHER, v. tr. Faire une brèche : *ébrécher un couteau*, et fig.: *ébrécher sa fortune*.

ÉBRUITER, v. tr. Divulguer : *ébruiter une affaire*.

ÉBULLITION, n. f. Mouvement, état d'un liquide qui bout.

ÉCAILLE, n. f. Plaque osseuse qui recouvre la peau de la plupart des poissons et des reptiles; carapace de la tortue.

ÉCAILLER, v. tr. Enlever, arracher les écailles d'un poisson.

ÉCAILLÈRE, n. f. Qui vend des huitres.

ÉCALE, n. f. Enveloppe de la noix et de certains légumes.

ÉCALER, v. tr. Oter l'écale : *écaler des noix*.

ÉCARLATE, n. f. Couleur d'un rouge vif; étoffe de cette couleur.

ÉCARQUILLEMENT, n. m. Action d'écarquiller. *Fam.*

ÉCARQUILLER, v. tr. Écarter les jambes, ouvrir trop les yeux.

ÉCART, n. m. Action de s'écarter; blessure que se fait un cheval en se portant violemment de côté; cartes écartées à certains jeux. *Fig.* Erreur : *écart de l'imagination*. **A l'écart**, loc. adv. A part.

ÉCARTÉ, ÉE, adj. Détourné, solitaire : *endroit écarté*.

ÉCARTÉ, n. m. Jeu de cartes.

ÉCARTÈLEMENT, n. m. Action d'écarteler.

ÉCARTELER, v. tr. Faire tirer un criminel à quatre chevaux, jusqu'à ce que le corps soit en lambeaux : *Ravaillac fut écartelé*.

ÉCARTEMENT, n. m. Action d'écarter.

ÉCARTER, v. tr. Séparer, éloigner : *écarter les jambes*; disperser : *écarter la foule*. *Fig.* : *écarter les obstacles, les soupçons*. Jeu. Rejeter une ou plusieurs cartes pour en prendre de nouvelles.

ECCE HOMO, n. m. Tableau représentant Jésus-Christ couronné d'épines. Pl. des *ecce-homo*.

ECCHYMOSE, n. f. Tumeur formée par l'infiltration du sang dans l'épaisseur de la peau, ordinairement le résultat d'une contusion.

ECCLÉSIASTE, n. m. Titre d'un des livres de l'Ancien Testament.

ECCLÉSIASTIQUE, adj. Qui concerne l'église, le corps du clergé : *histoire ecclésiastique*. N. m. Un des livres de l'Écriture sainte; prêtre. Dans cette dernière acception, son opposé est *laïque*.

ÉCERVELÉ, ÉE, adj. et n. Sans jugement, étourdi : *tête écervelée*.

ÉCHAFAUD, n. m. Construction en forme de plancher à l'usage des maçons, des peintres; plate-forme en charpente sur laquelle on supplicie les condamnés à mort.

ÉCHAFAUDAGE, n. m. Construction d'échafauds pour bâtir, peindre, etc. *Fig.* Ensemble de faux raisonnements : *un mot renversa tout son échafaudage*.

ÉCHAFAUDER, v. int. Dresser un échafaud pour travailler à un bâtiment.

ÉCHALAS, n. m. Bâton d'un mètre environ, planté en terre pour soutenir la vigne.

ÉCHALIER, n. m. Clôture d'un

ECH

ECH

181

champ faite avec des branches d'arbre.

ÉCHALOTE, n. f. Espèce d'ail.

ÉCHANCRER, v. tr. Tailler en dedans en forme de croissant.

ÉCHANCRURE, n. f. Coupure faite en dedans en forme de demi-cercle : *l'échancrure d'un habit.*

ÉCHANGE. n. m. Troc d'une chose pour une autre ; dans le langage diplomatique, remise mutuelle d'un acte, d'un pouvoir. *Fig.* Réciprocité : *échange de politesses.*

ÉCHANGEABLE, adj. Qui peut être échangé.

ÉCHANGER, v. tr. Faire un échange ; s'envoyer réciproquement : *échanger des coups de canon.*

ÉCHANSON, n. m. Officier qui servait à boire à un prince.

ÉCHANTILLON, n. m. Morceau d'une étoffe, petite quantité d'un produit pour les faire connaître.

ÉCHAPPATOIRE, n. f. Moyen adroit pour se tirer d'embarras : *trouver une échappatoire.*

ÉCHAPPÉE, n. f. Action imprudente d'un jeune homme qui s'écarte du devoir. *Peint. Echappée de lumière,* lumière passant entre deux corps pour en éclairer un autre, qui, sans cela, serait dans l'obscurité.

ÉCHAPPEMENT, n. m. Mécanisme d'horlogerie.

ÉCHAPPER, v. int. S'esquiver, se sauver par adresse ou violence : *échapper de prison ;* se soustraire : *échapper au danger ;* tomber : *échapper de la main. Fig. Echapper à la justice,* n'être pas pris : *la patience m'échappe,* ma patience est à bout ; *le mot m'échappe,* est sorti de ma mémoire ; *ce mot m'est échappé,* je l'ai prononcé sans y prendre garde.

ÉCHARDE, n. f. Petit éclat de bois qui est entré dans la chair.

ÉCHARDONNER, v. tr. Arracher les chardons d'un champ.

ÉCHARPE, n. f. Large bande d'étoffe qui se porte en bandoulière ou en ceinture ; bandage pour soutenir un bras blessé ; ornement que les femmes portent en sautoir.

ÉCHARPER, v. tr. Tailler en pièces.

ÉCHASSES, n. f. pl. Longs bâtons garnis d'un fourchon ou étrier, pour marcher dans les marais.

ÉCHASSIERS, n. pl. Ordre d'oiseaux à jambes fort longues, et à demi aquatiques, tels que le casoar, le héron, etc.

ÉCHAUBOULÉ, ÉE, adj. Qui a des échauboulures.

ÉCHAUBOULURE, n. f. Petite blessure rouge sur la peau.

ÉCHAUDÉ, n. m. Pâtisserie très-légère faite de pâte échaudée.

ÉCHAUDER, v. tr. Laver avec de l'eau bouillante.

ÉCHAUFFAISON, n. f. Indisposition qui se manifeste par une éruption à la peau.

ÉCHAUFFANT, E, adj. Se dit des aliments, des remèdes, et de tout ce qui augmente la chaleur animale : *nourriture échauffante.*

ÉCHAUFFEMENT, n. m. Action d'échauffer ; augmentation excessive de la chaleur animale : *avoir un grand échauffement.*

ÉCHAUFFER, v. tr. Donner de la chaleur, causer un excès de chaleur. *Echauffer la bile à quelqu'un,* le mettre en colère. V. pr. S'exciter, s'animer : *la dispute s'échauffe.*

ÉCHAUFFOURÉE, n. f. Entreprise téméraire, mal concertée ; léger combat.

ÉCHAULER, v. tr. V. *Chauler.*

ÉCHÉANCE, n. f. Terme de payement d'un billet, d'une dette, etc.

† ÉCHEC, n. m. Terme du jeu des échecs : *échec au roi. Echec et mat,* coup par lequel on gagne la partie. *Fig.* Insuccès, non-réussite : *essuyer un échec. Tenir en échec,* dans l'impossibilité d'agir. Pl. Jeu des échecs.

ÉCHELLE, n. f. Machine formée de deux montants de bois unis par des bâtons disposés pour monter et descendre ; ligne divisée en parties égales pour mesurer les distances sur une carte géographique ; pour rapporter, en petit et dans une juste proportion, les plans levés sur le terrain : *échelle de proportion ;* succession des sons de la gamme : *échelle diatonique. Echelle de corde, de soie,* dont les montants sont de corde ou de soie. **† Pl.** *Les Echelles du Levant,* ports de la Méditerranée, sous la domination des Turcs.

ÉCHELON, n. m. Chacun des degrés, des bâtons de l'échelle.

ÉCHELONNER, v. tr. *Art milit.* Ranger des troupes par échelons, c'est-à-dire les disposer sur divers plans, de manière à ce qu'elles puissent se soutenir et se remplacer successivement.

ÉCHENILLAGE, n. m. Action d'écheniller.

ÉCHENILLER, v. tr. Oter les chenilles, détruire leurs nids.

ÉCHENILLOIR, n. m. Instrument pour écheniller.

ÉCHEVEAU, n. m. Petit rouleau de fil, de soie ou de laine.

11

ÉCHEVELÉ, ÉE, adj. Qui a les cheveux épars et en désordre.

ÉCHEVIN, n. m. Magistrat municipal chargé, avant 1789, de rendre la justice dans les villes.

ÉCHINE, n. f. Nom vulgaire de la colonne vertébrale.

ÉCHINER, v. tr. Rompre l'échine. *Fig.* Tuer, assommer. **S'échiner,** v. pr. S'excéder de fatigue.

ÉCHIQUIER, n. m. Table carrée, divisée en 64 cases, pour jouer aux échecs; en Angleterre, tribunal pour l'administration des finances.

† ÉCHO, n. m. Répétition distincte du son réfléchi par un corps dur; lieu où se fait l'écho.

ÉCHOIR, v. int. (n'est guère usité qu'aux temps et aux formes suivantes: *il échoit, ils échoient. Il échéait, ils échéaient. Il échut, ils échurent. Il écherra, ils écherront. Il écherrait, ils écherraient. Qu'il échée, qu'ils échéent. Qu'il échût, qu'ils échussent. Échéant. Échu, e,* et aux troisièmes personnes des temps composés.) Arriver par hasard. Se dit aussi du temps fixe où doit se faire une chose, s'accomplir un engagement: *mon billet échoit demain.*

ÉCHOPPE, n. f. Petite boutique en planches: *échoppe de savetier.*

ÉCHOUEMENT ou **ÉCHOÛMENT,** n. m. Action d'échouer.

ÉCHOUER, v. int. Être poussé contre un écueil, un banc de sable ou un bas-fond. *Fig.* Ne pas réussir.

ÉCLABOUSSEMENT, n. m. Action d'éclabousser.

ÉCLABOUSSER, v. tr. Faire jaillir de la boue sur... *Fig.* L'emporter par le luxe: *éclabousser ses voisins.*

ÉCLABOUSSURE, n. f. Boue qui a rejailli. *Fig.* Mal d'autrui, dont on éprouve quelque chose.

† ÉCLAIR, n. m. Éclat subit et passager de lumière, produit par l'électricité des nuages. *Fig. Passer comme l'éclair,* très-vite.

ÉCLAIRAGE, n. m. Action d'éclairer; ses effets; son prix.

ÉCLAIRCIE, n. f. Endroit clair dans un ciel brumeux; espace dégarni d'arbres dans un bois.

ÉCLAIRCIR, v. tr. Rendre moins épais: *éclaircir une sauce;* rendre moins serré: *éclaircir les rangs. Fig.* Rendre intelligible: *éclaircir une question.*

ÉCLAIRCISSEMENT, n. m. Explication d'une chose obscure: *éclaircissement d'une difficulté.*

ÉCLAIRÉ, ÉE, adj. Qui a beaucoup de connaissances, d'expérience: *esprit fort éclairé.*

ÉCLAIRER, v. tr. Répandre de la clarté. *Fig.* Instruire: *l'expérience nous éclaire.* V. int. Étinceler, jeter une lueur: *les yeux du chat éclairent la nuit.* V. impers. *Il éclaire, il fait des éclairs.*

ÉCLAIREUR, n. m. Soldat qui est envoyé à la découverte.

ÉCLANCHE, n. f. Épaule de mouton séparée du corps de l'animal.

ÉCLAT, n. m. Partie d'un morceau de bois brisé, rompu en long; lueur brillante: *éclat du soleil;* bruit soudain et violent: *éclat de tonnerre. Fig.* Gloire, splendeur: *l'éclat des grandeurs;* rumeur, scandale: *craindre l'éclat. Action d'éclat,* remarquable.

ÉCLATANT, E, adj. Qui a de l'éclat, qui brille. *Fig.* Célèbre, magnifique: *action, victoire éclatante;* qui est public, manifeste: *vengeance éclatante;* qui fait un bruit perçant: *son éclatant.*

ÉCLATER, v. int. Se briser par éclats; faire entendre un bruit violent: *la foudre éclate. Fig.* S'emporter: *éclater en reproches;* se manifester: *la joie éclate dans ses yeux;* montrer son ressentiment: *éclater contre quelqu'un;* briller: *l'or et les diamants éclataient de toutes parts.*

ÉCLECTIQUE, n. m. Partisan de l'éclectisme.

† ÉCLECTISME, n. m. Système philosophique qui consiste à prendre dans chaque système ce qu'il offre de conforme à la raison, pour en former un particulier.

† ÉCLIPSE, n. f. Disparition totale ou partielle d'un astre, par l'effet de l'interposition d'un autre astre entre le premier et l'œil de l'observateur.

ÉCLIPSER, v. tr. Cacher, couvrir. *Fig.* Surpasser, effacer: *la gloire de César éclipsa celle de Pompée.* **S'éclipser,** v. pr. Disparaître furtivement.

ÉCLIPTIQUE, n. m. Ligne que le soleil ne quitte pas; cercle que décrit la terre dans son mouvement annuel, et dans lequel ont lieu les éclipses.

ÉCLISSE, n. f. Petit bâton plat pour maintenir un os fracturé; bois de fente pour faire des seaux; rond d'osier sur lequel on met égoutter le fromage.

ÉCLISSER, v. tr. Mettre des éclisses à un membre fracturé.

ÉCLOPPÉ, ÉE, adj. Boiteux, estropié, qui marche péniblement.

ÉCLORE, v. int. (*Il éclôt, ils éclosent. Il éclora, ils écloront. Il éclorait, ils écloraient. Qu'il éclose, qu'ils éclosent. Éclos, e.* Les troisièmes personnes des temps composés se conjuguant avec *être*.) Sortir de l'œuf; s'ouvrir, en parlant des fleurs. *Fig.* Commencer à paraître; se manifester : *son projet est près d'éclore.*

ÉCLOSION, n. f. Action d'éclore.

ÉCLUSE, n. f. Clôture avec portes mobiles, établie sur un cours d'eau pour retenir ou lâcher les eaux.

ÉCLUSÉE, n. f. Quantité d'eau que peut contenir le bassin d'une écluse.

ÉCLUSIER, n. m. Celui qui gouverne une écluse.

ÉCOBUAGE, n. m. Action d'écobuer.

ÉCOBUER, v. tr. Enlever la couche superficielle d'un terrain, la brûler, et répandre sur le sol le produit de la combustion.

ÉCOLE, n. f. Établissement où l'on enseigne; tous les élèves qui le fréquentent. *Fig.* Secte, doctrine : *l'école de Platon*; manière des grands peintres : *l'école française. Être à bonne école*, avec des gens très-capables; *faire école*, se dit d'un artiste ou d'un écrivain qui trouve beaucoup d'imitateurs.

ÉCOLIER, ÈRE, n. Qui va à l'école. *Fig.* Peu habile, peu expert dans sa profession. *Le chemin des écoliers*, le plus long.

ÉCONDUIRE, v. tr. Congédier avec ménagement, refuser adroitement : *éconduire un solliciteur.*

ÉCONOMAT, n. m. Charge d'économe.

ÉCONOME, n. m. Qui a soin de la dépense d'une maison. Adj. Ménager, qui sait épargner la dépense.

ÉCONOMIE, n. f. Ordre dans la dépense, dans la conduite d'une maison, d'un ménage. Pl. Ce que l'on a épargné : *prendre sur ses économies. Économie politique*, science qui traite de la production et de la consommation des richesses d'un pays. *Fig.* Harmonie des différentes parties d'un corps organisé : *l'économie animale.*

ÉCONOMIQUE, adj. Qui diminue les frais, la dépense : *procédé économique.*

ÉCONOMIQUEMENT, adv. Avec économie.

ÉCONOMISER, v. tr. Épargner, ménager. *Fig.* : *économiser son temps.*

ÉCONOMISTE, n. m. Écrivain qui s'occupe d'économie politique.

ÉCORCE, n. f. Enveloppe des plantes ligneuses, ou de certains fruits, lorsque cette enveloppe est épaisse : *écorce de citron. Fig.* Superficie, apparence : *ne pas juger sur l'écorce.*

ÉCORCER, v. tr. Enlever l'écorce.

ÉCORCHER, v. tr. Dépouiller un animal de sa peau; déchirer : *il m'a tout écorché. Fig.* Produire une impression désagréable : *sa voix m'écorche les oreilles*; faire payer trop cher; *écorcher son hôte*; parler mal : *écorcher le français.*

ÉCORCHEUR, n. m. Qui écorche les bêtes mortes.

ÉCORCHURE, n. f. Enlèvement partiel de la peau.

ÉCORNER, v. tr. Rompre les cornes : *écorner un taureau*; briser les angles : *écorner une table. Fig.* Écorner sa fortune, une propriété, en dissiper, en vendre une partie.

ÉCORNIFLER, v. tr. Chercher à manger aux dépens d'autrui : *écornifler un dîner.*

ÉCORNIFLERIE, n. f. Action d'écornifler.

ÉCORNIFLEUR, EUSE, n. Qui écornifle, parasite. *Fam.*

ÉCORNURE, n. f. Éclat enlevé de l'angle d'une pierre, d'un meuble, etc.

ÉCOSSER, v. tr. Tirer de la cosse : *écosser des pois.*

ÉCOSSEUR, EUSE, n. Qui écosse.

ÉCOT, n. m. Quote-part de chaque convive dans un repas commun.

ÉCOULEMENT, n. m. Mouvement d'un liquide qui s'écoule. *Com.* Placement, vente.

ÉCOULER (S'), v. pr. Couler hors d'un lieu : *le vin s'est écoulé. Fig.* Passer, se dissiper : *le temps, l'argent s'écoule vite.* V. tr. *Com. Écouler des marchandises*, les vendre.

ÉCOURTER, v. tr. Rogner, couper trop court : *écourter les cheveux.*

ÉCOUTE, n. f. Cordage attaché aux coins inférieurs des voiles.

ÉCOUTER, v. tr. Chercher à entendre. *Fig.* Donner audience, prêter l'oreille avec bonté : *écouter un malheureux. Écouter les conseils de quelqu'un*, s'y conformer; *écouter la raison, son cœur, ses passions*, se laisser guider par les inspirations qui en viennent. S'écouter, v. pr. Prendre trop de soin de sa santé.

ÉCOUTES (*être aux*), n. f. pl. Écouter ce qui se dit sans être vu.

ÉCOUTEUR, EUSE, n. Indiscret, qui écoute. *Fam.*

ÉCOUTILLE, n. f. Trappe sur le pont d'un navire, pour descendre et tirer les fardeaux.

ÉCOUVILLON, n. m. Vieux linge attaché à un long bâton pour nettoyer les corps creux, et particulièrement les fours des boulangers; instrument composé d'un bâton à l'une des extrémités duquel se trouve une brosse cylindrique pour nettoyer les canons.

ÉCOUVILLONNER, v. tr. Nettoyer avec l'écouvillon.

ÉCRAN, n. m. Petit meuble d'appartement qui sert à garantir de l'ardeur du feu.

ÉCRASER, v. tr. Aplatir et briser par la compression. *Fig.* Vaincre, anéantir : *écraser l'ennemi* ; ruiner : *écraser le peuple d'impôts.* Ecrasé, ée, part. pas. Trop aplati : *nez ecrasé.*

ÉCRÉMER, v. tr. Oter la crème de dessus le lait.

ÉCREVISSE, n. f. Crustacé qui vit dans l'eau ; signe du zodiaque (juin).

ÉCRIER (S'), v. pr. Faire un grand cri.

ÉCRIN, n. m. Coffret pour serrer des bijoux.

ÉCRIRE, v. tr. Former des lettres ; mander par lettre ; composer : *écrire un ouvrage* ; orthographier : *comment écrivez-vous ce mot? Fig.* Marquer, empreindre : *sa honte est écrite sur son front.* V. impers. *Il est écrit,* il est arrêté, décidé.

ÉCRIT, n. m. Toute chose écrite sur papier ou parchemin ; acte, convention écrite. Pl. Ouvrages d'esprit.

ÉCRITEAU, n. m. Inscription en grosses lettres sur papier ou sur bois, annonçant vente ou location.

ÉCRITOIRE, n. f. Petit meuble qui contient tout ce qu'il faut pour écrire.

† **ÉCRITURE**, n. f. Art de représenter la pensée par des caractères de convention ; caractères écrits : *écriture anglaise.* Sing. et pl. L'Ancien et le Nouveau Testament : *l'Ecriture-sainte, les saintes Ecritures.* Pl. *Com.* Les comptes, la correspondance d'un commerçant : *tenir les écritures.*

ÉCRIVAILLER, v. tr. Ecrire beaucoup et mal. *Fam.*

ÉCRIVAILLEUR, n. m. Auteur fécond, mais sans talent. *Fam.*

ÉCRIVAIN, n. m. Qui écrit pour le public. *Fig.* Auteur.

ÉCRIVASSIER, n. m. Qui écrit beaucoup et mal. *Fam.*

ÉCROU, n. m. Morceau de métal percé en spirale et qui s'adapte à une vis ; article du registre d'entrée des détenus dans une prison.

† **ÉCROUELLES**, n. f. pl. Maladie lymphatique qui se manifeste ordinairement aux glandes du cou, et vulgairement appelée *humeurs froides.*

ÉCROUER, v. tr. Emprisonner.

ÉCROUIR, v. tr. Battre un métal à froid pour le rendre plus dur, plus dense, plus élastique.

ÉCROUISSEMENT, n. m. Action d'écrouir.

ÉCROULEMENT, n. m. Eboulement, en tout ou en partie, d'un mur, d'une montagne.

ÉCROULER (S'), v. pr. Tomber en s'affaissant avec fracas.

ÉCROÛTER, v. tr. Oter la croûte du pain.

ÉCRU, E, adj. Non préparé. *Soie écrue,* qui n'a point été mise à l'eau bouillante ; *fil écru,* qui n'a point été lavé ; *toile écrue,* qui n'a point été blanchie.

ÉCU, n. m. Ancien bouclier oblong ou quadrangulaire ; pièce de monnaie d'or ou d'argent. *Blas.* Figure en forme de bouclier où l'on dessine les armoiries. Pl. Argent : *avoir des écus.*

ÉCUEIL, n. m. Rocher sous-marin à fleur d'eau. *Fig.* Chose dangereuse pour la vertu, l'honneur, la réputation, etc.

ÉCUELLE, n. f. Vase un peu creux, où l'on met les aliments liquides.

ÉCUELLÉE, n. f. Plein une écuelle.

ÉCULER, v. tr. Rabattre, en marchant, le cuir de ses chaussures sur le talon.

ÉCUMANT, E, adj. Qui écume.

ÉCUME, n. f. Mousse blanchâtre qui se forme sur un liquide agité ou échauffé ; bave de quelques animaux échauffés ou en colère ; sueur du cheval. *Fig.* Partie vile et méprisable d'une population : *l'écume de la société.*

ÉCUMER, v. tr. Enlever l'écume. V. int. Se couvrir d'écume : *le vin écume.*

ÉCUMEUR, n. m. Ne s'empl. qu'au fig. : *écumeur de mer,* pirate ; *écumeur de marmite,* parasite. *Fam.*

ÉCUMEUX, EUSE, adj. Couvert d'écume : *bouche écumeuse, flots écumeux.*

ÉCUMOIRE, n. f. Cuiller plate, percée de trous, pour écumer.

ÉCURER, v. tr. Nettoyer les ustensiles de cuisine.

ÉCUREUIL, n. m. Petit quadrupède, de la famille des rongeurs.

ÉCUREUR, EUSE, n. Qui écure.

ÉCURIE, n. f. Lieu destiné à loger les chevaux, les mulets, etc. ; train, équipage d'un grand seigneur.

ÉCUSSON, n. m. Ecu d'armoiries ; plaque de métal, en forme d'écu, sur une serrure ; morceau d'écorce portant un œil ou un bouton pour greffer.

ÉCUSSONNER, v. tr. *Jard.* Greffer en écusson.

ÉCUSSONNOIR, n. m. Petit couteau pour écussonner.

ÉCUYER, n. m. Gentilhomme qui

accompagnait un chevalier; professeur d'équitation.

ÉCUYÈRE, n. f. Femme qui monte à cheval. *Bottes à l'écuyère*, longues bottes dont on se sert pour monter à cheval.

† **ÉDEN**, n. m. Le paradis terrestre.

ÉDENTÉ, ÉE, adj. et n. Qui n'a plus de dents : *vieille édentée*.

ÉDENTER, v. tr. Rompre les dents d'un peigne, d'une scie, etc.

ÉDIFIANT, E, adj. Qui porte à la vertu, à la piété : *lecture édifiante*.

ÉDIFICATION n. f. Action de bâtir. *Fig.* Sentiments de piété, de vertu, qu'on inspire par l'exemple.

ÉDIFICE, n. m. Bâtiment considérable.

ÉDIFIER, v. tr. Construire. *Fig.* Porter à la piété, à la vertu, par l'exemple : *édifier le prochain*.

† **ÉDILE**, n. m. Magistrat romain, chargé de l'inspection et de l'entretien des édifices publics.

ÉDILITÉ, n. f. Charge d'édile. Aujourd'hui, magistrature qui veille, dans les villes, à l'entretien des rues, des édifices, etc.: *l'édilité parisienne*.

ÉDIT, n. m. Loi, ordonnance.

ÉDITER, v. tr. Publier un livre.

ÉDITEUR, n. m. Celui qui publie à ses frais l'ouvrage d'un auteur.

ÉDITION, n. f. Publication d'un livre.

ÉDREDON, n. m. Duvet très-fin que fournit une espèce de canard sauvage appelé *eider* ; couvre-pieds de ce duvet.

ÉDUCATION, n. f. Action de développer les facultés physiques, intellectuelles et morales; connaissance, pratique des usages de la société : *homme sans éducation*; art d'élever certains animaux: *l'éducation des abeilles, des vers à soie*, etc.

ÉDULCORATION, n. f. Action d'édulcorer.

ÉDULCORER, v. tr. Adoucir un médicament insipide par du sucre, du miel, un sirop.

ÉDUQUER, v. tr. Élever, en parlant d'un enfant. *Vieux*.

ÉFAUFILER, v. tr. Tirer les fils d'un tissu.

EFFAÇABLE, adj. Qui peut être effacé.

EFFACER, v. tr. Faire disparaître, par le frottement, l'image, l'empreinte d'une chose; rayer, raturer : *effacer un mot, une ligne*. *Fig.* Faire oublier : *effacer une faute*; surpasser : *effacer la gloire d'un autre*. S'effacer, v. pr. Tourner le corps un peu de côté, dans

un combat singulier, pour donner moins de prise à son adversaire.

EFFARÉ, ÉE, adj. Qui est tout troublé, hors de lui.

EFFAROUCHER, v. tr. Faire fuir.

EFFECTIF, IVE, adj. Qui existe réellement. *Deniers effectifs*, les espèces, par oppos. aux valeurs *fictives*, ou papier. N. m. Nombre réel : *l'effectif de l'armée*.

EFFECTIVEMENT, adv. En effet, réellement.

EFFECTUER, v. tr. Mettre à exécution : *effectuer un projet*.

EFFÉMINÉ, ÉE, adj. Mou, voluptueux.

EFFÉMINER, v. tr. Amollir, rendre faible comme une femme.

EFFENDI, n. m. Titre de dignité chez les Turcs.

EFFERVESCENCE, n. f. Ébullition qui se produit par le mélange de certaines substances. *Fig.* Ardeur, émotion vive et passagère : *l'effervescence des passions*.

EFFERVESCENT, E, adj. Qui est en effervescence.

EFFET, n. m. Résultat d'une cause; impression : *effet d'un discours, de la vue d'un tableau*; exécution : *en venir à l'effet*. *Com.* Billet à ordre. Pl. Meubles, vêtements : *vendre ses effets*. *Effets publics*, rentes sur l'État. En effet, loc. adv. Réellement.

EFFEUILLAISON, n. f. Action d'effeuiller.

EFFEUILLER, v. tr. Ôter les feuilles : *effeuiller un arbre*.

EFFICACE, adj. Qui produit son effet : *remède efficace*.

EFFICACEMENT, adv. D'une manière efficace.

EFFICACITÉ, n. f. Force, vertu de quelque cause, pour produire son effet : *efficacité d'un remède*.

EFFICIENT, E, adj. Qui produit un effet : *le soleil est la cause efficiente de la chaleur*.

EFFIGIE, n. f. Représentation de la figure d'une personne: *pendre quelqu'un en effigie*.

EFFILÉ, ÉE, adj. Mince et allongé: *taille effilée*. N. m. Frange de fil ou de soie.

EFFILER, v. tr. Défaire un tissu fil à fil.

EFFILOQUER, v. tr. Effiler une étoffe de soie pour faire de la ouate.

EFFLANQUÉ, ÉE, adj. Se dit d'un cheval maigre au point d'avoir les flancs creux et décharnés. Se dit aussi des personnes.

EFFLEURER, v. tr. Enlever seulement la superficie : *effleurer la peau.* *Fig.* Toucher légèrement, sans approfondir : *effleurer une question.*

EFFONDRER, v. tr. Remuer, fouiller la terre profondément; rompre, briser : *effondrer un coffre.*

EFFORCER (S'), v. pr. Faire tous ses efforts.

EFFORT, n. m. Action énergique du corps ou de l'esprit; douleur très-vive produite par une tension trop forte des muscles : *se donner un effort.*

EFFRACTION, n. f. Fracture faite dans l'intention de voler.

EFFRAYANT, E, adj. Qui effraye.

EFFRAYER, v. tr. Donner de la frayeur.

EFFRÉNÉ, ÉE, adj. Qui est sans frein, sans retenue : *licence effrénée.*

EFFROI, n. m. Grande frayeur.

EFFRONTÉ, ÉE, adj. et n. Impudent, qui n'a honte de rien.

EFFRONTÉMENT, adv. Avec effronterie : *mentir effrontément.*

EFFRONTERIE, n. f. Impudence.

EFFROYABLE, adj. Qui cause de l'effroi, de l'horreur; d'une laideur repoussante : *visage effroyable.*

EFFROYABLEMENT, adv. D'une manière prodigieuse, excessive.

EFFUSION, n. f. Épanchement : *grande effusion de sang dans un combat. Fig.* Effusion de cœur, vive et sincère démonstration de confiance, d'amitié.

ÉGAL, E, adj. Semblable, le même en nature, en quantité, en qualité; qui ne varie pas : *température égale*; uni, de niveau : *chemin égal*; indifférent : *cela m'est égal.* N. Qui est de même rang : *vivre avec ses égaux.*

ÉGALEMENT, adv. D'une manière égale.

ÉGALER, v. tr. Être égal à : *la recette égale la dépense*; rendre égal : *la mort égale tous les hommes*; mettre sur le même rang : *égaler Racine à Corneille.*

ÉGALISATION, n. f. *Prat.* Action d'égaliser les lots dans un partage.

ÉGALISER, v. tr. Rendre égal : *égaliser les lots*; rendre uni : *égaliser un terrain.*

ÉGALITÉ, n. f. Rapport entre des choses égales : *égalité de deux nombres*; conformité : *égalité d'humeurs.*

ÉGARD, n. m. Attention, marque d'estime, de respect : *témoigner de grands égards à quelqu'un. Avoir égard*, considérer; *à cet égard*, sous ce rapport. **A l'égard de**, loc. prép. Relativement à.

ÉGARÉ, ÉE, adj. Troublé, hagard : *avoir les yeux égarés.*

ÉGAREMENT, n. m. Erreur : *les égarements de la raison*; dérèglement de mœurs : *égarements de la jeunesse.*

ÉGARER, v. tr. Mettre hors du droit chemin; et, fig., hors de la vérité : *égarer les esprits*; perdre pour le moment : *égarer ses gants.*

ÉGAYER, v. tr. Rendre gai, réjouir.

ÉGIDE, n. f. *Myth.* Bouclier de Pallas. *Fig.* Ce qui protège : *il est mon égide.*

ÉGLANTIER, n. m. Rosier sauvage.

ÉGLANTINE, n. f. Fleur de l'églantier.

† ÉGLISE, n. f. Société générale des fidèles; chaque branche du Christianisme : *église romaine, église d'Orient*; édifice où se réunissent les fidèles.

ÉGLOGUE, n. f. Petit poème pastoral.

ÉGOÏSME, n. m. Vice de l'homme qui rapporte tout à soi.

ÉGOÏSTE, adj. et n. Qui a le vice de l'égoïsme.

ÉGORGER, v. tr. Tuer, massacrer.

ÉGORGEUR, n. m. Qui égorge; assassin.

ÉGOSILLER (S'), v. pr. Se faire mal à la gorge à force de crier.

ÉGOUT, n. m. Conduit pour l'écoulement des eaux sales, des immondices d'une ville. *Fig.* Lieu où se retirent les gens de mauvaise vie : *les grandes villes sont les égouts d'un État.*

ÉGOUTTER (*faire, mettre*), v. tr. Se dit du lait caillé, du fromage, de la vaisselle, etc. dont on fait peu à peu écouler l'eau.

ÉGOUTTOIR, n. m. Treillis sur lequel on met égoutter quelque chose.

ÉGRAPPER, v. tr. Détacher de la grappe les grains de raisin.

ÉGRATIGNER, v. tr. Déchirer légèrement la peau avec les ongles, une épingle, etc.

ÉGRATIGNURE, n. f. Légère blessure faite en égratignant.

ÉGRENAGE, n. m. Action d'égrener.

ÉGRENER, v. tr. Faire sortir le grain de l'épi; détacher de la grappe les grains de raisin.

ÉGRILLARD, E, adj. et n. Vif, éveillé, gaillard : *humeur égrillarde.*

ÉGRUGEOIR, n. m. Petit vase de bois dur, dans lequel on réduit le sel en poudre.

ÉGRUGER, v. tr. Mettre en poudre dans l'égrugeoir.

EH ! interj. d'admiration, de surprise : *eh ! qui pouvait s'attendre à cela ?*

ÉHONTÉ, ÉE, adj. et n. Qui est sans honte, sans pudeur.

EIDER, n. m. Espèce de gros canard du nord, qui fournit le duvet à édredon.

ÉLABORATION, n. f. Action d'élaborer, de s'élaborer.

ÉLABORER, v. tr. Préparer un produit par un long travail : *l'estomac élabore les aliments. Fig. Élaborer un projet de loi,* le préparer.

ÉLAGAGE, n. m. Action d'élaguer.

ÉLAGUER, v. tr. Dépouiller un arbre des branches inutiles. *Fig.* Retrancher d'un ouvrage d'esprit les parties superflues.

ÉLAGUEUR, n. m. Qui élague.

ÉLAN, n. m. Mouvement subit avec effort : *les élans du cœur. Fig. : l'élan du génie.*

ÉLAN, n. m. Quadrupède du nord, espèce de cerf.

ÉLANCÉ, ÉE, adj. Mince, svelte, dégagé : *taille élancée.*

ÉLANCEMENT, n. m. Impression de douleur aiguë et passagère : *éprouver des élancements.*

ÉLANCER (S'), v. pr. Se jeter en avant avec impétuosité : *s'élancer sur le rivage.*

ÉLARGIR, v. tr. Rendre plus large ; mettre hors de prison.

ÉLARGISSEMENT, n. m. Augmentation de largeur ; mise en liberté : *élargissement d'un prisonnier.*

ÉLARGISSURE, n. f. Ce qu'on ajoute à un objet pour le rendre plus large.

ÉLASTICITÉ, n. f. Propriété qu'ont certains corps de reprendre leur forme première, quand la force comprimante qui la leur avait fait perdre a cessé d'agir : *élasticité de l'air, d'un ressort.*

ÉLASTIQUE, adj. Qui a de l'élasticité.

ELBEUF, n. m. Nom d'un drap qui se fabrique à Elbeuf.

ÉLECTEUR, n. m. Qui a le droit de concourir à une élection.

ÉLECTIF, IVE, adj. Qui est nommé ou qui se donne par élection : *roi, trône électif.*

ÉLECTION, n. f. Choix fait par la voie des suffrages.

ÉLECTORAL, E, adj. Qui a rapport aux élections : *collège électoral.*

ÉLECTORAT, n. m. Dignité des princes électeurs de l'empire d'Allemagne ; le territoire auquel est attaché ce titre : *l'électorat de Trèves.*

† **ÉLECTRICITÉ,** n. f. Propriété qu'ont certains corps frottés, chauffés, comprimés, ou mis en contact avec d'autres, d'attirer et de repousser les corps légers, de produire des étincelles, de faire éprouver des commotions plus ou moins fortes au système nerveux.

ÉLECTRIQUE, adj. Qui a rapport à l'électricité : *étincelle électrique.*

ÉLECTRISABLE, adj. Qui peut être électrisé.

ÉLECTRISATION, n. f. Action, manière d'électriser.

ÉLECTRISER, v. tr. Développer dans un corps la vertu électrique, ou la lui communiquer. *Fig.* Animer, enthousiasmer : *électriser une assemblée.*

ÉLECTRO-AIMANT, n. m. Fer doux transformé en aimant, au moyen d'un courant électrique.

ÉLECTRO-MAGNÉTISME, n. m. Partie de la physique qui s'occupe des relations qui existent entre l'électricité et le magnétisme.

ÉLECTROMÈTRE, n. m. Instrument qui sert à mesurer la quantité d'électricité dont un corps est chargé.

ÉLECTROPHORE, n. m. Appareil à l'aide duquel on développe de l'électricité.

ÉLÉGAMMENT, adv. Avec élégance.

ÉLÉGANCE, n. f. Agrément, distinction dans les formes, dans les manières ; grâce et noblesse dans la parure ; délicatesse d'expressions dans le langage, et de goût dans les arts.

ÉLÉGANT, E, adj. Qui a de l'élégance. N. m. Recherché dans son ton, ses manières, sa parure.

ÉLÉGIAQUE, adj. Qui appartient à l'élégie : *vers élégiaques.*

ÉLÉGIE, n. f. Petit poème consacré ordinairement au deuil et à la tristesse.

† **ÉLÉMENT,** n. m. Corps simple ou indécomposable, comme l'argent, le cuivre, le fer, l'azote, etc. *Fig. Être dans son élément,* être dans un lieu, une société où l'on se plaît ; se livrer à l'occupation qu'on préfère. Pl. Principes, notions premières d'une chose.

ÉLÉMENTAIRE, adj. Qui constitue l'élément : *corps élémentaire. Livre élémentaire,* qui renferme les éléments d'une science.

ÉLÉPHANT, n. m. Le plus grand, le plus gros et le plus intelligent des quadrupèdes.

ÉLÉVATION, n. f. Exhaussement ; terrain élevé ; moment de la messe où le prêtre élève l'hostie. *Archit.* Représentation d'une façade de bâtiment. *Fig.* Grandeur d'âme, noblesse de sentiments : *avoir de l'élévation dans le caractère. Élévation du style,* sa sublimité ; *élévation de voix,* passage à un ton plus élevé ; *élévation du prix du pain,* augmentation.

ÉLÈVE, n. Qui reçoit les leçons d'un maître.

ÉLEVÉ, ÉE, adj. Haut : *lieu élevé*; noble, sublime : *style élevé.*

ÉLEVER, v. tr. Mettre plus haut; construire : *élever un monument*; porter à un haut rang : *élever aux honneurs*; nourrir : *élever des enfants, des animaux*; donner de l'éducation : *élever un jeune homme avec soin*; hausser : *élever la voix, le ton.*

ÉLEVEUR, n. m. Qui élève des chevaux, des bestiaux, des abeilles, des vers à soie, etc.

ÉLIDER, v. tr. *Gram.* Faire une élision.

ÉLIGIBILITÉ, n. f. Conditions exigées pour être élu.

ÉLIGIBLE, adj. Qui peut être élu.

ÉLIMINATION, n. f. Action d'éliminer.

ÉLIMINER, v. tr. Mettre dehors. *Math.* Enlever : *éliminer une inconnue.*

ÉLIRE, v. tr. Choisir : *élire domicile à*; nommer à une fonction par la voie des suffrages : *élire un pape, un député.*

ÉLISION, n. f. *Gram.* Suppression d'une voyelle finale devant une voyelle initiale ou un *h* muet, comme : *l'âme, qu'il, c'est*, pour *la âme, que il, ce est.*

ÉLITE, n. f. Ce qu'il y a de meilleur : *troupe d'élite.*

ÉLIXIR, n. m. Liqueur spiritueuse.

ELLE, pr. pers. f. de la 3e personne.

ELLÉBORE, n. m. Plante employée en médecine comme purgatif, et qu'autrefois on croyait propre à guérir la folie.

ELLIPSE, n. f. Courbe fermée, que l'on obtient par la section oblique d'un cône droit. *Gram.* Suppression de mots nécessaires pour rendre la construction pleine, comme : *la Saint-Jean*, pour *la fête de saint Jean.*

ELLIPSOÏDE, n. m. Solide engendré par la révolution d'une demi-ellipse autour de l'un de ses axes.

ELLIPTICITÉ, n. f. Forme elliptique.

ELLIPTIQUE, adj. Qui renferme une ellipse : *tour elliptique.*

ELLIPTIQUEMENT, adv. Par ellipse.

ELME (feu Saint-), n. m. Vapeur enflammée qui voltige sur la surface des eaux, à la pointe des mâts, pendant la nuit, surtout après une tempête.

ÉLOCUTION, n. f. Manière dont on s'exprime : *élocution facile*; partie de la rhétorique qui contient les règles du style.

ÉLOGE, n. m. Discours à la louange de quelqu'un; panégyrique.

ÉLOIGNEMENT, n. m. État de ce qui est loin : *l'éloignement d'une ville d'une époque*; action d'éloigner, de s'éloigner. *Fig.* Antipathie : *éloignement pour le travail.*

ÉLOIGNER, v. tr. Envoyer loin; écarter. *Fig.* Rejeter : *éloigner de soi l'idée du mal*; s'aliéner : *éloigner les esprits.*

ÉLOQUEMMENT, adv. Avec éloquence.

ÉLOQUENCE, n. f. Art, talent de bien dire, d'émouvoir, de persuader.

ÉLOQUENT, E, adj. Qui a de l'éloquence; qui impressionne vivement : *larmes éloquentes.*

ÉLU, n. m. Tout homme choisi par l'élection. *Les Élus*, les saints.

ÉLUCIDER, v. tr. Éclaircir : *élucider une question.*

ÉLUCUBRATION, n. f. Ouvrage composé à force de travail.

ÉLUDER, v. tr. Éviter avec adresse : *éluder une question.*

† ÉLYSÉE, n. m. *Myth.* Séjour des héros et des hommes vertueux après leur mort.

† ELZÉVIR, n. m. Livre imprimé par les Elzévir.

ÉMAIL, n. m. Verre opaque ou transparent que l'on applique par la fusion sur la faïence, les métaux, etc.; substance blanche et luisante qui recouvre les dents. *Fig.* Diversité des couleurs, des fleurs : *l'émail d'une prairie.*

ÉMAILLER, v. tr. Appliquer de l'émail sur : *émailler une bague. Fig.* Orner, embellir : *mille fleurs émaillent la prairie.*

ÉMAILLEUR, n. m. Ouvrier qui travaille en émail.

ÉMAILLURE, n. f. Art d'émailler; ouvrage de l'émailleur.

ÉMANATION, n. f. Action d'émaner; ce qui émane : *les odeurs sont des émanations.*

ÉMANCIPATION, n. f. Action d'émanciper; résultat de cette action.

ÉMANCIPER, v. tr. Mettre hors de tutelle, hors de la puissance paternelle. S'émanciper, v. pr. Prendre trop de libertés.

ÉMANER, v. int. Tirer sa source, sortir, découler de : *toute justice émane de Dieu.*

ÉMARGEMENT, n. m. Action d'émarger; ce qui est émargé ou porté en marge. *Feuille d'émargement*, que signe un employé en recevant son traitement.

ÉMARGER, v. tr. Porter en marge ; signer, écrire en marge d'un compte, d'un état, etc.

EMBALLAGE, n. m. Action d'emballer. *Toile d'emballage,* toile grossière qui sert à emballer.

EMBALLER, v. tr. Mettre en balle, en caisse.

EMBALLEUR, n. m. Dont la profession est d'emballer.

EMBARCADÈRE, n. m. Cale ou jetée pour l'embarquement ; lieu de départ d'un chemin de fer. Son corrélatif est *débarcadère.*

EMBARCATION, n. f. Barque qui ne va qu'à la rame ; navire en général.

EMBARGO, n. m. Défense faite aux navires de sortir du port : *mettre l'embargo sur...*, *lever l'embargo.*

EMBARQUEMENT, n. m. Action de s'embarquer ou d'embarquer.

EMBARQUER, v. tr. Mettre dans une barque, dans un navire. *Fig.* Engager : *embarquer quelqu'un*, *s'embarquer dans une méchante affaire.*

EMBARRAS, n. m. Obstacle, encombrement. *Fig.* Grands airs, prétentions : *faire des embarras ;* irrésolution : *être dans un grand embarras ;* pénurie d'argent : *se trouver dans l'embarras ;* trouble, émotion : *excusez son embarras.*

EMBARRASSANT, E, adj. Qui cause de l'embarras : *question embarrassante.*

EMBARRASSÉ, ÉE, adj. Forcé, gêné : *air embarrassé, affaires embarrassées.*

EMBARRASSER, v. tr. Causer de l'embarras, obstruer ; gêner les mouvements : *ce manteau m'embarrasse. Fig.* Mettre en peine : *votre question m'embarrasse.*

EMBAUCHAGE, n. m. Action d'embaucher.

EMBAUCHER, v. tr. Prendre un ouvrier ; enrôler par adresse ; provoquer à la désertion : *embaucher un soldat.*

EMBAUCHEUR, n. m. Qui embauche, engage.

EMBAUCHOIR, n. m. Instrument de bois qu'on introduit dans des bottes pour les élargir, ou en conserver la forme.

EMBAUMEMENT, n. m. Action d'embaumer.

EMBAUMER, v. tr. Remplir un corps mort d'aromates, pour en empêcher la corruption ; parfumer. V. int. : *ces fleurs embaument.*

EMBÉGUINER, v. tr. Coiffer d'un béguin. *Fig.* Infatuer : *on l'a embéguiné de cette idée.*

EMBELLIR, v. tr. Rendre beau ; orner. *Fig. Embellir une histoire,* l'orner aux dépens de la vérité. V. int. Devenir beau.

EMBELLISSEMENT, n. m. Action d'embellir ; ce qui embellit : *les embellissements d'une ville.*

EMBESOGNÉ, ÉE, adj. Occupé à quelque besogne, à quelque affaire. *Fam.*

EMBLAVER, v. tr. Semer une terre en blé.

EMBLÉE (D'), loc. adv. Du premier effort, promptement : *emporter d'emblée une ville, une affaire.*

EMBLÉMATIQUE, adj. Qui tient de l'emblème : *figure emblématique.*

EMBLÈME, n. m. Figure symbolique avec des paroles sentencieuses ; symbole : *le coq est l'emblème de la vigilance ;* attribut : *les emblèmes de la royauté.*

EMBOÎTEMENT, n. m. Position de deux choses qui s'emboîtent.

EMBOÎTER, v. tr. Enchâsser une chose dans une autre. *Art mil. Emboîter le pas,* marcher serrés les uns derrière les autres.

EMBOÎTURE, n. f. Endroit où les choses s'emboîtent.

EMBONPOINT, n. m. Bon état du corps.

EMBOSSAGE, n. m. *Mar.* Action d'embosser un navire ; position d'un navire embossé.

EMBOSSER, v. tr. Fixer un vaisseau de manière à lui faire présenter son travers.

EMBOUCHER, v. tr. Mettre à sa bouche un instrument à vent, afin d'en tirer des sons. *Fig. Emboucher la trompette,* prendre le ton élevé, sublime ; *personne mal embouchée,* qui se sert de mots grossiers.

EMBOUCHOIR, n. m. Bout concave qui s'adapte à un instrument à vent, lorsqu'on veut en tirer des sons.

EMBOUCHURE, n. f. Entrée d'un fleuve dans la mer, d'une rivière dans un fleuve ; partie du mors qui entre dans la bouche du cheval ; manière d'emboucher un instrument à vent ; partie qui s'adapte à cet instrument pour en jouer.

EMBOURBER, v. tr. Mettre dans un bourbier. *Fig.* Engager quelqu'un dans une mauvaise affaire.

EMBRANCHEMENT, n. m. Réunion de chemins qui se croisent ; chemin de fer qui se relie à une ligne prin-

11.

cipale; jonction de plusieurs tuyaux par des nœuds de soudure.

EMBRASEMENT, n. m. Vaste incendie. *Fig.* Troubles, désordre dans un État.

EMBRASER, v. tr. Mettre en feu. *Fig.* Se dit de la guerre ou d'une violente passion du cœur.

EMBRASSADE, n. f. Action de deux personnes qui s'embrassent.

EMBRASSEMENT, n. m. Action d'embrasser, de s'embrasser.

EMBRASSER, v. tr. Serrer avec les bras; donner un baiser. *Fig.* Environner, ceindre : *l'Océan embrasse la terre*; contenir, renfermer : *l'étude de la philosophie embrasse tout*; adopter, choisir : *embrasser un parti*; entreprendre : *qui trop embrasse mal étreint.*

EMBRASURE, n. f. Ouverture d'une porte, d'une fenêtre; ouverture pratiquée dans un mur pour tirer le canon.

EMBRIGADEMENT, n. m. Action d'embrigader.

EMBRIGADER, v. tr. Mettre en brigade.

EMBROCHER, v. tr. Mettre en broche ou à la broche.

EMBROUILLEMENT, n. m. Embarras, confusion.

EMBROUILLER, v. tr. Mettre de la confusion, de l'obscurité. **S'embrouiller**, v. pr. Perdre le fil de ses idées.

EMBRYON, n. m. Fœtus commençant à se former. *Bot.* Plante en germe ou en bouton.

EMBÛCHE, n. f. Démarche secrète pour nuire à quelqu'un. *Fig.* Piège : *tendre des embûches.* ●

EMBUSCADE, n. f. Embûche dressée dans un bois ou dans un lieu couvert, pour surprendre, attaquer l'ennemi. ●

EMBUSQUER, v. tr. **EMBUSQUER (S')**, v. pr. Mettre, se mettre en embuscade.

ÉMERAUDE, n. f. Pierre précieuse d'une belle couleur verte.

ÉMERGENT, E, adj. Qui sort d'un milieu après l'avoir traversé : *rayons émergents.*

ÉMERI, n. m. Pierre ferrugineuse fort dure, qui, réduite en poudre, sert à polir, à user les métaux, le diamant, etc.

ÉMÉRITE, adj. Se dit d'un fonctionnaire en retraite, jouissant des honneurs de son titre : *professeur émérite.*

ÉMERSION, n. f. *Astr.* Réapparition d'un astre un moment éclipsé.

ÉMERVEILLER, v. tr. Étonner, inspirer de l'admiration.

ÉMÉTIQUE, n. m. Toute substance propre à déterminer le vomissement.

ÉMÉTISÉ, ÉE, adj. Mêlé d'émétique : *breuvage émétisé.*

ÉMETTRE, v. tr. Mettre en circulation : *émettre de la fausse monnaie*; exprimer : *émettre un vœu.*

ÉMEUTE, n. f. Mouvement tumultueux et insurrectionnel.

ÉMEUTIER, n. m. Agent de sédition, d'émeute.

ÉMIETTER, v. tr. Réduire en miettes.

ÉMIGRANT, E, n. Qui émigre.

ÉMIGRATION, n. f. Action d'émigrer; passage régulier des oiseaux d'une région dans une autre.

ÉMIGRÉ, ÉE, adj. et n. Qui a émigré.

ÉMIGRER, v. int. Quitter son pays pour aller s'établir dans un autre.

ÉMINCER, v. tr. Couper par tranches minces.

ÉMINEMMENT, adv. Au plus haut point, excellemment.

ÉMINENCE, n. f. Élévation de terrain : *bâtir sur une éminence*; titre des cardinaux.

ÉMINENT, E, adj. Élevé : *lieu éminent*; supérieur : *savoir éminent*; très-grand : *danger éminent*; s'il est proche et inévitable, dites : *danger imminent.*

ÉMINENTISSIME, adj. Très-éminent; titre des cardinaux.

ÉMIR, n. m. Titre donné aux descendants de Mahomet.

ÉMISSAIRE, n. m. Agent chargé d'une mission secrète. *Bouc émissaire*, homme sur lequel on fait retomber les torts des autres.

ÉMISSION, n. f. Action d'émettre, de livrer à la circulation : *émission d'actions dans une entreprise, émission de billets de banque.*

EMMAGASINAGE, n. m. Action d'emmagasiner.

EMMAGASINER, v. tr. Mettre en magasin.

EMMAILLOTTER, v. tr. Mettre en maillot.

EMMANCHER, v. tr. Mettre un manche. **S'emmancher**, v. pr. *Fig.* et *fam.* S'arranger : *l'affaire s'emmanche mal.*

EMMANCHURE, n. f. Ouverture d'un habit, d'une robe, à laquelle on adapte les manches.

EMMÉNAGEMENT, n. m. Action de transporter et de ranger ses meubles dans un nouveau logement.

EMMÉNAGER, v. int. Faire son emménagement.

EMMENER, v. tr. Mener du lieu où l'on est dans un autre.

EMMIELLÉ, ÉE, adj. *Paroles em-miellées,* flatteuses et d'une douceur affectée.

EMMIELLER, v. tr. Enduire, mêler de miel.

ÉMOI, n. m. Émotion, souci, inquiétude. *Vieux.*

ÉMOLLIENT, E, adj. Qui relâche, détend et amollit : *emplâtre émollient.* N. m. *Faire usage d'émollients,* comme l'eau de gomme, le bouillon de veau, etc.

ÉMOLUMENTS, n. m. pl. Traitement attaché à un emploi.

ÉMONDAGE, n. m. Action d'émonder.

ÉMONDER, v. tr. *Jard.* Élaguer, couper les branches qui nuisent aux autres.

ÉMONDEUR, n. m. Qui émonde les arbres.

ÉMOTION, n. f. Attendrissement, trouble.

ÉMOTIONNER, v. tr. Donner, causer de l'émotion.

ÉMOUCHER, v. tr. Chasser les mouches : *émoucher un cheval.*

ÉMOUCHET, n. m. Oiseau de proie.

ÉMOUCHETTE, n. f. Sorte de réseau garni de petites cordes flottantes qui s'agitent aux mouvements du cheval, et éloignent ainsi les mouches.

ÉMOUCHOIR, n. m. Queue de cheval attachée à un manche pour émoucher.

ÉMOUDRE, v. tr. Aiguiser sur une meule.

ÉMOULEUR, n. m. Qui fait profession d'aiguiser sur la meule les instruments tranchants.

ÉMOULU, adj. Ne s'emploie que dans : *jeune-homme frais émoulu du collége,* qui en est sorti tout nouvellement.

ÉMOUSSER, v. tr. Rendre moins tranchant, moins aigu. *Fig.* Affaiblir, abattre : *l'oisiveté émousse le courage.*

ÉMOUSTILLER, v. tr. Exciter à la gaîté. *Fam.*

ÉMOUVANT, E, adj. Qui émeut : *spectacle émouvant.*

ÉMOUVOIR, v. tr. Toucher, exciter : *émouvoir le cœur, les passions, la colère,* etc.

EMPAILLAGE, n. m. Action d'empailler les chaises.

EMPAILLEMENT, n. m. Art de préserver divers animaux de la destruction, en ménageant leurs formes.

EMPAILLER, v. tr. Garnir de paille : *empailler une chaise;* remplacer par de la paille les parties intérieures et char-nues d'un animal pour lui conserver ses formes.

EMPAILLEUR, EUSE, n. Qui empaille.

EMPALEMENT, n. m. Action d'empaler; supplice du pal chez les Turcs.

EMPALER, v. tr. Enfoncer dans le fondement du supplicié un pieu, ou *pal,* qui traverse les entrailles.

EMPAN, n. m. Espace qui se trouve entre les extrémités du pouce et du petit doigt écartés.

EMPANACHER, v. tr. Orner d'un panache : *empanacher un casque.*

EMPAQUETER, v. tr. Mettre en paquet.

EMPARER (S'), v. pr. Se saisir d'une chose, s'en rendre maître, l'occuper. *Fig.* Se dit des passions : *quelle fureur s'empare de vous?*

EMPATEMENT, n. m. Épaisseur de maçonnerie qui sert de pied à un mur.

EMPÂTEMENT, n. m. État de ce qui est empâté ou pâteux : *empâtement de la bouche;* engraissement d'une volaille.

EMPÂTER, v. tr. Remplir de pâte : *cela m'a empâté les mains;* rendre pâteux : *empâter la langue;* engraisser une volaille. *Peint. Empâter un tableau,* y coucher les couleurs avant de les mêler ensemble.

EMPAUMER, v. tr. Recevoir une balle élastique avec la paume de la main, de la raquette, et la renvoyer fortement. *Fig.* Se rendre maître de l'esprit de quelqu'un. *Fam.*

EMPÊCHEMENT, n. m. Obstacle, opposition.

EMPÊCHER, v. tr. Apporter de l'opposition, mettre obstacle : *empêcher un mariage.* **S'empêcher,** v. pr. S'abstenir de : *s'empêcher de rire.*

EMPEIGNE, n. f. Le dessus du soulier.

EMPENNER, v. tr. Garnir de plumes, en parlant des flèches.

EMPEREUR, n. m. Chef, souverain d'un empire.

EMPESAGE, n. m. Action d'empeser.

EMPESÉ, ÉE, adj. Raide, affecté dans ses manières : *avoir l'air empesé;* peu naturel : *style empesé.*

EMPESER, v. tr. Apprêter le linge avec de l'empois.

EMPESEUR, EUSE, n. Qui empèse.

EMPESTER, v. tr. Infecter de la peste. *Fig.* Infecter de mauvaise odeur : *son haleine empeste.*

EMPÊTRER, v. tr. Embarrasser les

pieds. *Fig.* Engager : *empétrer quelqu'un dans une méchante affaire.*

EMPHASE, n. f. Pompe affectée dans le discours ou le ton : *parler avec emphase.*

EMPHATIQUE. adj. Qui a de l'emphase : *discours, ton, geste emphatique.*

EMPHATIQUEMENT, adv. Avec emphase.

EMPIERREMENT, n. m. Lit de pie res dont on couvre les routes.

EMPIERRER, v. tr. Garnir de cailloux une route pour l'affermir.

EMPIÉTEMENT, n. m. Action d'empiéter ; son effet.

EMPIÉTER, v. tr. Usurper sur la propriété d'autrui : *empiéter un terrain.* V. int. : *empiéter sur son voisin.* *Fig.* S'arroger des droits qu'on n'a pas : *empiéter sur quelqu'un.*

EMPIFFRER, v. tr. Bourrer de nourriture ; rendre gras et replet. **S'empiffrer**, v. pr. Trop manger. *Pop.*

EMPILEMENT, n. m. Action d'empiler.

EMPILER, v. tr. Mettre en pile.

EMPIRE, n. m. État gouverné par un empereur ; commandement, puissance, autorité : *exercer un empire despotique sur...* *Fig.* : *l'empire des sens, des passions.* *Le Bas Empire*, l'empire romain à son temps de decadence.

EMPIRER, v. tr. Rendre pire : *n'empirez pas votre état.* V. int. Devenir pire : *son mal empire.*

EMPIRIQUE, adj. Qui s'appuie exclusivement sur l'expérience, sans suivre de méthode. : *médecine empirique.* N. m. Charlatan.

EMPIRISME, n. m. Médecine fondée exclusivement sur l'expérience ; charlatanisme.

EMPLACEMENT, n. m. Lieu, place pour une maison, un jardin, etc.

EMPLÂTRE, n. m. Onguent, topique étendu sur un morceau de linge ou de peau, pour être appliqué sur la partie malade. *Fig.* Personne, incapable d'agir par défaut d'énergie. *Fam.*

EMPLETTE, n. f. Achat de marchandises ; ces marchandises mêmes.

EMPLIR, v. tr. Rendre plein.

EMPLOI, n. m. Usage qu'on fait d'une chose ; manière de l'employer : *emploi d'une somme, d'un mot* ; charge, fonction : *obtenir un emploi* ; occupation : *donner de l'emploi.* *Théât.* Rôles d'un même caractère : *emploi de père noble.*

EMPLOYÉ, n. m. Commis d'une administration.

EMPLOYER, v. tr. Faire usage ; donner de l'occupation. **S'employer.** v. pr. Etre en usage : *ce mot ne s'emploie plus* ; agir pour : *s'employer pour ses amis.*

EMPLUMER, v. tr. Garnir de plumes.

EMPOCHER, v. tr. Mettre en poche.

EMPOIGNER, v. tr. Prendre et serrer avec la main.

EMPOIS, n. m. Colle légère faite avec de l'amidon.

EMPOISONNEMENT, n. m. Action d'empoisonner.

EMPOISONNER, v. tr. Donner du poison pour faire mourir ; infecter de poison : *empoisonner des viandes, des fruits*, etc. *Fig.* Remplir d'amertume : *les soucis empoisonnent la vie* ; corrompre l'esprit, les mœurs : *la flatterie empoisonne le meilleur naturel.* V. int. Sentir mauvais.

EMPOISONNEUR, EUSE, n. Qui empoisonne.

EMPOISSONNEMENT, n. m. Action d'empoissonner.

EMPOISSONNER, v. tr. Peupler de poissons un éta g, une rivière.

EMPORTÉ, ÉE, adj. Violent, irritable, fougueux : *caractère emporté.*

EMPORTEMENT, n. m. Mouvement déréglé, violent, causé par quelque passion.

EMPORTE-PIÈCE, n. m. Instrument propre à découper. Pl. des *emporte-pièce.*

EMPORTER, v. tr. Enlever, ôter d'un lieu : *emporter un blessé* ; enlever de vive force : *emporter une place.* *Fig.* Causer la mort : *une fièvre l'emporta.* *L'emporter*, avoir la supériorité. **S'emporter**, v. pr. Se laisser aller à la colère. Se dit aussi d'un cheval qui n'obéit plus au frein.

EMPOTER, v. tr. Mettre une fleur, un arbuste en pot.

EMPOURPRER, v. tr. Colorer de pourpre ou de rouge. *Poét.* **Empourpré, ée**, part. pas. : *visage empourpré, raisins empourprés.*

EMPREINDRE, v. tr. Imprimer, au physique comme au moral : *pas empreints sur la neige, image empreinte dans le cœur.*

EMPREINTE, n. f. Figure, marque : *l'empreinte d'un cachet.* *Fig.* : *cet ouvrage porte l'empreinte du génie.*

EMPRESSÉ, ÉE, adj. et n. Qui se donne beaucoup de mouvement.

EMPRESSEMENT, n. m. Zèle, ardeur.

EMPRESSER (s'), v. pr. Agir avec ardeur, avec zèle ; se hâter.

EMPRISONNEMENT, n. m. Action de mettre en prison.

EMPRISONNER, v. tr. Mettre en prison.

EMPRUNT, n. m. Action d'emprunter. *Fig. Beauté, vertu d'emprunt*, qui n'est point naturelle.

EMPRUNTÉ, ÉE, adj. Embarrassé, contraint : *air emprunté*; qui n'est pas naturel : *éclat emprunté*; supposé : *nom emprunté*.

EMPRUNTER, v. tr. Obtenir à titre de prêt. *Fig.* Recevoir de : *la lune emprunte sa lumière du soleil*; tirer : *emprunter une pensée à un auteur.*

EMPRUNTEUR, EUSE, n. Qui a l'habitude d'emprunter.

EMPUANTIR, v. tr. Infecter.

EMPUANTISSEMENT, n. m. État d'une chose qui s'empuantit : *l'empuantissement des eaux.*

EMPYRÉE, n. m. Le plus haut des cieux, où l'on suppose qu'habitent les bienheureux.

EMPYREUMATIQUE, adj. Tenant de l'empyreume : *huile empyreumatique.*

EMPYREUME, n. m. *Chim.* Odeur particulière qu'exhalent les produits volatils qu'on obtient en distillant les matières végétales ou animales.

ÉMULATION. n. f. Sentiment qui porte à égaler ou à surpasser quelqu'un en quelque chose.

ÉMULE, adj. et n. Concurrent, rival.

EN, prép. de temps et de lieu : *en un jour, en ville.* Marque la disposition : *en colère;* la manière : *se conduire en bon fils;* la matière : *table en acajou;* l'état : *vigne en fleur;* l'occupation : *être en prières.*

EN, pron. de la 3e pers. renfermant la préposition de, et un nom ou un pronom.

ENCABLURE, n. f. *Mar.* Distance de 120 brasses (environ 200 mètres).

ENCADREMENT, n. m. Action d'encadrer; ce qui encadre.

ENCADRER, v. tr. Mettre dans un cadre.

ENCAGER, v. tr. Mettre en cage. *Fig.* Mettre en prison. *Fam.*

ENCAISSÉ, ÉE, adj. *Rivière encaissée*, dont les bords sont escarpés.

ENCAISSEMENT, n. m. Action d'encaisser de l'argent, des valeurs; état d'une rivière encaissée.

ENCAISSER, v. tr. Mettre en caisse des billets de banque, de l'argent, etc.

ENCAN, n. m. Vente publique à l'enchère.

ENCANAILLER, v. tr. Mêler avec la

canaille. **S'encanailler**, v. pr. Fréquenter la canaille.

ENCAPUCHONNER (s'), v. pr. Se couvrir la tête d'un capuchon.

ENCAQUEMENT, n. m. Action de mettre le hareng en caque.

ENCAQUER, v. tr. Mettre dans une caque : *encaquer des harengs. Fig.* Presser des gens, les entasser dans une voiture. *Fam.*

ENCAQUEUR, EUSE, n. Qui encaque.

ENCAUSTIQUE, n. f. Préparation de cire et d'essence de térébenthine, pour faire briller les meubles, les parquets.

ENCAVEMENT, n. m. Action d'encaver.

ENCAVER, v. tr. Mettre du vin en cave.

ENCAVEUR, n. m. Qui encave.

ENCEINDRE, v. tr. Entourer, enfermer : *enceindre une ville de murailles.*

ENCEINTE, n. f. Circuit, tour; espace circulaire : *l'enceinte d'un tribunal.*

ENCEINTE, adj. f. *Femme enceinte*, femme grosse.

ENCENS, n. m. Espèce de résine aromatique. *Fig.* Louange, flatterie : *donner de l'encens à quelqu'un.*

ENCENSER, v. tr. Agiter l'encensoir devant l'autel, devant quelqu'un. *Fig.* Flatter avec excès.

ENCENSEUR, n. m. Louangeur, flatteur.

ENCENSOIR, n. m. Cassolette dont on se sert dans les églises pour brûler l'encens. *Donner de l'encensoir à quelqu'un*, le flatter excessivement.

ENCÉPHALE, n. m. *Méd.* Ensemble du cerveau et du cervelet.

ENCÉPHALIQUE, adj. Qui a rapport à l'encéphale.

ENCÉPHALITE, n. f. Inflammation de l'encéphale.

ENCHAÎNEMENT, n. m. Réunion de choses qui ont entre elles certains rapports : *l'enchaînement des idées.*

ENCHAÎNER, v. tr. Lier avec une chaîne. *Fig.* Captiver : *enchaîner les cœurs;* coordonner : *bien enchaîner ses idées.*

ENCHAÎNURE, n. f. Suite de corps entrelacés.

ENCHANTÉ, ÉE, adj. Merveilleux : *séjour enchanté;* satisfait, charmé : *enchanté de vous voir. Palais enchanté*, gouverné par une puissance magique.

ENCHANTEMENT, n. m. Action de charmer, d'ensorceler par des opérations et des cérémonies prétendues magiques; chose merveilleuse et surprenante : *cette* *fête était un enchantement. Fig.* Joie très-vive : *être dans l'enchantement.*

ENCHANTER, v. tr. Charmer par des opérations prétendues magiques. *Fig.* Charmer, séduire : *sa grâce m'enchante* ; ravir d'admiration : *cette musique m'enchante.*

ENCHANTEUR, ERESSE, adj. et n. Magicien ; qui charme, séduit : *regard enchanteur* ; doux : *voix enchanteresse.*

ENCHAPERONNER, v. tr. Couvrir d'un chaperon la tête d'un oiseau de proie.

ENCHÂSSER, v. tr. Fixer quelque chose dans un métal, dans du bois, de la pierre, etc. : *enchâsser un diamant.*

ENCHÂSSURE, n. f. Action d'enchâsser.

ENCHAUSSER, v. tr. Couvrir les légumes de paille pour les faire blanchir, les préserver de la gelée : *enchausser des pieds de céleri.*

ENCHÈRE, n. f. Offre d'un prix supérieur à celui offert par un autre pour l'achat d'une chose qui se vend au plus offrant. *Folle enchère*, qui dépasse la valeur réelle de la chose vendue, et à laquelle l'enchérisseur ne peut satisfaire.

ENCHÉRIR, v. tr. Mettre une enchère. V. int. Devenir plus cher : *le vin enchérit. Fig.* Dire, faire plus qu'un autre : *Néron enchérit sur la cruauté de Tibère.*

ENCHÉRISSEMENT, n. m. Hausse de prix : *l'enchérissement du pain.*

ENCHÉRISSEUR, n. m. Qui met une enchère.

ENCHEVÊTRER (S'), v. pr. Se dit d'un cheval qui s'embarrasse dans la longe de son licou. *Fig.* S'engager dans une affaire difficile.

ENCHEVÊTRURE, n. f. Assemblage de solives sur lesquelles repose le foyer d'une cheminée.

ENCHIFRÈNEMENT, n. m. Embarras dans le nez.

ENCHIFRENER, v. tr. Causer un enchifrènement.

ENCHYMOSE, n. f. Effusion soudaine de sang dans les vaisseaux cutanés.

ENCLAVE, n. f. Terrain enfermé dans la propriété d'autrui.

ENCLAVEMENT, n. m. Action, effet d'enclaver.

ENCLAVER, v. tr. Enfermer, enclore une chose dans une autre. Ne se dit guère que d'un morceau de terre, d'un héritage.

ENCLIN, E, adj. Porté naturellement à : *enclin au mal.*

ENCLORE, v. tr. Enfermer de murs, de haies, etc. : *enclore un jardin.*

ENCLOS, n. m. Espace contenu dans une clôture.

ENCLOUAGE, n. m. Action d'enclouer.

ENCLOUER, v. tr. Piquer un cheval jusqu'au vif avec un clou quand on le ferre. *Enclouer un canon*, faire entrer de force, dans la lumière, un gros clou pour l'empêcher de servir.

ENCLOUURE, n. f. Blessure faite au pied d'un cheval en le ferrant.

ENCLUME, n. f. Masse de fer sur laquelle on forge les métaux.

ENCOCHE, n. f. Établi de sabotier pour fixer le sabot ; entaille faite sur le pêne d'une serrure et sur la taille des boulangers.

ENCOFFRER, v. tr. Enfermer dans un coffre.

ENCOIGNURE ou **ENCOGNURE**, n. f. Angle formé par deux murailles ; petit meuble qu'on y place.

ENCOLLAGE, n. m. Action d'encoller ; son résultat.

ENCOLLER, v. tr. Appliquer un apprêt de colle, de gomme, etc. : *encoller une étoffe, un meuble.*

ENCOLURE, n. f. Partie du corps du cheval, qui s'étend depuis la tête jusqu'aux épaules et au poitrail.

ENCOMBRE, n. m. Obstacle, accident : *arriver sans encombre.*

ENCOMBREMENT, n. m. Action d'encombrer ; amas de matériaux, d'objets qui encombrent.

ENCOMBRER, v. tr. Obstruer, embarrasser un passage.

ENCONTRE (A L'), loc. prép. Aller à l'encontre de..., être contraire à.

ENCORE, adv. De nouveau : *je veux encore essayer* ; du moins : *encore s'il voulait* ; jusqu'à présent : *il n'a pas encore été malade.* **Encore que**, loc. conj. Bien que, quoique : *encore qu'il soit jeune.*

ENCORNÉ, ÉE, adj. Qui a des cornes : *bouc haut encorné.*

ENCOURAGEANT, E, adj. Qui encourage.

ENCOURAGEMENT, n. m. Ce qui encourage.

ENCOURAGER, v. tr. Donner du courage ; favoriser : *encourager l'industrie, les arts*, etc.

ENCOURIR, v. tr. Attirer sur soi, en parlant de châtiments, de peines : *encourir une disgrâce.*

ENCRASSER, v. tr. S'encrasser, v. pr. Rendre, devenir crasseux.

ENCRE, n. f. Liqueur le plus ordinairement noire, dont on se sert pour écrire; composition noire et épaisse pour imprimer. *Encre de Chine*, composition sèche et noire dont on se sert pour le lavis.

ENCRER, v. tr. *Impr.* Charger d'encre le rouleau.

ENCRIER, n. m. Petit vase où l'on met l'encre. *Impr.* Table carrée sur laquelle les imprimeurs encrent le rouleau.

ENCROÛTER, v. tr. *Archit.* Enduire un mur de mortier. *Fig.* : *homme encroûté de préjugés*.

ENCYCLIQUE, n. f. Lettre circulaire adressée par le pape aux évêques.

ENCYCLOPÉDIE, n. f. Ouvrage où l'on traite de toutes les sciences et de tous les arts.

ENCYCLOPÉDIQUE, adj. Qui appartient à l'encyclopédie : *dictionnaire encyclopédique*.

ENCYCLOPÉDISTE, n. m. Nom donné aux auteurs de la grande Encyclopédie du XVIIIe siècle.

ENDÉCAGONE, n. m. V. *Hendécagone*.

ENDÉMIQUE, adj. Particulier à un peuple, à une nation. Se dit surtout des maladies, telles que la tarentisme dans le royaume de Naples, la plique en Pologne, le goître dans le Valais, etc.

ENDENTER, v. tr. *Méc.* Mettre des dents à une roue.

ENDETTER, v. tr. Charger de dettes.

ENDÊVER, v. int. Avoir grand dépit. *Faire endêver*, tourmenter. *Fam.*

ENDIABLÉ, ÉE, adj. et n. Très-méchant.

ENDIABLER (faire), v. tr. Tourmenter. *Fam.*

ENDIMANCHER (S'), v. pr. Mettre ses habits du dimanche.

ENDIVE, n. f. Espèce de chicorée.

ENDOCTRINER, v. tr. S'emparer de l'esprit de quelqu'un : *il l'a endoctriné*.

ENDOLORI, E, adj. Qui ressent de la douleur : *membres endoloris*.

ENDOMMAGER, v. tr. Causer du dommage.

ENDORMEUR, EUSE, n. Qui flatte, qui cajole.

ENDORMIR, v. tr. Faire dormir. *Fig.* Bercer de vaines espérances ; ennuyer : *ses discours m'endorment* ; amuser pour tromper : *endormir la vigilance* ; calmer : *endormir la douleur*. S'endormir, v. pr. Manquer de vigilance.

ENDOS ou **ENDOSSEMENT**, n. m. Signature au dos d'un billet à ordre ou d'une lettre de change, pour en transmettre la valeur à une autre personne.

ENDOSSEMENT. V. *Endos*.

ENDOSSER, v. tr. Se couvrir le dos de : *endosser le harnais, la cuirasse*. *Endosser un billet*, mettre sa signature au dos.

ENDOSSEUR, n. m. Qui a endossé une lettre de change, un billet.

ENDROIT, n. m. Lieu, place ; passage d'un discours, d'un livre ; le beau côté d'une étoffe.

ENDUIRE, v. tr. Couvrir d'un enduit.

ENDUIT, n. m. Substance molle et liquide, propre à être étendue sur la surface d'un corps.

ENDURANT, E, adj. Qui souffre patiemment les injures.

ENDURCIR, v. tr. Rendre dur. *Fig.* Rendre insensible, impitoyable : *l'avarice endurcit le cœur*. S'endurcir, v. pr. Devenir insensible ; s'accoutumer : *s'endurcir au froid, au travail*.

ENDURCISSEMENT, n. m. État d'une âme endurcie.

ENDURER, v. tr. Souffrir, supporter avec fermeté.

ÉNERGIE, n. f. Vertu, efficacité : *énergie d'un remède*. *Fig.* Force, fermeté : *énergie de l'âme*.

ÉNERGIQUE, adj. Qui a de l'énergie.

ÉNERGIQUEMENT, adv. Avec énergie.

ÉNERGUMÈNE, n. Possédé du démon. *Fig.* Homme exalté qui exprime ses passions par des gestes et des discours violents : *crier, se démener comme un énergumène*.

ÉNERVER, v. tr. Affaiblir, amollir.

ENFAÎTEAU, n. m. Tuile creuse pour couvrir le faîte d'un toit.

ENFAÎTEMENT, n. m. Table de plomb sur le faîte d'un toit.

ENFAÎTER, v. tr. Couvrir le faîte d'un toit avec de la tuile, du plomb, etc.

ENFANCE, n. f. Période de la vie de l'homme depuis la naissance jusqu'à la 12e année ou environ ; les enfants. *Fig.* Imbécillité : *tomber en enfance* ; commencement : *l'enfance du monde*.

ENFANT, n. Garçon, fille dans l'enfance. *Fig.* Fils ou fille, quel que soit l'âge : *cet homme a quatre enfants* ; descendant : *enfants d'Adam*. Se dit des choses : *les arts, enfants de l'industrie. Enfants d'Apollon*, les poètes ; *enfants de Mars*, les guerriers ; *c'est un bon enfant*, un homme de bon caractère ; *faire l'enfant*, s'amuser à des choses puériles ; *enfant de chœur*, qui chante à l'église.

ENFANTEMENT, n. m. Action d'enfanter.

ENFANTER, v. tr. Donner le jour à un enfant. *Fig.* Produire : *enfanter un projet.*

ENFANTILLAGE, n. m. Paroles, actions qui sont d'un enfant.

ENFANTIN, E, adj. Qui a le caractère de l'enfance.

ENFARINER, v. tr. Poudrer de farine. Enfariné, ée, part. pas. Imbu : *enfariné d'une opinion.*

ENFER, n. m. Lieu destiné au supplice des damnés. *Fig.* Lieu où l'on a beaucoup à souffrir : *cette maison est un enfer. Feu d'enfer*, très-violent; *jouer un jeu d'enfer*, très-gros jeu. Pl. *Myth. Les Enfers*, séjour des âmes après la mort.

ENFERMER, v. tr. Mettre en un lieu d'où il est impossible de sortir; serrer : *enfermer des papiers.*

ENFERRER, v. tr. Percer avec une épée. S'enferrer, v. pr. Se jeter de soi-même sur l'épée de son adversaire. *S'enferrer l'un l'autre*, se dit de deux adversaires qui se percent réciproquement. *Fig.* Se prendre à ses propres mensonges.

ENFILADE, n. f. Suite de chambres, de portes, etc., disposées sur une même ligne. *Mar.* Action de tirer des coups de canon contre un bâtiment, dans le sens de sa longueur.

ENFILER, v. tr. Passer un fil dans le trou d'une aiguille, d'une perle, etc. *Fig. Enfiler un chemin*, s'y engager. *Artill.* Battre en ligne droite : *enfiler une tranchée.*

ENFIN, adv. Bref, en un mot. Marque aussi l'attente : *enfin vous voilà arrivé.*

ENFLAMMER, v. tr. Mettre en feu. *Fig.* Echauffer, exciter : *guerrier que la colère enflamme.* Enflammé, ée, part. pas. Plein de feu : *yeux enflammés.*

ENFLER, v. tr. Gonfler en remplissant d'air, de gaz, etc. : *enfler un ballon*; augmenter : *les pluies ont enflé la rivière. Fig.* Exagérer : *enfler un récit.* V. int. et pr. Augmenter de volume, se gonfler : *sa jambe enfle, la voile s'enfle.* Enflé, ée, part. pas. Vain, fier : *enflé de ses succès. Etre enflé d'orgueil*, en être rempli; *style enflé*, ampoulé.

ENFLURE, n. f. Tumeur, bouffissure. *Fig. Enflure du style*, vice du style enflé.

ENFONCEMENT, n. m. Action d'enfoncer : *l'enfoncement d'une porte, d'un clou*; partie d'une façade formant ar-

rière-corps; partie la plus reculée d'un tableau, d'une vallée.

ENFONCER, v. tr. Pousser, mettre au fond, faire pénétrer bien avant : *enfoncer un clou dans la muraille*; briser, en poussant, en pesant : *enfoncer une porte.* V. int. Aller au fond : *le navire enfonce.*

ENFONCEUR, n. m. Ne s'emploie que dans cette locution : *un enfonceur de portes ouvertes*, un fanfaron, un faux brave.

ENFONÇURE, n. f. Creux, cavité.

ENFOUIR, v. tr. Cacher en terre.

ENFOUISSEMENT, n. m. Action d'enfouir.

ENFOURCHER, v. tr. Monter à cheval, jambe deçà, jambe delà. *Fam.*

ENFOURCHURE, n. f. Angle entre les cuisses; point où un arbre se bifurque.

ENFOURNER, v. tr. Mettre dans le four.

ENFREINDRE, v. tr. Transgresser, violer : *enfreindre la règle.*

ENFUIR (S'), v. pr. Fuir de quelque lieu. *Fig.* Passer rapidement : *le bonheur, le temps s'enfuit.*

ENFUMER, v. tr. Noircir; incommoder par la fumée : *enfumer des blaireaux.*

ENGAGEANT, E, adj. Insinuant, attirant : *manières engageantes.*

ENGAGEMENT, n. m. Action d'engager; promesse, par laquelle on s'engage : *engagement formel*; mise en gage : *engagements du mont-de-piété*; enrôlement volontaire d'un soldat; combat de peu de durée entre des avant-gardes, des corps détachés : *l'engagement fut général.*

ENGAGER, v. tr. Mettre en gage : *engager son bien*; inviter : *engager quelqu'un à dîner*; lier : *un serment nous engage*; commencer : *engager le combat.* S'engager, v. pr. S'enrôler dans l'armée; entrer : *s'engager dans un bois, un sentier.* Engagé, ée, part. pas. Pris, retenu : *avoir la jambe engagée dans...*

ENGAÎNER, v. tr. Mettre dans une gaîne : *engaîner des couteaux.*

ENGEANCE, n. f. Race. Se dit des personnes par mépris : *maudite engeance.*

ENGELURE, n. f. Inflammation, crevasses aux pieds et aux mains, causées par le froid.

ENGENDRER, v. tr. Produire. *Fig. : l'oisiveté engendre le vice.*

ENGINS, n. m. pl. Filets et autres outils nécessaires à la chasse et à la pêche.

ENGLOBER, v. tr. Réunir plusieurs choses en un tout.

ENGLOUTIR, v. tr. Avaler gloutonnement. *Fig.* Absorber, faire disparaître : *les flots l'ont englouti;* consumer, dissiper : *engloutir sa fortune.*

ENGLOUTISSEMENT, n. m. Action d'engloutir.

ENGLUER, v. tr. Couvrir de glu.

ENGORGEMENT, n. m. Embarras dans un conduit, un tuyau. *Méd.* Embarras produit dans une partie du corps par l'accumulation des fluides.

ENGORGER, v. tr. Obstruer.

ENGOUEMENT ou **ENGOÛMENT**, n. m. Admiration exagérée.

ENGOUER (S'), v. pr. Se passionner pour quelqu'un ou quelque chose.

ENGOUFFRER (S'), v. pr. Se dit des eaux qui se précipitent dans un gouffre, du vent qui entre avec violence en quelque endroit.

ENGOULEVENT, n. m. Oiseau du genre passereau.

ENGOURDIR, v. tr. Rendre comme perclus. *Fig.* : *l'oisiveté engourdit l'esprit.*

ENGOURDISSEMENT, n. m. Sorte de paralysie momentanée dans une partie du corps. *Fig.* : *engourdissement d'esprit.*

ENGRAIS, n. m. Herbages où l'on met engraisser les bestiaux; pâture pour les volailles; fumier et autres matières propres à fertiliser les terres.

ENGRAISSEMENT, n. m. Action d'engraisser les animaux.

ENGRAISSER, v. tr. Faire devenir gras : *engraisser des volailles.* V. int. Prendre de l'embonpoint.

ENGRANGER, v. tr. Mettre en grange : *engranger du blé.*

ENGRAVEMENT, n. m. Etat d'un bateau engravé.

ENGRAVER, v. tr. Engager un bateau dans le sable, dans un bas-fond.

ENGRENAGE, n. m. Disposition de roues qui s'engrènent.

ENGRENER, v. tr. Emplir de grain la trémie d'un moulin. *Fig.* Commencer une affaire : *il a bien engrené.*

ENGRENER, v. int. *Méc.* Se dit d'une roue dont les dents entrent dans celles d'une autre roue.

ENGRENURE, n. f. Position de deux roues qui s'engrènent.

ENHARDIR, v. tr. Rendre hardi.

ENHARNACHÉ, ÉE, adj. Vêtu d'une manière extraordinaire : *plaisamment enharnaché.*

ENHARNACHEMENT, n. m. Action, manière d'enharnacher.

ENHARNACHER, v. tr. Mettre les harnais à un cheval.

ÉNIGMATIQUE, adj. Qui tient de l'énigme : *paroles énigmatiques.*

ÉNIGMATIQUEMENT, adv. D'une manière énigmatique.

ÉNIGME, n. f. Jeu d'esprit où l'on donne à deviner une chose en la décrivant en termes obscurs, ambigus, et le plus souvent contradictoires en apparence. Voici celle que le sphinx proposa à OEdipe : *Quel est l'animal qui marche à quatre pieds le matin, à deux à midi et à trois le soir?* (l'homme). *Fig.* Discours obscur.

ENIVRANT, E, adj. Qui enivre.

ENIVREMENT, n. m. Transport : *l'enivrement des passions.*

ENIVRER, v. tr. Rendre ivre. *Fig.* aveugler, enorgueillir : *la prospérité enivre.*

ENJAMBÉE, n. f. Espace qu'on enjambe.

ENJAMBEMENT, n. m. Rejet au vers suivant d'un ou de plusieurs mots, qui complètent le sens du premier.

ENJAMBER, v. tr. Faire un grand pas pour franchir : *enjamber le ruisseau.* V. int. Marcher à grands pas. *Fig.* Empiéter : *enjamber sur le champ de son voisin.*

ENJAVELER, v. tr. Mettre en javelles le blé, l'avoine, etc.

ENJEU, n. m. Ce qu'on met d'argent au jeu.

ENJOINDRE, v. tr. Ordonner, commander expressément.

ENJÔLER, v. tr. Tromper par des paroles flatteuses. *Fam.*

ENJÔLEUR, EUSE, n. Qui enjôle.

ENJOLIVEMENT, n. m. Ornement qui rend une chose plus jolie.

ENJOLIVER, v. tr. Rendre joli ou plus joli, en ajoutant des ornements.

ENJOLIVEUR, n. m. Qui aime à enjoliver.

ENJOLIVURE, n. f. Petits enjolivements à des choses de peu de valeur.

ENJOUÉ, ÉE, adj. Qui a de l'enjoûment : *esprit enjoué.*

ENJOUEMENT, ou **ENJOÛMENT**, n. m. Gaîté douce et habituelle.

ENLACEMENT, n. m. Action d'enlacer.

ENLACER, v. tr. Passer l'un dans l'autre des cordons, des lacets, etc. *Fig.* Serrer, étreindre : *enlacer quelqu'un dans ses bras.*

ENLAIDIR, v. tr. Rendre laid. V. int. Devenir laid.

ENLAIDISSEMENT, n. m. Action d'enlaidir.

ENLÈVEMENT, n. m. Action d'enlever : *l'enlèvement des Sabines* ; de s'enlever : *l'enlèvement d'un ballon.*

ENLEVER, v. tr. Lever en haut; emporter : *enlever le couvert. Fig.* Ravir, emmener de force ou par séduction : *enlever une mineure* ; exciter l'enthousiasme : *enlever les suffrages* ; accaparer : *enlever les blés* ; voler : *enlever une montre* ; surprendre : *enlever un poste.*

ENLUMINER, v. tr. Colorier une estampe. *Fig.* Rendre le visage, le teint rouge et enflammé.

ENLUMINEUR, EUSE, n. Qui enlumine.

ENLUMINURE, n. f. Art d'enluminer; estampe, gravure enluminée.

ENNÉAGONE, n. m. Polygone à neuf côtés.

ENNEMI, E, n. Qui hait quelqu'un, qui cherche à lui nuire; le parti, le peuple avec lequel on est en guerre. Se dit des animaux qui ont de l'aversion les uns pour les autres : *le chat est l'ennemi du chien* ; des choses opposées : *l'eau et le feu sont ennemis.* Adj. : *l'armée ennemie, destins ennemis.*

ENNOBLIR, v. tr. Relever, donner de la noblesse.

ENNUI, n. m. Inaction de l'esprit, fatigue d'une âme qui n'éprouve pas d'émotions. Pl. *Poét.* Peines, chagrins, tourments : *de mortels ennuis.*

ENNUYER, v. tr. Causer de l'ennui. **S'ennuyer**, v. pr. Eprouver de l'ennui ; trouver le temps long : *s'ennuyer d'attendre.*

ENNUYEUSEMENT, adv. D'une manière ennuyeuse.

ENNUYEUX, EUSE, adj. Qui ennuie habituellement ; qui fatigue : *ennuyeux auteur.*

ÉNONCÉ, n. m. Chose énoncée sans développement.

ÉNONCER, v. tr. Exprimer sa pensée.

ÉNONCIATIF, IVE, adj. Qui énonce : *terme énonciatif.*

ÉNONCIATION, n. f. Action, manière d'énoncer : *énonciation d'un fait.*

ENORGUEILLIR, v. tr. Rendre orgueilleux. **S'enorgueillir**, v. pr. Etre, devenir orgueilleux.

ÉNORME, adj. Démesuré, excessif en grandeur et en grosseur : *arbre énorme. Fig.* : *fortune, crime énorme.*

ÉNORMÉMENT, adv. Excessivement.

ÉNORMITÉ, n. f. Excès de grandeur, de grosseur. *Fig.* Gravité : *énormité d'une faute* ; atrocité : *énormité d'un crime.*

ENQUÉRIR (S'), v. pr. (V. *acquérir*). S'informer, faire des recherches.

ENQUÊTE, n. f. Recherches faites par ordre de l'autorité civile : *procéder à une enquête.*

ENRACINER (S'), v. pr. Prendre racine. *Fig.* : *les vices, les préjugés, les habitudes s'enracinent aisément.*

ENRAGÉ, ÉE, adj. et n. Qui a la rage : *chien enragé. Fig.* Violent, excessif : *passion, faim enragée.*

ENRAGER, v. int. Etre vexé, furieux; avoir grande envie : *il enrage de parler. Faire enrager*, tourmenter.

ENRAYER, v. tr. Enraver le mouvement des roues d'une voiture, soit au moyen d'un sabot, soit en serrant le frein. V. int. *Fig.* S'arrêter sur une mauvaise pente : *je fais trop de dépenses, il est temps d'enrayer.*

ENRAYURE, n. f. Ce qui sert à enrayer une roue.

ENRÉGIMENTER, v. tr. Former en régiment, mettre dans un régiment.

ENREGISTREMENT, n. m. Action d'enregistrer.

ENREGISTRER, v. tr. Porter sur un registre ; transcrire, mentionner un acte, un jugement dans les registres publics, pour en assurer l'authenticité.

ENRHUMER, v. tr. Causer du rhume.

ENRICHIR, v. tr. Rendre riche.

ENRICHISSEMENT, n. m. Ornement.

ENRÔLEMENT, n. m. Action d'enrôler ou de s'enrôler.

ENRÔLER, v. tr. Inscrire sur le rôle pour le service militaire. **S'enrôler**, v. pr. Se faire recevoir dans un corps, une société.

ENRÔLEUR, n. m. Qui enrôle.

ENROUEMENT, ou ENROÛMENT, n. m. Etat de celui qui est enroué.

ENROUER, v. tr. Rendre la voix moins nette, moins pure.

ENROUILLER, v. tr. Rendre rouillé.

ENROULEMENT, n. m. Action d'enrouler. *Arch.* et *jard.* Se dit de tout ce qui va en spirale.

ENROULER, v. tr. Rouler une chose autour d'une autre.

ENSABLEMENT, n. m. Amas de sable.

ENSABLER, v. tr. Faire échouer sur le sable.

ENSACHER, v. tr. Mettre en sac.

ENSANGLANTER, v. tr. Souiller de sang.

ENSEIGNE, n. f. Tableau, figure au-dessus d'un magasin; autrefois drapeau : *marcher enseignes déployées.* N. m. Officier de marine, immédiatement au-dessous du lieutenant de vaisseau.

ENSEIGNEMENT, n. m. Action, art d'enseigner ; profession de celui qui enseigne : *être dans l'enseignement;* instruction, précepte : *donner de bons enseignements.*

ENSEIGNER, v. tr. Instruire : *enseigner des enfants;* apprendre : *enseigner la grammaire;* indiquer : *enseigner un chemin.*

ENSEMBLE, adv. L'un avec l'autre : *vivre ensemble;* en même temps : *s'élancer ensemble.* N. m. Résultat de l'union des parties d'un tout : *tout cela forme un bel ensemble;* accord : *agir avec ensemble.*

ENSEMENCEMENT, n. m. Action d'ensemencer.

ENSEMENCER, v. tr. Jeter la semence dans une terre.

ENSERRER, v. tr. Enfermer, contenir : *tout ce que le globe enserre.*

ENSEVELIR, v. tr. Envelopper un corps mort dans un linceul. *Fig.* Cacher, emporter : *il a enseveli son secret avec lui.* **S'ensevelir**, v. pr. *Fig. : s'ensevelir dans la retraite,* se retirer entièrement du monde; *s'ensevelir sous les ruines d'une place,* se faire tuer en la défendant.

ENSEVELISSEMENT, n. m. Action d'ensevelir.

ENSORCELER, v. tr. Jeter par de prétendus sortilèges le trouble dans le corps ou l'esprit; inspirer une violente passion.

ENSORCELLEMENT, n. m. Action d'ensorceler; résultat prétendu de cette action.

ENSUITE. adv. Après, à la suite de.

ENSUIVRE (S'). v. pr. Suivre, être la conséquence. V. impers. Résulter : *il s'ensuit que.*

ENTABLEMENT, n. m. Saillie au haut des murs d'un bâtiment, qui en forme le couronnement et en soutient le toit; partie supérieure d'une colonne.

ENTACHER, v. tr. Souiller : *entacher l'honneur. Acte entaché de nullité,* qui n'est pas fait dans les formes.

ENTAILLE. n. f. Large coupure dans le bois, la pierre, les chairs, etc.

ENTAILLER, v. tr. Faire une entaille.

ENTAILLURE, n. f. Entaille.

ENTAME, n. f. Premier morceau que l'on coupe d'un pain.

ENTAMER, v. tr. Faire une légère incision, une petite déchirure; couper le premier morceau. *Fig.* Commencer : *entamer une conversation;* porter atteinte : *entamer la réputation de quelqu'un.*

ENTAMURE, n. f. V. Entame.

ENTASSEMENT, n. m. Amas de choses entassées.

ENTASSER, v. tr. Mettre en tas. *Fig.* Multiplier : *entasser les citations dans un livre.*

ENTE, n. f. Sorte de greffe; arbre greffé.

ENTENDEMENT, n. m. Faculté par laquelle l'âme conçoit; jugement, sens : *perdre l'entendement.*

ENTENDEUR, n. m. Qui comprend facilement. *A bon entendeur salut,* que celui qui entend une chose, en fasse son profit.

ENTENDRE, v. tr. Recevoir l'impression des sons; écouter : *entendre des témoins;* prétendre : *j'entends qu'on obéisse. Fig.* Comprendre, saisir le sens : *entendre à demi-mot;* connaître parfaitement : *entendre le commerce;* prendre bien : *entendre la plaisanterie. Donner à entendre,* laisser croire; *entendre raison,* acquiescer à ce qui est juste. **S'entendre**, v. pr. Se comprendre, être d'accord : *se connaître;* *s'entendre avec quelqu'un,* agir de concert avec lui.

ENTENDU, E, adj. Intelligent, capable. N. *Faire l'entendu,* l'important. **Bien entendu,** loc. adv. Assurément. **Bien entendu que,** loc. conj. Certain que, à condition que.

ENTENTE, n. f. Interprétation : *mot à double entente;* intelligence : *entente des affaires;* bon accord : *entente cordiale entre deux souverains.*

ENTER, v. tr. Greffer.

ENTÉRINEMENT, n. m. Action d'entériner.

ENTÉRINER, v. tr. *Jurisp.* Ratifier juridiquement un acte : *entériner des lettres de grâce.*

ENTÉRITE, n. f. Inflammation des intestins.

ENTERREMENT, n. m. Inhumation.

ENTERRER, v. tr. Enfouir : *enterrer un trésor;* inhumer. **S'enterrer** v. pr. Se retirer du monde.

ENTÊTÉ, ÉE. adj. et m. Opiniâtre.

ENTÊTEMENT, n. m. Attachement opiniâtre à ses idées.

ENTÊTER, v. tr. Faire mal à la tête par les vapeurs, des odeurs. **S'entêter,** v. pr. S'opiniâtrer.

ENTHOUSIASME, n. m. Émotion extraordinaire de l'âme; grande démonstration de joie : *accueillir avec enthousiasme;* admiration outrée : *avoir de l'enthousiasme pour...*

ENTHOUSIASMER, v. tr. Ravir d'admiration. **S'enthousiasmer,** v. pr. Se prend ordinairement en m. part : *s'enthousiasmer pour rien.*

ENTHOUSIASTE, n. m. Admirateur outré. Adj. Qui a de l'énthousiasme : *esprit enthousiaste.*

ENTHYMÈME, n. m. *Log.* Syllogisme réduit à deux propositions, l'une des prémisses étant sous-entendue, ex. : *je pense, donc je suis* (sous-entendu : *tout ce qui pense existe) ; tout mammifère est vivipare, donc la baleine est vivipare* (sous-ent. : *la baleine est un mammifère).*

ENTICHER (S'), v. pr. S'engouer. **Entiché, ée,** part. pas. Opiniâtrement attaché · *être entiché d'une opinion, de quelqu'un.*

ENTIER, ÈRE, adj. Complet, qui a toutes ses parties. *Fig.* Entêté : *esprit très-entier.* N. m. *Arith.* Nombre entier.

ENTIÈREMENT, adv. Tout-à-fait.

ENTITÉ, n. f. Ce qui, en philosophie, constitue l'essence d'un être.

ENTOILAGE, n. m. Action d'entoiler ; toile pour entoiler.

ENTOILER, v. tr. Fixer sur une toile : *entoiler une estampe, une carte de géographie.*

ENTOMOLOGIE, n. f. Partie de la zoologie qui traite des insectes.

ENTOMOLOGIQUE, adj. Qui a rapport à l'entomologie.

ENTOMOLOGISTE, n. m. Naturaliste qui s'occupe d'entomologie.

ENTONNER, v. tr. Verser une liqueur dans un tonneau.

ENTONNER, v. tr. Commencer un chant : *entonner le Te Deum.*

ENTONNOIR, n. m. Instrument pour entonner un liquide.

ENTORSE, n. f. Extension violente des ligaments, et, en général, des parties molles voisines d'une articulation.

ENTORTILLEMENT, n. m. Action de s'entortiller ; son effet.

ENTORTILLER, v. tr. Envelopper en entortillant. *Fig.* Exprimer d'une manière embarrassée : *entortiller ses pensées.*

ENTOURAGE, n. m. Tout ce qui entoure pour orner. *Fig.* Société habituelle de quelqu'un.

ENTOURER, v. tr. Environner. *Fig.* Former le cortége de quelqu'un.

ENTOURNURE, n. f. Echancrure d'une manche.

ENTOURS, n. m. pl. Environs, lieux qui avoisinent : *les entours d'une place.*

ENTR'ACCUSER (S'), v. pr. S'accuser l'un l'autre.

ENTR'ACTE, n. m. Intervalle entre les actes d'une pièce de théâtre.

ENTR'AIDER (S'), v. pr. S'aider mutuellement.

ENTRAILLES, n. f. pl. Intestins, boyaux. *Fig. Les entrailles de la terre,* son intérieur ; *entrailles paternelles,* tendre affection.

ENTR'AIMER (S'), v. pr. S'aimer l'un l'autre.

ENTRAIN, n. m. Se dit d'une personne gaie : *cet homme a de l'entrain ;* d'une chose qui marche bien : *il y a de l'entrain dans cette comédie.*

ENTRAÎNANT, E, adj. Qui entraîne. Ne s'emploie qu'au fig. : *éloquence entraînante.*

ENTRAÎNEMENT, n. m. Action d'entraîner.

ENTRAÎNER, v. tr. Traîner avec soi ; emmener avec violence. *Fig.* Porter la conviction dans : *entraîner les esprits ;* occasionner : *la guerre entraîne bien des maux.* Se dit de tout ce qui nous porte à quelque chose avec force et comme malgré nous : *l'exemple nous entraîne.*

ENTRANT. adj. et n. m. Personne qui entre. Se dit surtout au pl. : *les entrants et les sortants.*

ENTRAVER, v. tr. Arrêter, apporter des obstacles : *entraver la marche d'une affaire.*

ENTRAVES, n. f. pl. Liens que l'on met aux jambes des chevaux. *Fig.* Empêchement, obstacle.

ENTRE, prép. de lieu. Au milieu de ; parmi ; dans. Indique aussi l'espace de temps : *entre onze heures et midi.* Jointe aux verbes pron., indique une action réciproque : *s'entre-nuire.* Jointe à certains verbes, en affaiblit l'idée : *entrevoir, entr'ouvrir.*

ENTRE-BAILLER, v. tr. Entr'ouvrir légèrement.

ENTRECHAT, n. m. Saut léger pendant lequel les pieds se croisent plusieurs fois avant de toucher le sol.

ENTRE-CHOQUER (S'), v. pr. Se choquer l'un l'autre.

ENTRE-COLONNE ou **ENTRECOLONNEMENT**, n. m. Espace qui est entre deux colonnes.

ENTRE-CÔTES, n. m. Morceau de viande coupé entre deux côtes.

ENTRECOUPER, v. tr. Couper en divers endroits. *Fig. : prière entrecoupée de sanglots.*

ENTRE-DÉCHIRER (S'), v. pr. Se déchirer mutuellement. *Fig.* Médire l'un de l'autre.

ENTRE-DÉTRUIRE (S'), v. pr. Se détruire l'un l'autre.

ENTRE-DEUX, n. m. Bande de broderie.

ENTRÉE, n. f. Action d'entrer ; endroit par où l'on entre. *Fig.* Début : *faire son entrée dans le monde ;* commencement : *à l'entrée de l'hiver ;* droit d'assister à : *avoir ses entrées à un théâtre ;* droit perçu aux portes des villes ; premiers mets servis dans un repas.

ENTREFAITES (*sur ces*), n. f. pl. Pendant ce temps-là.

ENTRE-FRAPPER (**S'**), v. pr. Se frapper l'un l'autre.

ENTR'ÉGORGER (**S'**), v. pr. S'égorger les uns les autres.

ENTRELACEMENT, n. m. État de plusieurs choses entrelacées.

ENTRELACER, v. tr. Enlacer l'un dans l'autre.

ENTRELARDÉ, ÉE, adj. Mêlé de gras et de maigre : *morceau de bœuf entrelardé.*

ENTRELARDER, v. tr. Piquer une viande de lard.

ENTRE-LIGNES, ou mieux **Interligne,** n. m. Espace entre deux lignes.

ENTRE-LOUER (**S'**), v. pr. Se louer l'un l'autre.

ENTREMÊLER, v. tr. Mêler plusieurs choses parmi d'autres.

ENTREMETS, n. m. Mets sucré que l'on sert avec le rôti et avant le dessert.

ENTREMETTEUR, EUSE, n. Qui s'entremet.

ENTREMETTRE (**S'**), v. pr. Agir activement dans une affaire concernant une autre personne.

ENTREMISE, n. f. Action de s'entremettre, médiation.

ENTRE-NUIRE (**S'**), v. pr. Se nuire l'un à l'autre.

ENTRE-PONT, n. m. Intervalle qui, dans un bâtiment, est compris entre les deux ponts.

ENTREPOSER, v. tr. Déposer des marchandises dans un entrepôt.

ENTREPOSEUR, n. m. Qui tient un entrepôt.

ENTREPÔT, n. m. Lieu où l'on met des marchandises en dépôt.

ENTREPRENANT, E, adj. Hardi à entreprendre ; téméraire dans ses entreprises.

ENTREPRENDRE, v. tr. Prendre la résolution de faire ; commencer : *entreprendre un voyage ;* s'engager à faire ou à fournir : *entreprendre des travaux, une fourniture de vivres.*

ENTREPRENEUR, EUSE, n. Qui entreprend à forfait quelque ouvrage, quelque fourniture.

ENTREPRISE, n. f. Projet mis à exécution ; ce qu'on s'est chargé de faire à forfait : *entreprise d'un pont ;* éta-

blissement d'un service public : *entreprise des messageries.*

ENTRE-QUERELLER (**S'**), v. pr. Se quereller mutuellement.

ENTRER, v. int. Passer du dehors en dedans. *Fig. Entrer en religion,* se faire religieux ; *entrer au service,* se faire soldat ; *entrer en condition,* se faire domestique ; *entrer dans une famille,* s'allier à elle ; *entrer dans les idées de quelqu'un,* penser comme lui ; *entrer en matière,* commencer ; *entrer en accommodement,* s'arranger ; *entrer en colère,* s'y mettre.

ENTRE-SECOURIR (**S'**), v. pr. Se secourir mutuellement.

ENTRE-SOL, n. m. Logement entre le rez-de-chaussée et le premier étage. Pl. des *entre-sol.*

ENTRETENIR, v. tr. Tenir en bon état ; fournir les choses nécessaires. *Fig.* Faire durer : *entretenir la paix.* s'entretenir, v. pr. Converser avec quelqu'un.

ENTRETIEN, n. m. Action d'entretenir : *l'entretien du linge ;* ce qui est nécessaire pour la subsistance, l'habillement, etc. ; conversation.

ENTRE-TUER (**S'**), v. pr. Se tuer l'un l'autre.

ENTREVOIR, v. tr. Ne faire qu'apercevoir. *Fig.* Prévoir confusément : *entrevoir un malheur, des obstacles.*

ENTREVUE, n. f. Rencontre concertée.

ENTR'OUVRIR, v. tr. Ouvrir un peu.

ENTURE, n. f. Fente où l'on place une ente, une greffe.

ÉNUMÉRATION, n. f. Dénombrement.

ÉNUMÉRER, v. tr. Dénombrer : *énumérer les faits.*

ENVAHIR, v. tr. Entrer violemment : *envahir un État. Fig.* Se répandre sur : *les eaux ont envahi toute la contrée.*

ENVAHISSEMENT, n. m. Action d'envahir.

ENVAHISSEUR, n. m. Qui envahit.

ENVELOPPE, n. f. Ce qui sert à envelopper. *Fig.* Apparence : *l'enveloppe est souvent trompeuse.*

ENVELOPPER, v. tr. Couvrir exactement une chose par une autre. *Fig.* Cacher, déguiser : *envelopper sa pensée ;* comprendre : *envelopper quelqu'un dans une proscription ;* entourer, environner : *envelopper l'ennemi.*

ENVENIMER, v. tr. Irriter : *envenimer une plaie en la grattant ;* aigrir : *envenimer une discussion.* V. pr. : *la querelle s'envenima.*

ENVERGUER, v. tr. Attacher les voiles aux vergues.

ENVERGURE, n. f. Largeur des voiles d'un bâtiment ; étendue des ailes déployées d'un oiseau : *les ailes du condor atteignent jusqu'à 3 mètres d'envergure.*

ENVERS, prép. A l'égard de.

ENVERS, n. m. L'opposé de l'endroit ; côté le moins beau d'une étoffe. **A l'envers**, loc. adv. Du mauvais côté. *Avoir la tête à l'envers*, être étourdi, écervelé.

ENVI (À L'), loc. adv. et prép. Avec émulation.

ENVIE, n. f. Chagrin, déplaisir qu'on ressent du succès, du bonheur d'autrui ; désir, besoin : *envie de plaire, de dormir* ; tache naturelle sur la peau ; petit filet qui se détache de la peau autour des ongles.

ENVIER, v. tr. Être attristé du bien qui arrive à autrui ; souhaiter : *envier le pouvoir.*

ENVIEUX, EUSE, adj. et n. Qui est tourmenté par l'envie.

ENVIRON, adv. A peu près.

ENVIRONNANT, E, adj. Circonvoisin : *lieux environnants.*

ENVIRONNER, v. tr. Entourer.

ENVIRONS, n. m. pl. Lieux qui sont alentour.

ENVISAGER, v. tr. Regarder au visage. *Fig.* Examiner, considérer en esprit : *envisager l'avenir.*

ENVOI, n. m. Action d'envoyer ; chose envoyée.

ENVOISINÉ, ÉE, adj. Qui a des voisins : *être bien, mal envoisiné.*

ENVOLER (S'), v. pr. Prendre son vol. *Fig.* Passer rapidement : *le temps s'envole.*

ENVOYÉ, n. m. Personne envoyée.

ENVOYER, v. tr. Expédier : *envoyer un agent, une lettre. Fig. Envoyer dans l'autre monde*, donner la mort.

ÉOLIENNE (harpe), adj. f. Que l'on suspend aux arbres, et qui rend un son très-agréable quand les vents l'agitent.

ÉPACTE, n. f. Nombre qui indique combien il faut ajouter de jours à l'année lunaire pour l'égaler à l'année solaire.

ÉPAGNEUL, E, n. Chien à long poil, originaire d'Espagne.

ÉPAIS, SE, adj. Qui a de l'épaisseur ; dense : *brouillard épais* ; serré, touffu : *herbe, bois épais* ; consistant : *encre épaisse. Fig.* Grossier, lourd, pesant : *esprit épais. Avoir la langue épaisse*, de la difficulté à parler.

ÉPAISSEUR, n. f. Profondeur d'un solide ; état de ce qui est dense : *l'épaisseur des ténèbres.*

ÉPAISSIR, v. tr. Rendre plus épais : *épaissir un sirop.* V. int. et pr. : *le sirop épaissit, s'épaissit.*

ÉPAISSISSEMENT, n. m. Action d'épaissir, de s'épaissir ; résultat de cette action.

ÉPANCHEMENT, n. m. Écoulement. *Méd.* Accumulation d'humeurs : *épanchement de sang, de bile. Fig.* Effusion : *épanchement de cœur.*

ÉPANCHER, v. tr. Verser doucement un liquide. *Fig. Épancher son cœur*, l'ouvrir avec confiance, sincérité, tendresse, etc. **S'épancher**, v. pr. Parler avec une entière confiance : *mon cœur a besoin de s'épancher.*

ÉPANDRE, v. tr. Jeter çà et là, éparpiller.

ÉPANOUIR (S'), v. pr. Se dit des fleurs lorsqu'elles commencent à sortir du bouton et à déployer leurs pétales. *Fig.* Devenir serein : *son visage s'épanouit.* V. tr. *Fig.* Faire rire : *épanouir la rate. Fam.*

ÉPANOUISSEMENT, n. m. Action de s'épanouir.

ÉPARGNE, n. f. Économie dans la dépense. Pl. Somme économisée : *vivre de ses épargnes.* Se dit aussi du temps et de toute autre chose qu'on ménage. **Caisse d'épargne**, où les personnes laborieuses placent leurs économies.

ÉPARGNER, v. tr. User d'épargne ; avoir de l'indulgence : *épargner les vaincus. Fig.* Ne pas prodiguer : *épargner ses soins, ses pas* ; ne pas exposer : *épargner le sang de ses soldats.*

ÉPARPILLEMENT, n. m. Action d'éparpiller.

ÉPARPILLER, v. tr. Disperser çà et là.

ÉPARS, E, adj. Répandu çà et là ; en désordre : *cheveux épars.*

ÉPARVIN ou **ÉPERVIN**, n. m. Tumeur dure aux jarrets d'un cheval.

ÉPATÉ, ÉE, adj. *Nez épaté*, court, gros et large.

ÉPAULE, n. f. Partie la plus élevée du membre supérieur chez l'homme, de la jambe de devant chez les quadrupèdes. *Fig. Donner un coup d'épaule*, venir en aide.

ÉPAULEMENT, n. m. *Fortif.* Rempart de terre et de fascines pour protéger contre le feu de l'ennemi.

ÉPAULER, v. tr. Rompre l'épaule, en parlant des quadrupèdes ; mettre à couvert du canon par un épaulement ; appuyer contre l'épaule : *épauler son fusil pour tirer.*

ÉPAULETTE, n. f. Large galon garni de franges, que les militaires portent sur chaque épaule.

ÉPAVES, n. f. pl. Débris que la mer rejette ; choses égarées dont on ne connaît point le propriétaire.

ÉPEAUTRE, n. m. Blé rouge qui donne une farine très-blanche.

ÉPÉE, n. f. Arme offensive et défensive, que l'on porte suspendue au côté. *Fig.* L'état militaire : *préférer la robe à l'épée.*

ÉPELER, v. tr. Nommer les lettres d'un mot.

ÉPELLATION, n. f. Action d'épeler.

ÉPERDU, E, adj. Agité, troublé.

ÉPERDUEMENT ou **ÉPERDÛMENT**, adv. Violemment : *aimer éperdûment.* Ne se dit que dans cette acception.

ÉPERLAN, n. m. Petit poisson de mer.

ÉPERON, n. m. Branche de métal, armée de pointes, que l'on s'attache au talon pour piquer le cheval ; ergot des coqs, des chiens, etc. ; pointe de la proue d'un navire ; fortification en angle saillant ; appui d'une muraille.

ÉPERONNÉ, ÉE, adj. Qui a des éperons.

ÉPERVIER, n. m. Oiseau de proie ; sorte de filet pour la pêche.

ÉPHÉMÈRE, adj. Qui ne dure qu'un jour : *fleur, insecte éphémère. Fig.* De courte durée : *beauté, bonheur éphémère.*

ÉPHÉMÉRIDES, n. f. pl. Tables astronomiques qui donnent pour chaque jour d'une année la situation des planètes ; livres qui contiennent les événements accomplis dans un même jour à différentes époques.

ÉPHOD, n. m. Ceinture des prêtres hébreux.

† ÉPHORES, n. m. pl. Juges lacédémoniens établis pour contre-balancer l'autorité des rois.

ÉPI, n. m. Tête d'une tige de blé qui renferme le grain ; fleurs disposées en épis le long d'une tige.

ÉPICE, n. f. Substance aromatique, comme le clou de girofle, la muscade, le poivre, le gingembre, etc., pour l'assaisonnement des mets.

ÉPICÈNE, adj. *Gram.* Nom que l'on donne aux mots communs aux deux sexes, tels que *rat, enfant, aigle, caille,* etc.

ÉPICER, v. tr. Assaisonner avec des épices.

ÉPICERIE, n. f. Nom collectif qui comprend les épices, le sucre, le café, les drogues, etc. ; commerce de l'épicier : *entrer dans l'épicerie.*

ÉPICIER, ÈRE, n. Qui vend des épiceries.

† ÉPICURIEN, ENNE, adj. et n. D'Épicure : *morale épicurienne* ; voluptueux : *c'est un franc épicurien.*

ÉPICURISME, n. m. Doctrine, morale d'Épicure et des épicuriens.

ÉPIDÉMIE, n. f. Maladie qui, dans une localité, atteint un grand nombre d'individus à la fois, comme la grippe, le choléra, la fièvre typhoïde, etc.

† ÉPIDÉMIQUE, adj. Qui tient de l'épidémie : *maladie épidémique.*

ÉPIDERME, n. m. Couche demi-transparente qui recouvre la surface de tous les corps organisés.

ÉPIER, v. int. Se former en épi : *le blé commence à épier.*

ÉPIER, n. tr. Observer secrètement.

ÉPIERRER, v. tr. Ôter les pierres d'un jardin, d'un champ, etc.

ÉPIEU, n. m. Long bâton garni de fer.

ÉPIGASTRE, n. m. Partie supérieure du bas-ventre.

ÉPIGASTRIQUE, adj. De l'épigastre : *région épigastrique.*

ÉPIGLOTTE, n. f. Cartilage qui couvre et ferme la glotte, et empêche les aliments d'y tomber.

ÉPIGRAMMATIQUE, adj. Qui tient de l'épigramme : *trait épigrammatique.*

ÉPIGRAMMATISTE, n. m. Qui fait des épigrammes.

ÉPIGRAMME, n. f. Petite pièce de vers qui se termine par un trait piquant, malin ; mot jeté dans la conversation ou dans un écrit, et qui exprime une critique vive, une raillerie mordante.

ÉPIGRAPHE, n. f. Inscription sur un édifice ; sentence en tête d'un livre, pour en indiquer l'objet, en résumer l'esprit.

ÉPILATOIRE, adj. Qui sert à épiler : *pâte épilatoire.*

ÉPILEPSIE, n. f. (Mal caduc, haut-mal). Affection nerveuse dans laquelle le malade tombe sans connaissance, et éprouve de violentes convulsions.

ÉPILEPTIQUE, adj. et n. Qui appartient à l'épilepsie : *convulsions épileptiques* ; sujet à l'épilepsie : *c'est un épileptique.*

ÉPILER, v. tr. Arracher le poil, et principalement les cheveux gris.

ÉPILEUR, EUSE, n. Qui fait profession d'épiler.

ÉPILOGUE, n. m. Conclusion d'un ouvrage littéraire, et surtout d'un poème. Son opposé est *prologue.*

ÉPILOGUER, v. int. Censurer, trouver à redire sur des riens : *il épilogue sur tout.*

ÉPILOGUEUR, n. Qui aime à épiloguer.

ÉPINARDS, n. m. pl. Plante potagère.

ÉPINE, n. f. Arbrisseau armé de piquants; chacun de ces piquants. Fig. Être sur les épines, dans une grande inquiétude; épine du dos, colonne vertébrale.

ÉPINETTE, n. f. Petit clavecin; cage pour engraisser les poulets.

ÉPINEUX, EUSE, adj. Couvert d'épines. Fig. Plein de difficultés, d'embarras : affaire épineuse.

ÉPINE-VINETTE, n. f. Arbuste épineux à fruit rouge et acide; ce fruit. Pl. des épines-vinettes.

ÉPINGLE, n. f. Petite pointe en fil de laiton, cuivre, acier, or, etc., ayant une tête, et servant à attacher. Pl. Don, gratification faite par l'acheteur à la suite d'un marché.

ÉPINGLETTE, n. f. Sorte d'aiguille de fer, pour percer les gargousses et déboucher la lumière du fusil.

ÉPINGLIER, ÈRE, n. Qui fait, vend des épingles.

ÉPINIÈRE, adj. Qui appartient à l'épine du dos : moelle épinière.

ÉPIPHANIE, n. f. Le jour des Rois (6 janvier).

ÉPIPHONÈME, n. m. Exclamation sentencieuse par laquelle on résume un discours ou un récit intéressant, comme cette phrase qui termine la description des Ruines de Palmyre : Ainsi périssent les ouvrages des hommes! Ainsi s'écroulent les empires et les nations!

ÉPIQUE, adj. Qui est propre à l'épopée : poème épique.

ÉPISCOPAL, E, adj. Qui appartient à l'évêque : palais épiscopal.

ÉPISCOPAT, n. m. Dignité d'évêque; corps des évêques; temps pendant lequel un évêque a occupé son siége.

ÉPISODE, n. m. Action incidente liée à l'action principale dans un poème, un roman, etc.

ÉPISODIQUE, adj. Qui appartient à l'épisode : personnage épisodique.

ÉPISTOLAIRE, adj. Qui a pour objet la manière d'écrire les lettres : style, genre épistolaire.

ÉPITAPHE, n. f. Inscription que l'on met sur un tombeau.

ÉPITHALAME, n. m. Petit poème composé à l'occasion d'un mariage.

ÉPITHÈTE, n. f. Mot qui qualifie. Synonyme d'adjectif.

ÉPITOME, n. m. Abrégé d'un livre, d'une histoire.

ÉPITRE, n. f. Lettre; dédicace d'un livre : épitre dédicatoire; lettre en vers

adressée à quelqu'un : épîtres de Boileau : lettre en matière de religion : épître de saint Paul; leçon tirée de l'Ecriture-sainte, qui se dit ou se chante à la messe avant l'évangile.

ÉPIZOOTIE, n. f. Maladie qui sévit à la fois sur un grand nombre d'animaux, comme la clavelée, la morve, le farcin, etc.

ÉPIZOOTIQUE, adj. Qui tient de l'épizootie : maladie épizootique.

ÉPLORÉ, ÉE, adj. Qui est tout en pleurs.

ÉPLUCHAGE ou ÉPLUCHEMENT, n. m. Action d'éplucher, d'enlever les ordures mêlées à la soie, à la laine, au coton, etc.

ÉPLUCHER, v. tr. Enlever les bourres des étoffes : éplucher un drap; enlever ce qu'il y a de gâté, de mauvais : éplucher la salade. Fig. Rechercher minutieusement ce qu'il y a de répréhensible : éplucher la conduite de quelqu'un.

ÉPLUCHEUR, EUSE, n. Qui épluche.

ÉPLUCHOIR, n. m. Instrument pour éplucher.

ÉPLUCHURE, n. f. Ordure qu'on enlève en épluchant.

ÉPODE, n. f. Nom donné, chez les Grecs, à la stance qui, dans les odes et les chœurs de tragédies, se chantait immédiatement après la strophe et l'antistrophe.

ÉPOINTER, v. tr. Casser la pointe : épointer une aiguille.

ÉPONGE, n. f. Substance fibreuse, molle et très-poreuse, qui se trouve au fond de la mer, attachée aux rochers. Passer l'éponge sur une chose, consentir à l'oublier.

ÉPONGER, v. tr. Nettoyer avec une éponge.

ÉPOPÉE, n. f. Récit poétique d'une grande action, comme l'Iliade, l'Enéide, la Henriade, etc.; genre du poème épique.

ÉPOQUE, n. f. Point fixe dans l'histoire; date, moment où un fait remarquable s'est passé.

ÉPOUMONER (s'), v. pr. Parler beaucoup, se fatiguer les poumons.

ÉPOUSAILLES, n. f. pl. Célébration du mariage.

ÉPOUSE, n. f. V. Époux.

ÉPOUSÉE, n. f. Celle qu'un homme vient d'épouser ou qu'il va épouser.

ÉPOUSER, v. tr. Prendre en mariage. Fig. S'attacher à : épouser un parti.

ÉPOUSEUR, n. m. Qui doit se marier. Fam.

ÉPOUSSETER, v. tr. Oter la poussière.

ÉPOUSSETTE, n. f. Brosse pour nettoyer les habits.

ÉPOUVANTABLE, adj. Qui cause de l'épouvante; étrange, excessif : *laideur épouvantable*.

ÉPOUVANTABLEMENT, adv. Extrêmement.

ÉPOUVANTAIL, n. m. Mannequin mis dans les champs, les jardins, pour effrayer les oiseaux. *Fig.* Ce qui cause l'épouvante sans pouvoir faire de mal.

ÉPOUVANTE, n. f. Terreur grande et soudaine.

ÉPOUVANTER, v. tr. Causer de l'épouvante.

ÉPOUX, **ÉPOUSE**, n. Celui, celle que le mariage unit. Pl. m. Le mari et la femme.

ÉPRENDRE (S'), v. pr. Se laisser surprendre par quelque passion.

ÉPREUVE, n. f. Expérience, essai qu'on fait d'une chose, feuille d'impression sur laquelle l'auteur indique les corrections. Se dit aussi des malheurs qui nous arrivent, et qui servent à éprouver le courage. *Zèle à toute épreuve*, que rien n'ébranle, ne rebute.

ÉPROUVER, v. tr. Essayer; mettre à l'épreuve. *Fig.* Ressentir : *éprouver de la crainte*; rencontrer : *éprouver des obstacles*.

ÉPROUVETTE, n. f. Vase de verre cylindrique fermé par un bout.

ÉPUCER, v. tr. Oter les puces : *épucer un chien*.

ÉPUISABLE, adj. Qui peut être épuisé.

ÉPUISEMENT, n. m. Action d'épuiser. *Fig.* Déperdition de forces ; diminution considérable : *l'épuisement des finances*.

ÉPUISER, v. tr. Tarir, mettre à sec. *Fig.* Appauvrir : *épuiser une terre*, *épuiser le trésor public*; affaiblir, abattre : *épuiser le corps, l'esprit*. S'épuiser, v. pr. Se tarir, s'affaiblir, se fatiguer.

ÉPURATION, n. f. Action d'épurer; son effet.

ÉPURE, n. f. Dessin en grand d'un édifice, d'une machine, tracé sur un mur ou sur le sol.

ÉPURER, v. tr. Rendre pur, plus pur : *épurer de l'huile*, et fig. : *épurer les mœurs, le style, le goût*, etc.

ÉQUARRIR, v. tr. Tailler à angle droit : *équarrir une poutre*, *un bloc de marbre*; écorcher, dépecer des animaux, pour en tirer la peau, la graisse, les os, etc.

ÉQUARRISSAGE ou **ÉQUARRIS-**

SEMENT, n. m. Action d'équarrir; état de ce qui est équarri.

ÉQUARRISSEUR, n. m. Dont le métier est d'équarrir les animaux.

ÉQUATEUR, n. m. Grand cercle de la sphère, dont tous les points sont à égale distance des pôles.

ÉQUATION, n. f. *Alg.* Formule d'égalité entre des quantités différemment exprimées. *Astr.* Différence entre le temps vrai et inégal marqué par le soleil et le temps moyen marqué par une pendule bien réglée.

ÉQUATORIAL, E, adj. De l'équateur : *ligne équatoriale*.

ÉQUERRE, n. f. Instrument pour tracer des angles droits ou tirer des perpendiculaires.

ÉQUESTRE, adj. *Statue équestre*, représentant une personne à cheval.

ÉQUIANGLE, adj. A angles égaux : *figure équiangle*.

ÉQUIDISTANT, E, adj. Se dit, en géométrie, de deux lignes qui, comme les parallèles, sont également distantes dans tous leurs points, ou de deux points également distants d'un troisième : *tous les points de la circonférence sont équidistants du centre*.

ÉQUILATÉRAL, E, adj. Dont les côtes sont égaux : *triangle équilatéral*.

ÉQUILATÈRE ou **ÉQUILATÉRAL**, adj. Se dit d'une figure dont les côtés sont égaux à ceux d'une autre : *polygones équilatères ou équilatéraux*.

ÉQUILIBRE, n. m. État de repos d'un corps sollicité par des forces opposées qui se détruisent.

ÉQUILIBRER, v. tr. Mettre en équilibre.

ÉQUILIBRISTE, n. Dont le métier est de faire des tours d'adresse, de maintenir sa personne, ou certaines choses, en équilibre.

† **ÉQUINOXE**, n. m. Temps de l'année où les jours sont égaux aux nuits, vers le 21 mars et le 23 septembre.

ÉQUINOXIAL, E, adj. Qui a rapport à l'équinoxe : *ligne équinoxiale* (l'équateur). Pl. m. *équinoxiaux*.

ÉQUIPAGE, n. m. Train, suite de valets, de chevaux, de voitures, etc. *l'équipage d'un prince*; voiture de luxe : *avoir un équipage*. *Mar.* Ensemble de tous les hommes embarqués pour le service actif d'un vaisseau. *Guerre*. Tout ce que l'artillerie traîne après elle.

ÉQUIPÉE, n. f. Folle entreprise, escapade : *vous avez fait là une belle équipée*.

ÉQUIPEMENT, n. m. Action d'équiper; tout ce qui sert à équiper; ce qui est nécessaire à l'armement d'un vaisseau, comme agrès, vivres, munitions, etc.

ÉQUIPER, v. tr. Pourvoir des choses nécessaires, et surtout de vêtements.

ÉQUITABLE, adj. Qui a de l'équité; conforme aux règles de l'équité : *jugement équitable*.

ÉQUITABLEMENT, adv. D'une manière équitable.

ÉQUITATION, n. f. Art de monter à cheval.

ÉQUITÉ, n. f. Droiture, justice naturelle.

ÉQUIVALENT, E, adj. Qui équivaut. N. m. : *proposer un équivalent*.

ÉQUIVALOIR, v. int. Être de même valeur.

ÉQUIVOQUE, adj. Qui a un double sens : *mot équivoque*. *Fig.* Suspect : *vertu équivoque*. N. f. Mo', phrase à double sens : *équivoque grossière*.

ÉQUIVOQUER, v. int. User d'équivoques.

ÉRABLE, n. m. Arbre d'un bois très-dur.

ÉRAFLER, v. tr. Écorcher légèrement; effleurer la peau.

ÉRAFLURE, n. f. Écorchure légère.

ÉRAILLER, v. tr. Relâcher les fils d'un tissu. **Éraillé, ée**, part. pas. *OEil éraillé*, dont les paupières sont naturellement renversées, un peu retournées en dehors.

ÉRAILLURE, n. f. Marque à une étoffe éraillée.

ÉRATER, v. tr. Ôter la rate. **S'érater**, v. pr. S'essouffler à force de courir.

† **ÈRE**, n. f. Époque fixe d'où l'on commence à compter les années.

ÉRÈBE, n. m. Partie la plus ténébreuse de l'enfer des païens, et, quelquefois, cet enfer lui-même.

ÉRECTION, n. f. Action d'élever : *l'érection d'une statue*; institution, établissement : *l'érection d'un tribunal*.

ÉREINTER, v. tr. Fouler, rompre les reins. *Fig.* Excéder de fatigue.

ÉRÉSIPÈLE. V. ÉRYSIPÈLE.

ERGO, conj. (mot lat.) Donc, conséquemment.

ERGOT, n. m. Petit ongle pointu derrière le pied du coq, du chien, etc.; maladie qui attaque le seigle.

ERGOTÉ, ÉE, adj. Qui a des ergots : *coq bien ergoté*; attaqué de l'ergot : *seigle ergoté*.

ERGOTER, v. int. Chicaner, contester mal à propos. *Fam.*

ERGOTEUR, EUSE, n. Qui conteste mal à propos.

ÉRIGER, v. tr. Élever : *ériger une* statue; créer, instituer : *ériger un tribunal*; changer en : *ériger une terre en comté, en marquisat*. **S'ériger**, v. pr. S'attribuer un droit, une qualité qu'on n'a pas : *s'ériger en censeur*.

ERMITAGE, n. m. Habitation d'un ermite. *Fig.* Maison isolée et champêtre : *venez me voir dans mon ermitage*.

ERMITE, n. m. Religieux qui vit seul. *Fig.* *Vivre comme un ermite*, fuir le monde.

ÉROSION, n. f. Action de l'acide qui corrode, qui ronge.

ÉROTIQUE, adj. Qui a rapport à l'amour : *poésie érotique*.

ERRANT, E, adj. Vagabond, qui erre de côté et d'autre.

ERRATA, n. m. Liste des fautes survenues dans l'impression d'un ouvrage. Pl. des *errata*. Lorsqu'il n'y a qu'une faute, on dit *erratum*.

ERREMENTS, n. m. pl. Erreurs, fautes habituelles.

ERRER, v. int. Aller çà et là à l'aventure. *Fig.* Se tromper.

ERREUR, n. f. Opinion erronée; fausse doctrine; faute, méprise : *erreur de calcul*. Pl. Dérèglements : *erreurs de jeunesse*.

ERRONÉ, ÉE, adj. Qui contient des erreurs : *proposition erronée*.

ERSE (langue), adj. Qui appartient aux anciens Scandinaves.

ÉRUDIT, E, adj. et n. Qui a, qui renferme beaucoup d'érudition : *homme, ouvrage érudit*.

ÉRUDITION, n. f. Savoir étendu, vastes connaissances.

ÉRUPTION, n. f. *Méd.* Évacuation subite et abondante du sang, du pus, etc.; sortie de boutons, de taches, de rougeurs, qui se forment à la peau. Se dit du jet des matières vomies par les volcans : *éruption du Vésuve*.

ÉRYSIPÈLE, n. m. Inflammation superficielle de la peau, accompagnée de tension et de douleur.

ÈS, prép. (contraction de *en* et *les*). Dans les : *docteur-ès-sciences*.

ESCABEAU, n. m. et **ESCABELLE**, n. f. Siège de bois sans bras ni dossier.

ESCADRE, n. f. Plusieurs vaisseaux de guerre sous un seul chef.

ESCADRON, n. m. Partie d'un régiment de cavalerie.

ESCALADE, n. f. Assaut au moyen d'échelles, action d'un voleur qui s'introduit dans une maison par toute autre voie que par la porte.

ESCALADER, v. tr. Attaquer, emporter par escalade; franchir : *escalader un mur*.

ESCALE, n. f. Lieu de relâche et de

rafraîchissement pour les vaisseaux. *Faire escale*, aborder pour se reposer.

ESCALIER, n. m. Suite de marches, de degrés, pour monter et pour descendre.

ESCAMOTAGE, n. m. Action d'escamoter.

ESCAMOTER, v. tr. Faire disparaître un objet sans que les spectateurs s'en aperçoivent : dérober subtilement : *on m'a escamoté ma montre.*

ESCAMOTEUR, n. m. Qui escamote.

ESCAMPETTE, n. f. *Prendre la poudre d'escampette*, s'enfuir. Pop.

ESCAPADE, n. f. Echappée : *c'est une escapad d'éco ier.*

ESCARBOT, n. m. Insecte du genre des scarabées.

ESCARBOUCLE, n. f. Pierre précieuse qui a beaucoup d'éclat, et est d'un rouge foncé : *ses yeux brillaient comme deux escarboucles.*

ESCARCELLE, n. f. Grande bourse à l'antique : *vider son escarcelle, mettre la main à l'escarcelle, fouiller à l'escarcelle.*

ESCARGOT, n. m. Espèce de limaçon.

ESCARMOUCHE, n. f. Léger engagement entre les tirailleurs de deux armées.

ESCARMOUCHER, v. int. Combattre par escarmouches.

ESCARMOUCHEUR, n. m. Qui va à l'escarmouche.

ESCAROLE ou **SCAROLE**, n. f. Nom vulgaire d'une espèce de laitue.

ESCARPE, n. f. *Fortif.* Pente du fossé du côté d'une place. Son opposé est *contrescarpe.*

ESCARPÉ, ÉE, adj. Qui a une pente rapide : *rocher escarpé.*

ESCARPEMENT, n. m. *Fortif.* Pente raide.

ESCARPER, v. tr. Couper droit, de haut en bas, en parlant d'un rocher, d'une montagne, d'un fossé.

ESCARPIN, n. m. Soulier découvert, à semelle très-mince.

ESCARPOLETTE, n. f. Sorte de fauteuil suspendu par des cordes, pour se balancer.

ESCIENT, n. m. N'est usité que dans les loc. adv. : *à bon escient, à son escient*, sciemment, sachant bien ce qu'on fait ou ce qu'on dit.

ESCLANDRE, n. m. Evénement qui fait scandale.

† **ESCLAVAGE**, n. m. Etat, condition d'esclave. *Fig.* Dépendance, assujettissement : *cet emploi est un véritable esclavage.*

ESCLAVE, n. Qui est sous la puissance absolue d'un maître. *Fig. Etre esclave de sa parole*, la tenir exactement.

ESCOBAR, n. m. Homme rusé, cauteleux.

ESCOBARDER, v. int. User d'équivoques, de restrictions mentales pour manquer à sa parole.

ESCOBARDERIE, n. f. Subterfuge, mensonge adroit.

ESCOGRIFFE, n. m. Qui prend hardiment sans demander : *tour d'escogriffe. Fig.* Homme de grande taille et mal fait. *Fam.*

ESCOMPTE, n. m. Retenue faite par celui qui paye avant l'échéance ou avant le terme fixé par les usages du commerce.

ESCOMPTER, v. tr. Payer un effet avant l'échéance, moyennant escompte.

ESCOPETTE, n. f. Espèce de carabine.

ESCORTE, n. f. Troupe armée qui accompagne pour protéger. *Vaisseau d'escorte*, vaisseau de guerre qui escorte des navires marchands.

ESCORTER, v. tr. Accompagner pour protéger, défendre.

ESCOUADE, n. f. Fraction d'une compagnie de gens de guerre, sous les ordres d'un caporal ou d'un brigadier.

ESCOURGEON, n. m. Orge hâtive qu'on sème en automne, et qui est mûre avant les grandes chaleurs.

ESCOUSSE, n. f. Elan qu'on prend pour mieux sauter. *Peu us.*

ESCRIME, n. f. Art de faire des armes.

ESCRIMER, v. int. Faire des armes. S'escrimer, v. pr. Faire tous ses efforts.

ESCRIMEUR, n. m. Qui connaît l'art de l'escrime.

ESCROC, n. m. Adroit fripon, fourbe.

ESCROQUER, v. tr. Obtenir quelque chose par ruse, par fourberie.

ESCROQUERIE, n. f. Action d'escroc.

ESCROQUEUR, EUSE, n. Qui escroque.

† **ESCULAPE**, n. m. nom que l'on donne à un médecin, par allusion à Esculape, dieu de la médecine chez les anciens.

ESPACE, n. m. Etendue indéfinie de lieu ou de temps. *Absol.* L'immensité : *les corps célestes roulent dans l'espace.* N. f. *Impr.* Petite pièce de fonte pour séparer les mots.

ESPACEMENT, n. m. Distance entre deux corps.

ESPACER, v. tr. Ranger en laissant de l'espace entre.

ESPADON, n. m. Large épée à deux tranchants; poisson.

ESPAGNOLETTE, n. f. Mode de fermeture de fenêtre et de porte.

ESPALIER, n. m. Rangée d'arbres fruitiers appuyés contre un mur, un treillage.

ESPARCETTE, n. f. Nom vulgaire du sainfoin des prés.

ESPÈCE, n. f. Division du genre; réunion de plusieurs êtres, de plusieurs choses qu'un caractère commun distingue des autres du même genre : *espèce humaine*; sorte, qualité : *bonne espèce de fruits*. Pl. Monnaie d'or ou d'argent : *payer en espèces*; apparences du pain et du vin après la transsubstantiation.

ESPÉRANCE, n. f. Attente d'un bien qu'on désire; objet de cette attente : *c'est toute mon espérance*; l'une des trois vertus théologales.

ESPÉRER, v. tr. Avoir espérance. V. int. : *espérer en Dieu*.

ESPIÈGLE, adj. et n. Fin, subtil, éveillé : *enfant espiègle*.

ESPIÈGLERIE, n. f. Action, tour d'espiègle.

ESPINGOLE, n. f. Gros fusil très-court, à canon évasé depuis le milieu jusqu'à la gueule.

ESPION, n. m. Qui se mêle parmi les ennemis pour épier; homme qui épie, observe.

ESPIONNAGE, n. m. Métier d'espion.

ESPIONNER, v. tr. Épier les actions, les discours d'autrui, pour en faire son rapport, son profit.

ESPLANADE, n. f. Terrain plat, uni et découvert.

ESPOIR, n. m. Espérance.

ESPRIT, n. m. Substance incorporelle : *l'âme humaine, Dieu, les anges, sont des esprits*; êtres imaginaires, comme les revenants, les génies, les sylphes, les gnomes, etc.; faculté de l'homme : *avoir de l'esprit*; humeur, caractère : *esprit remuant*; aptitude pour : *avoir l'esprit du commerce*; sens, signification : *entrer dans l'esprit de la loi. Rendre l'esprit*, mourir; *perdre l'esprit*, se troubler, devenir fou. *Chim.* Fluide volatil : *esprit de vin*. Se prend pour les personnes : *concilier les esprits*.

ESPRIT-FORT, n. m. Athée, matérialiste; sceptique par orgueil et par ignorance. Pl. des *esprits-forts*.

ESQUIF, n. m. Canot léger, barque.

ESQUILLE, n. f. Petit fragment d'un os fracturé.

ESQUINANCIE, n. f. Violente inflammation à la gorge.

ESQUISSE, n. f. Le premier trait rapide d'un dessin; ébauche d'un ouvrage de peinture ou de sculpture.

ESQUISSER, v. tr. Faire une esquisse.

ESQUIVER, v. tr. Éviter adroitement : *esquiver une difficulté*. S'**esquiver**, v. pr. Se retirer sans être aperçu.

ESSAI, n. m. Épreuve qu'on fait d'une chose. *Fig.* Tentative : *coup d'essai*.

ESSAIM, n. m. Volée de jeunes abeilles qui abandonnent la ruche.

ESSAIMER, v. int. Se dit des ruches d'où sort un essaim.

ESSANGER, v. tr. Passer à l'eau du linge sale avant de le mettre à la lessive.

ESSAYER, v. int. Tâcher : *il n'en coûte guère d'essayer*. V. tr. *Essayer un habit*, le mettre pour en juger; *essayer de l'or*, en examiner le titre.

ESSAYEUR, n. m. Nommé pour faire l'essai de la monnaie.

ESSE, n. f. Cheville de fer, en forme de S, qui se met au bout de l'essieu, pour y maintenir la roue.

ESSENCE, n. f. Ce qui constitue la nature d'une chose : *essence divine*; huile aromatique obtenue par la distillation : *essence de rose*.

ESSENTIEL, ELLE, adj. Qui est de l'essence d'une chose : *la raison est essentielle à l'homme*; nécessaire, indispensable : *condition essentielle*. N. m. Le point capital : *l'essentiel est d'être honnête*.

ESSENTIELLEMENT, adv. Par essence : *Dieu est essentiellement bon*.

ESSETTE, n. f. Outil de charronnage, à tête ronde d'un côté, et à large tranchant de l'autre.

ESSEULÉ, ÉE, adj. Qui est seul, qui est resté seul.

ESSIEU, n. m. Pièce ordinairement de fer qui passe dans le moyeu des roues.

ESSOR, n. m. Action d'un oiseau qui prend son vol. *Fig.* Élan, progrès : *depuis quelques années les arts ont pris un grand essor*.

ESSOUFFLEMENT, n. m. État de quelqu'un qui est essoufflé.

ESSOUFFLER, v. tr. Mettre presque hors d'haleine.

ESSUI, n. m. Lieu où l'on fait sécher.

ESSUIE-MAINS, n. m. Linge pour

s'essuyer les mains. Pl. des *essuie-mains.*

ESSUYER, v. tr. Oter l'eau, la sueur, l'humidité, la poussière, etc.; sécher : *le vent a essuyé les chemins. Fig.* Consoler : *essuyer des larmes ;* subir, souffrir : *essuyer le feu de l'ennemi, un affront. Essuyer les plâtres,* habiter une maison nouvellement bâtie.

EST, n. m. Côté de l'horizon où le soleil se lève, l'un des quatre points cardinaux.

ESTACADE, n. f. Sorte de digue faite avec de grands pieux plantés dans une rivière.

ESTAFETTE, n. f. Courrier qui ne porte son paquet que d'une poste à l'autre.

ESTAFIER, n. m. Laquais de grande taille. Se prend en m. part.

ESTAFILADE, n. f. Coupure faite avec un instrument tranchant, principalement au visage.

ESTAMINET, n. m. Café où il est permis de fumer.

ESTAMPAGE, n. m. Procédé mécanique pour obtenir des reliefs sur une plaque de métal.

ESTAMPE, n. f. Image imprimée après avoir été gravée sur cuivre ou sur bois; outil pour estamper.

ESTAMPER, v. tr. Prendre sur une matière molle l'empreinte d'un corps dur et gravé.

ESTAMPILLE, n. f. Sorte de timbre qui se met sur des brevets, des lettres, des livres, etc.

ESTAMPILLER, v. tr. Marquer d'une estampille.

ESTHÉTIQUE, n. f. Science qui traite du Beau en général, et du sentiment qu'il fait naître en nous.

ESTIMABLE, adj. Qui mérite l'estime.

ESTIMATEUR, n. m. Qui prise une chose, qui en détermine la valeur.

ESTIMATIF, IVE, adj. Par estimation d'expert : *devis estimatif.*

ESTIMATION, n. f. Évaluation.

ESTIME, n. f. Cas que l'on fait d'une personne, de son mérite, de ses vertus. Se dit aussi des choses : *l'agriculture était en grande estime chez les Egyptiens.*

ESTIMER, v. tr. Faire cas : *estimer la vertu;* déterminer la valeur : *estimer une maison.*

ESTIVAL, E, adj. Qui naît en été : *plante estivale.*

ESTOC, n. m. Ancienne épée longue et étroite. *Frapper d'estoc,* de la pointe; *frapper d'estoc et de taille,* de la pointe et du tranchant.

ESTOCADE, n. f. Coup de pointe, d'estoc.

ESTOCADER, v. int. Porter des estocades.

ESTOMAC, n. m. Viscère membraneux qui digère les aliments.

ESTOMPE, n. f. Peau, papier roulé en pointe pour estomper.

ESTOMPER, v. tr. Étendre avec une estompe le crayon sur le papier.

ESTOUFFADE, n. f. Façon d'accommoder certains aliments dans un vase clos. Ne pas dire *étouffée* : *de pommes de terre à l'étouffée.*

ESTRADE, n. f. Élévation sur un plancher.

ESTRAGON, n. m. Plante potagère aromatique.

ESTRAPADE, n. f. Supplice en usage sur les vaisseaux, qui consistait à hisser le coupable au bout d'une vergue, puis à le laisser tomber plusieurs fois dans la mer.

ESTROPIER, v. tr. Priver de l'usage d'un membre. *Fig.* Altérer : *estropier un nom.*

ESTURGEON, r. m. Gros poisson de mer.

ET, conj. copulative, qui sert à lier les parties du discours.

ÉTABLE, n. f. Lieu destiné au logement des bestiaux.

ÉTABLI, n. m. Table de travail des menuisiers, des serruriers, des tailleurs, etc.

ÉTABLIR, v. tr. Rendre stable, fixer : *établir sa demeure, un camp;* démontrer : *établir un fait. Établir ses enfants,* les marier, leur donner un établissement.

ÉTABLISSEMENT, n. m. Action d'établir; fondation utile, publique; siège d'une industrie.

ÉTAGE, n. m. Espace entre deux planchers. *Gens de bas étage,* de condition inférieure; *menton à triple étage,* très-gras.

ÉTAGER, v. tr. Disposer par étage, en parlant des cheveux.

ÉTAGÈRE, n. f. Meuble formé de tablettes placées par étage.

ÉTAI, n. m. Grosse pièce de bois pour appuyer, pour soutenir un plancher, un mur, un édifice, etc. *Mar.* Gros cordage qui sert à soutenir le mât d'un navire contre les efforts qui pourraient le renverser de l'arrière vers l'avant.

ÉTAIM, n. m. La partie la plus fine de la laine cardée.

ÉTAIN, n. m. Métal blanc léger et très-malléable.

ÉTAL, n. m. Table sur laquelle on

12.

expose en vente de la viande de boucherie.

ÉTALAGE, n. m. Exposition de marchandises. *Fig.* Affectation : *étalage d'esprit, de beaux sentiments.*

ÉTALAGISTE, n. m. Marchand en plein vent.

ÉTALER, v. tr. Exposer en vente; étendre : *étaler une carte de géographie. Fig.* Faire parade de : *étaler un grand luxe, étaler son savoir.* **S'étaler**, v. pr. S'étendre : *s'étaler sur l'herbe, dans un fauteuil;* tomber : *s'étaler par terre.*

ÉTALON, n. m. Modèle, type de poids, de mesures, réglé et autorisé par les lois.

ÉTALON, n. m. Cheval entier spécialement destiné à la reproduction.

ÉTALONNAGE ou **ÉTALONNEMENT**, n. m. Action d'étalonner des poids, des mesures.

ÉTALONNER, v. tr. Marquer un poids, une mesure, après qu'ils ont été vérifiés sur l'étalon.

ÉTALONNEUR, n. m. Employé préposé à l'étalonnage.

ÉTAMAGE, n. m. Action d'étamer; état de ce qui est étamé.

ÉTAMER, v. tr. Appliquer sur un métal oxydable une couche mince d'un autre métal non oxydable; mettre le tain à une glace.

ÉTAMEUR, n. m. Qui étame. Ne pas dire *rétameur.*

ÉTAMINE, n. f. Petite étoffe mince, non croisée; tissu peu serré de crin, de soie ou de fil, pour passer au tamis. *Fig.* Examen sévère : *passer un livre à l'étamine.*

ÉTAMINE, n. f. Organe mâle des fleurs.

ÉTAMURE, n. f. Étain pour étamer.

ÉTANCHEMENT, n. m. Action d'étancher.

ÉTANCHER, v. tr. Arrêter l'écoulement d'un liquide : *étancher le sang. Fig.* Apaiser : *étancher la soif.*

ÉTANÇON, n. m. Grosse pile de bois pour soutenir un mur ou un plancher qui menace ruine.

ÉTANÇONNER, v. tr. Soutenir avec des étançons.

ÉTANFICHE, n. f. Hauteur de plusieurs lits de pierre, qui font masse ensemble dans une carrière.

ÉTANG, n. m. Étendue d'eau peu profonde et sans écoulement, située dans l'intérieur des terres.

ÉTAPE, n. f. Lieu où s'arrêtent des troupes en marche; distance d'un de ces lieux à l'autre. *Brûler l'étape*, ne pas s'y arrêter.

ÉTAT, n. m. Disposition, situation : *être dans un triste état;* condition, profession : *état militaire, ecclésiastique;* forme de gouvernement : *état monarchique;* liste, tableau : *état du personnel d'un ministère;* société civile constituée en corps de nation : *être utile à l'État. État civil,* condition des individus en ce qui touche les relations de famille, la naissance, le mariage, le décès, etc.; *coup d'État,* mesure violente; *affaire d'État,* importante; *États-généraux,* autrefois, en France, assemblée des trois ordres : le clergé, la noblesse et le tiers-état.

ÉTAT-MAJOR, n. m. Corps d'officiers d'où émane la direction militaire ou administrative d'une armée, d'une division, d'un régiment, d'un bataillon.

ÉTAU, n. m. Instrument pour serrer les objets qu'on veut limer, buriner, etc.

ÉTAYEMENT, n. m. Action d'étayer.

ÉTAYER, v. tr. Soutenir avec des étais.

ÉTÉ, n. m. Saison la plus chaude de l'année, entre le printemps et l'automne.

ÉTEIGNOIR, n. m. Instrument creux en forme d'entonnoir, pour éteindre la chandelle.

ÉTEINDRE, v. tr. Étouffer : *éteindre le feu. Fig.* Faire cesser : *éteindre la soif;* exterminer entièrement : *éteindre une race;* racheter : *éteindre une rente.* **S'éteindre**, v. pr. Mourir doucement : *le feu s'est éteint,* et fig. : *ce vieillard s'éteignit entre les bras de ses enfants.*

ÉTENDARD, n. m. Enseigne de cavalerie. *Fig.* Lever l'étendard de la révolte, se soulever.

ÉTENDRE, v. tr. Déployer en long et en large : *étendre du linge,* et, par ext. : *étendre ses troupes;* allonger : *étendre les bras, les jambes. Fig.* Augmenter, agrandir : *étendre son pouvoir. Étendre un sujet,* le développer; *étendre quelqu'un sur le carreau,* le renverser mort.

ÉTENDU, E, adj. Vaste. *Chim.* Mêlé d'eau : *acide étendu.*

ÉTENDUE, n. f. Dimension en longueur, largeur et profondeur; espace : *vaste étendue de mers. Fig.* Temps : *l'étendue des âges;* force, grandeur : *étendue de la voix, d'une faute.*

ÉTERNEL, ELLE, adj. Sans commencement ni fin; qui n'aura point de fin : *damnation éternelle,* et, par exag., *haine, reconnaissance éternelle.* N. m. : *L'Éternel.* Dieu.

ÉTERNELLEMENT, adv. De toute éternité, sans fin.

ÉTERNISER, v. tr. Faire durer longtemps : *éterniser un procès, un nom.*

ÉTERNITÉ, n. f. Durée qui n'a ni commencement ni fin ; la vie future : *songer à l'éternité* ; par exag., un temps fort long : *rester une éternité à .. De toute éternité*, de temps immémorial.

ÉTERNUER, v. int. Faire un éternument.

ÉTERNUMENT, n. m. Mouvement subit et convulsif des muscles expirateurs, par suite duquel l'air est chassé tout à coup et avec violence par le nez et par la bouche.

ÉTÉSIENS, adj. m. pl. Nom donné à deux vents du nord, qui soufflent chaque année, pendant six semaines, dans la Méditerranée.

ÉTHER, n. m. Fluide très-subtil qu'on supposait remplir l'espace. *Chim.* Liquide très-volatil provenant de la combinaison d'un acide avec l'alcool.

ÉTHÉRÉ, ÉE, adj. De la nature de l'éther : *substance éthérée.* *Poét.* La *voûte éthérée*, le ciel.

ÉTHÉRISATION, n. f. Action d'éthériser.

ÉTHÉRISER, v. tr. Suspendre d'une manière plus ou moins absolue la sensibilité, en introduisant de la vapeur d'éther dans les poumons. On dit aussi *chloroformiser.*

ÉTINCELANT, E, adj. Qui étincelle : *yeux étincelants de fureur.*

ÉTINCELER, v. int. Briller : *les étoiles étincellent.* *Fig. Cet ouvrage étincelle d'esprit*, en est rempli.

ÉTINCELLE, n. f. Parcelle qui se détache d'un corps enflammé et s'élance au loin. *Fig.* : *ses yeux lançaient des étincelles.* *Phys.* Vive lumière qui jaillit du choc de deux corps durs ou d'un corps électrisé.

ÉTINCELLEMENT, n. m. Éclat de ce qui étincelle.

ÉTIOLEMENT, n. m. Altération qu'éprouvent les plantes qui vivent dans un lieu obscur.

ÉTIOLER, v. tr. S'étioler, v. pr. Causer, éprouver l'étiolement.

ÉTIQUE, adj. Maigre, décharné.

ÉTIQUETER, v. tr. Marquer d'une étiquette : *étiqueter des marchandises.*

ÉTIQUETTE, n. f. Petit écriteau qu'on met sur les sacs d'argent, sur les marchandises, etc.

ÉTIQUETTE, n. f. Cérémonial de cour ; formes cérémonieuses entre particuliers.

ÉTIRER, v. tr. Étendre, allonger.

ÉTISIE, n. f. Amaigrissement extrême du corps, résultant d'une maladie chronique.

ÉTOFFE, n. f. Toute espèce de tissu de laine, de fil, de coton, de soie, etc. *Fig.* Dispositions heureuses : *il y a de l'étoffe dans cet enfant.* Pl. Ce que fait payer un imprimeur au-delà des frais de composition et de tirage, pour couvrir les dépenses nécessitées par l'entretien de son matériel.

ÉTOFFER, v. tr. Employer l'étoffe nécessaire.

† **ÉTOILE**, n. f. Astre fixe. *Fig.* Destinée : *son étoile pâlit ;* décoration : *l'étoile de la Légion d'honneur. Coucher à la belle étoile*, en plein air. *Impr.* Astérisque.

ÉTOILÉ, ÉE, adj. Semé d'étoiles : *ciel étoilé.*

ÉTOLE, n. f. Ornement ecclésiastique que les officiants portent au cou.

ÉTONNAMMENT, adv. D'une manière étonnante.

ÉTONNANT, E, adj. Qui étonne ; extraordinaire : *homme étonnant.*

ÉTONNEMENT, n. m. Surprise.

ÉTONNER, v. tr. Surprendre par quelque chose d'inattendu, d'extraordinaire.

ÉTOUFFADE, n. f. V. *Estouffade.*

ÉTOUFFANT, E, adj. Qui fait qu'on étouffe, qu'on respire mal : *chaleur étouffante.*

ÉTOUFFEMENT, n. m. Difficulté de respirer.

ÉTOUFFER, v. tr. Suffoquer, faire perdre la respiration, la vie ; éteindre en interceptant l'air : *étouffer du charbon.* *Fig.* Contenir : *étouffer ses sanglots ;* faire cesser : *étouffer une querelle, une révolte.* V. int. Respirer avec peine : *on étouffe ici. Étouffer de rire*, rire avec excès. *Fam.*

ÉTOUFFOIR, n. m. Vase de cuivre ou de tôle pour éteindre et conserver la braise. *Mus.* Mécanisme à l'aide duquel on arrête subitement les vibrations des cordes dans le piano.

ÉTOUPE, n. f. Rebut de la filasse du chanvre ou du lin.

ÉTOUPER, v. tr. Boucher avec de l'étoupe.

ÉTOUPILLE, n. f. Mèche inflammable qu'on introduit dans la lumière d'un canon et qui lui sert d'amorce.

ÉTOUPILLON, n. m. Petite mèche d'amorce qu'on introduit dans la lumière d'une pièce d'artillerie pour préserver la charge de l'humidité.

ÉTOURDERIE, n. f. Caractère, action d'étourdi.

ÉTOURDI, E, adj. et n. Qui agit sans réflexion.

ÉTOURDIMENT, adv. En étourdi.

ÉTOURDIR, v. tr. Faire perdre l'usage des sens : *étourdir d'un coup de bâton* ; fatiguer, importuner : *cet enfant m'étourdit.* s'étourdir, v. pr. Se distraire pour ne pas penser à une chose.

ÉTOURDISSANT, E, adj. Qui étourdit : *bruit étourdissant.*

ÉTOURDISSEMENT, n. m. État de trouble, vertige.

ÉTOURNEAU, n. m. Oiseau de l'ordre des passereaux, vulgairement appelé *sansonnet. Fig.* Jeune homme inconsidéré, étourdi.

ÉTRANGE, adj. Contraire à l'usage, à l'ordre, au bon sens.

ÉTRANGEMENT, adv. D'une manière étrange.

ÉTRANGER, ÈRE, adj. Qui est d'une autre nation ; qui n'appartient pas à la chose dont on parle : *dissertation étrangère au sujet* ; qui ne connaît pas : *étranger à une science, à un art. Méd.* Corps *étranger*, qui se trouve, contre nature, dans le corps de l'homme ou de l'animal. N. : *les étrangers sont bien reçus en France.* Au sing. *Passer à l'étranger*, en pays étranger.

ÉTRANGETÉ, n. f. Caractère de ce qui est étrange : *l'étrangeté de sa conduite.*

ÉTRANGLEMENT, n. m. Action d'étrangler. *Méd.* Resserrement, rétrécissement accidentel ou naturel.

ÉTRANGLER, v. tr. Faire perdre la respiration, la vie, en pressant le gosier. *Fig. Corridor étranglé*, trop étroit. V. int. Perdre la respiration.

ÊTRE, v. subst. Exister ; appartenir : *cet objet est à moi.* Marque l'origine : *ce vin est de Bordeaux* ; la situation : *Paris est sur la Seine.*

ÊTRE, n. m. Ce qui est : *l'Être suprême* ; existence : *Dieu m'a donné l'être.* Pl. Diverses parties de la distribution d'une maison : *connaître les êtres.*

ÉTRÉCIR, v. tr. Rendre plus étroit.

ÉTRÉCISSEMENT, n. m. Action par laquelle on étrécit ; état de ce qui est étréci.

ÉTREINDRE, v. tr. Serrer fortement en liant ; serrer dans ses bras.

ÉTREINTE, n. f. Action d'étreindre.

ÉTRENNE, n. f. Première vente du jour que fait un marchand ; premier usage d'une chose : *en avoir l'étrenne.* Pl. Présents du premier jour de l'année.

ÉTRENNER, v. tr. Acheter le premier à un marchand ; faire usage d'une chose pour la première fois : *étrenner une robe* ; donner des étrennes. V. int. Se dit de la première vente faite dans la journée.

ÉTRÉSILLON, n. m. Pièce de bois qu'on place en travers dans les tranchées d'une fondation, dans les galeries d'une mine, pour empêcher les terres de s'ébouler.

ÉTRÉSILLONNER, v. tr. Étayer avec des étrésillons.

ÉTRIER, n. m. Appui de métal pour le pied du cavalier ; lien de fer pour maintenir une poutre rompue.

ÉTRILLE, n. f. Instrument de fer pour enlever les malpropretés qui s'attachent au poil des chevaux.

ÉTRILLER, v. tr. Frotter avec l'étrille. *Fig.* Mal mener, battre : *on l'a étrillé d'une rude manière* ; faire payer trop cher : *ce marchand nous a étrillés. Fam.*

ÉTRIQUÉ, ÉE, adj. Qui n'a pas l'ampleur suffisante : *habit étriqué.*

ÉTRIVIÈRE, n. f. Courroie servant à porter les étriers. Pl. *Donner les étrivières*, corriger, donner le fouet.

ÉTROIT, E, adj. Qui a peu de largeur. *Fig.* Borné : *génie étroit* ; intime : *amitié étroite.* A l'étroit, loc. adv. Pauvrement : *vivre à l'étroit* ; dans un logement insuffisant : *être logé à l'étroit.*

ÉTROITEMENT, adv. A l'étroit. *Fig.* Intimement : *amis étroitement unis.*

ÉTRONÇONNER, v. tr. Couper entièrement la tête à un arbre.

ÉTUDE, n. f. Application d'esprit : *se livrer à l'étude* ; salle de travail pour les élèves d'un collège ; bureau où travaillent les clercs d'un notaire, d'un avoué, etc. ; clientèle de ces derniers : *vendre son étude.* Pl. Instruction classique : *études manquées* ; morceaux de dessin, de peinture, pour l'étude : *études de Raphaël.*

ÉTUDIANT, n. m. Jeune homme qui étudie le droit ou la médecine.

ÉTUDIÉ, ÉE, adj. Feint, affecté : *douleur étudiée.*

ÉTUDIER, v. int. S'appliquer, travailler pour apprendre les lettres, une science, un art. V. tr. Tâcher d'entendre : *étudier un auteur* ; apprendre par cœur : *étudier sa leçon* ; préparer : *étudier un projet de loi* ; observer avec soin : *étudier un homme, la nature.* S'étudier, v. pr. S'appliquer à.

ÉTUI, n. m. Sorte de boîte qui sert à mettre, à porter, à conserver un objet : *étui de lunettes* ; petit meuble cylindrique pour serrer les aiguilles, etc.

ÉTUVE, n. f. Chambre de bains que

l'on chauffe par des bouches de chaleur ou de la vapeur d'eau bouillante, pour provoquer la transpiration; petit four pour faire sécher différentes substances. *Fig. Cette chambre est une étuve,* est très-chaude.

ÉTUVÉE, n. f. Certaine manière de cuire les viandes, le poisson.

ÉTUVER, v. tr. *Méd.* Laver en appuyant légèrement : *étuver une plaie.*

ÉTYMOLOGIE, n. f. Origine d'un mot; science qui s'occupe de la recherche de cette origine.

ÉTYMOLOGIQUE, adj. Qui a rapport à l'étymologie : *dictionnaire étymologique.*

ÉTYMOLOGISTE, n. m. Qui s'occupe d'étymologie.

EUCHARISTIE, n. f. Sacrement par lequel on reçoit réellement et substantiellement le corps, le sang, l'âme et la divinité de J.-C., sous les espèces du pain et du vin.

EUCHARISTIQUE, adj. Qui appartient à l'eucharistie.

EUCOLOGE, n. m. Livre de prières pour l'office des dimanches et des fêtes.

EUMÉNIDE, n. f. *Myth.* Chacune des trois Furies.

EUNUQUE, n. m. Gardien d'un sérail.

EUPHÉMISME, n. m. Adoucissement d'expression. C'est par euphémisme que l'on dit : *n'être plus jeune,* pour *être vieux.*

EUPHONIE, n. f. *Gram.* Heureux choix des sons, harmonieuse succession des voyelles et des consonnes. C'est par euphonie qu'on dit *mon épée* pour *ma épée ; viendra-t-il* pour *viendra-il,* etc.

EUPHONIQUE, adj. *Gram.* Qui produit l'euphonie : *lettre euphonique,* telle que le *t* dans *viendra-t-il ?*

EUSTACHE, n. m. Couteau grossier, à manche de bois.

EUX, pl. m. de *lui.*

ÉVACUATION, n. f. Matières évacuées. *Fig.* Action de sortir d'un pays, d'une place de guerre.

ÉVACUER, v. tr. Faire sortir du corps : *remède pour évacuer la bile.* *Guerre.* Sortir d'une place par capitulation.

ÉVADER (S'), v. pr. S'échapper furtivement.

ÉVALUATION, n. f. Appréciation, estimation.

ÉVALUER, v. tr. Apprécier, fixer le prix d'une chose.

ÉVANGÉLIQUE, adj. De l'Évangile, selon l'Évangile : *vie évangélique.*

ÉVANGÉLIQUEMENT, adv. D'une manière évangélique.

ÉVANGÉLISER, v. tr. Prêcher l'Évangile.

ÉVANGÉLISTE, n. m. Chacun des quatre écrivains sacrés qui ont écrit la vie et la doctrine de Jésus-Christ : saint Mathieu, saint Marc, saint Luc, et saint Jean.

ÉVANGILE, n. m. Doctrine de Jésus-Christ; livre qui la contient; partie des évangiles lue ou chantée à la messe.

ÉVANOUIR (S'), v. pr. Tomber en faiblesse, perdre connaissance. *Fig.* Disparaître : *la beauté s'évanouit.*

ÉVANOUISSEMENT, n. m. Perte de connaissance.

ÉVAPORATION, n. f. Transformation lente et successive d'un liquide en vapeur.

ÉVAPORÉ, ÉE, adj. Étourdi, léger : *tête évaporée.*

ÉVAPORER (S'), v. pr. Se résoudre en vapeur.

ÉVASEMENT, n. m. État de ce qui est évasé.

ÉVASER, v. tr. Élargir une ouverture.

ÉVASIF, IVE, adj. Qui sert à éluder : *réponse évasive.*

ÉVASION, n. f. Action de s'évader.

ÉVÊCHÉ, n. m. Étendue d'un diocèse; siège, palais épiscopal.

ÉVEIL, n. m. Avis donné sur une chose qui intéresse, et à laquelle on ne pensait pas : *donner l'éveil.*

ÉVEILLÉ, ÉE, adj. Gai, vif : *enfant très-éveillé.*

ÉVEILLER, v. tr. Tirer du sommeil. *Fig.* Faire naître : *éveiller l'attention.*

ÉVÉNEMENT, n. m. Tout ce qui arrive dans le monde; incident remarquable : *histoire pleine d'événements.*

ÉVENT, n. m. Altération dans les aliments ou dans les liqueurs, causée par l'impression de l'air : *ce vin sent l'évent.*

ÉVENTAIL, n. m. Sorte d'écran qui se replie sur lui-même, et avec lequel on s'évente.

ÉVENTAILLISTE, n. m. Fabricant, marchand d'éventails.

ÉVENTAIRE, n. m. Plateau d'osier que portent devant elles les marchandes de fruits, de fleurs, de légumes, etc.

ÉVENTER, v. tr. Agiter l'air avec un éventail; remuer pour donner de l'air et empêcher la fermentation : *éventer le grain. Fig. Éventer un secret,* le révéler; *éventer une mine,* découvrir l'endroit où elle est pratiquée et en détruire l'effet. S'éventer, v. pr. Se corrompre par le contact de l'air.

ÉVENTRER, v. tr. Ouvrir le ventre.

ÉVENTUALITÉ, n. f. Caractère de ce qui est éventuel.

ÉVENTUEL, ELLE, adj. Qui dépend d'un événement incertain. N. m. Portion du traitement d'un fonctionnaire, qui dépend de recettes accidentelles.

ÉVENTUELLEMENT, adv. D'une manière éventuelle.

ÉVÊQUE, n. m. Le premier pasteur et le chef d'un diocèse.

ÉVERTUER (S'), v. pr. Faire effort pour.

ÉVIDEMMENT, adv. D'une manière évidente.

ÉVIDENCE, n. f. Caractère de ce qui est évident, manifeste.

ÉVIDENT, E, adj. Clair, manifeste.

ÉVIDER, v. tr. Échancrer.

ÉVIDOIR, n. m. Outil pour évider.

ÉVIER, n. m. Table de pierre légèrement creusée, sur laquelle on lave la vaisselle; petit canal par lequel s'écoulent les eaux d'une cuisine. Ne pas dire lévier, lavier.

ÉVINCER, v. tr. Écarter, faire renvoyer par intrigue.

ÉVITABLE, adj. Qui peut être évité.

ÉVITER, v. tr. Esquiver, parer à ce qui peut être nuisible, désagréable.

ÉVOCATION, n. f. Action de faire apparaître.

ÉVOLUTION, n. f. Mouvement, manœuvres exécutées par des troupes.

ÉVOQUER, v. tr. Appeler, faire apparaître : évoquer les esprits; rappeler : évoquer les souvenirs; porter une cause d'un tribunal à un autre : évoquer une affaire.

EX, Particule qui marque qu'une personne a été ce qu'elle n'est plus : un ex-ministre.

EX-ABRUPTO, loc. lat. Sans préparation : parler ex-abrupto.

EXACT, E, adj. Régulier, ponctuel, soigneux : employé exact; véridique : récit exact. Les sciences exactes, les mathématiques.

EXACTEMENT, adv. Avec exactitude.

EXACTEUR, n. m. Qui est coupable d'exaction.

EXACTION, n. f. Acte d'un fonctionnaire public qui exige plus qu'il n'est dû.

EXACTITUDE, n. f. Attention ponctuelle à faire ce qu'on doit; justesse : exactitude d'un calcul.

EXAGÉRATEUR, TRICE, n. Qui exagère.

EXAGÉRATION, n. f. Action d'exagérer; discours par lequel on exagère.

EXAGÉRÉ, ÉE, adj. Où il y a de l'exagération : récit exagéré.

EXAGÉRER, v. tr. Outrer les choses dont on parle : exagérer un récit.

EXALTATION, n. f. Élévation à la papauté. Exaltation de la sainte Croix, fête de l'Église. Fig. Exagération dans les idées, les sentiments.

EXALTER, v. tr. Louer, vanter beaucoup. Fig. Échauffer : certaines lectures exaltent l'imagination. Adj. et n. : tête exaltée, c'est un exalté.

EXAMEN, n. m. Recherche, investigation exacte, réfléchie : examen de conscience; épreuve que subit un candidat : passer un examen.

EXAMINATEUR, n. m. Qui est chargé d'examiner les candidats.

EXAMINER, v. tr. Faire l'examen de quelqu'un ou de quelque chose; interroger un candidat; regarder attentivement.

EXARCHAT, n. m. Partie de l'Italie où commandait l'exarque, et dont Ravenne était la capitale.

EXARQUE, n. m. Celui qui commandait l'exarchat de Ravenne.

EXASPÉRATION, n. f. État de quelqu'un qui est exaspéré.

EXASPÉRER, v. tr. Aigrir, irriter à l'excès.

EXAUCER, v. tr. Accorder ce qui est demandé.

EXCAVATION, n. f. Action de creuser dans le sol; résultat de cette action.

EXCÉDANT, E, adj. et n. Qui excède.

EXCÉDER, v. tr. Outrepasser, aller au-delà : excéder son pouvoir. Fig. Fatiguer excessivement : cette course m'a excédé.

EXCELLEMMENT, adv. D'une manière excellente.

EXCELLENCE, n. f. Degré éminent de perfection : l'excellence du goût; titre honorifique.

EXCELLENT, E, adj. Qui excelle; très-bon.

EXCELLENTISSIME, adj. Augmentatif d'excellent.

EXCELLER, v. int. Être supérieur, l'emporter sur la plupart des autres.

EXCENTRICITÉ, n. f. Distance du centre d'une ellipse à chacun de ses foyers. Astr. Distance du soleil au centre de l'ellipse que les planètes décrivent autour de lui; originalité de caractère.

EXCENTRIQUE, adj. Se dit de cercles qui n'ont pas le même centre, quoique renfermés les uns dans les autres. Son opposé est concentrique. Fig.

Qui est en opposition avec les usages reçus : *conduite excentrique.*

EXCEPTÉ, prép. Hors, à la réserve de.

EXCEPTER, v. tr. Ne pas comprendre dans.

EXCEPTION, n. f. Action par laquelle on excepte ; la chose exceptée.

EXCEPTIONNEL, ELLE, adj. Qui forme exception : *récompense exceptionnelle.*

EXCEPTIONNELLEMENT, adv. D'une manière exceptionnelle.

EXCÈS, n. m. Ce qui dépasse les bornes, la mesure. Pl. Débauche, dérèglement : *faire beaucoup d'excès* ; violence, mauvais traitements : *se porter à des excès.*

EXCESSIF, IVE, adj. Qui passe les bornes ordinaires.

EXCESSIVEMENT, adv. Avec excès.

EXCITANT, E, adj. *Méd.* Qui excite, ranime les forces. N. m. : *un excitant.*

EXCITATIF, IVE, adj. Propre à exciter : *remède excitatif.*

EXCITATION, n. f. Action des excitants sur nos organes. *Fig.* Animation.

EXCITER, v. tr. Animer, encourager : *exciter les combattants* ; causer : *exciter la soif. Fig. Exciter la pitié,* la faire naître.

EXCLAMATIF, IVE, adj. *Gram.* Qui marque l'exclamation : *phrase exclamative.*

EXCLAMATION, n. f. Cri de joie, de surprise, d'indignation, etc.

EXCLAMER (S'), v. pr. Se récrier.

EXCLURE, v. tr. Renvoyer, retrancher quelqu'un d'une société. *Fig.* Être incompatible avec : *la bonté exclut l'avarice.* V. pr. : *ces deux principes s'excluent réciproquement.*

EXCLUSIF, IVE, adj. Qui exclut : *droit exclusif* ; qui repousse tout ce qui est contraire à son opinion : *homme exclusif dans ses idées.*

EXCLUSION, n. f. Action d'exclure.

EXCLUSIVEMENT, adv. En excluant : *du mois de janvier au mois d'août exclusivement,* le mois d'août non compris. *S'occuper exclusivement d'histoire,* à l'exclusion de toute autre étude.

EXCOMMUNICATION, n. f. Censure ecclésiastique, qui retranche de la communion des fidèles.

EXCOMMUNIER, v. tr. Retrancher de la communion de l'Église.

EXCORIATION, n. f. Légère écorchure qui n'attaque que l'épiderme.

EXCORIER, v. tr. Écorcher légèrement la peau.

EXCRÉMENT, n. m. Matière évacuée du corps par les voies naturelles.

EXCRÉMENTEUX, EUSE, **EXCRÉMENTIEL, ELLE**, ou **EXCRÉMENTITIEL, ELLE**, adj. Qui tient de l'excrément.

EXCRÉTEUR ou **EXCRÉTOIRE**, adj. Se dit des conduits qui servent à l'expulsion des matières excrémentitielles.

EXCRÉTION, n. f. Action par laquelle les résidus devenus inutiles à l'économie animale, sont rejetés hors du corps.

EXCROISSANCE, n. f. Tumeur qui vient sur quelque partie du corps de l'animal, comme les verrues, les polypes, les loupes, ou sur les végétaux, comme les bourrelets de l'orme.

EXCURSION, n. f. Course, irruption au dehors.

EXCUSABLE, adj. Qui peut être excusé.

EXCUSE, n. f. Raison pour se disculper, ou pour disculper autrui. Pl. Expression du regret qu'on éprouve d'avoir commis une faute : *faire des excuses.*

EXCUSER, v. tr. Disculper quelqu'un d'une faute ; admettre des excuses ; pardonner : *il faut excuser les fautes de la jeunesse ; servir d'excuse : rien ne peut vous excuser.*

EXEAT, n. m. (Mot latin). Permission donnée à un prêtre par son évêque de quitter le diocèse ; permis de sortie délivré à un élève. Pl. des *exeats.*

EXÉCRABLE, adj. Qui excite l'horreur. *Fig.* Extrêmement mauvais : *mets exécrable.*

EXÉCRABLEMENT, adv. D'une manière exécrable.

EXÉCRATION, n. f. Sentiment d'horreur extrême ; personne ou chose qui inspire ce sentiment : *cet homme est l'exécration du genre humain* ; imprécation : *proférer mille exécrations.*

EXÉCRER, v. tr. Avoir en exécration.

EXÉCUTABLE, adj. Qui peut être exécuté.

EXÉCUTANT, n. m. Musicien qui exécute sa partie dans un concert.

EXÉCUTER, v. tr. Mettre à effet, accomplir ; faire : *exécuter un bas-relief* ; jouer : *exécuter un morceau de musique. Exécuter quelqu'un,* le mettre à mort.

EXÉCUTEUR, TRICE, n. Qui exécute. *Exécuteur testamentaire,* celui que le testateur a chargé de l'exécution

EXÉCUTIF, IVE, adj. *Pouvoir exécutif, puissance exécutive,* qui fait exécuter les lois.

EXÉCUTION, n. f. Action d'exécuter; mise à mort d'un condamné.

EXÉCUTOIRE, adj. Qui donne pouvoir de procéder à une exécution judiciaire : *acte exécutoire.* N. m. : *délivrer un exécutoire.*

EXEMPLAIRE, adj. Qui peut servir d'exemple : *piété exemplaire.* N. m. Chaque objet formé d'après un type commun : *un exemplaire de la Bible; ouvrage tiré à 2,000 exemplaires.*

EXEMPLAIREMENT, adv. D'une manière exemplaire : *vivre exemplairement.*

EXEMPLE, n. m. Ce qui peut servir de modèle; phrase à l'appui d'une règle; modèle d'écriture.

EXEMPT, E, adj. Qui n'est pas sujet, assujetti à une chose : *exempt de blâme, exempt du service militaire.*

EXEMPT, n. m. Autrefois, officier de police.

EXEMPTER, v. tr. Rendre exempt, affranchir.

EXEMPTION, n. f. Privilége qui exempte; billet de satisfaction donné dans les écoles et qui sert à racheter l'élève d'une punition.

EXEQUATUR, n. m. inv. (Mot latin). Ordonnance en vertu de laquelle un souverain autorise un consul étranger à exercer sur son territoire les fonctions qui lui sont confiées.

EXERCER, v. tr. Dresser, former : *exercer des soldats;* donner de l'exercice pour développer : *exercer le corps, l'esprit. Fig.* Pratiquer : *exercer la médecine;* remplir : *exercer des fonctions. Exercer un droit,* en faire usage; *exercer la patience,* la mettre à l'épreuve; *exercer une autorité absolue sur quelqu'un,* le dominer entièrement.

EXERCICE, n. m. Action de s'exercer; maniement des armes; mouvements pour exercer le corps. *Fig. Entrer en exercice,* en fonctions. Pl. *Exercices spirituels,* pratiques de dévotion.

EXERGUE, n. m. Petit espace laissé autour du type d'une médaille, pour y mettre une inscription, la date.

EXHALAISON, n. f. Ce qui s'exhale d'un corps.

EXHALATION, n. f. *Méd.* Action d'exhaler.

EXHALER, v. tr. Pousser hors de soi, répandre des vapeurs, des odeurs. *Fig.* Donner un libre cours à : *exhaler sa colère. Exhaler le dernier soupir,* mou-

rir. S'exhaler, v. pr. Se répandre. *Fig.* : *s'exhaler en injures.*

EXHAUSSEMENT, n. m. Elévation.

EXHAUSSER, v. tr. Elever plus haut.

EXHÉRÉDATION, n. f. Action de déshériter.

EXHÉRÉDER, v. tr. Déshériter.

EXHIBER, v. tr. Représenter, montrer : *exhiber son passe-port.*

EXHIBITION, n. f. Action d'exhiber.

EXHORTATION, n. f. Discours par lequel on exhorte.

EXHORTER, v. tr. Exciter au bien par ses paroles. *Exhorter à la mort,* y préparer.

EXHUMATION, n. f. Action par laquelle on exhume.

EXHUMER, v. tr. Extraire, dans des cas exceptionnels, un cadavre de la terre où il était déposé.

EXIGEANT, E, adj. Qui a l'habitude d'exiger beaucoup de soins, d'attentions, de devoirs, etc.

EXIGENCE, n. f. Action d'exiger.

EXIGER, v. tr. Demander en vertu d'un droit, ou par force. *Fig.* Commander : *l'honneur l'exige;* demander : *son état exige beaucoup de soins.*

EXIGIBILITÉ, n. f. Qualité de ce qui est exigible.

EXIGIBLE, adj. Qui peut être exigé.

EXIGU, Ë, adj. Fort petit, modique : *logement, revenu exigu.*

EXIGUITÉ, n. f. Petitesse, modicité.

EXIL, n. m. Expatriation volontaire ou forcée.

EXILÉ, ÉE, adj. et n. Qui vit en exil.

EXILER, v. tr. Envoyer en exil, bannir.

EXISTENCE, n. f. Etat de ce qui existe : *l'existence de Dieu;* vie : *finir son existence.*

EXISTER, v. int. Avoir l'être, vivre.

EXODE, n. m. Second livre du *Pentateuque,* contenant l'histoire des Hébreux depuis leur sortie d'Egypte jusqu'à la dédicace du Tabernacle dans le désert.

EXORBITAMMENT, adv. D'une manière exorbitante.

EXORBITANT, E, adj. Excessif: *dépense exorbitante.*

EXORCISER, v. tr. Chasser les démons.

EXORCISME, n. m. Paroles et cérémonie pour exorciser.

EXORCISTE, n. m. Tout prêtre qui exorcise.

EXORDE, n. m. Première partie

d'un discours oratoire. Son opposé est *péroraison.*

EXOSTOSE, n. f. Tumeur qui se forme à la surface ou dans l'intérieur des os.

EXOTIQUE, adj. Nom donné aux animaux et aux végétaux étrangers au climat dans lequel on les transporte, comme sont en France le lama, le dattier, le grenadier, etc. Son opposé est *indigène.*

EXPANSIBILITÉ, n. f. Propriété qu'ont les gaz de tendre toujours à occuper un plus grand espace.

EXPANSIBLE, adj. Capable d'expansibilité.

EXPANSIF, IVE, adj. Qui s'épanche avec effusion : *âme expansive.*

EXPANSION, n. f. Épanchement des sentiments : *expansion de cœur.*

EXPATRIATION, n. f. Action de s'expatrier ; état de celui qui est expatrié.

EXPATRIER, v. tr. Obliger quelqu'un à quitter sa patrie. S'expatrier, v. pr. Abandonner sa patrie.

EXPECTANT, E, adj. *Médecine expectante*, méthode qui consiste à observer la marche des maladies, à laisser agir la nature, sans prescrire de médicaments, à moins qu'il ne survienne des symptômes fâcheux ; *politique expectante*, qui consiste à attendre les événements avant de se déclarer.

EXPECTATIVE, n. f. Attente fondée sur des promesses, sur des probabilités : *être dans l'expectative.*

EXPECTORANT, E, adj. Qui facilite l'expectoration : *remède expectorant.*

EXPECTORATION, n. f. Action d'expectorer. Syn. de *crachement.*

EXPECTORER, v. tr. Expulser, rejeter de la poitrine et des poumons les mucosités qui s'y trouvent. Syn. de *cracher.*

EXPÉDIENT, n. m. Moyen de résoudre une difficulté, de réussir dans une affaire : *chercher un expédient.* Pl. Moyens extrêmes : *en être aux expédients. Il est expédient*, il est urgent, nécessaire.

EXPÉDIÉE, n. f. Sorte d'écriture courante.

EXPÉDIER, v. tr. Envoyer à destination ; faire promptement : *expédier une affaire* ; revêtir un acte des formalités voulues : *expédier un contrat de mariage* ; faire mourir : *le bourreau l'expédia promptement.* S'expédier, v. pr. Consentir : *s'expédier de bonne grâce.*

EXPÉDITEUR, n. m. Qui fait un envoi de marchandises.

EXPÉDITIF, IVE, adj. Qui fait, expédie promptement : *homme expéditif en affaires.*

EXPÉDITION, n. f. Action d'envoyer des marchandises ; envoi de bâtiments de guerre pour une mission le plus souvent hostile : *l'expédition d'Egypte, d'Alger.* Jurisp. Copie authentique d'un acte judiciaire ou notarié.

EXPÉDITIONNAIRE, n. m. Ecrivain chargé, dans les administrations, de recopier la correspondance, les rôles, les états, etc. ; expéditeur de marchandises. Adj. *Armée expéditionnaire*, chargée d'une expédition militaire.

EXPÉRIENCE, n. f. Connaissance acquise par une longue pratique jointe à l'observation ; épreuve, essai : *faire une expérience de physique, de chimie.*

EXPÉRIMENTAL, E, adj. Fondé sur l'expérience : *physique expérimentale.*

EXPÉRIMENTATEUR, n. m. Qui fait des expériences en physique, en chimie, etc.

EXPÉRIMENTATION, n. f. Action d'expérimenter.

EXPÉRIMENTÉ, ÉE, adj. Instruit par l'expérience.

EXPÉRIMENTER, v. tr. Eprouver par expérience.

EXPERT, E, adj. Fort versé dans un art par la pratique. N. m. Celui que nomme le juge, ou que choisissent les parties pour examiner, vérifier un compte, donner son avis dans une affaire : *expert en écritures.*

EXPERTISE, n. f. Visite et opération des experts.

EXPERTISER, v. tr. Faire une expertise.

EXPIATION, n. f. Action par laquelle on expie.

EXPIATOIRE, adj. Se dit de ce qui sert à expier : *la messe est un sacrifice expiatoire.*

EXPIER, v. tr. Réparer un crime, une faute, par un châtiment, une peine.

EXPIRATION, n. f. Action d'expirer l'air qu'on a aspiré ; fin d'un terme convenu, d'un temps fixé : *expiration d'un bail, du carême.*

EXPIRER, v. int. Mourir, rendre le dernier soupir. *Fig.* Cesser, prendre fin : *son bail expire à la Saint-Jean.* V. tr. Rendre l'air aspiré.

EXPLÉTIF, IVE, adj. et n. Mot, expression surabondante, mais qui sert parfois à donner plus de force à la phrase, comme *vous* dans ce vers de La Fontaine : *On vous le prend, on vous l'assomme.*

13

EXPLICABLE, adj. Qu'on peut expliquer.

EXPLICATEUR, n. m. Qui explique.

EXPLICATIF. IVE, adj. Qui sert à expliquer : *note explicative.*

EXPLICATION, n. f. Discours pour expliquer, faire comprendre. *Avoir une explication avec quelqu'un*, s'expliquer avec lui sur quelque chose d'équivoque.

EXPLICITE, adj. Clair, formel, distinct : *clause explicite.*

EXPLICITEMENT, adv. En termes clairs et formels.

EXPLIQUER, v. tr. Eclaircir un sens obscur, l'interpréter : *expliquer une énigme* ; exposer, développer : *expliquer sa pensée* ; traduire : *expliquer un auteur.* S'expliquer, v. pr. Avoir une explication avec quelqu'un.

EXPLOIT, n. m. Action d'éclat dans un combat. *Prat.* Assignation par huissier.

EXPLOITABLE, adj. Qui peut être exploité, cultivé : *mine, ferme exploitable.*

EXPLOITATION, n. f. Action d'exploiter des biens, des bois, des mines.

EXPLOITER, v. tr. Faire valoir, cultiver ; débiter : *exploiter du bois. Fig.* Tirer parti de : *exploiter la crédulité.*

EXPLOITEUR, n. m. Qui exploite, qui tire des profits illicites.

EXPLORATEUR, n. m. Qui va à la découverte dans un pays.

EXPLORATION, n. f. Action d'explorer.

EXPLORER, v. tr. Visiter, aller à la découverte : *explorer les mers.*

EXPLOSIBLE, adj. Qui peut faire explosion : *machine explosible.*

EXPLOSION, n. f. Détonation subite de la poudre qui s'enflamme, d'une machine qui éclate, etc. *Fig.* : *l'explosion de la haine, de la colère.*

EXPORTATION, n. f. Action d'exporter. Son opposé est *importation.*

EXPORTER, v. tr. Transporter à l'étranger les produits du sol ou de l'industrie. Son opposé est *importer.*

EXPOSANT, E, n. Qui expose ses prétentions dans une requête ; qui a fait admettre ses produits dans une exposition publique. *Alg.* Nombre qui désigne le degré d'une puissance ou d'une racine.

EXPOSÉ, n. m. Récit, explication : *exposé d'un fait* ; compte-rendu : *faire l'exposé des forces du royaume.*

EXPOSER, v. tr. Mettre en vue ; placer, tourner d'un certain côté : *exposer au midi* ; expliquer, faire connaî-

tre : *exposer un système* ; mettre en péril : *exposer sa vie* ; abandonner : *exposer un enfant nouveau-né.* S'exposer, v. pr. Se mettre en danger.

EXPOSITION, n. f. Action de mettre en vue : *exposition du Saint-Sacrement* ; autrefois, peine infamante par laquelle on exposait le condamné attaché à un poteau ; situation : *exposition agréable* ; produits des arts ou de l'industrie exposés ; le lieu où on les expose ; récit, narration : *exposition d'un fait.*

EXPRÈS, n. m. Messager chargé d'une mission. Adv. A dessein.

EXPRESS, adj. (Mot angl.). Ne s'emploie que dans cette expression : *train express*, qui ne s'arrête qu'aux stations principales, et où il n'y a que des places de 1re classe.

EXPRESSE, adj. Formel : *défense expresse.*

EXPRESSÉMENT, adv. En termes exprès : *recommander expressément une chose.*

EXPRESSIF, IVE, adj. Qui a beaucoup d'expression : *regard expressif.*

EXPRESSION, n. f. Manière de s'exprimer : *expression noble, triviale* ; manifestation d'un sentiment : *l'expression de la joie, de la douleur* ; caractère, sentiments intérieurs rendus visibles par les gestes ou le jeu de la physionomie : *figure pleine d'expression.*

EXPRIMABLE, adj. Qui peut être exprimé, rendu.

EXPRIMER, v. tr. Extraire le suc, le jus d'une chose en la pressant. *Fig.* Manifester ses pensées, ses impressions, par l'action ou la parole.

EX-PROFESSO, loc. lat. En homme instruit, qui connaît son sujet : *parler de quelque chose ex-professo.*

EXPROPRIATION, n. f. Action d'exproprier.

EXPROPRIER, v. tr. Enlever par voie légale, pour cause d'utilité publique, une propriété à celui qui la possède.

EXPULSER, v. tr. Chasser quelqu'un avec violence du lieu où il était établi ; faire évacuer : *expulser les humeurs.*

EXPULSION, n. f. Action d'expulser.

EXQUIS, E, adj. Très-bon, excellent.

EXSUDATION, n. f. Action de suer.

EXSUDER, v. int. Sortir comme la sueur : *le sang exsude quelquefois par les pores.*

EXTASE, n. f. Ravissement de l'âme qui se trouve comme transportée hors du corps. *Etre en extase devant une personne ou une chose,* en admiration.

EXTASIER (S'), v. pr. Etre ravi.

EXTATIQUE, adj. Causé par l'extase : *transport extatique.* N. Qui tombe souvent en extase : *un extatique.*

EXTENSEUR, adj. et n. m. Qui sert à étendre : *muscles extenseurs.*

EXTENSIBILITÉ, n. f. Propriété qu'ont certains corps de pouvoir être étendus, allongés.

EXTENSIBLE, adj. Qui a de l'extensibilité.

EXTENSIF, IVE, adj. Qui produit l'extension : *force extensive.*

EXTENSION, n. f. Etendue; action d'un corps qui s'étend : *l'extension du bras. Fig.* Accroissement : *l'extension du commerce;* action d'étendre la signification d'un mot : *c'est par extension qu'on dit : les dents d'un peigne, d'une scie, d'un rateau.*

EXTÉNUATION, n. f. Affaiblissement extrême des forces.

EXTÉNUER, v. tr. Causer un grand affaiblissement : *le travail exténue le corps.* **S'exténuer,** v. pr. Se fatiguer excessivement.

EXTÉRIEUR, E, adj. Qui est au dehors. *Ministre des affaires extérieures,* chargé des relations avec l'étranger. N. m. Dehors, maintien, apparence : *extérieur modeste;* pays étrangers : *nouvelles de l'extérieur.*

EXTÉRIEUREMENT, adv. A l'extérieur.

EXTERMINATEUR, TRICE, adj. Qui extermine : *l'ange exterminateur.*

EXTERMINATION, n. f. Destruction entière : *faire une guerre d'extermination.*

EXTERMINER, v. tr. Massacrer, faire périr entièrement.

EXTERNAT, n. m. Maison d'éducation qui n'admet que des élèves externes.

EXTERNE, adj. Qui paraît au dehors; *maladie externe;* qui vient du dehors : *élève externe.* N. m. : *un externe.*

EXTINCTION, n. f. Action d'éteindre, de faire disparaître : *l'extinction du paupérisme;* affaiblissement : *extinction de voix. Fig.* Se dit de ce qu'on détruit, de ce qu'on abolit : *extinction d'une race, d'un privilége.*

EXTIRPATEUR, n. m. Qui extirpe.

EXTIRPATION, n. f. Action d'extirper. *Fig.* Destruction totale : *extirpation des abus.*

EXTIRPER, v. tr. Déraciner, au prop. et au fig. : *extirper les mauvaises herbes, les abus.*

EXTORQUER, v. tr. Obtenir par force, par violence, par menace.

EXTORSION, n. f. Crime qui consiste à arracher de quelqu'un, par force, par menace, de l'argent, une signature, la remise d'un acte, d'une pièce quelconque.

EXTRA, n. m. Ce qu'on fait d'extraordinaire, en dehors de ses habitudes. Se dit surtout des repas.

EXTRACTION, n. f. Action d'extraire, d'arracher : *l'extraction d'une dent. Arith.* Opération qui a pour objet de trouver la racine d'un nombre. *Fig.* Naissance, origine : *être de basse, de noble extraction.*

EXTRADITION, n. f. Action de livrer, de remettre un criminel au gouvernement étranger dont il dépend, et qui le réclame.

EXTRADOS, n. m. Surface extérieure d'une voûte, opposée à l'intrados.

EXTRAIRE, v. tr. Séparer une substance du corps dont elle faisait partie : *extraire l'eau-de-vie du marc;* tirer de : *extraire l'or de la terre;* arracher : *extraire une dent;* faire un extrait : *extraire un passage d'un auteur. Extraire un prisonnier de sa prison,* l'en tirer pour le transférer dans une autre, ou le conduire devant le juge. *Math. Extraire la racine carrée d'un nombre,* la trouver.

EXTRAIT, n. m. Substance extraite d'une autre par une opération chimique; article, passage tiré d'un livre; abrégé d'un ouvrage plus étendu : *cette histoire est un extrait de celle de Rollin. Extrait baptistaire, mortuaire,* extrait du registre des baptêmes, des décès.

EXTRAJUDICIAIRE, adj. Tout ce qui est fait sans l'intervention de la justice : *sommation extrajudiciaire.*

EXTRAJUDICIAIREMENT, adv. Hors des formes judiciaires.

EXTRA-MUROS, loc. adv. (Mots lat.) Hors des murs d'une ville : *maison située extra-muros.* Son opposé est *intra-muros.*

EXTRAORDINAIRE, adj. Qui n'est pas selon l'usage ordinaire, qui arrive rarement; singulier, bizarre : *idée extraordinaire;* imprévu : *dépenses extraordinaires d'un Etat;* prodigieux : *génie extraordinaire.*

EXTRAORDINAIREMENT, adv. D'une manière extraordinaire; extrêmement : *il est extraordinairement riche.*

EXTRAVAGAMMENT, adv. D'une manière extravagante.

EXTRAVAGANCE, n. f. Action extravagante, discours extravagant : *faire, dire mille extravagances*; folie, bizarrerie.

EXTRAVAGANT, **E**, adj. et n. Bizarre, fantasque.

EXTRAVAGUER, v. int. Penser, parler, agir sans raison ni sens.

EXTRAVASATION ou **EXTRAVASION**, n. f. Épanchement du sang, des humeurs, etc.

EXTRAVASER (**S'**), v. pr. Se dit du sang, de la sève, etc.; qui s'épanchent hors de leurs vaisseaux.

EXTRÊME, adj. Qui est au dernier point, au plus haut degré ; excessif, outré : *être extrême en tout*. N. m. L'opposé, le contraire : *les extrêmes se touchent*. *Math*. Les extrêmes, le premier et le dernier terme dans une proportion.

EXTRÊMEMENT, adv. Excessivement.

EXTRÊME-ONCTION, n. f. L'un des sept sacrements, qui se confère en appliquant les saintes huiles sur un malade en danger de mort.

EXTREMIS (**IN**), loc. lat. À la dernière extrémité, à l'article de la mort : *faire son testament in extremis*.

EXTRÉMITÉ, n. f. Le bout, la fin : *l'extrémité d'une corde*; le dernier moment : *attendre à l'extrémité* ; terme de la vie : *être à l'extrémité. Être réduit à l'extrémité*, dans un triste état. Pl. Actes de violence, d'emportement : *en venir à des extrémités* ; les pieds et les mains : *avoir déjà les extrémités froides*.

EXTRINSÈQUE, adj. Qui vient de dehors : *les causes extrinsèques d'une maladie. Valeur extrinsèque*, fictive, conventionnelle : *valeur extrinsèque des monnaies*. Son opposé est *intrinsèque*.

EXUBÉRANCE, n. f. Surabondance : *exubérance de végétation. Fig.* : *exubérance de mots, de phrases*.

EXUBÉRANT, **E**, adj. Surabondant, superflu.

EXULCÉRER, v. tr. *Méd*. Causer un commencement d'ulcération.

EXUTOIRE, n. m. *Méd*. Ulcère établi et entretenu artificiellement, comme cautère, vésicatoire, séton, etc.

EX-VOTO, n. m. (Mots lat.) Se dit des tableaux, des figures qu'on suspend dans les chapelles, à la suite d'un vœu fait dans un grand danger. Pl. des *ex-voto*.

F.

F, n. m. Sixième lettre de l'alphabet et la quatrième des consonnes.

FA, n. m. *Mus*. Quatrième note de la gamme.

FABLE, n. f. Petit récit, le plus ordinairement en vers, qui cache une moralité sous le voile d'une fiction : *fables de La Fontaine* ; mythologie : *les dieux de la Fable* ; fausseté : *cette nouvelle est une fable* ; sujet de la risée publique : *être la fable du quartier*.

FABLIAU, n. m. Petit conte français en vers, du XIIe et du XIIIe siècle.

FABRICANT, n. m. Qui tient une fabrique.

FABRICATEUR, n. m. Qui fabrique. Ne se prend qu'en m. part. : *fabricateur de fausses nouvelles*.

FABRICATION, n. f. Action de fabriquer.

FABRICIEN ou **FABRICIER**, n. m. Marguillier.

FABRIQUE, n. f. Manufacture, établissement où l'on fabrique ; mobilier, biens, revenus d'une église ; conseil qui en a l'administration.

FABRIQUER, v. tr. Faire certains ouvrages suivant des procédés mécaniques. *Fig.* Inventer : *fabriquer une histoire*.

FABULEUSEMENT, adv. D'une manière fabuleuse.

FABULEUX, **EUSE**, adj. Feint, controuvé ; étonnant, extraordinaire : *fortune fabuleuse. Fig. Temps fabuleux*, temps où vivaient les dieux du paganisme.

FABULISTE, n. m. Qui compose des fables.

FAÇADE, n. f. Le côté d'un édifice par lequel on entre.

FACE, n. f. Visage. *Fig.* Aspect, tournure : *l'affaire change de face. Faire face*, être vis-à-vis ; *faire face à une dépense*, y satisfaire. Loc. adv. *En face*, vis-à-vis, par devant, en présence. *Fig.* Fixement : *regarder quelqu'un en face. De face*, du côté où l'on voit toute la face ; *face à face*, en présence l'un de l'autre.

FACÉTIE, n. f. Bouffonnerie.

FACÉTIEUSEMENT, adv. D'une manière facétieuse.

FACÉTIEUX, **EUSE**, adj. et n. Plaisant, qui fait rire.

FACETTE, n. f. Petite face : *diamant taillé à facettes*.

FÂCHER, v. tr. Mécontenter, mettre en colère.

FÂCHERIE, n. f. Déplaisir, brouillerie.

FÂCHEUX, EUSE, adj. Qui fâche, donne du chagrin : *nouvelle fâcheuse*. N. m. Importun : *je hais les fâcheux*.

FACIAL, E, adj. Qui appartient à la face : *veines faciales*. **Angle facial**, formé par la rencontre de deux lignes, l'une verticale que l'on suppose passer par les dents incisives supérieures et par le point le plus saillant du front, l'autre horizontale qu'on suppose tirée du conduit de l'oreille aux mêmes dents.

FACIES, n. m. (Mot lat.) Aspect d'un visage altéré par la maladie.

FACILE, adj. Aisé, qui donne peu de peine : *travail facile* ; qui ne sent pas la gêne, qui paraît fait sans peine : *vers faciles* ; qui fait aisément : *plume facile*. *Fig.* Faible, complaisant : *caractère facile*.

FACILEMENT, adv. Avec facilité.

FACILITÉ, n. f. Moyen, manière facile de faire, de dire. *Fig.* Disposition à la bonté, à l'indulgence : *facilité d'humeur*. Pl. Commodités, délais accordés pour payer : *obtenir des facilités*.

FACILITER, v. tr. Rendre facile.

FAÇON, n. f. Manière dont une chose est faite : *façon toute particulière d'un habit* ; labour, culture : *donner une première, une seconde façon à la vigne* ; main-d'œuvre, prix : *payer tant pour la façon*. *Fig.* Manière : *se conduire à sa façon* ; air, maintien : *avoir bonne façon*. Pl. Politesses affectées : *faire des façons*.

FACONDE, n. f. Loquacité, trop grande abondance de paroles.

FAÇONNER, v. tr. Donner à un objet certaine forme. *Fig.* Former l'esprit, les mœurs, par l'éducation, par l'usage ; accoutumer : *façonner à la discipline*.

FAÇONNIER, ÈRE, adj. et n. Qui fait trop de façons.

FAC-SIMILE, n. m. (Mots lat.) Imitation exacte d'une écriture. Pl. des *fac-simile*.

FACTAGE, n. m. Com. Sorte de pour-boire accordé au facteur en sus du port d'un paquet.

FACTEUR, n. m. Fabricant d'instruments de musique : *facteur d'orgues, de pianos* ; agent d'un marchand pour l'achat ou la vente ; de la poste, pour distribuer les lettres ; d'un bureau de messageries, d'un chemin de fer,

pour porter les paquets. *Math.* Chacun des nombres qui concourent à former un produit.

FACTICE, adj. Imité par l'art : *eau minérale factice*. *Fig.* Qui n'est pas réel : *besoin factice*.

FACTIEUX, EUSE, adj. et n. m. Séditieux, qui fait partie d'une faction.

FACTION, n. f. Guet que font les soldats d'un poste, et, par ext., attente prolongée ; parti remuant et séditieux : *la faction des Seize*.

FACTIONNAIRE, n. m. Soldat qui est en faction.

FACTORERIE, n. f. Bureau des agents d'une compagnie de commerce, surtout dans les Indes.

FACTOTUM, n. m. Qui a l'intendance de toutes les affaires d'une maison ; et, par iron., celui qui se mêle de tout. Pl. des *factotums*.

FACTUM, n. m. (Mot lat.) Mémoire que font imprimer les parties plaidantes pour éclairer leurs juges. Pl. des *factums*.

FACTURE, n. f. Com. Note détaillée de marchandises vendues ; façon dont une chose est faite, exécutée : *vers, musique d'une bonne facture*.

FACULTATIF, IVE, adj. Qu'on peut faire ou ne pas faire : *travail facultatif*. Son opposé est *obligatoire*.

FACULTÉ, n. f. Puissance physique ou morale qui rend un être capable d'agir ; vertu, propriété : *l'aimant a la faculté d'attirer le fer*. *Fig.* Droit de faire une chose : *faculté de disposer de ses biens* ; corps de docteurs qui professent les sciences ou les lettres, et qui confèrent les grades : *la Faculté de droit. Absol.* La Faculté, les médecins. Pl. Dispositions, moyens : *facultés intellectuelles*.

FADAISE, n. f. Niaiserie, chose inutile et frivole : *ne dire que des fadaises*.

FADE, adj. Insipide, sans saveur. *Fig.* Qui n'a rien de piquant, d'agréable : *beauté fade*.

FADEUR, n. f. Défaut de ce qui est fade, au propre et au fig.

FAGOT, n. m. Assemblage de menu bois, de branchages. *Fig.* Débiter des fagots, des fadaises, des sornettes ; *sentir le fagot*, être soupçonné d'hérésie.

FAGOTAGE, n. m. Travail du fagoteur.

FAGOTER, v. tr. Mettre en fagots. *Fig.* Mal arranger : *qui a fagoté cela ainsi ?*

FAGOTEUR, n. m. Faiseur de fagots.

FAGOTIN, n. m. Singe habillé que les charlatans exhibent dans les foires : *les tours de fagotin*. Fig. Mauvais plaisant.

FAGOUE, n. f. Glande que les animaux ont à la partie supérieure de la poitrine, et que dans les veaux on appelle *ris*.

FAIBLE, adj. Débile, sans vigueur. Fig. Qui manque d'énergie, de caractère : *esprit faible*; défectueux, médiocre : *raisonnement faible*; peu considérable : *foible revenu*; peu fortifié : *place faible*; trop indulgent : *père faible*. N. m. Ce qu'il y a de moins fort : *le faible d'une place*; défaut, passion dominante : *le jeu est son faible*.

—**FAIBLEMENT**, adv. D'une manière faible.

FAIBLESSE, n. f. Manque de force; syncope : *tomber en faiblesse*. Fig. Avoir de la faiblesse pour..., une indulgence trop grande.

FAIBLIR, v. int. Perdre de ses forces, de son ardeur, de son courage.

—**FAÏENCE**, n. f. Sorte de poterie de terre vernissée.

FAÏENCERIE, n. f. Fabrique, commerce de faïence.

FAÏENCIER, ÈRE, n. Qui fabrique ou vend de la faïence.

FAILLI, n. m. Commerçant qui a fait faillite.

FAILLIBILITÉ, n. f. Possibilité de faillir, de se tromper.

FAILLIBLE, adj. Qui peut se tromper.

FAILLIR, v. int. (N'est guère usité qu'à l'infinitif, au passé défini, au futur, au conditionnel, et aux temps composés.) Faire une faute; céder; manquer : *le cœur lui a failli*; faire faillite : *ce commerçant a déjà failli trois fois*. Suivi d'un inf., signifie *être sur le point de* : *j'ai failli tomber*.

FAILLITE, n. f. Banqueroute non frauduleuse.

FAIM, n. f. Besoin de manger. Fig. Désir de posséder.

FAIM-VALLE, n. f. Maladie des chevaux, qui cesse lorsqu'ils ont mangé.

FAÎNE, n. f. Fruit du hêtre.

FAINÉANT, E, adj. et n. Paresseux, qui ne veut point travailler.

FAINÉANTER, v. int. Faire le fainéant. *Fam.*

FAINÉANTISE, n. f. Vice du fainéant.

FAIRE, v. tr. Créer, former : *Dieu a fait le ciel et la terre*; mettre au monde; fabriquer, composer : *faire une machine, un poème*; opérer : *faire un miracle*; pratiquer : *faire son devoir*; disposer, arranger : *faire un lit*; gagner, acquérir : *faire une grande fortune*; représenter : *faire un personnage*; chercher à paraître : *faire le généreux*; se livrer à certaines études : *faire sa philosophie*; s'occuper : *que voulez-vous faire?* exercer : *faire un métier*; contrefaire : *faire le mort*; demander un prix : *faire un objet 20 francs*; former, instruire : *faire un élève*; égaler : *2 et 2 font 4*; causer : *cela m'a fait du bien*; se procurer : *faire de l'eau, du bois*; fêter : *faire les Rois*. V. int. Convenir, s'assortir : *le gris fait bien avec le bleu*. V. pr. Devenir : *se faire vieux*; s'améliorer : *ce vin se fera*; s'habituer : *se faire à la fatigue*; embrasser une carrière : *se faire prêtre*. *Faire son chemin*, parvenir; *faire de son mieux*, s'efforcer; *avoir fort à faire*, de grandes difficultés à surmonter; *c'en est fait*, c'est fini; *faire maison nette*, renvoyer tous ses domestiques; *faire pitié*, exciter la compassion; *faire sentinelle*, être en faction; *faire des armes*, s'exercer à l'escrime. V. impers. : *il fait nuit*, *il fait beau*.

FAIRE, n. m. Manière de peindre, d'exécuter, de graver, particulière à chaque artiste : *le faire de Raphaël, de Michel-Ange*.

FAISABLE, adj. Qui peut être fait.

FAISAN, n. m. Oiseau de l'ordre des gallinacés. *Poule faisane*, ou *faisande*, femelle du faisan.

FAISANDEAU, n. m. Jeune faisan.

FAISANDER, v. int. Faire acquérir du fumet au gibier. **Se faisander**, v. pr. Acquérir le fumet du faisan.

FAISANDERIE, n. f. Lieu où l'on élève des faisans.

FAISANDIER, n. m. Qui nourrit, élève des faisans.

FAISCEAU, n. m. Réunion de certaines choses liées ensemble; assemblage de fusils qui se soutiennent en forme de pyramide. Pl. Verges liées autour d'une hache, que portait le licteur romain.

FAISEUR, EUSE, adj. Ouvrier, ouvrière : *faisouse de corsets*.

FAISSELLE, n. f. Vase à mettre égoutter les fromages.

FAIT, n. m. Action, chose faite : *nier un fait*; événement : *un fait singulier*. Pl. Ce qui est vrai, réel : *souvent les faits détruisent les théories*. *Hauts faits*, exploits, belles actions; *c'est un fait*, cela est constant; *au fait*, tout bien considéré; *aller au fait*, à l'essentiel, au cas dont il s'agit; *le fait est que...*, la vérité est que...; *être sûr de son fait, de ce qu'on avance ; voies de fait*, actes de violence ; *en venir au fait*, à l'exécution ; *prendre quelqu'un sur le fait*, le surprendre au moment où il commet une action qu'il voulait cacher. Loc. adv. **Dans le fait, par le fait**, en réalité, effectivement ; **si fait**, affirmation ; **tout-à-fait**, entièrement. Loc. prép. **En fait de**, en matière de. *De fait*, opposé à *de droit* : *Louis XIII était roi de droit, Richelieu l'était de fait.*

FAIT, E, adj. Accoutumé : *m'y voilà fait. Homme fait*, dans l'âge mûr ; *caractère mal fait*, trop susceptible.

FAÎTAGE, n. m. *Arch.* Pièce de bois qui règne tout le long d'un toit, et sur laquelle s'appuient les bouts supérieurs des chevrons.

FAÎTE, n. m. Comble d'un édifice ; sommet : *le faîte d'un arbre. Fig.* Le plus haut degré : *le faîte des grandeurs.*

FAÎTIÈRE, n. f. Tuile courbe dont on recouvre le faîtage d'un toit ; sorte de lucarne ouverte pour éclairer l'espace qui est sous le comble.

FAIX, n. m. Charge, fardeau. *Fig.* : *le faix des années.*

FAKIR, n. m. V. *Faquir.*

FALAISE, n. f. Terres, rochers escarpés sur les bords de la mer.

†**FALBALA**, n. m. Bandes d'étoffe plissées, pour garnir le bas des robes, et qu'aujourd'hui on appelle *volant.*

FALLACIEUSEMENT, adv. D'une manière fallacieuse.

FALLACIEUX, EUSE, adj. Trompeur : *argument fallacieux.*

FALLOIR, v. impers. (Point de part. prés.) Être de nécessité, d'obligation, de bienséance ; manquer : *il s'en faut de beaucoup que...*

FALOT, n. m. Grande lanterne en fil de fer, recouverte de toile blanche.

FALOURDE, n. f. Gros fagot de bûches liées ensemble.

FALSIFICATEUR, n. m. Qui falsifie.

FALSIFICATION, n. f. Action de falsifier ; état de la chose falsifiée.

FALSIFIER, v. tr. Altérer, changer pour tromper : *falsifier un acte* ; altérer par un mélange : *falsifier le vin, les monnaies.*

FALUN, n. m. Dépôt composé de débris de coquilles, qu'on trouve dans le sein de la terre, et que l'on emploie comme engrais.

FALUNER, v. tr. Répandre du falun sur un champ.

FALUNIÈRE, n. f. Mine de falun.

FAMÉ, ÉE, adj. *Bien, mal famé*, qui a une bonne, une mauvaise réputation.

FAMÉLIQUE, adj. Ordinairement tourmenté par la faim : *poète, auteur famélique.*

FAMEUX, EUSE, adj. Renommé, célèbre : *héros fameux* ; grand : *c'est un fameux imbécile* ; excellent : *fameux vin, fameuse bière.*

FAMILIARISER, v. tr. Rendre familier avec, accoutumer à.

FAMILIARITÉ, n. f. Manière familière de vivre avec quelqu'un.

FAMILIER, ÈRE, adj. Qui fréquente habituellement quelqu'un, et vit dans son intimité ; que l'on sait, que l'on connaît, que l'on fait bien par l'habitude : *cette chose lui est familière. Style familier*, simple, sans ornements ; *terme familier*, peu relevé, qui manque de noblesse. N. m. Qui vit familièrement avec une personne éminente : *c'est un familier du ministre. Les familiers d'une maison*, ceux qui la fréquentent habituellement ; *familiers du Saint-Office*, officiers chargés d'arrêter les personnes qui étaient dénoncées à l'Inquisition.

FAMILIÈREMENT, adv. D'une manière familière.

FAMILLE, n. f. Le père, la mère et les enfants ; les enfants seulement ; toutes les personnes d'un même sang, comme enfants, frères, neveux, etc. *Fig.* Race, maison : *la famille des Montmorency. Fils de famille*, de bonne maison. *Hist. nat.* Groupe d'animaux, de végétaux, de minéraux, présentant entre eux certaines analogies : *la famille des singes, des ombellifères*, etc.

FAMINE, n. f. Disette générale des aliments nécessaires à la vie.

FANAGE, n. m. Opération qui a pour objet de faire sécher les foins nouvellement fauchés.

FANAISON, n. f. Temps où l'on fane le foin.

FANAL, n. m. Feu allumé la nuit sur les côtes et à l'entrée des ports ; grosse lanterne à bord des vaisseaux.

FANATIQUE, adj. et n. Emporté par un zèle outré pour une religion, pour une opinion ; aliéné, qui se croit inspiré.

FANATISER, v. tr. Rendre fanatique.

FANATISME, n. m. Zèle outré pour sa religion ; attachement excessif à un parti.

FANDANGO, n. m. Danse espagnole qui s'exécute à deux.

FANE, n. f. Feuille sèche tombée de l'arbre.

FANER, v. tr. Tourner et retourner l'herbe d'un pré fauché, pour la faire sécher; flétrir : *le hâle fane les fleurs*, et, par ext. : *beauté, étoffe fanée.*

FANEUR, EUSE, n. Qui fane les foins.

FANFAN, n. m. Petit enfant.

FANFARE, n. f. Concert de trompettes, de clairons, etc., en signe de réjouissance ; air pour lancer le cerf; musique militaire.

FANFARON, adj. et n. m. Qui fait le brave.

FANFARONNADE, n. f. Vanterie.

FANFARONNERIE, n. f. Caractère du fanfaron.

FANFRELUCHE, n. f. Ornement de peu de valeur.

FANGE, n. f. Boue, bourbe. *Fig.* Condition abjecte : *être né dans la fange*; vie de débauche : *vivre dans la fange.*

FANGEUX, EUSE, adj. Plein de fange.

FANON, n. m. Pli de la peau qui pend sous le cou des bœufs ; touffe de crin qui croît derrière le pied du cheval; barbe de la baleine; petite étole que les prêtres portent au bras gauche. Pl. Les deux pendants de la mitre d'un évêque.

FANTAISIE, n. f. Caprice, goût bizarre et passager : *avoir une fantaisie*; volonté : *vivre à sa fantaisie*; sans règle, sans modèle : *tableau de fantaisie.* *Mus.* Paraphrase d'un air d'opéra : *les fantaisies de Mozart.*

FANTASMAGORIE, n. f. Art de faire apparaître des spectres, des fantômes, à l'aide d'illusions d'optique, dans une salle parfaitement obscure.

FANTASMAGORIQUE, adj. Qui appartient à la fantasmagorie.

FANTASQUE, adj. Sujet à des fantaisies bizarres : *humeur fantasque.*

FANTASQUEMENT, adv. D'une manière fantasque.

FANTASSIN, n. m. Soldat d'infanterie.

FANTASTIQUE, adj. Chimérique : *visions fantastiques.*

FANTÔME, n. m. Spectre, apparition; chimères que se forme l'esprit : *se créer des fantômes. Fig.* Apparence sans réalité : *un fantôme de roi.*

FAON, n. m. Petit d'une biche ou d'un chevreuil.

FAQUIN, n. m. Homme sans mérite, qui joint l'impertinence à la bassesse.

FAQUINERIE, n. f. Action de faquin.

FAQUIR, n. m. Religieux mendiant, chez les Mahométans.

FARANDOLE, n. f. Danse provençale.

FARAUD, adj. et n. m. Recherché dans sa mise. *Pop.*

FARCE, n. f. Viandes hachées et épicées qu'on met dans l'intérieur d'une volaille; hachis d'herbes, d'œufs, etc.

FARCE, n. f. Pièce bouffonne; action drôle, plaisante.

FARCEUR, adj. et n. Plaisant.

FARCIN, n. m. Sorte de gale qui vient aux chevaux, aux mulets.

FARCINEUX, EUSE, adj. Qui a le farcin.

FARCIR, v. tr. Remplir de farce une volaille, une carpe, etc. *Fig.* : *farcir un discours de citations.*

FARD, n. m. Composition dont on se sert pour donner plus d'éclat au teint. *Fig.* Faux ornements dans le style, l'éloquence; déguisement : *parler sans fard.*

FARDEAU, n. m. Faix, charge, au propre et au fig.

FARDER, v. tr. Mettre du fard. *Fig.* Donner un faux éclat, parer d'ornements faux : *farder sa pensée*; déguiser ce qui peut déplaire : *farder la vérité.*

FARFADET, n. m. Espèce de lutin, d'esprit follet.

FARFOUILLER, v. int. Fouiller avec désordre et en brouillant.

FARIBOLE, n. f. Chose frivole. *Fam.*

FARINE, n. f. Grain réduit en poudre.

FARINEUX, EUSE, adj. De la nature de la farine. *Fig.* Couvert d'une poussière blanche semblable à de la farine : *avoir la peau farineuse.*

FARINIER, n. m. Marchand de farine.

FARO, n. m. Excellente bière de Belgique.

FAROUCHE, adj. Sauvage, qui n'est point apprivoisé. *Par ext.* Misanthrope, peu sociable : *naturel farouche.*

FASCINATEUR, TRICE, adj. Qui fascine : *regard fascinateur.*

FASCINATION, n. f. Action de fasciner.

FASCINE, n. f. Fagot de menus branchages pour combler les fossés d'une place.

FASCINER, v. tr. Charmer, éblouir par quelque chose de séduisant : *il avait su fasciner tous les esprits*; maîtriser, attirer à soi par le regard : *on attribue au serpent la faculté de fasciner sa proie.*

FASÉOLE, n. f. Nom donné par les

cultivateurs au haricot et à la petite fève des marais.

FASHION, n. f. (Mot angl.) Nom collectif des jeunes gens qui, dans une ville, donnent le ton, règlent la mode : *la fashion parisienne*.

FASHIONABLE, adj. et n. Jeune élégant.

FASTE, n. m. Pompe, magnificence : *étaler un grand faste*.

FASTES, n. m. pl. Tables chronologiques des anciens Romains : *les fastes consulaires*; registres publics contenant le récit d'actions mémorables : *les fastes de l'Eglise*. Se dit en général pour histoire : *les fastes de la monarchie*.

FASTIDIEUSEMENT, adv. D'une manière fastidieuse.

FASTIDIEUX, EUSE, adj. Qui cause de l'ennui, du dégoût : *lecture fastidieuse*.

FASTUEUSEMENT, adv. Avec faste.

FASTUEUX, EUSE, adj. Qui étale un grand luxe : *équipage fastueux*.

FAT, adj. et n. Vain, impertinent.

FATAL, E, adj. Qui porte en soi une destinée inévitable. *Par ext.* Funeste, malheureux : *ambition fatale*; qui achève, qui tue : *le coup fatal*.

FATALEMENT, adv. Par fatalité.

†FATALISME, n. m. Opinion philosophique qui nie la liberté de l'âme et attribue tout au destin.

FATALISTE, adj. et n. m. Partisan du fatalisme.

FATALITÉ, n. f. Destinée inévitable; événement fâcheux.

FATIDIQUE, adj. Qui dévoile ce que les destins ont ordonné : *les vers fatidiques de la Sibylle*.

FATIGANT, E, adj. Qui cause de la fatigue; importun, ennuyeux: *discours fatigant*.

FATIGUE, n. f. Lassitude causée par le travail, et, par ext., tout travail pénible : *les fatigues de la guerre*.

FATIGUÉ, ÉE, adj. Battu, tiré : *yeux, traits fatigués*.

FATIGUER, v. tr. Causer de la fatigue, de la lassitude ; importuner.

FATRAS, n. m. Amas confus de plusieurs choses.

FATUITÉ, n. f. Sotte suffisance.

FAUBOURG, n. m. Partie d'une ville hors de son enceinte.

FAUCHAGE, n. m. Action de faucher.

FAUCHAISON, n. f. Temps où l'on fauche.

FAUCHÉE, n. f. Ce qu'un faucheur peut couper de foin dans un jour, ou sans effiler sa faux.

FAUCHER, v. tr. Couper avec la faux. *V. int. Man.* Se dit d'un cheval qui traîne en demi-rond une des jambes de devant.

FAUCHET, n. m. Râteau à dents de bois pour amasser l'herbe fauchée.

FAUCHEUR, n. m. Qui fauche, qui coupe les foins, les avoines.

FAUCHEUX ou **FAUCHEUR**, n. m. Espèce d'araignée des prés qui a des pattes fort longues.

FAUCILLE, n. f. Instrument pour couper les blés, qui consiste en une lame d'acier courbée en demi-cercle.

FAUCON, n. m. Oiseau de proie, très-courageux, de l'ordre des rapaces.

FAUCONNEAU, n. m. Jeune faucon; petite pièce d'artillerie.

FAUCONNERIE, n. f. Art de dresser les oiseaux de proie, destinés à la chasse; lieu où on les élève.

FAUCONNIER, n. m. Qui dresse les oiseaux de proie.

FAUCONNIÈRE, n. f. Gibecière, sac de fauconnier.

FAUFILER, v. tr. Coudre à longs points. **Se faufiler**, v. pr. Se glisser adroitement, surtout au fig. : *se faufiler auprès des grands*.

†FAUNE, n. m. Dieu champêtre chez les Romains.

FAUSSAIRE, n. m. Celui qui altère des actes, ou qui en fait de faux.

FAUSSE-ALARME, n. f. Alarme sans fondement.

FAUSSE-ATTAQUE, n. f. Attaque feinte.

FAUSSE-CLÉ, n. f. Clé contrefaite.

FAUSSE-COUCHE, n. f. Accouchement avant terme.

FAUSSE-ÉQUERRE, n. f. Équerre à bras mobiles.

FAUSSEMENT, adv. Contre la vérité.

FAUSSE-MONNAIE, n. f. Monnaie altérée.

FAUSSE-PORTE, n. f. Porte figurée.

FAUSSE-POSITION, n. f. *Math.* Règle de *fausse-position*, manière de parvenir à une inconnue, en essayant une hypothèse que l'on corrige ensuite.

FAUSSER, v. tr. Faire tellement plier un corps solide, qu'il ne puisse se redresser et revenir à son premier état; enfreindre, violer : *fausser sa parole*; donner une fausse interprétation : *fausser le sens de la loi*; rendre faux : *fausser la voix*, et fig. : *fausser le jugement*.

FAUSSET, n. m. Voix aiguë, qu'on nomme aussi voix de tête.

FAUSSET, n. m. Petite cheville de

bois pour boucher le trou fait à un tonneau avec le foret.

FAUSSETÉ, n. f. Chose fausse.

FAUTE, n. f. Manquement contre le devoir, les règles d'un art; imperfection dans un ouvrage : *il y a bien des fautes dans cette dictée*; maladresse : *faire une faute au jeu*. **Faute de**, loc. prép. A défaut de. **Sans faute**, loc. adv. Immanquablement.

FAUTEUIL, n. m. Grande chaise à bras et à dossier. Fig. *Fauteuil académique*, place de membre de l'Académie française; *occuper le fauteuil*, présider une assemblée.

FAUTEUR, TRICE, n. Qui excite. Ne se dit qu'en m. part : *fauteur de désordres*.

FAUTIF, IVE, adj. Sujet à faillir : *mémoire fautive*; plein de fautes : *liste fautive*.

FAUVE, adj. Couleur qui tire sur le roux. *Bêtes fauves*, tous les animaux qui vivent à l'état sauvage.

FAUVETTE, n. f. Oiseau de l'ordre des sylvains, qui chante agréablement, et dont le plumage tire sur le *fauve*.

FAUX, n. f. Instrument pour faucher.

FAUX, FAUSSE, adj. Contraire à la vérité : *bruit faux*; feint : *fausse douceur*; mal fondé : *fausse crainte*; altéré : *fausse monnaie*; postiche : *fausse barbe*; supposé : *faux nom*; illusoire : *fausse espérance*, perfide, trompeur : *faux ami*; discordant : *voix fausse*; contre la bonne foi : *fausse promesse*; qui n'a que l'apparence : *fausse grandeur*; qui manque de justesse, d'exactitude : *faux poids*; qui détourne du but : *fausse route*. *Faire faux bond*, manquer à sa parole, à un engagement pris. N. m. Ce qui est contraire à la vérité : *distinguer le faux du vrai*. *S'inscrire en faux*, nier. **A faux**, loc. adv. A tort : *accuser à faux. Ce raisonnement porte à faux*, ne prouve pas ce qu'on voudrait prouver.

FAUX-BOURDON, n. m. Manière de chanter le plain-chant à trois ou quatre parties, dont les notes sont presque toutes égales.

FAUX-BRILLANT, n. m. Ce qui a plus d'apparence que de valeur, de beauté réelle.

FAUX-COL, n. m. Col de chemise détaché.

FAUX-FRAIS, n. m. pl. Menues dépenses accidentelles.

FAUX-FRÈRE, n. m. Traître dans une compagnie, une société secrète.

FAUX-FUYANT, n. m. Endroit détourné pour s'en aller sans être vu. Fig.

Défaite, échappatoire : *user de faux-fuyants*.

FAUX-JOUR, n. m. Clarté indirecte; lueur fausse.

FAUX-MONNAYEUR, n. m. Qui fabrique de la fausse monnaie.

FAUX-OURLET, n. m. Repli simple au bas d'une jupe, d'une robe, etc., arrêté à l'aiguille.

FAUX-PAS, n. m. Pas mal assuré qui occasionne souvent une chute.

FAUX-PLI, n. m. Mauvais pli fait par accident à une étoffe.

FAUX-PROPHÈTE, n. m. Qui s'érige faussement en prophète.

FAUX-SEMBLANT, n. m. Apparence trompeuse.

FAUX-TEINT, n. m. Couleur susceptible de s'altérer facilement.

FAUX-TÉMOIN, n. m. Qui dépose contrairement à la vérité.

FAVEUR, n. f. Grâce, bienfait; bonnes grâces d'un personnage puissant; ruban de soie très-étroit. Loc. prép. **En faveur de**, en considération de, au profit de; **à la faveur de**, au moyen de : *à la faveur de la nuit*.

FAVORABLE, adj. Propice : *vent favorable*; indulgent, bienveillant : *regard favorable*.

FAVORABLEMENT, adv. D'une manière favorable.

FAVORI, n. m. Touffe de barbe qui croît de chaque côté du visage.

FAVORI, TE, adj. Qui plaît le plus : *auteur, livre favori*. N. Qui tient le premier rang dans les bonnes grâces du prince. Fig. Objet de prédilection : *le favori des Muses*.

FAVORISER, v. tr. Traiter favorablement; accorder une préférence; seconder les desseins, les désirs : *l'obscurité a favorisé sa fuite*.

FÉAL, E, adj. Fidèle. *Vieux*. Pl. m. *féaux*.

FÉBRIFUGE, adj. Qui guérit la fièvre. N. m. : *le quinquina est un excellent fébrifuge*.

FÉBRILE, adj. Qui tient de la fièvre : *ardeur fébrile*.

FÉCALE (*matière*), adj. Excréments de l'homme.

FÉCOND, E, adj. Propre à la reproduction; fertile : *terre féconde*. Fig. Abondant : *orateur fécond*.

FÉCONDANT, E, adj. Qui féconde; *pluie fécondante*.

FÉCONDATION, n. f. Action de féconder.

FÉCONDER, v. tr. Rendre fécond, fertile.

FÉCONDITÉ, n. f. Qualité de ce qui est fécond.

FÉCULE, n. f. Partie farineuse des graines et de certaines racines.

FÉDÉRAL, **E**, adj. Qui a rapport à une fédération : *assemblée fédérale*. Pl. m. *fédéraux*.

FÉDÉRALISME, n. m. Système politique dans lequel plusieurs petits États se réunissent en un corps de nation.

FÉDÉRALISTE, n. m. Partisan du gouvernement fédératif.

FÉDÉRATIF, **IVE**, adj. Qui appartient au fédéralisme : *gouvernement fédératif de la Suisse*.

†**FÉDÉRATION**, n. f. Union, alliance entre peuples. *Fête de la fédération*, qui se célébra au Champ de Mars, à Paris, le 14 juillet 1790.

FÉDÉRÉ, **ÉE**, adj. Qui fait partie d'une fédération.

†**FÉE**, n. f. Être fantastique, du sexe féminin, doué d'un pouvoir surnaturel.

FÉERIE, n. f. Ouvrage, pièce de théâtre où figurent les fées, les génies, etc.

FÉERIQUE, adj. Qui tient de la féerie : *spectacle, pièce féerique*.

FEINDRE, v. tr. Simuler, se servir d'une apparence fausse pour tromper. V. int. Dissimuler : *habile dans l'art de feindre*; hésiter : *je ne feindrai pas de vous dire*.

FEINTE, n. f. Déguisement, artifice : *parler sans feinte*. Escr. Coup simulé qui détermine l'adversaire à parer d'un côté, tandis qu'on frappe d'un autre.

FELD-MARÉCHAL, n. m. Titre d'un grade militaire en Allemagne, en Russie et en Angleterre, équivalant à celui de maréchal de France.

FÊLÉ, **ÉE**, adj. Fendu : *vase fêlé*. *Fig. Tête fêlée*, un peu folle.

FÊLER, v. tr. Fendre un verre, un vase de terre ou de porcelaine, sans que les parties se séparent par le choc.

FÉLICITATION, n. f. Action de féliciter ; compliment fait à quelqu'un sur ce qui lui est arrivé d'agréable.

FÉLICITÉ, n. f. Bonheur suprême, béatitude.

FÉLICITER, v. tr. Complimenter quelqu'un sur un succès, sur un événement heureux. **Se féliciter**, v. pr. S'applaudir.

FÉLINE (*race*), adj. Famille de mammifères carnassiers, qui a pour type le genre chat.

FÉLON, **ONNE**, adj. Traître, rebelle.

FÉLONIE, n. f. Trahison ; dans l'ancien droit féodal, rébellion du vassal contre son seigneur.

FELOUQUE, n. f. Petit bâtiment étroit et long, à voiles et à rames.

FÊLURE, n. f. Fente d'une chose fêlée.

FEMELLE, n. f. Animal d'un sexe féminin. Adj. *Fleurs femelles*, sans étamines, dont le pistil devient fruit.

FÉMININ, **E**, adj. Qui appartient aux femmes : *sexe féminin*; qui tient de la femme : *voix féminine*. *Rime féminine*, que termine une syllabe muette. N. m. Le genre féminin.

FEMME, n. f. La compagne de l'homme ; celle qui est ou a été mariée. *Femme de chambre*, cameriste ; *femme de charge*, qui a soin du linge, de l'argenterie, etc.

FEMMELETTE, n. f. Diminutif de *femme*. *Par ext.* Homme faible, sans énergie.

FÉMUR, n. m. Os de la cuisse, le plus fort et le plus long de tous les os du corps.

FENAISON, n. f. Action de couper les foins ; temps où on les coupe.

FENDANT, n. m. Fanfaron : *faire le fendant*.

FENDEUR, n. m. Ouvrier qui travaille à fendre le bois, l'ardoise, etc.

FENDILLER (SE), v. pr. Se couvrir de petites fentes.

FENDOIR, n. m. Outil qui sert à fendre.

FENDRE, v. tr. Séparer, diviser dans le sens de la longueur ; faire des ouvertures, des crevasses : *le soleil fend la terre*. *Fig. Fendre le cœur*, causer une vive affliction ; *fendre la tête*, incommoder par un grand bruit ; *geler à pierre fendre*, très fort ; *fendre l'air*, le traverser rapidement ; *fendre l'onde*, naviguer ; *fendre la presse*, y pénétrer de force. **Se fendre**, v. pr. S'entr'ouvrir. *Escr.* Porter vivement la jambe droite en avant, en laissant le pied gauche en place.

FENÊTRAGE, n. m. L'ensemble des fenêtres d'une maison.

FENÊTRE, n. f. Ouverture ménagée dans un mur pour donner du jour et de l'air ; cadre vitré qui garnit cette ouverture.

FENIL, n. m. Lieu pour serrer les foins.

FENOUIL, n. m. Plante aromatique à fleur jaune.

FENOUILLET, n. m. ou **FENOUIL-LETTE**, n. f. Pomme grise, petite, qui a le goût du fenouil.

FENOUILLETTE, n. f. Eau-de-vie extraite de la graine du fenouil.

FENTE, n. f. Petite ouverture en long.

FÉODAL, **E**, adj. Qui concerne les fiefs : *droit féodal*. Pl. m. *féodaux*.

FÉODALEMENT, adv. En vertu du droit féodal.

† FÉODALITÉ, n. f. Époque pendant laquelle les seigneurs avaient le droit de rendre la justice sur leurs terres, d'exiger des redevances, d'imposer des corvées, etc.

FER, n. m. Métal ductile et malléable d'un gris noirâtre; pointe en fer d'une pique, d'une lance, etc.; épée, fleuret : *croiser le fer*; demi-cercle dont on garnit la corne des pieds des chevaux. Se dit de plusieurs instruments et outils de fer : *fer à friser, à repasser*, etc. Pl. Chaînes, menottes : *avoir les fers aux pieds*. *Fig.* Captivité, esclavage : *gémir dans les fers*. *Corps de fer*, robuste; *tête de fer*, homme entêté; *sceptre de fer*, gouvernement dur et despotique.

FER-BLANC, n. m. Tôle mince recouverte d'une couche d'étain.

FERBLANTIER, n. m. Ouvrier qui fabrique toutes sortes d'objets en fer-blanc.

FÉRIE, n. f. Terme dont se sert l'Église pour désigner les différents jours de la semaine, du lundi, 2e férie, au vendredi, 6e férie; jour pendant lequel il y avait cessation de travail chez les Romains.

FÉRIÉ, ÉE, adj. Se dit d'un jour de repos, prescrit par la religion.

FÉRIR, v. tr. Frapper. Vieux mot qui ne sert plus que dans cette phrase : *sans coup férir*, sans en venir aux mains.

FERLAGE, n. m. Action de ployer une voile sur sa vergue.

FERLER, v. tr. Plier entièrement une voile, et l'attacher tout le long de la vergue.

FERMAGE, n. m. Loyer d'une ferme.

FERME, n. f. Domaine rural, loué par son propriétaire à un fermier.

FERME, adj. Compacte, solide; stable, fixe : *être ferme sur ses jambes*. *Fig.* Assuré : *ton ferme*; constant, inébranlable : *ferme dans ses résolutions*. Adv. Avec assurance : *parler, tenir ferme*. Interj. Courage! *ferme, mes amis!*

FERMEMENT, adv. D'une manière ferme : *croire fermement en Dieu*; avec force, vigueur : *s'appuyer fermement*.

FERMENT, n. m. Toute substance qui a la propriété de déterminer la fermentation dans une autre substance. *Fig.* Ce qui fait naître ou entretient sourdement les haines : *ferment de discorde*.

FERMENTATION, n. f. Décomposition qui s'effectue dans un grand nombre de substances, lorsqu'elles sont exposées à l'action de l'eau, de l'air et d'une chaleur tempérée. *Fig.* Agitation des esprits.

FERMENTER, v. int. Être en fermentation. *Fig. Les esprits fermentent*, sont en agitation.

FERMER, v. tr. Boucher une ouverture; enclore : *fermer un jardin*. Par ext. Empêcher l'accès : *fermer un port*; marcher le dernier : *fermer la marche*; terminer : *fermer une discussion*; cicatriser : *fermer une plaie*; faire semblant de ne pas voir : *fermer les yeux sur...* V. int. : *cette porte ferme mal.*

FERMETÉ, n. f. État de ce qui est ferme, solide, compacte. *Fig.* Hardiesse d'exécution : *fermeté du pinceau*; constance, courage, force morale : *fermeté de l'âme*; assurance, en parlant de la contenance, de la voix, etc.

FERMETURE, n. f. Ce qui sert à fermer; action, moment de fermer les portes d'une place de guerre, d'une ville, etc.

FERMIER, ÈRE, n. Qui tient à ferme un bien, une exploitation.

FERMOIR, n. m. Agrafe de métal pour tenir un livre fermé, surtout un livre d'église. *Menuis.* Ciseau qui sert à ébaucher.

FÉROCE, adj. Cruel, en parlant des animaux. *Par ext.* Homme dur, brutal, cruel. On dit aussi : *naturel, regard féroce.*

FÉROCITÉ, n. f. Naturel d'un animal féroce; action féroce.

FERRAILLE, n. f. Vieux morceaux de fer usés ou rouillés.

FERRAILLER, v. int. S'escrimer. *Fig.* Disputer fortement. *Fam.*

FERRAILLEUR, n. m. Marchand de ferrailles; duelliste de profession.

FERRANT (*maréchal*), adj. Qui ferre les chevaux.

FERREMENTS, n. m. pl. Garnitures de fer qui entrent dans la construction d'un bâtiment, d'une machine, etc.

FERRER, v. tr. Garnir de fer : *ferrer des roues*; clouer des fers aux pieds d'un cheval. *Ferrer à glace*, avec des fers cramponnés. *Fig.* Être ferré à glace sur un sujet, y être fort habile. Ferré, ée, part. pas. *Eau ferrée*, dans laquelle on a mis des clous rouillés; *route ferrée*, dont le fond est formé d'un lit de cailloux.

FERRET, n. m. Fer d'aiguillette, de lacet.

FERRIÈRE, n. f. Sac de cuir renfermant tout ce qui est nécessaire pour ferrer un cheval.

FERRONNERIE, n. f. Fabrique de gros ouvrages de fer.

FERRONNIÈRE, n. f. Chaîne qui porte à son centre un joyau, un diamant.

FERRUGINEUX, EUSE, adj. De la nature du fer, ou qui en contient : *eau ferrugineuse.*

FERRURE, n. f. Garniture de fer; action de ferrer un cheval.

FERTILE, adj. Fécond, qui produit beaucoup. *Fig. Esprit fertile*, d'une riche imagination; *sujet fertile*, qui fournit beaucoup d'idées.

FERTILEMENT, adv. Abondamment.

FERTILISATION, n. f. Action de fertiliser.

FERTILISER, v. tr. Rendre fertile.

FERTILITÉ, n. f. Qualité de ce qui est fertile.

FÉRULE, n. f. Palette de cuir ou de bois pour punir les écoliers.

FERVENT, E adj. Rempli de ferveur : *prière fervente.*

FERVEUR, n. f. Zèle ardent pour les choses de piété, de charité.

FESSE, n. f. Chacune des deux parties charnues qui forment le derrière de l'homme.

FESSÉE, n. f. Correction appliquée sur les fesses.

FESSE-MATHIEU, n. m. Usurier. Pl. des *fesse-mathieu.*

FESSER, v. tr. Fouetter, frapper sur les fesses.

FESTIN, n. m. Banquet.

FESTINER, v. tr. Régaler : *festiner ses amis.* V. int. Faire festin, se réjouir.

FESTIVAL, n. m. Grande fête musicale.

FESTON, n. m. Guirlande, faisceau de fleurs, de feuilles entremêlées; sorte de broderie découpée en forme de festons. *Arch.* Ornements en festons.

FESTONNER, v. tr. Dessiner, broder, découper en festons.

FESTOYER, v. tr. V. *Fétoyer.*

FÊTE, n. f. Jour consacré à des actes de religion; jour de la fête du saint dont on porte le nom : *souhaiter une fête*; solennisation d'un événement heureux. *Faire fête*, bien accueillir.

FÊTER, v. tr. Chômer, célébrer une fête. *Fig. Fêter quelqu'un*, le bien accueillir.

FÉTICHE, n. m. Image grossière, objet de culte pour les nègres.

FÉTICHISME, n. m. Culte des fétiches, et en général, nom donné à la religion des peuples qui prennent leurs dieux dans la nature.

FÉTIDE, adj. Qui a une odeur forte et très-désagréable.

FÉTIDITÉ, n. f. Etat de ce qui est fétide.

FÉTOYER, v. tr. Bien recevoir quelqu'un, le bien traiter.

FÉTU; n. m. Brin de paille.

† **FEU**, n. m. Développement simultané de chaleur et de lumière, produit par la combustion de certains corps, tels que le bois, le charbon, la paille, etc.; amas de corps en combustion : *faire un bon feu*; embrasement, incendie : *le feu est à tel endroit*; ménage, famille : *village de trois cents feux*; supplice qui consistait à brûler un criminel : *condamner au feu*; inflammation, chaleur intérieure : *avoir le feu dans le corps.* Pl. Petites bougies allumées à certaines ventes, certaines adjudications. *Arme à feu*, fusil, pistolet, etc.; *bouche à feu*, canon, mortier, etc.; *coup de feu*, décharge d'une arme à feu; *feu d'artifice*, formé de fusées, de pétards, etc., remplis de poudre, et que l'on tire dans les fêtes publiques. *Fig.* Inspiration : *le feu du génie*; ardeur, violence : *le feu des passions*; imagination vive : *auteur plein de feu*; chaleur : *les feux de l'été. Prendre feu*, s'enflammer, s'irriter; *être entre deux feux*, attaqué de deux côtés; *être tout feu*, plein d'ardeur; *aller au feu*, au combat.

FEU, E, adj. Défunt depuis peu : *feu mon père*, la *feue reine.*

FEUDATAIRE, n. m. Possesseur d'un fief, qui doit foi et hommage au suzerain.

FEUILLAGE, n. m. Toutes les feuilles d'un arbre; branches coupées, chargées de feuilles; imitation du feuillage en peinture, en sculpture, en tapisserie.

FEUILLAISON, n. f. Renouvellement annuel des feuilles, leur premier développement : *époque de la feuillaison.*

FEUILLANTINES, n. f. pl. Religieuses qui suivaient la règle des Feuillants.

FEUILLANTS, n. m. pl. Religieux de la règle de Cîteaux; clubistes révolutionnaires en France (1792).

FEUILLE, n. f. Partie de la plante qui garnit la tige, les rameaux; chacune des pièces qui forment la corolle de certaines fleurs, comme la rose. *Fig.* Se dit de diverses choses larges, plates, et plus ou moins minces : *feuille d'or, de carton, de cuivre*, etc.; morceau de papier d'une certaine grandeur; journal : *cette feuille a cessé de paraître*; sculpture qui sert d'ornement au chapiteau corinthien. *feuille d'acanthe. Chute des feuilles*, saison où elles tombent.

FEUILLÉ, ÉE, adj. Garni de feuilles.

FEUILLÉE, n. f. Feuillage; abri formé de branches garnies de feuilles : *danser sous la feuillée.*

FEUILLE-MORTE (*couleur*), adj. Qui tire sur la couleur des feuilles sèches.

FEUILLET, n. m. Partie d'une feuille de papier contenant deux pages; troisième poche de l'estomac des ruminants.

FEUILLETAGE, n. m. Pâte feuilletée; manière de la faire.

FEUILLETER, v. tr. Tourner les feuillets d'un livre pour le parcourir; préparer la pâte de manière qu'elle se lève par feuilles : *feuilleter un gâteau.* On dit mieux *gâteau feuilleté.*

FEUILLETON, n. m. Article de littérature, de science, inséré au bas d'un journal.

FEUILLETONISTE, n. m. Faiseur de feuilletons.

FEUILLETTE, n. f. Tonneau de la contenance d'environ 135 litres, en usage surtout en Bourgogne.

FEUILLU, E, adj. Qui a beaucoup de feuilles.

FEUILLURE, n. f. Entaille dans laquelle les portes et les fenêtres sont encadrées pour fermer juste.

FEUTRAGE, n. m. Action de préparer le feutre.

FEUTRE, n. m. Étoffe non tissue, faite en foulant la laine ou le poil; chapeau fait de feutre.

FEUTRER, v. tr. Mettre en feutre du poil, de la laine.

FEUTRIER, n. m. Ouvrier qui prépare le feutre.

FÈVE, n. f. Plante de la famille des légumineuses; graine qu'elle produit.

FÉVEROLE, n. f. Petite fève de marais.

FÉVRIER, n. m. Second mois de l'année.

FI, interj. qui marque le dégoût, le dédain, le mépris. *Faire fi d'une personne, d'une chose*, la mépriser.

FIACRE, n. m. Voiture de place.

FIANÇAILLES, n. f. pl. Promesse de mariage en présence d'un prêtre.

FIANCÉ, ÉE, n. Qui a fait promesse de mariage.

FIANCER, v. tr. Promettre mariage en présence du prêtre.

FIBRE, n. f. Filament délié qui entre dans la composition des tissus animaux.

FIBREUX, EUSE, adj. Qui a des fibres.

FIBRILLE, n. f. Petite fibre.

FIBRINE, n. f. Substance animale blanche, insipide et inodore, qui constitue particulièrement les fibres ou la chair musculaire, et entre dans la composition du sang, du chyle, etc.

FICELER, v. tr. Lier, attacher avec de la ficelle.

FICELLE, n. f. Très-petite corde.

FICHE, n. f. Morceau de métal servant à fixer les ferrures; marque au jeu. *Fig. Fiche de consolation*, petit dédommagement à une perte qu'on a éprouvée.

FICHER, v. tr. Faire entrer par la pointe : *ficher un pieu en terre.*

FICHET, n. m. Morceau d'ivoire qu'on met dans les trous d'un trictrac.

FICHU, n. m. Sorte de mouchoir de cou.

FICHU, E, adj. Mal fait, mauvais : *voilà un fichu nez, un fichu repas;* perdu : *mes gants sont fichus.* Pop.

FICTIF, IVE, adj. Feint : *personnage être fictif;* qui n'existe que par supposition, par convention : *les billets de banque n'ont qu'une valeur fictive.*

FICTION, n. f. Invention fabuleuse.

FICTIVEMENT, adv. Par fiction.

FIDÉICOMMIS, n. m. Legs testamentaire fait, en apparence, en faveur d'une personne qui doit le restituer à une autre.

FIDÉICOMMISSAIRE, n. m. Qui est chargé d'un fidéicommis.

FIDÈLE, adj. Qui remplit ses engagements : *fidèle à ses serments;* constant; persévérant : *fidèle à ses habitudes;* exact : *historien fidèle;* sûr : *guide fidèle;* qui est probe, honnête : *domestique fidèle.* N. m. pl. *Les fidèles*, ceux qui ont la vraie foi.

FIDÈLEMENT, adv. D'une manière fidèle.

FIDÉLITÉ, n. f. Attachement à ses devoirs, à sa foi; exactitude, vérité : *fidélité d'un récit.*

† **FIEF**, n. m. Propriété territoriale ou autre, relevant d'un suzerain.

FIEFFÉ, ÉE, adj. Marque un vice, un défaut porté au suprême degré : *ivrogne, ignorant fieffé. Fam.*

FIEL, n. m. Bile. *Fig.* Haine, humeur caustique : *discours plein de fiel.*

FIENTE, n. f. Excréments de certains animaux : *fiente de vache, de pigeon*, etc.

FIENTER, v. int. Rendre la fiente.

FIER (SE), v. pr. Mettre sa confiance en quelqu'un. V. tr. Confier : *fier son honneur à son ami. Vieux.*

FIER, ÈRE, adj. Altier, arrogant, superbe; qui a des sentiments nobles, élevés : *âme fière*; audacieux, intrépide : *les plus fiers généraux.* N. : *faire le fier.*

FIER-À-BRAS, n. m. Fanfaron, qui fait le brave. Pl. des *fier-à-bras.*

FIÈREMENT, adv. D'une manière fière, hautaine; extrêmement : *je l'ai fièrement tancé. Fam.*

FIERTÉ, n. f. Caractère de celui qui est fier; noblesse de sentiments : *avoir de la fierté dans l'âme.*

FIÈVRE, n. f. Mouvement déréglé de la circulation du sang. *Fig.* Se dit de toute agitation, de toute passion vive et désordonnée : *fièvre politique.*

FIÉVREUX, EUSE, adj. et n. Qui a la fièvre; qui la cause : *climat fiévreux.*

FIFRE, n. m. Petite flûte d'un son aigu; celui qui en joue.

FIGEMENT, n. m. Action par laquelle un liquide gras se fige; état de ce qui est figé.

FIGER, v. tr. Congeler, épaissir, condenser par le froid.

FIGUE, n. f. Fruit mou, sucré, plein de petits grains. *Fig. Faire la figue à quelqu'un*, s'en moquer. *Fam.*

FIGUIER, n. m. Arbre qui produit la figue.

FIGURANT, E, n. Personnage accessoire dans une pièce de théâtre ou dans un ballet.

FIGURATIF, IVE, adj. Qui est la représentation, le symbole de quelque chose. *Plan figuratif*, carte topographique.

FIGURE, n. f. Forme extérieure d'un corps; visage de l'homme; air, contenance : *faire bonne, triste figure*; symbole : *l'Agneau pascal était une figure de l'eucharistie. Géom.* Espace circonscrit par des lignes. *Gram.* Forme de langage qui donne plus de grâce et de vivacité au discours. *Danse.* Différentes lignes qu'on décrit en dansant.

FIGURÉMENT, adv. D'une manière figurée.

FIGURÉ, ÉE, adj. Détourné : *sens figuré d'un mot. Style figuré*, métaphorique. N. m. : *au propre et au figuré.*

FIGURER, v. tr. Représenter par la peinture, par la sculpture, etc. V. int. Faire figure : *figurer à la cour.* V. pr. Se figurer, s'imaginer, croire.

FIGURINE, n. f. Figure très-petite en terre cuite, en bronze, en argent.

FIL, n. m. Petit brin long et menu de chanvre, de lin, de soie, etc.; substance produite par les chenilles, les araignées; tranchant d'un instrument : *le fil d'un rasoir.* **Fil d'archal**, fil de fer ou de laiton, passé à la filière; **fil à plomb**, morceau de plomb suspendu à un fil, pour mettre un ouvrage d'aplomb. *Fig.* Suite, liaison : *le fil d'un discours*; cours : *le fil de la rivière, le fil de la vie. Donner du fil à retordre*, susciter des embarras ; *de fil en aiguille*, de propos en propos.

FILAGE, n. m. Action, manière de filer.

FILAMENT, n. m. Petite fibre des muscles, des nerfs; petit fil des plantes, semblable à celui qui se tire de l'écorce du chanvre, du lin.

FILAMENTEUX, EUSE, adj. Qui a des filaments.

FILANDIÈRE, n. f. Femme dont le métier est de filer. Adj. *Les sœurs filandières*, les Parques.

FILANDRES, n. f. pl. Longues fibres qui se trouvent dans la viande.

FILANDREUX, EUSE, adj. Rempli de filandres : *viande filandreuse.*

FILANT, E, adj. Qui file : *étoile filante.*

FILASSE, n. f. Amas de filaments tirés de l'écorce du chanvre, du lin, etc.; et préparés pour être filés.

FILASSIER, ÈRE, n. Qui façonne la filasse.

FILATEUR, n. m. Qui dirige une filature.

FILATURE, n. f. Établissement où l'on file en grand la soie, le coton, la laine.

FILE, n. f. Suite, rangée de personnes ou de choses, placées à la suite les unes des autres. *Chef de file*, qui est le premier d'une file; *feu de file*, feu d'une troupe qui tire par file et sans interruption. **A la file**, loc. adv. L'un après l'autre.

FILER, v. tr. Faire du fil. *Fig. Filer doux*, céder par crainte ; *filer un son*, l'enfler insensiblement et le diminuer de même ; *filer ses jours*, passer sa vie; *des jours filés d'or et de soie*, une vie douce et heureuse. *Mar. Filer un nœud, deux nœuds, trois nœuds*, etc., parcourir une fois, deux fois, trois fois, etc., 15 mètres dans l'espace de 30 secondes. V. int. Couler lentement, comme de l'huile : *ce vin file.*

FILET, n. m. Tissu à claire voie pour prendre les poissons, les oiseaux; partie déliée de l'étamine d'une fleur; partie charnue qui se lève sur l'épine du dos du bœuf; très-petite membrane sous la langue; petit réseau pour retenir les cheveux; ornement long et délié en architecture et en menuiserie. *Impr.* Ligne qui a diverses formes et divers usages. *Fig.* Très-petite quantité : *filet d'eau, filet de vinaigre*, etc.

FILEUR, EUSE, n. Qui file.

FILIAL, E, adj. Qui est du devoir du fils, de l'enfant : *amour filial.*

FILIALEMENT, adv. D'une manière filiale.

FILIATION, n. f. Ligne directe des aïeux aux enfants, ou des enfants aux aïeux. *Fig.* Suite, liaison : *filiation des idées.*

FILIÈRE, n. f. Instrument d'acier, destiné soit à étirer les fils métalliques, soit à leur donner la forme d'une vis.

FILIGRANE, n. m. Ouvrage d'orfèvrerie à jour et en forme de petit filet.

FILLE, n. f. Personne du sexe féminin ; servante : *fille d'auberge. Les filles de mémoire*, les Muses.

FILLETTE, n. f. Jeune fille.

FILLEUL, E, n. La personne qu'on a tenue sur les fonts baptismaux.

FILOCHE, n. f. Tissu, filet en corde, en soie ou en fil.

FILON, n. m. Veine métallique dans l'intérieur de la terre.

FILOSELLE, n. f. Grosse soie.

FILOU, n. m. Voleur adroit.

FILOUTER, v. tr. Voler avec adresse ; tricher au jeu.

FILOUTERIE, n. f. Action de filou.

FILS, n. m. Enfant mâle ; terme d'amitié : *mon fils. Le Fils de l'homme*, Jésus-Christ. *Fig. Fils d'Apollon*, les poètes ; *fils de Mars*, les guerriers.

FILTRATION, n. f. Passage d'un liquide à travers un filtre qui l'éclaircit ; action de passer, de filtrer à travers les terres, les rochers, en parlant des eaux.

FILTRE, n. m. Etoffe, cornet de papier non collé, pierre poreuse, ou charbon à travers lesquels on passe un liquide qu'on veut clarifier.

FILTRER, v. tr. Passer un liquide par le filtre. V. int. Pénétrer : *l'eau filtre à travers les terres.*

FIN, n. f. Bout, extrémité ; terme, mort : *toucher à sa fin* ; but : *en venir à ses fins. Pal.* Fin de non-recevoir ; refus d'admettre une action judiciaire sous prétexte que celui qui l'intente n'est pas fondé dans sa plainte, *être renvoyé des fins de la plainte,* succomber dans sa plainte.

FIN, E, adj. Délié et menu : *écriture, pluie fine. Fig.* Excellent : *vin fin* ; délicat : *goût fin* ; pur : *or fin* ; de forme élégante : *taille fine* ; spirituel : *physionomie fine* ; rusé, habile : *c'est un fin renard.* Se dit des sens qui perçoivent exactement les moindres impressions : *odorat, tact, oreille fine.*

FINAL, E, adj. Qui finit, termine : *Impénitence finale,* qui dure jusqu'à la fin. Adj. et n. f. Dernière syllabe, ou

dernière lettre d'un mot. *Mus. Finale ou tonique*, dernière note d'un morceau de musique. **Finale**, n. m. Morceau d'ensemble qui termine une symphonie ou un acte d'opéra.

FINALEMENT, adv. Pour en finir.

FINANCE, n. f. Argent que l'on a ; profession du financier : *entrer dans la finance.* Pl. Trésor de l'Etat : *ministère des finances.*

FINANCER, v. int. Fournir de l'argent. *Fam.*

FINANCIER, n. m. Qui s'occupe de finances ; homme opulent.

FINANCIER, ÈRE, adj. Qui est relatif aux finances : *système financier. Cuis. Côtelette financière,* aux fines herbes.

FINASSER, v. int. User de subterfuges, de mauvaises finesses. *Fam.*

FINASSERIE, n. f. Mauvaise finesse.

FINASSEUR, EUSE, n. Qui finasse. *Fam.*

FINAUD, E, adj. et n. Fin, rusé dans les petites choses.

FINEMENT, adv. Avec finesse.

FINESSE, n. f. Qualité de ce qui est fin : *finesse des cheveux, d'une étoffe* ; délicatesse : *finesse des traits* ; pénétration, sagacité : *finesse de l'esprit* ; sublilité des sens : *finesse de l'ouïe* ; ruse. *Fig.* Entendre finesse, donner un sens malin ; *finesse cousue de fil blanc,* facile à reconnaître.

FINETTE, n. f. Etoffe légère de laine ou de coton.

FINI, E, adj. Parfait : *c'est un tableau fini* ; qui a des bornes : *l'esprit de l'homme est fini.* N. m. Perfection : *le fini d'un ouvrage.*

FINIR, v. tr. Achever, terminer. V. int. Etre terminé : *finir en pointe* ; avoir une certaine fin : *cet enfant finira mal* ; arriver à son terme : *son bail finit à Pâques* ; mourir : *ainsi finit ce prince.*

FIOLE, n. f. Petite bouteille de verre.

FIORITURES, n. f. pl. Ornement de goût ajouté à volonté dans un morceau de musique.

FIRMAMENT, n. m. Voûte azurée qui s'étend au-dessus de nos têtes.

FIRMAN, n. m. Ordre, permis du Grand-Seigneur.

FISC, n. m. Trésor de l'Etat ; ses agents.

FISCAL, E, adj. Qui concerne le fisc : *loi fiscale.*

FISCALITÉ, n. f. Système des lois relatives au fisc.

FISSURE, n. f. Gerçure, petite crevasse.

FISTULE, n. f. *Méd.* Ulcère dont l'entrée est étroite, le fond large, et qui communique avec une cavité naturelle.

FISTULEUX, EUSE, adj. De la nature de la fistule.

FIXATION, n. f. Opération chimique par laquelle on fixe un corps volatil : *fixation du mercure* ; détermination du prix d'une marchandise, d'un terme de payement.

FIXE, adj. Qui ne se meut pas : *étoile fixe* ; déterminé : *terme fixe. Chim. Corps fixe,* qui ne se volatilise pas, comme l'or, le carbone, etc. N. m. Quotité invariable des appointements d'un employé : *vous aurez tant de fixe.* Interj. *Fixe !* commandement de l'immobilité sous les armes.

FIXEMENT, adv. D'une manière fixe.

FIXER, v. tr. Rendre fixe. *Fig.* Assurer : *fixer la victoire* ; déterminer : *fixer un prix* ; arrêter définitivement : *fixer son choix* ; établir : *fixer sa résidence* ; attirer, captiver : *fixer l'attention de quelqu'un.*

FIXITÉ, n. f. Qualité de ce qui est fixe. *Fig.* État des choses qui ne varient point : *la fixité des idées, des opinions.*

FLACON, n. m. Bouteille de verre ou de métal, qui peut se boucher hermétiquement.

FLAGELLANTS, n. m. pl. Secte de fanatiques qui se flagellaient en public.

FLAGELLATION, n. f. Supplice du fouet : *la flagellation de J.-C.* ; action de se flageller.

FLAGELLER, v. tr. Faire subir le supplice du fouet.

FLAGEOLER, v. int. Se dit des jambes de l'homme, du cheval, lorsque la fatigue ou la faiblesse les rend tremblantes.

FLAGEOLET, n. m. Petit instrument de musique à vent. Adj. et n. Espèce de haricot : *manger des flageolets, des haricots flageolets.*

FLAGORNER, v. tr. Flatter souvent et bassement.

FLAGORNERIE, n. f. Flatterie basse et souvent répétée.

FLAGORNEUR, EUSE, n. Qui flagorne.

FLAGRANT, E, adj. Évident, commis à l'instant même. *Pris en flagrant délit,* sur le fait.

FLAIR, n. m. Odorat du chien.

FLAIRER, v. tr. Sentir par l'odorat. *Fig.* Pressentir, prévoir.

FLAIREUR, n. m. Qui flaire. *Flaireur de cuisine,* parasite.

FLAMANT ou **FLAMMANT,** n. m. Grand oiseau de l'ordre des échassiers, à plumage couleur de *flamme.*

FLAMBANT, E, adj. Qui flambe : *bûche flambante.*

FLAMBÉ, ÉE, adj. Ruiné, perdu : *c'est un homme flambé. Fam.*

FLAMBEAU, n. m. Torche, chandelle de cire ou de suif ; chandelier. *Le flambeau du jour,* le soleil ; *de la nuit,* la lune. *Fig.* Lumières de la raison, du génie, de la science. *Allumer le flambeau, les flambeaux de l'hymen,* se marier.

FLAMBER, v. tr. Passer quelque chose par le feu : *flamber une volaille.* V. int. Jeter de la flamme.

FLAMBERGE, n. f. Épée. *Mettre flamberge au vent,* tirer l'épée.

FLAMBOYANT, E, adj. Qui flamboie : *épée flamboyante.*

FLAMBOYER, v. int. Briller comme la flamme.

FLAMINE, n. m. Prêtre de Jupiter, de Mars ou de Romulus, chez les Romains.

FLAMME, n. f. Corps léger, lumineux et ardent, qui se dégage des matières en combustion. *Fig. Jeter feu et flamme,* se livrer à de grands emportements, *les flammes éternelles,* les peines de l'enfer. *Mar.* Longue banderole au haut des mâts, des vergues d'un navire. *Art vét.* Espèce de lancette pour saigner les chevaux.

FLAMMÈCHE, n. f. Parcelle enflammée qui s'élève d'un brasier.

FLAN, n. m. Sorte de tarte à la crème, aux œufs, etc. ; pièce de métal préparée pour être frappée et recevoir une empreinte.

FLANC, n. m. Partie de l'homme, de l'animal, depuis les côtes jusqu'aux hanches. *Fig.* Côté d'une chose : *le flanc d'une armée, d'un bataillon.* Pl. Le sein d'une mère. *Prêter le flanc,* donner prise ; *se battre les flancs,* faire beaucoup d'efforts inutiles.

FLANDRIN, n. m. Homme mince et élancé. *Fam.*

FLANELLE, n. f. Étoffe légère faite avec de la laine fine.

FLÂNER, v. int. Aller de côté et d'autre en perdant son temps. *Fam.*

FLÂNEUR, EUSE, n. Qui flâne. *Fam.*

FLANQUER, v. tr. *Fortif.* Entourer, défendre. Se dit d'objets placés en flanc à côté de quelque chose : *quatre plats flanquaient cet énorme pâté. Fig. Flanquer un soufflet,* l'appliquer fortement ; *flanquer une assiette par terre,* l'y jeter violemment ; *flanquer quelqu'un à la porte,* l'y mettre avec brutalité. V. pr. *Se flanquer par terre,* tomber lourdement.

FLAQUE, n. f. Petite mare d'eau qui croupit.

FLAQUÉE, n. f. Certaine quantité de liquide qu'on lance avec force. *Fam.*

FLAQUER, v. tr. Jeter avec force un liquide contre quelqu'un ou quelque chose. *Fam.*

FLASQUE, adj. Mou, sans force, sans vigueur : *chair, homme, style flasque.*

FLATTER, v. tr. Louer pour plaire; charmer : *la musique flatte l'oreille*; embellir : *flatter un portrait*; caresser : *flatter un enfant.* **Se flatter**, v. pr. Se faire illusion : *se flatter de réussir*; se vanter : *se flatter d'être habile.*

FLATTERIE, n. f. Louange intéressée.

FLATTEUR, EUSE, adj. et n. Qui flatte; séduisant : *espoir flatteur.*

FLATTEUSEMENT, adv. D'une manière flatteuse.

FLÉAU, n. m. Instrument qui sert à battre le blé; verge de fer d'une balance; barre de fer à bascule pour fermer le haut des portes cochères. *Fig.* Grande calamité; ceux par qui Dieu châtie les peuples : *Attila, fléau de Dieu.*

FLÈCHE, n. f. Trait qu'on lance avec l'arc ou l'arbalète; pièce de bois joignant le train de derrière d'un carrosse avec celui de devant; extrémité d'un clocher. *Fig.* Propos piquants : *les flèches de la satire.* Faire flèche de tout bois, mettre tout en œuvre.

FLÉCHIR, v. tr. Ployer, courber : *fléchir le genou. Fig.* Toucher, de pitié, attendrir : *fléchir ses juges.* V. int. Ployer sous la charge. *Fig.* Se soumettre : *tout fléchissait sous lui.*

FLÉCHISSEMENT, n. m. Action de fléchir : *le fléchissement d'une poutre.*

FLÉCHISSEUR, adj. m. *Anat.* Destiné à faire fléchir diverses parties du corps : *muscle fléchisseur du bras.* N. m. pl.: *les fléchisseurs du genou, de la jambe*, par oppos. aux *extenseurs*.

FLEGMATIQUE, adj. Lymphatique : *tempérament flegmatique. Fig.* Froid : *caractère flegmatique.*

FLEGME, n. m. Humeur aqueuse qu'on rejette en crachant, en vomissant, etc. *Fig.* Caractère d'un homme froid et patient. *Répondre avec flegme*, avec sang-froid.

FLÉTRIR, v. tr. Faner, ôter l'éclat, la fraîcheur. *Fig.* Affaiblir, altérer : *l'abus des plaisirs flétrit la jeunesse*; déshonorer : *flétrir la réputation*; autrefois, marquer d'un fer rouge sur l'épaule droite, en vertu d'une condamnation.

FLÉTRISSANT, E, adj. Qui flétrit, déshonore : *arrêt flétrissant.*

FLÉTRISSURE, n. f. Altération de la fraîcheur. *Fig.* Tache à la réputation, à l'honneur.

FLEUR, n. f. Partie la plus éclatante de la plante, dans laquelle s'effectue la fécondation et se développent les graines; plante de jardin : *cultiver des fleurs*; partie la plus fine, la meilleure de quelques substances : *fleur de farine*; ornement du discours : *les fleurs de la rhétorique*; produits solides et volatils obtenus par la sublimation ou la décomposition : *fleur de soufre. Fig.* Temps où une chose a toute sa force, son éclat : *être à la fleur de la jeunesse*; élite, choix : *la fleur de l'armée.* Pl. Sorte de moisissure qui se développe sur le vin, lorsqu'il est en contact avec l'air; **A fleur de**, loc. prép. Presque au niveau de : *avoir les yeux à fleur de tête.*

FLEURAISON ou **FLORAISON**, n. f. Développement, épanouissement de la fleur; époque où les plantes fleurissent.

FLEURDELISÉ, ÉE, adj. Orné, semé de fleurs de lis : *étoffe, drapeau fleurdelisé.*

FLEURER, v. int. Répandre une odeur. *Fig. Cela fleure comme baume*, cela sent bon.

FLEURET, n. m. Sorte d'épée sans tranchant et terminée par un bouton, dont on se sert à l'escrime; fil fait de la partie la plus grossière de la soie.

FLEURETTE, n. f. Petite fleur. *Fig.* Propos galant : *conter fleurette.*

FLEURI, E, adj. Qui est en fleur. *Fig.* Teint fleuri, qui a de la fraîcheur, de l'éclat; *style fleuri*, orné.

FLEURIR, v. int. Pousser des fleurs. *Fig.* Prospérer : *le commerce fleurit.* V. tr. Orner de fleurs : *fleurir sa chambre.*

FLEURISSANT, E, adj. Couvert de fleurs : *prés fleurissants.*

FLEURISTE, n. Qui s'occupe de la culture et du commerce des fleurs; qui fait ou vend des fleurs artificielles.

FLEURON, n. m. Ornement en forme de fleur. *Fig.* Ce qu'on possède de plus avantageux, de plus productif : *Cuba est le plus beau fleuron de la couronne d'Espagne.*

FLEUVE, n. m. Grand cours d'eau qui aboutit à la mer.

FLEXIBILITÉ, n. f. Qualité de ce qui est flexible.

FLEXIBLE, adj. Souple, qui plie aisément. *Fig.* : *voix, caractère flexible.*

FLEXION, n. f. État de ce qui est

fléchi : *flexion d'un ressort*; action de fléchir : *flexion du genou.*

FLIBUSTER, v. tr. Dérober.

FLIBUSTIER, n. m. Pirate des mers d'Amérique. *Par ext.* Trompeur, filou.

FLIC-FLAC, n. m. Bruit que font plusieurs coups de fouet ou plusieurs soufflets donnés coup sur coup.

FLOCON, n. m. Touffe, amas léger de soie, de laine, de coton, de neige.

FLOCONNEUX, EUSE, adj. Qui ressemble à des flocons.

FLONFLON, n. m. Se dit, en général, des refrains de chansons et des couplets de vaudeville.

FLORAISON, n. f. V. *Fleuraison.*

FLORALES, n. f. pl. Fêtes qui se célébraient à Rome en l'honneur de Flore, déesse des fleurs.

†**FLORAUX** (*jeux*), adj. m. pl. Académie, à Toulouse, qui distribue chaque année des fleurs en or et en argent pour prix de poésie.

FLORE, n. f. Livre contenant la description de toutes les plantes qui croissent dans un pays : *la flore d'un canton, d'un climat.*

FLORÉAL, n. m. Huitième mois de l'année républicaine en France (du 20 avril au 19 mai).

FLORENCE, n. m. Petit taffetas léger.

FLORÈS (*faire*). Briller dans le monde. *Fam.*

FLORIN, n. m. Pièce de monnaie étrangère, valant environ deux francs.

FLORISSANT, E, adj. Qui est dans un état prospère : *santé florissante.*

FLOT, n. m. Eau agitée, onde, vague; flux et reflux. *Être à flot*, voguer sans toucher le fond. *Fig.* Multitude, grande quantité : *flots d'auditeurs, flots de sang.*

FLOTTABLE (*rivière*), adj. Sur laquelle le bois peut flotter.

FLOTTAGE, n. m. Transport du bois par trains sur l'eau.

FLOTTAISON (*ligne de*), n. f. Que le niveau de l'eau trace sur la carène d'un bâtiment.

FLOTTANT, E, adj. Qui flotte sur l'eau; ample; mobile, ondoyant : *robe flottante. Fig.* Irrésolu : *esprit flottant.* **Dette flottante**, portion de la dette publique susceptible d'augmentation ou de diminution journalière.

FLOTTE, n. f. Grand nombre de bâtiments de mer réunis pour naviguer ensemble.

FLOTTEMENT, n. m. Ondulation du front d'une troupe en marche.

FLOTTER, v. int. Être porté sur l'eau; tomber en ondoyant : *ses longs cheveux flottaient sur ses épaules. Fig.* Chanceler, être irrésolu : *flotter entre l'espérance et la crainte.*

FLOTTEUR, n. m. Ouvrier qui fait ou conduit des trains de bois.

FLOTTILLE, n. f. Petite flotte.

FLUCTUATION, n. f. Mouvement d'oscillation d'un liquide. *Fig.* Variation : *fluctuation des opinions.*

FLUCTUEUX, EUSE, adj. Agité de mouvements violents et contraires.

FLUER, v. int. Couler.

FLUET, ETTE, adj. Mince et délicat.

FLUIDE, n. m. Corps dont les molécules ont si peu d'adhérence entre elles, qu'elles glissent les unes sur les autres, et tendent continuellement à se séparer : *l'air et l'eau sont des fluides.*

FLUIDITÉ, n. f. Qualité de ce qui est fluide.

FLÛTE, n. f. Instrument à vent, en forme de tuyau, percé de plusieurs trous; celui qui en joue : *il est flûte à l'Opéra*; gros bâtiment de charge; petit pain long.

FLÛTÉ, ÉE, adj. Se dit d'un son doux imitant celui de la flûte : *son flûté, voix flûtée.*

FLÛTEAU, n. m. Jouet d'enfant, appelé vulgairement *mirliton.*

FLÛTER, v. int. Jouer de la flûte. Se dit en parlant du cri du merle : *le merle flûte. Fig.* Boire. *Pop.*

FLÛTISTE, n. m. Musicien qui joue de la flûte : *il est flûtiste à l'Opéra.*

FLUVIAL, E, adj. Qui appartient aux fleuves : *eaux fluviales.*

FLUVIATILE, adj. Se dit des plantes et des coquillages des fleuves, et, en général, d'eau douce.

FLUX, n. m. Mouvement réglé de la mer vers le rivage, à certaines heures. Son opposé est *reflux. Méd.* Écoulement : *flux de sang.*

FLUXION, n. f. Gonflement douloureux, causé par un amas d'humeurs sur quelque partie du corps.

FLUXIONNAIRE, adj. Sujet aux fluxions.

FOC, n. m. *Mar.* Voile triangulaire qui se place à l'avant du bâtiment.

FŒTUS, n. m. Premier état de l'animal encore dans l'œuf ou dans le ventre de la mère.

FOI, n. f. L'une des trois vertus théologales; croyance aux vérités de la religion; religion chrétienne : *mourir pour la foi*; croyance : *nouvelle digne de foi*; sincérité, droiture : *homme sans foi.* **Profession de foi**, déclaration publique de ses principes.

FOIE, n. m. Viscère de couleur rougeâtre, organe sécréteur de la bile.

FOIN, n. m. Herbe fauchée et séchée pour la nourriture des animaux domestiques ; poils soyeux qui garnissent le fond d'un artichaut.

FOIRE, n. f. Grand marché public qui se tient à des époques fixes.

FOIRE, n. f. Cours de ventre.

FOIS, n. f. Joint à un nom de nombre, marque la quantité, la réitération : *il est venu trois fois* ; un nombre illimité : *je vous l'ai dit mille fois* ; l'occasion : *cette fois*. Loc. adv. **Une fois**, à une certaine époque : *il y avait une fois un roi et une reine* ; **de fois à autres**, de temps en temps ; **à la fois**, ensemble, en même temps. **Une fois que**, loc. conj. Dès que, lorsque.

FOISON, n. f. Grande quantité. **A foison**, loc. adv. Abondamment.

FOISONNER, v. int. Abonder : *cette province foisonne en blés* ; multiplier : *les lapins foisonnent beaucoup*.

FOL, FOLLE, adj. V. *Fou*.

FOLÂTRE, adj. Qui aime à badiner, à folâtrer.

FOLÂTRER, v. int. Badiner, faire des actions folâtres.

FOLÂTRERIE, n. f. Action, parole folâtre.

FOLIACÉ, ÉE, adj. Qui est de la nature des feuilles, qui en a l'apparence : *pétioles foliacés*.

FOLICHON, ONNE, adj. Folâtre, badin. *Fam.*

FOLICHONNER, v. int. Folâtrer. *Fam.*

FOLIE, n. f. Démence, aliénation d'esprit ; acte d'extravagance, d'imprudence : *faire une folie*. Pl. Ecarts de conduite : *les folies de la jeunesse* ; actions, discours légers, plaisants : *faire, dire des folies*. **Aimer à la folie**, avec *folie*, éperdûment.

FOLIÉ, ÉE, adj. Nom donné en botanique aux parties garnies de feuilles.

FOLIO, n. m. Le numéro de chaque page d'un livre : **folio 12** *signifie* page 12.

FOLIOLE, n. f. Chacune des petites feuilles qui forment une feuille composée, comme celles de l'acacia, du frêne, etc. ; chaque pièce du calice d'une fleur.

FOLLEMENT, adv. Avec folie, témérairement.

FOLLET, ETTE, adj. Qui fait ou dit par habitude de petites folies. *Poil follet*, premier poil du menton, duvet des petits oiseaux. *Esprit follet*, lutin familier, plus malin que malfaisant ; †**feu**

follet, espèce d'exhalaison enflammée qui s'élève quelquefois des marécages.

FOLLICULAIRE, n. m. Auteur qui publie une feuille périodique. Se prend en m. part.

FOLLICULE, n. f. Enveloppe dans laquelle sont contenues les graines des plantes : *follicules de séné*.

FOMENTATION, n. f. Application d'un médicament chaud sur une partie du corps, pour l'adoucir.

FOMENTER, v. tr. Appliquer un médicament chaud pour fortifier, adoucir. *Fig.* Entretenir, exciter : *fomenter des troubles, la discorde*.

FONCÉ, ÉE, adj. Chargé, sombre, en parlant des couleurs : *étoffe d'un vert foncé*.

FONCIER, ÈRE, adj. Assigné, établi sur un fonds de terre : *rente foncière* ; *crédit, impôt foncier* ; qui possède des biens fonds : *propriétaire foncier*.

FONCIÈREMENT, adv. Dans le fond : *être foncièrement honnête*, corrompu.

FONCTION, n. f. Action propre à chaque organe, comme la digestion, la circulation, la respiration, etc. ; obligations d'un emploi : *s'acquitter de ses fonctions*.

FONCTIONNAIRE, n. m. Qui remplit une fonction publique.

FONCTIONNER, v. int. Marcher, opérer : *cette machine fonctionne bien*.

FOND, n. m. L'endroit le plus bas d'une chose creuse ; ce qui reste au fond ; partie la plus éloignée de l'entrée, la plus retirée d'un pays : *le fond d'une boutique, d'une province* ; en parlant d'étoffes, tissure sur laquelle on fait un dessin ; ce qui fait la matière, l'essence d'une chose, par opposition à la forme, à l'apparence. *Fig.* Ce qu'il y a de plus caché dans le cœur, l'esprit, etc. : *Dieu voit le fond des cœurs*. Loc. adv. **A fond**, complètement ; **de fond en comble**, de la base au sommet.

FONDAMENTAL, E, adj. Qui sert de fondement à une construction : *pierre fondamentale*. *Fig.* Principal : *vérité fondamentale*.

FONDAMENTALEMENT, adv. D'une manière fondamentale.

FONDANT, E, adj. Qui a beaucoup de jus et fond dans la bouche : *poire fondante*. N. m. Remède qui résout les humeurs, fond les engorgements.

FONDATEUR, TRICE, n. Qui a fondé un empire, une religion, un établissement.

FONDATION, n. f. Tranchées, travaux à la pioche pour recevoir les fondements d'un édifice. *Fig.* Action de fon-

der, de créer : *fondation d'une acadé-*
mie, d'une colonie, d'un empire ; capi-
tal légué pour des œuvres de piété . *fondation pieuse.*

FONDÉ, ÉE, adj. Autorisé : *être
fondé à dire ;* juste, raisonnable : *motif,
reproche fondé.* N. m. **Fondé de
pouvoir,** qui est légalement chargé
d'une chose.

FONDEMENT, n. m. Maçonnerie jetée dans les fondations pour servir de
base à un édifice. *Fig.* Principal appui,
base : *la justice est le plus sûr fondement d'un Etat ;* cause, motif : *bruit
sans fondement ;* l'anus.

FONDER, v. tr. Établir les fondements d'une construction ; créer, instituer : *fonder un collége ;* donner des
fonds suffisants pour l'établissement de
quelque chose d'utile : *fonder un prix.
Fig.* Appuyer de raisons, de motifs, de
preuves : *fonder ses soupçons sur...*

FONDERIE, n. f. Usine où l'on fond
les métaux ; art du fondeur.

FONDEUR, n. m. Ouvrier en l'art
de fondre les métaux.

FONDRE, v. tr. Opérer la fusion par
le feu : *fondre de l'or ;* mettre en moule :
fondre une cloche ; combiner plusieurs
choses en un tout : *fondre deux lois en
une seule. Méd.* Dissoudre : *fondre les
humeurs. Peint.* Mêler, unir : *fondre
les couleurs.* V. int. Se dissoudre : *la
glace fond ;* se précipiter : *tous les
maux fondent sur lui. Fondre en larmes,* en répandre beaucoup ; *il fond à
vue d'œil,* il maigrit.

FONDRIÈRE, n. f. Crevasse dans
le sol ; terrain marécageux.

FONDS, n. m. Le sol d'une terre,
d'un champ ; somme d'argent : *avoir
des fonds ;* capital d'un bien : *manger
le fonds et le revenu ;* établissement de
commerce , boutique avec son achalandage : *vendre un fonds. Fonds publics,*
rentes créées par l'Etat ; *fonds perdu,*
fonds placés en rentes viagères. *Fig.* Se
dit des mœurs, du savoir, de la capacité d'un homme : *un grand fonds de
probité, d'érudition.*

FONDUE, n. f. Mets composé de
fromage fondu au feu et d'œufs brouillés.

FONTAINE, n. f. Eau vive qui sort
de terre ; édifice public qui distribue
l'eau ; vaisseau de grès dans lequel on
la garde.

FONTAINIER, n. m. Qui fait ou
vend des fontaines.

FONTANGE, n. f. Nœud de ruban
qu'on place sur la tête.

FONTE, n. f. Action de fondre ou de
se fondre : *la fonte des métaux, des*
neiges ; fer fondu : *ouvrage en fonte ;*
l'art, le travail du fondeur : *fonte d'une
statue. Impr.* Assortiment complet de
caractères de même type.

FONTE, n. f. Sorte de fourreau de
cuir que l'on attache à l'arçon d'une
selle pour y mettre des pistolets.

FONTS, n. m. pl. Grand bassin qui
contient l'eau du baptême : *fonts baptismaux.*

FOR (*intérieur*), n. m. La conscience.

FORAGE, n. m. Action de forer, de
creuser : *le forage d'un puits artésien.*

FORAIN, E, adj. *Marchand forain,*
qui ne fréquente que les foires.

FORBAN, n. m. Pirate, corsaire.

FORÇAT, n. m. Criminel condamné
aux travaux forcés. *Travailler comme
un forçat,* excessivement ; *forçat libéré,*
qui a été rendu à la liberté à l'expiration de sa peine.

FORCE, n. f. Toute puissance capable d'agir, de produire un effet ; violence, contrainte : *céder à la force ;*
puissance : *force d'un Etat ;* solidité :
force d'un mur ; puissance d'impulsion :
force d'une machine ; énergie, activité :
force d'un poison. Fig. Habileté, talent : *être de même force au jeu ;* chaleur : *style plein de force ;* autorité :
les lois étaient sans force ; courage, fermeté : *manquer de force d'âme.* Pl.
Troupes d'un Etat : *les forces de terre
et de mer. Maison de force,* d'arrêt ;
être en force, en état d'attaquer, de
se défendre ; *faire force de rames,* ramer vigoureusement ; *force du sang,*
mouvements secrets de la nature entre
proches parents ; *force d'inertie,* résistance passive. Adv. de quantité. Beaucoup : *force gens. Fam.* Loc. adv. **A
toute force,** à tout prix, absolument ;
de vive force, d'assaut, d'emblée,
avec violence. **A force de,** loc. prép.
Par des efforts, des instances, etc.

FORCÉ, ÉE, adj. Qui n'est pas naturel : *style, vers, rire forcé ;* tiré de
trop loin : *comparaison forcée.*

† **FORCE DE CHEVAL,** n. f.

FORCÉMENT, adv. Par force.

FORCENÉ, ÉE, adj. et n. Hors de
soi, furieux.

FORCEPS, n. m. Instrument de chirurgie employé dans les accouchements
laborieux.

FORCER, v. tr. Briser, rompre :
forcer une porte, un coffre ; fausser :
forcer une clé ; prendre par force : *forcer un camp ;* enfreindre : *forcer la
consigne ;* surmonter : *forcer les obstacles ;* contraindre : *forcer quelqu'un à
faire une chose. Fig. Forcer la nature,*
vouloir faire plus qu'on ne peut ; *forcer*

le pas, marcher plus vite; *forcer un cheval*, l'excéder de fatigue. V. int. *Forcer de voiles*, déployer toutes les voiles.

FORCES, n. f. pl. Grands ciseaux pour tondre les draps.

FORER, v. tr. Percer : *forer une clé, un canon*, etc.

FORESTIER, ÈRE, adj. Qui règle tout ce qui concerne l'administration des forêts : *code forestier*; qui a un emploi dans l'administration forestière : *garde forestier*.

FORÊT, n. f. Grande étendue de terrain planté d'arbres. *Fig.* Un grand nombre : *une forêt de mâts*.

FORET, n. m. Instrument de fer pour pratiquer des trous dans le bois, la pierre, les métaux.

FORFAIRE, v. int. (N'est usité qu'à l'inf. prés. et aux temps composés.) Faire quelque chose contre le devoir, l'honneur.

FORFAIT, n. m. Crime énorme.

FORFAIT, n. m. Marché par lequel une des parties s'oblige à faire ou à fournir quelque chose pour un certain prix, à perte ou à gain.

FORFAITURE, n. f. Prévarication d'un fonctionnaire public dans l'exercice de ses fonctions; autrefois, crime commis par un vassal contre son seigneur.

FORFANTERIE, n. f. Hâblerie.

FORGE, n. f. Usine où l'on fond le fer, et où on le met en barre; fourneau pour forger.

FORGEABLE, adj. Qui peut être forgé.

FORGER, v. tr. Donner la forme au fer, ou à tout autre métal, au moyen du feu et du marteau. *Fig.* Supposer, inventer : *forger une nouvelle*. **Se forger**, v. pr. S'imaginer : *se forger des chimères*.

FORGERON, n. m. Qui travaille le fer au marteau et à la forge.

FORGEUR, n. m. Qui forge. *Fig.* *Forgeur de nouvelles*, qui en invente.

FORMALISER (SE), v. pr. S'offenser, trouver à redire.

FORMALISTE, adj. et n. Scrupuleusement attaché aux formes.

FORMALITÉ, n. f. Condition nécessaire à la validité des actes judiciaires.

FORMAT, n. m. Dimension d'un livre imprimé.

FORMATION, n. f. Action de former; de se former.

FORME, n. f. Configuration des corps; apparence : *juger sur la forme*; manière de se conduire conforme aux règles établies, à l'usage : *agir dans les formes*; façon de s'exprimer ou d'agir propre à une personne : *avoir les formes rudes*; constitution : *forme de gouvernement*; moule sur lequel on fait un chapeau, un soulier, etc.; tournure, façon donnée à un objet : *la forme de cet habit n'est pas gracieuse*. *Impr.* Châssis de fer où sont rangées les pages composées. Loc. adv. **En forme**, selon les lois; **pour la forme**, pour se conformer à l'usage. Loc. prép. **En forme de, par forme de**, en ou par manière de.

FORMEL, ELLE, adj. Précis, positif : *ordre formel*.

FORMELLEMENT, adv. D'une manière formelle.

FORMER, v. tr. Donner l'être et la forme; fonder : *former un établissement*; contracter : *former une liaison*; composer : *les vapeurs forment les nuages*. *Fig.* Concevoir : *former un projet*; instruire : *former l'esprit*; être l'essence : *la bonté forme le fond de son caractère*. **Se former**, v. pr. Prendre forme : *sa taille, ses traits se forment*.

FORMIDABLE, adj. Qui est à craindre, redoutable.

FORMIER, n. m. Qui fait, qui vend des formes.

FORMULAIRE, n. m. Recueil de formules : *formulaire des notaires*.

FORMULE, n. f. Modèle qui contient les termes exprès dans lesquels un acte doit être conçu; façons de s'exprimer, d'agir, conformes à l'usage : *formules de politesse*; ordonnance de médecin : *remède suivant la formule*; résultat d'un calcul algébrique, dont on peut faire l'application dans un grand nombre de cas.

FORMULER, v. tr. Dresser un acte en la forme authentique; énoncer : *formuler des griefs*.

FORS, prép. Hors, excepté : *tout est perdu, fors l'honneur*. *Vieux.*

FORT, n. m. Forteresse; homme puissant, par oppos. à *faible*; ce en quoi une personne excelle : *l'algèbre est son fort*. *Fig.* Temps où une chose atteint sa plus grande intensité : *au fort de l'été, de la tempête*, etc.

FORT, E, adj. Robuste, vigoureux : *bras fort*; fortifié : *ville forte*; grand, puissant de corps : *un fort cheval*; solide : *étoffe forte*. *Fig.* Plein d'énergie : *âme forte*; considérable : *forte somme*; rude, pénible : *forte tâche*; violent : *forte pluie*; âcre, désagréable au goût : *beurre fort*; qui sait beaucoup : *fort en histoire*; outré, choquant : *cela est trop fort*; chargé : *café fort*; plein, sonore :

voix forte. Terre forte, grasse, difficile à labourer; *esprit fort,* qui se pique d'incrédulité en matière religieuse; *se faire fort de,* s'engager à; *se porter fort pour quelqu'un,* répondre de son consentement. **Fort,** adv. Beaucoup, extrêmement.

FORTE, adv. *Mus.* Mot qui se met aux endroits où l'on doit renforcer le son.

FORTEMENT, adv. Avec force : *serrer fortement les mains. Fig. : insister fortement.*

FORTE-PIANO, n. m. V. *Piano.*

FORTERESSE, n. f. Citadelle qui domine une ville.

FORTIFIANT, E, adj. Se dit des remèdes et des aliments qui augmentent les forces. N. m. : *prendre des fortifiants.*

FORTIFICATION, n. f. Ouvrage de défense.

FORTIFIER, v. tr. Entourer de fortifications; donner plus de force, soit au corps, soit à l'esprit. **Se fortifier,** v. pr. Devenir plus fort. *Fig.* S'affermir : *se fortifier dans une résolution.*

FORTIORI (A), loc. lat. A plus forte raison.

FORTUIT, E, adj. Qui arrive par hasard : *événement fortuit.*

FORTUITEMENT, adv. Par hasard.

FORTUNE, n. f. Hasard, chance : *la fortune des armes;* biens, richesses : *acquérir de la fortune;* sort : *s'attacher à la fortune de quelqu'un. Myth.* Divinité qui dispensait les maux et les biens. *Tenter fortune,* s'engager dans une entreprise; *encenser la fortune,* s'attacher à ceux qui sont en crédit; *officier de fortune,* soldat qui s'est élevé par son mérite.

FORTUNÉ, ÉE, adj. Heureux; qui donne le bonheur: *union fortunée.*

† **FORUM,** n. m. Place où le peuple s'assemblait, à Rome, pour traiter des affaires publiques.

FOSSE, n. f. Creux plus ou moins large et profond dans la terre; trou dans lequel on met un corps mort. *Fosse d'aisance,* qui reçoit les matières fécales.

FOSSÉ, n. m. Fosse prolongée pour enfermer un espace, pour défendre une place, ou pour faire écouler les eaux.

FOSSETTE, n. f. Petit trou que font les enfants pour jouer aux billes, etc.; cavité que quelques personnes ont naturellement au menton, ou qui se forme au milieu de la joue quand elles rient.

† **FOSSILE,** n. m. Corps organisé, et généralement considéré comme anté-

diluvien, qui se trouve enfoui dans la terre. Adj. : *animal fossile.*

FOSSOYAGE, n. m. Travail du fossoyeur; action de fossoyer.

FOSSOYER, v. tr. Entourer de fossés : *fossoyer un champ.*

FOSSOYEUR, n. m. Qui creuse les fosses pour enterrer les morts.

FOU ou FOL, FOLLE, adj. et n. Qui a perdu le sens, l'esprit; excessif : *folle dépense;* badin, enjoué : *humeur folle;* simple, crédule : *bien fou qui s'y fie.* N. m. Bouffon des princes : *le fou de François Ier;* pièce au jeu des échecs.

FOUACE, n. f. Sorte de galette épaisse, cuite au four ou sous la cendre.

FOUAILLE, n. f. *Vén.* Part que l'on fait aux chiens après avoir tué le sanglier. C'est ce que l'on appelle *curée* à la chasse du cerf.

FOUAILLER, v. tr. Frapper souvent à grands coups de fouet. *Fam.*

† **FOUDRE,** n. f. Fluide électrique enflammé, sortant de la nue avec une explosion plus ou moins forte. *Fig. Coup de foudre,* grand malheur imprévu. N. m. *Un foudre de guerre, d'éloquence,* un grand capitaine, un grand orateur. N. m. pl. *Des foudres d'airain,* des canons. N. f. pl. *Les foudres de l'Eglise,* l'excommunication.

FOUDRE, n. m. Tonneau d'une grande capacité.

FOUDROIEMENT, n. m. Action par laquelle une personne, une chose est foudroyée.

FOUDROYANT, E, adj. Qui foudroie. *Apoplexie foudroyante,* violente attaque d'apoplexie qui cause promptement la mort.

FOUDROYER, v. tr. Frapper de la foudre. *Fig.* Détruire à coups de canon : *foudroyer une place.*

FOUET, n. m. Corde, lanière de cuir, attachée à un manche, dont on se sert pour conduire et exciter les chevaux. *Fig. Faire claquer son fouet,* se faire trop valoir; *donner un coup de fouet à une chose,* la presser, l'accélérer.

FOUETTER, v. tr. Donner des coups de fouet; donner le fouet. *Absol.* Se dit de la pluie, de la neige, de la grêle, lorsqu'elles frappent violemment contre quelque chose : *le vent lui fouettait au visage.*

FOUETTEUR, EUSE, adj. Qui fouette.

FOUGÈRE, n. f. Genre de plante qui croît dans les landes et les terrains sablonneux.

FOUGUE, n. f. Mouvement violent et impétueux, ordinairement accompagné de colère. *Fig.* Ardeur, impétuosité naturelle : *la fougue de la jeunesse.*

FOUGUEUX, EUSE, adj. Sujet à entrer en fougue : *tempérament fougueux;* emporté : *cheval fougueux.*

FOUILLE, n. f. Travail qu'on fait en fouillant la terre.

FOUILLE-AU-POT, n. m. Petit marmiton. Pl. des *fouille-au-pot.*

FOUILLER, v. tr. Creuser pour chercher. *Par ext.* Fouiller quelqu'un, chercher soigneusement dans ses poches. V. int. Chercher quelque chose en remuant les objets : *fouiller dans une armoire.*

FOUINE, n. f. Petit mammifère du genre martre ; fourche de fer à deux ou trois pointes.

FOULAGE, n. m. Action de fouler.

FOULANT, E, adj. *Pompe foulante,* qui élève l'eau.

FOULARD, n. m. Etoffe de soie à dessins variés, pour mouchoirs, cravates, fichus, etc.

FOULE, n. f. Multitude de personnes, de choses ; le vulgaire : *se distinguer de la foule.* **En foule,** loc. adv. En grande quantité.

FOULER, v. tr. Presser, écraser une chose peu résistante ; marcher sur : *fouler le sol natal;* blesser : *se fouler un nerf. Fig.* Opprimer : *fouler le peuple;* mépriser : *fouler aux pieds;* donner un certain apprêt : *fouler des draps, des cuirs.*

FOULERIE, n. f. Atelier où l'on foule les draps, les cuirs, etc.

FOULOIR, n. m. Instrument avec lequel on foule.

FOULON, n. m. Qui foule les draps. *Terre à foulon,* argile qui sert à dégraisser les draps ; *moulin à foulon,* servant à les fouler.

FOULONNIER, n. m. Qui dirige un moulin à foulon.

FOULQUE, n. f. Espèce de poule d'eau, de l'ordre des échassiers.

FOULURE, n. m. Contusion, blessure d'un membre foulé. Quand elle affecte l'articulation du pied, elle prend le nom d'*entorse.*

FOUR, n. m. Ouvrage de maçonnerie rond et voûté, avec ouverture par devant, dans lequel on fait cuire le pain, etc. *Four de campagne,* four portatif de cuivre ou de tôle ; *four à chaux,* fourneau en maçonnerie, ouvert par en haut, destiné à la calcination de la pierre à chaux ; *four à ban,* ou *banal,* four public, moyennant rétribution accordée au fournier.

FOURBE, adj. et n. Qui trompe avec perfidie.

FOURBE, n. f. Tromperie basse et odieuse : *inventer une fourbe.*

FOURBER, v. tr. Tromper.

FOURBERIE, n. f. Ruse basse et odieuse jointe au mensonge ; habitude de tromper : *sa fourberie est bien connue.*

FOURBIR, v. tr. Nettoyer, polir, rendre clair : *fourbir des armes.*

FOURBISSEUR, n. m. Qui polit et monte les armes blanches.

FOURBISSURE, n. f. Nettoiement, polissure.

FOURBU, E, adj. Se dit des chevaux qui perdent tout à coup l'usage de leurs jambes.

FOURBURE, n. f. Maladie d'un cheval fourbu.

FOURCHE, n. f. Long manche terminé par deux ou trois longues dents en bois ou en fer ; endroit où un chemin se divise en plusieurs branches.

FOURCHETTE, n. f. Ustensile de table à trois ou quatre dents ; espèce de fourche formée par la corne dans la cavité du pied du cheval ; fourche portative sur laquelle on appuyait le mousquet pour tirer.

FOURCHON, n. m. Une des pointes de la fourche.

FOURCHU, E, adj. Qui fait la fourche : *chemin, menton fourchu.*

FOURGON, n. m. Voiture militaire pour le transport des munitions, des vivres, etc. ; instrument pour remuer la braise dans le four.

FOURGONNER, v. int. Remuer avec le fourgon la braise du four ; fouiller en mettant tout sens dessus dessous. *Fam.*

FOURMI, n. f. Petit insecte qui vit sous terre, en société comme les abeilles.

FOURMILIER, n. m. Petit quadrupède d'Amérique, qui vit de fourmis.

FOURMILIÈRE, n. f. Habitation des fourmis. *Fig.* Grand nombre d'individus, d'animaux, d'insectes, etc. : *une fourmilière d'enfants, de souris.*

FOURMI-LION, n. m. Insecte ainsi appelé parce qu'il se nourrit de fourmis, dont il est par conséquent l'ennemi, le *lion.*

FOURMILLEMENT, n. m. Sensation de picotement comme si des fourmis couraient sur la peau.

FOURMILLER, v. int. Abonder : *ce fromage fourmille de vers.* Se dit aussi d'une partie du corps dans laquelle on ressent le fourmillement : *les pieds me fourmillent.*

FOURNAGE, n. m. Ce que l'on paye au fournier pour la cuisson du pain.

FOURNAISE, n. f. Grand four.

FOURNEAU, n. m. Construction de maçonnerie ou vaisseau portatif, pour contenir du feu. *Haut fourneau*, fourneau destiné à fondre le minerai de fer à une haute température.

FOURNÉE, n. f. Quantité de pain qu'on fait cuire à la fois dans un four. *Fig.* Nombre de personnes nommées ensemble aux mêmes fonctions : *une fournée de pairs. Fam.*

FOURNI, E, adj. Epais, touffu : *bois fourni, barbe fournie*; approvisionné : *magasin bien fourni.*

FOURNIER, ÈRE, n. Qui tient un four banal.

FOURNIL, n. m. Lieu où est le four et où l'on pétrit la pâte.

FOURNIMENT, n. m. Objets d'équipement, tels que buffleterie, baudrier, etc.

FOURNIR, v. tr. Pourvoir, approvisionner. *Fig.* Produire : *fournir des renseignements.* V. int. Subvenir : *fournir aux besoins de quelqu'un.*

FOURNISSEMENT, n. m. Fonds que chaque associé apporte dans une société.

FOURNISSEUR, n. m. Autrefois, entrepreneur chargé de pourvoir à l'entretien d'un corps d'armée; marchand auquel on a l'habitude d'acheter.

FOURNITURE, n. f. Provision fournie ou à fournir; ce qui est fourni par certains artisans, tels que les tailleurs, les tapissiers, etc., en confectionnant un objet; fines herbes dont on assaisonne la salade.

FOURRAGE, n. m. Herbe, paille, foin, etc., pour la nourriture des bestiaux. Se dit de toute l'herbe qu'on coupe à l'armée pour nourrir les chevaux : *faire du fourrage.*

FOURRAGER, v int. Aller au fourrage. V. tr. Ravager : *fourrager un jardin.*

FOURRAGÈRE, adj. Se dit des plantes propres à être employées comme fourrage.

FOURRAGEUR, n. m. Celui qui va au fourrage.

FOURRÉ, n. m. Endroit très-épais d'un bois.

FOURRÉ, ÉE, adj. *Langue fourrée*, langue d'animal recouverte d'une autre peau avec laquelle on la fait cuire. *Escr. Coup fourré*, porté et reçu en même temps par chacun des deux adversaires.

FOURREAU, n. m. Gaine, étui servant d'enveloppe à un objet quelconque.

FOURRER, v. tr. Introduire, mettre parmi d'autres choses; donner avec excès et mal à propos : *fourrer des friandises à un enfant ;* garnir de fourrure : *fourrer une robe. Fig. Fourrer une idée dans la tête de quelqu'un*, la lui faire comprendre; *fourrer son nez partout*, s'occuper de tout mal à propos. **Se fourrer**, v. pr. S'introduire : *se fourrer dans une société. Ne savoir où se fourrer*, où se mettre, se cacher.

FOURREUR, n. m. Marchand de fourrures; qui travaille en pelleterie.

FOURRIER, n. m. Sous-officier chargé de distribuer les vivres, de pourvoir au logement des soldats en route.

FOURNIÈRE, n. f. Lieu de dépôt des bestiaux, des chevaux, des voitures, etc., saisis jusqu'à leur vente, ou jusqu'au payement des dommages qu'ils ont causés.

FOURRURE, n. f. Peau d'animal préparée et garnie de son poil pour doubler, garnir ou orner des vêtements.

FOURVOIEMENT ou **FOURVOIMENT**, n. m. Erreur de celui qui fourvoie, se trompe.

FOURVOYER, v. tr. Egarer, détourner du chemin. *Fig.* Mettre dans l'erreur. **Se fourvoyer**, v. pr. Se tromper.

FOYER, n. m. Lieu où l'on fait le feu. *Phys.* Le point d'un verre où les rayons lumineux viennent se réunir. Partie du théâtre où se rassemblent les acteurs, les auteurs et quelques privilégiés; salon où le public se réunit dans les entr'actes. *Fig.* Siége principal : *le foyer de la rébellion.* Pl. Pays natal : *revoir ses foyers. Foyers d'une ellipse*, différents points qui servent à la décrire.

FRAC, n. m. Habit d'homme serré de la taille et à basques étroites.

FRACAS, n. m. Rupture ou fracture avec violence et bruit. Se dit par ext. de tout ce qui se fait avec bruit et désordre : *le fracas du tonnerre. Fig.* Tumulte, bruit dans le monde : *les hommes vains aiment le fracas.*

FRACASSER, v. tr. Briser, mettre en pièces.

FRACTION, n. f. Portion, partie : *une fraction de l'assemblée vota pour... Arith.* Quantité plus petite que l'unité.

FRACTIONNAIRE (*nombre*), adj. Qui est plus fort que l'unité et a la forme d'une fraction : $\frac{9}{6}$, $\frac{14}{8}$

FRACTURE, n. f. Rupture avec effort. *Chir.* Solution de continuité opérée subitement dans les os.

FRACTURER, v. tr. Casser, briser.

FRAGILE, adj. Aisé à rompre, sujet à se casser. *Fig.* Sujet à succomber : *nature fragile;* mal assuré: *santé, fortune fragile.*

FRAGILITÉ, n. f. Disposition à être

brisé facilement. *Fig.* Faiblesse : *fragi-lité humaine* ; instabilité : *fragilité des choses humaines.*

FRAGMENT, n. m. Morceau d'un objet qui a été brisé, rompu ; morceau extrait d'un livre.

FRAI, n. m. Temps où a lieu la ponte des œufs de poisson ; petits poissons pour peupler.

FRAÎCHEMENT, adv. Au frais ; récemment : *tout fraîchement arrivé.*

FRAÎCHEUR, n. f. Frais agréable ; froid, froidure : *la fraîcheur du soir* ; maladie causée par un froid humide : *attraper une fraîcheur. Fig.* Brillant, éclat agréable des fleurs, du teint : *étoffe, visage, tableau plein de fraîcheur.*

FRAÎCHIR, v. int. *Mar.* Se dit du vent qui devient plus fort.

FRAIRIE, n. f. Partie de divertissement, de bonne chère : *être en frairie.*

FRAIS, FRAÎCHE, adj. Légèrement froid : *vent frais* ; qui a de l'éclat, de la fraîcheur : *teint frais* ; qui n'est pas fatigué : *troupes fraîches.* Se dit des choses sujettes à se sécher ou à se corrompre, et qui n'ont point encore souffert d'altération : *pain frais, poisson frais. Fig.* Récent : *nouvelles de fraîche date.* N. m. Froid agréable : *prendre le frais.* Adv. Récemment : *fleur fraîche cueillie.*

FRAIS, n. m. pl. Dépense, dépens : *faire de grands frais, être condamné aux frais. Fig.* Se mettre en frais, dépenser plus que de coutume. **A peu de frais**, loc. adv. Sans beaucoup de peine, sans dépenser beaucoup : *briller, voyager à peu de frais.*

FRAISE, n. f. Fruit du fraisier.

FRAISE, n. f. Membrane qui enveloppe les intestins du veau, de l'agneau, etc. ; collet plissé d'autrefois, qui, par sa forme, avait quelque ressemblance avec la fraise du veau.

FRAISETTE, n. f. Petite fraise.

FRAISIER, n. m. Petite plante de la famille des rosacées, qui produit la fraise.

FRAISIL, n. m. Cendre du charbon de terre.

FRAMBOISE, n. f. Fruit rouge ou blanc du framboisier.

FRAMBOISER, v. tr. Aromatiser avec du jus de framboise.

FRAMBOISIER, n. m. Arbrisseau épineux, qui produit les framboises.

FRAMÉE, n. f. Arme des anciens Francs.

FRANC, n. m. Unité monétaire du système décimal.

FRANC, FRANCHE, adj. Libre, par oppos. à *serf. Fig.* Loyal, sincère : *langage franc* ; vrai (devant le nom) : *franc libertin* ; exempt de charges, d'impôts : *villes franches.*

FRANC, FRANQUE, n. Nom générique des Européens dans les ports du Levant.

FRANÇAIS, E, adj. Qui est de France, qui concerne la France. N. Qui est né en France. N. m. s. La langue française : *apprendre le français.*

FRANC-ALLEU, n. m. V. *Alleu.*

FRANCHEMENT, adv. Sincèrement : *avouer franchement.*

FRANCHIR, v. tr. Sauter, passer en sautant par-dessus quelque chose ; passer, traverser vigoureusement, hardiment, des lieux difficiles : *franchir les Alpes, les mers. Fig.* Surmonter : *franchir les obstacles.*

FRANCHISE, n. f. Immunité, exemption : *les franchises d'une ville. Fig.* Sincérité, candeur : *parler avec franchise.*

FRANCISCAINS, dits frères mineurs, n. m. pl. Religieux de l'ordre de saint François.

FRANCISER, v. tr. Donner une terminaison, une inflexion française à un mot d'une autre langue : **London** francisé donne **Londres.**

FRANCISQUE, n. f. Arme offensive en usage chez les Francs.

FRANC-MAÇON, n. m. Initié à la franc-maçonnerie. Pl. des *francs-maçons.*

† **FRANC-MAÇONNERIE**, n. f. Société secrète répandue dans différentes contrées du globe, et dont les membres se reconnaissent à certains signes.

FRANCO, adv. Sans frais.

FRANC-PARLER, n. m. Liberté de tout dire : *avoir son franc-parler.*

FRANC-RÉAL, n. m. Sorte de poire. Pl. des *francs-réals.*

FRANGE, n. f. Tissu d'où pendent des filets, servant à orner les meubles, les vêtements, etc.

FRANGER, v. tr. Garnir de franges.

FRANGIER, ÈRE, n. Ouvrier qui fait la frange.

FRANGIPANE, n. f. Pâtisserie faite de crème, d'amandes, etc., inventée par *Frangipani.* Ne pas dire *franchipane.*

FRANQUE, adj. f. *Langue franque*, composée de français, d'espagnol, d'italien, etc., usitée dans le Levant.

FRANQUETTE, n. f. Qui n'est d'usage que dans cette phrase familière : *à la bonne franquette*, franchement, sans façon. Ne pas dire *flanquette.*

FRAPPANT, E, adj. Qui fait une vive impression sur l'esprit : *preuves* frappantes; d'une parfaite ressemblance: *portrait frappant.*

FRAPPE, n. f. Empreinte que le balancier fait sur la monnaie.

FRAPPER, v. tr. Donner un ou plusieurs coups ; percer : *frapper d'un coup de poignard*; donner une empreinte à : *frapper de la monnaie. Fig.* Faire périr : *la mort frappe tous les hommes*; faire retentir : *frapper l'air de ses cris*; produire de l'effet : *frapper un grand coup*; tomber sur : *la lumière frappe les objets*; faire impression sur : *frapper l'imagination. Frapper quelqu'un d'anathème*, l'excommunier. V. int. : *frapper à la porte.* **Frappé, ée**, part. pas. Saisi, surpris : *être frappé d'une chose. Vers bien frappés,* où il y a de la force, de l'énergie; *ouvrage frappé au bon coin*, bon ouvrage; *imagination frappée*, remplie d'une chose ; de terreur par exemple.

FRAPPEUR, EUSE, n. Qui frappe. *Fam.*

FRATER, n. m. Celui qui rase les matelots, les soldats; barbier. *Fam.*

FRATERNEL, ELLE, adj. Qui est propre à des frères, tel qu'il convient entre frères.

FRATERNELLEMENT, adv. D'une manière fraternelle.

FRATERNISER, v. int. Vivre en frères ; se réunir dans un repas commun et public.

FRATERNITÉ, n. f. Relation de frère à frère. *Fig.* Union intime entre les hommes, entre les membres d'une société.

FRATRICIDE, n. m. Meurtre d'un frère, d'une sœur; celui qui commet ce crime.

FRAUDE, n. f. Tromperie, acte de mauvaise foi; contrebande : *faire la fraude.* **En fraude**, loc. adv. Frauduleusement : *vin introduit en fraude.*

FRAUDER, v. tr. Soustraire des marchandises au payement des droits d'entrée : *frauder la douane.*

FRAUDEUR, EUSE, n. Qui fait la fraude.

FRAUDULEUSEMENT, adv. D'une manière frauduleuse.

FRAUDULEUX, EUSE, adj. Entaché de fraude : *marché, banqueroute frauduleuse.*

FRAYER, v. tr. Tracer, pratiquer : *frayer un sentier.* V. int. Reproduire, en parlant des poissons. *Fig.* S'accorder; se convenir : *ces deux hommes ne frayent point ensemble.* **Se frayer**, v. pr. S'ouvrir : *se frayer un passage. Fig.* : *se frayer le chemin des honneurs.*

FRAYEUR, n. f. Crainte vive, grande peur causée par l'image d'un mal véritable ou apparent.

FREDAINE, n. f. Folie de jeunesse. *Fam.*

FREDONNEMENT, n. m. Action de fredonner.

FREDONNER, v. tr. Chanter à demi-voix : *fredonner un air.* V. int. : *fredonner sans cesse.*

FRÉGATE, n. f. Bâtiment de guerre qui, par son importance, vient immédiatement après le vaisseau de ligne; oiseau de mer ainsi nommé parce que son vol très-rapide l'a fait comparer à la frégate.

FREIN, n. m. Mors, partie de la bride qu'on met dans la bouche du cheval pour le diriger. *Méc.* Appareil au moyen duquel on peut ralentir ou même arrêter complétement le mouvement d'une machine, d'une voiture, etc. *Fig.* Ce qui retient dans les bornes du devoir : *le frein de la loi. Ronger son frein*, renfermer en soi-même son dépit, sa colère.

FRELATAGE, n. m. ou **FRELATERIE**, n. f. Action de frelater.

FRELATER, v. tr. Falsifier le vin, les liqueurs, etc.

FRÊLE, adj. Fragile. *Fig.* Faible : *frêle appui.*

FRELON, n. m. Sorte de grosse guêpe.

FRELUQUET, n. m. Homme léger, frivole et sans mérite. *Fam.*

FRÉMIR, v. int. Trembler de crainte, de colère, d'horreur, etc. Se dit aussi d'un liquide près de bouillir, et des corps agités de vibrations promptes et courtes.

FRÉMISSANT, E, adj. Qui frémit.

FRÉMISSEMENT, n. m. Emotion avec tremblement de membres; agitation des molécules d'un corps : *frémissement d'une cloche, de l'air*; petit mouvement qui se produit dans un liquide près de bouillir.

FRÊNE, n. m. Bel arbre forestier à bois blanc et compacte.

FRÉNÉSIE, n. f. Délire furieux. *Fig.* Excès dans une passion : *se livrer au jeu avec frénésie.*

FRÉNÉTIQUE, adj. et n. Atteint de frénésie; furieux : *transport frénétique.*

FRÉQUEMMENT, adv. Souvent.

FRÉQUENCE, n. f. Réitération fréquente : *fréquence du pouls.*

FRÉQUENT, E, adj. Qui arrive souvent.

FRÉQUENTATIF, IVE, adj. et n. Se dit d'un verbe qui marque une action fréquemment répétée, comme *cli-gnoter, crachoter, criailler.*

FRÉQUENTATION, n. f. Communication habituelle avec quelqu'un.

FRÉQUENTER, v. tr. Hanter, aller souvent dans un lieu. *Fréquenter les sacrements,* se confesser et communier souvent.

FRÈRE, n. m. Né du même père et de la même mère, ou seulement de l'un des deux. *Fig.* Se dit de tous les hommes, comme étant sortis du même père; nom que se donnent les religieux entre eux. *Frères jumeaux,* nés d'un même accouchement; *frères de lait,* l'enfant de la nourrice et celui qu'elle a nourri du même lait; *frères d'armes,* guerriers qui combattent ensemble.

FRESQUE, n. f. Manière de peindre avec des couleurs détrempées dans de l'eau de chaux, sur une muraille fraîchement enduite : *peinture à fresque.*

FRESSURE, n. f. Le cœur, la rate, le foie et les poumons d'un animal pris ensemble : *fressure de veau, de mouton,* etc.

FRET, n. m. Louage d'un bâtiment pour prendre la mer; prix du fret; cargaison d'un navire de commerce.

FRÉTER, v. tr. Donner ou prendre un vaisseau à louage; le charger, l'équiper.

FRÉTEUR, n. m. Qui donne ou prend un navire à louage.

FRÉTILLANT, E, adj. Vif, remuant : *enfant frétillant.*

FRÉTILLEMENT, n. m. Mouvement de ce qui frétille.

FRÉTILLER, v. int. S'agiter par des mouvements vifs et courts.

FRETIN, n. m. Menu poisson. *Fig.* Chose de nulle valeur.

FRETTE, n. f. Cercle de fer qui sert de lien à un morceau de bois pour l'empêcher de se fendre, et principalement au moyeu des roues.

FRETTER, v. tr. Garnir d'une frette.

FRIABILITÉ, n. f. Qualité de ce qui est friable.

FRIABLE, adj. Qui peut être aisément réduit en poudre.

FRIAND, E, adj. Qui aime les morceaux délicats, et qui s'y connaît.

FRIANDISE, n. f. Goût pour les mets fins et délicats. Pl. Sucreries.

FRICANDEAU, n. m. Morceau de veau piqué de menus morceaux de lard.

FRICASSÉE, n. f. Viande fricassée.

FRICASSER, v. tr. Faire cuire de la viande coupée par morceaux. *Fig.*

Dépenser largement et promptement : *il a fricassé tout son bien.*

FRICASSEUR, n. m. Mauvais cuisinier.

FRICHE, n. f. Etendue de terrain qu'on ne cultive pas, et où ne croissent que des herbes, des broussailles.

FRICOT, n. m. Viande en ragoût. *Pop.*

FRICOTER, v. int. Se régaler. *Pop.*

FRICTION, n. f. Frottement que l'on fait sur quelque partie du corps.

FRICTIONNER, v. tr. Faire des frictions.

FRIGIDITÉ, n. f. Sensation de froid.

FRIGORIFIQUE, adj. Qui produit le froid.

FRILEUX, EUSE, adj. et n. Fort sensible au froid.

FRIMAIRE, n. m. Troisième mois du calendrier républicain (21 nov. au 20 déc.)

FRIMAS, n. m. Brouillard froid et épais, qui se glace en tombant. Pl. *Poét.* Tous les signes de l'hiver, comme la neige, la gelée, etc.

FRIME, n. f. Semblant que l'on fait de quelque chose. *Pop.*

FRINGALE, n. f. Faim subite et violente.

FRINGANT, E, adj. Qui est vif, alerte, fort éveillé.

FRIPER, v. tr. Chiffonner; user, gâter : *friper une robe, ses habits.*

FRIPERIE, n. f. Vêtements, meubles usés; commerce qu'on en fait.

FRIPIER, ÈRE, n. Qui vend de vieux habits, etc.

FRIPON, ONNE, adj. et n. Qui trompe adroitement; fourbe, homme de mauvaise foi : *c'est un fripon. Petit fripon,* enfant espiègle; *air, œil fripon,* éveillé.

FRIPONNEAU, n. m. Diminutif de fripon. *Fam.*

FRIPONNER, v. tr. Escroquer, dérober avec adresse.

FRIPONNERIE, n. f. Action de fripon.

FRIQUET, n. m. Moineau de petite espèce.

FRIRE, v. tr. défect. (*Je fris, tu fris, il frit,* sans pl. *Je frirai, n. frirons. Je frirais, n. fririons.* Impér. *fris,* sans pl. *Frit, frite.* Les autres formes sont inusitées; pour y suppléer, on emploie le verbe *faire* suivi de l'infinitif *frire*). Faire cuire dans la friture. V. int.: *le poisson frit. Fig. Il n'y a rien à frire,* rien à manger, rien à faire.

FRISE, n. f. *Arch.* Partie de l'entablement entre l'architrave et la corniche; sorte d'étoffe de laine à poil frisé. *Toile de Frise*, qui vient de la province de Frise, en Hollande. *Fortif. Cheval de frise*, grosse pièce de bois hérissée de pointes de tous côtés.

FRISÉ, ÉE, adj. *Cheveux frisés*, crépus; *chou frisé*, dont la feuille est toute crépée.

FRISER, v. tr. Crêper, boucler les cheveux. *Fig.* Raser, effleurer : *la balle lui a frisé le visage*; être près d'atteindre : *friser la quarantaine*. V. int. : *ses cheveux frisent naturellement.*

FRISOTTER, v. tr. Friser souvent.

FRISSON, n. m. Tremblement causé par le froid, ordinairement avant la fièvre. *Fig.* Saisissement qui vient de la peur ou de quelque passion violente.

FRISSONNEMENT, n. m. Léger frisson.

FRISSONNER, v. int. Avoir le frisson. *Fig.* Être fortement ému : *frissonner d'horreur.*

FRISURE, n. f. Façon de friser; chevelure frisée.

FRITURE, n. f. Action et manière de frire; poisson frit; huile, beurre, graisse servant à frire.

FRIVOLE, adj. Vain, léger, sans importance.

FRIVOLITÉ, n. f. Caractère de ce qui est frivole. Pl. Choses frivoles : *ne s'occuper que de frivolités.*

FROC, n. m. Partie de l'habit monacal qui couvre la tête et tombe sur les épaules. *Fig.* Profession, monacale : *prendre le froc*. Par ext. *Jeter le froc aux orties*, renoncer à une profession.

FROID, n. m. Absence de chaleur; sensation de froid. *Fig.* Air sérieux et composé : *il est d'un froid glacial*; refroidissement : *il y a du froid entre eux*. *Souffler le froid et le chaud*, parler pour et contre une même personne, une même chose.

FROID, E, adj. Privé de chaleur; qui communique le froid, ou n'en garantit pas; refroidi : *viandes froides*. *Fig.* Sérieux, posé, réservé : *homme froid*; qui manque de chaleur, de sensibilité : *orateur, style froid. Être de sang-froid*, maître de soi-même; *battre froid à quelqu'un*, lui faire moins bon accueil; *humeurs froides*, scrofules. **A froid**, loc. adv. Sans mettre au feu : *battre un fer à froid.*

FROIDEMENT, adv. De manière à avoir froid : *être vêtu froidement. Fig.* Avec froideur, d'une manière réservée : *répondre, accueillir froidement.*

FROIDEUR, n. f. État de ce qui est froid. *Fig.* Froid accueil, indifférence.

FROIDIR, v. int. Devenir froid après avoir été chaud.

FROIDURE, n. f. Froid répandu dans l'air; l'hiver : *au retour de la froidure. Poét.*

FROISSEMENT, n. m. Action de froisser.

FROISSER, v. tr. Meurtrir par une pression violente; chiffonner : *froisser du drap. Fig.* Blesser, choquer : *froisser les opinions de quelqu'un.*

FROISSURE, n. f. Impression qui demeure à un corps qui a été froissé.

FRÔLEMENT, n. m. Effet de ce qui frôle.

FRÔLER, v. tr. Toucher légèrement en passant.

FROMAGE, n. m. Lait caillé et égoutté.

FROMAGER, ÈRE, n. Qui fait, qui vend des fromages. N. m. Vase percé pour faire égoutter le fromage.

FROMAGERIE, n. f. Endroit où l'on fait, où l'on garde les fromages.

FROMENT, n. m. La meilleure espèce de blé.

FROMENTACÉ, ÉE, adj. Se dit des espèces sauvages de froment, comme le chiendent, le froment de haies, etc.

FRONCE, n. f. Chacun des plis faits à une étoffe.

FRONCEMENT, n. m. Action de froncer les sourcils, de rider le front.

FRONCER, v. tr. Resserrer, en parlant des sourcils, rider, en parlant du front; plisser : *froncer une robe.*

FRONCIS, n. Ensemble des plis faits à une robe, à une chemise, à une manche, etc.

FRONDE, n. f. Petite corde préparée pour lancer des pierres. † Parti qui prit les armes contre la cour pendant la minorité de Louis XIV.

FRONDER, v. tr. Blâmer, critiquer.

FRONDEUR, n. m. Qui lance des pierres avec une fronde. *Fig.* Qui aime à critiquer, à contredire, à blâmer; partisan de la Fronde.

FRONT, n. m. Partie supérieure du visage, depuis la naissance des cheveux jusqu'aux sourcils. *Fig.* Tout le visage : *front serein, sévère*; la tête : *courber, relever le front*; le devant : *le front d'un bataillon*; hardiesse, impudence : *vous avez eu le front de...* **De front**, Loc. adv. Par devant : *attaquer de front*; côte à côte : *aller de front*; ensemble : *mener deux affaires de front*; sans ménagement : *heurter de front les opinions, les préjugés de quelqu'un.*

FRONTAL, E, adj. Qui concerne le front : *os frontal, veine frontale.*

FRONTEAU, n. m. Bandeau de toile que portent les religieuses.

FRONTIÈRE, n. f. Limite qui sépare deux Etats. Adj. Qui est limitrophe : *place frontière.*

FRONTISPICE, n. m. Face principale d'un monument ; titre d'un livre avec vignettes.

FRONTON, n. m. Ornement triangulaire d'architecture, au-dessous de l'entrée principale d'un édifice : *le fronton du Panthéon.*

FROTTAGE, n. m. Travail de celui qui frotte.

FROTTEMENT, n. m. Action de deux corps qui se frottent.

FROTTER, v. tr. Passer à plusieurs reprises, et en appuyant, un corps sur un autre ; enduire de cire : *frotter un parquet* ; frictionner. *Fig.* Battre, maltraiter : on *l'a frotté d'importance.* *Fam.* Se frotter à, v. pr. S'attaquer à. *Fam.*

FROTTEUR, n. m. Qui frotte les parquets.

FROTTOIR, n. m. Linge pour frotter, essuyer.

FROUER, v. int. Siffler à la pipée pour attirer les oiseaux.

FRUCTIDOR, n. m. Douzième mois de l'année républicaine (18 août au 16 septembre.)

FRUCTIFICATION, n. f. Ensemble des phénomènes qui accompagnent la maturité du fruit.

FRUCTIFIER, v. int. Rapporter du fruit. *Fig.* Produire un résultat avantageux : *cette somme a fructifié.*

FRUCTUEUSEMENT, adv. Avec fruit, utilement : *travailler fructueusement.*

FRUCTUEUX, **EUSE**, adj. Utile, profitable : *travail fructueux.*

FRUGAL, **E**, adj. Qui se contente de peu pour sa nourriture ; simple : *vie frugale* ; peu abondant en mets : *table frugale.*

FRUGALEMENT, adv. D'une manière frugale.

FRUGALITÉ, n. f. Sobriété : *vivre avec frugalité.*

FRUGIVORE, adj. Qui se nourrit de végétaux, et, en général, de fruits.

FRUIT, n. m. Production des végétaux qui succède à la fleur. Pl. Toutes les productions de la terre : *les fruits de la terre.* *Fig.* Profit, avantage : *le fruit du travail, de l'étude.*

FRUITERIE, n. f. Lieu où l'on conserve le fruit ; commerce du fruitier.

FRUITIER, adj. m. Qui porte des fruits : *arbre fruitier.*

FRUITIER, **ÈRE**, n. Qui vend des fruits, des légumes.

FRUSQUIN, n. m. Tout ce qu'un homme a d'argent, de nippes : on *lui a volé tout son saint frusquin.*

FRUSTRATOIRE, adj. Fait dans l'intention de frustrer : *acte frustratoire.*

FRUSTRER, v. tr. Priver quelqu'un de ce qui lui est dû.

FUCUS, n. m. Vulgairement *varech.*

FUGITIF, **IVE**, adj. et n. Qui fuit. *Fig.* Qui passe rapidement : *ombre fugitive.* **Poésies fugitives**, petites pièces de vers de peu d'importance.

FUGUE, n. f. *Mus.* Morceau dans lequel les différentes parties se succèdent en répétant le même sujet.

FUIR, v. tr. Eviter : *fuir la société des méchants.* V. int. Se dérober : *fuir à travers champs* ; passer : *le nuage fuit, l'hiver a fui* ; laisser échapper : *ce vase, ce tonneau fuit.*

FUITE, n. f. Action de fuir ; échappement d'un liquide, d'un gaz.

FULMINANT, **E**, adj. Menaçant : *regards fulminants.* *Chim.* Qui produit une détonation : *poudre fulminante.*

FULMINATION, n. f. Détonation subite et bruyante.

FULMINER, v. int. S'emporter : *fulminer contre quelqu'un.* V. tr. Lancer : *fulminer une sentence d'excommunication.*

FUMAGE, n. m. Action de donner une fausse couleur d'or à l'argent, en l'exposant à la fumée de certaines compositions ; opération qui consiste à répandre le fumier sur les champs.

FUMANT, **E**, adj. Qui fume : *cendre fumante.*

FUMÉE, n. f. Vapeur épaisse qui se dégage des corps en combustion. *Fig.* Choses vaines : *la fumée de la gloire.* Pl. Vapeurs de l'estomac qui montent au cerveau : *les fumées du vin.*

FUMER, v. int. Jeter de la fumée ; exhaler des vapeurs : *les prés fument au printemps* ; éprouver du dépit. *Pop.* V. tr. Exposer à la fumée pour faire sécher : *fumer des jambons. Fumer un champ,* y répandre du fumier pour l'engraisser ; *fumer du tabac,* en aspirer l'essence, la fumée.

FUMERON, n. m. Charbon qui, n'étant pas assez cuit, s'enflamme et jette de la fumée.

FUMET, n. m. Arôme des viandes, des vins, des liqueurs, etc.

FUMEUR, n. m. Qui fume habituellement du tabac.

FUMEUX, EUSE, adj. Qui envoie des vapeurs à la tête : *vin fumeux.*

FUMIER, n. m. Litière des bestiaux, qui est mêlée avec leur fiente; engrais qui en résulte.

FUMIGATION, n. f. Action de brûler un aromate, pour en répandre la fumée dans le dessein de purifier l'air.

FUMIGATOIRE (*boîte*), adj. Qui contient tout ce qu'il faut pour secourir, au moyen de fumigations, les noyés et les asphyxiés.

FUMISTE, n. m. Dont le métier est de construire les cheminées, et de les empêcher de fumer.

FUMIVORE, n. m. Instrument en fer-blanc ou en tôle pour absorber la fumée.

FUNAMBULE, n. m. Danseur de corde chez les Romains.

FUNÈBRE, adj. Qui a rapport aux funérailles : *pompe funèbre. Fig.* Triste, lugubre : *image funèbre.*

FUNÉRAILLES, n. f. pl. Obsèques et cérémonies d'un enterrement.

FUNÉRAIRE, adj. Qui concerne les funérailles : *frais funéraires.*

FUNESTE, adj. Malheureux, sinistre, qui porte avec soi la désolation : *guerre funeste.*

FUNESTEMENT, adv. D'une manière funeste.

FUR. Usité seulement dans cette locution : *au fur et à mesure*, successivement.

FURET, n. m. Petit animal du genre putois, dont on se sert pour la chasse aux lapins.

FURETER, v. int. Fouiller, chercher partout avec soin.

FURETEUR, n. m. Qui cherche, qui fouille partout.

FUREUR, n. f. Colère extrême, folie momentanée; passion démesurée : *la fureur du jeu. Fig.* Violence : *la fureur des vents. Cette pièce fait fureur*, est en vogue.

FURIBOND, E, adj. et n. Furieux; sujet à de grands emportements de fureur.

FURIE, n. f. Grand emportement de colère; ardeur, impétuosité de courage. † Divinité infernale chez les païens. *Fig.* Femme très-méchante et emportée.

FURIEUSEMENT, adv. Excessivement : *il est furieusement riche. Fam.*

FURIEUX, EUSE, adj. Qui est en furie, en fureur. *Fig.* Impétueux : *vent furieux.*

FURONCLE, n. m. Petite tumeur dure à la surface de la peau, vulgairement appelée *clou.*

FURTIF, IVE, adj. Qui se fait à la dérobée, en cachette : *regard furtif.*

FURTIVEMENT, adv. A la dérobée : *entrer furtivement.*

FUSAIN, n. m. Arbrisseau qui vient le long des haies; charbon fait de ses branches, pour dessiner.

FUSEAU, n. m. Petit instrument en bois pour filer à la quenouille, pour faire de la dentelle, etc.

FUSÉE, n. f. Fil enroulé sur le fuseau; pièce de feu d'artifice. *Horl.* Petit cône cannelé autour duquel s'enroule la chaîne d'une montre. *Mus.* Trait diatonique qui unit deux notes séparées par un grand intervalle.

FUSIBILITÉ, n. f. Qualité de ce qui est fusible.

FUSIBLE, adj. Qui peut être fondu, liquéfié : *les métaux sont fusibles.*

FUSIL, n. m. Arme à feu longue et portative; briquet pour tirer du feu d'un caillou; morceau de fer ou d'acier pour aiguiser les couteaux. *Fusil à vent*, qui fait partir l'air comprimé par un piston.

FUSILIER, n. m. Soldat armé d'un fusil.

FUSILLADE, n. f. Décharge de plusieurs fusils.

FUSILLER, v. tr. Tuer à coups de fusil, passer par les armes.

FUSION, n. f. Passage d'un corps solide à l'état liquide par l'action du feu. *Fig.* Réunion, mélange : *la fusion des partis.*

FUSTIGATION, n. f. Action de fustiger.

FUSTIGER, v. tr. Battre à coups de fouet.

FÛT, n. m. Bois sur lequel est monté le canon d'une arme à feu; tonneau. *Arch.* Partie de la colonne comprise entre la base et le chapiteau.

FUTAIE, n. f. Forêt de grands arbres. *Haute futaie*, celle qui a une centaine d'années.

FUTAILLE, n. f. Tonneau pour le vin et d'autres liqueurs.

FUTAINE, n. f. Étoffe pelucheuse de fil et de coton.

FUTÉ, ÉE, adj. Fin, rusé. *Fam.*

FUTILE, adj. Frivole, sans importance.

FUTILITÉ, n. f. Caractère de ce qui est futile; chose futile.

FUTUR, E, adj. Qui est à venir. N. Celui, celle qu'on doit épouser bientôt. N. m. *Gram.* Temps du verbe exprimant une action, un état à venir.

FUTURITION, n. f. Qualité d'une chose future. *Peu us.*

FUYARD, E, adj. et n. m. Qui s'enfuit.

G.

G, n. m. Septième lettre de l'alphabet et cinquième des consonnes.

GABARE, n. f. Navire de charge, remplissant sur l'eau l'office des grosses voitures de roulage à terre.

GABEGIE, n. f. Supercherie. *Pop.*

GABELLE, n. f. Autrefois, nom de l'impôt sur le sel.

GABELOU, n. m. Nom que le peuple donne aux commis de barrière.

GABIER, n. m. Matelot préposé au service de la mâture.

GABION, n. m. Panier rempli de terre pour protéger les hommes de service dans un siège, et former un parapet.

GABIONNER, v. tr. Couvrir avec des gabions.

GÂCHE, n. f. Pièce de fer percée, dans laquelle entre le pêne de la serrure d'une porte.

GÂCHER, v. tr. Détremper, délayer, en parlant du plâtre, du mortier. *Fig.* Faire grossièrement, négligemment quelque chose.

GÂCHETTE, n. f. Morceau de fer coudé sous la détente d'un fusil, pour faire partir le chien; petite pièce d'une serrure qui se met sous le pêne.

GÂCHEUR, n. m. Qui gâche le mortier. *Fig.* Mauvais ouvrier qui gâte tout ce qu'il fait.

GÂCHIS, n. m. Ordure, saleté causée par quelque liquide.

GAFFE, n. f. *Mar.* Perche munie d'un croc de fer à deux branches, et dont les matelots se servent pour pousser les embarcations au large.

GAFFER, v. tr. Accrocher avec une gaffe.

GAGE, n. m. Objet remis en nantissement pour sûreté d'une dette; ce qu'on dépose à certains jeux de société, quand on s'est trompé. *Fig.* Témoignage, assurance : *gage d'amitié*. Pl. Salaire des domestiques.

GAGER, v. tr. Faire une gageure; donner des gages à un domestique.

GAGEUR, **EUSE**, n. Qui gage, ou est dans l'habitude de gager.

GAGEURE, n. f. Promesse que se font réciproquement les personnes qui gagent, de payer ce dont elles conviennent en gageant; chose gagée.

GAGISTE, n. m. Qui est aux gages de quelqu'un, sans être son domestique.

GAGNABLE, adj. Que l'on peut gagner.

GAGNANT, **E**, adj. Qui gagne au jeu, à la loterie : *billet, numéro gagnant*.

GAGNE-PAIN, n. m. Ce qui fait subsister quelqu'un : *le rabot est le gagne-pain du menuisier*. Pl. des *gagne-pain*.

GAGNE-PETIT, n. m. Rémouleur. Pl. des *gagne-petit*.

GAGNER, v. tr. Faire un gain; obtenir, remporter quelque chose que l'on désire : *gagner un pari, une bataille*; mériter : *il l'a bien gagné*; corrompre : *gagner des témoins*; atteindre : *gagner la frontière*. *Gagner de vitesse*, devancer; *gagner du temps*, en obtenir. *Fig.* Retirer un avantage : *on gagne souvent à se taire*; conquérir : *gagner l'affection*; attraper : *gagner un rhume*. *Mar. Gagner le vent*, prendre le dessus du vent.

GAI, **E**, adj. Qui a de la gaîté; qui en inspire : *chanson gaie*.

GAÏAC, n. m. Arbre d'Amérique, à bois très-dur.

GAIEMENT ou **GAÎMENT**, adv. Avec gaîté.

GAIETÉ ou **GAÎTÉ**, n. f. Joie, belle humeur. *De gaîté de cœur*, de propos délibéré et sans sujet : *offenser quelqu'un de gaîté de cœur*.

GAILLARD, n. m. *Mar.* Nom qu'on donne aux parties extrêmes du pont supérieur d'un navire.

GAILLARD, **E**, adj. Joyeux avec démonstration; qui est entre deux vins; en bonne santé : *frais et gaillard*; un peu libre, en parlant des choses : *propos gaillard. Vent gaillard*, un peu frais.

GAILLARDE, n. f. Caractère d'imprimerie.

GAILLARDEMENT, adv. Joyeusement : *vivre gaillardement*.

GAILLARDISE, n. f. Gaîté un peu vive. Pl. Discours un peu libres.

GAIN, n. m. Profit, bénéfice; succès : *le gain d'une bataille*.

GAÎNE, n. f. Toute espèce d'étui, et notamment l'étui d'un couteau, d'un poignard, etc.; la partie qui enveloppe les griffes des animaux carnassiers.

GAÎNERIE, n. f. Étuis, boîtes, etc., en chagrin, en peau.

GAÎNIER, n. m. Ouvrier en gaînerie.

GALA, n. m. Réjouissance, grand repas.

GALAMMENT, adv. D'une manière galante.

GALANT, E, adj. Empressé auprès des dames; de bonne compagnie : *c'est un galant homme*. N. m. Amoureux.

GALANTERIE, n. f. Politesse dans l'esprit et dans les manières; empressement auprès des dames.

GALANTIN, n. m. Homme ridiculement galant, amoureux.

GALANTINE, n. f. Mets composé de viandes froides et principalement de volailles, qu'on décore avec de la gelée.

GALBE, n. m. *Arch.* L'ensemble des contours d'un dôme, d'une statue, d'un vase, etc. : *vase, chapiteau d'un beau galbe.*

✝ GALE, n. f. Affection contagieuse à la peau, caractérisée par une éruption de boutons purulents, et accompagnée d'une vive démangeaison; maladie des végétaux.

GALÈRE, n. f. Ancien navire de guerre, long et de bas bord, allant à la voile et à la rame. ✝ Pl. Autrefois, peine des criminels condamnés à ramer sur les galères de l'État. *Vogue la galère*, arrive ce qui pourra. *Fig.* État, condition où l'on a beaucoup à travailler, à souffrir.

GALERIE, n. f. Pièce longue et couverte; riche collection de tableaux; toute réunion de personnes qui en regardent d'autres jouer : *consulter la galerie sur un coup douteux*; chemin couvert pratiqué pour s'approcher d'une place; route que pratiquent les ouvriers des mines pour découvrir les filons; dans les théâtres, espèce de balcon en saillie devant les loges.

GALÉRIEN, n. m. Criminel condamné aux galères.

GALET, n. m. Caillou poli et rond, que la mer pousse sur le rivage.

GALETAS, n. m. Logement sous les combles, réduit pauvre et misérable.

GALETTE, n. f. Espèce de gâteau plat.

GALEUX, EUSE, adj. et n. Qui a la gale. *Fig. Brebis galeuse*, homme corrompu, dont la fréquentation est dangereuse.

✝ GALILÉEN, ENNE, adj. De Galilée.

GALIMAFRÉE, n. f. Espèce de fricassée composée de restes de viande.

✝ GALIMATIAS, n. m. Discours embrouillé et confus.

GALION, n. m. Grand vaisseau qui servait autrefois à transporter en Espa-

gne les produits des mines du Pérou, du Mexique.

GALIOTE, n. f. Bâtiment de moyenne grandeur; long bateau couvert dont on se servait jadis pour voyager sur les canaux et les rivières.

GALLE, n. f. Excroissances qui viennent sur les feuilles de certains végétaux, comme la noix de *galle*.

✝ GALLICAN, E, adj. Qui concerne l'Église française : *les libertés de l'Église gallicane*. N. Partisan, défenseur des libertés de cette église : *un gallican*. Son opposé est *ultramontain*.

GALLICISME, n. m. Construction propre à la langue française, contraire aux règles de la grammaire, mais autorisée par l'usage, comme : *il y a deux ans, il fait chaud*, etc.

GALLINACÉS, n. m. pl. Oiseaux de basse-cour, tels que les paons, les dindons, les faisans, etc.

GALLINSECTES, n. m. pl. Famille d'insectes qui piquent les feuilles des plantes.

GALLIQUE, adj. Particulier à la noix de galle : *acide gallique.*

GALLON, n. m. Mesure de liquides en Angleterre (4 litres 1/2).

GALOCHE, n. f. Sorte de soulier à semelle de bois, pour garantir les pieds de l'humidité. *Menton de galoche*, long, pointu et recourbé. *Fam.*

GALON, n. m. Tissu d'or, d'argent, de soie, etc., plus épais que le ruban, et qui se met sur le bord des vêtements.

GALONNER, v. tr. Orner ou border de galon.

GALONNIER, n. m. Fabricant de galons.

GALOP, n. m. La plus rapide des allures du cheval; danse d'un mouvement très-vif.

GALOPADE, n. f. Action de galoper.

GALOPER, v. int. Aller le galop.

GALOPIN, n. m. Petit garçon effronté.

GALOUBET, n. m. Ancienne flûte à trois trous, très-aiguë.

GALVANIQUE, adj. Qui a rapport au galvanisme : *fluide, pile galvanique.*

✝ GALVANISME, n. m. Moyen de développer de l'électricité dans les substances animales, en faisant communiquer entre eux les muscles et les nerfs au moyen de conducteurs métalliques.

GALVANOPLASTIE, n. f. Art qui consiste à recouvrir, au moyen de la pile voltaïque, un métal d'une légère couche d'un autre métal.

GALVAUDER, v. tr. Réprimander

avec aigreur; mettre en désordre : *galvauder ses habits. Fam.*

GAMBADE, n. f. Saut sans art et sans cadence.

GAMBADER, v. int. Faire des gambades.

GAMBILLER, v. int. Remuer les jambes de côté et d'autre lorsqu'on est assis. *Fam.*

GAMELLE, n. f. Grande écuelle de bois ou de fer-blanc, à l'usage des soldats et des matelots.

GAMIN, n. m. Petit garçon qui passe son temps à jouer dans les rues. *Pop.*

GAMME, n. f. Suite des sept notes de musique, disposées suivant leur ordre naturel. *Fig. Changer de gamme*, changer de ton, de conduite.

GANACHE, n. f. Mâchoire inférieure du cheval. *Fig.* Homme sans capacité.

GANGLION, n. m. *Chir.* Tumeur dure, qui ne cause point de douleur.

GANGRÈNE, n. f. Altération d'une partie du corps, qui alors perd la sensibilité et le mouvement. *Fig.* Corruption : *la paresse est la gangrène de l'âme.*

GANGRENER (SE), v. pr. Se corrompre; être atteint par la gangrène. *Fig. Avoir le cœur gangrené*, corrompu.

GANGRÉNEUX, EUSE, adj. De la nature de la gangrène.

GANSE, n. f. Cordonnet de soie, d'or, d'argent, de coton ou de fil.

GANT, n. m. Partie de l'habillement qui couvre la main et chaque doigt séparément. *Fig. Jeter le gant*, défier; *relever le gant*, accepter le défi.

GANTELET, n. m. Gant couvert de lames de fer, qui faisait partie de l'armure des chevaliers.

GANTER, v. tr. Mettre des gants. V. int. : *ces gants gantent bien.*

GANTERIE, n. f. Profession du gantier.

GANTIER, ÈRE, n. Qui fait ou vend des gants.

GARANCE, n. f. Plante dont les racines donnent une belle teinture rouge. Adj. *Drap garance*, teint en garance.

GARANCIÈRE, n. f. Champ semé en garance.

GARANT, E, n. Celui qui répond de son propre fait, ou du fait d'autrui. *Se porter garant*, répondre de.

GARANTIE, n. f. Engagement par lequel on garantit : *vendre une montre à garantie.*

GARANTIR, v. tr. Se rendre garant, répondre pour; affirmer : *garantir une nouvelle*; préserver : *garantir du froid.*

GARCETTE, n. f. *Mar.* Petit cordage long de deux à trois mètres.

GARÇON, n. m. Enfant mâle, par opp. à *fille*; célibataire; celui qui travaille chez un maître : *garçon tailleur*; celui qui sert les consommations dans un café, un restaurant, etc. *Bon garçon*, homme qui a un bon caractère.

GARÇONNIÈRE, n. f. Petite fille qui a des manières de garçon. *Pop.*

GARDE, n. f. Guet : *faire bonne garde*; corps de troupes pour la défense d'un souverain : *garde royale, impériale*; femme qui soigne les malades; soldats qui occupent un poste; commission de garder : *confier la garde de sa maison*; protection : *à la garde de Dieu*; partie de l'épée qui couvre la main : *enfoncer son épée jusqu'à la garde. Escr.* Manière de tenir le corps et l'épée, pour porter et parer les coups : *se mettre en garde.* Pl. Dans une serrure, garniture intérieure qui ne peut céder qu'à certaines clés; feuillets blancs que l'on met au commencement et à la fin du volume. *Prendre garde*, faire attention; *se donner de garde*, éviter; *monter la garde*, être de service pendant un temps déterminé. N. m. Homme armé qui fait la garde; surveillant : *garde des archives.*

GARDE-CHAMPÊTRE, n. m. Préposé à la garde des propriétés rurales. Pl. des *gardes-champêtres.*

GARDE-CHASSE, n. m. Chargé de veiller, sur une terre, à la conservation du gibier. Pl. des *garde-chasse.*

GARDE-CÔTES, n. m. Soldat d'une milice particulièrement chargée de la garde des côtes; bâtiment armé pour protéger les côtes. Pl. des *garde-côtes.*

GARDE-DES-SCEAUX, n. m. Ministre de la justice en France.

GARDE-FEU, n. m. Grille, plaque de fer-blanc qu'on met devant la cheminée.

GARDE-FORESTIER, n. m. Agent institué pour la conservation des bois et des forêts. Pl. des *gardes-forestiers.*

GARDE-FOUS, n. m. Balustrade ou barrière que l'on met au bord des quais, des ponts, des terrasses, etc., pour empêcher de tomber. Pl. des *garde-fous.*

GARDE-MAIN, n. m. Papier qu'on place sous la main, en écrivant ou en dessinant. Pl. des *garde-main.*

GARDE-MALADES, n. Qui garde et soigne les malades. Pl. des *garde-malades.*

GARDE-MANGER, n. m. Petite armoire formée ordinairement de châssis garnis de toile, pour conserver frais les aliments. Pl. des *garde-manger.*

GARDE-MEUBLES, n. m. Lieu où

l'on garde les meubles de la couronne. Pl. des *garde-meubles*.

GARDE-PÊCHE, n. m. Préposé à l'observation des règlements de police sur la pêche. Pl. des *garde-pêche*.

GARDER, v. tr. Conserver ; retenir pour soi : *garder le double d'un acte* ; surveiller : *garder un enfant* ; ne pas révéler : *garder un secret* ; rester à, dans : *garder les arrêts, la chambre* ; observer : *garder le silence* ; accomplir : *garder les commandements de Dieu* ; réserver : *garder une poire pour la soif* ; maintenir : *garder son rang*. **Se garder**, v. pr. Éviter : *gardez-vous de mentir* ; se préserver : *se garder du froid, de la chaleur*.

GARDE-ROBE, n. f. Lieu où l'on met la chaise percée.

GARDE-ROBES, n. f. Chambre destinée à renfermer les habits, le linge ; tous les vêtements à l'usage d'une personne : *avoir une riche garde-robes*. Pl. des *garde-robes*.

GARDEUR, EUSE, n. adj. Qui garde : *gardeur de dindons*.

GARDIEN, ENNE, n. Qui garde quelqu'un ou quelque chose. Adj. Qui protège : *ange gardien*.

GARDON, n. m. Petit poisson blanc d'eau douce.

GARE, n. f. Lieu de départ et d'arrivée des chemins de fer.

GARE, interj. pour avertir de se ranger, de prendre garde à soi. Sert aussi pour menacer d'un châtiment. : *gare la prison*.

GARENNE, n. f. Lieu où l'on conserve des lapins.

GARER, v. tr. Faire entrer dans une gare. **Se garer**, v. pr. Éviter : *se garer des voitures. Fam.*

GARGARISER (SE), v. pr. Se laver la bouche et la gorge avec un liquide.

GARGARISME, n. m. Liqueur faite pour se gargariser.

GARGOTE, n. f. Petit cabaret où l'on donne à manger à bas prix. *Fig.* Tout lieu où l'on mange malproprement.

GARGOTIER, ÈRE, n. Qui tient une gargote. *Fig.* Mauvais traiteur ou cuisinier.

GARGOUILLE, n. f. Endroit d'une gouttière ou d'un tuyau par où l'eau tombe.

GARGOUILLEMENT, n. m. Bruit que fait quelquefois l'eau dans la gorge, dans l'estomac et dans les entrailles.

GARGOUILLER, v. int. Barboter dans l'eau. *Pop.*

GARGOUSSE, n. f. Enveloppe contenant la charge de poudre d'une bouche à feu.

GARNEMENT, n. m. Libertin, vaurien.

GARNI, n. m. Maison, chambre qui se loue toute meublée. Adj. : *hôtel garni*.

GARNIR, v. tr. Fournir des choses nécessaires ; orner : *garnir de fleurs un chapeau* ; renforcer : *garnir des bas* ; remplir un espace : *une foule de curieux garnissaient la rue*. **Se garnir**, v. pr. Se remplir : *la salle se garnit lentement*.

GARNISAIRE, n. m. Homme mis en garnison chez les contribuables en retard, jusqu'à ce qu'ils se soient acquittés envers le fisc.

GARNISON, n. f. Troupe qu'on met dans une place pour la défendre ou simplement pour y séjourner ; ville où séjournent ces troupes.

GARNITURE, n. f. Ce qui est mis pour garnir, compléter, orner une chose ; assortiment complet : *garniture de boutons*.

GAROU, n. m. Arbrisseau vulgairement appelé *bois-gentil*, d'un usage fréquent en médecine.

GARROT, n. m. Partie du corps du cheval, située au-dessus des épaules, et qui termine l'encolure ; instrument composé d'un morceau de bois qu'on passe dans une corde, pour la serrer en la tordant : *faire mourir quelqu'un par le supplice du garrot*.

GARROTTER, v. tr. Attacher avec de forts liens.

GARS, n. m. Garçon.

GARUS, n. m. Élixir composé de canelle, de safran, de muscade, etc., qui porte le nom de son inventeur.

GASCON, n. m. Fanfaron, hâbleur.

GASCONISME, n. m. Locution, prononciation propre aux Gascons.

GASCONNADE, n. f. Fanfaronnade, vanterie outrée.

GASCONNER, v. int. Parler avec l'accent gascon.

GASPILLAGE, n. m. Action de gaspiller.

GASPILLER, v. tr. Mettre en désordre ; dissiper follement.

GASPILLEUR, EUSE, n. Qui gaspille.

GASTER, n. m. Le ventre, et quelquefois l'estomac.

GASTRALGIE, n. f. Douleur d'estomac.

GASTRIQUE, adj. Qui a rapport à l'estomac : *veines, artères gastriques*.

GASTRITE, n. f. Inflammation de la membrane muqueuse de l'estomac.

GASTRO-ENTÉRITE, n. f. Inflammation simultanée de la membrane muqueuse de l'estomac et de celle des intestins.

GASTRONOME, n. m. Amateur de la bonne chère.

GASTRONOMIE, n. f. Art de faire bonne chère.

GASTRONOMIQUE, adj. Qui a rapport à la gastronomie.

GÂTEAU, n. m. Sorte de pâtisserie; gaufre où les abeilles font leur miel.

GÂTE-MÉTIER, n. m. Qui travaille ou vend à trop bon marché. Pl. des gâte-métier.

GÂTER, v. tr. Endommager, détériorer. Fig. Gâter le métier, donner son ouvrage à bas prix; gâter un enfant, entretenir ses défauts par trop d'indulgence.

GAUCHE, adj. Opposé à droit: côté, œil gauche. Fig. Maladroit. N. f. La main gauche, le côté gauche: prendre la gauche.

GAUCHEMENT, adv. D'une manière gênée, maladroite.

GAUCHER, ÈRE, adj. et n. Qui se sert ordinairement de la main gauche au lieu de la droite.

GAUCHERIE, n. f. Maladresse. Fam.

GAUCHIR, v. int. Se contourner, perdre sa forme: cette planche gauchit.

GAUCHISSEMENT, n. m. Action de gauchir.

GAUDE, n. f. Plante qui donne une belle teinture jaune; bouillie faite avec de la farine de maïs.

GAUDRIOLE, n. f. Propos gai, plaisanterie un peu libre.

GAUFRAGE, n. m. Action de gaufrer.

GAUFRE, n. f. Rayon, gâteau de miel; pâtisserie mince et légère cuite entre deux fers.

GAUFRER, v. tr. Imprimer, au moyen de fers chauds ou de cylindres gravés, des figures sur des étoffes.

GAUFREUR, n. m. Ouvrier qui gaufre les étoffes.

GAUFRIER, n. m. Fer dans lequel on cuit des gaufres.

GAUFRURE, n. f. Empreinte que l'on fait sur une étoffe en la gaufrant.

GAULE, n. f. Longue perche.

GAULER, v. tr. Battre un arbre avec une gaule, pour faire tomber le fruit: gauler un noyer.

GAULIS, n. m. Branches d'un taillis, qu'on a laissées croître.

GAULOIS, E, adj. De la Gaule: franc, droit: franchise, probité gauloise.

GAUPE, n. f. Femme malpropre et désagréable. Pop.

GAUSSER (SE), v. pr. Se moquer, railler. Pop.

GAUSSERIE, n. f. Moquerie, raillerie. Pop.

GAUSSEUR, EUSE, n. Qui se gausse habituellement des autres. Pop.

GAVOTTE, n. f. Sorte de danse à deux temps.

GAZ, n. m. Tout fluide aériforme. Absol. Gaz hydrogène carboné employé pour l'éclairage: ville éclairée au gaz.

GAZE, n. f. Tissu très-léger et très-clair.

GAZÉIFORME, adj. Qui est à l'état de gaz: fluide gazéiforme.

GAZELLE, n. f. Bête fauve, d'une grande légèreté.

GAZER, v. tr. Adoucir, déguiser ce qui serait trop libre dans le discours: gazer une histoire.

GAZETIER, n. m. Qui publie une gazette. Vieux.

GAZETTE, n. f. Journal, écrit périodique. Fig. Personne très-bavarde qui rapporte tout ce qu'elle entend dire: cette femme est la gazette de tout le quartier.

GAZEUX, EUSE, adj. Qui est de la nature du gaz: fluide gazeux.

GAZOMÈTRE, n. m. Grand appareil pour recevoir le gaz, et lui donner, pendant la consommation, une pression régulière qui assure l'uniformité de l'éclairage.

GAZON, n. m. Herbe courte et menue; la terre qui en est couverte.

GAZOUILLEMENT, n. m. Petit bruit que font les oiseaux en chantant les ruisseaux en coulant.

GAZOUILLER, v. int. Faire un petit bruit doux et agréable, comme les oiseaux en chantant.

GAZOUILLIS, n. m. Léger gazouillement.

GEAI, n. m. Oiseau de la famille des corbeaux, d'un plumage bigarré.

† **GÉANT**, E, n. Qui excède de beaucoup la stature ordinaire.

GÉHENNE, n. f. Nom de l'enfer dans l'Écriture Sainte.

GEINDRE, v. int. Gémir en travaillant. Se dit du boulanger, du bûcheron, etc.

GÉLATINE, n. f. Substance animale qui s'extrait particulièrement des os par l'action de l'eau bouillante, et se transforme en gelée.

GÉLATINEUX, EUSE, adj. De la nature de la gélatine ou qui y ressemble.

GELÉE, n. f. Abaissement de la

température au-dessous de zéro, à la suite duquel l'eau se convertit en glace; suc de viande congelé et clarifié; jus de fruits cuits avec le sucre, et qui se congelle par le refroidissement : *gelée de groseille.* **Gelée blanche**, congélation de la rosée, fréquente surtout en avril et en mai.

GELER, v. tr. Glacer par le froid; causer du froid : *ce vent nous gèle.* V. int. Avoir extrêmement froid; se congeler : *la rivière a gelé.* V. impers. : *il gelle.*

GÉLINE, n. f. Poule. *Vieux.*

GÉLINOTTE, n. f. Petite poule engraissée dans une basse-cour. **Gélinotte des bois**, espèce d'oiseau sauvage qui a beaucoup de ressemblance avec la perdrix.

GÉMEAUX, n. m. pl. Un des douze signes du zodiaque (mai.)

GÉMIR, v. int. Exprimer sa peine, sa douleur, par des sons plaintifs. Se dit de la tourterelle, de la colombe. *Fig.* Souffrir : *gémir sous le joug, dans les fers.* Se dit aussi des choses inanimées : *l'enclume gémit sous le marteau.*

GÉMISSANT, E, adj. Qui gémit : *ton gémissant.*

GÉMISSEMENT, n. m. Plainte douloureuse.

GEMMATION, n. f. Époque, développement des bourgeons.

GEMME, adj. Se dit des pierres précieuses, et du sel qui se tire des mines : *sel gemme.*

GÉMONIES, n. f. pl. Lieu destiné chez les Romains au supplice des criminels, et où l'on exposait leurs corps. *Fig. Traîner quelqu'un aux gémonies,* le couvrir d'opprobre.

GÊNANT, E, adj. Qui contraint, embarrasse.

GENCIVE, n. f. La chair dans laquelle les dents sont enchâssées.

GENDARME, n. m. Soldat faisant partie de la gendarmerie.

GENDARMER (SE), v. pr. S'emporter mal à propos pour une cause légère; se révolter, se mutiner.

GENDARMERIE, n. f. Corps militaire chargé de maintenir la sûreté publique.

GENDRE, n. m. Nom de parenté, par rapport au père et à la mère de la femme qu'on a épousée.

GÊNE, n. f. Situation pénible et incommode. *Fig.* Contrainte fâcheuse : *éprouver de la gêne en face de quelqu'un;* manque d'argent passager : *être dans la gêne.*

GÉNÉALOGIE, n. f. Suite, dénombrement des ancêtres de quelqu'un.

GÉNÉALOGIQUE, adj. Qui appartient à la généalogie : *arbre généalogique.*

GÉNÉALOGISTE, n. m. Qui dresse les généalogies.

GÊNER, v. tr. Contraindre les mouvements du corps. *Fig.* Tenir en contrainte : *gêner le commerce, l'industrie;* empêcher d'agir, de parler : *sa présence me gêne;* causer une pénurie d'argent : *cette dépense me gêne.*

GÉNÉRAL, E, adj. Universel; vague, indécis : *parler en termes généraux.* **En général**, loc. adv. D'une manière générale. N. m. Se dit des principes généraux par opposition aux particuliers : *conclure du particulier au général.*

GÉNÉRAL, n. m. Celui qui commande une armée, un corps d'armée; supérieur d'un ordre religieux : *le général des jésuites.*

GÉNÉRALAT, n. m. Grade, dignité de général.

GÉNÉRALE, n. f. Batterie de tambour pour avertir les troupes d'un danger quelconque, et les rassembler.

GÉNÉRALEMENT, adv. En général.

GÉNÉRALISATION, n. f. Action de généraliser.

GÉNÉRALISER, v. tr. Rendre général : *généraliser une idée.*

GÉNÉRALISSIME, n. m. Celui qui commande en même temps à plusieurs armées.

GÉNÉRALITÉ, n. f. Qualité de ce qui est général. Pl. Discours qui n'ont pas un rapport direct au sujet.

GÉNÉRATEUR, TRICE, adj. Qui engendre.

GÉNÉRATIF, IVE, adj. Qui a rapport à la génération.

GÉNÉRATION, n. f. Fonction par laquelle les êtres organisés se reproduisent; généalogie; filiation : *de génération en génération;* postérité : *les générations futures.*

GÉNÉREUSEMENT, adv. D'une manière noble, généreuse.

GÉNÉREUX, EUSE, adj. Libéral; magnanime, d'un naturel noble : *ennemi généreux. Vin généreux,* fort, de bonne qualité; *coursier généreux,* ardent.

GÉNÉRIQUE, adj. Qui appartient au genre : *terme générique.*

GÉNÉROSITÉ, n. f. Magnanimité; disposition à la bienfaisance.

† **GENÈSE**, n. f. Premier livre du *Pentateuque* de Moïse, et de toute la Bible.

GENÊT, n. m. Arbuste à fleurs jaunes, de la famille des Légumineuses.

GENET, n. m. Cheval d'Espagne.

GENETTE, n. f. Espèce de civette.

GENÉVRIER, n. m. Arbrisseau odoriférant et toujours vert.

GÉNIE, n. m. Divinité subalterne qui, dans l'opinion des anciens, présidait à la naissance et à la vie de chacun : *bon, mauvais génie*; lutin, gnome, sylphe : *un génie lui apparut*; talent, goût, penchant naturel pour une chose : *le génie des affaires, de l'intrigue*; le plus haut degré auquel puissent arriver les facultés humaines : *Homère, Pythagore, Galilée, Napoléon étaient des hommes de génie*; caractère propre et distinctif : *le génie d'une langue*; art de l'attaque et de la défense des places : *officier du génie*.

GENIÈVRE, n. m. Nom vulgaire du genévrier; sa graine; liqueur qu'on en fait.

GÉNISSE, n. f. Jeune vache qui n'a point encore porté.

GÉNITIF, n. m. Second cas de la déclinaison des noms en grec et en latin.

GÉNITURE, n. f. Enfant, par rapport au père et à la mère.

GENOU, n. m. Articulation de la jambe avec la cuisse.

GENOUILLÈRE, n. f. Partie de l'armure qui couvrait le genou; ce qu'attachent les ramoneurs, les couvreurs, etc., sur leurs genoux, pour les garantir.

GENOVÉFAIN, n. m. Chanoine de Sainte-Geneviève.

GENRE, n. m. Collection d'êtres qui ont entre eux des ressemblances importantes et constantes : *le genre humain, le genre chat; le genre des graminées*; sorte, manière : *genre de vie*; partie de l'art oratoire tel que l'entendaient les anciens : *genre démonstratif, délibératif, judiciaire*; mode, goût : *habit d'un nouveau genre. Gram.* Forme que reçoivent les mots pour indiquer le sexe : *genre masculin, féminin.*

GENT, n. f. Nation, race : *la gent marécageuse* (les grenouilles). Pl. *Gens*, personnes : *gens de guerre*; domestiques : *les gens de la maison*; nations : *droit des gens.*

GENTE, adj. f. Jolie, gentille. *Vieux.*

GENTIANE, n. f. Plante vivace stomachique.

GENTIL, n. m. Païen, idolâtre.

GENTIL, ILLE, adj. Joli, agréable, mignon, gracieux.

GENTILHOMME, n. m. Tout homme de race noble. Pl. des *gentilshommes*.

GENTILHOMMERIE, n. f. Qualité de gentilhomme.

GENTILHOMMIÈRE, n. f. Petite maison de gentilhomme à la campagne.

GENTILITÉ, n. f. Les nations païennes.

GENTILLÂTRE, n. m. Petit gentilhomme dont on fait peu de cas.

GENTILLESSE, n. f. Grâce, agrément; saillie agréable, spirituelle : *cet enfant nous a dit mille gentillesses*. Pl. Tours, mouvements gracieux et divertissants : *dresser un chien à faire des gentillesses.*

GENTIMENT, adv. D'une manière gentille.

GÉNUFLEXION, n. f. Action de fléchir le genou jusqu'à terre.

GÉODÉSIE, n. f. Art de mesurer et de diviser les terres.

GÉODÉSIQUE, adj. Qui a rapport à la géodésie : *opération géodésique.*

GÉOGRAPHE, n. m. Qui sait la géographie, qui dresse des cartes géographiques.

GÉOGRAPHIE, n. f. Description de la terre sous le rapport du sol, du climat, etc. (géographie physique); sous celui des races, des langues, des limites, des peuples (géographie politique); par rapport à l'histoire (géographie historique); relativement à la figure du globe, au rang qu'il occupe dans le système planétaire, etc. (géographie mathématique).

GÉOGRAPHIQUE, adj. Qui appartient à la géographie.

GEÔLE, n. f. Prison, et plus ordinairement, demeure du geôlier.

GEÔLIER, n. m. Concierge d'une prison.

GÉOLOGIE, n. f. Science qui a pour objet l'étude des matériaux qui constituent le globe terrestre.

GÉOLOGIQUE, adj. Qui a rapport à la géologie.

GÉOLOGUE, n. m. Savant en géologie.

GÉOMÈTRE, n. m. Qui sait la géométrie; mathématicien : *Newton fut un grand géomètre.*

GÉOMÉTRIE, n. f. Science qui a pour objet l'étendue considérée sous ses trois aspects, la ligne, la surface et le corps; traité de géométrie.

GÉOMÉTRIQUE, adj. Qui appartient à la géométrie.

GÉOMÉTRIQUEMENT, adv. D'une manière géométrique.

GÉORAMA, n. m. Carte géographique en relief.

GÉORGIQUES, n. f. pl. Poème qui traite de l'agriculture : *les Géorgiques de Virgile*.

GÉRANIUM, n. m. Plante de jardin, recherchée pour son éclat et son parfum.

GÉRANT, E, n. Qui gère, qui administre les affaires d'autrui.

GERBE, n. f. Faisceau de blé coupé. *Gerbe d'eau*, formée de plusieurs jets d'eau qui s'élèvent ensemble; *gerbe de feu* ou simplement *gerbe*, grand nombre de fusées volantes qui figurent par leur expansion une gerbe lumineuse.

GERBER, v. tr. Mettre en gerbes; placer dans une cave des pièces de vin les unes sur les autres.

GERBOISE, n. f. Mammifère rongeur.

GERCER, v. tr. Faire de petites crevasses : *le froid gerce les lèvres, le soleil gerce la terre*.

GERÇURE, n. f. Petite fente à la peau, au bois, etc.

GÉRER, v. tr. Administrer : *gérer une tutelle, un domaine*.

GERFAUT, n. m. Oiseau de proie du genre faucon.

GERMAIN, E, adj. *Cousins germains*, issus des deux frères, des deux sœurs, ou du frère et de la sœur; *cousins issus de germains*, se dit de deux personnes nées de deux cousins germains.

GERMANISME, n. m. Façon de parler propre à la langue allemande.

GERME, n. m. Principe des êtres organisés; partie de la semence qui doit former la plante; première pointe qui sort d'une graine.

GERMER, v. int. Pousser le germe au dehors. *Fig.* Commencer à se développer, à fructifier : *la vertu germe dans son cœur*.

GERMINAL, n. m. Septième mois dans le calendrier républicain (du 21 mars au 19 avril).

GERMINATION, n. f. Premier développement du germe.

GÉRONDIF, n. m. *Gram. lat.* Sorte de participe.

GÉSIER, n. m. Estomac proprement dit des oiseaux granivores.

GÉSIR, v. int. (Usité seulement dans *il gît, n. gisons, vous gisez, ils gisent. Je gisais, tu gisais, il gisait, n. gisions, vous gisiez, ils gisaient. Gisant.*) Être couché; consister : *là gît la difficulté. Ci-gît*, formule ordinaire des épitaphes.

GESSE, n. f. Genre de plante légumineuse appelée *vesce* dans certains pays.

GESTATION, n. f. État d'une fe-

melle qui porte son fruit; temps que dure cet état.

GESTE, n. m. Mouvement du corps, surtout de la main, des bras.

GESTICULATEUR, n. m. Qui fait trop de gestes.

GESTICULATION, n. f. Action de gesticuler.

GESTICULER, v. int. Faire trop de gestes, en parlant.

GESTION, n. f. Action de gérer, administration.

GIAOUR, n. m. Nom de mépris donné par les Turcs à tout homme qui n'est pas musulman.

GIBBON, n. m. Genre de singe voisin des orangs.

GIBECIÈRE, n. f. Sac ordinairement en peau, dans lequel les chasseurs renferment leurs munitions; sac des escamoteurs.

†GIBELINS, n. m. pl. Faction italienne attachée aux empereurs, et opposée aux *Guelfes*, partisans des papes, dans les XIIᵉ, XIIIᵉ et XIVᵉ siècles.

GIBELOTTE, n. f. Espèce de fricassée de lapin.

GIBERNE, n. f. Partie de l'équipement militaire où les soldats mettent les cartouches.

GIBET, n. m. Potence pour pendre les criminels.

GIBIER, n. m. Tout animal pris à la chasse.

GIBOULÉE, n. f. Pluie soudaine.

GIBOYER, v. int. Chasser, prendre du gibier. *Peu us.*

GIBOYEUX, EUSE, adj. Abondant en gibier : *pays giboyeux*.

GIBUS, n. m. Espèce de chapeau, portant le nom de son inventeur.

GIGANTESQUE, adj. Qui tient du géant : *taille gigantesque*.

GIGOT, n. m. Cuisse de mouton coupée pour le service de la table.

GIGOTTER, v. int. Remuer sans cesse les jambes. *Fam.*

GIGUES, n. f. pl. Jambes. *Pop.*

GILET, n. m. Vêtement court et sans manches, qui se porte sous l'habit; sorte de camisole de laine, de coton, etc.

GILLE, n. m. Niais, personnage des théâtres de la foire.

GIMBLETTE, n. f. Petite pâtisserie dure et sèche, en forme d'anneau.

GINGEMBRE, n. m. Racine d'une plante des Indes, qui a une saveur brûlante et aromatique.

GIRAFE, n. f. Quadrupède ruminant d'Afrique, d'un naturel doux quoique sauvage.

GIRANDOLE, n. f. Candélabre à

plusieurs branches. Pl. Boucles d'o-
reilles en diamants.

GIROFLE, n. m. Bouton des fleurs
desséchées du giroflier.

GIROFLÉE, n. f. Plante de la famille des crucifères ; sa fleur.

GIROFLIER, n. m. Arbre qui porte
le clou de girofle.

GIRON, n. m. Espace depuis la ceinture jusqu'aux genoux, quand on est
assis. *Fig. Le giron de l'Eglise*, communion de l'église catholique.

GIROUETTE, n. f. Banderolle de
fer-blanc, tournant sur un pivot en un
lieu élevé, pour indiquer la direction
du vent. *Fig.* Homme qui change souvent d'opinions.

GISANT, E, adj. Couché, étendu.

GISEMENT, n. m. Disposition des
couches minérales dans le sein de la
terre.

GÎT, 3e pers. du prés. de l'ind. du
verbe *gésir*.

GÎTE, n. m. Lieu où l'on demeure,
où l'on couche ordinairement; lieu où
le lièvre se retire.

GITER, v. int. Demeurer, coucher.

GIVRE, n. m. Espèce de glace, de
frimas, qui s'attache aux arbres, aux
buissons, etc.

GLAÇANT, E, adj. Qui glace.

GLACE, n. f. Eau congelée; lame
de verre dont on fait des miroirs, des
vitrages ; aliment de luxe, composé de
sucs de fruits, de matières aromatiques
et d'eau congelée. *Ferrer un cheval à
glace*, lui mettre des fers cramponnés.
Fig. Etre de glace, insensible.

GLACER, v. tr. Congeler un liquide;
causer une vive sensation de froid : *le
vent m'a glacé;* couvrir d'une croûte
de sucre : *glacer des biscuits, des mar-
rons. Fig.* Intimider, remplir d'effroi :
son aspect me glace.

GLACIAL, E, adj. Glacé, qui est extrêmement froid : *vent glacial.* **Mer gla-
ciale,** qui est vers le pôle. *Fig. accueil
glacial.*

GLACIER, n. m. Amas de glace sur
les montagnes ; limonadier qui prépare
et vend les glaces.

GLACIÈRE, n. f. Espèce de réservoir où l'on conserve de la glace. *Fig.*
Lieu très-froid.

GLACIS, n. m. Pente douce et unie,
par oppos. au *talus*, qui est plus rapide.
Peint. Couleur claire et transparente
appliquée sur une couleur sèche.

GLAÇON, n. m. Morceau de glace.

✝ **GLADIATEUR**, n. m. Celui qui
combattait dans les jeux du cirque, à
Rome, contre un autre homme ou contre une bête féroce.

GLAÏEUL, n. m. Plante à feuilles
longues, étroites et pointues.

GLAIRE, n. f. Matière blanchâtre
et gluante sécrétée par les membranes
muqueuses; le blanc de l'œuf.

GLAIREUX, EUSE, adj. De la nature de la glaire.

GLAISE, n. f. Terre grasse et compacte, que l'eau ne pénètre point, et
dont on fait les tuiles et la poterie.

GLAISEUX, EUSE, adj. De la nature de la glaise.

GLAISIÈRE, n. f. Endroit d'où l'on
tire de la glaise.

GLAIVE, n. m. Epée tranchante.
Fig. : le glaive des lois, de la justice.

GLANAGE, n. m. Action de glaner.

GLAND, n. m. Fruit du chêne; ornement de fil, de laine ou de soie, fait
en forme de gland.

GLANDE, n. f. Partie spongieuse
destinée à filtrer les humeurs du corps ;
tumeur accidentelle qui se forme à la
gorge, au sein, etc.

GLANDÉE, n. f. Récolte de glands.

GLANDULAIRE, adj. Glanduleux.

GLANDULE, n. f. Petite glande.

GLANDULEUX, EUSE, adj. Qui a
la nature de la glande.

GLANE, n. f. Poignée d'épis glanés.

GLANER, v. tr. Ramasser des épis
de blé après la moisson.

GLANEUR, EUSE, n. Qui glane.

GLANURE, n. f. Ce que l'on glane
après la moisson.

GLAPIR, v. int. Se dit du cri des
renards et des petits chiens.

GLAPISSANT, E, adj. Qui glapit :
voix glapissante.

GLAPISSEMENT, n. m. Cri des
renards et des petits chiens.

GLAS, n. m. Son d'une cloche que
l'on tinte pour annoncer l'agonie ou la
la mort d'une personne.

GLAUBER (sel de), n. m. Sulfate
de soude employé comme purgatif.

GLÈBE, n. f. Fonds de terre. *Serfs
de la glèbe*, attachés autrefois à la culture des terres, et vendus avec elles.

GLISSADE, n. f. Action de glisser.

GLISSANT, E, adj. Sur quoi l'on
glisse facilement.

GLISSER, v. int. Se dit lorsque le
pied vient à couler sur un corps gras
ou uni. Se dit aussi des choses : *l'é-
chelle a glissé. Fig.* Passer légèrement
sur un sujet: *glissons là-dessus.* V. tr.
Couler, mettre une chose en un lieu :
glisser une lettre à la poste.

GLISSEUR, n. m. Qui glisse sur
la glace.

GLISSOIRE, n. f. Endroit où les
enfants s'amusent à glisser.

GLOBE, n. m. Corps sphérique ; la terre.

GLOBULE, n. m. Petit corps sphérique : *globule d'air, d'eau.*

GLOBULEUX, EUSE, adj. Composé de globules.

GLOIRE, n. f. Honneur, réputation que méritent les vertus, les talents ; hommage qu'on rend à Dieu ; éclat, splendeur : *le fils de Dieu viendra dans toute sa gloire ;* témoignage : *rendre gloire à la vérité. Se faire gloire d'une chose,* en tirer vanité.

GLORIEUSEMENT, adv. D'une manière glorieuse.

GLORIEUX, EUSE, adj. Qui s'est acquis, qui mérite beaucoup de gloire ; qui procure de la gloire : *victoire glorieuse ;* qui se fait honneur de : *être glorieux de son enfant ;* vain, superbe : *esprit glorieux.* N. Qui a de la vanité : *les glorieux se font haïr.*

GLORIFICATION, n. f. Élévation à la gloire éternelle : *la glorification des élus.*

GLORIFIER, v. tr. Honorer, rendre gloire à. **Se glorifier**, v. pr. Se faire gloire de quelque chose, en tirer vanité.

GLORIOLE, n. f. Vanité qui a pour objet de petites choses.

GLOSE, n. f. Explication d'un texte obscur par des mots plus intelligibles.

GLOSER, v. int. Critiquer par malice : *il glose sur tout.*

GLOSEUR, EUSE, n. Qui interprète tout en mal.

GLOSSAIRE, n. m. Dictionnaire servant à expliquer, par des mots plus connus, les mots vieillis ou peu connus d'une langue.

GLOSSATEUR, n. m. Auteur d'une glose.

GLOTTE, n. f. Ouverture oblongue du larynx, qui sert à l'émission de la voix.

GLOUGLOU, n. m. Bruit d'un liquide s'échappant d'une bouteille.

GLOUGLOUTER, v. int. Se dit du cri des dindons.

GLOUSSEMENT, n. m. Cri de la poule qui glousse.

GLOUSSER, v. int. Se dit de la poule qui veut couver, ou qui appelle ses petits.

GLOUTON, ONNE, adj. et n. Qui mange avec avidité.

GLOUTONNEMENT, adv. D'une manière gloutonne.

GLOUTONNERIE, n. f. Vice du glouton.

GLU, n. f. Matière visqueuse et tenace avec laquelle on prend les oiseaux.

GLUANT, E, adj. De la nature de la glu.

GLUAU, n. m. Petite branche frottée de glu, pour prendre les oiseaux.

GLUI, n. m. Grosse paille de seigle dont on couvre les toits.

GLUTEN, n. m. Matière visqueuse des céréales, qui en forme la partie essentiellement nutritive.

GLUTINEUX, EUSE. adj. Gluant, visqueux : *suc glutineux.*

GNOME, n. m. Génie supposé habiter dans la terre, où il garde les trésors qu'elle renferme.

GNOMON, n. m. Espèce de cadran solaire.

GNOMONIQUE, n. f. Art de tracer des cadrans solaires.

GO (TOUT DE), loc. adv. Librement, sans obstacle. *Pop.*

GOBELET, n. m. Vase à boire ; petit vase de fer-blanc qui sert à faire des tours d'escamotage.

GOBELOTTER, v. int. Boire souvent et à petits coups. *Fam.*

GOBE-MOUCHES, n. m. Oiseau de l'ordre des passereaux, qui se nourrit d'insectes volants. Pl. des *gobe-mouches.*

GOBER, v. tr. Avaler lestement et avec avidité : *gober une huître, un œuf. Fig.* Croire légèrement : *il gobe tout ce qu'on lui dit.*

GOBERGER (SE), v. pr. Prendre ses aises, faire bonne chère : *nous nous gobergeâmes trois jours à la campagne.*

GODAILLER, v. int. S'amuser à boire de côté et d'autre, flâner. *Fam.*

GODAILLEUR, n. m. Qui aime à godailler.

GODELUREAU, n. m. Jeune homme qui fait l'agréable auprès des femmes. *Fam.*

GODET, n. m. Vase qui n'a ni pied ni anse ; auget attaché à une roue pour élever l'eau ; petit récipient pour l'huile d'un quinquet.

GODIVEAU, n. m. Sorte de pâté chaud, composé de hachis, de menues viandes.

GOÉLAND, n. m. Grande mouette, oiseau de mer.

GOÉLETTE, n. f. Bâtiment à deux mâts, pour la course.

GOGO (À), loc. adv. Dans l'abondance : *vivre à gogo. Fam.*

GOGUENARD, E, adj. Mauvais plaisant, railleur. *Fam.*

GOGUENARDER, v. int. Faire de mauvaises plaisanteries. *Fam.*

GOGUENARDERIE, n. f. Mauvaise plaisanterie. *Fam.*

GOGUETTES, n. f. pl. *Être en go-*

guettes, de belle humeur, et un peu pris de vin. *Fam.*

GOINFRE, n. m. Qui met tout son plaisir à manger. *Pop.*

GOINFRER, v. int. Manger beaucoup et avidement. *Pop.*

GOINFRERIE, n. f. Gourmandise sans aucune délicatesse. *Pop.*

GOÎTRE, n. m. Grosse tumeur qui vient à la gorge, et qui est causée ordinairement par la mauvaise qualité des eaux.

† **GOÎTREUX, EUSE**, adj. et n. Qui est de la nature du goître; qui a un goître.

GOLFE, n. m. Portion de mer qui s'enfonce dans les terres.

GOMME, n. f. Substance qui découle de certains arbres. Gomme arabique, qui provient des différentes espèces d'acacias; gomme élastique ou caoutchouc, racine de l'hévé, d'une couleur brunâtre.

GOMME-GUTTE, n. f. Espèce de gomme-résine employée comme couleur jaune en peinture, et comme purgatif en médecine.

GOMMER, v. tr. Enduire de gomme.

GOMMEUX, EUSE, adj. Qui jette de la gomme : arbre *gommeux*; qui est de la nature de la gomme : suc *gommeux*.

GOMMIER, n. m. Arbre d'Amérique, qui fournit beaucoup de gomme.

GOND, n. m. Morceau de fer coudé et rond, sur lequel tourne une porte.

GONDOLE, n. f. Barque légère et oblongue, particulièrement en usage à Venise.

GONDOLIER, n. m. Batelier qui conduit une gondole.

GONFALONIER, n. m. Titre des chefs de quelques-unes des républiques modernes d'Italie.

GONFLEMENT, n. m. Enflure.

GONFLER, v. tr. Rendre enflé: gonfler un ballon. *Fig.* : gonfler d'orgueil.

GORDIEN, adj. V. *Nœud*.

GORET, n. m. Petit cochon.

GORGE, n. f. Partie antérieure du cou; gosier : avoir mal à la gorge; sein d'une femme; bâton tourné sur lequel on roule une carte de géographie; cannelure demi-circulaire qui règne sur la circonférence d'une poulie; passage entre deux montagnes. *Rendre gorge*, restituer par force ce qu'on a pris; *rire à gorge déployée*, de toute sa force; *couper la gorge*, tuer.

GORGE-DE-PIGEON, adj. inv. Se dit d'une couleur composée et mélangée, qui paraît changer suivant les divers aspects du corps coloré.

GORGÉE, n. f. Ce qu'on peut avaler de liquide en une seule fois.

GORGER, v. tr. Faire manger avec excès. *Fig.* Combler, remplir : gorger de biens.

GORGERETTE, n. f. Collerette. *Vieux.*

GORGERIN, n. m. Armure qui, au moyen-âge, couvrait la gorge et le cou d'un guerrier.

† **GORGONES**, n. f. pl. Monstres de la Fable.

GORILLE, n. m. Espèce de singe, la plus voisine de l'homme.

GOSIER, n. m. Partie antérieure du cou; canal par où sort la voix, et qui sert à la respiration.

GOTHIQUE, adj. Qui vient des Goths : architecture gothique; très-ancien : habillement gothique. N. m. Genre d'architecture. N. f. Sorte d'écriture.

GOUACHE, n. f. Peinture où l'on emploie des couleurs détrempées avec de l'eau mêlée de gomme; petit tableau de genre, peint de cette manière.

GOUAILLER, v. tr. Railler. *Pop.*

GOUAILLERIE, n. f. Raillerie, plaisanterie. *Pop.*

GOUAILLEUR, EUSE, n. Qui gouaille. *Pop.* Adj. : air gouailleur.

GOUDRON, n. m. Substance noire et gluante, extraite des arbres résineux, pour enduire la carène et les cordages.

GOUDRONNAGE, n. m. Action de goudronner.

GOUDRONNER, v. tr. Enduire de goudron.

GOUFFRE, n. m. Abîme, précipice.

GOUGE, n. f. Espèce de ciseau de menuisier, de sculpteur, etc.

GOUJAT, n. m. Apprenti maçon; homme sale et grossier. *T. de mépris.*

GOUJON, n. m. Petit poisson blanc d'eau douce; cheville de fer.

GOULÉE, n. f. Grosse bouchée.

GOULET, n. m. Entrée étroite d'un port, d'une rade.

GOULOT, n. m. Cou de tout vase dont l'entrée est étroite.

GOULOTTE, n. f. Petite rigole pour l'écoulement des eaux.

GOULU, E, adj. et n. Qui aime à manger, et qui mange avec avidité.

GOULUMENT, adv. Avidement.

GOUPILLE, n. f. Petite cheville de métal, qui sert à assembler deux pièces d'horlogerie, d'armurerie, etc., l'une contre l'autre.

GOUPILLON, n. m. Aspersoir qui sert à l'église pour répandre ou présenter de l'eau bénite; brosse à manche.

GOURD, E, adj. Engourdi par le

froid. Ne se dit que dans : *avoir les doigts gourds, les mains gourdes.*

GOURDE, n. f. Courge séchée et vidée où l'on met un liquide; monnaie d'argent, appelée ordinairement piastre forte, et valant environ six francs.

GOURDIN, n. m. Gros bâton court.

GOURMADE, n. f. Coup de poing.

GOURMAND, **E**, adj. et n. Qui mange avec excès.

GOURMANDER, v. tr. Réprimander avec dureté.

GOURMANDISE, n. f. Vice du gourmand.

GOURME, n. f. Écoulement nasal qui attaque surtout les poulains; croûte qui survient à la tête des jeunes enfants.

GOURMÉ, **ÉE**, adj. Qui affecte un maintien composé et trop grave.

GOURMER, v. tr. Mettre la gourmette à un cheval; battre à coups de poing.

GOURMET, n. m. Qui se connaît en vins; dégustateur.

GOURMETTE, n. f. Partie du mors.

GOUSSE, n. f. Enveloppe membraneuse de certaines graines.

GOUSSET, n. m. Petite poche placée en dedans de la ceinture d'un pantalon; petite console de menuiserie pour soutenir des tablettes.

GOÛT, n. m. Celui des cinq sens par lequel on discerne les saveurs; saveur : *mets d'un goût exquis;* odeur : *goût de pourri;* appétence des aliments : *n'avoir goût à rien. Fig.* Discernement, sentiment du beau : *critique pleine de goût;* prédilection, penchant particulier : *goût pour la peinture;* grâce, élégance : *être mis avec goût;* opinion, préférence : *dire son goût.*

GOÛTER, v. tr. Discerner les saveurs par le goût. *Fig.* Approuver : *goûter un projet;* éprouver, jouir de : *goûter le bonheur.* V. int. Essayer : *goûter d'un métier;* manger en petite quantité : *goûter d'un mets. Absol.* Faire le repas du goûter.

GOÛTER, n. m. Léger repas qu'on fait entre le dîner et le souper.

GOUTTE, n. f. Petite partie sphérique d'un liquide. **Loc. adv. Goutte à goutte**, goutte après goutte. *Fig. Ne voir, n'entendre goutte,* aucunement.

GOUTTE, n. f. Maladie des articulations. **Goutte sciatique,** espèce de goutte qui tient depuis l'embouchure de la cuisse jusqu'à la cheville du pied; **goutte sereine** (amaurose), paralysie du nerf optique.

GOUTTELETTE, n. f. Petite goutte.

GOUTTEUX, EUSE, n. Qui est sujet à la goutte.

GOUTTIÈRE, n. f. Petit canal qui reçoit les eaux du toit.

GOUVERNAIL, n. m. Appareil attaché à l'arrière d'un navire, et qui sert à le gouverner.

GOUVERNANTE, n. f. Celle qui a soin d'un ménage, ou qui est chargée de l'éducation des enfants.

GOUVERNANTS, n. m. pl. Ceux qui gouvernent un État, par oppos. à *gouvernés.*

GOUVERNE, n. f. Règle de conduite : *je vous dis cela pour votre gouverne.*

GOUVERNEMENT, n. m. Action de gouverner un État, une maison, etc.; ceux qui gouvernent un État : *le gouvernement prend des mesures.*

GOUVERNEMENTAL, **E**, adj. Qui appartient au gouvernement : *système gouvernemental.*

GOUVERNER, v. tr. Diriger, conduire : *gouverner un vaisseau;* administrer : *gouverner sagement un royaume.*

GOUVERNEUR, n. m. Qui gouverne une province, une place forte; celui qui est chargé de l'éducation d'un prince, d'un jeune homme de distinction.

GRABAT, n. m. Méchant lit.

GRABUGE, n. m. Bruit, querelle, différend. *Fam.*

GRÂCE, n. f. Faveur qu'on fait sans y être obligé : *accorder une grâce;* pardon, remise d'une peine : *faire grâce;* remercîment : *je vous rends grâce;* aide que Dieu accorde en vue du salut : *rien n'est impossible à la grâce;* agrément : *marcher avec grâce. De bonne grâce,* sans répugnance; *grâce à Dieu,* par la bonté de Dieu, heureusement; *coup de grâce,* qui achève, donne la mort. Pl. Prière après le repas. † *Myth.* Les trois déesses compagnes de Vénus. **De grâce,** loc. adv. Formule de supplication.

GRACIABLE, adj. Digne de pardon : *cas graciable.*

GRACIER, v. tr. Faire grâce à un criminel, lui remettre sa peine.

GRACIEUSEMENT, adv. D'une manière gracieuse.

GRACIEUSETÉ, n. f. Civilité, honnêteté.

GRACIEUX, EUSE, adj. Qui est rempli de grâce, d'agrément : *sourire gracieux.*

GRACIOSO ou **GRAZIOSO**, adv. *Mus.* Gracieusement.

GRADATION, n. f. Accroissement progressif : *gradation de la chaleur. Rhét.* Figure qui consiste à disposer plusieurs mots ou pensées suivant une progression ascendante : *les mots va- cours, vole, forment une gradation ascendante.*

GRADE, n. m. Dignité, degré d'a- vancement; rang universitaire : *grade de bachelier.*

GRADÉ, adj. m. Qui a un grade dans l'armée.

GRADIN, n. m. Petit degré. Pl. Bancs élevés graduellement les uns au- dessus des autres.

GRADUATION, n. f. Division en degrés : *la graduation d'un thermomè- tre.*

GRADUEL, ELLE, adj. Qui va par degrés : *diminution graduelle.*

GRADUEL, n. m. Verset qui se dit à la messe entre l'épître et l'évangile; livre qui contient tout ce qu'on chante au lutrin pendant la messe.

GRADUELLEMENT, adv. Par gra- dation.

GRADUER, v. tr. Diviser en degrés : *graduer un thermomètre;* augmenter par degrés : *graduer des exercices de grammaire.*

GRAILLEMENT, n. m. Son enroué de la voix.

GRAILLON, n. m. Odeur de viande, de graisse brûlée; crachat très-épais.

GRAILLONNER, v. int. Rejeter souvent des crachats épais.

GRAIN, n. m. Tout fruit ou semence qui ne présente qu'un petit volume : *grain de blé, de raisin, de poivre,* etc.; petite parcelle : *grain de sable;* inéga- lités à la surface de la peau, d'un cuir, d'une étoffe; ancien petit poids, environ la 20ᵉ partie du gramme. *Mar.* Tourbil- lon de vent. *Avoir un grain de folie,* être un peu fou; *n'avoir pas un grain de bon sens,* en être tout-à-fait dépour- vu.

GRAINE, n. f. Semence de quelques plantes.

GRAINIER, IÈRE; n. V. *Grène- tier.*

GRAISSAGE, n. m. Action de grais- ser.

GRAISSE, n. f. Substance animale onctueuse, et fondant à une température peu élevée.

GRAISSER, v. tr. Frotter, oindre de graisse; souiller de graisse, tacher.

GRAISSEUX, EUSE, adj. De la nature de la graisse.

GRAMEN, n. m. Nom générique des plantes qui, comme le gazon, ont la feuille semblable à celle du chiendent.

GRAMINÉE, adj. et n. f. Nom général du froment, du seigle, de l'orge, de l'a- voine, du riz, du maïs, etc.

GRAMMAIRE, n. f. Art qui enseigne à parler et à écrire correctement; livre qui contient les règles, les principes de cet art.

GRAMMAIRIEN, n. m. Qui a écrit sur la grammaire.

GRAMMATICAL, E, adj. Qui con- cerne la grammaire.

GRAMMATICALEMENT, adv. Se- lon les règles de la grammaire.

GRAMMATISTE, n. m. Mauvais grammairien.

GRAMME, n. m. Unité de poids de notre système métrique.

GRAND, E, adj. Qui est fort étendu dans ses dimensions; qui excelle : *grand poète*; magnanime, courageux : *grand dans l'adversité;* titre donné aux pre- miers dignitaires d'un ordre : *grand- maître de l'Université, grand-prêtre,* etc. *Les grands parents,* les plus con- sidérables d'entre les proches parents; *le grand monde,* distingué par les ri- chesses, le rang de ceux qui le compo- sent. N. m. Personnage, homme élevé en dignités; membre de la plus haute noblesse d'Espagne. *Grand Dieu,* excla- mation de crainte, d'étonnement, etc.; *se faire peindre en grand,* de grandeur naturelle.

GRANDELET, ETTE, adj. Déjà grand. *Fam.*

GRANDEMENT, adv. généreuse- ment : *agir grandement;* beaucoup : *se tromper grandement.*

GRANDESSE, n. f. Dignité de grand d'Espagne.

GRANDEUR, n. f. Étendue en hau- teur, longueur, largeur. *Math.* Tout ce qui est susceptible d'augmentation ou de diminution; titre d'honneur qu'on donne à un évêque : *sa Grandeur l'évê- que de... Fig.* Sublimité : *grandeur de caractère;* énormité : *grandeur d'un crime;* autorité, puissance, majesté : *la grandeur souveraine;* dignités, hon- neurs : *naître au sein des grandeurs.*

GRANDIOSE, adj. et n. Imposant par la grandeur et l'élévation : *édifice grandiose. Fig.* : *style grandiose.*

GRANDIR, v. int. Devenir grand.

GRANDISSIME, adj. Très-grand. *Fam.*

GRAND'MAMAN, n. f. Grand'mère. Pl. des grand'mamans.

GRAND'MÈRE, n. f. Aïeule. Pl. des grand'mères.

GRAND-ONCLE, n. m. Le frère du grand-père ou de la grand'mère. Pl. des grands-oncles.

GRAND-PÈRE, n. m. Aïeul, père du père ou de la mère. Pl. des grands- pères.

GRAND-SEIGNEUR, n. m. Chef de l'empire ottoman, qu'on nomme aussi *Grand-Turc.*

GRAND'TANTE, n. f. La sœur du grand-père ou de la grand'mère. Pl. des *grand'tantes.*

GRAND-TURC, n. m. V. *Grand-Seigneur.*

GRANGE, n. f. Bâtiment où l'on serre les blés en gerbes, et où l'on bat le grain.

GRANIT, n. m. Pierre fort dure et grenue.

GRANITIQUE, adj. De la nature du granit : *roche granitique.*

GRANIVORES, n. m. pl. Nom donné aux oiseaux qui se nourrissent de graines, comme le moineau, la perdrix, la poule, etc.

GRANULATION, n. f. Réduction en petits grains.

GRANULER, v. tr. Mettre en petits grains : *granuler du plomb.*

GRANULEUX, EUSE, adj. Divisé en petits grains : *terre granuleuse.*

GRAPHIQUE, adj. Se dit de tout ce qui a rapport à l'art de représenter les objets par des lignes ou des figures : *dessin graphique. Signes graphiques d'une langue,* les caractères, l'écriture de cette langue.

GRAPHIQUEMENT, adv. D'une manière graphique.

GRAPHOMÈTRE, n. m. Instrument pour mesurer les angles sur le terrain.

GRAPPE, n. f. Assemblage de fleurs ou de fruits soutenus par un axe commun, comme dans le raisin, la groseille, les fleurs de l'acacia, etc.

GRAPPILLAGE, n. m. Action de grapiller.

GRAPPILLER, v. int. Cueillir ce qui reste de raisins dans une vigne, après la vendange. V. tr. et int. Faire de petits gains secrets, souvent peu légitimes.

GRAPPILLEUR, EUSE, n. Qui grapille.

GRAPPILLON, n. m. Petite grappe.

GRAPPIN, n. m. Petite ancre à plusieurs pointes recourbées; instrument de fer pour accrocher le vaisseau ennemi dans l'abordage. *Fig.* et *fam. Jeter, mettre le grappin sur quelqu'un,* se rendre maître de son esprit.

GRAS, GRASSE, adj. Qui a beaucoup de graisse; sali, imbu de graisse : *habit, chapeau gras. Terre grasse,* forte, tenace; *dormir la grasse matinée,* se lever fort tard. N. m. Partie grasse d'une viande. *Le gras de la jambe,* l'endroit le plus charnu. Adv. *Faire gras,* manger de la viande; *parler gras,* grasseyer.

GRAS-DOUBLE, n. m. Membrane de l'estomac du bœuf.

GRASSEMENT, adv. *Vivre grassement,* faire bonne chère; *payer grassement,* généreusement. *Fam.*

GRASSET, ETTE, adj. Un peu gras. *Fam.*

GRASSEYEMENT, n. m. Prononciation d'une personne qui grasseye.

GRASSEYER, v. int. Parler gras, prononcer mal certaines consonnes, et surtout la lettre r.

GRASSOUILLET, ETTE, adj. Potelé : *enfant grassouillet.*

GRATIFICATION, n. f. Don, libéralité qu'on fait à quelqu'un pour services rendus.

GRATIFIER, v. tr. Accorder un don, une faveur, une récompense.

GRATIN, n. m. Partie de certains mets qui reste attachée au fond du poêlon; apprêt d'un mets avec de la chapelure de pain : *sole au gratin.*

GRATIS, adv. Gratuitement, sans qu'il en coûte rien : *spectacle gratis.*

GRATITUDE, n. f. Reconnaissance d'un bienfait reçu.

GRATTE-CUL, n. m. Nom vulgaire du fruit de l'églantier.

GRATTELEUX, EUSE, adj. Qui a la grattelle.

GRATTELLE, n. f. Petite gale, maladie de peau.

GRATTE-PAPIER, n. m. Copiste, expéditionnaire. Se prend en m. part. Pl. des *gratte-papier.*

GRATTER, v. tr. Passer les ongles sur une partie du corps; racler : *gratter un mur.* V. int. Heurter doucement : *gratter à la porte.*

GRATTOIR, n. m. Instrument propre à effacer l'écriture.

GRATUIT, E, adj. Qu'on donne gratis, sans y être tenu. *École gratuite,* où l'instruction est donnée gratuitement. *Fig. Méchanceté gratuite,* sans motif; *supposition gratuite,* sans fondement.

GRATUITÉ, n. f. Caractère de ce qui est gratuit.

GRATUITEMENT, adv. D'une manière gratuite.

GRAVE, adj. Posé, sérieux : *contenance grave, style grave;* important : *affaire grave;* dangereux : *maladie grave. Mus.* Bas : *ton grave. Gram.* Accent grave, qui est tourné de gauche à droite.

GRAVÉ, ÉE, adj. Marqué de petite vérole.

GRAVELEUX, EUSE, adj. Mêlé de gravier; sujet à la gravelle. *Fig.* Trop libre : *paroles graveleuses.*

15.

GRAVELLE, n. f. Maladie produite par de petites concrétions, semblables à de petits graviers.

GRAVELURE, n. f. Propos trop libre.

GRAVEMENT, adv. D'une manière grave.

GRAVER, v. tr. Tracer une figure, des caractères, sur du cuivre avec le burin, sur le marbre, la pierre avec le ciseau. *Fig.* Empreindre, imprimer fortement : *graver dans sa mémoire; dans son cœur.*

GRAVEUR, n. m. Dont la profession est de graver.

GRAVIER, n. m. Gros sable mêlé de très-petits cailloux.

GRAVIR, v. tr. et int. Monter avec effort : *gravir une montagne, gravir au haut d'un rocher.*

†**GRAVITATION**, n. f. *Phys.* Tendance naturelle des corps les uns vers les autres.

GRAVITÉ, n. f. *Phys.* Pesanteur. *Fig.* Qualité d'une personne grave. Se dit aussi de l'importance des choses : *gravité d'une faute, gravité d'un sujet.*

GRAVITER, v. int. *Phys.* Tendre vers un point.

GRAVOIS, n. m. Partie la plus grossière du plâtre, après qu'on l'a passé au crible; décombres d'un mur, d'un bâtiment qu'on démolit.

GRAVURE, n. f. Art de graver; ouvrage du graveur.

GRAZIOSO. V. *Gracioso.*

GRÉ, n. m. Volonté, caprice, fantaisie : *agir à son gré. Fig. Voguer au gré des flots.* Loc. adv. **De gré à gré** à l'amiable; **bon gré, mal gré,** de gré ou de force.

GREC, GRECQUE, adj. Qui est de la Grèce : *peuple grec.* N. m. La langue grecque : *apprendre le grec. Fig.* Fin, adroit, fourbe, surtout au jeu.

GRÉCISER, v. tr. Donner une forme grecque aux mots.

GREDIN, E, n. Coquin, homme vil.

GREDINERIE, n. f. Action de gredin.

GRÉEMENT ou **GRÉMENT**, n. m. *Mar.* Ensemble de toutes les choses nécessaires pour gréer un bâtiment.

GRÉER, v. tr. Garnir un bâtiment de voiles, poulies, cordages, etc.

GREFFE, n. m. Lieu où sont déposées les minutes des jugements, où se font les déclarations, les dépôts concernant la procédure.

†**GREFFE**, n. f. Petite branche que l'on coupe, ou œil qu'on lève à la branche d'un arbre en sève, et que l'on ente sur un autre arbre.

GREFFER, v. tr. Faire une greffe.

GREFFEUR, n. m. Qui greffe.

GREFFIER, n. m. Officier civil qui tient un greffe, qui expédie et garde les actes de justice.

GREFFOIR, n. m. Petit couteau qui sert à greffer.

GRÈGE, adj. *Soie grège,* qui n'a subi aucune préparation.

GRÉGEOIS, adj. m. *Feu grégeois,* inventé, dit-on, par les Grecs, et qui brûlait dans l'eau.

GRÉGORIEN, ENNE, adj. *Rit grégorien,* changements introduits dans le chant d'église par le pape Grégoire Ier, pour établir l'uniformité dans la liturgie; *calendrier grégorien,* le calendrier Julien, réformé par Grégoire XIII, en 1582.

GRÈGUE, n. f. Haut-de-chausses.

GRÊLE, adj. Long et menu : *jambes grêles;* aigu et faible : *voix grêle.*

GRÊLE, n. f. Pluie congelée qui tombe par grains. *Fig.* Grande quantité : *une grêle de pierres, de traits.*

GRÊLÉ, ÉE, adj. Qui a des marques de petite vérole.

GRÊLER, v. impers. *Il grêle,* il tombe de la grêle. V. tr. Gâter par la grêle : *l'orage a grêlé nos vignes.*

GRELIN, n. m. Le plus petit des câbles d'un navire.

GRÊLON, n. m. Grain de grêle fort gros.

GRELOT, n. m. Petite boule métallique, ronde et creuse, dans laquelle il y a un morceau de métal qui la fait résonner dès qu'on la remue.

GRELOTTER, v. int. Trembler de froid.

GRÉMENT, n. m. V. *Gréement.*

GRENADE, n. f. Fruit du grenadier, bon à manger; ornement militaire représentant une grenade. *Artill.* Petit boulet creux, en forme de grenade, qu'on remplit de poudre et qu'on lance avec la main.

GRENADIER, n. m. Arbre qui porte des grenades; soldat d'élite qui, dans l'origine, était chargé de lancer les grenades.

GRENADIÈRE, n. f. Giberne qui faisait partie de l'équipement d'un grenadier, et dans laquelle il portait les grenades.

GRENADINE, n. f. Soie pour faire la dentelle noire.

GRENAGE, n. m. Action de former le grain de la poudre.

GRENAILLE, n. f. Métal réduit en menus grains; rebus de graine qu'on jette aux volailles.

GRENAILLER, v. tr. Mettre un métal en petits grains.

GRENAT, n. m. Pierre précieuse d'un rouge semblable à celui de la grenade. Adj. D'un rouge de grenat : *velours grenat.*

GRENER, v. int. Produire de la graine, rendre beaucoup de grains.

GRENETERIE, n. f. Commerce du grenetier.

GRENETIER, **ÈRE** ou **GRAINIER**, n. Qui vend des graines.

GRENIER, n. m. Partie la plus haute d'un bâtiment, destinée à serrer les grains. Se dit aussi du plus haut étage d'une maison, sous le comble : *être logé au grenier. Fig.* Pays fertile d'où l'on tire beaucoup de blé : *la Sicile est le grenier de l'Italie.*

GRENOUILLE, n. f. Petit animal qui vit ordinairement dans les marais.

GRENOUILLÈRE, n. f. Lieu marécageux où les grenouilles se retirent.

GRENOUILLET, n. m. Plante qui croît sur les montagnes, et dont la feuille ressemble à celle du laurier.

GRENOUILLETTE, n. f. Renoncule des marais; tumeur qui se forme sous la langue.

GRENU, adj. Qui a beaucoup de grains : *épi grenu.*

GRÈS, n. m. Pierre formée de grains de sable; poterie de glaise mêlée d'un sable fin.

GRÉSIL, n. m. Menue grêle très-blanche et fort dure.

GRÉSILLEMENT, n. m. Action de grésiller; état de ce qui est grésillé.

GRÉSILLER, v. impers. Se dit du grésil qui tombe : *il grésille.* V. tr. Froncer; racornir : *le soleil a grésillé les fleurs.*

GRÈVE, n. f. Lieu uni et sablonneux, le long de la mer ou d'une grande rivière.

GRÈVE, n. f. Ligue d'ouvriers. *Se mettre en grève*, déserter en masse un atelier, afin de pouvoir imposer des conditions au maître.

GREVER, v. tr. Accabler d'impôts; charger un bien d'hypothèques.

GRIBOUILLAGE, n. m. Mauvaise peinture; écriture mal formée. *Fam.*

GRIBOUILLER, v. int. Faire du gribouillage. *Fam.*

GRIÈCHE. V. **Pie.**

GRIEF, n. m. Dommage que l'on reçoit; plainte qu'on en fait : *formuler ses griefs.*

GRIEF, **ÈVE**, adj. Grand, grave (se prend en m. part) : *faute grève, grève maladie.*

GRIÈVEMENT, adv. D'une manière grève : *grièvement malade.*

GRIÈVETÉ, n. f. Enormité : *grièveté d'un crime.*

GRIFFADE, n. f. Coup de griffe.

GRIFFE, n. f. Ongle crochu et pointu de certains animaux, tels que le tigre, le lion, le chat, etc., ou d'un oiseau de proie, comme l'épervier, le faucon, etc.; empreinte imitant une signature; d'instrument qui sert à mettre cette empreinte. *Bot.* Nom donné aux racines de certaines plantes : *griffes d'asperges, de renoncule, d'anémone*, etc.

GRIFFER, v. tr. Egratigner.

GRIFFON, n. m. Oiseau de proie semblable à l'aigle; animal fabuleux, moitié aigle et moitié lion; chien à poil long et à moustaches.

GRIFFONNAGE, n. m. Ecriture très-mal formée.

GRIFFONNER, v. tr. Ecrire très-mal.

GRIFFONNEUR, n. m. Qui griffonne. *Fig.* Méchant auteur qui écrit beaucoup : *griffonneur de papier.*

GRIGNON, n. m. Morceau de pain du côté le plus cuit.

GRIGNOTER, v. int. Manger en rongeant.

GRIGOU, n. m. Gueux; homme d'une avarice sordide. *Fam.*

GRIL, n. m. Ustensile de cuisine pour faire cuire sur le charbon la viande, le poisson. *Fig. Etre sur le gril,* souffrir beaucoup de corps ou d'esprit : *pendant cette conversation, j'étais sur le gril.*

GRILLADE, n. f. Viande grillée.

GRILLAGE, n. m. Garniture de fil de fer en treillis, qu'on met aux fenêtres, aux portes vitrées, etc.; action de passer le minerai par plusieurs feux avant de le fondre.

GRILLE, n. f. Assemblage à claire-voie de barreaux de fer ou de bois.

GRILLER, v. tr. Fermer avec une grille : *griller une fenêtre.*

GRILLER, v. tr. Faire rôtir sur le gril. V. int. *Fig.* Désirer vivement : *je grille de le voir.*

GRILLON, n. m. Petit insecte, espèce de cigale, qui se tient dans les lieux chauds.

GRIMAÇANT, **E**, adj. Qui grimace.

GRIMACE, n. f. Contorsion du visage. *Fig.* Feinte, dissimulation : *les politesses ne sont souvent que pures grimaces; mauvais pli : ce collet fait la grimace. Faire la grimace à quelqu'un,* lui faire mauvais accueil.

GRIMACER, v. int. Faire des grimaces. *Fig.* Faire des faux plis.

GRIMACIER, ÈRE, adj. et n. Qui fait ordinairement des grimaces. *Fig.* Qui a des façons minaudières; hypocrite.

GRIMAUD, E, adj. Qui a l'humeur chagrine; maussade. N. m. Méchant écrivain; écolier des basses classes.

GRIME, n. m. Acteur qui joue les rôles de vieillards ridicules.

GRIMER (SE), v. pr. Se peindre des rides pour se donner la physionomie d'un vieillard.

GRIMOIRE, n. m. Livre des magiciens. *Fig.* Discours obscur; livre peu intelligible.

GRIMPANT, E, adj. *Bot.* Se dit des plantes qui, comme le lierre, montent le long des corps voisins.

GRIMPER, v. int. Gravir en s'aidant des pieds et des mains; en parlant des plantes, s'attacher aux corps voisins.

GRIMPEURS, n. m. pl. Ordre d'oiseaux grimpants, comme la pie, le coucou, le perroquet, etc.

GRINCEMENT, n. m. Action de grincer les dents.

GRINCER, v. tr. ou int. *Grincer les dents* ou *des dents,* les frotter les unes contre les autres par rage, menace ou douleur.

GRIOTTE, n. f. Espèce de cerise à courte queue.

GRIOTTIER, n. m. Arbre qui produit les griottes.

GRIPPE, n. f. Espèce de catarrhe épidémique. *Fig.* Antipathie : *prendre quelqu'un en grippe.*

GRIPPER, v. tr. Attraper subtilement, en parlant du chat et de quelques autres animaux. *Fig. et pop.* : on *lui a grippé sa bourse.*

GRIPPE-SOU, n. m. Homme avare qui fait de petits gains sordides. *Fam.* Pl. des *grippe-sous.*

GRIS, E, adj. Mêlé de blanc et de noir; à moitié ivre. *Temps gris,* couvert et froid; *papier gris,* épais et sans colle. N. m. Couleur grise. *Gris de perle,* sorte de couleur grise qui a un certain éclat de blanc, comme les perles.

GRISAILLE, n. f. Peinture avec deux couleurs, brune et claire; teinte grise d'un tableau.

GRISAILLER. v. tr. Barbouiller de gris.

GRISÂTRE, adj. Qui tire sur le gris.

GRISER, v. tr. Faire boire quelqu'un jusqu'à le rendre à demi-ivre; porter à la tête, étourdir, en parlant

des liqueurs enivrantes, de la fumée du tabac.

GRISET, n. m. Jeune chardonneret qui est encore gris.

GRISETTE, n. f. Petite ouvrière.

†**GRISON, ONNE**, adj. et n. Qui a les cheveux gris; âne, baudet. *Fam.*

GRISONNER, v. int. Devenir gris.

GRISOU, n. m. Gaz inflammable, qui se dégage des mines de houille, et fait quelquefois explosion.

GRIVE, n. f. Oiseau dont le plumage est mêlé de blanc et de brun.

GRIVELÉ, ÉE, adj. Tacheté, mêlé de gris et de blanc.

GRIVOIS, E, adj. Libre et hardi : *chanson grivoise.*

GROG, n. m. Boisson composée de sucre, d'eau-de-vie et d'eau.

GROGNARD, E, adj. Qui est dans l'habitude de grogner. N. m. Nom donné ordinairement aux vieux soldats de l'Empire.

GROGNEMENT, n. m. Cri des pourceaux.

GROGNER, v. int. Se dit du cri du cochon. *Fig.* Murmurer sourdement entre les dents.

GROGNEUR, EUSE, adj. et n. Qui grogne souvent par mécontentement.

GROGNON, adj. et n. Grogneur, grondeur : *homme, femme grognon. Fam.*

GROIN, n. m. Museau du cochon.

GROMMELER, v. int. Murmurer, se plaindre entre les dents. *Fam.*

GRONDEMENT, n. m. Bruit sourd : *grondement du tonnerre.*

GRONDER, v. int. Murmurer entre les dents. *Fig.* Faire entendre un bruit sourd : *l'orage gronde au loin.* V. tr. Réprimander avec humeur.

GRONDERIE, n. f. Réprimande faite avec humeur.

GRONDEUR, EUSE, adj. et n. Qui aime à gronder.

GROOM, n. m. Petit domestique.

GROS, OSSE, adj. Qui a beaucoup de circonférence et de volume; épais, grossier : *gros drap. Fig.* Important : *grosse somme;* riche : *gros bourgeois;* agité, orageux, *la mer est grosse;* pesamment armé : *grosse cavalerie.* Adj. f. Enceinte : *femme grosse. Fig.* Avoir *le cœur gros,* avoir du chagrin. N. m. La partie la plus considérable : *le gros de l'armée.* **Gros de Naples,** étoffe de soie faite originairement à Naples. Adv. Beaucoup : *gagner gros.* **En gros,** loc. adv. Opposé à *en détail : vendre en gros.*

GROS, n. m. Huitième partie de l'ancienne once.

GROS-BEC, n. m. Oiseau du genre

passereau, à bec gros et court. Pl. des *gros-becs*.

GROSEILLE, n. f. Petit fruit rouge ou blanc, qui vient par grappes.

GROSEILLIER, n. m. Arbrisseau qui porte les groseilles.

GROSSE, n. f. Douze douzaines de certaines marchandises : *une grosse de boutons*.

GROSSESSE, n. f. Etat d'une femme enceinte.

GROSSEUR, n. f. Circonférence, volume, tumeur : *avoir une grosseur à la gorge, au bras*, etc.

GROSSIER, ERE, adj. Epais, qui n'est pas fin : *drap grossier* ; qui n'est pas délicatement fait : *travail grossier*. *Fig.* Rude, impoli : *peuple grossier* ; incivil, malhonnête : *homme grossier* ; évident, choquant : *erreur grossière*.

GROSSIÈREMENT, adv. D'une manière grossière.

GROSSIÈRETÉ, n. f. Caractère de ce qui est grossier.

GROSSIR, v. tr. Rendre gros : *grossir la taille* ; faire paraître gros : *lunette qui grossit les objets* ; exagérer : *la renommée, la peur grossit tout*. V. int. Devenir gros : *le raisin grossit*.

GROSSISSEMENT, n. m. Action de grossir.

GROTESQUE, adj. Se dit des figures bizarres, où la nature est outrée et contrefaite. *Fig.* Ridicule, extravagant : *habit grotesque*. N. m. : *le grotesque, fait dans le genre grotesque*.

GROTESQUEMENT, adv. D'une manière ridicule et extravagante.

GROTTE, n. f. Caverne creusée par l'art ou la nature.

GROUILLEMENT, n. m. Mouvement et bruit de ce qui grouille.

GROUILLER, v. int. Fourmiller : *ce fromage grouille de vers*.

GROUPE, n. m. Assemblage d'objets tellement rapprochés, que l'œil les embrasse tous à la fois ; un certain nombre de personnes réunies.

GROUPER, v. tr. Mettre en groupe ; réunir, rassembler : *grouper des faits*.

GRUAU, n. m. Grain moulu grossièrement : *tisane de gruau*. **Pain de gruau**, fait de fleur de farine.

GRUE, n. f. Gros oiseau de passage, de la famille des échassiers. *Fig. Faire le pied de grue*, attendre longtemps sur ses pieds.

GRUE, n. f. Machine pour mouvoir de lourds fardeaux.

GRUGER, v. tr. Briser avec les dents : *gruger du sucre. Fig. Gruger quelqu'un*, vivre à ses dépens.

GRUGEUR, EUSE, n. Qui vit aux dépens de quelqu'un, *Fam.*

GRUME, n. f. Bois coupé qui a encore son écorce : *vendre du bois en grume*.

GRUMEAU, n. m. Se dit principalement des petites portions de sang caillé dans l'estomac, ou du lait qui se tourne.

GRUMELER (SE), v. pr. Se mettre en grumeaux.

GRUMELEUX, EUSE, adj. Qui a de petites inégalités dures, soit au-dedans, soit au-dehors : *poire grumeleuse, bois grumeleux*.

GRUYÈRE, n. m. Fromage qui tire son nom du village de Gruyère en Suisse, où il se fait.

GUANO, n. m. Engrais composé des excréments des oiseaux, etc., qu'on trouve dans les îles de la mer du Sud.

GUÉ, n. m. Endroit d'une rivière où l'on peut passer sans nager.

GUÉABLE, adj. Que l'on peut passer à gué.

GUÈDE ou **PASTEL**, n. m. Plante dont le suc est employé pour teindre en bleu foncé.

GUÉER, v. tr. Baigner, laver dans l'eau : *guéer du linge*.

†GUELFES, n. m. pl. Partisans des papes en Italie, et ennemis des *Gibelins*.

GUENILLE, n. f. Haillon, chiffon.

GUENILLON, n. m. Petite guenille.

GUENON, n. f. Femelle du singe.

GUENUCHE, n. f. Petite guenon.

GUÊPE, n. f. Grosse mouche presque semblable à une abeille, et qui a un aiguillon.

GUÊPIER, n. m. Nid de guêpes. *Fig. Tomber dans un guêpier*, se trouver, sans le vouloir, au milieu de gens mal intentionnés.

GUÈRE, adv. Peu, pas beaucoup.

GUÉRET, n. m. Terre labourée et non ensemencée. Pl. *Poét.* Champs et moissons.

GUÉRIDON, n. m. Table ronde qui n'a qu'un pied.

GUÉRILLAS, Nom donné en Espagne aux bandes irrégulières qui font une guerre d'embuscades dans les montagnes.

GUÉRIR, v. tr. Délivrer de maladie, rendre la santé. V. int. Recouvrer la santé. *Fig.* Revenir d'un préjugé, d'une erreur : *il est guéri de sa passion*.

GUÉRISON, n. f. Recouvrement de la santé.

GUÉRISSABLE, adj. Qu'on peut guérir.

GUÉRISSEUR, n. m. Qui guérit. *Fam.*

GUÉRITE, n. f. Loge d'une sentinelle.

GUERRE, n. f. Différend entre deux ou plusieurs États, qui se vide par la voie des armes; art militaire. Se dit aussi des animaux, des choses morales : *faire la guerre aux loups, à ses passions.* Guerre civile, qui s'allume entre les citoyens d'un même État; *nom de guerre,* faux nom qu'on prend dans certaines circonstances pour n'être pas connu.

GUERRIER, ÈRE, adj. Qui appartient à la guerre : *exploit guerrier;* qui aime la guerre : *nation guerrière.* N. m. Soldat. *Poét.*

GUERROYER, v. int. Faire la guerre.

GUERROYEUR, n. m. Qui fait la guerre. *Vieux.*

GUET, n. m. Action d'épier : *faire le guet;* autrefois, troupe chargée de faire la police pendant la nuit.

GUET-A-PENS, n. m. Embûche dressée pour assassiner, pour dévaliser. Pl. des *guets-à-pens.*

GUÊTRE, n. f. Sorte de chaussure qui couvre le bas de la jambe et le dessus du soulier.

GUÊTRER, v. tr. Mettre des guêtres à quelqu'un.

GUETTER, v. tr. Épier pour surprendre; attendre quelqu'un au passage, une occasion favorable.

GUETTEUR, n. m. Qui guette.

GUEULARD, E, adj. et n. Qui a l'habitude de parler beaucoup et fort haut; gourmand, vorace. *Pop.*

GUEULE, n. f. La bouche, dans la plupart des quadrupèdes et des poissons. *Par anal. : gueule d'un four, d'un canon,* etc. Bot. Nom de certaines fleurs : *gueule de loup, de lion.*

GUEULER, v. int. Parler beaucoup et fort haut; *Pop. et bas.*

GUEULES, n. m. Fond rouge du blason.

GUEUSARD, n. m. Gueux, coquin. *Fam.*

GUEUSE, n. f. Pièce de fer fondu, non encore purifiée.

GUEUSER, v. int. Mendier.

GUEUSERIE, n. f. Indigence, misère, pauvreté.

GUEUX, EUSE, adj. et n. Indigent, nécessiteux, qui est réduit à mendier; coquin, fripon.

† GUI, n. m. Plante parasite, qui naît sur les branches de certains arbres, tels que le chêne, le poirier, etc.

GUICHET, n. m. Petite porte pratiquée dans une grande : *guichet d'une prison.*

GUICHETIER, n. m. Valet de geôlier; qui ouvre et ferme les guichets.

GUIDE, n. m. Celui qui conduit; qui accompagne quelqu'un pour lui montrer le chemin. *Art mil.* Se dit des hommes sur lesquels les autres doivent régler leurs mouvements et leur alignement dans les évolutions. Pl. Corps spécial de cavalerie. *Fig.* Qui donne des conseils, des instructions : *un guide éclairé;* ce qui dirige, inspire quelqu'un dans sa conduite : *prendre la vérité pour guide;* titre de certains livres qui contiennent des renseignements : *le Guide des étrangers à Paris.*

GUIDE, n. f. Lanière de cuir qu'on attache à la bride d'un cheval de voiture, pour le conduire.

GUIDE-ANE, n. m. Tout livre qui contient des instructions, des règles propres à guider dans un travail. Pl. des *guide-âne.*

GUIDER, v. tr. Accompagner quelqu'un pour lui montrer le chemin. *Fig.* Diriger, gouverner.

GUIDON, n. m. Petit drapeau qui sert pour l'alignement dans les manœuvres de l'infanterie; celui qui le porte.

GUIGNE, n. f. Cerise douce à longue queue.

GUIGNER, v. int. Regarder du coin de l'œil, en fermant à demi les yeux. V. tr. Regarder quelqu'un ou quelque chose sans faire semblant; former un dessein sur... : *guigner un emploi.*

GUIGNIER, n. m. Arbre qui porte les guignes.

GUIGNON, n. m. Mauvaise chance. *Fam.*

GUILLEMET, n. m. Signe qui se met au commencement et à la fin d'une citation (»).

GUILLEMETER, v. tr. Distinguer par des guillemets.

GUILLERET, ETTE, adj. Éveillé, léger; inspirant la gaîté : *chanson guillerette. Fam.*

GUILLERI, n. m. Chant du moineau.

GUILLOCHER, v. tr. Faire un guillochis.

GUILLOCHIS, n. m. Ornement composé de traits ondés qui s'entrelacent ou se croisent avec symétrie, sur les boîtes de montre, les b. étuis, etc.

† GUILLOTINE, n. f. Instrument de décapitation pour les condamnés à mort.

GUILLOTINER, v. tr. Trancher la tête au moyen de la guillotine.

GUIMAUVE, n. f. Espèce de mauve

qui a la tige plus haute et les feuilles plus petites que la mauve ordinaire.

GUIMBARDE, n. f. Chariot long et couvert ; petit instrument sonore, en acier, que l'on tient entre les dents et les lèvres.

GUIMPE, n. f. Morceau de toile dont les religieuses se servent pour se couvrir le cou et la gorge.

GUINDAGE, n. m. Action d'élever les fardeaux au moyen d'une machine.

GUINDÉ, ÉE, adj. Affecté, forcé : style, air guindé, toujours grave : personne guindée.

GUINDER, v. tr. Lever, hisser au moyen d'une grue, d'une poulie, etc.

GUINÉE, n. f. Monnaie d'or d'Angleterre, valant 26 fr. 47 c.

GUINGAN, n. m. Sorte de toile de coton, fine et lustrée.

GUINGUETTE, n. f. Cabaret hors de la ville. Fam.

GUIPURE, n. f. Dentelle de fil ou de soie, formant relief.

GUIRLANDE, n. f. Cordon de verdure et de fleurs, auquel on donne toute espèce de formes.

GUISE, n. f. Manière, façon : chacun se gouverne à sa guise. En guise de, loc. prép. En place de.

GUITARE, n. f. Instrument de musique à six cordes.

GUITARISTE, n. Qui joue de la guitare.

GUSTATIF, adj. m. Se dit du nerf qui transmet la sensation du goût.

GUSTATION, n. f. Sensation du goût, perception des saveurs.

GUTTA-PERCHA, n. f. Substance qui a beaucoup d'analogie avec le caoutchouc, insoluble dans l'eau, et mauvais conducteur de l'électricité.

GUTTURAL, E, adj. Qui appartient au gosier : artère gutturale ; qui se prononce du gosier : lettre gutturale, comme le g, le k, le q.

GYMNASE, n. m. Établissement où l'on forme la jeunesse aux exercices du corps.

GYMNASIARQUE, n. m. Chef du gymnase.

GYMNASTE, n. m. Officier de gymnase, chargé spécialement de l'éducation gymnastique.

GYMNASTIQUE, adj. Qui a rapport aux exercices du corps. N. f. Art d'exercer, de fortifier le corps.

GYMNOSOPHISTE, n. m. Philosophe indien qui se livre à la contemplation de la nature.

GYNÉCÉE, n. m. Appartement des femmes chez les Grecs.

GYPSE, n. m. Pierre à plâtre.

GYPSEUX, EUSE, adj. De la nature du gypse.

H

H, n. f. et m., selon la prononciation. Huitième lettre de l'alphabet, et la sixième des consonnes.

« **HA !** Interj. de surprise, d'étonnement : ha ! vous voilà. Ne pas confondre avec ah ! qui exprime la joie, la douleur : ah ! que je suis content ! ah ! que je souffre !

† **HABEAS CORPUS**, n. m. Loi d'Angleterre, qui donne à un prisonnier le droit de se faire élargir en fournissant caution.

HABILE, adj. Capable, intelligent, adroit, savant.

HABILEMENT, adv. Avec habileté.

HABILETÉ, n. f. Qualité de celui qui est habile.

HABILLEMENT, n. m. L'habit, le pantalon et le gilet.

HABILLER, v. tr. Vêtir ; faire des habits ; fournir, donner des habits à quelqu'un : habiller une famille pauvre.

HABIT, n. m. Tout ce qui sert à couvrir le corps ; vêtement d'homme, à manches, qui couvre les bras et le corps.

HABITABLE, adj. Qui peut être habité.

HABITACLE, n. m. Demeure. Ne se dit que dans le style biblique : l'habitacle du Très-Haut. Mar. Armoire où l'on renferme la boussole.

HABITANT, E, n. Qui réside habituellement en un lieu.

HABITATION, n. f. Domicile, demeure, maison.

HABITER, v. tr. et int. Faire sa demeure en un lieu.

HABITUDE, n. f. Coutume ; disposition acquise par des actes réitérés : avoir de bonnes, de mauvaises habitudes.

HABITUÉ, n. m. Qui fréquente habituellement un lieu.

HABITUEL, ELLE, adj. Qui est passé en habitude.

HABITUELLEMENT, adv. Par habitude.

HABITUER, v. tr. Accoutumer, faire prendre l'habitude.

« **HÂBLER**, v. int. Parler beaucoup, avec vanterie, exagération.

« **HÂBLERIE**, n. f. Discours plein de vanterie, d'exagération.

« **HÂBLEUR, EUSE**, n. Qui aime à débiter des mensonges, à se vanter.

« **HACHE**, n. f. Instrument de fer tranchant qui sert à fendre et à couper. **Hache d'armes**, dont on se sert dans les combats à l'abordage.

« **HACHE-PAILLE**, n. m. Instrument pour couper la paille ou le fourrage qu'on donne aux bestiaux.

« **HACHER**, v. tr. Couper en petits morceaux.

« **HACHETTE**, n. f. Petite hache.

« **HACHIS**, n. m. Mets fait avec de la viande hachée.

« **HACHOIR**, n. m. Table sur laquelle on hache les viandes; couperet pour hacher.

« **HACHURE**, n. f. Traits croisés, dans un dessin, pour exprimer les ombres, les demi-teintes.

« **HAGARD, E**, adj. Farouche, rude : *œil hagard, mine hagarde.*

« **HAIE**, n. f. Clôture d'épines, de branchages entrelacés. **Haie vive**, haie d'épines ou d'autres plantes de même espèce, qui ont pris racine. *Fig.* Personnes, soldats rangés sur une ou plusieurs lignes : *former la haie.*

« **HAIE!** Cri des charretiers pour animer leurs chevaux.

« **HAILLON**, n. m. Vieux lambeau de toile ou d'étoffe.

« **HAINE**, n. f. Inimitié, passion qui fait haïr; aversion : *avoir en haine les procès.*

« **HAINEUX, EUSE**, adj. Naturellement porté à la haine : *caractère haineux.*

« **HAIR**, v. tr. Vouloir du mal à quelqu'un; avoir de l'éloignement, de la répugnance, de l'aversion.

« **HAIRE**, n. f. Chemise de crin ou de poil de chèvre, qu'on se met sur la peau par esprit de mortification.

« **HAÏSSABLE**, adj. Qui mérite la haine.

« **HALAGE**, n. m. Action de haler, de tirer un bateau. **Chemin de halage**, tracé le long des fleuves, des canaux, pour haler, tirer les bateaux.

« **HÂLE**, n. m. Air sec et chaud qui dessèche et flétrit la peau de l'homme, les herbes, les plantes, etc.

HALEINE, n. f. Air qui sort des poumons pendant l'expiration. Faculté de respirer : *perdre haleine.* Se dit des vents, lorsqu'ils sont personnifiés :

l'haleine du zéphyr. Fig. Tout d'une haleine, sans interruption; *ouvrage de longue haleine*, d'une grande étendue; *reprendre haleine*, se reposer pour recommencer ensuite; *être en haleine*, en disposition de bien travailler.

« **HÂLER**, v. tr. Brunir le teint, en parlant de l'action du soleil et du grand air.

« **HALER**, v. tr. *Mar.* Tirer à soi avec force un objet quelconque à l'aide d'un cordage.

« **HALETANT, E**, adj. Essouflé, hors d'haleine.

« **HALETER**, v. int. Respirer fréquemment et avec force.

« **HALEUR**, n. m. Qui hale un bateau.

HALLALI, n. m. Cri de chasse qui annonce que le cerf est aux abois.

« **HALLE**, n. f. Place publique, ordinairement couverte, où se tient le marché.

« **HALLEBARDE**, n. f. Pique garnie par le haut d'un fer large et pointu, et traversé d'un autre fer en forme de croissant.

« **HALLEBARDIER**, n. m. Garde à pied qui portait la hallebarde.

« **HALLIER**, n. m. Buisson épais, dans lequel se réfugie le gibier.

HALLUCINATION, n. f. Erreur des sens dans laquelle on croit voir, entendre, toucher, etc., des objets qui n'existent point.

« **HALO**, n. m. Cercle lumineux qui entoure quelquefois le soleil et la lune.

« **HALTE**, n. f. Station que font les gens de guerre dans une marche. *Halte!* interj. pour commander à une troupe de s'arrêter. *Fig. Halte là*, en voilà assez, n'allez pas plus loin.

« **HAMAC**, n. m. Lit suspendu, surtout en usage à bord des vaisseaux.

† **HAMADRYADE**, n. f. Divinité des bois, dont la vie était attachée à l'arbre qui lui était affecté, et dans lequel on la croyait enfermée.

« **HAMEAU**, n. m. Réunion de quelques maisons écartées du lieu où est la paroisse.

HAMEÇON, n. m. Petit crochet de fer placé au bout d'une ligne avec de l'appât, pour prendre du poisson. *Fig.* et *fam. Mordre à l'hameçon*, se laisser séduire par l'apparence.

« **HAMPE**, n. f. Bois de hallebarde, de drapeau, de pinceau, etc.

« **HAN**, Cri sourd d'un homme qui frappe un coup.

« **HANAP**, n. m. Grand vase pour boire.

« **HANCHE**, n. f. Partie du corps

humain dans laquelle s'emboîte le haut de la cuisse.

« **HANGAR**, n. m. Appentis servant de remise pour des voitures, etc.

« **HANNETON**, n. m. Insecte de la famille des coléoptères, et qui paraît au printemps.

« **HANSCRIT**, n. f. V. *Sanscrit*.

HANSE, n. f. Association commerciale entre plusieurs villes d'Allemagne, au moyen-âge.

† « **HANSÉATIQUE**, adj. Se dit de certaines villes de l'Allemagne et du Nord, qui étaient unies ensemble pour le commerce.

« **HANTER**, v. tr. Fréquenter, visiter souvent et familièrement. Se dit des personnes et des lieux : *hanter les savants, les cafés*.

« **HANTISE**, n. f. Action de hanter.

« **HAPPER**, v. tr. Se dit du chien qui saisit avec la gueule ce qu'on lui jette.

« **HAQUENÉE**, n. f. Jument de moyenne taille, qui ordinairement va l'amble.

« **HAQUET**, n. m. Charette longue, étroite et sans ridelles, pour voiturer du vin, des ballots, etc.

« **HARANGUE**, n. f. Discours prononcé devant une assemblée, des troupes, un prince, etc.

« **HARANGUER**, v. tr. Prononcer une harangue devant quelqu'un.

« **HARANGUEUR**, n. m. Qui harangue.

« **HARAS**, n. m. Lieu destiné à loger des étalons et des juments, pour améliorer la race.

« **HARASSER**, v. tr. Lasser, fatiguer à l'excès.

« **HARCELER**, v. tr. Importuner, provoquer ; fatiguer par des attaques réitérées : *harceler l'ennemi*.

« **HARDES**, n. f. pl. Tout ce qui est d'usage pour l'habillement.

« **HARDI, E**, adj. Qui agit avec audace et confiance ; effronté : *air hardi*. *Pensée hardie*, heureuse, quoique en dehors de la règle commune.

« **HARDIESSE**, n. f. Courage, assurance. *Fig.* Exécution hardie : *hardiesse de pinceau* ; élévation des pensées, du style : *hardiesse d'expressions* ; insolence : *sa hardiesse m'a déplu*.

« **HARDIMENT**, adv. Avec hardiesse.

« **HAREM**, n. m. Appartement réservé aux femmes chez les Mahométans.

« **HARENG**, n. m. Poisson de mer d'une moyenne grosseur. **Hareng saur**, hareng fumé.

« **HARENGÈRE**, n. f. Marchande de poisson. *Fig.* et *fam.* Femme qui se plaît à quereller et à dire des injures.

« **HARGNEUX, EUSE**, adj. Qui est d'humeur querelleuse et insociable. Se dit aussi des animaux : *chien*, *cheval hargneux*.

« **HARICOT**, n. m. Plante de la famille des légumineuses ; son fruit.

« **HARIDELLE**, n. f. Mauvais cheval maigre.

HARMONICA, n. m. Instrument composé de clochettes de verre accordées par demi-tons. Pl. des *harmonicas*.

HARMONIE, n. f. Science des accords. Se dit d'une voix seule lorsqu'elle est sonore, nette et douce. **Table d'harmonie**, partie d'un piano sur laquelle les cordes sont tendues ; *harmonie du style*, produite par le nombre et la cadence des périodes ; *harmonie imitative*, artifice de langage qui consiste dans une imitation de la nature par les sons, comme dans cet hémistiche de Racine :

L'essieu crie et se rompt.

Fig. Accord parfait entre les parties d'un tout : *l'harmonie de l'univers* ; entre les personnes : *vivre dans une parfaite harmonie*.

HARMONIEUSEMENT, adv. Avec harmonie.

HARMONIEUX, EUSE, adj. Qui a de l'harmonie.

HARMONIQUE, adj. *Mus.* Qui appartient à l'harmonie.

HARMONIQUEMENT, adv. Suivant les lois de l'harmonie.

HARMONISER (S'), v. pr. Etre en harmonie.

HARMONISTE, n. m. Qui connaît les règles de l'harmonie.

« **HARNACHEMENT**, n. m. Action de harnacher ; harnais.

« **HARNACHER**, v. tr. Mettre le harnais à un cheval.

« **HARNAIS** ou **HARNOIS**, n. m. Tout l'équipage d'un cheval. *Cheval de harnais*, de voiture. *Fig.* *Blanchir sous le harnais*, vieillir dans un métier.

† « **HARO**, Clameur pour arrêter quelqu'un ou quelque chose et procéder sur le champ en justice. *Fig. Crier haro sur quelqu'un*, se récrier vivement sur ce qu'il dit ou fait mal à propos.

HARPAGON, n. m. Homme très-avare, par allusion à un personnage comique de Molière.

« **HARPE**, n. f. Instrument de musique à plusieurs cordes de longueur inégale.

« HARPER, v. tr. Serrer fortement avec les mains.

† « HARPIE, n. f. Monstre de la Fable. *Fig.* Femme méchante, criarde et acariâtre.

« HARPISTE, n. Qui joue de la harpe.

« HARPON, n. m. Dard dont la pointe est accompagnée de deux crocs recourbés, pour harponner les gros poissons et surtout la baleine.

« HARPONNER, v. tr. Accrocher avec le harpon.

« HARPONNEUR, n. m. Matelot choisi pour lancer le harpon.

« HART, n. f. Lien d'osier qui sert à lier les fagots; corde avec laquelle on pendait les criminels, et, par suite, la potence, le gibet même.

« HASARD, n. m. Fortune, sort; cas fortuit. Pl. *Fig.* Risques, périls : *les hasards de la guerre. Jeu de hasard,* où le hasard seul décide. Loc. adv. **Au hasard,** à l'aventure ; *à tout hasard,* quoi qu'il arrive ; *par hasard,* fortuitement.

« HASARDER, v. tr. Exposer au péril, à la fortune.

« HASARDEUSEMENT, adv. Avec risque, péril.

« HASARDEUX, EUSE, adj. Qui offre des chances contraires : *entreprise hasardeuse.*

« HASE, n. f. Femelle du lièvre, du lapin.

« HÂTE, n. f. Promptitude, précipitation.

« HÂTER, v. tr. Presser, accélérer, faire dépêcher : *hâter le dîner.*

« HÂTIF, IVE, adj. Précoce : *fruit hâtif.* Son opposé est *tardif.*

« HÂTIVEMENT, adv. Avant le temps ordinaire. Se dit surtout en parlant des fruits.

« HATTI-CHÉRIF, n. m. Nom donné, en Turquie, aux ordonnances qui émanent du sultan lui-même.

« HAUBANS, n. m. pl. Gros cordages, en forme d'échelle, qui soutiennent les mâts contre les efforts du roulis.

« HAUBERT, n. m. Cuirasse ancienne ou cotte de mailles.

« HAUSSE, n. f. Ce qui sert à hausser. *Fig.* Augmentation de valeur : *la hausse des grains.*

« HAUSSE-COL, n. m. Petite plaque de cuivre ou d'argent, que les officiers d'infanterie portent au-dessous du cou quand ils sont de service. Pl. des *hausse-col.*

« HAUSSEMENT, n. m. Action de hausser. Se dit particulièrement du mouvement qu'on fait des épaules, pour marquer du mépris.

« HAUSSER, v. tr. Elever, rendre plus haut : *hausser un mur. Fig. Hausser le ton,* prendre un ton de menace, de supériorité. V. int. Augmenter : *le prix du blé a haussé.*

« HAUT, n. m. Faîte, sommet : *le haut d'un arbre* ; hauteur, élévation : *cette colonne a tant de mètres de haut. Tomber de son haut,* de toute sa hauteur, et, fig., être extrêmement surpris d'une chose ; *traiter de haut en bas,* avec mépris et hauteur ; *il y a du haut et du bas dans la vie,* des biens et des maux. Adv. A haute voix : *parler haut.* Loc. adv. **Là-haut,** dans le ciel, **en haut,** au ciel. Ces expressions désignent aussi un lieu plus élevé : *aller là-haut, monter en haut.*

« HAUT, E, adj. Elevé : *haute montagne* ; fort, éclatant : *à haute voix* ; supérieur : *les hautes sciences* ; arrogant : *ton haut* ; agité : *la mer est haute.* Mar. Vaisseau de haut bord, grand vaisseau. Géog. Le haut Rhin, l'endroit où il est près de sa source ; la haute Egypte, la partie la plus éloignée de la mer. Le Très-Haut, Dieu ; haut-mal, épilepsie ; *la haute mer,* la pleine mer ; *le haut bout d'une table,* la place d'honneur ; *crime de haute trahison,* qui intéresse la sûreté de l'Etat ; *marcher la tête haute,* n'avoir rien à se reprocher ; *jeter les hauts cris,* se plaindre bruyamment.

« HAUTAIN, E, adj. Fier, orgueilleux : *âme hautaine, regard hautain.*

« HAUTAINEMENT, adv. D'une manière hautaine.

« HAUTBOIS, n. m. Instrument à vent et à anche, dont le son est fort clair ; celui qui en joue.

« HAUT-DE-CHAUSSES, n. m. Autrefois, partie du vêtement de l'homme, qui le couvrait depuis la ceinture jusqu'aux genoux. Pl. des *hauts-de-chausses.*

« HAUTE-CONTRE, n. f. La plus aiguë des voix d'homme, par oppos. à la *basse* ; celui qui a cette voix. Pl. des *hautes-contre.*

« HAUTE-COUR, n. f. Tribunal suprême. Pl. des *hautes-cours.*

« HAUTE-FUTAIE, n. f. Bois qu'on laisse parvenir à sa plus grande hauteur. Pl. des *hautes-futaies.*

« HAUTEMENT, adv. Hardiment, résolûment : *déclarer hautement une chose.*

« HAUTESSE, n. f. Titre qu'on donne au sultan.

« HAUTE-TAILLE, n. f. Voix entre

la taille et la haute-contre ; celui qui a cette voix. Pl. des *hautes-tailles*.

« **HAUTEUR**, n. f. Elévation d'un objet au-dessus de la surface de la terre ; colline, éminence : *gagner les hauteurs*. *Hauteur du pôle*, son élévation au-dessus de l'horizon. *Fig.* Fierté, arrogance : *parler avec hauteur*. *Être à la hauteur de son siècle*, en suivre les progrès.

« **HAUT-FOURNEAU**, n. m. Fourneau destiné à fondre le minerai de fer à une haute température.

« **HAUT-JUSTICIER**, n. m. Seigneur qui, au moyen-âge, avait droit de prononcer la condamnation capitale dans toute l'étendue de ses domaines.

« **HAUT-LE-CORPS**, n. m. Brusque mouvement du corps.

« **HÂVE**, adj. Pâle, maigre.

« **HAVRE**, n. m. Port de mer, généralement situé à l'embouchure d'un fleuve.

« **HAVRE-SAC**, n. m. Sac de peau que les ouvriers et les soldats portent en route, et qui contient leurs effets.

« **HÉ !** interj. qui sert principalement à appeler.

« **HEAUME**, n. m. Casque des anciens chevaliers.

HEBDOMADAIRE, adj. De la semaine, de chaque semaine : *travail, journal hebdomadaire*.

HÉBERGER, v. tr. Recevoir chez soi, loger.

HÉBÉTER, v. tr. Rendre stupide.

HÉBRAÏQUE, adj. Qui concerne les Hébreux : *langue hébraïque*.

HÉBRAÏSANT, n. m. Nom que l'on donne aux savants qui s'attachent à l'étude de l'hébreu.

HÉBRAÏSME, n. m. Façon de parler propre à la langue hébraïque.

† **HÉBREU**, n. m. Langue hébraïque : *apprendre l'hébreu*. *Fig.* Chose inintelligible : *c'est de l'hébreu pour lui*.

HÉCATOMBE, n. f. Sacrifice de cent bœufs, que faisaient les anciens.

HECTARE, n. m. Mesure de superficie, cent ares ou dix mille mètres carrés.

HECTO. Particule qui se met devant les unités génératrices du nouveau système de poids et mesures, pour exprimer cent fois plus.

HECTOGRAMME, n. m. Poids de cent grammes. *Par abrév.* : *un hecto*.

HECTOLITRE, n. m. Mesure de cent litres.

HECTOMÈTRE, n. m. Longueur de cent mètres.

† **HÉGIRE**, n. f. Ère des Mahométans, qui commence en 622, époque à laquelle Mahomet s'enfuit de la Mecque.

« **HEIN !** interj. fam. dont on accompagne quelquefois une interrogation : *hein ! que dites-vous ?*

HÉLAS ! interj. de plainte. N. m. : *faire de grands hélas. Fam.*

« **HÉLER**, v. tr. Appeler, interroger d'un navire, un autre navire qui passe : *on hèle au moyen d'un porte-voix*.

HÉLICE, n. f. *Géom.* Ligne tracée en forme de vis autour d'un cylindre. *Vaisseau à hélice*, mû par la vapeur, et dans lequel les roues à aubes ont été remplacées avantageusement par l'hélice.

† **HÉLICON**, n. m. Montagne de Béotie consacrée à Apollon et aux Muses.

HÉLIOMÈTRE, n. m. Sorte de lunette dont on se sert pour mesurer le diamètre apparent du soleil et celui des planètes.

HÉLIOSCOPE, n. m. Lunette à verre enfumé ou coloré, pour observer le soleil.

HÉLIOTROPE, n. m. Genre de plantes généralement intertropicales. On donne aussi ce nom à toutes les plantes dont la fleur se tourne vers le soleil, comme le tournesol.

HELLÉNIQUE, adj. Qui appartient à la Grèce.

HELLÉNISME, n. m. Expression particulière au génie de la langue grecque.

HELLÉNISTE, n. m. Savant versé dans la langue grecque.

« **HEM !** interj. pour appeler.

HÉMICYCLE, n. m. Tout amphithéâtre qui a la forme d'un demi-cercle.

HÉMIONE, n. f. Espèce de cheval, dans l'Inde.

HÉMIPTÈRES, n. m. pl. Ordre d'insectes dont les ailes sont à moitié coriaces et à moitié membraneuses, comme le puceron, la cochenille, la cigale, etc.

HÉMISPHÈRE, n. m. Demi-sphère ; moitié du globe terrestre.

HÉMISPHÉRIQUE, adj. Qui a la forme d'une demi-sphère.

HÉMISTICHE, n. m. Moitié du vers alexandrin.

HÉMORRAGIE, n. f. Perte de sang par le nez, par une plaie.

HÉMORROÏDAL, E, adj. Qui a rapport aux hémorroïdes.

HÉMORROÏDES, n. f. pl. Tumeurs qui se forment autour de l'anus, et qui, ordinairement, laissent échapper du sang.

HÉMOSTATIQUE, adj. et n. Propre à arrêter les hémorragies : *remède hémostatique*.

HENDÉCAGONE, adj. et n. Polygone composé de onze angles et onze côtés.

« HENNIR, v. int. Se dit du cheval quand il fait entendre son cri.

« HENNISSEMENT, n. m. Cri ordinaire du cheval.

HÉPATIQUE, adj. Se dit, en anatomie, de tout ce qui a rapport au foie : artère, veine, canal hépatique.

HEPTACORDE, n. m. Lyre des anciens, à sept cordes.

HEPTAGONE, adj. et n. Polygone qui a sept angles et sept côtés.

HEPTARCHIE, n. f. Nom sous lequel on désigne les sept royaumes fondés par les Germains dans la Grande-Bretagne.

HÉRALDIQUE, adj. Qui a rapport au blason, aux armoiries : science héraldique.

« HÉRAUT, n. m. Officier public dont la fonction était de signifier les déclarations de guerre. Héraut d'armes ou héraut, officier chargé de publications solennelles, de certaines fonctions dans les cérémonies.

HERBACÉ, ÉE, adj. Plantes herbacées, celles qui sont tendres, frêles, non ligneuses, et qui périssent après la fructification.

HERBAGE, n. m. Toutes sortes d'herbes ; pré qu'on ne fauche jamais, et où l'on met engraisser les animaux.

HERBE, n. f. Plante herbacée qui perd sa tige en hiver. Fig. Manger son blé en herbe, dépenser son revenu d'avance ; avoir marché sur une mauvaise herbe, être de mauvaise humeur ; couper l'herbe sous les pieds à quelqu'un, le supplanter.

HERBETTE, n. f. Diminutif de herbe : danser, se coucher sur l'herbette.

HERBEUX, EUSE, adj. Où il croît de l'herbe.

HERBIER, n. m. Collection de plantes sèches conservées entre des feuilles de papier.

HERBIÈRE, n. f. Vendeuse d'herbes.

HERBIVORE, adj. Qui mange de l'herbe. N. m. pl. Les herbivores, espèces animales qui se nourrissent exclusivement de végétaux.

HERBORISATION, n. f. Action d'herboriser.

HERBORISER, v. int. Aller dans les champs recueillir des herbes, des plantes, dans le but de les étudier.

HERBORISEUR, n. m. Qui herborise.

HERBORISTE, n. m. Qui fait métier de vendre des herbes médicinales.

HERBU, E, adj. Couvert d'herbe : champ herbu.

HERCULE, n. m. Homme fort, robuste : c'est un Hercule.

HERCULÉEN, ENNE, adj. D'Hercule : force, taille herculéenne.

« HÈRE, n. m. Pauvre hère, homme sans considération, sans fortune. Fam.

HÉRÉDITAIRE, adj. Qui se transmet par droit de succession : titre héréditaire ; qui se communique des parents aux enfants : maladie héréditaire.

HÉRÉDITAIREMENT, adv. Par droit d'hérédité.

HÉRÉDITÉ, n. f. Droit de succession.

HÉRÉSIARQUE, n. m. Chef d'une secte hérétique, comme Arius, Luther, Calvin, etc.

HÉRÉSIE, n. f. Dogme, doctrine contraire à la foi catholique.

HÉRÉTIQUE, adj. Qui tient de l'hérésie : proposition hérétique. N. Qui professe, soutient une hérésie.

HÉRISSÉ, ÉE, adj. Couvert de certaines choses droites, saillantes, aiguës : bataillon hérissé de baïonnettes ; rempli : pays hérissé de montagnes. Fig. : science hérissée de difficultés.

« HÉRISSER (SE), v. pr. Se dresser. Ne se dit que des cheveux, du poil. V. tr. : le lion hérisse sa crinière quand on l'irrite.

« HÉRISSON, n. m. Petit quadrupède dont le corps est couvert de piquants en dessus et de poils en dessous.

HÉRITAGE, n. m. Biens, domaines transmis par voie de succession.

HÉRITER, v. int. Recueillir une succession. Fig. : hériter des vertus, de la gloire de ses aïeux. V. tr. : il n'a rien hérité de son père.

HÉRITIER, ÈRE, n. Qui hérite, ou qui doit hériter de quelqu'un.

HERMAPHRODITE, adj. Qui réunit les deux sexes, comme certaines fleurs.

† HERMÉTIQUE, adj. Qui a rapport au grand œuvre, à la transmutation des métaux et à la médecine universelle.

HERMÉTIQUEMENT, adv. Tub. : vase fermé hermétiquement, avec sa propre matière, par le moyen du feu. Se dit par ext. de tout ce qui est bien fermé.

HERMINE, n. f. Petit quadrupède blanc, de la famille des martres, dont la peau donne une fourrure très-précieuse ; sa fourrure.

HERMITAGE, n. m. V. *Ermitage*.

HERMITE, n. m. V. *Ermite*.

« **HERNIAIRE**, adj. Qui a rapport aux hernies.

« **HERNIE**, n. f. Tumeur molle formée par la sortie totale ou partielle d'un viscère.

HÉROÏ-COMIQUE, adj. Qui tient de l'héroïque et du comique : *poème héroï-comique*.

HÉROÏDE, n. f. Epître en vers composée sous le nom de quelque héros ou personnage fameux.

HÉROÏNE, n. f. Femme d'un grand courage, douée de sentiments nobles et élevés. *Fig.* Principal personnage d'un poème, d'un roman.

HÉROÏQUE, adj. Qui appartient au héros : *action héroïque. Temps héroïque*, où vivaient les anciens héros ; *poésie héroïque*, qui est noble, élevée.

HÉROÏQUEMENT, adv. D'une manière héroïque.

HÉROÏSME, n. m. Ce qui est propre au héros, ce qui en fait le caractère.

« **HÉRON**, n. m. Grand oiseau à long bec, de l'ordre des échassiers, qui vit de poissons.

« **HÉROS**, n. m. Nom donné par les Grecs aux grands hommes divinisés ; celui qui se distingue par des actions extraordinaires, par sa grandeur d'âme. *Fig.* Principal personnage d'un poème, d'un roman.

« **HERPES**, n. f. pl. *Herpes marines*, productions que la mer tire de son sein, et qu'elle jette sur les bords ; objets naufragés rejetés sur la plage. Dans ce dernier sens, on dit aujourd'hui *épaves de mer*.

« **HERSAGE**, n. m. Action de herser.

« **HERSE**, n. f. Instrument d'agriculture, qui a d'un côté plusieurs rangs de dents ; grillé armée de grosses pointes de bois ou de fer, suspendue dans les forteresses, entre le pont-levis et le portail.

« **HERSER**, v. tr. Passer la herse sur un champ.

« **HERSEUR**, n. m. Qui herse.

HÉSITATION, n. f. Action d'hésiter.

HÉSITER, v. int. Ne pas trouver facilement ce qu'on veut dire ; être incertain sur le parti qu'on doit prendre.

HÉTÉROCLITE, adj. Qui s'écarte des règles ordinaires de l'analogie grammaticale : *nom hétéroclite* ; ou des règles de l'art : *bâtiment hétéroclite. Fig.* Bizarre, original : *manières hétéroclites*.

HÉTÉRODOXE, adj. Contraire à la doctrine de l'église catholique. Son opposé est *orthodoxe*.

HÉTÉRODOXIE, n. f. Opposition aux sentiments orthodoxes.

HÉTÉROGÈNE, adj. Qui, comme l'air, est composé d'éléments de différente nature. Son opposé est *homogène*.

HÉTÉROGÉNÉITÉ, n. f. Qualité de ce qui est hétérogène.

HETMAN, n. m. Titre de dignité chez les Cosaques.

« **HÊTRE**, n. m. Grand arbre qui porte une sorte de fruit qu'on appelle *faîne*.

HEUR, n. m. Bonne fortune, v. mot qui n'est plus guère en usage que dans cette phrase proverbiale : *il n'y a qu'heur et malheur en ce monde*.

HEURE, n. f. Vingt-quatrième partie du jour ; divers moments du jour : *l'heure du dîner* ; l'instant, le moment : *j'ai vu l'heure où j'allais tomber. Heure indue*, peu convenable ; *la dernière heure*, moment de la mort. Loc. adv. **Tout-à-l'heure**, dans un moment ; *à cette heure*, en ce moment ; *de bonne heure*, tôt ; *sur l'heure*, à l'instant ; *à la bonne heure*, soit, voilà qui est bien.

HEURES, n. f. pl. Livre de prières. *Heures canoniales*, diverses parties du bréviaire.

HEUREUSEMENT, adv. D'une manière heureuse ; avantageusement : *maison heureusement située*.

HEUREUX, EUSE, adj. Qui jouit du bonheur ; que le hasard favorise : *heureux au jeu* ; qui prévient favorablement : *physionomie heureuse. Naturel heureux*, bon, distingué ; *repartie heureuse*, vive et spirituelle ; *mémoire heureuse*, fidèle. *Fig. Avoir la main heureuse*, réussir dans les choses qu'on entreprend.

« **HEURT**, n. m. Choc, coup donné en heurtant quelque chose.

« **HEURTER**, v. tr. Choquer, toucher rudement. *Fig.* Blesser : *heurter l'amour-propre.* V. int. Frapper à une porte.

« **HEURTOIR**, n. m. Marteau pour frapper à une porte.

HÉVÉ, n. m. Arbre de la Guiane, dont le suc épaissi forme la gomme élastique ou caoutchouc.

HEXAÈDRE, adj. et n. m. Nom donné au cube et, en général, à tout solide ayant six faces.

HEXAGONE, n. m. Polygone qui a six angles et six côtés. Adj. : *plan hexagone*. On dit aussi : *plans hexagonaux*, *surface hexagonale*.

HEXAMÈTRE, adj. et n. Se dit des vers qui ont six mesures ou six pieds.

HIATUS, n. m. Cacophonie produite par la rencontre désagréable de deux voyelles, ex. : il alla à Athènes.

« **HIBOU**, n. m. Oiseau nocturne. *Fig.* Homme taciturne, qui fuit la société : c'est un vrai hibou.

« **HIC**, n. m. Voilà le hic, le nœud, la principale difficulté de l'affaire.

HIDALGO, n. m. Titre que prennent en Espagne les nobles d'ancienne race.

« **HIDEUR**, n. f. Laideur, horreur : on voit en Irlande la misère, la faim dans toute sa hideur. (Lamartine.)

« **HIDEUSEMENT**, adv. D'une manière hideuse.

« **HIDEUX, EUSE**, adj. Difforme à l'excès, horrible à voir.

« **HIE**, n. f. Instrument très-lourd dont on se sert pour enfoncer les pavés. On l'appelle aussi demoiselle.

HIÈBLE, n. f. Espèce du genre sureau.

HIER, adv. de temps, qui désigne le jour qui précède immédiatement celui où l'on est; temps récemment écoulé : sa fortune date d'hier.

« **HIÉRARCHIE**, n. f. Subordination des neuf chœurs des anges; ordre et subordination des pouvoirs ecclésiastiques, civils ou militaires.

« **HIÉRARCHIQUE**, adj. Qui appartient à la hiérarchie.

« **HIÉRARCHIQUEMENT**, adv. D'une manière hiérarchique.

† **HIÉROGLYPHE**, n. m. Écriture symbolique des anciens Egyptiens.

HIÉROGLYPHIQUE, adj. Qui appartient à l'hiéroglyphe : caractères hiéroglyphiques.

HILARITÉ, n. f. Joie, gaîté subite : éprouver des accès d'hilarité.

HIPPIATRIQUE, n. f. Une des principales branches de l'art vétérinaire, qui a pour objet le traitement des animaux domestiques.

† **HIPPOCRÈNE**, n. f. Fontaine de l'Hélicon consacrée aux Muses.

HIPPODROME, n. m. Cirque pour les courses de chevaux ou de chars.

HIPPOGRIFFE, n. m. Animal fabuleux, espèce de cheval ailé.

HIPPOPOTAME, n. m. Quadrupède amphibie, qu'on trouve sur les bords des fleuves de l'Afrique.

HIRONDELLE, n. f. Oiseau de passage, qui paraît ordinairement au printemps, et qui émigre en automne.

« **HISSER**, v. tr. *Mar.* Hausser, élever : hisser les voiles.

HISTOIRE, n. f. Récit des événements, des faits dignes de mémoire; ré-

cit d'aventures particulières : histoire de Louis XIV ; description des êtres répandus dans la nature ; histoire naturelle des plantes, des animaux, etc. Peintre d'histoire, qui s'attache à représenter des sujets historiques. *Fig.* Récit mensonger : conter des histoires.

HISTORIEN, n. m. Qui écrit l'histoire.

HISTORIER, v. tr. Enjoliver de divers petits ornements.

HISTORIETTE, n. f. Récit plaisant, de peu d'importance.

HISTORIOGRAPHE, n. m. Homme de lettres pensionné pour écrire l'histoire de son temps.

HISTORIQUE, adj. Qui appartient à l'histoire. On dit les temps historiques, par oppos. aux temps fabuleux.

HISTORIQUEMENT, adv. En historien, sans aucun ornement étranger.

HISTRION, n. m. Bateleur, baladin, joueur de farces grossières.

HIVER, n. m. La plus froide des quatre saisons de l'année, commençant au solstice de décembre (le 22), et finissant à l'équinoxe de mars (le 20 ou le 21) ; année : il compte soixante hivers. *Poét.*

HIVERNAGE, n. m. Labour qu'on donne aux terres avant l'hiver ; temps de relâche pour les marins pendant l'hiver; port bien abrité pour les bâtiments durant la mauvaise saison : choisir un bon hivernage.

HIVERNAL, E, adj. Qui appartient à l'hiver. Peu us.

HIVERNER, v. int. Donner aux terres un premier labour; passer l'hiver, en parlant des troupes, des navires.

« **HO!** interj. qui sert à appeler ; à témoigner l'étonnement, l'indignation : ho! que me dites-vous là?

« **HOBEREAU**, n. m. Petit oiseau de proie. *Fig.* Gentilhomme campagnard.

« **HOC**, n. m. Sorte de jeu de cartes qui se joue à deux ou à trois personnes.

« **HOCHE**, n. f. Petite marque faite sur une taille, pour tenir compte du pain, de la viande qu'on prend à crédit.

« **HOCHEMENT**, n. m. Action de hocher la tête.

« **HOCHEQUEUE**, n. m. Petit oiseau vulgairement appelé bergeronnette, qui remue continuellement la queue.

« **HOCHER**, v. tr. Secouer, agiter. Hocher la tête, la remuer en signe de désapprobation, d'indifférence.

« **HOCHET**, n. m. Jouet d'enfant ; petit instrument qu'on donne à l'enfant au maillot, pour qu'il le presse entre ses gencives au temps de la dentition.

HOIR, n. m. *Prat.* Héritier. Se prend ordinairement pour les enfants, les héritiers en ligne directe : *mourir sans hoirs.*

HOIRIE, n. f. Héritage, succession.

« HOLÀ ! interj. dont on se sert pour appeler. N. m. *Mettre le holà*, rétablir la paix.

« HOLLANDER, v. tr. Passer des plumes dans la cendre chaude, pour les dégraisser.

HOLOCAUSTE, n. m. Sacrifice en usage chez les Juifs, et dans lequel la victime était entièrement consumée par le feu ; la victime ainsi sacrifiée. *Fig.* Sacrifice en général : *s'offrir en holocauste.*

« HOM ! Exclamation qui exprime le doute, la défiance : *hom! il est bien jeune.*

« HOMARD, n. m. Grosse écrevisse de mer.

HOMBRE, n. m. Sorte de jeu de cartes très-compliqué.

HOMÉLIE, n. f. Instruction familière sur les matières de la religion, principalement sur l'Évangile. *Fig.* Discours, ouvrage ennuyeux où se montre l'affectation de la morale.

HOMÉOPATHE, n. m. Partisan du système de l'homéopathie.

† HOMÉOPATHIE, n. f. Système médical qui consiste à traiter les malades à l'aide d'agents qui déterminent une maladie analogue à celle qu'on veut combattre.

HOMÉOPATHIQUE, adj. Qui a rapport à l'homéopathie.

HOMÉRIQUE, adj. Dans le genre d'Homère : *style homérique.*

HOMICIDE, n. m. Meurtre : *commettre un homicide.* Adj. Meurtrier : *homicide point ne seras* ; qui tue : *fer homicide.*

HOMICIDER, v. tr. Tuer.

HOMMAGE, n. m. Devoir que le vassal était tenu de rendre au seigneur dont son fief relevait ; respect, estime, vénération : *hommage à la vertu* ; don respectueux, offrande : *faire hommage d'un livre.* N. pl. Devoirs de civilité : *présenter ses hommages à quelqu'un.*

HOMMASSE, adj. f. Se dit d'une femme dont les traits, le son de voix, la taille, tiennent plus de l'homme que de la femme.

HOMME, n. m. Animal raisonnable. Désigne spécialement le sexe masculin : *Dieu créa l'homme et la femme*, et, en général, toute l'espèce humaine : *les hommes sont sujets à la mort* ; exprime la résolution, le courage : *montrez-vous homme* ; se dit pour soldat : *armée de*

dix mille *hommes. Dépouiller le vieil homme*, se défaire de ses mauvaises habitudes ; *voilà mon homme*, celui qu'il me faut ; dont j'ai besoin : *bon homme*, homme plein de bonhomie, de droiture, de candeur ; *le Fils de l'homme*, Jésus-Christ ; *homme de paille*, prête-nom ; *l'homme des bois*, l'orang-outang.

HOMOGÈNE, adj. Nom que l'on donne, en physique, aux corps dont toutes les parties intégrantes sont de même nature, comme dans les corps simples. Son opposé est *hétérogène.*

HOMOGÉNÉITÉ, n. f. Qualité de ce qui est homogène.

HOMOGRAPHE, adj. Se dit des homonymes qui ont la même orthographe, comme *bière*, boisson, et *bière*, cercueil.

HOMOLOGATION, n. f. *Prat.* Action d'homologuer.

HOMOLOGUE, adj. *Géom.* Se dit des côtés qui, dans des figures semblables, se correspondent et sont opposés à des angles égaux.

HOMOLOGUER, v. tr. *Prat.* Approuver, autoriser, confirmer par autorité de justice les actes émanés de simples particuliers : *homologuer un contrat, la délibération d'un conseil de famille.*

HOMONYME, adj. *Gram.* Se dit des mots qui se prononcent de même, quoique leur orthographe diffère, comme *saint, ceint, sein, seing* ; ou des mots de même orthographe qui expriment des choses différentes, comme *coin*, qui signifie à la fois un angle, un poinçon, un instrument à fendre du bois, un petit espace de terrain, une matrice pour frapper la monnaie. Ces derniers sont appelés *homonymes-homographes.* N. m. Celui qui porte le même nom qu'un autre : *les deux Rousseau étaient homonymes.*

HOMONYMIE, n. f. *Gram.* Qualité de ce qui est homonyme.

« HONGRE, adj. et n. m. Se dit d'un cheval rendu impropre à la reproduction.

HONNÊTE, adj. Conforme à la probité, à l'honneur, à la politesse. *Homme honnête*, poli, civil ; *honnête homme*, probe ; *prix, récompense honnête*, convenable. N. m. *L'honnête*, ce qui est honnête, moral, vertueux : *préférer l'honnête à l'utile.*

HONNÊTEMENT, adv. D'une manière honnête.

HONNÊTETÉ, n. f. Sentiment conforme à l'honneur, à la probité, à la vertu ; modestie, pudeur, chasteté : *femme remplie d'honnêteté* ; bienséance, politesse : *blesser les règles de l'honnêteté;* manière d'agir obligeante et officieuse : *l'honnêteté d'un procédé,* et, dans ce cas, au pl. : *on lui a fait mille honnêtetés.*

HONNEUR, n. m. La gloire, l'estime qui suit la vertu et les talents : *Socrate, l'honneur de la Grèce;* probité : *homme d'honneur;* considération, réputation : *attaquer l'honneur de quelqu'un;* démonstration d'estime, de respect : *rendre honneur.* En parlant des femmes, pudeur, chasteté. *Se piquer d'honneur,* faire une chose avec zèle; *faire honneur à sa famille, à son siècle,* se distinguer par des talents supérieurs; *faire honneur à sa signature,* remplir ses engagements; *se faire honneur d'une chose,* se l'attribuer, s'en vanter; *faire les honneurs d'une maison,* y recevoir selon les règles de la politesse; *faire honneur à un repas,* y bien manger; *honneurs funèbres,* qu'on rend aux morts; *obtenir les honneurs de la guerre,* conserver ses armes en quittant une place assiégée qui se rend par capitulation. **Parole d'honneur,** promesse faite, assurance donnée sur l'honneur; **le champ d'honneur,** le champ de bataille; **point d'honneur,** chose qui touche l'honneur; **affaire d'honneur,** duel; **dame d'honneur,** attachée au service d'une princesse; **garçon, demoiselle d'honneur,** qui assistent les mariés le jour de la noce; **place d'honneur,** réservée, dans une réunion, à une personne qu'on veut honorer d'une distinction particulière; **légion d'honneur,** ordre fondé pour récompenser les services militaires et civils; **croix d'honneur,** décoration de cet ordre. Pl. Charges, dignités : *aspirer aux honneurs.*

HONNIR, v. tr. Couvrir de honte.

HONORABLE, adj. Qui fait honneur : *action honorable;* digne d'être honoré : *caractère honorable. Faire amende honorable,* reconnaître publiquement ses torts.

HONORABLEMENT, adv. D'une manière honorable.

HONORAIRE, adj. Se dit de celui qui, après avoir exercé longtemps une charge, en conserve le titre et les prérogatives honorifiques : *conseiller honoraire.*

HONORAIRES, n. m. pl. Rétribution accordée aux personnes de professions distinguées : *les honoraires d'un médecin, d'un avocat,* etc.

HONORER, v. tr. Rendre honneur et respect : *honorer Dieu;* avoir beaucoup d'estime pour quelqu'un : *hono-*

rer *les savants;* faire honneur à : *honorer son pays.* V. pr. Se faire honneur d'une chose : *s'honorer de l'amitié de quelqu'un.*

HONORES (AD), mots lat. *Place, titre ad honores,* sans fonctions et sans émoluments.

HONORIFIQUE, adj. Qui procure de l'honneur, de la considération : *titre honorifique.*

« **HONTE,** n. f. Confusion, trouble de l'âme causé par la crainte du déshonneur; opprobre : *il est la honte de sa famille.*

« **HONTEUSEMENT,** adv. Avec honte.

« **HONTEUX, EUSE,** adj. Qui a de la honte, de la confusion : *honteux de sa conduite;* timide, embarrassé : *enfant honteux;* qui cause de la honte, du déshonneur : *fuite honteuse. Pauvre honteux,* qui n'ose mendier.

HÔPITAL, n. m. Maison de charité établie pour recevoir et soigner gratuitement les malades indigents.

« **HOQUET,** n. m. Mouvement convulsif de l'estomac, qui se fait avec une espèce de son non articulé.

« **HOQUETON,** n. m. Sorte de casaque brodée que portaient les archers du grand-prévôt.

HORAIRE, adj. *Astr.* Qui a rapport aux heures.

« **HORDE,** n. f. Peuplade errante; troupe de gens indisciplinés : *une horde de brigands.*

« **HORION,** n. m. Coup rudement déchargé sur la tête ou sur les épaules.

HORIZON, n. m. Grand cercle qui coupe la sphère en deux parties égales, dont l'une s'appelle l'hémisphère supérieur, et l'autre l'hémisphère inférieur, et qui a pour pôles le zénith et le nadir; endroit où se termine notre vue, où le ciel et la terre semblent se joindre. *Peint.* Fond du ciel d'un tableau.

HORIZONTAL, E, adj. Parallèle à l'horizon. Pl. m. *horizontaux.*

HORIZONTALEMENT, adv. Parallèlement à l'horizon.

HORLOGE, n. f. Machine destinée à marquer et à sonner les heures.

HORLOGER, n. m. Qui fait des horloges, des montres.

HORLOGERIE, n. f. Commerce de l'horloger.

HORMIS, prép. Excepté.

† **HOROSCOPE,** n. m. Observation qu'un astrologue fait de l'état du ciel à l'heure de la naissance d'un enfant, et par laquelle il prétend préjuger les événements de sa vie.

HORREUR, n. f. Mouvement de

l'âme accompagné de frémissement, et causé par quelque chose d'affreux ; haine violente : *avoir en horreur* ; énormité : *l'horreur d'un crime* ; aspect d'une chose qui inspire de la crainte et de l'admiration : *la sublime horreur d'une tempête*. Se dit des choses mêmes qui sont atroces, infâmes : *un tissu d'horreurs*. Dire des horreurs de quelqu'un, des choses déshonorantes. *Fig.* Personne très-laide : *c'est une horreur. Fam.*

HORRIBLE, adj. Qui fait horreur ; très-mauvais : *chemin, temps horrible.*

HORRIBLEMENT, adv. D'une manière horrible ; extrêmement : *souffrir horriblement.*

HORRIPILATION, n. f. Impression nerveuse qui fait trembler et hérisser les cheveux et les poils.

« **HORS**, prép. Au delà : *il demeure hors barrière* ; excepté : *tout est perdu, hors l'honneur. Etre hors de soi,* violemment agité ; *mettre hors la loi,* proscrire arbitrairement.

« **HORS-D'ŒUVRE**, n. m. Pièce en saillie, détachée du corps d'un bâtiment ; ce qui, dans un ouvrage d'esprit, s'éloigne trop du sujet. *Cuis.* Certains mets qu'on sert avec le potage. Pl. des *hors-d'œuvre.*

HORTENSIA, n. m. Plante à fleurs du plus beau rose, apportée de la Chine et du Japon.

HORTICULTEUR, n. m. Qui s'occupe d'horticulture.

HORTICULTURE, n. f. Art de cultiver les jardins.

HOSPICE, n. m. Autrefois, maison où des religieux donnaient l'hospitalité ; aujourd'hui, maison de charité où l'on nourrit les pauvres, les vieillards, etc.

HOSPITALIER, **ÈRE**, adj. Qui exerce l'hospitalité ; lieu où elle s'exerce : *asile hospitalier.*

HOSPITALITÉ, n. f. Charité, libéralité qu'on exerce envers quelqu'un, en le recevant, en le logeant gratuitement.

HOSPODAR, n. m. Titre de certains princes vassaux du Grand-Seigneur, principalement en Moldavie et en Valachie.

HOSTIE, n. f. Pain très-mince et sans levain que le prêtre offre et consacre à la messe.

HOSTILE, adj. Qui annonce, qui caractérise un ennemi.

HOSTILEMENT, adv. D'une manière hostile.

HOSTILITÉ, n. f. Acte d'ennemi.

HÔTE, **HÔTESSE**, n. Qui tient un hôtel, une auberge ou un cabaret ; celui qui vient y manger ou loger ; en géné-

ral, celui qui reçoit ou celui qui est reçu. **Table d'hôte,** où l'on mange à heure fixe et à tant par tête. *Fig. Compter sans son hôte,* faire un projet sans le concours de celui dont dépend le succès ; *les hôtes des bois,* les animaux qui y font leur demeure.

HÔTEL, n. m. Demeure somptueuse d'un haut fonctionnaire, d'une personne d'un rang élevé ; grand édifice destiné à des établissements publics : *l'hôtel des Monnaies, des Invalides.* **Hôtel-de-ville,** mairie ; **hôtel garni,** maison meublée où on loge en payant ; **hôtel-Dieu,** hôpital principal de plusieurs villes ; Pl. des *hôtels-Dieu.*

HÔTELIER, **ÈRE**, n. Qui tient une hôtellerie.

HÔTELLERIE, n. f. Maison où les voyageurs et les passants sont logés et nourris pour leur argent.

« **HOTTE**, n. f. Espèce de panier d'osier, qu'on porte sur le dos à l'aide de bretelles.

« **HOTTÉE**, n. f. Plein une hotte.

« **HOTTEUR**, **EUSE**, n. Qui porte la hotte.

« **HOUBLON**, n. m. Plante qui entre dans la composition de la bière.

« **HOUBLONNER**, v. tr. Mettre du houblon dans une boisson.

« **HOUBLONNIÈRE**, n. f. Champ planté de houblon.

« **HOUE**, n. f. Instrument de fer, large et recourbé, pour remuer la terre.

« **HOUILLE**, n. f. Charbon de terre, qui sert de combustible.

« **HOUILLER**, **ÈRE**, adj. Qui renferme des couches de houille : *terrain houiller.*

« **HOUILLÈRE**, n. f. Mine de houille.

« **HOUILLEUR**, n. m. Ouvrier qui travaille aux mines de houille.

« **HOUILLEUX**, **EUSE**, adj. Qui contient de la houille : *roche houilleuse.*

« **HOULAN**, n. m. V. *Hulan.*

« **HOULE**, n. f. Mouvement d'ondulation que les eaux de la mer conservent après une tempête ; vagues de la mer agitée par la houle.

« **HOULETTE**, n. f. Bâton à l'usage des bergers ; petite bêche de jardinier.

« **HOULEUX**, **EUSE**, adj. Se dit de la mer agitée par la houle.

« **HOUPPE**, n. f. Assemblage de plusieurs filets de laine ou de soie, de manière à former une touffe ; flocon de plumes que certains oiseaux portent sur la tête.

« **HOUPPELANDE**, n. f. Vêtement large qui se met par-dessus l'habit.

« **HOUPPER**, v. tr. Faire des houppes. *Houpper de la laine,* la peigner.

16

« **HOURI**, n. f. Femme du paradis de Mahomet.

« **HOURRA**, n. m. Cri d'acclamation des Anglais; cri de guerre des Cosaques.

« **HOUSARD**, n. m. V. *Hussard.*

« **HOUSPILLER**, v. tr. Maltraiter quelqu'un en le tiraillant.

« **HOUSSAIE**, n. f. Lieu où croît quantité de houx.

« **HOUSSE**, n. f. Couverture qui se met sur la croupe des chevaux de selle; enveloppe qui couvre un meuble de prix.

« **HOUSSINE**, n. f. Baguette flexible.

« **HOUSSINER**, v. tr. Battre avec la houssine.

« **HOUSSOIR**, n. m. Balai de houx, de plumes, etc.

« **HOUX**, n. m. Arbre toujours vert dont les feuilles sont luisantes et armées de piquants.

« **HOYAU**, n. m. Sorte de houe à deux fourchons, qui sert à fouir la terre.

« **HUCHE**, n. f. Grand coffre de bois pour pétrir et serrer le pain.

« **HUCHER**, v. tr. Appeler à haute voix. *Vieux.*

« **HUE**. Terme dont se servent les charretiers pour faire avancer les chevaux.

« **HUÉE**, n. f. *Vén.* Bruit qu'on fait dans une battue, soit pour faire lever un loup, soit pour le pousser vers les chasseurs. *Fig.* Cris de dérision poussés contre quelqu'un par la foule.

« **HUER**, v. tr. Faire des huées après le loup. *Fig.* Pousser des huées contre quelqu'un.

« **HUGUENOT**, E, n. Sobriquet que les catholiques de France donnèrent autrefois aux calvinistes.

« **HUGUENOTE**, n. f. Petit fourneau de terre ou de fonte surmonté d'une marmite; vaisseau de terre sans pieds.

HUHAU. Cri dont se servent les charretiers pour faire aller leurs chevaux à droite.

HUILE, n. f. Liqueur grasse et onctueuse qu'on extrait de diverses substances; parfums que l'on obtient en faisant macérer des fleurs dans de l'huile fine : *huile de rose.*

HUILER, v. tr. Frotter, oindre avec de l'huile.

HUILERIE, n. f. Moulin à huile.

HUILEUX, EUSE, adj. Qui est de la nature de l'huile; gras et comme imbibé, frotté d'huile : *peau huileuse.*

HUILIER, n. m. Ustensile propre à contenir les burettes d'huile et de vinaigre.

HUIS, n. m. Porte. *Vieux.* À huis clos, portes fermées, le public n'étant pas admis.

HUISSERIE, n. f. Assemblage de pièces de bois qui forment l'encadrement d'une porte.

HUISSIER, n. m. Garde de la porte chez un souverain, etc., pour annoncer et introduire; celui qui est préposé pour faire le service des séances de certains corps, des assemblées délibérantes; officier public chargé de signifier les actes de justice, de mettre à exécution les jugements, etc.

« **HUIT**, adj. numér. card. Deux fois quatre; huitième : *Charles VIII.* N. m. Chiffre qui exprime le nombre huit.

« **HUITAINE**, n. f. Espace de huit jours ou environ.

« **HUITIÈME**, adj. ord. de huit. N. m. : *un huitième de pomme.*

« **HUITIÈMEMENT**, adv. En huitième lieu.

HUITRE, n. f. Mollusque à double coquille, fermant à charnière. *Fig.* Personne stupide. *Fam.*

« **HULAN**, n. m. Espèce de lancier en Russie, en Prusse et en Autriche.

HUMAIN, E, adj. Qui concerne l'homme; sensible à la pitié, bienfaisant, secourable. N. m. pl. Les hommes : *Dieu est l'arbitre des humains.*

HUMAINEMENT, adv. Avec humanité : *traiter humainement.*

HUMANISER, v. tr. Rendre plus traitable.

HUMANISTE, n. m. Qui étudie les humanités dans un collège.

HUMANITAIRE, n. m. Philosophe, économiste qui s'occupe des moyens propres à améliorer le sort de l'homme.

HUMANITÉ, n. f. Nature humaine : *l'humanité de J.-C.;* genre humain : *bienfaiteur de l'humanité;* bonté, bienveillance : *traiter quelqu'un avec humanité.* N. f. pl. Études qui, dans les collèges, font suite à celles de grammaire, et s'étendent de la troisième à la rhétorique.

HUMBLE, adj. Qui a de l'humilité; qui témoigne trop de déférence, de soumission : *humble devant les grands;* respectueux : *humble prière;* médiocre : *humble fortune;* qui a peu d'apparence : *humble chaumière.*

HUMBLEMENT, adv. Avec humilité; avec soumission, respect : *saluer humblement.*

HUMECTATION, n. f. Action d'humecter.

HUMECTER, v. tr. Rendre humide, mouiller.

« **HUMER**, v. tr. Avaler quelque

chose de liquide en retirant son haleine.

HUMÉRAL, E, adj. Qui a rapport à l'humérus : *muscle huméral.*

HUMÉRUS, n. m. L'os du bras, depuis l'épaule jusqu'au coude.

HUMEUR, n. f. Substance fluide d'un corps organisé, comme le sang, la bile, etc. Pl. Sucs viciés qui occasionnent des maladies. *Fig.* Disposition de l'esprit, du tempérament, soit naturelle, soit accidentelle : *humeur égale*, chagrine, fâcheuse, enjouée ; disposition à gronder : *avoir de l'humeur.* **Humeurs froides**, les écrouelles.

HUMIDE, adj. Qui tient de la nature de l'eau, imprégné, chargé de vapeurs aqueuses : *temps, linge humide.*

HUMIDEMENT, adv. Dans un lieu humide.

HUMIDITÉ, n. f. État de ce qui est humide.

HUMILIANT, E, adj. Qui humilie : *traité humiliant.*

HUMILIATION, n. f. Action par laquelle on est humilié : *essuyer une humiliation*; état d'une personne humiliée : *tomber dans l'humiliation.*

HUMILIER, v. tr. Abaisser, mortifier, donner de la confusion : *Dieu humilie les superbes.*

HUMILITÉ, n. f. Vertu chrétienne qui nous donne le sentiment de notre faiblesse; déférence, soumission : *je l'ai prié en toute humilité. Fam.*

HUMORAL, E, adj. *Méd.* Fièvre *humorale*, causée par les humeurs.

HUMORISTE, adj. Qui a de l'humeur, qui est difficile à vivre. N. m. Médecin qui, suivant la doctrine de Galien, attribue toutes les maladies au seul vice des humeurs.

HUMOUR, n. m. Mot anglais francisé. Mélange d'esprit et de naïveté, de gaîté et de mélancolie, de brusquerie et de sensibilité.

HUMUS, n. m. Couche de terre végétale qui forme le sol fertile.

« **HUNE**, n. f. *Mar.* Plate-forme en saillie autour des mâts : *hune de beaupré, de misaine*, etc.

« **HUNIER**, n. m. Voile carrée propre au mât de hune.

« **HUPPE**, n. f. Touffe de plumes que certains oiseaux ont sur la tête ; oiseau de la grosseur d'un merle, qui a une petite touffe de plumes sur la tête.

« **HUPPÉ, ÉE**, adj. Qui a une huppe sur la tête, en parlant des oiseaux. *Fig.* Riche, de haut parage : *cette femme est des plus huppées. Fam.*

« **HURE**, n. f. Tête coupée de sanglier, de saumon, de brochet, etc.

« **HURLEMENT**, n. m. Cri du loup et quelquefois du chien, lorsqu'il est prolongé; cris aigus et prolongés que l'homme fait entendre dans la douleur, dans la colère : *pousser des hurlements.*

« **HURLER**, v. int. Se dit du loup, du chien, lorsqu'ils font entendre un cri prolongé.

HURLUBERLU, n. m. Étourdi, inconsidéré, écervelé, brusque. Ne pas dire *hurluberlu.*

« **HUSSARD**, n. m. Cavalier hongrois; soldat de cavalerie légère en France.

« **HUTTE**, n. f. Petite cabane.

HYACINTHE, n. f. Plante. V. *Jacinthe.* Pierre précieuse d'un jaune tirant sur le rouge.

HYBRIDE, adj. Se dit des mots tirés de deux langues, comme *choléra-morbus, bureaucratie*; des plantes, des animaux qui proviennent de deux espèces différentes, comme le *mulet.*

HYDRATE, n. m. Se dit, en chimie, de tout corps qui renferme de l'eau en combinaison.

HYDRATÉ, ÉE, adj. Combiné avec l'eau.

HYDRAULIQUE, n. f. Science qui enseigne à conduire, à élever les eaux. Adj. : *machine hydraulique.*

HYDRE, n. f. Genre de polypes à peine visibles à l'œil nu ; nom donné par les anciens aux serpents d'eau douce. **† Hydre de Lerne**, serpent fabuleux, à sept têtes.

HYDROCHLORATE, n. m. Nom générique des sels formés d'acide hydrochlorique et d'une base quelconque.

HYDROCHLORIQUE, adj. Se dit d'un acide gazeux formé de parties de chlore et d'hydrogène égales en volume.

HYDRODYNAMIQUE, n. f. Partie de la physique qui traite du mouvement, de la pesanteur et de l'équilibre des fluides.

† HYDROGÈNE, n. m. Corps simple, gazeux, 14 fois 1/2 plus léger que l'air, et qui entre dans la composition de l'eau.

HYDROGÉNÉ, ÉE, adj. Qui est combiné avec de l'hydrogène.

HYDROGRAPHE, n. m. Qui est versé dans l'hydrographie.

HYDROGRAPHIE, n. f. Topographie maritime qui a pour objet de lever le plan des côtes, des îles, etc.

HYDROGRAPHIQUE, adj. Qui appartient à l'hydrographie : *description hydrographique.*

HYDROMEL, n. m. Espèce de breuvage fait d'eau et de miel.

HYDROMÈTRE, n. m. Instrument pour mesurer la pesanteur, la densité, la force des liquides.

HYDROMÉTRIE, n. f. Science qui apprend à faire usage de l'hydromètre.

HYDROPHOBE, adj. et n. Qui a l'eau en horreur. Se dit surtout de ceux qui sont attaqués de la rage.

† HYDROPHOBIE, n. f. Horreur de l'eau, la rage.

HYDROPIQUE, adj. et n. Qui est attaqué d'hydropisie.

HYDROPISIE, n. f. Enflure causée en quelque partie du corps par les eaux qui se forment et qui s'épanchent.

HYDROSTATIQUE, n. f. Partie de la mécanique qui a pour objet l'équilibre des liquides et des gaz. Adj. : *balance hydrostatique*.

HYÉMAL, E, adj. Qui appartient à l'hiver. Se dit principalement des plantes qui croissent en hiver.

HYÈNE, n. f. Quadrupède très-féroce de l'Asie et de l'Afrique.

HYGIÈNE, n. f. Partie de la médecine qui traite de la manière de conserver la santé.

HYGIÉNIQUE, adj. Qui a rapport à l'hygiène : *soins hygiéniques*.

HYGROMÈTRE, n. m. Instrument de physique servant à apprécier le degré d'humidité de l'air.

HYGROMÉTRIE, n. f. Science qui a pour but de déterminer l'état d'humidité de l'atmosphère.

HYGROMÉTRIQUE, adj. Sensible à l'humidité de l'air ; *substance hygrométrique*.

HYMEN ou **HYMÉNÉE**, n. m. Mariage. *Myth*. Divinité païenne qui présidait au mariage.

HYMÉNÉE, n. m. V. *Hymen*.

HYMÉNOPTÈRES, n. m. pl. Insectes qui ont quatre ailes membraneuses.

HYMNE, n. m. Cantique en l'honneur de la divinité ; chez les païens, poème en l'honneur des dieux ou des héros. N. f. Ode sacrée qu'on chante à l'église.

HYPALLAGE, n. f. *Gram*. Figure par laquelle on paraît attribuer à certains mots d'une phrase ce qui appartient à d'autres, sans qu'on puisse se méprendre au sens, comme : *enfoncer son chapeau dans sa tête*, pour *sa tête dans son chapeau*.

HYPERBATE, n. f. Figure de grammaire, qui consiste à renverser l'ordre naturel du discours, comme : *là coule un clair ruisseau*, au lieu de *un clair ruisseau coule là*.

HYPERBOLE, n. f. Figure de rhét.

qui grossit ou diminue excessivement les choses, pour leur donner plus de force, comme : un *géant*, pour un *homme de haute taille* ; un *pygmée*, pour un *petit homme*. *Géom*. Section faite dans un cône par un plan qui, prolongé, rencontre le cône opposé.

HYPERBOLIQUE, adj. Qui exagère beaucoup : *expression hyperbolique* ; qui a la forme de l'hyperbole : *verre, miroir hyperbolique*.

HYPERBOLIQUEMENT, adv. D'une manière hyperbolique : *parler hyperboliquement*.

HYPERBORÉE ou **HYPERBORÉEN, ENNE**, adj. Se dit des mers, des peuples, des pays situés très au nord.

HYPERBORÉEN. V. *Hyperborée*.

HYPOCONDRE, n. m. Chacune des parties latérales de la région supérieure du bas-ventre ; homme bizarre et mélancolique.

HYPONCONDRIAQUE, adj. Qui est atteint d'hypocondrie. N. : *c'est un hypocondriaque*. *Fig*. Triste, capricieux, toujours inquiet sur sa santé.

HYPOCONDRIE, n. f. Affection éminemment nerveuse, qui rend bizarre et morose.

HYPOCRAS, n. m. Boisson tonique faite avec du vin, du sucre, de la cannelle, etc.

HYPOCRISIE, n. f. Vice qui consiste à affecter une vertu, un sentiment louable qu'on n'a pas.

HYPOCRITE, adj. et n. Qui a de l'hypocrisie ; faux-dévot.

HYPOGASTRE, n. m. Partie inférieure du ventre. Son opposé est *épigastre*.

HYPOGASTRIQUE, adj. Qui appartient à l'hypogastre.

HYPOSTATIQUE, adj. *Théol*. Union hypostatique, du Verbe avec la nature humaine.

HYPOSTATIQUEMENT, adv. D'une manière hypostatique.

HYPOTÉNUSE, n. f. Côté opposé à l'angle droit dans un triangle rectangle.

HYPOTHÉCAIRE, adj. Qui a, ou donne droit d'hypothèque.

HYPOTHÉCAIREMENT, adv. Avec hypothèque.

HYPOTHÈQUE, n. f. Droit délégué à un créancier sur les immeubles de son débiteur, pour la sûreté de sa créance.

HYPOTHÉQUER, v. tr. Soumettre à l'hypothèque ; donner pour hypothèque.

HYPOTHÈSE, n. f. Supposition

que l'on fait d'une chose possible ou non, et dont on tire une conséquence.

HYPOTHÉTIQUE, adj. Qui est fondé sur une hypothèse.

HYPOTHÉTIQUEMENT, adv. Par hypothèse.

HYPOTYPOSE, n. f. Figure de rhét. qui peint les choses dont on parle avec des couleurs si vives, qu'on croit les voir de ses propres yeux.

HYSOPE, n. f. Plante aromatique, de la famille des labiées.

I

I, n. m. Neuvième lettre de l'alphabet, et la troisième des voyelles. *Mettre les points sur les i*, s'expliquer clairement, n'omettre aucun détail.

IAMBE, n. m. Dans la poésie ancienne, pied de vers composé d'une brève et d'une longue; aujourd'hui, variété de la satire lyrique, où s'alternent des vers de douze et de huit pieds.

IBIS, n. m. Oiseau qu'adoraient les Egyptiens, parce qu'il détruit les reptiles qui infestent les bords du Nil.

ICHNEUMON, n. m. Quadrupède de la taille d'un chat; insecte qui a quatre ailes et un aiguillon, comme les abeilles.

ICHTHYOLOGIE, n. f. Partie de l'histoire naturelle qui traite des poissons.

ICHTHYOLOGIQUE, n. Qui appartient à l'ichthyologie.

ICHTHYOLOGISTE, n. m. Qui s'occupe d'ichthyologie.

ICHTHYOPHAGE, adj. et n. m. Qui se nourrit principalement de poisson; *peuple ichthyophage.*

ICI, adv. de lieu. En ce lieu-ci. *Ici-bas*, dans ce bas-monde.

† **ICONOCLASTE**, n. m. Membre d'une secte religieuse qui proscrivait le culte des images.

ICONOLOGIE, n. f. Explication des images, des monuments anciens.

ICOSAÈDRE, n. m. Corps solide terminé par vingt faces.

IDÉAL, E, adj. Qui n'existe que dans l'idée: *personnage idéal*. N. m. Ce qui surpasse les modèles offerts par la nature: *l'artiste doit viser à l'idéal.*

IDÉALISER, v. tr. Viser à faire de l'idéal.

IDÉALISME, n. m. Doctrine philosophique qui attribue une importance exclusive aux notions et aux vérités conçues par la raison.

IDÉALISTE, n. m. Qui professe la doctrine de l'idéalisme.

IDÉALITÉ, n. f. Ce qui n'existe que dans l'idée.

IDÉE, n. f. Notion que l'esprit se forme de quelque chose; pensée, conception de l'esprit: *une idée sublime*;

souvenir: *je n'en ai pas l'idée*; esprit, pensée: *j'ai dans l'idée que...* Pl. Visions chimériques: *ce ne sont que des idées.*

IDEM, (mot lat.) Le même. On l'emploie pour éviter des répétitions, et on l'abrège ainsi: *id.*

IDENTIFIER, v. tr. Comprendre deux choses sous une même idée. S'**identifier**, v. pr. Se bien pénétrer des sentiments d'un autre.

IDENTIQUE, adj. Qui ne fait qu'un avec un autre, ou qui est compris sous la même idée: *propositions identiques.*

IDENTIQUEMENT, adv. D'une manière identique.

IDENTITÉ, n. f. Ce qui fait qu'une chose est la même qu'une autre. *Pal.* Etablir l'identité d'un individu, s'assurer qu'il est bien celui que l'on croit être.

IDÉOLOGIE, n. f. Science des opérations de l'entendement.

IDÉOLOGIQUE, adj. Qui a rapport, qui appartient à l'idéologie.

IDÉOLOGUE, n. m. Qui s'occupe d'idéologie. Se prend aussi en m. part, et à la signification de rêveur, d'utopiste.

IDES, n. f. pl. Une des divisions du mois chez les Romains.

IDIOME, n. m. Langue propre à une nation: *idiome français*; langage particulier d'une province: *l'idiome provençal.*

IDIOT, E, adj. et n. Dépourvu d'intelligence.

IDIOTISME, n. m. État de l'idiot.

IDIOTISME, n. m. *Gram.* Construction particulière à une langue: *chaque langue a ses idiotismes.*

IDOLÂTRE, adj. et n. Qui adore les idoles. *Fig.* Qui aime avec excès: *cette mère est idolâtre de ses enfants.*

IDOLÂTRER, v. tr. Aimer avec passion.

† **IDOLÂTRIE**, n. f. Adoration des idoles. *Fig.* Amour, attachement excessif.

IDOLE, n. f. Figure, statue représentant une fausse divinité, et exposée à l'adoration. *Fig.* Personne à laquelle on prodigue les honneurs, les louanges,

16.

les flatteries, en que l'on aime avec une sorte de culte : *il est l'idole du peuple.*

IDYLLE, n. f. Petit poème du genre bucolique ou pastoral.

IF, n. m. Arbre toujours vert, à feuilles longues et étroites, qui porte un petit fruit d'un rouge vif; pièce triangulaire de charpenterie, sur laquelle on pose des lampions aux jours d'illuminations.

IGNAME, n. f. Plante grimpante dont la racine très-volumineuse fournit une substance alimentaire précieuse.

IGNARE, adj. et n. Très-ignorant.

IGNÉ, ÉE, adj. Qui est de feu, qui a les qualités du feu : *matière ignée.*

IGNITION, n. f. État des corps en combustion.

IGNOBLE, adj. Bas; infâme : *langage, conduite ignoble.*

IGNOBLEMENT, adv. D'une manière ignoble.

IGNOMINIE, n. f. Infamie, grand déshonneur.

IGNOMINIEUSEMENT, adv. Avec ignominie.

IGNOMINIEUX, EUSE, adj. Qui cause de l'ignominie : *supplice ignominieux.*

IGNORANCE, n. f. Défaut de connaissances, manque de savoir.

IGNORANT, E, adj. et n. Qui n'a point de savoir.

IGNORANTIN, adj. m. et n. *Frères ignorantins, les ignorantins,* religieux chargés d'instruire les enfants pauvres.

IGNORANTISSIME, adj. Très-ignorant.

IGNORÉ, ÉE, adj. Peu connu, obscur : *vivre ignoré.*

IGNORER, v. tr. Ne pas savoir.

IL, pron. pers. masc. sing. de la 3e pers.

ÎLE, n. f. Terre entourée d'eau de toutes parts.

ILLÉGAL, E, adj. Qui est contraire à la loi : *acte illégal.*

ILLÉGALEMENT, adv. D'une manière illégale.

ILLÉGALITÉ, n. f. Vice de ce qui est illégal.

ILLÉGITIME, adj. Qui n'a pas les conditions requises par la loi : *union illégitime;* injuste : *prétention illégitime.*

ILLÉGITIMEMENT, adv. D'une manière illégitime.

ILLÉGITIMITÉ, n. f. Défaut de légitimité.

ILLETTRÉ, ÉE, adj. Ignorant en littérature.

ILLICITE, adj. Qui est défendu par la morale ou par la loi : *gain illicite.*

ILLICITEMENT, adv. D'une manière illicite.

ILLIMITÉ, ÉE, adj. Sans limites. *Fig. : pouvoir illimité.*

ILLISIBLE, adj. Qu'on ne peut lire : *écriture illisible.*

ILLUMINATION, n. f. Action d'illuminer; lumières disposées avec symétrie à l'occasion d'une fête. *Fig.* Lumière soudaine et extraordinaire que Dieu répand quelquefois dans l'âme.

ILLUMINÉ, ÉE, n. Visionnaire en matière de religion.

ILLUMINER, v. tr. Éclairer; faire des illuminations. *Fig.* Éclairer l'esprit, l'âme.

ILLUMINISME, n. m. Opinions chimériques des illuminés.

ILLUSION, n. f. Apparence trompeuse; pensée chimérique : *se nourrir d'illusions.*

ILLUSOIRE, adj. Captieux, sans effet : *promesse illusoire.*

ILLUSOIREMENT, adv. D'une façon illusoire.

ILLUSTRATION, n. f. État de ce qui est illustre. Pl. Figures gravées sur bois et intercalées dans le texte d'un livre, d'un journal.

ILLUSTRE, adj. Éclatant, célèbre : *illustre origine.*

ILLUSTRER, v. tr. Rendre illustre; orner de gravures : *illustrer un livre.*

ILLUSTRISSIME, adj. Titre qu'on donne par honneur à certaines personnes élevées en dignité.

ÎLOT, n. m. Petite île.

†ILOTE, n. m. Esclave, chez les Spartiates.

ILOTISME, n. m. Condition d'ilote. *Fig.* État d'abjection et d'ignorance : *tenir les classes pauvres dans un véritable ilotisme.*

IMAGE, n. f. Représentation de quelque chose en peinture, en sculpture, en dessin, etc.; ressemblance : *Dieu fit l'homme à son image;* objet répété dans un miroir, dans l'eau; représentation des objets dans l'esprit : *cette image me suit en tous lieux;* métaphore par laquelle on rend les idées plus vives, en prêtant à l'objet une forme plus sensible.

IMAGÉ, ÉE, adj. Plein d'images, de métaphores : *style imagé.*

IMAGERIE, n. f. Fabrique, commerce d'images.

IMAGINABLE, adj. Qui peut être imaginé.

IMAGINAIRE, adj. Qui n'est que dans l'imagination. *Malade imaginaire*, qui se croit malade sans l'être.

IMAGINATIF, IVE, adj. Qui imagine aisément : *esprit imaginatif*.

IMAGINATION, n. f. Faculté d'imaginer : *avoir l'imagination vive* ; faculté d'inventer, de créer, de concevoir : *peintre a beaucoup d'imagination*. *Fig.* Opinion sans fondement : *c'est une pure imagination*.

IMAGINATIVE, n. f. Imagination, puissance d'imaginer : *avoir de l'imaginative*.

IMAGINER, v. tr. Se représenter quelque chose dans l'esprit ; inventer. **S'imaginer**, v. pr. Se figurer une chose sans beaucoup de fondement ; croire, se persuader.

IMAN, n. m. Ministre de la religion mahométane.

IMBÉCILE, adj. et n. Dépourvu d'esprit.

IMBÉCILEMENT, adv. Avec imbécillité.

IMBÉCILLITÉ, n. f. Faiblesse d'esprit qui ôte la faculté de raisonner, de comprendre.

IMBERBE, adj. Qui est sans barbe.

IMBIBER, v. tr. Abreuver d'un liquide.

IMBIBITION, n. f. Action d'imbiber, de s'imbiber.

IMBROGLIO, n. m. Confusion, embrouillement. Pl. des *imbroglios*.

IMBU, E, adj. Rempli, pénétré : *imbu de préjugés*.

IMITABLE, adj. Qui peut, qui doit être imité.

IMITATEUR, TRICE, adj. et n. Qui imite : *esprit imitateur*.

IMITATIF, IVE, adj. Qui imite : *harmonie imitative*.

IMITATION, n. f. Action d'imiter ; genre d'un auteur, d'un peintre, imité par un autre.

IMITER, v. tr. Faire ou s'efforcer de faire exactement ce que fait une personne, un animal ; copier trait pour trait : *imiter une signature* ; prendre pour modèle : *imiter ses ancêtres* ; chercher à prendre le style, la manière d'un auteur, d'un peintre, etc.

IMMACULÉ, ÉE, adj. Sans tache de péché. Ne se dit guère que de la conception de la Vierge : *l'immaculée conception, la Vierge immaculée*.

IMMANQUABLE, adj. Qui ne peut manquer d'arriver, de réussir : *affaire immanquable*.

IMMANQUABLEMENT, adv. Infailliblement.

IMMATÉRIALITÉ, n. f. Qualité, état de ce qui est immatériel : *l'immatérialité de l'âme*.

IMMATÉRIEL, ELLE, adj. Qui est d'une nature opposée à la matière, comme l'âme et Dieu.

IMMATÉRIELLEMENT, adv. D'une manière immatérielle.

IMMATRICULATION, n. f. Action d'immatriculer.

IMMATRICULE, n. f. Enregistrement sur un registre public ; dit *matricule*.

IMMATRICULER, v. tr. Enregistrer sur la matricule.

IMMÉDIAT, E, adj. Qui agit sans intermédiaire : *cause immédiate* ; qui suit ou précède immédiatement : *successeur, prédécesseur immédiat*.

IMMÉDIATEMENT, adv. D'une manière immédiate.

IMMÉMORIAL, E, adj. D'une origine si ancienne qu'il n'en reste aucun souvenir, aucune mémoire : *usage immémorial*.

IMMENSE, adj. Qui est sans bornes, sans mesure : *Dieu est immense* ; très considérable : *fortune immense*.

IMMENSÉMENT, adv. D'une manière immense.

IMMENSITÉ, n. f. Grandeur infinie : *l'immensité de Dieu* ; ce qui est très étendu : *l'immensité des mers*.

IMMERGER, v. tr. Plonger dans un liquide.

IMMÉRITÉ, ÉE, adj. Que l'on n'a pas mérité : *reproche immérité*.

IMMERSION, n. f. Action de plonger un corps dans un liquide. *Astr.* Entrée d'une planète dans l'ombre d'une autre planète.

IMMEUBLE, n. m. Bien fixe, comme terres, maisons, etc. Adj. : *biens immeubles*.

IMMINENCE, n. f. Qualité de ce qui est imminent : *imminence du danger*.

IMMINENT, E, adj. Qui est près de tomber sur : *ruine, disgrâce imminente*.

IMMISCER (S'), v. pr. Se mêler mal à propos de quelque chose, de quelque affaire.

IMMOBILE, adj. Qui ne se meut pas. *Fig.* Ferme, inébranlable : *calme et immobile dans le danger*.

IMMOBILIER, ÈRE, adj. Qui est composé de biens immeubles. *Saisie immobilière*, qui a pour objet un immeuble.

IMMOBILISATION, n. f. Action d'immobiliser.

IMMOBILISER, v. tr. Donner à un effet mobilier la qualité d'immeuble.

IMMOBILITÉ, n. f. État d'une chose qui ne se meut point.

IMMODÉRÉ, ÉE. adj. Excessif, violent.

IMMODÉRÉMENT, adv. D'une manière immodérée, avec excès.

IMMODESTE, adj. Qui manque de modestie. En parlant des choses, qui blesse la modestie, la pudeur : *posture immodeste*.

IMMODESTEMENT, adv. D'une manière immodeste.

IMMODESTIE, n. f. Manque de modestie, de bienséance, de pudeur.

IMMOLATION, n. f. Action d'immoler.

IMMOLER, v. tr. Offrir en sacrifice; tuer, massacrer : *le vainqueur immola tout*. *Fig.* Ruiner, perdre : *immoler quelqu'un à sa haine*. **S'immoler**, v. pr. Se sacrifier pour quelqu'un.

IMMONDE, adj. Sale, impur. *L'esprit immonde*, le démon; *animal immonde*, le pourceau.

IMMONDICE, n. f. Ne s'emploie guère qu'au pl., et signifie boue, ordures entassées dans les rues, dans les maisons.

IMMONDICITÉ, n. f. État de ce qui est immonde.

IMMORAL, E, adj. Contraire aux mœurs, à la morale : *ouvrage immoral*.

IMMORALITÉ, n. f. Opposition aux principes de la morale, absence de ces principes.

IMMORTALISER, v. tr. Rendre immortel dans la mémoire des hommes.

IMMORTALITÉ, n. f. Qualité, état de ce qui est immortel : *immortalité de l'âme*; vie perpétuelle dans le souvenir des hommes : *aspirer à l'immortalité*.

IMMORTEL, ELLE, adj. Qui n'est point sujet à la mort : *l'âme est immortelle*. *Fig.* Se dit de ce qu'on suppose devoir être d'une très-longue durée : *gloire immortelle*. N. m. **L'Immortel**, le Dieu des chrétiens. Pl. **Les Immortels**, les dieux du paganisme.

IMMORTELLE, n. f. Nom donné à certaines plantes à cause de la durée de leurs fleurs; ces fleurs mêmes.

IMMUABLE, adj. Qui n'est point sujet à changer : *Dieu seul est immuable*.

IMMUABLEMENT, adv. D'une manière immuable.

IMMUNITÉ, n. f. Exemption d'impôts, de devoirs, de charges, etc.

IMMUTABILITÉ, n. f. Qualité de ce qui est immuable.

IMPAIR, E, adj. Qu'on ne peut pas diviser en deux nombres entiers et égaux.

IMPALPABLE, adj. Si fin, si dé-lié, qu'il ne fait aucune impression sensible au toucher : *poudre impalpable*.

IMPARDONNABLE, adj. Qui ne mérite point de pardon.

IMPARFAIT, E, adj. Incomplet, qui n'est pas achevé : *maison demeurée imparfaite*; qui a des défauts : *ouvrage très-imparfait*. N. m. *Gram.* Temps du verbe qui, tout en exprimant une action passée, l'indique présente relativement à une autre également passée.

IMPARFAITEMENT, adv. D'une manière imparfaite.

IMPARTAGEABLE, adj. Qui ne peut être partagé.

IMPARTIAL, E, adj. Qui ne sacrifie point la justice, la vérité, à des considérations particulières : *juge, historien impartial*.

IMPARTIALEMENT, adv. Sans partialité : *juger impartialement*.

IMPARTIALITÉ, n. f. Caractère, action de celui qui est impartial.

IMPASSE, n. f. Petite rue sans issue.

IMPASSIBILITÉ, n. f. Qualité de celui qui est impassible.

IMPASSIBLE, adj. Insensible, ou qui ne laisse apparaître aucune trace d'émotion : *rester impassible en présence du danger*.

IMPATIEMMENT, adv. Avec impatience.

IMPATIENCE, n. f. Manque de patience; sentiment d'inquiétude qui naît de la souffrance d'un mal, ou de l'attente de quelque bien; espèce d'irritation nerveuse : *avoir des impatiences*.

IMPATIENT, E, adj. Qui manque de patience; qui ne peut supporter, souffrir : *impatient du joug*.

IMPATIENTANT, E, adj. Qui impatiente.

IMPATIENTER, v. tr. Faire perdre patience. V. pr. Perdre patience.

IMPATRONISER (S'), v. pr. Acquérir assez d'autorité dans une maison pour y dominer.

IMPAYABLE, adj. Qu'on ne peut trop payer; comique, extraordinaire : *aventure impayable*; très-bon : *mot impayable*.

IMPECCABILITÉ, n. f. État de celui qui est incapable de pécher.

IMPECCABLE, adj. Incapable de pécher, de faillir.

IMPÉNÉTRABILITÉ, n. f. Propriété en vertu de laquelle deux corps ne peuvent occuper en même temps le même lieu de l'espace.

IMPÉNÉTRABLE, adj. Qui ne peut être pénétré : *cuirasse impénétrable*.

Fig. Les desseins de Dieu sont impéné-
trables, inexplicables et cachés.

IMPÉNÉTRABLEMENT, adv. D'u-
ne manière impénétrable.

IMPÉNITENCE, n. f. Endurcissement dans le péché. *Impénitence finale*,
dans laquelle on meurt.

IMPÉNITENT, E, adj. Qui est endurci dans le péché.

IMPÉRATIF, IVE, adj. Impérieux :
ton impératif. Gram. Adj. et n. *Mode
impératif*, qui exprime l'action avec
commandement, exhortation, désir, etc.

IMPÉRATIVEMENT, adv. D'une
manière impérative : *parler impérativement.*

IMPÉRATRICE, n. f. La femme
d'un empereur : *l'impératrice Marie-
Louise;* celle qui gouverne un empire :
Catherine II, impératrice de Russie.

IMPERCEPTIBLE, adj. Qui ne
peut être aperçu, comme les animalcules.

IMPERCEPTIBLEMENT, adv.
D'une manière imperceptible.

IMPERFECTION, n. f. Défaut qui
fait qu'une personne ou une chose n'est
point parfaite.

IMPÉRIAL, E, adj. Qui appartient
à un empereur ou à un empire : *couronne, dignité impériale.*

IMPÉRIALE, n. f. Dessus d'une diligence; sorte de jeu de cartes.

IMPÉRIALISTE, n. m. Partisan
du gouvernement impérial.

IMPÉRIEUSEMENT, adv. Avec
hauteur, orgueil : *parler impérieusement.*

IMPÉRIEUX, EUSE, adj. Hautain;
qui commande avec orgueil. *Fig.* Irrésistible : *les flots impérieux.*

IMPÉRISSABLE, adj. Qui ne saur-
rait périr.

IMPÉRITIE, n. f. Ignorance de ce
qu'on doit savoir dans sa profession.

IMPERMÉABILITÉ, n. f. Qualité
de ce qui est imperméable.

IMPERMÉABLE, adj. Se dit des
corps qui ne se laissent point traverser
par l'eau : *la toile cirée, le caoutchouc,
la gutta-percha sont imperméables.*

IMPERMUTABILITÉ, n. f. Etat
de ce qui est impermutable.

IMPERMUTABLE, adj. Qui ne
peut être échangé contre une autre
chose.

IMPERSONNEL, ELLE, adj. *Gram.*
Se dit d'un verbe qui ne se conjugue
qu'à la 3e pers. du sing., comme : *il faut,
il pleut, il neige, il tonne,* etc. *Mode
impersonnel*, l'infinitif, ainsi nommé
parce qu'il n'a pas d'inflexions pour
marquer les personnes.

IMPERSONNELLEMENT, adv.
D'une manière impersonnelle.

IMPERTINEMMENT, adv. Avec
impertinence : *répondre impertinemment.*

IMPERTINENCE, n. f. Caractère
d'une personne impertinente; parole,
action offensante : *dire, faire des im-
pertinences.*

IMPERTINENT, E, adj. et n. Qui
parle, agit d'une manière offensante. Se
dit aussi des choses : *ton impertinent,
action impertinente.*

IMPERTURBABILITÉ, n. f. Etat
de ce qui est imperturbable.

IMPERTURBABLE, adj. Que rien
ne peut troubler, ébranler, émouvoir.

IMPERTURBABLEMENT, adv.
D'une manière imperturbable.

IMPÉTRANT, E, n. Terme employé
dans les administrations pour désigner
celui qui a obtenu un titre, un diplôme,
une charge, etc.

IMPÉTUEUSEMENT, adv. Avec
impétuosité.

IMPÉTUEUX, EUSE, adj. Violent, rapide : *vent, torrent impétueux;*
vif, bouillant : *caractère impétueux.*

IMPÉTUOSITÉ, n. f. Qualité de
ce qui est impétueux.

IMPIE, adj. et n. Qui n'a point de
religion; contraire à la religion : *discours, ouvrage impie.*

IMPIÉTÉ, n. f. Mépris pour les
choses de la religion; action, discours
impie : *faire, dire des impiétés.*

IMPITOYABLE, adj. Qui est sans
pitié : *juge, censeur impitoyable.*

IMPITOYABLEMENT, adv. Sans
pitié.

IMPLACABLE, adj. Qui ne peut
être apaisé : *ennemi, haine implacable.*

IMPLANTATION, n. f. Action d'implanter ou de s'implanter.

IMPLANTER, v. tr. Planter une
chose dans une autre. **S'implanter**,
v. pr. Adhérer spontanément : *le gui
s'implante sur le chêne.*

IMPLICATION, n. f. Action d'impliquer; état d'une personne impliquée
dans une affaire criminelle.

IMPLICITE, adj. Contenu dans une
proposition, non pas en termes formels,
mais qui s'en tire naturellement par induction. Son opposé est *explicite.*

IMPLICITEMENT adv. D'une manière implicite.

IMPLIQUER, v. tr. Engager, envelopper : *impliquer quelqu'un dans une
accusation;* renfermer, et alors se dit
de deux idées incompatibles dont l'une
détruit essentiellement l'autre : *aimer*

un enfant et le gâter, cela implique con-tradiction.

IMPLORER, v. tr. Demander humblement et avec instance.

IMPOLI, E, adj. et n. Sans politesse.

IMPOLIMENT, adv. Avec impolitesse.

IMPOLITESSE, n. f. Manque de politesse; action, parole impolie.

IMPOLITIQUE, adj. Contraire à la politique : *mesure impolitique.*

IMPOLITIQUEMENT, adv. D'une manière impolitique.

IMPONDÉRABILITÉ, n. f. Qualité de ce qui est impondérable : *l'impondérabilité de la lumière.*

IMPONDÉRABLE, adj. Se dit de toute substance dont le poids ne produit aucun effet sensible sur la balance la plus délicate, comme le calorique, la lumière, le fluide électrique et le fluide magnétique.

IMPOPULAIRE, adj. Qui n'est pas conforme aux désirs, aux intérêts du peuple. *Loi impopulaire, ministre impopulaire,* qui déplaît au peuple.

IMPOPULARITÉ, n. f. État de ce qui est impopulaire.

IMPORTANCE, n. f. Ce qui fait qu'une chose est considérable, soit par elle-même, soit par les suites qu'elle peut avoir : *affaire de haute importance; autorité, crédit, influence : sa place lui donne beaucoup d'importance dans le monde. Se donner des airs d'importance,* vouloir passer pour avoir du crédit, de la considération. **D'importance,** loc. adv. Extrêmement; très-fort. Ne se dit qu'en m. part : *tancer quelqu'un d'importance. Ran.*

IMPORTANT, E, adj. Qui est considérable, de conséquence. : *service, avis important,* N. m. Le point essentiel : *l'important est de...; homme vain : faire l'important.*

IMPORTATION, n. f. Action d'importer. Son opposé est *exportation.*

IMPORTER, v. tr. Introduire dans un pays des provenances de pays étrangers. Son opposé est *exporter.*

IMPORTER, v. impers. *Il importe que,* il est important que.

IMPORTUN, E, adj. et n. Fâcheux, incommode.

IMPORTUNÉMENT, adv. D'une manière importune.

IMPORTUNER, v. tr. Fatiguer, incommoder.

IMPORTUNITÉ, n. f. Action d'importuner.

IMPOSABLE, adj. Qui peut être imposé, qui est sujet aux droits.

IMPOSANT, E, adj. Qui impose, qui est propre à attirer des égards, du respect : *figure imposante;* qui élève l'âme : *cérémonie imposante. Forces imposantes,* forces militaires considérables.

IMPOSER, v. tr. Mettre dessus. Ne se dit que dans cette phrase : *imposer les mains,* en conférant les sacrements. *Fig.* Mettre un impôt sur : *imposer un département, une province;* obliger à quelque chose de dur, de fâcheux : *imposer des conditions. Imposer silence,* faire taire. Absol. ou int. Inspirer du respect, de la crainte : *sa fermeté impose, m'impose. En imposer,* tromper, en faire accroire. *Impr.* Disposer dans un châssis les pages composées, de manière que la feuille étant tirée et pliée, les pages puissent se lire dans l'ordre ordinaire.

IMPOSITION, n. f. Action d'imposer les mains. *Absol.* Contributions. *Impr.* Arrangement méthodique des pages dont se compose une feuille d'impression.

IMPOSSIBILITÉ, n. f. Défaut de possibilité.

IMPOSSIBLE, adj. Qui ne peut être, qui ne peut se faire. *Par ext.* Qui est très-difficile : *il lui est impossible de se taire.* N. m. : *à l'impossible nul n'est tenu.*

IMPOSTE, n. f. *Arch.* Lit de pierres sur lequel s'établit une voûte. *Men.* Partie fixe qui surmonte la partie mobile d'une porte, d'une croisée, et qui en diminue la hauteur.

IMPOSTEUR, n. m. Qui en impose, qui trompe.

IMPOSTURE, n. f. Action de tromper, d'en imposer.

IMPÔT, n. m. Sommes que payent les citoyens pour contribuer à subvenir aux charges publiques.

IMPOTENT, E, adj. et n. Estropié, qui est privé de l'usage d'un membre.

IMPRATICABLE, adj. Qui ne peut se faire, s'exécuter : *projet impraticable. Chemin impraticable,* par où l'on ne passe qu'avec beaucoup de difficulté.

IMPRÉCATION, n. f. Malédiction.

IMPRÉGNER, v. tr. Faire que les molécules d'une substance se répandent dans un corps. *Fig.* Imbu : *être imprégné de préjugés.*

IMPRENABLE, adj. Qui ne peut être pris ou est très-difficile à prendre, en parlant des villes, des places fortes.

IMPRESCRIPTIBILITÉ, n. f. Qualité de ce qui est imprescriptible.

IMPRESCRIPTIBLE, adj. Qui

n'est pas susceptible de prescription : *droits imprescriptibles.*

IMPRESSION, n. f. Empreinte : *l'impression d'un cachet ;* action d'imprimer : *l'impression d'un livre.* Fig. Effet produit sur les sens, le cœur, l'esprit : *ressentir une vive impression.*

IMPRESSIONNABLE, adj. Qui ressent facilement des impressions.

IMPRESSIONNER, v. tr. Toucher, produire une impression.

IMPRÉVOYANCE, n. f. Défaut de prévoyance.

IMPRÉVOYANT, E, adj. Qui manque de prévoyance.

IMPRÉVU, E, adj. Qu'on n'a pas prévu.

IMPRIMÉ, n. m. Livre, papier imprimé.

IMPRIMER, v. tr. Faire une empreinte sur quelque chose : *imprimer une lithographie, une étoffe ;* imprimer des lettres sur du papier avec des caractères en fonte : *imprimer un livre ;* communiquer : *Dieu a imprimé le mouvement à la matière.* Fig. Faire impression dans l'esprit, dans le cœur : *imprimer la crainte, le respect.*

†IMPRIMERIE, n. f. Art d'imprimer des livres ; établissement où l'on imprime.

IMPRIMEUR, n. m. Qui dirige une imprimerie.

IMPROBABILITÉ, n. f. Qualité de ce qui est improbable.

IMPROBABLE, adj. Qui n'a point de probabilité.

IMPROBATEUR, TRICE, adj. Qui désapprouve : *geste improbateur.*

IMPROBATION, n. f. Action d'improuver.

IMPROBITÉ, n. f. Défaut de probité.

IMPRODUCTIF, IVE, ou **IMPRODUCTEUR, TRICE**, adj. Qui ne peut produire : *terre improductive, génie improducteur.*

IMPROMPTU, E, adj. Fait sur le champ, sans préméditation : *fête impromptue.* N. m. Petite pièce de vers improvisée.

IMPROPRE, adj. Qui ne convient pas, n'est pas juste : *mot impropre.*

IMPROPREMENT, adv. D'une manière impropre.

IMPROPRIÉTÉ, n. f. Qualité de ce qui est impropre, en parlant du langage.

IMPROUVER, v. tr. Désapprouver, blâmer.

IMPROVISATEUR, TRICE, n. Qui improvise.

IMPROVISATION, n. f. Action d'improviser ; vers, discours, etc., qu'on improvise.

IMPROVISER, v. tr. et int. Faire sur le champ des vers sur un sujet donné.

IMPROVISTE (À L'), loc. adv. Lorsqu'on y pense le moins, subitement : *survenir à l'improviste.*

IMPRUDEMMENT, adv. Avec imprudence.

IMPRUDENCE, n. f. Défaut de prudence ; action contraire à la prudence.

IMPRUDENT, E, adj. et n. Qui manque de prudence.

IMPUBÈRE, adj. Qui n'a pas encore atteint l'âge de puberté.

IMPUDEMMENT, adv. Avec impudence.

IMPUDENCE, n. f. Effronterie ; action, parole impudente.

IMPUDENT, E, adj. et n. Insolent, effronté.

IMPUDEUR, n. f. Manque de pudeur, de retenue.

IMPUDICITÉ, n. f. Vice contraire à la chasteté.

IMPUDIQUE, adj. et n. Adonné à l'impudicité ; qui blesse la chasteté : *gestes impudiques.*

IMPUDIQUEMENT, adv. D'une manière impudique.

IMPUISSANCE, n. f. Manque de force, de moyens pour faire une chose.

IMPUISSANT, E, adj. Qui a peu ou point de pouvoir.

IMPULSIF, IVE, adj. Qui donne ou produit l'impulsion : *force impulsive de la poudre.*

IMPULSION, n. f. Mouvement communiqué par le choc d'un corps solide ou la dilatation d'un fluide. Fig. Excitation, encouragement.

IMPUNÉMENT, adv. Avec impunité : *on ne fait jamais le mal impunément.*

IMPUNI, E, adj. Qui demeure sans punition.

IMPUNITÉ, n. f. Manque de punition : *l'impunité rend hardi.*

IMPUR, E, adj. Qui n'est pas pur, qui est altéré par quelque mélange. Fig. : *mœurs impures.*

IMPURETÉ, n. f. Ce qu'il y a d'impur, de grossier, d'étranger dans une chose : *l'impureté de l'air, des métaux.* Fig. : *vivre dans l'impureté.*

IMPUTABLE, adj. Qui peut, qui doit être attribué à : *cette erreur ne m'est pas imputable.*

IMPUTATION, n. f. Accusation portée sans preuve.

IMPUTER, v. tr. Attribuer à quelqu'un une chose blâmable.

INABORDABLE, adj. Qu'on ne peut aborder : *côte inabordable*. *Fig. Ministre inabordable*, de difficile accès.

INABRITÉ, ÉE, adj. Qui n'est point protégé par un abri : *port inabrité*.

INACCEPTABLE, adj. Qu'on ne peut, qu'on ne doit pas accepter.

INACCESSIBLE, adj. Dont l'accès est impossible. *Fig.* Insensible : *inaccessible à la pitié*.

INACCOUTUMÉ, ÉE, adj. Qui n'a pas coutume de se faire, d'arriver : *honneur inaccoutumé*.

INACHEVÉ, ÉE, adj. Qui n'a point été achevé : *statue inachevée*.

INACTIF, IVE, adj. Qui n'a point d'activité.

INACTION, n. f. Cessation de toute action.

INACTIVITÉ, n. f. Défaut d'activité.

INADMISSIBILITÉ, n. f. État de ce qui ne peut être admis.

INADMISSIBLE, adj. Qu'on ne saurait recevoir, admettre : *proposition inadmissible*.

INADVERTANCE, n. f. Défaut d'attention ; action faite par inadvertance.

INALIÉNABILITÉ, n. f. Qualité de ce qui est inaliénable.

INALIÉNABLE, adj. Qui ne peut s'aliéner : *les biens des mineurs, des interdits, les pensions militaires sont inaliénables*.

INALLIABLE, adj. Se dit des métaux qu'on ne peut allier l'un avec l'autre.

INALTÉRABILITÉ, n. f. Qualité de ce qui est inaltérable.

INALTÉRABLE, adj. Qui ne peut-être altéré : *l'or est inaltérable. Fig.* : *amitié inaltérable*.

INAMISSIBILITÉ, n. f. Qualité de ce qui est inamissible.

INAMISSIBLE, adj. *Théol.* Qui ne peut se perdre : *grâce inamissible*.

INAMOVIBILITÉ, n. f. Qualité de ce qui est inamovible.

INAMOVIBLE, adj. Qui ne peut être destitué arbitrairement : *juge inamovible*. Se dit également des emplois à vie.

INANIMÉ, ÉE, adj. Qui n'est point animé : *corps inanimé*.

INANITÉ, n. f. Inutilité, vanité : *inanité des choses d'ici-bas*.

INANITION, n. f. Faiblesse causée par défaut de nourriture : *tomber d'inanition*.

INAPERÇU, E, adj. Qui passe sans qu'on le remarque.

INAPPÉTENCE, n. f. Défaut d'appétit, dégoût pour les aliments.

INAPPLICABLE, adj. Qui ne peut être appliqué : *loi inapplicable*.

INAPPLICATION, n. f. Défaut d'application, d'attention.

INAPPLIQUÉ, ÉE, adj. Qui n'a point d'application.

INAPPRÉCIABLE, adj. Qui ne peut être apprécié : *différence inappréciable. Fig.* Qu'on ne saurait trop estimer : *talent, faveur inappréciable*.

INAPTE, adj. Qui manque d'aptitude, de capacité : *personne inapte aux affaires*.

INAPTITUDE, n. f. Défaut d'aptitude à quelque chose.

INARTICULÉ, ÉE, adj. Qui n'est point articulé : *cris inarticulés*.

INATTAQUABLE, adj. Qu'on ne peut attaquer : *poste, droit inattaquable*.

INATTENDU, E, adj. Qu'on n'attendait pas : *visite inattendue*.

INATTENTIF, IVE, adj. Qui ne prête pas attention.

INATTENTION, n. f. Défaut d'attention.

INAUGURATION, n. f. Cérémonie religieuse au couronnement d'un souverain ; action de livrer pour la première fois aux regards, à l'usage du public, un monument, un établissement quelconque.

INAUGURER, v. tr. Faire l'inauguration d'un monument, d'un établissement, etc.

INCALCULABLE, adj. Qu'on ne peut calculer : *le nombre des étoiles est incalculable*.

INCANDESCENCE, n. f. État d'un corps chauffé jusqu'à devenir blanc.

INCANDESCENT, E, adj. Qui est en incandescence.

INCAPABLE, adj. Qui n'est pas capable : *prince incapable de gouverner* ; celui que la loi prive de certains droits. Se prend aussi en bonne part : *incapable de lâcheté*.

INCAPACITÉ, n. f. Défaut de capacités ; état d'une personne que la loi prive de certains droits.

INCARCÉRATION, n. f. Action d'incarcérer ; état de celui qui est incarcéré.

INCARCÉRER, v. tr. Mettre en prison.

INCARNAT, E, adj. D'une couleur entre celle de la cerise et celle de la rose. N. m. Cette couleur.

INCARNATION, n. f. Action par laquelle Jésus-Christ s'est fait homme, en unissant la nature divine à la nature humaine.

INCARNÉ, ÉE, adj. *Démon, diable incarné*, personne extrêmement méchante.

INCARNER (s'), v. pr. Prendre un corps de chair, en parlant de J.-C.

INCARTADE, n. f. Insulte faite brusquement et inconsidérément; folie, extravagance : *faire mille incartades.*

†**INCAS**, n. m. Autrefois, roi, prince du Pérou.

INCENDIAIRE, n. Auteur volontaire d'un incendie. Adj. Destiné à causer un incendie : *bombe incendiaire.* *Fig.* Séditieux, propre à enflammer les esprits : *écrivain, écrit incendiaire.*

INCENDIE, n. m. Embrasement total ou partiel d'un édifice, d'une forêt, d'une récolte, etc. *Fig.* Bouleversement dans un État.

INCENDIÉ, n. m. Celui dont l'habitation a été brûlée : *faire une quête en faveur des incendiés.*

INCENDIER, v. tr. Brûler, consumer par le feu.

INCERTAIN, E, adj. Douteux : *succès incertain;* variable : *temps incertain;* qui doute, qui ne sait pas : *incertain de sa route, de sa destinée;* qui n'est pas fixé, déterminé : *l'heure est incertaine de notre mort.* N. m. : *quitter le certain pour l'incertain.*

INCERTITUDE, n. f. État d'une personne irrésolue, incertaine : *être dans l'incertitude;* défaut de certitude : *l'incertitude d'une nouvelle. L'incertitude du temps,* sa variabilité; *de la fortune,* son inconstance.

INCESSAMMENT, adv. Sans délai, au plus tôt : *venez me voir incessamment;* sans cesse : *l'avare incessamment amasse.* Ce dernier sens a vieilli.

INCESSANT, E, adj. Qui ne cesse pas : *soins incessants.*

INCESSIBLE, adj. Qui ne peut être cédé.

INCESTE, n. m. Commerce criminel entre ascendants et descendants naturels ou par alliance.

INCIDEMMENT, adv. Par incident, indirectement : *on ne parla de lui qu'incidemment.*

INCIDENCE, n. f. *Méc.* Se dit de la direction suivant laquelle une ligne, un corps en rencontre, en frappe un autre. **Angle d'incidence**, compris entre un rayon incident sur un plan, et la perpendiculaire menée du plan au point d'incidence; **point d'incidence**, le point de rencontre.

INCIDENT, n. m. Événement qui survient dans le cours d'une affaire.

Prat. Point à débattre, qui survient dans le cours d'une action judiciaire.

INCIDENT, E, adj. Qui tombe sur une surface : *rayon incident. Gram.* **Proposition incidente**, toute proposition qui dépend d'une proposition principale dans laquelle elle est enclavée. *Prat.* Qui survient dans le cours d'une affaire : *question incidente.*

INCIRCONCIS, E, adj. et n. Qui n'est pas circoncis.

INCIRCONCISION, n. f. État de celui qui n'est pas circoncis.

INCISE, n. f. Petite phrase qui fait partie d'un membre de la période; expression accessoire : *il est, hélas! bien malheureux.*

INCISER, v. tr. Faire une incision.

INCISIF, IVE, adj. *Dents incisives,* dents de devant, qui coupent les aliments. *Fig. Style, ton incisif,* mordant.

INCISION, n. f. Coupure, taillade faite dans les parties molles par un instrument tranchant.

INCITANT, E, adj. *Méd.* Qui donne du ton. N. m. : *un incitant.*

INCITATION, n. f. Instigation. Ne se prend qu'en m. part : *incitation au crime.*

INCITER, v. tr. Pousser à : *inciter à la révolte.*

INCIVIL, E, adj. Qui manque de civilité : *homme, réponse incivile.*

INCIVILEMENT, adv. D'une manière incivile.

INCIVILITÉ, n. f. Manque de civilité; parole incivile.

INCLÉMENCE, n. f. Défaut de clémence. *Fig.* Rigueur de la température : *l'inclémence de la saison.*

INCLÉMENT, E, adj. Qui n'a pas de clémence. *Fig.* Rigoureux : *ciel inclément.*

INCLINAISON, n. f. Tendance mutuelle de deux lignes, de deux surfaces, ou de deux corps l'un vers l'autre. *Inclinaison magnétique,* angle que forme une aiguille aimantée avec l'horizon, lorsque le plan vertical où elle se meut coïncide avec le méridien magnétique.

INCLINATION, n. f. Action de pencher la tête ou le corps en signe d'acquiescement ou de respect. *Fig.* Disposition, pente naturelle à quelque chose : *inclination vicieuse;* affection, amour : *mariage d'inclination.*

INCLINER, v. tr. Baisser, pencher : *incliner la tête.* V. int. Aller en penchant : *ce mur incline. Fig.* Avoir du penchant : *incliner à la miséricorde, à la paix.* **S'incliner**, v. pr. Se prosterner par respect, par crainte : *s'incliner devant Dieu.*

INCLUS, E, adj. Enfermé, contenu dans : *la lettre ci-incluse.*

INCLUSIVEMENT, adv. Y compris. Son opposé est *exclusivement.*

INCOERCIBLE, adj. Qu'on ne peut comprimer : *fluide incoercible.*

INCOGNITO, adv. Sans être connu. N. m. *Garder l'incognito,* ne vouloir pas être connu.

INCOHÉRENCE, n. f. État de ce qui est incohérent. *Fig. : incohérence des idées.*

INCOHÉRENT, E, adj. Qui manque de liaison. *Fig. : mots incohérents.*

INCOLORE, adj. Qui n'est point coloré.

INCOMBER, v. int. Peser sur, revenir à : *cette tâche lui incombe.*

INCOMBUSTIBILITÉ, n. f. Qualité de ce qui est incombustible.

INCOMBUSTIBLE, adj. Qui ne peut être brûlé : *l'amiante est incombustible.*

INCOME-TAX, n. m. (mot angl.) Impôt sur le revenu.

INCOMMENSURABILITÉ, n. f. Caractère, état de ce qui est incommensurable.

INCOMMENSURABLE, adj. *Géom.* Se dit de deux grandeurs qui n'ont point de mesure commune : *la circonférence du cercle est incommensurable avec son diamètre.*

INCOMMODE, adj. Fâcheux, qui fatigue, ennuie : *chaleur, bruit incommode ;* dont on ne peut se servir avec facilité : *outil incommode ;* importun et à charge : *homme, femme, humeur incommode.*

INCOMMODÉMENT, adv. Avec incommodité.

INCOMMODER, v. tr. Causer de l'incommodité : *son rhume l'incommode. Fig.* Gêner, être à charge.

INCOMMODITÉ, n. f. Gêne, malaise : *l'incommodité du vent ;* légère indisposition ; infirmité : *les incommodités de la vieillesse.*

INCOMPARABLE, adj. À qui ou à quoi rien ne peut être comparé : *beauté incomparable.*

INCOMPARABLEMENT, adv. Sans comparaison.

INCOMPATIBILITÉ, n. f. Antipathie ; impossibilité légale d'exercer à la fois certaines fonctions : *il y a incompatibilité entre les fonctions de député et celles de préfet.*

INCOMPATIBLE, adj. Qui n'est pas compatible : *ces deux caractères sont incompatibles.*

INCOMPÉTENCE, n. f. Défaut de compétence : *l'incompétence d'un tribunal.*

INCOMPÉTENT, E, adj. Qui n'est pas compétent : *tribunal incompétent.*

INCOMPLET, ÈTE, adj. Qui n'est pas complet.

INCOMPLEXE, adj. Qui est simple, qui n'est pas complexe.

INCOMPRÉHENSIBILITÉ, n. f. État de ce qui est incompréhensible.

INCOMPRÉHENSIBLE, adj. Qu'on ne peut comprendre, surnaturel : *les voies de Dieu sont incompréhensibles ;* difficile à expliquer : *texte incompréhensible ;* bizarre : *homme, caractère incompréhensible.*

INCOMPRESSIBILITÉ, n. f. Qualité de ce qui est incompressible.

INCOMPRESSIBLE, adj. Qui ne peut être réduit à un moindre volume par une pression quelconque : *l'eau est incompressible.*

INCONCEVABLE, adj. Qu'on ne peut concevoir, comprendre. *Homme inconcevable,* dont on ne peut s'expliquer la conduite.

INCONCILIABLE, adj. Se dit de choses qui s'excluent mutuellement : *la bienfaisance et l'égoïsme sont inconciliables.*

INCONDUITE, n. f. Défaut de conduite.

INCONGRU, E, adj. Qui pèche contre les règles du savoir-vivre, de la bienséance : *réponse incongrue.*

INCONGRUITÉ, n. f. Action contraire à la bienséance.

INCONGRUMENT, adv. D'une manière incongrue.

INCONNU, E, adj. Qui n'est point connu. N. m. : *passer du connu à l'inconnu.*

INCONNUE, n. f. *Math.* Quantité cherchée dans la solution d'un problème.

INCONSÉQUENCE, n. f. Défaut de conséquence dans les idées, dans les actions.

INCONSÉQUENT, E, adj. Qui parle, agit contre ses propres principes ; inconsidéré, léger en paroles et en conduite.

INCONSIDÉRATION, n. f. Légère imprudence dans le discours ou dans la conduite.

INCONSIDÉRÉ, ÉE, adj. Étourdi, imprudent.

INCONSIDÉRÉMENT, adv. Étourdiment.

INCONSISTANCE, n. f. Défaut de consistance. *Fig. : l'inconsistance des idées.*

INCONSISTANT, E, adj. Qui manque de consistance.

INCONSOLABLE, adj. Qui ne peut se consoler.

INCONSOLABLEMENT, adv. De manière à ne pouvoir être consolé.

INCONSTANCE, n. f. Facilité à changer d'opinion, de résolution, de conduite ; instabilité : *l'inconstance du temps, de la fortune,* etc.

INCONSTANT, E, adj. et n. Volage, sujet à changer.

INCONSTITUTIONNALITÉ, n. f. État de ce qui est inconstitutionnel.

INCONSTITUTIONNEL, ELLE, adj. Contraire à la constitution.

INCONSTITUTIONNELLEMENT, adv. D'une manière inconstitutionnelle.

INCONTESTABLE, adj. Qui ne peut être contesté : *vérité incontestable.*

INCONTESTABLEMENT, adv. D'une manière incontestable.

INCONTESTÉ, ÉE, adj. Qui n'est point contesté : *droit incontesté.*

INCONTINENCE, n. f. Vice opposé à la vertu de continence.

INCONTINENT, E, adj. Qui n'est pas chaste.

INCONTINENT, adv. Aussitôt.

INCONVENANCE, n. f. Manque de convenance : *l'inconvenance d'un procédé.*

INCONVENANT, E, adj. Qui blesse les convenances.

INCONVÉNIENT, n. m. Ce qu'une affaire, une résolution prise produit de fâcheux ; désavantage attaché à une chose.

INCORPORATION, n. f. Action d'incorporer, de s'incorporer ; état des choses incorporées.

INCORPOREL, ELLE, adj. Qui n'a point de corps : *Dieu est incorporel.*

INCORPORER, v. tr. Ajouter, réunir une chose à une autre : *incorporer une province à un royaume, une terre à un domaine, des soldats à un régiment.*

INCORRECT, E, adj. Qui n'est pas correct.

INCORRECTION, n. f. Défaut de correction : *incorrection de style.*

INCORRIGIBILITÉ, n. f. Défaut de celui qui est incorrigible.

INCORRIGIBLE, adj. Qu'on ne peut corriger : *enfant incorrigible.*

INCORRUPTIBILITÉ, n. f. Qualité de celui qui est incorruptible : *incorruptibilité d'un juge.*

INCORRUPTIBLE, adj. Incapable de se laisser corrompre pour agir contre son devoir : *juge incorruptible.*

INCRÉDULE, adj. Qui ne croit que difficilement. N. Qui ne croit pas aux mystères de la foi.

INCRÉDULITÉ, n. f. Répugnance à croire ; manque de foi : *l'incrédulité des esprits forts.*

INCRÉÉ, ÉE, adj. Qui existe sans avoir été créé : *la matière n'est pas incréée.*

INCRIMINER, v. tr. Accuser d'un crime. *Fig.* Faire un crime de : *incriminer une démarche, une action.*

INCROYABLE, adj. Qui ne peut être cru ou qui est difficile à croire ; excessif, extraordinaire : *bonheur incroyable.*

INCROYABLEMENT, adv. Excessivement.

INCRUSTATION, n. f. Action d'incruster ; enduit pierreux qui se forme autour de quelques corps qui ont séjourné dans une eau contenant des sels calcaires en suspension.

INCRUSTER, v. tr. Appliquer une substance sur une surface pour y former des dessins, etc. **S'incruster,** v. pr. Adhérer fortement à une surface.

INCUBATION, n. f. Action des ovipares qui couvent des œufs.

INCULPATION, n. f. Action d'attribuer une faute à quelqu'un.

INCULPÉ, ÉE, n. Qui est soupçonné, accusé.

INCULPER, v. tr. Accuser quelqu'un d'une faute.

INCULQUER, v. tr. Imprimer une chose dans l'esprit de quelqu'un à force de la répéter.

INCULTE, adj. Qui n'est point cultivé. *Fig. : esprit, naturel inculte.*

INCURABILITÉ, n. f. État de ce qui est incurable.

INCURABLE, adj. Qui ne peut être guéri, comme le cancer, la phthisie pulmonaire, etc. *Fig. : vice incurable.*

INCURIE, n. f. Défaut de soin, négligence.

INCURSION, n. f. Course de gens de guerre en pays ennemi ; voyage que l'on fait dans un pays par curiosité.

INDÉBROUILLABLE, adj. Qui ne peut être débrouillé.

INDÉCEMMENT, adv. D'une manière indécente.

INDÉCENCE, n. f. Action, discours contraire à la décence.

INDÉCENT, E, adj. Qui est contre la décence, l'honnêteté, la bienséance : *posture indécente.*

INDÉCHIFFRABLE, adj. Qu'on ne peut lire, déchiffrer, deviner : *manuscrit indéchiffrable* ; obscur, embrouillé : *passage indéchiffrable.*

INDÉCIS, E, adj. Irrésolu : *homme*

indécis; douteux, incertain : question, victoire indécise.

INDÉCISION, n. f. État, caractère d'un homme indécis.

INDÉCLINABLE, adj. *Gram.* Qui ne se décline pas, invariable.

INDÉCOMPOSABLE, adj. Qui ne peut être décomposé : *substance indécomposable.*

INDÉCROTTABLE, adj. Ne se dit qu'au fig. d'un caractère intraitable, qu'on ne peut rendre moins grossier : *c'est un homme indécrottable.*

INDÉFINI, E, adj. Illimité, indéterminé : *nombre indéfini. Gram.* **Passé indéfini**, temps de l'indicatif qui exprime l'action comme ayant eu lieu dans un temps passé, qu'il soit entièrement écoulé ou non.

INDÉFINIMENT, adv. D'une manière indéfinie : *ajourner indéfiniment une affaire.*

INDÉFINISSABLE, adj. Qu'on ne saurait définir. *Fig.* Se dit des choses qu'on ne peut s'expliquer : *trouble indéfinissable,* et quelquefois des personnes : *caractère indéfinissable.*

INDÉLÉBILE, adj. Ineffaçable : *encre indélébile. Fig. : tache indélébile faite à l'honneur.*

INDÉLICAT, E, adj. Qui manque de délicatesse.

INDÉLICATEMENT, adv. Sans délicatesse : *agir indélicatement.*

INDÉLICATESSE, n. f. Manque de délicatesse.

INDEMNE, adj. *Pal.* Indemnisé, dédommagé : *sortir indemne d'une affaire.*

INDEMNISER, v. tr. Dédommager.

INDEMNITÉ, n. f. Dédommagement d'un préjudice.

INDÉPENDAMMENT, adv. Sans égard à ; outre, par-dessus : *indépendamment de ces avantages.*

INDÉPENDANCE, n. f. État d'une personne indépendante : *aspirer à l'indépendance.* † **Guerre de l'indépendance**, qui eut lieu, en 1775, entre l'Angleterre et ses établissements d'Amérique.

INDÉPENDANT, E, adj. Libre de toute dépendance ; qui aime à ne dépendre de personne : *caractère indépendant.* Se dit d'une chose qui n'a point de rapport avec une autre : *point indépendant de la question.*

INDESTRUCTIBILITÉ, n. f. Qualité de ce qui est indestructible.

INDESTRUCTIBLE, adj. Qui ne peut être détruit.

INDÉTERMINÉ, ÉE, adj. Indéfini : *espace, temps indéterminé.*

INDÉVOT, E, adj. Qui n'a point de dévotion.

INDÉVOTEMENT, adv. D'une manière indévote.

INDÉVOTION, n. f. Manque de dévotion.

INDEX, n. m. Catalogue des livres défendus à Rome : *livre mis à l'index;* doigt le plus proche du pouce, appelé aussi *indicateur.*

INDICATEUR, adj. m. Qui indique, qui fait connaître. N. m. L'index.

INDICATIF, IVE, adj. *Méd.* Qui indique, annonce : *symptôme indicatif.* N. m. *Gram.* Celui des cinq modes du verbe, qui exprime l'état, l'existence ou l'action, d'une manière positive.

INDICATION, n. f. Action par laquelle on indique; renseignement : *fausse indication;* ce qui indique, fait connaître : *son silence est une indication de sa faute.*

INDICE, n. m. Signe apparent et probable qu'une chose est : *une mauvaise langue est l'indice d'un mauvais cœur.*

INDICIBLE, adj. Qu'on ne saurait exprimer : *joie indicible.*

INDICTION, n. f. Convocation à jour fixe d'un concile : *bulle d'indiction.*

INDIENNE, n. f. Toile de coton peinte ou imprimée.

INDIFFÉREMMENT, adv. Avec indifférence; avec froideur : *recevoir indifféremment;* sans faire de différence : *manger de tout indifféremment.*

INDIFFÉRENCE, n. f. État d'une personne indifférente.

INDIFFÉRENT, E, adj. Qui ne présente aucun motif de préférence : *ce chemin ou l'autre m'est indifférent;* qui touche peu, dont on ne se soucie point : *cela m'est indifférent;* qui n'offre aucun intérêt : *parler de choses indifférentes;* que rien ne touche, n'émeut : *homme indifférent.*

INDIGENCE, n. f. Grande pauvreté.

INDIGÈNE, adj. et n. Qui est né dans le pays : *plante indigène.* Son opposé est *exotique.*

INDIGENT, E, adj. et n. Très-pauvre.

INDIGESTE, adj. Difficile à digérer. *Fig.* Embrouillé, confus : *compilation indigeste.*

INDIGESTION, n. f. Mauvaise digestion.

INDIGNATION, n. f. Sentiment de colère et de mépris qu'excite un outrage, une action injuste.

INDIGNE, adj. Qui n'est pas digne, qui ne mérite pas : *indigne de vivre;* qui n'est pas convenable : *cela est indi-*

gne d'un honnête homme. Communion indigne, sans les dispositions requises.

INDIGNEMENT, adv. D'une manière indigne.

INDIGNER, v. tr. Exciter l'indignation.

INDIGNITÉ, n. f. Méchanceté, noirceur, énormité, outrage, affront : on lui a fait mille indignités.

INDIGO, n. m. Matière colorante qui sert à teindre en bleu.

INDIGOTIER, n. m. Arbuste d'Afrique et des deux Indes, qui produit l'indigo.

INDIQUER, v. tr. Montrer, désigner une personne ou une chose ; enseigner à quelqu'un ce qu'il cherche : indiquer une rue ; déterminer : indiquer la cause d'un phénomène. Fig. Dénoter : cela indique de sa part une grande méchanceté.

INDIRECT, E, adj. Qui n'est pas direct : chemin indirect, et fig. : critique, louange indirecte. Voies indirectes, moyens secrets, intrigues pour réussir. **Contributions indirectes**, impôt sur les objets de consommation. Gram. Complément indirect, sur lequel l'action ne tombe qu'indirectement.

INDIRECTEMENT, adv. D'une manière indirecte.

INDISCIPLINABLE, adj. Indocile, qu'on ne peut discipliner : enfant indisciplinable.

INDISCIPLINE, n. f. Manque de discipline.

INDISCIPLINÉ, ÉE, adj. Qui n'est pas discipliné.

INDISCRET, ÈTE, adj. Qui manque de discrétion, de prudence ; qui ne sait point garder un secret. Se dit des choses par lesquelles on révèle ce qu'on devrait taire : regard indiscret ; de tout ce qui se dit ou se fait imprudemment : parole, zèle indiscret. N. : c'est un indiscret.

INDISCRÈTEMENT, adv. D'une manière indiscrète.

INDISCRÉTION, n. f. Manque de discrétion ; action indiscrète.

INDISPENSABLE, adj. Dont on ne peut se dispenser : devoir indispensable ; dont on ne peut se passer : outil indispensable.

INDISPENSABLEMENT, adv. Nécessairement, par un devoir indispensable.

INDISPOSÉ, ÉE, adj. Légèrement incommodé. Fig. Mal disposé envers quelqu'un, aigri.

INDISPOSER, v. tr. Altérer légèrement la santé. Fig. Prévenir contre, fâcher : on l'a indisposé contre moi.

INDISPOSITION, n. f. Incommodité légère. Fig. Disposition peu favorable envers quelqu'un.

INDISSOLUBILITÉ, n. f. Qualité de ce qui est indissoluble.

INDISSOLUBLE, adj. Qui ne peut être dissous : attachement indissoluble.

INDISSOLUBLEMENT, adv. D'une manière indissoluble.

INDISTINCT, E, adj. Qui n'est pas bien distinct : voix indistincte, notions indistinctes.

INDISTINCTEMENT, adv. D'une manière indistincte : prononcer indistinctement ; sans mettre de différence : on les tua tous indistinctement.

INDIVIDU, n. m. Chaque être, soit animal, soit végétal, par rapport à son espèce ; personne : quel est cet individu ?

INDIVIDUALISER, v. tr. Considérer, présenter une chose isolément, individuellement.

INDIVIDUALISME, n. m. Système d'isolement dans les travaux, les efforts. Son opposé est association.

INDIVIDUALITÉ, n. f. Ce qui constitue l'individu.

INDIVIDUEL, ELLE, adj. Qui appartient à l'individu : qualité individuelle ; qui concerne chaque personne : réclamation individuelle.

INDIVIDUELLEMENT, adv. D'une manière individuelle.

INDIVIS, E, adj. Qui n'est point divisé : succession indivise. **Par indivis**, loc. adv. Sans partage, en commun : ils possèdent cette maison par indivis.

INDIVISIBILITÉ, n. f. Qualité de ce qui ne peut être divisé.

INDIVISIBLE, adj. Qui ne peut être divisé : les atomes sont indivisibles.

INDIVISIBLEMENT, adv. D'une manière indivisible.

INDIVISION, n. f. État d'une chose possédée par indivis.

IN-DIX-HUIT, n. m. Livre dont chaque feuille d'impression est pliée en 18 feuillets, formant 36 pages.

INDOCILE, adj. Qui n'est pas docile : enfant indocile.

INDOCILITÉ, n. f. Caractère de celui qui est indocile.

INDOLENCE, n. f. Nonchalance, indifférence.

INDOLENT, E, adj. Nonchalant, sur qui rien ne fait impression.

INDOMPTABLE, adj. Qu'on ne peut dompter : caractère indomptable.

INDOMPTÉ, ÉE, adj. Qu'on n'a pu encore dompter. Fig. Qu'on ne peut contenir, réprimer :: *courage, orgueil indompté.*

IN-DOUZE, n. m. Livre dont les feuilles sont pliées en 12 feuillets et forment 24 pages: *Pl. des in-douze.*

INDU, E, adj. Qui est contre la règle, l'usage, la raison : *rentrer à une heure indue.*

INDUBITABLE, adj. Certain, assuré: *nouvelle, succès indubitable.*

INDUBITABLEMENT, adv. Certainement, assurément.

INDUCTION, n. f. Manière de raisonner, qui consiste à inférer un fait d'un autre : *c'est par induction que nous croyons que la flamme qui nous a brûlés une fois, nous brûlera encore;* conséquence que l'on tire de cette manière.

INDUIRE, v. tr. Mettre : *induire en erreur;* inférer, conclure : *de là j'induis que.*

INDULGENCE, n. f. Bonté et facilité à pardonner les fautes d'autrui; grâce que fait l'Eglise en remettant la peine des péchés : *indulgence de 40 jours, indulgence plénière.*

INDULGENT, E, adj. Porté à l'indulgence.

INDÛMENT, adv. D'une manière indue : *procéder indûment contre quelqu'un.*

INDUSTRIE, n. f. Profession, métier : *exercer une industrie;* adresse, intelligence : *avoir de l'industrie;* toutes les opérations qui concourent à la transformation des matières premières et à la production des richesses : *l'industrie agricole, manufacturière, commerciale. Fig.* Savoir-faire blâmable : *vivre d'industrie.* **Chevalier d'industrie**, escroc.

INDUSTRIEL, ELLE, adj. Qui concerne l'industrie : *professions industrielles;* qui provient de l'industrie : *richesses industrielles d'un Etat. N.* m. Qui se livre à l'industrie : *un industriel.*

INDUSTRIEUSEMENT, adv. Avec industrie, avec art : *travailler industrieusement.*

INDUSTRIEUX, EUSE, adj. Qui a de l'industrie, de l'adresse : *homme industrieux, l'industrieuse abeille.*

INÉBRANLABLE, adj. Qui ne peut être ébranlé. *Fig. : courage inébranlable.*

INÉBRANLABLEMENT, adv. Fermement, d'une manière inébranlable.

INÉDIT, E, adj. Qui n'a pas été imprimé, publié : *poème inédit.*

INEFFABILITÉ, n. f. Impossibilité d'exprimer une chose par des paroles.

INEFFABLE, adj. Inexprimable : *joie, douceur ineffable.*

INEFFAÇABLE, adj. Qui ne peut être effacé. *Fig. : souvenir ineffaçable.*

INEFFICACE, adj. Qui ne produit point son effet : *remède, moyen inefficace.*

INEFFICACITÉ, n. f. Manque d'efficacité.

INÉGAL, E, adj. Qui n'est point égal :: *lignes inégales;* raboteux, qui n'est point uni : *terrain inégal;* qui n'est pas régulier : *mouvement inégal. Fig.* Qui n'est pas soutenu :: *style inégal;* changeant, bizarre : *humeur inégale.*

INÉGALEMENT, adv. D'une manière inégale.

INÉGALITÉ, n. f. Défaut d'égalité : *inégalité d'un terrain, du pouls. Fig. : inégalité de conditions, de style, d'humeur.*

INÉLIGIBLE, adj. Qui n'a pas les qualités requises pour être élu.

INÉNARRABLE, adj. Qui ne peut être raconté :: *merveilles inénarrables.*

INEPTE, adj. Sans aptitude, sans moyens.

INEPTIE, n. f. Caractère de ce qui est inepte; absurdité, sottise.

INÉPUISABLE, adj. Qu'on ne peut épuiser. *Fig. : bonté inépuisable.*

INERTE, adj. Sans ressort et sans activité. *Fig. : esprit inerte.*

INERTIE, n. f. Etat de ce qui est inerte. **Force d'inertie**, propriété qu'ont les corps de rester dans l'état de repos ou de mouvement jusqu'à ce qu'une cause étrangère les en tire; résistance passive. *Fig.* Manque absolu d'activité, d'énergie.

INESPÉRÉ, ÉE, adj. Inattendu, qu'on n'espérait pas : *bonheur inespéré.*

INESTIMABLE, adj. Qu'on ne peut assez estimer : *trésor inestimable.*

INÉVITABLE, adj. Qu'on ne peut éviter : *danger inévitable.*

INÉVITABLEMENT, adv. Sans qu'on puisse l'éviter.

INEXACT, E, adj. Qui manque d'exactitude :: *employé inexact;* où il y a erreur : *calcul inexact.*

INEXACTEMENT, adv. D'une manière inexacte.

INEXACTITUDE, n. f. Manque d'exactitude.

INEXCUSABLE, adj. Qui ne peut être excusé : *faute inexcusable.*

INEXÉCUTABLE, adj. Qui ne peut être exécuté : *projet inexécutable.*

INEXÉCUTION, n. f. Manque d'exécution : *inexécution d'un contrat*.

INEXIGIBLE, adj. Qui ne peut être exigé. *Créance inexigible*, qui n'est pas encore à échéance.

INEXORABLE, adj. Qui ne peut être fléchi. *Fig.* Dur, trop sévère : *les lois inexorables de Dracon*.

INEXORABLEMENT, adv. D'une manière inexorable.

INEXPÉRIENCE, n. f. Manque d'expérience.

INEXPÉRIMENTÉ, ÉE, adj. Qui n'a point d'expérience : *général inexpérimenté*.

INEXPIABLE, adj. Qui ne peut être expié : *crime inexpiable*.

INEXPLICABLE, adj. Qui ne peut être expliqué : *énigme inexplicable*; bizarre, étrange : *homme, caractère inexplicable*.

INEXPLORÉ, E, adj. Que l'on n'a point encore exploré, visité.

INEXPRIMABLE, adj. Qu'on ne peut exprimer : *douleur, joie inexprimable*.

INEXPUGNABLE, adj. Qui ne peut être forcé, pris d'assaut : *fort inexpugnable*.

INEXTINGUIBLE, adj. Qu'on ne peut éteindre : *feu inextinguible*. *Fig.* Soif, rire inextinguible, qu'on ne peut apaiser, arrêter.

IN EXTREMIS. V. *Extremis*.

INEXTRICABLE, adj. Très-embrouillé, qui ne peut être démêlé : *labyrinthe, affaire inextricable*.

INFAILLIBILITÉ, n. f. Qualité de ce qui est infaillible : *l'infaillibilité de l'Église*.

INFAILLIBLE, adj. Certain, immanquable : *succès infaillible*; qui ne peut ni se tromper ni tromper : *Dieu est infaillible*.

INFAILLIBLEMENT, adv. Immanquablement, assurément.

INFAISABLE, adj. Qui ne peut être fait.

INFAMANT, E, adj. Qui porte infamie : *peine infamante*.

INFÂME, adj. Honteux, avilissant : *trahison infâme*. N. Qui s'est déshonoré par une action honteuse : *c'est un infâme*.

INFAMIE, n. f. Flétrissure imprimée à l'honneur : *chose infâme, action vile*. Pl. Propos injurieux : *dire des infamies de quelqu'un*.

INFANT, E, n. Titre donné aux enfants puînés des rois d'Espagne et de Portugal.

INFANTERIE, n. f. Nom donné à la totalité des troupes qui combattent

constamment à pied. Son opposé est *cavalerie*.

INFANTICIDE, n. m. Meurtrier de son enfant; le meurtre même.

INFATIGABLE, adj. Qui ne peut être lassé.

INFATIGABLEMENT, adv. Sans se lasser.

INFATUATION, n. f. Prévention excessive et ridicule en faveur de soi.

INFATUER, v. tr. Inspirer à quelqu'un un engoûment ridicule pour une personne ou pour une chose. Se dit surtout en ce sens : *être infatué de soi-même*.

INFÉCOND, E, adj. Stérile.

INFÉCONDITÉ, n. f. Stérilité.

INFECT, E, adj. Gâté, corrompu : *marais, cadavre infect*.

INFECTER, v. tr. Gâter, corrompre. *Fig.* Corrompre l'esprit, les mœurs.

INFECTION, n. f. Grande puanteur; corruption produite dans les corps par des miasmes délétères.

INFÉODATION, n. f. Action d'inféoder.

INFÉODER, v. tr. Donner une terre pour être tenue en fief.

INFÉRER, v. tr. Tirer une conséquence.

INFÉRIEUR, E, adj. Placé au-dessous : *mâchoire inférieure*; plus bas, plus rapproché de la mer : *Seine-Inférieure*. *Fig.* Moindre en dignité, en mérite : *rang inférieur. Classes inférieures*, celles par où commence le cours des études. N. m. Subordonné.

INFÉRIEUREMENT, adv. Au-dessous.

INFÉRIORITÉ, n. f. Désavantage en ce qui concerne le rang, la force, le mérite, etc.

INFERNAL, E, adj. Qui appartient à l'enfer. *Fig.* Qui a ou annonce beaucoup de méchanceté, de noirceur : *âme, ruse infernale*. Se dit d'un grand bruit : *tapage infernal*. *Fam.* **Pierre infernale**, solution d'argent dans l'acide nitrique, et dont se servent les chirurgiens pour brûler les chairs.

INFERTILE, adj. Stérile.

INFERTILITÉ, n. f. Stérilité.

INFESTER, v. tr. Ravager, tourmenter par des irruptions, des actes de brigandage. Se dit aussi des animaux nuisibles qui abondent dans un lieu : *les rats infestent la maison*.

INFIDÈLE, adj. Déloyal, qui manque de foi : *infidèle à ses promesses*; qui commet des soustractions : *caissier infidèle*; inexact : *récit, traduction infidèle*. N. Qui n'a pas la vraie foi : *convertir les infidèles*.

INFIDÈLEMENT, adv. D'une manière infidèle.

INFIDÉLITÉ, n. f. Manque de fidélité, de probité : *l'infidélité d'un ami, d'un dépositaire* ; d'exactitude, de vérité : *l'infidélité d'un historien* ; action infidèle : *commettre une infidélité.*

INFILTRATION, n. f. Passage lent d'un liquide à travers les parties solides d'un corps.

INFILTRER (S'), v. pr. Passer comme par un filtre à travers les pores d'un corps solide.

INFIME, adj. Qui est le dernier, le plus bas : *les rangs infimes de la société.*

INFINI, E, adj. Qui est sans limites : *Dieu seul est infini. Par ext.* A quoi on ne peut assigner de bornes : *espace infini.* N. m. Ce que l'on suppose sans limites.

INFINIMENT, adv. Sans bornes ; extrêmement. *Math. Les infiniment petits,* quantités conçues comme moindres qu'aucune quantité assignable.

INFINITÉ, n. f. Qualité de ce qui est infini ; un très-grand nombre.

INFINITÉSIMAL, E, adj. *Géom. Calcul infinitésimal,* partie des mathématiques qui apprend à connaître les règles du calcul différentiel et du calcul intégral.

INFINITIF, adj. et n. *Gram.* Mode du verbe qui exprime l'action d'une manière générale, indéfinie.

INFIRMATIF, IVE, adj. *Pal.* Qui rend nul, qui infirme : *arrêt infirmatif.*

INFIRME, adj. et n. Qui a quelque infirmité.

INFIRMER, v. tr. *Pal.* Déclarer nul : *infirmer un acte, une sentence. Fig.* Affaiblir, ôter la force : *infirmer un témoignage.*

INFIRMERIE, n. f. Lieu destiné aux malades dans les communautés, les collèges, etc.

INFIRMIER, ÈRE, n. Qui soigne les malades dans une infirmerie, un hôpital.

INFIRMITÉ, n. f. Maladie habituelle.

INFLAMMABLE, adj. Qui s'enflamme facilement.

INFLAMMATION, n. f. Action par laquelle une matière combustible s'enflamme ; son résultat. *Fig.* État des parties du corps extrêmement échauffées, qui deviennent alors rouges, tuméfiées et douloureuses. Ne pas dire *enflammation.*

INFLAMMATOIRE, adj. Qui tient de l'inflammation : *fièvre inflammatoire.*

INFLEXIBILITÉ, n. f. Caractère de celui qui est inflexible.

INFLEXIBLE, adj. Qui ne se laisse point émouvoir, ébranler : *juge inflexible.*

INFLEXIBLEMENT, adv. D'une manière inflexible.

INFLEXION, n. f. Action de plier, d'incliner : *saluer en faisant une légère inflexion du corps. Inflexion de voix,* changement de ton, d'accent dans la voix. *Gram.* Tout ce qui est ajouté au radical, ou changé dans la terminaison d'un mot, pour le décliner ou le conjuguer.

INFLIGER, v. tr. Prononcer, appliquer : *infliger une peine, un châtiment.* Se prend en m. part.

INFLORESCENCE, n. f. Disposition générale des fleurs sur la tige.

INFLUENCE, n. f. Action qu'une chose exerce sur une autre : *influence du climat sur le tempérament. Fig.* Crédit, ascendant : *exercer une grande influence sur les esprits.*

INFLUENCER, v. tr. Exercer une influence sur.

INFLUENT, E, adj. Qui a du crédit, de l'ascendant : *personnage influent.*

INFLUER, v. int. Exercer une action : *le climat influe sur la santé.*

IN-FOLIO, n. m. Format d'un livre où la feuille n'est pliée qu'en deux, et ne forme, par conséquent, que quatre pages. Pl. des *in-folio.*

INFORMATION, n. f. Acte judiciaire qui contient les dépositions de témoins sur un fait. Pl. Renseignements : *prendre des informations sur quelqu'un.*

INFORME, adj. De formes lourdes et disgracieuses : *animal informe* ; sans forme déterminée : *masse informe. Fig.* Imparfait, incomplet : *ouvrage informe.*

INFORMER, v. tr. Avertir, instruire. V. int. Faire une information, une instruction : *informer contre quelqu'un.* S'informer, v. pr. S'enquérir : *s'informer de la vérité d'un fait.*

INFORTUNE, n. f. Revers de fortune, adversité.

INFORTUNÉ, ÉE, adj. et n. Malheureux.

INFRACTEUR, n. m. Qui viole une loi, un traité, etc.

INFRACTION, n. f. Toute violation d'une loi, d'un ordre, d'un traité, etc.

INFRANCHISSABLE, adj. Que l'on ne peut franchir : *passage infranchissable.*

INFRUCTUEUSEMENT, adv. Sans profit.

INFRUCTUEUX, EUSE, adj. Qui rapporte peu ou point de fruits, de profit : *champ, travail infructueux.*

INFUS, E, adj. Se dit des connaissances, des vertus que l'on possède naturellement, sans avoir travaillé à les acquérir : *science, sagesse infuse.*

INFUSER, v. tr. Mettre et laisser quelque temps une substance dans un liquide bouillant, afin qu'il en tire le suc.

INFUSIBLE, adj. Qu'on ne peut fondre : *métal infusible.*

INFUSION, n. f. Action d'infuser; produit de cette action : *une infusion de tilleul, de sureau, de camomille,* etc.

INFUSOIRES, adj. et n. m. pl. Animalcules qui vivent dans les liquides, et qu'on n'y découvre qu'à l'aide du microscope.

INGAMBE, adj. Léger, alerte, dispos. *Fam.*

INGÉNIER (S'), v. pr. Chercher, tâcher de trouver dans son esprit un moyen pour réussir.

INGÉNIEUR, n. m. Savant qui conduit et dirige, à l'aide des mathématiques appliquées, des travaux d'art, comme l'attaque et la défense des places, la construction des ponts, des chemins, des édifices publics, etc.

INGÉNIEUSEMENT, adv. D'une manière ingénieuse.

INGÉNIEUX, EUSE, adj. Plein d'esprit, d'invention, d'adresse. Se dit des choses qui témoignent de l'adresse de l'inventeur : *machine ingénieuse.*

INGÉNIOSITÉ, n. f. Qualité de ce qui est ingénieux : *l'ingéniosité d'un mécanisme.*

INGÉNU, E, adj. Naïf, simple, franc : *air ingénu. Théât.* N. f. Rôle de jeune fille naïve : *jouer les ingénues.*

INGÉNUITÉ, n. f. Naïveté, simplicité, franchise.

INGÉNUMENT, adv. D'une manière ingénue et naïve.

INGÉRER (S'), v. pr. Se mêler d'une chose sans en être requis.

IN GLOBO (mots lat.) En masse, sans compter : *vendre, acheter des marchandises in globo.*

INGOUVERNABLE, adj. Qu'on ne peut gouverner.

INGRAT, E, adj. et n. Qui n'a point de reconnaissance : *fils ingrat. Fig.* Stérile, infructueux : *sol ingrat;* qui ne fournit rien à l'esprit : *sujet ingrat;* d'un aspect désagréable : *figure ingrate.*

INGRATITUDE, n. f. Vice de l'ingrat.

INGRÉDIENT, n. m. Tout ce qui entre dans la composition d'un médicament, d'une boisson, d'un mélange quelconque.

INGUÉRISSABLE, adj. Qui ne peut être guéri.

INHABILE, adj. Qui manque d'habileté. *Jur.* Incapable : *inhabile à tester.*

INHABILEMENT, adv. D'une manière inhabile.

INHABILETÉ, n. f. Manque d'habileté.

INHABILITÉ, n. f. *Jur.* Incapacité.

INHABITABLE, adj. Qui ne peut être habité.

INHABITÉ, ÉE, adj. Qui n'est point habité.

INHÉRENCE, n. f. État de ce qui est inhérent.

INHÉRENT, E, adj. Qui, par sa nature, est joint inséparablement à un sujet : *la pesanteur est inhérente à la matière. Fig. : l'erreur est inhérente à l'esprit humain.*

INHOSPITALIER, ÈRE, adj. Qui n'exerce point l'hospitalité : *peuple inhospitalier;* où les étrangers sont mal accueillis : *terre inhospitalière.*

INHOSPITALITÉ, n. f. Refus d'accueillir les étrangers.

INHUMAIN, E, adj. Cruel, sans pitié, sans humanité : *maître inhumain, loi inhumaine.*

INHUMAINEMENT, adv. Cruellement.

INHUMANITÉ, n. f. Cruauté, barbarie; action inhumaine.

INHUMATION, n. f. Action de déposer un cadavre dans la terre.

INHUMER, v. tr. Faire l'inhumation d'un cadavre.

INIMAGINABLE, adj. Extraordinaire, qu'on ne peut imaginer : *spectacle inimaginable.*

INIMITABLE, adj. Qui ne peut être imité : *ouvrage, style inimitable.*

INIMITIÉ, n. f. Haine, malveillance, aversion qui, ordinairement, dure longtemps.

ININTELLIGEMMENT, adv. Sans intelligence.

ININTELLIGENCE, n. f. Manque d'intelligence.

ININTELLIGENT, E, adj. Qui manque d'intelligence.

ININTELLIGIBLE, adj. Qu'on ne peut comprendre : *langage inintelligible.*

INIQUE, adj. Injuste à l'excès : *jugement inique.*

INIQUEMENT, adv. D'une manière inique.

17.

INIQUITÉ, n. f. Injustice excessive, criante; péché, corruption des mœurs.

INITIAL, E, adj. Qui commence un mot, un chapitre. N. f. : signer une lettre de son initiale.

INITIATION, n. f. Cérémonies par lesquelles on était admis à la connaissance de certains mystères dans les religions anciennes, et qui accompagnent aujourd'hui l'admission dans certains corps de compagnonnage.

INITIATIVE, n. f. Action de celui qui propose le premier quelque chose : prendre l'initiative.

INITIÉ, ÉE, n. Qui a été admis, initié.

INITIER, v. tr. Admettre à la participation de certains mystères dans les religions anciennes, et aujourd'hui dans certaines associations. Fig. Mettre au fait d'une science, d'un art, d'une profession, etc.

INJECTÉ, ÉE (face), adj. A laquelle l'accumulation du sang donne une couleur rouge très-prononcée.

INJECTER, v. tr. Introduire, au moyen d'un instrument, un liquide dans une cavité du corps, soit naturelle, soit accidentelle.

INJECTION, n. f. Action d'injecter; liquide que l'on injecte.

INJONCTION, n. f. Ordre formel.

INJURE, n. f. Insulte, outrage de fait ou de parole. Fig. L'injure des ans, les années; les injures de l'air, le vent, la pluie, etc.

INJURIER, v. tr. Offenser par des paroles injurieuses.

INJURIEUSEMENT, adv. d'une manière injurieuse.

INJURIEUX, EUSE, adj. Outrageant, offensant : soupçon injurieux.

INJUSTE, adj. Qui n'a point de justice : homme injuste; contraire à la justice, à l'équité : sentence injuste. N. m. : notion du juste et de l'injuste.

INJUSTEMENT, adv. D'une manière injuste.

INJUSTICE, n. f. Manque de justice; acte contraire au droit, à l'équité.

IN MANUS (mots lat.) Dire son in manus, recommander son âme à Dieu en mourant.

INNÉ, ÉE, adj. Que nous apportons en naissant : idées innées, comme celle de Dieu, du juste, etc.

INNOCEMMENT, adv. Avec innocence, sans dessein de mal faire.

INNOCENCE, n. f. Etat de celui qui ne commet point le mal sciemment : vivre dans l'innocence; absence de culpabilité : son innocence fut reconnue et proclamée.

INNOCENT, E, adj. et n. Pur et candide : âme innocente; qui n'est pas coupable : l'accusé fut reconnu innocent; qui ne peut faire de mal : remède innocent. Jeux innocents, de société. N. m. pl. : le massacre des Innocents.

INNOCENTER, v. tr. Déclarer innocent.

INNOMBRABLE, adj. Qui ne se peut compter.

INNOMBRABLEMENT, adv. D'une manière innombrable.

INNOMMÉ, ÉE, adj. Qui n'a pas encore reçu de nom.

INNOVATEUR, n. m. Qui innove.

INNOVATION, n. f. Introduction de quelque nouveauté dans le gouvernement, les mœurs, une science, etc.

INNOVER, v. int. Faire une innovation. V. tr. : on innove tous les jours de nouvelles choses.

INOBSERVANCE, n. f. V. Inobservation.

INOBSERVATION ou **INOBSERVANCE**, n. f. Manque d'obéissance aux lois; inexécution des engagements qu'on a contractés. Peu us.

INOCCUPÉ, ÉE, adj. Qui est sans occupation.

IN-OCTAVO, n. m. Livre dont les feuilles sont pliées en 8 feuillets, et forment 16 pages. Pl. des in-octavo.

INOCULATEUR, TRICE, n. Qui inocule.

INOCULATION, n. f. Opération par laquelle on communique artificiellement la petite vérole, ou tout autre virus.

INOCULER, v. tr. Communiquer une maladie contagieuse par inoculation : inoculer la petite vérole.

INODORE, adj. Sans odeur : l'air est inodore.

INOFFENSIF, IVE, adj. Qui est incapable de nuire : caractère inoffensif.

INONDATION, n. f. Débordement d'eaux.

INONDER, v. tr. Submerger un terrain par un débordement d'eaux. Fig. Envahir, couvrir, remplir : les Sarrasins inondèrent l'Espagne.

INOPINÉ, ÉE, adj. Imprévu, qu'on n'attendait pas : bonheur inopiné.

INOPINÉMENT, adv. D'une manière inopinée : se rencontrer inopinément.

INOPPORTUN, E, adj. Qui n'est pas opportun, à propos.

INOPPORTUNITÉ, n. f. Qualité de ce qui n'est pas opportun.

INORGANIQUE, adj. Se dit des corps non organisés, qui ne peuvent s'accroître que par juxtaposition, tels que les minéraux.

INOUÏ, E, adj. Tel qu'on n'a jamais vu, entendu rien de pareil : *cruauté inouïe.*

IN-PACE, n. m. (Mots lat.) Prison où, dans certains monastères, on enfermait pour leur vie les religieux ou religieuses qui avaient commis quelque grande faute. Pl. des *in-pace.*

IN-PARTIBUS (Mots lat.) *Évêque in-partibus,* qui a un titre d'évêché dans un pays occupé par les infidèles.

IN-PETTO, loc. adv. (Mots ital.) A part, soi, intérieurement, en secret.

IN-QUARTO, n. m. Livre dont les feuilles sont pliées en quatre feuillets, et forment 8 pages. Pl. des *in-quarto.*

INQUIET, ÈTE, adj. Qui a de l'inquiétude. *Fig.* Se dit des passions, des mouvements de l'âme : *curiosité inquiète;* qui marque de l'inquiétude : *regards inquiets;* remuant, qui aime le changement : *humeur inquiète.*

INQUIÉTANT, E, adj. Qui cause de l'inquiétude : *état inquiétant.*

INQUIÉTER, v. tr. Rendre inquiet; harceler : *inquiéter l'ennemi.*

INQUIÉTUDE, n. f. Trouble, agitation d'esprit.

INQUISITEUR, n. m. Juge de l'Inquisition. Adj. Scrutateur : *regard inquisiteur.*

INQUISITION, n. f. Recherche, perquisition rigoureuse mêlée d'arbitraire. † Autrefois, célèbre tribunal ecclésiastique chargé de rechercher et de poursuivre l'hérésie.

INQUISITORIAL, E, adj. Se dit de tout pouvoir ombrageux, trop sévère, de tout acte arbitraire.

INSAISISSABLE, adj. Qui ne peut être saisi : *rente insaisissable. Fig.* Qui ne peut être compris, apprécié, perçu : *différence insaisissable.*

INSALUBRE, adj. Malsain, nuisible à la santé : *logement insalubre.*

INSALUBRITÉ, n. f. État de ce qui est insalubre.

INSATIABILITÉ, n. f. Appétit excessif qui ne peut se rassasier. *Fig.* Avidité extrême : *l'insatiabilité des richesses.*

INSATIABLE, adj. Qui ne peut être rassasié. *Fig.* : *soif insatiable de l'or.*

INSATIABLEMENT, adv. D'une manière insatiable.

INSCRIPTION, n. f. Caractères gravés sur le marbre, sur la pierre, etc., pour consacrer un souvenir; action d'inscrire son nom sur un registre. *Prendre ses inscriptions,* se faire inscrire, au commencement de chaque tri-

mestre, sur le registre de la faculté dans laquelle on étudie pour prendre ses grades; *inscription sur le grand-livre,* titre d'une rente perpétuelle due par le Trésor; *inscription en faux,* acte par lequel on soutient en justice, qu'une pièce produite dans un procès est fausse ou falsifiée.

INSCRIRE, v. tr. Écrire, faire mention de quelque chose sur un registre, sur une liste, etc. *Géom.* Tracer une figure dans l'intérieur d'une autre : *inscrire un triangle dans un cercle.* S'inscrire, v. pr. Écrire son nom sur un registre, une liste de souscription. *Prat. S'inscrire en faux,* soutenir en justice qu'une pièce produite par la partie adverse est fausse.

INSECTE, n. m. Petit animal sans squelette, dont le corps est, en général, divisé en trois parties, la tête, le corselet et l'abdomen.

INSECTIVORE, adj. et n. Qui vit principalement ou exclusivement d'insectes, comme les gobe-mouches, les merles, les bergeronnettes, etc.; les taupes, les hérissons, etc.

IN-SEIZE, n. m. Livre dont les feuilles sont pliées en seize feuillets, et forment 32 pages. Pl. des *in-seize.*

INSENSÉ, ÉE, adj. et n. Qui a perdu le sens, la raison. Se dit aussi des choses qui ne sont pas conformes à la raison, au bon sens : *discours insensé.*

INSENSIBILITÉ, n. f. Défaut de sensibilité.

INSENSIBLE, adj. Qui ne peut éprouver de sensations : *la matière est insensible;* qui n'est point touché de pitié : *cœur insensible;* imperceptible : *progrès, pente insensible.*

INSENSIBLEMENT, adv. D'une manière insensible : *la vie s'écoule insensiblement.*

INSÉPARABLE, adj. Intimement uni, en parlant des personnes; qui ne peut être séparé, en parlant des choses.

INSÉPARABLEMENT, adv. De manière à ne pouvoir être séparé.

INSÉRER, v. tr. Introduire, faire entrer, ajouter : *insérer une clause dans un traité.*

INSERMENTÉ, adj. m. Se dit des prêtres qui, sous la première république, refusèrent de prêter serment à la constitution.

INSERTION, n. f. Action d'insérer.

INSIDIEUSEMENT, adv. D'une manière insidieuse.

INSIDIEUX, EUSE, adj. Qui cherche à tromper, à surprendre : *caresses insidieuses.*

INSIGNE, adj. Signalé, remarquable, en bonne ou en mauvaise part : *faveur, fripon insigne.*

INSIGNES, n. m. pl. Signes honorables et caractéristiques d'une dignité : *les insignes de la royauté, du commandement.*

INSIGNIFIANCE, n. f. État de ce qui est insignifiant.

INSIGNIFIANT, E, adj. Qui ne signifie rien : *phrase insignifiante ;* sans importance : *homme insignifiant ;* qui n'a rien de frappant : *physionomie insignifiante.*

INSINUANT, E, adj. Qui a l'adresse et le talent de s'insinuer, d'insinuer quelque chose.

INSINUATION, n. f. Action d'insinuer.

INSINUER, v. tr. Introduire doucement et adroitement quelque chose : *insinuer une sonde dans une plaie. Fig.* Faire adroitement entrer dans l'esprit. **S'insinuer**, v. pr. S'introduire avec adresse.

INSIPIDE, adj. Qui n'a point de saveur, de goût. *Fig.* Sans agrément, sans esprit : *conversation, railleur insipide.*

INSIPIDITÉ, n. f. État de ce qui est insipide.

INSISTANCE, n. f. Action d'insister.

INSISTER, v. int. Faire instance, persévérer à demander une chose ; appuyer sur : *insister sur un point.*

INSOCIABILITÉ, n. f. Caractère de celui qui est insociable.

INSOCIABLE, adj. Avec qui l'on ne peut avoir de société, avec qui on ne peut vivre.

INSOLATION, n. f. *Méd.* Exposition d'un malade aux rayons du soleil, pour ranimer ses forces ; action de la chaleur solaire sur l'économie animale.

INSOLEMMENT, adv. Avec insolence.

INSOLENCE, n. f. Effronterie, hardiesse excessive ; parole, action insolente.

INSOLENT, E, adj. et n. Effronté, qui perd le respect : *homme, air insolent ;* orgueilleux : *insolent dans la bonne fortune.* N. Personne insolente.

INSOLITE, adj. Contraire à l'usage, aux règles, etc.

INSOLUBILITÉ, n. f. Qualité des substances insolubles.

INSOLUBLE, adj. Qui ne peut se dissoudre : *la résine est insoluble dans l'eau. Fig.* Qu'on ne peut résoudre : *question insoluble.*

INSOLVABILITÉ, n. f. Impossibilité de payer.

INSOLVABLE, adj. Qui n'a pas de quoi payer.

INSOMNIE, n. f. Privation de sommeil.

INSOUCIANCE, n. f. Caractère de celui qui est insouciant.

INSOUCIANT, E, adj. Qui ne se soucie et ne s'affecte de rien.

INSOUCIEUX, EUSE, adj. Qui n'a pas de souci : *vivre insoucieux du lendemain.*

INSOUMIS, E, adj. Non soumis : *peuple insoumis.*

INSOUTENABLE, adj. Faux, qu'on ne peut soutenir : *opinion insoutenable.*

INSPECTER, v. tr. Examiner comme inspecteur.

INSPECTEUR, TRICE, n. Qui a mission d'examiner les opérations de fonctionnaires subalternes, et d'en rendre compte à l'autorité supérieure.

INSPECTION, n. f. Action d'examiner ; fonction d'inspecteur : *obtenir une inspection.*

INSPIRATEUR, TRICE, adj. Qui donne des inspirations.

INSPIRATION, n. f. Action par laquelle l'air entre dans les poumons. Son opposé est *expiration. Fig.* Conseil, suggestion : *agir par l'inspiration de... ;* état où se trouve l'âme lorsqu'elle est directement sous la pression d'une puissance surnaturelle : *l'inspiration de Moïse, des prophètes, etc. ;* enthousiasme : *poète sans inspiration.*

INSPIRER, v. tr. Faire naître un sentiment, une pensée, un dessein ; donner de l'enthousiasme.

INSTABILITÉ, n. f. Défaut de stabilité : *instabilité des choses humaines.*

INSTALLATION, n. f. Action par laquelle on est installé.

INSTALLER, v. tr. Mettre solennellement en possession d'une dignité, d'un emploi, etc.; placer, établir quelqu'un dans un endroit.

INSTAMMENT, adv. Avec instance.

INSTANCE, n. f. Demande, poursuite en justice : *la cause est en instance.* N. pl. Sollicitation pressante : *faire de vives instances.*

INSTANT, n. m. Moment, très-petit espace de temps. Loc. adv. **A l'instant**, à l'heure même ; dans un **instant**, bientôt ; à chaque **instant**, continuellement.

INSTANT, E, adj. Pressant : *prières instantes.*

INSTANTANÉ, ÉE, adj. Qui ne dure qu'un instant.

INSTANTANÉITÉ, n. f. Qualité de ce qui est instantané.

INSTANTANÉMENT, adv. D'une manière instantanée.

INSTAR (A L'), loc. prép. A la manière, à l'exemple de : *à l'instar des anciens.*

INSTAURATION, n. f. Etablissement : *l'instauration d'un gouvernement.*

INSTIGATEUR, TRICE, n. Qui incite, qui pousse à faire une chose. Se prend le plus souvent en m. part.

INSTIGATION, n. f. Incitation.

† INSTINCT, n. m. Sentiment intérieur, indépendant de la réflexion, qui dirige les animaux dans leur conduite; chez l'homme, premier mouvement qui précède la réflexion.

INSTINCTIF, IVE, adj. Qui naît de l'instinct : *mouvement instinctif.*

INSTINCTIVEMENT, adv. Par instinct.

INSTITUER, v. tr. Etablir quelque chose de nouveau; établir en charge, en fonction. *Instituer un héritier,* nommer un héritier par testament.

INSTITUT, n. m. Toute espèce de société d'hommes soumis à une même règle, et, en particulier, certaines sociétés savantes et littéraires.

INSTITUTES, n. f. pl. Nom donné aux ouvrages élémentaires qui renfermaient les principes du droit romain, et surtout au recueil qui fut rédigé par ordre de Justinien.

INSTITUTEUR, TRICE, n. Qui tient une école pour l'instruction de la jeunesse.

INSTITUTION, n. f. Action d'instituer, d'établir; maison d'éducation. *Institution d'un héritier,* sa nomination.

INSTRUCTEUR, adj. *Officier instructeur,* chargé de montrer l'exercice; *juge instructeur,* chargé d'instruire un procès.

INSTRUCTIF, IVE, adj. Qui instruit : *conversation, lecture instructive.*

INSTRUCTION, n. f. Education, enseignement; savoir, notions acquises : *avoir de l'instruction. Juge d'instruction,* magistrat chargé d'informer sur une action criminelle; *instruction judiciaire,* procédure qui met une affaire, un procès en état d'être jugé. Pl. Ordres et renseignements donnés à un ambassadeur, à un envoyé quelconque.

INSTRUIRE, v. tr. Donner des leçons à; informer : *instruisez-moi de ce qui se passe. Instruire une cause, une affaire,* la mettre en état d'être jugée.

INSTRUMENT, n. m. Outil, machine, appareil servant dans les arts, les sciences, etc. : *instrument de musique, instrument aratoire. Fig.* Ce qui

sert à une fin, ce qui est employé pour : *servir d'instrument à la vengeance de quelqu'un.*

INSTRUMENTAL, E, adj. Qui est exécuté par des instruments : *musique instrumentale.*

INSTRUMENTATION, n. f. Manière dont la partie instrumentale d'un morceau de musique est disposée.

INSTRUMENTER, v. int. Faire des contrats, des procès-verbaux et autres actes publics.

INSTRUMENTISTE, n. m. Musicien qui joue d'un instrument.

INSU, n. m. Ignorance d'une chose : *à mon insu. A l'insu de,* loc. prép. Sans qu'on le sache : *à l'insu de tout le monde.*

INSUBORDINATION, n. f. Défaut de subordination.

INSUBORDONNÉ, ÉE, adj. Qui a l'esprit d'insubordination.

INSUCCÈS, n. m. Manque de succès.

INSUFFISAMMENT, adv. D'une manière insuffisante.

INSUFFISANCE, n. f. Manque de suffisance : *l'insuffisance de la récolte;* incapacité : *reconnaître son insuffisance.*

INSUFFISANT, E, adj. Qui ne suffit pas : *nourriture insuffisante.*

INSUFFLATION, n. f. *Méd.* Action d'insuffler.

INSUFFLER, v. tr. Introduire, à l'aide du souffle, un gaz, une vapeur dans quelque cavité du corps : *insuffler de l'air dans la bouche d'un enfant nouveau-né, d'un asphyxié.*

INSULAIRE, adj. et n. Habitant d'une île.

INSULTANT, E, adj. Qui insulte : *mépris insultant.*

INSULTE, n. f. Mauvais traitement, de fait ou de paroles avec dessein prémédité d'offenser.

INSULTER, v. tr. Faire une insulte. V. int. Manquer à ce que l'on doit aux personnes ou aux choses : *insulter aux malheureux, à la raison.*

INSULTEUR, n. m. Qui a l'habitude d'insulter.

INSUPPORTABLE, adj. Intolérable, qu'on ne peut supporter : *douleur insupportable.*

INSUPPORTABLEMENT, adv. D'une manière insupportable.

INSURGÉ, n. m. Révolté.

INSURGER (S'), v. pr. Se soulever contre le gouvernement.

INSURMONTABLE, adj. Qui ne peut être surmonté.

INSURRECTION, n. f. Soulèvement contre le gouvernement.

INSURRECTIONNEL, ELLE, adj. Qui tient de l'insurrection : *mouvement insurrectionnel.*

INTACT, E, adj. A quoi l'on n'a rien retranché : *la somme est encore intacte. Fig.* Pur, irréprochable : *réputation intacte.*

INTARISSABLE, adj. Qui ne peut être tari, épuisé. *Fig.* : *imagination, gaîté intarissable.*

INTÉGRAL, E, adj. Entier, complet. *Math.* Calcul intégral, par lequel on remonte d'une quantité infiniment petite aux quantités finies, dont elle dérive.

INTÉGRALEMENT, adv. En totalité.

INTÉGRALITÉ, n. f. Etat d'une chose entière, complète.

INTÉGRANTE, adj. f. *Parties intégrantes*, qui contribuent à l'intégralité d'un tout, sans en être partie essentielle, comme les bras, les jambes, dans le corps humain.

INTÈGRE, adj. D'une probité incorruptible : *juge intègre.*

INTÉGRITÉ, n. f. Etat d'une chose qui a toutes ses parties. *Fig.* Vertu, qualité d'une personne intègre.

INTELLECT, n. m. Intelligence, entendement.

INTELLECTIF, IVE, adj. *Faculté intellective*, faculté de concevoir.

INTELLECTUEL, ELLE, adj. Qui est du ressort de l'intelligence : *vérité intellectuelle* ; spirituel : *l'âme est une substance intellectuelle.*

INTELLIGEMMENT, adv. Avec intelligence.

INTELLIGENCE, n. f. Faculté intellective ; connaissance approfondie, compréhension nette et facile : *avoir l'intelligence des affaires* ; adresse, habileté : *s'acquitter d'une mission avec beaucoup d'intelligence* ; amitié réciproque, union de sentiments : *vivre en parfaite intelligence* ; correspondance secrète : *avoir des intelligences dans la place* ; accord : *ils sont d'intelligence pour vous tromper.*

INTELLIGENT, E, adj. Pourvu de la faculté intellective ; adroit, habile : *domestique intelligent.*

INTELLIGIBLE, adj. Qui peut être ouï facilement et distinctement : *parler à haute et intelligible voix* ; aisé à comprendre : *discours intelligible.*

INTELLIGIBLEMENT, adv. D'une manière intelligible.

INTEMPÉRANCE, n. f. Vice opposé à la tempérance. *Fig. Intempérance de langue*, trop grande liberté qu'on se donne de parler.

INTEMPÉRANT, E, adj. Qui a le vice de l'intempérance : *homme intempérant, langue intempérante.*

INTEMPÉRIE, n. f. Déréglement de l'air, des saisons.

INTEMPESTIF, IVE, adj. Qu'il n'est pas à propos de faire pour le moment : *démarche intempestive.*

INTEMPESTIVEMENT, adv. D'une manière intempestive.

INTENDANCE, n. f. Direction, administration. **Intendance militaire**, administration et comptabilité de la guerre ; bureaux de cette administration.

INTENDANT, n. m. Qui est chargé de régir des biens, une maison. **Intendant militaire**, chargé de pourvoir à tous les besoins de l'armée.

INTENSE, adj. Grand, fort, vif : *froid intense.*

INTENSITÉ, n. f. Degré de force, d'activité, de puissance : *l'intensité du froid.*

INTENTER, v. tr. Commencer, faire : *intenter un procès.*

INTENTION, n. f. Acte de volonté par lequel nous formons un dessein ; volonté : *l'intention de votre père est que* ; idée, ce qu'on a en vue : *savoir gré de l'intention.*

INTENTIONNÉ, ÉE, adj. Qui a une certaine intention : *bien, mal intentionné.*

INTENTIONNEL, ELLE, adj. Qui concerne l'intention.

INTERCALAIRE, adj. *Jour intercalaire*, ajouté à l'année bissextile.

INTERCALATION, n. f. Addition d'un jour dans le mois de février, aux années bissextiles. *Par ext.* Addition après coup d'un mot, d'une ligne dans un acte, d'un article dans un compte, etc.

INTERCALER, v. tr. Ajouter un jour au mois de février, de quatre en quatre ans. *Par ext.* Ajouter après coup quelque chose à un écrit.

INTERCÉDER, v. int. Prier, solliciter pour quelqu'un.

INTERCEPTER, v. tr. S'emparer par surprise de ce qui est envoyé à quelqu'un : *intercepter une lettre* ; interrompre le cours : *les nuages interceptent les rayons du soleil.*

INTERCEPTION, n. f. Interruption du cours direct d'une chose.

INTERCESSEUR, n. m. Qui intercède.

INTERCESSION, n. f. Action d'intercéder.

INTERCOSTAL , E, adj. Qui est entre les côtes : *muscles intercostaux.*

INTERDICTION , n. f. Défense, prohibition : *interdiction d'un genre de commerce* ; suspension de fonctions : *fonctionnaire frappé d'interdiction* ; action d'ôter à quelqu'un la libre disposition de ses biens : *demande en interdiction. Interdiction des droits civiques,* privation de ces droits.

INTERDIRE , v. tr. Défendre quelque chose à quelqu'un : *le médecin lui a interdit l'usage du vin* ; frapper d'interdiction : *interdire un prêtre* ; ôter à quelqu'un la libre disposition de ses biens ; étonner, troubler : *la peur l'avait tout interdit.*

INTERDIT , n. m. Sentence ecclésiastique qui interdit : *jeter, lever l'interdit.*

INTÉRESSANT, E, adj. Qui intéresse : *nouvelle intéressante.*

INTÉRESSÉ, EE, adj. Trop attaché à ses intérêts. *Service intéressé,* rendu par intérêt.

INTÉRESSER , v. tr. Faire entrer quelqu'un dans une affaire, en lui attribuant une part dans le bénéfice ; importer : *cela m'intéresse* ; inspirer de l'intérêt, de la bienveillance, de la compassion : *ce jeune homme m'intéresse* ; captiver l'esprit, toucher, émouvoir : *cette lecture m'intéresse. Intéresser le jeu,* le rendre plus attachant par l'espoir du gain.

INTÉRÊT , n. m. Ce qui importe à l'utilité de quelqu'un : *c'est l'intérêt qui le guide* ; bénéfice qu'on retire de l'argent prêté. **Dommages et intérêts,** indemnité. *Fig.* Désir du bonheur de quelqu'un, tendre sollicitude pour lui : *ressentir un vif intérêt pour quelqu'un* ; ce qui, dans un ouvrage, charme l'esprit et touche le cœur : *histoire pleine d'intérêt.*

INTÉRIEUR , n. m. La partie de dedans : *l'intérieur du corps* ; partie d'une diligence entre le coupé et la rotonde. **Ministère de l'intérieur,** administration des affaires intérieures d'un pays. *Fig. Se plaire dans son intérieur,* chez soi, dans sa maison.

INTÉRIEUR, E, adj. Qui est au-dedans ; qui se passe en nous, dans notre âme : *sentiment intérieur. Le for intérieur,* la conscience.

INTÉRIEUREMENT, adv. Au-dedans.

INTÉRIM , n. m. Espace de temps pendant lequel une fonction est remplie par un autre que par le titulaire : *ministre par intérim.*

INTÉRIMAIRE , n. m. Celui qui, par intérim, exerce des fonctions à la place du titulaire.

INTERJECTIF, IVE, adj. Qui marque interjection : *locution interjective.*

INTERJECTION , n. f. *Gram.* Mot qui sert à exprimer les différents mouvements de l'âme, comme *ah, hélas,* etc.

INTERJETER , v. tr. N'est d'usage que dans : *interjeter appel,* appeler d'un jugement.

INTERLIGNE , n. m. Espace qui est entre deux lignes écrites ou imprimées. N. f. *Impr.* Lame de métal qui sert à espacer les lignes.

INTERLIGNER , v. tr. *Impr.* Séparer par des interlignes.

INTERLINÉAIRE , adj. Qui est écrit dans l'interligne : *traduction interlinéaire.*

INTERLOCUTEUR , TRICE , n. Personnage qu'on introduit dans un dialogue ; toute personne conversant avec une autre.

INTERLOCUTION , n. f. Jugement par lequel on prononce un interlocutoire.

INTERLOCUTOIRE , n. m. Jugement qui ordonne une preuve, une instruction préalable. Adj. Se dit de la preuve ordonnée : *jugement interlocutoire.*

INTERLOPE , adj. et n. Navire marchand qui trafique en fraude.

INTERLOQUER , v. tr. Ordonner un interlocutoire ; embarrasser, interdire. *Fam.*

INTERMÈDE , n. m. Divertissement entre les actes d'un drame de longue haleine.

INTERMÉDIAIRE , adj. Qui est entre deux : *corps intermédiaire.* N. m. Personne qui s'interpose : *servir d'intermédiaire* ; transition : *passer d'une idée à une autre sans intermédiaire.*

INTERMINABLE , adj. Qui ne saurait être terminé : *procès interminable.*

INTERMITTENCE , n. f. Caractère de ce qui est intermittent : *l'intermittence du pouls.*

INTERMITTENT, E , adj. Qui discontinue et reprend par intervalles : *fièvre, fontaine intermittente.*

INTERNAT , n. m. École d'internes ; son opposé est *externat.*

INTERNATIONAL, E, adj. Qui a lieu, qui se passe entre nations : *rapports internationaux.*

INTERNE , adj. Qui est au-dedans : *maladie interne.* N. m. Élève qui demeure dans l'établissement. *Méd.* Élève attaché au service d'un hôpital et qui y fait sa demeure. *Géom. Angle interne*, placé en dedans de la figure.

INTERNONCE, n. m. Envoyé du souverain pontife dans une cour étrangère, à défaut de nonce.

INTERPELLATION, n. f. Sommation de répondre sur un fait.

INTERPELLER, v. tr. Sommer de répondre, de s'expliquer sur un fait.

INTERPOLATEUR, n. m. Qui interpole.

INTERPOLATION, n. f. Action d'interpoler.

INTERPOLER, v. tr. Introduire dans un ouvrage des passages, des chapitres entiers, qui n'appartiennent pas à la pièce originale : *on interpolait fréquemment avant la découverte de l'imprimerie*.

INTERPOSER, v. tr. Employer : *interposer son autorité*. V. pr. Intervenir comme médiateur : *s'interposer entre deux adversaires*, et, au pr. : *la lune s'interpose entre le soleil et la terre*.

INTERPOSITION, n. f. Situation d'un corps entre deux autres. *Fig.* Intervention d'une autorité supérieure.

INTERPRÉTATEUR, TRICE, n. Qui interprète.

INTERPRÉTATION, n. f. Action d'interpréter, explication.

INTERPRÈTE, n. m. Celui qui rend les mots d'une langue par les mots d'une autre langue : *ils ne peuvent s'entendre sans le secours d'un interprète*; qui est chargé de déclarer, de faire connaître les volontés, les intentions d'un autre : *soyez mon interprète auprès de...* Interprète juré, nommé par les cours ou tribunaux pour traduire. *Fig.* : *les yeux sont les interprètes de l'âme*.

INTERPRÉTER, v. tr. Traduire d'une langue en une autre ; expliquer ce qui est obscur : *interpréter une loi* ; deviner, tirer d'une chose quelque induction, quelque présage : *interpréter un songe*. *Fig.* Prendre en bonne ou en mauvaise part : *mal interpréter les intentions de quelqu'un*.

INTERRÈGNE, n. m. Intervalle de temps pendant lequel un État est sans chef suprême.

INTERROGANT, adj. Qui sert à marquer l'interrogation : *point interrogant* (?). On dit mieux *interrogatif* ou *d'interrogation*.

INTERROGATEUR, TRICE, n. Qui interroge : *regard interrogateur* ; examinateur.

INTERROGATIF, IVE, adj. *Gram.* Qui marque interrogation : *point interrogatif*.

INTERROGATION, n. f. Question,

demande. **Point d'interrogation**, qui marque l'interrogation.

INTERROGATOIRE, n. m. Questions qu'un magistrat adresse à un accusé et réponses de celui-ci ; procès-verbal où elles sont consignées.

INTERROGER, v. tr. Adresser des questions à quelqu'un ; à un candidat dans un examen. *Fig.* Consulter, examiner : *interroger la nature, l'histoire*.

INTERROMPRE, v. tr. Rompre la continuité d'une chose ; couper la parole à quelqu'un.

INTERROMPU, E, adj. *Propos interrompus*, discours sans suite.

INTERRUPTEUR, n. m. Qui interrompt.

INTERRUPTION, n. f. Action d'interrompre.

INTERSECTION, n. f. *Géom.* Point où deux lignes, deux plans se coupent.

INTERSTICE, n. m. Petit intervalle que laissent entre elles les molécules des corps.

INTERTROPICAL, E, adj. Situé entre les tropiques : *plante intertropicale*.

INTERVALLE, n. m. Distance entre les lieux, le temps. *Mus.* Distance qui sépare deux sons, l'un grave, l'autre plus aigu. **Par intervalles**, loc. adv. De temps à autre.

INTERVENANT, E, adj. Qui intervient dans un procès.

INTERVENIR, v. int. Entrer dans une affaire par quelque intérêt ; se rendre médiateur, interposer son autorité.

INTERVENTION, n. f. Action d'intervenir dans une affaire, dans un procès, etc.

INTERVERSION, n. f. Dérangement, renversement d'ordre.

INTERVERTIR, v. tr. Déranger, renverser.

INTESTAT, adj. m. et f. Ne se dit que dans ces deux phrases : *mourir intestat*, sans avoir fait de testament ; *hériter ab intestat*, de quelqu'un mort intestat.

INTESTIN, n. m. *Anat.* Conduit membraneux qui s'étend depuis l'estomac jusqu'à l'anus.

INTESTIN, E, adj. Qui est à l'intérieur. Se dit surtout au figuré, en parlant des guerres civiles : *guerres, divisions intestines*.

INTESTINAL, E, adj. Qui appartient aux intestins : *canal intestinal*. Vers intestinaux, animaux parasites que l'on ne trouve que dans l'intérieur du corps de l'homme et des animaux.

INTIMATION, n. f. Action d'intimer.

INTIME, adj. Intérieur et profond, qui

existe au fond de l'âme : *nature intime d'une chose*, *conviction intime*; qui a, et pour qui l'on a une affection très-forte : *ami intime*. N. : *c'est mon intime. Secrétaire intime*, qui a toute la confiance de son chef.

INTIMÉ, n. m. Le défenseur en cour d'appel.

INTIMEMENT, adv. Intérieurement et profondément : *intimement persuadé*; avec une affection très-étroite : *intimement unis.*

INTIMER, v. tr. Signifier avec autorité : *intimer un ordre*; appeler en justice.

INTIMIDATION, n. f. Action d'intimider.

INTIMIDER, v. tr. Donner de la crainte, de l'appréhension.

INTIMITÉ, n. f. Liaison intime.

INTITULÉ, n. m. Titre d'un livre, d'un chapitre, etc.

INTITULER, v. tr. Donner un titre à un ouvrage d'esprit quelconque.

INTOLÉRABLE, adj. Qu'on ne peut supporter, souffrir : *situation intolérable.*

INTOLÉRANCE, n. f. Défaut de tolérance, surtout en matières religieuses.

INTOLÉRANT, E, adj. et n. Qui manque de tolérance.

INTOLÉRANTISME, n. m. Sentiment, manière de voir des intolérants.

INTONATION, n. f. Manière d'entonner, soit avec la voix, soit avec un instrument; ton qu'on prend en parlant, en lisant : *varier ses intonations.*

INTRADOS, n. m. Partie intérieure et concave d'une voûte, par oppos. à *extrados.*

INTRADUISIBLE, adj. Qu'on ne peut traduire.

INTRAITABLE, adj. D'un commerce difficile; à qui on ne peut faire entendre raison sur une chose.

INTRA-MUROS; mots lat. Dans l'enceinte d'une ville : *maison située intra-muros*. Son opposé est *extramuros.*

INTRANSITIF, IVE, adj. *Gram.* Se dit des verbes qui expriment l'action d'une manière absolue, et qui ne peuvent avoir de complément direct, comme *parler, dîner, danser.*

IN-TRENTE-DEUX, n. m. Livre dont les feuilles sont pliées en trente-deux feuillets, et forment 64 pages. Pl. des *in-trente-deux.*

INTRÉPIDE, adj. Qui ne craint point le péril; qui ne se laisse point rebuter par les obstacles : *solliciteur intrépide.*

INTRÉPIDEMENT, adv. D'une manière intrépide.

INTRÉPIDITÉ, n. f. Courage, fermeté inébranlable dans le péril.

INTRIGANT, E, adj. et n. Qui se mêle d'intrigues.

INTRIGUE, n. f. Pratique secrète qu'on emploie pour faire réussir ou manquer une affaire; différents incidents qui forment le nœud d'une pièce de théâtre; commerce secret de galanterie.

INTRIGUER, v. tr. Embarrasser, donner à penser. V. int. Se livrer à des intrigues : *intriguer continuellement.*

INTRINSÈQUE, adj. Qui est au-dedans d'une chose, qui lui est propre et essentiel : *mérite intrinsèque d'un homme. Valeur intrinsèque*, qu'ont les objets indépendamment de toute convention : *le fer, étant, plus utile que l'or, a une plus grande valeur intrinsèque*; en parlant des objets d'orfèvrerie, *valeur intrinsèque*, leur valeur par rapport au poids, abstraction faite du travail artistique. Son opposé est *extrinsèque.*

INTRINSÈQUEMENT, adv. D'une manière intrinsèque.

INTRODUCTEUR, TRICE, n. Qui introduit.

INTRODUCTION, n. f. Action d'introduire; discours préliminaire en tête d'un ouvrage; entrée : *l'introduction d'une marchandise. Fig.* : *l'introduction d'un usage.*

INTRODUIRE, v. tr. Faire entrer une chose dans une autre : *introduire la sonde dans une plaie*; des marchandises dans un pays; faire entrer quelqu'un : *il l'introduisit dans le cabinet du ministre*; faire paraître, faire figurer un personnage dans une pièce de théâtre. *Fig.* Faire adopter : *introduire une mode.*

INTROÏT, n. m. Prières que chante le chœur au commencement de la messe.

INTRONISATION, n. f. Action d'introniser.

INTRONISER, v. tr. Installer un évêque sur son siège épiscopal.

INTROUVABLE, adj. Qu'on ne peut trouver.

INTRUS, E, adj. et n. Celui qui s'introduit quelque part sans avoir qualité pour y être admis.

INTRUSION, n. f. Action de s'introduire, contre le droit ou la forme.

INTUITIF, IVE, adj. Que l'on a par intuition.

INTUITION, n. f. Connaissance claire, droite, immédiate de vérités qui, pour être saisies par l'esprit, n'ont pas besoin de l'intermédiaire du raisonnement.

INTUITIVEMENT, adv. Par intuition.

INTUSSUSCEPTION, n. f. Introduction, dans un corps organisé, d'un suc, d'une substance qui sert à son accroissement. Son opposé est *juxtaposition* : *les animaux et les plantes s'accroissent par intussusception, les minéraux s'accroissent par juxtaposition.*

INUSITÉ, ÉE, adj. Qui n'est point usité.

INUTILE, adj. Qui ne sert à rien.

INUTILEMENT, adv. Sans utilité.

INUTILITÉ, n. f. Manque d'utilité. Pl. Choses inutiles : *discours rempli d'inutilités.*

INVAINCU, E, adj. Qui n'a jamais été vaincu.

INVALIDE, adj. Infirme, qui ne peut travailler. *Fig.* Qui n'a pas les conditions requises par la loi : *acte, mariage invalide.* N. m. Soldat devenu incapable de servir par l'âge ou les blessures, et nourri aux frais de l'Etat à l'Hôtel des Invalides.

INVALIDEMENT, adv. Sans force, sans effet : *un homme interdit ne peut traiter de ses intérêts qu'invalidement.*

INVALIDER, v. tr. Rendre nul, déclarer invalide : *invalider un testament.*

INVALIDITÉ, n. f. Manque de validité : *invalidité d'un contrat.*

INVARIABILITÉ, n. f. Etat de ce qui est invariable.

INVARIABLE, adj. Qui ne change point.

INVARIABLEMENT, adv. D'une manière invariable.

INVASION, n. f. Irruption faite dans un pays. *Fig.* : *l'invasion de la peste.*

INVECTIVE, n. f. Parole amère et violente, expression injurieuse : *accabler quelqu'un d'invectives.*

INVECTIVER, v. tr. Apostropher, dire des invectives.

INVENDABLE, adj. Qu'on ne peut vendre.

INVENDU, E, adj. Qui n'a pas été vendu.

INVENTAIRE, n. m. Etat, dénombrement par écrit et par articles des biens, meubles, titres, papiers d'une personne. *Héritier sous bénéfice d'inventaire,* qui n'est tenu de payer les dettes d'une succession que jusqu'à concurrence de la valeur des biens qu'il doit recueillir.

INVENTER, v. tr. Trouver, créer par la force de son esprit, de son imagination ; supposer : *inventer une fausseté.*

INVENTEUR, TRICE, n. Qui invente.

INVENTIF, IVE, adj. Qui a le génie le talent d'inventer : *esprit inventif.*

INVENTION, n. f. Faculté, action d'inventer ; chose inventée. *Rhét.* Choix des arguments et des idées dont on peut faire usage pour traiter un sujet.

INVENTORIER, v. tr. Faire un inventaire.

INVERSE, adj. Renversé, opposé à la direction actuelle ou naturelle des choses : *les objets apparaissent dans l'eau dans un sens inverse ;* opposé à direct : *proposition, construction inverse.* N. m. Le contraire : *faire l'inverse.*

INVERSION, n. f. *Gram.* Toute construction où l'on donne aux mots un autre ordre que l'ordre direct.

INVERTÉBRÉ, ÉE, adj. et n. Se dit des animaux qui n'ont point de colonne vertébrale, comme les insectes, les crustacés, etc.

INVESTIGATEUR, TRICE, n. Qui fait sur un objet des recherches suivies.

INVESTIGATION, n. f. Recherche sur un objet.

INVESTIR, v. tr. Mettre, avec de certaines formalités, en possession d'un pouvoir, d'une autorité quelconque ; environner de troupes une place de guerre. *Fig. Investir quelqu'un de sa confiance,* se fier à lui entièrement.

INVESTISSEMENT, n. m. Action d'investir une place.

INVESTITURE, n. f. Mise en possession d'une dignité ecclésiastique.

INVÉTÉRÉ, ÉE, adj. Enraciné : *mal invétéré. Fig.* : *haine invétérée.*

INVÉTÉRER (S'), v. pr., et **Invétérer** v. int. Devenir ancien et difficile à guérir.

INVINCIBLE, adj. Qu'on ne saurait vaincre. *Fig.* Sans réplique : *argument invincible.*

INVINCIBLEMENT, adv. D'une manière invincible.

INVIOLABILITÉ, n. f. Qualité de ce qui est inviolable.

INVIOLABLE, adj. Qu'on ne doit jamais violer, enfreindre : *serment inviolable ;* que la constitution met à l'abri de toute action violente, de toute poursuite, même en cas de culpabilité : *la personne d'un roi constitutionnel est inviolable.* Son opposé est *responsable.*

INVIOLABLEMENT, adv. D'une manière inviolable.

INVISIBILITÉ, n. f. État de ce qui est invisible.

INVISIBLE, adj. Qui échappe à la vue par sa nature, sa petitesse ou sa distance.

INVISIBLEMENT, adv. D'une manière invisible.

INVITATION, n. f. Action d'inviter.

INVITÉ, ÉE, n. Qui a reçu une invitation : *tous les invités étaient présents.*

INVITER, v. tr. Convier, prier de se trouver quelque part, d'assister à. *Fig.* Engager, exciter : *le murmure des eaux invite au sommeil.*

INVOCATION, n. f. Action d'invoquer ; prière que le poète adresse à une divinité, au début d'un ouvrage.

INVOLONTAIRE, adj. Fait sans le consentement de la volonté : *mouvement involontaire.*

INVOLONTAIREMENT, adv. Sans le vouloir.

INVOQUER, v. tr. Appeler à son aide, à son secours, une puissance surnaturelle. *Fig.* Citer en sa faveur : *invoquer un témoignage.*

INVRAISEMBLABLE, adj. Qui n'est pas vraisemblable.

INVRAISEMBLANCE, n. f. Défaut de vraisemblance.

INVULNÉRABLE, adj. Qui ne peut être blessé.

† IODE, n. m. Substance simple, d'un gris bleuâtre, d'un éclat métallique, volatile à une température un peu élevée, et qui, quand on la chauffe, répand une vapeur violette.

IODURE, n. m. Composé d'iode et d'un métal ou un autre corps.

IODURÉ, ÉE, adj. Mêlé d'iode.

IONIEN, ENNE, adj. D'Ionie. *Dialecte ionien,* qu'on parlait en Ionie.

IONIQUE, adj. Qui appartient à l'Ionie. *Ordre ionique,* troisième ordre d'architecture.

IOTA, n. m. Neuvième lettre de l'alphabet grec, dont la figure répond à notre *i. Fig. Il n'y a manque pas un iota;* il n'y manque rien.

IPÉCACUANHA, n. m. Arbrisseau d'Amérique, dont l'écorce et la racine, réduites en poudre, sont employées en médecine à cause de leurs propriétés émétiques.

IPSO FACTO (mots lat.) Par le fait seul, par le fait même : *celui qui frappe un prêtre est excommunié ipso facto.*

IRASCIBILITÉ, n. f. Disposition à s'irriter.

IRASCIBLE, adj. Prompt à se mettre en colère : *caractère irascible.*

IRATO (AB). V. *Ab irato.*

IRE, n. f. Colère. *Poét.* et *vieux.*

IRIS, n. m. Nom poétique de l'arc-en-ciel ; partie de l'œil qui donne la couleur particulière aux yeux de chaque individu ; genre fort nombreux de plantes ; poudre de senteur faite de la racine d'iris. *Pierre d'iris,* qui offre les couleurs de l'arc-en-ciel.

IRISÉ, ÉE, adj. Qui présente les nuances de l'arc-en-ciel : *pierre irisée.*

IRISER (S'), v. pr. Se revêtir des couleurs de l'arc-en-ciel.

IRONIE, n. f. Raillerie ; figure de rhét. par laquelle on dit le contraire de ce qu'on veut faire entendre.

IRONIQUE, adj. Où il y a de l'ironie : *discours ironique.*

IRONIQUEMENT, adv. Par ironie.

IROQUOIS, n. m. Homme qui a des habitudes bizarres. *Pop.*

IRRADIATION, n. f. Expansion de lumière qui environne les astres et les fait paraître plus grands qu'ils ne sont.

IRRAISONNABLE, adj. Qui n'est pas doué de raison.

IRRATIONNEL, ELLE, adj. *Géom.* Se dit des quantités qui n'ont aucune mesure commune avec l'unité, comme les racines des nombres qui ne sont pas des carrés parfaits.

IRRÉCONCILIABLE, adj. Qui ne peut se réconcilier.

IRRÉCONCILIABLEMENT, adv. D'une manière irréconciliable.

IRRÉCUSABLE, adj. Qui ne peut être récusé : *témoignage irrécusable.*

IRRÉDUCTIBILITÉ, n. f. Qualité de ce qui est irréductible.

IRRÉDUCTIBLE, adj. Se dit, en chimie, d'un oxyde métallique qu'on ne peut réduire en métal, et, en arithmétique, d'une fraction qu'on ne peut amener à de moindres termes, comme 2/3.

IRRÉFLÉCHI, E, adj. Qui n'est point réfléchi : *action irréfléchie.*

IRRÉFLEXION, n. f. Défaut de réflexion.

IRRÉFRAGABLE, adj. Qu'on ne peut récuser : *autorité irréfragable.*

IRRÉGULARITÉ, n. f. Manque de régularité : *l'irrégularité d'un bâtiment, de la conduite.*

IRRÉGULIER, ÈRE, adj. Qui ne suit point les règles : *verbe irrégulier;* qui n'est pas symétrique, uniforme : *bâtiment irrégulier.*

IRRÉGULIÈREMENT, adv. D'une façon irrégulière.

IRRÉLIGIEUSEMENT, adv. Avec irréligion.

IRRÉLIGIEUX, EUSE, adj. Qui n'a pas de religion : *homme irréligieux* ; contraire à la religion : *discours irréligieux.*

IRRÉLIGION, n. f. Manque de religion.

IRRÉMÉDIABLE, adj. A quoi on ne peut remédier.

IRRÉMISSIBLE, adj. Qui ne mérite point de pardon : *crime irrémissible.*

IRRÉMISSIBLEMENT, adv. Sans rémission, sans miséricorde.

IRRÉPARABLE, adj. Qui ne peut être réparé : *perte irréparable.*

IRRÉPARABLEMENT, adv. D'une manière irréparable.

IRRÉPRÉHENSIBLE, adj. Qu'on ne saurait reprendre, blâmer : *conduite irrépréhensible.*

IRRÉPROCHABLE, adj. Qui ne mérite point de reproche.

IRRÉPROCHABLEMENT, adv. D'une manière irréprochable.

IRRÉSISTIBLE, adj. A quoi on ne peut résister : *éloquence irrésistible.*

IRRÉSISTIBLEMENT, adv. D'une manière irrésistible.

IRRÉSOLU, E, adj. Qui prend difficilement une résolution : *esprit irrésolu.*

IRRÉSOLUMENT, adv. D'une manière irrésolue.

IRRÉSOLUTION, n. f. Incertitude, état de celui qui demeure irrésolu.

IRRESPECTUEUX, EUSE, adj. Qui manque au respect, qui blesse le respect : *propos irrespectueux.*

IRRÉVÉRENCE, n. f. Manque de respect.

IRRÉVÉRENT, E, adj. Qui est contre le respect que l'on doit.

IRRÉVOCABILITÉ, n. f. État de ce qui est irrévocable.

IRRÉVOCABLE, adj. Qui ne peut être révoqué : *donation irrévocable.*

IRRÉVOCABLEMENT, adv. D'une manière irrévocable.

IRRIGATION, n. f. Arrosement des prés, des terres, à l'aide de rigoles ou de saignées.

† **IRRITABILITÉ**, n. f. Etat de ce qui est irritable.

IRRITABLE, adj. Qui s'irrite aisément : *caractère irritable.*

IRRITANT, E, adj. Qui irrite, qui détermine une irritation. N. m. Substances irritantes : *les irritants.*

IRRITATION, n. f. Action de ce qui irrite les organes, les nerfs, etc. ; état qui résulte de cette action. *Fig.* Agitation, effervescence : *l'irritation des esprits.*

IRRITÉ, ÉE. adj. Courroucé. *Fig.* : *les flots irrités. Poét.*

IRRITER, v. tr. Mettre en colère. *Méd.* Déterminer de la chaleur et de la tension dans un organe. *Fig.* Augmenter, exciter : *irriter les désirs.*

IRRUPTION, n. f. Entrée soudaine des ennemis dans un pays. *Par ext.* Débordement de la mer, d'un fleuve sur les terres.

† **ISABELLE**, adj. Qui est d'un jaune clair : *cheval, lapin, lièvre isabelle.* N. f. Petite prune de cette couleur.

ISARD ou **IZARD**, n. m. Nom du chamois dans les Pyrénées.

ISLAMISME, n. m. Mahométisme.

ISOCÈLE, adj. *Géom.* Qui a deux côtés égaux : *triangle isocèle.*

ISOCHRONE, adj. *Méc.* Mouvements isochrones, qui se font en temps égaux, comme les mouvements du pendule.

ISOCHRONISME, n. m. Qualité de ce qui est isochrone.

ISOLATION, n. f. Action d'isoler le corps que l'on veut électriser.

ISOLÉ, ÉE, adj. Séparé : *maison isolée.*

ISOLEMENT, n. m. État d'une personne qui vit isolée ; séparation opérée entre un corps qu'on électrise et les corps environnants.

ISOLÉMENT, adv. D'une manière isolée.

ISOLER, v. tr. Faire qu'un corps ne tienne à aucun autre. *Phys.* Oter au corps qu'on électrise tout contact avec ceux qui pourraient lui enlever son électricité.

ISOLOIR, n. m. Tabouret de bois à pieds de verre, sur lequel on met les corps qu'on veut électriser.

ISRAÉLITE, n. Hébreu, juif.

ISSU, E, adj. Descendu d'une personne, d'une race.

ISSUE, n. f. Lieu par où l'on sort. *Fig.* Evénement final, conclusion : *issue d'un combat.* A l'issue de, loc. pr. Au sortir de : *à l'issue du dîner, du conseil, etc.*

ISTHME, n. m. Langue de terre qui joint une presqu'île au continent.

ITALIANISME, n. m. V. *Italisme.*

ITALIQUE, adj. et n. m. Caractère d'imprimerie un peu incliné.

ITALISME ou **ITALIANISME**, n. m. Idiotisme italien.

ITEM, adv. (Mot lat.) De plus.

ITÉRATIF, IVE, adj. Fait ou répété plusieurs fois : *ordre itératif.*

ITÉRATIVEMENT, adv. Pour la seconde, troisième ou quatrième fois.

ITINÉRAIRE, n. m. Indication de

la route à suivre dans un voyage ; livre, ouvrage dans lequel un voyageur fait le récit de ses aventures : *l'Itinéraire de Paris à Jérusalem.* Adj. *Mesures itinéraires,* qui servent à indiquer la distance d'un lieu à un autre.

✝ **IVOIRE**, n. m. Substance osseuse qui constitue les défenses ou dents de l'éléphant, et de quelques autres animaux. *Fig.* Blancheur : *l'ivoire du cou.*

IVRAIE, n. f. Mauvaise herbe à graine noire, qui naît parmi le blé. *Fig.* Séparer *l'ivraie d'avec le bon*

grain, séparer les méchants d'avec les bons.

IVRE, adj. Qui a le cerveau troublé par les fumées du vin, d'une liqueur alcoolique. *Fig.* Troublé par les passions *ivre de joie, d'orgueil.*

IVRESSE, n. f. État d'une personne ivre. *Fig.* Transport : *l'ivresse de la joie* ; enthousiasme : *l'ivresse poétique.*

IVROGNE, ESSE, n. Qui s'enivre souvent.

IVROGNERIE, n. f. Habitude de s'enivrer.

IZARD, n. m. V. *Isard.*

J

J, n. m. Dixième lettre de l'alphabet, et la septième des consonnes.

JÀ, adv. Déjà. *Pop.*

JABLE, n. m. Rainure qu'on fait aux douves des tonneaux.

JABOT, n. m. Poche que les oiseaux ont sous la gorge, et dans laquelle les aliments séjournent quelque temps avant de passer dans l'estomac ; mousseline, dentelle attachée par ornement à l'ouverture d'une chemise d'homme.

JABOTER, v. int. Parler sans cesse, dire des bagatelles.

JACASSER, v. int. Crier, en parlant de la pie, et, par ext., bavarder.

✝ **JACHÈRE**, n. f. État d'une terre labourable qu'on laisse reposer ; cette terre elle-même.

JACINTHE, n. f. Plante de la famille des liliacés ; sa fleur.

JACOBIN, E, n. Nom familier des religieux et religieuses de la règle de saint Dominique. N. m. pl. **Club des Jacobins**, société politique qui tenait ses séances, en 1789, dans l'ancien couvent des jacobins, à Paris.

JACOBINISME, n. m. Doctrine des jacobins, démocratie tyrannique.

JACONAS, n. m. Espèce de mousseline de l'Inde.

✝ **JACQUERIE** ou **JAQUERIE**, n. f. Insurrection des serfs contre les seigneurs, au quatorzième siècle.

JACTANCE, n. f. Vanterie.

JADIS, adv. Autrefois.

JAGUAR, n. m. Quadrupède carnivore de l'Amér. mérid., à peau mouchetée.

JAILLIR, v. int. Sortir impétueusement, en parlant des liquides, et quelquefois aussi de la lumière.

JAILLISSANT, E, adj. Qui jaillit : *eaux jaillissantes.*

JAILLISSEMENT, n. m. Action de jaillir.

JAIS, n. m. Substance bitumineuse, solide, d'un noir luisant. Dites : *noir comme du jais,* et non : *comme un geai.*

JALAP, n. m. Plante de l'Amérique septentrionale, dont la racine a des propriétés purgatives très-énergiques.

JALON, n. m. Grand bâton qu'on plante en terre pour prendre des alignements dans l'arpentage et le nivellement.

JALONNER, v. int. Planter des jalons de distance en distance.

JALONNEUR, n. m. *Th. milit.* Homme placé sur un point, en guise de jalon, pour déterminer un alignement.

JALOUSER, v. tr. Avoir de la jalousie contre quelqu'un.

JALOUSIE, n. f. Chagrin de voir possédé par un autre un bien qu'on voudrait pour soi ; sentiment d'envie qu'excite la gloire, la prospérité d'un concurrent ; treillis de bois au travers duquel on voit sans être vu.

JALOUX, OUSE, adj. Qui a de la jalousie ; envieux : *jaloux du bonheur d'autrui. Fig.* Très-attaché à : *jaloux de sa liberté* ; très-désireux : *jaloux de plaire.*

JAMAIS, adv. En aucun temps : *on n'a jamais rien vu de pareil.* A jamais, pour jamais, loc. adv. Toujours, pour toujours : *adieu pour jamais.*

JAMBAGE, n. m. Ligne droite de l'*m*, de l'*n*, de l'*u*, etc.

JAMBE, n. f. Partie du corps comprise entre le genou et le pied.

JAMBÉ, ÉE, adj. *Bien jambé ;* qui a la jambe bien faite.

JAMBETTE, n. f. Petit couteau de

poche, dont la lame se replie dans le manche.

JAMBIER, ÈRE, adj. *Anat.* Qui appartient à la jambe : *muscles jambiers.*

JAMBON, n. m. Cuisse ou épaule salée du cochon ou du sanglier.

JAMBONNEAU, n. m. Petit jambon.

†**JANISSAIRE,** n. m. Autrefois soldat de l'infanterie turque qui servait de garde au sultan.

†**JANSÉNISME,** n. m. Doctrine de Jansénius sur la grâce.

JANSÉNISTE, n. m. Partisan du jansénisme.

JANTE, n. f. Pièce de bois courbée, qui fait partie du cercle d'une roue de voiture.

JANVIER, n. m. Premier mois de l'année, qui tire son nom de *Janus,* ancien roi du Latium, auquel ce mois était consacré.

JAPPEMENT, n. m. Action de japper.

JAPPER, v. int. Aboyer, principalement en parlant des petits chiens.

JAQUEMART, n. m. Figure de métal représentant un homme armé, qui frappe avec un marteau les heures sur la cloche d'une horloge.

JAQUERIE, n. f. V. *Jacquerie.*

JAQUETTE, n. f. Robe que portent les petits garçons : *enfant à la jaquette.*

JARDIN, n. m. Lieu ordinairement enclos, où l'on cultive des fleurs, des légumes (*potager*), des arbres (*fruitier*), etc. *Fig.* Pays fertile : *la Touraine est le jardin de la France.*

JARDINAGE, n. m. Art de cultiver les jardins.

JARDINER, v. int. Travailler au jardin.

JARDINET, n. m. Petit jardin.

JARDINIER, ÈRE, n. Qui fait son état de cultiver les jardins.

JARDINIÈRE, n. f. Meuble d'ornement qui supporte une caisse dans laquelle on cultive des fleurs; mets composé de différents légumes.

JARDONS, n. m. pl. Tumeur calleuse qui se développe à la partie latérale externe du jarret du cheval.

JARGON, n. m. Langage corrompu, et, abusivement, langue étrangère qu'on n'entend pas.

JARGONNER, v. int. Parler un langage corrompu, inintelligible.

†**JARNAC** (coup de), n. m. V. *Coup.*

JARRE, n. f. Grand vase de grès pour conserver l'eau.

JARRET, n. m. Partie de la jambe située derrière l'articulation du genou;

endroit où se plie la jambe de derrière des quadrupèdes.

JARRETÉ, ÉE, adj. Se dit d'un quadrupède qui a les jambes de derrière tournées en dedans.

JARRETER (SE), v. pr. Attacher ses jarretières.

JARRETIÈRE, n. f. Ruban, tissu élastique, dont on lie ses bas. †Ordre de chevalerie en Angleterre.

JARS, n. m. Mâle de l'oie.

JASER, v. int. Causer, babiller. Se dit aussi des oiseaux parleurs, tels que la pie, le merle, le perroquet, etc.

JASERIE, n. f. Babil, caquet. *Fam.*

JASEUR, EUSE, n. Causeur, babillard.

JASMIN, n. m. Arbuste qui produit des fleurs odoriférantes; la fleur même.

JASPE, n. m. Pierre dure et opaque, de la nature de l'agate.

JASPER, v. tr. Bigarrer de diverses couleurs pour imiter le jaspe.

JASPURE, n. f. Action de jasper; résultat de cette action.

JATTE, n. f. Espèce de vase rond et sans rebords.

JATTÉE, n. f. Plein une jatte.

JAUGE, n. f. Capacité que doit avoir un vaisseau pour mesurer une liqueur ou des grains : *ce boisseau n'a pas la jauge;* verge graduée, servant à mesurer la capacité des futailles; futaille servant d'étalon pour ajuster et échantillonner les autres; nom de plusieurs instruments qui servent à prendre des mesures.

JAUGEAGE, n. m. Action de jauger.

JAUGER, v. tr. Mesurer la capacité d'un tonneau, d'un navire, etc.

JAUGEUR, n. m. Homme dont l'emploi est de jauger.

JAUNÂTRE, adj. Qui tire sur le jaune.

JAUNE, adj. Qui est de couleur d'or, de citron, de safran. **Fièvre jaune,** accompagnée de jaunisse. N. m. étoffe d'un jaune clair.

JAUNIR, v. tr. Teindre en jaune. V. int. Devenir jaune.

JAUNISSANT, E, adj. Qui jaunit : *les blés jaunissants. Poét.*

JAUNISSE, n. f. Maladie causée par la bile qui se répand et jaunit la peau.

JAVELÉ, ÉE, adj. *Avoines javelées,* celles dont le grain est devenu noir et pesant par la pluie qui les a mouillées tandis qu'elles étaient en javelle.

JAVELER, v. tr. Mettre en javelle.

JAVELEUR, n. m. Qui javelle.

JAVELINE, n. f. Espèce de dard long et menu.

JAVELLE, n. f. Poignées de blé,

d'orge, de seigle coupé, etc., qui demeurent couchées sur le sillon, jusqu'à ce qu'on les lie en gerbe; petit fagot fait de sarment.

JAVELOT, n. m. Espèce de dard, arme de trait.

JE, pron. pers. de la première personne, des deux genres et du singulier.

† **JÉHOVAH**, n. m. Dieu, en hébreu.

JÉJUNUM, n. m. *Anat.* Second intestin grêle.

† **JÉRÉMIADE**, n. f. Plainte fréquente et importune, par allusion aux *Lamentations* de Jérémie, l'un des quatre grands prophètes.

JÉSUITE, n. m. Membre de la société de Jésus, fondée en 1534 par Ignace de Loyola.

JÉSUITIQUE, adj. De jésuite : *morale jésuitique.*

JÉSUITIQUEMENT, adv. D'une manière jésuitique.

JÉSUITISME, n. m. Système de conduite et de morale des jésuites. Se prend en m. part.

JÉSUS (*papier*), n. m. Papier de grand format.

JET, n. m. Mouvement imprimé à un corps en le jetant. Jet d'eau, eau qui s'élance d'un tuyau; *jet de lumière*, rayon de lumière qui paraît subitement; *figure coulée d'un seul jet*, dont toutes les parties sont fondues à la fois dans un seul moule; *premier jet*, ébauche, esquisse; *du premier jet*, du premier coup, sans qu'il ait été nécessaire d'y revenir. *Bot.* Bourgeons que poussent les arbres.

JETÉ, n. m. Pas de danse : *un jeté battu.*

JETÉE, n. f. Amas de pierres, etc., encaissées le long d'un port pour arrêter les eaux, ou sur un chemin pour le rendre praticable.

JETER, v. tr. Lancer, pousser avec violence : *les vents nous jetèrent sur un écueil*; rendre : *cet abcès jette du pus.* *Fig.* Produire des bourgeons : *la vigne commence à jeter*; mettre un essaim dehors : *la ruche n'a pas encore jeté.* Jeter l'ancre, la faire tomber dans la mer pour arrêter le navire; *jeter les fondements d'un édifice*, les établir; *jeter un pont sur une rivière*, l'y construire; *jeter quelqu'un dans l'embarras*, l'y mettre; *jeter un coup d'œil*, regarder; *jeter l'épouvante*, remplir de terreur; *jeter les yeux sur quelqu'un*, faire choix de lui pour un poste de confiance; *jeter de l'huile sur le feu*, envenimer une querelle; *jeter de la poudre aux yeux*, éblouir, surprendre par de faux brillants; *jeter le froc aux orties*, renoncer à l'état ecclésiastique; *jeter le manche après la cognée*, abandonner une affaire par découragement; *jeter feu et flamme*, se livrer à de grands emportements de colère; *jeter de profondes racines*, s'enraciner profondément, au prop. et au fig.; *jeter en moule*, fondre, mouler; *le sort en est jeté*, le parti en est pris. Se jeter, v. pr. Se précipiter, se lancer, se porter vers : *se jeter sur quelqu'un*, *se jeter au cou de quelqu'un.* Se jeter entre les bras de quelqu'un, y chercher un appui; *se jeter dans un parti*, l'embrasser. Se perdre, en parlant d'une rivière : *la Saône se jette dans le Rhône.*

JETON, n. m. Pièce ronde et plate, en ivoire ou en métal, pour marquer et payer au jeu.

JEU, n. m. Divertissement, récréation; ce qui sert à jouer à certains jeux : *acheter un jeu de dames*; manière de toucher les instruments : *jeu brillant*; manière de jouer d'un acteur : *jeu noble*; aisance, facilité : *donner du jeu à une porte.* Jeu de mots, allusion fondée sur la ressemblance des mots; *jeu d'esprit*, petit jeu qui exige de l'esprit; *ce n'est qu'un jeu d'enfant*, une chose très facile; *se piquer au jeu*, s'opiniâtrer à quelque chose; *ce n'est qu'un jeu pour lui*, il le fait facilement; *mettre quelqu'un en jeu*, le mêler à son insu dans une affaire; *jouer gros jeu*, risquer beaucoup; *tirer son épingle du jeu*, se dégager adroitement d'une mauvaise affaire. *Pl.* Divinités allégoriques qui présidaient à la joie : *les Jeux et les Ris.*

JEUDI, n. m. Cinquième jour de la semaine.

JEUN (À), loc. adv. Être à jeun, n'avoir rien mangé de la journée.

JEUNE, adj. Qui n'est guère avancé en âge; qui a encore la vigueur et l'agrément de la jeunesse; qui n'a point l'esprit mûri : *il sera donc toujours jeune*; cadet : *un tel le jeune.*

JEÛNE, n. m. Abstinence d'aliments par esprit de mortification; toute abstinence d'aliments.

JEÛNER, v. int. S'abstenir d'aliments; observer le jeûne prescrit par l'Église.

JEUNESSE, n. f. Partie de la vie de l'homme entre l'enfance et l'âge viril; les jeunes gens.

JEUNET, ETTE, adj. Très jeune. *Fam.*

JEÛNEUR, EUSE, n. Qui jeûne.

JOAILLERIE, n. f. Art, commerce du joaillier.

JOAILLIER, ÈRE, n. Qui travaille en joyaux, qui en vend.

JOCKEY, n. m. Jeune domestique qui conduit la voiture en postillon.

JOCKO, n. m. Nom vulgaire de l'o-rang-outang.

JOCRISSE, n. m. Benêt qui se laisse gouverner; valet niais et maladroit.

JOIE, n. f. Mouvement vif et agréable que l'âme ressent dans la possession d'un bien réel ou imaginaire. **Feu de joie,** qu'on allume dans les réjouissances publiques; *les joies du monde,* les plaisirs.

JOIGNANT, E, adj. Contigu. Prép. Près, tout proche.

JOINDRE, v. tr. Approcher deux choses de manière qu'elles se touchent; ajouter : *joindre l'intérêt au capital;* allier : *joindre l'utile à l'agréable;* atteindre, attraper : *joindre quelqu'un.* V. int. : *ces fenêtres ne joignent pas bien.*

JOINT, n. m. Articulation, endroit où se touchent deux os; espace qui existe entre deux pierres contiguës dans un ouvrage de maçonnerie : *remplir les joints avec du mortier, du plâtre,* etc. *Fig.* Trouver le joint, la meilleure manière de prendre une affaire. *Fam.*

JOINTÉ, ÉE, adj. *Art vét.* Cheval *court-jointé,* qui a le paturon trop court; *long-jointé,* qui l'a trop long.

JOINTÉE, n. f. Autant que les deux mains rapprochées peuvent contenir : *une jointée d'avoine.*

JOINTOYER, v. tr. Remplir les joints des pierres avec du plâtre ou du mortier.

JOINTURE, n. f. Joint.

JOLI, E, adj. Agréable, gentil. *Par iron.* Blamable : *ce que vous dites là est joli.* N. m. Ce qui est joli.

JOLIET, ETTE, adj. Diminutif de *joli. Fam.*

JOLIMENT, adv. Bien, d'une manière agréable, spirituelle. S'emploie souvent iron. : *il est joliment arrangé.*

JONC, n. m. Plante à tige droite et flexible, qui croît dans l'eau et dans les lieux humides.

JONCHÉE, n. f. Fleurs, herbes, branchages, dont on jonche les rues un jour de cérémonie.

JONCHER, v. tr. Répandre çà et là, couvrir : *joncher la terre de fleurs.*

JONCHETS, n. m. pl. Petits bâtons d'ivoire, de bois, d'os, etc., fort menus, avec lesquels jouent les enfants.

JONCTION, n. f. Réunion : *la jonction de deux armées, de deux rivières.* **Point de jonction,** endroit où deux choses se joignent.

JONGLERIE, n. f. Charlatanerie, tour de passe-passe.

JONGLEUR, n. m. Charlatan, bateleur.

JONQUE, n. f. Vaisseau en usage dans les Indes et en Chine.

JONQUILLE, n. f. Plante du genre narcisse; sa fleur.

JOSEPH, adj. Se dit d'une sorte de papier mince et transparent.

JOUAILLER, v. int. Jouer petit jeu; mal jouer. *Fam.*

JOUBARBE, n. f. Plante grasse herbacée.

JOUE, n. f. Chacune des deux régions latérales du visage.

JOUER, v. int. Se récréer, se divertir; tirer des sons d'un instrument de musique : *jouer du violon. Fig.* Se mouvoir aisément : *ce ressort joue bien. Jouer de malheur,* ne pas réussir; *jouer sur les mots,* équivoquer; *jouer du bâton,* le manier adroitement; *jouer des jambes,* fuir; *faire jouer une mine,* y mettre le feu. V. tr. Faire une partie de jeu; jeter : *jouer une carte;* exécuter une pièce de musique : *jouer une valse;* représenter un personnage : *jouer le rôle d'Athalie. Fig.* Exposer : *jouer sa vie;* tromper : *vous m'avez joué.* **Se jouer,** v. pr. S'amuser, folâtrer : *se jouer sur l'herbe. Fig.* Faire une chose en se jouant, sans peine; *se jouer des lois,* les mépriser; *se jouer de quelqu'un,* le railler adroitement, le tromper; *se jouer à quelqu'un,* l'attaquer.

JOUET, n. m. Ce qui sert à amuser un enfant. *Fig.* Personne dont on se moque : *être le jouet de tous.*

JOUEUR, EUSE, n. Qui joue, qui folâtre; qui a la passion du jeu.

JOUFFLU, E, adj. Qui a de grosses joues. *Fam.*

JOUG, n. m. Pièce de bois qu'on met par-dessus la tête des bœufs, pour les atteler. *Fig.* Servitude, sujétion : *tenir sous le joug;* pique placée horizontalement sur deux autres fichées en terre, et sous laquelle les Romains faisaient passer les ennemis vaincus.

JOUIR, v. int. Avoir la possession actuelle d'une chose, et en tirer tous les avantages. *Jouir de l'embarras de quelqu'un,* s'en amuser.

JOUISSANCE, n. f. Usage, possession d'une chose; plaisir : *être privé de toute jouissance.*

JOUJOU, n. m. Petit jouet d'enfant.

† JOUR, n. m. Clarté, lumière du soleil; espace de vingt-quatre heures; temps pendant lequel le soleil éclaire l'horizon; ouverture par où vient la lumière : *pratiquer des jours à un appartement*. *Fig.* Apparence sous laquelle s'offre une chose. *Mettre un ouvrage au jour*, le publier ; *prendre le jour de quelqu'un*, celui qui lui convient; *beauté d'un jour*, qui passe rapidement ; *se faire jour*, passer à travers; *perdre le jour*, la vie ; *donner le jour*, la naissance ; *percé à jour*, de part en part ; *vivre au jour le jour*, jouir du présent sans se mettre en peine de l'avenir. **Faux jour**, lumière qui trompe la vue, au prop. et au fig.; **demi-jour**, faible clarté. Pl. *Les beaux jours*, époque du printemps, temps de la première jeunesse ; *de nos jours*, le temps où nous vivons ; *trembler pour les jours de quelqu'un*, pour sa vie.

JOURNAL, n. m. Ecrit où l'on relate les faits jour par jour; ouvrage périodique ; ancienne mesure de terre. **Livre-journal**, registre sur lequel un marchand écrit jour par jour tout ce qui a rapport à son commerce.

JOURNALIER, ÈRE, adj. Qui se fait chaque jour. *Fig.* Incertain : *les armes sont journalières*. N. m. Homme qui travaille à la journée.

JOURNALISME, n. m. Etat du journaliste.

JOURNALISTE, n. m. Qui travaille à la rédaction d'un journal.

JOURNÉE, n. f. Espace de temps qui s'écoule depuis le lever jusqu'au coucher; salaire d'un ouvrier pour le travail d'un jour.

JOURNELLEMENT, adv. Tous les jours.

JOÛTE. n. f. Combat à cheval d'homme à homme avec la lance ; lutte sur l'eau par divertissement.

JOÛTER, v. int. Lutter.

JOÛTEUR, n. m. Qui joûte.

JOUVENCE, n. f. Jeunesse. † **Fontaine de Jouvence**, à laquelle les poètes attribuaient la faculté de rajeunir.

JOUVENCEAU, n. m. Adolescent. *Fam.*

JOUVENCELLE, n. f. Jeune fille.

JOVIAL, E, adj. Gai, joyeux.

JOVIALEMENT, adv. D'une manière joviale.

JOVIALITÉ, n. f. Humeur joviale, disposition à la gaîté.

JOYAU, n. m. Ornement qui sert à la parure des femmes. *Les joyaux de la couronne*, les diamants qui appartiennent à la couronne.

JOYEUSEMENT, adv. Avec joie.

JOYEUSETÉ, n. f. Plaisanterie, mot pour rire. *Fam.*

JOYEUX, EUSE, adj. Qui a de la joie.

JUBILAIRE, adj. Qui a rapport au jubilé : *année jubilaire*.

JUBILATION, n. f. Réjouissance.

JUBILÉ, n. m. Selon la loi de Moïse, solennité publique célébrée tous les cinquante ans, où chacun rentrait dans son héritage, et où les dettes étaient abolies, les esclaves rendus à la liberté; chez les catholiques, indulgence plénière et générale, accordée par le pape en certaines occasions.

JUCHER, v. int. Se dit des poules et de quelques oiseaux qui se mettent sur une branche, sur une perche pour dormir. *Fig.* Loger très-haut.

JUCHOIR, n. m. Endroit où juchent les poules.

JUDAÏQUE, adj. Qui appartient aux Juifs : *loi judaïque*.

JUDAÏSER, v. int. Pratiquer les cérémonies judaïques.

JUDAÏSME, n. m. Religion des Juifs.

JUDAS, n. m. Traître ; petite ouverture à un plancher pour voir ce qui se passe au dessous. *Baiser de Judas*, baiser de traître, caresses trompeuses.

JUDICATURE, n. f. Etat, charge de juge.

JUDICIAIRE, adj. Qui est relatif à la justice : *débats judiciaires*. **Astrologie judiciaire**, art prétendu de juger de l'avenir par l'observation des astres; **combat judiciaire**, combat, au moyen-âge, où les contestants soutenaient leurs droits en se battant l'un contre l'autre.

JUDICIAIREMENT, adv. En forme judiciaire.

JUDICIEUSEMENT, adv. D'une manière judicieuse.

JUDICIEUX, EUSE, adj. Qui a le jugement bon : *auteur judicieux*; qui annonce du jugement : *réflexion judicieuse*.

JUGE, n. m. Magistrat chargé de rendre la justice; arbitre : *prendre pour juge*. **Juge de paix**, magistrat chargé de juger sans frais et de concilier les parties.

JUGEMENT, n. m. Faculté de l'entendement qui compare et qui juge : *avoir le jugement droit*; action de juger, décision prononcée par un tribunal. † **Jugement de Dieu**, preuves extraordinaires, comme le duel, l'épreuve du feu, etc., auxquelles on recourait autrefois, lorsque les preuves matérielles manquaient. Opinion, sentiment : *je m'en rapporte à votre jugement.*

JUGER, v. tr. Décider une affaire, un différend, en qualité de juge ou d'arbitre ; apercevoir entre deux idées un rapport de convenance ou de disconvenance ; énoncer une opinion sur une personne ou sur une chose : *mal juger quelqu'un* ; être d'avis : *juger nécessaire de* ; s'imaginer : *jugez combien je fus surpris.*

JUGULAIRE, adj. Qui concerne la gorge : *veine, glande jugulaire.*

JUIF, IVE, adj. et m. Qui professe la religion judaïque. *Fig.* Usurier.

† **JUIF-ERRANT,** n. m. Héros d'une légende populaire. *Fig.* C'est un vrai *Juif-errant,* il voyage sans cesse.

JUILLET, n. m. Septième mois de l'année, ainsi nommé de *Jules César,* qui était né dans ce mois.

JUIN, n. m. Sixième mois de l'année, du latin *juvenis* (jeune), parce que ce mois était consacré à la jeunesse de Rome.

JUIVERIE, n. f. Quartier d'une ville habité par les Juifs.

JUJUBE, n. f. Fruit du jujubier.

JUJUBIER, n. m. Arbre épineux.

JULEP, n. m. Potion calmante.

JULIEN, ENNE, adj. *Ère julienne,* qui date de la réformation du calendrier par Jules César ; *année julienne,* de 365 jours et six heures.

JULIENNE, n. f. Plante de la famille des crucifères ; potage fait avec plusieurs sortes d'herbes et de légumes.

JUMEAU, ELLE, adj. et n. Se dit de deux ou de plusieurs enfants nés d'un même accouchement.

JUMELLES, n. f. pl. Deux pièces de bois ou de métal semblables, qui entrent dans la composition d'une machine ; espèce de lorgnette à deux branches.

JUMENT, n. f. Femelle du cheval.

JUNON, n. f. Nom d'une planète.

JUNTE, n. f. Nom donné, en Espagne, à diverses assemblées législatives et conseils administratifs.

JUPE, n. f. Partie de l'habillement des femmes, qui descend de la ceinture aux pieds.

JUPITER, n. m. La plus considérable et la plus brillante des planètes.

JUPON, n. m. Jupe de dessous.

JURANDE, n. f. Nom donné jadis à la charge de juré dans les corporations d'artisans ou de marchands.

JURÉ, n. m. Membre du jury.

JURÉ, ÉE, adj. Irréconciliable : *ennemi juré.*

JUREMENT, n. m. Blasphème.

JURER, v. tr. Affirmer, promettre par serment. V. int. Blasphémer ; *jurer continuellement* ; faire disparate en parlant des choses : *ces deux tableaux jurent.*

JUREUR, n. m. Qui jure par habitude.

JURIDICTION, n. f. Pouvoir, droit de juger ; ressort ou étendue de territoire où le juge exerce ce pouvoir.

JURIDICTIONNEL, ELLE, adj. Relatif à la juridiction : *droit juridictionnel.*

JURIDIQUE, adj. Qui est dans les formes judiciaires : *acte juridique.*

JURIDIQUEMENT, adv. D'une manière juridique.

JURISCONSULTE, n. m. Qui est versé dans la science des lois et fait profession de donner son avis sur des questions de droit.

JURISPRUDENCE, n. f. Science du droit ; manière dont un tribunal juge habituellement.

JURISTE, n. m. Qui écrit sur les matières de droit.

JURON, n. m. Façon particulière de jurer ; toute espèce de jurement.

† **JURY,** n. m. Le corps, la réunion des jurés ; commission chargée d'un examen particulier : *le jury de l'exposition universelle.*

JUS, n. m. Suc tiré d'une chose par pression, coction ou préparation.

JUSQUE, prép. qui marque un terme au delà duquel on ne passe pas.

JUSQUIAME, n. f. Plante narcotique, poison.

JUSTAUCORPS, n. m. Vêtement qui descend jusqu'aux genoux et qui serre le corps.

JUSTE, adj. Qui juge et agit selon l'équité : *prince juste* ; conforme à la justice, au droit, à la raison : *sentence juste* ; qui a le caractère de la justesse et du bon sens : *pensée juste* ; fondé, légitime : *juste orgueil* ; qui apprécie bien : *coup-d'œil juste* ; qui est exact : *balance juste* ; étroit : *habit juste.* N. m. L'homme vertueux qui observe les devoirs de religion ; ce qui est juste : *notion du juste et de l'injuste.* Adv. Avec justesse : *viser, chanter juste.* Loc. adv. **Au juste,** exactement ; **comme de juste,** comme cela se doit.

JUSTEMENT, adv. Avec justice, précisément.

JUSTESSE, n. f. Qualité de ce qui est juste, exact, tel qu'il doit être : *justesse de la voix, d'une expression.*

JUSTICE, n. f. Vertu morale qui fait que l'on rend à chacun ce qui lui appartient ; bon droit : *avoir la justice de* son côté. Se faire justice à soi-même, se venger sans recourir aux juges; dénì de justice, refus qu'un juge fait de juger; rendre justice à quelqu'un, l'apprécier.

JUSTICIABLE, adj. et n. Qui doit répondre devant certains juges.

JUSTICIER, n. m. Qui avait droit de rendre la justice sur ses terres : seigneur justicier.

JUSTIFIABLE, adj. Qui peut être justifié.

JUSTIFICATIF, IVE, adj. Qui sert à justifier : pièces justificatives.

JUSTIFICATION, n. f. Action de justifier, de se justifier; preuve d'une chose : la justification d'un fait. Impr. Longueur des lignes.

JUSTIFIER, v. tr. Démontrer, prouver l'innocence. Fig. Légitimer : justifier l'ambition ; donner la preuve : justifier un acte.

JUTEUX, EUSE, adj. Qui a beaucoup de jus.

JUVÉNILE, adj. Qui tient à la jeunesse : ardeur juvénile.

JUXTAPOSÉ, ÉE, adj. Se dit des parties unies à d'autres par juxtaposition.

JUXTAPOSITION, n. f. Mode d'accroissement dans les corps inorganiques, qui consiste dans l'application successive de nouvelles molécules sur le noyau primitif.

K

K, n. m. Onzième lettre de l'alphabet, et la huitième des consonnes.

KAKATOÈS, ou **CACATOÈS**, n. m. Oiseau grimpant, de la famille des perroquets.

KALÉIDOSCOPE, n. m. Cylindre opaque dans la longueur duquel sont disposés un certain nombre de verres, de manière à varier à l'infini les objets qu'on met dans l'objectif.

KAN ou **KHAN**, n. m. Prince, commandant tartare ou persan; marché public en Orient.

KANGOUROU ou **KANGUROO**, n. m. Quadrupède rongeur originaire de la Nouvelle-Hollande, qui a, comme la sarigue, une poche où se cachent ses petits.

KEEPSAKE, n. m. Livre de luxe, à grand format, destiné à être offert en cadeau et comme souvenir, au jour de l'an ou à l'occasion d'une fête.

KÉPI, n. m. Espèce de casquette légère que les militaires portent en petite tenue, pour remplacer le shako.

KERMESSE, n. f. Foire annuelle de certains pays, accompagnée de processions, de danses, etc.

KILOGRAMME, n. m. Poids de mille grammes. Par abrév. Kilo.

KILOLITRE, n. m. Mesure de capacité, de mille litres.

KILOMÈTRE, n. m. Mesure itinéraire, de mille mètres.

KIOSQUE, n. m. Pavillon dans le goût oriental, situé à l'extrémité des terrasses ou des jardins.

KIRSCH ou **KIRSCH-WASSER**, n. m. Espèce d'eau-de-vie extraite des cerises et des merises.

KNOUT, n. m. Supplice du fouet en Russie.

KREMLIN, n. m. Nom donné, chez les Slaves, à toute enceinte murée offrant un point de résistance.

KREUTZER, n. m. Monnaie d'Allemagne, valant environ 4 centimes.

KYRIELLE, n. f. Longue suite de choses fâcheuses et ennuyeuses. Fam.

L

L, n. m. Douzième lettre de l'alphabet, et la neuvième des consonnes. L, chiffre romain, vaut cinquante.

LA, art. f. s. V. Le.

LA, pr. pers. f. s. V. Le.

LA, n. m. Sixième note de la gamme.

LA, adv. Détermine le lieu : je vais là, indique un temps précis : en ce temps-là. Loc. adv. **De là**, de ce lieu-là ; **par là**, par ce lieu, par ce moyen;

par ci, par là, de côté et d'autre, de temps en temps; **Là, là**, loc. interj. que l'on emploie pour apaiser, consoler, etc. : là, là, rassurez-vous.

LABARUM, n. m. Étendard impérial sur lequel Constantin fit mettre une croix et le monogramme de J.-C.

LABEUR, n. m. Travail. N'est guère en usage que dans le style poét. et soutenu : vivre de son labeur.

LABIAL, E, adj. *Gram.* Lettres *labiales*, qui se prononcent avec les lèvres, comme *b, p, f, v*, m. *Anat.* Muscle labial, qui a rapport aux lèvres.

LABIÉ, ÉE, adj. *Bot.* Se dit des fleurs divisées en deux lobes principaux, placés l'un au dessus de l'autre comme deux *lèvres.*

LABORATOIRE, n. m. Local où le chimiste fait ses expériences et exécute ses opérations.

LABORIEUSEMENT, adv. Avec beaucoup de peine et de travail.

LABORIEUX, EUSE, adj. Qui travaille beaucoup : *homme laborieux*; pénible, qui exige du travail : *recherches laborieuses.*

LABOUR, n. m. Façon qu'on donne aux terres en les labourant.

LABOURABLE, adj. Propre à être labouré.

LABOURAGE, n. m. Art de labourer la terre.

LABOURER, v. tr. Remuer la terre avec la charrue, la bêche, etc.; sillonner, écorcher : *la balle lui a labouré le visage.*

LABOUREUR, n. m. Celui dont l'état est de labourer la terre.

† LABYRINTHE, n. m. Édifice composé d'un grand nombre de pièces disposées de telle manière qu'on n'en trouvait que très-difficilement l'issue : *le labyrinthe de Crète. Fig.* Complication, multiplicité : *le labyrinthe des lois. Jard.* Petit bois coupé d'allées tellement entrelacées qu'on peut s'y égarer facilement. *Anat.* Cavité intérieure de l'oreille.

LAC, n. m. Grande étendue d'eau entourée de terres.

LACER, v. tr. Serrer avec un lacet.

LACÉRATION, n. f. *Jurisp.* Action de lacérer un écrit.

LACÉRER, v. tr. *Jurisp.* Déchirer.

LACET, n. m. Cordon de fil, de soie ou de coton qu'on passe dans des œillets pour serrer les corsets, les bottines, etc.; lacs ou filets avec lesquels on prend des perdrix, des lièvres, etc.

LÂCHE, adj. Qui n'est pas tendu, pas serré : *corde, nœud lâche. Fig.* Qui manque de vigueur, d'activité : *lâche au travail*; poltron, qui manque de courage : *soldat lâche, homme lâche*; honteux : *action lâche*; languissant, sans nerf : *style lâche.* N. m. : *c'est un lâche.*

LÂCHEMENT, adv. Mollement, sans vigueur : *travailler lâchement*; sans cœur, sans honneur : *s'enfuir, se conduire lâchement, trahir lâchement un ami.*

LÂCHER, v. tr. Détendre, desserrer : *lâcher un corset*; laisser échapper : *lâcher sa proie. Lâcher la bride à un cheval*, la lui tenir moins courte. *Fig. Lâcher la bride à quelqu'un*, lui donner plus de liberté qu'à l'ordinaire; *lâcher pied*, s'enfuir.

LÂCHETÉ, n. f. Poltronnerie, défaut de courage : *s'enfuir avec lâcheté*; négligence au travail : *cet élève est d'une lâcheté incorrigible*; action basse, indigne : *sa vie n'est qu'un tissu de lâchetés.*

LACONIQUE, adj. Concis à la manière des Lacédémoniens : *discours, style, réponse laconique.*

LACONIQUEMENT, adv. En peu de mots, brièvement.

LACONISME, n. m. Façon de parler propre aux habitants de la *Laconie*, et remarquable par la brièveté et l'énergie.

LACRYMA-CHRISTI, n. m. Célèbre vin muscat provenant des vignes cultivées au pied du Vésuve.

LACRYMAL, E, adj. *Anat.* Qui appartient aux vaisseaux d'où coulent les larmes : *glande lacrymale.*

LACRYMATOIRE, n. m. Vase de verre ou de terre, renfermant les baumes dont on arrosait le bûcher, ou la cendre des morts, chez les anciens. *Adj. : urne lacrymatoire.*

LACS, n. m. Nœud coulant pour prendre des oiseaux, des lièvres, etc.

LACTÉ, ÉE, adj. Qui concerne le lait. *Anat.* Veines lactées, vaisseaux qui pompent le chyle à la surface des intestins. *Astr. † Voie lactée,* bande blanchâtre qu'on remarque dans le ciel pendant les nuits sereines, et qui est due à une multitude innombrable d'étoiles.

LACUNE, n. f. Interruption dans le texte d'un ouvrage.

LADRE, adj. et n. Lépreux. *Fig.* Excessivement avare : *c'est un ladre.*

LADRERIE, n. f. Lèpre; hôpital pour les lépreux. *Fig.* Avarice sordide. *Fam.*

LADY, n. f. Femme de haut rang en Angleterre.

LAGOPÈDE, n. m. Genre d'oiseaux qui ont les pieds couverts de plumes.

LAGUNE, n. f. Petit lac ou flaque d'eau marécageuse : *les lagunes de Venise.*

LAI, n. m. Nom donné autrefois à une espèce de petit poème.

LAI, E, adj. et n. Laïque. *Frère lai,* frère servant qui n'est point destiné aux ordres sacrés; *sœur laie, sœur converse.*

LAÏC. V. *Laïque.*

LAID, E, adj. Difforme, désagréable à la vue. *Fig.* Contraire à la bienséance, au devoir. : *il est laid de mentir.*

LAIDERON, n. f. Fille ou femme laide.

LAIDEUR, n. f. État de ce qui est laid, difforme. *Fig.* : *la laideur du vice.*

LAIE, n. f. Femelle du sanglier.

LAINAGE, n. m. Marchandise de laine : *commerce de lainage* ; toison des moutons ; façon donnée aux draps avec les chardons pour en faire ressortir le poil.

LAINE, n. f. Poil des moutons ; cheveux épais et crépus des nègres.

LAINEUX, EUSE, adj. Formé de laine. *Bot. Plante laineuse*, couverte de poils.

LAINIER, ÈRE, n. Marchand de laine ; ouvrier en laine.

LAÏQUE ou **LAÏC**, adj. et n. Qui n'appartient pas à l'église. Son opposé est *ecclésiastique.*

LAISSE, n. f. Corde pour conduire un chien.

LAISSER, v. tr. Ne pas emporter, ne pas emmener avec soi ; délaisser : *laisser un ami dans le danger* ; oublier : *laisser ses gants* ; ne pas changer l'état d'une chose : *laisser un champ en friche* ; confier : *je vous laisse ce soin* ; ne pas tout enlever : *les voleurs lui ont laissé son habit* ; quitter en mourant : *laisser de grands biens* ; léguer : *laisser sa fortune aux pauvres* ; perdre : *il y laissa la vie* ; réserver : *laissons cela pour demain* ; consentir à vendre pour : *laisser du drap à 30 fr. le mètre. Laisser à l'abandon*, ne prendre aucun soin de ; *laisser faire*, permettre, ne prendre aucun souci ; *laisser à penser*, donner lieu à réflexion ; *cette chose ne laisse pas d'être vraie*, est vraie néanmoins ; *laisser quelqu'un tranquille*, ne pas le tourmenter ; *laisser à désirer*, ne pas satisfaire entièrement ; *laissons cela de côté*, n'en parlons plus.

LAISSER-ALLER, n. m. Sorte d'abandon, de négligence.

LAISSER-PASSER, n. m. Permission de passer donnée par écrit.

LAIT, n. m. Liqueur blanche, d'une saveur douce ; tout ce qui ressemble au lait : *lait d'amande, de coco, de chaux*, etc. **Petit-lait**, sérosité qui se sépare du lait caillé ; **lait de poule**, jaune d'œuf délayé dans de l'eau chaude avec du sucre ; **dents de lait**, premières dents des enfants ; **frère, sœur de lait**, se dit d'enfants qui ont eu en même temps la même nourrice.

LAITAGE, n. m. Le lait, et tout ce qui se fait avec le lait.

LAITANCE ou **LAITE**, n. f. Substance blanche et molle qui se trouve dans les poissons mâles.

LAITE, n. f. V. *Laitance.*

LAITÉ, ÉE, adj. Qui a de la laite ou laitance : *hareng laité.*

LAITERIE, n. f. Lieu destiné à recevoir le lait, à faire le beurre et le fromage.

LAITERON, n. m. Plante laiteuse qui sert à la nourriture des lapins.

LAITEUX, EUSE, adj. Qui a un suc de la couleur du lait : *plante laiteuse.*

LAITIER, ÈRE, n. Qui vend du lait. *Adj. Vache laitière*, qui donne beaucoup de lait.

LAITON, n. m. Cuivre jaune mêlé avec du zinc.

LAITUE, n. f. Plante potagère, qui se mange principalement en salade.

LAIZE, n. f. Largeur d'une étoffe entre deux lisières.

LAMA, n. m. Quadrupède ruminant originaire du Pérou.

LAMBEAU, n. m. Morceau de chair.

LAMBIN, E, adj. et n. Qui agit avec lenteur.

† **LAMBINER**, v. int. Agir lentement. *Fam.*

LAMBOURDE, n. f. Pièce de bois pour soutenir un parquet, les bouts des solives, etc. ; espèce de pierre tendre et calcaire. *Jard.* Petite branche à fruit.

LAMBRIS, n. m. Revêtement de menuiserie, de marbre, de stuc, etc., sur les murailles d'un appartement ; enduit de plâtre dans un grenier, un galetas.

LAMBRISSAGE, n. m. Ouvrage du menuisier ou du maçon qui a lambrissé.

LAMBRISSER, v. tr. Revêtir de lambris.

LAME, n. f. Morceau de métal plat et très-mince ; fer d'une épée, d'un couteau, d'un canif, etc. ; vague de la mer. *Fig. C'est une bonne lame*, se dit d'un homme qui manie bien l'épée ; *fine lame*, personne rusée. *Fam.*

LAMELLEUX, EUSE, adj. Qui se laisse diviser en lames ou feuilles : *l'ardoise est une pierre lamelleuse.*

LAMENTABLE, adj. Qui mérite d'être pleuré : *mort lamentable* ; qui excite à la pitié : *voix lamentable.*

LAMENTABLEMENT, adv. D'un ton lamentable.

LAMENTATION, n. f. Plainte accompagnée de gémissements et de cris.

LAMENTER (SE), v. pr. Se plaindre, se désoler.

LAMINAGE, n. m. Action de laminer.

LAMINER, v. tr. Réduire, au moyen du laminoir, les métaux en grandes feuilles ou lames fort minces.

LAMINEUR, n. m. Ouvrier qui lamine les métaux.

LAMINOIR, n. m. Machine composée de deux cylindres d'acier, entre lesquels on fait passer les lames de métal qu'on veut laminer.

LAMPAS, n. m. Étoffe de soie qu'on tirait originairement de la Chine.

LAMPE, n. f. Vase où l'on met une mèche et de l'huile pour éclairer.

LAMPÉE, n. f. Grand verre de vin. *Pop.*

LAMPER, v. tr. Boire avidement des lampées.

LAMPION, n. m. Godet de terre, de fer-blanc ou de verre, dans lequel on met du suif avec une mèche pour les illuminations.

LAMPISTE, n. m. Qui fait et vend des lampes; domestique qui, dans un établissement, est chargé des soins de l'éclairage.

LAMPROIE, n. f. Poisson de mer, de forme cylindrique et allongée, dont la viande est délicate et fort recherchée.

LANCE, n. f. Arme offensive à long manche et à fer pointu; long bâton garni d'un tampon pour jouter sur l'eau; instrument de chirurgie. *Fig. Baisser la lance*, s'avouer vaincu; *rompre une lance avec quelqu'un*, disputer avec lui; *rompre des lances pour quelqu'un*, le défendre contre ceux qui l'attaquent.

LANCÉOLÉ, ÉE, adj. *Bot.* Se dit des feuilles, des pétales, etc., qui se terminent en forme de lance.

LANCER, v. tr. Jeter avec force; darder: *le soleil lance ses rayons*; mettre à l'eau: *lancer un vaisseau*; faire partir au galop: *lancer un escadron. Lancer un cerf*, le faire sortir de l'endroit où il est. **Se lancer, v. pr.** Entrer dans: *se lancer dans le monde, dans une carrière.*

LANCETTE, n. f. Instrument de chirurgie qui sert à ouvrir la veine, à vacciner, à percer de petits abcès.

LANCIER, n. m. Cavalier armé d'une lance.

LANDAMMAN, n. m. Titre du premier magistrat dans quelques cantons de la Suisse.

LANDAU ou **LANDAW, n. m.** Voiture à quatre roues, dont le dessus se lève et s'abaisse à volonté.

LANDE, n. f. Grande étendue de terre inculte et stérile.

LANDGRAVE, n. m. Titre de quelques princes d'Allemagne.

LANDGRAVIAT, n. m. Pays soumis à un landgrave.

LANDIER, n. m. Gros chenet de cuisine en fer.

LANDWHER, n. f. Garde nationale en Prusse.

LANGAGE, n. m. Tout moyen de communiquer la pensée ou d'exprimer les sentiments; style : *langage figuré, naïf*; manière de s'exprimer suivant son état, sa profession : *le langage des halles, de la cour*; voix, cri, chant des animaux.

LANGE, n. m. Ce qui sert à envelopper un enfant au maillot.

LANGOUREUSEMENT, adv. D'une manière langoureuse.

LANGOUREUX, EUSE, adj. Qui marque de la langueur; *air, ton langoureux.*

LANGOUSTE, n. f. Grosse écrevisse de mer, voisine du homard.

LANGUE, n. f. Principal organe du goût et de la parole; idiome d'une nation : *langue française, anglaise*; règles du langage : *respecter la langue. Langue mère*, primitive; *langue vivante*, parlée; *langue morte*, qu'on ne parle plus; *maître de langue*, qui enseigne les langues; *coup de langue*, médisance; *avoir la langue bien affilée, bien pendue*, parler avec facilité; *langue de vipère*, personne qui aime à médire; *jeter sa langue aux chiens*, renoncer à deviner quelque chose; *se mordre la langue d'avoir parlé*, s'en repentir; *langue de terre*, espace de terre long et étroit presque tout entouré d'eau.

LANGUETTE, n. f. Se dit, dans les arts, de tout ce qui rappelle la forme d'une langue : *languette de hautbois, d'une balance.*

LANGUEUR, n. f. Abattement causé par un mal moral.

LANGUIR, v. int. Être consumé peu à peu par une maladie, une affection qui ôte les forces; souffrir un supplice lent : *languir dans les fers.* V. int. *Fig.* Dépérir : *cet arbre languit*; traîner en longueur : *l'affaire languit*; être sans vigueur : *la nature languit*; n'être pas animé : *la conversation languit.*

LANGUISSAMMENT, adv. D'une manière languissante.

LANGUISSANT, E, adj. Qui languit; doux et abattu : *regards languissants*; sans force : *style languissant*; sans activité : *commerce languissant.*

LANIÈRE, n. f. Courroie longue et étroite.

LANIFÈRE, adj. Qui porte de la laine : *animaux, plantes lanifères.*

LANSQUENET, n. m. Sorte de jeu de cartes; autrefois, fantassin allemand.

LANTERNE, n. f. Ustensile dans lequel on met une lumière à l'abri du vent. **Lanterne sourde**, dont on cache la lumière à volonté; **lanterne magique**, instrument d'optique à l'aide duquel on fait apparaître en grand, sur une surface extérieure, l'image des figures peintes en petit sur des morceaux de verre. *Arch.* Tourelle ouverte par les côtés, placée sur le comble, le dôme d'un monument. *Méc.* Petite roue formée de fuseaux, dans laquelle engrennent les dents d'une autre roue.

LANTERNER, v. int. Perdre le temps à des riens : *ne faire que lanterner.*

LANTERNERIE, n. f. Fadaise; discours frivole.

LANTERNIER, n. m. Qui fabrique, allume des lanternes.

LAPER, v. int. Boire en tirant avec la langue : *le chien lape.*

LAPEREAU, n. m. Jeune lapin.

LAPIDAIRE, n. m. Ouvrier qui taille les pierres précieuses. Adj. *Style lapidaire*, style des inscriptions ordinairement gravées sur la pierre, le marbre, etc.

† **LAPIDATION**, n. f. Action de lapider.

LAPIDER, v. tr. Tuer à coups de pierres.

LAPIN, E, n. Petit quadrupède rongeur.

LAPIS, n. m. Pierre d'un bleu d'azur magnifique.

LAPS, n. m. Espace : *un grand laps de temps.*

LAQUAIS, n. m. Valet de pied.

LAQUE, n. f. Résine d'un rouge brun qui sort sous une forme liquide des branches de plusieurs arbres de l'Inde. N. m. Beau vernis de Chine, noir ou rouge.

LARCIN, n. m. Vol fait adroitement et sans violence. *Fig.* Plagiat : *faire d'heureux larcins.*

LARD, n. m. Graisse du porc entre la chair et la couenne.

LARDER, v. tr. Piquer une viande de petits morceaux de lard. *Fig.* Percer : *larder de coups d'épée*; faire un usage trop fréquent : *larder ses discours, ses écrits, de mots grecs ou latins.*

LARDOIRE, n. f. Brochette pour larder.

LARDON, n. m. Petit morceau de lard. *Fig.* Mot piquant.

† **LARES**, n. m. pl. Dieux domestiques chez les Romains. *Fig.* Maison paternelle : *abandonner, revoir ses lares.* Adj. : *les dieux lares.*

LARGE, adj. Qui a de la largeur. *Fig.* Peu scrupuleux : *conscience large*; généreux, libéral : *homme large*; grand, considérable : *faire de larges concessions.* N. m. Largeur : *un mètre de large*; haute mer : *prendre le large.* *Fig.* Prendre le large, s'enfuir. **Au large**, loc. adv. Spacieusement : *être logé bien au large.* Loc. ellipt. Ordre de s'éloigner : *au large! au large!*

LARGEMENT, adv. D'une manière large.

LARGESSE, n. f. Libéralité, distribution d'argent.

LARGEUR, n. f. L'une des trois dimensions des corps, par oppos. à la *longueur.*

LARGO, adv. Mot ital. *Mus.* Indique un mouvement très-lent.

LARGUE, n. m. Se dit, en marine, d'une des allures d'un bâtiment.

LARGUER, v. tr. *Mar.* Lâcher ou filer le cordage qui retient une voile par le bas.

† **LARIGOT (À TIRE)**, loc. adv. *Boire à tire larigot*, beaucoup. *Pop.*

LARME, n. f. Goutte d'eau qui sort de l'œil par l'effet d'un vif sentiment de douleur, de joie, d'admiration : *pleurer à chaudes larmes, rire aux larmes*; suc qui coule de quelques végétaux, comme la vigne; petite quantité de vin ou d'une autre liqueur : *ne m'en versez qu'une larme.* *Larmes de crocodile*, larmes hypocrites que l'on répand dans le dessein de tromper.

LARMIER, n. m. *Arch.* Saillie destinée à faire tomber l'eau de pluie à une distance convenable du pied du mur.

LARMOIEMENT, ou **LARMOIMENT**, n. m. Écoulement involontaire de larmes.

LARMOYANT, E, adj. Qui fond en larmes.

LARMOYER, v. int. Pleurer, jeter des larmes.

LARRON, ONNESSE, n. Qui prend furtivement. S'entendre comme *larrons en foire*, se dit de deux personnes qui sont d'intelligence pour jouer quelque mauvais tour à une autre.

LARRONNEAU, n. m. Petit larron. *Fam.*

LARVE, n. f. Premier état de l'insecte après sa sortie de l'œuf : *la chenille est la larve du papillon.*

LARYNGITE, n. f. Inflammation du larynx.

LARYNX, n. m. Organe dans lequel se produit la voix.

LAS, interj. Diminutif de *hélas!* Vieux.

LAS, ASSE, adj. Fatigué; ennuyé, dégoûté : *être las de la vie.*

LASCIF, IVE, adj. Fort enclin à la luxure; qui y excite : *tableau lascif.*

LASCIVEMENT, adv. D'une manière lascive.

LASCIVETÉ, n. f. Forte inclination à la luxure; ce qui y porte.

LASO, n. m. V. *Lasso.*

LASSER, v. tr. Fatiguer; ennuyer, dégoûter : *cette lecture me lasse,* et, intr. : *le plaisir finit par lasser.*

LASSITUDE, n. f. Fatigue résultant d'un travail excessif du corps ou de l'esprit.

LASSO ou **LASO**, n. m. Longue et forte lanière de cuir dont les indigènes de l'Amérique du Sud se servent pour prendre les animaux sauvages.

LATANIER, n. m. Espèce de palmier.

LATENT, E, adj. Caché : *chaleur latente des corps.*

LATÉRAL, E, adj. Se dit de toute partie située sur le côté d'une chose : *porte latérale.*

LATÉRALEMENT, adv. Sur le côté.

LATICLAVE, n. m. Large bande de pourpre que les sénateurs romains portaient sur leur robe, comme marque de leur dignité; la robe elle-même.

LATIN, E, adj. Originaire du Latium : *le peuple latin. Langue latine,* des anciens Romains; *l'église latine,* d'Occident; *rit latin,* de l'église romaine. *Mar. Voile latine,* faite en forme de rectangle. N. m. La langue latine : *apprendre le latin. Fig. Perdre son latin,* ne rien comprendre à une chose; *être au bout de son latin,* ne savoir plus que dire, que faire.

LATINISER, v. tr. Donner une terminaison latine à un mot d'une autre langue : *La Ramée, savant français du XVIᵉ siècle, latinisa son nom, et se nomma Ramus.*

LATINISME, n. m. Tour de phrase propre à la langue latine.

LATINISTE, n. m. Qui entend et parle le latin.

LATINITÉ, n. f. Langage latin. *Basse latinité,* dont se servaient les auteurs latins des derniers temps.

† LATITUDE, n. f. *Géog.* Distance d'un lieu à l'équateur de la terre; climat; par rapport à la température : *l'homme peut vivre sous toutes les latitudes. Fig.* Liberté : *je vous laisse toute latitude.*

LATRIE (culte de), n. f. Qui n'est dû qu'à Dieu seul.

LATRINES, n. f. pl. Lieux d'aisance.

LATTE, n. f. Morceau de bois long et mince, dont on se sert dans les constructions.

LATTER, v. tr. Garnir de lattes.

LATTIS, n. m. Ouvrage de lattes.

LAUDANUM, n. m. Médicament liquide dans lequel l'opium se trouve associé à divers ingrédients.

LAUDATIF, IVE, adj. Qui loue : *poème laudatif.* Ne se dit que des écrits.

LAUDES, n. f. pl. Partie de l'office divin qui suit matines.

LAURÉAT, n. m. Toute personne qui a remporté un prix dans un concours.

LAURIER, n. m. Arbre toujours vert, symbole de la gloire. *Fig. Se couvrir de lauriers,* de gloire; *cueillir des lauriers,* remporter des victoires; *flétrir ses lauriers,* souiller sa gloire; *être chargé de lauriers,* avoir acquis beaucoup de gloire; *s'endormir sur ses lauriers, s'arrêter dans une carrière glorieusement commencée; se reposer sur ses lauriers,* jouir d'un repos mérité par des succès éclatants. **Laurier-rose, laurier-cerise,** variétés du laurier.

LAVABO, n. m. Prière du prêtre en lavant ses doigts pendant la messe; linge avec lequel il s'essuie les doigts; meuble garni de tous les ustensiles nécessaires pour se laver.

LAVAGE, n. m. Action de laver; aliments et breuvages où l'on a mêlé plus d'eau qu'il ne fallait : *cette soupe n'est qu'un lavage;* opération pour séparer, au moyen de l'eau, les parties terreuses des parties métalliques.

LAVANDE, n. f. Plante aromatique, qui garantit les vêtements des mites et autres insectes.

LAVANDIER, n. m. Employé chargé, chez les princes, de faire blanchir le linge.

LAVANDIÈRE, n. f. Femme qui lave la lessive.

LAVASSE, n. f. Soupe ou sauce dans laquelle on a mis trop d'eau. *Fam.*

LAVE, n. f. Matière fondue qui sort en ruisseaux enflammés des volcans, et qui se solidifie.

LAVEMENT, n. m. Injection d'un liquide dans les gros intestins, au moyen de la seringue, du clysoir ou du clysopompe. Se dit de deux cérémonies religieuses : *lavement des autels, des pieds.*

LAVER, v. tr. Nettoyer avec un liquide. *Fig. Laver une injure dans le sang,* la venger par le meurtre; *laver* *un dessin*, l'ombrer, le colorier avec de la couleur, ou de l'encre de Chine. **Se laver**, v. pr. Se nettoyer avec de l'eau. *Fig. Se laver d'une imputation*, s'en justifier ; *je m'en lave les mains*, je n'en suis pas responsable.

LAVETTE, n. f Petit morceau de linge dont on se sert pour laver la vaisselle.

LAVEUR, EUSE, n. Dont le métier est de laver.

LAVIS, n. m. Manière de colorier un dessin avec de l'encre de Chine ou toute autre couleur.

LAVOIR, n. m. Lieu public destiné à laver.

LAVURE, n. f. Eau qui a servi à laver la vaisselle. Pl. Or et argent provenant de la lessive des cendres, à la Monnaie et chez les orfèvres.

LAXATIF, IVE, adj. Qui a la propriété de lâcher le ventre, comme le miel, les pruneaux, la manne, la casse, etc.

LAYETIER, n. m. Celui qui fait des caisses, des malles, etc.

LAYETTE, n. f. Linges et vêtements d'un enfant nouveau-né.

LAZARET, n. m. Lieu où font quarantaine, surtout dans les ports de la Méditerranée, ceux qui viennent de pays infectés de la peste, ou soupçonnés de l'être.

LAZULITE, n. f. Pierre d'un bleu d'azur magnifique.

LAZZARONE, n. m. Nom sous lequel on désigne, à Naples, les hommes de la dernière classe du peuple. Pl. des *lazzaroni*.

LAZZI, n. m. Mot ital. Saillie bouffonne. Pl. des *lazzis*.

LE, LA, LES, art. servant à déterminer les noms.

LE, LA, LES, pr. pers. servant à désigner les personnes et les choses.

LE, n. m. Largeur d'une étoffe entre ses deux lisières.

LÈCHE, n. f. Tranche fort mince de pain. *Fam.*

LÉCHÉ, ÉE, adj. *Ours mal léché*, personne mal élevée. *Peint.* D'un fini fort soigné : *ce tableau est trop léché.*

LÉCHEFRITE, n. f. Ustensile de cuisine.

LÉCHER, v. tr. Passer la langue sur quelque chose : *lécher un plat.*

LEÇON, n. f. Instruction publique ou particulière ; ce que le maître donne à apprendre par cœur : *réciter sa leçon* ; enseignement : *les leçons de l'expérience* ; conseil, avertissement : *je lui ai fait sa leçon* ; réprimande : *il a reçu*

une bonne leçon ; partie de l'office à matines : *chaque nocturne contient trois leçons.*

LECTEUR, TRICE, n. Qui lit à haute voix et devant d'autres personnes ; dont la fonction est de lire : *lecteur du roi.*

LECTURE, n. f. Action de lire ; chose qu'on lit : *lectures édifiantes* ; art de lire : *enseigner la lecture aux enfants. Comité de lecture*, assemblée devant laquelle on lit les ouvrages destinés au théâtre.

LÉGAL, E, adj. Qui est selon la loi : *voie légale.*

LÉGALEMENT, adv. Suivant les lois : *procéder légalement.*

LÉGALISATION, n. f. Déclaration par laquelle un officier public atteste l'authenticité des signatures apposées à un acte.

LÉGALISER, v. tr. Faire une légalisation.

LÉGALITÉ, n. f. Qualité de ce qui est légal : *légalité d'un acte.*

LÉGAT, n. m. Ambassadeur du souverain pontife.

LÉGATAIRE, n. A qui on fait un legs.

LÉGATION, n. f. Charge de légat dans les États de l'Église. *Diplom.* Commission donnée à un envoyé près d'une puissance ; tout le personnel d'une ambassade ; hôtel de l'ambassade : *aller à la légation de Suède.*

LÉGENDAIRE, n. m. Auteur de légendes.

LÉGENDE, n. f. Vie des saints : *ce nom n'est pas dans la légende* ; inscription placée sur une médaille ; une pièce de monnaie, etc. ; récit d'une aventure merveilleuse du moyen-âge.

LÉGER, ÈRE, adj. Qui ne pèse guère ; qu'on remue aisément : *terre légère* ; facile à digérer : *aliment léger* ; qui a peu de force : *thé, vin léger* ; frugal : *repas léger* ; dispos : *je me sens léger ce matin* ; vif, agile : *danse légère* ; délicat : *touche légère. Fig.* Aisé à supporter : *peines légères* ; inconsidéré : *propos léger* ; peu important : *faute légère* ; peu grave : *blessure légère* ; superficiel : *esprit léger. Sommeil léger*, que le moindre bruit interrompt ; *poésies légères*, sur des sujets peu importants ; *troupes légères*, qui ne font que harceler l'ennemi ; *être léger d'argent*, n'en avoir guère ; *avoir la main légère*, être prompt à frapper, et, en parlant d'un chirurgien, opérer adroitement. **A la légère**, loc. adv. Légèrement : *être vêtu à la légère* ; inconsidérément : *entreprendre une chose à la légère.*

LÉGÈREMENT, adv. Sans appuyer : *marcher légèrement* ; inconsidérément : *agir légèrement* ; sans gravité : *être blessé légèrement.*

LÉGÈRETÉ, n. f. Qualité de ce qui est léger ; agilité : *légèreté du cerf. Fig.* Irréflexion, inconstance : *légèreté de caractère* ; imprudence : *légèreté de conduite.*

LÉGION, n. f. Corps de gens de guerre chez les Romains : *les légions de César* ; régiment de garde nationale en France : *être de la 1re, de la 2e légion. Légion d'honneur*, ordre civil et militaire. *Fig.* Grand nombre : *il y en avait une légion. Fam.*

LÉGIONNAIRE, n. m. Soldat d'une légion romaine ; membre de la légion d'honneur.

LÉGISLATEUR, TRICE, n. Qui donne des lois à un peuple.

LÉGISLATIF, IVE, adj. Se dit de ce qui a le pouvoir de faire les lois : *assemblée législative.*

LÉGISLATION, n. f. Droit public ; corps de lois : *législation française* ; science des lois : *cours de législation.*

LÉGISLATURE, n. f. Corps législatif en activité ; durée de sa session.

LÉGISTE, n. m. Jurisconsulte.

LÉGITIMATION, n. f. Acte par lequel on rend *légitime* un enfant naturel.

LÉGITIME, adj. Qui a les qualités requises par la loi : *mariage légitime* ; juste, équitable : *demande légitime.*

LÉGITIME, n. f. Portion que la loi assure aux enfants sur les biens de leurs père et mère, et dont ils ne peuvent être privés.

LÉGITIMEMENT, adv. Conformément à la loi, à l'équité.

LÉGITIMER, v. tr. Donner à un enfant naturel les droits des enfants légitimes ; faire reconnaître pour authentique un pouvoir, un titre, etc. ; justifier : *rien ne légitime une mauvaise action.*

LÉGITIMISTE, adj. et n. Qui défend le principe de la légitimité, les droits de la naissance au trône.

LÉGITIMITÉ, n. f. Qualité de ce qui est légitime : *la légitimité d'un droit* ; hérédité de la royauté par droit de naissance : *partisan de la légitimité.*

LEGS, n. m. Don fait par testament.

LÉGUER, v. tr. Donner par testament. *Fig.* Transmettre : *léguer ses vertus à ses enfants.*

LÉGUME, n. m. Toute plante potagère employée comme aliment.

LÉGUMINEUSES, n. f. pl. Nom générique des légumes.

LÉGUMINEUX, EUSE, adj. Se dit des plantes dont le fruit est en gousse, comme le pois, la fève, le haricot, etc.

LEMME, n. m. *Math.* Proposition préliminaire pour la démonstration d'une autre.

LENDEMAIN, n. m. Jour qui suit celui où l'on est ou celui dont on parle.

LÉNITIF, IVE, adj. Qui calme, adoucit : *potion, remède lénitif.* N. m. : *le miel est un bon lénitif.*

LENT, E, adj. Qui n'agit pas avec promptitude ; qui se fait avec lenteur : *exécution lente.*

LENTE, n. f. Œuf que les poux déposent sur les cheveux.

LENTEMENT, adv. Avec lenteur.

LENTEUR, n. f. Manque de célérité, d'activité.

LENTICULAIRE, adj. Qui a la forme d'une lentille : *verre lenticulaire.*

LENTILLE, n. f. Plante légumineuse ; sa graine ; verre taillé en forme de lentille. *Lentille de pendule*, poids de cuivre attaché à l'extrémité du balancier. Pl. Taches de rousseur sur la peau.

LENTISQUE, n. m. Espèce de pistachier.

LÉONIN, E, adj. Propre au lion. *Société léonine*, où quelques sociétaires se sont réservé la part du lion.

LÉOPARD, n. m. Quadrupède carnassier, à pelage tacheté.

LÉPIDOPTÈRES, n. m. pl. Ordre d'insectes ayant quatre ailes couvertes d'une poussière écailleuse, tels que les papillons.

† **LÈPRE**, n. f. Maladie qui couvre la peau de pustules et d'écailles.

LÉPREUX, EUSE, adj. et n. Qui a la lèpre.

LÉPROSERIE, n. f. Hôpital pour les lépreux.

LEQUEL, LAQUELLE, pr. rel. Qui, que ; celui que, celle que : *choisissez lequel vous voudrez.*

LES, art. et pr. pl. V. Le.

LÈSE-MAJESTÉ, Se dit, dans les États monarchiques, de tout attentat commis contre le souverain.

LÉSER, v. tr. Faire tort ; blesser : *il s'est lésé le crâne en tombant.*

LÉSINE, n. f. Ladrerie, épargne dans les plus petites choses.

LÉSINER, v. int. User de lésine : *il lésine sur tout.*

LÉSINERIE, n. f. Acte de lésine.

LÉSION, n. f. Perturbation apportée dans la texture des organes, comme plaie, contusion, etc.

LESSIVAGE, n. m. Action de lessiver.

LESSIVE, n. f. Eau alcaline que l'on obtient en versant de l'eau chaude sur du linge recouvert d'un lit de soude ou de cendre ; linge qui doit être lessivé : *forte lessive* ; action de lessiver : *faire la lessive.*

LESSIVER, v. tr. Nettoyer, blanchir au moyen de la lessive.

LEST, n. m. Toute matière pesante dont on charge le fond d'un bâtiment ou la nacelle d'un ballon, pour les tenir en équilibre.

LESTE, adj. Léger dans ses mouvements. *Fig.* Adroit, actif : *leste en affaires* ; un peu trop libre : *propos leste.*

LESTEMENT, adv. D'une manière leste. *Fig. Se conduire lestement*, avec légèreté ; *répondre lestement*, d'une manière inconvenante.

LESTER, v. tr. Garnir de lest un bâtiment, la nacelle d'un ballon.

LÉTHARGIE, n. f. Assoupissement profond qui ôte l'usage des sens. *Fig.* Nonchalance extrême : *tirer quelqu'un de sa léthargie.*

LÉTHARGIQUE, adj. Qui tient de la léthargie : *sommeil léthargique. Fig.* Nonchalant : *âme léthargique.*

LETTRE, n. f. Chacun des caractères de l'alphabet ; épître, missive, dépêche : *lettre de commerce.* **Lettre de change**, billet tiré sur un correspondant au profit ou à l'ordre d'un tiers ; *lettre d'avis*, pour informer d'une expédition ; *lettre de crédit*, donnant au porteur le pouvoir de toucher des fonds chez un correspondant ; *lettre de marque*, commission dont un capitaine de navire marchand doit être pourvu ; *lettre de voiture*, lettre ouverte et timbrée qui contient l'indication des objets dont un voiturier est chargé ; *lettre de cachet*, ordre d'arrêter une personne ; *lettre circulaire*, écrite dans les mêmes termes, et adressée à différentes personnes ; *exécuter des ordres à la lettre*, ponctuellement, exactement ; *traduire à la lettre*, littéralement ; *aider à la lettre*, suppléer à ce qui manque dans un écrit, et, au fig., entrer dans l'intention de celui qui parle ou qui écrit. Pl. **Lettres patentes**, expédiées sous le sceau de quelque autorité ; **les belles-lettres**, la grammaire, l'éloquence et la poésie ; **un homme de lettres**, un écrivain.

LETTRÉ, ÉE, adj. Qui a du savoir. N. m. Mandarin chinois qui cultive les lettres.

LETTRINE, n. f. Petite lettre placée à côté d'un mot, pour indiquer un renvoi ; lettres majuscules, ordinairement au nombre de trois, placées au haut de chaque colonne dans un dictionnaire.

LEUDE, n. m. Autrefois, compagnon du chef ou du roi chez les Francs.

LEUR, pr. pers. des deux genres. A eux, à elles. Adj. poss. des deux genres.

LEURRE, n. m. Appât, amorce pour tromper : *la loterie est un leurre.*

LEURRER, v. tr. Attirer par quelque espérance trompeuse : *il s'est laissé leurrer.* **Se leurrer**, v. pr. Se bercer : *il s'est leurré d'un fol espoir.*

LEVAIN, n. m. Toute substance propre à exciter la fermentation dans un corps ; morceau de pâte aigre qui, mêlé à la pâte du pain, la fait lever et fermenter. *Fig.* Reste de quelque passion violente : *levain de haine, de discorde.*

LEVANT, n. m. Point du monde où le soleil paraît se lever ; régions qui sont à notre orient : *voyager dans le Levant.* Adj. m. Qui se lève : *soleil levant.*

LEVANTIN, E, adj. et n. Natifs des pays du Levant : *les peuples levantins*, les *Levantins.*

LEVANTINE, n. f. Étoffe de soie unie, originaire du Levant.

LEVÉE, n. f. Action de lever, d'enlever : *la levée d'un cadavre, des scellés, d'un appareil mis sur une blessure* ; moment où une assemblée clôt ses délibérations du jour : *levée de séance* ; perception, collecte : *levée des impôts* ; enrôlement : *levée de troupes* ; cartes prises au jeu par une carte supérieure : *à vous la levée* ; digue, chaussée : *se promener sur la levée. Levée d'un siège*, retraite des assiégeants ; *levée de boucliers*, acte d'opposition ou attaque violente contre un gouvernement.

LEVER, v. tr. Hausser : *lever les bras* ; redresser ce qui était incliné : *lever la tête* ; relever : *lever un pont-levis* ; ôter, enlever : *lever les scellés, un appareil* ; couper une partie sur un tout : *lever une cuisse de poulet. Fig.* Enrôler : *lever une armée* ; percevoir : *lever des impôts* ; dessiner : *lever un plan* ; se retirer : *lever le siège d'une ville. Lever l'ancre*, appareiller ; *lever les épaules*, témoigner du mépris par un mouvement d'épaules ; *en lever la main*, affirmer par serment qu'une chose est ; *faire lever un lièvre*, le faire partir ; *lever le pied*, s'enfuir secrètement ; *lever le siège*, s'en aller ; *lever une difficulté*, la faire cesser ; *lever un interdit, une excommunication*, en faire cesser les effets ; *lever l'étendard de la révolte*, se révolter ouvertement ; *lever le masque*, agir sans contrainte ; *lever la*

séance, la clore. V. int. Sortir de terre,
pousser : *les blés lèvent;* fermenter :
la pâte lève. **Se lever,** v. pr. Se mettre debout. *Absol.* Sortir du lit. *Le soleil se lève;* paraît sur l'horizon; *le vent se lève,* commence à souffler; *se lever de table,* la quitter.

LEVER, n. m. Temps auquel on se lève; moment où les astres paraissent sur l'horizon. **Lever des plans,** partie de l'arpentage qui a pour objet de représenter en petit, sur le papier, la figure d'un terrain.

† **LEVIER,** n. m. Barre ordinairement en fer, propre à soulever les fardeaux. *Fig.* : *l'éloquence est un puissant levier pour remuer la multitude.*

LEVIS, adj. m. *Pont-levis,* qui se baisse ou se lève pour ouvrir ou fermer le passage d'un fossé.

LÉVITE, n. m. Chez les Israélites, ministre du culte. N. f. Sorte de redingote un peu longue.

LÉVITIQUE, n. m. Troisième livre du Pentateuque.

LEVRAUT, n. m. Jeune lièvre.

LÈVRE, n. f. Partie extérieure de la bouche, qui couvre les dents; bords d'une plaie. *Bot.* Lobes de certaines fleurs, en forme de lèvres. *Fig. Avoir le cœur sur les lèvres,* être franc; *rire du bout des lèvres,* d'un rire forcé, à contre-cœur.

LEVRETTE, n. f. Femelle du lévrier.

LÉVRIER, n. m. Chien à hautes jambes, propre à la chasse du lièvre.

LEVURE, n. f. Écume qu'on enlève de la bière en fermentation, et qui sert de levain aux boulangers.

LEXICOLOGIE, n. f. Science, connaissance raisonnée des mots sous le rapport de l'étymologie, des acceptions, et, en général, de tout ce qu'il est essentiel de savoir pour écrire convenablement une langue.

LEXICOLOGIQUE, adj. Qui a rapport à la lexicologie : *exercice lexicologique.*

LEXICOLOGUE, n. m. Qui s'occupe de lexicologie.

LEXICOGRAPHE, n. m. Auteur d'un lexique, d'un dictionnaire.

LEXICOGRAPHIE, n. f. Science du lexicographe.

LEXICOGRAPHIQUE, adj. Qui a rapport à la lexicographie.

LEXIQUE, n. m. Dictionnaire.

LÉZARD, n. m. Reptile ovipare, à quatre pattes et à longue queue.

LÉZARDE, n. f. Crevasse dans un mur.

LÉZARDÉ, ÉE, adj. Qui est crevassé.

LIAIS, n. m. Pierre calcaire dure, d'un grain très-fin.

LIAISON, n. f. Union, jonction de plusieurs corps ensemble. *Maç.* Mortier. *Cuis.* Ingrédients qui servent à lier, à épaissir les sauces. *Mus.* Exécution de plusieurs notes d'un même coup d'archet ou de gosier. *Écrit.* Traits déliés qui unissent les lettres ou les parties d'une même lettre. *Fig.* Ce qui fait qu'il existe un rapport naturel, de la convenance entre certaines choses : *liaison dans les idées;* attachement, union : *liaison d'amitié, d'intérêt.* Pl. Fréquentations : *liaisons dangereuses.*

LIANE, n. f. Plante grimpante des forêts d'Amérique.

LIANT, E, adj. Doux, complaisant : *caractère, esprit liant.*

LIARD, n. m. Ancienne monnaie de cuivre qui valait le quart d'un sou.

LIARDER, v. int. Lésiner. *Fam.*

LIARDEUR, n. m. Avare. *Fam.*

LIASSE, n. f. Amas de papiers liés ensemble.

LIBATION, n. f. Effusion de vin ou d'autre liqueur, que les anciens faisaient en l'honneur des dieux. *Fig.* Action de boire beaucoup de vin par plaisir : *nous fîmes à ce repas d'amples libations.*

LIBELLE, n. m. Écrit diffamatoire.

LIBELLER, v. tr. Rédiger dans les formes : *libeller un exploit.*

LIBELLISTE, n. m. Auteur d'un libelle.

LIBER, n. m. L'une des trois enveloppes qui forment l'écorce, et la plus voisine de l'aubier.

LIBERA, n. m. Prière pour les morts : *chanter un libera.* Pl. des libera.

LIBÉRAL, E, adj. Qui aime à donner; favorable à la liberté : *idées libérales.* **Arts libéraux,** la peinture, la sculpture, la musique, etc. N. m. pl. Ceux qui se dévouent à la défense de la liberté, des droits conquis par la Révolution.

LIBÉRALEMENT, adv. Avec libéralité.

LIBÉRALISME, n. m. Ensemble des doctrines professées par les libéraux.

LIBÉRALITÉ, n. f. Penchant à donner; le don même : *faire des libéralités.*

LIBÉRATEUR, TRICE, n. Qui délivre une personne d'un grand péril, un peuple de la servitude : *Moïse fut le libérateur des Hébreux.*

LIBÉRATION, n. f. *Jurisp.* Acquittement d'une dette; terme d'un temps de service : *libération d'un soldat.*

LIBÉRÉ, adj. m. *Forçat libéré,* mis en liberté après l'expiration de sa peine.

LIBÉRER, v. tr. Décharger de quelque obligation. **Se libérer,** v. pr. Acquitter ses dettes.

LIBERTÉ, n. f. Pouvoir d'agir ou de ne pas agir, de choisir : *c'est la liberté qui fait le mérite d'une action.* Son opposé est *fatalité;* indépendance : *engager sa liberté;* état opposé à la captivité : *mettre un prisonnier en liberté;* à la servitude : *rendre la liberté à un esclave;* à la contrainte : *parler, agir en toute liberté. Liberté civile,* droit de faire tout ce qui n'est pas défendu par la loi; *liberté politique,* jouissance des droits que la constitution accorde à chaque citoyen; *liberté de la presse,* droit de manifester sa pensée par l'impression, et surtout par la voie des journaux; *liberté de conscience,* droit de professer les opinions religieuses que l'on croit conformes à la vérité; *liberté individuelle,* droit qu'a chaque citoyen de n'être privé de sa liberté que dans certains cas déterminés par la loi. Pl. Immunités et franchises : *les libertés de l'Église gallicane;* manières d'agir trop hardies : *prendre trop de libertés.*

LIBERTICIDE, adj. Destructif de la liberté : *loi liberticide.*

LIBERTIN, E, n. Déréglé dans ses mœurs, dans sa conduite. Adj. : *il est devenu libertin.*

LIBERTINAGE, n. m. Déréglement de mœurs.

LIBERTINER, v. int. Vivre dans le désordre.

LIBRAIRE, n. Qui édite et vend des livres.

LIBRAIRIE, n. f. Profession, magasin du libraire.

LIBRATION, n. f. Balancement apparent de la lune autour de son axe.

LIBRE, adj. Qui a le pouvoir d'agir ou de ne pas agir : *l'homme est né libre;* qui jouit de la liberté politique : *État libre;* qui n'est point entravé : *la presse, le commerce est libre;* indépendant : *être libre comme l'air;* exempt de tout ce qui gêne : *on est très-libre dans cette maison. Place libre,* qui n'est pas occupée; *avoir ses entrées libres chez quelqu'un,* pouvoir entrer à toute heure chez lui; *cette jeune personne est libre,* n'est pas mariée; *traduction libre,* où le texte n'est pas exactement suivi; *vers libres,* de différentes mesures; *papier libre,* non timbré; *chansons libres,* licencieuses; *avoir le*

champ libre, avoir la liberté de faire une chose; *avoir le ventre libre,* n'être pas constipé.

LIBRE-ARBITRE, n. m. Liberté de choisir entre le bien et le mal moral.

LIBRE-ÉCHANGE, n m. Commerce entre nations sans prohibitions ni droits de douane.

LIBRE-ÉCHANGISTE, n. m. Partisan du libre-échange.

LIBREMENT, adv. Sans contrainte : *vivre librement;* avec familiarité, franchise : *parler librement.*

LICE, n. f. Lieu préparé pour les courses, les joutes.

LICE, n. f. Femelle d'un chien de chasse.

LICENCE, n. f. Liberté trop grande : *prendre des licences avec quelqu'un;* déréglement, insubordination : *la licence détruit la liberté;* dérogation aux règles de la poésie : *licence poétique,* second grade dans une faculté : *achever sa licence.*

LICENCIÉ, n. m. Qui a fait sa licence.

LICENCIEMENT, n. m. Action du licencier.

LICENCIER, v. tr. Congédier des troupes.

LICENCIEUSEMENT, adv. D'une manière licencieuse.

LICENCIEUX, EUSE, adj. Déréglé, désordonné : *conduite licencieuse.*

LICHEN, n. m. Famille de plantes qui n'ont, à proprement dire, ni racines, ni tiges, ni fleurs, ni feuilles.

LICITATION, n. f. *Prat.* Vente par enchère faite à un seul acquéreur, par les co-propriétaires d'un bien qui ne pourrait être partagé sans dépréciation : *vendre une maison par licitation.*

LICITE, adj. Qui est permis par la loi.

LICITEMENT, adv. D'une manière licite.

LICITER, v. tr. Vendre par licitation.

LICORNE, n. f. Animal fabuleux auquel les anciens supposaient une corne au milieu du front. **Licorne de mer,** nom vulgaire du *narval.*

LICOU ou **LICOL**, n. m. Lien qu'on met au cou des chevaux, des mulets, pour les attacher à l'écurie.

LICTEUR, n. m. Officier qui marchait devant les premiers magistrats de l'ancienne Rome, portant une hache entourée de faisceaux.

LIE, n. f. Partie épaisse qui se dépose dans un tonneau de vin. *Fig. La lie du peuple,* la plus vile populace; *boire le calice jusqu'à la lie,* souffrir une humiliation, une douleur dans toute son étendue.

LIE, adj. *Faire chère lie*, bonne chère avec gaité.

LIÉGE, n. m. Écorce légère et spongieuse d'une espèce de chêne appelé *chêne-liége*.

LIÉGEUX, EUSE, adj. De la nature du liége.

LIEN, n. m. Tout ce qui sert à lier. Pl. Chaînes d'un prisonnier. *Fig.* Tout ce qui attache, unit : *les liens du sang, le lien conjugal*.

LIER, v. tr. Attacher avec un lien : *lier un fagot* ; joindre : *le ciment lie les pierres* ; épaissir : *lier une sauce* ; contracter : *lier amitié avec quelqu'un* ; entrer en : *lier conversation* ; unir ensemble : *l'intérêt nous lie. Lier ses idées*, les enchaîner les unes aux autres. **Se lier**, v. pr. Former une liaison : *se lier avec quelqu'un* ; s'obliger, s'astreindre : *se lier par un serment*.

LIERRE, n. m. Plante toujours verte, rampante ou grimpante.

LIESSE, n. f. Joie : *être en liesse. Vieux*.

LIEU, n. m. Espace occupé par un corps ; situation, pays : *lieu charmant* ; endroit désigné : *j'irai sur le lieu. Fig.* Maison, famille : *sortir de haut lieu* ; sujet : *j'ai lieu d'être surpris. Le saint lieu*, le temple ; *les Saints Lieux*, la Palestine ; *lieu d'asile*, où l'on était autrefois à l'abri de certaines poursuites ; *mauvais lieu*, maison de débauche ; *n'avoir ni feu, ni lieu*, être extrêmement pauvre, sans asile. Pl. **Lieux communs**, trivialités, idées rebattues. *Rhét.* Sources générales où puise un orateur. **Lieux d'aisances**, latrines. Loc. adv. **En premier, en second lieu**, premièrement, secondement. **Au lieu de**, loc. prép. En place de. **Au lieu que**, loc. conj. Tandis que.

LIEUE, n. f. Mesure itinéraire de quatre kilomètres.

LIEUR, n. m. Qui lie des gerbes de blé, des bottes de foin, etc. Dans ce dernier cas, on dit mieux *botteleur*.

LIEUTENANCE, n. f. Emploi, grade de lieutenant.

LIEUTENANT, n. m. Officier au-dessous du capitaine.

LIEUTENANT-COLONEL, n. m. Officier supérieur qui remplace le colonel dans les cas d'absence. Pl. des *lieutenants-colonels*.

LIEUTENANT DE VAISSEAU, n. m. Officier qui vient après le capitaine de corvette.

LIEUTENANT-GÉNÉRAL, n. m. Général de division.

LIÈVRE, n. m. Animal sauvage, à longues oreilles, un peu plus grand que le lapin. *Fig. Mémoire de lièvre*, courte, peu fidèle ; *bec de lièvre*, lèvre supérieure fendue.

LIGAMENT, n. m. Faisceau fibreux qui sert à unir les os entre eux, à retenir un viscère en place.

LIGAMENTEUX, EUSE, adj. De la nature du ligament.

LIGATURE, n. f. *Chir.* Bande de toile dont on lie certaines parties du corps dans divers buts.

LIGE, adj. Se disait sous le régime féodal de celui qui était obligé envers son seigneur.

LIGNAGE, n. m. Race, famille : *être de haut lignage*.

LIGNE, n. f. Étendue en longueur, abstraction faite de la largeur et de la profondeur ; suite de mots écrits ou imprimés sur une même direction ; fil de crin ou de soie, avec hameçon au bout pour pêcher ; cordeau pour aligner : *ligne de charpentier, de maçon*, etc. ; autrefois, douzième partie du pouce ; disposition d'une armée prête à combattre : *ligne de bataille* ; retranchement : *forcer les lignes. Fig.* Règle : *ligne de conduite* ; ordre, rang : *en première ligne* ; descendants d'une famille : *ligne collatérale, directe. Ligne de démarcation*, qui distingue deux choses, qui sépare une propriété d'une autre ; *génie hors ligne*, supérieur, extraordinaire ; *troupes de ligne*, destinées à former un corps de bataille. **La ligne**, tous les régiments qui composent la troupe de ligne ; *vaisseau de ligne*, grand vaisseau de guerre : *ligne équinoxiale*, ou simplement **la ligne**, l'équateur.

LIGNÉE, n. f. Race, descendance.

LIGNETTE, n. f. Ficelle qui sert à faire des filets.

LIGNEUL, n. m. Fil enduit de poix, à l'usage des cordonniers.

LIGNEUX, EUSE, adj. De la nature du bois. *Le corps ligneux*, le bois de l'arbre.

LIGNITE, n. m. Espèce de bois fossile employé comme combustible.

†**LIGUE**, n. f. Union formée entre plusieurs princes, confédération entre plusieurs États ; complot. *Absol.* **La Ligue**, confédération des catholiques en France, à la fin du XVIe siècle.

LIGUER, v. tr. Unir dans une même ligue. **Se liguer**, v. pr. Former une ligue.

LIGUEUR, n. m. Qui fit partie de la Ligue sous Henri III et Henri IV.

LILAS, n. m. Arbrisseau qui fleurit au printemps. Adj. Couleur qui tient du bleu clair et du rose : *robe lilas*.

LILIACÉES, n. f. pl. *Bot.* Famille de plantes qui ont le lis pour type.

LIMACE, n. f. Mollusque rampant et sans coquille.

LIMAÇON, n. m. Mollusque rampant, semblable à la limace, mais habitant une coquille. *Anat.* Partie de l'oreille qui a la forme d'une coquille de limaçon. *Escalier en limaçon*, tournant.

LIMAILLE, n. f. Parcelles de métal que la lime fait tomber.

LIMANDE, n. f. Poisson de mer plat et mince.

LIMBE, n. m. Bord extérieur et gradué d'un cercle, ou de tout autre instrument de mathématiques.

LIMBES, n. m. pl. Lieu où étaient les âmes des justes de l'Ancien Testament avant la venue de J.-C., et où vont celles des enfants morts sans baptême.

LIME, n. f. Outil d'acier trempé pour polir à froid les métaux.

LIMER, v. tr. Polir avec la lime. *Fig.* : *limer des vers*, *un poëme*, *un discours*, etc.

LIMIER, n. m. Gros chien de chasse. *Fig. Limier de police*, espion.

LIMITATION, n. f. Fixation, restriction : *obtenir un congé sans aucune limitation de temps*.

LIMITE, n. f. Borne : *limite d'une propriété*. Pl. Ce qui sépare deux États, deux territoires : *les limites de l'Europe*.

LIMITÉ, ÉE, adj. Borné, circonscrit : *l'esprit de l'homme est limité* ; qui ne doit durer qu'un certain temps : *congé limité*.

LIMITER, v. tr. Donner des limites.

LIMITROPHE, adj. Qui est sur les limites : *le Portugal est limitrophe de l'Espagne*.

LIMON, n. m. Boue, terre détrempée.

LIMON, n. m. Sorte de citron qui a beaucoup de jus : *sirop de limon*.

LIMON, n. m. L'une des deux branches de la limonière : *les limons d'une charrette*.

LIMONADE, n. f. Boisson acide composée de suc de citron ou de limon, d'eau et de sucre.

LIMONADIER, ÈRE, n. Qui tient un café.

LIMONEUX, EUSE, adj. Plein de boue, de limon : *terrain limoneux*.

LIMONIER, n. m. Cheval qu'on met de préférence aux limons d'une voiture.

LIMONIÈRE, n. f. Brancard mobile formé des deux limons d'une voiture.

LIMOUSINE, n. f. Sorte de manteau de roulier fait en laine commune.

LIMPIDE, adj. Clair, transparent : *eau limpide*.

LIMPIDITÉ, n. f. Qualité de ce qui est limpide.

LIN, n. m. Plante dont on file l'écorce ; toile qui en résulte : *être vêtu de lin*.

LINCEUL, n. m. Toile dans laquelle on ensevelit les morts.

LINÉAIRE, adj. Qui a rapport aux lignes : *dessin linéaire*.

LINÉAMENT, n. m. Trait, ligne délicate qu'on observe sur le visage ; premier rudiment d'un être, première trace d'une chose.

LINGE, n. m. Toile mise en œuvre.

LINGER, ÈRE, n. Qui travaille en linge ; qui a soin du linge dans une maison importante.

LINGERIE, n. f. Commerce de linge ; lieu où on le serre dans les hôpitaux, les collèges, etc.

LINGOT, n. m. Morceau de métal fondu : *lingot d'or, de plomb*.

LINGUAL, E, adj. Qui a rapport à la langue : *nerf lingual. Consonnes linguales : d, t, l, n, r*.

LINGUISTE, n. m. Qui écrit sur les langues, ou qui en fait une étude spéciale.

LINGUISTIQUE, n. f. Science comparative des langues.

LINIÈRE, n. f. Terre semée en lin.

LINIMENT, n. m. Médicament onctueux, dont l'huile est la base, avec lequel on fait des frictions.

LINON, n. m. Batiste claire, d'un apprêt très-ferme.

LINOT, OTTE, n. Petit oiseau à plumage gris, dont le chant est très-agréable. *Fig. Tête de linotte*, légère, sans réflexion.

LINTEAU, n. m. Pièce de bois placée en travers au-dessus de l'ouverture d'une porte ou d'une fenêtre.

LION, ONNE, n. Le premier, le plus fort des animaux carnassiers ; cinquième signe du zodiaque (juillet). *Fig.* Homme brave et courageux. *La part du lion*, la plus considérable.

LIONCEAU, n. m. Petit du lion.

LIPPÉE, n. f. Bouchée. *Franche lippée*, bon repas qui ne coûte rien. *Fam.*

LIQUÉFACTION, n. f. Transformation en liquide d'une matière solide ou d'un gaz.

LIQUÉFIER, v. tr. Rendre liquide.

LIQUEUR, n. f. Substance liquide ;

boisson dont la base est l'eau-de-vie ou l'esprit de vin.

LIQUIDATEUR, n. m. Qui liquide un compte.

LIQUIDATION. n. f. Opération qui a pour objet de régler des comptes.

LIQUIDE, adj. Qui coule ou tend à couler. *Poét. La plaine liquide*, la mer. N. m. Tout ce qui est à l'état liquide.

LIQUIDER, v. tr. Régler, fixer à un chiffre une somme contestée : *liquider un compte*. **Se liquider**, v. pr. Payer ses dettes.

LIQUIDITÉ, n. f. Qualité des substances liquides.

LIQUOREUX, EUSE, adj. Se dit de certains vins qui ont une douceur particulière.

LIQUORISTE, n. Qui fait et vend des liqueurs.

LIRE, v. tr. Parcourir des yeux ce qui est écrit ou imprimé, en prononçant, ou non, les mots; expliquer : *lire un auteur à des élèves. Lire la musique*, la déchiffrer à première vue. *Fig.* Pénétrer quelque chose d'obscur, de caché : *lire dans la pensée, dans les yeux de quelqu'un.*

LIS, n. m. Plante à fleurs blanches et odorantes; sa fleur. *Fig. Teint de lis*, d'une extrême blancheur; *fleurs de lis*, anciennes armoiries de France; *le royaume des lis*, la France.

LISERÉ, n. m. Ruban fort étroit dont on borde une étoffe, un habit.

LISERON, n. m. Plante grimpante.

LISEUR, EUSE, n. Qui aime à lire.

LISIBLE, adj. Aisé à lire : *écriture lisible.*

LISIBLEMENT, adv. D'une manière lisible.

LISIÈRE, n. f. Bord qui termine de chaque côté la largeur d'une étoffe; cordons servant à soutenir un enfant lorsqu'il commence à marcher. *Fig.* Limite, bord : *la lisière d'un champ, d'une forêt*, etc.

LISSE, adj. Uni et poli.

LISSER, v. tr. Rendre lisse : *lisser une étoffe.*

LISSES, n. f. pl. Pièces mobiles d'un métier à tisser, au moyen desquelles on fait ouvrir les fils de la chaîne pour passer la navette.

LISSOIR, n. m. Instrument de verre, de marbre, d'ivoire, qui sert à lisser le linge, le papier, etc.

LISTE, n. f. Suite de noms. **Liste civile**, somme allouée dans les gouvernements constitutionnels, pour les dépenses personnelles du chef de l'État.

LIT. n. m. Meuble sur lequel on se couche, pour reposer ou dormir; bois dont il est fait : *un beau lit de noyer*; tout lieu où l'on peut se coucher, s'étendre : *lit de gazon. Par ext.* Mariage : *enfant du premier, du second lit.* **Lit de sangle**, châssis pliant et portatif, dont le fond est garni de sangles ou d'une grosse toile; **lit de camp**, plateforme de bois inclinée, qui sert de lit dans les corps de garde; *lit de parade*, sur lequel on place, après leur mort et avant leur inhumation, les personnes élevées en dignité; *garder le lit*, être retenu au lit par une maladie; *être au lit de la mort*, à l'extrémité. *Fig.* Canal dans lequel coule une rivière : *le lit de la Seine*; couche d'une chose étendue sur une autre : *lit de sable, de cailloux*, etc. † *Lit de justice*, siège qu'occupait le roi dans les séances solennelles du parlement, et, dans la suite, ces séances elles-mêmes : *tenir un lit de justice.*

LITANIES, n. f. pl. Prières que l'église chante en l'honneur de Dieu, de la Vierge et des saints. *Sing.* Longue et ennuyeuse énumération.

LITEAUX, n. m. pl. Raies colorées qui, vers les extrémités, traversent le linge de table d'une lisière à l'autre. *Sing. Men.* Tringle de bois.

LITERIE, n. f. Tout ce qui compose un lit.

LITHARGE, n. f. Oxyde de plomb fondu et cristallisé en lames.

LITHOGRAPHE, n. m. Qui imprime par les procédés de la lithographie.

LITHOGRAPHIE, n. f. Art de reproduire par l'impression les dessins tracés avec un corps gras sur une pierre calcaire.

LITHOGRAPHIER, v. tr. Imprimer par les procédés de la lithographie.

LITHOGRAPHIQUE, adj. Qui a rapport à la lithographie : *pierre, encre lithographique.*

LITIÈRE, n. f. Paille, etc., qu'on répand dans les écuries, dans les étables, et sur laquelle se couchent les chevaux, les bœufs, etc.

LITIÈRE, n. f. Chaise couverte, portée par deux hommes à l'aide de deux brancards.

LITIGE, n. m. Contestation en justice; toute sorte de contestation.

LITIGIEUX, EUSE, adj. Qui peut être contesté : *point litigieux*; qui se plaît dans les contestations : *esprit litigieux.*

LITOTE, n. f. Figure de rhét. qui consiste à dire moins pour faire entendre plus : *je ne vous hais pas*, pour donner à entendre qu'on aime beaucoup.

LITRE, n. m. Unité des mesures de capacité, contenant un décimètre cube.

LITRE, n. f. Large bande noire qu'on tend autour d'une église aux obsèques d'un grand personnage, et sur laquelle sont peintes ou suspendues les armoiries du défunt.

LITRON, n. m. Ancienne mesure de capacité, qui contenait un seizième de boisseau.

LITTÉRAIRE, adj. Qui concerne les belles-lettres : *société, journal littéraire. Le monde littéraire,* ceux qui cultivent les lettres.

LITTÉRAIREMENT, adv. Sous le rapport littéraire.

LITTÉRAL, E, adj. Qui est selon la lettre : *traduction littérale d'un auteur latin. Alg. Grandeurs littérales,* exprimées par des lettres.

LITTÉRALEMENT, adv. A la lettre.

LITTÉRALITÉ, n. f. Attachement scrupuleux à la lettre dans une traduction.

LITTÉRATEUR, n. m. Qui est versé dans la littérature.

LITTÉRATURE, n. f. Connaissance des ouvrages et des règles littéraires : *avoir une vaste, une profonde littérature;* ensemble des productions littéraires d'un pays, d'une époque : *la littérature française, la littérature du dix-septième siècle.*

LITTORAL, n. m. Étendue de pays le long des côtes, des bords de la mer : *le littoral de la Baltique.*

LITURGIE, n. f. Ordre des cérémonies et des prières consacrées par l'autorité spirituelle compétente : *liturgie romaine.*

LITURGIQUE, adj. Qui a rapport à la liturgie : *ouvrage liturgique.*

LITURGISTE, n. m. Qui a fait une étude spéciale de la liturgie.

LIVIDE, adj. De couleur plombée, tirant sur le noir : *teint livide.*

LIVIDITÉ, n. f. État de ce qui est livide : *la lividité de la peau.*

LIVRAISON, n. f. Action de livrer à l'acquéreur une chose vendue. *Libr.* Partie d'un ouvrage qu'on délivre aux souscripteurs au fur et à mesure de l'impression partielle qui s'en fait : *ouvrage en cent livraisons.*

† **LIVRE**, n. m. Feuilles imprimées et réunies en un volume relié ou broché; ouvrage en prose ou en vers, de quelque étendue : *livre bien écrit;* registre, journal d'un commerçant : *livre de compte;* division d'un ouvrage : *les 12 livres de l'Enéide. Le grand livre,*

liste des créanciers de l'État. *Fig. Parler comme un livre,* avec facilité; *traduire à livre ouvert,* sans préparation.

LIVRE, n. f. Ancienne unité de poids, équivalant environ au demi-kilogramme.

LIVRE, n. f. Ancienne monnaie équivalant au franc actuel.

LIVRÉE, n. f. Habits distinctifs que portent les domestiques d'une grande maison. *Fig.* Marques extérieures et caractéristiques : *la livrée de la misère* (les haillons).

LIVRER, v. tr. Mettre une chose en la possession de quelqu'un suivant des conventions faites; engager : *livrer bataille;* abandonner : *livrer une ville au pillage;* remettre par trahison, *livrer une place à l'ennemi, Judas livra Jésus,* mettre en la puissance de : *livrer un coupable à la justice. Se livrer,* v. pr. S'abandonner : *se livrer à la joie, à la douleur;* se consacrer : *se livrer à l'étude.*

LIVRET, n. m. Petit livre; livre que les autorités légales délivrent aux ouvriers et aux domestiques. *Livret de caisse d'épargne,* donné à tout déposant, et sur lequel sont inscrites toutes les sommes qu'il verse ou retire successivement.

LOBE, n. m. *Anat.* Partie arrondie et saillante d'un organe quelconque : *les lobes du cerveau, du foie, du poumon. Le lobe de l'oreille,* partie molle et arrondie à laquelle on attache les boucles d'oreille. *Bot.* Se dit des semences ou fruits qui sont naturellement partagés en deux parties égales, comme les fèves, le fruit de l'amandier, etc.

LOBÉ, ÉE, adj. Divisé en plusieurs lobes.

LOBULE, n. m. Petit lobe.

LOCAL, n. m. Lieu considéré par rapport à sa disposition : *vaste, beau local.*

LOCAL, E, adj. Qui est particulier à un lieu : *coutume locale. Mémoire locale,* qui retient particulièrement l'état des lieux; *couleur locale,* se dit à propos d'un ouvrage de littérature où les lieux de l'action sont rappelés fidèlement.

LOCALITÉ, n. f. Lieu quelconque, eu égard à ce qu'il peut avoir de particulier.

LOCATAIRE, n. Qui prend à loyer une terre, une maison, un appartement.

LOCATIF, IVE, adj. Qui concerne le locataire. *Réparations locatives,* qui sont à la charge du locataire.

LOCATION, n. f. Action de donner ou de prendre à louage : *location d'un* logement) d'une *loge de théâtre* ; prix du loyer : *location fort chère.*

LOCH, n. m. Instrument servant à mesurer la vitesse d'un navire.

LOCHE, n. f. Petit poisson de rivière.

LOCOMOTEUR, TRICE, adj. Qui opère la locomotion : *machine locomotrice.*

LOCOMOTION, n. f. Fonction par laquelle un être animé se transporte d'un lieu à un autre.

LOCOMOTIVE, n. f. Lourde voiture qui traîne sur un chemin de fer un convoi d'autres voitures appelées wagons, et qui contient le foyer, la chaudière et la machine à vapeur.

LOCUTION, n. f. Expression, façon de parler : *locution nouvelle, élégante, vicieuse.*

LOF, n. m. *Mar.* Côté d'un navire qui se trouve frappé par le vent.

LOFER, v. int. *Mar.* Venir au lof.

LOGARITHME, n. m. Nombre pris dans une progression arithmétique et répondant à un nombre pris dans une progression géométrique.

LOGE, n. f. Petite hutte ; logement de portier, cabanon pour les fous ; sorte de petits cabinets rangés au pourtour d'une salle de spectacle ; réunion des francs-maçons sous un président ; le lieu où ils s'assemblent ; cabane pour les bêtes féroces, les chiens. *Bot.* Cavités où sont les semences de certains fruits.

LOGEABLE, adj. Où l'on peut loger commodément : *maison logeable.*

LOGEMENT, n. m. Lieu où l'on demeure habituellement ; gîte d'un soldat en marche : *billet de logement.*

LOGER, v. tr. Donner un logement : *loger des ouvriers en garni* ; recevoir : *loger un ami chez soi.* V. int. Habiter : *où logez-vous? Fig. Loger à la belle étoile*, coucher dehors.

LOGETTE, n. f. Petite loge.

LOGEUR, EUSE, n. Qui tient des chambres garnies.

LOGICIEN, n. m. Qui raisonne avec méthode.

LOGIQUE, n. f. Science qui apprend à raisonner juste ; ouvrage qui enseigne cette science ; disposition à raisonner juste : *logique naturelle* ; raisonnement, méthode : *cet ouvrage manque de logique. Fig.* Manière particulière de raisonner : *la logique des passions.* Adj. Conforme aux règles de la logique : *ce raisonnement est logique.*

LOGIQUEMENT, adv. Conformément à la logique.

LOGIS, n. m. Habitation. **Corps de logis**, l'une des principales parties d'un bâtiment ; **maréchal des logis**, sous-officier chargé des détails du service.

LOGOGRIPHE, n. m. Sorte d'énigme, consistant en un mot dont les lettres, diversement combinées, forment d'autres mots qu'il faut également deviner.

LOGOMACHIE, n. f. Dispute de mots.

LOI, n. f. Acte de l'autorité souveraine, qui règle, ordonne, permet ou défend : *voter une loi* ; principes qui règlent l'ordre du monde physique : *les lois de la pesanteur* ; certaines obligations de la vie civile : *les lois de l'honneur, de la politesse* ; puissance, autorité : *la loi du plus fort. Loi naturelle*, principes de justice gravés dans le cœur de l'homme ; *loi divine*, préceptes que Dieu a donnés aux hommes par la révélation ; *loi civile*, qui règle les droits des citoyens entre eux ; *la loi ancienne*, religion de Moïse ; *la loi nouvelle*, religion de J.-C. ; *loi agraire*, loi qui, chez les Romains, avait pour objet le partage des terres conquises ; *loi martiale*, qui autorise l'emploi de la force armée dans certains cas ; *homme de loi*, jurisconsulte ; *se faire une loi*, s'imposer l'obligation ; *n'avoir ni foi ni loi*, être sans religion et sans principes de morale.

LOIN, adv. de lieu. A une grande distance. *Fig. Ce jeune homme ira loin*, s'élèvera à une haute position ; *ce malade n'ira pas loin*, mourra bientôt. **De loin**, loc. adv. D'une grande distance. *Fig. Revenir de loin*, réchapper d'une maladie très-grave ; *voir de loin*, être doué d'une grande prévoyance. **Au loin**, à une grande distance : *aller au loin* ; **de loin en loin**, à de grands intervalles. **Loin de**, loc. prép. A une grande distance de : *demeurer loin de Paris. Fig. : loin de nous la pensée de vous nuire*, *être loin de compte.*

LOINTAIN, E, adj. Éloigné du lieu où l'on est, dont on parle : *pays lointain.* N. m. Éloignement : *apercevoir dans le lointain.*

LOIR, n. m. Petit quadrupède rongeur qui reste engourdi tout l'hiver.

LOISIBLE, adj. Permis : *il vous est loisible de partir.*

LOISIR, n. m. Temps dont on peut disposer ; temps suffisant pour faire une chose : *j'ai tout le loisir de répondre.* **A loisir**, loc. adv. A son aise : *examiner une chose à loisir.*

LOMBAIRE, adj. Qui appartient aux lombes : *région lombaire.*

LOMBES, n. m. pl. Partie inférieure

du dos, composée de cinq vertèbres et des chairs qui y adhèrent.

LONG, LONGUE, adj. Etendu en longueur ; qui dure longtemps : *long voyage* ; qui renferme des longueurs : *discours long et ennuyeux* ; lent, tardif : *que vous êtes long* ! Syllabe, longue, voyelle longue, sur lesquelles on appuie en les prononçant. N. m. Longueur : *dix mètres de long. Tomber de son long*, de toute sa longueur. **Scieur de long**, qui scie le bois en long, pour en faire des planches. Loc. adv. **Au long, tout du long,** amplement ; **le long,** en côtoyant ; à la longue, avec le temps : *tout s'use à la longue.*

LONGANIMITÉ, n. f. Courage dans le malheur ; patience à endurer les offenses.

LONGE, n. f. Courroie pour attacher un cheval ou pour le conduire par la main. *Cuis. Longe de veau,* moitié de l'échine d'un veau, depuis le bas des épaules jusqu'à la queue.

LONGER, v. tr. Marcher le long de : *longer la rivière* ; s'étendre le long de : *le bois longe la côte.*

LONGÉVITÉ, n. f. Prolongation de la vie au-delà du terme ordinaire.

†LONGITUDE, n. f. Distance d'un lieu à un méridien convenu, appelé premier méridien.

LONGITUDINAL, E, adj. Etendu en longueur : *fibres longitudinales.*

LONGITUDINALEMENT, adv. En longueur.

LONGTEMPS, adv. Pendant un long espace de temps.

LONGUEMENT, adv. Durant un long temps : *parler longuement.*

LONGUEUR, n. f. Etendue d'un objet d'une extrémité à l'autre ; durée du temps : *la longueur des jours et des nuits. Fig.* Lenteur : *l'affaire traîne en longueur* ; inutilités : *il y a des longueurs dans cet ouvrage.*

LONGUE-VUE, n. f. Lunette d'approche. Pl. des *longues-vues.*

LOOCH, n. m. Potion médicinale adoucissante, destinée à être administrée à petites doses par la bouche.

LOPIN, n. m. Morceau de viande ; portion de terre échue en partage. *Fam.*

LOQUACE, adj. Qui parle beaucoup.

LOQUACITÉ, n. f. Habitude de parler beaucoup : *homme d'une loquacité fatigante.*

LOQUE, n. f. Morceau, lambeau d'une étoffe. *Habit en loques,* tout déchiré.

LOQUET, n. m. Fermeture la plus simple d'une porte.

LORD, n. m. Titre donné aux membres de la Chambre haute, en Angleterre.

LORGNER, v. tr. Regarder du coin de l'œil ; regarder avec une lorgnette.

LORGNETTE, n. f. Petite lunette d'approche.

LORGNEUR, EUSE, n. Qui lorgne. *Fam.*

LORGNON, n. m. Petite lunette à un seul verre.

LORIOT, n. m. Oiseau de l'ordre des passereaux, qui a une voix forte et éclatante.

LORS, adv. Alors. Loc. adv. **Pour lors,** en ce cas ; **dès lors,** dès ce temps-là, par conséquent. **Lors de,** loc. prép. Au moment de : *lors de son mariage.*

LORSQUE, conj. Quand.

LOSANGE, n. m. Parallélogramme dont les quatre côtés sont égaux, et qui a deux angles aigus et deux angles obtus.

LOSSE, n. f. Outil de tonnelier pour percer les bondes des barriques.

LOT, n. m. Portion d'un tout partagé entre plusieurs ; ce qui revient, dans une loterie, à chaque billet gagnant : *le gros lot. Fig.* Sort : *la misère est son lot.*

LOTERIE, n. f. Espèce de jeu de hasard, où les lots sont tirés au sort. *Fig. C'est une loterie,* une affaire de hasard.

LOTI, E, adj. Ne s'emploie que dans : *être bien, mal loti,* bien, mal partagé.

LOTIER, n. m. Plante annuelle, assez agréable, qui croît dans les bois, les prés, les champs.

LOTION, n. f. Médication externe, au moyen de laquelle on lave, on nettoie certaines parties malades : *lotion émolliente.*

LOTO, n. m. Jeu de hasard, très-ancien, qui se joue avec des boules et des cartons numérotés.

LOTTE, n. f. Poisson d'eau douce.

LOTUS, n. m. Plante aquatique.

LOUABLE, adj. Digne d'éloges : *action louable.*

LOUABLEMENT, adv. D'une manière louable.

LOUAGE, n. m. Cession de l'usage d'une chose, moyennant un certain prix et pour un temps déterminé.

LOUANGE, n. f. Discours par lequel on élève le mérite d'une personne ou d'une chose.

LOUANGER, v. tr. Donner des louanges.

LOUANGEUR, EUSE, n. Qui loue sans discernement.

LOUCHE, adj. Dont les yeux n'ont pas la même direction. *Fig.* Équivoque : *phrase, conduite louche.* N. m. : *il y a du louche dans cette phrase.*

LOUCHER, v. int. Regarder de travers.

LOUER, v. tr. Donner des louanges ; honorer : *louer Dieu.* **Se louer**, v. pr. Être satisfait : *avoir à se louer de quelqu'un.*

LOUER, v. tr. Donner, prendre à louage : *louer une maison.*

LOUEUR, EUSE, n. Qui donne à louage : *loueur de voitures.*

LOUGRE, n. m. Petit bâtiment de guerre à deux mâts.

LOUIS, n. m. Ancienne monnaie d'or, valant 24 livres, remplacée aujourd'hui par la pièce de 20 fr.

LOUP, n. m. Quadrupède sauvage et carnassier, qui ressemble à un chien de forte taille. *Fig. Marcher à pas de loup,* sans bruit et dans le dessein de surprendre ; *hurler avec les loups,* faire comme les autres ; *froid de loup,* très-rigoureux ; *connu comme le loup blanc,* très-connu. **Loup de mer,** vieux marin.

LOUP, n. m. Masque de velours.

LOUP-CERVIER, n. m. Nom vulgaire du *lynx.* Pl. des *loups-cerviers.*

LOUPE, n. f. Tumeur qui vient sous la peau, et qui est quelquefois d'un volume très-considérable ; excroissance ligneuse qui vient sur le tronc et sur les branches de certains arbres ; verre convexe des deux côtés, qui grossit les objets.

† LOUP-GAROU, n. m. Homme qu'on regardait autrefois comme sorcier, et qu'on supposait courir la nuit, transformé en loup. Pl. des *loups-garous.*

LOURD, E, adj. Pesant, difficile à porter, à remuer : *lourd fardeau. Fig. Temps lourd,* orageux ; *lourde faute,* grossière ; *lourde besogne,* rude, difficile ; *esprit, style lourd,* qui manque de facilité, d'élégance.

LOURDAUD, E, adj. et n. Grossier, maladroit.

LOURDEMENT, adv. Pesamment : *tomber lourdement. Fig.* Grossièrement : *se tromper lourdement* ; gauchement : *plaisanter lourdement.*

LOURDEUR, n. f. Pesanteur.

LOUTRE, n. f. Quadrupède carnassier et aquatique.

LOUVE, n. f. Femelle du loup.

LOUVETEAU, n. m. Petit loup.

LOUVETERIE, n. f. Tout ce qui concerne la chasse aux loups.

LOUVETIER (grand), n. m. Autrefois, officier de la maison du roi, qui commandait les équipages destinés à la chasse du loup.

LOUVIERS, n. m. Drap fabriqué dans la ville de ce nom.

LOUVOYER, v. int. Naviguer contre le vent, tantôt sur un bord, tantôt sur l'autre. *Fig.* Prendre des détours pour atteindre un but auquel on ne peut arriver directement.

LOUVRE, n. m. Autrefois, palais des rois de France à Paris. *Fig.* Maison magnifique : *c'est un Louvre.*

LOYAL, E, adj. Plein d'honneur et de probité.

LOYALEMENT, adv. Avec bonne foi : *se comporter loyalement.*

LOYAUTÉ, n. f. Probité.

LOYER, n. m. Prix du louage d'une maison : *payer son loyer.*

LUBIE, n. f. Caprice : *quelle lubie vous prend? Fam.*

LUBRICITÉ, n. f. Penchant excessif à la luxure.

LUBRIQUE, adj. Très-lascif.

LUBRIQUEMENT, adv. D'une manière lubrique.

LUCARNE, n. f. Ouverture pratiquée au toit d'une maison, pour éclairer l'espace qui est sous le comble.

LUCIDE, adj. Clair, lumineux : *esprit lucide.*

LUCIDITÉ, n. f. Qualité de ce qui est lucide.

LUCIFER, n. m. Chez les anciens, étoile de Vénus, quand elle précédait le soleil ; chez les chrétiens, chef des démons.

LUCRATIF, IVE, adj. Qui apporte du gain : *emploi lucratif.*

LUCRE, n. m. Gain, profit.

LUETTE, n. f. Appendice charnu, de la forme d'un grain de raisin, pendant à l'extrémité du palais, à l'entrée du gosier.

LUEUR, n. f. Lumière faible : *la lueur des étoiles. Fig.* Légère apparence : *une lueur de raison.*

LUGUBRE, adj. Funèbre, qui exprime ou inspire une sombre tristesse : *sons lugubres.*

LUGUBREMENT, adv. D'une manière lugubre.

LUI, pr. pers. de la 3e pers. du sing., des deux genres.

LUIRE, v. int. Éclairer : *le soleil luit. Fig. : un nouveau jour va luire.*

LUISANT, E, adj. Qui luit : *vers luisant.* N. m. : *le luisant d'une étoffe.*

LUMBAGO, n. m. Rhumatisme dans les reins.

LUMIÈRE, n. f. Fluide subtil qui éclaire les objets et les rend visibles ; bougie, chandelle, lampe allumée : *ap-*

portez de la lumière ; ouverture par laquelle on met le feu à un canon, à un fusil ; ouverture par où le vent entre dans un tuyau d'orgue ; dans les instruments de mathématiques à pinnules, petit trou par lequel on voit l'objet observé. *Peint.* Effets de la lumière imités dans un tableau : *habile distribution de la lumière et des ombres. Fig.* Commencer à voir la lumière, naître ; jouir de la lumière, vivre ; perdre la lumière, mourir. Se dit de tout ce qui éclaire l'esprit : *la lumière de la foi ;* d'un homme d'un grand mérite, d'un savoir éminent : *c'est la lumière de son siècle.*

LUMIGNON, n. m. Bout de la mèche d'une bougie ou d'une chandelle allumée.

LUMINAIRE, n. m. Cierges, torches dont on se sert à l'église pour le service divin : *les frais de luminaire.*

LUMINEUSEMENT, adv. D'une manière lumineuse.

LUMINEUX, EUSE, adj. Qui a, qui jette de la lumière : *corps lumineux. Fig.* Excellent : *idée lumineuse.*

LUNAIRE, adj. Qui appartient à la lune : *mois lunaire.*

LUNAISON, n. f. Espace de temps compris entre deux nouvelles lunes consécutives, synonyme de *mois lunaire.*

LUNATIQUE, adj. et n. Fantasque, capricieux, dont l'esprit est supposé changer suivant les phases de la lune.

LUNDI, n. m. Second jour de la semaine. *Faire le lundi,* ne pas travailler ce jour-là.

† **LUNE**, n. f. Planète satellite de la terre, autour de laquelle elle tourne, et qu'elle éclaire pendant la nuit. † **Lune rousse,** lune d'avril à laquelle on attribue, dans les campagnes, une influence chimérique sur les jeunes plantes ; **lune de miel,** premier mois de mariage.

† **LUNETTE**, n. f. Instrument d'optique destiné à faire voir les objets d'une manière plus distincte. **Lunette d'approche** ou **longue vue,** qui grossit ou qui rapproche les objets éloignés. Pl. Deux verres assemblés dans une même enchâssure : *une paire de lunettes ;* petits ronds de feutre qu'on met dans les manéges, à côté des yeux d'un cheval ombrageux. Ouverture ronde d'une chaise percée ; os fourchu à l'estomac d'un oiseau. *Fortif.* Espèce de demi-lune. *Arch.* Petits jours réservés dans le berceau d'une voûte.

LUNETTIER, n. m. Qui fait ou vend des lunettes.

LUPERCALES, n. f. pl. Fêtes annuelles des Romains en l'honneur du dieu Pan, qui avaient quelque rapport avec notre carnaval.

LUPIN, n. m. Plante légumineuse, employée comme fourrage.

LURON, ONNE, n. Homme joyeux et sans souci, femme réjouie.

LUSTRAGE, n. m. Action de lustrer.

† **LUSTRAL, E**, adj. *Eau lustrale,* eau bénite des anciens ; *jour lustral,* où un nouveau-né recevait son nom et était purifié par l'eau lustrale.

LUSTRATION, n. f. Sacrifices, cérémonies par lesquelles les païens purifiaient une personne, un champ, une ville.

LUSTRE, n. m. État naturel ou donné par l'art ; chandelier de cristal à plusieurs branches, qu'on suspend au plafond pour éclairer les églises, les théâtres, etc. *Fig.* Éclat que donne la beauté, le mérite : *le malheur donne du lustre à la gloire.*

LUSTRE, n. m. Espace de cinq ans. *Poét.*

LUSTRER, v. tr. Donner le lustre à une étoffe, à une fourrure, etc. : *lustrer un chapeau.*

LUSTREUR, n. m. Qui lustre.

LUSTRINE, n. f. Étoffe, espèce de droguet de soie.

LUT, n. m. *Chim.* Enduit tenace dont on se sert pour fermer les vaisseaux qu'on met sur le feu.

LUTER, v. tr. Enduire de lut.

LUTH, n. m. Ancien instrument de musique à cordes.

† **LUTHÉRANISME**, n. m. Doctrine de Luther.

LUTHÉRIEN, ENNE, n. Sectateur de Luther. *Adj.* Conforme à la doctrine de Luther : *religion luthérienne.*

LUTHIER, n. m. Ouvrier qui fait des instruments de musique à cordes.

LUTIN, n. m. Esprit follet, démon familier ; vif, espiègle : *cet enfant est un vrai lutin.*

LUTINER, v. tr. Tourmenter.

LUTRIN, n. m. Pupitre élevé dans le chœur d'une église.

LUTTE, n. f. Combat de deux personnes corps à corps. *Fig.* Guerre, dispute, conflit : *la lutte du pouvoir et de la liberté.*

LUTTER, v. int. Combattre corps à corps. *Fig.* Résister : *lutter contre la tempête.*

LUTTEUR, n. m. Qui combat à la lutte.

LUXATION, n. f. *Chir.* Déboîtement, déplacement d'un os.

LUXE, n. m. Somptuosité excessive dans le vêtement, la table, etc. *Fig.* Profusion : *luxe de végétation.*

LUXER, v. tr. Faire sortir un os de sa place naturelle.

LUXURE. n. f. Incontinence.

LUXURIANT, E, adj. Qui pousse avec trop d'abondance : *végétation luxuriante.*

LUXURIEUSEMENT, adv. Avec luxure.

LUXURIEUX, EUSE, adj. Adonné à la luxure.

LUZERNE, n. f. Plante fourragère.

LUZERNIÈRE, n. f. Champ de luzerne.

LYCANTHROPE, n. m. Homme atteint de lycanthropie.

LYCANTHROPIE, n. f. Folie dans laquelle le malade s'imagine être changé en loup.

LYCÉE, n. m. Autrefois, à Athènes, lieu consacré à l'instruction de la jeunesse ; aujourd'hui, établissement d'instruction secondaire dirigé par un proviseur.

LYMPHATIQUE, adj. Qui a rapport à la lymphe : *vaisseaux lymphatiques.*

LYMPHE, n. f. Humeur limpide, aqueuse, qui fournit la plupart des humeurs, et qui se répand dans le corps animal par des vaisseaux particuliers : *lymphe salivaire.* *Bot.* Suc aqueux qui circule dans les plantes.

LYNX, n. m. Sorte de chat sauvage, à vue très-perçante.

LYRE, n. f. Instrument de musique à cordes, en usage chez les anciens.

LYRIQUE, adj. *Poésie lyrique*, genre de poésie, le plus élevé de tous, qui se chantait originairement sur la lyre ; aujourd'hui, l'ode, le dithyrambe, l'hymne, la cantate, etc. N. m. Poète qui compose des odes, des cantates, etc. : *le lyrique Rousseau.*

M

M, n. m. Treizième lettre de l'alphabet et neuvième des consonnes.

MA, adj. poss. fém. V. *Mon.*

† **MACABRE**. N'est usité que dans cette locution : *danse macabre*, danse des morts.

MACADAM, n. m. Genre de pavage, dont l'anglais Mac-Adam est l'inventeur, et qui consiste à remplacer le pavé par des lits de petits cailloux superposés.

MACADAMISAGE, n. m. Application du système de Mac-Adam.

MACADAMISER, v. tr. Appliquer au pavage des routes le système de Mac-Adam.

MACAQUE, n. m. Genre de singes d'Afrique.

MACARON, n. m. Pâtisserie croquante et délicate, faite de pâte d'amandes et de sucre.

MACARONI, n. m. Pâte de farine, disposée en petits cylindres creux, que l'on accommode avec du fromage de Parmesan ou de Gruyère.

MACÉDOINE, n. f. Mets composé de toutes sortes de fruits ou de légumes. *Fig. Litt.* Ouvrage composé de divers morceaux en prose et en vers, formant un tout disparate.

MACÉRATION, n. f. Mortification par toutes sortes de jeûnes, d'austérités que l'on s'inflige par esprit de pénitence. *Chim.* Opération qui consiste à laisser séjourner quelque temps une substance dans une liqueur.

MACÉRER, v. tr. Affliger son corps, le mortifier pour l'amour de Dieu. *Chim.* Faire tremper une substance dans un liquide, comme une plante dans du vin, des fruits dans du vinaigre.

MÂCHE, n. f. Petite plante qu'on mange en salade.

MACHECOULIS ou **MACHICOULIS**, n. m. Nom donné, au moyen-âge, à des ouvertures pratiquées verticalement dans les galeries saillantes au sommet d'une tour, et d'où l'on faisait tomber sur l'assiégeant toutes sortes de projectiles.

MÂCHEFER, n. m. Scorie formée du résidu de la houille qu'on brûle dans les forges, et d'une petite partie d'oxyde de fer.

MÂCHELIÈRE, adj. et n. f. Nom que l'on donne quelquefois aux dents molaires, qui servent principalement à broyer les aliments.

MÂCHER, v. tr. Broyer avec les dents. *Fig. Mâcher la besogne à quelqu'un*, lui préparer son travail ; *ne pas mâcher une chose*, la dire crûment, sans adoucissement.

MÂCHEUR, EUSE, n. Qui mâche.

MACHIAVÉLIQUE, adj. Qui tient du machiavélisme : *politique machiavé-*

lique. *Fig.* Astucieux : *habileté ma-chiavélique.*

† **MACHIAVÉLISME**, n. m. Système politique conforme aux principes de Machiavel. *Fig.* Conduite artificieuse et perfide.

MACHIAVÉLISTE, adj. et n. Qui pratique le machiavélisme.

MACHICOULIS, n. m. V. *Mache-coulis.*

MACHINAL, E. adj. Se dit des mouvements naturels où la volonté n'a point de part : *action machinale.*

MACHINALEMENT, adv. D'une manière machinale.

MACHINATEUR, n. m. Qui fait quelque machination : *machinateur d'intrigues.*

MACHINATION, n. f. Intrigues, menées secrètes pour faire réussir quelque complot, quelque mauvais dessein.

MACHINE, n. f. Tout instrument destiné à produire du mouvement. **Machine à vapeur**, dans laquelle on utilise la vapeur comme force motrice ; **machine pneumatique**, qui sert à faire le vide dans une cloche de verre ou dans tout autre vase ; **machine électrique**, instrument qui sert à produire et à accumuler de l'électricité ; **machine infernale**, toute machine contenant de la poudre et des projectiles, et destinée, par son explosion, à répandre la mort. *Fig.* Homme qui obéit à l'impulsion d'autrui : *l'esclave n'est qu'une machine.*

MACHINER, v. tr. Former en secret de mauvais desseins : *machiner un complot.*

MACHINISTE, n. m. *Théât.* Celui qui dirige sur la scène les changements à vue.

MÂCHOIRE, n. f. Pièce osseuse qui supporte les dents : *mâchoire supérieure, inférieure* ; chacune des deux pièces de fer qui s'éloignent et se rapprochent pour serrer un objet, comme dans les pinces, les tenailles, les étaux, etc. *Fig.* Homme inepte, sans énergie : *ce n'est qu'une mâchoire.*

MÂCHONNER, v. tr. Mâcher difficilement ou avec négligence.

MACHURER, v. tr. Barbouiller de noir.

MAÇON, n. m. Ouvrier qui fait tous les genres de constructions en pierres, briques, moellons, etc.

MAÇONNAGE, n. m. Travail du maçon : *il est dû tant pour le maçonnage.*

MAÇONNER, v. tr. Travailler en pierres, moellons, briques, etc.

MAÇONNERIE, n. f. Ouvrage du maçon.

MAÇONNIQUE, adj. Qui appartient à la franc-maçonnerie : *loge maçonnique.*

MACOUBA, n. m. Excellent tabac de la Martinique, qui sent la rose et la violette.

MACULATION, n. f. *Impr.* Action de maculer.

MACULATURE, n. f. *Impr.* Feuille tachée, brouillée, mal imprimée.

MACULE, n. f. Tache, souillure.

MACULER, v. tr. Tacher, barbouiller de noir, en parlant des estampes et des feuilles imprimées. V. int. : *ce papier macule.*

MADAME, n. f. Titre d'honneur accordé autrefois aux dames de qualité, et donné aujourd'hui à toute femme mariée.

MADAPOLAM, n. m. Espèce de calicot fort et lourd.

MADEMOISELLE, n. f. Titre qui se donne aux jeunes personnes non mariées.

MADONE, n. f. Nom donné, en Italie, aux statuettes représentant la sainte Vierge.

MADRAS, n. m. Étoffe légère dont la chaîne est de soie, et la trame de coton.

MADRÉ, ÉE, adj. et n. Rusé, matois : *c'est un madré compère.*

MADRÉPORE, n. m. Animal aquatique, du genre des polypes, ayant une apparence de végétation, et dont l'accroissement forme les récifs qui abondent dans la mer du Sud.

MADRIER, n. m. Planche de chêne fort épaisse.

MADRIGAL, n. m. Pensée fine, tendre et galante, renfermée dans un petit nombre de vers.

MAESTRO, n. m. (mot ital.) Nom que l'on donne à tout célèbre compositeur de musique.

MAFFLÉ, ÉE OU MAFFLU, E, adj. et n. Qui a de grosses joues. *Fam.*

MAGASIN, n. m. Lieu où l'on serre des marchandises, des provisions : *magasin de blé* ; établissement de commerce : *magasin d'épiceries.*

MAGASINAGE, n. m. Séjour d'une marchandise en magasin.

MAGASINIER, n. m. Qui garde un magasin.

MAGE, n. m. Savant en astrologie et prêtre de la religion de Zoroastre.

MAGICIEN, ENNE, n. Qui fait profession de magie.

† **MAGIE**, n. f. Art prétendu d'opérer des effets merveilleux par des moyens surnaturels. **Magie noire**, qui avait pour objet l'évocation des démons ;

magie blanche, qui avait pour objet l'évocation des génies bienfaisants.

MAGIQUE, adj. Qui tient de la magie : *pouvoir magique*.

MAGISTER, n. m. Maître d'école de village.

MAGISTRAL, E, adj. Pédant, qui tient du maître : *ton magistral*.

MAGISTRALEMENT, adv. D'un air magistral : *parler magistralement*.

MAGISTRAT, n. m. Officier civil, revêtu d'une autorité judiciaire ou administrative.

MAGISTRATURE, n. f. Dignité, charge du magistrat; temps pendant lequel un magistrat exerce ses fonctions; corps entier des magistrats.

MAGNANERIE, n. f. Bâtiment destiné à élever des vers à soie.

MAGNANIME, adj. Qui a l'âme grande, élevée.

MAGNANIMEMENT, adv. Avec magnanimité.

MAGNANIMITÉ, n. f. Grandeur d'âme.

MAGNAT, n. m. Grand de Pologne, de Hongrie.

MAGNÉSIE, n. f. *Chim.* Terre absorbante, blanche, insipide, insoluble dans l'eau.

MAGNÉTIQUE, adj. Doué des propriétés de l'aimant : *corps magnétique*; qui a rapport à l'aimant : *fluide magnétique*.

MAGNÉTISER, v. tr. Communiquer, au moyen de *passes*, le magnétisme animal.

MAGNÉTISEUR, n. m. Qui magnétise.

† MAGNÉTISME, n. m. Agent auquel l'aimant doit sa propriété d'attirer le fer, et qu'on identifie aujourd'hui avec l'électricité. **Magnétisme animal**, influence vraie ou supposée, qu'un homme peut exercer sur un autre homme, au moyen de mouvements appelés *passes*; **magnétisme terrestre**, cause supposée des phénomènes d'inclinaison et de déclinaison qu'on observe dans l'aiguille aimantée.

MAGNIFICAT, n. m. Cantique de la Vierge, qu'on chante aux Vêpres. *Fig. Arriver à magnificat*, arriver trop tard.

MAGNIFICENCE, n. f. Qualité de ce qui est magnifique : *la magnificence d'un palais*; générosité, somptuosité : *sa magnificence l'a ruiné. Fig.* Richesse, élévation : *la magnificence du style de Buffon*.

MAGNIFIQUE, adj. Qui a de l'éclat, de la beauté : *temple, palais magnifique*; généreux, qui aime le luxe : *prin-*ce magnifique; beau, serein : *temps magnifique*.

MAGNIFIQUEMENT, adv. Avec magnificence : *traiter magnifiquement*.

MAGNOLIER, n. m. Arbre d'ornement, originaire d'Amérique.

MAGOT, n. m. Gros singe sans queue; figure grotesque de porcelaine : *magot de la Chine*; homme fort laid : *vilain magot*.

MAGOT, n. m. Argent caché : *on a trouvé son magot*.

MAHOMÉTAN, E, adj. et n. Qui professe la religion de Mahomet.

† MAHOMÉTISME, n. m. Religion de Mahomet.

MAI, n. m. Cinquième mois de l'année; arbre ou rameau qu'on plante le premier jour de ce mois devant la porte de quelqu'un, pour lui faire honneur : *planter le mai*.

MAIGRE, adj. Sec, qui a peu de graisse : *poulet maigre. Soupe maigre*, où il n'entre pas de viande; *jours maigres*, pendant lesquels l'Église interdit l'usage de la viande; *maigre chère*, mauvaise chère; *repas maigre*, où l'on ne sert point de viande; *maigre repas*, chétif. *Fig. Écriture maigre*, dont les pleins ne sont pas assez prononcés. N. m. Chair sans graisse : *servez-moi du maigre*; aliments maigres : *le maigre me fait mal*.

MAIGRELET, ETTE, adj. Un peu maigre : *enfant maigrelet. Fam.*

MAIGREMENT, adv. Chétivement : *dîner maigrement*.

MAIGRET, ETTE, adj. Diminutif de *maigre*.

MAIGREUR, n. f. État d'un corps maigre.

MAIGRIR, v. int. Devenir maigre.

MAIL, n. m. Jeu autrefois en usage; promenade publique dans certaines villes.

MAILLE, n. f. Chaque nœud que forme le fil, la soie, la laine, etc., dans les tissus tricotés; ouverture que ces nœuds laissent entre eux; petits annelets de fer dont on faisait les armures au moyen-âge : *cotte de mailles*; ancienne monnaie de cuivre, de très-petite valeur : *n'avoir ni sou ni maille. Avoir maille à partir*, se disputer pour peu de chose, pour une *maille*.

MAILLET, n. m. Marteau de bois à deux têtes.

MAILLOT, n. m. Langes dont on emmaillotte un enfant.

MAIN, n. f. Partie du corps humain qui s'étend depuis le poignet jusqu'à l'extrémité des doigts. *Lever la main,* affirmer en justice; *battre des mains*, applaudir; *forcer la main*, contraindre; *tenir la main*, veiller; *enlever par un coup de main*, par une entreprise prompte et hardie; *en venir aux mains*, engager le combat; *faire main basse*; tuer, piller; *n'y pas aller de main morte*, frapper rudement; *avoir la haute main*, commander; *avoir sous la main*, à sa portée; *avoir une belle main*, une belle écriture; *tendre la main*, demander l'aumône; *mettre la main à l'œuvre*, commencer une chose; *tenir de première main*, de la source même; *avoir la main heureuse*, réussir souvent; *avoir la main longue*, du pouvoir, de l'influence; *mettre la main à la pâte*, travailler soi-même; *avoir les mains liées*, ne pouvoir agir; *se laver les mains d'une chose*, déclarer qu'on n'y a pas participé; *être en bonnes mains*, être confié à une personne capable; *mettre la dernière main*, terminer; *de la main sous main*, secrètement; *donner à pleines mains*, libéralement; *avoir le cœur sur la main*, être franc; *de main en main*, d'une personne à l'autre; *de la main à la main*, sans passer par un intermédiaire; *à main armée*, les armes à la main; *chose faite de main de maître*, avec habileté; *en un tour de main*, en un instant; *de longue main*, depuis longtemps. **Main chaude**, espèce de jeu de mains; **main de papier**, 25 feuilles. En parlant de mariage : *aspirer à la main d'une personne*, lui offrir sa main.

MAIN-COURANTE, n. f. Registre sur lequel un commerçant écrit ses opérations de chaque jour. Pl. des *mains-courantes*.

MAIN-D'ŒUVRE, n. f. Travail de l'ouvrier. Pl. des *mains-d'œuvre*.

MAIN-FORTE, n. f. Assistance donnée à quelqu'un, et surtout à l'autorité : *prêter main-forte*.

MAIN-LEVÉE, n. f. Acte qui fait cesser les effets d'une saisie, d'une opposition. Pl. des *mains-levées*.

MAIN-MORTE, n. f. Se dit des biens qui ne sont pas sujets à passer aux héritiers de ceux qui les administrent, comme les biens des communautés, des hôpitaux, etc.

MAINT, E, adj. Plusieurs : *maintes fois*.

MAINTENANT, adv. A présent.

MAINTENIR, v. tr. Tenir fixe, en état de stabilité : *cette barre de fer maintient la charpente*. *Fig.* Conserver dans le même état : *maintenir les lois, maintenir un homme en place*; affirmer : *je maintiens que...*

MAINTIEN, n. m. Conservation : *le maintien des lois*; contenance : *maintien modeste*.

MAIRE, n. m. Premier officier municipal d'une ville, d'une commune. **Maire du palais**, ministre qui gouvernait sous le nom des rois Mérovingiens.

MAIRIE, n. f. Bureaux du maire.

MAIS, conj. qui sert à marquer opposition, restriction, etc.

MAÏS, n. m. Blé de Turquie.

MAISON, n. f. Habitation; établissement : *c'est une très-bonne maison*; race : *maison souveraine*; **Maison de ville**, hôtel-de-ville; **maison d'arrêt**, prison; **maison de santé**, établissement privé où l'on traite les malades moyennant rétribution; **Petites Maisons**, autrefois hôpital des fous, à Paris. *Tenir maison*, recevoir, traiter; *garder la maison*, ne pas sortir; *faire maison nette*, renvoyer tous ses domestiques; *faire maison neuve*, en prendre d'autres.

MAISONNÉE, n. f. Tous les gens d'une famille vivant dans la même maison. *Pop.*

MAISONNETTE, n. f. Petite maison.

MAÎTRE, n. m. Celui qui a des serviteurs, des ouvriers, des esclaves; propriétaire : *le maître de la maison*; celui qui enseigne : *suivre les leçons d'un savant maître*; titre donné aux gens de robe : *maître un tel, par-devant maître...*; aux personnes revêtues de certaines charges : *maître des requêtes*. *Être maître de ses passions*, les dompter; *se rendre maître d'une place*, s'en emparer; *se rendre maître d'un incendie*, en arrêter les progrès; *trouver son maître*, plus habile que soi; *être passé maître*, habile, expert; *être le maître d'agir*, en avoir la liberté. **Petit-maître**, jeune homme à prétentions ridicules; **maître de chapelle**, chargé de diriger le chant dans une église; **maître d'hôtel**, officier d'une grande maison, qui sert à table; **maître d'école**, instituteur de campagne; **maître d'études**, fonctionnaire chargé de surveiller les élèves. Adj. Premier : *le maître clerc*; principal : *le maître autel*. **A la maître d'hôtel**, loc. adv. Manière d'accommoder certains mets.

MAÎTRESSE, n. f. A presque toutes les acceptions de *maître*. Adj. **Maîtresse femme**, qui a de la tête, de l'intelligence, qui sait prendre de l'ascendant.

MAÎTRISE, n. f. Autrefois, qualité de maître dans certains métiers; aujourd'hui, tous les enfants de chœur d'une cathédrale.

MAÎTRISER, v. tr. Gouverner en maître. *Fig.*: *maîtriser ses passions.*

MAJESTÉ, n. f. Grandeur suprême : *la majesté divine. Sa Majesté*, titre des empereurs et des rois.

MAJESTUEUSEMENT, adv. Avec majesté.

MAJESTUEUX, EUSE, adj. Qui a de la majesté : *démarche majestueuse.*

MAJEUR, E, adj. Qui a l'âge de majorité : *fille majeure*; important : *affaire majeure*; irrésistible : *force majeure. Mus.* Tierce majeure, composée de deux tons. *Jeu de piquet.* Tierce majeure, l'as, le roi et la dame d'une même couleur.

MAJEURE, n. f. *Log.* Première proposition d'un syllogisme.

MAJOR, n. m. Officier supérieur chargé des détails du service et de l'administration du régiment. Adjudant-major, capitaine chargé des détails du service et de l'instruction des s.-officiers dans un bataillon.

MAJORAT, n. m. Immeuble inaliénable, attaché à la possession d'un titre de noblesse, et qui était transmis avec le titre au fils aîné d'une famille.

MAJORDOME, n. m. Maître-d'hôtel dans les cours de Rome, des Deux-Siciles et d'Espagne.

MAJORITÉ, n. f. État de celui qui est majeur; le plus grand nombre : *la majorité des hommes pensent ainsi*; parti qui l'emporte par le nombre dans une assemblée délibérante : *ministre soutenu par la majorité*; nombre qui excède la moitié des votes : *loi votée à la majorité de cinq voix.*

MAJUSCULE, adj. et n. f. Grande lettre.

MAKI, n. m. Animal d'Asie et d'Afrique, qui a beaucoup de rapports avec le singe.

MAKIS, n. m. Nom donné en Corse à des terrains couverts de broussaille épaisses, qui servent le plus souvent de retraite à des bandits.

MAL, n. m. Ce qui est contraire au bien; douleur physique : *mal de dents*; dommage, perte, calamité : *les maux de la guerre*; inconvénient : *le mal est qu'il s'absente souvent*; peine, travail : *on a trop de mal ici*; médisance ou calomnie : *dire du mal de quelqu'un. Tourner une chose en mal*, lui donner un mauvais sens; *la prendre en mal*, s'en offenser. Mal de mer, malaise qu'éprouvent les personnes qui n'ont point l'habitude de naviguer sur mer; mal d'enfant, les douleurs de l'enfan-

tement; mal du pays, nostalgie; haut mal ou mal caduc, épilepsie. Adv. Autrement qu'il ne convient : *écrire mal. Se trouver mal*, tomber en défaillance; *trouver mal*, trouver mauvais; *être mal avec quelqu'un*, être brouillé; *être bien mal*, en danger de mort.

MALADE, adj. et n. Qui éprouve quelque altération dans sa santé. *Fig.*: *esprit, imagination malade.*

MALADIE, n. f. Altération dans la santé. Se dit de tout être animé, des arbres, des plantes, etc. *Fig.*: *maladie de l'âme.*

MALADIF, IVE, adj. Sujet à être malade.

MALADRERIE, n. f. Hôpital de lépreux au moyen-âge.

MALADRESSE, n. f. Défaut d'adresse.

MALADROIT, E, adj. et n. Qui manque d'adresse : *ouvrier maladroit. Fig.*: *démarche maladroite.*

MALADROITEMENT, adv. D'une manière maladroite.

MALAIS, E, adj. et n. Langue parlée dans l'Inde orientale : *le malais, la langue malaise.*

MALAISE, n. m. État incommode du corps.

MALAISÉ, ÉE, adj. Difficile.

MALANDRINS, n. m. pl. Nom donné au temps des croisades, à des bandits qui ravagèrent la France.

MAL-APPRIS, E, adj. et n. Grossier, sans usage.

MAL À PROPOS, loc. adv. À contre-temps : *arriver mal à propos.*

MALAVISÉ, ÉE, adj. et n. Imprudent.

MALBÂTI, E, adj. et n. Mal fait, mal tourné.

MALCONTENT, E, adj. et n. Mécontent. *Vieux.*

MÂLE, adj. Qui est du sexe masculin. *Fig.* Qui annonce de la force : *visage mâle*; énergique : *style mâle.* N. m. : *le mâle et la femelle.*

MALÉDICTION, n. f. Action de maudire. *Fig.* Malheur, fatalité : *la malédiction est sur moi.*

MALÉFICE, n. m. Pouvoir prétendu de causer du mal, soit aux hommes, soit aux animaux; moyens surnaturels ou cachés.

MALENCONTRE, n. f. Mauvaise rencontre. *Fam.*

MALENCONTREUSEMENT, adv. Par malencontre.

MALENCONTREUX, EUSE, adj. Sujet à éprouver des choses fâcheuses : *homme malencontreux*; qui cause de l'ennui, du désagrément : *constance malencontreuse.*

MALENTENDU, n. m. Parole, action mal interprétée ou mal comprise : *c'est un malentendu.*

MALEPESTE, interj. fam. qui marque du dépit, de l'étonnement.

MAL-ÊTRE, n. m. Malaise.

MALFAIRE, v. int. Faire de méchantes actions.

MALFAISANCE, n. f. Disposition à faire du mal. *Peu us.*

MALFAISANT, E, adj. Qui se plaît à nuire : *esprit malfaisant* ; nuisible : *animaux malfaisants.*

MALFAITEUR, n. m. Qui commet des crimes, de coupables actions.

MALFAMÉ, ÉE, adj. Qui a une mauvaise réputation.

MALGRACIEUX, EUSE, adj. Impoli, incivil.

MALGRÉ, prép. Contre le gré de ; nonobstant : *malgré la pluie.*

MALHABILE, adj. Qui manque d'habileté, d'intelligence.

MALHABILEMENT, adv. D'une manière malhabile : *s'y prendre malhabilement.*

MALHABILETÉ, n. f. Manque d'habileté, de capacité.

MALHEUR, n. m. Mauvaise fortune ; *tomber dans le malheur* ; accident fâcheux : *grand malheur.* **Par malheur,** loc. adv. Malheureusement.

MALHEUREUSEMENT, adv. D'une manière malheureuse.

MALHEUREUX, EUSE, adj. Qui n'est pas heureux, digne de pitié : *situation malheureuse* ; qui porte malheur, qui cause du malheur : *jour malheureux* ; qui inspire de l'aversion : *physionomie malheureuse* ; qui ne peut toucher à rien sans le casser : *main malheureuse.* N. m. Personne dans l'indigence : *soulager les malheureux* ; homme méchant, méprisable : *c'est un malheureux.*

MALHONNÊTE, adj. et n. Incivil, impoli ; qui n'a ni probité, ni honneur : *malhonnête homme.*

MALHONNÊTEMENT, adv. D'une manière malhonnête.

MALHONNÊTETÉ, n. f. Incivilité.

MALICE, n. f. Penchant à nuire, à mal faire : *enfant plein de malice* ; méchanceté qui part du cœur : *malice noire.*

MALICIEUSEMENT, adv. Avec malice.

MALICIEUX, EUSE, adj. et n. Qui a de la malice.

MALIGNEMENT, adv. Avec malignité.

MALIGNITÉ, n. f. Inclination à faire, à penser, à dire du mal : *la malignité des hommes* ; qualité nuisible : *la malignité des humeurs.*

MALIN, IGNE, adj. Qui prend plaisir à faire, à dire du mal ; mordant, satirique : *discours malin.* **L'esprit malin,** le malin esprit, le démon ; fièvre maligne, dangereuse. N. m. Rusé, astucieux : *c'est un malin.*

MALINES, n. f. sing. Dentelle fabriquée principalement à Malines.

MALINGRE, adj. Qui est d'une complexion faible : *enfant malingre.*

MALINTENTIONNÉ, ÉE, adj. et n. Qui a de mauvaises intentions.

MAL-JUGÉ, n. m. Jugement défectueux d'un tribunal : *il y a eu mal-jugé.*

MALLE, n. f. Coffre en bois ou en cuir qu'on porte en voyage. **La malle,** la malle-poste.

MALLÉABILITÉ, n. f. Qualité de ce qui est malléable.

MALLÉABLE, adj. Se dit de la propriété qu'ont les métaux de s'étendre sous le marteau en lames plus ou moins minces.

MALLE-POSTE, n. f. Voiture qui transporte les dépêches.

MALMENER, v. tr. Maltraiter.

MALOTRU, E, n. Grossier, mal élevé.

MALPEIGNÉ, ÉE, n. Malpropre, dont les cheveux sont en désordre. *Pop.*

MALPLAISANT, E, adj. et n. De mauvaise humeur.

MALPROPRE, adj. et n. Qui manque de propreté.

MALPROPREMENT, adv. Avec malpropreté.

MALPROPRETÉ, n. f. Défaut de propreté.

MALSAIN, E, adj. Qui n'est pas sain, en parlant des personnes ; nuisible à la santé : *air malsain.*

MALSÉANT, E, adj. Contraire à la bienséance : *tenue malséante.*

MALSONNANT, E, adj. Contraire à la morale, à la bienséance : *expressions malsonnantes.*

MALTÔTE, n. f. Exaction.

MALTÔTIER, n. m. Agent chargé du recouvrement d'un impôt illégal.

MALTRAITER, v. tr. Traiter durement.

MALVEILLANCE, n. f. Disposition haineuse, mauvaise volonté.

MALVEILLANT, E, adj. Qui veut du mal : *intention malveillante.* N. m. : *redouter les malveillants.*

MALVERSATION, n. f. Détournement de deniers dans l'exercice d'une charge.

MALVERSER, v. int. Commettre des malversations.

MALVOISIE, n. f. Vin grec remarquable par sa douceur.

MAMAN, n. f. Mère, dans le langage des enfants.

MAMELLE, n. f. Organe glanduleux, propre à la sécrétion du lait, et qui forme le caractère distinctif des animaux appelés *mammifères*.

MAMELON, n. m. Bout de la mamelle. *Par ext.* Toute éminence arrondie.

MAMELOUK, n. m. Autrefois, en Egypte, soldat faisant partie d'une milice à cheval formée d'esclaves affranchis.

†MAMMIFÈRE, adj. Qui a des mamelles. N. m. pl. Grande classe des animaux à mamelles.

MAMMOUT ou **MAMMOUTH**, n. m. Eléphant fossile dont l'espèce a disparu, et dont on a retrouvé les ossements.

MANANT, n. m. Grossier, mal élevé.

MANCENILLIER, n. m. Arbre vénéneux de l'Amérique équatoriale.

MANCHE, n. m. Partie par laquelle on tient un instrument : *manche de couteau*.

MANCHE, n. f. Partie du vêtement qui couvre le bras.

MANCHETTE, n. f. Bande de dentelle, de mousseline, qui s'attache au poignet d'une chemise.

MANCHON, n. m. Fourrure dans laquelle on met les mains pour les garantir du froid.

MANCHOT, E, adj. et n. Estropié ou privé d'une main ou d'un bras. *Fig. N'être pas manchot*, être fin, adroit.

MANDANT, n. m. Celui qui, par un mandat, donne à un autre pouvoir d'agir en son nom.

MANDARIN, n. m. Nom qu'on donne aux lettrés, en Chine.

MANDAT, n. m. Acte par lequel une personne donne à une autre droit d'agir en son nom ; ordre de payer, adressé par un propriétaire de fonds à celui qui en est dépositaire. **Mandat d'amener**, ordre de comparaître devant un juge ; **mandat d'arrêt**, ordre de conduire quelqu'un en prison.

MANDATAIRE, n. m. Qui est chargé d'une procuration pour agir au nom d'un autre.

MANDEMENT, n. m. Ecrit adressé par un évêque à ses diocésains, et par lequel il leur donne des instructions ou des ordres relatifs à la religion.

MANDER, v. tr. Faire savoir par lettre : *mander une nouvelle* ; donner avis ou ordre de venir : *mander quelqu'un*.

MANDIBULE, n. f. Chacune des deux parties du bec des oiseaux ; parties saillantes de la bouche des insectes.

MANDOLINE, n. f. Petit instrument de musique à cordes.

MANDRAGORE, n. f. Plante narcotique d'une saveur et d'une odeur désagréables.

MANDRIN, n. m. Pièce sur laquelle le tourneur assujettit son ouvrage ; poinçon qui sert à percer le fer chaud.

MANDUCATION, n. f. Action de manger l'hostie dans la communion.

MANÉGE, n. m. Art de dompter, de discipliner, d'instruire les chevaux ; lieu où se font ces exercices ; machine que font mouvoir des animaux. *Fig.* Conduite adroite, artificieuse : *je me défie de tout ce manège*.

MÂNES, n. m. pl. Ames des morts, chez les anciens.

MANGANÈSE, n. m. Métal grisâtre très-dur et très-cassant.

MANGEABLE, adj. Qu'on peut manger.

MANGEAILLE, n. f. Ce qu'on mange. *Pop.*

MANGEANT, E, adj. Qui mange. N'est usité que dans : *être bien buvant, bien mangeant*.

MANGEOIRE, n. f. Auge où mangent les bêtes de somme.

MANGER, v. tr. Mâcher et avaler ; ronger : *la rouille mange le fer*. *Fig. Manger des yeux*, regarder avidement ; *manger ses mots*, les mal prononcer ; *manger son bien*, le dissiper en folles dépenses ; *manger de la vache enragée*, être dans le besoin ; *l'appétit vient en mangeant*, plus on s'enrichit, plus on veut s'enrichir.

MANGER, n. m. Ce qu'on mange : *le boire et le manger*.

MANGE-TOUT, n. m. Celui qui dissipe follement son bien. **Pois mange-tout**, dont la cosse se mange aussi bien que le grain.

MANGEUR, EUSE, n. Qui mange.

MANGLE, n. m. Fruit du manglier.

MANGLIER, n. m. Arbre aromatique et résineux du Brésil et des Indes.

MANIABLE, adj. Aisé à manier : *instrument maniable*. *Fig.* Traitable : *cet homme n'est pas maniable*.

MANIAQUE, adj. et n. Possédé d'une manie.

† **MANICHÉEN**, n. m. Sectateur de Manès, qui expliquait le bien et le mal par l'existence de deux principes opposés.

MANICHÉISME, n. m. Hérésie de Manès, née au IIIᵉ siècle.

MANIE, n. f. Folie dans laquelle l'imagination est frappée d'une idée fixe; fantaisie, goût porté à l'extrême : *avoir la manie des fleurs*.

MANIEMENT, n. m. Action de manier. *Maniement des armes*, exercice militaire. *Fig.* Administration : *maniement des deniers publics*.

MANIER, v. tr. Prendre, toucher avec la main : *manier une étoffe*; se servir de : *bien manier l'épée*. *Fig. Manier bien la parole, la plume*, parler, écrire avec agrément et facilité.

MANIÈRE, n. f. Façon, sorte : *manière de voir*; façon d'agir habituelle : *chacun a sa manière*; façon de composer, de peindre, particulière à un artiste : *manière de Raphaël*. Pl. Tenue du corps; gestes : *avoir des manières distinguées*. **De manière que**, loc. conj. De sorte que.

MANIÉRÉ, ÉE, adj. Affecté dans ses manières : *femme maniérée. Fig. Auteur maniéré*, recherché dans son style.

MANIFESTATION, n. f. Action de manifester : *la manifestation de la pensée*; expression publique d'un sentiment, d'une opinion politique : *manifestation bruyante, faire une manifestation*.

MANIFESTE, adj. Évident, notoire : *erreur manifeste*.

MANIFESTE, n. m. Écrit public par lequel un souverain, un chef de parti rend compte de sa conduite dans le passé, et du but qu'il se propose pour l'avenir.

MANIFESTEMENT, adv. Évidemment.

MANIFESTER, v. tr. Rendre manifeste. V. pr. Se faire connaître : *Dieu se manifeste par ses œuvres*.

MANIGANCE, n. f. Petite manœuvre secrète. *Fam.*

MANIGANCER, v. tr. Tramer secrètement quelque intrigue. *Fam.*

MANILLE, n. f. *T. du jeu d'hombre*. C'est en noir le *deux*, et en rouge le *sept* de la couleur dans laquelle on joue.

MANILLE, n. m. Cigare estimé.

MANIOC, n. m. Arbrisseau d'Amérique, dont la racine fournit une fécule nourrissante appelée *cassave*.

MANIPULATEUR, n. m. *Chim.* Celui qui manipule.

MANIPULATION, n. f. Action d'ex-

écuter des opérations manuelles en chimie, en pharmacie et dans plusieurs arts.

MANIPULE, n. m. Ornement que le prêtre porte au bras gauche, en célébrant la messe.

MANIPULER, v. tr. *Chim.* Arranger, mêler, pétrir, etc.

MANIVEAU, n. m. Petit panier plat d'osier sur lequel on étend, pour les vendre, des champignons, des fraises, des framboises, etc.

MANIVELLE, n. f. Pièce de fer ou de bois, composée de deux branches à angle droit, pour tourner une roue, l'axe d'une machine, etc.

MANNE, n. f. Suc mielleux, purgatif, qui découle de certains végétaux; nourriture miraculeuse que Dieu envoya du ciel aux Israélites dans le désert.

MANNE, n. f. Panier d'osier plus long que large.

MANNEQUIN, n. m. Panier long, étroit et à claire-voie; figure de bois, à membres articulés, à l'usage des peintres, des sculpteurs, etc. *Fig.* Homme sans caractère, que l'on fait mouvoir comme on veut; *c'est un vrai mannequin*.

MANŒUVRE, n. f. Art de gouverner un vaisseau : *entendre bien la manœuvre*. Pl. Cordages d'un navire; mouvements qu'on fait exécuter à des troupes : *savantes manœuvres. Fig.* Brigues, intrigues : *parvenir, s'élever à force de manœuvres*. N. m. Aide-maçon; ouvrier des champs en général.

MANŒUVRER, v. tr. et int. Faire exécuter des mouvements à : *manœuvrer un vaisseau*; exécuter des mouvements : *la troupe a bien manœuvré; Fig.* Prendre des mesures pour réussir : *manœuvrer sourdement*.

MANŒUVRIER, n. m. Celui qui entend bien la manœuvre des vaisseaux.

MANOIR, n. m. Autrefois, toute habitation de quelque importance, entourée de terres.

MANOMÈTRE, n. m. Appareil destiné à indiquer la tension de la vapeur à des températures données.

MANOUVRIER, n. m. Ouvrier qui travaille à la journée.

MANQUE, n. m. Défaut, absence : *manque d'argent*. **Manque de**, loc. prép. Faute de : *il succomba manque de soins*.

MANQUÉ, ÉE, adj. Défectueux : *ouvrage manqué*; sans talent : *avocat manqué*; avorté : *projet manqué*.

MANQUEMENT, n. m. Défaut, manque : *manquement de respect*.

MANQUER, v. int. Faillir, tomber en faute : *tous les hommes sont sujets à manquer* ; ne pas s'acquitter de ce qu'on doit : *manquer à son devoir* ; défaillir : *le cœur lui manque* ; glisser :: *le pied lui a manqué* ; être absent : *il manque un élève* ; ne pas avoir :: *manquer d'argent. Manquer à sa parole*, ne pas la tenir ; *manquer à quelqu'un*, aux égards qu'on lui doit. V. tr. Ne pas réussir : *manquer une affaire* ; laisser échapper : *manquer une occasion* ; ne pas atteindre : *manquer un lièvre.*

MANSARDE, n. f. Petit logement pratique dans un comble.

MANSUÉTUDE, n. f. Bénignité, douceur d'âme.

MANTE, n. f. Vêtement de femme, ample et sans manches.

MANTEAU, n. m. Vêtement ample et sans manches, qui se porte par dessus l'habit ; partie de la cheminée en saillie au-dessus de l'âtre. *Fig.* Prétexte, apparence : *se couvrir du manteau de la religion.*

MANTELET, n. m. Manteau court que portent les femmes.

MANTILLE, n. f. Longue et large écharpe noire, qui fait partie du costume national des femmes espagnoles.

MANUEL, n. m. Livre qui présente, sous un petit format, la substance de traités étendus.

MANUEL, ELLE, adj. Qui se fait avec la main : *travail manuel.*

MANUELLEMENT, adv. Avec la main.

MANUFACTURE, n. f. Vaste établissement industriel ; fabrication en grand de divers produits de l'industrie.

MANUFACTURER, v. tr. Fabriquer en grand.

MANUFACTURIER, n. m. Propriétaire d'une manufacture. Adj. Qui se livre à la fabrication : *peuple manufacturier.*

MANUS (in), n. m. Expression latine qui s'emploie dans cette phrase : *dire son in manus*, recommander son âme à Dieu au moment de mourir.

MANUSCRIT, n. m. Ouvrage écrit à la main : *manuscrit rare.* Adj. : *pièce manuscrite.*

MANUTENTION, n. f. Établissement où se fabrique le pain pour la troupe ; administration, gestion : *manutention des deniers publics.*

MAPPEMONDE, n. f. Carte qui représente le globe terrestre divisé en deux hémisphères.

MAQUEREAU, n. m. Poisson de mer.

MAQUIGNON, n. m. Marchand de chevaux.

MAQUIGNONNAGE, n. m. Métier de maquignon.

MAQUIGNONNER, v. tr. User d'artifice pour cacher les défauts d'un cheval.

MARABOU, n. m. Oiseau de l'Inde, dont les plumes servent à orner les chapeaux de femmes.

MARABOUT, n. m. Prêtre mahométan ; cafetière de fer-blanc ou de cuivre, à ventre très-large.

MARAÎCHER, n. m. Jardinier qui cultive en grand pour vendre.

MARAIS, n. m. Terrain abreuvé par des eaux qui n'ont point d'écoulement. *Marais salants*, terrains où l'on fait venir l'eau de la mer, pour recueillir par évaporation le sel marin qu'elle contient.

MARASME, n. m. Maigreur extrême.

MARASQUIN, n. m. Liqueur faite avec une cerise nommée, en Italie, *marasca.*

MARÂTRE, n. f. Belle-mère. Se dit d'une femme qui maltraite les enfants de son mari.

MARAUD, n. m. Vil et impudent coquin.

MARAUDAGE, n. m. Action de marauder.

MARAUDE, n. f. Vol commis par des soldats écartés de l'armée. Se dit, par ext., d'un vol de fruits fait par des écoliers.

MARAUDER, v. int. Aller à la maraude.

MARAUDEUR, n. m. Qui maraude.

MARAVÉDIS, n. m. Petite monnaie espagnole valant un centime et demi.

MARBRE, n. m. Pierre calcaire très-dure, susceptible de recevoir un beau poli, et d'être employée comme ornement dans les arts ; table sur laquelle les imprimeurs posent leurs formes. *Fig. Cœur de marbre*, froid et insensible.

MARBRER, v. tr. Imiter par la peinture les veines du marbre.

MARBRERIE, n. f. Art, atelier du marbrier.

MARBRIER, n. m. Ouvrier qui travaille le marbre.

MARBRIÈRE, n. f. Carrière de marbre.

MARBRURE, n. f. Imitation du marbre sur le bois, le papier, etc.

MARC, n. m. Ancien poids de huit onces.

MARC, n. m. Reste d'une substance dont on a extrait le suc : *marc de raisin, de café.*

MARCASSIN, n. m. Petit sanglier au-dessous d'un an.

MARCHAND, E, n. Qui fait profession d'acheter et de vendre. Adj. *Navire, vaisseau marchand*, qui ne transporte que des marchandises ; *marine marchande*, tous les bâtiments servant au commerce ; *ville marchande*, où il y a un grand mouvement commercial.

MARCHANDER, v. tr. Demander le prix d'une chose et le débattre ; *marchander du drap*. V. int. *Fig. Il n'y a pas à marchander*, il faut se décider.

MARCHANDISE, n. f. Tout ce qui se vend.

MARCHE, n. f. Action de celui qui marche ; distance d'un lieu à un autre ; *faire une longue marche* ; mouvement qu'exécute un corps d'armée pour se porter d'un lieu dans un autre : *les marches savantes de Turenne* ; mouvement : *la marche d'un vaisseau, des astres* ; toute pièce de musique destinée à régler le pas des troupes : *jouer une marche. Ouvrir la marche, marcher en avant ; se mettre en marche*, partir. *Fig.* Cours, progrès, développement : *la marche de la science, d'un poème, d'une affaire.*

MARCHE, n. f. Degré qui sert à monter et à descendre ; pièce de bois sur laquelle les tourneurs et les tisserands posent le pied pour faire mouvoir leur métier. *Fig. Être sur les marches du trône*, être appelé par sa naissance à succéder à celui qui règne.

MARCHE, n. f. Nom par lequel on désignait, au moyen-âge, les provinces frontières d'un empire.

MARCHÉ, n. m. Lieu public où l'on vend ; objets qu'on achète : *faire son marché* ; prix, conditions d'un achat : *faire un marché avantageux. Fig. Être quitte à bon marché*, avec moins de perte qu'on ne le craignait ; *avoir bon marché de quelqu'un*, en venir facilement à bout ; *mettre le marché à la main*, donner le choix de tenir ou de rompre un engagement ; *par-dessus le marché*, en outre ; *faire bon marché d'une chose, de sa vie*, la prodiguer, ne pas l'épargner.

MARCHEPIED, n. m. Degrés qui conduisent à une estrade : *le marchepied de l'autel. Marchepied d'une voiture*, espèce de degrés en fer, à charnières brisées, qui servent à monter dans une voiture. *Fig.* Moyen de parvenir à un poste supérieur : *la tribune parlementaire sert de marchepied pour arriver aux places les plus élevées.*

MARCHER, v. int. S'avancer d'un lieu à un autre. *Fig. Marcher droit*, avoir une conduite irréprochable ; *marcher à pas comptés*, lentement et gravement ; *marcher à pas de loup*, avec précaution et sans bruit ; *marcher sur les pas de quelqu'un*, l'imiter ; *l'affaire marche bien*, est en bonne voie.

MARCHER, n. m. Manière dont on marche : *reconnaître quelqu'un à son marcher.*

MARCHEUR, EUSE, n. Qui marche : *marcheur infatigable.*

† **MARCOTTE**, n. f. Branche tenant encore à la plante-mère, que l'on couche en terre pour qu'elle y prenne racine.

MARCOTTER, v. tr. Coucher des branches ou rejetons en terre, pour leur faire prendre racine.

MARDI, n. m. Troisième jour de la semaine. **Mardi-gras**, dernier jour du carnaval.

MARE, n. f. Petit amas d'eau dormante.

MARÉCAGE, n. m. Terrain humide et bourbeux.

MARÉCAGEUX, EUSE, adj. Plein de marécages ; *contrée marécageuse.*

MARÉCHAL, n. m. Artisan dont le métier est de ferrer les chevaux ; titre plus ou moins élevé, selon le complément qu'on ajoute à ce mot. **Maréchal de France**, grade le plus élevé de l'armée ; **maréchal des logis**, sous-officier de cavalerie, dont le grade correspond à celui de sergent dans l'infanterie ; **maréchal des logis chef**, sous-officier de cavalerie, chargé d'une partie de la comptabilité dans un régiment.

MARÉCHALERIE, n. f. Art du maréchal ferrant.

MARÉCHAUSSÉE, n. f. Ancienne juridiction des maréchaux de France ; corps de cavaliers chargés de veiller à la sûreté publique, et qui ont été remplacés par la gendarmerie.

† **MARÉE**, n. f. Mouvement alternatif et journalier des eaux de la mer, qui couvrent et abandonnent successivement le rivage ; toute espèce de poisson de mer non salé. *Fig. Arriver comme marée en carême*, fort à propos.

MARELLE ou **MÉRELLE**, n. f. Jeu d'enfants, qui poussent à cloche-pied un petit palet entre des lignes tracées sur le sol.

MARGE, n. f. Blanc autour d'une page imprimée ou écrite. *Fig. Avoir de la marge*, du temps de reste pour faire une chose.

MARGELLE, n. f. Pierre percée qui forme le rebord d'un puits.

MARGER, v. tr. Compasser les marges d'une feuille imprimée.

MARGEUR, n. m. Ouvrier qui marge.

MARGINAL, E, adj. Mis en marge : note marginale.

MARGINER, v. tr. Ecrire sur la marge d'un manuscrit, d'un livre imprimé.

MARGOUILLIS, n. m. Gâchis plein d'ordures.

MARGRAVE, n. m. Titre de quelques princes souverains d'Allemagne.

MARGRAVIAT, n. m. Etat, dignité de margrave.

MARGUERITE, n. f. Petite fleur blanche.

MARGUILLIER, n. m. Notable d'une commune, participant à l'administration des biens et des intérêts de la paroisse.

MARI, n. m. Celui qui est uni à une femme par le lien conjugal.

MARIABLE, adj. En âge d'être marié.

MARIAGE, n. m. Union légale de l'homme et de la femme; célébration des noces : assister à un mariage; un des sept sacrements.

MARIÉ, ÉE, n. Qui vient d'être marié.

MARIER, v. tr. Unir par le lien conjugal. Fig. Joindre : marier la vigne à l'ormeau; allier : marier sa voix au son d'un instrument; assortir : marier les couleurs.

MARIEUR, EUSE, n. Qui aime à s'entremettre pour faire des mariages.

MARIN, n. m. Homme de mer.

MARIN, E, adj. Qui est de mer : monstre marin, plante marine; qui sert à la navigation : montre marine.

MARINADE, n. f. Saumure composée de vinaigre, de sel, d'huile, etc., qui sert à conserver certaines viandes.

MARINE, n. f. Tout ce qui concerne la navigation sur mer; forces navales d'un Etat : marine puissante; tableau qui représente une vue, une scène maritime : peintre de marine.

MARINER, v. tr. Laisser tremper de la viande dans une marinade, pour l'attendrir : faire mariner un gigot de chevreuil.

MARINGOUIN, n. m. Espèce de cousin d'Amérique.

MARINIER, n. m. Dont la profession est de conduire des bateaux sur les fleuves et les rivières.

MARIONNETTE, n. f. Petite figure de bois ou de carton, qu'un homme placé derrière une toile fait mouvoir à l'aide de ressorts, sur un petit théâtre.

Fig. Personne frivole, légère, sans caractère : c'est une vraie marionnette.

MARITAL, E, adj. Qui appartient au mari : pouvoir marital.

MARITALEMENT, adv. Comme époux : vivre maritalement.

MARITIME, adj. Qui est près de la mer : ville maritime; qui a rapport à la mer : commerce maritime.

MARITORNE, n. f. Femme laide, malpropre. Fam.

MARIVAUDAGE, n. m. Langage affecté, dépourvu de naturel, comme celui de Marivaux.

MARJOLAINE, n. f. Plante aromatique.

MARMAILLE, n. f. Troupe de petits enfants. Fam.

MARMELADE, n. f. Confiture de fruits presque réduits en bouillie : marmelade de pommes. Viande en marmelade, trop cuite, presque en bouillie; avoir la figure en marmelade, meurtrie, fracassée.

MARMITE, n. f. Vase où l'on fait cuire les aliments, et surtout la viande. Marmite de Papin, dans laquelle on peut porter l'eau à la plus haute température.

MARMITON, n. m. Petit valet de cuisine.

MARMONNER, v. tr. Murmurer entre ses dents. Pop.

MARMOT, n. m. Petit garçon. Fig. Croquer le marmot, attendre longtemps et impatiemment.

MARMOTTE, n. f. Quadrupède rongeur, qui tombe en léthargie pendant l'hiver; espèce de coiffure de femme.

MARMOTTER, v. tr. Parler confusément et entre les dents.

MARMOUSET, n. m. Figure grotesque; petit garçon. Fam.

MARNAGE, n. m. Action de marner les terres.

MARNE, n. f. Terre calcaire mêlée d'argile, dont on se sert pour amender le sol.

MARNER, v. tr. Répandre de la marne sur un champ.

MARNEUX, EUSE, adj. De la nature de la marne.

MARNIÈRE, n. f. Lieu d'où l'on tire la marne.

MARONITE, n. m. Catholique du Liban.

MAROQUIN, n. m. Cuir de bouc ou de chèvre apprêté.

MAROQUINER, v. tr. Apprêter les peaux de veau ou de mouton à la manière du vrai maroquin.

MAROQUINERIE, n. f. Art de faire le maroquin.

MAROQUINIER, n. m. Ouvrer qui façonne des peaux en maroquin.

MAROTIQUE, adj. Se dit du vieux langage imité de Clément Marot, et qui consiste dans une naïveté fine et délicate.

MAROTTE, n. f. Espèce de sceptre surmonté d'une tête grotesque garnie de grelots, attribut de la Folie. *Fig.* et *fam.* Objet d'une affection ridicule et exagérée : *chacun a sa marotte.*

MAROUFLE, n. m. Fripon, rustre, grossier.

MARQUANT, E, adj. Qui se fait remarquer : *personne, couleur marquante.*

MARQUE, n. f. Ce qui sert à désigner, à distinguer une chose; empreinte : *marque de la monnaie*; signe, indice : *marque de bonheur, de beau temps*; témoignage : *marque de tendresse*; trace que laisse sur un corps une chose quelconque : *les marques d'une blessure, de la petite vérole*, etc.; empreinte ineffaçable appliquée à l'aide d'un fer chaud, et par la main du bourreau, sur l'épaule d'un condamné; jeton, fiche dont on se sert au jeu.

MARQUÉ, ÉE, adj. Qui a une marque; qui porte une empreinte, un timbre : *papier marqué*. *Fig. Egards marqués*, évidents; *goût marqué*, particulier; *marqué au bon coin*, très-bien fait.

MARQUER, v. tr. Mettre une marque à : *marquer des serviettes, de la vaisselle*; imprimer un signe flétrissant sur l'épaule d'un condamné. *Fig.* Indiquer : *voilà qui marque de la méchanceté*; fixer, assigner : *marquer un jour pour...*; signaler : *de grands malheurs ont marqué la fin du règne de Louis XIV;* laisser des traces de : *les armées marquent leur passage par des ravages.* V. int. *Ce cheval marque encore*, ses dents indiquent qu'il n'a pas plus de huit ans.

MARQUETER, v. tr. Marquer de taches.

MARQUETERIE, n. f. Placage fait de pièces de rapport de diverses couleurs, en bois, en marbre, etc. : *travailler en marqueterie.*

MARQUEUR, n. m. Qui marque.

MARQUIS, n. m. Titre de noblesse entre celui de duc et de comte.

MARQUISAT, n. m. Terre, titre de marquis.

MARQUISE, n. f. Femme d'un marquis.

MARQUISE, n. f. Espèce d'auvent pour garantir de la pluie; sorte d'ombrelle frangée.

MARRAINE, n. f. Qui tient ou a tenu un enfant sur les fonts de baptême.

MARRI, E, adj. Fâché, repentant. *Vieux.*

MARRON, n. m. Grosse châtaigne; fruit du marronnier sauvage : *marron d'Inde*; pétard de forme cubique; pièce de cuivre que les officiers déposent à chaque poste en faisant leur ronde. Adj. m. *Nègre marron*, qui a fui l'habitation de son maître; *courtier marron*, qui exerce l'état d'agent de change furtivement et sans titre; *couleur marron*, jaune brun.

MARRONNAGE, n. m. Etat d'un esclave fugitif : *réprimer le marronnage.*

MARRONNER, v. int. Murmurer sourdement. *Fam.*

MARRONNIER, n. m. Arbre qui produit le marron d'Inde.

MARS, n. m. Troisième mois de l'année; une des planètes.

† **MARSEILLAISE**, n. f. Hymne patriotique.

MARSOUIN, n. m. Cétacé du genre des dauphins.

MARSUPIAUX, n. m. pl. Ordre de mammifères qui portent une espèce de poche sous la peau du ventre, comme la sarigue, le kangourou, etc.

MARTE, n. f. V. *Martre.*

MARTEAU, n. m. Outil de fer à manche de bois, propre à cogner, à forger; ce qui sert à frapper, à heurter : *marteau d'une porte*; un des quatre osselets de l'oreille; petit triangle de bois qu'on fait mouvoir en touchant le clavier d'un piano.

MARTEL, n. m. Marteau. *Vieux. Fig.* Avoir *martel en tête*, du souci, de l'inquiétude.

MARTELAGE, n. m. Marque que les agents des eaux et forêts font aux arbres que se réserve l'Etat.

MARTELER, v. tr. Battre à coups de marteau.

MARTELET, n. m. Petit marteau.

MARTELEUR, n. m. Ouvrier qui dirige le marteau d'une forge.

MARTIAL, E, adj. Belliqueux : *air martial. Cour martiale*, conseil de guerre; *loi martiale*, qui autorise l'application de la loi militaire aux citoyens dans certains cas.

MARTIN, n. m. Oiseau chanteur, grand destructeur d'insectes.

MARTINET, n. m. Oiseau qui ressemble pour la forme à l'hirondelle; sorte de fouet; gros marteau d'usine, mis en mouvement par la vapeur ou par un courant d'eau; petit chandelier plat à manche.

MARTINGALE, n. f. Large courroie fixée au menton du cheval et aux sangles, pour l'empêcher de se cabrer; jeu qui consiste à doubler toujours sur sa perte.

MARTIN-PÊCHEUR, n. m. Petit oiseau d'un beau bleu de ciel, du genre des passereaux. Pl. des martins-pêcheurs.

MARTIN-SEC, n. m. Poire d'automne. Pl. des martins-secs.

MARTRE ou **MARTE**, n. f. Petit quadrupède carnassier des pays septentrionaux; sa fourrure.

† MARTYR, E, n. Qui a souffert la mort pour témoigner de la vérité de sa religion. Souffrir comme un martyr, beaucoup; être le martyr de quelqu'un, être en butte à ses mauvais traitements.

MARTYRE, n. m. Mort, tourments endurés pour sa religion : désirer le martyre. Fig. Grande douleur : il souffre le martyre.

MARTYRISER, v. tr. Faire souffrir le martyre. Fig. Faire souffrir beaucoup.

MARTYROLOGE, n. m. Liste ou catalogue des martyrs et des saints.

MARYLAND, n. m. Tabac estimé qui vient du Maryland.

MASCARADE, n. f. Déguisement d'une personne qui se masque.

MASCULIN, E, adj. Qui appartient au mâle : sexe masculin. Rime masculine, dont la syllabe finale n'est pas muette. N. m. Genre masculin.

MASQUE, n. m. Faux visage de carton peint, dont on se couvre la figure pour se déguiser; personne masquée : aller voir les masques; terre préparée et appliquée sur le visage pour obtenir une image parfaitement ressemblante. Fig. Apparence trompeuse : prendre le masque de la vertu. Lever le masque, se montrer tel que l'on est; arracher le masque à quelqu'un, dévoiler sa fausseté. Escr. Toile métallique dont on se couvre le visage, pour se mettre à l'abri des coups de fleuret.

MASQUÉ, ÉE, adj. Bal masqué, où l'on va sous un déguisement.

MASQUER, v. tr. Mettre un masque à quelqu'un. Fig. Cacher sous de fausses apparences : masquer ses projets; dérober à la vue : masquer une fenêtre. Se masquer, v. pr. Se déguiser.

MASSACRANTE, adj. f. N'est usité que dans humeur massacrante, bourrue, grondeuse.

MASSACRE, n. m. Carnage de personnes sans défense : le massacre des Innocents; grande tuerie de bêtes. Fig. Mauvais ouvrier.

MASSACRER, v. tr. Tuer des gens qui ne se défendent point. Fig. Gâter un objet en le travaillant ou en le transportant : massacrer des meubles.

MASSACREUR, n. m. Qui massacre.

MASSAGE, n. m. Action de masser.

MASSE, n. f. Amas de parties qui font corps ensemble : masse de pierres; un seul corps compacte : masse de plomb; corps informe : l'ours n'est qu'une masse; totalité : la masse du sang; fonds d'argent d'une société : masse sociale; caisse spéciale d'un corps, à laquelle contribuent tous les soldats : mettre à la masse; ensemble d'un ouvrage d'architecture : masse imposante; le plus grand nombre : agir sur les masses; bâton à tête d'or ou d'argent, qu'on portait autrefois dans certaines cérémonies; espèce de massue. En masse, loc. adv. Tous ensemble : se lever en masse.

MASSEPAIN, n. m. Petit biscuit rond fait avec des amandes et du sucre.

MASSER, v. tr. Presser, pétrir avec les mains toutes les différentes parties du corps, pour donner de la souplesse aux membres.

MASSIER, n. m. Huissier qui portait une masse dans certaines cérémonies.

MASSIF, IVE, adj. Qui est ou qui paraît épais, pesant : corps massif; sans mélange : or massif. Fig. Grossier, lourd : esprit massif. N. m. Construction pleine et solide : un massif de maçonnerie; bosquet qui ne laisse pas de passage à la vue : massif d'arbres.

MASSIVEMENT, adv. D'une manière massive.

MASSUE, n. f. Bâton noueux, beaucoup plus gros par un bout que par l'autre : la massue d'Hercule. Fig. Événement fâcheux et imprévu : c'est un coup de massue pour lui. Fam.

MASTIC, n. m. Composition de blanc d'Espagne et d'huile pour maintenir les vitres aux croisées; résine d'un arbre appelé lentisque; ciment formé de différentes substances, pour clore les joints.

MASTICATION, n. f. Action de broyer, de mâcher les aliments solides.

MASTICATOIRE, n. m. Médicament qu'on mâche pour exciter l'excrétion de la salive.

MASTIQUER, v. tr. Coller avec du mastic.

MASTODONTE, n. m. Mammifère fossile, voisin de l'éléphant.

MASULIPATAM, n. m. Sorte de coton des Indes.

MASURE, n. f. Reste d'un bâtiment tombé en ruine; méchante habitation.

MAT, n. m. sing. T. d'échecs. Coup qui réduit le roi à ne pouvoir faire un pas sans être pris : *faire un beau mat.* Adj. : *être mat.*

MÂT, n. m. Longue pièce de bois qui sert à supporter la voilure d'un navire.

MAT, MATE, adj. Qui n'a point d'éclat, de poli : *or mat*; trop compacte : *gâteau, pain mat*; épais : *broderie mate*; qui n'est point clair, retentissant : *son mat.*

MATADOR, n. m. Nom des cartes supérieures au jeu de l'hombre; celui qui, en Espagne, dans les combats de taureau, est chargé de mettre l'animal à mort. *Fig.* Homme considérable dans son état : *c'est un matador.*

MATAMORE, n. m. Faux brave : *faire le matamore.*

MATELAS, n. m. Grand coussin piqué, rempli de laine, de bourre ou de crin, servant à garnir un lit.

MATELASSER, v. tr. Garnir en façon de matelas : *matelasser une chaise.*

MATELASSIER, ÈRE, n. Qui fait, refait, carde les matelas.

MATELOT, n. m. Homme qui sert à la manœuvre d'un vaisseau; vaisseau qui en escorte un plus grand : *matelot de l'avant, de l'arrière.*

MATELOTE, n. f. Mets de poisson, accommodé au vin.

MATER, v. tr. Faire le roi mat au jeu des échecs. *Fig. Mater quelqu'un*, le dompter, l'humilier.

MATÉRIALISER, v. tr. Donner à l'esprit les qualités de la matière.

MATÉRIALISME, n. m. Système de ceux qui pensent que tout est matière.

† **MATÉRIALISTE**, n. m. Qui n'admet que la matière.

MATÉRIALITÉ, n. f. Qualité de ce qui est matière.

MATÉRIAUX, n. m. pl. Matières qui entrent dans la construction d'un bâtiment, comme la pierre, le bois, la tuile, etc.; tout ce qu'on rassemble de notes, de faits, d'idées, pour la composition d'un ouvrage d'esprit.

MATÉRIEL, ELLE, adj. Formé de matière : *substance matérielle. Fig.* Lourd, grossier : *esprit matériel.* N. m. Tout ce qui sert à une exploitation, à un établissement : *le matériel d'une*

forme; à un service public : *le matériel de l'armée.*

MATÉRIELLEMENT, adv. D'une manière matérielle.

MATERNEL, ELLE, adj. Qui est propre, naturel à une mère : *tendresse maternelle*; du côté de la mère : *biens, parents maternels. Langue maternelle*, du pays où l'on est né.

MATERNELLEMENT, adv. D'une manière maternelle.

MATERNITÉ, n. f. État, qualité de mère.

MATHÉMATICIEN, n. m. Qui sait, qui professe les mathématiques.

MATHÉMATIQUE, adj. Qui a rapport aux mathématiques : *sciences mathématiques. Fig.* Rigoureux : *précision mathématique.*

MATHÉMATIQUEMENT, adv. Selon les règles des mathématiques : *démontrer mathématiquement.*

MATHÉMATIQUES, n. f. pl. Science des quantités ou des grandeurs.

MATIÈRE, n. f. Substance étendue, divisible, impénétrable et susceptible de toutes sortes de formes; ce dont une chose est faite : *la façon de cet ouvrage coûte plus que la matière*; déjections du corps humain : *matière fécale.* Se dit par oppos. à *esprit. Matière criminelle*, qui donne lieu à la procédure relative aux délits, aux crimes; *matière première*, avant qu'elle soit mise en œuvre. *Fig.* Sujet d'un écrit, d'un discours : *approfondir une matière*; cause : *il y a là matière à procès.* **En matière de**, loc. prép. En fait de.

MÂTIN, n. m. Gros chien de garde.

MATIN, n. m. Le temps compris entre minuit et midi, et, ordinairement, la partie du jour comprise entre le lever du soleil et midi. *Fig.* et *poét. Le matin de la vie*, la jeunesse. Adv. De bonne heure : *se lever matin.*

MATINAL, E, ou **MATINEUX, EUSE**, adj. Qui s'est levé matin, qui a l'habitude de se lever matin.

MATINÉE, n. f. Temps qui s'écoule depuis le point du jour jusqu'à midi. *Dormir la grasse matinée*, bien avant dans le jour.

MATINES, n. f. pl. Première partie de l'office divin, qui se dit avant le lever du jour.

MATINEUX, EUSE, adj. V. *Matinal.*

MATINIER, ÈRE, adj. Qui appartient au matin. N'est usité que dans : *étoile matinière.*

MATOIS, E, adj. et n. Rusé.

MATOISERIE, n. f. Tromperie, fourberie.

MATOU, n. m. Chat entier.

MATRAS, n. m. Vase de verre à long col, dont on fait usage en chimie et en physique.

MATRICE, n. f. Viscère où a lieu la conception; moule, soit en creux, soit en relief, qui, après avoir reçu l'empreinte d'un poinçon, doit la reproduire sur les objets soumis à son action; registre original d'après lequel sont établis les rôles de contributions.

MATRICULAIRE, adj. Qui est porté sur la matricule.

MATRICULE, n. f. Registre où sont successivement inscrits tous les individus qui entrent dans un hôpital, dans une prison, un régiment, etc.

MATRIMONIAL, E, adj. Qui a rapport au mariage.

MATRONE, n. f. Ancienne dame romaine; sage-femme. Peu usité dans ce dernier sens.

MATURATION, n. f. Progrès successif des fruits vers la maturité.

MÂTURE, n. f. Tous les mâts d'un vaisseau; art de mâter les vaisseaux.

MATURITÉ, n. f. Etat des fruits quand ils sont mûrs.

MAUDIRE, v. tr. Prononcer une malédiction contre quelqu'un, le charger d'imprécations; réprouver, abandonner : *Dieu maudit les méchants.*

MAUDIT, E, adj. Très-désagréable, très-mauvais : *temps maudit, maudit métier.* N. : *allez, maudits, au feu éternel.*

MAUGRÉER, v. int. Pester, Jurer. *Fam.*

MAURE, n. m. V. *More.*

†**MAUSOLÉE**, n. m. Monument funéraire somptueux.

MAUSSADE, adj. Désagréable : *humeur maussade.*

MAUSSADEMENT, adv. D'une manière maussade.

MAUSSADERIE, n. f. Mauvaise grâce, manière désagréable.

MAUVAIS, E, adj. Qui n'est pas bon : *mauvais pain;* méchant, enclin à mal faire : *mauvaise femme;* sans talent : *mauvais poète;* funeste : *mauvais présage;* dangereux : *mauvais livre. Mauvais bruits,* propos défavorables; *mauvaise tête,* homme entêté; *les mauvais anges,* les démons; *avoir mauvaise mine,* le visage défait; *faire mauvais visage à quelqu'un,* le traiter froidement. N. m. : *discerner le bon du mauvais.* Adv. *Sentir mauvais,* exhaler une mauvaise odeur; *trouver mauvais,* prendre en m. part, en mal; *il fait mauvais,* vilain temps.

MAUVE, n. f. Plante émolliente et adoucissante.

MAUVIETTE, n. f. Nom vulgaire de l'alouette commune.

MAXILLAIRE, adj. Qui a rapport aux mâchoires : *os maxillaire.*

MAXIME, n. f. Proposition générale énoncée sous la forme de précepte.

MAXIMUM, n. m. Mot lat. Le plus haut degré où une chose puisse atteindre. *Maximum d'une peine,* la plus forte peine prononcée par la loi contre un crime ou un délit.

MAZETTE, n. f. Mauvais petit cheval; personne sans capacité; au jeu, celui qui ne sait pas jouer.

ME, pr. pers. de la première pers. du sing. Moi, à moi.

MÉANDRE, n. m. Sinuosité d'un fleuve; dessin qui l'imite.

MÉCANICIEN, n. m. Qui s'occupe de mécanique, qui en fait profession.

MÉCANIQUE, n. f. Branche importante des mathématiques, qui traite du mouvement et de l'équilibre des forces motrices et des machines; structure d'un corps : *la mécanique du corps humain;* machine : *étoffe fabriquée à la mécanique.*

MÉCANIQUE, adj. Qui a rapport à la mécanique : *les arts mécaniques.*

MÉCANIQUEMENT, adv. D'une manière mécanique.

MÉCANISME, n. m. Structure d'un corps : *mécanisme du corps humain. Fig. Mécanisme du langage,* arrangement des mots; *mécanisme des vers,* rhythme poétique.

†**MÉCÈNE**, n. m. Protecteur des lettres et des savants, par allusion à Mécène, favori et ministre d'Auguste.

MÉCHAMMENT, adv. Avec méchanceté.

MÉCHANCETÉ, n. f. Penchant à faire du mal : *méchanceté de caractère;* action méchante : *faire, dire des méchancetés.*

MÉCHANT, E, adj. Porté au mal : *méchant homme;* contraire à la justice : *méchante action;* qui ne vaut rien dans son genre : *méchante viande, méchants vers, méchant poète;* chétif, insuffisant : *méchant dîner.* N. m. : *fuir les méchants.*

MÈCHE, n. f. Coton qu'on met dans une lampe, au centre d'une chandelle, d'une bougie, pour brûler; bout de ficelle qu'on attache au fouet; bouquet de cheveux; partie qui sert à percer, dans la vrille, le vilebrequin, le tire-bouchon, etc. *Fig. Eventer la mèche,* découvrir un complot.

MÉCHER, v. tr. Faire entrer de la

vapeur de soufre dans un tonneau, au moyen d'une bande de toile soufrée et enflammée.

MÉCOMPTE, n. m. Espérance trompée.

MÉCONNAISSABLE; adj. Qu'on ne peut reconnaître qu'avec peine.

MÉCONNAÎTRE, v. tr. Désavouer, affecter par orgueil de ne pas reconnaître : *méconnaître ses parents, un ami*; ne pas apprécier : *Milton a été méconnu de ses contemporains*. **Se méconnaître**, v. pr. Oublier ce qu'on a été, ce qu'on est, ce qu'on doit aux autres : *les parvenus se méconnaissent aisément*.

MÉCONTENT, E, adj. Qui n'est pas content. N. m. Qui n'est pas satisfait du gouvernement : *le parti des mécontents*.

MÉCONTENTEMENT, n. m. Manque de satisfaction.

MÉCONTENTER, v. tr. Rendre mécontent : *mécontenter ses maîtres, ses parents*.

MÉCRÉANT, n. m. Impie, qui ne croit pas aux dogmes de la religion.

MÉDAILLE, n. f. Pièce de métal frappée en mémoire d'une action mémorable, ou en l'honneur d'un personnage illustre; récompense donnée au mérite, au courage : *médaille militaire*; prix obtenu dans un concours : *médaille de l'Exposition*; pièce d'or, d'argent ou de cuivre, représentant un sujet de dévotion, et que le pape a bénite. *Fig. Le revers de la médaille*, le mauvais côté d'une chose.

MÉDAILLIER, n. m. Collection de médailles; meuble à tiroirs qui les renferme.

MÉDAILLISTE, n. m. Amateur de médailles.

MÉDAILLON, n. m. Bijou de forme circulaire ou ovale, dans lequel on place un portrait, des cheveux, etc.; bas-relief représentant une tête ou un sujet.

MÉDECIN, n. m. Qui exerce la médecine. *Fig.* Ce qui remédie aux souffrances morales : *le temps est un grand médecin*.

MÉDECINE, n. f. Science qui a pour but de rétablir la santé; remède purgatif : *prendre une médecine*.

MÉDECINER, v. tr. Donner des breuvages et autres remèdes.

MÉDIAN, E, adj. *Anat.* Qui se trouve au milieu. *Veines médianes*, qui sont à la superficie de l'avant-bras, au nombre de trois.

MÉDIANOCHE, n. m. Repas en gras qui se fait après minuit sonné, à la suite d'un jour maigre.

MÉDIANTE, n. f. *Mus.* Tierce au-dessus de la note tonique ou principale.

MÉDIASTIN, n. m. Cloison membraneuse qui divise la poitrine en deux parties, l'une à droite, l'autre à gauche.

MÉDIAT, E, adj. Qui n'a rapport, qui ne touche à une chose que par une autre qui est entre deux : *les exhortations de Clotilde furent la cause médiate de la conversion de Clovis* (la cause immédiate fut la victoire de Tolbiac).

MÉDIATEMENT, adv. D'une manière médiate : *cette cause n'agit que médiatement*.

MÉDIATEUR, TRICE, n. Qui s'entremet pour amener un accord, un accommodement entre deux ou plusieurs personnes : *médiateur de la paix*.

MÉDIATION, n. f. Entremise.

MÉDICAL, E, adj. Qui concerne la médecine : *ouvrage médical*; propre à guérir : *vertus médicales d'une plante*.

MÉDICAMENT, n. m. Remède pour guérir un malade.

MÉDICAMENTAIRE, adj. Qui traite des médicaments : *code médicamentaire*.

MÉDICAMENTER, v. tr. Donner des médicaments à un malade.

MÉDICAMENTEUX, EUSE, adj. Qui a la vertu d'un médicament : *substance médicamenteuse*.

MÉDICATION, n. f. Mode de traitement d'une maladie; effet produit par l'action des médicaments.

MÉDICINAL, E, adj. Qui peut servir de remède : *plante médicinale*.

MÉDIOCRE, adj. Qui est entre le grand et le petit, le bon et le mauvais. *Homme médiocre*, de peu de capacité. N. m. : *ouvrage au-dessous du médiocre*.

MÉDIOCREMENT, adv. D'une façon médiocre.

MÉDIOCRITÉ, n. f. État, qualité de ce qui est médiocre; fortune étroite, mais suffisante : *vivre dans la médiocrité*; insuffisance d'esprit : *homme d'une grande médiocrité*.

MÉDIRE, v. int. Révéler les fautes, les défauts d'autrui par imprudence ou méchanceté.

MÉDISANCE, n. f. Révélation des fautes, des défauts d'autrui, faite par imprudence ou méchanceté.

MÉDISANT, E, adj. et n. Qui médit.

MÉDITATIF, IVE, adj. Porté à la méditation : *esprit méditatif*.

MÉDITATION, n. f. Opération de l'esprit qui s'applique fortement à approfondir un sujet : *profonde méditation*; écrit sur un sujet philosophique ou religieux.

MÉDITER, v. tr. Examiner mûrement, approfondir : *méditer une vérité.* V. int. Réfléchir : *méditer sur une question.*

MÉDITERRANÉE, adj. et n. f. Nom commun aux mers situées au milieu des terres.

MÉDIUM, n. m. Moyen d'accommodement dans une dispute, une affaire. *Mus.* Étendue de la voix entre le grave et l'aigu.

MÉDIUS, n. m. Le doigt du milieu.

MÉDOC, n. m. Vin très-renommé du pays de Médoc.

MÉDULLAIRE, adj. Qui appartient à la moelle, ou qui en a la nature : *substance médullaire.*

MEETING, n. m. En Angleterre, réunion populaire dont le but est de délibérer sur une élection, un sujet politique.

MÉFAIRE, v. int. Faire une mauvaise action : *il ne faut ni méfaire ni médire.*

MÉFAIT, n. m. Mauvaise action.

MÉFIANCE, n. f. Disposition à soupçonner le mal dans les autres.

MÉFIANT, E, adj. Qui se méfie.

MÉFIER (SE), v. pr. Ne pas se fier.

MÉGARDE (PAR), loc. adv. Par inadvertance.

MÉGÈRE, n. f. Femme emportée et très-méchante.

MÉGISSERIE, n. f. Travail et commerce du mégissier.

MÉGISSIER, n. m. Artisan qui prépare les peaux délicates, comme celles du chevreau, du chamois, etc.

MEILLEUR, E, adj. Qui est au-dessus du bon. N. m. : *boire du meilleur. Fam.*

MÉLANCOLIE, n. f. État habituel de tristesse; amour de la rêverie, de la solitude : *douce mélancolie. Ne pas engendrer mélancolie*, être très-gai.

MÉLANCOLIQUE, adj. En qui domine habituellement la mélancolie : *caractère mélancolique;* momentanément triste, chagrin : *être tout mélancolique;* qui inspire la mélancolie : *air mélancolique.*

MÉLANCOLIQUEMENT, adv. D'une manière mélancolique.

MÉLANGE, n. m. Résultat de plusieurs choses mêlées ensemble : *mélange de liqueurs;* recueil composé de morceaux sur différents sujets : *mélanges littéraires. Bonheur sans mélange,* pur, qui n'est pas troublé.

MÉLANGER, v. tr. Faire un mélange de plusieurs choses.

MÉLASSE, n. m. Résidu provenant du raffinage du sucre.

MÊLÉE, n. f. Combat opiniâtre où l'on s'attaque corps à corps; batterie entre plusieurs individus : *se jeter dans la mêlée.*

MÊLER, v. tr. Mettre, confondre ensemble plusieurs choses; brouiller : *mêler un écheveau de fil. Mêler les cartes,* les battre; *mêler les races,* les croiser. *Fig.* Comprendre dans : *mêler quelqu'un dans une accusation.* **Se** mêler, v. pr. Se confondre : *se mêler dans la foule;* se joindre : *se mêler au cortège. Fig.* Prendre soin : *se mêler d'une affaire;* s'ingérer mal à propos : *de quoi vous mêlez-vous?*

MÉLÈZE, n. m. Grand arbre résineux de la famille des conifères.

MÉLISSE, n. f. Plante aromatique qui est la base de l'eau spiritueuse appelée *eau de mélisse.*

MÉLODIE, n. f. Suite de sons qui flattent agréablement l'oreille. *Fig.* Choix, suite de mots, de phrases propres à flatter l'oreille : *la mélodie des vers de Racine.*

MÉLODIEUSEMENT, adv. Avec mélodie.

MÉLODIEUX, EUSE, adj. Rempli de mélodie.

MÉLODRAMATIQUE, adj. Qui tient du mélodrame.

MÉLODRAMATURGE, n. m. Auteur de mélodrames.

MÉLODRAME, n. m. Drame à émotions fortes, et où dominent la vengeance, la trahison, le meurtre.

MÉLOMANE, n. Qui aime la musique avec passion. Adj. : *il est mélomane.*

MÉLOMANIE, n. f. Amour excessif de la musique.

MELON, n. m. Sorte de fruit à tige rampante et d'un goût agréable.

MELONNIÈRE, n. f. Endroit d'un jardin exclusivement réservé à la culture du melon.

MÉLOPÉE, n. f. Chez les anciens, art de composer des chants, de produire des mélodies.

MÉLOPLASTE, n. m. Nouveau mode d'enseignement musical.

MEMBRANE, n. f. Tissu mince, souple, destiné à former, à envelopper, ou à tapisser des organes.

MEMBRANEUX, EUSE, adj. De la nature de la membrane.

MEMBRE, n. m. Toute partie extérieure et mobile du corps, la tête exceptée; partie d'une période, d'une équation. *Fig.* Partie d'un corps politique, d'une société, d'une famille : *être membre d'une académie.*

MEMBRÉ, ÉE, adj. *Bien membré,* qui a les membres bien faits, bien proportionnés.

MEMBRU, E, adj. Qui a les membres gros.

MEMBRURE, n. f. Pièce de bois épaisse dans laquelle on enchâsse les panneaux.

MÊME, adj. Exprime identité ou parité : *ce sont les mêmes traits.* Placé immédiatement après les noms ou les pronoms, il marque plus expressément la personne, l'objet dont on parle : *ces plantes mêmes; moi-même; C'est la franchise même,* il est très-franc. Adv. De plus, aussi, encore : *je vous dirai même... Manger à même,* dans le plat; *boire à même,* dans la bouteille. **De même, tout de même,** loc. adv. De la même manière : *agissez de même, tout de même.* **De même que,** loc. conj. Ainsi que.

MÊMEMENT, adv. De même. *Vieux.*

MEMENTO, n. m. Mot lat. Marque destinée à rappeler le souvenir de quelque chose; à la messe, prière pour les vivants et pour les morts. Pl. des *memento.*

MÉMOIRE, n. f. Faculté de se rappeler; souvenir : *j'en ai perdu la mémoire;* réputation bonne ou mauvaise qui reste d'une personne après sa mort : *laisser une mémoire honorée.* **Les filles de mémoire,** les Muses. *Poét.*

MÉMOIRE, n. m. Etat de sommes dues : *arrêter, régler un mémoire;* dissertation scientifique ou littéraire : *lire un mémoire à l'académie.* Pl. Recueil des travaux d'une société savante; relation écrite par ceux qui ont pris part aux événements : *les Mémoires de Saint-Simon.*

MÉMORABLE, adj. Digne de mémoire.

MÉMORANDUM, n. m. Espèce de note diplomatique contenant l'exposé sommaire de l'état d'une question.

MÉMORATIF, IVE, adj. Qui se souvient d'une chose.

MÉMORIAL, n. m. Livre-journal d'un négociant; mémoires : *le Mémorial de Sainte-Hélène.*

MENAÇANT, E, adj. Qui exprime la menace : *regards menaçants.*

MENACE, n. f. Parole ou geste annonçant à quelqu'un le mal qu'on veut lui faire.

MENACER, v. tr. Faire des menaces. *Fig.* Faire craindre : *la révolte menace de s'accroître;* s'élever très-haut :

ces arbres menacent les cieux. Ce bâtiment menace ruine, est près de tomber.

MÉNAGE, n. m. Administration domestique : *vaquer aux soins du ménage;* mobilier : *acheter un ménage complet;* tous ceux qui composent une famille : *ménage de huit personnes. Entrer, se mettre en ménage,* se marier; *vivre de ménage,* avec économie; *faire bon ménage,* s'accorder; *femme de ménage,* domestique non à demeure; *toile, pain de ménage,* grossier, économique.

MÉNAGEMENT, n. m. Egards, circonspection : *traiter quelqu'un avec ménagement.*

MÉNAGER, v. tr. Administrer avec économie : *ménager son revenu. Fig.* Ne pas fatiguer : *ménager ses forces;* ne pas exposer mal à propos : *ménager sa vie;* conduire, manier adroitement : *ménager les esprits;* préparer, amener : *ménager une entrevue;* procurer, réserver : *ménager une surprise;* traiter avec égards : *ménager quelqu'un. Ménager ses intérêts,* en prendre soin; *ménager ses paroles,* parler peu; *ménager ses expressions,* parler avec circonspection; *ménager le temps,* en faire bon emploi; *ménager sa voix,* la bien conduire; *n'avoir rien à ménager,* plus de mesure à garder; *bien ménager l'ombre et la lumière dans un tableau, les incidents dans un ouvrage,* les distribuer habilement.

MÉNAGER, ÈRE, adj. Qui entend le ménage, l'économie. N. f. Servante qui a soin du ménage.

MÉNAGERIE, n. f. Collection d'animaux de toute espèce, entretenus pour l'étude ou pour la curiosité.

MENDIANT, E, n. Qui demande l'aumône. *Les quatre mendiants,* figues, raisins, amandes, noisettes, mêlés ensemble.

MENDICITÉ, n. f. Etat d'indigence dans lequel l'on est réduit à mendier. **Dépôt de mendicité,** établissement public où l'on nourrit les pauvres qui n'ont plus la force de travailler.

MENDIER, v. tr. Demander l'aumône. *Fig.* Rechercher avec empressement et bassesse : *mendier les suffrages.*

† **MÉNECHME**, n. m. Au pr. et au fig., personne qui a une grande ressemblance avec une autre.

MENÉE, n. f. Pratique sourde et artificieuse pour faire réussir un projet. *Vén.* Route d'un cerf qui fuit : *suivre la menée.*

MENER, v. tr. Conduire, guider : *mener un aveugle;* voiturer : *mener des marchandises;* conduire par force :

*mener en prison. Fig. Mener quel-
qu'un,* le gouverner; *mener une vie
honnête,* vivre honnêtement; *mener à la
baguette,* traiter durement; *mener bien
sa barque,* ses affaires; *mener une affaire,* la diriger; *mener à bonne fin,*
terminer heureusement; *mener loin,*
avoir de graves conséquences.

MÉNESTREL, n. m. Ancien poète
ou musicien qui composait des vers, et
allait les chanter de châteaux en châteaux.

MÉNÉTRIER, n. m. Dans les campagnes, homme qui joue du violon pour
faire danser.

MENEUR, n. m. Qui mène, qui
montre : *meneur d'ours. Fig.* Personne
qui dirige une intrigue, une coalition :
on *arrêta tous les meneurs.*

MENOTTE, n. f. Main, dans le langage des enfants. Pl. Liens de fer ou
de corde qu'on met aux poignets des
prisonniers.

MENSONGE, n. m. Discours contraire à la vérité; fable, fiction : *la
poésie vit de mensonges. Fig.* Vanité,
erreur, illusion : *le monde n'est que
mensonge.*

MENSONGER, ÈRE, adj. Faux,
trompeur : *plaisirs mensongers.*

MENSONGÈREMENT, adv. D'une
manière mensongère.

MENSUEL, ELLE, adj. Qu'on fait
tous les mois : *rapports mensuels, notes mensuelles.*

MENTAL, E, adj. Qui se fait en esprit : *oraison mentale.* + **Restriction
mentale,** réserve tacite; *maladie, aliénation mentale,* dérangement dans les
fonctions intellectuelles.

MENTALEMENT, adv. D'une manière mentale, par la pensée : *prier
mentalement.*

MENTERIE, n. f. Mensonge léger,
sans conséquence. *Fam.*

MENTEUR, EUSE, adj. et n. Qui
ment, qui a l'habitude de mentir : *enfant menteur.*

MENTHE, n. f. Plante odoriférante.

MENTION, n. f. Témoignage, rapport fait de vive voix ou par écrit :
faire mention de quelqu'un. **Mention
honorable,** distinction accordée à un
ouvrage, à la suite d'un concours, et
qui vient après le prix et l'accessit.

MENTIONNER, v. tr. Faire mention.

MENTIR, v. int. Donner pour vrai
ce qu'on sait être faux. *Sans mentir,*
en vérité.

MENTON, n. m. Partie saillante du
visage qui est située au-dessous de la
bouche.

MENTONNIÈRE, n. f. Bande de
cuir qui passe sous le menton, pour
assujettir sur la tête un casque, un
shako. *Chir.* Bandage pour le menton.

+ **MENTOR**, n. m. Guide, gouverneur d'un jeune homme.

MENU, E, adj. Délié, de peu de
volume : *menu bois. Menus frais,* de
peu de conséquence; *menus grains,*
l'orge, l'avoine, les lentilles, etc.; *menu
peuple,* dernières classes du peuple;
menu plomb, pour tirer aux oiseaux;
menu gibier, petit gibier, comme cailles, perdrix, grives, etc.; *menu bétail,*
brebis, moutons, par oppos. à *gros bétail; menus plaisirs,* dépenses de fantaisie : *ce collégien a tant par semaine
pour ses menus plaisirs.* N. m. *Le menu
d'un repas,* la note de ce qui doit le
composer. Adv. En petits morceaux :
hacher menu. La gent trotte-menu, les
souris.

MENUET, n. m. Sorte de danse élégante et grave à la fois, qui s'exécute à
deux personnes.

MENUISER, v. int. Travailler en
menuiserie. *Peu us.*

MENUISERIE, n. f. Art du menuisier; ouvrage qu'il fait.

MENUISIER, n. m. Artisan qui fait
de menus ouvrages en bois.

MÉPHITIQUE, adj. Malfaisant,
corrompu : *air méphitique.*

MÉPHITISME, n. m. Corruption
de l'air par des émanations méphitiques.

MÉPLAT, n. m. *Peint.* Indication
des plans de divers objets. *Faire sentir
les méplats,* indiquer par la masse de
clairs et d'ombres, les plans dans lesquels sont disposés les os qui forment
la charpente du corps. Adj. *Lignes mé-
plates,* qui établissent le passage d'un
plan à un autre.

MÉPRENDRE (SE), v. pr. Se tromper, prendre une personne ou une chose
pour une autre.

MÉPRIS, n. m. Sentiment par lequel on juge une personne ou une chose
indigne d'égards, d'estime, ou d'attention; sentiment par lequel l'âme s'élève
au-dessus de la crainte ou du désir :
mépris du danger, des richesses. **Au
mépris de,** loc. prép. Sans avoir égard
à : *au mépris des lois.*

MÉPRISABLE, adj. Digne de mépris.

MÉPRISANT, E, adj. Qui marque
du mépris.

MÉPRISE, n. f. Erreur de celui qui
se méprend : *lourde méprise.*

MÉPRISER, v. tr. Avoir, témoigner du mépris pour; ne pas craindre : *mépriser la mort*.

† **MER**, n. f. Vaste amas d'eau salée qui couvre la plus grande partie du globe; grande portion de cette vaste étendue : *mer Méditerranée*. *Coup de mer*, tempête de peu de durée; *basse mer*, la mer vers la fin de son reflux; *pleine mer, haute mer*, éloignée des rivages; *bras de mer*, partie de la mer qui passe entre deux terres assez proches l'une de l'autre; *prendre la mer*, s'embarquer; *tenir la mer*, naviguer.

MERCANTILE, adj. Qui concerne le commerce; intéressé : *esprit mercantile*.

MERCENAIRE, adj. Qui se fait pour de l'argent : *travail mercenaire*; qui fait payer sa peine, ses services : *homme, soldat mercenaire*; aisé à corrompre : *âme mercenaire*. N. m. : *enrôler un corps de mercenaires*.

MERCERIE, n. f. Marchandises relatives à la couture et à la toilette, comme épingles, boutons, rubans, etc.; commerce de mercier.

MERCI, n. f. Miséricorde : *crier, implorer merci*. *Fig. Etre à la merci de quelqu'un*, à sa discrétion. N. m. Remerciment. *Dieu merci*, grâce à Dieu.

MERCIER, ÈRE, n. Qui vend de la mercerie.

MERCREDI, n. m. Le quatrième jour de la semaine. **Mercredi des Cendres**, le premier jour de carême.

MERCURE, n. m. Planète la plus voisine du soleil.

MERCURE, n. m. Corps métallique, liquide et d'un blanc d'argent.

MERCURIALE, n. f. Tableau officiel constatant les prix courants des grains, des farines, etc.

MERCURIALE, n. f. Réprimande faite à quelqu'un.

MERCURIEL, ELLE, adj. Qui contient du mercure : *onguent mercuriel*.

MERDE, n. f. Excrément de l'homme et de quelques animaux, comme le chien, le chat, etc.

MERDEUX, EUSE, adj. Souillé, gâté de merde.

MÈRE, n. f. Femme qui a mis un enfant au monde. Se dit aussi des femelles des animaux : *la mère nourrit ses petits*. *Fig*. Celle qui donne des soins aux malheureux : *mère des pauvres*; supérieure d'un couvent : *mère abbesse*; pays, lieu où une chose a commencé : *la Grèce, mère des arts*; cause : *l'oisiveté est la mère de tous les vices*. *La mère des fidèles*, l'Eglise; *notre mère commune*, la terre; *notre*

première mère, Eve. Adj. *Reine-mère*, reine douairière; *mère patrie*, pays qui a fondé une colonie; *langue mère*, qui n'est dérivée d'aucune autre, et dont toutes ou quelques-unes sont dérivées; *idée mère*, la principale idée d'un ouvrage.

† **MÉRIDIEN**, n. m. Grand cercle de la sphère, qui passe par les deux pôles et divise le globe terrestre en deux hémisphères, l'un oriental, l'autre occidental.

MÉRIDIENNE, n. f. Ligne tracée sur une surface quelconque dans le plan du méridien; sommeil pris après le dîner : *faire la méridienne*.

MÉRIDIONAL, E, adj. Qui est du côté du midi : *pôle méridional*.

MERINGUE, n. f. Pâtisserie délicate, fort sucrée et garnie de crême fouettée.

MERINOS, n. m. Mouton de race espagnole; étoffe faite de sa laine.

MERISE, n. f. Fruit du merisier.

MERISIER, n. m. Cerisier sauvage.

MÉRITANT, E, adj. Qui a du mérite.

MÉRITE, n. m. Ce qui rend une personne digne d'estime, de considération; qualité bonne, estimable d'une chose : *mérite d'un ouvrage, d'une action*; science, talent : *avoir beaucoup de mérite*. *Se faire un mérite d'une chose*, en tirer gloire.

MÉRITER, v. tr. Etre digne, se rendre digne de; encourir : *mériter une punition*. V. int. *Bien mériter de sa patrie*, s'illustrer en la servant.

MÉRITOIRE, adj. Louable, qui mérite : *action méritoire*.

MÉRITOIREMENT, adv. D'une manière méritoire.

MERLAN, n. m. Poisson de mer à chair tendre et légère.

MERLE, n. m. Oiseau de l'ordre des passereaux.

MERLIN, n. m. Massue à long manche pour assommer les bœufs; petite hache pour fendre le bois.

MERLUCHE, n. f. Morue salée.

MERRAIN, n. m. Bois de chêne fendu en menues planches.

MERVEILLE, n. f. Chose qui excite l'admiration. *Faire merveille*, faire fort bien; *faire des merveilles*, se distinguer par son courage, une adresse ou un talent extraordinaire; *promettre monts et merveilles*, faire des promesses exagérées. † **Les sept merveilles du monde**, les sept ouvrages les plus remarquables de l'antiquité. **A merveille**, loc. adv. Très-bien : *chanter, danser à merveille*.

MERVEILLEUSEMENT, adv. D'une façon merveilleuse.

MERVEILLEUX, EUSE, adj. Admirable, surprenant : *adresse merveilleuse*. N. m. Intervention d'êtres surnaturels dans un poème : *le merveilleux est l'âme du poème épique*.

MES, adj. poss., pl. de *mon*, *ma*.

MÉSALLIANCE, n. f. Mariage avec une personne d'une condition fort inférieure.

MÉSALLIER (SE), v. pr. Épouser une personne d'une condition fort inférieure.

MÉSANGE, n. f. Petit oiseau de l'ordre des passereaux.

MÉSAVENTURE, n. f. Accident fâcheux.

MÉSENTÈRE, n. m. Membrane, fraise le long des intestins.

MÉSENTÉRIQUE, adj. Qui a rapport au mésentère.

MÉSESTIMER, v. tr. Avoir mauvaise opinion de quelqu'un ; apprécier une chose au-dessous de sa valeur.

MÉSINTELLIGENCE, n. f. Défaut d'accord, brouillerie.

MÉSINTERPRÉTER, v. tr. Mal interpréter.

MESMÉRISME, n. m. Doctrine de Mesmer, qui consiste à guérir par le magnétisme.

MESQUIN, E, adj. Chiche, qui dépense moins qu'il ne pourrait ; qui annonce de la parcimonie : *repas mesquin*. Fig. Qui manque de noblesse, d'élévation : *sentiments mesquins, idées mesquines*.

MESQUINEMENT, adv. D'une manière mesquine.

MESQUINERIE, n. f. Économie sordide.

MESSAGE, n. m. Commission de dire ou de porter quelque chose : *être chargé d'un message* ; la chose elle-même : *porter, recevoir un message*.

MESSAGER, ÈRE, n. Qui fait un message ; celui qui fait un service de messageries. *Le messager des dieux*, Mercure ; *la messagère du jour*, l'Aurore ; *les messagères du printemps*, les hirondelles.

MESSAGERIE, n. f. Établissement de voitures pour le transport des voyageurs et des marchandises. Pl. Voitures de cet établissement : *partir par les messageries générales*.

MESSE, n. f. Sacrifice du corps et du sang de Jésus-Christ, qui se fait à l'autel par le ministère du prêtre ; musique composée pour une grand' messe : *messe de Mozart*.

MESSÉANT, E, adj. Contraire à la bienséance.

MESSÉNIENNE, n. f. Élégie sur les malheurs de la Messénie, et, par ext. élégie nationale : *les Messéniennes de Casimir Delavigne*.

MESSEOIR, v. int. N'être pas convenable : *cet ajustement messiéd à votre âge*.

MESSER, n. m. Vieux mot qui signifie messire. **Messer gaster**, l'estomac.

MESSIDOR, n. m. Dixième mois de l'année républicaine en France (du 20 juin au 19 juillet).

MESSIE, n. m. Le Christ promis dans l'Ancien-Testament. *Être attendu comme le Messie*, avec une grande impatience.

MESSIER, n. m. Homme préposé à la garde de la récolte des fruits, à l'époque de leur maturité.

MESSIEURS, pl. de *Monsieur*. V. ce mot.

MESSIRE, n. m. Contraction de *monseigneur*. *Poire de Messire-Jean*, cassante et très sucrée.

MESTRE-DE-CAMP, n. m. Autrefois, colonel d'un régiment.

MESURABLE, adj. Qui peut se mesurer.

MESURAGE, n. m. Action de mesurer.

MESURE, n. f. Quantité prise pour terme de comparaison, et qui sert à évaluer la grandeur d'autres quantités de même nature ; dimension : *prendre mesure d'un habit* ; longue bande de papier qui sert pour prendre cette dimension : *le tailleur a oublié sa mesure*. Poés. Quantité de syllabes exigées par le rhythme : *ce vers n'a pas la mesure*. Mus. Division de la durée d'un air en parties égales, qui sont indiquées d'une manière plus ou moins sensible dans l'exécution : *battre la mesure*. Fig. Précautions, moyens : *prendre des mesures infaillibles* ; bornes : *cela passe toute mesure*. *Être en mesure*, en état de faire une chose ; *faire tout avec poids et mesure*, avec circonspection. Loc. adv. **Outre mesure**, avec excès ; **à mesure, au fur et à mesure**, successivement. **À mesure que**, loc. conj. À proportion que et en même temps que.

MESURÉ, ÉE, adj. Réglé : *pas mesuré*. Fig. Circonspect : *ton mesuré*.

MESURER, v. tr. Déterminer une quantité par le moyen d'une mesure : *mesurer du blé, un champ*. Fig. Régler : *mesurer ses actions* ; proportionner : *mesurer le châtiment à l'offense*. Me-

surer ses forces contre quelqu'un, lutter avec lui.

MESUREUR, n. m. Qui est chargé de mesurer certaines marchandises sur les marchés.

MÉSUSER, v. int. Mal user : *mésuser des bienfaits de quelqu'un*.

MÉTACARPE, n. m. Partie de la main entre les doigts et le poignet.

MÉTAIRIE, n. f. Petite ferme.

MÉTAL, n. m. Corps minéral, fusible et malléable.

MÉTALEPSE, n. f. Figure qui substitue l'expression indirecte à l'expression directe, comme *il a vécu, nous le pleurons*, pour *il est mort*.

MÉTALLIQUE, adj. Qui a le caractère ou l'apparence du métal.

MÉTALLISATION, n. f. Opération qui consiste à purifier les métaux.

MÉTALLISER, v. tr. Purifier les métaux.

MÉTALLURGIE, n. f. Art d'extraire les métaux du sein de la terre et de les purifier.

MÉTALLURGIQUE, adj. Qui a rapport à la métallurgie.

MÉTALLURGISTE, n. m. Qui s'occupe de métallurgie.

MÉTAMORPHOSE, n. f. Changement d'une forme en une autre. *Hist. nat.* Changements de forme ou de structure qui surviennent pendant la vie des insectes : *les métamorphoses de la chenille. Fig.* Changement extraordinaire dans la fortune, l'état, le caractère d'une personne.

MÉTAMORPHOSER, v. tr. Transformer : *Latone métamorphosa des paysans en grenouilles. Fig.* Changer l'extérieur ou le caractère : *la fortune l'a complètement métamorphosé.*

MÉTAPHORE, n. f. *Fig. de rhét.* par laquelle on transporte la signification propre d'un mot à une autre signification qui ne lui convient qu'en vertu d'une comparaison sous-entendue ; c'est par métaphore qu'on dit : *la lumière de l'esprit, la fleur des ans, les ailes du temps*, etc.

MÉTAPHORIQUE, adj. Qui tient de la métaphore : *expression métaphorique* ; qui abonde en métaphores : *style métaphorique.*

MÉTAPHORIQUEMENT, adv. D'une manière métaphorique.

MÉTAPHRASE, n. f. Traduction littérale, faite pour expliquer le sens d'un ouvrage plus que pour en rendre les beautés.

MÉTAPHYSICIEN, n. m. Qui fait son étude de la métaphysique.

† **MÉTAPHYSIQUE**, n. f. Science qui traite des causes premières, des êtres spirituels, des choses abstraites et intellectuelles ; abus des abstractions : *il y a trop de métaphysique dans cet ouvrage.*

MÉTAPHYSIQUE, adj. Qui appartient à la métaphysique : *preuves métaphysiques de l'existence de Dieu* ; trop abstrait : *ce raisonnement est bien métaphysique.*

MÉTAPHYSIQUEMENT, adv. D'une manière métaphysique.

MÉTAPLASME, n. m. *Gram.* Altération matérielle d'un mot par addition, suppression ou changement : *l'élision, la syncope*, etc., sont des métaplasmes.

MÉTASTASE, n. f. Déplacement d'une maladie, changement dans son siège et dans sa forme.

MÉTATARSE, n. m. Partie du pied comprise entre le talon et les orteils.

MÉTAYER, ÈRE, n. Qui fait valoir une métairie.

MÉTEIL, n. m. Mélange de seigle et de froment.

† **MÉTEMPSYCOSE**, n. f. Transmigration des âmes d'un corps dans un autre.

MÉTÉORE, n. m. Tout phénomène qui se passe dans l'atmosphère : *le tonnerre, les éclairs, l'arc-en-ciel, la pluie, la neige, la grêle, sont des météores.*

MÉTÉORIQUE, adj. Qui appartient au météore.

MÉTÉORISME, n. m. **OU MÉTÉORISATION**, n. f. Enflure générale de l'abdomen, chez les ruminants, due à des gaz qui s'y trouvent accumulés.

MÉTÉOROLOGIE, n. f. Partie de la physique qui traite des phénomènes atmosphériques.

MÉTÉOROLOGIQUE, adj. Qui concerne les météores : *observations météorologiques.*

MÉTHODE, n. f. Manière de dire, de faire, d'enseigner une chose, suivant certains principes et avec un certain ordre ; façon d'agir : *chacun a sa méthode.*

MÉTHODIQUE, adj. Qui a de l'ordre, de la méthode : *esprit méthodique* ; où il y a de la méthode : *grammaire méthodique.*

MÉTHODIQUEMENT, adv. Avec méthode.

MÉTHODISME, n. m. Doctrine des méthodistes.

MÉTHODISTES, n. m. pl. Secte protestante qui se distingue par une grande sévérité de principes.

MÉTICULEUX, EUSE, adj. Susceptible de petites craintes, de petits scrupules : *personne méticuleuse.*

MÉTIER, n. m. Toute profession manuelle ou mécanique : *métier de serrurier ;* profession quelconque : *le métier des armes ;* machine pour la confection de divers ouvrages et généralement des tissus : *métier à la Jacquart. Fig. Gâter le métier,* vendre ou travailler à prix trop modique.

MÉTIS, ISSE, adj. et n. Né d'un européen et d'une américaine, ou d'un américain et d'une européenne. *Hist. nat.* Produit de deux espèces différentes, dans le règne animal comme dans le règne végétal : *mouton, millet métis.*

MÉTONYMIE, n. f. Figure de rhét. par laquelle on met la cause pour l'effet, le contenant pour le contenu, la partie pour le tout, etc., comme : *il vit de son travail,* pour *du fruit de son travail ; la ville,* pour *les habitants ; cent voiles,* pour *cent vaisseaux.*

MÈTRE, n. m. Unité fondamentale des nouvelles mesures, égale à la dix-millionième partie du quart du méridien terrestre ; synonyme de *pied* dans la prosodie grecque et latine.

† **MÉTRIQUE**, adj. Qui a rapport au mètre : *système métrique.*

MÉTROLOGIE, n. f. Science des poids et mesures.

MÉTROMANE, n. m. Qui a la manie de faire des vers.

MÉTROMANIE, n. f. Manie de faire des vers.

MÉTRONOME, n. m. Instrument employé pour indiquer les divers degrés de vitesse du mouvement musical.

MÉTROPOLE, n. f. Etat considéré par rapport à ses colonies ; ville qui a un siège archiépiscopal.

MÉTROPOLITAIN, E, adj. Archiépiscopal : *église métropolitaine.* N. m. Archevêque.

METS, n. m. Tout aliment apprêté qu'on sert pour les repas.

METTABLE, adj. Qu'on peut mettre : *cet habit n'est plus mettable.*

METTEUR, n. m. *Metteur en œuvre,* ouvrier chargé de monter les pierres et les perles. *Impr. Metteur en pages,* ouvrier qui rassemble les différents paquets de composition, pour en former des pages et des feuilles.

METTRE, v. tr. Poser en quelque endroit ; faire entrer : *mettre un enfant en pension ;* apprêter, garnir ; *mettre la table ;* vêtir : *mettre un habit ;* ensemencer : *mettre une terre en blé ;* ajouter : *mettre un bouton à un gilet ;* employer : *mettre ses soins, sa gloire à... ;* apprêter : *mettre une carpe en mate-*

lote ; élever : *mettre quelqu'un sur le trône ;* déposer : *mettre à la caisse d'épargne. Fig. Mettre la main à la pâte,* s'occuper soi-même d'une chose ; *mettre la main sur quelqu'un,* l'arrêter ; *sur une chose,* la découvrir ; *mettre la dernière main à un travail,* l'achever ; *mettre la main à la plume,* commencer d'écrire ; *mettre l'épée à la main,* se disposer à se battre ; *mettre au fait,* instruire ; *mettre à la loterie,* prendre un billet ; *mettre un vaisseau à la mer,* le lancer ; *mettre de côté,* réserver, épargner ; *mettre en peine,* inquiéter ; *mettre en pièces,* briser ; *mettre à sec,* tarir ; *mettre son chapeau,* se couvrir ; *mettre de la bonne volonté,* en témoigner ; *mettre à l'épreuve,* éprouver ; *mettre à même,* faciliter les moyens ; *mettre quelqu'un au pied du mur,* lui ôter tout subterfuge ; *mettre au jour,* publier, enfanter ; *mettre bas,* faire des petits, en parlant des animaux ; *en mettre la main au feu,* manière énergique d'affirmer un fait. **Se mettre**, v. pr. Se placer : *se mettre à table ;* commencer : *se mettre à travailler ;* suivre un régime : *se mettre à la diète. Se mettre en colère,* se fâcher ; *se mettre à son aise,* agir sans gêne ; *se mettre en frais,* faire des dépenses ; *se mettre en tête,* s'imaginer, vouloir absolument ; *il se met bien,* il s'habille bien.

MEUBLANT, E, adj. Propre à meubler : *le damas est une étoffe bien meublante.*

MEUBLE, n. m. Tout ce qui sert à l'usage et à la décoration des appartements. Adj. *Biens meubles,* qui peuvent se transporter, par oppos. à *immeubles ; terre meuble,* légère, qui peut être facilement divisée par les labours.

MEUBLER, v. tr. Garnir de meubles : *meubler une maison. Fig. Meubler sa mémoire,* l'enrichir, l'orner de connaissances.

MEUGLEMENT, n. m. V. *Beuglement.*

MEUGLER, v. int. V. *Beugler.*

MEULE, n. f. Corps solide, rond et plat, qui sert à broyer ou à aiguiser : *meule de moulin, de rémouleur ;* tas de foin, de blé, etc., de forme conique, que l'on élève dans les champs.

MEULIER, n. m. Qui fait les meules de moulin.

MEULIÈRE, n. f. Pierre propre à faire des meules de moulin ; carrière d'où on la tire. Adj. f. : *pierre meulière.*

MEUNIER, ÈRE, n. Qui fait valoir un moulin à blé.

MEURTRE, n. m. Homicide commis avec violence.

MEURTRIER, n. m. Qui commet un meurtre.

MEURTRIER, ÈRE, adj. Qui cause la mort de beaucoup de personnes.

MEURTRIÈRE, n. f. Ouverture d'où l'on tire à couvert sur les assiégeants.

MEURTRIR, v. tr. Faire une meurtrissure.

MEURTRISSURE, n. f. Contusion avec tache livide.

MEUTE, n. f. Nombre de chiens courants dressés pour la chasse.

MEZZO-TERMINE, n. m. (Mots ital.) Moyen terme. Pl. des *mezzo-termine*.

MI, n. m. Troisième note de la gamme.

MI, abréviation de *demi*. Le milieu : *la mi-carême, la mi-août.*

MIASMES, n. m. pl. Emanations morbifiques provenant de substances animales ou végétales en décomposition.

MIAULEMENT, n. m. Cri du chat.

MIAULER, v. int. Crier, en parlant du chat.

MICA, n. m. Pierre brillante, feuilletée et écailleuse, qui se divise, avec le couteau, en lames minces d'un éclat métallique.

MICACÉ, ÉE, adj. Qui est de la nature du mica, ou en a l'apparence : *paillettes micacées.*

MICHE, n. f. Gros pain blanc de forme ronde.

MICMAC, n. m. Intrigue, pratique secrète dans le but de nuire : *il y a du micmac dans cette affaire. Fam.*

MICROMÈTRE, n. m. Instrument qui sert à apprécier exactement les plus petites dimensions linéaires.

MICROSCOPE, n. m. Instrument d'optique destiné à grossir de très-petits objets qui échapperaient à la vue simple.

MICROSCOPIQUE, adj. Très-petit, qui ne peut être vu qu'avec le microscope : *plante, insecte microscopique.*

MIDI, n. m. Milieu du jour ; un des quatre points cardinaux : *le midi ou le sud. Les pays du Midi*, les contrées méridionales. *Fig. Chercher midi à quatorze heures*, des difficultés où il n'y en a point.

MIE, n. f. Partie intérieure du pain.

MIE, n. f. Abréviation du mot *amie. Fam.*

MIEL, n. m. Substance sucrée que les abeilles extraient des fleurs.

MIELLEUX, EUSE, adj. Qui tient du miel : *goût mielleux. Fig.* Doucereux, hypocrite : *paroles mielleuses.*

MIEN, ENNE (LE, LA), pr. poss. *Les miens*, n. m. pl. Mes proches, mes alliés : *les miens me sont chers.*

MIETTE, n. f. Petite partie qui tombe du pain, quand on le coupe. *Fig.* Restes, débris : *les miettes d'un repas.*

MIEUX, adv. D'une manière plus avantageuse, plus accomplie : *cet enfant travaille mieux qu'autrefois. Être mieux*, se porter mieux ; *à qui mieux mieux*, à l'envi l'un de l'autre ; *aller de mieux en mieux*, faire toujours quelque progrès. N. m. Etat meilleur : *le mieux est l'ennemi du bien.*

MIGNARD, E, adj. Gracieux, délicat. *Vieux.*

MIGNARDEMENT, adv. D'une manière mignarde. *Vieux.*

MIGNARDER, v. tr. Traiter délicatement. *Vieux.*

† **MIGNARDISE**, n. f. Délicatesse : *mignardise des traits* ; affectation de gentillesse : *mignardise du langage, des manières.*

MIGNON, ONNE, adj. Délicat, gentil : *bouche mignonne. Péché mignon*, celui que l'on commet le plus souvent. N. m. Terme de tendresse, en parlant à un enfant : *mon mignon.* N. m. pl. Favoris : *les Mignons de Henri III.*

MIGNONNE, n. f. Petit caractère d'imprimerie.

MIGNONNETTE, n. f. Dentelle très-fine ; poivre concassé en gros grains, dont on assaisonne les huîtres.

MIGNOTER, v. tr. Traiter délicatement : *mignoter un enfant. Fam.*

MIGNOTISE, n. f. Flatterie, caresse. *Fam.*

MIGRAINE, n. f. Douleur qui n'affecte qu'un côté de la tête.

MIGRATION, n. f. Action de passer d'un pays dans un autre pour s'y établir ; voyages que certains oiseaux entreprennent à des époques périodiques : *les migrations des hirondelles.*

MIJAURÉE, n. f. Femme qui a des petites manières affectées et ridicules : *faire la mijaurée.*

MIJOTER, v. tr. Faire cuire doucement et lentement.

MIL, adj. num. Abréviation de *mille.*

MIL, n. m. V. *Millet.*

MILADY, n. f. Femme d'un lord anglais.

MILAN, n. m. Oiseau de proie.

MILIAIRE, adj. Se dit de toute élevure à la peau, qui ressemble à un grain de *mil : gale miliaire. Fièvre miliaire*, avec éruption de petits boutons rouges.

MILICE, n. f. Troupe de gens de guerre. Se dit aussi du peuple, lorsqu'il est organisé militairement : *milice bour-geoise.*

MILICIEN, n. m. Soldat de milice.

MILIEU, n. m. Centre d'un lieu : *le milieu d'une place.* Se dit du temps : *le milieu du jour ;* des ouvrages écrits ou prononcés : *s'en aller au milieu du sermon ;* de ce qui, en morale, est également éloigné de deux excès contraires : *la vertu consiste dans un juste milieu ;* d'une circonstance dans laquelle il faut absolument prendre un parti : *il n'y a point de milieu.* Phys. Fluide qui environne les corps : *l'air est le milieu dans lequel nous vivons.* **Au milieu de,** loc. prép. Parmi.

MILITAIRE, adj. Qui concerne la guerre : *art militaire. Heure militaire,* précise. N. m. : *c'est un brave militaire.*

MILITAIREMENT, adv. D'une manière militaire, résolument : *agir militairement.*

MILITANTE (*Église*), adj. f. Assemblée des fidèles sur la terre.

MILITER, v. int. Etre en faveur de : *cette raison, ce raisonnement milite pour moi.*

MILLE, adj. num. card. Dix fois cent. *Par ext.* Nombre indéterminé, mais considérable : *mille fois.* N. m. Mesure itinéraire, qui varie suivant les pays.

MILLE-FEUILLES, n. f. Plante dont les feuilles sont découpées dans tous les sens.

MILLÉNAIRE, adj. Qui contient mille.

MILLEPERTUIS, n. m. Plante vulnéraire, ainsi nommée parce qu'elle semble percée d'une infinité de trous.

MILLE-PIEDS, n. m. Famille d'insectes qui ont une multitude de pattes.

MILLÉSIME, n. m. Année qui figure comme date sur les monnaies, les médailles, etc.

MILLET ou **MIL**, n. m. Plante de la famille des graminées ; sa graine.

MILLIAIRE, adj. Se dit des bornes placées sur les routes pour indiquer les milles, les lieues, les kilomètres : *pierres milliaires.*

MILLIARD, n. m. Mille millions (billion).

MILLIÈME, adj. num. ord. de *mille.* N. m. : *un millième.*

MILLIER, n. m. Mille : *un millier d'épingles ;* 500 kilogrammes ou mille livres pesant : *un millier de fer. Par ext.* Un très-grand nombre : *des milliers d'hommes.*

MILLIGRAMME, n. m. Millième partie du gramme.

MILLILITRE, n. m. Millième partie du litre.

MILLIMÈTRE, n. m. Millième partie du mètre.

MILLION, n. m. Mille fois mille. *Homme riche à millions,* extrêmement riche.

MILLIONIÈME, adj. num. ord. de *million.* N. m. : *un millionième.*

MILLIONNAIRE, adj. et n. Riche d'un ou de plusieurs millions.

MILORD, n. m. Nom qu'on donne aux lords d'Angleterre en leur parlant. *Fig.* Homme très-riche : *c'est un milord.*

MIME, n. m. Homme, acteur qui a le talent d'imiter, de contrefaire d'une manière plaisante, l'air, les gestes, le langage des autres.

MIMIQUE, n. f. Art d'imiter les personnes qu'on représente sur le théâtre. Adj. : *l'art mimique.*

MINAGE, n. m. Droit prélevé sur les grains vendus au marché.

MINAGEUR, n. m. Qui mesure le grain et perçoit le droit de minage.

MINARET, n. m. Tour annexée à une mosquée, et du haut de laquelle, chez les Turcs, on appelle le peuple à la prière.

MINAUDER, v. int. Affecter des mines, des manières pour paraître plus agréable.

MINAUDERIES, n. f. pl. Mines affectées pour plaire.

MINAUDIER, ÈRE, adj. et n. Qui a l'habitude de minauder.

MINCE, adj. Qui a peu d'épaisseur : *étoffe mince. Fig.* Revenu *mince,* peu considérable ; *mérite mince,* très-médiocre.

MINE, n. f. Air du visage : *homme de bonne mine,* apparence : *ce ragoût a bonne mine. Faire bonne, mauvaise mine,* bon, mauvais accueil ; *faire la mine,* témoigner de l'humeur ; *faire mine de,* faire semblant. Pl. *Faire des mines,* minauder, surtout en parlant des femmes.

MINE, n. f. Lieu souterrain d'où l'on extrait en grand des métaux : *mine d'or, d'argent. Fig. L'agriculture est une mine inépuisable de richesses.* **Mine de plomb** ou **plombagine,** substance avec laquelle on fabrique les crayons à écrire. Galerie souterraine pratiquée par l'assiégeant pour faire sauter, au moyen de la poudre, un roc, un bastion, etc. : *mettre le feu à la mine. Fig. Eventer la mine,* découvrir un complot, un dessein secret.

MINER, v. tr. Pratiquer une mine dans : *miner un fort ;* creuser lentenent : *l'eau mine la pierre. Fig.* Consumer peu à peu : *le chagrin le mine.*

MINÉRAI, n. m. Substance minérale telle qu'on l'extrait de la mine.

MINÉRAL, n. m. Tout corps inorganique qui se trouve dans l'intérieur de la terre ou à sa surface. Adj. Qui appartient aux minéraux : *charbon minéral.* **Règne minéral**, ensemble des objets compris sous le nom de minéraux ; **eaux minérales**, qui contiennent des minéraux en dissolution.

MINÉRALOGIE, n. f. Partie de l'histoire naturelle qui traite des minéraux.

MINÉRALOGIQUE, adj. Qui concerne la minéralogie.

MINÉRALOGISTE, n. m. Qui est versé dans la science des minéraux.

MINET, ETTE, n. Petit chat, petite chatte. *Fam.*

MINEUR, n. m. Ouvrier qui travaille dans les mines.

MINEUR, E, adj. Plus petit : *l'Asie Mineure. Tierce mineure*, composée d'un ton et d'un demi-ton ; *ordres mineurs*, les quatre petits ordres de la hiérarchie ecclésiastique.

MINEUR, E, adj. et n. Qui n'a point encore atteint l'âge de la majorité.

MINEURE, n. f. Seconde proposition d'un syllogisme.

MINIATURE, n. f. Art de peindre en petit avec des couleurs fines délayées à l'eau de colle ou à l'eau gommée : *portrait en miniature ;* tableau peint en ce genre : *jolie miniature. Fig.* Objet d'art de petite dimension, travaillé avec délicatesse : *cette boîte est une vraie miniature.* Se dit aussi d'une personne mignonne et délicate.

MINIATURISTE, n. m. Peintre en miniature.

MINIÈRE, n. f. Mine peu profonde, qui s'exploite à ciel ouvert.

MINIMA (A), loc. lat. *Appel à minima*, que le ministère public interjette, quand il croit que la peine est trop faible.

MINIME, adj. Très-petit : *somme minime.* N. m. Religieux de l'ordre de Saint-François de Paule.

MINIMUM, n. m. Le plus petit degré auquel une grandeur quelconque puisse être réduite ; la moindre des peines infligées par la loi pour un crime, un délit : *on lui appliqua le minimum de la peine.* Son opposé est *maximum.*

MINISTÈRE, n. m. L'emploi, la charge qu'on exerce : *remplir les devoirs de son ministère ;* entremise : *offrir son ministère ;* gouvernement d'un État : *ministère de Richelieu ;* corps

des ministres : *ce vote a ébranlé le ministère ;* département d'un ministre : *ministère des finances ;* bureaux d'un ministère : *aller au ministère.* **Ministère public**, magistrat chargé, dans les tribunaux, de veiller au maintien de l'ordre public.

MINISTÉRIEL, ELLE, adj. Qui appartient au ministère : *circulaire, fonctions ministérielles ;* dévoué, vendu au ministère : *journal ministériel.* **Officiers ministériels**, les avoués, les notaires, les huissiers. N. m. Partisan du ministère : *c'est un ministériel.*

MINISTÉRIELLEMENT, adv. Dans la forme ministérielle.

MINISTRE, n. m. Haut fonctionnaire, chargé d'une des branches de l'administration de l'État. *Ministres des autels, de Dieu, de la religion,* les prêtres ; chez les protestants, celui qui fait le prêche. *Fig.* Ce qui sert d'instrument : *ma main, ministre de ma volonté.*

MINIUM, n. m. Oxide rouge de plomb.

MINOIS, n. m. Visage. *Fam.*

MINON, n. m. Chat, dans le langage des enfants.

MINORITÉ, n. f. État d'une personne mineure ; temps pendant lequel on est mineur ; le petit nombre dans une assemblée, par oppos. à *majorité : la minorité vota contre le projet de loi.*

MINUIT, n. m. Le milieu de la nuit.

MINUSCULE, adj. et n. Petite lettre. Son opposé est *majuscule.*

MINUTE, n. f. Soixantième partie d'une heure ; soixantième partie de chaque degré d'un cercle. *Fig.* Petit espace de temps : *je reviens dans une minute. Etre à la minute*, d'une grande exactitude.

MINUTE, n. f. Brouillon : *faire la minute d'une lettre ;* original d'un acte civil quelconque : *la minute d'un contrat de mariage, d'un acte de naissance.*

MINUTER, v. tr. Faire le brouillon d'un écrit : *minuter une dépêche.*

MINUTIE, n. f. Bagatelle : *s'occuper de minuties.*

MINUTIEUSEMENT, adv. D'une manière minutieuse : *observer minutieusement.*

MINUTIEUX, EUSE, adj. Qui s'attache aux minuties, aux petits détails.

MI-PARTI, E, adj. Composé de deux parties égales, mais dissemblables : *mi-parti de blanc et de noir.*

MIQUELET, n. m. Bandit espagnol.

MIRABELLE, n. f. Petite prune jaune, douce et parfumée.

MIRACLE, n. m. Acte de la puissance divine, contraire aux lois de la nature; chose extraordinaire : *échapper à la mort par miracle*.

MIRACULEUSEMENT, adv. D'une manière miraculeuse.

MIRACULEUX, **EUSE**, adj. Qui tient du miracle : *guérison miraculeuse*; merveilleux : *ouvrage miraculeux*.

†**MIRAGE**, n. m. Phénomène d'optique, observé surtout dans les déserts de l'Égypte, et qui fait paraître au-dessus de l'horizon des objets qui n'y sont pas.

MIRE, n. f. Bouton placé au bout d'une arme à feu, et qui guide l'œil de celui qui veut tirer. *Point de mire*, endroit où l'on veut que le coup porte. *Fig. Point de mire*, but auquel on tend.

MIRER, v. tr. Viser : *mirer le but*; regarder à travers : *mirer un œuf*. *Fig.* Convoiter : *mirer une place*. **Se mirer**, v. pr. Se regarder : *se mirer dans une glace*. *Fig.* S'admirer : *se mirer dans son ouvrage*.

MIRLIFLORE, n. m. Jeune homme qui fait l'agréable, le merveilleux. *Fam.*

MIRLITON, n. m. Sorte de flûte formée d'un roseau creusé, garni par les deux bouts d'une pelure d'ognon, ou d'un morceau de baudruche.

MIRMIDON, n. m. Jeune homme de petite taille. *Fig.* Homme de peu de mérite, qui a des prétentions exagérées et ridicules.

MIROBOLANT, **E**, adj. Merveilleux : *voilà qui est mirobolant. Fam.*

MIROIR, n. m. Corps poli qui réfléchit l'image des objets. *Le miroir des eaux*, leur transparence. *Fig.* Ce qui représente une chose, et la met en quelque sorte devant nos yeux : *le visage est le miroir de l'âme*. *Miroir ardent*, miroir sphérique qui concentre tellement les rayons du soleil en un point appelé *foyer*, que les objets qui s'y trouvent s'enflamment en un instant; *miroir à alouettes*; instrument monté sur un pivot et garni de petits morceaux de miroir, qu'on expose au soleil, pour attirer par leur éclat les alouettes et d'autres petits oiseaux; *œufs au miroir*, qu'on fait cuire sur le plat sans les brouiller.

MIROITER, v. int. Réfléchir la lumière d'une manière éclatante.

MIROITERIE, n. f. Commerce de miroitier.

MIROITIER, n. m. Qui fait et vend des glaces.

MIROTON, n. m. Mets composé de bœuf déjà cuit qu'on assaisonne aux ognons.

MISAINE, n. f. *Mar.* Mât d'avant, entre le beaupré et le grand mât.

MISANTHROPE, n. m. Qui fuit les hommes et la société; bourru, chagrin.

MISANTHROPIE, n. f. Haine des hommes, dégoût de la société; humeur bourrue, chagrine.

MISANTHROPIQUE, adj. Qui concerne la misanthropie.

MISE, n. f. Ce qu'on expose au jeu, ce qu'on met dans une société de commerce; enchère : *ma mise à couvert la vôtre*; manière de s'habiller : *mise élégante*; action de mettre : *mise en œuvre, en scène, en liberté, en jugement, en vente*, etc. *Fig. Cet homme est de mise*, est présentable; *cette excuse n'est pas de mise*, n'est pas acceptable.

MISÉRABLE, adj. Qui est dans la misère; funeste : *fin misérable*; minime : *un misérable salaire*. N. m. Malheureux : *assister les misérables. C'est un misérable*, un malhonnête homme.

MISÉRABLEMENT, adv. D'une manière misérable.

MISÈRE, n. f. Extrême indigence; faiblesse, néant de l'homme : *misère humaine*; bagatelle : *c'est une misère*. Pl. Peine, calamité : *les misères de la vie. Fig. Collier de misère*, travail, vie pénible.

MISÉRÉRÉ, n. m. Nom du 50e psaume de David; colique très-violente et très-dangereuse.

MISÉRICORDE, n. f. Vertu qui porte à avoir compassion des misères d'autrui, à les soulager; pardon : *à tout péché miséricorde*. **Miséricorde!** interj. qui marque la surprise. *Fam.*

MISÉRICORDIEUSEMENT, adv. Avec miséricorde.

MISÉRICORDIEUX, **EUSE**, adj. Enclin à la miséricorde.

MISS, n. f. Nom que l'on donne aux demoiselles, en Angleterre.

MISSEL, n. m. Livre qui contient les prières de la messe.

MISSION, n. f. Pouvoir donné d'aller faire une chose : *remplir une mission*. Se dit surtout des choses qui regardent la prédication de l'Évangile : *la mission des Apôtres*. Suite de prédications pour l'instruction des fidèles et la conversion des pécheurs : *la mission est finie.*

MISSIONNAIRE, n. m. Prêtre employé aux missions.

MISSIVE, adj. et n. Synonyme de lettre : *envoyer une missive*.

MISTRAL, n. m. Vent violent du

nord-ouest, dans les contrées voisines de la Méditerranée.

MITAINE, n. f. Gant de laine sans doigtier.

MITE, n. f. Insecte sans ailes et à huit pattes, qui s'engendre dans le vieux fromage, les fourrures, les vêtements de laine.

MITHRIDATE, n. m. Drogue qui, dit-on, sert d'antidote au poison. *Vendeur de mithridate*, charlatan qui débite des drogues sur les places publiques.

MITIGER, v. tr. Adoucir : *mitiger une peine. Morale mitigée*, relâchée.

MITON, n. m. Gant qui ne couvre que l'avant-bras. *Onguent miton-mitaine*, remède qui ne fait ni bien ni mal. *Fam.*

MITONNER, v. int. Se dit du pain qu'on met dans du bouillon, et qu'on laisse tremper longtemps sur le feu : *le potage mitonne.* V. tr. *Fig. Mitonner une affaire*, en préparer lentement le succès.

MITOYEN, ENNE, adj. Qui appartient à deux personnes, et sépare leurs propriétés : *mur mitoyen, haie mitoyenne.*

MITOYENNETÉ, n. f. Etat d'une propriété mitoyenne : *la mitoyenneté d'un puits.*

MITRAILLADE, n. f. Décharge de canons chargés à mitraille.

MITRAILLE, n. f. Vieilles ferrailles dont on charge les canons, les obus, pour en rendre l'action plus meurtrière.

MITRAILLER, v. tr. Tirer le canon à mitraille.

MITRE, n. f. Coiffure des évêques, lorsqu'ils officient en habits pontificaux.

MITRÉ, ÉE, adj. Qui porte la mitre : *abbé mitré.*

MITRON, n. m. Garçon boulanger. *Pop.*

MIXTE, adj. Formé d'éléments de différente nature : *corps mixte. Fig.* Qui tient le milieu entre deux choses : *le drame est un genre mixte entre la tragédie et la comédie.*

MIXTILIGNE, adj. Géom. *Figure mixtiligne*, formée de lignes droites et de lignes courbes.

MIXTION ou **MIXTURE**, n. f. Mélange de drogues dans un liquide, pour la composition d'un médicament.

MIXTIONNER, v. tr. Faire une mixtion.

MIXTURE, n. f. V. *Mixtion.*

MNÉMONIQUE, adj. et n. f. Art d'aider la mémoire; de créer une mémoire artificielle.

MNÉMOTECHNIE, n. f. Mnémonique.

MNÉMOTECHNIQUE, adj. Qui appartient à la mnémotechnie : *moyen mnémotechnique.*

MOBILE, adj. Qui se meut; qui peut être mû : *pont mobile. Fêtes mobiles*, dont le jour de la célébration change chaque année. *Fig.* Changeant : *caractère mobile.* N. m. Force motrice : *la vapeur est un puissant mobile. Fig.* Cause déterminante : *l'intérêt est le mobile de toutes ses actions.*

MOBILIER, n. m. Les meubles.

MOBILIER, ÈRE, adj. Qui tient de la nature du meuble : *effets mobiliers. Succession mobilière*, qui consiste en meubles; *saisie mobilière*, par laquelle on saisit les meubles; *vente mobilière*, qui consiste à vendre les meubles par autorité de justice; *crédit mobilier*, société générale destinée à faire des prêts sur dépôt de valeurs mobilières, comme actions, coupons de rentes, etc. En t. de prat., on écrit quelquefois *mobiliaire.*

MOBILISATION, n. f. Action de mobiliser.

MOBILISER, v. tr. Mettre en mouvement un corps de troupes ordinairement sédentaire. *Jur.* Faire une convention en vertu de laquelle un immeuble est réputé meuble.

MOBILITÉ. n. f. Facilité à se mouvoir, à être mû : *la mobilité du mercure. Fig.* Inconstance : *mobilité de caractère*; facilité à changer d'expression : *mobilité de la physionomie.*

MODE, n. f. Usage passager qui dépend du goût, du caprice : *habit à la mode*; manière, coutume, volonté : *chacun vit à sa mode. Personnage à la mode*, recherché, fêté. *Cuis. Bœuf à la mode*, piqué de lard. Pl. *Magasin de modes*, où l'on vend les parures à la mode.

MODE, n. m. Forme, méthode : *mode de gouvernement, d'enseignement. Mus.* Ton dans lequel un morceau est composé : *mode majeur, mineur. Gram.* Manière dont le verbe exprime l'état ou l'action.

MODELAGE. n. m. Opération du sculpteur qui modelle.

MODÈLE, n. m. Exemple, patron : *modèle d'écriture, de broderie*; homme, femme ou tout objet d'après lequel les artistes dessinent, peignent, sculptent, etc.; représentation en petit d'un objet qu'on se propose d'exécuter en grand : *modèle d'une machine. Fig.* Se dit des ouvrages d'esprit : *l'Iliade et l'Enéide sont de beaux modèles; des* actions morales : *la vie de cet homme est un modèle de vertus.*

MODELER, v. tr. *Sculpt.* Faire en petit, avec de la terre, de la cire ou du plâtre, le modèle d'un objet qu'on veut exécuter en grand. *Fig.* Conformer, régler : *modeler sa vie sur celle de ses aïeux.*

MODELEUR, n. m. Artiste dont la profession est de modeler une statue, un bas-relief, etc.

MODÉRANTISME, n. m. Système politique des modérés.

MODÉRANTISTE, n. m. Partisan du modérantisme.

MODÉRATEUR, n. m. Qui gouverne : *Dieu est le modérateur de l'univers* ; qui rapproche des sentiments extrêmes : *prendre le rôle de modérateur dans une querelle. Méc.* Instrument dont on se sert pour ralentir et régulariser le mouvement des machines.

MODÉRATION, n. f. Vertu qui retient dans une sage mesure.

MODÉRÉ, n. m. Qui, en politique, professe des principes de modération. Adj. *Prix modéré*, en rapport avec la valeur de l'objet.

MODÉRÉMENT, adv. Avec modération, sans excès.

MODÉRER, v. tr. Tempérer, diminuer : *modérer sa colère, ses désirs, sa dépense. Se modérer*, v. pr. Se posséder, se contenir.

MODERNE, adj. Nouveau, récent : *invention moderne.* **Histoire moderne**, depuis la prise de Constantinople (1453), jusqu'à la révolution française (1789). N. pl. Les grands hommes de l'histoire moderne et de l'histoire contemporaine : *les anciens et les modernes.*

MODESTE, adj. Qui a, qui marque de la modestie : *femme, air modeste* ; simple, sans éclat : *équipage modeste.*

MODESTEMENT, adv. Avec modestie, d'une manière modeste.

MODESTIE, n. f. Retenue dans la manière de penser, de se conduire, de parler de soi.

MODICITÉ, n. f. Petite quantité : *modicité d'un revenu.*

MODIFICATIF, adj. et n. Qui modifie : *les adjectifs et les adverbes sont des modificatifs.*

MODIFICATION, n. f. Changement : *apporter des modifications à un projet de loi.*

MODIFIER, v. tr. Opérer un changement : *modifier une loi, une peine, une phrase. Se modifier*, v. pr. Se changer en bien.

MODIQUE, adj. De peu d'importance, de valeur : *somme, fortune modique.*

MODIQUEMENT, adv. Avec modicité.

MODISTE, n. f. Qui fait ou vend des articles de mode.

MODULATION, n. f. *Mus.* Art de conduire l'harmonie et le chant successivement dans plusieurs modes, avec agrément et correction.

MODULE, n. m. *Arch.* Mesure prise à volonté pour régler les proportions des colonnes et la symétrie des parties d'un édifice.

MODULER, v. tr. Former un chant suivant les règles de l'art : *moduler un air.*

MOELLE, n. f. Substance molle et grasse, renfermée dans l'intérieur des os ; substance spongieuse et légère qu'on trouve dans l'intérieur de certains arbres : *moelle de sureau.*

MOELLEUSEMENT, adv. D'une manière moelleuse : *peindre moelleusement.*

MOELLEUX, EUSE, adj. *Voix moelleuse*, pleine et douce ; *pinceau moelleux*, dont les touches sont larges et bien fondues ; *contours moelleux*, souples et gracieux ; *étoffe moelleuse*, qui a du corps, est douce à la main ; *vin moelleux*, agréable à boire. N. m. : *le moelleux des contours.*

MOELLON, n. m. Pierre tendre et de petite dimension, pour bâtir.

MŒURS, n. f. pl. Habitudes bonnes ou mauvaises, naturelles ou acquises : *réformer les mœurs d'un peuple. Avoir des mœurs*, en avoir de bonnes ; *n'avoir point de mœurs*, en avoir de mauvaises.

MOI, pron. pers. de la 1re pers. sing. des deux genres. *De vous à moi*, en confidence, entre nous ; *à moi !* cri pour appeler au secours. N. m. Attachement à soi-même, égoïsme : *le moi choque toujours.*

MOIGNON, n. m. Ce qui reste d'un membre coupé.

MOINDRE, adj. Plus petit en étendue, en quantité.

MOINE, n. m. Membre d'une communauté religieuse ; sorte de réchaud plein de braise pour chauffer un lit.

MOINEAU, n. m. Passereau, petit oiseau à plumage gris.

MOINILLON, n. m. Petit moine. *Fam.*

MOINS, adv. de comparaison, qui marque infériorité de qualité : *moins bon* ; de quantité : *moins d'hommes* ; de prix : *moins cher*, etc. Loc. adv. **Au**

moins, du moins, toutefois ; **à moins**, pour un moindre prix. **A moins que**, loc. conj. Si ce n'est que. N. m. *Alg.* Signe de la soustraction.

MOIRE, n. f. Étoffe de soie ondée et chatoyante.

MOIRER, v. tr. Donner à une étoffe unie une apparence ondée et chatoyante : *moirer un ruban.*

MOIS, n. m. Douzième partie de l'année.

MOISI, n. m. Ce qui est moisi.

MOISIR, v. tr. Couvrir d'une mousse blanche ou verdâtre, qui marque un commencement de corruption : *l'humidité moisit tout ici.* V. int. et pr. Se couvrir de cette mousse ; *les confitures moisissent, le fromage se moisit.*

MOISISSURE, n. f. Espèce de végétation qui se développe à la surface des substances animales ou végétales, lorsqu'elles sont humides et en état de fermentation.

MOISSON, n. f. Récolte des grains ; temps où elle se fait : *la moisson approche. Fig. Moisson de gloire*, nombreux succès remportés à la guerre.

MOISSONNER, v. tr. Faire la moisson. *Fig. Moissonner des lauriers*, remporter de nombreux succès ; *le fer moissonna tout*, détruisit tout.

MOISSONNEUR, EUSE, n. Qui fait la moisson.

MOITE, adj. Légèrement humide : *front moite.*

MOITEUR, n. f. Légère humidité : *la fièvre laisse, d'ordinaire, un peu de moiteur sur la peau.*

MOITIÉ, n. f. Une des deux parties égales d'un tout. *Être de moitié*, de société avec quelqu'un. **A moitié**, loc. adv. En partie, à demi : *ce fruit est à moitié pourri ; faire une chose à moitié.*

MOITIÉ, n. f. Femme à l'égard de son mari.

MOKA, n. m. Excellent café provenant d'Arabie.

MOLAIRES (*dents*), adj. et n. f. Grosses dents qui servent à broyer les aliments.

MÔLE, n. m. Jetée de pierre à l'entrée d'un port, pour rompre l'impétuosité des vagues et mettre ainsi les vaisseaux plus en sûreté.

MOLÉCULAIRE, adj. Qui a rapport aux molécules : *attraction moléculaire.*

MOLÉCULE, n. f. La plus petite partie d'un corps quelconque.

MOLESTER, v. tr. Vexer, tourmenter.

MOLETTE, n. f. Morceau de marbre de forme conique, qui sert à broyer

les couleurs ; partie mobile de l'éperon, en forme de roue étoilée et garnie de petites pointes pour piquer le cheval.

MOLINISME, n. m. Opinion du jésuite Molina sur la grâce.

MOLINISTE, n. m. Partisan de Molina.

MOLLASSE, adj. Désagréablement mou au toucher.

MOLLEMENT, adv. D'une manière molle : *être couché mollement. Fig.* D'une manière efféminée : *vivre mollement* ; faiblement, lâchement : *travailler mollement.*

MOLLESSE, n. f. État de ce qui est mou : *la mollesse des chairs. Fig.* Manque de fermeté : *mollesse de caractère* ; vie voluptueuse : *la mollesse des Sybarites.*

MOLLET, n. m. Le gras de la jambe.

MOLLET, ETTE, adj. Diminutif de *mou* : *lit mollet. Pain mollet*, blanc et léger ; *œuf mollet*, cuit pour être mangé à la coque.

MOLLETON, n. m. Étoffe moelleuse de laine.

MOLLIR, v. int. Devenir mou. *Fig.* Diminuer de force : *le vent mollit* ; céder : *les troupes commençaient à mollir* ; montrer de la faiblesse : *n'allez pas mollir devant lui.*

MOLLUSQUE, n. m. Animal à corps mou, sans articulations ni vertèbres : *l'huître est un mollusque.* N. m. pl. : *la classe des mollusques.*

MOLOSSE, n. m. Espèce de chien que les anciens employaient à la garde, et qui paraît n'être autre que notre *dogue.*

MOMENT, n. m. Temps fort court : *je reviens dans un moment* ; intervalle : *chacun a ses moments de folie. Le bon moment*, l'instant favorable ; *profiter du moment*, saisir l'occasion ; *un moment !* attendez, écoutez. Loc. adv. **A tout moment**, sans cesse ; **en un moment**, en très-peu de temps ; **en ce moment**, présentement ; **par moment**, par intervalle. Loc. prép. **Au moment de**, sur le point de. Loc. conj. **Au moment où**, lorsque ; **du moment que**, dès que, puisque.

MOMENTANÉ, ÉE, adj. Qui ne dure qu'un moment : *effort momentané.*

MOMENTANÉMENT, adv. Pour un moment, pendant un moment : *paraître momentanément.*

MOMERIE, n. f. Affectation ridicule d'un sentiment qu'on n'éprouve pas ; cérémonie bizarre. *Fam.*

† **MOMIE**, n. f. Corps embaumé par les anciens Égyptiens, et qu'on retrouve aujourd'hui presque intact. *Fig.*

Personne nonchalante : *cet enfant est une vraie momie.*

MON, adj. poss. masc. sing., **ma**, fém. sing., **mes**, pl. des deux genres. Il détermine le nom en y ajoutant une idée de possession.

MONACAL, E. adj. Qui a rapport aux moines : *vie monacale, habit monacal.*

MONACALEMENT, adv. D'une manière monacale.

MONADE. n. f. Élément simple des êtres, d'après Leibnitz; animalcule imperceptible, le plus simple des êtres animés.

MONARCHIE, n. f. Gouvernement d'un État régi par un seul chef; État gouverné par un monarque : *monarchie française.*

MONARCHIQUE, adj. Qui appartient à la monarchie : *État monarchique.*

MONARCHIQUEMENT, adv. D'une manière monarchique.

MONARCHISTE, n. m. Partisan de la monarchie.

MONARQUE, n. m. Chef d'une monarchie.

MONASTÈRE, n. m. Couvent, maison de religieuses.

MONASTIQUE, adj. Qui concerne les moines : *vie monastique.*

MONCEAU, n. m. Amas fait en forme de petit mont : *monceau de pierres.*

MONDAIN, E, adj. et n. Attaché aux vanités du monde; qui se ressent des vanités du monde : *parure mondaine.*

MONDAINEMENT, adv. D'une manière mondaine.

MONDANITÉ, n. f. Vanité mondaine : *mépris des mondanités.*

MONDE, n. m. L'univers; la terre : *les cinq parties du monde.* L'ancien monde, l'Asie, l'Europe et l'Afrique; le Nouveau-Monde, l'Amérique et l'Océanie. *Fig.* Gens : *c'est se moquer du monde;* société : *vivre dans le monde;* vie séculière : *quitter le monde pour le cloître;* la plupart des hommes : *connu de tout le monde. Venir au monde,* naître; *mettre au monde,* donner naissance; *aller dans l'autre monde,* mourir; *le grand monde,* la haute société; *loger au bout du monde,* dans un quartier éloigné. *Le petit monde,* les gens du commun.

MONDÉ. adj. m. *Orge mondé,* dont la pellicule est enlevée.

MONDER, v. tr. Nettoyer, en parlant des grains, des semences.

MONÉTAIRE, adj. Qui a rapport aux monnaies : *système monétaire.*

MONITEUR, TRICE, n. Élève répétiteur dans les écoles mutuelles; titre de certains journaux.

MONITOIRE, adj. et n. m. Lettre d'un juge ecclésiastique pour obliger ceux qui ont connaissance d'un fait à le révéler : *lancer un monitoire, une lettre monitoire.*

MONNAIE, n. f. Toute sorte de pièces de métal servant au commerce, et frappées par autorité souveraine : *monnaie d'or, d'argent, de cuivre. Fig. Battre monnaie,* se procurer de l'argent; *rendre à quelqu'un la monnaie de sa pièce,* user de représailles envers lui; *payer quelqu'un en monnaie de singe,* se moquer de lui au lieu de le satisfaire.

MONNAYAGE, n. m. Fabrication de la monnaie.

MONNAYER, v. tr. Convertir un métal en monnaie.

MONNAYEUR, n. m. Ouvrier qui travaille à la monnaie de l'État. *Faux monnayeur,* qui fabrique de la fausse monnaie.

MONOCLE, n. m. Lunette composée d'un seul verre.

MONOCOTYLÉDONE, adj. Se dit des plantes qui, comme le lis, n'ont qu'un seul lobe ou cotylédon.

MONOGRAMME, n. m. Chiffre composé des principales lettres d'un nom : *IHS est le monogramme de J.-C.*

MONOLITHE, adj. et n. m. Ouvrage exécuté d'un seul bloc : *les obélisques sont des monolithes.*

MONOLOGUE, n. m. Scène où un personnage de théâtre est seul et se parle à lui-même.

MONOMANE, adj. et n. Qui est atteint de monomanie.

MONOMANIE, n. f. Espèce d'aliénation mentale, dans laquelle une seule idée semble absorber toutes les facultés de l'intelligence.

MONÔME, n. m. Quantité algébrique composée d'un seul terme.

MONOPOLE, n. m. Privilège que possède un individu, une compagnie, un gouvernement, de vendre seul certaines denrées : *le monopole du tabac, des poudres, des monnaies, du sel,* etc.

MONOPOLEUR, n. m. Qui exerce un monopole.

MONOPOLISER, v. tr. Exercer le monopole.

MONOSYLLABE, n. m. Mot qui n'a qu'une syllabe.

MONOSYLLABIQUE, adj. Se dit des vers, dont tous les mots sont des monosyllabes, comme dans ce vers de Racine :

Le jour n'est pas plus pur que le fond
          [de mon cœur.

MONOTONE, adj. Qui est presque
toujours sur le même ton : *chant monotone. Fig.* Trop uniforme, qui manque de variété : *vie, style monotone.*

MONOTONIE, n. f. Uniformité ennuyeuse dans le ton de la voix, dans la
déclamation, le style, dans l'existence.

MONS, n. m. Abréviation familière
de *monsieur.*

MONSEIGNEUR, n. m. Titre d'honneur que l'on donne aux princes, aux
évêques, aux personnes d'une dignité
éminente. Pl. *Messeigneurs, nossei-
gneurs.*

MONSEIGNEUR, n. m. Pince, espèce de levier dont les voleurs se servent pour forcer les serrures.

MONSEIGNEURISER, v. tr. Donner le titre de monseigneur.

MONSIEUR, n. m. Titre donné par
civilité à tout homme à qui l'on parle
ou à qui l'on écrit ; homme dont le langage et les manières annoncent quelque
éducation : *un monsieur est venu vous
demander* ; nom que les domestiques
donnent à leur maître : *monsieur est
sorti* ; titre qu'on donnait autrefois en
France au frère aîné du roi. *Faire le
monsieur, le gros monsieur*, l'homme
d'importance ; *prune de Monsieur*, grosse prune d'un beau violet.

MONSTRE, n. m. Être dont la conformation est contre nature. *Fig.* S'emploie pour peindre l'excès : *monstre de
laideur* ; l'énormité : *monstre de cruauté. Se faire un monstre d'une chose*,
s'en effrayer sans raison.

MONSTRUEUSEMENT, adv. Prodigieusement, excessivement.

MONSTRUEUX, EUSE, adj. Qui a
une conformation contre nature : *enfant monstrueux. Fig.* Prodigieux :
grosseur monstrueuse ; excessif : *prodigalité monstrueuse* ; horrible : *crime
monstrueux.*

MONSTRUOSITÉ, n. f. Vice de ce
qui est monstrueux ; chose monstrueuse : *cette action est une monstruosité.*

MONT, n. m. Grande masse de terre
isolée et élevée au-dessus du sol : *le
mont Etna. Fig.* Promettre *monts et
merveilles*, faire des promesses exagérées ; *par monts et par vaux*, de tous
côtés. *Absol.* Les Monts, les Alpes.

MONTAGE, n. m. Action de monter
une machine : *le montage d'une horloge.*

MONTAGNARD, E, adj. et n. Qui
habite les montagnes.

MONTAGNE, n. f. Masse de terre

ou de roche fort élevée au-dessus du
terrain qui l'environne. *Fig. Montagne de glaces*, amas considérable de
glaces, qu'on rencontre surtout dans les
mers polaires.

MONTAGNE (LA), n. f. Nom d'un
parti politique en France, sous la première république.

MONTAGNEUX, EUSE, adj. Où il
y a beaucoup de montagnes : *pays montagneux.*

MONTANT, n. m. Pièce de bois ou
de fer, posée verticalement dans certains ouvrages de menuiserie, de serrurerie, etc.

MONTANT, n. m. Total d'un compte : *le montant des dépenses.*

MONTANT, E, adj. Qui monte :
marée montante ; qui va en montant :
chemin montant. Garde montante, qui
en remplace une autre dans un poste.

MONT-DE-PIÉTÉ, n. m. Etablissement où l'on prête de l'argent à intérêt, sur nantissement.

MONTÉ, ÉE, adj. Bien pourvu :
être monté en habits ; exalté : *avoir la
tête montée. Cheval haut monté*, dont
les jambes sont très-hautes ; *cavalier
bien, mal monté*, qui a un bon, un
mauvais cheval.

MONTÉE, n. f. Lieu qui va en montant ; endroit par où l'on monte à un
coteau, à une éminence, etc.

MONTER, v. tr. Se transporter en
un lieu plus élevé : *monter au 2e, au
3e étage* ; *monter sur une échelle, un
arbre, une montagne* ; s'élever : *le baromètre, la rivière, le brouillard, le
ballon monte* : aller en montant : *le terrain monte. Fig.* Parvenir : *monter en
grade* ; hausser de prix : *le blé monte* ;
former un total de : *la dépense monte à
cent francs.* V. tr. Transporter en un
lieu plus élevé : *monter du foin au grenier* ; ajuster, assembler : *monter un
diamant, une machine* ; bander les ressorts : *monter une montre* ; être sur :
monter un cheval. Monter la garde, être
de service. *Fig.* Préparer : *monter une
cabale* ; exalter : *monter la tête.*

MONTEUR, n. m. Ouvrier qui monte des pièces d'orfévrerie, etc.

MONTGOLFIÈRE, n. f. Ballon
primitif, ouvert à la partie inférieure
et renfermant de l'air dilaté par la
chaleur.

MONTICULE, n. m. Petit mont.

MONTJOIE. Ancien cri de guerre
des Français.

MONTOIR, n. m. Grosse pierre ou
billot de bois pour monter plus aisément
à cheval.

MONTRE, n. f. Petite horloge portative : *montre en or*.

MONTRE, n. f. Marchandises exposées au dehors d'une boutique; armoire vitrée pleine de ces marchandises : *mettre un article en montre*. *Fig.* Étalage : *faire montre de son érudition*.

MONTRER, v. tr. Faire voir : *montrer ses bijoux;* manifester : *montrer du courage;* prouver : *montrer qu'on a raison;* enseigner : *montrer l'italien. Montrer les dents*, faire voir qu'on est disposé à résister; *montrer quelqu'un au doigt*, s'en moquer publiquement; *montrer la porte à quelqu'un*, le chasser de chez soi; *cet habit montre la corde*, est très-usé. **Se montrer**, v. pr. Paraître, se faire voir. *Fig.* Faire bonne ou mauvaise contenance dans une occasion.

MONTUEUX, EUSE, adj. Inégal, coupé de collines : *terrain montueux*.

MONTURE, n. f. Bête sur laquelle on monte; ce qui sert à assembler, à supporter la partie principale d'un objet : *la monture d'une scie*. Se dit aussi du travail de l'ouvrier qui a monté un ouvrage : *il en coûte tant pour la monture*.

MONUMENT, n. m. Ouvrage d'architecture ou de sculpture, pour transmettre à la postérité le souvenir d'un grand homme, d'une belle action; édifice public. *Fig.* Tout ouvrage de littérature, de sciences et d'arts, digne de passer à la postérité : *les œuvres d'Homère sont le plus beau monument de l'antiquité*.

MONUMENTAL, E, adj. Qui a les proportions d'un monument : *tombeau monumental*.

MOQUER (SE), v. pr. Se railler; mépriser, braver : *se moquer des réprimandes*; ne pas parler sérieusement : *c'est se moquer que de tenir de pareils propos*.

MOQUERIE, n. f. Parole ou action moqueuse; chose absurde, impertinente : *c'est une moquerie que de parler de la sorte*.

MOQUETTE, n. f. Étoffe veloutée en laine, qui s'emploie pour tapis et pour meubles.

MOQUEUR, n. m. Oiseau d'Amérique, du genre merle.

MOQUEUR, EUSE, adj. et n. Qui a l'habitude de se moquer, de railler.

MORAILLES, n. f. pl. Espèce de tenailles pour pincer le nez des chevaux difficiles à ferrer.

MORAILLON, n. m. Pièce de fer avec un anneau qui entre dans la serrure pour fermer un coffre.

MORAL, E, adj. Qui concerne les mœurs : *réflexion morale;* qui pratique la morale : *homme moral;* qui a sa source dans le cœur : *facultés morales. Certitude morale*, fondée sur de fortes probabilités. N. m. Ensemble de nos facultés morales : *le physique influe sur le moral*.

MORALE, n. f. Science qui enseigne les règles à suivre pour faire le bien et éviter le mal; moralité d'une fable; réprimande : *faire la morale à un enfant*.

MORALEMENT, adv. Suivant les règles de la morale.

MORALISATEUR, TRICE, adj. Propre à moraliser : *principes moralisateurs*.

MORALISATION, n. f. Action de moraliser : *la moralisation du peuple*.

MORALISER, v. tr. Rendre moral : *moraliser les classes ouvrières;* réprimander : *moraliser un enfant*. V. int. Faire des réflexions morales : *il moralise sans cesse*.

MORALISEUR, EUSE, n. Qui affecte de parler morale.

MORALISTE, n. Auteur qui écrit sur les mœurs, comme *Montaigne, La Bruyère*, etc. Adj. : *écrivain moraliste*.

MORALITÉ, n. f. Réflexion morale : *belle moralité;* but moral d'un ouvrage, sens moral d'une fable : *moralité cachée;* rapport de la conduite avec les principes de la morale : *moralité des actions;* mœurs : *homme sans moralité*.

MORBIDE, adj. *Méd.* Qui tient à la maladie : *état morbide*.

MORBIFIQUE, adj. Qui cause la maladie : *humeur, virus morbifique*.

MORBLEU, interj. Espèce de jurement qui marque l'impatience, la colère. *Fam.*

MORCEAU, n. m. Partie séparée d'un tout quelconque : *morceau de pain;* portion distincte : *un morceau de terre;* fragment d'un ouvrage d'esprit : *morceau de la Henriade;* dans les arts, pièce entière : *morceau d'architecture, morceau de musique. Fig. Manger un morceau*, faire un léger repas; *aimer les bons morceaux*, la bonne chère.

MORCELER, v. tr. Diviser par morceaux : *morceler un héritage*.

MORCELLEMENT, n. m. Action de morceler.

MORDACITÉ, n. f. Qualité corrosive : *la mordacité de l'eau forte. Fig.* Médisance aigre et piquante : *il est d'une mordacité révoltante*.

MORDANT, E, adj. Qui mord. Ne s'emploie guère qu'au fig. : *esprit, style mordant.* N. m. Vernis pour fixer l'or en feuilles sur le cuivre, le bronze, etc.; composition chimique pour fixer les couleurs sur les étoffes.

MORDICANT, E, adj. Acre, corrosif. : *suc mordicant. Fig.* : *esprit mordicant.*

MORDICUS, adv. Avec ténacité : *soutenir une opinion mordicus. Fam.*

MORDIENNE, interj. Espèce de jurement qui signifie *par la mort de Dieu.*

MORDILLER, v. tr. Mordre légèrement et à plusieurs reprises : *mordiller ses gants.*

MORDORÉ, ÉE, adj. Brun mêlé de rouge : *habit mordoré.*

MORDRE, v. tr. Serrer fortement avec les dents; ronger, entamer : *la lime mord l'acier. Fig. Mordre la poussière,* être tué dans un combat. V. int. Même sens que le transitif : *mordre dans son pain. Fig. Mordre à l'étude,* commencer à prendre goût au travail; *mordre à l'hameçon,* écouter avec plaisir une proposition faite pour tromper; *on ne peut mordre sur lui,* critiquer sa conduite. V. pr. *S'en mordre les doigts,* s'en repentir.

MORE ou **MAURE**, n. m. Habitant des États barbaresques.

MORESQUE, adj. Qui imite ce qu'ont fait les Mores ou Arabes, dans le même genre : *architecture moresque.*

MORFIL, n. m. Petites parties d'acier qui restent au tranchant d'une lame qu'on vient de repasser : *enlever le morfil.*

MORFONDRE, v. tr. Causer un froid qui incommode : *la pluie l'a tout morfondu.* **Se morfondre**, v. pr. S'ennuyer à attendre : *se morfondre à la porte.*

MORGANATIQUE, adj. Se dit d'un mariage contracté entre un prince et une personne de condition inférieure.

MORGUE, n. f. Contenance hautaine et orgueilleuse.

MORGUE, n. f. Lieu où l'on expose, à Paris, les cadavres des personnes dont l'identité n'a pas été reconnue.

MORGUENNE, interj. Sorte de jurement. *Pop.*

MORGUER, v. tr. Braver avec insolence.

MORIBOND, E, adj. et n. Qui va mourir.

MORICAUD, E, adj. et n. Qui a la peau très-brune.

MORIGÉNER, v. tr. Corriger : *morigéner un enfant.*

MORILLE, n. f. Sorte de champignon excellent à manger.

MORILLON, n. m. Sorte de raisin noir.

MORION, n. m. Armure de tête des anciens chevaliers, plus légère que le casque.

MORNE, adj. Triste, sombre.

MORNIFLE, n. f. Coup de la main sur le visage. *Pop.*

MOROSE, adj. Chagrin, bizarre.

MOROSITÉ, n. f. Caractère morose.

MORPHINE, n. f. Violent poison.

MORS, n. m. Partie de la bride qui passe dans la bouche du cheval, et sert à le gouverner. *Prendre le mors aux dents,* se dit d'un cheval qui s'emporte.

MORSE, n. m. Quadrupède amphibie des mers glaciales.

MORSURE, n. f. Plaie, meurtrissure, marque faite en mordant. *Fig.* : *les morsures de la calomnie.*

MORT, n. f. Fin de la vie; peine capitale : *être condamné à mort. Fig.* Violente douleur : *souffrir mille morts;* grands chagrins : *avoir la mort dans l'âme;* cause de ruine : *la guerre est la mort du commerce. Être à l'article de la mort,* à l'agonie; *mort éternelle,* condamnation aux peines de l'enfer; *combat à mort,* qui ne doit finir que par la mort d'un des combattants. **Mort civile**, privation des droits de citoyen; **mort aux rats**, composition pour les détruire. Loc. adv. **A la mort**, excessivement : *haïr à la mort;* **à la vie et à la mort**, pour toujours : *être amis à la vie et à la mort.*

MORT, E, adj. Éteint : *yeux morts. Eau morte,* qui ne coule pas; *papier mort,* non timbré; *ne pas y aller de main morte,* agir vigoureusement. N. m. : *prier pour les morts.*

MORTAISE, n. f. Entaille pratiquée dans l'épaisseur d'une pièce de bois ou de métal pour recevoir le tenon.

MORTALITÉ, n. f. Condition de ce qui est sujet à la mort; quantité d'individus qui meurent annuellement; mort d'un grand nombre d'hommes ou d'animaux, par suite d'une épidémie : *grande mortalité.*

MORTEL, ELLE, adj. Qui appartient à la mort : *dépouille mortelle;* qui cause la mort : *maladie, blessure mortelle. Péché mortel,* qui fait perdre la grâce de Dieu; *ennemi mortel,* que l'on hait profondément. *Fig.* Extrême : *douleur mortelle;* long et ennuyeux : *dix mortelles lieues.* N. Homme, femme : *c'est un heureux mortel.*

N. m. pl. *Les mortels ; le gene humain.*

MORTELLEMENT, adv. A mort : *blessé mortellement.* Fig. Extrêmement : *haïr mortellement.*

MORTE-SAISON, n. f. Temps où, dans certaines professions, on a moins de travail, moins de débit qu'à l'ordinaire. Pl. des *mortes-saisons.*

MORTIER, n. m. Mélange de chaux, de sable et d'eau, pour unir les pierres de construction ; vase en usage dans la pharmacie pour piler les drogues ; bouche à feu, très-courte, pour lancer des bombes ; autrefois, bonnet rond de velours noir, que portaient les présidents du parlement : *président à mortier.*

MORTIFÈRE, adj. Qui cause la mort : *plante mortifère.*

MORTIFIANT, E. adj. Qui mortifie, humilie : *refus mortifiant.*

MORTIFICATION, n. f. Action de mortifier son corps. Fig. Humiliation : *cruelle mortification.*

MORTIFIER, v. tr. Rendre plus tendre, en parlant de la viande ; affliger son corps par des jeûnes, des austérités. Fig. Humilier : *mortifier quelqu'un.*

MORT-IVRE, adj. Ivre au point d'avoir perdu tout sentiment : Pl. *morts-ivres.*

MORT-NÉ, adj. m. *Enfant, animal mort-né*, mort en venant au monde. Pl. *morts-nés.*

MORTUAIRE, adj. Qui appartient au service, à la pompe funèbre : *drap mortuaire.* **Registre mortuaire**, où sont inscrits les noms des personnes décédées ; *extrait mortuaire*, qu'on tire de ce registre.

MORUE, n. f. Poisson de mer.

MORVE, n. f. Humeur visqueuse qui découle des narines ; maladie contagieuse des chevaux.

MORVEUX, EUSE, adj. Qui a la morve au nez : *enfant morveux.* *Cheval morveux*, qui a la maladie appelée morve. N. Jeune enfant, fille ou garçon, sans expérience. Fam.

MOSAÏQUE, n. f. Ouvrage de marqueterie, composé de pierres ou d'émaux de différentes couleurs, rapportés ensemble. Fig. Ouvrage d'esprit, composé de morceaux dont les sujets sont différents.

MOSAÏQUE, adj. Qui vient de Moïse : *loi mosaïque.*

MOSQUÉE, n. f. Temple des Mahométans.

MOT, n. m. Une ou plusieurs syllabes réunies qui expriment une idée ; ce qu'on dit, ce qu'on écrit brièvement :

dire un mot à l'oreille, écrire un mot à quelqu'un ; sentence, parole mémorable : *beau mot de Socrate* ; prix offert ou demandé : *c'est mon dernier mot* ; nom de la chose donnée à deviner dans une énigme, un logogriphe. **Mot d'ordre**, de reconnaissance ; **bon mot**, spirituel ; **gros mots**, paroles injurieuses, offensantes ; *prendre au mot*, accepter du premier coup une proposition ; *se donner le mot*, être d'intelligence ; *connaître le fin mot*, la vérité cachée d'une chose ; *trancher le mot*, parler net, sans ménagement ; *entendre à demi-mot*, comprendre aisément. Loc. adv. *En un mot*, enfin ; *mot à mot*, sans rien changer : *apprendre, traduire mot à mot.*

MOTET, n. m. Morceau de musique religieuse, composé sur des paroles latines qui ne font point partie essentielle de l'office divin.

MOTEUR, n. m. Tout ce qui, en mécanique, imprime ou transmet le mouvement, comme l'air, l'eau, la vapeur, etc. Par ext. : *Dieu est le grand moteur de l'univers.* Fig. Instigateur : *être le moteur d'une entreprise, d'une conjuration.* Adj. f. : *force, puissance motrice.*

MOTIF, n. m. Ce qui porte à faire une chose. Mus. Idée dominante dans un air, un chant.

MOTION, n. f. Proposition faite dans une assemblée.

MOTIVER, v. tr. Exposer les motifs d'un arrêt, d'une opinion, etc. ; justifier : *rien ne motive cette mesure.*

MOTTE, n. f. Petite masse de terre détachée. *Motte à brûler*, petite masse plate et ronde, faite ordinairement de tan, et servant de combustible.

MOTUS, Sorte d'interj. pour engager à garder le silence sur une affaire.

MOU, n. m. Nom vulgaire du poumon de certains animaux : *mou de veau.*

MOU ou **MOL, MOLLE**, adj. Qui cède facilement au toucher : *cire, poire molle.* Fig. Qui manque de vigueur : *enfant, caractère, style mou* ; efféminé : *vie molle.*

MOUCHARD, n. m. Espion de police.

MOUCHARDER, v. tr. et int. Espionner.

MOUCHE, n. f. Insecte à deux ailes. Fig. *Faire la mouche du coche*, faire le nécessaire, l'empressé : *quelle mouche le pique ?* pourquoi se fâche-t-il ? *prendre la mouche*, se piquer, se fâcher mal à propos ; *fine mouche*, personne très-rusée ; *pattes de mouche*, écriture fine et mal formée. Petit morceau de taffetas noir que les dames se mettaient autrefois sur le visage par coquetterie.

MOUCHER, v. tr. Presser les narines pour en faire sortir la surabondance des humeurs qui tombent dans le nez; ôter le bout du lumignon d'une chandelle.

MOUCHEROLLE, n. m. Très-petit oiseau d'Amérique, qui se nourrit de *mouches*.

MOUCHERON, n. m. Espèce de petite mouche; bout de mèche qui brûle.

MOUCHETÉ, ÉE, adj. Tacheté, en parlant de certains animaux. *Blé moucheté*, malade; *fleuret moucheté*, dont la pointe est garnie, afin d'éviter tout danger dans l'exercice de l'escrime.

MOUCHETER, v. tr. Faire de petites marques rondes sur une étoffe : *moucheter du satin*.

MOUCHETTES, n f. pl. Instrument pour moucher les chandelles.

MOUCHETURE, n. f. Ornement qu'on donne à une étoffe en la mouchetant.

MOUCHEUR, n. m. Chargé autrefois de moucher les chandelles dans les théâtres.

MOUCHOIR, n. m. Linge pour se moucher. *Mouchoir de cou*, dont les femmes se couvrent le cou et la gorge.

MOUCHURE, n. f. Ce qu'on ôte d'une chandelle en la mouchant.

MOUDRE, v. tr. irrég. (*Je mouds, tu mouds, il moud*, n. *moulons*, v. *moulez; ils moulent. Je moulais*, n. *moulions. Je moulus*, n. *moulûmes. Je moudrai*, n. *moudrons. Je moudrais, nous moudrions. Mouds, moulons. Que je moule, que n. moulions. Que je moulusse, que n. moulussions. Moulant. Moulu, e.*) Broyer, mettre en poudre avec un moulin : *moudre du blé, du café. Fig. Avoir le corps moulu*, fatigué; *or moulu*, réduit en très-petites parties, pour dorer les métaux.

MOUE, n. f. Grimace faite par mécontentement, en allongeant les lèvres.

MOUETTE, n. f. Oiseau de mer.

MOUFLE, n. f. Assemblage de plusieurs poulies dont les unes sont fixes et les autres mobiles, et qui sert à élever de lourds fardeaux.

MOUFLON, n. m. Espèce de bélier sauvage.

MOUILLAGE, n. m. Lieu de la mer propre pour jeter l'ancre.

MOUILLE-BOUCHE, n. f. Espèce de poire fondante. Pl. des *mouille-bouche*.

MOUILLER, v. tr. Tremper, humecter : *mouiller du linge. Gram.* Donner à la lettre *l* doublée la valeur de l'*i*, comme dans le mot *fille. Mar. Mouiller l'ancre*, la jeter dans la mer pour qu'elle s'attache au fond, et retienne le navire.

MOUILLETTE, n. f. Morceau de pain long et mince qu'on trempe dans les œufs à la coque.

MOUILLOIR, n. m. Vase où les fileuses trempent le bout de leurs doigts en filant.

MOUILLURE, n. f. Action de mouiller, ou état de ce qui est mouillé.

MOULAGE, n. m. Action de mouler des ouvrages de sculpture.

MOULE, n. m. Objet creusé de manière à donner une forme à la matière qu'on y introduit en fusion; morceau de bois ou d'os, plat et rond, qu'on recouvre d'étoffe, pour en faire un bouton.

MOULE, n. f. Mollusque de forme oblongue, bon à manger.

MOULÉ, ÉE, adj. *Lettre moulée*, imprimée.

MOULER, v. tr. Jeter en moule : *mouler une statue. Mouler une chose sur une autre*, reproduire celle-ci exactement.

MOULEUR, n. m. Ouvrier qui moule les ouvrages de sculpture.

MOULIN, n. m. Machine à moudre le grain, à pulvériser certaines matières, à en exprimer le suc, à piler, etc. : *moulin à café, à huile, à foulon. Fig. Moulin à paroles*, personne très-babillarde.

MOULINAGE, n. m. Action de tordre ou de filer la soie grège avec une espèce de moulin garni de bobines et de fuseaux.

MOULINER, v. tr. Faire subir à la soie l'opération du moulinage. Se dit aussi des vers qui rongent le bois et le mettent en poussière.

MOULINET, n. m. Tourniquet; petite roue de moulin. *Faire le moulinet*, faire mouvoir rapidement autour de soi une épée, un bâton, etc.

MOULINIER, n. m. Ouvrier employé au moulinage de la soie.

MOULT, adv. Beaucoup : *moult vaillant. Vieux.*

MOULURE, n. f. Partie plus ou moins saillante, carrée ou ronde, servant d'ornement à un ouvrage d'architecture.

MOURANT, E, adj. Qui se meurt; qui annonce qu'on est près de mourir: *voix mourante. Fig.* Languissant : *regards mourants. N. : le champ de bataille était couvert de morts et de mourants.*

MOURIR, v. int. Cesser de vivre. *Fig.*

Vous me faites mourir, vous m'impatientez; *la chandelle meurt,* s'éteint; *mourir d'ennui, de honte, d'envie,* etc., en éprouver les tourments. V. pr. *Il se meurt,* il est près de mourir.

MOURON, n. m. Petite plante qui sert à la nourriture des oiseaux.

MOUSQUET, n. m. Espèce de fusil qu'on fait partir par le moyen d'une mèche allumée.

MOUSQUETADE, n. f. Coup de mousquet.

MOUSQUETAIRE, n. m. Autrefois, fantassin armé d'un mousquet; gentilhomme d'une des compagnies à cheval de la maison du roi.

MOUSQUETERIE, n. f. Décharge de plusieurs fusils tirés en même temps.

MOUSQUETON, n. m. Fusil court, à l'usage de certains corps de cavalerie.

MOUSSE, n. m. Apprenti matelot.

MOUSSE, n. f. Plante fort épaisse et fort menue, qui naît sur les toits, sur les pierres, sur les arbres; écume qui se forme sur la surface de certains liquides.

MOUSSELINE, n. f. Le plus léger, le plus délicat et le plus fin des tissus de coton.

MOUSSER, v. int. Se dit des liqueurs sur lesquelles il se fait de la mousse. *Fig. Faire mousser quelqu'un,* le vanter, le faire valoir.

MOUSSERON, n. m. Petit champignon, le plus parfumé de tous.

MOUSSEUX, EUSE, adj. Qui mousse : *bière mousseuse.*

MOUSSONS, n. f. pl. Vents périodiques qui, sur la mer des Indes, soufflent six mois d'un côté, et les six autres du côté opposé; saison où soufflent ces vents : *attendre la mousson du sud-ouest.*

MOUSSU, E, adj. Couvert de mousse : *pierre moussue. Rose moussue,* couverte d'une espèce de mousse. On dit abusiv. *mousseuse.*

MOUSTACHE, n. f. Barbe qu'on laisse au-dessus de la lèvre supérieure. *Fig.* **Vieille moustache,** soldat vieilli dans le service. Poils longs et raides de la gueule de certains animaux.

MOUSTIQUE, n. m. Petit insecte des pays chauds, dont la piqûre est très-douloureuse.

MOÛT, n. m. Vin doux qui n'a pas encore fermenté.

MOUTARDE, n. f. Graine de sénevé broyée et délayée avec du vinaigre ou un autre liquide.

MOUTARDIER, n. m. Petit vase où l'on met la moutarde; celui qui fait et vend de la moutarde.

MOUTIER, n. m. Monastère. *Vieux.*

MOUTON, n. m. Bélier qu'on engraisse; sa viande. *Fig.* Homme d'humeur douce et traitable : *c'est un mouton;* masse de fer, ou pièce de bois garnie de fer, qu'on élève et qu'on laisse retomber sur des pieux pour les enfoncer en terre. *Revenir à ses moutons,* reprendre un discours interrompu.

MOUTONNÉ, ÉE, adj. *Tête moutonnée,* bouclée, frisée.

MOUTONNER, v. int. Commencer à s'agiter et à blanchir, en parlant des eaux de la mer.

MOUTONNIER, ÈRE, adj. Qui fait ce qu'il voit faire, à la manière des moutons : *la multitude est moutonnière. Fam.*

MOUTURE, n. f. Action de moudre le blé; salaire du meunier; mélange par tiers de froment, de seigle et d'orge : *farine, pain de mouture.*

MOUVANT, E, adj. Qui a la puissance de mouvoir : *force mouvante;* dont le fond n'est pas stable : *sable mouvant, terre mouvante.*

MOUVEMENT, n. m. État d'un corps dont la position, par rapport à un point fixe, change continuellement : *le mouvement de la terre;* action vitale : *mouvement du cœur, des artères;* exercice, activité : *se donner du mouvement;* changements de garnison : *mouvement de troupes.* Pl. Marche d'une armée : *observer les mouvements de l'ennemi. Fig.* Agitation, fermentation politique : *les esprits sont en mouvement;* passions : *mouvements de l'âme;* sentiment intérieur et passager : *mouvement de pitié;* inspiration : *agir de son propre mouvement. Se donner beaucoup de mouvement pour,* faire tous ses efforts pour. *Litt. Mouvement oratoire,* passage d'un discours empreint d'images plus vives, d'une éloquence plus marquée. *Mus.* Degré de vitesse ou de lenteur de la mesure : *presser, ralentir le mouvement. Horl.* Ressorts d'une montre, d'une horloge. **Mouvement perpétuel,** qui se perpétuerait indéfiniment, sans le secours d'aucune action nouvelle qui viendrait le ranimer. *Fig. Chercher le mouvement perpétuel,* la solution d'une question insoluble.

MOUVOIR, v. tr. (*Je meus, tu meus, il meut, n. mouvons, v. mouvez, ils meuvent. Je mouvais, n. mouvions. Je mus, n. mûmes. Je mouvrai, n. mouvrons. Je mouvrais, n. mouvrions. Meus, mouvons. Que je meuve, que n. mouvions. Que je musse, que n. mus-*

sions. *Mouvant. Mû, mue*). Remuer : *mouvoir une pierre.*

MOXA. n. m. Substance que l'on brûle sur les parties du corps affectées de douleurs, pour en obtenir la guérison : *appliquer un moxa.*

MOYEN, n. m. Ce qui sert pour parvenir à une fin : *moyens légitimes, criminels ;* pouvoir de faire une chose : *obligez-moi, si vous en avez le moyen ;* entremise : *arriver à un emploi par le moyen de quelqu'un.* Pl. Richesses : *vivre selon ses moyens ;* facultés naturelles : *avoir de grands moyens. Prat.* Raisons alléguées dans une cause : *moyens de nullité. Math.* Termes d'une progression placés entre les deux extrêmes.

MOYEN, ENNE, adj. Se dit de ce qui est entre deux extrémités : *homme de moyen âge ;* médiocre : *de moyenne grandeur.*

† MOYEN-ÂGE, n. m. Temps écoulé depuis la chute de l'empire romain jusqu'à la prise de Constantinople par Mahomet II.

MOYENNANT, prép. Au moyen de : *moyennant ce secours.*

MOYEU, n. m. Partie de la roue d'une voiture, dans laquelle s'emboîtent les rais.

MUABLE. adj. Sujet au changement : *la volonté de l'homme est muable.* Peu us.

MUCILAGE, n. m. Substance visqueuse et nourrissante, répandue dans presque tous les végétaux.

MUCILAGINEUX, EUSE, adj. Qui contient du mucilage : *substance mucilagineuse.*

MUCOSITÉ, n. f. Humeur épaisse : *les mucosités du cerveau.*

MUE, n. f. Changement dans le plumage, le poil, la peau, auquel les animaux sont sujets à certaines époques de leur vie ; temps où arrive ce changement ; grande cage où l'on tient la volaille pour l'engraisser.

MUER, v. int. Se dit des animaux qui perdent leur peau, leur poil ou leur plumage ; des jeunes gens dont la voix change à l'époque de la puberté.

MUET, ETTE, adj. Qui n'a pas l'usage de la parole ; qu'un sentiment quelconque empêche de parler : *muet de terreur. Gram. Voyelle muette,* qu'on ne prononce que peu ou point ; *h muet,* qui n'est point aspiré. N. Personne privée de l'usage de la parole.

MUETTE. n. f. Pavillon servant de rendez-vous de chasse.

MUFLE, n. m. Extrémité du museau de certains animaux : *le mufle du taureau.*

MUFTI, ou **MUPHTI,** n. m. Chef de la religion mahométane.

MUGIR, v. int. Crier, en parlant des bœufs, des vaches, des taureaux. *Fig.* Retentir : *les flots, les vents mugissent.*

MUGISSANT, E, adj. Qui mugit : *flots mugissants.*

MUGISSEMENT, n. m. Cri du bœuf, de la vache. *Fig. : les mugissements des flots.*

MUGUET, n. m. Plante printanière, qui porte de petites fleurs blanches d'une odeur douce et agréable.

MUGUET, n. m. Jeune homme qui se pare avec soin, qui est très-galant auprès des dames.

MUGUETER, v. int. Faire le galant auprès des dames.

MUID, n. m. Ancienne mesure de capacité pour les grains et les liquides.

MULÂTRE, adj. et n. Né d'un nègre et d'une blanche, ou d'une négresse et d'un blanc.

MULE, n. f. Femelle du mulet ; pantoufle à l'usage des dames. **Mule du pape,** pantoufle sur laquelle est une croix, et que le pape donne à baiser à ceux qui lui sont présentés.

MULET, n. m. Animal engendré d'un âne et d'une jument, ou d'un cheval et d'une ânesse. *Par ext.* Tout animal de sang mêlé, produit par le croisement de deux espèces voisines.

MULET, n. m. Poisson de mer.

MULETIER, nom. Conducteur de mulets.

MULOT, n. m. Sorte de rat qui vit sous terre.

MULTIFLORE, adj. Qui a beaucoup de fleurs.

MULTIFORME, adj. Qui a ou prend plusieurs formes : *la vérité est multiforme.*

MULTIPLE, adj. et n. Qui n'est pas simple : *la question est multiple. Arith.* Se dit d'un nombre qui en contient un autre plusieurs fois exactement : *8 est un multiple de 2.*

MULTIPLIABLE, adj. Qui peut être multiplié.

MULTIPLICANDE, n. m. Nombre à multiplier par un autre.

MULTIPLICATEUR, n. m. Nombre par lequel on en multiplie un autre.

MULTIPLICATION, n. f. Augmentation en nombre : *la multiplication des êtres. Arith.* Opération par laquelle on répète un nombre appelé multiplicande, autant de fois qu'il y a d'unités dans un autre nombre appelé multiplicateur.

MULTIPLICITÉ. n. f. Nombre considérable : *la multiplicité des lois.*

MULTIPLIER, v. tr. Augmenter une quantité, un nombre. *Arith.* Répéter un nombre autant de fois qu'il y a d'unités dans un autre nombre donné. V. int. Produire : *croissez, et multipliez.* **Se multiplier**, v. pr. *Fig.* Etre en quelque sorte, et à force d'activité, en plusieurs lieux à la fois.

MULTITUDE. n. f. Grand nombre; le vulgaire : *flatter la multitude.*

MULTIVALVE. adj. Se dit des coquilles composées de plusieurs valves.

MUNICIPAL, **E**, adj. Qui concerne une commune : *loi municipale.* **Conseil municipal**, chargé de l'administration d'une commune.

MUNICIPALITÉ, n. f. Corps des officiers municipaux; bureaux de l'administration municipale.

MUNICIPE, n. m. Ville d'Italie qui participait aux droits de cité romaine, tout en se gouvernant par ses propres lois.

MUNIFICENCE, n. f. Vertu qui porte à faire de grandes libéralités.

MUNIR, v. tr. Pourvoir de tout ce qui est nécessaire à la nourriture, à la défense : *munir une place.* V. pr. : *se munir d'argent.*

MUNITIONNAIRE, n. m. Qui est chargé de fournir les vivres nécessaires à la subsistance des armées.

MUNITIONS, n. f. pl. Provisions de guerre. Sing. **Pain de munition**, qu'on distribue aux soldats; **fusil de munition**, de gros calibre.

MUPHTI, n. m. V. *Mufti.*

MUQUEUX, **EUSE**, adj. Qui a ou produit de la mucosité : *glandes muqueuses.* **Membranes muqueuses**, qui tapissent certaines cavités du corps humain; **fièvre muqueuse**, caractérisée par l'inflammation des membranes muqueuses, qui sécrètent alors en abondance un fluide visqueux.

MUR, n. m. Ouvrage de maçonnerie qui sert à faire les côtés d'une maison, à enclore un espace ou à le diviser. **Mur mitoyen**, qui sépare deux propriétés et est commun à toutes deux. *Fig. Mettre quelqu'un au pied du mur,* le mettre à bout. N. pl. Ville, cité : *entrer dans les murs.*

MÛR, **E**, adj. Se dit des fruits de la terre en état d'être récoltés : *raisins, blés mûrs. Fig. Age mûr,* qui suit la jeunesse; *esprit mûr,* posé, réfléchi;

projet mûr, suffisamment médité; *habit mûr,* vieux, usé; *abcès mûr,* près de crever, de percer.

MURAILLE, n. f. Mur épais d'une certaine élévation. Pl. Remparts : *les murailles d'une ville.*

MURAL, **E**. adj. Qui croît sur les murs : *plante murale;* tracé sur un mur : *carte murale.* **Couronne murale**, que les Romains décernaient au guerrier qui était monté le premier à l'assaut.

MÛRE, n. f. Fruit du mûrier. *Mûre sauvage,* fruit de la ronce.

MÛREMENT, adv. Avec beaucoup de réflexion : *penser mûrement.*

MURÈNE, n. f. Poisson de mer très-vorace, fort estimé des Romains.

MURER, v. tr. Entourer de murs; boucher : *murer une porte.*

MUREX, n. m. Coquille univalve hérissée de pointes.

MURIATE, n. m. Sel formé de l'acide muriatique avec différentes bases.

MURIATIQUE, adj. *Acide muriatique,* combinaison de chlore et d'hydrogène.

MÛRIER, n. m. Arbre qui porte les mûres, et dont la feuille sert de nourriture au ver à soie.

MÛRIR, v. tr. Rendre mûr : *le soleil mûrit les fruits. Fig. : mûrir un projet.* V. int. Devenir mûr : *les raisins mûrissent en automne.*

MURMURATEUR, n. m. Qui murmure habituellement.

MURMURE, n. m. Bruit sourd et confus de plusieurs personnes qui parlent en même temps, des eaux qui coulent, des vents qui agitent le feuillage. *Fig.* Plaintes de mécontents : *apaiser, exciter les murmures.*

MURMURER, v. int. Faire entendre un bruit léger : *le vent, les eaux murmurent;* se plaindre tout bas : *murmurer entre ses dents.*

MUSARAIGNE, n. f. Petit animal sauvage de la grosseur d'une souris.

MUSARD, **E**, adj. et n. Qui s'arrête, qui s'amuse à des riens. *Fam.*

MUSC, n. m. Animal ruminant assez semblable au chevreuil; substance très-odorante contenue dans une poche placée sous le ventre du mâle.

MUSCADE, n. f. Fruit aromatique du muscadier; petite boule de la grosseur d'une muscade, dont se servent les escamoteurs.

MUSCADET, n. m. Vin qui a un peu le goût du vin muscat.

MUSCADIER, n. m. Arbre de la famille des lauriers, qui porte la muscade.

MUSCADIN, n. m. Pastille musquée. *Fig.* Petit-maître toujours *musqué*.

MUSCAT, n. m. Sorte de raisin parfumé ; vin qu'on en extrait. Adj. : *vin muscat.*

MUSCLE, n. m. Organe fibreux, irritable, dont les contractions produisent tous les mouvements de l'animal.

MUSCLÉ, ÉE, adj. Qui a les muscles bien marqués : *statue bien musclée.*

MUSCULAIRE, adj. Propre aux muscles : *force musculaire.*

MUSCULEUX, EUSE, adj. Où il y a beaucoup de muscles : *partie musculeuse* ; qui a les muscles très-forts : *homme musculeux.*

✝ MUSE, n. f. Chacune des neuf déesses de la Fable, qui présidaient aux arts libéraux. *Invoquer les Muses*, appeler l'inspiration ; *cultiver les Muses*, s'occuper de poésie ; *un nourrisson des Muses*, un poète. Génie de chaque poète : *la muse de Racine.*

MUSEAU, n. m. Partie de la tête de certains animaux, qui comprend la gueule et le nez.

MUSÉE, n. m. Lieu destiné à rassembler les productions, les monuments des sciences et des beaux-arts.

MUSELER, v. tr. Mettre une muselière à un animal.

MUSELIÈRE, n. f. Ce qu'on met aux animaux pour les empêcher de mordre, de manger.

MUSER, v. int. S'amuser à des riens.

MUSEROLLE, n. f. Partie de la bride du cheval, qui se place au-dessus du nez.

MUSETTE, n. f. Instrument de musique champêtre.

MUSÉUM, n. m. Musée : *le muséum d'histoire naturelle.*

MUSICAL, E, adj. Qui appartient à la musique : *art musical* ; où l'on fait de la musique : *soirée musicale.*

MUSICALEMENT, adv. Selon les règles de la musique.

MUSICIEN, ENNE, n. Qui sait l'art de la musique ; chanteur.

✝ MUSIQUE, n. f. Art de combiner les sons d'une manière agréable à l'oreille ; théorie de cet art : *apprendre la musique* ; concert : *faire de la musique* ; compagnie de musiciens : *musique d'un régiment.*

MUSQUÉ, ÉE, adj. Affecté, recherché : *écrivain, langage musqué.*

MUSQUER, v. tr. Parfumer avec du musc.

MUSULMAN, E, adj. Qui concerne le mahométisme : *religion musulmane.* N. Qui professe la religion de Mahomet.

MUTABILITÉ, n. f. Qualité de ce qui est sujet à changer : *la mutabilité des choses humaines.*

MUTATION, n. f. Changement : il y a eu de nombreuses mutations dans ce régiment.

MUTILATION, n. f. Retranchement de quelque partie essentielle à un tout : *mutilation d'un corps, d'une statue, d'un édifice, d'un ouvrage.*

MUTILER, v. tr. Retrancher un ou plusieurs membres. *Fig.* Briser, détruire : *mutiler un monument* ; faire des retranchements maladroits : *mutiler un ouvrage.*

MUTIN, E, adj. et n. Obstiné, têtu : *enfant mutin. Fig.* Vif, éveillé : *air mutin.*

MUTINER (SE), v. tr. S'entêter dans la désobéissance ; se révolter : *l'armée se mutina.*

MUTINERIE, n. f. Obstination d'un enfant ; révolte : *la mutinerie des troupes.*

✝ MUTISME, n. m. État de celui qui est muet. *Fig.* Silence obstiné : *garder le mutisme.*

MUTUALITÉ, n. f. Se dit du système d'assurances mutuelles.

MUTUEL, ELLE, adj. Réciproque : *haine mutuelle.* Enseignement mutuel, système suivant lequel les enfants s'instruisent les uns les autres, sous la direction de l'instituteur. Son opposé est *enseignement simultané.*

MUTUELLEMENT, adv. Réciproquement.

MYGALES, n. f. pl. Insectes voisins des araignées.

MYOLOGIE, n. f. Partie de l'anatomie qui traite des muscles.

MYOPE, adj. et n. Qui a la vue courte.

MYOPIE, n. f. État de celui qui a la vue courte.

MYOSOTIS, n. m. Plante à fleurs très-petites et élégantes.

MYRIADE, n. f. Grand nombre indéterminé : *des myriades d'étoiles.*

MYRIAGRAMME, n. m. Poids de dix mille grammes.

MYRIAMÈTRE, n. m. Mesure itinéraire de dix mille mètres.

MYRRHE, n. f. Gomme odorante, médicinale, qui vient de l'Arabie.

MYRTE, n. m. Arbrisseau toujours vert.

MYSTÈRE, n. m. Ce qu'une religion a de plus caché : *les mystères d'Eleusis* ; dans la religion chrétienne, vérité révélée, proposée à la foi des fidèles et inaccessible à leur raison : *le mystère de l'Incarnation* ; secret dans les affaires humaines : *les mystères de* la politique. *Faire mystère d'uno chose,* la cacher avec soin ; *parler avec mystère,* avec précautions pour n'être point entendu.

MYSTÉRIEUSEMENT, adv. D'une façon mystérieuse.

MYSTÉRIEUX, EUSE, adj. Qui contient quelque secret, quelque mystère, quelque sens caché. N. *Faire le mystérieux,* faire un mystère de tout.

† MYSTICISME, n. m. Toute croyance religieuse ou philosophique, qui admet des communications secrètes entre l'homme et la Divinité.

MYSTICITÉ, n. f. Raffinement de dévotion.

MYSTIFICATEUR, n. m. Qui se plaît à mystifier.

MYSTIFICATION, n. f. Action de mystifier.

MYSTIFIER, v. tr. Abuser de la crédulité de quelqu'un pour s'amuser à ses dépens.

MYSTIQUE, adj. Figuré, allégorique : *l'échelle mystique de Jacob.*

MYSTIQUEMENT, adv. Selon le sens mystique.

MYTHE, n. m. Enveloppe merveilleuse sous laquelle se cache un fait historique ou moral : *l'histoire de Prométhée est un mythe.*

MYTHOLOGIE, n. f. Histoire fabuleuse des dieux, des demi-dieux et des héros de l'antiquité.

MYTHOLOGIQUE, adj. Qui appartient à la mythologie.

MYTHOLOGISTE ou **MYTHOLOGUE,** n. Savant en mythologie.

MYTHOLOGUE, n. m. V. *Mythologiste.*

N

N, n. m. Quatorzième lettre de l'alphabet et la onzième des consonnes.

NABAB, n. m. Nom donné dans l'Inde au gouverneur d'une grande province. *Par ext.* Homme qui a amassé une immense fortune dans les Indes, ou qui vit dans une opulence fastueuse.

NABOT, E, n. Se dit par mépris d'une personne de très-petite taille.

NACARAT, adj. inv. Rouge clair entre la cerise et le rose : *satin nacarat.* N. m. : *étoffe d'un beau nacarat.*

NACELLE, n. f. Petit bateau sans mât, ni voile : *nacelle de pêcheur ;* espèce de panier suspendu à un ballon, et dans lequel se place l'aéronaute.

NACRE, n. f. Substance dure, éclatante et argentée, qu'on trouve dans un grand nombre de coquilles : *étui de nacre.*

NACRÉ, ÉE, adj. Qui a l'éclat, l'apparence de la nacre.

NADIR, n. m. Le point de la voûte céleste qui se trouve directement audessous de nos pieds, et auquel aboutirait une ligne verticale tirée du point que nous habitons, par le centre de la terre. Son opposé est *zénith.*

NAFÉ, n. m. Fruit rafraîchissant d'une plante d'Arabie, dont on fait une pâte, un sirop pectoral.

NAGE, n. f. *A la nage,* en nageant : *se sauver à la nage ; se jeter à la nage,* se jeter dans l'eau pour nager ; *être tout en nage,* être tout mouillé, trempé de sueur.

NAGÉE, n. f. Espace qu'on parcourt, en nageant, à chaque impulsion impri-

mée au corps par le mouvement simultané des bras et des jambes.

NAGEOIRE, n. f. Organe locomoteur des poissons.

NAGER, v. int. Se soutenir et s'avancer sur l'eau par le mouvement de certaines parties du corps ; flotter : *le bois nage sur l'eau. Fig. Nager dans l'opulence,* être très-riche ; *nager dans le sang,* en être tout couvert ; *nager entre deux eaux,* se conduire entre deux partis de manière à ne s'aliéner ni l'un ni l'autre ; *nager dans les plaisirs,* s'y plonger.

NAGEUR, EUSE, n. Qui nage.

NAGUÈRE ou **NAGUÈRES,** adv. Il y a peu de temps.

† NAIADE, n. f. *Myth.* Divinité qui présidait aux fontaines et aux rivières.

NAÏF, IVE, adj. Naturel, ingénu, sans artifice ; qui dit, par un excès de simplicité, ce qu'il aurait intérêt à cacher.

NAIN, E, n. Dont la taille est de beaucoup inférieure à la taille moyenne. Adj. : *rosier, arbre nain.*

NAISSANCE, n. f. Venue au monde ; extraction : *naissance basse, illustre. Fig.* Commencement : *naissance du monde, du jour.*

NAISSANT, E, adj. Qui naît, qui commence à paraître : *fleur, passion, république naissante.*

NAÎTRE, v. int. Venir au monde ; commencer à pousser : *les fleurs naissent au printemps ;* avoir un talent naturel : *être né poète. Fig.* Se dit pour marquer le commencement : *faire naî-*

tre les soupçons, pour indiquer l'origine : *l'industrie naquit des besoins.*

NAÏVEMENT, adv. Avec naïveté.

NAÏVETÉ, n. f. Ingénuité : *la naïveté d'un enfant* ; simplicité naturelle et gracieuse : *naïveté de La Fontaine* ; expression, propos qui échappe par ignorance : *dire des naïvetés.*

NANAN, n. m. Friandise, dans le langage des enfants.

NANKIN, n. m. Tissu de coton, couleur chamois, qui se fabriquait originairement à Nankin, ville de la Chine.

NANTIR, v. tr. Donner des gages pour garantir une dette, un prêt. **Se nantir**, v. pr. Se pourvoir par précaution : *se nantir d'effets, d'argent.*

NANTISSEMENT, n. m. Ce qu'un débiteur donne à son créancier pour sûreté de sa dette.

NAPOLÉON, n. m. Pièce de 20 ou de 40 fr. à l'effigie de l'empereur Napoléon.

NAPOLITAINE, n. f. Tissu de laine très-lisse, qui se tirait originairement de Naples.

NAPPE, n. f. Linge dont on couvre la table pour prendre les repas. *Fig. Nappe d'eau*, cascade dont l'eau tombe en forme de nappe.

NARCISSE, n. m. Plante bulbeuse. † *Fig.* Homme amoureux de lui-même.

NARCOTINE, n. f. Substance alcaline qu'on tire de l'opium.

NARCOTIQUE, adj. Qui assoupit, endort, comme l'opium, la jusquiame, la belladone, etc. N. m. : *prendre un narcotique.*

NARCOTISME, n. m. Ensemble des effets causés par les substances narcotiques.

NARD, n. m. Espèce de lavande très-odoriférante ; nom d'un certain parfum des anciens.

NARGUE, n. f. *Faire nargue d'une chose*, exprimer le peu de cas qu'on en fait ; sorte d'interj. qui marque le mépris, l'insouciance : *nargue du chagrin. Fam.*

NARGUER, v. tr. Braver avec insolence : *narguer ses ennemis. Fam.*

NARINE, n. f. Chacune des deux ouvertures du nez chez l'homme et quelques animaux, tels que le cheval, le taureau, etc.

NARQUOIS, E, adj. Railleur, moqueur : *regarder quelqu'un d'un air narquois.*

NARRATEUR, TRICE, n. Qui raconte : *ennuyeux narrateur.*

NARRATIF, IVE, adj. Qui appartient à la narration : *style narratif.*

NARRATION, n. f. Récit histori-

que, oratoire ou poétique ; partie d'un discours, d'un plaidoyer, qui contient l'exposition des faits ; exercice classique, qui consiste à rédiger un fait de quelque intérêt.

NARRÉ, n. m. Récit d'un fait : *long narré.*

NARRER, v. tr. Raconter.

NARVAL, n. m. Nom scientifique du *licorne de mer.*

NASAL, E, adj. Se dit d'un son modifié par le nez, comme dans la prononciation des voyelles *an, ain, on*, et des consonnes *m, n* ; qui appartient au nez : *fosses nasales.*

NASALEMENT, adv. Avec un son nasal : *prononcer nasalement.*

NASALITÉ, n. f. Caractère du son nasal.

NASEAU, n. m. Orifice extérieur des narines par lequel certains animaux respirent, comme le cheval, le bœuf, etc.

NASILLARD, E, adj. Qui vient du nez : *voix nasillarde.*

NASILLER, v. int. Parler du nez.

NASILLEUR, EUSE, n. Qui parle du nez.

NASSE, n. f. Sorte de panier d'osier très-conique, pour prendre du poisson.

NATAL, E, adj. Qui a rapport au pays, au temps où l'on est né : *lieu, air, jour natal.*

NATATION, n. f. Art, action de nager.

NATATOIRE, adj. *Vessie natatoire*, espèce de vessie remplie d'air, renfermée dans l'intérieur des poissons, et au moyen de laquelle ils s'élèvent ou s'enfoncent dans l'eau, suivant qu'elle se gonfle ou qu'elle se vide.

NATIF, IVE, adj. Se dit des personnes en parlant du lieu où elles ont pris naissance : *natif de Paris. Fig.* Naturel : *vertu native. Or, argent, cuivre natif*, qu'on trouve dans la terre sous la forme métallique.

NATION, n. f. Tous les habitants d'un même pays, vivant sous un même gouvernement : *nation puissante.* Pl. les peuples infidèles et idolâtres : *saint Paul, l'apôtre des nations.*

NATIONAL, E, adj. Qui appartient à une nation : *caractère national.* **Garde nationale**, n. f. Milice bourgeoise établie pour défendre le pays à l'intérieur ; **garde national**, n. m. Membre de la garde nationale ; **les nationaux**, n. m. pl. Compatriotes du représentant d'une puissance, fixés dans le pays où cet ambassadeur exerce ses fonctions : *un consul doit protéger ses nationaux.*

NATIONALISER, v. tr. Rendre national ; faire adopter par la nation. **Se**

nationaliser, v. pr. Se fixer chez une nation, en prendre les mœurs, les habitudes.

NATIONALITÉ. n. f. Ce qui constitue le caractère distinctif d'un peuple, d'une nation.

NATIVITÉ, n. f. Terme consacré pour désigner la fête de la naissance de Jésus-Christ, de la sainte Vierge et de quelques saints.

NATRON, ou **NATRUM**, n. m. Carbonate de soude.

NATTE, n. f. Tissu de paille ou de jonc, cheveux, fil, soie, or, etc., tressés en natte.

NATTER, v. tr. Tresser en natte : *natter les crins d'un cheval.*

NATTIER, n. m. Qui fait ou vend des nattes de jonc, de paille.

NATURALIBUS (IN), loc. lat. Dans l'état de nature, de nudité : *surprendre quelqu'un in naturalibus.*

NATURALISATION. n. f. Acte par lequel un étranger devient membre d'un Etat qui n'est point le sien : *obtenir des lettres de naturalisation.*

NATURALISER, v. tr. Donner à un étranger les droits dont jouissent les naturels du pays. Se dit aussi des plantes, des animaux, des sciences, des arts, des institutions qu'on apporte dans un pays, et qui y prospèrent. *Naturaliser un mot*, le transporter d'une langue dans une autre.

NATURALISTE, n. m. Celui qui se livre à l'étude des plantes, des minéraux, des animaux : *Aristote, Pline et Buffon ont été de grands naturalistes.*

NATURALITÉ, n. f. Etat de celui qui est né dans le pays qu'il habite, ou qui s'y est fait naturaliser.

NATURE, n. f. Universalité des choses créées ; essence des êtres : *nature divine, humaine* ; organisation de chaque animal : *la nature du poisson est de vivre dans l'eau* ; tempérament : *nature bilieuse* ; inclination de l'âme : *nature perverse* ; affections du sang : *le cri de la nature* ; productions naturelles du sol : *payer en nature* ; modèles offerts par la création : *peindre d'après nature* ; sorte, espèce : *objets de différente nature. Etat de nature*, état sauvage de l'homme ; *forcer la nature*, vouloir faire plus qu'on ne peut ; *payer le tribut à la nature*, mourir.

NATUREL, n. m. Propriété naturelle d'une chose : *le naturel de l'homme est d'être sociable* ; caractère : *heureux naturel*, qualité de ce qui est facile et sans contrainte : *ce tableau manque de naturel. Au naturel*, loc. adv. Avec vérité : *représenter, peindre*

quelqu'un au naturel. Pl. *Les naturels d'un pays*, ses habitants originaires.

NATUREL, ELLE, adj. Conforme à l'ordre de la nature : *loi naturelle* ; qu'on apporte en naissant : *bonté naturelle* ; conforme à la raison, à l'usage : *il est naturel de...* ; qui s'offre naturellement à l'esprit : *sans naturel d'un mot, d'une phrase* ; exempt de recherche, d'affectation : *langage simple et naturel* ; facile, sans contrainte : *esprit, air naturel* ; qui n'est point falsifié : *vin naturel* ; qui est né hors du mariage : *enfant naturel. Juges naturels*, que la loi assigne aux accusés. *Mus. Ton naturel*, qui n'est modifié par aucun signe.

NATURELLEMENT, adv. Par une impulsion naturelle : *le lion est naturellement courageux* ; par le seul secours de la nature : *cela se fait naturellement* ; d'une manière naturelle, aisée : *écrire naturellement* ; facilement, simplement : *cela s'explique naturellement.*

NAUFRAGE, n. m. Perte d'un vaisseau sur mer : *le naufrage de la Méduse. Fig.* Ruine complète, anéantissement : *assister au naufrage de sa fortune. Faire naufrage au port*, échouer au moment où l'on allait réussir.

NAUFRAGÉ, ÉE, adj. Qui a fait naufrage : *vaisseau naufragé.* N. : *les malheureux naufragés.*

NAUFRAGER, v. int. Faire naufrage.

NAULAGE, n. m. Frêt, louage d'un navire.

NAUSÉABOND, E. adj. Qui cause des nausées : *remède nauséabond.*

NAUSÉE, n. f. Envie de vomir. *Fig.* Dégoût : *cela donne des nausées.*

NAUTILE, n. m. Coquillage de mer univalve.

NAUTIQUE, adj. Qui appartient à la navigation : *art nautique.*

NAUTONNIER, n. m. Qui conduit un navire, une barque. *Le nautonnier des enfers*, Caron. *Poét.*

NAVAL, E, adj. Qui concerne les vaisseaux de guerre : *combat naval.*

NAVET, n. m. Plante potagère.

NAVETTE, n. f. Instrument de bois avec lequel le tisserand fait courir le fil sur le métier. *Faire la navette*, faire beaucoup d'allées et de venues.

NAVETTE, n. f. Espèce de navet sauvage dont la graine produit une huile propre à l'éclairage.

NAVICULAIRE, adj. *Anat.* Qui a la forme d'une nacelle : *os naviculaire.*

NAVIGABLE, adj. Où un bateau peut flotter : *fleuve navigable.*

NAVIGATEUR, n. m. Celui qui a fait de grands voyages sur mer. Adj. Adonné à la navigation : *peuple navigateur.*

† **NAVIGATION**, n. f. Voyage sur mer : *heureuse navigation ;* art du navigateur : *traité sur la navigation.*

NAVIGUER, v. int. Voyager sur mer, sur les grands fleuves.

NAVIRE, n. m. Vaisseau, bâtiment de mer.

NAVRANT, E. adj. Qui cause une vive affliction : *spectacle navrant.*

NAVRER, v. tr. Causer une extrême affliction.

NE. Particule qui rend une proposition négative.

NÉANMOINS, adv. Toutefois, pourtant, cependant.

NÉANT, n. m. Rien, ce qui n'existe point. *Tirer du néant,* créer ; *tirer quelqu'un du néant,* l'élever d'une situation abjecte à une haute position ; *homme de néant,* homme de peu de mérite , de rien ; *le néant des grandeurs,* leur fragilité, leur peu de valeur. *Prat. Mettre à néant,* rejeter, annuler.

NÉBULEUX, EUSE, adj. Obscurci par les nuages : *ciel nébuleux.* **Les nébuleuses,** amas d'étoiles extrêmement éloignées, qui n'apparaissent que comme de petits nuages blanchâtres. *Fig.* Soucieux : *visage, front nébuleux.*

NÉCESSAIRE, adj. Dont on a un absolument besoin : *la respiration est nécessaire à la vie ;* qui arrive infailliblement : *la chaleur est l'effet nécessaire du feu ;* très-utile : *se rendre nécessaire. Il est nécessaire,* il faut. N. m. Ce qui est indispensable pour les besoins de la vie : *manquer du nécessaire ;* boîte qui renferme divers objets utiles ou commodes : *nécessaire d'acajou, de noyer.*

NÉCESSAIREMENT, adv. Par un besoin absolu : *il faut nécessairement manger pour vivre ;* par une conséquence rigoureuse : *le soleil luit, nécessairement il fait jour.*

NÉCESSITÉ. n. f. Tout ce qui est absolument nécessaire : *l'eau est de première nécessité ;* ce à quoi il est impossible de résister : *céder à la nécessité ;* contrainte : *obéir par nécessité ;* indigence : *extrême nécessité.*

NÉCESSITER, v. tr. Rendre nécessaire : *cela nécessite une grande dépense.*

NÉCESSITEUX, EUSE, adj. Qui manque des choses nécessaires à la vie : *personne nécessiteuse.* N. m. pl. *Les nécessiteux,* les indigents.

NEC PLUS ULTRA OU **NON PLUS**

ULTRA, n. m. Mots lat. Degré au delà duquel on ne peut aller : *sa conduite est le nec plus ultra de la fourberie.*

NÉCROLOGE, n. m. Liste sur laquelle on inscrit les noms des morts illustres.

NÉCROLOGIE, n. f. Revue de toutes les personnes de distinction mortes dans un certain espace de temps : *nécrologie de l'année, du mois, du jour.*

NÉCROLOGIQUE, adj. Qui appartient à la nécrologie : *notice nécrologique.*

† **NÉCROMANCIE**, n. f. Art prétendu d'évoquer les morts pour en obtenir la connaissance de l'avenir.

NÉCROMANCIEN, ENNE ; n. Qui se mêlait de nécromancie.

NÉCROMANT, n. m. Qui exerçait la nécromancie.

NÉCROPOLE, n. f. (Ville des morts). Vastes souterrains destinés aux sépultures chez différents peuples de l'antiquité.

NÉCROSE, n. f. Gangrène d'un os.

NECTAIRE, n. m. Organe de certaines fleurs, qui distille le suc dont les abeilles font leur miel.

† **NECTAR.** n. m. Breuvage des dieux de la Fable. *Fig.* Vin excellent, liqueur exquise.

NEF, n. f. Partie d'une église, qui s'étend du portail au chœur. En poésie, navire : *notre nef vagabonde. Vieux.*

† **NÉFASTE**, adj. Funeste.

NÈFLE, n. f. Fruit de couleur brune, à plusieurs petits noyaux.

NÉFLIER, n. m. Arbre qui produit des nèfles.

NÉGATIF, IVE, adj. Qui marque négation : *particule négative.* N. f. Proposition qui nie : *soutenir la négative. Alg. Quantité négative,* qui est précédée du signe de la soustraction. *Phys. Electricité négative,* par oppos. à *électricité positive.*

NÉGATION, n. f. Action de nier. *Gram.* Adverbe qui sert à nier, comme *ne, non, pas,*etc.

NÉGATIVEMENT , adv. D'une manière négative : *répondre négativement.*

NÉGLIGÉ, n. m. Etat d'une personne qui n'est point parée : *être dans son négligé.*

NÉGLIGEMMENT , adv. Avec négligence.

NÉGLIGENCE, n. f. Défaut de soins, d'application, d'exactitude ; faute légère : *négligence de style.*

NÉGLIGENT, E, adj. et n. Qui n'a pas les soins qu'il devrait avoir.

NÉGLIGER, v. tr. Ne pas avoir

soin : *négliger ses devoirs* ; laisser échapper : *négliger l'occasion* ; cesser de fréquenter : *négliger ses amis*. **Se négliger**, v. pr. Négliger sa personne, son travail, ses devoirs.

NÉGOCE, n. m. Trafic, commerce.

NÉGOCIABLE, adj. Qui peut se négocier : *effet négociable.*

NÉGOCIANT, n. m. Qui fait le négoce, le commerce.

NÉGOCIATEUR, TRICE, n. Qui négocie une affaire considérable auprès d'un prince, d'un État. *Par ext.* : *être le négociateur d'un mariage.*

NÉGOCIATION, n. f. L'art, l'action de négocier les grandes affaires ; l'affaire même qu'on traite : *heureuse négociation. Com.* Escompte : *négociation d'un billet.*

NÉGOCIER, v. tr. Traiter une affaire : *négocier la paix, un mariage* ; céder, transporter : *négocier une lettre de change.*

†NÈGRE, NÉGRESSE, n. Homme, femme à peau noire. *Fig. Traiter quelqu'un comme un nègre*, fort durement ; *travailler comme un nègre*, beaucoup.

NÉGRIER, adj. m. *Vaisseau négrier*, bâtiment destiné à faire la traite des nègres sur la côte d'Afrique.

NÉGRILLON, ONNE, n. Petit nègre, petite négresse.

†NEIGE, n. f. Eau congelée qui retombe en flocons blancs et légers. *OEufs à la neige*, blancs d'œufs battus.

NEIGER, v. impers. Se dit de la neige qui tombe.

NEIGEUX, EUSE, adj. Couvert de neige : *montagnes neigeuses.*

NÉMÉENS, adj. m. pl. *Jeux néméens*, que les Grecs célébraient aux environs de Némée.

†NÉMÉSIS, n. f. Déesse de la vengeance chez les païens.

NENNI, adv. Non. *Fam.*

NÉNUPHAR, n. m. Plante aquatique à larges feuilles et à fleurs jaunes ou blanches.

NÉOLOGIE, n. f. Introduction de termes nouveaux dans une langue.

NÉOLOGIQUE, adj. Qui concerne la néologie : *expression néologique.*

NÉOLOGISME, n. m. Affectation de se servir d'expressions et de mots nouveaux : *le néologisme est l'abus de la néologie.*

NÉOLOGUE, n. m. Qui fait un usage fréquent de termes nouveaux.

NÉOPHYTE, n. m. Nom donné, dans la primitive Église, aux païens nouvellement convertis.

NÉPHRÉTIQUE, adj. Se dit de maladies de reins : *colique néphrétique.*

NÉPOTISME, n. m. Faiblesse de l'homme en place, qui profite de son crédit pour procurer des emplois à sa famille.

†NÉRÉIDE, n. f. Nymphe de la mer.

NERF, n. m. Chacun des organes ayant la forme d'un cordon blanchâtre, qui sert de conducteur à la sensibilité et au mouvement. On appelle communément *nerfs* les tendons des muscles : *se fouler un nerf. Fig.* Moteur principal : *l'argent est le nerf de la guerre* ; force, vigueur : *il a du nerf.* Cordelette au dos d'un livre relié.

NERPRUN, n. m. Arbrisseau qui porte un petit fruit noir employé en médecine et dans la teinture.

NERVAL (*baume*), adj. Formé de moelle de bœuf, et propre à fortifier les nerfs.

NERVEUX, EUSE, adj. Qui appartient aux nerfs : *affection nerveuse* ; qui a les nerfs irritables : *personne nerveuse* ; fort, vigoureux : *homme nerveux. Fig.* : *style nerveux.*

NERVURE, n. f. Partie saillante que forment sur le dos des livres les cordes ou *nerfs* qui servent à relier les feuillets. *Arch.* Moulure sur les arêtes d'une voûte, les angles des pierres, etc. *Bot.* Filets saillants sur la surface des feuilles.

NESTOR, n. m. Nom que l'on donne à un vieillard prudent et expérimenté, par allusion au sage Nestor.

NESTORIEN, n. m. Sectateur de Nestorius, qui soutenait qu'on devait distinguer dans J.-C. deux personnes comme on distingue deux natures.

NET, NETTE, adj. Propre. *Fig. Conscience nette*, irréprochable ; *pensée nette*, claire ; *écriture nette*, distincte ; *voix nette*, pure ; *vue nette*, qui distingue bien les objets ; *réponse nette*, sans ambiguïté ; *revenu net*, bénéfice qu'on tire d'un bien, d'une exploitation, tous frais déduits ; *en avoir le cœur net*, s'assurer entièrement de la vérité d'un fait ; *faire maison nette*, renvoyer tous ses domestiques. N. m. *Mettre au net* faire une copie correcte. Adv. Uniment, tout d'un coup : *se casser net* ; franchement : *refuser net.*

NETTEMENT, adv. Avec netteté, clarté : *écrire, parler, répondre nettement.*

NETTETÉ, n. f. Qualité de ce qui est net.

NETTOIEMENT ou **NETTOYAGE**, n. m. Action de nettoyer : *le nettoyage des rues.*

NETTOYAGE, n. m. V. *Nettoiement.*

NETTOYER, v. tr. Rendre net.

NEUF, adj. num. Nombre impair formé de 4 et de 5; neuvième : *Charles IX.* N. m. Chiffre qui représente le nombre neuf.

NEUF, NEUVE, adj. Fait depuis peu : *maison neuve, habit neuf.* Fig. Qui n'a pas encore été dit, traité : *pensée neuve, sujet neuf*; novice : *neuf aux affaires.* N. m. *Donnez-nous du neuf,* du nouveau.

NEUTRALEMENT, adv. Dans le sens neutre : *verbe pris neutralement.*

NEUTRALISATION, n. f. *Chim.* Action de neutraliser.

NEUTRALISER, v. tr. *Chim.* Rendre neutre : *neutraliser un acide.* Fig. Rendre inutile : *neutraliser les projets de quelqu'un.* Se neutraliser, v. pr. S'annuler, se faire équilibre : *ces deux forces se neutralisent.*

NEUTRALITÉ, n. f. Etat d'une puissance qui ne prend aucune part aux hostilités qui s'exercent entre plusieurs autres puissances belligérantes.

NEUTRE, adj. Qui ne prend point parti entre des puissances belligérantes, entre des personnes qui discutent des intérêts opposés : *demeurer, rester neutre. Gram.* Verbe neutre, intransitif. Se dit aussi, dans certaines langues, des noms qui ne sont ni masculins, ni féminins.

NEUVAINE, n. f. Acte de dévotion, comme prières, messes, etc., auquel on se livre pendant *neuf* jours : *faire une neuvaine.*

NEUVIÈME, adj. num. ord. de neuf. N. m. La neuvième partie : *être intéressé dans une affaire pour un neuvième.*

NEUVIÈMEMENT, adv. En neuvième lieu.

NEVEU, n. m. Fils du frère ou de la sœur. Pl. *Nos neveux, nos arrière-neveux,* la postérité. *Poét.*

NÉVRALGIE, n. f. Douleur des nerfs.

NÉVRALGIQUE, adj. Qui a rapport aux nerfs : *douleurs névralgiques.*

NÉVROSE, n. f. Nom donné à toutes les maladies nerveuses en général.

NEWTONIEN, ENNE, adj. Qui a rapport au système astronomique et philosophique de Newton. N. m. Partisan du système de Newton.

NEZ, n. m. Partie saillante du visage entre la bouche et le front, et qui est l'organe de l'odorat. *Fig.* Avoir le *nez fin,* de la prévoyance; *rire au nez de quelqu'un,* se moquer de lui en face; *saigner du nez,* manquer de résolution, de courage; *se casser le nez,* ne pas réussir; *tirer les vers du nez,* obtenir un secret en questionnant adroitement; *mener quelqu'un par le nez,* lui faire faire tout ce qu'on veut; *se trouver nez à nez,* face à face. *Par ext.* Odorat : *ce chien a du nez;* tout le visage : *mettre le nez à la fenêtre.*

NI, conj. qui exprime une idée négative.

NIABLE, adj. Qui peut être nié.

NIAIS, E, adj. Simple, qui n'a aucun usage du monde. Se dit aussi de l'air, des manières, du ton, etc. N. *c'est un grand niais.*

NIAISEMENT, adv. D'une façon niaise : *rire niaisement.*

NIAISER, v. int. S'amuser à des riens.

NIAISERIE, n. f. Caractère du niais; bagatelle, chose frivole : *dire des niaiseries.*

NICHE, n. f. Enfoncement pratiqué dans un mur pour y placer une statue, un poêle, etc.; petite cabane portative.

NICHE, n. f. Malice, espièglerie.

NICHÉE, n. f. Tous les oiseaux d'une même couvée, qui sont encore dans le nid.

NICHER, v. int. Faire son nid : *la fauvette niche dans les buissons.* Se nicher, v. pr. Se cacher : *où s'est-il niché?*

NICKEL, n. m. Corps simple métallique, qui a, comme le fer, la propriété magnétique.

NICODÈME, n. m. Niais. *Fam.*

NICOTIANE, n. f. Nom que porta d'abord le tabac en France.

NICOTINE, n. f. Substance très-vénéneuse qu'on extrait du tabac.

NID, n. m. Petit berceau que se construisent les oiseaux pour y déposer leurs œufs.

NIÈCE, n. f. Fille du frère ou de la sœur.

NIELLE, n. m. Ornements ou figures que l'on grave en creux sur un ouvrage d'orfévrerie.

NIELLE, n. f. Plante qui croît dans les blés; maladie des grains, qui convertit l'intérieur de l'épi en une poussière noire et fétide.

NIELLÉ, ÉE, adj. Orné de nielles : *tabatière niellée.*

NIELLÉ, ÉE, adj. Gâté par la nielle : *blés niellés.*

NIELLER, v. tr. Orner de nielles : *nieller un sabre.*

NIELLER, v. tr. Gâter par la nielle : *le mauvais temps a niellé les blés.*

NIER, v. tr. Dire qu'une chose n'existe pas, n'est pas vraie : *nier un fait, une proposition.*

NIGAUD, E, adj. et n. Sot, niais,

Fam. N. m. Nom qu'on donne au cormoran.

NIGAUDER, v. int. Faire des actions de nigaud, s'amuser à des riens.

NIGAUDERIE, n. f. Action de nigaud.

NIMBE, n. m. Cercle de lumière que les peintres tracent autour de la tête des saints.

NIPPE, n. f. Vêtements, meubles.

NIPPER, v. tr. Fournir de nippes.

NIQUE, n. f. Signe de mépris ou de moquerie. *Faire la nique à quelqu'un,* s'en moquer. *Fam.*

NITÉE. n. f. Nichée.

NITOUCHE (*sainte*), n. f. Personne hypocrite, qui affecte un faux air de douceur et de simplicité. *Fam.*

NITRATE, n. m. *Chim.* Sel formé par la combinaison de l'acide nitrique avec des bases salifiables.

NITRE, n. m. Nom scientifique du salpêtre.

NITREUX, EUSE, adj. Qui tient du nitre : *terre nitreuse.*

NITRIÈRE, n. f. Lieu d'où l'on retire le nitre.

NITRIQUE (*acide*), adj. Combinaison d'azote et d'oxygène.

NIVEAU, n. m. Instrument qui sert à reconnaître si un plan est horizontal. *Fig.* Egalité de rang, de mérite : *il n'est pas à votre niveau.*

NIVELER, v. tr. Mesurer, à l'aide du niveau, la différence d'élevation qui existe entre deux ou plusieurs points ; rendre un plan uni, horizontal : *niveler un terrain. Fig.* Rendre égal : *niveler les conditions, les rangs.*

NIVELEUR, n. m. Qui nivelle.

NIVELLEMENT, n. m. Action de niveler un terrain.

NIVÔSE, n. m. Quatrième mois de l'année républicaine (du 21 décembre au 19 janvier).

NOBILIAIRE, adj. Qui appartient à la noblesse : *caste nobiliaire.* N. m. Catalogue des familles nobles d'un pays.

NOBLE, adj. Qui fait partie de la noblesse. *Fig.* Qui annonce de la grandeur, de l'élevation, de la supériorité : *âme, air, style noble. Parties nobles,* chez l'homme, le cœur, le cerveau, etc. N. m. Celui qui appartient à la noblesse.

NOBLEMENT, adv. Avec noblesse : *agir noblement.*

NOBLESSE, n. f. Classe d'hommes qui, par leur naissance ou une concession du souverain, sont d'un rang au-dessus des autres citoyens dans les Etats où cette distinction est admise; qualité par laquelle on est noble : *être de noblesse récente. Fig.* Elévation : *noblesse de cœur, de langage, de style.*

NOCE, n. f. Mariage et réjouissances qui l'accompagnent : *aller à la noce tous ceux qui s'y trouvent. Fig. N'être pas à la noce,* se trouver dans une position difficile ; *faire la noce,* se divertir au lieu de travailler. *Pop.*

NOCHER, n. m. Celui qui conduit un vaisseau, une barque. *Le nocher des enfers,* Caron. *Poét.*

NOCTAMBULE, adj. et n. Synonyme de *somnambule.*

NOCTAMBULISME, n. m. Synonyme de *somnambulisme.*

NOCTURNE. adj. Qui arrive pendant la nuit : *apparition nocturne;* qui veille la nuit : *oiseau nocturne.* N. m. Partie de l'office religieux qui se chantait la nuit : romance à deux ou plusieurs voix, d'un caractère tendre et langoureux.

NOËL, n. m. Fête de la Nativité de Notre-Seigneur; cantique en l'honneur de cette fête : *chanter des noëls.*

NŒUD. n. m. Enlacement fait avec ruban, fil, corde, etc.; ornement en forme de nœud : *nœud de ruban;* partie dure d'un arbre : *les nœuds du sapin;* endroit où la tige de la vigne et des graminées est articulée. *Fig.* Mariage : *les nœuds de l'hymen;* attachement, lien; *les nœuds de l'amitié;* difficulté, point essentiel : *trancher le nœud;* difficulté insoluble : *nœud gordien;* obstacles qui forment l'intrigue d'une pièce ou d'un poème. Pl. *Astr.* Points opposés où l'écliptique est coupé par l'orbite d'un corps céleste : *les nœuds de la lune. Mar.* Se dit des nœuds de la ligne de loch, placés à environ 15 mètres les uns des autres : *ce vaisseau file tant de nœuds à l'heure.*

NOIR, E, adj. Qui est de la couleur la plus opposée au blanc; qui approche du noir : *pain noir;* obscur : *nuit noire;* meurtri : *noir de coups;* sale, crasseux : *mains noires. Fig.* Triste, mélancolique : *humeur noire;* méchant : *âme noire. Rendre noir,* diffamer; *froid noir,* qu'on éprouve par un temps sombre et couvert; *bête noire,* personne pour laquelle on a le plus d'aversion. N. m. Couleur noire : *d'un noir de jais.* **Noir animal,** noir obtenu par la calcination des os : **noir d'ivoire,** obtenu par la carbonisation des débris de l'ivoire; **noir de fumée,** espèce de suie produite par des résines brûlées, et qui sert à divers usages dans les arts. *Fig. Passer du blanc au noir,* d'une extrémité à l'autre ; *voir tout en noir*, sous un aspect sinistre ; *broyer du noir*, se livrer à des réflexions tristes.

NOIR, n. m. Nègre : *les noirs de l'Afrique.*

NOIRÂTRE, adj. Qui tire sur le noir.

NOIRAUD, E, adj. et n. Qui a les cheveux noirs et le teint brun.

NOIRCEUR, n. f. État de ce qui est noir : *noirceur de l'ébène* ; tache noire : *avoir des noirceurs au visage. Fig.* Méchanceté : *noirceur de l'âme* ; action atroce : *faire une noirceur.*

NOIRCIR, v. tr. Rendre noir. *Fig.* Diffamer : *noircir la réputation.* V. int. et pr. Devenir noir : *le bois noircit au feu, le temps se noircit.*

NOIRCISSURE, n. f. Tache de noir.

NOIRE, n. f. *Mus.* Note qui vaut la moitié d'une blanche ou le double d'une croche.

NOISE, n. f. Querelle, dispute : *chercher noise.*

NOISETIER, n. m. Arbre qui porte les noisettes.

NOISETTE, n. f. Sorte de petite noix, fruit du noisetier. *Couleur noisette*, d'un gris roux.

NOIX, n. f. Fruit du noyer. Se dit aussi d'autres fruits : *noix de coco, noix de galle, noix muscade, noix vomique.* Roue dentelée qui, dans un moulin à poivre, à café, sert à broyer ; os situé sur l'articulation de la cuisse avec la jambe, nommé aussi *rotule* ; partie du ressort d'un fusil. *Noix de veau*, petite glande qui se trouve dans une épaule de veau.

NOLIS, n. m. Fret d'un navire.

NOLISER, v. tr. Fréter un vaisseau, une barque.

NOLISSEMENT, n. m. Action de noliser.

NOM, n. m. *Gram.* Partie du discours qui sert à désigner une personne ou une chose : *nom commun, propre, collectif, composé. Nom de guerre*, sobriquet ; *décliner son nom*, dire qui l'on est. *Fig.* Qualification morale : *les doux noms de père, d'ami* ; gloire, renommée : *porter son nom en tous lieux* ; réputation, naissance : *hériter d'un grand nom.* **Au nom de**, loc. prép. De la part de : *agir au nom de quelqu'un* ; en considération de : *au nom de ce que vous avez de plus cher.*

NOMADE, adj. et n. Errant : *tribu nomade, peuple de nomades.*

NOMBRE, n. m. Unité, réunion de plusieurs unités, ou fraction d'unité ; quantité : *un grand nombre de personnes*

pensent que... *Sans nombre*, en grande quantité : *réclamations sans nombre. Litt.* Harmonie qui résulte d'un certain arrangement des mots, soit dans la prose, soit dans les vers : *cette période a du nombre. Gram.* Propriété qu'ont les mots de représenter, par certaines formes, l'idée d'unité ou de pluralité : *nombre singulier, pluriel. Astr.* **Nombre d'or**, cycle lunaire de 19 ans.

NOMBRER, v. tr. Compter, supputer.

NOMBREUX, EUSE, adj. Qui est en grand nombre.

NOMBRIL, n. m. Petite cavité au milieu du ventre. *Bot.* Cavité à l'extrémité des fruits, dans la partie opposée à la queue.

NOME, n. m. Autrefois, division territoriale en Égypte.

NOMENCLATEUR, n. m. Celui qui se livre à la nomenclature d'une science, d'un art.

NOMENCLATURE, n. f. Collection des termes techniques d'une science ou d'un art.

NOMINAL (*appel*), adj. Qui se fait en appelant par son nom chaque membre d'une assemblée.

NOMINATIF, n. m. On appelle ainsi, dans les langues qui se déclinent, le cas qui désigne le sujet d'une proposition.

NOMINATIF, IVE, adj. Qui contient des noms : *état nominatif de tous les employés d'une administration.*

NOMINATION, n. f. Action de nommer à un emploi.

NOMINATIVEMENT, adv. En désignant le nom.

NOMMÉ, ÉE, adj. Appelé : *Louis XII, nommé le Père du peuple.* Loc. adv. **A point nommé**, à propos ; **à jour nommé**, au jour convenu.

NOMMÉMENT, adv. Avec désignation par le nom : *plusieurs se sont distingués, et nommément un tel.*

NOMMER, v. tr. Donner un nom ; dire le nom d'une personne ou d'une chose ; désigner, instituer : *nommer quelqu'un son héritier* ; élever à une dignité, à un emploi : *on l'a nommé maire de sa commune. Nommer d'office*, se dit du juge qui, d'après la loi, choisit, nomme des experts, des arbitres, des défenseurs.

NON, part. nég. opposée à l'affirmative *oui*. Se joint quelquefois à un adj., à un nom : *non solvable, non-réussite.* N. m. : *répondre par un non.* **Non plus**, loc. adv. Pareillement, mais dans un sens négatif : *ni moi non plus.* Loc. conj. **Non pas que**, ce n'est pas que.

non plus que, pas plus que : *il ne bouge non plus qu'une statue.*

NONAGÉNAIRE, adj. et n. Agé de quatre-vingt-dix ans.

NONANTE, adj. num. card. Quatre-vingt-dix. *Vieux.*

NONANTIÈME, adj. num. ord. de nonante.

NON AVENU, **E**, adj. Nul : *promesse non avenue.*

NONCE, n. m. Ambassadeur du pape.

NONCHALAMMENT, adv. Avec nonchalance : *agir nonchalamment.*

NONCHALANCE, n. f. Négligence, manque de soin.

NONCHALANT, **E**, adj. et n. Qui a de la nonchalance.

NONCIATURE, n. f. Charge de nonce.

NON-CONFORMISTE, adj. et n. Se dit, en Angleterre, de tous ceux qui ne suivent pas la religion anglicane.

NONE, n. f. Celle des sept heures canoniales qui se récite après sexte.

NONES, n. f. pl. Le huitième jour avant les ides, chez les Romains.

NONIDI, n. m. Neuvième jour de la décade dans le calendrier républicain.

NON-JOUISSANCE, n. f. Privation de jouissance.

NON-LIEU, n. m. *Pal. Déclaration de non-lieu,* constatant qu'il n'y a pas lieu à poursuivre.

NONNE, ou **NONNAIN**, n. f. Religieuse.

NONNETTE, n. f. Jeune religieuse; petit pain d'épice de Reims.

NONOBSTANT, prép. Malgré.

NONPAREIL, **EILLE**, adj. Sans égal : *beauté nonpareille. Vieux.*

NONPAREILLE, n. f. Terme dont se servent les marchands et les fabricants pour exprimer ce qu'ils vendent ou fabriquent de plus petit, en quelque genre que ce soit.

NON-PAYEMENT, n. m. Défaut de payement. Pl. des *non-payements.*

NON-RÉUSSITE, n. f. Manque de réussite.

NON-SENS, n. m. Défaut de sens, de signification : *cette phrase est un non-sens.*

NON-SUCCÈS, n. m. Manque de succès.

NONUPLE, adj. Qui contient neuf fois.

NONUPLER, v. tr. Répéter neuf fois.

NON-USAGE, n. m. Cessation d'un usage : *les lois s'abolissent par le non-usage.*

NON-VALEUR, n. f. Se dit d'une terre, d'une maison qui ne rapporte

rien, d'une créance qu'on n'a pu recouvrer. Pl. des *non-valeurs.*

NOPAL, n. m. Plante d'Amérique, sur laquelle on trouve la cochenille.

NORD, n. m. Celui des pôles du monde qui répond au pôle arctique, et qui est opposé au sud ; partie de la terre opposée au midi. **Nord-est, nord-ouest.** pays situé entre le nord et l'est, entre le nord et l'ouest.

NORMAL, **E**, adj. Ordinaire et régulier : *être dans son état normal.* Ecole normale, école où l'on forme des instituteurs primaires et des professeurs pour les collèges. *Géom.* N. f. Ligne verticale ou perpendiculaire : *les corps tombent suivant la normale.*

NOS, adj. poss. pl. des deux genres. V. *Notre.*

NOSTALGIE, n. f. Mélancolie causée par un ardent désir de revoir sa patrie.

NOTA, n. m. Remarque, note que l'on met à la marge ou au bas d'un écrit. Pl. des *nota.*

NOTABILITÉ, n. f. Celui qui occupe un rang distingué dans les arts, les lettres, la hiérarchie administrative, etc.

NOTABLE, adj. Incontestable : *fait notable*; apparent, considérable : *préjudice notable.* N. m. Citoyen considérable d'une ville, d'un Etat : *assemblée des notables.*

NOTABLEMENT, adv. Considérablement.

NOTAIRE, n. m. Officier public qui reçoit et rédige les actes volontaires, pour leur donner un caractère d'authenticité.

NOTAMMENT, adv. Spécialement.

NOTARIAT, n. m. Charge de notaire.

NOTARIÉ, **ÉE**, adj. Passé devant notaire : *acte notarié.*

NOTATION, n. f. Action d'indiquer, de représenter par des signes convenus : *notation musicale.*

NOTE, n. f. Marque : *note d'infamie*; commentaire : *mettre des notes à un livre*; petit extrait pour faire souvenir d'une chose : *j'ai pris note de cela sur mon carnet*; mémoire : *donnez-moi ma note*; communication : *note diplomatique*; caractère de musique.

NOTER, v. tr. Faire une marque sur : *noter un vers, un passage*; remarquer : *notez bien qu'il était son ennemi*; écrire de la musique avec des signes convenus : *noter un air.*

NOTEUR, n. m. Copiste de musique.

NOTICE, n. f. Ecrit de peu d'étendue sur un sujet quelconque.

NOU

NOV

383

NOTIFICATION, n. f. Acte par lequel on notifie.

NOTIFIER, v. tr. Faire savoir dans les formes légales.

NOTION, n. f. Idée qu'on a d'une chose.

NOTOIRE, adj. Connu généralement : *le fait est notoire.*

NOTOIREMENT, adv. Evidemment, manifestement.

NOTORIÉTÉ, n. f. Connaissance générale : *il est de notoriété publique que...*

NOTRE, adj. poss. Qui nous concerne, qui est à nous.

NÔTRE (*le, la*), pron. poss. Qui est à nous. Pl. m. Nos parents : *nous préférons les nôtres aux étrangers ;* ceux de notre parti, de notre société : *êtes-vous des nôtres ?*

NOTRE-DAME, n. f. La sainte Vierge ; sa fête.

NOUE, n. f. Endroit où se joignent deux combles en angle rentrant ; lames de plomb placées en pente dans cet endroit ; sol gras et humide cultivé en prairie pour servir de pâturages.

NOUÉ, ÉE, adj. Rachitique, qui ne grandit pas : *cet enfant est noué.*

NOUER, v. tr. Lier en faisant un nœud. *Fig.* Former : *nouer une intrigue, une action théâtrale.* **Se nouer**, v. pr. Passer de l'état de fleur à celui de fruit.

NOUEUX, EUSE, adj. Qui a beaucoup de nœuds : *bâton noueux.*

NOUGAT, n. m. Gâteau fait d'amandes et de caramel unis ensemble.

NOUILLES, n. f. pl. Espèce de pâte d'Allemagne, faite avec de la farine et des œufs, et qui se coupe en forme de vermicelle.

NOURRICE, n. f. Femme qui allaite un enfant qui n'est pas le sien ; mère qui allaite ses enfants : *être la nourrice de son dernier-né.*

NOURRICIER, n. m. Mari d'une nourrice. Adj. : *père nourricier.*

NOURRICIER, ÈRE, adj. Qui sert à la nutrition : *suc nourricier.*

NOURRIR, v. tr. Servir à la nutrition : *le sang nourrit le corps ;* fournir les aliments nécessaires : *la terre nourrit l'homme ;* allaiter : *nourrir un enfant. Fig.* Former : *la lecture nourrit l'esprit ;* entretenir : *nourrir l'espoir.* Part. pass. Riche, abondant : *style nourri ;* rempli : *grain nourri.*

NOURRISSAGE, n. m. Se dit du soin d'élever les bestiaux.

NOURRISSANT, E, adj. Qui nourrit beaucoup : *viande nourrissante.*

NOURRISSEUR, n. m. Qui nourrit des vaches pour vendre leur lait.

NOURRISSON, n. m. Enfant en nourrice. *Fig.* et *poét. Les nourrissons du Pinde, des Muses,* les poètes.

NOURRITURE, n. f. Aliment. *Fig. :* la science est la nourriture de l'esprit.

NOUS, pron. pers. de la prem. pers. du pl., des deux genres. Les souverains, les hauts fonctionnaires, dans leurs ordonnances ; les juges, dans leurs arrêts ; et quelquefois les auteurs, par modestie, disent *nous* au lieu de *je, moi.*

NOUURE, n. f. Etat d'un enfant noué.

NOUVEAU ou **NOUVEL, ELLE**, adj. Qui n'existe ou n'est connu que depuis peu de temps : *livre nouveau ;* qui commence d'être : *nouvel an. Visage nouveau,* qu'on n'a jamais vu ; *habit nouveau,* d'une mode récente ; *nouvel habit,* autre que celui qu'on vient de quitter. **Le Nouveau Monde,** l'Amérique ; **le Nouveau Testament,** les livres saints qui ont suivi la naissance de J.-C.—N. m. Ce qui est récent : *le nouveau plaît toujours ;* chose surprenante : *voilà du nouveau.* Adv. Nouvellement : *vin nouveau percé.* **De nouveau,** loc. adv. Derechef : *être condamné de nouveau.*

NOUVEAU-NÉ, n. m. Enfant nouvellement né. Pl. des *nouveaux-nés.*

NOUVEAUTÉ, n. f. Qualité de ce qui est nouveau ; chose nouvelle : *aimer les nouveautés.* Pl. Chapeaux de femme, étoffes à la mode : *marchand, marchande de nouveautés.*

NOUVELLE, n. f. Premier avis qu'on reçoit d'une chose arrivée récemment ; composition littéraire qui tient le milieu entre le conte et le roman : *les Nouvelles de Boccace.*

NOUVELLEMENT, adv. Depuis peu.

NOUVELLISTE, n. m. Celui qui est curieux de nouvelles, qui aime à en débiter.

NOVATEUR, TRICE, n. Qui innove. Adj. : *esprit novateur.*

NOVATION, n. f. Obligation nouvelle, qui déroge à la première et change l'hypothèque.

NOVEMBRE, n. m. Onzième mois de l'année.

NOVICE, n. Qui a pris nouvellement l'habit religieux dans un couvent, pour y passer un temps d'épreuve ; apprenti matelot. Adj. Peu exercé, peu habile : *être novice dans un métier.*

NOVICIAT, n. m. Etat des novices

avant de prononcer leurs vœux; temps que dure leur épreuve; maison qu'ils habitent.

NOYAU, n. m. Partie très-dure renfermée dans certains fruits, et contenant une amande; partie qui est au centre d'un escalier tournant et sur laquelle porte l'extrémité des marches; partie la plus lumineuse d'une comète.

NOYÉ, n. Qui est ou s'est noyé. Adj. Baigné : *yeux noyés de larmes.*

NOYER, v. tr. Faire périr dans un liquide quelconque. **Se noyer**, v. pr. Périr dans l'eau. *Fig. Se noyer dans les plaisirs*, s'y plonger; *se noyer dans le sang*, commettre de grandes cruautés; *se noyer dans un raisonnement*, s'y perdre.

NOYER, n. m. Arbre qui porte les noix.

NU, E, adj. Qui n'est pas vêtu. *Fig. Vérité toute nue*, sans déguisement; *pays nu*, sans arbres, sans verdure; *épée nue*, hors du fourreau. **A nu**, loc. adv. A découvert : *montrer son cœur à nu. Monter un cheval à nu*, sans selle.

NUAGE, n. Amas de brouillards plus ou moins épais, suspendus dans l'atmosphère. *Fig.* Tout ce qui empêche de voir : *nuage de poussière*; trouble, chagrin peint sur la figure : *un nuage de tristesse se répandit sur son front.*

NUAGEUX, EUSE, adj. Couvert de nuages.

NUANCE, n. f. Chacun des degrés différents par lesquels peut passer une même couleur. *Fig.* Différence délicate et presque insensible entre choses du même genre : *nuance des mots synonymes, nuance entre les idées, les opinions*, etc.

NUANCER, v. tr. Assortir convenablement les couleurs.

NUBILE, adj. Qui est en âge de se marier : *fille nubile.*

NUBILITÉ, n. f. État d'une personne nubile.

NUDITÉ, n. f. État d'une personne, d'une chose nue. Pl. *Peint.* Figures nues.

NUE, n. f. Nuage. *Fig. Tomber des nues*, être extrêmement surpris; *élever quelqu'un jusqu'aux nues*, le louer excessivement.

NUÉE, n. f. Nue, nuage. *Fig.* Multitude : *une nuée d'oiseaux.*

NUIRE, v. int. Faire tort, faire obstacle.

NUISIBLE, adj. Qui nuit.

NUIT, n. f. Espace de temps pendant lequel le soleil est sous notre horizon. *Fig. La nuit des temps*, les temps *les*

plus reculés de l'histoire; *la nuit du tombeau, l'éternelle nuit*, la mort; *le flambeau de la nuit*, la lune; *les feux de la nuit*, les étoiles. **De nuit**, loc. adv. Pendant la nuit.

NUITAMMENT, adv. De nuit.

NUL, NULLE, adj. Aucun, pas un. *Testament nul*, sans valeur; *homme nul*, sans capacités.

NULLEMENT, adv. En aucune manière.

NULLITÉ, n. f. Vice qui ôte à un acte toute sa valeur. *Fig.* Défaut absolu de talents : *être d'une nullité complète*; personne sans mérite : *c'est une nullité.*

NÛMENT, adv. Sans déguisement : *dire nûment la vérité.*

NUMÉRAIRE, n. m. Masse des espèces monnayées en circulation; espèces sonnantes : *payer en numéraire.*

NUMÉRAL, E, adj. Qui désigne un nombre : *adjectif numéral.*

NUMÉRATEUR, n. m. Celui des deux termes d'une fraction qui indique combien elle contient de parties de l'unité.

NUMÉRATION, n. f. Art d'énoncer et d'écrire les nombres.

NUMÉRIQUE, adj. Qui appartient aux nombres : *calcul numérique*; qui consiste dans le nombre : *force, supériorité numérique.*

NUMÉRIQUEMENT, adv. En nombre exact. *Peu us.*

NUMÉRO, n. m. Chiffre qui sert à indiquer la place d'un objet parmi d'autres objets.

NUMÉROTAGE, n. m. Action de numéroter.

NUMÉROTER, v. tr. Mettre un numéro.

NUMISMATE, n. m. Versé dans la connaissance des médailles.

NUMISMATIQUE, adj. Qui a rapport aux médailles antiques. N. f. *La numismatique*, la science des médailles.

NU-PROPRIÉTÉ, n. f. Possession d'un bien dont un autre a l'usufruit. Pl. des *nu-propriétés.*

NUPTIAL, E, adj. Qui concerne la cérémonie des noces : *bénédiction nuptiale.*

NUQUE, n. f. Partie postérieure du cou, située immédiatement au-dessous de l'occiput.

NUTATION, n. f. Petit mouvement qu'on observe dans l'axe terrestre.

NUTRITIF, IVE, adj. Propre à nourrir.

NUTRITION, n. f. Fonction par laquelle les sucs nourriciers sont convertis en la substance de l'animal.

NYMPHE, n. f. Divinité fabuleuse des fleuves, des fontaines, des bois, des montagnes. *Fig. Taille de nymphe*, élégante et légère.

NYMPHE, n. f. Etat particulier des insectes, intermédiaire entre l'état de larve et celui d'insecte parfait.

O

O, n. m. Quinzième lettre de l'alphabet et quatrième des voyelles.

Ô, interj. qui marque l'admiration, la joie, la douleur, etc.

OASIS, n. f. Espace qui, au milieu des déserts de l'Afrique ou de l'Asie, offre de la végétation.

OBÉDIENCE, n. f. Obéissance. *Vieux.*

OBÉIR, v. int. Se soumettre à la volonté d'un autre et l'exécuter ; se laisser gouverner : *ce cheval obéit au mors.*

OBÉISSANCE, n. f. Action de celui qui obéit ; autorité légale, domination : *vivre sous l'obéissance d'un père, d'un prince.*

OBÉISSANT, **E**, adj. Qui obéit : *enfant obéissant. Votre très-obéissant serviteur*, formule de politesse en usage au bas des lettres.

† **OBÉLISQUE**, n. m. Monument quadrangulaire en forme d'aiguille, dont les côtes sont couverts d'hiéroglyphes.

OBÉRER, v. tr. Endetter : *ses folles dépenses l'ont obéré.*

OBÉSITÉ, n. f. Excès d'embonpoint.

OBJECTER, v. tr. Faire une objection.

OBJECTIF, adj. et n. Celui des verres d'une lunette, qui est tourné vers *l'objet* qu'on veut voir.

OBJECTION, n. f. Difficulté qu'on oppose à une proposition : *faire une objection.*

OBJET, n. m. Tout ce qui s'offre à la vue ; tout ce qui occupe l'esprit : *la médecine est l'objet de ses études ; sujet d'une action : être l'objet d'un entretien ; sujet d'un sentiment : objet de haine ; but, fin qu'on se propose : avoir la fortune pour objet ; chose : objet de peu de valeur.*

OBLATION, n. f. Offrande faite à Dieu : *oblation du pain et du vin.*

OBLIGATION, n. f. Engagement qu'impose la religion, la loi, la morale ; motif de reconnaissance : *avoir de grandes obligations à...* ; acte par lequel on s'oblige au payement d'une somme ou à l'exécution d'une chose : *passer une obligation devant notaire.*

OBLIGATOIRE, adj. Qui a la force légale d'obliger : *acte obligatoire.*

OBLIGÉ. EE, adj. Redevable : *je vous suis obligé.* N. : *je suis votre obligé.*

OBLIGEAMMENT, adv. D'une manière obligeante : *parler obligeamment de quelqu'un.*

OBLIGEANCE, n. f. Disposition, penchant à obliger.

OBLIGEANT, **E**, adj. Qui aime à obliger. *Fig.* Qui annonce un homme aimable, officieux : *paroles obligeantes.*

OBLIGER, v. tr. Imposer l'obligation de : *votre devoir vous y oblige ;* lier quelqu'un par un acte : *son contrat l'oblige à cela. Fig.* Porter, exciter : *vous l'obligerez à se fâcher ;* rendre service : *obliger ses amis.* **S'obliger**, v. pr. S'imposer une obligation ; s'aider réciproquement : *ils s'obligent l'un l'autre.*

OBLIQUE, adj. Qui est de biais, incliné : *ligne oblique. Fig.* Qui manque de droiture, de franchise : *conduite oblique.*

OBLIQUEMENT, adv. D'une manière oblique.

OBLIQUER, v. int. Aller en ligne oblique : *obliquer à droite, à gauche.*

OBLIQUITÉ, n. f. Inclinaison d'une ligne, d'une surface sur une autre. *Astr. Obliquité de l'écliptique*, angle d'environ 23° 28' que l'écliptique forme avec l'équateur.

OBLITÉRATION, n. f. Action d'oblitérer.

OBLITÉRER, v. tr. Faire disparaître peu à peu, mais de manière à laisser des traces : *le temps a oblitéré cette inscription.*

OBLONG, UE. adj. Plus long que large.

OBOLE, n. f. Ancienne monnaie des Grecs, valant 16 ou 17 centimes. *Par ext. Cela ne vaut pas une obole*, cela est de peu de valeur.

OBSCÈNE. adj. Qui blesse la pudeur : *parole obscène.*

OBSCÉNITÉ, n. f. Parole, image, action obscène.

OBSCUR, E, adj. Sombre, qui n'est

pas éclairé : *lieu obscur* ; qui n'est pas vif, éclatant : *couleur obscure*. *Fig.* Peu connu, caché : *mener une vie obscure* ; difficile à comprendre : *style obscur*.

OBSCURCIR, v. tr. Rendre obscur. *Fig.* : *obscurcir la vérité*. **S'obscurcir**, v. pr. Devenir obscur : *le temps s'obscurcit*. *Fig.* : *sa gloire s'est obscurcie peu à peu*.

OBSCURCISSEMENT, n. m. Affaiblissement de la lumière : *l'obscurcissement du soleil*.

OBSCURÉMENT, adv. Avec obscurité.

OBSCURITÉ, n. f. Absence de lumière. *Fig.* Ce qui est difficile à comprendre : *obscurité du langage*. *Vivre dans l'obscurité*, mener une vie ignorée.

OBSÉDER, v. tr. Être assidu auprès de quelqu'un, pour s'emparer de son esprit. *Fig.* Importuner.

OBSÈQUES, n. f. pl. Funérailles pompeuses.

OBSÉQUIEUSEMENT, adv. D'une manière obséquieuse.

OBSÉQUIEUX, EUSE, adj. Qui porte à l'excès les égards, les attentions, etc.

OBSERVABLE, adj. Qui peut être observé.

OBSERVANCE, n. f. Exécution de ce qui est prescrit : *observance de la loi*.

OBSERVATEUR, TRICE, n. Qui accomplit ce qui lui est prescrit par quelque loi : *observateur des commandements de Dieu* ; qui observe les phénomènes, les événements : *observateur de la nature*. Adj. : *esprit observateur*.

OBSERVATION, n. f. Action d'observer ce qui est prescrit, ce qu'on a promis à quelqu'un ; étude, remarque faite sur les choses physiques et morales : *observation astronomique* ; objection, considération : *je vous ferai une observation*. Être en observation, épier l'arrivée de quelqu'un ou de quelque chose ; *armée d'observation*, chargée d'observer les mouvements de l'ennemi.

OBSERVATOIRE, n. m. Établissement destiné aux observations astronomiques.

OBSERVER, v. tr. Accomplir ce qui est prescrit par quelque loi, quelque règle : *observer les commandements de Dieu* ; considérer avec attention, avec étude : *observer le cours des astres* ; remarquer, épier : *on vous observe*. **S'observer**, v. pr. Être circonspect : *cet homme s'observe beaucoup en société* ;

s'épier réciproquement : *les deux armées s'observaient*.

OBSESSION, n. f. Action d'obséder ; état de celui qui est obsédé.

OBSTACLE, n. m. Empêchement, opposition.

OBSTINATION, n. f. Entêtement, opiniâtreté.

OBSTINÉ, ÉE, adj. et n. Opiniâtre : *enfant obstiné*. *Fig.* : *rhume obstiné*.

OBSTINÉMENT, adv. Avec obstination.

OBSTINER (S'), v. pr. S'opiniâtrer.

OBSTRUCTIF, IVE, adj. Qui cause obstruction.

OBSTRUCTION, n. f. Engagement d'un conduit organique, d'un vaisseau.

OBSTRUER, v. tr. Boucher, embarrasser : *une longue file de voitures obstruait la rue*. *Méd.* Causer un engorgement.

OBTEMPÉRER, v. int. Obéir : *obtempérer à un ordre*.

OBTENIR, v. tr. Parvenir à se faire accorder ce qu'on désire.

OBTENTION, n. f. Action d'obtenir.

OBTUS, E, adj. *Géom. Angle obtus*, plus grand qu'un angle droit. *Fig. Esprit obtus*, peu pénétrant.

OBTUSANGLE, adj. Se dit d'un triangle qui a un angle obtus.

OBUS, n. m. Projectile creux, d'un diamètre plus petit que celui de la bombe.

OBUSIER, n. m. Mortier pour lancer des obus.

OBVIER, v. int. Prendre des mesures efficaces pour parer à un mal, à des inconvénients.

+OC (langue d'), n. m. Langue qu'on parlait autrefois au midi de la Loire.

OCCASION, n. f. Conjoncture de temps, de lieux, d'affaires, convenable pour quelque chose ; circonstance : *il s'est distingué dans cent occasions*, cause, sujet : *occasion de procès, de dispute*. **D'occasion**, loc. adv. Acheter *des livres, des meubles d'occasion*, qu'on rencontre par occasion et qui ne sont pas neufs.

OCCASIONNEL, ELLE, adj. Qui sert d'occasion : *cause occasionnelle*.

OCCASIONNELLEMENT, adv. Par occasion.

OCCASIONNER, v. tr. Causer, donner lieu.

OCCIDENT, n. m. Celui des quatre points cardinaux qui est du côté où le soleil se couche ; partie du globe située de ce côté. Son opposé est *orient*.

OCCIDENTAL, E, adj. Qui est à l'occident.

OCCIPITAL, E, adj. Qui appartient à l'occiput : *os occipital.*

OCCIPUT, n. m. Le derrière de la tête.

OCCIRE, v. tr. Tuer. *Vieux.*

OCCULTE, adj. Caché : *cause occulte d'une maladie.* **Science occulte**, l'alchimie, la magie, la nécromancie, etc.

OCCUPANT, n. m. *Premier occupant*, qui s'empare le premier d'une chose : *l'idée de propriété remonte au droit de premier occupant.*

OCCUPATION, n. f. Emploi, affaire dont on est occupé; action d'habiter un logement, d'occuper une ville, une province.

OCCUPER, v. tr. Remplir un espace de lieu : *le lit occupe toute la place;* de temps : *cette discussion a occupé toute la séance;* habiter : *occuper un logement;* se rendre maître : *occuper une ville;* remplir : *occuper un emploi;* employer : *occuper ses loisirs à;* donner à travailler : *occuper des ouvriers.* **S'occuper**, v. pr. Travailler. **S'occuper à**, employer son temps à : *il s'occupe à lire;* s'occuper d'une chose, y songer.

OCCURRENCE, n. f. Rencontre, circonstance : *en cette occurrence.*

OCCURRENT, E, adj. Qui survient : *cas occurrent. Peu us.*

OCÉAN, n. m. Vaste étendue d'eau salée qui couvre la plus grande partie du globe. *Fig.* Quantité incommensurable, immense étendue : *océan de lumière, de sable.*

OCRE, n. f. Terre argileuse dont on fait une couleur jaune.

OCREUX, EUSE, adj. Qui est de la nature de l'ocre.

OCTAÈDRE, n. m. Solide à huit faces.

OCTANT, n. m. Huitième de cercle qui sert à observer en mer la hauteur et la distance des astres.

OCTANTE, adj. num. card. Quatre-vingts.

OCTANTIÈME, adj. num. ord. d'octante.

OCTAVE, n. f. Huitaine consacrée à solenniser les principales fêtes de l'année; le huitième jour de cette huitaine, appelé proprement l'Octave; stance de huit vers. *Mus.* Ton éloigné d'un autre de huit degrés; les huit degrés pris ensemble : *parcourir toute l'octave.*

OCTAVO, n. m. V. *In-octavo.*

OCTIDI, n. m. Huitième jour de la décade, dans le calendrier républicain.

OCTOBRE, n. m. Huitième mois de l'année.

OCTOGÉNAIRE, adj. et n. Qui a quatre-vingts ans.

OCTOGONE, n. m. Qui a huit angles et huit côtés. Adj. : *figure octogone.*

OCTROI, n. m. Droit que payent certaines denrées à leur entrée en ville; bureau où se paye ce droit. T. de Chanc. Concession : *octroi d'un privilège.*

OCTROYER, v. tr. Concéder, accorder : *octroyer une grâce.*

OCTUPLE, adj. Qui contient huit fois : *seize est octuple de deux.*

OCTUPLER, v. tr. Répéter huit fois.

OCULAIRE, adj. Qui appartient à l'œil : *nerf oculaire. Fig. Témoin oculaire*, qui rend témoignage d'une chose qu'il a vue de ses propres yeux. N. m. Verre d'une lunette d'approche placé du côté de l'œil observateur.

OCULAIREMENT, adv. De ses propres yeux. *Peu us.*

OCULISTE, n. m. Médecin qui traite spécialement les maladies des yeux.

ODALISQUE, n. f. Femme du sérail.

ODE, n. f. Petit poème lyrique.

ODEUR, n. f. Sensation que produisent sur l'odorat certaines émanations. Pl. Parfums : *aimer les odeurs. Fig. Être en bonne, en mauvaise odeur*, avoir une bonne, une mauvaise réputation; *mourir en odeur de sainteté*, en état de grâce.

ODIEUSEMENT, adv. D'une manière odieuse.

ODIEUX, EUSE, adj. Qui excite la haine, l'indignation. N. m. : *l'odieux d'une action.*

ODONTALGIE, n. f. Douleur des dents.

ODONTALGIQUE, adj. et n. Remède contre les douleurs de dents.

ODONTOLOGIE, n. f. Partie de l'anatomie qui traite des dents.

ODORANT, E, adj. Qui répand une bonne odeur.

ODORAT, n. m. Celui des cinq sens qui perçoit les odeurs.

ODORIFÉRANT, E, adj. Odorant.

† **ODYSSÉE**, n. f. Poème d'Homère. *Fig.* Tout récit d'un voyage aventureux.

ŒCUMÉNICITÉ, n. f. Qualité de ce qui est universel, œcuménique.

ŒCUMÉNIQUE, adj. *Concile œcuménique*, auquel sont convoqués tous les évêques de l'église catholique.

† **ŒDIPE**, n. m. Homme qui devine des énigmes, trouve aisément le sens de ce qui est obscur, difficile à pénétrer (du nom d'OEdipe, roi de Thèbes, qui devina l'énigme du sphinx.)

ŒIL, n. m. Organe de la vue; regard : *jeter les yeux sur*; attention : *avoir l'œil à tout*; indice des qualités, des défauts et des sentiments : *œil spirituel, dur, méchant. Coup d'œil*, regard prompt; *l'œil du maître*, sa surveillance; *en un clin d'œil*, en un moment; *jeter un coup d'œil*, examiner légèrement; *avoir le coup d'œil juste*, le discernement prompt; *avoir l'œil sur quelqu'un*, le surveiller; *ouvrir de grands yeux*, regarder avec étonnement; *voir tout par ses yeux*, par soi-même; *dévorer des yeux*, regarder avec avidité; *fermer les yeux sur*, faire semblant de ne pas voir; *ne pouvoir fermer les yeux*, ne pouvoir dormir; *cela saute aux yeux*, cela est d'une vérité évidente; ŒIL, se dit aussi, par extension, de l'éclat des pierreries; *cette perle a un bel œil*; du relief des caractères d'imprimerie; *cicéro gros œil*; de l'ouverture de certains outils : *l'œil d'un marteau*; des boutons ou bourgeons des arbres; des trous qui se trouvent dans le pain, le bouillon, le fromage. ŒIL-de-bœuf, ouverture ronde ou ovale.

ŒILLADE, n. f. Regard, coup d'œil jeté furtivement.

ŒILLÈRE, n. f. Petit vase pour baigner l'œil; partie de la bride qui garantit l'œil du cheval; dents canines de la mâchoire supérieure. Adj. : *dent œillère*.

ŒILLET, n. m. Fleur odoriférante; la plante.

ŒILLET, n. m. Petit trou de forme circulaire destiné à recevoir un lacet.

ŒILLETON, n. m. Rejeton qui pousse au collet de certaines plantes, et qui sert qu quelquefois à les multiplier.

ŒILLETTE, n. f. Nom vulgaire du pavot cultivé, dont on tire de l'huile.

ŒSOPHAGE, n. m. Canal qui sert à porter la nourriture à l'estomac.

ŒUF, n. m. Corps organique renfermant un germe, que pondent les femelles des oiseaux, des poissons, etc.

ŒUVÉ, ÉE, adj. Se dit des poissons qui ont des œufs : *hareng œuvé, carpe œuvée*.

ŒUVRE, n. f. Ce qui est produit par un agent : *l'univers est l'œuvre de Dieu*; production de l'esprit : *publier ses œuvres*; action chrétienne ou morale : *faire des bonnes œuvres*. Mettre en œuvre, employer à quelque usage; se mettre à l'œuvre, au travail; *mettre la main à l'œuvre*, commencer à travailler. N. m. Recueil de toutes les estampes d'un graveur : *avoir tout l'œuvre de Callot*; composition d'un musicien :

le premier œuvre de Mozart. Le grand œuvre, la pierre philosophale; banc d'œuvre, banc des marguilliers.

OFFENSANT, E, adj. Qui offense.

OFFENSE, n. f. Injure de fait ou de parole; faute, péché : *Seigneur, pardonnez-nous nos offenses*.

OFFENSER, v. tr. Faire une offense, blesser. *Offenser Dieu*, pécher. S'offenser, v. pr. Se piquer, se fâcher : *s'offenser d'un rien*.

OFFENSEUR, n. m. Celui qui offense.

OFFENSIF, IVE, adj. Qui attaque, qui sert à attaquer : *guerre, arme offensive. Traité offensif et défensif*, traité par lequel deux ou plusieurs États conviennent de s'assister mutuellement, soit pour attaquer, soit pour se défendre.

OFFENSIVE, n. f. *Prendre l'offensive*, attaquer le premier.

OFFENSIVEMENT, adv. D'une manière offensive.

OFFERTE, n. f. ou OFFERTOIRE, n. m. Partie de la messe pendant laquelle le prêtre offre à Dieu le pain et le vin, avant de les consacrer.

OFFICE, n. m. Service : *recourir aux bons offices de quelqu'un*; charge, emploi : *remplir l'office de...*; certaines cérémonies de l'église : *office des morts. L'office divin*, la messe; *le Saint Office*, le tribunal de l'Inquisition; *avocat nommé d'office*, par le juge.

OFFICE, n. f. Partie d'une maison où l'on dispose tout ce qui dépend du service de la table.

OFFICIAL, n. m. Juge ecclésiastique de cené autrefois par l'évêque.

OFFICIALITÉ, n. f. Juridiction de l'official; lieu où il rendait la justice.

OFFICIANT, adj. et n. Celui qui officie à l'église.

OFFICIEL, ELLE, adj. Se dit de tout ce qui est annoncé, déclaré, ordonné par une autorité reconnue : *réponse officielle*; ce qui émane du gouvernement : *journal officiel*.

OFFICIELLEMENT, adv. D'une manière officielle.

OFFICIER, v. int. Faire l'office divin à l'église.

OFFICIER, n. m. Celui qui a un office, une charge : *officier de justice, de police*, etc.; militaire qui a un grade.

OFFICIEUSEMENT, adv. D'une manière officieuse.

OFFICIEUX, EUSE, adj. Qui aime à rendre service.

OFFICINAL, E, adj. *Compositions officinales*, que l'on trouve toutes préparées dans l'officine des pharmaciens;

plantes officinales, dont on se sert en médecine.

OFFICINE, n. f. Laboratoire. *Vieux*.

OFFRANDE, n. f. Don offert à Dieu ; cérémonie où le prêtre reçoit les dons des fidèles ; tout ce qu'on offre pour une bonne œuvre : *déposer une offrande*.

OFFRANT, n. m. Ne se dit qu'en t. de prat. : *vendre une terre, des meubles, etc., au plus offrant et dernier enchérisseur*.

OFFRE, n. f. Action d'offrir ; la chose offerte : *accepter son offre*.

OFFRIR, v. tr. Présenter : *offrir un bouquet* ; proposer : *offrir tant d'un objet* ; mettre au service : *offrir son bras, son épée* ; exposer à la vue : *la campagne offre un bel aspect*.

OFFUSQUER, v. tr. Empêcher de voir, d'être vu ; éblouir : *le soleil m'offusque les yeux*. *Fig*. Choquer, déplaire : *tout l'offusque*.

OGIVE, n. f. Nervures ou arêtes saillantes qui, en se croisant diagonalement, forment un angle au sommet d'une voûte.

OGNON ou **OIGNON**, n. m. Plante potagère à racine bulbeuse ; partie renflée de la racine de certaines plantes : *ognon de lis, de jacinthe, de tulipe*, etc. ; callosité aux pieds.

OGNONET, n. m. Sorte de poire d'été.

OGRE, OGRESSE, n. Dans les contes de fées, monstre vorace qui mange les petits enfants. *Fig*. Grand mangeur.

OH ! interj. qui sert à marquer la surprise.

OÏDIUM, n. m. Sorte de petit champignon qui attaque le raisin.

OIE, n. f. Gros oiseau de basse-cour.

OIGNON, n. m. V. *Ognon*.

† **OÏL** (*langue d'*). Que l'on parlait autrefois dans le nord de la France.

OINDRE, v. tr. Frotter d'huile ou d'une matière grasse ; consacrer par les saintes huiles dans l'administration de quelques sacrements.

OING, n. m. *Vieux oing*, vieille graisse de porc fondue, dont on enduit les essieux des voitures.

OINT, n. m. Celui qui a été consacré : *Saül était l'oint du Seigneur*. Se dit par excellence de Jésus-Christ.

OISEAU, n. m. Animal à deux pieds, ayant des plumes et des ailes. *L'oiseau de Jupiter*, l'aigle ; *l'oiseau de Junon*, le paon. **A vol d'oiseau**, loc. adv. En ligne droite.

OISEAU, n. m. Instrument pour porter le mortier.

OISEAU-MOUCHE, n. m. Très-

petit oiseau d'Amérique. Pl. des *oiseaux-mouches*.

OISELER, v. int. Tendre des filets pour prendre des oiseaux.

OISELEUR, n. m. Celui qui fait métier de prendre des oiseaux.

OISELIER, n. m. Qui élève et vend des oiseaux.

OISEUSEMENT, adv. D'une manière oiseuse.

OISEUX, EUSE, adj. Fainéant, oisif : *gens oiseux, vie oiseuse* ; inutile : *paroles oiseuses*.

OISIF, IVE, adj. Inoccupé : *homme oisif* ; dont on ne fait point usage : *laisser son argent oisif*. N. m. : *les oisifs sont à charge*.

OISILLON, n. m. Petit oiseau.

OISIVEMENT, adv. D'une manière oisive.

OISIVETÉ, n. f. État d'une personne oisive.

OISON, n. m. Petit de l'oie. *Fig*. Homme très-borné. *Fam*.

OLÉAGINEUX, EUSE, adj. Qui contient, dont on tire l'huile : *plante oléagineuse*.

OLFACTIF, IVE, adj. Qui appartient à l'odorat : *nerf olfactif*.

OLIBRIUS, n. m. Pédant qui fait l'entendu. *Fam*.

OLIGARCHIE, n. f. Gouvernement où l'autorité est entre les mains de quelques familles puissantes.

OLIGARCHIQUE, adj. Qui appartient à l'oligarchie : *gouvernement oligarchique*.

OLIVAIRE, adj. Qui ressemble à l'olive.

OLIVAISON, n. f. Saison où l'on récolte les olives.

OLIVÂTRE, adj. Jaune, basané : *teint olivâtre*.

OLIVE, n. f. Fruit à noyau, dont on tire une huile excellente. *Couleur olive*, jaune verdâtre.

OLIVETTE, n. f. Plante dont la graine fournit une huile douce.

OLIVIER, n. m. Arbre qui porte les olives.

OLOGRAPHE, adj. *Testament olographe*, écrit en entier de la main du testateur.

OLYMPE, n. m. Montagne de la Thessalie, dont les poètes ont fait le séjour des dieux de la Fable.

† **OLYMPIADE**, n. f. Révolution de 4 ans, qui servait aux Grecs à compter leurs années : *Thalès naquit la 1re année de la 35e olympiade*.

OLYMPIEN, adj. m. Surnom de Jupiter. *Dieux olympiens*, les douze principales divinités du paganisme.

OLYMPIQUE, adj. *Jeux olympiques*, qui se célébraient tous les quatre ans chez les Grecs, près d'*Olympie*; *couronne olympique*, qu'on y décernait aux vainqueurs; *cirque olympique*, aujourd'hui, théâtre consacré aux exercices équestres.

OMBELLE, n. f. *Bot.* Mode d'inflorescence dans lequel les pédoncules partent tous d'un même point, comme les rayons d'un parasol.

OMBELLÉ, ÉE, adj. *Bot.* Qui est en ombelle.

OMBELLIFÈRE, adj. *Bot.* Qui porte des ombelles. N. f. pl. Grande famille de plantes à fleurs disposées en *ombelle*.

OMBILIC, n. m. Nombril.

OMBILICAL, E, adj. Qui a rapport à l'ombilic.

OMBRAGE, n. m. Réunion de branches, de feuilles d'arbres qui donnent de l'ombre. *Fig.* Soupçon, défiance : *donner de l'ombrage à quelqu'un.*

OMBRAGER, v. tr. Faire, donner de l'ombre. *Fig.* : *un panache ombrageait son front.*

OMBRAGEUX, EUSE, adj. Très-facile à effrayer, qui a peur de son ombre : *cheval ombrageux. Fig.* Soupçonneux : *esprit ombrageux.*

OMBRE, n. f. Obscurité produite par un corps opaque. *Fig.* Légère apparence : *l'ombre d'un doute;* chez les anciens, l'âme séparée du corps : *l'ombre d'Achille. Les ombres de la nuit*, les ténèbres; *les ombres de la mort*, les approches de la mort; *l'empire des ombres*, le séjour des morts; *courir après une ombre*, se livrer à des espérances chimériques; *passer comme une ombre*, être de courte durée; *mettre quelqu'un à l'ombre*, en prison; *avoir peur de son ombre*, s'effrayer de rien; *il n'est plus que l'ombre de lui-même*, sa gloire, sa splendeur est passée. **Ombres chinoises**, spectacle fantasmagorique destiné à amuser les enfants. *Peint.* Couleurs obscures : *ménager les ombres.* **A l'ombre de**, loc. prép. A l'abri de. *Fig.* Sous la protection de.

OMBRELLE, n. f. Petit parasol.

OMBRER, v. tr. Mettre des ombres à un dessin, à un tableau.

OMBREUX, EUSE, adj. Qui fait, qui donne de l'ombre : *forêt ombreuse. Poét.*

OMÉGA, n. m. Dernière lettre de l'alphabet grec. *Fig. L'alpha et l'oméga*, le commencement et la fin.

OMELETTE, n. f. OEufs battus en-semble et cuits dans la poêle avec du beurre.

OMETTRE, v. tr. Manquer à faire ou à dire.

OMISSION, n. f. Action d'omettre; la chose omise.

OMNIBUS, n. m. mot lat. (*pour tous.*) Sorte de voiture publique en usage dans les grandes villes.

OMNIPOTENCE, n. f. Toute-puissance : *l'omnipotence est un des attributs de Dieu. Par ext.* Pouvoir absolu : *s'arroger l'omnipotence dans un Etat*

OMNIVORE, adj. Qui se nourrit indifféremment d'animaux et de végétaux, comme l'homme, le chien, l'ours, le corbeau, etc.

OMOPLATE, n. f. Os large, mince et triangulaire, situé à la partie postérieure de l'épaule.

ON, pron. indéf. désignant d'une manière vague une ou plusieurs personnes. *Croire sur un on dit*, sur un simple rapport; *se moquer du qu'en dira-t-on*, de ce que les autres peuvent dire.

ONAGRE, n. m. Ane sauvage.

ONCE, n. f. Seizième partie de l'ancienne livre.

ONCE, n. f. Espèce de petite panthère qui se trouve en Asie et en Afrique.

ONCLE, n. m. Frère du père ou de la mère.

ONCQUES, adv. Jamais : *je ne vis onques un si méchant homme. Vieux.*

ONCTION, n. f. Action d'oindre, de frotter avec une substance grasse quelque partie du corps. *Fig.* Ce qui, dans un discours, pénètre doucement le cœur, attendrit l'âme et la porte à la piété : *sermon plein d'onction.* **Extrême-onction**, sacrement qu'on administre aux mourants.

ONCTUEUSEMENT, adv. Avec onction.

ONCTUEUX, EUSE, adj. Qui est d'une substance grasse et huileuse : *bois onctueux. Fig.* Qui a de l'onction : *sermon onctueux.*

ONCTUOSITÉ, n. f. Qualité de ce qui est onctueux.

ONDE, n. f. Flot, soulèvement de l'eau agitée; l'eau en général : *voguer sur l'onde.*

ONDÉ, ÉE, adj. Qui offre des dessins en forme d'ondulations : *moire ondée, cheveux ondés.*

ONDÉE, n. f. Grosse pluie subite et passagère.

ONDINS, ONDINES, n. pl. Prétendus génies qui habitaient les eaux.

ONDOIEMENT, n. m. Baptême provisoire administré par toute personne, dans certains cas extrêmes, sans les cérémonies de l'Eglise.

ONDOYANT, E, adj. Qui ondoie : *moissons, cheveux, drapeaux ondoyants.*

ONDOYER. v. tr. Baptiser sans les cérémonies de l'Eglise. V. int. Flotter par ondes : *ses cheveux ondoyaient au gré du vent.*

ONDULATION, n. f. Mouvement oscillatoire qui se produit dans un liquide ou dans un fluide agité par une cause quelconque.

ONDULATOIRE, adj. *Mouvement ondulatoire*, d'ondulation.

ONDULÉ, ÉE, adj. Qui présente des ondulations : *cheveux ondulés.*

ONDULER, v. int. Avoir un mouvement d'ondulation : *le vent fait onduler les eaux.*

ONDULEUX, EUSE, adj. Qui forme des ondulations : *replis onduleux.*

ONÉREUX, EUSE, adj. Qui est à charge, incommode : *conditions onéreuses.*

ONGLE, n. m. Partie cornée qui couvre le dessus du bout des doigts ; griffes de certains animaux. *Fig. Rogner les ongles à quelqu'un*, diminuer son profit ; *donner sur les ongles*, châtier, réprimander.

ONGLÉE, n. f. Engourdissement douloureux au bout des doigts causé par un grand froid.

ONGLET, n. m. En t. de reliure, petite bande de papier qui fait partie d'une feuille isolée, et qui permet de la fixer au volume ; petite bande de papier ou de parchemin sur laquelle on colle les cartes géographiques qu'on veut réunir dans un atlas ; extrémité d'une planche, d'une moulure, qui forme un angle de 45 degrés, au lieu d'être terminée à angle droit.

ONGLETTE, n. f. Petit burin plat dont se servent les graveurs en relief et en creux.

ONGUENT, n. m. Médicament externe composé de corps gras.

ONOMATOPÉE, n. f. Mot dont le son imite celui de l'objet qu'il représente : *glouglou, cliquetis, tic-tac sont des onomatopées.*

ONTOLOGIE, n. f. Science de l'être en général.

ONTOLOGIQUE, adj. Qui a rapport à l'ontologie.

ONYX, n. m. Agate fine dont on fait de très-beaux camées.

ONZE, adj. num. card. Dix et un.

ONZIÈME, adj. num. ord. de onze. N. m. La onzième partie.

ONZIÈMEMENT, adv. En onzième lieu.

OPACITÉ, n. f. Etat de ce qui est opaque.

OPALE, n. f. Pierre précieuse à reflets colorés et changeants.

OPAQUE, adj. Qui n'est pas transparent.

OPÉRA, n. m. Ouvrage dramatique dans lequel la poésie et la musique se prêtent un mutuel secours ; lieu où se joue l'opéra. **Opéra comique**, pièce dans laquelle le chant alterne avec les paroles. Pl. des *opéras.*

OPÉRATEUR, n. m. Celui qui fait des opérations de chirurgie.

OPÉRATION, n. f. Action d'un pouvoir, d'une faculté, d'un agent qui opère : *opération de la grâce, de l'entendement, opération chimique* ; action méthodique du chirurgien : *faire l'opération du trépan, de la cataracte*, etc.; calcul : *opération d'arithmétique* ; exécution d'un plan de campagne : *opérations militaires.*

OPÉRATOIRE, adj. *Médecine opératoire*, la chirurgie.

OPÉRER, v. tr. Produire un certain effet : *opérer des miracles* ; faire une opération de calcul, de chimie, de chirurgie. V. int. *La grâce opère en nous, le remède commence à opérer.*

OPHICLÉIDE, n. m. Instrument à vent, en cuivre.

OPHIDIENS, n. m. pl. Classe des serpents.

OPHTHALMIE, n. f. Nom général de toutes les affections inflammatoires de l'œil.

OPHTHALMIQUE, adj. Qui concerne les yeux.

OPIACÉ, ÉE, adj. Qui contient de l'opium : *médicament opiacé.*

OPIAT, n. m. Préparation pharmaceutique d'une consistance un peu molle ; pâte pour nettoyer les dents.

OPIMES (*dépouilles*), adj. f. pl. Remportées par un général romain, qui avait tué de sa main le général ennemi.

OPINANT, n. m. Qui opine dans une délibération.

OPINER, v. int. Dire son avis sur un sujet en délibération. *Opiner du bonnet*, être toujours de l'avis des autres.

OPINIÂTRE, adj. Trop fortement attaché à son opinion : *esprit opiniâtre* ; entêté : *enfant opiniâtre*. Fig. Où il y a de la persévérance, de l'obstination, de l'acharnement : *travail, haine, combat opiniâtre* ; qui résiste aux remèdes : *fièvre, rhume opiniâtre.*

OPINIÂTRÉMENT, adv. Avec opiniâtreté.

OPINIÂTRER (s'), v. pr. S'obstiner fortement.

OPINIÂTRETÉ, n. f. Trop grand attachement à son opinion, à sa volonté; fermeté, constance : *la garnison défendit la place avec opiniâtreté.*

OPINION, n. f. Avis de celui qui opine; sentiment qu'on se forme : *les opinions sont libres :* jugement qu'on porte sur une personne ou sur une chose : *avoir mauvaise opinion de. Opinion publique*, ou, absol., *l'opinion*, ce que pense le public.

OPIUM, n. m. Suc de plusieurs espèces de pavot, qui a une propriété narcotique et soporative.

OPPORTUN, E, adj. Favorable, qui arrive à propos.

OPPORTUNÉMENT, adv. Avec opportunité.

OPPORTUNITÉ, n. f. Qualité de ce qui est opportun.

OPPOSANT, E, adj. et n. Qui s'oppose.

OPPOSÉ, ÉE, adj. Placé vis-à-vis : *rives opposées :* contraire : *intérêts opposés;* différent par nature : *termes opposés.* N. m. : *le bien est l'opposé du mal.*

OPPOSER, v. tr. Placer une chose de manière à ce qu'elle fasse obstacle à une autre : *opposer une digue aux flots;* mettre en parallèle : *opposer les anciens aux modernes. Fig.* Déployer, montrer : *opposer une grande résistance;* objecter : *opposer de bonnes raisons.* S'opposer, v. pr. Être contraire : *s'opposer à un projet.*

OPPOSITE, n. m. Le contraire : *ce que vous dites aujourd'hui est l'opposite de ce que vous disiez hier.* A l'opposite, loc. prép. et adv. Vis-à-vis.

OPPOSITION, n. f. Empêchement, obstacle; action de s'opposer : *former opposition à une vente;* contraste : *opposition de sentiments;* dans une assemblée délibérante, partie qui contrarie habituellement les idées, les vues de la majorité : *l'opposition a voté contre le projet. Astr.* Distance de 180° entre deux planètes : *il y a éclipse de lune, quand la lune est en opposition avec le soleil.*

OPPRESSER, v. tr. Presser fortement, gêner la respiration.

OPPRESSEUR, n. m. Qui opprime.

OPPRESSIF, IVE, adj. Qui tend à opprimer : *moyens oppressifs.*

OPPRESSION, n. f. État de ce qui est oppressé : *oppression de poitrine;* de celui qui est opprimé : *oppression d'un peuple.*

OPPRIMÉ, ÉE, adj. et n. Qu'on opprime : *peuple opprimé, gémir avec les opprimés.*

OPPRIMER, v. tr. Accabler par violence, par abus d'autorité : *opprimer l'innocence.*

OPPROBRE, n. m. Honte, ignominie : *couvert d'opprobre;* état d'abjection : *vivre dans l'opprobre. Être l'opprobre de sa famille,* lui faire honte.

OPTATIF, IVE. adj. Qui exprime le souhait : *formule optative.*

OPTER, v. int. Choisir entre plusieurs choses qu'on ne peut faire ou avoir à la fois.

OPTICIEN, n. m. Fabricant d'instruments d'optique.

OPTIMÉ, adv. *Mot lat.* Très-bien.

OPTIMISME, n. m. Système de ceux qui prétendent que tout est pour le mieux dans le monde. Son opposé est *pessimisme.*

† OPTIMISTE, n. m. Partisan de l'optimisme. Son opposé est *pessimiste.*

OPTION, n. f. Faculté, action d'opter.

OPTIQUE, n. f. Partie de la physique qui traite des lois de la lumière et de la vision; aspect des objets vus à une certaine distance : *illusion d'optique.* Adj. Qui concerne la vue : *nerf optique.*

OPULEMMENT, adv. Avec opulence.

OPULENCE, n. f. Abondance de biens, grande richesse : *nager dans l'opulence.*

OPULENT, E, adj. Qui est dans l'opulence.

OPUSCULE, n. m. Petit ouvrage de science ou de littérature.

† OR, n. m. Métal précieux, d'une couleur jaune et brillante. *Fig.* Richesse : *la soif de l'or. Marché d'or,* très-avantageux; *cœur d'or,* excellent cœur; *être cousu d'or,* très-riche; *payer au poids de l'or,* très-cher; *c'est de l'or en barre,* cela vaut argent comptant; *parler d'or,* dire ce qu'il y a de mieux à dire; *tout ce qui brille n'est pas or,* il ne faut pas se fier aux apparences; *adorer le veau d'or,* faire sa cour aux riches. *Age d'or,* premiers temps du monde, où l'on vivait dans la paix, l'innocence et le bonheur.

OR, conj. qui sert à lier une proposition à une autre.

† ORACLE, n. m. Réponse que, dans la croyance des païens, les dieux faisaient aux questions qui leur étaient adressées ; la divinité elle-même : *consulter l'oracle. Fig.* Vérités énoncées dans l'Ecriture Sainte : *les oracles des prophètes ;* décisions émanant de personnes d'une grande autorité, d'un grand savoir ; ces personnes elles-mêmes : *il était l'oracle de son parti.*

ORAGE . n. m. Grosse pluie de peu de durée , accompagnée d'éclairs et de tonnerre. *Fig.* Agitations du cœur humain : *les orages d's passions :* peines, revers : *les orages de la vie ;* malheur, disgrâce dont on est menacé : *conjurer l'orage ;* guerre . révolte . désordre : *orage révolutionnaire ;* colère violente et momentanée : *laissez passer l'orage.*

ORAGEUX. EUSE. adj. Où les orages sont fréquents : *mer orageuse ;* qui menace d'orage : *temps orageux. Fig.* Agité : *vie orageuse ;* tumultueux : *séance orageuse.*

ORAISON. n. f. Prière : *oraison dominicale, être en oraison. Oraison funèbre,* discours public prononcé en l'honneur d'un mort illustre.

ORAL , E, adj. Transmis de bouche en bouche : *tradition orale ;* fait de vive voix : *examen oral.*

ORANGE . n. f. Fruit à pepins, d'un jaune doré : sa couleur.

ORANGÉ. ÉE. adj. Qui est de la couleur de l'orange : *ruban orangé.* N. m.: *préférer l'orangé au violet.*

ORANGEADE , n. f. Boisson faite avec du jus d'orange , du sucre et de l'eau.

ORANGEAT. n. m. Confiture sèche, faite d'écorce d'orange.

ORANGER, n. m. Arbre toujours vert, qui porte les oranges.

ORANGER , ÈRE , n. Qui vend des oranges.

ORANGERIE, n. f. Serre où l'on met les orangers pendant l'hiver.

† ORANG-OUTANG. n. m. L'espèce de singes qui a le plus de ressemblance physique avec l'homme. Pl. des *orangs-outangs.*

ORATEUR . n. m. Celui qui prononce un discours devant des hommes assemblés.

ORATOIRE , adj. Qui appartient à l'orateur : *art oratoire.*

ORATOIRE , n. m. Lieu d'une maison destiné à la prière ; congrégation religieuse : *les pères de l'Oratoire.*

ORATOIREMENT, adv. D'une manière oratoire.

ORATORIEN. n. m. Membre de la congrégation de l'Oratoire.

ORATORIO, n. m. Sorte de drame religieux exécuté à grand orchestre dans les églises.

ORBE, n. m. Espace que parcourt une planète dans sa révolution autour du soleil.

ORBICULAIRE, adj. Qui est rond, qui va en rond : *figure, mouvement orbiculaire.*

ORBICULAIREMENT , adv. En rond : *se mouvoir orbiculairement.*

ORBITE , n. f. Courbe que décrit une planète autour du soleil, synonyme de *orbe ;* cavité dans laquelle l'œil est placé.

ORCANÈTE , n. f. Plante dont la racine fournit une belle couleur rouge.

ORCHESTRE . n. m. Au théâtre, réunion de tous les musiciens ; espace de plain-pied situé entre les musiciens et le parterre.

ORCHIDÉES , n. f. pl. Grande famille de plantes monocotylédones , remarquables par la beauté et la bizarrerie de leurs fleurs.

ORCHIS, n. m. Plante à racines tuberculeuses, dont les feuilles ressemblent à celles de l'olivier.

ORDINAIRE, adj. Qui a coutume de se faire, qui arrive ordinairement ; dont on se sert d'habitude : *langage ordinaire ;* médiocre, vulgaire : *esprit ordinaire.* **Question ordinaire,** premiers degrés de la torture qu'on faisait subir autrefois aux accusés. N. m. Ce qu'on a coutume de servir pour un repas : *un bon ordinaire. Ordinaire de la messe,* prières qui ne changent jamais. Loc. adv. **A l'ordinaire ,** suivant l'habitude ; **d'ordinaire , pour l'ordinaire,** le plus souvent.

ORDINAIREMENT, adv. Habituellement.

ORDINAL, adj. m. Nombre qui marque l'ordre , le rang , comme *premier, deuxième, troisième,* etc.

ORDINAND , n. m. Qui se présente à l'ordination.

ORDINANT, n. m. L'évêque qui confère les ordres sacrés.

ORDINATION. n. f. Cérémonie religieuse par laquelle on confère les ordres sacrés.

ORDO , n. m. Livret qui indique la manière dont se doit faire et réciter l'office de chaque jour.

ORDONNANCE, n. f. Disposition, arrangement : *ordonnance d'un poème ;* acte émané d'une autorité souveraine : *ordonnance royale ;* règlement : *ordonnance de police ;* prescription d'un médecin ; cavalier à la disposition d'un général pour porter ses dépêches. *Officier d'ordonnance,* qui remplit près d'un général les fonctions d'aide de camp ; *habit d'ordonnance,* d'uniforme.

ORDONNANCEMENT, n. m. Action d'ordonnancer un payement.

ORDONNANCER, v. tr. *Adm.* Donner ordre de payer le montant d'un état, d'un mémoire, etc.

ORDONNATEUR, **TRICE**, n. Qui ordonne, dispose ; *ordonnateur d'une fête.*

ORDONNÉ, **ÉE**, adj. *Maison bien ordonnée*, tenue avec ordre.

ORDONNÉE, n. f. Ligne droite tirée d'un point de la circonférence, perpendiculairement à son axe.

ORDONNER, v. tr. Ranger, disposer, mettre en ordre : *Dieu a tout ordonné dans l'univers* ; conférer les ordres : *ordonner un prêtre* ; commander, prescrire. V. int. Disposer : *ordonnez de ma vie.*

ORDRE, n. m. Disposition des choses selon le rang, la place qui leur convient : *mettre des papiers en ordre* ; harmonie dans un Etat : *troubler l'ordre* ; bonne administration des finances d'un Etat ou d'un particulier : *l'économie est fille de l'ordre* ; compagnie dont les membres font vœu de vivre sous certaines règles : *ordre des Templiers* ; compagnie de chevalerie : *ordre de la Légion d'Honneur* ; devoir : *retenir dans l'ordre* ; commandement : *recevoir un ordre* ; un des sept sacrements. **Billet à ordre**, payable à la personne à l'ordre de laquelle il a été souscrit ; **mot d'ordre**, de reconnaissance ; **ordre du jour**, ordre des questions dont doit s'occuper une assemblée délibérante dans le cours d'une séance ; *passer à l'ordre du jour*, ne pas mettre une question en délibération ; *ordre social*, règles qui constituent la société ; *ordre des avocats*, réunion des avocats inscrits sur le tableau. *Arch.* Disposition particulière des parties principales d'un édifice, comme le piédestal, la colonne et l'entablement. *Hist. nat.* Une des principales divisions de la classification des êtres : *l'ordre des ruminants.*

ORDURE, n. f. Impuretés du corps ; immondices, balayures. *Fig.* Ecrits, paroles, actions obscènes.

ORDURIER, **ÈRE**, adj. Qui contient des choses obscènes : *livre ordurier* ; qui se plaît à dire, à en écrire : *homme, écrivain ordurier.*

ORÉADE, n. f. *Myth.* Divinité des montagnes.

OREILLE, n. f. Organe de l'ouïe ; ce qui a quelque ressemblance avec la forme de l'oreille : *l'oreille d'une charrue* ; pli fait au feuillet d'un livre. *Fig. Prêter l'oreille*, être attentif ; *ouvrir les oreilles*, écouter avec intérêt ; *faire la sourde oreille*, faire semblant de ne pas entendre ; *se faire tirer l'oreille*, céder avec peine ; *échauffer les oreilles à quelqu'un*, l'irriter ; *frotter les oreilles à un enfant*, les lui tirer ; *avoir l'oreille basse*, être humilié.

OREILLER, n. m. Coussin qui sert à soutenir la tête quand on est couché.

OREILLETTE, n. f. Chacune des deux cavités du cœur.

OREILLONS, n. m. pl. Gonflement, inflammation du tissu cellulaire qui entoure les glandes voisines de l'oreille.

ORÉMUS, n. m. mot lat. (*prions.*) Mot que le prêtre prononce souvent à la messe en se tournant vers le peuple, pour l'inviter à prier avec lui ; prière, oraison : *réciter des orémus.*

ORÉOGRAPHIE, n. f. Partie de la géographie qui donne la description des montagnes.

ORFÈVRE, n. m. Qui fait et vend toute sorte d'ouvrages d'or et d'argent.

ORFÈVRERIE, n. f. Art, ouvrages de l'orfèvre.

ORFRAIE, n. f. Espèce d'aigle, oiseau de proie.

ORGANDI, n. m. Sorte de mousseline.

ORGANE, n. m. Partie d'un être organisé, destinée à remplir une fonction nécessaire ou utile à la vie : *l'œil est l'organe de la vue* ; la voix : *avoir un bel organe. Fig.* Personne ou objet qui sert d'entremise : *le juge est l'organe de la loi.*

ORGANIQUE, adj. Qui est pourvu d'organes : *corps organique* ; qui a rapport aux organes : *maladie organique* ; qui concourt à l'organisation d'une institution, d'un établissement : *loi organique.*

ORGANISATEUR, **TRICE**, adj. Qui organise : *génie organisateur.*

ORGANISATION, n. f. Manière dont les parties qui composent un être vivant sont disposées pour remplir certaines fonctions : *l'organisation du corps humain. Fig.* Manière dont un Etat, une administration, un service est constitué : *l'organisation de l'armée.*

ORGANISER, v. tr. Donner aux parties d'un corps la disposition nécessaire pour les fonctions auxquelles il est destiné. *Fig.* Composer : *organiser un ministère.*

ORGANISME, n. m. Ensemble des fonctions qu'exécutent les organes.

ORGANISTE, n. Dont la profession est de toucher de l'orgue.

ORGANSIN, n. m. Soie ouvrée et préparée pour faire la chaîne des étoffes,

ORGANSINAGE, n. m. Action d'organsiner.

ORGANSINER, v. tr. Tordre ensemble plusieurs brins de soie pour en faire de l'organsin.

ORGE, n. f. Plante de la famille des graminées; sa graine. Est masc. dans *orge mondé, orge perlé.*

ORGEAT, n. m. Boisson rafraîchissante, préparée avec du sirop d'amandes étendu d'eau.

ORGELET, n. m. Petite tumeur inflammatoire qui se développe au bord des paupières, et qui a la forme d'un grain d'orge.

ORGIE, n. f. Débauche de table.

ORGUE, n. m. Instrument de musique à vent, de la plus grande dimension, principalement en usage dans les églises. Pl. de *belles orgues*. **Orgue de Barbarie**, espèce d'orgue dont les claviers et le soufflet sont mis en jeu par un cylindre qu'on fait mouvoir à l'aide d'une manivelle; **point d'orgue**, repos plus ou moins long qui se fait sur une note quelconque, et pendant lequel la partie chantante exécute des traits de fantaisie.

ORGUEIL, n. m. Opinion trop avantageuse de soi-même. *Fig.* Sentiment élevé : *un légitime orgueil.*

ORGUEILLEUSEMENT, adv. D'une manière orgueilleuse.

ORGUEILLEUX, EUSE, adj. Qui a de l'orgueil; qui en témoigne : *réponse orgueilleuse.* N. : *les orgueilleux seront confondus.*

ORIENT, n. m. Point du ciel où le soleil se lève sur l'horizon; celui des quatre points cardinaux où le soleil se lève à l'équinoxe; l'Asie, relativement à l'Europe : *voyage en Orient.*

ORIENTAL, E, adj. Qui appartient à l'Orient, qui est en Orient.

ORIENTALISTE, n. m. Qui se livre à l'étude des langues orientales.

ORIENTATION, n. f. Action de s'orienter.

ORIENTER, v. tr. Disposer une chose suivant la position qu'elle doit avoir par rapport à l'orient et aux trois autres points cardinaux : *orienter une serre*, **S'orienter**, v. pr. Reconnaître l'orient et les trois autres points cardinaux du lieu où l'on est.

ORIFICE, n. m. Ouverture qui sert d'entrée ou d'issue à un objet quelconque, comme un tuyau, un organe, etc.

† ORIFLAMME, n. f. Ancienne bannière des rois de France, qu'ils faisaient porter devant eux quand ils allaient à la guerre.

ORIGINAIRE, adj. Qui tire son origine de... : *plante originaire d'Amérique.*

ORIGINAIREMENT, adv. Primitivement, dans l'origine.

ORIGINAL, E, adj. Qui sert de modèle et n'en a point eu : *tableau original;* qui semble se produire pour la première fois : *pensée originale;* qui écrit, qui compose d'une manière neuve : *écrivain, peintre original;* singulier, bizarre : *caractère original.* N. m. Modèle primitif, par oppos. à *copie* : *l'original d'un traité;* homme singulier, excentrique : *c'est un original.*

ORIGINALEMENT, adv. D'une manière originale.

ORIGINALITÉ, n. f. Caractère de ce qui est original.

ORIGINE, n. f. Principe, commencement : *l'origine du monde;* cause : *l'origine d'une maladie;* étymologie : *l'origine d'un mot.* Se dit de l'extraction d'une personne, d'une nation : *l'origine des Français.* Loc. adv. **Dans l'origine**, dans le principe; **dès l'origine**, dès le commencement.

ORIGINEL, ELLE, adj. Qui remonte jusqu'à l'origine : *péché originel.*

ORIGINELLEMENT, adv. Dès l'origine.

ORIGNAL, n. m. Élan du Canada.

ORILLON, n. m. Petite oreille.

ORION, n. m. Constellation brillante de l'hémisphère méridional.

ORIPEAU, n. m. Lame de cuivre mince et polie, qui de loin a l'éclat de l'or; étoffe, broderie de faux or ou de faux argent. *Par ext.* Tout ce qui n'a que de faux brillants.

ORME, n. m. Grand arbre qui sert à border les routes, les avenues.

ORMEAU, n. m. Jeune orme.

ORNEMENT, n. m. Tout ce qui orne; figures dans le discours : *les ornements du style.*

ORNER, v. tr. Parer, embellir. *Fig.* : *les vertus ornent l'âme.*

ORNIÈRE, n. f. Trace profonde que les roues des voitures laissent dans les chemins. *Fig.* Vieille habitude : *l'ornière de la routine, des préjugés.*

ORNITHOLOGIE, n. f. Partie de la zoologie qui traite des oiseaux.

ORNITHOLOGISTE ou **ORNITHOLOGUE**, n. m. Qui s'occupe d'ornithologie.

ORONGE, n. f. Champignon très-bon à manger.

ORPAILLEUR, n. m. Ouvrier qui recherche les paillettes d'or dans le lit de certains fleuves.

ORPHELIN, E, n. Enfant qui a

perdu son père et sa mère, ou l'un des deux.

ORPHÉON, n. m. Nouvelle méthode de chant et recueil de morceaux adaptés à cette méthode.

ORPHÉONISTES, n. m. pl. Société très-nombreuse de jeunes gens qui chantent sans accompagnement.

ORPIMENT, n. m. Sulfure jaune d'arsenic, employé en peinture.

ORPIN, n. m. Plante astringente et vulnéraire.

ORTEIL, n. m. Gros doigt du pied.

ORTHODOXE, adj. Conforme à la saine opinion en matière de religion : *doctrine orthodoxe.*

ORTHODOXIE, n. f. Qualité de ce qui est conforme à la doctrine de l'Eglise.

ORTHOGRAPHE, n. f. Art d'écrire correctement les mots d'une langue.

ORTHOGRAPHIE, n. f. Représentation de la face d'un édifice ; profil ou coupe perpendiculaire d'une fortification.

ORTHOGRAPHIER, v. tr. Ecrire les mots suivant leur orthographe.

ORTHOGRAPHIQUE, adj. Qui appartient à l'orthographe : *signes orthographiques* ; qui appartient à l'orthographie : *dessin orthographique.*

ORTHOPÉDIE, n. f. Art de corriger ou de prévenir, dans les enfants, les difformités du corps.

ORTHOPÉDIQUE, adj. Qui appartient à l'orthopédie : *traitement orthopédique.*

ORTIE, n. f. Plante dont la tige et les feuilles sont armées de piquants.

ORTOLAN, n. m. Petit oiseau de passage d'un goût délicat.

ORVIÉTAN, n. m. Sorte de drogue qui avait autrefois beaucoup de vogue. *Fig. Marchand d'orviétan,* charlatan.

OS, n. m. Partie dure et solide qui forme la charpente du corps des animaux vertébrés. *N'avoir que la peau et les os,* être très-maigre ; *être percé jusqu'aux os,* être extrêmement mouillé ; *il ne fera pas de vieux os,* il mourra jeune. *Fam.*

OSCILLATION, n. f. Mouvement d'un pendule ou d'un corps qui va et vient en sens contraire.

OSCILLATOIRE, adj. Qui est de la nature de l'oscillation : *mouvement oscillatoire.*

OSCILLER, v. int. Se mouvoir alternativement en deux sens contraires.

OSÉ, ÉE, adj. Hardi, audacieux : *vous êtes bien osé.*

OSEILLE, n. f. Plante potagère d'un goût acide.

OSER, v. tr. Avoir la hardiesse, le courage de....

OSERAIE, n. f. Lieu planté d'osiers.

OSIER, n. m. Arbrisseau dont les rameaux, longs et pliants, servent à tresser des paniers ou à faire des liens.

OSMAZÔME, n. f. Substance nutritive, base du bouillon.

OSSELET, n. m. Petit os tiré du gigot, avec lequel jouent les enfants : *jouer aux osselets* ; tumeur osseuse au bas de la jambe du cheval.

OSSEMENTS, n. m. pl. Os décharnés d'hommes ou d'animaux morts.

OSSEUX, EUSE, adj. Qui est de la nature de l'os : *substance osseuse.*

OSSIFICATION, n. f. Conversion en os des parties membraneuses et cartilagineuses.

OSSIFIER (s'), v. pr. Se changer en os : *les membranes et les cartilages s'ossifient quelquefois.*

OSSUAIRE, n. m. Lieu où l'on entasse des ossements.

OSTENSIBLE, adj. Qui annonce l'intention d'être vu, remarqué.

OSTENSIBLEMENT, adv. D'une manière ostensible.

OSTENSOIR ou OSTENSOIRE, n. m. Pièce d'orfévrerie dans laquelle l'on expose la sainte hostie à l'autel.

OSTENTATION, n. f. Affectation qu'on apporte à faire parade d'un avantage ou d'une qualité qu'on possède : *faire ostentation de ses richesses.*

OSTÉOLOGIE, n. f. Traité, connaissance des os.

† **OSTRACISME**, n. m. Jugement du peuple d'Athènes, par lequel il bannissait pour dix ans un citoyen suspect.

OSTROGOTH, n. m. Homme qui ignore les usages, les bienséances : *c'est un ostrogoth.*

OTAGE, n. m. Personne qu'un prince, une autorité civile ou militaire remet comme garantie de ses promesses ou d'un traité.

OTALGIE, n. f. Douleur d'oreille.

ÔTER, v. tr. Tirer une chose de la place où elle est ; se dépouiller de : *ôter son habit* ; enlever : *ôter un emploi* ; faire cesser : *ôter la fièvre* retrancher : *ôter deux de quatre. Ôter son chapeau,* se découvrir pour saluer ; *ôter la vie,* tuer. **S'ôter**, v. pr. Se retirer : *ôtez-vous de là.*

OTTOMANE, n. f. Grand siége sans dossier, recouvert d'une étoffe quelconque.

OU, conj. qui marque l'alternative : *vaincre ou mourir* ; qui signifie autrement : *Byzance ou Constantinople.*

OÙ, adv. de lieu. En quel endroit : *où allez-vous ? à quelle chose : où cela vous mènera-t-il ?* dans lequel ; dans laquelle : *la ville où je suis né* ; auquel, sur lequel : *le rang où je suis parvenu.*

OUAILLES, n. f. pl. Autrefois brebis ; ne se dit plus qu'au fig. des chrétiens par rapport à leur pasteur : *un bon pasteur a soin de ses ouailles.*

OUAIS, interj. qui marque la surprise ; *ouais ! vous le prenez sur un ton bien haut.*

OUATE, n. f. Coton fin et soyeux qui se met entre deux étoffes pour garnir.

OUATER, v. tr. Garnir, doubler de ouate.

OUBLI, n. m. Manque de souvenir.

OUBLIE, n. f. Sorte de pâtisserie très-mince roulée en forme de cornet.

OUBLIER, v. tr. Perdre le souvenir d'une chose ; laisser par inadvertance : *oublier ses gants* ; laisser passer : *oublier l'heure* ; omettre : *oublier un nom sur une liste* ; manquer à : *oublier son devoir* ; négliger : *oublier ses amis* ; ne pas se prévaloir de : *oublier sa grandeur* ; manquer de reconnaissance : *oublier un bienfait* ; perdre le sentiment de : *oublier ses malheurs* ; n'avoir aucun égard à : *oublier les conseils d'un père. Oublier une injure,* n'en point garder de ressentiment. **S'oublier**, v. pr. Manquer à ce que l'on doit : *s'oublier au point de...* ; négliger ses intérêts : *il ne s'oublie pas.*

OUBLIETTES, n. f. pl. Cachot souterrain et obscur, où l'on enfermait autrefois les prisonniers condamnés à une prison perpétuelle.

OUBLIEUR, n. m. Marchand d'oublies.

OUBLIEUX, **EUSE**, adj. Qui oublie facilement.

OUEST, n. m. Partie de l'horizon où le soleil disparaît.

OUF, interj. qui marque une douleur subite, ou l'étouffement, l'oppression.

OUI, adv. d'affirmation opposé à *non. Oui-dà,* volontiers, de bon cœur. N. m. *Dire, prononcer le grand oui,* se marier.

OUI-DIRE, n. m. Ce qu'on ne sait que par le bruit public.

OUÏE, n. f. Celui des cinq sens par lequel on perçoit les sons.

OUÏES, n. f. pl. Ouvertures que les poissons ont aux côtés de la tête, et qui donnent issue à l'eau amenée dans leur bouche par la respiration ; ouverture pratiquée à la table supérieure d'un violon.

OUÏR, v. tr. et irr. (N'est guère usité qu'à l'infinitif, au participe passé et aux temps composés). Entendre, recevoir les sons par l'oreille : *j'ai ouï dire que...* ; donner audience, entendre : *on l'a condamné sans l'ouïr.*

OUISTITI, n. m. Petite espèce de singe qui vient d'Amérique.

OURAGAN, n. m. Tempête violente.

OURDIR, v. tr. Disposer sur une machine faite exprès les fils de la chaîne d'une étoffe. *Fig.* Tramer : *ourdir une trahison.*

OURDISSAGE, n. m. Action de l'ouvrier qui ourdit ; façon de l'ouvrage ourdi.

OURDISSEUR, **EUSE**, n. Qui ourdit.

OURDISSOIR, n. m. Assemblage de pièces de bois sur lesquelles le tisserand met le fil quand il ourdit.

OURLER, v. tr. Faire un ourlet.

OURLET, n. m. Repli cousu au bord d'une étoffe.

OURS, n. m. Quadrupède carnassier, très-velu, de la famille des plantigrades. *Fig.* Homme qui fuit la société. *Ours mal léché,* homme rustre, brutal, mal élevé.

OURSE, n. f. Femelle de l'ours. *Astr.* Grande, petite Ourse, constellations de l'hémisphère boréal.

OURSIN, n. m. Zoophyte à coquille hérissée de pointes mobiles.

OURSON, n. m. Petit d'un ours.

OUTARDE, n. f. Gros oiseau de la famille des échassiers.

OUTIL, n. m. Tout instrument de travail.

OUTILLÉ, **ÉE**, adj. Qui a des outils : *ouvrier bien outillé.*

OUTILLER, v. tr. Garnir, munir d'outils : *outiller un ouvrier.*

OUTRAGE, n. m. Injure grave de fait ou de paroles. *Fig. Les outrages du temps,* les infirmités de l'âge.

OUTRAGEANT, **E**, adj. Qui outrage : *paroles outrageantes.*

OUTRAGER, v. tr. Offenser cruellement. *Fig.* Blesser : *outrager le bon sens, la raison, la morale.*

OUTRAGEUSEMENT, adv. D'une manière outrageuse.

OUTRAGEUX, **EUSE**, adj. Qui outrage : *paroles outrageuses.*

OUTRANCE (À), loc. adv. Jusqu'à l'excès : *poursuivre à outrance. Combat à outrance,* à mort.

OUTRE, n. f. Peau de bouc préparée et cousue en forme de sac, pour recevoir des liquides.

OUTRE, prép. de lieu. Au-delà : *voyage d'outre-mer.* Adv. Plus loin : *passer outre.* Loc. adv. **En outre**, de plus ; **d'outre en outre**, de part en part.

OUTRÉ, ÉE, adj. Exagéré : *pensée outrée, homme outré en tout ; transporté de colère : je suis outré.*

OUTRECUIDANCE, n. f. Présomption.

OUTRECUIDANT, E, adj. Présomptueux.

OUTREMER, n. m. Couleur d'un beau bleu, qu'on extrait du lapis.

OUTRE-MESURE, loc. adv. A l'excès.

OUTRE-PASSER, v. tr. Aller au-delà : *outre-passer ses pouvoirs.*

OUTRER, v. tr. Porter les choses au-delà de la juste raison : *outrer la mode.*

OUVERT, E, adj. *Pays ouvert,* sans places fortes ou sans défenses naturelles à ses frontières ; *visage, air, caractère ouvert,* franc et sincère ; *intelligence ouverte,* pénétrante ; *compte ouvert,* courant ; *guerre ouverte,* déclarée ; *à force ouverte,* les armes à la main ; *à cœur ouvert,* sans déguisement : *à bras ouverts,* cordialement : *à livre ouvert,* sans préparation : *expliquer un auteur latin à livre ouvert ; tenir table ouverte,* recevoir tous ceux qui se présentent.

OUVERTEMENT, adv. Sans déguisement, franchement : *s'expliquer ouvertement.*

OUVERTURE, n. f. Fente, trou, espace vide dans un corps ; action d'ouvrir : *ouverture d'un coffre, d'un cadavre. Fig.* Symphonie qui sert de début à un opéra ou à un ballet ; commencement : *ouverture de la séance ;* proposition relative à une affaire, une négociation : *faire des ouvertures de paix. Ouverture d'une succession,* moment où elle peut être recueillie par les héritiers ; *ouverture d'un angle,* écartement des deux lignes qui le forment.

OUVRABLE, adj. *Jour ouvrable,* consacré au travail. Son opposé est *férié.*

OUVRAGE, n. m. Ce que produit un ouvrier, un artiste ; travail : *se mettre à l'ouvrage ;* production littéraire : *les ouvrages de Racine ;* œuvre : *le rétablissement de la religion en France fut l'ouvrage de Napoléon ;* travaux de fortifications : *ouvrages avancés. Avoir le cœur à l'ouvrage,* travailler avec ardeur.

OUVRAGÉ, ÉE, adj. Qui a demandé beaucoup de travail manuel : *broderie ouvragée.*

OUVRÉ, ÉE, adj. Travaillé, façonné :

fer *ouvré. Linge ouvré,* à fleurs, à carreaux.

OUVREUSE, n. f. Femme chargée d'ouvrir les loges d'un théâtre.

OUVRIER, ÈRE, n. Qui travaille manuellement pour gagner un salaire. Adj. *Classe ouvrière,* les ouvriers ; *jour ouvrier,* ouvrable. *Fig. Cheville ouvrière,* personne qui est le principal mobile, l'âme d'une affaire.

OUVRIR, v. tr. Faire que ce qui était fermé ne le soit plus : *ouvrir une armoire ;* séparer, écarter : *ouvrir un livre, les paupières, des noix, des huîtres,* etc. ; établir, creuser, fouiller : *ouvrir une route, un canal, une mine ;* percer, entamer : *ouvrir une veine, un pâté. Fig.* Commencer : *ouvrir le bal, une campagne, une session, un cours ;* exciter : *ouvrir l'appétit ;* proposer : *ouvrir un avis. Ouvrir un port,* le rendre libre, *ouvrir les oreilles,* écouter attentivement ; *ouvrir de grands yeux,* regarder avec curiosité, surprise ; *ouvrir les yeux,* sortir de son aveuglement ; *ouvrir les yeux d'un autre,* l'éclairer ; *ouvrir son cœur à quelqu'un,* lui confier ses plus secrets sentiments ; *lui ouvrir sa maison,* l'accueillir ; *lui ouvrir sa bourse,* lui offrir de l'argent ; *ouvrir l'esprit,* le rendre plus capable de comprendre ; *ouvrir un compte à quelqu'un,* commencer à lui faire crédit ; *ouvrir la chasse,* fixer l'époque où il sera permis de chasser. V. int. Donner accès : *cette porte ouvre sur le jardin.* **S'ouvrir**, v. pr. : *cette fenêtre s'ouvre difficilement. Fig. S'ouvrir à quelqu'un,* lui découvrir sa pensée ; *s'ouvrir un passage,* se le frayer ; *la scène s'ouvre,* commence.

OUVROIR, n. m. Établissement public de bienfaisance, où l'on procure de l'ouvrage aux jeunes filles et aux femmes pauvres.

OVAIRE, n. m. Partie des animaux ovipares où se forment les œufs. *Bot.* Partie inférieure du pistil, qui renferme les semences.

OVALE, adj. Qui a la forme de l'œuf. N. m. *Géom. : décrire un ovale.*

OVATION, n. f. Petit triomphe chez les Romains ; honneur rendu à quelqu'un par une assemblée, un grand concours d'hommes.

OVE, n. m. Ornement en forme d'œuf.

† OVIPARE, adj. et n. Se dit de tous les animaux qui se reproduisent par des œufs.

OVOÏDE, adj. Qui a la forme d'un œuf : *fruit, glande ovoïde.*

OXYDABLE, adj. Qui peut s'oxyder

OXYDATION, n. f. *Chim.* Action d'oxyder; état de ce qui est oxydé.

OXYDE, n. m. Tout composé renfermant de l'oxygène.

OXYDER, v. tr. Réduire à l'état d'oxyde. S'oxyder, v. pr. Passer à l'état d'oxyde.

OXYDULÉ, ÉE, adj. Légèrement oxydé.

OXYGÉNATION, n. f. Synonyme d'*oxydation*.

OXYGÈNE, n. m. Corps simple, incolore, sans odeur ni saveur, formant la partie respirable de l'air.

OXYGÉNÉ, ÉE, adj. Qui contient de l'oxygène.

OXYGÉNER, v. tr. Opérer la combinaison d'un corps avec l'oxygène.

P

P, n. m. Seizième lettre de l'alphabet et douzième des consonnes.

PACAGE, n. m. Pâturage.

PACAGER, v. int. Faire paître, faire pâturer.

PACE. V. *In pace.*

PACHA, n. m. Haut dignitaire en Turquie.

PACHALIK, n. m. Pays soumis au gouvernement d'un pacha.

PACHYDERMES, n. m. pl. Classe de mammifères à peau très-épaisse, comme l'éléphant, le rhinocéros, etc.

PACIFICATEUR, TRICE. n. Qui apaise les troubles d'un État, d'une province.

PACIFICATION, n. f. Rétablissement de la paix dans un État.

PACIFIER, v. tr. Rétablir la paix dans un État.

PACIFIQUE, adj. Qui aime la paix: *homme pacifique*; paisible: *règne pacifique.*

PACIFIQUEMENT, adv. D'une manière pacifique.

PACOTILLE, n. f. Quantité de marchandises assorties que peuvent embarquer, pour leur compte, les gens de l'équipage ou les passagers. *Marchandises de pacotille*, de qualité inférieure. *Fig.* Grande quantité d'objets.

PACTE. n. m. Accord, convention: *rompre un pacte.*

PACTISER, v. int. Faire un pacte. *Fig.* Composer, transiger: *pactiser avec sa conscience.*

†PACTOLE, n. m. Fleuve de Lydie.

PADOU, n. m. Ruban moitié fil et moitié soie.

PAGAIE, n. f. Petit aviron court des sauvages.

PAGANISME, n. m. Religion des païens.

PAGE, n. f. Un des côtés d'un feuillet de papier; écriture contenue dans la page. *Fig.* C'est la plus belle *page* de son histoire, l'action qui lui fait le plus d'honneur.

PAGE, n. m. Jeune homme attaché au service d'un prince, d'un seigneur, d'une châtelaine. *Fig.* Tour *de page*, espièglerie; *être hors de page*, être son maître, hors de toute dépendance.

PAGINATION, n. f. Série des numéros des pages d'un livre.

PAGINER, v. tr. Numéroter les pages d'un livre.

PAGNE, n. m. Morceau de toile de coton dont les nègres et les Indiens se couvrent depuis la ceinture jusqu'aux genoux.

PAGNON, n. m. Drap noir très-fin fabriqué à Sédan.

PAGODE, n. f. Temple, idole de la plupart des peuples de l'Asie; petite figure grotesque à tête mobile; monnaie d'or des Indes.

PAÏEN, ENNE, adj. Idolâtre: *nations païennes*; qui a rapport aux idoles: *religion païenne*. N. m.: les *dieux des païens.*

PAILLARD, E, adj. et n. Débauché.

PAILLARDISE, n. f. Penchant pour la débauche.

PAILLASSE, n. f. Amas de paille enfermé dans une toile; la toile elle-même: *remplir la paillasse.*

PAILLASSE, n. m. Bateleur, bouffon de foire.

PAILLASSON, n. m. Natte de paille ou de jonc, qu'on place à la porte des appartements pour essuyer les pieds; espèce de claie faite avec de la paille longue, dont on couvre les couches et les espaliers pour les garantir de la gelée.

PAILLE, n. f. Chaume desséché des graminées quand on a retiré les grains de l'epi. *Fig.* Défaut de liaison dans la fusion des métaux, du fer surtout. *Homme de paille*, prête-nom; *feu de paille*, passion, ardeur de peu de durée; *rompre la paille*, se brouiller; *tirer à la courte paille*, tirer au sort avec des brins de paille d'une longueur inégale,

PAILLE-EN-QUEUE, n. m. Oiseau de mer, dont la queue est terminée par deux plumes longues et effilées.

PAILLET (*vin*), adj. Peu chargé en couleur.

PAILLETTE, n. f. Parcelle d'or qu'on trouve dans quelques rivières; petite lame très-mince d'or, d'argent, percée au centre, et qu'on applique sur quelque étoffe pour l'orner.

PAILLEUX, EUSE, adj. Qui a des pailles : *métal pailleux.*

PAIN, n. m. Aliment fait de farine pétrie et cuite. **Pain de munition**, fabriqué pour les soldats; **pain d'épice**, sorte de gâteau fait de farine de seigle, de miel, et de différentes substances aromatiques; **pain bénit**, distribué à la grand'messe. *Fig. Pain des anges, pain céleste,* l'Eucharistie; *pain de vie,* la parole de Dieu; *pain à cacheter,* pour cacheter les lettres; *pain à chanter,* hostie en feuille, non consacrée. Certaines substances mises en masse : *pain de sucre, pain de noix, pain de savon.*

PAIR, n. m. Autrefois, grand vassal du roi; membre de la chambre haute qui faisait partie du pouvoir législatif en France, de 1815 à 1848.

PAIR, adj. m. Egal : *être pair et compagnon avec quelqu'un. Nombre pair,* exactement divisible par deux. N. m. *Rente au pair,* au taux auquel elle a été primitivement émise; *être au pair,* au courant de son travail; *être au pair, dans une maison de commerce,* être logé et nourri, sans appointements; *pair ou non,* espèce de jeu de hasard. Pl. Egaux : *être jugé par ses pairs.* **De pair,** loc. adv. Sur le même rang.

PAIRE, n. f. Couple d'animaux de la même espèce : *une paire de pigeons;* deux choses de même sorte qui vont ensemble : *une paire de gants;* chose unique composée essentiellement de deux pièces : *une paire de ciseaux. Une paire de bœufs,* deux bœufs destinés à être attachés au même joug; *une paire d'amis,* deux amis; *c'est une autre paire de manches,* c'est une autre affaire. *Fam.*

PAIRESSE, n. f. Femme d'un pair de France.

PAIRIE, n. f. Ancienne dignité de pair.

PAISIBLE, adj. Qui est d'humeur douce et pacifique : *homme, animal paisible;* tranquille, qui n'est point troublé : *règne paisible;* qui n'est point inquiété dans la possession du bien : *paisible possesseur d'un héritage;* où l'on vit en paix : *habitation paisible.*

PAISIBLEMENT, adv. D'une manière paisible.

PAISSON, n. f. Tout ce que paissent et broutent les animaux.

PAÎTRE, v. tr. (*Je puis, nous paissons. Je paissais, nous paissions. Point de passé déf. Je paîtrai, n. paîtrons. Je paîtrais, n. paîtrions. Pais, paissons. Q. je paisse, q. n. paissions. Point d'imp. Paissant.*) Brouter l'herbe. V. int. : *mener paître, faire paître. Fig. et Fam.* Envoyer paître quelqu'un, le renvoyer avec colère ou mépris.

PAIX, n. f. Etat d'un pays qui n'est point en guerre; réconciliation : *faire la paix;* repos : *laisser en paix;* tranquillité de l'âme : *être en paix avec sa conscience;* union dans les familles : *ici règnent l'ordre et la paix.* Interj. pour commander le silence : *paix donc!*

PAL, n. m. Pieu aiguisé par un bout, servant au supplice de certains condamnés à mort en Turquie. *Blas.* Une des pièces principales de l'écu.

PALADIN, n. m. Chacun des principaux seigneurs qui suivaient Charlemagne à la guerre; chevalier errant; coureur d'aventures.

PALAIS, n. m. Résidence des rois et des empereurs; maison magnifique; lieu où les tribunaux rendent la justice. *Gens de palais,* juges, avocats, etc.; *style de palais,* dont on se sert dans les actes judiciaires.

PALAIS, n. m. Partie supérieure du dedans de la bouche. *Fig.* Sens du goût : *avoir le palais fin.*

PALAN, n. m. Assemblage de poulies et de cordages, pour exécuter des manœuvres et mouvoir de pesants fardeaux.

PALANQUIN, n. m. Sorte de chaise ou de litière dans laquelle les riches indiens se font porter.

PALASTRE, n. m. Boîte de fer qui forme la partie extérieure d'une serrure.

PALATALE, adj. f. Se dit des consonnes produites par le mouvement de la langue qui va toucher le palais, comme, *d, l, n, r, t.*

PALATIN, E, adj. *Electeur palatin, princesse palatine,* qui avait ses Etats sur le Rhin. N. m. Vice-roi de Hongrie; gouverneur d'une province en Pologne.

PALATINAT, n. m. Dignité, territoire, province du palatin.

PALATINE, n. f. Fourrure dont les femmes ornent leur cou en hiver.

PALE, n. f. Partie de la rame qui est plate et qui entre dans l'eau; petite vanne qui sert à ouvrir et à fermer le biez d'un moulin; carton carré garni de toile blanche, qui sert à couvrir le calice pendant la messe.

PÂLE, adj. Blême, décoloré : *figure pâle* ; terne, sans éclat : *la pâle lueur des étoiles* ; faible de couleur : *jaune pâle*. *Fig. Style pâle*, sans force, sans éclat.

PALÉE, n. f. Rang de pieux enfoncés en terre.

PALEFRENIER, n. m. Valet qui panse les chevaux.

PALEFROI, n. m. Au moyen-âge, cheval de parade des souverains, des princes ; cheval doux et bien dressé que montaient les dames nobles.

PALÉOGRAPHIE, n. f. Art de déchiffrer les écritures anciennes.

PALERON, n. m. Partie plate et charnue de l'épaule de certains animaux, comme le cheval, le bœuf, etc.

PALET, n. m. Pierre ou pièce de métal plate et ronde, qu'on jette le plus près possible d'un but marqué.

PALETTE, n. f. Petite planchette mince et de forme ovale, sur laquelle les peintres placent leurs couleurs ; espèce de raquette en bois ; chacune des plaques des roues d'un bateau à vapeur ; petit vase d'une capacité déterminée, dans lequel on reçoit le sang de ceux que l'on saigne : *tirer à quelqu'un deux palettes de sang*.

PÂLEUR, n. f. Couleur de ce qui est pâle : *la pâleur du teint*.

PALIER, n. m. Plate-forme à chaque étage d'un escalier.

PALINGÉNÉSIE, n. f. Régénération des êtres : *la fable du phénix renaissant de ses cendres, paraît être une figure allégorique du dogme de la palingénésie*.

PALINODIE, n. f. Rétractation de ce qu'on avait dit. *Chanter la palinodie*, louer ce qu'on avait d'abord dénigré.

PÂLIR, v. int. Devenir pâle : *pâlir de colère*. *Fig. Pâlir sur les livres*, étudier sans relâche ; *son étoile pâlit*, sa puissance, son crédit diminue. V. tr. Rendre pâle : *la fièvre l'a pâli*.

PALIS, n. m. Petit pieu pointu par un bout ; suite de pieux formant une palissade.

PALISSADE, n. f. Barrière, clôture faite avec des pieux : *franchir une palissade* ; haie d'arbres ou d'arbustes plantés les uns près des autres : *une palissade de buis*.

PALISSADER, v. tr. Entourer de palissades.

PALISSAGE, n. m. Action de palisser.

PALISSANDRE, n. m. Bois violet et odorant, dont on fait un grand usage dans l'ébénisterie.

PÂLISSANT, E, adj. Qui pâlit.

PALISSER, v. tr. Attacher les branches d'un arbre contre un mur ou un treillage, pour en faire un espalier.

† PALLADIUM, n. m. Statue de *Pallas*, qui passait pour être le gage de la conservation de Troie. *Fig. Garantie, sauvegarde* : *les lois sont le palladium de la société*.

PALLADIUM, n. m. Métal blanc très-ductile et extrêmement dur.

PALLAS, n. f. Planète de notre système.

PALLIATIF, IVE, adj. et n. Ce qui n'a qu'une efficacité momentanée ; *remède palliatif, prendre un palliatif. Fig.* : *dans un État, les demi-mesures ne sont que des palliatifs*.

PALLIATION, n. f. Action de pallier, de calmer momentanément une douleur.

PALLIER, v. tr. Donner une couleur favorable à une chose mauvaise : *essayer de pallier une faute. Méd. Pallier un mal*, ne le guérir qu'en apparence.

PALLIUM, n. m. Mot lat. Ornement de laine blanche, que le pape envoie aux évêques pour marque de leur pouvoir, de leur dignité. Pl. des *pallium*.

PALMA-CHRISTI, n. m. Nom latin de la plante appelée *ricin*.

PALME, n. f. Branche de palmier. *Fig. Remporter la palme*, la victoire dans un combat, dans une discussion ; *la palme du martyre*, mort glorieuse soufferte pour la foi.

PALME, n. m. Mesure en usage chez les anciens, égale au travers de la main.

PALMÉ, ÉE, adj. Semblable à une main ouverte : *feuille palmée*. Se dit des doigts des oiseaux, lorsqu'ils sont réunis par une membrane, comme chez l'oie, le canard, etc.

PALMIERS, n. m. pl. Famille de grands arbres exotiques, comme le dattier, le cocotier, etc.

PALMIPÈDES, n. m. pl. Famille d'oiseaux à doigts *palmés*, comme l'oie, le canard, le cygne, le pingouin, le pélican, le cormoran, etc.

PALMISTE, n. m. Nom générique des palmiers qui portent à leur sommet un bourgeon appelé *chou palmiste*, qu'on mange en salade.

PALMITE, n. m. Moelle des palmiers, d'une saveur douce et agréable.

PALOMBE, n. f. Espèce de pigeon ramier.

PALONNIER, n. m. Pièce d'une voiture, qui sert à attacher les traits.

PÂLOT, OTTE, adj. Un peu pâle. *Fam.*

PALPABLE, adj. Qui se fait sentir au toucher. *Fig.* Clair, évident : *vérité palpable.*

PALPÉBRAL, E, adj. Qui appartient aux paupières.

PALPER, v. tr. Toucher doucement avec la main. *Fig. Palper de l'argent,* le toucher, le recevoir.

PALPITANT, E, adj. Qui palpite.

PALPITATION, n. f. Mouvement violent et déréglé du cœur.

PALPITER. v. int. Avoir des palpitations. *Fig. : palpiter de joie.*

PALSAMBLEU, PALSANGUÉ, PALSANGUIENNE. Juremens familiers de l'ancienne comédie.

PALTOQUET, n. m. Homme épais et grossier.

PÂMER, v. int. **Se pâmer,** v. pr. Tomber en pâmoison. *Se pâmer de rire,* rire avec excès ; *se pâmer de joie,* se laisser aller aux transports de la joie.

PÂMOISON, n. f. Défaillance : *tomber en pâmoison.*

PAMPE, n. f. Feuille roulée autour du tuyau des graminées.

PAMPHLET, n. m. Brochure satirique et mordante.

PAMPHLÉTAIRE, n. m. Auteur de pamphlets.

PAMPLEMOUSSE, n. f. Variété d'oranger.

PAMPRE, n. m. Rameau de vigne chargé de feuilles et de fruits. *Myth.* Parure ordinaire de Bacchus, de Silène et des Bacchantes. *Arch.* Ornement imitant une branche de vigne, dont on décore le creux des colonnes torses.

PAN, n. m. Partie considérable d'un vêtement ; partie d'un mur ; l'un des côtés d'un ouvrage de menuiserie, d'orfèvrerie, etc. : *salière à 8 pans.*

PANACÉE, n. f. Remède universel.

PANACHE, n. m. Assemblage de plumes flottantes, dont on orne un casque, un chapeau ; partie supérieure d'une lampe d'église.

PANACHÉ, ÉE, adj. De diverses couleurs : *rose panachée. Absinthe panachée,* mêlée à une liqueur douce ; *glace panachée,* formée de deux ou de plusieurs sortes de glaces.

PANACHURE, n. f. Veines, diaprures de diverses couleurs, qui recouvrent certains végétaux dans un état de maladie.

PANADE, n. f. Soupe faite d'eau, de pain et de beurre qui ont bouilli ensemble.

PANADER (SE), v. pr. Marcher avec un air d'ostentation, comme le *paon.*

PANAGE, n. m. Droit que l'on paye au propriétaire d'une forêt, pour y mettre des porcs à la glandée.

PANAIS, n. m. Plante potagère, de la famille des ombellifères.

PANARIS, n. m. Inflammation avec tumeur, qui vient au bout des doigts.

PANATHÉNÉES, n. f. pl. Fêtes qu'on célébrait à Athènes en l'honneur de Minerve.

PANCALIER, n. m. Variété de chou frisé.

PANCARTE, n. f. Placard affiché pour donner quelque avis au public.

PANDECTES, n. f. pl. Recueil des décisions romaines que l'empereur Justinien convertit en lois.

PANDÉMONIUM, n. m. Lieu des enfers où, d'après Milton, Satan convoque le conseil des démons. *Fig.* Lieu où règnent tous les genres de corruption et de désordre.

† **PANDORE** (*boîte de*), n. f. D'où les anciens supposaient que tous les maux étaient sortis.

PANDOUR. n. m. Soldat hongrois. *Fig.* Homme grossier.

PANÉE (*eau*, adj. f. Dans laquelle on a fait tremper du *pain rôti. Côtelette panée,* couverte de pain émietté.

PANÉGYRIQUE, n. m. Discours public à la louange de quelqu'un ; éloge outré.

PANÉGYRISTE, n. m. Qui fait un panégyrique. *Par ext.* Celui qui fait l'éloge de quelqu'un, qui le prône.

PANER, v. tr. Couvrir de pain émietté de la viande qu'on fait griller.

PANERÉE, n. f. Le contenu d'un panier entièrement rempli.

PANETERIE, n. f. Lieu où l'on fait la distribution du pain dans les grands établissements.

PANETIER, n. m. Celui qui est chargé de la distribution du pain dans les grands établissements.

PANETIÈRE, n. f. Petit sac dans lequel les bergers mettent leur pain.

PANIER, n. m. Ustensile d'osier, de jonc, etc., qui sert à contenir les provisions, les marchandises ; ce qu'il contient : *panier de fruits* ; autrefois, espèce de jupon bouffant garni de cercles de baleine. *Fig. Panier percé,* personne prodigue, dépensière ; *faire danser l'anse du panier,* se dit d'une domestique qui prélève des bénéfices illicites sur les provisions.

PANIFICATION, n. f. Conversion des matières farineuses en pain.

† **PANIQUE** (*terreur*), adj. Subite et sans fondement.

PANNE, n. f. Étoffe imitant le velours, mais d'un tissu plus grossier, à poil plus long et moins serré.

PANNE, n. f. Graisse dont est garnie intérieurement la peau du ventre du cochon.

PANNE, n. f. *Mar. Mettre un vaisseau en panne,* disposer les voiles de manière à arrêter la marche du navire. *Fig. Rester en panne,* suspendre toute action en attendant le moment favorable.

PANNE, n. f. *Charp.* Pièce de bois posée horizontalement sur la charpente d'un comble, pour porter les chevrons.

PANNEAU, n. m. Toute partie d'un ouvrage d'architecture, de menuiserie, d'orfévrerie, qui offre une surface ornée de moulures ou enfermée dans une bordure; filet pour prendre des lièvres, des lapins, etc. *Fig. Donner dans le panneau,* se laisser duper.

PANNETON, n. m. Partie d'une clé qui entre dans la serrure.

PANONCEAU, n. m. Écusson à la porte des notaires, des huissiers, etc.

PANOPLIE, n. f. Au moyen-âge, armure complète d'un chevalier; aujourd'hui, sorte de trophée d'armes qu'on suspend aux murs d'un arsenal ou d'un musée.

PANORAMA, n. m. Grand tableau circulaire déroulé sur les murs d'une rotonde éclairée par le haut, et dont le spectateur occupe le centre.

PANSAGE, n. m. Action de panser un cheval.

PANSE, n. f. Le premier des quatre estomacs des ruminants; ventre; partie arrondie de la lettre *a.*

PANSEMENT, n. m. Action de panser une plaie.

PANSER, v. tr. Appliquer à une plaie les remèdes nécessaires; étriller, soigner : *panser un cheval.*

PANSU, E, adj. et n. Qui a un gros ventre. *Fam.*

PANTALON, n. m. Vêtement d'homme qui descend de la ceinture aux pieds; personnage de la comédie italienne; figure de contredanse.

PANTALONNADE, n. f. Farce de la comédie italienne.

PANTELANT, E, adj. Haletant. *Chair pantelante,* chair d'un animal récemment tué, lorsqu'elle palpite encore.

† **PANTHÉISME,** n. m. Système de ceux qui identifient Dieu et le monde.

PANTHÉISTE, n. m. Partisan du panthéisme.

† **PANTHÉON,** n. m. Temple que les Grecs et les Romains consacraient à tous leurs dieux à la fois; monument

national où les Français ont déposé, pendant un temps, les restes de ceux qui avaient illustré la patrie.

PANTHÈRE, n. f. Quadrupède carnassier du genre chat.

PANTIÈRE, n. f. Filet qu'on tend verticalement pour prendre les oiseaux qui volent par troupe.

PANTIN, n. m. Figure de carton peint, représentant un personnage burlesque dont on fait mouvoir les membres par le moyen d'un fil. *Fig.* Homme qui gesticule ridiculement, ou qui flotte sans cesse d'une opinion à une autre.

PANTOGRAPHE, n. m. Instrument au moyen duquel on copie mécaniquement toute espèce de dessins et de gravures.

PANTOIS, adj. m. Honteux, interdit.

PANTOMIME, n. f. Action ou art d'exprimer les passions par des gestes, sans le secours de la parole; pièce où les acteurs suppléent à la parole par le geste. N. m. Acteur qui joue dans ces sortes de pièces.

PANTOUFLE, n. f. Chaussure de chambre, sans quartier ni garniture.

PAON, n. m. Grand oiseau domestique, d'un beau plumage et d'un cri fort aigre; espèce de papillon. *Fig.* Homme vain, orgueilleux.

PAONNE, n. f. Femelle du paon.

PAONNEAU, n. m. Jeune paon.

PAPA, n. m. Père, dans le langage des enfants.

PAPAL, E, adj. Qui appartient au pape : *autorité papale.*

PAPAS, n. m. Nom que les chrétiens du Levant donnent à leurs prêtres.

PAPAUTÉ, n. f. Dignité de pape : *aspirer à la papauté;* temps pendant lequel un pape a occupé le saint-siège.

PAPAYER, n. m. Grand arbre de l'Amérique tropicale, dont le fruit a la forme d'un melon.

PAPE, n. m. Le chef de l'église catholique romaine.

PAPEGAI, n. m. Oiseau de bois peint, qu'on place au haut d'une perche pour servir de but, à certains jeux d'adresse.

PAPELARD, E, adj. Qui marque l'hypocrisie : *voix papelarde.* N. m. Faux dévot.

PAPELARDISE, n. f. Hypocrisie.

PAPERASSE, n. f. Papier écrit qui n'a plus aucune utilité.

PAPERASSER, v. int. Remuer, arranger des papiers; faire des écritures inutiles.

PAPERASSIER, n. m. Qui aime à

feuilleter, à conserver des papiers inutiles.

PAPETERIE, n. f. Manufacture de papier; commerce de papier.

PAPETIER, n. m. Qui vend du papier.

† **PAPIER**, n. m. Feuille sèche et mince, faite de toute sorte de chiffons réduits en pâte, pour écrire, imprimer, etc. *Mettre ses idées sur le papier*, les écrire. † **Papier-monnaie**, créé autrefois, et qui avait le cours de l'argent monnayé; *papier timbré*, marqué du timbre de l'État; *papier libre* ou *papier-mort*, non timbré; *figure de papier mâché*, pâle et blême. *Fam.* Pl. Passe-port, titres, renseignements, etc.: *avez-vous vos papiers?* gazettes, journaux: *papiers publics. Rayez cela de vos papiers*, n'y comptez pas; *être bien ou mal dans les papiers de quelqu'un*, dans son esprit.

PAPILLAIRE, adj. Qui a des papilles.

PAPILLES, n. f. pl. Petites éminences plus ou moins saillantes, qui s'élèvent à la surface de la peau et principalement de la langue.

PAPILLON, n. m. Insecte à quatre ailes couvertes d'écailles fines comme la poussière et parées des plus belles couleurs. *Fig.* Esprit léger, volage.

PAPILLONNER, v. int. Voltiger d'objets en objets. *Fam.*

PAPILLOTAGE, n. m. Mouvement continuel et involontaire des yeux.

PAPILLOTE, n. f. Morceau de papier dont on enveloppe les cheveux pour les tenir frisés; dragée enveloppée d'un papier frisé. *Côtelette en papillote*, côtelette de veau panée, que l'on enveloppe d'une feuille de papier pour la faire cuire.

PAPILLOTER, v. int. Se dit d'un mouvement continuel des paupières, qui empêche les yeux de se fixer sur un objet. *Peint.* Fatiguer les yeux par des reflets trop éclatants. *Impr.* Marquer double sur une feuille imprimée.

PAPISME, n. m. Terme dont les protestants se servent pour désigner l'église catholique romaine.

PAPISTE, n. m. Nom que les protestants donnent aux catholiques romains.

PAPYRUS, n. m. Arbrisseau d'Egypte sur l'écorce duquel écrivaient les anciens.

† **PÂQUE**, n. f. Fête annuelle des Juifs, en mémoire de leur sortie d'Egypte: *célébrer la pâque.*

† **PÂQUE** ou **PÂQUES**, n. m. Fête de l'Eglise chrétienne en mémoire de la résurrection de Jésus-Christ. N. f. pl. *Pâques fleuries*, le dimanche des Rameaux. *Faire ses pâques*, communier dans la quinzaine de Pâques.

PAQUEBOT, n. m. Bâtiment de mer pour le transport des lettres et des passagers.

PÂQUERETTE, n. f. Marguerite blanche qui fleurit dès les premiers jours du printemps, vers *Pâques.*

PAQUET, n. m. Assemblage de plusieurs choses attachées ou enveloppées ensemble. *Impr.* Certaine quantité de lignes de composition liées ensemble avec une ficelle. *Fig.* Faire son paquet, s'en aller de la maison où l'on demeurait; *risquer le paquet*, s'engager dans une affaire douteuse.

PAR, prép. Signifie à travers: *passer par Bordeaux*; sert à désigner la cause, le moyen, l'instrument, la manière, etc. **De par**, loc. prép. Par l'ordre de, au nom de: *de par la loi*. Se joint à plusieurs adverbes: *par-deçà, par-delà, par-ci, par-là, par-dessus, par-devant, par-derrière*, etc.

PARABOLE, n. f. Allégorie sous laquelle se cache quelque vérité importante.

PARABOLE, n. f. *Géom.* Ligne courbe qui résulte de la section d'un cône par un plan parallèle à l'un de ses côtés: *les projectiles lancés par une bouche à feu décrivent une parabole.*

PARABOLIQUE, adj. Qui tient de la parabole, de l'allégorie: *sens parabolique.*

PARABOLIQUE, adj. Courbé en parabole: *ligne parabolique.*

PARABOLIQUEMENT, adv. En décrivant une parabole.

PARACHÈVEMENT, n. m. Fin d'un ouvrage. *Vieux.*

PARACHEVER, v. tr. Terminer. *Vieux.*

PARACHRONISME, n. m. Faute de chronologie, qui consiste à placer un événement plus tard que l'époque à laquelle il est arrivé: *c'est par parachronisme que Virgile fait Enée contemporain de Didon.*

PARACHUTE, n. m. Machine qu'emploient les aéronautes pour descendre à terre, quand ils ont abandonné le ballon.

PARACLET, n. m. Nom biblique donné au Saint-Esprit, et qui signifie consolateur.

PARADE, n. f. Montre, étalage; ce qui sert d'ornement: *meuble de parade*; ostentation: *faire parade de son talent*; revue: *assister à la parade*; action de parer un coup: *prompt à la parade*; scènes burlesques que donnent les bateleurs à la porte de leur théâtre. **Lit de parade**, lit richement orné, sur lequel on expose, après leur mort, les personnages de grande distinction.

PARADER, v. int. Croiser le fer; manœuvrer : *faire parader un cheval, des troupes.*

PARADIGME, n. m. Exemple, modèle : *les verbes* **aimer, finir, recevoir, rendre** *sont les quatre paradigmes des conjugaisons françaises.*

†PARADIS, n. m. Dans l'Ancien Testament, jardin de délices; dans le Nouveau, séjour des bienheureux. *Fig.* Pays enchanteur : *cette campagne est un vrai paradis*; état le plus heureux dont on puisse jouir : *un bon ménage est le paradis sur la terre*; au théâtre, amphithéâtre situé au plus haut rang des loges. *Oiseau de paradis*, oiseau de la zone torride, remarquable par la magnificence de son plumage.

PARADOXAL, E, adj. Porté au paradoxe : *esprit paradoxal*; qui tient du paradoxe : *opinion paradoxale.*

PARADOXE, n. m. Proposition contraire à l'opinion commune : *la rondeur de la terre a été longtemps regardée comme un paradoxe.*

PARAFE ou **PARAPHE**, n. m. Un ou plusieurs traits qui accompagnent ordinairement une signature.

PARAFER ou **PARAPHER**, v. tr. Mettre son parafe au bas d'un écrit.

PARAGE, n. m. Extraction, qualité : *dame de haut parage.*

PARAGE, n. m. Espace de mer, partie des côtes accessible à la navigation. Pl. *Par ext.* Lieu où des personnes se rencontrent : *que faites-vous dans ces parages?*

PARAGOGE, n. f. *Gram.* Addition d'une lettre ou d'une syllabe à la fin d'un mot : **que** *forme paragoge dans* **avecque.**

PARAGOGIQUE, adj. Se dit de la lettre ou syllabe qu'on ajoute à la fin d'un mot, comme *dà* dans *oui-dà.*

PARAGRAPHE, n. m. Petite section d'un chapitre, qui s'indique par le signe §; ce signe même.

PARAÎTRE, v. int. Se faire voir : *dès que l'aurore parut*; sembler : *il paraît souffrant*; être publié : *ce livre a paru*; exister : *le plus grand roi qui ait paru. Fig.* Briller : *chercher à paraître*; se manifester : *son orgueil paraît dans toutes ses actions.* V. Impers. *Il paraît que*, il y a apparence que; *il y paraît*, on le voit bien, il en reste des traces.

PARALIPOMÈNES, n. m. pl. Titre de deux livres de l'Ancien Testament, attribués à Esdras.

PARALLACTIQUE, adj. Qui appartient à la parallaxe : *angle parallactique.*

PARALLAXE, n. f. *Astr.* Angle formé au centre d'un astre par deux lignes qui se tirent, l'une du centre de la terre, l'autre de l'œil de l'observateur placé à sa surface.

PARALLÈLE, adj. Se dit de deux lignes ou de deux surfaces également distantes l'une de l'autre dans toute leur étendue. N. f. Ligne parallèle à une autre : *tirer une parallèle. Fortif.* Fossé creusé parallèlement au côté de la place qu'on assiège. N. m. Cercle parallèle à l'équateur.

PARALLÈLE, n. m. Écrit, discours où l'on examine les rapports, les différences que deux personnes ou deux choses ont entre elles.

PARALLÈLEMENT, adv. D'une manière parallèle.

PARALLÉLIPIPÈDE, n. m. Solide à six faces parallèles deux à deux, et dont la base est un parallélogramme.

PARALLÉLISME, n. m. État de deux lignes, de deux plans parallèles.

PARALLÉLOGRAMME, n. m. Surface plane dont les côtés sont parallèles.

PARALOGISME, n. m. Faux raisonnement.

PARALYSER, v. tr. Frapper de paralysie. *Fig.* Frapper d'inertie, neutraliser : *paralyser des efforts.*

PARALYSIE, n. f. Privation entière, ou diminution considérable du sentiment, du mouvement volontaire.

PARALYTIQUE, adj. et n. Atteint de paralysie.

PARANGON, adj. *Diamant parangon*, sans défaut.

PARAPET, n. m. Partie supérieure d'un rempart, destinée à couvrir ceux qui sont chargés de le défendre; muraille à hauteur d'appui, élevée le long d'une terrasse, d'un pont, d'un quai, etc.

PARAPHE, n. m. V. *Parafe.*

PARAPHERNAUX, adj. m. pl. *Biens paraphernaux*, qui ne font point partie de la dot d'une femme, et que le mari ne peut aliéner sans son consentement.

PARAPHRASE, n. f. Explication étendue d'un texte. *Fig.* Interprétation maligne; discours, écrits verbeux et diffus.

PARAPHRASER, v. tr. Faire des paraphrases. *Fig.* Étendre, amplifier.

PARAPHRASEUR, EUSE, n. Qui amplifie un fait en le rapportant.

PARAPHRASTE, n. m. Auteur de paraphrases.

PARAPLUIE, n. m. Petit pavillon qu'on tient à la main pour se garantir de la pluie.

PARASITE, n. m. Ecornifleur, qui mange chaque jour à la table d'autrui. Adj. *Plante parasite,* qui végète sur une autre et se nourrit de sa substance; *insecte parasite,* qui, comme le pou, vit sur un autre animal; *ornements, mots parasites,* surabondants, superflus.

PARASOL, n. m. Petit pavillon portatif pour se garantir du soleil.

†**PARATONNERRE**, n. m. Appareil destiné à préserver les bâtiments des effets de la foudre.

PARAVENT, n. m. Meuble composé de plusieurs châssis mobiles, recouverts de papier ou d'étoffe, pour garantir du vent.

PARBLEU, interj. Sorte de jurement.

PARC, n. m. Enclos d'une certaine étendue, pour la promenade et les plaisirs de la chasse; pâtis entouré de fossés, où l'on met les bœufs à l'engrais; clôture faite de claies où l'on renferme les moutons en été; espèce d'étang où l'on met grossir et verdir les huîtres; endroit où une armée en campagne place ses munitions, son artillerie; voitures qui font le transport du matériel d'une armée.

PARCAGE, n. m. Séjour des moutons parqués sur des terres labourables.

PARCELLAIRE, adj. Fait par petites parties de terre : *cadastre parcellaire.*

PARCELLE, n. f. Petite partie d'une chose.

PARCE QUE, loc. conj. Attendu que.

PARCHEMIN, n. m. Peau de mouton préparée pour écrire et pour divers autres usages. Pl. *Fig.* Titres de noblesse : *fier de ses parchemins.*

PARCHEMINERIE, n. f. Art, commerce, atelier du parcheminier.

PARCHEMINIER, n. m. Celui qui prépare et vend le parchemin.

PARCIMONIE, n. f. Epargne minutieuse.

PARCIMONIEUX, EUSE, adj. Qui a de la parcimonie.

PARCOURIR, v. tr. Aller d'un bout à l'autre : *parcourir une ville. Fig.* Visiter, examiner rapidement : *parcourir un livre.*

PARCOURS, n. m. Chemin que parcourt une voiture publique, un fleuve.

PARDON, n. m. Rémission d'une faute, d'une offense. *Je vous demande pardon,* formule de civilité dont on se sert lorsqu'on veut interrompre quelqu'un, qu'on est d'un autre avis que le sien, ou qu'on lui cause quelque dérangement.

PARDONNABLE, adj. Qui mérite d'être pardonné : *faute pardonnable.*

PARDONNER, v. tr. Accorder le pardon d'une faute commise, d'un crime; excuser : *le monde ne pardonne rien*; tolérer : *pardonnez à ma franchise*; épargner : *la mort ne pardonne à personne. Pardonnez-moi,* formule de civilité.

PAREIL, EILLE, adj. Egal, semblable : *vit-on jamais pareille amitié?* N. m. *Il n'a pas son pareil,* son semblable; *vos pareils,* les gens de votre état, de votre caractère. N. f. *Rendre la pareille,* un traitement pareil à celui qu'on a reçu.

PAREILLEMENT, adv. De la même manière; aussi : *je le désire pareillement.*

PARÉLIE, n. m. V. *Parhélie.*

PAREMENT, n. m. Espèce de retroussis qui est au bout des manches d'un habit. *Maç.* Côté d'une pierre ou d'un mur qui paraît au dehors; grosses pierres de taille dont un ouvrage est revêtu; gros quartiers de pierre qui bordent un chemin pavé.

PARENCHYME, n. m. Tissu propre aux organes glanduleux; tissu cellulaire mou, spongieux, qui, dans les feuilles, dans les jeunes tiges, dans les fruits, remplit les intervalles des parties fibreuses.

PARENT, E, n. Qui est de même sang. Pl. Ceux de qui l'on descend. *Nos premiers parents,* Adam et Eve.

PARENTAGE, n. m. Tous les parents.

PARENTÉ, n. f. Rapport qui existe entre les personnes unies par les liens du sang; tous les parents d'une même personne.

PARENTHÈSE, n. f. Phrase insérée dans une période et formant un sens à part; signe qui indique cette intercalation ( ).

PARER, v. tr. Orner, embellir : *parer un autel*; détourner, éviter : *parer un coup.* V. int. Remédier à : *parer à un inconvénient.* **Se parer**, v. pr. S'orner : *la terre se pare au printemps. Fig.* Faire parade : *se parer des dehors de la vertu.*

PARESSE, n. f. Nonchalance, fainéantise.

PARESSER, v. int. Se laisser aller à la paresse. *Fam.*

PARESSEUX, EUSE, adj. et n. Qui hait l'action, le travail. *Fig. Estomac paresseux*, qui digère péniblement.

PARESSEUX, n. m. Quadrupède qui se meut avec une extrême lenteur.

PARFAIRE, v. tr. Achever : *parfaire un ouvrage;* compléter : *parfaire une somme.*

PARFAIT, E, adj. Qui réunit toutes les qualités, sans mélange de défauts : *Dieu seul est parfait;* accompli dans son genre : *beauté parfaite;* complet : *tranquillité parfaite.* N. m. *Gram.* Temps qui marque une époque écoulée.

PARFAITEMENT, adv. D'une manière parfaite : *écrire parfaitement;* d'une manière complète : *être parfaitement guéri.*

PARFOIS, adv. Quelquefois.

PARFUM, n. m. Odeur agréable.

PARFUMER, v. tr. Répandre une bonne odeur; faire des fumigations pour chasser le mauvais air : *parfumer une chambre.*

PARFUMERIE, n. f. Etat, commerce, marchandises du parfumeur.

PARFUMEUR, EUSE, n. Qui fait et vend des parfums.

PARHÉLIE ou **PARÉLIE**, n. m. Image du soleil réfléchie dans un nuage.

PARI, n. m. Gageure; somme pariée : *le pari est de tant.*

† PARIA, n. m. Membre d'une caste proscrite et maudite dans l'Inde. *Paria politique*, homme privé de toute espèce de droits politiques.

PARIER, v. tr. Faire un pari, une gageure.

PARIÉTAIRE, n. f. Plante rafraîchissante et émolliente, qui croit sur les murailles.

PARIÉTAL, adj. m. Se dit de chacun des deux os qui forment les côtés et la voûte du crâne.

PARIEUR, EUSE, n. Qui parie.

PARISIS, adj. inv. Se disait autrefois de la monnaie qui se frappait à Paris : *sou, livre parisis.*

PARISYLLABIQUE, adj. *Gram.* Se dit des déclinaisons qui ont le même nombre de syllabes à tous les cas.

PARITÉ, n. f. Similitude entre des objets de même nature.

PARJURE, n. m. Faux serment ou violation de serment : *commettre un parjure;* personne qui se parjure. Adj. Qui est coupable de parjure : *ami parjure.*

PARJURER (SE), v. pr. Violer son serment ou en faire un faux.

PARLANT, E, adj. Qui parle : *l'homme est la seule créature parlante. Fig. Portrait parlant,* fort ressemblant.

† PARLEMENT, n. m. Anc. assemblée des grands du royaume, convoqués pour traiter des affaires importantes. *Parlement d'Angleterre,* assemblée des lords et des députés des villes et des provinces, exerçant avec le roi le pouvoir législatif.

PARLEMENTAIRE, adj. Revêtu des formes convenables : *style parlementaire.* N. m. Celui qui, à la guerre, est chargé de faire ou d'écouter des propositions : *se présenter en parlementaire.*

PARLEMENTER, v. int. Faire ou écouter des propositions pour rendre une place. *Fig.* Entrer en voie d'accommodement.

PARLER, v. int. Proférer, articuler des mots; discourir : *parler d'une chose en homme instruit;* manifester sa pensée, sa volonté : *les muets parlent par signes;* prononcer : *parler du nez. Fig.* Commander : *l'honneur parle. Parler en l'air,* légèrement; *sans certitude; parler au cœur,* l'émouvoir; *parler en maître,* avec autorité; *parler haut,* sans ménagement; *parler des grosses dents,* avec menace; *parler d'abondance,* sans préparation; *parler d'or,* très-bien; *faire parler de soi,* se faire une bonne ou une mauvaise réputation. V. tr. : *parler une langue. Parler politique,* en raisonner.

PARLER, n. m. Langage, manière de s'exprimer : *avoir un parler très-doux. Avoir son franc parler,* l'habitude de dire tout ce que l'on pense.

PARLEUR, EUSE, n. Qui a l'habitude de parler beaucoup. *Beau parleur,* qui s'exprime d'une manière agréable.

PARLOIR, n. m. Salle où, dans certains établissements, on reçoit les personnes du dehors.

PARMENTIÈRE, n. f. Nom que l'on donne quelquefois à la pomme de terre.

PARMESAN, n. m. Sorte de fromage fabriqué en Italie.

PARMI, prép. de lieu. Entre, au milieu : *se mêler parmi la foule.*

† PARNASSE, n. m. Montagne de la Phocide, consacrée à Apollon et aux Muses : *le dieu du Parnasse, les filles du Parnasse.* Le Parnasse français, la poésie française, les poètes français.

PARODIE, n. f. Travestissement burlesque d'un ouvrage de littérature sérieux : *faire la parodie de l'Énéide.*

PARODIER, v. tr. Faire une parodie : *parodier une tragédie. Fig.* Imiter, contrefaire : *parodier quelqu'un.*

PARODISTE, n. m. Auteur d'une parodie.

PAROI, n. f. Surface intérieure d'un vase, d'un tube, etc. *Anat:* Parties qui circonscrivent certaines cavités, comme les parois du crâne, de l'estomac, de la vessie.

PAROISSE, n. f. Territoire sur lequel s'étend la juridiction spirituelle d'un curé ; les habitants de ce territoire ; église de la paroisse.

PAROISSIAL, E, adj. De la paroisse : *église paroissiale.*

PAROISSIEN, ENNE, n. Habitant d'une paroisse.

PAROISSIEN, n. m. Livre d'heures.

PAROLE, n. f. Faculté naturelle de parler ; ton de la voix : *avoir la parole douce* : mot prononcé : *parole distincte* ; sentence : *parole mémorable* ; assurance, promesse verbale : *donner sa parole* ; propositions : *porter des paroles de paix. Fig.* Homme *de parole*, exact ; le don *de la parole*, l'éloquence ; *la parole de Dieu*, l'Écriture sainte ; *avoir la parole*, le droit de parler ; *demander la parole*, demander à être entendu ; *porter la parole*, parler au nom de plusieurs ; *perdre la parole*, devenir muet ; *couper la parole*, interrompre ; *n'avoir qu'une parole*, s'en tenir à une chose dite ; *jouer, perdre sur parole*, sur la garantie de sa loyauté. *Ma parole, parole d'honneur*, formules fam. d'affirmation. Pl. Discours piquants : *se prendre de paroles* ; mots d'une chanson : *les paroles sont jolies.*

PAROLI, n. m. Action de doubler au jeu une mise gagnée.

PARONOMASE, n. f. Figure de rhét., qui consiste à employer dans une même phrase des mots dont le son est à peu près semblable, mais dont le sens est différent, ex. : *qui se ressemble s'assemble* ; *l'être vaut mieux que le paraître.*

PARONYME, n. m. Mot qui a du rapport avec un autre par sa forme, son étymologie, comme *abstraire* et *distraire.*

PAROTIDE, n. f. La plus considérable des glandes salivaires ; inflammation de cette glande.

PAROXYSME, n. m. Extrême intensité d'une maladie aiguë, et, par ext., d'une passion : *le paroxysme de la colère.*

PARPAILLOT, n. m. Nom injurieux donné autrefois aux calvinistes par les catholiques ; impie. *Fam.*

PARPAING, n. m. Pierre de taille qui traverse toute l'épaisseur d'un mur.

† **PARQUE**, n. f. Dans la mythologie, divinité des enfers.

PARQUER, v. tr. Mettre dans un parc : *parquer des bœufs.* V. int. : *les moutons ne parquent pas encore.*

PARQUET, n. m. Espace qui est enfermé entre les sièges des juges et le barreau où sont les avocats ; lieu où les officiers du ministère public tiennent leurs séances pour recevoir les communications qui les concernent : *être mandé au parquet du procureur impérial* : ces magistrats mêmes lorsqu'ils tiennent le parquet ; enceinte où se réunissent les agents de change pour constater le cours de la Bourse ; assemblage de feuilles de bois, qui forment le plancher d'une chambre, d'une salle.

PARQUETAGE, n. m. Ouvrage de parquet.

PARQUETER, v. tr. Mettre du parquet dans une chambre, une salle.

PARQUETERIE, n. f. Art de faire du parquet.

PARQUETEUR, n. m. Ouvrier qui fait du parquet.

PARRAIN, n. m. Celui qui tient un enfant sur les fonts de baptême ; qui nomme une cloche quand on la bénit ; celui qui présente un novice, un récipiendaire dans une société secrète ou autre.

† **PARRICIDE**, n. m. Celui qui tue son père, sa mère, ou tout autre ascendant légitime ; le crime même. Adj. : *main parricide.*

PARSEMER, v. tr. Répandre, jeter çà et là : *parsemer un chemin de fleurs.*

PART, n. f. Portion d'un tout qui est divisé entre plusieurs personnes ; chose qui, sans être divisée, peut se communiquer à plusieurs : *avoir part aux bonnes grâces du prince* ; intérêt qu'on prend à un événement : *prendre part au bonheur d'autrui* ; personne : *de quelle part venez-vous?* lieu : *je l'ai vu quelque part. La part du lion*, la plus grosse part ; *avoir part au gâteau*, participer aux profits d'une affaire ; *prendre part à une bonne œuvre*, y concourir ; *faire part d'une chose à quelqu'un*, l'en informer ; *prendre en bonne, en mauvaise part*, trouver bon, mauvais ; *faire la part d'une chose*, en tenir compte : *faire la part des événements.* Loc. adv. De toutes parts, de tous côtés ; de part et d'autre, des deux côtés ; à part, de côté, excepté ; à part moi, à part lui, en moi-même, en lui-même ; pour ma part, quant à moi, de part en part, d'un côté à l'autre : *la balle le traversa de part en part.*

PARTAGE, n. m. Division d'une chose, d'une succession entre plusieurs ; portion de la chose partagée : *cette ferme fut son partage. Fig. : les soucis sont le partage des grands.*

PARTAGEABLE, adj. Qui peut être aisément partagé.

PARTAGEANT, n. m. Celui qui est intéressé dans un partage.

PARTAGER, v. tr. Diviser en plusieurs parts ; posséder avec d'autres ; *partager la faveur du souverain. Fig.* Prendre part à, éprouver avec : *partager la joie d'un ami ;* participer à : *partager les périls ;* douer : *la nature l'a bien partagé ;* être de : *partager l'opinion de quelqu'un ;* séparer en partis opposés : *cette question a partagé la Chambre. Partager le différend,* se relâcher chacun, par moitié, de ses prétentions. V. int. : *il ne partage pas dans cette succession.*

PARTANCE, n. f. Moment où un vaisseau prêt à partir cesse toute communication avec la terre.

PARTANT, conj. Par conséquent.

PARTENAIRE, n. Associé avec lequel on joue.

PARTERRE, n. m. Partie d'un jardin spécialement consacrée à la culture des fleurs ; partie d'une salle de spectacle située au-dessous du niveau de la scène ; spectateurs qui y sont placés : *les applaudissements, les sifflets du parterre.*

PARTHÉNON, n. m. Temple de Minerve à Athènes.

PARTI, n. m. Union de plusieurs personnes contre d'autres qui ont une opinion contraire ; détermination : *prendre un parti ;* profit : *tirer un bon parti ;* condition : *on lui fera un bon parti. Esprit de parti,* disposition favorable envers tout ce qui regarde son parti ; *c'est un parti pris,* c'est une chose arrêtée ; *prendre le parti de quelqu'un,* se tourner de son côté ; *prendre parti contre quelqu'un,* se tourner contre lui ; *faire un mauvais parti à quelqu'un,* le malmener, le maltraiter. Personne à marier : *c'est un excellent parti.*

PARTIAL, E, adj. Qui favorise une personne, une opinion, au préjudice d'une autre.

PARTIALEMENT, adv. Avec partialité : *agir partialement.*

PARTIALITÉ, n. f. Préférence injuste : *montrer de la partialité.*

PARTIBUS (IN), loc. lat. *Évêque in partibus,* qui a un titre d'évêché dans un pays occupé par les infidèles.

PARTICIPANT, E, adj. Qui participe à une chose.

PARTICIPATION, n. f. Action de participer : *participation à un crime, un complot ;* connaissance qu'on a eue d'une chose et part qu'on y a prise : *cela a eu lieu sans sa participation.*

PARTICIPE, n. m. Gram. Mot qui tient à la fois de la nature du verbe et de celle de l'adjectif.

PARTICIPER, v. int. Avoir part : *participer à une conjuration ;* tenir de la nature de : *le mulet participe de l'âne et du cheval.*

PARTICULARISER, v. tr. Faire connaître, préciser les détails, les particularités d'une affaire, d'un événement : *particulariser les moindres circonstances.*

PARTICULARITÉ, n. f. Circonstance particulière : *les particularités d'un voyage.*

PARTICULE, n. f. Petite partie : *les particules d'un corps. Gram.* Petit mot qui ne peut être employé seul et qui s'unit à un radical pour le modifier, comme *dif, dé, ci, dà,* dans *difficile, déplaire, celui-ci, oui-dà,* et, abusivement, tous les mots invariables d'une seule syllabe, comme *et, ou, ni, mais, oui,* etc.

PARTICULIER, ÈRE, adj. Qui appartient proprement à certaines personnes, à certaines choses : *plante particulière à un climat ;* opposé à général : *l'intérêt particulier doit s'effacer devant l'intérêt général ;* spécial, extraordinaire : *avoir un talent particulier pour la musique ;* séparé, distinct : *chambre particulière ;* fantasque, bizarre : *c'est un homme, un caractère tout particulier.* N. m. Personne privée : *c'est un simple particulier. Vivre en son particulier,* faire ordinaire chez soi ; *en mon particulier,* pour ce qui me concerne. **En particulier,** loc. adv. A part.

PARTICULIÈREMENT, adv. Spécialement : *il réussit particulièrement en poésie ;* singulièrement : *il vous honore particulièrement.*

PARTIE, n. f. Portion d'un tout. *Mus.* Chacune des mélodies séparées dont la réunion forme l'harmonie : *morceau à 2, à 3 parties ;* papier sur lequel est écrite chacune de ces mélodies : *voici votre partie. Gram.* Espèce de mots : *les dix parties du discours. Com.* Manière de tenir les livres d'une maison : *tenue des livres en partie simple, en partie double. Jeu.* Totalité des coups qu'il faut jouer ou des points qu'il faut faire pour qu'un des joueurs ait gagné ou perdu. *Partis d'honneur* ou *la belle*, dernière partie que l'on joue, lorsque chacun des deux joueurs en a gagné un nombre égal; *coup de partie*, coup décisif. *Fig.* Faire une *partie de chasse*, *de promenade*, aller à la chasse, à la promenade; *quitter la partie*, se désister d'une chose, y renoncer; *la partie n'est pas égale*, il y a inégalité de forces. *Pal.* Personnes qui plaident l'une contre l'autre : *les parties sont en présence. Partie adverse*, celle contre laquelle on plaide; *partie civile*, celui qui agit en son nom contre un accusé. *Anat. Parties nobles*, viscères indispensables à la vie, comme le cœur, le foie, le poumon, le cerveau. *Loc. adv.* **En partie**, non entièrement : *être en partie la cause de..;* **en tout ou en partie**, en totalité ou partiellement.

PARTIEL, ELLE, adj. Qui fait partie d'un tout : *somme partielle*, qui n'a lieu qu'en partie : *éclipse partielle*.

PARTIELLEMENT, adv. Par parties : *s'acquitter d'une dette partiellement.*

PARTIR, v. int. Se mettre en chemin, commencer un voyage; prendre sa course, son vol : *le lièvre, la perdrix partit comme un trait;* sortir avec impétuosité : *la foudre part de la nue;* avoir son commencement : *tous les nerfs partent du cerveau. Fig.* Émaner : *cela part d'un bon cœur. Partir d'un éclat de rire*, rire tout à coup avec éclat; *partir d'un principe*, poser un principe et raisonner en conséquence. **A partir de**, *loc. prép.* A dater de : *à partir d'aujourd'hui*, en commençant à : *à partir de telle page.*

PARTISAN, n. m. Homme attaché au parti, à la fortune de quelqu'un : *les partisans de César, de Pompée.* Se dit aussi en parlant des choses, d'un système : *les partisans de l'homéopathie. Pl.* Troupes irrégulières qui font une guerre de surprise, d'avant-poste : *guerre, corps de partisans.*

PARTITIF, IVE, adj. *Gram.* Qui désigne une partie d'un tout.

PARTITION, n. f. *Mus.* Toutes les parties d'une composition musicale mises les unes au-dessous des autres.

PARTOUT, adv. En tout lieu.

PARURE, n. f. Ce qui sert à parer. *Fig. La parure du printemps*, les fleurs.

PARVENIR, v. int. Arriver au terme qu'on s'est proposé : *parvenir au haut d'une montagne;* arriver, en parlant des choses : *ma lettre lui parviendra. Fig. : parvenir aux honneurs.*

Absol. S'élever, faire fortune : *que de peines pour parvenir !*

PARVENU, E, n. Personne de basse extraction, qui a fait fortune.

PARVIS, n. m. Place devant la grande porte d'une église. Chez les Juifs, espace qui était autour du tabernacle.

PAS. n. m. Mouvement que fait l'homme, l'animal, en portant un pied devant l'autre; trace du pied sur le sol; manière de marcher : *aller bon pas;* préséance : *avoir le pas;* passage étroit et difficile : *le pas des Thermopyles;* détroit : *Pas de Calais. A pas comptés*, très-lentement; *à grands pas*, avec rapidité; *à pas de loup*, sans bruit; *mauvais pas*, où il est dangereux de passer; *marquer le pas*, simuler le pas sans avancer; *faire un faux pas*, glisser en marchant, et, fig., commettre une faute. *Fig. Marcher à pas de géant*, faire des progrès rapides; *mettre quelqu'un au pas*, le mettre à la raison; *se tirer d'un mauvais pas*, d'une affaire difficile; *faire les premiers pas*, les avances; *franchir le pas*, se décider enfin à faire une chose. *Danse. Pas de deux, de trois*, danse exécutée par deux, par trois personnes. *Le pas de la porte*, le seuil; *le pas d'une vis*, l'espace compris entre deux filets d'une vis; *pas d'âne*, plante médicinale. **De ce pas**, *loc. adv.* A l'instant même; *pas à pas*, doucement.

PAS, adv. de négation ordinairement précédé de *ne*.

PASCAL, E, adj. Qui concerne la fête de Pâques : *agneau pascal.*

PASIGRAPHIE, n. f. Écriture universelle.

†PASQUIN, n. m. Satirique d'un genre bas et bouffon.

PASQUINADE, n. f. Satire bouffonne et triviale.

PASSABLE, adj. Supportable : *vin passable.*

PASSABLEMENT, adv. D'une manière passable.

PASSADE, n. f. Simple passage de quelqu'un dans un lieu.

PASSAGE, n. m. Action de passer : *le passage des Alpes par Annibal;* lieu par où l'on passe : *ôtez-vous du passage;* le moment de passer : *attendre quelqu'un au passage;* traversée : *passage de Toulon à Alger;* droit qu'on paye pour faire une traversée, pour passer une rivière, un pont; moment où un astre passe entre l'œil de l'observateur et un autre corps : *observer le passage de Vénus sur le disque du soleil;* dans les grandes villes, galerie couverte où ne passent que les piétons : *passage de l'Opéra à Paris*. *Fig.* Chose de peu de durée : *la vie n'est qu'un passage*; transition : *passage d'une vie à l'autre*; endroit d'un ouvrage que l'on cite ou que l'on indique : *voilà un beau passage de Bossuet*. Oiseaux *de passage*, qui, à certaines époques, passent d'un pays dans un autre.

PASSAGER, ÈRE, adj. Qui ne fait que passer. *Fig.* De peu de durée : *la beauté est passagère*. N. m. Personne qui s'embarque pour passer d'un lieu dans un autre.

PASSAGÈREMENT, adv. Pour peu de temps.

PASSANT, E, adj. Où il passe beaucoup de monde : *rue passante*. N. m. : *regarder les passants*.

PASSATION, n. f. Action de passer un contrat.

PASSAVANT, n. m. Ordre écrit qui autorise à laisser transporter d'un lieu à un autre les marchandises qui ont acquitté les droits, ou qui en sont exemples.

PASSE, n. f. Sorte de canal entre deux bancs, entre deux écueils, par où les vaisseaux peuvent passer sans échouer; mise que doit faire chaque joueur à certains jeux; partie d'un chapeau de femme; mouvement de la main que font les magnétiseurs sur les personnes qu'ils magnétisent. *Impr. Main de passe*, main de papier que l'imprimeur tire gratuitement en sus de chaque rame, au bénéfice de l'éditeur.

PASSÉ, n. m. Temps écoulé; ce qui a été fait ou dit autrefois : *oublions le passé*. *Gram.* Temps du verbe représentant l'action comme faite dans un temps écoulé : *passé défini, indéfini*.

PASSE-CARREAU, n. m. Morceau de bois long sur lequel les tailleurs passent les coutures au fer. Pl. des *passe-carreau*.

PASSE-DEBOUT, n. m. Acquit délivré aux marchands et voituriers pour les objets qui, ne faisant que traverser un territoire, une ville, ne doivent payer aucun droit. Pl. des *passe-debout*.

PASSE-DROIT, n. m. Avancement, faveur accordée contre le droit et l'usage; injustice faite à quelqu'un, en lui préférant, pour un emploi ou une récompense, une personne dont les titres sont inférieurs aux siens. Pl. des *passe-droit*.

PASSE-FLEUR, n. f. Anémone.

PASSEMENT, n. m. Tissu plat et étroit de fil d'or, de soie, etc., dont on orne des meubles, des habits, etc.

PASSEMENTER, v. tr. Chamarrer de passements.

PASSEMENTERIE, n. f. Art de fabriquer des passements; marchandises du passementier.

PASSEMENTIER, IÈRE, n. Qui fait et vend de la passementerie.

PASSE-PARTOUT, n. m. Clé qui sert à ouvrir plusieurs serrures. Pl. des *passe-partout*.

PASSE-PASSE, n. m. *Tour de passe-passe*, tour d'adresse des joueurs de gobelets. *Fig.* Tromperie, fourberie adroite.

PASSE-POIL, n. m. Liseré de soie, de drap, etc., qui borde certaines parties d'un habit, d'un gilet, etc. Pl. des *passe-poil*.

PASSE-PORT, n. m. Ordre écrit délivré par l'autorité publique, à l'aide duquel on peut voyager librement, sous la protection des autorités civiles et militaires.

PASSER, v. int. Aller d'un lieu à un autre : *passer en Angleterre*; traverser : *passer par les prés*. *Fig.* Disparaître : *la beauté passe*; mourir : *il vient de passer*; changer de position, s'élever : *passer capitaine*; circuler : *passer de bouche en bouche*; s'introduire : *ce mot a passé dans notre langue*; être transmis : *la couronne passa des Valois aux Bourbons*; ne pas jouer un coup à certains jeux de cartes : *je passe*. *Passer pour*, être réputé pour; *en passer par*, se résigner, être forcé; *passer outre*, aller en avant, ne pas s'inquiéter; *passer du blanc au noir*, d'un extrême à l'autre, changer brusquement d'opinion, de langage; *passer par-dessus les difficultés*, ne point s'y arrêter; *passer sur une faute*, la pardonner; *passer par de rudes épreuves*, avoir beaucoup à souffrir; *cela m'a passé de la tête*, je l'ai oublié; *cela peut passer*, cela est supportable; *cette mode passera*, durera peu; *la loi passera*, sera rendue. V. tr. Traverser : *passer une rivière*; transporter : *passer de la contrebande*; transmettre : *passer un objet à son voisin*; faire recevoir : *passer une pièce fausse*; mettre : *passer un habit*; faire : *passer un contrat*; tamiser : *passer un bouillon*; inscrire : *passer un article en compte*; dépasser : *passer le but*; devancer : *passer quelqu'un à la course*; employer : *passer le temps à*; subir : *passer un examen*; satisfaire : *passer une envie*; omettre : *passer un fait*; pardonner : *passer une faute*; excéder : *cela passe mes forces*. *Passer un soldat par les armes*, le fusiller; *passer au fil de l'épée*, tuer avec l'épée; *passer une revue*, la faire; *passer l'éponge sur une chose*, l'oublier; *passer condamnation*, avouer qu'on a eu tort; *passer un billet à l'ordre de quelqu'un*, lui en transmettre la propriété par un endossement; *cela me passe*, je ne le comprends pas. **Se passer**, v. pr. S'écouler : *le temps se passe*; s'abstenir : *se passer de vin*; perdre son éclat : *cette étoffe se passera*.

PASSEREAU, n. m. Moineau.

PASSERELLE, n. f. Sorte de pont étroit qui ne sert qu'aux piétons.

PASSE-TEMPS, n. m. Occupation légère et agréable, divertissement honnête. Pl. des *passe-temps*.

PASSEUR, n. m. Celui qui conduit un bac, un bateau pour passer l'eau.

PASSIBLE, adj. Qui doit subir, qui a mérité une peine : *être passible d'une amende*.

PASSIF, n. m. Ensemble des obligations, des dettes, et, en général, toutes les charges qui pèsent sur un établissement. C'est le *doit* opposé à l'*avoir*, à l'*actif*. Adj. *Dette passive*, ce que nous devons, par oppos. à *dette active*, ce que l'on nous doit.

PASSIF, IVE, adj. Qui souffre l'action; qui n'agit point : *avoir un rôle tout passif*. *Obéissance passive*, obéissance aveugle : *le soldat est soumis à une obéissance passive*. Gram. *Voix passive, verbe passif, sens passif, signification passive*, qui marque une action reçue, soufferte par le sujet. N. m. Forme de conjugaison des verbes passifs.

PASSION, n. f. Souffrance : *la Passion de J.-C.*; récit qui en est fait dans l'Evangile; sermon sur ce sujet : *prêcher la Passion*.

PASSION, n. f. Mouvement, agitation que l'âme éprouve, comme l'amour, la haine, la crainte, l'espérance, etc.; désir très-vif qu'on ressent d'une chose quelconque : *avoir la passion des tableaux, du jeu*, etc.; se dit aussi de l'objet de cette affection : *l'étude est sa passion*; prévention : *juger avec passion*. *Lâcher la bride à ses passions*, s'y abandonner entièrement.

PASSIONNÉ, ÉE, adj. Rempli de passion.

PASSIONNÉMENT, adv. Avec passion, à l'excès.

PASSIONNER, v. tr. Donner un caractère animé : *passionner une discussion*. **Se passionner**, v. pr. S'éprendre fortement : *se passionner pour la gloire*.

PASSIVEMENT, adv. D'une manière passive : *tous les verbes actifs peuvent s'employer passivement*.

PASSOIRE, n. f. Ustensile de cuisine percé de petits trous, dans lequel on écrase des légumes pour en tirer la purée, et où l'on passe du bouillon pour le clarifier.

PASTEL, n. m. Crayon fait de couleurs pulvérisées : *dessiner au pastel*; tableau peint au pastel : *voilà un beau pastel*.

PASTEL, n. m. Plante dont la feuille fournit une couleur bleue.

PASTÈQUE, n. f. Sorte de melon d'eau.

PASTEUR, n. m. Qui garde des troupeaux. Adj. : *peuples pasteurs*. Fig. Celui qui est chargé du soin des âmes, dans la religion chrétienne; ministre du culte protestant.

PASTICHE, n. m. Tableau où l'on a imité la manière d'un autre peintre; ouvrage où l'on a imité à dessein le style de quelque écrivain célèbre; opéra composé de morceaux de différents maîtres.

PASTILLE, n. f. Petit bonbon aromatique composé de sucre; petits pains coniques composés de substances odorantes, comme l'encens, le benjoin, etc. qu'on brûle dans une chambre pour en parfumer l'air.

PASTORAL, E, adj. Qui appartient aux bergers : *chant pastoral*; champêtre : *vie pastorale*; qui peint la vie et les mœurs champêtres : *poésie pastorale*.

PASTORALE, n. f. Pièce de théâtre dont les personnages sont des bergers et des bergères.

PASTORALEMENT, adv. En bon pasteur : *prêcher pastoralement*.

PASTOUREAU, ELLE, n. Petit berger, jeune bergère.

PAT, n. m. *Jeu d'échecs*. Echec inévitable au roi s'il remue, ce qui rend la partie nulle.

PATACHE, n. f. Bâtiment léger employé au service des douanes; grande voiture publique.

PATAQUÈS, n. m. Faute grossière de liaison dans la conversation, la lecture.

PATARAFFE, n. f. Traits informes, lettres confuses ou mal formées.

PATATE, n. f. Sorte de pomme de terre.

PATATRAS, Mot qui exprime le bruit que fait un corps qui tombe avec fracas.

PATAUD, n. m. Jeune chien à grosses pattes.

PATAUD, E, adj. et n. Personne grossièrement faite.

PATAUGER. v. int. Marcher dans une eau bourbeuse. *Fig.* S'embarrasser dans son raisonnement.

PATCHOULI, n. m. Plante très-aromatique, que l'on met dans les vêtements de laine pour en éloigner les insectes.

PÂTE, n. f. Farine détrempée et pétrie pour faire du pain, etc.; diverses matières broyées ensemble : *pâte de papier, de porcelaine,* etc.; substance médicamenteuse solidifiée par l'évaporation : *pâte de jujube, de guimauve, de lichen,* etc. *Pâtes d'Italie,* le vermicelle, le macaroni, etc. *Fig. Bonne pâte d'homme,* homme doux, accommodant; *mettre la main à la pâte,* travailler soi-même; *être comme un coq en pâte,* dans une situation commode, agréable. *Impr. Forme, page tombée en pâte,* dont les caractères se sont mêlés, brouillés par accident.

PÂTÉ, n. m. Pâtisserie qui renferme de la viande. *Fig.* Goutte d'encre tombée sur du papier; assemblage de maisons séparées du reste de la ville.

PÂTÉE, n. f. Pâte de farine, de son, etc. dont on engraisse la volaille; mélange de pain émietté et de viande hachée, pour la nourriture des chiens et des chats.

† PATELIN, E, n. Personne souple et insinuante. Adj. : *air patelin.*

PATELINAGE, n. m. Manières insinuantes et artificieuses d'un patelin.

PATELINER, v. int. Agir en patelin.

PATELINEUR, EUSE, n. Qui agit en patelin.

PATÈNE, n. f. Vase sacré, presque plat, qui sert à couvrir le calice et à recevoir l'hostie.

PATENÔTRE, n. f. Toute sorte de prières : *dire ses patenôtres.* Pop.

PATENT, E, adj. Evident, manifeste : *cela est patent.* **Lettres-patentes,** scellées du grand sceau de l'État.

PATENTABLE, adj. Qui est dans la catégorie de ceux qui doivent payer patente.

PATENTE, n. f. Contribution annuelle que paye toute personne qui fait un commerce; quittance de cette contribution.

PATENTÉ, ÉE, adj. Qui est soumis à la patente.

PATER, n. m. Oraison dominicale; gros grain d'un chapelet, sur lequel on dit le *pater.* Pl. des *pater.*

PATÈRE, n. f. Ornement pour sou-tenir des rideaux, une draperie, pour accrocher divers objets.

PATERNE, adj. Paternel : *il m'accueillit d'un air paterne.*

PATERNEL, ELLE, adj. Du père, qui appartient au père : *bénédiction paternelle;* du côté du père : *succession paternelle.*

PATERNELLEMENT, adv. En père.

PATERNITÉ, n. f. État, qualité du père.

PÂTEUX, EUSE, adj. Qui tient de la pâte : *fruit pâteux;* épais, empâté : *langue, bouche pâteuse.*

PATHÉTIQUE, adj. Qui émeut : *discours pathétique.* N. m. : *il y a beaucoup de pathétique dans cette scène.*

PATHÉTIQUEMENT, adv. D'une manière pathétique.

PATHOLOGIE, n. f. Traité de la nature, des causes et des symptômes des maladies.

PATHOLOGIQUE, adj. Qui appartient à la pathologie.

PATHOS, n. m. Obscurité de style provenant d'une chaleur affectée.

PATIBULAIRE, adj. Qui appartient au gibet : *fourch s patibulaires. Fig. Mine patibulaire,* figure, air de mauvais sujet.

PATIEMMENT, adv. Avec patience.

PATIENCE, n. f. Vertu qui fait supporter sans murmure la douleur, l'adversité, et, en général, tous les maux; attente paisible : *prendre patience;* persévérance : *la patience vient à bout de tout.* Expression interj. qui veut dire *attendez,* ou qui exprime la menace : *patience, j'aurai mon tour.*

PATIENCE, n. f. Plante apéritive et dépurative, dont les effets sont lents à se faire sentir.

PATIENT, E, adj. Qui a de la patience; qui persévère : *courage patient.* N. m. Celui qui est livré au bourreau ou qui est entre les mains des chirurgiens.

PATIENTER, v. int. Attendre avec patience.

PATIN, n. m. Espèce de chaussure garnie de fer par dessous, pour glisser sur la glace; pièce de bois fort épaisse qui supporte la charpente d'un escalier.

PATINER, v. int. Glisser sur la glace avec des patins.

PATINEUR, n. m. Celui qui patine.

PÂTIR, v. int. Souffrir : *les bons pâtissent pour les méchants;* languir : *le commerce pâtit.*

PÂTIS, n. m. Lieu communal, en friche, où l'on mène paître les bestiaux.

PÂTISSER, v. tr. Faire de la pâtisserie.

PÂTISSERIE, n. f. Pâte préparée et cuite dans le four; profession, marchandise du pâtissier.

PÂTISSIER, ÈRE, n. Qui fait et vend de la pâtisserie.

PÂTISSOIRE, n. f. Table sur laquelle on pâtisse.

PATOIS, n. m. Idiome corrompu que l'on parle dans certaines provinces.

PÂTON, n. m. Morceau de pâte dont on engraisse les chapons.

PATOUILLET, n. m. Appareil employé en métallurgie pour débarrasser les minerais de leurs parties terreuses.

PATRAQUE, n. f. Machine usée; mauvaise montre. *Fig.* Personne faible, maladive.

PÂTRE, n. m. Celui qui fait paître des troupeaux.

PATRES (AD), loc. lat. Aller ad patres, mourir; envoyer ad patres, faire mourir.

PATRIARCAL, E, adj. Qui appartient aux patriarches : *simplicité patriarcale.*

PATRIARCAT, n. m. Dignité de patriarche dans l'église d'Orient : *être élevé au patriarcat;* étendue du territoire soumis à la juridiction d'un patriarche : *le patriarcat d'Antioche.*

† PATRIARCHE, n. m. Saint personnage de l'Ancien Testament; titre qu'on donnait autrefois aux évêques; chef de l'église grecque : *le patriarche de Constantinople. Fig.* Vieillard vénérable.

PATRICE, n. m. Titre d'une dignité instituée par Constantin.

PATRICIAT, n. m. Dignité de patrice.

† PATRICIEN, ENNE, adj. et n. Issu des premiers sénateurs institués par Romulus; noble : *famille patricienne.*

PATRIE, n. f. Pays où l'on est né. *Fig.* La France est la patrie des sciences et des arts.

PATRIMOINE, n. m. Bien qui vient du père et de la mère. *Fig.* Revenu ordinaire et naturel d'un homme ou d'une classe d'hommes : *la science est le patrimoine des hommes d'étude.*

PATRIMONIAL, E, adj. Qui est du patrimoine : *terre patrimoniale.* Pl. m. *patrimoniaux.*

PATRIOTE, n. Qui aime sa patrie, qui cherche à lui être utile.

PATRIOTIQUE, adj. Qui appartient au patriote : *sentiment patriotique. Don patriotique,* fait à la patrie.

PATRIOTIQUEMENT, adv. En patriote.

PATRIOTISME, n. m. Amour de la patrie.

PATRON, ONNE, n. Saint, sainte dont on porte le nom, à qui une église est dédiée, ou qui protège particulièrement un pays, une ville, une communauté; nom donné au chef de la maison, dans certaines professions.

PATRON, n. m. Modèle sur lequel travaillent les brodeurs, les tapissiers, etc. : *patron à dentelle;* morceau de papier découpé, sur lequel on taille l'étoffe : *patron de chemise.*

PATRONAGE, n. m. Protection accordée par un homme puissant à un inférieur.

PATRONAL, E, adj. Qui concerne le saint du lieu : *fête patronale.*

PATRONNER, v. tr. Protéger, introduire dans le monde.

PATRONNESSE, adj. f. *Dames patronnesses,* qui dirigent une fête, un bal, etc., au profit des pauvres.

PATRONYMIQUE, adj. *Nom patronymique,* commun à tous les descendants d'une race, et tiré de celui qui en est le père, comme les mots mérovingiens, carlovingiens, capétiens.

PATROUILLAGE, n. m. Saleté qu'on fait en patrouillant. Pop.

PATROUILLE, n. f. Tournée nocturne faite par des soldats pour la sûreté d'une ville, d'un camp; détachement qui fait patrouille.

PATROUILLER, v. int. Aller en patrouille.

PATROUILLER, v. int. Agiter, remuer de l'eau bourbeuse.

PATROUILLIS, n. m. Patrouillage. Pop.

PATTE, n. f. Pieds des quadrupèdes qui sont munis de doigts, d'ongles ou de griffes, comme le singe, le lion, le chat, etc.; des oiseaux autres que les oiseaux de proie; de certains reptiles, comme le lézard et le crocodile; de certains animaux aquatiques, comme l'écrevisse et le homard; de certains insectes, comme le hanneton, la mouche, l'araignée, etc. Petite bande d'étoffe pour maintenir les deux parties d'un vêtement; sorte de long clou pointu d'un bout et plat de l'autre. *Pattes de mouche,* écriture maigre et griffonnée. *Fig. Donner un coup de patte,* lâcher quelque trait vif et malin; *faire patte de velours,* caresser avec dessein de nuire; *marcher à quatre pattes,* sur les pieds et sur les mains; *ne remuer ni pied ni patte,* être sans mouvement; *graisser la patte à quelqu'un,* le corrompre avec de l'argent.

PATTE-D'OIE, n. f. Point de réunion de plusieurs routes ; rides que les personnes qui commencent à vieillir ont à l'angle extérieur de l'œil. Pl. des *pattes-d'oie.*

PATTE-PELU, n. m. Homme qui va adroitement à ses fins, sous des apparences de douceur et d'honnêteté.

PATTU, E, adj. Qui a des plumes sur les pattes : *coq, pigeon pattu.*

PÂTURAGE, n. m. Lieux où les bestiaux pâturent.

PÂTURE, n. f. Nourriture des animaux en général ; pâturage : *bœufs mis en pâture. Vaine pâture*, pâturage libre, où tous les habitants d'une commune peuvent conduire leurs bestiaux.

PÂTURER, v. int. Prendre la pâture.

PÂTURON, n. m. Partie du bas de la jambe du cheval, entre le boulet et la couronne.

PAUME, n. f. Dedans de la main ; sorte de jeu de balle.

PAUMELLE, n. f. Espèce d'orge ; penture d'une porte ou d'un volet.

PAUMER, v. tr. *Paumer la gueule,* donner un fort coup de poing sur le visage, *Pop.*

PAUMIER, n. m. Maître d'un jeu de paume.

PAUMURE, n. f. Sommet du bois d'un cerf.

PAUPÉRISME, n. m. État permanent d'indigence dans une partie de la population d'un pays : *le paupérisme est le fléau de l'Angleterre.*

PAUPIÈRE, n. f. Peau mobile qui sert à couvrir le globe de l'œil. *Fig. Fermer la paupière*, s'endormir ; *ouvrir la paupière*, se réveiller.

PAUSE, n. f. Suspension momentanée d'une action : *faire une pause. Mus.* Silence équivalant à une mesure de quatre temps.

PAUVRE, adj. Qui n'a, en travaillant, que le strict nécessaire ; stérile, qui produit peu : *pays, contrée pauvre* ; mauvais dans son genre : *faire une pauvre chère. Langue pauvre*, qui manque de termes pour l'expression de la pensée ; *pauvre sire, pauvre hère,* homme sans considération, sans mérite.

PAUVREMENT, adv. Dans la pauvreté. *Fig.* Mal : *être vêtu pauvrement.*

PAUVRESSE, n. f. Femme pauvre, qui mendie.

PAUVRET, ETTE, adj. Diminutif de *pauvre,* t. de commisération.

PAUVRETÉ, n. f. État de vie où l'on n'a que le strict nécessaire. *Fig. Pauvreté d'idées*, absence d'idées.

PAVAGE, n. m. Ouvrage fait avec du pavé ; travail du paveur.

PAVANER (SE), v. int. Marcher d'une manière fière, superbe, comme un *paon* qui fait la roue.

PAVÉ, n. m. Pierre dure dont on se sert pour paver. *Fig. Être sur le pavé,* être dépossédé de son emploi ; *battre le pavé*, courir par les rues, par la ville ; *brûler le pavé*, aller très-vite à cheval ou en voiture ; *tenir le haut du pavé,* jouir d'une grande considération.

PAVEMENT, n. m. Action de paver.

PAVER, v. tr. Couvrir de pavés le sol d'une rue, d'une cour, etc.

PAVEUR, n. m. Dont le métier est de paver.

PAVILLON, n. m. Tente terminée en pointe par le haut ; tour de lit plissé par en haut, suspendu au plancher ; petit bâtiment isolé ; avant-corps que forment les extrémités d'un bâtiment ; partie extérieure de l'oreille ; étendard que l'on arbore au mât de l'arrière d'un vaisseau pour indiquer la nation à laquelle il appartient. *Hisser, arborer pavillon,* défier l'ennemi au combat ; *amener pavillon,* se rendre. *Fig. Baisser pavillon,* céder.

PAVOIS, n. m. Grand bouclier ; décorations dont on orne un bâtiment les jours de réjouissances.

PAVOISER, v. tr. Garnir un vaisseau de pavois.

PAVOT, n. m. Plante soporifique dont on extrait l'opium et l'huile dite d'*œillette. Fig. et poét. Les pavots du sommeil,* le sommeil.

PAYABLE, adj. Qui doit être payé.

PAYANT, E, n. Qui paye : *nous sommes six payants.*

PAYE, n. f. Solde des gens de guerre, des marins ; salaire des ouvriers ; action de payer : *faire la paye* ; débiteur : *c'est une bonne, une mauvaise paye.*

PAYEMENT, n. m. Action de payer.

PAYER, v. tr. Acquitter une dette, un droit, un impôt ; récompenser, reconnaître : *payer généreusement un service. Fig.* Acquérir par un sacrifice : *payer cher une victoire* ; expier : *payer un crime de sa tête. Payer d'ingratitude*, manquer de reconnaissance ; *payer de retour*, reconnaître un service par un autre ; *payer de sa personne*, s'exposer dans une occasion dangereuse ; *payer de belles paroles*, ne faire que de belles promesses ; *payer le tribut à la nature*, mourir ; *il me le payera,* je me vengerai de lui.

PAYEUR, EUSE, n. Qui paye. N. m. Celui dont l'emploi est de payer des dépenses, des traitements, des rentes : *payeur du département.*

PAYS, n. m. Région, contrée ; les habitants mêmes : *pays civilisé ; patrie*, lieu de naissance : *quitter son pays*. *Fig.* **Mal du pays**, nostalgie ; **pays de cocagne**, où tout abonde ; **pays de loup**, sauvage, isolé ; *battre le pays*, le parcourir ; *voir du pays*, voyager beaucoup. N. m. et f. Compatriotes : *c'est mon pays, ma payse*.

PAYSAGE, n. m. Etendue de pays vue d'un seul aspect ; genre de peinture représentant des sites champêtres ; tableau qui représente un paysage.

PAYSAGISTE, n. m. Peintre qui fait les paysages : *Claude Lorrain fut un grand paysagiste*.

PAYSAN, ANNE, n. Homme, femme de la campagne. *Fig.* Rustre, homme grossier dans ses manières.

PAYSANNERIE, n. f. Manières, mœurs des paysans.

PÉAGE, n. m. Droit que l'on paye quelquefois pour passer sur un pont, un canal, une route.

PÉAGER, n. m. Celui qui reçoit le péage.

PEAU, n. f. Tissu membraneux qui recouvre le corps de l'homme et de la plupart des animaux ; cuir détaché du corps de l'animal : *peau de renard* ; enveloppe qui couvre les fruits et certaines plantes : *la peau d'une orange* ; croûte légère qui se forme sur certaines substances liquides ou onctueuses, comme sur le lait bouilli, le fromage, etc.

PEAUSSERIE, n. f. Commerce, état, marchandise du peaussier.

PEAUSSIER, n. m. Artisan qui prépare les peaux.

PECCABLE, adj. Capable de pécher : *tout homme est peccable*.

PECCADILLE, n. f. Faute légère.

PECCANT, E, adj. *Humeur peccante*, viciée.

PECCAVI, n. m. Mot lat. Aveu accompagné de repentir, que l'on fait à Dieu de ses péchés.

PÊCHE, n. f. Gros fruit à noyau.

PÊCHE, n. f. Art, action de pêcher ; poisson qu'on vient de pêcher : *vendre sa pêche*.

PÉCHÉ, n. m. Transgression de la loi divine. *Péché mignon*, péché d'habitude : *la paresse est son péché mignon*.

PÉCHER, v. int. Transgresser la loi divine. *Fig.* Faillir, manquer : *pécher contre les règles de l'art, cet acte pèche contre la forme*.

PÊCHER, n. m. Arbre qui porte la pêche.

PÊCHER, v. tr. Prendre du pois-

son, des perles, etc. *Fig.* Puiser, prendre : *où a-t-il pêché cette nouvelle? Pêcher en eau trouble*, profiter des désordres, des bouleversements publics pour s'enrichir.

PÊCHERIE, n. f. Lieu où l'on pêche : *les pêcheries de Terre-Neuve*.

PÉCHEUR, ERESSE, n. Qui commet des péchés.

PÊCHEUR, n. m. Qui fait profession de pêcher.

PÉCORE, n. f. Personne sotte, stupide.

PECTORAL, E. adj. Qui concerne la poitrine : *muscles pectoraux* ; bon pour la poitrine : *pâte pectorale*.

PÉCULAT, n. m. Vol de deniers publics commis par un administrateur.

PÉCULE, n. m. Bien qu'on acquiert par l'industrie, l'économie.

PÉCUNIAIRE, adj. Qui consiste en argent : *intérêt pécuniaire*. Ne pas dire *pécunier*.

PÉDAGOGIE, n. f. Éducation morale des enfants.

PÉDAGOGIQUE, adj. Qui a rapport à la pédagogie : *ouvrage pédagogique*.

PÉDAGOGUE, n. m. Instituteur. *Par ext.* Pédant.

PÉDALE, n. f. Touche d'orgue ou de piano, qu'on fait jouer avec le pied.

PÉDANT, E, n. Celui qui affecte de paraître savant. Adj. : *ton pédant*.

PÉDANTERIE, n. f. Caractère du pédant.

PÉDANTESQUE, adj. Qui sent le pédant : *discours pédantesque*.

PÉDANTESQUEMENT, adv. D'une manière pédante.

PÉDANTISME, n. m. Ton, caractère, manières de pédant.

PÉDESTRE, adj. *Statue pédestre*, qui représente un homme à pied ; *promenade pédestre*, à pied.

PÉDESTREMENT, adv. A pied : *voyager pédestrement*.

PÉDICELLE, n. m. Petit pédoncule.

PÉDICULAIRE, adj. *Maladie pédiculaire*, dans laquelle il s'engendre des poux sous la peau. N. f. Plante, nommée aussi crête de coq.

PÉDICULE, n. m. Sorte de queue propre à certaines plantes, et notamment aux champignons.

PÉDICULÉ, ÉE, adj. Qui a un pédicule.

PÉDICURE, n. m. Celui qui coupe, extirpe les cors, les ognons, les durillons des pieds.

PÉDILUVE, n. m. Bain de pieds.

PÉDONCULE, n. m. Queue d'une fleur ou d'un fruit.

PÉDONCULÉ, ÉE, adj. Porté par un pédoncule.

† **PÉGASE**, n. m. *Myth*. Cheval ailé, qui, d'un coup de pied, fit jaillir les eaux de l'Hippocrène. *Fig*. et *poèt*. Monter sur Pégase, faire des vers; son *Pégase est rétif*, c'est un mauvais poète.

PEIGNE, n. m. Instrument de buis, d'écaille ou d'ivoire, taillé en forme de dents, qui sert à retenir les cheveux ou à nettoyer la tête; instrument à dents de fer longues et acérées, dont on se sert pour apprêter la laine, le chanvre, etc.

PEIGNER, v. tr. Démêler, arranger les cheveux avec un peigne.

PEIGNIER, n. m. Qui fait, qui vend des peignes.

PEIGNOIR, n. m. Espèce de manteau de toile qu'on se met sur les épaules quand on se peigne ou qu'on sort du bain; sorte de robe fort ample que les dames portent le matin.

PEIGNURE, n. f. Cheveux qui tombent de la tête quand on se peigne.

† **PEINDRE**, v. tr. Représenter un objet par des lignes, des couleurs : *peindre un homme, un paysage*; couvrir de couleur : *peindre un mur, une porte*. *Fig*. Décrire, représenter vivement : *cet auteur peint bien ses personnages*. V. pr. *Se peindre dans un ouvrage*, faire connaître son caractère et ses inclinations par sa manière d'écrire.

PEINE, n. f. Punition, châtiment d'un crime, d'un délit, d'une contravention : *proportionner la peine à la faute*; sentiment du mal en général : *les peines du corps, de l'esprit*; inquiétude : *être en peine*; travail, fatigue : *se donner beaucoup de peine*; difficulté, obstacle : *réussir sans peine*; embarras, misère : *laisser qu'qu'un dans la peine*; répugnance : *j'ai peine à lui annoncer cette nouvelle*. **Peine capitale**, peine de mort; *peines éternelles*, souffrances de l'enfer; *homme de peine*, qui fait les ouvrages les plus pénibles d'une maison; *perdre sa peine*, travailler inutilement; *mourir à la peine*, en travaillant; *donnez-vous la peine de...*, *veuillez...*; *avoir de la peine à marcher, à parler*, marcher, parler difficilement. **A peine**, loc. adv. Depuis un moment : *à peine était-il parti*; presque pas : *savoir à peine lire*; difficilement : *se soutenir à peine*.

PEINÉ, ÉE, adj. Chagriné : *être peiné*.

PEINER, v. tr. Causer du chagrin : *votre situation me peine*. V. int. Eprouver de la fatigue, du déplaisir.

PEINTRE, n. Qui exerce l'art de peindre : *peintre d'histoire, peintre en décors, en bâtiments*. *Fig*. Ecrivain qui excelle à représenter ce dont il parle : *Molière est un grand peintre*.

PEINTURAGE, n. m. Action de peinturer; ses effets.

PEINTURE, n. f. Art de peindre; ouvrage de peinture. *Fig*. Description : *la peinture des mœurs, des passions*, etc.

PEINTURER, v. tr. Enduire de couleur.

PEINTUREUR, n. m. Méchant peintre.

PÉKIN, n. m. Nom que le militaire donne au civil.

PELAGE, n. m. Couleur dominante du poil de certains animaux : *avoir deux chevaux du même pelage*.

PELARD, adj. m. *Bois pelard*, dont on ôte l'écorce pour faire du tan.

PÊLE-MÊLE, n. m. Mélange confus de personnes ou de choses. Loc. adv. Confusément : *entrer pêle-mêle*.

PELER, v. tr. Oter le poil; ôter la peau d'un fruit, l'écorce d'un arbre. V. int. Se dit du corps de l'homme ou des animaux dont la peau s'enlève : *tout son corps a pelé*.

PÈLERIN, INE, n. Qui va en pèlerinage.

PÈLERINAGE, n. m. Voyage fait en un lieu par dévotion; le lieu lui-même.

PÈLERINE, n. f. Ajustement de femme en forme de grand collet rabattu.

PÉLICAN, n. m. Oiseau aquatique, à bec long et plat; alambic avec un chapiteau d'où sortent deux becs; instrument de dentiste.

PELISSE, n. f. Manteau garni de fourrure.

PELLE, n. f. Instrument de fer ou de bois, large et plat, à long manche.

PELLÉE, PELLERÉE, PELLETÉE, n. f. Contenance d'une pelle.

PELLETERIE, n. f. Art de préparer les peaux pour en faire des fourrures; ces peaux elles-mêmes préparées; commerce de fourrures.

PELLETIER, ÈRE, n. Qui fait et vend des fourrures.

PELLICULE, n. f. Peau extrêmement mince.

PELOTE, n. f. Boule formée avec du fil, de la laine, de la soie, etc., roulés sur eux-mêmes; petit coussinet sur lequel les femmes fichent des aiguilles et des épingles.

PELOTER, v. tr. Maltraiter de coups ou de paroles : *on l'a peloté d'im*

portance. **Se peloter**, v. pr. Se battre.
Pop.

PELOTON, n. m. Petite boule de coton, de fil, de soie, de laine roulés sur eux-mêmes. Art. mil. Dans les manœuvres, compagnie d'infanterie, ou demi-compagnie de cavalerie.

PELOTONNER, v. tr. Mettre en peloton.

PELOUSE, n. f. Terrain couvert d'une herbe courte, épaisse et douce.

PELU, E, adj. Garni de poil. Ne se dit que dans cette express. fig. et fam. : patte-pelu, patte-pelue, personne qui, sous des apparences de douceur et d'honnêteté, va adroitement à ses fins.

PELUCHE, n. f. Espèce d'étoffe à longs poils, qui se fabrique comme le velours.

PELUCHÉ, ÉE, adj. Velu, en parlant des étoffes et de quelques plantes.

PELUCHER, v. int. Se couvrir de poils détachés du tissu : cette étoffe commence à pelucher.

PELURE, n. f. Peau de certains fruits et notamment de l'ognon.

PENAILLON, n. m. Haillon.

PÉNAL, E, adj. Qui assujettit à quelque peine : loi pénale. **Code pénal**, recueil des lois concernant la pénalité.

PÉNALITÉ, n. f. Système des peines établies par les lois.

† **PÉNATES**, n. m. pl. Dieux domestiques des anciens. Fig. Habitation, demeure : revoir ses pénates. Adj. : dieux pénates.

PENAUD, E, adj. Embarrassé, honteux, interdit. Fam.

PENCHANT, n. m. Pente : le penchant d'une montagne. Fig. Inclination naturelle : avoir du penchant à la colère. Adj. Qui penche : tour penchante.

PENCHEMENT, n. m. État de ce qui penche.

PENCHER, v. tr. Incliner : pencher la tête. V. int. Être hors de son aplomb : ce mur penche. Fig. Être porté à une chose : pencher à l'indulgence : incliner : pencher vers sa ruine. **Se pencher**, v. pr. S'incliner.

PENDABLE, adj. Cas pendable, qui mérite la potence ; tour pendable, méchanceté insigne. Fam.

PENDAISON, n. f. Action de mettre à mort par strangulation.

PENDANT, E, adj. Qui pend : oreilles pendantes. Fig. Cause pendante, non jugée. N. m. Partie du ceinturon, du baudrier, qui supporte l'épée ; objet d'art destiné à figurer avec un autre et à lui correspondre. Fig. Semblable : l'un est le pendant de l'autre. **Pendants d'oreilles**, pierreries que les femmes attachent à leurs boucles d'oreilles.

PENDANT, prép. Durant. **Pendant que**, loc. conj. Tandis que.

PENDARD, E, n. Vaurien, fripon. Fam.

PENDELOQUE, n. f. Pierre précieuse en forme de poire, que l'on suspend à des boucles d'oreilles ; cristaux attachés à un lustre.

PENDENTIF, n. m. Portion de voûte sphérique placée entre les grands arcs qui supportent un dôme.

PENDILLER, v. int. Être suspendu en l'air et agité par le vent. Fam.

PENDRE, v. tr. Attacher une chose en haut : pendre des raisins au plancher ; attacher quelqu'un à la potence : pendre un voleur. Fig. Dire pis que pendre de quelqu'un, beaucoup de mal. V. int. Être suspendu : les fruits pendent aux arbres ; tomber trop bas : vos cheveux pendent. Fig. Cela lui pend au nez, à l'oreille, cela lui arrivera. Pendu, e, part. pas. Sitôt pris, sitôt pendu, se dit d'une personne, d'une chose qu'on emploie aussitôt qu'elle se présente ; avoir la langue bien pendue, s'exprimer facilement.

PENDU, n. m. Homme qui s'est ou a été pendu. Être sec comme un pendu, extrêmement maigre ; avoir de la corde de pendu dans sa poche, gagner toujours au jeu.

PENDULE, n. m. Poids suspendu de manière qu'étant mis en mouvement, il fasse des oscillations régulières : les oscillations du pendule.

PENDULE, n. f. Horloge à poids ou à ressort, à laquelle on joint un pendule pour en régler le mouvement.

PÊNE, n. m. Dans une serrure, morceau de fer que la clé fait aller et venir en tournant sur elle-même, et qui ferme la porte.

PÉNÉTRABILITÉ, n. f. Qualité de ce qui est pénétrable.

PÉNÉTRABLE, adj. Qu'on peut pénétrer, où l'on peut pénétrer.

PÉNÉTRANT, E, adj. Qui pénètre : odeur pénétrante. Fig. Œil pénétrant, qui lit dans le cœur, dans la pensée des autres ; esprit pénétrant, qui approfondit promptement les choses difficiles.

PÉNÉTRATION, n. f. Subtilité de l'intelligence, sagacité de l'esprit.

PÉNÉTRER, v. tr. Percer, passer à travers : l'huile pénètre les étoffes ; entrer bien avant : le coup a pénétré les chairs. Fig. Découvrir : pénétrer un secret ; toucher profondément : sa dou-

leur me pénètre le cœur. V. int. : *pénétrer dans une forêt.*

PÉNIBLE. adj. Qui donne de la peine : *exercice pénible* ; qui fait de la peine : *doute, situation pénible.*

PÉNIBLEMENT. adv. Avec peine.

PÉNICHE, n. f. Canot léger qui sert d'auxiliaire à un vaisseau de guerre.

PÉNINSULE, n. f. Presqu'île. *Absol.* L'Espagne avec le Portugal : *voyager dans la Péninsule.*

PÉNITENCE. n. f. Repentir, regret d'avoir offensé Dieu ; un des sept sacrements ; peine qu'impose le confesseur au pénitent ; jeûnes, macérations que l'on s'impose à soi-même ; punition imposée à un enfant pour quelque faute : *mettre en pénitence* ; petite peine imposée à certains jeux pour un manquement aux règles, aux conventions. *Le tribunal de la pénitence*, le confessionnal.

PÉNITENCERIE, n. f. Fonction de pénitencier.

PÉNITENCIER, n. m. Prêtre commis par l'évêque pour absoudre les cas réservés. *Pénitencier militaire*, prison où sont renfermés les militaires condamnés à plus d'un an.

PÉNITENT, E., adj. Qui fait pénitence : *pécheur pénitent* ; voué à la pénitence : *vie pénitente*. N. Qui confesse ses péchés au prêtre ; membre de certaines confréries où l'on pratique des actes de pénitence : *pénitent blanc, pénitent gris.*

PÉNITENTIAIRE (*système*), adj. Mode d'emprisonnement adopté pour prévenir les inconvénients de l'emprisonnement en commun.

PÉNITENTIAUX, **PÉNITENTIELLES**, adj. pl. Qui appartiennent à la pénitence : *psaumes pénitentiaux, œuvres pénitentielles.*

PENNAGE, n. m. Plumage des oiseaux de proie.

PENNE, n. f. Plumes longues et résistantes des ailes et de la queue des oiseaux.

PENNÉ, ÉE, adj. *Bot.* Se dit des feuilles et des folioles disposées de l'un et de l'autre côté d'un pétiole commun, comme les barbes d'une plume.

PENNY, n. m. Monnaie anglaise, valant à peu près un décime de France.

PÉNOMBRE, n. f. Lumière faible qu'on observe dans les éclipses avant l'obscurcissement total, et avant le retour complet de la lumière. *Peint.* Passage du clair à l'obscur.

PENSANT, E, adj. Qui pense, qui est capable de penser : *faculté pensante de l'homme.*

PENSÉE, n. f. Faculté de l'intelligence : *la pensée est l'apanage de l'homme* ; acte particulier de l'esprit : *pensée ingénieuse* ; esprit : *il me vient dans la pensée que...* ; opinion : *dire sa pensée* ; rêverie : *s'enfoncer dans ses pensées* ; dessein : *avoir la pensée de nuire à quelqu'un* ; maxime, sentence : *les Pensées de Pascal.*

PENSÉE, n. f. Petite fleur à cinq feuilles et à trois couleurs, violet, jaune et blanc.

PENSER. v. int. Se former dans l'esprit l'idée, l'image de quelque chose ; réfléchir : *il parle sans penser* ; songer : *je n'y ai plus pensé* ; avoir une chose en vue : *penser à s'établir* ; prendre garde : *vous avez des ennemis, pensez à vous* ; être sur le point de : *j'ai pensé mourir.* V. tr. Avoir dans l'esprit : *dire ce qu'on pense* ; croire, juger : *que pensez-vous de cet homme ?*

PENSER, n. m. Pensée : *de doux pensers.* Poét.

PENSEUR, n. m. Qui a l'habitude de réfléchir : *Pascal fut un profond penseur.*

PENSIF, IVE, adj. Qui est profondément occupé d'une pensée : *il est tout pensif.*

PENSION, n. f. Ce que l'on donne pour être logé, nourri ; lieu où l'on prend pension ; maison d'éducation ; tous les élèves qu'elle renferme : *la pension est en promenade* ; revenu annuel accordé aux services, aux talents, etc.

PENSIONNAIRE, n. Qui paye pension : *prendre des pensionnaires pour la table* ; élève qui est interne dans une maison d'éducation ; celui qui reçoit une pension de l'État.

PENSIONNAT, n. m. Maison d'éducation qui reçoit des internes.

PENSIONNER, v. tr. Faire une pension à quelqu'un.

PENSUM, n. m. Surcroît de travail imposé à un écolier pour le punir. Pl. des *pensums.*

PENTACORDE, n. m. Lyre des anciens, à cinq cordes.

PENTAGONE, adj. et n. Figure géométrique à cinq angles et cinq côtés.

PENTAMÈTRE, n. m. Vers de cinq pieds, chez les Grecs et les Romains.

PENTAPOLE, n. f. Contrée qui comprenait cinq villes principales.

†**PENTATEUQUE**, n. m. Nom collectif donné aux cinq premiers livres de la Bible.

PENTE, n. f. Inclinaison d'un plan, d'un terrain, d'une surface quelconque ; bande qui pend autour d'un ciel-

PER

de-lit. *Fig.* Penchant, chemin : *la pente au mal est douce et la chute rapide.*

PENTECÔTE, n. f. Fête qui se célèbre cinquante jours après Pâques.

PENTURE, n. f. Bande de fer clouée sur une porte, un volet, pour les soutenir sur le gond.

PÉNULTIÈME, n. f. L'avant-dernière syllabe d'un mot, d'un vers.

PÉNURIE, n. f. Extrême disette : *pénurie d'argent;* pauvreté, misère : *vivre dans une grande pénurie.*

PÉPIE, n. f. Pellicule qui vient au bout de la langue des oiseaux, et qui les empêche de boire.

PÉPIN, n. m. Semence qui se trouve au centre de certains fruits.

PÉPINIÈRE, n. f. Plants de jeunes arbres destinés à être transplantés; lieu où on les cultive. *Fig.* Établissement, pays qui fournit un grand nombre de personnes propres à une profession : *la France est une pépinière de bons soldats.*

PÉPINIÉRISTE, n. m. Jardinier qui cultive des pépinières. Adj. : *jardinier pépiniériste.*

PÉPITE, n. f. Masse d'or natif, d'un volume plus ou moins considérable.

PÉPLUM ou **PÉPLON**, n. m. Manteau léger que les femmes grecques portaient sur leur tunique.

PERCALE, n. f. Toile de coton, d'un tissu très-serré.

PERCALINE, n. f. Toile de coton légère et lustrée.

PERÇANT, E, adj. Qui perce, qui pénètre : *froid perçant;* vif : *yeux perçants;* clair et aigu : *voix perçante. Vue perçante,* qui voit des objets très-petits ou très-éloignés; *avoir l'esprit perçant,* beaucoup de pénétration d'esprit.

PERCE (EN), loc. adv. *Mettre du vin, un tonneau en perce,* faire une ouverture au tonneau pour en tirer la liqueur qu'il renferme.

PERCE-BOIS, n. m. Insecte qui perce le bois.

PERCÉE, n. f. Ouverture pratiquée dans un bois, une forêt.

PERCEMENT, n. m. Action de percer : *percement d'un puits artésien, de l'isthme de Suez.*

PERCE-NEIGE, n. f. Petite plante d'hiver, à fleurs blanches. Pl. des *perce-neige.*

PERCE-OREILLE, n. m. Insecte dont l'abdomen se termine par deux crochets en forme de tenailles. Pl. des *perce-oreille.*

PERCEPTEUR, n. m. Préposé au recouvrement des impositions.

PERCEPTIBILITÉ, n. f. Qualité de ce qui est perceptible.

PERCEPTIBLE, adj. Qui peut être perçu : *impôt perceptible. Fig.* Ce qui peut être aperçu : *objet perceptible à la vue.*

PERCEPTION, n. f. Recouvrement des impositions par le percepteur. *Fig.* Action de percevoir, de connaître, d'apercevoir par l'esprit et les sens.

PERCER, v. tr. Faire une ouverture de part en part : *percer une planche;* pratiquer : *percer une porte, une rue, une allée;* pénétrer : *la pluie a percé mes habits;* passer à travers : *percer la foule, le soleil perce les nuages;* dissiper : *la lumière perce les ténèbres. Percer du vin,* le mettre en perce. *Fig.* Découvrir : *percer un mystère;* affliger : *ses plaintes me percent le cœur;* remplir : *percer l'air de ses cris.* V. int. Crever : *l'abcès a percé. Fig.* Se manifester : *sa méchanceté perce dans tous ses discours;* se distinguer, se faire remarquer : *ce jeune homme commence à percer.*

PERCEVOIR, v. tr. Recevoir des impôts, etc. *Fig.* Recevoir l'impression des objets.

PERCHE, n. f. Poisson d'eau douce.

PERCHE, n. f. Brin de bois long de trois à quatre mètres, et de grosseur moyenne; ancienne mesure agraire; bois du cerf lorsqu'il a plusieurs andouillers.

PERCHER, v. int. ou **SE PERCHER**, v. pr. Se poser sur une perche, sur une branche d'arbre, en parlant des oiseaux. *Fig.* Se placer en un lieu élevé : *où est-il allé se percher? Fam.*

PERCHOIR, n. m. Lieu où perchent les volailles.

PERCLUS, E, adj. Privé en tout ou en partie du mouvement.

PERÇOIR, n. m. Foret pour percer les tonneaux.

PERCUSSION, n. f. Coup par lequel un corps en frappe un autre. *Instrument de percussion,* dont on joue en les frappant, comme les cymbales, le tambour, le triangle, etc.

PERDABLE, adj. Qui peut se perdre.

PERDANT, n. m. Celui qui perd au jeu.

PERDITION, n. f. État d'une personne hors de la voie du salut : *être dans la voie de perdition.*

PERDRE, v. tr. Être privé d'une chose qu'on possédait : *perdre sa place;* d'un avantage physique ou moral :

perdre *un bras, la raison* ; être séparé par la mort : *perdre son père* ; égarer : *perdre son mouchoir* ; avoir le dessous, du désavantage : *perdre un pari, un procès, une bataille* ; gâter, endommager : *la pluie a perdu mon chapeau* ; cesser d'avoir : *les arbres perdent leurs feuilles en automne.* Perdre *la vie*, mourir ; perdre *haleine*, manquer de respiration. *Fig.* Ruiner : *le jeu le perdra* ; corrompre : *les mauvaises sociétés perdent la jeunesse* ; déshonorer : *vous allez me perdre* ; mal employer : *perdre le temps* ; ne pas profiter : *perdre l'occasion* ; ne plus voir, ne plus suivre : *perdre la piste, la trace* ; se défaire, quitter : *perdre une mauvaise habitude.* Perdre *la tête*, ne savoir quel parti prendre ; perdre *la tramontane*, ne pas garder son sang-froid ; *perdre la carte*, se troubler, se confondre dans ses idées ; *perdre le fil d'un discours*, manquer de mémoire ; *perdre de vue*, oublier ; *perdre pied*, ne plus toucher le fond dans l'eau ; *perdre du terrain*, reculer au lieu d'avancer ; *perdre terre*, perdre la terre de vue, en parlant d'un bâtiment en mer. V. int. Valoir moins : *les grains perdent en vieillissant*, et, *fig.* : *perdre dans l'opinion publique.* **Se perdre**, v. pr. S'égarer : *se perdre dans un bois* ; disparaître : *se perdre dans la foule* ; faire naufrage : *ce bâtiment s'est perdu sur une côte. Fig.* Se débaucher : *votre fils se perd* ; cesser d'être en vogue : *cette mode se perd. Je m'y perds*, je n'y conçois rien.

PERDREAU, n. m. Perdrix de l'année.

PERDRIGON, n. m. Sorte de prune.

PERDRIX, n. f. Oiseau de la grosseur d'un pigeon, excellent à manger. Œil-de-perdrix, espèce de cor qui survient entre les doigts du pied. Pl. les *œils-de-perdrix.*

PERDU, E, adj. Sentinelle perdue, très-avancée ; temps perdu, mal employé ; peine perdue, inutile ; pays perdu, très-retiré ; à vos heures perdues, à vos moments de loisir ; à corps perdu, avec impétuosité ; placer de l'argent à fonds perdus, en abandonner le capital, à condition d'en recevoir sa vie durant un intérêt convenu ; être perdu de réputation, en avoir une très-mauvaise.

PÈRE, n. m. Celui qui a un ou plusieurs enfants ; ancêtres : *nos pères* ; créateur : *Corneille est le père de la tragédie française* ; nom qu'on donne à certains religieux et aux prêtres dans la confession. Père éternel, Dieu ; le saint père, le pape ; *les Pères de l'Église*, les docteurs dont les écrits font règle en matière de foi ; *les pères conscrits*, les sénateurs de l'ancienne Rome ; de père en fils, par transmission successive du père au fils. *Théât.* Père noble, acteur chargé de l'emploi des pères dans la tragédie et dans la haute comédie.

PÉRÉGRINATION, n. f. Voyage fait dans les pays étrangers.

PÉREMPTION, n. f. Anéantissement d'une procédure, parce qu'elle n'a point été suivie dans les délais fixés.

PÉREMPTOIRE, adj. Décisif, sans réplique : *réponse péremptoire.*

PÉREMPTOIREMENT, adv. D'une manière péremptoire.

PERFECTIBILITÉ, n. f. Faculté qu'a l'homme de se perfectionner moralement et physiquement d'âge en âge.

PERFECTIBLE, adj. Susceptible d'être perfectionné : *l'homme est un être perfectible.*

PERFECTION, n. f. Qualité de ce qui est parfait dans son genre : *atteindre à la perfection* ; qualité excellente de l'âme et du corps : *être doué de toutes sortes de perfections.* **En perfection, à la perfection**, loc. adv. Parfaitement.

PERFECTIONNEMENT, n. m. Action de perfectionner ; effet de cette action.

PERFECTIONNER, v. tr. Rendre plus parfait : *perfectionner une invention.*

PERFIDE, adj. Déloyal : *ami perfide* ; où il y a de la perfidie : *serments perfides.* N. : *c'est un perfide.*

PERFIDEMENT, adv. Avec perfidie.

PERFIDIE, n. f. Déloyauté, trahison.

PERFORATION, n. f. Action de perforer.

PERFORER, v. tr. Percer.

PÉRI, n. f. Fée des Orientaux.

PÉRICARDE, n. m. Espèce de sac membraneux qui enveloppe le cœur.

PÉRICARPE, n. m. Enveloppe de la graine, des semences.

PÉRICLITER, v. int. Être en péril, en parlant des choses : *son honneur périclite.*

PÉRICRÂNE, n. m. Membrane qui couvre le crâne.

PÉRIGÉE, n. m. Point de l'orbite d'une planète où elle est le plus rapprochée de la terre. Son opposé est apogée.

PÉRIHÉLIE, n. m. Point de l'orbite d'une planète où elle est le plus rapprochée du soleil. Son opposé est aphélie.

PÉRIL, n. m. Danger, risque.

PER

PÉRILLEUSEMENT, adv. Avec péril.

PÉRILLEUX, EUSE, adj. Où il y a du péril : *poste périlleux*. **Saut périlleux**, saut difficile et dangereux, qu'exécutent les danseurs de corde.

PÉRIMER, v. int. Se perdre par prescription, ou faute de poursuites faites dans le délai fixé.

PÉRIMÈTRE, n. m. Contour, circonférence d'une figure géométrique.

PÉRIODE, n. f. Espace de temps, division : *les grandes périodes de l'histoire*. *Astr.* Temps qu'une planète met à faire sa révolution : *la période lunaire est d'un peu plus de 27 jours*. *Méd.* Phase d'une maladie : *les maladies ont trois périodes, le commencement, l'intensité et le déclin. Rhét.* Phrase composée de plusieurs membres. N. m. Espace de temps indéterminé : *le dernier période de la vie ; le plus haut point où une chose, une personne puisse arriver : Cicéron a porté l'éloquence à son plus haut période*.

PÉRIODICITÉ, n. f. État de ce qui est périodique : *la périodicité des comètes*.

PÉRIODIQUE, adj. Qui revient à des temps marqués : *fièvre périodique* ; qui paraît à époque fixe : *publication périodique* ; qui abonde en périodes : *style périodique*.

PÉRIODIQUEMENT, adv. D'une manière périodique : *les planètes se meuvent périodiquement*.

PÉRIOSTE, n. m. Membrane fibreuse qui couvre les os.

PÉRIOSTOSE, n. f. Gonflement du périoste.

PÉRIPATÉTICIEN, ENNE, adj. et n. Qui suit la doctrine d'Aristote : *secte péripatéticienne, les péripatéticiens*.

PÉRIPATÉTISME, n. m. Philosophie d'Aristote.

PÉRIPÉTIE, n. f. Changement subit de fortune dans la situation d'un héros de théâtre ou de roman ; dénoûment d'un poème épique, d'une pièce de théâtre : *péripétie bien amenée*.

PÉRIPHÉRIE, n. f. Contour d'une figure curviligne.

PÉRIPHRASE, n. f. Circonlocution, tour dont on se sert pour exprimer ce qu'on ne veut pas dire en termes propres, comme : *la messagère du printemps*, pour *l'hirondelle*.

PÉRIPHRASER, v. int. Parler par périphrases.

PÉRIPNEUMONIE, n. f. Inflammation du poumon.

PÉRIR, v. int. Prendre fin ; faire naufrage : *le vaisseau a péri sur des récifs* ; tomber en ruine, en décadence : *les plus grands empires ont péri. Fig.* Être excédé : *périr d'ennui*.

PÉRISSABLE, adj. Sujet à périr.

PÉRISSOLOGIE, n. f. Superfluité de mots, pléonasme vicieux, comme dans : *il en coûta la vie et la tête à Pompée*.

PÉRISTYLE, n. m. Suite de colonnes formant galerie autour d'une cour ou d'un bâtiment.

PÉRITOINE, n. m. Membrane séreuse qui tapisse la cavité de l'abdomen.

PÉRITONITE, n. f. Inflammation du péritoine.

PERLE, n. f. Corps dur, brillant, nacré et rond, qui se forme dans l'intérieur de certains coquillages. *Fig.* Ce qu'il y a de mieux dans son genre : *c'est la perle des honnêtes gens. Les perles du matin*, la rosée. *Impr.* Le plus petit de tous les caractères.

PERLÉ, ÉE, adj. *Orge perlé*, entièrement dépouillé de son enveloppe et arrondi par la meule ; *ouvrage perlé*, très-bien fait.

PERLER, v. tr. Faire dans la perfection.

PERMANENCE, n. f. Durée constante : *la permanence des institutions. Se déclarer en permanence*, se dit d'une assemblée qui déclare qu'elle restera en séance, jusqu'à ce qu'elle ait délibéré sur un objet important.

PERMANENT, E, adj. Qui reste constamment dans le même état.

PERMÉABILITÉ, n. f. Qualité de ce qui est perméable : *la perméabilité du verre*.

PERMÉABLE, adj. Qui peut être traversé par l'air ou un autre fluide : *l'eau est perméable à la lumière*.

PERMESSE, n. m. Fleuve de la Grèce, consacré aux Muses. *Les nymphes du Permesse*, les Muses.

PERMETTRE, v. tr. Donner liberté, pouvoir de faire, de dire ; accorder : *permettre l'usage du vin* ; tolérer : *il faut permettre ce qu'on ne peut empêcher* ; donner le moyen, le loisir de : *si mes occupations me le permettent*.

PERMIS, n. m. Permission écrite : *permis de chasse*.

PERMISSION, n. f. Autorisation.

PERMUTANT, n. m. Celui qui permute.

PERMUTATION, n. f. Échange d'un emploi contre un autre.

PERMUTER, v. tr. et int. Échanger son emploi, son grade, contre celui d'une autre personne.

PERNICIEUSEMENT, adv. D'une manière pernicieuse.

PERNICIEUX, EUSE, adj. Dangereux, nuisible.

PÉRONÉ, n. m. Os extérieur de la jambe.

PÉRONNELLE, n. f. Femme sotte et babillarde. *Fam.*

PÉRORAISON, n. f. Dernière partie, conclusion d'un discours d'apparat. Son opposé est *exorde.*

PÉRORER, v. int. Discourir longuement et avec emphase.

PÉROREUR, n. m. Qui a l'habitude de pérorer. *Fam.*

PÉROU, n. m. Riche contrée de l'Amérique méridionale. *Fig. Ce n'est pas le Pérou,* cela n'a pas une grande valeur.

PÉROXYDE, n. m. Oxyde qui contient la plus grande quantité possible d'oxygène.

PERPENDICULAIRE, adj. et n. f. Qui rencontre à angles droits une ligne, un plan.

PERPENDICULAIREMENT, adv. D'une manière perpendiculaire.

PERPENDICULARITÉ, n. f. État de ce qui est perpendiculaire.

PERPÉTRATION, n. f. Accomplissement : *la perpétration d'un crime.*

PERPÉTRER, v. tr. Commettre, consommer : *perpétrer un crime.*

PERPÉTUATION, n. f. Action de perpétuer ; effet de cette action : *la perpétuation des espèces.*

PERPÉTUEL, ELLE, adj. Continuel, qui ne cesse point : *printemps perpétuel*; qui dure toute la vie : *bannissement perpétuel*; qui se renouvelle souvent : *combats perpétuels.*

PERPÉTUELLEMENT, adv. Toujours : *les élus seront perpétuellement heureux*; fréquemment : *être perpétuellement en querelle.*

PERPÉTUER, v. tr. Faire durer toujours ou longtemps : *perpétuer une rente, un procès.* V. pr. : *les abus se perpétuent d'eux-mêmes.*

PERPÉTUITÉ, n. f. Durée perpétuelle : *la perpétuité de la religion.* À perpétuité, loc. adv. Pour toujours : *fonder une messe à perpétuité.*

PERPLEXE, adj. Qui est dans la perplexité ; qui cause de la perplexité : *situation perplexe.*

PERPLEXITÉ, n. f. Embarras qu'éprouve une personne qui ne sait quel parti prendre.

PERQUISITION, n. f. Recherche exacte.

PERRON, n. m. Escalier extérieur et découvert.

PERROQUET, n. m. Oiseau de l'ordre des grimpeurs, remarquable par la facilité avec laquelle il imite la voix humaine. *Fig. Parler comme un perroquet,* sans comprendre ce qu'on dit. *Mar.* Mât, voile, vergue, qui se règle au-dessus d'un mât de hune.

PERRUCHE, n. f. Femelle du perroquet; petit perroquet à longue queue pointue.

PERRUQUE, n. f. Coiffure de faux cheveux.

PERRUQUIER, n. m. Celui qui s'occupe de tout ce qui regarde la barbe et les cheveux.

PERRUQUIÈRE, n. f. Femme du perruquier.

PERS, E, adj. Couleur intermédiaire entre le vert et le bleu : *les anciens donnaient aux déesses des yeux pers.*

PERSE, n. f. Belle toile peinte, qui s'est fabriquée primitivement en Perse.

PERSÉCUTER, v. tr. Tourmenter par des mesures tyranniques : *Néron persécuta les chrétiens.* Par ext. Importuner, presser : *ses créanciers le persécutent.*

PERSÉCUTEUR, TRICE, n. Qui persécute : *Néron, persécuteur des chrétiens.* Par ext. Importun, incommode : *fâcheux persécuteur.*

PERSÉCUTION, n. f. Poursuite violente et tyrannique. Par ext. Importunités continuelles.

PERSÉVÉRAMMENT, adv. Avec persévérance.

PERSÉVÉRANCE, n. f. Qualité de celui qui persévère; fermeté, constance dans la foi, dans la piété.

PERSÉVÉRANT, E, adj. Qui persévère.

PERSÉVÉRER, v. int. Persister, demeurer ferme et constant dans un sentiment, une résolution. *Abs.* Persister dans le bien : *il ne suffit pas de bien commencer, il faut persévérer.*

PERSIENNE, n. f. Sorte de jalousie composée de lames fort minces montées sur un châssis qui s'ouvre en dehors comme des contrevents.

PERSIFLAGE, n. m. Action, discours du persifleur.

PERSIFLER, v. tr. Railler quelqu'un en lui disant, par moquerie, des choses flatteuses qu'il croit sincères. V. int. Parler avec ironie : *il persifle sans cesse.*

PERSIFLEUR, n. m. Qui a l'habitude de persifler.

PERSIL, n. m. Plante potagère de la famille des ombellifères.

PERSILLADE, n. f. Tranches de bœuf froid assaisonnées de persil.

PERSILLÉ, E, adj. Qui est semé à l'intérieur de petites taches verdâtres, comme le fromage de Roquefort.

PERSIQUE, adj. *Arch.* Ordre persique, dont l'entablement est porté par des figures de captifs.

PERSISTANCE, n. f. Qualité de ce qui est persistant ; action de persister.

PERSISTER, v. int. Demeurer ferme dans sa résolution, dans son opinion.

PERSONNAGE, n. m. Personne considérable, illustre : *les grands personnages de l'antiquité* ; rôle que remplit un acteur, une actrice. *Fig.* Rôle que l'on joue dans une société, dans le monde : *faire un triste personnage.*

PERSONNALISER, v. tr. Dire des personnalités.

PERSONNALITÉ, n. f. Caractère de ce qui est personnel : *un juge doit dépouiller toute personnalité* ; trait injurieux lancé contre quelqu'un : *se permettre des personnalités* ; défaut d'un homme uniquement occupé de lui : *cet auteur est d'une personnalité ridicule.*

PERSONNE, n. f. Homme ou femme. *J'y serai en personne, moi-même* ; *payer de sa personne*, s'exposer au péril ; *aimer sa personne, ses aises* ; *les trois Personnes divines*, la Trinité. *Gram.* Relation du sujet à celui qui parle.

PERSONNE, pron. ind. m. sing. Nul, qui que ce soit : *je ne connais personne* ; quelqu'un : *personne osera-t-il nier ?*

PERSONNEL, ELLE, adj. Qui est propre et particulier à chaque personne : *qualités personnelles. Gram.* Pronom personnel, qui représente la personne d'une manière toute particulière, comme *moi, toi, lui*, etc. ; *mode personnel*, autre que l'infinitif. N. m. *Le personnel d'un établissement*, tous les employés y attachés.

PERSONNELLEMENT, adv. En sa propre personne : *agir personnellement.*

PERSONNIFICATION, n. f. Action de personnifier ; résultat de cette action.

PERSONNIFIER, v. tr. Attribuer à une chose inanimée ou à un être abstrait la figure, les sentiments, le langage d'une personne : *on personnifie la mort quand on la représente sous la figure d'un squelette armé d'une faux.*

PERSPECTIVE, n. f. Art de représenter les objets selon les différences que l'éloignement et la position y apportent ; aspect des objets vus de loin : *belle perspective. Fig.* Espérance ou crainte d'une chose probable, quoique éloignée : *avoir la perspective d'une grande fortune.* En perspective, loc. adv. Dans l'éloignement, dans l'avenir.

PERSPICACE, adj. Qui a de la perspicacité.

PERSPICACITÉ, n. f. Pénétration d'esprit.

PERSUADER, v. tr. Porter quelqu'un à croire, le décider à faire une chose. **Se persuader**, v. pr. Croire, s'imaginer.

PERSUASIF, IVE, adj. Qui a le pouvoir, le talent de persuader : *éloquence persuasive.*

PERSUASION, n. f. Action de persuader ; ferme croyance.

PERTE, n. f. Privation d'un bien, d'un avantage : *perte de la vue* ; mort, ruine : *il a juré sa perte, cette guerre sera la perte de l'État ;* dommage : *ce commerçant a éprouvé de grandes pertes* ; insuccès : *perte d'une bataille, d'un procès* ; mauvais emploi : *perte du temps.* Loc. adv. À perte, avec perte : *vendre à perte ;* à perte de vue, hors de la portée de la vue ; en pure perte, inutilement : *se chagriner en pure perte.*

PERTINEMMENT, adv. D'une manière convenable, avec connaissance de cause : *parler pertinemment d'une chose.*

PERTINENT, E, adj. *Prat.* Qui est tel qu'il convient.

PERTUIS, n. m. Passage étroit pratiqué dans une rivière pour élever le niveau de l'eau, et faciliter ainsi la navigation ; détroit.

PERTUISANE, n. f. Sorte de hallebarde à fer long, large et tranchant.

PERTURBATEUR, TRICE, adj. et n. Qui cause du trouble.

PERTURBATION, n. f. Trouble, émotion de l'âme ; bouleversement dans un État ; dérangement dans le mouvement des corps célestes, produit par l'action mutuelle de ces astres ; trouble dans les fonctions animales.

PERVENCHE, n. f. Plante printanière.

PERVERS, E, adj. Méchant, dépravé. N. : *Dieu châtiera les pervers.*

PERVERSION, n. f. Changement de bien en mal.

PERVERSITÉ, n. f. Méchanceté, dépravation.

PERVERTIR, v. tr. Faire changer de bien en mal : *pervertir la jeunesse.* **Se pervertir**, v. pr. Se corrompre.

PESAMMENT, adv. D'une manière pesante. *Fig.* Sans grâce : *écrire, s'exprimer pesamment.*

PESANT, E, adj. Lourd, qui pèse; lent : *marche pesante. Fig. Joug pesant*, tyrannique; *esprit, style, pesant*, sans légèreté, sans grâce. N. m. : *cet homme vaut son pesant d'or.*

PESANTEUR, n. f. État de ce qui est pesant : *pesanteur d'un fardeau*; malaise : *pesanteur d'estomac. Fig.* Défaut de pénétration : *pesanteur d'esprit.* † **Pesanteur universelle**, attraction considérée dans les corps terrestres.

PESÉE, n. f. Action de peser; ce qu'on a pesé en une fois.

PÈSE-LIQUEURS, n. m. Instrument qui sert à faire connaître la densité relative des liquides. Pl. des *pèse-liqueurs.*

PESER, v. tr. Constater au moyen de poids connus la pesanteur d'un objet. *Fig. Peser mûrement les choses*, les examiner attentivement; *peser ses paroles*, parler avec circonspection. V. int. Avoir un certain poids : *le platine pèse plus que l'or*; appuyer fortement : *peser sur un levier. Fig. Peser sur le cœur*, être à charge, contrarier; *peser sur l'estomac*, être difficile à digérer.

PESEUR, n. m. Qui pèse.

PESON, n. m. Instrument qui sert à peser.

PESSIMISME, n. m. Opinion de ceux qui pensent que tout va au plus mal dans le monde. Son opposé est *optimisme.*

† **PESSIMISTE**, n. m. Partisan du pessimisme. Son opposé est *optimiste.*

PESTE, n. f. Maladie épidémique qui cause une grande mortalité. *Fig.* Personne, doctrine pernicieuse. Par imprécation : *peste de l'étourdi!* exclamation : *peste! que cela est beau!*

PESTER, v. int. Éprouver et manifester de la mauvaise humeur : *pester contre quelqu'un.*

PESTIFÉRÉ, adj. Qui communique la peste : *air pestifère.*

PESTIFÉRÉ, ÉE, adj. et n. Attaqué de la peste.

PESTILENCE, n. f. Doctrine pernicieuse, en style biblique.

PESTILENT, E, adj. Qui tient de la peste : *fièvre pestilente.*

PESTILENTIEL, ELLE, adj. Infecté de peste, contagieux : *maladie pestilentielle.*

PET, n. m. Bruit qui sort du fondement. *Pet de nonne*, beignet soufflé.

PÉTALE, n. f. *Bot.* Chacune des pièces qui composent la corolle.

PÉTARADE, n. f. Suite de pets que fait un cheval en ruant.

PÉTARD, n. m. Espèce de canon court; petite pièce d'artifice.

PÉTARDER, v. tr. Faire jouer un pétard à la guerre.

PÉTARDIER, n. m. Celui qui fait ou applique des pétards.

PÉTAUD, n. m. *Cour du roi Pétaud*, lieu de confusion, où tout le monde fait le maître.

PÉTAUDIÈRE, n. f. Assemblée confuse; établissement où il n'y a pas d'ordre : *cette maison est une vraie pétaudière.*

PET-EN-L'AIR, n. m. Espèce de robe de chambre fort courte.

PÉTER, v. int. Faire un pet. *Fig.* Faire un bruit subit et éclatant : *le bois vert pète dans le feu.*

PÉTILLANT, E, adj. Qui pétille.

PÉTILLEMENT, n. m. Action de pétiller.

PÉTILLER, v. int. Éclater avec un petit bruit réitéré. *Fig. Pétiller d'ardeur, d'impatience*, en manifester beaucoup; *pétiller d'esprit*, avoir un esprit vif et brillant.

PÉTIOLE, n. m. *Bot.* Queue de la feuille.

PÉTIOLÉ, ÉE, adj. *Bot.* Porté par un pétiole.

PETIT, E, adj. De peu de volume, de peu d'étendue, de peu de hauteur : *petit paquet, petit jardin, petite femme. Fig.* De peu d'importance, de peu de valeur : *petit prince, petite affaire*; qui s'humilie par respect ou par crainte : *se faire petit devant les grands*; qui manque de noblesse, de dignité : *ce que vous avez fait là est petit. Le petit monde*, le bas peuple; *petit esprit*, homme à idées étroites. Loc. adv. **En petit**, en raccourci; **petit à petit**, peu à peu.

PETIT, n. m. Animal nouvellement né.

PETITE-FILLE, n. f. Fille du fils ou de la fille, par rapport à l'aïeul et à l'aïeule.

PETITE-GUERRE, n. f. Combat simulé pour l'exercice des troupes.

PETITEMENT, adv. Mesquinement : *vivre petitement*; avec petitesse, bassement : *se venger petitement.*

PETITES-MAISONS, n. f. pl. Hôpital de fous.

PETITESSE, n. f. État de ce qui a peu d'étendue, peu de volume; modicité : *petitesse d'un revenu. Fig.* Faiblesse, bassesse : *petitesse d'esprit, de cœur.*

PETITE-VÉROLE, n. f. Maladie cutanée contagieuse.

PETIT-GRIS, n. m. Fourrure faite

de la peau d'un écureuil du Nord. Pl. des *petits-gris*.

PÉTITION, n. f. Demande par écrit adressée à une autorité. **Pétition de principe**, raisonnement vicieux qui consiste à poser en principe ce qui fait l'objet même de la question.

PÉTITIONNAIRE, n. Qui présente une pétition.

PÉTITIONNER, v. int. Adresser une pétition.

PETIT-LAIT, n. m. Liquide qui se sépare du lait caillé.

PETIT-MAÎTRE, n. m. Jeune homme dont les manières sont prétentieuses et ridicules. Pl. des *petits maîtres*.

PETIT-NEVEU, n. m., **PETITE-NIÈCE**, n. f. Fils, fille du neveu ou de la nièce. Pl. des *petits-neveux*, des *petites-nièces*.

PÉTITOIRE, n. m. Demande faite en justice pour ressaisir la possession d'un immeuble.

PETON, n. m. Diminutif de *pied*.

PÉTRÉ, ÉE, adj. Se dit d'un pays couvert de pierres, de rochers.

PÉTRI, E, adj. Rempli : *pétri d'esprit, d'orgueil*.

PÉTRIFIANT, E, adj. Qui a la faculté de pétrifier : *fontaine pétrifiante*.

† PÉTRIFICATION, n. f. Changement en pierre d'un corps organisé ; la chose pétrifiée : *belle pétrification*.

PÉTRIFIER, v. tr. Changer en pierre. *Fig.* Rendre immobile de stupéfaction : *cette nouvelle l'a pétrifié*.

PÉTRIN, n. m. Coffre dans lequel on pétrit le pain. *Fig. Être dans le pétrin*, dans l'embarras. *Fam.*

PÉTRIR, v. tr. Détremper de la farine avec de l'eau, et en faire de la pâte ; presser l'argile avec les mains.

PÉTRISSAGE, n. m. Action de pétrir.

PÉTRISSEUR, n. m. Qui pétrit la pâte.

PÉTROSILEX, n. m. Nom commun à toutes les substances qui ont l'apparence du silex.

PETTO (IN), Mots ital. Intérieurement, en secret : *se promettre in petto de se venger*.

PÉTULAMMENT, adv. Avec pétulance.

PÉTULANCE, n. f. Vivacité impétueuse.

PÉTULANT, E, adj. Vif, impétueux, qui a peine à se contenir.

PEU, adv. de quantité opposé à *beaucoup*. N. m. Petite quantité : *le peu que je possède, vivre de peu*. *Homme de peu*, de basse condition. Loc. adv. **Dans peu, sous peu**, bientôt ;

depuis peu, récemment ; peu à peu, lentement, insensiblement ; à peu près, à peu de chose près, presque, environ ; quelque peu, un peu ; tant soit peu, très-peu. **Pour peu que**, loc. conj. Si peu que.

PEUPLADE, n. f. Multitude d'habitants qui passent d'un pays dans un autre ; horde de sauvages.

PEUPLE, n. m. Multitude d'hommes d'un même pays, vivant sous une même loi ; partie la plus nombreuse et la moins notable des habitants d'une ville, d'un pays, etc. *Fig.* Grand nombre : *un peuple de flatteurs*.

PEUPLER, v. tr. Remplir d'habitants un lieu désert ; remplir de poissons : *peupler un étang* ; de lapins : *peupler une garenne*. V. int. Multiplier par la génération : *les rats peuplent beaucoup*.

PEUPLIER, n. m. Grand arbre qui croît dans les lieux humides.

PEUR, n. f. Crainte, frayeur. *Par ext.* : *j'ai peur de vous incommoder*. **De peur de**, loc. prép., **de peur que**, loc. conj. Dans la crainte de, dans la crainte que.

PEUREUX, EUSE, adj. et n. Craintif ; qui manque de résolution, d'énergie.

PEUT-ÊTRE, loc. adv. qui marque la possibilité : *il viendra peut-être*.

PHAÉTON, n. m. Petite calèche à deux roues, légère et découverte.

PHALANGE, n. f. Autrefois, corps d'infanterie macédonienne ; petits os qui composent les doigts et les orteils.

PHALANGE, n. f. Subdivision du phalanstère.

PHALANSTÈRE, n. m. Réunion d'individus qui, dans le système de Fourier, concourent à un nouvel établissement social.

PHALANSTÉRIEN, ENNE, adj. et n. Membre d'un phalanstère ; partisan de la doctrine sociale de Fourier.

PHALÈNE, n. f. Nom général des papillons de nuit.

PHARAON, n. m. Espèce de jeu de cartes.

PHARE, n. m. Tour surmontée d'un fanal, qu'on établit le long des côtes pour éclairer les navigateurs pendant la nuit.

PHARISAÏQUE, adj. Qui a rapport aux pharisiens.

PHARISAÏSME, n. m. Caractère des pharisiens. *Fig.* Hypocrisie.

† PHARISIEN, n. m. Secte de juifs qui affectaient de se distinguer par la sainteté extérieure de leur vie. *Fig.* Celui qui n'a que l'ostentation de la vertu.

PHARMACEUTIQUE, adj. Se dit de tout ce qui a rapport à la pharmacie : *préparation pharmaceutique*. N. f. Partie de la médecine qui traite de la composition et de l'emploi des médicaments.

PHARMACIE, n. f. Art de préparer les médicaments ; lieu où on les prépare, où on les vend.

PHARMACIEN, n. m. Celui qui exerce la pharmacie.

PHARMACOPÉE, n. f. Recueil des recettes ou formules d'après lesquelles les médicaments doivent être préparés.

PHARYNX, n. m. Gosier, partie supérieure de l'œsophage.

PHASE, n. f. Apparence sous laquelle une planète se présente successivement à nos regards pendant la durée de sa révolution : *les phases de la lune*. *Fig.* Pl. Changements successifs : *étudier les différentes phases d'une maladie*.

PHÉBUS, n. m. Style obscur et ampoulé : *donner dans le phébus*.

† **PHÉNIX**, n. m. Oiseau fabuleux. *Fig.* Personne supérieure, unique dans son genre : *il est le phénix des beaux esprits*.

PHÉNOMÉNAL, E, adj. Qui tient du phénomène.

PHÉNOMÈNE, n. m. Tout ce qui apparaît d'extraordinaire dans le ciel, dans l'air, comme une comète, une aurore boréale. *Fig.* Ce qui est rare et nouveau : *c'est un phénomène de vous voir* ; personne qui se fait remarquer par ses talents, ses actions : *cet enfant est un petit phénomène*.

PHILANTHROPE, n. m. Celui qui aime les hommes, qui s'occupe des moyens d'améliorer leur sort.

PHILANTHROPIE, n. f. Amour de l'humanité.

PHILANTHROPIQUE, adj. Inspiré par la philanthropie : *sentiment philantropique*.

PHILHARMONIQUE, adj. Qui aime la musique, les concerts, qui en donne : *société philharmonique*.

PHILHELLÈNE, n. m. Ami des *Hellènes*, ou Grecs modernes.

PHILIPPIQUE, n. f. Titre des harangues de Démosthènes contre *Philippe*. *Fig.* Discours violent et personnel.

PHILOLOGIE, n. f. Science qui envisage principalement les œuvres littéraires et les langues, sous le rapport de l'érudition, de la critique des textes et de la grammaire.

PHILOLOGIQUE, adj. Qui concerne la philologie : *études philologiques*.

PHILOLOGUE, n. m. Littérateur qui s'occupe de philologie, de critique.

† **PHILOMÈLE**, n. f. Nom poétique du rossignol.

† **PHILOSOPHALE**, adj. f. *Pierre philosophale*, prétendue transmutation des métaux en or. *Fig.* Chose impossible à trouver.

PHILOSOPHE, n. m. Celui qui étudie la philosophie ou qui la pratique, sage, qui mène une vie tranquille et retirée : *vivre en philosophe* ; celui qui juge les choses révélées au point de vue de la raison ; incrédule, esprit-fort ; élève en philosophie.

PHILOSOPHER, v. int. Traiter des matières de philosophie. Se prend en m. part.

† **PHILOSOPHIE**, n. f. Connaissance des choses physiques, morales et intellectuelles, par leurs causes et par leurs effets ; système philosophique particulier à chaque philosophe célèbre : *la philosophie de Platon, d'Aristote* ; système particulier qu'on se fait pour la conduite de la vie ; science considérée sous le rapport des causes et des effets : *la philosophie de l'histoire* ; fermeté d'âme qui rend l'homme maître de ses passions, et l'élève au-dessus des préjugés ; la branche la plus élevée des études classiques : *faire sa philosophie*.

PHILOSOPHIE, n. f. Caractère d'imprimerie.

PHILOSOPHIQUE, adj. Qui appartient à la philosophie.

PHILOSOPHIQUEMENT, adv. D'une manière philosophique.

PHILOSOPHISME, n. m. Fausse philosophie.

PHILOSOPHISTE, n. m. Faux philosophe.

PHILOTECHNIQUE, adj. Qui a pour objet l'amour, la culture des arts : *société philotechnique*.

PHILTRE, n. m. Breuvage qu'on supposait propre à inspirer quelque passion.

PHONÉTIQUE, adj. Qui exprime le son. *Ecriture phonétique*, qui représente les sons dont les mots se composent, comme dans l'écriture alphabétique.

PHOQUE, n. m. Animal amphibie, doux et intelligent.

PHOSPHATE, n. m. Sel résultant de la combinaison de l'acide phosphorique avec différentes bases.

PHOSPHORE, n. m. Corps simple jaunâtre, très-inflammable.

PHOSPHORÉ, ÉE, adj. Se dit de toute substance qui contient du phosphore : *hydrogène phosphoré*.

PHOSPHORESCENCE, n. f. Propriété qu'ont certains corps de devenir lumineux dans l'obscurité, sans chaleur sensible et sans combustion, comme le ver-luisant, certains bois vermoulus, etc.

PHOSPHORESCENT, **E**, adj. Doué de phosphorescence : *animal phosphorescent.*

PHOSPHOREUX, adj. m. *Acide phosphoreux,* formé par la combustion lente du phosphore.

PHOSPHORIQUE (*acide*), adj. Combinaison de phosphore et d'oxygène.

PHOTOGRAPHE, n. m. Qui s'occupe de photographie.

† **PHOTOGRAPHIE**, n. f. Art qui consiste à fixer, par la seule action de la lumière, l'image des objets sur une plaque métallique, sur le papier, sur le verre, etc.

PHOTOGRAPHIQUE, adj. Qui a rapport à la photographie.

PHRASE, n. f. Assemblage de mots présentant un sens complet. *Phrase musicale,* suite régulière et non interrompue d'accords.

PHRASÉOLOGIE, n. f. Construction de phrase particulière à une langue ou propre à un écrivain.

PHRASER, v. int. Faire des phrases. Se prend en m. part.

PHRASIER ou **PHRASEUR**, n. m Faiseur de phrases. Se prend en m. part.

† **PHRÉNOLOGIE**, n. f. Étude du caractère et des facultés intellectuelles de l'homme, fondée sur la conformation du crâne.

PHRÉNOLOGIQUE, adj. Qui a rapport à la phrénologie.

PHRÉNOLOGISTE, n. m. Qui s'occupe de phrénologie.

PHTHISIE, n. f. Maladie de poitrine.

PHTHISIQUE, n. Personne attaquée de phthisie.

PHYSICIEN, n. m. Celui qui s'occupe de physique.

PHYSIOGNOMONIE, n. f. Art de connaître les hommes d'après leur *physionomie.*

' **PHYSIOGNOMONIQUE**, adj. Qui a rapport à la physiognomonie.

PHYSIOLOGIE, n. f. Science qui traite de la vie et des fonctions organiques par lesquelles la vie se manifeste.

PHYSIOLOGIQUE, adj. Qui a rapport à la physiologie.

PHYSIOLOGISTE, n. m. Qui est versé dans la physiologie.

PHYSIONOMIE, n. f. L'air, les traits du visage : *ce jeune homme a une physionomie heureuse. Absol.* Certain

air de vivacité et d'agrément répandu habituellement sur le visage : *cette femme est belle, mais elle n'a pas de physionomie. Fig.* Caractère qui distingue certaines choses des autres du même genre : *chaque peuple a sa physionomie.*

PHYSIONOMISTE, n. Qui se connaît en physionomie.

PHYSIQUE, n. f. Science qui a pour objet l'étude des phénomènes que les corps terrestres exercent les uns sur les autres sans changer de nature; ouvrage qui traite de cette science. Adj. Naturel, matériel : *le monde physique;* qui s'appuie sur une observation des sens : *certitude physique.* Son opposé est *certitude morale.* N. m. physionomie, extérieur d'une personne : *avoir un beau physique. Au physique et au moral,* physiquement et moralement.

PHYSIQUEMENT, adv. D'une manière réelle et physique.

PIAFFER, v. int. Frapper la terre des pieds de devant, en parlant du cheval.

PIAFFEUR, n. m. Cheval qui piaffe.

PIAILLER, v. int. Crier. *Fam.*

PIAILLERIE, n. f. Criaillerie. *Fam.*

PIAILLEUR, **EUSE**, n. Criard. *Fam.*

PIANE-PIANE, adv. Doucement, lentement.

PIANISSIMO, adv. *Mus.* Très-doucement, très-lentement.

PIANISTE, n. Qui touche du piano.

PIANO ou **FORTÉ-PIANO**, n. m. Instrument de musique, à clavier, dont on peut renforcer ou adoucir le son à volonté.

PIANO, adv. *Mus.* Doucement.

PIASTRE, n. f. Monnaie d'argent en usage en divers pays, et dont la valeur varie beaucoup.

PIAULER, v. int. Se dit du cri des petits poulets.

PIC, n. m. Instrument de fer courbé, pointu et à long manche, pour casser des cailloux, creuser la terre, etc.

PIC, n. m. Oiseau de l'ordre des grimpeurs, qui perce l'écorce des arbres pour y chercher des insectes.

PIC, n. m. Terme du jeu de piquet, lorsque le joueur *fait soixante.*

PIC, n. m. Montagne élevée, isolée et d'un accès difficile : *le pic de Ténériffe.* **A pic,** loc. adv. Perpendiculairement : *rocher taillé à pic.*

PICORÉE, n. f. Maraude : *aller à la picorée.*

PICORER, v. int. Aller en maraude.

PICADOR, n. m. En Espagne, cavalier qui attaque le taureau avec la pique, après le toréador et avant le matador.

PICAILLON, n. m. Ancienne petite monnaie du Piémont, qui valait un peu moins d'un centime. *Fig. N'avoir pas un picaillon*, être sans le sou.

PICOT, n. m. Petite pointe qui demeure sur le bois qui n'a pas été coupé net.

PICOTEMENT, n. m. Impression incommode qui se fait sentir sur la peau.

PICOTER, v. tr. Causer des picotements; becqueter les fruits, en parlant des oiseaux. *Fig.* Lancer souvent des traits malins. **Se picoter**, v. pr. S'agacer réciproquement.

PICOTERIE, n. f. Paroles dites pour picoter quelqu'un.

PICOTIN, n. m. Mesure d'avoine que l'on donne aux chevaux.

PIE, n. f. Oiseau à plumage blanc et noir, du genre corbeau. *Fig. Jaser comme une pie*, parler beaucoup; *fromage à la pie*, blanc; écrémé. **Pie-grièche**, petite pie grise très-criarde. *Fig.* Femme acariâtre et querelleuse.

PIE, adj. Pieux : *œuvre pie*.

PIÈCE, n. f. Portion, fragment : *pièce de bœuf, de terre, de bois*; certaines choses formant un tout complet : *pièce de drap, de toile*; petit morceau d'étoffe, de métal, etc., employé pour le raccommodage; objet considéré séparément : *belle pièce de gibier*; chacune des parties d'un logement : *appartement composé de six pièces*; chaque objet faisant partie d'une collection : *combien la pièce?* ouvrage en vers ou en prose : *pièce en cinq actes*; au jeu d'échecs, tout ce qui n'est pas pion. *Pièce de vin, d'eau-de-vie*, tonneau de vin, d'eau-de-vie; *pièce d'eau*, petit étang dans un parc, un jardin, etc.; *pièce de résistance*, gros morceau de viande qu'on sert dans un repas; *pièce de canon*, bouche à feu; *pièce de monnaie*, monnaie quelconque; *table tout d'une pièce*, faite d'un seul morceau; *pièces justificatives*, qu'on produit dans une contestation pour établir son droit. *Fig. Emporter la pièce*, railler, médire d'une manière très-mordante; *armé de toutes pièces, de pied en cap*; *donner la pièce*, un pour-boire. **Pièce à pièce**, loc. adv. Un objet après l'autre.

PIED, n. m. Partie du corps jointe à l'extrémité de la jambe; partie qui sert à soutenir les meubles et certains ustensiles; partie opposée au chevet : *le pied du lit*; partie du tronc qui est le plus près de terre; tout l'arbre, toute la plante : *dix pieds d'arbres, de sala-*

de; le bas d'une montagne, d'un mur, etc.; ancienne mesure de longueur, environ 33 cent.; chaque syllabe d'un vers : *vers de douze pids. Fig. Lâcher pied*, reculer, s'enfuir; *être sur pied*, être levé; *sécher sur pied*, se consumer d'ennui, de chagrin; *de pied ferme*, en faisant bonne contenance; *ne savoir sur quel pied danser*, quel parti prendre; *mettre pied à terre*, descendre de cheval, de voiture; *mettre une armée sur pied*, lever une armée; *acheter du blé sur pied*, avant qu'il soit coupé; *donner du pied à une échelle*, l'éloigner du mur par en bas; *peindre quelqu'un en pied*, faire le portrait de sa personne tout entière; *sur le pied de*, à raison de. **Pied plat**, homme méprisable et sans considération. **A pied**, loc. adv. Pédestrement : *voyager à pied*.

PIED-A-TERRE, n. m. Petit logement qu'on n'occupe que rarement et en passant. Pl. des pied-à-terre.

PIED-BOT, n. m. V. Bot.

PIED-D'ALOUETTE, n. m. Plante à jolies petites fleurs bleues, blanches ou roses. Pl. des pieds-d'alouette.

PIED-DE-BICHE, n. m. Instrument de dentiste. Pl. des pieds-de-biche.

PIED-DE-CHÈVRE, n. m. Levier de fer dont une des extrémités est faite en pied de chèvre. Pl. des pieds-de-chèvre.

PIÉDESTAL, n. m. Base sur laquelle repose une colonne, une statue, etc.

PIÉDOUCHE, n. m. Piédestal de petite dimension, qui sert de support à de petits objets, tels que bustes, vases, etc.

PIÈGE, n. m. Machine pour prendre certains animaux. *Fig.* Embûche, artifice.

PIERRAILLE, n. f. Amas de petites pierres.

PIERRE, n. f. Corps dur et solide qui sert à bâtir; caillou et autre corps solide de la même nature; amas de gravier qui se forme dans le corps, et principalement dans la vessie; duretés semblables à de petits grains de pierre, qu'on trouve dans quelques fruits. **Pierres précieuses**, diamants, rubis; **pierre infernale**, nitrate d'argent dont se servent les chirurgiens pour brûler les chairs; **pierre philosophale**, prétendue transformation des métaux en or; **pierre ponce**, roche volcanique poreuse, légère, très-dure, dont on se sert pour polir le bois; **pierre de touche**, pierre noire et très-dure pour essayer l'or et l'argent.

Fig. Le malheur est la pierre de touche de l'amitié, c'est dans le malheur qu'on connaît ses amis ; *jeter la pierre à quelqu'un,* le blâmer, le condamner.

PIERRÉE, n. f. Conduit fait à pierres sèches, pour l'écoulement ou la direction des eaux.

PIERRERIES, n. f. pl. Pierres précieuses montées en bijoux.

PIERREUX, EUSE, adj. Plein de pierres : *chemin pierreux.*

PIERRIER, n. m. Petite pièce d'artillerie qu'on charge à mitraille ou à balles, et dont on se sert principalement sur les vaisseaux.

PIERROT, n. m. Nom vulgaire du moineau franc.

PIERROT, n. m. Personnage à costume entièrement blanc et à visage enfariné, qui joue le principal rôle dans la pantomime.

PIÉTÉ, n. f. Dévotion, affection et respect pour les choses de la religion ; amour pour ses parents : *piété filiale.*

PIÉTER, v. int. Tenir le pied à l'endroit marqué, au jeu de boules.

PIÉTINEMENT, n. m. Action de piétiner.

PIÉTINER, v. int. Remuer fréquemment et vivement les pieds : *piétiner de colère.*

PIÉTISTE, n. Membre d'une secte chrétienne qui s'attache à la lettre de l'Évangile.

PIÉTON, n. m. Qui va à pied.

PIÈTRE, adj. Chétif, mesquin : *un piètre habit.*

PIÈTREMENT, adv. D'une manière piètre : *être vêtu piètrement.*

PIÈTRERIE, n. f. Chose vile et méprisable.

PIEU, n. m. Pièce de bois pointue par un bout.

PIEUSEMENT, adv. D'une manière pieuse.

PIEUX, EUSE, adj. Qui a de la piété : *âme pieuse ;* qui part d'un sentiment religieux : *pensée pieuse.*

PIGEON, n. m. Oiseau domestique. *Fig.* Homme qui se laisse duper.

PIGEONNEAU, n. m. Jeune pigeon. *Fig.* Jeune homme que l'on dupe.

PIGEONNIER, n. m. Habitation préparée pour les pigeons domestiques.

PIGNON, n. m. Partie supérieure du mur, qui se termine en triangle dans une maison à deux toits. *Avoir pignon sur rue,* avoir une maison à soi. *Fam.*

PIGNON, n. m. Petite roue dont les dents engrènent dans celles d'une plus grande.

PILASTRE, n. m. Colonne de forme carrée.

PILAU, n. m. Riz cuit à l'eau avec du beurre et des morceaux de mouton hachés, mets favori des Orientaux.

PILE, n. f. Amas de choses placées les unes sur les autres : *pile de bois ;* massif de maçonnerie qui soutient les arches d'un pont ; côté d'une pièce de monnaie où sont les armes du souverain ou de la nation : *jouer à croix ou pile.* **Pile de Volta** ou **voltaïque,** appareil qui sert à développer un courant électrique par le contact de certains métaux.

PILER, v. tr. Broyer, écraser avec le pilon.

PILEUR, n. m. Ouvrier qui pile.

PILIER, n. m. Sorte de colonne qui sert à soutenir un édifice ; poteau dans les écuries pour séparer les chevaux. *Fig.* Celui qui est presque toujours dans un endroit : *pilier de cabaret.*

PILLAGE, n. m. Action de piller.

PILLARD, E, n. m. Qui aime à piller.

PILLER, v. tr. Emporter violemment les biens d'une ville, d'une maison, etc. ; opérer des détournements frauduleux : *cet intendant a pillé son maître ;* prendre dans les compositions d'autrui des choses qu'on donne comme siennes : *cet auteur pille partout.*

PILLERIE, n. f. Action de piller.

PILLEUR, n. m. Qui pille.

PILON, n. m. Instrument dont on se sert pour piler dans un mortier. *Mettre un ouvrage au pilon,* en détruire toute l'édition.

† **PILORI,** n. m. Poteau où l'on attachait autrefois les condamnés que l'on exposait aux regards du public.

PILOTAGE, n. m. Ouvrage de pilotis.

PILOTAGE, n. m. Science du pilote.

PILOTE, n. m. Celui qui conduit, gouverne un vaisseau.

PILOTER, v. tr. Conduire un bâtiment. *Fig.* et *fam.* Servir de guide dans une ville, dans le monde.

PILOTIN, n. m. Jeune marin qui étudie le pilotage.

PILOTIS, n. m. Gros pieux que l'on enfonce en terre pour asseoir les fondements d'un ouvrage construit dans l'eau, ou sur un fond peu solide.

PILULE, n. f. Composition médicinale en forme de petite boule. *Dorer la pilule,* engager à faire une chose qui répugne, en lui donnant des apparences séduisantes.

PIMBÊCHE, n. f. Femme impertinente et précieuse. *Fam.*

PIMENT, n. m. Plante à semence poivrée qu'on emploie comme épice.

PIMPANT, E, adj. Élégant, recherché dans sa mise. *Fam.*

PIMPRENELLE, n. f. Herbe d'un goût aromatique, que l'on mêle avec la salade.

PIN, n. m. Grand arbre toujours vert dont on tire la résine.

PINACLE, n. m. Partie la plus élevée d'un édifice. *Fig. Être sur le pinacle*, dans une haute position ou en grande faveur.

PINASSE, n. f. Bâtiment de charge, à voiles et à rames.

PINCE, n. f. Barre de fer aplatie par un bout, qui sert de levier. N. f. pl. Longues tenailles; grosses pattes avec lesquelles pincent les écrevisses, les homards; extrémité antérieure du pied des animaux ongulés; les deux dents de devant de la mâchoire supérieure et inférieure du cheval.

PINCÉ, ÉE, adj. Maniéré: *air pincé.*

PINCEAU, n. m. Instrument dont on se sert pour étendre les couleurs. *Fig.* Manière de peindre: *pinceau hardi*, *délicat.*

PINCÉE, n. f. Ce qu'on peut prendre de quelque chose avec deux ou trois doigts: *une pincée de tabac.*

PINCE-MAILLE, n. m. Homme qui fait paraître son avarice jusque dans les plus petites choses. Pl. des *pince-maille.*

PINCER, v. tr. Presser, serrer la peau entre les doigts; faire vibrer les cordes d'un instrument en les tirant avec les doigts: *pincer de la harpe. Fig. Se faire pincer*, se faire prendre; *pincer quelqu'un jusqu'au sang*, le railler d'une manière mordante et cruelle; *le froid commence à pincer*, à se faire sentir.

PINCE-SANS-RIRE, n. m. Homme malin et sournois. Pl. des *pince-sans-rire. Fam.*

PINCETTES, n. f. pl. Ustensile à deux branches, pour arranger le feu.

PINCHINA, n. m. Gros drap de laine.

PINÇON, n. m. Marque qui reste sur la peau lorsqu'elle a été pincée.

PINDARIQUE, adj. Qui est écrit à la manière du poète Pindare: *ode pindarique.*

† **PINDE**, n. m. Montagne consacrée à Apollon et aux Muses. *Les nourrissons du Pinde*, les poètes.

PINEAU, n. m. Petit raisin noir de Bourgogne, qui donne un excellent vin.

PINGOUIN, n. m. Oiseau qui habite les rivages de la mer.

PINGRE, n. m. Homme très-avare, usurier.

PINNULE, n. f. Petite plaque de cuivre élevée perpendiculairement à chaque extrémité d'une alidade, et percée d'un petit trou ou d'une fente, pour laisser passer les rayons lumineux ou les rayons visuels.

PINSON, n. m. Petit oiseau chanteur, de l'ordre des passereaux.

PINTADE, n. f. Gallinacé qui tient le milieu entre le dindon et le faisan.

PINTE, n. f. Ancienne mesure de capacité pour les liquides.

PINTER, v. int. Boire beaucoup de vin. *Pop.*

PIOCHE, n. f. Outil de fer, à manche de bois, pour remuer la terre.

PIOCHER, v. tr. Remuer la terre avec une pioche. V. int. *Fig.* Travailler avec ardeur et assiduité.

PION, n. m. Pièce du jeu de dames et des échecs; nom donné par dénigrement aux maîtres d'études.

PIONNER, v. int. Action réitérée de prendre des pions.

PIONNIER, n. m. Travailleur dont on se sert à l'armée pour aplanir les chemins.

PIPE, n. f. Grande futaille contenant environ 400 litres; petit tuyau ordinairement de terre cuite, terminé par un godet, pour fumer du tabac.

PIPEAU, n. m. Chalumeau, flûte champêtre. Pl. Petites branches qu'on enduit de glu pour prendre des oiseaux.

PIPÉE, n. f. Sorte de chasse dans laquelle on imite le cri de la chouette, pour attirer les oiseaux dans les pièges qu'on leur a tendus.

PIPER, v. tr. Contrefaire le cri de la chouette et des oiseaux pour les attirer et les prendre. *Fig. Piper quelqu'un*, le tromper; *piper des dés*, les préparer afin de tromper au jeu.

PIPERIE, n. f. Tromperie au jeu.

PIPEUR, n. m. Trompeur au jeu.

PIQUANT, E, adj. Qui pique; qui fait une impression vive sur l'organe du goût: *sauce piquante*; vif: *froid piquant. Fig.* Offensant: *mot piquant*, fin, spirituel: *conversation piquante*; plein d'agrément: *beauté piquante.* N. m. Pointes qui viennent à certaines plantes. *Fig.* Ce qu'il y a de curieux, d'intéressant: *le piquant de l'aventure.*

PIQUE, n. f. Arme de main composée d'une hampe que termine un fer aigu; brouillerie: *il y a de la pique entre eux.* N. m. Une des quatre couleurs du jeu de cartes.

PIQUÉ, n. m. Étoffe de coton formée de deux tissus appliqués l'un sur l'autre, et unis par des points rangés ordinairement en losanges.

PIQUE-ASSIETTE, n. m. Parasite.

PIQUE-NIQUE, n. m. Repas, partie de plaisir où chacun paye son écot. Pl. des *pique-nique.*

PIQUER, v. tr. Percer légèrement avec quelque chose de pointu; faire sur plusieurs étoffes mises l'une sur l'autre des points qui les traversent et qui les unissent : *piquer un collet d'habit*; y faire des points et arrière-points symétriques pour les orner; larder de la viande; mordre, en parlant des serpents et de quelques insectes; affecter le goût d'une manière désagréable : *ce vin pique la langue.* V. int. *Piquer des deux*, donner vivement de l'éperon à un cheval. *Fig.* Irriter, offenser : *la moindre chose le pique* : exciter : *piquer la curiosité. Se piquer,* v. pr. Se fâcher : *il se pique d'un rien*; se vanter; *il se pique d'esprit. Se piquer d'honneur*, faire plus d'efforts que de coutume.

PIQUET, n. m. Petit pieu fiché en terre pour retenir les cordages d'une tente; perches ou jalons fichés en terre de distance en distance, pour prendre un alignement; punition infligée aux écoliers, qui consiste à se tenir debout et immobile à une place marquée, pendant les récréations ; *faire une heure de piquet*; petit nombre de soldats prêts à marcher au premier ordre.

PIQUET, n. m. Jeu de cartes.

PIQUETTE, n. f. Boisson que l'on obtient en jetant de l'eau sur du marc de raisin. *Par ext.* Mauvais vin.

PIQUEUR, n. m. Dont la fonction est de suivre et de diriger une meute de chiens; domestique à cheval, qui précède la voiture d'un souverain, d'un prince; employé des ponts-et-chaussées, qui surveille les travaux des ouvriers. *Fig. Piqueur d'assiettes,* parasite.

PIQÛRE, n. f. Petite blessure faite avec un instrument aigu ou par certains insectes; points et arrière-points faits symétriquement sur une étoffe.

PIRATE, n. m. Celui qui, sans commission d'aucune puissance, court les mers pour voler, piller; corsaire des nations barbaresques.

PIRATER, v. int. Faire le métier de pirate.

PIRATERIE, n. f. Métier, acte de pirate.

PIRE, adj. Plus mauvais, plus nuisible. N. m. Ce qui est le plus mauvais.

PIROGUE, n. f. Barque longue et plate des sauvages, faite d'un tronc d'arbre creusé ou d'écorces cousues.

PIROUETTE, n. f. Tour entier qu'on fait sur la pointe d'un seul pied, et sans changer de place.

PIROUETTER, v. int. Faire une ou plusieurs pirouettes.

PIS, n. m. Mamelle de la vache, de la brebis, de la chèvre, etc.

PIS, adv. Plus mal : *il va pis.* Loc. adv. **Au pis aller**, en supposant les choses au plus mal; **de mal en pis,** de mal en plus mal.

PISCICULTURE, n. f. Art de multiplier les poissons au moyen d'une fécondation artificielle.

PISCINE, n. f. Réservoir qui était près du parvis du temple à Jérusalem; vivier où les anciens nourrissaient du poisson; lieu dans les sacristies où l'on jette l'eau qui a servi à nettoyer les vases sacrés et les linges d'autel.

PISSAT, n. m. Urine.

PISSENLIT, n. m. Enfant qui pisse au lit.

PISSENLIT, n. m. Plante qui se mange en salade.

PISSER, v. tr. et int. Uriner.

PISSEUR, EUSE, n. Qui pisse souvent.

PISSOIR, n. m. Lieu pour aller pisser.

PISSOTIÈRE, n. f. Petit jet d'eau, fontaine qui jette peu d'eau.

PISTACHE, n. f. Petite noix qui contient une amande verte, d'une saveur agréable.

PISTACHIER, n. m. Arbre qui produit les pistaches.

PISTE, n. f. Trace des animaux. *Fig.* Etre à la piste de quelqu'un, à sa recherche; *le suivre à la piste*, être sur ses traces. *Man.* Lignes que le cheval qu'on exerce trace sur le chemin.

PISTIL, n. m. Organe femelle des végétaux.

PISTOLE, n. f. Monnaie d'or étrangère; en France, somme de dix francs; partie d'une prison où certains détenus habitent et se font servir à leurs frais.

PISTOLET, n. m. Sorte de fusil très-court.

PISTON, n. m. Cylindre mobile qui entre à frottement dans le corps d'une pompe pour élever l'eau, raréfier ou comprimer l'air; partie mobile qui est dans le cylindre d'une machine à vapeur.

PITANCE, n. f. Portion qu'on donne à chaque repas dans les communautés.

PITEUSEMENT, adv. De manière à exciter la pitié.

PITEUX, EUSE, adj. Digne de pi-

tié. *Faire piteuse mine*, une mine triste, rechignée.

PITIÉ, n. f. Sentiment de compassion pour les souffrances d'autrui. *Raisonner à faire pitié*, très-mal.

PITON, n. m. Clou à vis, dont la
tête est en forme d'anneau.

PITOYABLE. adj. Qui excite la
pitié : *état pitoyable*; enclin à la pitié :
âme pitoyable; méprisable, mauvais :
raisonnement pitoyable.

PITOYABLEMENT, adv. Très-mal :
raisonner, être vêtu pitoyablement.

PITTORESQUE, adj. D'un aspect
sauvage et agréable à la fois : *site, contrée pittoresque*; piquant, original : *le
style des Mémoires de Saint-Simon est
pittoresque*.

PITTORESQUEMENT, adv. D'une
manière pittoresque.

PITUITAIRE, adj. Qui a rapport à
la pituite : *membrane pituitaire*.

PITUITE, n. f. Humeur blanche et
visqueuse rejetée le plus ordinairement
par l'expectoration.

PITUITEUX, EUSE, adj. Qui
abonde en pituite : *tempérament pituiteux*.

PIVERT, n. m. Oiseau à plumage
jaune et vert, du genre des pics.

PIVOINE, n. f. Plante à belles fleurs
blanches, rouges ou panachées.

PIVOINE. n. m. Petit oiseau à gorge
rougeâtre.

PIVOT, n. m. Morceau de fer arrondi, sur lequel tourne un corps solide.
Fig. Agent principal : *il est le pivot de
l'entreprise*; grosse racine d'arbre, qui
s'enfonce verticalement dans le sol.

PIVOTANTE (*plante, racine*), adj. f.
Qui s'enfonce perpendiculairement en
terre, comme la carotte, le salsifis, etc.

PIVOTER, v. int. Tourner comme
sur un pivot. Se dit des arbres, des
plantes dont la principale racine s'enfonce perpendiculairement en terre : *le
chêne pivote*.

PLACAGE. n. m. Ouvrage de menuiserie ou d'ébénisterie, fait de bois
scié en feuilles minces qu'on applique
ensuite sur d'autres bois de moindre
prix : *armoire de placage*.

PLACARD, n. m. Sorte d'armoire
pratiquée dans un mur; avis écrit ou
imprimé, qu'on affiche aux endroits les
plus apparents de la voie publique. *Par
ext.* Tout écrit injurieux ou séditieux,
qu'on rend public en l'affichant au coin
des rues. *Impr.* Épreuve dans laquelle
la composition n'est pas encore mise en
pages, pour faciliter les corrections et
les remaniments.

PLACARDER, v. tr. Afficher un
imprimé sur les murs.

PLACE, n. f. Espace qu'occupe ou
peut occuper une personne, une chose;
dignité, charge, emploi : *perdre sa place*; rang qu'obtient un écolier par sa
composition; rang qu'une personne ou
une chose doit occuper : *cet homme, ce
mot n'est pas à sa place*; lieu public
découvert et environné de bâtiments.
Place forte, ville de guerre; *place d'armes*, lieu spacieux où l'on range les
troupes en bataille. *Com.* Se dit de tous
les négociants, de tous les banquiers
d'une ville : *la place de Paris. Faire la
place*, aller de maison en maison offrir
des marchandises.

PLACEMENT, n. m. Action de placer de l'argent, des marchandises. **Bureau de placement**, où l'on procure
des places aux domestiques et aux ouvriers.

PLACENTA, n. m. Membrane qui
enveloppe le fœtus.

PLACER, v. tr. Établir, mettre dans
un lieu; procurer un emploi : *placer
un domestique*; vendre : *placer des
marchandises. Placer de l'argent*, le
mettre à intérêt.

PLACER, n. m. Terrain d'alluvion,
lit des cours d'eau d'où l'on extrait l'or.

PLACET, n. m. Demande par écrit
pour obtenir justice, grâce ou faveur.

PLACEUR, EUSE, n. Qui procure
des emplois aux domestiques, aux ouvriers.

PLAFOND, n. m. Surface ordinairement plate, garnie de plâtre ou de
menuiserie, qui forme la partie supérieure d'un appartement.

PLAFONNAGE, n. m. Action de
plafonner; travail de celui qui pla-
fonne.

PLAFONNER, v. tr. Garnir le dessous d'un plancher de plâtre, de papier, etc.

PLAFONNEUR, n. m. Qui fait les
plafonds.

PLAGE, n. f. Rivage plat et découvert qui se termine en pente douce.

PLAGIAIRE, n. m. Auteur qui
donne comme sien ce qu'il a pillé dans
les ouvrages d'autrui.

PLAGIAT, n. m. Action du plagiaire.

PLAID, n. m. Débat, plaidoyer; audience : *tenir les plaids. Vieux*.

PLAID, n. m. Manteau écossais.

PLAIDANT, E, adj. Qui plaide : *les
parties plaidantes*.

PLAIDER, v. int. Contester en justice; défendre sa cause, le droit d'une
partie devant les juges : *votre avocat*

a bien plaidé. V. tr. Même signification : *plaider une cause* ; soutenir : *plaider le faux.*

PLAIDEUR, EUSE, n. Qui plaide ; qui aime les procès.

PLAIDOIRIE, n. f. Action de plaider.

PLAIDOYER, n. m. Discours prononcé à l'audience par un avocat, pour défendre une cause.

PLAIE, n. f. Solution de continuité dans les parties molles du corps. *Fig.* Peine, affliction : *plaie du cœur ;* fléau : *les dix plaies d'Égypte.*

PLAIGNANT, E, n. Qui se plaint en justice. Adj. : *la partie plaignante.*

PLAIN, E, adj. Uni, plat : *bataille en plaine campagne.* **De plain pied,** loc. adv. Sans monter ni descendre.

PLAIN-CHANT, n. m. Chant ordinaire de l'Église. Pl. des *plains-chants.*

PLAINDRE, v. tr. Témoigner de la compassion : *plaindre les malheureux ;* donner à regret : *plaindre sa peine.* **Se plaindre,** v. pr. Se lamenter ; témoigner du mécontentement contre quelqu'un ou quelque chose ; former une plainte en justice.

PLAINE, n. f. Certaine étendue de pays plat et découvert. *Poét. La plaine liquide,* la mer ; *les plaines du ciel,* l'espace.

PLAINTE, n. f. Gémissement, lamentation ; mécontentement que l'on exprime ; déclaration faite en justice du sujet que l'on a de se plaindre.

PLAINTIF, IVE, adj. Qui a l'accent de la plainte : *ton plaintif.*

PLAINTIVEMENT, adv. D'une voix plaintive.

PLAIRE, v. int. Être agréable, flatter l'esprit ou les sens. V. impers. Trouver bon ; vouloir : *s'il plaît à Dieu.* **Se plaire,** v. pr. S'aimer réciproquement ; prendre plaisir à : *se plaire à contredire les autres ;* se trouver bien : *se plaire à la campagne. Fig.* En parlant des végétaux : *la vigne se plaît sur les coteaux ;* en parlant des animaux : *le gibier se plaît dans les taillis.*

PLAISAMMENT, adv. D'une manière plaisante, agréable : *raconter plaisamment ;* ridiculement : *être plaisamment coiffé.*

PLAISANCE, n. f. *Maison de plaisance,* maison de campagne destinée à l'agrément.

PLAISANT, E, adj. Qui divertit, qui fait rire : *faire un conte plaisant ;* bizarre, ridicule : *plaisant original.* N. m. Celui qui cherche à faire rire : *faire le plaisant ;* le côté curieux, piquant : *le plaisant d'une aventure.*

PLAISANTER, v. int. Dire ou faire quelque chose pour amuser : *aimer à plaisanter.* V. tr. Railler : *plaisanter quelqu'un. Fig. Vous plaisantez,* vous ne parlez pas sérieusement.

PLAISANTERIE, n. f. Chose dite ou faite pour amuser ; dérision injurieuse : *cela dégénère en plaisanterie. Plaisanterie à part,* sérieusement.

PLAISIR, n. m. Joie, contentement : *les plaisirs de l'âme, des sens ;* divertissement : *le plaisir de la chasse ;* volonté, consentement : *si c'est votre bon plaisir ;* divertissements de la vie : *renoncer aux plaisirs. Conte fait à plaisir,* inventé pour divertir.

PLAISIR, n. m. Pâtisserie légère roulée en cornet, synonyme d'*oublie.*

PLAN, E, adj. Plat et uni : *surface plane. Angle plan,* formé par deux plans qui se coupent.

PLAN, n. m. Surface plane ; représentation d'un objet en petit sur le papier : *tracer le plan d'une ville. Lever un plan,* décrire un terrain sur le papier, en prenant la mesure des angles avec le graphomètre, et celle des côtés avec la chaîne d'arpenteur. *Peint.* Distance, éloignement relatif des objets qui entrent dans la composition d'un tableau : *reléguer une figure au second, au troisième plan. Fig.* Disposition générale d'un ouvrage : *plan d'une tragédie ;* projet, dessein : *arrêter son plan.*

PLANCHE, n. f. Morceau de bois scié en long, assez large et peu épais ; feuille de métal ou morceau de bois plat sur lesquels le graveur a tracé des lettres ou des figures ; estampe tirée sur cette planche : *livre orné de planches. Jard.* Petit espace de terre plus long que large : *planche de salade. Faire la planche,* nager sur le dos.

PLANCHÉIER, v. tr. Garnir de planches le sol d'un appartement.

PLANCHER, n. m. Assemblage de solives formant la séparation entre les étages d'une maison.

PLANCHETTE, n. f. Petite planche ; instrument qui sert, dans l'arpentage, à lever les plans.

PLANE, n. f. Outil tranchant à deux poignées, dont les charrons, les tonneliers se servent pour unir le bois.

PLANER, v. tr. Polir, égaliser avec la plane.

PLANER, v. int. Se dit d'un oiseau qui se soutient en l'air sur ses ailes étendues, sans qu'il paraisse les remuer ; considérer de haut : *l'œil de l'aéronaute plane sur la terre. Fig.* Considérer en esprit et d'une manière élevée : *le génie de Bossuet planait sur les siècles passés.*

PLANÉTAIRE, adj. Qui concerne les planètes : *corps planétaire.* **Système planétaire**, ensemble de toutes les planètes qui se meuvent autour du soleil.

† **PLANÈTE**, n. f. Corps céleste qui tourne autour du soleil.

PLANEUR, n. m. Ouvrier qui plane les objets d'or ou d'argent.

PLANISPHÈRE, n. m. Carte où les deux hémisphères, célestes ou terrestres, sont représentés sur une surface plane.

PLANT, n. m. Jeune tige nouvellement plantée, ou propre à être plantée : *plant de vigne* ; quantité de jeunes arbres plantés dans un même terrain.

PLANTAGE, n. m. En Amérique, plants de cannes à sucre, de tabac, etc.

PLANTAIN, n. m. Plante fort commune dont la semence sert à la nourriture des petits oiseaux.

PLANTATION, n. f. Action de planter ; lieu où l'on a planté de jeunes arbres ; aux colonies, toute propriété, toute exploitation rurale.

PLANTE, n. f. Nom général sous lequel on comprend tous les végétaux ; face inférieure du pied de l'homme, qui pose à terre. **Jardin des plantes**, dans certaines villes, jardin public où l'on cultive des végétaux pour l'étude de la botanique.

PLANTER, v. tr. Mettre une plante en terre, pour qu'elle prenne racine ; enfoncer en terre : *planter une borne, un pieu. Fig. Planter un drapeau*, l'arborer ; *planter là quelqu'un*, le quitter brusquement.

PLANTEUR, n. m. Celui qui plante des arbres ; colon d'Amérique.

PLANTIGRADES, n. m. pl. Genre de mammifères et d'oiseaux qui, en marchant, appuient par terre toute la *plante* du pied jusqu'au talon.

PLANTOIR, n. m. Outil de bois dont se servent les jardiniers pour planter.

PLANTON, n. m. Soldat de service auprès d'un officier supérieur pour porter ses ordres.

PLANTUREUSEMENT, adv. En abondance. *Vieux.*

PLANTUREUX, EUSE, adj. Abondant, copieux : *repas plantureux. Vieux.*

PLAQUE, n. f. Feuille de métal, décoration appliquée ou brodée sur l'habit.

PLAQUÉ, n. m. Métal recouvert d'une lame mince d'or ou d'argent : *bijou, chaîne en plaqué.*

PLAQUER, v. tr. Appliquer une chose plate sur une autre : *plaquer de l'or sur du cuivre, de l'acajou sur du bois blanc.*

PLAQUEUR, n. m. Artisan qui fait des placages, ou qui plaque des bijoux, de la vaisselle.

PLASTIQUE, adj. et n. f. Art de modeler toutes sortes de figures en terre, en plâtre, en stuc, etc.

PLASTRON, n. m. Pièce de devant de la cuirasse ; pièce de cuir rembourrée, dont les maîtres d'armes se couvrent la poitrine pour amortir les coups de fleuret. *Fig.* Homme en butte aux railleries, aux sarcasmes de tous.

PLASTRONNER, v. tr. Garnir d'un plastron.

PLAT, n. m. Pièce de vaisselle à l'usage de la table ; son contenu.

PLAT, E, adj. Dont la superficie est unie. *Pays plat*, sans montagnes ; *cheveux plats*, ni frisés, ni bouclés ; *calme plat*, repos absolu des vents sur mer. *Fig. Style plat*, sans élégance ; *plat personnage*, dépourvu de tout mérite ; *teinte plate*, uniforme ; *tomber à plat ventre*, sur le ventre. N. m. La partie plate d'une chose : *des coups de plat de sabre.*

PLATANE, n. m. Grand et bel arbre d'ornement.

PLAT-BORD, n. m. Bordage large et épais qui termine le pourtour d'un bâtiment, d'un bateau. Pl. des *plats-bords.*

PLATEAU, n. m. Bassin d'une balance ; plat de fer-blanc vernissé, sur lequel on sert ordinairement le thé, le café, etc. ; sommet d'une montagne, lorsqu'il est plat et d'une certaine étendue ; cercle de verre de la machine électrique ; partie d'une machine pneumatique, sur laquelle pose le récipient.

PLATE-BANDE, n. f. Espace de terre étroit qui borde les compartiments d'un parterre ; moulure plate et unie. Pl. des *plates-bandes.*

PLATÉE, n. f. Plein un plat : *une platée de viande. Pop.*

PLATE-FORME, n. f. Toit plat et uni, en forme de terrasse, qui couvre les bâtiments sans comble ; ouvrage de terre élevé et uni par le haut, sur lequel on met du canon en batterie. Pl. des *plates-formes.*

PLATE-LONGE, n. f. Longue bande de cuir ajoutée au harnais sur la croupe des chevaux de carrosse, pour les empêcher de ruer. Pl. des *plates-longes.*

PLATEMENT, adv. D'une manière plate : *s'exprimer platement.*

PLATINE, n. f. Plaque où sont attachées toutes les pièces qui servent au ressort d'une arme à feu ; plaque qui soutient toutes les pièces du mouvement d'une montre ; partie d'une presse d'imprimerie qui foule sur le tympan ; plaque de fer percée pour le passage de la clé d'une serrure.

PLATINE, n. m. Métal d'un blanc gris, le plus pesant et le plus inaltérable de tous.

PLATITUDE, n. f. Défaut de ce qui est plat dans les sentiments, dans les écrits ; dans la conversation ; chose plate : *dire des platitudes.*

PLATONICIEN, ENNE, adj. Qui a rapport à la philosophie de Platon. N. Partisan de cette doctrine.

PLATONIQUE, adj. Qui a rapport au système de Platon. *Amour platonique*, amour pur.

PLATONISME, n. m. Système philosophique de Platon.

PLÂTRAGE, n. m. Ouvrage fait de plâtre.

PLÂTRAS, n. m. Débris de vieux plâtres, de vieux murs.

PLÂTRE, n. m. Pierre calcaire cuite et réduite en poudre ; tout ouvrage moulé en plâtre. Pl. Légers ouvrages en plâtre.

PLÂTRER, v. tr. Couvrir de plâtre.

PLÂTREUX, EUSE, adj. Se dit d'un terrain mêlé d'une espèce de craie rouge.

PLÂTRIER, n. m. Qui prépare, vend le plâtre.

PLÂTRIÈRE, n. f. Carrière d'où l'on tire la pierre à plâtre ; lieu où on la cuit.

PLAUSIBILITÉ, n. f. Qualité de ce qui est plausible.

PLAUSIBLE, adj. Qui peut passer pour vrai : *excuse plausible.*

PLAUSIBLEMENT, adv. D'une manière plausible.

†PLÉBÉIEN, ENNE, n. Qui était de l'ordre du peuple, chez les anciens Romains ; dans les États modernes, celui qui ne fait point partie de la noblesse. Adj. : *famille plébéienne.*

PLÉBISCITE, n. m. Décret émané du peuple romain convoqué par tribus ; aujourd'hui, résolutions soumises à l'approbation du peuple.

PLÉIADE, n. f. Constellation de l'hémisphère boréal, qui occupe la tête du Taureau et compte six étoiles. *Fig.* Groupe, réunion d'hommes, de poètes célèbres.

PLEIN, n. m. L'opposé de vide : *le plein et le vide* ; le plus gros trait des lettres dans l'écriture. Son opposé est *délié.*

PLEIN, E, adj. Tout-à-fait rempli ; qui abonde en... : écrit *plein de fautes* ; entier, complet : *un jour plein* ; rond, gras : *visage plein. Pleine lune*, entièrement éclairée par le soleil : *la pleine mer*, la haute mer ; *à pleines voiles*, au moyen de toutes les voiles ; *à pleines mains*, abondamment. *Fig.* Entièrement occupé : *auteur plein de son sujet* ; pénétré : *plein de reconnaissance. Voix pleine*, forte et sonore ; *en plein jour*, *en pleine rue*, dans le jour, dans la rue ; *arbre en plein vent*, exposé au vent de tous côtés ; *homme plein de lui-même*, orgueilleux ; *avoir le cœur plein*, avoir des sujets de tristesse ; *donner plein pouvoir*, toute liberté d'agir. **En plein**, loc. adv. Dans le milieu., *frapper en plein.*

PLEINEMENT, adv. Entièrement, tout-à-fait : *être pleinement convaincu.*

PLÉNIÈRE, adj. f. *Cour plénière*, assemblée que tenaient les souverains, au moyen-âge, dans quelques circonstances solennelles ; *indulgence plénière*, rémission pleine et entière de toutes les peines dues aux péchés.

PLÉNIPOTENTIAIRE, n. m. Ministre d'un souverain, chargé de pleins pouvoirs. Adj. : *ministre plénipotentiaire.*

PLÉNITUDE, n. f. Abondance excessive : *plénitude d'humeurs* ; totalité : *conserver la plénitude de ses facultés.*

PLÉONASME, n. f. *Gram.* Répétition souvent vicieuse, quelquefois énergique d'un mot ou d'une idée, comme dans : *s'entr'aider mutuellement, je l'ai vu de mes yeux*, etc.

PLÉTHORE, n. m. Surabondance de sang, d'humeurs.

PLÉTHORIQUE, adj. Qui a beaucoup de sang, d'humeurs.

PLEURER, v. int. Répandre des larmes. Se dit aussi de la vigne, lorsqu'il dégoutte de l'eau de son bois fraîchement taillé. V. tr. Regretter vivement : *pleurer un père.*

PLEURÉSIE, n. f. Inflammation de la plèvre.

PLEURÉTIQUE, adj. et n. Atteint de pleurésie.

PLEUREUR, EUSE, n. Qui a l'habitude de pleurer. *Saule pleureur*, dont les branches, longues et déliées, s'inclinent vers la terre. Pl. Hommes, femmes qu'on payait autrefois pour pleurer aux funérailles.

PLEURNICHER, v. int. Faire semblant de pleurer.

PLEURNICHEUR, EUSE, n. Qui pleurniche.

PLEURS, n. f. pl. Larmes abondantes. *Les pleurs de l'Aurore*, la rosée. Poét.

PLEUTRE, n. m. Homme sans capacité, sans courage.

PLEUVOIR, v. impers. Se dit de l'eau qui tombe du ciel. V. int. Tomber en abondance : *les bombes pleuvaient sur la ville*. Fig. : *les honneurs pleuvent sur lui*.

PLÈVRE, n. f. Membrane qui tapisse l'intérieur de la poitrine.

PLEYON, n. m. Brin d'osier qui sert à attacher la vigne.

PLI, n. m. Double fait à du linge, à une étoffe, etc.; enveloppe de lettre : *deux lettres sous le même pli*. Fig. Habitude du bien ou du mal : *ce jeune homme prend un bon, un mauvais pli*.

PLIABLE, adj. Flexible, aisé à plier. Fig. Docile : *humeur pliable*.

PLIAGE, n. m. Action de plier ou effet de cette action : *le pliage des étoffes, des journaux*.

PLIANT, E, adj. Facile à plier. Fig.: *caractère pliant*. N. m. Siège qui se plie en deux, et qui n'a ni bras, ni dossier.

PLIER, v. tr. Mettre en un ou plusieurs doubles : *plier du linge*; courber, fléchir : *plier les genoux*. Fig. Assujettir, accoutumer : *plier un jeune homme à la discipline*. V. int. Se soumettre : *plier sous l'autorité paternelle*; céder : *l'armée commençait à plier*. *Plier bagage*, s'en aller furtivement.

PLIEUR, EUSE, n. Qui plie : *plieuse de journaux*.

PLINTHE, n. f. Arch. Base plate et carrée, sur laquelle repose une colonne; longue plate-bande qui fait saillie tout autour du pied d'un bâtiment, ou à la base des murs intérieurs d'un appartement.

PLIOIR, n. m. Sorte de couteau de bois, d'ivoire ou d'acier, à l'usage des plieurs et des plieuses de papier.

PLIQUE, n. f. Maladie endémique, en Pologne, caractérisée par l'agglomération des cheveux et l'inflammation du cuir chevelu.

PLISSEMENT, n. m. Action de plisser.

PLISSER, v. tr. Faire des plis à : *plisser un bonnet*.

PLISSURE, n. f. Manière de plisser; assemblage de plis : *plissure mal faite*.

PLOMB, n. m. Métal très-pesant d'un blanc bleuâtre; balles, grains de plomb dont on charge les armes à feu : charger son fusil de menu plomb; morceau de plomb où d'autre métal suspendu à une ficelle, dont se servent les maçons et les charpentiers pour élever perpendiculairement leurs ouvrages; sorte de cuvette en plomb ou en zinc, où l'on jette les eaux sales d'une maison; petit sceau de plomb que, dans les douanes, on attache aux ballots pour constater qu'ils ont payé les droits. **Mine de plomb**, plombagine. **A plomb**, loc. adv. Perpendiculairement : *ce mur est à plomb*.

PLOMBAGE, n. m. Action de plomber, de garnir de plomb, de marquer avec un plomb.

PLOMBAGINE, n. f. Substance minérale noirâtre, employée à la fabrication des crayons.

PLOMBER, v. tr. Attacher, appliquer du plomb à quelque chose; attacher un petit sceau de plomb à des marchandises, pour indiquer qu'elles ont payé les droits. *Plomber une dent*, la remplir de plomb en feuille, pour la conserver.

PLOMBERIE, n. f. Art de fondre et de travailler le plomb; lieu où l'on travaille le plomb.

PLOMBEUR, n. m. Douanier qui plombe les marchandises.

PLOMBIER, n. m. Ouvrier qui met le plomb en œuvre.

PLONGEON, n. m. Oiseau aquatique qui plonge souvent. *Faire le plongeon*, tomber dans l'eau par accident, et, fig., céder par crainte, par faiblesse.

PLONGER, v. tr. Enfoncer un corps dans un liquide pour l'en retirer ensuite; enfoncer : *plonger un poignard dans le sein*. Fig. *Plonger quelqu'un dans la misère*, être cause de sa ruine; *être plongé dans le sommeil*, dormir profondément. V. int. S'enfoncer entièrement dans l'eau; avoir une direction de haut en bas : *l'œil plonge dans l'abîme*.

PLONGEUR, n. m. Qui plonge dans la mer ou dans les rivières pour en retirer quelque chose.

PLOYER, v. tr. Courber : *ployer une branche d'arbre*. V. int. Fléchir : *ployer sous le faix*; et, fig., *ployer sous le joug*.

PLUCHE, n. f. V. *Peluche*.

PLUIE, n. f. Eau qui tombe par gouttes de l'atmosphère. Fig. Ce qui tombe en très-grande quantité : *pluie de feu, de sang*.

PLUMAGE, n. m. Toute la plume qui est sur le corps de l'oiseau.

PLUMASSEAU, n. m. Petit balai de plumes.

PLUMASSERIE, n. f. Métier et commerce du plumassier.

PLUMASSIER, n. m. Marchand qui prépare et vend des plumes pour la parure.

PLUME, n. f. Tuyau garni de barbes et de duvet, qui couvre le corps des oiseaux. *Prendre la plume*, commencer à écrire une lettre; *homme de plume*, homme de cabinet; *guerre de plume*, dispute par écrit entre écrivains; l'écrivain lui-même : *plume féconde, hardie*; **Plume métallique**, plume d'acier, de laiton, pour écrire.

PLUMEAU, n. m. Sorte de balai fait avec de fortes plumes.

PLUMÉE, n. f. Ce qu'on peut prendre d'encre avec une plume.

PLUMER, v. tr. Arracher les plumes d'un oiseau. *Fig. Plumer quelqu'un*, en tirer de l'argent, soit au jeu, soit autrement.

PLUMET, n. m. Bouquet de plumes que les soldats portent au casque ou au shako.

PLUMETIS, n. m. Sorte de broderie fine faite à la main.

PLUMITIF, n. m. Minute originale des arrêts rendus à l'audience.

PLUMULE, n. f. *Bot.* Partie du germe destinée à former la tige.

PLUPART (**LA**), n. f. La plus grande partie. Loc. adv. **Pour la plupart**, quant à la plus grande partie; **la plupart du temps**, le plus ordinairement.

PLURALISER, v. tr. Mettre un mot au pluriel.

PLURALITÉ, n. f. Le plus grand nombre; multiplicité : *la pluralité des dieux. A la pluralité des voix*, à la majorité des suffrages.

PLURIEL, ELLE, adj. et n. Qui sert à marquer la pluralité.

PLUS, adv. de comp. : *il est plus grand que vous*; de quantité : *cela ne vaut pas plus de cinq francs.* Avec la négation, marque cessation d'action : *il ne travaille plus. Le plus*, superl. relat. : *il est le plus adroit.* Loc. adv. **Bien plus, de plus, qui plus est**, en outre; **tant et plus**, abondamment; **de plus en plus**, avec progrès, en bien ou en mal; **plus ou moins**, à peu près; **ni plus ni moins**, tout autant. N. m. L'opposé de *moins* : *le plus et le moins*; signe de l'addition (+).

PLUSIEURS, adj. pl. Un nombre indéterminé : *plusieurs vaisseaux.* Pron. ind. : *plusieurs pensent que...*

PLUS-QUE-PARFAIT, n. m. *Gram.* Temps du verbe qui exprime une action passée antérieurement à une autre action également passée.

PLUTÔT, adv. qui marque préférence : *plutôt souffrir que mourir.*

PLUVIALE, adj. f. *Eau pluviale*, de pluie.

PLUVIER, n. m. Oiseau de passage, à long bec.

PLUVIEUX, EUSE, adj. Abondant en pluie : *saison pluvieuse*; qui amène la pluie : *vent pluvieux.*

PLUVIOMÈTRE, n. m. Instrument pour mesurer la quantité moyenne de pluie qui tombe par an dans une localité.

PLUVIÔSE, n. m. Cinquième mois du calendrier républicain (20 janvier au 18 février).

PNEUMATIQUE, adj. Ne s'emploie guère que dans cette expression : *machine pneumatique*, qui sert à faire le vide dans un récipient.

PNEUMONIE, n. f. Inflammation du parenchyme pulmonaire.

PNEUMONIQUE, adj. Se dit des remèdes propres aux maladies du poumon.

POCHADE, n. f. *Peint.* Espèce de croquis.

POCHE, n. f. Espèce de petit sac attaché à un habit; grande cuiller de métal, demi-sphérique et à long manche, qui sert à divers usages; jabot des oiseaux. *Acheter chat en poche*, sans connaître l'objet qu'on achète.

POCHER, v. tr. Faire une meurtrissure avec enflure : *pocher l'œil à quelqu'un. Fam. Pocher des œufs*, les faire cuire sans les mêler.

POCHETTE, n. f. Petite poche.

PODAGRE, adj. et n. Qui a la goutte aux pieds.

PODESTAT, n. m. Titre de plusieurs magistratures dans certaines villes d'Italie.

POÊLE, n. m. Voile qu'on tient sur la tête des mariés pendant la bénédiction nuptiale; drap mortuaire.

POÊLE, n. m. Appareil de chauffage pour les appartements.

POÊLE, n. f. Ustensile de cuisine pour frire, pour fricasser.

POÊLIER, n. m. Qui fait et vend les poêles.

POÊLON, n. m. Petite poêle.

POÈME, n. m. Ouvrage en vers, d'une certaine étendue.

POÉSIE, n. f. Art de faire des vers; qualité des bons vers : *vers pleins de poésie.*

POÈTE, n. m. Celui qui écrit en vers. Adj. : *homme, femme poète.*

POÉTIQUE, adj. Qui appartient à

la poésie, qui lui est propre : *style, expression poétique.* Licence poétique, dérogation aux règles ordinaires de la langue ou de la versification. N. f. Art qui trace les règles de la poésie : *la poétique d'Horace, de Boileau.*

POÉTIQUEMENT, adv. D'une manière poétique.

POÉTISER, v. tr. Relever au moyen de la poésie : *Silvio Pellico a poétisé sa prison.*

POIDS, n. m. Qualité de ce qui est pesant; pesanteur fixe et déterminée : *le poids du franc est de cinq grammes;* morceau de métal pour peser; morceau de fer ou pierre attachée aux cordes d'une horloge, d'un tourne-broche, pour lui donner du mouvement. *Fig.* Force, importance : *cela donne du poids à vos raisons;* tout ce qui fatigue, oppresse, embarrasse : *vous m'avez soulagé le cœur d'un grand poids.* Acheter; *vendre au poids de l'or,* extrêmement cher ; *avoir deux poids et deux mesures,* juger selon les personnes, avec partialité.

POIGNANT, E, adj. Qui cause une impression très-vive et très-pénible : *douleur poignante.*

POIGNARD, n. m. Arme courte, pointue et tranchante. *Fig.* Se dit de tout ce qui peut blesser ou offenser vivement : *la nouvelle de cette mort fut pour lui un coup de poignard. Mettre à quelqu'un le poignard sur la gorge,* le contraindre à faire une chose.

POIGNARDER, v. tr. Frapper, tuer avec un poignard.

POIGNÉE, n. f. Quantité que la main fermée peut contenir; partie d'un objet par où on le prend, ou l'empoigne : *la poignée d'un sabre. Donner une poignée de main,* serrer la main. *Fig.* Petit nombre : *une poignée de soldats.*

POIGNET, n. m. Partie du bras qui joint la main à l'avant-bras.

POIL, n. m. Filets déliés sur la peau des animaux et en divers endroits du corps humain. *Poil follet,* duvet qui vient avant la barbe. Couleur, en parlant des animaux : *de quel poil est votre cheval?* partie velue des étoffes : *drap à long poil. Monter un cheval à poil,* sans selle. *Bot.* Organes filamenteux et duveteux, qui naissent sur les diverses parties des plantes.

POILU, E, adj. Velu, couvert de poil.

POINÇON, n. m. Outil de fer aigu qui sert à percer ou à graver; morceau d'acier gravé en relief pour former les matrices des monnaies et des médailles; certaines marques qu'on applique sur les ouvrages d'or et d'argent pour en

garantir le titre; tonneau contenant environ 200 litres.

POINÇONNEMENT, n. m. Action de poinçonner.

POINÇONNER, v. tr. Marquer avec un poinçon.

POINDRE, v. int. Commencer à paraître, en parlant du jour; à pousser, en parlant des plantes.

POING, n. m. Main fermée.

POINT, n. m. Piqûre qu'on fait dans l'étoffe avec une aiguille enfilée de soie, de laine, etc.; sorte de dentelle de fil faite à l'aiguille : *point d'Alençon;* petite marque ronde sur un i et à la fin d'une phrase; valeur de chaque carte : *accuser son point au piquet;* division de la règle qui sert au cordonnier à prendre mesure. *Impr.* Force du corps des divers caractères : *caractère de 6, de 7 points. Fig.* Question, matière : *n'insistez pas sur ce point;* division d'un discours, d'un sermon; état, situation : *se trouver au même point;* période, degré : *être au plus haut point de sa gloire;* instant, moment précis : *être sur le point de mourir.* **Point d'orgue,** de repos, d'arrêt dans un morceau de musique; **point d'appui,** point sur lequel le levier s'appuie; **points cardinaux,** le nord, le midi, l'orient et l'occident; **point d'intersection,** endroit où deux lignes se coupent; **point de départ,** commencement d'une chose; **point de vue,** endroit où l'on se place pour voir un objet, et, fig., manière d'envisager les choses; **point du jour,** moment où le soleil commence à poindre; **point de côté,** douleur à la poitrine ou au ventre, qui gêne la respiration; **point d'honneur,** ce qui intéresse l'honneur. Loc. adv. **À point,** à propos; **à point nommé,** à l'instant fixé; **de point en point,** exactement; **au dernier point,** extrêmement; **de tout point,** entièrement.

POINT, adv. Pas, nullement.

POINTAGE, n. m. Opération qui consiste à diriger vers un point fixé une bouche à feu quelconque.

POINTE, n. f. Bout piquant et aigu : *pointe d'aiguille;* sorte de clou à très-petite tête; extrémité des choses qui vont en diminuant : *pointe d'un clocher;* outil du graveur à l'eau forte. *Fig.* Trait d'esprit recherché : *ne parler que par pointes. Avoir une pointe de vin,* être gai pour avoir bu plus que d'ordinaire; *la pointe du jour,* son commencement.

POINTER, v. tr. Porter un coup avec la pointe d'une épée; diriger vers un point : *pointer un canon* ; marquer sur une liste, au moyen d'un point, les personnes présentes ou absentes. *Mus. Note pointée*, suivie d'un point qui en augmente de moitié la valeur.

POINTEUR, n. m. Artilleur qui pointe le canon.

POINTILLAGE, n. m. Petits points dans une miniature.

POINTILLER, v. int. Faire des pointes avec le burin, le pinceau, le crayon. *Fig.* Contester sur les moindres choses : *il ne fait que pointiller.* V. tr. Piquer à tout moment par des mots désobligeants.

POINTILLERIE, n. f. Contestation sur des bagatelles. *Fam.*

POINTILLEUX, EUSE, adj. Qui aime à pointiller, à contester, à contrarier.

POINTU, E, adj. Qui se termine en pointe.

POIRE, n. f. Fruit à pepins ; poudrière de chasse.

POIRÉ, n. m. Boisson faite avec des poires.

POIREAU ou **PORREAU**, n. m. Plante potagère.

POIRÉE, n. f. Plante potagère du genre bette.

POIRIER, n. m. Arbre qui porte des poires.

POIS, n. m. Plante de la famille des légumineuses ; sa graine.

POISON, n. m. Toute substance qui détruit ou altère les fonctions vitales. *Fig.* Maxime, discours, écrit pernicieux : *un mauvais livre est un poison pour la jeunesse.*

POISSARD, E, adj. Qui imite le langage et les mœurs du bas peuple : *style poissard.* N. f. Femme de la halle, et, par ext., toute femme à expressions trop libres.

POISSER, v. tr. Enduire de poix.

POISSON, n. m. Animal qui naît et vit dans l'eau. Pl. Un des douze signes du zodiaque.

POISSON, n. m. Ancienne mesure pour les liquides.

POISSONNAILLE, n. f. Fretin, petit poisson.

POISSONNERIE, n. f. Lieu où l'on vend le poisson.

POISSONNEUX, EUSE, adj. Qui abonde en poisson : *lac poissonneux.*

POISSONNIER, ÈRE, n. Qui vend du poisson.

POISSONNIÈRE, n. f. Ustensile pour faire cuire le poisson.

POITRAIL, n. m. Partie de devant du corps du cheval, partie du harnais qu'on met sur le poitrail du cheval ; grosse poutre.

POITRINAIRE, adj. et n. Qui est malade de la poitrine.

POITRINE, n. f. Partie du corps qui contient les poumons et le cœur ; poumons : *maladie de poitrine.*

POIVRADE, n. f. Sauce faite avec du poivre, du sel et du vinaigre.

POIVRE, n. m. Graine âcre et aromatique, fruit du poivrier. **Poivre long**, piment à saveur très-piquante.

POIVRER, v. tr. Assaisonner de poivre.

POIVRIER, n. m. Arbrisseau sarmenteux qui produit le poivre ; petit vase où l'on met le poivre.

POIVRIÈRE, n. f. Petit vase où l'on met du poivre.

POIX, n. f. Substance résineuse tirée du pin et du sapin.

POLAIRE, adj. Qui est auprès des pôles, qui leur appartient : *étoile polaire, cercle polaire.*

POLARISATION, n. f. Ensemble des propriétés particulières que présente un rayon de lumière réfracté par des surfaces polies.

POLARISER, v. tr. Causer la polarisation.

POLARITÉ, n. f. Propriété qu'a l'aiguille aimantée de se diriger vers les pôles.

POLDERS, n. m. pl. Vastes plaines de la Hollande, protégées par des digues.

† **PÔLE**, n. m. Chacune des deux extrémités de l'axe immobile autour duquel la sphère céleste semble tourner en 24 heures ; les deux extrémités de l'axe de la terre : *les pôles sont couverts de glace. Pôles magnétiques*, les deux points opposés d'un aimant, dans lesquels est concentrée la vertu magnétique.

POLÉMIQUE, n. f. Dispute politique ou scientifique.

POLI, E, adj. Qui a la surface unie et luisante ; civil, honnête : *homme poli.* N. m. Lustre, éclat : *vaisselle d'un beau poli.*

POLICE, n. f. Ordre et règlement établis dans une ville, un État ; administration qui veille à leur observation ; contrat par lequel, moyennant une prime, on s'engage à indemniser quelqu'un d'un dommage éventuel : *faire une police d'assurance.* **Salle de police**, chambre où l'on renferme les militaires pour des manquements légers à la discipline ; **bonnet de police**, coiffure des militaires quand ils ne sont pas en tenue.

POLICER, v. tr. Adoucir les mœurs ; établir des lois sages dans un pays, le civiliser : *policer une nation*.

POLICHINELLE, n. m. Personnage comique de la comédie italienne. *Fig.* Mauvais bouffon de société. *Secret de polichinelle*, ce que tout le monde sait.

POLIMENT, adv. D'une manière polie.

POLIR, v. tr. Rendre uni et luisant. *Fig.* Cultiver, adoucir : *polir l'esprit, les mœurs* ; corriger, mettre la dernière main à un ouvrage d'esprit : *polir un discours*.

POLISSAGE, n. m. Action de polir le diamant, l'or, l'acier, le marbre, etc.

POLISSEUR, EUSE, n. Qui polit certains ouvrages, comme les glaces, l'argenterie, etc.

POLISSOIR, n. m. Instrument pour polir.

POLISSOIRE, n. f. Sorte de décrottoire douce.

POLISSON, n. m. Petit garçon malpropre et vagabond.

POLISSONNER, v. int. Dire ou faire des polissonneries.

POLISSONNERIE, n. f. Action, parole, tour de polisson.

POLISSURE, n. f. Action de polir ; son résultat.

POLITESSE, n. f. Manière d'agir, de parler, civile et honnête ; action conforme à la politesse : *faire une politesse*.

POLITIQUE, adj. Qui a rapport au gouvernement d'un Etat : *événement politique. Fig.* Fin et adroit : *conduite politique. Droits politiques*, en vertu desquels un citoyen participe au gouvernement ; *économie politique*, science qui traite de la richesse publique et de l'art de l'administrer. N. m. Celui qui s'applique à la connaissance des affaires publiques : *c'est un profond politique*. N. f. Art de gouverner un Etat ; système particulier qu'adopte un gouvernement. *Fig.* Conduite adroite dans les affaires particulières.

POLITIQUEMENT, adv. Selon les règles de la politique. *Fig.* D'une manière fine, adroite.

POLITIQUER, v. int. Raisonner sur les affaires publiques.

POLKA, n. f. Danse d'origine polonaise.

POLKER, v. int. Danser la polka.

POLKEUR, EUSE, n. Qui polke.

POLLEN, n. m. *Bot.* Poussière fécondante des fleurs.

POLLUER, v. tr. Profaner, en parlant des choses saintes.

POLLUTION, n. f. Profanation.

POLTRON, ONNE, adj. et n. Lâche, qui manque de courage.

POLTRONNERIE, n. f. Lâcheté, manque de courage.

POLYÈDRE, n. m. *Géom.* Corps solide à plusieurs faces.

POLYGAME, n. Homme marié à plusieurs femmes, ou femme mariée à plusieurs hommes en même temps. Adj. *Bot.* Se dit des plantes qui portent sur le même pied des fleurs mâles et des fleurs femelles.

POLYGAMIE, n. f. Etat des polygames. *Bot.* Classe des plantes polygames.

POLYGLOTTE, adj. Se dit des personnes qui savent plusieurs langues, et des ouvrages qui sont écrits en plusieurs langues.

POLYGONE, n. m. Figure plane terminée par des lignes droites.

POLYNÔME, n. m. Quantité algébrique composée de plusieurs termes, séparés par le signe *plus* ou le signe *moins*.

POLYPE, n. m. Insecte aquatique de la classe des zoophytes ; excroissance charnue qui se forme principalement dans les fosses nasales.

POLYPÉTALE, adj. Qui a plusieurs pétales.

POLYPIER, n. m. Agrégation de polypes.

POLYSYLLABE, adj. et n. Qui est de plusieurs syllabes.

POLYTECHNIQUE, adj. Qui embrasse plusieurs arts, plusieurs sciences. *Ecole polytechnique*, établie à Paris et destinée à former des élèves pour l'artillerie, le génie, les ponts-et-chaussées, etc.

†**POLYTHÉISME**, n. m. Religion qui admet la pluralité des dieux.

POLYTHÉISTE, n. m. Qui professe le polythéisme.

POMMADE, n. f. Composition molle et onctueuse.

POMMADER, v. tr. Enduire de pommade.

POMME, n. f. Fruit à pepins, de forme ronde ; ornement de bois, de métal, etc., en forme de pomme : *la pomme d'une canne*. **Pomme de terre**, plante dont les tubercules sont bons à manger ; **pomme de pin**, fruit que produit le pin. *Fig. Pomme de discorde*, ce qui est un sujet de querelle, de division.

POMMEAU, n. m. Petite boule au bout de la poignée d'une épée, d'un pistolet, à l'arçon de devant d'une selle.

POMMELÉ, ÉE, adj. Marqué de gris et de blanc : *ciel*, *cheval pommelé*.

POMMELER (SE), v. pr. Se dit du ciel quand il se couvre de nuages blancs et grisâtres.

POMMELLE, n. f. Plaque en plomb, percée de petits trous, qu'on met à l'embouchure d'un tuyau pour empêcher les ordures d'y pénétrer.

POMMER, v. int. Se former en pomme, en parlant des choux et des laitues.

POMMERAIE, n. f. Lieu planté de pommiers.

POMMETTE, n. f. Partie la plus saillante de la joue, au-dessous de l'œil.

POMMIER, n. m. Arbre qui porte des pommes; ustensile pour les faire cuire.

POMPE, n. f. Appareil magnifique, somptueux : *la pompe d'un triomphe*. *Pompe funèbre*, appareil d'une cérémonie mortuaire. *Fig.* Noblesse, élévation : *la pompe du style*; plaisirs faux et frivoles : *renoncer au monde et à ses pompes*.

POMPE, n. f. Machine hydraulique destinée à élever un liquide au-dessus de son niveau. **Pompe à incendie**, pour éteindre le feu au moyen d'un jet d'eau continu.

POMPER, v. tr. Puiser l'eau ou l'air avec une pompe. *Fig.* Attirer : *le soleil pompe les eaux de la mer*.

POMPEUSEMENT, adv. Avec pompe. *Fig.* S'exprimer pompeusement, en termes recherchés.

POMPEUX, EUSE, adj. Où il y a de la pompe : *entrée pompeuse*. *Fig.* : *style pompeux*.

POMPIER, n. m. Qui fabrique des pompes; homme faisant partie d'un corps organisé pour la manœuvre des pompes dans un incendie.

POMPON, n. m. Ornement de laine que les soldats portent à leur shako.

POMPONNER, v. tr. Parer : *pomponner une mariée*. **Se pomponner**, v. pr. S'habiller avec soin.

PONCE, n. f. Petit sachet plein de charbon en poudre pour calquer les dessins. **Pierre-ponce**, pierre très-dure et très-légère, d'origine volcanique, pour polir le bois, le marbre, etc.

PONCEAU, adj. invar. Rouge fort vif qui rappelle la couleur du coquelicot : *ruban ponceau*.

PONCER, v. tr. Rendre uni avec la pierre-ponce. *Poncer un dessin*, le calquer avec la ponce.

PONCTION, n. f. Opération chirur-gicale qui consiste à pratiquer une ouverture dans le ventre d'un hydropique.

PONCTUALITÉ, n. f. Grande exactitude.

PONCTUATION, n. f. Art, manière de ponctuer. *Signes de ponctuation*, le point, la virgule, etc.

PONCTUEL, ELLE, adj. Exact, régulier.

PONCTUELLEMENT, adv. Avec ponctualité.

PONCTUER, v. tr. Observer, en écrivant, les règles de la ponctuation.

PONDÉRABLE, adj. Qui peut être pesé.

PONDÉRATION, n. f. Science du mouvement et de l'équilibre des corps. *Pondération des pouvoirs*, équilibre cherché entre les différents corps qui composent un gouvernement constitutionnel.

PONDÉRER, v. tr. Equilibrer, en parlant des pouvoirs qui constituent un gouvernement constitutionnel.

PONDEUSE, adj. et n. f. *Poule pondeuse*, qui pond souvent.

PONDRE, v. tr. Faire des œufs, en parlant des oiseaux et de certains reptiles, comme le serpent et la tortue.

PONEY, n. m. Très-petit cheval à longs poils, qu'on trouve en Irlande et en Ecosse.

PONT, n. m. Construction servant à traverser un cours d'eau; plancher d'un vaisseau. **Pont-levis**, qui se lève et s'abaisse à volonté sur un fossé; **pont de bateaux**, fait de bateaux attachés et recouverts de grosses planches; **ponts-et-chaussées**, corps d'ingénieurs chargés de tous les travaux qui se rapportent aux voies de communication.

PONTE, n. m. Celui des joueurs qui joue contre le banquier; au jeu d'hombre, l'as de cœur ou de carreau, quand on fait jouer dans l'une de ces deux couleurs.

PONTE, n. f. Action de pondre; temps où les oiseaux pondent.

PONTÉ, ÉE, adj. *Vaisseau ponté*, qui a un pont.

PONTER, v. int. Mettre de l'argent contre le banquier, aux jeux de hasard.

PONTIFE, n. m. Personne remplissant des fonctions élevées comme ministre d'un culte. **Le souverain-pontife**, le pape; **grand pontife**, chef de la religion chez les anciens.

PONTIFICAL, E, adj. Qui appartient à la dignité de pontife : *habits pontificaux*.

PONTIFICALEMENT, adv. Avec

POR POR 443

PONTIFICAT, n. m. Dignité de grand pontife : *César obtint le pontificat ;* dignité de pape chez les catholiques : *aspirer au pontificat ;* temps durant lequel un pape a exercé son autorité : *pendant le pontificat de Léon X.*

PONT-NEUF, n. m. Chanson populaire sur un air très-connu. Pl. des *ponts-neufs.*

PONTON, n. m. Pont flottant, composé de deux bateaux joints ensemble ; barque plate qui sert au radoub des vaisseaux ; vieux vaisseau de ligne désarmé et rasé jusqu'au premier pont, dans lequel on entassait des prisonniers de guerre.

PONTONNAGE, n. m. Droit pour le passage d'un pont, d'une rivière.

PONTONNIER, n. m. Soldat employé à la construction des ponts militaires ; celui qui est préposé pour percevoir le droit de pontonnage.

POPE, n. m. Prêtre de l'Église russe.

POPELINE, n. f. Étoffe dont la chaîne est de soie et la trame de laine lustrée.

POPULACE, n. f. Le bas peuple.

POPULACIER, ÈRE, adj. Qui appartient, qui est propre à la populace : *propos populacier.*

POPULAIRE, adj. Qui est du peuple, qui concerne le peuple : *préjugé populaire ;* qui se concilie l'affection du peuple : *roi populaire. État, gouvernement populaire,* où l'autorité est entre les mains du peuple.

POPULAIREMENT, adv. D'une manière populaire.

POPULARISER, v. tr. Rendre populaire : *populariser une idée.*

POPULARITÉ, n. f. Caractère d'un homme populaire ; faveur populaire : *perdre sa popularité.*

POPULATION, n. f. Nombre des habitants d'un pays relativement à son étendue.

POPULÉUM, n. m. Onguent employé comme calmant, dans lequel il entre des bourgeons de peuplier.

POPULEUX, EUSE, adj. Très-peuplé.

PORC, n. m. Cochon. *Porc frais,* chair de porc non salée.

PORCELAINE, n. f. Poterie très-fine, à demi vitrifiée ; espèce de coquillage univalve, très-poli, appelé *coquille de Vénus.*

PORC-ÉPIC, n. m. Mammifère rongeur dont le corps est armé de piquants. Pl. des *porcs-épics.*

PORCHE, n. m. Lieu couvert à l'entrée d'une église, d'un temple.

PORCHER, n. m. Gardeur de pourceaux.

PORE, n. m. Interstice qui sépare les molécules des corps.

POREUX, EUSE, adj. Qui a des pores.

POROSITÉ, n. f. État de ce qui est poreux.

PORPHYRE, n. m. Sorte de marbre très-dur, rouge ou vert, et tacheté.

PORT, n. m. Lieu qui offre aux vaisseaux un abri contre les vents et les tempêtes ; sur les rivières, lieu où les bâtiments, les bateaux chargent et déchargent les marchandises. *Fig.* Lieu de repos, situation tranquille : *s'assurer un port dans la tempête. Arriver à bon port,* sans accidents ; *faire naufrage au port,* échouer dans une entreprise au moment où elle semblait près de réussir.

PORT, n. m. Charge, poids d'un bâtiment : *vaisseau du port de 1000 tonneaux ;* prix qu'on paye pour le transport des lettres, des effets ; maintien, démarche d'une personne : *avoir le port noble, majestueux.* **Port d'armes,** droit de porter des armes, soit pour la chasse, soit pour sa défense ; attitude d'un soldat qui porte les armes : *se mettre au port d'armes.*

PORTABLE, adj. Qu'on peut porter : *cet habit n'est plus portable.*

PORTAIL, n. m. Entrée principale et monumentale d'une église.

PORTANT, E, adj. *Être bien, mal portant,* en bonne, en mauvaise santé.

PORTATIF, IVE, adj. Qu'on peut porter aisément.

PORTE, n. f. Ouverture servant d'issue. **Porte cochère,** porte d'une maison, d'une cour, assez grande pour donner passage aux voitures. *Mettre la clé sous la porte,* déménager furtivement et sans payer ; *mettre à la porte,* chasser ; *refuser sa porte,* interdire à quelqu'un l'entrée de sa maison ; *de porte en porte,* de maison en maison. *Fig. Porte de derrière,* défaite, échappatoire ; *être aux portes du tombeau,* sur le point de mourir. **La Porte,** la cour du sultan des Turcs. *Chir.* **Veine porte,** veine considérable qui distribue le sang dans le foie.

PORTE-ALLUMETTES, n. m. Petite boîte où l'on met des allumettes.

PORTE-BALLE, n. m. Petit marchand ambulant. Pl. des *porte-balle.*

PORTECHAPE, n. m. Celui qui porte ordinairement la chape dans une église.

PORTE-CIGARES, n. m. Sorte de portefeuille pour mettre des cigares.

PORTE-CLÉS, n. m. Valet de prison qui porte les clés.

PORTE-CRAYON, n. m. Instrument dans lequel on met un crayon. Pl. des *porte-crayon*.

PORTE-CROIX, n. m. Celui qui porte la croix dans les cérémonies.

PORTE-CROSSE, n. m. Qui porte la crosse devant un évêque. Pl. des *porte-crosse*.

PORTE-DRAPEAU, n. m. Officier qui porte le drapeau dans un corps d'infanterie. Pl. des *porte-drapeau*.

PORTÉE, n. f. Totalité des petits que les femelles des mammifères mettent bas en une fois; distance à laquelle une bouche à feu peut lancer un projectile; étendue où la main, la vue, la voix, l'ouïe peuvent arriver. *Fig.* Etendue, capacité de l'esprit : *ceci est hors de sa portée*; force, valeur, importance : *ce raisonnement a une grande portée*. *Etre à portée de*, pouvoir, être à même de. *Arch.* Etendue libre d'une pierre, d'une pièce de bois, soutenue à ses extrémités et sans support au milieu. *Mus.* Les cinq lignes sur lesquelles ou entre lesquelles on place les notes.

PORTE-ENSEIGNE, n. m. Porte-drapeau. Pl. des *porte-enseigne*.

PORTE-ÉPÉE, n. m. Morceau de cuir ou d'étoffe qu'on attache à la ceinture pour porter l'épée. Pl. des *porte-épée*.

PORTE-ÉTENDARD, n. m. Officier qui porte l'étendard dans un corps de cavalerie; espèce d'étui de cuir attaché à la selle pour supporter l'étendard. Pl. des *porte-étendard*.

PORTE-ÉTRIERS, n. m. pl. Sangle destinée à relever les étriers.

PORTE-ÉTRIVIÈRES, n. m. pl. Anneaux de fer carrés, placés aux deux côtés de la selle.

PORTEFAIX, n. m. Homme dont le métier est de porter des fardeaux.

PORTEFEUILLE, n. m. Carton plié en deux, où l'on met des papiers, des dessins, etc. *Fig.* Fonction de ministre : *accepter le portefeuille de la marine*.

PORTE-MALHEUR, n. m. Personne dont la présence est considérée comme un présage, une cause de malheur. Pl. des *porte-malheur*.

PORTEMANTEAU, n. m. Morceau de bois, fixé à la muraille, auquel on suspend les habits; sorte de valise.

PORTE-MONNAIE, n. m. Espèce de petit portefeuille à fermoir, dans lequel on met l'argent de poche. Pl. des *porte-monnaie*.

PORTE-MONTRE, n. m. Petite boîte ouverte où l'on place une montre; petit coussinet sur lequel porte une montre accrochée à une cheminée. Pl. des *porte-montre*.

PORTE-MORS, n. m. Cuir qui soutient le mors et la bride.

PORTE-MOUCHETTES, n. m. pl. Plaque de métal sur laquelle on pose les mouchettes.

PORTE-MOUSQUETON, n. m. Espèce d'agrafe à fermoir, au moyen de laquelle les cavaliers suspendent le mousqueton à la bandoulière; agrafe aux chaînes et aux cordons de montre. Pl. des *porte-mousqueton*.

PORTE-PLUME, n. m. Petit instrument destiné à maintenir les plumes métalliques. Pl. des *porte-plume*.

PORTER, v. tr. Soutenir un poids, une charge; transporter d'un lieu dans un autre : *porter des denrées au marché*; avoir sur soi : *porter une somme d'argent*; être vêtu de : *porter le deuil*; tenir : *porter la tête haute*; diriger : *porter ses regards*; rapporter : *argent qui porte intérêt*; produire : *cet arbre porte de beaux fruits*. *Porter la main sur quelqu'un*, le frapper; *porter l'épée*, *la robe*, *la soutane*, être officier, magistrat, ecclésiastique. *Fig.* Exciter : *porter quelqu'un au mal*; causer : *porter malheur*. *Porter envie*, envier; *porter la parole*, parler au nom d'un corps; *porter un toast*, boire à la santé de quelqu'un; *porter un beau nom*, être d'une famille illustre; *porter un candidat*, lui donner sa voix dans une élection; *porter le poids des affaires*, les diriger seul; *porter la peine d'une faute*, en être puni; *porter ses pas en un lieu*, s'y transporter; *porter quelqu'un aux nues*, le louer excessivement; *porter un article sur un registre*, l'y inscrire; *porter bien son vin*, boire beaucoup sans s'enivrer; *ce vin porte bien l'eau*, conserve de sa force après qu'on y a mis de l'eau. V. int. Poser, être soutenu : *tout l'édifice porte sur une colonne*; atteindre à : *ma carabine porte à 500 mètres*; avoir pour objet : *sur quoi porte votre critique? Porter à la tête*, se dit d'une boisson ou d'une vapeur qui étourdit; *ce raisonnement porte à faux*, n'est pas juste, concluant. **Se porter**, v. pr. *Fig.* Se transporter : *la foule se porte à tel endroit*. *Se porter fort pour quelqu'un*, répondre pour lui; *se porter à des extrémités*, se laisser aller à des excès, des voies de fait;

se *porter bien ou mal*, être en bonne ou en mauvaise santé.

PORTER, n. m. Espèce de bière anglaise.

PORTE-RESPECT, n. m. Arme qui impose et qu'on porte pour sa défense; signe extérieur d'une dignité. Pl. des *porte-respect*.

PORTEUR, EUSE, n. Dont le métier est de porter des fardeaux. N. m. Celui qui est chargé de remettre une lettre : *réponse au porteur*; celui qui est chargé d'annoncer un événement : *porteur de bonnes nouvelles*.

PORTE-TRAITS, n. m. Courroie pliée en deux, qui sert à soutenir les traits des chevaux attelés.

PORTE-VOIX, n. m. Instrument d'acoustique, en forme de trompette, destiné à faire entendre au loin les sons.

PORTIER, ÈRE, n. Qui ouvre, ferme et garde la principale porte d'une maison.

PORTIÈRE, n. f. Ouverture d'un carrosse par laquelle on monte et l'on descend; rideau qu'on met devant une porte comme ornement ou pour garantir du vent.

PORTION, n. f. Partie d'un tout; certaine quantité de pain, de viande, etc., donnée à chaque membre d'une communauté, d'un hospice, etc.

PORTIQUE, n. m. Galerie couverte qui règne le long d'une façade, et dont la voûte est soutenue par des colonnes ou des arcades.

PORTRAIT, n. m. Image d'une personne reproduite par la peinture ou le dessin; ressemblance : *cet enfant est le portrait de son père. Litt.* Description d'un caractère, d'une époque, etc. : *Bossuet excelle dans les portraits.*

PORTRAITURE, n. f. Portrait. *Vieux.*

POSAGE, n. m. Action de poser, d'établir : *le posage d'un billard, d'un parquet, d'une sonnette.*

POSE, n. f. Action de poser les grosses pierres dans une construction; attitude d'un pantomime, d'une personne dont on fait le portrait.

POSÉ, ÉE, adj. Grave, sérieux : *homme posé. Écrire à main posée*, lentement, avec application.

POSÉMENT, adv. Doucement, sans se presser : *lire, parler posément.*

POSER, v. tr. Placer, mettre : *poser un livre sur une table*; arranger, placer dans l'endroit convenable : *poser des rideaux, une glace dans un appartement*; jeter, mettre à demeure : *poser des fondements, une charpente*;

écrire : *poser des chiffres. Fig.* Établir : *poser un principe*; adresser : *poser une question à un candidat. Poser les armes*, faire la paix. V. int. Être placé, appuyé sur : *la poutre pose sur le mur*; prendre une certaine attitude pour se faire peindre : *poser devant un peintre. Fig.* Se tenir dans une attitude trop étudiée : *cette femme pose continuellement.*

POSEUR, n. m. Qui surveille, dirige la pose des pierres dans une construction.

POSITIF, IVE, adj. Certain, constant, assuré : *fait positif. Esprit positif*, qui ne s'attache qu'au côté matériel, à la réalité des choses. *Alg. Quantités positives*, précédées du signe *plus*. N. m. Ce qui est matériellement profitable : *n'estimer que le positif. Gram.* Premier degré de signification dans les adjectifs.

POSITION, n. f. Situation d'une chose, d'un objet : *la position d'une ville*; attitude : *position du corps. Prendre position*, s'établir dans un endroit, sur un terrain. *Fig.* Situation dans laquelle on se trouve : *sa position est critique.*

POSITIVEMENT, adv. Certainement, précisément.

POSITIVISME, n. m. Tendance vers les avantages positifs, matériels des choses.

POSSÉDÉ, ÉE, adj. Entièrement dominé : *possédé de la passion du jeu.* N. Démoniaque : *crier comme un possédé.*

POSSÉDER, v. tr. Avoir en sa possession. *Fig.* Connaître parfaitement : *posséder les mathématiques*; dominer, égarer : *la fureur le possède.* **Se posséder**, v. pr. Se contenir, être maître de soi. *Ne pas se posséder de joie*, en être transporté.

POSSESSEUR, n. m. Qui possède un bien.

POSSESSIF, adj. m. *Gram.* Qui exprime une idée de possession : *adjectif, pronom possessif.*

POSSESSION, n. f. Jouissance d'un bien; la chose possédée. Pl. Terres possédées par un État ou par un particulier : *les possessions de la France dans les Antilles.*

POSSESSOIRE, n. m. *Jurisp.* Possession d'un bien immobilier.

POSSIBILITÉ, n. f. Qualité de ce qui est possible.

POSSIBLE, adj. Qui peut être, qui peut se faire. N. m. Tout ce que l'on peut : *faire son possible*; ce qui peut être fait : *ne vouloir que le possible.*

POSTAL, E, adj. Qui concerne les postes : *convention postale entre deux États.*

POSTCOMMUNION, n. f. Oraison que dit le prêtre après la communion.

POSTDATE, n. f. Date postérieure à la date véritable.

POSTDATER, v. tr. Mettre une postdate à un écrit quelconque.

POSTE, n. f. Relais de chevaux établis de distance en distance pour le service des personnes qui veulent voyager avec célérité ; manière de voyager : *aller, venir en poste;* maison où sont les chevaux de poste; mesure de chemin, ordinairement de deux lieues : *faire trois postes à l'heure;* administration publique pour le transport des lettres; courrier, voiture qui les porte ; bureau où on les dépose.

POSTE, n. m. Lieu où un soldat est placé par son chef : *mourir à son poste;* corps de garde; soldats qui y sont placés : *relever un poste. Fig.* Emploi quelconque : *occuper un poste élevé. Être à son poste*, où le devoir exige que l'on soit.

POSTER, v. tr. Placer dans un poste, dans un endroit. **Se poster**, v. pr. Se placer pour observer.

POSTÉRIEUR, adj. Qui vient après, qui est après dans l'ordre des temps : *testament annulé par un testament postérieur;* qui est placé derrière : *la partie postérieure de la tête.* Son opposé est *antérieur.* N. m. Le derrière de l'homme. *Fam.*

POSTÉRIEUREMENT, adv. Après.

POSTERIORI (A), loc. lat. D'après ce qui suit, d'après les conséquences : *conclure à posteriori.*

POSTÉRIORITÉ, n. f. État d'une chose postérieure à une autre.

POSTÉRITÉ, n. f. Suite de ceux qui descendent d'une même souche : *la postérité d'Abraham;* les générations futures : *transmettre son nom à la postérité.*

POSTHUME, adj. Né après la mort de son père : *fils posthume;* publié après le décès de l'auteur : *ouvrage posthume.*

POSTICHE, adj. Faux, artificiel : *barbe, dents, cheveux postiches.*

POSTILLON, n. m. Celui qui conduit les personnes qui vont en poste, en diligence, etc.

POST-SCRIPTUM, n. m. Ce qu'on ajoute quelquefois à une lettre après la signature. Pl. des *post-scriptum.*

POSTULANT, E, n. Qui postule; qui se met sur les rangs pour obtenir une place; personne qui demande à être reçue dans une maison religieuse.

POSTULER, v. tr. Demander avec instance : *postuler un emploi.*

POSTURE, n. f. Contenance du corps : *posture respectueuse.*

POT, n. m. Vase de terre ou de métal; marmite où l'on met bouillir la viande. *Fig. Payer les pots cassés,* le dommage ; *recevoir à la fortune du pot*, sans cérémonie. **Pot-de-vin**, ce qui se donne en présent, au-delà du prix convenu pour un marché; **pot pourri**, morceau de musique composé de différents airs connus, ou chanson dont l'air change à chaque couplet; toute production littéraire composée de choses rassemblées sans ordre, sans choix.

POTABLE, adj. Passable, qu'on peut boire : *vin potable ;* liquide : *or potable.*

POTAGE, n. m. Bouillon dans lequel on a mis du pain ou toute autre substance alimentaire.

POTAGER, n. m. Jardin pour la culture des légumes et des fruits.

POTAGER, ÈRE, adj. *Plantes potagères*, légumes cultivés dans un potager ; *jardin potager*, destiné à la culture des légumes.

POTASSE, n. f. Alcali blanc, très-caustique, qu'on obtient par la calcination de certains végétaux.

POTASSIUM, n. m. Corps simple métallique qu'on extrait de la potasse.

POT-AU-FEU, n. m. Quantité de viande destinée à être mise dans le pot. Pl. des *pots-au-feu.*

POT-DE-CHAMBRE, n. m. Vase de nuit. Pl. des *pots-de-chambre.*

POTEAU, n. m. Pièce de bois fixée en terre.

POTÉE, n. f. Ce qui est contenu dans un pot.

POTELÉ, ÉE, adj. Gras et plein : *main potelée.*

POTENCE, n. f. Instrument qui sert au supplice de la pendaison; le supplice même : *condamné à la potence. Fig. Gibier de potence*, mauvais sujet. *Fam.*

POTENTAT, n. m. Souverain d'un grand État.

POTERIE, n. f. Vaisselle de terre; industrie du potier.

POTERNE, n. f. Porte secrète de fortifications, donnant sur le fossé.

POTICHE, n. f. Vase en porcelaine de Chine ou du Japon; vase en verre qui, au moyen de papiers peints collés à l'intérieur, imite la porcelaine de Chine.

POTICHOMANIE, n. f. Action, manie de faire des potiches.

POTIER, n. m. Qui fabrique, vend de la poterie.

POTIN, n. m. Mélange de cuivre jaune et d'un peu de cuivre rouge.

POTION, n. f. Remède liquide qui ne s'administre ordinairement que par cuillerées.

POTIRON, n. m. Sorte de grosse citrouille jaune ou verte.

POU, n. m. Petit insecte qui vit sur le corps de l'homme et de plusieurs animaux.

POUACRE, adj. et n. Sale, vilain.

POUAH, interj. qui exprime le dégoût.

POUCE, n. m. Le plus gros et le plus court des doigts de la main. *Fig. Mettre les pouces*, céder après résistance ; *manger sur le pouce*, à la hâte, sans s'asseoir ; *se mordre les pouces* d'une chose, s'en repentir. Ancienne mesure de longueur, la 12e partie du pied. *Fig. N'avoir pas un pouce de terre*, n'avoir aucune propriété.

POUCETTES, n. f. pl. Corde dont on se sert pour attacher les *pouces* d'un prisonnier.

POUDING, n. m. Mets anglais composé de farine, de raisin de Corinthe, etc.

POUDRE, n. f. Toute substance solide pulvérisée ; compositions médicales desséchées et broyées : *poudre vermifuge, purgative*, etc. ; poussière qu'on met sur l'écriture pour la sécher ; amidon pulvérisé et parfumé dont on se sert pour blanchir les cheveux. **+ Poudre à canon**, mélange très-inflammable de salpêtre, de charbon et de soufre, pour lancer des projectiles ; **coton-poudre**, préparation de coton et d'acide nitrique, qui produit les effets de la poudre à canon ; **poudre fulminante**, espèce de poudre qui détonne par le choc, le frottement. *Fig.* **Poudre de perlimpinpin**, remède sans efficacité, que débitent les charlatans ; *il n'a pas inventé la poudre*, il n'a pas grand esprit ; *jeter de la poudre aux yeux*, éblouir par des apparences trompeuses.

POUDRER, v. tr. Couvrir légèrement les cheveux de poudre d'amidon.

POUDRERIE, n. f. Fabrique de poudre à canon.

POUDRETTE, n. f. Engrais composé de matières fécales desséchées et réduites en poudre.

POUDREUX, EUSE, adj. Couvert de poussière : *habit tout poudreux.*

POUDRIER, n. m. Celui qui fait la poudre à canon.

POUDRIÈRE, n. f. Magasin de poudre ; boîte à poudre pour l'écriture.

POUF. Mot qui sert à exprimer le bruit sourd que fait un corps en tombant.

POUFFER, v. int. *Pouffer de rire*, éclater de rire involontairement.

POUILLER, v. tr. Dire des pouilles. **Se pouiller**, v. pr. Se dire des pouilles réciproquement. *Pop.*

POUILLES, n. f. pl. Reproches mêlés d'injures : *dire des pouilles, chanter pouilles. Pop.*

POUILLEUX, EUSE, adj. Qui a des poux. N. m. Homme d'une condition misérable.

POULAILLER, n. m. Lieu où juchent les poules.

POULAIN, n. m. Jeune cheval, jusqu'à trois ans.

POULARDE, n. f. Jeune poule engraissée.

POULE, n. f. Femelle du coq. **Poule faisane**, femelle du faisan ; **poule d'Inde**, femelle du coq d'Inde ; **poule d'eau**, oiseau aquatique du genre poule. *Fig.* **Poule mouillée**, homme qui manque de résolution, de courage ; *avoir la chair de poule*, avoir le frisson ou trembler de peur. *Fam.*

POULE, n. f. Sorte de jeu au billard ; mise de chaque joueur ; enjeu total : *gagner la poule.*

POULET, n. m. Petit d'une poule ; terme de caresse. *Fig.* Billet galant.

POULETTE, n. f. Jeune poule ; terme de caresse.

POULICHE, n. m. Cavale, jusqu'à trois ans.

POULIE, n. f. Roue de bois ou de métal, creusée en gorge dans l'épaisseur de sa circonférence, et sur laquelle passe une corde pour élever ou descendre des fardeaux.

POULINIÈRE, adj. f. *Jument poulinière*, particulièrement destinée à la reproduction.

POULPE, n. m. Genre de mollusque à longs tentacules.

POULS, n. m. Battement des artères. *Fig. Se tâter le pouls*, consulter ses forces avant de se décider.

POUMON, n. m. Organe de la respiration, renfermé dans la cavité de la poitrine.

POUPARD, n. m. Gros enfant au maillot ; sorte de poupée mécanique, représentant un enfant.

POUPE, n. f. L'arrière d'un vaisseau, par oppos. à la proue. *Fig. Avoir le vent en poupe*, être en faveur, en train de faire fortune.

POUPÉE, n. f. Petite figure humaine de cire, de carton, de bois, etc., servant de jouet aux enfants; tête de carton sur laquelle les lingères essayent et montent les bonnets; petite tête de plâtre qui sert de but dans un tir au pistolet. Pl. Les deux grosses poutres qui servent à maintenir le morceau de bois que travaille le tourneur. *Fig.* Petite personne fort parée : *c'est une vraie poupée.*

POUPON, ONNE, n. Jeune garçon ou jeune fille qui a le visage plein et potelé.

POUR, prép. A la place de : *partir pour un autre;* au lieu de : *prendre un oison pour un cygne;* en considération de : *pour l'amour de Dieu;* en faveur de : *le droit est pour lui;* afin de : *lire pour s'instruire;* envers : *tendresse d'une mère pour ses enfants;* eu égard à : *enfant grand pour son âge;* comme : *laissé pour mort;* moyennant : *pour vingt francs;* contre : *remède bon pour la fièvre;* quant à : *pour moi, je n'en ferai rien.* **Pour lors,** loc. adv. Alors. Loc. conj. **Pour que,** afin que; **pour peu que,** si peu que. N. m. : *soutenir le pour et le contre.*

POURBOIRE, n. m. Argent donné en sus du prix convenu à un cocher, à un commissionnaire, etc.

POURCEAU, n. m. Porc, cochon. *Fig. Pourceau d'Epicure,* homme plongé dans les plaisirs des sens.

POURCHASSER, v. tr. Poursuivre avec ardeur.

POURFENDEUR, n. m. Qui pourfend. *Pourfendeur de géants,* un fanfaron, un faux brave.

POURFENDRE, v. tr. Fendre d'un coup de sabre un homme en deux.

POURPARLER, n. m. Conférence à propos d'une affaire : *entrer en pourparler.*

POURPIER, n. m. Plante potagère à feuilles charnues.

POURPOINT, n. m. Ancien vêtement français, qui couvrait le corps du cou à la ceinture.

POURPRE, n. f. Couleur rouge que les anciens extrayaient d'un coquillage; étoffe teinte en pourpre. *Fig.* Dignité souveraine dont la pourpre était autrefois la marque : *La pourpre des Césars. La pourpre romaine,* la dignité de cardinal. N. m. Couleur d'un beau rouge foncé : *le pourpre du teint;* maladie dangereuse qui se manifeste par de petites taches rouges sur la peau : *avoir le pourpre.*

POURPRÉ, ÉE, adj. De couleur de pourpre. *Fièvre pourprée,* fièvre

dangereuse dans laquelle le corps est couvert de petites taches de couleur pourpre.

POURQUOI, conj. Pour quelle cause, pour quelle raison : *il pleure, sans savoir pourquoi.* N. m. : *connaître le pourquoi d'une affaire.*

POURRI, E, adj. Gâté, corrompu : *fruit pourri, viande pourrie.* N. m. : *cela sent le pourri.*

POURRIR, v. int. Etre en putréfaction. *Fig.* Rester longtemps : *pourrir en prison.* V. tr. Altérer, corrompre : *l'eau pourrit le bois.*

POURRISSAGE, n. m. Opération qui consiste à laisser macérer des chiffons dans l'eau, pour en faire du papier.

POURRISSOIR, n. m. Lieu bas où l'on met pourrir les chiffons à papier.

POURRITURE, n. f. Etat d'un corps en décomposition.

POURSUITE, n. f. Action de courir après quelqu'un. *Fig.* Soins pour obtenir quelque chose : *s'obstiner à la poursuite d'un emploi;* démarches, procédures mises en œuvre pour se faire rendre justice : *exercer des poursuites contre un débiteur.*

POURSUIVANT, n. m. Qui brigue pour obtenir; qui exerce des poursuites en justice.

POURSUIVRE, v. tr. Courir après pour atteindre. *Fig.* Chercher à obtenir, briguer : *poursuivre un emploi;* continuer ce que l'on a commencé : *poursuivre une entreprise;* agir en justice contre quelqu'un : *poursuivre un débiteur;* obséder, tourmenter : *l'ennui le poursuit.*

POURTANT, conj. Cependant.

POURTOUR, n. m. Le tour, le circuit d'un édifice.

POURVOI, n. m. Action par laquelle on attaque devant une juridiction supérieure la décision d'un tribunal inférieur. *Pourvoi en grâce,* demande adressée au chef de l'Etat pour remise ou commutation de peine.

POURVOIR, v. int. Fournir ce qui est nécessaire : *Dieu pourvoit à nos besoins.* V. tr. Munir, garnir : *pourvoir une place de vivres;* établir par mariage ou par emploi : *pourvoir ses enfants. Pourvoir quelqu'un d'une charge,* la lui procurer. *Fig.* Orner, douer : *la nature l'a pourvu de bonnes qualités.* **Se pourvoir,** v. pr. Se munir : *se pourvoir d'argent;* recourir à un tribunal supérieur : *se pourvoir en cassation.*

POURVOYEUR, n. m. Qui est chargé de fournir à une maison toutes les provisions dont elle a besoin.

POURVU QUE, loc. conj. A condition que.

POUSSE, n. f. Jet que produit un arbre dans le cours d'une année; maladie des chevaux, caractérisée par l'essoufflement.

POUSSÉE, n. f. Action de pousser.

POUSSER, v. tr. Faire effort contre une chose pour l'ôter de place; imprimer un mouvement à un corps : *pousser la porte*; avancer, étendre : *Alexandre poussa ses conquêtes jusque dans les Indes*; porter : *pousser une botte, un coup d'épée*; produire, développer : *la vigne pousse beaucoup de bois*, et, int. : *les fleurs poussent, sa barbe pousse*. Fig. Faire avancer : *pousser un écolier, pousser quelqu'un dans le monde*; prolonger, étendre : *pousser la raillerie trop loin*; faire agir : *quel motif le pousse? Pousser quelqu'un à bout*, le mettre en colère; *pousser des soupirs*, soupirer; *pousser des cris*, crier; *pousser des travaux*, les faire avancer. V. int. *Pousser à la roue*, aider; *pousser jusqu'à un lieu*, y aller.

POUSSETTE, n. f. Jeu d'enfants.

POUSSIER, n. m. Menu charbon, poussière de charbon qui reste au fond du sac. **Poussier de mottes**, tan réduit en poussière.

POUSSIÈRE, n. f. Terre réduite en poudre très-fine. Fig. *Réduire en poussière*, anéantir; *mordre la poussière*, être tué dans un combat. Bot. *Poussière fécondante*, pollen.

POUSSIF, IVE, adj. *Cheval poussif*, qui a la maladie appelée *pousse*. Fig. Se dit d'un homme qui a peine à respirer. Fam.

POUSSIN, n. m. Petit poulet nouvellement éclos.

POUTRE, n. f. Grosse pièce de bois équarrie, qui sert à soutenir les solives d'un plancher.

POUTRELLE, n. f. Petite poutre.

POUVOIR, v. tr. Avoir la faculté de faire. *N'en pouvoir plus*, être accablé de fatigue, de chaleur, etc.; *je n'en puis mais*, je n'en suis pas la cause; *sauve qui peut, qui pourra*. V. impers. Etre possible : *il se peut qu'il pleuve*.

POUVOIR, n. m. Autorité, puissance : *parvenir au pouvoir*; faculté de faire : *cela passe mon pouvoir*; crédit, influence : *avoir du pouvoir auprès du ministre*; mandat, procuration : *donner un pouvoir par-devant notaire*; personnes investies de l'autorité : *encenser le pouvoir*. **Pouvoir législatif**, sous un gouvernement constitutionnel, assemblée de députés chargés de faire les lois; **pouvoir exécutif**, chargé de faire exécuter les lois; **pouvoir judiciaire**, chargé de punir les infractions à la loi; **pouvoir temporel**, gouvernement civil d'un Etat; **pouvoir spirituel**, qui n'appartient qu'à l'Eglise; **pouvoir discrétionnaire**, faculté laissée au président d'une cour d'assises d'agir en certains cas selon sa volonté particulière. Pl. Faculté, droit d'exercer certaines fonctions : *les pouvoirs d'un prêtre, d'un ambassadeur*. Fig. Empire, ascendant : *le pouvoir de la vertu, de l'éloquence*.

POUZZOLANE, n. f. Terre volcanique rougeâtre, qu'on rencontre près de Pouzzoles, en Italie.

PRAGMATIQUE, adj. *Pragmatique sanction*, règlement relatif aux grandes affaires de l'Eglise ou de l'Etat.

PRAIRIAL, n. m. Neuvième mois de l'année républicaine en France (du 20 mai au 18 juin.)

PRAIRIE, n. f. Etendue de terrain qui produit de l'herbe ou du foin. *Prairie artificielle*, où l'on a semé du trèfle, du sainfoin, de la luzerne, etc.

PRALINE, n. f. Amande rissolée dans du sucre.

PRALINER, v. tr. Faire rissoler dans le sucre.

PRATICABLE, adj. Qu'on peut pratiquer : *moyen praticable*; propre aux communications : *ce chemin n'est pas praticable*.

PRATICIEN, n. m. Qui connaît la pratique dans un art quelconque. Son opposé est *théoricien*.

PRATIQUE, n. f. Exécution des règles et des principes d'un art ou d'une science, par oppos. à *théorie*; exécution, application : *mettre en pratique un précepte de morale*; usage, coutume : *c'est la pratique du pays*; expérience, habitude : *avoir la pratique des affaires*; routine : *cet homme n'a que de la pratique*; chaland, acheteur : *ce marchand a beaucoup de pratiques*; style de procédure : *connaître la pratique*. Pl. Exercices relatifs au culte : *pratiques religieuses*; intrigues, intelligences : *entretenir des pratiques avec le général ennemi*. Adj. Qui ne s'en tient pas à la théorie : *cours pratique de langue française*.

PRATIQUE, n. f. Petit instrument de fer-blanc que les joueurs de marionnettes mettent dans leur bouche pour varier le son de leur voix.

PRATIQUEMENT, adv. Dans la pratique. *Peu us.*

PRATIQUER, v. tr. Mettre en pratique : *pratiquer la vertu*; exercer : *pratiquer la médecine*; percer, faire :

pratiquer un trou, une ouverture, un chemin.

PRÉ, n. m. Petite prairie.

PRÉALABLE, adj. Qui doit être fait, dit, examiné d'abord : *sommation, question préalable.* **Au préalable,** loc. adv. Auparavant, avant tout.

PRÉALABLEMENT, adv. Au préalable.

PRÉAMBULE. n. m. Sorte d'exorde, d'avant-propos.

PRÉAU, n. m. Cour d'une prison; grande salle de récréation où les élèves d'une école primaire prennent leurs rangs pour entrer en classe.

PRÉBENDE, n. f. Revenu ecclésiastique attaché à une chanoinie; le canonicat même.

PRÉCAIRE. adj. Qui n'a rien de stable, d'assuré : *autorité, existence précaire.*

PRÉCAIREMENT, adv. D'une manière précaire.

PRÉCAUTION, n. f. Ce qu'on fait par prévoyance pour éviter quelque mal : *prenez vos précautions;* circonspection, ménagement, prudence : *user de précaution envers quelqu'un.*

PRÉCAUTIONNER (SE), v. pr. Prendre ses précautions.

PRÉCÉDEMMENT, adv. Auparavant.

PRÉCÉDENT, E, adj. Qui est immédiatement avant une autre chose de même genre : *sous le règne précédent.* N. m. Fait, exemple antérieur qu'on invoque comme autorité : *citer un précédent en sa faveur.*

PRÉCÉDER, v. tr. Marcher devant; être placé immédiatement avant : *dans le chapitre qui précède,* être, avoir été auparavant : *chez les Romains la monarchie a précédé la république.*

PRÉCEPTE, n. m. Règle, enseignement.

PRÉCEPTEUR, n. m. Qui est chargé de l'éducation d'un enfant, d'un jeune homme.

PRÉCEPTORAL, E, adj. Qui est propre au préceptorat : *gravité préceptorale.*

PRÉCEPTORAT, n. m. Fonction de précepteur.

PRÉCESSION, n. f. *Précession des équinoxes,* mouvement rétrograde des points équinoxiaux.

PRÊCHE, n. m. Sermon que les ministres protestants font dans leurs temples.

PRÊCHER, v. tr. Annoncer en chaire la parole de Dieu. *Fig.* Recommander : *prêcher l'économie. Prêcher un converti,* chercher à persuader un homme déjà convaincu. V. int. *Prêcher d'exemple,* faire soi-même ce que l'on conseille aux autres; *prêcher dans le désert,* n'être point écouté.

PRÊCHEUR, n. m. Prédicateur.

PRÉCIEUSE, n. f. Femme affectée dans son air, ses manières, son langage.

PRÉCIEUSEMENT, adv. Avec grand soin.

PRÉCIEUX, EUSE, adj. Qui est de grand prix; qui nous est cher : *gage précieux. Fig.* Affecté : *style précieux. Les moments sont précieux,* il n'y a point de temps à perdre.

PRÉCIOSITÉ, n. f. Affectation dans les manières, dans le langage.

PRÉCIPICE, n. m. Abîme, endroit très-profond. *Fig.* Grand malheur, disgrâce : *l'ambition entraîne les hommes dans le précipice.*

PRÉCIPITAMMENT, adv. Avec précipitation.

PRÉCIPITANT, n. m. Agent qui, en chimie, opère la précipitation.

PRÉCIPITATION, n. f. Extrême vitesse, trop grand empressement : *il faut agir sans précipitation. Chim.* Phénomène qui s'opère quand un corps se sépare du liquide dans lequel il était dissous.

PRÉCIPITÉ, n. m. Dépôt qui se forme et tombe au fond du liquide dans lequel s'opère une précipitation chimique.

PRÉCIPITER, v. tr. Jeter d'un lieu élevé; hâter, accélérer : *la frayeur précipite ses pas;* renverser : *précipiter un roi du trône. Chim.* Séparer, par un réactif, une matière solide du liquide dans lequel elle était en dissolution. **Se précipiter,** v. pr. Se jeter : *se précipiter par la fenêtre;* s'élancer : *l'armée se précipita sur l'ennemi. Se précipiter dans les bras de quelqu'un,* l'embrasser avec transport.

PRÉCIPUT, n. m. Avantage que le testateur ou la loi donne à un des cohéritiers, sans préjudice de ses droits au partage du reste; ce que le contrat de mariage accorde à l'époux survivant.

PRÉCIS, n. m. Abrégé : *précis d'histoire de France.*

PRÉCIS, E, adj. Fixe, déterminé, arrêté : *jour précis;* exact : *mesure précise. Fig.* Concis : *style précis.*

PRÉCISÉMENT, adv. Exactement.

PRÉCISER, v. tr. Déterminer, présenter d'une manière précise : *préciser une date, un fait.*

PRÉCISION, n. f. Brièveté dans le discours, dans le style, qui exclut le superflu; exactitude dans l'action : *ma-*

nœuvre exécutée avec une grande précision. Instrument de précision, très-exact.

PRÉCITÉ, ÉE, adj. Cité précédemment.

PRÉCOCE, adj. Mûr avant la saison : *fruit précoce*, formé avant l'âge, au physique et au moral : *enfant précoce*.

PRÉCOCITÉ, n. f. Qualité de ce qui est précoce : *précocité des fruits, de la raison*.

PRÉCONISER, v. tr. Louer excessivement, donner des éloges outrés.

PRÉCURSEUR, n. m. Celui qui vient avant un autre pour en annoncer la venue : *saint Jean-Baptiste fut le précurseur de Jésus-Christ.* Adj. : *les signes précurseurs d'une révolution.*

PRÉDÉCESSEUR, n. m. Celui qui a précédé quelqu'un dans un emploi. Son opposé est *successeur*.

PRÉDESTINATION, n. f. Décret de Dieu, par lequel les élus sont prédestinés à la gloire éternelle ; arrangement immuable d'événements, que l'on suppose devoir arriver nécessairement. Synonyme de *fatalisme* dans ce dernier sens.

PRÉDESTINÉ, ÉE, adj. et n. Que Dieu a destiné à la gloire éternelle. *Par ext.* : *se croire prédestiné au malheur.*

PRÉDESTINER, v. tr. Destiner de toute éternité au salut.

PRÉDÉTERMINATION, n. f. Action par laquelle Dieu détermine la volonté humaine, sans contraindre pour cela la liberté de la créature.

PRÉDÉTERMINER, v. tr. Mouvoir et déterminer la volonté humaine, en parlant de Dieu.

PRÉDICANT, n. m. Ministre de la religion protestante.

PRÉDICATEUR, n. m. Qui annonce en chaire la parole de Dieu.

PRÉDICATION, n. f. Action de prêcher ; sermon.

PRÉDICTION, n. f. Action de prédire ; chose prédite.

PRÉDILECTION, n. f. Préférence d'amitié, d'affection.

PRÉDIRE, v. tr. Prophétiser ; annoncer ce qui doit arriver, soit par des règles certaines : *prédire une éclipse* ; soit par une prétendue divination : *prédire l'avenir* ; soit par raisonnement, par conjecture : *prédire un événement.*

PRÉDISPOSER, v. tr. Disposer d'avance.

PRÉDISPOSITION, n. f. Disposition naturelle à contracter certaines maladies.

PRÉDOMINANCE, n. f. Action de ce qui prédomine : *la prédominance du système nerveux.*

PRÉDOMINANT, E, adj. Qui prédomine.

PRÉDOMINER, v. int. Prévaloir : *l'intérêt prédomine presque toujours.*

PRÉÉMINENCE, n. f. Supériorité de rang, de dignité, de droits.

PRÉÉMINENT, E, adj. Qui excelle : *la charité est la vertu prééminente.*

PRÉÉTABLI, E, adj. *Harmonie préétablie*, système de philosophie par lequel on prétend expliquer l'accord qui existe entre l'âme et le corps.

PRÉEXISTANT, E, adj. Qui existe avant.

PRÉEXISTENCE, n. f. Existence antérieure : *la préexistence des âmes.*

PRÉEXISTER, v. int. Exister avant.

PRÉFACE, n. f. Discours préliminaire placé en tête d'un livre ; partie de la messe qui précède immédiatement le canon.

PRÉFECTURE, n. f. Nom par lequel on désignait le gouvernement d'une province dans l'empire romain : *la préfecture des Gaules* ; aujourd'hui, circonscription administrative d'un préfet ; hôtel et bureaux du préfet.

PRÉFÉRABLE, adj. Qui mérite d'être préféré.

PRÉFÉRABLEMENT, adv. Par préférence.

PRÉFÉRENCE, n. f. Acte par lequel on préfère une personne ou une chose à une autre. Pl. Marques particulières d'affection ou d'honneur qu'on accorde à quelqu'un.

PRÉFÉRER, v. tr. Se déterminer en faveur d'une personne, d'une chose, plutôt qu'en faveur d'une autre ; estimer davantage : *préférer l'honneur à l'argent.*

PRÉFET, n. m. Celui qui, chez les Romains, occupait une préfecture : *le préfet des Gaules* ; en France, magistrat chargé de l'administration d'un département. **Préfet de police,** magistrat chargé de la police dans le département de la Seine ; **préfet maritime,** haut fonctionnaire investi de l'autorité militaire dans un arrondissement maritime ; **préfet des études,** celui qui dirige les études dans un collège.

PRÉFIX, E, adj. Déterminé : *jour préfix.*

PRÉJUDICE, n. m. Tort, dommage. *Porter préjudice à quelqu'un*, lui nuire ; *au préjudice de l'honneur*, contre l'honneur ; *sans préjudice de ses droits*, sans y renoncer.

PRÉJUDICIABLE, adj. Qui porte, qui cause du préjudice.

PRÉJUDICIEL, ELLE, adj. *Jurisp.* Question *préjudicielle*, qui doit être jugée avant la principale; *moyens préjudiciels*, par lesquels on soutient cette question.

PRÉJUDICIER, v. int. Porter préjudice.

PRÉJUGÉ, n. m. Opinion, généralement fausse, adoptée sans examen.

PRÉJUGER, v. tr. Prevoir par conjecture.

PRÉLASSER (SE), v. pr. Affecter un air de dignité. *Par ext.* Se *prélasser dans un fauteuil*, s'y étendre gravement et tout à son aise.

PRÉLAT, n. m. Ecclésiastique revêtu d'une dignité considérable dans l'Eglise.

PRÉLATURE, n. f. Dignité de prélat.

PRÊLE, n. f. Sorte de fougère qui sert à polir le bois et les métaux.

PRÉLÈVEMENT, n. m. Action de prélever.

PRÉLEVER, v. tr. Lever préalablement une certaine portion sur un total.

PRÉLIMINAIRE, adj. Qui précède la matière principale, qui sert à l'éclaircir : *discours préliminaire*. N. m. pl. *Préliminaires de la paix*, articles généraux d'après lesquels elle doit être établie.

PRÉLIMINAIREMENT, adv. Préalablement.

PRÉLUDE, n. m. Ce qu'on chante, ce qu'on joue, pour essayer sa voix, pour juger si l'instrument est d'accord; improvisation musicale. *Fig.* Ce qui précède, ce qui fait présager : *les frissons sont les préludes de la fièvre.*

PRÉLUDER, v. int. Essayer sa voix, un instrument; improviser sur le piano, sur l'orgue, etc. *Fig.* Faire une chose pour en venir à une plus importante : *préluder à une bataille par des escarmouches.*

PRÉMATURÉ, ÉE, adj. Qui mûrit avant le temps ordinaire. *Fig.* Fait avant le temps convenable : *entreprise prématurée*; qui vient avant le temps ordinaire : *mort, vieillesse prématurée*; précoce : *raison, sagesse prématurée.*

PRÉMATURÉMENT, adv. Avant le temps convenable.

PRÉMATURITÉ, n. f. Maturité avant le temps ordinaire : *prématurité de jugement, d'esprit.*

PRÉMÉDITATION, n. f. Action de préméditer.

PRÉMÉDITER, v. tr. Méditer avant d'exécuter.

PRÉMICES, n. f. pl. Premiers produits de la terre ou du bétail. *Fig.* Premières productions de l'esprit.

PREMIER, ÈRE, adj. Qui précède par rapport au temps, au lieu, à l'ordre : *le premier homme; le premier étage*, *le premier commis*; le meilleur, le plus remarquable : *Démosthènes est le premier des orateurs*; titre d'honneur attaché à certaines charges : *le premier médecin du roi.* *Matières premières*, productions naturelles qui n'ont pas encore été travaillées; *chose de première nécessité*, indispensables à la vie. *Arith.* *Nombre premier*, qui n'est divisible que par lui-même ou par l'unité, comme 1, 3, 5, 7, etc. *Théât.* *Jeune premier*, celui qui joue les amoureux.

PREMIÈREMENT, adv. En premier lieu.

PREMIER-NÉ, n. m. Le premier enfant mâle d'une famille. Pl. des *premiers-nés.*

PRÉMISSES, n. f. pl. Les deux premières propositions d'un syllogisme.

PRÉMUNIR, v. tr. et pr. Précautionner, se précautionner contre.

PRENABLE, adj. Qui peut être pris, en parlant d'une ville, d'une place forte.

PRENDRE, v. tr. Saisir, mettre en sa main; s'emparer de : *prendre une ville*; voler : *prendre une montre*; attaquer : *prendre l'ennemi en flanc*; joindre : *j'irai vous prendre*; surprendre : *je vous y prends*; accepter : *prenez ce qu'on vous donne*; acheter, emporter : *prenez-le pour six francs*; manger, boire : *prendre des aliments, un bouillon*; choisir : *lequel prenez-vous?* louer : *prendre un appartement*; entrer dans : *prenez ce chemin*; contracter : *prendre une mauvaise habitude*; regarder comme : *me prenez-vous pour un sot? Prendre les armes*, s'armer; *prendre la fuite*, s'enfuir; *prendre du corps*, grossir : *prendre du tabac*, priser; *prendre des leçons*, en recevoir, *prendre le deuil*, s'habiller de noir à la suite de la mort d'un parent; *prendre un domestique*, l'engager à son service; *prendre femme*, se marier; *prendre des renseignements*, s'informer; *prendre les devants*, partir avant quelqu'un; *prendre le galop*, se mettre à galoper; *prendre son temps*, ne point se presser; *prendre ses mesures*, employer des moyens pour réussir; *prendre l'air*, se promener, se mettre à l'air; *prendre du repos*, se reposer; *prendre patience*, attendre patiemment; *prendre feu*, s'enflammer; et, fig., s'animer; *prendre la mouche*, se fâcher, se formaliser; *prendre le change*, se tromper.; *prendre au mot*, accepter du premier coup; *prendre le voile*, entrer en religion; *prendre les ordres*, se faire prêtre; *prendre un parti*, se décider; *prendre son parti*, se résigner; *prendre le parti de quelqu'un*, se ranger de son côté; *prendre à témoin*, invoquer; *prendre à cœur*, s'affecter ou s'occuper sérieusement d'une chose; *prendre à tâche*, s'efforcer; *prendre le vent*, présenter les voiles au vent; *prendre la mer*, s'embarquer; *prendre le large*, s'éloigner du rivage; *prendre terre*, débarquer; *prendre une affaire en main*, la diriger; *prendre une chose en mal*, s'en fâcher; *la prendre en riant*, en rire; *prendre en considération*, tenir compte; *prendre fait et cause*, intervenir; *prendre sous sa protection*, protéger; *prendre quelqu'un en pitié*, ressentir pour lui du dédain ou de la compassion; *prendre congé de quelqu'un*, lui faire ses adieux. V. int. Prendre racine; cet arbre prend bien; se geler; *la rivière a pris*, s'épaissir, se cailler : *le lait prend*. Fig. Réussir : *ce livre n'a pas pris*; faire impression : *cette odeur prend au nez*. Se prendre, v. pr. S'accrocher : *son habit s'est pris à un clou*. Se prendre de vin, s'enivrer; se prendre de paroles, se disputer; *se prendre d'amitié*, concevoir de l'amitié; *se prendre à pleurer*, se mettre à pleurer; *s'y prendre bien ou mal*, être plus ou moins adroit; *s'en prendre à quelqu'un d'une chose*, en rejeter sur lui la responsabilité.

PRENEUR, EUSE, n. Qui prend à bail : *le preneur s'engage à...*

PRÉNOM, n. m. Nom de baptême.

PRÉOCCUPATION, n. f. Disposition d'un esprit trop occupé d'un objet pour faire attention à un autre.

PRÉOCCUPER, v. tr. Occuper fortement l'esprit : *cette affaire le préoccupe*.

PRÉOPINANT, n. m. Qui a opiné avant un autre.

PRÉOPINER, v. int. Opiner avant quelqu'un.

PRÉPARATIF, n. m. Apprêts : *les préparatifs d'une fête*.

PRÉPARATION, n. f. Action de préparer, de se préparer : *parler, prêcher, plaider sans préparation*; composition : *préparation d'un remède*.

PRÉPARATOIRE, adj. Qui prépare : *école préparatoire*.

PRÉPARER, v. tr. Apprêter : *préparer le dîner*; disposer : *préparer les esprits*; mettre en état, en rapport avec une destination : *préparer un logement*;

étudier, apprendre : *préparer un discours, un examen*.

PRÉPONDÉRANCE, n. f. Supériorité de crédit, d'autorité, de considération, etc.

PRÉPONDÉRANT, E, adj. Qui a plus de poids qu'un autre. *Voix prépondérante*, qui l'emporte dans un vote en cas de partage des voix.

PRÉPOSÉ, n. m. Commis : *les préposés de l'octroi*.

PRÉPOSER, v. tr. Établir avec autorité, avec pouvoir de surveiller une chose, d'en prendre soin.

PRÉPOSITION, n. f. Mot invariable exprimant les rapports qui existent entre les mots.

PRÉPOSITIVE (*locution*), adj. Qui est de la nature de la préposition.

PRÉROGATIVE, n. f. Avantages particuliers, privilèges attachés à certaines dignités : *l'inviolabilité est une des prérogatives de la royauté constitutionnelle*.

PRÈS, prép. qui signifie proche : *demeurer près de l'église*; en comparaison de : *que sont-ils près de vous?* presque : *il y a près de vingt ans*. Être près de, sur le point de; *serrer de près*, poursuivre vivement; *cela me touche de près*, j'y ai un grand intérêt. Loc. adv. A cela près, excepté cela; à beaucoup près, il s'en faut de beaucoup; à peu de chose près, à peu près, il s'en faut de peu.

PRÉSAGE, n. m. Signe par lequel on juge de l'avenir.

PRÉSAGER, v. tr. Indiquer une chose à venir.

PRÉ-SALÉ, n. m. Viande des moutons qui ont pâturé dans les prés salés, ou arrosés par l'eau de la mer.

PRESBYTE, adj. et n. Qui ne peut voir nettement les petits objets qu'en les tenant à une certaine distance de l'œil.

PRESBYTÈRE, n. m. Habitation du curé.

† **PRESBYTÉRIANISME**, n. m. Secte des presbytériens.

PRESBYTÉRIEN, ENNE, adj. et n. En Angleterre, protestant qui ne reconnaît pas l'autorité épiscopale.

PRESCIENCE, n. f. Connaissance certaine et infaillible de l'avenir, l'un des attributs de Dieu.

PRESCRIPTIBLE, adj. Qui peut être prescrit : *droits prescriptibles*.

PRESCRIPTION, n. f. Acquisition définitive de la propriété d'une chose, par une possession non interrompue pendant un temps déterminé par la loi; extinction d'une dette, à défaut de réclamation de son payement dans le temps fixé; ordonnance d'un médecin.

PRESCRIRE, v. tr. Ordonner. **Se prescrire**, v. pr. Se faire une loi de.

PRÉSÉANCE, n. f. Droit de prendre place au-dessus de quelqu'un ou de le précéder.

PRÉSENCE, n. f. Existence d'une personne dans un lieu marqué. *Présence réelle*, existence réelle du corps et du sang de Jésus-Christ dans l'eucharistie; *présence d'esprit*, promptitude à dire ou faire sur-le-champ ce qu'il y a de plus à propos; *les armées sont en présence*, en vue, en face l'une de l'autre.

PRÉSENT, n. m. Don, libéralité.

PRÉSENT, E, adj. Qui est dans le lieu dont on parle : *être présent à une réunion*. *Fig. Être présent partout*, se multiplier; *le présent acte*, celui que l'on rédige; *la présente lettre*, et, absol., *la présente*, la lettre qu'on écrit. N. m. Le temps actuel : *ne songer qu'au présent*. *Gram.* Le premier temps de chaque mode d'un verbe. **A présent**, loc. adv. Maintenant.

PRÉSENTABLE, adj. Qu'on peut présenter; qui peut se présenter.

PRÉSENTATION, n. f. Action de présenter : *présentation d'une lettre de change*. *Présentation de la Vierge*, fête en mémoire du jour où la sainte Vierge fut présentée au temple (21 nov.)

PRÉSENTEMENT, adv. Maintenant.

PRÉSENTER, v. tr. Offrir : *présenter un bouquet*; introduire : *présenter quelqu'un dans un cercle*; montrer, faire voir : *présenter un bel aspect*; montrer en menaçant : *présenter la baïonnette*. *Présenter les armes*, porter le fusil en avant en signe d'honneur, au passage d'un officier. **Se présenter**, v. pr. Paraître devant quelqu'un; se mettre sur les rangs. *Fig. S'offrir à l'esprit : une difficulté se présente. L'affaire se présente bien*, tourne bien.

PRÉSERVATEUR, TRICE, adj. Qui préserve : *moyen préservateur*.

PRÉSERVATIF, IVE, adj. Qui a la vertu de préserver. N. m. Remède qui préserve. *Fig.* : *le travail est le meilleur préservatif contre l'ennui*.

PRÉSERVER, v. tr. Garantir d'un mal : *préserver de la peste*.

PRÉSIDENCE, n. f. Fonction de président; temps pendant lequel on exerce cette fonction.

PRÉSIDENT, n. m. Celui qui est le chef temporaire ou perpétuel d'une assemblée, d'un corps politique, d'un État républicain.

PRÉSIDENTE, n. f. Celle qui préside; femme d'un président.

PRÉSIDER, v. tr. Occuper la première place dans une assemblée. V. int. Avoir le soin, la direction : *présider aux préparatifs d'une fête*; être l'arbitre : *Minerve présidait aux sciences, Cérès aux moissons*, etc.

PRÉSIDIAL, adj. et n. Nom donné à certains tribunaux d'autrefois : *juge d'un présidial, juge présidial*.

PRÉSOMPTIF, IVE, adj. *Héritier présomptif*, qui est appelé à hériter.

PRÉSOMPTION, n. f. Conjecture, jugement fondé sur des apparences, des indices; opinion trop avantageuse de soi-même.

PRÉSOMPTUEUSEMENT, adv. D'une manière présomptueuse.

PRÉSOMPTUEUX, EUSE, adj. et n. Qui a une trop favorable opinion de lui-même.

PRESQUE, adv. A peu près.

PRESQU'ÎLE, n. f. Certaine étendue de terre entourée d'eau, à l'exception d'un seul côté par lequel elle communique au continent.

PRESSANT, E, adj. Qui presse : *affaire pressante, besoin pressant*.

PRESSE, n. f. Multitude de personnes qui se pressent; toute machine destinée à comprimer les corps ou à y laisser une empreinte quelconque. *Ouvrage sous presse*, qu'on imprime actuellement; *presse périodique*, journaux et revues; *liberté de la presse*, liberté absolue de mettre au jour, par la voie de l'impression, ses idées, ses opinions.

PRESSENTIMENT, n. m. Sentiment secret de ce qui doit arriver.

PRESSENTIR, v. tr. Avoir un pressentiment de.

PRESSER, v. tr. Peser sur, serrer avec plus ou moins de force; approcher une chose, une personne contre une autre : *presser les rangs*; poursuivre sans relâche : *presser les ennemis*; hâter, accélérer : *presser son départ*. *Mus. Presser la mesure*, précipiter le mouvement. V. int. Ne souffrir aucun délai : *l'affaire, le temps pressa*.

PRESSIER, n. m. Ouvrier imprimeur qui travaille à une presse.

PRESSION, n. f. Action de presser : *la pression de l'atmosphère*. *Fig.* Influence : *exercer une pression sur l'esprit de quelqu'un*.

PRESSOIR, n. m. Machine qui sert à pressurer le raisin, les pommes, les graines oléagineuses, etc.; lieu où se trouve cette machine.

PRESSURAGE, n. m. Action de

pressurer le raisin; vin obtenu du marc à force de le pressurer.

PRESSURER, v. tr. Presser le raisin, les pommes, etc., pour en extraire le jus. *Fig.* Épuiser par les impôts : *pressurer un peuple* ; tirer de quelqu'un, par force ou par adresse, tout l'argent qu'on peut en tirer : *on veut vous pressurer.*

PRESSUREUR, n. m. Celui qui conduit un pressoir.

PRESTANCE, n. f. Bonne mine accompagnée de gravité, de dignité.

PRESTATION, n. f. Action de prêter serment, en parlant des fonctionnaires publics et des membres de certains corps politiques ; corvée à laquelle sont soumis les habitants des communes, principalement pour l'entretien des chemins vicinaux.

PRESTE, adj. Adroit, agile. *Fig.* : *être preste à la réplique.*

PRESTEMENT, adv. D'une manière preste.

PRESTESSE, n. f. Agilité, subtilité.

PRESTIDIGITATEUR, n. m. Sorte d'escamoteur dont le métier consiste surtout à faire des tours subtils avec les doigts.

PRESTIDIGITATION, n. f. Art du prestidigitateur.

PRESTIGE, n. m. Illusion opérée par artifice, sortilège. *Fig.* Le prestige de l'éloquence, de la gloire, leur influence sur les esprits.

PRESTIGIEUX, EUSE, adj. Qui tient du prestige.

PRESTIMONIE, n. f. Revenu affecté par un fondateur à l'entretien d'un prêtre.

PRESTO, PRESTISSIMO, adv. *Mus.* Vite, très-vite.

PRESTOLET, n. m. Ecclésiastique sans considération.

PRÉSUMABLE, adj. Qu'on peut présumer.

PRÉSUMER, v. tr. Conjecturer, juger par induction. V. int. Avoir bonne opinion : *trop présumer de son talent, de son crédit.*

PRÉSUPPOSER, v. tr. Supposer préalablement.

PRÉSUPPOSITION, n. f. Supposition préalable.

PRÉSURE, n. f. Substance qui sert à faire cailler le lait.

PRÊT, n. m. Action de prêter ; la chose, la somme prêtée ; solde des sous-officiers et des soldats.

PRÊT, E, adj. Qui est disposé à : *prêt à partir.*

PRÉTANTAINE, n. f. *Courir la prétantaine*, çà et là sans sujet. *Fam.*

PRÉTENDANT, E, n. Qui aspire à un emploi, à une dignité. N. m. Prince qui prétend avoir des droits à un trône occupé par un autre ; celui qui aspire à la main d'une femme.

PRÉTENDRE, v. tr. Réclamer comme un droit : *prétendre une part dans les bénéfices* ; vouloir, exiger : *que prétendez-vous de moi ?* affirmer, soutenir : *je prétends que c'est faux.* V. int. Aspirer : *prétendre aux honneurs.*

PRÉTENDU, E, adj. Supposé, soi-disant : *un prétendu gentilhomme.* N. Celui, celle qui doit se marier, l'un par rapport à l'autre.

PRÊTE-NOM, n. m. Celui qui prête son nom dans un acte où le véritable contractant ne veut pas voir figurer le sien.

PRÉTENTIEUX, EUSE, adj. et n. Qui a de la prétention, où il y a de la prétention : *homme, style prétentieux.*

PRÉTENTION, n. f. Droit qu'on a ou qu'on croit avoir à la possession d'une chose. *Homme à prétentions*, qui prétend à l'esprit, au savoir.

PRÊTER, v. tr. Donner à condition qu'on rendra. *Fig.* Attribuer, imputer : *prêter un ridicule à quelqu'un* ; fournir : *cette raison prête des armes contre vous.* Prêter secours, venir en aide ; prêter la main à une chose, en être complice ; prêter l'oreille, écouter ; prêter serment, faire serment ; prêter le flanc, donner prise sur soi. V. int. S'étendre : *cette étoffe prête. Fig.* Fournir matière : *prêter à la critique*, être susceptible de développements : *ce sujet prête beaucoup.* **Se prêter**, v. pr. Consentir : *se prêter à un arrangement.*

PRÉTÉRIT, n. m. *Gram.* Temps passé.

PRÉTÉRITION, n. f. *Fig.* de rhét. qui consiste à feindre de passer sous silence des choses sur lesquelles on ne laisse cependant pas que d'appuyer.

PRÉTEUR, n. m. Magistrat qui rendait la justice dans Rome, ou qui gouvernait une province.

PRÊTEUR, EUSE, adj. Qui prête.

PRÉTEXTE, n. m. Raison apparente dont on se sert pour cacher le véritable motif d'un dessein, d'une action.

PRÉTEXTE, n. f. Robe blanche, brodée de pourpre, que portaient à Rome, les jeunes gens des familles patriciennes. Adj. : *robe prétexte.*

PRÉTEXTER, v. tr. Prendre pour prétexte : *prétexter un voyage.*

PRÉTOIRE, n. m. Tribunal où le

préteur rendait la justice, chez les Romains.

PRÉTORIEN, ENNE, adj. Qui appartient au préteur : *dignité prétorienne.* **Garde prétorienne** ou **les prétoriens**, soldats qui formaient la garde des empereurs romains.

PRÊTRE, n. m. Tout ministre d'un culte religieux.

PRÊTRESSE, n. f. Chez les anciens, femme chargée de fonctions relatives au sacerdoce.

PRÊTRISE, n. f. Ordre sacré par lequel un homme est ordonné prêtre.

PRÉTURE, n. f. Charge de préteur ; durée de son exercice.

PREUVE, n. f. Ce qui démontre, établit la vérité d'une chose ; marque, témoignage : *donner une preuve de sa bonne volonté ;* opération par laquelle on vérifie l'exactitude d'un calcul. *Faire ses preuves,* manifester son courage, son savoir, son mérite.

PREUX, n. m. Brave, vaillant.

PRÉVALOIR, v. int. Avoir, remporter l'avantage : *son opinion a prévalu.* **Se prévaloir**, v. pr. S'enorgueillir : *se prévaloir de sa naissance.*

PRÉVARICATEUR, n. m. Qui prévarique. Adj. : *magistrat prévaricateur.*

PRÉVARICATION, n. f. Action de prévariquer.

PRÉVARIQUER, v. int. Manquer, par intérêt ou mauvaise foi, aux devoirs de sa charge, aux obligations de son ministère.

PRÉVENANCE, n. f. Manière obligeante de prévenir.

PRÉVENANT, E, adj. Obligeant : *personne prévenante ;* agréable : *air prévenant.*

PRÉVENIR, v. tr. Devancer, faire avant : *l'ennemi voulait nous attaquer, nous l'avons prévenu ;* détourner : *prévenir un malheur ;* aller au devant : *prévenir les besoins, les désirs de quelqu'un, prévenir une objection ;* informer, avertir : *prévenir quelqu'un de ce qui se passe.*

PRÉVENTIF, IVE, adj. Qui a pour objet d'empêcher, de prévenir : *loi, mesure préventive.*

PRÉVENTION, n. f. Opinion favorable ou contraire qui précède l'examen : *juger sans prévention ;* état d'un individu contre lequel il existe un soupçon, une accusation de délit ou de crime ; temps qu'un prévenu passe en prison avant d'être jugé : *faire six mois de prévention.*

PRÉVENTIVEMENT, adv. Sous prévention : *arrêter quelqu'un préventivement.*

PRÉVENU, E, adj. Influencé, disposé : *être prévenu contre ou en faveur de quelqu'un ;* présumé coupable : *être prévenu de vol.* N. : *juger, acquitter un prévenu.*

PRÉVISION, n. f. Action de prévoir, conjecture : *l'événement a justifié mes prévisions.*

PRÉVOIR, v. tr. Juger par avance qu'une chose doit arriver : *prévoir un malheur ;* prendre les précautions nécessaires : *tout a été prévu.*

PRÉVÔT, n. m. Titre qu'on donnait à certains magistrats chargés d'une juridiction, ou préposés à une haute surveillance : *prévôt des marchands ;* celui qui donne des leçons d'escrime dans une salle.

PRÉVÔTAL, E, adj. *Cours prévotales,* tribunaux exceptionnels établis sous la Restauration, et jugeant sans appel.

PRÉVÔTALEMENT, adv. D'une manière prévôtale, sans appel.

PRÉVÔTÉ, n. f. Fonction, juridiction de prévôt.

PRÉVOYANCE, n. f. Faculté, action de prévoir.

PRÉVOYANT, E, adj. Qui a de la prévoyance.

PRIE-DIEU, n. m. Sorte de pupitre sur lequel on s'agenouille pour prier Dieu. Pl. des *prie-Dieu.*

PRIER, v. tr. Demander par grâce et avec soumission ; adorer : *prier Dieu ;* inviter, convier : *prier quelqu'un à dîner.* V. int. Intercéder auprès de Dieu : *prier pour les morts.*

PRIÈRE, n. f. Demande faite à titre de grâce : *écoutez ma prière ;* acte de religion par lequel on s'adresse à Dieu pour l'implorer ou pour l'adorer.

PRIEUR, n. m. Supérieur de certains couvents.

PRIEURE, n. f. Supérieure d'un couvent.

PRIEURÉ, n. m. Communauté religieuse sous la conduite d'un prieur, d'une prieure.

PRIMAIRE, adj. Qui concerne les plus bas degrés d'instruction : *école primaire.*

PRIMAT, n. m. Prélat dont la juridiction est au-dessus de celle des archevêques.

PRIMATIAL, E, adj. Qui appartient au primat : *dignité primatiale.*

PRIMATIE, n. f. Dignité de primat ; étendue, siège de sa juridiction.

PRIMAUTÉ, n. f. Prééminence, premier rang : *primauté du saint-siège ;* avantage qu'on a de jouer le premier.

PRIME, n. f. Somme que l'assuré donne à l'assureur : *prime d'assurance ;* récompense accordée par l'Etat pour l'encouragement du commerce, de l'agriculture, de certains actes de courage ou de dévoûment ; la première des heures canoniales. *Escr.* La première position de celui qui met l'épée à la main.

PRIME ABORD (DE), loc. adv. Au premier abord.

PRIMER, v. int. Avoir l'avantage sur les autres : *primer dans la conversation.*

PRIME-SAUT (DE), loc. adv. Subitement, du premier coup.

PRIME-SAUTIER, ÈRE, adj. *Esprit prime-sautier,* qui prend sa résolution, parle, écrit d'après le premier mouvement.

PRIMEUR, n. f. Première saison des fruits et des légumes. Pl. Fruits et légumes précoces : *servir des primeurs.*

PRIMEVÈRE, n. f. Plante qui fleurit vers la fin de l'hiver.

PRIMICIER, n. m. Celui qui a la première dignité dans certains chapitres.

PRIMIDI, n. m. Premier jour de la décade républicaine en France.

PRIMITIF, IVE, adj. Qui appartient au premier état des choses : *mœurs primitives. Langue primitive,* qu'on suppose avoir été parlée la première ; *la primitive Eglise,* l'Eglise des premiers siècles du christianisme ; *terrains primitifs,* qui se composent des plus anciennes formations de roche ; *couleurs primitives,* les sept couleurs du spectre solaire. *Gram. Mot primitif,* qui sert de radical à d'autres mots.

PRIMITIVEMENT, adv. Originairement.

PRIMO, adv. Premièrement.

PRIMOGÉNITURE, n. f. Aînesse : *droit de primogéniture.*

PRIMORDIAL, E, adj. Primitif, le plus ancien : *état primordial du globe.*

PRIMORDIALEMENT, adv. Primitivement.

PRINCE, n. m. Celui qui possède une souveraineté ; roi, empereur : *Charlemagne fut un grand prince. Prince du sang,* celui qui est sorti d'une maison royale par les mâles ; *princes de l'Eglise,* les cardinaux, les évêques ; *le prince des apôtres,* saint Pierre ; *le prince des ténèbres,* le démon ; *vivre en prince,* splendidement.

PRINCEPS, adj. *Edition princeps,* la première de toutes.

PRINCESSE, n. f. Fille ou femme d'un prince ; souveraine d'un Etat.

PRINCIER, ÈRE, adj. De prince : *famille princière ;* somptueux, digne d'un prince : *maison princière.*

PRINCIPAL, E, adj. Ce qui est en première ligne, au premier rang. *Principal locataire,* celui qui loue une maison pour la sous-louer. N. m. Ce qu'il y a de plus important : *vous oubliez le principal ;* le capital d'une dette : *principal et intérêts ;* celui qui a la direction d'un collège.

PRINCIPALAT, n. m. Fonction de principal.

PRINCIPALEMENT, adv. Particulièrement.

PRINCIPAUTÉ, n. f. Terre qui donne qualité de prince. Pl. Troisième ordre de la hiérarchie céleste.

PRINCIPE, n. m. Commencement, origine ; source : *Dieu est le principe de toutes choses ;* ce qui constitue les choses matérielles : *les atomes sont les principes des corps ;* opinion, manière de voir : *rester fidèle à ses principes ;* loi : *principe d'Archimède. Principe vital,* puissance en vertu de laquelle on suppose que s'exécute la vie. Pl. Premières règles d'une science, d'un art, etc. : *principes de géométrie ;* règles de morale : *avoir des principes.*

PRINTANIER, ÈRE, adj. Du printemps : *fleur printanière.*

PRINTEMPS, n. m. La première des quatre saisons de l'année. *Fig.* Jeunesse : *le printemps de la vie ;* année : *avoir vécu seize printemps. Poét.*

PRIORI (A), loc. adv. Ce qui n'a pas sa sanction dans les faits, et ne découle que d'un principe posé : *conclure à priori.*

PRIORITÉ, n. f. Antériorité.

PRIS, E, adj. Emprunté, tiré : *mot pris du latin. Pris de vin,* ivre ; *pris pour dupe,* trompé ; *taille bien prise,* bien proportionnée.

PRISE, n. f. Action de s'emparer : *prise de Rome par les Gaulois ;* la chose prise : *une bonne prise ;* facilité de saisir : *ne pas trouver de prise ;* pincée : *prise de tabac. Prise de corps,* action d'arrêter quelqu'un en vertu d'un jugement ; *prise d'armes,* acte de rébellion ou action de se mettre sous les armes ; *prise de possession,* acte par lequel on entre en possession d'un emploi, d'un héritage ; *en venir aux prises,* aux mains. *Fig. Donner prise aux reproches,* à la critique, s'y exposer.

PRISÉE, n. f. Prix qu'on met aux choses à vendre aux enchères.

PRISER, v. tr. Mettre le prix à une

chose.: combien prisez-vous ce meuble? estimer, faire cas de : priser beaucoup un orateur. V. int. Prendre du tabac en poudre.

PRISEUR, EUSE, n. Qui prend du tabac.

PRISEUR, adj. m. Commissaire priseur, qui met le prix aux objets vendus à l'enchère.

PRISMATIQUE, adj. Corps prismatique, qui a la figure d'un prisme; couleurs prismatiques, vues à travers le prisme.

PRISME, n. m. Solide dont les bases sont deux polygones, et les faces latérales des parallélogrammes : prisme triangulaire, rectangulaire, etc. Phys. Solide triangulaire, en verre blanc ou en cristal, qui sert à décomposer les rayons lumineux. Fig. Ce qui fait voir les choses selon le préjugé et la passion : voir à travers le prisme de l'amour-propre.

PRISON, n. f. Lieu où l'on enferme les criminels, les accusés, les débiteurs insolvables. Fig. Emprisonnement : condamné à six mois de prison.

PRISONNIER, ÈRE, adj. et n. Qui est détenu en prison. Prisonnier de guerre, qui a été pris à la guerre.

PRIVATIF, IVE, adj. et n. Se dit des particules qui marquent privation, comme in dans insuccès.

PRIVATION, n. f. Perte d'un bien, d'un avantage qu'on avait; manque des choses nécessaires : endurer de grandes privations; action de se priver : s'imposer des privations.

PRIVAUTÉ, n. f. Trop grande familiarité : prendre des privautés avec quelqu'un.

PRIVÉ, ÉE, adj. Sans fonctions publiques : homme privé; particulier, intérieur : la vie privée; apprivoisé : oiseau privé. Faire une chose de son autorité privée, de sa propre autorité.

PRIVER, v. tr. Ôter à quelqu'un ce qu'il possède; apprivoiser : priver un oiseau. Se priver, v. pr. S'abstenir : se priver de vin.

PRIVILÉGE, n. m. Avantage exclusif : obtenir un privilége; droit, prérogative : présider une assemblée par privilége d'âge. Fig. Don naturel : la raison est un privilége de l'homme.

PRIVILÉGIÉ, ÉE, adj. et n. Qui jouit d'un privilége.

PRIX, n. m. Valeur d'une chose; récompense : prix de vertu, prix d'excellence; châtiment : voilà le prix de ses forfaits. Fig. Tout ce qu'il en coûte pour obtenir quelque avantage : vaincre au prix de son sang; mérite d'une per-

sonne, excellence d'une chose : le prix du temps. Au prix de, loc. adv. En comparaison de : la science n'est rien au prix de la vertu.

PROBABILISME, n. m. Doctrine des probabilités.

PROBABILITÉ, n. f. Vraisemblance.

PROBABLE, adj. Qui a de grandes apparences de vérité.

PROBABLEMENT, adv. Vraisemblablement.

PROBE, adj. Qui a de la probité.

PROBITÉ, n. f. Observation rigoureuse des devoirs de la justice et de la morale.

PROBLÉMATIQUE, adj. Douteux.

PROBLÉMATIQUEMENT, adv. D'une manière problématique.

PROBLÈME, n. m. Question à résoudre par des procédés scientifiques; tout ce qui est difficile à expliquer : cet homme est un problème.

PROCÉDÉ, n. m. Conduite, manière d'agir. Absol. Avoir des procédés, de bons procédés; n'en point avoir, manquer aux convenances. Méthode à suivre pour faire quelque opération : simplifier un procédé; petit rond de cuir qu'on applique au bout d'une queue de billard.

PROCÉDER, v. int. Provenir, tirer son origine. Fig. Agir en quelque affaire : procéder avec ordre; agir judiciairement : procéder à l'ouverture d'un testament.

PROCÉDURE, n. f. Forme suivant laquelle les affaires sont instruites devant les tribunaux; actes faits dans une instance : procédure volumineuse.

PROCÈS, n. m. Instance devant un juge sur un différend. Fig. Gagner, perdre son procès, réussir, échouer dans une affaire, une discussion. **Procès-verbal,** acte par lequel un fait est constaté par un officier public avec toutes ses circonstances; compte-rendu d'une séance. Pl. des procès-verbaux.

PROCESSION, n. f. Marche solennelle, d'un caractère religieux et accompagnée de chants et de prières. Fig. Fam. Longue suite de personnes.

PROCESSIONNAL, n. m. Livre où sont notées les prières qu'on chante aux processions.

PROCESSIONNELLEMENT, adv. En procession.

PROCHAIN, n. m. Nos semblables, au point de vue de la religion et de l'humanité.

PROCHAIN, E, adj. Qui est proche. Semaine, année prochaine, la première à venir.

PROCHAINEMENT, adv. Bientôt.

PROCHE, adj. Qui est près, en parlant du lieu : *proche voisin* ; du temps : *l'heure est proche* ; des relations de parenté : *proche parent*. N. m. pl. Parents : *nos proches*. Prép. et adv. Près : *proche de l'église, ici proche*. **De proche en proche**, loc. adv. D'un lieu à un lieu voisin : *la contagion s'étendit de proche en proche*.

PROCHRONISME, n. m. Erreur de chronologie qui consiste à placer un fait dans un temps trop reculé.

PROCLAMATION, n. f. Publication solennelle ; action de proclamer.

PROCLAMER, v. tr. Publier à haute voix et avec solennité : *proclamer un roi* ; divulguer, révéler : *proclamer la honte* ; manifester : *les cieux proclament la gloire de Dieu*.

PROCONSUL, n. m. Magistrat romain qui gouvernait une province avec l'autorité de consul.

PROCONSULAIRE, adj. Qui appartient au proconsul : *autorité proconsulaire*.

PROCONSULAT, n. m. Dignité de proconsul.

PROCRÉATION, n. f. Génération.

PROCRÉER, v. tr. Engendrer.

PROCURATION, n. f. Acte par lequel une personne donne à une autre le pouvoir d'agir en son nom.

PROCURE, n. f. Logement du procureur d'une communauté.

PROCURER, v. tr. Faire obtenir : *procurer une place*. V. pr. : *se procurer les choses nécessaires*.

PROCUREUR, n. m. Membre du parquet, qui exerce les fonctions de ministère public près des cours ou tribunaux ; religieux chargé des intérêts temporels dans une communauté.

PRODIGALEMENT, adv. Avec prodigalité.

PRODIGALITÉ, n. f. Caractère du prodigue ; dépense folle : *ses prodigalités l'ont ruiné*.

PRODIGE, n. m. Effet surprenant qui arrive contre le cours ordinaire de la nature ; chose extraordinaire : *prodiges de valeur* ; personne ou chose qui excelle dans son genre : *prodige de science, de l'art*.

PRODIGIEUSEMENT, adv. D'une manière prodigieuse.

PRODIGIEUX, EUSE, adj. Extraordinaire : *mémoire, fortune prodigieuse*.

PRODIGUE, adj. et n. Qui dissipe son bien en folles dépenses.

PRODIGUER, v. tr. Donner avec profusion. *Fig.* : *prodiguer les promesses, la louange, sa vie, son sang*.

PRODUCTEUR, n. m. Qui crée, par son travail, les produits agricoles. Son opposé est *consommateur*. Adj. : *génie producteur, industrie productrice*.

PRODUCTIF, IVE, adj. Fertile : *sol productif*.

PRODUCTION, n. f. Action de produire ; ce qui est produit : *les productions du sol*.

PRODUIRE, v. tr. Engendrer ; porter : *les arbres produisent des fruits* ; rapporter, donner du profit : *cette charge produit tant par an* ; occasionner : *la guerre produit de grands maux* ; faire : *cela a produit un mauvais effet* ; montrer, exhiber : *produire des titres, des pièces* ; introduire : *produire quelqu'un à la cour*. *Fig.* Donner naissance : *la France a produit beaucoup de grands hommes* ; créer : *l'art produit des merveilles*.

PRODUIT, n. m. Ce que rapporte une terre, une charge, etc. *Chim.* Résultat d'une opération. *Arith.* Résultat de la multiplication.

PROÉMINENCE, n. f. État de ce qui est proéminent.

PROÉMINENT, E, adj. Qui est plus en relief que ce qui l'environne, qui est saillant : *front proéminent*.

PROFANATEUR, TRICE, n. Qui profane les choses saintes.

PROFANATION, n. f. Action de profaner les choses saintes ; abus des choses précieuses : *la profanation du génie*.

PROFANE, adj. Qui est contre le respect dû aux choses saintes : *action profane* ; qui n'appartient pas à la religion : *histoire profane*. N. Celui, celle qui manque de respect pour les choses de la religion ; ce qui est profane : *le profane et le sacré*.

PROFANER, v. tr. Traiter avec mépris les choses saintes, les employer à un usage profane : *profaner les vases sacrés* ; faire un mauvais usage de ce qui est rare et précieux : *profaner son talent*.

PROFÉRER, v. tr. Prononcer, articuler : *proférer un blasphème*.

PROFÈS, ESSE, adj. Qui a fait des vœux dans un ordre religieux : *religieuse professe*.

PROFESSER, v. tr. Avouer publiquement : *professer une opinion* ; exercer : *professer la médecine* ; enseigner : *professer les mathématiques, l'histoire*, et, absol. : *professer dans un collège*.

PROFESSEUR, n. m. Qui enseigne une science, un art.

PROFESSION, n. f. Déclaration publique : *faire une profession de foi* ; état, métier, emploi : *exercer une profession. Joueur de profession*, qui joue continuellement.

PROFESSIONNEL (*enseignement*), adj. Qui embrasse tout ce qui est utile dans les professions industrielles.

PROFESSO (**EX**), loc. adv. En homme qui connaît parfaitement : *parler d'une chose ex professo.*

PROFESSORAL, **E**, adj. Qui appartient au professeur : *ton professoral.*

PROFESSORAT, n. m. Fonction de professeur.

PROFIL, n. m. Traits du visage d'une personne vue de côté. Son opposé est *face. Arch.* Coupe ou section perpendiculaire d'un bâtiment, pour en montrer l'intérieur.

PROFIT, n. m. Gain, avantage. *Mettre le temps à profit*, l'employer utilement. Pl. Gratifications que reçoivent les domestiques en sus de leurs gages.

PROFITABLE, adj. Utile, avantageux.

PROFITER, v. int. Tirer un émolument, faire un gain : *profiter sur une marchandise vendue* ; tirer avantage : *profiter du temps* ; servir, être utile : *bien mal acquis ne profite pas* ; se fortifier, grandir : *cet enfant profite à vue d'œil.*

PROFOND, **E**, adj. Dont le fond est éloigné de la superficie : *puits profond* ; qui pénètre fort avant : *blessure profonde. Fig.* Grand, extrême dans son genre : *nuit, douleur, ignorance, tranquillité profonde* ; difficile à pénétrer : *mystère profond* ; très-pénétrant : *esprit, penseur profond, un profond politique. Profonde révérence*, faite en s'inclinant très-bas ; *profond scélérat*, scélérat consommé.

PROFONDÉMENT, adv. D'une manière profonde, au prop. et au fig. : *creuser la terre profondément, dormir profondément.*

PROFONDEUR, n. f. Étendue d'une chose depuis la superficie jusqu'au fond : *profondeur d'une rivière* ; une des trois dimensions des corps, syn. de *hauteur, épaisseur* ; dans certains cas, syn. de *longueur : cette cour a 20 mètres de large et 30 de profondeur. Fig.* Grand savoir, grande pénétration d'esprit : *profondeur des idées* ; impénétrabilité : *la profondeur des mystères, des jugements de Dieu.*

PROFUSÉMENT, adv. Avec profusion.

PROFUSION, n. f. Excès de libéralité ou de dépense.

PROGÉNITURE, n. f. Les enfants, par rapport à l'homme ; les petits, par rapport aux animaux.

† **PROGNÉ**, n. f. Nom poétique de l'hirondelle.

PROGRAMME, n. m. Détail d'une fête publique ; conditions d'un concours, etc.

PROGRÈS, n. m. Mouvement en avant : *progrès d'une inondation* ; avantages à la guerre : *arrêter les progrès de l'ennemi. Fig.* Augmentation en bien ou en mal : *les progrès d'un écolier, d'une maladie.*

PROGRESSER, v. int. Faire des progrès.

PROGRESSIF, **IVE**, adj. Qui avance, qui fait des progrès : *la marche progressive de la science.*

PROGRESSION, n. f. Suite graduée et non interrompue : *la progression des idées. Math.* Suite de rapports égaux : *progression ascendante, décroissante.*

PROGRESSISTE, adj. et n. Qui professe des idées de progrès.

PROGRESSIVEMENT, adv. D'une manière progressive.

PROHIBER, v. tr. Défendre, interdire : *prohiber l'exportation des grains.* **Prohibé**, ée, part. pas. *Degré prohibé*, degré de parenté où la loi défend de se marier ; *armes prohibées*, que la loi défend de porter.

PROHIBITIF, **IVE**, adj. Qui défend : *loi prohibitive.*

PROHIBITION, n. f. Défense, dans certains cas, de faire entrer dans un pays des marchandises étrangères.

PROIE, n. f. Ce que l'animal carnassier trouve ou enlève pour le manger. *Fig.* Toute chose dont on s'empare : *les voleurs se partagèrent leur proie. Être en proie à la calomnie, à la médisance*, etc., en être victime ; *être en proie à ses passions*, y être livré. **Oiseau de proie**, qui chasse le gibier.

PROJECTILE, n. m. Tout corps lancé en l'air avec vitesse par la poudre, par des ressorts ou par la main.

PROJECTION, n. f. Action d'imprimer du mouvement à un projectile ; représentation d'un corps faite sur un plan, d'après certaines règles géométriques : *une mappe-monde est une projection du globe terrestre.*

PROJECTURE, n. f. Saillie horizontale des divers membres d'architecture.

PROJET, n. m. Dessein, entreprise ; première pensée, première rédaction d'une chose : *rédiger un projet de loi.*

PROJETER, v. tr. Avoir en projet : *projeter un voyage* ; tracer un corps sur un plan suivant certaines règles géométriques ; produire : *projeter de l'ombre.*

PROLÉGOMÈNES, n. m. pl. Longue introduction en tête d'un ouvrage.

PROLEPSE, n. f. Fig. de rhét. par laquelle on prévient une objection en l'exposant soi-même pour la réfuter d'avance.

PROLÉTAIRE, n. m. Individu qui fait partie des dernières classes de la société.

PROLIFIQUE, adj. Qui a la vertu d'engendrer.

PROLIXE, adj. Diffus, trop long : *discours prolixe.*

PROLIXEMENT, adv. D'une manière prolixe : *écrire prolixement.*

PROLIXITÉ, n. f. Diffusion, longueurs fatigantes dans le discours.

PROLOGUE, n. m. Sorte d'avant-propos, principalement en usage dans le drame et le roman. Son opposé est *épilogue.*

PROLONGATION, n. f. Temps qu'on ajoute à la durée fixe d'une chose : *obtenir une prolongation de séjour de six mois.*

PROLONGEMENT, n. m. Extension, continuation : *prolongement d'une ligne, d'un mur.*

PROLONGER, v. tr. Faire durer plus longtemps : *prolonger la guerre ;* étendre : *prolonger une ligne.*

PROMENADE, n. f. Action de se promener ; lieu où l'on se promène.

PROMENER, v. tr. Mener, conduire à la promenade. **Se promener**, v. pr. Marcher pour l'exercice ou pour son plaisir.

PROMENEUR, EUSE, n. Qui se promène.

PROMENOIR, n. m. Lieu destiné à la promenade.

PROMESSE, n. f. Assurance qu'on donne de faire ou de dire quelque chose.

PROMETTEUR, EUSE, n. Qui promet légèrement. *Fam.*

PROMETTRE, v. tr. S'engager verbalement ou par écrit à faire, à dire, à donner quelque chose. Fig. Annoncer : *le temps promet de la pluie. Promettre monts et merveilles,* faire des promesses exagérées. V. int. Donner des espérances : *cet enfant promet, la vigne promet beaucoup cette année.* **Se promettre**, v. pr. Prendre une ferme résolution : *se promettre de ne plus faire une chose ;* espérer : *se promettre du plaisir.*

PROMIS, E, adj. Dont on a fait la promesse : *chose promise.* **Terre pro-**

mise, la terre de Chanaan. N. Fiancé : *c'est mon promis, c'est ma promise.*

PROMISSION, n. f. *Terre de promission,* la terre promise. Fig. Tout pays riche et très-fertile.

PROMONTOIRE, n. m. Pointe de terre avancée dans la mer.

PROMOTEUR, n. m. Qui excite, qui est la cause première : *le promoteur d'une querelle.*

PROMOTION, n. f. Action par laquelle on élève à la fois plusieurs personnes à un même grade, à une même dignité : *une promotion d'officiers, de cardinaux.*

PROMPT, E, adj. Soudain : *prompte repartie ;* qui passe vite : *sa joie fut prompte ;* actif, diligent : *être prompt dans toutes ses actions ;* irascible : *il a l'humeur prompte.*

PROMPTEMENT, adv. D'une manière prompte.

PROMPTITUDE, n. f. Diligence ; facilité à s'irriter, à s'emporter : *il est d'une grande promptitude.*

PROMU, E, adj. Elevé, nommé : *être promu à une dignité.*

PROMULGATION, n. f. Acte par lequel les lois sont publiées avec les formalités requises.

PROMULGUER, v. tr. Publier une loi avec les formalités requises.

PRÔNE, n. m. Instruction familière, faite chaque dimanche à la messe paroissiale par le curé ou le vicaire.

PRÔNER, v. tr. Vanter, louer avec exagération : *prôner quelqu'un.* V. int. Faire de longues et ennuyeuses remontrances : *il ne fait que prôner.*

PRÔNEUR, EUSE, n. Qui loue avec excès : *chacun a ses prôneurs.* N. m. Grand parleur qui aime à faire des remontrances : *prôneur éternel.*

PRONOM, n. m. Partie du discours qui se met à la place du nom, pour en éviter la répétition.

PRONOMINAL (verbe), adj. Qui se conjugue avec deux pronoms de la même personne, comme *s'ennuyer, se louer,* etc.

PRONOMINALEMENT. adv. Comme verbe pronominal : *verbe employé pronominalement.*

PRONONCÉ, ÉE, adj. Fortement marqué : *traits prononcés ;* qui n'a rien d'indécis : *caractère prononcé ;* arrêté, formel : *avoir l'intention prononcée de...* N. m. Décision rendue : *le prononcé d'un jugement.*

PRONONCER, v. tr. Articuler, proférer : *prononcer les lettres, les syllabes, les mots ;* débiter : *prononcer un sermon ;* déclarer avec autorité : *pronon-*

cer un arrêt. V. int. Déclarer son sentiment : le tribunal a prononcé. **Se prononcer, v. pr.** Manifester ses intentions, sa pensée : l'opinion publique ne s'est pas encore prononcée.

PRONONCIATION, n. f. Articulation des lettres, des syllabes, des mots.

PRONOSTIC, n. m. Conjecture sur ce qui doit arriver ; signe d'après lequel on forme cette conjecture : fâcheux pronostic.

PRONOSTIQUER, v. tr. Faire un pronostic.

PRONOSTIQUEUR, n. m. Qui pronostique.

PROPAGANDE, n. f. Association qui a pour but de répandre une opinion, une religion, une doctrine quelconque.

PROPAGATEUR, n. m. Qui propage.

PROPAGATION, n. f. Multiplication des êtres par voie de reproduction : propagation du genre humain. Fig. Extension, développement : propagation des lumières, des idées, etc. Phys. Manière dont le son et la lumière se transmettent, se répandent.

PROPAGER, v. tr. Multiplier par voie de reproduction. Fig. Répandre : propager la foi, les lumières.

PROPENSION, n. f. Tendance naturelle des corps vers un autre corps ou un point quelconque. Fig. Penchant, inclination : propension au bien, au mal.

†PROPHÈTE, PROPHÉTESSE, n. Qui prédit par inspiration divine : le prophète Isaïe. Le roi prophète, David ; le Prophète, Mahomet : déployer l'étendard du Prophète. Par ext. Celui qui annonce l'avenir par voie de conjecture : être mauvais prophète.

PROPHÉTIE, n. f. Prédiction par inspiration divine : les prophéties d'Isaïe. Par ext. Toute prédiction d'un événement futur : les prophéties de Nostradamus.

PROPHÉTIQUE, adj. Qui tient du prophète : langage prophétique.

PROPHÉTIQUEMENT, adv. En prophète.

PROPHÉTISER, v. tr. Prédire l'avenir par inspiration divine. Par ext. Prévoir, dire d'avance.

PROPICE, adj. Favorable.

PROPITIATION, n. f. Ne se dit que dans cette phrase : sacrifice de propitiation, offert à Dieu pour apaiser sa colère.

PROPITIATOIRE, adj. Qui a la vertu de rendre propice : sacrifice propitiatoire.

PROPOLIS, n. f. Matière résineuse

dont les abeilles se servent pour boucher les fentes de leurs ruches.

PROPORTION, n. f. Convenance et rapport des parties entre elles, et avec leur tout : observer les proportions ; dimension : cela sort des proportions ordinaires. Math. Réunion de deux rapports égaux. **A proportion, à proportion de, en proportion de,** loc. prép. Par rapport, eu égard à. **A proportion que,** loc. conj. A mesure que.

PROPORTIONNALITÉ, n. f. Ce qui rend les choses proportionnelles entre elles.

PROPORTIONNEL, ELLE, adj. Se dit des quantités qui sont en proportion avec d'autres quantités de même genre. N. f. Moyenne proportionnelle, quantité moyenne entre deux ou plusieurs autres.

PROPORTIONNELLEMENT, adv. Avec proportion.

PROPORTIONNÉMENT, adv. En ou à proportion : être récompensé proportionnément à son mérite.

PROPORTIONNER, v. tr. Garder la proportion et la convenance nécessaires : proportionner sa dépense à son revenu.

PROPOS, n. m. Discours tenu dans la conversation ; discours vain, médisant : se moquer des propos d'autrui. Ferme propos, résolution bien arrêtée : faire un ferme propos de se corriger. Loc. adv. A propos, convenablement : arriver, parler à propos ; à tout propos, à chaque instant ; hors de propos, mal à propos, sans raison, à contre-temps ; de propos délibéré, avec dessein.

PROPOSABLE, adj. Qu'on peut proposer.

PROPOSER, v. tr. Mettre une chose en avant pour qu'on l'examine : proposer un avis ; offrir : proposer vingt francs d'un objet ; donner : proposer un sujet à traiter. **Se proposer,** v. pr. Faire offre de sa personne : se proposer pour un emploi ; avoir l'intention : il se propose de vous écrire.

PROPOSITION, n. f. Chose proposée pour qu'on en délibère : faire une proposition ; théorème ; problème : démontrer une proposition ; condition qu'on propose pour arriver à un arrangement : faire des propositions de paix. Gram. Expression d'un jugement.

PROPRE, adj. Qui appartient exclusivement à quelqu'un : c'est son propre fils ; exactement semblable : ce sont ses propres paroles ; convenable : qualités propres au commande ment ; qui a de l'aptitude : propre *aux affaires* ; net, par oppos. à sale : *habit propre*. Nom *propre*, par oppos. à *nom commun* ; sens *propre*, primitif et naturel, par oppos. à *figuré* ; *mot*, expression *propre*, qui rend exactement l'idée, par oppos. à *impropre*.

PROPRE, n. m. Qualité particulière : *le propre de l'homme est de penser*. Avoir en *propre*, posséder en *propre*, avoir, posséder quelque chose en propriété.

PROPREMENT, adv. Avec propreté : *manger proprement* ; précisément, exactement : *voilà proprement ce qu'il a dit* ; en dehors de tout accessoire : *l'Angleterre proprement dite* ; convenablement : *être mis proprement*.

PROPRET, ETTE, adj. et n. Qui est propre jusqu'à la recherche : *vieillard propret*.

PROPRETÉ, n. f. Netteté : *la propreté du corps*.

PROPRÉTEUR, n. m. Chez les Romains, celui qui gouvernait une province avec l'autorité de préteur.

PROPRIÉTAIRE, n. A qui une chose appartient en propriété.

PROPRIÉTÉ, n. f. Droit par lequel une chose appartient en propre à quelqu'un ; la chose elle-même ; vertu particulière : *propriété de l'aimant*. Gram. Convenance : *la propriété des termes*.

PRORATA (AU), loc. prép. A proportion : *dans une liquidation, chaque créancier reçoit au prorata de sa créance*.

PROROGATIF, IVE, adj. Qui proroge : *acte prorogatif*.

PROROGATION, n. f. Action de proroger : *prorogation du terme d'une créance*, *prorogation des Chambres*.

PROROGER, v. tr. Prolonger le temps pris ou donné pour une chose : *proroger l'échéance d'un billet*. *Proroger la Chambre*, suspendre ses séances pendant un délai déterminé.

PROSAÏQUE, adj. Sans élégance, sans délicatesse : *style prosaïque*.

PROSAÏSME, n. m. Défaut des vers qui manquent de poésie.

PROSATEUR, n. m. Qui écrit en prose.

PROSCRIPTEUR, n. m. Qui proscrit.

PROSCRIPTION, n. f. Condamnation sans forme judiciaire. *Fig.* Abolition : *proscription d'un usage*.

PROSCRIRE, v. tr. Condamner sans forme judiciaire ; chasser : *proscrire quelqu'un d'une société*. *Fig.* Abolir : *proscrire un usage*.

PROSCRIT, n. m. Banni de son pays : *rappeler un proscrit*.

PROSE, n. f. Discours qui n'est point assujetti au rhythme et à la rime ; hymne latine composée de vers sans mesure, mais rimés : *la prose de la Pentecôte* (Veni, sancte Spiritus).

PROSÉLYTE, n. m. Nouveau converti à la foi catholique. *Fig.* Toute personne gagnée à une opinion : *faire des prosélytes*.

PROSÉLYTISME, n. m. Zèle à faire des prosélytes.

PROSODIE, n. f. Prononciation régulière des mots, conformément à l'accent et à la quantité ; livre qui en traite.

PROSODIQUE, adj. Qui appartient à la prosodie.

PROSOPOPÉE, n. f. Figure de rhét. par laquelle l'orateur prête le sentiment, la parole et l'action à des êtres inanimés, à des morts, à des absents, etc.

PROSPECTUS, n. m. Programme qui donne le plan, la description d'un ouvrage ou d'un établissement nouveau.

PROSPÈRE, adj. Favorable.

PROSPÉRER, v. int. Etre heureux, réussir.

PROSPÉRITÉ, n. f. Heureux état des affaires générales ou particulières.

PROSTERNATION, n. f. Action de se prosterner.

PROSTERNER (SE), v. pr. S'abaisser jusqu'à terre.

PROSTITUER, v. tr. Avilir, dégrader : *prostituer son talent*.

PROSTITUTION, n. f. Usage vil et criminel qu'on fait d'une chose : *la prostitution des lois*.

PROSTRATION, n. f. Affaiblissement extrême des forces.

PROTE, n. m. Celui qui, sous les ordres du maître imprimeur, est chargé de la direction et de la conduite de tous les travaux d'une imprimerie.

PROTECTEUR, TRICE, n. Qui protège ; en Angleterre, chef du gouvernement, vers le milieu du XVIIe siècle.

PROTECTION, n. f. Action de protéger ; appui, secours : *solliciter la protection de quelqu'un*.

PROTECTORAT, n. m. Titre politique employé en Angleterre, pour désigner, en certaines circonstances, la forme du gouvernement.

†**PROTÉE**, n. m. Homme qui change continuellement de manières, d'opinion, par allusion au Protée de la Fable.

PROTÉGÉ, ÉE, n. Qui est appuyé, protégé par quelqu'un : *les protégés du ministre.*

PROTÉGER, v. tr. Prendre la défense de quelqu'un, de quelque chose : *protéger les faibles*; appuyer, recommander : *protéger un candidat*; donner des encouragements : *protéger les lettres*; garantir, défendre : *cette citadelle protége la ville.*

PROTESTANT, E, n. Nom général donné aux partisans de la Réforme. Adj.: *religion protestante.*

† **PROTESTANTISME**, n. m. Croyance des protestants.

PROTESTATION, n. f. Déclaration par laquelle on s'élève, on proteste contre une chose; promesse, assurance positive : *faire mille protestations d'amitié.*

PROTESTER, v. tr. Assurer positivement : *je vous le proteste. Protester une lettre de change, un billet*, faire un protêt. V. int. S'élever, réclamer : *protester contre une mesure arbitraire.*

PROTÊT, n. m. Acte par lequel le porteur d'un billet à ordre ou d'une lettre de change, fait constater le refus de payement ou d'acceptation de la part du souscripteur, ou de celui sur lequel on tire.

PROTOCOLE, n. m. Compte-rendu, procès-verbal des conférences tenues entre les ministres plénipotentiaires de différentes puissances.

PROTONOTAIRE, n. m. Officier de la cour de Rome, chargé d'écrire toutes les délibérations et les décisions des consistoires publics.

PROTOTYPE, n. m. Original, modèle, principalement en parlant des choses qui se moulent ou se gravent.

PROTOXYDE, n. m. Oxyde le moins oxygéné d'un métal : *protoxyde de mercure.*

PROTUBÉRANCE, n. f. Saillie, bosse, éminence : *les protubérances du crâne.*

PROTUTEUR, n. m. Celui qui, sans avoir été nommé tuteur, est fondé à administrer les affaires d'un mineur.

PROU, adv. Beaucoup : *ni peu ni prou. Fam.*

PROUE, n. f. La partie de l'avant d'un navire, par oppos. à la poupe.

PROUESSE, n. f. Action de courage, de valeur. *Fig.* Excès de débauche, action ridicule ou blâmable : *voilà de vos prouesses. Iron.*

PROUVER, v. tr. Établir la vérité d'une chose par des raisonnements, des témoignages incontestables; faire voir,

marquer : *cette réponse prouve de l'esprit.*

PROVÉDITEUR, n. m. Gouverneur d'une province, dans l'ancienne république de Venise.

PROVENANCE, n. f. Tout ce qui provient d'un pays; origine : *marchandises de provenance étrangère.*

PROVENDE, n. f. Provision de vivres : *aller à la provende*; mélange de pois, d'avoine, etc., qu'on donne aux moutons.

PROVENIR, v. int. Procéder, venir, résulter.

PROVERBE, n. m. Maxime exprimée en peu de mots, et devenue vulgaire; petite comédie qui est le développement d'un proverbe.

PROVERBIAL, E, adj. Qui tient du proverbe : *expression proverbiale.*

PROVERBIALEMENT, adv. D'une manière proverbiale.

PROVIDENCE, n. f. Suprême sagesse par laquelle Dieu conduit toutes choses. *Fig.* : *être la providence des malheureux.*

PROVIGNAGE ou **PROVIGNEMENT**, n. m. Action de provigner.

PROVIGNER, v. tr. Coucher en terre des branches d'arbre, surtout de vigne, afin qu'elles prennent racine et produisent de nouveaux pieds. V. int. Multiplier : *ce plant a beaucoup provigné.*

PROVIN, n. m. Rejeton d'un cep de vigne provigné.

PROVINCE, n. f. Division territoriale faisant partie d'un Etat; la France tout entière, par oppos. à la capitale : *se fixer en province*; les habitants des provinces: *la province se règle sur Paris.*

PROVINCIAL, E, adj. Qui tient de la province : *accent provincial.* N. Personne de la province. N. m. Supérieur qui, dans certains ordres religieux, dirige une province ecclésiastique.

PROVISEUR, n. m. Chef d'un lycée.

PROVISION, n. f. Amas de choses nécessaires ou utiles : *provision de blé. Faire ses provisions*, se pourvoir de ce dont on a besoin. *Fig.* Grand nombre : *avoir une provision de livres.*

PROVISOIRE, adj. Qui a lieu, qui se fait en attendant un autre état de choses : *gouvernement, arrangement provisoire.*

PROVISOIREMENT, adv. En attendant : *se loger provisoirement.*

PROVISORAT, n. m. Fonction de proviseur.

PROVOCATEUR, TRICE, adj et n. Qui provoque.

PROVOCATION, n. f. Action de provoquer.

PROVOQUER, v. tr. Inciter, exciter : *provoquer quelqu'un à boire* ; défier : *provoquer quelqu'un au combat*. *Fig.* Produire, occasionner : *l'opium provoque le sommeil*.

PROXIMITÉ, n. f. Voisinage. *Fig. Proximité du sang*, parenté. **A proximité de**, loc. prép. Près de.

PRUDE, adj. et n. f. Qui affecte un air sage et circonspect : *femme prude*, c'est une prude.

PRUDEMMENT, adv. Avec prudence.

PRUDENCE, n. f. Vertu qui enseigne les moyens de parvenir à ses fins en évitant tout danger.

PRUDENT, E, adj. Qui a de la prudence ; conforme à la prudence : *réponse prudente*.

PRUDERIE, n. f. Affectation de sagesse, en parlant des femmes.

PRUD'HOMIE, n. f. Probité ; grande expérience des affaires. *Vieux*.

PRUD'HOMME, n. m. Arbitre institué pour prononcer dans les contestations qui s'élèvent entre les patrons et les ouvriers : *conseil des prud'hommes*.

PRUNE, n. f. Fruit à noyau.

PRUNEAU, n. m. Prune séchée au four.

PRUNELLE, n. f. Petite prune sauvage, fruit du prunellier.

PRUNELLE, n. f. Pupille de l'œil.

PRUNELLE, n. f. Etoffe légère de laine.

PRUNELLIER, n. m. Arbrisseau qui porte les prunelles.

PRUNIER, n. m. Arbre qui porte les prunes.

PRURIGINEUX, EUSE, adj. Qui cause de la démangeaison.

PRURIT, n. m. Démangeaison vive.

PRUSSIQUE, adj. *Acide prussique*, composition de carbone, d'azote et d'hydrogène, qui forme le poison le plus violent et le plus prompt.

PRYTANÉE, n. m. Collège.

PSALLETTE, n. f. Lieu où l'on exerce des enfants de chœur.

PSALMISTE, n. m. Auteur de psaumes, nom donné particulièrement au roi David.

PSALMODIE, n. f. Manière de chanter, de réciter les psaumes.

PSALMODIER, v. int. Réciter des psaumes sans inflexion de voix. *Fig.* Déclamer des vers ou de la prose d'une manière monotone.

PSALTÉRION, n. m. Espèce de harpe.

PSAUME, n. m. Se dit des cantiques sacrés des Hébreux, composés par David.

PSAUTIER, n. m. Recueil des psaumes de David.

PSEUDONYME, adj. et n. Nom faux et supposé sous lequel certains auteurs publient leurs ouvrages ; ces ouvrages eux-mêmes : *écrit pseudonyme*.

PSYCHÉ, n. f. Grand miroir mobile qu'on peut incliner à volonté.

PSYCHOLOGIE, n. f. Partie de la philosophie qui traite de l'âme, de ses facultés et de ses opérations.

PSYCHOLOGIQUE, adj. Qui a rapport à la psychologie.

PSYCHOLOGISTE ou **PSYCHOLOGUE**, n. m. Qui s'occupe de psychologie.

PUANT, E, adj. Qui exhale une odeur fétide. *Bêtes puantes*, comme le renard, le blaireau, etc.

PUANTEUR, n. f. Mauvaise odeur.

PUBÈRE, n. Qui a atteint l'âge de puberté.

PUBERTÉ, n. f. Etat nubile, âge auquel la loi permet de se marier.

PUBESCENT, E, adj. Se dit des tiges, des feuilles garnies de poils très-fins imitant le duvet.

PUBLIC, IQUE, adj. Qui concerne tout un peuple : *intérêt public* ; commun : *promenades publiques* ; manifeste, connu de tout le monde : *bruit public* ; qui a lieu en présence de tous : *séance publique*. *Charges publiques*, impositions ; *droit public*, science qui fait connaître la constitution des États, leurs droits, etc. ; *fonctionnaire public*, qui exerce une charge publique. N. m. Le peuple en général : *avis au public* ; nombre plus ou moins considérable de personnes réunies : *lire un ouvrage devant un public choisi*. **En public**, loc. adv. En présence de tous : *parler en public*.

PUBLICAIN, n. m. Receveur des deniers *publics* chez les Romains ; terme de mépris par lequel les Juifs désignaient ceux qui s'étaient enrichis aux dépens des autres, par allusion aux collecteurs que Rome envoyait dans les provinces.

PUBLICATION, n. f. Action par laquelle on rend une chose publique : *publication de mariage* ; action de publier, de mettre en vente un ouvrage.

PUBLICISTE, n. m. Journaliste, et, en général, celui qui écrit sur le droit public, la politique, l'économie sociale, etc.

PUBLICITÉ, n. f. Etat de ce qui

est rendu public : *la publicité des débats judiciaires.*

PUBLIER, v. tr. Rendre public et notoire : *publier une loi. Publier une nouvelle*, la divulguer avec éclat; *publier un livre*, le faire paraître.

PUBLIQUEMENT, adv. En public.

PUCE, n. f. Insecte qui vit sur le corps de l'homme et d'un grand nombre d'animaux. Adj. Qui a la couleur de la puce : *robe soie puce.*

PUCERON, n. m. Très-petit insecte, de couleur verte, qui vit sur les végétaux.

PUDEUR, n. f. Honte honnête, chasteté, discrétion, retenue, modestie : *ne lui donnez pas tant de louanges, ménagez sa pudeur.*

PUDIBOND, E, adj. Qui a une certaine pudeur naturelle.

PUDICITÉ, n. f. Chasteté.

PUDIQUE, adj. Chaste, modeste.

PUDIQUEMENT, adv. D'une manière pudique.

PUER, v. int. Sentir mauvais. V. tr. Exhaler une odeur de : *puer l'ail, le musc*, etc.

PUÉRIL, E, adj. Qui appartient à l'enfance, frivole : *amusement puéril.*

PUÉRILEMENT, adv. D'une manière puérile.

PUÉRILITÉ, n. f. Ce qui tient de l'enfant, soit dans le raisonnement, soit dans les actions.

PUGILAT, n. m. Combat à coups de poing, chez les anciens.

PUÎNÉ, ÉE, adj. et n. Né après un de ses frères ou une de ses sœurs.

PUIS, adv. Ensuite, après. **Et puis**, loc. adv. D'ailleurs, au reste.

PUISAGE, n. m. Action de puiser.

PUISARD, n. m. Espèce de puits pratiqué pour recevoir les eaux inutiles.

PUISATIER, adj. et n. Qui creuse des puits : *ouvrier puisatier.*

PUISER, v. tr. Prendre un liquide avec un vase. V. int. *Fig.* Emprunter : *puiser dans la bourse de ses amis, puiser dans les auteurs anciens.*

PUISQUE, conj. qui marque la cause : *puisque vous le voulez.*

PUISSAMMENT, adv. D'une manière puissante : *il m'a aidé puissamment dans cette affaire*; extrêmement : *il est puissamment riche.*

PUISSANCE, n. f. Pouvoir, autorité : *puissance paternelle*; domination, empire : *puissance des Romains*; force : *puissance de moyens*; État souverain : *les puissances alliées. Fig.* Force, influence : *puissance de la parole, de la beauté.* Pl. L'un des chœurs des anges.

Phys. Ce qui imprime le mouvement : *dans une locomotive, la vapeur est la puissance. Math.* Produit d'un nombre multiplié un certain nombre de fois par lui-même.

PUISSANT, E, adj. Qui a beaucoup de pouvoir; qui est capable de produire un effet considérable : *puissante machine*; nombreux : *puissante armée*; gros et gras : *homme puissant.* N. m. Le **Tout-Puissant**, Dieu. Pl. *Les puissants du siècle*, les grands.

PUITS, n. m. Trou profond pratiqué dans le sol pour en tirer de l'eau. **Puits artésien**, creusé avec une sonde, et qui donne de l'eau jaillissante; *puits de mine, de carrière*, excavation pratiquée verticalement pour l'exploitation d'une mine, d'une carrière. *Fig. Puits de science*, homme très-savant. *Fam.*

PULLULER, v. int. Multiplier beaucoup et en très-peu de temps. *Fig.* Être en très-grand nombre : *les mauvais livres pullulent.*

PULMONAIRE, n. f. Plante appelée aussi *consoude.*

PULMONAIRE, adj. Qui appartient au poumon : *veine pulmonaire.*

PULMONIE, n. f. Maladie du poumon.

PULMONIQUE, adj. et n. Qui est malade du poumon.

PULPE, n. f. Substance molle et charnue des fruits et des légumes. *Anat. Pulpe cérébrale*, partie molle du cerveau.

PULPEUX, EUSE, adj. Qui est formé d'une pulpe plus ou moins épaisse.

PULSATION, n. f. Battement du pouls.

PULVÉRISATION, n. f. Action de pulvériser; résultat de cette action.

PULVÉRISER, v. tr. Réduire en poudre. *Fig.* Détruire, réfuter complétement : *pulvériser une objection.*

PULVÉRULENT, E, adj. Qui se réduit facilement en poudre.

PUNAIS, E, adj. et n. Qui rend par le nez une odeur infecte.

PUNAISE, n. f. Insecte plat qui sent très-mauvais.

PUNCH, n. m. Eau-de-vie ou rhum mêlé de sucre et brûlé.

PUNIQUE, adj. Qui concerne les Carthaginois : *guerre punique. Fig. Foi punique*, mauvaise foi, par allusion à la perfidie dont les Romains accusaient les Carthaginois.

PUNIR, v. tr. Faire subir à quelqu'un la peine d'un crime, d'une faute.

PUNISSABLE, adj. Qui mérite une punition.

PUNITION, n. f. Action de punir ; châtiment infligé : *punition exemplaire*.

PUPILLE, n. Enfant orphelin et mineur sous la direction d'un tuteur.

PUPILLE, n. f. Prunelle de l'œil.

PUPITRE, n. m. Meuble pour écrire plus commodément.

PUR, E, adj. Sans mélange : *vin pur* ; et, fig. : *intention pure* ; correct : *style pur* ; chaste : *jeune fille pure* ; exempt : *pur de tout crime*. Est quelquefois explétif : *c'est la pure vérité, les animaux ont de pures machines*.

PURÉE, n. f. Fécule exprimée des pois, des fèves, etc.

PUREMENT, adv. D'une manière pure : *écrire purement* ; uniquement : *faire une chose purement par intérêt*.

PURETÉ, n. f. Qualité de ce qui est pur : *pureté de l'air*, et, fig. : *pureté des mœurs* ; correction : *pureté du style* ; chasteté : *conserver sa pureté*.

PURGATIF, IVE, adj. et n. Qui purge.

PURGATION, n. f. Évacuation causée par le moyen d'un purgatif ; remède pris pour se purger.

† **PURGATOIRE**, n. m. Lieu où les âmes des morts expient leurs fautes.

PURGER, v. tr. Nettoyer le corps au moyen d'un médicament. *Fig.* Dégager de tout ce qu'il y a d'impur et d'étranger. : *purger les métaux* ; délivrer : *purger une mer de pirates*. *Purger des hypothèques*, lever les hypothèques qui grevaient une propriété ; *purger sa contumace*, se constituer prisonnier pour se justifier.

PURIFICATION, n. f. Action de purifier ; acte par lequel, dans l'ablution, le prêtre verse sur ses doigts du vin qui retombe dans le calice ; fête en l'honneur de la sainte Vierge. (2 fév.)

PURIFICATOIRE, n. m. Linge avec lequel le prêtre essuie le calice après la communion.

PURIFIER, v. tr. Rendre pur.

PURISME, n. m. Défaut du puriste.

PURISTE, n. m. Celui qui affecte une trop grande pureté de langage.

PURITAIN, E, n. Nom donné aux presbytériens rigides d'Angleterre. *Fig.* Homme d'une grande rigidité de principes.

PURITANISME, n. m. Doctrine des puritains.

PURPURIN, E, adj. Qui approche de la couleur de pourpre : *fleur purpurine*.

PURPURINE, n. f. Bronze moulu qui s'applique à l'huile et au vernis.

PURULENCE, n. f. État de ce qui est purulent.

PURULENT, E, adj. Qui est de la nature du pus.

PUS, n. m. Humeur épaisse qui se forme dans les abcès, les ulcères, etc.

PUSILLANIME, adj. Qui manque de cœur, qui a l'âme faible ; qui annonce de la pusillanimité : *conduite pusillanime*.

PUSILLANIMITÉ, n. f. Excessive timidité, manque de courage.

PUSTULE, n. f. Petite tumeur inflammatoire qui suppure à son sommet.

PUSTULEUX, EUSE, adj. Accompagné de pustules.

PUTATIF, IVE, adj. Réputé être ce qu'il n'est pas : *père putatif*.

PUTOIS, n. m. Petit quadrupède du genre martre.

PUTRÉFACTION, n. f. Décomposition que subissent tous les corps organisés lorsque la vie les a abandonnés ; état de ce qui est putréfié.

PUTRÉFIER, v. tr. Corrompre, pourrir : *la gangrène putréfie les parties voisines*.

PUTRIDE, adj. Corrompu et fétide. *Fièvre putride*, occasionnée par la corruption des humeurs.

PUTRIDITÉ, n. f. État de ce qui est putride.

PYGMÉE, n. m. Nom donné, dans l'antiquité, à de petits hommes qu'on supposait n'avoir qu'une coudée de hauteur. *Par ext.* Très-petit homme. *Fig.* Homme sans talent, sans mérite : *pygmée littéraire*.

PYLORE, n. m. Orifice inférieur de l'estomac.

PYLORIQUE, adj. Qui a rapport au pylore.

PYRAMIDAL, E, adj. Qui a la forme d'une pyramide.

PYRAMIDE, n. f. Solide qui a pour base un polygone quelconque, et pour faces latérales des triangles qui se réunissent en un même point appelé sommet de la pyramide. † **Pyramides d'Égypte**, monuments gigantesques élevés sous les Pharaons.

PYRITE, n. f. Combinaison de soufre et de métal.

PYRITEUX, EUSE, adj. De la nature de la pyrite.

PYROLIGNEUX, adj. m. *Acide pyroligneux*, produit par la distillation du bois.

PYROMÈTRE, n. m. Instrument qui sert à mesurer les températures trop élevées pour être indiquées par le thermomètre.

PYROTECHNIE, n. f. Art de préparer les pièces d'artifice.

PYROTECHNIQUE, adj. Qui concerne la pyrotechnie.

†**PYRRHONIEN, ENNE**, adj. et n. Sceptique, qui doute ou affecte de douter de tout.

PYRRHONISME, n. m. Doctrine du philosophe Pyrrhon; affectation de douter de tout.

†**PYTHAGORICIEN**, n. m. Parti-san de la doctrine de Pythagore. Adj. *philosophie pythagoricienne.*

†**PYTHIE**, n. f. Prêtresse de l'oracle d'Apollon à Delphes.

PYTHIEN, adj. m. *Apollon pythien*, invoqué, représenté comme vainqueur du serpent Python.

PYTHIQUES, adj. m. pl. *Jeux pythiques*, qui se célébraient tous les quatre ans à Delphes, en l'honneur d'Apollon Pythien.

†**PYTHONISSE**, n. f. Devineresse.

Q

Q, n. m. Dix-septième lettre de l'alphabet et treizième des consonnes.

QUADRAGÉNAIRE, adj. et n. Qui est âgé de quarante ans.

QUADRAGÉSIMAL, E, adj. Qui appartient au carême : *jeûne quadragésimal.*

QUADRAGÉSIME, n. f. Premier dimanche de carême.

QUADRANGULAIRE, adj. Qui a quatre angles : *le carré est une figure quadrangulaire.*

QUADRATURE, n. f. *Géom.* Réduction d'une figure quelconque en un carré équivalent. **Quadrature du cercle**, réduction d'un cercle en un carré équivalent, problème insoluble. *Astr.* Situation de deux astres éloignés l'un de l'autre d'un quart de cercle.

QUADRIGE, n. m. Char à deux roues, attelé de quatre chevaux de front.

QUADRILATÈRE, n. m. *Géom.* Figure à quatre côtés.

QUADRILLE, n. m. Chaque groupe de quatre danseurs et de quatre danseuses dans les bals et les ballets; air de contredanse : *jouer un quadrille.*

QUADRILLE, n. m. Jeu de cartes qui se joue à quatre.

QUADRUMANES, n. m. pl. Ordre de mammifères à quatre pattes, dont deux font l'office de mains, comme chez les singes.

QUADRUPÈDE, adj. et n. Tout animal à quatre pieds.

QUADRUPLE, adj. et n. Quatre fois autant. N. m. Pièce d'or espagnole qui vaut environ 80 francs.

QUADRUPLER, v. tr. Rendre quatre fois plus grand : *quadrupler une somme.* V. int. : *son bien a quadruplé.*

QUAI, n. m. Construction élevée le long d'un cours d'eau, pour empêcher les débordements; rivage d'un port où l'on décharge les marchandises.

†**QUAKER** ou **QUAKRE**, **ESSE**, n. Membre d'une secte religieuse répandue principalement en Angleterre et aux États-Unis.

QUALIFICATIF, IVE, adj. Qui qualifie : *adjectif qualificatif.* N. m. Mot qui exprime la qualité, la manière d'être : *beau, grand, instruit, sont des qualificatifs.*

QUALIFICATION, n. f. Attribution d'une qualité, d'un titre.

QUALIFIÉ, ÉE, adj. *Vol qualifié*, commis avec circonstances aggravantes, comme l'effraction, l'escalade, etc. Son opposé est *vol simple.*

QUALIFIER, v. tr. Donner une qualification à une personne, à une chose.

QUALITÉ, n. f. Nature, essence d'une chose, comme la bonté, la blancheur, la rondeur, etc.; talent, disposition heureuse : *cet enfant a des qualités*; noblesse : *homme de qualité*; titre : *prendre la qualité de prince.* **En qualité de**, loc. prép. Comme, à titre de : *en qualité de parent.*

QUAND, adv. A quelle époque : *quand partez-vous?* Conj. Lorsque : *quand vous serez vieux*; encore que, quoique, alors que : *quand vous me haïriez.*

QUANT À. A l'égard de : *quant à moi.* Tenir son *quant à soi*, prendre un air réservé et fier.

QUANTES, adj. f. pl. *Toutes et quantes fois que*, toutes les fois que. *Vieux.*

QUANTIÈME, n. m. Jour : *quel quantième du mois sommes-nous?*

QUANTITÉ, n. f. Tout ce qui est susceptible d'augmentation ou de diminution; un certain nombre, un grand nombre : *quantité de personnes disent...* *Pros.* Durée plus ou moins considérable qu'on emploie à prononcer une lettre, une syll. be.

QUARANTAINE, n. f. Nombre de qua ante ou environ : *une quarantaine de francs* ; âgé de quarante ans : *avoir la quarantaine* ; séjour plus ou moins long que doivent faire dans un lieu séparé du reste de la ville, ceux qui viennent d'un pays infecté de la peste ou soupçonné de l'être.

QUARANTE, adj. num. Quatre fois dix. N. m. **Les Quarante**, les quarante membres de l'Académie française.

QUARANTIÈME, adj. num. ordinal de *quarante*.

QUART, n. m. La quatrième partie d'une unité quelconque. *Mar.* Temps durant lequel une partie de l'équipage est de service : *faire son quart. Arch.* **Quart de rond**, moulure qui a 90 degrés. *Astr.* **Quart de cercle**, instrument formé de la quatrième partie du cercle, et divisé en degrés, minutes et secondes.

QUARTAUT, n. m. Ancienne mesure de capacité, contenant environ 78 litres.

QUART-D'HEURE, n. m. Quatrième partie d'une heure ou quinze minutes. *Passer un mauvais quart-d'heure*, éprouver, dans un court espace de temps, quelque chose de fâcheux. † Le **quart-d'heure de Rabelais**, le moment où il faut payer son écot, et, par ext., tout moment fâcheux, désagréable.

QUARTE (fièvre), adj. Qui revient tous les trois jours.

QUARTE, n. f. Ancienne mesure de liquide contenant deux pintes ; la soixantième partie de la tierce. *Mus.* Intervalle de deux tons et demi, en montant ou en descendant. *Escr.* Manière de porter ou de parer le coup d'épée, en tenant le poignet en dehors.

QUARTERON, n. m. Le quart d'un cent ou vingt-cinq ; anciennement, quatrième partie de la livre.

QUARTERON, ONNE, n. Qui provient de l'union d'un blanc et d'une mulâtresse, ou d'un mulâtre et d'une blanche.

QUARTIDI, n. m. Quatrième jour de la décade républicaine en France.

QUARTIER, n. m. Quatrième partie de certaines choses : *quartier de pomme* ; toute portion d'un objet divisé en un certain nombre de parties : les *différents quartiers d'une ville*, *un quartier de terre, de roche, de pain*, etc. : une des phases de la lune, pendant laquelle on n'aperçoit que le *quart* de cette planète : *premier quartier* : chaque degré de descendance dans une famille noble : *compter seize quartiers de noblesse* : ce qui se

paye de trois en trois mois pour loyers, pensions, rentes, etc. : *on doit à ce militaire deux quartiers de sa pension* ; bande de cuir qui, dans le soulier, environne le talon ; salle d'études dans les collèges ; traitement favorable accordé aux vaincus : *ne pas faire de quartier* ; tout lieu occupé par un corps de troupes, s'il en garnison, soit en campagne. **Quartier général**, lieu occupé par les officiers généraux et leur état-major ; **quartier d'hiver**, lieu qu'occupent des troupes entre deux campagnes ; durée du séjour qu'elles y font.

QUARTIER-MAÎTRE, n. m. Officier chargé de la comptabilité d'un corps de troupes ; aide du maître ou du contre-maître d'un vaisseau.

QUARTO (IN), n. m. V. *I-quarto*.

QUARTZ, n. m. Silice à peu près pure, qui étincelle sous le briquet.

QUARTZEUX, EUSE, adj. De la nature du quartz.

QUASI, n. m. *Quasi de veau*, morceau de la cuisse d'un veau.

QUASI ou **QUASIMENT**, adv. Presque.

QUASIMODO, n. m. Le premier dimanche après Pâques.

QUATERNAIRE, adj. Le nombre quatre ou les multiples de quatre.

QUATERNE, n. m. Combinaison de quatre numéros pris ensemble à la loterie et sortis au même tirage ; au loto, les quatre numéros d'une même ligne horizontale.

QUATORZE, adj. num. Dix et quatre ; quatorzième : *Louis quatorze*. N. m. Au jeu de piquet, les quatre as, rois, dames, valets ou dix.

QUATORZIÈME, adj. num. ordinal de *quatorze*. N. m. : *un quatorzième*.

QUATORZIÈMEMENT, adv. En quatorzième lieu.

QUATRAIN, n. m. Stance de quatre vers.

QUATRE, adj. num. Deux fois deux ; quatrième : *Henri quatre*. *Fig. Se mettre en quatre*, employer tout son pouvoir pour ; *entre quatre yeux*, en tête à tête ; *tisane des quatre fleurs*, de coquelicot, de violette, de mauve et de camomille. N. m. Chiffre qui exprime le nombre quatre.

QUATRE-TEMPS, n. m. pl. Trois jours de jeûne prescrits par l'Église au commencement de chaque saison de l'année.

QUATRE-VINGTIÈME, adj. num. ord. de *quatre-vingts*.

QUATRE-VINGTS, adj. num. Quatre fois vingt.

QUATRIÈME, adj. num. ordinal

27

de *quatre*. N. m. Quatrième étage : *loger au quatrième* ; élève de la quatrième classe : *c'est un quatrième*. N. f. Quatrième classe dans les collèges : *faire sa quatrième* ; à certains jeux, quatre cartes qui se suivent dans une même couleur.

QUATRIÈMEMENT., adv. En quatrième lieu.

QUATRIENNAL., E., adj. *Charge quatriennale*, qui s'exerce une année sur quatre.

QUATUOR, n. m. Morceau de musique à quatre parties.

QUE, pron. rel. Lequel, laquelle, etc. : *la leçon que j'étudie*. Pron. interrog. Quelle chose : *que dites-vous?*

QUE, conj. qui sert à unir deux membres de phrase : *je veux que vous veniez* ; marque le souhait, l'imprécation, le commandement, etc. : *que je meure si...*, *qu'il parte à l'instant*, etc. ; sert à former des loc. conj., comme *avant que*, *afin que*, *encore que*, *bien que*, etc.

QUE, adv. Combien : *que le Seigneur est bon!*

QUEL, QUELLE, adj. S'emploie dans les phrases interrogatives : *quelle heure est-il?* exclamatives : *quel malheur!*

QUELCONQUE, adj. indéf. Quel qu'il soit : *faites-moi une réponse quelconque*.

QUELQUE, adj. indéf. Exprime un ou plusieurs, d'une manière vague, indéterminée : *quelqu'un indiscret lui aura dit cela*, *quelques personnes pensent que...* ; indique un petit nombre, une petite quantité : *il a quelque sujet de se plaindre*. Adv. À quel point que : *quelque sage qu'il soit* ; environ, à peu près : *il y a quelque cinquante ans*.

QUELQUEFOIS, adv. De fois à autre, parfois.

QUELQU'UN, E, pr. indéf. Un, une entre plusieurs : *quelqu'un de vos parents*, une personne : *quelqu'un m'a dit*. Pl. *quelques-uns*, *quelques-unes*.

QU'EN-DIRA-T-ON, n. m. Propos que pourra tenir le public. Pl. des *qu'en-dira-t-on*.

QUENOTTE, n. f. Dent de petit enfant.

QUENOUILLE, n. f. Petit bâton entouré vers le haut de chanvre, de lin, etc., pour filer ; chanvre, lin, etc., dont une quenouille est chargée : *filer sa quenouille*. Généal. Ligne féminine : *cette maison est tombée en quenouille*. Jard. Arbre fruitier taillé en forme de quenouille.

QUENOUILLÉE, n. f. Quantité de lin, de chanvre, etc., nécessaire pour garnir une quenouille.

QUERELLE, n. f. Contestation ; démêlé, dispute. *Querelle d'Allemand*, faite sans sujet ; *épouser la querelle de quelqu'un*, prendre son parti.

QUERELLER, v. tr. Faire une querelle à quelqu'un.

QUERELLEUR, EUSE, adj. et n. Qui aime à quereller.

QUÉRIR, v. tr. Chercher avec charge ou intention d'amener, d'apporter.

QUESTEUR, n. m. Magistrat romain chargé surtout de fonctions financières ; dans nos assemblées législatives, membre chargé de surveiller et de diriger l'emploi des fonds.

QUESTION, n. f. Demande faite pour s'éclaircir d'une chose. ; point à discuter, à examiner : *question de philosophie*, *de droit*.

† QUESTION, n. f. Torture : *donner la question à un accusé*.

QUESTIONNAIRE, n. m. Recueil de questions dans certains ouvrages classiques.

QUESTIONNER, v. tr. Faire des questions ; interroger : *questionner un candidat*.

QUESTIONNEUR, EUSE, n. Qui fait sans cesse des questions.

QUESTURE, n. f. Charge de questeur.

QUÊTE, n. f. Action de chercher : *se mettre en quête* ; action de demander et de recueillir des aumônes : *faire une quête à l'église* ; le montant de cette collecte : *quête abondante*.

QUÊTER, v. tr. Rechercher : *quêter des louanges*, *des suffrages*. V. int. Demander, recueillir des aumônes : *quêter à domicile*.

QUÊTEUR, EUSE, n. Qui quête.

QUEUE, n. f. Prolongement de l'épine dorsale chez les quadrupèdes ; chez les oiseaux, bouquet de plumes situé à l'extrémité inférieure du corps ; chez les poissons, les serpents et les insectes, extrémité du corps opposée à la tête ; tige, support des fleurs, des feuilles, des fruits, et, par anal. : *queue d'une lettre alphabétique*, *d'une note*, *d'une comète*, *d'une robe*, etc. *Queue de billard*, instrument en bois pour pousser les billes ; *pacha à trois queues*, qui a droit de faire porter devant lui trois queues de cheval, comme marque de sa dignité. Fig. Derniers rangs : *queue d'une procession*. *Aller à la queue*, *faire queue*, se mettre à la file.

QUEUSSI-QUEUMI, loc. adv. De même, pareillement.

QUEUTER, v. int. Pousser d'un seul coup les deux billes avec sa queue.

QUI, pr. rel. Lequel, laquelle, etc.; celui qui, quiconque : *aimez qui vous aime ; quelle personne : qui est là ?*

QUIA (A), loc. adv. *Être, mettre à quia*, être réduit, réduire quelqu'un à ne pouvoir répondre.

QUIBUS, n. m. Argent monnayé. *Pop.*

QUICONQUE, pr. ind. Toute personne qui.

QUIDAM, n. m. Personne dont on ignore ou dont on n'exprime point le nom.

QUIET, ÈTE, adj. Tranquille, calme : *vie quiète. Vieux.*

† **QUIÉTISME**, n. m. Doctrine de certains mystiques, qui font consister la perfection chrétienne dans l'amour de Dieu et l'inaction de l'âme, sans œuvres extérieures.

QUIÉTISTE, n. m. Qui suit la doctrine du quiétisme.

QUIÉTUDE, n. f. Tranquillité, repos.

QUILLE, n. f. Longue pièce de bois qui va de la poupe à la proue d'un navire.

QUILLE, n. f. Morceau de bois rond et un peu long, dont on se sert au jeu de ce nom.

QUILLER, v. tr. Tirer à qui jettera une quille plus près de la boule, pour savoir qui jouera le premier.

QUILLIER, n. m. Espace carré dans lequel on range les neuf quilles.

QUINCAILLE, n. f. Tout ustensile de fer ou de cuivre.

QUINCAILLERIE, n. f. Marchandise de toute sorte de quincaille.

QUINCAILLIER, n. m. Marchand de quincaillerie.

QUINCONCE, n. m. Disposition de plants d'arbres rangés de telle façon qu'ils représentent la figure du chiffre romain V.; lieu planté de cette manière.

QUINDÉCAGONE, n. m. Figure à quinze côtés.

QUINE, n. m. Cinq numéros pris et sortis ensemble à la loterie ; coup de dés qui amène deux cinq au jeu de trictrac.

QUININE, n. f. Substance amère contenue dans l'écorce du quinquina.

QUINOLA, n. m. Valet de cœur au jeu de reversis.

QUINQUAGÉNAIRE, adj. et n. Âgé de cinquante ans.

QUINQUAGÉSIME, n. f. Dimanche qui précède le premier dimanche de carême.

QUINQUENNAL, E, adj. Qui a lieu de cinq ans en cinq ans : *les jeux quinquennaux de la Grèce.*

QUINQUET, n. m. Lampe à un ou plusieurs becs et à double courant d'air.

QUINQUINA, n. m. Arbre du Pérou qui fournit une écorce amère et fébrifuge appelée aussi *quinquina*.

QUINTAL, n. m. Poids de cinquante kilogrammes. Pl. des *quintaux*.

QUINT, adj. m. Cinquième du nom : *Charles-Quint*.

QUINTE, n. f. *Mus.* Intervalle de cinq notes ; espèce de grand violon ; au piquet, série de cinq cartes de même couleur ; accès de toux violent et prolongé. *Escr.* La cinquième garde. *Fig.* Caprice, mauvaise humeur qui se manifeste tout d'un coup : *quelle quinte le prend ?*

QUINTESSENCE, n. f. Ce qu'il y a d'essentiel, de meilleur dans une chose.

QUINTESSENCIÉ, ÉE, adj. Trop subtil : *pensée quintessenciée.*

QUINTESSENCIER, v. tr. Raffiner, subtiliser.

QUINTETTO, n. m. Mot ital. Morceau de musique à cinq parties. Pl. des *quintetti.*

QUINTEUX, EUSE, adj. Sujet à des quintes, à des caprices : *avoir l'humeur quinteuse.*

QUINTIDI, n. m. Cinquième jour de la décade républicaine en France.

QUINTUPLE, adj. Qui vaut cinq fois autant. N. m. : *rendre le quintuple.*

QUINTUPLER, v. tr. Rendre cinq fois plus grand.

QUINZAINE, n. f. Quinze ou environ : *une quinzaine de francs.*

QUINZE, adj. num. Trois fois cinq ; quinzième : *Louis-quinze.*

QUINZE-VINGTS, n. m. pl. Hôpital fondé à Paris par saint Louis pour trois cents aveugles.

QUINZIÈME, adj. num. ord. de quinze. N. m. La quinzième partie : *prendre un quinzième de...*

QUINZIÈMEMENT, adv. En quinzième lieu.

QUIPROQUO, n. m. Méprise. Pl. des *quiproquos.*

QUITTANCE, n. f. Attestation écrite par laquelle un créancier déclare un débiteur quitte envers lui.

QUITTANCER, v. tr. Donner quittance de : *quittancer un mémoire.*

QUITTE, adj. Libéré de ce que l'on devait. *Fig.* Délivré, débarrassé : *quitte d'embarras.*

QUITTER, v. tr. Laisser ; se séparer de ; se retirer d'un lieu : *quitter Paris* ; abandonner : *quitter son poste* ;

ôter : *quitter son habit. Quitter prise*, lâcher, laisser aller. *Fig.* Renoncer à une profession : *quitter l'épée la robe*; interrompre : *quitter son travail*.

QUI-VIVE, n. m. Cri d'une sentinelle, d'une patrouille à l'approche de quelqu'un. *Être sur le qui-vive*, attentif à ce qui se passe.

QUOI, pr. rel. Lequel, laquelle; quelle chose : *a quoi pensez-vous? Quoi que*, quelque chose que : *quoi que vous fassiez.* Interj. qui marque l'étonnement : *quoi! vous partez?*

QUOIQUE, conj. Encore que, bien que : *quoiqu'il soit pauvre*.

QUOLIBET, n. m. Plaisanterie, mauvais jeu de mots.

QUOTE-PART, n. f. Part que chacun doit payer ou recevoir.

QUOTIDIEN, ENNE, adj. De chaque jour.

QUOTIENT, n. m. Résultat de la division.

QUOTITÉ, n. f. Somme fixe à laquelle monte chaque quote-part.

R

R, n. m. Dix-huitième lettre de l'alphabet et quatorzième des consonnes.

RABÂCHAGE, n. m. Défaut ou discours de celui qui rabâche. *Fam.*

RABÂCHER, v. tr. et int. Revenir souvent et inutilement sur ce qu'on a dit. *Fam.*

RABÂCHERIE, n. f. Répétition fatigante, inutile. *Fam.*

RABÂCHEUR, EUSE, n. Qui rabâche. *Fam.*

RABAIS, n. m. Diminution de prix et de valeur : *vendre au rabais, il y a un grand rabais sur cette marchandise. Adjuger une entreprise au rabais*, à celui qui s'engage à l'exécuter au plus bas prix.

RABAISSEMENT, n. m. Diminution, rabais. *Peu us.*

RABAISSER, v. tr. Mettre plus bas, diminuer : *rabaisser le prix des denrées*; déprécier : *rabaisser une marchandise. Fig.* Humilier : *rabaisser l'orgueil de quelqu'un. Se rabaisser*, v. pr. S'avilir.

RABAT, n. m. Morceau de toile blanche ou noire que portent au cou les gens de robe et d'église.

RABAT-JOIE, n. m. Homme triste, ennemi de la joie; sujet de chagrin qui vient troubler l'état de joie où l'on était. Pl. *des rabat-joie.*

RABATTRE, v. tr. Rabaisser ce qui s'élève : *rabattre son collet*; aplatir : *rabattre un pli, une couture*; retrancher du prix d'une chose : *je n'en rabattrai pas un centime. Fig.* Abaisser : *rabattre l'orgueil* retrancher : *rabattre de ses prétentions. Rabattre le gibier*, battre la campagne pour ramener le gibier du côté des chasseurs. **Se rabattre**, v. pr. Se détourner tout à coup de son chemin pour en prendre un autre : *l'armée se rabattit sur la ville. Fig.*

Changer brusquement de propos : *se rabattre sur la politique.*

RABBIN, n. m. Docteur du culte judaïque. **Grand rabbin**, chef d'un consistoire israélite.

RABBINISME, n. m. Doctrine des rabbins.

RABDOMANCIE, n. f. Prétendue divination qui se faisait au moyen d'une baguette. V. *Baguette divinatoire* (Notes.)

RABÊTIR, v. tr. Rendre bête. V. int. Le devenir : *il rabêtit de jour en jour. Fam.*

RÂBLE, n. m. Partie de certains quadrupèdes, qui s'étend depuis le bas des épaules jusqu'à la queue : *le râble d'un lapin, d'un lièvre.*

RABOT, n. m. Outil de menuisier qui sert à dresser, à aplanir le bois; instrument à long manche pour remuer la chaux.

RABOTER, v. tr. Aplanir avec un rabot.

RABOTEUR, n. m. Ouvrier qui n'est employé qu'à raboter.

RABOTEUX, EUSE, adj. Noueux, inégal : *bois, chemin raboteux. Fig. Style raboteux*, rude, mal poli.

RABOUGRI, E, adj. Petit, chétif : *homme, arbre rabougri.*

RABOUGRIR, v. int. Ne pas profiter, s'étioler, en parlant des arbres, des plantes.

RACAHOUT, n. m. Mélange de fécule de pommes de terre, de glands doux, etc., bon pour les convalescents.

RACAILLE, n. f. Rebut du peuple. *Fig.* Choses de rebut.

RACCOMMODAGE, n. m. Réparation d'un meuble, d'un vêtement.

RACCOMMODEMENT, n. m. Réconciliation après une brouille.

RACCOMMODER, v. tr. Remettre

en état, en bon état : *raccommoder un habit* ; reconcilier : *raccommoder des amis.*

RACCOMMODEUR, EUSE. n. Qui raccommode : *raccommodeur de faïence.*

RACCORD, n. m. Réunion, ajustement de deux parties de bâtiment non semblables.

RACCORDEMENT, n. m. Action de faire des raccords.

RACCORDER, v. tr. Faire des raccords.

RACCOURCI (à bras), adj. De toutes ses forces. En raccourci, loc. adv. En abrégé, en petit.

RACCOURCIR, v. tr. Rendre plus court. V. int. Devenir plus court : *les jours raccourcissent.*

RACCOURCISSEMENT, n. m. Action de raccourcir.

RACCOUTRER, v. tr. Raccommoder. *Vieux.*

RACCOUTUMER (SE), v. pr. Reprendre une habitude.

RACCROC, n. m. Coup inattendu et heureux, principalement au jeu de billard.

RACCROCHER, v. tr. Accrocher de nouveau. V. pr. *Se raccrocher à une chose*, la saisir pour se sauver d'un danger, se tirer d'un embarras.

† **RACE**, n. f. Lignée, tous ceux qui viennent d'une même famille : *la race d'Abraham* ; variété constante qui se conserve par la génération ; *r ce blanche, race jaune*, etc.; multitude d'hommes ayant une profession, des inclinations communes : *les usuriers sont une méchante race. Race future*, tous les hommes à venir ; *cheval, chien de race*, de bonne race.

RACHAT, n. m. Recouvrement d'une chose vendue en en restituant le prix à l'acheteur; délivrance : *le rachat des captifs. Rachat d'une rente, d'une pension*, payement d'une certaine somme pour l'extinction d'une rente, d'une pension.

RACHETABLE, adj. Qu'on a droit de racheter.

RACHETER, v. tr. Acheter ce qu'on a vendu ; acheter des choses de même espèce que celles qu'on a vendues, perdues, etc.; délivrer à prix d'argent. *Fig.* Compenser : *racheter ses défauts par ses qualités.*

RACHITIQUE, adj. Affecté de rachitisme.

RACHITISME, n. m. Maladie caractérisée par le ramollissement et la déformation des os, principalement de l'épine dorsale.

RACINE, n. f. Partie de la plante par laquelle elle tient à la terre. Par ext. Toute production vivante implantée dans un tissu : *racine des dents, des ongles, des cheveux*, etc.; certaines plantes dont on mange la partie qui vient en terre, comme les carottes, les navets, etc. *Fig.* Principe, commencement : *couper le mal dans sa racine. Gram.* Mot primitif dans une langue : *front est la racine de frontal, frontispice, effronté*, etc. *Math. Racine carrée, cubique*, nombre qui, multiplié par lui-même ou par son carré, reproduit le nombre proposé.

RACK ou ARACK, n. m. Liqueur spiritueuse que les Indiens retirent d'un mélange de riz, de sucre de canne et de noix de coco.

RACLER, v. tr. Enlever les parties inégales de la superficie d'un corps. *Fig. Ce vin racle le gosier*, est dur et âpre. *Racler du violon*, en mal jouer.

RACLEUR, n. m. Mauvais joueur de violon.

RACLOIR, n. m. Instrument avec lequel on racle.

RACLOIRE, n. f. Planchette qui sert à racler le dessus d'une mesure de grain.

RACLURE, n. f. Petites parties qu'on enlève d'un corps en le raclant.

RACOLAGE, n. m. Métier du racoleur.

RACOLER, v. tr. Engager, par des manœuvres frauduleuses, des hommes au service militaire.

RACOLEUR, n. m. Qui fait métier de racoler.

RACONTER, v. tr. Faire un récit, narrer. V. int. : *il raconte bien.*

RACONTEUR, EUSE. n. Qui a la manie de raconter.

RACORNIR, v. tr. Rendre coriace, dur comme la corne. V. pr. Devenir dur et coriace.

RACORNISSEMENT, n. m. État de ce qui est racorni.

RACQUITTER (SE), v. pr. Regagner ce qu'on avait perdu au jeu.

RADE, n. f. Certaine étendue de mer enfoncée dans les terres, où les vaisseaux sont à l'abri des vents et des courants.

RADEAU, n. m. Pièces de bois liées ensemble, qui forment une sorte de plancher sur l'eau; train de bois sur une rivière.

RADIAL, E, adj. Qui a rapport au radius : *muscle radial.*

RADIATION, n. f. Action de rayer, d'effacer un article d'un compte, un nom d'une liste.

RADICAL, E, adj. Qui est inhérent

à une chose, qui en est inséparable : *l'arbitraire est le vice radical du despotisme* ; complet : *guérison radicale.* Gram. N. m. Partie du verbe qui reste invariable, par oppos. à la désinence ou terminaison : *aim est le radical du verbe aimer.* Chim. Substance qui forme un acide en se combinant avec l'oxygène. N. m. pl. Réformateurs qui, en politique, veulent extirper jusqu'à la *racine* des abus.

RADICALEMENT, adv. Complétement : *guéri radicalement.*

RADICALISME, n. m. Système des radicaux.

RADICULE, n. f. Partie de l'embryon destinée à devenir racine.

RADIÉ, ÉE, adj. Se dit des fleurs dont les pétales forment une couronne, comme dans le tournesol, les pâquerettes, etc.

RADIER, n. m. Construction en charpente ou en maçonnerie, sur laquelle sont établies les écluses, les piles d'un pont, etc.

RADIEUX, EUSE, adj. Rayonnant, brillant : *soleil radieux.* Fig. *Visage radieux,* qui exprime la santé, la satisfaction.

RADIS, n. m. Espèce de petite rave qui a une saveur piquante.

RADIUS, n. m. Le plus petit des deux os de l'avant-bras.

RADOTAGE, n. m. Discours dénué de raison, de sens.

RADOTER, v. int. Tenir des discours dénués de sens.

RADOTERIE, n. f. Extravagances dites en radotant. *Fam.*

RADOTEUR, EUSE, n. Qui radote.

RADOUB, n. m. Réparation d'un vaisseau.

RADOUBER, v. tr. Faire des réparations au corps d'un navire.

RADOUCIR, v. tr. Rendre plus doux : *la pluie a radouci le temps.* Fig. Apaiser. **Se radoucir**, v. pr. Devenir plus doux : *le temps se radoucit,* et, fig. : *cet homme se radoucit.*

RADOUCISSEMENT, n. m. Diminution de froid.

RAFALE, n. f. *Mar.* Coup de vent violent à l'approche des montagnes.

RAFFERMIR, v. tr. Rendre plus ferme : *raffermir les gencives,* et, fig. : *raffermir la santé.*

RAFFERMISSEMENT, n. m. Ce qui remet une chose dans l'état de fermeté où elle était.

RAFFINAGE, n. m. Action de raffiner les sucres, les métaux, etc.

RAFFINEMENT, n. m. Extrême subtilité : *raffinement de politique, raf-*

finement de langage ; excès en certaines actions : *raffinement de luxe, de cruauté.*

RAFFINER, v. tr. Rendre plus pur : *raffiner le sucre.* V. int. Subtiliser : *raffiner sur tout.*

RAFFINERIE, n. f. Lieu où l'on raffine le sucre.

RAFFINEUR, n. m. Qui raffine le sucre.

RAFFOLER, v. int. Aimer excessivement : *raffoler de la danse.*

RAFLADE, n. f. Action de rafler.

RAFLE, n. f. Grappe de raisin, de groseille, qui n'a plus de grains ; coup où chacun des dés amène le même point. Fig. *Faire rafle,* enlever tout, surtout au jeu.

RAFLER, v. tr. Emporter tout : *les voleurs ont tout raflé dans cette maison.*

RAFRAÎCHIR, v. tr. Rendre frais : *rafraîchir du vin* ; remettre en meilleur état : *rafraîchir un tableau* ; rogner, couper l'extrémité d'une chose : *rafraîchir les cheveux.* Fig. *Rafraîchir la mémoire,* rappeler à quelqu'un le souvenir d'une chose. V. int. Devenir frais : *on a mis le vin rafraîchir.* **Se rafraîchir**, v. pr. Devenir plus frais : *le temps se rafraîchit* ; boire un coup, faire collation : *venez-vous rafraîchir.*

RAFRAÎCHISSANT, E, adj. Se dit de ce qui rafraîchit le corps, calme l'irritation des humeurs : *boisson, tisane rafraîchissante.* N. m. : *donner des rafraîchissants à un malade.*

RAFRAÎCHISSEMENT, n. m. Ce qui rafraîchit ; effet de ce qui rafraîchit. Pl. Liqueurs, fruits servis dans une fête.

RAGAILLARDIR, v. tr. Redonner de la gaîté, ranimer. *Fam.*

RAGE, n. f. Délire furieux, accompagné d'horreur pour l'eau ; douleur violente : *rage de dents* ; transport furieux : *écumer de rage* ; passion violente, goût excessif : *avoir la rage de faire des vers.*

RAGOT, E, adj. et n. Court et gros : *homme, cheval ragot.* N. m. Sanglier de deux à trois ans.

RAGOÛT, n. m. Mets très-épicé, composé de divers ingrédients.

RAGOÛTANT, E, adj. Qui ragoûte, plaît : *mets ragoûtant.* Fig. Agréable, qui flatte : *figure ragoûtante. Fam.*

RAGOÛTER, v. tr. Remettre en appétit : *ragoûter un malade.*

RAGRANDIR, v. tr. Rendre plus grand.

RAGRÉER, v. tr. Réparer, rajuster.

RAGRÉMENT, n. m. Action de ragréer un ouvrage.

RAÏA., n. m. Nom donné aux sujets de l'empire turc, qui ne sont pas mahométans.

RAIDE, adj. Fort tendu, difficile à plier : *jambe raide*; difficile à monter : *montagne, escalier raide*. Fig. Inflexible, opiniâtre : *caractère raide*. Adv. Tout d'un coup : *tomber raide mort*.

RAIDEUR, n. f. État de ce qui est raide : *raideur du bras*; force; rapidité : *pierre lancée avec raideur*; pente rapide : *la raideur d'un escalier*. Fig. Opiniâtreté, ténacité : *apporter trop de raideur dans les affaires*.

RAIDIR, v. tr. Rendre raide, tendre avec force : *raidir le bras, une corde*. V. int. et pr. Devenir raide : *ses membres raidissent, se raidissent*. Fig. Tenir ferme : *se raidir contre l'adversité*.

RAIE, n. f. Trait de plume, de crayon, etc.; toute ligne sur la peau, les étoffes, le marbre, etc.; entre-deux des sillons d'un champ.

RAIE, n. f. Poisson de mer plat.

RAIFORT, n. m. Gros radis, le plus ordinairement noir.

RAIL, n. m. Bande de fer posée le long des chemins de fer, et dans laquelle s'emboîtent les roues des locomotives et des wagons.

RAILLER, v. tr. Plaisanter quelqu'un, le tourner en ridicule. V. int. Badiner, ne pas parler sérieusement : *vous raillez, je crois*.

RAILLERIE, n. f. Action de railler; plaisanterie. *Entendre la raillerie*, avoir le talent de bien railler; *entendre raillerie*, ne point s'offenser des plaisanteries dont on est l'objet; *raillerie à part*, sérieusement; *cela passe la raillerie*, c'est trop fort.

RAILLEUR, EUSE, adj. et n. Porté à la raillerie : *esprit railleur*; qui marque la raillerie : *ton railleur*.

RAINE ou **RAINETTE**, n. f. Espèce de grenouille.

RAILWAY, n. m. Mot anglais qui signifie chemin de fer.

RAINURE, n. f. Petite entaille faite en long dans un morceau de bois ou de métal.

RAIPONCE, n. f. Plante dont la racine et les feuilles se mangent en salade.

RAIS, n. m. Rayon d'une roue.

RAISIN, n. m. Fruit de la vigne. **Grand raisin**, ou simplement **raisin**, sorte de papier à grand format.

RAISINÉ, n. m. Confiture faite avec du raisin doux.

RAISON, n. f. Réunion des facultés intellectuelles qui distinguent l'homme de la bête; droit, devoir, équité : *se rendre à la raison*; argument : *raison convaincante*; cause, motif : *avoir de bonnes raisons pour...*; satisfaction, réparation : *demander raison d'une offense. Mariage par raison*, mariage de convenance, plutôt que d'inclination; *perdre la raison*, tomber en démence; *parler raison*, sagement, raisonnablement; *avoir raison*, être fondé dans ce qu'on dit; *entendre raison*, acquiescer à ce qui est raisonnable; *comme de raison*, comme il est juste; *plus que de raison*, plus qu'il n'est convenable; *mettre à la raison*, réduire par force ou par conviction; *pour valoir ce que de raison*, ce qui est de justice, d'équité. **Raison d'État**, considérations qui président à une détermination prise dans l'intérêt de l'État. **Com. Raison sociale**, nom des associés rangés dans l'ordre déterminé par la société pour la signature des actes, lettres de change, etc. **Math. Raison directe**, se dit de deux choses qui augmentent ou diminuent dans la même proportion; **raison inverse**, se dit de deux choses dont l'une diminue dans la même proportion que l'autre augmente. Loc. prép. **À raison de**, au prix de; **en raison de**, en considération de.

RAISONNABLE, adj. Qui est doué de raison : *l'homme est un être raisonnable*; conforme à la raison : *prétention raisonnable*; suffisant, convenable : *prix raisonnable*; au-dessus du médiocre : *taille, revenu raisonnable*.

RAISONNABLEMENT, adv. Avec raison : *parler raisonnablement*; convenablement, passablement : *boire raisonnablement*.

RAISONNEMENT, n. m. Faculté de raisonner : *manquer de raisonnement*; argument : *raisonnements fondés*; observations : *pas tant de raisonnements*.

RAISONNER, v. int. Se servir de sa raison pour connaître, pour juger; chercher et alléguer des raisons pour appuyer une opinion : *raisonner sur une affaire*; répliquer : *ne raisonnez pas*. V. tr. Appliquer le raisonnement à ce qu'on fait : *cet acteur raisonne bien ses rôles*.

RAISONNEUR, EUSE, n. Qui aime à raisonner; qui fatigue par de longs, de mauvais raisonnements : *raisonneur ennuyeux*; qui réplique : *faire le raisonneur*.

RAJAH, n. m. Prince indien.

RAJEUNIR, v. tr. Rendre l'air de la jeunesse. V. int. Redevenir jeune : *tout rajeunit au printemps*. Se ra-

jeunir. v. pr. Se dire plus jeune qu'on ne l'est réellement.

RAJEUNISSEMENT, n. m. Action de rajeunir.

RAJUSTEMENT, n. m. Action de rajuster.

RAJUSTER, v. tr. Ajuster de nouveau, remettre en bon état : *rajuster une horloge.*

RÂLE ou RÂLEMENT, n. m. Action de râler ; bruit qu'on fait en râlant : *le râle de la mort.*

RÂLE, n. m. Oiseau de l'ordre des échassiers.

RALENTIR, v. tr. Rendre plus lent.

RALENTISSEMENT, n. m. Diminution de mouvement, d'activité.

RÂLER, v. int. Rendre un son enroué, par la difficulté de la respiration, en parlant des agonisants.

RALINGUE. n. f. Cordage cousu autour des bords d'une voile pour la fortifier.

RALINGUER, v. tr. Garnir une voile de ses ralingues. V. int. Faire couper le vent par les ralingues.

RALLIEMENT ou RALLÎMENT, n. m. Action de rallier, de se rallier. *Point de ralliement,* endroit marqué aux troupes pour se rallier.

RALLIER, v. tr. Rassembler des troupes rompues et en fuite. *Rallier un vaisseau,* le rejoindre. *Fig.* Rapprocher : *rallier les partis.* **Se rallier,** v. pr. Se réunir : *se rallier aux gens de bien, à une opinion.*

RALLONGE, n. f. Ce qui sert à rallonger : *mettre une rallonge à une table.*

RALLONGEMENT, n. m. Action de rallonger.

RALLONGER, v. tr. Rendre plus long en ajoutant quelque chose : *rallonger une jupe.*

RALLUMER, v. tr. Allumer de nouveau. *Fig. : rallumer la guerre.*

† RAMADAN ou RAMAZAN, n. m. Carême des musulmans.

RAMAGE, n. m. Chant des petits oiseaux ; feuillage, rameaux, fleurs, etc., représentés sur une étoffe : *tapisseri à grands ramages.*

RAMAGER, v. int. Chanter, en parlant des oiseaux. *Peu us.*

RAMAS, n. m. Assemblage d'objets de peu de valeur : *ramas de vieux habits.* Se dit aussi des personnes : *ramas de bandits.*

RAMASSER, v. tr. Faire un amas, une collection : *ramasser des matériaux pour un ouvrage ;* prendre, relever ce qui est à terre : *ramasser ses*

gants ; assembler ce qui est épars : *la poule ramasse ses poussins sous ses ailes. Fig. Ramasser ses forces,* les réunir pour quelque grand effort.

RAMASSIS. n. m. Assemblage de choses de peu de valeur. Se dit aussi des personnes.

† RAMAZAN, n. m. V. *Ramadan.*

RAMBOUR, n. m. Grosse pomme un peu acide.

RAME. n. f. Petit branchage que l'on plante en terre pour soutenir des plantes grimpantes ; longue pièce de bois aplatie par un bout, dont on se sert pour faire voguer un bateau ; réunion de vingt mains de papier.

RAMÉ, ÉE. adj. Soutenu par des rames : *pois ramés.*

RAMEAU. n. m. Petite branche d'arbre. **Dimanche des Rameaux,** dernier dimanche de carême, synonyme de *Pâques fleuries.*

RAMÉE. n. f. Branches coupées avec leurs feuilles vertes.

RAMENER. v. tr. Amener de nouveau ; remettre une personne dans le lieu d'où elle était partie : *ramener un déserteur. Fig.* Faire renaître, rétablir : *ramener l'abondance, la paix.*

RAMER, v. tr. Soutenir des plantes grimpantes avec des rames : *ramer des pois.* V. int. Faire avancer un bateau au moyen de la rame. *Fig.* Avoir beaucoup de fatigue. *Fam.*

RAMETTE, n. f. Rame de papier à lettre.

RAMEUR, n. m. Matelot qui rame.

RAMEUX, EUSE. adj. Qui a beaucoup de branches, comme le romarin.

RAMIER. n. m. Nom de deux espèces de pigeons sauvages. Adj. : *pigeon ramier.*

RAMIFICATION, n. f. Division d'une artère, d'un nerf, d'une plante, etc., en parties plus petites qui en sont comme les rameaux. *Fig. :* les ramifications d'un complot, d'une secte.

RAMIFIER (SE), v. pr. Se partager en plusieurs branches. Se dit des arbres, des veines, etc., et, fig., d'un parti, d'une secte, etc. : *le protestantisme se ramifie à l'infini.*

RAMILLES, n. f. pl. Petits rameaux.

RAMOLLIR, v. tr. Rendre mou : *ramollir du cuir.* V. pr. : *la cire se ramollit au feu.*

RAMOLLISSANT, E, adj. et n. Qui ramollit, relâche : *la guimauve est un ramollissant.*

RAMOLLISSEMENT, n. m. *Méd.*

Altération particulière de certains organes qui se r mollissent.

RAMONAGE, n. m. Action de ramoner.

RAMONER, v. tr. Racler l'intérieur d'une cheminée pour en faire tomber la suie.

RAMONEUR, n. m. Dont le métier est de ramoner.

RAMPANT, E, adj. Qui rampe : animal rampant, plante rampante. Fig. Humble, bassement soumis devant les grands : homme, caractère rampant.

RAMPE, n. f. Balustrade à hauteur d'appui, qui règne le long d'un escalier; plan incliné, à pente douce, qui tient lieu d'escalier dans les jardins et dans les places fortes; rangée de lumières sur le devant de la scène d'un théâtre.

RAMPEMENT, n. m. Action de ramper : le rampement du serpent.

RAMPER, v. int. Se traîner sur le ventre, en parlant des reptiles; s'étendre sur terre, ou s'attacher aux arbres, comme le lierre, la vigne, etc. Fig. Être bassement soumis : ramper devant les grands.

RAMURE, n. f. Bois du cerf, du daim; toutes les branches d'un arbre.

RANCE, adj. Se dit de tout corps gras qui a contracté une odeur forte et une saveur âcre : lard, beurre, huile rance. N. m. : sentir le rance.

RANCIDITÉ, n. f. V. Rancissure.

RANCIR, v. int. Devenir rance.

RANCISSURE ou **RANCIDITÉ**, n. f. État de ce qui est rance.

RANÇON, n. f. Ce qu'on donne pour la délivrance d'un captif, d'un prisonnier de guerre.

RANÇONNEMENT, n. m. Action de rançonner.

RANÇONNER, v. tr. Exiger de force ce qui n'est point dû : l'ennemi a rançonné la ville. Fig. Exiger de quelqu'un plus qu'il ne faut pour une chose : dans cette auberge, on rançonne les voyageurs.

RANÇONNEUR, EUSE, n. Qui rançonne.

RANCUNE, n. f. Ressentiment qu'on garde d'une offense.

RANCUNIER, ÈRE, adj. et n. Qui est sujet à la rancune.

RANG, n. m. Ordre, disposition de choses, de personnes sur une même ligne; place qu'on doit occuper dans une assemblée, une cérémonie; place qu'on occupe dans l'opinion des hommes : tenir un rang honorable; différentes classes de la société : les révolutions confondent tous les rangs. S. m. t re sur les rangs, parmi les prétendants à une

place; mettre au rang, au nombre de. Mar. Vaisseau de premier rang, à trois ponts.

RANGÉ, ÉE, adj. Qui a de l'ordre, de a conduite : homme rangé. Bataille rangée, qui se livre entre deux armées.

RANGÉE, n. f. Suite de plusieurs choses sur une même ligne : rangée d'arbres.

RANGER, v. tr. Mettre en ordre : ranger des papiers; mettre au nombre : ranger un auteur parmi les classiques; mettre de côté : ranger une voiture. Fig. Soumettre : ranger un pays sous ses lois. Se ranger, v. pr. S'écarter pour faire place; se placer dans un certain ordre, en parlant de plusieurs personnes : se ranger à tour d'une table. Fig. Se ranger d'un parti, l'embrasser; se ranger a un avis, l'adopter.

RANIMER, v. tr. Rendre la vie : Dieu seul peut ranimer les morts. Par ext. Redonner de la vigueur, du mouvement. Fig. Réveiller, rajeunir : le printemps ranime la nature : exciter de nouveau : ranimer le courage, la fureur.

† RANZ DES VACHES, n. m. Air monotone que les bouviers suisses jouent sur la cornemuse, en faisant paître leurs troupeaux.

RAPACE, adj. Ardent à la proie : le vautour est rapace. Fig. Avide de gain : homme rapace. N. m. pl. Ordre d'oiseaux carnassiers qui ne vivent que de rapines, comme l'aigle, le vautour, le faucon.

RAPACITÉ, n. f. Avidité de l'animal qui se jette sur sa proie, et, fig. : la rapacité de l'usurier.

RAPATRIAGE, ou **RAPATRIEMENT**, n. m. Réconciliation. Fam.

RAPATRIER, v. tr. Réconcilier des personnes qui étaient brouillées. Fam.

RÂPE, n. f. Ustensile de ménage pour réduire en poudre, en petits morceaux, certaines substances alimentaires; espèce de lime à grosses entailles, à l'usage des menuisiers, des serruriers, etc.

RÂPÉ, ÉE, adj. Habit râpé, usé jusqu'à la corde.

RÂPER, v. tr. Mettre en poudre avec la râpe; user la surface d'un corps avec une râpe : râper du bois.

RAPETASSER, v. tr. Raccommoder grossièrement de vieilles hardes. Pop.

RAPETISSER, v. tr. Rendre plus petit. V int. Devenir plus petit : les jours rapetissent.

RAPIDE, adj. Qui se meut avec vitesse; qui s'accomplit avec rapidité :

27

conquête *rapide*; très-incliné : *côte rapide*.

RAPIDEMENT, adv. Avec rapidité.

RAPIDITÉ, n. f. Célérité, grande vitesse *Fig.* : *la rapidité du temps*.

RAPIÉCER, v. tr. Mettre des pièces à du linge, à des habits.

RAPIÉCETAGE, n. m. Action de rapiéceter; choses rapiécetées.

RAPIÉCETER, v. tr. Mettre beaucoup de petites pièces, de petits morceaux à quelque chose, pour le raccommoder : *rapiéceter des habits, des meubles*.

RAPIÈRE, n. f. Vieille et longue épée.

RAPIN, n. m. Jeune élève en peinture, d'atelier.

RAPINE, n. f. Action de ravir par violence; ce qui est ravi : *vivre de rapines*; pillage, concussion : *s'enrichir par ses rapines*.

RAPINER, v. tr. et int. Prendre injustement, en abusant des fonctions dont on est chargé.

RAPPAREILLER, v. tr. Remettre avec son pareil : *rappareiller deux vases, deux chevaux*.

RAPPARIER, v. tr. Rejoindre à une chose une autre chose qui refasse la paire : *rapparier un gant*.

RAPPEL, n. m. Action par laquelle on rappelle : *rappel d'un ambassadeur*; manière de battre le tambour pour rassembler les soldats. *Rappel à l'ordre*, action de rappeler à l'ordre l'orateur qui s'est écarté des convenances parlementaires.

RAPPELER, v. tr. Faire revenir en appelant; faire revenir quelqu'un d'un pays étranger où il exerçait des fonctions : *rappeler un ambassadeur*; permettre à un exilé de rentrer dans sa patrie. *Fig.* Ramener à : *rappeler à la vie*; faire rentrer : *rappeler à l'ordre, au devoir*; faire revenir en la mémoire : *rappeler un souvenir*.

RAPPORT, n. m. Revenu, produit : *rapport d'une terre*; récit, compte-rendu : *rapport fidèle*; relation faite par indiscrétion ou malignité : *faire des rapports*; exposition d'un procès; témoignage de médecins ou d'experts, rendu par ordre de justice; conformité, analogie : *il y a un grand rapport entre la langue italienne et la langue latine*; relations que les hommes ont entre eux : *entretenir des rapports de commerce, d'amitié avec quelqu'un*. *Gram.* Relation entre les mots dans la construction. *Math.* Relation de deux quantités inégales : *rapport par quotient, par différence*. **Par rapport à**, loc.

prép. En proportion de : *la terre est petite par rapport au soleil*.

RAPPORTER, v. tr. Apporter une chose au lieu où elle était; apporter de voyage : *rapporter des cigares de la Havane*; produire : *cette terre rapporte beaucoup de blé*; faire le récit de ce qu'on a vu et entendu, en bonne ou en m. part; faire remonter : *rapporter un fait à telle époque*; révoquer, annuler : *rapporter une loi*; diriger vers un but : *rapporter toutes ses actions à Dieu*. *Géom.* Tracer sur le papier des mesures réduites de celles qu'on a prises sur le terrain : *rapporter des angles*. **Se rapporter**, v. pr. Avoir de la conformité : *les dépositions de ces deux témoins ne se rapportent pas*; avoir rapport à : *le pronom relatif se rapporte à son antécédent*. *S'en rapporter à quelqu'un*, s'en remettre à sa décision, ajouter foi à ce qu'il dit.

RAPPORTEUR, EUSE, n. Qui fait des rapports : *cet écolier est un petit rapporteur*.

RAPPORTEUR, n. m. Celui qui est chargé de faire l'exposé d'un procès, d'une affaire. Est aussi adjectif dans ce sens : *juge, capitaine rapporteur*. *Géom.* Instrument pour rapporter ou mesurer des angles.

RAPPRENDRE, v. tr. Apprendre de nouveau.

RAPPROCHEMENT, n. m. Action de rapprocher; son résultat. *Fig.* Réconciliation; comparaison : *établir un rapprochement*.

RAPPROCHER, v. tr. Approcher de nouveau, de plus près. *Fig.* Disposer à la confiance, à l'union, à la bienveillance : *le besoin rapproche les hommes*; réconcilier : *rapprocher deux personnes*; envisager ensemble, à la fois : *rapprocher des circonstances*.

RAPSODE, n. m. Nom que les Grecs donnaient à ceux qui allaient de ville en ville réciter les chants des poètes, et surtout ceux d'Homère.

RAPSODIE, n. f. Chez les anciens, morceaux détachés des poëmes d'Homère; aujourd'hui, mauvais ramas de vers, ou de prose.

RAPSODISTE, n. m. Celui qui ne fait que des rapsodies, de mauvaises compositions.

RAPT, n. m. Enlèvement d'une jeune fille par violence ou par séduction.

RÂPURE, n. f. Ce qu'on enlève avec la râpe.

RAQUETTE, n. f. Instrument pour jouer à la paume ou au volant.

RARE, adj. Qui n'est pas commun; qui a un mérite extraordinaire : *hom-*

me rare; qu'on voit peu souvent : *vous devenez bien rare*. *Phys.* Opposé à dense : *l'air est plus rare à mesure qu'on s'élève dans l'atmosphère.*

RARÉFACTION, n. f. Action de raréfier; état de ce qui est raréfié : *la raréfaction de l'air*. Son opposé est *condensation*.

RARÉFIANT, E, adj. Qui raréfie, qui dilate.

RARÉFIER, v. tr. Augmenter le volume, dilater : *la chaleur raréfie l'air*. Son opposé est *condenser*.

RAREMENT, adv. Peu souvent.

RARETÉ, n. f. Disette, par oppos. à abondance : *la rareté du blé*; nouveauté : *c'est une rareté de vous voir*; singularité : *pour la rareté du fait*. Pl. Choses rares, curieuses : *aimer les raretés*.

RARISSIME, adj. Très-rare. *Fam.*

RAS, E, adj. Coupé jusqu'à la peau : *barbe rase*; qui a le poil fort court : *drap, velours ras; Ras*; *campagne*, pays plat et découvert; *mesure rase*, pleine jusqu'aux bords; *faire table rase*, mettre de côté les idées reçues, les institutions antérieures, pour s'en former ou en former de nouvelles.

RASADE, n. f. Verre plein jusqu'aux bords.

RASEMENT, n. m. Action de raser une place, des fortifications, etc.

RASER, v. tr. Couper la barbe. *Raser un édifice*, l'abattre entièrement. *Fig.* Passer tout auprès avec rapidité : *la balle lui rasa le visage.*

RASIBUS, adv. Tout près, tout contre.

RASOIR, n. m. Instrument dont on se sert pour faire la barbe.

RASSASIEMENT, n. m. État d'une personne rassasiée.

RASSASIER, v. tr. Apaiser la faim, satisfaire l'appétit, et, fig. : *rassasier ses yeux*.

RASSEMBLEMENT, n. m. Action de rassembler : *rassemblement de troupes*; concours de personnes, attroupement : *dissiper un rassemblement.*

RASSEMBLER, v. tr. Réunir, mettre ensemble : *rassembler les débris d'une armée*; faire amas : *rassembler des matériaux pour la composition d'un ouvrage*; mettre en ordre : *rassembler des papiers.*

RASSEOIR, v. tr. Replacer : *rasseoir une pierre*. V. pr. S'asseoir de nouveau.

RASSÉRÉNER, v. tr. Rendre serein. Se *rasséréner*, v. pr. Devenir serein : *le temps s'est rasséréné.*

RASSIS, E, adj. *Pain rassis*, qui

n'est pas tendre; *Fig. Esprit rassis*, calme, réfléchi; *de sens rassis*, sans être ému, troublé.

RASSURANT, E, adj. Propre à rassurer : *nouvelle rassurante.*

RASSURER, v. tr. Affermir, rendre stable : *rassurer une voûte*; rendre la confiance, la tranquillité : *ce que vous dites là me rassure*. V. pr. *Le temps se rassure*, se met au beau.

RAT, n. m. Petit quadrupède rongeur. *Rat de cave*, commis des contributions indirectes, qui visite le vin dans les caves.

† RATAFIA, n. m. Liqueur faite d'eau-de-vie, de sucre, et de certains fruits.

RATATINÉ, ÉE, adj. Rapetissé par l'âge : *vieillard tout ratatiné*; ridé, flétri : *pomme ratatinée.*

RATATINER (SE), v. pr. Se raccourcir, se ressérer.

RATE, n. f. Viscère situé dans l'hypocondre gauche, entre l'estomac et les fausses côtes. *Fig. Épanouir la rate*, faire rire; *ne pas se fouler la rate*, travailler mollement. *Fam.*

RÂTEAU, n. m. Instrument d'agriculture et de jardinage.

RÂTELÉE, n. f. Ce qu'on peut ramasser d'un seul coup de râteau.

RÂTELER, v. tr. Ramasser avec le râteau : *râteler du foin*; nettoyer, égaliser : *râteler des allées.*

RÂTELEUR, n. m. Ouvrier qui râtelle les foins.

RÂTELIER, n. m. Espèce d'échelle suspendue en travers aux murs d'une écurie, pour mettre le foin et la paille qu'on donne à manger aux animaux; montants garnis de crochets, sur lesquels on pose les fusils dans les casernes et les corps de garde; les deux rangées de dents : *se faire poser un râtelier artificiel.*

RATER, v. int. Se dit d'une arme à feu qui manque à tirer. V. tr. Manquer : *rater un lièvre*. *Fig. Rater une place, un emploi*, ne pas l'obtenir.

RATIÈRE, n. f. Petit piége pour prendre les rats.

RATIFICATION, n. f. Approbation, confirmation; acte qui la contient.

RATIFIER, v. tr. Confirmer authentiquement ce qui a été fait ou promis : *ratifier un acte, un traité.*

RATINE, n. f. Étoffe de laine croisée.

RATION, n. f. Portion journalière de vivres, de fourrage, qui se distribue aux troupes.

RATIONALISME, n. m. Doctrine philosophique qui rejette la révélation et qui prétend tout expliquer au moyen de la raison pure.

RATIONALISTE, n. m. Partisan du rationalisme.

RATIONNEL. ELLE, adj. Conforme à la raison. : *méthode rationnelle. Astr. Horizon rationnel*, grand cercle qui coupe le ciel et la terre en deux hémisphères. *Math. Quantité rationnelle*, dont le rapport avec l'unité peut être exprimé par un nombre.

RATIONNELLEMENT, adv. D'une manière rationnelle.

RATISSAGE, n. m. Action de ratisser.

RATISSER, v. tr. Enlever en raclant la superficie d'une chose, ou l'ordure qui s'y est attachée : *ratisser des navets, les allées d'un jardin*, etc.

RATISSOIRE, n. f. Instrument de fer pour ratisser.

RATISSURE, n. f. Ce qu'on ôte en ratissant.

RATON, n. m. Petit rat ; petit quadrupède de la famille des ours.

RATTACHER, v. tr. Attacher de nouveau. *Fig.* Faire dépendre : *rattacher une question à une autre.*

RATTRAPER, v. tr. Reprendre, ressaisir : *rattraper un prisonnier :* rejoindre : *allez devant, je vous rattraperai. Fig.* On ne m'y rattrapera plus, on ne me trompera plus de nouveau.

RATURE, n. f. Trait de plume passé sur ce qu'on a écrit, pour l'effacer.

RATURER, v. tr. Effacer avec un trait de plume ce qui est écrit.

RAUQUE, adj. Rude et comme enroué : *voix rauque.*

RAVAGE, n. m. Dommage, dégât causé par la guerre, les orages, les maladies, etc. *Fig.* : *les ravages des passions.*

RAVAGER, v. tr. Faire du ravage.

RAVAGEUR, n. m. Qui ravage.

RAVALEMENT, n. m. Crépi fait de haut en bas à un mur, à une façade, etc.

RAVALER, v. tr. Faire le ravalement d'un mur, d'une construction. *Fig.* Déprécier, rabaisser : *ravaler le mérite d'autrui.* **Se ravaler**, v. pr. S'abaisser, s'avilir.

RAVAUDAGE, n. m. Raccommodage de hardes.

RAVAUDER, v. tr. Raccommoder des hardes. *Fig.* Maltraiter de paroles : *on l'a bien ravaudé. Fam.*

RAVAUDERIE, n. f. Discours futile, niaiserie.

RAVAUDEUSE, n. f. Celle qui raccommode les vieilles hardes.

RAVE, n. f. Plante potagère de la famille des crucifères.

RAVIGOTE, n. f. Sauce à l'échalotte.

RAVIGOTER, v. tr. Remettre en appétit, en force, en vigueur. *Fam.*

RAVILIR, v. tr. Rendre vil et méprisable.

RAVIN, n. m. Lit creusé par une ravine ; chemin creux : *se cacher dans un ravin.*

RAVINE, n. f. Petit cours d'eau pluviale qui se précipite d'un lieu élevé ; lit creusé par ce cours d'eau.

RAVIR, v. tr. Enlever de force. *Fig.* Faire perdre : *ravir l'honneur* : charmer : *son chant me ravit.* **A ravir**, loc. adv. Admirablement : *chanter à ravir.*

RAVISER (SE), v. pr. Changer d'avis.

RAVISSANT, E, adj. Qui enlève par force : *loup ravissant. Fig.* Qui charme : *beau é ravissante.*

RAVISSEMENT, n. m. Etat de l'esprit transporté de joie, d'admiration : *être dans le ravissement.*

RAVISSEUR, n. m. Qui ravit, enlève avec violence.

RAVITAILLEMENT, n. m. Action de ravitailler.

RAVITAILLER, v. tr. Introduire des vivres, des munitions dans une place assiégée.

RAVIVER, v. tr. Rendre plus vif : *raviver le feu. Fig.* : *cette nouvelle a ravivé ses espérances.*

RAVOIR, v. tr. Avoir de nouveau.

RAYER, v. tr. Faire des raies : *rayer du marbre* ; effacer, raturer : *rayer un mot. Fig. Rayez cela de vos papiers*, n'y comptez pas.

RAYON, n. m. Jet de lumière. *Fig.* Lueur, apparence : *un rayon d'espérance. Géom.* Ligne menée du centre d'un cercle à la circonférence. *Par ext.* Dans un rayon de dix, de vingt lieues, à dix, à vingt lieues à la ronde. *Agric.* Sillon qu'on trace en labourant. Chaque tablette d'une bibliothèque, d'une armoire, etc. ; gâteau de cire que font les abeilles : *rayon de miel.*

RAYONNANT. E. adj. Qui rayonne : *rayonnant de lumière. Fig.* : *être rayonnant de joie*

RAYONNEMENT, n. m. Action de rayonner : *le rayonnement des astres, du calorique.*

RAYONNER, v. int. Jeter des rayons. *Fig.* : *ses yeux rayonnent de joie.*

RAYONNÉS, adj. et n. m. pl. Classe d'animaux sans vertèbres, dont les parties sont disposées en rayons autour d'un axe, comme les éponges, les polypes, le corail, etc.

RAYURE, n. f. Façon dont une étoffe est rayée.

RAZZIA, n. f. Mot arabe employé en Algérie pour désigner les incursions faites sur le territoire ennemi, dans le but d'enlever les troupeaux, les grains, etc. *Par ext. : la police a fait u e descente dans cette maison de jeu, et y a opéré une razzia complete.*

RÉ, n. m. Seconde note de la gamme.

RÉACTIF, n. m. *Chim.* Substance qu'on emploie pour reconnaître la nature des corps, en operant sur eux des compositions et des décompositions.

RÉACTIF, IVE, adj. Qui réagit : *force réac ive.*

RÉACTION. n. m. Action d'un corps sur un autre qui agit ou vient d'agir sur lui. *Fig.* Action d'un parti opprimé, qui opprime à son tour quand il est devenu le plus fort.

RÉACTIONNAIRE, adj. et n. Qui exerce une réaction : *politique réactionnaire, les réactionnaires.*

RÉADMETTRE, v. tr. Admettre de nouveau.

RÉADMISSION, n. f. Nouvelle admission.

RÉAGIR, v. int. Se dit d'un corps qui agit à son tour sur un autre dont il a éprouvé l'action. *Fig. : les partis politiques réagissent souvent les uns contre les autres.*

RÉAJOURNEMENT, n. m. Nouvel ajournement.

RÉAJOURNER, v. tr. Ajourner de nouveau.

RÉAL, n. m. Petite monnaie d'Espagne.

RÉALISATION, n. f. Action de réaliser.

RÉALISER, v. tr. Rendre réel et effectif : *réaliser ses promesses. Réaliser sa fortune*, la convertir en espèces; *réaliser une g ande fortune*, la faire. V. pr. *Vos prédictions se réalisent*, s'accomplissent.

RÉALISME. n. m. Doctrine philosophique du moyen-âge, qui consistait à regarder les idées abstraites comme des êtres réels; tendance que manifestent certains artistes et certains littérateurs de nos jours, à représenter la nature sous son côté *réel* et purement matériel.

RÉALISTE, n. m. Partisan du réalisme.

RÉALITÉ. n. f. Exi tence effective, chose réelle. **En réalité**, loc. adv. Réellement.

RÉAPPARITION, n. f. Action d'apparaître de nouveau; vue d'un astre qui commence à reparaître après une éclip-

se, ou après être resté longtemps invisible.

RÉAPPEL, n. m. Second appel.

RÉAPPELER, v. tr. Faire un second appel.

RÉAPPOSER, v. tr. Apposer de nouveau.

RÉAPPOSITION. n. f. Action de réapposer : *réapposition des scellés.*

RÉASSIGNATION, n. f. Seconde assignation.

RÉASSIGNER, v. tr. Assigner de nouveau.

REBAISSER, v. tr. Baisser de nouveau.

REBAPTISANTS. n. m. pl. Hérétiques qui rebaptisaient ceux qui avaient été d jà baptisés.

REBAPTISER, v. tr. Baptiser une seconde fois.

RÉBARBATIF, IVE, adj. Dur, rebutant : *mine rébarbative.* Ne pas dire *rébarbaratif.*

REBÂTIR, v. tr. Bâtir de nouveau.

REBATTRE, v. tr. Battre de nouveau. *Rebattre un matelas*, le refaire. *Fig.* Répéter inutilement et d'une manière ennuyeuse : *il rebat sans cesse la même chose.*

REBATTU, E, adj. Souvent répété : *maxime rebattue.* Être rebattu d'une chose. être las de l'entendre dire.

REBELLE. adj. et n. Qui refuse d'obéir à l'autorité légitime. *Fig Maladie rebelle*, qui résiste aux remèdes.

REBELLER (SE), v. pr. Se révolter contre l'autorité légitime.

RÉBELLION, n. f. Résistance avec violence et voies de fait envers les agents de l'autorité.

REBIFFER (SE), v. pr. Regimber, ne pas vouloir. *Pop.*

REBLANCHIR, v. tr. Blanchir de nouveau.

REBOISEMENT, n. m. Action de reboiser.

REBOISER, v. tr. Planter de nouveau en bois une partie de terrain qui avait été déboisée.

REBONDI, E, adj. Arrondi par embonpoint : *joues rebondies. Fam.*

REBONDIR, v. int. Faire un ou plusieurs bonds.

REBONDISSEMENT, n. m. Action d'un corps qui rebondit.

REBORD, n. m. Bord élevé et ajouté : *rebord d'une table;* bord replié, renversé : *rebord d'un manteau;* bord en saillie : *rebord d'une cheminée.*

REBORDER, v. tr. Border de nouveau.

REBOUCHER, v. tr. Boucher de nouveau.

REBOUILLIR, v. int. Bouillir de nouveau.

REBOURS, n. m. Se dit principalement du contre-poil des étoffes. *Fig.* Le contre-pied, le contraire de ce qu'il faut : *tout ce qu'il dit est le rebours du bon sens.* **A rebours, au rebours,** loc. adv. A contre-sens : *marcher à rebours.*

REBOUTEUR ou **REBOUTEUX**, n. m. Espèce de médecin empirique qui, dans les campagnes, prétend guérir toutes les maladies.

REBOUTONNER, v. tr. Boutonner de nouveau.

REBRIDER, v. tr. Brider de nouveau.

REBROUSSER, v. tr. Relever en sens contraire les cheveux, le poil. *Rebrousser chemin*, retourner subitement en arrière. **A rebrousse-poil,** loc. adv. A contre-poil.

RÉBUFFADE, n. f. Mauvais accueil, refus accompagné de paroles dures.

RÉBUS, n. m. Jeu d'esprit qui consiste à exprimer des mots ou des phrases par des figures dont le nom offre de l'analogie avec ce que l'on veut faire entendre, comme G a (*j'ai grand appétit, g grand, a petit*).

REBUT, n. m. Action de rebuter : *essuyer des rebuts* ; chose rebutée : *avoir le rebut d'un autre. Marchandises de rebut*, de peu de valeur.

REBUTANT, E, adj. Décourageant : *travail rebutant.*

REBUTER, v. tr. Rejeter avec dureté : *il me rebute toujours*, décourager : *la moindre chose le rebute* ; choquer, déplaire : *ses manières rebutent.*

RECACHETER, v. tr. Cacheter de nouveau.

RÉCALCITRANT, E, adj. Qui résiste avec humeur, opiniâtreté : *esprit récalcitrant.*

RÉCALCITRER, v. int. Regimber. *Fig.* Résister avec opiniâtreté.

RÉCAPITULATION, n. f. Répétition sommaire de ce qu'on a déjà dit ou écrit.

RÉCAPITULER, v. tr. Résumer, redire sommairement.

RECARRELER, v. tr. Carreler de nouveau.

RECÉDER, v. tr. Céder à quelqu'un une chose qu'on avait achetée pour soi.

RECEL ou **RECÈLEMENT**, n. m. Action de recéler.

RECÉLER, v. tr. Garder et cacher une chose volée par un autre ; donner asile à des gens qui se cachent : *recéler*

un meurtrier. Fig. Renfermer : *que de beautés cet ouvrage recèle !*

RECÉLEUR, EUSE, n. Qui recèle.

RÉCEMMENT, adv. Nouvellement, depuis peu.

RECENSEMENT, n. m. Opération administrative qui consiste à faire le dénombrement de la population d'un État, d'une ville, des suffrages d'un vote, etc.

RECENSER, v. tr. Faire un recensement.

RÉCENT, E, adj. Nouveau, nouvellement fait ou arrivé.

RECEPAGE, n. m. Action de receper ; son effet.

RECEPÉE, n. f. Partie recepée d'un bois.

RECEPER, v. tr. Tailler une vigne jusqu'au pied, en ne conservant que le cep ; couper des arbres par le pied afin qu'ils poussent des rejetons.

RÉCÉPISSÉ, n. m. Écrit par lequel on reconnaît avoir reçu des papiers, des pièces, etc. Pl. des *récépissés*.

RÉCEPTACLE, n. m. Lieu où se rassemblent des ordures, des immondices venues de plusieurs endroits. Se dit aussi des personnes : *cette maison est un réceptacle de voleurs. Bot.* Fond du calice où est fixé l'ovaire.

RÉCEPTION, n. f. Action de recevoir des lettres, des ballots, etc. ; accueil : *faire bonne réception à quelqu'un* ; action de recevoir des visites avec cérémonial : *il y a eu hier réception à la cour* ; cérémonie d'installation dans une compagnie, dans une charge : *prononcer un discours de réception à l'Académie.*

RECERCLER, v. tr. Mettre de nouveaux cercles à un tonneau.

RECETTE, n. f. Ce qui est reçu en argent ; recouvrement de ce qui est dû : *aller en recette* ; fonction de receveur : *être nommé à la recette générale d'un département. Méd.* Composition de certains remèdes : *bonne recette pour la fièvre* ; écrit enseignant la manière de faire cette composition ; procédé dont on fait usage dans l'économie domestique : *recette pour conserver les fruits.*

RECEVABLE, adj. Qui peut être admis, reçu : *offre, excuse recevable.*

RECEVEUR, n. m. Fonctionnaire chargé de percevoir les deniers publics.

RECEVOIR, v. tr. Accepter, prendre ce qui est offert, donné, envoyé : *recevoir un présent, son journal* ; toucher ce qui est dû : *recevoir sa pension* ; retenir : *recevoir dans la main, dans son chapeau* ; accueillir : *recevoir un* ami chez soi; admettre : *recevoir un candidat*; contenir; recueillir : *la mer reçoit les fleuves*; agréer : *recevoir une offre*; se soumettre à quelque chose : *recevoir des lois*; passer en usage : *ce mot est reçu*; subir : *recevoir un châtiment*; tirer, emprunter : *la lune reçoit sa lumière du soleil*; prendre : *la cire reçoit toutes les formes*. Se dit de ce qui est transmis ou communiqué : *recevoir la vie, l'instruction*, etc.; des sacrements : *recevoir le baptême*. V. int. Avoir société chez soi : *nous recevons souvent*.

RECHANGE, n. m. Se dit d'objets qu'on tient en réserve pour remplacer au besoin d'autres objets semblables : *habits de rechange*.

RÉCHAPPER, v. int. Se tirer d'un grand péril.

RECHARGEMENT, n. m. Action de recharger des marchandises.

RECHARGER, v. tr. Charger de nouveau des marchandises, une arme à feu, etc.

RÉCHAUD, n. m. Ustensile de ménage, petit fourneau portatif.

RÉCHAUFFÉ, n. m. Chose réchauffée : *ce dîner n'est que du réchauffé*. Fig. *Ce livre ne contient que du réchauffé*, ne renferme rien de neuf.

RÉCHAUFFEMENT, n. m. Jard. Fumier neuf qui sert à réchauffer les couches refroidies.

RÉCHAUFFER, v. tr. Chauffer ce qui est refroidi. Fig. Exciter de nouveau : *réchauffer le zèle*.

RÉCHAUFFOIR, n. m. Fourneau qui sert à réchauffer les plats.

RECHAUSSER, v. tr. Chausser de nouveau. Rechausser un arbre, remettre de la terre au pied; *rechausser un mur*, le fortifier avec de nouvelles pierres.

RÊCHE, adj. Rude au toucher : *étoffe, peau rêche*.

RECHEF (DE), loc. adv. De nouveau.

RECHERCHE, n. f. Action de rechercher, perquisition; affectation : *recherche dans la parure, dans le style*. Pl. Travaux de science et d'érudition : *faire de profondes recherches sur un point de chronologie*.

RECHERCHÉ, ÉE, adj. Peu commun, rare : *ouvrage recherché*. Fig. Qui manque de naturel : *style recherché*.

RECHERCHER, v. tr. Chercher de nouveau; chercher avec soin : *rechercher la cause d'un phénomène*; tâcher d'obtenir : *rechercher l'amitié de quelqu'un, rechercher une personne en mariage*; désirer de voir, de fréquenter

quelqu'un : *tout le monde le recherche*.

RECHIGNEMENT, n. m. Action de rechigner.

RECHIGNER, v. int. Témoigner, par l'air de son visage, de la mauvaise humeur, de la répugnance : *travailler en rechignant*.

RECHUTE, n. f. Nouvelle chute. Fig. Retour d'une maladie, nouvelle chute dans une faute.

RÉCIDIVE, n. f. Action de commettre de nouveau le même délit, le même crime.

RÉCIDIVER, v. int. Faire une récidive.

RÉCIF, n. m. Chaîne de rochers à fleur d'eau.

RÉCIPÉ, n. m. Mot qui signifie *prenez*, et par lequel un médecin commence son ordonnance; l'ordonnance elle-même.

RÉCIPIENDAIRE, n. m. Celui que l'on reçoit dans une compagnie avec un certain cérémonial.

RÉCIPIENT, n. m. Vase pour recevoir les produits d'une distillation; cloche de verre dans laquelle on fait le vide, au moyen de la machine pneumatique.

RÉCIPROCITÉ, n. f. État et caractère de ce qui est réciproque : *réciprocité de sentiments, de services*.

RÉCIPROQUE, adj. Mutuel : *amitié, haine réciproque*. Gram. *Verbe réciproque*, qui exprime l'action de deux ou plusieurs sujets les uns sur les autres, comme dans : *Pierre et Paul se louent*. N. m. La pareille : *rendre le réciproque*.

RÉCIPROQUEMENT, adv. D'une manière réciproque.

RÉCIT, n. m. Relation d'un fait : *récit historique*. Mus. Ce qui est chanté par une seule voix ou joué par un seul instrument.

RÉCITATEUR, n. m. Qui récite par cœur.

RÉCITATIF, n. m. Sorte de déclamation notée, où le chant n'est point assujetti à la mesure.

RÉCITATION, n. f. Action de réciter.

RÉCITER, v. tr. Prononcer ce que l'on sait par cœur.

RÉCLAMATION, n. f. Action de réclamer.

RÉCLAME, n. f. Petit article inséré dans le corps d'un journal, et qui contient ordinairement l'éloge payé d'un livre, d'une industrie, etc.; partie du répons que l'on reprend après le verset.

RÉCLAMER, v. tr. Demander avec instance : *réclamer la parole*; implorer : réclamer du secours ; revendiquer : réclame un droit. V. int. Protester : réclamer contre une injustice.

RECLOUER, v. tr. Clouer de nouveau.

RECLUS. E. adj. et n. Renfermé étroitement : moine reclus, vivre comme un reclus.

RECLUSION, n. f. Détention dans une maison de force.

RECOIFFER, v. tr. Coiffer de nouveau, ou reparer le désordre d'une coiffure.

RECOIN. n. m. Coin plus caché et moins en vue.

RECOLLER, v. tr. Coller de nouveau.

RÉCOLLETS, n. m. pl. Religieux réformés de l'ordre de saint François.

RÉCOLTE. n. f. Action de recueillir les biens de la terre ; produits en nature qui en résultent : faire une riche récolte. Par ext. : cette quêteuse a fait une bonne récolte.

RÉCOLTER, v. tr. Faire une récolte.

RECOMMANDABLE, adj. Estimable.

RECOMMANDATION, n. f. Action de recommander quelqu'un ; estime : être en grande recommandation.

RECOMMANDER, v. tr. Charger quelqu'un de faire une chose ; exhorter à faire une chose : on lui a recommandé d'être sage ; appuyer : recommander quelqu'un au ministre.

RECOMMENCER, v. tr. Commencer de nouveau : recommencer la guerre, et, int. : la pluie recommence.

RÉCOMPENSE, n. f. Bien qu'on fait à quelqu'un en reconnaissance d'un service, d'une bonne action. En récompense. loc. adv. En revanche.

RÉCOMPENSER, v. tr. Donner une récompense ; dédommager : ma chasse d'aujourd'hui m'a récompensé de celle d'hier.

RECOMPOSER, v. tr. Composer de nouveau. Chim. Réunir les parties d'un corps séparées par quelque opération.

RECOMPOSITION, n. f. Action de recomposer ; son effet.

RECOMPTER, v. tr. Compter de nouveau

RÉCONCILIABLE, adj. Qui peut être réconcilie.

RÉCONCILIATEUR, TRICE, n. Qui réconcilie des personnes brouillées ensemble.

RÉCONCILIATION, n. f. Raccommodement entre personnes qui étaient brouillées.

RÉCONCILIER, v. tr. Remettre bien ensemble des personnes qui étaient brouillées ; faire revenir sur l'opinion qu'on avait : cette bonne action me réconcilie avec lui. Se réconcilier. v. pr. Se raccommoder : ils se sont réconciliés.

RECONDUIRE, v. tr. Accompagner par civilité une personne dont on a reçu la visite. Se dit aussi d'une personne qu'on ramène chez elle.

RÉCONFORT, n. m. Consolation. Vieux.

RÉCONFORTATION, n. f. Action de réconforter.

RÉCONFORTER, v. tr. Fortifier : le vin réconforte.

RECONNAISSABLE, adj. Facile à reconnaî re.

RECONNAISSANCE, n. f. Action de reconnaître ; souvenir, gratitude d'un bienfait reçu ; aveu, confession : la prompte reconnaissance de sa faute lui en a valu le pardon ; examen detaillé des lieux, des pièces, etc.; action d'examiner la position de l'ennemi : un détachement alla en reconnaissance ; écrit où l'on reconnaît qu'on a reçu une chose.

RECONNAISSANT, E, adj. Qui a de la reconnaissance.

RECONNAÎTRE, v. tr. Se remettre dans l'esprit l'idée, l'image d'une chose, d'une personne qu'on revoit, qu'on retrouve ; distinguer à certains caractères : reconnaître quelqu'un à sa voix ; découvrir : on a reconnu son innocence ; avouer : reconnaître ses torts ; observer : aller reconnaître les lieux ; se montrer reconnaissant de : reconnaître un service. Reconnaître un gouvernement, le déclarer légitimement établi ; reconnaître un enfant, s'en déclarer le père. Se reconnaître, v. pr. Retrouver son image, son caractère dans quelque chose qu'on lit ; se rappeler l'idée du lieu, du pays où l'on est : je commence à me reconnaître. Fig. Rentrer en soi-même, se repentir : il a pu se reconnaître avant de mourir ; s'avouer : se reconnaître coupable ; examiner ce qu'on doit faire : laissez-moi le temps de me reconnaître.

RECONQUÉRIR, v. tr. Conquérir de nouveau. Fig. Reconquérir l'amitié de quelqu'un.

RECONSTITUER, v. tr. Constituer de nouveau.

RECONSTITUTION, n. f. Substitution d'une rente nouvelle à une plus ancienne.

RECONSTRUCTION, n. f. Action de reconstruire.

RECONSTRUIRE, v. tr. Rebâtir, relever un édifice.

RECONVENTION, n. f. Demande que forme le défendeur contre celui qui en a formé une le premier contre lui, et devant le même juge.

RECONVENTIONNELLE (demande), adj. Synonyme de reconvention.

RECOPIER, v. tr. Transcrire de nouveau.

RECOQUILLEMENT, n. m. Action de recoquiller.

RECOQUILLER, v. tr. Mettre en forme de coquille. Se recoquiller, v. pr. Se friser, se rouler sur soi-même : les feuilles sèches se recoquillent.

RECORRIGER, v. tr. Corriger de nouveau.

RECORS, n. m. Celui qui accompagne un huissier pour lui servir de témoin, et lui prêter main-forte au besoin.

RECOUCHER, v. tr. Coucher de nouveau.

RECOUDRE, v. tr. Coudre ce qui est décousu ou déchiré.

RECOUPE, n. f. Farine tirée du son remis au moulin.

RECOUPER, v. tr. Couper de nouveau.

RECOUPETTE, n. f. Troisième farine qu'on tire du son des recoupes.

RECOURBER, v. tr. Courber en rond par le bout.

RECOURIR, v. int. Courir de nouveau ; s'adresser à quelqu'un pour en obtenir quelque chose : recourir à Dieu, au médecin ; avoir recours, en parlant des choses : recourir à la protection du prince.

RECOURS. n. m. Action de rechercher de l'assistance, du secours : il n'a recours qu'à vous ; refuge : Dieu est le recours des malheureux ; action en garantie ou en dommages-intérêts, que l'on a contre quelqu'un ; pourvoi : recours en cassation. Recours en grâce, demande pour obtenir du souverain la remise ou la commutation d'une peine, et surtout de la peine capitale.

RECOUVRABLE, adj. Qui peut se recouvrer.

RECOUVREMENT, n. m. Action de recouvrer ce qui était perdu : recouvrement de titres ; rétablissement : recouvrement des forces, de la santé ; recette de sommes dues : faire des recouvrements.

RECOUVRER, v. tr. Rentrer en possession de : recouvrer la vue ; opérer la perception des impôts.

RECOUVRIR, v. tr. Couvrir de nouveau.

RECRACHER, v. tr. Rejeter ce qu'on a pris dans la bouche.

RÉCRÉANCE, n. f. Lettres de récréance, envoyées à un ambassadeur pour qu'il les présente au souverain d'auprès de qui on le rappelle.

RÉCRÉATIF, IVE, adj. Qui récrée.

RÉCRÉATION. n. f. Passe-temps, délassement ; temps accordé aux enfants pour jouer.

RÉCRÉER, v. tr. Réjouir, divertir : il faut aux enfants des jeux qui les récréent.

RECRÉER, v. tr. Créer de nouveau.

RECRÉPIR, v. tr. Crépir de nouveau : recrépir un mur.

RECREUSER, v. tr. Creuser de nouveau ou plus avant.

RÉCRIER (SE), v. pr. Faire une exclamation de surprise, de mécontentement.

RÉCRIMINATION, n. f. Action par laquelle on récrimine.

RÉCRIMINATOIRE, adj. Qui contient une récrimination : discours récriminatoire.

RÉCRIMINER, v. int. Répondre à des injures, à des accusations par d'autres.

RECROQUEVILLER (SE), v. pr. Se dit des feuilles desséchées par le soleil, du parchemin, du cuir, etc., qui se retirent, se replient quand on les expose à l'action du feu.

RECRUDESCENCE, n. f. Retour de l'intensité d'une maladie, après une amélioration. Fig. : il y a recrudescence de froid.

RECRUE, n. f. Levée de nouveaux soldats : faire une recrue ; jeune soldat : exercer les recrues.

RECRUTEMENT, n. m. Action de recruter.

RECRUTER, v. tr. Faire des recrues. Fig. Attirer dans une association, dans un parti.

RECRUTEUR, n. m. Qui fait des recrues. Adj. : officier recruteur.

RECTA, adv. Ponctuellement : payer recta à l'échéance.

RECTANGLE, n. m. Parallélogramme à quatre angles droits. Adj. Triangle rectangle, qui a un angle droit.

RECTANGULAIRE, adj. Se dit en général de toute figure dont les angles sont droits.

RECTEUR. n. m. Fonctionnaire placé à la tête d'une académie universitaire.

RECTIFICATION, n. f. Action de rectifier : rectification d'un compte.

RECTIFIER, v. tr. Remettre une chose dans l'état où elle doit être : rectifier un calcul; purifier par la distillation : rectifier de l'eau-de-vie.

RECTILIGNE, adj. Terminé par des lignes droites : figure rectiligne.

RECTITUDE, n. f. Conformité aux vrais principes, à la saine raison : rectitude d'esprit, de jugement.

RECTO, n. m. Première page d'un feuillet. Son opposé est verso. Pl. des recto.

RECTORAT, n. m. Charge de recteur; temps pendant lequel on l'exerce.

RECTUM, n. m. Le dernier des trois gros intestins.

REÇU, n. m. Quittance sous-seing privé.

RECUEIL, n. m. Assemblage de divers actes, divers écrits, etc. : recueil de maximes, de lois, de poésies.

RECUEILLEMENT, n. m. Action, état d'une personne qui se recueille.

RECUEILLIR, v. tr. Faire la récolte des produits d'une terre : recueillir du blé, tirer avantage : recueillir le fruit de son travail; rassembler : recueillir les débris d'un naufrage, les restes d'une armée; recevoir, accueillir : recueillir un malheureux. **Se recueillir**, v. pr. Rassembler toute son attention pour ne s'occuper que d'une chose.

RECUIRE, v. tr. Cuire de nouveau.

RECUIT, n. m. Action de recuire : le fer forgé se convertit en acier par le recuit. N. f. : la recuite du verre, de la porcelaine.

RECUL, n. m. Mouvement en arrière d'un canon, d'un fusil, quand ils font feu.

RECULADE, n. f. Action de celui qui, s'étant trop avancé dans une affaire, est obligé de revenir sur ses pas : faire une honteuse reculade.

RECULÉ, ÉE, adj. Éloigné : époque reculée, pays reculé.

RECULEMENT, n. m. Action de reculer; pièce de harnais.

RECULER, v. tr. Tirer, pousser en arrière : reculer sa chaise. Fig. Accroître, étendre : reculer les bornes, les frontières d'un État; éloigner, retarder : reculer un payement. V. int. Aller en arrière : faire reculer un cheval; et, fig. : au lieu d'avancer, il recule; différer : il n'y a moyen de reculer.

RECULONS (A), loc. adv. En reculant : marcher à reculons, et, fig. : l'affaire va à reculons.

RÉCUPÉRER (SE), v. pr. Recouvrer : se récupérer de ses pertes.

RÉCURER, v. tr. V. Écurer.

RÉCUSABLE, adj. Qui peut être récusé : témoin récusable; suspect : témoignage récusable.

RÉCUSATION, n. f. Action de récuser.

RÉCUSER, v. tr. Refuser de reconnaître la compétence d'un tribunal, d'un juge, d'un juré, d'un expert, d'un témoin; rejeter, ne pas admettre : je récuse son témoignage. **Se récuser**, v. pr. Se déclarer incompétent pour juger une cause, décider une question.

RÉDACTEUR, n. m. Qui rédige : rédacteur de journal.

RÉDACTION, n. f. Action de rédiger; la chose rédigée.

REDDITION, n. f. Action de rendre : reddition d'une ville, d'une citadelle.

REDÉFAIRE, v. tr. Défaire de nouveau.

REDEMANDER, v. tr. Demander de nouveau; demander à quelqu'un ce qu'on lui a prêté.

RÉDEMPTEUR, n. m. Qui rachette. Ne se dit que de Jésus-Christ, qui a racheté les hommes.

RÉDEMPTION, n. f. Rachat du genre humain par J.-C.

REDESCENDRE, v. int. Descendre de nouveau.

REDEVABLE, adj. Qui redoit : être redevable de 20 francs sur un compte. Fig. Qui a obligation à quelqu'un : je vous suis redevable de la vie.

REDEVANCE, n. f. Dette, charge, rente annuelle : redevance en blé, en argent.

REDEVANCIER, ÈRE, n. Qui est obligé à des redevances.

REDEVENIR, v. int. Recommencer à être ce que l'on était auparavant.

REDEVOIR, v. tr. Devoir après un compte fait.

RÉDHIBITION, n. f. Action intentée par l'acheteur pour faire casser la vente d'une chose défectueuse.

RÉDHIBITOIRE, adj. Cas rédhibitoire, qui rend une vente nulle : dans la vente d'un cheval, la morve, le farcin sont des cas rédhibitoires.

RÉDIGER, v. tr. Mettre en ordre et par écrit : rédiger des mémoires.

RÉDIMER (SE), v. pr. Se racheter, se délivrer. Se dit surtout des poursuites judiciaires.

REDINGOTE, n. f. Vêtement d'homme plus long et plus ample que l'habit.

REDIRE, v. tr. Répéter ce qu'on a déjà dit; répéter ce qu'un autre a dit; révéler : il redit tout; blâmer : trouver à redire à tout.

REDISEUR, EUSE, n. Qui répète

les mêmes choses : éternel rediseur. *Fam.*

REDITE, n. f. Répétition.

REDONDANCE, n. f. Superfluité de paroles : *style plein de redondances.*

REDONDANT, E, adj. Superflu : *terme redondant.*

REDONNER, v. tr. Donner de nouveau la même chose; faire renaître : *redonner des forces, de l'espérance.* V. int. Revenir à la charge : *l'infanterie redonna avec un nouveau courage.*

REDORER, v. tr. Dorer de nouveau. *Fig.* : *le soleil vient redorer les coteaux.*

REDOUBLÉ, ÉE, adj. Pressé, accéléré : *pas redoublé.*

REDOUBLEMENT, n. m. Accroissement, augmentation : *redoublement de joie.*

REDOUBLER, v. tr. Remettre une doublure : *redoubler une robe.* V. tr. et int. Réitérer avec augmentation : *redoubler ses cris, redoubler de soins;* augmenter : *cela a redoublé ma fièvre, sa frayeur redouble.*

REDOUTABLE, adj. Fort à craindre : *ennemi redoutable.*

REDOUTE, n. f. Petit fort détaché.

REDOUTER, v. tr. Craindre fort.

RÉDOWA, n. f. Danse qui tient de la polka et de la mazurka.

REDRESSEMENT, n. m. Action de redresser; son effet : *redressement de la taille. Fig.* Réparation : *redressement de torts.*

REDRESSER, v. tr. Rendre droit : *redresser un arbre. Fig.* Donner de la rectitude : *redresser le jugement;* réprimander, mortifier : *je l'ai redressé d'importance.*

REDRESSEUR, n. m. *Redresseur de torts,* chevalier errant qui vengeait les victimes de l'injustice ou de la violence.

RÉDUCTIBLE, adj. Qui peut être ramené à une forme plus simple : *fraction réductible.*

RÉDUCTION, n. f. Action de réduire; effet de cette action : *réduction des impôts. Géom.* Opération par laquelle on change une figure en une autre semblable, mais plus petite : *échell., compas de réduction. Arith.* Conversion d'une quantité en une autre équivalente, mais plus simple. *Chim.* Opération par laquelle on enlève l'oxygène à un oxyde métallique, pour mettre le métal à nu. *Chir.* Action de remettre à leur place les os luxés ou fracturés. *Fig.* Action de soumettre, de dompter : *réduction d'une ville à l'obéissance.*

RÉDUIRE, v. tr. Rendre moindre : réduire l'effectif d'une armée, réduire ses dépenses, une figure géométrique; résoudre une chose en une autre : réduire du blé en farine; contraindre, subjuguer : réduire quelqu'un à l'obéissance, Alexandre réduisit toute l'Asie; faire tomber dans un état fâcheux : réduire quelqu'un à la misère; ramener : réduire des toises en mètres. *Chir.* Remettre à leur place les os luxés : réduire une fracture. *Chim.* Séparer d'un oxyde le métal qu'il renferme.

RÉDUIT, n. m. Retraite : réduit paisible; galetas : misérable réduit. *Fortif.* Petite demi-lune ménagée dans une grande.

RÉDUPLICATIF, IVE, adj. Qui exprime le redoublement : *la particule* re *est réduplicative, dans* redire, refaire, *etc.*

RÉDUPLICATION, n. f. Répétition d'une syllabe, d'une lettre.

RÉÉDIFICATION, n. f. Action de réédifier.

RÉÉDIFIER, v. tr. Rebâtir.

RÉEL, ELLE, adj. Qui existe réellement : besoins réels. N. m. : il y a du réel dans cette fiction.

RÉÉLECTION, n. f. Action d'élire de nouveau.

RÉÉLIRE, v. tr. Élire de nouveau.

RÉELLEMENT, adv. Véritablement.

RÉEXPORTATION, n. f. Action de réexporter.

RÉEXPORTER, v. tr. Transporter hors d'un État des marchandises qui y avaient été importées.

REFAIRE, v. tr. Faire encore ce qu'on a déjà fait : refaire un voyage; réparer, rajuster : refaire sa coiffure; remettre en santé, en bon état : il est allé se refaire à la campagne.

REFAUCHER, v. tr. Faucher de nouveau.

RÉFECTION, n. f. Réparation d'un bâtiment.

RÉFECTOIRE, n. m. Lieu où l'on prend ses repas en commun dans certains établissements.

REFEND, n. m. Mur de refend, mur intérieur qui sépare les pièces d'un bâtiment; bois de refend, scié en long.

REFENDRE, v. tr. Fendre de nouveau; scier de long.

RÉFÉRÉ, n. m. Recours au juge qui, dans les cas d'urgence, a le droit de statuer provisoirement.

RÉFÉRENDAIRE, n. m. Magistrat de la cour des comptes, chargé d'examiner les pièces de comptabilité, et d'en faire un rapport. Grand référendaire, membre du sénat qui appose le sceau de l'assemblée aux actes émanés d'elle.

RÉFÉRER, v. int. Faire rapport : *il faut en référer à la Chambre*. **Se référer**, v. pr. S'en rapporter : *je m'en réfère à votre avis*.

REFERMER, v. tr. Fermer de nouveau.

REFERRER, v. tr. Ferrer de nouveau.

RÉFLÉCHIR, v. tr. Renvoyer : *les miroirs réfléchissent l'image des objets*, et, pr. : *ce paysage se réfléchit dans le lac*. V. int. Penser mûrement et plus d'une fois à une chose.

RÉFLÉCHISSEMENT, n. m. Rejaillissement, réverbération : *réfléchissement de la lumière*.

RÉFLECTEUR, n. m. Appareil destiné à réfléchir la lumière. Adj. : *miroir réflecteur*.

REFLET, n. m. Réflexion de la lumière, de la couleur d'un corps sur un autre : *reflet d'un tableau, d'une étoffe*. *Fig.* : *sa réputation n'est qu'un reflet de la gloire de son père*.

REFLÉTER, v. tr. Renvoyer la lumière, la couleur sur un corps voisin. V. int et pr. *Fig.* : *sa gloire reflète ou se reflète sur sa famille*.

REFLEURIR, v. int. Fleurir de nouveau. *Fig.* : *les lettres, les arts commencent à refleurir*.

RÉFLEXION, n. f. Rejaillissement, réverbération : *réflexion des rayons, du son* ; acte de l'esprit qui réfléchit ; pensée qui en résulte : *réflexion morale*.

REFLUER, v. int. Se dit du mouvement des eaux qui retournent vers le lieu d'où elles ont coulé.

REFLUX, n. m. Mouvement réglé de la mer.

REFONDRE, v. tr. Fondre une seconde fois : *refondre un canon*. *Fig.* *Refondre un ouvrage*, le refaire ; *on ne peut se refondre, on ne peut changer d'humeur, de caractère*.

REFONTE, n. f. Action de refondre : *la refonte des monnaies*.

REFORGER, v. tr. Forger de nouveau.

RÉFORMABLE, adj. Qui peut être réformé.

RÉFORMATEUR, TRICE, n. Qui réforme : *sage réformateur*.

RÉFORMATION, n. f. Action de corriger : *réformation des mœurs*.

RÉFORME, n. f. Rétablissement dans l'ordre, dans une meilleure forme : *la réforme du calendrier Julien* ; retranchement d'abus introduits. *Absol.* Changements introduits au XVIe siècle dans la religion, par Luther : *la Réforme date de 1517*. Réduction, licenciement partiel d'une armée ; réduction à un moindre nombre des employés d'une administration ; diminution dans la dépense d'une maison : *réformer son train, sa table* ; congé donné à des hommes reconnus impropres au service. Se dit aussi des officiers, des chevaux réformés dans l'armée : *officier mis à la réforme, cheval de réforme*.

RÉFORMÉ, ÉE. adj. *Religion réformée*, le protestantisme. N. m. pl. Les protestants.

RÉFORMER, v. tr. Donner une meilleure forme, corriger : *réformer les lois, les mœurs* ; supprimer ce qui est nuisible : *réformer un abus* ; réduire à un moindre nombre : *réformer des troupes* ; retirer à un officier son emploi, mais en lui conservant une partie de son traitement. *Réformer un soldat*, lui donner un congé de réforme ; *réformer les monnaies*, les refondre. **Se réformer**, v. pr. Renoncer à de mauvaises habitudes.

REFORMER, v. tr. Former de nouveau. **Se reformer**, v. pr. En parlant des troupes, se rallier après avoir été dispersées.

RÉFORMISTE, n. m. Partisan d'une réforme politique ou religieuse.

REFOULEMENT, n. m. Action de refouler ; effet de cette action.

REFOULER, v. tr. Fouler de nouveau : *refouler une étoffe* ; remplir une pièce de canon avec le refouloir ; repousser : *Charles Martel refoula les Sarrasins en Espagne, la digue a fait refouler les eaux*.

REFOULOIR, n. m. Bâton garni d'un gros bouton aplati pour bourrer les pièces de canon.

RÉFRACTAIRE, adj. et n. Soldat qui se soustrait à la loi du recrutement et refuse de se ranger sous les drapeaux. Adj. *Chim.* Infusible, ou qui se fond très-difficilement, comme le grès, les argiles, etc.

RÉFRACTER, v. tr. Produire la réfraction.

RÉFRACTIF, IVE, adj. Qui produit la réfraction.

RÉFRACTION, n. f. Changement de direction qu'éprouve la lumière en passant d'un milieu dans un autre.

REFRAIN, n. m. Mots répétés à la fin de chaque couplet d'une chanson, d'un rondeau. *Par ext.* Ce qu'une personne répète sans cesse : *c'est toujours le même refrain*.

RÉFRANGIBILITÉ, n. f. Propriété que possèdent les rayons lumineux de se réfracter.

RÉFRANGIBLE, adj. Susceptible de refrac i n.

REFRÉNER, v. tr. Mettre un frein, réprimer : *refréner ses passions*.

RÉFRIGÉRANT, E, adj. et n. Propre à rafraîchir : *potion réfrigérante*, *prendre un réfrigérant*. N. m. *Chim.* Tonneau qui contient le serpentin d'un alambic, et qu'on emplit d'eau froide pour accélérer la condensation des vapeurs.

RÉFRIGÉRATIF, IVE, adj. Qui a la propriété de rafraîchir : *remède réfrigératif*.

RÉFRIGÉRATION, n. f. *Chim.* Refroidissement.

RÉFRINGENT, E, adj. *Phys.* Qui fait dévier de leur direction les rayons lumineux : *milieu réfringent*.

REFROGNEMENT ou RENFROGNEMENT, n. m. Action de se refrogner.

REFROGNER (SE) ou RENFROGNER (SE), v. pr. Contracter la peau de son visage, de son front, en signe de mécontentement.

REFROIDIR, v. tr. et int. Rendre froid, devenir froid. *Fig.* Diminuer l'ardeur : *la vieillesse refroidit les passions*, et, pr. : *leur amitié se refroidit*.

REFROIDISSEMENT, n. m. Diminution de chaleur : *refroidissement de l'air*. *Fig.* Diminution de tendresse, d'affection, etc. ; indisposition causée par un froid subit : *attraper un refroidissement*.

REFUGE, n. m. Asile, retraite : *maison de refuge*. *Fig.* Appui, soutien : *vous êtes mon refuge*.

RÉFUGIÉ, ÉE, adj. et n. Qui a quitté son pays pour un autre, afin d'éviter des persécutions ou une condamnation.

RÉFUGIER (SE), v. pr. Se retirer en quelque lieu pour y être en sûreté.

REFUS, n. m. Action de refuser.

REFUSER, v. tr. Ne pas accepter une chose offerte ; ne pas accorder ce qui est demandé : *refuser une grâce*. **Se refuser**, v. pr. Se priver : *l'avare se refuse le nécessaire. Ne rien se refuser*, aimer ses aises.

RÉFUTATION, n. f. Discours par lequel on réfute. *Rhét.* Partie du discours par laquelle on répond aux objections.

RÉFUTER, v. tr. Détruire par des raisons solides ce qu'un autre a avancé : *réfuter un argument*.

REGAGNER, v. tr. Recouvrer ce qu'on avait perdu ; retourner vers : *regagner son logis* ; réparer : *regagner le temps perdu*.

REGAIN, n. m. Herbe qui repousse dans un pré après la fauchaison.

RÉGAL, n. m. Grand repas, festin ; mets qui plaît beaucoup : *c'est un régal pour moi*. *Fig.* : *la flatterie est le régal des sots*.

RÉGALADE, n. f. Action de régaler. *Boire à la régalade*, en se versant la boisson dans la bouche sans que le vase touche les lèvres.

RÉGALANT, E, adj. Amusant.

RÉGALE, adj. f. *Eau régale*, acide qui a la propriété de dissoudre l'or.

RÉGALER, v. tr. Donner un régal ; divertir : *régaler d'un concert*.

REGARD, n. m. Action par laquelle on regarde. *Fig.* Attention : *les regards de l'Europe sont fixés sur lui*. *En regard*, loc. adv. Vis-à-vis : *traduction avec texte en regard*.

REGARDANT, E, adj. Qui regarde de trop près à la dépense.

REGARDER, v. tr. Jeter la vue sur. *Fig.* Être tourné vers : *cette maison regarde le midi* ; concerner : *cela vous regarde. Regarder de travers*, avec mépris ou colère ; *regarder de bon œil*, avec bienveillance ; *regarder comme*, tenir pour, juger. V. int. *Y regarder à deux fois*, prendre garde à ce qu'on va faire.

REGARNIR, v. tr. Garnir de nouveau.

RÉGATES, n. f. pl. Courses de barques, joûtes qui ont lieu sur mer, sur une rivière, etc., certains jours de fêtes.

RÉGENCE, n. f. Dignité, fonction de celui qui gouverne un État pendant l'absence ou la minorité du souverain ; durée de cette dignité ; fonction de régent dans un collège.

RÉGÉNÉRATEUR, TRICE, n. Qui régénère : *Lycurgue fut le régénérateur des mœurs à Lacédémone*. Adj. : *principe régénérateur*.

RÉGÉNÉRATION, n. f. Réformation, amélioration : *régénération d'un peuple*.

RÉGÉNÉRER, v. tr. Donner une nouvelle existence : *le baptême régénère*, *régénérer une nation*.

RÉGENT, E, adj. et n. Qui exerce la régence : *reine régente*, *le régent*. N. m. Professeur dans un collège communal : *régent de septième*.

RÉGENTER, v. tr. et int. Professer dans un collège. *Fig.* Gouverner : *il veut régenter tout le monde*.

RÉGICIDE, n. m. Assassin, assassinat d'un roi : *le régicide Ravaillac*.

RÉGIE, n. f. Administration de biens, à la charge d'en rendre compte; administration chargée de la perception des impôts indirects : les employés de la régie; bureaux de la régie.

REGIMBER, v. int. Ruer, en parlant des animaux. *Fig.* Refuser d'obéir.

RÉGIME, n. m. Règle qu'on observe dans la manière de vivre : suivre un bon régime; gouvernement d'un État : régime monarchique. **Ancien régime**, gouvernement qui existait en France avant 1789; **nouveau régime**, gouvernement né de la Révolution. Administration de certains établissements : régime des prisons, des hôpitaux; convention matrimoniale : régime dotal; régime de la communauté. *Gram.* Synonyme de complément.

RÉGIMENT, n. m. Corps militaire composé de plusieurs bataillons ou escadrons. *Fig.* Grand nombre indéterminé : ils sont là un régiment.

RÉGIMENTAIRE, adj. École régimentaire, formée dans un régiment pour donner aux soldats les éléments d'instruction primaire.

RÉGION, n. f. Grande étendue sur terre ou dans l'atmosphère : les régions glacées, les hautes régions de l'air; couches différentes de l'atmosphère : haute, moyenne et basse région; degré qu'on occupe, point où l'on s'élève dans certaines sciences : les hautes régions de la philosophie. *Anat.* Espace déterminé de la surface du corps et de certains organes : la région du cœur.

RÉGIR, v. tr. Gouverner, diriger : régir un État; administrer : régir des biens. *Gram.* Avoir pour régime, en parlant du verbe.

RÉGISSEUR, n. m. Qui régit, à charge de rendre compte.

REGISTRE, n. m. Tout livre public ou particulier où l'on inscrit certains faits ou actes dont on veut conserver le souvenir; bâtons qu'on tire pour faire jouer les différents jeux d'un orgue. *Impr.* Correspondance plus ou moins exacte que les lignes correspondantes des deux pages d'un même feuillet ont l'une avec l'autre.

RÈGLE, n. f. Instrument droit et plat, pour tirer des lignes. *Fig.* Principe, enseignement : les règles de la politesse; ordre : rétablir la règle dans un collège; exemple, modèle : servir de règle; statuts d'un ordre religieux : la règle de saint François; opération d'arithmétique. Pl. Se dit des principes et des méthodes qui servent à l'enseignement des arts et des sciences : les règles de l'architecture. En bonne rè-

gle, dans les règles, suivant l'usage, la bienséance; règle générale, dans la plupart des cas.

RÉGLÉ, ÉE, adj. Sage : jeune homme réglé; uniforme : pouls réglé; fièvre réglée, dont les accès sont réguliers; troupes réglées, entretenues aux frais du gouvernement.

RÈGLEMENT, n. m. Ordonnance, statut qui prescrit ce que l'on doit faire : règlement de police; ordre des travaux d'une communauté, d'une manufacture, etc., et même des particuliers : règlement de vie; action d'arrêter, de régler en général : règlement de compte.

RÈGLEMENTAIRE, adj. Qui concerne le règlement : loi réglementaire.

RÉGLEMENTER, v. tr. Soumettre, assujettir à un règlement.

RÉGLER, v. tr. Tirer avec la règle des lignes sur du papier; assujettir à certaines règles : régler ses désirs; réduire : régler sa dépense; déterminer : régler les rangs; terminer : régler un différend; arrêter : régler un compte; mettre en ordre : régler ses affaires; mettre à l'heure : régler une pendule.

RÉGLEUR, n. m. Ouvrier qui règle le papier de musique, les registres, etc.

RÉGLISSE, n. f. Plante dont la racine est d'un fréquent usage en médecine.

RÉGLURE, n. f. Manière dont le papier est réglé.

RÉGNANT, E, adj. Qui règne : le roi régnant. *Fig.* le goût régnant.

RÈGNE, n. m. Gouvernement d'un souverain; autorité, influence : le règne des lois, de la mode. *Hist. nat.* Chacune des grandes divisions des corps de la nature : règne animal, végétal, minéral.

RÉGNER, v. int. Gouverner un État comme chef suprême. *Fig.* Dominer, être en vogue, en crédit : la loi règne et mon l'homme, telle mode règne en ce moment; s'étendre en longueur : une chaîne de montagnes règne du midi au nord de l'Amérique; sévir, en parlant des maladies, des fléaux : le choléra règne à Paris.

RÉGNICOLE, n. Habitant naturel d'un pays, d'un royaume.

REGORGEMENT, n. m. Action de ce qui regorge.

REGORGER, v. int. Déborder, s'épancher hors de ses limites, en parlant d'un liquide. *Fig.* Avoir en abondance : regorger de biens.

REGRATTER, v. tr. Gratter de nouveau; racler les murs noircis d'un bâtiment. *Fig.* Faire des réductions sur un compte : regratter sur tout.

REGRATTIER, ÈRE, n. Qui fait des réductions sur les plus petits articles d'un compte.

RÉGRESSION, n. f. Figure de style par laquelle on reprend les mots dans l'ordre inverse avec un sens différent, comme dans : *il faut manger pour vivre, et non vivre pour manger*.

REGRET, n. m. Déplaisir d'avoir perdu un bien qu'on possédait ou de n'avoir pu obtenir celui qu'on désirait, repentir : *regret d'avoir offensé Dieu*. Pl. Tristesse de l'âme causée par une perte irréparable : *la mort d'une mère laisse d'éternels regrets*. **A regret**; loc. adv. Avec répugnance : *faire une chose à regret*.

REGRETTABLE, adj. Qui mérite d'être regretté.

REGRETTER, v. tr. Être affligé d'une perte; ou d'avoir manqué une acquisition, d'avoir fait ou de n'avoir pas fait une chose.

RÉGULARISATION, n. f. Action de régulariser.

RÉGULARISER, v. tr. Rendre régulier : *faire régulariser un passe-port*.

RÉGULARITÉ, n. f. Conformité à des règles, en physique : *régularité du mouvement des corps célestes*; en morale et en religion : *régularité des mœurs*; dans les arts : *régularité d'un bâtiment*; dans la figure : *régularité des traits*.

RÉGULATEUR, TRICE, adj. Qui règle : *pouvoir régulateur*. N. m. Toute pièce, tout appareil destiné à régulariser le mouvement d'une machine.

RÉGULIER, ÈRE, adj. Conforme aux règles, à la régularité : *ouvrage, mouvement, visage régulier*; exact, ponctuel : *régulier dans ses actions*; conforme aux devoirs de la morale, de la religion : *vie régulière*. *Géom. Figure régulière*, dont tous les côtés et tous les angles sont égaux. *Gram. Verbes réguliers*, qui suivent, dans la formation de leurs temps, les règles générales des conjugaisons. *Clergé régulier*, ordres religieux soumis à une règle. Son opposé est *séculier*.

RÉGULIÈREMENT, adv. D'une manière régulière.

RÉHABILITATION, n. f. Rétablissement dans un premier état : *obtenir des lettres de réhabilitation*.

RÉHABILITER, v. tr. Rétablir dans son premier état, dans ses droits, celui qui en était déchu : *réhabiliter la mémoire d'un condamné*. *Fig.* Faire recouvrer l'estime : *réhabiliter quelqu'un dans l'opinion*.

RÉHABITUER, v. tr. Faire reprendre une habitude.

REHAUSSEMENT, n. m. Action de rehausser : *le rehaussement d'un mur*.

REHAUSSER, v. tr. Hausser davantage : *rehausser un plancher*. *Fig.* Relever, ranimer : *rehausser le courage*; faire valoir, vanter avec excès : *rehausser le mérite d'une action*; donner plus d'éclat : *la parure rehausse la beauté*. V. int. Augmenter : *le prix du blé rehausse*.

RÉIMPORTATION, n. f. Action de réimporter.

RÉIMPORTER, v. tr. Importer de nouveau.

RÉIMPOSER, v. tr. Établir une nouvelle imposition pour compléter le payement d'une taxe.

RÉIMPOSITION, n. f. Nouvelle imposition.

RÉIMPRESSION, n. f. Impression nouvelle d'un ouvrage.

RÉIMPRIMER, v. tr. Imprimer de nouveau.

REINE, n. f. Femme d'un roi, princesse qui possède de son chef un royaume : *la reine d'Angleterre*. *Fig.* La première, la plus belle : *la rose est la reine des fleurs. Reine du ciel, reine des anges*, la sainte Vierge. La seconde pièce du jeu des échecs.

REINE-CLAUDE, n. f. Espèce de prune très-estimée. Pl. *des reines-Claude*.

REINE-MARGUERITE, n. f. Belle marguerite à fleurs doubles. Pl. *des reines-marguerites*.

REINETTE, n. f. Pomme très-estimée.

REINS, n. m. pl. Le bas de l'épine du dos. *Fig. Avoir les reins forts*, être riche, avoir les moyens de faire face aux dépenses d'une entreprise.

RÉINSTALLATION, n. f. Action de réinstaller.

RÉINSTALLER, v. tr. Installer de nouveau.

RÉINTÉGRATION, n. f. Action de réintégrer; résultat de cette action.

RÉINTÉGRER, v. tr. *Jurisp.* Rétablir quelqu'un dans la possession d'un bien, d'un emploi dont il avait été dépouillé. *Réintégrer quelqu'un en prison*, l'y remettre.

REIS-EFFENDI, n. m. Chancelier et ministre des affaires étrangères de la Porte ottomane.

RÉITÉRATION, n. f. Action de réitérer.

RÉITÉRER, v. tr. Faire de nouveau ce qu'on avait déjà fait : *réitérer un ordre*.

REITRE, n. m. Cavalier allemand du moyen-âge.

REJAILLIR, v. int. Jaillir, en parlant des liquides : *son sang rejaillit jusque sur moi. Fig.* Retomber : *la honte en rejaillit sur lui.*

REJAILLISSEMENT, n. m. Mouvement de ce qui rejaillit.

REJET, n. m. Action d'exclure, de rejeter : *l'assemblée vota pour le rejet de la loi;* renvoi d'une partie d'un compte sur un autre compte. *Agric.* Nouvelle pousse d'une plante, d'un arbre.

REJETABLE, adj. Qui doit être rejeté.

REJETER, v. tr. Jeter de nouveau; repousser : *rejeter la balle;* jeter hors de soi : *la mer rejette sur ses bords les débris des naufrages;* jeter une chose dans l'endroit d'où on l'avait tirée : *rejeter un petit poisson dans l'eau. Fig.* Ne pas admettre : *rejeter un projet de loi;* ne pas agréer : *rejeter une offre. Rejeter une faute sur quelqu'un,* l'en accuser pour se disculper.

REJETON, n. m. Nouveau jet que pousse par le pied une plante, un arbre. *Fig.* Descendant : *le dernier rejeton d'une illustre famille.*

REJOINDRE, v. tr. Réunir des parties séparées : *rejoindre les chairs;* aller retrouver : *je vous rejoindrai.*

REJOUER, v. tr. et int. Jouer de nouveau.

RÉJOUI, E. adj. Gai : *air réjoui.* N. Personne de bonne humeur : *c'est un gros réjoui.*

RÉJOUIR, v. tr. Donner de la joie; plaire, être agréable : *cette couleur réjouit la vue,* et, pr., se divertir : *se réjouir à la campagne.*

RÉJOUISSANCE, n. f. Démonstration de joie; par antiphrase, certaine portion d'os qu'il faut prendre avec la viande, à la boucherie. Pl. Fêtes publiques : *on a ordonné des réjouissances.*

RÉJOUISSANT, E, adj. Qui réjouit : *conte réjouissant.*

RELÂCHANT, E. adj. et n. *Méd.* Propre à relâcher.

RELÂCHE, n. m. Interruption dans un travail, un exercice : *étudier sans relâche;* repos, intermittence : *son mal ne lui donne pas de relâche. Théât.* Suspension des représentations pendant un ou plusieurs jours.

RELÂCHE, n. f. *Mar.* Action de relâcher; lieu où l'on peut relâcher.

RELÂCHÉ, ÉE. adj. Qui n'est pas assez sévère : *morale relâchée. Mœurs relâchées,* presque dissolues.

RELÂCHEMENT, n. m. Diminution de tension : *le relâchement des cordes d'un violon;* état de faiblesse des voies intestinales, par oppos. à *constipation. Fig.* Ralentissement de zèle, d'ardeur, etc.: *relâchement dans le travail, dans la discipline militaire;* délassement, repos : *donner du relâchement à l'esprit.*

RELÂCHER, v. tr. Détendre : *l'humidité relâche les cordes;* laisser aller : *relâcher un prisonnier.* V. int. Rabattre : *il a beaucoup relâché de ses prétentions. Mar.* S'arrêter en quelque endroit pour cause urgente : *relâcher pour faire des vivres. Se relâcher,* v. pr. Perdre de son zèle : *cet écolier se relâche.*

RELAIS, n. m. Chevaux frais et préparés de distance en distance pour remplacer ceux qu'on quitte; lieu où l'on met les relais.

RELANCER, v. tr. Lancer de nouveau : *relancer un cerf. Fig.* et fam. *Relancer quelqu'un,* le poursuivre ardemment partout où il se trouve, pour en obtenir une chose contre son gré; répondre rudement : *je l'ai vivement relancé.*

RELAPS, E. adj. Retombé dans l'hérésie : *Jeanne d'Arc fut brûlée à Rouen comme relapse.*

RÉLARGIR, v. tr. Rendre plus large.

RELATER, v. tr. Raconter, mentionner avec des circonstances : *relater un fait.*

RELATIF, IVE. adj. Qui a de la relation, a rapport : *père et fils sont des termes relatifs;* opposé à absolu : *homme est un terme absolu; père est un terme relatif. Gram.* Pronom *relatif,* qui est en rapport avec le nom ou le pronom qu'il représente.

RELATION, n. f. Rapport d'une chose à une autre; rapport entre deux personnes, entre deux choses que l'on considère ensemble : *relation entre la cause et l'effet;* correspondance, liaison : *relations de commerce, d'amitié;* récit, narration : *relation d'un voyage.*

RELATIVEMENT, adv. Par rapport, d'une manière relative.

RELAVER, v. tr. Laver de nouveau.

RELAXATION, n. f. Relâchement des nerfs, des muscles; action de relâcher : *la relaxation d'un prisonnier.*

RELAXER, v. tr. Remettre en liberté.

RELAYER, v. int. Prendre des relais : *relayer de cinq en cinq lieues. Se relayer,* v. pr. Travailler alternativement à un même ouvrage, en parlant de plusieurs personnes.

RELÉGUER, v. tr. Exiler dans un endroit déterminé. *Fig.* Éloigner, mettre à l'écart : *reléguer un portail au grenier*. **Se reléguer**, v. pr. Se retirer : *se reléguer à la campagne.*

RELEVAILLES, n. f. pl. Cérémonie qui se fait à l'église la première fois qu'y va une femme après ses couches.

RELEVÉ, ÉE. adj. Au-dessus du commun : *condition relevée*; noble, généreux : *sentiments relevés*; sublime : *pensée relevée*; élevé : *style relevé*; piquant, de haut goût : *mets relevé.* N. m. Com. Extrait, copie d'écritures : *faire le relevé d'un compte.*

RELEVÉE, n. f. Le temps de l'après-dîner : *à deux heures de relevée.*

RELÈVEMENT, n. m. Action de relever une chose : *le relèvement d'un navire échoué*; relevé, énumération exacte : *faire le relèvement d'un compte.*

RELEVER, v. tr. Remettre debout ce qui était tombé : *relever une chaise*; rétablir ce qui tombait en ruines : *relever un mur*; remettre à flot : *relever un vaisseau*; retrousser : *relever sa robe*; redresser : *relever la tête. Fig.* Reprendre aigrement : *relever quelqu'un*; faire remarquer : *relever une faute*; ranimer : *relever le courage*; louer : *relever une action*; délier d'un engagement : *relever d'un vœu*; faire valoir : *la parure relève la beauté*; déterminer la position d'un objet qu'on aperçoit : *relever une côte, une île*; remplacer : *relever la garde*; donner un goût plus piquant : *relever une sauce. Relever le gant*, accepter un défi. V. int. *Relever de maladie*, commencer à se porter mieux; *relever de couches*, commencer à sortir depuis ses couches; *ce domaine relève de la couronne*, en dépend. **Se relever**, v. pr. Regagner en crédit, en estime, en fortune : *il ne s'en relèvera jamais.*

RELIAGE, n. m. Action de relier des tonneaux.

RELIEF, n. m. Ouvrage de sculpture plus ou moins relevé en bosse : *haut et bas-relief. Peint.* Saillie apparente des objets. *Fig.* Éclat, considération qui naît de l'opposition, du contraste : *les sots donnent du relief aux gens d'esprit.* Pl. Restes d'un repas.

RELIER, v. tr. Lier de nouveau : *relier une gerbe*; coudre ensemble les feuillets d'un livre et y mettre une couverture; mettre des cercles à un tonneau; faire communiquer : *relier deux routes.*

RELIEUR, n. m. Qui relie des livres.

RELIGIEUSEMENT, adv. Avec religion; exactement, scrupuleusement : *observer religieusement les traités.*

RELIGIEUX, EUSE, adj. Qui appartient à la religion : *chant religieux*; pieux : *homme religieux. sentiments religieux. Fig.* Exact, ponctuel : *religieux observateur de sa parole.* N. Personne engagée par des vœux monastiques.

† RELIGION, n. f. Culte qu'on rend à la Divinité : *tous les peuples ont une religion*; doctrine religieuse : *religion chrétienne.* **Religion naturelle**, fondée sur les seules inspirations du cœur et de la raison; *guerres de religion*, causées à la suite de la Réforme, par les dissidences religieuses; *entrer en religion*, se faire religieux ou religieuse; *se faire une religion d'une chose*, s'en faire une obligation; *surprendre la religion de quelqu'un*, tromper sa bonne foi.

RELIGIONNAIRE, n. Autrefois, membre de la religion réformée.

RELIQUAIRE, n. m. Espèce de boîte, de cadre où l'on enchâsse des reliques.

RELIQUAT, n. m. Ce qui reste dû après un arrêté de compte; suites, restes d'une maladie mal guérie.

RELIQUE, n. f. Ce qui reste d'un saint après sa mort. *Garder comme une relique*, soigneusement.

RELIRE, v. tr. Lire de nouveau.

RELIURE, n. f. Ouvrage du relieur; manière dont un livre est relié.

RELUIRE, v. int. Briller, luire en réfléchissant la lumière.

RELUISANT, E, adj. Qui reluit : *armes reluisantes.*

RELUQUER, v. tr. Lorgner du coin de l'œil avec curiosité ou convoitise. *Fam.*

REMÂCHER, v. tr. Mâcher une seconde fois, en parlant des ruminants.

REMANIEMENT ou **REMANIMENT**, n. m. Action de remanier; résultat de cette action. *Impr.* Action de retoucher à la composition de plusieurs lignes, de pages entières, par suite de corrections ou de changement de format.

REMANIER, v. tr. Manier de nouveau; changer, refaire : *remanier un discours. Impr.* Faire un remaniement.

REMARIER (SE), v. pr. Convoler à de nouvelles noces.

REMARQUABLE, adj. Distingué, digne d'être remarqué.

REMARQUABLEMENT, adv. D'une manière remarquable.

REMARQUE, n. f. Observation : *remarque judicieuse*; note : *ouvrage plein de remarques.*

REMARQUER, v. tr. Marquer de

28

nouveau; observer attentivement : remarquer un chemin; distinguer : remarquer quelqu'un dans la foule.

REMBALLER, v. tr. Remettre ses marchandises en balle, en ballot.

REMBARQUEMENT, n. m. Action de rembarquer ou de se rembarquer.

REMBARQUER, v. tr. Embarquer de nouveau. **Se rembarquer**, v. pr. Se remettre en mer. *Fig.* Se rembarquer dans une affaire, s'y hasarder de nouveau.

REMBARRER, v. tr. Reprendre vivement quelqu'un, le remettre à sa place.

REMBLAI, n. m. Opération de terrassement qui consiste à établir, au moyen de terres rapportées, un sol factice sur une route, un chemin de fer, etc.

REMBLAVER, v. tr. Ressemer une terre en blé.

REMBLAYER, v. tr. Faire un remblai.

REMBOÎTEMENT, n. m. Action de remboîter ; résultat de cette action.

REMBOÎTER, v. tr. Remettre en sa place ce qui a été déboîté : remboîter un os.

REMBOURREMENT, n. m. Action de rembourrer ; résultat de cette action.

REMBOURRER, v. tr. Garnir de bourre, de crin, etc. : rembourrer un fauteuil.

REMBOURSABLE, adj. Qui doit, qui peut être remboursé : rente remboursable.

REMBOURSEMENT, n. m. Payement d'une somme due ; action de rembourser un billet non payé.

REMBOURSER, v. tr. Rendre l'argent déboursé : payez pour moi, je vous rembourserai. Rembourser une rente, en acquitter le principal; rembourser un billet, se dit d'un endosseur qui en paye la valeur, lorsque le souscripteur se trouve dans l'impossibilité de le faire.

REMBRUNIR, v. tr. et int. Rendre, devenir plus brun. **Se rembrunir**, v. pr. *Fig.* Devenir sombre, triste : son front se rembrunit. Le temps se rembrunit, se couvre.

REMBRUNISSEMENT, n. m. État de ce qui est ou se rembruni.

REMBUCHEMENT, n. m. Rentrée du cerf dans son fort.

REMBUCHER (SE), v. pr. Se dit du cerf, lorsqu'il rentre dans son fort.

REMÈDE, n. m. Toute substance dont on fait usage pour combattre les maladies, et, fig., tout ce qui sert à calmer, à guérir les souffrances morales, les accidents, les malheurs de la vie : lavement : prendre un remède.

REMÉDIER, v. int. Apporter du remède. *Fig.* : remédier à un inconvénient.

REMÊLER, v. tr. Mêler de nouveau.

REMÉMORATIF, IVE, adj. Qui rappelle la mémoire d'un événement : fête remémorative.

REMÉMORER, v. tr. Remettre en mémoire. V. pr. *Se remémorer une chose*, se la rappeler.

REMENER, v. tr. Reconduire.

REMERCIER, v. tr. Rendre grâce : remercier Dieu de ses bienfaits ; refuser honnêtement : on l'invita à dîner, il remercia ; congédier, destituer : remercier un employé.

REMERCIEMENT ou **REMERCÎMENT**, n. m. Action de remercier ; paroles par lesquelles on remercie.

RÉMÉRÉ, n. m. Droit qu'on se réserve de racheter, dans un certain délai, la chose qu'on vend : vendre à réméré.

REMETTRE, v. tr. Mettre une chose à l'endroit où elle était auparavant; mettre de nouveau : remettre un habit; raccommoder : remettre un bras ; rendre une chose à qui elle est destinée : remettre une lettre; mettre en dépôt : je lui ai remis mes fonds. *Fig.* Réconcilier : on les a remis ensemble ; rétablir la santé : l'air de la campagne l'a remis ; rassurer, calmer le trouble : cette nouvelle l'a remis ; confier : je remets mon sort entre vos mains ; reconnaître : je vous remets à présent ; pardonner : remettre les péchés ; faire grâce : remettre une peine ; différer : remettre une partie au lendemain, une cause à huitaine. **Se remettre**, v. pr. Recommencer : se remettre à jouer ; se replacer où l'on était : se remettre à table. *Fig.* Se rappeler : je me remets votre visage. S'en remettre à quelqu'un, s'en rapporter à lui.

REMEUBLER, v. tr. Regarnir de meubles.

RÉMINISCENCE, n. f. Ressouvenir d'une idée presque effacée.

REMISE, n. f. Action de remettre : remise de fonds; rabais fait sur le prix fort de certaines marchandises : les libraires font de fortes remises ; réduction que l'on fait à un débiteur d'une partie de sa dette ; grâce que l'on accorde à un condamné d'une partie de sa peine ; somme abandonnée aux receveurs généraux et particuliers sur le montant des recettes ; délai, retardement : je partirai demain sans remise ; emplacement pour mettre à couvert les carrosses, les voitures. *Voiture de remise*, de louage.

REMISER, v. tr. Placer sous une remise.

RÉMISSIBLE, adj. Pardonnable : *faute rémissible.*

RÉMISSION, n. f. Pardon : *rémission des péchés.*

REMMANCHER, v. tr. Emmancher de nouveau.

REMMENER, v. tr. Emmener après avoir amené : *remmener ses marchandises.*

RÉMOLADE, ou **RÉMOULADE**, n. f., Sauce piquante où il entre de la moutarde.

REMONTAGE, n. m. Action de remonter des bottes, une horloge.

REMONTE, n. f. Achat de chevaux pour remonter un régiment.

REMONTER, v. int. Monter de nouveau : *remonter à cheval, remonter sur le trône*; s'élever : *au jeu de bascule, quand un des côtés s'abaisse, l'autre remonte*; faire un mouvement de bas en haut : *son collet remonte*. *Fig.* Augmenter de valeur après avoir baissé : *la rente remonte*; reprendre les choses de loin : *remonter jusqu'à la source d'un bruit*; avoir son origine : *cette maison remonte aux croisades.* V. tr. *Remonter un fleuve*, naviguer contre le courant; *remonter un escadron*, lui donner d'autres chevaux; *remonter une maison, une ferme*, les pourvoir de nouveau des choses nécessaires; *remonter des bottes*, les remettre à neuf. *Fig. Remonter le moral de quelqu'un*, relever son courage. **Se remonter**, v. pr. Se pourvoir de nouveau des choses nécessaires.

REMONTRANCE, n. f. Avertissement, réprimande.

REMONTRER, v. tr. Représenter à quelqu'un les inconvénients d'une action : *remontrez-lui ses torts*. **Se remontrer**, v. pr. Se montrer de nouveau : *il n'ose se remontrer.*

REMORDRE, v. tr. Mordre de nouveau : *il l'a mordu et remordu*. V. int. *Fig.* Attaquer de nouveau : repoussé, *ce régiment n'a pas voulu remordre.*

REMORDS, n. m. Vif reproche de la conscience : *être poursuivi par les remords*; douleur du repentir : *remords salutaire.*

REMORQUE, n. f. Action de remorquer; câble par lequel un bâtiment est attaché à celui qui le remorque : *jeter la remorque.*

REMORQUER, v. tr. Se dit d'un vaisseau qui en traîne un autre à sa suite, au moyen d'un câble appelé remorque.

REMORQUEUR, adj. et n. Bâtiment qui remorque. *Par ext.* Locomotive qui traîne à sa suite les wagons.

REMOUDRE, v. tr. Moudre de nouveau.

RÉMOULADE, n. f. V. *Rémolade.*

RÉMOULEUR, n. m. Gagne-petit.

REMOUS, n. m. Tournoiement d'eau qui se forme à l'arrière d'un navire en marche; refoulement de l'eau qui se brise contre un obstacle.

REMPAILLAGE, n. m. Ouvrage du rempailleur.

REMPAILLER, v. tr. Garnir de nouveau de paille : *rempailler des chaises.*

REMPAILLEUR, **EUSE**, n. Qui rempaille.

REMPART, n. m. Levée de terre qui environne et défend une place. *Fig.* Ce qui sert de défense : *le courage est le meilleur rempart.*

REMPLAÇANT, n. m. Celui qui remplace un jeune homme appelé au service militaire; toute personne qui en remplace une autre dans une occupation quelconque.

REMPLACEMENT, n. m. Action de remplacer une chose par une autre, ou une personne dans une fonction, une charge, principalement dans le service militaire.

REMPLACER, v. tr. Donner un successeur, prendre à la place : *remplacer un maire, un domestique*; occuper momentanément la place d'un autre : *remplacer un employé malade*; partir à la place d'un conscrit pour le service militaire. *Remplacer des marchandises*, en acheter d'autres à la place de celles vendues.

REMPLAGE, n. m. Action de remplir une pièce de vin qui n'est pas tout-à-fait pleine.

REMPLI, n. m. Pli fait à une étoffe pour la rétrécir ou la raccourcir.

REMPLIER, v. tr. Faire un rempli.

REMPLIR, v. tr. Emplir : *remplir un tonneau, une bouteille*; compléter : *remplir un nombre*; écrire ce qui a été laissé en blanc dans un écrit : *remplir une quittance*. *Fig.* Occuper : *remplir une place*; accomplir : *remplir une promesse*; répondre à : *remplir l'attente*; employer : *bien remplir son temps*; faire retentir : *remplir l'air de ses cris*; abonder dans : *les étrangers remplissent la ville*; occuper : *les guerres religieuses ont rempli la moitié du 16e siècle*. **Se remplir**, v. pr. Devenir plein : *la cour se remplit d'eau.*

REMPLISSAGE, n. m. Action de

remplir ; chose dont on remplit : *vin de remplissage. Fig.* Dans les ouvrages d'esprit, chose inutile ou étrangère au sujet. *Mus.* Parties entre la basse et le dessus.

REMPLOYER, v. tr. Employer de nouveau.

REMPLUMER (SE), v. pr. Se recouvrir de plumes, en parlant des oiseaux. *Fig.* Rétablir ses affaires : *ce commerçant, ce joueur commence à se remplumer. Fam.*

REMPOCHER, v. tr. Remettre en poche. *Fam.*

REMPORTER, v. tr. Rapporter d'un lieu ce qu'on y avait apporté ; enlever : *on le remporta mort. Fig.* Gagner : *remporter la victoire.*

REMUAGE. n. m. Action de remuer du vin, du blé.

REMUANT, E, adj. Qui est sans cesse en mouvement : *enfant remuant. Fig. Esprit remuant,* propre à exciter des troubles dans un Etat.

REMUE-MÉNAGE. n. m. Dérangement de meubles, de choses que l'on transporte d'un lieu en un autre. *Fig.* Troubles qui résultent des changements subits.

REMUEMENT ou **REMÛMENT**, n. m. Action de ce qui remue : *le remuement des humeurs ;* transport : *faire un remûment de terres. Fig.* Trouble dans un Etat : *causer du remûment.*

REMUER, v. tr. Mouvoir une chose, la changer de place. *Fig.* Emouvoir : *remuer l'âme.* V. int. Changer de place : *cet enfant remue continuellement.* **Se remuer**, v. pr. Se mouvoir. *Fig.* Se donner du mouvement pour réussir.

RÉMUNÉRATEUR, TRICE, n. Qui récompense. Adj. : *un Dieu rémunérateur.*

RÉMUNÉRATION, n. f. Récompense.

RÉMUNÉRATOIRE, adj. Qui tient lieu de récompense.

RÉMUNÉRER, v. tr. Récompenser.

RENÂCLER, v. int. Ne se dit qu'au fig., dans le sens d'hésiter, de refuser de faire. *Pop.*

RENAISSANCE, n. f. Renouvellement : *la renaissance du printemps, des lettres, des arts.* Absol. Se dit du siècle de François 1er, époque où les sciences, les lettres, les arts se réveillèrent et reçurent une nouvelle impulsion.

RENAÎTRE, v. int. Naître de nouveau : *le phénix, selon la Fable, renaît de ses cendres,* repousser, revenir : *les fleurs renaissent au printemps. Fig.*

Ressentir de nouveau : *renaître à l'espérance.*

RENARD, n. m. Quadrupède à longue queue et à museau pointu. *Fig.* Homme fin et rusé.

RENARDE, n. f. Femelle du renard.

RENARDEAU, n. m. Petit renard.

RENCAISSAGE, n. m. Action de rencaisser.

RENCAISSER, v. tr. Remettre en caisse : *rencaisser des orangers.*

RENCHAÎNER, v. tr. Remettre à la chaîne.

RENCHÉRIR, v. tr. Rendre plus cher : *renchérir une marchandise.* V. int. Devenir plus cher : *le blé renchérit. Fig.* Dire ou faire plus qu'un autre : *il renchérit sur tout ce qu'il entend raconter.*

RENCHÉRISSEMENT, n. m. Augmentation de prix.

RENCOGNER, v. tr. Pousser, serrer que qu'un dans un coin. *Fam.*

RENCONTRE, n. f. Hasard, aventure par laquelle on trouve fortuitement une personne ou une chose : *singulière rencontre ;* choc de deux corps : *rencontre de deux voitures ;* combat : *rencontre de deux armées ;* duel. Aller à la rencontre, au-devant de. *Fig.* Circonstance : *en toute rencontre. Gram.* Choc de deux voyelles qui ne s'élident pas.

RENCONTRER, v. tr. Trouver : *rencontrer quelqu'un, un obstacle ;* deviner : *rencontrer juste.* **Se rencontrer**, v. pr. Se trouver, avoir été : *un homme s'est rencontré qui... ;* exister, se trouver : *cela ne se rencontre guère ;* avoir la même pensée qu'un autre : *les beaux esprits se rencontrent.*

RENDEMENT, n. m. Ce que produit une chose en raison de sa qualité : *le rendement d'une terre, du blé.*

RENDEZ-VOUS, n. m. Convention que font deux ou plusieurs personnes de se trouver à la même heure en un même lieu ; lieu où l'on doit se trouver : *arriver le premier au rendez-vous.*

RENDORMIR, v. tr. Faire dormir de nouveau : *rendormir un enfant.*

RENDOUBLER, v. tr. Remplier un vêtement pour le raccourcir.

RENDRE, v. tr. Restituer, remettre à qui il appartient : *rendre un dépôt ;* voiturer, porter, conduire : *rendre des marchandises à domicile. Fig.* Rejeter, vomir : *rendre son déjeûner ;* redonner : *rendre ses bonnes grâces ;* livrer : *rendre une place ;* produire : *ce blé rend beaucoup de farine ;* exhaler : *la rose rend une odeur agréable ;* reproduire :

ce peintre a bien rendu vos traits : traduire : mal rendre un passage : prononcer : rendre un arrêt ; faire devenir : rendre odieux ; faire recouvrer : rendre la santé ; faire entendre : ce violon rend des sons harmonieux. Rendre l'âme, l'esprit, mourir ; rendre grâce, remercier ; rendre les armes, s'avouer vaincu ; rendre la justice, l'administrer ; rendre justice a quelqu'un, reconnaître ses droits, son mérite ; lui rendre sa parole, le dégager d'une promesse ; lui rendre service, l'obliger ; lui rendre visite, l'aller voir. Se rendre, v. pr. Se transporter : se rendre à Paris ; aboutir : les fleuves se rendent à la mer. Fig. Se montrer : se rendre utile ; se soumettre : se rendre à l'ennemi ; céder, accéder : je me rends à votre avis ; s'emparer : se rendre maître.

RENDU, E. adj. Las, fatigué : je suis rendu ; arrivé où l'on voulait aller : nous voici rendus N. m. Tour joué à quelqu'un par vengeance : c'est un prêté pour un rendu. Fam.

RENDUIRE, v. tr. Enduire de nouveau.

RENDURCIR, v. tr. Rendre plus dur.

RÊNE, n. f. Courroie de la bride d'un cheval. Fig. Tenir les rênes de l'État, le gouverner.

RENÉGAT, E, n. Qui a renié la religion chrétienne pour en embrasser une autre, et particulièrement l'islamisme.

RÉNETTE, n. f. Instrument dont se servent les maréchaux pour couper l'ongle du cheval par sillons.

RENFERMÉ, n. m. Mauvaise odeur qu'exhale une chose qui a été longtemps renfermée, ou une chambre qui a été longtemps fermée.

RENFERMER, v. tr. Enfermer de nouveau : renfermer un prisonnier évadé ; enfermer : renfermer un fou. Fig. Comprendre ; contenir : ce livre renferme de grandes vérités ; restreindre, réduire dans de certaines bornes : renfermer une pensée en peu de mots. Se renfermer, v. pr. Se renfermer en soi-même, se recueillir.

RENFLEMENT, n. m. État de ce qui est renflé.

RENFLER, v. tr. Augmenter de grosseur en cuisant, en fermentant : la chaleur renfle la pâte.

RENFONCEMENT, n. m. Profondeur, partie reculée, enfoncée : coup de poing, principalement sur le chapeau : recevoir un renfoncement.

RENFONCER, v. tr. Enfoncer de nouveau, ou plus avant : renfoncer son chapeau sur les oreilles.

RENFORCÉ, ÉE, adj. Achevé : fat, sot renforcé.

RENFONCEMENT, n. m. Action de renfoncer ; son effet.

RENFORCER, v. tr. Rendre plus fort : renforcer une garnison. Fig. Augmenter, enfler : renforcer sa voix.

RENFORT, n. m. Augmentation de force : recevoir un renfort.

RENFROGNER (SE), v. pr. V. Refrogner.

RENGAGEMENT, n. m. Action de se rengager.

RENGAGER, v. tr. Engager de nouveau. Se rengager, v. pr. Contracter un nouvel engagement.

RENGAÎNER, v. tr. Remettre dans la gaine, dans le fourreau : rengaîner une épée. Fig. Rengaîner son compliment, supprimer ou ne pas achever ce qu'on voulait dire.

RENGORGER (SE), v. pr. Avancer la gorge en retirant la tête un peu en arrière. Fig. Faire l'important.

RENGRAISSER, v. tr. Engraisser de nouveau. V. int. Redevenir gras.

RENGRÉNER, v. tr. Remplir la trémie de nouveau grain.

RENIEMENT ou RENÎMENT, n. m. Action de renier : le reniement de saint Pierre.

RENIER, v. tr. Déclarer contre la vérité qu'on ne connaît point une personne, une chose ; désavouer : renier sa famille ; renoncer à : renier sa religion.

RENIFLEMENT, n. m. Action de renifler.

RENIFLER, v. int. Aspirer fortement des narines ; répugner à faire une chose. Pop.

RENIFLERIE, n. f. Action de renifler. Fam.

RENIFLEUR, EUSE, n. Qui a l'habitude de renifler.

RENNE, n. m. Quadrupède du nord, du genre cerf.

RENOIRCIR, v. tr. Noircir de nouveau.

RENOM, n. m. Réputation, célébrité.

RENOMMÉ, ÉE, adj. Célèbre : capitaine renommé.

RENOMMÉE, n. f. Renom, réputation : bonne, mauvaise renommée ; voix publique : apprendre une chose par la renommée ; divinité mythologique et allégorique.

RENOMMER, v. tr. Nommer, élire de nouveau ; nommer avec éloges : on le renomme en tous lieux.

RENONCEMENT, n. m. Action de renoncer : renoncement aux honneurs,

28.

aux plaisirs. Renoncement à soi-même, abnégation, sacrifice complet de soi-même.

RENONCER, v. int. Se désister : *renoncer à une succession*; quitter, abandonner : *renoncer au monde*; au jeu, mettre une carte d'une couleur autre que celle demandée. V. tr. Renier, désavouer : *je te renonce pour mon fils.*

RENONCIATION, n. f. Acte par lequel on renonce à une chose.

RENONCULE, n. f. Belle plante d'ornement.

RENOUÉE, n. f. Plante dont les tiges ont beaucoup de nœuds.

RENOUEMENT ou **RENOÛMENT**, n. m. Renouvellement : *renoûment d'amitié.*

RENOUER, v. tr. Nouer une chose dénouée. *Fig.* Reprendre après interruption : *renouer la conversation, renouer une affaire* ; renouveler : *renouer avec quelqu'un.*

RENOUVELER, v. tr. Rendre nouveau en substituant une chose à une autre de même espèce : *renouveler sa garde-robe. Fig.* Rappeler : *renouveler un souvenir, un chagrin*; refaire : *renouveler un bail* ; remettre en vigueur : *renouveler une mode*; recommencer : *renouveler un procès*; transformer : *renouveler la face de son pays.* Se renouveler, v. pr. Revenir de nouveau : *les beaux jours se renouvellent au printemps.*

RENOUVELLEMENT, n. m. Action de renouveler : *renouvellement de bail*; retour : *renouvellement de l'année*; accroissement : *renouvellement de tendresse.*

RÉNOVATION, n. f. Renouvellement : *rénovation des vœux, de la discipline.*

RENSEIGNEMENT, n. m. Indice qui met sur la voie d'une chose, qui sert à la faire reconnaître.

RENSEIGNER, v. tr. Donner des renseignements.

RENSEMENCER, v. tr. Ensemencer de nouveau.

RENTE, n. f. Ce qui est dû tous les ans pour des fonds placés ou un bien mis à ferme.

RENTÉ, ÉE, adj. Qui a des rentes : *être bien, mal renté.*

RENTER, v. tr. Assigner une rente, un revenu à : *renter un hôpital.*

RENTIER, ÈRE, n. Qui a des rentes.

RENTOILAGE, n. m. Action de rentoiler.

RENTOILER, v. tr. Soutenir, conserver la toile usée d'un tableau, en la collant sur une toile neuve.

RENTRAIRE, v. tr. Raccommoder une étoffe sans que le travail ou la couture paraisse.

RENTRAITURE, n. f. Couture de ce qui est rentrait.

RENTRANT, adj. *Angle rentrant*, dont l'ouverture est en dehors du plan de la figure. Son opposé est *angle saillant.* N. m. Joueur qui prend la place d'un autre qui a perdu la partie.

RENTRÉE, n. f. Action de reprendre ses fonctions, ses travaux, après des vacances : *rentrée des tribunaux, des classes* ; recouvrement de fonds : *rentrée difficile* : enlèvement d'une récolte : *rentrée des foins* ; réapparition d'un acteur après une absence, un congé. *Vén.* Retour des animaux dans le bois, au point du jour : *attendre le lièvre à la rentrée. Jeu.* Cartes qu'on prend au talon, à la place de celles qu'on a écartées : *mauvaise, heureuse rentrée.*

RENTRER, v. int. Entrer de nouveau : *rentrer chez soi* ; reprendre certaines fonctions, des études : *les tribunaux, les collèges sont rentrés. Rentrer en grâce*, obtenir son pardon ; *rentrer dans son devoir*, y revenir ; *rentrer dans ses droits*, les recouvrer ; *rentrer en soi-même*, réfléchir sur soi-même ; *faire rentrer des fonds*, les percevoir ; *rentrer sur le théâtre*, se dit d'un acteur qui reparaît sur la scène après une absence, un congé. V. tr. *Rentrer le corps*, se tenir droit sous les armes.

RENVELOPPER, v. tr. Envelopper de nouveau.

RENVERSE (À LA), loc. adv. Sur le dos : *tomber à la renverse.*

RENVERSEMENT, n. m. Action de renverser; état d'une chose renversée. *Fig.* Ruine, destruction : *le renversement d'un État. Mus.* Changement d'ordre dans les sons qui forment l'accord fondamental.

RENVERSER, v. tr. Faire tomber par terre. *Fig.* Détruire, troubler l'ordre : *renverser un système, un État*; chasser : *renverser un roi du trône*; mettre en déroute : *renverser l'ennemi.*

RENVOI, n. m. Envoi d'une chose à la personne qui l'avait envoyée : *renvoi de marchandises*; congé : *renvoi de troupes*; destitution : *renvoi d'un ministre*; action de renvoyer devant une commission, devant un juge : *renvoi d'une proposition, d'une demande*; ajournement : *renvoi d'une cause à huitaine*; addition marginale dans un acte, un écrit ; signe qui l'indique. *Mus.* Signe qui indique une reprise.

RENVOYER, v. tr. Envoyer de nouveau ; faire retourner : *renvoyer des chevaux, une escorte* ; faire reporter à quelqu'un ce qu'il avait envoyé : *renvoyer un présent*, rendre un objet prêté, oublié : *renvoyer un livre, des gants* ; chasser : *renvoyer un domestique*, destituer : *renvoyer un ministre* ; congédier : *renvoyer des troupes* ; décharger d'une accusation : *renvoyer un accusé* ; répercuter, réfléchir : *renvoyer la balle, les sons* ; ajourner à un autre temps : *renvoyer au lendemain.*

RÉORGANISATION, n. f. Action d'organiser de nouveau ; son résultat.

RÉORGANISER, v. tr. Organiser de nouveau.

RÉOUVERTURE, n. f. Action de rouvrir : *la réouverture d'un théâtre.*

REPAIRE, n. m. Retraite de bêtes féroces, de brigands, de malfaiteurs.

REPAÎTRE, v. int. Manger, prendre sa réfection : *ce cheval a fait trente lieues sans repaître.* V. tr. Nourrir : *il faut repaître ces animaux.* Fig. Repaître ses yeux de la vue d'un objet, le regarder avec avidité. V. pr. *Se repaître de chimères*, se livrer à de vaines espérances ; *se repaître de sang*, en répandre beaucoup.

RÉPANDRE, v. tr. Laisser tomber : *répandre du vin par terre* ; épancher, verser : *répandre des larmes, du sang* ; étendre au loin : *le soleil répand sa lumière*, et, fig. : *répandre l'alarme* ; exhaler : *répandre une odeur agréable* ; distribuer : *répandre des bienfaits.* Se répandre, v. pr. Paraître, se manifester au dehors : *la tristesse se répand sur tous les visages. Se répandre en invectives*, dire beaucoup d'injures.

RÉPARABLE, adj. Qui peut se réparer : *dommage réparable.*

REPARAÎTRE, v. int. Paraître de nouveau.

RÉPARATEUR, n. m. Qui répare. Adj. : *sommeil réparateur.*

RÉPARATION, n. f. Ouvrage qu'on fait ou qu'il faut faire pour réparer : *réparation d'un pont, d'une machine.* Fig. Satisfaction d'une offense : *réparation d'honneur.*

RÉPARER, v. tr. Refaire, restaurer : *réparer un mur, un tableau.* Fig. Rétablir : *réparer ses forces*, effacer, expier : *réparer ses fautes*, donner satisfaction : *réparer une offense. Réparer le temps perdu*, faire un meilleur emploi du temps que par le passé.

REPARLER, v. int. Parler de nouveau.

REPARTIE, n. f. Prompte réplique.

REPARTIR, v. tr. Répliquer promptement, répond e : *qu'avez-vous à me repartir ?* V. int. : *repartir vivement.*

REPARTIR, v. int. Partir de nouveau.

RÉPARTIR, v. tr. Partager, distribuer : *répartir une somme entre...*

RÉPARTITEUR, n. m. Qui fait une répartition.

RÉPARTITION, n. f. Partage, distribution : *répartition d'une somme. Répartition des impôts*, action de fixer d'avance la somme que chaque contribuable devra payer à l'État.

REPAS, n. m. Action de prendre de la nourriture à certaines heures réglées.

REPASSAGE, n. m. Action d'aiguiser un couteau, un canif, etc. ; de repasser du linge.

REPASSER, v. int. Passer de nouveau : *je repasserai ce soir.* V. tr. Traverser de nouveau : *repasser les monts, les mers* ; transporter de nouveau : *le batelier vous repassera* ; aiguiser : *repasser un couteau* ; unir au moyen d'un fer chaud : *repasser du linge.* Fig. Répéter par cœur, pour s'assurer si l'on sait : *repasser un rôle, un sermon.*

REPASSEUSE, n. f. Femme dont le métier est de repasser du linge.

REPAVER, v. tr. Paver de nouveau.

REPÊCHER, v. tr. Retirer de l'eau ce qui y est tombé : *repêcher son chapeau.*

REPEINDRE, v. tr. Peindre de nouveau.

REPENSER, v. int. Penser de nouveau.

REPENTANCE, n. f. Regret qu'on a de ses péchés.

REPENTANT, E, adj. Qui se repent : *pécheur repentant.*

REPENTIR (SE), v. pr. Avoir un véritable regret.

REPENTIR, n. m. Regret sincère d'avoir fait ou de n'avoir pas fait une chose.

REPERCER, v. tr. Percer de nouveau.

RÉPERCUSSIF, IVE, adj. et n. Qui répercute, qui fait rentrer les humeurs : *les astringents, la glace, l'eau froide sont des répercussifs.*

RÉPERCUSSION, n. f. Action des médicaments répercussifs. *Phys.* Réflexion du son, de la lumière, de la chaleur.

RÉPERCUTER, v. tr. Faire refluer les humeurs à l'intérieur. *Phys.* Réfléchir, renvoyer : *les surfaces polies répercutent la chaleur.*

REPERDRE, v. tr. Perdre de nouveau.

REPÈRE. n. m. Marque faite à différentes pièces d'assemblage pour les reconnaître et les ajuster plus facilement; marque faite sur un mur, sur un jalon, sur un terrain, etc., pour indiquer ou retrouver un alignement, un niveau, une hauteur, etc.

REPÉRER, v. tr. Marquer des repères.

RÉPERTOIRE, n. m. Table, recueil où les matières sont rangées dans un ordre qui les rend faciles à trouver : *répertoire alphabétique*; titre de certains recueils : *répertoire de jurisprudence*; liste des pièces restées au théâtre : *répertoire du Théâtre français*. *Fig.* Personne qui se souvient de beaucoup de choses, et qui est toujours prête à en instruire les autres : *c'est un répertoire vivant*.

RÉPÉTAILLER, v. tr. Répéter la même chose jusqu'à satiété. *Fam.*

RÉPÉTER, v. tr. Redire ce qu'on a déjà dit ou ce qu'un autre a dit; s'étudier à dire seul ce qu'on devra biter en public : *répéter un rôle, un sermon*; réciter : *répétez votre leçon*; recommencer : *répéter en expérience*; reproduire : *répéter des signaux télégraphiques*; réfléchir : *le miroir répète l'image des objets*; donner des répétitions : *répéter un rhétoricien*. **Se répéter,** v. pr. Tomber dans des redites; avoir lieu souvent : *cela se répète tous les jours*.

RÉPÉTITEUR, n. m. Qui donne des répétitions à des élèves : *répétiteur de mathématiques*. *Mar.* Vaisseau qui répète les signaux d'un amiral. *Astr.* Instrument servant à mesurer les angles avec précision.

RÉPÉTITION, n. f. Redite; figure de rhétorique qui consiste à employer plusieurs fois le même mot, le même tour, pour donner plus d'énergie à la phrase; leçon particulière donnée à un élève ou à quelques élèves réunis; essai d'une pièce, d'un morceau de musique qu'on doit jouer en public. **Montre à répétition,** qui sonne l'heure et les quarts.

REPEUPLEMENT, n. m. Action de repeupler.

REPEUPLER. v. tr. Peupler de nouveau un pays d'habitants, un parc de gibier, un étang de poisson, etc.

REPIC, n. m. Au jeu de piquet, avoir trente points en main, sans que l'adversaire puisse rien compter.

REPIQUAGE, n. m. Transplantation d'une jeune plante venue de semis.

RÉPIT, n. m. Délai, relâche.

REPLACER, v. tr. Remettre en place.

REPLANTER, v. tr. Planter de nouveau.

REPLÂTRAGE, n. m. Réparation superficielle faite avec du plâtre. *Fig.* Mauvais moyen employé pour réparer une faute; réconciliation peu solide et peu sincère : *ce n'est qu'un replâtrage.*

REPLÂTRER, v. tr. Recouvrir de plâtre. *Fig.* Chercher à couvrir une faute.

REPLET, ÈTE, adj. Trop gras.

RÉPLÉTION, n. f. Excès d'embonpoint.

REPLI, n. m. Pli doublé. Pl. Sinuosités que font les reptiles. *Fig.* Ce qu'il y a de plus caché dans l'âme.

REPLIER, v. tr. Plier une chose qui avait été dépliée. **Se replier,** v. pr. Faire un mouvement en arrière et en bon ordre : *l'armée se replia*; se plier, se courber sur ou plusieurs fois : *le serpent se replie en tous sens.*

RÉPLIQUE, n. f. Réponse à ce qui a été répondu : *avocat fort sur la réplique*; à ce qui a été dit ou écrit : *raison sans réplique*; dernier mot que dit un acteur, avant que son interlocuteur prenne la parole : *donner la réplique.*

RÉPLIQUER, v. tr. Faire une réplique. V. int. : *répliquer avec aigreur.*

REPLONGER, v. tr. et int. Plonger de nouveau. *Fig.* : *replonger un pays dans les calamités de la guerre.*

REPOLIR. v. tr. Polir de nouveau. *Fig.* : *polir et repolir un écrit.*

RÉPONDANT, n. m. Celui qui répond à la messe; caution, garant : *être le répondant de quelqu'un.*

RÉPONDRE. v. tr. Faire une réponse à ce qui est dit, écrit ou demandé. V. int. Faire une réponse : *bien, mal répondre*; raisonner : *ne répondez point*; répéter le son : *l'écho répond*; apporter des raisons contre : *répondre à une objection*; assurer : *je vous réponds que cela est ainsi. Fig.* Être en proportion de : *ses forces ne répondent pas à son courage*; réaliser : *répondre aux espérances qu'on avait fait concevoir*; payer de retour : *répondre à une politesse*; correspondre d'une manière symétrique : *ce pavillon répond à l'autre*; être garant, responsable : *répondre pour quelqu'un*; se faire sentir par contrecoup : *la douleur me répond à la tête.*

RÉPONS, n. m. Antienne qui se chante après les leçons, dans l'office divin.

RÉPONSE, n. f. Ce qu'on répond à une question; réfutation : *réponse victorieuse*; lettre qu'on écrit pour répondre à une autre.

REPORT, n. m. Action de reporter

un total d'une page sur une autre : *faire un report* ; la somme ainsi reportée : *le report est de 200 francs.*

REPORTER. v. tr. Porter une chose au lieu où elle était auparavant ; transporter : *reporter une somme à une autre page.* V. pr. *Fig.* Se transporter en pensée, en esprit : *se reporter aux jours de son enfance.*

REPOS. n. m. Cessation de mouvement ; cessation de travail : *prendre un peu de repos* ; sommeil : *perdre le repos* ; tranquillité, quiétude : *avoir la conscience en repos* ; état de paix : *toute l'Europe est en repos* ; état d'une arme à feu, lorsque le chien n'est ni abattu ni bandé ; césure dans les vers de dix et de douze pieds ; pause dans la lecture ou la déclamation. *Champ du repos*, cimetière.

REPOSER, v. tr. Mettre dans une situation tranquille : *reposer sa tête sur un oreiller* ; procurer du calme : *cela repose l'esprit. Reposer ses yeux sur un objet*, les y arrêter avec plaisir ; e savoir où reposer sa tête, être sans asile. V. int. Dormir, être dans un état de repos : *passer la nuit sans reposer* ; être déposé : *le Saint-Sacrement repose dans cette chapelle* ; être enterré : *ici repose...* ; être établi, fondé : *la maison repose sur le roc*, et, fig. : *ce raisonnement ne repose sur rien de certain. Laisser reposer du vin*, lui donner le temps de s'éclaircir, de déposer ; *laisser reposer une terre*, la laisser en jachère. **Se reposer**, v. pr. Prendre du repos. *Fig. Se reposer sur ses lauriers*, demeurer inactif après un succès ; *se reposer sur quelqu'un du soin d'une affaire*, s'en rapporter à lui.

REPOSOIR, n. m. Autel préparé sur le passage de la procession, le jour de la Fête-Dieu, pour y faire *reposer* le Saint-Sacrement.

REPOUSSANT. E. adj. Qui inspire du dégoût, de l'aversion : *laideur repoussante.*

REPOUSSEMENT, n. m. Action de repousser, en parlant des armes à feu.

REPOUSSER, v. tr. Rejeter, renvoyer : *repousser la balle* ; faire reculer : *repousser l'ennemi. Fig.* Écarter de la pensée : *repousser une tentation* ; ne pas agréer, ne pas accepter : *repousser une demande, une proposition* ; produire de nouveau : *cet arbre a repoussé d'autres branches.* V. int. Pousser de nouveau : *sa barbe, ses cheveux repoussent* ; éprouver un mouvement en arrière : *ce fusil repousse.*

REPOUSSOIR, n. m. Cheville de fer que l'on emploie pour faire sortir une autre cheville de fer ou de bois poinçon pour faire sortir les clous du pied d'un cheval qu'on déferre.

RÉPRÉHENSIBLE, adj. Digne de blâme.

RÉPRÉHENSION, n. f. Réprimande, blâme.

REPRENDRE, v. tr. Prendre de nouveau : *reprendre les armes* ; s'emparer de nouveau : *reprendre une ville, un prisonnier* ; rejoindre : *je viendrai vous reprendre* ; continuer une chose interrompue : *reprendre un travail* ; réprimander, blâmer : *reprendre un enfant* ; recouvrer : *reprendre ses forces* ; attaquer de nouveau : *sa goutte l'a repris* ; raccommoder : *reprendre des bas. Reprendre haleine*, se reposer un instant ; *reprendre le dessus*, regagner l'avantage ; *reprendre une pièce*, la jouer de nouveau ; *on ne m'y reprendra plus*, je ne le ferai plus. V. int. Prendre de nouveau racine : *cet arbre reprend bien* ; se rétablir : *sa santé reprend* ; revenir : *le froid reprend* ; se rejoindre : *les chairs reprennent* ; critiquer : *il trouve à reprendre à tout.* **Se reprendre**. v. pr. Recommencer quand on a mal dit : *il se reprit à temps.*

REPRÉSAILLE, n. f. Ce qu'on fait pour se venger.

REPRÉSENTANT. n. m. Celui qui représente une autre personne ; député.

REPRÉSENTATIF, IVE. adj. *Gouvernement représentatif*, dans lequel des députés élus par la nation concourent à la formation des lois.

REPRÉSENTATION, n. f. Exhibition : *représentation de titres* ; action de jouer des pièces de théâtre : *représentation d'une tragédie* ; reproduction par la peinture, la sculpture, la gravure : *représentation d'une bataille* ; état que tient une personne d'un rang élevé : *frais de représentation* ; remontrances faites avec mesure : *faire des représentations* ; corps des représentants d'une nation : *représentation nationale.*

REPRÉSENTER, v. tr. Présenter de nouveau ; exhiber, exposer devant les yeux : *représenter des pièces* ; rappeler le souvenir : *cet enfant me représente son père* ; signifier : *le mystère de la Trinité représente...* ; figurer par la peinture, la gravure, le discours, etc. : *représenter un naufrage* ; jouer en public une pièce de théâtre : *représenter l'Avare* ; y remplir un rôle : *représenter Harpagon* ; tenir la place de quelqu'un : *les ambassadeurs représentent les rois* ; remontrer : *représenter à quelqu'un les* inconvénients d'une action. V. int. Avoir un certain maintien : cet homme représente bien. **Se représenter**, v. pr. Se figurer : représente-toi son étonnement.

RÉPRESSIF, IVE, adj. Qui réprime : lois répressives.

RÉPRESSION, n. f. Action de réprimer : répression des délits.

RÉPRIMABLE, adj. Qui doit ou peut être réprimé.

RÉPRIMANDE, n. f. Répréhension, correction faite avec autorité ; peine disciplinaire que les membres de certains corps encourent pour des manquements légers.

RÉPRIMANDER, v. tr. Reprendre avec autorité.

RÉPRIMER, v. tr. Arrêter l'effet, le progrès d'une chose : réprimer la licence, les passions.

REPRISE, n. f. Continuation d'une chose interrompue : travail fait à plusieurs reprises ; réparation à une étoffe : faire une reprise à un bas ; remise au théâtre : la reprise d'un drame ; toute partie d'un air, d'une chanson, qui doit être exécutée, chantée deux fois.

REPRISER, v. tr. Faire des reprises dans une étoffe.

RÉPROBATEUR, TRICE, adj. Qui exprime la réprobation, le mécontentement : ton réprobateur.

RÉPROBATION, n. f. Jugement par lequel Dieu exclut un pécheur du bonheur éternel ; blâme : encourir la réprobation des gens de bien.

REPROCHABLE, adj. Qui mérite des reproches.

REPROCHE, n. m. Ce qu'on dit à une personne pour lui exprimer son mécontentement et lui faire honte.

REPROCHER, v. tr. Dire à quelqu'un une chose qui doit lui faire honte : reprocher une ingratitude. **Se reprocher**, v. pr. S'en vouloir, se blâmer d'une chose : se reprocher sa faiblesse.

REPRODUCTEUR, TRICE, adj. Qui reproduit, qui sert à la reproduction.

REPRODUCTIBILITÉ, n. f. Faculté d'être reproduit.

REPRODUCTIBLE, adj. Susceptible de reproduction.

REPRODUCTION, n. f. Action par laquelle les êtres vivants perpétuent leur espèce. Bot. Moyen de multiplier les végétaux : reproduction par greffe, par bouture, etc. ; parties qui, dans certains animaux, succèdent à celles qui ont été arrachées ou mutilées, telles que les pattes de l'écrevisse, la queue du lézard, etc.

REPRODUIRE, v. tr. Produire de

nouveau ; présenter de nouveau : reproduire ses motifs.

RÉPROUVÉ, EE, adj. et n. Damné : les justes et les réprouvés.

RÉPROUVER, v. tr. Désapprouver, rejeter : réprouver une doctrine ; condamner aux peines éternelles.

REPTILE, n. m. Animal rampant ou à pieds très-courts, à sang rouge et froid, et dont le corps est généralement recouvert d'écailles, comme le serpent, le lézard, la tortue, etc.

RÉPUBLICAIN, E, adj. Qui appartient à la république : gouvernement républicain. N. Partisan de la république.

RÉPUBLICANISME, n. m. Qualité, sentiments de républicain.

† **RÉPUBLIQUE**, n. f. Tout État où le peuple se gouverne lui-même, soit immédiatement, soit par ses délégués ; son opposé est monarchie. Fig. La république des lettres, les gens de lettres.

RÉPUDIATION, n. f. Action de répudier.

RÉPUDIER, v. tr. Renvoyer sa femme avec les formalités légales. Fig. Rejeter : répudier la croyance de ses pères ; renoncer à : répudier une succession.

RÉPUGNANCE, n. f. Sorte d'aversion pour quelqu'un ou pour quelque chose.

RÉPUGNANT, E, adj. Qui inspire de la répugnance.

RÉPUGNER, v. int. Avoir de la répugnance : répugner à faire une chose ; en inspirer : cet homme me répugne ; être opposé : cela répugne à la raison.

RÉPULSIF, IVE, adj. Qui repousse : force répulsive.

RÉPULSION, n. f. Résultat des forces qui tendent à éloigner deux corps l'un de l'autre : la répulsion de l'aimant, d'un corps électrisé. Son opposé est attraction.

RÉPUTATION, n. f. Renom, estime, opinion publique : bonne, mauvaise réputation.

RÉPUTER, v. tr. Estimer, croire, tenir pour : il est réputé pour homme de bien, d'honneur.

REQUÉRANT, E, adj. et n. Qui requiert, qui demande en justice.

REQUÉRIR, v. tr. Demander en justice : requérir l'application de la loi ; sommer : requérir quelqu'un de faire une chose ; réclamer, demander : requérir la force armée.

REQUÊTE, n. f. Demande par écrit devant les tribunaux, etc. **Maître des requêtes**, magistrat qui fait l'office de rapporteur au conseil d'État. Demande verbale, supplique ; ayez égard à sa requête.

REQUÊTER, v. tr. Quêter de nouveau.

REQUIEM, n. m. Mot lat. Prière de l'Eglise pour les morts : *chanter un requiem*.

REQUIN, n. m. Gros poisson de mer très-vorace, du genre squale.

REQUINQUER (SE), v. pr. Se parer d'une manière affectée. *Fam.*

RÉQUISITION, n. f. Action de requérir en justice : *à la réquisition du procureur impérial*; action de requérir pour le service public, dans certains cas extraordinaires, des subsides en hommes, chevaux, argent, vivres, etc.

RÉQUISITOIRE, n. m. Acte de réquisition que fait le ministère public dans un tribunal.

RESCOUSSE (À LA), n. f. Cri que l'on fait entendre pour demander du secours, principalement à la guerre.

RESCRIPTION, n. f. Ordre, mandement par écrit que l'on donne pour toucher une certaine somme.

RESCRIT, n. m. Décision du pape sur quelques questions de théologie.

RÉSEAU, n. m. Tissu de fil, de soie, etc., en forme de rets; entrelacement des vaisseaux sanguins. *Réseau de chemins de fer*, ensemble des lignes de chemins de fer qui couvrent un pays à la manière d'un réseau.

RÉSÉDA, n. m. Plante dont la fleur exhale une odeur douce et agréable.

RÉSERVE, n. f. Action de réserver : *faire donation de son bien sous réserve*; partie de l'armée qu'on n'appelle sous les drapeaux que lorsque les circonstances l'exigent; troupes réservées un jour de bataille, et prêtes à se porter aux endroits où leur présence devient nécessaire; portion de bois qu'on réserve dans une coupe, qu'on laisse croître en haute futaie; discrétion, retenue : *parler avec réserve.* Loc. adv. *Sans réserve*, sans exception; *en réserve*, à part, de côté : *mettre en réserve.* *À la réserve de*, loc. prép. À l'exception de.

RÉSERVÉ, ÉE, adj. Discret, circonspect : *air réservé. Cas réservé*, péché dont le pape ou l'évêque peuvent seuls absoudre. N. : *faire le réservé.*

RÉSERVER, v. tr. Retenir quelque chose d'un tout : *réserver une part du butin*; garder pour un autre temps, pour un autre usage : *réserver quelque argent pour des besoins imprévus*; destiner : *à qui réservez-vous cela? Se réserver*, v. pr. Attendre : *se réserver pour une autre occasion.*

RÉSERVOIR, n. m. Lieu où l'on amasse des eaux. *Anat.* Toute cavité du corps humain dans laquelle s'amasse un fluide.

RÉSIDANT, E, adj. et n. Qui réside.

RÉSIDENCE, n. f. Demeure habituelle, séjour obligé au lieu où l'on exerce une fonction; lieu où réside un seigneur, un prince, un souverain : *Versailles fut la résidence de plusieurs rois de France.*

RÉSIDENT, n. m. Envoyé d'un souverain auprès d'un gouvernement étranger, lorsque l'importance des relations n'exige pas la présence d'un ambassadeur.

RÉSIDER, v. int. Faire sa demeure habituelle en quelque endroit. *Fig.* Consister : *voilà où réside la difficulté.*

RÉSIDU, n. m. *Chim.* Reste des substances soumises à l'action de divers agents.

RÉSIGNATION, n. f. Abandon de biens ou de droits en faveur de quelqu'un; soumission à la volonté de Dieu : *souffrir avec résignation*; soumission à son sort : *subir un exil avec résignation.*

RÉSIGNER, v. tr. Se démettre d'un office, d'un bénéfice en faveur de quelqu'un. *Résigner son âme à Dieu*, la remettre entre les mains de Dieu. *Se résigner*, v. pr. Se soumettre : *se résigner à la volonté de Dieu, se résigner à souffrir.*

RÉSILIATION, n. f. Annulation d'un bail, d'un acte quelconque.

RÉSILIER, v. tr. Annuler un acte.

RÉSILLE, n. f. Espèce de filet qui enveloppe les cheveux.

RÉSINE, n. f. Matière inflammable et visqueuse qui découle de certains arbres, tels que le pin, le sapin, le mélèze, etc.

RÉSINEUX, EUSE, adj. Qui tient de la résine, qui en produit : *sucs, bois résineux.*

RÉSIPISCENCE, n. f. Reconnaissance de sa faute avec amendement : *venir à résipiscence.*

RÉSISTANCE, n. f. Force à l'aide de laquelle un corps réagit contre l'action d'un autre corps; défense contre l'attaque : *faire résistance*; opposition : *obéir sans résistance. Pièce de résistance*, où il y a beaucoup à manger.

RÉSISTER, v. int. Ne pas céder au choc, à l'impression d'un autre corps : *le fer froid résiste au marteau*; se défendre, opposer la force à la force : *résister à la force publique. Fig.* Tenir ferme : *résister à la tentation*; supporter, endurer : *résister à la fatigue, à la douleur.*

RÉSOLU, E. adj. Arrêté : *c'est un point résolu* ; hardi, déterminé : *c'est un homme résolu.*

RÉSOLUBLE. adj. Qui peut être résolu : *problème résoluble.*

RÉSOLUMENT. adv. Avec une forte résolution : *vouloir résolument* ; hardiment : *marcher résolument au combat.*

RÉSOLUTIF, IVE. adj. et n. Médicament qui détermine la résolution des engorgements.

RÉSOLUTION, n. f. Dessein que l'on prend : *former une résolution* ; fermeté, courage : *marquer de résolution* ; décision d'un cas douteux, d'une question : *résolution d'une difficulté, d'un problème* ; cassation : *résolution d'un bail.* Chim. Réduction d'un corps en ses premiers principes : *résolution de l'eau e, vapeur.* Méd. *Résolution d'une tumeur,* action par laquelle elle disparaît peu à peu.

RÉSOLUTOIRE. adj *Action résolutoire,* qui a pour objet de faire prononcer la cassation d'un acte, d'un contrat.

RÉSOLVANT, E. adj. et n. Qui résout : *c'est un bon résolvant.*

RÉSONNANCE, n. f. Bruit confus qui résulte du prolongement graduel du son.

RÉSONNEMENT, n. m. Retentissement et renvoi du son : *résonnement d'une voûte.*

RÉSONNER, v. int. Renvoyer le son : *l'écho résonne* ; retentir : *le canon résonne.*

RÉSOUDRE, v. tr. (*Je résous, n. résolvons. Je résolvais, n. résolvions. Je résolus, n. résolûmes. Je résoudrai, n. résoudrions. Je résoudrais, n. résoudrions. Résous, résolvons. Q. je résolve, q. n. résolvions. Q. je résolusse, q. n. résolussions. Résolvant. Résolu, e*). Faire disparaître peu à peu, fondre : *résoudre une tumeur* ; réduire : *le feu résout le bois en cendre* ; annuler : *résoudre un bail* ; prendre une résolution : *j'ai résolu de changer de conduite* ; opérer la solution : *résoudre un problème, une question.* **Se résoudre,** v. pr. Se déterminer : *se résoudre à partir* ; se changer en : *le brouillard s'est résolu en pluie.*

RESPECT, n. m. Vénération, déférence : *respect filial.* *Respect humain,* crainte qu'on a du jugement des hommes ; *tenir en respect,* contenir ; *sauf votre respect,* que cela ne vous offense pas. Pl. Hommages, civilités : *présenter ses respects à quelqu'un.*

RESPECTABLE. adj. Digne de respect.

RESPECTER, v. tr. Porter respect, honorer, vénérer. *Fig.* Épargner : *le temps ne respecte rien.* **Se respecter.** v. pr. Garder les bienséances convenables.

RESPECTIF, IVE, adj. Réciproque, qui a rapport à chacun en particulier.

RESPECTIVEMENT, adv. D'une manière respective.

RESPECTUEUSEMENT, adv. Avec respect.

RESPECTUEUX, EUSE, adj. Qui témoigne du respect : *enfant respectueux* ; qui marque du respect : *langage respectueux.*

RESPIRABLE, adj. Qu'on peut respirer.

RESPIRATION, n. f. Action de respirer.

RESPIRATOIRE, adj. Propre à la respiration, qui sert à respirer : *appareil respiratoire.*

RESPIRER, v. int. Attirer et repousser l'air par le mouvement des poumons ; vivre : *il respire encore.* *Fig.* Prendre quelque relâche : *laissez-moi respirer un moment.* V. tr. : *respirer un bon air.* *Fig.* Marquer, exprimer : *tout ici respire la joie* ; désirer ardemment : *respirer la vengeance.* V. int. : *respirer après la gloire.*

RESPLENDIR, v. int. Briller avec grand éclat.

RESPLENDISSANT, E, adj. Qui resplendit.

RESPLENDISSEMENT, n. m. Grand éclat formé par l'expansion, par la réflexion de la lumière.

RESPONSABILITÉ, n. f. Obligation de répondre de ses actions, de celles d'un autre ou d'une chose confiée.

RESPONSABLE, adj. Qui doit répondre, être garant de.

RESSAC, n. m. Retour violent des vagues sur elles-mêmes, lorsqu'elles ont frappé contre un obstacle.

RESSAIGNER, v. tr. Saigner de nouveau. V. int. : *ma plaie ressaigne.*

RESSAISIR, v. tr. Reprendre possession.

RESSASSER, v. tr. Examiner minutieusement et à plusieurs reprises : *ressasser un compte* ; répéter une même chose d'une manière fatigante.

RESSAUT, n. m. Saillie d'une corniche.

RESSAUTER, v. int. Sauter de nouveau.

RESSEMBLANCE, n. f. Conformité, rapport de physionomie, de forme, de caractère, etc., entre les personnes ou les choses.

RESSEMBLANT, adj. Qui ressemble : *portrait bien ressemblant.*

RESSEMBLER, v. int. Avoir de la ressemblance avec quelqu'un.

RESSEMELAGE, n. m. Action de ressemeler ; son résultat.

RESSEMELER, v. tr. Mettre de nouvelles semelles à une vieille chaussure.

RESSEMER, v. tr. Semer une seconde fois.

RESSENTIMENT, n. m. Faible renouvellement d'un mal, d'une douleur : avoir un léger ressentiment de sa goutte ; souvenir d'une injure avec désir de s'en venger : conserver un vif ressentiment d'une offense.

RESSENTIR, v. tr. Sentir, éprouver. Se ressentir, v. pr. Sentir quelque reste d'un mal qu'on a eu : se ressentir d'un rhumatisme ; éprouver les suites : il s'en ressentira longtemps.

RESSERREMENT, n. m. Action par laquelle une chose est resserrée.

RESSERRER, v. tr. Serrer davantage : resserrer un cordon, et, fig. : resserrer les liens de l'amitié : remettre une chose en son lieu : resserrer des papiers. V. int. Rendre le ventre moins libre : les nèfles, les coings resserrent.

RESSORT, n. m. Élasticité : ressort de l'air ; morceau de métal fait et posé de façon qu'il se rétablit dans sa première situation, lorsqu'il cesse d'être comprimé : ressort de montre. Fig. Activité, force, énergie : donner du ressort à l'esprit ; moyen pour réussir : faire jouer tous les ressorts.

RESSORT, n. m. Étendue de juridiction : ressort d'un tribunal ; compétence : cela n'est pas de mon ressort. Juger en dernier ressort, sans appel.

RESSORTIR, v. int. Sortir de nouveau ; rendre plus saillant, plus frappant : les ombres font ressortir les lumières dans un tableau, faire ressortir les défauts d'autrui.

RESSORTIR, v. int. (Je ressortis, n. ressortissons. Je ressortissais, n. ressortissions, etc., etc.) Être d'une juridiction, de la compétence, du ressort de.

RESSORTISSANT, E, adj. Qui ressortit d'une juridiction.

RESSOUDER, v. tr. Souder de nouveau.

RESSOURCE, n. f. Ce à quoi on a recours, dans une extrémité fâcheuse, pour se tirer d'embarras. Homme de ressource, fertile en expédients. Pl. Argent, hommes, etc. : les ressources de la France. Être sans ressources, dans le dénûment.

RESSOUVENIR, n. m. Souvenir, mémoire.

RESSOUVENIR (SE), v. pr. Conserver la mémoire d'une chose.

RESSUSCITER, v. tr. Ramener de la mort à la vie. Fig. Renouveler, faire revivre : ressusciter une mode. V. int. Revenir de la mort à la vie : Jésus-Christ ressuscita le troisième jour.

RESTANT, E, adj. Qui reste : il est le seul héritier restant. N. m. Ce qui reste.

RESTAURANT, E, adj. Qui restaure : aliment restaurant. N. m. : le vin est un bon restaurant. Par ext. Établissement de restaurateur : tenir un restaurant.

RESTAURATEUR, **TRICE**, n. Qui répare : restaurateur d'un tableau ; qui rétablit : restaurateur des lettres, des arts. N. m. Traiteur.

RESTAURATION, n. f. Réparation, rétablissement : restauration d'un monument. Fig. : la restauration des lettres. Rétablissement d'une dynastie déchue : la restauration des Stuarts, des Bourbons.

RESTAURER, v. tr. Réparer, rétablir : restaurer une statue, et, fig. : restaurer les lettres ; redonner de la force, de la vigueur : ce bouillon m'a restauré. Se restaurer, v. pr. Réparer ses forces par une bonne nourriture.

RESTE, n. m. Ce qui demeure d'un tout, d'une quantité quelconque : le reste d'une somme. Arith. Différence entre deux quantités, comme dans la soustraction. Jouer de son reste, employer ses dernières ressources ; être en reste, devoir encore ; le reste d'un autre, ce qu'un autre a refusé ; ne pas demander son reste, se retirer sans rien dire. Pl. Cendres : les restes d'un grand homme. Loc. adv. De reste, de plus qu'il ne faut ; au reste, du reste, au surplus, d'ailleurs.

RESTER, v. int. Être de reste ; demeurer : rester seul, rester en chemin, rester à Paris ; mettre du temps : vous êtes resté trop longtemps à faire cela ; s'arrêter : restons-en là. Rester sur le champ de bataille, y être tué.

RESTITUABLE, adj. Que l'on doit rendre.

RESTITUER, v. tr. Rendre ce qui a été pris ou ce qui est possédé indûment : restituer le bien d'autrui.

RESTITUTION, n. f. Action de restituer.

RESTREINDRE, v. tr. Réduire, limiter : restreindre le sens d'une proposition, restreindre ses désirs. V. pr. Réduire sa dépense.

RESTRICTIF, IVE, adj. Qui restreint, qui limite : *clause restrictive.*

RESTRICTION, n. f. Condition qui restreint. † **Restriction mentale,** réserve faite tacitement d'une partie de ce que l'on pense, pour tromper ceux à qui l'on parle.

RESTRINGENT, E, adj. et n. Qui a la vertu de resserrer une partie relâchée : *eau restringente, appliquer un restringent.*

RÉSULTANTE, n. f. Force qui résulte de la réunion de plusieurs forces appliquées à un point donné.

RÉSULTAT, n. m. Ce qui résulte d'une action, d'un fait, d'un principe.

RÉSULTER, v. int. S'ensuivre.

RÉSUMÉ, n. m. Précis, abrégé : *résumé d'histoire de France.* **Au résumé, en résumé,** loc. adv. En résumant, en récapitulant tout.

RÉSUMER, v. tr. Rendre en peu de mots ce qui a été dit ou écrit plus longuement : *résumer un discours.* **Se résumer,** v. pr. Reprendre sommairement ce qui a été dit plus au long, et conclure.

RÉSURRECTION, n. f. Retour de la mort à la vie.

RÉTABLE, n. m. Ornement d'architecture contre lequel est appuyé l'autel.

RÉTABLIR, v. tr. Remettre en son premier ou en un meilleur état : *rétablir un temple;* ramener; faire renaître : *rétablir l'ordre.* **Se rétablir,** v. pr. Recouvrer la santé.

RÉTABLISSEMENT, n. m. Action de rétablir; état de ce qui est rétabli.

RETAILLER, v. tr. Tailler de nouveau.

RETAPER, v. tr. Remettre à neuf, en parlant d'un chapeau.

RETARD, n. m. Retardement, délai.

RETARDATAIRE, n. Qui est en retard. Adj. : *soldat, contribuable retardataire.*

RETARDEMENT, n. m. Délai, remise.

RETARDER, v. tr. Différer : *retarder un payement;* empêcher d'avancer : *les mauvais chemins nous ont retardés. Retarder une pendule,* en remettre les aiguilles sur une heure moins avancée. V. int. Aller trop lentement : *l'horloge retarde.*

RETEINDRE, v. tr. Teindre de nouveau.

RETENDRE, v. tr. Tendre de nouveau.

RETENIR, v. tr. Ravoir : *je voudrais retenir mon argent;* garder par devers soi ce qui est à un autre; con-

server : *retenir l'accent de son pays;* réserver : *retenir l'usufruit de son bien;* s'assurer par précaution : *retenir une place à la diligence;* déduire, prélever : *retenir tant sur la paye d'un soldat;* faire demeurer : *retenir quelqu'un à dîner;* s'opposer à l'effet prochain d'une action : *retenir ses larmes, retenir le bras prêt à frapper;* arrêter, maintenir : *retenir un cheval qui s'emporte;* modérer, réprimer : *retenir sa colère;* garder dans sa mémoire : *retenir par cœur. Arith. Retenir un chiffre,* le réserver pour le joindre aux chiffres de la colonne suivante. **Se retenir,** v. pr. S'empêcher de tomber; différer de satisfaire aux besoins naturels.

RÉTENTION, n. f. *Rétention d'urine,* maladie dans laquelle on éprouve une grande difficulté à uriner.

RETENTIR, v. int. Rendre, renvoyer un son éclatant : *la trompette retentit. Fig. : tout l'univers retentit du bruit de ses exploits.*

RETENTISSANT, E, adj. Qui retentit : *voix retentissante.*

RETENTISSEMENT, n. m. Son renvoyé avec éclat : *le retentissement du canon.*

RETENU, E, adj. Circonspect, sage, modéré : *jeune homme retenu dans ses discours.*

RETENUE, n. f. Modération, discrétion, modestie; ce qu'on retient sur un traitement, une pension, etc., pour assurer une retraite; privation de récréation ou de sortie dans les collèges : *mettre un élève en retenue.*

RÉTICENCE, n. f. Omission volontaire d'une chose qu'on devrait dire : *faire une réticence.*

RÉTIF, IVE, adj. Qui s'arrête ou qui recule au lieu d'avancer : *cheval rétif. Fig.* Difficile à conduire, à persuader : *caractère, esprit rétif.*

RÉTINE, n. f. La plus intérieure des enveloppes membraneuses du globe de l'œil.

RÉTIRATION, n. f. Action d'imprimer le verso d'une feuille de papier.

RETIRÉ, ÉE, adj. Peu fréquenté : *lieu retiré.* Vie retirée, qui s'écoule dans la retraite.

RETIREMENT, n. m. Contraction, raccourcissement, en parlant des nerfs, des muscles.

RETIRER, v. tr. Tirer de nouveau; tirer à soi : *retirer son haleine;* porter en arrière : *retirer la jambe;* tirer une personne, une chose de l'endroit où elle était : *retirer un enfant du collège;* donner asile : *il m'a retiré chez lui;* cesser d'accorder : *retirer à quelqu'un* sa confiance, dégager : *retirer sa parole* ; percevoir, recueillir : *retirer tant d'un bien.* **Se retirer**, v. pr. S'en aller, s'éloigner : *se retirer à la campagne* ; rentrer chez soi : *se retirer de bonne heure* ; rentrer dans son lit : *la rivière se retire* ; quitter un genre de vie, une profession : *se retirer du monde, du service* ; se raccourcir : *cette étoffe se retire.*

RETOMBER, v. int. Tomber encore, et, fig. : *retomber dans le péché* ; tomber après s'être élevé : *la vapeur retombe en pluie. Fig.* Être attaqué d'une maladie dont on croyait être guéri : *il est retombé hier* ; rejaillir : *le blâme retombera sur lui.*

RETONDRE, v. tr. Tondre de nouveau.

RETORDRE, v. tr. Tordre de nouveau. *Fig. Donner du fil à retordre à quelqu'un*, lui susciter des embarras.

RÉTORQUER, v. tr. Tourner contre son adversaire les arguments, les raisons dont il s'est servi.

RETORS, E, adj. Qui a été tordu plusieurs fois : *fil retors, soie retorse. Fig. Homme retors*, fin, rusé, artificieux.

RÉTORSION, n. f. Action de rétorquer.

RETOUCHE, n. f. *Peint.* Endroit d'un tableau que l'on a retouché, corrigé : *retouche maladroite. Grav.* Action de repasser la pointe du burin dans les tailles d'une planche à demi usée.

RETOUCHER, v. tr. et int. Toucher de nouveau. *Fig.* Corriger, perfectionner : *retoucher un ouvrage, à un ouvrage.* Retoucher une planche, repasser le burin sur une planche gravée qui commence à s'user.

RETOUR, n. m. Action de revenir ; renvoi d'une lettre de change, d'un billet non payé et protesté. *Fig.* Vicissitude des affaires : *les retours de la fortune* ; ce qu'on ajoute pour égaliser un échange : *combien me donnerez-vous de retour?* réciprocité de sentiments : *l'amitié exige du retour* ; conversion : *retour d'une âme à Dieu. Faire un retour sur soi-même*, faire de sérieuses réflexions sur sa conduite ; *être sur le retour*, commencer à vieillir. Pl. Sinuosités : *les tours et retours d'une rivière, d'un labyrinthe.* **Sans retour**, loc. adv. À jamais, pour toujours : *se quitter sans retour.*

RETOURNE, n. f. Carte qu'on retourne à certains jeux.

RETOURNER, v. int. Aller de nouveau, recommencer : *retourner chez le médecin, retourner au travail, au com-* bat. *Fig. Retourner à Dieu*, se convertir. V. tr. Tourner d'un autre sens : *retourner un habit. Retourner un terrain*, le bêcher, le labourer profondément. **Se retourner**, v. pr. Se tourner dans un autre sens ; regarder derrière soi. *Fig.* Prendre des biais : *il saura bien se retourner. S'en retourner*, s'en aller. V. impers. *De quoi retourne-t-il?* que se passe-t-il, et, au jeu, quelle est la couleur retournée?

RETRACER, v. tr. Tracer de nouveau. *Fig.* Raconter, exposer : *retracer les événements d'une époque.* V. pr. Se rappeler : *se retracer l'image de...* revenir : *ce fait se retrace à mon esprit.*

RÉTRACTATION, n. f. Action de se rétracter.

RÉTRACTER, v. tr. Déclarer qu'on n'a plus l'opinion qu'on avait avancée. V. pr. Se dédire.

RÉTRACTIBILITÉ, n. f. Qualité de ce qui est rétractile.

RÉTRACTILE, adj. Qui a la faculté de se retirer, de se raccourcir : *les ongles du chat sont rétractiles.*

RÉTRACTION, n. f. *Méd.* Raccourcissement, contraction d'une partie.

RETRAIT, n. m. Action de retirer un projet présenté dans une assemblée : *retrait d'un projet de loi. Jurisp.* Action de retirer, de reprendre un bien, un droit qui avait été perdu. Réduction du volume d'un corps par la dessiccation : *le retrait de l'argile.*

RETRAITE, n. f. Action de se retirer ; marche rétrograde : *l'ennemi est en pleine retraite* ; signal pour rentrer : *battre, sonner la retraite* ; état d'une personne retirée des affaires, du tumulte du monde : *vivre dans la retraite* ; lieu où elle se retire : *paisible retraite* ; état ou pension de l'employé, de l'officier retiré du service : *militaire en retraite, avoir tant de retraite* ; éloignement momentané du monde, pour se préparer à un devoir important de religion ou se livrer à des actes de piété : *faire huit jours de retraite.*

RETRAITÉ, ÉE, adj. Qui est à la retraite ; qui reçoit une pension de retraite : *officier retraité.*

RETRANCHEMENT, n. m. Suppression, diminution : *retranchement d'une pension, retranchement dans la dépense. Fortif.* Obstacle naturel ou artificiel qui sert à garantir contre les attaques de l'ennemi. *Fig. Forcer quelqu'un dans ses derniers retranchements*, détruire ses plus fortes, ses dernières raisons.

RETRANCHER, v. tr. Ôter quelque chose d'un tout : *retrancher un* *passage d'un ouvrage* ; supprimer : on lui a retranché sa pension ; fortifier par des retranchements. **Se retrancher,** v. pr. Se fortifier : *l'ennemi se retrancha derrière ses remparts. Fig. Se retrancher dans un silence complet,* se taire obstinément.

RETRAVAILLER, v. tr. et int. Travailler de nouveau.

RÉTRÉCI, E, adj. Borné, étroit : *esprit rétréci.*

RÉTRÉCIR, v. tr. Rendre plus étroit. V. int. et pr. Devenir plus étroit : *ce drap a rétréci, s'est rétréci.*

RÉTRÉCISSEMENT, n. m. Etat d'une chose retrecie : *rétrécissement d'une vallée,* et, fig. : *rétrécissement de l'esprit.*

RETREMPER, v. tr. Tremper de nouveau. *Fig.* Redonner de la force, de l'énergie : *le malheur retrempe les hommes,* et, pr. : *se retremper dans l'adversité.*

RÉTRIBUER, v. tr. Donner à quelqu'un le salaire, la récompense qu'il mérite.

RÉTRIBUTION, n. f. Salaire, récompense.

RÉTROACTIF, IVE, adj. Qui agit sur le passé. *La loi n'a pas d'effet rétroactif,* ne peut s'appliquer au délit commis avant sa mise en vigueur.

RÉTROACTION ou **RÉTROACTIVITÉ,** n. f. Effet, qualité de ce qui est rétroactif.

RÉTROCÉDER, v. tr. Rendre à quelqu'un le droit qu'il nous avait cédé.

RÉTROCESSION, n. f. Acte par lequel on rétrocède.

RÉTROCESSIONNAIRE, n. A qui l'on rétrocède.

RÉTROGRADATION, n. f. *Astr.* Action de rétrograder.

RÉTROGRADE, adj. Qui se fait en arrière : *marche rétrograde. Fig. Esprit rétrograde,* qui, en politique, veut le retour aux anciens abus.

RÉTROGRADER, v. int. Revenir en arrière : *l'armée a rétrogradé,* et, fig. : *dans les arts, quand on n'avance pas,* on rétrograde.

RETROUSSEMENT, n. m. Action de retrousser.

RETROUSSER, v. tr. Relever : *retrousser ses cheveux, sa robe.*

RETROUSSIS, n. m. Partie du bord d'un chapeau retroussée à l'ancienne mode ; basques d'un uniforme qui sont retroussées : *habit bleu avec des retroussis jaunes.*

RETROUVER, v. tr. Trouver de nouveau ; trouver une chose perdue, oubliée ; retourner vers quelqu'un :

j'irai vous retrouver. Fig. Reconnaître : *on ne retrouve plus cet auteur dans ses derniers écrits.* **Se retrouver,** v. pr. Se trouver de nouveau après une absence ; retrouver son chemin après s'être égaré.

RETS, n. m. Filet pour prendre des oiseaux, des poissons.

RÉUNION, n. f. Rapprochement : *réunion des lèvres d'une plaie,* et, fig. : *réunion des partis politiques ;* assemblée : *réunion nombreuse ;* adjonction : *réunion de la Bourgogne à la France.*

RÉUNIR, v. tr. Rapprocher, rejoindre ce qui était séparé : *réunir les deux bouts d'une corde ;* faire correspondre une chose avec une autre : *cette galerie réunit les deux pavillons. Fig.* Rapprocher : *l'intérêt réunit les hommes.* **Se réunir,** v. pr. Se rassembler : *se réunir dans un bois. Fig.* Concourir : *tout se réunit pour m'accabler.*

RÉUSSIR, v. int. Avoir du succès : *réussir en tout ;* parvenir : *j'ai enfin réussi à lui parler ;* bien venir : *la vigne n'a pas réussi cette année.*

RÉUSSITE, n. f. Succès, issue prospère, en parlant des choses : *la réussite d'une affaire.*

REVALOIR, v. tr. Rendre la pareille : *je lui revaudrai cela.*

REVANCHE, n. f. Action de se revancher : *j'aurai ma revanche ;* seconde partie qu'on joue pour chercher à se racquitter d'une première qu'on a perdue. **En revanche,** loc. adv. En compensation.

REVANCHER, v. tr. Défendre, secourir quelqu'un qui est attaqué : *revancher un camarade.* **Se revancher,** v. pr. Rendre la pareille.

RÊVASSER, v. int. Faire des rêves fréquents dans un sommeil agité : *j'ai rêvassé toute la nuit. Fig.* Penser vaguement à : *rêvasser à une affaire. Fam.*

RÊVASSERIE, n. f. Action de rêvasser. *Fam.*

RÊVASSEUR, n. m. Qui rêvasse. *Fam.*

RÊVE, n. m. Songe. *Fig.* Espérances vaines, idées chimériques : *le bonheur est le rêve de la vie ;* bonheur fort court : *ce n'a été qu'un beau rêve.*

REVÊCHE, adj. Peu traitable, rébarbatif : *humeur revêche.*

RÉVEIL, n. m. Cessation de sommeil ; batterie des tambours, sonnerie des clairons, pour éveiller les soldats : *battre, sonner le réveil ;* horloge, sonnerie pour réveiller.

RÉVEILLE-MATIN, n. m. Horloge

dont le carillon sert à réveiller à l'heure sur laquelle on a mis l'aiguille en se couchant. Pl. des réveille-matin.

RÉVEILLER, v. tr. Faire cesser le sommeil. *Fig.* Exciter de nouveau, renouveler : *réveiller le courage, la douleur.*

RÉVEILLON, n. m. Repas fait au milieu de la nuit, surtout dans la nuit de Noël.

RÉVEILLONNER, v. int. Faire le réveillon.

RÉVÉLATEUR, TRICE, n. Qui fait des révélations.

RÉVÉLATION, n. f. Action de révéler; inspiration par laquelle Dieu a fait connaître, dans certaines circonstances, ses mystères, ses volontés, etc. choses révélées : *les révélations de saint Jean*; la religion révélée : *croire à la révélation.*

RÉVÉLER, v. tr. Découvrir, faire connaître ce qui était inconnu et secret. Se révéler. v. pr. Se manifester : *son génie se révéla tout à coup.*

REVENANT. n. m. Esprit qu'on suppose revenir de l'autre monde.

REVENANT-BON, n. m. Profit éventuel. Pl. des *revenants-bons.*

REVENDEUR, EUSE, n. Qui achète pour revendre.

REVENDICATION, n. f. Action de revendiquer.

REVENDIQUER, v. tr. Réclamer une chose qui nous appartient, et qui se trouve entre les mains d'un autre.

REVENDRE, v. tr. Vendre ce qu'on a acheté. *Fig. En revendre à quelqu'un*, être plus fin que lui.

REVENIR, v. int. Venir de nouveau, ou venir une autre fois; s'en retourner : *je remens de Paris*; reparaître : *revenir sur l'eau*; repousser : *ses cheveux reviennent*; apparaître : *il revient des esprits dans cette maison*; se représenter à l'esprit : *son nom ne me revient pas*; aller de nouveau : *trois fois les troupes revinrent à la charge*. *Fig.* S'apaiser, se réconcilier : *une fois fâché il ne revient plus*; plaire : *sa figure me revient*; se désabuser : *revenir d'une erreur*; se corriger : *revenir de ses égarements*; coûter : *cet habit me revient à tant*. *Revenir à ses moutons*, à son sujet principal après une digression; *revenir sur une matière*, en parler de nouveau; *revenir sur ce qu'on a dit*, changer d'opinion; *revenir sur le compte de quelqu'un*, changer d'opinion à son égard; *cela revient au même*, c'est la même chose; *je n'en reviens pas*, j'en suis très-surpris; *il me revient tant de bénéfice*, j'ai tant pour ma part; *il m'est

revenu que*, j'ai appris que ; *il n'en reviendra pas*, il n'en guérira pas. *Cuis. Faire revenir de la viande*, lui faire subir une première cuisson.

REVENTE, n. f. Seconde vente.

REVENU. n. m. Produit annuel.

REVENUE. n. f. Jeune bois qui revient sur une coupe : *voilà une belle revenue.*

RÊVER, v. tr. et int. Faire des rêves. *Fig.* Désirer vivement : *rêver le pouvoir, les grandeurs*; dire des choses déraisonnables : *vous rêvez*; être distrait : *il ne fait que rêver*; méditer profondément : *rêver à un problème.*

RÉVERBÉRATION. n. f. Réflexion de la lumière et de la chaleur.

RÉVERBÈRE, n. m. Lanterne de verre qui contient une lampe munie d'un ou de plusieurs réflecteurs, pour éclairer les rues pendant la nuit.

RÉVERBÉRER, v. tr. Réfléchir, renvoyer la chaleur, la lumière.

REVERDIR, v. tr. Repeindre en vert une seconde fois. V. int. Redevenir vert : *les arbres reverdissent*. *Fig.* Rajeuni, redevenir plus fort : *ce vieillard reverdit.*

RÉVÉRENCE, n. f. Respect, vénération; titre d'honneur donné autrefois à certains religieux : *que désire votre révérence?* mouvement du corps pour saluer.

RÉVÉRENCIEUSEMENT, adv. Avec respect.

RÉVÉRENCIEUX, EUSE, adj. Qui fait trop de révérences : *homme révérencieux*; trop cérémonieux.

RÉVÉREND, E, adj. et n. Titre d'honneur donné aux religieux et aux religieuses.

RÉVÉRENDISSIME, adj. Titre d'honneur donné aux évêques, aux archevêques, aux généraux d'ordres religieux.

RÉVÉRER. v. tr. Honorer, respecter, en parlant des personnes et des choses saintes.

RÊVERIE, n. f. Pensées riantes ou tristes auxquelles se laisse aller l'imagination; idée extravagante : *les rêveries des astrologues.*

REVERS. n. m. Côté d'une chose opposé à celui qui se présente d'abord : *le revers de la main*; le côté d'une médaille, d'une pièce de monnaie, opposé à celui où est l'empreinte de la tête; les deux parties d'un habit qui se joignent sur la poitrine. *Fig.* Disgrâce, accident fâcheux : *éprouver des revers de fortune*. *Revers de la médaille*, mauvais côté d'une chose.

REVERSER, v. tr. Verser de nouveau.

REVERSI ou REVERSIS, n. m. Sorte de jeu de cartes où celui qui fait le moins de levées gagne le plus.

RÉVERSIBILITÉ, n. f. Qualité de ce qui est réversible.

RÉVERSIBLE, adj. Se dit des biens qui doivent, en certains cas, retourner au propriétaire qui en a disposé ; des rentes constituées sur plusieurs têtes, ou d'une pension qui passe à d'autres personnes à la mort du titulaire.

RÉVERSION, n. f. Droit de retour en vertu duquel les biens dont une personne a disposé en faveur d'une autre, lui reviennent quand celle-ci meurt sans enfants.

REVERSIS, n. m. V. *Reversi*.

REVÊTEMENT, n. m. Ouvrage en pierre, en brique, etc., qui sert à retenir les terres d'un fossé, d'un bastion, d'une terrasse.

REVÊTIR, v. tr. Donner des vêtements : *revêtir les pauvres ;* mettre : *revêtir un habit* ou *se revêtir d'un habit ;* faire un revêtement : *revêtir un bastion ;* recouvrir, enduire : *revêtir de gazon, de plâtre. Fig.* Investir d'un emploi, d'une dignité : *le roi l'a revêtu de la charge de chambellan.*

RÊVEUR, EUSE, adj. et n. Qui rêve. *Fig.* Extravagant : *esprit rêveur, c'est un rêveur.*

REVIENT, n. m. *Prix de revient*, ce que les marchandises coûtent au fabricant lui-même : *vendre une chose à prix de revient.*

REVIREMENT, n. m. Action de revirer : *le revirement d'un vaisseau. Fig. : revirement d'opinion.*

REVIRER, v. int. *Mar.* Tourner d'un autre côté : *revirer de bord. Fig.* Changer de parti.

RÉVISER, v. tr. Revoir, examiner de nouveau : *réviser un procès, un compte.*

RÉVISEUR, n. m. Qui revoit après un autre.

RÉVISION, n. f. Action de réviser. *Conseil de révision,* chargé d'examiner, lors du recrutement de l'armée, si les jeunes gens qui en font partie sont propres au service militaire ; tribunal qui révise les jugements rendus par les conseils de guerre.

RÉVIVIFIER, v. tr. Vivifier de nouveau.

REVIVRE, v. int. Revenir à la vie. *Fig.* Vivre comme d'une vie nouvelle : *un père revit dans son enfant. Faire revivre une chose,* la ramener, la renouveler, lui rendre sa force, son éclat.

RÉVOCABLE, adj. Qui peut être révoqué.

RÉVOCATION, n. f. Action de révoquer.

RÉVOCATOIRE, adj. Qui révoque : *acte révocatoire.*

REVOICI, REVOILÀ, prép. Voici, voilà de nouveau. *Fam.*

REVOIR, v. tr. Voir de nouveau ; examiner de nouveau : *revoir un manuscrit.* N. m. : *adieu, jusqu'au revoir.*

REVOLER, v. int. Retourner en volant. *Fig. : revoler aux combats.*

RÉVOLTANT, E, adj. Qui révolte, choque, indigne : *procédé révoltant.*

RÉVOLTE, n. f. Rébellion, soulèvement contre l'autorité légitime.

RÉVOLTÉ, n. m. Qui est en état de révolte.

RÉVOLTER, v. tr. Porter à la révolte. *Fig.* Indigner, choquer : *cela révolte le bon sens.*

RÉVOLU, E, adj. Achevé, complet : *siècle révolu, année révolue.*

RÉVOLUTION, n. f. Marche circulaire des corps célestes dans l'espace, période de temps qu'ils emploient à parcourir leur orbite. † *Fig.* Se dit du changement qui arrive dans les choses du monde, dans les opinions, et surtout dans le gouvernement des États : *révolution dans les arts, les esprits ; la Révolution de 1789. Méc.* Tour entier d'une roue. *Géom.* Mouvement supposé d'un plan autour d'un de ses côtés pour engendrer un solide. Pl. *Révolutions du globe,* changements que la terre a éprouvés pendant son travail de formation.

RÉVOLUTIONNAIRE, adj. Qui a rapport aux révolutions politiques : *principes révolutionnaires.* N. m. Partisan des révolutions : *ardent révolutionnaire.*

RÉVOLUTIONNER, v. tr. Mettre un pays en état de révolution. *Fig.* Causer du trouble : *cette nouvelle m'a tout révolutionné.*

REVOLVER, n. m. Mot angl. Pistolet à plusieurs coups, que l'on charge en le tournant sur lui-même.

REVOMIR, v. tr. Vomir ce qu'on avait avalé : *revomir son dîner.*

RÉVOQUER, v. tr. Rappeler, destituer : *révoquer un préfet ;* annuler : *révoquer un ordre.*

REVUE, n. f. Recherche, inspection exacte : *faire sa revue ;* inspection des troupes : *passer un régiment en revue ;* titre de certains écrits périodiques : *la Revue des Deux Mondes.*

RÉVULSIF, IVE, adj. et n. Se dit des remèdes employés pour détourner le principe d'une maladie, en le faisant passer d'un organe important dans un autre moins important : *la saignée du pied, les bains de pieds sinapisés sont des révulsifs à l'égard de la tête.*

RÉVULSION, n. f. Effet produit par l'emploi des révulsifs.

REZ, prép. Tout contre : *couper un arbre rez terre. Vieux.*

REZ-DE-CHAUSSÉE, n. m. La partie d'une maison qui est au niveau du sol ou à peu près. Pl. *des rez-de-chaussée.*

RHABILLAGE, n. m. Raccommodage.

RHABILLER, v. tr. Habiller de nouveau ; fournir de nouveaux habits : *rhabiller un régiment.*

RHÉTEUR, n. m. Celui qui, chez les anciens, enseignait l'art de l'éloquence ; orateur sec et emphatique.

RHÉTORICIEN, n. m. Qui sait la rhétorique ; élève en rhétorique.

RHÉTORIQUE, n. f. Art de bien dire ; livre qui traite de cet art ; classe où on l'enseigne ; affectation d'éloquence : *ce n'est que de la rhétorique.* *Figures de rhétorique*, formes particulières de langage qui donnent de la grâce ou de la force au discours.

RHINGRAVE, n. m. Autrefois, comte du Rhin ; aujourd'hui, titre de quelques princes d'Allemagne.

RHINOCÉROS, n. m. Grand mammifère pachyderme, ayant une corne sur le nez.

RHODIUM, n. m. Corps simple métallique qui, pur, a la couleur de l'argent.

RHODODENDRON, n. m. Arbrisseau élégant, toujours vert, de la famille des rosacées.

RHOMBE, n. m. Losange.

RHOMBOÏDAL, E, adj. En forme de rhombe.

RHOMBOÏDE, n. m. Rhombe.

RHUBARBE, n. f. Plante dont la racine est purgative.

RHUM, n. m. Eau-de-vie de sucre.

RHUMATISMAL, E, adj. Qui appartient au rhumatisme : *douleur rhumatismale.*

RHUMATISME, n. m. Douleur dans les muscles et les articulations.

RHUME, n. m. Irritation de la membrane muqueuse qui tapisse soit les fosses nasales, soit les bronches.

RHYTHME, n. m. Cadence, nombre, mesuré : *rhythme poétique.*

RHYTHMIQUE, adj. Qui appartient au rhythme.

RIANT, E, adj. Qui annonce de la gaîté : *visage riant* ; agréable à la vue :

aspect riant. Fig. Agréable à l'esprit : *idées riantes.*

RIBAMBELLE, n. f. Kyrielle, longue suite : *une ribambelle d'enfants.*

RIBAUD, E, adj. et n. Luxurieux : *c'est un ribaud. Pop.*

RIBOTE, n. f. Excès de boisson. *Pop.*

RIBOTER, v. int. Faire ribote. *Pop.*

RIBOTEUR, EUSE, n. Qui aime à riboter. *Pop.*

RICANEMENT, n. m. Action de ricaner.

RICANER, v. int. Rire à demi, sottement ou avec malice.

RICANERIE, n. f. Rire moqueur.

RICANEUR, EUSE, adj. et n. Qui ricane.

RIC-A-RIC, loc. adv. Avec une exactitude rigoureuse : *payer ric-à-ric. Fam.*

RICHARD, n. m. Homme très-riche et de condition médiocre : *c'est un richard. Fam.*

RICHE, adj. et n. Qui possède de grands biens ; abondant : *riche moisson. Langue riche*, féconde en mots et en tours ; *rime riche*, quand les mots offrent une grande conformité de sons, comme dans **utile** et **futile**, **douleur**, et **couleur**, **impétueux** et **tortueux**.

RICHEMENT, adv. D'une manière riche.

RICHESSE, n. f. Abondance de biens, opulence ; produits du sol, de l'industrie, du commerce : *la richesse d'un pays* ; éclat, magnificence : *ameublement d'une grande richesse. Fig.* Fécondité : *richesse de style* ; exactitude : *richesse de la rime.*

RICHISSIME, adj. Très-riche. *Fam.*

RICIN, n. m. Plante dont la racine fournit une huile purgative et vomifuge.

RICOCHER, v. int. Faire des ricochets.

RICOCHET, n. m. Bond que fait une pierre plate jetée obliquement sur la surface de l'eau ; bond que font les boulets en rencontrant un obstacle ; petit oiseau qui répète continuellement son ramage. *Fig.* Suite d'événements amenés les uns par les autres. *Par ricochet*, indirectement : *j'ai su cela par ricochet.*

RIDE, n. f. Pli du front, du visage, des mains, qui est ordinairement l'effet de l'âge. *Fig.* Se dit de l'eau dont la surface est légèrement agitée par le vent.

RIDEAU, n. m. Étoffe suspendue pour couvrir, entourer ; toile d'un théâtre. *Tirer le rideau sur une chose*, n'en plus parler ; *se tenir derrière le rideau,* conduire une affaire sans se faire connaître.

RIDELLE, n. f. Chacun des deux côtés d'une charrette, faits en forme de râtelier.

RIDER, v. tr. Causer des rides : *le chagrin ride le front.* Fig. : *le vent ride la surface de l'eau.*

RIDICULE, adj. Digne de risée. N. m. Ce qui est ridicule. *Tourner quelqu'un en ridicule*, se moquer de lui. Sorte de petit sac que les dames portaient autrefois au bras, et qui leur servait de poche.

RIDICULEMENT, adv. D'une manière ridicule.

RIDICULISER, v. tr. Tourner en ridicule. Fam.

RIEN, n. m. Néant, nulle chose. *Cela n'est rien*, c'est peu de chose ; *cela ne fait rien*, cela importe peu ; *en moins de rien*, en très-peu de temps ; *il ne fait plus rien*, il n'a plus d'emploi ; *c'est un homme de rien*, de mauvaise conduite ; *il a eu cette maison pour rien*, à vil prix. Pl. : *s'amuser à des riens.*

RIEUR, EUSE, adj. et n. Qui rit, aime à rire, à railler. *Avoir les rieurs de son côté*, l'approbation du plus grand nombre.

RIFLARD, n. m. Rabot à deux poignées ; ciseau en forme de palette, qui sert aux maçons pour ébarber les ouvrages de plâtre ; grosse lime pour dégrossir les métaux ; grand parapluie de forme ancienne. Fam.

RIGIDE, adj. Sévère, exact, austère.

RIGIDEMENT, adv. Avec rigidité.

RIGIDITÉ, n. f. Grande sévérité, exactitude rigoureuse.

RIGODON, n. m. Air à deux temps, très-animé ; danse qu'on exécutait sur cet air.

RIGOLE, n. f. Petite tranchée creusée dans la terre ou dans la pierre, pour laisser couler l'eau ; tranchée pour planter des bordures de buis, de thym, etc.

RIGORISME, n. m. Morale trop sévère.

RIGORISTE, adj. et n. Qui pousse trop loin la sévérité des principes.

RIGOUREUSEMENT, adv. Avec rigueur : *punir rigoureusement*; exactement : *démontrer rigoureusement.*

RIGOUREUX, EUSE, adj. Qui a beaucoup de sévérité dans ses maximes, dans sa conduite : *maître rigoureux*; dur, difficile à supporter : *châtiment rigoureux*; rigide, austère : *devoir rigoureux*; rude, âpre : *hiver rigoureux*;

sans réplique : *démonstration rigoureuse.*

RIGUEUR, n. f. Sévérité, dureté : *user de rigueur*; âpreté, violence : *rigueur du froid. Cette chose est de rigueur*, indispensable. *A la rigueur*, loc. adv. Au pis aller.

RILLETTE, n. f. Viande de porc hachée menu et mêlée de graisse.

RIMAILLER, v. int. Faire de mauvais vers. Fam.

RIMAILLEUR, n. m. Qui fait de mauvais vers.

RIME, n. f. Retour du même son à la fin de deux ou plusieurs vers. *Rimes masculines*, dont les mots se terminent par un son plein, sans e muet, comme *actif, craintif*; *rimes féminines*, dont les mots se terminent par une syllabe muette, comme *tête, fête; appellent; renouvellent.*

RIMER, v. int. Se dit des mots qui se terminent par le même son ; se dit aussi de la manière dont le poète fait rimer les mots ; faire des vers. V. tr. Mettre en vers : *rimer un conte.*

RIMEUR, n. m. Qui fait des vers. Se dit surtout d'un mauvais poète.

RINCER, v. tr. Nettoyer en lavant et en frottant.

RINÇURE, n. f. Eau qui a servi à rincer.

† **RIPAILLE**, n. f. Grande chère : *faire ripaille.* Pop.

RIPE, n. f. Outil de sculpteur ou de maçon pour gratter.

RIPER, v. tr. Ratisser avec la ripe.

RIPOPÉE, n. f. Mélange que font les cabaretiers de différents restes de vin ; mélange de différentes sauces.

RIPOSTE, n. f. Repartie prompte, réponse vive ; *esprit prompt à la riposte.* Escr. Botte que l'on porte en parant.

RIPOSTER, v. int. Répondre vivement ; repousser une injure. Escr. Parer et porter une botte du même mouvement.

RIPUAIRE, adj. Se dit des anciens peuples des bords du Rhin : *lois, Francs ripuaires.*

RIRE, v. int. Marquer de la joie, ou un autre sentiment, par un mouvement des lèvres, de la bouche, et souvent avec bruit. *Rire dans sa barbe*, éprouver une satisfaction maligne qu'on cherche à dissimuler ; *rire du bout des dents, des lèvres*, sans en avoir envie ; *rire aux dépens de quelqu'un*, s'en moquer ; *rire des menaces de quelqu'un*, n'en pas tenir compte ; *aimer à rire*, à se divertir ; *vous voulez rire*, vous ne parlez pas sérieusement ; *avoir toujours le mot* pour *rire*, être naturellement gai, spirituel ; *vous me faites rire, ce que vous dites est absurde.* N. *Un pince-sa s-rire*, un homme qui raille, qui mord sans en avoir l'air. **Se rire**, v. pr. Se moquer de; ne faire aucun cas : *il se rit de vous.*

RIRE, n. m. Action de rire. *Rire sardonique*, rire forcé et amer qui annonce beaucoup de malignité.

RIS, n. m. Action de rire. *Fig.* et pl. *Les Jeux et les Ris*, le rire personifié.

RIS, n. m. pl. *Mar.* OEillets qui sont à une voile pour en diminuer à volonté la surface, en y faisant des plis.

RIS, n. m. Corps glanduleux placé sous la gorge du veau, et qui est un manger tendre et délicat.

RISÉE, n. f. Grand éclat de rire de plusieurs personnes : *il s'éleva une risée générale;* moquerie : *être un objet de risée;* personne dont on se moque : *être la risée de tous.*

RISIBLE, adj. Qui est propre à faire rire : *conte risible;* digne de moquerie : *homme risible.*

RISQUABLE, adj. Où il y a du risque : *entreprise risquable;* qu'on peut risquer : *affaire risquable.*

RISQUE, n. m. Danger, péril. *A tout risque*, à tout hasard ; *à ses risques et périls*, en assumant sur soi toute la responsabilité d'une chose.

RISQUER, v. tr. Hasarder, mettre en danger : *risquer son honneur, sa vie; Fig.* Courir le hasard, le danger : *il risqua la bataille.*

RISSOLE, n. f. Viande enveloppée dans de la pâte et frite au beurre ou au saindoux.

RISSOLER, v. tr. Rôtir de manière que la viande prenne une couleur dorée et appétissante.

RIT ou RITE, n. m. Ordre prescrit des cérémonies qui se pratiquent dans une religion : *le rit de l'église romaine.*

RITOURNELLE, n. f. Trait de symphonie qui précède ou suit un chant.

RITUEL, n. m. Livre contenant les cérémonies qu'on doit observer dans l'administration des sacrements et la célébration du service divin.

RIVAGE, n. m. Les rives, les bords de la mer, d'un fleuve, etc.

RIVAL, E, adj. et n. Qui aspire, qui prétend aux mêmes avantages qu'un autre : *rival de gloire, nation rivale.*

RIVALISER, v. int. Disputer de talent, de mérite, etc.

RIVALITÉ, n. f. Concurrence de personnes qui prétendent à la même chose.

RIVE, n. f. Bord d'un fleuve, d'un étang, d'un lac.

RIVER, v. tr. Rabattre et aplatir la pointe d'un clou sur l'autre côté de l'objet qu'il traverse. *Fig. River à quelqu'un son clou*, lui répondre vertement.

RIVERAIN, E, adj. et n. Qui habite le long d'une rivière ; qui a une propriété le long d'une forêt, d'une route : *les riverains de la Loire, propriétaire riverain.*

RIVET, n. m. Pointe rivée d'un clou de fer à cheval ; clou à deux têtes.

RIVIÈRE, n. f. Toute espèce de cours d'eau, et particulièrement celui qui se jette dans un fleuve. *Fig. Une rivière de diamants*, ou, absol., *une rivière*, collier de diamants.

RIVURE, n. f. Broche de fer qui entre dans les charnières des fiches pour en joindre les deux ailes.

RIXDALE, n. m. Monnaie d'argent d'Allemagne, valant environ cinq francs.

RIXE, n. f. Querelle accompagnée d'injures et de coups.

RIZ, n. m. Plante céréale, cultivée dans les terrains humides des pays chauds ; le grain de cette plante.

RIZIÈRE, n. f. Terre affectée à la culture du riz.

ROB, n. m. Suc dépuré d'un fruit cuit et épaissi jusqu'à consistance de miel.

ROB ou ROBRE, n. m. Se dit, au jeu de whist, de la réunion de trois parties.

ROBE, n. f. Vêtement de femme; vêtement long et ample que portent les juges, les avocats, les professeurs, etc., dans l'exercice de leurs fonctions. **Robe de chambre**, que les hommes portent dans la chambre. Pelage : *ce cheval a une belle robe. Fig.* Profession de la judicature : *gens de robe, noblesse de robe.*

ROBIN, n. m. Homme de robe. *T. de dénigr.*

ROBINET, n. m. Pièce d'un tuyau de fontaine, qui sert à retenir l'eau ou à la faire couler ; tout tuyau qui sert à donner et à retenir une liqueur, un gaz contenu dans un vase, un tonneau, etc.; la clé seule du robinet : *tourner le robinet.*

ROBORATIF, IVE, adj. Qui fortifie : *remède roboratif.*

ROBUSTE, adj. Fort, vigoureux. *Fig.* Ferme, inébranlable : *foi robuste.*

ROBUSTEMENT, adv. D'une manière robuste.

ROC, n. m. Masse de pierre très-dure qui tient à la terre.

ROCAILLE, n. f. Cailloux, coquillages qui ornent une grotte, une voûte, une salle.

ROCAILLEUR, n. m. Qui travaille en rocaille.

ROCAILLEUX, EUSE, adj. Plein de petits cailloux : *chemin rocailleux.*

ROCAMBOLE, n. f. Echalotte d'Espagne, espèce d'ail plus doux que l'ail ordinaire.

ROCHE, n. f. Masse de pierre très-dure et isolée. *Fig. Cœur de roche*, dur, insensible.

ROCHER, n. m. Roc élevé, escarpé et terminé en pointe.

ROCHET, n. m. Surplis à manches étroites, que portent les évêques.

ROCHEUX, EUSE, adj. Couvert de roches, de rochers : *île, côte rocheuse.*

ROCOCO, n. m. Mauvais goût en peinture, en architecture.

RÔDER, v. int. Errer çà et là, tourner tout autour, le plus souvent avec de mauvaises intentions.

RÔDEUR, n. m. Qui rôde : *rôdeur de nuit.*

RODOMONT, n. m. Fanfaron, faux brave : *faire le rodomont.*

RODOMONTADE, n. f. Fanfaronnade.

ROGATIONS, n. f. pl. Prières publiques et processions faites pendant les trois jours qui précèdent l'Ascension, pour attirer sur les champs la bénédiction du ciel.

ROGATOIRE, adj. *Commission rogatoire*, qu'un tribunal adresse à un autre tribunal pour l'inviter à faire, dans l'étendue de son ressort, quelque acte de procédure ou d'instruction qu'il ne peut faire lui-même.

ROGATON, n. m. Restes de viandes.

ROGNE, n. f. Gale invétérée.

ROGNE-PIED, n. m. Outil de maréchal pour rogner la corne du cheval. Pl. *des rogne-pied.*

ROGNER, v. tr. Retrancher quelque chose des extrémités : *rogner un manteau. Fig.* Retrancher à quelqu'un une partie de ce qui lui appartient : *on lui a rogné sa portion.*

ROGNEUR, EUSE, n. Qui rogne les pièces de monnaie.

ROGNEUX, EUSE, adj. Qui a la rogne.

ROGNON, n. m. Rein de certains animaux : *rognon de veau, de bœuf, de mouton*, etc.

ROGNONNER, v. int. Gronder, murmurer entre ses dents.

ROGNURE, n. f. Ce qu'on a rogné : *rognure de papier.*

ROGOMME, n. m. Liqueur forte, et surtout l'eau-de-vie. *Voix de rogomme*,

enrouée par l'abus des liqueurs fortes. *Fam.*

ROGUE, adj. Fier, arrogant : *ton rogue.*

ROI, n. m. Souverain d'un royaume. Le roi des rois, Dieu ; le roi très-chrétien, le roi de France ; le roi catholique, le roi d'Espagne ; *le jour des Rois*, l'Epiphanie ; *le roi de la création*, l'homme ; *le roi des animaux*, le lion ; *le roi des oiseaux*, l'aigle ; *morceau de roi*, mets exquis et délicieux. Principale pièce du jeu d'échecs ; première figure de chaque couleur d'un jeu de cartes.

ROIDE, adj. V. *Raide.*

ROIDEUR, n. f. V. *Raideur.*

ROIDIR, v. tr. V. *Raidir.*

ROITELET, n. m. Très-petit oiseau. *Fig.* Roi d'un très-petit État.

RÔLE, n. m. Liste, catalogue : *rôle des contribuables* ; liste des causes inscrites dans l'ordre où elles doivent se plaider : *sa cause viendra à tour de rôle* ; en style de pratique, feuillet écrit, comprenant la page et le verso ; partie d'une pièce que chaque acteur doit jouer. *Fig.* Personnage qu'on fait dans le monde, dans une affaire : *il a joué là un triste rôle. A tour de rôle*, chacun à son tour.

ROMAIN, E, adj. et n. Qui appartient à l'ancienne Rome : *grandeur, vertu romaine* ; à la Rome actuelle : *les Etats Romains. Chiffres romains*, composés des lettres C, D, I, L, M, V, X ; *Eglise romaine*, catholique. *Impr.* Caractère droit, perpendiculaire. Son opposé est *italique.*

ROMAINE, n. f. Sorte de balance pour peser avec un seul poids.

ROMAINE, n. f. Variété de laitue.

ROMAN, n. m. Histoire feinte écrite en prose, où l'auteur cherche à exciter l'intérêt par la singularité d'aventures purement imaginaires. *Fig.* Récit dénué de vraisemblance : *cela a tout l'air d'un roman.*

ROMAN, E, adj. et n. Ancien idiome français, composé de celtique et de latin, qu'on parlait dans le midi de l'Europe, du 7e au 11e siècle : *langue romane, le roman.*

ROMANCE, n. f. Morceau de chant court, naïf et gracieux.

ROMANCERO, n. m. Petit poème espagnol écrit en strophes, et contenant quelque histoire héroïque ou touchante.

ROMANCIER, n. m. Auteur de romans.

ROMANESQUE, adj. Fabuleux, qui tient du roman : *aventure romanesque. Fig.* Exalté : *esprit romanesque.*

ROMANESQUEMENT, adv. D'une manière romanesque.

ROMANTIQUE, adj. et n. Nouveau genre de littérature cultivé par des écrivains qui affectent de s'affranchir des règles établies par les auteurs de l'antiquité et ceux du 17ᵉ siècle : *littérature romantique*, *le romantique*. N. m. pl. Les partisans de ce genre. Son opposé est *classique*.

ROMANTISME, n. m. Esprit, amour du romantique.

ROMARIN, n. m. Arbuste aromatique.

ROMPEMENT, n. m. *Rompement de tête*, fatigue causée par un grand bruit ou une forte application.

ROMPRE, v. tr. Briser, casser, mettre en pièces ; faire subir le supplice de la roue : *rompre vif un grand criminel*; détourner le mouvement droit : *rompre le fil de l'eau* ; troubler : *rompre le sommeil* ; enfreindre, faire cesser : *un verre d'eau rompt-il le jeûne?* déranger : *rompre un tête à tête* ; gâter : *la pluie a rompu les chemins* ; enfoncer, disperser : *rompre un bataillon* ; quitter : *rompre les rangs* ; dissoudre : *rompre une assemblée*. Fig. Fatiguer, assourdir : *rompre la tête, les oreilles*; détruire, faire cesser, rendre nul : *rompre l'amitié, un entretien, un marché* ; accoutumer : *rompre quelqu'un aux affaires*. *Rompre le caractère*, le rendre docile ; *rompre le silence*, cesser de se taire ; *rompre ses fers*, s'échapper de prison ou se dégager d'une liaison ; *rompre le fil de son discours*, le quitter subitement pour entrer dans une autre matière; *rompre la paille*, cesser d'être amis ; *rompre la glace*, surmonter les premières difficultés d'une affaire ; *rompre en visière*, dire brusquement et en face quelque chose de désobligeant ; *rompre une lance avec quelqu'un*, disputer en règle avec lui sur un sujet ; *rompre un enchantement*, en détruire les effets ; *rompre son ban*, sortir du lieu assigné pour séjour. V. int. Se briser, se casser : *cette poutre rompra*. Fig. Cesser d'être amis : *ils ont rompu*. **Se rompre**, v. pr. *Se rompre au travail*, s'y accoutumer.

ROMPU, E, adj. Accablé de fatigue : *je suis rompu* ; exercé : *rompu aux affaires*. **A bâtons rompus**, loc. adv. A diverses reprises : *travailler à une chose à bâtons rompus*.

RONCE, n. f. Arbuste épineux et rampant.

ROND, n. m. Cercle, figure circulaire. **En rond**, loc. adv. Circulairement.

ROND, E, adj. Se dit d'un corps, d'une figure qui est de forme telle que toutes les lignes droites tirées du centre à la circonférence sont égales. Fig. *Homme tout rond*, sans façon; *compte rond*, sans fraction.

RONDACHE, n. f. Grand bouclier de forme ronde, dont on se servait autrefois.

RONDE, n. f. Visite de nuit faite aux différents postes, pour savoir si tout est en bon ordre; ceux qui la font; visite nocturne des employés des douanes et des octrois; sorte de danse qu'on exécute en rond; chanson à refrain, où chacun chante à son tour : *ronde de table*; sorte d'écriture en caractères ronds et perpendiculaires. **A la ronde**, loc. adv. Alentour : *à dix lieues à la ronde*; chacun à son tour : *boire à la ronde*. Mus. Note qui vaut deux blanches ou quatre noires.

RONDEAU, n. m. Petit poème français dont la forme a souvent varié. Mus. Air à deux ou plusieurs reprises.

RONDE-BOSSE, n. f. Tout ouvrage de sculpture en plein relief.

RONDELET, ETTE, adj. Qui a un peu trop d'embonpoint.

RONDELLE, n. f. Pièce ronde de métal, de cuir, de carton, etc., qui est percée par le milieu, et qui entre ordinairement dans la construction de certaines machines.

RONDEMENT, adv. Promptement : *nous avons marché rondement*; avec activité : *mener rondement une affaire*; loyalement : *il y va rondement*.

RONDEUR, n. f. Etat de ce qui est rond : *la rondeur de la terre*. Fig. Nombre, harmonie : *la rondeur des périodes*; franchise, loyauté : *rondeur de caractère*.

RONDIN, n. m. Bois à brûler qui est rond; gros bâton.

ROND-POINT, n. m. Place circulaire à laquelle aboutissent plusieurs avenues ou allées.

RONFLANT, E, adj. Sonore, bruyant : *voix ronflante*. Fig. Promesses ronflantes, magnifiques, mais mensongères.

RONFLEMENT, n. m. Bruit qu'on fait en ronflant. Fig. Bruit qui a quelque rapport avec le ronflement d'un homme : *ronflement de l'orgue*.

RONFLER, v. int. Faire un certain bruit de la gorge et des narines en respirant pendant le sommeil. Fig. Ce qui produit un bruit sourd et prolongé, comme le tonnerre, le canon, etc.

RONFLEUR, EUSE, n. Qui ronfle, qui a l'habitude de ronfler.

RONGER, v. tr. Couper avec les dents peu à peu. *Fig.* Corroder : *la rouille ronge le fer*; miner : *la mer ronge ses bords*; consumer, tourmenter : *la maladie, le chagrin le ronge*.

RONGEUR, adj. m. Qui ronge : *animal rongeur*. *Fig.*: *remord rongeur*. N. m. pl. Ordre de mammifères qui ont à chaque mâchoire deux longues incisives, sans canines, comme le rat, le lapin, l'écureuil, etc.

ROQUEFORT, n. m. Fromage très-estimé, qui tire son nom d'un lieu du Languedoc où il se fabrique.

ROQUER, v. int. Au jeu des échecs, placer sa tour auprès de son roi, et faire passer le roi de l'autre côté de la tour.

ROQUET, n. m. Sorte de petit chien.

ROQUILLE, n. f. Petite mesure de capacité pour le vin.

ROSACE, n. f. Ornement d'architecture en forme de *rose* ou d'étoile à plusieurs branches.

ROSACÉES, n. f. pl. Famille de plantes dont les corolles se composent de pétales disposés comme ceux de la rose.

ROSAIRE, n. m. Grand chapelet, composé de quinze dizaines, qu'on dit à l'honneur de la Vierge.

ROSAT, adj. m. Où il entre de l'extrait de rose : *vinaigre, miel, onguent rosat*.

ROSBIF, n. m. Bœuf rôti.

ROSE, n. f. Belle fleur odoriférante qui croît sur un arbuste épineux. *Eau de rose*, tirée des roses par la distillation. *Fig.* Couleur vermeille des joues et des lèvres : *teint de rose*. *Mar.* **Rose des vents**, figure où sont marqués les trente-deux vents.

ROSE, adj. Qui est de la couleur de la rose. N. m. : *robe d'un rose clair*.

ROSÉ, ÉE, adj. D'un rouge faible : *teint rosé*.

ROSEAU, n. m. Plante aquatique à tige lisse, droite et élancée.

ROSÉE, n. f. Vapeur qui se dépose sur la terre et les plantes en gouttelettes très-déliées. *Fig. Tendre comme rosée*, très-tendre.

ROSERAIE, n. f. Terrain planté de rosiers.

ROSETTE, n. f. Nœud de ruban en forme de rose; insigne que les officiers de la légion d'honneur portent à la boutonnière; petit cadran pour avancer ou retarder le mouvement d'une montre.

ROSIER, n. m. Arbuste qui porte des roses.

ROSIÈRE, n. f. Nom que l'on donne dans certains pays de la France, à la jeune fille qui a obtenu la *rose* décernée comme prix de sagesse.

ROSSE, n. f. Cheval sans force, sans vigueur. *Fam.*

ROSSER, v. tr. Battre quelqu'un violemment. *Fam.*

ROSSIGNOL, n. m. Petit oiseau dont le chant est très-agréable. *Voix de rossignol*, pure et très-flexible; *un rossignol d'Arcadie*, un âne; *un rossignol à gland*, un pourceau. *Fam.*

ROSSIGNOL, n. m. Crochet dont se servent les serruriers et les voleurs pour ouvrir toutes sortes de serrures.

ROSSINANTE, n. f. Rosse, mauvais cheval, par allusion au cheval de don Quichotte.

ROSSOLIS, n. m. Liqueur composée d'eau-de-vie, de sucre et de parfums.

ROSTRALE, adj. f. *Couronne rostrale*, sur laquelle étaient représentées des proues de navires.

ROSTRES, n. m. pl. Tribune aux harangues, située au milieu du forum, chez les Romains.

ROT, n. m. Vapeur qui s'élève de l'estomac et sort de la bouche avec bruit.

RÔT, n. m. Rôti, viande rôtie.

ROTANG, n. m. Palmier des Indes.

ROTATION, n. f. Mouvement circulaire d'un corps qui tourne sur lui-même : *la rotation de la terre*.

ROTE, n. f. Juridiction de Rome, composée de douze docteurs ecclésiastiques : *les décisions de la rote*.

ROTER, v. int. Faire des rots. *Pop.*

RÔTI, n. m. Viande rôtie.

RÔTIE, n. f. Tranche de pain qu'on fait rôtir devant le feu.

ROTIN, n. m. Branche de rotang qu'on emploie pour faire des cannes.

RÔTIR, v. tr. Faire cuire à la broche, griller sur le gril. V. int. : *Mettre des poulets rôtir*. V. int. et pr. *Fig.* Être exposé à une très-grande chaleur : *on rôtit ici, je me suis rôti au soleil*.

RÔTISSERIE, n. f. Boutique de rôtisseur.

RÔTISSEUR, EUSE, n. Qui fait rôtir des viandes pour les vendre.

RÔTISSOIRE, n. f. Ustensile de cuisine qui sert à rôtir la viande.

ROTONDE, n. f. Bâtiment de forme ronde à l'intérieur et à l'extérieur; compartiment qui forme le derrière d'une diligence.

ROTONDITÉ, n. f. Rondeur; grosseur, embonpoint : *il remplit le fauteuil de sa rotondité*. *Fam.*

ROTULE, n. f. Os mobile placé en avant du genou.

ROTURE, n. f. Condition d'une personne qui n'était pas noble : *naître dans la roture*; les roturiers : *fréquenter la roture*.

ROTURIER, **ÈRE**, adj. et n. Qui n'était pas noble.

ROUAGE, n. m. L'ensemble ou chacune des roues d'une machine. *Fig.* Moyens, ressorts : *les rouages d'un gouvernement*.

ROUANNE, n. f. Instrument des employés des contributions indirectes pour marquer les tonneaux.

ROUANNER, v. tr. Marquer avec la rouanne.

ROUANNETTE, n. f. Instrument de charpentier pour marquer le bois.

ROUBLE, n. m. Monnaie d'argent de Russie, valant environ 4 fr.

ROUCOULEMENT, n. m. Bruit que font les pigeons et les tourterelles en roucoulant.

ROUCOULER, v. int. Faire des roucoulements.

ROUE, n. f. Machine ronde et plate, tournant sur un axe. **Roue hydraulique**, roue à aubes mue par l'eau et destinée à transmettre le mouvement à un moulin, à une machine quelconque. *Faire la roue*, se dit de certains volatiles qui, comme le paon, déploient en roue les plumes de leur queue. *Fig. Pousser à la roue*, aider à la réussite d'une affaire; *ci quième roue à un carrosse*, chose, personne complètement inutile; *la roue de la fortune*, les vicissitudes humaines. Autrefois, genre de supplice qui consistait à rompre les membres du patient, puis à le laisser mourir sur une roue.

ROUÉ, **ÉE**, n. Personne sans principes et sans mœurs.

ROUELLE, n. f. Partie de la cuisse du veau, du bœuf, coupée en rond.

ROUENNERIE, n. f. Toile commune de coton, qui se fabrique surtout à Rouen.

ROUER, v. tr. Faire mourir par le supplice de la roue. *Fig. Rouer quelqu'un de coups*, le battre excessivement; *être roué*, être tellement rompu de fatigue qu'on peut à peine se remuer.

ROUERIE, n. f. Action, tour de roué.

ROUET, n. m. Machine à roue, qui sert à filer; cercle de bois servant de fondation à un puits.

ROUGE, adj. L'une des sept couleurs primitives. *Perdrix rouge*, qui a les pieds et le bec rouges; *boulet rouge*, devenu rouge au feu; *cheveux rouges*, très-roux. N. m. Substance minérale ou végétale de couleur rouge; fard à l'usage des femmes : *se mettre du rouge. Fig.*

Honte ou colère : *le rouge lui monte au visage*.

ROUGEÂTRE, adj. Qui tire sur le rouge.

ROUGEAUD, **E**, adj. et n. Qui a le visage rouge, haut en couleur. *Fam.*

ROUGE-GORGE, n. m. Petit oiseau qui a la gorge rouge. Pl. des *rouges-gorges*.

ROUGEOLE, n. f. Maladie contagieuse qui cause des *rougeurs* surtout le corps, et qui attaque surtout les enfants.

ROUGE-QUEUE, n. m. Petit oiseau de passage, qui a la queue rouge. Pl. des *rouges-queues*.

ROUGET, n. m. Poisson rouge, à chair délicate.

ROUGEUR, n. f. Couleur rouge : *la rougeur des lèvres*. Pl. Taches rouges sur la peau.

ROUGIR, v. tr. Rendre rouge. *Rougir son eau*, y mettre un peu de vin. V. int. Devenir rouge : *l'écrevisse rougit en cuisant. Fig. Rougir de honte, de colère*, éprouver de la honte, de la colère.

ROUILLE, n. f. Espèce de crasse de couleur rouge plus ou moins foncée, dont se couvre le fer exposé à l'humidité; maladie qui attaque certains végétaux, comme le froment, le seigle, les foins, etc.

ROUILLER, v. tr. Produire de la rouille sur un corps : *l'humidité rouille le fer. Fig. S'altérer faute d'exercice : l'oisiveté rouille l'esprit*.

ROUILLURE, n. f. Effet de la rouille.

ROUIR, v. tr. Pratiquer l'opération du rouissage.

ROUISSAGE, n. m. Macération que l'on fait subir au lin, au chanvre, etc., pour faciliter la séparation de l'écorce filamenteuse d'avec la tige.

ROULADE, n. f. Action de rouler de haut en bas : *il a fait une belle roulade. Fam. Mus.* Agrément de chant formé par le passage de plusieurs notes sur une même syllabe.

ROULAGE, n. m. Facilité de rouler : *le roulage des voitures*; transport des marchandises sur des voitures traînées par des chevaux; établissement où l'on se charge de ce transport.

ROULANT, **E**, adj. Qui roule aisément : *voiture bien roulante. Feu roulant*, feu de mousqueterie continu. *Fig. : feu roulant de saillies, d'épigrammes*, etc.

ROULEAU, n. m. Paquet formé par une chose roulée : *rouleau de papier*; cylindre de bois, de pierre, etc., servant à divers usages : *rouleau de pâtissier.* Pl. Pièces de bois cylindriques sur lesquelles on fait rouler des fardeaux. *Impr.* Cylindre de bois sur lequel on applique l'encre à imprimer, et qu'on passe ensuite sur les formes.

ROULEMENT, n. m. Mouvement de ce qui roule : *roulement d'un carrosse* ; batterie militaire de tambour que l'on bat à coups égaux et pressés. *Roulement d'yeux,* mouvement d'yeux qui se portent rapidement de côté et d'autre. *Fig.* Bruit semblable à un corps qui roule : *roulement du tonnerre* ; circulation d'espèces : *grand roulement de fonds.*

ROULER, v. tr. Faire avancer une chose en la faisant tourner sur elle-même ; plier en rouleau : *rouler une pièce d'étoffe. Rouler les yeux,* les porter rapidement de côté et d'autre ; *rouler carrosse,* avoir un carrosse à soi. *Fig.* Former, méditer : *rouler un projet dans sa tête.* V. int. Aller en tournant : *rouler de haut en bas. Fig.* Faire entendre des roulements : *le tonnerre roule sur nos têtes. Rouler sur l'or,* être fort riche ; *tout roule là-dessus,* c'est le point dont le reste dépend ; *son discours roule sur la morale,* la morale en est le sujet. **Se rouler,** v. pr. Se tourner étant couché : *se rouler sur l'herbe.*

ROULETTE, n. f. Petite roue de bois dur ou de métal tournant dans tous les sens, et servant à faire rouler les objets aux pieds desquels elle est attachée ; petite roue en cuivre dont les relieurs se servent pour fixer la dorure sur les livres ; jeu de hasard.

ROULIER, n. m. Voiturier.

ROULIS, n. m. Oscillations d'un vaisseau qui penche successivement à droite et à gauche.

ROUPIE, n. f. Humeur qui découle du cerveau, et qui pend au nez par goutte ; monnaie des Indes, de valeur très-variable.

ROUPIEUX, EUSE, adj. et n. Qui a souvent la roupie au nez.

ROUPILLER, v. int. Sommeiller à demi. *Fam.*

ROUPILLEUR, EUSE, n. Qui roupille fréquemment. *Fam.*

ROUSSÂTRE, adj. Qui tire sur le roux.

ROUSSEAU, n. m. Homme qui a les cheveux roux. *Fam.*

ROUSSELET, n. m. Sorte de poire d'été qui a la peau rougeâtre.

ROUSSETTE, n. f. Espèce de squale ou chien de mer ; très-grande chauve-souris des Indes ; nom vulgaire du bruant et de la fauvette des bois.

ROUSSEUR, n. f. Qualité de ce qui est roux. *Taches de rousseur,* taches rousses qui viennent au visage et sur les mains.

ROUSSI, n. m. Odeur d'une chose que le feu a roussie : *cela sent le roussi.*

ROUSSIN, n. m. Cheval entier, épais et entre deux tailles. *Un roussin d'Arcadie,* un âne.

ROUSSIR, v. tr. Rendre roux ; *le feu a roussi cette étoffe.* V. int. Devenir roux.

ROUT ou **RAOUT,** n. m. Mot angl. Assemblée nombreuse de personnes du grand monde. Pl. *des routs.*

ROUTE, n. f. Grande voie de communication ; direction qu'on suit par terre ou par mer, pour aller d'un lieu à un autre ; espace que parcourent les astres, les cours d'eau : *la route du soleil, fleuve grossi sur sa route.* **Feuille de route,** écrit qui indique aux soldats en voyage leur logement et le chemin qu'ils doivent tenir. *Fig.* Moyens pour arriver à un but : *prendre une mauvaise route.*

ROUTIER, n. m. *Vieux routier,* homme devenu habile par une longue pratique.

ROUTIER, ÈRE, adj. *Carte routière,* où les routes sont indiquées. N. m. Livre qui contient les indications importantes pour chaque grande ligne de navigation : *le routier de la Méditerranée.*

ROUTINE, n. f. Faculté acquise par l'habitude plus que par l'étude, les règles.

ROUTINIER, ÈRE, n. Qui agit par routine.

ROUTOIR, n. m. Lieu où l'on fait rouir le chanvre.

ROUVRE ou **ROURE,** n. m. Espèce de gros chêne, ordinairement tortu et peu élevé.

ROUVRIR, v. tr. Ouvrir de nouveau. *Fig. Rouvrir une plaie,* renouveler un chagrin.

ROUX, ROUSSE, adj. Qui est d'une couleur entre le jaune et le rouge. *Lune rousse,* d'avril. N. m. Couleur rousse : *il est d'un roux ardent* ; sauce faite avec du beurre qu'on a fait roussir.

ROYAL, E, adj. Qui concerne un roi : *château, manteau royal* ; émané de l'autorité d'un roi : *ordonnance royale.* Se dit de certains établissements que le gouvernement a la direction spéciale : *bibliothèque, imprimerie royale.* **Prince royal,** héritier présomptif de la couronne ; **altesse royale,** titre de certains princes et de certaines princesses ; **cour royale**, sans appel ; **tigre**, **aigle royal**, de la plus grande espèce.

ROYALE, n. f. Moustache qu'on laisse croître sous la lèvre inférieure.

ROYALEMENT, adv. En roi.

ROYALISME, n. m. Esprit monarchique : *il est d'un royalisme éprouvé.*

ROYALISTE, adj. et n. Partisan du roi, de la royauté ; en France, partisan de la branche aînée des Bourbons.

ROYAUME, n. m. État gouverné par un roi. *Le royaume des cieux*, le paradis ; *le royaume des morts*, l'enfer, dans la mythologie.

ROYAUTÉ, n. f. Dignité de roi.

RU, n. m. Petit ruisseau.

RUADE, n. f. Action de ruer.

RUBAN, n. m. Tissu de soie, de fil, de laine, plat, mince et étroit ; décoration : *porter le ruban à sa boutonnière. Arch.* Tout ornement fait à l'imitation d'un ruban.

RUBANERIE, n. f. Profession du rubanier, commerce de rubans.

RUBANIER, ÈRE, n. Qui fait et vend du ruban.

RUBICOND, E, adj. Rouge, en parlant du visage : *face rubiconde.*

RUBIS, n. m. Pierre précieuse, transparente et d'un rouge vif. *Fig. Payer rubis sur l'ongle*, exactement.

RUBRIQUE, n. f. Titre, date qui, dans les journaux, indique le lieu d'où une nouvelle est venue : *ce fait est sous la rubrique de Londres, de Vienne,* etc. Pl. Règles du bréviaire et du missel, enseignant la manière d'officier. *Fig.* Ruses, détours, finesses : *il sait toutes sortes de rubriques.*

RUCHE, n. f. Habitation préparée en forme de panier pour les abeilles ; le panier et les abeilles qui sont dedans. *Fig.* Bande plissée de tulle ou de dentelle, qui sert d'ornement à divers ajustements de femme.

RUCHER, n. m. Endroit où sont les ruches.

RUDE, adj. Âpre au toucher : *peau rude* ; raboteux : *chemin rude. Fig.* Pénible, fatigant : *rude métier* ; difficile à supporter : *saison rude* ; âpre au goût : *vin rude* ; désagréable à entendre : *voix rude* ; dur, sévère : *maître rude* ; redoutable : *rude adversaire.*

RUDEMENT, adv. D'une manière rude.

RUDESSE, n. f. État de ce qui est rude : *rudesse de la peau. Fig.* Désagréable à voir, à entendre : *la rudesse des traits, de la voix* ; dureté : *traiter quelqu'un avec rudesse.*

RUDIMENT, n. m. Éléments, premières notions d'une science, d'un art ; premiers linéaments de la structure des organes : *les rudiments des plantes* ; livre qui contient les éléments de la langue latine.

RUDOYER, v. tr. Traiter rudement.

RUE, n. f. Chemin dans les villes, dans les bourgs, etc.

RUE, n. f. Plante ligneuse, d'une odeur très forte.

RUELLE, n. f. Petite rue ; espace laissé entre un des côtés du lit et la muraille.

RUER, v. int. Se dit d'un cheval, d'un âne, etc., qui jette avec force en l'air les pieds de derrière. **Se ruer**, v. pr. Se jeter impétueusement.

RUGIR, v. int. Se dit du cri du lion. *Fig.* Pousser des cris de fureur : *rugir de colère.*

RUGISSANT, E, adj. Qui rugit : *lion rugissant.*

RUGISSEMENT, n. m. Cri du lion.

RUGOSITÉ, n. f. Rides sur une surface raboteuse.

RUGUEUX, EUSE, adj. Qui a des rugosités.

RUINE, n. f. Dépérissement, destruction d'un bâtiment. *Fig.* Perte de la fortune, de l'honneur : *il court à sa ruine, cela a causé la ruine de sa réputation.* Pl. Débris d'un édifice : *les ruines de Palmyre.*

RUINER, v. tr. Démolir, abattre, détruire : *ruiner une ville* ; ravager, anéantir : *la grêle a ruiné les vignes. Fig.* Causer la perte de la santé, de la fortune, de la vie, etc. **Se ruiner**, v. pr. Tomber en ruines : *ce château commence à se ruiner* ; causer sa ruine : *se ruiner au jeu.*

RUINEUX, EUSE, adj. Qui cause du dommage par des dépenses excessives : *luxe ruineux.*

RUISSEAU, n. m. Cours d'eau peu considérable ; son lit : *creuser un ruisseau* ; eau qui coule au milieu des rues. *Fig.* Tout ce qui coule en abondance : *ruisseau de vin, de larmes.*

RUISSELANT, E, adj. Qui ruisselle.

RUISSELER, v. int. Couler en manière de ruisseau : *son sang ruisselait.*

RUMB, n. m. *Mar.* Chacun des intervalles compris entre deux des 32 aires-de-vent de la boussole.

RUMEUR, n. f. Bruit sourd et général, excité par quelque mécontentement : *grande rumeur* ; bruit confus de plusieurs voix : *que signifie cette rumeur?* réunion des opinions, des soupçons du public contre quelqu'un : *la rumeur publique l'accuse.*

RUMINANT, E, adj. Qui rumine :

animaux *ruminants*. N. m. pl. Ordre de quadrupèdes mammifères à quatre estomacs, comme le bœuf, le chameau, etc.

RUMINER, v. tr. Remâcher, en parlant des animaux ruminants : *les bœufs ruminent leur pâture*, et, int. : *la brebis, le chameau ruminent*. Fig. Tourner et retourner une chose dans son esprit : *ruminer un dessein, un projet.*

RUNIQUE, adj. Qui a rapport aux caractères d'écriture usités chez les Scandinaves.

RUPTURE, n. f. Action par laquelle une chose est rompue ; effet de cette action : *la rupture d'une digue*. Fig. Division entre des personnes unies par traité, par amitié, etc. : *rupture passagère*; annulation, cassation d'un acte public ou particulier : *rupture de la paix, d'un mariage.*

RURAL, E, adj. Qui appartient à la campagne, aux champs : *facteur rural.*

RUSE, n. f. Finesse, artifice, moyen dont on se sert pour tromper : *ruse de guerre.*

RUSÉ, ÉE, adj. et n. Fin, adroit; qui annonce de la ruse : *figure rusée.*

RUSER, v. int. Se servir de ruses.

RUSTAUD, E, adj. et n. Grossier, qui tient du paysan.

RUSTICITÉ, n. f. Grossièreté, rudesse.

RUSTIQUE, adj. Qui appartient à la campagne : *travaux rustiques*. Fig. Grossier, rude : *air, langage, manières rustiques.*

RUSTIQUEMENT, adv. D'une manière rustique.

RUSTRE, adj. et n. Fort rustique, fort grossier : *avoir l'air rustre, c'est un rustre.*

S

S, n. m. Dix-neuvième lettre de l'alphabet et quinzième des consonnes.

SA, adj. poss. V. Son.

SABBAT, n. m. Dernier jour de la semaine chez les Juifs; assemblée nocturne de sorciers et sorcières, qui, suivant une superstition populaire, se tenait le samedi à minuit, sous la présidence de Satan. Fig. Tapage, grand bruit : *c'est un véritable sabbat.*

SABBATIQUE, adj. Nom donné par les Juifs à chaque septième année.

SABÉEN, n. m. Celui qui professe le sabéisme.

SABÉISME, n. m. Adoration du feu, culte des astres.

SABINE, n. f. Espèce de genévrier.

SABLE, n. m. Gravier réduit en poudre ou en petits grains. Fig. *Bâtir sur le sable*, fonder une entreprise sur quelque chose de peu solide.

SABLER, v. tr. Couvrir de sable : *sabler une allée*. Fig. Boire promptement : *sabler une bouteille de Champagne.*

SABLEUX, EUSE, adj. Mêlé de sable.

SABLIER, n. m. Petit mécanisme ingénieux dans lequel une certaine quantité de sable fin mesure, en s'écoulant, la durée du temps; petit vase contenant du sable qu'on jette sur l'écriture pour la sécher.

SABLIÈRE, n. f. Carrière de sable; pièce de bois pour porter des solives ou une cloison.

SABLON, n. m. Sable fin pour écurer la vaisselle.

SABLONNER, v. tr. Écurer avec du sablon.

SABLONNEUX, EUSE, adj. Où il y a beaucoup de sable : *pays sablonneux.*

SABLONNIER, n. m. Qui vend du sablon.

SABLONNIÈRE, n. f. Lieu d'où l'on tire le sablon.

SABORD, n. m. Embrasure aux côtés d'un vaisseau, pour faire passer et tirer le canon.

SABOT, n. m. Chaussure de bois; corne du pied du cheval et de plusieurs autres animaux; garniture de cuivre qu'on met au bas de chacun des pieds de certains meubles; jouet d'enfant, en forme de toupie, qu'on fait pirouetter avec un fouet; plaque de fer qu'on met, dans les descentes, sous l'une des roues d'une voiture, pour l'empêcher de tourner. Fig. Mauvais instrument de musique, mauvais billard, etc. *Dormir comme un sabot*, profondément.

SABOTIER, n. m. Ouvrier qui fait des sabots.

SABOULER, v. tr. Tourmenter, houspiller, réprimander.

SABRE, n. m. Sorte d'épée qui ne tranche que d'un côté.

SABRER, v. tr. Donner des coups de sabre. Fig. *Sabrer une affaire*, l'expédier précipitamment.

SABRETACHE, n. f. Espèce de sac

plat qui pend du ceinturon d'un hussard.

SABREUR, n. m. Soldat très-brave. Se dit surtout d'un général qui a plus de bravoure que de prudence.

SAC, n. m. Espèce de poche, en toile ou en papier, ouverte par le haut; son contenu : *sac de blé*; havresac de peau que le fantassin porte sur son dos; habit de toile que l'on portait dans certains ordres religieux par esprit de pénitence. *Fig. L'affaire est da s le sac*, en bon train; *homme de sac et de corde*, scélérat; *sac à vin*, ivrogne; *sac à papier*, jurement familier.

SAC, n. m. Pillage d'une ville, massacre de ses habitants : *le sac de Troie*.

SACCADE, n. f. Mouvement brusque et irrégulier : *n'aller, n'avancer que par saccades*.

SACCADÉ, ÉE, adj. Brusque, irrégulier : *mouvements saccadés*. *Style saccadé*, dont les phrases sont courtes et sans harmonie.

SACCAGE, n. m. Bouleversement, confusion : *saccage d'un jardin*.

SACCAGEMENT, n. m. Sac, pillage : *saccagement d'une ville*.

SACCAGER, v. tr. Mettre à sac, au pillage : *saccager une ville*.

SACCAGEUR, n. m. Qui saccage : *saccageur de provinces*.

SACERDOCE, n. m. Dignité et fonctions des ministres du culte.

SACERDOTAL, E. adj. Qui appartient au sacerdoce : *dignité sacerdotale*.

SACHÉE, n. f. Contenu d'un sac.

SACHET, n. m. Petit sac; petit coussin où l'on met des parfums.

SACOCHE, n. f. Sorte de grosse bourse de cuir; sac de toile dans lequel les garçons de banque mettent les espèces qu'ils sont chargés de toucher; son contenu : *lourde sacoche*.

SACRAMENTAL, E, ou SACRAMENTEL, ELLE, adj. Qui appartient aux sacrements *Paroles sacramentelles*, essentielles pour la conclusion d'une affaire, d'un traité.

SACRAMENTALEMENT ou SACRAMENTELLEMENT, adv. D'une manière sacramentelle.

SACRE, n. m. Action, cérémonie religieuse par laquelle on sacre un roi, un évêque.

SACRÉ, ÉE, adj. Consacré : *vases sacrés*. *Livres sacrés*, l'ancien et le nouveau Testament; *histoire sacrée*, par oppos. à histoire profane; *ordres sacrés*, la prêtrise, le diaconat et le sous-diaconat; *le sacré collège*, le collège des cardinaux à Rome. *Fig. A quoi on ne doit point toucher* : *dépôt sacré*; invio-

lable : *la personne du roi est sacrée*; respectable : *il n'y a rien de sacré pour lui. Feu sacré*, se dit de certains sentiments nobles et passionnés : *le feu sacré de la liberté*; se dit aussi du génie : *être animé du feu sacré*. N. m. : *le sacré et le profane*.

SACREMENT, n. m. Signe visible d'une chose invisible, institué par J.-C. pour la sanctification des âmes. **Le Saint-Sacrement**, l'eucharistie.

SACRER, v. tr. Conférer un certain caractère au moyen de cérémonies religieuses : *sacrer un roi, un évêque*.

SACRER, v. int. Jurer, blasphémer.

SACRIFICATEUR, n. m. Ministre préposé pour faire les sacrifices chez les Juifs et les païens.

SACRIFICATURE, n. f. Dignité, fonction du sacrificateur.

SACRIFICE, n. m. Offrande faite à la Divinité avec certaines cérémonies. **Le saint sacrifice**, le sacrifice de la messe. Culte qu'on rendait aux fausses divinités, en leur offrant des victimes ou des dons. *Sacrifices humains*, où l'on immolait des victimes humaines. *Fig.* Renoncement, volontaire ou forcé, à quelque chose de très agréable, à ce qu'on a de plus cher : *l'honneur exige que vous fassiez ce sacrifice*; dépenses : *faire de grands sacrifices pour l'éducation de ses enfants*.

SACRIFIER, v. tr. Offrir en sacrifice : *sacrifier des victimes*, et, int. : *sacrifier à Dieu, aux idoles*. *Fig.* Se priver d'une chose en considération de quelqu'un : *sacrifier ses intérêts à un ami*; employer à : *sacrifier sa fortune à l'éducation de ses enfants*. V. int. *Sacrifier à une passion*, s'y abandonner; *sacrifier à la mode*, s'y conformer. **Se sacrifier**, v. pr. Se dévouer entièrement : *se sacrifier à la patrie*.

SACRILÈGE, n. m. Profanation des choses sacrées; attentat sur une personne sacrée; celui qui s'en rend coupable. Adj. Souillé d'un sacrilège : *main sacrilège*. *Fig.* : *vœu, intention sacrilège*.

SACRILÉGEMENT, adv. D'une manière sacrilège.

SACRIPANT, n. m. Mauvais sujet. *Fam.*

SACRISTAIN, n. m. Celui qui a soin de la sacristie d'une église.

SACRISTIE, n. f. Lieu où l'on serre les ornements d'église, où les prêtres vont revêtir leurs habits sacerdotaux; ce que contient la sacristie.

SACRISTINE, n. f. Celle qui, dans un monastère de filles, a soin de la sacristie.

SACRUM, n. m. Os triangulaire placé à la suite de la colonne vertébrale.

SADUCÉENS, n. m. pl. Autrefois, chez les Juifs, sectaires matérialistes.

SADUCÉISME, n. m. Doctrine des Saducéens.

SAFRAN, n. m. Plante bulbeuse; stigmates de cette plante, qui entrent comme assaisonnement dans un grand nombre d'aliments, et dont on retire une belle couleur jaune.

SAFRANER, v. tr. Apprêter ou jaunir avec du safran.

SAFRE, n. m. Oxyde de cobalt.

SAGACE, adj. Doué de sagacité.

SAGACITÉ, n. f. Perspicacité, pénétration d'esprit.

SAGE, adj. Prudent, circonspect : *agir en homme sage*; modéré, retenu : *sage dans ses désirs*; posé, qui n'est point turbulent : *enfant sage*; chaste : *femme, fille sage*. Se dit des actions, des paroles : *conduite, réponse sage*. N. m. : *le sage est maître de ses passions*.

SAGE-FEMME, n. f. Celle dont la profession est de faire des accouchements. Pl. des *sages-femmes*.

SAGEMENT, adv. D'une manière sage, prudente.

SAGESSE, n. f. Prudence, bonne conduite dans le cours de la vie; chasteté; connaissance des choses, naturelle ou acquise; lumières de l'esprit : *Moïse était instruit dans la sagesse des Égyptiens*; connaissance du cœur humain, de la Divinité : *don de sagesse*; modération, retenue; docilité, en parlant des enfants : *remporter le prix de sagesse*; un des livres de l'Écriture sainte.

SAGETTE, n. f. Flèche. *Vieux*.

SAGITTAIRE, n. m. Constellation qui forme le neuvième signe du zodiaque.

SAGITTÉ, ÉE, adj. Qui a la forme d'un fer de flèche : *feuille sagittée*.

SAGOU, n. m. Fécule qu'on retire de la moelle de plusieurs espèces de palmiers.

SAGOUIN, n. m. Sorte de petit singe. *Fig.* **Sagouin, e**, personne malpropre.

SAGUM, n. m. ou **SAIE**, n. f. Habillement militaire des Romains et des Gaulois, qui ne dépassait pas les genoux.

SAIGNANT, E, adj. Qui dégoutte de sang. *Fig. Plaie encore saignante*, injure, douleur encore toute récente.

SAIGNÉE, n. f. Ouverture de la veine pour tirer du sang; sang tiré par l'ouverture de la veine : *saignée abondante*; rigole pour tirer de l'eau de quelque endroit.

SAIGNEMENT, n. m. Écoulement de sang, principalement par le nez.

SAIGNER, v. tr. Tirer du sang en ouvrant une veine; tuer : *saigner un poulet*; faire écouler l'eau par une rigoles : *saigner un fossé*. V. int. Perdre du sang naturellement ou par une blessure : *saigner à la tête*. *Saigner du nez*, perdre du sang par le nez, et, fig., manquer de résolution, de courage. *La plaie saigne encore*, se dit d'une offense, d'un malheur dont on ressent encore les effets. **Se saigner**, v. pr. S'épuiser en sacrifices d'argent : *se saigner pour ses enfants*.

SAILLANT, E, adj. Qui avance, qui sort en dehors : *corniche saillante*. *Angle saillant*, dont le sommet est en dehors, par oppos. à *angle rentrant*. *Fig.* Vif, brillant, frappant : *trait, pensée, idée saillante*.

SAILLIE, n. f. Éminence à la surface de certains objets : *os qui fait saillie*. *Arch.* Avance d'une pièce hors du corps d'un bâtiment, comme un balcon, une corniche, etc. : *portique en saillie*. *Peint.* Relief apparent des objets représentés dans un tableau : *cette figure n'a pas assez de saillie*. *Fig.* Boutade, emportement : *les saillies de la jeunesse*; trait d'esprit brillant et imprévu : *ouvrage plein de saillies*.

SAILLIR, v. int. (N'est usité qu'aux 3es personnes : *il saillit, il saillissait, il saillit, il saillira*, etc.; *saillissant, sailli, e*.) Jaillir, sortir avec force : *son sang saillit*.

SAILLIR, v. int. (N'est usité qu'aux 3es personnes : *il saille, il saillait, il saillit, il saillera*, etc.; *saillant, sailli, e*.) S'avancer en dehors, être en saillie, en parlant d'un balcon, d'une corniche, etc.

SAIN, E, adj. De bonne constitution : *homme sain, corps sain*; en bon état : *ce bois est encore sain*; salubre, bon à la santé : *air sain*. *Fig. Jugement sain*, droit et sûr; *doctrine saine*, orthodoxe.

SAINBOIS, n. m. Nom vulgaire du garou, dont l'écorce sert à faire des vésicatoires.

SAINDOUX, n. m. Graisse de porc fondue.

SAINEMENT, adv. D'une manière saine : *sainement logé*; judicieusement : *juger sainement des choses*.

SAINFOIN, n. m. Plante vivace de la famille des légumineuses, employée comme fourrage.

SAINT, E, adj. Essentiellement pur, souverainement parfait : *la sainte Trinité*; esprit bienheureux : *les saints anges, les saints martyrs*; qui vit selon la loi de Dieu : *un saint homme* ; conforme à la loi divine, à la piété : *vie sainte* ; dédié à Dieu : *saint temple*. les **Lieux saints**, la terre sainte, la Palestine. N. Personne qui vit ou qui est morte en état de sainteté : *c'est un saint, les litanies des saints.* **Le saint des saints**, la partie la plus sacrée du temple de Jérusalem ; *la communion des saints*, la société des fidèles.

SAINT-AUGUSTIN, n. m. Caractère d'imprimerie entre le gros texte et le cicéro.

SAINTE-ALLIANCE, n. f. Ligue des monarques de l'Europe formée en 1815 contre la France.

SAINTE-BARBE, n. f. Dans un vaisseau, endroit où sont renfermées la poudre et les munitions. Pl. des *saintes-barbes*.

SAINTEMENT, adv. D'une manière sainte.

SAINTE NITOUCHE, n. f. V. *Nitouche*.

SAINT-ESPRIT, n. m. Troisième personne de la sainte Trinité ; ordre de chevalerie institué par Henri III : *chevalier du Saint-Esprit*.

SAINTETÉ, n. f. Qualité de ce qui est saint : *la sainteté des sacrements, des lois.* Sa sainteté, titre d'honneur donné au pape.

SAINT-GERMAIN, n. m. Poire fondante et très-sucrée. Pl. des *saints-germains*.

SAINT-OFFICE, n. m. Tribunal de l'inquisition.

SAINT-PÈRE, n. m. Nom par lequel on désigne le pape.

SAINT-SIÉGE, n. m. La papauté.

SAINT-SIMONIEN, **ENNE**, adj. Qui concerne le saint-simonisme. N. Disciple de Saint-Simon.

SAINT-SIMONISME, n. m. Doctrine religieuse et sociale de Saint-Simon, ayant pour but d'établir une hiérarchie sociale fondée sur la seule capacité.

SAISIE, n. f. Acte par lequel un créancier s'empare, dans la forme légale, des biens de son débiteur, pour obtenir le payement de ce qui lui est dû ; action de s'emparer provisoirement des choses qui sont l'objet d'une contravention, ou qui peuvent fournir la preuve d'un crime, d'un délit : *saisie de marchandises de contrebande*.

SAISIR, v. tr. Prendre vivement et avec vigueur : *saisir quelqu'un au collet* ; prendre quelque chose pour le tenir, s'en servir ou le porter : *saisir une épée par la poignée* ; opérer une saisie. *Fig.* Mettre à profit : *saisir l'occasion* ;

comprendre : *saisir une pensée* ; s'emparer d'une personne, en parlant d'un mal, d'une passion : *la douleur, le désespoir l'a saisi. Être saisi*, être frappé subitement d'effroi, de douleur, d'étonnement, etc. *Saisir un tribunal d'une affaire*, la porter devant sa juridiction.

SAISISSABLE, adj. Qui peut être saisi : *rente saisissable*.

SAISISSANT, **E**, adj. Qui surprend tout d'un coup : *froid saisissant*. N. m. Celui au nom de qui se fait une saisie.

SAISISSEMENT, n. m. Impression subite et violente causée par le froid. *Fig.* Émotion forte et soudaine : *éprouver un saisissement*.

SAISON, n. f. Chacune des quatre divisions de l'année ; temps où dominent certains états de l'atmosphère : *la saison des pluies* ; époque où se fait une culture, une récolte : *la saison des semailles, des fruits. Saison nouvelle*, le printemps ; *arrière-saison*, l'automne. *Fig. Cela est hors de saison*, hors de propos, déplacé.

SALADE, n. f. Mets composé d'herbes ou de légumes, assaisonnés avec du sel, du vinaigre et de l'huile ; toute plante dont on fait de la salade ; tout mélange de plusieurs mets, fruits, viandes froides, etc., mis en salade : *salade de homard, d'anchois*, etc.

SALADE, n. f. Dans le style plaisant, sorte de casque rond, léger et sans visière : *la salade de don Quichotte*.

SALADIER, n. m. Vase où l'on fait la salade ; panier à jour pour la secouer.

SALAGE, n. m. Action de saler : *le salage d'un porc*.

SALAIRE, n. m. Payement pour un travail. *Fig.* Châtiment que mérite une mauvaise action : *tôt ou tard le crime reçoit son salaire*.

SALAISON, n. f. Action de saler les viandes ; chose salée : *embarquer des salaisons*.

SALAMALEC, n. m. Salut turc accompagné de révérences profondes.

SALAMANDRE, n. f. Espèce de lézard qui vit dans les lieux sombres et humides.

SALANT, adj. m. *Marais salants*, d'où l'on tire le sel.

SALARIÉ, n. m. Celui qui reçoit des gages, un salaire.

SALARIER, v. tr. Donner un salaire.

SALAUD, **E**, n. Personne sale, malpropre. *Pop.*

SALE. adj. Malpropre. *Fig.* Déshonnête, obscène : *paroles sales* ; contraire à l'honneur, à la délicatesse : *c'est une sale affaire.*

SALÉ, n. m. Chair de porc salée. **Petit salé**, chair de porc nouvellement salée.

SALÉMENT, adv. D'une manière sale.

SALEP, n. m. Racine de certains orchis, desséchée et réduite en poudre.

SALER, v. tr. Assaisonner avec du sel ; mettre du sel sur les viandes crues pour les conserver. *Fig.* Vendre trop cher : *ce marchand sale bien ce qu'il vend.*

SALETÉ, n. f. État de ce qui est sale. *Fig.* Action vile, procédé peu délicat : *il m'a fait une saleté* ; paroles obscènes : *dire des saletés.*

SALICOQUE, n. f. Sorte de crevette.

SALIENS, adj. et n. m. pl. Prêtres de Mars à Rome ; nom d'une tribu franque originairement établie sur les bords de la *Saale* en Franconie.

SALIÈRE, n. f. Pièce de vaisselle pour mettre le sel ; enfoncement qu'on remarque au-dessus des yeux des vieux chevaux.

SALIFIABLE, adj. Se dit des substances qui jouissent de la propriété de former des sels : *base salifiable.*

SALIGAUD, E, n. Qui est sale, malpropre. *Pop.*

SALIN, E, adj. Qui contient du sel : *concrétio saline.*

SALINE, n. f. Lieu où l'on extrait le sel des eaux salées, par l'évaporation ; mine de sel gemme.

† SALIQUE, adj. *Loi salique*, qui, en France, exclut les femmes du trône ; *terres saliques*, celles qui furent distribuées aux guerriers francs après la conquête de la Gaule.

SALIR, v. tr. Rendre sale. *Fig. Salir la réputation de quelqu'un*, y porter atteinte.

SALISSANT, E, adj. Qui se salit aisément : *couleur salissante.*

SALISSURE, n. f. Ordure, souillure.

SALIVAIRE, adj. *Anat. Glandes salivaires*, qui sécrètent la salive ; *conduits salivaires*, canaux par où elle passe.

SALIVATION, n. f. Sécrétion surabondante de la salive.

SALIVE, n. f. Humeur aqueuse et un peu visqueuse qui humecte la bouche.

SALIVER, v. int. Rendre beaucoup de salive.

SALLE, n. f. Grande pièce d'un appartement : *salle à manger* ; lieu vaste et couvert, destiné à un service public ou à une grande exploitation : *salle des ventes, salle de spectacle* ; dortoir dans un hôpital : *salle des malades* ; lieu où les maîtres d'armes donnent publiquement leurs leçons : *salle d'armes.*

SALMIGONDIS, n. m. Ragoût de plusieurs sortes de viandes réchauffées.

SALMIS, n. m. Ragoût de pièces de gibier déjà cuites à la broche : *salmis de perdrix.*

SALOIR, n. m. Vaisseau de bois destiné à saler les viandes.

SALON, n. m. Pièce destinée, dans chaque maison, à recevoir la compagnie ; galerie où se fait, à Paris, l'exposition des ouvrages d'art : *salon de peinture, de sculpture. Par ext.* L'exposition elle-même : *le dernier salon était très-remarquable. Fig. Pl.* La bonne compagnie, les gens du grand monde : *c'est la nouvelle des salons.*

SALOPE, n. f. Femme sale et malpropre. *Pop.*

SALOPERIE, n. f. Saleté, grande malpropreté. *Pop.*

SALPÊTRE, n. m. Nom vulgaire du nitrate de potasse. *Poét.* Poudre à canon : *le salpêtre homicide.*

SALPÊTRER, v. tr. Faire naître du salpêtre : *l'humidité salpêtre les murs.*

SALPÊTRIER, n. m. Ouvrier qui travaille à la fabrication du salpêtre.

SALPÊTRIÈRE, n. f. Fabrique et dépôt de salpêtre.

SALSEPAREILLE, n. f. Plante d'Amérique, dont la racine est dépurative et sudorifique.

SALSIFIS, n. m. Plante dont la racine est bonne à manger.

SALTIMBANQUE, n. m. Bateleur, jongleur qui fait des exercices sur les places publiques. *Fig.* Bouffon de société.

SALUBRE, adj. Sain, qui contribue à la santé : *air salubre.*

SALUBRITÉ, n. f. Qualité de ce qui est salubre : *la salubrité de l'air.* **Salubrité publique**, soins que l'administration prend de la santé publique ; cette administration.

SALUER, v. tr. Donner à quelqu'un ou à quelque chose une marque extérieure d'attention, de civilité, de respect : *saluer un ami, saluer un navire de 20 coups de canon* ; proclamer : *l'armée le salua empereur.*

SALURE, n. f. Qualité que le sel communique : *salure de la mer.*

SALUT, n. m. Conservation, rétablissement dans un état heureux, convenable : *il y va du salut de l'État*, vie, liberté : *il ne dut son salut qu'à* son *cheval* ; félicité éternelle : *travailler à son salut.*

SALUT, n. m. Action de saluer ; prières chantées le soir dans les églises à certains jours de fête. *A bon entendeur salut*, se dit quand on veut faire entendre une chose en ne s'expliquant qu'à demi-mot.

SALUTAIRE, adj. Utile pour conserver la santé, la vie, l'honneur, etc. : *remède, loi, conseil salutaire.*

SALUTAIREMENT, adv. D'une manière salutaire.

SALUTATION, n. f. Salut, action de saluer. *Salutation angélique*, prière à la sainte Vierge (l'Ave Maria).

SALVE, n. f. Décharge d'un grand nombre d'armes à feu en même temps, soit pour saluer quelqu'un, soit dans des occasions de réjouissance. *Fig. Salve d'applaudissements*, applaudissements unanimes.

SALVÉ, n. m. Prière à la sainte Vierge.

SAMEDI, n. m. Dernier jour de la semaine.

SAN-BÉNITO, n. m. Mots espag. Vêtement mortuaire dont les inquisiteurs revêtaient ceux qui allaient être brûlés.

SANCTIFIANT, E, adj. Qui sanctifie : *la grâce sanctifiante.*

SANCTIFICATION, n. f. Action et effet de la grâce qui sanctifie : *la sanctification des âmes. Sanctification du dimanche, des fêtes*, leur célébration religieuse.

SANCTIFIER, v. tr. Rendre saint : *la grâce sanctifie*: célébrer suivant la loi de l'Église : *sanctifier le dimanche.*

SANCTION, n. f. Acte par lequel le chef de l'État donne à une loi la confirmation sans laquelle elle ne serait point exécutoire. *Par ext.* Simple approbation que l'on donne à une chose : *ce mot n'a pas encore reçu la sanction de l'usage.*

SANCTIONNER, v. tr. Donner la sanction : *sanctionner une loi, une coutume.*

SANCTUAIRE, n. m. Chez les Juifs, la partie la plus secrète et la plus intime du temple de Jérusalem ; chez les païens, le lieu où la Pythie rendait ses oracles ; endroit de l'église où est le maître-autel. *Fig. Le sanctuaire des lois*, le lieu où l'on rend la justice.

SANDAL, n. m. Bois des Indes employé en teinture.

SANDALE, n. f. Chaussure qui ne couvre le dessus du pied qu'en partie.

SANDARAQUE, n. f. Résine blanche qui coule du grand genévrier et d'autres arbres.

SANG, n. m. Liqueur rouge qui circule dans les veines et dans les artères. *Coup de sang*, épanchement de sang au cerveau ; *homme de sang*, cruel, sanguinaire ; *se faire du mauvais sang*, s'impatienter ; *glacer le sang*, causer de l'effroi ; *droit du sang*, de la naissance ; *prince du sang*, de la maison royale. *Fig.* Descendance, extraction : *être d'un sang illustre* ; famille : *être du même sang. Baptême de sang*, le martyre ; *la voix du sang*, le cri de la nature ; *cheval pur sang*, cheval de race.

SANG-DE-DRAGON, n. m. Plante dont les feuilles rendent un suc rouge comme du sang ; substance d'un rouge brun qui découle naturellement de certains arbres, et qui était autrefois fort usitée en médecine.

SANG-FROID, n. m. Tranquillité, présence d'esprit.

SANGLANT, E, adj. Taché, souillé de sang : *robe, épée sanglante* ; où il y a eu beaucoup de sang répandu : *combat sanglant. Fig.* Outrageux, très-offensant : *affront sanglant.*

SANGLE, n. f. Bande de cuir large et plate, qui sert à ceindre, à serrer, etc.

SANGLER, v. tr. Ceindre, serrer avec une sangle : *sangler un cheval. Fig. Sangler le visage d'un coup de fouet*, appliquer un coup de fouet au visage.

SANGLIER, n. m. Porc sauvage.

SANGLOT, n. m. Soupir redoublé, poussé d'une voix entrecoupée.

SANGLOTER, v. int. Pousser des sanglots.

SANGSUE, n. f. Ver aquatique que la médecine emploie pour les saignées locales. *Fig.* Homme avide, qui demande continuellement.

SANGUIN, E, adj. Où le sang prédomine : *tempérament sanguin* ; de couleur de sang : *visage d'un rouge sanguin. Vaisseaux sanguins*, qui servent à la circulation du sang ; *maladie sanguine*, causée par la surabondance du sang.

SANGUINAIRE, adj. Qui se plaît à répandre le sang humain ; cruel : *loi sanguinaire.*

SANGUINE, n. f. Crayon fait avec de l'ocre rouge ou de la mine de fer ; pierre précieuse de couleur de sang.

SANGUINOLENT, E, adj. Teint de sang : *crachat sanguinolent.*

SANHÉDRIN, n. m. Conseil suprême ou sénat des Juifs.

SANIE, n. f. Matière purulente qui sort des ulcères.

SANIEUX, EUSE, adj. De la nature de la sanie.

SANITAIRE, adj. Qui a rapport à la conservation de la santé : *mesure sanitaire*. **Cordon sanitaire**, ligne militaire établie pour empêcher la propagation de la peste entre des pays limitrophes.

SANS, prép. qui marque privation, exclusion : *sans argent*, *allez-y sans moi*; entre dans plusieurs loc. adv. : *sans doute*, *sans cesse*, etc.

SANS-CŒUR, n. m. Qui n'a pas de courage, de sentiment. Pl. des *sans-cœur*. *Fam.*

SANSCRIT, E, adj. Nom donné à l'ancienne langue des Indous, que l'on croit aujourd'hui la langue primitive. N. m. La langue sanscrite.

SANS-CULOTTE, n. m. Nom sous lequel on désignait certains révolutionnaires exaltés de 1789.

SANS-DENTS, n. f. Vieille femme qui n'a plus de dents.

SANS-FLEUR, n. f. Sorte de pomme. Pl. des *sans-fleur*.

SANSONNET, n. m. Nom vulgaire de l'étourneau.

SANS-SOUCI, n. Qui ne s'inquiète de rien. Pl. des *sans-souci*. *Fam.*

SANTÉ, n. f. État de celui qui est sain, qui se porte bien. **Maison de santé**, où l'on reçoit les malades pour les soigner, moyennant une rétribution; **officier de santé**, médecin d'un ordre inférieur; *à votre santé*, salutation qu'on se fait en buvant.

SANTOLINE, n. f. Plante dont on extrait une huile employée comme vermifuge.

SANTON, n. m. Sorte de moine turc.

SAPAJOU, n. m. Petit singe d'Amérique. *Fig.* Petit homme laid et ridicule.

SAPE, n. f. Travail de tranchée.

SAPER, v. tr. Travailler avec le pic et la pioche à détruire les fondements d'un édifice, d'un bastion, etc. *Fig.* Détruire, renverser : *saper les fondements d'une doctrine, d'une religion.*

SAPEUR, n. m. Soldat du génie qui travaille aux fortifications; dans l'infanterie, soldat qui marche en tête du régiment, et qui est chargé de frayer un chemin aux troupes. **Sapeurs-pompiers**, corps institué pour porter secours en cas d'incendie.

SAPHIQUE, adj. *Vers saphique*, vers grec ou latin de onze syllabes, qu'on croit inventé par Sapho.

SAPHIR, n. m. Pierre précieuse d'une belle couleur bleue.

SAPHIRINE, n. f. Variété de calcédoine, qui a la couleur du saphir.

SAPIDE, adj. Qui a de la saveur.

SAPIDITÉ, n. f. Qualité de ce qui est sapide.

SAPIENCE, n. f. Sagesse. *Vieux.*

SAPIENTIAUX, adj. et n. m. pl. Se dit de certains livres de l'Écriture sainte.

SAPIN, n. m. Grand arbre résineux, toujours vert; son bois; voiture de place. Pop. *Sentir le sapin*, avoir très-mauvaise mine, être près de mourir. *Fam.*

SAPINE, n. f. Planche de sapin.

SAPINIÈRE, n. f. Lieu planté de sapins.

SAPONAIRE, n. f. Plante dont la tige et la racine donnent à l'eau une qualité savonneuse.

SAPORIFIQUE, adj. Qui produit de la saveur.

SARABANDE, n. f. Air de danse espagnole à trois temps.

SARBACANE, n. f. Long tuyau qui sert à lancer quelque chose en soufflant.

SARBOTIÈRE, n. f. Vase de fer-blanc pour faire congeler les glaces.

SARCASME, n. m. Raillerie amère et insultante.

SARCASTIQUE, adj. Qui tient du sarcasme : *ton sarcastique*.

SARCELLE, n. f. Oiseau aquatique semblable au canard.

SARCLAGE, n. m. Action de sarcler; résultat de cette action.

SARCLER, v. tr. Arracher les mauvaises herbes d'un jardin, d'un champ : *sarcler des orges*.

SARCLEUR, EUSE, n. Qui sarcle.

SARCLOIR, n. m. Instrument pour sarcler.

SARCLURE, n. f. Ce qu'on arrache en sarclant.

SARCOPHAGE, n. m. Tombeau dans lequel les anciens mettaient les corps qu'ils ne voulaient pas brûler; aujourd'hui, partie d'un monument funèbre qui représente le cercueil, bien qu'il ne renferme pas réellement le corps du défunt.

SARCOPTE, n. m. Nom donné à l'acarus de la gale.

SARDANAPALE, n. m. Homme voluptueux, adonné au plaisir, par allusion au Sardanapale de l'histoire.

SARDINE, n. f. Poisson de mer semblable au hareng, mais plus petit.

SARDONIQUE, adj. Ironique, méchant : *rire sardonique*.

SARIGUE, n. f. Petit quadrupède d'Amérique, dont la femelle a sous le ventre une espèce de poche dans laquelle elle porte ses petits.

SARMENT, n. m. Bois que la vigne pousse chaque année.

SARMENTEUX, EUSE, adj. Qui produit beaucoup de sarment : *vigne sarmenteuse. Par ext.* Plante dont la tige est longue, flexible et grimpante comme le sarment.

SARRASIN, n. m. Sorte de blé noir.

SARRASINE, n. f. Espèce de herse qu'on place entre le pont-levis et la porte d'une ville, d'un château-fort, etc.

SARRAU, n. m. Sorte de souquenille.

SARRIETTE, n. f. Plante aromatique qui sert d'assaisonnement.

SAS, n. m. Tissu de crin entouré d'un cercle de bois, pour passer de la farine, du plâtre, etc. *Fig. Passer une chose au gros sas*, l'examiner avec peu de soin.

SAS, n. m. Bassin ménagé dans la longueur d'un canal pour y retenir les eaux.

SASSAFRAS, n. m. Grand arbre de l'Amérique du Sud.

SASSE, n. f. Pelle creuse qui sert à jeter l'eau hors des embarcations.

SASSENAGE, n. m. Fromage du Dauphiné.

SASSER, v. tr. Passer au sas : *sasser de la farine. Fig. Sasser et ressasser une affaire*, l'examiner minutieusement.

SATAN, n. m. Nom donné dans l'Ecriture sainte à l'Esprit tentateur.

SATANIQUE, adj. Diabolique : *méchanceté satanique.*

SATELLITE, n. m. Planète secondaire qui tourne autour d'une planète principale : *la lune est le satellite de la terre* ; homme armé, ministre des violences de celui qu'il accompagne.

SATIÉTÉ, n. f. Réplétion d'aliments qui va jusqu'au dégoût. *Fig. : satiété des plaisirs, des honneurs.*

SATIN, n. m. Etoffe de soie fine, moelleuse et lustrée. *Peau de satin*, douce et unie.

SATINAGE, n. m. Action de satiner du papier ; résultat de cette action.

SATINÉ, ÉE, adj. Qui imite le satin : *papier satiné. Peau satinée*, douce comme du satin.

SATINER, v. tr. Donner à une étoffe, à un ruban, à du papier, etc., l'aspect du satin.

SATIRE, n. f. Petite pièce de poésie où l'auteur attaque les vices, les sottises et les ridicules de son temps : *les satires de Boileau* ; tout écrit ou discours piquant, médisant : *certaines louanges sont des satires.*

SATIRIQUE, adj. Qui appartient à la satire : *ouvrage satirique* ; enclin à la médisance : *esprit satirique.* N. m. Auteur de satires.

SATIRIQUEMENT, adv. D'une manière satirique.

SATIRISER, v. tr. Railler d'une manière piquante et satirique. *Peu us.*

SATISFACTION, n. f. Contentement, joie ; action par laquelle on répare une offense : *donner satisfaction.*

SATISFACTOIRE, adj. Propre à expier, à réparer les offenses faites à Dieu : *œuvre satisfactoire.*

SATISFAIRE, v. tr. Contenter, donner sujet de contentement : *satisfaire ses maîtres. Satisfaire ses créanciers*, les payer ; *satisfaire l'esprit, les sens*, leur plaire ; *satisfaire l'attente*, la remplir ; *satisfaire ses passions*, les contenter ; *satisfaire un besoin*, faire ce que ce besoin exige. V. int. Faire ce qu'on doit : *satisfaire à ses devoirs. Se satisfaire*, v. pr. Contenter le désir qu'on a de quelque chose.

SATISFAISANT, E, adj. Qui contente, satisfait.

SATISFAIT, E, adj. Content : *je suis satisfait de vos progrès* ; rempli : *ses désirs sont satisfaits.*

SATRAPE, n. m. Gouverneur d'une province, chez les anciens Perses. *Fig.* Grand seigneur despote, riche et voluptueux.

SATRAPIE, n. f. Gouvernement d'un satrape.

SATURATION, n. f. État d'un liquide saturé.

SATURER, v. tr. Mettre dans un liquide tout ce qu'il peut dissoudre d'une matière.

✝ **SATURNALES**, n. f. pl. Fêtes païennes en l'honneur de Saturne. *Fig.* Temps de licence, de désordre : *les jours gras sont de véritables saturnales.*

SATURNE, n. m. *Myth.* Le Temps. Une des planètes principales de notre système. **Extrait de saturne**, solution d'acétate de plomb.

✝ **SATYRE**, n. m. Demi-dieu, moitié homme et moitié bouc, qui, selon la Fable, habitait les bois. *Fig.* Homme cynique.

SATYRIQUE, adj. Qui appartient aux satyres : *danse satyrique.*

SAUCE, n. f. Assaisonnement liquide où l'on entre du sel, des épices, etc.

SAUCER, v. tr. Tremper dans la sauce. *Saucer quelqu'un*, le réprimander fortement. *Pop.*

SAUCIÈRE, n. f. Vase dans lequel on sert des sauces sur la table.

SAUCISSE, n. f. Boyau rempli de viande de p rc hachée et assaisonnée.

SAUCISSON, n. m. Grosse saucisse fortement assaisonnée; long rouleau de toile rempli de poudre, dont on se sert pour mettre le feu à un fo rneau de mine: *mettre le feu au saucisson.*

SAUF, prép. Sans blesser, sans porter atteinte : *sauf votre respect* : avec réserve de : *sauf meilleur av s, sauf à recommencer* ; excepté : *il a tout vendu sauf sa maison.*

SAUF, VE, adj. Qui n'est point endommagé : *revenir sain et sauf d'une bataille.*

SAUF-CONDUIT, n. m. Permission donnée par l'autorité d'aller en quelque endroit, d'y séjourner quelque temps, et de s'en retourner librement, sans crainte d'être arrêté; sauvegarde que les magistrats accordent en certains cas à des débiteurs exposés à la contrainte par corps; permission qu'un general donne, en temps de guerre, de passer sur le terrain qu'occupe son armée. Pl. des *saufs-conduits.*

SAUGE, n. f. Plante aromatique employée en medecine comme tonique, excitant et anti-pasmodique.

SAUGRENU, E, adj. Absurde, ridicule : *question saugrenue.*

SAULE, n. m. Arbre qui se plaît dans les lieux humides.

SAUMÂTRE, adj. D'un goût approchant de celui de l'eau de la mer : *eau saumâtre.*

SAUMON, n. m. Poisson de mer estimé et dont la chair est rouge; masse de fer, de fonte, de plomb ou d'étain, telle qu'elle est sortie de la fonte.

SAUMONÉ, ÉE, adj. Se dit de certains poissons dont la chair est rouge comme celle du saumon : *truite saumonée.*

SAUMONEAU, n. m. Petit saumon.

SAUMURE, n. f. Substance liquide qui se dépose dans les vases où l'on a salé le poisson ou la viande.

SAUNAGE, n. m. Débit, trafic de sel.

SAUNER, v. int. Faire le sel.

SAUNERIE, n. f. Bâtiments, puits et instruments propres à la fabrication du sel.

SAUNIER, n. m. Ouvrier qui travaille à la fabrication du sel; celui qui le vend.

SAUNIÈRE, n. f. Espèce de coffre où l'on conserve le sel.

SAUPOUDRER, v. tr. Poudrer de sel, et, par ext., poudrer de poivre, de farine, de sucre, etc.

SAUR (*hareng*), adj. Salé et séché à la fumée.

SAURE, adj. Se dit d'un cheval dont la robe est jaune-brun, et d'un jeune faucon qui n'a pas encore perdu son premier plumage.

SAURER, v. tr. Faire sécher à la fumée : *saurer des harengs.*

SAURIENS, n. m. pl. Nom d'une des quatre grandes divisions de reptiles, comprenant les lézards, les crocodiles, les caméléons, etc.

SAUSSAIE ou **SAULAIE**, n. f. Lieu planté de saules.

SAUT, n. m. Action de sauter ; chute : *il a fait là un terrible saut* ; chute d'eau dans le courant d'une rivière : *le saut du Niagara. Saut périlleux,* qu'exécutent les danseurs de corde, quand le corps fait un tour entier en l'air ; *saut de carpe,* exécuté à plat ventre, *saut de mouton,* jeu d'enfants; *saut de loup,* fossé au bout d'une allée, pour en défendre l'entrée sans borner la vue. *Fig. Faire le saut,* se déterminer à prendre un parti qui offre quelque peril.

SAUTE, n. f. *Mar. Saute de vent,* changement subit dans le vent régnant.

SAUTÉ, ÉE, adj. *Cuis.* Poulet sauté, apprêté en ragoût.

SAUTER, v. int. S'élever de terre avec effort, ou s'élancer d'un lieu dans un autre ; faire explosion, voler en éclats : *la poudrière a sauté;* s'élancer et saisir avec vivacité : *sauter au collet, à la gorge. Faire sauter un vaisseau,* mettre le feu aux poudres ; *faire sauter la cervelle à quelqu'un,* lui casser la tête d'un coup de pistolet; *faire sauter la coupe,* remettre adroitement un jeu de cartes dans l'état où il était avant qu'on eût coupé. *Fig.* Parvenir d'une place inférieure à une autre plus élevée, sans passer par les degrés intermédiaires : *sauter de troisième en rhétorique. Sauter d'un sujet à l'autre,* passer brusquement d'une chose à une autre ; *sauter aux nues,* s'emporter ; *la chose saute aux yeux,* est évidente ; *faire sauter quelqu'un,* lui faire perdre sa place. *Mar.* Changer brusquement : *le vent a sauté du nord à l'est. V. tr.* Franchir : *sauter un fossé. Fig.* Omettre : *sauter un feuillet.*

SAUTERELLE, n. f. Insecte ailé de la famille des *sauteurs;* instrument formé de deux règles assemblées à l'une de leurs extrémités, servant aux tailleurs de pierre à tracer des angles.

SAUTEUR, n. m. Homme qui passe,

qui *saute* d'une opinion à une autre suivant ses intérêts. N. m. pl. Grande famille d'insectes ayant pour type la *sauterelle*.

SAUTEUSE, n. f. Sorte de danse.

SAUTILLANT, E, adj. Qui sautille.

SAUTILLEMENT, n. m. Action de sautiller.

SAUTILLER, v. int. Sauter à petits sauts, comme les oiseaux.

SAUTOIR, n. m. Figure de deux objets mis l'un sur l'autre, de manière à former sur la poitrine une espèce de X ou de croix de Saint-André : *l'ordre de la Toison d'or se porte en sautoir.*

SAUVAGE, adj. Qui vit dans les bois, dans les déserts : *animaux sauvages* ; qui n'est point civilisé : *peuple sauvage* ; qui n'est point apprivoisé : *canard sauvage*. *Fig.* Qui aime à vivre seul : *homme fort sauvage* ; farouche : *humeur sauvage* ; désert, inculte : *site sauvage* ; qui vient sans culture : *pommier, chicorée sauvage*. N. Qui ne vit pas en société civilisée : *les sauvages de l'Amérique*. *Fig.* Qui fuit la société : *c'est un sauvage.*

SAUVAGEON, n. m. Jeune arbre venu sans culture, sur lequel on se propose de faire une greffe.

SAUVAGERIE, n. f. Caractère de celui qui ne peut souffrir la société : *homme d'une grande sauvagerie.*

SAUVEGARDE, n. f. Protection, défense : *les lois sont la sauvegarde de la liberté*. *Fig.* Ce qui sert de garantie, de défense : *son obscurité lui servit de sauvegarde contre la proscription.*

SAUVEGARDER, v. tr. Protéger.

SAUVER, v. tr. Garantir, tirer du péril : *sauver quelqu'un du naufrage* ; procurer le salut éternel : *Jésus est venu pour sauver tous les hommes* ; conserver : *sauver son honneur*. *Sauver les apparences*, ne rien laisser paraître qui puisse scandaliser ; *sauve qui peut*, cri du lâche au moment d'une défaite ou du danger. *Se sauver*, v. pr. Se retirer promptement, fuir : *se sauver à toutes jambes* ; s'échapper : *se sauver de prison* ; se dédommager : *se sauver sur la quantité.*

SAUVETAGE, n. m. Action de retirer des flots les débris d'un naufrage.

SAUVEUR, n. m. Libérateur : *Joseph, sauveur de l'Egypte*. Le Sauveur du monde, ou le Sauveur, Jésus-Christ.

SAVAMMENT, adv. D'une manière savante. *J'en parle savamment*, avec connaissance de cause.

SAVANE, n. f. Au Canada, forêt d'arbres résineux ; dans l'Amérique du nord,

immenses plaines couvertes de hautes herbes qui croissent sans culture.

SAVANT, E, adj. Qui sait beaucoup ; où il y a de la science ; de l'érudition : *livre savant* ; habile : *la savante retraite de Xénophon*. *Langues savantes*, les langues anciennes. N. m. : *les savants assurent que...*

SAVANTASSE, n. m. Celui qui affecte de paraître savant, mais qui n'a qu'un savoir confus. *Fam.*

SAVANTISSIME, adj. Très-savant. *Fam.*

SAVATE, n. f. Soulier vieux et usé.

SAVETER, v. tr. Gâter un ouvrage. *Pop.*

SAVETIER, n. m. Raccommodeur de vieux souliers. *Fig.* Mauvais ouvrier. *Pop.*

SAVEUR, n. f. Impression que certains corps exercent sur l'organe du goût.

SAVOIR, v. tr. Connaître : *savoir son chemin, le dessin* ; avoir dans la mémoire : *savoir sa leçon* ; avoir appris : *savoir un secret* ; pouvoir : *je ne saurais flatter*. *C'est un homme qui sait vivre*, qui connaît les convenances ; *je ne sache personne*, je ne connais personne. V. int. Avoir des connaissances, de l'expérience : *si jeunesse savait* ; être sûr : *si je savais, je...* Subst. *Un je ne sais qui*, personne peu considérée ; *un je ne sais quoi*, sentiment indéfinissable. A *savoir*, *savoir*, loc. conj. qui marque énumération : *il y a dix espèces de mots*, savoir : etc.

SAVOIR, n. m. Connaissances acquises, érudition.

SAVOIR-FAIRE, n. m. Habileté, industrie pour faire réussir ce qu'on entreprend.

SAVOIR-VIVRE, n. m. Connaissance des usages du monde.

SAVON, n. m. Composition qui sert à blanchir le linge, à nettoyer, à dégraisser. *Fig.* Verte réprimande. *Fam.*

SAVONNAGE, n. m. Blanchissage par le savon.

SAVONNER, v. tr. Nettoyer, blanchir avec du savon. *Fig.* Réprimander vertement. *Fam.*

SAVONNERIE, n. f. Lieu où l'on fabrique le savon.

SAVONNETTE, n. f. Petite boule de savon préparée pour la barbe.

SAVONNEUX, EUSE, adj. Qui tient de la nature du savon : *terre savonneuse*.

SAVONNIER, n. m. Arbre des Antilles, dont le fruit rend l'eau blanche et écumeuse.

SAVOUREMENT, n. m. Action de savourer.

SAVOURER, v. tr. Goûter avec attention et plaisir. *Fig. : savourer les plaisirs, les honneurs.*

SAVOUREUSEMENT, adv. En savourant.

SAVOUREUX, EUSE, adj. Qui a une saveur agréable : *viande savoureuse.*

SAYON, n. m. Ancienne casaque des gens de guerre.

SBIRE, n. m. Archer italien. Par ext. et en m. part, agent de police.

SCABIEUSE, n. f. Belle plante qui sert à l'ornement des jardins.

SCABREUX, EUSE, adj. Rude, raboteux : *chemin scabreux. Fig.* Dangereux : *entreprise scabreuse* ; délicat à traiter, à raconter : *sujet, conte scabreux.*

SCALÈNE (*triangle*), adj. Dont les trois côtés sont inégaux.

SCALPEL, n. m. Instrument dont on se sert pour les dissections anatomiques.

SCALPER, v. tr. Arracher la peau du crâne avec un instrument tranchant.

SCANDALE, n. m. Occasion de chute, de péché ; indignation qu'excite le mauvais exemple : *au grand scandale des gens de bien* ; éclat que produit un acte honteux : *causer du scandale.*

SCANDALEUSEMENT, adv. D'une manière scandaleuse.

SCANDALEUX, EUSE, adj. Qui cause du scandale.

SCANDALISER, v. tr. Donner du scandale. **Se scandaliser**, v. pr. S'offenser, se choquer.

SCANDER, v. tr. Marquer la quantité ou la mesure des vers.

SCAPIN, n. m. Personnage bouffon du théâtre italien.

SCAPULAIRE, n. m. Pièce d'étoffe que portent plusieurs religieux sur leurs habits ; petits morceaux d'étoffe bénits que l'on porte sur soi : *vendre des scapulaires.* Adj. *Chir.* Qui a rapport à l'épaule : *veine, artère scapulaire.*

SCARABÉE, n. m. Nom générique des insectes dont les ailes sont recouvertes par des étuis cornés, tels que les hannetons.

SCARAMOUCHE, n. m. Personnage bouffon de l'ancienne comédie italienne.

SCARIFICATEUR, n. m. Instrument de chirurgie composé de dix à douze pointes de lancettes qui partent au moyen d'un ressort, et font autant d'incisions à la peau.

SCARIFICATION, n. f. Incision superficielle faite avec le scarificateur.

SCARIFIER, v. tr. Faire des incisions sur la peau.

SCARLATINE, adj. f. *Fièvre scarlatine*, caractérisée par des taches d'un rouge écarlate.

SCEAU ou **SCEL**, n. m. Grand cachet employé pour rendre un acte authentique ; l'empreinte même de ce cachet. *Fig.* Marque, caractère : *cet ouvrage porte le sceau du génie. Mettre le sceau à une chose*, la consommer, la rendre entière : *mettre le sceau à sa réputation. Confier une chose sous le sceau du secret*, à la condition que le secret en sera bien gardé.

SCÉLÉRAT, E, adj. Coupable de crimes : *âme scélérate* ; perfide, noir : *conduite scélérate.* N. : *c'est un scélérat, une scélérate.*

SCÉLÉRATESSE, n. f. Méchanceté noire.

SCELLÉ, n. m. Sceau apposé par autorité de justice pour empêcher d'ouvrir.

SCELLEMENT, n. m. *Maç.* Action de sceller une pièce de bois ou de métal dans un mur, une pierre, etc.

SCELLER, v. tr. Appliquer le sceau de l'État, les scellés ; fixer une pièce de bois ou de métal dans un mur avec du plâtre, du plomb ou du mortier. *Fig.* Cimenter, affermir : *sceller une religion de son sang.*

SCELLEUR, n. m. Qui appose le sceau.

SCÈNE, n. f. Partie du théâtre où jouent les acteurs ; décoration du théâtre : *la scène change* ; lieu où est supposée se passer l'action qu'on représente : *la scène est à Rome* ; art dramatique : *avoir une parfaite connaissance de la scène* ; subdivision d'un acte : *scène attendrissante. Fig.* Toute action qui représente quelque chose d'intéressant, d'extraordinaire : *scène affligeante* ; attaque violente, apostrophe imprévue : *faire une scène à quelqu'un.*

SCÉNIQUE, adj. Qui a rapport à la scène, au théâtre : *art scénique.*

SCÉNOGRAPHE, n. m. Celui qui se livre à la scénographie.

SCÉNOGRAPHIE, n. f. Art de peindre les décorations scéniques.

SCÉNOGRAPHIQUE, adj. Qui a rapport à la scénographie.

SCEPTICISME, n. m. État de doute, doctrine de ceux qui soutiennent que l'homme ne peut atteindre à la vérité.

† SCEPTIQUE, adj. et n. Partisan du scepticisme. *Par ext.* Celui qui affecte de douter de tout ce qui n'est pas prouvé d'une manière évidente : *esprit, écrivain sceptique.*

SCEPTRE, n. m. Espèce de bâton de commandement, insigne de la royauté. *Fig.* La royauté même : *ambitionner le sceptre*; supériorité, prééminence : *l'Angleterre tient le sceptre des mers. Sceptre de fer*, gouvernement dur et despotique.

SCHABRAQUE, n. f. Housse, couverture en peau de mouton ou en drap, qu'on étend sur la selle des chevaux de cavalerie.

SCHAH, n. m. Souverain de la Perse.

SCHAKO, n. m. V. *Shako*.

SCHAPZKA, n. m. Shako polonais, qui est aussi la coiffure de nos lanciers.

SCHEIK, n. m. V. *Cheik*.

SCHELEM, n. m. Coup qui consiste à faire toutes les levées à certains jeux de cartes.

SCHELLING, n. m. Monnaie d'argent d'Angleterre, valant 1 franc 20 cent.

SCHÉRIF, n. m. V. *Chérif*.

SCHISMATIQUE, adj. et n. Qui est dans le schisme.

SCHISME, n. m. Séparation du corps et de la communion d'une religion. *Fig.* Division d'opinions, de partis : *schisme politique, littéraire.*

SCHISTE, n. m. Nom général des roches à texture feuilletée, comme l'ardoise.

SCHISTEUX, EUSE, adj. Qui est de la nature du schiste.

SCHLAGUE, n. f. Punition militaire, en usage en Allemagne, consistant dans l'application d'un certain nombre de coups de canne.

SCHONER ou **SCHOONER**, n. m. Petit bâtiment à deux mâts, gréé comme une goëlette.

SCIAGE, n. m. Ouvrage, travail de celui qui scie le bois, la pierre.

SCIATIQUE, adj. Se dit d'une douleur fort vive, fixée dans le nerf de la cuisse. N. f. : *atteinte de sciatique.*

SCIE, n. f. Lame de fer longue, étroite et dentée, dont on se sert pour scier le bois, la pierre, etc.; gros poisson du genre squale, à long museau armé de fortes épines osseuses, implantées comme des dents de scie.

SCIEMMENT, adv. Avec réflexion, connaissance de cause.

SCIENCE, n. f. Tout ensemble de connaissances sur quelque matière que ce soit. **Science du monde**, connaissance de certaines choses qui servent à la conduite de la vie; **science infuse**, qui vient de Dieu par inspiration; **sciences occultes**, l'alchimie, l'astrologie, la chiromancie, la cabale, etc.;

sciences exactes, les différentes branches des mathématiques.

SCIENTIFIQUE, adj. Qui concerne les sciences.

SCIENTIFIQUEMENT, adv. D'une manière scientifique.

SCIER, v. tr. Couper, fendre avec une scie.

SCIERIE, n. f. Usine où plusieurs scies, mises en mouvement par un cours d'eau, le vent ou la vapeur, débitent le bois en planches ou feuilles minces.

SCIEUR, n. m. Celui dont le métier est de scier. **Scieur de long**, qui scie le bois en planches.

SCINDER, v. tr. Diviser : *scinder une question.*

SCINTILLANT, E, adj. Qui scintille.

SCINTILLATION, n. f. Espèce de tremblement qu'on observe dans la lumière des étoiles fixes.

SCINTILLER, v. int. Étinceler : *les étoiles scintillent.*

SCION, n. m. Petit rejeton tendre et flexible d'un arbre.

SCISSION, n. f. Division dans une assemblée, dans un parti politique ; partage de voix, d'opinions.

SCISSIONNAIRE, adj. et n. Celui qui fait scission dans une assemblée politique.

SCIURE, n. f. Poudre qui tombe de toute matière que l'on scie, surtout en parlant du bois.

SCLÉROTIQUE, n. f. Nom scientifique du *blanc de l'œil.*

SCOLAIRE, adj. Qui a rapport aux écoles : *année scolaire.*

SCOLASTIQUE, adj. Se dit de ce qui s'enseigne suivant la méthode ordinaire des écoles : *enseignement scolastique.* N. f. Mélange confus de philosophie et de théologie. N. m. Celui qui écrit sur la théologie scolastique.

SCOLASTIQUEMENT, adv. D'une manière scolastique.

SCOLIASTE, n. m. Annotateur des ouvrages des anciens.

SCOLIE, n. f. Note de grammaire ou de critique sur les auteurs anciens. N. m. *Géom.* Remarque relative à une proposition précédente.

SCOLOPENDRE, n. f. Plante médicinale qui croît dans les lieux humides; nom scientifique de l'insecte appelé *mille-pieds.*

SCORBUT, n. m. Maladie contagieuse qui paraît consister dans une altération de la masse du sang.

SCORBUTIQUE, adj. De la nature du scorbut. N. Qui est atteint du scorbut.

SCORIE, n. f. Matière vitreuse qui nage à la surface des métaux en fusion.

SCORIFICATION, n. f. Action de réduire en scories.

SCORIFIER, v. tr. Séparer d'un métal les scories que la fusion y a produites.

SCORPION, n. m. Insecte venimeux, dont le venin se communique par la blessure qu'il fait avec un crochet dont sa queue est armée ; un des douze signes du zodiaque.

SCORSONÈRE, n. f. Salsifis noir, plante potagère.

SCOTIE, n. f. Arch. Moulure en creux, placée ordinairement à la base d'une colonne.

SCRIBE, n. m. Chez les Juifs, docteur qui interprétait la loi ; aujourd'hui copiste, homme qui gagne sa vie à écrire.

SCROFULAIRE, adj. Plante employée autrefois en médecine.

SCROFULES, n. f. pl. Nom vulgaire des écrouelles ou humeurs froides.

SCROFULEUX, EUSE, adj. Qui cause ou accompagne les scrofules : sang scrofuleux, tumeur scrofuleuse. N. Personne qui a des scrofules.

SCRUPULE, n. m. Ancien poids de 24 grains, en usage surtout en pharmacie.

SCRUPULE, n. m. Peine, inquiétude de conscience, qui fait regarder comme faute ce qui ne l'est pas ; grande exactitude à remplir ses devoirs : faire quelque chose avec scrupule ; délicatesse de procédés, de mœurs : se faire scrupule de… ; reste de doute après la discussion, l'explication : conserver encore des scrupules.

SCRUPULEUSEMENT, adv. D'une manière scrupuleuse : examiner scrupuleusement.

SCRUPULEUX, EUSE, adj. Qui est sujet à avoir des scrupules : conscience scrupuleuse. Fig. Exact, minutieux : recherches scrupuleuses.

SCRUTATEUR, n. m. Celui qui scrute : Dieu est le scrutateur des cœurs. Pl. Membres d'une assemblée appelés à la vérification d'un scrutin. Adj. : regard scrutateur.

SCRUTER, v. tr. Sonder, examiner à fond : Dieu scrute les cœurs.

SCRUTIN, n. m. Opération qui consiste à recueillir les votes d'une assemblée, exprimés secrètement.

SCUBAC, n. m. Liqueur spiritueuse, d'origine irlandaise.

SCULPTÉ, ÉE, adj. Orné de sculptures : meuble sculpté.

SCULPTER, v. tr. Tailler avec le ciseau une figure dans le marbre, la pierre, le bois, etc.

SCULPTEUR, n. m. Artiste qui sculpte.

SCULPTURE, n. f. Art, ouvrage du sculpteur.

† **SCYLLA**, n. m. Célèbre écueil sur la côte de Sicile, voisin de Charybde.

SE, pron. de la 3e pers., des deux genres et des deux nombres. Soi, à soi.

SÉANCE, n. f. Temps pendant lequel un corps constitué reste assemblé pour s'occuper de ses travaux : séance longue et orageuse. La séance est ouverte, la séance est fermée, formules par lesquelles le président d'une assemblée annonce que la séance commence ou qu'elle est terminée ; séance tenante, dans le cours même de la séance. Par ext. Temps pendant lequel une personne pose pour se faire peindre : faire un portrait en trois séances ; temps qu'on passe à table, à une partie de jeu, à une visite, etc. : nous avons fait là une longue séance.

SÉANT, E, participe prés. du v. inusité Seoir. Qui siège, qui réside actuellement : tribunal séant à… N. m. Posture d'un homme assis dans son lit : il se mit sur son séant.

SÉANT, E, adj. Décent, convenable : il n'est pas séant à votre âge de…

SEAU, n. m. Vaisseau ordinairement en bois, propre à puiser, à transporter de l'eau ; son contenu : un seau d'eau.

SÉBILE, n. f. Écuelle de bois ronde et creuse.

SEC, SÈCHE, adj. Aride, qui a peu ou point d'humidité : terrain sec, temps sec ; qui n'est plus frais, qui n'est plus vert : noix sèche ; qui n'est pas mouillé, humecté : toux sèche, avoir la bouche sèche ; maigre, décharné : homme grand et sec. Regarder d'un œil sec, sans être attendri ; passer une rivière à pied sec, quand il n'y a point d'eau. Fig. Réponse sèche, dure, brusque ; style sec, dénué d'agréments ; cœur sec, âme sèche, peu sensible ; sujet sec, aride à traiter ; fruit sec, jeune homme sorti d'une école du gouvernement sans avoir obtenu de brevet, pour cause d'incapacité ; coup sec, donné vivement ; pain sec, pain pour tout aliment. N. m. Ce qui n'est point humide. Mettre un cheval au sec, au fourrage sec. Adv. Rudement : répondre sec à quelqu'un. Boire sec, vider son verre d'un coup. À sec. loc. adv. Sans eau : rivière à sec. Fig. Être à sec, sans argent.

SÉCABLE, adj. Qui peut être coupé.

SÉCANTE, n. f. Ligne droite tirée

du centre d'un cercle, et prolongée jusqu'à ce qu'elle rencontre une tangente au même cercle.

SÉCATEUR, n. m. Outil en forme de ciseaux, employé en horticulture pour la taille des arbres.

SÈCHE n. f. Poisson de mer, de la classe des mollusques.

SÈCHEMENT, adv. En lieu sec. *Fig.* D'une manière froide et peu agréable : *répondre sèchement.*

SÉCHER, v. tr. Rendre sec : *le vent sèche les chemins. Fig. Sécher les larmes,* consoler. V. int. Devenir sec. *Fig. sécher sur pied,* se consumer d'ennui, de tristesse.

SÉCHERESSE, n. f. État de ce qui est sec ; disposition de l'air et du temps quand il fait trop sec. *Fig.* Froideur, brusquerie : *répondre avec sécheresse ;* manque de sentiments : *sécheresse du cœur ;* absence d'images, d'idées : *sécheresse du style.*

SÉCHOIR, n. m. Dans les manufactures, lieu à air chauffé, où l'on fait sécher les étoffes, les papiers, etc.

SECOND, E, adj. Qui est immédiatement après le premier ; autre : *c'est un second Alexandre.* **Eau seconde,** eau-forte affaiblie. N. m. Le second étage d'une maison : *monter au second ;* celui qui tient le second rang : *être le second ;* qui en accompagne un autre dans un duel : *servir de second,* qui aide un autre dans un emploi : *avoir un bon second.* **En second,** loc. adv. Sous les ordres d'un autre : *capitaine en second.*

SECONDAIRE, adj. Accessoire, qui ne vient qu'en second : *motifs secondaires.*

SECONDAIREMENT, adv. D'une manière secondaire.

SECONDE, n. f. La classe qui précède la rhétorique : *élève de seconde ;* soixantième partie d'une minute d'heure ou d'une minute de degré : *montre à secondes ; angle de tant de degrés, de tant de minutes, de tant de secondes. Mus.* Intervalle d'un ton ou deux demi-tons. *Escr.* Coup d'épée allongé en dehors et passant sous le bras de l'adversaire.

SECONDEMENT, adv. En second lieu.

SECONDER, v. tr. Servir, aider, favoriser : *seconder quelqu'un dans une entreprise.*

SECOUEMENT ou **SECOÛMENT**, n. m. Action de secouer.

SECOUER, v. tr. Agiter fortement et à plusieurs reprises : *secouer un arbre ;* faire tomber : *secouer la poussière. Fig.* Ne pas ménager : *secouer un éco-*

lier paresseux. *Secouer le joug,* s'affranchir d'une domination ; *secouer la tête,* la remuer en signe de négation, **Se secouer**, v. pr. Se remuer fortement.

SECOURABLE, adj. Qui secourt, aime à secourir : *tendre une main secourable.*

SECOURIR, v. tr. Aider, assister : *secourir les malheureux.*

SECOURS, n. m. Aide, assistance dans le besoin. Pl. Troupes envoyées pour secourir ; choses qui servent à secourir : *les secours de la charité.*

SECOUSSE, n. f. Agitation, ébranlement. *Fig.* Atteinte portée à la santé, au crédit, à l'ordre établi : *cette perte lui a donné une rude secousse.*

SECRET, n. m. Ce qui doit être caché, tenu secret ; discrétion : *observer le secret ;* art : *le secret de plaire ;* moyen peu connu de faire une chose : *secret pour guérir de la goutte ;* une des parties les plus difficiles, les plus essentielles d'un art, d'une science : *le secret de l'art d'écrire ;* ressort caché : *le secret d'une serrure ;* lieu séparé dans une prison : *mettre un prisonnier au secret.* **En secret,** loc. adv. Sans témoin : *faire une chose en secret.*

SECRET, ÈTE, adj. Qui est peu connu, que l'on tient caché : *négociation secrète ;* discret, qui sait se taire : *vous n'êtes guère secret. Escalier secret, porte secrète,* par lesquels on arrive et l'on pénètre dans un appartement sans crainte d'être vu ; *comité secret,* assemblée aux délibérations de laquelle le public n'assiste pas.

SECRÉTAIRE, n. m. Celui dont l'emploi est de faire, d'écrire des lettres, des dépêches pour une personne à laquelle il est attaché. **Secrétaire d'État,** ministre ayant un portefeuille ; **secrétaire d'ambassade,** fonctionnaire remplissant les fonctions d'ambassadeur ; **secrétaire de rédaction,** chargé de recevoir et de revoir les articles d'un journal ; *secrétaire d'une assemblée,* qui en rédige les délibérations ; *secrétaire d'une mairie,* qui fait les écritures de cette mairie.

SECRÉTAIRE, n. m. Meuble sur lequel on écrit, et dans lequel on renferme des papiers.

SECRÉTAIRERIE, n. f. Lieu où les secrétaires d'un gouverneur, d'un ministre, etc., font et délivrent leurs expéditions, et où ils en gardent les minutes.

SECRÉTARIAT, n. m. Fonction de secrétaire ; bureau du secrétaire ; dépôt de ses actes.

SECRÈTE, n. f. Oraison que le prêtre dit tout bas à la messe avant la préface.

SECRÈTEMENT, adv. En secret, sans être aperçu.

SÉCRÉTER, v. tr. Opérer la sécrétion.

SÉCRÉTION, n. f. Action par laquelle un organe puise dans le sang certaines humeurs propres à un usage spécial, ou destinées à être expulsées du corps.

SÉCRÉTOIRE, adj. Où s'opère la sécrétion : *organe sécrétoire.*

SECTAIRE, n. m. Qui fait partie d'une secte nouvelle.

SECTATEUR, n. m. Partisan : *les sectateurs d'Arius.*

SECTE, n. f. En philosophie, réunion de personnes qui professent la même doctrine : *la secte d'Épicure* ; en religion, réunion de ceux qui se sont détachés d'une communion principale : *la secte des luthériens, des anabaptistes.*

SECTEUR, n. m. *Géom.* Partie d'un cercle comprise entre deux rayons et l'arc qu'ils renferment. *Astr.* Instrument de précision.

SECTION, n. f. Division ou subdivision d'un compte, d'un livre, d'un corps constitué, d'un peloton, d'une ville, etc. *Géom.* Rencontre de deux lignes, d'une ligne et d'une surface, ou d'une surface et d'un solide. *Section conique*, ligne courbe que donne la section d'un cône par un plan.

SÉCULAIRE, adj. Qui se fait de siècle en siècle : *fête séculaire* ; âgé d'un siècle ou très-âgé : *chêne séculaire. Année séculaire*, qui termine un siècle.

SÉCULARISATION, n. f. Action de séculariser.

SÉCULARISER, v. tr. Rendre séculier : *séculariser un couvent, un moine,* etc.

SÉCULIER, ÈRE, adj. *Clergé séculier*, autrefois prêtres, abbés qui n'avaient pas de fonctions ecclésiastiques ; *bras séculier*, justice temporelle : *livrer un ecclésiastique au bras séculier.* N. m. Laïque, par oppos. à ecclésiastique.

SÉCULIÈREMENT, adv. D'une manière séculière.

SÉCURITÉ, n. f. Confiance, tranquillité d'esprit.

SÉDAN, n. m. Drap fin fabriqué à Sédan.

SÉDATIF, IVE, adj. Qui calme les douleurs : *eau, potion sédative.*

SÉDENTAIRE, adj. Qui sort peu, qui reste ordinairement chez soi. *Vie, emploi sédentaire*, qui se passe, qui s'exerce dans un même lieu.

SÉDIMENT, n. m. Dépôt qui se forme dans un liquide où des substances sont en dissolution.

SÉDITIEUSEMENT, adv. D'une manière séditieuse.

SÉDITIEUX, EUSE, adj. et n. Qui excite une sédition ou y prend part : *une populace séditieuse, le chef des séditieux* ; enclin à la sédition : *esprit séditieux* ; qui y porte : *discours séditieux.*

SÉDITION, n. f. Émeute populaire, révolte contre la puissance établie.

SÉDUCTEUR, TRICE, n. Qui séduit, fait tomber en faute. Adj. : *discours séducteur.*

SÉDUCTION, n. f. Action par laquelle on séduit ; attrait, agrément : *les séductions de l'esprit.*

SÉDUIRE, v. tr. Tromper, faire tomber dans l'erreur par ses insinuations, ses exemples ; suborner, corrompre : *séduire des témoins* ; plaire, persuader : *ses manières m'ont séduit.*

SÉDUISANT, E, adj. Qui séduit, charme, persuade : *ton, discours séduisant ; offres séduisantes.*

SEGMENT, n. m. *Géom.* Portion de cercle comprise entre un arc et sa corde.

SÉIDE, n. m. Agent aveugle des crimes d'un autre : *Séjan était le séide de Tibère.*

SEIGLE, n. m. Céréale dont la tige est plus longue et plus brune que celle du froment.

SEIGNEUR, n. m. Autrefois, possesseur d'un fief, d'une terre ; aujourd'hui, le plus distingué d'un pays par le rang, la richesse : *il est le seigneur du canton. Le Seigneur*, Dieu ; *notre Seigneur*, J.-C. ; *le Grand Seigneur*, le sultan ; *vivre en seigneur*, magnifiquement ; *faire le seigneur*, prendre un ton, des airs au-dessus de sa condition.

SEIGNEURIAL, E, adj. Qui appartenait à un seigneur : *titre seigneurial* ; qui donnait les droits de seigneur : *terre seigneuriale.*

SEIGNEURIE, n. f. Autorité d'un seigneur ; pays sur lequel s'étendait cette autorité ; titre d'honneur : *votre seigneurie a bien voulu...*

SEIN, n. m. Partie du corps humain depuis le bas du cou jusqu'au creux de l'estomac ; chacune des mamelles de la femme : *donner le sein à un enfant* ; siége de la conception : *elle l'a porté dans son sein. Fig.* Milieu : *vivre au sein des grandeurs ; l'âme, le cœur de l'homme* : *déposer un secret dans le sein d'un ami,*

SEINE ou **SENNE**, n. f. Sorte de filet que l'on traîne dans l'eau.

SEING, n. m. Signature. **Sous seing-privé**, acte qui n'a point été passé devant un officier public, par oppos. à *acte notarié*; *blanc-seing*, papier signé à l'avance, que l'on donne à quelqu'un pour qu'il le remplisse à sa volonté: *ambassadeur muni d'un blanc-seing du roi*.

SEIZE, adj. num. card. Dix et six; seizième: *Louis seize*. N. m.: *le seize du mois*.

SEIZIÈME, adj. num. ord. de *seize*. N. m.: *un seizième*.

SEIZIÈMEMENT, adv. En seizième lieu.

SÉJOUR, n. m. Résidence plus ou moins longue dans un lieu; le lieu même: *séjour enchanteur*. *Fig.*: *Paris est le séjour du luxe*. Se dit aussi en parlant des eaux, du sang, des humeurs: *le séjour des eaux dans un terrain*.

SÉJOURNER, v. int. Demeurer quelque temps dans un lieu.

SEL, n. m. Substance dure, friable, sèche, soluble et d'un goût âcre; odeur forte: *respirer des sels*. *Fig.* Ce qu'il y a de fin, de vif, de piquant dans la conversation ou dans un ouvrage d'esprit. *Chim.* Combinaison d'un acide avec une base.

SÉLAM, n. m. Nom donné par les Orientaux à un bouquet de fleurs disposées ordinairement de manière à exprimer une pensée, un sentiment secret.

SÉLÉNITE, n. f. Sulfate de chaux.

SÉLÉNITEUX, **EUSE**, adj. Qui a rapport à la sélénite.

SÉLÉNIUM, n. m. Corps simple métallique, d'un rouge de brique.

SELLE, n. f. Sorte de siège qu'on met sur le dos du cheval pour la commodité du cavalier. *Cheval de selle*, propre à être monté. *Fig.* Evacuation par les voies naturelles: *selles abondantes*. *Aller à la selle*, à la garde-robe.

SELLER, v. tr. Mettre la selle sur le dos d'un cheval, d'un mulet, etc.

SELLERIE, n. f. Commerce, industrie du sellier.

SELLETTE, n. f. Nom donné autrefois au petit siége de bois sur lequel on faisait asseoir un accusé. *Fig. Tenir quelqu'un sur la sellette*, le questionner pour tirer de lui quelque chose qu'il voudrait tenir secret. Coffre des décrotteurs; partie d'une charrue, sur laquelle le timon est appuyé.

SELLIER, n. m. Ouvrier qui fait des selles, des carrosses, etc.

SELON, prép. Suivant, eu égard à, conformément à: *selon ses forces*; d'a-

près: *selon moi*, *évangile selon saint Mathieu*. *C'est selon*, cela dépend des circonstances.

SEMAILLE, n. f. Action de semer; époque où l'on sème.

SEMAINE, n. f. Suite de sept jours. *Semaine sainte*, qui précède Pâques. *Fig.* Travail d'un ouvrier pendant la semaine; prix de ce travail: *recevoir sa semaine*. *Etre de semaine*, être chargé de certaines fonctions durant une semaine.

SEMAINIER, n. m. Qui est chargé pendant huit jours de suite, de faire un travail quelconque.

SÉMAPHORE, n. m. Sorte de télégraphe établi sur les côtes et dans les ports.

SEMBLABLE, adj. Pareil, de même nature, de même qualité. *Géom. Triangles semblables*, qui ont leurs angles égaux chacun à chacun. N. m. Pareil, égal: *il n'a point son semblable*; un ou plusieurs hommes, par rapport aux autres hommes: *aimer son semblable*, *ses semblables*.

SEMBLABLEMENT, adv. Pareillement.

SEMBLANT, n. m. Apparence: *sous un semblant d'amitié*. *Faire semblant*, feindre: *faire semblant de dormir*. *Ne faire semblant de rien*, prendre un air indifférent pour tromper.

SEMBLER, v. int. Avoir une certaine apparence, une certaine manière d'être: *ce vin me semble gâté*. *Ce me semble*, selon moi, à mon avis; *si bon vous semble*, si vous le trouvez bon; *que vous en semble?* qu'en pensez-vous? V. impers. *Il me semble que*, je crois que...

SEMELLE, n. f. Pièce, ordinairement de cuir, qui forme le dessous du soulier, de la botte, etc. *Je ne reculerai pas d'une semelle*, je ne céderai pas; *battre la semelle*, se dit de deux personnes qui se frappent les pieds l'un contre l'autre pour se réchauffer.

SEMENCE, n. f. Toute graine qui se sème soit naturellement, soit par la main de l'homme. *Fig.* Cause d'où doivent naître, avec le temps, certains effets: *un article obscur dans un traité est une semence de guerres*.

SEMEN-CONTRA, n. m. Graine aromatique employée comme vermifuge.

SEMER, v. tr. Epandre du grain sur une terre préparée; couvrir: *semer un chemin de fleurs*; parsemer: *Dieu sema les cieux d'étoiles*. *Fig.* Répandre: *semer la discorde*, *l'erreur*, *de faux bruits*. *Semer l'argent*, être prodigue. V. int. *Semer en mauvaise terre*, faire du bien à des ingrats.

SEMESTRE, n. m. Espace de six mois, et, par ext., rente, traitement qui se paye tous les six mois : *toucher son semestre* ; congé de six mois accordé à un militaire ; officier en *semestre*.

SEMESTRIEL, ELLE. adj. Qui se fait par semestre : *assemblée semestrielle* ; qui dure six mois : *congé semestriel*.

SEMESTRIER, n. m. Militaire absent de son corps par un congé de six mois.

SEMEUR, n. m. Celui qui sème du grain. *Fig.* : *semeur de faux bruits*.

SEMI, adj. Demi. *Fleur semi-double*, à pétales presque doubles ; *figure semicirculaire*, qui est en demi-cercle.

SÉMILLANT, E, adj. Extrêmement vif : *enfant sémillant*. Fig. : *e prit sémillant*.

SÉMINAIRE, n. m. Établissement où l'on élève des jeunes gens qui se destinent pour la plupart à l'état ecclésiastique ; les élèves mêmes : *tout le séminaire est en promenade*.

SÉMINAL, E, adj. Qui a rapport à la semence.

SÉMINARISTE. n. m. Élève d'un séminaire.

SEMIS, n. m. Plants d'arbrisseaux, de fleurs, etc., qui ont été semés en graines : *un semis d'œillets*.

SÉMITIQUE, adj. *Langues sémitiques*, langues orientales parlées par les peuples issus de *Sem*.

SEMOIR, n. m. Instrument d'agriculture destiné à distribuer la semence avec plus de régularité et d'économie qu'en la jetait à la main ; sac où le semeur tient son grain dans les semis à la main.

SEMONCE. n. f. Avertissement mêlé de reproches, donné par un supérieur.

SEMONCER. v. tr. Réprimander.

SEMOULE, n. f. Pâte réduite en très-petits grains, et faite avec la farine la plus fine.

SEMPITERNEL, ELLE, adj. Continuel, qui dure toujours : *querelle sempiternelle*.

†**SÉNAT**, n. m. Conseil suprême chez les Romains ; dans certains États modernes, assemblée politique qui forme le premier corps de l'État ; lieu où les sénateurs s'assemblent : *César fut tué en plein sénat*.

SÉNATEUR, n. m. Membre d'un sénat.

SÉNATORIAL, E, adj. Qui appartient au sénateur : *dignité sénatoriale*.

SÉNATORIEN, ENNE, adj. De sénateur : *famille sénatorienne*.

SÉNATRICE, n. f. Femme d'un sénateur.

SÉNATUS-CONSULTE, n. m. Autrefois, décision du sénat romain ; en France, décret émané du sénat et soumis à la sanction du chef de l'État.

SÉNÉ, n. m. Arbrisseau du Levant, dont les feuilles sont un puissant purgatif.

SÉNÉCHAL. n. m. Autrefois, grand officier de la couronne, qui rendait la justice au nom du roi : *le sénéchal de Normandie*.

SÉNÉCHALE, n. f. Femme du sénéchal.

SÉNÉCHAUSSÉE, n. f. Étendue de pays soumise à la juridiction d'un sénéchal.

SENEÇON, n. m. Plante employée en médecine comme émolliente.

SENEVÉ, n. m. Plante dont la graine sert à faire de la moutarde.

SÉNIL, E, adj. Qui a rapport au vieillard, à la vieillesse : *débilité sénile*.

SENNE, n. f. V. Seine.

SENS, n. m. Faculté par laquelle l'homme et les animaux reçoivent l'impression des objets extérieurs : *le sens de la vue, de l'odorat*, etc. ; côté d'un corps, d'une chose : *couper un objet dans le sens de sa longueur* ; signification : *mot à double sens* ; opinion : *j'abonde dans votre sens. Le sens intime*, la conscience ; *le bon sens*, la droite raison ; *le sens commun*, faculté qu'on suppose à la généralité des hommes de juger sainement ; *cela tombe sous le sens* ; cela est clair, évident. Pl. *Les plaisirs des sens*, la sensualité. Loc. adv. *Sens dessus dessous*, bouleversé : *tout est sens dessus dessous* ; *sens devant derrière*, dans une situation telle que ce qui devrait être devant se trouve derrière.

SENSATION, n. f. Impression que l'âme reçoit des objets par les sens : *sensation agréable, douloureuse*. Fig. *Faire sensation*, produire une impression marquée dans le public, dans une assemblée, etc. : *ce livre a fait sensation*.

SENSÉ, ÉE, adj. Qui a du jugement, du bon sens : *personne sensée* ; conforme au bon sens : *discours sensé*.

SENSÉMENT, adv. D'une manière sensée : *parler, agir sensément*.

SENSIBILITÉ. n. f. Faculté, capacité de sentir : *sensibilité des nerfs, de l'âme*. Phy. *Sensibilité d'une balance, d'un thermomètre*, leur facilité à marquer plus ou moins les plus légères différences, les moindres variations. *Fig.* Faculté de sentir vivement : *avoir trop* de sensibilité; sentiments d'humanité, de compassion: *sensibilité pour les malheureux.*

SENSIBLE, adj. Qui tombe sous les sens : *le mo de sensible;* qui ressent aisément : *sensible au froid. Fig.* Qui est facilement ému, touché : *cœur sensible;* qu'on remarque aisément : *progrès, amélioration sensible :* qui fait une vive impression : *plaisir, chagrin sensible. Côté,* endroit *sensible,* la chose qui touche le plus. *Phys.* Qui indique les plus légères différences : *balance sensible. Mus.* Note *sensible,* qui est d'un demi-ton au-dessous de la tonique.

SENSIBLEMENT, adv. D'une manière sensible et perceptible : *le flux monte sensiblement;* d'une manière qui affecte le cœur : *sensiblement ému.*

SENSIBLERIE, n. f. Sensibilité fausse et outrée. *Fam.*

SENSITIF, IVE, adj. Qui a la faculté de sentir.

†**SENSITIVE**, n. f. Plante dont les feuilles se replient lorsqu'on les touche.

SENSORIUM, n. m. Partie du cerveau que l'on croit être le centre commun de toutes les *sensations.*

SENSUALISME, n. m. Doctrine de ceux qui rapportent aux sens l'origine de toutes nos idées, par oppos. à *idéalisme;* amour des plaisirs des sens.

†**SENSUALISTE**, n. m. Partisan du sensualisme.

SENSUALITÉ, n. f. Attachement aux plaisirs des sens : *vivre avec sensualité.*

SENSUEL, ELLE, adj. Attaché aux plaisirs des sens; qui flatte les sens : *plaisirs sensuels.*

SENSUELLEMENT, adv. D'une manière sensuelle.

SENTENCE, n. f. Maxime, pensée courte d'un grand sens, d'une belle moralité; décision, arrêt : *sentence de mort.*

SENTENCIEUSEMENT, adv. D'une manière sentencieuse.

SENTENCIEUX, EUSE, adj. Qui s'explique ordinairement par sentences : *homme sentencieux;* qui contient des sentences : *langage sentencieux;* d'une gravité affectée : *ton sentencieux.*

SENTEUR, n. f. Odeur, parfum. **Pois de senteur**, plante grimpante à fleurs odorantes.

SENTIER, n. m. Chemin étroit. *Fig.: le sentier de l'honneur, de la vertu.*

SENTIMENT, n. m. Perception que l'âme a des objets par les sens : *sentiment pénible, agréable;* aptitude à recevoir les impressions : *le sentiment lui* manque; sensibilité physique ou morale : *perdre le sentiment;* conscience intime : *avoir le sentiment de sa force;* opinion : *tel est mon sentiment;* connaissance et observation parfaite : *avoir le sentiment des convenances;* odorat, en parlant de certains animaux. *Avoir des sentiments,* de l'honneur, de la probité, de la délicatesse, etc.

SENTIMENTAL, E, adj. Qui a ou annonce du sentiment : *homme, discours sentimental.* S'emploie ordinairement par ironie.

SENTIMENTALEMENT, adv. D'une manière sentimentale.

SENTINE, n. f. Partie la plus basse d'un navire, réceptacle de toutes les ordures.

SENTINELLE, n. f. Soldat en faction. *Sentinelle perdue,* soldat placé dans un poste avancé et dangereux. *Par ext.* Faire *sentinelle,* guetter, épier.

SENTIR, v. tr. Recevoir une impression par l'un des sens : *sentir une odeur agréable, sentir une douleur au genou;* avoir une saveur particulière : *ce vin sent son terroir;* flairer : *sentir une rose;* exhaler une odeur de : *ce tabac sent la violette;* toucher : *je le sens du doigt;* éprouver : *sentir le froid, la faim,* etc.; apprécier, comprendre : *sentir la grandeur d'une perte, sentir les beautés d'un ouvrage;* avoir la conscience de : *sentir ce que l'on vaut;* avoir les manières, l'apparence : *sentir l'homme de qualité. Sentir le fagot,* être entaché d'hérésie; *sentir le sapin,* avoir la mine d'un mourant; *cet ouvrage sent l'huile,* paraît avoir été beaucoup travaillé; *sentir quelque chose pour quelqu'un,* être disposé à l'aimer; *ne pouvoir sentir quelqu'un,* le haïr; *faire sentir la force de son bras,* la faire éprouver. *V. int.* Fleurer : *ce bouquet sent bon;* prévoir : *sentir de loin. Cette viande sent,* exhale une mauvaise odeur. **Se sentir**, v. pr. Sentir dans quel état on est : *je ne me sens pas bien;* reconnaître en soi : *se sentir du courage;* avoir quelque reste : *on se sent toujours d'une bonne éducation. Ne pas se sentir de joie, de colère,* être transporté de joie, de colère; *ne pas se sentir de froid,* avoir les membres engourdis par le froid. **Senti, e**, part. pas. *Chose bien sentie,* rendue, exprimée avec âme.

SEOIR, v. int. N'est usité qu'aux part. *séant, sis.* (V. ces mots.)

SEOIR, v. int. (Ne se dit qu'au part. pr. *seyant,* et aux 3es pers. : *il sied, ils siéent; il seyait, ils seyaient; il siéra, ils siéront; il siérait, ils siéraient.*) Être convenable : *cette coiffure vous sied* bien. Impers. : *il vous sied mal de parler ainsi.*

SEP, n. m. Pièce de bois dans laquelle le soc de la charrue est emboîté.

SÉPARABLE, adj. Qui peut se séparer.

SÉPARATION, n. f. Action de séparer, de se séparer : *séparation pénible* ; chose qui sépare : *il faut enlever cette séparation.* Jurisp. *Séparation de corps, de biens*, jugement qui permet à deux époux de ne plus vivre ensemble, qui rend à chacun la propriété et l'administration de ses biens.

SÉPARÉMENT, adv. A part l'un de l'autre : *vivre séparément.*

SÉPARER, v. tr. Désunir ce qui était joint : *séparer la tête du corps* ; mettre séparément : *séparer l'ivraie du bon grain* ; être placé entre : *la mer sépare la France de l'Angleterre* ; éloigner l'un de l'autre : *séparer deux hommes aux prises* ; *le vent sépara les deux flottes.* Fig. Semer la dissension entre : *séparer deux amis* ; considérer à part : *je ne sépare pas mes intérêts des vôtres.* Se séparer, v. pr. Jurisp. *Se séparer de corps et de biens*, se dit d'un mari et d'une femme qui, à la suite d'un jugement, ne vivent plus ensemble et administrent leurs biens séparément.

SÉPIA, n. f. Liqueur noirâtre, propre au lavis, qu'on retire du poisson appelé sèche.

SEPT, adj. num. Nombre formé de trois et de quatre ; septième : *Charles sept.* N. m. : *le sept du mois, un sept de cœur.*

SEPTANTE, adj. num. Soixante et dix. Vieux. † **Version des septante**, traduction en grec du texte hébreu de l'Ancien-Testament par 72 savants.

SEPTEMBRE, n. m. Le neuvième mois de l'année.

† **SEPTEMBRISADE**, n. f. Massacre des détenus politiques dans les prisons de Paris, en septembre 1792.

SEPTEMBRISEUR, n. m. Qui prit part aux septembrisades.

SEPTENAIRE, adj. Qui vaut, qui contient sept : *nombre septenaire.*

SEPTENNAL, E, adj. Qui arrive tous les sept ans ; *l'année sabbatique des Juifs était septennale.*

SEPTENTRION, n. m. Le nord.

SEPTENTRIONAL, E, adj. Du côté du nord : *Amérique septentrionale.* N. m. pl. *Les septentrionaux*, les peuples du nord.

SEPTIDI, n. m. Septième jour de la décade républicaine en France.

SEPTIÈME, adj. num. ord. de sept. N. m. : *un septième* ; élève de la septième classe dans un collège. N. f. La septième classe : *finir sa septième.*

SEPTIÈMEMENT, adv. En septième lieu.

SEPTUAGÉNAIRE, adj. et n. Agé de soixante-dix ans.

SEPTUAGÉSIME, n. f. Le troisième dimanche avant le premier dimanche de carême.

SEPTUOR, n. m. Morceau exécuté par sept voix ou sept instruments.

SEPTUPLE, adj. et n. m. Qui vaut sept fois autant : *nombre septuple, prendre le septuple d'un nombre.*

SEPTUPLER, v. tr. Rendre sept fois plus grand.

SÉPULCRAL, E, adj. Qui a rapport à un sépulcre : *inscription sépulcrale.* Fig. *Voix sépulcrale*, sourde, qui semble sortir du tombeau.

SÉPULCRE, n. m. Tombeau. Ne se dit que dans le langage biblique. **Le saint sépulcre**, le tombeau de J.-C., à Jérusalem.

SÉPULTURE, n. f. Lieu où l'on enterre ; inhumation : *recevoir les honneurs de la sépulture.*

SÉQUELLE, n. f. Nombre de gens attachés au même parti, aux intérêts de quelqu'un : *je me moque de lui et de toute sa séquelle.*

SÉQUENCE, n. f. Jeu. Série de cartes de la même couleur.

SÉQUESTRATION, n. f. Action par laquelle on séquestre ; état de ce qui est séquestré.

SÉQUESTRE, n. m. Dépôt d'une chose litigieuse entre les mains d'un tiers, qui doit la conserver jusqu'à décision définitive.

SÉQUESTRER, v. tr. Mettre une chose en séquestre ; renfermer illégalement une personne ; mettre à part, de côté : *séquestrer les effets d'une succession.* Se séquestrer, v. pr. S'éloigner du monde, vivre solitaire.

SEQUIN, n. m. Monnaie d'or de différents Etats italiens et du Levant.

SÉRAIL, n. m. Palais des empereurs turcs. Se dit plus communément, mais improprement, de la partie du palais où les femmes sont renfermées.

SÉRAPHIN, n. m. Esprit céleste de la première hierarchie des anges.

SÉRAPHIQUE, adj. Qui appartient au séraphins.

SÉRASQUIER ou **SÉRASKIER**, n. m. Général en chef et gouverneur chez les Turcs.

SEREIN, n. m. Vapeur humide et froide qui se dépose pendant l'été après le coucher du soleil.

SEREIN, E, adj. Clair, doux et calme : temps serein. Fig. Exempt de trouble, d'agitation : esprit, front serein. Jours sereins, paisibles, heureux. Méd. Goutte sereine, privation de la vue, causée par la paralysie du nerf optique.

SÉRÉNADE, n. f. Concert donné, la nuit, sous les fenêtres de quelqu'un.

SÉRÉNISSIME, adj. Titre qu'on donne à quelques princes : altesse sérénissime.

SÉRÉNITÉ, n. f. État du ciel, de l'air quand il est serein. Fig. Calme, tranquillité : la sérénité de l'âme.

SÉREUX, EUSE, adj. Aqueux : la partie séreuse du sang, du lait.

† **SERF, VE**, n. Nom donné au moyen-âge à ceux qui, sans être esclaves, étaient attachés au domaine qu'ils cultivaient, moyennant redevance, et étaient vendus avec lui.

SERFOUETTE, n. f. Outil de jardinier avec lequel on remue la terre autour des jeunes plantes.

SERGE, n. f. Étoffe légère de laine.

SERGENT, n. m. Autrefois, officier de justice chargé des poursuites judiciaires ; aujourd'hui, sous-officier dans une compagnie d'infanterie. **Sergent-major**, premier sous-officier d'une compagnie ; **sergent de ville**, agent de police. Menuis. Instrument qui tient serrées l'une contre l'autre les pièces de bois qu'on veut assembler.

SERGER ou **SERGIER**, n. m. Ouvrier qui fabrique la serge.

SERGERIE, n. f. Fabrique, commerce de serge.

SÉRIE, n. f. Suite, succession : série de questions ; ensemble de choses ayant du rapport entre elles : ranger des objets par série. Math. Suite de grandeurs qui croissent ou décroissent suivant une loi.

SÉRIEUSEMENT, adv. D'une manière sérieuse : parler sérieusement ; tout de bon, avec ardeur : travailler sérieusement à un examen.

SÉRIEUX, EUSE, adj. Grave, par oppos. à gai : visage sérieux ; important, par oppos. à frivole : passer à un sujet sérieux ; qui peut avoir des suites dangereuses : maladie sérieuse. N. m. Gravité : prendre son sérieux. Prendre une chose au sérieux, la prendre pour vraie, ou s'en formaliser, quoique dite par plaisanterie.

SERIN, E, z. Petit oiseau des îles Canaries, à plumage ordinairement jaune. Fig. Niais : c'est un serin. Pop.

SERINER, v. tr. Instruire un serin ou tout autre oiseau avec la serinette. Fig. Répéter souvent une chose à quelqu'un pour la lui apprendre.

SERINETTE, n. f. Espèce de petit orgue dont le principal usage est d'instruire les serins.

SERINGAT, n. m. Arbuste à fleurs blanches très-odorantes.

SERINGUE, n. f. Petite pompe portative dont on se sert pour faire des injections dans les intestins.

SERINGUER, v. tr. Pousser un liquide avec une seringue.

SERMENT, n. m. Affirmation, en prenant à témoin Dieu, une chose sainte ou son honneur ; promesse solennelle : prêter serment de fidélité. Serment d'ivrogne, sur lequel il ne faut pas compter. Fam.

SERMON, n. m. Prédication en chaire. Fig. Remontrance longue et ennuyeuse.

SERMONNAIRE, n. m. Recueil de sermons.

SERMONNER, v. tr. Faire d'ennuyeuses remontrances hors de propos. Fam.

SERMONNEUR, EUSE, n. Qui sermonne. Fam.

SÉROSITÉ, n. f. Partie aqueuse du sang, du lait, etc.

SERPE, n. f. Instrument recourbé pour couper du bois, tailler des arbres, etc. Fig. Ouvrage fait à la serpe, à coups de serpe, grossièrement.

SERPENT, n. m. Classe de reptiles sans pieds et à corps très-allongé. Serpent à sonnettes, serpent très-venimeux, dont la queue est munie d'écailles sonores ; serpent devin, la plus grand et le plus fort des boas. Fig. Réchauffer un serpent dans son sein, faire du bien à un ingrat ; langue de serpent, personne très-médisante ; c'est un serpent, personne méchante, à craindre. Instrument à vent, ayant la forme d'un gros serpent.

SERPENTAIRE, n. f. Bot. Espèce de cactier à grandes fleurs rouges et à tiges rampantes. N. m. Constellation de l'hémisphère boréal.

SERPENTEAU, n. m. Petit serpent ; fusée qui monte en zigzag.

SERPENTER, v. int. Avoir un cours tortueux : la rivière serpente dans la prairie.

SERPENTIN, n. m. Tuyau de l'alambic, où se condense le produit de la distillation, et qui va en serpentant.

SERPENTINE, n. f. Pierre fine tachetée comme la peau d'un serpent : vase en serpentine ; plante employée autrefois comme sudorifique et fébrifuge.

SERPETTE, n. f. Petite serpe.

SERPILLIÈRE, n. f. Toile grosse et claire.

SERPOLET, n. m. Petite plante odorante.

SERRE, n. f. Lieu couvert où, pendant l'hiver, on abrite les plantes qui redoutent le froid.

SERRE, n. f. Griffes, ongles des oiseaux de proie : *les serres de l'aigle*.

SERRÉ, ÉE, adj. *Style serré*, bref, concis ; *homme serré*, qui ne dépense que forcément ; *avoir le cœur serré*, être saisi de douleur ; *avoir un jeu serré*, ne rien hasarder. Adv. *Jouer serré*, avec prudence.

SERRE-FILE, n. m. Officier, sous-officier placé derrière un peloton pour maintenir les files ; vaisseau marchant le dernier de tous. Pl. des *serre-file*.

SERREMENT, n. m. Action de serrer : *serrement de main*. Fig. *Serrement de cœur*, état où nous plonge la tristesse.

SERRE-PAPIERS, n. m. Tablettes divisées en compartiments pour serrer des papiers ; petit objet en marbre, en bronze, etc., qu'on pose sur les papiers d'un bureau pour les empêcher de se disperser.

SERRER, v. tr. Étreindre, presser : *serrer la main* ; rapprocher, mettre près à près : *serrer les rangs* ; placer en lieu sûr, convenable : *serrer des papiers, du linge* ; ramasser, rentrer : *serrer une récolte*. *Serrer quelqu'un de près*, être sur le point de l'atteindre ; *serrer les dents*, presser fortement l'une contre l'autre les deux mâchoires en signe de colère ; *serrer les voiles*, les plier ; *serrer le vent*, aller au plus près du vent ; *serrer les nœuds de l'amitié*, la rendre plus intime ; *serrer le cœur*, causer une vive douleur ; *serrer son style*, écrire avec concision ; *serrer son jeu*, ne rien hasarder.

SERRE-TÊTE, n. m. Coiffure en toile, serrée par des rubans. Pl. des *serre-tête*.

SERRURE, n. f. Appareil destiné à fermer une porte au moyen d'une clé.

SERRURERIE, n. f. État, ouvrage du serrurier.

SERRURIER, n. m. Celui qui fait des serrures et autres ouvrages en fer.

SÉRUM, n. m. Liquide aqueux contenu dans le sang et dans le lait.

SERVAGE, n. m. État du serf.

SERVAL, n. m. Quadrupède qui tient du chat et de la panthère. Pl. des *servals*.

SERVANT, adj. m. *Frère servant*, religieux employé aux œuvres serviles d'un monastère. N. m. Artil. Premier et second servant de droite et de gauche, les deux artilleurs qui se tiennent à droite et à gauche de la pièce, pour la servir.

SERVANTE, n. f. Femme ou fille à gages, employée aux travaux du ménage. T. de civilité : *je suis votre servante*.

SERVIABLE, adj. Qui aime à rendre service.

SERVICE, n. m. État de domesticité : *se mettre en service* ; ouvrage à faire dans une maison : *service pénible* ; transport : *service des dépêches* ; fonction dans l'État : *avoir trente ans de service* ; état militaire : *prendre du service* ; assistance, bon office : *offrir ses services* ; disposition : *je me mets à votre service* ; durée, usage : *cet habit m'a fait un bon service* ; assortiment de vaisselle ou de linge pour la table : *service de porcelaine, service de linge damassé* ; nombre de plats qu'on sert à la fois : *un dîner à trois services* ; célébration : *service de la messe* ; cérémonies, prières pour un mort : *fonder un service perpétuel*. *Être de service*, dans l'exercice de ses fonctions, et, en t. de guerre, monter la garde ; *se consacrer au service de Dieu*, embrasser la profession religieuse.

SERVIETTE, n. f. Linge de table pour garantir les vêtements, et de toilette pour s'essuyer.

SERVILE, adj. Qui appartient à l'état d'esclave, de domestique : *condition servile*. Fig. Bas, rampant : *âme servile*. Théol. *Œuvres serviles*, travail manuel.

SERVILEMENT, adv. D'une manière basse, servile.

SERVILISME, n. m. Propension à obéir en esclave.

SERVILITÉ, n. f. Esprit de servitude, bassesse d'âme.

SERVIR, v. tr. Être au service d'un maître comme domestique ; fournir : *ce marchand me sert depuis longtemps* ; placer sur la table : *servir le potage* ; donner d'un mets à un convive ; obliger : *servir ses amis* ; flatter, satisfaire : *servir les passions de quelqu'un*. *Servir Dieu*, lui rendre le culte qui lui est dû ; *servir la messe*, assister le prêtre qui la dit ; *servir l'État*, exercer un emploi public, être soldat ; *servir une batterie*, faire les manœuvres nécessaires à son tir ; *servir une pompe*, la faire jouer ; *servir une rente*, en payer les intérêts. V. int. Être au service militaire : *servir depuis 20 ans* ; tenir lieu : *servir de père*, être propre, bon à : *cet instrument sert à tel usage* ; à quoi sert ce que vous dites ? être d'usage : *cet habit ne peut plus servir. Servir de jouet,* de plastron à quelqu'un, être en butte à ses railleries. **Se servir**, v. pr. Faire usage de : *se servir du compas* ; faire soi-même ce qu'on pourrait faire faire à un domestique ; prendre d'un mets : *servez-vous.*

SERVITEUR, n. m. Domestique. *Fig. Serviteur de Dieu*, homme pieux ; *serviteur de l'Etat*, fonctionnaire, soldat. T. de civilité : *je suis votre serviteur.*

SERVITUDE, n. f. Etat de celui qui est serf, esclave ; dépendance : *servitude des passions* ; contrainte, assujettissement : *c'est une grande servitude d'être obligé de...* ; charges, obligations qui pèsent sur les propriétés ou sur les particuliers : *héritage franc de toute servitude, les prestations communales sont des servitudes.*

SES, adj. poss. pl. de *Son, sa.*

SÉSAME, n. m. Plante exotique qui fournit une huile estimée.

SESSILE, adj. *Bot.* Sans queue, sans support : *fleur, feuilles sessile.*

SESSION, n. f. Temps pendant lequel un corps délibérant reste assemblé.

SESTERCE, n. m. Menue monnaie d'argent des anciens Romains, dont la valeur a beaucoup varié.

SETIER, n. m. Ancienne mesure pour les grains ou les liquides.

SÉTON, n. m. Petit cordon ou bandelette de linge qu'on passe à travers les chairs, pour faciliter l'écoulement des humeurs.

SEUIL, n. m. Pierre ou pièce de bois qui est en travers et au bas de l'ouverture d'une porte.

SEUL, E, adj. Qui est sans compagnie ; à l'exclusion de tout autre : *il est seul capable de...* ; qui n'est point aidé : *mon bras seul suffit* ; unique : *un seul Dieu* ; simple : *la pensée seule de la mort effraye.* N. m. *Le gouvernement d'un seul*, la monarchie absolue.

SEULEMENT, adv. Rien de plus, pas davantage : *dites-lui seulement...* ; même : *est-il seulement venu? Le courrier est arrivé seulement aujourd'hui*, n'est arrivé que d'aujourd'hui.

SEULET, ETTE, adj. Diminutif de *seul.*

SÈVE, n. f. Humeur qui sert à la nutrition des végétaux. *Fig.* Force, vigueur : *la sève de la jeunesse.*

SÉVÈRE, adj. Rigide, qui exige une extrême régularité : *maître sévère* ; austère : *morale sévère* ; rigoureux : *jugement sévère* ; qui annonce la sévérité, le mécontentement : *ton, visage sévère.*

T. d'arts. Sans ornements recherchés : *architecture sévère.*

SÉVÈREMENT, adv. Avec sévérité.

SÉVÉRITÉ, n. f. Rigidité, austérité.

SÉVICES, n. m. pl. Mauvais traitements d'un mari envers sa femme, des parents envers leurs enfants.

SÉVIR, v. int. Punir avec rigueur : *sévir contre un coupable. Fig.* Se faire sentir vivement : *le froid sévit dans nos contrées.*

SEVRAGE, n. m. Temps, action de sevrer un enfant.

SEVRER, v. tr. Oter à un enfant le lait de sa nourrice, pour lui donner une nourriture plus solide.

SEVREUSE, n. f. Femme qui a le soin de sevrer les enfants.

SEXAGÉNAIRE, adj. et n. Qui a soixante ans.

SEXAGÉSIME, n. f. Dimanche qui arrive quinze jours avant le premier dimanche de carême.

SEXE, n. m. Différence physique et constitutive de l'homme et de la femme, du mâle et de la femelle. *Le beau sexe*, les femmes.

SEXTANT, n. m. *Astr.* Instrument formé de la 6e partie d'un cercle, c.-à-d. de 60 degrés.

SEXTE, n. f. La troisième des heures canoniales, qui devait se célébrer à la *sixième* heure du jour, c.-à-d. à midi.

SEXTIDI, n. m. Sixième jour de la décade républicaine en France.

SEXTUPLE, adj. Qui vaut six fois autant. N. m. Nombre sextuple : *douze est le sextuple de deux.*

SEXTUPLER, v. tr. Rendre un nombre six fois plus grand.

SEXUEL, ELLE, adj. Qui caractérise le sexe des animaux et des plantes.

SHAKO ou **SCHAKO**, n. m. Coiffure militaire.

SHÉRIF, n. m. Officier de justice en Angleterre.

SI, conj. En cas que, pourvu que : *il viendra s'il peut* ; exprime le doute : *je ne sais s'il pourra* ; le motif : *si je suis gai, c'est ceci* ; l'opposition : *si l'un dit oui, l'autre dit non* ; l'affirmation : *je gage que si.* Loc. conj. *Si bien que*, tellement que, de sorte que ; *si ce n'est que*, excepté que : *il vous ressemble si ce n'est que...* N. m. : *je n'aime pas les si, les mais.*

SI, adv. Tellement : *le vent est si grand que...* ; aussi : *ne courez pas si fort* ; quelque : *si petit qu'il soit.*

SI, n. m. Septième note de la gamme.

SIAM, n. m. Sorte de jeu de quilles.

SIAMOISE, n. f. Etoffe de coton fort commune.

31

†**SIBYLLE**, n. f. Sorte de prophétesse chez les anciens.

SIBYLLINS, adj. m. pl. *Livres sibyllins*, livres que la sibylle de Cumes apporta à Tarquin le Superbe, et qui renfermaient les destinées futures du peuple romain ; *oracles sibyllins*, rendus par les sibylles de l'antiquité.

SICAIRE, n. m. Assassin gagé.

SICCATIF, **IVE**, adj. et n. Toute substance propre à amener rapidement la dessiccation. *Huile siccative*, qui a la propriété de faire sécher promptement les couleurs auxquelles on la mêle.

SICCITÉ, n. f. Qualité, état de ce qui est sec.

SICLE, n. m. Poids et monnaie chez les Hébreux.

SIDÉRAL, E, adj. Qui concerne les astres : *révolution sidérale*. **Jour sidéral**, temps qu'une étoile emploie pour revenir au même méridien (un peu moins de 24 heures), par oppos. à *jour solaire* ; **année sidérale**, temps de la révolution de la terre pour revenir à une même étoile dans son mouvement annuel ; par oppos. à *année tropicale*.

SIÈCLE, n. m. Espace de cent ans ; temps où l'on vit : *maximes du siècle* ; la postérité : *les siècles à venir* ; époque riche en grands hommes : *le siècle d'Auguste*, *de Louis XIV*. Par ext. Temps qu'on trouve trop long : *il y a un siècle qu'on ne vous a vu*.

SIÈGE, n. m. Meuble fait pour s'asseoir ; endroit où le cocher est assis pour conduire la voiture ; place où le juge s'assied pour rendre la justice. Le **Saint Siége**, la papauté ; siége épiscopal, évêché et sa juridiction ; *le siége d'un empire*, résidence du gouvernement ; siége d'un tribunal, d'une cour, endroit où ils résident pour rendre la justice. Opérations d'une armée devant une place pour s'en emparer : *le siége de Troie*. **État de siége**, mesure de sûreté publique, par laquelle l'action des lois ordinaires est momentanément suspendue dans une ville, une province, et remplacée par la justice militaire. *Fig.* Centre : *le siége de la maladie. Le siége de la pensée*, le cerveau ; *lever le siége*, s'en aller ; *bain de siége*, du fondement.

SIÉGER, v. int. Résider. Se dit des juges, d'un tribunal : *la cour de cassation siége à Paris*.

SIEN, SIENNE (**LE**, **LA**), pron. poss. de la 3e pers. du sing. De lui, d'elle ; à lui, à elle. N. m. Son bien : *mettre du sien*. N. m. pl. Ses parents : *vivre au milieu des siens* ; les bons, les justes : *Dieu saura reconnaître les siens*.

N. f. pl. *Faire des siennes*, faire des folies, des fredaines.

SIESTE, n. f. Repos pris en été après le repas de midi.

SIEUR, n. m. Diminutif de *monsieur*, qualification souvent employée dans les plaidoyers et les actes publics ; quelquefois, terme de dénigrement : *un sieur un tel est venu vous demander*.

SIFFLANT, E, adj. Qu'on prononce en sifflant : *j, ch, s, z, sont des consonnes sifflantes*.

SIFFLEMENT, n. m. Bruit fait en sifflant : *le sifflement du serpent* ; bruit aigu produit par le vent, ou par une balle, une flèche, un cordage, etc., qui fendent l'air.

SIFFLER, v. int. Former un son aigu soit avec la bouche, soit avec un instrument. Se dit aussi de quelques animaux, du vent, d'une flèche, d'une balle, etc. V. tr. Chanter un air en sifflant. *Siffler un oiseau*, lui apprendre à siffler des airs. *Fig. Siffler un auteur, une pièce, un acteur*, témoigner sa désapprobation à coups de sifflet.

SIFFLET, n. m. Petit instrument avec lequel on siffle. Pl. Désapprobation marquée par des coups de sifflet : *cette pièce a essuyé les sifflets*. *Fig. Couper le sifflet à quelqu'un*, le mettre hors d'état de répondre. *Pop.*

SIFFLEUR, **EUSE**, n. Qui siffle.

SIGISBÉ, n. m. Homme assidu auprès de la maîtresse de la maison.

SIGNAL, n. m. Signe convenu pour servir d'avertissement. *Donner le signal*, donner le premier l'exemple de quelque chose.

SIGNALÉ, **ÉE**, adj. Remarquable : *victoire, services signalés*.

SIGNALEMENT, n. m. Description de l'extérieur de quelqu'un pour le faire reconnaître.

SIGNALER, v. tr. Donner avis par des signaux : *signaler une flotte* ; appeler l'attention de quelqu'un sur une personne ou sur une chose : *signaler quelqu'un à l'autorité* ; rendre remarquable : *signaler son courage*. **Se signaler**, v. pr. Se distinguer : *se signaler dans les lettres, dans les sciences*.

SIGNATAIRE, n. m. Qui a signé un acte, une pièce quelconque.

SIGNATURE, n. f. Nom d'une personne écrit de sa main ; action de signer : *la signature du contrat aura lieu aujourd'hui*. *Impr.* Chiffre mis au bas de la première page d'une feuille imprimée, pour en faciliter le pliage.

SIGNE, n. m. Indice, marque, signe de pluie, ce qui sert à représenter : *les mots sont les signes des idées* ; manifestation extérieure de ce qu'on pense, de ce qu'on veut : *signe de tête* : la chevelure *naturelle sur la peau*; constellation : *les douze signes du zodiaque*. *Le signe de la croix*, représentation d'une croix, que font les chrétiens lorsqu'ils prient Dieu. Pl. Phénomènes célestes regardés comme des présages.

SIGNER, v. tr. Mettre son seing à une lettre, à un acte, etc. V. int. : *signer à un contrat*. Se signer, v. pr. Faire le signe de la croix.

SIGNET, n. m. Petit ruban attaché au haut d'un livre pour marquer l'endroit où l'on en est resté.

SIGNIFIANT, E, adj. Qui dénote quelque chose d'important.

SIGNIFICATIF, IVE, adj. Qui rend bien la pensée : *geste significatif*.

SIGNIFICATION, n. f. Ce que signifie une chose : *signification d'un mot*; notification d'un acte par voie d'huissier.

SIGNIFIER, v. tr. Dénoter, marquer, être signe de; déclarer; faire connaître : *signifier sa volonté*; notifier par voie d'huissier.

SILENCE, n. m. État d'une personne qui s'abstient de parler ou d'écrire; cessation de tout bruit : *le silence de la nuit*. Souffrir en silence, sans se plaindre; passer sous silence, omettre; imposer silence, faire taire. Mus. Interruption plus ou moins longue dans le chant ou les instruments.

SILENCIEUSEMENT, adv. En silence.

SILENCIEUX, EUSE, adj. Qui garde le silence; taciturne : *homme silencieux*; où l'on n'entend aucun bruit : *classe silencieuse*.

SILEX, n. m. Caillou, pierre à fusil.

†**SILHOUETTE**, n. f. Dessin représentant un profil tracé autour d'un visage, à l'aide de l'ombre qu'il projette à la clarté d'une lampe ou d'une bougie.

SILICE, n. f. Substance siliceuse.

SILICEUX, EUSE, adj. Qui est de la nature du silex.

SILICIUM, n. m. Métal d'une couleur foncée, renfermé dans la silice en combinaison avec l'oxygène.

SILICULE, n. f. Diminutif de silique.

SILICULEUX, EUSE, adj. Se dit des plantes dont le fruit est une silicule.

SILIQUE, n. f. Enveloppe sèche de la graine de certaines plantes, comme le chou, le navet, le radis, le colza, etc.

SILIQUEUX, EUSE, adj. Se dit des plantes dont le fruit est une silique.

SILLAGE, n. m. Trace que laisse après lui un bâtiment fendant l'eau; espace parcouru par un vaisseau dans un temps donné.

SILLER, v. int. Fendre les flots en avançant.

SILLET, n. m. Morceau d'ivoire ou d'ébène appliqué au haut du manche d'un instrument de musique, et sur lequel portent les cordes.

SILLOMÈTRE, n. m. Instrument pour mesurer la vitesse du sillage.

SILLON, n. m. Trace que fait dans la terre le soc de la charrue. Fig. Trace que certaines choses laissent en passant : *sillon de feu tracé par une fusée*. Pl. Rides : *les sillons que l'âge creuse sur le front*; campagnes, champs : *trop de sang inonda nos sillons*.

SILLONNER, v. tr. Traverser, courir : *nos vaisseaux sillonnent les mers*; laisser des traces de son passage : *les torrents ont sillonné le flanc des montagnes*; et, fig. : *l'âge a sillonné son front*.

SILO, n. m. Fosse souterraine où l'on dépose les grains pour les conserver.

SIMAGRÉE, n. f. Faux semblant : *faire la simagrée de refuser*. Pl. Manières affectées, minauderies : *voilà bien des simagrées*.

SIMARRE, n. f. Espèce de longue robe traînante qui est la marque distinctive du chef de la magistrature.

SIMBLEAU, n. m. Cordeau avec lequel les charpentiers tracent de grandes circonférences.

SIMILAIRE, adj. De même nature.

SIMILITUDE, n. f. Ressemblance, rapport exact entre deux choses : *similitude des triangles*. Rhét. Comparaison.

SIMILOR, n. m. Alliage de cuivre et de zinc qui a l'aspect de l'or.

SIMONIAQUE, adj. Entaché de simonie : *contrat simoniaque*. N. m. Qui commet une simonie, *c'est un simoniaque*.

SIMONIE, n. f. Trafic criminel des choses sacrées.

SIMOUN, n. m. Vent brûlant qui souffle en Afrique du midi au nord.

SIMPLE, adj. Composé d'éléments homogènes, de même nature : *l'or, l'argent, le fer, sont des corps simples*; qui n'est point compliqué : *machine, mécanisme, procédé simple*; sans recherche, sans ornement : *parure, style simple*; sans malice, sans déguisement : *simple comme un enfant*; mais, facile à tromper : *il est si simple que...*; seul, unique : *croire quelqu'un sur sa simple parole*. *Simple soldat*, qui n'a point de grade; *simple particulier*, qui n'exerce point de fonction publique; *fleur simple*, dont la corolle n'a qu'un rang de pétales; donation pure et simple, faite sans conditions. *Gram.* Temps simples, qui se conjuguent sans auxiliaire. N. m. : *Dieu l'être les simples*. *Bot.* Nom général des plantes médicinales : *cueillir des simples*.

SIMPLEMENT, adv. D'une manière simple : *être vêtu simplement*. *Purement et simplement*, sans réserve ni condition.

SIMPLESSE, n. f. Simplicité, ingénuité. *Vieux*.

SIMPLICITÉ, n. f. Qualité de ce qui est simple : *simplicité des mœurs, des habits, d'un mécanisme*; niaiserie : *c'est une simplicité de parler ainsi*.

SIMPLIFICATION, n. f. Action de simplifier; résultat de cette action.

SIMPLIFIER, v. tr. Rendre simple : *simplifier une méthode*.

SIMULACRE, n. m. Image, statue, idole : *les simulacres des faux dieux*; apparence, ombre : *sous Jules César, il n'y avait à Rome qu'un simulacre de république*; semblant : *faire un simulacre de combat, de débarquement*.

SIMULER, v. tr. Feindre, faire paraître comme réelle une chose qui ne l'est point : *simuler une vente, une maladie, un combat*.

SIMULTANÉ, ÉE, adj. Se dit de deux ou plusieurs actions qui s'accomplissent en même temps : *leurs mouvements ont été simultanés*. *Enseignement simultané*, mode d'enseignement par lequel le maître instruit lui-même les élèves, et leur fait faire en même temps les mêmes exercices. Son opposé est *enseignement mutuel*.

SIMULTANÉITÉ, n. f. Existence de plusieurs actions dans le même instant.

SIMULTANÉMENT, adv. En même temps.

SINAPISÉ, ÉE, adj. Se dit des médicaments où l'on a mis de la graine de moutarde.

SINAPISME, n. m. Médicament dont la graine de moutarde fait la base.

SINCÈRE, adj. Franc, sans déguisement, sans artifice : *homme, promesse sincère*.

SINCÈREMENT, adv. D'une manière sincère.

SINCÉRITÉ, n. f. Franchise, qualité de ce qui est sincère.

SINCIPUT, n. m. *Anat.* Partie supérieure, sommet de la tête. Son opposé est *occiput*.

SINÉCURE, n. f. Charge salariée et qui n'oblige à aucun travail.

SINGE, n. m. Quadrupède qui se rapproche beaucoup de l'homme par sa conformation générale et son organisation interne. *Malin, adroit, laid comme un singe*, très-malin, très-adroit, très-laid. *Fig.* Celui qui contrefait, qui imite les actions des autres : *c'est un vrai singe*. *Monnaie de singe*, gambades, moqueries au lieu de payement. Nom que certains ouvriers donnent à leur patron.

SINGER, v. tr. Imiter, contrefaire : *singer le grand seigneur*.

SINGERIE, n. f. Grimaces, tours de malice : *faire mille singeries*; manières affectées : *ce n'est qu'un faiseur de singeries*.

SINGEUR, adj. et n. Qui singe, qui imite les actions des autres.

SINGULARISER (SE), v. pr. Se faire remarquer par quelque singularité.

SINGULARITÉ, n. f. Ce qui rend une chose singulière : *singularité d'un fait*; manière extraordinaire de parler, d'agir : *ses singularités choquent*.

SINGULIER, ÈRE, adj. Remarquable, qui ne ressemble point aux autres : *aventure singulière*; rare, excellent : *vertu, beauté, singulière*; bizarre, original : *homme singulier*. *Combat singulier*, d'homme à homme. Adj. et n. *Le singulier, nombre singulier*, qui marque une seule personne ou une seule chose.

SINGULIÈREMENT, adv. Beaucoup : *être singulièrement affecté*; d'une manière originale, bizarre : *s'habiller singulièrement*.

SINISTRE, adj. Malheureux, funeste : *événement sinistre*; sombre, méchant : *regard, physionomie sinistre*. N. m. Perte, dommage causé surtout par un incendie.

SINISTREMENT, adv. D'une manière sinistre.

SINON, conj. Autrement, sans quoi, faute de quoi : *obéissez, sinon je vous chasse*.

SINUÉ, ÉE, adj. Dont le bord est garni d'échancrures : *feuille sinuée*.

SINUEUX, EUSE, adj. Tortueux, qui fait des replis, des détours : *route, rivière sinueuse*.

SINUOSITÉ, n. f. Détour que fait une chose sinueuse : *les sinuosités d'un fleuve*.

SINUS, n. m. *Géom.* Perpendiculaire menée d'une des extrémités de l'arc au rayon qui passe par l'autre extrémité.

SIPHON, n. m. Tube recourbé, à branches inégales, et dont on se sert pour transvaser les liquides; trombe qui descend sur la mer en forme de colonne.

SIRE, n. m. Anciennement *seigneur* : *le sire de Joinville*; titre qu'on donne au souverain, en France, en lui parlant ou en lui écrivant. *Pauvre sire*, homme sans capacité, sans considération.

† SIRÈNE, n. f. Monstre fabuleux, moitié femme et moitié poisson, qui, par la douceur de son chant, attirait les navigateurs sur les écueils de la mer de Sicile. *Chanter comme une sirène*, très-bien. *Fig.* Femme séduisante dont il faut se méfier.

SIRIUS, n. m. Étoile de la constellation du grand Chien, la plus brillante de toutes.

SIROCO, n. m. Vent brûlant qui souffle du sud-est sur la Méditerranée.

SIROP, n. m. Liqueur épaisse formée de sucre en dissolution, et de suc de fruits, de fleurs ou d'herbes.

SIROTER, v. tr. et int. Boire avec plaisir, à petits coups et longtemps.

SIRTES ou **SYRTES**, n. f. pl. Bancs de sable mouvant, situés sur les côtes de l'Afrique septentrionale.

SIRUPEUX, EUSE, adj. Qui est de la nature du sirop.

SIRVENTE, n. m. Ancienne poésie des troubadours provençaux, consacrée à des chants guerriers ou satiriques.

SIS, E, adj. Situé : *maison sise à Paris.*

SISTRE, n. m. Ancien instrument de musique, en usage chez les Égyptiens.

SITE, n. m. Aspect d'un lieu : *site agréable.*

SITUATION, n. f. Position d'une ville, d'une maison, d'un jardin, etc.; posture : *situation incommode.* *Fig.* Disposition de l'âme : *situation tranquille;* état de fortune : *être dans une situation brillante.* Lit. Moment où l'action excite de l'intérêt : *situation dramatique.*

SITUER, v. tr. Placer, poser dans un certain endroit. S'emploie surtout au part. passé : *maison bien située.*

SIX, adj. num. card. Deux fois trois; sixième : *Charles six;* N. m. : *le six du mois;* chiffre qui représente ce nombre.

SIXAIN, n. m. Stance de six vers; paquet de six jeux de cartes.

SIXIÈME, adj. num. ord. de *six.* N. m. : *hériter pour un sixième;* sixième étage; écolier de la sixième classe. N. f. La sixième classe d'un collège.

SIXIÈMEMENT, adv. En sixième lieu.

SIXTE, n. f. Mus. Intervalle compris entre six notes.

SLOOP, n. m. Mot angl. Petit bâtiment de guerre à un seul mât.

SMALAH, n. f. Nom donné par les Arabes à la réunion des tentes d'un chef puissant.

SOBRE, adj. Tempérant dans le boire et dans le manger. *Fig.* Modéré, retenu : *être sobre de louanges.*

SOBREMENT, adv. D'une manière sobre. *Fig.* Avec retenue, circonspection : *user sobrement d'une chose.*

SOBRIÉTÉ, n. f. Tempérance dans le boire et le manger. *Fig.* Retenue, modération : *user des plaisirs avec sobriété.*

SOBRIQUET, n. m. Surnom donné le plus souvent par dérision.

SOC, n. m. Fer large et pointu, partie de la charrue servant à ouvrir le sol et à renverser la terre.

SOCIABILITÉ, n. f. Aptitude à vivre en société.

SOCIABLE, adj. Né pour vivre en société : *l'homme est sociable;* avec qui il est aisé de vivre : *cet homme n'est pas sociable.*

SOCIABLEMENT, adv. D'une manière sociable.

SOCIAL, E, adj. Qui concerne la société : *ordre social;* qui concerne une société de commerce : *raison, signature sociale.* Dans l'histoire romaine, *guerre sociale*, guerre des alliés de la république contre elle.

SOCIALISME, n. m. Système de ceux qui veulent transformer la propriété au moyen d'une association bien entendue.

SOCIALISTE, n. m. Partisan du socialisme.

SOCIÉTAIRE, adj. et n. Qui fait partie d'une société.

SOCIÉTÉ, n. f. Assemblage d'hommes unis par la nature ou par les lois; réunion, troupe, en parlant des animaux : *les chevaux sauvages vivent en société;* union de plusieurs personnes jointes par quelque intérêt, quelque affaire : *former une société;* réunion de gens qui s'assemblent pour la conversation, le jeu ou d'autres plaisirs : *société nombreuse;* commerce, relations habituelles : *rechercher la société de quelqu'un.* *La haute société*, le grand monde.

SOCINIANISME, n. m. Hérésie des partisans de Socin, qui rejettent les mystères et la divinité de J.-C.

SOCINIEN, ENNE, adj. et n. Qui professe le socinianisme.

SOCLE, n. m. Base carrée, plus longue que haute, sur laquelle repose un vase, une statue, etc.

SOCQUE, n. m. Chaussure de bois

dans laquelle on place le pied déjà revêtu d'une chaussure plus mince, pour le
garantir de l'humidité.

SOCRATIQUE, adj. Qui appartient
à Socrate : *philosophie socratique*. *Méthode socratique*, qui a pour objet de
développer l'intelligence au moyen de
questions habilement graduées.

SODA, n. m. Boisson formée d'un
mélange d'eau de seltz et de sirop de
groseille.

SODIUM, n. m. Corps simple métallique qui est la base de la soude.

SŒUR, n. f. Fille née du même
père et de la même mère qu'une autre
personne, ou de l'un des deux seulement;
nom qu'on donne en général aux religieuses. *Belle-sœur*, femme du frère, ou
sœur du mari ; *sœur de lait*, qui a eu
la même nourrice. *Fig.* Se dit de deux
choses qui ont beaucoup de rapport :
*la poésie et la peinture sont sœurs. Les
neuf sœurs*, les Muses.

SŒURETTE, n. f. Petite sœur.

SOFA ou **SOPHA**, n. m. Espèce de
lit de repos à dossier et à coussins.

SOFI ou **SOPHI**, n. m. Ancien nom
du roi de Perse, remplacé par celui de
schah.

SOI, pron. sing. de la 3e pers. et des
deux genres. Lui, elle. *Rentrer en soi-
même*, faire des réflexions ; *revenir à
soi*, reprendre ses esprits ; *avoir un chez
soi*, une habitation en propre ; *de soi,
en soi* de sa nature : *la vertu est aimable en soi* ; *sur soi*, sur sa personne ; *à
part soi*, en son particulier.

SOI-DISANT, adj. inv. Dont on
conteste le titre : *un soi-disant docteur.*

SOIE, n. f. Fil fin et brillant produit
par une espèce de ver appelé *ver à soie* ;
l'étoffe qu'on en fait : *robe de soie*, poil
dur et raide qui croît sur le corps de
certains quadrupèdes, comme le porc et
le sanglier. Pl. Poils longs et doux de
quelques espèces de chiens.

SOIERIE, n. f. Marchandises, commerce de soie, fabrique de soie : *établir
une soierie.*

SOIF, n. f. Désir, besoin de boire.
Fig. Désir immodéré : *la soif de l'or.*

SOIGNER, v. tr. Avoir soin de ; apporter des soins à quelque chose : *soigner son style. Se soigner*, v. pr.
Avoir soin de soi, de sa personne.

SOIGNEUSEMENT, adv. Avec
soin.

SOIGNEUX, EUSE, adj. Qui apporte du soin à ce qu'il fait ; jaloux de
conserver : *soigneux de son honneur,
de sa réputation.*

SOIN, n. m. Attention, application à

faire une chose : *objet travaillé avec
soin, soucis, peines de l'esprit ou du
corps* : *cela fait la vaut beaucoup de
soins à sa mère. Être aux petits soins*,
avoir des attentions délicates.

SOIR, n. m. Dernière partie du jour.
Fig. Le soir de la vie, la vieillesse. *Poét.*

SOIRÉE, n. f. Espace de temps depuis le déclin du jour jusqu'au moment
où l'on se couche ; réunion dans les
soirées d'hiver pour causer, jouer, etc.

SOIT, conj. alternative mise pour
ou : *soit l'un, soit l'autre* ; en supposant : *soit 4 à multiplier par 6* ; ellipse
de *je le veux bien* : *vous aimez mieux
cela, soit. Tant soit peu*, loc. adv.
Très peu : *donnez-lui en tant soit peu.*

SOIXANTAINE, n. f. Soixante ou
environ : *une soixantaine de francs.
Avoir la soixantaine*, soixante ans accomplis.

SOIXANTE, adj. num. card. Nombre composé de six dizaines. N. m. :
faire un soixante au jeu de piquet.

SOIXANTER, v. int. Au jeu de piquet, compter soixante, avant que l'adversaire ait rien compté.

SOIXANTIÈME, adj. num. ord. de
soixante. N. m. : *un soixantième.*

SOL, n. m. Terre considérée quant à
ses qualités productives : *sol fertile ;
fonds sur lequel on bâtit, on marche :
sol peu solide.*

SOL, n. m. Cinquième note de la
gamme.

SOL, n. m. Sou.

SOLAIRE, adj. Qui appartient, qui
a rapport au soleil : *rayon, année solaire. Cadran solaire*, surface sur laquelle sont tracées des lignes qui indiquent l'heure par l'ombre qu'une sorte
d'aiguille en fer projette sur ces lignes.

SOLANÉES, n. f. pl. *Bot.* Grande
famille renfermant des plantes alimentaires et médicinales, comme la pomme
de terre, la jusquiame, etc.

SOLDAT, n. m. Homme de guerre à
la solde de l'État ; militaire non gradé.

SOLDATESQUE, n. f. Troupe de
soldats indisciplinés : *soldatesque effrénée.* Adj. Qui sent le soldat : *manières
soldatesques.*

SOLDE, n. f. Paye donnée aux gens
de guerre. N. m. *Com.* Solde de compte,
ce que l'on reçoit sur un compte arrêté.

SOLDER, v. tr. Donner une solde à
des troupes, les avoir à sa solde ; acquitter une dette, un compte, en faire
l'entier payement.

SOLE, n. f. Poisson de mer plat ;
dessous du pied d'un cheval, d'un âne, etc.

† **SOLÉCISME**, n. m. Faute grossière contre la syntaxe, comme : *vous

contredites pour vous, contredisez ; il faudrait qu'il vienne, pour qu'il vint.

† **SOLEIL**, n. m. Astre qui produit la lumière du jour ; cercle d'or ou d'argent, garni de rayons, dans lequel est enchâssé un double cristal destiné à renfermer l'hostie consacrée ; pièce d'artifice qui tourne autour d'un axe et qui jette des feux en forme de rayons ; belle fleur jaune appelée aussi tournesol. **Coup de soleil**, impression violente que le soleil fait quelquefois sur ceux qui s'y trouvent exposés. *Fig. Adorer le soleil levant*, faire sa cour au pouvoir naissant.

SOLENNEL, ELLE, adj. Accompagné des cérémonies de la religion : *service solennel* ; pompeux, qui se fait avec appareil : *aidience*, *entrée solennelle* ; authentique : *acte solennel* ; emphatique : *ton solennel*.

SOLENNELLEMENT, adv. D'une manière solennelle.

SOLENNISATION, n. f. Action de solenniser.

SOLENNISER, v. tr. Célébrer avec pompe.

SOLENNITÉ, n. f. Cérémonie publique qui rend une chose solennelle : *solennité d'une fête* ; formalités qui rendent un acte authentique : *solennité d'un acte, d'un serment*.

SOLFATARE, n. f. Carrière de soufre.

SOLFÉGE, n. m. Recueil gradué de notes, de morceaux de chant, pour l'étude de la musique.

SOLFIER, v. tr. Chanter un air, un morceau de musique, en nommant les notes.

SOLIDAIRE, adj. Engagé, lié par la solidarité.

SOLIDAIREMENT, adv. Avec solidarité.

SOLIDARITÉ, n. f. Acte par lequel deux ou plusieurs personnes s'engagent chacune pour toutes, en cas de non payement de la part des autres.

SOLIDE, adj. Qui a de la consistance, par oppos. à *fluide* ; corps *solide* ; capable de résistance, par oppos. à *fragile* : *bâtiment solide*. *Fig.* Réel, effectif, durable : *amitié, gloire solide*. N. m. chercher le solide. *Math.* Corps considéré comme ayant ses trois dimensions.

SOLIDEMENT, adv. D'une manière solide.

SOLIDIFICATION, n. f. Action de solidifier : *solidification d'un liquide*.

SOLIDIFIER, v. tr. Rendre solide : *solidifier un liquide*.

SOLIDITÉ, n. f. Qualité de ce qui est solide. *Fig.* : *solidité de l'esprit, du jugement*. *Mesures de solidité*, qui servent à mesurer les volumes.

SOLILOQUE, n. m. Discours d'un homme qui s'entretient avec lui-même.

SOLIN, n. m. Chacun des intervalles qui se trouvent entre les solives.

SOLIPÈDE, adj. et n. m. Dont le pied ne présente qu'un seul doigt, un seul sabot, comme le cheval, l'âne, etc.

SOLITAIRE, adj. Qui est seul, qui aime à être, à vivre seul ; isolé : désert, *hameau solitaire*. **Ver solitaire**, ver plat, très-long, qui se trouve quelquefois, et ordinairement seul, dans les intestins de l'homme et des animaux. *Fig. Avoir l'humeur solitaire*, manger beaucoup. *Fam.* N. m. Anachorète ; et, par ext., celui qui vit très-retiré ; espèce de jeu de patience, que l'on joue seul ; diamant détaché et monté seul.

SOLITAIREMENT, adv. D'une manière solitaire.

SOLITUDE, n. f. État d'une personne seule, retirée du monde : *les charmes de la solitude* ; lieu éloigné du commerce des hommes.

SOLIVE, n. f. Pièce de bois qui sert à soutenir le plancher.

SOLIVEAU, n. m. Petite solive. *Fig.* Homme, roi d'une nullité complète : *ce n'est qu'un soliveau*.

SOLLICITATION, n. f. Recommandation, instances : *c'est à votre sollicitation que...* ; soins, démarches, prières pour le succès d'une affaire.

SOLLICITER, v. tr. Exciter à : *solliciter à la révolte* ; demander avec instance : *solliciter une audience, un emploi*. V. int. : *quand on sollicite, on est presque toujours importun*.

SOLLICITEUR, EUSE, n. Qui sollicite une place, une grâce.

SOLLICITUDE, n. f. Soin inquiet ou affectueux : *sollicitude maternelle*.

SOLO, n. m. *Mus.* Morceau joué ou chanté par un seul.

SOLSTICE, n. m. Point, temps où le soleil est à son plus grand éloignement de l'équateur.

SOLSTICIAL, E, adj. Qui a rapport aux solstices : *points solsticiaux*.

SOLUBILITÉ, n. f. Qualité de ce qui est soluble.

SOLUBLE, adj. Qui peut se dissoudre dans un liquide : *le sucre est soluble dans l'eau* ; qui peut être résolu : *problème soluble*.

SOLUTION, n. f. Dénoûment d'une difficulté ; réponse à un problème. *Chim.* Opération par laquelle un solide se fond dans un liquide. **Solution de continuité.** V. *Continuité.*

SOLVABILITÉ, n. f. État d'une personne solvable.

SOLVABLE, adj. Qui a de quoi payer.

SOMBRE. adj. Peu éclairé : *maison sombre* ; obscur, ténébreux : *nuit sombre* ; qui tire sur le brun : *couleur sombre. Fig.* Mélancolique, taciturne, morne : *caractère sombre.* **Les sombres bords, le sombre empire,** les enfers. *Poét.*

SOMBRER, v. int. *Mar.* Se dit d'un bâtiment sous voiles, renversé par un coup de vent qui le fait couler bas.

SOMBRER, v. tr. *Agric.* Donner un premier labour, une première façon.

SOMMAIRE, adj. Bref, succinct : *discours, exposé sommaire.* N. m. : *faire le sommaire d'un livre, d'un discours.*

SOMMAIREMENT, adv. D'une manière sommaire.

SOMMATION, n. f. Action de sommer : *summatio verbale. Sommation respectueuse,* faite par un enfant à ses parents, quand ils ne consentent pas à son mariage ; acte par écrit qui contient la sommation.

SOMME, n. f. Certaine quantité d'argent ; résultat de l'addition de plusieurs nombres. *Fig.* Ensemble : *la somme des biens et des maux.* **Somme toute, en somme.** i. e. adv. Enfin, en résume.

SOMME (*bête de*), n. f. Propre à porter des ardeaux.

SOMME, n. m. Repos causé par l'assoupissement des sens.

SOMMEIL, n. m. Somme ; repos : *être plongé dans le sommeil* ; grande envie de dormir : *le sommeil me gagne. Fig.* État d'inertie, d'inactivité : *l'hiver est le sommeil de la nature. Le sommeil éternel,* la mort.

SOMMEILLER, v. int. Dormir d'un sommeil léger ; dormir profondément : *la nuit, quand tout sommeille. Fig.* Être dans un état d'inertie : *ses facultés sommeillent.*

SOMMELIER, **ÈRE**, n. Personne qui, dans une grande maison, a soin du linge, de la vaisselle, des provisions, et principalement de la cave.

SOMMELLERIE, n. f. Fonction du sommelier ; lieu où il serre ce dont il est chargé.

SOMMER, v. tr. Avertir par menaces, signifier à quelqu'un dans les formes établies, qu'il ait à faire une chose : *je l'ai sommé de me payer, sommer le commandant d'une place de se rendre.*

SOMMET, n. m. Le haut, la partie la plus élevée : *le sommet d'une montagne. Géom. Sommet d'un angle,* point de rencontre de ses deux côtés. *Fig. Le sommet des grandeurs,* le comble des grandeurs.

SOMMIER, n. m. Matelas de crin servant de paillasse ; cheval de somme ; coffre d'un orgue. *Com.* Gros registre où les commis inscrivent les sommes qu'ils reçoivent.

SOMMITÉ, n. f. Partie la plus élevée de certaines choses ; pointe, extrémité des branches, des plantes. *Fig.* Personnage distingué par ses talents, sa fortune, etc. : *toutes les sommités littéraires et artistiques assistaient à la réunion.*

SOMNAMBULE, adj. et n. Qui marche, agit, parle sans s'éveiller.

SOMNAMBULISME n. m. État du somnambule. *Somnambulisme magnétique,* sommeil factice produit par l'action du magnétisme animal, et pendant lequel on prétend que l'homme est doué de pouvoirs supérieurs.

SOMNIFÈRE adj. et n. Qui provoque, qui cause le sommeil : *breuvage somnifère, le pavot est un somnifère.*

SOMNOLENCE, n. f. État intermédiaire entre le sommeil et la veille.

SOMNOLENT, **E**, adj. Qui a rapport à la somnolence : *état somnolent.*

SOMPTUAIRE, adj. *Lois somptuaires,* qui ont pour but de restreindre le luxe et la dépense.

SOMPTUEUSEMENT, adv. D'une manière somptueuse.

SOMPTUEUX, **EUSE**, adj. Magnifique, splendide : *festin somptueux.*

SOMPTUOSITÉ, n. f. Grande et magnifique dépense.

SON, **SA**, **SES**, adj. poss. qui déterminent le nom, en y ajoutant une idée de possession.

SON, n. f. Bruit, ce qui frappe l'ouïe.

SON, n. m. La partie la plus grossière du blé moulu.

SONATE, n. f. Composition instrumentale formée de trois ou quatre morceaux de caractères différents.

SONDAGE, n. m. Action de sonder.

SONDE, n. f. Instrument qui consiste en un plomb attaché à une corde, dont on se sert pour connaître la profondeur de l'eau ; verge de fer dont se servent les commis de barrières pour s'assurer si les ballots renferment des marchandises de contrebande. *Chir.* Petit instrument qu'on emploie pour s'assurer de l'état des plaies.

SONDER, v. tr. Reconnaître, au

moyen de la sonde. la profondeur de l'eau, la nature d'un terrain, l'état d'une plaie, etc. *Fig. Sonder quelqu'un,* chercher à pénétrer sa pensée.

SONDEUR, n. m. Celui qui sonde.

SONGE. n. m. Rêve où il y a une certaine suite, et qui roule le plus souvent sur des sujets sérieux : *le songe de Pharaon, le songe d'Athalie. Fig. La vie n'est qu'un songe*, passé vite : *faire de beaux songes*, se repaître d'illusions.

SONGE-CREUX. n. m. Homme qui nourrit sans cesse son esprit de chimères. Pl. *des songe-creux.*

SONGER, v. tr. ou int. Faire un songe : *songer de fêtes, songer qu'on se bat.* V. int. Penser : *songer à son salut ;* avoir l'intention, le projet : *songer à se marier.*

SONGEUR, EUSE, n. Homme concentré, peu expansif : *c'est un songeur.*

SONNAILLE, n. f. Clochette attachée au cou des bestiaux.

SONNAILLER. n. m. Animal qui, dans un troupeau, va le premier avec la clochette.

SONNAILLER, v. int. Sonner souvent et sans besoin.

SONNANT. E. adj. *A huit heures sonna tes,* à huit heures précises : *espèces sonnantes,* monnaie d'or ou d'argent.

SONNÉ, ÉE, adj. Révolu, accompli : *il a cinquante ans sonnés.*

SONNER, v. int. Rendre un son : *les cloches sonnent ;* faire rendre un son : *sonner du cor ;* être annoncé par un son : *la messe sonne. Fig. Faire sonner une lettre,* la faire sentir, appuyer dessus : *ce mot sonne mal,* choque l'oreille ; *faire sonner une action, une victoire, une conquête,* etc., les faire valoir beaucoup. V. tr. Tirer du son de : *sonner les cloches,* avertir de quelque chose par des sons : *sonner la retraite,* la *charge, le tocsin. Sonner un domestique,* agiter la sonnette pour le faire venir.

SONNERIE, n. f. Son de plusieurs cloches ensemble ; totalité des cloches d'une église ; toutes les pièces qui servent à faire sonner une pendule, etc. : *la sonnerie est dérangée ;* air que sonnent les trompettes d'un régiment.

SONNET, n. m. Pièce de poésie, de quatorze vers, soumise à des règles fixes.

SONNETTE, n. f. Petite clochette pour appeler ou pour avertir ; grelot ; machine pour enfoncer les pilotis.

SONNEUR, n. m. Celui qui sonne les cloches.

SONORE, adj. Propre à rendre des sons : *corps sonore ;* qui rend un son éclatant : *voix sonore ;* qui renvoie bien le son : *amphithéâtre sonore.*

SONORITÉ, n. f. Qualité de ce qui est sonore.

SOPHISME, n. m. Argument captieux, qui pèche dans les termes ou dans la forme.

SOPHISTE, n. m. Celui qui fait des arguments captieux ; chez les anciens, philosophe, rhéteur.

SOPHISTICATION, n. f. Falsification.

SOPHISTIQUE, adj. De la nature du sophisme : *raisonnement sophistique.*

SOPHISTIQUER, v. tr. Falsifier, frelater une liqueur, une drogue, etc.

SOPORATIF, IVE, adj. Qui a la propriété d'endormir : *potion soporative.* N. m. : *le laudanum est un soporatif.*

SOPORIFÈRE ou **SOPORIFIQUE**, adj. et n. Qui a la vertu d'endormir. *Fig. Livre soporifique,* ennuyeux.

SOPRANO, n. m. Voix aiguë appelée aussi *dessus.*

SORBE, n. f. Fruit du sorbier.

SORBET, n. m. Boisson à demi glacée, qui a pour base du sucre et des jus de fruits, et dans laquelle on fait entrer une liqueur.

SORBETIÈRE, n. f. Vase de métal dans lequel on prépare les sorbets.

SORBIER, n. m. V. *Cormier.*

† **SORBONNE**. n. f. Ancienne école célèbre de théologie ; établissement, à Paris, où se font les cours publics des facultés des sciences et des lettres.

SORCELLERIE, n. f. Opération de sorcier. *Par ext.* Tours d'adresse qui paraissent surnaturels.

SORCIER. ÈRE, adj. et n. Personne que le peuple croyait autrefois en société avec le diable, pour faire des maléfices.

SORDIDE, adj. Excessif, honteux, en parlant de l'avare et de l'avarice.

SORDIDEMENT, adv. D'une manière sordide.

SORDIDITÉ, n. f. Ladrerie, avarice.

SORITE, n. m. Argument composé d'une suite de propositions si bien liées entre elles, que la dernière est ou semble la conclusion naturelle de la première.

SORNETTE, n. f. Discours frivole, bagatelle.

SORT, n. m. Destinée : *se plaindre de son sort ;* hasard : *le sort en a décidé ;* état, condition : *faire un sort heureux à quelqu'un. Le sort des armes, les hasards de la guerre ; le sort en est jeté,* le parti en est pris. Paroles, caractères, etc., par lesquels l'ignorance croit qu'on

31.

peut faire des maléfices : *jeter un sort sur un troupeau.*

SORTABLE, adj. Convenable : *mariage sortable.*

SORTANT, adj. m. Qui sort : *numéro sortant.* N. m. : *les entrants et les sortants.*

SORTE, n. f. Espèce, genre ; état, condition : *un homme de sa sorte* ; manière, façon : *s'y prendre de telle ou telle sorte.* **En quelque sorte**, loc. adv. Pour ainsi dire. **De sorte que, en sorte que**, loc. conj. Si bien que, de manière que.

SORTIE, n. f. Action de sortir ; issue : *cette maison a deux sorties* ; attaque que font les assiégés lorsqu'ils sortent pour repousser les assiégeants. *Fig.* Critique, emportement brusque et violent contre quelqu'un : *je ne m'attendais pas à cette sortie de sa part.* **A la sortie de,** loc. prép. Au moment où l'on sort de : *à la sortie du spectacle.*

SORTILÉGE, n. m. Maléfice des prétendus sorciers.

SORTIR, v. int. Passer du dedans au dehors ; pousser au dehors : *les blés sortent de terre. Fig.* Se dit en parlant du temps : *sortir de l'hiver* ; de l'état : *sortir de maladie* ; du sujet : *sortir de la question* ; se dégager : *sortir d'embarras* ; s'échapper : *sortir de la mémoire* ; être issu : *sortir de bonne famille. Sortir des bornes*, les dépasser ; *sortir de la vie*, mourir ; *sortir de son caractère*, se fâcher contre sa coutume ; *sortir des gonds*, se mettre en colère ; *cet ouvrage sort des mains de l'ouvrier*, est tout neuf ; *cela sort des mains d'un tel*, un tel en est l'auteur ; *le feu lui sort par les yeux*, ses yeux expriment la colère ; *les yeux lui sortent de la tête*, sont animés par une passion, un sentiment violent. V. tr. Tirer dehors : *sortir un cheval de l'écurie.* V. impers. S'exhaler, s'échapper : *il sort de ces fleurs une douce odeur.* **Au sortir de,** loc. prép. Au moment où l'on sort de : *au sortir du sermon, de l'enfance.*

SORTIR, v. tr. *Jurisp.* Obtenir, avoir : *cette sentence sortira son plein et entier effet.*

SOSIE, n. m. Homme parfaitement ressemblant à un autre.

SOT, SOTTE, adj. Dénué d'esprit, de jugement ; embarrassé, confus : *il resta tout sot* ; fâcheux, ridicule : *sotte affaire, sot orgueil.* N. m. : *c'est un sot.*

SOTIE, n. f. Ancienne farce de la comédie française.

SOT-L'Y-LAISSE, n. m. Morceau délicat au-dessus du croupion d'une volaille. Pl. *des sot-l'y-laisse.*

SOTTEMENT, adv. D'une manière sotte.

SOTTISE, n. f. Défaut d'esprit et de jugement ; discours, action sotte : *il a fait là une sottise* ; injures : *dire des sottises à quelqu'un.*

SOU, n. m. Petite monnaie de cuivre qui équivaut à la 20e partie du franc. *Fig.* N'avoir pas le sou, être sans argent. **Sou à sou,** loc. adv. Par petites sommes : *payer sou à sou.*

SOUBASSEMENT, n. m. Partie inférieure d'une construction, sur laquelle semble porter tout l'édifice. Se dit surtout des édifices à colonnes.

SOUBRESAUT, n. m. Saut brusque, inopiné et à contre-temps.

SOUBRETTE, n. f. Suivante de comédie.

SOUBREVESTE, n. f. Sorte de justaucorps sans manches, que portaient autrefois les mousquetaires.

SOUCHE, n. f. Partie du tronc de l'arbre, qui reste dans la terre après que l'arbre a été coupé. *Fig.* Personne stupide, sans intelligence : *c'est une souche. Généal.* Personnage duquel descend une famille, une race : *Robert le Fort, quatrième fils de saint Louis, est la souche des Bourbons.* Partie qui reste des feuilles d'un registre, pour vérifier si l'autre partie, détachée en zigzag, s'y rapporte exactement.

SOUCI, n. m. Soin accompagné d'inquiétude ; objet de soin, d'affection : *mon fils est mon unique souci. C'est le moindre de mes soucis*, ce qui me tourmente le moins. N. m. **Sans-souci**, homme qui ne s'inquiète de rien.

SOUCI, n. m. Fleur jaune d'une odeur forte.

SOUCIER (SE), v. pr. S'inquiéter, se mettre en peine : *je ne m'en soucie guère* ; désirer, voir avec plaisir : *je ne me soucie pas qu'il vienne.*

SOUCIEUX, EUSE, adj. Inquiet, pensif, chagrin ; qui marque du souci : *air soucieux.*

SOUCOUPE, n. f. Sorte de petite assiette qui se place sous une tasse.

SOUDAIN, E, adj. Subit, prompt : *mort soudaine.* Adv. Dans le même instant, aussitôt après : *il partit soudain.*

SOUDAINEMENT, adv. Subitement.

SOUDAINETÉ, n. f. État de ce qui est soudain : *la soudaineté d'une explosion.*

SOUDAN, n. m. Nom donné autrefois aux souverains mahométan, surtout en Egypte.

SOUDARD ou **SOUDART**, n. m. Vieux soldat. Se prend en m. part.

SOUDE, n. f. Plante qui croît sur les bords de la mer ; sel alcali qu'on retire de ses cendres, et qui sert à blanchir, à faire le verre.

SOUDER, v. tr. Joindre par le moyen de la soudure.

SOUDOYER, v. tr. S'assurer le secours de quelqu'un à prix d'argent : *soudoyer des assassins.*

SOUDURE, n. f. Composition métallique en fusion, dont on se sert pour unir des pièces de métal ; travail de celui qui soude ; endroit soudé.

SOUFFLAGE, n. m. Art, action de souffler le verre.

SOUFFLE, n. m. Vent produit en soufflant de l'air par la bouche ; simple respiration : *cet homme n'a plus que le souffle ;* agitation de l'air : *le souffle des vents.* Fig. Inspiration, influence : *le souffle du génie ; le souffle empoisonné de la ca'omnie.*

SOUFFLÉ, n. m. Mets léger dont la pâte renfle beaucoup, et qui se fait au four de campagne. Adj. : *omelette soufflée.*

SOUFFLER, v. int. Faire du vent en poussant l'air avec la bouche : *souffler dans ses doigts ;* mettre l'air en mouvement : *la bise souffle ;* respirer avec effort : *souffler comme un bœuf ;* reprendre haleine : *laisser des chevaux souffler.* Fig. Il *n'ose souffler,* il n'ose parler. V. tr. Activer au moyen du vent : *souffler le feu ;* éteindre : *souffler la chandelle.* Souffler l'orgue, remplir les tuyaux d'air par le moyen des soufflets ; *souffler le verre, l'émail, le bœuf,* les faire enfler en soufflant dans l'intérieur au moyen d'un tube. Fig. Souffler la discorde, l'exciter ; *souffler le froid et le chaud,* louer et blâmer la même chose ; *souffler un élève, un acteur,* lui dire tout bas les mots qui échappent à sa mémoire ; *souffler un emploi à quelqu'un,* l'obtenir à son détriment. Souffler un pion, au jeu de dames, enlever un pion à son adversaire, quand il ne s'en est pas servi pour prendre.

SOUFFLERIE, n. f. Ensemble des soufflets d'un orgue, d'une fabrique, d'une forge, etc.

SOUFFLET, n. m. Instrument pour souffler ; couverture mobile de cabriolet, qui se replie en forme de soufflet.

SOUFFLET, n. m. Coup du plat ou du revers de la main sur la joue. Fig. Échec, affront : *il a reçu là un rude soufflet.*

SOUFFLETADE, n. f. Soufflets appliqués coup sur coup.

SOUFFLETER, v. tr. Donner un soufflet.

SOUFFLEUR, n. m. Gros poisson cétacé, du genre dauphin.

SOUFFLEUR, EUSE, n. Qui souffle quelqu'un parlant en public : *souffleur de théâtre.* Souffleur d'orgue, celui qui en fait mouvoir les soufflets.

SOUFFLURE, n. f. Nom donné, dans les fonderies et les verreries, à des concavités qui se forment dans l'épaisseur du métal ou à la surface du verre.

SOUFFRANCE, n. f. Peine, douleur, état de celui qui souffre. Fig. Se dit des différentes affaires qui sont en suspens : *le commerce est en souffrance.*

SOUFFRANT, E, adj. Qui souffre ; patient, endurant : *il n'est pas d'humeur souffrante.* Église souffrante, les âmes des fidèles qui sont dans le purgatoire.

SOUFFRE-DOULEUR, n. m. Personne qui a toute la fatigue d'une maison ; celui qui est continuellement exposé aux plaisanteries, aux malices des autres : *cet écolier est le souffre-douleur de ses camarades.* Pl. des *souffre-douleur.*

SOUFFRETEUX, EUSE, adj. Qui souffre de la misère, de la pauvreté : *vieillard souffreteux ;* qui éprouve momentanément quelque douleur, quelque malaise : *je suis aujourd'hui tout souffreteux.*

SOUFFRIR, v. int. Sentir de la douleur ; éprouver de la peine : *je souffre de le voir ainsi.* Fig. Languir : *le commerce, la vigne, les blés souffrent en ce moment.* V. tr. Endurer : *souffrir la faim, la soif ;* supporter : *il souffre bien la fatigue ;* tolérer : *pourquoi souffrez-vous cela ?* permettre : *souffrez que je vous parle ;* admettre : *cela ne souffre aucun retard ;* éprouver : *cela souffrira bien des difficultés.* Ne pouvoir souffrir quelqu'un, avoir de l'aversion pour lui.

SOUFRAGE, n. m. Action d'imprégner de soufre les allumettes, les étoffes qu'on veut blanchir, etc.

SOUFRE, n. m. Corps simple, de couleur jaune, sans saveur et sans odeur.

SOUFRER, v. tr. Enduire de soufre : *soufrer des allumettes.* Soufrer du vin, faire brûler une mèche soufrée dans le tonneau où l'on veut le mettre.

SOUFRIÈRE, n. f. Lieu d'où l'on tire le soufre.

SOUHAIT, n. m. Vœu, désir. À souhait, loc. adv. Selon ses désirs : *tout lui réussit à souhait.*

SOUHAITABLE. adj. Désirable.

SOUHAITER. v. tr. Désirer. S'emploie dans les formules de politesse et de compliments : souhaiter le bonjour, la bonne année. Je vous en souhaite, manière fam. de dire à une personne qu'elle n'aura pas ce qu'elle désire.

SOUILLE. n. f. Lieu bourbeux où se vautre le sanglier.

SOUILLER. v. tr. Salir, couvrir de boue, d'ordure. Fig. : souiller sa gloire, sa réputation.

SOUILLON. n. Qui se salit, qui est malpropre ; servante employée à de bas offices.

SOUILLURE, n. f. Tache : la souillure du péché.

SOÛL, E. adj. Pleinement repu, rassasié ; ivre. N. m. En avoir tout son soûl, autant qu'on en peut désirer. Fam.

SOULAGEMENT. n. m. Diminution d'un malaise ou d'une douleur du corps, d'une peine d'esprit.

SOULAGER. v. tr. Débarrasser d'une partie d'un fardeau. Fig. Diminuer, adoucir : soulager la douleur ; aider, secourir : soulager les malheureux. Se soulager, v. pr. Se procurer du soulagement.

SOÛLER, v. tr. Rassasier avec excès ; enivrer.

SOULÈVEMENT, n. m. Grande agitation : soulèvement des flots. Soulèvement de cœur, mal d'estomac causé par le dégoût. Fig. Mouvement d'indignation : soulèvement général ; révolte : soulèvement d'une ville, d'une province.

SOULEVER, v. tr. Élever quelque chose de lourd à une petite hauteur. Fig. Exciter l'indignation : son insolence souleva l'assemblée ; exciter à la révolte : soulever le peuple. Soulever une question, la faire naître ; soulever le cœur, causer du dégoût.

SOULIER, n. m. Chaussure qui couvre le pied en tout ou en partie.

SOULIGNER. v. tr. Tirer un trait sous un mot, sous une phrase.

SOUMETTRE. v. tr. Réduire, ranger sous sa puissance ; subordonner au jugement de quelqu'un : je vous soumets la question. Se soumettre. v. pr. S'en rapporter : je me soumets à sa décision.

SOUMIS, E. adj. Disposé à l'obéissance : enfant soumis ; respectueux : air soumis.

SOUMISSION. n. f. Disposition à obéir ; action d'obéir : soumission parfaite ; de rentrer dans le devoir, l'obéissance : cette ville a fait sa soumission ; déclaration écrite par laquelle on s'engage à se charger d'un ouvrage, d'une fourniture, à de certaines conditions.

SOUMISSIONNAIRE. n. m. Qui fait une soumission pour une entreprise, une fourniture, etc.

SOUMISSIONNER. v. tr. S'engager par écrit à acheter, à payer un certain prix, ou à fournir, à entreprendre à de certaines conditions.

SOUPAPE, n. f. Espèce de petit couvercle en bois, en cuivre ou en métal, destiné à laisser entrer un fluide dans l'intérieur d'un corps de pompe ou de tout autre appareil, à l'empêcher de ressortir, et réciproquement. Soupape de sûreté, qui, dans la chaudière d'une machine à vapeur, s'ouvre d'elle-même à une forte pression, pour donner issue à une partie de la vapeur, et empêcher ainsi l'explosion de la chaudière.

SOUPÇON, n. m. Croyance désavantageuse, accompagnée de doute ; simple conjecture : j'ai quelque soupçon que c'est lui ; apparence légère : soupçon de fièvre ; très-petite quantité : un soupçon de vin.

SOUPÇONNER. v. tr. Porter ses soupçons sur : soupçonner quelqu'un d'un crime ; conjecturer : je le soupçonne d'être l'auteur de...

SOUPÇONNEUX, EUSE, adj. Défiant, enclin à soupçonner.

SOUPE, n. f. Potage, aliment composé de bouillon et de tranches de pain. Fig. Trempé comme une soupe, très-mouillé. Fam.

SOUPENTE, n. f. Assemblage de grosses et larges courroies servant à tenir suspendu le corps d'une voiture ; petit réduit pratiqué sous un plancher pour faire coucher un domestique, ou pour tout autre usage.

SOUPER ou **SOUPÉ**, n. m. Repas du soir ; mets qui le composent : il y avait un bon souper.

SOUPER, v. int. Prendre le repas du soir.

SOUPESER. v. tr. Lever un fardeau avec la main pour juger du poids.

SOUPEUR. n. m. Dont le souper est le repas principal.

SOUPIÈRE, n. f. Vase dans lequel on sert la soupe.

SOUPIR, n. m. Respiration forte et prolongée, occasionnée par la douleur, le plaisir, etc. Jusqu'au dernier soupir, jusqu'à la mort ; rendre le dernier soupir, expirer. Mus. Pause qui équivaut à une noire ; signe qui l'indique.

SOUPIRAIL, n. m. Ouverture pour éclairer, aérer une cave, un souterrain.

SOUPIRANT, n. m. Qui aspire à se faire aimer d'une femme.

SOUPIRER, v. int. Pousser des soupirs ; désirer ardemment : *soupirer après une place.*

SOUPLE, adj. Flexible, maniable : *osier, étoffe souple. Fig.* Docile, soumis, et, en m. part, complaisant jusqu'à la servilité : *courtisan souple.*

SOUPLEMENT, adv. Avec souplesse.

SOUPLESSE, n. f. Flexibilité de corps ou d'esprit.

SOUQUENILLE, n. f. Surtout fort long fait de grosse toile.

SOURCE, n. f. Origine d'un cours d'eau. *Fig.* Principe, cause, origine : *le travail est une source de richisss. Je le tiens de bonne source, de bonne part; cela coule de source,* cela est dit avec aisance et facilité.

SOURCIER, n. m. Homme qui prétend découvrir les sources.

SOURCIL, n. m. Poils en forme d'arc au-dessus de chaque œil. *Fig. Froncer le sourcil,* témoigner du mécontentement, de la mauvaise humeur.

SOURCILLER, v. int. Remuer le sourcil. *Fig. Ne pas sourciller,* rester impassible dans une circonstance critique.

SOURCILLEUX, EUSE, adj. Haut, élevé : *roc sourcilleux. Poet.*

SOURD, n. m. Nom vulgaire de la salamandre.

SOURD, E. adj. Qui ne peut entendre. *Sourd comme un pot,* extrêmement sourd; *faire la sourde oreille,* faire semblant de ne pas entendre. *Fig.* Insensible, inexorable : *sourd à la pitié, aux prières; caverneux : voix sourde; qui éclatant : bruit sourd ;* incertain, qui n'est pas encore public : *une rumeur sourde se répand ;* qui n'est pas aigu : *douleur sourde ;* qui n'est pas ouvert, déclaré : *guerre sourde.* **Lanterne sourde.** V. *Lanterne.* N. Qui est privé de l'ouïe : *un sourd de naissance. Frapper comme un sourd,* sans ménagement, sans pitié; *crier comme un sourd,* très-fort.

SOURDAUD, E, n. Qui n'entend qu'avec peine.

SOURDEMENT, adv. D'une manière sourde : *le tonnerre grondait sourdement;* secrètement : *agir sourdement.*

SOURDINE, n. f. Petit morceau de bois en forme de peigne, qu'on met dans un instrument de musique pour en affaiblir le son; dans les montres à répétition, ressort qui empêche le marteau de frapper sur le timbre. **A la sourdine**, loc. adv. Secrètement : *il fait ses coups à la sourdine.*

SOURD-MUET, SOURDE-MUET- TE, Personne privée de l'ouïe et de la parole. Pl. *des sourds-muets, sourdes-muettes.*

SOURDRE, v. int. Sortir de terre en parlant des eaux: *on voyait l'eau sourdre de tous côtés. Fig.* Résulter : *de cette affaire, on verra sourdre de grands malheurs.*

SOURICEAU, n. m. Petit d'une souris.

SOURICIÈRE, n. f. Piége pour prendre les souris.

SOURIQUOIS, E, adj. *Le peuple souriquois,* les souris.

SOURIRE, v. int. Rire sans éclat, et seulement par un léger mouvement de la bouche et des yeux. *Fig. La fortune lui sourit,* le favorise; *cette affaire lui sourit,* lui plaît.

SOURIRE, n. m. Action de sourire.

SOURIS, n. m. Sourire.

SOURIS, n. f. Petit quadrupède rongeur, du genre rat.

SOURNOIS, E, adj. et n. Qui cache ce qu'il pense.

SOUS, prép. qui marque la situation d'une chose à l'égard d'une autre qui est au-dessus : *sous la table;* la dépendance : *il a cent hommes sous ses ordres; le temps : sous la république;* signifie moyennant : *sous votre bon plaisir;* avec : *affirmer sous serment. Sous peu,* bientôt; *sous ce rapport,* à cet égard; *sous prétexte de,* en feignant de : *vaisseau sous voiles,* dont les voiles sont déployées; *être sous clé,* enfermé; *être sous les drapeaux,* en activité de service; *être sous les armes,* sur pied et en armes; *rire sous cape,* en dessous, en soi-même; *avoir sous la main,* auprès de soi, à sa portée; *agir sous main,* clandestinement; *regarder quelqu'un sous le nez,* curieusement et de très-près; *sous le manteau de la cheminée,* en secret.

SOUS-AFFERMER, v. tr. Donner, prendre à sous-ferme.

SOUS-AIDE, n. m. Celui qui est aux ordres d'un autre pour l'aider. Pl. *des sous-aides.*

SOUS-AMENDEMENT, n. m. Modification à un amendement. Pl. *des sous-amendements.*

SOUS-AMENDER, v. tr. Modifier un amendement.

SOUS-ARBRISSEAU, n. m. Plante qui tient le milieu entre l'arbrisseau et l'herbe. Pl. *des sous-arbrisseaux.*

SOUS-BAIL, n. m. Bail que le preneur fait à un autre d'une partie de ce qu'il a pris à ferme. Pl. *des sous-baux.*

SOUS-BIBLIOTHÉCAIRE, n. m.

Employé adjoint au bibliothécaire. Pl. des *sous-bibliothécaires*.

SOUS-BRIGADIER, n. m. Qui commande sous le brigadier. Pl. des *sous-brigadiers*.

SOUS-CHEF, n. m. Celui qui dirige en l'absence du chef. Pl. des *sous-chefs*.

SOUSCRIPTEUR, n. m. Celui qui prend part à une souscription.

SOUSCRIPTION, n. f. Engagement pris par écrit, ou par une simple signature, de s'associer à une entreprise ; engagement de prendre un ouvrage en cours de publication ; montant d'une souscription.

SOUSCRIRE, v. tr. Signer au bas d'un acte pour l'approuver : *souscrire une obligation*. V. int. Consentir : *souscrire à un arrangement* ; fournir ou s'engager à fournir une certaine somme pour une entreprise : *souscrire pour un monument* ; prendre l'engagement d'acheter, moyennant un prix convenu, un ou plusieurs exemplaires d'un ouvrage qui doit être publié.

SOUS-CUTANÉ, ÉE, adj. Qui est sous la peau : *inflammation sous-cutanée*.

SOUS-DIACONAT, n. m. Le troisième des ordres sacrés.

SOUS-DIACRE, n. m. Celui qui est promu au sous-diaconat. Pl. des *sous-diacres*.

SOUS-DIRECTEUR, SOUS-DIRECTRICE, n. Qui dirige en second. Pl. des *sous-directeurs, sous-directrices*.

SOUS-DOMINANTE, n. f. Mus. Quatrième note d'un ton quelconque.

SOUS-ÉCONOME, n. m. Employé adjoint à l'économe. Pl. des *sous-économes*.

SOUS-ENTENDRE, v. tr. Ne pas exprimer une chose qu'on a dans la pensée. Gram. Se dit des mots qu'on n'exprime pas, et qui peuvent être aisément suppléés.

SOUS-ENTENDU, n. m. Ce qu'on sous-entend. Pl. des *sous-entendus*.

SOUS-ENTENTE, n. f. Ce qu'on sous-entend par artifice : *il y a là quelque sous-entente*. Pl. des *sous-ententes*.

SOUS-FAÎTE, n. m. Pièce de charpente posée sous le faîte. Pl. des *sous-faîtes*.

SOUS-FERME, n. f. Sous-bail. Pl. des *sous-fermes*.

SOUS-FERMIER, ÈRE, n. Qui prend un bien à sous-ferme. Pl. des *sous-fermiers, sous-fermières*.

SOUS-GARDE, n. f. Demi-cercle qui recouvre en dessous la détente d'une arme à feu. Pl. des *sous-garde*.

SOUS-GORGE, n. f. Partie du harnais qui passe sous la gorge du cheval. Pl. des *sous-gorge*.

SOUS-GOUVERNEUR, ANTE, n. Qui préside en second à l'éducation d'un enfant. Pl. des *sous-gouverneurs, sous-gouvernantes*.

SOUS-INTENDANCE, n. f. Charge de sous-intendant ; résidence, bureaux du sous-intendant. Pl. des *sous-intendances*.

SOUS-INTENDANT, n. m. Intendant en second. Pl. des *sous-intendants*.

SOUS-LIEUTENANCE, n. f. Grade de sous-lieutenant. Pl. des *sous-lieutenances*.

SOUS-LIEUTENANT, n. m. Officier du grade immédiatement inférieur à celui de lieutenant. Pl. des *sous-lieutenants*.

SOUS-LOCATAIRE, n. Celui qui prend en sous-location. Pl. des *sous-locataires*.

SOUS-LOCATION, n. f. Action de sous-louer. Pl. des *sous-locations*.

SOUS-LOUER, v. tr. Louer une partie d'une maison dont on est locataire ; prendre à loyer du principal locataire une portion de maison.

SOUS-MAÎTRE, SOUS-MAÎTRESSE, n. Qui aide le maître, la maîtresse dans leurs fonctions. Pl. des *sous-maîtres, sous-maîtresses*.

SOUS-MARIN, E, adj. Qui existe sous la mer : *plante sous-marine, volcan sous-marin*.

SOUS-MAXILLAIRE, adj. Situé sous la mâchoire : *glande sous-maxillaire*.

SOUS-MULTIPLE, n. m. Quantité qui est contenue exactement dans une autre un certain nombre de fois. Pl. des *sous-multiples*.

SOUS-OFFICIER, n. m. Militaire d'un grade inférieur à celui du sous-lieutenant. Pl. des *sous-officiers*.

SOUS-ORDRE, n. m. Soumis aux ordres d'un autre. En *sous-ordre*, loc. adv. Subordonnément. Pl. des *sous-ordres*.

SOUS-PIED, n. m. Bande de cuir ou d'étoffe, qui passe sous le pied, et qui s'attache au bas des deux côtés d'une guêtre ou d'un pantalon. Pl. des *sous-pieds*.

SOUS-PRÉFECTURE, n. f. Subdivision de préfecture administrée par un sous-préfet ; fonctions, demeure, bureaux du sous-préfet. Pl. des *sous-préfectures*.

SOUS-PRÉFET, n. m. Fonctionnaire chargé de l'administration d'un arrondissement. Pl. des *sous-préfets*.

SOUSSIGNÉ, ÉE, adj. et n. Qui a mis son nom au bas d'un acte : *le soussigné déclare...*

SOUS-SOL. n. m. Couche sur laquelle repose la terre végétale. Pl. des *sous-sols.*

SOUS-TANGENTE, n. f. Géom. Partie de l'axe d'une courbe comprise entre l'ordonnée et la tangente correspondante. Pl. des *sous-tangentes.*

SOUS-TENDANTE, n. f. Géom. Corde d'un arc. Pl. des *sous-tendantes.*

SOUSTRACTION. n. f. Action de soustraire : *soustraction de papiers.* Arith. Opération par laquelle on retranche un nombre d'un autre plus grand.

SOUSTRAIRE, v. tr. Prendre par adresse ou par fraude : *soustraire des effets.* Fig. Faire échapper : *rien ne peut le soustraire à ma vengeance.* Arith. Retrancher un nombre d'un autre. Se soustraire, v. pr. Se dérober : *se soustraire au châtiment.*

SOUS-VENTRIÈRE, n. f. Courroie attachée aux deux limons d'une charrette, et qui passe sous le ventre du cheval limonier. Pl. des *sous-ventrières.*

SOUTANE, n. f. Habit des ecclésiastiques.

SOUTANELLE, n. f. Petite soutane.

SOUTE, n. f. Retranchement pratiqué dans la partie inférieure d'un navire, pour recevoir toutes sortes de provisions et de munitions : *soute aux poudres; soute au biscuit.*

SOUTENABLE, adj. Qui peut se soutenir par de bonnes raisons : *opinion soutenable.*

SOUTÈNEMENT, n. m. Appui, soutien : *mur de soutènement.*

SOUTENIR, v. tr. Supporter : *soutenir une poutre.* Fig. Défendre : *soutenir l'innocence, ses droits;* résister à : *soutenir une attaque;* affirmer : *je vous soutiens que...;* nourrir : *ces viandes soutiennent bien l'estomac;* aider, secourir dans le besoin : *soutenir une famille;* empêcher de faiblir : *soutenir le courage;* appuyer : *soutenir les troupes.* Soutenir la voix, prolonger le son avec la même force; soutenir son rang, vivre d'une manière convenable à son rang; soutenir sa réputation, s'en montrer digne; soutenir la conversation, ne point la laisser languir; soutenir une gageure, la tenir; soutenir une disgrâce, une épreuve, les supporter avec courage. Se soutenir, v. pr. Se tenir debout; s'empêcher réciproquement de tomber; être porté sans enfoncer : *se soutenir sur l'eau,* en

l'air. Fig. Continuer : *le mieux se soutient;* se prêter une mutuelle assistance.

SOUTENU, E, adj. Constamment élevé : *style soutenu;* qui ne languit point : *intérêt soutenu.*

SOUTERRAIN, E, adj. Qui est sous terre : *chemin souterrain.* Fig. Voies souterraines, pratiques cachées pour parvenir à ses fins. N. m. Excavation qui s'étend plus ou moins loin sous terre.

SOUTIEN, n. m. Ce qui soutient. Fig. Appui, défenseur : *le soutien du trône.*

SOUTIRAGE, n. m. Action de soutirer.

SOUTIRER, v. tr. Transvaser du vin ou une autre liqueur d'un tonneau dans un autre. Fig. Obtenir par adresse : *soutirer de l'argent à quelqu'un.*

SOUVENANCE. n. f. Souvenir. Vieux.

SOUVENIR, n. m. Impression, idée que la mémoire conserve d'une chose; la faculté même de la mémoire : *échapper au souvenir;* ce qui rappelle un fait : *sa blessure est un glorieux souvenir;* tablette où l'on écrit ce dont on veut se rappeler.

SOUVENIR (SE), v. pr. Avoir mémoire d'une chose; garder la mémoire d'un bienfait, d'une injure : *je m'en souviendrai toute ma vie;* s'occuper de : *souvenez-vous de mon affaire;* menace : *il s'en souviendra,* il s'en repentira. V. impers. : *vous souvient-il que...*

SOUVENT, adv. Fréquemment.

SOUVERAIN, E, adj. Suprême : *pouvoir souverain;* extrême : *souverain mépris;* parfait, excellent : *remède souverain.* Le souverain Pontife, le pape; cour souveraine, tribunal qui juge en dernier ressort. N. Celui, celle en qui réside l'autorité souveraine.

SOUVERAINEMENT, adv. Parfaitement : *Dieu est souverainement bon.* Par ext. : *ce livre est souverainement ennuyeux.*

SOUVERAINETÉ, n. f. Autorité suprême; territoire d'un prince souverain.

SOYEUX, EUSE, adj. Fin et doux au toucher comme de la soie : *laine soyeuse.*

SPACIEUSEMENT, adv. Au large : *être logé spacieusement.*

SPACIEUX, EUSE, adj. Vaste, de grande étendue : *jardin spacieux.*

SPADASSIN, n. m. Bretteur, ferrailleur.

SPADILLE, n. f. L'as de pique au jeu de l'hombre.

SPAHIS, n. m. Cavalier turc; en Algérie, corps de cavalerie au service de la France, composé en grande partie indigène s.

SPARADRAP, n. m. Emplâtre agglutinatif étendu sur du linge ou du papier.

SPASME, n. m. Contraction involontaire et convulsive des muscles.

SPASMODIQUE, adj. Qui a rapport au spasme. N. m. **Anti-spasmodique**, remède contre les spasmes.

SPATULE, n. f. Instrument de chirurgie et de pharmacie, rond par un bout et plat par l'autre.

SPÉCIAL, **E**, adj. Particulier : *faveur spéciale*.

SPÉCIALEMENT, adv. D'une manière spéciale.

SPÉCIALISER, v. tr. Désigner spécialement : *bien spécialiser ce qu'on veut*.

SPÉCIALITÉ, n. f. Talent spécial, ce dont on s'occupe principalement : *le paysage est la spécialité de ce peintre*; homme qui en est doué.

SPÉCIEUSEMENT, adv. D'une manière spécieuse.

SPÉCIEUX, **EUSE**, adj. Qui n'a qu'une apparence de vérité et de justice : *argument spécieux*.

SPÉCIFICATION, n. f. Expression, détermination spéciale d'une chose.

SPÉCIFIER, v. tr. Exprimer en détail, particulariser : *la loi ne peut pas spécifier tous les cas de délit*.

SPÉCIFIQUE, adj. Qui appartient à l'espèce : *chien est un nom spécifique par rapport à animal*. *Pesanteur spécifique*, rapport de la masse, du poids d'un corps à son volume. N. m. Médicament dont l'effet est certain dans un cas donné : *le quinquina est un spécifique contre la fièvre*.

SPÉCIFIQUEMENT, adv. D'une manière spécifique.

SPÉCIMEN, n. m. Echantillon, modèle.

SPECTACLE, n. m. Tout ce qui attire le regard, l'attention : *le spectacle de la nature*; représentation théâtrale. *Se donner en spectacle*, attirer sur soi les regards du public, par quelque chose d'original, de déplacé.

SPECTATEUR, **TRICE**, n. Qui est témoin oculaire d'un événement; qui assiste à une représentation théâtrale.

SPECTRE, n. m. Fantôme, figure fantastique que l'on croit voir : *spectre hideux*. *Fig.* Personne grande, hâve et maigre : *c'est un véritable spectre*. *Phys.* **Spectre solaire**, image colorée et oblongue du soleil, qui se produit par le passage de ses rayons à travers un prisme ou une ouverture très petite.

SPÉCULAIRE, adj. *Pierre spéculaire*, transparente comme le verre.

SPÉCULATEUR, **TRICE**, n. Qui fait des spéculations de banque, de commerce, etc.

SPÉCULATIF, **IVE**, adj. Qui s'attache à la théorie sans se préoccuper de la pratique : *esprit spéculatif*; *philosophie, science, idées spéculatives*.

SPÉCULATION, n. f. Théorie, par oppos. à pratique : *cela n'est bon que dans la spéculation*; entreprise en matière de banque, de commerce, etc. : *se ruiner par des spéculations hasardeuses*.

SPÉCULATIVEMENT, adv. D'une manière spéculative.

SPÉCULER, v. int. Faire des projets, des opérations de finance, etc., basées sur les événements, la politique, etc. : *spéculer sur les grains, sur la rente*.

SPÉCULUM, n. m. Se dit des instruments dont se servent les chirurgiens pour tenir ouvert l'œil, la bouche, etc., et en faciliter l'examen.

SPENCER, n. m. Espèce de corsage sans jupe; habit sans basques.

SPHÈRE, n. f. Globe, corps solide où toutes les lignes tirées du centre à la surface sont égales. **Sphère céleste**, orbe infini qui entoure notre globe de toutes parts, et auquel les étoiles semblent attachées; **sphère armillaire**, assemblage de plusieurs cercles de métal, de bois ou de carton, au centre desquels est placé un petit globe figurant la terre. Espace dans lequel on conçoit qu'une planète accomplit son cours : *la sphère de Saturne*. *Fig.* Étendue de pouvoir, de connaissances, de talents, etc. : *la sphère des connaissances humaines*. **Sphère d'activité**, étendue d'affaires, de travaux, d'intérêt, dans laquelle un homme communique son mouvement à ceux qui l'entourent. Se dit aussi en physique de l'espace dans lequel un agent peut exercer son action : *la sphère d'activité de l'aimant*.

SPHÉRICITÉ, n. f. État de ce qui est sphérique.

SPHÉRIQUE, adj. Rond comme une sphère : *figure sphérique*: qui appartient à la sphère : *triangles sphériques*.

SPHÉRIQUEMENT, adv. En forme de sphère.

SPHÉROÏDE, n. m. Solide dont la forme approche de celle de la sphère.

†**SPHINX**, n. m. Monstre fabuleux. *Sculpt.* Tête de femme sur le corps d'un lion. *Hist. nat.* Sorte de papillon.

SPINOSISME, n. m. Système du philosophe Spinosa, considérant Dieu comme une force répandue dans toute la nature.

SPINOSISTE, n. m. Partisan du spinosisme.

SPIRALE, n. f. Courbe qui s'écarte toujours de plus en plus du point autour duquel elle fait plusieurs révolutions. Adj. : *ligne spirale*.

SPIRITUALISATION, n. f. *Chim.* Action d'extraire les esprits des corps solides et liquides.

SPIRITUALISER, v. tr. *Chim.* Extraire les esprits des corps solides et liquides. Donner à la matière les qualités de l'esprit.

† **SPIRITUALISME**, n. m. Doctrine philosophique qui n'admet rien de matériel, par oppos. au *matérialisme*; abus de la spiritualité : *ouvrage plein d'un spiritualisme obscur*.

SPIRITUALISTE, n. m. Partisan du spiritualisme. Adj. : *philosophie spiritualiste*.

SPIRITUALITÉ, n. f. Qualité de ce qui est esprit : *la spiritualité de l'âme*; théologie mystique, qui concerne la nature de l'âme, la vie intérieure.

SPIRITUEL, ELLE, adj. Qui est esprit, incorporel : *les anges sont des êtres spirituels*; qui a de l'esprit : *homme spirituel*; où il y a de l'esprit : *réponse spirituelle*; qui annonce de l'esprit : *physionomie spirituelle*; qui a rapport à la religion : *exercices spirituels*; mystique, allégorique, par oppos. à *littéral* : *le sens spirituel du Cantique des Cantiques*; opposé à *temporel* : *pouvoir spirituel*. *Concert spirituel*, qui se compose de morceaux de musique religieuse. N. m. : *le spirituel et le temporel*.

SPIRITUELLEMENT, adv. Avec esprit : *répondre spirituellement*; en esprit : *communier spirituellement avec le prêtre*.

SPIRITUEUX, EUSE, adj. Qui contient de l'alcool. N. m. : *faire un abus des spiritueux*.

SPLEEN, n. m. Mot angl. Maladie mentale qui consiste dans le dégoût de la vie.

SPLENDEUR, n. f. Grand éclat de lumière : *la splendeur du soleil*. *Fig.* Grand éclat d'honneur et de gloire : *la splendeur de son nom*; magnificence, pompe : *la splendeur du trône*.

SPLENDIDE, adj. Magnifique, somptueux : *homme splendide, repas splendide*.

SPLENDIDEMENT, adv. D'une manière splendide.

SPOLIATEUR, TRICE, adj. et n. Qui spolie.

SPOLIATION, n. f. Action de spolier.

SPOLIER, v. tr. Déposséder par fraude ou par violence.

SPONDAÏQUE, adj. et n. Vers hexamètre dont le cinquième pied est un spondée.

SPONDÉE, n. m. Dans la versification grecque et latine, pied composé de deux syllabes longues.

SPONGIEUX, EUSE, adj. Poreux, de la nature de l'éponge.

SPONGITE, n. f. Pierre remplie de trous, et qui imite l'éponge.

SPONTANÉ, ÉE, adj. Que l'on fait volontairement : *action spontanée*; qui s'exécute de soi-même et sans cause extérieure apparente : *les mouvements du cœur, des artères, sont spontanés*.

SPONTANÉITÉ, n. f. Qualité de ce qui est spontané.

SPONTANÉMENT, adv. D'une manière spontanée.

SPORT, n. m. Mot angl. dont on se sert pour désigner les plaisirs de la chasse, des courses de chevaux, etc.

SPORTSMAN, n. m. Amateur des plaisirs du sport.

SQUALE, n. m. Genre de grands poissons très-voraces, comme le requin, le chien de mer, etc.

SQUELETTE, n. m. Charpente osseuse du corps de l'homme ou de l'animal. *Fig.* Personne extrêmement maigre et décharnée : *c'est un vrai squelette*.

SQUINE, n. f. Espèce de salsepareille.

SQUIRRE, n. m. Tumeur dure et non douloureuse, qui se forme en quelque partie du corps.

ST, interj. pour appeler, ou pour commander le silence.

STABILITÉ, n. f. Qualité de ce qui est stable : *stabilité d'un pont*, et, fig. : *stabilité d'un État*.

STABLE, adj. Qui est dans un état, dans une situation ferme, solide : *édifice stable*. *Fig.* Durable, permanent : *paix stable*.

STADE, n. m. Carrière longue de cent vingt-cinq pas (185 mètres), où les Grecs s'exerçaient à la course; mesure itinéraire de même longueur.

STAGE, n. m. Temps d'épreuve dont on doit justifier pour être reconnu apte à remplir certaines professions. Se dit surtout des avocats, des avoués et des notaires.

STAGIAIRE, adj. et n. Qui fait son stage : *avocat stagiaire*.

STAGNANT, E, adj. Qui ne coule

pas : *eau stagnante*. *Fig.* Qui ne fait aucun progrès : *l'état stagnant des affaires*.

STAGNATION, n. f. État de ce qui reste stagnant : *stagnation des eaux, du commerce*.

† **STALACTITE**, n. f. Concrétion pierreuse qui se forme à la voûte des grottes et souterrains, par l'infiltration lente et continue des eaux.

† **STALAGMITE**, n. f. Concrétion pierreuse qui se forme sur le sol des grottes et souterrains par la chute lente et continue des eaux.

STALLE, n. f. Siège de bois dans le chœur d'une église ; place séparée et numérotée dans un théâtre.

STANCE, n. f. Nombre déterminé de vers formant un sens complet.

STATHOUDER, n. m. Chef de l'ancienne république de Hollande.

STATHOUDERAT, n. m. Dignité du stathouder.

STATION, n. f. Pause, demeure de peu de durée qu'on fait dans un lieu ; lieu où l'on s'arrête : *station de chemin de fer* ; étendue de mer qu'explore un vaisseau en croisière ; dans lieu, église, chapelle, autel, reposoir, représentant ordinairement les principales scènes de la Passion et où l'on s'arrête dans les processions et les pèlerinages pour faire certaines prières ; prédications pendant l'avent et le carême : *être chargé de la station de l'avent à la cathédrale*.

STATIONNAIRE, adj. Qui demeure au même point sans avancer ni reculer, sans faire de progrès. N. m. Petit bâtiment de guerre mouillé à l'entrée d'une rade ou d'un port, pour exercer une sorte de police.

STATIONNEMENT, n. m. Action de stationner.

STATIONNER, v. int. Faire une station, s'arrêter dans un lieu.

STATIQUE, n. f. Partie de la mécanique qui a pour objet l'équilibre des corps solides.

STATISTIQUE, n. f. Science qui a pour but de faire connaître l'étendue, la population, les ressources agricoles et industrielles d'un État.

STATUAIRE, n. m. Sculpteur qui fait des statues. N. f. Art de faire des statues. Adj. Propre à faire des statues : *marbre statuaire*.

STATUE, n. f. Figure de plein relief, représentant un homme ou un animal. *Fig.* Personne sans mouvement, sans énergie : *c'est une statue*.

STATUER, v. tr. et int. Régler, ordonner.

STATUETTE, n. f. Très petite statue.

STATU QUO, n. m. Mots lat. État actuel des choses : *conserver le statu quo*.

STATURE, n. f. Hauteur de la taille.

STATUT, n. m. Loi, règlement : *les statuts d'une confrérie*.

STEEPLE-CHASE, n. m. Mot angl. qui sert à désigner une course à cheval, faite à travers champs et en franchissant toute espèce d'obstacles. Pl. des *steeple-chases*.

STELLAIRE, adj. Qui a rapport aux étoiles : *lumière stellaire*.

STELLIONAT, n. m. Délit de celui qui vend ou hypothèque un bien dont il sait n'être pas propriétaire, ou qui présente comme libres des biens hypothéqués.

STELLIONATAIRE, n. m. Coupable de stellionat.

STÉNOGRAPHE, n. m. Qui se sert de la sténographie.

STÉNOGRAPHIE, n. f. Art de se servir de signes abréviatifs et conventionnels pour écrire aussi vite que la parole.

STÉNOGRAPHIER, v. tr. Écrire au moyen de la sténographie.

STÉNOGRAPHIQUE, adj. Qui appartient à la sténographie : *caractères sténographiques*.

† **STENTOR**, n. m. Nom d'un capitaine grec renommé par l'éclat de sa voix. *Voix de Stentor*, forte et retentissante.

STEPPE, n. f. Nom donné en Russie à des plaines vastes et la plupart stériles.

STERCORAIRE, n. m. Genre d'insectes qui vivent dans la fiente des animaux.

STÈRE, n. m. Unité des mesures de bois de chauffage et de solidité, égale au mètre cube.

STÉRÉOSCOPE, n. m. Instrument d'optique à l'aide duquel des images planes apparaissent en relief.

STÉRÉOTYPAGE, n. m. Action de stéréotyper.

STÉRÉOTYPE, adj. *Impr.* Obtenu au moyen du stéréotypage : *édition stéréotype*.

STÉRÉOTYPER, v. tr. Convertir en formes solides, au moyen d'un métal en fusion, des pages préalablement composées en caractères mobiles.

STÉRÉOTYPEUR, n. m. Ouvrier qui stéréotype.

STÉRÉOTYPIE, n. f. Art de stéréotyper.

STÉRILE, adj. Qui ne porte point

de fruits : *arbre stérile*. *Fig.* Esprit stérile, qui ne produit rien de lui-même ; *sujet stérile*, qui inspire peu.

STÉRILITÉ. n. f. État de ce qui est stérile. *Fig. stérilité d'un sujet.*

STERLING. adj. invar. *Livre sterling*, monnaie d'Angleterre, valant 24 francs.

STERNUM, n. m. Os plat situé au milieu de la partie antérieure de la poitrine.

STERNUTATOIRE, adj. et n. Qui provoque l'éternûment.

STIBIÉ, ÉE. adj. Où il entre de l'antimoine : *pommade stibiée* ; *cautère stibié.*

STIGMATE. n. m. Marque que laisse une plaie : *les stigmates de la petite vérole* ; autrefois, marque du fer rouge : *le stigmate de la justice. Fig.* Note d'infamie, de honte, de déshonneur. *Bot.* Partie supérieure du pistil. *Hist. nat.* Pl. Organes extérieurs de la respiration des insectes.

STIGMATISER. v. tr. Marquer avec un fer rouge. *Fig.* Imprimer le cachet de la honte, du déshonneur.

STIL DE GRAIN. n. m. Couleur jaune employée en peinture.

STIMULANT. E. adj. et n. Propre à exciter : *potion stimulante* ; *faire usage de stimulants. Fig.* Aiguillon : *sa paresse a besoin d'un stimulant.*

STIMULER. v. tr. Exciter ; aiguillonner.

STIPENDIAIRE. adj. Qui est à la solde de quelqu'un : *troupes stipendiaires.*

STIPENDIER. v. tr. Avoir à sa solde : *stipendier des troupes.*

STIPULANT. E. adj. Qui stipule.

STIPULATION. n. f. Clause dans un contrat : *stipulation expresse.*

STIPULE. n. f. *Bot.* Petit appendice membraneux ou foliacé qui se rencontre au point d'origine des feuilles.

STIPULER. v. tr. Énoncer dans un contrat une clause, une convention.

STOFF. n. m. Étoffe de laine brochée et unie pour robes.

STOÏCIEN. ENNE. adj. Qui appartient à la doctrine de Zénon : *maxime stoïcienne.* N. m. Philosophe de la secte de Zénon. *Par ext.* Homme ferme, sévère, inébranlable : *c'est un vrai stoïcien.*

STOÏCISME. n. m. Philosophie de Zénon, caractérisée surtout par l'austérité de sa morale. *Fig.* Fermeté, constance dans le malheur.

STOÏQUE, adj. Qui tient de la fermeté stoïcienne.

STOÏQUEMENT, adv. D'une manière stoïque.

STOMACAL, E. ou STOMACHIQUE adj. Bon pour l'estomac : *aliment stomacal.*

STOP. mot employé dans la marine pour commander de s'arrêter.

STORE. n. m. Rideau qui se lève et se baisse par un ressort.

STRABISME. n. m. Difformité de celui qui louche.

STRANGULATION. n. f. Étranglement.

STRAPONTIN. n. m. Siège garni que l'on met sur le devant dans les carrosses coupés, et qui peut se lever et s'abaisser.

STRAS. n. m. Verre qui imite le diamant.

STRASSE. n. f. Bourre, rebut de la soie.

STRATAGÈME. n. m. Ruse de guerre. *Par ext.* Finesse, subtilité, tour d'adresse : *plaisant stratagème.*

STRATÉGIE. n. f. Partie de l'art militaire qui s'applique aux grandes opérations de la guerre.

STRATÉGIQUE. adj. Qui concerne l'art de la guerre.

STRATÉGISTE. n. m. Qui connaît la stratégie.

STRELITZ. n. m. pl. Ancien corps d'infanterie moscovite, qui servait de garde au czar.

STRICT. E. adj. Rigoureux : *devoir strict* ; sévère, exact : *personne stricte en affaires.*

STRICTEMENT. adv. D'une manière stricte.

STRIE. n. f. *Arch.* Cannelure des colonnes.

STRIÉ. ÉE. adj. Dont la surface présente des stries : *colonne striée.*

STROPHE. n. f. Stance d'une ode.

STRUCTURE. n. f. Manière dont un édifice est bâti. *Structure du corps humain*, arrangement des diverses parties du corps. *Fig.* Disposition, arrangement : *la structure d'un poème.*

STUC. n. m. Mortier susceptible de prendre le poli du marbre : *colonne en stuc.*

STUCATEUR. n. m. Ouvrier qui travaille en stuc.

STUDIEUSEMENT. adv. Avec application.

STUDIEUX. EUSE. adj. Qui aime l'étude.

STUPÉFACTION. n. f. Étonnement extraordinaire.

STUPÉFAIT. E. adj. Interdit, immobile de surprise.

STUPÉFIANT. E. adj. Qui stupéfie : *nouvelle stupéfiante.*

STUPÉFIER, v. tr. Causer une grande surprise.

STUPEUR, n. f. Immobilité causée par une grande douleur subite, ou une fâcheuse nouvelle inattendue.

STUPIDE, adj. et n. Hébété, d'un esprit lourd et pesant.

STUPIDEMENT, adv. D'une manière stupide.

STUPIDITÉ, n. f. Privation totale d'esprit, de jugement : parole, action stupide : dire des stupidités.

STYLE, n. m. Poinçon de métal dont les anciens se servaient pour écrire sur des tablettes enduites de cire ; aiguille d'un cadran solaire : poser un style. Fig. Manière d'écrire, d'exprimer la pensée : style simple, tempéré, sublime ; manière d'écrire propre à un grand écrivain : style de Voltaire, de Rousseau, etc. Se dit aussi dans les arts : monument de bon style, style gothique, style de la Renaissance. Bot. Partie du pistil entre l'ovaire et le stigmate.

STYLER, v. tr. Dresser, former : on l'a stylé à cela. Fam.

STYLET, n. m. Petit poignard à lame très-aiguë.

SU, n. m. Connaissance d'une chose : au vu et au su de tout le monde.

SUAIRE, n. m. Linceul dans lequel on ensevelit un mort.

SUAVE, adj. Doux, très-agréable aux sens : parfum, musique, peinture suave.

SUAVITÉ, n. f. Qualité de ce qui est suave : suavité d'un parfum, d'une mélodie.

SUBALTERNE, adj. et n. Subordonné, inférieur : fonctions subalternes, ce n'est qu'un subalterne.

SUBDÉLÉGATION, n. f. Action de subdéléguer ; commission donnée à un subdélégué.

SUBDÉLÉGUÉ, n. m. Celui qu'une personne revêtue de quelque autorité commet pour agir à sa place.

SUBDÉLÉGUER, v. tr. Donner à quelqu'un le pouvoir d'agir en sa place.

SUBDIVISER, v. tr. Diviser les parties d'un tout déjà divisé.

SUBDIVISION, n. f. Division d'une des parties d'un tout déjà divisé.

SUBIR, v. tr. Se soumettre de gré ou de force à ce qui est prescrit, ordonné : subir un interrogatoire, sa destinée : supporter patiemment : subir une offense. Subir un jugement, la peine à laquelle on a été condamné. Fig. Subir un changement, être changé, modifié ; subir un examen, le passer.

SUBIT, E, adj. Soudain, qui arrive tout à coup.

SUBITEMENT, adv. Soudainement.

SUBITO, adv. Mot lat. Subitement : il est parti subito.

SUBJONCTIF, n. m. Mode du verbe qui marque le doute, l'incertitude, et qui place le verbe de la proposition subordonnée dans la dépendance de celui de la proposition principale.

SUBJUGUER, v. tr. Soumettre par la force des armes : subjuguer un peuple. Fig. Exercer de l'ascendant : subjuguer les esprits.

SUBLIMATION, n. f. Chim. Action de sublimer : sublimation du mercure.

SUBLIME, adj. Haut, élevé, en parlant des choses morales, intellectuelles. N. m. Ce qu'il y a de grand dans le style, les sentiments, les actions : traité du sublime.

SUBLIMÉ, n. m. Chim. Ce qui est le résultat de la sublimation.

SUBLIMEMENT, adv. D'une manière sublime.

SUBLIMER, v. tr. Chim. Volatiliser les parties sèches d'un corps au moyen du feu, puis les condenser par le froid.

SUBLIMITÉ, n. f. Qualité de ce qui est sublime : la sublimité du style.

SUBLUNAIRE, adj. Qui est entre la terre et l'orbite de la lune : région sublunaire.

SUBMERGER, v. tr. Inonder, couvrir d'eau ; engloutir dans l'eau : la tempête submergea le vaisseau.

SUBMERSION, n. f. Grande et forte inondation.

SUBORDINATION, n. f. Ordre établi entre les personnes, et qui rend les unes dépendantes des autres : maintenir la subordination ; dépendance d'une personne à l'égard d'une autre : subordination du lieutenant au capitaine.

SUBORDONNÉ, ÉE, n. Qui est soumis à un supérieur.

SUBORDONNÉMENT, adv. D'une manière dépendante.

SUBORDONNER, v. tr. Établir un ordre de dépendance de l'inférieur au supérieur. Se dit aussi de certaines choses : subordonner ses dépenses à son revenu.

SUBORNATION, n. f. Action de suborner.

SUBORNER, v. tr. Séduire, porter à agir contre le devoir : suborner des témoins.

SUBORNEUR, EUSE, n. Qui suborne.

SUBRÉCARGUE, n. m. Préposé, choisi par un armateur pour veiller sur la cargaison.

SUBREPTICE. adj. Se dit de tou- tes choses qui se font furtivement et il- licitement.

SUBREPTICEMENT, adv. D'une manière subreptice.

SUBREPTION. n. f. Surprise faite à un supérieur : *obtenir une faveur par subreption.*

SUBROGATION, n. f. Action de subroger.

SUBROGER. v. tr. Substituer, met- tre en la place de quelqu'un.

SUBROGÉ TUTEUR. n. m. Celui qui doit au besoin remplacer le tuteur et surveiller sa gestion. Pl. des subro- gés-tuteurs.

SUBSÉQUEMMENT , adv. Ensuite, après.

SUBSÉQUENT . E. adj. Qui suit, qui vient après : *un testament subsé- quent annula le premier.*

SUBSIDE. n. m. Impôt que payent les peuples pour subvenir aux besoins publics; secours d'argent : *accorder des subsides à un allié.*

SUBSIDIAIRE. adj. Qui sert à for- tifier : *moyen subsidiaire ;* qui vient à l'appui : *raison subsidiaire.*

SUBSIDIAIREMENT, adv. D'une manière subsidiaire, en second lieu.

SUBSISTANCE. n. f. Nourriture et entretien : *pourvoir à la subsis ance de quelqu'un.* Pl. Vivres, munitions.

SUBSISTER, v. int. Exister encore, continuer d'être : *cet ancien édifice sub- siste toujours ;* être en vigueur : *cette loi subsiste encore ;* vivre et s'entrete- nir : *ne subsister que d'aumônes.*

SUBSTANCE. n. f. Toute sorte de matière : *substance dure. molle ;* être qui subsiste par lui-même : *substance spirituelle, corporelle ;* ce qu'il y a de meilleur, de plus nourrissant : *la sub- stance d'une viande. Fig.* Ce qu'il y a de plus essentiel dans un ouvrage, un acte, etc. : *rapporter la substance d'un discours ;* ce qui est absolument néces- saire pour la subsistance : *s'engraisser de la substance du peuple.* En sub- stance. loc. adv. En abrégé.

SUBSTANTIEL. ELLE. adj. Nour- rissant, succulent : *aliment substantiel. Fig. Discours substantiel,* qui renfer- me beaucoup de faits, d'idées.

SUBSTANTIELLEMENT , adv. Quant à la substance.

SUBSTANTIF. n. m. *Gram.* Tout mot qui désigne un être, un objet.

SUBSTANTIVEMENT. adv. Com- me substantif : *adjectif employé sub- stantivement.*

SUBSTITUER, v. tr. Mettre une personne ou une chose à la place d'une

autre; appeler à hériter à la place, à défaut d'un autre.

SUBSTITUT, n. m. Magistrat char- gé de suppléer, de remplacer au parquet le procureur général; celui qui remplit une fonction pour un autre.

SUBSTITUTION. n. f. Action de substituer : *substitution d'enfant.*

SUBTERFUGE. n. m. Ruse, moyen détourné pour se tirer d'embarras: *user de subterfuges.*

SUBTIL. E. adj. Délié, fin, menu : *poussière subtile ;* qui pénètre promp- tement : *venin subtil ;* adroit : *voleur subtil. Fig.* Fin : *e prit subtil ;* très- développé : *avoir les sens subtils.*

SUBTILEMENT, adv. D'une maniè- re subtile.

SUBTILISATION, n. f. *Chim.* Ac- tion de subtiliser les liquides par le feu.

SUBTILISER, v. tr. Volatiliser, rendre subtil : *subtiliser une substance.* V. int. Raffiner : *il ne faut pas trop subtiliser.*

SUBTILITÉ, n. f. Qualité de ce qui est subtil: *subtilité de l'air. Fig.* Distinction trop subtile : *trop de subti- lité nuit dans un ouvrage.*

SUBVENIR. v. int. Pourvoir, suffi- re : *subvenir à une dépense, aux besoins de quelqu'un.*

SUBVENTION. n. f. Secours d'ar- gent : *subvention accordée à un théâ- tre ;* espèce de subside : *subvention de guerre.*

SUBVENTIONNER, v. tr. Donner une subvention.

SUBVERSIF. IVE. adj. Qui ren- verse, qui détruit : *doctrine subversive de toute morale.*

SUBVERSION. n. f. Renversement : *subversion de l'État.*

SUBVERTIR. v. tr. Renverser : *subvertir l'ordre dans un État.*

SUC. n. m. Liqueur qui s'exprime des viandes, des plantes, etc., et qui est ce qu'elles ont de plus substantiel. Pl. Principes de végétation : *les sucs de la terre.*

SUCCÉDER, v. int. Venir après : *la nuit succède au jour ;* parvenir après un autre à un emploi, à une dignité : *Louis XIII succéda à Henri IV.*

SUCCÈS. n. m. Issue quelconque d'une affaire : *bon, mauvais succès. Ab- sol.* Réussite : *avoir du succès.*

SUCCESSEUR, n. m. Celui qui succède à un autre.

SUCCESSIBILITÉ, n. f. Droit de succéder.

SUCCESSIF. IVE, adj. Qui se suc- cède sans interruption : *l'ordre succes- sif des jours et des nuits.*

SUCCESSION. n. f. Hérédité : par droit de succession ; biens qu'une personne laisse en mourant : succession considérable ; suite non interrompue de personnes ou de choses : succession de rois, succession d'idées.

SUCCESSIVEMENT, adv. L'un après l'autre.

SUCCIN. n. m. Ambre jaune.

SUCCINCT, E, adj. Court, bref : écit succinct.

SUCCINCTEMENT, adv. Brièvement.

SUCCION, n. f. Action de sucer : on emploie la succion pour guérir certaines plaies.

SUCCOMBER, v. int. Être accablé sous un fardeau. Fig. Ne pas résister, céder : succomber à la tentation ; avoir du désavantage : succomber dans un procès ; mourir : le malade a succombé.

SUCCULENT, E, adj. Qui a beaucoup de suc, excellent : viande succulente.

SUCCURSALE, n. f. Église qui supplée à l'insuffisance de l'église paroissiale : desservant de la succursale ; établissement dépendant d'un autre et créé pour suppléer à l'insuffisance du premier : succursale de la banque de France, du mont-de-piété.

SUCCURSALISTE, n. m. Desservant d'une succursale.

SUCEMENT, n. m. Action de sucer.

SUCER, v. tr. Tirer un suc, une liqueur avec les lèvres. Fig. Contracter, recevoir dès l'enfance : il a sucé l'orgueil avec le lait.

SUCEUR, n. m. Qui suce.

SUÇOIR, n. m. Organe qui sert à certains insectes pour sucer.

SUÇON, n. m. Élevure qu'on fait à la peau en la suçant fortement.

SUÇOTER, v. tr. Sucer à plusieurs reprises.

SUCRE, n. m. Substance d'une saveur douce et agréable, extraite de divers végétaux, surtout de la canne et de la betterave. Sucre candi, sucre cristallisé ; sucre d'orge, nom donné improprement au sucre ordinaire coulé en petits cylindres.

SUCRÉ, ÉE, adj. Qui a le goût du sucre : fruit sucré. Fig. Mielleux, d'une douceur affectée : langage sucré. N. f. Faire la sucrée, faire la difficile, jouer la modestie.

SUCRER, v. tr. Adoucir avec du sucre.

SUCRERIE. n. f. Lieu où l'on fabrique et où l'on raffine le sucre. Pl. Choses sucrées, dragées, confitures, etc.: manger trop de sucreries.

SUCRIER, n. m. Vase où l'on met du sucre.

SUCRIN. adj. m. Variété de melon qui a le goût du sucre.

SUD. n. m. Le midi, la partie du monde située au midi.

SUD-EST, n. m. Partie située entre le sud et l'est.

SUDORIFIQUE, adj. et n. Méd. Remède qui provoque la sueur.

SUD-OUEST, n. m. Partie située entre le sud et l'ouest.

SUÉE. n. f. Inquiétude subite et mêlée de crainte. Pop.

SUER, v. int. Transpirer fortement. Fig. Faire suer quelqu'un, l'importuner, le fatiguer par ses discours, ses actions. Fam. V. tr. Suer sang et eau, se donner une peine extrême.

SUETTE, n. f. Maladie caractérisée par une sueur abondante.

SUEUR, n. f. Humeur aqueuse qui sort par les pores. Gagner sa vie, son pain à la sueur de son front, en travaillant beaucoup.

SUFFÈTES, n. m. pl. Nom des magistrats suprêmes de la république de Carthage.

SUFFIRE, v. int. Pouvoir fournir, satisfaire à : cent francs ne suffiront pas pour... Cela suffit, il suffit, suffit, c'est assez. Se suffire, v. pr. N'avoir pas besoin du secours des autres.

SUFFISAMMENT, adv. Assez.

SUFFISANCE, n. f. Ce qui suffit : avoir sa suffisance de blé ; vanité, présomption : sotte suffisance. A suffisance, en suffisance, loc. adv. Assez.

SUFFISANT, E, adj. Qui suffit : somme suffisante ; orgueilleux, présomptueux : ton suffisant. N. m. : c'est un suffisant.

SUFFOCANT, E, adj. Qui suffoque : chaleur suffocante.

SUFFOCATION, n. f. Étouffement, perte de la respiration.

SUFFOQUER, v. tr. Étouffer, faire perdre la respiration : les sanglots le suffoquent. V. int. Perdre la respiration : suffoquer de colère.

SUFFRAGANT, adj. et n. m. Se dit d'un évêque à l'égard de son métropolitain.

SUFFRAGE, n. m. Voix, voix donnée en matière d'élection : donner, refuser son suffrage ; approbation : cette pièce a enlevé les suffrages du public.

SUGGÉRER, v. tr. Insinuer, inspirer : suggérer une résolution.

SUGGESTION, n. f. Instigation, insinuation. Se prend en m. part.

SUICIDE, n. m. Meurtre de soi-même.

SUICIDER (SE) v. pr. Se donner volontairement la mort.

SUIE, n. f. Matière noire et épaisse que produit la fumée, et qui s'attache à la cheminée.

SUIF, n. m. Graisse fondue des animaux ruminants, dont on fait la chandelle.

SUIFER, v. tr. Enduire de suif : suifer un mât de cocagne.

SUINT, n. m. Humeur onctueuse qui suinte du corps des bêtes à laine.

SUINTEMENT, n. m. Action de suinter.

SUINTER, v. int. S'écouler, sortir presque insensiblement, en parlant des liquides, des humeurs, ainsi que des objets à travers lesquels s'opère le suintement : l'eau suinte à travers le mur, ce mur suinte.

SUISSE. n. m. Portier d'une grande maison ; celui qui est chargé de faire la police d'une église.

SUITE, n. f. Ceux qui suivent, qui accompagnent par honneur : suite d'un prince ; continuation : suite d'un discours, d'un ouvrage ; série : longue suite de rois ; enchaînement de faits qui se suivent : suite de succès, de prospérités ; et malheurs ; conséquence : cette affaire aura des suites graves ; ordre, liaison : paroles, raisonnements sans suite. Loc. adv. **De suite**, sans interruption : faire dix lieues de suite ; **tout de suite**, sur-le-champ : il faut faire ce remède tout de suite. **Par suite**, loc. adv. et prép. Par une conséquence naturelle.

SUIVANT, prép. D'après : suivant la loi ; à proportion de : suivant le mérite. Suivant que, loc. conj. Selon que.

SUIVANT, E. adj. Qui est après : au chapitre suivant. N. m. Gens qui escortent : avoir de nombreux suivants. N. f. Femme de chambre, soubrette.

SUIVI, E. adj. Où il y a de la liaison : raisonnement bien suivi ; fréquenté : théâtre suivi.

SUIVRE, v. tr. Aller, être après ; accompagner : suivre un ami dans son exil ; courir après : suivre un lièvre, un voleur ; observer, épier : il faut suivre cet homme-là ; longer : suivre le cours d'un fleuve, la lisière d'un bois ; marcher dans : suivre un chemin. Fig. Accompagner : cette image me suit partout ; aller, marcher sur, dans : suivre les traces de ses ancêtres, le chemin de la gloire ; écouter attentivement pour comprendre : suivre un discours, un

raisonnement ; venir après par rapport au temps : le printemps suit l'hiver ; s'attacher à l'envie suit la gloire. Suivre une affaire, s'en occuper sérieusement ; suivre une profession, l'exercer ; suivre une méthode, la pratiquer ; suivre une mode, s'y conformer ; suivre un cours, y assister assidûment ; suivre ses goûts, s'y abandonner ; suivre un parti, l'embrasser. V. int. Aller à la suite : c'est à vous de suivre. Se suivre, v. pr. Se succéder : les jours se suivent, s'enchaîner ; ces raisonnements se suivent bien. V. impers. Résulter : il suit de là que...

SUJET, n. m. Cause, raison, motif : sujet d'espérance ; matière sur laquelle on parle, on écrit, on compose : le sujet d'une conversation ; sujet de tragédie, de tableau, tiré de l'histoire. Être plein de son sujet, en être pénétré. Anat. et méd. Cadavre que l'on dissèque, malade que l'on traite. Gram. Terme de toute proposition duquel on affirme ou l'on nie quelque chose.

SUJET, ETTE. adj. Soumis, astreint : sujet à la mort ; porté à : sujet à s'enivrer ; susceptible de : sujet à se tromper ; exposé : sujet à la goutte. Homme sujet à caution, auquel il ne faut pas trop se fier.

SUJET, ETTE. n. Soumis à une autorité souveraine : un sujet n'est pas un esclave. N. m. Personne : c'est un sujet capable.

SUJÉTION, n. f. Dépendance, assujettissement : vivre dans la sujétion ; assiduité gênante : emploi d'une grande sujétion.

SULFATE, n. m. Chim. Sel formé par la combinaison de l'acide sulfurique et d'une base.

SULFITE, n. m. Chim. Sel formé par la combinaison de l'acide sulfureux et d'une base.

SULFURE, n. m. Chim. Composé formé par la combinaison du soufre avec un autre corps.

SULFUREUX, EUSE. adj. Chim. Qui tient de la nature du soufre : eau, exhalaison sulfureuse. Acide sulfureux, combinaison du soufre avec l'oxygène.

SULFURIQUE (acide), adj. Chim. Sulfure très oxygéné, nom scientifique de l'huile de vitriol.

SULTAN, n. m. Titre de l'empereur des Turcs.

SULTANE, n. f. Femme du sultan.

SUMAC, n. m. Genre d'arbustes et d'arbrisseaux.

SUPERBE, adj. Grand, magnifique, de belle apparence : femme, cheval, maison superbe. N. m. Orgueilleux : Dieu punit les superbes.

SUPERBEMENT, adv. Magnifiquement : être superbement meublé.

SUPERCHERIE, n. f. Tromperie, fraude avec finesse.

SUPERFÉTATION. n. f. Trop grande abondance : superfétation de sève ; redondance : superfétation de mots.

SUPERFICIE. n. f. Surface, étendue : superficie d's corps, d'un champ. *Fig.* Connaissance légère, imparfaite des choses : s'arrêter à la superficie.

SUPERFICIEL, **ELLE**, adj. Qui n'est qu'à la superficie : plaie superficielle. *Fig.* Léger, qui n'approfondit pas : esprit, homme superficiel ; incomplet : connaissances superficielles.

SUPERFICIELLEMENT, adv. D'une manière superficielle.

SUPERFIN, **E**, adj. Très-fin : papier, chocolat superfin.

SUPERFLU, **E**, adj. Qui est de trop : ornement superflu ; inutile : regrets superflus. N. m. Ce qui est au-delà du nécessaire : donner son superflu aux pauvres.

SUPERFLUITÉ, n. f. Abondance vicieuse : superfluité de paroles. Pl. Choses superflues, inutiles : que de superfluités !

SUPÉRIEUR, **E**, adj. Qui est situé au-dessus : étage supérieur. *Fig.* Qui surpasse les autres en talent, en dignité, en mérite, en force, en rang, etc. : emploi, talent supérieur. Être supérieur aux événements, les subir avec courage.

SUPÉRIEUR, **E**, n. Qui a autorité sur un autre ; qui dirige une communauté, un établissement religieux.

SUPÉRIEUREMENT, adv. D'une manière supérieure : très-bien, parfaitement : chanter, danser supérieurement.

SUPÉRIORITÉ. n. f. Prééminence : supériorité de courage, de mérite.

SUPERLATIF, n. m. *Gram.* Degré de comparaison qui exprime la qualité portée à un très-haut degré, ou au plus haut degré : superlatif absolu, relatif. **Au superlatif**, loc. adv. Extrêmement.

SUPERLATIVEMENT, adv. Extrêmement.

SUPERPOSER, v. tr. Poser sur.

SUPERPOSITION, n. f. *Géom.* Action de poser une ligne, une surface sur une autre, de manière qu'elles coïncident.

SUPERSTITIEUSEMENT, adv. D'une manière superstitieuse.

SUPERSTITIEUX, **EUSE**, adj.

Qui a, où il y a de la superstition. N. Personne superstitieuse.

SUPERSTITION, n. f. Fausse idée qu'on a de certaines pratiques religieuses ou autres, auxquelles on s'attache avec trop de crainte ou de confiance, comme de porter, pour se guérir d'un mal, des amulettes, des talismans, etc. ; vain présage tiré de certains accidents purement fortuits, comme une salière renversée, des couteaux placés en croix, etc.

SUPIN, n. m. *Gram. lat.* Espèce de substantif verbal, faisant fonction de l'infinitif.

SUPPLANTATION, n. f. Action de supplanter.

SUPPLANTER, v. tr. Faire perdre à quelqu'un une faveur, un emploi, etc., et prendre sa place.

SUPPLÉANT, adj. et n. m. Qui supplée, remplace : juge suppléant, un suppléant.

SUPPLÉER, v. tr. Fournir ce qui manque : s'il faut plus de cent francs, je suppléerai le reste ; remplacer : le génie supplée l'expérience. V. intr. Réparer le défaut de quelque chose : la valeur supplée au nombre.

SUPPLÉMENT, n. m. Ce qu'on donne en sus : supplément de solde ; ce qu'on ajoute à un livre pour le compléter : supplément à la Biographie universelle. *Géom.* Supplément d'un angle, ce qui lui manque pour valoir 180 degrés.

SUPPLÉMENTAIRE, adj. Qui sert de supplément.

SUPPLÉTIF, **IVE**, adj. Qui supplée, complète.

SUPPLIANT, **E**, adj. et n. Qui supplie.

SUPPLICATION, n. f. Humble prière.

SUPPLICE, n. m. Punition corporelle ordonnée par la justice ; ce qui cause une vive douleur de quelque durée : le mal de dents est un supplice. Le dernier supplice, la mort. *Fig.* Ce qui cause une peine d'esprit, une inquiétude violente : sa vue est pour moi un supplice. Être au supplice, souffrir de quelque mal, de quelque contrariété.

SUPPLICIÉ, **ÉE**, n. Criminel après son exécution : la tête d'un supplicié.

SUPPLICIER, v. tr. Exécuter : supplicier en place de Grève.

SUPPLIER, v. tr. Prier avec instance et soumission.

SUPPLIQUE, n. f. Requête pour demander une grâce.

SUPPORT, n. m. Ce qui soutient une chose, ce sur quoi elle pose.

SUPPORTABLE. adj. Qu'on peut souffrir : *douleur supportable* ; excusable : *cela n'est pas supportable*.

SUPPORTABLEMENT, adv. D'une manière supportable.

SUPPORTER. v. tr. Porter, soutenir ; endurer : *supporter le froid* ; souffrir avec patience : *supporter un malheur*. Fig. Être à l'épreuve de : *ce livre ne supporte pas l'examen*.

SUPPOSABLE, adj. Qu'on peut supposer.

SUPPOSÉ, prép. En supposant : *supposé telle circonstance*. **Supposé que**, loc. conj. Dans la supposition que.

SUPPOSÉ. ÉE, adj. Faux : *testament, nom supposé*.

SUPPOSER. v. tr. Poser une chose comme établie, comme admise, pour en tirer une induction ; former des conjectures, présumer : *supposer un complot*, être la conséquence de : *les droits supposent des devoirs*.

SUPPOSITION. n. f. Proposition qu'on suppose vraie ou possible, pour en tirer quelque induction ; production d'une pièce fausse : *supposition d'un titre* ; conjecture : *étrange supposition*.

SUPPÔT. n. m. Fauteur et partisan de quelqu'un dans le mal. *Suppôt de Satan*, un méchant homme ; *suppôt de Bacchus*, un ivrogne.

SUPPRESSION, n. f. Action de supprimer.

SUPPRIMER, v. tr. Empêcher de paraître : *supprimer un journal* ; faire disparaître : *supprimer un acte* ; retrancher : *supprimer un mot d'une phrase* ; abolir, annuler : *supprimer un impôt* ; taire : *supprimer une circonstance*.

SUPPURATIF. IVE. adj. et n. Remède qui facilite la suppuration.

SUPPURATION, n. f. Écoulement du pus d'une plaie.

SUPPURER. v. int. Rendre du pus.

SUPPUTATION, n. f. Calcul.

SUPPUTER, v. tr. Compter, calculer.

SUPRÉMATIE. n. f. Supériorité, primauté : *prétendre à la suprématie*.

SUPRÊME. adj. Qui est au-dessus de tout : *dignité suprême* ; le plus important : *voici l'instant suprême*. **L'Être suprême**, Dieu ; *l'heure suprême*, la mort.

SUR. prép. qui marque la situation d'une chose à l'égard de celle qui la soutient : *déposer un livre sur une chaise* ; la position d'une chose placée au-dessus d'une autre : *les nuages sont sur nos têtes* ; le voisinage ; la proximité : *Paris est sur la Seine* ; la matière sur laquelle on parle, on écrit, on travaille : *écrire sur l'histoire, peindre sur porcelaine*. Signifie d'après : *juger sur la mine* ; du côté de : *sur la gauche* ; parmi : *un beau jour sur trois* ; vers : *sur le soir*.

SÛR. E. adj. Indubitable : *le fait est sûr* ; certain : *j'en suis sûr* ; qui doit arriver infailliblement : *bénéfice sûr* ; qui produit son effet : *remède sûr* ; en qui l'on peut se fier : *ami sûr* ; qui n'offre aucun danger : *route sûre*. *Avoir le coup d'œil sûr*, bien juger à la simple vue ; *avoir la main sûre*, ferme, qui ne tremble point ; *avoir le pied sûr*, ne pas broncher ; *le temps n'est pas sûr*, il y a apparence qu'il deviendra mauvais ; *avoir le goût sûr*, discerner la qualité des mets, ou juger bien des ouvrages d'esprit ; *mettre quelqu'un en lieu sûr*, dans un lieu où il n'ait rien à craindre, ou bien d'où il ne puisse s'échapper. **A coup sûr, pour sûr**. loc. adv. Infailliblement, certainement.

SUR. E, adj. Qui a un goût acide, aigrelet.

SURABONDAMMENT, adv. Plus que suffisamment.

SURABONDANCE, n. f. Très-grande abondance.

SURABONDANT, E, adj. Qui surabonde.

SURABONDER, v. int. Être très-abondant.

SURAJOUTER. v. tr. Ajouter à ce à quoi l'on a déjà ajouté.

SURANNÉ. ÉE. adj. Vieux : *beauté surannée* ; qui n'est plus d'usage : *habit suranné*.

SUR-ARBITRE, n. m. Arbitre choisi en second lieu pour la décision d'une affaire, quand les premiers arbitres sont partagés. Pl. des *sur-arbitres*.

SURBAISSÉ. ÉE, adj. Arch. Se dit des arcades et des voûtes qui ne sont pas en plein-cintre.

SURBAISSEMENT, n. m. Quantité dont une arcade est surhaissée.

SURCHARGE, n. f. Surcroît de charge ; mot écrit sur un autre mot : *faire une surcharge*.

SURCHARGER, v. tr. Charger trop : *surcharger un cheval*. Fig. Accabler : *surcharger d'impôts*. Faire une surcharge sur l'écriture.

SURCROÎT, n. m. Augmentation.

SURDI-MUTITÉ, n. f. État du sourd-muet.

SURDITÉ, n. f. Perte ou grande diminution du sens de l'ouïe.

32

SURDOS, n. m. Bande de cuir sur le dos du cheval, pour soutenir les traits.

SUREAU, n. m. Arbre dont le bois est rempli de moelle.

SÛREMENT, adv. Avec sûreté : *argent sûrement placé* : certainement : *il lui sera sûrement arrivé malheur.*

SURENCHÈRE, n. f. Enchère mise sur une enchère précédente.

SURENCHÉRIR, v. tr. Faire une surenchère.

SURET, ETTE, adj. Un peu acide : *pomme surette.*

SÛRETÉ, n. f. Éloignement de tout péril : *voyager en sûreté*, caution, garantie : *prendre toutes ses sûretés. Serrure de sûreté*, plus difficile à ouvrir qu'une serrure ordinaire ; *soupape de sûreté*, qui se lève d'elle-même, pour laisser échapper la vapeur surabondante ; *être en lieu de sûreté*, dans un lieu où l'on n'a rien à craindre.

SUREXCITATION, n. f. Augmentation excessive de l'énergie vitale dans un tissu, un organe.

SURFACE, n. f. Superficie, extérieur : *la surface de la terre. Fig.* Apparence : *ne pas s'arrêter à la surface des choses.*

SURFAIRE. v. tr. et int. Demander un prix trop élevé d'une marchandise : *surfaire un objet, ce marchand surfait.*

SURFAIX, n. m. Large sangle que l'on met par-dessus les autres sangles du cheval, pour assurer la selle.

SURGEON, n. m. Rejeton qui sort du pied d'un arbre.

SURGIR, v. int. Sortir de, s'élever : *de nouvelles difficultés surgissent.*

SURHAUSSEMENT, n. m. Action de surhausser.

SURHAUSSER, v. tr. Élever une voûte au-delà de son plein cintre. *Fig.* Mettre à un plus haut prix ce qui était déjà assez cher.

SURHUMAIN, E, adj. Qui est au-dessus des forces de l'homme : *effort surhumain.*

SURINTENDANCE, n. f. Charge de surintendant.

SURINTENDANT, n. m. Celui qui avait autrefois une direction générale : *surintendant des finances.*

SURINTENDANTE, n. f. Femme d'un surintendant.

SURJET, n. m. Couture faite à deux morceaux appliqués l'un sur l'autre bord à bord.

SURJETER, v. tr. Coudre en surjet.

SURLENDEMAIN, n. m. Jour qui suit le lendemain.

SURLONGE, n. f. Partie du bœuf où est l'aloyau.

SURMENER, v. tr. Excéder de fatigue les bêtes de somme.

SURMONTABLE, adj. Qu'on peut surmonter.

SURMONTER, v. tr. Être dessus. *Fig.* Vaincre : *surmonter les obstacles. Se surmonter*, v. pr. Maîtriser ses penchants.

SURMULET, n. m. Poisson de mer voisin du rouget.

SURNAGER, v. int. Se soutenir sur la surface d'un fluide : *le liège surnage.*

SURNATUREL, ELLE, adj. Qui excède les forces de la nature : *pouvoir surnaturel* : extraordinaire : *adresse surnaturelle.*

SURNATURELLEMENT, adv. D'une manière surnaturelle.

SURNOM, n. m. Nom ajouté au nom propre d'une personne ou d'une famille.

SURNOMMER, v. tr. Ajouter une épithète au nom propre.

SURNUMÉRAIRE, adj. et n. Nom de ceux qui, dans une administration, travaillent sans appointements, jusqu'à ce qu'on les admette au nombre des commis en titre.

SURNUMÉRARIAT, n. m. Temps pendant lequel on est employé comme surnuméraire.

SURPASSER, v. tr. Être plus haut, plus élevé : *surpasser de toute la tête. Fig.* Excéder : *voilà qui surpasse ses moyens* : être au-dessus en bien ou en mal : *cet élève surpasse tous ses condisciples*, *surpasser en méchanceté. Se surpasser*, v. pr. Faire encore mieux qu'à l'ordinaire : *cet acteur s'est surpassé lui-même.*

SURPAYER, v. tr. Payer trop cher.

SURPEAU, n. f. Épiderme.

SURPLIS, n. m. Vêtement d'église accompagné de files longues et plissées.

SURPLOMB, n. m. Défaut de ce qui penche, de ce qui n'est pas à-plomb.

SURPLOMBER, v. int. Être hors de là-plomb : *ce mur surplombe.*

SURPLUS, n. m. Ce qui reste, l'excédant. *Au surplus*, loc. adv. Au reste.

SURPRENANT, E, adj. Étonnant.

SURPRENDRE, v. tr. Prendre sur le fait : *surprendre un voleur* : prendre à l'improviste : *la pluie nous a surpris. Fig.* Étonner : *cette nouvelle m'a surpris* : tromper, abuser : *surprendre la bonne foi, la crédulité* : obtenir par artifice : *surprendre une signature* : intercepter : *surprendre une lettre.*

SURPRISE, n. f. Action par laquelle on surprend : s'emparer d'une place par surprise; étonnement : causer une grande surprise.

SURSAUT (EN), loc. adv. Subitement : s'éveiller en sursaut.

SURSEMER, v. tr. Semer de nouveau une terre déjà ensemencée.

SURSEOIR, v. tr. et int. (Je sursois, n. sursoyons. Je sursoyais, n. sursoyions. Je sursis, n. sursîmes. Je sursoirai, n. sursoirons. Je sursoirais, n. sursoirions. Sursois, sursoyons. Q. je sursoie, q. n. sursoyions. Q. je sursisse, q. n. sursissions. Sursoyant. Sursis.) Suspendre, remettre, différer : surseoir l'exécution, à l'exécution d'un arrêt.

SURSIS, n. m. Délai : obtenir un sursis.

SURTAUX, n. m. Taux excessif.

SURTAXE, n. f. Taxe ajoutée à d'autres.

SURTAXER, v. tr. Taxer trop haut.

SURTOUT, adv. Principalement.

SURTOUT, n. m. Vêtement fort large qu'on met par-dessus tous les autres habits; grande pièce d'orfèvrerie que l'on place comme ornement sur la table, dans les repas d'apparat.

SURVEILLANCE, n. f. Action de surveiller.

SURVEILLANT, E, n. Qui surveille.

SURVEILLE, n. f. Avant-veille.

SURVEILLER, v. tr. Veiller particulièrement et avec autorité : surveiller des ouvriers, des travaux.

SURVENANCE, n. f. Jurisp. Arrivée que l'on n'a pas prévue. Se dit d'un enfant qui naît après donation faite.

SURVENANT, E, n. Qui survient.

SURVENDRE, v. tr. Vendre trop cher.

SURVENIR, v. int. Arriver inopinément.

SURVENTE, n. f. Vente à un prix excessif.

SURVIE, n. f. État de celui qui survit à un autre.

SURVIVANCE, n. f. Droit de succéder à quelqu'un dans sa charge, après sa mort.

SURVIVANT, E, adj. et n. Qui survit à un autre : le survivant des époux.

SURVIVRE, v. int. Demeurer en vie après un autre. Fig. : survivre à son déshonneur.

SUS, prép. Sur : courir sus à quelqu'un. En sus, loc. adv. ou prép. Au-delà.

SUS, interj. pour exhorter, exciter : sus, mes amis, marchons.

SUSCEPTIBILITÉ, n. f. Disposition à se choquer trop aisément.

SUSCEPTIBLE, adj. Capable de recevoir, de prendre, d'éprouver : la matière est susceptible de toutes sortes de formes. Fig. Facile à blesser : homme susceptible.

SUSCITATION, n. f. Suggestion, instigation.

SUSCITER, v. tr. Faire naître : Dieu suscita les prophètes; provoquer : susciter une querelle.

SUSCRIPTION, n. f. Adresse mise à une lettre.

SUSDIT, E, adj. Nommé ci-dessus.

SUSPECT, E, adj. et n. Qui est soupçonné ou qui mérite de l'être : probité suspecte, loi contre les suspects.

SUSPECTER, v. tr. Soupçonner.

SUSPENDRE, v. tr. Élever, maintenir en l'air : suspendre un lustre. Fig. Différer : suspendre l'exécution d'un arrêt; interrompre : suspendre sa marche; interdire pour un temps : suspendre un fonctionnaire.

SUSPENS (EN), loc. adv. Dans l'incertitude.

SUSPENSE, n. f. Censure par laquelle un ecclésiastique est suspendu.

SUSPENSIF, IVE, adj. Jurisp. Qui suspend, qui arrête. Gram. Points suspensifs, plusieurs points qui servent à marquer une suspension de sens.

SUSPENSION, n. f. Action de suspendre; état d'une chose suspendue : la suspension du pendule, le point de suspension; interdiction pour un temps : suspension d'un prêtre; cessation momentanée : suspension d'armes, suspension de payements.

SUSPENSOIR, n. m. Sorte de bandage.

SUSPICION, n. f. Soupçon.

SUSTENTER, v. tr. Entretenir la vie par le moyen des aliments.

SUTURE, n. f. Jointure des os du crâne. Chir. Opération qui consiste à coudre les lèvres d'une plaie.

SUZERAIN, E, adj. et n. Seigneur qui possède un fief dont d'autres fiefs relèvent.

SUZERAINETÉ, n. f. Qualité de suzerain.

SVELTE, adj. Délié, dégagé : taille svelte.

† **SYBARITE**, n. m. Homme qui mène une vie molle et voluptueuse.

SYCOMORE, n. m. Arbre à larges feuilles semblables à celles de la vigne.

SYCOPHANTE, n. m. Fourbe, calomniateur. Peu us.

SYLLABAIRE, n. m. Livre élémentaire pour apprendre à lire.

SYLLABE, n. f. Une ou plusieurs lettres qui se prononcent par une seule émission de voix.

SYLLABER, v. tr. Assembler les lettres par syllabes.

SYLLABIQUE, adj. Qui a rapport aux syllabes.

SYLLEPSE, n. f. *Gram.* Figure par laquelle les mots s'accordent selon le sens, et non selon les règles grammaticales, comme dans : il *est* six heures (syllepse de nombre), *les vieilles gens sont soupçonneux* (syllepse de genre).

SYLLOGISME, n. m. Argument qui contient trois propositions : la majeure, la mineure et la conséquence. Ex. :

Tous les hommes sont mortels (maj.);
Tu es homme (mineure) :
Donc tu es mortel (conséquence).

SYLLOGISTIQUE, adj. Qui appartient au syllogisme : *forme syllogistique*.

SYLPHE, n. m. **SYLPHIDE**, n. f. Prétendus génies qui, dans la mythologie poétique du moyen-âge, habitaient l'air.

† **SYLVAINS**, n. m. pl. Divinités fabuleuses des forêts; ordre d'oiseaux qui vivent généralement dans les bois.

SYLVICULTURE, n. f. Science qui a pour objet la culture et l'entretien des bois.

SYMBOLE, n. m. Figure ou image employée pour désigner d'une manière sensible une chose purement morale : *le chien est le symbole de la fidélité* : formulaire qui contient les principaux articles de la foi : *le symbole des apôtres*.

SYMBOLIQUE, adj. Qui sert de symbole : *la balance symbolique de la justice*.

SYMBOLISER, v. tr. Représenter par un symbole : *les anciens avaient symbolisé toutes les forces vives de la nature*.

SYMÉTRIE, n. f. Rapport de grandeur et de figure qu'ont entre elles les parties d'un même corps.

SYMÉTRIQUE, adj. Qui a de la symétrie.

SYMÉTRIQUEMENT, adv. Avec symétrie.

SYMÉTRISER, v. int. Faire symétrie.

SYMPATHIE, n. f. Rapport d'humeur et d'inclination entre deux personnes; penchant instinctif qui les attire l'un vers l'autre; rapport, convenance que certaines choses ont entre elles : *il y a de la sympathie entre ces deux couleurs*.

SYMPATHIQUE, adj. Qui appartient à la cause ou aux effets de la sympathie : *sentiment sympathique. Encre*

sympathique, composition chimique, avec laquelle on peut écrire sans que l'encre paraisse d'abord, mais qui noircit quand on l'expose au feu.

SYMPATHISER, v. int. Avoir de la sympathie.

SYMPHONIE, n. f. Concert d'instruments de musique; morceau de musique d'un genre particulier divisé en trois ou quatre morceaux.

SYMPHONISTE, n. m. Qui compose ou exécute des symphonies.

SYMPTOMATIQUE, adj. Qui appartient au symptôme.

SYMPTÔME, n. m. Signe indiquant une modification, un changement dans le cours d'une maladie. *Fig.* Indice, présage : *le mécontentement du peuple est un symptôme de révolution*.

SYNAGOGUE, n. f. Lieu où s'assemblent les Juifs pour l'exercice de leur religion.

SYNALLAGMATIQUE, adj. *Contrat synallagmatique*, par lequel deux personnes s'engagent réciproquement, comme dans les contrats de bail, de vente, etc.

SYNCHRONE, adj. Synon. de *isochrone*.

SYNCHRONIQUE, adj. *Tableau synchronique*, qui représente sur plusieurs colonnes les faits arrivés en même temps en différents pays.

SYNCHRONISME, n. m. Coïncidence des dates dans l'histoire des peuples.

SYNCOPE, n. f. Défaillance, pâmoison : *tomber en syncope. Gram.* Retranchement d'une lettre ou d'une syllabe au milieu d'un mot, comme : *dénoûment pour dénouement, quoi qu'on die pour quoi qu'on dise* : noté qui appartient à la fin d'un temps et au commencement d'un autre.

SYNCOPER, v. tr. Faire une syncope.

SYNDIC, n. m. Celui qui est élu pour prendre soin des intérêts d'un corps dont il est membre : *syndic des notaires. Syndic d'une faillite*, mandataire des créanciers dans une faillite.

SYNDICALE, adj. Qui appartient au syndicat : *chambre syndicale*.

SYNDICAT, n. m. Fonction de syndic; sa durée.

SYNECDOCHE ou **SYNECDOQUE**, n. f. Figure de rhét. par laquelle on prend la partie pour le tout (*payer tant par tête, par personne*); le tout pour la partie (*acheter un castor, pour un chapeau fait du poil de cet animal*); le genre pour l'espèce, l'espèce pour le genre, etc.

SYNODAL, E, adj. Qui appartient au synode.

SYNODALEMENT, adv. En synode.

SYNODE, n. m. Assemblée d'ecclésiastiques convoqués pour les affaires d'un diocèse; assemblée des ministres protestants.

SYNODIQUE. adj. *Lettre synodique,* écrite, au nom des conciles, aux évêques absents.

SYNONYME, adj. et n. m. Se dit des mots qui ont à peu près la même signification, comme *épée* et *glaive.*

SYNONYMIE, n. f. Qualité des mots synonymes.

SYNONYMIQUE, adj. Qui appartient à la synonymie.

SYNOPTIQUE, adj. Qui permet d'embrasser, de saisir d'un même coup d'œil les diverses parties d'un ensemble : *tableau synoptique d'une science.*

SYNTAXE, n. f. *Gram.* Construction des mots et des phrases suivant les règles; ces règles et le livre où elles sont exposées.

SYNTAXIQUE, adj. Qui appartient à la syntaxe : *règles syntaxiques.*

SYNTHÈSE. n. f. Méthode qui procède du simple au composé, des éléments au tout, de la cause aux effets, du principe aux conséquences. Son opposé est *Analyse.*

SYNTHÉTIQUE. adj. Qui appartient à la synthèse : *méthode synthétique.*

SYNTHÉTIQUEMENT, adv. D'une manière synthétique.

SYRTIS, n. f. pl. V. *Sirtes.*

SYSTÉMATIQUE. adj. Qui appartient à un système. *Homme, esprit systématique,* qui, dominé par un certain nombre d'idées, veut en faire partout l'application et y ramener toutes choses. Se prend en m. part.

SYSTÉMATIQUEMENT, adv. D'une manière systématique.

SYSTÈME. n. m. Assemblage de principes vrais ou faux liés ensemble, de manière à établir une doctrine : *le système de Descartes en philosophie, de Copernic en astronomie;* assemblage de parties qui se coordonnent et qui dépendent les unes des autres : *système planétaire, métrique, décimal.*

SYZYGIE. n. f. Conjonction ou opposition d'une planète avec le soleil.

T

T, n. m. Vingtième lettre de l'alphabet et seizième des consonnes.

TA, adj. poss. fém. V. *Ton.*

TABAC, n. m. Plante originaire d'Amérique, dont les feuilles, diversement préparées, se fument ou se prisent.

TABAGIE, n. f. Lieu public, salle spéciale où l'on se retire pour fumer.

TABARIN, n. m. Bouffon de tréteaux, qui amuse le peuple sur les places publiques.

TABATIÈRE, n. f. Petite boîte où l'on met du tabac à priser.

TABELLION, n. m. Notaire de village. *Vieux.*

TABERNACLE, n. m. Tente, pavillon des Hébreux; tente sous laquelle reposait l'arche d'alliance; petite armoire placée sur l'autel, où l'on renferme le saint ciboire.

TABLATURE, n. f. Tableau, dessin qui représente un instrument à vent, et qui indique quels trous doivent être bouchés ou bien ouverts pour former les diverses notes. *Fig. Donner de la tablature à quelqu'un,* lui susciter de l'embarras.

TABLE, n. f. Meuble de bois ou de marbre, posé sur un ou plusieurs pieds ;

mets qu'on y sert habituellement : *avoir une table frugale;* tableau dans lequel certaines matières sont disposées méthodiquement, de manière à pouvoir être embrassées d'un seul coup d'œil, ou trouvées facilement : *table de Pythagore, table des logarithmes; table chronologique;* tableau qui indique méthodiquement ou alphabétiquement les matières traitées dans un livre : *table des chapitres, des matières;* partie supérieure d'un instrument sur laquelle les cordes sont tendues : *table de piano.* **Tables de la loi,** tables de pierre sur lesquelles étaient gravées les lois que Dieu donna à Moïse; **les Douze Tables,** code de lois publiées à Rome par les décemvirs, et gravées sur douze tables d'airain; **sainte table,** grille qui sépare le chœur du sanctuaire, et à laquelle les fidèles communient; **table d'hôte,** table servie à heures fixes et à tant par tête ; **table de nuit,** petite table qui se place à côté du lit. *Fig. Aimer la table,* la bonne chère ; *tenir table ouverte,* donner fréquemment à dîner; *donner la table à quelqu'un,* le nourrir à sa table; *réformer sa table,* en diminuer la dépense; *faire table rase.* V. *Ras.*

TABLEAU, n. m. Ouvrage de peinture exécuté sur toile, sur bois, etc.; liste des membres d'un corps, d'une société : *tableau des avocats*; feuille sur laquelle des matières sont rangées méthodiquement : *tableau chronologique*; table peinte en noir pour écrire, tracer des figures, principalement en usage dans les écoles. *Fig.* Ensemble d'objets qui frappent la vue, qui font impression : *de cette hauteur on découvre un tableau magnifique*; représentation vive et naturelle d'une chose, de vive voix ou par écrit : *faire un tableau fidèle des guerres civiles. Une ombre dans un tableau*, léger défaut dans une composition.

TABLETIER, ÈRE, n. Qui vend des échiquiers, des damiers et autres ouvrages d'ivoire, d'ébène, etc.

TABLETTE, n. f. Planche disposée pour recevoir des papiers, des livres, etc.; pierre plate qui termine les murs d'appui ou autres pièces de maçonnerie : *tablette de cheminée*; composition sèche, de forme plate : *tablette de chocolat*. Pl. Feuilles de parchemin, de papier qu'on porte ordinairement sur soi, et dont on se sert pour prendre des notes. *Fig. Rayez cela de vos tablettes*, n'y comptez pas.

TABLETTERIE, n. f. Métier, commerce, ouvrage du tabletier.

TABLIER, n. m. Pièce d'étoffe ou de cuir, que les femmes et les artisans mettent devant eux pour travailler; plancher d'un pont de bois ou d'un pont-levis; côté du damier ou de l'échiquier, sur lequel on joue.

TABOURET, n. m. Petit siège à quatre pieds, qui n'a ni bras ni dos. *Tabouret électrique*, petit tabouret à quatre pieds de verre, dont on se sert pour isoler des personnes et les objets qu'on veut électriser.

TAC, n. m. Maladie contagieuse des moutons.

TACHE, n. f. Souillure : *tache de graisse*; marque naturelle sur la peau de l'homme ou le poil des animaux. *Fig.* Défaut dans un ouvrage d'esprit; tout ce qui blesse l'honneur, la réputation.

TÂCHE, n. f. Ouvrage qu'on donne à faire dans un temps fixé. *Prendre à tâche de*, s'efforcer de.

TACHER, v. tr. Salir, faire une tache. *Fig.* Souiller.

TÂCHER, v. int. S'efforcer.

TACHETER, v. tr. Marquer de diverses taches.

TACHYGRAPHE, n. m. Sténographe.

TACHYGRAPHIE, n. f. Sténographie.

TACHYGRAPHIQUE, adj. Sténographique.

TACITE, adj. Qui n'est pas formellement exprimé, qui est sous-entendu : *convention tacite*.

TACITEMENT, adv. D'une manière tacite.

TACITURNE, adj. Qui parle peu.

TACITURNITÉ, n. f. État d'une personne taciturne.

TACT, n. m. Sens du toucher. *Fig.* Jugement fin, délicat : *avoir du tact*.

TAC-TAC, n. m. Mot imitatif qui exprime un bruit réglé.

TACTICIEN, n. m. Qui entend bien la tactique.

TACTILE, adj. Qui est ou peut être l'objet du tact.

TACTIQUE, n. f. Art de faire des évolutions militaires. *Fig.* Marche qu'on suit, moyens qu'on emploie pour réussir.

TAFFETAS, n. m. Étoffe de soie fort mince, et tissue comme la toile.

TAFIA, n. m. Eau-de-vie de sucre.

TAÏAUT, Cri de chasse à l'aspect du gibier, pour animer les chiens.

TAIE, n. f. Linge qui sert d'enveloppe à un oreiller (ne pas dire *tête*); tache blanche qui se forme quelquefois sur l'œil.

TAILLABLE, adj. Qui était sujet à la taille : *le paysan était autrefois taillable et corvéable à merci*.

TAILLADE, n. f. Coupure, balafre dans les chairs; coupure en long dans une étoffe.

TAILLADER, v. tr. Faire des taillades.

TAILLANDERIE, n. f. Métier, ouvrage du taillandier.

TAILLANDIER, n. m. Ouvrier qui fait des outils pour les charpentiers, les charrons, les tonneliers, les laboureurs, etc.

TAILLANT, n. m. Tranchant d'une lame de couteau, d'épée, etc.

TAILLE, n. f. Tranchant d'une épée : *frapper d'estoc et de taille*, de la pointe et du tranchant; manière dont on coupe, dont on taille certaines choses : *la taille des pierres, des arbres fruitiers, des habits, des plumes, des diamants*; bois coupé qui commence à repousser : *taille de deux ans*; petit morceau de bois sur lequel les boulangers marquent par des incisions, la quantité de pain qu'ils vendent à crédit à leurs pratiques; impôt mis autrefois sur les roturiers : *être exempt de la taille*. **Pierre de taille**, dure, propre à être tail-

lée et employée aux constructions. *Mus.*
Basse-taille, voix très-grave; celui
qui la possède. *Chir.* Opération qui
consiste à extraire les concrétions pierreuses qui se sont formées dans la vessie.

TAILLE, n. f. Stature du corps:
taille de cinq pieds quatre pouces; conformation du corps depuis les épaules
jusqu'à la ceinture: *taille svelte*.

TAILLE-DOUCE, n. f. Gravure faite sans eau-forte et au burin seul, sur
une planche de cuivre; estampe obtenue
par ce procédé. Pl. des *tailles-douces*.

TAILLE-PLUMES, n. m. Instrument pour tailler les plumes.

TAILLER, v. tr. Couper, retrancher
pour donner une certaine forme: *tailler
une pierre, un arbre, une plume. Tailler en pièces une armée*, la défaire entièrement; *tailler de la besogne, des
croupières à quelqu'un*, lui susciter des
embarras. *Chir.* Faire l'opération de la
taille.

TAILLEUR, n. m. Celui qui taille:
tailleur de pierres, et, absol., celui qui
fait des habits.

TAILLIS ou **BOIS-TAILLIS**, n.
m. Bois que l'on coupe de temps en
temps.

TAIN, n. m. Feuille mince formée
d'un mélange d'étain et de mercure,
qu'on applique derrière une glace pour
qu'elle puisse refléchir les objets.

TAIRE, v. tr. Ne pas dire, cacher:
taire la vérité. V. int. *Faire taire*, imposer silence. **Se taire**, v. pr. Garder
le silence, ne pas faire de bruit.

TALAPOIN, n. m. Prêtre du royaume de Siam et du Pégu, espèce de moine mendiant.

TALC, n. m. Produit minéral qui,
réduit en poudre, sert de fard aux dames.

TALED, n. m. Voile dont les Juifs
se couvrent la tête dans les synagogues.

TALENT, n. m. Aptitude naturelle
ou faculté acquise; celui qui excelle en
son genre: *talent de premier ordre*.

TALENT, n. m. Autrefois, poids
d'or ou d'argent.

TALION, n. m. Punition pareille à
l'offense: *subir la peine du talion*.

TALISMAN, n. m. Figure, médaille,
petite plaque de métal, etc., faite sous
certaines constellations, et supposée avoir
des vertus extraordinaires. *Fig.* Ce qui
opère un effet subit, merveilleux.

TALMOUSE, n. f. Sorte de pâtisserie boursouflée faite avec de la farine,
de la crème, des œufs, du beurre et du
sucre.

TALMUD, n. m. Livre qui contient
la loi orale, la doctrine, la morale et les
traditions des Juifs.

TALMUDISTE, n. m. Qui est attaché aux opinions du Talmud.

TALOCHE, n. f. Coup donné sur la
tête avec la main. *Pop.*

TALON, n. m. Partie postérieure du
pied, du soulier; entame d'un pain; ce
qui reste des cartes, après en avoir
donné à chaque joueur. *Man.* Éperon:
le cheval obéit aux talons. Arch. Moulure concave par le bas et convexe par
le haut. *Talon de souche*, sorte de chiffre ou de vignette imprimée à l'endroit
où doivent être coupés les feuillets qu'on
détache du registre à souche; *talon
rouge*, autrefois, homme de cour qui
avait des talons rouges à ses souliers.
Par ext. Flatteur, commensal de cour.
Fig. Montrer les talons, s'enfuir.

TALONNER, v. tr. Poursuivre de
près. *Fig.* Presser vivement.

TALUS, n. m. Pente, inclinaison
qu'on donne à un terrassement, au revêtement d'un mur, d'un fossé. *Tailler,
couper en talus*, obliquement.

TAMARIN, n. m. Fruit du tamarinier.

TAMARINIER, n. m. Grand et bel
arbre des pays chauds.

TAMBOUR, n. m. Caisse cylindrique, dont les deux extrémités sont formées de peaux tendues, sur l'une desquelles on frappe avec deux baguettes
pour en tirer des sons; celui qui bat
du tambour. **Tambour de basque**,
peau tendue sur un cercle garni de
grelots. Métier circulaire sur lequel est
tendue une étoffe que l'on veut broder
à l'aiguille; cylindre autour duquel
s'enroule la corde ou la chaîne qui sert
à monter une horloge ou une montre;
petite enceinte de menuiserie, avec une
ou plusieurs portes, placée à l'entrée
principale de certains édifices et surtout des églises; tympan de l'oreille.
Mener tambour battant, rudement.

TAMBOURIN, n. m. Tambour plus
long que large.

TAMBOURINER, v. int. Battre du
tambour.

TAMBOURINEUR, n. m. Qui tam-
bourine.

TAMBOUR-MAÎTRE, n. m. Tambour qui a le grade de caporal, et qui
est chargé de l'instruction des tambours.
Pl. des *tambours-maîtres*.

TAMBOUR-MAJOR, n. m. Chef
des tambours, marchant en tête du régiment. Pl. des *tambours-majors*.

TAMIS, n. m. Instrument qui sert
à passer des matières pulvérisées ou des
liqueurs épaisses.

TAMISAGE, n. m. Action de tamiser.

TAMISER, v. tr. Passer par le tamis : *tamiser de la farine.*

TAMPON, n. m. Gros bouchon en bois, en pierre ou en métal, servant à boucher une ouverture; sorte de bouchon de linge ou de papier; rouleau avec lequel les imprimeurs en taille-douce appliquent l'encre sur la planche gravée.

TAMPONNER, v. tr. Boucher avec un tampon.

TAM TAM, n. m. Espèce de cymbale qui rend un son très-retentissant.

TAN, n. m. Écorce de chêne réduite en poudre, avec laquelle on prépare les cuirs.

TANCER, v. tr. Réprimander.

TANCHE, n. f. Poisson d'eau douce.

TANDIS QUE, loc. conj. Pendant que.

TANGAGE, n. m. Balancement d'un vaisseau dans le sens de sa longueur, par oppos. à *roulis.*

TANGARA, n. m. Genre de passereaux qui habitent l'Amérique.

TANGENCE, n. f. Géom. Contact : *point de tangence.*

TANGENT, E, adj. Géom. Cercle *tangent*, qui touche un ou plusieurs cercles en un seul point.

TANGENTE, n. f. Géom. Ligne droite qui touche un cercle ou une ligne courbe sans les couper. Fig. S'échapper par la tangente. éluder adroitement, dans une discussion, les arguments de son adversaire.

TANGUER, v. int. Se dit d'un navire qui éprouve le balancement du tangage.

TANIÈRE, n. f. Caverne servant de repaire aux bêtes sauvages.

TANIN ou **TANNIN**, n. m. Substance particulière qui se trouve surtout dans l'écorce du chêne, et qui sert à tanner les peaux.

TANNAGE, n. m. Action de tanner les cuirs; résultat de cette action.

TANNÉ, ÉE, adj. Qui est d'un brun jaunâtre; de couleur à peu près semblable à celle du tan : *peau, visage tanné.*

TANNER, v. tr. Préparer les cuirs avec du tan. Fig. Ennuyer, molester. Pop.

TANNERIE, n. f. Lieu où l'on tanne les cuirs.

TANNEUR, n. m. Celui qui tanne et vend les cuirs.

TANNIN, n. m. V. Tanin.

TANT, adv. qui exprime une quantité indéfinie : *il a tant d'amis que...;* un nombre déterminé : *il y aura tant pour vous :* signifie à tel point : *il a tant mangé que...;* autant : *ne parlez pas tant; si longtemps. j'ai tant marché; aussi longtemps que : tant que je vivrai. Tous tant que no s sommes,* nous tous; être *tant à tant,* avoir au jeu autant de points l'un que l'autre, *j'en ai trouvé dix, tant bons que mauvais, tant petits que grands,* sans établir de différence, en tout comptant. Loc. adv. **Tant mieux.** marque que l'on est satisfait d'une chose; *tant pis,* que l'on en est fâché. Loc. conj. **Tant s'en faut que,** bien loin que; **si tant est que,** supposé que; **en tant que,** selon que, comme.

TANTE, n. f. Sœur du père, de la mère ou femme de l'oncle.

TANTINET, n. m. Une très-petite quantité : *un tantinet de pain.*

TANTÔT, adv. Dans peu de temps, bientôt; en parlant de la même journée : *j'irai tantôt; il n'y a pas longtemps : je l'ai vu tantôt;* exprime l'alternative, la succession : *tantôt il est d'un avis, tantôt d'un autre.*

TAON, n. m. Sorte de grosse mouche à aiguillon, qui tourmente les bestiaux pendant l'été.

TAPAGE, n. m. Désordre accompagné d'un grand bruit.

TAPAGEUR, n. m. Qui fait, qui a l'habitude de faire du tapage.

TAPE, n. f. Coup de la main. Fam.

TAPÉ, ÉE, adj. Poire, pomme tapée, aplaties et séchées au four. Fig. Mot bien tapé, vif et piquant. Fam.

TAPECU, n. m. Voiture cahotante et rude.

TAPER, v. tr. Frapper, battre.

TAPIN, n. m. Tambour; mauvais tambour. Pop.

TAPINOIS (EN). loc. adv. Sourdement, en cachette. Fam.

TAPIOCA, n. m. Fécule qu'on retire de la racine de manioc, et dont on fait un excellent potage.

TAPIR, n. m. Grand quadrupède d'Amérique, dont le museau est allongé en forme de trompe.

TAPIR (SE), v. pr. Se cacher en se tenant courbe, ramassé.

TAPIS, n. m. Pièce d'étoffe dont on couvre une table, des murs, un parquet et, par ext. : *tapis de gazon, de verdure.* Fig. Mettre une affaire sur le tapis, la proposer pour l'examiner; *tenir quelqu'un sur le tapis,* parler de lui en son absence et en mal; *amuser le tapis,* entretenir la société de choses plaisantes et frivoles.

TAPISSER. v. tr. Revêtir, orner de tapisseries, de papier de tenture, les murailles d'une chambre, d'une salle, etc. Se dit, par ext., de ce qui couvre et revêt une surface : *la vigne tapissait de ses rameaux l'intérieur de la grotte, la membrane qui tapisse l'estomac.*

TAPISSERIE. n. f. Ouvrage fait au métier ou à l'aiguille sur du canevas, avec de la laine, de la soie, etc.

TAPISSIER, ÈRE. n. Qui fait ou vend toutes sortes de meubles, et, en général, tout ce qui sert à la décoration des appartements.

TAPISSIÈRE. n. f. Voiture légère, ouverte de tous côtés, servant principalement au transport des meubles, des tapis, etc.

TAPON. n. m. Linge, étoffe qui se met en tas. *Fam.*

TAPOTER. v. tr. Donner de petits coups à plusieurs reprises. *Fam.*

TAQUET. n. m. Petit morceau de bois taillé, qui sert à maintenir l'encoignure d'un meuble, d'une armoire.

TAQUIN, E, adj. et n. Querelleur, contrariant.

TAQUINER. v. tr. et int. Avoir l'habitude de contrarier pour des riens.

TAQUINERIE. n. f. Caractère du taquin; action de celui qui taquine.

TAQUOIR. n. m. *Impr.* Morceau de bois très-uni dont on se sert pour égaliser les caractères qui entrent dans la composition d'une forme.

TARABUSTER. v. tr. Importuner par des interruptions, par du bruit, par des discours à contre-temps. *Fam.*

TARARE. interj. fam., pour marquer qu'on se moque de ce qu'on entend dire, ou qu'on n'y croit point.

TARARE. n. m. *Agr.* Instrument qui sert à vanner le blé et à nettoyer le grain.

TARAUD. n. m. Morceau d'acier, taillé en vis, dont on se sert pour tarauder.

TARAUDER. v. tr. Percer une pièce de bois ou de métal en écrou, de manière qu'elle puisse recevoir une vis.

TARD. adv. Après le temps déterminé, convenable, ordinaire : *se lever tard; vers la fin de la journée : nous arriverons tard chez nous.* N. m. : *il ne viendra que sur le tard.*

TARDER. v. int. Différer : *ne tardez pas un moment.* V. impers. Exprime un vœu, un souhait : *il me tarde de le voir.*

TARDIF, IVE. adj. Lent : *pas tardif;* qui vient tard : *regrets tardifs,* qui se forme, se développe lentement : *esprit tardif.*

TARDIVEMENT, adv. D'une manière tardive.

TARDIVETÉ. n. f. *Jard.* Croissance tardive : *la tardiveté d'une plante, d'une fleur.*

TARE. n. f. Défaut, déchet sur le poids, la quantité ou la qualité des marchandises; poids des caisses, tonneaux, sacs, etc., qui contiennent ces marchandises.

TARÉ, ÉE. adj. Vicié, corrompu : *homme taré.*

TARENTELLE. n. f. Danse des environs de Tarente.

TARENTISME. n. m. Prétendue maladie causée par la piqûre de la tarentule.

† **TARENTULE.** n. f. Grosse araignée très-commune aux environs de Tarente.

TARER. v. tr. Gâter, corrompre : *l'humidité a taré ces marchandises;* peser un va-e, un baril, etc., avant de les remplir.

TARGETTE. n. f. Sorte de petit verrou plat, qu'on met aux portes, aux fenêtres, etc., pour les fermer de l'intérieur.

TARGUER (SE). v. pr. Se prévaloir avec ostentation : *se targuer de sa noblesse.*

TARI. n. m. Vin de palmier et de cocotier, employé autrefois en médecine comme tonique.

TARIÈRE. n. f. Outil de charpentier, de charron, qui sert à faire des trous ronds dans le bois.

TARIF. n. m. Tableau du prix de certaines denrées, des droits d'entrée de certaines marchandises.

TARIFER. v. tr. Établir, fixer des prix.

TARIN. n. m. Petit oiseau du genre moineau.

TARIR. v. tr. Mettre à sec : *tarir un puits. Fig.* Faire cesser : *la paix tarit là source des maux publics.* V. int. Être à sec : *source qui ne tarit jamais. Fig.* Cesser, s'arrêter : *ses pleurs ne tarissent pas. Ne point tarir sur un sujet,* en parler sans cesse, y revenir souvent.

TARISSABLE, adj. Qui peut se tarir.

TARISSEMENT. n. m. Dessèchement.

TAROTÉ, ÉE. adj. *Cartes tarotées,* dont le dos ou revers est orné de grisaille en compartiments.

TAROTS. n. m. pl. Cartes plus longues et marquées d'autres figures que les cartes ordinaires; jeu qu'on joue avec ces cartes.

TARSE. n. m. Partie du pied appelée vulgairement *cou-de-pied*.

TARTAN, n. m. Étoffe de laine, à carreaux de diverses couleurs.

TARTANE. n. f. Petit bâtiment en usage dans la Méditerrance, portant une voile triangulaire.

TARTARE. n. m. L'enfer des anciens.

TARTAREUX, EUSE, adj. Qui a la qualité du tartre.

TARTE, n. f. Sorte de pâtisserie plate.

TARTELETTE, n. f. Petite tarte.

TARTINE. n. f. Tranche de pain recouverte de beurre ou de confitures.

TARTRATE. n. m. *Chim.* Sel composé d'acide tartrique et d'une base.

TARTRE, n. m. Dépôt salin que laisse le vin dans l'intérieur des tonneaux; sédiment de couleur jaunâtre, qui se dépose autour des dents.

TARTRIQUE (acide), adj. *Chim.* Acide extrait du tartre.

TARTUFE, n. m. Faux dévot, hypocrite.

TARTUFERIE, n. f. Caractère, action du tartufe.

TAS, n. m. Monceau, amas; réunion de gens méprisables: *tas de fripons*.

TASSE, n. f. Vase à boire; ce qu'il contient.

TASSEAU, n. m. Petit morceau de bois qui sert à soutenir une tablette.

TASSEMENT. n. m. Effet des constructions, des terres qui s'affaissent sur elles-mêmes.

TASSER. v. tr. Mettre en tas: *tasser du foin*. V. int. Croître, devenir plus épais: *l'oseille commence à tasser*; s'affaisser: *le mur tasse*.

TÂTEMENT. n. m. Action de tâter.

TÂTER. v. tr. Manier doucement: *tâter une étoffe*; goûter: *tâter d'un mets*. *Tâter le pouls*, presser légèrement l'artère pour connaître le mouvement du sang. *Fig. Tâter le terrain*, *tâter quelqu'un*, sonder pour connaître les intentions; *tâter d'un métier*, en essayer. Se tâter, v. pr. Examiner ses sentiments.

TÂTEUR, EUSE, n. Irrésolu.

TÂTE-VIN, n. m. Instrument pour tirer le vin par le bondon, lorsqu'on veut le goûter.

TATILLON, ONNE, n. Qui tatillonne. *Fam.*

TATILLONNAGE, n. m. Action de tatillonner. *Fam.*

TATILLONNER, v. int. Entrer mal à propos, inutilement dans toutes sortes de petits détails. *Fam.*

TÂTONNEMENT, n. m. Action de tâtonner.

TÂTONNER, v. int. Chercher dans l'obscurité en tâtant. *Fig.* Procéder avec circonspection, incertitude, quand on n'est pas sûr d'une chose.

TÂTONNEUR, EUSE, n. Qui tâtonne. *Fam.*

TÂTONS (À), loc. adv. En tâtonnant dans l'obscurité.

TATOU, n. m. Genre de quadrupède sauvage dont le corps est couvert d'écailles.

TATOUAGE, n. m. Action de tatouer; résultat de cette action.

TATOUER, v. tr. Imprimer sur le corps des dessins indélébiles.

TAUDIS ou **TAUDION**, n. m. Petit logement en désordre, malpropre. *Pop.*

TAUPE, n. f. Petit quadrupède qui a les yeux très-peu développés, et qui vit sous terre.

TAUPIER. n. m. Preneur de taupes.

TAUPIÈRE, n. f. Piège pour prendre les taupes.

TAUPINIÈRE ou **TAUPINÉE**, n. f. Petit monceau de terre qu'une taupe élève en fouillant. *Fig.* Maison de campagne basse et sans apparence.

TAURE, n. f. Jeune vache.

TAUREAU, n. m. Mâle de la vache; un des douze signes du zodiaque.

TAUTOLOGIE, n. f. Répétition inutile d'une même idée en termes différents.

TAUTOLOGIQUE, adj. Qui a rapport à la tautologie.

TAUX, n. m. Prix courant des denrées: *taux du blé*; denier auquel est fixé l'intérêt de l'argent: *taux de cinq pour cent*; somme à laquelle chaque contribuable est taxé.

TAVELER, v. tr. Moucheter, tacheter.

TAVELURE, n. f. Bigarrure d'une peau tavelée.

TAVERNE, n. f. Cabaret.

TAVERNIER, ÈRE, n. Qui tient taverne.

TAXATION, n. f. Action de taxer.

TAXE, n. f. Règlement établi par l'autorité pour le prix de certaines denrées comme le pain, ou de certains services comme le port des lettres; imposition établie en certains cas: *mettre une taxe sur les riches*; imposition en général: *payer sa taxe*; taxation faite par autorité de justice des frais judiciaires, et des honoraires dus aux notaires, aux avoués, aux huissiers.

TAXER, v. tr. Régler le prix d'une denrée: *taxer le pain, la viande*; établi : une imposition. *Fig.* Accuser : *taxer quelqu'un d'avarice.*

TE, pron. pers. V. *Tu.*

TECHNIQUE, adj. Qui appartient en propre à un art ou à une science.

TECHNOLOGIE, n. f. Science qui a pour objet l'histoire et la description des procédés industriels.

TECHNOLOGIQUE, adj. Qui appartient aux arts en général : *dictionnaire technologique.*

TE DEUM, n. m. Cantique d'actions de grâces. Pl. des *Te Deum.*

TÉGUMENT, n. m. *Anat.* Ce qui couvre le corps de l'homme et des animaux, comme la peau, l'épiderme, le cuir.

TEIGNE, n. f. Insecte qui ronge les grains, les étoffes de laine, les pelleteries, etc.; sorte de gale plate et sèche qui vient à la tête; gale qui vient à l'écorce des arbres; ulcération fétide qui a son siège à la fourchette du pied du cheval.

TEIGNEUX, EUSE, adj. et n. Qui a la teigne.

TEINDRE, v. tr. Faire prendre à une chose une couleur différente de celle qu'elle avait.

TEINT, n. m. Coloris du visage : *teint frais.*

TEINTE, n. f. *Peint.* Nuance résultant d'un mélange de couleurs : *teinte grise,* degré de force des couleurs : *teinte fonce,* **Demi-teinte**, teinte extrêmement faible; **teinte plate**, uniforme.

TEINTURE, n. f. Liqueur propre à teindre; opération, art du teinturier; couleur qui prend la chose teinte : *drap d'une belle teinture. Fig.* Connaissance superficielle : *avoir quelque teinture des beaux-arts.*

TEINTURERIE, n. f. Atelier du teinturier.

TEINTURIER, IÈRE, n. Qui exerce l'art de teindre les étoffes.

TEL, TELLE, adj. Pareil, semblable : *tel père, tel fils;* si grand : *sa mémoire est telle, que...* Tel quel, de peu de valeur : *ce sont des gens tels quels;* dans le même état : *je vous rends votre livre tel quel.* Pron. indéf. Celui : *tel rit aujourd'hui, qui pleurera demain.*

† **TÉLÉGRAPHE**, n. m. Appareil au moyen duquel on transmet à de grandes distances des nouvelles, des avis, au moyen de signaux : *télégraphe aérien.* Télégraphe électrique, qui fonctionne au moyen de l'électricité.

TÉLÉGRAPHIE, n. f. Art de diriger les télégraphes.

TÉLÉGRAPHIQUE, adj. Qui a rapport au télégraphe : *signes télégraphiques. Dépêche télégraphique,* parvenue au moyen du télégraphe.

TÉLESCOPE, n. m. Instrument d'optique qui rapproche les objets éloignés.

TÉLESCOPIQUE, adj. Qu'on ne voit qu'à l'aide du télescope : *étoile télescopique.*

TELLEMENT, adv. De telle sorte.

TÉMÉRAIRE, adj. Hardi avec imprudence : *action téméraire;* hasardé : *jugement téméraire.* N. : *jeune téméraire.*

TÉMÉRAIREMENT, adv. Avec témérité.

TÉMÉRITÉ, n. f. Hardiesse imprudente et présomptueuse.

TÉMOIGNAGE, n. m. Rapport d'un ou de plusieurs témoins sur un fait. *Fig.* Marque, preuve : *témoignage d'amitié. Témoignage de la conscience,* sentiment que chacun a en soi du bien et du mal; *témoignage des sens,* ce que les sens nous apprennent sur les objets extérieurs.

TÉMOIGNER, v. tr. Marquer, faire paraître : *témoigner de la joie.* V. int. Servir de témoin, porter témoignage : *témoigner contre quelqu'un en justice.*

TÉMOIN, n. m. Qui a vu ou entendu quelque fait, et qui peut en faire rapport; personne dont on se fait assister pour certains actes; spectateur : *être témoin d'une scène touchante;* marque, monument : *cette cathédrale est un témoin de la piété de nos aïeux. Témoin oculaire,* qui a vu de ses propres yeux; *prendre quelqu'un à témoin,* invoquer son témoignage; *les témoins d'un duel,* ceux qui assistent les combattants.

TEMPE, n. f. Partie latérale de la tête, depuis l'oreille jusqu'au front.

TEMPÉRAMENT, n. m. Complexion, constitution particulière du corps : *tempérament robuste,* caractère : *tempérament violent. Fig.* Adoucissement, expédient, moyens de conciliation : *proposer des tempéraments.*

TEMPÉRANCE, n. f. Vertu morale qui modère les désirs, les passions; sobriété. *Société de tempérance,* nom donné à certaines associations qui ont pour but d'arrêter ou de prévenir l'abus des spiritueux.

TEMPÉRANT, E, adj. Qui a la vertu de la tempérance : *homme tempérant.*

TEMPÉRATURE, n. f. État sensible de l'air; degré de chaleur dans un lieu : *température d'un appartement, du corps,* etc.

TEMPÉRÉ, ÉE, adj. Ni trop chaud, ni trop froid : *climat tempéré. Fig. Style tempéré,* entre le simple et le sublime.

TEMPÉRER, v. tr. Modérer, diminuer l'excès d'une chose : *tempérer la chaleur, la sévérité ;* calmer : *l'âge tempère les passions.*

TEMPÊTE. n. f. Violent orage, surtout en mer. *Fig.* Trouble de l'âme : *les tempêtes des passions ;* persécution qui s'élève contre quelqu'un : *laisser passer la tempête ;* troubles dans un État : *la tempête des guerres civiles.*

TEMPÊTER. v. int. Faire un grand bruit par mécontentement.

TEMPÉTUEUX, EUSE, adj. Sujet aux tempêtes, qui cause les tempêtes : *mer, vent tempétueux.*

TEMPLE, n. m. Dans le style soutenu, tout édifice religieux ; église, prêche des protestants. *Fig.* et *poét. Le temple de la Gloire, le temple de Mémoire,* l'immortalité.

TEMPLIER. n. m. Chevalier d'un ancien ordre militaire et religieux.

TEMPORAIRE, adj. Moment né, qui ne doit durer qu'un certain temps : *pouvoir temporaire.*

TEMPORAIREMENT, adv. Pour un temps.

TEMPORAL, E, adj. Qui a rapport aux tempes : *os temporal.*

TEMPOREL, ELLE, adj. Périssable, par oppos. à *éternel* et à *spirituel : les biens temporels,* séculier, par oppos. à *ecclésiastique : puissance temporelle.* N. m. : *le temporel et le spirituel.*

TEMPORELLEMENT, adv. Durant un temps. Son opposé est *éternellement.*

TEMPORISATION, n. f. Action de temporiser.

TEMPORISER, v. int. Retarder, différer avec espoir d'un meilleur temps.

TEMPORISEUR, n. m. Qui temporise.

TEMPS. n. m. Mesure de la durée des choses : moment fixé : *le temps approche ;* délai : *accordez-moi du temps ;* loisir : *je n'ai pas le temps ;* saison : *le temps des vendanges ;* époque, relativement à certaines circonstances, à l'état des choses, des mœurs, des opinions : *c'était un bon temps ;* état de l'atmosphère : *temps humide.* **Temps héroïques.** où vivaient les héros de la Fable ; **les Quatre-Temps,** jours de jeûne au commencement de chaque saison ; *gros temps,* temps d'orage en mer ; *dans la nuit des temps,* à une

époque très-reculée, incertaine ; *tuer le temps,* s'occuper à des riens pour échapper à l'ennui ; *perdre le temps,* ne rien faire ; *passer le temps à,* l'employer à ; *gagner du temps,* temporiser ; *avoir le temps,* n'être pas pressé ; *prendre son temps,* faire une chose sans se presser ; *prendre bien* ou *mal son temps,* agir dans un moment bien ou mal choisi ; *profiter du temps,* en faire bon usage ; *prendre du bon temps,* se divertir ; *avoir fait son temps,* être hors d'usage ; *prendre le temps comme il vient,* ne s'inquiéter de rien. *Astr. Temps vrai,* mesuré par le mouvement réel de la terre ; *temps moyen,* mesuré par la vitesse moyenne de la terre. *Mus.* Division de la mesure : *mesure à trois, à quatre temps. Escr.* Moment précis dans lequel il faut faire certains mouvements. *Gram.* Modifications du verbe qui servent à exprimer le présent, le passé et l'avenir. *Loc. adv.* **A temps,** assez tôt : *vous arrivez à temps ;* pour un temps fixé : *bannissement à temps ; de tout temps,* toujours ; *en même temps* ensemble ; *de temps en temps,* quelquefois.

TENABLE. adj. Où l'on peut rester sans trop de risque, de peines, d'incommodités : *cette place, ce poste, cette maison n'est pas tenable.* S'emploie presque toujours avec la négation.

TENACE. adj. Vigoureux, adhérent : *la poix est tenace. Fig.* Opiniâtre : *personne tenace.*

TÉNACITÉ. n. f. État de ce qui est tenace. *Fig.* Attachement opiniâtre à une idée, un projet.

TENAILLER, v. tr. Torturer un criminel avec des tenailles ardentes.

TENAILLES, n. f. pl. Instrument de fer composé de deux pièces mobiles pour tenir ou arracher quelque chose.

TENAILLON, n. m. *Fortif.* Ouvrage construit vis-à-vis l'une des faces de la demi-lune.

TENANCIER, ÈRE, n. Qui tenait des terres dépendantes d'un fief.

TENANT, E, adj. *Séance tenante,* dans le cours même de la séance.

TENANTS, n. m. pl. *Les tenants et aboutissants d'une terre,* les confins de cette terre.

TÉNARE. n. m. L'enfer des païens.

TENDANCE. n. f. Action, force par laquelle un corps tend à se mouvoir vers un côté : *tendance des corps vers la terre. Fig.* Direction sensible vers un but, une fin.

TENDANT, E. adj. Qui tend à, qui a pour but : *discours tendant à prouver que...*

TENDER, n. m. Mot angl. Wagon qui suit la locomotive, et qui contient l'eau et le charbon nécessaires à son alimentation.

TENDEUR, n. m. Celui qui tend quelque chose : *tendeur de piéges.*

TENDINEUX, EUSE, adj. De la nature des tendons : *membrane tendineuse.*

TENDON, n. m. Extrémité du muscle.

TENDRE, adj. Qui peut être facilement coupé, divisé : *bois, pierre tendre. Pain tendre*, nouvellement cuit. *Fig.* Affectueux, gracieux : *paroles tendres* ; clair, peu foncé : *rose tendre* ; susceptible d'impression : *cœur tendre* ; vif, passionné : *tendre amitié. L'âge tendre*, la première jeunesse.

TENDRE, v. tr. Bander : *tendre un arc* ; disposer : *tendre un piège* ; tapisser : *tendre une salle* ; présenter : *tendre la main* ; élever, dresser : *tendre une tente.* V. int. Aller, aboutir : *où tendent vos démarches?*

TENDREMENT, adv. Avec tendresse.

TENDRESSE, n. f. Sensibilité à l'amitié, à l'amour. Pl. Caresses, témoignages d'affection : *il m'a comblé de tendresses.*

TENDRETÉ, n. f. Qualité de ce qui est tendre, en parlant des viandes, des fruits, des légumes.

TENDRON, n. m. Bourgeon, rejeton. Pl. Cartilages à l'extrémité de la poitrine de quelques animaux : *des tendrons de veau.*

TENDU, E, adj. *Esprit tendu*, fortement appliqué.

TÉNÈBRES, n. f. pl. Obscurité, privation de lumière. *Fig.* : *les ténèbres de l'ignorance. L'ange, le prince, l'esprit des ténèbres*, le démon ; *l'empire des ténèbres*, l'enfer. Partie de l'office de la semaine sainte.

TÉNÉBREUX, EUSE, adj. Sombre, obscur.

TENEUR, n. f. Texte littéral d'un acte, d'un arrêt, d'un écrit quelconque.

TENEUR DE LIVRES, n. m. Celui qui tient la comptabilité, les livres d'un négociant.

TÉNIA, n. m. *Méd.* Nom scientifique du *ver solitaire.*

TENIR, v. tr. Avoir à la main : *tenir une épée* ; occuper : *tenir à bail* ; garer : *tenir en prison* ; entretenir : *tenir bon état* ; contenir, renfermer : *cette cruche tient un litre* ; regarder comme : *tiens l'affaire faite* ; s'emparer de : *quand la colère le tient* ; remplir ; tenir

beaucoup de place ; accomplir : *tenir une promesse* ; diriger : *tenir une classe* ; être redevable : *je tiens tout de vous* ; exercer certains métiers : *tenir boutique, auberge, pension. Tenir quelqu'un*, l'avoir amené au point où l'on voulait ; *tenir une chose de quelqu'un*, l'avoir apprise de lui ; *tenir secret*, ne pas divulguer ; *tenir un pari*, le faire ; *tenir table ouverte*, recevoir beaucoup de monde à sa table ; *tenir son rang*, l'occuper dignement ; *tenir la campagne*, être en état de s'opposer aux ennemis ; *tenir garnison*, être en garnison ; *tenir la mer*, naviguer ; *tenir le lit, la chambre*, y être retenu ; *tenir la caisse, les livres*, etc., être caissier, teneur de livres, etc.; *tenir des propos, des discours*, parler d'une certaine façon ; *tenir compte d'une chose*, y avoir égard ; *tenir tête*, résister ; *tenir la main à une chose*, y veiller ; *tenir en haleine, entretenir les dispositions* ; *tenir conseil*, délibérer ; *tenir la vie de*, la naissance de. V. int. Être contigu : *ma maison tient à la sienne* ; être attaché : *la branche tient à l'arbre* ; être compris dans un certain espace : *on tient huit à cette table* ; ressembler à : *il tient de son père* ; participer : *le mulet tient de l'âne et du cheval* ; résulter, provenir de : *cela tient à plusieurs raisons* ; avoir un grand désir : *il tient à vous voir. Tenir bon, ferme*, résister ; *cela ne tient qu'à un fil*, cela est peu solide. **se tenir**, v. pr. Demeurer, rester en un certain lieu : *tenez-vous là* ; dans une certaine situation : *tenez-vous droit. S'en tenir à une chose*, ne vouloir rien de plus ; *se tenir à peu de chose*, être près de s'accorder ; *se tenir les bras croisés*, ne pas agir ; *tenez-vous bien*, formule d'avertissement ou de menace. V. impers. *Qu'à cela ne tienne*, peu importe ; *il ne tient qu'à moi*, cela dépend de moi.

TENON, n. m. Bout d'une pièce de bois qui entre dans une mortaise.

TÉNOR, n. m. *Mus.* Voix moyenne entre la haute-contre et la basse-taille ; chanteur qui possède ce genre de voix.

TENSION, n. f. État de ce qui est tendu : *la tension des muscles, d'une corde. Fig. Tension d'esprit*, grande application.

TENTACULE, n. m. Appendice mobile dont beaucoup d'insectes ont la tête pourvue, et qui leur sert d'organe du tact.

TENTANT, E, adj. Séduisant.

TENTATEUR, TRICE, adj. et n. Qui tente. *L'esprit tentateur*, le démon.

TENTATION, n. f. Mouvement intérieur qui excite au mal : *résister à la tentation*; désir : *tentation de voyager.*

TENTATIVE, n. f. Essai : *tentative d'assassinat.*

TENTE, n. f. Pavillon en grosse toile, que l'on dresse en campagne pour se mettre à l'abri des injures du temps.

TENTER, v. tr. Essayer : *tenter une entreprise;* solliciter au mal : *le serpent tenta Ève;* donner envie : *ce fruit me tente. Tenter la fortune,* chercher à s'enrichir.

TENTURE, n. f. Tapisserie, étoffe, papier peint qui couvre les murs d'un appartement, etc. : *tenture de velours, de deuil.*

TENU, E, adj. Soigné : *enfant bien tenu;* en ordre : *maison bien tenue;* obligé : *être tenu à.*

TÉNU, E, adj. Fort délié, fort mince : *les fils ténus du ver à soie.*

TENUE, n. f. Se dit du temps pendant lequel se tiennent certaines assemblées : *tenue des assises;* maintien, manières : *bonne, mauvaise tenue. Tenue des livres,* art de régler la comptabilité d'un négociant.

TÉNUITÉ, n. f. État d'une chose ténue.

THÉORBE ou **THÉORBE,** n. m. Espèce de luth.

TERCET, n. m. Couplet ou stance de trois vers.

TÉRÉBENTHINE, n. f. Résine qui coule du térébinthe et d'autres arbres résineux.

TÉRÉBINTHE, n. m. Arbre résineux et toujours vert.

TERGIVERSATION, n. f. Action de tergiverser.

TERGIVERSER, v. int. Prendre des détours.

TERME, n. m. Fin, borne, par rapport au lieu et au temps : *terme d'une course de la vie;* époque du payement : *le terme est échu;* trois mois de loyer, et la somme due pour ce temps : *payer son terme;* époque de l'accouchement; mot, expression : *choisir ses termes;* un des éléments de la proposition; chacune des quantités qui composent un rapport, une proportion, une progression, une expression algébrique; chacune des trois propositions d'un syllogisme. Pl. Relations, rapports : *en quels termes êtes-vous avec lui?*

TERMINAISON, n. f. Désinence d'un mot.

TERMINAL, E, adj. Bot. Qui occupe le sommet : *fleur terminale.*

TERMINER, v. tr. Achever, finir : *terminer ses études. Se terminer,* v.

pr. *Gram.* Avoir une certaine désinence, en parlant des mots.

TERNAIRE, adj. *Nombre ternaire,* composé de trois unités.

TERNE, adj. Qui a peu ou point d'éclat : *œil terne. Fig. : style terne.*

TERNE, n. m. Trois numéros pris et sortis ensemble à la loterie; au loto, trois numéros sortis et marqués sur la même ligne horizontale; aux dés, coup où l'on amène deux 3.

TERNIR, v. tr. Ôter le lustre, l'éclat, la couleur : *ternir une étoffe. Fig. : ternir sa réputation.*

TERNISSURE, n. f. État de ce qui est terni : *ternissure d'une glace.*

TERRAIN, n. m. Espace de terre : *occuper un vaste terrain;* terre : *bon terrain. Fig. Disputer le terrain,* soutenir avec force son opinion; *sonder le terrain,* chercher à connaître l'intention, l'inclination, la pensée; *être sur son terrain,* parler de choses que l'on connaît; *ménager le terrain,* agir avec prudence; *gagner du terrain,* avancer dans une affaire; *connaître le terrain,* les gens auxquels on a affaire.

TERRASSE, n. f. Levée de terre pour la commodité de la promenade ou le plaisir de la vue; toiture d'une maison en plate-forme; ouvrage de maçonnerie en forme de balcon, de galerie découverte.

TERRASSEMENT, n. m. Action de creuser et de transporter des terres.

TERRASSER, v. tr. Jeter de force par terre. *Fig. : cette nouvelle l'a terrassé.*

TERRASSIER, n. m. Ouvrier qui travaille au terrassement.

TERRE, n. f. Globe terrestre; couche superficielle du globe, qui produit les végétaux; terrain, par rapport à sa nature : *terre glaise;* pays, région : *mourir en terre étrangère;* cimetière : *porter en terre. Fonds de terre,* propriété : *terre ferme,* le continent; *perdre terre,* perdre de vue les côtes; *prendre terre,* aborder; *être sur terre,* exister. *Fig. Les habitants de la terre : toute la terre vit avec horreur... Aller terre à terre,* avoir des vues peu élevées; *remuer ciel et terre,* faire tous ses efforts; *chasser sur les terres d'autrui,* empiéter sur ses droits.

TERREAU, n. m. Fumier pourri et réduit en terre.

TERRE-NEUVIER, n. m. Pêcheur qui va à la pêche des morues sur les bancs de Terre-Neuve; navire qui sert à cette pêche.

TERRE-PLEIN, n. m. Amas de

terres rapportées, formant une surface plate et unie. Pl. des *terre-pleins*.

TERRER, v. tr. Mettre de la nouvelle terre au pied d'une plante : *terrer un arbre*. **Se terrer**, v. pr. Se cacher sous terre, en parlant du lapin, du blaireau, etc.

TERRESTRE, adj. Qui appartient à la terre. *Fig.* Par oppos. à *spirituel* : *pensées terrestres*.

TERREUR, n. f. Épouvante, grande crainte ; celui qui la cause : *être la terreur d'un pays*. † **Terreur panique**, subite ; la **Terreur**, régime odieux qui pesa sur la France depuis la chute des Girondins jusqu'à celle de Robespierre.

TERREUX, **EUSE**, adj. Mêlé, sali de terre : *métal terreux, avoir les mains terreuses*. *Fig. Visage terreux*, pâle et défait ; *couleur terreuse*, terne, sans éclat.

TERRIBLE, adj. Qui cause de la terreur. *Fig.* Étrange, extraordinaire : *vent, bruit terrible* ; importun, fatigant : *c'est un terrible homme*.

TERRIBLEMENT, adv. D'une manière terrible ; excessivement : *manger terriblement*.

TERRIER, n. m. Trou, cavité dans la terre, où se retirent certains animaux : *terrier de lapin, de renard*.

TERRIFIER, v. tr. Frapper de terreur.

TERRINE, n. f. Vase de terre ; viande cuite que l'on conserve dans une terrine.

TERRINÉE, n. f. Plein une terrine. *Fam.*

TERRIR, v. int. Se dit des tortues, lorsqu'elles viennent à terre pour pondre.

TERRITOIRE, n. m. Étendue de terre dépendant d'un empire, d'une ville, d'une juridiction, etc.

TERRITORIAL, **E**, adj. Qui concerne le territoire : *revenu, impôt territorial*.

TERROIR, n. m. Terre considérée par rapport à l'agriculture : *terroir fertile*. S nt r le *terroir*, avoir un goût qui vient de la qualité du terroir, en parlant du vin ; avoir les défauts de son pays, en parlant d'un homme.

TERRORISME, n. m. Système, régime de la Terreur en France (1793-94).

TERRORISTE, n. m. Partisan du terrorisme.

TERTIAIRE, adj. *Géol. Terrain tertiaire*, formé en troisième lieu.

TERTRE, n. m. Éminence de terre, monticule.

TES, adj. poss. V. *Ton*.

TESSON, n. m. Débris d'un vase, d'une bouteille.

TEST, n. m. Enveloppe solide et calcaire qui protège le corps mou des testacés et des crustacés, comme l'huître, la moule, etc.

TESTACÉ, **ÉE**, adj. et n. Couvert d'une écaille dure et forte.

TESTAMENT, n. m. Acte authentique par lequel on déclare ses dernières volontés. **Ancien Testament**, la Bible ; **Nouveau Testament**, l'Évangile.

TESTAMENTAIRE, adj. Qui concerne le testament : *dispositions testamentaires*. **Exécuteur testamentaire**, chargé de l'exécution d'un testament.

TESTATEUR, **TRICE**, n. Qui a fait un testament.

TESTER, v. int. Faire son testament.

TESTIMONIAL, **E**, adj. *Preuves testimoniales*, par témoins.

TESTON, n. m. Ancienne monnaie d'argent frappée sous Louis XII.

TESTONNER, v. tr. Friser, arranger la tête. *Vieux.*

TÊT, n. m. Le crâne.

TÉTANOS, n. m. *Méd.* Maladie caractérisée par la tension convulsive et douloureuse des muscles.

TÉTARD, n. m. Première forme de la grenouille, du crapaud et de la salamandre.

TÊTE, n. f. Extrémité supérieure du corps de l'homme et antérieure de celui de l'animal. *Fig.* Esprit, imagination : *avoir une chose en tête* ; raison, sang-froid : *perdre la tête* ; individu : *payer tant par tête* ; vie : *il lui en coûta la tête* ; caractère : *mauvaise tête* ; volonté : *faire à sa tête* ; tout ce qui a quelque rapport de situation ou de forme avec la tête : *tête d'un arbre, d'une épingle, d'un pont*, etc. ; principale direction : *être à la tête des affaires* ; premier rang : *marcher à la tête d'une armée, d'un cortège*. *Tête carrée*, homme obstiné ; *tête à l'évent*, étourdi ; *coup de tête*, étourderie, hardiesse ; *tenir tête*, résister ; *tourner la tête*, rendre fou, faire adopter ses opinions ; *crier à tue-tête*, de toute sa force ; *rompre, casser la tête*, importuner.

TÊTE-À-TÊTE, n. m. Entretien particulier de deux personnes. **En tête-à-tête**, loc. adv. Seul à seul. Pl. des *tête-à-tête*.

TÉTER, v. tr. Sucer le lait de la mamelle d'une femme ou de la femelle d'un animal.

TÉTIÈRE, n. f. Petite coiffe de toile qu'on met aux enfants nouveau-nés; partie supérieure de la bride d'un cheval.

TETIN, n. m. Bout de la mamelle.

TETINE, n, f. Pis de la vache ou de la truie.

TÉTON, n. m. Mamelle.

TÉTRACORDE, n. m. Sorte de lyre des anciens, à quatre cordes.

TÉTRAÈDRE, n. m. Solide régulier, dont la surface est formée de quatre triangles.

TÉTRAGONE, n. m. *Géom.* Qui a quatre angles et quatre côtés.

TÉTRARQUE, n. m. Titre qu'on donnait au prince d'un État formant à peu près la quatrième portion d'un royaume démembré.

TÊTU, E, adj. et n. Obstiné.

TEUTONIQUE, adj. Qui appartient aux anciens Teutons : *langue teutonique*. *Ordre teutonique*, ordre religieux et militaire fondé au temps des croisades.

TEXTE, n. m. Les propres paroles d'un auteur; passage de l'Ecriture sainte qui fait le sujet d'un sermon. *Gros texte, petit texte*, caractères d'imprimerie.

TEXTILE, adj. Qui peut être divisé en filets propres à faire un tissu, comme le chanvre, la soie, l'amiante etc.

TEXTUEL, ELLE, adj. Conforme au texte : *citation textuelle.*

TEXTUELLEMENT, adv. Conformément au texte : *citer textuellement.*

TEXTURE, n. f. Etat d'une chose tissue. *Fig.* Disposition, arrangement des parties d'un ouvrage.

THALER, n. m. Monnaie d'Allemagne.

THAUMATURGE, n. m. Qui s'est rendu célèbre par ses miracles : *saint Grégoire le thaumaturge.*

THÉ, n. m. Arbrisseau de la Chine; sa feuille cueillie et desséchée; infusion que l'on en fait; collation dans laquelle on sert du thé : *inviter quelqu'un à un thé.*

THÉATINS, n. m. pl. Sorte de religieux.

THÉATRAL, E, adj. Qui concerne le théâtre : *action théâtrale.*

THÉATRE, n. m. Lieu où l'on représente des ouvrages dramatiques, où l'on donne des spectacles; la scène; la littérature dramatique : *les règles du théâtre*; recueil des pièces d'un pays ou d'un auteur : *le théâtre français, le théâtre de Corneille. Fig.* Lieu où se passent des actions remarquables : *le théâtre de la guerre.*

THÉBAÏDE, n. f. Solitude profonde : *vivre dans une thébaïde.*

THÉIÈRE, n. f. Vase pour faire infuser le thé.

THÉISME, n. m. Opinion philosophique qui admet l'existence d'un Dieu.

THÉISTE, n. m. Partisan du théisme.

THÈME, n. m. Sujet, matière : *traiter un thème ingrat*; ce qu'un écolier doit traduire de la langue qu'il parle dans celle qu'il apprend : *thème latin, allemand. Mus.* Air sur lequel on compose des variations.

THÉMIS, n. f. Déesse de la justice. *Fig.* La justice : *les arrêts de Thémis.*

THÉOCRATIE, n. f. Gouvernement dont les chefs sont regardés comme les ministres de Dieu : *sous les Juges, le gouvernement des Hébreux était une théocratie.*

THÉOCRATIQUE, adj. Qui appartient à la théocratie : *gouvernement théocratique.*

THÉODICÉE, n. f. Partie de la philosophie qui traite de Dieu.

THÉOGONIE, n. f. Branche de la théologie païenne, qui enseignait la généalogie et la filiation des dieux; tout système religieux imaginé dans le paganisme : *la théogonie des Indiens.*

THÉOLOGAL, E, adj. Qui a Dieu pour objet : *vertus théologales.*

THÉOLOGIE, n. f. Science de Dieu et des vérités qu'il a révélées; classe où l'on enseigne cette science; recueil des ouvrages théologiques d'un auteur.

THÉOLOGIEN, n. m. Qui sait la théologie ou qui écrit sur cette science; élève de théologie.

THÉOLOGIQUE, adj. Qui concerne la théologie.

THÉOLOGIQUEMENT, adv. Selon les principes théologiques.

THÉORBE, n. m. V. *Téorbe.*

THÉORÈME, n. m. Proposition qui est rendue évidente au moyen d'une démonstration.

THÉORICIEN, n. m. Qui connaît les principes d'un art sans les pratiquer.

THÉORIE, n. f. Partie spéculative d'une science, par oppos. à *pratique*; ensemble de connaissances donnant l'explication complète d'un certain ordre de faits : *théorie de la chaleur. Art mil.* Développement des principes de la manœuvre.

THÉORIQUE, adj. Qui appartient à la théorie.

THÉORIQUEMENT, adv. D'une manière théorique.

THÉRAPEUTIQUE, n. f. Partie de la médecine, qui enseigne la manière de traiter les maladies.

THÉRIAQUE, n. f. Médicament, opiat très-compliqué.

THERMAL, E, adj. Se dit des eaux minérales chaudes.

THERMES, n. m. pl. Bains publics des anciens.

THERMIDOR, n. m. Onzième mois de l'année républicaine en France (20 juillet au 18 août).

THERMOMÈTRE, n. m. Instrument qui sert à marquer les degrés de chaleur ou de froid.

THERMOMÉTRIQUE, adj. Qui a rapport au thermomètre : *expérience thermométrique.*

THÉSAURISER, v. int. Amasser de l'argent.

THÉSAURISEUR, EUSE, adj. et n. Qui thésaurise.

THÈSE, n. f. Proposition à discuter ; proposition soutenue publiquement dans les écoles : *thèse de philosophie* ; feuille imprimée qui la contient. *Fig.* Changer de thèse, changer d'idée, d'opinion.

THÉURGIE, n. f. Espèce de magie.

THÉURGIQUE, adj. Qui a rapport à la théurgie.

THLASPI, n. m. Plante herbacée annuelle, qu'on rencontre en abondance au milieu des champs sablonneux.

THON, n. m. Gros poisson de mer.

THORACHIQUE ou **THORACIQUE**, adj. Qui a rapport à la poitrine : *région thoracique.*

THORAX, n. m. *Anat.* Capacité de la poitrine.

THUIA ou **THUYA**, n. m. Arbre qui se rapproche du cyprès.

THURIFÉRAIRE, n. m. Clerc qui, dans les cérémonies de l'église, porte l'encensoir.

THYM, n. m. Plante odoriférante.

THYRSE, n. m. Javelot environné de pampre et de lierre, dont les bacchantes étaient armées. *Bot.* Disposition des fleurs en pyramide, comme dans le lilas, le marronnier, etc.

TIARE, n. f. Bonnet orné de trois couronnes, que porte le pape dans certaines cérémonies. *Fig.* Dignité papale : *aspirer à la tiare.*

TIBIA, n. m. Os le plus gros de la jambe.

TIBIAL, E, adj. Qui appartient au tibia : *nerfs tibiaux.*

TIC, n. m. Contraction convulsive de certains muscles, surtout de ceux du visage. *Fig.* Habitude ridicule : *avoir le tic de ronger ses ongles.*

TIC-TAC, n. m. Bruit occasionné par un mouvement réglé : *le tic-tac d'un moulin, d'une montre,* etc.

TIÈDE, adj. Qui est entre le chaud et le froid. *Fig.* Qui manque d'ardeur, d'activité.

TIÈDEMENT, adv. Avec nonchalance.

TIÉDEUR, n. f. Etat de ce qui est tiède. *Fig.* Nonchalance, manque de zèle.

TIÉDIR, v. int. Devenir tiède.

TIEN (LE), TIENNE (LA), pron. poss. Qui est à toi. N. m. Ce qui t'appartient : *défends le tien.* N. m. pl. Tes parents : *toi et les tiens.*

TIERCE, n. f. *Mus.* Intervalle compris entre trois notes, comme de *ré* à *fa. Escr.* Botte qu'on porte ayant le poignet en dedans : *porter une tierce. Jeu.* Série de trois cartes de même couleur. *Impr.* Dernière épreuve. *Litur.* Seconde des heures canoniales. *Math.* et *astr.* Soixantième partie d'une seconde.

TIERCELET, n. m. Nom générique donné aux mâles de certains oiseaux de proie.

TIERCER, v. tr. Donner aux terres un troisième labour.

TIERS, n. m. La troisième partie : *le tiers d'une pomme ;* troisième personne : *il survint un tiers.*

TIERS, CE, adj. Troisième : *un tiers arbitre. Fièvre tierce,* qui revient tous les deux jours.

† **TIERS-ÉTAT**, n. m. Partie de la nation française qui n'appartenait ni à la noblesse ni au clergé.

TIGE, n. f. Partie du végétal qui s'élève hors de la terre, et sert de support aux feuilles et aux fleurs. *Tige d'une botte,* partie qui enveloppe la jambe. *Fig.* Premier père duquel sont sorties toutes les branches d'une même famille.

TIGNASSE, n. f. Mauvaise perruque. *Pop.*

TIGRE, ESSE, n. Bête féroce du genre chat. *Fig.* Personne très-cruelle.

TIGRÉ, ÉE, adj. Moucheté comme la peau du tigre.

TILBURY, n. m. Mot angl. Cabriolet découvert, fort léger.

TILLAC, n. m. Le pont d'un navire.

TILLAGE ou **TEILLAGE**, n. m. Opération qui consiste à séparer des chènevottes l'écorce du chanvre.

TILLE ou **TEILLE**, n. f. Deuxième peau des jeunes tilleuls ; écorce du chanvre.

TILLER ou **TEILLER**, v. tr. Détacher avec la main les filaments du chanvre.

TILLEUL, n. m. Arbre dont le bois est blanc, tendre et léger ; sa fleur : *faire une infusion de tilleul.*

TIMBALE, n. f. Espèce de tambour à l'usage de la cavalerie ; gobelet en métal.

TIMBALIER, n. m. Celui qui bat des timbales.

TIMBRE, n. m. Sorte de cloche immobile, qui est frappée par un marteau placé en dehors : *timbre d'une pendule* ; qualité sonore d'un instrument ou d'une voix.

TIMBRE, n. m. Marque particulière que chaque bureau de poste imprime sur les lettres ; marque imprimée par l'Etat, sur le papier dont on se sert pour les actes publics, judiciaires, etc. *Fig. Avoir le timbre fêlé*, la tête dérangée.

TIMBRÉ, ÉE, adj. Un peu fou : *cervelle timbrée. Fam.*

TIMBRE-POSTE, n. m. Petit carré de papier, portant l'effigie du chef de l'Etat, que l'on colle sur les lettres pour les affranchir. Pl. des *timbres-poste*.

TIMBRER, v. tr. Marquer avec le timbre : *timbrer du papier, une lettre*.

TIMBREUR, n. m. Celui qui timbre.

TIMIDE, adj. Craintif.

TIMIDEMENT, adv. Avec timidité.

TIMIDITÉ, n. f. Crainte habituelle.

TIMON, n. m. Pièce de bois du train de devant d'une voiture, aux deux côtés de laquelle on attelle les chevaux ; nom que l'on donnait autrefois à la barre du gouvernail. *Fig. Gouvernement d'un Etat : prendre le timon des affaires.*

TIMONIER, n. m. Matelot qui gouverne le timon d'un navire sous les ordres du pilote ; cheval qu'on met au timon d'une voiture.

TIMORÉ, ÉE, adj. Qui craint d'offenser Dieu : *conscience timorée* ; peureux, timide : *esprit timoré*.

TINCTORIAL, E, adj. Qui sert à teindre : *plante tinctoriale*.

TINE, n. f. Espèce de tonneau qui sert à transporter de l'eau, la vendange, etc.

TINETTE, n. f. Petite cuve pour transporter le lait, le beurre.

TINTAMARRE, n. m. Bruit éclatant, avec confusion et désordre.

TINTEMENT, n. m. Sonnerie à petits coups ; vibration prolongée du son d'une cloche. *Tintement d'oreille*, bourdonnement d'oreille analogue à celui d'une cloche qui tinte.

TINTER, v. tr. Faire sonner lentement une cloche de manière que le battant frappe d'un seul côté. V. int. : *la cloche tinte, les oreilles me tintent*.

TINTOUIN, n. m. Inquiétude sur le succès d'une affaire, embarras : *ce procès, cet enfant me donne bien du tintouin. Fam.*

TIQUE, n. f. Très-petit insecte qui s'attache au corps et surtout aux oreilles des chiens, des bœufs, etc., et en suce le sang.

TIQUER, v. int. Avoir un tic.

TIQUETÉ, ÉE, adj. Tacheté : *œillet tiqueté*.

TIQUEUR, EUSE, n. Qui a un tic.

TIR, n. m. Action de lancer, au moyen d'une arme à feu, un projectile dans une direction déterminée ; endroit où l'on s'exerce à tirer.

TIRADE, n. f. Morceau en prose ou en vers, d'une certaine étendue. *Mus.* Passage que fait la voix ou l'instrument dans l'intervalle d'une note à une autre.

TIRAGE, n. m. Action de tirer : *tirage d'un bateau par des chevaux* ; difficultés qu'offre un chemin pour les voitures : *le tirage est facile sur cette route* ; espace laissé libre au bord des rivières pour les chevaux qui tirent les bateaux. *Tirage des métaux*, action de les faire passer par la filière ; *tirage de la soie*, action de la dévider ; *tirage d'une loterie*, action d'en tirer les numéros ; *tirage au sort*, action de tirer au sort pour le recrutement de l'armée. *Impr.* Action de mettre les feuilles sous presse pour les imprimer ; résultat de cette action : *beau tirage*.

TIRAILLEMENT, n. m. Action de tirailler ; mouvement irrégulier et pénible de certaines parties intérieures du corps : *tiraillements d'estomac. Fig.* Désaccord, désunion : *tiraillements dans un Etat.*

TIRAILLER, v. tr. Tirer une personne à diverses reprises. V. int. Tirer d'une arme à feu mal et souvent : *ils ne font que tirailler* ; commencer l'attaque par un feu irrégulier et à volonté.

TIRAILLERIE, n. f. Action de tirailler.

TIRAILLEUR, n. m. Chasseur qui tire souvent et mal ; soldat détaché en avant pour harceler l'ennemi.

TIRANT, n. m. Cordon pour ouvrir et fermer une bourse ; morceaux de cuir placés des deux côtés du soulier, et dans lesquels passent les cordons ; forte ganse attachée à la tige d'une botte pour aider à la mettre ; nerfs dans la viande de boucherie ; pièce de bois qui maintient les deux jambes de force du comble d'une maison ; quantité dont un navire s'enfonce dans l'eau.

TIRÉ, ÉE, adj. Fatigué : *figure tirée*. *Etre tiré à quatre épingles*, être mis avec recherche.

TIRE-BALLE, n. m. Instrument en forme de tire-bouchon, dont on se sert pour décharger les fusils ; instrument de chirurgie pour extraire les balles d'une blessure. Pl. des *tire-balle*.

TIRE-BOTTES, n. m. Instrument de bois dans lequel on engage le pied pour ôter la botte ; crochets en fer qu'on passe dans les tirants d'une botte pour la chausser.

TIRE-BOUCHON, n. m. Sorte de vis en métal, pour tirer le bouchon d'une bouteille ; cheveux frisés en spirale. Pl. des *tire-bouchon*.

TIRE-BOURRE, n. m. Crochet pour retirer la bourre d'un fusil. Pl. des *tire-bourre*.

TIRE-BOUTON, n. m. Crochet qui sert à boutonner les souliers, des gants, un vêtement. Pl. des *tire-bouton*.

TIRE D'AILE, n. m. Battement d'ailes redoublé que fait l'oiseau dans un vol rapide. **A tire-d'aile**, loc. adv. Le plus vite possible.

TIRE-FOND, n. m. Outil de tonnelier.

TIRE-LARIGOT (A), loc. adv. V. *Larigot*.

TIRE-LIGNE, n. m. Petit instrument d'acier pour tirer des lignes. Pl. des *tire-ligne*.

TIRELIRE, n. f. Petit vase de terre qui n'a qu'une fente en haut, par laquelle on introduit l'argent qu'on veut économiser.

TIRE-MOELLE, n. m. Petit instrument pour tirer la moelle d'un os. Pl. des *tire-moelle*.

TIRE-PIED, n. m. Grande lanière de cuir dont se servent les cordonniers, pour maintenir leur ouvrage sur le genou. Pl. des *tire-pied*.

TIRER, v. tr. Amener vers soi ou après soi ; faire sortir : *tirer l'épée du fourreau* ; ôter : *tirer ses bas* ; délivrer : *tirer de prison* ; étendre, allonger : *tirer une courroie* ; tracer : *tirer une ligne* ; imprimer : *tirer une estampe* ; lancer : *tirer une flèche, une bombe* ; ouvrir ou fermer : *tirer des rideaux*. *Tirer du sang*, saigner ; *tirer une vache*, la traire ; *tirer la langue* ; la sortir de la bouche ; *tirer des sons d'un instrument*, lui faire rendre des sons ; *tirer du feu d'un caillou*, en faire jaillir ; *tirer les larmes des yeux*, faire pleurer ; *tirer sa révérence*, saluer ; *tirer de l'argent de quelqu'un*, en obtenir ; *tirer des marchandises d'un pays*, en faire venir ; *tirer une loterie*, faire sortir les numéros. *Fig.* Délivrer : *tirer quelqu'un d'embarras* ; recueillir : *tirer du profit* ; emprunter : *tirer un mot du latin* ; inférer, conclure : *tirer une conséquence*. *Tirer sa source, son origine*, provenir, être issu ; *tirer son épingle du jeu*, sortir adroitement d'une mauvaise affaire ; *tirer les vers du nez*, questionner adroitement pour savoir une chose ; *tirer une épine du pied*, délivrer d'un grand embarras ; *tirer de la boue*, faire sortir

d'un état misérable ; *tirer satisfaction d'une injure*, en obtenir réparation ; *tirer vengeance*, se venger ; *tirer parti*, utiliser ; *tirer vanité d'une chose*, s'en vanter ; *tirer l'horoscope, les cartes*, prédire la destinée ; *tirer une affaire au clair*, l'éclaircir. V. int. Faire des armes ; viser : *tirer très-juste* ; avoir du rapport, de l'analogie, en parlant des couleurs : *cet habit tire sur le bleu*. *Tirer à sa fin*, être près de finir ; *tirer au large*, s'enfuir ; *tirer au sort*, s'en remettre à la décision du sort ; *tirer à conséquence*, avoir des suites graves. *Com. Tirer sur quelqu'un*, lui adresser une lettre de change. **Se tirer**, v. pr. Se dégager : *se tirer d'un bourbier*, et, fig. : *se tirer d'un mauvais pas*.

TIRET, n. m. Petit trait horizontal qui, dans un dialogue, indique le changement d'interlocuteur.

TIRETAINE, n. f. Sorte de drap grossier.

TIREUR, n. m. Qui tire une arme à feu : *habile tireur* ; qui tire une lettre de change. N. f. *Tireuse de cartes*, qui dit la bonne aventure.

TIROIR, n. m. Petite caisse emboîtée dans une armoire, une table, etc. *Pièce à tiroirs*, dont les scènes sont détachées, et n'ont presque aucune relation entre elles.

TISANE, n. f. Eau dans laquelle on a fait bouillir des plantes médicamenteuses.

TISON, n. m. Reste de bois brûlé en partie.

TISONNER, v. int. Remuer les tisons sans besoin, pour se distraire.

TISONNEUR, EUSE, n. Qui aime à tisonner.

TISONNIER, n. m. Outil de forgeron pour attiser le feu.

TISSAGE, n. m. Action de tisser.

TISSER, v. tr. Faire un tissu : *tisser du lin, du chanvre, de la soie*, etc.

TISSERAND, n. m. Ouvrier qui fait de la toile.

TISSERANDERIE, n. f. Profession de tisserand.

TISSU, n. m. Tout ouvrage fait sur le métier. *Fig.* Accumulation, suite : *tissu de mensonges*. *Bot. Tissu cellulaire*, première peau sous l'épiderme d'une plante. *Anat.* Substances de nature diverse, qui forment les différents organes, et qui résultent d'un entrelacement de fibres. Adj. Fait, composé : *nid tissu de mousse*.

TISSURE, n. f. Liaison de ce qui est tissu : *tissure lâche, serrée*.

TISSUTIER, n. m. Ouvrier qui fait des tissus.

TITANE, n. m. Corps simple métallique, de couleur noire.

TITILLATION, n. f. Légère agitation qui se remarque dans certains corps; chatouillement.

TITILLER, v. tr. Causer une légère agitation; chatouiller : *ce vin titille agréablement le palais.*

TITRE, n. m. Inscription mise en tête d'un livre, d'un chapitre, etc.; nom de dignité, d'emploi; acte, pièce authentique : *titres de noblesse.* **A titre de**, loc. prép. En qualité de : *à titre d'ami.* Monn. Degré de fin de l'or et de l'argent.

TITRÉ, ÉE, adj. Qui a un titre : *personne titrée.*

TITRER, v. tr. Donner un titre d'honneur.

TITULAIRE, adj. et n. m. Celui qui possède un emploi sans en remplir la charge.

TOAST ou **TOSTE**, n. m. Proposition de boire à la santé de quelqu'un, à l'accomplissement d'un vœu, d'une entreprise, etc.

TOCSIN, n. m. Bruit d'une cloche qu'on tinte à coups redoublés pour donner l'alarme.

TOGE, n. f. Grand manteau de laine que les Romains mettaient par dessus la tunique.

TOHU-BOHU, n. m. Mélange d'opinions, de systèmes, grand désordre.

TOI, pr. pers. V. *Tu.*

TOILE, n. f. Tissu de lin ou de chanvre; rideau qui cache le théâtre; tableau d'un peintre; tissu que forme l'araignée.

TOILERIE, n. f. Marchandise de toile.

TOILETTE, n. f. Meuble avec glace, garni de tous les objets destinés aux soins de la coiffure et de la propreté; action de se coiffer, de s'habiller : *faire sa toilette;* morceau de toile dans lequel les cordonniers, les tailleurs, etc., enveloppent les objets qu'ils vont rendre.

TOILIER, ÈRE, n. Qui vend ou fabrique de la toile.

TOISE, n. f. Ancienne mesure de six pieds.

TOISÉ, n. m. Évaluation des travaux faits dans tout ce qui concerne le bâtiment.

TOISER, v. tr. Mesurer. *Fig.* *Toiser quelqu'un,* le considérer attentivement et avec une sorte de dédain.

TOISEUR, n. m. Dont le métier est de toiser des travaux.

TOISON, n. f. Laine d'un mouton. **Toison d'or**, ordre de chevalerie espagnol.

TOIT, n. m. Couverture d'un bâtiment. *Fig. Crier une chose sur les toits,* la divulguer avec éclat.

TOITURE, n. f. Ce qui compose le toit.

TOKAI, n. m. Vin de Hongrie très-estimé.

TÔLE, n. f. Fer réduit en feuille.

TOLÉRABLE, adj. Qu'on peut tolérer, supporter.

TOLÉRABLEMENT, adv. D'une manière tolérable.

TOLÉRANCE, n. f. Condescendance, indulgence pour ce qu'on ne peut ou qu'on ne veut empêcher : *tolérance des cultes.*

TOLÉRANT, E, adj. Indulgent dans le commerce de la vie, et surtout en matière de religion.

TOLÉRANTISME, n. m. Système de ceux qui admettent une très-grande tolérance en matière de religion.

TOLÉRER, v. tr. Souffrir ce qu'on ne devrait pas permettre, ou qu'on n'ose pas défendre.

TOLLÉ ou **TOLLE**, n. m. *Crier tollé, tolle contre quelqu'un,* chercher à exciter contre lui l'indignation générale.

TOMAHAWK, n. m. Casse-tête des sauvages d'Amérique.

TOMATE, n. f. Plante de la famille des solanées; son fruit.

TOMBANT, E, adj. Qui tombe : *cheveux tombants, à la nuit tombante.*

TOMBE, n. f. Table de pierre, de marbre, etc., dont on couvre une sépulture; sépulcre : *être dans la tombe. Descendre dans la tombe,* mourir.

TOMBEAU, n. m. Monument élevé sur les restes d'un mort. *Fig.* La mort : *rester fidèle jusqu'au tombeau. Mettre quelqu'un au tombeau,* causer sa mort; *tirer du tombeau,* rendre à la vie.

TOMBÉE, n. f. *A la tombée de la nuit,* au moment où la nuit arrive.

TOMBER, v. int. Être entraîné de haut en bas par son propre poids; se jeter : *tomber aux pieds de quelqu'un;* couler, en parlant des larmes; se précipiter : *tomber sur les ennemis;* aboutir : *la Saône tombe dans le Rhône;* être pendant : *ses cheveux lui tombent sur les épaules;* éclater : *le tonnerre est tombé. Fig.* Devenir : *tomber malade;* être subitement saisi par un mal : *tomber en faiblesse, en léthargie;* succomber : *la ville tomba en son pouvoir;* cesser : *le vent est tombé;* languir : *la conversation tombe;* se porter : *la conversation tomba sur lui;* ne pas réussir : *cette pièce tombera;* cesser d'être en vogue, en usage : *cet auteur, cette* coutume tombe ; donner, être pris : tomber dans un piège ; arriver : cette fête tombe le jeudi ; dégénérer : tomber dans le burlesque ; échoir : cela m'est tombé en partage ; parvenir par hasard : cette lettre m'est tombée entre les mains ; se porter : les soupçons tombèrent sur lui. Tomber de son haut, des nues, être extrêmement surpris ; tomber en disgrâce, perdre la faveur ; tomber en faute, faillir, pécher ; tomber dans l'erreur, se tromper ; tomber dans l'oubli, être oublié ; tomber en putréfaction, se pourrir ; tomber en poussière, se réduire en poussière ; tomber en ruines, s'écrouler lentement, au pr. et au fig. ; tomber en lambeaux, s'en aller par morceaux ; le sort est tombé sur lui, l'a désigné ; tomber d'accord, convenir, s'accorder ; bien tomber, être bien servi par le hasard ; tomber sur un passage, un vers, un mot, les trouver du premier coup ; maison tombée en quenouille, dont il ne reste aucun héritier mâle. V. impers. : il tombe de la pluie, de la neige.

TOMBEREAU, n. m. Sorte de charrette entourée de planches ; ce qu'elle contient : tombereau de sable.

TOMBOLA, n. f. Espèce de loterie de société, à laquelle participent tous ceux qui assistent à une fête, à une représentation théâtrale.

TOME, n. m. Volume faisant partie d'un ouvrage imprimé ou manuscrit.

TON, TA, TES, adj. poss. qui ajoutent au nom une idée de possession.

TON, n. m. Certain degré d'élévation ou d'abaissement de la voix ou du son d'un instrument ; manière de parler : ton humble, hautain ; caractère du style : ton noble, soutenu ; manière, conduite : il faut changer de ton. Mus. Intervalle entre deux notes de la gamme ; mode dans lequel un air est composé : ton de fa. Donner le ton, régler la mode, les habitudes, les manières d'une société, d'une ville ; bon ton, langage, manières des personnes bien élevées ; se donner un ton, un air d'importance. Peint. Degré de force et d'éclat des teintes.

TONKA, n. f. Sorte de fève qui sert à aromatiser le tabac.

TONDAGE, n. m. Action de tondre les draps.

TONDAISON, n. f. V. Tonte.

TONDEUR, EUSE, n. Qui tond.

TONDRE, v. tr. Couper de près la laine, le poil, les cheveux, le buis, le gazon, etc. : tondre une brebis, un chien, une pelouse, un drap, etc.

TONIQUE, adj. et n. f. Mus. Première note de la gamme du ton dans lequel est composé un morceau.

TONIQUE, adj. et n. m. Remède qui fortifie l'action des organes.

TONNAGE, n. m. Capacité d'un navire. Droit de tonnage, que paye un navire en raison de son chargement, à son entrée dans un port.

TONNANT, E, adj. Qui tonne : Jupiter tonnant. Fig. Voix tonnante, forte, éclatante.

TONNE, n. f. Grand vaisseau de bois à deux fonds.

TONNEAU, n. m. Vaisseau plus petit qu'une tonne ; son contenu : un tonneau d'huile. Mar. Poids d'environ mille kilogrammes : vaisseau de 200 tonneaux. Espèce de jeu d'adresse.

TONNELET, n. m. Petit baril.

TONNELIER, n. m. Ouvrier qui fait ou raccommode les tonneaux.

TONNELLE, n. f. Berceau couvert de verdure ; filet pour prendre des perdrix.

TONNELLERIE, n. f. Profession du tonnelier ; lieu où il travaille.

TONNER, v. impers. Se dit en parlant du bruit que fait entendre le tonnerre. V. int. Parler avec véhémence contre quelqu'un ou contre quelque chose : tonner du haut de la chaire contre le vice.

TONNERRE, n. m. Bruit éclatant qui accompagne la foudre, et qui est ordinairement précédé d'un éclair. Fig. Voix de tonnerre, forte et éclatante.

TONSURE, n. f. Couronne que l'on fait sur la tête de ceux qui entrent dans l'état ecclésiastique ; cérémonie de l'église par laquelle on donne la tonsure.

TONSURÉ, n. m. Celui qui a reçu la tonsure.

TONSURER, v. tr. Donner la tonsure.

TONTE, n. f. Action de tondre la laine aux troupeaux ; temps de la tonte.

TONTINE, n. f. Sorte d'association mutuelle dans laquelle chaque associé verse une certaine somme, dont le capital devra être réparti, à une époque déterminée, entre tous les survivants.

TONTINIER, ÈRE, n. Qui a mis à une tontine.

TOPAZE, n. f. Pierre précieuse jaune, brillante et transparente.

TÔPE, interj. Volontiers.

TÔPER, v. int. Consentir à une proposition.

TOPINAMBOUR, n. m. Plante alimentaire, dont les tubercules ressemblent à des pommes de terre allongées.

TOPIQUE, adj. et n. m. Médicament qu'on applique à l'extérieur, comme les emplâtres, les cataplasmes, les onguents.

33.

TOPOGRAPHE, n. m. Celui qui s'occupe de topographie.

TOPOGRAPHIE, n. f. Description exacte et détaillée d'un lieu particulier.

TOPOGRAPHIQUE, adj. Qui appartient à la topographie : *carte topographique.*

TOQUE, n. f. Sorte de chapeau sans bords, coiffure ordinaire des avocats et des juges.

TOQUER, v. tr. Toucher, frapper. *Vieux.*

TOQUET, n. m. Sorte de bonnet d'enfant.

TORCHE, n. f. Flambeau grossier consistant en un bâton de sapin, entouré de résine, de cire ou de suif.

TORCHER, v. tr. Essuyer pour ôter l'ordure.

TORCHÈRE, n. f. Sorte de candélabre qui porte des flambeaux, des girandoles, des bougies et qui sert à éclairer des vestibules, des escaliers, etc.

TORCHIS, n. m. Mortier composé de terre grasse et de paille hachée.

TORCHON, n. m. Serviette de grosse toile pour essuyer la vaisselle, les meubles, etc.

TORDAGE, n. m. Façon qu'on donne à la soie en doublant et en tordant ses fils sur les moulinets.

TORDRE, v. tr. Tourner un corps par ses deux extrémités en sens contraire. *Tordre le cou*, faire mourir en tournant le cou ; *tordre la bouche*, l'avoir tournée de travers.

TORE, n. m. *Arch.* Grosse moulure ronde.

TORÉADOR, n. m. Cavalier qui combat les taureaux dans les courses publiques, en Espagne.

TORPEUR, n. f. Engourdissement profond. *Fig.* Inaction de l'âme : *tirer un homme de sa torpeur.*

TORPILLE, n. f. Poisson du genre raie, remarquable par sa propriété électrique.

TORRÉFACTION, n. f. Action de torréfier.

TORRÉFIER, v. tr. Griller, rôtir : *torréfier des grains de café.*

TORRENT, n. m. Courant d'eau rapide et impétueux. *Fig.* Se dit de certaines choses par rapport à l'abondance : *torrent de larmes, d'injures* ; par rapport à l'impétuosité : *céder au torrent d'une révolution.*

TORRENTIEL, ELLE, adj. Qui tombe par torrents : *pluie torrentielle.*

TORRENTUEUX, EUSE, adj. Qui a l'impétuosité d'un torrent : *rivière torrentueuse.*

TORRIDE (zône), adj. Partie de la terre extrêmement chaude, située entre les deux tropiques.

TORS, E, adj. Tordu ou qui paraît l'être : *fil tors, colonne torse.*

TORSADE, n. f. Frange tordue en spirale, qu'on emploie pour orner les tentures, les rideaux, les draperies, etc.

TORSE, n. m. Statue, figure tronquée, sans tête, ni bras, ni jambes ; le tronc, le buste d'une personne.

TORSION, n. f. Action de tordre ; état de ce qui est tordu.

TORT, n. m. Ce qui est contre le droit, la justice, la raison ; dommage, préjudice : *faire du tort à quelqu'un.* Loc. adv. **A tort**, injustement ; **à tort et à travers**, sans discernement.

TORTICOLIS, n. m. Douleur rhumatismale qui a son siége dans les muscles du cou.

TORTILLAGE, n. m. Façon de s'exprimer confuse et embarrassée.

TORTILLARD, n. m. Orme à bois noueux.

TORTILLEMENT, n. m. Action de tortiller ; état d'une chose tortillée.

TORTILLER, v. tr. Tordre à plusieurs tours. V. int. *Fig.* Chercher des détours, des subterfuges. **Se tortiller**, v. pr. Se replier, se tordre, en parlant des reptiles.

TORTIONNAIRE, adj. Violent, inique : *détention tortionnaire.*

TORTIS, n. m. Assemblage de fils de chanvre, de laine, de soie, etc., tordus ensemble.

TORTU, E, adj. Contrefait, qui n'est pas droit : *nez, arbre tortu. Fig.* Qui manque de justesse : *esprit, raisonnement tortu.*

TORTUE, n. f. Animal amphibie qui marche fort lentement, et dont le corps est couvert d'une grande écaille dure. *Par ext. A pas de tortue*, lentement.

TORTUEUSEMENT, adv. D'une manière tortueuse.

TORTUEUX, EUSE, adj. Qui fait plusieurs tours et retours : *sentier tortueux. Fig.* Qui manque de loyauté, de franchise : *conduite tortueuse.*

TORTUOSITÉ, n. f. État de ce qui est tortueux.

† TORTURE, n. f. Tourments que, dans certains cas, on faisait subir autrefois à un accusé avant et après sa condamnation. *Fig. Se mettre l'esprit à la torture*, travailler avec une grande contention d'esprit ; *mettre quelqu'un à la torture*, lui causer un embarras pénible ou une vive impatience.

TORTURER, v. tr. Faire éprouver la torture.

TORY, adj. et n. m. En Angleterre, royaliste conservateur. Son opposé est *Whig*.

TORYSME, n. m. Opinion, parti des torys.

TOSCAN, E, adj. *Ordre toscan*, le plus simple des cinq ordres d'architecture.

TOSTE, n. m. V. *Toast*.

TÔT. adv. Promptement, vite. **Sitôt que**, loc. conj. Dès que.

TOTAL, E. adj. Complet, entier : *ruine totale*. N. m. Assemblage de plusieurs parties formant un tout ; somme obtenue par l'addition. **Au total, en total**, loc. adv. Tout compensé.

TOTALEMENT, adv. Entièrement, tout-à-fait.

TOTALITÉ, n. f. Le total, le tout : *la totalité de ses biens*.

TOTON, n. m. Espèce de dé marqué de différentes lettres sur ses quatre faces latérales, et tournant sur un pivot. *Fig. Faire tourner quelqu'un comme un toton*, le malmener. Ne pas dire *tonton*.

TOUCAN, n. m. Oiseau d'Amérique, dont le bec est fort gros.

TOUCHANT, prép. Concernant : *touchant vos intérêts*.

TOUCHANT, E, adj. Qui touche, émeut : *discours touchant*.

TOUCHE, n. f. Chacune des petites pièces d'ébène ou d'ivoire qui composent le clavier d'un orgue, d'un piano. **Pierre de touche**, qui sert à éprouver l'or et l'argent. *Fig. : l'adversité est la pierre de touche de l'amitié*. *Peint.* et *littér.* Manière de faire sentir le caractère des objets : *touche hardie, fine, légère*.

TOUCHER, v. tr. Porter la main sur un objet, être joint : *ma maison touche la vôtre* ; recevoir : *toucher de l'argent* ; jouer de : *toucher l'orgue*. *Fig.* Avoir rapport, regarder : *cela ne me touche en rien* ; intéresser, émouvoir : *son sort me touche*. V. int. Porter la main sur, atteindre : *toucher à une chose, au plafond* ; être parent : *il me touche de près* ; être proche, *toucher au port, à sa fin* ; se heurter : *le vaisseau a touché* ; jouer de certains instruments : *toucher du piano*. *Toucher dans la main*, mettre sa main dans celle de quelqu'un en signe d'amitié, d'acquiescement. **Se toucher**, v. pr. Être contigu : *nos propriétés se touchent*.

TOUCHER, n. m. Le tact, celui des cinq sens par lequel on connaît les qualités palpables des corps ; manière de jouer de certains instruments : *toucher brillant, délicat*.

TOUCHEUR, n. m. Conducteur de bestiaux.

TOUE, n. f. Espèce de bateau plat, qui sert de bac sur certaines rivières.

TOUFFE, n. f. Assemblage de choses en nombre et rapprochées : *touffe d'arbres ; de cheveux*.

TOUFFEUR, n. f. Exhalaison qui saisit en entrant dans un lieu très-chaud.

TOUFFU, E. adj. Épais, bien garni : *bois touffu, barbe touffue*.

TOUJOURS, adv. Sans cesse, sans fin ; en toute occasion : *on n'est pas toujours heureux* ; du moins : *si je n'ai pas réussi, toujours ai-je fait mon devoir* ; en attendant : *marchez toujours, je vous suis*. *Pour toujours*, pour toute la vie : *adieu pour toujours*.

TOUPET, n. m. Petite touffe de poils, de crin, et surtout de cheveux ; petite perruque qui ne couvre que le sommet de la tête. *Fig. Avoir du toupet*, de l'effronterie, de l'audace. *Pop.*

TOUPIE, n. f. Jouet de bois que font tourner les enfants.

TOUR, n. f. Sorte de bâtiment très-élevé, de forme ronde ou carrée. *Fig. Tour de Babel*, lieu où tout le monde parle sans s'entendre. Pièce du jeu des échecs.

TOUR, n. m. Mouvement circulaire : *tour de roue* ; promenade : *faire un tour* ; circuit, circonférence : *le tour de la ville, du parc* ; partie de l'habillement mise en rond : *tour de cou* ; toute action qui exige de l'agilité, de la force, de l'adresse, de la subtilité : *tour de gobelet* ; trait d'adresse, ou de friponnerie : *jouer un bon, un mauvais tour* ; manière d'exprimer ses pensées : *tour gracieux, original* ; rang successif : *parler à son tour*. *Tour de force*, grande difficulté vaincue ; *à tour de bras*, de toute la force du bras ; *en un tour de main*, en un instant ; *tour du bâton*, profits illicites ; *faire son tour de France*, parcourir la France en exerçant un métier. Espèce d'armoire ronde et tournante posée dans l'épaisseur du mur dans le monastères et les hôpitaux, pour recevoir ce qu'on y dépose du dehors ; machine pour façonner en rond le bois, les métaux. *Fig. Homme fait au tour*, très-bien fait. **Tour à tour**, loc. adv. Alternativement.

TOURBE, n. f. Substance bitumineuse formée de débris de plantes, et bonne à brûler. *Fig.* Multitude confuse, surtout en parlant du peuple.

TOURBEUX, EUSE, adj. Qui contient de la tourbe.

TOURBIÈRE, n. f. Endroit d'où l'on tire la tourbe.

TOURBILLON, n. m. Vent impétueux qui souffle en tournoyant; masse d'eau qui tournoie rapidement en forme d'entonnoir. Se dit des objets soulevés par le vent : *tourbillon de poussière*. *Fig.* Tout ce qui entraîne l'homme : *le tourbillon des affaires, des plaisirs*.

TOURBILLONNANT, E, adj. Qui tourbillonne.

TOURBILLONNEMENT, n. m. Mouvement en tourbillon.

TOURBILLONNER, v. int. Aller en tournoyant : *l'eau tourbillonne*.

TOURELLE, n. f. Petite tour.

TOURET, n. m. *Méc.* Petite roue qui reçoit son mouvement d'une plus grande; sorte de dévidoir à l'usage des cordiers.

TOURIÈRE, n. f. Sœur qui, dans les monastères, les couvents de religieuses, fait l'office de portière. Adj. : *sœur, mère tourière*.

TOURILLON, n. m. Gros pivot sur lequel tourne une porte cochère, une grille, etc.; fer sur lequel se meut un treuil, etc.; morceau de métal rond fixé de chaque côté d'un canon, et servant à l'assujettir sur son affût.

TOURLOUROU, n. m. Nom donné par plaisanterie aux soldats de la ligne.

TOURMALINE, n. f. Pierre cristallisée qui, frottée ou chauffée, devient électrique.

TOURMENT, n. m. Violente douleur. *Fig.* Grande peine d'esprit : *ce procès lui cause bien des tourments*.

TOURMENTANT, E, adj. Qui tourmente.

TOURMENTE, n. f. Tempête sur mer. *Fig.* Troubles dans un pays : *tourmente politique*.

TOURMENTER, v. tr. Faire souffrir quelque tourment : *la goutte le tourmente*; agiter violemment : *le vent tourmente le navire*. *Fig.* Causer une peine d'esprit : *son procès le tourmente*; importuner, harceler : *ses créanciers le tourmentent*. Se tourmenter, v. pr. S'inquiéter, se donner beaucoup de peine; se déjeter, en parlant du bois.

TOURNAILLER, v. int. Aller et venir sans but, tourner autour. *Fam.*

TOURNANT, n. m. Coin de rue, de chemin, endroit où une rivière fait un coude; espace où l'on fait tourner une voiture. *Mar.* Endroit dangereux où l'eau tournoie continuellement. *Fig.* Moyen adroit et détourné : *prendre un tournant*. *Fam.*

TOURNANT, E, adj. Qui tourne : *pont tournant*.

TOURNEBROCHE, n. m. Machine qui sert à faire tourner la broche.

TOURNÉE, n. f. Visite que fait un fonctionnaire dans son ressort; voyage à époques périodiques pour affaires.

TOURNEMAIN (EN UN), loc. adv. En un instant. Mieux : *en un tour de main*.

TOURNER, v. tr. Mouvoir en rond : *tourner une roue, une broche*; faire certains mouvements : *tourner la tête*; mettre une chose dans un sens opposé : *tourner le feuillet*; façonner au tour : *tourner un pied de table*; interpréter : *tourner en bien, en mal*; faire : *bien tourner une lettre*; diriger : *tourner ses pensées vers Dieu*. *Tourner une montagne*, faire un circuit pour l'éviter; *tourner le dos à quelqu'un*, le traiter avec mépris; *tourner les talons*, s'éloigner; *tourner casaque*, changer de parti; *tourner bride*, revenir sur ses pas en parlant d'un cavalier; *tourner en ridicule*, rendre ridicule; *tourner la tête à quelqu'un*, le faire changer de bien en mal; *tourner quelqu'un à son gré*, en faire ce qu'on veut. V. int. Se mouvoir circulairement : *la terre tourne*; passer : *le vent a tourné au nord*; changer de nature, aigrir : *le lait, le vin a tourné*; mûrir : *le raisin commence à tourner*; avoir une bonne ou une mauvaise issue : *l'affaire a mal tourné*; changer en bien ou en mal : *ce jeune homme a bien tourné*; amener, occasionner : *cela tournera à sa honte, à sa gloire*. *Tourner à tout vent*, changer souvent d'opinion; *tourner du côté de quelqu'un*, prendre son parti; *la tête lui tourne*; il a le vertige; *la chance a tourné*, a passé d'un autre côté; *tourner autour du pot*, ne pas aller directement au fait; *tourner de l'œil*, mourir. Se tourner, v. pr. Changer de position. *Fig. Ne savoir de quel côté se tourner*, être dans un grand embarras. V. impers. *Il tourne cœur*, la carte tournée est cœur.

TOURNESOL, n. m. Nom vulgaire de toutes les fleurs qui paraissent se tourner toujours du côté du soleil et en suivre le mouvement. *Teinture de tournesol*, teinture bleue que l'on obtient de sa graine, et qui a la propriété de rougir dès qu'on la mêle à un acide quelconque.

TOURNEUR, n. m. Artisan qui fait des ouvrages au tour.

TOURNEVIS, n. m. Instrument de fer pour serrer ou desserrer des vis.

TOURNIQUET, n. m. Croix mobile, posée horizontalement sur un pivot, dans une rue, dans un chemin, pour ne laisser passer que les piétons ; petit morceau de bois tournant, qui sert à soutenir un châssis levé ; jeu de hasard qui consiste en un disque tournant, autour duquel sont marqués des numéros. *Chir.* Instrument pour comprimer les artères dans certaines opérations.

TOURNOI, n. m. Fête militaire du temps de la chevalerie.

TOURNOIEMENT ou **TOURNOÎMENT**, n. m. Action de ce qui tournoie : *tournoiment de l'eau.*

TOURNOIS (*livre*), adj. Ancienne monnaie de France, originairement fabriquée à *Tours.*

TOURNOYER, v. int. Tourner en faisant plusieurs tours.

TOURNURE, n. f. Tour, disposition, forme du corps. *Fig.* Genre : *tournure d'esprit* ; construction : *tournure d'une phrase* ; direction que prend une affaire.

TOURTE, n. f. Pâtisserie remplie de viande.

TOURTEAU, n. m. Masse formée d'un résidu de graines, de fruits, dont on a exprimé l'huile, le suc.

TOURTEREAU, n. m. Jeune tourterelle.

TOURTERELLE, n. f. Oiseau qui ressemble beaucoup au pigeon, et qui est plus petit.

TOURTIÈRE, n. f. Ustensile de cuisine pour faire des tourtes.

TOUSELLE, n. f. Epi de blé sans barbes.

TOUSSAINT, n. f. Fête de tous les saints (1er novembre).

TOUSSER, v. int. Faire l'effort et le bruit que cause la toux.

TOUSSEUR, EUSE, n. Qui tousse souvent.

TOUT, n. m. La totalité : *le tout est plus grand que la partie* ; tout le monde : *tout fuyait devant lui* ; toutes sortes de choses : *il peut tout.* Risquer le *tout pour le tout*, hasarder de tout perdre pour tout gagner. *Fig.* L'important, le principal : *le tout est de réussir.* En tout, loc. adv. Tout compris.

TOUT, adv. Entièrement : *je suis tout à vous* ; quelque, si : *tout aimable qu'est la vertu. Pour tout de bon*, sérieusement. Est aussi explétif : *tout doucement*, tout au plus. Loc. adv. **Du tout**, nullement ; tout-à-fait, entièrement.

TOUT, E, adj. Se dit d'une chose considérée dans son entier : *employer tout son pouvoir* ; chaque : *toute peine mérite salaire.* Somme toute, loc. adv. A tout prendre, en définitive.

TOUTE-BONNE, n. f. Sorte de sauge.

TOUTEFOIS, adv. Néanmoins, mais, cependant.

TOUTE-PUISSANCE, n. f. Puissance infinie.

TOUTOU, n. m. Chien, dans le langage des enfants.

TOUT-PUISSANT, TOUTE-PUISSANTE, adj. Qui a un pouvoir sans bornes : *ministre tout-puissant.* N. m. Le Tout-Puissant, Dieu.

TOUX, n. f. Mouvement convulsif de la poitrine, de la gorge, accompagné de bruit.

TOXICOLOGIE, n. f. Partie de la médecine qui traite des poisons.

TOXIQUE, n. m. Nom générique des poisons.

TRAC, n. m. Allure du cheval ; trace, piste des bêtes : *suivre un loup au trac.*

TRACAS, n. m. Mouvement accompagné d'embarras.

TRACASSER, v. tr. Tourmenter, inquiéter.

TRACASSERIE, n. f. Chicane, mauvaise difficulté.

TRACASSIER, ÈRE, adj. et n. Qui tracasse.

TRACE, n. f. Vestige d'un homme ou d'un animal ; marque qui reste de quelque chose : *les traces d'un chariot, de la petite vérole. Fig.* Impression dans l'esprit, la mémoire. *Marcher sur les traces de quelqu'un*, suivre son exemple.

TRACÉ, n. m. Lignes, traits : *faire le tracé d'une figure, d'une route.*

TRACEMENT, n. m. Action de tracer.

TRACER, v. tr. Tirer les lignes d'un dessin, d'un plan, etc. *Fig. Tracer le chemin à quelqu'un*, lui donner l'exemple ; *tracer l'image de quelque chose*, la représenter par le discours.

TRACHÉES, n. f. pl. Espèce de petits vaisseaux qui sont dans les plantes et les insectes l'office de poumons. **Trachée-artère**, n. f. Chez l'homme et l'animal, canal qui porte l'air aux poumons.

TRACTION, n. f. Action d'une puissance qui tire un mobile : *traction d'une locomotive.*

TRADITION, n. f. Voie par laquelle les faits et les dogmes se transmettent d'âge en âge ; les choses mêmes transmises par cette voie : *l'allaitement de Romulus par une louve est une tradition.*

TRADITIONNEL, ELLE, adj. Fondé sur la tradition : *la loi salique est une loi traditionnelle.*

TRADITIONNELLEMENT, adv. D'après la tradition.

TRADUCTEUR, n. m. Qui traduit un ouvrage d'une langue dans une autre.

TRADUCTION, n. f. Action de traduire ; ouvrage traduit.

TRADUIRE, v. tr. Faire passer un ouvrage d'une langue dans une autre. *Traduire en justice,* citer, appeler devant un tribunal.

TRADUISIBLE, adj. Qui peut être traduit.

TRAFIC, n. m. Commerce, négoce.

TRAFIQUANT, n. m. Commerçant.

TRAFIQUER, v. int. Faire trafic. *Fig.* Faire abus de ce qui est honnête, moral, etc., pour gagner de l'argent : *trafiquer de son honneur.*

TRAGÉDIE, n. f. Poème dramatique représentant une action importante, qui se passe entre des personnages illustres, et propre à exciter la terreur et la pitié ; le genre tragique. *Fig.* Événement funeste : *sanglante tragédie.*

TRAGÉDIEN, ENNE, n. Acteur, actrice tragique.

TRAGI-COMÉDIE, n. f. Tragédie mêlée d'incidents comiques, et dont le dénoûment n'est pas tragique. Pl. des *tragi-comédies.*

TRAGI-COMIQUE, adj. Qui tient du tragique et du comique : *des aventures tragi-comiques.*

TRAGIQUE, adj. Qui appartient à la tragédie : *situation tragique. Fig.* Funeste, violent : *fin tragique.* N. m. Le genre tragique ; auteur de tragédies : *les tragiques grecs.*

TRAGIQUEMENT, adv. D'une manière tragique.

TRAHIR, v. tr. Faire une perfidie, manquer de foi : *trahir sa patrie. Fig.* Parler, agir contre : *trahir ses serments ;* révéler : *trahir un secret ;* faire connaître par imprudence ; *trahir sa pensée, ses pleurs l'ont trahi ;* ne pas seconder : *ses forces trahirent son courage.*

TRAHISON, n. f. Action de celui qui trahit. *Crime de haute trahison,* contre l'État ou la personne du souverain.

TRAILLE, n. f. Bateau qui sert à passer une rivière.

TRAIN, n. m. Allure ; partie de devant ou de derrière d'où partent les mouvements des bêtes de trait ; charronnage qui porte le corps d'un carrosse, d'un chariot ; suite de valets, de chevaux : *réformer son train ;* bruit,

tapage : *faire du train ;* suite de wagons traînés par la même locomotive. **Train omnibus,** où il y a des places de 1re, de 2e et de 3e classe ; **train express,** où il n'y a que des places de 1re classe ; **train de bois,** long radeau de bois flotté ; **train d'artillerie,** attirail nécessaire pour le service des canons. *Fig. Train de vie,* manière de vivre ; *mettre une affaire en train,* la commencer ; *mener quelqu'un bon train,* ne pas le ménager ; *être en train,* de bonne humeur ; *mettre les autres en train,* les exciter au plaisir, à la gaîté.

TRAÎNANT, E, adj. Qui traîne à terre : *robe traînante. Fig* Style traînant, languissant.

TRAÎNARD, n. m. Qui reste en arrière. *Par ext.* Homme lent.

TRAÎNASSE, n. f. Nom vulgaire de plusieurs plantes à racines et à tige traînantes.

TRAÎNE, n. f. *Bateau à la traîne,* qui est traîné par un autre.

TRAÎNEAU, n. m. Sorte de voiture sans roues, qu'on fait glisser sur la glace et sur la neige ; grand filet qu'on traîne dans les champs pour prendre des oiseaux, ou dans les rivières pour prendre du poisson.

TRAÎNÉE, n. f. Petite quantité de choses répandues en longueur : *traînée de poudre, de farine.*

TRAÎNER, v. tr. Tirer après soi. *Fig. Traîner une affaire en longueur,* en différer la conclusion ; *traîner ses paroles,* parler lentement ; *traîner quelqu'un dans la boue,* salir sa réputation. V. int. Pendre jusqu'à terre : *son manteau traîne ;* languir : *il traîne depuis longtemps ;* n'être pas à sa place : *tout traîne dans cette maison.* **Se traîner,** v. pr. Marcher avec peine ; se glisser en rampant.

TRAÎNEUR, n. m. Qui reste en arrière.

TRAIRE, v. tr. *(Je trais, n. trayons. Je trayais, n. trayions. Point de passé déf. Je trairai, n. trairons. Je trairais, n. trairions. Trais, trayons. Que je traie, que n. trayions. Point d'imp. du subj. Trayant. Trait, e.)* Tirer le lait des vaches, des chèvres, des brebis, des ânesses.

TRAIT, n. m. Dard, javelot, flèche ; longe de corde ou de cuir avec laquelle les chevaux tirent ; ligne qu'on trace avec le crayon, la plume ; ligne d'un dessin qui n'est pas ombré : *dessiner au trait ;* linéaments du visage : *traits fins, grossiers. Trait de scie,* chaque coupe faite avec la scie ; *trait de repère,* ligne tracée pour servir de marque; *partir comme un trait*, très-vite; *copier trait pour trait*, exactement; *avaler d'un trait*, d'un seul coup. *Fig.* Attaque : *trait de satire*, *de médisance*, *de calomnie*; action, fait, événement : *trait de vertu*, *d'histoire*; pensée vive, imprévue : *trait d'esprit*; rapport : *cela a trait à ce qu'on vient de dire*. *Gram.* **Trait d'union**, qui sert à lier les diverses parties d'un mot composé.

TRAITABLE, adj. Doux, maniable, facile : *humeur traitable*.

TRAITANT, n. m. Autrefois, celui qui se chargeait du recouvrement des deniers publics, à des conditions réglées par un traité.

TRAITE, n. f. Étendue de chemin qu'on fait sans s'arrêter : *longue traite*; lettre de change que l'on tire sur un correspondant. † **Traite des noirs**, trafic d'esclaves sur la côte d'Afrique.

TRAITÉ, n. m. Ouvrage où l'on traite d'un art, d'une science : *traité de mathématiques*; convention entre souverains ou particuliers.

TRAITEMENT, n. m. Accueil, réception, manière d'agir envers quelqu'un; appointements d'un fonctionnaire; manière de conduire une maladie : *traitement facile à suivre*.

TRAITER, v. tr. Agir bien ou mal avec quelqu'un : *traiter les vaincus avec humanité*; recevoir, accueillir : *il m'a fort bien traité*; régaler, donner à manger : *il nous a traités splendidement*; discuter, raisonner sur : *traiter une question*; négocier : *traiter la paix*, *un mariage*; soigner, médicamenter : *traiter un malade*; qualifier : *traiter quelqu'un de voleur*. *Traiter de haut en bas*, avec hauteur, mépris. V. int. : *traiter de la paix*.

TRAITEUR, n. m. Celui qui donne à manger pour de l'argent.

TRAÎTRE, ESSE, adj. et n. Qui trahit; qui fait du mal à l'improviste : *les chats sont traîtres*. **En traître**, loc. adv. Avec trahison.

TRAÎTREUSEMENT, adv. En traître.

TRAJECTOIRE, n. f. *Géom.* Courbe que décrit un corps soumis à une force motrice.

TRAJET, n. m. Espace d'eau ou de chemin à parcourir, pour se rendre d'un lieu à un autre; action de traverser cet espace : *votre trajet fut difficile*.

TRAMAIL, n. m. Filet pour prendre de petits poissons.

TRAME, n. f. Fil passé par la navette entre les fils qui forment la chaî-

ne. *Fig.* Complot : *ourdir une trame odieuse*.

TRAMER, v. tr. Machiner, comploter : *tramer une conspiration*.

† **TRAMONTANE**, n. f. Côté du Nord dans la Méditerranée. *Fig.* *Perdre la tramontane*, se troubler. Ne pas dire : *tremontade*.

TRANCHANT, n. m. Fil d'un couteau, d'une épée, etc.

TRANCHANT, E, adj. Qui coupe : *épée tranchante*. *Fig.* *Ton tranchant*, hardi, décisif; *couleurs tranchantes*, fort vives.

TRANCHE, n. f. Morceau coupé un peu mince : *tranche de jambon*; surface unie que présente l'épaisseur d'un livre rogné : *volume doré sur tranche*.

TRANCHÉE, n. f. Ouverture plus ou moins longue dans le sol, pour poser les fondations d'un mur, planter des arbres, etc. *Fortif.* Excavations derrière lesquelles les assiégeants se mettent à l'abri des feux de la place. Pl. *Méd.* Coliques très-aiguës.

TRANCHEFILE, n. f. Petit rouleau de papier recouvert de soie ou de fil, que les relieurs mettent aux deux extrémités du dos d'un livre.

TRANCHE-LARD, n. m. Couteau de cuisine à lame fort mince. Pl. des *tranche-lard*.

TRANCHE-MONTAGNE, n. m. Fanfaron. Pl. des *tranche-montagne*.

TRANCHER, v. tr. Séparer en coupant. *Fig.* *Trancher la difficulté*, la résoudre tout d'un coup; *trancher le mot*, appeler une chose par son nom. V. int. Décider hardiment : *il tranche sur tout*. *Fig.* Ressortir : *ces couleurs ne tranchent pas assez*; contraster : *leurs caractères tranchent*. *Trancher du grand seigneur*, *du bel esprit*, faire le grand seigneur, le bel esprit.

TRANCHET, n. m. Outil de cordonnier, de bourrelier, etc., pour couper le cuir.

TRANQUILLE, adj. Calme, paisible : *la mer était tranquille*. *Fig.* : *conscience tranquille*.

TRANQUILLEMENT, adv. D'une manière tranquille.

TRANQUILLISANT, E, adj. Qui tranquillise : *nouvelle tranquillisante*.

TRANQUILLISER, v. tr. Calmer, rendre tranquille : *tranquilliser l'esprit*. Se tranquilliser, v. pr. N'être plus inquiet; ne plus se troubler.

TRANQUILLITÉ, n. f. État de ce qui est tranquille.

TRANSACTION, n. f. Acte par lequel on transige sur un différend, un procès, etc.; conventions, relations dans la vie, dans les affaires : *transactions commerciales.*

TRANSALPIN, E, adj. Qui est au-delà des Alpes.

TRANSBORDEMENT, n. m. Action de transborder.

TRANSBORDER, v. tr. Transporter la cargaison d'un bâtiment dans un autre.

TRANSCENDANCE, n. f. Supériorité marquée : *la transcendance de son génie.*

TRANSCENDANT, E, adj. Qui excelle en son genre : *génie transcendant. Géométrie transcendante,* qui se sert du calcul différentiel et du calcul intégral.

TRANSCRIPTION, n. f. Action de transcrire ; son résultat : *transcription d'un acte.*

TRANSCRIRE, v. tr. Copier un écrit.

TRANSE, n. f. Grande appréhension d'un mal qu'on croit prochain.

TRANSEPT, n. m. Galerie transversale qui, dans une église, forme la croix avec la nef.

TRANSFÈREMENT, n. m. Action de transférer.

TRANSFÉRER, v. tr. Transporter, faire passer d'un lieu dans un autre : *transférer un prisonnier, une préfecture d'une ville dans une autre ;* donner à un autre son droit, sa créance : *transférer une inscription de rente.*

TRANSFERT, n. m. Acte par lequel on déclare transporter à un autre la propriété d'une rente. d'une action, etc.

TRANSFIGURATION, n. f. Changement d'une figure en une autre. Ne se dit que de la transfiguration de J.-C. et des tableaux qui la représentent.

TRANSFIGURER, v. tr. Changer d'une figure en une autre. V. pr. : *J.-C. se transfigura sur le Mont-Thabor.*

TRANSFORMATION, n. f. Changement de forme, métamorphose : *transformation de la chenille.*

TRANSFORMER, v. tr. Métamorphoser. *Math. Transformer une équation,* la changer en une autre d'une forme différente. **Se transformer,** v. pr. *Fig.* Se déguiser, prendre plusieurs caractères selon ses vues et ses intérêts.

TRANSFUGE, n. m. Celui qui déserte et passe à l'ennemi. *Fig.* Celui qui passe dans le parti opposé.

TRANSFUSER, v. tr. Faire passer un liquide d'un récipient dans un autre. Se dit surtout en parlant de la transfusion du sang.

TRANSFUSION (du sang), n. f. Opération par laquelle on fait passer du sang des veines d'un individu dans celles d'un autre individu.

TRANSGRESSER, v. tr. Enfreindre, violer : *transgresser la loi.*

TRANSGRESSEUR, n. m. Celui qui transgresse.

TRANSGRESSION, n. f. Action de transgresser.

TRANSI, E, adj. Saisi : *transi de froid, de peur. Amoureux transi,* timide à l'excès.

TRANSIGER, v. int. Passer un acte pour accommoder un différend, un procès. *Fig. Transiger avec l'honneur,* dans une circonstance délicate, servir ses intérêts aux dépens de son honneur.

TRANSIR, v. tr. Pénétrer et engourdir de froid. V. int. : *transir de froid, de peur.*

TRANSISSEMENT, n. m. État d'un homme saisi de froid ou de peur.

TRANSIT, n. m. Faculté de faire passer des marchandises à travers une ville, un État, sans payer de droits.

TRANSITIF, IVE, adj. *Verbe transitif,* marquant une action qui passe directement du sujet à un complément.

TRANSITION, n. f. Manière de passer d'un raisonnement à un autre, de lier les parties d'un discours : *habile transition. Fig.* Passage d'un état de choses à un autre : *de l'anarchie au despotisme, la transition est inévitable.*

TRANSITOIRE, adj. Passager : *loi transitoire.*

TRANSLATION, n. f. Action de transférer : *translation d'un prisonnier, d'une préfecture.*

TRANSMETTRE, v. tr. Céder : *transmettre un droit ;* faire parvenir : *transmettre un ordre. Fig. : transmettre ses vertus à son fils.*

TRANSMIGRATION, n. f. Action d'un peuple qui passe d'un pays dans un autre. *Transmigration des âmes,* métempsycose.

TRANSMISSIBLE, adj. Qui peut être transmis.

TRANSMISSION, n. f. Action de transmettre ; son effet : *transmission d'un droit.*

TRANSMUABLE, adj. Qui peut être transmué.

TRANSMUER, v. tr. Changer, transformer, en parlant des métaux.

TRANSMUTABILITÉ, n. f. Propriété de ce qui est transmuable.

TRANSMUTATION, n. f. Changement d'une chose en une autre : *transmutation des métaux en or.*

TRANSPARENCE, n. f. Qualité de ce qui est transparent : *transparence du verre.*

TRANSPARENT, n. m. Papier où sont tracées plusieurs lignes noires, et dont on se sert pour s'accoutumer à écrire droit.

TRANSPARENT, E, adj. Diaphane, au travers de quoi l'on peut voir les objets : *onde transparente.*

TRANSPERCER, v. tr. Percer de part en part.

TRANSPIRATION, n. f. Sortie imperceptible des humeurs par les pores.

TRANSPIRER, v. int. S'exhaler, sortir ; suer : *cet homme transpire beaucoup. Fig.* Commencer à être connu : *la nouvelle transpire.*

TRANSPLANTATION, n. f. Action de transplanter.

TRANSPLANTER, v. tr. Planter en un autre endroit. *Fig.* Transférer ; transporter : *transplanter une colonie.*

TRANSPORT. n. m. Action de transporter d'un lieu en un autre ; cession d'un droit : *faire le transport d'une rente. Fig.* Sentiment vif, violent : *transport de joie ;* délire : *transport au cerveau ;* enthousiasme : *transport poétique.*

TRANSPORTABLE, adj. Qui peut être transporté.

TRANSPORTATION, n. f. Mesure politique et exceptionnelle, en vertu de laquelle, en temps de révolution, on transporte dans les colonies les individus dont la présence paraît dangereuse pour la tranquillité publique.

TRANSPORTÉ, n. m. Qui a subi la peine de la transportation.

TRANSPORTER, v. tr. Porter d'un lieu dans un autre ; céder un droit : *transporter une créance. Fig.* Exciter, mettre hors de soi : *la fureur le transporte.* **Se transporter**, v. pr. Se rendre en un lieu.

TRANSPOSER, v. tr. Mettre une chose à une place autre que celle qu'elle occupe ou qu'elle doit occuper : *transposer un mot. Mus.* Jouer ou chanter un morceau dans un ton différent de celui dans lequel il a été écrit.

TRANSPOSITEUR, adj. m. Se dit d'un piano qui opère la transposition d'un ton dans un autre ; par un moyen mécanique.

TRANSPOSITION, n. f. Action de transposer ; son résultat.

TRANSPOSITIVE (*langue*), adj. Où les rapports des mots entre eux sont indiqués par leurs terminaisons, comme dans les langues grecque, latine, allemande, etc.

TRANSRHÉNANE, adj. f. Qui est au-delà du Rhin : *province, contrée transrhénane.*

TRANSSUBSTANTIATION, n. f. Changement de la substance du pain et du vin en celle du corps et du sang de Jésus-Christ, dans l'Eucharistie.

TRANSSUDATION, n. f. Action de transsuder.

TRANSSUDER, v. int. Se dit d'un liquide qui passe, qui sue à travers le vase ou l'enveloppe qui le recèle.

TRANSVASER, v. tr. Verser d'un vase dans un autre.

TRANSVERSAL, E, adj. Qui coupe obliquement : *ligne transversale.*

TRANSVERSALEMENT, adv. D'une manière transversale.

TRANSVERSE, adj. Oblique.

TRAPÈZE, n. m. *Géom.* Quadrilatère dont deux côtés seulement sont parallèles.

TRAPÉZOÏDE, n. m. Figure qui a la forme d'un trapèze.

TRAPPE, n. f. Porte posée horizontalement sur une ouverture au niveau du plancher ; porte, fenêtre à coulisse ; piège pour prendre des bêtes.

TRAPPE (LA), n. f. Ordre religieux très austère.

TRAPPISTE, n. m. Religieux de la Trappe.

TRAPU, E, adj. Gros et court : *homme trapu.*

TRAQUE, n. f. *Chass.* Action de traquer.

TRAQUENARD, n. m. Piège pour prendre les animaux nuisibles.

TRAQUER, v. tr. Entourer un bois, puis y pénétrer en se rapprochant les uns des autres, de manière à ne rien laisser échapper. *Fig.* : *traquer des voleurs.*

TRAQUET, n. m. Morceau de bois qui passe à travers la trémie, afin de faire tomber le blé sous la meule du moulin ; piège qu'on tend aux bêtes puantes ; petit oiseau à bec fin.

TRAQUEUR, n. m. Celui qui traque à la chasse.

TRAVAIL, n. m. Peine qu'on prend pour faire une chose ; ouvrage fait ou à faire : *travail délicat, distribuer le travail aux ouvriers ;* rapport d'un ministre au souverain, ou d'un commis au ministre ; machine de bois à quatre piliers, pour serrer les chevaux vicieux. Dans ces deux derniers sens, travail prend s au pluriel.

TRAVAILLER, v. int. Se donner de la peine pour faire, pour exécuter une chose. *Fig.* Se déjeter : *le bois vert travaille ;* fermenter : *le vin nouveau travaille.* V. tr. Façonner : *travailler le* for ; soigner : *travailler ses vers*, son style. *Fig.* Tourmenter : *la fièvre le travaille. Travailler les esprits*, les exciter à la révolte.

TRAVAILLEUR, EUSE, n. Qui aime le travail ; employé à un ouvrage : *les assiégés tombèrent sur les travailleurs*.

TRAVÉE, n. f. Espace entre deux poutres ; dans une église, chacune des ga'eries supérieures qui règnent au-dessus des arcades de la nef.

TRAVERS, n. m. Étendue d'un corps considéré dans sa largeur : *un travers de doigt. Fig.* Bizarrerie, caprice, inconduite : *travers d'esprit.* Loc. adv. **En travers**, d'un côté à l'autre suivant la largeur ; **à tort et à travers**, inconsidérément ; **de travers**, obliquement. *Regarder de travers*, avec colère ; *esprit de travers*, mal fait, mal tourné ; *entendre de travers*, mal ; Loc. prép. **A travers**, au milieu : *à travers les champs* ; **au travers**, par le milieu, lorsqu'il y a obstacle : *au travers de l'ennemi.*

TRAVERSE, n. f. Pièce de bois qu'on met en travers pour en affermir d'autres. *Chemin de traverse*, qui abrège. *Fig. Se mettre à la traverse*, apporter des obstacles. Pl. Afflictions, malheurs : *essuyer bien des traverses.*

TRAVERSÉE, n. f. Trajet, voyage par mer.

TRAVERSER, v. tr. Passer à travers, d'un côté à l'autre : *traverser une forêt, la rue, la rivière* ; couper : *des allées traversent le jardin* ; percer de part en part : *la pluie a traversé mes habits. Fig.* Susciter des obstacles : *traverser les desseins de quelqu'un.*

TRAVERSIER, ÈRE, adj. Qui sert à traverser : *barque traversière. Flûte traversière*, dont on joue en la plaçant presque horizontalement sur les lèvres.

TRAVERSIN, n. m. Sorte d'oreiller long et étroit.

TRAVESTIR, v. tr. Déguiser. *Fig.* Traduire un ouvrage sérieux en style burlesque : *Scarron a travesti l'Énéide* ; donner une fausse interprétation : *travestir une pensée.* **Se travestir**, v. pr. Se déguiser, se masquer.

TRAVESTISSEMENT, n. m. Déguisement.

TRÉBUCHEMENT, n. m. Action de trébucher.

TRÉBUCHER, v. int. Faire un faux pas ; emporter par sa pesanteur le poids qui contrepèse : *quand on pèse une monnaie d'or, il faut qu'elle trébuche.*

TRÉBUCHET, n. m. Piège pour prendre les petits oiseaux ; petite ba-

lance très-sensible, pour peser les monnaies.

TRÈFLE, n. m. Plante herbacée employée comme fourrage ; une des quatre couleurs du jeu de cartes, et, en général, tout ce qui a la forme de la feuille du trèfle.

TREILLAGE, n. m. Assemblage de lattes en treillis.

TREILLAGER, v. tr. Garnir de treillages.

TREILLAGEUR, n. m. Qui fait des treillages.

TREILLE, n. f. Ceps de vigne élevés contre un mur ou un treillage. *Le jus de la treille*, le vin.

TREILLIS, n. m. Ouvrage de bois, de fer, qui imite les mailles d'un filet et sert de clôture ; grosse toile à sacs.

TREILLISSER, v. tr. Garnir de treillis.

TREIZE, adj. num. Dix et trois ; treizième : *Grégoire treize.* N. m. : *le treize du mois.*

TREIZIÈME, adj. num. ord. de treize. N. m. : *un treizième.*

TREIZIÈMEMENT, adv. En treizième lieu.

TRÉMA, n. m. Double point qu'on met horizontalement sur les voyelles *e, i, u*, pour indiquer qu'on doit les prononcer séparément de la voyelle qui précède, comme dans *na-if, Sa-ül*.

TREMBLAIE, n. f. Lieu planté de trembles.

TREMBLANT, E, adj. Qui tremble : *main, voix tremblante. Fig.* Saisi d'effroi : *il en était tout tremblant.*

TREMBLE, n. m. Espèce de peuplier dont la feuille *tremble* au moindre vent.

TREMBLÉ, ÉE, adj. *Écriture tremblée*, tracée par une main tremblante.

TREMBLEMENT, n. m. Agitation de ce qui tremble : *tremblement de main.* **Tremblement de terre**, violente secousse qu'éprouve quelquefois la couche superficielle de la terre.

TREMBLER, v. int. Être agité par de fréquentes secousses ; vaciller : *le plancher tremble. Fig.* Avoir peur : *tout tremble devant lui.*

TREMBLEUR, EUSE, n. Qui tremble. *Fig.* Craintif, timide : *c'est un trembleur.* Nom sous lequel on désigne quelquefois les *quakers*.

TREMBLOTANT, E, adj. Qui tremblote : *voix tremblotante.*

TREMBLOTER, v. int. Diminutif de trembler. *Fam.*

TRÉMIE, n. f. Sorte d'auge carrée, très-étroite par le bas, d'où le blé tombe petit à petit entre les meules d'un moulin à farine.

TRÉMIÈRE (rose), adj. f. Espèce de grande mauve.

TRÉMOUSSEMENT, n. m. Action de se trémousser.

TRÉMOUSSER (SE), v. pr. S'agiter d'un mouvement vif et irrégulier. *Fig.* Se donner beaucoup de mouvement pour faire réussir une affaire. *Fam.*

TREMPE, n. f. Action de tremper le fer ou l'acier ; dureté et élasticité qu'ils acquièrent par cette opération. *Fig.* Esprit, âme, caractère d'une bonne trempe, ferme, énergique.

TREMPER, v. tr. Mouiller en mettant dans un liquide. *Tremper la soupe*, verser le bouillon sur le pain. *tremper son vin*, y mettre beaucoup d'eau ; *tremper le fer, l'acier, les plonger tout rouges dans un bain d'eau froide. Fig. Tremper ses mains dans le sang*, commettre un meurtre, le conseiller, y consentir. V. int. Demeurer quelque temps dans un liquide. *Fig. Tremper dans un crime, dans un complot, en être complice ; être trempé*, être très-mouillé.

TREMPLIN, n. m. Planche inclinée et élastique, sur laquelle court un sauteur pour faire des sauts périlleux.

TRENTAINE, n. f. Nombre de trente ou environ. *Avoir la trentaine*, être âgé de trente ans accomplis.

TRENTE, adj. num. Trois fois dix ; trentième : *page trente.* N. m. : *le trente du mois.*

TRENTE-ET-UN, n. m. Sorte de jeu de cartes.

TRENTIÈME, adj. num. ord. de trente. N. m. : *un trentième.*

TRÉPAN, n. m. Instrument de chirurgie avec lequel on perce les os, et surtout ceux du crâne ; opération faite avec cet instrument.

TRÉPANER, v. tr. Faire l'opération du trépan.

TRÉPAS, n. m. Décès, mort. *Poét.*

TRÉPASSÉ, ÉE, n. Personne décédée : *prier pour les trépassés.*

TRÉPASSEMENT, n. m. Trépas.

TRÉPASSER, v. int. Mourir.

TRÉPIDATION, n. f. Mé. Tremblement des membres, des nerfs, etc.

TRÉPIED, n. m. Ustensile de cuisine à trois pieds ; siège à trois pieds sur lequel la pythonisse rendait ses oracles.

TRÉPIGNEMENT, n. m. Action de trépigner.

TRÉPIGNER, v. int. Frapper vivement des pieds contre terre : *trépigner de joie, de colère.*

TRÉPOINT, n. m. ou **TRÉPOIN-**

TE, n. f. Bande de cuir que les cordonniers, les bourreliers, etc., mettent et cousent entre deux cuirs plus épais.

TRÈS, adv. qui se place devant un adjectif ou un autre adverbe, pour marquer le superlatif.

TRÉSOR, n. m. Amas d'or, d'argent, de choses précieuses. **Le trésor public**, ou simplement le trésor, revenus de l'État. *Fig.* Tout ce qui est excellent, très-utile : *le travail est un trésor. Les trésors de Cérès, de Bacchus, de l'automne*, les blés, les raisins, les fruits.

TRÉSORERIE, n. f. Lieu où l'on garde le trésor public.

TRÉSORIER, n. m. Officier qui reçoit et distribue les fonds d'un prince, d'un corps, etc.

TRÉSORIÈRE, n. f. Celle qui, dans une communauté, dans une association, reçoit les revenus, les souscriptions, etc.

TRESSAILLEMENT, n. m. Emotion, agitation subite d'une personne qui tressaille.

TRESSAILLIR, v. int. (Je tressaille, n. tressaillons. Je tressaillais, n. tressaillions. Je tressaillis, n. tressaillîmes. Je tressaillirai, n. tressaillirons. Je tressaillirais, n. tressaillirions. Tressaille, tressaillons. Que je tressaille, q. n. tressaillions. Q. je tressaillisse, q. n. tressaillissions. Tressaillant. Tressailli). Être subitement ému, éprouver une agitation vive et passagère.

TRESSE, n. f. Tissu plat de fils, de cheveux, etc., entrelacés.

TRESSER, v. tr. Arranger en tresse.

TRESSEUR, EUSE, n. Qui tresse des cheveux.

TRÉTEAU, n. m. Pièce de bois longue et étroite, portée sur quatre pieds, pour soutenir une table, un échafaud, etc. Pl. Théâtre de saltimbanques : *monter sur les tréteaux.*

TREUIL, n. m. Cylindre de bois tournant sur son axe, pour élever des fardeaux.

TRÊVE, n. f. Suspension d'hostilités. *Fig.* Relâche : *son mal ne lui donne point de trêve. Trêve de raillerie, de cérémonies*, plus de raillerie, de cérémonies.

TRI, n. m. Triage : *le tri des lettres, des soies.*

TRIADE, n. f. Assemblage de trois unités, de trois personnes, de trois divinités.

TRIAGE, n. m. Action de trier, de choisir ; choses choisies.

TRIANGLE, n. m. *Géom.* Figure qui a trois angles et trois côtés ; instrument de musique, en acier, et en orme de triangle.

TRIANGULAIRE, adj. Qui est en forme de triangle.

TRIANGULAIREMENT, adv. En triangle.

TRIBORD, n. m. Côté droit du navire, en regardant de l'arrière à l'avant, par oppos. à babord.

TRIBU, n. f. Une des parties du peuple chez les anciens ; toute la postérité d'un des douze patriarches : *tribu de Juda* ; peuplade de nations nomades : *tribu d'Arabes.*

TRIBULATION, n. f. Affliction, adversité.

TRIBUN, n. m. Autrefois, à Rome, magistrat chargé de défendre les droits du peuple ; en France, membre de l'ancien tribunal. *Par ext.* Orateur populaire.

TRIBUNAL, n. m. Siège du magistrat, du juge ; sa juridiction ; les magistrats qui composent le tribunal. *Le tribunal de la pénitence,* le confessionnal.

TRIBUNAT, n. m. Charge de tribun ; temps de l'exercice de cette charge ; en France, ancienne assemblée législative.

TRIBUNE, n. f. Lieu élevé d'où parlent les orateurs ; dans les églises et les assemblées délibérantes, endroit séparé et élevé pour des personnes privilégiées.

TRIBUNITIEN, **ENNE**, adj. Qui appartient au tribunat.

TRIBUT, n. m. Ce qu'un État paye à un autre pour marque de dépendance ; impôt : *lever un tribut. Fig.* Ce qu'on est obligé d'accorder : *le respect est un tribut qu'on doit à la vertu. Payer le tribut à la nature,* mourir.

TRIBUTAIRE. adj. Qui paye tribut : *peuple tributaire.*

TRICHER, v. tr. et int. Tromper au jeu.

TRICHERIE, n. f. Tromperie au jeu.

TRICHEUR, **EUSE**, n. Qui trompe au jeu.

TRICOISES. n. f. pl. Tenailles dont se servent les maréchaux.

TRICOLORE, adj. De trois couleurs. † Drapeau tricolore, rouge, bleu et blanc.

TRICOT, n. m. Ouvrage tricoté ; bâton gros et court.

TRICOTAGE, n. m. Travail, ouvrage d'une personne qui tricote.

TRICOTER. v. tr. Former des mailles avec de longues aiguilles.

TRICOTEUR, **EUSE**, n. Qui tricote.

TRICTRAC, n. m. Sorte de jeu de dames et de dés.

TRICYCLE, n. m. Voiture publique à trois roues.

TRIDENT, n. m. Fourche à trois pointes ou dents.

TRIDI, n. m. Troisième jour de la décade républicaine en France.

TRIENNAL, **E**, adj. Qui dure trois ans : *charge triennale.*

TRIENNALITÉ, n. f. Dignité, emploi dont l'exercice dure trois ans.

TRIENNAT, n. m. Espace de trois ans.

TRIER, v. tr. Séparer, choisir.

TRIGAUD, **E**, adj. et n. Qui n'agit pas franchement.

TRIGAUDERIE, n. f. Action de trigaud.

TRIGLYPHE, n. m. *Arch.* Ornement de la frise dorique.

TRIGONOMÉTRIE, n. f. Science qui enseigne à mesurer les triangles.

TRIGONOMÉTRIQUE, adj. Qui appartient à la trigonométrie.

TRIGONOMÉTRIQUEMENT, adv. Suivant les règles de la trigonométrie.

TRILATÉRAL, **E**, adj. Qui a trois côtés.

TRILLE, n. m. *Mus.* Battement de gosier qui se fait sur l'avant-dernière note d'une phrase de chant.

TRILLION, n. m. Mille billions.

TRILOGIE, n. f. Action dramatique ou poème divisé en trois parties.

TRIMBALER, v. tr. Traîner partout. *Pop.*

TRIMER, v. int. Marcher vite et avec fatigue : *trimer toute une journée. Pop.*

TRIMESTRE, n. m. Espace de trois mois ; somme payée pour trois mois de travail ou de pension.

TRIMESTRIEL, **ELLE**, adj. Qui comprend trois mois, qui revient tous les trois mois : *note trimestrielle, recueil trimestriel.*

TRINGLE, n. f. Verge de fer servant à soutenir un rideau, une draperie ; baguette équarrie destinée à former des moulures, ou à remplir un vide entre deux planches.

TRINGLER, v. tr. Tracer une ligne droite sur une poutre, etc., avec un cordeau frotté de rouge, de noir ou de blanc.

TRINITÉ, n. f. Un seul Dieu en trois personnes ; fête en l'honneur de ce mystère.

TRINÔME, n. m. Quantité algébrique composée de trois termes.

TRINQUER, v. int. Choquer son

verre contre celui d'un autre avant de boire.

TRIO, n. m. Morceau de musique à trois parties. *Fig.* Trois personnes unies par un motif quelconque. Se prend en m. part. Pl. des *trios*.

TRIOLET, n. m. Petite pièce de huit vers, dont le premier se répète après le troisième, puis les deux premiers après le sixième.

TRIOMPHAL, E, adj. Qui a rapport au triomphe : *char triomphal*.

TRIOMPHALEMENT, adv. En triomphe.

TRIOMPHANT, E, adj. Qui triomphe, qui a vaincu ; fier et content : *air triomphant*. Église triomphante, les bienheureux.

TRIOMPHATEUR, n. m. Chez les Romains, le général qui obtenait les honneurs du triomphe après une grande victoire.

TRIOMPHE, n. m. Honneurs éclatants accordés, chez les Romains, à un général victorieux : *obtenir le triomphe*; victoire : *les triomphes d'Alexandre*. *Fig.* Succès brillant, avantage qu'on remporte : *c'est un jour de triomphe pour lui*.

TRIOMPHE, n. f. Jeu de cartes.

TRIOMPHER, v. int. Recevoir les honneurs du triomphe ; vaincre à la guerre ; remporter un avantage sur quelqu'un : *triompher dans une discussion*, et, fig. : *triompher de ses passions*.

TRIPAILLE, n. f. Entrailles, intestins des animaux. *Fam.*

TRIPE, n. f. Boyau d'un animal. Tripe de velours, étoffe veloutée, en fil et en laine : *œufs à la tripe*, œufs durs coupés par tranches et fricassés.

TRIPERIE, n. f. Lieu où l'on vend des tripes.

TRIPETTE, n. f. Petite tripe. *Cela ne vaut pas tripette*, cela ne vaut rien. *Pop.*

TRIPIER, IÈRE, n. Qui vend des tripes.

TRIPLE, adj. et n. Qui contient trois fois une chose.

TRIPLEMENT, n. m. Augmentation jusqu'au triple. Adv. En trois façons, d'une manière triple : *avoir triplement raison*.

TRIPLER, v. tr. Rendre triple : *tripler une somme*. V. int. Devenir triple : *ses bénéfices ont triplé*.

TRIPLICATA, n. m. Troisième copie d'un acte.

TRIPOLI, n. m. Substance minérale, jaune ou rouge, qui sert à polir.

TRIPOT, n. m. Maison de jeu clandestine.

TRIPOTAGE, n. m. Mélange malpropre ou de mauvais goût. *Fig.* Intrigue, tromperie : *il doit y avoir du tripotage là-dedans*. *Fam.*

TRIPOTER, v. tr. et int. Mêler, brouiller, faire du tripotage.

TRIPOTIER, ÈRE, n. Qui fait des tripotages.

TRIQUE, n. f. Gros bâton. *Pop.*

TRIRÈME, n. f. Galère des anciens, à trois rangs de rames.

TRISAÏEUL, E, n. Le père, la mère du bisaïeul ou de la bisaïeule.

TRISANNUEL, ELLE, adj. Se dit d'une plante qui dure trois ans.

TRISECTION, n. f. Division d'une chose en trois parties égales. Trisection de l'angle, division d'un angle en trois angles égaux, problème insoluble par le seul usage de la règle et du compas.

TRISMÉGISTE, adj. m. Trois fois grand. Surnom que les Grecs donnaient au Mercure égyptien ou *Hermès*.

TRISSYLLABE, adj. et n. Qui est de trois syllabes.

TRISTE, adj. Affligé ; affligeant : *nouvelle triste* ; sombre, obscur : *chambre triste* ; qui inspire la tristesse : *triste cérémonie*. *Fig.* Pénible, fâcheux : *triste devoir* : qui offre peu de ressources : *il a choisi un triste sujet* ; sans talents : *triste auteur* ; mauvais : *triste dîner*.

TRISTEMENT, adv. D'une manière triste.

TRISTESSE, n. f. Affliction, déplaisir ; mélancolie habituelle.

† TRITON, n. m. Dieu marin, moitié homme et moitié poisson.

TRITOXYDE, n. m. Troisième oxyde d'un métal.

TRITURABLE, adj. Qui peut être trituré.

TRITURATION, n. f. Action de réduire en poudre une substance.

TRITURER, v. tr. Broyer, réduire en poudre.

TRIUMVIR, n. m. Autrefois, à Rome, magistrat chargé, conjointement avec deux collègues, du gouvernement de la république.

TRIUMVIRAL, E, adj. Qui appartient aux triumvirs : *puissance triumvirale*.

† TRIUMVIRAT, n. m. Gouvernement des triumvirs, qui s'arrogèrent à Rome l'autorité suprême.

TRIVIAL, E, adj. Usé, rebattu : *vérité triviale* ; bas, commun : *expression triviale*.

TRIVIALEMENT, adv. D'une manière basse, triviale.

TRIVIALITÉ, n. f. Caractère de ce qui est trivial. Pl. Choses triviales : *dire des trivialités.*

TROC, n. m. Échange. *Troc pour troc, sans rien donner de retour.*

TROCHÉE, n. m. Sorte de pied usité dans les vers grecs et latins.

TROËNE, n. m. Arbrisseau rameux à fleurs blanches.

TROGNE, n. f. Visage plein et ouvert qui annonce quelque chose de facétieux. *Pop.*

TROGNON, n. m. Milieu d'un fruit que l'on a rongé : *trognon de pomme.* Se dit aussi des légumes : *trognon de chou.*

TROIS, adj. num. Deux et un ; troisième : *Henri trois.* N. m. Chiffre qui représente ce nombre ; le troisième jour du mois.

TROISIÈME, adj. num. ord. de trois. N. m. Le troisième étage ; écolier de la troisième classe. N. f. Cette classe même : *entrer en troisième.*

TROISIÈMEMENT, adv. En troisième lieu.

TROIS-MÂTS, n. m. Navire de commerce qui a trois mâts.

TRÔLER, v. tr. et int. Mener de tous côtés ; courir çà et là : *il ne fait que trôler. Pop.*

† **TROMBE**, n. f. Colonne d'eau ou d'air, mue en tourbillon par le vent, qui s'abat sur la mer et quelquefois sur terre.

TROMBLON, n. m. Espèce de fusil très-court, dont la gueule est évasée en forme de trompette ; chapeau un peu pointu, haut et à larges bords. *Pop.*

TROMBONE, n. m. Grande trompette composée de quatre branches emboîtées les unes dans les autres ; musicien qui en joue.

TROMPE, n. f. Tuyau de cuivre recourbé, qui sert à la chasse pour sonner ; trompette : *publier à son de trompe* ; museau allongé de l'éléphant ; suçoir de certains insectes.

TROMPE-L'ŒIL, n. m. Tableau où des objets de nature morte sont représentés avec une vérité qui fait illusion. Pl. des *trompe-l'œil.*

TROMPER, v. tr. Induire en erreur ; échapper à la vigilance : *tromper ses gardes. Fig.* Faire ou dire quelque chose contre l'attente : *tromper les espérances.* Se tromper, v. pr. S'abuser, être dans l'erreur.

TROMPERIE, n. f. Fraude.

TROMPETER, v. tr. Divulguer, publier partout. V. int. Se dit du cri de l'aigle.

TROMPETTE, n. f. Instrument à vent, ordinairement en cuivre. *Fig.* Personne qui a coutume de publier tout ce qu'elle sait : *c'est la trompette du quartier. Emboucher la trompette,* prendre le ton sublime ; *déloger sans trompette,* secrètement et sans bruit. N. m. Celui qui sonne de la trompette.

TROMPEUR, EUSE, adj. Qui trompe : *discours, dehors trompeurs.* N. : *c'est un trompeur.*

TRONC, n. m. La tige, le gros d'un arbre sans les branches ; le corps de l'homme considéré sans la tête et les membres ; boîte fendue placée ordinairement dans une église pour recevoir les aumônes des fidèles. *Généal.* Souche d'une famille.

TRONCHET, n. m. Gros billot de bois à trois pieds.

TRONÇON, n. m. Morceau coupé ou rompu de quelque objet plus long que large : *tronçon d'épée, de lance* ; morceau coupé de certains poissons, de certains reptiles : *les tronçons d'un serpent.*

TRONÇONNER, v. tr. Couper par tronçons : *tronçonner une anguille.*

TRÔNE, n. m. Siège de cérémonie des rois, des empereurs. *Fig.* Puissance souveraine : *aspirer au trône.* Pl. Un des neuf chœurs des anges.

TRÔNER, v. int. Faire l'important dans une réunion, une assemblée.

TRONQUÉ, ÉE, adj. Qui n'est pas entier : *colonne tronquée* ; où l'on a retranché que que partie essentielle : *ouvrage tronqué.*

TRONQUER, v. tr. Mutiler en partie : *tronquer une statue. Fig. Tronquer un livre, un passage,* le dénaturer.

TROP, adv. Plus qu'il ne faut. Accompagné de la négation, il signifie guère : *cela n'est pas trop sûr.* N. m. : *en tout le trop ne vaut rien.*

TROPE, n. m. Nom donné, en rhétorique, à toute figure dans laquelle on emploie les mots avec un sens figuré : *la métonymie, la catachrèse, l'hyperbole, etc., sont des tropes.*

TROPHÉE, n. m. Dépouilles d'un ennemi vaincu ; ornement consistant en un groupe d'armes appendu à une colonne, à une muraille, dans certaines cérémonies.

TROPICAL, E, adj. Du tropique : *régions tropicales.*

† **TROPIQUE**, n. m. Chacun des deux petits cercles de la sphère, parallèles à l'équateur, et entre lesquels s'effectue le mouvement annuel apparent du soleil autour de la terre. **Tropique du Cancer,** dans l'hémisphère septentrio-

nal ; **tropique du Capricorne**, dans l'hémisphère méridional.

TROP-PLEIN, n. m. Ce qui excède la capacité d'un vase.

TROQUER, v. tr. Echanger.

TROQUEUR, EUSE, n. Qui troque, aime à troquer.

TROT, n. m. Allure entre le pas et le galop.

TROTTE, n. f. Espace de chemin. *Pop.*

TROTTE-MENU, adj. inv. Qui trotte à petits pas. *La gent trotte-menu*, les souris.

TROTTER, v. int. Aller le trot; marcher longtemps ; *trotter toute une journée. Fig. Cette idée me trotte par la tête*, m'occupe beaucoup.

TROTTEUR, n. m. Cheval dressé à n'aller que le trot.

TROTTINER, v. int. Marcher vite et à petits pas.

TROTTOIR, n. m. Chemin élevé, pratiqué le long des quais, des rues, pour les piétons.

TROU, n. m. Toute ouverture dans un corps ; retraite des petits animaux : *le trou de la souris. Fig.* Petite ville, logis étroit. *Faire un trou à la lune*, s'en aller sans payer; *boucher un trou*, payer une dette; *boire comme un trou*, beaucoup.

† **TROUBADOUR**, n. m. Poète provençal du moyen-âge.

TROUBLE, n. m. Brouillerie, désordre ; agitation de l'âme. Pl. Soulèvement populaire : *exciter des troubles*.

TROUBLE, adj. Brouillé, qui n'est pas clair : *vin trouble*.

TROUBLE ou **TRUBLE**, n. f. Sorte de filet pour la pêche.

TROUBLEAU, n. m. Petite trouble.

TROUBLE-FÊTE, n. m. Importun qui vient troubler la joie d'une réunion. Pl. des *trouble-fête*.

TROUBLER, v. tr. Rendre trouble. *Fig.* Causer de la mésintelligence: *troubler un ménage*; causer du désordre : *troubler la paix publique*; faire perdre le jugement : *troubler la raison*; interrompre : *troubler un entretien*; intimider : *votre présence le trouble*. **Se troubler**, v. pr. Devenir trouble. *Fig.* S'embarrasser : *l'orateur se troubla*.

TROUÉE, n. f. Ouverture dans l'épaisseur d'une haie ; espace vide au travers d'un bois; effet d'une décharge d'artillerie à travers les rangs ennemis : *faire une trouée*.

TROUER, v. tr. Percer, faire un trou.

TROU-MADAME, n. m. Sorte de jeu. Pl. des *trous-madame*.

TROUPE, n. f. Grand nombre, détachement de soldats; toute l'armée d'un Etat; société de comédiens.

TROUPEAU, n. m. Troupe d'animaux. *Fig.* Peuple d'un diocèse, d'une paroisse, par rapport à l'évêque, au curé.

TROUPIER, n. m. Soldat.

TROUSSE, n. f. Faisceau de plusieurs choses liées ensemble. *Trousse de chirurgien, de médecin, de vétérinaire*, étui ou portefeuille divisé en compartiments, et contenant les instruments qui leur sont nécessaires. Pl. Larges chausses qu'on portait autrefois. *Etre aux trousses de quelqu'un*, le pourchasser ou l'accompagner partout.

TROUSSÉ, ÉE, adj. *Compliment bien troussé*, bien fait.

TROUSSEAU, n. m. Petite trousse: *trousseau de clés*; linge, habits qu'on donne à une fille qu'on marie ou qui se fait religieuse, à un enfant qui entre en pension.

TROUSSE-QUEUE, n. m. Espèce de longe de cuir dans laquelle on fait passer le haut de la queue d'un cheval. Pl. des *trousse-queue*.

TROUSSEQUIN, n. m. Pièce de bois cintrée qui s'élève sur le derrière d'une selle.

TROUSSER, v. tr. Replier, relever, en parlant des vêtements. *Trousser une volaille*, la préparer pour la mettre à la broche.

TROUSSIS, n. m. Pli fait à une robe pour la raccourcir.

TROUVAILLE, n. f. Chose trouvée.

TROUVÉ, ÉE, adj. *Enfant trouvé*, qui a été exposé.

TROUVER, v. tr. Rencontrer, que l'on cherche ou non; surprendre : *trouver en faute*; découvrir, inventer : *trouver un procédé*; éprouver, sentir : *trouver du plaisir*; estimer, juger : *trouver un ouvrage bien fait. Trouver à*, trouver le moyen, l'occasion : *trouver à se placer*; *trouver la mort*, être tué; *trouver bon, mauvais*, approuver, désapprouver. **Se trouver**, v. pr. Se rencontrer; être, se rendre dans un lieu : *trouvez-vous ici demain*; se sentir : *je me trouve mieux. Se trouver mal*, tomber en faiblesse ; *se trouver bien d'une chose*, avoir lieu d'en être content. *V. impers. Il se trouve*, il y a : *il se trouve des hommes qui... il se trouva que*, il arriva que.

† **TROUVÈRE** ou **TROUVEUR**, n. m. Ancien poète des provinces du nord.

TRUAND, E, n. Vaurien, vagabond, fainéant.

TRUBLE, n. f. V. *Trouble*.

TRUCHEMAN ou **TRUCHEMENT**, n. m. Interprète.

TRUELLE, n. f. Outil de maçon pour appliquer le mortier, le plâtre.

TRUELLÉE, n. f. Quantité de plâtre ou de mortier qui peut tenir sur une truelle.

TRUFFE, n. f. Plante très-savoureuse et très-odoriférante, qui n'a ni tige, ni racines apparentes.

TRUFFER, v. tr. Garnir de truffes.

TRUFFIÈRE, n. f. Terrain dans lequel on trouve des truffes.

TRUIE, n. f. Femelle du porc.

TRUITE, n. f. Poisson de rivière fort délicat. Truite saumonée, à chair rouge comme celle du saumon.

TRUMEAU, n. m. Espace d'un mur entre deux fenêtres ; glace qui occupe cet espace.

TRUMEAU, n. m. Jarret du bœuf, coupé pour être mangé.

TRUSQUIN, n. m. Outil de menuisier pour tracer des parallèles, des moulures droites.

TU, TOI, TE, pron. de la 2e pers.

TUABLE, adj. Bon à tuer, en parlant des animaux qui servent à la nourriture de l'homme.

TUANT, E, adj. Pénible, fatigant : métier tuant. Fam.

TUBE, n. m. Petit tuyau ou cylindre creux.

TUBERCULE, n. m. Toute excroissance qui survient à une partie quelconque d'une plante, mais principalement à la racine, comme la pomme de terre, l'igname, la patate, etc. Méd. Sorte de petits champignons qui se produisent sur les poumons, et qui constituent la phthisie pulmonaire.

TUBERCULEUX, EUSE, adj. Qui est de la nature du tubercule.

TUBÉREUSE, n. f. Fleur blanche et très-odoriférante.

TUDÉROSITÉ, n. f. Éminence plus ou moins volumineuse, qui se trouve à la surface de certains os, et où s'attachent des muscles, des ligaments.

TUBULÉ, ÉE, adj. Muni d'une ou de plusieurs tubulures.

TUBULEUX, EUSE, adj. Long et creux intérieurement, comme un tube.

TUBULURE, n. f. Ouverture d'un vaisseau de chimie, destinée à recevoir un tube.

TUDESQUE, adj. Langue tudesque, des Germains.

TUDIEU, interj. Sorte de jurement familier.

TUE-CHIEN, n. m. V. Colchique.

TUER, v. tr. Ôter la vie d'une manière violente ; détruire, faire périr : la gelée tue les plantes. Fig. Fatiguer excessivement, altérer la santé : ses excès le tuent ; importuner extrêmement : il me tue avec ses compliments. Tuer le temps, s'amuser à des riens. Se tuer, v. pr. Se donner la mort. Fig. Se donner beaucoup de peine : se tuer à force de travail.

TUERIE, n. f. Carnage, massacre.

TUE-TÊTE (À), loc. adv. Crier à tue-tête, de toute sa force.

TUEUR, n. m. Ne se dit guère que dans cette phrase : c'est un tueur de gens, un fanfaron. Fam.

TUF, n. m. Substance blanchâtre et sèche, qui se trouve immédiatement au-dessous de la terre végétale ; pierre blanche et fort tendre.

TUFIER, ÈRE, adj. Qui est de la nature du tuf.

TUILE, n. f. Morceau de terre cuite pour couvrir les toits. Fig. Accident imprévu : c'est une tuile qui m'est tombée sur la tête. Fam.

TUILEAU, n. m. Fragment de tuile.

TUILERIE, n. f. Lieu où l'on fait de la tuile. Pl. Château à Paris, résidence des souverains de la France.

TUILIER, n. m. Ouvrier qui fait de la tuile.

TULIPE, n. f. Belle fleur printanière.

TULIPIER, n. m. Grand arbre d'Amérique.

TULLE, n. m. Tissu en réseau, très-mince et très-léger.

TUMÉFACTION, n. f. Tumeur.

TUMÉFIER, v. tr. Causer une tumeur.

TUMEUR, n. f. Enflure accidentelle sur une partie quelconque du corps.

TUMULAIRE, adj. Qui a rapport aux tombeaux : pierre, inscription tumulaire.

TUMULTE, n. m. Grand mouvement avec bruit. Fig. Trouble, agitation : le tumulte du monde, des passions ; mouvement animé : le tumulte des affaires. En tumulte, loc. adv. En confusion, en désordre.

TUMULTUAIRE, adj. Qui se fait avec tumulte : assemblée, délibération tumultuaire.

TUMULTUAIREMENT, adv. D'une manière tumultuaire.

TUMULTUEUSEMENT, adv. En tumulte.

TUMULTUEUX, EUSE, adj. Plein de tumulte, de trouble : assemblée tumultueuse.

TUMULUS, n. m. Amas de terre, construction de pierre, en forme de cône, que les anciens élevaient au-dessus des sépultures.

TUNIQUE, n. f. Vêtement de dessous que portaient les anciens; redingote d'uniforme que portent les soldats d'infanterie et les élèves des lycées. *Anat.* et *bot.* Diverses membranes qui enveloppent les organes : *la tunique de l'œil.*

TUNNEL, n. m. Passage pratiqué sous terre, soit à travers une montagne, soit au-dessous d'une rivière.

TURBAN, n. m. Coiffure des Orientaux.

TURBOT, n. m. Poisson de mer à chair blanche et délicate.

TURBOTIÈRE, n. f. Vaisseau de cuivre pour faire cuire le turbot.

TURBOTIN, n. m. Petit turbot.

TURBULEMMENT, adv. D'une manière turbulente.

TURBULENCE, n. f. Caractère de celui qui est turbulent.

TURBULENT, E, adj. Porté à faire du bruit : *enfant turbulent;* à exciter du trouble : *esprit turbulent.*

TURC, TURQUE, adj. et n. De Turquie. *Fig. Fort comme un Turc*, très-fort.

TURCIE, n. f. Chaussée de pierres en forme de digue, pour contenir les eaux d'une rivière.

TURF, n. m. Terrain sur lequel ont lieu les courses de chevaux.

TURGESCENCE, n. f. *Méd.* Gonflement.

TURGESCENT, E, adj. *Méd.* Gonflé.

TURLUPIN, n. m. Mauvais plaisant, par allusion au Turlupin des anciennes farces.

TURLUPINADE, n. f. Mauvaise plaisanterie, mauvais jeu de mots.

TURLUPINER, v. tr. Tourner en ridicule, tourmenter. V. int. Faire des turlupinades.

TURNEPS, n. m. Sorte de gros navet.

TURPITUDE, n. f. Ignominie, action honteuse.

TURQUETTE, n. f. Plante médicinale astringente.

TURQUIN, adj. m. *Bleu turquin*, foncé.

TURQUOISE, n. f. Pierre précieuse de couleur bleue, non transparente.

TUTÉLAIRE, adj. Qui garde, qui protège.

TUTELLE, n. f. Autorité donnée par le magistrat pour avoir soin de la personne et des biens d'un mineur ou d'un interdit. *Fig.* Protection : *la tutelle des lois.*

TUTEUR, TRICE, n. A qui une tutelle est confiée. N. m. Perche qui soutient un jeune arbre.

TUTOIEMENT ou **TUTOÎMENT**, n. m. Action de tutoyer.

TUTOYER, v. tr. User des mots *tu, te, toi,* en parlant à quelqu'un.

TUYAU, n. m. Tube ou canal de fer, de plomb, etc.; ouverture de la cheminée depuis le manteau jusqu'au haut; creux d'une plume; tige creuse du blé et de certaines plantes. *Fig. Parler dans le tuyau de l'oreille*, à voix basse.

TUYAUTER, v. tr. Faire de petits tuyaux à un objet de toilette.

TUYÈRE, n. f. Petit conduit de forge par où passe le vent du soufflet.

TYMPAN, n. m. Membrane à l'extrémité antérieure du canal de l'oreille. *Impr.* Châssis sur lequel est collé un morceau d'étoffe ou un parchemin. *Arch.* Espace entre les trois corniches du fronton. *Men.* Panneau entre les moulures. *Méc.* Pignon denté qui engrène dans les dents d'une roue. *Hydraul.* Machine en forme de roue pour élever l'eau.

TYMPANISER, v. tr. Décrier hautement quelqu'un. *Fam.*

TYMPANON, n. m. Instrument de musique monté avec des cordes de laiton, qu'on touche avec des baguettes.

TYPE, n. m. Modèle, figure originale. *Fig.* : *cet homme est le type de l'orgueil.*

TYPHOÏDE, adj. Qui a le caractère du typhus : *fièvre typhoïde.*

TYPHON, n. m. Trombe.

TYPHUS, n. m. Fièvre contagieuse, qui sévit généralement sur un grand nombre d'individus à la fois.

TYPIQUE, adj. Symbolique, allégorique : *personnage typique.*

TYPOGRAPHE, n. m. Imprimeur.

TYPOGRAPHIE, n. f. Art de l'imprimerie.

TYPOGRAPHIQUE, adj. Qui a rapport à la typographie : *caractères typographiques.*

TYRAN, n. m. Prince qui gouverne avec cruauté. *Fig.* Celui qui abuse de son autorité.

TYRANNEAU, n. m. Tyran subalterne.

TYRANNIE, n. f. Gouvernement injuste et cruel. *Fig.* Toutes sortes d'oppressions et de violences; pouvoir de certaines choses sur les hommes : *tyrannie de l'usage, des passions.*

TYRANNIQUE, adj. Qui tient de la tyrannie : *loi tyrannique.*

34

TYRANNIQUEMENT, adv. Avec tyrannie.

TYRANNISER, v. tr. Traiter tyranniquement. *Fig.* : *les passions tyrannisent l'âme.*

TZAR, INE, n. V. *Czar.*

U

U, n. m. Vingt et unième lettre de l'alphabet et la cinquième des voyelles.

UBIQUITÉ , n. f. Faculté d'être en plusieurs lieux à la fois. Ne s'emploie que par ext., en parlant des personnes qui semblent se multiplier par leur activité, ou avec la négation dans cette phrase : *je n'ai pas le don d'ubiquité,* je ne puis être partout en même temps.

UHLAN, n. m. V. *Hulan.*

UKASE, n. m. Édit du czar.

ULCÉRATION , n. f. Formation d'ulcère.

ULCÈRE , n. m. Plaie dans les chairs.

ULCÉRÉ, ÉE, adj. *Conscience ulcérée,* pressée de remords ; *cœur ulcéré,* qui garde un profond ressentiment.

ULCÉRER, v. tr. Produire un ulcère. *Fig.* Faire naître la haine, le ressentiment.

ULCÉREUX, EUSE, adj. Couvert d'ulcères.

ULÉMA, n. m. Docteur de la loi chez les Turcs.

ULTÉRIEUR. E, adj. *Géog.* Qui est au-delà, par oppos. à *citérieur* : *la Calabre ultérieure* ; qui arrive après, par oppos. à *antérieur* : *nouvelle ultérieure.*

ULTÉRIEUREMENT, adv. Postérieurement.

ULTIMATUM, n. m. Conditions dernières et irrévocables : *rejeter, accepter un ultimatum.*

ULTRA, n. m. Mot lat. Se dit de ceux qui professent des opinions exagérées en politique : *c'est un ultra royaliste, un ultra révolutionnaire,* ou simplement *un ultra.*

† ULTRAMONTAIN, E, adj. et n. Qui veut étendre le plus possible le pouvoir soit temporel, soit spirituel du pape. Son oppos. est *gallican.*

ULTRAMONTANISME, n. m. Système des partisans du pouvoir universel et absolu des papes.

UMBLE, n. m. Poisson du genre saumon, à chair délicate.

UN, n. m. Le premier de tous les nombres ; chiffre qui le représente.

UN, UNE, adj. Seul : *Dieu est un, la vérité est une ;* simple : *dans un poème,* l'action doit être une. Adj. indéf. : *un ancien a dit.* **Un à un,** loc. adv. L'un après l'autre ; et un seul à la fois.

UNANIME, adj. Général, d'un commun accord : *consentement unanime.*

UNANIMEMENT , adv. D'une commune voix.

UNANIMITÉ. n. f. Conformité des opinions, des suffrages : *voter une loi à l'unanimité.*

UNAU, n. m. Quadrupède d'Amérique, qui se meut avec une extrême lenteur.

UNI, E, adj. Sans inégalités : *chemin uni ;* sans ornements : *linge uni.* *Fig.* Homme tout uni, simple et sans façons.

UNIÈME, adj. num. ord. de *un* : *vingt et unième.*

UNIÈMEMENT, adv. *Vingt et unièmement,* en vingt et unième lieu.

UNIFLORE, adj. Qui ne porte qu'une fleur.

UNIFORME, adj. Qui a la même forme, où l'on n'aperçoit aucune variété : *aspect, couleur, style uniforme ;* toujours égal : *mouvement uniforme ;* toujours le même : *vie, conduite uniforme.* N. m. Habit militaire, costume de corps.

UNIFORMÉMENT, adv. D'une manière uniforme.

UNIFORMITÉ, n. f. État de ce qui est uniforme.

UNIMENT, adv. Également : *toile travaillée uniment ;* simplement, absolument : *voilà tout uniment ce que j'ai vu.*

UNION, n. f. Jonction de deux ou de plusieurs choses ; concorde, bonne intelligence : *union des princes chrétiens, union fraternelle ;* mariage : *union bien, mal assortie.*

UNIPERSONNEL, adj. m. Impersonnel.

UNIQUE, adj. Seul : *fils unique.* *Fig.* Infiniment au-dessus des autres : *un talent unique ;* singulier, extravagant : *vous êtes vraiment unique.*

UNIQUEMENT, adv. Exclusivement.

UNIR, v. tr. Mettre ensemble ; joindre d'amitié, d'intérêt, de parenté ; rendre égal, aplanir : *unir une allée.* **S'unir,** v. pr. S'associer.

UNISSON, n. m. Accord de plusieurs voix ou de plusieurs instruments qui ne font entendre qu'un même ton. *Fig. Se mettre à l'unisson de tout le monde*, être de l'avis de tout le monde.

UNITAIRES, n. m. pl. Sociniens, ceux qui ne reconnaissent qu'une seule personne en Dieu.

UNITÉ, n. f. Principe de tout nombre; quantité prise pour commune mesure de toutes les autres de même espèce: *unité de longueur, de poids et de capacité*; qualité de ce qui est un, par oppos. à *pluralité*: *l'unité de Dieu*; accord, harmonie: *il n'y a pas d'unité entre eux. Littér. Unité de temps, de lieu, d'action*, règles qui doivent présider à la composition d'un poème, d'une action dramatique.

UNIVALVE, adj. et n. Mollusque dont la coquille n'est composée que d'une pièce ou *valve*.

UNIVERS, n. m. Le monde entier; la terre et ses habitants.

UNIVERSALITÉ, n. f. Généralité: *l'universalité des êtres*; totalité: *l'universalité de ses biens*.

UNIVERSEL, n. m., **UNIVERSAUX**, n. m. pl. *Log.* Ce qu'il y a de commun dans les individus d'un même genre, d'une même espèce.

UNIVERSEL, ELLE, adj. Général, qui s'étend à tout: *remède universel*: qui comprend tout: *science universelle. Homme universel*, dont les connaissances sont fort étendues.

UNIVERSELLEMENT, adv. Généralement.

UNIVERSITAIRE, adj. Qui appartient à l'université.

† **UNIVERSITÉ**, n. f. Corps de professeurs établis pour enseigner les langues, les belles-lettres et les sciences; le corps enseignant tout entier.

URANOGRAPHIE, n. f. Description du ciel.

URANOGRAPHIQUE, adj. Qui appartient à l'uranographie.

URANUS, n. m. Planète découverte par Herschell.

URBAIN, E. adj. De ville, de la ville, par oppos. à *rural*.

URBANITÉ, n. f. Politesse que donne l'usage du monde.

URÈTRE, n. m. Canal par où sort l'urine.

URGENCE, n. f. Qualité de ce qui est urgent.

URGENT, E, adj. Pressant, qui ne souffre point de délai.

URINAIRE, adj. Qui a rapport à l'urine: *les voies urinaires*.

URINAL, n. m. Vase à col relevé, où les malades urinent.

URINE, n. f. Liquide excrémentiel.

URINER, v. int. Évacuer l'urine.

URINEUX, EUSE, adj. De la nature de l'urine.

URNE, n. f. Vase où les anciens renfermaient les cendres des morts; vase qui sert à recueillir les billets, les numéros qu'on tire au sort; vase d'ornement; vase sur lequel s'appuie la figure d'un fleuve.

URSULINES, n. f. pl. Religieuses qui suivent la règle de sainte Ursule.

US, n. m. pl. Usages: *les us et coutumes*.

USAGE, n. m. Coutume, pratique reçue; emploi d'une chose: *usage des richesses*; emploi qu'on fait des mots: *expression hors d'usage*; jouissance; possession: *se réserver l'usage d'une chose*; expérience, habitude: *usage du monde*.

USAGER, n. m. Celui qui a droit d'usage, de pâturage dans certains bois ou pacages.

USANCE, n. f. Terme de trente jours pour le payement d'une lettre de change.

USER, v. int. Faire usage, se servir de; employer: *user de violence. User mal*, abuser; *en user*, agir d'une certaine manière: *vous en usez mal avec lui*. V. tr. Consommer: *user de l'huile*; détériorer: *user s livres*; diminuer par le frottement: *user la pointe d'un couteau. Fig. Épuiser: user le corps*.

USER, n. m. Se dit en parlant des choses qui durent longtemps: *cette étoffe est d'un bon user*.

USINE, n. f. Établissement industriel, comme forge, fonderie, etc.

USITÉ, ÉE, adj. Qui est en usage.

USTENSILE, n. m. Petit meuble de ménage, et surtout de cuisine.

USUEL, ELLE, adj. Dont on se sert ordinairement.

USUELLEMENT, adv. Communément.

USUFRUCTUAIRE, adj. Qui ne donne que la faculté de jouir des fruits.

USUFRUIT, n. m. Jouissance des fruits, du revenu d'un héritage, d'un bien dont la propriété appartient à un autre.

USUFRUITIER, ÈRE, n. Qui a l'usufruit.

USURAIRE, adj. Où il y a usure: *prêt usuraire*.

USURAIREMENT, adv. D'une manière usuraire.

USURE, n. f. Intérêt au-dessus du taux fixé par la loi. *Fig. Rendre avec usure*, au-delà de ce qu'on a reçu, soit en bien, soit en mal.

USURE, n. f. Dépérissement par suite d'un long usage.

USURIER, ÈRE, n. Qui prête à usure.

USURPATEUR, TRICE, n. Qui s'empare, par violence ou par ruse, de ce qui ne lui appartient pas. Se dit surtout de celui qui s'empare de la souveraineté.

USURPATION, n. f. Action d'usurper.

USURPER, v. tr. S'emparer, par violence ou par ruse, de ce qui appartient à un autre. Se dit surtout en parlant du pouvoir, de la couronne. *Usurper sa réputation*, ne pas la mériter.

UT, n. m. Première note de la gamme.

UTÉRIN, INE, adj. Se dit des frères et des sœurs nés de la même mère, mais non du même père.

UTILE, adj. Profitable, avantageux. N. m. : *joindre l'utile à l'agréable*.

UTILEMENT, adv. D'une manière utile.

UTILISER, v. tr. Rendre utile, tirer parti.

UTILITÉ, n. f. Profit, avantage.

UTOPIE, n. f. Plan d'un gouvernement imaginaire, où tout est réglé pour le mieux.

UTOPISTE, n. m. Celui qui prend ses rêves pour des réalités, qui se jette dans l'utopie.

UVÉE, n. f. Seconde tunique du globe de l'œil.

V

V, n. m. Vingt-deuxième lettre de l'alphabet et dix-septième des consonnes. V, chiffre romain. vaut cinq.

VACANCE, n. f. Temps pendant lequel une place, une dignité n'est pas remplie : *vacance du Saint-Siège*. Pl. Temps durant lequel les travaux cessent dans les écoles et les tribunaux.

VACANT, E, adj. Non occupé : *maison, place vacante*.

VACARME, n. m. Tumulte, grand bruit.

VACATION, n. f. Temps que certains officiers publics consacrent à une affaire ; leurs honoraires. Pl. Cessation des séances des gens de justice : *vacations des tribunaux*. *Chambre des vacations*, qui administre la justice pendant les vacances, dans certains cas urgents.

+VACCIN, n. m. Liquide séreux renfermé dans un bouton qui se développe au pis de la vache, et qu'on emploie par inoculation, pour préserver de la petite vérole.

VACCINATEUR, n. m. Celui qui vaccine.

VACCINATION, n. f. Action de vacciner.

VACCINE, n. f. Inoculation avec le vaccin, pour préserver de la petite vérole.

VACCINER, v. tr. Inoculer le vaccin.

VACHE, n. f. Femelle du taureau ; sa peau corroyée. *Fig. Vache à lait*, personne ou chose dont on tire un profit continuel.

VACHER, ÈRE, n. Qui mène paître les vaches.

VACHERIE, n. f. Étable à vaches.

VACILLANT, E, adj. Qui vacille : *lumière vacillante*. *Fig.* Irrésolu : *esprit vacillant*.

VACILLATION, n. f. Mouvement de ce qui vacille : *vacillation d'une barque*. *Fig.* Irrésolution, variation : *vacillation dans les opinions*.

VACILLER, v. int. Chanceler, n'être pas bien solide : *la table vacille*. *Fig.* Hésiter, être irrésolu.

VACUITÉ, n. f. État d'une chose vide.

VADE, n. f. Somme ou mise avec laquelle un joueur ouvre le jeu.

VADE-MECUM, n. m. Chose qu'on porte ordinairement avec soi. Se dit surtout d'un livre. Pl. des *vade-mecum*.

VA-ET-VIENT, n. m. *Méc.* Nom qu'on donne au mouvement qui a lieu régulièrement et alternativement d'un côté à un autre, comme celui d'un piston, du pendule, etc. *Mar.* Communication établie au moyen d'un cordage, entre deux points opposés. *Fig.* Mouvement, agitation dans une maison : *c'est un va-et-vient continuel*.

VAGABOND, E, adj. Qui erre çà et là. *Fig.* Désordonné : *imagination vagabonde*. N. m. Homme sans domicile.

VAGABONDAGE, n. m. État de vagabond.

VAGABONDER ou **VAGABONNER**, v. int. Faire le vagabond.

VAGISSEMENT, n. m. Cri des enfants nouveau-nés.

VAGUE ; n. f. Eau de la mer, d'un fleuve, agitée et élevée par les vents au-dessus de son niveau.

VAGUE. adj. Inculte : *terres vagues*. *Fig.* Qui manque de solidité, de fixité : *discours, désir, promesse vague. l'eint.* Qui manque de précision, de netteté : *couleur, lumière vague.* N. m. Grand espace vide : *le vague des airs. Fig.* : *il y a du vague dans ses pensées.*

VAGUEMENT, adv. D'une manière vague.

VAGUEMESTRE, n. m. Sous-officier chargé, dans un régiment, de la distribution des lettres et ae l'argent envoyé aux soldats.

VAGUER, v. int. Errer çà et là.

VAILLAMMENT, adv. Avec vaillance.

VAILLANCE, n. f. Valeur, courage.

VAILLANT, adv. *N'avoir pas un sou vaillant,* n'avoir ni biens ni argent.

VAILLANT, E, adj. Valeureux, courageux.

VAILLANTISE. n. f. Action de valeur, vraie ou prétendue.

VAIN, E. adj. Inutile, qui ne produit rien : *vains efforts :* frivole, chimérique : *vain espoir ;* orgueilleux, superbe : *esprit vain. Vaine pâture,* terrain dont la pâture est libre. **En vain,** loc. adv. Inutilement.

VAINCRE, v. tr. (*Je vaincs, tu vaincs, il vainc, n. vainquons. v. vainquez, ils vainquent. Je vainquais, n. vainquions. Je vainquis, n. vainquîmes. Je vaincrai, n. vaincrons, Je vaincrais, n. vaincrions. Vaincs, vainquons. Que je vainque, q. n. vainquions. Q. j. vainquisse, q. n. vainquissions. Vainquant. Vaincu, e.*) Remporter un avantage à la guerre ; l'emporter sur : *vaincre ses rivaux ;* surpasser : *vaincre en générosité ;* surmonter : *vaincre un obstacle ;* maîtriser : *vaincre ses passions. Fig.* Fléchir : *vaincre par ses prières.* **Se vaincre,** v. pr. Se maîtriser.

VAINEMENT, adv. Inutilement.

VAINQUEUR, n. m. Qui a vaincu. Adj. *Prendre un air vainqueur,* de suffisance.

VAIRON, adj. Se dit des yeux quand ils sont de couleur différente, surtout quand l'iris est entouré d'un cercle blanchâtre.

VAIRON, n. m. Petit poisson.

VAISSEAU, n. m. Vase quelconque pour contenir les liquides ; grand bâtiment de transport sur mer ; veine, artère, canal dans les animaux et les plan-

tes ; intérieur d'un grand édifice , et principalement d'une église. *Fig. Vaisseau de l'Etat,* l'Etat considéré par rapport à son gouvernement.

VAISSELLE, n. f. Tout ce qui sert à l'usage de la table, comme plats, assiettes, etc.

VAL, n. m. Vallée, en usage seulement dans les noms propres : *le Val-d'Andorre.* Pl. *Par monts et par vaux,* de tous côtés.

VALABLE, adj. Recevable.

VALABLEMENT, adv. D'une manière valable.

VALENCIENNES, n. f. Dentelle fabriquée dans la ville de ce nom.

VALÉRIANE, n. f. Plante antispasmodique.

VALET, n. m. Domestique, serviteur. **Valet de chambre,** attaché plus particulièrement au service de son maître ; **valet de pied,** qui suit à pied. Une des figures du jeu de cartes ; poids qui pend derrière une porte pour la fermer sans qu'on y touche ; instrument de fer qui sert à assujettir le bois sur l'établi d'un menuisier.

VALETAGE, n. m. Service de valet.

VALETAILLE, n. f. Troupe de valets. Se prend en m. part.

VALÉTUDINAIRE, adj. et n. Maladif.

VALEUR, n. f. Ce que vaut une chose ; prix : *objet de valeur. Fig. Attacher de la valeur,* faire cas. Effet de commerce : *avoir des valeurs en portefeuille ;* estimation approximative : *il n'a pas bu la valeur d'un verre de vin. Gram. Valeur des mots,* leur juste signification. *Mus.* Durée que doit avoir chaque note d'après sa figure.

VALEUR, n. f. Bravoure, vaillance.

VALEUREUSEMENT, adv. Avec valeur.

VALEUREUX, EUSE, adj. Brave.

VALIDATION, n. f. Action de valider : *la validation d'un acte.*

VALIDE, adj. Sain, vigoureux : *homme valide ;* qui a les conditions requises par la loi : *contrat valide.*

VALIDÉ, n. f. Nom donné chez les Turcs à la mère du sultan régnant.

VALIDEMENT, adv. D'une manière valide.

VALIDER, v. tr. Rendre valide.

VALIDITÉ, n. f. Qualité de ce qui est valide : *validité d'un titre.*

VALISE, n. f. Long sac de cuir qu'on porte en voyage, et propre à contenir des effets ou de l'argent.

VALKYRIES, n. f. pl. Houris des Scandinaves.

VALLÉE, n. f. Espace entre deux

34.

montagnes. *Fig. Vallée de larmes, de misère*, ce bas monde, par oppos. au bonheur de la vie future.

VALLON, n. m. Espace entre deux coteaux. *Fig. Le sacre vallon*, le Parnasse. *Poét.*

VALOIR, v. int. Être d'un certain prix : *payer un objet plus qu'il ne vaut. Cette liqueur ne vous vaut rien*, est nuisible à votre santé ; *ne rien faire qui vaille*, rien de bon ; *à valoir*, à compte. V. tr. Avoir la valeur : *cet objet vaut 20 francs* ; équivaloir, égaler : *une ronde vaut deux blanches.* Faire valoir, vanter. V. impers. *Il vaut mieux*, il est plus avantageux ; *autant vaudrait*, il serait aussi convenable. N. m. *Un rien qui vaille*, un mauvais sujet. **Vaille que vaille**, loc. adv. A tout hasard.

VALSE, n. f. Espèce de danse dans laquelle deux personnes tournent ensemble en pirouettant ; air sur lequel elle s'exécute.

VALSER, v. int. Danser la valse.

VALSEUR, EUSE, n. Qui valse.

VALUE, n. f. *Plus-value*, ce que vaut une chose au-delà de ce qu'on l'a prisée ou achetée.

VALVE, n. f. Coquille. *Coquille univalve, bivalve, multivalve*, d'une, de deux ou de plusieurs pièces.

VALVULE, n. f. Espèce de soupape qui, dans les vaisseaux du corps, empêche les liqueurs de refluer.

VAMPIRE, n. m. Mort que le peuple, en certains pays, suppose sortir la nuit du tombeau pour sucer le sang des vivants, qui s'affaiblissent et meurent bientôt de consomption, croyance répandue surtout en Allemagne.

VAN, n. m. Instrument d'osier, fait en coquille, pour nettoyer le grain.

VANDALE, n. m. Qui détruit les monuments des arts et des sciences, par allusion aux ravages des anciens Vandales.

VANDALISME, n. m. Système destructeur des sciences et des arts, de leurs monuments.

VANDOISE, n. f. Poisson d'eau douce.

VANILLE, n. f. Fruit du vanillier.

VANILLIER, n. m. Plante grimpante d'Amérique, qui produit la vanille.

VANITÉ, n. f. Fragilité néant : *vanité des grandeurs humaines* ; orgueil, amour-propre déplacé : *tirer vanité de sa naissance*.

VANITEUX, EUSE, adj. et n. Qui a une vanité puérile, ridicule.

VANNE, n. f. Espèce de porte de bois se mouvant verticalement entre deux coulisses, afin de retenir ou de lâcher

à volonté les eaux d'une écluse, d'un étang, d'un canal.

VANNEAU, n. m. Oiseau de l'ordre des échassiers, et qui a une huppe noire.

VANNER, v. tr. Nettoyer du grain au moyen d'un van.

VANNERIE, n. f. Marchandise du vannier.

VANNETTE, n. f. Sorte de corbeille pour vanner l'avoine qu'on donne aux chevaux.

VANNEUR, n. m. Celui qui vanne.

VANNIER, n. m. Ouvrier qui fabrique les vans et, en général, les ouvrages d'osier.

VANTAIL, n. m. Battant d'une porte. Pl. des *vantaux*.

VANTARD, E, adj. et n. Qui a l'habitude de se vanter.

VANTER, v. tr. Louer beaucoup. Se vanter, v. pr. Se glorifier ; se faire fort de : *il se vante de réussir.*

VANTERIE, n. f. Vaine louange qu'on se donne à soi-même.

VA-NU-PIEDS, n. m. Vagabond, homme très-misérable. Pl. des *va-nu-pieds*.

VAPEUR, n. f. Espèce de fumée qui s'élève des choses humides : *vapeurs épaisses* ; toute substance liquide ou solide, réduite en gaz par la chaleur : *vapeur d'eau, de soufre*. † **Machine, bateau à vapeur**, qui fonctionne à l'aide de la vapeur. Pl. Affections nerveuses : *être sujet aux vapeurs*.

VAPOREUX, EUSE, adj. Qui contient des vapeurs : *ciel vaporeux* ; sujet aux vapeurs : *personne vaporeuse. Fig.* Nuageux, obscur : *style vaporeux*.

VAPORISATION, n. f. Action par laquelle une substance se réduit en vapeur.

VAPORISER, v. tr. Faire passer de l'état liquide à celui de vapeur.

VAQUER, v. int. Être vacant ; cesser pour un temps ses fonctions ordinaires : *les tribunaux vaquent en ce moment. Vaquer à*, s'appliquer à : *vaquer à ses occupations.*

VARECH ou **VAREC**, n. m. Nom général des plantes marines de la famille des algues. *Par ext.* Débris que la mer rejette sur ses bords.

VARENNE, n. f. Terrain vaste et inculte.

VAREUSE, n. f. Sorte de blouse que portent ordinairement les matelots.

VARIABILITÉ, n. f. Disposition à varier : *variabilité du temps*, et, fig. : *variabilité des opinions. Gram.* Propriété qu'ont la plupart des mots de varier dans leur terminaison.

VARIABLE, adj. Sujet à varier.

Gram. Se dit des mots dont la terminaison varie, comme l'adjectif, le verbe, etc. N. m. Degré du baromètre qui indique un temps incertain : *le baromètre est au variable.*

VARIANT, E, adj. Qui change souvent : *humeur variante.*

VARIANTE, n. f. Différence dans plusieurs reproductions d'un texte : *les variantes de l'Iliade, de la Bible.*

VARIATION, n. f. Changements faits à un air en y ajoutant des ornements qui laissent subsister le fond de la mélodie et le mouvement.

VARICE, n. f. Tumeur formée par la dilatation des veines.

VARIER, v. tr. Diversifier, apporter de la variété ; changer : *varier un air.* V. int. : *le vent a varié* ; être d'avis différent : *les auteurs varient sur le lieu de la naissance d'Homère.*

VARIÉTÉ, n. f. Diversité : *variété des opinions.* Pl. Mélanges : *variétés littéraires.*

VARIOLE, n. f. Petite vérole.

VARIOLIQUE, adj. Qui a rapport à la variole : *pustule variolique.*

VARLET, n. m. Page, dans l'ancienne chevalerie.

VARLOPE, n. f. Grand rabot.

VASCULAIRE ou **VASCULEUX, EUSE,** adj. Qui appartient aux vaisseaux : *membrane vasculaire* ; formé de vaisseaux : *tissu vasculeux.*

VASE, n. f. Bourbe au fond de la mer, des étangs, des rivières, etc.

VASE, n. m. Vaisseau destiné à contenir des fruits, des fleurs, etc., ou à servir d'ornement.

VASEUX, EUSE, adj. Où il y a de la vase : *fond vaseux.*

† **VASISTAS,** n. m. Petite partie mobile d'une porte ou d'une fenêtre.

VASSAL, E, n. Qui relève d'un seigneur dans la possession d'un fief.

VASSELAGE, n. m. Condition de vassal.

VASTE, adj. Qui est d'une grande étendue. *Fig.* : *esprit, ambition, projets vastes.*

VATICAN, n. m. Palais du pape ; la cour de Rome. *Les foudres du Vatican,* l'excommunication.

VA-TOUT, n. m. *Faire son va-tout,* jouer d'un coup tout l'argent qu'on a devant soi.

† **VAUDEVILLE,** n. m. Pièce de théâtre mêlée de couplets.

VAUDEVILLISTE, n. m. Auteur de vaudevilles.

VAUDOIS, n. m. pl. Hérétiques du XIIIe siècle.

VAU-L'EAU (À), loc. adv. Au courant de l'eau. *Fig. L'affaire est allée à vau-l'eau,* n'a pas réussi.

VAURIEN, n. m. Fainéant, libertin.

VAUTOUR, n. m. Gros oiseau de proie très-vorace. *Fig.* Homme riche, dur et rapace.

VAUTRER (SE), v. pr. S'enfoncer, se rouler dans la boue, et, par ext. : *se vautrer sur l'herbe. Fig.* : *se vautrer dans le vice.*

VAYVODE, n. m. Titre qu'on donne aux gouverneurs de certains pays dépendants de la Turquie.

VAYVODIE, n. f. Fonctions du vayvode ; étendue de pays qu'il gouverne.

VEAU, n. m. Le petit de la vache ; sa chair ; sa peau corroyée. **Veau marin,** phoque. *Fig. Adorer le veau d'or,* faire la cour à un homme dont le seul mérite est la richesse ou le pouvoir.

VECTEUR, adj. m. *Rayon vecteur,* tiré du soleil à une planète.

VÉDAS, n. m. pl. Livres sacrés des Hindous.

VEDETTE, n. f. Sentinelle à cheval.

VÉGÉTABLE, adj. Qui peut végéter.

VÉGÉTAL, n. m. Arbre, plante, tout ce qui croît par la végétation.

VÉGÉTAL, E, adj. Qui appartient aux végétaux : *règne végétal* ; qui en est extrait : *sel, rouge végétal. Terre végétale,* propre à la végétation.

VÉGÉTANT, E, adj. Qui prend sa nourriture des sucs de la terre.

VÉGÉTATIF, IVE, adj. Qui fait végéter : *principe végétatif.*

VÉGÉTATION, n. f. Développement, accroissement successif des parties constituantes des végétaux ; les végétaux : *la végétation est magnifique cette année.*

VÉGÉTER, v. int. Pousser, croître, en parlant des plantes. *Fig.* Vivre dans une situation gênée.

VÉHÉMENCE, n. f. Impétuosité, violence : *parler avec véhémence.*

VÉHÉMENT, E, adj. Ardent, impétueux : *orateur véhément.*

VÉHÉMENTEMENT, adv. Très-fort.

VÉHICULE, n. m. Tout ce qui sert à transmettre : *l'air est le véhicule du son* ; voiture quelconque.

VEILLE, n. f. Privation du sommeil de la nuit ; le jour précédent : *la veille de Pâques. Fig. Etre à la veille de,* sur le point de. Pl. Travaux, grande application à l'étude, aux affaires : *c'est le fruit de ses veilles.*

VEILLÉE, n. f. Assemblée du soir pour travailler, causer, lire, etc.

VEILLER, v. int. Etre dans l'état de veille, s'abstenir de dormir : *veiller jusqu'au jour. Fig. Veiller à, sur,* prendre garde. V. tr. *Veiller un malade*, passer la nuit près de lui pour le soigner.

VEILLEUR, n. m. Celui qui veille.

VEILLEUSE, n. f. Petite lampe qu'on laisse brûler la nuit dans une chambre à coucher.

VEILLOTTE, n. f. Petit tas de foin qu'on forme en fanant.

VEINE, n. f. Petit canal qui ramène le sang des extrémités au cœur; marque longue et étroite qui va en serpentant dans le bois et dans les pierres dures; endroit d'une mine où se trouve le minéral qu'on veut exploiter: *tomber sur une bonne veine. Veine poétique*, le génie poétique; *être en veine*, dans une disposition favorable à un travail quelconque.

VEINÉ, ÉE, adj. Qui a des veines : *bois, marbre veiné.*

VEINER, v. tr. Imiter par des couleurs les veines du marbre ou du bois.

VEINEUX, EUSE, adj. Rempli de veines : *bois veineux. Sang veineux*, des veines, par oppos. à *sang artériel*, des artères.

VEINULE, n. f. Petite veine.

VELAUT. Cri de chasse pour exciter les chiens.

VELCHE, n. m. Homme ignorant et sans goût, par allusion aux anciens Velches.

VÊLER, v. int. Mettre bas, en parlant d'une vache.

VÉLIN, n. m. Peau de veau préparée, plus mince et plus unie que le parchemin : *manuscrit sur vélin.* Adj. *Papier vélin*, qui imite la blancheur et l'uni du vélin.

VÉLITES, n. m. pl. Corps d'infanterie légère chez les Romains.

VELLÉITÉ, n. f. Volonté faible et qui demeure sans effet.

VÉLOCE, adj. Agile, rapide.

VÉLOCIFÈRE, n. m. Diligence légère et rapide.

VÉLOCIPÈDE, n. m. Sorte de petite voiture imaginée pour pouvoir se transporter rapidement d'un endroit à un autre, à l'aide d'un mécanisme mû par les pieds.

VÉLOCITÉ, n. f. Vitesse, rapidité.

VELOURS, n. m. Étoffe ordinairement de soie, à poil court et serré.

VELOUTÉ, n. m. Galon fabriqué comme le velours; duvet qui recouvre certains fruits, certaines fleurs : *le velouté de la pêche, des pensées.*

VELOUTÉ, ÉE, adj. Qui a l'aspect du velours : *papier velouté*; doux comme du velours : *fleur veloutée.*

VELTE, n. f. Ancienne mesure de capacité pour les liquides; instrument qui sert à jauger les tonneaux.

VELTER, v. tr. Mesurer à la velte.

VELTEUR, n. m. Qui jauge à la velte.

VELU, E, adj. Couvert de poil.

VENAISON, n. f. Chair de bête fauve, comme cerf, sanglier, etc. : *pâté de venaison.*

VÉNAL, E, adj. Qui se vend, qui peut se vendre : *charge vénale. Fig. :* âme, plume vénale.

VÉNALEMENT, adv. D'une manière vénale.

VÉNALITÉ, n. f. État de ce qui est vénal.

VENANT, n. m. Celui qui vient : *les allants et les venants. A tout venant*, au premier venu.

VENDABLE, adj. Qui peut être vendu.

VENDANGE, n. f. Récolte du raisin. Pl. Temps où se fait cette récolte.

VENDANGER, v. tr. Faire la vendange. V. int. : *on a vendangé de bonne heure cette année.*

VENDANGEUR, EUSE, n. Qui fait la vendange.

VENDÉMIAIRE, n. m. Premier mois de l'année républicaine en France. (du 21 septembre au 20 octobre.)

† **VENDETTA**, n. f. Vengeance qui s'exerce en Corse par un assassinat.

VENDEUR, EUSE, n. Dont la profession est de vendre. *Prat. Venderesse*, celle qui a vendu.

VENDRE, v. tr. Transmettre pour un certain prix une chose dont on a la propriété. *Vendre chèrement sa vie*, mourir en se défendant avec courage; *vendre son honneur*, faire à prix d'argent une action honteuse.

VENDREDI, n. m. Sixième jour de la semaine.

VENELLE, n. f. Petite rue. *Fig. Enfiler la venelle*, prendre la fuite.

VÉNÉNEUX, EUSE, adj. Qui renferme du venin, en parlant des plantes.

VÉNÉRABLE, adj. Digne de vénération.

VÉNÉRATION, n. f. Respect pour les choses saintes; estime respectueuse pour les personnes : *sa mémoire est en vénération.*

VÉNÉRER, v. tr. Respecter les choses saintes : *vénérer des reliques*; avoir une estime respectueuse : *vénérer un bienfaiteur.*

VÉNERIE, n. f. Art de chasser avec des chiens courants; corps de veneurs; lieu où habitent les veneurs et tout l'équipage de la vénerie.

VENETTE, n. f. Peur, alarme : *avoir, donner la venette. Fam.*

VENEUR, n. m. Celui qui, à la chasse, est chargé de diriger les chiens courants. **Grand veneur**, officier de la couronne qui a sous ses ordres tout ce qui concerne e service des chasses du souverain.

VENGEANCE, n. f. Action de se venger.

VENGER, v. tr. Tirer raison, satisfaction d'une injure.

VENGEUR, **ERESSE**, adj. et n. Qui venge, qui punit.

VÉNIEL, **ELLE**. adj. *Péché véniel*, léger, qui ne fait point perdre la grâce, par oppos. à *péché mortel.*

VÉNIELLEMENT, adv. *Pécher véniellement*, commettre une faute légère.

VENIMEUX, **EUSE**. adj. Qui a du venin, en parlant des animaux. *Fig. Langue venimeuse*, médisante.

VENIN, n. m. Poison dangereux sécrété chez certains animaux par un organe spécial. *Fig.* Malignité, rancune, haine cachée. *Jeter tout son venin*, dire, dans la colère, tout ce qu'on a sur le cœur contre quelqu'un.

VENIR, v. int. Se transporter d'un lieu dans celui où se trouve la personne qui parle, ou à laquelle on parle, ou de laquelle on parle; arriver, survenir : *la mort vient sans qu'on s'en doute;* succéder : *l'été vient après le printemps;* être transmis : *cette maladie lui vient de famille;* dériver : *ce mot vient du latin;* naître, se développer : *il lui est venu une tumeur;* émaner : *toute puissance vient de Dieu;* profiter, grandir : *cet arbre vient bien. Venir au monde*, naître ; *ne faire qu'aller et venir*, être continuellement en mouvement ; *en venir aux mains, aux coups*, se battre ; *venir à bout*, réussir. **A venir**, loc. adv. Futur, qui doit arriver : *les siècles à venir.*

† VENT, n. m. Agitation de l'air ; air contenu dans le corps de l'homme et de l'animal : *avoir des vents. Fig. Aller comme le vent*, très-vite ; *mettre flamberge au vent*, tirer l'épée; *tourner à tout vent*, être inconstant; *avoir vent d'une chose*, en avoir quelque soupçon, quelque indice.

VENTE, n. f. Action de vendre ; débit : *marchandise de bonne vente;* partie d'une forêt qui vient d'être coupée.

VENTER, v. impers. Faire du vent : *il a venté toute la nuit.*

VENTEUX, **EUSE**, adj. Sujet aux vents ; saison venteuse ; qui cause des vents dans le corps : *légume venteux.*

VENTILATEUR, n. m. Appareil propre à renouveler l'air dans un lieu fermé.

VENTILATION, n. f. Action de renouveler l'air au moyen de ventilateurs.

VENTILER, v. tr. Renouveler l'air à l'aide de ventilateurs.

VENTÔSE, n. m. Sixième mois de l'année républicaine en France (du 19 février au 20 mars).

VENTOSITÉ, n. f. Amas de vents dans le corps.

VENTOUSE, n. f. Petit vase de verre ou de métal qu'on applique sur la peau pour y produire une irritation locale, en raréfiant l'air par le moyen du feu; organes de la sangsue et de quelques autres animaux aquatiques, au moyen desquels ils font le vide et sucent les corps auxquels ils s'attachent; ouverture pratiquée dans un conduit pour donner passage à l'air : *la ventouse d'une cheminée.*

VENTOUSER, v. tr. Appliquer des ventouses à un malade.

VENTRAL, **E**, adj. Qui appartient au ventre.

VENTRE, n. m. Capacité du corps où sont les intestins. **Bas-ventre**, partie inférieure du ventre; *courir ventre à terre*, fort vite. *Par ext.* Renflement d'un mur ou d'un vase.

VENTREBLEU. Sorte de jurement familier.

VENTRE-SAINT-GRIS. Juron familier d'Henri IV.

VENTRICULE, n. m. Nom donné à diverses cavités du corps humain : *les ventricules du cœur;* estomac de certains animaux.

VENTRIÈRE, n. f. Sangle qui passe sous le ventre du cheval. Mieux, **sous-ventrière.**

VENTRILOQUE, adj. et n. Personne qui a l'art de modifier sa voix, de manière à faire penser que ce n'est pas elle qui parle.

VENTRILOQUIE, n. f. Art du ventriloque.

VENTRU, **E**, adj. Qui a un gros ventre. *Fam.*

VENU, **E**. n. *Etre le bien venu*, être accueilli avec plaisir, amitié ; *le premier venu*, celui qui arrive le premier; *confier un secret au premier venu*, inconsidérément.

VENUE, n. f. Arrivée. *Fig.* Croissance : *arbre d'une belle venue. Etre tout d'une venue*, grand et mal fait. Pl. *Allées et venues*, action d'aller et de venir plusieurs fois.

VÉNUS, n. f. La plus brillante des planètes de notre système.

VÊPRES, n. f. pl. Partie de l'office

divin qu'on célèbre vers deux ou trois heures de l'après-midi.

VER, n. m. Insecte long et rampant, qui n'a ni os ni vertèbres. Ver solitaire, nom vulgaire du ténia.

VÉRACITÉ, n. f. Attachement constant à la vérité : véracité d'un historien.

VER À SOIE, n. m. Espèce de chenille qui produit la soie. Pl. des vers à soie.

VERBAL, E, adj. Gram. Qui vient du verbe : adjectif verbal; qui n'est que de vive voix, par oppos. à écrit : promesse verbale.

VERBALEMENT, adv. De vive voix.

VERBALISER, v. int. Dresser un procès-verbal.

VERBE, n. m. Gram. Mot qui sert à marquer que l'on est ou que l'on fait quelque chose.

VERBE, n. m. Parole, ton de voix : avoir le verbe haut.

VERBE, n. m. La troisième personne de la sainte Trinité.

VERBÉRATION, n. f. Se dit de l'air frappé qui produit le son.

VERBEUX, EUSE. adj. Qui abonde en paroles inutiles : orateur verbeux, éloquence verbeuse.

VERBIAGE, n. m. Abondance de paroles inutiles.

VERBIAGER, v. int. Employer beaucoup de paroles pour dire peu de choses. Fam.

VERBIAGEUR, EUSE, n. Qui verbiage. Fam.

VERBOSITÉ, n. f. Superfluité de paroles.

VERDÂTRE, adj. Qui tire sur le vert.

VERDELET, ETTE, adj. Vin verdelet, un peu vert, acide ; vieillard verdelet, qui a encore de la vigueur.

VERDEUR, n. f. Sève des plantes des arbres ; acidité du vin, des fruits. Fig. Vigueur, jeunesse : la verdeur d l'âge.

VERDICT, n. m. Déclaration du jury.

VERDIER, n. m. Genre d'oiseaux à plumage vert.

VERDIR, v. tr. Peindre en vert.

VERDOYANT, E, adj. Qui verdoie : plaine verdoyante.

VERDOYER, v. int. Devenir vert.

VERDURE, n. f. Couleur verte des arbres, des plantes : la verdure des prés ; les herbes, les feuilles : se coucher sur la verdure.

VÉREUX, EUSE. adj. Qui a des vers : fruit véreux. Fig. Suspect, mauvais : créance véreuse.

VERGE, n. f. Petite baguette longue et flexible ; grand morceau de baleine : verge de bedeau. Fig. Gouverner avec une verge de fer, durement. Pl. Menus brins de bouleau, d'osier, avec lesquels on fouette les enfants.

VERGÉ, ÉE, adj. Étoffe vergée, mal unie; papier vergé, où il y a des vergeures.

VERGER, n. m. Lieu planté d'arbres fruitiers.

VERGETER, v. tr. Nettoyer avec des vergettes : vergeter un habit.

VERGETTES, n. f. pl. Brosse pour les habits.

VERGEURE, n. f. Fils de laiton attachés sur la forme où l'on coule le papier ; marque, empreinte qu'ils y laissent.

VERGLAS, n. m. Glace mince formée par une petite pluie qui se gèle à mesure qu'elle tombe.

VERGNE ou **VERNE**, n. m. Arbre, nom vulgaire de l'aune.

VERGOGNE, n. f. Honte, pudeur : homme sans vergogne.

VERGUE, n. f. Longue pièce de bois placée horizontalement sur un mât, et destinée à soutenir la voile.

VÉRIDICITÉ, n. f. Conformité entière à la vérité : véridicité d'un récit, d'un témoignage.

VÉRIDIQUE, adj. Qui aime à dire la vérité : homme véridique; vrai : récit véridique.

VÉRIFICATEUR, n. m. Celui qui est commis pour faire des vérifications : vérificateur des poids et mesures. Adj. : expert vérificateur.

VÉRIFICATION, n. f. Action de vérifier.

VÉRIFIER, v. tr. Examiner si une chose est telle qu'elle doit être ou qu'on l'a déclarée ; faire voir la vérité de : l'événement a vérifié sa prédiction.

VÉRITABLE, adj. Vrai, réel : or véritable : conforme à la vérité : histoire véritable. Fig. Bon, excellent : un véritable capitaine.

VÉRITABLEMENT, adv. Conformément à la vérité; réellement : être véritablement heureux.

VÉRITÉ, n. f. Qualité de ce qui est vrai ; principe, axiome, maxime : vérités mathématiques; sincérité, bonne foi : parler avec l'accent de la vérité. Peint. et sculpt. Expression fidèle de la nature : il y a de la vérité dans cette tête. En vérité, loc. adv. Certainement.

VERJUS, n. m. Raisin cueilli encore vert; suc acide qu'on en tire : sauce au verjus.

VERJUTÉ, ÉE, adj. Un peu acide, comme le verjus.

VERMEIL, n. m. Argent doré : service de vermeil.

VERMEIL, EILLE, adj. D'un rouge un peu plus foncé que l'incarnat : teint, bouche vermeille.

VERMICELLE, n. m. Pâte préparée pour faire des potages.

VERMICELLIER, n. m. Fabricant de vermicelle et d'autres pâtes.

VERMICULAIRE, adj. Qui ressemble aux vers ou se meut comme eux : mouvement vermiculaire des intestins.

VERMICULÉ, ÉE, adj. Arch. Dont les ornements représentent des traces de vers : colonne vermiculée.

VERMIFORME, adj. Qui a la forme d'un ver.

VERMIFUGE, adj. et n. Remède propre à détruire les vers.

VERMILLER, v. int. Se dit du sanglier qui fouille la terre avec son boutoir pour y chercher des vers, etc.

VERMILLON, n. m. Composé de mercure et de soufre, d'un beau rouge vif; couleur qu'on en tire. Fig. Couleur vermeille des joues et des lèvres.

VERMILLONNER, v. tr. Enduire de vermillon.

VERMINE, n. f. Insectes nuisibles et malpropres, tels que poux, puces, punaises, etc. Fig. Gens de mauvaise vie.

VERMISSEAU, n. m. Petit ver de terre.

VERMOULER (SE), v. pr. Être piqué des vers.

VERMOULU, E, adj. Piqué des vers : bois vermoulu.

VERMOULURE, n. f. Trace que laissent les vers dans ce qu'ils ont rongé; poudre qui en sort.

VERMOUT, n. m. Vin blanc dans lequel on a fait infuser de l'absinthe.

VERNE, n. m. V. Vergne.

VERNIER, n. m. Petit instrument de géométrie, au moyen duquel on peut mesurer avec la plus grande précision.

VERNIR, v. tr. Enduire de vernis.

VERNIS, n. m. Enduit dont on couvre la surface des corps pour leur donner un lustre agréable, ou pour les préserver de l'action de l'air et de l'humidité; enduit qu'on met sur les vases de terre et la porcelaine. Fig. Apparence, couleur favorable : couvrir ses vices d'un vernis d'élégance.

VERNISSER v. tr. Vernir de la poterie.

VERNISSEUR, n. m. Artisan qui fait ou emploie des vernis.

VERNISSURE, n. f. Application du vernis; vernis appliqué.

VÉROLE (petite), n. f. Maladie cutanée.

VÉRONIQUE, n. f. Plante à fleurs bleues.

VERRAT, n. m. Pourceau mâle.

VERRE, n. m. Corps transparent et fragile, produit par la fusion d'un mélange de sable et d'alcali : vase à boire; ce qu'il contient : un verre de vin; objet fait en verre : verre de lunette, de montre.

VERRÉE, n. f. Plein un verre.

VERRERIE, n. f. Art de faire le verre; usine où on le fabrique; ouvrages de verre.

VERRIER, n. m. Celui qui fait ou vend le verre; panier d'osier pour mettre les verres à boire.

VERROTERIE, n. f. Petits ouvrages de verre, coloriés et travaillés, dont on fait des colliers, des bracelets, des pendants d'oreilles, etc.

VERROU, n. m. Fermeture de porte consistant en une pièce de fer qui va et vient entre deux crampons.

VERROUILLER, v. tr. Fermer au verrou.

VERRUE, n. f. Petite excroissance de chair, qui vient ordinairement au visage et aux mains.

VERS, n. m. Assemblage de mots mesurés et cadencés suivant des règles déterminées. Vers libres, de différentes mesures; vers blancs, non rimés.

VERS, prép. qui marque direction, tendance; à l'approche de : vers midi.

VERSANT, n. m. Pente, côté d'un terrain élevé sur lequel coulent les eaux.

VERSATILE, adj. Sujet à changer : esprit, volonté versatile.

VERSATILITÉ, n. f. État de ce qui est versatile : la versatilité des opinions.

VERSE (A), loc. adv. Abondamment.

VERSÉ, ÉE, adj. Exercé, expérimenté : versé dans les affaires.

VERSEAU, n. m. Un des douze signes du zodiaque, qui répond au mois de janvier.

VERSEMENT, n. m. Action de verser de l'argent dans une caisse : faire un versement.

VERSER, v. tr. et int. Épancher, répandre, transvaser : verser du blé dans un sac, verser à boire. Fig. Verser son sang, donner sa vie; verser des larmes, pleurer. Tomber sur le côté, en parlant des voitures; être renversé par le vent, en parlant des blés.

VERSET, n. m. Petite section de la

Bible, composée ordinairement de quelques lignes.

VERSIFICATEUR, n. m. Celui qui possède le mécanisme des vers.

VERSIFICATION, n. f. Art de faire des vers.

VERSIFIER, v. int. Faire des vers. V. tr. Mettre en vers : *versifier une fable*.

VERSION, n. f. Traduction d'une langue dans une autre. *Fig.* Manière de raconter un fait.

VERSO, n. m. Revers, seconde page d'un feuillet, par oppos. à *recto*.

VERSOIR, n. m. Partie de la charrue qui jette la terre de côté.

VERSTE, n. f. Mesure itinéraire de Russie, un peu plus de 1000 mètres.

VERT, n. m. Couleur verte ; herbes vertes qu'on fait manger aux chevaux et aux bestiaux.

VERT, E, adj. De la couleur de l'herbe. *Fig. Vieillard vert*, encore vigoureux ; *bois vert*, qui n'est pas encore sec ; *vin vert*, qui n'est pas fait ; *réponse verte*, ferme, résolue.

VERT-DE-GRIS, n. m. Rouille verdâtre qui se forme sur le cuivre.

VERTÉBRAL, E, adj. Qui a rapport aux vertèbres.

VERTÈBRE, n. f. Chacun des petits os qui, s'emboîtant les uns dans les autres, forment l'épine du dos.

VERTÉBRÉ, ÉE, adj. Se dit des animaux qui ont des vertèbres, comme les mammifères, les oiseaux, les reptiles et les poissons.

VERTEMENT, adv. Avec fermeté, vigueur : *répliquer vertement*.

VERTICAL, E, adj. Perpendiculaire à l'horizon.

VERTICALE, n. f. Ligne perpendiculaire à l'horizon.

VERTICALEMENT, adv. Perpendiculairement à l'horizon.

VERTIGE, n. m. Étourdissement. *Fig.* Égarement des sens, folie.

VERTIGINEUX, EUSE, adj. Qui a des vertiges.

VERTIGO, n. m. Maladie des chevaux, qui se manifeste par le désordre des mouvements. *Fig.* Caprice, fantaisie : *quel vertigo lui prend?*

VERTU, n. f. Disposition constante de l'âme qui porte à faire le bien et à éviter le mal ; chasteté, en parlant des femmes ; propriété, efficacité : *vertu des plantes*, *des remèdes*. Pl. Un des ordres de la hiérarchie céleste. **En vertu de**, loc. prép. En conséquence de : *en vertu d'un jugement*.

VERTUEUSEMENT, adv. D'une manière vertueuse.

VERTUEUX, EUSE, adj. Qui a de la vertu ; qui est inspiré par la vertu : *action vertueuse*.

VERTUGADIN, n. m. Sorte de bourrelet que les femmes portaient par-dessous leur corps de jupe.

VERVE, n. f. Chaleur d'imagination qui anime le poète, l'orateur, l'artiste, dans la composition de leurs ouvrages.

VERVEINE, n. f. Plante vulnéraire.

VERVEUX, n. m. Sorte de filet pour prendre du poisson.

VESCE, n. f. Plante fourragère ; graine qu'elle produit.

VÉSICAL, E, adj. Qui a rapport à la vessie : *veine vésicale*.

VÉSICATOIRE, n. m. Médicament externe qui fait venir des vésicules à la peau ; plaie causée par l'application d'un vésicatoire.

VÉSICULE, n. f. Petite vessie.

VÉSICULEUX, EUSE, adj. Qui a la forme de petites vessies.

VESPASIENNE, n. f. Espèce de guérites construites sur les boulevards de Paris, pour servir d'urinoires.

VESPER, n. m. L'étoile du soir, planète de Vénus.

VESPÉTRO, n. m. Liqueur spiritueuse et stomachique.

VESSE, n. f. Vent qui sort sans bruit par le derrière de l'animal.

VESSE-DE-LOUP, n. f. Champignon qui ne contient que du vent et de la poussière.

VESSER, v. int. Lâcher une vesse.

VESSEUR, EUSE, n. Qui vesse fréquemment.

VESSIE, n. f. Sac membraneux qui reçoit et contient l'urine ; petite ampoule sur la peau.

VESTA, n. f. L'une des planètes.

†**VESTALE**, n. f. Prêtresse de Vesta chez les Romains. *Fig.* Fille très-chaste.

VESTE, n. f. Habit à courtes basques.

VESTIAIRE, n. m. Lieu où l'on serre, où l'on dépose les habits, les cannes, etc., dans certains établissements publics.

VESTIBULE, n. m. Première pièce d'un bâtiment, servant de passage aux autres pièces.

VESTIGE, n. m. Empreinte du pied. *Fig.* Signe, indice : *il n'en reste pas vestige*. Pl. Restes, débris d'anciens édifices.

VÊTEMENT, n. m. Tout ce qui sert à couvrir le corps.

VÉTÉRAN, n. m. Vieux soldat retiré du service, ou faisant partie d'une compagnie sédentaire ; écolier qui re-

double une classe ; chez les Romains,
soldat qui avait obtenu son congé.

VÉTÉRANCE, n. f. Etat de vétéran.

VÉTÉRINAIRE, adj. Se dit de ce
qui concerne l'art de guérir les chevaux,
les bestiaux : *médecine vétérinaire*. N.
m. Celui qui pratique cet art.

VÉTILLE, n. f. Bagatelle.

VÉTILLER, v. int. S'amuser à des
vétilles.

VÉTILLEUR, EUSE, n. Qui s'a-
muse, qui s'arrête à des vétilles.

VÉTILLEUX, EUSE, adj. Plein de
petites difficultés : *ouvrage vétilleux*.

VÊTIR, v. tr. (*Je vêts, tu vêts, il vêt,
n. vêtons, v. vêtez, ils vêtent. Je vêtais,
n. vêtions. Je vêtis, n. vêtîmes. Je vêti-
rai, n. vêtirons. Je vêtirais, n. vêti-
rions. Vêts, vêtons. Que je vête, q. n.
vêtions. Q. je vêtisse, q. n. vêtissions.
Vêtant. Vêtu, e.*) Habiller, donner des
habits. *Vêtir une robe*, la mettre sur
soi. **Se vêtir**, v. pr. S'habiller.

† **VÉTO**, n. m. Mot lat. qui signifie *je
m'oppose*. Refus de sanctionner une décision : *à Rome les tribuns avaient le
droit de véto*.

VÊTURE, n. f. Cérémonie de la prise d'habit par un religieux ou une religieuse.

VÉTUSTÉ, n. f. Ancienneté, surtout en parlant des édifices détériorés
par le temps.

VÉTYVER, n. m. Plante dont les
racines, très-odorantes, servent à préserver les fourrures et les vêtements de
laine de l'atteinte des insectes.

VEUF, VEUVE, adj. et n. Qui a
perdu sa femme ou son mari.

VEUVAGE, n. m. Etat d'un veuf,
d'une veuve.

VEXATION, n. f. Action de vexer.

VEXATOIRE, adj. Qui a le caractère de la vexation : *impôt vexatoire*.

VEXER, v. tr. Tourmenter, faire injustement de la peine.

VIABILITÉ, n. f. Etat de l'enfant
né viable.

VIABLE, adj. Enfant né viable, assez fort pour faire espérer qu'il vivra.

VIAGER, ÈRE, adj. et n. Dont on
s'est réservé la jouissance durant toute
sa vie : *rente viagère, un viager*.

VIANDE, n. f. Chair dont on se
nourrit.

VIANDER, v. int. *Vén.* Pâturer, en
parlant des bêtes fauves.

VIANDIS, n. m. Pâture des bêtes
fauves.

VIATIQUE, n. m. Sacrement de
l'Eucharistie administré à un malade en
danger.

VIBRANT, E, adj. Mis en vibration :
corde vibrante.

VIBRATION, n. f. Tremblement
rapide des cordes d'un instrument de
musique, des lames métalliques, etc.,
qui met l'air en mouvement et donne
ainsi naissance à la sensation du son.

VIBRER, v. int. Faire des vibrations.

VICAIRE, n. m. Prêtre adjoint à un
curé. **Grand vicaire, vicaire général**, suppléant d'un évêque ; **vicaire
de J.-C.**, le pape.

VICARIAL, E, adj. Qui a rapport
au vicariat : *fonctions vicariales*.

VICARIAT, n. m. Emploi de vicaire.

VICARIER, v. int. Faire les fonctions de vicaire. *Fig.* Etre réduit à une
place subalterne : *je suis las de vicarier*.

VICE, n. m. Défaut, imperfection :
vice de conformation, de style ; disposition habituelle au mal, par oppos. à
vertu : *flétrir le vice* ; débauche, libertinage : *croupir dans le vice*.

VICE-AMIRAL, n. m. Officier de
marine après l'amiral. *Vaisseau vice-
amiral*, le second d'une flotte. Pl. des
vice-amiraux.

VICE-AMIRAUTÉ, n. f. Charge de
vice-amiral. Pl. des *vice-amirautés*.

VICE-CHANCELIER, n. m. Qui
fait les fonctions du chancelier en son
absence. Pl. des *vice-chanceliers*.

VICE-CONSUL, n. m. Qui supplée
le consul en son absence. Pl. des *vice-
consuls*.

VICE-CONSULAT, n. m. Emploi de
vice-consul. Pl. des *vice-consulats*.

VICE-LÉGAT, n. m. Prélat qui
exerce les fonctions de légat. Pl. des
vice-légats.

VICE-LÉGATION, n. f. Emploi de
vice-légat. Pl. des *vice-légations*.

VICENNAL, E, adj. De vingt ans,
qui se fait après vingt ans : *recensement vicennal*.

VICE-PRÉSIDENCE, n. f. Fonction, dignité du vice-président. Pl. des
vice-présidences.

VICE-PRÉSIDENT, n. m. Qui
exerce la fonction du président en son
absence. Pl. des *vice-présidents*.

VICE-REINE, n. f. Femme d'un
vice-roi. Pl. des *vice-reines*.

VICE-ROI, n. m. Gouverneur d'un
Etat qui a le titre de royaume. Pl. des
vice-rois.

VICE-ROYAUTÉ, n. f. Dignité de
vice-roi ; pays qu'il gouverne. Pl. des
vice-royautés.

VICE-VERSÂ, loc. lat. Réciproquement.

VICIER, v. tr. Gâter, corrompre.

VICIEUSEMENT, adv. D'une manière vicieuse.

VICIEUX, EUSE, adj. Qui a rapport au vice : *inclination vicieuse*; adonné au vice : *homme vicieux*; rétif, ombrageux, en parlant des chevaux; qui a un défaut, une imperfection : *clause vicieuse*. Cercle vicieux, raisonnement défectueux où l'on suppose ce que l'on veut prouver.

VICINAL, adj. m. Chemin vicinal, grand chemin qui met en communication les villages, les hameaux, etc.

VICISSITUDE, n. f. Révolution réglée : *vicissitude des saisons*; instabilité des choses humaines : *vicissitudes de la fortune*.

VICOMTE, n. m. Autrefois, seigneur d'une terre qui avait le titre de vicomté.

VICOMTÉ, n. m. Titre de noblesse attaché autrefois à une terre.

VICOMTESSE, n. f. Femme d'un vicomte.

VICTIMAIRE, n. m. Celui qui, chez les anciens, faisait les apprêts du sacrifice.

VICTIME, n. f. Animal que les anciens offraient en sacrifice à leurs dieux. *Fig.* Personne sacrifiée aux intérêts, aux passions d'autrui : *être victime de la calomnie*.

VICTIMER, v. tr. Rendre quelqu'un victime, le ridiculiser.

VICTOIRE, n. f. Avantage remporté à la guerre; succès obtenu sur un rival. Chanter victoire, se glorifier du succès.

VICTORIEUSEMENT, adv. D'une manière victorieuse.

VICTORIEUX, EUSE, adj. Qui a remporté la victoire. *Fig.* : *preuve victorieuse*.

VICTUAILLE, n. f. Vivres et munitions de bouche. *Fam.* et p. us.

VIDAME, n. m. Personnage qui, au moyen-âge, représentait l'évêque au temporel et commandait ses troupes.

VIDANGE, n. f. État d'un tonneau fermé et qui n'est pas plein : *feuillette de vin en vidange*. Pl. Ordures retirées des fosses d'aisances.

VIDANGEUR, n. m. Celui qui vide les fosses d'aisances.

VIDE, adj. Qui ne contient rien : *bourse vide*; qui n'est rempli que d'air : *espace vide*; qui n'est pas occupé : *appartement vide*. *Fig. Cœur vide*, dépourvu d'affections; *tête vide*, sans idées. N. m. Espace vide. *Phys.* Espace où il n'y a pas même d'air : *faire le vide*. *Fig.* Néant : *le vide des grandeurs*; privation : *sa mort fait un grand vide dans*

notre société. À vide, loc. adv. Sans rien contenir : *la voiture est partie à vide*.

VIDE-BOUTEILLES, n. m. Petite maison de plaisance avec jardin, près de la ville. Pl. des *vide-bouteilles*.

VIDER, v. tr. Rendre vide : *vider un tonneau. Vider les lieux*, sortir par force; *vider un canon*, le creuser; *vider une volaille*, en tirer ce qui n'est pas bon à manger. *Fig. Vider un compte, un différend*, le terminer d'une manière quelconque.

VIDUITÉ, n. f. Veuvage.

VIE, n. f. Résultat du jeu des organes; espace de temps depuis la naissance jusqu'à la mort : *vie courte*; nourriture, subsistance : *chercher sa vie*; manière de vivre : *mener joyeuse vie*, *une vie exempte de reproches*; profession : *embrasser la vie religieuse*; histoire racontée ou écrite : *les vies des saints. La vie future*, existence de l'âme après la mort; *être entre la vie et la mort*, dans un grand danger; *faire la vie*, se livrer au plaisir; *tableau plein de vie*, animé. *Fig.* et *fam.* Dispute, criailleries : *sa femme lui a fait une belle vie*. À vie, loc. adv. Pour toute la vie : *pension, bail à vie*.

VIEILLARD, n. m. Homme d'un âge très-avancé.

VIEILLERIE, n. f. Vieilles hardes, vieux meubles. *Fig.* Idées rebattues, usées : *il ne dit que des vieilleries*.

VIEILLESSE, n. f. Le dernier âge de la vie; les vieilles gens : *la vieillesse est chagrine*.

VIEILLIR, v. int. Devenir vieux, paraître vieux : *il a bien vieilli depuis peu. Fig.* Commencer à n'être plus d'usage : *cette mode vieillit*. V. tr. Rendre vieux : *les chagrins l'ont vieilli avant l'âge*.

VIEILLISSANT, E, adj. Qui devient vieux.

VIEILLISSEMENT, n. m. État de ce qui vieillit.

VIEILLOT, OTTE, adj. Qui commence à avoir l'air vieux. *Fam.*

VIELLE, n. f. Instrument de musique à cordes et à touches, que l'on fait agir au moyen d'une roue.

VIELLEUR, EUSE, n. Qui joue de la vielle.

VIERGE, n. f. Fille qui a vécu dans une continence parfaite; sixième signe du zodiaque, correspondant à août. Adj. *Forêt vierge*, qui n'a jamais été exploitée; *terre vierge*, qui n'a jamais été soumise à la culture; *huile vierge*, extraite des olives sans pression; *cire* *vierge*, qui n'a encore été employée à aucun ouvrage ; *métaux vierges*, qu'on trouve purs et sans mélange dans le sein de la terre.

VIEUX ou **VIEIL**, **VIEILLE**, adj. Avancé en âge ; qui est tel depuis longtemps : *vieux soldat*, *vieil ami* ; qui dure depuis longtemps : *vieux meuble* ; antique : *vieux château* ; ancien : *vieux proverbe*. N. Personne âgée. N. m. Ce qui est ancien : *le vieux vaut bien le nouveau*. *Ne travailler que dans le vieux*, que dans le raccommodage.

VIF, **VIVE**, adj. Qui est en vie. *Fig.* Qui a beaucoup de vigueur, d'activité : *cheval*, *enfant vif* ; qui conçoit promptement : *imagination vive* ; animé, brillant : *œil vif* ; violent : *froid vif* ; impétueux : *attaque vive*. Eau vive, qui coule de source ; foi vive, que rien ne peut ébranler ; haie vive, formée d'arbustes épineux en pleine végétation ; chaux vive, qui n'a point été imprégnée d'eau ; vive arête, angle saillant et non émoussé, du bois, de la pierre, etc. N. m. Chair vive : *trancher dans le vif*. Loc. adv. *De vive voix*, en parlant ; *de vive force*, avec violence, en surmontant tous les obstacles.

VIF-ARGENT, n. m. Le mercure.

VIGIE, n. f. Matelot en sentinelle sur un mât.

VIGILAMMENT, adv. Avec vigilance.

VIGILANCE, n. f. Attention vive et active.

VIGILANT, **E**, adj. Plein de vigilance.

VIGILE, n. f. Veille de fête.

VIGNE, n. f. Plante qui porte le raisin ; terre plantée en ceps de vigne. *Fig. Être dans les vignes*, pris de vin. *Fam.*

VIGNERON, **ONNE**, n. Qui cultive la vigne.

VIGNETTE, n. f. Petite gravure mise pour ornement en tête d'un livre ou d'un chapitre.

VIGNOBLE, n. m. Etendue de pays plantée de vignes. Adj. : *pays vignoble*.

VIGOGNE, n. f. Mammifère ruminant du Pérou.

VIGOUREUSEMENT, adv. Avec vigueur.

VIGOUREUX, **EUSE**, adj. Qui a de la vigueur ; qui se fait avec vigueur : *attaque vigoureuse*.

VIGUEUR, n. f. Force, énergie, au pr. et au fig. : *vigueur du corps*, *de l'esprit*, *du style* ; vie : *cet arbre a repris de la vigueur*. *Être en vigueur*, subsister avec autorité, en parlant des lois, des réglements, etc.

VIL, **E**, adj. Abject, méprisable :

âme vile ; de peu de valeur : *étoffe à vil prix*.

VILAIN, **E**, adj. Qui déplaît à la vue : *vilain pays* ; désagréable, incommode : *vilain temps* ; méchant, infâme : *vilain homme*, *vilaine action*. N. m. Autrefois, paysan, roturier : *les nobles et les vilains*.

VILAINEMENT, adv. D'une vilaine manière.

VILEBREQUIN, n. m. Outil pour percer le bois, la pierre, etc.

VILEMENT, adv. D'une manière vile.

VILENIE, n. f. Action basse et vile. Pl. Paroles injurieuses, obscènes : *dire*, *écrire des vilenies*.

VILETÉ, n. f. Etat de ce qui est à bas prix, de peu d'importance.

VILIPENDER, v. tr. Traiter avec mépris.

VILLA, n. f. Maison de plaisance.

VILLAGE, n. m. Assemblage de maisons trop peu nombreuses pour former un bourg. *Fig. Le coq du village*, celui qui a le plus de crédit dans le village ; *être de son village*, être simple, ignorant.

VILLAGEOIS, **E**, n. Habitant d'un village. Adj. : *manières villageoises*.

VILLANELLE, n. f. Poésie pastorale dont les couplets finissent par le même refrain.

VILLE, n. f. Assemblage d'un grand nombre de maisons disposées par rues ; séjour, mœurs, des villes : *préférer la ville à la campagne* ; collection des habitants d'une ville : *toute la ville est sur pied*. Hôtel de ville, maison où se réunit le conseil municipal ; *dîner en ville*, être en ville, hors de chez son.

VILLÉGIATURE, n. f. Séjour à la campagne.

VILLETTE, n. f. Très-petite ville.

VIN, n. m. Liqueur que l'on tire du raisin ; préparation médicinale dans laquelle il entre du vin : *vin de quinquina*. Vin doux, qui n'a point encore fermenté ; *être pris de vin*, être ivre ; *être entre deux vins*, un peu ivre ; *cuver son vin*, dormir après avoir bu.

VINAIGRE, n. m. Vin rendu aigre.

VINAIGRER, v. tr. Assaisonner avec du vinaigre.

VINAIGRETTE, n. f. Sauce faite avec du vinaigre, de l'huile, du sel, etc. ; ancienne brouette à deux roues.

VINAIGRIER, n. m. Qui fait et vend du vinaigre ; vase à mettre du vinaigre.

VINDICATIF, **IVE**, adj. Qui aime à se venger.

VINDICTE, n. f. Usité seulement

dans *vindicte publique*, poursuite d'un crime au nom de la société.

VINÉE, n. f. Récolte de vin : *bonne vinée*.

VINEUX, EUSE, adj. Se dit du vin qui a beaucoup de force ; de ce qui a le goût, l'odeur ou la couleur du vin.

VINGT, adj. num. card. Deux fois dix. N. m. : *le vingt du mois*.

VINGTAINE, n. f. Vingt ou environ.

VINGT ET UN, n. m. Sorte de jeu de cartes.

VINGTIÈME, adj. num. ord. de *vingt*. N. m. : *un vingtième*.

VINICOLE, adj. Qui a rapport à la vigne, au vin : *pays, société vinicole*.

VINIFICATION, n. f. Art de faire le vin.

VIOL, n. m. Attentat à la pudeur.

VIOLACÉ, ÉE, adj. D'une couleur tirant sur le violet.

VIOLAT, adj. m. Où il entre de l'extrait de violette : *sirop, miel violat*.

VIOLATEUR, TRICE, n. Qui viole les lois, les droits.

VIOLATION, n. f. Action de violer un engagement, d'enfreindre une obligation, de profaner une chose sainte : *violation d'une promesse, d'un ordre, d'un temple*.

VIOLÂTRE, adj. D'une couleur tirant sur le violet.

VIOLE, n. f. Instrument de musique à sept cordes, dont on joue avec un archet.

VIOLEMENT, n. m. Infraction, contravention : *violement d'un traité*. Peu us.

VIOLEMMENT, adv. Avec violence.

VIOLENCE, n. f. État de ce qui est violent : *la violence des vents, des passions* ; force dont on use contre le droit, la loi : *employer la violence*. *Fig.* *Faire violence à la loi*, y donner un sens forcé ; *se faire violence*, se contraindre, se surmonter.

VIOLENT, E, adj. Impétueux : *tempête violente* ; emporté, fougueux : *discours violent*. *Mort violente*, causée par force, par accident.

VIOLENTER, v. tr. Contraindre, faire faire par force.

VIOLER, v. tr. Enfreindre, agir contre ; faire violence à.

VIOLET, ETTE, adj. De la couleur de la violette.

VIOLETTE, n. f. Petite fleur printanière.

VIOLON, n. m. Instrument de musique à quatre cordes ; celui qui en joue. *Payer les violons*, les frais. Espèce de prison contiguë à un corps-de-garde.

VIOLONCELLE, n. m. Très-grand violon appelé aussi *basse*.

VIOLONCELLISTE, n. m. Musicien qui joue du violoncelle.

VIOLONISTE, n. m. Artiste d'un talent remarquable sur le violon.

VIORNE, n. f. Arbrisseau grimpant, à fleurs blanches.

† **VIPÈRE**, n. f. Serpent venimeux. *Fig. Langue de vipère*, personne très-médisante.

VIPEREAU, n. m. Petit d'une vipère.

VIPÉRINE, n. f. Plante du genre de la bourrache.

VIRAGO, n. f. Fille ou femme qui a la taille et l'air d'un homme.

VIRELAI, n. m. Ancien petit poème français sur deux rimes, et à refrain.

VIREMENT, n. m. Action de virer ; transport d'une dette active à un créancier.

VIRER, v. int. Aller en tournant. *Mar. Virer de bord*, tourner d'un côté sur l'autre, et, fig., changer de parti.

VIRGINAL, E, adj. Qui appartient à une vierge. *Lait virginal*, cosmétique pour blanchir le teint.

VIRGINITÉ, n. f. État d'une personne vierge.

VIRGULE, n. f. Petit signe de ponctuation, servant à séparer les divers membres d'une phrase.

VIRIL, E, adj. Qui appartient à l'homme. *Age viril*, d'un homme fait ; *âme virile*, ferme, courageuse.

VIRILEMENT, adv. D'une manière virile.

VIRILITÉ, n. f. Age viril.

VIROLE, n. f. Petit cercle de métal autour du manche d'un outil, près du fer.

VIRTUALITÉ, n. f. Qualité de ce qui est virtuel.

VIRTUEL, ELLE, adj. Qui a la puissance d'agir sans l'exercer.

VIRTUELLEMENT, adv. D'une manière virtuelle.

VIRTUOSE, n. Qui a de grands talents pour la musique.

VIRULENCE, n. f. État de ce qui est virulent.

VIRULENT, E, adj. Violent, plein de fiel : *satire virulente*.

VIRUS, n. m. Principe inconnu qui est l'agent de la transmission des maladies contagieuses : *le virus de la rage*.

VIS, n. f. Pièce ronde de bois, de métal, etc., cannelée en spirale. *Pas de vis*, intervalle compris entre deux filets d'une vis.

VISA, n. m. Formule, signature qui rend un acte authentique.

VISAGE, n. m. Face de l'homme, partie antérieure de la tête ; air : *visage riant* ; la personne même : . *visage nouveau*. *Faire à quelqu'un bon ou mauvais visage*, l'accueillir bien ou mal.

VIS-À-VIS, loc. prép. En face, à l'opposite. N. m. Personne en face d'une autre à la danse : *il manque un vis-à-vis*.

VISCÉRAL, E, adj. Qui a rapport aux viscères : *cavité viscérale*.

VISCÈRE, n. m. Chacun des organes que renferment les trois grandes cavités du corps, et qui sont plus ou moins essentiels à la vie , comme le cerveau, les poumons, le cœur, etc.

VISCOSITÉ, n. f. État de ce qui est visqueux.

VISÉE, n. f. Direction de la vue vers un but.

VISER, v. tr. et int. Diriger une arme vers un but. *Fig.* Avoir en vue : *viser à un emploi.* V. tr. Prendre connaissance d'un acte et y mettre son visa.

VISIBILITÉ, n. f. Qualité qui rend une chose visible.

VISIBLE, adj. Qui peut être vu. *Fig.* Évident , manifeste : *imposture visible.*

VISIBLEMENT, adv. D'une manière visible.

VISIÈRE, n. f. Pièce du casque qui se haussait et se baissait à volonté, et au travers de laquelle l'homme d'armes voyait et respirait ; partie d'une casquette, d'un shako, etc., qui abrite le front et les yeux. *Fig. Rompre en visière*, attaquer, contredire violemment et en face. Bouton sur le canon du fusil, pour guider l'œil quand on vise.

VISION, n. f. Action de voir ; choses que Dieu fait voir en esprit ou par les yeux du corps : *les visions des prophètes. Fig.* Idée folle, extravagante : *c'est une pure vision.*

VISIONNAIRE, adj. et n. Qui croit avoir des visions, des révélations. *Fig.* Qui a des idées extravagantes : *c'est un visionnaire.*

VISIR, n. m. V. *Vizir.*

VISITANDINE, n. f. Religieuse de la Visitation.

VISITATION, n. f. Fête en mémoire de la visite de la sainte Vierge à sainte Élisabeth ; ordre de religieuses.

VISITE, n. f. Action d'aller voir quelqu'un par civilité ; action d'un médecin qui va voir un malade ; perquisition, recherche : *le professeur a fait la visite des pupitres* ; tournée des évêques dans leur diocèse : *visite pastorale.*

VISITER, v. tr. Aller voir par civilité, devoir, curiosité ou charité : *visiter un ami, un malade, un musée, les pauvres* ; faire des recherches, une perquisition ; examiner avec soin : *visiter une plaie.*

VISITEUR, n. m. Qui est commis pour visiter.

VISQUEUX, EUSE, adj. Gluant : *humeur visqueuse.*

VISSER, v. tr. Attacher, fixer avec des vis.

VISUEL, ELLE, adj. Qui appartient à la vue : *rayon visuel.*

VITAL, E, adj. Se dit des fonctions qui appartiennent à la vie, comme la circulation du sang , la respiration, etc. *Forces vitales*, qui président aux fonctions des corps organisés vivants.

VITALITÉ, n. f. Mouvement vital, force, persistance de la vie.

VITE, adj. Qui se meut avec célérité. Adv. Avec vitesse : *parler vite* ; promptement : *vite, un médecin.*

VITELOTTE, n. f. Variété de pomme de terre rouge, longue et très-estimée.

VITEMENT, adv. Avec vitesse.

†**VITESSE**, n. f. Célérité, grande promptitude.

VITRAGE, n. m. Toutes les vitres d'un bâtiment ; châssis de verre servant de cloison.

VITRAIL, n. m. Grande fenêtre d'église. Pl. *vitraux.*

VITRE, n. f. Carreau de verre à une fenêtre.

VITRÉ, ÉE, adj. *Humeur vitrée*, qui remplit le fond du globe de l'œil ; *électricité vitrée*, développée par le frottement d'un bâton de verre.

VITRER, v. tr. Garnir de vitres.

VITRERIE, n. f. Art et commerce du vitrier.

VITRESCIBLE, adj. V. *Vitrifiable.*

VITREUX, EUSE, adj. Qui a de la ressemblance avec le verre.

VITRIER, n. m. Ouvrier qui travaille en vitres, qui pose les vitres.

VITRIÈRE, n. f. Femme d'un vitrier.

VITRIFIABLE ou **VITRESCIBLE**, adj. Susceptible d'être changé en verre : *terre vitrifiable.*

VITRIFICATION, n. f. Action de vitrifier ; son résultat : *la vitrification du sable.*

VITRIFIER, v. tr. Fondre, transformer en verre.

VITRIOL, n. m. Nom donné par les anciens chimistes aux sels appelés aujourd'hui *sulfates*. **Huile de vitriol**, nom vulgaire de l'acide sulfurique.

VITRIOLÉ, ÉE, adj. Où il y a du vitriol.

VITRIOLIQUE, adj. De la nature du vitriol.

VITUPÉRER, v. tr. Blâmer. *Vieux.*

VIVACE, adj. Qui a en soi les principes d'une longue vie, comme le corbeau. *Plante vivace*, qui vit plus de trois ans, comme le lis, le dahlia, l'asperge, etc.

VIVACITÉ, n. f. Promptitude à agir, à se mouvoir. *Fig.* Ardeur : *vivacité des passions* ; prompte pénétration : *vivacité d'esprit* ; éclat : *vivacité du teint.* Pl. Emportements légers : *réprimer ses vivacités.*

VIVANDIER, ÈRE, n. Qui suit un corps de troupes, et lui vend des vivres, des boissons, etc.

VIVANT, E, adj. Qui vit. *Fig. Langue vivante*, actuellement parlée, par oppos. à *langue morte* ; *portrait vivant*, très-ressemblant ; *quartier vivant*, où il y a beaucoup de mouvement. N. m. Celui qui vit : *les vivants et les morts. Bon vivant*, homme d'humeur gaie ; *du vivant d'un tel*, en son vivant, pendant sa vie.

VIVAT, interj. Mot lat. dont on se sert pour applaudir. N. m. Acclamation. Pl. des *vivat.*

VIVE, n. f. Poisson de mer.

VIVEMENT, adv. Avec ardeur, sans relâche : *presser vivement* ; fortement : *être vivement touché.*

VIVIER, n. m. Pièce d'eau dans laquelle on nourrit, on conserve du poisson.

VIVIFIANT, E, adj. Qui vivifie : *chaleur vivifiante.*

VIVIFICATION, n. f. Action de ranimer, de vivifier : *vivification d'un membre paralysé.*

VIVIFIER, v. tr. Donner la vie et la conserver : *Dieu vivifie toutes choses. Fig.* Donner de la vigueur : *le soleil vivifie les plantes.* Se dit aussi des effets que Dieu produit sur l'âme : *la grâce vivifie.*

† **VIVIPARE**, adj. et n. Animal qui met au monde ses petits tout vivants.

VIVOTER, v. int. Vivre petitement, avec peine.

VIVRE, v. int. Être en vie ; subsister : *vivre de son travail* ; mener un certain genre de vie : *vivre dans le célibat* ; se conduire : *vivre saintement* ; se nourrir : *vivre de légumes. Savoir vivre*, connaître les bienséances, les usages du monde ; *vivre au jour le jour*, dépenser à mesure que l'on gagne. *Fig.* Durer : *sa gloire vivra éternellement. Apprendre à vivre* à quelqu'un, le corriger, le punir de ses torts ; *qui*

vive ? cri d'une sentinelle à l'approche de quelqu'un.

VIVRE, n. m. Nourriture : *le vivre et le vêtement.* Pl. Tout ce dont l'homme se nourrit : *les vivres sont chers.*

VIZIR ou **VISIR**, n. m. Ministre, officier du conseil du Grand Seigneur. *Grand vizir*, premier ministre de l'empire ottoman.

VIZIRIAT, n. m. Dignité, fonction de vizir.

VOCABLE, n. m. Mot : *tous les vocables d'une langue.*

VOCABULAIRE, n. m. Liste alphabétique et explicative des mots d'une langue, d'une science.

VOCABULISTE, n. m. Auteur d'un vocabulaire.

VOCAL, E, adj. Qui s'énonce, s'exprime par la voix. *Musique vocale*, par oppos. à *musique instrumentale.*

VOCALISATION, n. f. Action de vocaliser.

VOCALISER, v. int. Faire des exercices de chant sans nommer les notes, et sur une seule voyelle.

VOCATIF, n. m. Cinquième cas des langues où les noms se déclinent.

VOCATION, n. f. Inclination qu'on se sent pour un état : *avoir de la vocation pour le commerce, le barreau*, etc. *Fig.* Disposition, talent marqué : *la peinture était sa vocation.*

VOCIFÉRATIONS, n. f. pl. Cris accompagnés d'injures.

VOCIFÉRER, v. int. Parler avec clameurs, avec colère.

VŒU, n. m. Promesse faite à Dieu : *vœu de pauvreté* ; promesse qu'on s'est faite à soi-même : *j'ai fait vœu de ne plus le fréquenter* ; volonté : *tel est le vœu de la nation.* Pl. Souhaits : *faire des vœux pour quelqu'un* ; profession solennelle de l'état religieux : *prononcer ses vœux.*

VOGUE, n. f. Crédit, réputation d'une personne : *prédicateur en vogue* ; faveur où est une chose : *mode, livre en vogue.*

VOGUER, v. int. Être poussé sur l'eau à force de rames ou de voiles. *Fig. Vogue la galère*, arrive ce qui pourra. *Fam.*

VOICI, prép. qui désigne ce qui est près.

VOIE, n. f. Chemin, route d'un lieu à un autre ; trace des roues d'une voiture ; traces que la bête a laissées sur son passage : *suivre un loup par les voies* ; mode de transport : *par quelle voie est-il arrivé ? Fig.* Moyen, entremise : *la voie de la persuasion, obtenir un emploi par la voie de...* ; conseils, prescriptions : *suivre la voie de l'honneur. Les voies de Dieu*, ses. desseins ; *voies de droit*, recours à la justice ; *voie d'accommodement*, conciliation ; *voies de fait*, actes de violence ; *mettre sur la voie*, donner des indications pour... Mesure : *voie de bois*, *de charbon, d'eau. Mar.* Fente, ouverture dans un vaisseau. *Anat.* Canal : *les voies urinaires.*

VOILÀ, prép. qui indique une personne ou une chose un peu éloignée.

VOILE, n. m. Étoffe destinée à cacher quelque chose ; pièce de toile, de dentelle, de soie, etc., qui couvre le visage des femmes, la tête des religieuses. *Fig.* Apparence, prétexte : *sous le voile de l'amitié* ; ce qui nous dérobe la connaissance de quelque chose : *soulever un coin du voile qui nous cache les secrets de la nature. Les voiles de la nuit*, les ténèbres ; *prendre le voile*, se faire religieuse ; *jeter un voile sur une chose*, n'en pas parler ; *avoir un voile devant les yeux*, être empêché par quelque passion de voir les choses telles qu'elles sont.

VOILE, n. f. Toile forte que l'on attache aux vergues d'un mât pour recevoir le vent ; le vaisseau lui-même : *signaler une voile à l'horizon. Mettre à la voile*, s'embarquer ; *faire voile*, naviguer.

VOILÉ, **ÉE**, adj. Couvert : *soleil voilé de nuages. Voix voilée*, dont le timbre n'est pas pur.

VOILER, v. tr. Couvrir d'un voile : *voiler l'image du Christ. Fig. ; voiler ses desseins.*

VOILERIE, n. f. Lieu où l'on fait, où l'on raccommode les voiles des vaisseaux.

VOILIER, n. m. Ouvrier qui fait et raccommode les voiles des bâtiments. Se dit d'un bâtiment par rapport à sa vitesse : *fin voilier.*

VOILURE, n. f. Ensemble des voiles nécessaires à un bâtiment pour le faire marcher ; quantité de voiles que porte un bâtiment par rapport au vent et à la route qu'il veut faire.

VOIR, v. tr. Recevoir les images des objets par l'organe de la vue ; être témoin de : *cela arrivera, mais nous ne le verrons pas*; rendre visite : *aller voir un ami*; donner des soins en qualité de médecin : *voir un malade*; regarder avec attention : *voir au microscope* ; parcourir : *voir du pays*; fréquenter, recevoir : *voir beaucoup de monde* ; examiner, essayer : *voyez si cet habit vous va*; remarquer : *voyez comme il est à plaindre* ; connaître : *Dieu voit le fond de nos cœurs*; comprendre : *je vois où tend ce discours. Voir le jour*, exister, et, en parlant des ouvrages d'esprit, être publié ; *voir de loin*, avoir de la prévoyance, de la perspicacité ; *faire voir*, montrer, prouver ; *laisser voir*, découvrir, ne pas dissimuler ; *voir venir quelqu'un*, pénétrer ses intentions ; *voir de bon, de mauvais œil*, avoir des dispositions favorables ou défavorables, être content ou mécontent. **Se voir**, v. pr. Se fréquenter : *Ne point se voir*, être en mauvaise intelligence ; *cela se voit tous les jours*, cela arrive fréquemment.

VOIRE, adv. Même, aussi. *Vieux.*

VOIRIE, n. f. Partie de l'administration, qui a pour objet l'établissement, la conservation et l'entretien de toutes les voies publiques ; dans une ville, lieu où l'on dépose les immondices, les débris d'animaux, etc.

VOISIN, **E**, adj. et n. Qui est proche : *pays voisins*; qui demeure auprès : *il est mon voisin. Fig.* Qui approche : *voisin de la mort.*

VOISINAGE, n. m. Proximité : *le voisinage des montagnes*; lieux voisins : *se promener dans le voisinage.*

VOISINER, v. int. Fréquenter ses voisins. *Fam.*

VOITURE, n. f. Ce qui sert à transporter les personnes, les marchandises ; carrosse : *avoir voiture*; choses transportées : *voiture de blé*; le prix : *frais de voiture.* **Lettre de voiture**, qui contient le dénombrement des objets dont le voiturier est chargé.

VOITURER, v. tr. Transporter par voiture.

VOITURIER, n. m. Celui qui fait le métier de voiturer.

VOIX, n. f. Son qui sort de la bouche de l'homme. Se dit de certains animaux et de tous les êtres que l'on personnifie : *la voix du perroquet*, de l'honneur, des passions, de la nature ; voix modifiée pour le chant : *avoir une voix de ténor* ; partie vocale d'un morceau de musique : *nocturne à deux voix. Fig.* Conseils : *écouter la voix d'un ami* ; sentiment, opinion : *il n'y a qu'une voix sur son compte* ; suffrage : *aller aux voix*; mouvement intérieur : *la voix de la conscience, du sang. La déesse aux cent voix*, la Renommée ; *la voix du peuple*, l'opinion générale ; *avoir voix au chapitre*, droit de donner son avis. *Gram.* Forme que prend le verbe transitif, suivant que l'action est faite ou soufferte par le sujet : *voix active, passive. Chasse. La voix des chiens*, leur aboiment après le gibier.

VOL, n. m. Mouvement des oiseaux

et de quelques insectes, qui se meuvent dans l'air par le moyen de leurs ailes. **A vol d'oiseau**, loc. adv. En ligne droite.

VOL, n. m. Action de celui qui dérobe; chose volée.

VOLABLE, adj. Qui peut être volé : *homme volable.*

VOLAGE, adj. Changeant, léger.

VOLAILLE, n. f. Nom collectif des oiseaux qu'on nourrit ordinairement dans une basse-cour.

VOLANT, n. m. Morceau de liége, etc. garni de plumes, qu'on lance avec des raquettes; aile d'un moulin à vent; roue qui sert à maintenir l'uniformité du mouvement d'une machine; garniture légère attachée à la jupe d'une robe.

VOLANT, E, adj. Qui a la faculté de s'élever en l'air : *poisson volant. Feuille volante*, feuille écrite ou imprimée, qui n'est attachée à aucune autre; *fusée volante*, qui s'élève en l'air quand on y a mis le feu; *pont volant*, qui se monte et se déplace à volonté; *petite vérole volante*, qui n'est pas dangereuse.

VOLATIL, E, adj. Qui peut se réduire en vapeur ou en gaz : *sel, alcali volatil.*

VOLATILE, n. m. Animal qui vole.

VOLATILISATION, n. f. Action de volatiliser les corps.

VOLATILISER, v. tr. Rendre volatil.

VOLATILITÉ, n. f. Qualité de ce qui est volatil.

† **VOLCAN**, n. m. Gouffre d'où il sort de temps en temps des tourbillons de feu et des matières embrasées. *Fig.* Tête ardente, exaltée.

VOLCANIQUE, adj. De volcan : *matières volcaniques. Fig.* Tête volcanique, ardente, exaltée.

VOLCANISÉ, ÉE, adj. Se dit des lieux où il reste des traces de volcans : *terrain volcanisé.*

VOLE, n. f. *Faire la vole*, toutes les levées à certains jeux de cartes.

VOLE-AU-VENT, n. m. Sorte de petit pâté chaud, dont le fond et les parois sont en pâte feuilletée. Pl. des *vole-au-vent.*

VOLÉE, n. f. Vol d'un oiseau; bande d'oiseaux qui volent ensemble : *une volée de moineaux. Fig.* Condition, qualité : *personne de haute volée*; décharge de plusieurs pièces d'artillerie : *une volée de coups de canons*, et, par ext.: *une volée de coups de poing*; branle de cloches : *sonner à toute volée.* Pièce de bois de traverse, qui s'attache au limon d'une voiture, et à laquelle sont attelés les chevaux. **A la volée**, loc. adv. En l'air : *saisir une balle à la volée. Fig.* Très-promptement : *saisir un discours à la volée. Semer à la volée*, en jetant les grains, les semences par poignées.

VOLER, v. int. Se mouvoir, se soutenir en l'air au moyen d'ailes. *Fig.* Aller avec une grande vitesse : *ce cheval vole;* traverser rapidement l'espace : *le trait vole en sifflant;* circuler : *ces mots volent de bouche en bouche. Le temps vole*, fuit rapidement; *voler de ses propres ailes*, agir par soi-même.

VOLER, v. tr. Prendre furtivement ou par force le bien d'autrui.

VOLEREAU, n. m. Diminutif de *voleur. Fam.*

VOLERIE, n. f. Larcin, pillerie.

VOLET, n. m. Fermeture mobile en menuiserie, appliquée sur une fenêtre.

VOLETER, v. int. Voler à plusieurs reprises.

VOLEUR, EUSE, n. Qui a volé ou qui vole habituellement.

VOLIÈRE, n. f. Espèce de grande cage, ou lieu fermé dans lequel on nourrit des oiseaux.

VOLIGE, n. f. Planche mince de bois blanc.

VOLONTAIRE, adj. Qui se fait sans contrainte et de pure volonté : *acte volontaire;* qui ne veut faire que sa volonté : *enfant volontaire.* N. m. Soldat qui sert dans une armée sans y être obligé : *bataillon de volontaires.*

VOLONTAIREMENT, adv. De sa propre volonté.

VOLONTÉ, n. f. Faculté, puissance de l'âme par laquelle on veut; acte de cette faculté; disposition à l'égard de quelqu'un : *bonne, mauvaise volonté.* Pl. Fantaisies, caprices : *faire ses volontés. Dernières volontés*, testament d'une personne. **A volonté**, loc. adv. A discrétion : *vous en aurez à volonté;* quand on veut : *billet payable à volonté.*

VOLONTIERS, adv. De bon cœur, de bon gré.

VOLTE, n. f. Mouvement en rond qu'on fait faire à un cheval. *Escr.* Mouvement pour éviter un coup. *Faire volte-face*, se retourner pour résister à l'ennemi qui poursuit.

VOLTER, v. int. *Escr.* Changer de place pour éviter les coups de son adversaire.

VOLTIGE, n. f. Corde lâche sur laquelle les bateleurs font des tours; exercices sur cette corde : *exceller dans la voltige;* art de monter à cheval.

VOLTIGEANT, E, adj. Qui voltige.

VOLTIGEMENT, n. m. Mouvement de ce qui voltige.

VOLTIGER, v. int. Voler çà et là, à différentes reprises, comme le papillon, l'abeille; flotter au gré du vent, en parlant des cheveux, d'un drapeau, etc.; faire des tours de force sur une corde lâche; faire divers exercices sur un cheval, monté sans étriers. *Fig.* Etre inconstant, léger.

VOLTIGEUR, n. m. Celui qui pratique la voltige sur un cheval ou sur une corde lâche; soldat de petite taille, chasseur à pied.

VOLUBILIS, n. m. Plante grimpante.

VOLUBILITÉ, n. f. Articulation rapide : *parler avec volubilité.*

VOLUME, n. m. Etendue, grosseur d'un corps; livre relié ou broché. *Mus.* Force, étendue de la voix.

VOLUMINEUX, EUSE, adj. Qui a beaucoup de volume : *paquet volumineux;* qui a un grand nombre de volumes : *ouvrage volumineux.*

VOLUPTÉ, n. f. Plaisir des sens ou de l'âme.

VOLUPTUEUSEMENT, adv. Avec volupté.

VOLUPTUEUX, EUSE, adj. et n. Qui aime, qui cherche la volupté; qui inspire ou fait éprouver la volupté : *pose voluptueuse.*

VOLUTE, n. f. Ornement de chapiteau fait en forme de spirale; coquille univalve tournée en cône pyramidal.

VOMIQUE, adj. *Noix vomique,* graine d'un arbre des Indes, qui a de grandes propriétés vomitives.

VOMIR, v. tr. Rejeter avec effort par la bouche ce qui est dans l'estomac. *Fig. : vomir des injures, des blasphèmes.*

VOMISSEMENT, n. m. Action de vomir.

VOMITIF, IVE, adj. et n. m. Qui fait vomir : *prendre un vomitif.*

VORACE, adj. Qui dévore, qui mange avec avidité.

VORACITÉ, n. f. Avidité à manger.

VOS, adj. poss. pl. Qui sont à vous.

VOTANT, n. m. Celui qui vote.

VOTATION, n. f. Action de voter.

VOTE, n. m. Suffrage donné.

VOTER, v. int. Donner sa voix, son suffrage dans une élection. V. tr. : *voter une loi.*

VOTIF, IVE, adj. Qui a rapport à un vœu.

VOTRE, adj. poss. sing. Qui est à vous.

VÔTRE (LE, LA), pron. poss. Ce qui est à vous, ce qui vous appartient.

N. m. pl. *Les vôtres,* vos parents, vos amis, ceux de votre parti.

VOUER, v. tr. Consacrer, promettre par vœu : *vouer un temple à Dieu;* promettre d'une manière particulière : *vouer obéissance au roi;* employer avec zèle, avec suite : *vouer sa plume à la vérité.* **Se vouer**, v. pr. Se consacrer.

VOULOIR, v. tr. Avoir intention de faire une chose, s'y déterminer; commander; exiger : *je le veux;* désirer, souhaiter : *vouloir du bien à quelqu'un;* consentir : *je le veux bien;* demander un prix : *il veut tant de sa maison,* pouvoir, en parlant des choses : *ce bois ne veut pas brûler;* avoir besoin de : *cet enfant veut être traité avec douceur.* V. int. *En vouloir à quelqu'un,* lui souhaiter du mal.

VOULOIR, n. m. Acte de la volonté : *votre vouloir sera le mien;* intention, dessein : *bon, mauvais vouloir.*

VOUS, pron. pers. pl. de *tu.*

VOUSSOIR, n. m. Chacune des pierres qui forment le cintre d'une voûte.

VOUSSURE, n. f. Courbure d'une voûte.

VOÛTE, n. f. Ouvrage de maçonnerie fait en arc. *Clé de voûte,* pierre du milieu de la voûte, et, fig., point capital d'une affaire. *Voûte azurée, étoilée, céleste,* le ciel.

VOÛTER, v. tr. Faire une voûte. **Se voûter**, v. pr. Commencer à se courber.

VOYAGE, n. m. Chemin fait pour aller d'un lieu à un autre éloigné; relation des événements d'un voyage; allée et venue d'un lieu à un autre : *le charretier a fait six voyages.*

VOYAGER, v. int. Aller en pays éloigné.

VOYAGEUR, EUSE, n. Qui voyage.

VOYANT, E, adj. Eclatant, en parlant des couleurs : *étoffe trop voyante.* N. m. Prophète.

VOYELLE, n. f. Lettre qui a un son par elle-même.

VOYER, n. m. Fonctionnaire préposé à l'entretien des rues dans une ville et des routes dans la campagne. Adj. : *agent-voyer.*

VRAI, E, adj. Conforme à la vérité; sincère : *ami vrai;* qui a les qualités essentielles à sa nature : *du vrai diamant;* unique, principal : *le vrai motif;* convenable : *voilà sa vraie place.* N. m. La vérité : *aimer le vrai.* Adv. Avec vérité : *dire vrai.* *Astr. Temps vrai.* V. Temps.

VRAIMENT, adv. Véritablement.

VRAISEMBLABLE, adj. et n. Qui a l'apparence de la vérité.

35.

VRAISEMBLABLEMENT, adv. Avec vraisemblance.

VRAISEMBLANCE, n.f. Apparence de vérité.

VRILLE, n. f. Petit outil en forme de vis pour percer. *Bot.* Petits filets en spirale, au moyen desquels plusieurs végétaux faibles s'accrochent aux corps voisins, comme dans la vigne, les pois, etc.

VU, prép. Eu égard à : *vu la difficulté de réussir.* N. m. : *au vu et au su de tout le monde.* **Vu que**, loc. conj. Attendu que.

VUE, n. f. Faculté de voir ; celui des cinq sens par lequel on aperçoit les objets ; l'organe même de la vue ; aspect : *à la vue de l'ennemi ;* inspection : *la vue n'en coûte rien ;* étendue de ce qu'on peut voir du lieu où l'on est : *cette maison a une belle vue ;* tableau : *une vue de Rome. Garder quelqu'un à vue,* le surveiller ; *connaître de vue,* de visage ; *à vue d'œil,* presque sensiblement : *grandir à vue d'œil ; à perte de vue,* si loin qu'on ne peut plus distinguer les objets. *Com. Payable à vue,* à présentation. *Fig.* Pénétration : *rien n'échappe à sa vue ;* dessein : *avoir des vues sur. Point de vue.* V. *Point.*

VULGAIRE, adj. Trivial : *pensée vulgaire ;* communément reçu : *opinion vulgaire ;* qui ne se distingue en rien du commun : *homme ; esprit vulgaire.* N. m. Le peuple : *l'opinion du vulgaire.*

VULGAIREMENT, adv. Communément.

VULGARISER, v. tr. Rendre vulgaire.

VULGARITÉ, n. f. Défaut de ce qui est vulgaire.

† **VULGATE**, n. f. Version latine de la Bible.

VULNÉRABLE, adj. Qui peut être blessé.

VULNÉRAIRE, adj. Se dit des médicaments auxquels on suppose des vertus spéciales pour la guérison des plaies et blessures. N. m. : *un bon vulnéraire.*

W

WAGON, n. m. Sur les chemins de fer, voiture de transport pour les marchandises et les voyageurs.

WHIG, adj. et n. m. Nom d'un parti célèbre en Angleterre, défenseur des principes libéraux, par oppos. à *Tory.*

WHISKEY ou **WHISKY**, n. m. Eau-de-vie de grain.

WHISKY, n. m. V. *Whiskey.*

WHIST, n. m. Sorte de jeu de cartes.

WISKI, n. m. Sorte de cabriolet léger et très-élevé.

X

X, n. m. Vingt-troisième lettre de l'alphabet et dix-huitième des consonnes. **X**, chiffre romain., vaut dix.

XÉRÈS, n. m. Excellent vin d'Espagne.

Y

Y, n. m. Vingt-quatrième lettre de l'alphabet et sixième des voyelles.

Y, adv. Dans cet endroit-là : *allez-y.* Pron. A cela, à cette personne-là : *ne vous y fiez pas.*

YACHT, n. m. Petit bâtiment de promenade, qui va à voiles et à rames.

YARD, n. m. Mesure linéaire d'Angleterre (91 centimètres).

YATAGAN, n. m. Sorte de sabre poignard, en usage chez les Turcs et les Arabes.

YÈBLE, n. f. V. *Hièble.*

YEUSE, n. f. Sorte de chêne appelé aussi *chêne vert.*

YEUX, pl. de *œil.*

YOLE, n. f. Sorte de petit canot léger, qui va à la voile et à l'aviron.

Z

Z, n. m. Vingt-cinquième lettre de l'alphabet et dix-neuvième des consonnes.

ZAGAIE, n. f. Javelot dont se servent la plupart des peuples sauvages.

ZÈBRE, n. m. Quadrupède d'Afrique, à peau blanche rayée de bandes brunes.

ZÉBRÉ, ÉE, adj. Marqué de raies semblables à celles du zèbre.

ZÉBU, n. m. Bœuf domestique qui a sur le garrot une ou deux bosses charnues.

ZÉLATEUR, TRICE, n. Qui agit avec zèle pour la religion, pour la patrie.

ZÈLE, n. m. Affection vive, dévoûment.

ZÉLÉ, ÉE, adj. et n. Qui a du zèle.

ZEND-AVESTA, n. m. Livre sacré des Perses.

ZÉNITH, n. m. Point du ciel situé verticalement au-dessus de chaque point de la terre. Son opposé est *nadir*.

ZÉPHYR, n. m. Vent doux et agréable.

ZÉRO, n. m. Chiffre qui par lui-même n'a aucune valeur, mais qui rend dix fois plus fort celui qui le précède; point du thermomètre qui indique la température de la glace fondante.

ZEST, n. m. Employé dans cette seule expression: *entre le zist et le zest*, ni bien ni mal; ni bon ni mauvais.

ZESTE, n. m. Sorte de cloison membraneuse, qui divise en quatre l'intérieur de la noix.

ZIBELINE, n. f. Martre de Sibérie, à poil très-fin; sa fourrure.

ZIGZAG, n. m. Suite de lignes formant entre elles des angles alternative-ment saillants et rentrants; machine composée de plusieurs pièces qui se plient les unes sur les autres en forme de X ajoutés bout à bout, et qu'on allonge ou qu'on raccourcit à volonté.

ZINC, n. m. Métal d'un blanc bleuâtre.

ZINGUEUR, n. m. Ouvrier qui travaille en zinc.

ZIST, n. m. V. *Zest*.

ZIZANIE, n. f. Ivraie. *Fig.* Désunion, discorde : *semer la zizanie*.

ZODIACAL, E, adj. Qui appartient au zodiaque.

ZODIAQUE, n. m. Grand cercle de la sphère dans lequel les planètes se meuvent, et qui est divisé en douze signes; ensemble des douze constellations situées dans le zodiaque.

† ZOÏLE, n. m. Nom d'un ancien critique d'Homère. *Fig.* Critique envieux et méchant.

ZONE, n. f. Chacune des cinq grandes divisions du globe terrestre entre les deux pôles.

ZOOGRAPHIE, n. f. Description des animaux.

ZOOLOGIE, n. f. Branche de l'histoire naturelle qui traite des animaux.

ZOOLOGIQUE, adj. Qui concerne la zoologie.

ZOOLOGISTE, n. m. Naturaliste qui se livre spécialement à l'étude de la zoologie.

ZOOPHYTE, n. m. Classe d'animaux ayant quelque chose de la forme et de l'organisation des plantes.

ZOUAVE, n. m. Soldat d'infanterie légère.

DICTIONNAIRE

DE LA PRONONCIATION FIGURÉE.

Cet ouvrage n'étant pas un cours de langue, mais un simple dictionnaire, nous n'avons pas cru devoir faire précéder notre travail des règles de la prononciation. Ici, du reste, les bizarreries, les singularités, les nombreux accidents qui se présentent, rendent très-contestable l'utilité des règles.

C'est l'usage qui fixe définitivement la prononciation des mots d'une langue, et quand l'usage est le seul régulateur, les préceptes généraux deviennent à peu près impossibles. Pour la prononciation, par exemple, qu'un prosodiste minutieux passe en revue tous les vocables de la langue française, et qu'il classe méthodiquement, par séries, par familles, tous les mots présentant un caractère commun, il arrivera, dans beaucoup de cas, que sur une liste d'une vingtaine de mots, dix se prononceront d'une manière et dix d'une autre :

Be c, èche c (perte), esto c, aquedu c, syndi c, trictra c (c, sonnant);

Estoma c, bro c, cro c, accro c, mar c, èche cs (jeu), taba c, cri c (c, nul).

Quelle sera la règle ? quelle sera l'exception ?...

Où l'usage est le seul maître, l'usage seul doit enseigner; c'est ce que nous avons déjà eu l'occasion d'exprimer dans notre Lexicologie des Écoles, à propos de la conjugaison des verbes irréguliers.

Dans la liste que nous allons donner, nous ferons donc entrer indistinctement tous les mots dont la prononciation pourrait embarrasser même des personnes instruites; nous dirons : tel mot se prononce de telle manière. Voilà notre règle.

Mot	Prononciation	Mot	Prononciation
Abbatial	ci	Ad patres	trèce
Abbaye	abé-i	Ad rem	rème
Abdomen	mène	Agaric	rik
Ab hoc et ab hac	a-bo-ké-ta-bak	Agenda	jin
Abject	abjèk-te	Agnès	èce
Abrupt	abrup-te	Agnus	ag-nuce
Accessit	te	Aiguade	ga
Achéron	ché	Aiguière	ègue-ière
Aconit	te	Aiguillette	ègu-i-ièle
Acupuncture	ponk	Aiguillon	ègu-i-ion
Adéquate	a-dé-koua-te	Aiguillonner	ègu-i-ionner
Ad hominem	nème	Aiguisement	ègu-i-sement
Ad honores	rèce (1)	Aiguiser	ègu-i-ser
Ad libitum	tome	Alambic	bik
Adonis	nice	Albinos	noce

(1) Quand la finale des mots en as, es, is, os, us doit s'articuler, nous faisons usage des formes graphiques ace, èce, ice, oce, uce, bien que dans la plupart des cas, les voyelles a, e, i, o, u, soient plutôt longues que brèves. C'est moins l'accentuation, la quantité, que nous voulons rendre ici que la prononciation usuelle.

Album	bome	Auster	têr
Alcarazas	zace	Autochthones	tok
Alderman	mane	Automnal	tome-nal
Alguazil	al-goua-zile	Automne	tone
Aliquante	kan	Avant-hier	avan-tière
Aliquote	ko	Avril	le
Alléluia	lui-ia	Azimut.	te
Aloès	èce		
Alors	lor	Babil	bi-ie
Amen	mène	Bacchanal	ka
Amentacées	min	Bacchanales	ka
Amict	ami	Bacchante	kan
Ammoniac	ak	Bairam	bérame
Amphictyons	an-fik-cion	Balsamine	za
Anachorète	ko	Balsamique	za
Ananas	anana	Baptême	balé
Andante	té	Baptiser	bati
Angélus	luce	Baptismal	bap-tis
Antarctique	tartik	Baptistaire	batis
Antechrist	ante-cri	Baptistère	batis
Anus	nuce	Basilic	lik
Août	ou	Bastonnade	basse
Aoûté	a-outé	Bayadère	ba-ia
Aoûteron	outeron	Bayer	bé-ier
Apophthegme	apof-teg-me	Béat	béa
Appendice	pin	Benjamin	bin
Appentis	panti	Benjoin	bin
Aquarelle	koua	Besoigneux	zogneux
Aqua-tinta	koua	Bienfaisance	fe
Aqualique	koua	Bienfaisant	fe
Arc-boutant	ar-bou	Biez	bié
Arc-bouter	ar-bou	Bill	bile
Archaïsme	ka	Billion	bi-lion
Archange	kan	Billon	bi-ion
Archangélique	kan	Bis (adv.)	bice
Archéologie	ké	Bischof	bi-cho-fe
Archéologique	ké	Blockaus	blokoce
Archéologue	ké	Blocus	cuce
Archiépiscopal	ki	Bœuf	beu-fe
Archiépiscopat	ki	Bœuf-gras	beu
Archontat	kon	Bœufs	beux
Archonte	kón	Bourg	bourk
Arctique	ar-tik	Bourgmestre	gue
Arguer	gu-er	Bournous	bour-nouce
Argus	guce	Brachial	kial
Armillaire (sphère)	mil-laire	Broc	bro
Arsenic	nik	Brut	brute
As	ace	But	bu
Aspect	pè		
Aspergès	gèce	Cacaoyer	caca-o-ier
Aspic	pik	Cacaoyère	caca-o-ière
Asymptote	acinp-tote	Cactus	tuce
Atlas	lace	Calcium	ciome

Calus	*luce*	Cognac	*gnak*
Camarilla	*ril-la*	Compendium	*pindiome*
Camomille	*mi-ie*	Comput	*pute*
Campanille	*ni-ie*	Confins	*confin*
Campos	*pô*	Confiteor	*téor*
Cantabile	*bilé*	Congestion	*ges-ti-on*
Caoutchouc	*chou*	Consanguin	*gain*
Capharnaüm	*oms*	Consanguinité	*gu-i*
Carolus	*luce*	Contact	*tak-te*
Caséum	*ome*	Contempteur	*tamp*
Cassis	*cice*	Contre-sens	*san*
Cataplasme	*place-me*	Convolvulus	*luce*
Catéchumène	*ku*	Cophte	*cof-te*
Cens	*cense*	Coq	*coque*
Gep.	*cè*	Coq-d'Inde	*co- d'Inde*
Cérès	*rèce*	Cornac	*nak*
Cerf	*cèr*	Coroner	*nèr*
Cérumen	*mène*	Cortès	*tèce*
Chaldaïque	*kal*	Cosinus	*co-ci-nuce*
Chaldéen	*kal-dé-in*	Cotignac	*gna*
Chaos	*kao*	Crescendo	*crès-cindo*
Charybde	*ka*	Crésus	*zuce*
Chas	*chá*	Cric	*cri*
Chef-d'œuvre	*chè*	Critérium	*ome*
Cheik	*chèk*	Croc	*cro*
Chéiroptère	*kè*	Crocodile	*di-le*
Chenil	*ni*	Croup	*croupe*
Cheptel	*chetel*	Cuiller	*cu-i-ière*
Chersonèse	*ker*	Cuillerée	*cu-i-ierée*
Chester	*chestèr*	Curaçao	*raço*
Chiromancie	*ki*	Cutter	*cut-tère*
Chiromancien	*ki*	Cyclopéen	*pé-in*
Chlamyde	*kla*	Cyprès	*prè*
Choléra	*ko*	Czar	*gzar*
Cholerine	*ko*	Czarienne	*gzar*
Cholérique	*ko*	Czarowitz	*gzarou-itz*
Chorégraphie	*ko*		
Chorégraphique	*ko*	Dam	*dan*
Choriste	*ko*	Débet	*bè*
Chorus	*koruce*	Décemvir	*cème*
Chrétienté	*ti-inté*	Décemviral	*cème*
Cicerone	*cicéroné*	Décemvirat	*cème*
Cil	*cile*	Décorum	*rome*
Cillement	*ci-tement*	Decrescendo	*décrès-cin*
Ciller	*ci-ier*	Déficit	*cile*
Cinq (*francs*)	*cin*	Deleatur	*délé*
Cipaye	*pa-ie*	Délinquant	*kan*
Circonspect	*pè*	Déliquescence	*kèsse*
Circumnavigation	*come*	Déliquescent	*kèsse*
Claymore	*klè*	De profundis	*dé profondice*
Clown	*cloune*	Dervis	*vice*
Club	*clube*	Désistement	*zis*
Codex	*dèk-se*	Désister	*zis*

Dessiller	*déci-ier*	Equatorial	*koua*
Dèssous	*de-çou*	Equestre	*ku-estre*
Dessus	*de-çu*	Equiangle	*ku-i*
Désuétude	*çué*	Equidistant	*ku-i*
Détritus	*tuce*	Equilatéral	*ku-i*
Diachylon	*dia-chi-lon*	Equilatère	*ku-i*
Diagnostic	*diag-nostik*	Equitation	*ku-i*
Dictamen	*mène*	Es (*sciences*)	*èce*
Digestion	*ges-ti-on*	Esquille	*èski-ie*
Dilettante	*té*	Est (*l'*)	*èste*
Direct	*rèk-te*	Estouffade	*étou*
Distinct	*tink-te*	Eucharistie	*e-karistie*
District	*trik*	Eucharistique	*e-karistique*
Dolce	*cé*	Eustache	*e-stache*
Dolmen	*mène*	Exact	*te*
Dom	*don*	Examen	*min*
Domptable	*donta*	Exarchat	*ka*
Dompter	*donter*	Exeat	*ex-é-ate*
Dompteur	*donteur*	Exequatur	*ex-é-koua*
Donc	*donk*	Express	*prèce*
Dot	*dote*	Extra-muros	*roce*
Douaire	*douère*		
Douairière	*douairière*	Facies	*èce*
Drogman	*man*	Fac-simile	*lé*
Duumvir	*ome*	Factotum	*tome*
Duumvirat	*ome*	Factum	*tome*
		Faisais (*je*)	*fe*
Ecce homo	*èk-cé*	Faisant	*fo*
Ecchymose	*éki*	Faiseur	*fo*
Echec	*échèk*	Faon	*fan*
Echecs	*échè*	Fashion	*féchion*
Echo	*ko*	Fashionable	*féchionable*
Eden	*dène*	Fat	*fate*
Effendi	*éfin*	Fécond	*kon*
Empoigner	*poa*	Feld-maréchal	*fèlde*
Enchymose	*ki*	Fenil	*ni*
Encoignure	*cognure*	Fenouil	*nou-ie*
Endécagone	*an*	Fibrille	*bri-le*
Enivrant	*an-nivrant*	Fidéi-commis	*mi*
Enivrement	*an-nivrément*	Fiente	*an*
Enivrer	*an-nivrer*	Fienter	*an*
Ennéagone	*éné-néa*	Fils	*fice*
Ennoblir	*an-noblir*	Florès (*faire*)	*rèce*
Ennui	*an-nui*	Flux	*flu*
Ennuyer	*an-nuyer*	Foc	*fok*
Ennuyeusement	*an-nuyeusement*	Fœtus	*fétuce*
Ennuyeux	*an-nuyeux*	Forceps	*cèp-se*
Enorgueillir	*an-nor*	Fors	*for*
Ephod	*fode*	Forte	*té*
Epitome	*mé*	Forte-piano	*té*
Epizootie	*épizó-tie*	Fortiori	*ci*
Equateur	*koua*	Forum	*rome*
Equation	*koua*	Fourmilier	*mi-li-er*

Fourmilière	*mi-li-êre*	Guelfes	*gai*
Fournil	*ni*	Guérillas	*gai-rilld*
Frac	*frak*	Gui (1)	» »
Fraisil	*zi*	Guillemet	*ll* mouillés
Franc-alleu	*fran-kalleu*	Gutta-percha	*ka*
Frater	*tèr*		
Fret	*frè*	Habeas corpus	*habéace corpuce*
Froc	*frok*	Hallali	*alali*
Fromentacé	*man*	Hamac	*mak*
Fucus	*cuce*	Hanap	*na*
Fût	*fu*	Harem	*rème*
		Hélas	*lace*
Gageure	*jure*	Hem	*èmo*
Gangrène	*kan*	Hendécagone	*an*
Garnisaire	*zaire*	Hennir	*ha-nir*
Garus	*ruce*	Hennissement	*ha-ni*
Gaster	*tèr*	Herculéen	*lé-in*
Géhenne	*gé-êne*	Heurt	*heurte*
Gentiane	*ci*	Hiatus	*tuce*
Gentil (*païen*)	*tile*	Hier	*ièr*
Gentil	*ti*	Hom	*ome*
Gentil enfant	*ti-ianfant*	Honores (*ad*)	*rèce*
Gentilhomme	*ti-io*	Huis	*u-i*
Gentilshommes	*ti-zome*	Humérus	*ru-ce*
Gentilhommerie	*ti-io*	Humus	*muce*
Gentilhommière	*ti-io*	Hymen	*mène*
Gentillâtre	*ti-ià*	Hyperboréen	*ré-in*
Geôle	*jôle*	Hypocras	*crace*
Geôlier	*jôlier*		
Géranium	*ome*	Ibis	*bice*
Gestion	*gesse-ti-on*	Idem	*dème*
Gibus	*buce*	Igname	*ig-name*
Gille	*gile*	Igné	*ig-né*
Gît	*gi*	Ignition	*ig-nicion*
Glauber	*bèr*	Imbroglio	*ain-bro-lio*
Gluten	*téne*	Immanquable	*ime-man*
Goëland	*go-é*	Immanquablement	*ime-man*
Goëlette	*go-é*	Impromptu	*ain-prompe-tu*
Gordien (*nœud*)	*di-in*	Incognito	*gni* (2)
Gramen	*mène*	Income-tax	*mè-tak-se*
Granit	*nite*	Incorrect	*rèk-te*
Gratis	*tice*	Indemne	*dèm-ne*
Grésil	*zi-ie*	Indemniser	*indamniser*
Grésillement	*zi-ie*	Indemnité	*indamnité*
Grésiller	*zi-ier*	Index	*dèk-se*
Grog	*gro-gue*	Indirect	*rèk-te*
Groom	*groume*	Indistinct	*tink-te*
Gruyère	*gru-ière*	Indivis	*vi*
Guano	*goua*	In-dix-huit	*ain*
Guède	*gai*	Indomptable	*donta*

(1) Se prononce comme dans *guitare*, son qui n'a pas de signe correspondant dans notre langue. — (2) Comme dans *magnifique*.

Indompté	donté	Landgraviat	lande
In-douze	ain	Landwher	lande-ver
Inexact	ak-te	Lapis	pice
Inexpuguable	pug-nable	Laps	lapse
Inextinguible	gu-ible	Laudanum	nome
In extremis	trémice	Lazzarone	ladza
Infect	fèk-te	Lazzi	ladzi
In-folio	ain	Legs	lè
In globo	ène	Lest	leste
In manus	ine manuce	Liber	bèr
In-octavo	ine	Libera	bé
In-pace	ine pacé	Lichen	kène
In-partibus	ine partibuce	Lignite	lig-ni-te
In-petto	ine pèt-to	Linceul	eule
In-quarto	ain-koua	Lingual	goual
In-seize	ain	Linguiste	gu-iste
Instinct	lin	Linguistique	gu-istique
Intact	tak-te	Liquéfaction	ku-é
Intellect	lèk-te	Liquéfier	ké
Intérim	rime	Lis (fleur)	lice
Intestat	ta	Loch	lok
Intra-muros	roce	Looch	lok
Intransitif	zi	Loquace	koua
In-trente-deux	ain	Loquacité	koua
Introït	ite	Lotus	tuce
Iris	rice	Lumbago	lon
Isthme	ice-me	Lut	lute
Item	tème	Luth	lute
		Lynx	link-se
Jadis	dice		
Jaguar	ja-gu-ar	Macadam	ame
Jalap	lape	Machiavélique	chi-a
Jarnac	nak	Machiavélisme	chi-a
Jejunum	jéjunome	Machiavéliste	chi-a
Jeun	jun	Madapolam	lame
Joaillerie	jo-a-ie-rie	Madras	drace
Joaillier	jo-a-ié	Magnat	mag-na
Jockey	joké	Magnificat	mag-nificate
Joug	jougue	Magnolier	mag-no
Juillet	jui-iè	Maïs	ice
Julep	lépe	Makis	kice
Junte	jonte	Mamelouk, luk	louke
		Manichéen	ké-in
Koepsake	kipsèke	Manichéisme	ké
Kirsch	kirche	Manioc	niok
Knout	te	Maravédis	dice
		Mars	marse
Labarum	rome	Masulipatam	tame
Lacs	là	Mat (échec et)	mate
Lady	lédi	Mat (or)	mate
Lampas	páce	Matras	trá
Landamman	damane	Maximum	mome
Landgrave	lande	Médium	ome

Médius	uce
Médoc	dok
Meeting	mi-tin-gue
Meilleur	mé-ieur
Memento	mé-min
Mémorandum	dome
Ménechme	nèk
Mentor	min
Mérinos	noce
Messer	sèr
Métis	tice
Mezzo-termine	médzo-terminé
Milady	milédi
Mil (plante)	mi-ie
Millet	mi-ict
Million	mi-lion
Millionnaire	mi-lio
Millionième	mi-lio
Minimum	mome
Minium	niome
Miss	mice
Mœurs	meur-se
Moignon	mo-gnon
Mordicus	cuce
Mort-ivre	mô-rivre
Motus	tuce
Murex	rèk-ce
Muséum	ome
Myosotis	tice
Nabab	babe
Natrum	ome
Naturalibus (in)	bucè
Néméen	mé-in
Némésis	zice
Nenni	na-ni
Nerf	ner-fe
Nerf de bœuf	nèr
Nerfs	nèr
Net	nette
Newtonien	neu-toni-in
Nicotiane	ciane
Nombril	bri
Non-sens	san
Oasis	zice
Obliquité	kui
Obséquieusement	kui
Obséquieux	kui
Obus	buze
Occiput	pute
OEuf	eu-fe
OEuf dur	eu

OEufs	eux
Oïdium	ome
Oïl (langue d')	o-ile
Olibrius	uce
Ombilic	lik
Omnibus	buce
Ophtalmie	of
Ophtalmique	of
Opiat	te
Opium	ome
Orang-outang	oran-outan
Orchestre	kès
Orchidées	ki
Orchis	kice
Oremus	orémuce
Os	o
Ouate	ouète
Ouater	ouéter
Ouest	ou-ès-te
Ours	our
Pachalik	chali
Pachyderme	chi
Palladium	pal-la-diome
Pallas	pal-lâce
Pallium	pal-liome
Pandémonium	ome
Paon	pan
Paonne	pane
Paonneau	pano
Papas	pâce
Papayer	pa-pé-ié
Papillaire	pil-laire
Papilles	pi-le
Papyrus	ruce
Parisis	zice
Partibus (in)	bucè
Pasquin	passe-kin
Pasquinade	passe-ki
Pat	pa-te
Pater	tèr
Pathos	toce
Patres (ad)	trèce
Pensum	pin-some
Pentacorde	pin
Pentagone	pin
Pentamètre	pin
Pentapole	pin
Pentateuque	pin
Péplum	plome
Péril	ri-ie
Pétiole	ci
Pétiolé	ci

Phébus	*buce*	Questeur	*ku-è•*
Pistil	*ti-le*	Question	*kès*
Placenta	*cin*	Questure	*ku-ès*
Plénipotentiaire	*tan-ci*	Quibus	*ku-ibuce*
Poignard	*po-gnar*	Quidam	*kidan*
Poignarder	*po-gnarder*	Quiet	*kui*
Poignée	*po-gnée*	Quiétisme	*kui*
Poignet	*po-gnet*	Quiétiste	*kui*
Pollen	*pol-lène*	Quiétude	*kui*
Populéum	*omé*	Quindécagone	*ku-in*
Porc	*por*	Quinquagénaire	*ku-inkoua*
Porc-épic	*por-képik*	Quinquagésime	*ku-inkoua*
Post-scriptum	*pos-krip-tome*	Quinquennal	*ku-inku-èn*
Potassium	*ome*	Quintessence	*kin*
Poudding	*poudingue*	Quintessencié	*kin*
Préciput	*pu*	Quintessencier	*kin*
Présupposer	*çu*	Quintetto	*ku-in*
Présupposition	*çu*	Quintidi	*ku-in*
Prétérit	*te*	Quintuple	*ku-in*
Profil	*fi-le*	Quintupler	*ku-in*
Progné	*prog-né*	Quiproquo	*kiproko*
Propolis	*lice*		
Prospectus	*tuce*	Racahout	*ou*
Prurit	*ri*	Radius	*uce*
Psychologie	*ko*	Radoub	*doube*
Psychologique	*ko*	Rail	*ra-ie*
Psychologiste	*ko*	Railway	*rèl-oué*
Punch	*ponche*	Ranz (*des vaches*)	*rance*
Pupille (*n. m. et f.*)	*pi-le*	Rapt	*te*
Pupille (*n. f.*)	*pi-le*	Ras	*ra*
		Rasibus	*buce*
Quadragénaire	*koua*	Razzia	*rad-zia*
Quadragésimal	*koua*	Rébus	*buce*
Quadragésime	*koua*	Rectum	*tome*
Quadrangulaire	*koua*	Recul	*cule*
Quadrature	*koua*	Rédowa	*rédova*
Quadrige	*koua*	Reflux	*flu*
Quadrilatère	*koua*	Regnicole	*règue*
Quadrille	*ka-dri-œ*	Reine-Claude	*klaude*
Quadrumane	*koua*	Reis-effendi	*rèco-è-fin*
Quadrupède	*koua*	Relaps	*lap-se*
Quadruple	*koua*	Requiem	*ré-qui-i-èm*
Quadrupler	*koua*	Résille	*rèzi-ie*
Quaker	*kouakre*	Respect	*pé*
Quartidi	*kouar*	Revolver	*vère*
Quarto (*in*)	*ain-kouar*	Rez	*ré*
Quartz	*kouartz*	Rhinocéros	*róce*
Quartzeux	*kouartzeuœ*	Rhodium	*ome*
Quasimodo	*kz*	Rhum	*rome*
Quaternaire	*koua*	Rit	*rite*
Quaterne	*ka*	Rout	*route*
Quatriennal	*ka*	Rumb	*rombe*
Quatuor	*koua*		

Sabbat	*sabat*	Solennisation	*la*
Sabbatique	*sabatique*	Solenniser	*la*
Sabéen	*bé-in*	Solennité	*la*
Sacrum	*crome*	Sourcil	*ci*
Sagum	*gome*	Spahis	*spa-i*
Sanhédrin	*sa-né*	Spécimen	*mène*
Sapience	*ance*	Spéculum	*lome*
Sapientiaux	*piancio*	Spencer	*spincèr*
Sayon	*sé-ion*	Spleen	*spline*
Schabraque	*cha*	Sportsman	*sport-sm:ne*
Schah	*cha*	Squale	*skou*
Schako	*cha*	Stagnant	*stag-nant*
Schapska	*chaps-ka*	Stagnation	*stag-na*
Scheik	*chèk*	Stathouder	*dère*
Schelem	*che-lemme*	Statu quo	*ko*
Schelling	*chelin*	Steeple-chase	*stiple-chèse*
Schérif	*chéri-fe*	Stentor	*stantor*
Schoner	*chounère*	Sterling	*ster-lin*
Scintillant	*til-lan*	Sternum	*nome*
Scintillation	*til-la*	Stop	*sto-pe*
Scintiller	*til-ler*	Stras	*strasse*
Scubac	*bak*	Strict	*strik-te*
Sculpter	*sculter*	Stuc	*stuk*
Sculpteur	*scul-teur*	Subit	*bi*
Sculpture	*scul-ture*	Succint	*suk-cink-te*
Second	*gon*	Suggestion	*sug-gesse-ti-on*
Secondement	*gondement*	Sumac	*mak*
Seconder	*gonder*	Sus (en)	*susse*
Sélam	*lame*	Sus (courir)	*susse*
Sélénium	*ome*	Suspect	*pèk-te*
Semen-contra	*sémène*		
Semoule	*se-mou-le*	Tact	*tak-te*
Sénatus-consulte	*tuce*	Tam-tam	*tame-tame*
Sénil	*ni-le*	Taon	*ton*
Sens	*sanse*	Tender	*tandèr*
Sens commun	*san*	Test	*teste*
Sensorium	*sinsoriome*	Tétanos	*noce*
Sept (francs)	*sè*	Thémis	*mice*
Serf	*sèr-fe*	Tiers-état	*tière-zètat*
Sérum	*rome*	Tillac	*ti-iak*
Shako	*cha*	Tinctorial	*tink*
Shérif	*chérife*	Titillation	*til-la*
Siam	*siame*	Titiller	*til-ler*
Signet	*sinet*	Toast	*toste*
Silicium	*ome*	Tomahawk	*toma-ouak*
Simoun	*moune*	Tranquille	*kile*
Sinciput	*pute*	Tranquillement	*ki-lement*
Sirius	*uce*	Tranquilliser	*ki-liser*
Sirvente	*van*	Tranquillité	*ki-lité*
Sloop	*sloupe*	Transaction	*xac*
Sodium	*ome*	Transalpin	*zal*
Solennel	*la*	Transiger	*zi*
Solennellement	*la*	Transir	*cir*

Transissement	*cisse*	Vayvode	*vévode*
Transit	*zite*	Vayvodie	*vévodie*
Transitif	*zi*	Vendetta	*vindet-ta*
Transition	*zi*	Vénus	*nuce*
Transitoire	*zi*	Verdict	*verdik*
Tribunitien	*ci-in*	Vergeure	*jure*
Trille	*tri-ie*	Vermout	*moute*
Trillion	*tri-lion*	Vesper	*père*
Trisection	*tri-cék-cion*	Vétyver	*vère*
Triumvir	*triome*	Vice-versâ	*vicé*
Triumviral	*triome*	Vif-argent	*vifc*
Triumvirat	*triome*	Villa	*vil-la*
Tumulus	*luce*	Villégiature	*vil-lé*
Tunnel	*tu-nel*	Violoncelle	*celle*
Tuyau	*tui-io*	Violoncelliste	*celliste*
Toyauter	*tui-ioter*	Virus	*ruce*
Tuyère	*tui-ière*	Vivat	*vate*
Typhus	*fuce*	Volubilis	*lice*
Ubiquité	*kui*	Wagon	*vagon*
Ultimatum	*tome*	Whig	*oui-gue*
Umble	*omble*	Whiskey	*ouis-ki*
Uranus	*nuce*	Whiski	*ouiski*
Us	*uce*	Whist	*ouiste*
Vacillation	*cil-la-cion*	Yacht	*yak*
Vaciller	*cil-ler*		
Vade-mecum	*vadé-mécome*	Zend-Avesta	*zinde*
Varech	*varék*	Zénith	*nite*
Vasistas	*vazistasse*	Zinc	*sink*

NOTES

ÉTYMOLOGIQUES, SCIENTIFIQUES, HISTORIQUES
ET LITTÉRAIRES.

ABDICATION. Les plus célèbres abdications sont celles de Sylla (79 av. J.-C.), qui se retira à Pouzzoles; de Charles-Quint (1556), qui alla finir ses jours au couvent de Saint-Just, dans l'Estramadure; de Christine de Suède (1654), qui se retira à Rome, après avoir passé quelque temps en France; de Napoléon (1814 et 1815), qui alla mourir sur le rocher de Sainte-Hélène; de Charles X (1830), qui mourut à Goritz, en Allemagne. Ces deux dernières abdications furent imposées et non volontaires.

ACADÉMIE. Ce nom que l'on donne à des sociétés ou institutions scientifiques, littéraires, artistiques, gymnastiques, doit son origine au jardin qui avait appartenu primitivement à un certain Académus, et dans lequel Platon donnait ses leçons.

Nous avons en France cinq académies principales, formant une seule société sous le nom d'Institut; ce sont : l'*Académie française*, celles des *Sciences*, des *Inscriptions et Belles Lettres*, des *Sciences Morales et Politiques*, des *Beaux-Arts*.

L'Académie française comprend 40 membres, que l'on appelle les 40 immortels.

AÉROLITHE. On nomme ainsi ces pierres qui semblent venir des parties supérieures de l'atmosphère, et tombent sur la terre avec un accompagnement constant de météores. Leur chute a lieu avec un grand bruit. Les uns, comme le savant Laplace, prétendent qu'elles sont lancées par les volcans de la lune; les autres, avec plus de raison, pensent que ce sont de petits corps planétaires qui flottent dans l'espace, et qu'attire notre globe lorsque sa force d'attraction est supérieure à celle de leur mouvement. De temps en temps on trouve en divers lieux, à la surface de la terre, des masses ferrugineuses d'une nature toute particulière, et dont quelques-unes ont un poids qui dépasse plusieurs milliers de kilogrammes. Ces pierres sont évidemment des aérolithes. Du reste, la chute des pierres tombées du ciel était un fait connu de toute l'antiquité.

AÉROSTAT. Tout corps solide, plongé dans un fluide quelconque, est poussé de bas en haut avec une force égale au poids du volume de fluide qu'il déplace. Tel est le *principe d'Archimède*, dont la découverte causa, dit-on, tant de joie à ce grand homme, qu'il sortit tout nu du bain où une observation vulgaire venait de le mettre sur la trace de ce principe, et courut dans les rues de Syracuse, en criant : *Je l'ai trouvé! je l'ai trouvé!*

L'*aérostat* est une application du principe d'Archimède. Cet appareil, nommé vulgairement *ballon*, est rempli d'un fluide plus léger que l'air, au moyen duquel il s'élève jusqu'à ce qu'il soit arrivé dans des couches assez raréfiées pour que la différence du poids de l'air déplacé et du gaz intérieur, soit égale au poids de l'enveloppe et de la nacelle. L'aéronaute est muni d'une provision de lest, dont il jette une partie quand il veut s'élever davantage. Pour redescendre, il ouvre, au moyen d'une corde, une soupape pratiquée à la partie supérieure du ballon, et par laquelle s'échappe une partie du gaz intérieur.

Les aérostats ont été imaginés par les frères Montgolfier, d'Annonay, qui tentèrent leur première expérience le 5 juin 1783.

Ces appareils sont restés jusqu'à nos jours un objet de simple curiosité; vainement on a tenté de les diriger; la puissance existe, mais la résistance et le point d'appui manquent. Cependant ne désespérons pas de l'avenir des aérostats, qui sont une invention toute française; et, en cela, imitons Franklin. Quelque temps après la découverte des frères Montgolfier, quelqu'un disait à ce grand homme : « A quoi peut servir le globe aérostatique ? » Il répondit : « A quoi sert l'enfant *qui vient de naître?* »

AFFINITÉ, V. *Attraction.*

AFFRANCHI. Les affranchis, chez les Romains, tenaient le milieu entre les citoyens et les esclaves, mais ils ne jouissaient d'aucun droit politique. Peu à peu ils s'élevèrent et arrivèrent au sénat, dans les premiers temps de l'empire; dès lors ils jouèrent un rôle considérable. Les deux plus célèbres fabulistes de l'antiquité, Ésope et Phèdre, étaient des affranchis. Le dernier reçut, dit-on, sa liberté d'Auguste.

AGAPE. Nom du repas du soir, que faisaient entre eux les chrétiens de l'Eglise primitive, avant l'institution eucharistique, en mémoire du dernier repas de J.-C. avec ses disciples, et dans lequel on se donnait le baiser de paix en signe de fraternité. Les *agapes* ayant donné lieu à des abus et à des désordres, elles furent proscrites par les Pères de l'Eglise et condamnées, en 387, au concile de Carthage.

Après la révolution de 1848, les apôtres des doctrines socialistes convièrent leurs adeptes à des repas appelés par eux *agapes.*

ÂGES (*les quatre*). Les anciens distinguaient quatre âges dans l'histoire du genre humain : l'*âge d'or* représente le temps pendant lequel un printemps continuel régna sur la terre; l'*âge d'argent* marque l'époque où les hommes commencèrent à déchoir de leur innocence; le mal domine dans l'*âge d'airain*, et l'*âge de fer* est signalé par le débordement de tous les excès et de tous les crimes.

Les physiologistes divisent la vie de l'homme en quatre âges : 1º l'enfance, jusqu'à 15 ans ; 2º l'adolescence ou jeunesse, jusqu'à 25 ans; 3º l'âge adulte ou viril, jusqu'à 55 ans; 4º la vieillesse, qui se termine par la décrépitude et la mort.

AGRAIRES (*lois*). Ces lois qui ont suscité tant de troubles à Rome, avaient seulement pour but de mettre un frein à l'envahissement territorial des nobles. Elles fixaient à 500 arpents la quantité de terres *conquises* que pouvaient posséder les patriciens. Caïus et Tibérius Gracchus, fils de Cornélie et petits-fils de Scipion l'Africain, tombèrent sous les coups de la noblesse, pour avoir voulu faire passer des lois agraires. En 1789, ainsi que de nos jours, on a cherché à ressusciter ces lois, en leur donnant un sens plus étendu, puisqu'il se serait agi alors d'un partage *général* des terres, ce qui, pour nous servir d'une expression de Cicéron, serait un véritable larcin.

AIGLE. Par sa force, par son courage, par sa majesté, l'aigle est regardé comme le *roi des oiseaux.* Il a été chez tous les peuples l'emblème de la puissance. Les anciens en avaient fait l'attribut et le messager de Jupiter; les Perses, les Romains, l'empire d'Autriche et Napoléon l'ont adopté pour enseignes militaires. Il a été rétabli sur nos drapeaux par un décret du 31 décembre 1851.

AIMANT. L'aimant était connu dès la plus haute antiquité, ainsi que ses propriétés attractives. Les aimants servent à reconnaître la présence du fer dans les minerais ; la médecine en fait usa-ge pour attirer hors de l'œil les petites limailles de fer qui peuvent s'y intro-duire dans certaines circonstances; et dans les névralgies, on l'applique avec succès, sous la forme de lames métalli-ques, sur les parties malades ; enfin l'ai-mant est le principe de la boussole, qui dirige le navigateur.

AIR. L'air n'est pas un élément comme l'a cru toute l'antiquité, mais un composé d'éléments, formé de 21 parties d'oxygène et de 79 d'azote. L'air joue un rôle important dans la nature ; il est indispensable à la vie des animaux et des plantes (1), il entretient la combus-tion; il est le véhicule du son ; enfin l'industrie l'utilise comme force motrice dans une foule de circonstances, entre autres dans la navigation à voiles et pour les moulins à vent.

Galilée, et après lui son disciple Torri-celli, établirent la pesanteur de l'air, propriété à laquelle est due l'ascension de l'eau dans les pompes, et non, com-me on le pensait autrefois, à l'*horreur de la nature pour le vide.*

ALCHIMIE. Cette science imagi-naire, qui a donné naissance à la chimie, s'est longtemps et vainement occupée de rechercher la *pierre philosophale*, secret de faire de l'or et de composer une *panacée*, ou remède universel, propre à prolonger indéfiniment la vie. On doit néanmoins à l'alchimie de belles inven-tions, entre autres celle de la poudre à canon et du phosphore. On compte par-mi les plus célèbres alchimistes le moine Roger Bacon, Albert le Grand, Raymond Lulle, Nicolas Flamel, Paracelse et Ca-gliostro.

ALGÈBRE. Cette science, qui a pour but d'abréger et de généraliser la solu-tion des questions relatives aux quanti-tés, est d'une origine récente comparati-vement à celle de l'arithmétique. Elle fut introduite en Europe, vers 950, par les Arabes, qui en avaient puisé la connaissance dans les livres grecs, et surtout dans Diophante d'Alexandrie,

(1) Un homme consomme par heure environ six mètres cubes d'air.

l'auteur du plus ancien traité d'algèbre parvenu jusqu'à nous, et qui vivait au IVe siècle après J.-C. La connaissance de l'algèbre a été longtemps le patri-moine exclusif des savants de premier ordre. Veut-on encore aujourd'hui par-ler d'une chose difficile, inconnue à quelqu'un, on dit : *c'est de l'algèbre pour lui.*

ALLEU. L'origine des *alleux* remonte à la conquête des Gaules par les Francs. On désignait ainsi les terres que s'étaient appropriées les vainqueurs, et qu'ils s'étaient partagées par la voie du sort. Les alleux furent en France les premiè-res propriétés patrimoniales et hérédi-taires.

ALPHABET. Malgré l'extrême diver-sité des langues, la plupart des alpha-bets ont entre eux des traits de ressem-blance, qui attestent une origine com-mune. C'est, dit-on, aux Phéniciens que revient l'honneur d'avoir inventé l'écriture alphabétique. Le Phénicien Cadmus l'apporta en Grèce ; de là elle passa aux Romains, qui l'ont transmise à toutes les langues néo-latines : le fran-çais, l'espagnol, le portugais, l'italien, etc. Les Chinois, de même que les an-ciens Egyptiens, n'ont pas d'alphabet proprement dit. Les signes de l'écriture, chez eux, représentent les choses mê-mes, expriment les idées. L'écriture sa-crée des Egyptiens était une écriture symbolique.

AMAZONES. Peuplade fabuleuse de femmes guerrières. Elles exposaient, dit-on, leurs enfants mâles, et se brû-laient la mamelle droite, afin de tirer de l'arc avec plus de facilité. L'histoire, et un peu la Fable, cite parmi les Amazo-nes plusieurs reines célèbres : Antiope, qui attaqua Thésée ; Penthésilée, qui secourut les Troyens ; Thomyris, qui fit périr Cyrus ; Thalestris, qui visita Alexandre. Les modernes ont cru re-trouver des nations toutes semblables dans l'Amérique méridionale, sur les bords du Maragnon, qu'ils appelèrent fleuve des *Amazones*, parce que sur les deux rives, on rencontra des femmes qui combattaient aussi vaillamment que des hommes.

AMBIDEXTRE. On attribue à l'éducation plutôt qu'à la nature, la singulière particularité d'une main plus adroite, plus *dextre* que l'autre. Ainsi, suivant l'opinion générale, tous les hommes *naîtraient ambidextres*, c'est-à-dire avec deux mains douées d'une égale dextérité. Cette opinion est assez difficile à admettre, si l'on considère le très-petit nombre d'ambidextres que l'on trouve chez les peuples sauvages, aussi bien que chez les peuples civilisés. La médecine a reconnu dans ces derniers temps que la position de l'enfant dans le sein de sa mère, favorise particulièrement les mouvements de la main droite, surtout pendant les derniers mois de la grossesse. Suivant cette opinion, les enfants naîtraient donc avec une main droite et une main gauche; l'éducation ne ferait que développer ces dispositions naturelles.

AMBROISIE. Cette délicieuse nourriture des dieux de l'Olympe, qui, selon la Fable, rendait immortels ceux qui en goûtaient, a été un sujet de controverse pour les commentateurs. Elle était, disent les anciens, *neuf fois plus douce que le miel*; mais ils ne sont pas d'accord sur cette fiction : le plus grand nombre en font un aliment solide, et l'opposent au *nectar*, qui était un breuvage.

AMIANTE. Les anciens regardaient l'amiante comme une espèce de lin incombustible; ils le cardaient, le filaient, et en faisaient des nappes, des serviettes, etc., que l'on jetait au feu quand elles étaient sales, et qui en sortaient plus blanches que si on les eût lavées. C'est dans une toile d'amiante qu'ils brûlaient les corps des personnages distingués, dont ils voulaient conserver les cendres pures et séparées de celles du bûcher; on en compose aujourd'hui des mèches qui brûlent dans l'huile sans se consumer, et un papier précieux en ce qu'il est incombustible. Dans ces derniers temps, on a employé l'amiante pour en faire des tuniques propres à préserver les pompiers du feu, dans les incendies.

AMPHIBIE. On donne ce nom aux animaux à respiration aérienne et aquatique, qui vivent à la fois dans l'eau et sur la terre. Comme les poissons, ils respirent, au moyen de branchies, l'air contenu dans l'eau, et au moyen de leurs poumons, ils respirent l'air atmosphérique, lorsqu'ils sortent des ondes pour se reposer au soleil, prendre leurs ébats ou allaiter leurs petits. Le têtard, qui est la première forme de la grenouille, est amphibie; certains insectes le sont également.

AMPOULE (*la sainte*), du saxon *ampel*, coupe. On donnait ce nom une fiole sacrée que les anges apportèrent à saint Remy, archevêque de Reims, pour oindre le front de Clovis, lors de son sacre. Elle était, croyait-on, remplie d'une huile intarissable, qui, depuis, a servi à sacrer tous les rois de France. Le représentant du peuple, Ruhl, s'en empara en 1793 et la brisa.

ANGES (*les*). Ils sont appelés les messagers du ciel, parce que Dieu les a souvent employés pour porter ses ordres et manifester ses volontés. On leur donne un nom spécial, suivant la nature de l'office qu'ils remplissent : tantôt on implore l'*ange de la paix*, l'*ange de la prière*; tantôt on invoque l'*ange des mers*; on s'effraye au nom de l'*ange de la mort*, de l'*ange exterminateur*. On appelle *mauvais anges* ou *anges de ténèbres*, ceux que Dieu a précipités dans l'abîme après leur révolte; les *bons anges* ou *anges de lumière* sont ceux que Dieu a confirmés en gloire pour récompenser leur fidélité. Enfin l'ange qui veille sur chacun de nous, pour nous éloigner du mal et nous exciter au bien, est notre *ange gardien*.

Les anges qui ont joué un rôle dans les Écritures sont Michel, qui terrassa Lucifer; Raphaël conduisant le fils de Tobie; Gabriel annonçant à Marie l'incarnation du Verbe.

ANGLICANISME. V. *Protestantisme*.

ANNÉE. L'année est la même chez presque tous les peuples de l'Europe. Les Russes et les Grecs seuls ont conservé le calendrier Julien (1), ce qui

(1) Voir *calendrier*.

établit entre eux et nous une différence de 12 jours; en sorte que leur année commence le 13 janvier de la nôtre. Quant à celle des Turcs elle est plus défectueuse encore, puisqu'elle se compose de 12 mois lunaires, alternativement de 29 et de 30 jours.

L'époque du commencement de l'année, ce que nous appelons le *premier jour de l'an*, a varié chez tous les peuples; les Egyptiens, les Chaldéens, les Perses, etc., la commençaient à l'équinoxe d'automne (21 septembre) d'autres à l'équinoxe de printemps, d'autres au solstice d'hiver, d'autres enfin au solstice d'été. Chez nous, à l'avènement de Charles IX, elle commençait à Pâques, de là les mots de *septembre*, *octobre*, *novembre*, *décembre*, 7e, 8e, 9e, 10e. Un édit de ce prince, de 1564, ordonna que l'année commencerait le 1er janvier, date purement civile.

ANTHROPOPHAGE. L'homme qui se nourrit de chair humaine n'existe pas à proprement dire. Chez les peuples civilisés, l'anthropophagie ne se produit que dans des circonstances exceptionnelles : lors du siège de Jérusalem, par Titus, une femme tua son enfant et le dévora. Chez les peuples sauvages l'anthropophagie a toujours eu pour cause la superstition ou la vengeance : les Caraïbes, peuple de l'Amérique, dévoraient leurs prisonniers; quelques peuplades de la Polynésie mangent les victimes offertes en sacrifice. Mais on a toujours vu les sauvages les plus féroces respecter ceux de leur tribu.

ANTIGONE. Fille d'OEdipe, célèbre par sa piété filiale. Antigone servit de guide à son père aveugle et banni, et l'accompagna dans son exil.

Ce nom propre, devenu nom commun, s'emploie pour désigner une jeune fille qui prodigue ses soins et son dévoûment à un père vieux et infirme, mais surtout aveugle. — *Le vieux Milton, pauvre et oublié, trouva une Antigone dans chacune de ses filles.*

ANTIPODE (du grec *anti*, contre, et *pous*, *podos*, pied). Nos antipodes ont bien réellement leurs pieds opposés aux nôtres; mais comme il n'y a en réalité ni haut ni bas dans l'espace, et que, comme nous, ils sont retenus à la terre en vertu de la force centripète, dont le principe est à son centre, comme nous aussi ils voient les étoiles se lever, passer au-dessus de leurs têtes et se coucher. La Nouvelle-Zélande est l'antipode de la France. Quand il est midi pour l'un des antipodes, il est minuit pour l'autre.

L'antiquité et le moyen-âge ne croyaient pas aux antipodes, et la croyance des Pères de l'Eglise à cet égard fut un des principaux obstacles que rencontra Christophe Colomb, pour faire approuver son projet de voyage.

APIS (*bœuf*). L'une des plus célèbres divinités de l'ancienne Egypte. Il se reconnaissait à des signes particuliers; il devait être noir par tout le corps et avoir sur le front une tache blanche en forme de croissant. Sa mort était un sujet de deuil pour toute l'Egypte. On l'embaumait et on lui faisait de magnifiques funérailles; la douleur publique durait jusqu'à ce que les prêtres eussent trouvé un nouvel Apis.

Au fond, les fêtes d'Apis étaient les fêtes de l'agriculture, dont le bœuf est le compagnon et l'emblème, et la raison s'explique pleinement ce culte dans un pays partout cerné de mers et de déserts, qui l'isolaient complètement.

ARC-EN-CIEL. Ce météore, le plus beau des phénomènes qui se rapportent à la lumière, annonce tout simplement que le soleil, étant sur l'horizon à une hauteur convenable, darde ses rayons sur un nuage opposé qui se résout en pluie. Lorsque nous l'apercevons, il nous indique que nous tournons le dos au soleil, et que nous sommes placés entre cet astre et le nuage.

Dans la Bible, l'arc-en-ciel était le gage de réconciliation donné par Dieu à Noé après le déluge. Les païens y voyaient la trace laissée par Iris, messagère des dieux. Newton est le premier qui a donné la théorie exacte des causes toutes physiques de ce phénomène.

ARÉOPAGE. C'était à Athènes un fameux tribunal, une espèce de sénat, de cour suprême, chargé du jugement des affaires criminelles. On n'y permettait aucun artifice oratoire pour émouvoir ou attendrir les juges. La sévérité des arrêts, l'esprit de justice et d'équité qui les dictait, acquit à l'aréopage d'Athènes une immense réputation de sagesse et d'impartialité. Ce tribunal célèbre condamna un jour à mort un enfant qui s'était fait un jeu de crever les yeux à des cailles.

Le nom d'aréopage s'applique aujourd'hui à une assemblée d'hommes recommandables par leurs lumières et leur probité.

ARGENT. L'argent se rencontre rarement à l'état pur dans le sein de la terre; il est presque toujours mêlé au soufre ou à l'antimoine. On trouve des mines d'argent dans le nord de l'Europe : en Suède, en Norwége, en Russie; mais les plus riches du monde sont celles du Pérou et du Mexique. L'argent, allié au cuivre, partage avec l'or le privilége d'être le signe représentatif de toutes les valeurs chez les peuples civilisés. La monnaie contient neuf parties d'argent sur une de cuivre. Le plaqué n'est que du cuivre recouvert d'une mince feuille d'argent.

ARGUS. C'était le nom d'un prince qui avait, selon la Fable, cent yeux, dont cinquante étaient ouverts pendant que le sommeil fermait les cinquante autres. Nous devons voir dans cette fiction un symbole de la vigilance. On dit, en effet, d'un homme à qui rien n'échappe : *il a des yeux d'Argus.*

ARIANISME. Cette doctrine prêchée vers l'an 312, par Arius, prêtre attaché à l'Eglise d'Alexandrie, balança presque, pendant quelque temps, la puissance du catholicisme. Arius combattait l'*unité* et la *consubstantialité* des trois personnes de la Trinité, et soutenait que le Verbe, tiré du néant, était très-inférieur au Père. Il regardait notre Seigneur J.-C. comme essentiellement parfait, mais il niait sa divinité.

ARIGOT. V. *Larigot.*

ARISTARQUE. V. *Zoïle.*

ARUSPICES. V. *Augures.*

ASILE (*lieu d'*). Ce mot, qui veut dire en grec : *d'où l'on ne peut être* enlevé, désignait un lieu établi pour servir de refuge aux débiteurs et aux criminels. Chez les anciens, les temples, les statues des dieux, les tombeaux, les autels jouissaient du droit d'asile, et cela devait être. « La Divinité, dit Montesquieu, est le refuge des malheureux, et il n'y a pas de gens plus malheureux que les criminels. » Cette coutume passa du paganisme au christianisme. Le droit d'asile fut, pendant longtemps en France, un droit précieux et sacré, dont le clergé se montra plus jaloux que d'aucun autre. Quiconque, pour échapper à la vengeance d'un ennemi ou d'un maître irrité, se réfugiait dans l'enceinte d'une basilique ou dans la maison épiscopale, se trouvait en sûreté; nul n'eût osé s'emparer de lui de vive force, sans être aussitôt frappé d'anathème. Grégoire de Tours, bravant les menaces et la fureur de Chilpéric, et refusant de lui livrer le jeune Mérovée, qui était venu chercher un asile dans la basilique de Saint-Martin, en est la preuve. Les coupables eux-mêmes, qui s'étaient réfugiés aux pieds des autels, n'étaient point livrés avant qu'un serment prêté sur l'Evangile les eût garantis de la mort, de la mutilation et de la torture.

Les principaux asiles étaient, en France, Notre-Dame de Paris et la cathédrale de Saint-Martin à Tours. Le droit d'asile n'existe plus actuellement en Europe.

Aujourd'hui on nomme *asiles*, des établissements où la charité chrétienne recueille avec une touchante et admirable sollicitude les pauvres et les malades, les enfants et les vieillards; où l'indigence et le malheur sont sûrs de trouver abri, secours et soins compatissants.

ASPHYXIE. Elle a lieu par *submersion*, c'est celle des noyés; par *strangulation*, comme dans le supplice de la corde et dans le croup; par l'*absorption* d'un gaz délétère, ainsi que cela arrive dans les fosses d'aisances. Dans cet état, il y a suspension de tous les phénomènes vitaux. L'asphyxie par submersion peut être assimilée à l'asphyxie par le charbon : ce n'est ni l'eau ni l'oxide de carbone qui causent la mort, c'est l'absence seule d'air vital. Pour combattre l'asphyxie, il faut exposer le malade à l'air libre, le dépouiller de ses vêtements, insuffler de l'air dans les poumons et rétablir la circulation du sang au moyen de fortes frictions; dans certaines circonstances une saignée au bras peut être nécessaire.

ASTROLOGIE. Cette science chimérique prétendait prédire l'avenir par l'inspection des astres, comme s'ils pouvaient avoir quelque influence sur les événements qui dépendent uniquement de la volonté de l'homme et de son libre arbitre. Née en Chaldée, l'astrologie passa en Egypte, de là en Grèce, puis en Italie, et de là dans tout l'occident de l'Europe. On a peine à croire que les hommes les plus célèbres dans tous les temps, que Galien, Tacite, saint Thomas d'Aquin, Tycho Brahé, Képler, et mille autres, s'en soient occupés. Chaque prince avait un astrologue à sa cour; celui de Louis XI se nommait Galéotti, et celui de Catherine de Médicis, Côme Ruggiéri, tous deux italiens. Il ne naissait pas un personnage de quelque importance, sans qu'on appelât un astrologue pour tirer son horoscope, mot qui signifie *observer l'heure*, parce qu'en effet l'astrologue se fixait sur l'*heure* de la naissance de l'enfant pour tirer son *horoscope*. Cette absurde superstition ne disparut complétement qu'au XVIIe siècle.

ASTRONOMIE. Elle apprend à déterminer la position relative des astres, leur configuration, et à constater les lois de leurs mouvements. Son origine se perd dans la nuit des temps; mais avant Pythagore on n'avait que des connaissances éparses. Ce grand philosophe devina le mouvement quotidien de la terre sur son axe, et son mouvement annuel autour du soleil; il rattacha les planètes et les comètes au système solaire. 140 ans av. J.-C., Ptolémée, célèbre astronome de l'école d'Alexandrie, établit un système complet qu'adoptèrent toutes les nations; il admettait, contrairement à Pythagore, que la terre était placée au centre du monde et que tous les astres se mouvaient autour d'elle. Au XVe siècle, Copernic, astronome allemand, démontra les erreurs du système de Ptolémée, et ramena la science astronomique aux idées de Pythagore. On sait que le système de Copernic eut longtemps à lutter contre les préjugés de la routine, et que Galilée fut obligé d'humilier sa raison, en rétractant, devant le tribunal de l'Inquisition, ses idées sur le mouvement de rotation de la terre.

ATHÉE, V. *Déiste.*

ATMOSPHÈRE. Couche de gaz et de vapeur, qui environne le globe terrestre. Sa hauteur, suivant M. Biot, ne saurait dépasser 40,000 mètres. On a trouvé que la pression de l'atmosphère sur un homme de grandeur ordinaire était de 17,000 kilogrammes. Si nous ne sommes pas écrasés par cet énorme poids, c'est qu'il est sans cesse contre-balancé par la réaction des fluides dont notre corps est rempli. L'atmosphère établit sur la terre une pression égale à celle d'une colonne de mercure de 76 centimètres de hauteur, ou d'une colonne d'eau de 10 m. 26 cent. Cette pesanteur de l'atmosphère est le principe du baromètre et de l'ascension de l'eau dans les pompes.

Les observations astronomiques démontrent que les planètes et leurs satellites (la lune exceptée) sont également entourés d'une atmosphère, et que ce sont, par conséquent, des corps d'une nature semblable au globe que nous habitons.

ATTRACTION. Tous les corps de la nature s'attirent mutuellement en raison directe des masses et en raison inverse du carré des distances; c'est l'attraction planétaire. Telle est la grande loi que Newton a démontrée, et qui est son plus beau titre de gloire. Par elle, il expliqua le mouvement des planètes, le retour des comètes, le flux et le reflux de la mer, l'aplatissement de la terre, etc. Si nous ne voyons pas ces corps se précipiter les uns sur les autres, c'est qu'ils sont doués en même temps d'une force d'impulsion qui neutralise la puissance attractive; le mouvement circulaire est le résultat de la combinaison de ces deux forces.

On appelle *force de cohésion* ou *attraction moléculaire*, celle qui s'exerce entre les parties d'un même corps par le contact immédiat; *l'affinité* est la force qui porte les corps à se combiner les uns avec les autres, comme le sucre avec l'eau.

AUGURES. Les *augures* ou *aruspices*, prêtres chargés du soin de prendre les *auspices*, formaient un collége qui joue un grand rôle dans toute l'histoire romaine, car, d'après une loi de Romulus, rien d'important ne se faisait qu'on ne les eût auparavant consultés. La foi dans ces superstitieuses prédictions fut de bonne heure ébranlée. On connaît la conduite impie de Claudius Pulcher qui, mécontent de leurs présages, fit jeter à la mer les poulets sacrés, disant de les faire boire puisqu'ils ne voulaient pas manger. Cicéron disait qu'il ne comprenait pas que deux augures pussent se rencontrer et se regarder sans rire. Aussi Annibal avait-il raison de se moquer du roi Prusias, qui prenait plus de soin de consulter les entrailles d'une génisse que ses plus habiles généraux.

Nous rions aujourd'hui de ces croyances absurdes de nos pères, sans considérer que, plus tard, nos enfants riront à leur tour de nos propres préjugés.

AURORE BORÉALE. Ce phénomène lumineux, qui paraît la nuit dans le ciel, est très-commun dans les régions septentrionales, en Laponie, en Norwége, en Islande, et en Sibérie. C'est une espèce d'arc enflammé, d'où s'échappent des jets de lumière qui s'élancent dans l'espace. Les aurores boréales sont un bienfait pour les pays du nord; brillantes et immobiles pendant plusieurs heures, elles les éclairent durant leurs longues nuits d'hiver. Ce phénomène, dont on a longtemps ignoré la cause, est entièrement lié au magnétisme terrestre. Il y a aussi des *aurores australes*, qui se manifestent dans les régions voisines du pôle sud.

AUSPICES. V. *Augures.*

AUTO-DA-FÉ. V. *Inquisition.*

AXE. V. *Pôles.*

AZYME. Pain que les Israélites faisaient cuire la veille de Pâques, en mémoire de ce que leurs ancêtres, au moment de quitter l'Egypte, avaient fait un repas avec du pain sans levain. On appelait ce jour la *fête des azymes.* L'Eglise croit généralement que N. S. J.-C. s'est servi de pain azyme dans la dernière cène avec ses disciples; c'est à cause de cette probabilité qu'elle emploie cette espèce de pain. Dans l'église russe on ne fait usage que de pain levé.

BACCHANTES. Femmes qui célébraient les mystères de Bacchus, dieu du vin. Elles couraient çà et là, échevelées, la tête couronnée de lierre, le thyrse à la main, dansant et remplissant l'air de cris discordants. Ces fêtes, appelées *bacchanales,* se célébraient autrefois en Egypte, en Grèce et principalement en Italie. Notre *carnaval* est une imitation, un reste des *bacchanales,* des *saturnales* et des *lupercales* des anciens.

BAGUETTE DIVINATOIRE. Bâton généralement de coudrier, de noisetier courbe ou fourchu, avec lequel on prétendait autrefois découvrir les sources cachées, les mines, les trésors enfouis ainsi que la trace des voleurs et des assassins. On tenait cette baguette horizontalement, de manière à lui laisser la faculté de se mouvoir, et quand l'opérateur approchait du lieu où il y avait une source, un trésor, la baguette se mettait à tourner d'elle-même entre ses doigts. Dans la plupart des campagnes, on croit encore aujourd'hui aux rabdomanciens ou *découvreurs de sources.* On a prétendu que le bois du coudrier, étant hygrométrique, devait attirer l'humidité, et qu'en plaçant une baguette en équilibre au-dessus d'un terrain sous lequel existait une source d'eau, l'extrémité de cette baguette devait s'incliner vers le sol et dénoncer ainsi la présence de l'eau. Il devait en être de même pour les divers métaux, dont les émanations à travers les couches de terres pouvaient, disait-on, être aperçues soit par les nerfs délicats du rabdomante, soit par la sensibilité de sa baguette. Mais il y a longtemps que les connaissances de la physique expérimentale ont détrompé tous les hommes éclairés. Quelques-uns pensent que cette superstition a été inspirée par le souvenir de la verge miraculeuse de Moïse et d'Aaron, ou de la baguette magique de Circé. Les alchimistes du moyen-âge, à la recherche du grand œuvre, tenaient à la main une baguette sympathique. Mesmer, près de son baquet magnétique, avait une canne légère dont les prétendues émanations distribuaient le fluide sur les parties du corps dont on l'approchait. Aujourd'hui encore, c'est par la vertu d'une baguette que nos magiciens des places publiques font paraître et disparaître les muscades aux yeux émerveillés des spectateurs.

BAN. Sous le gouvernement féodal, ce mot, qui signifie *bannière*, se disait de l'appel fait par le seigneur à ses vassaux. La noblesse faisant seule alors le service militaire, le nom de *ban* fut donné aux vassaux immédiats, aux seigneurs convoqués par le roi lui-même; et celui d'*arrière-ban* aux vassaux appelés par leurs suzerains. De là cette expression : convoquer le *ban* et l'*arrière-ban*.

Mettre quelqu'un au **ban** *de l'empire*, signifiait en Allemagne, le déclarer déchu de ses droits, le chasser de ses domaines le *bannir*; d'où notre expression figurée : *mettre quelqu'un au ban de l'opinion publique*.

Ban signifie aussi publication. *Battre le ban*, annoncer quelque chose au son du tambour; *ban de vendanges*, publication qui fixe l'ouverture des vendanges; *ban de mariage*, publication pour annoncer un mariage. De *ban* vient aussi *banal*, commun à tous : Four *banal*, moulin *banal*.

BAPTÊME. Ce mot signifie *immersion*, parce que, dans l'origine, on baptisait en plongeant dans l'eau, ce qui n'offrait pas d'inconvénients pour la santé dans les climats d'Orient, où le christianisme prit naissance. Autrefois le baptême n'était conféré que dans un âge avancé et après de longues épreuves

imposées aux néophytes, appelés aussi catéchumènes.

On appelle *baptême du tropique* une cérémonie burlesque, qui a lieu quand un navire passe sous l'un des tropiques ou sous l'équateur; elle consiste à inonder d'eau de mer ceux qui traversent la ligne pour la première fois.

BARAGOUIN. Ce mot vient de l'ancien celtique *bara*, pain, et *guin*, vin; mots qui, exprimant les premiers besoins de l'homme, reviennent le plus souvent dans son vocabulaire. On comprend qu'après la conquête des Gaules, les Francs durent entendre souvent prononcer ces deux mots *bara*, *guin*, par le peuple conquis, les Celtes ou Gaulois, et que, n'en comprenant pas tout d'abord la signification, ils les francisèrent pour en faire le synonyme, l'équivalent de langage inintelligible.

BARBARES. On appelle ainsi les différents peuples qui, dans les premiers siècles de notre ère, firent invasion dans toutes les parties de l'empire romain. Les plus connus sont les Huns, venus d'Asie; les Goths, les Vandales, les Bourguignons, les Francs, sortis du nord de la Germanie; les Teutons, les Cimbres et les Normands, de la famille scandinave. Les Grecs et les Romains qui s'estimaient les premiers peuples du monde, appelaient *barbares* tous les peuples qui ne parlaient pas leur langue. Ce mot, détourné de son sens primitif, signifie aujourd'hui *cruel*, *féroce*, *sauvage*.

BAROMÈTRE. Cet instrument, inventé en 1648 par Torricelli, disciple de Galilée, sert à mesurer la pression de l'air, et comme la colonne mercurielle se déprime à mesure qu'on s'élève dans l'atmosphère, parce qu'elle fait alors équilibre à des couches moins élevées et conséquemment moins pesantes, Pascal en fit usage pour mesurer la hauteur des montagnes. Le baromètre annonce aussi jusqu'à un certain point le beau et le mauvais temps, car l'air *humide* étant plus léger que l'air *sec*, le mercure baisse dans le premier cas et s'élève dans le second.

Les principales formes du baromètre

sont le baromètre à cuvette, le baromètre à syphon, et le baromètre à cadran.

BASOCHE (du latin *basilica*, maison royale). Lorsque les rois de France habitaient le Palais de Justice, qu'on nommait souvent alors le palais royal, tous les clercs du parlement formaient une association, un corps connu sous le nom de *basoche*; ceux qui en faisaient partie s'appelaient clercs de la *basoche*. Ils élisaient un roi, qui avait une cour, des armoiries, et rendait la justice deux fois par semaine au *Pré aux Clercs*. La basoche présidait aux divertissements publics; elle donnait des représentations théâtrales où l'on jouait des pièces appelées *farces*, *soties*, *moralités*. Tous les ans, le roi de la basoche faisait la revue de ses sujets, à laquelle François Ier voulut assister une année. Henri III supprima le titre de roi de la basoche.

BASTILLE. On appelait ainsi autrefois tous les châteaux fortifiés; mais, dans la suite, on donna spécialement ce nom à un célèbre château-fort de Paris, servant à la fois de forteresse et de prison d'Etat. Construite au xive siècle, la *Bastille*, qui avait renfermé tant de victimes du pouvoir, fut prise et détruite par le peuple de Paris, les 14 et 15 juillet 1789.

BÉNÉDICTINS. Ordre monastique fondé par saint Benoît en 529. Le célèbre monastère du mont Cassin, en Italie, fut le berceau de cet ordre, dont la règle avait un caractère tout particulier de bon sens, de sagesse et de douceur. Cette congrégation, qui comptait parmi ses membres une foule de savants laborieux et modestes, a rendu d'immenses services aux lettres et aux sciences. Ce sont les seuls érudits du moyen-âge; ce sont eux qui ont transcrit, et par là conservé pour la postérité, la plupart des chefs-d'œuvre littéraires de la Grèce et de Rome. Lorsque l'assemblée Constituante supprima en France les congrégations religieuses, l'ordre des bénédictins était répandu dans toutes les parties de l'Europe. La congrégation de Cluny et l'ordre de Citeaux en étaient chez nous les principales branches. Le savant Mabillon était bénédictin.

BIBLE. (Du grec *biblion*, livre). Nom donné par excellence, au livre qui contient le recueil des saintes Ecritures. Il se divise en deux parties, l'*Ancien* et le *Nouveau Testament*. L'Ancien Testament comprend les cinq livres de Moïse, et les livres historiques, moraux, prophétiques, écrits par les rois, les sages et les prophètes jusqu'à la naissance de J.-C. Le Nouveau Testament comprend les quatre Evangiles, les Actes des Apôtres et les Epîtres. Les livres du Nouveau Testament ont été primitivement écrits en grec, à l'exception de l'évangile de saint Mathieu, qui le fut en langue hébraïque. Sous le règne de Ptolémée Philadelphe, l'Ancien Testament fut traduit en grec par 72 savants hébreux; leur traduction est connue sous le nom de *version des septante*. Au ive siècle, la Bible tout entière fut traduite en latin par saint Jérôme; cette traduction, la seule qui soit admise dans l'Eglise, est connue sous le nom de *Vulgate*. Aujourd'hui la Bible est traduite en plus de trente langues, et propagée jusque chez les sauvages par le zèle admirable des missionnaires catholiques et protestants.

BISSEXTILE. Chez les Romains, l'année était de 365 jours; or, la terre employant 365 jours et 1/4 à faire sa révolution annuelle autour du soleil, les six heures restantes avaient amené, au temps de Jules César, une perturbation entre les dates vulgaires et les révolutions célestes. Pour régler cette différence, Jules César fit venir à Rome Sosigène, célèbre astronome d'Alexandrie. Ce savant établit que l'année commune serait trois fois de suite de 365 jours et la quatrième de 366 jours. Ce jour intercalaire s'ajoute au mois de février qui, tous les quatre ans, a 29 jours au lieu de 28. Cette quatrième année se nomme *bissextile*. Toute année dont l'expression numérale est exactement divisible par 4 est bissextile : 1848, 1852 étaient bissextiles, 1856 le sera également.

BOA. Les boas sont les plus grands

et les plus forts de tous les serpents ; ils attaquent et domptent les lions, mais ils ne sont si redoutables que par leur force, car ils n'ont pas de crochets à venin. Le plus célèbre des boas est le boa *devin*, qui habite les forêts de l'Amérique du Sud. Ce serpent monstrueux atteint quelquefois une longueur de 15 mètres et la grosseur de l'homme. Il vit dans le creux des vieux arbres, où il se tient dans une immobilité complète, et roulé en spirale, jusqu'à ce que la faim le fasse sortir ; il se glisse alors dans les roseaux ou se suspend aux branches d'un arbre, pour guetter les animaux dont il fait sa proie ; il s'élance sur eux avec une violence extrême ; les enlace de ses replis, les brise, les pétrit pour ainsi dire dans ses anneaux vigoureux, et les réduit ainsi en une masse informe qu'il engloutit dans son énorme gueule. Sa digestion est lente et difficile ; aussi, pendant tout le temps qu'elle s'opère, est-il dans un état complet d'engourdissement ; c'est le moment que l'on choisit pour l'approcher sans danger et le tuer.

On a pensé que l'énorme serpent tué en Afrique par l'armée de Régulus, et celui qui fut détruit dans l'île de Rhodes par le chevalier Gozon, étaient des *boas*.

BOUSSOLE. La boussole était inconnue des anciens ; mais il paraît que les Chinois en faisaient usage plus de 1000 ans avant l'ère chrétienne. Sa découverte, en Europe, date du XIIIe siècle, époque à laquelle on remarqua, pour la première fois, qu'une aiguille aimantée, oscillant librement autour d'un pivot, se dirige toujours vers le nord. C'est l'Italien Flavio Gioja, qui eut le premier l'idée de suspendre l'aiguille aimantée sur un pivot qui lui permit de se mouvoir en tous sens, et de rendre ainsi les observations plus faciles et plus exactes. Le cercle que parcourt l'aiguille est divisé en 32 parties, et se nomme *rose des vents*.

Cette utile invention a rendu tous les peuples citoyens du monde, et a exercé une grande influence sur le progrès des sciences et les relations commerciales.

BOUTURE. On donne ce nom à la branche d'un arbre ou d'une plante vivace, que l'on sépare de sa tige pour la planter dans la terre, et former un nouvel individu. Plusieurs grands arbres, le peuplier, le saule, le platane, etc., se reproduisent par bouture. Les autres moyens de reproduction sont la *marcotte* et la *greffe*. Marcotter une plante, c'est coucher en terre une ou plusieurs de ses branches, afin qu'elles produisent des racines, tandis qu'elles tiennent encore à la branche mère. La *greffe* consiste à appliquer un rameau d'un végétal sur un autre végétal, de manière que leur sève puisse se mettre promptement en communication. Elle ne réussit que sur les végétaux homogènes le plus possible.

BROUETTE. Ce mot est formé de *bis*, deux, et *rota*, roue. On disait autrefois *birouette*, parce qu'alors la brouette avait deux roues. Actuellement elle n'en a plus qu'une. Elle fut inventée par Pascal, au milieu du XVIIe siècle.

BROUILLARD. Amas de globules liquides extrêmement fins, produits par le refroidissement subit de la vapeur qui s'élève au sein de l'atmosphère. Les brouillards sont de la même nature que les nuages : un brouillard est un nuage dans lequel on est, et les nuages sont des brouillards dans lesquels on n'est pas.

CADUCÉE. Cet attribut de Mercure, branche de laurier ou d'olivier surmontée de deux petites ailes et de deux serpents entrelacés, était autrefois le symbole de la paix. Le caducée est aujourd'hui l'emblème du commerce, auquel Mercure présidait chez les anciens. Les serpents sont le symbole de la *prudence*, de la ruse, et les ailes désignent l'activité.

CAFÉ. Le café paraît être originaire de l'Éthiopie. Il existe plusieurs versions sur la découverte des propriétés excitantes de cette plante ; on en fait communément honneur à un berger qui aurait remarqué que ses chèvres manifestaient une vivacité extraordinaire après avoir brouté les graines et les feuilles de l'arbrisseau appelé caféier. Le café se répandit rapidement dans tout l'Orient à partir du XVe siècle. Introduit en France en 1654, ce ne fut qu'en 1669 qu'on en fit usage à Paris. Les médecins dénoncèrent d'abord le café comme une boisson très-dangereuse. Mme de Sévigné, dont on connaît déjà le jugement très-faux porté sur Racine, déclara que c'était une mode qui passerait rapidement. Le café a triomphé de toutes ces autorités, et il est aujourd'hui d'un usage général.

Quelqu'un disait à Fontenelle que c'était un poison lent.—Très-lent, en effet, repartit le spirituel écrivain, car voilà plus de 80 ans que j'en bois.

CAGOT. Les *Cagoths* (chiens de Goths) étaient une espèce de parias, une race d'hommes ayant beaucoup de ressemblance avec celle des Crétins, et qui vivait au moyen-âge dans le voisinage des Pyrénées. On supposait qu'ils étaient les descendants, les restes des anciens Goths, qui possédèrent longtemps l'Aquitaine, et ils étaient pour cette raison un objet de mépris et d'horreur. La révolution de 89 mit fin à cette injuste prévention ; il n'existe plus de Cagoths. Le nom seul a survécu ; on l'a appliqué, avec un léger changement d'orthographe, aux faux dévots.

CALENDES. Les Romains subdivisaient leurs mois en calendes, ides et nones. *Calendes* était le nom donné aux premiers jours de chaque mois. Ainsi on disait 1re, 2e, 3e calende, pour 1er, 2e, 3e jour du mois; 1er, 2e jour avant les calendes, pour dernier et avant-dernier jour du mois.

Les Grecs ne comptaient pas par calendes ; de là le dicton vulgaire : *renvoyer aux calendes grecques*, pour dire renvoyer indéfiniment.

CALENDRIER (*mot dérivé de calendes*). Le calendrier doit son origine à Romulus qui composa une année de 304 jours, divisée en 10 mois; Numa, son successeur, ajouta les deux autres. En l'an 708 de Rome, Jules César le réforma pour le mettre en rapport avec le cours du soleil, et il s'appela dès lors le *calendrier Julien*. Un jour complémentaire ou *bissexte* fut intercalé tous les quatre ans ; mais l'année était encore trop forte et amenait une erreur de sept jours au bout de 900 ans, en sorte qu'en 1582 l'équinoxe du printemps avait rétrogradé de 10 jours. Le pape Grégoire XIII ordonna que le 5 octobre de cette année s'appellerait le 15 octobre, et supprima les bissextiles séculaires, excepté une sur quatre. Cette réforme, dite *grégorienne*, a été adoptée par tous les peuples de l'Europe, à l'exception des Russes, des Grecs et des Turcs. Il y a bien encore une petite erreur, mais elle n'est que d'un jour sur 4,000 ans. (V. *année* et *bissextile*.)

CALENDRIER RÉPUBLICAIN. D'après ce calendrier, établi par la Convention nationale, le 24 novembre 1793, l'année commençait à l'équinoxe d'automne (22 septembre), et était partagée en 12 mois de 30 jours chacun, plus 5 jours *complémentaires*, qui devaient être consacrés à la célébration de fêtes républicaines. Ces mois reçurent les noms suivants : pour l'automne, *vendémiaire* (mois des vendanges), *brumaire* (des brumes), *frimaire* (des frimas); pour l'hiver, *nivôse* (des neiges), *pluviôse* (des pluies), *ventôse* (des vents) ; pour le printemps, *germinal* (des germes), *floréal* (des fleurs), *prairial* (des prairies) ; pour l'été, *messidor* (des moissons), *thermidor* (de la chaleur, des bains), *fructidor* (des fruits). Ces poétiques appellations sont dues au conventionnel Fabre d'Eglantine. Le mois était divisé en trois dizaines ou *décades*, et les noms des jours étaient tirés de l'ordre naturel de la numération : *primidi, duodi, tridi, quartidi, quintidi, sextidi, septidi, octidi, nonidi, décadi.*

CALVINISME. V. *Protestantisme.*

CAMÉLÉON. Le caméléon a une couleur qui lui est propre, mais dont la nuance change sous l'effet de causes accidentelles. Sur un arbre vert, il devient, par suite du reflet, d'un vert tendre. Mais craintif à l'excès, c'est principalement ce sentiment qui produit en lui les nuances rouges, jaunes, noires, vertes, blanches, dont il se colore, et que l'on voit à travers sa peau, dont le tissu est d'une extrême transparence. Cette singulière propriété du caméléon en a fait l'emblême de l'hypocrite, de l'homme qui change d'opinion et de conduite au gré de son intérêt.

Le caméléon a les mouvements très-lents, et comme il ne se nourrit que d'insectes, il courrait risque de mourir de faim, si la nature ne lui avait donné une langue presque aussi longue que son corps, qu'il darde avec une extrême rapidité, et terminée par un tube gluant qui lui permet d'attirer sa proie sans presque jamais manquer son coup. Le sens de la vue est si perfectionné chez le caméléon, que ses yeux ont la faculté de se diriger l'un à droite, l'autre à gauche; l'un en haut, l'autre en bas.

CANNE (à sucre). La canne à sucre est originaire de l'Inde, en Asie; elle fut apportée en Arabie et en Europe dans le IIIᵉ siècle et y fut cultivée avec succès. Elle passa ensuite dans l'île de Chypre, en Sicile, en Espagne, à Madère, d'où elle fut portée à Saint-Domingue, lors de la découverte du Nouveau-Monde. La température de cette île lui fut si favorable, que bientôt le sucre qu'elle fournit fut préféré à celui de toutes les autres contrées.

Lors de son apparition en France, le sucre, qui est devenu aujourd'hui un objet de première nécessité, était très-rare. Sous Henri IV encore, on n'en faisait usage qu'en médecine, et il ne se trouvait que chez les apothicaires, où il se vendait à l'once. Notre langue a conservé un témoignage de ce fait. Quelqu'un manque-t-il d'une chose nécessaire à son commerce, on dit : *C'est comme un apothicaire sans sucre.*

Les Chinois paraissent avoir connu la canne à sucre plus de 2,000 ans avant les Européens.

CANNIBALE. V. *Anthropophage.*

CAPITOLE. Cette citadelle de Rome, élevée sur le mont Tarpéien, et dédiée à Jupiter, fut ainsi nommée du latin caput, tête, parce qu'en creusant ses fondements, on trouva une tête d'homme encore toute sanglante, ce qui fit croire aux Romains que leur ville serait un jour la maîtresse, la *capitale* de l'univers. C'est au Capitole que se rendaient ceux à qui étaient décernés les honneurs du triomphe. Au moyen-âge, on y couronnait les poètes vainqueurs dans les luttes littéraires.

CARMAGNOLE. Carmagnole, ville du Piémont, ayant été prise au commencement de la Révolution, on donna ce nom, injurieux pour la cour, à une ronde populaire qui fut composée à cette occasion, puis au costume des jacobins en 1793.

CARNAVAL (de deux mots latins qui veulent dire *adieu la chair*). Ce temps de fêtes et de divertissements est une imitation des *bacchanales*, des *saturnales* des anciens, où un reste des fêtes populaires de nos aïeux, comme la *fête des fous*, qui a encore lieu en Allemagne.

CARTÉSIEN. Le cartésianisme, philosophie de Descartes, se résume tout entier dans le doute méthodique qui consiste à douter provisoirement de tout, pour reconstruire ensuite l'édifice entier sur de nouvelles bases, en ne se fiant qu'à l'évidence. Après une vogue de plus d'un demi-siècle, le cartésianisme s'éclipsa devant la faveur qui s'attacha aux systèmes nouveaux de Locke, de Newton et de Leibnitz.

CARTOMANCIE. La *cartomancie*, art de prédire l'avenir par les cartes, ainsi que la *chiromancie*, qui, par l'inspection des lignes qui se trouvent dans la paume de la main, croit pouvoir déterminer le caractère d'une personne et connaître ce qui doit lui arriver, sont des divinations qui ont été très en vogue, et qui durent encore, quoique également frivoles et ridicules. De nos jours, la célèbre Le Normand a amassé une grande fortune en se livrant à la chiromancie.

CATACOMBES. La plupart des catacombes n'étaient dans l'origine que des carrières abandonnées. Les plus fameuses sont celles de Rome, de Naples, de Syracuse et de Paris. Les catacombes de Rome sont devenues célèbres pour avoir servi de refuge aux chrétiens, à l'époque des persécutions. C'est là qu'ils déposaient les reliques de leurs martyrs; c'étaient à la fois leurs cimetières et leurs églises.

CENTRIFUGE (force). Tout corps qui tourne autour d'un centre, tend à s'échapper, à *fuir* par la tangente. La force en vertu de laquelle ce corps tend à s'éloigner ainsi, se nomme force *centrifuge*. C'est en vertu de cette force que les pierres s'échappent des frondes.

Tout corps qui est en mouvement autour d'un centre, tend à s'en rapprocher, et semble le chercher. Ce phénomène a lieu en vertu d'une force appelée *centripète*. C'est par la force centripète que les corps libres, comme les animaux, les pierres, etc., sont retenus à la surface de la terre, malgré son mouvement de rotation. Ainsi quand un corps se meut autour d'un autre, il tend à s'en éloigner en vertu de la force centrifuge, et à s'en rapprocher en vertu de la force centripète; il doit résulter, et il résulte en effet, de ces deux forces contraires, un mouvement mixte, c'est-à-dire le mouvement circulaire; c'est ce qui a lieu dans le système solaire : la lune tourne autour de la terre, la terre autour du soleil, etc.

CENTRIPÈTE. V. *Centrifuge*.

CHARTE (autrefois *chartre*). Ce mot se dit des anciens livres et papiers relatifs à l'histoire, au droit public, etc., ou appartenant à une ville, à une communauté, etc. Mais on donne surtout ce nom à la constitution politique d'une nation, constitution en vertu de laquelle certaines libertés fondamentales sont octroyées au peuple. Deux chartes surtout ont de l'importance dans l'histoire : *la grande charte d'Angleterre*, base des libertés anglaises, donnée en 1215 par le roi Jean-sans-Terre; et la *charte constitutionnelle* de France, octroyée en 1814 par Louis XVIII, réformée en 1830, après la déchéance de Charles X, à l'avénement de la branche cadette.

CHARYBDE et **SCYLLA**. Ces écueils célèbres du détroit de Messine, étaient dans la navigation ancienne, l'effroi des navigateurs; quand on avait évité l'un, on se brisait presque toujours contre l'autre, ce qui a donné lieu au proverbe si connu : *Tomber de Charybde en Scylla*, c'est-à-dire d'un mal en un autre pire.

CHIMÈRE. La Chimère était un monstre de la Fable, qui avait la tête d'un lion, le corps d'une chèvre et la queue d'un dragon. Bellérophon, héros grec, monté sur Pégase, le combattit et le tua.

La Chimère, comme le Phénix, le Dragon, etc., n'ayant jamais existé, nous donnons le nom de *chimères* à tous ces êtres fantastiques et frivoles qu'enfantent l'erreur et la folie. *Si vous priviez l'homme de ses chimères, que lui resterait-il?* (Fontenelle.)

CHIROMANCIE. V. *Cartomancie*.

CHLORE. Gazeux ou dissous dans l'eau, le chlore, à cause de son affinité pour l'hydrogène, détruit la partie colorante des matières végétales et animales. C'est à cause de cette propriété que l'industrie l'emploie pour le blanchiment des tissus. On s'en sert aussi pour détruire les miasmes délétères répandus dans l'atmosphère. On l'utilise souvent dans les cimetières, dans les hôpitaux et surtout dans les salles de dissection.

CHOUAN. Dans les premiers temps de l'insurrection de la Vendée contre la République, les paysans se ralliaient la nuit, en faisant entendre le cri du chat-huant. De là, par corruption, le nom de *chouans* donné par extension à tous les partisans de la cause royale en Bretagne.

CLEPSYDRE. La clepsydre consistait primitivement en un vase transparent, percé, à la partie inférieure, d'un petit trou par lequel s'écoulait l'eau qui devait servir à mesurer le temps. Une échelle de division était tracée sur les parois du vase; plus tard on substitua un cadran à cette échelle; l'eau, en baissant, laissait descendre un corps léger flottant à sa surface; ce flotteur entraînait de son côté un fil enroulé sur l'axe auquel était fixée l'aiguille du cadran. Plus récemment, de nouvelles améliorations firent des clepsydres de véritables horloges à eau, ayant roues dentées, cadran et aiguilles. C'est de cette dernière espèce qu'était la fameuse horloge envoyée en présent à Charlemagne par le calife Aaroun-al-Raschid.

COHÉSION. V. *Attraction.*

COMÈTES. Il est reconnu aujourd'hui que les comètes appartiennent à notre système planétaire, et qu'elles décrivent une vaste parabole dans des orbites très-excentriques, dont le soleil occupe le foyer. Il y en a plusieurs dont la marche et le retour peuvent être calculés à l'avance avec une certaine approximation. La comète, dite de *Halley*, revient tous les soixante-quinze ans, une autre opère sa révolution en trois ans et demi, une autre en six ans trois-quarts, etc.

On supposait jadis que les comètes exerçaient une certaine influence sur les événements d'ici-bas, que l'apparition d'une comète annonçait la mort, la naissance d'un prince, etc. La science a dissipé toutes ces erreurs, et la fertile année de 1811 aurait prouvé, s'il en avait été besoin, que cette influence n'est pas toujours funeste.

CONCLAVE. Collége des cardinaux assemblés pour élire un pape. Pendant toute la durée de l'élection ils ne peuvent avoir aucune communication avec le dehors. Cet usage date de 1270; le pape Clément IV était mort depuis 1268, et les cardinaux n'avaient pu s'entendre encore sur le choix de son successeur. Le peuple, fatigué de ces lenteurs, les enferma dans le lieu de leur réunion, jusqu'à ce que l'un d'eux fût élevé au pontificat.

D'après les réglements primitifs, on retranchait graduellement à l'abondance de la table des cardinaux réunis en conclave, de sorte qu'au huitième jour ils étaient réduits au pain et au vin.

CONNÉTABLE. Ce mot qui signifie *comte de l'étable*, désignait primitivement celui qui avait la surintendance des écuries du prince. Du XIe au XVIIe siècle, le connétable fut, après le roi, le premier dignitaire de la monarchie française, ayant le commandement général des armées. Louis XIII supprima cette dignité en 1627; Napoléon la rétablit en faveur du prince de Wagram,

Berthier, qui n'a pas eu de successeur. Les plus célèbres connétables furent Duguesclin, Clisson, Bourbon et Montmorency.

CORAN, ou ALCORAN. Ce livre est le recueil des dogmes de Mahomet, la base de la croyance des Mahométans; leur évangile et, en même temps, leur code civil, criminel, politique et militaire. Le Coran renferme d'excellents préceptes sur la pratique des vertus; mais on aura une idée de l'absurdité de la loi du prophète, quand on saura qu'elle repose, d'une part, sur la prédestination, qui consiste à croire que tout ce qui arrive doit nécessairement avoir lieu, et que rien n'en peut empêcher les effets; de l'autre, sur ce que la religion mahométane veut être établie par la force, et que le meurtre d'un *infidèle* est un acte méritoire qui doit conduire en paradis. Le Coran est l'objet du respect de tout bon musulman. On prête serment sur le Coran dans les tribunaux, et on l'enseigne dans les écoles.

Al Coran signifiant en arabe *le livre*, dire l'Alcoran, c'est faire un pléonasme. *Almanach*, autre mot arabe, est dans le même cas.

CRÉTIN. Individu affecté d'un idiotisme complet et d'une grande difformité physique, caractérisée par une taille courte, une tête petite et aplatie aux tempes; un nez épaté, des yeux rouges et chassieux; une bouche béante d'où découle constamment la salive, et des goîtres plus ou moins volumineux le long du cou. Il a la peau jaune et flétrie et les sens peu développés, excepté celui de la vue; il est apathique et d'une malpropreté repoussante. Le crétinisme est souvent héréditaire et paraît tenir au séjour dans les lieux profonds et humides; aussi les crétins se rencontrent-ils surtout dans les vallées basses et étroites du Valais, et même de l'Auvergne et des Pyrénées.

La raison de ce nom de *crétins* n'est pas bien connue; quelques-uns le font dériver de *chrétiens*, parce qu'autrefois ces malheureux étaient vénérés comme des saints. Aujourd'hui encore la présence d'un crétin dans une famille est regardée comme une bénédiction du ciel, superstition touchante et respectable, puisqu'elle est la source des égards et des soins que réclame l'effroyable difformité de ces infortunés.

CROISADES. On donne spécialement ce nom aux huit expéditions qui, pendant près de deux siècles, furent entreprises sous les auspices du saint-siège, par différents rois et seigneurs de l'Europe, pour chasser les infidèles des saints Lieux où mourut le Sauveur. Tous ceux qui y prenaient part portaient sur leurs vêtements une *croix rouge*, d'où sont venus les mots de *croisade* et de *croisés*. La première croisade fut prêchée par Pierre l'Hermite, en 1095, et la dernière se termina en 1270 par la mort de saint Louis.

Au point de vue militaire et conquérant, les croisades n'eurent aucun résultat, puisque les saints Lieux restèrent et sont encore aujourd'hui au pouvoir des Musulmans. Mais en mettant l'Occident en contact avec l'Orient, elles exercèrent une grande influence sur les arts, les sciences et les lettres; elles nous valurent entre autres nos deux premiers historiens, Villehardouin, qui ne savait ni lire ni écrire; et Joinville, l'ami et le compagnon de saint Louis. D'autre part, en obligeant les seigneurs à s'adresser à leurs serfs pour les frais d'expédition, elles hâtèrent l'affranchissement des communes, et favorisèrent l'accroissement du pouvoir royal.

CYCLE LUNAIRE. C'est une période de 19 années, au bout de laquelle les phases de la lune reviennent aux mêmes époques, parce que cet astre se trouve de nouveau par rapport à la terre et au soleil, dans la même position que 19 ans auparavant. On l'appelle aussi *nombre d'or*, parce que les Athéniens, enthousiasmés de cette découverte, due à l'astronome Méton, 432 ans avant J.-C., firent graver en lettres d'or sur des tables de marbre les propriétés du *cycle lunaire*. Le dernier cycle lunaire a commencé le 1er janvier 1843.

CYCLE SOLAIRE. Période de 28 ans, à l'expiration de laquelle l'année recommence par les mêmes jours. L'ère chrétienne ayant commencé la 10e année du cycle solaire, pour trouver le numéro du cycle d'une année, on ajoute 9 au millésime, et l'on divise la somme par 28. Ainsi 9 ajoutés à 1856 donnent 1865, qui divisés par 28, donnent 66 au quotient et 17 pour reste. L'année 1856 est donc la 17e du 66e cycle solaire.

CYCLOPES. Suivant l'histoire, les cyclopes furent les premiers habitants de la Sicile. C'étaient de hardis pirates toujours sur la côte à épier s'il ne passait pas quelque navire pour le piller. En effet, *cyclope* (en grec, *qui voit tout autour*) signifie un homme sans cesse aux aguets. On leur attribue des constructions dites *cyclopéennes*, dont on trouve encore quelques vestiges en Italie et en Grèce.

Suivant la Fable, les cyclopes étaient des géants monstrueux, n'ayant qu'un œil au milieu du front, et forgeant les foudres de Jupiter sous les ordres de Vulcain.

Cyclope employé comme nom commun dans notre langue, désigne un forgeron, un homme de haute stature et doué d'une grande force.

DAGUERRÉOTYPE. V. *Photographie.*

DATE. Il y a dans l'histoire des peuples certaines dates principales, qui sont pour la mémoire des espèces de jalons, et qu'il est très-important de retenir. Voici les plus remarquables : Création du monde, 4963, seule date reconnue aujourd'hui dans les écoles; règne de David, 1080; fondation de Rome, 753; mort d'Alexandre le Grand, 323; bataille d'Actium, 31; naissance de J.-C., 14e année du règne d'Auguste (commencement de l'ère chrétienne). Baptême de Clovis, 496; l'hégyre (fuite de Mahomet), 622; mort de Charlemagne, 28 janvier 814; conquête de l'Angleterre par Guillaume de Normandie, 1066; prise de Jérusalem par Godefroy de Bouillon, 1099; prise de Constantinople par Mahomet II, 1453; découverte de l'imprimerie, 1436; de l'Amérique, 1492; établissement de la Réfor-

me par Luther, 1517 ; mort de Charles
Ier, roi d'Angleterre, 1640 ; prise de la
Bastille, 14 juillet 1789 ; mort de Louis
XVI, 21 janvier 1793 ; Waterloo, 18
juin 1815.

DAUPHIN. Ce nom, que portaient
les seigneurs du Dauphiné, par allusion
au dauphin dont plusieurs membres de
cette famille ornaient leur casque, fut
donné, en 1849, à l'héritier présomptif
de la couronne de France, lorsque Humbert II céda le Dauphiné à Philippe VI
de Valois, à condition que le fils aîné
du roi de France prendrait le titre de
Dauphin. En 1830, celui de *prince
royal* lui fut substitué.

DÉDALE. On appelle ainsi un labyrinthe, du nom de *Dédale*, artiste célèbre, qui construisit le fameux labyrinthe de Crète, où il fut enfermé lui-même, et dont il s'échappa au moyen
d'ailes fabriquées de cire et de plumes
d'oiseaux. Par imitation, on donne le
nom de Dédale à un artiste habile.

DÉISTE. Le déiste reconnaît l'existence de Dieu, mais rejette la révélation
et la religion qui en découle. Le *déiste*
est en quelque sorte l'opposé de l'*athée*,
qui voit tout dans la nature, excepté
celui sans qui rien ne serait ; il nie Dieu
en sa présence. Les *athées systématiques*, ainsi que l'étaient certains philosophes, combattent les preuves physiques qu'on donne de l'existence de
Dieu, par une aveugle nécessité ou par
un capricieux hasard.

DEMI-DIEU. Chez les anciens, on
donnait ce nom aux héros que leurs
exploits ou des vertus supérieures
avaient élevés au rang des divinités, tels
que Hercule, Thésée, Castor et Pollux,
Achille, etc. C'est la reconnaissance
des peuples qui a fait les demi-dieux.

DENSITÉ. V. *Pesanteur.*

DIAMANT. Ce corps, qui n'est que
du charbon pur cristallisé, est le plus
brillant, le plus dur, le plus limpide des
minéraux ; il est insoluble dans tous les
agents chimiques ; il raye tous les corps
et ne peut être rayé par aucun ; aussi
ne l'use-t-on qu'au moyen de sa propre
poussière. Objet de luxe et de parure
par son éclat et sa rareté, il sert aux
vitriers pour couper le verre, aux horlogers pour faire des pivots de montre,
aux lapidaires pour polir les pierres
fines. On le trouve principalement dans
l'Inde et au Brésil. Le *Régent* (ainsi
nommé parce qu'il fut acheté pendant
la minorité de Louis XV par le duc
d'Orléans, alors régent de France) est
regardé comme le plus beau et le plus
pur diamant de l'Europe. Il pèse 136
carats (27 grammes) ; sa valeur est estimée 4,000,000 de francs. Sous la dénomination de *diamants de la Couronne*, on comprend, en France, tous
les joyaux qui font partie de la dotation
mobilière. Ces joyaux sont au nombre
de 64,812 pesant 18,751 carats, et évalués 20,900,260 francs. Le fameux diamant perdu par Charles le Téméraire,
à la bataille de Morat, appartient aujourd'hui à l'Espagne.

DICTATEUR. On nommait ainsi, à
Rome, un magistrat extraordinaire, investi pendant six mois de l'autorité suprême dans les moments difficiles de la
République. Les dictateurs les plus
connus sont Cincinnatus, Camille, Sylla
et César, qui exerça le dernier le pouvoir dictatorial. Ainsi la dictature tomba
en même temps que la République,
ou plutôt les empereurs romains furent
des dictateurs perpétuels.

En 1848, pendant les sanglantes journées de juin, le général Cavaignac fut
nommé dictateur.

DIEU. Être suprême, créateur et
conservateur de l'univers, dont le culte
était inconnu des anciens. Quelques
philosophes seulement, entre autres Socrate, et Platon son disciple, en ont
eu l'idée. Avant l'avènement du christianisme, toutes les nations, à l'exception du peuple hébreu, étaient plongées
dans l'idolâtrie ; c'est surtout le christianisme et, avec lui, la philosophie moderne, qui ont épuré l'idée de Dieu. Les
Israélites donnaient à Dieu le nom de
Jéhovah (mot qui signifie verbe, parole,
celui qui subsiste par lui-même, et
dans lequel on retrouve les cinq voyelles *i, e, o, u, a*). Les Mahométans l'appellent *Allah*, et les Indous *Brama.*

DIVINITÉS SECONDAIRES. La
mythologie nous présente une foule de

divinités terrestres, qui ont passé de l'imagination des poètes dans les croyances aveugles de la multitude. La plupart de ces divinités sont champêtres ou marines ; voici les principales :

1º Les **Faunes**, divinités champêtres chez les Romains, qui les représentaient avec des cornes et des pieds de chèvre, et des oreilles pointues ;

2º Les **Satyres**, qui jouaient à peu près le même rôle chez les Grecs que les Faunes chez les Romains ; seulement ils les représentaient avec des passions brutales, poursuivant les nymphes et les Dryades ;

3º Les **Sylvains**, qui présidaient aux forêts.

Au reste, les poètes appellent assez indifféremment Satyres, Faunes ou Sylvains, tous ces demi-dieux qui peuplent les campagnes, les bois et les prairies, et qui leur servent à rendre vivants et gracieux les tableaux qu'ils font de la vie champêtre ;

4º Les **Dryades** et les **Hamadryades**, divinités des forêts, des arbres, des bosquets. Les Hamadryades différaient des Dryades, en ce que leur sort était attaché à un arbre qu'elles ne pouvaient quitter un seul instant, et avec lequel elles mouraient, tandis que les Dryades erraient librement dans les forêts ;

5º Les **Naïades**, nymphes qui présidaient aux sources et aux rivières. On les représente couronnées de roseaux, et penchées sur une urne versant de l'eau ;

6º Les **Néréides**, filles de Nérée, nymphes de l'Océan, moitié femmes et moitié poissons ; elles suivaient le char d'Amphitrite ;

7º Les **Tritons**, dieux marins, moitié poissons ; ils précédaient le char de Neptune, armés d'une conque recourbée qui leur servait de trompette.

DRAGON. Le dragon, animal fantastique, créé par l'imagination des anciens, était représenté avec les griffes du lion, les ailes de l'aigle et la queue du serpent. Le mot *dragon* vient d'un mot grec qui signifie *voir*. Il était consacré à Minerve, déesse de la sagesse, pour marquer que la véritable sagesse ne s'endort jamais ; c'est ce qui a donné lieu à la fable du *Dragon des Hespérides*, de celui de la *Toison d'or*, et à d'autres semblables. Le christianisme a consacré le dragon dans ses légendes, et le moyen-âge dans ses féeries. De tout temps le dragon n'a été qu'un être fictif, un emblème cachant un fait historique, et le plus souvent, une calamité publique. Ainsi l'Écriture sainte nous représente l'archange Saint-Michel, terrassant le dragon infernal, ennemi du genre humain ; et la Vierge, mère du Sauveur, écrasant du pied la tête du dragon par qui le mal est venu sur la terre.

DRUIDES. Les Druides, ministres de la religion chez les anciens Gaulois ou Celtes, n'avaient point de temples, et se réunissaient dans de sombres forêts, entre Dreux et Chartres. Dans les grandes calamités, ils immolaient des victimes humaines ; ces sacrifices avaient lieu sur d'énormes pierres, appelées *dolmen*, dont on trouve encore des traces dans certaines parties de la France. Le druidisme attachait de mystérieuses vertus à certaines plantes, et surtout au *gui*, qu'ils cueillaient en cérémonie avec une serpe d'or. Ils reconnaissaient plusieurs dieux, mais leur principale divinité était le dieu Teutatès. L'établissement du christianisme dans les Gaules mit fin à la religion grossière des Druides.

DRYADES. V. *Divinités secondaires.*

ÉCHECS. Le jeu des échecs, qui se joue sur un échiquier de 64 cases, au moyen de 32 pièces, paraît être l'image de la guerre. On en a fait honneur au grec Palamède, qui l'aurait inventé pendant le siège de Troie, pour distraire les guerriers pendant les jours de trève et d'inaction ; mais il est plus probable que ce jeu nous vient des Perses ou des Chinois. Il aurait passé aux Arabes et se serait introduit en Europe à la suite des croisades. On prétend que l'auteur de ce jeu en ayant fait hommage à son souverain, celui-ci enchanté, lui offrit la récompense qu'il désirerait. Il demanda 1 grain de blé pour la 1re case,

2 pour la seconde, 4 pour la troisième, et ainsi de suite, en doublant toujours jusqu'à la 64e et dernière. L'empereur ordonna à son ministre de faire droit à une demande si modeste; mais le calcul étant fait, il se trouva que tous les greniers du vaste empire étaient insuffisants pour la remplir.

ÉCHELLES DU LEVANT. On nomme ainsi les ports de commerce de la Méditerranée soumis à la domination musulmane, Constantinople, Smyrne, Alep, Chypre, Alexandrie, etc., et dans lesquels les Européens ont des comptoirs et font commerce.

ÉCHO. Cette répétition distincte d'un son se fait entendre lorsqu'il tombe sur la surface d'un corps qui a la propriété de le renvoyer, et de ne point l'éteindre en l'absorbant. Mais l'écho n'a lieu que lorsque la réflexion s'opère à une distance de 27 mètres au moins, autrement les deux sons se confondent. Comme un son réfléchi peut se réfléchir de nouveau, en rencontrant de nouveaux obstacles dans sa direction, il existe des échos doubles, triples, quadruples, etc. On les appelle échos multiples. Parmi les échos célèbres, on cite celui de Woodstock, qui répète le son 20 fois, et celui du château de Simonetta, près de Milan, qui le répète 40 fois.

En poésie, on a nommé vers en écho un genre de versification, où la dernière syllabe du vers est répétée en forme d'écho, comme dans ces vers d'une chanson dirigée contre les financiers du siècle dernier :

Et l'on voit des commis
Mis
Comme des princes,
Qui sont venus
Nus
De leurs provinces.

ÉCLAIR. Cette lumière éblouissante, qui se produit pendant un temps d'orage, et précède presque toujours le bruit du tonnerre, est produite par la combinaison des deux électricités contraires. La rapidité de l'électricité étant incalculable, tout danger a disparu après l'apparition de l'éclair; et, à plus forte raison, quand le bruit du tonnerre se fait entendre. La lumière allant infiniment plus vite que le son, on aperçoit l'éclair longtemps quelquefois avant d'entendre l'explosion électrique. C'est donc à tort que le peuple s'effraye du bruit du tonnerre; c'est l'éclair qui frappe et qu'on doit redouter. Sachant que le son parcourt environ 340 mètres par seconde, on peut, par l'intervalle qui s'écoule entre l'éclair et l'explosion, calculer, au moyen d'une montre à secondes, ou même des battements du pouls, l'éloignement des nuages électrisés.

Les *éclairs de chaleur*, que l'on voit pendant l'été, sont dus probablement à une sorte de phosphorescence produite par des nuages isolés, fortement chargés d'électricité; ils ne sont point suivis de tonnerre apparent, soit que ce bruit n'existe pas réellement, soit que la trop grande distance (4 myriamètres par exemple) le rende imperceptible.

ÉCLECTISME. On nomme ainsi la méthode des philosophes, théologiens, médecins, qui, dans tous les temps, ont tenté de fondre, de concilier les divers systèmes de leurs devanciers, en choisissant les opinions qui leur paraissent toucher de plus près à la vérité, pour en former un corps de science. L'éclectisme philosophique a été remis en honneur de nos jours par M. Victor Cousin, qui, sans adopter de système particulier, recherche dans les écrits des autres philosophes, ce qui paraît le plus vraisemblable.

ÉCLIPSE. Il y a éclipse de lune, lorsque la terre se trouvant interposée entre le soleil et la lune, celle-ci traverse l'ombre que la terre projette au loin derrière elle. L'éclipse de soleil se produit par l'interposition de la lune entre le soleil et la terre. Ces phénomènes ont pendant longtemps jeté l'alarme parmi les nations, qui les regardaient comme un signe de la colère céleste. Les Romains allumaient de grands feux pour rappeler la lumière de l'astre éclipsé; les Mexicains, effrayés, jeûnaient; aujourd'hui encore on voit les Lapons tirer vers le ciel des coups de fusil pour épouvanter les démons, les Chinois se prosterner et se frapper le front contre terre, les Siamois faire retentir les airs d'un horrible tintamarre, etc. Il paraît cependant que, dès le VIIIe siècle avant J.-C., les Chaldéens avaient fait des observations sur les éclipses. Le philosophe Anaxagore expia, dit-on, dans les fers, le tort d'avoir osé combattre sur ce point les préjugés de son temps, en assignant les vraies causes de ce phénomène. De nos jours, la théorie des éclipses est si bien connue, qu'on les prédit à heure fixe et longtemps à l'avance. Ce genre de phénomènes est devenu pour les astronomes une source de découvertes intéressantes. C'est l'observation des éclipses de lune qui a donné une idée exacte de la forme sphérique de la terre.

ÉCRITURE. V. *Alphabet.*

ÉCROUELLES. La médecine moderne donne aux écrouelles le nom de *scrofules*, dites vulgairement *humeurs froides.* Longtemps a existé le préjugé que les rois de France guérissaient les écrouelles en les touchant. Les saints rois Robert et Louis IX ont eu cette réputation. Les écrouelles ne sont nullement contagieuses, comme on le croit vulgairement, mais elles sont le plus souvent héréditaires. Les moyens généralement employés aujourd'hui pour combattre cette maladie, sont les bains sulfureux, l'iode et l'huile de foie de morue.

ÉDEN. On n'est pas bien fixé sur la position de l'Éden, mais l'Écriture sainte rapporte que de ce jardin délicieux sortait un fleuve divisé en quatre branches; dès lors on pense qu'il était dans l'Arménie, vers les sources de l'Euphrate, du Tigre, du Phase et de l'Oxus. *Éden*, en hébreu, signifie *délices.*

ÉDILES. Nommés pour un an par le peuple romain, ces magistrats étaient ainsi appelés de *œdes*, édifice, parce que l'un des principaux devoirs de leur charge était d'avoir soin des édifices publics, comme les temples, les théâtres, les bains, les basiliques, les aqueducs, les égouts et les routes publiques. Le mot *édile* ne s'emploie plus aujour-

d'hui, mais on nomme **travaux d'édilité** ceux qui, dans une ville, ont pour objet le percement de nouvelles rues, la démolition ou la construction d'édifices publics.

ÉGLISE (en grec, *assemblée*). On entend par ce mot une communion de personnes unies par une même foi, une même croyance. Il se dit par excellence de l'*Église catholique, apostolique* et *romaine*, autrement appelée *église latine* ou d'*Occident*, dont le pape est le chef. L'*Église grecque* ou d'*Orient*, qui se prétend orthodoxe, ne reconnaît point la suprématie du pape. L'*Église protestante* ou *réformée*, diffère en plusieurs points des deux premières, et présente elle-même des dissidences; elle domine dans le nord de l'Europe et de l'Amérique, et ne reconnaît point d'autre autorité que celle de la Bible. Ces trois églises, connues sous le nom général de religions chrétiennes, comptent environ 260 millions d'adhérents, savoir : 140 millions pour l'Église de Rome, 60 millions pour l'Église d'Orient, et 60 millions pour l'Église protestante.

On entend par *Église primitive*, les premiers chrétiens; par *Église militante*, l'assemblée des fidèles qui sont sur la terre; par *Église triomphante*, ceux qui jouissent déjà de la gloire céleste; par *Église souffrante*, les fidèles qui sont dans le purgatoire.

ÉLECTRICITÉ. Ce mot vient d'un mot grec qui signifie *ambre*, parce que la propriété qui donne naissance aux phénomènes électriques fut découverte dans cette substance par Thalès, 700 ans avant J.-C. On sait aujourd'hui que tous les corps renferment deux espèces d'électricité, l'une *positive*, l'autre *négative*. Ces deux électricités demeurent dans les corps à l'état latent, jusqu'à ce que l'une d'elles en soit chassée sous l'influence d'une cause quelconque. Alors le corps ne renfermant plus qu'une seule espèce d'électricité, est dit *électrisé*. Les deux espèces d'électricité tendant constamment à se combiner, quand un corps électrisé *positivement* est mis en présence d'un autre corps électrisé *négativement*, les phénomènes électriques commencent à se produire. Cette combinaison des deux électricités est toujours accompagnée de bruit et d'étincelles. Pendant un orage, le bruit se nomme *tonnerre*, et l'étincelle *éclair*; l'échange a lieu alors entre deux nuages diversement électrisés, ou entre un nuage et la terre. Dans ce dernier cas, les objets intermédiaires, comme les hommes, les animaux, les arbres, sont le plus souvent foudroyés.

L'électricité n'a pas encore reçu toutes les applications utiles qu'on est en droit d'attendre de cet agent merveilleux; on la fait servir, depuis quelques années, à la dorure, à l'argenture, à la galvano-plastie, et enfin à la télégraphie électrique, qui restera la plus belle conquête de la science au XIXe siècle; c'est le chemin de fer de la pensée.

ÉLÉMENT. Les anciens n'en reconnaissaient que quatre: l'eau, l'air, la terre et le feu, parce qu'ils les supposaient être les principes constituants de tous les corps. Aujourd'hui ces prétendus éléments ont fait place à d'autres substances élémentaires, dont le nombre s'accroît sans cesse, telles que l'or, l'argent, le cuivre, le fer, etc. Actuellement, on en compte environ 60.

ÉLYSÉE. C'était le séjour des ombres vertueuses, le paradis des Grecs et des Romains. Virgile y conduit Énée dans le 6e livre de son poème, mais la magnifique description qu'il en a donnée reste encore bien au-dessous du tableau qu'en a tracé Fénelon dans son *Télémaque*:

« Là, dit un écrivain, plus de douleurs, « plus de vieillesse; les ondes du Léthé « y faisaient oublier tous les maux de la « vie; on conservait éternellement l'âge « où l'on avait été le plus heureux. Aux « biens physiques se joignait l'absence « des maux de l'âme. L'infortuné qui « n'avait été que faible, dont le cœur « avait gémi sur ses égarements, n'en « était pas banni sans retour; après avoir « souffert une punition juste et néces-« saire, il était rendu à la tranquillité « et au bonheur. »

On trouve dans cette dernière pensée une grande analogie avec le purgatoire des chrétiens.

ELZÉVIR. Famille célèbre d'imprimeurs hollandais, qui florissait aux XVIe et XVIIe siècles; elle a produit des chefs-d'œuvre de typographie, presque tous en petit format, qui ont immortalisé le nom d'*Elzévir*, sous lequel ils sont toujours avidement recherchés. Ces petits ouvrages brillent surtout par la beauté et la netteté du caractère.

ÉPHORES (c.-à-d., *inspecteurs*). Magistrats de Lacédémone, au nombre de cinq, institués par Lycurgue pour contrebalancer l'autorité des rois qu'ils pouvaient déposer, faire arrêter et mettre à mort. Mais leurs décisions devaient être rendues à l'unanimité, l'opposition d'un seul neutralisant la volonté des quatre autres.

ÉPICURIEN. Partisan de la doctrine d'Épicure, qui enseignait que le plaisir est le souverain bien de l'homme, et que tous nos efforts doivent tendre à l'obtenir; mais loin de le faire consister dans les jouissances grossières des sens, Épicure le plaçait dans la culture de l'esprit et la pratique de la vertu. C'est donc, dit Fénelon, par une fausse interprétation de sa doctrine, que l'on a pris pour un débauché un homme d'une continence exemplaire, dont les mœurs ont toujours été très-réglées. Saint Grégoire rend un témoignage illustre de la chasteté de ce philosophe. « Épicure a dit que le plaisir était la « fin où tendent tous les hommes; mais « afin qu'on ne crût pas que ce fût le « plaisir sensuel, il vécut toujours très-« chaste et très-réglé, confirmant sa « doctrine par ses mœurs. » Quoi qu'il en soit, le mot épicurien n'en est pas moins resté dans notre langue le synonyme de débauché et de voluptueux, et quand on veut parler d'un homme adonné aux jouissances de la table, on dit: *C'est un épicurien, un disciple d'Épicure.* Horace disait: *Epicuri de grege porcus.*

ÉPIDÉMIQUE. Ce mot se dit d'une maladie qui attaque en même temps et dans le même lieu un grand nombre de personnes. Les épidémies les plus meurtrières sont la peste du Levant, le choléra-morbus de l'Inde, la fièvre jaune des Antilles. L'*épidémie* diffère de l'*endémie*, en ce que la première dépend d'une cause accidentelle, comme l'altération de l'air; et la seconde, d'une cause habituelle, soit constante, soit périodique, comme la goutte en Westphalie, les goîtres dans le Valais, les scrofules dans les pays humides. Quand une maladie épidémique règne sur les animaux, on l'appelle *épizootie*. Il ne faut pas confondre maladie *épidémique* avec maladie *contagieuse*; la rage, le charbon, la coqueluche, la gale, etc., sont des maladies *contagieuses*.

ÉQUINOXE (*nuit égale*). On appelle ainsi l'époque à laquelle le jour et la nuit ont une égale durée. Cette circonstance se reproduit deux fois par an, le 21 mars et le 21 septembre, parce qu'alors les deux pôles de la terre se trouvant à une égale distance du soleil, sa lumière se répand de l'un à l'autre, et éclaire une moitié de la terre, tandis que l'autre reste dans l'obscurité. On appelle l'équateur *ligne équinoxiale*, parce qu'il y a équinoxe toutes les fois que le soleil et la terre se trouvent sur cette ligne, c'est-à-dire vers le 21 mars et le 21 septembre.

ÈRE. Les ères principales sont l'ère des Juifs, qui commence 4000 ans av. J.-C.; l'ère chrétienne ou vulgaire, qui commence à la naissance de J.-C., l'an du monde 4963, suivant la chronologie moderne; l'ère des olympiades, chez les Grecs, 776 av. J.-C.; l'ère de la fondation de Rome, 753 av. J.-C.; l'ère de Nabonassar, chez les Babyloniens, 747 av. J.-C.; l'hégyre, ère des Mahométans, 622; l'ère de la République française, le 21 septembre 1792. On n'a compté que 12 ans de cette ère; après avoir dit l'an I, l'an II, l'an III etc., l'an XII de la république, on a dit 1804, époque de la création de l'empire.

ESCLAVAGE. Fruit de l'oppression du faible par le fort, l'*esclavage* remonte aux premiers temps du genre humain; on a pu dire qu'il était le fondement de la société antique. Il y avait des esclaves chez les Hébreux, chez les Grecs et chez les Romains; ceux-ci les recrutaient parmi les prisonniers de guerre et les peuples vaincus. Le nombre des esclaves excédait souvent le chiffre de la population libre; les esclaves des Lacédémoniens sont connus sous le nom d'*Ilotes* (habitants d'*Hélos*). D'après la loi romaine, l'esclave était une chose, non une personne; le maître avait droit de vie et de mort sur les esclaves; aussi se révoltèrent-ils fréquemment, et les Romains eurent à soutenir contre eux, à plusieurs époques, des guerres redoutables. La guerre des esclaves, sous Spartacus, qui put en réunir 70,000 sous ses ordres, mit Rome à deux doigts de sa perte. Le christianisme a fait peu à peu disparaître l'esclavage.

Le serf voyait sa personne ou ses biens assujettis à des lois contraires à la liberté naturelle ou à la propriété. (V. *Serfs*).

Les noirs ont été les esclaves des temps modernes, mais cet infâme trafic a été aboli ces dernières années. (V. *Traite des noirs*.)

ESCOBAR. Célèbre casuiste espagnol, de l'ordre des jésuites, auquel on reproche d'avoir, dans ses écrits, excusé certaines fautes, à l'aide de distinctions subtiles que réprouve la bonne foi. Dans ses immortelles *Provinciales*, Pascal a tourné en ridicule la morale et les principes d'Escobar, et depuis, quoique injustement peut-être, son nom est devenu synonyme d'hypocrite habile, qui sait résoudre par des réticences mentales les cas de conscience les plus subtils.

De son nom, on a fait *escobarder*, tromper, et *escobarderie*, tromperie.

ESCULAPE. Il était regardé, chez les anciens, comme le dieu de la médecine. Non content de guérir les malades, dit la Fable, il ressuscitait même les morts. Jupiter irrité le foudroya à la prière de Pluton, dieu des enfers, dont l'empire courait risque de devenir désert. Le coq, emblème de la vigilance, et le serpent, emblème de la prudence, étaient consacrés à Esculape. Dans le langage ordinaire, *un disciple d'Esculape* signifie un médecin; *un Esculape*, un médecin habile; *ce n'est pas un Escu-*

lape, ce n'est pas un bon médecin. En poésie, en parlant des arrêts de la médecine, on dit : *oracle d'Épidaure*, parce qu'Esculape avait un temple dans cette ville :

> Fatal *oracle d'Épidaure*,
> Tu m'as dit : Les feuilles des bois
> A tes yeux jauniront encore,
> Mais c'est pour la dernière fois.
>
> (*Millevoye.*)

ÉTOILES. Corps fixes, lumineux par eux-mêmes, et qui paraissent être les centres, les soleils d'autant de systèmes planétaires ; le nombre en est infini. Lorsqu'elles sont très-rapprochées les unes des autres, elles offrent des taches blanchâtres, connues sous le nom de *nébuleuses*. La *voie lactée* est une immense nébuleuse.

Les étoiles sont séparées de nous par des distances incalculables ; quoique la lumière qu'elles nous envoient parcoure plus de 300,000 kilom. par seconde, cette lumière ne nous parvient pas en moins de 9 à 10 années, en parlant de celles dont nous sommes le plus rapprochés, de Sirius, par exemple. De temps en temps, les astronomes aperçoivent au ciel de nouvelles étoiles. La science prétend que les rayons lumineux partis de ces corps depuis le commencement des choses, avec une vitesse de près de 100,000 lieues par seconde, ne font que d'arriver jusqu'à nous. Il y a là de quoi effrayer l'imagination. Cette profondeur, on peut dire sans bornes des cieux, est l'image la plus parfaite et la plus palpable de l'infini.

Les étoiles filantes sont des météores lumineux qu'on aperçoit souvent la nuit dans un ciel serein, et qui produisent sur les yeux l'effet d'étoiles qui se détachent et tombent de la voûte céleste. On les considère comme de petits fragments de petites masses planétaires, qui entrent dans notre atmosphère avec une vitesse suffisante pour la traverser en quelques secondes, et que le frottement y enflamme en passant. Lorsque ces petits corps cèdent à l'attraction de notre planète, ils sont précipités sur la terre, et forment les aérolithes. (V. ce mot.)

ÉTRENNES. On en rapporte l'origine à Tatius, qui régna conjointement avec Romulus. Ce prince, ayant reçu comme bon augure des branches coupées dans un bois consacré à la déesse *Strenua*, et qu'on lui présentait le jour de l'an comme un signe de paix entre les Romains et les Sabins, autorisa cette coutume pour l'avenir, et donna le nom de *strenæ* à ces présents, qui consistaient le plus souvent en figues, dattes, miel, etc.

FALBALA. Garniture ou bande d'étoffe plissée, que les femmes portent au bas de leurs robes.

Ce mot, qui ne date que du XVIIe siècle, fut inventé par M. de Langlée, maréchal de camp sous Louis XIV. Se trouvant un jour chez une couturière qui lui montrait une jupe garnie de ces bandes plissées, ce courtisan lui dit par plaisanterie : Parbleu, madame, votre falbala est admirable ! — Comment, mon falbala ! — Eh oui, c'est ainsi qu'à la cour les grandes dames appellent ces sortes de bandes. La couturière remercia M. de Langlée et s'empressa d'aller apprendre ce mot à ses compagnes. Bientôt *falbala* eut droit de cité et fit partie de la langue.

On donne à ce mot une origine plus curieuse encore. Un ambassadeur persan, à qui on avait assuré qu'à Paris on trouvait tout ce qu'il prenait fantaisie de demander, entra un jour chez une marchande de modes, et la pria de lui montrer des *falbalas*, mot qu'il fabriquait ou qu'il prenait au hasard dans sa langue. La dame ne parut nullement embarrassée, et lui présenta aussitôt de ces bandes auxquelles on a conservé depuis le nom de *falbala*.

FATALISME. Cette opinion consiste à nier le libre arbitre, à supposer que tout ce qui se fait en nous et ce qui arrive dans le monde, est le résultat de la nécessité ou du destin ; d'où cette conséquence rigoureuse qu'un criminel, un assassin ne serait pas coupable, puisqu'il aurait obéi à une puissance supérieure ; principe subversif de toute société. Le fatalisme se réfute directement par le témoignage du sens intime, qui nous atteste à chaque instant la pleine liberté de toutes nos actions. Les remords de la conscience confirment aussi cette vérité.

Le *fatalisme* est le fond de la religion mahométane ; les Musulmans se consolent des plus grands malheurs avec cette phrase sacramentelle : *C'était écrit ; volonté d'Allah.* Le peuple russe est aussi fataliste, quoiqu'à un moindre degré.

FAUNES. V. *Divinités secondaires.*

FÉDÉRATION. On désigne particulièrement sous ce nom la fête qui fut célébrée au Champ de Mars de Paris, le 14 juillet 1790, en mémoire du premier anniversaire de la prise de la Bastille. Les députés des 83 départements nouvellement établis s'y trouvèrent réunis au nombre de 60,000. L'enthousiasme y fut porté à son comble. Le roi Louis XVI assista à cette fête, et y jura le maintien de la constitution que le pays venait de se donner.

FÉES. Êtres fantastiques, jouissant d'un pouvoir surhumain, et toujours armées d'une baguette magique, instrument de leur puissance surnaturelle ; soumises quelquefois cependant à des lois bizarres et humiliantes. Elles ont joué un très-grand rôle dans le moyen-âge, époque où l'on commença à en parler. Les grandes familles, des contrées même avaient leur fée protectrice. Telles étaient *Mélusine*, *Morgane*, *Urgèle*, la *Dame Blanche*, etc. Les fées viennent de l'Orient ; les Perses les ont transmises aux Arabes, et ceux-ci aux Espagnols et aux Provençaux.

La Fable attribuant aux fées le pouvoir d'exécuter les choses les plus difficiles, on dit d'une personne qui travaille avec une adresse admirable : *Elle travaille comme une fée* ; et de certains ouvrages délicats, faits avec beaucoup de perfection, une tapisserie, par exemple : *C'est sorti de la main d'une fée.*

FÉODALITÉ. Sous les rois de la 2e race, la France était partagée en grandes propriétés territoriales, appartenant à un petit nombre de familles privilégiées, qui avaient seules une importance politique. La royauté était le centre autour duquel ces États féodaux se groupaient ; chaque seigneur jouissait d'un pouvoir à peu près souverain dans ses propres domaines, mais la puissance de ces seigneurs était inégale, et ils relevaient les uns des autres. Ainsi tel seigneur qui était suzerain de plusieurs fiefs, était lui-même vassal et relevait d'un autre seigneur plus puissant que lui. Le roi lui-même n'était que le suzerain principal, et sa souveraineté fut souvent contestée. Tel était l'établissement du régime féodal en France.

Dès le XIIe siècle commença la lutte entre le pouvoir royal et la féodalité. L'établissement des communes, en rapprochant le peuple de la couronne ; les croisades, en forçant les seigneurs à engager leurs domaines, firent les premières brèches à la féodalité, elle expira sous les coups que lui portèrent Louis XI et Richelieu, et la révolution de 89 en fit disparaître les dernières traces.

FEU. Prométhée, en apprenant aux hommes à tirer le feu du caillou, ce qui a fait dire qu'il avait dérobé le feu du ciel, leur rendit un immense service ; dont ils se montrèrent reconnaissants ; ils le révéraient comme l'inventeur de tous les arts. Le feu, par sa pureté et son activité, était regardé par les anciens comme le plus noble des éléments, celui qui se rapprochait le plus de la Divinité, et comme une vive image de l'astre du jour. Aussi son culte suivit de près celui du soleil. Les Romains, à l'imitation des Grecs, adoptèrent ce culte, et Numa fonda un collège de *vestales*, chargées d'entretenir le *feu sacré.* Cette religion subsiste encore chez plusieurs peuples de l'Amérique. Ils ne commencent jamais leurs repas qu'ils n'aient jeté dans le feu, par forme d'offrande, le premier morceau. Tous les soirs ils allument des feux, et forment à l'entour des danses accompagnées de chants.

Le feu sacré de *Vesta* (déesse qui n'était autre que le feu même) se conservait non-seulement dans les temples, mais encore à la porte de chaque maison particulière, d'où vient le nom de *vestibule* (*stabulum Vestæ*, demeure de Vesta).

Le feu a eu des autels, des prêtres, des sacrifices chez presque tous les peuples de la terre; il est encore une des principales divinités des Tartares, qui ne manquent pas, avant de boire, de se tourner du côté du midi, vers lequel s'ouvre toujours la porte de leurs cabanes.

FIEF. On désignait, par ce mot, la terre donnée à titre de récompense, lors de l'envahissement des Gaules par les chefs francs, aux guerriers qui les avaient suivis dans les combats. Amovibles dans le principe, les fiefs devinrent ensuite viagers et enfin héréditaires.

FLORAUX (*jeux*). Institut littéraire établi à Toulouse en 1322, dans le but d'encourager la poësie. On donnait alors à cette assemblée le nom de *Collège de la gaie science*. On y distribuait aux meilleures pièces de vers des prix consistant en différentes *fleurs* d'or ou d'argent, telles que la violette, l'églantine, l'amarante; d'où le nom de *jeux floraux*. Vers 1500, une dame de Toulouse, Clémence Isaure, célèbre par sa beauté et son esprit, donna un nouvel éclat à cette académie, à l'avenir de laquelle elle consacra une partie de sa fortune. L'académie des jeux floraux subsiste encore aujourd'hui.

FOLLET (*feu*). Les *feux-follets* sont des flammes légères et fugitives, produites par les émanations du gaz hydrogène phosphoré, qui s'élèvent des endroits marécageux et des lieux, tels que les cimetières, où des matières animales se décomposent et s'enflamment à une petite distance du point où elles se dégagent. L'ignorance des véritables causes qui produisent ces flammes légères, a donné lieu à toutes sortes de frayeurs superstitieuses. On croyait, dans les campagnes, que les feux-follets des cimetières étaient des âmes de trépassés, momentanément sorties de leurs tombes. Maintenant que la théorie des gaz est parfaitement expliquée, que l'on connaît les causes de leur formation et de leur incandescence, l'erreur n'est plus permise, et le préjugé doit s'évanouir comme s'évaporent les feux-follets eux-mêmes.

FORCE DE CHEVAL. On nomme ainsi, en mécanique, l'unité de force qui équivaut à 75 kilogr. élevés en une seconde à un mètre de hauteur. Ainsi une machine à vapeur de 10, de 20 chevaux, etc., est une machine capable d'élever à un mètre par seconde un poids de 750, de 1,500 kilogr. Cette force a été établie d'après des expériences faites sur des chevaux de choix; et, comme un cheval ne travaille pas plus de huit heures par jour, tandis que le travail d'une machine peut être continué sans interruption pendant 24 heures, on voit qu'une machine de la force nominale de cinq chevaux, par exemple, produit réellement l'effet de quinze chevaux ordinaires.

FORUM (*le*) était la principale place publique à Rome, où se réunissaient les assemblées du peuple. Au milieu du Forum s'élevaient les rostres, tribune aux harangues, et tout autour régnaient des portiques où l'on rendait la justice.

FOSSILE. En fouillant dans le sein de notre planète, on trouve, posées les unes sur les autres, diverses couches de terrains, qui sont très-distinctes entre elles, et qui, évidemment, sont venues s'ajouter à diverses époques sur la partie primitive. Chacune de ces additions a dû s'opérer à la suite d'une révolution subie par notre globe, révolution qui aurait fait périr et enfoui dans la couche correspondante tous les êtres organisés vivant à cette époque; ce sont les débris de ces êtres organisés, plantes, coquilles, animaux, etc., retrouvés aujourd'hui, que l'on appelle *fossiles*.

Dans la première couche, que l'on peut appeler couche de la première époque, on ne rencontre que des mollusques et des crustacés, c'est-à-dire les animaux de l'organisation la plus imparfaite; on y rencontre aussi des végétaux énormes. Les terrains de la deuxième époque offrent un grand nombre de poissons, de reptiles gigantesques, mais aucun mammifère. Dans la troisième époque, les mammifères commencent à se montrer; ce sont le mastodonte, l'hippopotame, le rhinocéros, ainsi que des rongeurs, des carnassiers, des ruminants et des oiseaux. Dans la quatrième époque, on retrouve les débris des animaux actuels, ou d'animaux semblables; mais on n'a jamais trouvé dans aucune couche des diverses époques des débris ou fossiles humains, ce qui tendrait à prouver que le Créateur n'a mis l'homme sur la terre que lorsqu'il pouvait y vivre sans danger, et que tout était préparé pour le recevoir

Le célèbre Cuvier est parvenu à reconstruire et à classer méthodiquement ces êtres, dont quelquefois il ne reste que des débris informes.

FOUDRE. V. *Eclair.*

FRANC-MAÇONNERIE. Société secrète répandue dans différentes parties du globe, surtout en Angleterre, en Allemagne et en France. Les francs-maçons se considèrent comme frères, et doivent s'entr'aider en quelque lieu qu'ils se trouvent, à quelque nation, à quelque classe de la société qu'ils appartiennent. On n'est admis dans l'ordre qu'après certaines cérémonies initiatrices et certaines épreuves; les adeptes jurent de ne rien révéler des secrets de l'ordre. Les francs-maçons ont des signes conventionnels, au moyen desquels ils se reconnaissent.

Quelques-uns font sortir la francmaçonnerie des mystères de l'Égypte ou de la Grèce; on l'a même fait remonter jusqu'à la construction du temple de Jérusalem, sous Salomon, en lui donnant pour fondateur et premier grandmaître Hiram, architecte de ce temple. Mais on pense avec plus de raison que l'institution maçonnique doit son existence à une confrérie de maçons constructeurs qui, au VIIIe siècle, voyagèrent en Europe, construisant ces basiliques, ces cathédrales du moyen-âge, dont l'architecture élégante constitue le genre *gothique.* Cette société perdit avec le temps son caractère primitif; des personnes étrangères à l'architecture y furent admises; cependant les noms et les instruments de l'art de construire furent conservés comme symboles, mais il ne resta plus de l'ancienne association que l'esprit de fraternité.

FRONDE (*guerre de la*). On nomme ainsi la guerre civile qui eut lieu en France pendant la minorité de Louis XIV, entre le parti de la cour (Anne d'Autriche et Mazarin) et le Parlement. L'origine de ce mot vient du jeu de la *fronde*, auquel les enfants s'amusaient à cette époque dans les fossés de Paris. La police défendit ces amusements dangereux; mais les enfants résistaient souvent à l'autorité, et poursuivaient la garde à coups de fronde. Un plaisant compara les adversaires de Mazarin à ces *frondeurs;* l'allusion fut trouvée heureuse et le mot resta.

FURIES. Divinités infernales des anciens, chargées de punir les crimes des hommes dans les enfers, et quelquefois sur la terre. On les représente avec des cheveux entrelacés de serpents, tenant une torche ardente d'une main, et de l'autre un poignard: Elles étaient trois: *Tisiphone, Alecto* et *Mégère.*

Ce dernier nom est demeuré dans le langage du peuple pour signifier une femme méchante et colère.

GALE. Cette maladie, sur la nature de laquelle on a longtemps disputé, et que l'on attribuait à un virus spécial, paraît être causée par la présence d'un animalcule du genre *ciron,* qui se creuse sous l'épiderme de petites galeries où il trouve une retraite sûre. Il est facile de le voir en ouvrant l'épiderme avec la pointe d'une aiguille. Cette maladie attaque surtout les individus de la classe indigente, les personnes malpropres; elle règne fréquemment parmi les soldats, les marins, les prisonniers. Abandonnée à elle-même, la gale durerait indéfiniment, mais, bien traitée, elle guérit en peu de temps, sans laisser après elle aucune trace. Le soufre, sous forme de bains, de lotions, de fumigations, et surtout de pommade, en est le remède le plus efficace.

GALÈRES. Les manœuvres les plus fatigantes des vaisseaux ou *galères,* anciennement exécutées par des esclaves, devinrent plus tard un châtiment infligé à des malfaiteurs et à des criminels, ou à des pirates faits prisonniers. On ap-pela donc *galères* la peine des hommes condamnés à ramer sur des bâtiments. L'Assemblée constituante remplaça les *galères* par les *travaux publics* ; dès lors furent formés des établissements permanents qui prirent le nom de *ba-gnes*, où étaient enfermés les prison-niers occupés *forcément* au service et aux travaux des ports ; de là le nom de *forçat*, synonyme de *galérien*. Aujour-d'hui, depuis la loi du 30 mai 1854, la France, à l'exemple de l'Angleterre, a des *colonies pénitentiaires* où sont ex-portés les condamnés. Autrefois les con-damnés aux travaux forcés à perpétuité étaient marqués d'un fer rouge ; cette flétrissure a été abolie en 1832.

GALILÉEN. Souvent on donne ce nom à J.-C., parce qu'il fut élevé à Na-zareth, ville de Galilée, et qu'il fit en Galilée ses premiers miracles ; d'où vient que ceux qui embrassèrent d'a-bord la doctrine de J.-C. furent aussi appelés *Galiléens*. Ce terme se prenait souvent autrefois en mauvaise part, et était presque une injure dans la bouche des païens. On connaît ce mot attribué à Julien l'Apostat : « *Tu as vaincu*, **Galiléen !** »

GALIMATIAS. Un avocat, chargé par un nommé Mathias de réclamer un coq qu'on lui avait volé, prononça si souvent ces mots : *gallus* (1) *Mathiæ* (le coq de Mathias) qu'il finit par s'em-brouiller et par dire *galli Mathias* (Ma-thias du coq). Telle est l'origine de ce nom donné à tout discours obscur et inintelligible.

GALLICAN. Ce mot ne s'emploie guère qu'en parlant du rit gallican, de l'Église gallicane qui, tout en restant sincèrement attachée à la foi catholique et au saint-siége, a conservé avec fidé-lité certaines franchises et libertés qui lui venaient des premiers temps. Elle met l'infaillibilité non dans le pape seul, mais dans le corps épiscopal tout entier uni à son chef ; elle proclame l'autorité suprême des conciles géné-raux et celle des saints canons dans le

(1) *Coq* se dit en latin *gallus*.

gouvernement de l'Église ; elle établit hautement une distinction entre la puissance spirituelle et la puissance temporelle. Ces doctrines ont été résu-mées dans la déclaration du clergé de France, en 1682, rédigée par Bossuet.

On donne, par opposition, le nom d'*ultramontains* à ceux qui, ne partageant pas ces sages doctrines, préten-dent que le pape est supérieur au con-cile général.

De tout temps les libertés de l'Église gallicane ont été défendues en France par les évêques les plus distingués.

GALVANISME. En 1789, Galvani, professeur d'anatomie à Bologne, ayant disséqué plusieurs grenouilles pour en étudier le système nerveux, les suspen-dit à un balcon en *fer*, au moyen de pe-tits crochets de *cuivre* qui passaient par les nerfs lombaires. Toutes les fois que, dans le mouvement de balancement que le hasard leur imprimait, ces mêmes nerfs touchaient le fer, il arrivait que les grenouilles mortes et mutilées éprouvaient de vives convulsions. Gal-vani attribua ce phénomène au dévelop-pement d'un fluide particulier qui, de son nom, fut appelé *galvanisme*. Mais bientôt Volta, s'emparant de cette dé-couverte, prouva l'identité du galvanis-me et de l'électricité ; il montra que le contact des métaux de différente nature donne lieu à un dégagement continuel d'électricité, qu'un métal donne le fluide vitré, et l'autre le fluide résineux. C'est sur ce principe qu'il construisit la pile dite de *Volta* ou *galvanique*, in-strument composé de disques métalli-ques, zinc et cuivre, réunis deux à deux.

On peut rendre sensible à d'autres sens qu'à la vue, l'existence et la pré-sence du galvanisme. Si l'on goûte sé-parément une pièce de zinc et une piè-ce d'argent, elles ne présentent qu'une saveur métallique bien connue ; mais si l'on place une des pièces sous la langue et l'autre sous la lèvre inférieure, au moment où l'on mettra en contact les bords libres des deux pièces, on sera frappé d'une saveur insolite qu'il faut avoir éprouvée pour s'en faire une idée, si l'on prolonge le contact, la salivation sera excitée; et l'on verra comme des bluets passer devant les yeux, quoique fermés.

GÉANT. Des ossements énormes trouvés autrefois dans des roches granitiques, et provenant d'animaux fossiles ainsi que la science l'a démontré depuis, ont fait croire d'abord que ces débris appartenaient à des géants, et qu'il avait existé autrefois des races d'hommes dont la stature était de beaucoup supérieure à la nôtre. Mais la science moderne a fait justice de cette erreur, et il est reconnu aujourd'hui qu'il n'existe point de différence sensible entre la taille des divers individus qui habitent ou qui ont habité le globe. Les géants et les nains ne sont que des exceptions. Aucun des géants dont on a scientifiquement constaté la taille, n'a dépassé 2 m. 50 cent. : c'était la taille de l'empereur Maximin, et sans doute aussi, ou à peu près, celle d'Og, roi de Basan, dont parle l'Ecriture; du fameux Goliath, et du roi des Teutons, Teutobocchus.

Les Patagons, dont les voyageurs ont tant parlé, n'ont en moyenne que 1 m. 85, c'est-à-dire 10 ou 12 centimètres au delà de la taille humaine prise par toute la terre.

GENÈSE. Le plus important des cinq livres de Moïse; il renferme l'histoire des premiers siècles, depuis la création du monde jusqu'à la mort du patriarche Joseph. Ce sont les annales des premiers temps de l'humanité. Comme monument historique, la Genèse est le livre le plus précieux par son antiquité, et par les caractères frappants de vérité dont il est empreint.

GIORNO (à). V. Jour.

GLADIATEUR. Les luttes de ces hommes qui, volontairement ou par force, combattaient dans l'arène, étaient recherchées avec fureur par le peuple romain; dans les jeux publics, il n'était pas rare de voir figurer jusqu'à mille paires de gladiateurs. Le gladiateur blessé mettait bas les armes, et était à la discrétion du vainqueur, qui le tuait, à moins que les spectateurs ne le lui défendissent. L'empereur assistait à ces jeux sanglants; et, en passant devant sa loge, le gladiateur lui adressait ces paroles : Ceux qui vont mourir te saluent, *morituri te salutant*. Ces jeux barbares ont été abolis par l'influence civilisatrice du christianisme.

Le plus célèbre des gladiateurs dont l'histoire fasse mention, et qui, en soulevant les esclaves, mit Rome à deux doigts de sa perte, est Spartacus. Sa statue, qu'on admire à Paris, au jardin des Tuileries, est le chef-d'œuvre du sculpteur Foyatier.

GOÎTREUX. Les goîtreux se rencontrent assez ordinairement dans les contrées froides et humides; les femmes sont, en général, plus sujettes au goître que les hommes. Cette difformité est endémique et héréditaire dans plusieurs vallées des Alpes. (V. *Iode*.)

GORGONES. Elles étaient trois sœurs, *Méduse, Euryale* et *Sthéno*, qui avaient le pouvoir de frapper de mort, et même de changer en pierre tous ceux qui les regardaient. Cette puissance était attribuée particulièrement à Méduse.

En littérature on fait souvent allusion à la puissance terrifiante des Gorgones : *mon apparition fit sur lui l'effet de la tête de Méduse, pour il resta interdit, pétrifié en me voyant.*

GRÂCES. Divinités païennes qui étaient la personnification de ce qu'il y a de plus séduisant dans la beauté. On en compte trois : *Aglaé, Thalie* et *Euphrosine*. Toute la Grèce était pleine de monuments consacrés aux Grâces.

GRAVITATION. V. *Attraction*.

GREFFE. V. *Bouture*.

GRISOU (feu). Ce feu est produit par le gaz hydrogène carboné, qui se dégage dans les mines de charbon de terre, et dont l'explosion est si redoutable. Cette explosion a lieu aussitôt que le gaz rencontre un corps enflammé. Or les mineurs ne pouvant travailler dans les houillères sans le secours d'une lampe, on comprend les dangers auxquels ils devaient être continuellement exposés. En 1815, Davy inventa une lampe dite de sûreté. Elle se compose d'une lampe à huile ordinaire, enveloppée dans une espèce de cage en gaze métallique, dont les mailles sont excessivement serrées. Si le mineur muni de cette lampe se trouve dans un milieu inflammable, l'explosion n'a lieu qu'à l'intérieur de la cage, parce que la toile métallique refroidit assez la flamme produite par l'explosion, pour qu'elle ne se propage pas au dehors.

Cette invention a fait de Davy un des bienfaiteurs de l'humanité.

GUELFES et **GIBELINS**. On désigne sous ce nom deux partis puissants qui divisèrent l'Italie aux XIIe, XIIIe, XIVe et XVe siècles. Les premiers étaient partisans des papes; les seconds, partisans des empereurs d'Allemagne. Leurs querelles ne cessèrent que par l'effet de la lassitude universelle, et surtout par la diversion qu'occasionna dans les esprits l'invasion des Français en Italie, en 1495. Ces noms se donnent encore à des ennemis acharnés : *Ils s'accordent entre eux comme Guelfes et Gibelins, c'est-à-dire comme chien et chat.*

GUI. V. *Druides.*

GUILLOTINE. Cet instrument de supplice doit son nom au docteur *Guillotin*, bien qu'il n'en soit pas l'inventeur. Ce médecin, membre de la Constituante, proposa à cette assemblée, dans un but de philanthropie, de remplacer les tortures et les supplices alors en usage par la *décapitation*, et indiqua, comme moyen d'exécution, une machine employée depuis longtemps chez les Italiens. Sa proposition ayant été adoptée, la *guillotine* fonctionna pour la première fois le 27 mai 1792 sur un voleur de grand chemin; le 21 août de la même année eut lieu la première exécution politique, celle de Collenot d'Anglemont.

HABEAS CORPUS. Premiers mots d'un acte célèbre passé en loi anglaise et rédigé en latin, qui accorde à tout prévenu, dans la plupart des cas, sa mise en liberté, moyennant caution. L'ordre d'*habeas corpus*, de la part d'un magistrat à un geôlier, reçoit une exécution immédiate, et n'est suspendue que pour des raisons d'État et de sûreté publique. Cette loi est en Angleterre le palladium de la liberté individuelle.

HAMADRYADE. V. *Divinités secondaires.*

HANSÉATIQUES ou **ANSÉATIQUES** (*villes*). On donne actuellement ce nom aux trois villes libres d'Allemagne, Hambourg, Brême et Lubeck. La *Hanse*, ou ligue *hanséatique*, date de 1241; elle avait pour but de protéger le commerce des cités allemandes contre les pirates de la Baltique, et de défendre leurs franchises contre les princes voisins. Cette confédération politique et commerciale, qui fleurit pendant plusieurs siècles, et étendit au loin son commerce, comptait, à la fin du XIVe siècle, 64 villes, possédait des flottes, une armée, un trésor et un gouvernement particulier.

HARO. Ce cri était le mot consacré anciennement en Normandie; lorsque attaqué, ou violemment lésé dans ses biens, on voulait mettre arrêt sur une personne ou sur une chose, et la mener ou la transporter devant le juge. L'adversaire était tenu de suivre immédiatement celui qui criait *haro* sur lui. Ce mot est évidemment contracté de *oh Raoul! Rolon* ou *Rol*, premier duc de Normandie, célèbre par la sévérité de sa justice et la sagesse de ses lois.

HARPIES. Monstres ailés de la Fable, extrêmement sales et voraces, qui avaient un visage de vieille femme, un corps de vautour et des ongles crochus.

On donne volontiers ce nom à une personne âpre au gain, ou à une femme criarde, méchante et acariâtre.

HÉBREU. Nom que portait primitivement le peuple juif, issu du patriarche *Héber*, un des ancêtres d'Abraham. Il fut remplacé par celui d'*Israélite*, du nom d'*Israël*, surnom de Jacob. Celui de *Juif* (en latin *judæus*) ne date que de la captivité de Babylone; il prévalut, parce que les habitants du royaume de *Juda* furent subjugués les derniers.

HÉGIRE (c.-à-d. *fuite*). Ère des Mahométans; ainsi nommée parce qu'elle date de l'époque à laquelle Mahomet s'enfuit de la Mecque, où il était perséculé, pour se retirer à Médine. Elle a commencé le 16 juillet 622.

HÉLICON. V. *Muses.*

HERMÈS, HERMÉTIQUE. *Hermès* était le Mercure des Égyptiens, leur dieu principal; ils le regardaient comme le père de toutes les sciences, et principalement des sciences occultes. C'est sans doute pour cela que, longtemps après l'extinction du paganisme, les alchimistes l'ont pris pour leur patron, et qu'on a primitivement désigné la chimie sous le nom de science *hermétique.*

HIÉROGLYPHES. Espèce d'écriture symbolique dont se servaient les Égyptiens et principalement leurs prêtres, et qui consistait en figures gravées et sculptées dans les temples et sur tous les monuments publics. Ces signes représentent tantôt la chose elle-même, et tantôt un son, ce qui fait que cette écriture est tout à la fois symbolique et phonétique. L'écriture hiéroglyphique, après être restée longtemps une énigme, paraît avoir été expliquée dans ces derniers temps par un Français, M. Champollion.

Ce mot sert souvent à désigner quelque chose d'obscur, d'inintelligible. *Le code, les prescriptions de la médecine et la plupart des termes scientifiques, sont pour le vulgaire des hiéroglyphes tout purs.*

HIPPOCRÈNE. V. *Muses.*

HOMÉOPATHIE (c.-à-d. *affection semblable*). Ce système a été créé et propagé en Allemagne par le docteur Hannemann, dont la devise *similia similibus curantur* (les semblables se guérissent par les semblables) était entièrement opposée à celle de l'ancienne médecine, qui combat les contraires par les contraires (*contraria contrariis curantur*) c'est-à-dire les astringents par les émollients, et *vice versâ.* Selon les homéopathes, deux maladies semblables ne pouvant exister au même degré dans un organe, la maladie *artificielle* qu'on fait naître avec les médicaments, détruit la maladie spontanée; puis on arrête la maladie artificielle en cessant le médicament qui l'a produite. Le docteur Hannemann fut conduit à cette découverte, en observant le premier que le quinquina, qui détruit la fièvre quand on l'a, la fait naître quand on ne l'a pas. Suivant cette curieuse expérience, le quinquina administré à un fiévreux, détruirait la fièvre réelle en produisant une fièvre artificielle, qui ensuite disparaîtrait d'elle-même.

Quoi qu'il en soit, les disciples de l'homéopathie se sont multipliés en Allemagne, en France, en Italie, en Angleterre et en Amérique. La médecine ancienne, pour se distinguer de la nouvelle, a pris le nom d'*allopathie* (affection contraire).

HOROSCOPE. V. *Astrologie.*

HYDRE. L'hydre de Lerne, selon la Fable, était un serpent monstrueux qui avait sept têtes, lesquelles repoussaient à mesure qu'on les coupait, si on ne les abattait pas toutes d'un seul coup. La destruction de ce monstre fut un des douze travaux d'Hercule; mais, comme la plupart des fictions mythologiques recouvrent une vérité, on pense que l'hydre de Lerne n'était autre chose qu'un marais, d'où s'échappaient des miasmes pestilentiels, et qu'Hercule parvint à dessécher. En politique, on compare à ce monstre fabuleux les troubles, les révoltes qui agitent un État: *Combattre l'hydre sans cesse renaissante.*

HYDROGÈNE (c.-à-d. *je produis l'eau*). Ce gaz a été ainsi appelé, parce qu'en se combinant avec l'oxygène, il forme de l'eau. Cavendish le découvrit en 1781. Inflammable et brûlant avec une flamme vive, il sert à éclairer nos villes; quatorze fois plus léger que l'air, on l'emploie pour gonfler les ballons aérostatiques. C'est le plus léger de tous les corps connus.

HYDROPHOBIE. Ce mot, qui signifie *horreur de l'eau*, désigne le plus souvent la rage elle-même, maladie des plus graves, qui peut se développer chez l'homme et chez divers animaux, soit spontanément, soit par communication. La rage communiquée a lieu par l'action d'un virus déposé dans une plaie par la morsure d'un animal enragé. Un grand nombre de faits portent à croire que ce virus réside dans la salive même. Le plus souvent les effets se manifestent immédiatement après la morsure ; d'autres fois les accidents ne se déclarent qu'après plusieurs mois, et même après plusieurs années. L'imagination paraît jouer quelque rôle dans cette maladie ; on a vu, dans certains cas, une personne victime d'une blessure innocente, tomber dans l'hydrophobie, par suite de son imagination frappée. On prévient le développement en cautérisant immédiatement et profondément la partie mordue, soit avec le feu, soit avec l'acide sulfurique.

ICONOCLASTE (c.-à-d. *briseur d'images*). Nom d'une secte d'hérétiques du VIIIe siècle, qui brisaient les images saintes, et poursuivaient avec acharnement et fanatisme le culte qu'on leur rendait. Approuvée par le concile de Constantinople en 766 et condamnée par plusieurs autres, cette hérésie disparut dans le courant du IXe siècle. Plus tard, elle s'est reproduite chez les Albigeois, les Hussites et les Vaudois.

IDOLÂTRIE. V. *Polythéisme*.

ILOTES. Réduits en esclavage par les Lacédémoniens, les Ilotes (habitants de la ville d'Hélos) furent traités par leurs vainqueurs avec la dernière dureté. On s'étudiait à les tenir constamment dans la plus dégradante abjection. De là vient qu'on appelle *ilotes* les individus que la société repousse de son sein. « *Les pauvres sont les ilotes des sociétés modernes.* »

IMPRIMERIE. Elle fut inventée vers l'an 1436 par le Mayençais Guttemberg. Il s'adjoignit Faust et Schœffer qui perfectionnèrent sa découverte. Cet art sublime semble avoir été connu en Chine bien avant d'être pratiqué en Europe ; seulement il paraîtrait que les Chinois se seraient servis de planches gravées, plutôt que de caractères mobiles.

L'imprimerie est, avec la découverte de l'Amérique et celle de la vapeur, l'événement le plus important des temps modernes. De combien de pages sublimes écrites par les anciens, l'imprimerie nous eût épargné la perte ! Aujourd'hui cette grande découverte rend à tout jamais impossible le retour à un nouveau moyen-âge.

Paris, Mayence, Strasbourg, etc., ont élevé une statue à l'immortel Guttemberg.

INCAS. Nom de la dynastie qui régnait sur le Pérou, avant la conquête de ce pays par l'espagnol F. Pizarre, en 1533. Les Incas se prétendaient issus du soleil, et, après leur mort, ils étaient adorés comme des dieux. Le dernier des Incas, Atahualpa, qui régnait au moment de l'invasion espagnole, fut étranglé dans sa prison par l'ordre de Pizarre, au camp duquel il s'était rendu sous la foi du serment.

INDÉPENDANCE (*guerre de l'*). L'existence des États-Unis comme État libre, ne date que de 1776 ; à cette époque, les Anglais qui, dès 1534, s'étaient établis en Virginie, virent leur treize colonies, qui formaient tout le territoire des États-Unis, se déclarer indépendantes. La France les aida puissamment à combattre l'Angleterre, qui se vit obligée de reconnaître leur indépendance, et signa la paix à Paris, le 3 septembre 1783.

Personne n'ignore le rôle que jouèrent dans cette guerre, appelée *guerre de l'Indépendance*, les français La Fayette et Rochambeau, et les américains Franklin et Washington.

INQUISITION. Ce tribunal redoutable fut érigé par le siège de Rome, vers l'an 1200, pour extirper les juifs, les Maures et les hérétiques de la chrétienté. Cette institution tenta, mais vainement, de se maintenir en France et en Allemagne ; ce n'est qu'en Espagne qu'elle parvint à triompher et à s'établir en permanence. Elle y poursuivit surtout les juifs et les Maures relaps. Son pouvoir date principalement du règne de Ferdinand et d'Isabelle ; soumise alors à des statuts et à des réglements nouveaux, elle fonctionna régulièrement dans l'État sous le nom de Saint-Office et la direction d'un grand inquisiteur, le trop fameux cardinal Torquemada. Cette juridiction sanguinaire fit périr des milliers d'hommes dans les tortures et dans les flammes. Les condamnés par le Saint-Office marchaient solennellement au supplice du bûcher, au milieu d'une procession de moines, et couverts d'une dalmatique, la tête ornée d'un grand bonnet de carton terminé en pointe, sur lequel on avait peint des flammes et des démons; puis ils étaient brûlés vivants, en présence du grand inquisiteur, du roi et de toute la cour. Ces horribles exécutions se nommaient *Auto-da-fé*.

Philippe II ayant voulu établir l'inquisition dans les Pays-Bas, ce fut une des principales causes de la perte de ces riches provinces pour l'Espagne.

L'inquisition qui avait été établie pour détruire l'hérésie, n'a pas produit une seule conversion : Mascaron, au contraire, nommé à l'évêché d'Agen, où l'on comptait 80,000 calvinistes, obtint par sa douceur et son éloquence la conversion du plus grand nombre.

INSTINCT (l') est un don particulier aux animaux, qui les porte à exécuter certains actes, sans avoir la notion de leur but; à employer des moyens toujours les mêmes, sans jamais chercher à s'en créer d'autres, ni à connaître les rapports qui existent entre les moyens et le but. « C'est par instinct que l'enfant tette en naissant, que l'abeille construit ses alvéoles, que le castor bâtit ses digues, que la sarigue cache ses petits dans sa poche ventrale au moindre danger, que l'hirondelle construit son nid et le retrouve au bout d'un an d'absence; que l'araignée tisse sa toile et tend ses filets; que le fourmi-lion creuse un trou dans le sable mouvant, pour y faire tomber ses victimes; que les fourmis se réunissent en société et amassent des provisions, etc. » (Bouillet.)

L'*instinct* diffère de l'*intelligence* en ce que celle-ci, émanation de la Divinité, réside essentiellement dans la variabilité des moyens qu'elle emploie, tandis que, l'*instinct*, tout est aveugle, nécessaire et invariable; c'est pour ainsi dire, une habitude innée et héréditaire sans aucune altération. Il y a donc une immense différence entre l'instinct des animaux et l'intelligence de l'homme. « L'homme peut s'instruire

et profiter de ce qu'ont fait les « autres avant lui; les animaux en sont « incapables; l'expérience que l'un d'eux « pourrait parfois acquérir n'est utile « qu'à celui-là seul, et ne peut être mise « à profit par les autres. Tout ce que « l'homme sait faire est le produit de « l'étude et de la réflexion; les animaux « n'étudient ni ne réfléchissent jamais. « Leur habileté ne vient pas d'eux, mais « du Créateur qui l'a mise en eux sans « qu'ils le sachent. Ainsi une hirondelle « n'a pas besoin d'étudier ni de réflé- « chir pour construire son nid; elle le « fait tout naturellement et sans l'avoir « jamais appris. Les hirondelles d'au- « jourd'hui ne font pas mieux leur nid « que celles d'autrefois; elles travaillent » sans pouvoir s'en empêcher, sans pré- « voyance et sans intelligence. » (1).

IODE. Corps simple, découvert en 1811, qui s'emploie avec succès pour guérir les goîtres, les scrofules ou humeurs froides, et les maladies de poumons. L'iode n'existe dans la nature qu'en combinaison avec d'autres corps; on l'extrait des éponges, des mollusques, et principalement de toutes les plantes marines appelées varecs; on le trouve en quantité assez notable dans le foie de la raie et de la morue; aussi l'huile de foie de morue est-elle un excellent spécifique contre la phthisie pulmonaire.

IRRITABILITÉ. La science n'a pu parvenir encore à expliquer le singulier phénomène de l'*irritabilité végétale*. Presque toutes les plantes, en effet, éprouvent un mouvement marqué au coucher du soleil, ainsi qu'au lever de cet astre. On dirait que sa retraite les invite au repos, et que son retour les engage à se parer de leurs couleurs et à exhaler leurs parfums. Bien plus, la *sensitive* se contracte pour se soustraire au contact d'un corps étranger; l'*attrape-mouches* d'Amérique rapproche ses folioles pour retenir prisonnier l'imprudent insecte qui est venu s'y placer. Les feuilles de l'*acacia* se courbent le soir sur leurs tiges, comme pour se livrer au sommeil, tandis que celles

(1) Ch. Jeannel.

de la *balsamine*, s'inclinant vers la terre, forment une voûte protectrice au-dessus de la fleur. Les fleurs du *nénuphar* tiennent aux racines par de longs pédoncules qui leur permettent de venir pendant le jour s'étaler à la surface de l'eau, et de rentrer le soir dans l'élément liquide pour ne reparaître qu'à la lumière du soleil. Dans un grand nombre de plantes, les filets des étamines se meuvent au temps de la fécondation, sans qu'on puisse attribuer leurs mouvements à aucune force mécanique connue.

ISABELLE (*couleur*), Isabelle, souveraine de Castille et épouse de Ferdinand, était assiégée par les Maures dans une des villes de son royaume. Pour soutenir le courage des assiégés, elle fit le vœu, assez original, de ne pas changer de linge tant que le siége ne serait pas levé, et les dames de sa suite s'empressèrent de l'imiter. Le siége dura neuf mois, et ce ne fut qu'au bout de ce temps que ces dames purent changer de linge. Les chemises qu'elles quittaient furent appendues avec grande pompe, en ex-voto, dans une chapelle à la Vierge, ainsi que nous plaçons au dôme des Invalides les drapeaux pris sur nos ennemis. Elles avaient contracté, comme de raison, cette teinte fauve que prend le linge trop longtemps porté, et qui fait le mérite de quelques chevaux. Cette couleur prit dès-lors et a conservé jusqu'à nos jours le nom de couleur *isabelle*.

Quelques historiens varient un peu sur cette origine. Suivant eux, il s'agirait d'Isabelle d'Autriche assiégeant la ville d'Ostende, et ce ne serait qu'au bout de trois années que, s'étant emparée de la ville, cette princesse put changer de linge. Mais le fond de l'anecdote reste le même, et, quand il est question d'étymologie, il faut s'estimer trop heureux lorsque les différences ne portent que sur des détails.

IVOIRE. L'ivoire provient, en général, des défenses des éléphants, dont la grandeur varie de trente centimètres à deux mètres ; on en a trouvé du poids de quatre-vingts kilogrammes. Les ouvrages modernes en ivoire ne sont rien en comparaison de ce qui se faisait chez les anciens : ils construisaient des chars, des tables, des trônes, et jusqu'à des statues de dix mètres de hauteur. Le plus estimé de tous est l'ivoire de Guinée ; il jouit de la précieuse faculté de blanchir en vieillissant, tandis que les autres jaunissent.

JACHÈRE. On croyait universellement autrefois qu'après une récolte, la terre n'avait plus les sucs nécessaires pour produire, et qu'il fallait, pour les lui rendre, lui accorder un repos d'une année au moins. Cet état de repos est ce que l'on appelait *jachère* (du latin *jacere*, se reposer). L'agronomie moderne a reconnu que c'était une erreur, puisqu'un champ produit de lui-même des herbes inutiles pendant le temps de repos que lui accorde le laboureur. En effet, les amendements, les engrais suffisent à l'entretien de la fécondité du sol ; seulement, il est indispensable de varier les cultures, comme, par exemple, de remplacer une plante *épuisante* par une autre *améliorante*, qui *fume* en quelque sorte la terre au moyen de ses débris : c'est cette variété, cette rotation de culture, qui forme le système des *assolements*. L'assolement de quatre années est le plus adopté aujourd'hui : 1re année, racines, comme navets ou pommes de terre ; 2e année, orge ; 3e année, herbages artificiels, comme trèfle, luzerne, etc ; 4e année, froment.

JACQUERIE ou **JAQUERIE**. Nom d'une association de paysans révoltés contre les seigneurs, et dont le but était le pillage des châteaux. La jacquerie se forma en Picardie, pendant la captivité du roi Jean (1358). Elle prit son nom de ce que les gentilshommes d'alors appelaient par dérision le paysan un *Jacques Bonhomme*. La jacquerie disparut au bout de quelques mois, mais le nom de Jacques Bonhomme est resté dans la langue, pour désigner le peuple. Ce mot a chez nous la même signification que *John Bull* en Angleterre.

Jacquerie se dit encore aujourd'hui de tout pillage général et, en quelque sorte, organisé.

L'instruction, sagement répandue dans le peuple, est le plus sûr moyen de prévenir le retour d'une *jacquerie.*

JANISSAIRES. Corps d'infanterie turque, qui servait à la garde du Grand Seigneur. Cette milice d'élite, parfaitement disciplinée, devint bientôt trop puissante et se rendit redoutable par son insubordination, faisant et déposant à son gré les sultans. A l'occasion d'une insurrection que les janissaires excitèrent en 1826, le sultan Mahmoud II, père du sultan actuel, prononça leur dissolution. Ils furent massacrés pour la plupart sur une place de Constantinople. Ce corps avait existé près de 500 ans.

Cette sorte de milice s'appelait *garde prétorienne* sous l'empire romain, *strélitz* en Russie, et *mamelouks* en Egypte. Le corps des strélitz fut détruit par Pierre-le-Grand, et celui des mamelouks par Méhémet-Ali.

JANSÉNISME. Doctrine de Jansénius, évêque d'Ypres, sur la grâce, le libre arbitre et la prédestination. Défendu par Arnauld, Nicole, Pascal (dans ses *Provinciales*), le jansénisme fut combattu par les jésuites, et condamné par le pape Clément XI, qui lança contre les jansénistes la fameuse bulle commençant par ce mot : *Unigenitus,* d'où son nom.

On désigne quelquefois deux partis ennemis par ces mots : *molinistes* et *jansénistes,* parce que la doctrine de Jansénius était opposée à celle du jésuite espagnol Molina. Janséniste est aussi en littérature le synonyme d'homme austère, à cause de l'austérité de caractère et de mœurs que montrèrent les jansénistes.

Ces disputes, commencées vers 1640, ne cessèrent qu'en 1764.

JARNAC (*coup de*). Le seigneur de Jarnac et un autre favori de Henri II, François de Vivonne, marquis de la Châtaigneraie, ayant eu ensemble une querelle d'honneur, le roi accorda le combat, auquel il assista avec toute sa cour. Jarnac allait succomber, lorsque son adversaire tomba frappé au jarret d'une manière imprévue. Depuis on donne le nom de *coup de Jarnac* aux coups de traître ou à un mauvais tour dont on est victime et auquel on ne s'attendait pas.

JARRETIÈRE (*ordre de la*). La comtesse de Salisbury dansant avec Edouard III, roi d'Angleterre, laissa tomber une de ses jarretières. Le roi, en la ramassant, s'aperçut que les courtisans souriaient : « *Honni soit qui mal y pense,* dit-il ; tel qui s'en rit aujourd'hui, demain s'honorera de la porter, » et il institua sur le champ l'ordre de la Jarretière, que les chevaliers portent au genou gauche et la reine au bras. Il a pour chef le souverain et ne compte que 26 membres.

JÉHOVAH. Dieu est souvent appelé ainsi dans la *Genèse;* cependant les Israélites ne prononçaient que rarement et avec le plus profond respect ce mot mystérieux. Les Juifs, se fondant sur le *Lévitique,* se sont toujours abstenus de le prononcer, de peur de commettre un crime ; au lieu de Jéhovah, ils disent ordinairement *Adonaï* (Seigneur) ou *Elohim* (Dieu). Le nom de Jéhovah se rencontre pour la première fois dans les livres de Moïse.

Il est remarquable que ce mot qui, en hébreu, signifie *celui qui subsiste par lui-même,* soit composé de nos cinq voyelles *i, e, o, u, a,* sans lesquelles la parole, le *verbe,* ne saurait exister.

JÉRÉMIADE. Ce mot tire son nom de *Jérémie,* l'un des quatre grands prophètes, qui, dans ses *Lamentations,* prédit la ruine de Jérusalem, la captivité de Babylone, et déplore éloquemment les malheurs de sa patrie.

JOUR. Le mot latin *dies,* quoique ayant un son très-différent du mot *jour,* lui a cependant donné naissance ; voici comment : de *dies,* jour, les Latins ont fait *diurnus,* qui a produit l'italien *giorno* et l'ancien mot français *jor,* d'où est venu *jour.*

Nous devons à *diurnus* les mots *diurne, diurnal;* et l'on dit : éclairer *a giorno,* c'est-à-dire, produire la clarté du jour.

JOUVENCE (*fontaine de*). Cette source fabuleuse a joué un grand rôle dans les romans orientaux. On attribuait aux eaux de cette fontaine la vertu de rajeunir ceux qui venaient s'y baigner. Dire de quelqu'un : *Il a bu de l'eau de la fontaine de Jouvence*, signifie *il a rajeuni*.

JUGEMENT DE DIEU. On appelait ainsi autrefois les épreuves auxquelles on avait recours pour s'assurer de l'innocence ou de la culpabilité d'un accusé, lorsque les preuves matérielles manquaient. Ces épreuves consistaient à plonger le bras dans un vase d'eau bouillante, ou à prendre avec la main une barre de fer rouge, ou bien encore à tenir les bras élevés en croix. Ceux qui restaient le plus longtemps dans ces positions, avaient gain de cause. Saint Louis, en n'admettant plus que les preuves par témoins, abolit ces épreuves barbares, ainsi que les combats judiciaires, dans lesquels, de deux adversaires, le vainqueur était proclamé innocent; et dès-lors disparurent ces sortes de jugements, où la raison et l'équité étaient obligées de céder au caprice du hasard ou à la fraude.

JUIF-ERRANT. Personnage fabuleux, célèbre dans les traditions populaires, et qui est évidemment un symbole du peuple juif, condamné, depuis tant de siècles, à errer loin de son pays. On raconte que Jésus, portant sa croix et pliant sous le faix, voulut se reposer devant la maison du juif *Ahasvérus*, qui le chassa brutalement, et que, pour le punir, le Seigneur lui dit : « Tu seras errant sur la terre jusqu'à ce que je vienne. » Aussitôt le juif se mit à marcher; depuis, poussé par une force irrésistible, il erre continuellement sans pouvoir trouver un lieu de repos. On dit d'un homme qui voyage beaucoup : *C'est un vrai juif-errant*.

JURY. Cette précieuse institution date de 1791; si précieuse, en effet, que le consul Bonaparte la mettait au nombre des trois conquêtes importantes de l'esprit humain : le *jury*, *l'égalité de l'impôt*, et *la liberté de conscience*.

La haute moralité de l'institution du jury consiste principalement en ce que les juges, les présidents de cours d'assises, etc., étant accoutumés à ne voir l'humanité que sous son aspect le plus dégradé, il était à craindre que le spectacle du crime sans cesse offert à leurs regards, ne les amenât enfin à voir un coupable dans tout accusé. Pour donner des garanties à la société, on dut songer à prendre dans son sein même des citoyens dont l'esprit de justice et d'appréciation n'aurait été soumis à aucune influence. Telle est la cause de l'institution du jury.

LABYRINTHE. V. *Dédale*.

LACTÉE (*voie*). Bande irrégulière qu'on aperçoit au ciel dans les nuits sereines, et dont la lueur blanchâtre qui le sillonne dans la presque toute sa longueur, est formée par un nombre si prodigieux d'étoiles, qu'Herschell a estimé à 50 mille celles qui avaient passé sous ses yeux pendant une heure.

La Fable attribue l'origine de la voie lactée à quelques gouttes de lait qui tombèrent de la bouche de Jupiter, lorsqu'il était suspendu aux mamelles de sa nourrice Amalthée.

LAMBINER. Ce mot, au XVIᵉ siècle, servait à caractériser le style lent et diffus de Denis Lambin, professeur de la Sorbonne, et commentateur de quelques auteurs latins. Il a été conservé, et signifie *agir avec lenteur*.

LAPIDATION. Ce supplice fort ancien, a été surtout en usage chez les peuples de l'Orient et notamment chez les Juifs. La loi de Moïse condamnait à être lapidés les adultères, les blasphémateurs, les violateurs du sabbat, etc. C'étaient les témoins qui lançaient les premières pierres. Saint Étienne, premier martyr, périt de cette mort.

LARES (*dieux*). Les anciens ayant coutume d'enterrer les corps dans les maisons, le peuple crédule s'imagina que les âmes y demeuraient aussi comme des génies secourables et propices : de là le culte des dieux *lares*, sous la protection desquels on plaçait la prospérité de la famille. On les identifie avec les *Pénates*, qui étaient également des dieux domestiques. De très-petites statues, représentant les Lares et les Pénates, étaient placées au coin du foyer au milieu d'elles était un chien, symbole d'attachement et de fidélité.

En poésie, on fait souvent usage des mots *lares* et *pénates* : *quitter ses pénates*, *revoir ses pénates*, pour abandonner la maison paternelle, y revenir. Virgile représente Énée sortant de Troie et emportant avec lui ses dieux pénates.

LARIGOT. (*boire à tire*). On donne à cette expression l'origine suivante. En 1282, Odet Rigault, archevêque de Rouen, ayant fait don à son église d'une grosse cloche, cette cloche fut nommée *la rigaude*, et comme elle était fort difficile à mettre en branle, les sonneurs avaient coutume de bien boire avant et après. De là on a dit d'un bon buveur : *Il boit à tire la rigaude* (par corruption *larigot*).

LATITUDE. La terre ayant environ 9,000 lieues de tour, on compte à peu près 2,250 lieues de l'équateur au pôle. Cette distance (le 1/4 du méridien) est divisée en 90 degrés de chacun 25 lieues. Ainsi, au lieu de dire qu'une ville est située à 25, à 50, à 75, à 100, à 1,000 lieues de l'équateur, on dit qu'elle est à 1o, 2o, 3o, 4o, 40o de latitude septentrionale ou méridionale.

Mais la latitude ne suffit pas pour déterminer une position géographique, puisqu'elle indique seulement la distance d'un lieu à l'équateur; il reste encore à fixer la position orientale ou occidentale; c'est cette distance d'un lieu terrestre à un méridien convenu qu'on appelle *longitude*. En France, on prend pour premier méridien celui qui est supposé passer par l'observatoire de Paris. La longitude d'un lieu est donc, pour nous, la distance de ce lieu au point le plus rapproché du méridien de Paris. La longitude est orientale ou occidentale.

LÈPRE. Cette hideuse maladie, la plus redoutable de toutes les affections cutanées, que le perfectionnement de la civilisation a fait disparaître, était le résultat de la malpropreté, de la mauvaise nourriture et des privations. Pendant fort longtemps les lépreux furent un objet d'horreur et de dégoût. Une loi de Moïse les séparait du reste du peuple. Au moyen-âge, les croisés, qui avaient contracté la lèpre en Orient, la rapportèrent en Europe, où elle se répandit d'une manière effrayante. On fonda de toutes parts, pour les infortunés lépreux, des hôpitaux spéciaux appelés *léproseries*, *ladreries* ou *maladreries* (de *ladre*, corruption de *Lazare*, le pauvre dont il est parlé dans saint Luc). Dès qu'un cas de lèpre était signalé, le malade était conduit à l'église, on chantait sur lui l'office des morts, puis on le conduisait à l'enclos des lépreux. Chaque lépreux était obligé de porter une crécelle, pour avertir les passants d'éviter son contact.

Xavier de Maistre, dans le *Lépreux de la cité d'Aoste*, a décrit admirablement la triste condition de ces malheureux.

Il est reconnu maintenant que la lèpre n'est pas contagieuse, mais qu'elle peut être héréditaire.

LEVIER. Le levier joue un très-grand rôle dans la mécanique; la plupart des machines simples, les clés, les ciseaux, les tenailles, les pincettes, les balances, les grues, ainsi que les machines les plus compliquées, ne sont que des leviers, ou des systèmes de leviers; la machine animale n'est elle-même qu'un composé de leviers.

Archimède est le premier qui détermina d'une manière scientifique les lois de la puissance du levier; il avait une telle foi dans cette puissance qu'il disait : « Qu'on me donne un point d'appui, et je soulèverai la terre. » On emploie souvent cette phrase d'Archimède au figuré : *L'imprimerie est un levier avec lequel on peut soulever le monde*.

LIGUE. On connaît dans l'histoire un grand nombre de ligues, mais la plus célèbre eut lieu en France, et est connue sous le nom de *la Ligue*; c'était une confédération du parti catholique, formée par le duc de Guise, en 1576, dans le but apparent de défendre la religion catholique contre les calvinistes, mais, en réalité, pour renverser Henri III, et placer les Guises sur le trône.

Henri IV mit fin à la ligue en abjurant le calvinisme, en 1593.

LIT DE JUSTICE. Le premier *lit de justice* fut tenu en 1318, sous Philippe le Long, et le dernier par Louis XVI, à Versailles, le 8 mai 1788. On y traitait des grands intérêts de l'État.

LIVRE. On nomme :

1° **Livres sapientiaux**, les livres de la Bible qui sont plus particulièrement destinés à l'instruction morale des hommes : La *Sagesse*, les *Proverbes*, l'*Ecclésiaste* et l'*Ecclésiastique* ;

2° **Livres sibyllins**, des livres qui renfermaient, dit-on, tout l'avenir de Rome, et qui furent vendus à Tarquin l'Ancien par la sibylle de Cumes. On les consultait dans toutes les occasions importantes, et on y trouvait toujours d'utiles révélations. Ils furent brûlés dans un incendie du Capitole, qui eut lieu un an avant la dictature de Sylla ;

3° **Livre d'or**, un registre sur lequel, à Venise, étaient inscrits en lettres d'or, des noms de toutes les familles nobles. Il fut détruit en 1797, pendant les guerres d'Italie ;

4° **Livre rouge**, le registre secret des dépenses particulières de Louis XV et de Louis XVI, qui se composait de trois gros volumes reliés en maroquin *rouge*. Il fut retrouvé, après les événements du 10 août, dans un cabinet secret du château de Versailles, et publié en partie par ordre de la Convention.

LONGITUDE. V. *Latitude*.

LOUP-GAROU. Le peuple des campagnes appelait *loup-garou* un esprit malin très-dangereux, ou un sorcier qui, travesti en loup, courait les champs pendant la nuit. Sa peau était à l'épreuve de la balle, à moins que celle-ci n'eût été bénite dans la chapelle de Saint-Hubert, patron des chasseurs, que le tireur ne portât sur lui du trèfle à quatre feuilles, etc., etc. Cette superstition n'a point entièrement disparu ; on en trouve encore aujourd'hui des vestiges chez les paysans de la Bretagne, de l'Auvergne et du Limousin. Elle était tellement accréditée au moyen-âge, que des malheureux, accusés de ce genre de sorcel-lerie, ont été condamnés au feu par les tribunaux. Enfin, chose difficile à croire, les préjugés avaient tellement abruti les esprits à cette époque, qu'il s'est trouvé des pauvres diables qui se sont crus de bonne foi métamorphosés en loup, et que, possédés de cette singulière folie, ils couraient les rues et les champs en poussant des hurlements.

LUNE. La lune est 49 fois plus petite que la terre ; elle en est éloignée de quatre-vingt-cinq mille lieues. Les astronomes y ont observé des vallons, des montagnes et des volcans, mais elle n'a point d'atmosphère, car on n'y remarque aucun nuage, et les rayons lumineux qui viennent du soleil n'y éprouvent aucune réfraction ; ce qui la rend inhabitable, du moins pour des êtres de même nature que nous. La lune effectue sa révolution autour de la terre en 29 jours et demi ; c'est ce que l'on entend par mois lunaire. Pendant toute la durée de cette révolution, elle présente toujours la même face à la terre ; c'est pour cette raison qu'on lui suppose la forme d'un œuf, ayant sa partie la plus développée tournée vers la terre ; l'hémisphère opposé ne voit donc jamais notre planète.

C'est à l'attraction de la lune, combinée avec celle du soleil, que sont dues les marées.

Longtemps la superstition a attribué à la lune une immense influence sur la végétation, sur la santé, sur le temps : ces préjugés sont aujourd'hui abandonnés pour la plupart. Il y a quatre changements de lune dans l'espace d'un mois ; rien n'est donc plus naturel que des variations de température coïncident avec certaines phases de la lune sans que cet astre y entre pour rien. On a remarqué que la lumière qui nous est réfléchie par la lune, n'affecte que d'une manière presque inappréciable les thermomètres les plus sensibles.

LUNE ROUSSE. Suivant les jardiniers, la *lune rousse* gèle, *roussit* les jeunes bourgeons exposés à sa lumière. Cet effet s'explique, sans l'intervention de la lune, par le rapide rayonnement qui refroidit et qui gèle les végétaux sous un ciel serein, quand la lune est brillante. Lorsqu'il y a des nuages au ciel et que, par conséquent, la lune est cachée, l'échange de calorique s'établit entre les jeunes plantes et les nuages, et le refroidissement est moins considérable que lorsqu'il a lieu avec les espaces célestes. Ainsi la lune n'est que l'indice, et nullement la cause, et la prétendue influence de la lune rousse est aujourd'hui reléguée parmi les préjugés populaires.

LUNETTE. On est *myope* ou *presbyte*, suivant que la vision distincte s'opère à une distance moindre ou plus grande que la distance moyenne. On remédie à ces inconvénients à l'aide de lunettes, qui doivent porter des verres concaves dans le premier cas, et convexes dans le second. Ceux-ci diminuent la divergence des rayons lumineux et les font converger vers la rétine ; ceux-là, au contraire, diminuent la convergence de ces rayons, et rétablissent ainsi la netteté de la vue. L'invention de ce genre de lunettes est attribuée à Roger Bacon.

Les lunettes dites *lorgnette*, *longue-vue*, *télescope*, servent à grossir ou à rapprocher les objets ; leur invention est due à un lunetier hollandais, nommé Metius, ou plutôt à ses enfants, qui placèrent fortuitement et par simple jeu, un verre concave en face d'un verre convexe. Cette invention date de 1609. L'année suivante, cette découverte étant parvenue à la connaissance de Galilée, cet homme de génie ne tarda pas à y apporter de grands perfectionnements. Aujourd'hui on construit des télescopes gigantesques, qui font apparaître les objets deux ou trois mille fois plus grands en les rapprochant.

Le *microscope* est un instrument destiné à amplifier les très-petits objets qui échappent à la vue simple, comme les *infusoires*, appelés pour cela animaux *microscopiques*.

LUSTRALE (*eau*). C'était l'eau bénite des anciens, laquelle était contenue dans un vase placé à la porte des temples ; ceux qui entraient s'en lavaient eux-mêmes ou s'en faisaient laver par les prêtres. On l'obtenait en éteignant dans de l'eau commune un tison ardent tiré du foyer des sacrifices.

LUTHÉRANISME. V. *Protestantisme*.

MACABRE (*danse*). On a nommé ainsi au moyen-âge, une ronde infernale, peinte ou sculptée, dansée par des morts de toutes conditions et de tous les âges, rois ou sujets, riches ou pauvres, vieillards ou enfants. C'est une allégorie ingénieuse figurant la fatalité qui condamne tous les humains au trépas. La Mort elle-même dirige cette ronde infernale, se servant d'un squelette pour violon et d'un ossement pour archet.

Quelques-unes sont exécutées avec beaucoup d'art, au point de laisser deviner sous la nudité du squelette la condition, l'âge, les passions même de l'être vivant.

La danse macabre la plus célèbre est celle de Bâle, due à Holbein. On y voit des fous, un prélat allant au chœur avec un chasseur et un bouffon, un moine entraîné par un diable à tête de coq ; toutes satires dirigées contre les goûts mondains du clergé de l'époque. On cite encore celle de Saint-Maclou, qui est à la fois peinte et sculptée. On y voit Adam et Ève, un pape, un patriarche, un évêque, un abbé bénédictin, des figures gracieuses ou des visages fantastiques, qui semblent vouloir, par les poses les plus grotesques, provoquer l'hilarité des spectateurs.

MACHIAVÉLISME. Cette doctrine détestable, qui justifie les moyens les plus honteux, pourvu qu'ils mènent au succès, a été développée par le florentin *Machiavel*, dans son livre du *Prince*, où il enseigne aux tyrans les moyens de réussir, même au mépris de la justice et de l'humanité. Ce mot est devenu le synonyme de ruse et d'astuce ; il se dit par extension des actions étrangères à la politique, où il entre de la mauvaise foi, de la fausseté et de la perfidie.

MAGIE. Les Mages, prêtres de la religion de Zoroastre, cultivaient surtout l'astronomie, l'astrologie et d'autres sciences occultes, ce qui leur a fait attribuer une puissance surnaturelle, dont le souvenir se conserve encore dans notre mot *magie*. Cet art prétendu, auquel on attribue des effets extraordinaires et merveilleux, comme de soumettre à sa volonté les puissances supérieures, de les évoquer, et de produire, par leur assistance, des apparitions, des charmes, des enchantements, des guérisons subites, etc., fut introduit de bonne heure en Grèce. Mais, fruit spontané de la superstition et de la fourberie, on le trouve à tous les âges et chez tous les peuples ignorants. La Bible nous montre les magiciens de la cour de Pharaon opposant leurs prodiges aux miracles de Moïse et d'Aaron. Dans le Nouveau-Testament, Simon, surnommé le magicien, lutte avec saint Pierre. Aux temps héroïques de la Grèce, Circé et Médée sont représentées comme de puissantes magiciennes.

Au moyen-âge, on brûlait vif tout individu qu'on soupçonnait entaché de *magie*; aujourd'hui la magie, la sorcellerie ont disparu devant les progrès de la civilisation plutôt que devant ces répressions barbares, et si elles se reproduisent encore parfois au fond de quelque province, ce ne sont plus que des moyens d'escroquerie, justiciables de la police correctionnelle.

MAGNÉTISME. Il y a deux sortes de magnétisme : le magnétisme *minéral* ou terrestre, qui est l'ensemble des phénomènes qui résultent de la propriété qu'a l'aimant d'attirer le fer, et le magnétisme *animal*, qui est l'influence qu'un homme peut exercer sur un autre, soit au moyen de l'application des mains et de mouvements appelés *passes*, soit même par la seule volonté, et dont les principaux phénomènes sont la somnolence, le sommeil et le somnambulisme. Si l'on en croit les apôtres du magnétisme, un *sujet* magnétisé tombe dans une sorte de somnambulisme lucide; alors il lit dans la pensée, voit, entend à travers les espaces, et peut, sans avoir étudié la médecine, révéler le siége d'une maladie, et indiquer les remèdes propres à la guérir, etc., etc. C'est Mesmer, médecin alle-

mand, qui proclama le premier l'existence du magnétisme animal. La doctrine du magnétisme n'a pas encore pu prendre sa place dans la science; cependant, la découverte de Mesmer paraît aujourd'hui hors de doute; mais, comme les phénomènes magnétiques se prêtent facilement au merveilleux, ils ont été le plus souvent défigurés par la superstition ou exploités par le charlatanisme.

MAHOMÉTISME. Religion fondée par Mahomet, et dont les dogmes principaux, consignés dans le Coran (V. ce mot), sont l'unité de Dieu, l'immortalité de l'âme, un paradis avec les jouissances terrestres, la prédestination et le fatalisme. Le Coran autorise, en outre, la polygamie. Les armes des Arabes propagèrent cette religion dans toute l'Asie, l'Afrique, et les farouches sectateurs du Prophète menaçaient d'envahir l'Europe entière, quand Charles Martel les arrêta dans les plaines de Poitiers. Quoiqu'en décadence, le mahométisme règne encore aujourd'hui dans l'Asie occidentale, dans l'Afrique septentrionale et en Turquie. Il compte environ 100 millions de sectateurs.

MAMMIFÈRE (du latin *mamma*, mamelle, et *fero*, je porte). La classe des mammifères est la première du règne animal. A sa tête est l'homme, qui seul est *bimane*; les *quadrumanes* viennent après. Les autres mammifères sont les *carnassiers*, comme le lion, le renard, l'ours; les *pachydermes*, comme le cheval, l'hippopotame, l'éléphant, le rhinocéros, remarquables par l'épaisseur de leur peau; les *ruminants*, comme le bœuf, le chameau, qui se distinguent par leurs quatre estomacs; les *cétacés*, comme le dauphin, la baleine, qui manquent de membres postérieurs; les *rongeurs*, comme le rat, l'écureuil, qui n'ont jamais plus de deux sortes de dents, incisives et molaires; et les *édentés*, comme l'unau, le paresseux, qui manquent entièrement de dents.

Tous les mammifères ont des mamelles, des poumons, un cerveau et un cœur; tous, à l'exception des cétacés, sont munis de quatre extrémités ou membres, que l'on nomme jambes, bras ou pattes. Voici, en outre, les principaux caractères qui distinguent les mammifères : 1o ils portent des mamelles ; 2o ils sont vivipares ; 3o ils respirent par des poumons. C'est parmi eux que se trouvent les animaux de la plus grande taille.

MANICHÉENS. Disciples de Manès qui, pour expliquer le mélange du bien et du mal, attribuait la création à deux principes, l'un essentiellement bon qui est Dieu, l'esprit ou la lumière; l'autre essentiellement mauvais qui est le Diable, la matière ou les ténèbres. On a, par suite, étendu le nom de *manichéisme* à toute doctrine fondée sur les deux principes opposés du bien et du mal.

Le manichéisme était emprunté, en grande partie, à la religion de Zoroastre.

MARCOTTE. V. *Bouture*.

MARÉE. L'influence de la lune sur les marées est aujourd'hui bien connue. Lorsque cette planète est perpendiculaire au-dessus des eaux de la mer, elle les attire à elle, et les oblige de s'élever jusqu'à une certaine hauteur; c'est ce qui produit le *flux*, ou *marée montante*. Après ce passage de la lune, les eaux que cet astre avait suspendues, n'étant plus attirées, doivent retomber par leur propre poids, et former ce qu'on appelle le *reflux*, ou *marée descendante*. On a remarqué que les marées sont plus fortes lorsque la lune est plus près de la terre, et aux époques des nouvelles et pleines lunes, c'est-à-dire, lorsque le soleil et la lune sont en *conjonction* et en *opposition*, parce qu'alors l'effet simultané de leur attraction se fait sentir. Lorsque les eaux ont atteint leur plus grande élévation, elles restent quelques instants stationnaires, c'est le moment de la *haute mer*; parvenues à leur plus basse dépression, elles demeurent quelques moments en repos; c'est celui de la *basse mer*.

Les mers intérieures, comme la mer Caspienne, la mer Noire, la mer Méditerranée, n'ont que des marées à peine appréciables.

MARSEILLAISE. Composé en 1792 pour l'armée du Rhin, cet hymne patriotique dû, paroles et musique, à un officier du génie, Rouget de L'Isle, en garnison à Strasbourg, reçut de son auteur le titre de *Chant de guerre de l'armée du Rhin*; mais bientôt les Marseillais l'ayant fait connaître les premiers à Paris, on l'y baptisa du nom de *Marseillaise* ou *hymne des Marseillais*, nom qui lui est resté.

La *Marseillaise* et le *Chant du départ* (paroles d'André Chénier, musique de Méhul) sont les deux plus beaux chants que le patriotisme ait inspirés au génie. La *Marseillaise* est aujourd'hui connue du monde entier; car elle a fait le tour du monde. La dernière strophe:

Nous entrerons dans la carrière......

est d'André Chénier.

Le chant national des Anglais est le *God save the queen* (Dieu sauve le roi).

MARTYR. On entend généralement par ce mot ceux qui, dans les premiers temps du christianisme, ont souffert la mort pour la défense de la religion. Mais toutes les religions, toutes les sectes, toutes les vérités, toutes les erreurs même ont eu leurs martyrs. Parmi les magiciens, quelques-uns étaient eux-mêmes dupes des effets qu'ils produisaient, au point de soutenir, jusque dans les supplices, la vérité de leur art.

Après les martyrs de la religion chrétienne, les plus respectables sont ceux qui ont souffert pour le triomphe de la science et de la vérité, Socrate, Galilée, etc.

MATÉRIALISTE. Partisan d'un système philosophique, qui n'admet dans l'univers d'autre existence que celle de la matière, niant ainsi celle des esprits, c'est-à-dire, de l'âme et de la Divinité. Dans l'antiquité, Démocrite et Épicure, expliquant l'origine des choses par le mouvement des atomes, étaient matérialistes. Au XVIIIe siècle, Hobbes, d'Holbach, Lamettrie, Diderot, professaient le matérialisme; mais ces funestes doctrines ont été victorieusement combattues à toutes les époques par les philosophes du caractère le plus élevé, Platon, Cicéron, Descartes, Bossuet, etc.

MAUSOLÉE. Artémise, reine de Carie, fit élever à *Mausole*, son époux, un magnifique monument qui avait 137 mètres de circonférence sur 47 de hauteur, et qui passait pour une des sept merveilles du monde. Depuis, le nom de *mausolée* a été donné à tout monument sépulcral somptueux.

MÉCÈNE. Favori et ministre d'Auguste, il ne se servit de son crédit que pour encourager les lettres et les arts. Virgile, Horace, Properce, furent comblés de ses bienfaits. Depuis, le mot Mécène est devenu le synonyme de protecteur des lettres, des sciences et des arts. *Fouquet fut le* **Mécène** *de La Fontaine ; Colbert se montra le* **Mécène** *de tous les hommes illustres du siècle de Louis XIV.*

MÉGÈRE. V. *Furies.*

MÉNECHME. Cette expression, qui désigne un type de ressemblance, vient du titre d'une comédie de Plaute, dont toute l'intrigue roule sur les équivoques auxquelles donne lieu la ressemblance parfaite des frères *Ménechmes.* Cette comédie a été heureusement imitée par notre second poète comique, Regnard.

L'homme le plus extraordinaire a eu son **ménechme** *; si l'on rencontrait son véritable* **ménechme**, *ce ne serait pas la personne que l'on aimerait le mieux.*

MENTOR. Ce nom désigne un ami fidèle, un conseiller prudent, un guide sûr et éclairé, parce qu'ainsi s'appelait l'ami auquel Ulysse, avant de s'embarquer pour la guerre de Troie, avait confié le soin de sa maison. Minerve, dit la Fable, prenait souvent sa figure et sa voix, pour engager le fils d'Ulysse à ne point dégénérer de la valeur et de la prudence de son père. Cette tradition a été adoptée par Fénelon dans son Télémaque.

On dit, en employant ce mot comme nom commun : *Ce jeune étourdi aurait bien besoin d'un* **mentor.**

MER. La mer couvre près des trois quarts de la surface de la terre, et elle occupe beaucoup plus de place dans l'hémisphère austral que dans l'hémisphère boréal. Parmi toutes les raisons que l'on a données de la salure des eaux de la mer, la plus plausible est celle qui l'attribue à des bancs inépuisables de sel, qui se trouveraient au fond de l'Océan. La profondeur des mers est très-variable ; il existe des points où les sondes n'ont pu toucher le fond, ce qui fait supposer une profondeur de huit à dix mille mètres. Le fond de la mer offre donc des inégalités comme la surface de la terre ; il y existe des vallées analogues à celles qui coupent les Pyrénées, les Alpes et, en général, toutes les chaînes de montagnes ; les îles de peu d'étendue ne sont que les sommets de quelques hautes montagnes sous-marines.

MÉRIDIEN. Ce grand cercle, qui passe par les pôles de la terre, et qui partage la sphère en *hémisphère oriental* et en *hémisphère occidental*, s'appelle ainsi, parce qu'il est *midi* pour tous les lieux situés sur lui, lorsque le soleil est parvenu à ce cercle. Un homme qui irait d'un pôle à l'autre par une ligne droite ne changerait pas de méridien, au lieu qu'il en changerait à chaque pas, s'il allait sur une ligne droite d'orient en occident, ou d'occident en orient. Il y a donc autant de méridiens qu'on peut prendre de points sur l'équateur.

MERVEILLES *(Les sept... du monde).* Nom donné par les anciens à sept ouvrages admirables d'architecture et de sculpture, et sur le choix desquels les auteurs ne sont pas tous d'accord. Ceux qu'on désigne le plus ordinairement sous ce nom sont : 1º les *pyramides d'Égypte* ; 2º les *jardins suspendus* et les *murs de Babylone* ; 3º le *phare d'Alexandrie* ; 4º le *colosse de Rhodes* ; 5º le *Jupiter Olympien de Phidias* ; 6º le *temple de Diane à Éphèse* ; 7º le *tombeau de Mausole.*

MÉTAPHYSIQUE. Savoir comment les idées nous viennent ; raisonner sur l'infini (temps et espace) ; discuter sur les causes de nos sensations ; établir une comparaison entre l'instinct des animaux et la raison de l'homme : toutes ces questions relèvent de la métaphysique.

. Ce mot se prend souvent en mauvaise part, pour désigner l'abus des abstractions. On pourrait définir la métaphysique *la science de ce qu'il y a de plus général dans tous les êtres.*

. **MÉTEMPSYCOSE.** Le dogme de la transmigration des âmes d'un corps dans un autre est d'origine indienne. Cette croyance passa de l'Inde en Égypte, d'où, plus tard, Pythagore l'importa en Grèce. On trouve le dogme de la métempsycose mêlé à la religion de presque tous les peuples anciens. Il devait conduire ceux qui l'admettaient à défendre l'usage des viandes, comme exposant l'homme à se nourrir de la chair de l'un des siens : aussi l'abstention des viandes a-t-elle été une des proscriptions fondamentales de la religion des brahmes et de la philosophie pythagoricienne. La doctrine de la métempsycose était une ébauche imparfaite et grossière du dogme de l'immortalité de l'âme.

. **MÉTRIQUE (*système*).** Avant l'établissement du système métrique, il n'existait entre les différents poids et mesures usités en France aucune uniformité. Cet état de choses présentait de graves inconvénients. Les provinces les plus rapprochées étaient commercialement isolées les unes des autres. En 1790, un décret de l'Assemblée constituante chargea l'Académie des sciences d'organiser un meilleur système. Il s'agissait de déterminer un étalon, une unité de mesures, qui servît de base à toutes les autres ; et pour que cette unité fût désormais inaltérable, on résolut de la prendre dans la nature elle-même. Les académiciens Méchain et Delambre furent donc chargés de mesurer la longueur du quart du méridien terrestre. La dix-millionième partie de cette longueur fut prise pour unité de mesure et reçut le nom de *mètre.* C'est le mètre qui sert de base à toutes les autres unités du nouveau système, qu'on a appelé, pour cette raison *système métrique.*

L'établissement de ce système est une des inventions les plus utiles à l'humanité. La Suisse, le Piémont la Belgique, l'Espagne, etc., l'ont déjà adopté, et il est à désirer que toutes les autres nations suivent cet exemple.

MIGNARDISE. Pierre Mignard, célèbre peintre du temps de Louis XIV, excellait dans le portrait, et était le meilleur coloriste de l'époque. Ses tableaux étaient si soignés, que, depuis, on a nommé *mignardise* le défaut des ouvrages dans lesquels le soin est porté à l'excès, et qui paraissent peu naturels.

MIRAGE. Ce phénomène d'optique est dû à l'échauffement ou à la raréfaction inégale des couches de l'air et, par suite, à la réfraction inégale des rayons du soleil. Cette circonstance se rencontre dans les grandes plaines sablonneuses fortement échauffées par les rayons solaires ; les couches d'air immédiatement en contact avec le sol, se trouvant à une température plus élevée que la couche supérieure, et étant par conséquent moins denses, on y aperçoit distinctement les images droites et renversées des objets placés à l'horizon.

Le mirage a été souvent observé par l'armée française pendant l'expédition d'Égypte. Le sol de la Basse-Égypte est une vaste plaine dont l'uniformité n'est interrompue que par quelques éminences où sont placés les villages. Lorsque la surface du sol est échauffée par la présence du soleil, le terrain semble terminé par une inondation générale, chaque monticule présente au-dessous son image renversée, comme s'il était entouré d'eau. A mesure qu'on avance, on découvre le sol et la terre brûlante, au lieu même où l'on croyait voir le ciel ou quelque autre objet.

MOMIES. Corps embaumés, conservés presque intacts depuis un grand nombre de siècles en Égypte, et dont plusieurs figurent dans nos musées. La couleur des *momies* est d'un brun foncé, souvent noire et luisante ; le corps, aussi dur et aussi sec que du bois, répand une odeur aromatique particulière, et a un goût amer. Il est, à l'exception de la face, entièrement enveloppé d'étroites bandelettes, si fortement assujetties et tellement pénétrées par les baumes, qu'elles semblent ne faire qu'une masse avec lui. La face en est si bien conservée que, quelquefois, les yeux ont encore leur forme. Les momies égyptiennes sont les plus anciens débris humains qui nous soient parvenus. L'usage des embaumements fut tout-à-fait négligé au moyen-âge. M. Gannal l'a fait, pour ainsi dire, revivre de nos jours. Sa méthode, ou, si l'on veut, son secret consiste à injecter par les artères du cou un liquide doué de propriétés antiputrides.

MOYEN-ÂGE. On comprend sous ce nom le temps qui s'est écoulé depuis la chute de l'empire romain (475) jusqu'à la prise de Constantinople par Mahomet II (1453). C'est la période de temps qui sépare l'antiquité des temps modernes. Le moyen-âge fut une époque de barbarie et d'ignorance; c'était le règne de la force brutale; tout se décidait l'épée à la main; alors un gentilhomme aurait cru déroger s'il avait étudié quelque science. On trouve encore cette singulière phrase au bas de quelques vieux parchemins : ... *a déclaré ne pas savoir signer, vu sa qualité de gentilhomme.* Le peuple, attaché à la glèbe, était réduit aux derniers degrés de misère et d'abrutissement ; les littératures grecque et latine n'étaient plus cultivées qu'au fond de quelques monastères. Des famines fréquentes, des maladies contagieuses décimaient la société. Tel est le triste et hideux tableau que l'histoire retrace de cette période de mille ans, qui forme le moyen-âge.

MUSES. Filles de Jupiter et de Mnémosyne, les Muses, suivant les anciens, présidaient aux arts libéraux, surtout à l'éloquence et à la poésie. Elles étaient sœurs, pour montrer que tous les arts s'enchaînent. *Clio* présidait à l'histoire, *Euterpe* à la musique, *Thalie* à la comédie, *Melpomène* à la tragédie, *Terpsichore* à la danse, *Erato* à l'élégie, *Polymnie* à la poésie lyrique, *Uranie* à l'astronomie, enfin *Calliope* à l'éloquence et à la poésie héroïque.

Les poètes sont appelés les *favoris, les nourrissons des Muses*; *s'armer du poignard de Melpomène*, *chausser le brodequin de Thalie*, sont des expressions très-usitées qui signifient *se livrer à la tragédie, à la comédie.*

Les Muses habitaient avec Apollon le Parnasse, le Pinde et l'Hélicon, montagnes dont les noms s'emploient figurément dans quelques locutions relatives à la poésie.

Il est au sommet de l'Hélicon ; il est au bas de l'Hélicon, pour dire : c'est un grand poète; c'est un mauvais poète. Là coulaient le ruisseau du *Permesse* et la fontaine d'*Hippocrène,* que le cheval Pégase, dit la Fable, avait fait jaillir d'un coup de pied. De là vient qu'*avoir bu les eaux de l'Hippocrène,* signifie : avoir le talent de la poésie.

MUSIQUE. La musique a été connue de toute l'antiquité; chaque peuple a, dans son histoire, un personnage auquel il en attribue l'invention. Chez les Grecs, c'étaient Apollon, Orphée, Linus et Amphion. Suivant les poètes, ce dernier bâtit la ville de Thèbes aux sons harmonieux de sa lyre; les pierres, sensibles à la douceur de ces accents, accouraient et se plaçaient d'elles-mêmes les unes sur les autres. Les animaux farouches venaient aux sons de la lyre du divin Orphée, et les arbres agitaient leurs branches en cadence. La Fable et l'Histoire parlent de la *flûte* de Pan, des *trompettes* de Jéricho, de la *harpe* de David, etc.

L'Italien Gui d'Arezzo imagina les lignes, les portées et les signes particuliers qui nous sont demeurés sous le nom de *notes,* et qui forment encore aujourd'hui la langue musicale de toute l'Europe.

MUTISME. Cette maladie se trouve le plus souvent jointe à la surdité, dont elle est le résultat. En effet, si le sourd-muet ne parle pas; ce n'est pas chez lui une suite de l'imperfection de l'organe de la parole, c'est parce qu'il n'a jamais *entendu* parler. Ce mutisme de naissance a été considéré jusqu'ici comme incurable. Le mutisme peut néanmoins être accidentel, et provenir d'une conformation défectueuse de la langue.

On doit au célèbre abbé de l'Épée et à son successeur l'abbé Sicard un système d'éducation, au moyen duquel les sourds-muets suppléent par des signes, dont un alphabet manuel leur donne la clé, aux organes qui leur manquent. Il existe en France plusieurs instituts de sourds-muets. De temps en temps l'enseignement et la méthode curative reçoivent de nouveaux perfectionnements. Sans doute on n'arrivera jamais à une guérison complète, et les améliorations ne seront que l'œuvre du temps, de la science et de la charité.

MYSTICISME. Le mysticisme consiste à substituer l'inspiration à la raison, et à chercher la connaissance de la vérité dans une prétendue communication avec des intelligences supérieures. On trouve le germe du mysticisme chez les païens. Le christianisme compte aussi, surtout parmi les femmes, des mystiques assez nombreux : Catherine de Sienne, sainte Thérèse, Marie Alacoque, Mme Guyon et plusieurs autres personnes d'une piété exaltée.

NAÏADES. V. *Divinités secondaires.*

NARCISSE. Jeune thespien d'une grande beauté, Narcisse, dit la Fable, ayant méprisé l'amour de la nymphe Écho, les dieux l'en punirent, en le rendant amoureux de sa propre image. Désespéré de ne pouvoir la posséder, il se noya dans la source où il la contemplait. Le mot *Narcisse* se prend pour un homme amoureux de sa figure, ou simplement pour un joli garçon : *C'est un vrai Narcisse.*

NAVIGATION. L'origine de la navigation se perd dans la nuit des temps, et l'histoire de ses progrès n'est autre que celle de la civilisation. Dès l'époque la plus reculée, on trouve le tronc d'arbre creusé, dont se servent encore les naturels de l'Océanie.

L'histoire de la navigation comprend deux âges distincts : l'un traversant toute l'antiquité, et venant se perdre dans les temps de barbarie qui ont suivi l'empire romain. Privés de guide, les navigateurs d'alors s'écartaient rarement des côtes ; le seul grand voyage dont l'histoire ancienne fasse mention, est celui qu'exécutèrent autour de l'Afrique, par ordre du roi d'Egypte Néchao, des vaisseaux phéniciens. L'invention de la boussole, au commencement du XIVe siècle, marque la 2e ère de la navigation. En 1492, Christophe Colomb découvre l'Amérique ; en 1498, Vasco de Gama double le cap de Bonne-Espérance, et en 1519, Magellan exécute le premier voyage autour du monde. De nos jours, l'application de la vapeur à la navigation, en supprimant la voile et en permettant de braver l'inconstance des vents, semble donner naissance à une ère nouvelle.

Les Phéniciens et les Carthaginois ont été à peu près les seuls navigateurs de l'antiquité. Vers la fin du moyen-âge, la navigation fleurit chez les Hollandais, les Vénitiens et les Génois ; enfin, de nos jours, le sceptre de la mer est passé aux mains de l'Angleterre, de la France et des Etats-Unis.

NÉCROMANCIE. Cette sorte de divination, qui consistait à évoquer les morts pour les consulter sur l'avenir, était très en usage chez les Grecs. C'est ainsi que, dans Homère, Ulysse évoque l'ombre de Tirésias. Les anciens Juifs pratiquèrent de bonne heure la nécromancie : avant la bataille de Gelboé, Saül va trouver la pythonisse d'Endor, et lui ordonne d'évoquer l'ombre de Samuel. Les nécromanciens ont joué un grand rôle dans tout le moyen-âge. Le progrès des lumières et de la raison a fait justice de ces absurdités.

NECTAR. V. *Ambroisie.*

NÉFASTE. Ce mot se disait, chez les Romains, des jours de deuil et de tristesse, regardés comme funestés, en mémoire de quelque disgrâce éclatante du peuple romain. L'anniversaire des journées de l'Allia et de Cannes était un jour *néfaste.* Ce mot s'applique aujourd'hui encore à l'histoire d'un peuple et à la vie particulière des individus : *Le 18 juin* (anniversaire du désastre de Waterloo) *est pour la France un jour néfaste. L'anniversaire de la mort d'un fils unique est*

*toujours, pour une mère, un jour né-
faste.*

NÈGRE. Nom donné spécialement
aux habitants de certaines contrées de
l'Afrique, de la Guinée, de la Sénégam-
bie, de la Cafrerie, etc., qui forment
une race d'hommes noirs, inférieure en
intelligence à la race blanche, dite race
caucasienne. La coloration de la peau
paraît être due, chez les nègres, à l'influence du climat. C'est une modification acquise qui devient transmissible
et héréditaire; mais il est reconnu généralement aujourd'hui qu'une famille
nègre transplantée dans nos climats,
arriverait à la couleur blanche après
quelques générations, et sans mélange
de races. (V. *Traite des noirs*.)

NEIGE. Quand l'air est à une température voisine de zéro, la pluie tombe
à l'état de neige, formée par la cristallisation tranquille des gouttes d'eau. Si
l'air est agité, elle tombe en flocons irréguliers; mais s'il est parfaitement
calme, c'est sous forme d'étoiles à six
rayons. L'influence de la neige sur la
conservation des plantes est un fait reconnu; elle les garantit contre le froid,
et donne plus d'action à la végétation,
que le printemps développe.

NÉMÉSIS. Déesse de la justice et
de la vengeance, cette divinité mythologique était chargée de punir le crime
et de renverser une insolente prospérité. Elle avait des ailes, pour signifier
que le châtiment suit de près le forfait. Un poète de nos jours, Barthélemy,
en a fait un substantif, titre d'un recueil de poésies satiriques très-mor-
dantes.

NÉRÉIDES. V. *Divinités secondaires.*

OBÉLISQUE. Monuments religieux,
qui étaient pour la plupart des *monolithes* (d'une seule pierre). Ils sont
couverts d'hiéroglyphes, c'est-à-dire
d'inscriptions composées de figures d'a-
nimaux et de divers objets gravés ou
sculptés, inscriptions dont les savants
n'ont trouvé qu'en partie la clé. On fait
remonter leur origine aux temps anté-
rieurs à Moïse. Les obélisques ornaient
en Egypte l'entrée des temples et des
palais, et décoraient les places publiques. Les Romains en ont fait transporter beaucoup à Rome, et Paris en
possède un magnifique qui date de
Sésostris, et vient de Louqsor, village
situé sur les ruines de Thèbes. Le mot
obélisque vient du grec *obelos*, aiguille.

OC (*langue d'oc et langue d'oïl*). Une
seule langue règne aujourd'hui dans
toute l'étendue de l'empire français;
c'est la langue française, qui a pour archives le dictionnaire de l'Académie. Il
n'en a pas toujours été ainsi : lors de
l'invasion des Barbares, il se forma une
langue composée de latin, de franc et
de celtique, appelée *langue romane*. Au
moyen-âge, elle formait deux dialectes
principaux : l'un, au sud de la Loire,
était appelé *langue d'oc*; l'autre, au
nord, appelé *langue d'oïl*. La différence
entre ces deux langues consistait dans
la manière de prononcer le mot *oui*,
qui, dans le midi, se disait *oc*, et dans
le nord, *oïl*. A partir de Hugues Capet,
le duché de Paris ayant successivement
absorbé toutes les provinces du midi, le
dialecte du nord, c'est-à-dire la *langue
d'oïl*, prévalut sur la *langue d'oc*, et
forme aujourd'hui la langue française.
Mais ce qui caractérisait principalement
ces deux dialectes primitifs, c'est que
les mêmes mots se rencontraient dans
l'un et dans l'autre, avec cette seule
différence que la voyelle *ou* du midi se
prononçait *eu* dans le nord. Ainsi dans
la langue d'oc, ou dialecte provençal,
on disait et on écrivait *flours, plours*;
et dans la langue d'oïl, ou dialecte pi-
card, *fleurs, pleurs*.

ODYSSÉE. Célèbre poème grec où
Homère raconte les voyages d'Ulysse,
roi d'Ithaque, errant de contrée en contrée, après la prise de Troie, pour retourner dans sa patrie. De là vient que
ce mot s'emploie familièrement et par
plaisanterie, pour désigner un voyage
semé d'aventures variées et singulières :
Racontez-moi votre odyssée.

ŒDIPE. La Fable rapporte qu'Œdipe devina l'énigme du sphinx, monstre
qui désolait les environs de la ville de
Thèbes, et qu'il reçut la couronne en
récompense. De là vient qu'on donne

le nom d'OEdipe à celui qui trouve facilement le mot des énigmes, des logogriphes, ou la solution de questions obscures : *Il faudrait être un OEdipe pour deviner ce que vous voulez dire.*

OÏL (*langue d'*). V. *Oc.*

OLYMPIADE. Cette période de quatre ans, qui servait aux Grecs pour compter les années, est due aux fêtes célébrées à Olympie en l'honneur de Jupiter, et qu'on appelait *jeux olympiques.* 25 olympiades correspondent donc à un siècle. La première olympiade date de l'an 776 av. J.-C.; la dernière se compte de 296 à 292. La 3e année de la 26e olympiade signifie l'an 103 après l'institution des jeux olympiques.

OPTIMISTE. Partisan du système de l'optimisme, qui ne voit dans le monde moral et physique qu'un élément de l'ordre universel, et affirme que, si l'on considère le monde dans son ensemble, tout est bien par rapport au tout. Cette doctrine qui, au premier abord, semble être en contradiction avec les faits, s'appuie sur l'idée de la sagesse et de la bonté de Dieu, qui n'a pu vouloir que le bien, et qui souvent le fait sortir du mal même. Il n'est pas difficile, en effet, à une sage philosophie de prouver que la faim, la soif, la douleur même est un bien. L'optimisme sert de base à la philosophie de Leibnitz.

Le *pessimiste*, au contraire, croit que tout va au plus mal dans ce monde; il tire des fléaux, des maladies, etc., les raisonnements sur lesquels il appuie son système; mais on n'est guère pessimiste que par l'ignorance de certaines causes finales dont Dieu s'est réservé le secret.

OR. L'or est le plus pur, le plus malléable et le plus ductile de tous les métaux. On peut le réduire en feuilles d'un 900 millième de mètre d'épaisseur. Le poids de l'eau étant 1, celui de l'or est d'environ 19 1/4. Il n'entre en fusion qu'à une température de 1,900 degrés. On le trouve le plus souvent dans le sein de la terre, à l'état pur ou natif. Les principales mines d'or sont au Brésil, au Chili, au Mexique et, depuis peu d'années, en Californie et en Australie.

Plusieurs rivières charrient des paillettes d'or dans leur sable. Un kilogramme d'or pur vaut 3,444 fr. 44 cent. A poids égal, l'or vaut quinze fois et demi plus que l'argent. Ce métal a été de tout temps, pour l'homme, le signe représentatif de la richesse et de la puissance. Les alchimistes lui attribuaient des propriétés surnaturelles, et faisaient de longues, mais vaines recherches, pour transmuter tous les autres métaux en or.

ORACLES. Par ce nom, on entend plus particulièrement les réponses que, dans la croyance des païens, les dieux faisaient aux questions qui leur étaient adressées. A Delphes, le dieu parlait par la bouche d'une prêtresse appelée *pythie, pythonisse* ou *sibylle.* Pour rendre ses oracles, la pythie, après un jeûne de trois jours, mâchait des feuilles de laurier, et, en proie à une exaltation aidée sans doute par le suc de cette plante, elle montait sur un trépied placé au-dessus d'une ouverture d'où sortaient des vapeurs méphitiques. Tout son corps alors frémissait, ses cheveux se dressaient, et sa bouche écumante et convulsive répondait aux questions qui lui étaient adressées. Après l'oracle de Delphes, les plus célèbres de l'antiquité furent, chez les Grecs, ceux de Jupiter, à Dodone ; d'Apollon, à Délos ; d'Esculape, à Epidaure, etc. En Italie, on cite en première ligne la sibylle de Cumes. Chez les Gaulois, il y avait aussi des prêtresses qui rendaient des oracles.

On a beaucoup disputé sur les oracles; les uns les attribuant à la fourberie, les autres à une espèce de seconde vue assez semblable à la lucidité somnambulique. Ce qu'il y a de certain, c'est que les oracles étaient toujours rendus de manière à avoir raison, quel que fût l'événement. Pyrrhus ayant consulté l'oracle sur l'issue de la guerre qu'il allait entreprendre contre les Romains, il en reçut cette réponse :
Aio te, Eacide, Romanos vincere posse.
Ce qui présente cette double signification: *Je te dis, fils d'Eaque, que tu peux vaincre les Romains. — Je te dis, fils d'Eaque, que les Romains peuvent te*

vaincre. Pyrrhus interpréta ces paroles dans le premier sens, et il s'en trouva mal; mais l'oracle avait toujours raison.

ORANG-OUTANG. Cet animal, de la famille des singes, est celui qui offre le plus de ressemblance avec l'homme. Son intelligence et sa conformation en font, en quelque sorte, un être intermédiaire entre l'homme et la brute. Il a trente-deux dents semblables à celles de l'homme, et est dépourvu de queue. Seul de tous les quadrumanes, il offre l'os lingual et le foie semblables à ceux de l'homme. Il est plein de force et d'agilité, et sa taille dépasse quelquefois deux mètres; il se tient ordinairement debout sur les pieds de derrière. On le trouve, en Asie, dans les forêts de Sumatra, et, en Afrique, dans les régions voisines de l'équateur. On ne sait encore que fort peu de chose sur ces singuliers animaux, faute d'avoir pu jusqu'ici en étudier suffisamment un de l'âge adulte; tous ceux qui ont été amenés vivants en Europe, n'ont pu supporter les rigueurs de nos climats.

ORIFLAMME. Cette célèbre bannière de France, ainsi appelée parce qu'elle était formée d'un étendard rouge semé de *flammes* d'or, n'était originairement que la bannière de l'abbaye de Saint-Denis. C'est Louis VI qui, le premier, la fit porter officiellement à la tête de l'armée française en 1124, en marchant contre l'empereur d'Allemagne, Henri V. On ne la voit plus reparaître après la bataille d'Azincourt (1415). La crédulité de nos pères comparait l'*oriflamme* à un palladium, dont la vue devait mettre l'ennemi en fuite.

OSTRACISME. Les Athéniens, après la chute du tyran Pisistrate et de ses deux fils, établirent l'*ostracisme*, qui consistait à prononcer, par voie de suffrage universel, l'exil des citoyens dont ils redoutaient la puissance ou l'ambition. Le bannissement devait durer dix ans, et n'était point infamant. Miltiade, Thémistocle, Aristide, Cimon, en furent victimes. Les citoyens écrivaient leur suffrage sur une *coquille* (en grec *ostrakon*, d'où est venu le nom *ostracisme*).

OVIPARES. V. *Vivipares.*

PACTOLE. C'est à cette rivière, qui charriait beaucoup d'or, que Crésus dut ses immenses richesses. Suivant la Fable, elle possédait cette propriété depuis que le roi Midas, dont l'attouchement convertissait tout en or, s'était baigné dans ses eaux. Aujourd'hui le mot Pactole, employé au figuré, désigne une source de richesses : *Cette entreprise va faire couler chez lui le Pactole.*

PALLADIUM. Statue de *Pallas*, qu'on disait tombée du ciel, et que l'on conservait précieusement à Troie, persuadé que le sort de la ville y était attaché. Ulysse et Diomède l'enlevèrent pendant la nuit par ruse, et seulement alors la ville put être prise. Depuis, on a désigné par ce nom les divers objets à la possession desquels certaines villes, certains empires attachaient leur durée. L'ancile, bouclier sacré qu'on croyait tombé du ciel sous le règne de Numa, était le *palladium* de l'empire romain. *Le Code civil est le palladium de la propriété. En Angleterre, l'acte d'Habeas corpus est le palladium de la liberté individuelle.*

PANDORE (*boîte de*). Selon la mythologie, *Pandore* fut le nom de la première femme créée par Vulcain; animée par Minerve, déesse de la sagesse, elle avait été douée de toutes les grâces et de tous les talents; Jupiter lui donna une boîte où tous les maux étaient renfermés, et l'envoya sur la terre à Épiméthée, qui la prit pour épouse, ouvrit la boîte, et donna ainsi l'essor à tous les maux; il ne resta au fond que l'Espérance. *Pandore* est l'*Ève* des Grecs, et cette fiction rappelle ce que l'histoire sainte rapporte du péché originel.

Boîte de Pandore se dit figurément de ce qui est la source de beaucoup de maux : *Une révolution est souvent la boîte de Pandore.*

PANIQUE, PAN. Chez les Grecs, le bas peuple croyait que *Pan* faisait des courses nocturnes, des apparitions subites qui jetaient partout l'effroi, de là l'expression de *terreur panique.* Elle se dit particulièrement de l'épouvante qui se répandit parmi les Gaulois attaqués par les Grecs près du temple de Delphes, qu'ils étaient venus piller. On a supposé que le Dieu Pan avait pris, en cette occasion, la défense des Grecs, et jeté la terreur parmi leurs ennemis.

PANTHÉISME (du grec *pan*, tout, et *théos*, dieu). Système des philosophes qui, se refusant à considérer Dieu comme un être distinct, l'identifient avec le monde. Il y a plusieurs sortes de *panthéistes* : les uns considèrent Dieu comme l'âme du monde, et le monde comme le corps de la divinité (Dieu est tout); les autres regardent l'univers et Dieu comme étant identiquement le même être (tout est Dieu). La conscience que chaque homme a de sa personnalité et de sa liberté, suffit seule à la réfutation du panthéisme.

PANTHÉON. Célèbre édifice de Rome, dont le dôme est debout depuis près de deux mille ans. Il fut destiné à recevoir les statues de tous les dieux (du grec *pan*, tout, et *théos*, dieu).

Celui de Paris, bâti sous Louis XV par l'architecte Soufflot, fut d'abord destiné à former l'église de Sainte-Geneviève; lors de la révolution de 1789, un décret le consacra à recevoir les restes des grands hommes de la patrie : Mirabeau est le premier dont le corps y fut déposé. Rendu au culte sous la Restauration, sa destination fut encore changée en 1830; enfin, depuis quelques années, le Panthéon est redevenu l'église Sainte-Geneviève. Les magnifiques peintures qui ornent l'intérieur du dôme, sont dues au célèbre peintre Gros, et les sculptures du fronton au ciseau de David (d'Angers). La frise de la façade porte la célèbre inscription :

Aux grands hommes la patrie reconnaissante.

PAPIER. Les anciens ne connaissaient pas le papier; ils écrivirent d'abord sur des feuilles de palmier, sur des écorces d'arbres, sur des tablettes enduites de cire, sur du plomb, etc., et enfin sur l'écorce du *papyrus*, roseau qui croît sur les bords du Nil, et d'où est venu le mot *papier*. Après la conquête de l'Egypte par les Romains, le papyrus fut presque exclusivement en usage en Italie et en Grèce. Un peu avant l'ère chrétienne, le *parchemin* vint faire concurrence au *papyrus*. L'introduction du papier de coton, destiné à remplacer le parchemin et le papyrus, ne paraît guère remonter qu'au Xe siècle; mais ce n'est que vers le XVIIIe, à l'époque de la Révolution, que la fabrication de ce papier a pris une extension considérable.

PAPIER-MONNAIE. On donne ce nom à un papier créé par un gouvernement pour tenir lieu d'argent; son cours est forcé, bien que le porteur ne puisse être constamment assuré d'en obtenir le remboursement. Cette *monnaie fictive*, inventée par la nécessité dans les circonstances les plus critiques, et à laquelle la confiance seule peut donner un crédit durable, ne doit pas être confondue avec les *billets de banque*, signes représentatifs des monnaies d'or et d'argent, qu'on peut toujours changer à volonté contre une valeur réelle, équivalente à la valeur nominale. Lorsque l'on eut fabriqué, de 1790 à 1796, pour plus de quarante milliards d'assignats, papiers représentatifs de la valeur d'une masse énorme de *biens nationaux*, la dépréciation de ce papier-monnaie fut telle, qu'une paire de bottes coûtait de huit à dix mille francs, et qu'on vit, dans certaines localités, le cours de cent livres assignats porté à deux liards.

Il y a quelque rapport entre cette émission d'assignats et la fameuse banque de Law, sous Louis XV.

PÂQUE (d'un mot hébreu, qui signifie *passage*). Cette fête fut établie par les Juifs en mémoire du *passage* de la mer Rouge, et de celui de l'ange exterminateur qui, dans la nuit où ils quittèrent l'Egypte, tua tous les premiers-nés des Egyptiens, épargnant les maisons des Israélites, marquées du sang de l'agneau. Chez les chrétiens, cette fête a lieu en mémoire de la résurrection de J.-C., c'est-à-dire de son *passage* de la mort à la vie. Le jour de Pâque se célèbre le dimanche qui suit l'équinoxe de printemps, et se trouve toujours tomber entre le 21 mars et le 26 avril; ainsi l'époque de la fête de Pâque peut varier de 36 jours. C'est de cette fête que dépendent, pour les catholiques, toutes les fêtes mobiles.

La *Septuagésime*. . . 63 j. av. Pâque.
La *Quinquagésime*. 49 j. —
La *Passion*. . . 14 j. —
Quasimodo. . . 7 j. ap. Pâque.
L'*Ascension*. . . 40 j. —
La *Pentecôte*. . . 10 j. ap. l'Ascension
La *Trinité*. . . . 7 j. ap. la Pentecôte
La *Fête-Dieu*. . . le jeudi suivant.

PARADIS. Fondée sur la croyance universelle à l'immortalité de l'âme et à la justice divine, l'idée plus ou moins épurée d'un paradis se retrouve dans toutes les religions. Les Grecs et les Latins le nommaient Elysée ; les Mahométans comptent jusqu'à sept cieux gradués, et les Indiens vingt-sept. La plus belle description qui ait été faite des joies du paradis se trouve dans le 19e livre du magnifique poème de Fénelon.

PARATONNERRE. Appareil inventé par Franklin, et destiné à garantir du tonnerre, en soutirant l'électricité des nuages et en la dirigeant dans la terre humide ou dans de l'eau, sans qu'elle ait eu le temps d'éclater sur les édifices que cet appareil est destiné à protéger. Un paratonnerre convenablement établi garantit autour de lui tous les corps dans un rayon double de sa tige. Les arbres, par leur hauteur, sont autant de paratonnerres imparfaits, qui n'offrent pas au fluide un écoulement assez rapide. Les matières animales conduisant mieux l'électricité que le bois, le fluide se portera de préférence sur les hommes et les animaux, et quittera l'arbre pour s'élancer sur eux : c'est donc s'exposer à un danger réel, que de se mettre à l'abri, pendant un orage, sous des arbres élevés. On a constaté que, de 1835 à 1852, sur 1.308 victimes de la foudre, 500 avaient été frappées sous les arbres qui leur avaient offert un refuge momentané.

PARIA. Nom donné par les Hindous aux individus nés dans les dernières classes de la société indienne. Ils forment une classe à part universellement méprisée, et composée de tous les malheureux chassés des autres castes pour avoir violé les lois civiles ou religieuses. La caste des parias est réputée infâme par toutes les autres. Leur contact est regardé comme une souillure ; ils ne peuvent habiter l'intérieur des villes, ni exercer une profession un peu relevée.

En France, le mot *paria* s'applique métaphoriquement aux hommes qui appartiennent aux classes les moins heureuses de la société. Un *paria politique* est un individu privé de tout droit politique.

PARLEMENT. Le parlement de Paris n'eut d'abord que des attributions toutes judiciaires ; il recevait les appels des tribunaux inférieurs et prononçait sans appel ; mais il s'arrogea peu à peu des pouvoirs politiques, comme l'enregistrement des lois. Il lui arriva même souvent de refuser d'enregistrer des lois qui lui paraissaient injustes, ce qui devint entre la royauté et le Parlement une occasion de luttes assez vives, auxquelles le roi mettait un terme en l'exilant ou en le cassant. Il fut définitivement supprimé par l'Assemblée constituante en 1790.

On désigne aujourd'hui dans plusieurs pays, notamment en Angleterre, sous le nom de *parlement*, les deux assemblées qui partagent avec le souverain le pouvoir législatif.

PARNASSE. V. *Muses*.

PARQUES. Ainsi appelées, par antiphrase, d'un mot latin qui signifie *épargner*, parce qu'elles n'épargnaient personne, les Parques étaient, suivant la Fable, trois divinités des enfers, maîtresses de la vie des hommes, dont elles filaient la trame. *Clotho*, qui présidait à la naissance, tenait la quenouille ; *Lachésis*, tournait le fuseau, et *Atropos* coupait le fil. Les anciens confondaient souvent les Parques et les destinées.

Le mot *Parque* joue un grand rôle dans notre langue poétique ; on les appelle par périphrase : *les filles de la nuit*, *les filles du Destin*, *les filles de l'Erèbe*, *les filles de l'Achéron*, etc. La Fontaine, qui ne se trouve jamais embarrassé quand il s'agit de créer un heureux néologisme, les nomme les sœurs *filandières*.

PARRICIDE. A Rome, les parricides étaient fouettés jusqu'au sang, et jetés ensuite à l'eau dans un sac de cuir plein de vipères. Les Égyptiens enfonçaient des roseaux pointus dans toutes les parties du corps d'un parricide, puis le jetaient, dans cet état, sur un monceau d'épines où l'on mettait le feu. Quand on demanda au législateur d'Athènes pourquoi il n'avait pas fait de loi contre le parricide, il répondit qu'il ne croyait pas ce crime possible. Jadis, en France, les parricides étaient condamnés à la question extraordinaire, à avoir le poing droit coupé, et à être rompus vifs sur la roue. On brûlait ensuite leur corps, et l'on en jetait la cendre au vent. Dans notre législation actuelle, le condamné pour crime de parricide, monte à l'échafaud en chemise, nus pieds et la tête couverte d'un voile noir.

Un bon roi étant comme le *père* de ses sujets, on assimile le *régicide* au parricide : *Henri IV fut ravi à l'amour de ses sujets par un abominable* **parricide.** *En assassinant César, son père et son bienfaiteur, Brutus commit un double* **parricide.**

PASQUIN. C'était le nom d'un savetier de Rome, connu par les brocards qu'il lançait à tout propos. Ce nom fut donné, par extension, à une statue qui se voit encore aujourd'hui sur une place de Rome, et à laquelle le peuple romain a depuis longtemps l'habitude d'attacher toutes sortes d'épigrammes et de pamphlets contre le gouvernement papal. Ces sortes d'écrits se nomment *pasquinades*, mot qui, chez nous, signifie raillerie bouffonne et triviale. De même, on donne le nom de *Pasquin* à un méchant diseur de bons mots.

PATELIN. Personnage d'une vieille farce du temps de Charles VIII, lequel, par son adresse et ses manières insinuantes, parvint à enlever six aunes de drap à un marchand nommé Guillaume. Le mot est resté pour désigner un homme souple et artificieux ; de là sont venus *patelinage, pateliner, patelineur*.

PATRIARCHE. Ce nom désigne particulièrement les chefs successifs de la famille de laquelle devait naître J. C., jusqu'à Moïse. L'Écriture sainte compte douze patriarches antédiluviens : Adam, Seth, Enos, etc.; et douze patriarches postdiluviens : Noé, Sem, Arphaxad, etc. Aujourd'hui on donne encore ce nom aux évêques des premières églises d'Orient, comme Antioche, Alexandrie, Jérusalem et Constantinople. Au figuré, ce mot sert à désigner un vieillard respectable, ou qui vit au milieu d'une famille nombreuse et heureuse.

PATRICIENS. Nom du premier ordre des citoyens romains, opposé à celui de *plébéiens*. Les patriciens jouissaient de nombreux privilèges, ne se mariaient qu'entre eux, et furent longtemps seuls admissibles aux premières magistratures. De l'inégalité des deux ordres, naquirent des disputes perpétuelles qui ensanglantèrent Rome. Les premiers patriciens furent choisis, dès la fondation de Rome, par Romulus, pour former le sénat.

PÉGASE. Cheval ailé, selon la Fable, sorti du sang de Méduse, lorsque Persée lui eut coupé la tête. Ce héros, monté sur Pégase, alla délivrer Andromède, exposée à un monstre marin, et Bellérophon s'en servit pour combattre la Chimère. D'un coup de pied, Pégase fit sortir de la montagne de l'Hélicon la fontaine d'Hippocrène, où les poètes, dit-on, allaient puiser l'inspiration. Lui-même est le symbole de l'essor du génie poétique ; on suppose qu'il porte les poètes dans l'espace jusque sur l'Hélicon.

PÉNATES. V. *Lares*.

PENTATEUQUE. Ensemble des cinq livres bibliques composés par Moïse, et contenant l'histoire du monde depuis sa création jusqu'à la mort du législateur des Hébreux. Cet ouvrage est la base de toute histoire universelle. Les livres du *Pentateuque* sont : la *Genèse*, l'*Exode*, le *Lévitique*, les *Nombres* et le *Deutéronome*. (V. *Genèse*).

PESANTEUR. Force qui ramènerait tous les corps au centre de la terre, s'ils étaient libres ou s'ils cessaient d'être soutenue. Elle est à l'égard des corps terrestres ce qu'est la *gravité* à l'égard des corps célestes ; elle leur fait suivre une ligne qu'on nomme verticale, et qu'indique le *fil à plomb* des maçons.

La *pesanteur spécifique* est le rapport du poids d'un corps à son volume, c'est-à-dire sa *densité*.

PESSIMISTE. V. *Optimiste*.

PÉTRIFICATION. Ce mot désigne un corps changé en pierre ou devenu pierre. A la place de la substance dont il était composé, le corps pétrifié offre une matière étrangère et inorganique, représentant fidèlement sa structure. Les molécules du corps organique, détruites par le temps, sont remplacées par des molécules minérales qui prennent la même forme et occupent la même place. On comprend ainsi que la pétrification ait la même structure que le corps primitif.

Les *pétrifications calcaires* ou *artificielles* sont celles que l'on obtient en exposant des végétaux, des animaux, etc., à des sources renfermant une dissolution de carbonate de chaux. Mais ici la pétrification n'est qu'apparente, et ne consiste, à proprement parler, que dans l'enveloppe ; le corps n'a pas changé de nature.

PHARISIENS. Secte juive qui apportait une grande sévérité de principes et une exactitude minutieuse à observer les cérémonies de la loi ; mais, sous ce manteau, les pharisiens cachaient les mœurs les plus dissolues. J.-C. ayant démasqué leur orgueil et leur hypocrisie en les comparant à des sépulcres blanchis, ils se liguèrent avec les princes des prêtres contre lui, ameutèrent la populace, et le firent condamner au supplice de la croix.

Ce mot se dit figurément des faux dévots, de ceux qui n'ont que le masque de la piété et l'ostentation de la vertu.

PHÉNIX. Oiseau fabuleux dont les Egyptiens avaient fait une divinité. On le supposait habitant l'Arabie et vivant cinq ou six cents ans. Lorsqu'il sentait sa fin approcher, il se construisait lui-même un bûcher de bois et de plantes aromatiques, qu'il exposait aux rayons du soleil, et sur lequel il se consumait. De la moelle de ses os naissait un ver qui servait à former un nouveau phénix. On a regardé la fable du *Phénix* comme un symbole de l'immortalité de l'âme et de la résurrection.

Le Phénix était le seul individu de son espèce ; de là vient qu'au figuré on donne ce nom à une personne supérieure à toutes celles qui suivent la même carrière : *Cet écrivain est le phénix des beaux esprits, des orateurs, des poètes*.

Mais, en général, il s'emploie par ironie : *A l'entendre, c'est un phénix*.

PHILOMÈLE. Fille de Pandion roi d'Athènes, et sœur de *Progné*. Elle fut victime de l'amour brutal du roi de Thrace, Térée, son beau-frère, qui ensuite lui fit couper la langue pour l'empêcher de révéler le crime, et la tint étroitement renfermée. Philomèle trouva moyen de faire parvenir à Progné une toile sur laquelle son aventure était peinte. Les deux sœurs, pour se venger, tuèrent Itys, fils de Térée, et le servirent à son père dans un repas. Elles échappèrent, dit la Fable, à la fureur de Térée, et furent changées, l'une en rossignol et l'autre en hirondelle. De là vient que les poètes donnent le nom de *Philomèle* au rossignol, et celui de *Progné* à l'hirondelle.

Autrefois *Progné* l'hirondelle
De sa demeure s'écarta,
Et loin des villes s'emporta
Dans un bois où chantait la pauvre *Phi-*
[lomèle.

PHILOSOPHALE (pierre). V. *Alchimie*.

PHILOSOPHIE. Ce mot, d'après son étymologie, veut dire *amour de la sagesse*, ou, si l'on veut, *recherche de la vérité*. La philosophie a été définie de mille manières. On la définit aujourd'hui *la connaissance des choses physiques et morales par leurs causes et par leurs effets*. Elle comprend la *logique*, la *métaphysique* et la *morale*, et a pour objet l'âme, Dieu et l'homme. C'est la tendance de l'esprit à rechercher les vérités premières qui a créé la philosophie. Dans une acception toute morale, la *philosophie* est cette fermeté d'âme qui met l'homme au-dessus des passions, des opinions du vulgaire, et qui lui fait mépriser les honneurs, les richesses, les préjugés.

Ceux qui ont entouré la philosophie du plus brillant éclat sont, chez les Grecs : Thalès, Pythagore, Socrate, Platon, Aristote, Épicure, Zénon, etc.; chez les Romains : Cicéron, Sénèque, Marc-Aurèle; depuis le moyen-âge jusqu'à nous : Abélard, saint Thomas, Bacon, Descartes, Locke, Malebranche, Fénelon, Bossuet, Leibnitz, Kant, Condillac, Hégel, etc.; et de nos jours, en France : Royer-Collard, Jouffroy, Cousin, Damiron, etc.

On appelle aussi philosophie, 1° le système particulier qu'on se fait pour sa conduite personnelle : *La philosophie de l'honnête homme*; 2° une certaine élévation d'esprit, de fermeté d'âme, qui met l'homme au-dessus des accidents : *Dans les circonstances douloureuses, il faut montrer de la philosophie*; 3° les principes fondamentaux d'une science, d'un art : *La philosophie de l'histoire, des langues, etc.*

PHOTOGRAPHIE. Le mot photographie désigne cet art merveilleux né de nos jours, à l'aide duquel on obtient sur des plaques métalliques, sur le papier et diverses autres substances, la représentation fidèle et fixe d'un objet quelconque, sans autre agent que les rayons lumineux émis par l'objet. Il y a divers procédés photographiques : la photographie sur plaque ou *daguerréotypie*, inventée par Daguerre; la photographie sur papier ou *talbotypie*, inventée par l'anglais Talbot; la photographie sur verre ou *nieppotypie*, inventée par Niepce.

La photographie ne reproduit bien que les objets complétement immobiles. Les dessins qu'elle produit sont d'un effet sombre, très-miroitants; mais les moindres détails sont d'une exactitude merveilleuse. Le gouvernement français a acheté en 1839, cette découverte à ses auteurs, moyennant une pension de 6,000 francs accordée à M. Daguerre, et de 6,000 fr. à M. Niepce.

L'explosion de la foudre produit parfois une sorte de *photographie électrique*. Ainsi, sur la poitrine d'un homme frappé par la foudre, on a retrouvé l'image d'un arbre situé à quelque distance de son corps inanimé; sur les bras de paysans foudroyés, on a vu les images des feuilles d'un peuplier qui leur avait servi d'abri; sur l'épaule d'un individu, on trouva l'empreinte d'un fer à cheval suspendu à un mur assez éloigné, etc.

PHRÉNOLOGIE. Science nouvelle fondée par Gall, sur ce principe que le cerveau étant le siége des facultés de l'âme, on peut reconnaître les différentes dispositions et inclinations par les protubérances et les dépressions qui se remarquent sur le crâne. « Le crâne étant exactement moulé sur la masse cérébrale, chaque portion de sa surface présente des dimensions plus ou moins grandes, un développement plus ou moins considérable, suivant que la portion correspondante du cerveau est elle-même plus ou moins développée. Or, les individus chez lesquels telle ou telle portion du crâne est largement développée, et forme un relief bien prononcé, se faisant remarquer, d'après les observations des phrénologistes, par une même faculté, par un même talent, une même vertu ou un même vice, on a conclu de là que la portion du cerveau qui correspond à cette partie du crâne est le siége de cette faculté, de ce talent, de cette vertu ou de ce vice; qu'elle en est l'organe spécial (1). » On a accusé les doctrines phrénologiques d'être favorables au matérialisme et au fatalisme, en annulant chez l'homme le libre arbitre. « Non, répondent les phrénologistes; car la masse cérébrale, et partant la structure du cerveau se modifie elle-même sous l'influence de l'éducation. »

Toutefois, les théories émises sur la phrénologie ne reposant que sur quelques faits qui semblent, il est vrai, appuyés par l'observation, mais qui ne sont pas encore rigoureusement sanc-

(1) Bouillet.

tionnés par l'anatomie, il est prudent, du moins jusqu'à nouvel examen, de ne pas admettre comme vérités scientifiques les corollaires qu'on en a déduits.

PILORI. Ce supplice, qui ne se pratiquait plus dès la seconde moitié du XVIII° siècle, fut légalement aboli en 1789, et remplacé plus tard par l'*exposition*, qui, elle-même a été supprimée depuis quelques années. Il y avait deux sortes de pilori : l'un consistait en un gros poteau dressé sur la place, et garni d'un carcan que l'on passait au cou du condamné ; l'autre, en forme d'échelle, avait au sommet une planche percée, pour y passer le cou du patient. La machine tournait sur un pivot que le bourreau faisait mouvoir, afin que le condamné fût offert dans tous les sens aux regards du public.

Bien que ce genre de supplice n'existe plus, le mot pilori est resté dans la langue ; il exprime une idée morale en rapport avec le supplice physique d'autrefois : *Attacher, clouer quelqu'un au pilori de l'opinion publique.*

PINDE. V. *Muses.*

PLANÈTES. La terre fait partie d'un système de corps, dits *planètes*, dont le soleil occupe à peu près le centre, et qui tournent autour de cet astre et sur eux-mêmes. Ces corps sont, à partir du soleil : *Mercure, Vénus, la Terre, Mars, Vesta, Junon, Cérès, Pallas, Jupiter, Saturne* et *Uranus.* Outre ces planètes, il y a les satellites, ou planètes secondaires, qui tournent autour d'une planète principale. Ainsi la terre est accompagnée dans son mouvement de translation par la lune, qui tourne autour de cette planète et sur elle-même. Jupiter a quatre lunes ou satellites ; Saturne en a sept, et Uranus six. L'ensemble de tous ces corps forme ce qu'on appelle le *système planétaire.* Des comètes innombrables se meuvent aussi autour du soleil. Elles diffèrent essentiellement des planètes, notamment en ce qu'elles sillonnent l'espace dans tous les sens suivant des courbes, ou *orbites*, excessivement allongées. Enfin, des myriades d'*étoiles*, séparées les unes des autres par des distances qui effrayent l'i-

magination, et dont chacune est à son tour un soleil, centre sans doute d'un autre système planétaire, achèvent de peupler l'espace situé en dehors de notre système solaire.

Si l'on considère que les planètes ont beaucoup de rapport avec la terre, que, comme notre globe, elles se meuvent autour du soleil, empruntent de lui leur lumière, ont toutes un mouvement de rotation sur leur axe, et par conséquent une égale succession de jours et de nuits ; que toutes enfin obéissent à la loi de gravitation universelle, l'analogie porte à croire que ces planètes sont habitées.

PLÉBÉIEN. V. *Patricien.*

PÔLES. La terre est à peu près ronde, et elle tourne sur elle-même, comme tournerait une boule autour d'une aiguille qui la traverserait, en passant par son centre. Cette ligne imaginaire, autour de laquelle la terre accomplit sa rotation en vingt-quatre heures, se nomme *axe* ; et on appelle *pôles* ses deux extrémités. L'un est le *pôle nord*, boréal ou arctique ; l'autre est le *pôle sud*, austral ou antarctique.

POLYTHÉISME (du grec *polus*, nombreux, et *théos*, dieu). Le polythéisme a été la religion des Grecs et des Romains avant la venue de J.-C. ; c'est encore aujourd'hui celle d'un grand nombre de peuples sauvages de l'Afrique et de l'Asie. Les trois principaux systèmes du polythéisme sont l'*Idolâtrie*, adoration de plusieurs dieux personnifiés en des idoles grossières ; le *Sabéisme*, culte des astres et du feu, et le *Fétéichisme*, adoration de tout ce qui frappe l'imagination, et à quoi l'on attribue une puissance.

POUDRE. Il est démontré aujourd'hui que, dès les premiers siècles de l'ère chrétienne, les Chinois connaissaient la poudre dans ses effets les plus simples, comme les feux d'artifice, les fusées, etc. ; mais ils ne la faisaient pas servir à lancer des projectiles. Vers le milieu du VII° siècle, elle fut employée par les Grecs du Bas-Empire, sous forme de fusées incendiaires, ou feu grégeois. Ce n'est qu'au XIV° siècle qu'on la voit figurer en Europe comme moyen de destruction, entre les mains des Anglais (bataille de Crécy, 1346). Les noms de Roger Bacon, d'Albert le Grand et du moine allemand Berthold Schwarz, se rattachent à l'invention, ou plutôt à l'introduction en Europe, de la poudre à canon, mais sans qu'on sache bien au juste jusqu'à quel point chacun d'eux y a contribué.

De nos jours, on a préparé, avec du coton et de l'acide nitrique, une matière explosive, appelée *fulmicoton*, et qui produit les effets de la poudre ordinaire; mais son emploi présente des inconvénients qui en ont fait négliger l'usage.

La fabrication et la vente de la poudre, pouvant présenter des dangers pour la sécurité publique, l'Etat s'est réservé le monopole de ce genre d'industrie.

PRESBYTÉRIANISME. V. *Protestantisme.*

PROGNÉ. V. *Philomèle.*

PROPHÈTE, PROPHÉTESSE. On appelle ainsi celui, celle qui prédit l'avenir par l'inspiration de Dieu. Les premiers prophètes furent Moïse, à qui le Seigneur se communiqua particulièrement; Samuël, spécialement honoré du don de prophétie; Elie et Elisée, éclairés par la lumière céleste; et le saint roi David, touché par la grâce divine. A partir de cette époque, commence un autre ordre de prophètes divisés en deux classes : ceux qui ont laissé des écrits, Isaïe, Jérémie, Daniel, Ezéchiel, appelés *grands prophètes*; et ceux qui n'ont rien laissé, au nombre de douze, nommés *petits prophètes*. La Judée compte aussi plusieurs prophétesses : Marie, sœur de Moïse, Débora, et la prophétesse Anne, qui fut une des premières à reconnaître Jésus pour le Messie.

PROTÉE. Ce dieu marin avait reçu de Neptune, son père, le don de prophétie; mais il fallait lui arracher ses secrets, et, pour échapper à ceux qui le pressaient de questions, il changeait de forme à volonté. Les philosophes ont vu dans cette fable l'image de la nature, à laquelle il faut faire violence pour lui arracher ses secrets.

Souvent on compare les courtisans au dieu Protée, parce que, comme lui, ils savent modifier leur visage, ou en cacher l'expression sous un masque factice. Ce mot a passé dans la langue, et désigne un homme d'un caractère changeant, qui joue toutes sortes de personnages. « *Le véritable* **Protée**, c'est l'homme; nul n'est plus différent de lui-même selon les temps et les lieux.* » (BOISTE).

PROTESTANTISME. Au commencement du XVIe siècle, Luther, moine saxon, prétendant ne reconnaître d'autre autorité que celle des livres saints, attaqua le pape et l'Eglise romaine, les vœux monastiques, le célibat des prêtres, la hiérarchie ecclésiastique, la possession des biens temporels par le clergé; rejeta le culte des saints, le purgatoire, les commandements de l'Eglise, la confession, le dogme de la transsubstantiation, la messe et la communion sous une seule espèce, et ne conserva d'autres sacrements que le baptême et l'eucharistie sous les deux espèces. Ce schisme, qui se produisit dans l'Eglise romaine, est connu sous le nom général de *Réforme*, ou de Protestantisme. Cette religion comprend un grand nombre de sectes, dont les principales sont :

1o Le *Luthéranisme*, doctrine de Luther, professé par la majorité des populations en Suède, en Danemark, en Prusse, et dans tout le nord de l'Allemagne;

2o Le *Calvinisme*, dont Calvin fut le chef. Le caractère distinctif de cette secte est de ne point admettre la *présence réelle* de J.-C. dans l'eucharistie. On donna, en France, le nom de *huguenots* aux disciples de Calvin, que Charles IX et Catherine de Médicis cherchèrent à exterminer dans la fameuse nuit de la Saint-Barthélemy (24 août 1572). Le calvinisme domine en Suisse, en Hollande et en Ecosse;

3o Le *Presbytérianisme*, nom que prend le calvinisme en Ecosse;

4o L'*Anglicanisme*, religion dominante en Angleterre, qui date du règne d'Elisabeth, fille de Henri VIII (1562), quoique le schisme ait éclaté sous ce dernier. Le roi en est le chef, comme le czar est en Russie le chef de l'église grecque. Bien que l'église anglicane ait adopté presque tous les dogmes de Calvin, elle a conservé beaucoup de points de ressemblance avec le catholicisme.

PURGATOIRE. Le dogme consolant du purgatoire se retrouve dans les traditions de presque tous les peuples, car chez tous les peuples, les vivants ont la sainte et belle pensée de prier pour les morts. Chez les juifs, l'enfant doit, pendant un an, réciter une certaine prière pour l'âme de son père. Les musulmans ont un lieu intermédiaire entre le paradis et l'enfer.

L'Eglise ne s'explique pas sur la nature des peines que subissent les âmes dans le purgatoire.

PYRAMIDES. Les pyramides étaient des monuments gigantesques, construits en Egypte dans des temps très-reculés, et consacrés à la sépulture des rois ou des animaux sacrés. Suivant une opinion toute moderne, les pyramides auraient été bâties pour arrêter l'envahissement des sables du désert; mais il est plus probable que ces masses énormes, que l'on aperçoit à une distance de 10 à 15 lieues, servaient à guider les caravanes du désert ou les navigateurs du Nil. Toutes ces opinions prouvent que la véritable destination des pyramides est encore inconnue.

La plus célèbre est celle de Chéops; elle a 150 mètres de hauteur. C'est le monument le plus élevé du globe.

PYRRHONIEN. On nomme ainsi tout partisan de la doctrine de *Pyrrhon*, philosophe grec, qui niait que l'homme pût atteindre à la vérité. Suivant les pyrrhoniens ou sceptiques, tous les êtres organisés, dans la nature, sont soumis à un renouvellement continuel, on ne peut donc pas les connaître; parmi les hommes, on rencontre à chaque pas erreurs, contradictions de l'esprit, illusions des sens, etc., la recherche de la vérité ne s'appuie donc sur rien de solide; à chaque proposition on peut opposer une proposition contraire également probable, par conséquent le sage ne doit pas porter de jugements.

Ainsi considéré, le scepticisme est la plus dangereuse des doctrines, puisqu'il aboutit à une inaction absolue et à une ignorance complète. Le scepticisme n'est admissible, comme le recommandait Descartes, que sous forme de doute *provisoire*, en ce qu'il fait de l'examen la pierre de touche de nos impressions et de nos connaissances.

Les sceptiques les plus célèbres, chez les modernes, sont Montaigne, Bayle, Hume et Kant; mais leur scepticisme diffère beaucoup du doute systématique de Pyrrhon.

PYTHAGORICIEN. V. *Métempsycose.*

PYTHIE. V. *Oracles.*

PYTHONISSE. V. *Oracles.*

QUAKERS ou **TREMBLEURS.** Secte religieuse établie principalement en Angleterre et aux Etats-Unis. Réunis dans des salles dépourvues de tout ornement, les quakers attendent avec recueillement l'arrivée de l'Esprit-Saint. Si l'un d'eux sent l'inspiration, qui s'annonce par le *tremblement* de l'inspiré, il se lève, prend la parole, et tous l'écoutent en silence.

Les quakers n'admettent aucun sacrement, ne prêtent pas serment, et sont crus sur leur simple affirmation; ils refusent de porter les armes, regardant la guerre comme une lutte fratricide, tutoient tout le monde, n'admettent aucune hiérarchie ecclésiastique, et ne se découvrent jamais, même devant le roi. Ils se distinguent, en général, par la pureté de leurs mœurs, leur probité et leur philanthropie.

QUART-D'HEURE DE RABELAIS. Moment où il faut payer son écot, par allusion à l'embarras où se trouva le spirituel auteur de *Pantagruel*, faute d'argent, dans une auberge de Lyon. On raconte qu'il disposa dans un endroit apparent de sa chambre, plusieurs petits paquets, sur lesquels il avait mis pour étiquettes: *poison pour le roi, poison pour la reine, poison pour le dauphin.* L'hôte, épouvanté de cette découverte, courut en prévenir les autorités de Lyon, qui firent conduire Rabelais à Paris par la maréchaussée. Dès qu'il fut arrivé, il écrivit son aventure à François Ier, qui en rit beaucoup, et le fit mettre sur-le-champ en liberté.

QUESTION. V. *Torture.*

QUIÉTISME. Cette doctrine qui consiste à placer la perfection chrétienne dans le repos ou l'inaction complète de l'âme, en négligeant entièrement les œuvres extérieures, a eu des partisans à toutes les époques. Son chef le plus connu est le prêtre espagnol Molinos qui, vers le milieu du XVIIe siècle, publia un livre ascétique qui idéalisait à tel point la religion, qu'elle devenait incompréhensible au vulgaire. La célèbre Mme Guyon, femme d'une dévotion extatique, adopta les idées de Molinos et écrivit sur le *quiétisme*. Fénelon, dans son *Explication des Maximes des saints*, ayant paru approuver cette doctrine, vit son livre attaqué violemment par Bossuet et censuré par le pape. L'illustre archevêque de Cambrai se soumit avec humilité, rétracta ses erreurs, et le quiétisme disparut alors presque entièrement.

RACES. Les différents peuples qui ont habité et qui habitent les cinq divisions de notre globe, peuvent se ramener aux trois grandes variétés suivantes : blanche ou *caucasique*; jaune ou *mongolique*; nègre ou *éthiopique*. La première comprend tous les peuples civilisés de la terre, qui habitent l'Europe, l'Asie occidentale, et la partie la plus septentrionale de l'Afrique. La seconde est répandue à l'orient des régions occupées par les races caucasiques; elle renferme les Kalmouks, les Lapons, les Esquimaux, les peuplades de la Sibérie orientale, les habitants des îles Philippines, Mariannes, Carolines, etc. La troisième race existe au midi de l'Atlas, et se divise en Ethiopiens, Cafres et Hottentots.

Buffon voulant prouver que toute la grande famille humaine, malgré les diversités apparentes qu'elle présente, ne forme qu'une seule et même espèce, a dit : « L'homme, blanc en Europe, jaune en Amérique, noir en Afrique, n'est que

le même individu teint de la couleur du climat. »

RAMADAN ou RAMAZAN. Neuvième mois de l'année turque, pendant lequel les musulmans gardent l'abstinence la plus complète, depuis le lever jusqu'au coucher du soleil ; c'est leur carême. Le jeûne du ramadan est d'une telle obligation, qu'il en coûterait la vie à celui qui oserait le rompre. Le 15 de ce mois, le sultan fait distribuer aux grands de sa cour des fioles d'eau bénite par l'immersion d'un bout du manteau de Mahomet.

Comme les mois des Turcs sont lunaires, le *ramadan* vient, tous les ans, dix jours plus tôt que l'année précédente, de sorte qu'avec le temps, ce jeûne parcourt tous les mois de l'année.

RANZ DES VACHES. Air bucolique, sans art, grossier même, que les bouviers suisses jouent sur la cornemuse, en menant leurs troupeaux paître sur les montagnes. Les effets sympathiques que cet air exerçait sur les montagnards helvétiens, l'ont rendu fameux. A l'époque où des régiments suisses étaient à la solde de la France, aucun de ces fiers soldats ne pouvait entendre ces rustiques et si connus, sans que le souvenir de ses chalets, de ses montagnes, de sa patrie, de sa famille, ne se retraçât vivement à sa pensée. Une profonde mélancolie s'emparait d'eux, bien peu y pouvaient résister. Les uns désertaient, d'autres tombaient dans une langueur profonde, et beaucoup mouraient. Dès lors, le code militaire défendit de jouer cet air, sous peine de mort.

RATAFIA. Il était d'usage, autrefois, de conclure un marché, un engagement quelconque, en prenant un petit verre de liqueur qui était versée lorsque l'acheteur avait prononcé la formule latine : *Res rata fiat* (que la chose soit ratifiée). Dans la suite, on a francisé le mot *ratafiat*, devenu le nom de la liqueur et, supprimant le *t*, on a écrit *ratafia*.

RELIGION. Bien que l'on retrouve des idées religieuses dans tous les temps et chez tous les peuples, la religion n'a point revêtu partout un caractère uniforme. A l'état de barbarie, l'homme divinisa les éléments et les forces de la nature; il adora le tonnerre, le feu, l'eau, la terre et les astres; ce fétichisme, épuré dans la suite par la civilisation grecque et romaine, et embelli par l'imagination des poètes, revêtit la forme de polythéisme connu sous le nom de paganisme. L'idée d'un seul Dieu ne s'était conservée que chez les Juifs. Enfin, le christianisme parut et vint apporter à la terre la véritable religion, fondée sur l'amour de Dieu et du prochain.

RÉPUBLIQUE FRANÇAISE. Proclamée le 21 septembre 1792, elle dura jusqu'au 18 mai 1804, époque où cette forme de gouvernement fut remplacée par l'empire. Pendant cette période, on vit se succéder la Convention (21 septembre 1792), le Directoire (26 octobre 1795), et le Consulat (11 novembre 1799). Après la chute du roi Louis-Philippe, la république fut de nouveau proclamée le 4 mai 1848, pour céder, une seconde fois, la place à l'empire, le 2 décembre 1852. Dix jours auparavant, le prince Louis Napoléon, président de la république, avait été élu empereur par 8,600,000 voix.

RESTRICTIONS MENTALES. Réserve tacite de ce que l'on pense pour induire en erreur celui à qui l'on parle, ce qui est contraire à la bonne foi. Un homme appelé en témoignage, est invité par le juge à prêter serment et à dire la vérité : Je le jure, répond-il *verbalement*; mais il ajoute *mentalement*, à part lui : *excepté ce qu'il ne me conviendra pas de dire*. Voilà une restriction mentale. « *Presque tous les serments, surtout en politique, contiennent cette restriction mentale : si vous restez ce que vous êtes.* »

(BOISTE.)

RÉVOLUTION. Les principales révolutions des temps modernes sont :

1° Celle de 1645, en Angleterre, qui amena la mort de Charles Iᵉʳ et l'établissement de la république jusqu'à la restauration du 8 mai 1660;

2° Celle de 1668, qui, dans le même pays, acheva l'expulsion de la famille des Stuarts en la personne de Jacques II, et la remplaça par la dynastie de Hanovre;

3° Celle de 1789, en France, qui substitua la république à la monarchie absolue;

4° Celle de 1830, ou *Révolution de juillet*, qui a expulsé les Bourbons de la branche aînée, et appelé sur le trône un prince de la branche cadette;

5° Celle du 24 février 1848, qui, après quatre années de gouvernement républicain, a replacé sur le trône de France la dynastie de Napoléon.

En France, la révolution de 1789 est souvent désignée par ce seul mot : *la Révolution*. C'est en effet la révolution la plus remarquable de toute l'histoire, celle qui a produit les plus grands résultats. Presque toutes nos libertés actuelles sont filles de cette révolution.

RIPAILLE (*faire*). *Ripaille* est le nom d'un célèbre château, où se retira Amédée VIII, duc de Savoie, après son abdication. La vie commode et voluptueuse que ce prince y menait, a donné naissance à l'expression proverbiale *faire ripaille*, c'est-à-dire, faire grande chère.

SAISONS. La différence des saisons est due à l'inclinaison de l'axe de la terre sur le plan de l'écliptique. Si, dans sa révolution annuelle, la terre avait toujours la même inclinaison à l'égard du soleil, il n'y aurait aucun changement de saisons; les contrées polaires seraient couvertes d'une glace éternelle, et les zones tempérées jouiraient d'un printemps sans fin; mais ces climats ne verraient pas leurs fruits mûrir, et leurs plantes puiser une nouvelle vigueur dans le sommeil réparateur auquel les condamne le froid des hivers.

SALIQUE (*loi*). Code des Francs Saliens, dont l'article le plus fameux est celui qui confère aux mâles seuls le droit de succéder à la *terre salique*, fief donné au guerrier en récompense de ses services. En 1316, à la mort de Louis le Hutin, cet article, qui ne concernait que la propriété particulière, fut appliqué, pour la première fois, à la succession à la couronne de France, et depuis a été reçu en ce sens, comme une des lois fondamentales de la monarchie.

SATURNALES. Fêtes romaines qu'on célébrait tous les ans en l'honneur de Saturne, les 16, 17 et 18 décembre. Elles furent, dit-on, établies en mémoire de l'égalité qui régnait parmi les hommes du temps de Saturne, alors que, chassé du ciel par son fils Jupiter, il vint habiter le Latium, dont il civilisa les peuples, et où il fit fleurir l'*âge d'or*. (V. *Ages.*) La liberté la plus entière régnait dans ces solennités, et on se livrait à toutes sortes de réjouissances. Les esclaves commandaient, prenaient les habits de leurs maîtres, et se faisaient même servir par eux. Les excès auxquels on s'abandonnait ont fait donner le nom de *Saturnales* aux temps de licence et de désordre. *Les jours du carnaval des chrétiens sont de véritables saturnales.*

SATYRES. V. *Divinités secondaires.*

SCEPTIQUE. V. *Pyrrhonien.*

SCYLLA. V. *Charybde.*

SÉNAT (du latin *senex*, vieillard). Les sénats les plus célèbres sont, chez les anciens, celui des Juifs, connu sous le nom de *Sanhédrin*; ceux de Sparte, d'Athènes, de Carthage, et enfin celui de Rome, le plus important de tous, et qui, après avoir été pris par Cinéas pour une assemblée de rois, descendit sous les empereurs au dernier degré d'avilissement.

Chez les modernes, on connaît surtout le sénat de Venise, celui des États-Unis, et celui de France, appelé *sénat conservateur*, créé le 24 décembre 1799. Il avait pour mission de veiller à la conservation des lois votées par le *corps législatif*, qu'il pouvait dissoudre. Il subsista sous l'empire, mais perdit son indépendance, et s'avilit par la complaisance avec laquelle il sanctionna tous les décrets impériaux. Il fut remplacé, en 1814, par la chambre des pairs; rétabli en 1852, le sénat aujourd'hui sanctionne les lois proposées par le Conseil d'État et votées par la chambre représentative.

SENSITIVE. Cette plante, qu'on nomme aussi *acacia pudique*, doit son nom à ses propriétés singulières. Au moindre attouchement, on voit ses rameaux articulés fléchir, se rapprocher de leurs tiges, et toutes ses folioles se coucher les unes contre les autres, et s'éloigner, comme par pudeur, de l'objet qui les a touchées. Le soir, ou quand le soleil se couvre, elle plie également ses rameaux, ses feuilles, et semble tomber endormie, puis elle se relève et s'épanouit avec le retour du jour. Aussi son nom est-il, en poésie, le symbole de la sensibilité, de la tendresse, de la timidité.

SENSUALISTE. V. *Matérialiste.*

SEPTANTE (*version des*). V. *Bible*

SEPTEMBRISADE. Ces massacres eurent lieu dans les funestes journées des 2, 3, 4 et 5 *septembre* 1792, pendant lesquelles trois cents hommes au plus en égorgèrent près de dix mille dans les prisons de Paris. Les victimes étaient principalement des nobles et des prêtres; la princesse de Lamballe périt dans ces journées, et sa tête fut promenée dans les rues au bout d'une pique. Les massacres de septembre dont on n'a jamais bien connu le premier instigateur, eurent lieu à la nouvelle de l'entrée des Prussiens en Champagne, sous le prétexte atroce de ne laisser aucun ennemi à l'intérieur, en marchant aux frontières. On nomma *septembriseurs* ceux qui accomplirent ces horribles massacres.

SERFS. Au moyen-âge, on donna le nom de *serfs* aux hommes qui, sans être complétement en état d'esclavage, étaient obligés de cultiver une terre déterminée, sans pouvoir la quitter, et sous la condition d'une *redevance*. Attachés à cette terre qu'ils arrosaient de leurs sueurs, on les vendait avec la terre elle-même. De là leur nom de *serfs attachés à la glèbe*.

A une certaine époque, les serfs purent racheter leur liberté. Cette émancipation fut puissamment favorisée par l'affranchissement des communes et par les croisades; mais elle ne devint complète qu'à la révolution de 1789. Le servage existe encore en Russie et en Pologne sur une grande partie des terres.

SIBYLLE. V. *Oracles.*

SILHOUETTE. Contrôleur des finances en 1754, Etienne de Silhouette
commença quelques réformes, et fit
rentrer 72 millions dans le trésor. Mais
ayant voulu diminuer les dépenses personnelles du roi, et établir de nouveaux
impôts, il perdit tout crédit, et fut forcé
de quitter le ministère au bout de huit
mois. Silhouette occupa beaucoup le
public, et tout ce que la mode ordonnait, même après sa chute, était *à la
Silhouette.* On appelle encore de son
nom une manière de faire les portraits
au moyen de l'ombre que projette la
figure, par cette seule raison qu'elle fut
en vogue à cette époque.

SIRÈNES. Monstres fabuleux, moitié femmes et moitié poissons, qui, au
nombre de trois, habitaient des rochers
escarpés entre l'île de Caprée et la côte
d'Italie. Par la douceur de leur chant,
elles attiraient les voyageurs sur les
écueils de la mer de Sicile. Ulysse ayant
été insensible à leurs accents, elles se
jetèrent de dépit dans la mer.

Ce mot se dit d'une femme qui chante
très-bien, qui séduit par ses attraits,
par ses manières insinuantes : *Elle a
une voix de sirène; c'est une sirène.*
Mais il se prend le plus souvent en
mauvaise part, pour désigner une personne qui, par une douceur feinte,
voudrait attirer dans un piège : *Défiez-
vous de cette femme, c'est une sirène.*

SOLÉCISME. On parlait fort mal le
grec à *Soles,* ville de Cilicie, fondée par
les Athéniens. Du nom de ses habitants
est venu notre mot *solécisme.* Ainsi ce
mot qui signifiait primitivement *parler
le grec comme un habitant de Soles,*
c'est-à-dire le mal parler, signifie, dans
notre langue, manquer aux règles de la
grammaire.

SOLEIL. Le soleil est le centre de
notre système planétaire, et le régulateur du mouvement de la terre et des
autres planètes. Source de chaleur
et de lumière, il est le principe vivifiant
de tous les êtres organisés. Les plus savants astronomes lui attribuent un
noyau solide, obscur et peut-être habité, entouré d'une atmosphère lumineu-

se. La distance du soleil à la terre est
d'environ 38 millions de lieues ; sa lumière nous arrive en 8 minutes 13 secondes. Il est 1,400 mille fois plus grand
que la terre. Avant Copernic, on faisait
tourner le soleil avec tout le ciel autour de la terre ; on sait aujourd'hui
que c'est la terre qui tourne, et que le
soleil est une étoile fixe.

Le soleil a été l'objet de l'adoration
de la plupart des peuples primitifs.
C'était le *Baal* des Chaldéens, l'*Osiris*
des Egyptiens, le *Mithra* des Perses,
l'*Apollon* des Grecs et des Romains, etc.
Les Européens ont trouvé le culte du
soleil établi au Pérou. En effet, la beauté de cet astre et, plus encore, son immense et bienfaisante influence, a dû
frapper de bonne heure l'imagination
des peuples que la révélation n'avait
point éclairés.

SON. Quand un corps sonore a été
frappé, ses molécules éprouvent aussitôt un mouvement de *vibration* ou d'*ondulation.* L'air qui environne ce corps
participe à ce mouvement, et forme autour de lui des *ondes* qui ne tardent
pas à parvenir à l'oreille. L'air est donc
le principal véhicule du son, mais les
liquides et les solides le transmettent
avec plus de rapidité ; aussi a-t-on l'habitude de se coucher à terre quand on
veut reconnaître un bruit que l'oreille
ne perçoit pas encore étant debout. Le
son ne se transmet pas dans le vide, et
son intensité augmente ou diminue en
même temps que la densité du milieu
qui le transmet. De Saussure raconte
qu'au sommet du Mont-Blanc, où l'air
est très-raréfié, un coup de pistolet ne
fait pas plus de bruit qu'un coup de
fouet dans la plaine.

La vitesse du son dans l'air est d'environ 340 mètres par seconde. Si un
bruit, produit dans le soleil, pouvait se
faire entendre à la terre, il mettrait 14
ans pour parvenir à nos oreilles.

Lorsque les ondes sonores rencontrent un obstacle fixe, elles se réfléchissent de telle sorte que l'*angle de réflexion* est égal à l'*angle d'incidence.*
C'est sur cette propriété qu'est fondée la
théorie des échos. (*V.* ce mot.)

40.

SORBONNE. Établissement fondé par Robert de Sorbon, chapelain et confesseur de saint Louis, pour faciliter aux pauvres les études théologiques. Ce collége devint un des plus célèbres du monde, et produisit, dans tous les temps, un si grand nombre d'habiles théologiens, qu'il donna son nom à tous les membres de la faculté de théologie, qui prenaient le titre de docteurs et de bacheliers de Sorbonne, quoiqu'ils n'appartinssent pas à cette maison. Les décisions des docteurs de Sorbonne étaient regardées comme des oracles en matière de foi. Aujourd'hui la Sorbonne est le siège de l'université, où de savants professeurs font des cours publics sur les lettres, les sciences et la théologie.

SPHINX. Monstre fabuleux, d'origine égyptienne, que la mythologie place sur la route de Thèbes. Il proposait des énigmes aux passants et dévorait sur-le-champ ceux qui ne les devinaient pas. Ayant proposé la suivante à Œdipe : *Quel est l'animal qui marche à quatre pieds le matin, à deux à midi et à trois le soir ?* Œdipe reconnut sous ces paroles l'emblème de l'enfance, de la virilité et de la vieillesse de l'homme. Le monstre furieux se précipita dans la mer.

SPIRITUALISME. V. *Matérialiste.*

STALACTITE. Ces concrétions pierreuses sont formées par l'action des eaux, qui, après avoir suinté à travers le sol, arrivent à une cavité souterraine, et déposent à la voûte les molécules calcaires qu'elles tiennent en dissolution. Si, par la chute de ces eaux, la concrétion se forme sur le sol, elle prend le nom de *stalagmite.* Quelquefois les unes et les autres se réunissent et forment des piliers qui grossissent graduellement et finissent par combler les cavités qui les renferment. Les *stalactites* présentent l'aspect le plus curieux et le plus bizarre, surtout lorsqu'on pénètre, une torche à la main, dans les grottes qui les renferment.

Parmi les grottes à stalactites, on cite principalement en France celles d'Arcy, en Bourgogne.

STALAGMITE. V. *Stalactite.*

STENTOR. *Guerrier à la voix d'airain,* selon l'expression d'Homère, dont la voix était aussi bruyante que celle de cinquante hommes. Il servait, dit le poète, de trompette à toute l'armée des Grecs, lors du siége de Troie. Ayant voulu lutter contre les poumons immortels et infatigables de Mercure, ses efforts furent vains, et il perdit là vie dans ce nouveau genre de combat. On dit quelquefois à tort *une voix de centaure.*

SYBARITE. Habitant de Sybaris, ville de l'Italie méridionale ; cette ville s'était laissé corrompre par ses richesses. Son nom est resté immortalisé pour ses vices, et la mollesse de ses habitants a passé en proverbe jusqu'à nos jours. Les Sybarites n'étaient occupés que de festins, de jeux, de spectacles et de parties de plaisir. Ils récompensaient magnifiquement les cuisiniers qui réussissaient à faire de nouvelles découvertes dans le grand art de flatter le goût et de satisfaire le palais. Ils portaient si loin le raffinement de la mollesse, qu'ils bannirent les coqs de peur d'en être éveillés, et qu'ils écartèrent sévèrement de leur ville tous les artisans qui faisaient trop de bruit en travaillant. On rapporte qu'un Sybarite suait à grosses gouttes en voyant un esclave qui fendait du bois, et qu'un autre se plaignit d'avoir passé toute une nuit sans dormir, parce que, parmi les feuilles de roses dont son lit était semé, il y en avait une qui s'était pliée en deux. Le mot *sybarite* se dit aujourd'hui d'un homme qui mène une vie extrêmement molle et voluptueuse.

SYLVAINS. V. *Divinités secondaires.*

TARENTULE. Araignée fort commune aux environs de Tarente ; sa piqûre passait autrefois pour être très-dangereuse ; il est reconnu maintenant qu'elle n'a rien de grave. La maladie réelle ou imaginaire qu'elle occasionnait, était, dit-on, caractérisée par un désir extrême de danser au son des instruments. D'autres pensent que le *tarentisme* était une affection consistant en une somnolence qui ne pouvait être combattue que par la musique et la danse. De là vient qu'on dit de quelqu'un qui se donne du mouvement, qui s'agite beaucoup : *Il a été piqué de la tarentule.*

TÉLÉGRAPHE. On distingue le télégraphe aérien et le télégraphe électrique. La première idée de la correspondance aérienne, au moyen de signaux, paraît due au physicien français Amontons, qui vivait vers la fin du XVIIe siècle; mais ce sont les frères Chappe, qui, vers 1792, s'emparèrent de cette ingénieuse idée, la perfectionnèrent et la rendirent d'une facile application. La Convention nationale, comprenant toute l'utilité de cette invention, décréta, le 4 août 1793, l'établissement d'une ligne télégraphique de Paris à Lille. De nouvelles lignes rayonnèrent bientôt dans d'autres directions. Depuis l'établissement des chemins de fer, la télégraphie électrique a remplacé presque partout la télégraphie aérienne. Elle se compose d'aiguilles aimantées, adaptées à un cadran sur lequel sont figurées les lettres de l'alphabet ou des signes conventionnels. Ce cadran, placé au point de départ, correspond, au moyen de fils électriques, avec un autre cadran placé au point d'arrivée, et en tout semblable au premier. Au moyen d'un appareil galvanique, tous les mouvements que la main imprime aux aiguilles d'un cadran se reproduisent instantanément sur l'autre cadran, à quelque distance qu'il soit placé.

Le télégraphe sous-marin ne diffère du télégraphe électrique qu'en ce que les fils sont plongés au fond de la mer, et préservés de l'humidité par un enduit résineux appelé *gutta-percha.*

TERREUR PANIQUE. V. *Panique.*

TIERS-ÉTAT (*tiers*, troisième) Nom donné en France à la classe bourgeoise, par opposition à la noblesse et au clergé, qui formaient les deux premières classes. Les députés de ces trois ordres réunis, formaient, en langage politique, les États-Généraux, qui étaient convoqués par le roi dans les circonstances difficiles; mais le Tiers-État ne commença à y avoir voix délibérative que sous Philippe-le-Bel, en 1302. Les principales réunions des États-Généraux furent celles :

1º De 1302, afin d'examiner les prétentions du pape Boniface VIII sur le gouvernement temporel de la France;

2º De 1308, au sujet de l'abolition de l'ordre des templiers;

3º De 1317, pour le couronnement de Philippe V (1re *application de la loi salique*);

4º De 1356, pendant la captivité du roi Jean;

5º De 1380, pour l'établissement de la régence pendant la minorité de Charles VI;

6º De 1484, pour déclarer la majorité de Charles VIII;

7º De 1576 et 1588, dite *États de Blois*, au sujet des troubles excités par la Ligue;

8º De 1593, pour exclure Henri IV du trône;

9º De 1614, au moment de la majorité de Louis XIII;

10º Enfin, de 1789, à Versailles, sous le nom d'*Assemblée nationale.*

Ainsi les États-Généraux ne furent pas convoqués une seule fois sous le règne des rois Louis XIII, Louis XIV et Louis XV, c'est-à-dire pendant un espace de cent soixante-quinze ans.

On connaît la fameuse brochure que publia Siéyès, au commencement de 1789, sous ce titre : *Qu'est-ce que le Tiers-État? Tout. — Qu'a-t-il été jusqu'ici? Rien. — Que demande-t-il? Devenir quelque chose.* Aux États-Généraux de 1789, on vit siéger Mirabeau, Siéyès, Bailly, Barnave, Pétion, les frères Lameth, Duport, Maury, Cazalès, Lafayette, etc.

TORTURE, QUESTION. On entend par ces mots les supplices accessoires qu'on infligeait à certains condamnés avant leur exécution, ou à des accusés, pour les forcer à avouer leur crime ou à nommer leurs complices. Les instruments les plus usités pour la torture étaient les verges, la roue, le chevalet, etc. On brûlait les extrémités des membres; on arrachait les ongles; on chaussait les pieds de brodequins, que l'on serrait graduellement à l'aide de coins; on coulait du plomb fondu dans les oreilles du patient. Le bourreau était assisté d'un médecin, qui avertissait le magistrat présidant à la torture, du moment où le patient ne pourrait continuer à supporter l'épreuve, sans risque de la vie. L'histoire de la torture montre un grand nombre d'innocents qui, ne pouvant résister à la douleur, périrent victimes d'un aveu fait au milieu des tourments.

Cet atroce supplice a existé chez les Juifs, les Egyptiens, les Grecs, les Romains, en un mot, chez tous les peuples anciens. En France la question préparatoire fut abolie par le roi Louis XVI, mais la torture après la condamnation ne le fut que par la Révolution.

TRAITE (*des noirs*). Ce trafic odieux consistait à acheter sur les côtes occidentales de l'Afrique, des nègres, qui se trouvaient par cela même réduits en esclavage, et qui étaient revendus dans les colonies, principalement en Amérique. La traite des noirs, qui fut inaugurée dans le XIVᵉ siècle par les Portugais, prit des proportions considérables dès la découverte du Nouveau-Monde; elle fut autorisée en Angleterre, par la reine Elisabeth, et, en France, sous Louis XIII. Les nègres étaient transportés sur des bâtiments particuliers appelés *négriers*. Ce n'est qu'au commencement de notre siècle que ce commerce infâme souleva l'indignation générale; le Danemark, l'Angleterre, la France, et, plus tard, l'Autriche, la Prusse et la Russie, défendirent successivement à leurs nationaux la traite des noirs, et, aujourd'hui, des croisières permanentes établies sur les côtes d'Afrique par la France et l'Angleterre, rendent la *traite* sinon impossible, du moins fort difficile et fort dangereuse pour ceux qui oseraient encore s'y livrer.

TRAMONTANE (*perdre la*). Avant la découverte de la boussole, les marins qui voyageaient dans la mer Méditerranée, s'orientaient à l'aide de l'*étoile polaire*, située au nord, au-delà des monts (*les Alpes*). Ils appelaient cette étoile *tramontane*, mot qui signifie littéralement *au-delà des monts*. Dès qu'ils la perdaient de vue, c'est-à-dire dès qu'ils avaient *perdu la tramontane*, ils n'avaient plus rien pour s'orienter, et ignoraient complétement où ils étaient. De là est venue l'expression *perdre la tramontane*, qui veut dire: se troubler, perdre la tête, ne savoir plus ce qu'on fait ni ce qu'on dit. Le peuple dit à tort *perdre la trémontade*.

TRICOLORE. L'origine des trois couleurs qui figurent dans notre drapeau national, remonte à l'année 1789. Pour cimenter la bonne intelligence entre le roi et la ville de Paris, dans la journée où, suivant le mot heureux de Bailly, *Paris reconquit son roi*, on réunit à la couleur blanche, qui était celle de la royauté, le bleu et le rouge, couleurs qui figuraient dans les *armes de la ville de Paris*.

TRITONS. V. *Divinités secondaires*.

TRIUMVIRAT. Cette association de trois citoyens puissants, qui se réunissaient pour envahir illégitimement toute l'autorité, se rencontre deux fois dans l'histoire romaine. Le premier triumvirat fut celui de César, Pompée et Crassus; le second, celui d'Octave, Marc-Antoine et Lépide. Ce dernier n'ayant joué aucun rôle dans ce fameux triumvirat, on donne quelquefois le nom de Lépide à un homme faible, insignifiant, quand il fait partie d'une association commerciale.

Sous la première république française, le consulat, partagé entre Bonaparte, Cambacérès et Lebrun, était un véritable triumvirat dont Lebrun fut le Lépide.

TROMBE. Amas de vapeurs semblables à un nuage fort épais, mû en tourbillon par le vent, tournant sur lui-même avec une très-grande vitesse, s'allongeant de bas en haut ou de haut en bas, en forme de cylindre ou de cône renversé, et capable d'engloutir des navires, d'abattre des maisons, de déraciner des arbres, etc. Ce phénomène n'a pu encore être expliqué d'une manière satisfaisante; les trombes se présentent dans tous les lieux, sur la mer, les lacs, les rivières, dans les déserts et sur les terres habitées. On se rappelle encore la trombe qui désola la vallée de Monville, près de Rouen, en 1845. Les marins redoutent beaucoup les trombes, quelquefois on tire sur elles un coup de canon à boulet pour les crever.

TROPIQUES. C'est entre les deux tropiques que s'effectue le mouvement annuel apparent du soleil autour de la terre. Les *régions tropicales*, ou *intertropicales*, sont les contrées les plus chaudes du globe ; elles forment la *zone torride*. On n'y remarque pas les alternatives de chaud et de froid, qui se font sentir dans nos climats, et qui déterminent le changement des saisons ; la chaleur y est toujours, à peu de chose près, la même, et constitue la saison sèche, qui dure une grande partie de l'année ; il y a aussi la saison des pluies. Par analogie, on appelle *chaleur tropicale* une chaleur très-forte.

On connaît les cérémonies grotesques du *baptême* que les marins administrent à ceux qui passent pour la première fois sous le tropique.

TROUBADOURS. Il ne faut pas confondre les *troubadours* avec les *trouvères*. Les premiers, répandus dans le midi de la France, couraient de châteaux en châteaux pour y chanter leurs poëmes, consistant en sonnets, pastorales, chansons, nouvelles sur l'amour et la chevalerie. Ils nommaient leur art la *gaie science*. Les *trouvères*, poëtes du nord de la France, et particulièrement de la Picardie, se livraient de préférence à la poésie épique. Ils ont admirablement réussi dans la grande épopée et dans les fabliaux, qui sont souvent chez eux des chefs-d'œuvre d'originalité, de naïveté et de gaîté. On leur doit les romans de chevalerie en prose. L'œuvre principale qui nous reste des *trouvères*, est le fameux *Roman de la Rose*, de Guillaume de Lorris. Les *troubadours* parlaient la langue d'*oc*, et les *trouvères* la langue d'*oïl* ; mais ce qui distinguait principalement leurs écrits, c'étaient les voyelles *ou* et *eu*, dont on trouve, du reste, la distinction dans les appellations *troubadours* et *trouvères*,

ou mieux *trouveurs*. V. *Oc* (langue d').

TROUVÈRES. V. *Troubadours.*

ULTRAMONTAIN. V *Gallican.*

UNIVERSITÉ. Le corps célèbre connu sous le nom d'*Université de Paris*, date de l'an 1200, et fut institué par le roi Philippe-Auguste. L'Université posséda, dès l'origine, de grands priviléges : elle avait seule le droit d'enseigner ; elle n'était pas soumise aux juges ordinaires, et avait sa juridiction particulière. A différentes époques, elle prit une grande part aux affaires publiques ; quelquefois même elle résista aux rois qui violaient ses priviléges, mais le plus souvent elle prêta son appui au pouvoir royal ; elle reçut en retour le nom de *fille aînée des rois*, et, dès lors, prit rang après les princes du sang. En théologie, elle défendit constamment les libertés gallicanes, et professa les plus saines doctrines. Son siége principal est la Sorbonne, ainsi que le collége de France. Elle eut, à différentes reprises, de longues luttes à soutenir contre certains ordres religieux, auxquels elle contestait le droit d'enseigner concurremment avec elle. Supprimée en 1790, elle fut réorganisée en 1808 par l'empereur Napoléon, qui lui donna pour chef un grand-maître. Aujourd'hui l'Université est subdivisée en 16 académies, dont chacune est administrée par un recteur. Le chef suprême de l'université est le ministre de l'instruction publique.

VACCIN. Jenner, médecin anglais, avait observé que, dans les campagnes, les personnes chargées du soin de traire les vaches, étaient, en général, préservées de la petite vérole. Ayant examiné le pis d'une vache, il y remarqua une affection pustuleuse et contagieuse, particulière à ces animaux ; il en conclut que c'était l'inoculation accidentelle du virus contenu dans ces pustules, qui préservait les filles de ferme de la petite vérole. Dès lors le vaccin (du latin *vacca*, vache) était découvert, et Jenner pouvait être compté au nombre des plus grands bienfaiteurs de l'humanité. Il avait fait sa découverte dès 1776, mais il ne la rendit publique qu'en 1796, après l'avoir confirmée par vingt années d'observations et de recherches. Le parlement anglais, pour reconnaître l'immense service que Jenner avait rendu, en livrant un secret qui eût pu lui être si lucratif, lui décerna une récompense nationale de 500,000 francs.

Cette précieuse découverte, comme toutes les idées nouvelles, fut d'abord combattue par les préjugés, et l'on vit des mères ne présenter leurs enfants à la vaccine que par l'appât d'une prime promise par l'autorité. Aujourd'hui la vaccine est appréciée comme elle le mérite, et, depuis quelques années, on la pratique chez tous les peuples civilisés.

VAPEUR. A la surface de la terre, une goutte d'eau réduite en vapeur occupe un volume 1,700 fois plus considérable qu'à l'état liquide ; il en résulte une force d'expansion immense qui a été mise à profit comme force motrice, et a reçu les applications les plus importantes dans les arts, l'industrie, la navigation, etc. A 80° Réaumur, la vapeur d'eau soulève la masse d'air qui pèse sur la surface du liquide, et qui équivaut à un poids de 17,000 kilogrammes ; à 97°, cette force est déjà doublée, elle est triplée à 113°, et ainsi de suite, la force de la vapeur augmentant à peu près d'une atmosphère par 17° de plus de température. Ainsi une machine de la force de dix atmosphères est mue par de la vapeur d'eau chauffée à 233 degrés. On appelle *machines à basse pression* celles qui emploient la vapeur à deux atmosphères ; avec une atmosphère de plus, elles sont à *moyenne pression*, et pour toutes celles qui sont à plus de trois atmosphères, on les dit à *haute pression*.

Salomon de Caus eut, dès 1615, l'idée d'employer la vapeur comme force motrice. Vint ensuite Denis Papin, également français, qui imagina la première machine à piston ; enfin, l'anglais James Watt éleva cet appareil à un tel degré de perfection, qu'on peut, à juste titre, lui rapporter le premier mérite de l'invention.

VASISTAS. Ce mot vient de l'allemand *was ist das*, qu'est cela ? exclamation probable d'un allemand, à la vue de cette sorte de vitre qui s'ouvre et se ferme à volonté.

VAUDEVILLE. Olivier Basselin, ouvrier foulon de Vire, en Basse-Normandie, composait, vers 1450, des chansons satiriques, qui coururent bientôt le *val* ou *vau de Vire* (vallon de Vire), et s'appelèrent ainsi pendant un certain temps.

En s'éloignant du lieu de sa naissance, le nom dégénéra en *vaudeville*. Les premiers *vaux-de-Vire* furent des chants bachiques, que la science des buveurs rendit bientôt caustiques et malins.

VENDETTA. Les mœurs corses sont une espèce de phénomène au milieu de l'Europe moderne. Un Corse qui a une injure à venger, est en *vendetta* ; il prévient son ennemi qu'à dater de tel jour, il cherchera l'occasion de le tuer. Un premier meurtre engendre des assassinats réciproques, en sorte que des familles entières vivent dans un état continuel d'inimitié et d'hostilité. La *vendetta* est la plaie de la Corse. On retrouve ce barbare usage à toutes les époques de civilisation peu avancée, où la force l'emporte sur le droit. Le massacre des Sichemites par les fils de Jacob fut une *vendetta*.

VENT. Tant que la densité de l'air est égale partout, l'équilibre n'est point troublé, et l'air ne se met point en mouvement. Mais s'il devient plus léger sur un point, il s'élève, et les couches plus denses qui se précipitent pour remplir le vide ainsi formé, donnent naissance à des *courants aériens*, connus sous le nom de *vents*. Leur cause vient, en général, de la différence de température sur deux points du globe. Si, de deux contrées voisines, l'une est plus échauffée que l'autre, il y a un vent inférieur qui va des parties plus froides vers le point échauffé, et un courant supérieur qui se dirige du point échauffé vers les parties plus froides. En effet, ouvrez, en hiver, une chambre chauffée qui donne dans une pièce froide, et placez deux bougies allumées au haut et au bas de la porte, la direction des flammes fera voir un courant d'air froid qui entre par le bas dans la chambre, et un courant supérieur d'air chaud qui en sort.

Les girouettes nous indiquent la direction des courants inférieurs, les nuages celle des vents élevés. Dans les pays de montagnes, les vents sont plus violents, de même que l'eau d'un fleuve offre, à pente égale, des courants plus rapides sur un lit hérissé de rochers que sur une surface unie.

VESTALES. Jeunes filles qui, chez les Romains, entretenaient jour et nuit le feu sacré sur l'autel de Vesta; elles étaient tenues de garder la chasteté tout le temps de leur ministère. Celle qui violait son vœu, ou qui laissait éteindre le feu sacré, était enterrée vive. En revanche, les vestales jouissaient de grands privilèges : elles étaient crues sans serment en justice; leur présence sauvait la vie au condamné qu'elles rencontraient par hasard. On les choisissait le plus souvent dans les premières familles romaines, et on les consacrait au culte dès leur plus jeune âge.

VÉTO. Le mot véto, d'un mot latin qui signifie *j'empêche*, est la formule qu'employaient, à Rome, les tribuns du peuple, pour s'opposer à un décret du sénat. Il s'est dit particulièrement en France du *véto* suspensif que la constitution de 1791 accordait au roi. L'effet de ce refus temporaire ne s'étendait qu'à deux législatures; si la troisième reproduisait le décret présenté par les deux précédentes, il devenait loi de l'Etat, sans avoir besoin d'être sanctionné. Louis XVI ayant apposé son véto aux décrets des 17 et 29 novembre contre les prêtres et les émigrés, le peuple de Paris lui donna, ainsi qu'à la reine, les noms injurieux de *monsieur* et *madame Véto*.

VIPÈRE. Parmi les nombreuses espèces de serpents, il n'y a guère de venimeux que la *vipère*, serpent à couleur brune et roussâtre, qui habite l'Europe méridionale et tempérée; et le *crotale*, vulgairement appelé serpent à sonnettes, qui habite les lieux marécageux de l'Amérique. La violence du venin inoculé par ce dernier est telle, qu'elle suf-

fit pour faire mourir en moins d'une heure un homme, un animal de forte taille. Un préjugé sans fondement prête à la langue de ces reptiles la vertu de lancer le venin, et a fait prendre à tort la langue de vipère pour l'emblème de la calomnie. Ce venin est contenu dans plusieurs petits crochets situés sous la langue, ou au-devant de la mâchoire supérieure. Aussitôt après la morsure, il faut se hâter de laver la plaie avec de l'eau salée, et d'y appliquer un fer incandescent.

VITESSE. Celle du cheval au trot est de 12 kilomètres à l'heure, et de 40 au galop. La vitesse ordinaire d'une locomotive est de 40 kilomètres; sa plus grande, de 80. L'oiseau, dans son vol le plus rapide, parcourt 80 kilomètres par heure; le vent le plus violent, 160. La vitesse d'un boulet de canon est de 1000 mètres, et celle du son, de 340 par seconde. La terre, en tournant sur elle-même, parcourt, en une heure, 1666 kilomètres. La lumière du soleil nous arrive en 8 minutes 13 secondes. Pour faire le tour de la terre, un homme, en marchant sans s'arrêter, à raison de 5 kilomètres par heure, emploierait 11 mois, et une locomotive 21 jours.

VIVIPARE. Suivant leur mode de production, on peut diviser les animaux en deux grandes classes : les ovipares (de *ovum*, œuf, et *pario*, je produis), qui pondent des œufs, et les vivipares (de *vivus*, vivant, et *pario*), qui mettent au monde leurs petits tout vivants. Ceux-ci sont aussi nommés mammifères (de *mamma*, mamelle, et *fero*, je porte), animaux à mamelles. Sont ovipares : tous les oiseaux, excepté la chauve-souris; tous les poissons excepté la baleine; tous les reptiles excepté la vipère. Dans ce dernier cas, les œufs sont brisés, et l'éclosion s'opère dans l'intérieur même de l'animal. On s'explique ainsi que, bien que vivipare, la vipère n'ait pas de mamelles. Parmi plusieurs particularités remarquables, le puceron offre celle-ci : vivipare en été, il devient ovipare à la fin de l'automne. La science a reconnu, dans ces derniers temps, que tous les animaux proviennent d'un œuf. La différence n'existe que dans le mode d'incubation et le moment de l'éclosion ; tous les fruits proviennent aussi d'un ovaire ou œuf.

VOLCAN. La forme des volcans est celle d'un cône tronqué, terminé par une ouverture circulaire. Cette bouche par où ils vomissent leurs feux, a quelquefois une demi-lieue d'ouverture. Comme spectacle, l'éruption d'un volcan est ce qu'il y a de plus grand et de plus majestueux ; mais c'est aussi ce qu'il y a de plus terrible. Tout alors est bouleversé dans la contrée ; la force de l'explosion est si violente, qu'elle produit, par sa réaction, des secousses assez fortes pour ébranler et faire trembler la terre, agiter la mer, renverser les monts les plus élevés, détruire les villes et les édifices les plus solides, à des distances même très-considérables. Le tremblement de terre qui détruisit Lisbonne en 1755, et qui fut dû à une éruption volcanique, est le plus désastreux dont on ait gardé le souvenir. L'an 79 de J.-C., une terrible éruption du Vésuve renversa en partie, puis ensevelit Herculanum, ville située entre Naples et Pompéi. Ses débris, placés sous la ville moderne de Portici, furent découverts, en 1713, par un paysan qui creusait un puits. Des fouilles, habilement dirigées, ont fait retrouver la ville presque tout entière ; les découvertes qu'on y fait encore aujourd'hui fournissent des détails précieux sur les connaissances que les anciens avaient dans les arts. Le peu de cadavres qu'on y trouva est une preuve que les habitants avaient eu, presque tous, le temps de s'enfuir.

Il existe sur certains points du globe des volcans éteints depuis des siècles. Il n'est pas rare qu'un volcan demeure pendant des années dans un calme si profond, qu'on douterait même de son existence. Tout à coup le volcan se réveille ; le cratère s'ouvre avec un éclat dont une forte décharge d'artillerie peut à peine donner une idée ; et vomit des torrents de laves embrasées. Quelques volcans lancent des jets d'eau bouillante, d'autres de la boue, du soufre, de l'air, des gaz inflammables, etc.

Certains terrains du centre et du midi de la France sont volcaniques.

On a longtemps erré sur la cause des volcans ; on les explique aujourd'hui, ainsi que les tremblements de terre et la formation des montagnes, par l'action de la chaleur centrale, qui, soulevant inégalement l'écorce du globe, se fait jour en certains points, et produit ainsi les éruptions volcaniques.

VULGATE. V. *Bible.*

ZOÏLE. Ancien critique d'Homère, qui a rendu son nom ridiculement célèbre par l'amertume et l'injustice de ses censures contre le chantre d'Achille. Ce nom est resté synonyme de critique envieux et partial ; on l'oppose à celui d'Aristarque, grammairien célèbre de l'école d'Alexandrie, qui soumit l'Iliade et l'Odyssée à la critique la plus sévère, mais la plus impartiale ; aussi ce nom est-il resté comme le type du critique.

DICTIONNAIRE

DES

LOCUTIONS LATINES.

———

LOCUTIONS ET TRADUCTION.	APPLICATION
Ab absurdo. (*Par, d'après l'absurde*).	*En géométrie, on démontre souvent* ab absurdo (rare).
Ab hoc et ab hac. (*A tort et à travers*).	*Parler* ab hoc et ab hac.
Ab irato. (*Par un mouvement de colère*).	*Ne prenez aucune résolution* ab irato. — *Faire son testament* ab irato.
Ab ovo. (*Dès l'œuf, dès l'origine*).	Par allusion à cet usage des Romains de commencer les repas par des œufs, ou, selon d'autres, à l'œuf de Léda, que la mythologie de certains peuples supposait avoir été le commencement de toutes choses. — *Raconter une histoire* ab ovo, *c'est-à-dire depuis le commencement.*
Abyssus abyssum invocat. (*L'abîme appelle l'abîme*).	Répond à peu près à cette phrase proverbiale : *Un malheur ne vient jamais seul*; le premier semble appeler l'autre.
Ad aperturam libri. (*A livre ouvert*).	*Peu de personnes sont capables d'expliquer les auteurs anciens* ad aperturam libri.
Ad hoc. (*A cela, pour cela*).	*L'avocat ne trouvant pas de loi qui pût faire triompher sa cause, en forgea une* ad hoc. — *Pour traiter cette affaire délicate, je vous enverrai un homme* ad hoc, *spécial, connaissant bien la matière dont il s'agit.*
Ad hominem (*A l'homme*).	*Ne s'emploie que dans cette expression :* argument ad hominem, *raisonnement qui touche aux intérêts, à la position particulière de la personne avec laquelle on discute.*

LOCUTIONS ET TRADUCTION.	APPLICATION.
Ad honores. (Pour l'honneur, sans rétribution).	Les fonctions de maire sont des fonctions ad honores, c'est-à-dire gratuites.
Ad libitum. (Au choix, à la volonté).	L'inspecteur invita un élève à réciter ad libitum une fable de La Fontaine.
Ad litteram. (A la lettre).	Quand on cite un auteur, on doit le citer ad litteram.
Ad patres. (Vers ses pères, ses aïeux).	Aller ad patres, mourir ; envoyer ad patres, tuer. — Le lion furieux envoya l'ours ad patres. S'emploie toujours familièrement.
Ad rem. (A la chose)	Locution dont on se sert familièrement pour parler d'un raisonnement concluant et bien appliqué. Répondre ad rem, c'est-à-dire catégoriquement.
Ad unguem. (Sur le bout du doigt).	Savoir sa leçon ad unguem. Cette expression est l'équivalente de celle-ci : savoir sur le pouce ; on dit même : un homme fait au pouce, pour un homme très-bien fait.
Ad unum. (Jusqu'au dernier).	Ils y passèrent tous, ad unum (rare).
Ad usum. (Selon l'usage, la coutume).	Célébrer un anniversaire ad usum.
Ad vitam æternam. (Pour la vie éternelle).	V. In secula seculorum.
Æquo animo. (D'une âme égale ; avec courage, fermeté).	Le sage supporte æquo animo les coups de l'adversité (rare).
A fortiori. (A plus forte raison).	Sert à conclure d'un rapport du moins au plus : Si je dois obliger mon cousin, à fortiori dois-je secourir mon frère.
Alea jacta est. (Le sort en est jeté).	Paroles fameuses que prononça César avant de franchir le Rubicon, parce qu'une loi ordonnait à tout général entrant en Italie par le nord, de licencier ses troupes avant de passer ce fleuve. Cette phrase s'emploie quand on prend une décision hardie et importante, après avoir longtemps hésité.
Alpha et oméga.	Ces deux mots, qui sont empruntés à l'alphabet grec, signifient : le commencement et la fin. (Alpha étant la première lettre de l'alphabet grec et oméga la dernière). — Saint Jean dit, dans son Apocalypse, que Dieu est l'alpha et l'oméga de toutes choses. Pour exprimer que quelqu'un est entièrement étranger à une science, on dit : Il n'en sait ni l'alpha ni l'oméga.

LOCUTIONS ET TRADUCTION.	APPLICATION.
Alter ego. (*Un autre moi-même et, par ext., un autre lui-même*).	*Fiez-vous à lui, c'est un alter ego.* — *Ephestion était l'alter ego d'Alexandre.*
Aperto libro. (*A livre ouvert*).	*Traduire aperto libro.* (V. Ad aperturam libri.)
A posteriori. (*D'après les conséquences*).	Raisonner *à posteriori*, c'est argumenter d'après les conséquences nécessaires d'une proposition. — *On prouverait à posteriori que les désordres dans un Etat sont presque toujours produits par les mauvaises passions.*
A priori. (*De ce qui précède*).	Se dit principalement des raisonnements, des systèmes créés par l'imagination, au lieu d'être basés sur des faits positifs. — *La législation d'un peuple ne se forme nulle part à priori; partout elle découle des besoins de la société.*
A quia. (*A parce que*).	*Mettre quelqu'un à quia*, hors d'état de répondre. — Dans les discussions de l'école, si l'un des tenants en était réduit à chercher péniblement des raisons pour combattre son adversaire, si, par exemple, il s'arrêtait à ce mot *quia* (parce que) sans énoncer la raison qu'il voulait faire valoir, il était réduit *à quia.*
A remotis. (*A l'écart*).	*Mettre un objet à remotis.*
Asinus asinum fricat. (*L'âne frotte l'âne*).	Se dit de deux personnes qui s'adressent mutuellement des éloges outrés.
Audaces fortuna juvat. (*La fortune favorise les audacieux*).	*François Pizarre conquit le Pérou avec une poignée d'aventuriers : audaces fortuna juvat.* Crébillon a dit de même : Le succès est souvent un enfant de l'audace.
Aurea mediocritas. (*Heureuse médiocrité*).	*On doit préférer à tout l'aurea mediocritas.* Si le bonheur nous est permis, Il n'est point sous le chaume, il n'est point [sur le trône; Voulons-nous l'obtenir, amis ? La médiocrité le donne.
Bis repetita placent. (*Les choses redemandées font plaisir*).	Cette phrase trouve son application dans un grand nombre de circonstances : à table, pour redemander d'un plat; en société, pour faire répéter un couplet, etc.
Bonâ fide. (*De bonne foi*).	*Agir, se tromper bona fide.*

LOCUTIONS ET TRADUCTION.	APPLICATION.
Bono Deus. (*Bon Dieu!*).	Exclamation familière qui exprime l'étonnement, la surprise : **Bono Deus!** *que me dites-vous là?*
Bonum vinum lætificat cor hominis. (*Le bon vin réjouit le cœur de l'homme*).	Proverbe tiré des Saintes-Ecritures.
Cave ne cadas. (*Prenez garde de tomber*).	Ne s'emploie guère qu'au figuré, dans le sens de faillir, d'être dépossédé d'une position élevée : *Vous occupez un poste élevé*, **cave ne cadas** (rare).
Cedant arma togæ. (*Que les armes cèdent à la toge, à la justice*).	Le règne de la force est passé, celui du droit commence : **cedant arma togæ.**
Concedo. (*J'accorde*).	*La guerre est un mal nécessaire*, **concedo**, *mais on doit tout tenter pour l'éviter.* L'emploi de ce mot annonce une certaine affectation, une certaine pédanterie. Molière le place dans la bouche de Thomas Diafoirus.
Confiteor. (*J'avoue*).	Premier mot d'une prière, par lequel on reconnaît une faute, un tort, etc.
Consummatum est. (*Tout est consommé*).	Dernières paroles de J.-C. sur la croix. — *La bataille de Pharsale fut le* **consummatum est** *de la liberté romaine.*
Coram populo. (*En public*).	*Parler* **coram populo**, hautement et sans crainte. Cette locution avait son sens littéral à Rome, où les orateurs parlaient dans le forum, devant tout le peuple assemblé.
Cuique suum. (*A chacun le sien*).	*Il faut rendre* **cuique suum.**
Currente calamo. (*La plume courant*).	*Ecrire* **currente calamo**, c'est-à-dire rapidement et sans beaucoup de réflexion.
De auditu. (*Par ouï-dire*).	*Ne savoir une chose que de* **auditu.**
Delenda Carthago. (*Il faut détruire Carthage*).	Ces paroles, par lesquelles Caton terminait tous ses discours, s'emploient pour rendre une idée fixe que l'on a dans l'esprit, dont on poursuit avec acharnement la réalisation, et à laquelle on revient toujours : *La chute de l'empire français était le* **delenda Carthago** *de tous les discours du célèbre ministre anglais William Pitt.*
Deo gratias. (*Grâces à Dieu*).	Expression familière par laquelle on se félicite de l'achèvement d'un travail, et qui a quelque rapport avec nos locutions françaises *Dieu merci, Dieu soit loué.*

LOCUTIONS ET TRADUCTION.	APPLICATION.
De plano. (*Aisément, sans difficulté, comme de plain pied*).	*Faire une chose de plano.*
De profundis (s. ent. *clamavi*). (*Des profondeurs de l'abîme — j'ai crié*).	Premiers mots d'un des psaumes de la Pénitence. S'emploie aussi substantivement pour désigner le psaume lui-même : *dire, réciter un de profundis.*
De visu. (*Pour l'avoir vu*).	*Parler d'une chose de visu.*
Dixi. (*J'ai dit*).	Formule par laquelle on termine ordinairement l'exposé de ses preuves, un raisonnement, un plaidoyer, etc.
Doctus cum libro. (*Savant avec le livre*).	Se dit de ceux qui, incapables de penser par eux-mêmes, étalent une science d'emprunt, et puisent toutes leurs idées dans les ouvrages des autres.
Ecce homo. (*Voilà l'homme*).	Paroles ironiques que prononça Pilate devant les Juifs, lorsqu'il leur montra J.-C. ayant à la main un roseau pour sceptre, et une couronne d'épines sur la tête. On donne aussi ce nom aux tableaux qui représentent ainsi J.-C. Ces mots se disent encore, figurément, d'un homme pâle et fort maigre : *Il a l'air d'un ecce homo.* Enfin, on s'en sert familièrement pour s'annoncer soi-même en entrant dans une maison où l'on est attendu : **ecce homo**, *voilà l'homme*, c'est-à-dire, me *voilà*. De la part d'un des convives, cette exclamation signifie *le voilà*.
Ejusdem farinæ. (*De la même farine, de la même espèce*).	Se prend toujours en mauvaise part, pour établir une comparaison entre personnes ayant mêmes vices, mêmes défauts, etc.
Ergo. (*Donc*).	*Les* atqui (or) *et les* ergo *se trouvent à chaque ligne sous la plume des scolastiques.* De là viennent ces mots bien connus : *ergoteur, ergoter.*
Errare humanum est. (*Il est de la nature de l'homme de se tromper*).	S'emploie pour expliquer, pour pallier une faute, une chute morale.
Ex ou ab abrupto. (*Tout d'un coup, sans préparation*).	*Monter à la tribune et parler ex abrupto.*
Ex æquo. (*A titre, à mérite égal*).	*Votre fils et le mien ont obtenu* ex æquo *le prix d'excellence.*
Ex cathedra. (*Du haut de la chaire*).	Cette locution s'emploie le plus souvent ironiquement ; pour rendre le ton dogmatique, tranchant de quelqu'un qui parle avec morgue, avec pédantisme. — *Les demi-savants s'expriment toujours ex cathedrâ.*

LOCUTIONS ET TRADUCTION.	APPLICATION.
Ex commodo, (*A loisir, à votre aise*).	*Ce travail n'est pas pressé; faites-le* **ex commodo** *ou* **tuo commodo.**
Ex professo. (*En homme qui possède parfaitement son sujet*).	*Traiter une matière* **ex professo.** — *Parler d'une chose* **ex professo.**
Extra muros. (*Hors des murs*).	*Maison située* **extra muros,** *hors des murs, hors de l'enceinte d'une ville.*
Fama volat. (*Le bruit court*).	*On dit, on assure,* **fama volat.,** *que...,* (rare).
Fiat lux. (*Que la lumière soit*).	*Cette phrase de la Genèse se dit, par extension; de ce qui éclaircit des points restés obscurs d'un système, d'une science, d'un art. — Le Discours sur la Méthode a été, au XVIIe siècle, le* **fiat lux** *de la philosophie.* — *On représente généralement l'inventeur de l'imprimerie ayant à la main un rouleau de papier à demi déployé, sur lequel on lit ces mots :* **Fiat lux.**
Finis coronat opus. (*La fin couronne l'œuvre*).	*S'emploie en bonne et en mauvaise part pour marquer que la fin d'une chose est en rapport avec le commencement.* — *On peut dire d'un débauché qui termine sa vie par le suicide :* **finis coronat opus.**
Fugit irreparabile tempus. (*Le temps perdu est irreparable*).	*Les jeunes gens doivent travailler sans relâche :* **fugit irreparabile tempus.**
Gratis. — Gratis pro Deo. (*Gratuitement. — Pour l'amour de Dieu*).	*Spectacle* **gratis.** — *Travailler* **gratis pro Deo.**
Habeas corpus. (*Aie ton corps, reste maître de ton corps*).	*Nom d'une loi célèbre qui, en Angleterre, donne à tout accusé le droit d'attendre en liberté son jugement, moyennant caution.* — *En France, la loi n'accorde pas à l'accusé le bénéfice de l'***habeas corpus.**
Hic. (*Traduction littérale impossible*).	*Se dit familièrement en parlant du nœud, de la principale difficulté d'une affaire :* **Voilà le hic,** *c'est là le* **hic.**
Hic et nunc. (*Ici et maintenant*).	*Vous allez me payer* **hic et nunc,** *c'est-à-dire, tout de suite.*
Hic jacet. (*Ci-gît*).	*Inscription tumulaire :* **Toutes les grandeurs du monde, tout le bruit qui se fait autour d'un homme pendant sa vie, aboutissent à ces mots :** **hic jacet.**
Hic labor, hoc opus est. (*C'est là le plus difficile*).	*Cette locution reçoit à peu près la même application que* **hic.** — *Il est aisé d'entrer dans la voie du bien, mais s'y maintenir,* **hic labor, hoc opus est.**

LOCUTIONS ET TRADUCTION.	APPLICATION
Hodiè mihi, cras tibi. (*Aujourd'hui à moi, demain à toi*).	Inscription de cimetière. S'adresse, dans le langage ordinaire, à une personne qui devra bientôt subir une épreuve à laquelle nous venons d'être soumis nous-mêmes.
Horresco referens. (*Je frémis en le racontant*).	*Rappellerai-je le règne de la Terreur ?* **horresco referens.** Cependant ces mots s'emploient presque toujours d'une manière familière et plaisante.
Indè iræ. (*De là les haines*).	Dans l'application, ces mots se traduisent généralement par le singulier : *de là sa haine.* — *Rome et Carthage aspiraient l'une et l'autre à l'empire du monde,* **indè iræ.** — *J'ai obtenu l'emploi qu'il convoitait,* **indè iræ.**
In extenso. (*Dans toute son étendue*).	*Copier un acte in extenso.*
In extremis. (*Au dernier moment*).	*Se confesser in extremis.* — *Faire son testament in extremis.*
In globo. (*En masse, ensemble*).	*J'ai acheté tous ces livres in globo.* — *Cela vaut tant in globo.*
In manus (tuas). (*Entre vos mains*).	Expression qui s'emploie dans cette phrase : *dire son in manus*, recommander son âme à Dieu au moment de mourir.
In naturalibus. (*Dans l'état de nature, de nudité*).	*Surprendre quelqu'un in naturalibus,* « .... dans le simple appareil « D'une beauté qu'on vient d'arracher au [sommeil. »
In pace. (*En paix*).	Nom qu'on donnait autrefois à un cachot pratiqué dans certains monastères, et où l'on enfermait pour toute leur vie ceux qui avaient commis quelque grande faute : *Mettre un religieux in pace.* Ce mot s'emploie le plus souvent substantivement : *Les cachots de la Bastille étaient de véritables in pace.*
In partibus (infidelium). (*Dans les pays occupés par les infidèles*).	*Être nommé évêque in partibus,* c'est-à-dire sans siège. On dit par extension et surtout par ironie : *ministre, ambassadeur,* etc., **in partibus,** pour désigner un ministre, un ambassadeur sans fonctions. — *Jacques II, à la cour de Louis XIV, était roi in partibus.*
In poculis. (*Le verre en main*).	*Les gens de la campagne ont l'habitude de traiter les moindres affaires in poculis.* — On dirait plutôt *inter pocula.*
In secula seculorum. (*Dans les siècles des siècles*).	S'emploie figurément pour marquer la longue durée d'une chose. Cette locution, ainsi que *ad vitam æternam,* qui a le même sens, est empruntée à la liturgie latine.

In tempore opportuno.
(En temps convenable).

Ce secours m'est venu **in tempore opportuno** (rare).

Intestat, Ab intestat.
(De *intestatus* qui n'a pas fait de testament).

Intestat se dit d'une personne décédée sans avoir fait de testament, et *ab intestat* se dit de son héritier : *Mourir* **intestat** ; *hériter* **ab intestat.**

In vino veritas.
(La vérité dans le vin).

C'est-à-dire, l'homme est expansif dans l'ivresse. Locution proverbiale.

Intra muros.
(Dans l'intérieur des murs).

Demeurer **intra muros**, dans l'intérieur de la ville.

Ipso facto.
(Par le fait seul).

Celui qui frappe un prêtre est excommunié **ipso facto.**

Labor improbus omnia vincit.
(Un travail opiniâtre vient à bout de tout).

Application évidente.

Lapsus calami.
(Faute échappée à la plume).

S'emploie dans le même sens que *lapsus linguæ*, mais en parlant des fautes écrites.

Lapsus linguæ.
(Faute échappée à la langue — en parlant).

Atteler la voiture au cheval est un **lapsus linguæ.** — Les personnes distraites font souvent des **lapsus linguæ.**

Macte, puer.
(Courage, enfant).

Parole d'excitation, d'encouragement : *Allons, voilà qui est bien,* **macte, puer.**

Magister dixit.
(Le maître l'a dit)

Paroles sacramentelles par lesquelles les scolastiques du moyen-âge citaient en faveur de leur opinion celle du maître (Aristote). Aujourd'hui, ces mots se disent, par extension, de tout chef d'une école, d'une doctrine, d'un parti. On dit aussi *ipse dixit.*

Meâ culpâ.
(Par ma faute).

Mots d'une prière, dont l'application est facile. *Combien de gens, soit en morale, soit en politique, ont dû dire leur* **meâ culpâ !**

Mirabile visu.
(Chose admirable à voir).

C'était vraiment un spectacle curieux, **mirabile visu.**

Mors ultima ratio.
(La mort met un terme, une fin à tout).

La haine, l'envie, tout s'efface au trépas : **mors ultima ratio.**

Motu proprio.
(De son propre mouvement).

Faire une chose ou prendre une décision **motu proprio** ou de **motu proprio.**

Motus (non sit)
(Ne bougez pas, ne parlez pas).

Expression familière pour recommander la discrétion et le silence sur quelque chose : **Motus** sur ce sujet.

Multa paucis.
(Beaucoup dans peu).

Voulez-vous qu'on vous écoute, qu'on vous lise? souvenez-vous de l'adage : **multa paucis.**

LOCUTIONS ET TRADUCTION.	APPLICATION.
Nec plus ultrà. *(Non plus loin, non au delà).*	Inscription gravée par Hercule, selon la Fable, sur les monts Calpé et Abyla, qu'il crut être les bornes du monde, et qu'il sépara pour joindre l'Océan à la Méditerranée. — *Le nec plus ultrà de la vertu est de faire le bien sans que personne s'en doute.* On dit aussi *non plus ultrà.*
Nescio vos. *(Je ne vous connais pas).*	Cette locution s'emploie familièrement par forme de refus : *Adressez-vous à d'autres, nescio vos.*
Ne, sutor, supra crepidam. *(Cordonnier, pas plus haut que la chaussure).*	Ce proverbe est une leçon à l'adresse de ceux qui veulent parler en connaisseurs de choses au-dessus de leur intelligence. Mot du peintre Apelle à un cordonnier qui, après avoir critiqué une sandale, voulut juger du reste du tableau.
Non bis in idem. *(Non deux fois pour la même chose).*	Axiome de jurisprudence, en vertu duquel on ne peut être inculpé deux fois pour le même délit.
Non est hic locus. *(Ce n'est pas ici le lieu).*	S'emploie à propos d'une chose faite à contre-temps. — *On peut dire du maître d'école qui sermonne l'enfant qui se noie : non est ou non erat hic locus.*
Nunc est bibendum. *(C'est maintenant qu'il faut boire, se réjouir).*	Manière familière de dire qu'il faut célébrer un grand succès, un succès inespéré.
Omnium consensu. *(Du consentement de tout le monde).*	*La religion est, omnium consensu, indispensable à l'existence des sociétés.*
O tempora! o mores! *(O temps! ô mœurs!)*	Exclamation par laquelle Cicéron s'élevait énergiquement contre la perversité des hommes de son temps. — *Dans quel siècle vivons-nous? O tempora! o mores!*
Par pari refertur. *(On rend la pareille).*	Répond à peu près à la loi mosaïque : *œil pour œil, dent pour dent,* etc. — *Le renard revenant de dîner chez la cigogne, dut se dire in petto : par pari refertur.*
Pauca, sed bona. *(Peu, mais bon).*	*Cet auteur n'a laissé qu'un petit nombre d'ouvrages, mais chaque page est empreinte du cachet inimitable de son génie: pauca, sed bona. — Nos romanciers modernes laisseront un bagage littéraire dont certainement la postérité ne dira pas : pauca, sed bona.*
Peccavi.	S'emploie pour signifier qu'on avoue ses torts : *Je ne chercherai pas à me disculper, peccavi. — Faire, dire son peccavi,* avouer sa faute.

LOCUTIONS ET TRADUCTION.	APPLICATION.
Per fas et nefas. *(Par le juste et l'injuste).*	C'est-à-dire par toutes les voies, par tous les moyens possibles. — *Les ambitieux marchent per fas et nefas à la réalisation de leurs projets.*
Per jocum. *(Par jeu, pour rire).*	Facile application.
Per jovem? *(Par Jupiter!)*	Espèce de jurement familier que Molière met dans la bouche d'un pédant.
Plus æquo. *(Plus que de raison).*	*Boire plus æquo* (rare).
Primo mihi. *(A moi d'abord).*	S'emploie pour signifier qu'on veut dire, faire, avoir quelque chose le premier; maxime favorite de l'égoïste. On ajoute quelquefois : *secundo tibi.*
Primo occupanti). *(Au premier occupant).*	A ce droit remonte naturellement celui de la propriété. — *Les places, dans les théâtres, appartiennent* **primo occupanti.**
Primus inter pares. *(Le premier entre ses égaux).*	*Le président d'une république n'est que le* **primus inter pares.**
Pro forma. *(Pour la forme).*	*Rendre une visite à quelqu'un* **pro forma,** c'est-à-dire, dans le cas particulier donné ici, sans y attacher d'autre importance, d'autre valeur, qu'à une visite de simple politesse.
Proh pudor? *(O honte!)*	Sert à manifester un sentiment de profond étonnement, de vive indignation : **proh pudor?** *vous osez vous montrer ici?*
Pro tempore. *(Selon le temps).*	*Agissez* **pro tempore.**
Punica fides. *(Foi punique, carthaginoise).*	Les Romains accusaient les Carthaginois d'enfreindre souvent les traités, ce qui leur fit employer ces mots comme synonyme de *mauvaise foi.* L'emploi de cette locution est facile.
Qui bene amat bene castigat. *(Celui qui aime bien, châtie bien).*	Application facile, puisque le châtiment n'a d'autre but que de corriger les défauts ou les vices de celui qu'on aime.
Quid novi? *(Quoi de nouveau?).*	Interrogation familière que deux amis s'adressent volontiers quand ils se rencontrent.
Quid prodest? *(A quoi sert, à quoi bon?).*	*Je vous répéterais bien tout ce qu'il m'a dit, mais* **quid prodest?**
Qui habet aures audiendi audiat. *(Que celui qui a des oreilles pour entendre, entende).*	C'est-à-dire, que celui à qui s'adresse indirectement un avis, un conseil, une observation, en fasse son profit. S'emploie toujours dans une intention maligne, satirique.

LOCUTIONS ET TRADUCTION.	APPLICATION.
Qui nescit dissimulare, nescit regnare. (*Celui qui ne sait pas dissimuler, ne sait pas régner*).	Maxime favorite et peu morale de Louis XI.
Quomodo vales? (*Comment vous portez-vous?*)	Même emploi que *quid novi*, avec cette différence que *quid novi* n'est que l'interrogation d'un curieux, tandis que l'autre peut être l'expression d'un sentiment affectueux.
Quos ego. (*Je devrais*).	Paroles de Neptune irrité aux vents déchaînés sur la mer, et qui, dans la bouche d'un supérieur, expriment la colère et la menace. — *Quand tout un peuple se soulève, quel serait l'homme assez fort et assez hardi pour lui dire : quos ego...*
Quousque tandem. (*Jusqu'à quand*).	Premiers mots de l'apostrophe foudroyante de Cicéron à Catilina, lorsque celui-ci osa se présenter au sénat, après la découverte du complot qu'il tramait contre la République. L'application de ces paroles est presque toujours familière.
Requiescat in pace. (*Qu'il repose en paix*).	Inscription qu'on lit généralement sur une pierre tumulaire.
Retro, Satanas. (*Arrière, Satan*).	Marque l'indignation avec laquelle on repousse des propositions dangereuses ou déshonorantes. Cependant il s'emploie le plus souvent familièrement : *Vainement vous cherchez à me tenter : retro, Satanas.*
Servum pecus. (*Troupe servile*).	Paroles par lesquelles Horace a flétri les imitateurs en littérature. Se dit des flatteurs, des plagiaires, et surtout des courtisans, *Peuple caméléon, peuple singe du maître.* (LA FONTAINE.)
Sic. (*Ainsi*).	Mot qui se met entre parenthèses dans le cours d'un texte ou à la fin d'une citation, pour indiquer que l'original est bien tel qu'on le donne, avec la faute ou l'étrangeté qui s'y trouve : *Sa lettre commençait ainsi : Mossieu (sic), je, etc.*
Sic vos non vobis. (*Ainsi vous (travaillez), et ce n'est pas pour vous*).	Dans les quatre vers pentamètres qui commencent par ces mots, Virgile se plaint fort ingénieusement qu'un autre ait reçu la récompense que lui seul avait méritée. S'emploie lorsque quelqu'un reçoit le salaire dû à un autre.
Sine quâ non. (*Sans quoi non*).	*Clause sine quâ non. — C'est mon sine quâ non. — Le travail est la condition sine quâ non à laquelle Dieu a attaché le bonheur ici-bas.*

LOCUTIONS ET TRADUCTION.	APPLICATION.
Sol lucet omnibus. . . . . (*Le soleil luit pour tout le monde*).	Application facile.
Sponte suâ. . . . . . . (*De son propre mouvement*).	*Agir sponte suâ.*
Statu quo. . . . . (*L'état où sont actuellement les choses*).	Expression employée surtout en diplomatie : *Maintenir le statu quo.* — *Les partisans du statu quo.*
Sufficit. . . . . (*Il suffit*).	*Je vous entends, sufficit.*
Sui generis. . . . . . . (*De son espèce, de ce qui n'appartient qu'à lui*).	On dit qu'une fleur exhale *une odeur sui generis*, quand cette odeur n'offre point d'analogie avec le parfum d'aucune autre fleur. — *Un éboulement avait laissé l'égout à découvert, et il s'en exhalait une odeur sui generis fort peu agréable.*
Suo tempore. . . . . . . (*En son temps*).	*Il faut que chaque chose se fasse suo tempore.*
Talis pater, talis filius. . . (*Tel père, tel fils*).	*Il est rare qu'on puisse dire de la postérité des grands hommes, et surtout des grands écrivains : talis pater, talis filius.*
Tardè venientibus ossa. . . . (*Ceux qui viennent tard à table, ne trouvent plus que des os*).	S'emploie au propre et au figuré. Dans ce dernier cas, ces mots s'appliquent à tous ceux qui, par négligence ou par oubli, manquent une bonne affaire.
Testis unus, testis nullus. . . (*Témoin seul, témoin nul*).	Adage de jurisprudence qui s'emploie pour faire entendre que le témoignage d'un seul ne suffit pas pour établir en justice la vérité d'un fait.
Tibi gratias. . . . . (*Grâces vous soient rendues*).	S'emploie presque toujours d'une manière ironique et familière.
Tot capita, tot sensus. . . . (*Autant de têtes, autant d'avis*).	*Jamais on ne vit pareille confusion : tot capita, tot sensus.*
Trahit sua quemque voluptas. . . . . (*Chacun suit le penchant qui l'entraîne*).	*Il a choisi la carrière des armes : trahit sua quemque voluptas.*
Tu autem. . . . . (*Mais toi*).	Ces deux mots, dont la traduction n'offre aucun sens, s'emploient dans certains cas comme synonyme de *difficulté*, et reçoivent à peu près la même application que *hic* : *C'est là le tu autem*, c'est-à-dire le point essentiel, le difficile.
Tulit alter honores. . . . (*Un autre en a eu l'honneur*).	Cet hémistiche précède les quatre vers qui commencent par *sic vos non vobis*, et se rapporte à la même circonstance. On en fait aussi la même application.

LOCUTIONS ET TRADUCTION.	APPLICATION.
Tu quoque! . . . . (*Toi aussi !*).	Paroles que César fit entendre, lorsqu'il aperçut au nombre de ses assassins Brutus, qui passait pour être son fils. L'application en est fréquente et facile.
Ultima ratio. . . . . . . (*Dernière raison*).	Maxime remarquable du cardinal de Richelieu. *Le canon est l'ultima ratio des rois.*
Unguibus et rostro. . . . (*Du bec et des ongles*).	*Se défendre unguibus et rostro*, c'est-à-dire vigoureusement et sans lâcher prise.
Urbi et orbi. . . . . . . (*A la ville (*Rome) *et à l'univers*).	Paroles qui accompagnent la bénédiction du souverain pontife, pour marquer qu'elle s'étend sur l'univers entier. On dit de même, par extension, *publier une nouvelle* **urbi et orbi**, c'est-à-dire partout.
Unum et idem. . . . . . (*Une seule et même chose*).	*Savoir mal ou ne rien savoir, c'est* **unum et idem.** — *Être pauvre ou être avare, c'est* **unum et idem.**
Vade in pace. . . . . . . (*Allez en paix*).	Paroles du confesseur en renvoyant son pénitent. — *Soyez sans inquiétude, l'affaire s'arrangera :* **vade in pace.**
Vade mecum. . . . . . . (*Marche avec moi*).	*Horace est le* **vade mecum** *de tous les gens lettrés, et surtout des vieillards.*
Vade retro. . . . . (*Arrière !*).	S'emploie dans les mêmes circonstances que *retro, Satanas.* (V. cette locution.)
Væ victis. . . . . (*Malheur aux vaincus*).	Paroles de Brennus aux Romains, pour faire entendre que le vaincu est à la merci du vainqueur, et qui consacrent, pour ainsi dire, la loi injuste du plus fort.
Vanitas vanitatum! . . . . (*Vanité des vanités !*).	Paroles éloquentes par lesquelles Salomon déplore le vide et le néant des choses d'ici-bas. — *Honneurs, plaisirs, richesses, tout n'est que vanité :* **vanitas vanitatum!**
Veni, vidi, vici. . . . . . (*Je suis venu, j'ai vu, j'ai vaincu*).	Mots, devenus célèbres, par lesquels César annonça au sénat la rapidité de la victoire qu'il venait de remporter sur Pharnace, roi de Pont. Phrase d'une application toujours familière, pour exprimer la facilité et la rapidité d'un succès quelconque. Le cardinal de Richelieu écrivait au bas des projets qui lui étaient soumis : *vidi, legi, probavi*, mots qu'on peut traduire par : *vu, lu, approuvé.*
Verba volant, scripta manent. (*Les paroles volent, les écrits restent*).	Ce proverbe latin conseille la circonspection dans les circonstances où il serait imprudent de laisser des preuves matérielles d'une opinion, d'un fait, etc. — *Dans les temps de révolution, on doit éviter le plus possible de donner des témoignages écrits de ses opinions :* **verba volant, scripta manent.**

LOCUTIONS ET TRADUCTION.	APPLICATION.
Vice versa. (*Réciproquement*).	Application usuelle, quand il s'agit d'un changement réciproque.
Victis honos. *L'honneur aux vaincus*).	Mot dont se sert familièrement le joueur qui vient de gagner une partie, pour inviter son adversaire à jouer le premier coup de la revanche : *A vous de commencer, victis honos.* — Ne s'emploie pas toujours familièrement. Napoléon Ier rencontrant un détachement de prisonniers autrichiens, s'arrêta, se découvrit et dit ces paroles mémorables : *Honneur au courage malheureux.*
Video lupum. (*Je vois le loup*).	Se dit lorsque l'on aperçoit une personne que l'on craint et dont on parle : *Taisez-vous, video lupum.*
Vir bonus. (*L'homme de bien*).	Cicéron emploie ces paroles dans une phrase où il dit que la vertu, la loyauté, la probité, sont les sources principales de l'éloquence. On s'en sert pour désigner le parfait honnête homme.
Vis comica. (*La force comique, le pouvoir de faire rire*).	*Molière est inimitable ; il y a dans tout ce qu'il a fait un vis comica qu'on ne rencontre ni chez les anciens, ni chez les modernes.* Se dit surtout des auteurs et des acteurs comiques.
Vivere parvo. (*Vivre de peu*).	*Heureux qui sait vivere parvo ! — Le bonheur consiste dans le vivere parvo.*
Vox populi, vox Dei. (*Voix du peuple, voix de Dieu*).	Adage plus ou moins juste, suivant lequel on établit la vérité d'un fait, la justice d'une chose sur l'accord unanime des opinions, et surtout des opinions du vulgaire.

www.ingramcontent.com/pod-product-compliance
Lightning Source LLC
Chambersburg PA
CBHW060544280326
41932CB00011B/1395